甘肃省耕地质量评价

（上册）

崔增团　顿志恒　主编

甘肃科学技术出版社

图书在版编目（CIP）数据

甘肃省耕地质量评价 / 崔增团，顿志恒主编. -- 兰州：甘肃科学技术出版社，2020.11
ISBN 978-7-5424-2653-6

Ⅰ. ①甘… Ⅱ. ①崔… ②顿… Ⅲ. ①耕地资源－资源评价－甘肃 Ⅳ. ①F323.211

中国版本图书馆CIP数据核字（2020）第226744号

甘肃省耕地质量评价

崔增团　顿志恒　主编

责任编辑　韩　波
封面设计　雷们起

出　版	甘肃科学技术出版社
社　址	兰州市读者大道568号　730030
网　址	www.gskejipress.com
电　话	0931-8125103（编辑部）　0931-8773237（发行部）
京东官方旗舰店	http://mail.jd.com/index-655807.html
发　行	甘肃科学技术出版社　　印　刷　兰州鑫泰印刷有限公司
开　本	787mm×1092mm　1/16　印　张　97.75　字　数　2300千
版　次	2020年12月第1版　2020年12月第1次印刷
印　数	1~600
书　号	ISBN 978-7-5424-2653-6
定　价	298.00元

图书若有破损、缺页可随时与本社联系：0931-8773237
本书所有内容经作者同意授权，并许可使用
未经同意，不得以任何形式复制转载

编委会

主　　编　崔增团　顿志恒
副 主 编　刘　健　吴立忠　张美兰
编　　委　张仁陟　郭天文　李小刚　车宗贤　郭世乾　傅亲民　武翻江
　　　　　张志成　郭新勇
参编人员　贾蕊鸿　张玉霞　郑　杰　高　飞　董星晨　葛承暄　杨戬雯
　　　　　兰　军　苏　丽　万　伦　徐永武　尹得仲　赵　丽　孙淑梅
　　　　　陈俐俐　邓　慧　包玉政　陈建平　陈秀香　陈彦锋　崔金洲
　　　　　邓　杰　豆建华　段守芳　独　瑜　范宏伟　冯祥盛　高树财
　　　　　高艳红　韩　梅　何　理　何士剑　何增国　贺生兵　贺淑娃
　　　　　侯　琪　侯庆英　姬丽君　栾清业　康发云　康　蓉　雷　俊
　　　　　李秉强　李董魁　李国山　李巨景　李　莉　李世祥　李晓宏
　　　　　李效文　李艳芳　李云祥　李治海　刘俊贵　刘克荣　马吉元
　　　　　毛　涛　牛贵茂　牛婷婷　戚瑞生　祁秀萍　任宏干　商玉录
　　　　　尚海英　邵　魁　师伟杰　师增胜　苏彦平　孙建军　孙新荣
　　　　　孙志国　谭　岩　万海元　王爱民　王代明　王乐光　王新立
　　　　　王选社　王雪明　王亚琴　王占海　王志能　韦宏亮　吴永斌
　　　　　闫海基　杨海涛　杨建旗　殷生俊　于和平　张　靖　史苹香
　　　　　张　鹏　张鹏祥　张　婷　张玉龙　张占平　赵红梅　赵莉莉
　　　　　赵　强　郑文革　朱凤菊　关佑君　苟永梅

前　言

自2005年农业农村部在甘肃省2个县区试点启动测土配方施肥补贴项目以来,按照耕地面积较小(小于15万亩)的市县区由所在市州打包实施的方法,到2009年实施测土配方施肥补贴项目单位达到了80个,实现了全省14个市州、86个市县区项目全覆盖。按照测土配方施肥技术规范要求,从2008年至2013年由甘肃省耕地质量建设管理总站组织,依托省级教学、科研单位完成了80个项目单位县域耕地地力评价工作,2013年至2015年完成了省级耕地地力评价,建立了80套县域、1套省级耕地资源管理信息系统,形成了甘肃省玉米种植适宜性分区研究、马铃薯适宜性评价及产业发展问题和对策、甘肃省中低产田划分及改良措施研究等专题报告243个,绘制出耕地地力调查样点分布图、耕地地力等级图、土壤养分图、土壤pH值图、中低产田分布省级图件8幅、县级图件640件,通过甘肃省科学技术出版社出版甘肃省耕地质量评价丛书1套81册,为全省乡村振兴战略实施、农业可持续发展提供了有力支撑。

在总结2005年以来连续13年测土配方施肥工作、2008年以来连续10年耕地地力评价工作的基础上,甘肃省耕地质量建设保护总站组织编写了《甘肃省耕地地力评价》一书。全书共分三部分:

第一部分全省耕地地力评价成果,分为六章。第一章概况,介绍甘肃省自然环境条件、农业生产、土壤概况及耕地质量保护与提升相关制度。第二章耕地地力评价方法与步骤,详细介绍了耕地地力评价所需软硬件准备、数据甄别遴选与补充调查、数据库与评价单元建立、耕地地力等级划分及耕地地力主要理化性状评价方法。第三章耕地地力分析,对耕地地力进行综述并分别介绍了一到十等地耕地质量特征。第四章耕地土壤有机质及主要营养元素,介绍了全省耕地不同地力等级土壤有机质、氮、磷、钾及中量元素、微量元素含量及其变化情况。第五章其他耕地指标,介绍了耕层土壤pH、耕层质地、有效土层厚度、耕层容重、耕层盐渍化程度、障碍层次、灌溉保证率等指标情况。第六章对策和建议，介绍了全省耕地培肥对策措施与建议、耕地种植业区划建议。

第二部分县域耕地地力评价，将全省每个市州所辖县域耕地地力评价成果汇总为一章，十四个市（州）共分十四章。第一章酒泉市耕地地力评价，介绍了酒泉市及其所辖肃州区、敦煌市、瓜州县耕层土壤属性特征及耕地地力评价成果。第二章嘉峪关市耕地地力评价，介绍耕层土壤属性特征及耕地地力评价成果。第三章张掖市耕地地力评价，介绍了张掖市及其所辖甘州区、山丹民乐县、临泽县、高台县耕层土壤属性特征及耕地地力评价成果。第四章金昌市耕地地力评价，介绍了金昌市所辖金川区、永昌县耕层土壤属性特征及耕地地力评价成果。第五章武威市耕地地力评价，介绍了武威市所辖凉州区、古浪县、民勤县、天祝县耕层土壤属性特征及耕地地力评价成果。第六章兰州市耕地地力分析，介绍了兰州市所辖五区（七里河、红古、安宁、城关、西固）、榆中县、皋兰县、永登县耕层土壤属性特征及耕地地力评价成果。第七章白银市耕地地力评价，介绍了白银市所辖白银区、会宁县、靖远县、景泰县耕层土壤属性特征及耕地地力评价成果。第八章定西市耕地地力评价，介绍了定西市所辖安定区、通渭县、陇西县、漳县、渭源县、岷县、临洮县耕层土壤属性特征及耕地地力评价成果。第九章天水市耕地地力评价，介绍了天水市所辖秦州区、麦积区、清水县、秦安县、甘谷县、武山县、张家川县耕层土壤属性特征及耕地地力评价成果。第十章平凉市耕地地力评价，介绍了平凉市所辖崆峒区、泾川县、灵台县、崇信县、华亭县、庄浪县、静宁县耕层土壤属性特征及耕地地力评价成果。第十一章庆阳市耕地地力评价，介绍了庆阳市所辖西峰区、正宁县、合水县、宁县、庆城县、华池县、镇原县、环县耕层土壤属性特征及耕地地力评价成果。第十二章临夏回族自治州耕地地力评价，介绍了临夏回族自治州所辖康乐县、广河县、永靖县、和政县、东乡县、积石山耕层土壤属性特征及耕地地力评价成果。第十三章甘南藏族自治州耕地地力评价，介绍了甘南藏族自治州所辖合作市卓尼县等市县耕层土壤属性特征及耕地地力评价成果。第十四章陇南市耕地地力评价，介绍了陇南市所辖武都区、成县、徽县、西和县、礼县、康县、文县、两当县耕层土壤属性特征及耕地地力评价成果。

第三部分专题报告，介绍了应用全省耕地地力信息系统和地力评价成果，开展的甘肃省玉米种植适宜性分区研究、甘肃省马铃薯适宜性评价及产业发展问题和对策、甘肃省中低产田划分及改良措施三项专题研究。

甘肃省耕地地力评价工作得到了农业农村部种植业管理司肥料与节水处、全国农业技术推广服务中心的大力支持，县域耕地地力评价工作依托甘肃农业大学资源与环境学院、兰州大学生命科学学院、甘肃省农业科学院旱地农业研究所、甘肃省农业科学院土壤肥料与节水农业研究所完成,省级耕地地力评价工作依托甘肃省农业科学院旱地农业研究所完成。

由于编者水平有限,书中不足之处在所难免,敬请广大读者批评指正。

编者

2021 年 3 月

目　录
（上册）

第一部分　甘肃省耕地地力评价

第一章　概况 …………………………………………………………（003）
　第一节　自然环境条件 ………………………………………………（003）
　第二节　农业生产概况 ………………………………………………（012）
　第三节　土壤概况 ……………………………………………………（021）
　第四节　耕地质量保护与提升 ………………………………………（051）

第二章　耕地地力评价方法与步骤 ……………………………………（055）
　第一节　软硬件准备 …………………………………………………（056）
　第二节　数据甄别遴选与补充调查 …………………………………（059）
　第三节　数据库与评价单元建立 ……………………………………（063）
　第四节　评价指标体系建立 …………………………………………（068）
　第五节　耕地地力等级划分 …………………………………………（074）
　第六节　耕地质量主要理化性状评价方法 …………………………（078）

第三章　耕地地力分析 …………………………………………………（080）
　第一节　耕地地力综述 ………………………………………………（080）
　第二节　一等地耕地质量特征 ………………………………………（091）
　第三节　二等地耕地质量特征 ………………………………………（093）
　第四节　三等地耕地质量特征 ………………………………………（095）
　第五节　四等地耕地质量特征 ………………………………………（097）
　第六节　五等地耕地质量特征 ………………………………………（099）
　第七节　六等地耕地质量特征 ………………………………………（101）
　第八节　七等地耕地质量特征 ………………………………………（103）

　　第九节　八等地耕地质量特征 …………………………………………（104）
　　第十节　九等地耕地质量特征 …………………………………………（106）
　　第十一节　十等地耕地质量特征 ………………………………………（108）
第四章　耕地土壤有机质及主要营养元素 …………………………………（111）
　　第一节　土壤有机质 ……………………………………………………（111）
　　第二节　土壤氮素 ………………………………………………………（124）
　　第三节　土壤磷素 ………………………………………………………（137）
　　第四节　土壤钾素 ………………………………………………………（150）
　　第五节　土壤中微量元素 ………………………………………………（162）
第五章　其他耕地指标 ………………………………………………………（177）
第六章　对策和建议 …………………………………………………………（182）
　　第一节　耕地培肥对策措施与建议 ……………………………………（182）
　　第二节　耕地种植业区划建议 …………………………………………（185）

第二部分　县域耕地地力评价

第一章　酒泉市耕地地力评价 ………………………………………………（195）
　　第一节　酒泉市耕地地力分析 …………………………………………（195）
　　第二节　肃州区耕地地力分析 …………………………………………（202）
　　第三节　敦煌市耕地地力分析 …………………………………………（208）
　　第四节　瓜州县耕地地力分析 …………………………………………（214）
　　第五节　金塔县耕地地力分析 …………………………………………（222）
　　第六节　玉门耕地地力分析 ……………………………………………（236）
第二章　嘉峪关市耕地地力评价 ……………………………………………（313）
第三章　张掖市耕地地力评价 ………………………………………………（319）
　　第一节　甘州区耕地地力分析 …………………………………………（319）
　　第二节　山丹县耕地地力分析 …………………………………………（320）
　　第三节　民乐县耕地地力分析 …………………………………………（326）
　　第四节　临泽县耕地地力分析 …………………………………………（333）
　　第五节　高台县耕地地力分析 …………………………………………（348）
第四章　金昌市耕地地力评价 ………………………………………………（356）
　　第一节　金川区耕地地力分析 …………………………………………（356）
　　第二节　永昌县耕地地力分析 …………………………………………（361）

第五章 武威市耕地地力评价 (369)
第一节 凉州区耕地地力分析 (369)
第二节 古浪县耕地地力分析 (374)
第三节 民勤县耕地地力分析 (380)
第四节 天祝县耕地地力分析 (388)

第六章 兰州市耕地地力分析 (396)
第一节 兰州市五区耕地地力分析 (396)
第二节 榆中县耕地地力分析 (408)
第三节 皋兰县耕地地力分析 (418)
第四节 永登县耕地地力分析 (427)

第七章 白银市耕地地力评价 (437)
第一节 白银区耕地地力分析 (437)
第二节 平川区耕地地力分析 (446)
第三节 会宁县耕地地力分析 (458)
第四节 靖远县耕地地力分析 (470)
第五节 景泰县耕地地力分析 (474)

第八章 定西市耕地地力评价 (483)
第一节 安定区耕地地力分析 (483)
第二节 通渭县耕地地力分析 (502)
第三节 陇西县耕地地力分析 (515)
第四节 漳县耕地地力分析 (520)
第五节 渭源县耕地地力分析 (527)
第六节 岷县耕地地力分析 (534)
第七节 临洮县耕地地力分析 (542)

第九章 天水市耕地地力评价 (559)
第一节 秦州区耕地地力分析 (559)
第二节 麦积区耕地地力分析 (569)
第三节 清水县耕地地力分析 (579)
第四节 秦安县耕地地力分析 (586)
第五节 甘谷县耕地地力分析 (596)
第六节 武山县耕地地力分析 (613)
第七节 张家川县耕地地力分析 (621)

第十章 平凉市耕地地力评价 (651)

第一节	崆峒区耕地地力分析	……………………………………………	（651）
第二节	泾川县耕地地力分析	……………………………………………	（658）
第三节	灵台县耕地地力分析	……………………………………………	（668）
第四节	崇信县耕地地力分析	……………………………………………	（674）
第五节	华亭县耕地地力分析	……………………………………………	（681）
第六节	庄浪县耕地地力分析	……………………………………………	（688）
第七节	静宁县耕地地力分析	……………………………………………	（693）

第十一章 庆阳市耕地地力评价 …………………………………………… （703）

第一节	西峰区耕地地力分析	……………………………………………	（703）
第二节	正宁县耕地地力分析	……………………………………………	（713）
第三节	合水县耕地地力分析	……………………………………………	（721）
第四节	宁县耕地地力分析	…………………………………………………	（737）
第五节	庆城县耕地地力分析	……………………………………………	（752）
第六节	华池县耕地地力分析	……………………………………………	（764）
第七节	镇原县耕地地力分析	……………………………………………	（772）
第八节	环县耕地地力分析	…………………………………………………	（777）

第一部分

甘肃省耕地地力评价

第一章 概 况

第一节 自然环境条件

甘肃省位于黄河上游,分属黄河、长江、内陆河三大流域。地域狭长,南北宽530km,东西长1655km,全省土地总面积45.44万平方千米。省内山地、高原、平川、河谷、沙漠、戈壁交错分布,以山地和高原为主。这样的地域和地貌决定了甘肃省农业生产、自然生态、生产条件的多样性。气候干燥,光照充足,独特的光能资源使农业生产地域差别较大。河西走廊干旱少雨但具有良好的水利设施和灌溉条件,是我国重要的的商品粮基地、制种基地和高原夏菜基地;陇中、陇东属旱作农业区,是我国重要的马铃薯、中药材、小杂粮、羊肉生产基地;甘南及河西牧区是我国重要的牛羊肉生产基地和细毛羊基地;陇南地区属亚热带气候,雨量充足,植被覆盖率高,动物资源丰富,是甘肃省重要的特色农产品基地。

河西地区地势平坦,大部分系冲击洪积平原,土地质量好,但处于内陆干旱区,水资源匮乏。陇南山地和甘南高原区降雨量充足,水资源丰富,但耕地质量较差,大部分区域不宜耕种。水浇地少、旱地多,川(塬)地少、山地多,甘肃省水土资源分布错位,这些自然条件严重制约着甘肃省的农业生产。

耕地是土地的精华,是农业生产的最重要的资源,耕地地力的好坏影响着农业的可持续发展和粮食安全。随着经济、社会的发展,耕地减少与人口增长矛盾日益突出,自然和人为因素对耕地保护冲击力度持续增加,耕地面临着严峻的挑战。珍惜并合理利用土地已成为我国耕地管理的基本原则。因此,做好耕地质量建设,实施耕地地力评价项目,实现耕地的科学化管理,是农业工作者目前最重要的课题。

耕地地力,是指在当前管理水平下,由土壤本身特性、自然背景条件和基础设施水平等要素综合构成的生产能力。对耕地地力进行全面、客观评价以获得其时间、空间分布,是解析中低产田主要障碍因子、实现地力定向培育和农田精准管理的前提,对保障国家的粮食安全具有重要意义。

一、地理位置

甘肃省介于北纬32°11′~42°57′、东经92°13′~108°46′。处于青藏高原、

黄土高原和内蒙古高原三大交会处,主要有黄河、长江、内陆河三大流域。省内地貌类型错综复杂,以山地和高原为主,与平川、河谷、沙漠、戈壁交错分布。甘肃省北有六盘山、合黎山和龙首山;东为岷山、秦岭和子午岭;西接阿尔金山和祁连山;南壤青泥岭。东接陕西,南邻四川,西连青海、新疆,北靠内蒙古、宁夏并与蒙古国接壤。

二、行政区划

甘肃省辖 12 个地级市、2 个自治州、17 个市辖区、4 个县级市、58 个县、7 个自治县,详情见表 1-1-1。根据全国第二次土地调查数据显示,全省总耕地面积 541 万公顷。2014 年甘肃省总人口为 2 591 万人。其中,农业人口 2 075 万人,人均耕地 0.21hm²。

表 1-1-1　甘肃省行政区划

地、州、市名称	所辖县(区)市
兰州市	永登县、皋兰县、榆中县、城关区、七里河区、西固区、安宁区、红古区、兰州新区
嘉峪关市	
金昌市	永昌县、金川区
白银市	靖远县、会宁县、景泰县、白银区、平川区
天水市	清水县、秦安县、甘谷县、武山县、张家川回族自治县、秦州区、麦积区
武威市	民勤县、古浪县、天祝藏族自治县、凉州区
张掖市	民乐县、临泽县、高台县、山丹县、肃南裕固族自治县、甘州区
平凉市	泾川县、灵台县、崇信县、华亭县、庄浪县、静宁县、崆峒区
酒泉市	金塔县、瓜州县、肃北蒙古族自治县、阿克塞哈萨克族自治县、肃州区
庆阳市	庆城县、环县、华池县、合水县、正宁县、宁县、镇原县、西峰区
定西市	通渭县、陇西县、渭源县、临洮县、漳县、岷县、安定区
陇南市	成县、文县、宕昌县、康县、西和县、礼县、徽县、两当县、武都区
临夏回族自治州	临夏市、临夏县、康乐县、永靖县、广河县、和政县、东乡族自治县、积石山保安族东乡族撒拉族自治县
甘南藏族自治州	合作市、临潭县、卓尼县、舟曲县、迭部县、玛曲县、碌曲县夏河县

注:本数据来源于 2015 年甘肃省统计局。

三、地形地貌

甘肃省地处青藏高原、黄土高原和内蒙古高原三大交汇地带,分属黄河流域、长江流域及内陆河流域,在构造上属于鄂尔多斯地台、阿拉善—北山地台、祁连山褶皱系和秦岭褶皱系。甘肃省地貌实为一个山地形高原。地势高亢,地貌类型复杂。

甘肃省主要的地貌类型为高山、中山、低山、丘陵、平原和黄土塬,其中面积最大的地貌类型是平原,面积为1431hm²,占总土地面积的32%,主要分布在河西地区;其次是丘陵,面积为1300hm²,占总土地面积的29%,主要分布在酒泉市北部、白银市、临夏州、定西市、天水市、庆阳市;再次是中山,面积为1060hm²,占总土地面积的23%,主要分布在甘南、陇南两市州;然后是高山,面积为544hm²,占总土地面积的12%,主要分布在酒泉市、张掖市和武威市的南部以及甘南州的南部。最后是黄土塬和低山,面积分别为111hm²和98hm²,黄土塬主要分布在平凉市和庆阳市,而低山主要分布在兰州市、白银市。根据甘肃的地貌概况,可将其归为六个地貌单元,陇南山地、陇东陇中黄土高原、甘南高原、祁连山地、河西走廊高平原和北山山地。见表1-1-2和图1-1-2。

表1-1-2 甘肃省地貌类型面积分布

地貌类型名称		面积(万公顷)	占总土地面积比例(%)
低山	干燥剥蚀低山	98	2
高山	冰川冰缘作用高山	544	12
	流水侵蚀高山		
平原	冲积平原	1431	32
	干燥倾斜平原		
	洪积冲积平原		
	洪积倾斜平原		
	沙丘覆盖平原		
丘陵	干燥剥蚀丘陵	1300	29
	流水侵蚀红岩丘陵		
	流水侵蚀黄土丘陵		
黄土塬	流水侵蚀黄土塬	111	2
中山	干燥剥蚀中山	1060	23
	流水侵蚀中山		
总计		4544	100

四、生物植被

甘肃省地形狭长,具有多个气候带,森林植被类型多样。森林资源总量不足,分布不均是甘肃森林最大的特点。甘肃省林业用地面积 802.72 万公顷,有白龙江、洮河、祁连山脉、大夏河等地的天然森林植被。全国第六次森林调查显示,甘肃省森林覆盖率为 9.9%,森林面积为 229.2 万公顷。

(一)常绿阔叶、落叶阔叶混交林带

分布在陇南文县、康县和武都区的南部及徽县、成县的局部地区,海拔 1 200m 以下的河谷和低山山麓地带,是我国亚热带常绿阔叶、落叶阔叶林带向西延伸部分。构成本带的主要树种,如常绿的树种有黑壳楠、岩栎、尖叶栎、青岗栎、铁橡树、匙叶栎、银樟、山胡椒等,落叶树种有栓皮栎、麻栎、槲栎、锐齿栎、黄檀、泡花树、枫杨、枫香、黄杨木等,该地带栽培有棕榈、油桐、乌桕、柑橘、枇杷、无花果、茶、板竹、杉木等热带经济作物和果树。

(二)落叶阔叶林带

分布在天水以南的北秦岭和徽成盆地,属暖温带气候。植被类型以夏绿落叶阔叶林和针阔叶混交林为主。树种组成以栎属的几种落叶栎类为主,如栓皮栎、锐齿栎、辽东栎、槲树、槲栎及华椴、小叶椴、青榨槭、刺楸、千金榆、油松等组成混交林。

(三)森林草原带

主要分布在黄土高原南部,临夏、康乐、渭源、秦安、平凉、庆阳一线以南,是暖温带落叶阔叶林向草原过渡的地带。森林主要分布于温湿梁峁的阴坡和石质山地、沟壑边缘或名胜古迹附近。阴坡以针叶树为主,半阴坡以山杨为主。主要的森林类型有辽东栎林、山杨林、白桦林和油松林及白桦、华山松、云杉、山杨混生的针阔叶混交林。在干暖的阳坡、半阳坡及梁峁顶部则多草原植被,其主要组成种类有长芒草、大针茅、白草、白羊草、黄背草、野古草、虎榛子、铁杆蒿、冷蒿、沙棘、珍珠梅、狼牙刺、山桃、绣球刺线菊等。

(四)草原带

分布于森林草原带以北,兰州、靖远、环县一线以南,即甘肃黄土高原的中部地区,属温带半干旱气候。这里普遍为农田,自然植被只残留在黄土荒坡和石质山岭。主要植被有大针茅、短花针茅、针茅、长芒草、赖草、芒草、蒿属、百里香、山杨、白桦、辽东栎、云杉等。

(五)荒漠草原带

分布在景泰县的一条山以南,草原带以北的地区,是草原向荒漠过渡类型。主要植被有红砂、三裂艾菊、短花针茅、驴驴蒿、珍珠猪毛菜、盐爪爪、合头草、沙生针茅、灌木亚菊、白刺、油蒿等。

(六)荒漠带

主要分布在河西走廊及北山地带以及苏干湖盆地和哈尔腾河谷等地。植被稀疏,主要有短叶假木贼、合头草、旱生蒿、红砂、泡泡刺、膜果麻黄、中麻黄、梭梭柴、白梭梭、白刺、沙拐枣、骆驼刺、芨芨草、芦苇、苏枸杞、苦豆子、甘草、罗布麻等。

五、气候条件

(一)甘肃省气候状况

甘肃省可概括为 5 个气候区。陇南山区为暖温带湿润区,是秦岭的西延部分;陇中高原为温带半湿润区,位于甘肃中部;陇东高原为半干旱区,居于黄土高原西端,水土流失严重;甘南草原为高寒湿润区,位于甘肃省西南部,南邻四川,西界青海,以高寒草甸草原为主;河西走廊为暖温带干旱区,东起乌鞘岭,西至甘新交界处星星峡,南以祁连山、阿尔金山为界,北与内蒙古自治区相邻,绿洲、沙漠、戈壁广泛分布。

甘肃深居西北内陆,海洋温湿气流不易到达,成雨机会少,大部分地区气候干燥,属大陆性很强的温带季风气候。冬季寒冷漫长,春夏界线不分明,夏季短促,气温高,秋季降温快。全省年平均气温 0.3℃～15.1℃,各地海拔不同,气温差别较大,日照充足,日温差较大。全省年降水量 36.6～734.9mm,大致从东南向西北递减,乌鞘岭以西降水明显减少,陇南山区和祁连山东段降水偏多。受季风影响,降水多集中在 6～8 月份,占全年降水量的 50%～70%。全省无霜期各地差异较大,陇南河谷地带一般在 280 天左右,甘南高原最短,只有 140 天。省内光能充足,光能资源丰富,年日照时数 1700～3800h,自东南向西北增多。河西走廊年日照时数 2800～3800h,敦煌是日照最多的地区;陇南 1800～2300h,是日照最少的地区;陇中、陇东和甘南为 2100～2700h(数据资料均来源于甘肃省气象局)。

(二)气候对农业生产的影响

温度是影响农作物生长与发育的主要因素。一般农作物在日平均温度≥10℃的情况下才能活跃生长,可把日平均温度≥10℃的持续期视为农作物的生长期。把生长期内每天的日平均温度累加得到的温度总和,叫作积温。

气温的日较差和光照对农作物的产量和质量有着重要影响。白天气温高,日照强,有利于农作物的光合作用,能产生更多的营养物质;夜间气温低,农作物的呼吸作用被削弱,减少了对能量的消耗,有利于营养物质的积累。河西地区气候干旱,多晴天,光照强,白天在强烈的太阳照射下增温很快,夜间散热也很快,使气温发生急剧的变化,夏季气温日较差非常大。

水分条件制约着农作物的生长,不同的农作物需水量不同。需水较多的农作物有水稻、甘蔗、茶叶等,需水较少的农作物有甜菜、小麦、玉米和高粱等。甘肃省的降水主要受

夏季风的影响,分布上东南多、西北少。

光热、水分的组合对农业生产的影响很大。水、热条件在时间、空间上结合得越好,越有利于农业生产的发展。甘肃省河西地区,光照充足,具有良好的水利设施和灌溉条件,是我国重要的的商品粮基地、制种基地和高原夏菜基地。

六、水文条件

甘肃省水资源主要分属黄河、长江、内陆河3个流域。内陆河流域位于河西走廊东端的乌鞘岭以西,总面积27万平方千米,从西到东分布有疏勒河、黑河、石羊河三个水系;黄河流域位于甘肃省中东部地区,总面积14.6万平方千米,有黄河干流、洮河、湟水、渭河、泾河5个水系;长江流域主要在陇南地区,总面积3.8万平方千米,除汉江水系八庙河外都属嘉陵江水系。全省年径流量大于1亿平方千米的河流90条,其中:内陆河流域20条,黄河流域36条,长江流域34条。另外,在祁连山区有部分冰川分布,省内湖泊较少。

(一)地表水资源

地表水资源指河流、湖泊、冰川等地表水体的动态水。根据2013年《甘肃省水资源公报》,内陆河流域水资源量58亿立方米,黄河流域水资源量122亿立方米,长江流域水资源量116亿立方米。

(二)地下水资源

地下水资源量指降水、地表水体补给浅层地下水含水层的动态水量,用补给量和排泄量作为定量的依据,只考虑矿化度小于2g/L的地下水作为地下水资源量。全省地下水资源量139亿立方米。内陆河流域地下水资源量48亿立方米,黄河流域地下水资源量49亿立方米,长江流域地下水资源量42亿立方米。

(三)水资源总量

水资源总量指评价区内当地降水形成的地表和地下水总量,即地表水资源量和降水入渗补给量之和。全省水资源总量303亿立方米,内陆河流域水资源总量62亿立方米,黄河流域水资源总量125亿立方米,长江流域水资源总量116亿立方米。

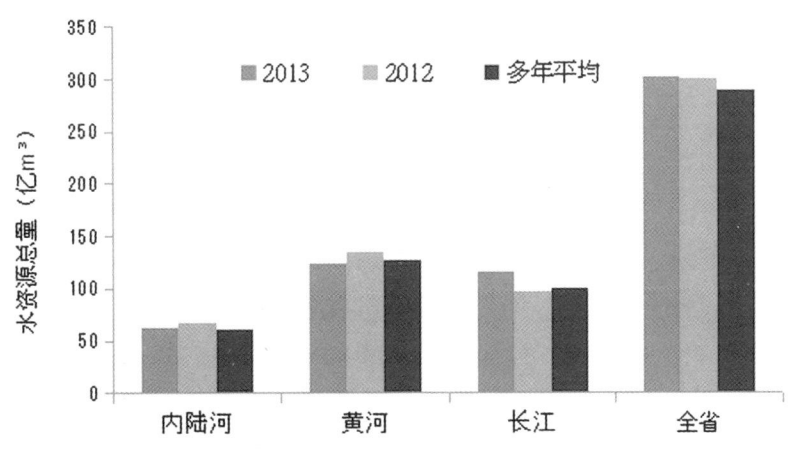

注：数据来源于2013年《甘肃省水资源公报》。

图1-1-1　2013年与2012年及多年平均各流域分区水资源总量比较图

(四)水资源的开发利用状况

1.供水量

全省总供水量122亿立方米,其中内陆河流域79亿立方米,黄河流域41亿立方米,长江流域2亿立方米。按供水工程类型分,蓄水工程34亿立方米,引水工程40亿立方米,提水工程15亿立方米,从黄河流域调入内陆河流域3亿立方米,地下水工程29亿立方米,其他水源供水1.6亿立方米。

2.用水量

全省总用水量122亿 m^3,其中内陆河流域79亿 m^3,黄河流域41亿 m^3,长江流域2亿 m^3。按用水行业分,农田灌溉91亿 m^3;林牧渔畜9亿 m^3;工业用水13亿 m^3;城镇公共用水3亿 m^3;居民生活用水5亿 m^3;生态环境用水2亿 m^3。见图1-1-2。

3.地级城市建成区供用水量

全省地级城市合计建成区面积588平方公里,人口612.39万人,工业增加值625.36亿元,总供水量8.03亿立方米,其中地表水6.86亿立方米,地下水0.87亿立方米,污水回用0.30亿立方米。总用水量8.03亿立方米,其中居民生活2.45亿立方米,城市公共1.13亿立方米,工业3.86亿立方米,城市环境0.58亿立方米。

4.耗水量

全省净耗水量80.56亿立方米,综合耗水率为65%。其中内陆河流域51.98亿立方米,综合耗水率为69%;黄河流域26.45亿立方米,综合耗水率为59%;长江流域2.13亿立方米,综合耗水率为68%。按用水行业分,农田灌溉63.42亿立方米,耗水率为71%;林牧渔2.91亿立方米,耗水率为67%,牲畜1.42亿立方米,耗水率为100%;工业5.16亿立方米,耗水率为33%,其中火(核)电工业0.68亿立方米,耗水率为40%,一般工业4.48亿立方米,耗水率为32%;城镇公共1.21亿立方米,耗水率60%;居民生活4.50亿立方米,耗水率为62%;生态环境1.95亿立方米,耗水率为65%。

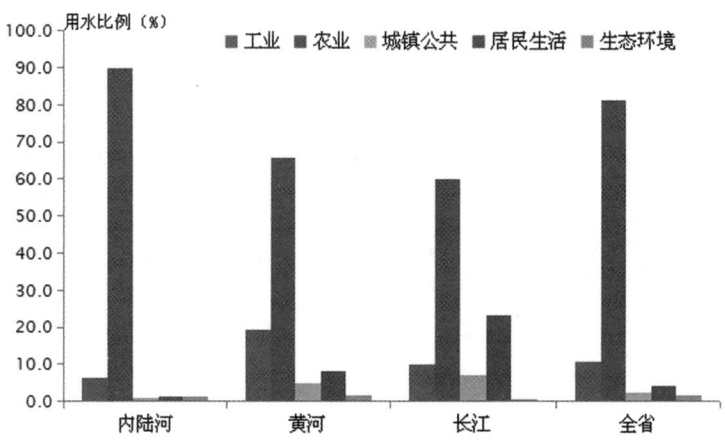

注:数据来源于2013年《甘肃省水资源公报》。

图1-1-2 用水组成

5.废污水排放量

全省废污水排放总量为8.71亿吨,其中内陆河流1.73亿吨,黄河流域6.72亿吨,长江流域0.26亿吨。按排放行业分,城镇居民生活2.96亿吨;第二产业5.27亿吨;第三产业0.49亿吨。

(五)大中型水库

全省29座大中型水库2013年末蓄水总量36亿立方米。内陆河流域:3座大型水库年末蓄水量3.7亿立方米;17座中型水库年末蓄水量3.7亿立方米。黄河流域:2座大型水库年末蓄水量27亿立方米;4座中型水库年末蓄水量0.27亿立方米。长江流域:1座大型水库年末蓄水量1.6亿立方米;2座中型水库年末蓄水量0.017亿立方米。详情见表1-1-3。

表1-1-3 甘肃省2013年末大中型水库蓄水量

单位:亿立方米

水库名称	蓄水量	水库名称	蓄水量	水库名称	蓄水量	水库名称	蓄水量
党河	0.2887	双树寺	0.0508	西营河	0.0521	锦屏	0.0179
双塔	1.6990	翟寨子	0.0232	南营	0.0468	东峡	0.034
赤金峡	0.2265	李桥	0.0425	红崖山	0.3815	崆峒	0.1978
鸳鸯池	0.8161	祁家店	0.0256	黄羊	0.1488	巴家咀	0.0705

续表 1-1-3

水库名称	蓄水量	水库名称	蓄水量	水库名称	蓄水量	水库名称	蓄水量
解放村	0.1083	西大河	0.3010	大靖峡	0.0393	红河	0.0682
鹦鸽嘴	0.0193	金川峡	0.5080	刘家峡	26.900	晚家峡	0.0390
瓦房城	0.0499	皇城	0.4638	高崖	0.0479	碧口	1.6290
昌马	1.1800						

注：数据来源于2013年《甘肃省水资源公报》。

（六）水质

1．地表水水质状况评价

全省共选用108个水质监测断面的资料，对地表水水质状况进行评价，其中内陆河流域30个，黄河流域64个，长江流域14个。评价标准采用《地表水环境质量标准》(GB3838-2002)，评价河长为水质监测断面实际控制河长。

全省入河污水量及入河主要污染物 全省共统计工业、生活、混合类废污水排污口602个，入河污水量共计6.057亿吨，入河主要污染物中化学需氧量为11.969万吨，氨氮为1.729万吨。内陆河流域排污口30个，入河污水总量1.056亿吨，入河主要污染物中化学需氧量2.219万吨，氨氮0.544万吨；黄河流域排污口442个，入河污水总量4.836亿吨，入河主要污染物中化学需氧量9.595万吨，氨氮1.609万吨；长江流域排污口130个，入河污水总量0.216亿吨，入河主要污染物中化学需氧量0.156万吨，氨氮0.024万吨。

全省河流水质状况 全年评价河长6137.1km，其中Ⅰ～Ⅲ类水的河长3865.1km，占评价总河长的63.0%，Ⅳ类水的河长371.6km，占评价总河长的6.1%，Ⅴ类水的河长378.7km，占评价总河长的6.2%，劣Ⅴ类水的河长1521.7km，占评价总河长的24.7%。

大中型水库 对党河水库、赤金峡水库、昌马水库、双塔堡水库、鸳鸯池水库、鹦鸽嘴水库、李桥水库、双树寺水库、瓦房城水库、金川峡水库、红崖山水库、黄羊水库、崆峒水库、刘家峡水库、八盘峡水库、盐锅峡水库、九甸峡水库、巴家咀水库、碧口水库等19座水库进行了评价。评价结果为巴家咀水库全年为Ⅴ类水，主要超标项目为化学需氧量(COD)、硫酸盐；红崖山水库全年为Ⅳ类水，主要超标项目为化学需氧量(COD)、氨氮；金川峡水库汛期为Ⅳ类水，主要超标项目为氨氮；赤金峡水库汛期为Ⅳ类水，主要超标项目为氨氮；其余15座水库均为Ⅰ～Ⅲ类水。

饮用水水源地 对列入全省水源地名录的46处水源地进行评价，其中44处的水源地全年水质合格率为100%；金昌市金川峡水库水源地水质合格率为75.0%，主要超标项目为氨氮;庆阳市巴家咀水库水源地水质合格率为8.3%,主要超标项目为硫酸盐、化学需氧量。

水功能区水质 状况全省共划水功能区234个,区划河长15000.7km,本次评价水功能区96个,评价河长6089km。内陆河流域,评价水功能区27个,评价河长1801.4km,达标水功能区22个,达标率81.5%,达标河长1590.9km,达标率88.3%,该区主要超标项目为氨氮、化学需氧量;黄河流域,评价水功能区58个,评价河长3437.7km,达标水功能区31个,达标率53.4%,达标河长1398.2km,达标率40.7%,该区主要超标项目为氨氮、化学需氧量;长江流域,评价水功能区11个,评价河长849.9km,达标水功能区9个,达标率81.8%,达标河长708.9km,达标率83.4%;该区主要超标项目为氨氮。

第二节 农业生产概况

一、区域主要农作物播种面积及产量

甘肃省是一个以农业为主的省份,以小麦、玉米、马铃薯等为主要粮食作物,耕作制度以小麦—玉米—其他为主,全省以一年一熟为主要熟制。2001年至2014年粮食作物的播种面积保持在4000万亩左右。2001年的播种面积为4035.94万亩,2003年跌至3749.19万亩,为近14年来最小播种面积。2010年至2014年,粮食作物的播种面积保持在4200万亩左右。粮食作物的单产近14年里稳中有升,从2001年的186.63千克/亩增长到2014年的272.64千克/亩。增长了46.09%。见表1-1-4、1-1-5。

狭长的地域和复杂的地貌决定了甘肃省农业生产、自然生态、生产条件的多样性。气候干燥,光照充足,独特的光能资源使农业生产地域差别较大。河西走廊干旱少雨但具有良好的水利设施和灌溉条件,是我国重要的商品粮基地、制种基地和高原夏菜基地;陇中、陇东属旱作农业区,是全国重要的马铃薯、中药材、小杂粮、羊肉生产基地;甘南及河西牧区是全国重要的牛羊肉生产基地和细毛羊基地;陇南地区属亚热带气候,雨量充足,植被覆盖率高,动物资源丰富,是甘肃省重要的特色农产品基地。

表1-1-4 2001—2014年甘肃省粮食生产情况

年份	粮食作物总面积(万亩)	总产量(万吨)	单产(千克/亩)
2001	4035.94	753.22	186.63
2002	3943.14	782.68	198.49
2003	3749.19	789.34	210.54
2004	3801.90	805.80	211.95

续表 1-1-4

年份	粮食作物总面积(万亩)	总产量(万吨)	单产(千克/亩)
2005	3880.78	836.89	215.65
2006	3898.26	826.05	211.90
2007	4030.55	824.43	204.55
2008	4024.49	888.50	220.77
2009	4110.05	906.20	220.48
2010	4199.67	958.30	228.18
2011	4250.48	1014.60	238.70
2012	4259.05	1109.70	260.55
2013	4288	1138.9	265.60
2014	4250	1158.7	272.64

注：数据来源于《甘肃农村年鉴》。

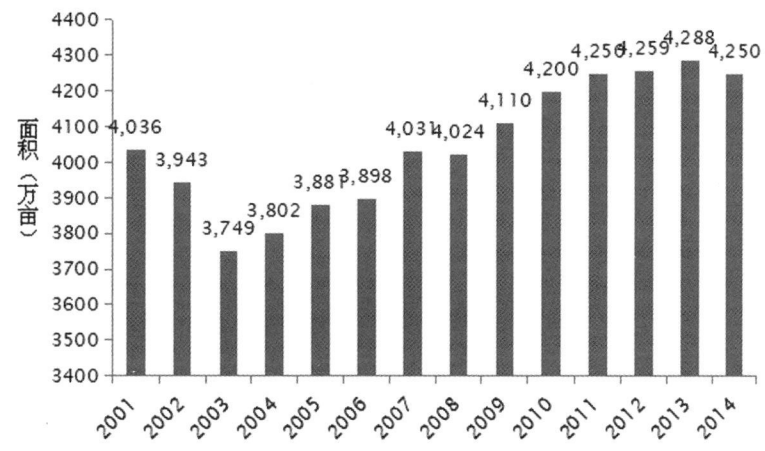

图 1-1-3　2001—2014 年甘肃省粮食作物播种面积

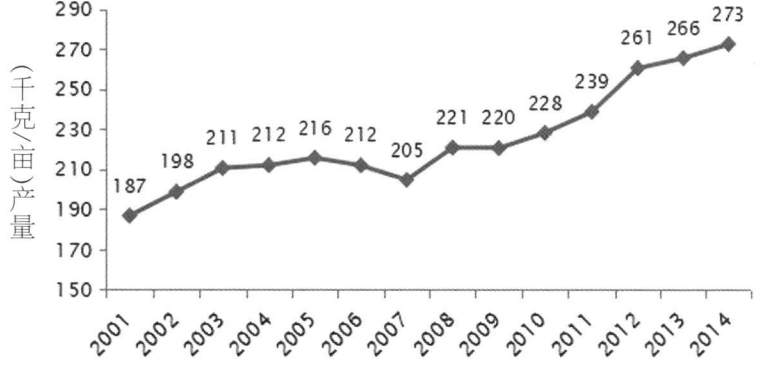

图 1-1-4　2001—2014 甘肃省年粮食作物单产

表 1-1-5 2001—2012 年甘肃省粮食生产情况（单位：万亩）

	农作物总播种面积	粮食作物	小麦	玉米	谷子	豆类	大豆	薯类	经济作物播种面积	棉花	油料	油菜籽	大麻	甜菜	烟叶	药材	蔬菜	瓜类
2001年	5533.35	4035.94	1685.92	700.58	54.37	376.63	124.33	724.82	873.78	85.35	489.8	208	3.42	17.13	21.04	156.79	280.27	45.8
2002年	5474.9	3943.14	1610.99	746.86	51.06	350.96	122.72	727.35	881.38	60.61	466.2	204.78	6.5	10.78	14.13	199.13	301.04	51.19
2003年	5431.38	3749.19	1442.01	735.71	50.69	346.11	121.21	744.83	947.93	78.24	502.49	231.32	5.06	7.89	20.03	209.35	342.49	48.08
2004年	5503.34	3801.9	1400.25	740.51	49.65	351.71	129.99	823.71	970.23	102.5	498.98	243.05	5.75	6.91	21.35	210.11	352.6	50.06
2005年	5589	3880.8	1442.1	754.65	48.15	367.5	141.3	796.5	1441.95	96	493.2	236.1	6	6	21.3	214.2	460.2	54.6
2006年	5625.03	3898.26	1405.04	776.58	46.82	337.28	133.56	869.98	1481.36	114.02	487.4	243.53	5.15	7.61	23.84	216.24	476.21	61.4
2007年	5752.03	4030.55	1386.21	748.81	40.22	349.65	148.44	986.74	1506.01	118.89	457.8	228.74	4.77	8.83	7.18	224.03	520.46	66.37
2008年	5802.92	4024.49	1355.29	835.81	29.73	341.89	149.63	986.1	1579.02	109.1	497.54	243.13	3.51	6.88	6.02	240.8	551.69	69.52
2009年	5907.96	4110.05	1376.07	1054.41	27.62	310.79	136.9	965.33	1605.47	83.52	527.81	283.29	3.38	6.7	6.6	247.78	557.46	74.16
2010年	5992.77	4199.67	1319.48	1253.22	18.65	298.3	135.53	968.17	1625.26	71.86	518.57	274.41	2.56	7.58	6.09	248.12	592.46	77.05
2011年	6104.16	4250.48	1292.39	1277.54	19.34	299.91	140.45	1022.61	1696.92	71.88	526.67	276.85	2.6	7.35	5.76	278.2	623.1	74.69
2012年	6182.07	4259.05	1228.46	1387.11	17.7	287	136.02	1044.93	1774.98	72.27	504.65	262.56	2.76	7.55	6.17	316.74	681.02	76.88

注：数据来源于《甘肃农村年鉴》。

近年来，甘肃省坚持用市场经济的思维谋划农业生产，用工业化的思维谋划农业发展，用以人为本的理念谋划农民增收，全省农业农村经济保持了持续较快的良好态势，走出了一条具有甘肃特色的农业农村经济发展路子。2014年，全省粮食总产达1158.7万吨，肉蛋奶总产量达163万吨。农业机械总动力达到2416万千瓦，耕种收综合机械化水平达到42%，农机化发展总体进入了中级阶段。全省特色优势经济作物总面积达到2840万亩，占农作物种植面积一半以上，科技对农业经济增长的贡献率达到50%。全省农业增加值达879.4亿元，农民人均纯收入5108元。

总体来说，甘肃农业主要有六个特点：

一是农业综合生产能力显著提高。主要农产品全面大幅增产，实现了粮食自给，果菜外调，特产出口。蔬菜、水果、畜产品等增长幅度较快，我省销往省外的马铃薯、高原夏菜、果品、牛羊肉、小杂粮等农产品在1300万吨以上。

二是农业生产条件得到明显改善。全省农业基础设施建设取得重大进展，设施农业快速发展，农业物质装备水平明显提升，防灾减灾能力逐步增强。全省推广高效农田节水技术1000万亩以上，畜禽养殖有了长足发展，规模养殖、集中发展、整县推进已逐步成为产业发展的总体特征。

三是农业形态和功能得到明显拓展。旱作农业、节水农业、生态农业、有机农业、循环农业、生物质产业等农业形态应运而生。农业的食品保障、原料供给、就业增收等基本功能不断得到拓展和深化，农业的生态保护、观光休闲、文化传承等功能日益凸现。

四是农业结构调整取得重大突破。全省"粮、经、饲"三元结构基本形成，农、林、牧、渔全面发展，农业区域化布局初步形成。马铃薯、中药材、玉米制种、啤酒大麦、紫花苜蓿等5个产业和产品的面积或产量位居全国第一，高原夏菜、纹党、岷归、花牛苹果、白耗牛等产品享誉国内外。

五是农业发展方式加快转变。全省农业产业化建设取得明显成效，龙头企业快速发展，草食畜牧业、设施蔬菜、优质林果、马铃薯、中药材、现代种业和酿酒原料等七大特色优势产业实现了区域化布局、规模化生产、产业化经营。农业法制化建设扎实推进，地方农业法规逐步完善，依法兴农、依法管理农业生产秩序、依法保障农业和农村经济发展的局面已逐步形成。

六是农业科技取得重大进步。重大农业科技的探索成功，产生了重大的革命性效应。全膜双垄沟播技术、高效节水灌溉技术、全膜覆土穴播技术的推广应用，使我们找到了解决全省粮食问题的突破口，形成了北方新的旱作农业生产方式。

今年以来，在农业部的精心指导下，甘肃省认真组织实施"365"现代农业发展行动计划，着力提升粮食生产能力，大力发展特色优势产业，积极推进农业农村改革，全省农牧各项事业进展良好。

在粮食生产方面，大力推进国家级旱作农业示范区建设，推广全膜双垄沟播面积1528.7万亩，全省完成粮食播种面积4250万亩，夏粮生产呈现出面积减少但单产和总产增加的"一减两增"趋势。

在畜牧业发展方面，启动了3个市（州）的现代畜牧业全产业链试点和35个现代畜牧业示范县建设，开展了4个县的草地农业试点工作，新建标准化养殖场544个，全省肉牛、肉羊规模化养殖比重分别达到42%和45%。

在特色优势产业开发方面，新增特色优势经济作物114.8万亩，衔接落实牛羊和蔬菜产业贴息贷款51.3亿元，撬动社会资本38亿元投入农牧产业，开通了甘肃农产品电子商务平台，在线经销企业已达1000多家。

在现代农业发展方面，积极推进3个国家级和13个省级现代农业示范区建设，落实高效农田节水面积1016万亩，推广测土配方施肥面积3973万亩，配方肥施用面积1589万亩，机耕、机播面积分别达到1380万亩、1350万亩。

在农产品质量安全监管方面，在15个县组织开展了农产品质量安全追溯试点，在10个县开展了省级农产品质量安全监管示范县创建活动，农产品质量安全监管体系进一步健全。

在农业农村改革方面，在3个县区开展了土地确权登记颁证整县推进试点，在28个县区开展了整乡推进试点，在55个县区各选择1~2村开展了整村推进试点，在5个县（区）开展了农村集体产权股份合作制改革试点。全省土地流转面积达到868万亩，土地流转率达到18.1%。在政策支农方面，整合省级涉农资金21.7亿元，重点支持蔬菜、苹果、马铃薯、中药材、现代畜牧产业和旱作农业发展，全面落实各项强农惠农富农政策，上半年全省实现农业增加值199.8亿元，同比增长5.7%；农民现金收入3092元，同比增长13.01%。

二、农田基础设施

1.水利设施的供给

到2013年底，甘肃省建成大中型水库53座，总库容102亿立方米。小型水库224座，水工程9885处，提水工程8129处，跨流域调水工程2处，规模以上机电井5.2万眼，塘坝2367座，集雨水窖133万眼，建成农村人饮集中供水工程1.1万处，分散供水工程66万处，累计解决农村饮水安全人口1765万人。建成万亩以上灌区239处，有效灌溉面积达到1926万亩；发展水利工程节水面积1168万亩；治理水土流失面积7.36万平方千米，建成标准梯田2792万亩；兴修堤防6006km；小水电装机达到255万千瓦。

2.交通设施

2014 年底,甘肃省公路总里程达到 13.8 万千米,其中高速公路 3300km,二级公路 7492km,农村公路 12.07 万 km,公路网密度达到 32.43km/100km^2。甘肃省 70% 的建制村通了沥青(水泥)路,乡镇汽车站达到 1222 个,建制村汽车停靠站达到 13164 个,覆盖全省 96.8% 的乡镇和 78.1% 的建制村。

3.农业用电

2013 年,甘肃省农业用电量为 317161.69 万千瓦时,2012 年为 304385.98 万千瓦时,比 2012 年增加了 12775.71 万千瓦时;2013 年全省水电站有 342 个,2012 年有 335 个,增加了 7 个。

4.农业信息化

甘肃省通过实施国家"金农工程"、农业部"三电合一"和"甘肃省农村信息公共服务网络工程"等重点项目,目前全省已建成 1 个省级、12 个市级、86 个县级农业信息网站和 5000 个村级信息服务点。截止 2008 年,1998 年启动的"村村通"工程累计投入建设资金 1.47 亿元,共完成了 8847 个行政村和 50 户以上自然村通广播电视的建设任务。随着直播卫星技术的推广应用,广播电视在甘肃正逐步从"村村通"向"户户通"延伸。2004 年实施的"村村通电话工程",农村移动通信网络乡镇覆盖率达到 100%,行政村覆盖率达到 99.68%,自然村网络覆盖率 96.54%。省级农业信息网站数量逐年增加,拥有 16 个专业子网,全省 14 个市州中建成农业网站的有 9 个,87 个县市区中已建成农业网站的有 48 家。

三、肥料投入

甘肃省的肥料发展分为 3 个阶段。第一阶段指 20 世纪 60 年代的有机肥和氮肥配合使用阶段。由于当时化肥量较少,土壤氮素养分极为缺乏,主要靠施用有机肥提高和保持土壤肥力,增施氮肥能够起到明显的作用,施用磷肥效果较差,施用钾肥基本无效。

表 1-1-6　2003—2011 年甘肃农业信息化投资及贡献率

年份	农业信息化投资(亿元)	农业总产值(亿元)	农业信息化贡献率(%)
2003	17.6	427.84	4.1137
2004	22.7	503.50	4.5084
2005	16.3	549.71	2.9652
2006	19.6	593.70	3.3013
2007	18.1	686.10	2.6381
2008	15.0	808.10	1.8562

续表 1-1-6

年份	农业信息化投资(亿元)	农业总产值(亿元)	农业信息化贡献率(%)
2009	19.5	876.28	2.2253
2010	23.1	1057.00	2.1854
2011	32.5	1187.76	2.7362

注：数据来源为《甘肃年鉴》。

第二阶段为20世纪70年代的有机肥和氮磷肥配合施用阶段。随着作物产量的不断提高，当氮磷肥配合施用后，能有效的提高作物产量和品质。

第三阶段是平衡施肥阶段。甘肃省从20世纪80年代初，开始实行测土施肥，在各级行政和技术部门的大力支持和配合下，先后开展了土样采集、分析化验、施肥调查、宣传培训、田间试验、配方设计、施肥建议、示范推广等一系列工作，取得了显著的经济效益和社会效益。明显提高了农民的科技意识，改变了施肥观念，了解了当地土壤的养分状况、生产性能和各种肥料的特性，掌握了基本的施肥知识和施肥方法，采用了以有机肥为基础，氮、磷、钾等各种化学肥料平衡施用的科学施肥方法，测土配方施肥技术已成为现阶段农业生产中重要的技术措施，而被农民群众广泛采用。

2014年农用化肥施用量97.60万吨。近年来，甘肃省全面开展测土配方施肥技术的研究开发与示范推广，通过强化管理，狠抓落实，实现了农业节本增效和农民增产增收的目标，取得了显著的经济效益和社会效益。2005—2015年，推广测土配方施肥面积和施用配方肥面积不断增加，推广测土配方施肥面积由2005年的80万亩增加到2015年的5200万亩，施用配方肥面积由2006年的240万亩增加到2015年的2000万亩。见表1-1-7。

通过测土配方施肥，增强农民科学施肥观念，改变不合理的施肥习惯，提高肥料利用率，减少环境污染，提升耕地综合生产能力，实现农业节本增产增效，提高农产品质量和耕地投入产出率，增加农产品竞争力，增强粮食综合生产能力，发展优质、高产、高效、生态、安全农业，保障粮食安全，推动新农村建设。

表 1-1-7　2005—2015年甘肃配方肥示范推广面积

单位：万亩

年份	2005	2006	2007	2008	2009	2010	2011	2012	2013	2014	2015
推广面积	80	480	1525	2547	4119	3124	4042	4500	4800	5000	5200
配方肥面积	/	240	700	990	1470	1418	1524	1713	1750	1800	2000

四、农作物灌溉

2012年,全省农田有效灌溉面积1946.37万亩,农田实灌面积1621.17万亩,林牧渔用水面积255.40万亩。

河西地区:是甘肃省制种、啤酒大麦、瓜果蔬菜基地。包括武威、张掖、酒泉、金昌、嘉峪关五市,农田有效灌溉面积998.22万亩,农田实灌面积924.81万亩,农业用水主要靠祁连山冰雪融水。农业发展的特点是没有灌溉就没有农业,因此,节水对于河西走廊农业经济的发展来说意义重大。农业水利用率与发达国家相比差距很大,灌溉水利用率仅达到48%,单方水粮食生产率只有0.85kg左右。节水增产还有很大的空间。应在平整土地的基础上继续推广膜下滴灌、隔行交替灌溉、垄畦沟灌等大田节水灌溉技术;实施分级供水、按量计费和灌溉预报等节水型管理制度。

中东部旱作区:包括兰州、白银、定西、临夏、平凉、庆阳及天水北部等地,耕地面积3587.63万亩,农田有效灌溉面积831.89万亩,农田实灌面积614.95万亩,林牧渔用水面积83.53万亩,农业生产以雨养农业为主。该区域降水稀少,降雨与作物关键需水期错位,各种灾害首推干旱。应大力实施集地膜集雨、覆盖抑蒸、垄沟种植为一体的抗旱保墒新技术,增加土壤墒情。继续修建集雨水窖、蓄水池,收集自然降水,在蓄水的基础上节水,在节水的同时蓄水,提高天然降水利用效率。

南部山区:包括陇南、甘南两地州。农田有效灌溉面积116.27万亩,农田实灌面积81.42万亩,林牧渔用水面积2.72万亩。该区地处南北秦岭与甘南高原的交会处。丰富的降水,加上山间溪流密布,总出水量131亿立方米,但利用率低。该区域农业节水的重点在于"截"(截流蓄集),可分段建设拦水坝,埋压输水主管道和分支管道,将具有坡降度的主河道和较大山溪水沟直接引流灌溉椒园、茶园、果园和大田作物。也可在地形较平缓的区域,发展小水集流池,对周围的作物进行节水灌溉,有效提高小水资源利用率。

五、农作物品种

2014年甘肃省主要种植的春小麦品种有酒春3号、宁春39号、陇春26号、陇春23号、陇辐2号,种植面积分别为9.66万亩、7.8万亩、7.5万亩、6.55万亩、5.25万亩;主要种植的玉米品种有豫玉22号、先玉335、沈单16号、长城706、金凯3号,种植面积分别为225.97万亩、148.52万亩、60.58万亩、50.78万亩、44.34万亩;主要种植的马铃薯品种有陇薯3号、陇薯6号、庄薯3号、新大坪、陇薯7号、克新1号,种植面积分别为338.63万亩、128.93万亩、118.88万亩、67.05万亩、52.92万亩、29.7万亩。

六、病虫害发生与防治

2014年,甘肃省植保植检部门积极开展农作物病虫害疫情监测预警、植物疫情防控、农药市场监管等工作,准确地监测和控制了农作物重大病虫害疫情的发生危害,全年累计防治各类病虫草鼠害1.57亿亩次,共计挽回各类作物损失265万吨,其中,挽回粮食作物损失150万吨,约占粮食总产的13%。针对小麦条锈病,甘肃省以条锈病菌源区综合治理为重点,实施了退麦改种、秋播药剂拌种、抗病品种合理布局等措施,使条锈病发生危害程度为近10年来最轻的一年。针对马铃薯晚疫病流行的严峻形势,各级测报站准确发布预报,甘肃省累计投入农药754万吨,防治马铃薯晚疫病827万亩次。为加强苹果蠹蛾疫情防治,全年投入400多万元,通过开展"百日防控行动"、交通线疫情阻截等工作,将疫情成功阻截在兰州以西地区,当年疫情发生面积24万亩,较上年减少0.74万亩,平均蛀果率由0.29%下降到0.16%。

2014年,甘肃省还开展农作物重大病虫害专业化统防统治1260万亩次,各类专业化防治组织达到911个。对6049家农药经营单位发放经营许可证,并开展专项抽查,对不合格产品进行查处,净化了农药市场。同时,在陇南、天水等10个市建立了36个县区病虫害绿色防控示范区,面积达298万亩,并辐射带动300多万亩,有效提升了农产品质量安全和农业生态环境安全水平。

七、农业机械化应用情况

甘肃省农业机械化分为两阶段:第一阶段从1949年到1978年,指令性计划经济时期,第二阶段从1979年至今,在市场力量作用的改革开放时期。

第一阶段农业生产机械化起步和推广阶段。建国初受多年战乱及自然灾害的影响,甘肃省农业生产受到了极大的破坏。农业的耕、种、收完全依靠人力和畜力。政府为了恢复农业生产,在组织传统农具生产的同时,积极进行农具的改良、设计、制造与推广,有力地改善了农业的生产条件。1966年,国家确定了"1980年基本实现农业机械化"的奋斗目标,加大投入力度,加快了农业机械化发展进程。甘肃省农业机械化在这个目标的鼓舞下和国家扶持下,有了很大的发展。大中型耕作机械大量增长。同时,小型多样化的农机数量快速增长,使得机械作业范围扩大,农副产品加工机械和农用灌溉机械进一步发展。

第二阶段农民自发面向市场发展阶段。1979年后随着甘肃省农村实行联产承包责任制,生产队解体,农户分散经营,生产规模变小,因农机作业成本较高,加之国家取消了扶持农业机械化发展的一系列优惠政策。这使得原有的农机具失去了使用价值,农田作业又变为主要依靠人力和畜力。1983年以后随着农民收入增加及农民多种经营的需要,农民开始自发购买农机具,农机具除了进行农田作业外还从事一些加工、运输作业,从而使甘肃省的农业机械化有了较大的发展。1993年,党的十四届三中全会通过《关于建立社会主义市场经济体制若干问题的决定》,成为我国进行经济体制改革的行动纲领,农民为了进一步摆脱繁重的体力劳动,用农业机械代替传统的人力、畜力生产,形成了以购买农用机械进行农田作业和副业创收、联合收割机跨区作业的热潮。

2013年甘肃省农业装备总量持续增长,结构优化速度加快。甘肃省农机总动力达到2416万千瓦,农机化作业水平持续提高,薄弱环节农机化有所突破。甘肃省机耕、机播、机收作业面积分别达到3225万亩、2109万亩、1216万亩,农机服务组织达到4000个,农机经营纯收入达到35亿元。

2004年至今,伴随《农业机械化促进法》公布施行,中央和省、市相继出台了农机购置补贴规定等一系列支农惠农政策,使甘肃省农机化迈上了农户投资、政府扶持、农机专业户带动、市场推动相互促进的良性发展轨道。

第三节　土壤概况

一、成土母质

成土母质是岩石风化的产物,是土壤的原始物质,是土壤形成起始时土壤系统的状态。在一系列特定的其他成土因素开始发生影响时,土壤的物质实体和它具有的化学和矿物学性状。成土母质是土壤形成、发育的物质基础,是土壤的骨架和前身,影响土壤的物理化学性质、肥力特征和改良利用方向。

甘肃省成土母质类型多样,既有岩石直接风化物,也有松散的沉积(堆积)物。在秦岭山脉和祁连山系星罗棋布的山地上,裸露岩石经风化形成的残余物质,山坡上片流作用形成的坡积堆积物,悬崖上受重力作用掉落下的堆积物,沟谷暂时性洪流形成的洪积堆积物,河谷、平原流水作用的冲积物,平原、盆地低洼湖中的沉积湖积物。在祁连山高山带有冰川作用的沉积物,在河西地区有风力跃运堆积的风成砂。在甘肃黄土高原地区有风力悬运堆积的风成黄土,还有混合成因的残积—坡积物、坡积—土溜堆积物、坡积—洪积物、坡积—冲积物、冲积—洪积物和冲积—湖积物等。

(一)残积风化物

岩石经过风化以后,部分物质随水分解流失,部分物质变得疏松,残留原地,即为残积物。残积物经过各种形式的搬运,可成为其他类型的堆积物。组成残积物的主要物质是具有棱角的石块和砂粒,其成分和生成它的岩石成分一致。基岩成分不同,残积母质的特

性各异。

1. 浅色硅质结晶岩类风化物

如花岗岩、花岗片麻岩、花岗闪长岩、花岗斑岩等岩类，属较酸性的石英质火成岩和变质岩。它们经过地球化学而产生的腐岩(残积物)所形成的土壤，通常比较深厚，粗砂粒和粘泥混成不均一体，表层常呈粗质壤性土，疏松而透水性较强，利于酸性淋洗，一般呈微酸性而盐基水平低。由于含浅色矿物石英、钾长石的含量多，深色矿物黑云母与角闪石含量较少，形成的颜色较淡，且因母岩含铁量低，土色常为黄或黄棕色。在寒冷气候条件下，所形成的土壤，矿质养分储量常低，较冷凉或干旱的气候下，土壤的黏粒矿物为硅石—伊利石—蒙脱石；在较温暖和较湿润气候下，因有钾长石风化后供给的钾素，土壤稍加培育后，肥力尚佳，但砂性过强，风化物抗蚀力弱，受侵蚀的地方便比较贫瘠。气候温暖，则土壤中的黏粒矿物常多高岭石类型。

上述浅色岩类风化物在甘肃省北秦岭、陇山、祁连山和北山地区均有分布，由于岩石露头地区的气候情况不同，风化残积物的性状变化较大。

2. 暗色铁镁中基性结晶岩类风化物

如安山岩、闪长岩、正长岩、辉长岩、辉绿岩、玄武岩等。属中性和基性岩类，岩石中SiO_2的含量约40%～65%，矿物组成中不含或石英含量很少，以斜长石、辉石和角闪石为主，深色矿物辉石、角闪石、黑云母和橄榄石等增多，铁镁氧化物含量高。岩石的颜色为灰色、深灰、浅绿、灰绿、深绿和黑色等。容易吸热，同时几种深色矿物易受物理性崩解和化学风化，风化迅速而易于产生黏粒，常形成深厚的腐岩层而富含黏土，当岩石中含磁铁矿多时，形成的砂粒较多，形成的土壤表层一般常是壤质或黏壤质，质地较为均一。由于风化物有较高的游离铁含量，土色常呈为暗棕或棕红色，盐基水平和pH值较高，中性岩有时呈中性或微酸性，基性岩常呈中性至微碱性，并含有磷灰石而含磷量较多，矿质营养较高，土壤肥沃，适宜于植物生长。

上述岩类风化物零星分布于甘肃省秦岭、祁连山、北山山地和河西走廊等岩石裸露地区，因气候、地形情况不同，风化残积物的特性变化较大。

3. 砂岩风化物

如石英砂岩、长石砂岩等。由含量在50%以上的直径2.0～0.1mm的碎屑(砂粒)胶结而成。砂粒主要为石英(含量＞50%)，也常见有长石、白云母、磁铁矿等一些化学性质稳定的矿物成分。砂岩中石英颗粒含量超过95%的叫石英砂岩，长石颗粒含量达25%～60%时，称为长石砂岩。按其组成颗粒粗细可分为粗粒、中粒和细粒砂岩；依其主要胶结物不同，通常可分为硅质砂岩、铁质砂岩、钙质(碳酸钙)砂岩、泥质砂岩等。胶结物为二氧化硅者最为坚硬，泥质者最软。石英岩由砂岩或硅质砂岩热变质而成，化学性能稳定，极为坚硬。

因为砂岩的矿物成分主要是石英,抗风化力强,化学分解作用不太显著,残积物腐岩与原来岩石性质比较接近,含砂量高,质地粗,抗分散,透水性强,它们的盐基水平低,储存的养分少,在湿润气候下,强渗透性能促进酸性淋洗,pH值低。砂岩的风化情况与胶结物的关系很大,泥质和碳酸钙胶结的砂岩,风化快而生成较厚的风化层,松散而无大块。由氧化硅和铁质胶结的砂岩,因胶结物风化溶解困难,风化层薄而常有大石块夹杂,含铁质胶结物者生成的土壤常显红色。含石英多的砂岩形成的土壤质地砂而养分含量少,肥力较低,有些砂岩含长石云母或其他矿物较多,生成的土壤黏粒含量高,具黏土性质,养分储存较多。石英岩坚硬致密,风化最为困难,残积物中带棱角的大石块多而风化层薄,生成的土壤养分含量少,酸性较强,质地粗而保蓄力不强,大多肥力不高。

砂岩在甘肃省的秦岭山地、六盘山、祁连山北山及中部地区的石质山中均有较大面积的分布。由于秦岭以南气候温暖湿润,土壤淋洗作用显著,多为中性或微酸性,其他地区呈中性或微碱性,风化物质各地变化很大。

4.泥质岩类风化物

如泥岩、页岩、粉砂岩、片岩、板岩、千枚岩等岩类的残积风化物。泥岩(颗粒粒径<0.005mm)主要由黏土组成;粉砂岩由粒径0.1~0.01mm的颗粒组成;页岩是具有鳞片状层理结构稍硬或坚硬泥质,是由细粒机械沉积形成的沉积岩。片岩、板岩、千枚岩是泥岩、粉砂岩变质初期产物。其矿物成分除含原生矿物层状硅酸盐石英、长石、云母等外,尚含部分次生矿物高岭石、蒙脱石和水云母等。并含有碳酸钙、铁氧化物、碳化有机质等。除泥岩为块状结构,粉砂岩为粉砂泥质结构外,其他多为层状,易裂成页状、片状、板状和千枚状等。一般硬度低,易风化,松散而风化层较深厚,风化物质地粘重,遇水容易膨胀,矿质营养丰富,保水力强,常形成不透水层,易形成比较肥沃的土壤。由于岩石的均一致密和变质的情况不同,风化作用产物的性状差别较大,较坚硬的板岩、片岩、千枚岩、页岩风化慢,使地面产生许多破碎的岩块,不利耕作,肥力较差,在甘肃省干旱的石质山地,形成的土壤其肥力很差。

由于上述岩类风化物含有比较丰富的可溶性盐类,生成的土壤大都为中性或弱碱性反应,碳酸钙含量较多者往往呈碱性反应,土壤的pH值和盐基水平高。上述岩石风化的残积母质,在甘肃省分布范围较广,秦岭山地、祁连山地、陇山、北山、河谷盆地以及侵蚀严重地区均有分布,有的比较零星,有的分布片面较大。露头的岩类色泽多样,有红色、砖红色、灰白色、黑灰色、棕褐色、绿色、灰绿色、紫红、紫色、棕色、黄色及杂色等。

5.碳酸盐岩类风化物

如石灰岩、白云岩、泥灰岩、大理岩等钙、镁质岩类的残积物。该岩类主要矿物为方解

石、白云石,是化学和生物化学作用形成的沉积岩,主要化学成分是碳酸钙和碳酸镁。部分含粉砂粒、黏土、二氧化硅、氧化铁、氧化锰及有机物质,颜色有白、灰白、浅红、红、灰黑、黑、黄、绿等。

石灰岩中方解石($CaCO_3$)含量达95%~100%,白云岩中白云石〔$CaMg(CO_3)_2$〕含量达90%~100%,两者之间的过渡类型白云质石灰岩中方解石含量达50%~95%,灰质白云岩中白云石含量达50%~95%。泥灰岩是碳酸盐岩和黏土岩之间的过渡类型,石灰岩中泥质含量达25%~50%时称为泥灰岩,系两者混合沉积形成。大理岩是石灰岩、白云岩变质而成,系等粒变晶结构,块状构造,由于含杂质不同颜色也各异。在风化过程中碳酸盐被水溶解于水中的CO_2形成的H_2CO_3溶解淋失,残积物主要为"杂质"中占优势的物质。如黏土含量高,则生成黏质不透水的土壤,盐基淋失少,pH值高,盐基饱和度大。如氧化硅含量高,生成的土壤多是粗壤质、砾质,pH值和盐基水平低。如氧化铁含量高则形成的土壤为红色土。风化的难易与岩石成分及其构造关系很大,硅质的风化难,泥质的风化较易,岩层厚的风化难,薄的风化较快。该类岩石一般是抗物理风化力较强,风化层较薄、质地黏重,地面残积物层与下面基岩之间没有过渡的半风化体,或具石灰反应,钙饱和,较紧实碎核状结构,表土层有较多的黑色腐殖质累积,矿质营养较高。但大部分地区由于土层浅薄,地面坡度大,不易生长良好的植被。

上述岩石风化物在秦岭、祁连山、北山、陇山、甘南境内的西倾山、积石山、陇东环县北部都有分布。因大部分处于干旱地区,风化物上形成的土壤多为中性至弱碱性。

6.红色岩类风化物

在甘肃省主要指"甘肃红层",系第三纪和白垩纪地层中的红色、紫色泥(页)岩、粉砂质泥岩、泥质粉砂岩、泥质砾岩、红砂岩、砂质砾岩、砾岩等的残积风化。红黏土类主要发育在该类母质上。第三纪红色岩层中多夹有零散或成层的石灰结核、石膏和含多量的可溶性盐类。颜色呈桔红、棕红、砖红、暗砖红、紫红、紫色等。呈石灰性、中性至碱性。在甘肃省西秦岭山地,山间红色盆地、陇山、祁连山走廊、北山、陇东、陇西黄土高原以及甘南高原侵蚀严重的地区均有零星分布,有的地方分布面积较大。甘肃广大黄土地区的下伏基岩多为红层。分布的地形地貌有山顶、山坡、山麓、波状丘陵、红层盆地和古河道、倾斜平原、高原山地。红色泥岩的成岩作用弱,遇水易软化,形成泻溜剥蚀面,黄土的滑塌、泥流多发生在这种泻溜面上。岩层露头后多呈片状风化剥落。红色泥岩风化物黏粒含量高(粒径<0.001mm,颗粒含量在25%以上),质地多为黏土、粉砂黏土、壤黏土和砂黏土。容易干裂,渗透性差,矿质营养丰富,pH值和盐基水平高,干旱区可溶盐含量高。陡坡地因常受侵蚀影响,土壤水分和养分低,肥力差。平缓坡地土壤较为肥沃。红砂岩和砾岩风化

物,土体含砂、砾石块,耕作不便,矿质养分含量低,土壤较为贫瘠。

(二)坡积物

在广大山地和丘陵地区,当坡地上端的分水岭以及坡面上,受大雨或暴雨形成的片状水流的片蚀作用,将风化的碎屑物质冲刷搬运到斜坡的小凹地和下坡地段,因流速减缓而发生多量堆积,形成坡积物。山麓地段的坡积物常连接成为坡积裙。裙的上部边缘将坡面分为两部分,上部为受冲刷的坡面,下部为坡积裙的坡面,在坡积裙很发育的情况下,其上缘可达斜坡的上部,则斜坡面上大都被坡积物所覆盖。坡积物有展平斜的作用。坡积物的特征是:由上坡向下坡厚度逐渐加大,因斜坡水流冲刷力不强,无过大砾石运积,多由黏土、粗砂和碎石组成,有上坡粗而下坡细的趋向;因移运距离不远,分选程度差,颗粒的磨圆度也不高,砂粒和碎石的矿物成分由上坡母岩所决定,组成比较单一。坡积物一般略有与坡面平等的层理,反映了片状流水间歇性冲刷堆积作用的特点。

坡积裙一般土层厚而疏松,渗透性能强。水分条件较好,形成的土壤比较肥沃。但作为农耕地,则应修筑梯田或等高种植,防止水土流失。

在陡峻的山坡地段,母岩的残积风化物,由于重力作用自上而下滚落,较大的石块滚动较远,细颗粒滚落较近,则有由上坡向下坡逐渐变粗的趋向,这种坡积物一般粗骨性强,形成的土壤比较贫瘠,可作为牧草生长地,如水分条件好,则可为林地。

(三)洪积物

洪积物是沟谷流水造成的沉积物。在甘肃省河西走廊的祁连山北麓、陇南山地及其他山区的沟谷地带,在暂时性山洪流出沟谷峡口时,由于坡降突减,流路变宽,流速骤减,使上游集水区内侵蚀下来的碎屑物质很快堆积下来,这种物质称为洪积物。并形成扇状堆积地形,大的称为洪积扇,小的称洪积锥。在沟谷出口的中心堆积多,向外围逐渐变少,以谷口为尖端略呈放射状向周围分散,形成向外明显倾斜,洪积扇表面常受到流水侵蚀切割,起伏不平。由于洪积物系暂时性山洪的堆积物,既含有颗粒大的岩石碎屑,也有砂粒、粉粒和黏粒等细粒物质。一般分选程度差,层理不十分明显。由于堆积物移运距离不远,砾石的磨圆度差。在大的扇形地顶端多为碎石、砾和粗砂,层理不清晰,透水性强,外围多为砂土和砂质壤土或黏土等,透水性较差。随地面坡度变小,层理逐渐清晰。小的洪积锥,组成物质混杂,中心与外围无显著不同。洪积物上形成的土壤一般质地较粗,容易漏水漏肥,不耐旱,养分含量较低。

(四)河流冲(沉)积物

岩石经过风化以后,残留于地表的疏松物质,被雨水冲刷流入经常性流水的河流中,当砾石泥砂等碎屑物质在水中的含量超过了本身的负荷能力,便沉积于河流两岸。或由于雨量减少,蒸发量加大,使流量显著变小,或因某种原因致河水流速减低而发生沉积。

这即为河流冲积沉积物。河水搬运物按粗细、轻重逐渐分离下沉,粗大而重的石块先沉积于河流上游,细小而轻的泥砂后沉积于下游,这种河流沉积体的机械分异称为分选作用。河流冲积物在长距离搬运中碎屑物互相碰撞并与河底岩石相磨擦,颗粒变小、棱角磨圆的程度称磨圆度。搬运距离越远,磨圆度越好。河流作用的沉积物主要分布在河流两岸的河漫滩、自然堤、河成阶地及冲积扇上。颗粒组成上,山区河谷中的冲积物以卵石、漂砾、粗砂等碎屑物为主;平原河谷中粉砂、黏土较多。河床沉积物多是粗砂和砾卵石,河漫滩及自然堤上沉积物多为较细的物质。同一沉积层中,在一定范围内常有下粗上细的规律,在洪水泛滥发生沉积时,河边多为砾石、粗砂,远离河边的地方以粉砂及黏土为主。河漫滩及自然堤是多次河水泛滥形成的,一般都有由分选作用造成的水平或微状层理,这是冲积的显著特征。由于受多次交互沉积或覆盖的影响,质地剖面有均质型、夹层型、底垫型及局部埋藏异源母质构型。色泽较均一,由红色岩类风化物冲积而成的通层多具红色,由浅灰色岩类风化物冲积堆积的为灰色,这在甘肃省河西走廊冲积扇、冲积平原及中部黄河支流沿岸的部分地区较为明显。白龙江沿岸冲积物,由于上游支流经过早、晚古生代地层,炭质页岩出露面大,颜色多呈灰黑色。地表常流水产生的各种地形与冲积物,一般土层深厚,除砂土外,矿质营养丰富,中性或弱碱性反应,pH 值多在 8.0 左右,河西走廊干旱地区,可溶盐含量高,盐渍化程度高,在 pH 值 8.5 以上的地区,有大面积的盐碱土分布。陇南地区局部有零星的冲积物,无石灰反应,甘肃省绝大部分冲积物均有石灰反应,有的碳酸钙含量高达 10% 以上。冲积母质是甘肃省农耕集中的地方。河西走廊灌溉农业区的灌漠土,河东地区悠久的"河谷农业"均在冲积物上形成的灌淤土、潮土等肥沃的土壤上。

(五)洪积冲积物与冲积洪积物

主要分布在甘肃省河西走廊的山前洪积扇之下,冲积平原之上的洪积冲积扇地形或山前平原,是过渡性混合成因类型的沉积物。为洪积扇合并或大冲积扇上部山地与平原交接带。这种过渡性沉积物,一般颗粒具有一定的分选性,组成物越接近山麓冲积扇顶部颗粒越粗,靠近山麓段有碎石块与洪积层,如玉门、酒泉等地砾石层处于洪积冲积扇上部,厚度可愈数百米,剖面层理不明显;而冲积扇下部地势趋于低平,颗粒较细,在敦煌、瓜州、永昌等地冲积扇下部组成物较细,有的细土物质黏性大,在干旱少雨风多的气候条件,呈龟裂状态。粗砾质的物质形成砾质棕漠土、灰棕漠土,细质的形成细土棕漠土和灰棕漠土,在灌溉条件下形成灌漠土,细土物质中含有高量的可溶性盐类、石膏和碳酸钙,pH 值均高,盐渍化严重。除河西走廊外,在甘肃省东部山区河谷地带亦有分布,尤其在河谷较窄的阶地上较为明显。在山区由于地形和气候变化较大,降雨的强度不同,地面流水夹带物质因流速流量变化很大，粗砾物质磨圆度和沉积层理变化很大。在侵蚀阶地上常见基岩及残积物、坡积物混成，有时也有薄层河流冲积物或洪积物，有时也有基岩混层的岩石风化体。混合成因类型的风化物和地面流水混成的沉积物，在高原山地为主的甘肃省是非常复杂的，纯粹单一的母质仅仅是相对的。

(六)湖积物

主要分布于河西走廊的石羊河、黑河、北大河、疏勒河等河流的尾间地带，如民勤、永昌、高台、金塔、玉门、瓜州、敦煌等地河流下游入湖地区，有的称海子。湖积物是湖泊静水沉积物，颗粒细而均匀，质地黏重，具龟裂性质，色深暗，结构和层理不甚明显，颗粒有湖岸向湖盆中心由粗变细的规律。有腐烂半腐烂的水生动植物残体，并常因积水影响具有潜育层，土色变为青白色。由于蒸发强烈，湖积物中含盐量很高，化学沉积作用普遍，湖水干涸后，盐类呈固体状态，有的呈含盐晶体，有的有很深厚的芒硝层、石膏层等。有的湖泊干涸后，被风蚀成光板地，有的被风积沙所覆盖。

(七)冰碛物及冰水沉积物

1.冰碛物

冰川在流动过程中刨蚀的碎石砂土，冰川两岸掉落的碎石及冰川周围的溪流由坡上搬运到冰川表面上的碎屑物质，被冰川搬运到别的地方，这种冰运物堆积则成冰碛物，主要由砾石和泥质混合组成，亦称"冰碛泥砾"。冰碛物随蚀源区基岩性质不同而发生变化。如果冰川掠过页岩、泥岩、石灰岩等较软的岩石及残积物，成土母质含细颗粒较多，质地多为壤性，如掠过较硬的花岗岩、硬砂岩等，冰碛物中黏粒显著减少，而粗质的石英砂砾较多，常出现有泥质极少的块砾碛。冰碛物的特点是：无颗粒分选性，大小岩块与砂砾泥混层；无明显层理；岩块或砾石无定向排列，碎屑物多具棱角，磨圆较差；冰碛石和冰漂砾表面上常有冰擦痕等。冰碛物主要分布在甘肃省祁连山高山冰雪带的冰缘地区，海拔一般在4000m以上，形成的土壤多为高山寒漠土。

2.冰水沉积物

在甘肃省祁连山高山常年积雪区的雪线附近，冰川的表面、底部、冰川内部或两侧，由于温度升高，产生冰融水并形成若干小溪流，溪流中夹带的泥砂等物质，在流速流量减小时堆积形成冰水沉积物。其颗粒具有一定的分选性、磨圆度、砾石排列的方向性和粗略的层理，具有冰川作用的痕迹，沉积砾石上有冰擦痕与磨光面等。在冰下隧道的流水堆积物，具分选而成层的砂砾组成蛇形丘状高地。在冰水流出终碛堤外沉积形成的冰水扇上，由略具分选、滚圆和稍有层理的泥砾组成物，愈靠近终碛堤颗粒愈粗，愈远者则颗粒细。冰水沉积物主要分布在祁连山山麓地带。由于冰水搬运物沉积的海拔高度和局部地貌类型不同,形成的土壤类型不同。

(八)风积物(沙丘—风成沙)

被风力搬运的碎屑物质,在搬运过程中,由于风速降低或遇到阻碍物质,如地面起伏不平和植物的生长等,增加了地面粗糙率,从而减低了风速,使风的搬运能力减小,风所携带的碎屑物质在重力作用下沉积下来。根据颗粒的大小、轻重由粗而细的逐渐分选沉积到地面。比重大的砾石残留原地,较粗的砂粒搬运较近,细小的粉砂和尘土则被风吹扬而悬移很远。风成沙的沉积是主要的风积物。甘肃省的风成沙主要分布在河西干旱区,靠近巴丹吉林沙漠和腾格里沙漠的地区,如民勤、金塔等地,河西走廊地区亦有断断续续沙丘分布。风成沙大都是早期形成的河流沉积物、冰水沉积物、冲积湖积物等经过风的改造作用形成的。按其移动性和外表形态分为流动、半固定和固定沙丘;有蟒蚌状沙丘,盾状沙丘、新月形沙丘、沙丘链等。风成沙的特点是:粒度均一,通常由粒径 0.25~0.5mm 中砂或 0.25~0.05mm 的细砂组成;分选性好,色泽比较均一,多为黄色或浅棕色,多不显层理,磨圆度高,成分以石英为主,并含有少量长石、云母、暗色硅酸盐、石膏、方解石等矿物;松散无结持力,矿质营养很低。风沙土的母质主要是风成沙。

(九)黄土及黄土状沉积物

黄土是一种很特殊的第四纪大陆沉积物,距今约 200~300 万年的第四纪初开始一直到现代尚未结束。分布在荒漠半荒漠的温带暖温带外围的干旱半干旱地区,覆盖在各种地形上,呈披盖状。一般认为典型黄土是风力悬运而成的未固结的土状堆积物,分选较好,颗粒以粉砂为主,有时含极细砂,富含石灰质,碳酸钙含量常达 10%以上,粗砂和黏粒含量都很少,不含石砾,质地均一,原生黄土无层理,疏松具大孔隙,有垂直节理,能直立不倒,透水性强,遇水易发生湿陷。次生黄土有明显水平层理,无湿陷性,它是曾经受水、重力或其他作用改造而成的,质地不大均一,又称为黄土状岩石或黄土状沉积物。

甘肃省地处黄土高原西部,境内黄土分布极为广泛,陇东陇西黄土高原是黄土集中分布区,面积约 11.3 万平方千米,占甘肃总面积的 24.9%,除甘肃黄土高原有厚层黄土覆盖外,其他地区如陇南的徽成盆地、西礼盆地、甘南高原及河西走廊东部海拔 2800m 以下的沿山地区也有黄土分布,是甘肃省主要的成土母质类型。

第四纪黄土依其沉积时代,可分为午城黄土(古黄土)、离石黄土(老黄土)、马兰黄土(新黄土)及近代堆积的黄土状沉积物(次生黄土)。

午城黄土(古黄土):主要分布在陇东、陇西黄土区的沟谷下部,零星出露于陡崖或泻溜面上。颜色棕红、橙红、微红、红黄。质地黏重、致密,土体紧实,常呈块状,结构面上常有暗棕色胶膜。物理性黏粒和碳酸钙含量高,土层中夹有不规则的钙质结核(姜石),沉积厚度 10~20m,陇东塬区一般在 50m 左右,群众称红胶泥土,这种母质耕性不良。

离石黄土（老黄土）：覆盖于午城黄土之上。出露于丘陵、梁峁及沟谷坡地上。厚度一般 30~120m，随基岩地形不同厚薄不一，在陇东黄土塬区厚度达 70~100m 以上，黄土梁上厚达 30~50m，黄土赤区厚度在 20~30m。颜色深黄、棕黄和微红。由于色性和埋藏土层的疏密不同，存在着不整合现象，划分为上下两个层段。

离石黄土下部，出露于梁峁、丘陵、沟坡中下段，陇东塬区夹有 5~10 层棕红色或褐色埋藏古土壤层。在东乡县下部厚 30~40m 剖面中夹有 6~8 层古土壤层，埋藏土下有钙质结核层或钙化层（厚 0.4~1.5m）。天水、秦安一带夹有 16 层古土壤层，其下钙质结核层发育较弱；会宁、定西等地区埋藏土壤层不发育，无钙质结核层，裂隙中充填有石膏等盐类结晶体，厚度可愈百米。在陇西、通渭、秦安、静宁等县的沟谷中还分布有杂色（灰、灰绿、黄绿、铁锈色）的沉积物，厚度 10~40m，土质为粉土（粉粒含量可达 60%~80%），亚黏土，结构紧密，但有裂隙及较大孔隙存在，是黄土类土在半湿润气候条件下，于沟谷湿地沼泽环境中发生潜育过程形成的。在会宁县白草源深 260m 剖面中，有中更新世期冲积—洪积—湖积物形成的次生黄土，含 16 层埋藏土壤层和大量螺壳的深黄色原生离石黄土。

离石黄土上部，一般出露于沟谷坡地中上部和丘陵梁峁顶部，为棕黄或深黄色粉砂质黏壤土，有棕红色壤黏质"红色条带"（古土壤）交替层，夹有少量成层钙质结核，陇东地区发育较为明显，而中部地区发育不甚明显。其上为马兰黄土所覆盖。

离石黄土质地较黏重，物理性黏粒含量较高，土体较紧实，柱状节理，土层中有姜石。古土壤发育明显，有黏化层和钙积层，结构面上有较多的白色石灰网纹。离石黄土发育的土壤主要有黄善土等，耕性较午城黄土稍好，因分布地形坡度大，水土流失严重，土壤肥力较差。

马兰黄土（新黄土）：广泛分布于甘肃省黄土地区。覆盖于老黄土之上，直接出露地表，是甘肃省黑垆土、黄绵土等的主要成土母质。厚度和质地分布不一，一般厚 10~30m，受基岩古地形和侵蚀的影响，厚度变化较大。地势平坦的塬地、坪地和凹地厚度大于 100m，丘陵梁峁沟壑区厚 10~20m 不等，分水岭和阶地则更薄。陇东北部及六盘山以西新黄土比老黄土厚。六盘山以东老黄土比新黄土厚，侵蚀严重地区新黄土薄。陇东北部及六盘山以西新黄土质地粗。黄土质地由南而北逐渐变粗，而成砂黄土。

马兰黄土呈浅黄或灰黄色，呈粉砂壤质或壤质，粉砂粒含量达 60%以上，结构疏松，具有肉眼可见的大孔隙，直立裂隙发达，透水性强，碳酸钙分布均匀，含量常可达 10%以上，无钙质结核，仅有霜粉状白色石灰斑点，物理性黏粒含量低于上述古、老黄土。新黄土疏松易耕，适耕期长，磷、钾含量较丰富，盐基水平和 pH 值高，保肥性能良好，多呈微碱性反应。土层深厚肥沃，是形成黑垆土、黄绵土重要母质。

次生黄土是全新世以来，新、老黄土受水力等作用，重新搬运堆积，形成坡积、冲积或

洪积物。坡积物主要由重力崩塌、滑塌等形成,分布于沟壑悬崖下的陡坡地或坡脚;冲积、洪积黄土分布于河谷川台区的河漫滩和一、二级阶地,是形成灌淤土、潮土的重要母质。

黄土的矿物组成以石英、长石、云母为主,几乎占粗粒矿物的80%~90%。据有关部门在兰州、榆中、天水、平凉、环县等地采样分析,黄土中的黏土矿物都十分相近,主要是蒙脱石、伊利石(黏土云母或水云母)、高岭石、绿泥石等。黄土的化学成分:SiO_2含量在50%以上,Al_2O_3在9%以上,Fe_2O_3约3%~5%,FeO为0.7%~1.5%,CaO为7.5%~12.5%,MgO约0.4%~3.0%,K_2O为1.2%~3.0%,Na_2O为1.0%~2.3%,P_2O_5含量约0.12%~0.22%,易溶盐含量约0.04%~0.9%,石膏[$CaSO_4·2(H_2O)$]含量约0.01%~1.44%,$CaCO_3$含量为10.0%~17.0%,在埋藏土壤底层的结核层中$CaCO_3$最大含量可达43%。黄土中的高量碳酸盐表明了它在形成时的气候条件是干旱少雨的。易溶盐自北而南逐渐减少表明气候条件逐渐向潮湿方面变化。新黄土中有机质含量一般为0.4%~0.6%,老黄土中约为0.2%~0.3%。黄土的pH值变化在7.2~8.4,但埋藏土中pH值均低于黄土层。黄土的盐基水平高,贮存的营养成分多,物理性状良好,是一种肥沃的土壤母质。

(十)泥炭物

在湖泊边缘或河流沿岸低洼地带,由于地表积水或地下水位过高等原因,地表经常被水潮湿,土壤水分处于饱和状态,在嫌气条件下,残留的有机物不能完全分解,使土壤矿质养分贫瘠化,因而生长低营养的湿生植物苔、羊胡子草、水鲜等沼泽植被。因植物残体分解缓慢,有机残体的累积速度超过了分解速度,逐渐演化为瘠薄的泥炭沼泽。这种苔鲜(泥炭鲜)植物吸湿能力很强,养分要求很低,能在未分解的植物残体上继续繁殖,泥炭物不断的累积,形成隆起的小丘,可高出周围地面1~2m。所形成的泥炭称高位泥炭,它可以分布在分水岭上,称山地沼泽。在甘肃省的甘南高原及祁连山东部山间盆地,具有冰冻层地区,有零星分布。低位沼泽植物如香蒲、芦苇等需要矿质营养较多,大都由河水或地下水补给,其上形成的泥炭为低位泥炭。

甘肃省内的泥炭物分布零星,主要分布在甘南高原的碌曲、玛曲、岷县、祁连山东部的山间盆地、河西走廊洪积冲积扇边沿及河流弯曲部、河东地区各河谷的低洼处,陇南山地的中高山地局部低洼处,在甘肃省分布的面积约418万亩。泥炭物有机质含量等于大于20%,泥炭层厚度均在50cm以上。大都为水草丰美的草地和牧场。

二、土壤类型

甘肃省土壤共分37个土类,99个亚类,171个土属,284个土种。见表1-1-8。

土壤水平分布的纬度地带性明显,经度地带性不明显。土壤垂直带谱在各地呈现各异,带谱的繁简随山体的比高和坡向的不同而变化,山体比高大,带谱繁多,阴坡湿润,带谱完整;阳坡水分条件差,带谱单一,带谱趋向简单。土壤地域分布规律受各种地方因子影响而有不同组合。耕种土壤受人为作用强度不同,在各地有独特的分布规律。

(一)黄棕壤

面积 8.66 万公顷,分布于甘肃秦岭南部河谷和浅山丘陵地区,位于陇南的文县、武都、康县东南部及徽县、成县东南部局部地区,海拔 1100m 以下,属北亚热带气候。年平均气温大于 14℃,年降雨量大于 800mm。冬季土壤不冻结,生长期 200~220 天。≥10℃积温为 4400℃~4500℃,植被主要为常绿阔叶与阔叶落叶林,是甘肃一年两熟区,适宜亚热带多种经济林木和农作物生长。土壤全剖面无石灰性反应,pH 值 5.5~6.7。

(二)棕壤

面积 96.87 公顷,主要分布在甘肃秦岭山地垂直带中的中山区,由于海拔上升气温下降,形成山地型暖温带落叶阔叶林生物气候,降雨较多,淋溶强烈,土壤呈微酸性反应,pH 值 5.0~7.0。目前,在坡度较缓的山坡或坡脚平地已垦为农田,自然植被多为次生林,以夏绿落叶阔叶和针阔叶混交林为主。

(三)暗棕壤

面积 61.61 万公顷,是发育在山地上部的森林土壤。分布在甘肃秦岭山地的温带湿润半湿润气候区,主要分布岷、迭山系林地上部,即西秦岭与甘南高原的交汇地带,分布海拔约 2600~3600m,从东南向西北逐渐升高。具体分布范围:文县西南部摩天岭、雄黄山系海拔 2500m 以上地区;舟曲县全境、武都、宕昌县西南部岔岗岭、擂鼓山海拔 2600~2700m 以上山地;迭部县全境、卓尼县南部海拔 3200m 以上地带。

(四)褐土

面积为 164.21 万公顷,主要分布在甘肃省天水市、陇南地区、定西地区、平凉地区南部山区森林、灌丛草原。在天水市清水、张家川两县东部六盘山海拔 1500~2000m 山坡,秦城、北道两区南秦岭山地海拔 1700~2200m 地带,陇南徽成盆地及南北秦岭海拔 2000m 以下地带,西礼盆地周围山地海拔 1600~2000m 地带,白龙江峡谷海拔 1500m 以下山坡和陇西黄土高原梁峁沟壑山区梁状山地海拔 1500~1700m,平凉地区的灵台、华亭所属的六盘山东坡海拔 2000m 以下的山坡,随着海拔降低逐渐过渡到黑垆土带。褐土带的自然植被类型属温带、暖温带落叶阔叶与针叶混交林、森林草原、灌丛草原,森林多残败,以次土林为主。目前多垦为农田,农作物以小麦、玉米为主,一年一熟至二熟制,绝大部分地区为二年三熟制。pH 值大于 7,剖面中碳酸钙的出现与母质和地带性因素有关。

(五)灰褐土

面积为 239.20 万公顷,主要分布为祁连山、西秦岭、六盘山等山地垂直带谱上的组成部分。其上与高山、亚高山灌丛草甸土镶嵌,其下为黑土、黑钙土、栗钙土镶嵌或与山地草甸土、黑土交错分布,在砍伐迹地、火烧迹地和森林衰退后的草地上亦有发育,是干旱、半干旱地区森林草原植被下形成的地带性土壤。具体分布在甘南、张掖、定西、武威、兰州、临夏、金昌、白银、平凉等地均有。由于灰褐土在山地出现的部位不同,生长的树种及灌木、草本植物的种类和数量也不同。大致是愈向西分布愈高。如张掖地区分布在祁连山海拔2650~3200m的阴坡。武威地区则分布在祁连山海拔2600~3000m的阴坡。年均温0℃~3℃,年降水量350~500mm,树种比较单一,苔藓生长旺盛。而六盘山和西秦岭多分布在1600~2500m之间,年均温5.5℃~8.5℃,年降水量500~700mm。树种繁多,灌木和草本植物生长茂盛,苔藓只在树木基部着生。土壤剖面除表层无石灰反应外,均有石灰反应,pH值6.5~7.5。

(六)黑土

面积为15.63万公顷,分布在甘肃祁连山、西秦岭海拔2300~3000m的中山山地,上接亚高山草甸、灰褐土、棕壤和暗棕壤,下连黑钙土。具体分布在临夏州的积石山、临夏、和政、康乐等县境内,积石山、太子山海拔2300~2600m的中山山地。定西地区主要分布在岷县、漳县、西秦岭北坡海拔2300~3000m的中山山地及渭源县的鸟鼠山山地。陇南地区宕昌县分布在海拔2600~2900m的高寒山地,文县分布在海拔2300~2800m的地带。天水地区的甘谷县、张家川回族自治县有少量分布。河西走廊、山丹和肃南县分布在海拔3000~3100m的地带,上承亚高山草甸,下接黑钙土或暗栗钙土。植被为灌木或杂草类草甸或森林草甸草原过渡地带。土壤有深厚黑色或深灰色的腐殖质层,厚30~100cm,并向下有舌状延伸,粒状或团粒状结构,结构体表面有不明显的胶膜,通体无石灰反应,pH值6.5~7.5。

(七)黑钙土

面积为36.65万公顷,主要分布在甘肃西秦岭、祁连山东段及甘南高原。在水平分布上处于黑土与黑垆土的过渡带,常和黑土、草甸土交错在一起。在垂直分布上位于灰褐土之下,栗钙土之上,多与森林灰褐土交错分布,为森林阳坡或森林砍伐后生草过程已成为主要的成土过程的林间空地。具体分布在张掖、武威、金昌、白银、定西、临夏、甘南、陇南等地海拔2200m以上的地带。在秦巴山区一般是分布在2400~2700m,甘南及祁连山东段多分布在海拔2700~3000m范围。该土类是在草原及草甸草原植被下发育的地带性土壤,处于温带半干旱半湿润气候条件下,成土母质多为黄土状沉积物及残积坡积物。黑钙土同时进行着腐殖质积累和碳酸盐的淋溶积聚过程。腐殖质积累强度大,有较深厚的底殖质层。碳酸钙淋溶强度大,碳酸盐从表层开始均有不同程度的淋溶,以致淋溶至深层而聚积,形成了碳酸钙明显高于上下层的钙积层,在结构面上有点状、菌丝状和斑点状碳酸钙聚积体,pH值7~8.5。

(八)栗钙土

面积为147.71万公顷,主要分布在祁连山、崛吴山等低山丘陵或山麓丘陵地带,海拔多分布在2300~2800m范围内,气候属温带干旱半干旱类型,植被属于草原类型,由多年生旱生草本植物组成。其成土母质主要是黄土及一些黄土状坡积、残积和冲洪积物质。该土类腐殖质层与钙积层分化明显,过渡层腐殖质呈舌状过渡;腐殖质层连同过渡层在70~80cm之间,最深可达100cm;钙积层在土体60~80cm之间,厚约40cm,碳酸钙呈灰白色假菌丝状和斑点状聚积,土体紧实。栗钙土为盐基饱和土壤,pH值7.5~8.5,中、下层pH值最高,表层和底层则有所降低。

(九)黑垆土

面积为147.71万公顷,主要分布在陇东地区的庆阳、平凉,六盘山以西的定西、兰州、白银、临夏、陇南等地的黄土塬面,黄土丘陵地区的梁峁顶部和较平缓的梁峁坡、湾掌,在河流、沟谷的二、三阶级地上有零星分布。该土类常与黄绵土交错分布。气候属温带半干旱、半湿润气候。海拔900~2500m,植被介于草原和森林草原类型。塬区耕种历史悠久,农作物以冬小麦为主,南部河谷麦后可以复种,系麦、玉米、杂粮二年三熟制,成土母质是第四纪不同期的黄土。成土特点是有明显的腐殖质积累过程,碳酸钙淋浴淀积过程和黄土覆盖过程。土壤剖面深厚而疏松,厚度可达3m以上。一般具有大于20cm的黄土覆盖层。黑垆土层暗灰棕色,厚约50~100cm,有机质1.0%左右,结构面、孔壁、蚯蚓粪上有假菌丝状、石灰新生体,有黏化现象,黏化部位与腐殖质基本一致。过渡层厚30~50cm,性状介于腐殖质与淀积层之间,有少量米粒状砂姜出现。淀积层厚约100cm,而石灰结核,密集的仅有20cm左右,砂姜比过渡层大而多,母质层淡黄棕色,质地砂质黏壤土—黏壤土,有零星砂姜。土壤全剖面有石灰反应,pH值7.5~8.5。

(十)棕钙土

是温带荒漠草原向漠境过渡的地带性土壤。面积为40.83万公顷,甘肃主要分布在洪水坝河以西,祁连山西段的北麓和阿尔金山的北坡,海拔在2100~3000m之间。上接亚高山草原土或栗钙土,下接灰棕漠土。具体分布在西部的肃北蒙古族自治县、阿克塞哈萨克族自治县,在河西走廊中部的肃南裕固族自治县也有分布。该土类地表多砂砾化,无砂砾地段,地表有发育微弱的多角形裂缝和薄假结皮层,剖面层理分化清晰,由表层、钙积层、母质层三个基本层次构成,表层有机质在1%~2.5%之间,碳酸钙大部分有较明显的移动,并在剖面不同深度积聚,钙积层较紧实,厚度一般20~30cm,碳酸钙呈粉末状、假菌丝状、斑点状积聚,剖面中、下部有少量石膏新生体,一般在剖面50cm以下出现"积盐层",具中深位盐化特征。质地多为砂壤土和黏壤土、剖面通体夹有砂砾石,下部为粗骨质。通体强石灰反应,pH值8.5~9.0。

(十一)灰钙土

是草原向漠境过渡的地带性土壤。面积为278.60万公顷,分布在甘肃河西走廊东部的张掖、武威及中部的兰州、白银、定西等地、市的黄土梁峁、低山丘陵、河谷阶地和冲积平原上。甘肃中部地区分布上限海拔1800~2300m,河西走廊山地垂直带海拔2300~2700m。其东端与黑垆土衔接,西部与漠土接壤,在漠境地区的山地垂直带上,上接栗钙土,下接灰漠土或灰棕漠土。年均温5℃~9℃,年降水量200~350mm。植被为旱生灌木和耐旱蒿属为主组成的荒漠草原,地面常伴生地衣、苔藓,覆盖度30%~40%,成土母质为黄土性坡积残积物。灰钙土具有薄的假结皮层,厚约0.5~2cm,表面附生藻类、地衣、苔藓等低等植物与沙土混合物,结皮层下有3~5cm的屑粒状疏松层,同时具有腐殖质层和钙积层。腐殖质层有机质含量在1.5%以下,腐殖质扩散不集中,厚度变幅大。钙积层不明显,一般厚度10~50cm,碳酸钙多以白色假菌丝状、霜粉状和斑点状存在于土壤孔隙、根孔和结构体表面。各发生层一般均含石膏,淀积部位多出现在50~110cm土体内,常有透明的针状、纤维状、屑粒状石膏结晶,有的呈米粒和豆状不规则的结核形式,通体石灰反应强烈,pH值8.0~8.5。

(十二)灰漠土

面积为29.27万公顷,主要分布在河西走廊祁连山东段北麓,合黎山、龙首山南麓的低丘和山前洪积—冲积平原的上部,武威盆地和古浪河冲积平原末端,景泰县米家山以北海拔1500~2300m的地区。年均温4℃~6℃,年降水量100~200mm,由东向西气温升高,雨量降低,植被属旱生小半灌木荒漠类型,覆盖度15%~25%。地面还生长少量的地衣和藻类。地面呈荒漠结皮,有多角形裂缝,表土为浅灰色蜂窝状结皮层,其下为鳞片状结构的亚表层,有机质<1%。心土层灰棕色,较坚实,有斑点状或假菌丝状石灰聚积。底土层常见可溶盐及石膏晶粒,含盐量可达2%左右。通体石灰反应,pH值8.0~9.0。

(十三)灰棕漠土

面积为892.22万公顷,广泛分布于河西走廊海拔1300~2500m的山前洪积—冲积扇和砾质戈壁倾斜平原,占甘肃土壤总面积的22.8%,是甘肃省面积最大的一个土类。气候夏季热而少雨,冬季冷而少雪,年均温4℃~10℃,年降水量50~160mm,植被为耐旱深根肉质稀疏灌木,多呈单株丛状分布,覆盖度一般10%以下。成土母质为洪积—冲积物或残积坡积物,以粗骨性为主,细土物质少。该土地有黑色砾幕,表层2~3cm为多孔结皮层,以下为棕灰或暗棕灰色紧实层,再下可见列白色粉状或晶粒状石膏,质地较粗,砾石含量多,多有石灰表聚或残余盐化现象。pH值8.0~9.0,土体干燥坚实。

(十四)棕漠土

是在暖温带极端干旱的生物气候条件下发育的地带性土壤。面积为158.36万公顷,主要分布在河西走廊西端,安敦盆地海拔 1150～1400m 的山前洪积—冲积平原和剥蚀丘陵上。夏季干旱炎热,冬季暖而少雪,年均温 9℃～12℃,年均降水量小于 50mm,植被稀疏单一,多为旱生、超旱生的深根肉质种属,叶盖度小于 5%。成土母质为砾质或细土物质。该土地表有厚约 1.2cm 的多孔荒漠结皮层,其下有鳞片状亚表上层,厚约 3～4cm,有机质小于 0.6%。在细土母质上发育的结皮层下有浅红棕色或浅褐棕色的紧实层,为荒漠的黏化—铁质染色层,结构面上有胶膜,此层厚约 3～10cm。剖面下部有石膏和易溶盐积聚,全剖面有石灰反应,pH 值 8.0 以上。

(十五)黄绵土

面积为 350.27 万公顷,广泛分布于甘肃黄土高原区的塬边、低山及丘陵坡地,常和黑垆土、灰钙土、红黏土相间交错分布,是甘肃黄土地区的主要土壤类型,也是甘肃省耕地中占比例最大的土壤,其中耕种型黄绵土占甘肃省耕地的 22.2%。一般海拔 1500～1800m 之间,年均温 6℃～10℃,年降雨量 300～550mm,降水分配不均,多集中在 7、8、9 三个月,占全年降水 50%～60%,常形成强烈的水土流失,侵蚀与堆积频繁。黄绵土土性绵软疏松,土层深厚,质地均一,以粉粒为主,剖面无明显发育。表土层有机质含量一般小于 1.0%,碳酸钙含量在 10% 左右,虽呈强石灰反应但无钙积层。通体黄棕色,除表层淡灰或灰棕外,无颜色分化。土壤物理性状良好,适宜多种作物,大部分为一年一熟旱作,有些地区可复种。

(十六)红黏土

面积为 28.08 万公顷,广泛分布于甘肃黄土高原的丘陵沟壑、沟口、沟谷和山坡、坡脚地带,河西漠境地区的低山峡谷、丘陵坡地也有分布。母质为第三纪红土、第四纪早期红黄土、白垩纪紫红色砂岩及红土等。红黏土是侵蚀性岩性幼年土壤,质地黏重,常和黑垆土、黄绵土、灰钙土交错分布。该土剖面层次分化不明显,通体为强石灰反应,pH 值 8.0～9.0。

(十七)新积土

面积为 28.79 万公顷,主要分布于陇东、陇南、中部黄土地区的各河流两侧和河谷地带,河漫滩、超河漫滩及平缓的一级阶地上,山前洪积扇也有分布。成土母质主要为次生黄土和河流冲积—洪积物,也含有一定数量的岩石风化而成的碎屑、砂、砾石块,受水力多次搬运,分选沉积而成。该土是在近代流水沉积物上形成的,有时还遭受河流高水位的流没或山洪的侵淹。生物、植物参与成土过程甚微,因而剖面没有自然发生层,没有明显的腐殖质层,但沉积层次明显,剖面下部往往出现深厚的砂砾石层。

(十八)龟裂土

面积为 8.41 万公顷,主要分布在河西张掖、酒泉地区的干旱荒漠沙丘间或古老冲积平原封闭性低洼地上,几乎无植被生长或仅有零星的小灌木,风蚀严重,并受季节性洪水

或地面浅水侵蚀,地面坚实,当地农民称"光板地"。多与风沙土、灰棕漠土、棕漠土交错伴存或形成复区,零星分布,连片性少。地表有2~3cm厚的多孔黏质结皮层,地面布满龟裂纹,剖面分异不明显,没有明显的腐殖质分化层。龟裂层下有浅薄的鳞片状结构,土质僵板,质地黏重,土体坚实,干燥,有龟裂细缝隙,大块状结构,土体中有铁锈斑纹点。剖面底层多半有沙土层或砂砾层出现。强石灰反应,表土层有机质0.4%~0.7%,有机质缺乏,土壤瘠薄。该成土母质多含盐分,在成土过程中有程度不等的碱化作用,一旦开垦灌溉,盐碱化作用将日益明显。

(十九)风沙土

面积为293.04万公顷,是在风、沙和极端干旱气候条件下,在风成的冲积、沉积砂性母质上形成的一种初育性幼年土壤,主要分布于河西荒漠风沙地区,它多和灰棕漠土、棕漠土交错存在或分布戈壁边缘。该土在强风力的搬运风选作用下,受到各种地形、地貌和植被类型的障碍影响,形成形态各异的风积沙地、沙丘、沙垄、沙链以至高大蜿蜒的砂山。该土在成土过程中生物作用极微,因此剖面发育微弱或没有发育层次,颜色浅黄,有机质和有效养分极缺乏,通体单粒,无结构,细砂、中砂为主,土壤易干旱,易遇风蚀,漏水漏肥,耕种风砂土肥力低下,是低产土壤之一。

(二十)石质土

面积为93.73万公顷,多分布于石灰质山地的阳坡,水分条件差,植被极为稀疏或无植被覆盖,土层浅薄,经常受水蚀和干旱风蚀作用的影响,土壤发育微弱,属石灰性幼年土壤,具体分布于陇南侵蚀石质山地,中部和河西干旱荒漠石质剥蚀山地。该土属薄层AR型土壤,A层厚10cm左右并含砂砾质碎屑,在薄土层下即基岩层。石质土所处地形多为陡峻山地,坡度一般大于25°,并被裸露岩石分隔,植被极少,水土流失严重,在农牧业上利用价值极小或仅能作季节性少量放牧用,为难利用型土壤。

(二十一)粗骨土

面积为75.75万公顷,与石质土主要区别在于土壤构型,属A-C型,在带岩石碎屑的薄层A层下,为不同厚度的风化岩层,即为松散碎屑层,具有岩石风化碎屑,是粗骨土最主要特征之一,在松散的碎屑层之下是坚硬的地质岩层。分布区与石质土交错分布伴存。粗骨土比石质土多了一层松散碎屑土,土体较石质土厚,水热条件比石质土好,有条件的应植树种草,涵养水源,减少水土流失,农业很难利用,部分地段可供放牧。为难利用型土壤。

(二十二)草甸土

面积为60.23万公顷,分布在甘肃各山麓洪积扇缘,冲击细土平原下部的低平洼地,以及河流沿岸的河漫滩,河床低阶地和冲积扇缘泉水溢出带,多与沼泽土、草甸盐土和林灌草甸土形成复区。草甸土在腐殖质累积和潜育化过程中，除草甸植被影响外，地下水活动是一个重要因素。植被以喜湿性草甸草本植物为主，地下水位高或季节性积水。剖面基本层次由腐殖质层和锈色斑纹层组成，有机质大于 3%，腐殖质层有大量粒状结构，下部为氧化还原层和潜育层。

(二十三) 山地草甸土

面积为 13.78 万公顷，属地带性土壤，在垂直带谱中位于山地棕壤之上，海拔 2000～3000m，坡度 7°～9°，年均温 3℃ 左右，年降水量 700mm。植被类型以草原草甸和灌丛草甸为主，成土母质为坡积残积物和黄土母质。具体分布在甘肃的西秦岭和陇南山区较平缓的山梁分水岭地带和河谷上。山地草甸土剖面形态，基本上可分两个发生层，即腐殖质层和母质层。生草根层和腐殖质层特别发达，生草根厚约 10～15cm，由枯草落叶土粒和砂粒交织而成，腐殖质层 15～30cm，灰棕色、粉砂质黏壤土，块状结构，土体紧实，过渡层较明显，淀积层下部有明显的铁锰淀积并有轻微潜育化过程，母质层在 50cm 以下，由大量砾石和石块组成。土壤呈中性或微酸性反应。

(二十四) 林灌草甸土

面积为 2.79 万公顷，主要分布在河西荒漠地区的河床两岸和扇缘地带，具体分布在疏勒河、黑河、党河、昌马河、北大河等流域的两岸和平原水库的低洼地方，多处在草甸土、风沙土的边缘，往往与草甸土形成复区。该土是在胡杨、红柳、沙枣、篙与芦苇、冰草、马莲、萎陵菜、苔草等林灌草甸植被下发育的半水成性土壤。地下水位 90～200cm，潜水矿化度 1g/L 左右，属淡水或微碱化水。土壤剖面特征及性状与草甸土相似，土壤发育微弱，剖面层次分化差异不明显，表层无明显的枯枝落叶层，大部分剖面无明显潜育层，但氧化还原形成的锈纹锈斑层明显，腐殖质层薄，有机质含量低，土体中盐分累积（表聚）作用弱，pH 值 8.5～9.0。

(二十五) 潮土

面积为 15.62 万公顷，该土在甘肃境内分布区域比较零散，主要在河西走廊及河东的川坝河谷地区。母质为河流冲积物和沉积湖积物，分布区地下水源丰富，地势平坦。土层深厚，土壤肥沃，是甘肃发展农业主产的重要基地。潮土分布区地下水埋藏较浅，地下水位 1～2m，加之地势低平，坡降平缓，一般都小于 1/1000，排水不畅，径流滞缓，土性潮湿，地温低，春秋两季地下水位上升，地表返潮较为严重，当地群众称为"二阴地""碱潮地"等。该土原生植被为杂草草甸类，在耕垦后田间杂草有：灰条、旋花、芦草、苔草、三棱草、车前草、萎陵菜等。潮土剖面特征是耕种熟化层一般小于 30cm，此层下部出现大量锈纹锈斑，往下逐渐增多，有些地区，在剖面下部有石灰结核和白色结晶状石膏。剖面底部有

时出现潜育化层次,多为青灰色或灰白色,次生盐渍化现象普遍,常见白色盐霜,并在剖面中下部有脉纹状易溶盐新生体。另外,在剖面中动物活动频繁,特别是蚯蚓的活动,使土体具有许多管状孔隙和虫粪,并有人为活动的侵入体,主要在耕种熟化层内,该土腐殖质累积明显,耕层有机质含量多在1%以上,最高达2.56%,易溶盐含量较高,在盐化较强时,耕层或其下土层含盐量可达0.6%以上,剖面上部石灰含量和母质层接近,而且在剖面上部分布均匀,石膏与石灰一样,在剖面下部含量增高,这些石膏多是在灌溉后形成的。潮土经过长期灌溉、耕作和施肥,地面不断增高,地下水位相对下降,土壤的潮化和盐化过程逐渐减弱,而以耕种熟化过程为主。

(二十六)沼泽土

面积为16.83万公顷,分布在甘南、酒泉、张掖、定西、天水、陇南等地州市的扇缘低洼地和沟谷带水洼地。多不连片,与亚高山草甸土、泥炭土、草甸土、盐土等形成复区。成土母质以河湖相沉积物为主,质地粘重,地下水位一般小于40cm,随季节性升降,地表呈季节性积水。植被以水生类型或沼泽植物为主,覆盖度40%~90%,根系在表层土壤中密集盘结,形成草皮层。因土壤过湿或积水,微生物活动弱,有机质分解不充分,以半腐有机质累积,形成泥炭层或泥炭化腐殖层。剖面下部因长期处于淹水状态,形成灰蓝色潜育层,一般泥炭层厚度在10~20cm之间,由于受洪水淤积和多次沉积影响。大部分剖面出现埋藏泥炭层,或泥炭层薄且多次出现。典型沼泽土剖面基本构型为As-G或As-H-G型。

(二十七)泥炭土

面积为5.38万公顷,集中分布在甘南州,张掖地区也有分布。海拔较高,甘南州在3400m以上,张掖地区分布在祁连山山间洼地,海拔3000m以上,主要发育在河流古道与湖积滩地,及低洼山间谷地。年均温在1℃以下,甘南降水量650mm左右,张掖祁连山地在350~550mm,植被以湿生和水生植物生长茂盛,由于土壤过湿或积水,有机质不能充分分解,以泥炭化过程为主,植物以半腐状草炭形式逐渐积累,形成厚度大于50cm的泥炭层,有机质大于20%。剖面形态,地表为毡状草皮层,呈草丘状,多为腐状植物残体,有机质含量在26%~32%之间,全氮1.09%~1.05%,pH值6.5左右;泥炭层厚度大于50cm,变幅在64~207cm之间,pH值5.2~7.0。泥炭层下为潜育层,灰蓝色,以壤土为主。

(二十八)盐土

面积为105.08万公顷,主要分布在河西走廊的干旱气候区,具有从东至西、从南至北盐土面积逐渐增多,盐分含量逐渐增高的规律性。白银、兰州两市的盐土都零星分布于封闭盆地和洼地;武威地区绝大部分分布在石羊河下游民勤湖区;金昌市分布在市区北部的芨芨泉、南半洼;张掖地区主要分布在黑河中游的张掖、高台、临泽县城一线以北;嘉峪关分布在泉水溢出区外缘;酒泉地区主要分布在疏勒河中、下游,玉门镇泉水溢出带下方和下游地区的瓜州、敦煌,在黑河流域的酒泉、金塔也有大面积分布。植被覆盖度很小,仅生长盐生植物或耐盐性强的植物。常与盐化草甸土等形成复区分布。甘肃盐土的特点和形态特征,盐分表聚作用十分强烈,高度集中于土壤剖面表层,在 10~30cm 内形成盐结皮或盐渍疏松层,其下盐分锐减,多数剖面底层为淡化土。地下水参与盐土的成土过程,地下水位的高低和地下水矿化度的大小与土壤积盐力强弱和积盐量的多少呈正相关。盐土 pH 值 8.0~8.6,积盐层的 pH 值高于非积盐层。碱化盐土的 pH 值 8.7~9.2。

(二十九)水稻土

面积为 2.50 万公顷,主要分布于秦岭以南河谷川坝地区,具体分布在陇南地区、天水市的河谷川坝河漫滩、洪积扇、水源充足的河岸阶地上。在季节性干湿交替作用下,土体中氧化与还原过程交替,有机、无机物质的迁移与淀积及有机质的分解,形成有特定发生层构成的剖面形态特征。水稻土发生层明显:耕作层(A)、犁底层(AP)、渗育层(P)、储育层(W)、潜育层(G)、母质层或母土。这些发生层的形态因发育强度及母质属性而异,随土壤水分运行情况,土壤发育阶段及附加成土过程不同,发育成由特定发生层构成的土体构型,形成水稻土不同的亚类。

(三十)灌淤土

面积为 8.28 万公顷,分布在甘肃的黄河沿岸,引黄灌区,主要分布于兰州、白银、临夏、庆阳、平凉、天水等地区的黄河或其支流的谷地、阶地和平原上。灌淤土有 40~100cm 的灌淤熟化土层,蚯蚓活动频繁,洞穴粪便多,有机质 1% 以上,因长期灌耕种植,土壤水分运动以向下淋溶为主,石灰石膏黏粒下移,但无明显淀积,全剖面质地颜色均一,1m 土层内可见陶片、炉渣、粪斑等文化遗物和人类生产活动痕迹。石灰反应强。灌淤土地区人口稠密,集约经营,长期耕种培肥的结果,形成土壤宜种性广,农作物产量比较高,亩产小麦 350~400kg,其次玉米、大豆、马铃薯、蔬菜瓜果产量都比较高。

(三十一)灌漠土

面积为 81.20 万公顷,分布于甘肃河西走廊内陆灌区,干旱、半干旱的荒漠绿洲地带。灌漠土为古老灌溉耕种熟化土壤。该土由于长期灌溉、耕作、施肥,形成 30~100cm 的熟化层,有陶片、炉渣、炭屑、粪斑等文化遗物和生产活动痕迹。颜色、质地、结构均一,呈暗灰或灰棕色,多为砂壤土、壤土、黏壤土,粒状或团块结构,结构面多细孔,剖面上层蚯蚓洞穴、粪便多,熟化脱盐明显,1m 土体含盐量小于 0.4%,耕层有机质含量一般大于 1.5%,比灰棕漠土、灰漠土、棕漠土高。土体碳酸钙含量一般在 5%~20%,夏秋灌溉淋溶,碳酸钙黏粒有下移现象,春冬蒸发强烈,碳酸钙盐分有表聚现象。

(三十二)高山草甸土

面积为 116.94 万公顷,分布于甘肃祁连山及秦岭海拔 3500～4000m 的高山地带,气候阴湿寒冷,年降水量 600mm 左右,植被主要是耐寒喜湿性的草甸植物,覆盖度 70%～90%。是牧区的夏季草场。由于气温低,土壤冻结期长,植物根系不易分解,具有强烈的生草过程,形成 8～20cm 厚的毡状草皮层,根系盘根错节,富含有机质,含量平均 13% 以上。其下为腐殖质层,厚 20～30cm,灰棕色,疏松,团粒或团块状结构,有的具少量碳酸盐假菌丝体,有微弱石灰反应。有机质含量平均 8% 左右。

(三十三)亚高山草甸土

面积为 158.02 万公顷,主要分布于甘肃祁连山、秦岭和其他中高山、甘南高原海拔 3000～3500m 的地带。该土上接高山草甸土,下接黑钙土,是牧区良好的夏秋草场。气温、雨量、蒸发量略高于高山草甸土区,剖面形态特征:具有发达的草皮层,根系交织成毡状,但不如高山草甸土致密,有弹性,多呈暗棕色,屑粒或粒状结构,厚度 10～20cm,无石灰反应。有机质含量平均 11% 左右。腐殖质层厚 30～40cm,淡黑棕色,粒状或团块状结构,疏松,有少量假菌丝体,有机质 6% 左右。腐殖质层到母质层的过渡层明显,一般在土体 50cm 以下,厚度 30cm 左右,多呈灰棕色壤土,粒状或小块状结构,由于土壤水分季节性变化,氧化还原过程比较显著,多见锈纹锈斑、网状胶膜等。

(三十四)高山草原土

面积为 142.02 万公顷,主要分布在河西走廊祁连山西段、阿尔金山东段,及海拔 3500～4100m 的高山地带。即张掖地区肃南裕固族自治县的部分地区,肃北蒙古族自治县、阿克塞哈萨克族自治县,均为牧区县。该土上承高山寒漠土,下接亚高山草原土。气候寒冷、干旱,年均气温 −2℃～−5℃。年降水量 150～250mm,年蒸发量 1100～1800mm。地形为高山山脊、坡、台地、阶地、宽谷等。母质多为冰碛、残积、坡积、洪积、冲积物的黄土状、红土母质等。植被为耐低温的旱生草原植物,覆盖度 15%～70%。地表无草皮层,干,有稀疏砾石,浮砂覆盖,具薄结皮 1～2cm,有的呈鳞片状地衣结壳,其下为灰棕色腐殖质层,12cm 以下有少量碳酸盐假菌丝体,有机质 2% 左右,愈向下含量愈少。有发育微弱的淀积层,弱块状结构,有碳酸盐新生体,个别剖面有少量盐分聚集,有的有小颗粒石膏分布。全剖面强石灰反应,pH 值 8.0～8.5。是发展山、绵羊的良好夏季草场,但载畜量小,不适合放牧大型牲畜。

(三十五)亚高山草原土

面积为 184.51 万公顷,主要分布于甘肃祁连山、秦岭和其他中高山、甘南高原海拔 3000～3500m 的地带。该土上接高山草甸土,下接黑钙土,是牧区良好的夏秋草场。气温、雨量、蒸发量略高于高山草甸土区，剖面形态特征：具有发达的草皮层，根系交织成毡状，但不如高山草甸土致密，有弹性，多呈暗棕色，屑粒或粒状结构，厚度10~20cm，无石灰反应。有机质含量平均2.71%左右。腐殖质层厚30~40cm，淡黑棕色，粒状或团块状结构，疏松，有少量假菌丝体，有机质2.03%左右。腐殖质层到母质层的过渡层明显，一般在土体50cm以下，厚度30cm左右，多呈灰棕色壤土，粒状或小块状结构，由于土壤水分季节性变化，氧化还原过程比较显著，多见锈纹锈斑、网状胶膜等。

(三十六)高山漠土

面积为10.51万公顷，仅分布在甘肃极端干旱地区的阿克塞哈萨克族自治县境内的祁连山、阿尔金山、后唐子五个泉、南安坝、大小苏干湖北面阳山，海拔3500~4200m的个别地段，不连片，不成带与高山草原土交错分布。地形为高山山麓洪积扇、高山盆地或坡度大的高山坡地等。母质为冲积洪积物，残积坡积物或冰碛物等。气候寒冷、干旱，年均温1℃~-3℃，年均降水量50~100mm，昼夜温差极大。荒漠植被主要是旱生超旱生植物，覆盖度5%~10%。海拔越高植被越稀疏，海拔4200m处，基本无植被。高山漠土剖面特点：土层薄，石多土少，剖面发育不明显，地表砾幂有多角形裂缝，有0.5~1.5cm厚的灰白色多孔易碎的结皮层，有机质含量少于0.5%，有盐斑，结构层下至10cm呈薄片或层片状结构，砾石腹面有石灰薄膜，全剖面强石灰反应，碳酸钙10%以上，pH值8.0~8.8。该土植被稀疏，产草量低，仅可作为放牧山羊、骆驼的夏季草场，但载畜量小，不适合放牧大型牲畜。

(三十七)高山寒漠土

面积为72.92万公顷，零星分布于祁连山、秦岭、甘南高原海拔3900~4800m的高山地带(西高东低，阳面高，阴面低)。该土上接雪线，下接高山草甸土或高山草原土，一般不连片，不成带，多与石质山或裸岩成复区，面积甚小，难以划出，实际高山寒漠土镶嵌在石海中。年均温-5℃~-10℃，年降水量250~700mm，有冰雪融水，夏季昼融夜冻，具永冻层，地形多为分水岭脊、冰碛台地、古冰斗等。母质为冰碛物、残积物和冰水沉积物等。植被以地衣、苔鲜为主，覆盖度1%~5%。该土剖面特征：接近冰川雪线处，土层浅薄，地表多棱角石块，剖面发育不明显，属AC型粗骨土(仅局部低地有砂质壤土)，土体潮湿，无结构，加上夏季的昼融夜冻，氧化还原交替作用，故表土有铁质聚积，质地稍重处有绣纹斑。15~20cm处有永冻层。接近高山草甸土处，腐殖质层明显，但剖面层次不完整。有机质含量极低，0.2%左右，pH值7.0~8.5。该土海拔高，土温低，农业上无法利用。

表 1-1-8 甘肃省土壤分类系统表

土类	亚类	土属	土种
黄棕壤	黄棕壤	泥质岩残坡积黄棕壤	黄棕土
		黄土性黄岗土	姜黄土
			黄岗土
			砾黄岗土
			黄泥巴土
	黄棕壤性土	酸性岩残坡积黄棕壤性土	黄石碴土
棕壤	棕壤	酸性岩残坡积棕壤	棕石碴土
		黄土性草甸棕壤	锈棕土
		黄土性棕壤	棕黄土
		黄土质棕黄土	黄僵泥土
		红土性棕壤	红僵泥土
		硅质岩残坡积棕黄土	棕黄砂土
	棕壤性土	酸性岩残坡积棕壤性土	棕黄碴土
暗棕壤	暗棕壤	酸性岩残坡积暗棕壤	暗棕土
			棕黑土
	草甸暗棕土	草甸暗棕壤	锈棕黑土
	暗棕壤性土	硅质岩残坡积暗棕壤性土	棕黑碴土
褐土	褐土	钙质岩残坡积褐土	褐黄砂土
		黄土性褐土	褐黄土
		红土质褐土	褐红土
		黄土性黄僵土	黄僵土
			砂磳土
		红土性褐土	红僵土
	石灰性褐土	黄土性石灰性褐土	麻褐黄土
		红土性石灰性褐土	麻褐红土
		硅质石灰性褐土	麻褐砂土
		黄土性鸡粪土	养脑髓土
			砂养脑髓土
		红土性鸡粪土	红鸡粪土

续表 1-1-8

土类	亚类	土属	土种
褐土	淋溶褐土	黄土性淋溶褐土	黑泡土
		红土性淋溶褐土	红泡土
		硅质岩残坡积淋溶褐土	砂黑泡土
		黄土性黑黄土	黑黄土
		红土型黑红土	黑红土
		硅质岩残坡积黑黄僵土	砂黑黄土
	潮褐土	黄土性潮褐土	黄锈斑土
		潮黄僵土	潮黄僵土
	褐土性土	钙质岩残坡积褐土性土	腼黄土
			青石碴土
		钙质岩残坡积褐黄土	腼黄白土
			青灰碴土
灰褐土	灰褐土	钙质岩残坡积灰褐土	夹砾灰黑土
			厚灰黑土
	淋溶灰褐土	泥质岩残坡积淋溶灰褐土	关山灰黑土
			关山薄灰黑土
		硅质残坡积淋溶灰褐土	胶膜灰黑土
		钙质岩残坡积石灰性灰褐土	锈膜黑土
	石灰性灰褐土	黄土性石灰性灰褐土	麻灰黑土
			薄灰黑土
			黄灰黑土
		黄红土性石灰性灰褐土	薄黄灰黑土
			墡灰黑土
			薄墡灰黑土
黑土	黑土	黄土性黑土	山地大黑土
			大黑土
			大黑油土
			破皮大黑土
		泥质岩残坡积黑土	洮岷大黑土
	草甸黑土	草甸黑土	锈黑土
		耕种草甸黑土	潮黑土

续表 1-1-8

土类	亚类	土属	土种
黑钙土	黑钙土	黑钙土	黑油土
		耕种黑钙土	破皮黑油土
			岷宕黑油土
	石灰性黑钙土	石灰性黑钙土	钙黑土
		耕种石灰性黑钙土	破皮钙黑土
			川台油黑土
			黑油砂土
	淡黑钙土	淡黑钙土	淡钙黑土
			破皮淡钙黑土
			砂砾淡钙黑土
	草甸黑钙土	草甸黑钙土	潮黑油土
栗钙土	暗栗钙土	暗栗钙土	暗栗土
		耕种暗栗钙土	破皮暗栗土
			覆砂暗栗土
	栗钙土	栗钙土	栗土
		耕种栗钙土	破皮栗土
			覆砂栗土
		耕灌栗钙土	耕灌栗土
	淡栗钙土	淡栗钙土	淡栗土
		耕种淡栗钙土	破皮淡栗土
			覆砂淡栗土
		耕灌淡栗钙土	耕灌淡栗土
	草甸栗钙土	草甸栗钙土	潮栗土
			耕潮栗土
	盐化栗钙土	盐化栗钙土	硫氯性栗土
黑垆土	黑垆土	黑垆土	黑垆土
			鸡粪土
		覆盖黑垆土	厚盖黑垆土
			薄盖黑垆土
	粘化黑垆土	粘化黑垆土	粘黑垆土
		覆盖粘化黑垆土	厚盖粘黑垆土
			薄盖粘黑垆土

续表 1-1-8

土类	亚类	土属	土种
黑垆土	黑麻土	黑麻土	黑麻垆土
			厚盖黑麻垆土
			薄盖黑麻垆土
			黑麻土
			覆盖黑麻土
			剥皮黑麻土
			黑麻土
		麻土	薄麻土
			灌溉麻土
			旱台麻土
			砂砾麻土
			沟谷麻土
			漏沙麻土
			剥皮麻土
棕钙土	棕钙土	棕钙土	旱棕土
	盐化棕钙土	盐化棕钙土	盐性旱棕土
灰钙土	灰钙土	灰钙土	灰白土
		耕种灰钙土	旱地灰白土
		耕灌灰钙土	水地灰白土
		砂田灰钙土	旱砂灰白土
	淡灰钙土	淡灰钙土	绵白土
		耕种淡灰钙土	旱地绵白土
		耕灌淡灰钙土	水地绵白土
		砂田淡灰钙土	旱砂绵白土
			水砂绵白土
	草甸灰钙土	草甸灰钙土	潮灰白土
			根潮灰白土
	盐化灰钙土	盐化灰钙土	盐性灰白土
			破皮盐性灰白土
			砂田盐性灰白土

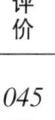

续表 1-1-8

土类	亚类	土属	土种
灰漠土	灰漠土	灰漠土	灰板土
	盐化灰漠土	盐化灰漠土	中盐灰漠土
			强盐灰漠土
	灌溉灰漠土	灌溉灰漠土	灌漠钙土
灰棕漠土	灰棕漠土	灰棕漠土	板土
			盐性板土
		砾质戈壁灰棕漠土	砾幂土
	石膏灰棕漠土	石膏灰棕漠土	石膏砾幂土
	灌溉灰棕漠土	灌溉灰棕漠土	厚板土
			薄板土
棕漠土	棕漠土	棕漠土	黄板土
	盐化棕漠土	盐化棕漠土	盐性黄板土
	石膏棕漠土	石膏棕漠土	石膏黑砾幂土
	石膏盐盘棕漠土	石膏盐盘棕漠土	石膏盐盘土
	灌溉棕漠土	灌溉棕漠土	薄层黄板土
			厚层黄板土
黄绵土	黄绵土	黄绵土	梯黄绵土
			坡黄绵土
			耕灌黄绵土
		灰绵土	灰绵土
		黄墡土	坡黄墡土
			梯黄墡土
		灰墡土	灰墡土
		粗黄墡土	梯沙绵土
			坡沙绵土
		粗灰绵土	灰沙绵土
		大白土	傻白土
			傻绵白土
红粘土	红粘土	红粘土	红胶泥土
		耕种红粘土	坡红胶泥土
			川坪红胶泥土

续表 1-1-8

土类	亚类	土属	土种
红粘土	红粘土	红砂土	杂色红胶泥土
			红砂土
		耕种红砂土	坡砂红粘土
			川台红砂土
			灌耕红砂土
新积土	新积土	新积土	淤黄土
		耕种新积土	淀淤黄土
			砂砾淤淀土
龟裂土	龟裂土	龟裂土	僵裂土
			盐性僵裂土
风沙土	荒漠风沙土	流动风沙土	流沙土
		半固定风沙土	半流砂土
			河滩半流沙土
		固定风沙土	浮沙土
			柴湾浮沙土
		耕种风沙土	灌耕浮沙土
			盐化灌耕浮沙土
石质土	石质土	石质土	钙质石质土
		硅铝质石质土	硅铝质石质土
粗骨土	钙质粗骨土	钙质粗骨土	砾质土
	中性粗骨土	中性粗骨土	中性粗骨土
草甸土	草甸土	草甸土	锈斑土
			灰锈斑土
		耕种草甸土	破皮灰锈斑土
	石灰性草甸土	耕种石灰性草甸土	灌灰锈斑土
		石灰性草甸土	甘南锈斑土
			破皮锈斑土
	潜育草甸土	潜育草甸土	洼泥锈斑土
	盐化草甸土	盐化草甸土	氯硫盐锈斑土
			硫盐锈斑土
			氯盐锈斑土

续表 1-1-8

土类	亚类	土属	土种
山地草甸土	山地草甸土	山地草甸土	锈纹土
		耕种山地草甸土	破皮锈纹土
	山地草原草甸土	山地草原草甸土	生草锈纹土
			破草锈纹土
林灌草甸土	林灌草甸土	林灌草甸土	林灌锈色土
	盐化林灌草甸土	盐化林灌草甸土	盐性锈色土
潮土	潮土	上潮土	立茬上潮土
			平茬上潮土
			底砂上潮土
			底粘上潮土
		二潮土	立茬二潮土
			平茬二潮土
			漏砂二潮土
			腰砂二潮土
		下潮土	立茬下潮土
			平茬下潮土
			漏砂下潮土
			腰砂下潮土
	脱潮土	脱潮土	脱潮土
			底砂脱潮土
			盐性脱潮土
	湿潮土	湿潮土	中位湿潮土
			高位湿潮土
			低位湿潮土
	盐化潮土	盐化潮土	硫盐潮土
			氯硫盐潮土
沼泽土	沼泽土	沼泽土	洼泥土
	腐泥沼泽土	腐泥沼泽土	腐泥土
	泥炭沼泽土	泥炭沼泽土	黑洼泥土
	草甸沼泽土	草甸沼泽土	草泥土
	盐化沼泽土	盐化沼泽土	盐洼泥土

续表 1-1-8

土类	亚类	土属	土种
泥炭土	低位泥炭土	低位泥炭土	低位泥炭土
	中位泥炭土	中位泥炭土	中位泥炭土
	高位泥炭土	高位泥炭土	高位泥炭土
盐土	草甸盐土	硫酸盐草甸盐土	硫锈盐土
		氯化物硫酸盐草甸盐土	氯硫锈盐土
		硫酸盐氯化物草甸盐土	硫氯锈盐土
		氯化物草甸盐土	氯锈盐土
	结壳盐土（典型盐土）	硫酸盐典型盐土	硫盐土
		氯化物硫酸盐典型盐土	氯硫盐土
		硫酸盐氯化物典型盐土	硫氯盐土
		氯化物典型盐土	氯盐土
	沼泽盐土	沼泽盐土	硫洼泥盐土
	碱化盐土	镁质碱化盐土	镁质碱化盐土
	干旱盐土（含残余盐土）	硫酸盐旱盐土	硫旱盐土
		氯化物硫酸盐旱盐土	氯硫旱盐土
		硫酸盐氯化物旱盐土	硫氯旱盐土
水稻土	潴育水稻土	潴育水稻土	黄泥田
			黑泥田
			黑砂泥田
	淹育水稻土	淹育水稻土	撒砂泥土
	渗育水稻土	渗育水稻土	泥田
			砂泥田
	潜育水稻土	潜育水稻土	烂泥田
灌淤土	灌淤土	厚层灌淤土	厚吃劲土
			底砂厚淤土
		薄层灌淤土	薄吃劲土
			底砂薄淤土
			漏砂薄淤土
		淤积土（包括淀淤土）	淀黄土
			淀砂土
			淀红土

续表 1-1-8

土类	亚类	土属	土种
	潮灌淤土	厚层潮灌淤土	厚层潮淤土
			漏砂厚潮淤土
		薄层潮灌淤土	薄层潮淤土
			漏砂薄潮淤土
	盐化灌淤土	盐化灌淤土	氯硫盐性淤土
			硫盐性淤土
灌漠土	暗灌漠土	厚层暗灌漠土	厚层暗立土
			厚层暗平土
			底砂厚暗灌土
		薄层暗灌漠土	厚层暗立土
			厚层暗平土
			底砂厚暗灌土
	灰灌漠土	厚层灰灌漠土	厚层灰立土
			厚层灰平土
			底砂厚灰灌土
			腰砂厚灰灌土
			底粘厚灰灌土
		薄层灰灌漠土	薄层灰立土
			薄层灰平土
			漏砂薄灰灌土
			腰砂薄灰灌土
	潮灌漠土	厚层潮灌漠土	厚层潮立土
			厚层潮平土
		薄层潮灌漠土	薄层潮立土
			薄层潮平土
			底砂薄潮灌土
			腰砂薄潮灌土
	盐化灌漠土	盐化灌漠土	氯硫盐灌土
			硫盐灌土
高山草甸土	高山草甸土	高山草甸土	草毡土
	高山灌丛草甸土	高山灌丛草甸土	棕草毡土

续表 1-1-8

土类	亚类	土属	土种
亚高山草甸土	亚高山草甸土	亚高山草甸土	黑毡土
	亚高山草原草甸土	亚高山草原草甸土	草黑毡土
			破草黑毡土
	亚高山灌丛草甸土	亚高山灌丛草甸土	棕毡土
高山草原土	高山草原土	高山草原土	棕草根土
亚高山草原土	亚高山草原土	亚高山草原土	草根土
高山漠土	高山漠土	高山漠土	冷砂砾土
高山寒漠土	高山寒漠土	高山寒漠土	寒角砾土

第四节 耕地质量保护与提升

甘肃耕地质量总体偏低,中低产田比例较大,土壤板结和盐碱化严重,工矿企业和城市周边耕地污染加剧。近年来,甘肃省不断创新工作机制,积极探索技术模式,有力地促进了耕地质量建设工作。

一、耕地质量保护制度建设

(一)甘肃省注重管理创新,出台了《甘肃省耕地质量管理办法》,提供了法律保障

2010年11月15日甘肃省人民政府第66次常务会议讨论通过并正式颁布了《甘肃省耕地质量管理办法》,于2011年1月15日起正式实施。《办法》的出台标志着甘肃省耕地质量管理工作步入了法制化轨道,对依法管理和保护耕地,维护农民合法权益,促进农业可持续发展产生了重大的影响。

(二)甘肃省注重机制完善,健全了补充耕地质量验收评定工作机制,规范了评定办法

作为全国6个补充耕地质量验收评定试点省之一,与国土部门联合下发了《甘肃省补充耕地质量验收评定实施细则》,建成了省、市、县三级补充耕地质量验收评定专家库,明确了评定主体,规范了评定程序,确定了评定方法。在试点基础上,全省新增了10个补充耕地质量验收评定省级试点县,完成了3万亩补充耕地的评定验收工作。

(三)甘肃省注重工作定位,建立了部门间协调配合机制,理顺了职责关系

在政府机构改革中,以省政府名义重新确定了省农牧厅职责,明确由省农牧厅负责耕地质量建设管理及耕地质量提升工作,省国土资源厅承担耕地保护的责任。

(四)甘肃省注重体系建设,完善了土壤墒情旱情与耕地质量监测体系,健全了监测体系

根据甘肃省不同生态区域和土壤类型,在9个国家级监测点的基础上,备选了15个国家级耕地质量监测点,使国家级耕地质量监测点达到了24个,及时了解了耕地地力动态变化特征及养分变化趋势,为耕地质量保护与提升提供了数据支撑。同时,新建了20个自动化土壤墒情与旱情监测站,定期发布墒情旱情信息,为全省农业抗旱工作提供了重要的依据。

(五)甘肃省注重调查研究,开展了耕地质量宣传报道,营造了良好气氛

开展了甘肃省盐碱地现状及治理情况调研,邀请人大、政协代表开展了全省耕地质量现状调研,在省上的主要杂志和主流媒体上广泛的宣传报道,并配合中央有关媒体进行了专题报道。一系列的专题调研和宣传报道,引起了社会各界对耕地质量的关注和对耕地质量建设的重视,营造了良好的工作氛围,有力地推动了耕地质量建设与管理工作的顺利开展。

二、耕地质量基础性工作

(一)耕地地力评价

甘肃省的耕地地力评价从2007年开始,并于2013年完成县域耕地地力评价工作。全省测土配方施肥项目的79个项目单位全部建立了县域耕地资源管理信息系统,编写了工作报告、技术报告和专题报告,并绘制了耕地地力评价成果图集。现阶段,各项目单位正陆续运用耕地地力评价成果开发手机短信服务系统,把高科技的成果应用到农业生产中,让农民切身体会到现代化的农业生产技术。

(二)耕地质量监测

建立了35个土壤肥力和墒情长期定位监测点,对土壤养分和墒情进行跟踪监测。

(三)补充耕地质量验收评定

自2010项目下达后,农业部门和国土部门积极合作,通过召开座谈会、现场实地踏勘等形式,最终确定天水市秦州区为国家级试点项目单位,并选择典型的土地开发整理项目做为试点项目,农业部门对项目区域立地条件、基础设施、水资源状况、气候等进行了调查,填写项目区基本情况调查表,并进行取土化验分析。2014年又扩大了金川区、甘州区、皋兰县、安定区、镇原县等五个县区,以期逐步在全省范围内推进补充耕地质量验收评定工作。

按照《全国补充耕地质量建设管理与验收试点工作方案》和《甘肃省补充耕地质量建

设管理与验收试点工作实施方案》要求,在山丹县、华池县、古浪县、玉门市、金川区、甘州区、皋兰县、安定区、镇原县九个县市区的10个土地开发整理项目上进行现场踏勘26次,采集样品150个,涉及占补平衡耕地14200亩。对项目区土地整理前后土壤样品进行了检测分析和评价,共计分析化验了40个土样600项(次)。9个省级试点县共分析化验了110个土样1100项(次)。通过分析,除缓效钾之外,土地整理后耕地层土壤养分含量均低于整理前,且下降幅度较大。

三、耕地质量提升与利用

近年来,甘肃省紧紧围绕"一提、三节、一防"(即"提质""节地""节肥""节水""预防治理地膜污染")五项重点工作,积极开展耕地质量建设,促进耕地质量全面提升。

(一)突出"提质",创新地力培肥技术模式,有力提升耕地质量水平

甘肃省耕地中低产田数量大,占总耕地面积的80%以上,高于全国10个百分点,土壤养分含量低,耕地土壤有机质含量低于20g/kg的面积占82.5%。针对甘肃省耕地质量现状,依托农业部耕地保护与质量提升项目,在中东部旱作农业区实施了全膜双垄沟播秸秆腐熟还田技术模式,在河西及沿黄灌溉农业区实施了以增施商品有机肥、施用土壤调理剂和秋闲田种植绿肥翻压还田为主的地力综合改良培肥技术模式。通过4年的连续实施,项目区耕地地力等级提高了0.5个等级,达到了亩增产50kg、亩增收80元的效果。

(二)突出"节地",创新盐碱地治理与改良模式,逐步启动盐碱地治理与综合利用工程

对于当前越来越紧缺的耕地资源,盐碱地治理与综合利用意义重大。甘肃省盐碱耕地面积480多万亩,面积大、分布广、类型复杂。为了高效利用盐碱地资源,根据甘肃省盐碱地特点,通过积极探索,在轻度盐碱耕地上实施了"增施有机肥+土壤改良剂+秸秆还田(种植绿肥)+垄膜沟灌+深松耕"技术模式,其目标是通过连续3年改良,使耕地综合生产能力基本达到当地正常年份粮食平均生产水平,耕地质量提升了一个等级,实现耕地土壤基本无盐碱化危害即无害化目标。在中度盐碱地实施了"冬泡地+挖沟(井)排碱+增施有机肥+施用土壤改良剂+秸秆还田(种植绿肥)+高效农田节水+种植耐盐碱作物+深松耕"技术模式,其目标是通过连续5年改良,粮食综合生产能力基本达到当地正常年份平均生产水平的60%以上,耕地质量提升半个等级,达到有盐无害。在重度盐碱地上实施了"冬泡地+暗管排碱+铺沙压碱+增施有机肥+施用土壤改良剂+深松耕"技术模式,其目标是通过连续5年改良,初步实现耐盐性作物形成基本产量,粮食综合生产能力基本达到当地正常年份平均生产水平的30%以上,耕地盐碱化程度得到明显的减轻。并积极试验研究探索出了农业废弃物磷石膏改良盐碱地技术,取得了良好的效果。同时,受省发改委委托,起草完成了《甘肃省盐碱地治理与综合利用总体规划》(初稿),提出

了不同类型盐碱地治理总体思路、目标任务、主要内容及技术模式和综合利用途径。

(三)突出"节肥",创新测土配方施肥技术推广模式,有效促进农业节本增效

借助甘肃省确立的"四个千万亩工程"领导重视、政策优惠、资金支持的优势,将测土配方施肥技术与全膜双垄沟播、马铃薯脱毒种薯种植、高效农田节水、优质林果种植技术相结合,与1000万亩全膜双垄沟播技术相结合,积极探索推广缓控释配方施肥技术,解决覆膜后追难、后期脱肥现象突出的问题。与1000万亩高效农田节水技术相结合,积极探索节水、节肥的水肥一体化技术。与1000万亩马铃薯脱毒种薯种植相结合,积极探索水溶性肥料施用技术。与1000万亩优质林果种植相结合,探索园艺作物测土配方施肥技术。同时,积极开展了农企对接配方肥下地行动、触摸屏进店推荐施肥活动、智能化配肥供肥模式和整建制推进的工作机制等。

(四)突出"节水",创新农田节水技术模式,全面提高农作物产量和水资源利用率

根据甘肃省水资源特点,确立了不同区域的节水农业发展重点:中东部旱作农业区以有限降水高效利用为主,增强旱作农业的稳定性和可控性,达到"节水、增产"的目标;中西部灌溉农业区以高效"节"水和灌区水资源高效利用为主,大力发展高效作物,达到"高产、节水、高效"的目标;南部高寒阴湿农业区,以小水"截"流补灌为主,使无效水变有效水、"小水"变"大水",达到"高效、节水"的目标。并根据不同区域确立了节水农业的骨干技术模式,注重水肥一体化技术推广和自动化物联网的应用。

(五)突出"防治",创新残膜回收利用新机制和新模式,不断减轻农业面源污染

2013年,甘肃省各类农作物地膜覆盖面积2663.1万亩,地膜使用总量15.2万吨,地膜覆盖栽培技术已经成为保证甘肃省农业稳产高产的重要技术,得到了广大群众和基层干部的接受和认可,特别是为甘肃省自然条件尤为艰苦的旱作农业区,实现经济社会稳步发展做出了重大贡献。为了解决好残膜污染问题,甘肃省出台了《甘肃省废旧农膜回收利用条例》,明确要求从2014年6月1日起,在甘肃省范围内禁止销售和使用厚度小于0.008mm、耐候期小于12个月的农用地膜。并颁布了《聚乙烯吹塑农用地面覆盖薄膜》地方强制性标准,提倡使用加耐候剂、0.01mm以上、使用寿命18个月以上的农用地膜,做到一次覆膜使用两年;创新了"农户+商贩+企业"的地膜捡拾、回收、加工一条龙的资源循环利用模式,使废旧农膜回收利用网络体系已基本健全,废旧农膜回收利用的市场化机制已初步形成,每年设立2000万元专项资金扶持加工企业和回收网点,甘肃省从事废旧农膜回收加工的各类企业达231家,设立乡村回收网点2130个,2013年共回收利用废旧地膜10.7万吨,回收利用率达到70.7%;并积极开展了降解膜推广施用技术试验研究和提升耕地质量替代地膜技术试验研究。经过近几年的努力,目前甘肃省农田白色面源污染得到初步遏制,农村生态环境得到逐步改善。

第二章　耕地地力评价方法与步骤

耕地是农业生产不可替代的生产资料,是保持社会和国民经济可持续发展的重要资源。耕地地力是指在当前管理水平下,由土壤本身特性、自然背景条件和基础设施水平等要素综合构成的耕地生产能力。对耕地地力进行评价是提高资源利用效率,推进农业结构调整,降低农业生产成本,指导科学施肥等工作的需要。因此,及时调查耕地资源的数量、质量及其变化,对于合理规划和利用耕地,切实保护耕地有十分重要的意义。在全面的野外调查和室内化验分析,获取大量耕地地力相关信息的基础上,我们对甘肃省耕地地力进行了综合评价,力争摸清甘肃省耕地地力的现状及存在的问题,为耕地资源的高效和可持续利用提供依据。

在甘肃省耕地地力评价中,我们遵循的基本原则:一是综合因素研究与主导因素分析相结合原则。土地是一个自然与经济综合体,是人们利用的对象,对土地质量的鉴定涉及自然和社会经济多个方面,耕地地力也是各类要素的综合体现。所谓综合因素研究是指对地形地貌、土壤理化性状、相关社会经济因素之总体进行全面的研究、分析与评价,以全面了解耕地地力状况。主导因素是指对耕地地力起决定作用的、相对稳定的因子,在评价中要着重对其进行研究分析。因此,把综合因素与主导因素结合起来进行评价,可以对耕地地力作出科学准确的评定。二是定量和定性相结合的原则。土地系统是一个复杂的灰色系统,定量和定性要素共存,相互作用,相互影响。因此,为了保证评价结果的客观合理,宜采用定量和定性评价相结合的方法。在总体上,为了保证评价结果的客观合理,尽量采用定量评价方法,对可定量化的评价因子,如有机质等养分含量、土层厚度等,按其数值参与计算。对非数量化的定性因子,如土壤表层质地、土壤构型等,则进行量化处理,确定其相应的指数,并建立评价数据库,用计算机进行运算和处理,尽量避免人为随意性因素影响。在评价因素筛选、权重确定、评价标准、等级确定等评价过程中,尽量采用定量化的数学模型,在此基础上充分运用人工智能和专家知识,对评价的中间过程和评价结果进行必要的定性调整。定量与定性相结合,从而保证了评价结果的准确合理。评价的工作流程,如图 1-2-1 所示。

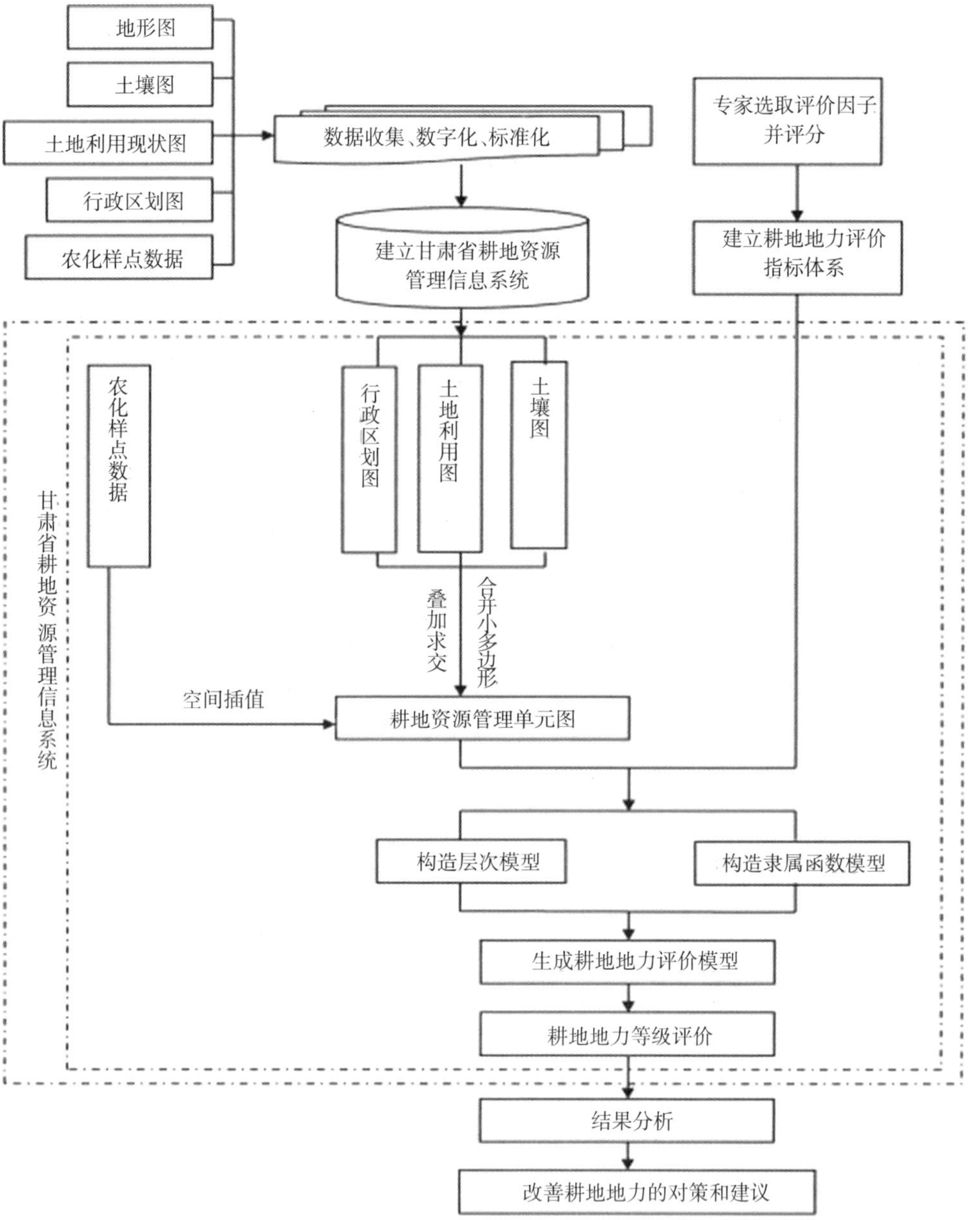

图 1-2-1 评价工作流程图

第一节 软硬件准备

一、软硬件准备

(一)硬件准备

硬件准备主要包括高档微机、A0 幅面扫描仪、喷墨绘图仪等。微机主要用于数据和图件的处理分析,扫描仪用于图件的输入,喷墨绘图仪用于成果图的输出。

(二)软件准备

一是 Foxpro 数据库管理、SPSS 数据统计分析、Access 数据管理系统等应用软件;二是 Arcgis9.3、Mapgis 软件等专业分析软件。

二、基础与专题图件资料

图件资料指印刷的各类地图、专题图、卫星照片以及数字化矢量图和栅格图。

(一)地形图(1∶50万)

通过地形图可以生成数字高程模型(DEM),求得管理单元的坡度、坡向及海拔高度等信息。购买自甘肃省测绘局。

(二)土壤图(1∶100万)

通过土壤图可以了解本区的土壤类型情况、土壤立地条件、土壤剖面性状、障碍因素等,并与土地利用现状图合理划分耕地资源管理单元,便于耕地地力评价。由甘肃省第二次土壤普查资料获得。

(三)土地利用现状图(1∶50万)

通过土地利用现状图获取甘肃省土地利用信息,并与土壤图合理划分耕地资源管理单元,便于耕地地力评价。由甘肃省国土资源厅提供。

(四)地貌类型分区图(1∶50万)

通过将地貌类型分区图和采样点位图叠加,可以得到每个采样点位的地貌类型信息,是采样点基本情况调查的重要内容。由甘肃省国土资源厅提供。

(五)行政区划图(1∶50万)

通过行政区划图可以统计各行政区域内土壤养分或耕地地力的分布情况。由甘肃省国土资源厅提供。

资料搜集:初期进行大量收集,并按照收集—登记—完整性检查—可靠性检查—筛选—分类—编码—整理—归档的流程进行。

收集:在调研的基础上广泛收集相关资料。同一类资料不同时间、来源、版本、介质都应收集,以便将来相互检查、补充和佐证。

登记:对收集到的资料立即登记,记载资料名称、内容、来源、页(幅)数、收集时间、密级、是否要求归还、保管人等;数据产品还应记载介质类型、数据格式、打开工具等。

完整性:检查资料的完整性至关重要,一套统计数据如果不完全,只能作为辅助数据,无法实现与现有数据的完整性比较。

可靠性检查:检查数据的所有者、生产者、时间、数据产生的背景等信息。来源不清的

数据不能使用。

筛选：通过以上步骤可基本确定哪些是有用的资料，对于重复、冗余或过于陈旧的资料，应做进一步的筛选。

分类：按资料类型或资料涉及内容进行分类，进行分类管理。

编码：为便于管理和使用，对所有资料编码。

整理：已经编码的资料进行必要的整理、装订、封装，珍贵资料应采取适当的保护措施。

归档：所有资料必需归档，建立管理和查阅使用制度，严防资料散失。

三、数据文本资料

耕地地力评价是以耕地的各性状要素为基础，因此必须广泛地收集与评价有关的各类自然和社会经济因素资料，为评价工作做好数据的准备。本次耕地地力评价收集获取的资料主要包括以下几个方面：

（一）野外调查资料

野外调查资料按野外调查点获取，主要包括地形地貌、土壤母质、水文、土层厚度、表层质地、耕地利用现状、灌排条件、作物产量水平、管理措施水平等。

（二）室内化验分析资料

室内化验分析资料包括有机质、全氮、速效氮、速效磷、速效钾等大量养分数据，以及pH值等。

（三）统计资料

1.邮政编码表

邮政编码由六位数组成，可到当地邮政部门查询，是调查与采样点统一编号的重要组成部分，应在调查前进行收集和整理。

2.土壤类型代码表

省内土壤类型代码表，以第二次土壤普查的土壤分类系统为准，8位数字表示，并归并为国家标准代码。

3.典型剖面属性数据表

包含成土母质、剖面构型、土壤质地、质地构型等信息，通过整理第二次土壤普查资料获取。

4.耕地地力调查点基本情况及化验结果属性数据表

《测土配方施肥技术规范》要求的耕地地力调查点基本情况，包括立体条件、土壤类型、土壤理化性状及农村及农业生产基本情况所要求的熟制、种植制度、常年粮食产量等，可从测土配方施肥汇总系统导出耕地地力评价因子表后规范化处理。

5.农业气象资料

包含常年降雨量、有效积温和无霜期等信息,由甘肃省气象局提供。

6.基本农田保护块登记表、基本农田保护区基本情况统计表

包含地块的法定面积信息,由甘肃省国土资源厅提供。

7.行政区划代码表

由甘肃省统计局提供。

8.土壤志/土种志

包括甘肃土种志、甘肃土壤、各县(区)土壤志、农化样采样点基本情况及检测结果数据等。

9.土壤养分丰缺指标体系

用于评价土壤养分状况,进行养分分级汇总,通过测土配方施肥项目"3414"试验计算获得。

10.主要种植作物施肥参数

用于单元推荐施肥和区域推荐施肥制定配方,通过测土配方施肥项目"3414"试验计算获得。

11.作物品种特征资料

包含品种的生产潜力产量,百斤籽粒耗氮、磷、钾量等参数。通过整理相关试验资料获取。

12.其他资料

行政区划为基本单位的人口、土地面积、粮油、蔬菜、果茶面积以及各类投入产出等社会经济指标数据以及各土种性状描述、土壤典型剖面照片、土壤肥力监测点景观照片、当地典型景观照片、特色农产品介绍(文字、图片)、地方介绍资料(图片、录相、文字、音乐)。

第二节　数据甄别遴选与补充调查

一、数据甄别遴选

(一)数据筛选原则

对本辖区省级耕地地力评价属性数据进行遴选、甄别,平原区按10 000亩1个样点、丘陵山区按8000亩1个样点进行,对地形复杂地区样点适度加密。遴选样点时,对照省

级评价采样点位分布图,充分考虑到土壤类型、地貌类型、耕地利用方式、地力等级、行政区划等因素。对遴选出的数据按照《县域耕地资源管理信息系统数据字典》要求,进行完整性、规范性与合理性检查。

(二)数据筛选过程

按照筛选原则,选取的点位应该涉及各县的每一个土种,每个土地利用类型,并兼顾不同地力水平的耕地,保持点位的独特性、均匀性、实效性。完成初步筛选后,对数据的准确性进行筛选,按照甘肃省的养分分级标准,数值型数据去除极值。对照数据字典和农业部对于甘肃省省级耕地地力评价的数据要求,将概念型的数据项规范化,横向、纵向对各数据项进行审核,最后,将审核通过的数据作为甘肃省耕地地力评价的基础数据。

(三)数据项的确定

按照农业部对省级耕地地力评价的数据标准,确定了成土母质、海拔、坡度、坡向、地貌类型、地形部位、≥0℃积温、≥10℃积温、年降水量、有效土层厚度、耕层厚度、常年耕作制度、玉米产量、马铃薯产量、灌溉方式、灌溉保证率、水源类型、排水能力、剖面土体构型、土壤侵蚀类型、盐化类型、障碍因素、障碍层类型、障碍层深度、障碍层厚度、质地、容重、pH值、有机质、全氮、碱解氮、有效磷、速效钾以及各种微量元素的化验值等数据。

二、补充调查

(一)补充调查目的

以县域耕地地力调查数据为基础,将县域耕地地力没有涉及的,但又对于省级耕地地力评价很重要的数据项列出来,补充调查县域耕地地力评价中没有的调查内容,补充原来县域数据中没有检测的参数,充实数据,使数据完整。

(二)补充调查的内容

在研究分析遴选出的省级评价数据基础上,赴平凉、庆阳、天水、临夏、甘南等市州进行充分调研,并广泛征询专家意见。具体的调查内容有地形地貌、土壤养分、评价因子的选取建议、近3年粮食单产、特色产业等。

(三)补充调查的方法

土壤养分缺失的数据项,通过实地调查、样品检测和查阅资料等方式进行补足,如有效硼、有效硅、有效钼;并对省级评价数据未涉及,但对当地农业生产及耕地生产能力影响重大的内容,开展补充调查,如耕作制度、主栽作物名称、主栽作物产量、秸秆还田方式、秸秆还田量、覆膜方式、农田防护林防护效果等,充实完善省级评价数据。

三、数据审核

基础数据的质量关系着耕地地力评价的结果正确与否,因此,严把数据质量关,保证数据涵盖面是数据审核的重中之重。

(一)审核数据标准的确定

概念型数据的审核标准,见表1-2-1。数值型数据的审核标准,土壤养分含量以甘肃省养分分级标准来确定上下限见表1-2-2、1-2-3。经纬度坐标,在Arcgis9.3中,生成点位图,删除漂移的点位。海拔、积温、降水量,不能出现空白值。有效土层厚度、耕层厚度,注意与实际的切合度。产量,与各县实际产量进行核对。耕层含盐量,注意与实际的切合度。

(二)审核的主要内容

完整性各项数据是否完整,如甘肃省的数据初次筛选完成后,发现有些县的微量元素有缺项,有效硼、有效钼、有效硅的数据量很少,省土肥站发现这一紧迫的问题后,立即组织各县化验室工作人员来省站质检科培训,把79个项目单位的化验人员分成三批,紧急培训后,把微量元素的缺项补充完整。

科学性数据的科学性对于评价结果是相当重要的,尤其是各项土壤养分含量值,对照甘肃省养分分级标准,并以有相关性的两组数据拟合函数,以此保证数据的科学性、准确性。如各地的产量值,实地调查以确保数据的科学性。土壤成土母质、有效土层厚度、障碍层位置、障碍层厚度等等,参照第二次土壤普查报告、甘肃土壤等历史资料,确保数据真实可靠。

符合性各项数据要符合各县的实际情况,甘肃省的地域狭长,地貌类型复杂多样,这样就决定了气候是多样的,年降水量、积温、海拔的差异是非常大的,以立地条件为基准,审核数据就不会出错。另外,甘南高寒阴湿区的有机质含量必定较高,而陇中黄土高原以黄绵土为主要耕种土壤的耕地,有机质含量必定较低。

(三)审核方法

按照西北片区及省级耕地地力评价实施方案,省土肥站于2013年底完成数据的初步遴选,然后组织甘肃省省级耕地地力评价领导小组、专家小组召开数据审核会议,各专家对于每一项数据都提出了严格的审核要求,会后省土肥站联合甘肃省省级耕地地力评价的技术依托单位甘肃省农业科学院旱地农业研究所的相关专家,对遴选出的数据进行了第一次审核。审核发现初步遴选出的数据并没有达到平原区10 000亩1个点、丘陵区8000亩1个点的标准,并且个别县的数据缺项较多。这样项目实施小组又进行了第二次数据遴选工作,使数据量达到了7504个点。

表 1-2-1　甘肃省耕地地力评价概念型数据标准一览表

土壤类型名称	建立甘肃省土壤名称到国家标准土壤名称对照表。对应到亚类一级（中国土壤分类与代码 GB17296-2009）。
成土母质归类	冲洪积物、残坡积物、风积物、黄土状物、红土状物、河湖沉积物。按二普的土属上面信息，前面加上母岩。
地貌类型	按高原、平原、山地、丘陵、盆地 5 类进行归并。
地形部位	丘陵对应丘陵上部、丘陵中部、丘陵下部；山地对应山地坡上、山地坡中、山地坡下、河谷；平原对应平原高阶、平原低阶、平原中阶；盆地对应山间盆地；高原对应 *塬。
常年耕作制度	作物组成配置和种植方式的总称。
熟制	一年一熟、一年两熟、两年三熟（以积温和纬度来定，不以具体种植作物来定）。
灌溉方式	漫灌、沟灌、畦灌、喷灌、滴灌、小白龙或无灌溉条件。
水源类型	地表水，地下水，地表水 + 地下水，无。
排水能力	强、中、弱、无。
质地构型	按 1 m 土体内不同质地土层的排列组合形式来填写。一般可分为薄层型（红黄壤地区土体厚度 <40 cm，其他地区 <30 cm）、松散型（通体砂型）、紧实型（通体黏型）、夹层型（夹砂砾型、夹黏型、夹料姜型等）、上紧下松型（漏砂型）、上松下紧型（蒙金型）、海绵型（通体壤型）等几大类型。
土壤侵蚀类型	水蚀、风蚀、冻融侵蚀、混合侵蚀、无侵蚀等。
盐化类型	硫酸盐、氯化物盐、碳酸盐等。若是复合型的盐化类型，将主要成分的盐放在次要成分的盐之前。
盐化程度	统一归并为重度、中度、轻度、无。
障碍因素	盐碱、沙化、瘠薄（耕层 <30 cm 归为薄层型，都改成瘠薄）、酸化、白僵化（干旱是气候因素，大多数是钙积层，可改为白僵化）、无。
障碍层类型	影响作物生长的土壤层次的种类，按对植物生长构成障碍的土层类型来填，如黏磐层，土壤黏性太高，过于紧实，植物根系下扎不下去；铁盘层、砂砾层、潜育层、卵石层、沙层石灰结核层等。
耕层质地	按国际制归并四类，壤土、砂土、黏壤土、黏土。
秸秆还田方式	不还田、留茬还田、全量还田。
覆膜方式	全膜覆盖、半膜覆盖、不覆盖。
农田防护林防护效果	好、一般、差、无。

表 1-2-2　甘肃省土壤养分分级标准（主要养分）

甘肃省等级	一级	二级	三级	四级	五级	六级	七级
有机质（g/kg）	>30	30.0~25.0	25.0~20.0	20.0~15.0	15.0~10.0	10.0~6.0	≤6.0
全氮（g/kg）	>2.00	2.00~1.50	1.50~1.25	1.25~1.00	1.0~0.75	0.75~0.5	≤0.50
有效磷（mg/kg）	>40.0	40.0~30.0	30.0~20.0	20.0~15.0	15.0~10.0	10.0~5.0	≤5.0
速效钾（mg/kg）	>300	300~250	250~200	200~150	150~100	100~50	≤50

表 1-2-3　甘肃省土壤养分分级标准（微量元素）

甘肃省等级	一级	二级	三级	四级	五级
	高	中等	较低	低	极低
铜（mg/kg）	>2.00	2.00~1.00	1.00~0.50	0.50~0.20	≤0.20
锌（mg/kg）	>2.00	2.00~1.00	1.00~0.50	0.50~0.30	≤0.30
铁（mg/kg）	>15.00	15.00~10.00	10.00~4.50	4.50~2.50	≤2.50
锰（mg/kg）	>15.00	15.00~9.00	9.00~7.00	7.00~3.00	≤3.00
硼（mg/kg）	>2.00	2.00~1.00	1.00~0.50	0.50~0.20	≤0.20
钼（mg/kg）	>0.40	0.40~0.20	0.20~0.15	0.15~0.05	≤0.05

第二次数据审核工作的重点是纵向比较。在 Excel 中筛选每一项数据，防止空值、极值的出现，并且按照《西北片区及省级耕地地力评价数据标准》对每一项数据进行审核、更正。

第三次数据审核的重点是横向比较。比如，障碍层厚度有数据，但是障碍层类型却没有，这样的数据肯定有一个值是错误的，参照《甘肃省土种志》《甘肃土壤》等资料，更正土壤信息。

三次审核后，在 ArcGIS 中生成点位图，然后根据气候、立地条件、土壤养分、土壤管理、剖面性状等要素，核对各县的每一项数据，确保数据的完整性、科学性和符合性。最终形成甘肃省的省级耕地地力评价数据。

第三节　数据库与评价单元建立

一、空间数据库建立

（一）空间数据的矢量化

对搜集到的纸质（或硫酸纸）图件进行完整性检验、图件预处理、图件扫描，利用 Arcgis 软件把土壤图、土地利用现状图、行政区划图、地貌类型图、地形图进行配准、投影变换、矢量化、校正、图形编辑、建立拓扑关系,并根据《省级耕地资源管理信息系统数据字典》要求,将各种空间数据的名称进行规范化命名,与属性数据的关联字段为标准建立空间数据库,最终以 Arcview 的 Shape 格式保存。各图件情况见表 1-2-4。

表 1-2-4 甘肃省耕地地力评价空间数据基本情况

图层名称	数据代码	资料来源	属性字段内容	关联字段
行政区划图(县界)	AD101	甘肃省国土厅	行政代码	行政代码
省市县位置图	AD102	行政区划图提取	行政代码	行政代码
行政界线图	AD103	土地利用现状图提取	/	/
辖区边界图	AD201	行政区划图提取	/	/
装饰边界图	AD202	Acgis 9.3 绘制	/	/
道路图	GE105	行政区划图提取	/	/
地貌类型图	GE203	甘肃省国土厅	/	/
点注记图	GE901	行政区划图提取	/	/
土壤图	SB101	第二次土壤普查资料	土壤代码	土壤代码
土地利用现状图	LU101	甘肃省国土厅	地类号	地类号
农用地地块图	LU102	土地利用现状图提取	地类号	地类号
非农用地地块图	LU103	土地利用现状图提取	地类号	地类号
耕地地力调查点位图	SB302	耕地地力调查 GPS 数据生成	调查点编号	调查点编号

空间数据的采集规则如下:

坐标系统:Beijing_1954_GK_Zone_18N

投影类型:Gauss_Kruger

假东:18500000.000000

假北:0.000000

中央经线:105.000000

比例因子:1.000000

中央纬度:0.000000

地理坐标系统:GCS_Beijing_1954

大地基准:D_Beijing_1954

(二)质量控制

由于矢量化过程采用扫描数字化方式,因此需要严格按照矢量化流程进行质量控制。具体做法如下:

图件数据质量控制:扫描影像能够区分图内各要素,若有线条不清晰现象,需重新扫描。扫描影像数据经过角度纠正,纠正后的图幅下方两个内图廓点的连线与水平线的角度误差不超过0.2°。公里网格线交叉点为图形纠正控制点,每幅图应选取不少于20个控制点,纠正后控制点的点位绝对误差不超过0.2mm(图面值)。

矢量化:要求图内各要素的采集无错漏现象,图层分类和命名符合统一的规范,各要素的采集与扫描数据相吻合,线划(点位)整体或部分偏移的距离不超过0.3mm(图面值)。

所有数据层具有严格的拓扑结构。面状图形数据中没有碎片多边形。图形数据及属性数据的输入正确。

野外调查GPS定位数据误差50m以内。

(三)其他图件的生成

1.耕地地力调查点点位图

利用耕地地力调查点数据在ArcGIS软件直接生成带有属性数据的点位图。

2.各类养分专题图层的生成

空间差值利用样点的经纬度坐标,将采样点导入到ArcGIS软件中。然后将测定的数据连接到样点的属性数据中,应用地统计分析模块的普通Kriging插值法对数据进行分析。

地统计学的理论基础是区域化变量理论,而协方差函数和变异函数是以区域化理论为基础建立起来的,是地统计学的两个最基本的函数。克立格法是建立在变异函数理论和结构分析基础之上的一个函数,计算见公式(1)。

$$r(h)=\frac{1}{2}\delta^2[Z(x+h)-Z(x)] \tag{1}$$

式中:h—样本间距;$Z(x)$—在位置x处的数值;$Z(x+h)$—在距离为$x+h$处的数值。

半方差函数一般有3个主要参数可以直接从半变异函数图中得到,它们决定着半变异函数的形状与结构。其中,基台值是指当半变异函数随着间隔距离的增大,从非零值达到一个相对稳定的常数时的值。半方差图是地统计学解释土壤特性空间变异结构的基础,其可靠性取决于采样密度。土壤性质的半方差函数通常可以被某些曲线方程所拟合,这些曲线方程称为半方差函数的理论模型,主要包括线性模型、球状模型、指数模型、高斯模型、对数模型、双曲线模型等。

Kriging 插值是根据变异函数模型而发展起来的空间插值方法,在地质、土壤、农业、气象等领域应用广泛,主要用于研究空间分布和制图。Kriging 插值的最大优点是它能给出无偏估计,能够充分考虑到土壤特性的空间变异。Kriging 插值方法是地统计学中最为常用的插值方法,它是利用原始资料和半方差函数的结构性,对为采样点的区域化变量进行最优无偏估值的一种方法,它对各观测点的权重确定是通过半方差图分析获取的。作为一种加权移动平均的内插方法,其主要优点是能得到内插计算中产生的独立误差的估值,且由已知点内插估计点间土壤特性空间相关性,具有较好的内在关联属性和精确性。因此,甘肃省耕地地力评价所有养分数据均采用 Arcgis9.3 地统计分析模块的普通 Kriging 插值法。

3.甘肃省数字高程模型和坡度图的生成

利用甘肃省 1∶50 万地形图,扫描输入后进行矢量化,获得等高线及高程信息,空间分析生成甘肃省数字高程模型,在此基础上生成甘肃省地形坡度、坡向,经编辑处理后形成坡度图、坡向图。

二、属性数据库建立

(一)属性数据库内容与标准

见表 1-2-5。

(二)属性数据库建立方法

对照数据字典和农业部关于《西北片区及省级耕地地力评价数据标准》,用 Access 软件,将数据的各个字段规范化后,以 mdb 格式保存。土壤养分数据,空间插之后,用 ArcGIS 的 Zonal Statistics 模块赋值。另外,成土母质、土壤侵蚀类型、土壤侵蚀程度、剖面构型、质地构型、有效土层厚度、耕层厚度、障碍层类型、障碍层出现位置、障碍层厚度、质地、容重等数据是利用土壤图关联土壤典型剖面属性数据表后在合成管理单元图的过程中获取。

表 1-2-5 甘肃省耕地地力评价属性数据基本情况

名称	来源	属性字段	关联字段
耕地地力调查点情况及化验结果数据表	测土配方施肥调查及化验数据(2005—2014 年)	点省内编码	点省内编码
耕地资源管理单元属性数据表	测土配方施肥调查及化验数据(2005—2014 年)	内部标识码	内部标识码
行政区基本情况数据表 2014	甘肃省统计局	行政代码	行政代码
省级行政区划代码表	甘肃省统计局	行政代码	行政代码
土地利用类型代码	甘肃省国土资源厅	地类号	地类号
土壤典型剖面属性数据表 1988	第二次土壤普查资料	土壤代码	土壤代码
土壤类型代码表	第二次土壤普查资料	土壤代码	土壤代码

三、评价单元建立

评价单元是由对土地质量具有关键影响的各土地要素组成的空间实体,是土地评价的最基本单位、对象和基础图斑。同一评价单元内的土地自然基本条件、土地的个体属性和经济属性基本一致,不同土地评价单元之间,既有差异性,又有可比性。耕地地力评价就是要通过对每个评价单元的评价,确定其地力级别,把评价结果落实到实地和编绘的土地资源图上。因此,土地评价单元划分的合理与否,直接关系到土地评价的结果以及工作量的大小。

(一)评价单元形成

本次甘肃省耕地地力评价土地评价单元的划分采用土壤图、土地利用现状图、行政区划图和地貌类型图叠置划分,用这种方法划分评价单元,既可以反映单元之间的空间差异性,使土地利用类型有了土壤基本性质的均一性,又使土壤类型有了确定的地域边界线,使评价结果更具综合性、客观性,可以较容易地将评价结果落实到实地。

(二)评价单元合并

通过图件的叠置和检索,将实体面积小于10000m²的小多边形在兼顾土壤属性的情况下与相邻的多边形进行合并,最终生成了甘肃省耕地资源管理单元图,共生成74292个管理单元,耕地单元总面积为5410232.09公顷,最小管理单元耕地面积为0.35公顷,最大管理单元耕地面积为9885.51公顷,平均为72.82公顷。

(三)评价单元赋值

影响耕地地力的因子非常多,并且它们在计算机中的存储方式也不相同,因此如何准确地获取各评价单元评价信息,是评价中的重要一环。鉴于此,我们舍弃直接从键盘输入参评因子值的传统方式,根据不同类型数据的特点,通过点分布图、矢量图、等值线图为评价单元获取数据,采取将评价单元与各专题图件叠加采集各参评因素的信息。

具体的做法是:

1.单元编号

在 arcmap 环境下生成评价信息,按唯一标识原则为评价单元编号。

2.养分点位分布图属性的提取

甘肃省共采用7504个点样进行空间插值,按栅格单元大小30将其转换为栅格图,再与评价单元图叠加,通过加权统计以内部标识码为字段给评价单元赋值。

3.矢量分布图

在耕地资源管理信息系统中将其直接与评价单元图叠加,通过加权统计、属性提取的方法给评价单元赋值。

4.等高线图

对等高线图进行 DEM 分析,使用生成的 DEM 图形,形成栅格单元大小 30×30 的坡度图、坡向图,再与评价单元图叠加,通过加权统计以内部标识码为字段给评价单元赋值。

由此,得到图形与属性相连的、以评价单元为基本单位的评价信息,为后续耕地地力的评价奠定了基础。

第四节 评价指标体系建立

一、评价指标选取

正确地进行评价因子的选取并确定其权重,是科学的评价耕地地力的前提,直接关系到评价结果的正确性、科学性和社会可接受性。

(一)评价因子选取原则

1.科学性原则

选取评价因素与评价区域的大小有密切的关系。当评价区域很大(国家或省级耕地地力评价),气候因素(降雨、无霜期等)就必须作为评价因素。本项工作要求以省级为基础单位,在一个县的范围内,气候因素变化较小,可以不作为参评指标。

2.综合性原则

要综合各方面的要素,全方位的体现本省的耕地地力现状,比如,要考虑到立地条件、土壤养分、剖面性状、理化性状、土壤管理。既要考虑到自然要素,又要兼顾认为因素。

3.主导性原则

选取的因子对耕地生产能力有比较大的影响,如地形因素、土壤因素、灌排条件等等。这些因子在评价耕地地力等级的过程中,起着主导作用。

4.可比性原则

选取的因子在评价区域内的变异较大,便于划分耕地地力的等级。如在地形起伏较大的区域,地面坡度对耕地地力有很大影响,必须列入评价项目之中;有效土层是影响耕地生产能力的重要因素,在多数地方都应列入评价指标体系,但在冲积平原地区,耕地土壤都是由松软的沉积物发育而成,有效土层深厚而且比较均一,就可以不作为参评因素。

5.可操作性原则

通过常规的方法即可以获取,如土壤养分含量、耕层厚度、灌排条件等。某些指标虽然对耕地生产能力有很大影响,但获取比较困难,或者获取的费用比较高,当前不具备条件。如土壤生物的种类和数量、土壤中某种酶的数量等生物性指标。

(二)评价因子选取的方法

影响耕地地力的因素很多,在本次耕地地力评价中,根据甘肃省的区域特点,遵循科学性、综合性、主导性、可比性、可操作性原则,采用特尔斐法,见图1-2-2,进行了参评因素的选取。

(三)选取的指标

邀请了对甘肃省气候、立地条件、土壤、农业生产比较熟悉的10名专家。首先是指标选取,将甘肃省所有的指标分类,将甘肃省指标分为剖面性状、理化性状、养分状况、立地条件、气候、土地管理6种类型。

1.剖面性状要素选取

甘肃省剖面性状要素有剖面构型、质地构型、有效土层厚度、耕层厚度四个评价因子。经过专家讨论,有效土层厚度和质地构型对甘肃省地力影响较大,选取了这两个评价指标。

2.理化性状要素选取

甘肃省理化性状要素有质地、pH值两个评价因子。经过专家讨论,甘肃省都为弱碱性土壤,pH对地力影响小,因此剔除,质地与质地构型重复,亦剔除。

3.养分状况要素选取

经过专家讨论,中微量元素对甘肃省地力影响小,全部剔除;大量元素中全氮含量与有机质有相关性剔除。最后,养分状况要素选取了有机质、有效磷、速效钾这三个评价指标。

4.气候要素选取

甘肃省气候要素有年降雨量、≥10℃积温两个评价指标。甘肃省气候多样,年降雨量和≥10℃积温差异显著,这两个指标都选取。

5.立地条件要素选取

甘肃省立地条件要素有地貌类型、海拔、坡度、坡向四个评价指标。经过专家讨论,地貌类型、海拔、坡度对甘肃省地力都很重要,虽然海拔与积温有一定相关度,但是在同一区域山地和平原的积温在耕地管理单元图上显示不出来差异性,所以海拔必须做为评价因子,用来区分同一区域山地和平原的差异。最后,立地条件选取了地貌类型、坡度、海拔3个评价指标。

6.土地管理选取

土地管理只有灌溉保证率一个指标,在农业上非常重要,选了这个指标,因为只有一个指标,构不成一个准则层,最终决定将灌溉保证率归到气候准则层中。

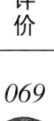

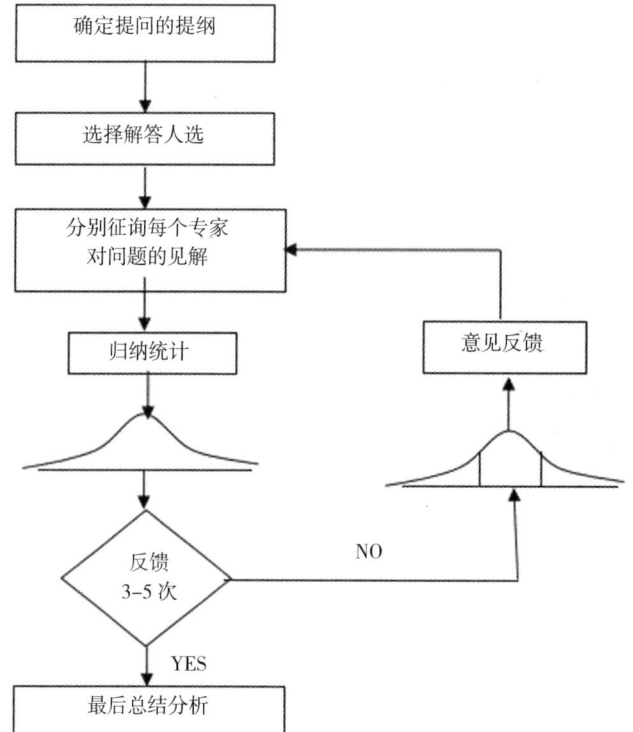

图 1-2-2 特尔斐法示意图

最终选取了土壤养分、剖面性状、气候、立地条件 4 个准则层;速效钾、有机质、有效磷、质地构型、有效土层厚度、≥10℃积温、年降雨量、灌溉保证率、坡度、海拔、地貌类型 11 个指标作为甘肃省耕地地力评价的指标层。

二、指标权重确定

在耕地地力评价中,需要根据各参评因素对耕地地力的贡献确定权重,确定权重的方法很多,本次评价中采用层次分析法(AHP)来确定各参评因素的权重。

AHP 法,是在定性方法基础上发展起来的定量确定参评因素权重的一种系统分析方法。这种方法可将人们的经验思维数量化,用以检验决策者判断的一致性,有利于实现定量化评价。AHP 法确定参评因素的步骤如下:

(一)建立层次结构

耕地地力为目标层,影响耕地地力的立地条件、物理性状、化学性状为准则层,再把影响准则层中各元素的项目作为指标层,其结构关系,如图所示:

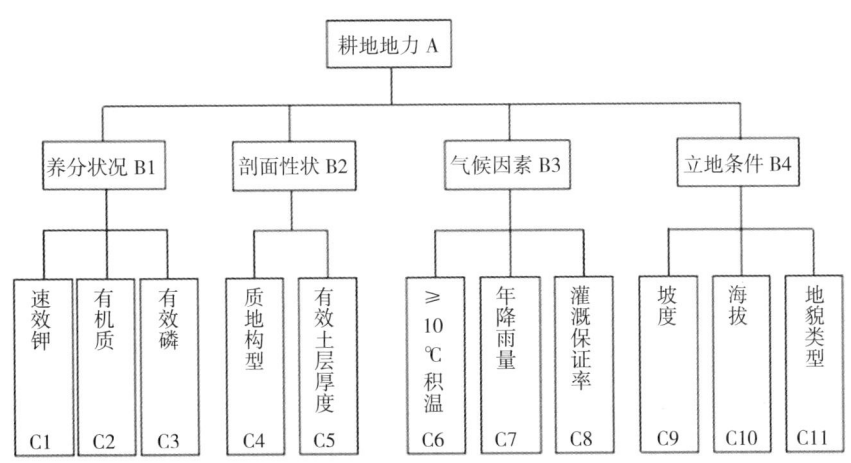

图 1-2-3 甘肃省评价因子层次结构图

(二)构建判断矩阵

运用特尔斐法请 10 名专家比较同一层次各因素对上一层次的相对重要性,给出数量化的评估,评估方法:

表 1-2-6 层次判断矩阵标度

1	表示两个因素相比,具有同样重要性
3	表示两个因素相比,一个因素比另一个因素稍微重要
5	表示两个因素相比,一个因素比另一个因素明显重要
7	表示两个因素相比,一个因素比另一个因素强烈重要
9	表示两个因素相比,一个因素比另一个因素极端重要
2,4,6,8	上述两相邻判断的中值
倒数	因素 i 与 j 比较得判断 bij,则因素 j 与 i 比较的判断 bji=1/bij

层次分析的初步结果经过相应的数学处理后反馈给各位专家,请专家重新修改或确认。经多轮反复形成最终的判断矩阵。这个相对重要性用数值表示就构成了判断矩阵,这是通过元素间两两比较而得来的,其比较数值通常取 1/9~9 及其倒数,各层判断矩阵见表 1-2-7、1-2-8、1-2-9、1-2-10、1-2-11。

表 1-2-7 准则层判断矩阵(A—Bi)

耕地地力	土壤养分	剖面性状	气候因素	立地条件	Wi
土壤养分	1.0000	0.6667	0.4000	0.3333	0.1255
剖面性状	1.5000	1.0000	0.6667	0.5556	0.1983
气候因素	2.5000	1.5000	1.0000	0.6667	0.2889
立地条件	3.0000	1.8000	1.5000	1.0000	0.3873

判断矩形一致性比例:0.002821287;对总目标的权重:1。

表 1-2-8　土壤养分判断矩阵（B1—C1~C3）

土壤养分	速效钾	有机质	有效磷	Wi
速效钾	1.0000	0.3333	0.2857	0.1324
有机质	3.0000	1.0000	0.6667	0.3648
有效磷	3.5000	1.5000	1.0000	0.5028

判断矩形一致性比例为:0.006056243;对总目标的权重:0.1255。

表 1-2-9　剖面性状判断矩阵（B2—C4~C5）

剖面性状	质地构型	有效土层厚	Wi
质地构型	1.0000	0.7692	0.4348
有效土层厚	1.3000	1.0000	0.5652

判断矩形一致性比例为:0;对总目标的权重:0.1983。

表 1-2-10　气候因素判断矩阵（B3—C6~C8）

气候因素	≥10℃积温	年降雨量	灌溉保证率	Wi
≥10℃积温	1.0000	0.5000	0.3333	0.1667
年降雨量	2.0000	1.0000	0.6667	0.3333
灌溉保证率	3.0000	1.5000	1.0000	0.5000

判断矩形一致性比例为:0;对总目标的权重:0.2889。

表 1-2-11　立地条件判断矩阵（B4—C9~C11）

立地条件	坡度	海拔	地貌类型	Wi
坡度	1.0000	0.8333	0.4000	0.2210
海拔	1.2000	1.0000	0.7692	0.3097
地貌类型	2.5000	1.3000	1.0000	0.4693

判断矩形一致性比例为:0.02136518;对总目标的权重:0.3873。

（三）层次分析结果

通过求各判断矩阵的特征向量就可以得到准则层和指标层的权重系数，这样就可以求得每个评价指标对耕地地力的组合权重，即每个指标对相应准则层的权重系数乘以准则层对耕地地力的权重系数如表 1-2-12 所示。

表 1-2-12　甘肃省各评价指标层次分析结果表

指标名称	指标权重
速效钾	0.0166
有机质	0.0458
有效磷	0.0631
质地构型	0.0862
有效土层厚度	0.1121
≥10℃积温	0.0482
年降雨量	0.0963
灌溉保证率	0.1445
坡度	0.0856
海拔	0.1200
地貌类型	0.1818

总排序一致性检验通过，各个评价指标所得权值符合评价要求。

可见，各评价因子对甘肃省耕地地力的影响程度从大到小依次为：地貌类型、灌溉保证率、海拔、有效土层厚度、年降雨量、质地构型、坡度、有效磷、≥10℃积温、有机质、速效钾。

三、各隶属函数建立

系统内部各要素之间与耕地的生产能力之间关系十分复杂。此外，评价中也存在着许多不严格、模糊性的概念，因此我们在评价中引入了模糊数学方法，采用模糊评价方法来进行耕地地力等级的确定。

（一）定量指标隶属度的确定

用特尔斐法，根据一组分布均匀的实测值，评估出对应的一组隶属度，然后在计算机中绘制这两组数值的散点图，再根据散点图进行曲线模拟，寻求参评因素实际值与隶属度关系方程从而建立起隶属函数。各参评因素的分级及其相应的专家赋值和隶属度，根据定量指标的隶属函数和定性指标的隶属度，在省级耕地资源管理信息系统中，建立甘肃省耕地地力评价隶属函数模型。

（二）定性指标隶属度的确定

对于评价指标体系中地貌类型、灌溉保证率、质地构型等概念性指标隶属度的确定不需要建立隶属函数，可依据这些指标对耕地生产潜力的影响由专家直接评分确定隶属度。

表 1-2-13　甘肃省耕地地力评价隶属函数模型

评价指标	函数类型	函数模型	a	b	c
≥10℃积温	正直线型	y=b+a*u	0.000208	0.166667	
有机质	戒上型	y=1/(1+a*(u-c)^2)	0.001697		38.218828
有效磷	戒上型	y=1/(1+a*(u-c)^2)	0.001871		37.274378
速效钾	戒上型	y=1/(1+a*(u-c)^2)	0.000018		311.248577
海拔	负直线型	y=b-a*u	0.000144	1.043668	
坡度	负直线型	y=b-a*u	0.018448	0.953091	
有效土层厚度	正直线型	y=b+a*u	0.004545	0.188881	
年降雨量	正直线型	y=b+a*u	0.001084	0.153485	

表 1-2-14　灌溉保证率的隶属度

灌溉保证率	30	70	80	90
隶属度	0.3	0.6	0.85	0.96

表 1-2-15　地貌类型的隶属度

地貌类型	高山	中山	低山	平原	丘陵	黄土塬
隶属度	0.20	0.40	0.60	0.90	0.567	0.850

表 1-2-16　土壤质地构型隶属度

质地构型	海绵型	薄层型	上松下紧型	下松上紧型	松散型	紧实型
隶属度	0.8	0.3	0.75	0.5	0.4	0.4

第五节　耕地地力等级划分

一、计算耕地地力综合指数

利用累加模型计算耕地综合地力指数（IFI），即对应于每个图斑的综合评价评语。

$IFI = \sum F_i \times C_iB_i$，$i=1, 2, 3 \cdots\cdots n$，

式中：IFI（Integrated Fertility Index）F_i 表示第 i 个因子隶属度；

C_iB_i 表示第 i 个因素的组合权重。

具体操作过程：在省级耕地资源管理信息系统中，在"专题评价"模块中编辑立地条件、物理性状和化学性状的层次分析模型以及各评价因子的隶属函数模型，然后选择"耕地生

产潜力评价"功能进行耕地地力综合指数的计算。

二、确定耕地地力等级数目

计算耕地地力综合指数(IFI)之后,在耕地资源管理系统中我们选择累积曲线分级法进行评价,根据曲线等距法来确定等级的数目和划分综合指数的临界点,将甘肃省耕地地力共划分为10个等级。各等级耕地地力综合指数和耕地面积见表1-2-17。

表1-2-17 甘肃省耕地地力等级综合指数表

级别	IFI	耕地面积（公顷）	占总面积（%）	级别	IFI	耕地面积（公顷）	占总面积（%）
一等地	0.700~0.817	718478.82	13.28	六等地	0.600~0.620	821421.95	14.81
二等地	0.680~0.700	354370.20	6.55	七等地	0.580~0.600	1246422.21	21.22
三等地	0.660~0.680	427408.34	7.90	八等地	0.560~0.580	942017.43	16.34
四等地	0.640~0.660	333811.32	6.17	九等地	0.540~0.560	283218.47	5.40
五等地	0.620~0.640	301349.93	5.57	十等地	0.448~0.540	138382.1	2.76

依据《耕地质量划分规范》(NY/T2872—2015)、《全国耕地质量等级发布说明》以及农业部关于《全国耕地质量等级发布说明》调整,剔除熟制和积温影响,考虑耕地自身各种因素综合作用结果,将耕地地力等级重新进行归并。因此,我们将耕地地力综合指数转换为概念型产量。在依据自然要素评价的每一个地力等级内随机选10%的管理单元,调查近3年实际的年平均产量,经济作物统一折算为谷类作物产量,将这两组数据进行相关分析,根据其对应关系,将用自然要素评价的耕地地力等级分别归入相应的概念型产量表示的地力等级体系。

依据《全国中低产田类型划分与改良技术规范》(NY/T310—1996),在总结甘肃省以往中低产田调查成果的基础上,结合目前甘肃省耕地质量的实际情况和特点,将评级结果为二至五等的耕地划定为中产田,六至十等的耕地划定为低产田。

三、耕地地力评价结果验证

(一)产量验证

将各等级耕地综合指数均值与作物平均产量做对比分析,验证评价结果的符合性。根据《甘肃省农村年鉴》2012、2013、2014年的粮食播种面积和粮食产量,统计获得2011、2012、2013年甘肃省各地市的粮食单产值,见表1-2-18。并与各地市耕地地力综合指数拟合函数,图1-2-5。证明各地市的耕地地力综合指数与概念性产量高度相关。

(二)对比验证

高等级的耕地地力应体现较为优良的耕地理化性状,而低等级耕地则会对应较劣耕地理化性状。这一内容见本书第三章第一节的二部分:各等级耕地主要属性对比。

(三)专家验证

邀请熟悉区域情况的专家,共同对评价指标的选取、权重的确定、等级划分、评价过程及评价结果进行系统验证。验证结果表明,甘肃省耕地地力评价结果真实有效。

(四)实地验证

在各等级耕地中随机选取一定比例的样点进行实地验证。为了确保评价结果的准确性,选取了10%的管理单元,每个单元选择一户代表性农户,即选择了7429户农户进行调查问卷,摸清评价结果的准确度。通过调查,完全符合的占49.23%,基本符合占43.54%,不符合占7.23%,准确度达到92.77%,见表1-2-19。

表1-2-18 甘肃省各地耕地地力评价综合指数与产量对照表

地、州、市名称	IFI 均值	概念性产量均值(千克/亩)
兰州市	0.6353	225.46
嘉峪关市	0.7007	573.04
金昌市	0.6345	485.22
白银市	0.5909	197.68
天水市	0.5940	241.48
武威市	0.6806	464.86
张掖市	0.7242	456.36
平凉市	0.6161	205.03
酒泉市	0.7242	542.57
庆阳市	0.6027	209.83
定西市	0.5837	196.78
陇南市	0.5732	222.04
临夏回族自治州	0.5794	347.91
甘南藏族自治州	0.5568	162.35

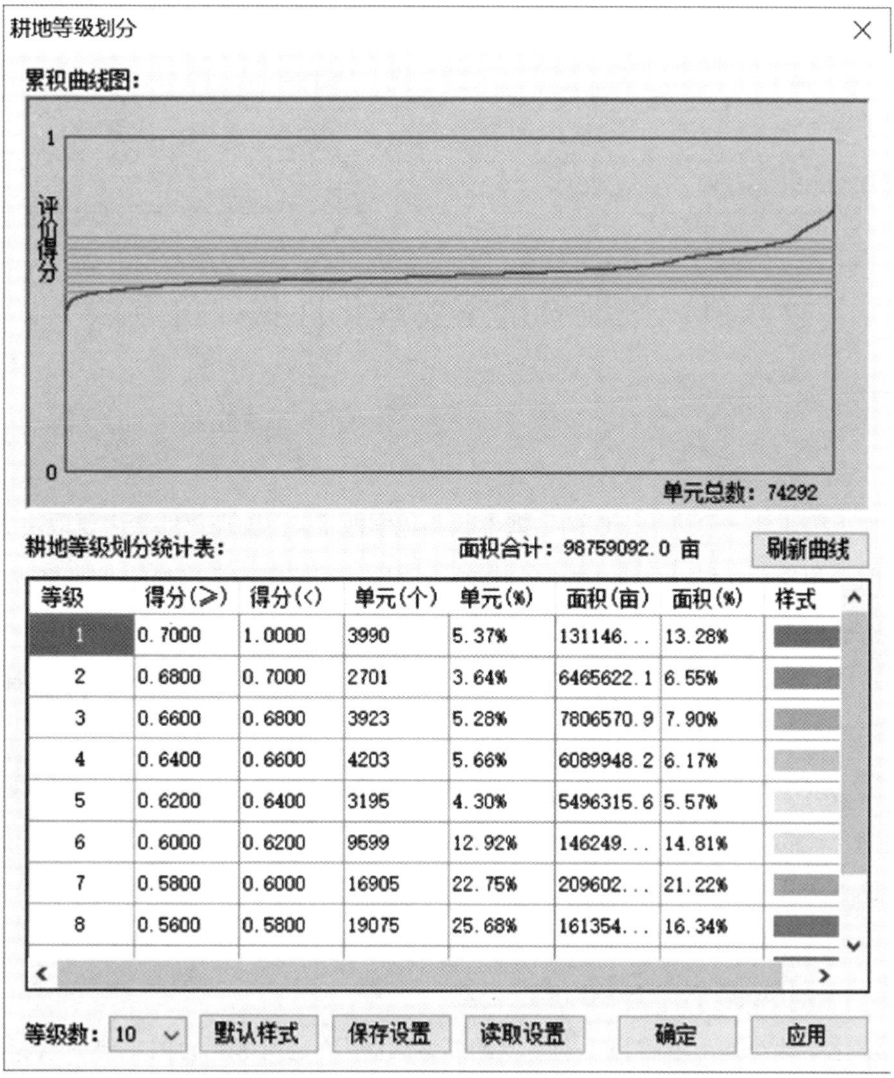

图 1-2-4　甘肃省耕地地力等级综合指数图

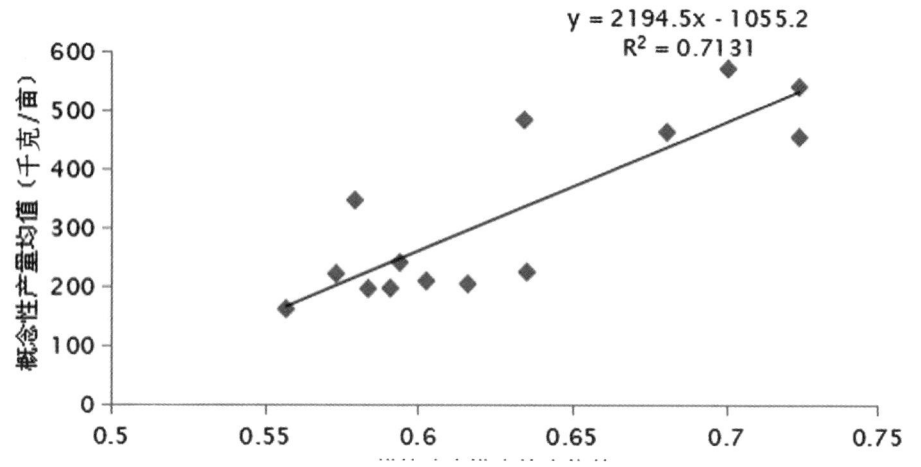

图 1-2-5　甘肃省各地耕地地力评价综合指数与产量的关系

表 1-2-19　甘肃省耕地地力评价结果与实际情况符合程度评估

评价标准	完全符合	基本符合	不符合
农户数(个)	3657	3235	537
占总数的比例(%)	49.23	43.54	7.23

第六节　耕地质量主要理化性状评价方法

一、分级标准确定

耕地土壤属性主要包括土壤的物理性状和化学性状。土壤理化性状主要取决于土壤的成土因素和成土过程以及耕作施肥。耕地土壤属性直接影响着作物的产量和品质。

本次耕地地力调查,结合甘肃省种植业结构特点,在甘肃省耕地共选取 7505 个有代表性的点,进行了检测。通过系统汇总,充分掌握甘肃省耕地的养分状况、分布范围、面积和变化趋势,有效地指导甘肃省农业生产。

土壤物理性状是重要的肥力因素,它调节着土壤中水、肥、气、热等状况,能反映农业生产的综合性能,主要包括土壤质地、土体构型、土体厚度、土壤容重和孔隙度等。本次耕地地力调查,是在第二次土壤普查资料中土壤质地、土体构型、土壤分类的基础上,在耕地上选取样点,测定其耕层土壤的质地、剖面构型等项目,掌握甘肃省最新耕地土壤的物理性状,为合理地改良利用土壤提供了依据。

土壤化学性状是土壤的另一个主要的属性,它是决定土壤肥力的主要因素,直接影响作物的产量和品质,主要包括土壤有机质、大量元素、微量元素、土壤 PH 等。此次耕地地力调查,全部分析土壤有机质、大量元素,按照甘肃省土壤养分分级标准分级,并与第二次土壤普查结果进行了比较。

二、分级图件绘制

为了提高制图的效率和准确性,在地理信息系统软件 Arcgis 的支持下,进行甘肃省耕地地力评价图及相关图件的自动编绘处理,其步骤大致分以下几步:扫描矢量化各基础图件、图形配准、统一坐标系、要素编辑(点、线、多边形)并对其赋属性,根据属性加注记、图幅整饰输出。另外还充分发挥其强大的空间分析功能,用评价图与其他图件进行叠加,从而生成其他专题图件,如评价图与行政区划图叠加,进而计算各行政区划单位内的耕地地力等级面积等。

（一）专题图地理要素底图的编制

专题图的地理要素内容是专题图的重要组成部分，用于反映专题内容的地理分布，并作为图幅叠加处理等的分析依据。地理要素的选择应与专题内容相协调，考虑图面的负载量和清晰度，应选择基本的、主要的地理要素。

以甘肃省土地利用现状图为基础，进行了制图综合处理，选取主要的居民点、交通道路、水系、境界线等及其相应的注记，进而编辑生成1∶50万各专题图地理要素底图。

（二）耕地地力评价图的编制

以耕地地力评价单元为基础，根据各单元的耕地地力评价等级结果，对相同等级的相邻评价单元进行归并处理，得到各耕地地力等级图斑。在此基础上，分两个层次进行图面耕地地力等级的表示：首先是颜色表示，即赋予不同耕地地力等级以相应的颜色。其次是代号，用一级、二级、三级等表示不同的耕地地力等级，并在评价图相应的耕地地力图斑上注明。将评价专题图与以上的地理要素图复合，整饰得甘肃省1∶50万耕地地力评价图。

（三）其他专题图的编制

对于有机质、速效钾、有效磷、有效锌等其他专题要素地图，按照甘肃省分级标准进行统计，并按照各要素的分级结果，分别赋予相应的颜色，标注相应的代号，生成专题图层。之后与地理要素图叠合，编辑处理生成专题图件，并进行图幅的整饰处理。

第三章 耕地地力分析

土地是人类赖以生存和发展的根基,是不可再生的宝贵资源。耕地是人类赖以生存的基本资源和条件。改革开放以来,特别是进入21世纪,由于人口的增长和经济的快速发展,耕地的供需矛盾日益尖锐,人多地少的现状日益明显。保持农业可持续发展首先要确保耕地的数量和质量。通过这次耕地地力调查,从甘肃省耕地实际情况入手,利用3S技术对甘肃省耕地进行评等划级,找准存在的问题,提出可行的解决办法,以促进耕地的可持续利用。

利用ArcGIS软件,对耕地资源管理单元图关连属性数据表和评价结果表进行操作,检索统计耕地各等级的面积及图幅面积。以2014年甘肃第二次全国土地调查发布的耕地总面积5 410 232.09公顷为基准,按面积比例进行平差,计算出各耕地地力等级的面积。

第一节 耕地地力综述

一、耕地地力等级面积与分布

(一)耕地等级与分布

甘肃省的耕地地力共分为十个等级,各等级的面积见表1-3-1。一、二等地主要分布在河西地区,地貌类型以平原为主,属于疏勒河、黑河、石羊河流域;三、四、五、六等地主要分布在陇东高原、陇中高原,地貌类型以黄土塬、丘陵为主,属于泾河、黄河、渭河流域;七、八等地主要分布在天水、陇南山地,属于嘉陵江流域;九、十等地主要分布在甘南高原,属于洮河流域。

表1-3-1 甘肃省耕地地力等级与面积统计表

级别	耕地面积(hm²)	占总面积(%)	级别	耕地面积(hm²)	占总面积(%)
一等地	718478.82	13.28	六等地	801255.37	14.81
二等地	354370.20	6.55	七等地	1148051.25	21.22
三等地	427408.34	7.9	八等地	884031.92	16.34
四等地	333811.32	6.17	九等地	292152.53	5.4
五等地	301349.93	5.57	十等地	149322.41	2.76

(二)耕地等级在土壤类型上的分布

一、二、三等地主要分布在草甸土、潮土、风沙土、灌漠土、龟裂土、灰钙土、灰漠土、灰棕漠土、栗钙土、盐土、棕漠土;四、五等地主要分布在褐土、黑钙土、黑垆土、红黏土、黄绵土、灰钙土、灰褐土、栗钙土、新积土;六、七、八等地主要分布在褐土、黑垆土、红粘土、黄绵土、灰钙土、灰褐土、栗钙土、亚高山草甸土;九、十等地主要分布在暗棕壤、褐土、黑钙土、黑土、黄绵土、灰褐土、栗钙土、山地草甸土、石质土、棕壤。见表1-3-2。

(三)耕地等级在地貌类型上的分布

一、二等地主要分布在平原区,黄土塬上有少量分布;三、四等地主要分布在平原、黄土塬区,丘陵和中山区有少量分布;五、六、七等地主要分布在丘陵和中山区;八、九、十等地主要分布在中山区,丘陵和高山区有少量分布。见表1-3-3。

(四)耕地等级在行政区划上的分布

一等地主要分布在武威市、张掖市、酒泉市;二等地主要分布在庆阳市、武威市、张掖市、酒泉市;三、四等地主要分布在平凉市、庆阳市、兰州市、金昌市、白银市、山丹马场;五、六等地主要分布在白银市、天水市、庆阳市、定西市、陇南市、临夏州;七、八等地主要分布在白银市、天水市、庆阳市、定西市、陇南市、临夏州;九、十等地主要分布在白银市、天水市、定西市、陇南市、临夏州、甘南州,见表1-3-4。

二、各等级耕地主要属性对比

甘肃省各等级耕地主要属性包括立地条件、土壤养分、剖面性状、理化性状、气候、土壤管理。

(一)立地条件对比

立地条件包括地貌类型、海拔、坡度、坡向等,这里主要以海拔和坡度为代表,见表1-3-5。随着耕地等级的降低,海拔和坡度升高。

(二)土壤养分对比

主要将耕层有机质、全氮、有效磷、速效钾含量作对比。随着耕地等级的降低,耕层有机质和全氮含量均降低,但在九、十等地上出现了反弹趋势,这是因为九、十等地分布在陇南、临夏、甘南等地市,地貌类型以丘陵和中山为主,临夏、甘南两地属于高寒阴湿地区,有机质含量较高,但是积温低,有机质很难被分解利用;而在陇南山区,土壤类型以棕壤为主,土壤肥沃,水土流失严重,坡度较大,导致了这一地区的耕地地力水平很低。耕层有效磷含量随着耕地等级的降低而降低,耕层速效钾含量总体趋势是降低。见表1-3-6。

(三)剖面性状对比

剖面性状包含耕层有效土层厚度、耕层厚度、质地构型、剖面构型等,这里主要以有

表 1-3-2　甘肃省耕地地力等级在不同土类中的分布

单位：公顷

土类	一等地	二等地	三等地	四等地	五等地	六等地	七等地	八等地	九等地	十等地	合计
暗棕壤	0	0	0	9.71	0	0	822.21	3990.58	14959.14	17401.61	37183.25
草甸土	31832.19	981.69	32.86	2829.71	0	0	486.57	0	0	0	36163.02
潮土	41888.14	10.84	2327.15	4488.71	811.87	966	521.28	427.48	0	0	51441.47
粗骨土	0	841.91	0	15.25	0	300.45	56.55	0	0	2903.64	4117.8
风沙土	38958.14	83784.88	54026.7	3175	1299.17	2430.95	11378.74	38.48	0	80.97	195173.03
高山草甸土	1602.28	0	0	0	639.7	391.73	200.72	1501.88	2563.2	1431.06	8330.57
高山草原土	150.82	0	0	0	0	839.49	2.95	12.67	9.93	20.54	1036.4
高山寒漠土	0	0	0	0	0	0	0	8.23	0	294.64	302.87
灌漠土	154380.97	4205.99	37303.34	8048.31	1230.07	1266.2	2333.75	731.79	0	0	209500.42
灌淤土	1233.79	190.51	7350.46	937.01	670.54	2896.79	4997.97	1379.56	355.72	4.39	20016.74
龟裂土	14079.28	0	0	0	0	0	0	0	0	0	14079.28
褐土	10487.55	8428.11	14498.48	20643.45	64983.94	138900.27	101597.5	72222.7	40807.59	9085.4	481654.99
黑钙土	3664.04	295.13	308.46	2781.55	1735.49	3327.62	15673.27	17068.78	12569.46	1834.28	59258.08
黑垆土	19413.06	72133.29	14606.1	41438.43	111328.62	165364.17	262129.06	241117.44	10455	146.1	938131.27
黑土	0	0	0	0	7.62	435.35	1187.34	13445.92	9315.75	7140.95	31532.93
红粘土	3361.71	0	1774.84	8681	1719.68	10868.79	45386.47	32411.39	5838.21	171.44	110213.53
黄绵土	1188.85	9234.91	118863.03	85569.06	10123.44	186147.77	497542.07	357178.2	9141.15	3155.1	1278143.58
黄棕壤	209.64	16.14	0	29.91	321.01	2723.31	1681.2	137.59	373.49	2135.61	7627.9

续表表 1-3-2

单位：公顷

土类	一等地	二等地	三等地	四等地	五等地	六等地	七等地	八等地	九等地	十等地	合计
灰钙土	73058.79	77851.66	83276.77	38266.59	46930.46	182657.82	136929.98	19871.92	919.86	39.55	659803.4
灰褐土	686.09	3999.19	3258.77	5035.02	16047.08	44789.22	78741.84	93998.8	93621.31	28583.47	368760.79
灰漠土	18100.79	9320.91	1700.27	14661.87	2801.67	1781.22	1588.42	932.83	1845.92	29.41	52763.31
灰棕漠土	129933.67	10055.34	19524.59	9963.52	876.13	1496.22	5275.38	231.65	13.88	0	177370.38
栗钙土	39049.66	547.97	9252.69	42773.96	31667.99	35826.91	8523.25	26271.33	13780.12	9262.14	216956.02
林灌草甸土	7155.86	0	0	0	0	0	0	0	0	0	7155.86
泥炭土	7.69	0	0	0	0	0	0	0	0	0	7.69
山地草甸土	0	0	0	0	6.92	0	1165.27	15898.79	8718.48	12314.27	38103.73
石质土	2123.26	7346.32	0	460.36	2075.57	1887.43	1771.09	878.43	4564.43	15962.37	37069.26
水稻土	1777.51	110.94	0	0	157.72	2216.7	541.08	1634.05	40.01	0	6478.01
新积土	1584.56	7306.1	10664.45	8912.6	1086.17	30414.89	36044.55	16323.75	2941.49	551.66	115830.22
亚高山草甸土	3340.81	4030.54	5060.64	3363.92	163.67	2214.3	22645.33	6383.02	3953.61	2122.85	53278.69
盐土	53376.66	615.84	640.87	533.23	961.21	0	0	0	0	0	56127.81
沼泽土	1065.15	0	0	0	0	0	0	0	0	94.88	1160.03
棕钙土	27.65	263.59	147.5	0	525.15	11.95	4.83	0	0	0	980.67
棕漠土	36349.28	0	0	0	0	0	0	0	0	0	36349.28
棕壤	75.46	517.09	424.37	22.59	663.6	1266.4	7193.54	17920.27	46430.72	23615.77	98129.81
总计	718478.822	354370.2	427408.3351	333811.32	301349.927	801255.4	1148051	884031.9	292152.5	149322.4	5410232.09

表1-3-3 甘肃省耕地地力等级不同地貌中的分布

单位:公顷

地貌类型 面积	一等地	二等地	三等地	四等地	五等地	六等地	七等地	八等地	九等地	十等地	合计
低山	415.72	1973.45	1461.33	798.46	15736.83	20135.50	3062.65	2027.45	3997.87	1725.28	51334.54
高山	0	0	0	0	0	7.23	45.09	371.58	2067.93	3254.85	5746.68
黄土塬	20290.91	77869.15	135513.95	91784.14	10739.91	136.13	0.00	0.00	0.00	0.00	336334.19
平原	654382.55	202299.15	208612.47	118136.64	29020.28	2941.48	12658.11	0.00	0.00	0.00	1228050.68
丘陵	11457.7	10287	18819.11	55080.93	193836.67	683312.38	1028114.55	646508.77	12538.99	785.08	2660741.18
中山	3521.8	9754.91	20635.48	36840.59	49500.8	114889.23	202541.81	293109.63	264613.68	132616.89	1128024.82
合计	718478.8	354370.202	427408.335	333811.32	301349.927	801255.373	1148051.249	884031.924	292152.533	149322.4	5410232.09

表 1-3-4 甘肃省耕地地力等级行政区划的分布

单位：公顷，%

行政单位名称		一等地	二等地	三等地	四等地	五等地	六等地	七等地	八等地	九等地	十等地
兰州市	面积	9937.72	66003.12	36111.35	37360.67	16374.9	24911.10	64965.4	29147.35	8784.58	1255.26
	比例	1.44	21.84	9.38	12.34	5.48	2.95	5.21	3.09	3.11	0.91
嘉峪关市	面积	5036.99	0	1650.76	15.25	0	300.45	45.63	0.00	0.00	0.00
	比例	0.73	0.00	0.43	0.01	0.00	0.04	0.00	0.00	0.00	0.00
金昌市	面积	788.58	6677.91	45727.22	18011.72	2256.09	32088.2	22775.96	3849.1	359.94	5328.52
	比例	0.11	2.21	11.88	5.95	0.75	3.80	1.83	0.41	0.13	3.85
白银市	面积	3328.02	12611.72	38664.95	30440.92	28867.37	140652.13	106952.58	139981.46	10382.13	19468.24
	比例	0.48	4.17	10.04	10.06	9.66	16.66	8.58	14.86	3.68	14.07
天水市	面积	181.52	12692.43	6680.63	24208.23	87913.05	163686.37	184545.34	47736.26	13273.54	5061.37
	比例	0.03	4.20	1.74	8.00	29.42	19.39	14.81	5.07	4.70	3.66
武威市	面积	184257.56	60448.67	54981.53	23479.34	31064.22	35956.06	5153.15	677.36	0	0
	比例	26.70	20.00	14.28	7.76	10.40	4.26	0.41	0.07	0.00	0.00
张掖市	面积	229099.52	273335.3	19567.51	9757.25	5239.03	132.22	53.06	63.12	27.98	216.95
	比例	33.20	9.05	5.08	3.22	1.75	0.02	0.00	0.01	0.01	0.16
平凉市	面积	3171	18280.21	50582.92	43584.86	21316.66	140761.01	87769.76	28770	11695.78	3210.01
	比例	0.46	6.05	13.14	14.40	7.13	16.67	7.04	3.05	4.14	2.32
酒泉市	面积	224293.25	23838.39	11860.98	6631.77	577.79	939.54	18.7	80.15	23.81	20.54
	比例	32.50	7.89	3.08	2.19	0.19	0.11	0.00	0.01	0.01	0.01

续表 1-3-4

单位：公顷，%

行政单位名称		一等地	二等地	三等地	四等地	五等地	六等地	七等地	八等地	九等地	十等地
庆阳市	面积	18576.5	60927.87	87915.25	47366.16	20862.73	86851.48	213857.94	162770.9	710.25	0
	比例	2.69	20.16	22.83	15.65	6.98	10.29	17.16	17.28	0.25	0.00
定西市	面积	4921.01	5405.59	6363.54	16203.71	34118.26	108488.58	298003.19	295726.93	49512.52	11301.58
	比例	0.71	1.79	1.65	5.35	11.42	12.85	23.91	31.39	17.54	8.17
陇南市	面积	5685.36	2779.03	6449.16	21860.49	30320.12	80908.74	99958.43	124911.5	129230.7	68340.48
	比例	0.82	0.92	1.67	7.22	10.15	9.58	8.02	13.26	45.79	49.39
临夏回族自治州	面积	780.9	3060.53	6272.82	7542.31	7201.98	25036.83	132352.85	78291.6	15860.15	3998.89
	比例	0.11	1.01	1.63	2.49	2.41	2.97	10.62	8.31	5.62	2.89
甘南藏族自治州	面积	10.68	1603.78	290.04	2121.19	450.58	3019.9	28173.42	26793.41	41899.71	19627.16
	比例	0.00	0.53	0.08	0.70	0.15	0.36	2.26	2.84	14.85	14.18
莲花山林场	面积	0	0	0	0	46.58	46.42	302.13	58.05	315.84	454.16
	比例	0.00	0.00	0.00	0.00	0.02	0.01	0.02	0.01	0.11	0.33
山丹马场	面积	0	519.11	11923.68	14065.89	12225.13	418.88	1298.62	3031.71	87.96	0
	比例	0.00	0.17	3.10	4.65	4.09	0.05	0.10	0.32	0.03	0.00
太子山林场	面积	0	0	0	0	0	0	196.05	128.53	53.58	98.94
	比例	0.00	0.00	0.00	0.00	0.00	0.00	0.02	0.01	0.02	0.07
合计	面积	718478.82	354370.20	427408.34	333811.32	301349.93	801255.37	1148051.25	884031.92	292152.53	149322.41
	比例	13.28	6.55	7.9	6.17	5.57	14.81	21.22	16.34	5.4	2.76

表 1-3-5 甘肃省各等级耕地海拔、坡度的对比

等级	一等地	二等地	三等地	四等地	五等地	六等地	七等地	八等地	九等地	十等地
海拔(m)	1646	1560	1535	1545	1714	1685	1720	1818	1978.00	2078
坡度(度)	3.3	7.2	8.4	11.7	10.5	11.6	13	14.1	18.8	22

表 1-3-6 甘肃省各等级耕地耕层养分含量

等级	一等地	二等地	三等地	四等地	五等地	六等地	七等地	八等地	九等地	十等地
有机质(g/kg)	16.2	14.9	14.6	14.7	16.1	14.6	14.0	14.2	16.7	17.3
全氮(g/kg)	0.944	0.885	0.876	0.865	0.913	0.823	0.793	0.786	0.895	0.941
有效磷(mg/kg)	20.6	21.0	18.0	16.9	18.6	17.7	16.1	14.3	16.4	15.6
速效钾(mg/kg)	171	194	189	190	180	173	173	171	169	167

效土层厚度、耕层厚度、质地构型为代表,作为剖面性状的对比项。有效土层厚度和耕层厚度,随着耕地地力的降低,呈递减趋势,见表1-3-7。质地构型的分布没有明显的规律,见表1-3-8。

(四)理化性状对比

包括质地和pH,省内耕地pH值8.1~8.3,没有明显差异。一、二、三等地的质地以壤土为主,四至十等地的质地以黏壤土为主。质地为黏土和砂土的耕地较少,在各个耕地等级中均有分布。质地在不同地力等级耕地中的分布情况见表1-3-9。

表1-3-7　甘肃省各等级耕地剖面性状统计表

剖面性状	一等地	二等地	三等地	四等地	五等地
有效土层厚度(mm)	125	165	140	131	172
耕层厚度(mm)	21	20	19	19	21
剖面性状	六等地	七等地	八等地	九等地	十等地
有效土层厚度(mm)	160	127	114	95	73
耕层厚度(mm)	20	18	17	19	18

表1-3-8　甘肃省各等级耕地质地构型统计表

单位:公顷

质地构型	薄层型	海绵型	紧实型	上紧下松型	上松下紧型	松散型
一等地	12826.07	65116.74	58643.45	177704.72	87109.16	288668.54
二等地	91681.85	12081.79	95747.86	62822.08	5057.9	34792.18
三等地	54007.98	2937.15	162646.81	50941.65	7688.56	106820.19
四等地	1904.18	1770.94	166178.7	59583.71	10069.72	63047.5
五等地	3064.79	6598.98	179821.7	56639.8	1696.74	51012.48
六等地	4618.83	22935.26	498234.68	152491.17	5985.7	137156.31
七等地	13206.38	17182.32	898860.65	204195.53	25535.10	87442.23
八等地	969.28	6828.56	738178.01	127791.77	7246.90	61002.91
九等地	6379.33	733.01	109972.63	123191.35	4488.79	38453.36
十等地	32560.92	158.34	50859.63	34037.21	1757.63	19008.37

表 1-3-9　甘肃省各等级耕地质地分布表

单位:公顷

耕层质地	一等地	二等地	三等地	四等地	五等地
壤土	531212.8	108951.54	219443.62	121489.96	76135.89
黏壤土	144849.52	100767.44	111280.59	177627.99	194905.27
黏土	1152.64	3093.58	630.03	1663.79	24208.85
砂土	12853.72	89371.1	53688.1	1859.02	3584.48
耕层质地	六等地	七等地	八等地	九等地	十等地
壤土	397638.7	619866.64	399451.51	50612.29	36165.10
黏壤土	414538.4	612498.52	537710.13	213887.53	70167.75
黏土	4617.32	846.02	3930.75	14154.23	12807.63
砂土	4630.78	13211.21	925.04	4564.43	19241.61

三、粮食增产潜力分析

(一)当前产量水平

根据 2012、2013、2014 三年的《甘肃农村年鉴》统计,甘肃省产量较高的地市有嘉峪关市、酒泉市,平均单产在 500 千克/亩以上;金昌市、武威市、张掖市紧跟其后,平均单产 450~500 千克/亩之间;之后是临夏州,平均单产在为 348 千克/亩;兰州市、天水市、平凉市、庆阳市、陇南市近 3 年的平均单产在 200~250 千克/亩之间;近 3 年的平均单产最低的是白银市、定西市、甘南州,低于 200 千克/亩。见表 1-3-10,图 1-3-10。

表 1-3-10　2011—2013 年甘肃省各地粮食产量水平

地、州、市名称	产量平均值(千克/亩)
兰州市	225.46
嘉峪关市	573.04
金昌市	485.22
白银市	197.68
天水市	241.48
武威市	464.86
张掖市	456.36
平凉市	205.03
酒泉市	542.57

续表1-3-10

地、州、市名称	产量平均值（千克/亩）
庆阳市	209.83
定西市	196.78
陇南市	222.04
临夏回族自治州	347.91
甘南藏族自治州	162.35

（二）原因分析

1.水资源缺乏

甘肃省是全国重点的水资源缺乏省份。加之年水量分布不均，全省降水量最多的地区在陇南山区，而甘肃省粮食主产区却在河西平原区，但是河西平原区是甘肃省降雨量最少的地区。

2.农业基础设施建设滞后

甘肃省内除了河西地区农业基础建设较为先进外，其他地区农业基础设施较落后，农业机械化滞后，缺乏水利设施，大水漫灌占主导地位。在耕作方式上，人畜力耕作等传统耕作方式占主导地位。农田防护林覆盖度较低，黄土高原区水土流失严重。

3.农业信息化水平较低

陈宝玉指出陇南区、陇东区、陇中区、河西区4区平均每个家庭均拥有1部固定电话、1部手机、1台电视。调查的330户家庭中126户拥有电脑，且河西区拥有电脑的农户数量较多。农户电脑、手机上网活动主要是聊QQ、打游戏、看小说。超过60%的农户定制了手机报业务，手机报的主要内容是天气预报信息。远程教育接收点普及率非常低，但农村广播普及率很高，用途主要为播放歌曲、通知开会和播放农业信息。图书室配备情况不容乐观，陇东区较其他三区状况稍好。就农业信息人力资源状况而言，农户需求信息主要是种子、种苗、农药、化肥、新品种、病虫害防治、天气预报。另外农村医疗保险也开始受到重视。农户获取信息的途径主要是电视，其次是亲戚朋友聊天，然后是政府宣传。

（三）粮食增产措施

1.加强良种繁育体系建设

选择和推广适宜于甘肃省的耐旱与丰产性能较好的旱肥型优良品种。解决品种的退、劣、杂、乱等质量不高的问题，建立较稳固的良种繁育基地以提高良种覆盖率，发挥大面积良种的增产潜力。

2.提高甘肃省土壤水分利用效率

影响甘肃省粮食生产可持续发展的主要因素是水分供应不足，天然降水少，而地下水资源量更少。要解决作物生长需水与缺水的矛盾，就必须充分利用现有水分。减少水分的无效损耗。例如:可采用人工集水工程,应用化学制剂提高土壤对降水的入渗速率。利用管灌、滴灌等高效节水灌溉技术。

3.推广农业应用技术

进行中低产田改造,改善粮田生产环境。甘肃省中低产田改造需要统一规划和实施节水灌溉、农田防护、间作套种等各种农业技术的配套组装,使粮食生产力提高到中高产水平。

4.强化恢复农田基础设施建设

可通过兴修水平梯田,打坝淤地,治沙造田,造林种草。同时开展小型农田水利工程建设,大力维护和建造小水塘、小水库、小水窖、小型引水水利工程,以达到使甘肃省粮食增产的目的。

第二节 一等地耕地质量特征

一、区域分布

甘肃省一等地评价单元数3989个,面积为718479公顷,主要分布在张掖、武威、酒泉、金昌、嘉峪关,在庆阳、兰州、白银等地也有少量分布。见表1-3-4,图1-3-1。

二、土壤类型

一等地包括26个土类,主要分布在灌漠土、灰棕漠土、灰钙土上,面积分别为154381公顷、129934公顷、73059公顷,分别占一等地面积的21.49%、18.08%、10.17%。见表1-3-2。

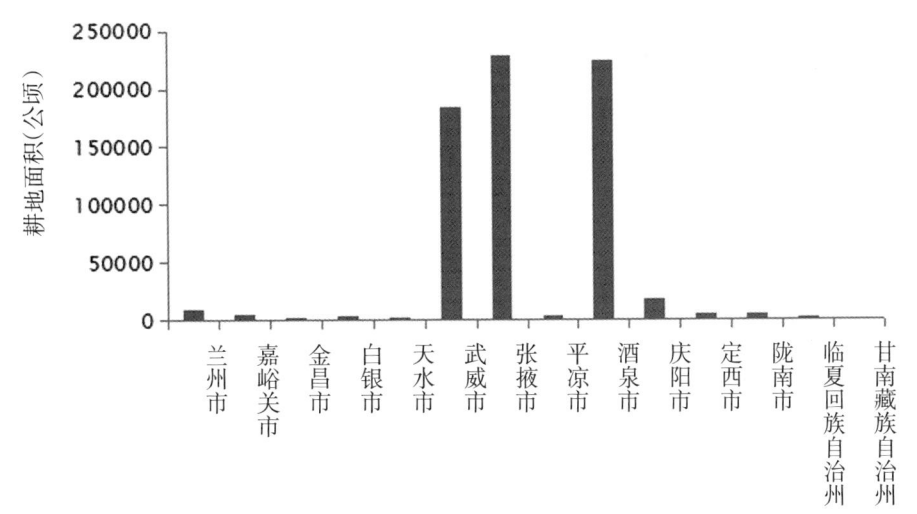

图1-3-1 甘肃省一等地分布

三、地貌类型

一等地的地貌类型以平原和黄土塬为主,分别占一等地面积的91.35%和5.94%。丘陵和中山上也有少量分布。见图1-3-12。

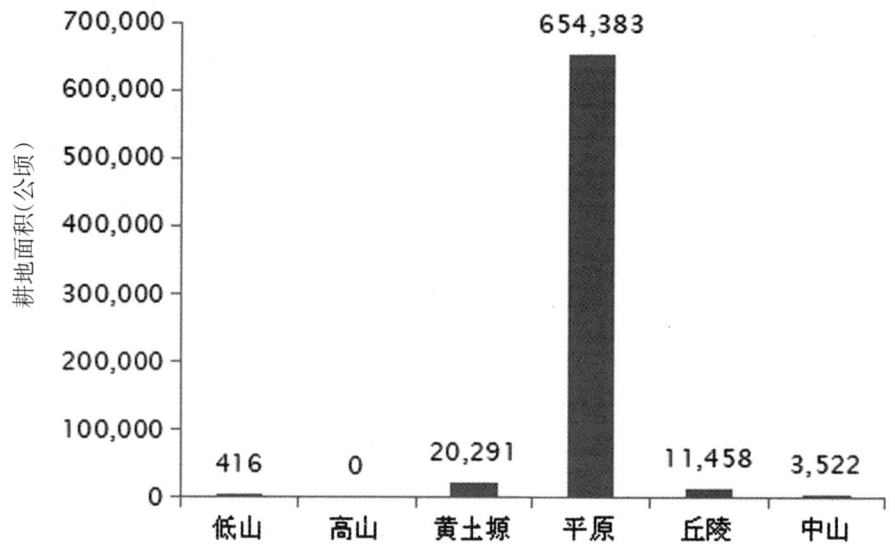

图1-3-2　甘肃省一等地在不同地貌类型中的分布

四、气候条件

一等地所在的主要分布区域是河西地区,是甘肃省主要的产粮基地,光照充足,但干旱少雨,年降水量223mm,≥10℃积温为2777℃,灌溉保证率达到了84%。河西地区由于先进的机械化农业耕作方式和良好的水利灌溉条件,保障了河西地区的粮食产量稳中有增。

五、土壤的物理和化学属性

一等地pH值7.0~8.7,有效土层厚度125cm,耕层厚度21cm。质地主要为壤土。耕层土壤有机质含量为16.2g/kg,全氮含量为0.944g/kg,有效磷含量为20.6mg/kg,速效钾含量为17mg/kg。

六、产量水平

在耕地资源管理单元图中,随机抽取出的7290单元,代表7290个农户,对这7290个农户进行实地调查,调查近3年的小麦单产。根据调查数据,统计出一等地的单产在463.28~637.46千克/亩,平均产量为573.5千克/亩。

七、改良利用措施与方向

一等地地势较为平坦,土层深厚,质地适中,通透性良好,易于耕作,适耕期长,保水保肥性能好,供肥能力强,利用上基本没有限制因素,适宜种植多种作物。大部分地块可灌溉,是甘肃省的高产耕地。在农业生产中应注意,平凉、白银等地区应增施有机肥料,提高土壤有机质含量,培肥地力,大力推广平衡配套施肥技术,调整氮、磷、钾投入比例。酒泉、嘉峪关注重钾肥施用,提高化肥利用率,防止次生盐渍化的产生,加强配套灌溉系统,进一步增大灌溉面积,发展节水灌溉,建成高产稳产田。

第三节 二等地耕地质量特征

一、区域分布

甘肃省二等地评价单元数 2701 个,面积为 35 4370 公顷,主要分布在兰州、庆阳、武威三市,张掖、酒泉、金昌、白银、天水、平凉等地也有少量分布。见表 1-3-4,图 1-3-3。

二、土壤类型

二等地包括 27 个土类,主要分布在风沙土、灰钙土、黑垆土上,面积分别为 83785 公顷、77852 公顷、72133 公顷,分别占二等地面积的 23.64%、21.97%、20.36%。见表 1-3-2。

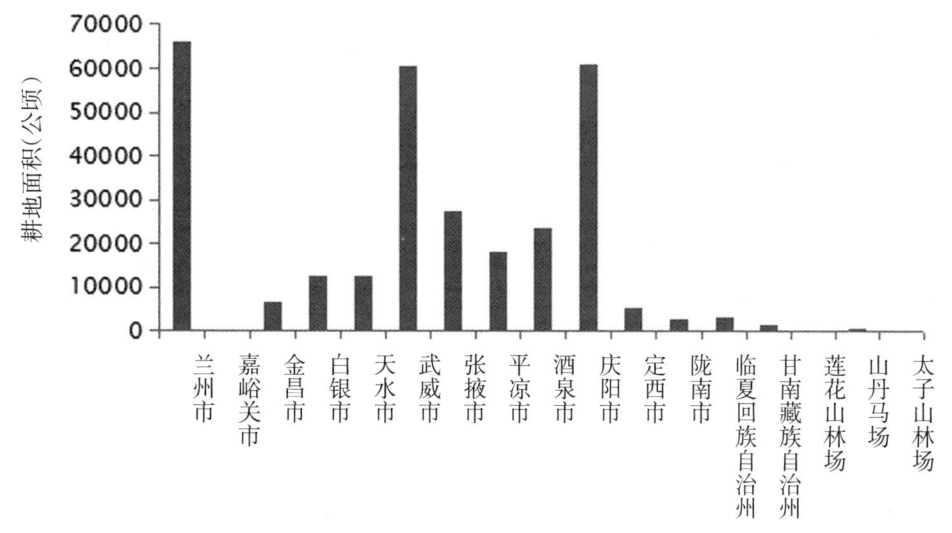

图 1-3-3 甘肃省二等地分布

三、地貌类型

二等地的地貌类型以平原、黄土塬为主,分别占二等地面积的57.09%、21.97%。丘陵、中山、低山上也有少量分布。见图1-3-4。

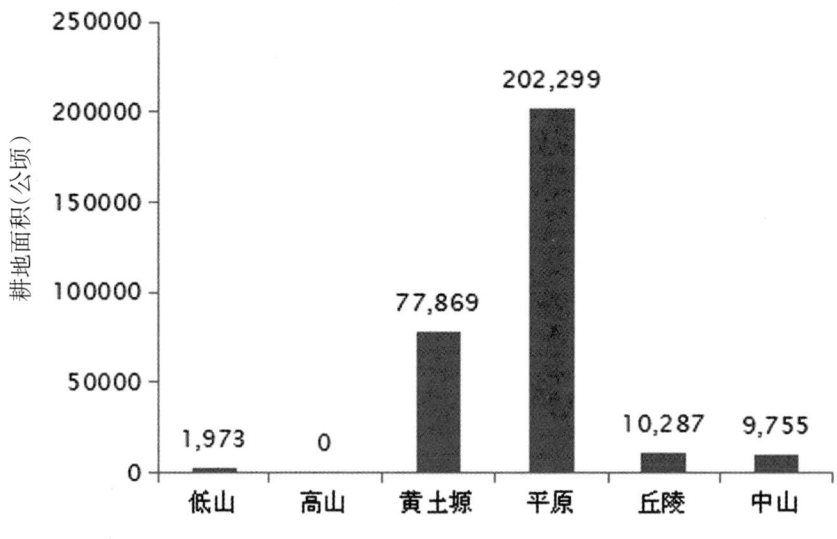

图1-3-4 甘肃省二等地在不同地貌类型中的分布

四、气候条件

二等地分布在陇东高原和河西平原旱作区,年降水量349mm,≥10℃积温为2702℃,灌溉保证率为50%。陇中高原和陇东高原有甘肃粮仓的美誉,这一区域的农业生产模式以双垄沟播集雨技术为主,加之地膜覆盖,保障了此区域的粮食稳产增收。

五、土壤的物理和化学属性

二等地pH值7.1~8.7,有效土层厚度165cm,耕层厚度20cm。质地以壤土和黏壤土为主。耕层土壤有机质含量为14.9g/kg,全氮含量为0.885g/kg,有效磷含量为21mg/kg,速效钾含量为194mg/kg。

六、产量水平

在耕地资源管理单元图中,随机抽取出的7290单元,代表7290个农户,对这7290个农户进行实地调查,调查近3年的小麦单产。根据调查数据,统计出二等地的单产在437~480千克/亩,平均产量为455千克/亩。

七、改良利用措施与方向

二等地地势较为平坦,土层深厚,质地较好,通透性良好,易于耕作,适耕期长,保水保肥性能较好,供肥能力较强,利用上限制因素较少,适宜种植多种作物。大部分地块可灌溉,是甘肃省的重要产粮区。对二等地合理利用应从改良入手,加强农田基本建设,主要措施:一是增施有机肥料,实行秸秆直接还田或过腹还田,不断培肥地力。二是伏、秋用大犁深耕,破除犁底层,形成深厚的耕作层,对于促进作物根系下扎,接纳雨水,释放土壤潜在养分,增加土壤熟化层,改善土壤结构,调节土壤中水、气、热状况和其他理化性质起着一定的作用。三是实行平衡配套施肥,合理施用化肥,协调氮、磷、钾比例,适量补施微肥。通过改良,建造一个深厚、疏松,养分协调、肥沃的耕作层。

第四节 三等地耕地质量特征

一、区域分布

甘肃省三等地评价单元数3923个,面积为42 7408公顷,主要分布在庆阳、武威、平凉、金昌、白银、兰州等地,张掖、酒泉、天水、定西、陇南、临夏甘南、山丹马场也有零星分布。见表1-3-4,图1-3-5。

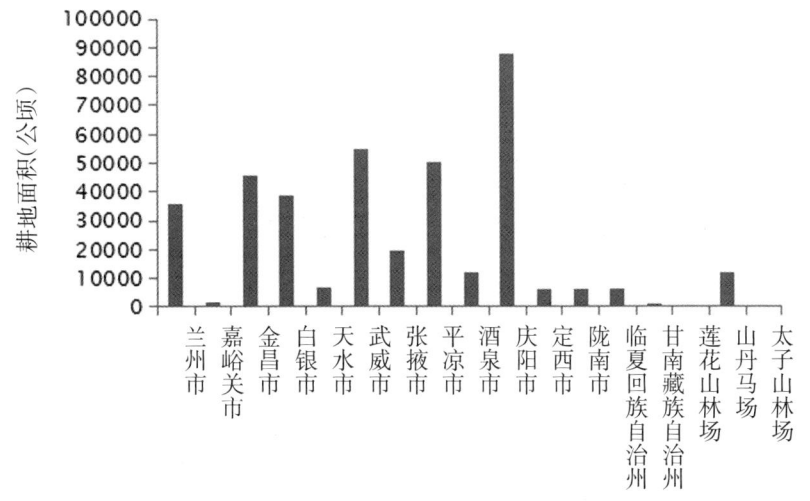

图1-3-5 甘肃省三等地分布

二、土壤类型

三等地包括20个土类,主要分布在黄绵土、灰钙土、风沙土、灌漠土上,面积分别为118863公顷、83277公顷、54027公顷、37303公顷,分别占三等地面积的27.81%、19.48%、12.64%、8.73%。见表1-3-2。

三、地貌类型

三等地的地貌类型以平原、黄土塬为主,丘陵和中山也有少量分布。平原、黄土塬分别占三等地面积的48.81%、31.71%。低山上也有零星分布。见图1-3-6。

四、气候条件

三等地分布在河西平原区、陇东高原,属于甘肃省较干旱的区域,年降水量392mm,≥10℃积温为2985℃,灌溉保证率为42%。陇东高原水土流失较严重,这一区域的耕地保水保肥的能力较差。

五、土壤的物理和化学属性

三等地pH值7.0~8.7,有效土层厚度140cm,耕层厚度19cm。质地以黏壤土和壤土为主。耕层土壤有机质含量为14.6g/kg,全氮含量为0.876g/kg,有效磷含量为18mg/kg,速效钾含量为189mg/kg。

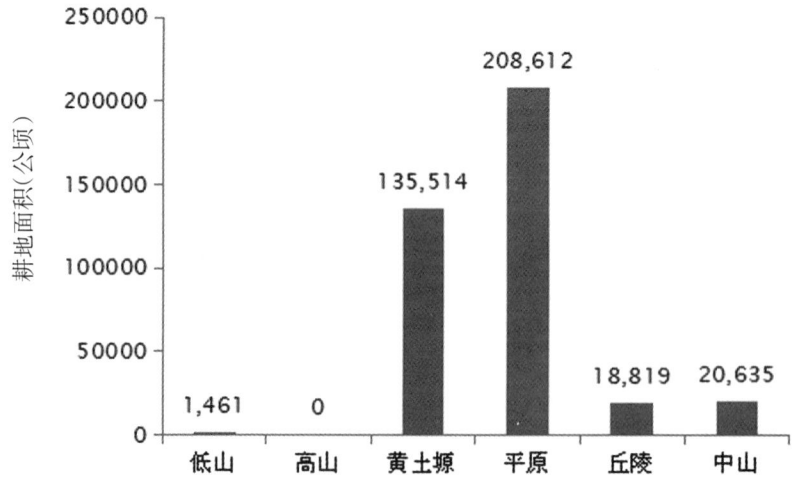

图1-3-6 甘肃省三等地在不同地貌类型中的分布

六、产量水平

在耕地资源管理单元图中,随机抽取出的 7290 单元,代表 7290 个农户,对这 7290 个农户进行实地调查,调查近 3 年的小麦单产。根据调查数据,统计出三等地的单产在 393~437 千克/亩,平均产量为 414 千克/亩。

七、改良利用措施与方向

三等地地貌类型多为平原、黄土塬。具有耕层土壤熟化度较高,质地适中的特性。通过梯田建设、土壤培肥,可减弱水土流失,保护熟化土层,使土壤的生产力显著提高,彻底改善农田的立地条件,使跑水、跑肥、跑土的"三跑田"变成保水、保肥、保土的"三保田",有效地防止水土流失,提高天然降水的利用率,农业生产水平大幅度提高,是甘肃省具有较大高产潜力的土壤。对该等地的利用主要是增加对耕地的投入,积极推广秸秆还田,增施有机肥料,实行有机无机结合,改良土壤理化性状,努力提高土地的产出水平。

第五节　四等地耕地质量特征

一、区域分布

甘肃省四等地评价单元数 4202 个,面积为 33 3811 公顷,主要分布在庆阳、平凉、兰州、白银等地,天水、金昌、武威、陇南、定西也有少量分布。见表 1-3-4,图 1-3-7。

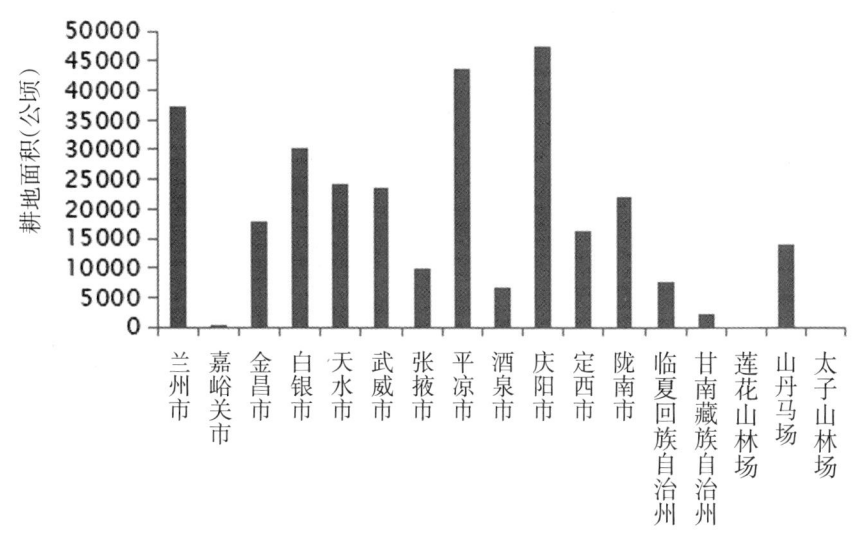

图 1-3-7　甘肃省四等地分布

二、土壤类型

四等地包括 23 个土类,主要分布在黄绵土、栗钙土、黑垆土、灰钙土、褐土上,面积分别为 85569 公顷、42773 公顷、41438 公顷、38267 公顷、20643 公顷,分别占四等地面积的 25.63%、12.81%、12.41%、11.64%、6.81%。见表 1-3-2。

三、地貌类型

四等地的地貌类型以平原、黄土塬、丘陵、中山为主,分别占四等地面积的 35.39%、27.5%、16.5%、11.04%。见图 1-3-8。

四、气候条件

四等地分布在陇东高原、陇中高原和河西地区,年降水量 444mm,≥10℃积温为 3025℃,灌溉保证率为 36%。陇中高原、陇东高原水土流失较严重,河西地区干旱少雨。

五、土壤的物理和化学属性

四等地 pH 值 7.1~8.7,有效土层厚度 131cm,耕层厚度 19cm。质地以黏壤土和壤土为主。耕层土壤有机质含量为 14.7g/kg,全氮含量为 0.865g/kg,有效磷含量为 16.9mg/kg,速效钾含量为 190mg/kg。

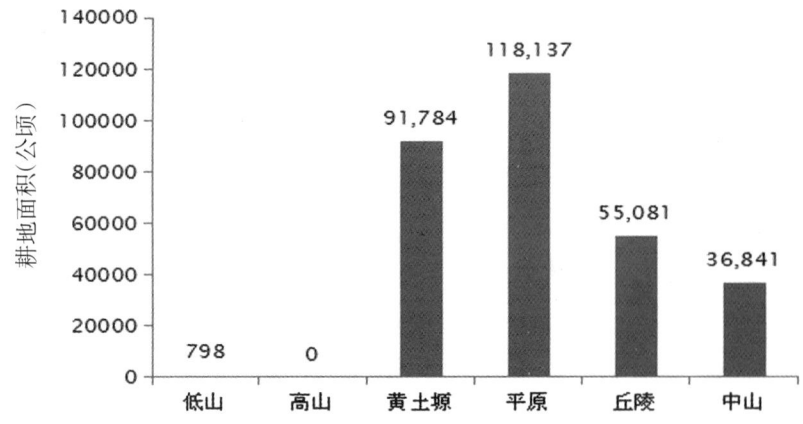

图 1-3-8 甘肃省四等地在不同地貌类型中的分布

六、产量水平

在耕地资源管理单元图中,随机抽取出的 7290 单元,代表 7290 个农户,对这 7290 个农户进行实地调查,调查近 3 年的小麦单产。根据调查统计,四等地的单产在 349~393

千克/亩,平均产量为373千克/亩。

七、改良利用措施与方向

四等地存在的限制因素主要是地形、水分,旱灾威胁大。应大力推广应用玉米全膜双垄沟播种植技术、马铃薯全膜覆盖垄沟(侧)播种植技术、小麦全膜穴播种植技术和小杂粮全膜平作穴播种植技术等旱作农业地膜覆盖新技术,提高粮食产量。此外,应进一步加大农业科技投入,培育玉米粮饲兼用型抗旱新品种,马铃薯新品种培育要向适宜口粮化目标转变,加大科技服务和投入,努力提高作物单产水平。还应科学调整种植业结构,建立保护政策稳定小麦播种面积,满足人们对粮食正常的消费需求,继续扩大产量效益较高的玉米和马铃薯播种面积,确保未来粮食总量区域自给。最后,应进一步落实国家惠农政策,加大对农业的各类补贴,提高农民种粮的积极性。

第六节 五等地耕地质量特征

一、区域分布

甘肃省五等地评价单元数3195个,面积为301350公顷,主要分布在天水、定西、陇南、平凉、庆阳、武威、白银、兰州等地。见表1-3-4,图1-3-9。

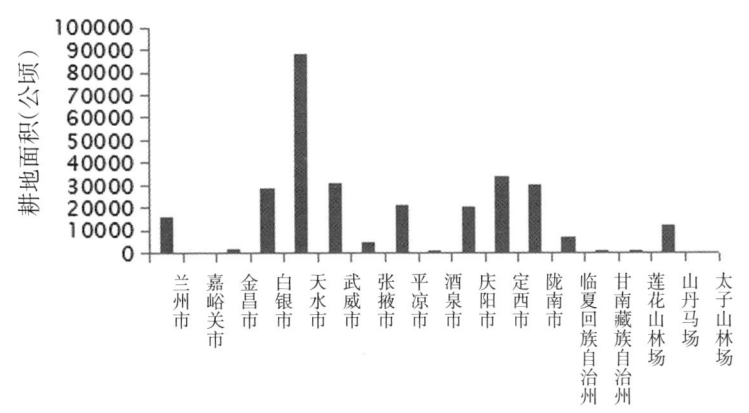

图1-3-9 甘肃省五等地分布

二、土壤类型

五等地包括25个土类,主要分布在黑垆土、褐土、灰钙土、栗钙土、灰褐土上,面积分别为111329公顷、64984公顷、46930公顷、31668公顷、16407公顷,分别占五等地面积的36.94%、21.56%、15.57%、10.51%、5.44%。见表1-3-2。

三、地貌类型

五等地的地貌类型以丘陵、中山为主,分别占五等地面积的64.32%、16.43%。见图1-3-10。

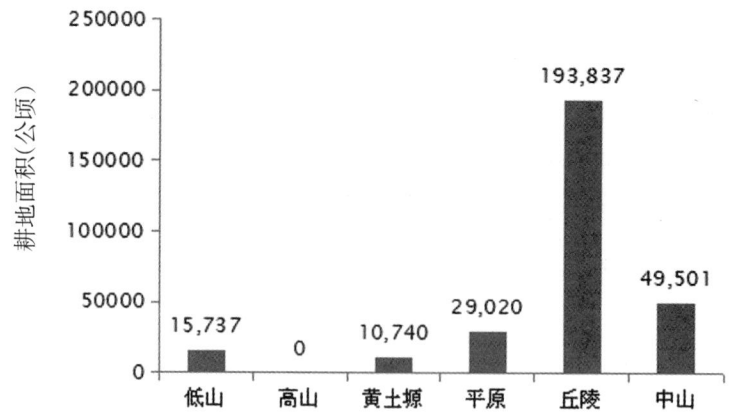

图1-3-10 甘肃省五等地在不同地貌类型中的分布

四、气候条件

五等地主要分布在陇中高原和陇南山地,年降雨量443mm,≥10℃积温为2961℃。陇中高原降雨量贫乏,地貌类型以丘陵为主,水土流失严重。五等地的灌溉保证率为38%。

五、土壤的物理和化学属性

五等地pH值7.0~8.6,有效土层厚度172cm,耕层厚度21cm。质地以粘壤土、壤土和粘土为主。耕层土壤有机质含量为16.1g/kg,全氮含量为0.913g/kg,有效磷含量为18.6mg/kg,速效钾含量为180mg/kg。

六、产量水平

在耕地资源管理单元图中,随机抽取出的7290单元,代表7290个农户,对这7290个农户进行实地调查,调查近3年的小麦单产。根据调查统计,五等地的单产在305~349千克/亩,平均产量为324千克/亩。

七、改良利用措施与方向

五等地的限制因素主要是地貌类型,以丘陵和中山为主。降水量也较低,应加大农业科技投入,培育玉米粮饲兼用型抗旱新品种,马铃薯新品种培育要向适宜口粮化目标转变,加大科技服务和投入,努力提高作物单产水平。还应科学调整种植业结构,建立保护政策稳定小麦播种面积,满足人们对粮食正常的消费需求,继续扩大产量效益较高的玉米和马铃薯播种面积,确保未来粮食总量区域自给。最后,应进一步落实国家惠农政策,加大对农业的各类补贴,提高农民种粮的积极性。

第七节 六等地耕地质量特征

一、区域分布

甘肃省六等地评价单元数 9599 个,面积为 801 255 公顷,主要分布在天水、白银、平凉、庆阳、陇南、定西等地,兰州、金昌、武威也有少量分布。见表 1-3-4,图 1-3-11。

二、土壤类型

六等地包括 25 个土类,主要分布在黄绵土、灰钙土、黑垆土、褐土上,面积分别为 186148 公顷、182658 公顷、165364 公顷、138900 公顷,分别占六等地面积的 23.23%、22.8%、20.64%、17.34%。见表 1-3-2。

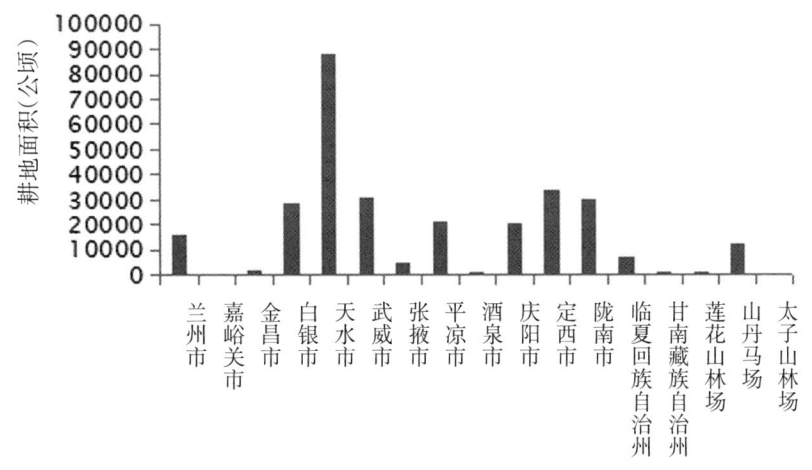

图 1-3-11 甘肃省六等地分布

三、地貌类型

六等地的地貌类型以丘陵、中山为主,分别占六等地面积的 85.28%、14.34%。见图 1-3-12。

四、气候条件

六等地主要分布在陇中高原、陇东高原,年降雨量448mm,≥10℃积温为3074℃。陇中高原、陇东高原的降雨量贫乏,地貌类型以丘陵为主,水土流失较严重。六等地的灌溉保证率为32%。

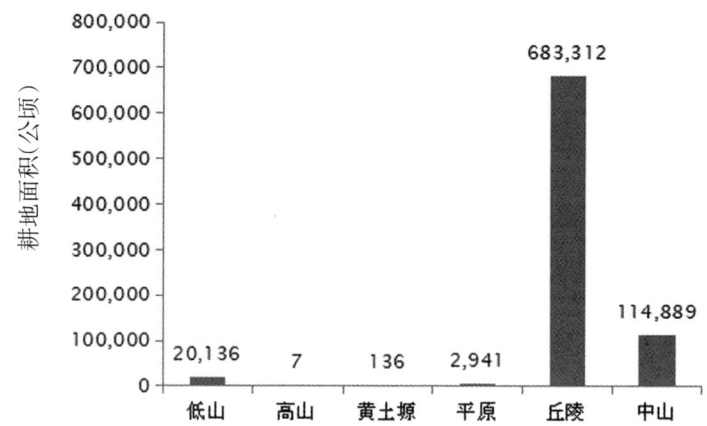

图1-3-12 甘肃省六等地在不同地貌类型中的分布

五、土壤的物理和化学属性

六等地pH值7.0~8.7,有效土层厚度160cm,耕层厚度20cm。质地以黏壤土、壤土为主。耕层土壤有机质含量为14.6g/kg,全氮含量为0.823g/kg,有效磷含量为17.7mg/kg,速效钾含量为173mg/kg。

六、产量水平

在耕地资源管理单元图中,随机抽取出的7290单元,代表7290个农户,对这7290个农户进行实地调查,调查近3年的小麦单产。根据调查统计,六等地的单产在261~305千克/亩,平均产量为279千克/亩。

七、改良利用措施与方向

六等地的限制因素主要是地貌类型和土壤养分,降水量也较低。六等地所在的区域,属于黄土高原,水土流失较严重,土壤较瘠薄,是跑水、跑肥耕地的典型代表。针对这一状况,六等地该增施有机肥,种植绿肥,提高土壤有机质含量,还应该使用全垄沟播集雨技术,增加产量。

第八节 七等地耕地质量特征

一、区域分布

甘肃省七等地评价单元数 16905 个,面积为 1148051 公顷,主要分布在定西、庆阳、天水、临夏州、白银、平凉、兰州等地,金昌、甘南也有少量分布。见表 1-3-4,图 1-3-13。

二、土壤类型

七等地包括 28 个土类,主要分布在黄绵土、黑垆土、灰钙土、褐土、灰褐土上,面积分别为 497542 公顷、262129 公顷、136930 公顷、101598 公顷、78742 公顷,分别占七等地面积的 43.34%、22.83%、11.93%、8.85%、6.86%。见表 1-3-2。

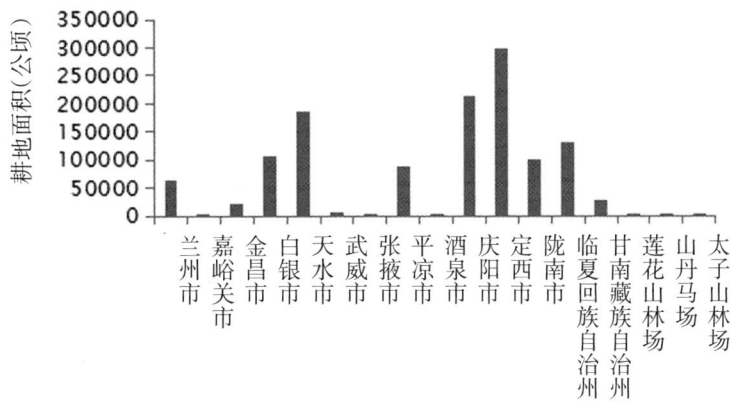

图 1-3-13 甘肃省七等地分布

三、地貌类型

七等地的地貌类型以丘陵、中山为主,分别占七等地面积的 89.55%、17.62%。见图 1-3-14。

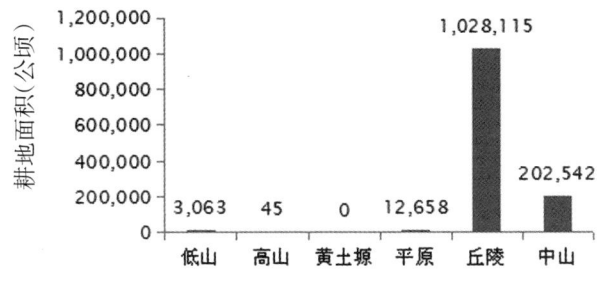

图 1-3-14 甘肃省七等地在不同地貌类型中的分布

四、气候条件

七等地主要分布在陇中高原、陇东高原、陇南山地,年降雨量456mm,≥10℃积温为3034℃。陇中、陇东高原降雨量贫乏,陇南山地年降雨量较为充足,但是坡度较大,宜耕性较差。七等地的灌溉保证率为30%。

五、土壤的物理和化学属性

七等地pH值7.0~8.7,有效土层厚度127cm,耕层厚度18cm。质地以黏壤土、壤土为主。耕层土壤有机质含量为14.0g/kg,全氮含量为0.793g/kg,有效磷含量为16.1mg/kg,速效钾含量为173mg/kg。

六、产量水平

在耕地资源管理单元图中,随机抽取出的7290单元,代表7290个农户,对这7290个农户进行实地调查,调查近3年的小麦单产。根据调查统计,七等地的单产在218~261千克/亩,平均产量为238千克/亩。

七、改良利用措施与方向

七等地的限制因素主要是地貌类型和坡度。七等地所在的黄土高原,水土流失较严重,土壤较瘠薄,是跑水、跑肥耕地的典型代表。陇南山大沟深,耕地坡度较大,临夏积温较低,有机质难于分解。针对这一状况,七等地该增施有机肥,种植绿肥,提高土壤有机质含量,还应该使用全垄沟播集雨技术,增加产量,陇南、临夏等地应该发展适宜的经济作物来取代粮食作物,从而使农民增产增收。

第九节　八等地耕地质量特征

一、区域分布

甘肃省八等地评价单元数19076个,面积为884032公顷,主要分布在定西、庆阳、白银、陇南、临夏等地,天水、平凉、甘南也有少量分布。见表1-3-4,图1-3-15。

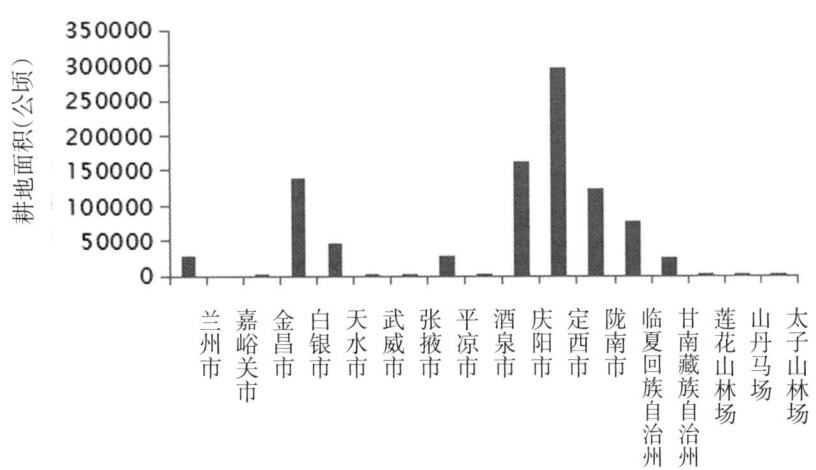

图 1-3-15　甘肃省八等地分布

二、土壤类型

八等地包括 26 个土类,主要分布在黄绵土、黑垆土、灰褐土、褐土上,面积分别为 357178 公顷、241117 公顷、93999 公顷、72223 公顷,分别占八等地面积的 40.4%、27.27%、10.63%、8.17%。见表 1-3-2。

三、地貌类型

八等地的地貌类型以丘陵、中山为主,分别占八等地面积的 73.13%、33.16%。见图 1-3-16。

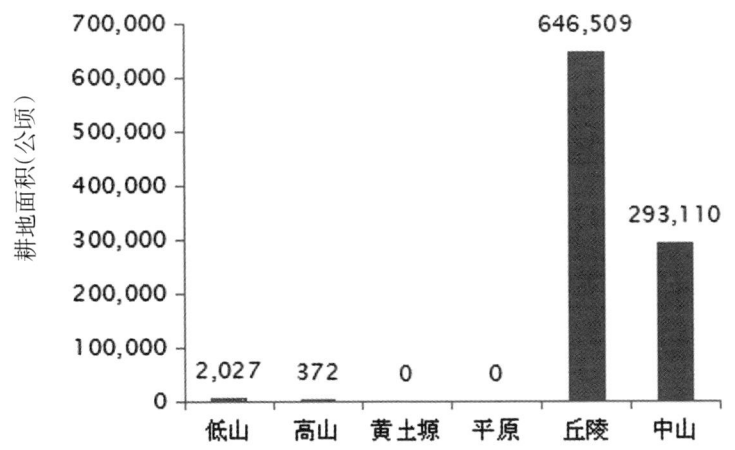

图 1-3-16　甘肃省八等地在不同地貌类型中的分布

四、气候条件

八等地主要分布在陇中高原、陇东高原、陇南山地,年降雨量 439mm,≥10℃积温为

3046℃。陇中、陇东高原降雨量贫乏,陇南山地年降雨量较为充足,但是坡度较大,宜耕性较差。八等地的灌溉保证率为30%。

五、土壤的物理和化学属性

八等地pH值7.0~8.7,有效土层厚度114cm,耕层厚度17cm。质地以黏壤土、壤土为主。耕层土壤有机质含量为14.2g/kg,全氮含量为0.786g/kg,有效磷含量为16.1mg/kg,速效钾含量为171mg/kg。

六、产量水平

在耕地资源管理单元图中,随机抽取出的7290单元,代表7290个农户,对这7290个农户进行实地调查,调查近3年的小麦单产。根据调查统计,八等地的单产在173~218千克/亩,平均产量为199千克g/亩。

七、改良利用措施与方向

八等地的限制因素主要是地貌类型和坡度。八等地所在的黄土高原,水土流失较严重,土壤较瘠薄,是跑水、跑肥耕地的典型代表。陇南山大沟深,耕地坡度较大,临夏积温较低,有机质难于分解。八等地该增施有机肥,种植绿肥,提高土壤有机质含量,还应该使用全垄沟播集雨技术,增加产量,陇南、临夏等地应该发展适宜的经济作物来取代粮食作物,从而使农民增产增收。

第十节 九等地耕地质量特征

一、区域分布

甘肃省九等地评价单元数6461个,面积为292153公顷,主要分布在陇南、定西、甘南等地,临夏、天水、平凉、兰州、白银也有少量分布。见表1-3-4,图1-3-17。

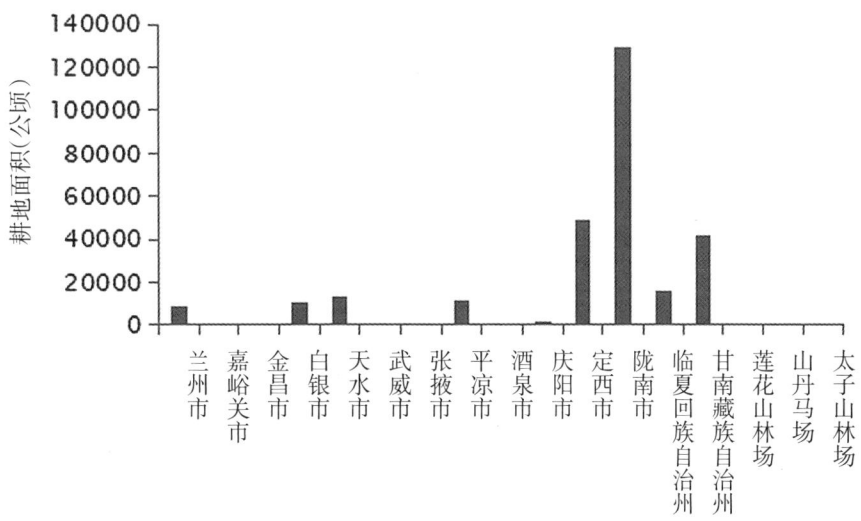

图 1-3-17　甘肃省九等地分布

二、土壤类型

九等地包括 22 个土类,主要分布在灰褐土、棕壤、褐土上,面积分别为 93621 公顷、46431 公顷、40808 公顷,分别占七九等地面积的 32.05%、15.89%、13.97%。见表 1-3-2。

三、地貌类型

九等地的地貌类型以中山、丘陵为主,分别占九等地面积的 90.57%、4.29%。见图 1-3-18。

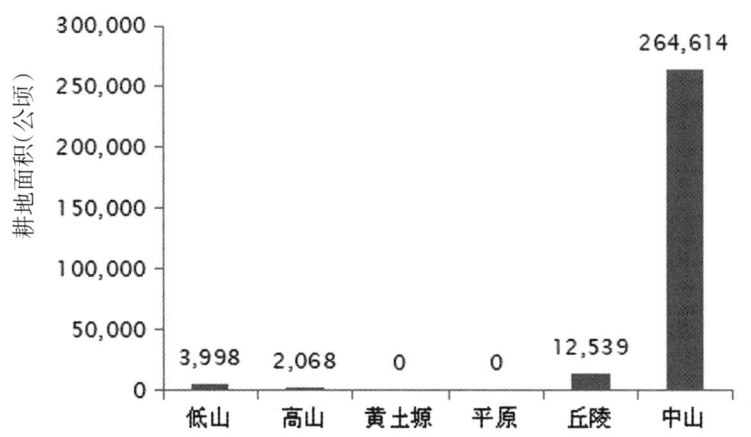

图 1-3-18　甘肃省九等地在不同地貌类型中的分布

四、气候条件

九等地主要分布在陇南山地、甘南高原,年降雨量495mm,≥10℃积温为3346℃。陇南山地年降雨量较为充足,但是坡度较大,宜耕性差。九等地的灌溉保证率为30%。

五、土壤的物理和化学属性

九等地pH值7.0~8.6,有效土层厚度95cm,耕层厚度19cm。质地以黏壤土、壤土为主。耕层土壤有机质含量为16.7g/kg,全氮含量为0.895g/kg,有效磷含量为16.4mg/kg,速效钾含量为169mg/kg。

六、产量水平

在耕地资源管理单元图中,随机抽取出的7290单元,代表7290个农户,对这7290个农户进行实地调查,调查近3年的小麦单产。根据调查统计,九等地的单产在129~173千克/亩,平均产量为153千克/亩。

七、改良利用措施与方向

九等地的限制因素主要是地貌类型和坡度。陇南山地土壤肥沃,有机质含量较高,但是山高坡度大,加之山路崎岖,农业机械化基本实现不了。而在甘南高原,土壤有机质含量高,但是积温低,有机质很难被分解利用。因此,陇南山地应多种植适宜此区域种植的经济作物,而在甘南高原,则应该扩大畜牧业。十等地应以调整种植结构为主,改良措施为辅来达到增收的效果。

第十一节 十等地耕地质量特征

一、区域分布

甘肃省十等地评价单元数4240个,面积为149322公顷,主要分布在陇南、甘南、白银、定西等地,临夏、天水、平凉、金昌也有少量分布。见表1-3-4,图1-3-19。

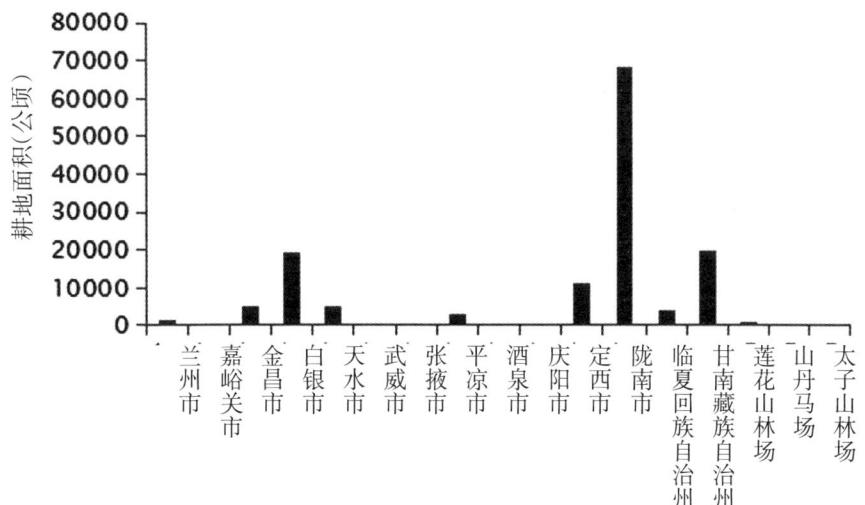

图 1-3-19　甘肃省十等地分布

二、土壤类型

十等地包括 24 个土类，主要分布在棕壤、灰褐土、暗棕壤、石质土上，面积分别为 28583 公顷、23616 公顷、17402 公顷、15962 公顷，分别占七九等地面积的 19.14%、15.82%、11.65%、10.69%。见表 1-3-2。

三、地貌类型

十等地的地貌类型以中山、丘为主，分别占十等地面积的 88.81%。见图 1-3-20。

四、气候条件

十等地主要分布在陇南山地、甘南高原，年降雨量 481mm，≥10℃积温为 3375℃。陇南山地年降雨量较为充足，但是坡度较大，宜耕性差。十等地的灌溉保证率为 30%。

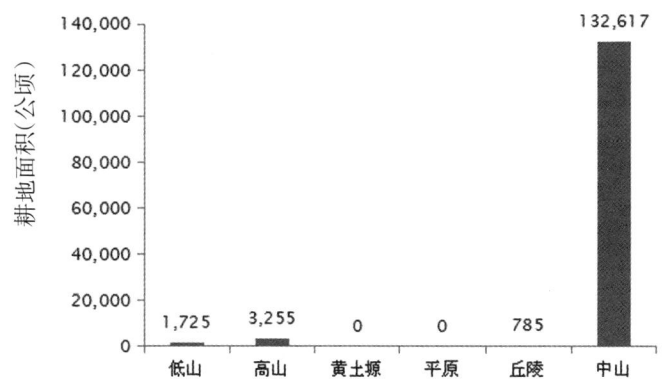

图 1-3-20　甘肃省十等地在不同地貌类型中的分布

五、土壤的物理和化学属性

十等地 pH 值 7.0~8.6,有效土层厚度 73cm,耕层厚度 18cm。质地以黏壤土、壤土为主。耕层土壤有机质含量为 17.3g/kg,全氮含量为 0.941g/kg,有效磷含量为 15.6mg/kg,速效钾含量为 167mg/kg。

六、产量水平

在耕地资源管理单元图中,随机抽取出的 7290 单元,代表 7290 个农户,对这 7290 个农户进行实地调查,调查近 3 年的小麦单产。根据调查统计,十等地的单产在 50~130 千克/亩,平均产量为 100 千克/亩。

七、改良利用措施与方向

十等地的限制因素主要是地貌类型和坡度。陇南山地土壤肥沃,有机质含量较高,但是山高坡度大,加之山路崎岖,农业机械化基本实现不了。而在甘南高原,土壤有机质含量高,但是积温低,有机质很难被分解利用。因此,陇南山地应多种植适宜此区域种植的经济作物,而在甘南高原,则应该扩大畜牧业。十等地应以调整种植结构为主,改良措施为辅来达到增收的效果。

第四章 耕地土壤有机质及主要营养元素

第一节 土壤有机质

一、有机质概述

土壤有机质是土壤固相部分的重要组成成分,尽管土壤有机质的含量只占土壤总量的很小一部分,但它对土壤形成、土壤肥力、环境保护及农林业可持续发展等方面都有着极其重要作用的意义。

土壤有机质经矿质化过程释放大量的营养元素为植物生长提供养分。有机质的腐殖化过程合成腐殖质,保存了养分,腐殖质又经矿质化过程再度释放养分,从而保证植物生长全过程的养分需求。土壤有机质,尤以胡敏酸和芳香族的多元酚官能团,可以加强植物呼吸过程,提高植物细胞膜的渗透性,促进养分迅速进入植物体。有机质在改善土壤物理性质中的作用是多方面的,其中最主要、最直接的作用是改良土壤结构,促进团粒状结构的形成,从而增加土壤的疏松性,改善土壤的通气性和透水性。

二、有机质含量现状

根据对甘肃省7504个样品的分析检测,其土壤有机质含量为15.5g/kg,标准差为7.5g/kg,变化区间为5.0~63.92g/kg。变异系数为48.4%。根据农业部的土壤养分分级标准,结合甘肃省的实际情况,现将甘肃省耕层土壤有机质含量分级如表1-4-1。

甘肃省60%的耕地耕层土壤有机质含量在15g/kg以下。19.52%的耕地有机质含量在15~20g/kg之间,耕层土壤有机质含量大于20g/kg的耕地仅占到总耕地面积的10.66%。

表1-4-1 甘肃省耕层土壤有机质含量状况分级统计

级别	范围(g/kg)	样本数	耕地面积(公顷)	占总耕地比例(%)
1	>30	419	331816.69	6.13
2	25.0~30.0	324	245129.00	4.53
3	20.0~25.0	687	518898.15	9.59
4	15.0~20.0	1461	1056024.31	19.52
5	10.0~15.0	3099	2181797.74	40.33
6	6.0~10.0	1395	989571.78	18.29
7	≤6.0	119	86994.42	1.61

(一)不同行政区划耕层土壤有机质含量的分布

甘肃省耕层土壤有机质含量较高的地区有甘南州、金昌市、武威市、张掖市、定西市和临夏州,有机质含量均大于15g/kg。而有机质含量较低的地区则是庆阳市、白银市、天水市、平凉市,有机质含量均小于15g/kg。兰州、嘉峪关、陇南3市的有机质含量均等于15g/kg。见表1-4-2、1-4-3。

表1-4-2 甘肃省各地耕层土壤有机质含量平均值

单位:g/kg

行政区	兰州市	嘉峪关市	金昌市	白银市	天水市	武威市	张掖市
有机质	14.8	14.7	19.8	13	13.5	19.5	19.1
行政区	平凉市	酒泉市	庆阳市	定西市	陇南市	临夏回族自治州	甘南藏族自治州
有机质	13.5	13.3	12.3	18.4	14.8	17	30.9

表1-4-3 甘肃省各地耕层土壤有机质含量状况分级统计

甘肃省等级		一级	二级	三级	四级	五级	六级	七级
有机质(g/kg)		>30	25.0~30.0	20.0~25.0	15.0~20.0	10.0~15.0	6.0~10.0	≤6.0
兰州市	样本数(n)	0	5	38	160	159	66	1
	耕地面积(公顷)	0	3448.15	26205.96	110340.87	109651.24	45515.61	689.63
嘉峪关市	样本数(n)	0	0	0	5	7	1	0
	耕地面积(公顷)	0	0	0	2711.18	3795.66	542.24	0
金昌市	样本数(n)	9	6	27	33	20	4	0
	耕地面积(公顷)	10462.48	6974.99	31387.44	38362.43	23249.96	4649.99	0
白银市	样本数(n)	4	11	50	118	315	166	23
	耕地面积(公顷)	3098.25	7745.62	38728.1	91398.31	243987.02	128577.29	17814.93
天水市	样本数(n)	5	19	47	153	418	175	12
	耕地面积(公顷)	3293	12513.38	30954.16	100765.68	275294.47	115254.86	7903.19
武威市	样本数(n)	99	48	84	120	108	102	13
	耕地面积(公顷)	75621.76	37122.72	64876.96	92104.4	82735.92	77349.28	9768.72
张掖市	样本数(n)	29	43	111	125	84	28	4
	耕地面积(公顷)	19936.95	29561.68	76310.39	85935.12	57748.4	19249.47	2749.92

续表 1-4-3

甘肃省等级		一级	二级	三级	四级	五级	六级	七级
有机质(g/kg)		>30	25.0~30.0	20.0~25.0	15.0~20.0	10.0~15.0	6.0~10.0	≤6.0
平凉市	样本数(n)	2	9	33	155	444	134	4
	耕地面积（公顷）	1047.74	4714.83	17287.7	81199.8	232598.13	70198.54	2095.48
酒泉市	样本数(n)	3	9	24	50	145	77	9
	耕地面积（公顷）	2538.97	7616.92	20311.79	42316.23	122717.08	65166.99	7616.92
庆阳市	样本数(n)	0	5	33	140	528	278	22
	耕地面积（公顷）	0	3478.33	22956.95	97393.11	367311.17	193394.89	15304.63
定西市	样本数(n)	182	110	112	145	411	226	17
	耕地面积（公顷）	125576.21	75897.71	77277.67	100046.98	283580.55	155935.3	11729.65
陇南市	样本数(n)	28	12	35	164	350	92	6
	耕地面积（公顷）	23249.54	9964.09	29061.92	136175.86	290620.22	76391.74	4982.04
临夏回族自治州	样本数(n)	11	30	71	85	107	44	8
	耕地面积（公顷）	8716.55	23772.4	56261.35	67355.13	84788.22	34866.19	6339.31
甘南藏族自治州	样本数(n)	47	18	22	8	3	2	0
	耕地面积（公顷）	58275.24	22318.18	27277.77	9919.19	3719.7	2479.8	0

（二）不同土壤类型耕层有机质含量的分布

暗棕壤、灰褐土、黑土、黑钙土、栗钙土、山地草甸土、亚高山草甸土的耕层土壤有机质含量在 20g/kg 以上，属于甘肃省有机质含量较高的土类；含量较低的土类有灰钙土、黄绵土、红黏土、风沙土、石质土、水稻土，均小于 15g/kg。详情见表 1-4-4、1-4-5。

表 1-4-4 甘肃省土壤类型及耕层土壤有机质含量分级

甘肃省等级		一级	二级	三级	四级	五级	六级	七级
有机质(g/kg)		>30	25.0~30.0	20.0~25.0	15.0~20.0	10.0~15.0	6.0~10.0	≤6.0
棕壤	样本数(n)	9	0	6	26	47	11	1
	耕地面积（公顷）	9520.86	0	4638.56	20730.15	37995.56	8618.52	830.34
暗棕壤	样本数(n)	0	4	0	0	0	0	0
	耕地面积（公顷）	0	2759.92	0	0	0	0	0
褐土	样本数(n)	22	18	45	142	265	71	3
	耕地面积（公顷）	18161.83	13743.94	34102.24	112927.97	207397.48	56549.8	2491.02
灰褐土	样本数(n)	44	19	25	22	37	13	0
	耕地面积（公顷）	46851.67	17394.44	20060.57	17101.14	23897.95	9237.59	0
黑土	样本数(n)	34	20	17	6	2	1	0
	耕地面积（公顷）	23869.03	15540.96	13132.34	4447.18	1483.39	658.6	0
黑钙土	样本数(n)	37	9	10	4	7	4	0
	耕地面积（公顷）	29255.44	8228.34	9956.69	3455.88	6070.05	2944.3	0
栗钙土	样本数(n)	46	24	62	62	18	8	2
	耕地面积（公顷）	35182.53	19435.89	48448.11	44285.47	12703.05	5842.77	1502.88
黑垆土	样本数(n)	112	74	163	339	883	344	22
	耕地面积（公顷）	78156.69	51990.07	117495.15	237906.63	603013.35	239806	15711.1
棕钙土	样本数(n)	1	0	0	2	3	1	0
	耕地面积（公顷）	687.48	0	0	1549.12	2323.69	774.56	0
灰钙土	样本数(n)	5	13	55	139	317	146	19
	耕地面积（公顷）	3680.52	9386.95	40034.11	101024.67	235192.02	108220.7	14452.53
灰漠土	样本数(n)	2	5	5	4	9	6	0
	耕地面积（公顷）	1052.88	4284	4395.64	3053.44	7385.12	5083.12	0

续表 1-4-4

甘肃省等级		一级	二级	三级	四级	五级	六级	七级
有机质(g/kg)		>30	25.0~30.0	20.0~25.0	15.0~20.0	10.0~15.0	6.0~10.0	≤6.0
灰棕漠土	样本数(n)	3	7	10	16	19	16	3
	耕地面积(公顷)	2062.44	5287.38	7508.67	12427.77	15600.61	12268.93	2221.29
黄绵土	样本数(n)	28	37	76	314	870	515	48
	耕地面积(公顷)	19434.03	25065	52019.77	203904.86	562712.59	342364.5	33423.65
红黏土	样本数(n)	6	10	27	58	149	46	3
	耕地面积(公顷)	4254.49	7623.2	18899.52	39958.11	104350.68	33037.41	2038.56
新积土	样本数(n)	4	6	6	17	37	10	0
	耕地面积(公顷)	2759.92	4139.88	3807.66	9859.95	23779.81	5986.48	0
风沙土	样本数(n)	2	2	4	2	13	10	5
	耕地面积(公顷)	1854.08	1854.08	3468.6	1854.08	10280.62	7971.11	4064.98
石质土	样本数(n)	0	0	0	1	7	0	0
	耕地面积(公顷)	0	0	0	774.56	5700.83	0	0
粗骨土	样本数(n)	0	0	0	1	0	0	0
	耕地面积(公顷)	0	0	0	774.56	0	0	0
草甸土	样本数(n)	1	6	7	3	5	3	0
	耕地面积(公顷)	687.48	4225.97	5682.47	2192.4	3591.48	2538.97	0
山地草甸土	样本数(n)	1	3	0	0	4	0	0
	耕地面积(公顷)	689.98	2069.94	0	0	3321.36	0	0
林灌草甸土	样本数(n)	0	0	0	1	0	0	0
	耕地面积(公顷)	0	0	0	542.24	0	0	0
潮土	样本数(n)	9	6	17	32	63	35	0
	耕地面积(公顷)	7577	4430.9	12981.33	25833.8	50698.04	27881.76	0

续表 1-4-4

甘肃省等级		一级	二级	三级	四级	五级	六级	七级
有机质(g/kg)		>30	25.0~30.0	20.0~25.0	15.0~20.0	10.0~15.0	6.0~10.0	≤6.0
沼泽土	样本数(n)	0	0	0	1	0	0	0
	耕地面积（公顷）	0	0	0	658.6	0	0	0
盐土	样本数(n)	0	0	0	3	0	0	0
	耕地面积（公顷）	0	0	0	2068.89	0	0	0
水稻土	样本数(n)	0	0	0	0	3	0	0
	耕地面积（公顷）	0	0	0	0	2435.24	0	0
灌淤土	样本数(n)	15	27	73	103	192	92	6
	耕地面积（公顷）	10995.96	19959.19	52475.49	73358.3	138787.63	70323.66	5061.96
灌漠土	样本数(n)	33	33	79	163	149	62	7
	耕地面积（公顷）	28433.08	26469.06	69791.21	134645	123078.17	48223	5196.12
亚高山草甸土	样本数(n)	5	1	0	1	0	1	0
	耕地面积（公顷）	6199.49	1239.9	0	689.63	0	1239.9	0

表 1-4-5 甘肃省土壤类型及耕层土壤有机质含量平均值

省土类名称	有机质(g/kg)	省土类名称	有机质(g/kg)
棕壤	15.9	新积土	16.2
暗棕壤	28.6	风沙土	9.1
褐土	15.4	石质土	13.4
灰褐土	23.6	粗骨土	8.6
黑土	30.6	草甸土	19.3
黑钙土	30	山地草甸土	23.6
栗钙土	23.6	林灌草甸土	17.2
黑垆土	15.4	潮土	15.4
棕钙土	17.2	沼泽土	19.4
灰钙土	13.4	盐土	17.2
灰漠土	17.9	水稻土	12.7
灰棕漠土	15.9	灌淤土	15.5
黄绵土	13	灌漠土	17.3
红黏土	14.8	亚高山草甸土	33.5

(三)不同成土母质耕层有机质含量的分布

成土母质为河湖沉淀物的耕层土壤有机质含量均值最高,为16.7g/kg;其次是残坡积物,有机质含量为16.3g/kg;然后是冲洪积物,含量为16g/kg;再次是黄土状物,为15.3g/kg;接着是红土状物,为14.8g/kg;最后是风积物,为13.6g/kg。耕层土壤有机质含量由高到低的成土母质顺序是:河湖沉淀物>残坡积物>冲洪积物>黄土状物>红土状物>风积物。见表1-4-6,1-4-7。

表1-4-6 甘肃省不同成土母质耕层土壤有机质含量平均值

成土母质	残坡积物	冲洪积物	风积物	河湖沉积物	红土状物	黄土状物
有机质(g/kg)	16.3	16	13.6	16.7	14.8	15.3

表1-4-7 甘肃省不同成土母质耕层土壤有机质含量分级

甘肃省等级		一级	二级	三级	四级	五级	六级	七级
有机质(g/kg)		>30	25.0~30.0	20.0~25.0	15.0~20.0	10.0~15.0	6.0~10.0	≤6.0
残坡积物	样本数(n)	60	44	103	226	427	125	12
	耕地面积(公顷)	53385.6	31901.87	76425.43	175533.87	330258.82	97987.01	9489.05
冲洪积物	样本数(n)	61	79	183	331	492	232	18
	耕地面积(公顷)	49763.75	60585	145024.7	252586.83	379574.36	180154.44	13972.72
风积物	样本数(n)	3	2	5	7	35	12	5
	耕地面积(公顷)	2605.52	1854.08	4243.16	5634.4	27414.91	9497.11	4064.98
河湖沉积物	样本数(n)	5	9	13	32	45	13	0
	耕地面积(公顷)	3447.4	6204.82	10047.57	27639.84	32131.27	8203	0
红土状物	样本数(n)	6	10	27	58	149	46	3
	耕地面积(公顷)	4254.49	7623.2	18899.52	39958.11	104350.68	33037.41	2038.56
黄土状物	样本数(n)	284	180	356	807	1951	967	81
	耕地面积(公顷)	218359.93	136960.03	264257.8	554671.26	1308067.7	660692.76	57429.12

(四)不同质地耕层有机质含量的分布

质地为黏土的耕地土壤有机质含量最高,达到18.2g/kg,其次是黏壤土,然后是壤土,最后是砂土。耕层土壤有机质含量由大到小的顺序为:黏土 > 黏壤土 > 壤土 > 砂土。详情见表1-4-8、1-4-9。

表1-4-8 甘肃省不同质地耕层土壤有机质含量平均值

质地	壤土	粘壤土	粘土	砂土
有机质(g/kg)	15.2	15.9	18.2	14.4

表1-4-9 甘肃省不同质地耕层有机质含量状况分级统计

甘肃省等级		一级	二级	三级	四级	五级	六级	七级
有机质(g/kg)		>30	25.0~30.0	20.0~25.0	15.0~20.0	10.0~15.0	6.0~10.0	≤6.0
壤土	样本数(n)	162	151	348	686	1380	726	67
	耕地面积(公顷)	134379.6	116372.18	267344.6	494913.29	968500.49	515804.91	48796.97
黏壤土	样本数(n)	233	160	307	688	1589	585	40
	耕地面积(公顷)	177563.51	118095.42	226641.7	494505.82	1112710.3	408425.82	29314.3
黏土	样本数(n)	15	2	6	19	28	15	2
	耕地面积(公顷)	16398.8	1898.5	4607.03	12968.01	18815.64	10460.29	1317.2
砂土	样本数(n)	9	11	26	68	102	69	10
	耕地面积(公顷)	6658.16	9270.4	21140.38	52892.64	79085.21	53869.59	7481.37

(五)不同地貌类型耕层土壤有机质含量的分布

甘肃省内地貌类型错综复杂,平原、黄土塬、丘陵、低山、中山、高山交错分布,而各种地貌类型的耕层有机质含量也差异较大,有机质含量由高到低依次为高山、中山、平原、丘陵、低山、黄土塬。见表1-4-10、1-4-11。

表1-4-10 甘肃省不同地貌类型耕层有机质含量平均值

地貌类型	平原	黄土塬	丘陵	低山	中山	高山
有机质(g/kg)	16.5	12.9	14.2	13.1	19.7	38.3

表1-4-11 甘肃省不同地貌类型耕层土壤有机质含量分级

甘肃省等级		一级	二级	三级	四级	五级	六级	七级
有机质(g/kg)		>30	25.0~30.0	20.0~25.0	15.0~20.0	10.0~15.0	6.0~10.0	≤6.0
平原	样本数(n)	94	96	227	448	505	265	29
	耕地面积(公顷)	73372.93	72251.44	174261.4	337023.12	386324.06	202536.79	22394.81

续表 1-4-11

甘肃省等级		一级	二级	三级	四级	五级	六级	七级
有机质(g/kg)		>30	25.0~30.0	20.0~25.0	15.0~20.0	10.0~15.0	6.0~10.0	≤6.0
黄土塬	样本数(n)	0	3	10	93	412	111	5
	耕地面积（公顷）	0	2244.79	7035.55	62922.9	263495.42	70105.24	3464.32
丘陵	样本数(n)	116	139	305	687	1719	894	78
	耕地面积（公顷）	87546.95	99098.01	220338.3	475650.63	1175203	620890.21	55568.73
低山	样本数(n)	2	0	3	11	36	16	0
	耕地面积（公顷）	1620.89	0	2066.74	7756.5	25991.07	11351.78	0
中山	样本数(n)	199	86	142	221	427	109	7
	耕地面积（公顷）	162540.11	72042.25	116031.8	170686.71	328098.08	83676.62	5481.98
高山	样本数(n)	8	0	0	1	0	0	0
	耕地面积（公顷）	9919.19	0	0	1239.9	0	0	0

三、有机质含量变化情况

（一）不同土壤类型的变化情况

与第二次土壤普查相比较，甘肃省耕层土壤有机质发生了较明显的变化，棕壤、暗棕壤、褐土、灰褐土、黑土、黑钙土、栗钙土、山地草甸土、林灌草甸土、沼泽土、盐土、水稻土、高山草甸土等耕层土壤有机质含量明显降低，而黑垆土、棕钙土、灰钙土、灰漠土、灰棕漠土、黄绵土、红黏土、新积土、风沙土、潮土、灌淤土、灌漠土等耕层土壤有机质含量增高。见表1-4-12、图1-4-1。

在这20多年间，水稻土中的水稻逐渐被旱地作物替代。在这种从土壤淹水状态转换为旱作耕地的过程中会增加土壤通气性，从而提高土壤碳矿化速度，结果导致土壤有机质含量降低。在把草地和林地开垦为耕地的过程中也会降低土壤有机碳含量。黑土、棕壤土和灰褐土是在20世纪60年代才被开垦为耕地的，第二次土壤普查时，与其他土类相比，这几个土类的有机碳含量很高。到2006年，它们的有机质含量均有降低，可能是由于耕作破坏了其物理保护作用。由于有机质的矿物保护有限，有机碳含量越高的土壤，其碳矿化速度也越高，如暗棕壤、褐土、黑土、栗钙土、山地草甸土、林灌草甸土、沼泽土、盐土、高山草甸土。因此，尽管作物残体归还量在不断地增加，这几个土类仍然不能补偿由矿化作用造成的有机碳损失，结果它们的土壤有机碳含量都呈现下降趋势。耕层土壤有机质含量增加的这些土类，大多分布在耕地地力等级较高的一、二等地上，这些地大多是农业基础设施条件较好,能实现灌溉,采用科学施肥方法,从而使土壤有机质含量增加了。

表 1-4-12 甘肃省不同土壤类型耕层有机质含量空间变化

土类名称	第二次土壤普查(g/kg)	耕地地力评价(g/kg)	增减幅(%)	土类名称	第二次土壤普查(g/kg)	耕地地力评价(g/kg)	增减幅(%)
棕壤	52.8	15.9	-70	红黏土	11.5	14.8	29
暗棕壤	222.1	28.6	-87	新积土	11	16.2	47
褐土	20.2	15.4	-24	风沙土	5	9.1	82
灰褐土	59	23.6	-60	山地草甸土	53.8	23.6	-56
黑土	45.2	30.6	-32	林灌草甸土	4.2	17.2	-59
黑钙土	37.5	30	-20	潮土	12.9	15.4	19
栗钙土	26.8	23.6	-12	沼泽土	190.2	19.4	-90
黑垆土	13.7	15.4	12	盐土	18.56	17.2	-7
棕钙土	7.9	17.2	118	水稻土	25.5	12.7	-50
灰钙土	10.7	13.4	25	灌淤土	11.5	15.5	35
灰漠土	8.9	17.9	101	灌漠土	13.7	17.3	26
灰棕漠土	9.3	15.9	71	亚高山草甸土	117.2	33.5	-71
黄绵土	9.8	13	33				

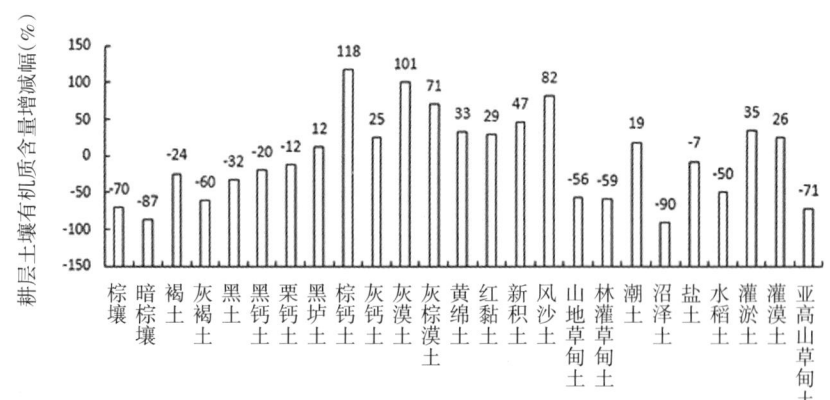

图 1-4-1 甘肃省不同土壤类型耕层土壤有机质含量空间变化

(二)不同行政区域变化情况

本次耕地地力评价样点有机质含量与第二次土壤普查样点相比较,嘉峪关市、金昌市、白银市、张掖市、酒泉市、庆阳市、定西市、临夏州、兰州市、平凉市、甘南州的耕层土壤有机质含量均增加了,而陇南市降低了。20年来,种植业布局的变化,施肥结构的调整,农业基础设施的现代化,使得大多数地区耕地有机质含量增加了,增幅较大的地市有金昌市、武威市、定西市、天水市。而陇南市的耕地有机质量较第二次土壤普查降低了2.5g/kg,详情见表1-4-13,图1-4-2。

表1-4-13 甘肃省各地耕层有机质含量空间变化

行政区	第二次土壤普查(g/kg)	耕地地力评价(g/kg)	增减幅(%)
兰州市	12.6	14.8	17
嘉峪关市	12.1	14.7	21
金昌市	14.5	19.8	37
白银市	11.2	13	16
天水市	9.9	13.5	36
武威市	15.2	19.5	28
张掖市	16.7	19.1	14
平凉市	10.4	13.5	30
酒泉市	12.1	13.3	10
庆阳市	9.8	12.3	26
定西市	13.2	18.4	39
陇南市	17.3	14.8	-14
临夏回族自治州	15.2	17	12
甘南藏族自治州	30.5	30.9	1

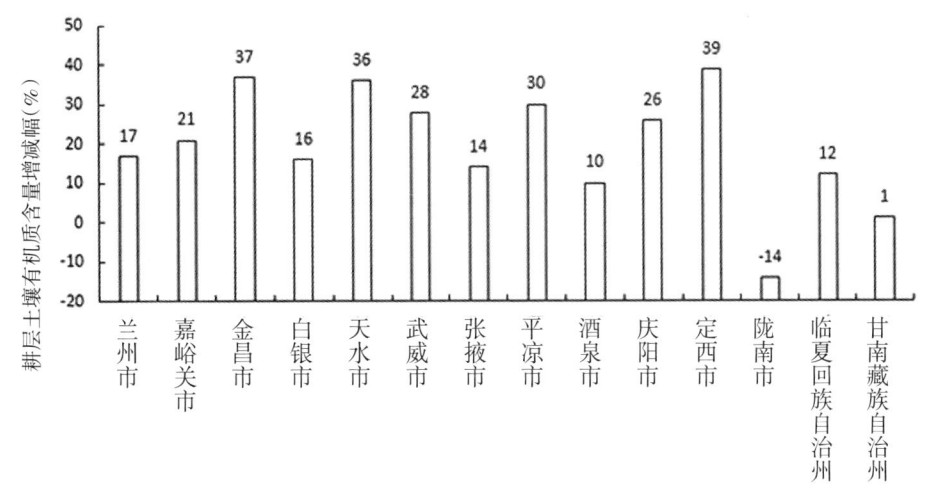

图1-4-2 甘肃省各地耕层有机质含量空间变化

四、有机质与耕地地力等级

随着耕地等级的降低,耕层有机质含量降低,但在五等地上出现了反弹趋势,这是因为五等地分布在陇南、临夏、甘南等地市,地貌类型以丘陵和中山为主,临夏、甘南两地属于高寒阴湿地区,有机质含量较高,但是积温低,有机质很难被分解利用;而在陇南山区,土壤类型以棕壤为主,土壤肥沃,水土流失严重,坡度较大,导致了这一地区的耕地地力水平很低。见表1-4-14、1-4-15。

表1-4-14 甘肃省各等级土壤耕层有机质含量平均值

耕地等级	一等地	二等地	三等地	四等地	五等地
有机质(g/kg)	16.3	14.9	14.8	13.9	15.8

表1-4-15 甘肃省耕地等级耕层有机质含量分级状况

等级	一级	二级	三级	四级	五级	六级
有机质(g/kg)	>30	30.0~25.0	25.0~20.0	20.0~15.0	15.0~10.0	≤10.0
一等地	6910.38	44606.87	190829.24	240362.99	245989.99	85020.37
二等地	32156.91	45620.35	82699.22	281473.42	722372.32	49746.62
三等地	53629.12	63652.55	102592.74	309127.83	923862.91	95534.06
四等地	39366.03	21587.58	22696.57	155988.23	623510.13	122522.68
五等地	68709.74	63806.28	72702.28	210217.25	390394.27	42691.29

五、有机质调控

甘肃省五大区耕层有机质含量见表1-4-16,除了甘南高原的耕层有机质含量达到30.9g/kg以外,其他区域的有机质含量均在20g/kg以下,都需要提升。而甘南高原属于高寒阴湿区,积温较低,有机质不易被分解利用,导致此区域耕地质量较低。因此五大区域均需要提升耕层有机质含量。

表1-4-16 甘肃省各区域耕层有机质含量

区域名称	河西地区	陇中高原	陇东高原	陇南山区	甘南高原
有机质(g/kg)	17.3	15.0	13.5	14.8	30.9

(一)河西地区采用油菜绿肥压青种植技术模式

适宜种植的油菜品种为饲油1号,作为绿肥油菜对播期要求不严,根据当地灌溉或降雨实际,在霜前55天的任何一天内都可随时进行播种,播期越早,产量越高,播种出苗后苗高达30cm时可翻青入土。通过大量试验得出:麦收后复种绿肥饲草油菜的适宜播量为 0.75~1.0kg,田间保苗数为 10~12 万株/亩。

在盐碱地较重的区域,以盐碱地综合改良为主要技术模式,推广增施有机肥、施用土壤改良剂、秸秆还田、种植耐盐碱作物,重点改良盐渍化等障碍土壤。一要选择适宜的土壤调理剂。石膏应选择重金属含量低、质量安全的产品,土壤调理剂产品须经农业部登记,重金属、有害物质含量必须达到国家有关标准要求。二要确定施用量和施用方法。应用测土配方施肥成果,合理确定调理剂施用范围、施用量和施用方法。每亩推荐石膏用量 400~500kg,其他土壤调理剂按说明书使用,一般只选一种调理剂。土壤盐碱调理剂在农田翻耕前均匀撒在耕地表面,播种或栽插前,将土壤调理剂翻入土层并与耕地土壤充分混合。

(二)陇中、陇东高原区采用玉米秸秆腐熟还田,全膜双垄沟播技术模式

秸秆处理:在玉米成熟后,立秆摘穗,运穗出地,将秸秆粉碎均匀撒入田中。随后,按每公斤秸秆施用 2 亿个以上有效活菌数(CFU)确定秸秆腐熟剂施用量,兑水喷洒在粉碎的秸秆上,用机械深翻入土。

起垄整地:在起垄时,按大小垄规格先划出大小行,在地边留出 40~50cm,再按"小垄+大垄"依次类推。用步犁沿小行画线处来回向中间耕翻,在整理垄面时将犁臂落土用手耙刮至大行中间形成大垄,也可用机械直接起垄。大小垄总宽度为 120cm,大垄宽为 70~80cm,高度为 5~10cm;小垄宽为 40~50cm,高度为 15~20cm。缓坡地应沿等高线起垄,垄沟、垄面的宽窄要均匀,垄脊高低一致。

地面覆膜:在起垄后,全垄覆盖地膜,地膜相接处在大垄的垄脊中间,膜与膜间不留空隙,用下一垄沟内的表土压住地膜。地膜与垄面、垄沟应贴紧,每隔 2m 横压土腰带,防大风揭膜,拦截径流。在垄沟内,每隔 50cm 打一个雨水入渗孔。

注意事项:种植玉米要选用抗旱包衣种子。海拔高度在 2000m 以下的地区,选用中晚熟品种;海拔高度在 2000m 以上的地区,选用中早熟品种。肥力水平较高的地块,株距为 30~35cm,大行距为 70~80cm,小行距为 40~50cm,每亩保苗 3200~3700 株;肥力水平较低的地块,株距适当放宽到 35~40cm,每亩保苗 2800~3200 株。

(三)陇南山区、甘南高原采用增施有机肥措施

1.确定维持耕层土壤有机质平衡的有机肥用量。根据当地土壤有机质含量、腐殖化系数、土壤有机质年化矿率来确定维持耕层土壤有机质平衡的有机肥用量。如土壤原有机质含量为 20g/kg,在耕层上每亩有机质含量为 3000kg;若年矿化率为 2%,则每年消耗的有机质量为 60kg;若有机质的腐殖化系数为 0.25,则每亩需加入 240kg 有机肥才能达到土壤耕层有机质平衡。将当地最肥沃的菜园土的有机质含量视为该地土壤有机质的最高含量,确定有机肥用量的上限。

2.确定有机肥施用量应用测土配方施肥成果,确定目标产量下的需肥总量。依照生态平衡和经济环保的原则,综合考虑维持耕层土壤有机质平衡、有机肥用量上限和秸秆还田量,采用同效当量法,确定商品有机肥用量。

第二节　土壤氮素

一、土壤氮素概述

氮素是植物生长和动物生存的必需元素之一,氮肥是工业生产和农业使用最多的化学肥料。氮是组成作物体内蛋白质、核酸、叶绿素、酶和多种维生素的成分。这些物质涉及遗传信息传递、细胞器建成、光合作用、呼吸作用等几乎所有的生化反应。蛋白质和核酸是生命的基础,叶绿素是作物叶子内制造"粮食"的工厂,酶是催化剂。在细胞内硝酸盐具有渗透调节作用。硝酸盐还可能具有信号作用。除碳、氢、氧外,氮是作物成分中含量较多的元素,在所有必需营养元素中,氮是限制植物生长和形成产量的首要因素,对产品品质也有多方面影响。

二、土壤全氮含量现状

根据对甘肃省7504个样品的分析检测,其土壤全氮含量为0.910g/kg,标准差为0.435g/kg,变化区间为0.30～3.811g/kg。变异系数为47.8%。根据农业部的土壤养分分级标准,结合甘肃省的实际情况,现将甘肃省耕层土壤全氮含量分级如表1-4-17。甘肃省68%的耕地土壤全氮含量小于1g/kg,土壤全氮含量大于1.5g/kg的耕地不足10%,土壤全氮在1.0～1.5g/kg的耕地面积占总耕地面积的23%。

表1-4-17　甘肃省耕层土壤全氮含量状况分级统计

级别	范围(g/kg)	样本数	耕地面积(公顷)	占总耕地比例(%)
一级	>2.00	181	148335.04	2.74
二级	1.50~2.00	477	366582.63	6.78
三级	1.25~1.50	497	373326.26	6.90
四级	1.00~1.25	1203	868556.51	16.05
五级	0.75~1.00	2207	1539219.63	28.45
六级	0.50~0.75	1854	1320838.22	24.41
七级	≤0.5	1085	793373.8	14.66

(一)不同行政区划全氮含量分布

金昌市、武威市、张掖市、定西市、甘南州的耕地土壤全氮含量相对较高,均大于1.0g/kg,甘肃省耕地全氮含量平均值最低是的庆阳市,为0.709g/kg。最高的是甘南州,为1.730g/kg。详情见表1-4-18、1-4-19。

表1-4-18 甘肃省各地耕层土壤全氮含量平均值

行政区	兰州市	嘉峪关市	金昌市	白银市	天水市	武威市	张掖市
全氮(g/kg)	0.932	0.878	1.111	0.795	0.844	1.128	1.126
行政区	平凉市	酒泉市	庆阳市	定西市	陇南市	临夏回族自治州	甘南藏族自治州
全氮(g/kg)	0.851	0.757	0.709	1.015	0.842	0.974	1.730

表1-4-19 甘肃省各地耕层土壤全氮含量状况分级

甘肃省等级		一级	二级	三级	四级	五级	六级	七级
全氮(g/kg)		>2.00	1.50~2.00	1.25~1.50	1.00~1.25	0.75~1.00	0.50~0.75	≤0.5
兰州市	样本数(n)	0	13	30	130	127	123	6
	耕地面积(公顷)	0	8965.2	20688.91	89651.95	87583.06	84824.54	4137.78
嘉峪关市	样本数(n)	0	0	1	0	10	2	0
	耕地面积(公顷)	0	0	542.24	0	5422.37	1084.47	0
金昌市	样本数(n)	0	12	22	25	28	8	4
	耕地面积(公顷)	0	13949.97	25574.95	29062.44	32549.94	9299.98	4649.99
白银市	样本数(n)	0	26	40	82	210	182	146
	耕地面积(公顷)	0	20138.61	30982.48	63344.92	161727.61	139109.46	112493.97
天水市	样本数(n)	6	31	50	127	262	244	109
	耕地面积(公顷)	3951.6	20416.58	32929.96	83642.1	172552.99	160698.21	71787.31
武威市	样本数(n)	58	87	57	89	83	122	78
	耕地面积(公顷)	44461.52	66604.48	44412.48	67756.16	63996.17	92775.53	58986.64
张掖市	样本数(n)	9	29	62	191	89	32	12
	耕地面积(公顷)	6187.33	19936.95	42623.82	131308.87	61185.81	21999.39	8249.77
平凉市	样本数(n)	0	12	27	124	378	154	86
	耕地面积(公顷)	0	6286.44	14144.48	64959.84	198022.73	80675.93	45052.79

续表 1-4-19

甘肃省等级		一级	二级	三级	四级	五级	六级	七级
全氮(g/kg)		>2.00	1.50~2.00	1.25~1.50	1.00~1.25	0.75~1.00	0.50~0.75	≤0.5
酒泉市	样本数(n)	0	7	12	38	81	131	48
	耕地面积(公顷)	0	5924.27	10155.9	32160.34	68552.3	110868.53	40623.58
庆阳市	样本数(n)	0	4	23	61	344	327	247
	耕地面积(公顷)	0	2782.66	16000.3	42435.57	239308.79	227482.48	171829.28
定西市	样本数(n)	56	146	72	153	329	346	101
	耕地面积(公顷)	38977.17	101819.85	50744.7	106288.25	227509.75	239071.14	69772.48
陇南市	样本数(n)	19	42	45	96	179	100	206
	耕地面积(公顷)	15776.47	34874.31	37365.33	79713.7	148630.97	83034.06	171050.17
临夏回族自治州	样本数(n)	2	41	47	65	81	79	41
	耕地面积(公顷)	1584.83	32488.95	37243.43	51506.87	64185.48	62600.65	32488.95
甘南藏族自治州	样本数(n)	31	27	9	22	6	4	1
	耕地面积(公顷)	38436.86	33477.26	11159.09	27277.77	7439.39	4959.59	1239.9

(二)不同土壤类型耕层全氮含量分布

耕层全氮含量较高的土类有暗棕壤、黑土、黑钙土、山地草甸土、沼泽土、高山草甸土、亚高山草甸土,但是这几个土类在耕地中的面积较小,而甘肃省主要的耕地土壤类型是褐土、灰褐土、黑垆土、灰钙土、黄绵土、灌漠土,但是全氮在这几个主要耕种土壤中却含量较低,含量大多集中在 0.75~1.0g/kg 之间。见表 1-4-20、1-4-21。

表 1-4-20 甘肃省不同土壤类型耕层土壤全氮含量分级

甘肃省等级		一级	二级	三级	四级	五级	六级	七级
全氮(g/kg)		>2.00	1.50~2.00	1.25~1.50	1.00~1.25	0.75~1.00	0.50~0.75	≤0.5
棕壤	样本数(n)	4	5	11	10	32	11	28
	耕地面积(公顷)	3149.62	3839.6	7962.94	8541.22	25915.31	8446.78	22906.05
暗棕壤	样本数(n)	7	7	2	4	7	2	1
	耕地面积(公顷)	8129.37	8129.37	1929.88	3590.56	5468.9	1898.5	658.6

续表 1-4-20

甘肃省等级		一级	二级	三级	四级	五级	六级	七级
全氮(g/kg)		>2.00	1.50~2.00	1.25~1.50	1.00~1.25	0.75~1.00	0.50~0.75	≤0.5
褐土	样本数(n)	10	38	40	85	172	141	128
	耕地面积（公顷）	8369.48	30477.01	30875.32	65538.91	129816.84	98977.04	101218.7
灰褐土	样本数(n)	27	64	36	58	97	48	58
	耕地面积（公顷）	20273.28	46543.73	26177.37	43305.52	68014.91	34548.42	46309.88
黑土	样本数(n)	1	6	4	1	4	1	0
	耕地面积（公顷）	1239.9	4420.6	2900.28	689.98	3181	830.34	0
黑钙土	样本数(n)	11	11	9	16	14	5	7
	耕地面积（公顷）	9567.32	8915.14	7535.19	12192.73	9761.24	3651.72	5451.2
栗钙土	样本数(n)	27	34	24	44	23	36	19
	耕地面积（公顷）	20033.04	25893.62	17336.58	31598.36	17113.75	26608.35	14546.73
黑垆土	样本数(n)	21	83	92	233	497	399	212
	耕地面积（公顷）	17078.95	61466.07	66206.62	161585	337090.28	279141.24	147043.43
棕钙土	样本数(n)	0	0	0	1	0	0	0
	耕地面积（hm²）	0	0	0	846.32	0	0	0
灰钙土	样本数(n)	8	25	41	148	208	184	103
	耕地面积（公顷）	5929.85	18860.83	32442.3	109229.24	153839.98	135341.63	77732.43
灰漠土	样本数(n)	1	10	8	23	38	23	12
	耕地面积（公顷）	774.56	7811.02	6414.37	16463.9	28627.94	17379.52	9271.62
灰棕漠土	样本数(n)	1	17	29	83	75	60	15
	耕地面积（公顷）	751.44	13599.07	22603.84	62283.72	60044.06	49665.13	12996.87
棕漠土	样本数(n)	0	0	1	7	4	13	7
	耕地面积（公顷）	0	0	846.32	5924.27	3385.3	11002.22	5924.27

续表 1-4-20

甘肃省等级		一级	二级	三级	四级	五级	六级	七级
全氮(g/kg)		>2.00	1.50~2.00	1.25~1.50	1.00~1.25	0.75~1.00	0.50~0.75	≤0.5
黄绵土	样本数(n)	5	46	58	223	726	619	342
	耕地面积（公顷）	3387.14	32194.73	40324.85	145443.47	462186	413732.73	230279.59
红黏土	样本数(n)	2	20	21	30	58	43	24
	耕地面积（公顷）	1520.32	14746.5	14318.93	18969.55	38306.02	29503.7	17514.5
新积土	样本数(n)	2	9	13	28	43	53	17
	耕地面积（公顷）	1379.96	6215.5	8948.42	18182.98	28822.25	35083.09	11344.74
龟裂土	样本数(n)	0	2	1	4	0	2	1
	耕地面积（公顷）	0	1692.65	846.32	3385.3	0	1692.65	846.32
风沙土	样本数(n)	8	8	21	43	51	70	48
	耕地面积（公顷）	6538.32	5691.73	15921.18	32852.29	41479.66	55255.46	38521.63
石质土	样本数(n)	1	7	8	8	21	9	5
	耕地面积（公顷）	774.56	6498.66	6798.21	6061.95	15959.24	6947.94	4016.34
粗骨土	样本数(n)	1	0	0	3	8	2	0
	耕地面积（公顷）	830.34	0	0	2491.02	6450.53	1388.56	0
草甸土	样本数(n)	2	0	2	7	13	25	4
	耕地面积（公顷）	1614.52	0	1692.65	5416.82	10941.44	19941.37	3100.64
山地草甸土	样本数(n)	6	10	5	8	3	6	6
	耕地面积（公顷）	4139.88	7258.12	3564.51	4357.07	2044.19	5048.12	4982.04
林灌草甸土	样本数(n)	0	0	2	5	4	1	0
	耕地面积（公顷）	0	0	1374.96	3437.4	3067.61	846.32	0
潮土	样本数(n)	2	6	8	17	10	15	10
	耕地面积（公顷）	1581.78	4699.18	5803.37	12499.22	8209.54	12029.66	7450.44

续表 1-4-20

甘肃省等级		一级	二级	三级	四级	五级	六级	七级
全氮(g/kg)		>2.00	1.50~2.00	1.25~1.50	1.00~1.25	0.75~1.00	0.50~0.75	≤0.5
沼泽土	样本数(n)	0	1	2	1	0	0	0
	耕地面积（公顷）	0	687.48	1533.81	846.32	0	0	0
盐土	样本数(n)	1	3	6	7	9	19	16
	耕地面积（公顷）	927.04	2221.29	4442.57	5768.02	7379.85	15876.23	12971.98
水稻土	样本数(n)	0	1	1	0	3	4	7
	耕地面积（公顷）	0	830.34	927.04	0	2491.02	3321.36	5828.37
灌淤土	样本数(n)	0	3	1	1	17	8	2
	耕地面积（公顷）	0	2068.89	792.41	774.56	12421.02	5874.97	1584.83
灌漠土	样本数(n)	9	48	42	72	67	50	12
	耕地面积（公顷）	6635.04	38312.55	35661.71	55866.05	53479.62	39621.89	9110.06
高山草甸土	样本数(n)	6	3	2	2	1	4	1
	耕地面积（公顷）	6462.47	2742.78	1991.34	1991.34	1239.9	2742.78	751.44
亚高山草甸土	样本数(n)	18	10	7	31	2	1	0
	耕地面积（公顷）	18287.59	11849.07	6394.8	28975.69	1929.88	1239.9	0

表 1-4-21 甘肃省不同土壤类型耕层土壤全氮含量平均值

土类名称	全氮(g/kg)	土类名称	全氮(g/kg)
棕壤	0.889	龟裂土	1.064
暗棕壤	1.521	风沙土	0.555
褐土	0.848	石质土	1.022
灰褐土	1.11	粗骨土	1.004
黑土	1.408	草甸土	0.823
黑钙土	1.303	山地草甸土	1.369
栗钙土	1.255	林灌草甸土	1.066
黑垆土	0.883	潮土	0.978
棕钙土	1.05	沼泽土	1.383

续表 1-4-21

土类名称	全氮(g/kg)	土类名称	全氮(g/kg)
灰钙土	0.869	盐土	0.808
灰漠土	0.95	水稻土	0.679
灰棕漠土	0.973	灌淤土	0.855
棕漠土	0.739	灌漠土	1.123
黄绵土	0.785	高山草甸土	1.59
红黏土	0.952	亚高山草甸土	1.617
新积土	0.889		

(三)不同成土母质耕层全氮含量分布

各个养分级别在不同的成土母质中均有分布,成土母质为风积物、红土状物的耕地,全氮含量级别大多为4、5、6、7级,成土母质为残坡积物、冲洪积物的耕地,全氮含量在每个级别中均有分布,而成土母质为风积物的耕地,全氮含量大于1g/kg的耕地面积很小。成土母质为黄土状物耕地面积最大,其中全氮含量小于0.75g/kg耕地面积最大。甘肃省耕地土壤全氮含量总体较低,不同成土母质的耕层土壤全氮含量的顺序为:河湖沉淀物 > 冲洪积物 > 残坡积物 > 黄土状物 > 红土状物 > 风积物。见表1-4-22、1-4-23。

表1-4-22 甘肃省不同成土母质耕层土壤全氮含量平均值

成土母质	残坡积物	冲洪积物	风积物	河湖沉积物	红土状物	黄土状物
全氮(g/kg)	0.917	0.923	0.8	0.946	0.898	0.906

表1-4-23 甘肃省不同成土母质耕层土壤全氮含量分级

甘肃省等级		一级	二级	三级	四级	五级	六级	七级
全氮(g/kg)		>2.00	1.50~2.00	1.25~1.50	1.00~1.25	0.75~1.00	0.50~0.75	≤0.5
残坡积物	样本数(n)	35	79	76	157	247	178	225
	耕地面积(公顷)	31781.47	63332.74	55855.33	117195.07	189578.83	136761.19	180984.57
冲洪积物	样本数(n)	21	93	118	284	358	348	174
	耕地面积(公顷)	15671.12	74262.33	94021.3	215881.48	272803.55	269678.85	135843.09
风积物	样本数(n)	0	5	3	5	20	26	10
	耕地面积(公顷)	0	4266.2	2781.12	4123.34	15503.24	20101.56	7946.62
河湖沉积物	样本数(n)	1	10	8	20	40	30	8
	耕地面积(公顷)	689.98	6733.68	7711.32	16319.3	29710.35	20621.98	5548.95

续表 1-4-23

甘肃省等级		一级	二级	三级	四级	五级	六级	七级
全氮(g/kg)		>2.00	1.50~2.00	1.25~1.50	1.00~1.25	0.75~1.00	0.50~0.75	≤0.5
红土状物	样本数(n)	4	14	27	54	91	71	38
	耕地面积（公顷）	3559.18	9497.05	19003.79	37271.67	64156.89	48282.87	28712.17
黄土状物	样本数(n)	120	276	265	683	1451	1201	630
	耕地面积（公顷）	97674.02	209573.52	195195.2	478317.92	966914.5	823037.53	433327.22

(四)不同质地耕层全氮含量分布

土壤质地壤土和黏壤土的耕地面积最大，质地为砂土和黏土耕地只有零星分布，在壤土中，耕层土壤全氮含量大于1.0g/kg的耕地面积为841357公顷，而在粘壤土中，耕层土壤全氮含量大于1.0g/kg的耕地面积为820152公顷，略低于壤土。土壤质地为粘土的耕地全氮含量平均值最高，为1.048g/kg，然后是粘壤土，接着是壤土，最后是砂土。不同质地耕地全氮含量顺序为：黏土＞黏壤土＞壤土＞砂土。见表1-4-24、1-4-25。

表 1-4-24　甘肃省不同质地耕层土壤全氮含量平均值

质地	壤土	砂土	黏壤土	黏土
全氮含量(g/kg)	0.899	0.848	0.922	1.048

表 1-4-25　甘肃省不同质地耕层土壤全氮含量分级

甘肃省等级		一级	二级	三级	四级	五级	六级	七级
全氮(g/kg)		>2.00	1.50~2.00	1.25~1.50	1.00~1.25	0.75~1.00	0.50~0.75	≤0.5
壤土	样本数(n)	67	206	222	620	1011	903	491
	耕地面积（公顷）	57675.37	158560.15	172415.7	452706.65	702423.8	647880.39	354449.95
砂土	样本数(n)	5	10	18	51	73	84	54
	耕地面积（公顷）	3836.1	8665.9	14569.21	39258.23	57717.91	64106.06	42244.34
黏壤土	样本数(n)	102	251	252	520	1103	846	528
	耕地面积（公顷）	79734.93	190334.31	184258.8	365824.91	764801.44	591974.43	387728.07
黏土	样本数(n)	7	10	5	12	20	21	12
	耕地面积（公顷）	8129.37	10105.17	3324.38	8718.99	13724.22	14523.08	7940.26

(五)不同地貌类型耕层全氮含量分布

甘肃省错综复杂的地貌类型决定了各地貌类型的耕地全氮含量差异较大,高山的耕层全氮含量最高,为2.07g/kg,但是此地貌只有零星耕地分布其中;中山的耕层全氮含量也是相对较高的,为1.16g/kg,耕地面积为938558公顷,占总耕地面积的17%;平原的耕层全氮含量为0.96g/kg,而甘肃省地貌类型为丘陵的耕地是所有耕地类型中面积最大的,其耕层全氮含量值却仅为0.845g/kg。各不同地貌类型全氮含量的顺序为:高山>中山>平原>丘陵>低山>黄土塬。见表1-4-26、1-4-27。

表1-4-26 甘肃省不同地貌类型耕层土壤全氮含量平均值

地貌类型	低山	高山	黄土塬	平原	丘陵	中山
全氮含量(g/kg)	0.824	2.07	0.785	0.96	0.845	1.116

表1-4-27 甘肃省不同地貌类型耕层土壤全氮含量分级

甘肃省等级		一级	二级	三级	四级	五级	六级	七级
全氮(g/kg)		>2.00	1.50~2.00	1.25~1.50	1.00~1.25	0.75~1.00	0.50~0.75	≤0.5
低山	样本数(n)	0	4	2	7	29	16	10
	耕地面积(公顷)	0	2841.3	1638.74	4827.41	20764.76	11392.06	7322.71
高山	样本数(n)	4	4	0	0	1	0	0
	耕地面积(公顷)	4959.59	4959.59	0	0	1239.9	0	0
黄土塬	样本数(n)	0	1	14	48	317	171	83
	耕地面积(公顷)	0	774.56	10133.8	29849.12	206196.81	108502.1	53811.8
平原	样本数(n)	32	110	146	407	406	404	159
	耕地面积(公顷)	24370.92	84534.41	113528.4	300729	310650.8	310650.15	123700.81
丘陵	样本数(n)	36	193	213	533	1216	1128	619
	耕地面积(公顷)	28557.68	141508.81	152967.9	371629.09	820296.2	784903.47	434432.65
中山	样本数(n)	109	165	122	208	238	135	214
	耕地面积(公顷)	91487.58	133046.84	96299.24	162074.16	179518.9	103036.19	173094.66

三、土壤全氮含量变化情况

(一)不同土壤类型全氮含量的变化情况

与第二次土壤普查相比较,甘肃省耕层土壤全氮发生了较明显的变化,棕壤、暗棕壤、褐土、灰褐土、黑土、黑钙土、栗钙土、草甸土、山地草甸土、沼泽土、水稻土、高山草甸土、亚高山草甸土的耕层土壤全氮含量明显降低,其他土壤类型的全氮含量均有增高。见表1-4-28、图1-4-3。

表1-4-28 甘肃省不同土壤类型耕层土壤全氮含量空间变化

土类名称	第二次土壤普查(g/kg)	耕地地力评价(g/kg)	增减幅(%)	土类名称	第二次土壤普查(g/kg)	耕地地力评价(g/kg)	增减幅(%)
棕壤	2.62	0.889	−66	新积土	0.75	0.889	19
暗棕壤	8.63	1.521	−82	风沙土	0.33	0.555	68
褐土	1.25	0.848	−32	粗骨土	0.32	0.370	16
灰褐土	2.76	1.11	−60	草甸土	1.85	0.823	−56
黑土	2.62	1.408	−46	山地草甸土	3.05	1.369	−55
黑钙土	2.24	1.303	−42	林灌草甸土	0.285	0.700	146
栗钙土	1.73	1.255	−27	潮土	0.75	0.978	30
黑垆土	0.89	0.883	−1	沼泽土	8.42	1.383	−84
棕钙土	1.08	1.05	−3	盐土	0.643	0.808	26
灰钙土	0.69	0.869	26	水稻土	1.128	0.679	−40
灰漠土	0.57	0.95	67	灌淤土	0.75	0.855	14
灰棕漠土	0.55	0.898	63	灌漠土	0.77	1.123	46
棕漠土	0.51	0.739	45	高山草甸土	5.99	1.59	−73
黄绵土	0.68	0.785	15	亚高山草甸土	5.21	1.617	−69
红黏土	0.81	0.952	18				

在把草地和林地开垦为耕地的过程中会降低土壤全氮含量。黑土、棕壤土和灰褐土是在20世纪60年代才被开垦为耕地的,到2006年,它们的全氮含量均有降低,可能是由于耕作破坏了其物理保护作用,如暗棕壤、褐土、黑土、栗钙土、山地草甸土、林灌草甸土、沼泽土、盐土、高山草甸土。因此,尽管作物残体归还量在不断地增加,这几个土类仍然不能补偿由分解作用造成的氮素损失,结果它们的土壤氮素含量都呈现下降趋势。在这20多年间,水稻土中的水稻逐渐被旱地作物替代。在这种从土壤淹水状态转换为旱作耕地的过程中会增加土壤通气性,从而提高土氮素的分解速度,结果导致土壤全氮含量降低。

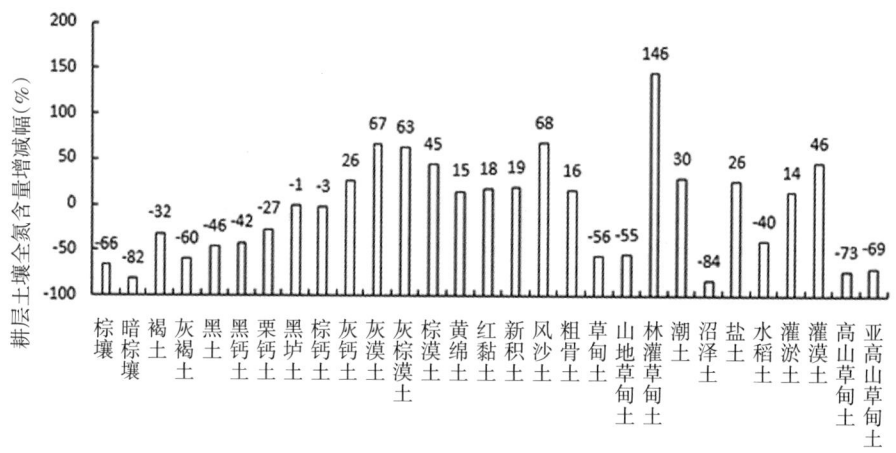

图1-4-3　甘肃省不同土壤类型耕层全氮含量空间变化

(二)不同行政区域全氮含量的变化情况

与第二次土壤普查时相比,陇南市、临夏州、甘南州的耕层土壤全氮含量均有所下降,降幅分别为27%、14%、13%。其他地区则全部增高了。20年来,由于耕作制度、施肥方式、土壤利用方式的改变,以及各地的农业生产发展不均衡,施肥结构也不同,进而导致了土壤全氮在各地有增有减的现象。见表1-4-29、图1-4-4。

表1-4-29　甘肃省各地耕层全氮含量空间变化

地、州、市名称	第二次土壤普查(g/kg)	耕地地力评价(g/kg)	增减幅(%)
兰州市	0.88	0.932	6
嘉峪关市	0.65	0.878	35
金昌市	0.84	1.111	32
白银市	0.74	0.795	7
天水市	0.76	0.844	11
武威市	0.75	1.128	50

续表 1-4-29

地、州、市名称	第二次土壤普查(g/kg)	耕地地力评价(g/kg)	增减幅(%)
张掖市	0.9	1.126	25
平凉市	0.76	0.851	12
酒泉市	0.65	0.757	16
庆阳市	0.67	0.709	6
定西市	0.98	1.015	4
陇南市	1.15	0.842	-27
临夏回族自治州	1.13	0.974	-14
甘南藏族自治州	1.99	1.73	-13

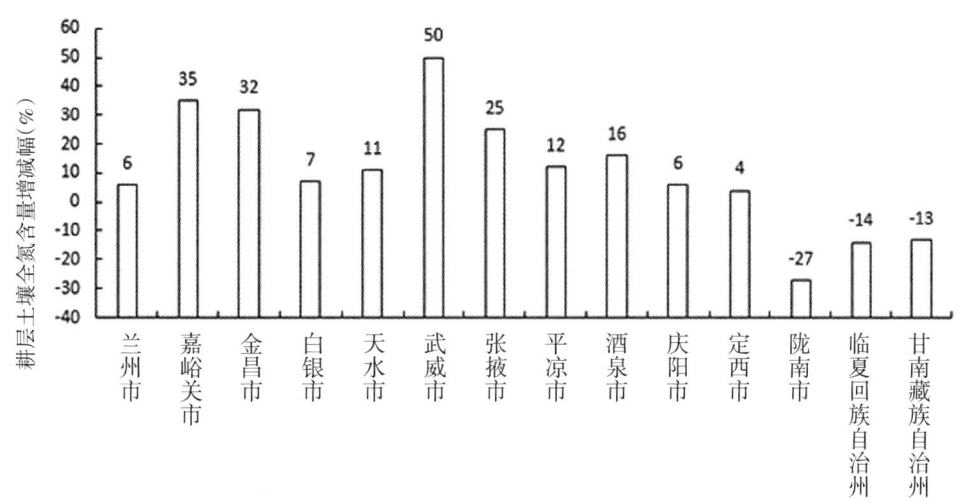

图 1-4-4 甘肃省各地耕层全氮含量空间变化

四、土壤全氮与耕地地力等级

随着耕地地力等级的降低，耕层全氮含量也随之降低，但在五等地上出现了反弹趋势，五等地主要分布在陇南、甘南、临夏等地市，地貌类型以中山和丘陵为主，海拔高，积温低，土壤氮素很难被分解利用，因此这一地带耕地生产能力低下。见表 1-4-30、1-4-31。

表 1-4-30 甘肃各等级土壤耕层全氮含量平均值

耕地等级	一等地	二等地	三等地	四等地	五等地
全氮(g/kg)	0.94	0.89	0.85	0.78	0.88

表 1-4-31　甘肃各等级土壤耕层全氮含量分级统计　　　　　　　　单位：公顷

甘肃省等级	一级	二级	三级	四级	五级	六级	七级
全氮(g/kg)	>2.00	2.00~1.50	1.50~1.25	1.25~1.0	1.0~0.75	0.75~0.5	≤0.5
一等地	1423.96	27143.13	100628.81	286517.92	224247.92	161840.02	11918.08
二等地	8550.22	41437.72	65384.96	194287.61	625838.6	264840.28	13729.45
三等地	11770.64	73599.64	93032.06	184481.42	708759.62	449333.09	27422.74
四等地	2595.41	42352.56	23087.71	79519.54	377151.59	378573.8	82390.61
五等地	8398.29	108134.96	54057.2	197114.6	210474.39	176367	83974.59

五、土壤全氮调控

依据甘肃省现有的使用状况和施肥技术，氮肥利用率较低，不仅造成资源浪费，生产效益下降，而且造成环境污染。因此，改进氮肥的施用技术对于提高氮肥的肥效、减少氮肥的损失、充分发挥氮肥的最大增产效益起着重要的作用。土壤氮素主要是提高氮肥利用率，方法主要有：

1.因土施肥

首先考虑土壤本身的供氮水平，因地制宜的施用氮肥。根据土壤肥力的状况确定施肥量，肥力高的地块少施，肥力低的地块多施。氮肥分配到中、低肥力田块的比例大于高肥力田块。土壤对不同类型的氮肥也有很强的选择性，酸性土壤可选择碱性肥料和生理碱性肥料及中性肥料，如氨水、碳酸氢铵、尿素、硝酸钙等，施用这些肥料可降低土壤酸度或不引起土壤酸度提高，而且有利于硝态氮的吸收。在碱性土壤上可选择酸性肥料和生理酸性肥料，如硫酸铵，中和土壤碱度，利于作物对铵态氮的吸收，同时，碱性土壤不易施用氯化铵和硝酸钠肥料，避免土壤盐分的积累，引起盐碱化。土壤剖面构型和质地轻重影响土壤的保肥能力。土壤剖面构型呈上黏下砂或整体沙质的土壤，保肥能力较差，养分易淋溶流失，因此，在沙质土壤上施用氮肥应少量多次，基肥少施，增加追肥次数，同时不适于施用硝态氮肥；土壤剖面构型呈上砂下黏或整体质地适中的土壤，保水保肥能力强，因此氮肥做为基肥施用量可以相对增大，适当减少追肥次数。

2.因作物施肥

作物对于氮肥也具有选择性，不同作物种类对于氮肥的形态和品种的选择不一样。果树、蔬菜、烟草施用硝酸铵，肥效较好，既能提高作物产量又能改善品质；薯类、大蒜是喜硫作物，施用硫酸铵增产效果较好，薯类、果树、烟草等作物忌施氯化铵。在氮肥中尿素、碳酸氢铵和氨水适用于各种作物，无明显的选择性。不同作物对氮肥需求量不同，水稻、小麦、高粱、玉米等禾谷类作物，以及棉花、蔬菜、果树是需氮较多的作物，氮肥的施用量应大些;大豆、花生等豆类作物有根瘤菌共生固氮,对氮要求不迫切,可以少施或不施氮肥。

3.与其他肥料配合施用

作物正常生长发育,需要各种营养元素的协调供应。全国各地大量的田间试验证明,氮、磷或氮、磷、钾配合施用高于单施氮肥的效果,近年来,随着施肥量的增加,复种指数和产量地不断提高,一部分地区配合施用微量元素肥料产生明显的增产效果。此外,氮肥和有机肥料配合施用,有利作物高产、稳产和提高经济效益。

第三节 土壤磷素

一、土壤磷素概述

磷在植物体内是细胞原生质的组分,对细胞的生长和增殖起重要作用;磷还参与植物生命过程的光合作用,糖和淀粉的利用和能量的传递过程。磷肥还能促进植物苗期根系的生长,使植物提早成熟。植物在结果时,磷大量转移到籽粒中,使得籽粒饱满。

二、土壤有效磷含量现状

根据对甘肃省 7504 个样品的分析检测,其土壤有效磷含量为 18.2mg/kg,标准差为 10.8mg/kg,变化区间为 5.0~49.9mg/kg,变异系数为 59.3%。根据农业部的土壤养分分级标准,结合甘肃省的实际情况,现将甘肃省耕层土壤有效磷含量分级,如表 1-4-32。

可见,甘肃省 30% 的耕地土壤有效磷含量小于 10mg/kg,50% 的耕地土壤有效磷含量小于 15mg/kg,37% 的耕地土壤有效磷含量在 20~30mg/kg 之间。总体来说,甘肃省耕地土壤的磷素基本上满足作物的生长需要。

表 1-4-32 甘肃省耕层土壤有效磷含量状况分级

级别	范围(mg/kg)	样本数	耕地面积(公顷)	占总耕地比例(%)
一级	>40.0	528	384325.6	7.10
二级	30.0~40.0	520	373467.03	6.90
三级	20.0~30.0	1373	1014083.54	18.74
四级	15.0~20.0	1339	971853.83	17.96
五级	10.0~15.0	1850	1304654.11	24.11
六级	5.0~10.0	1875	1348949.51	24.93
七级	≤5.0	19	12898.47	0.24

(一)不同行政区划有效磷含量分布

甘肃省耕地土壤有效磷含量最高的是金昌市,为28.6mg/kg,含量最低的是陇南市,为13.8mg/kg。土壤有效磷并不是一个稳定的养分,施肥的多少便可从检测值中一目了然,因此,在河西五市农业发展较快地区,磷肥使用得当,土壤有效磷含量便高,而在甘肃省其他地区,如陇南山区,农业发展相对滞后,施肥量较小,土壤有效磷含量便低。如表1-4-33、1-4-34。

表1-4-33 甘肃省各地耕层土壤有效磷含量

行政区	兰州市	嘉峪关市	金昌市	白银市	天水市	武威市	张掖市
有效磷(mg/kg)	25.1	19.1	28.6	14.9	16.4	22.4	22.5
行政区	平凉市	酒泉市	庆阳市	定西市	陇南市	临夏回族自治州	甘南藏族自治州
有效磷(mg/kg)	17.5	19	12.8	21.3	13.8	17.8	23.1

表1-4-34 甘肃省各地耕层土壤有效磷含量状况分级

甘肃省等级		一级	二级	三级	四级	五级	六级
有效磷(mg/kg)		>40.0	30.0~40.0	20.0~30.0	15.0~20.0	10.0~15.0	5.0~10.0
兰州市	样本数(n)	47	105	118	51	58	50
	耕地面积(公顷)	32412.63	72411.19	81376.39	35171.15	39998.56	34481.52
嘉峪关市	样本数(n)	0	1	5	4	1	2
	耕地面积(公顷)	0	542.24	2711.18	2168.95	542.24	1084.47
金昌市	样本数(n)	21	21	35	11	5	6
	耕地面积(公顷)	24412.45	24412.45	40687.42	12787.48	5812.49	6974.99
白银市	样本数(n)	19	26	78	131	205	227
	耕地面积(公顷)	14547.51	19969.45	59570.01	100621.79	157770.21	175318.07
天水市	样本数(n)	37	47	117	130	273	225
	耕地面积(公顷)	24368.17	30954.16	77056.11	85617.9	179797.58	148184.82
武威市	样本数(n)	98	54	105	92	111	114
	耕地面积(公顷)	74343.52	40928.96	80153.52	70209.2	84685.29	88672.48
张掖市	样本数(n)	49	56	110	66	85	58
	耕地面积(公顷)	33686.57	38498.94	75622.91	45373.75	58435.88	39873.9
平凉市	样本数(n)	28	66	153	121	241	172
	耕地面积(公顷)	14668.35	34575.4	80152.06	63388.23	126252.59	90105.58

续表 1-4-34

甘肃省等级		一级	二级	三级	四级	五级	六级
有效磷(mg/kg)		>40.0	30.0~40.0	20.0~30.0	15.0~20.0	10.0~15.0	5.0~10.0
酒泉市	样本数(n)	12	11	96	96	51	51
	耕地面积（公顷）	10155.9	9309.57	81247.17	81247.17	43162.56	43162.56
庆阳市	样本数(n)	7	19	77	195	288	420
	耕地面积（公顷）	4869.66	13217.64	53566.21	135654.69	200351.55	292179.34
定西市	样本数(n)	176	67	284	207	251	218
	耕地面积（公顷）	1236868.7	46566.94	196606.73	143485.67	173421.84	150415.47
陇南市	样本数(n)	2	14	79	158	187	247
	耕地面积（公顷）	1660.68	11624.77	65596.91	131193.82	155273.7	205095.13
临夏回族自治州	样本数(n)	27	23	55	69	86	96
	耕地面积（公顷）	21395.16	18225.51	43582.73	54676.52	68147.55	76071.68
甘南藏族自治州	样本数(n)	5	10	61	8	8	8
	耕地面积（公顷）	6199.49	12398.99	75633.82	9919.19	9919.19	9919.19

（二）不同土壤类型有效磷含量分布

甘肃省耕层土壤有效磷含量最高的是灌漠土，为26.4mg/kg；最低的是水稻土，为12.8mg/kg。耕层有效磷含量大于20mg/kg的土壤有暗棕壤、黑土、栗钙土、棕钙土、灰钙土、灰漠土、灰棕漠土、龟裂土、风沙土、潮土、沼泽土、灌淤土、灌漠土、高山草甸土、亚高山草甸土。耕层有效磷含量小于15mg/kg的土壤是褐土和水稻土。见表1-4-35、1-4-36。

表 1-4-35 甘肃省不同土壤类型耕层有效磷含量状况

土类名称	有效磷(mg/kg)	土类名称	有效磷(mg/kg)
棕壤	15.6	新积土	16.4
暗棕壤	21.8	龟裂土	22.9
褐土	14.6	风沙土	20.1
灰褐土	18.3	粗骨土	15
黑土	24.6	草甸土	17
黑钙土	18.8	山地草甸土	19

续表 1-4-35

土类名称	有效磷(mg/kg)	土类名称	有效磷(mg/kg)
栗钙土	23.3	林灌草甸土	19.9
黑垆土	18.6	潮土	22.4
棕钙土	25.9	沼泽土	23
灰钙土	20.2	盐土	17.8
灰漠土	21.1	水稻土	12.8
灰棕漠土	21.7	灌淤土	20.4
棕漠土	16.8	灌漠土	26.4
黄绵土	15.3	高山草甸土	20.7
红黏土	17.7	亚高山草甸土	23.4

表 1-4-36 甘肃省不同土壤类型耕层有效磷含量状况分级

甘肃省等级		一级	二级	三级	四级	五级	六级
有效磷(mg/kg)		>40.0	30.0~40.0	20.0~30.0	15.0~20.0	10.0~15.0	5.0~10.0
棕壤	样本数(n)	2	4	16	23	30	26
	耕地面积(公顷)	1348.58	3387.44	12458.12	18613.99	23879.77	21073.63
暗棕壤	样本数(n)	3	1	16	3	3	4
	耕地面积(公顷)	2619.86	1239.9	18157.24	2319.28	2319.28	3149.62
褐土	样本数(n)	12	25	70	106	194	207
	耕地面积(公顷)	9409.27	18771.75	55344.08	83244.41	143116.88	155386.9
灰褐土	样本数(n)	30	21	72	75	105	85
	耕地面积(公顷)	21123.78	17260.29	54229.47	54613.48	75047.7	62898.4
黑土	样本数(n)	3	3	2	3	6	0
	耕地面积(公顷)	2069.94	2069.94	2070.24	2210.3	4841.68	0
黑钙土	样本数(n)	6	6	14	11	15	21
	耕地面积(公顷)	4201.34	4200.29	10939.26	8234	12661.94	16837.71

续表 1-4-36

甘肃省等级		一级	二级	三级	四级	五级	六级
有效磷（mg/kg）		>40.0	30.0~40.0	20.0~30.0	15.0~20.0	10.0~15.0	5.0~10.0
栗钙土	样本数（n）	25	42	43	39	27	31
	耕地面积（公顷）	18101.18	30580.82	31094.46	29734.73	20390.66	23228.59
黑垆土	样本数（n）	146	93	265	262	371	400
	耕地面积（公顷）	102519.32	61987.52	179732.57	183424.44	256922.33	285025.42
棕钙土	样本数（n）	0	0	1	0	0	0
	耕地面积（公顷）	0	0	846.32	0	0	0
灰钙土	样本数（n）	73	80	140	106	146	172
	耕地面积（公顷）	54916.49	57286.29	103835.32	79745.12	108881.7	128711.33
灰漠土	样本数（n）	16	10	16	28	29	16
	耕地面积（公顷）	12349.62	7484.38	11783.42	21207.52	21873.32	12044.67
灰棕漠土	样本数（n）	25	27	86	55	46	41
	耕地面积（公顷）	20426.5	21858.64	68145.26	43759.03	35202.1	32552.64
棕漠土	样本数（n）	3	1	5	4	6	13
	耕地面积（公顷）	2538.97	846.32	4231.62	3385.3	5077.95	11002.22
黄绵土	样本数（n）	51	83	297	363	587	638
	耕地面积（公顷）	31845.35	49931.58	191173.28	240830.2	385205.78	428562.31
红黏土	样本数（n）	14	11	34	35	53	51
	耕地面积（公顷）	9264.73	7193.75	23550.17	24294.2	34151.07	36425.6
新积土	样本数（n）	1	10	39	32	43	40
	耕地面积（公顷）	658.6	6797.02	27210.49	21807.3	27987.77	25515.76

续表 1-4-36

甘肃省等级		一级	二级	三级	四级	五级	六级
有效磷(mg/kg)		>40.0	30.0~40.0	20.0~30.0	15.0~20.0	10.0~15.0	5.0~10.0
龟裂土	样本数(n)	1	1	4	2	0	2
	耕地面积(公顷)	846.32	846.32	3385.3	1692.65	0	1692.65
风沙土	样本数(n)	19	24	57	45	56	48
	耕地面积(公顷)	14370.14	18408.96	46366.03	35597.71	43164.81	38352.6
石质土	样本数(n)	10	4	11	12	9	13
	耕地面积(公顷)	8822.35	3399.1	9424.9	9018.18	6709.81	9682.54
粗骨土	样本数(n)	0	0	3	2	5	4
	耕地面积(公顷)	0	0	2538.97	1388.56	3895.57	3337.35
草甸土	样本数(n)	2	2	11	14	8	16
	耕地面积(公顷)	1438.92	1597.76	8676.3	12231.24	6104.3	12658.89
山地草甸土	样本数(n)	1	3	14	13	8	5
	耕地面积(公顷)	689.98	2069.94	10267.11	8972.72	5582.95	3808.22
林灌草甸土	样本数(n)	1	1	2	3	3	2
	耕地面积(公顷)	687.48	687.48	1374.96	2280.13	2062.44	1533.81
潮土	样本数(n)	11	7	10	14	15	11
	耕地面积(公顷)	8057.69	5132.16	7575.21	11166.28	11283.39	9058.45
沼泽土	样本数(n)	0	1	2	0	0	1
	耕地面积(公顷)	0	846.32	1533.81	0	0	687.48
盐土	样本数(n)	2	0	15	20	17	7
	耕地面积(公顷)	1533.81	0	12204.17	16355.08	13787.77	5706.16

续表 1-4-36

甘肃省等级		一级	二级	三级	四级	五级	六级
有效磷(mg/kg)		>40.0	30.0~40.0	20.0~30.0	15.0~20.0	10.0~15.0	5.0~10.0
水稻土	样本数(n)	0	0	2	5	3	6
	耕地面积（公顷）	0	0	1660.68	4167.69	2587.72	4982.04
灌淤土	样本数(n)	5	2	4	5	11	5
	耕地面积（公顷）	3702.95	1464.19	3151.8	3618.02	7774	3805.73
灌漠土	样本数(n)	62	47	81	43	44	23
	耕地面积（公顷）	49983.65	38993.09	65353.62	33410.26	33590.28	17356
高山草甸土	样本数(n)	0	1	11	3	3	1
	耕地面积（公顷）	0	751.44	11779.98	2742.78	2742.78	751.44
亚高山草甸土	样本数(n)	4	10	30	13	7	5
	耕地面积（公顷）	2879.99	8543.51	33469.05	11347.88	6725.46	5711.03

(三)不同成土母质有效磷含量分布

成土母质为冲洪积物的土壤有效磷含量最高，为 21.6mg/kg，而残坡积物的土壤有效磷含量最低，为 15.7mg/kg。不同成土母质的土壤耕层有效磷含量由高到低为：冲洪积物＞河湖沉淀物＞黄土状物＞红土状物＞风积物＞残坡积物。见表 1-4-37、1-4-38。

表 1-4-37 甘肃省不同成土母质耕层土壤有效磷含量状况

成土母质	残坡积物	冲洪积物	风积物	河湖沉积物	红土状物	黄土状物
有效磷(mg/kg)	15.7	21.6	15.8	21	15.9	17.8

表 1-4-38　甘肃省不同成土母质耕层土壤有效磷含量状况

甘肃省等级		一级	二级	三级	四级	五级	六级
有效磷(mg/kg)		>40.0	30.0~40.0	20.0~30.0	15.0~20.0	10.0~15.0	5.0~10.0
残坡积物	样本数(n)	34	43	146	198	276	300
	耕地面积（公顷）	24130.11	32322.25	120509.18	154918.91	208718.31	234890.44
冲洪积物	样本数(n)	153	144	327	276	293	203
	耕地面积（公顷）	121790.13	113745.8	260221.48	213459.04	217342.85	151602.42
风积物	样本数(n)	6	1	9	9	17	27
	耕地面积（公顷）	4910.02	751.44	6969.59	7150.41	12983.64	21956.98
河湖沉积物	样本数(n)	14	9	26	24	28	16
	耕地面积（公顷）	9833.45	7420.11	21331.48	17886.17	19135.34	11729
红土状物	样本数(n)	14	14	31	57	93	90
	耕地面积（公顷）	10060.7	9539.82	21667.04	41421.21	63806.65	63988.2
黄土状物	样本数(n)	307	309	834	775	1143	1258
	耕地面积（公顷）	215682.37	209856.77	582864.41	536679.77	781584.43	877372.15

（四）不同质地土壤有效磷含量分布

甘肃省的砂土有效磷含量最高，为 20mg/kg，而黏壤土的有效磷含量最低，为 17.5mg/kg。不同质地的有效磷含量差异较小，它们之间的顺序为：砂土>壤土>黏土>粘壤土。见表 1-4-39、1-4-40。

表 1-4-39　甘肃省不同质地耕层土壤有效磷含量状况

质地	壤土	砂土	粘壤土	粘土
有效磷(mg/kg)	18.7	20	17.5	18.1

表1-4-40　甘肃省不同质地耕层土壤有效磷含量状况分级

甘肃省等级		一级	二级	三级	四级	五级	六级
有效磷(mg/kg)		>40.0	30.0~40.0	20.0~30.0	15.0~20.0	10.0~15.0	5.0~10.0
壤土	样本数(n)	252	266	717	631	822	832
	耕地面积（公顷）	187606.13	192514	536519.12	455652.33	577211.08	596609.37
砂土	样本数(n)	25	24	73	49	58	66
	耕地面积（公顷）	19822.38	18909.6	58804.15	38273.95	44179.24	50408.44
粘壤土	样本数(n)	246	224	558	650	955	969
	耕地面积（公顷）	175041.23	157679.7	394625.37	471624.77	672093.16	696192.61
粘土	样本数(n)	5	6	25	9	15	27
	耕地面积（公顷）	3937.06	4532.89	23614.53	5964.46	10087.74	18328.78

(五)不同地貌类型有效磷含量分布

甘肃省的地貌类型错综复杂,主要以丘陵为主,平原、黄土塬、中山交错分布,耕层有效磷含量因地貌类型的不同差异较大,高山的耕层有效磷含量最高,为26.5mg/kg,黄土塬的有效磷含量最低,为14mg/kg,不同地貌类型间耕层有效磷含量的顺序为:高山>平原>低山>中山>丘陵>黄土塬。见表1-4-41、1-4-42。

表1-4-41　甘肃省不同地貌类型耕层土壤有效磷含量状况

地貌类型	低山	高山	黄土塬	平原	丘陵	中山
有效磷(mg/kg)	21.3	26.5	14	22.2	16.7	19.4

表1-4-42　甘肃省不同地貌类型耕层土壤有效磷含量状况分级

甘肃省等级		一级	二级	三级	四级	五级	六级
有效磷(mg/kg)		>40.0	30.0~40.0	20.0~30.0	15.0~20.0	10.0~15.0	5.0~10.0
低山	样本数(n)	3	10	22	14	10	9
	耕地面积（公顷）	2154.17	6999.78	16110.39	10164.11	7066.21	6292.3
高山	样本数(n)	0	2	6	1	0	0
	耕地面积（公顷）	0	2479.8	7439.39	1239.9	0	0

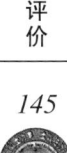

续表 1-4-42

甘肃省等级		一级	二级	三级	四级	五级	六级
有效磷(mg/kg)		>40.0	30.0~40.0	20.0~30.0	15.0~20.0	10.0~15.0	5.0~10.0
黄土塬	样本数(n)	4	15	61	142	238	174
	耕地面积（公顷）	2940.45	10434.98	41283.9	94791.14	149572.2	110245.5
平原	样本数(n)	194	207	409	277	294	283
	耕地面积（公顷）	146742.23	156197.14	316223.76	214020.99	219653.35	215327.03
丘陵	样本数(n)	225	208	625	643	1046	1191
	耕地面积（公顷）	155331.71	136020.2	421597.93	448228.16	728435.29	844682.5
中山	样本数(n)	102	78	250	262	262	237
	耕地面积（公顷）	79238.22	61504.3	210907.81	203071.2	198844.16	184991.87

三、土壤有效磷含量变化情况

(一)不同土壤类型有效磷含量的变化情况

与第二次土壤普查时相比较,甘肃省有数据记载的土壤类型的有效磷含量,在本次耕地地力评价的检测值均增高了,然而各土类增加的幅度差异较大,增幅最大的是风沙土,增加了474%;其次是亚高山草甸土,增幅为398%;接着是山地草甸土,增幅为332%,然后是高山草甸土,增幅为314%;增幅最小的是黄绵土,为46%。可见黄绵土的保肥能力是较差的,黄绵土做为面积较大的甘肃省耕地土壤,施肥量该是有所保证,然而其有效磷含量依然较低,本次平均值为15.3mg/kg。由此可见,提高磷肥的肥料利用率,增加黄绵土保肥能力,依然是提高甘肃省耕地地力的主导方向。详情见表1-4-43,图1-4-5。

(二)不同行政区划有效磷含量的变化情况

甘肃省14个地、州、市的耕层有效磷含量较第二次土壤普查时期均增高了,然而各地增幅各异。其中,增幅最大的是嘉峪关市,增加了366%;然后是定西市,增加了274%;其次是张掖市,增加了246%;接着是金昌市,增加了225%;增幅最小的是陇南市,增加了60%。详情见表1-4-44,图1-4-6。

表 1-4-43 甘肃省不同土壤类型耕层有效磷含量空间变化

土类名称	第二次土壤普查（mg/kg）	耕地地力评价（mg/kg）	增幅（%）	土类名称	第二次土壤普查（mg/kg）	耕地地力评价（mg/kg）	增幅（%）
棕壤	7.4	15.6	111	红黏土	7.2	17.7	146
暗棕壤	11.7	21.8	86	新积土	7.5	16.4	119
褐土	5.2	14.6	181	风沙土	3.5	20.1	474
灰褐土	9.2	18.3	99	草甸土	7.1	17	139
黑土	9.3	24.6	165	山地草甸土	4.4	19	332
黑钙土	7.9	18.8	138	潮土	8.2	22.4	173
栗钙土	9.9	23.3	135	沼泽土	5.9	23	290
黑垆土	8.6	18.6	116	水稻土	5.8	12.8	121
灰钙土	11.1	20.2	82	灌淤土	14.3	20.4	43
灰漠土	6	21.1	252	灌漠土	9	26.4	193
灰棕漠土	5.5	21.7	295	高山草甸土	5	20.7	314
棕漠土	5.6	16.8	200	亚高山草甸土	4.7	23.4	398
黄绵土	10.5	15.3	46				

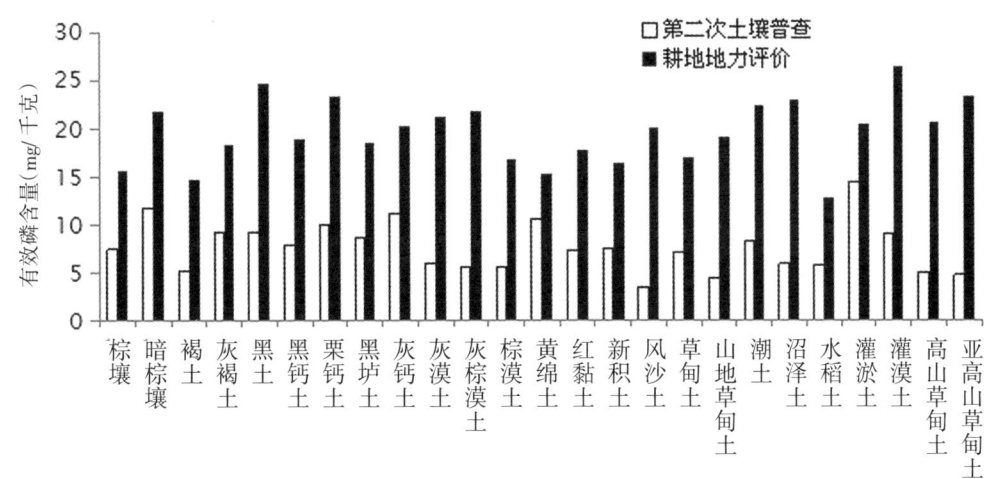

图 1-4-5 甘肃省不同土壤类型耕层土壤有效磷含量空间变化

表 1-4-44　甘肃省各地耕层有效磷含量空间变化

地、州、市名称	第二次土壤普查(mg/kg)	耕地地力评价(mg/kg)	增幅(%)	地、州、市名称	第二次土壤普查(mg/kg)	耕地地力评价(mg/kg)	增幅(%)
兰州市	14	25.1	69	平凉市	6.5	17.5	122
嘉峪关市	7.9	19.1	366	酒泉市	7.9	19	175
金昌市	4.1	28.6	225	庆阳市	6.9	12.8	151
白银市	8.8	14.9	130	定西市	5.1	21.3	274
天水市	6.47	16.4	105	陇南市	5.7	13.8	60
武威市	8	22.4	187	临夏回族自治州	8.6	17.8	73
张掖市	7.8	22.5	246	甘南藏族自治州	10.3	23.1	124

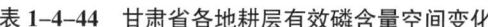

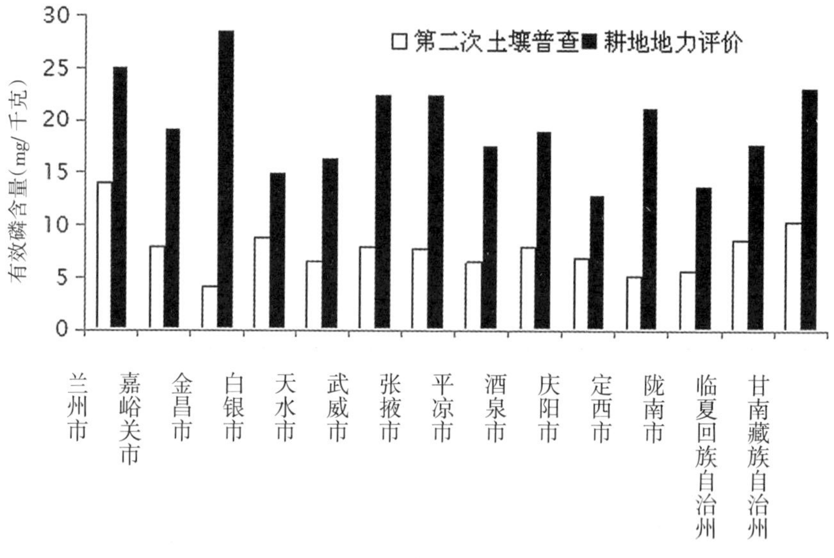

图 1-4-6　甘肃省各地耕层有效磷含量空间变化

四、土壤有效磷与耕地地力等级

随着耕地地力等级的降低,耕层有效磷含量也随之降低,见表 1-4-45。各耕地地力等级中,有效磷含量分级状况随着地力等级降低而降低,一等地中大于 20mg/kg 的耕地面积占一等地面积的 67%;二等地中大于 20mg/kg 的耕地面积占二等地面积的 39%;到三等地中这个比例占到 34%;在四等地中为 12%;而在五等地中为 21%。见表 1-4-46。

表1-4-45　甘肃各等级土壤耕层有效磷含量平均值

耕地等级	一等地	二等地	三等地	四等地	五等地
有效磷(mg/kg)	21.7	18.4	17.9	15.1	14.7

表1-4-46　甘肃各等级土壤耕层有效磷含量分级　　　　　　　　　　　　　单位:公顷

养分等级	一级	二级	三级	四级	五级	六级
有效磷(mg/kg)	>40.0	40.0~30.0	30.0~20.0	20.0~15.0	15.0~10.0	≤10.0
一等地	46553.76	119181.91	408516.45	196070.22	78901.53	2956.71
二等地	13736.43	120993.72	333360.82	272161.59	441113.33	32702.95
三等地	16154.94	66790.59	441165.28	436647.17	509261.54	78379.69
四等地	6096.16	24502.29	86645.51	250864.41	549070.11	68492.71
五等地	2473.18	31006.05	141298.58	215086.84	297038.9	161617.56

五、土壤磷素调控

甘肃省25%的耕地有效磷含量在5~10mg/kg,50%的耕地有效磷含量小于15mg/kg。将甘肃省耕地分为五大区域,河西地区、陇中高原、甘南高原这三大区域的耕地,土壤有效磷基本满足作物的生长需要,这三大区域需要控制磷肥的施用量,提高磷肥的利用率,做到在稳定增产的基础上磷肥施用量零增长;陇东高原保肥能力较差,此区域应该集中施用磷肥,把磷肥集中施在种子或根部附近,是一种有效的施用方法,这种方法既可减少磷肥与土壤的接触面,降低固定作用,又便于作物根系吸收;而在陇南山区,则应早施磷肥,是因为农作物在苗期吸收磷最快,约占生长期吸收总磷的50%,苗期缺磷,最终影响后期生长,即使后期再补施也很难挽回早期缺磷的损失,故苗期不能缺磷。细施就是要粉碎后施用,过磷酸钙在贮存时易吸潮结块,在施用时,要打碎过筛,以细粉状施用最好,有利于根系吸收。甘肃省各区域耕层有效磷含量见表1-4-47。

表1-4-47　甘肃省各区域耕层有效磷含量

区域名称	河西地区	陇中高原	陇东高原	陇南山区	甘南高原
有效磷(g/kg)	22.3	18.8	12.8	13.8	23.1

第四节　土壤钾素

一、土壤钾素概述

钾能促进植株茎秆健壮,改善果实品质,增强植株抗寒能力,提高果实的糖分和维生素 C 的含量,和氮、磷的情况一样,缺钾症状首先出现于老叶。钾素供应不足时,碳水化合物代谢受到干扰,光合作用受抑制,而呼吸作用加强。缺钾时植株抗逆能力减弱,易受病害侵袭,果实品质下降,着色不良。

二、土壤速效钾含量现状

根据对甘肃省 7504 个样品的分析检测,其土壤速效钾含量为 176mg/kg,标准差为 66mg/kg,变化区间为 40~379mg/kg,变异系数为 37.4%。根据农业部的土壤养分分级标准,结合甘肃省的实际情况,现将甘肃省耕层土壤速效钾含量分级。如表 1-4-48。

表 1-4-48　甘肃省耕层土壤速效钾含量状况分级统计

级别	范围(mg/kg)	样本数	耕地面积(公顷)	占总耕地比例(%)
一级	>300	426	319548.42	5.91
二级	250~300	643	466407.98	8.62
三级	200~250	1144	808261.56	14.94
四级	150~200	2348	1679628.42	31.05
五级	100~150	2172	1574055.95	29.09
六级	50~100	723	526200.14	9.73
七级	≤50	48	36129.62	0.67

(一)不同行政区划速效钾含量分布

甘肃省各地耕层速效钾含量最高的是金昌市,为 225mg/kg,最小的是嘉峪关市,为 109mg/kg。速效钾含量大于 200mg/kg 的是张掖市和金昌市,除了酒泉市,其他地方的耕层速效钾含量均在 150~200mg/kg。见表 1-4-49、1-4-50。

表 1-4-49　甘肃省各地耕层土壤速效钾含量平均值

行政区	兰州市	嘉峪关市	金昌市	白银市	天水市	武威市	张掖市
速效钾(mg/kg)	180	109	225	197	175	184	206
行政区	平凉市	酒泉市	庆阳市	定西市	陇南市	临夏回族自治州	甘南藏族自治州
速效钾(mg/kg)	180	130	172	166	159	174	194

表 1-4-50 甘肃省各地耕层土壤速效钾含量分级状况

甘肃省等级		一级	二级	三级	四级	五级	六级	七级
速效钾（mg/kg）		>300	250~300	200~250	150~200	100~150	50~100	≤50
兰州市	样本数(n)	12	82	91	60	112	70	2
	耕地面积（公顷）	8275.57	56549.69	62756.37	41377.83	77238.61	48274.13	1379.26
嘉峪关市	样本数(n)	0	0	0	2	6	5	0
	耕地面积（公顷）	0	0	0	1084.47	3253.42	2711.18	0
金昌市	样本数(n)	22	18	15	19	21	4	0
	耕地面积（公顷）	25574.95	20924.96	17437.47	22087.46	24412.45	4649.99	0
白银市	样本数(n)	90	87	113	188	163	42	3
	耕地面积（公顷）	69626	67302.31	86848.84	144433.49	125232.19	32024.11	2239.1
天水市	样本数(n)	45	49	124	311	243	57	0
	耕地面积（公顷）	29636.96	32271.36	81666.3	204824.35	160039.61	37540.15	0
武威市	样本数(n)	38	45	107	185	154	43	2
	耕地面积（公顷）	28554.72	34341.6	82030.73	141146.73	117875.21	33541.12	1502.88
张掖市	样本数(n)	40	66	119	107	68	21	4
	耕地面积（公顷）	27499.24	45373.75	81122.76	73560.47	46748.71	14437.1	2749.92
平凉市	样本数(n)	46	66	126	261	208	73	1
	耕地面积（公顷）	24098	34575.4	66007.58	136729.98	108964.89	38242.49	523.87

续表 1-4-50

甘肃省等级		一级	二级	三级	四级	五级	六级	七级
速效钾（mg/kg）		>300	250~300	200~250	150~200	100~150	50~100	≤50
酒泉市	样本数（n）	0	11	18	41	167	71	9
	耕地面积（公顷）	0	9309.57	15233.84	34699.31	141336.22	60089.05	7616.92
庆阳市	样本数（n）	22	62	150	451	235	84	2
	耕地面积（公顷）	15304.63	43131.24	104349.76	313744.96	163481.3	58435.87	1391.33
定西市	样本数（n）	53	81	179	305	440	131	14
	耕地面积（公顷）	36737.16	56311.23	124826.23	211357.38	304735.2	90556.44	9659.71
陇南市	样本数（n）	20	28	46	286	229	71	7
	耕地面积（公顷）	16606.81	23249.54	38195.67	237478.42	190148	58954.14	5812.38
临夏回族自治州	样本数（n）	21	36	50	105	102	38	4
	耕地面积（公顷）	16640.68	28526.88	39620.67	83203.4	80826.16	30111.71	3169.65
甘南藏族自治州	样本数（n）	17	12	7	27	24	13	0
	耕地面积（公顷）	21078.28	14878.78	8679.29	33477.26	29757.57	16118.68	0

（二）不同土壤类型速效钾含量分布

甘肃省的各土类速效钾含量最高的是林灌草甸土，为210mg/kg；最低的是棕漠土，为109mg/kg；其他土类的含量均在150~200mg/kg。总体来说，甘肃省各土类速效钾含量并不低，足以满足作物生长，若想提高产量，只需提高肥料利用率即可。见表1-4-51、1-4-52。

表1-4-51 甘肃省不同土壤类型耕层速效钾含量状况

土类名称	速效钾（mg/kg）	土类名称	速效钾（mg/kg）	土类名称	速效钾（mg/kg）	土类名称	速效钾（mg/kg）
棕壤	153	棕钙土	148	龟裂土	111	沼泽土	142
暗棕壤	200	灰钙土	188	风沙土	163	盐土	156
褐土	167	灰漠土	180	石质土	180	水稻土	183
灰褐土	169	灰棕漠土	179	粗骨土	160	灌淤土	151
黑土	170	棕漠土	109	草甸土	164	灌漠土	187
黑钙土	160	黄绵土	176	山地草甸土	187	高山草甸土	196
栗钙土	208	红黏土	171	林灌草甸土	210	亚高山草甸土	190
黑垆土	175	新积土	169	潮土	174		

表 1-4-52 甘肃省各土类耕层速效钾含量分级

甘肃省等级		一级	二级	三级	四级	五级	六级	七级
速效钾(mg/kg)		>300	250~300	200~250	150~200	100~150	50~100	≤50
棕壤	样本数(n)	1	5	4	40	52	8	1
	耕地面积(公顷)	658.6	3808.22	3387.44	32011.44	41897.92	6470.98	830.34
暗棕壤	样本数(n)	5	6	0	7	13	1	0
	耕地面积(公顷)	6199.49	7029.83	0	7107.13	10708.62	830.34	0
褐土	样本数(n)	21	23	68	270	199	58	2
	耕地面积(公顷)	16129.3	17961.72	49836.8	203661.03	154313.04	43303.61	1660.68
灰褐土	样本数(n)	24	18	50	128	126	51	2
	耕地面积(公顷)	18391.1	12430	34021.03	96658.71	93207.51	37184.58	1379.96
黑土	样本数(n)	1	1	3	5	7	2	0
	耕地面积(公顷)	830.34	830.34	2350.66	4280.54	4829.85	1520.32	0
黑钙土	样本数(n)	3	2	17	15	20	18	0
	耕地面积(公顷)	2295.29	2070.24	12321.32	11488.23	15904.1	14577.12	0
栗钙土	样本数(n)	21	45	57	30	38	18	0
	耕地面积(公顷)	16535.9	32230.3	40898.92	22453.54	28812.6	13847.97	0
黑垆土	样本数(n)	95	136	210	473	501	152	12
	耕地面积(公顷)	68164.59	96336	146092.26	325524.91	347114.96	106660.43	9007.79
棕钙土	样本数(n)	0	0	0	0	1	0	0
	耕地面积(公顷)	0	0	0	0	846.32	0	0
灰钙土	样本数(n)	64	100	125	172	186	72	5
	耕地面积(公顷)	50289.19	73124.11	92705.18	128787.78	138676.59	51385.66	3590.59

续表 1-4-52

甘肃省等级		一级	二级	三级	四级	五级	六级	七级
速效钾(mg/kg)		>300	250~300	200~250	150~200	100~150	50~100	≤50
灰漠土	样本数(n)	3	11	27	34	36	7	1
	耕地面积(公顷)	2149.52	7887.49	20173.16	26094.46	27252.98	5421.93	774.56
灰棕漠土	样本数(n)	22	33	45	58	82	39	4
	耕地面积(公顷)	17499.67	27267.06	33347.79	44758.27	66131.67	32155.83	3385.3
棕漠土	样本数(n)	0	0	0	2	19	10	1
	耕地面积(公顷)	0	0	0	1692.65	16080.17	8463.25	846.32
黄绵土	样本数(n)	99	153	320	708	634	159	11
	耕地面积(公顷)	65836.95	102418.28	210156.53	464619.66	417681.68	102581.22	7435.03
红黏土	样本数(n)	7	15	29	62	74	15	1
	耕地面积(公顷)	4743.09	10063.48	19492.4	42067.64	50750.12	10422.01	830.34
新积土	样本数(n)	7	11	25	52	61	14	0
	耕地面积(公顷)	4672.05	7444.19	16478.8	34036.11	41281.49	9451.42	0
龟裂土	样本数(n)	0	0	0	0	7	3	0
	耕地面积(公顷)	0	0	0	0	5924.27	2538.97	0
风沙土	样本数(n)	6	18	45	58	89	34	3
	耕地面积(公顷)	4316.76	13379.62	34883.29	45680.96	71225.22	27430.97	2444.09
石质土	样本数(n)	4	5	5	26	17	5	0
	耕地面积(公顷)	3787.04	4260.75	4086.58	20075.82	13487.05	3683.33	0
粗骨土	样本数(n)	0	1	2	3	8	1	0
	耕地面积(公顷)	0	846.32	1692.65	2218.9	6402.57	542.24	0
草甸土	样本数(n)	3	2	6	15	22	5	0
	耕地面积(公顷)	2190.36	1597.76	5382.54	11603.94	17796.11	4136.74	0

续表 1-4-52

甘肃省等级		一级	二级	三级	四级	五级	六级	七级
速效钾（mg/kg）		>300	250~300	200~250	150~200	100~150	50~100	≤50
山地草甸土	样本数（n）	4	8	2	16	8	6	0
	耕地面积（公顷）	2708.42	4357.07	1660.68	12509.36	5628.82	4529.58	0
林灌草甸土	样本数（n）	1	3	2	3	3	1	0
	耕地面积（公顷）	687.48	2062.44	1533.81	2062.44	2221.29	846.32	0
潮土	样本数（n）	4	3	10	26	21	7	0
	耕地面积（公顷）	2813.88	2221.29	8021.29	19484.23	16710.75	5291.01	0
沼泽土	样本数（n）	0	0	0	2	2	0	0
	耕地面积（公顷）	0	0	0	1374.96	1692.65	0	0
盐土	样本数（n）	1	3	9	13	27	8	1
	耕地面积（公顷）	687.48	2126.4	6490.85	10879	22646.83	6756.43	846.32
水稻土	样本数（n）	1	2	1	7	5	1	0
	耕地面积（公顷）	830.34	1660.68	830.34	5812.34	4248.4	846.32	0
灌淤土	样本数（n）	0	2	1	9	20	3	0
	耕地面积（公顷）	0	1464.19	792.41	6497.52	14798.26	2238.75	0
灌漠土	样本数（n）	20	28	62	93	86	15	2
	耕地面积（公顷）	17522.45	23279.65	47425.13	73599.17	68675.49	11601.83	1533.81
高山草甸土	样本数（n）	2	2	3	5	6	1	0
	耕地面积（公顷）	1991.34	1991.34	2254.32	5711.34	5485.56	1239.9	0
亚高山草甸土	样本数（n）	7	7	16	16	17	9	0
	耕地面积（公顷）	7702.37	6597.54	12459.31	16453.7	19062.98	9727.14	0

(三)不同成土母质速效钾含量分布

甘肃省耕地中,母质为红土状物的耕层速效钾含量最高,为184mg/kg,而风积物的速效钾含量最低,为149mg/kg。不同成土母质的耕层速效钾含量顺序为:红土状物 > 黄土状物 > 河湖沉淀物 > 冲洪积物 > 残坡积物 > 风积物。见表1-4-53。不同成土母质速效钾分级状况见表1-4-54。

表1-4-53 甘肃省不同成土母质耕层速效钾含量

成土母质	残坡积物	冲洪积物	风积物	河湖沉积物	红土状物	黄土状物
速效钾(mg/kg)	172	175	149	176	184	177

表1-4-54 甘肃省不同成土母质耕层土壤速效钾含量分级

甘肃省等级		一级	二级	三级	四级	五级	六级	七级
速效钾(mg/kg)		>300	250~300	200~250	150~200	100~150	50~100	≤50
残坡积物	样本数(n)	57	77	108	357	340	93	7
	耕地面积(公顷)	44439.45	59102.86	79211.97	280610.2	267487.98	72745.33	5672.02
冲洪积物	样本数(n)	85	127	214	376	460	145	14
	耕地面积(公顷)	67995.68	96522.12	160837.71	286051.83	361182.48	114112.31	10818.42
风积物	样本数(n)	3	1	8	19	22	14	3
	耕地面积(公顷)	2333.22	830.34	6611.62	15036.03	16927.8	1195.53	2538.97
河湖沉积物	样本数(n)	6	9	19	42	30	13	0
	耕地面积(公顷)	4555.2	8368.4	13089.37	28660.82	24480.46	10002.41	0
红土状物	样本数(n)	17	25	59	109	73	23	2
	耕地面积(公顷)	11765.1	16743.26	41563.09	78306.37	50636.41	15802.84	1622.75
黄土状物	样本数(n)	258	404	736	1445	1462	435	22
	耕地面积(公顷)	188544.35	285179.32	507461.73	990540.26	1010780.7	310138.17	15392.87

(四)不同质地速效钾含量分布

粘土的耕层速效钾含量最高,为183mg/kg,而砂土最低,为165mg/kg,可见,质地由粗变细,耕层速效钾含量呈有规律的增加。不同质地速效钾含量的顺序为:粘土 > 粘壤土 > 壤土 > 砂土。见表1-4-55。不同质地速效钾含量分级状况见表1-4-56。

表1-4-55 甘肃省不同质地耕层土壤速效钾含量

质地	壤土	砂土	黏壤土	黏土
速效钾(mg/kg)	177	165	175	183

表1-4-56 甘肃省不同质地耕层土壤速效钾含量分级

甘肃省等级		一级	二级	三级	四级	五级	六级	七级
速效钾(mg/kg)		> 300	250~300	200~250	150~200	100~150	50~100	≤50
壤土	样本数(n)	223	323	555	1005	1125	355	24
	耕地面积(公顷)	167761.53	235643.93	390929.51	719231.45	819077.76	260187.37	17798.72
黏壤土	样本数(n)	184	294	527	1239	1133	323	19
	耕地面积(公顷)	135018.37	208911.11	370181.04	880653.73	813847.07	230271.61	14586.11
黏土	样本数(n)	9	8	7	26	34	4	0
	耕地面积(公顷)	8833.89	8175.29	4610.19	19052.75	23817.54	2806.14	0
砂土	样本数(n)	10	18	55	78	95	41	5
	耕地面积(公顷)	8019.22	14015.98	43054.75	60267.58	74753.49	31731.46	3660.21

(五)不同地貌类型速效钾含量分布

甘肃省各地貌类型中,高山的耕层速效钾含量最高,为219mg/kg;接着是黄土塬,为188mg/kg;其次是中山,为178mg/kg;含量最低的是低山,为144mg/kg。不同地貌类型耕层速效钾含量的顺序为:高山 > 黄土塬 > 中山 > 平原 > 丘陵 > 低山。见表1-4-57、1-4-58。各地貌类型的速效钾含量分级状况见表1-4-58。

表1-4-57 甘肃省不同地貌类型耕层速效钾含量

地貌类型	平原	黄土塬	丘陵	低山	中山	高山
速效钾(mg/kg)	176	188	173	144	178	219

表 1-4-58　甘肃省不同地貌类型耕层速效钾含量分级

甘肃省等级		一级	二级	三级	四级	五级	六级	七级
速效钾（mg/kg）		>300	250~300	200~250	150~200	100~150	50~100	≤50
平原	样本数(n)	86	190	286	396	528	188	17
	耕地面积（公顷）	65801.58	140189.74	212953.42	300186.26	409786.52	145656.46	13262.16
黄土塬	样本数(n)	20	44	121	344	99	22	0
	耕地面积（公顷）	13369.91	29787.18	79024.82	224134.79	61599.43	11868.72	0
丘陵	样本数(n)	234	312	573	1181	1358	386	28
	耕地面积（公顷）	165571.44	218663.83	396799.24	816680.14	943640.85	267751.26	20470.15
低山	样本数(n)	1	2	9	16	20	20	1
	耕地面积（公顷）	689.63	1482.04	6395.43	11711.44	14312.2	14133.08	689.98
中山	样本数(n)	83	93	155	408	380	107	2
	耕地面积（公顷）	71720.65	74143.72	113602.6	322773.19	299677.07	85587.05	1622.75
高山	样本数(n)	2	2	0	3	2	0	0
	耕地面积（公顷）	2479.8	2479.8	0	3719.7	2479.8	0	0

三、土壤速效钾含量变化情况

（一）不同土壤类型速效钾含量的变化情况

黄棕壤、褐土、黑土、灰钙土、黄绵土、红黏土、风沙土、山地草甸土、潮土、沼泽土、水稻土、灌漠土、高山寒漠土、高山草甸土和亚高山草甸土的耕层速效钾含量较第二次土壤普查时增高了，增幅较大的有黄棕壤、风沙土、水稻土、高山寒漠土。而暗棕壤、棕壤、灰褐土、黑钙土、栗钙土、黑垆土、灰棕漠土、新积土、草甸土、盐土、灌淤土比第二次土壤普查时却降低了，降幅最大的是盐土，其次是棕漠土，然后是暗棕壤，分别降低了79%、58%、46%。见表1-4-59、图1-4-7。

表 1-4-59　甘肃省不同土壤类型耕层速效钾含量空间变化

土类名称	第二次土壤普查(mg/kg)	耕地地力评价(mg/kg)	增减幅(%)	土类名称	第二次土壤普查(mg/kg)	耕地地力评价(mg/kg)	增减幅(%)
黄棕壤	115	162	41	新积土	178	169	−5
棕壤	206	153	−26	风沙土	107	163	52
暗棕壤	368	200	−46	草甸土	277	164	−41
褐土	145	167	15	山地草甸土	148	187	26
灰褐土	242	169	−30	潮土	166	174	5
黑土	153	170	11	沼泽土	118	142	20
黑钙土	187	160	−14	盐土	751	156	−79
栗钙土	215	208	−3	水稻土	105	183	74
黑垆土	187	175	−6	灌淤土	175	151	−14
灰钙土	161	188	17	灌漠土	179	187	4
灰棕漠土	193	179	−7	高山草甸土	195	196	1
棕漠土	258	109	−58	高山寒漠土	136	218	60
黄绵土	156	176	13	亚高山草甸土	180	190	6
红黏土	168	171	2				

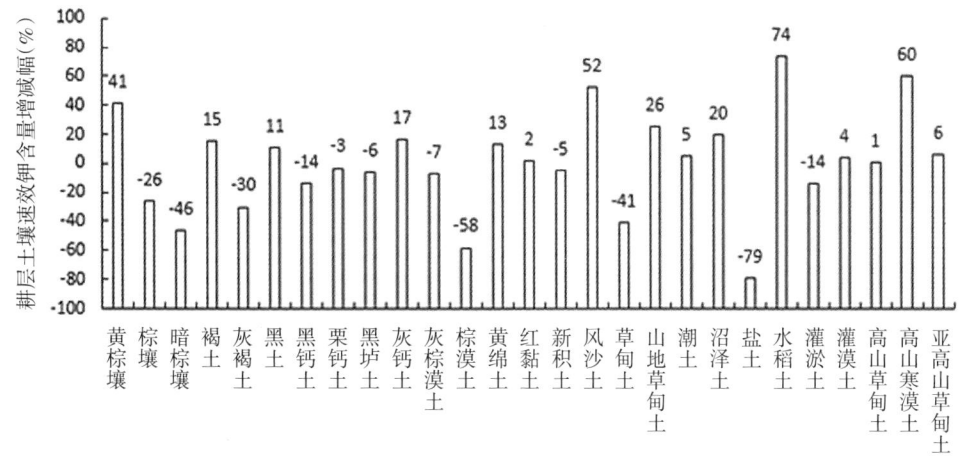

图 1-4-7　甘肃省不同土壤类型耕层速效钾含量空间变化

(二)不同行政区划的速效钾含量变化情况

兰州市、金昌市、天水市、张掖市、平凉市、陇南市比第二次土壤普查时,耕层速效钾含量均增高了,其中,增幅较大的是金昌市、张掖市,增幅分别为42%、23%。嘉峪关市、白银市、武威市、酒泉市、庆阳市、定西市、临夏州、甘南州的耕层速效钾含量均降低了,其中降幅较大的有嘉峪关市、甘南州、酒泉市,降幅分别为40%、29%、28%。见表1-4-60,图1-4-8。20年来,由于耕作制度、施肥方式、土壤利用方式的改变,以及各地的农业生产发展不均衡,施肥结构也不同,进而导致了土壤速效钾在各地有增有减的现象。

表1-4-60 甘肃省各地耕层速效钾含量空间变化

行政区	第二次土壤普查(mg/kg)	耕地地力评价(mg/kg)	增减幅(%)	行政区	第二次土壤普查(mg/kg)	耕地地力评价(mg/kg)	增减幅(%)
兰州市	168	180	7	平凉市	174	180	3
嘉峪关市	181	109	-40	酒泉市	181	130	-28
金昌市	159	225	42	庆阳市	187	172	-8
白银市	208	197	-5	定西市	173	166	-4
天水市	162	175	8	陇南市	144	159	10
武威市	192	184	-4	临夏回族自治州	197	174	-12
张掖市	168	206	23	甘南藏族自治州	273	194	-29

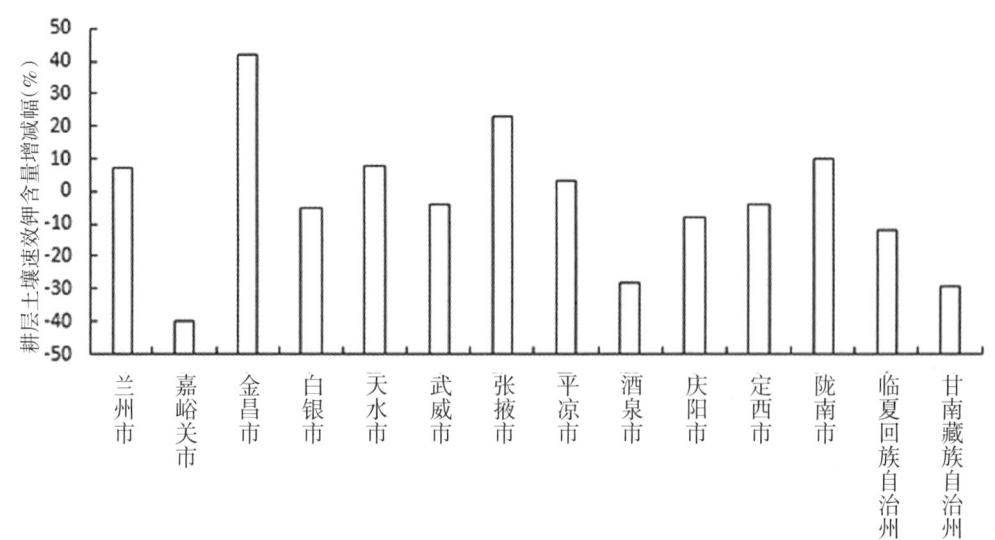

图1-4-8 甘肃省各地耕层速效钾含量空间变化

四、土壤速效钾与耕地地力等级

耕层速效钾含量和耕地地力等级并没有明显的相关性,随着耕地地力等级的降低,速效钾含量并没有相应降低,没有规律可循。各等级耕地中速效钾含量的分级情况见表1-4-61。

表1-4-61 甘肃省各等级耕地速效钾含量分级

甘肃省等级	一级	二级	三级	四级	五级	六级	七级
速效钾(mg/kg)	>300	300~250	250~200	200~150	150~100	100~50	≤50
一等地	2932.73	28942.26	180420.81	382305.81	176727.01	40386.71	2004.51
二等地	0	64000.79	240484.66	739123.91	154521.48	13315.37	2622.63
三等地	0	14129.72	222633.5	1007283.8	286245.96	17505.78	600.45
四等地	0	6923.18	175978.24	588683.18	185770.59	28316.03	0
五等地	0	6157.95	106447.27	496629.02	217156.9	22124.15	5.82

五、土壤钾素调控

提高钾肥利用率的方法主要有:

1.因土施用

由于目前钾肥资源紧缺,钾肥应首先投放在土壤严重缺钾的区域。一般土壤速效钾低于80mg/kg时,钾肥效果明显,要增施钾肥;土壤速效钾在80~120mg/kg时,暂不施钾。从土壤质地看,砂质土速效钾含量往往较低,应增施钾肥;黏质土速效钾含量往往较高,可少施或不施。缺钾又缺硫的土壤可施硫酸钾,盐碱地不能施氯化钾。

2.因作物施用

施于喜钾作物,如豆科作物、薯类作物、甘蔗、甜菜、棉麻、烟等经济作物,以及禾谷类的玉米、杂交稻等。在多雨地区或具有灌溉条件且排水状况良好的地区大多数作物都可施用氯化钾,少数经济作物为改善品质,不宜施用氯化钾。根据农业生产对产品性状的要求及其用途决定钾肥的合理施用。此外,由于不同作物需钾量不同及根系的吸钾能力不同,作物对钾肥的反应程度也有差异,从多年钾肥应用的结果看,玉米、棉花、油料作物上,钾肥的增产效果最好,小麦等其他作物则次之。

3.注意轮作施钾

在冬小麦、夏玉米轮作中,钾肥应优先施在玉米上。

4.注意钾肥品种之间的合理搭配

对于烟草、糖类作物、果树应选用硫酸钾为好;对于纤维作物,氯化钾则比较适宜。由于硫酸钾成本偏高,在高效经济作物上可以选用硫酸钾;而对于一般的大田作物,除少数对氯敏感的作物,则宜用较便宜的氯化钾。

第五节　土壤中微量元素

一、土壤有效铁

植物从土壤中主要吸收氧化态的铁。土壤中有三价铁也有二价铁,一般认为二价铁是植物吸收的主要形式。铁在植物中的含量虽然不多,通常为干物重的千分之几。但铁有二个重要功能,一是某些酶和许多传递电子蛋白的重要组成,二是调节叶绿体蛋白和叶绿素的合成。另外铁是氧化还原体系中的血红蛋白(细胞色素和细胞色素氧化酶)和铁硫蛋白的组分。还是许多重要氧化酶如过氧化物酶和过氧化氢酶的组分。铁又是固氮酶中铁蛋白和钼铁蛋白的金属成分,在生物固氮中起作用。铁对植物的光合作用、呼吸作用都有影响,铁虽然不是叶绿素的组成成分,但叶绿素生物合成中的一些酶需要 Fe^{2+} 的参与。铁对叶绿体蛋白,如基粒中的结构蛋白的合成起重要作用。

(一)土壤有效铁分布现状

1.有效铁含量分级状况

根据对甘肃省 7504 个样品的分析检测,其土壤有效铁含量为 8.0mg/kg,标准差为 3.1mg/kg,变化区间为 2.7~16.92mg/kg,变异系数为 39.4%。根据农业部的土壤养分分级标准,结合甘肃省的实际情况,现将甘肃省耕层土壤有效铁含量分级,如表 1-4-62。

甘肃省 13.24% 的耕地耕层土壤有效铁含量小于 4.5mg/kg,64% 的耕地耕层土壤有效铁含量在 4.5~10mg/kg 之间,足以说明甘肃省的耕地是缺铁的。

表 1-4-62　甘肃省耕层土壤有效铁含量状况分级统计

级别	范围(mg/kg)	样本数	耕地面积(公顷)	占总耕地比例(%)
高	>15.00	221	157220.75	2.91
中等	10.0~15.0	1423	1037543.59	19.18
较低	4.5~10.0	4951	3499030.94	64.67
低	2.5~4.5	909	716436.81	13.24
极低	≤2.50	0	0	0

2.各土类的有效铁含量状况

耕层有效铁含量最高的是棕钙土,为11.3mg/kg,而含量最低则是棕漠土,为5mg/kg。其他土类的有效铁含量在5~10mg/kg。详情见表1-4-63。

表1-4-63 甘肃省各土类耕层土壤有效铁含量

土类名称	有效铁(mg/kg)	土类名称	有效铁(mg/kg)	土类名称	有效铁(mg/kg)	土类名称	有效铁(mg/kg)
棕壤	7.4	棕钙土	11.3	龟裂土	8.1	沼泽土	10
暗棕壤	6.8	灰钙土	7.6	风沙土	8.8	盐土	9.6
褐土	7.5	灰漠土	10	石质土	9.4	水稻土	9.3
灰褐土	8.1	灰棕漠土	8.8	粗骨土	9.8	灌淤土	9.1
黑土	8.3	棕漠土	5	草甸土	9	灌漠土	9.1
黑钙土	8.8	黄绵土	7.8	山地草甸土	8.1	高山草甸土	6.7
栗钙土	7.7	红黏土	8.2	林灌草甸土	7.2	亚高山草甸土	7.5
黑垆土	7.8	新积土	7.9	潮土	9		

(二)不同行政区划土壤有效铁含量变化情况

庆阳市、兰州市、白银市的土壤有效铁含量比第二次土壤普查时期略有增高,其余各地均降低了,增幅最大的是庆阳市,增加了38%;降幅最大的是甘南州,降低了74%。详情见表1-4-64,图1-4-9。

表1-4-64 甘肃省各地耕层土壤有效铁含量空间变化

行政区	第二次土壤普查(mg/kg)	耕地地力评价(mg/kg)	增减幅(%)	行政区	第二次土壤普查(mg/kg)	耕地地力评价(mg/kg)	增减幅(%)
兰州市	8.15	8.4	3	平凉市	8.74	7.4	−15
嘉峪关市	12.78	7.9	−38	酒泉市	12.78	9.5	−26
金昌市	9.37	4.7	−50	庆阳市	6.23	8.6	38
白银市	6.98	7.1	2	定西市	11.85	7.8	−34
天水市	12.1	8.1	−33	陇南市	12.9	7.3	−43
武威市	11.35	8.3	−27	临夏回族自治州	14.97	8	−47
张掖市	12.2	9.6	−21	甘南藏族自治州	27.67	7.2	−74

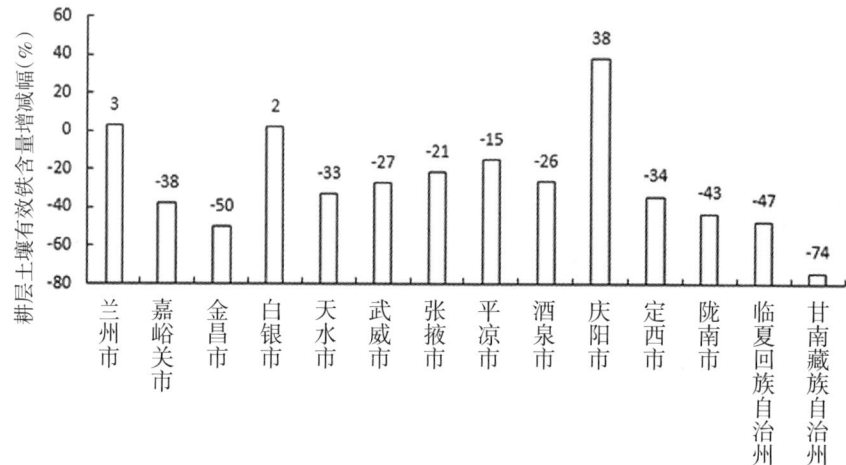

图 1-4-9　甘肃省各地耕层土壤有效铁含量空间变化

二、土壤有效锰

土壤中的锰以三种氧化态存在(Mn^{2+}、Mn^{3+}、Mn^{4+}),此外还以螯合状态存在。但主要以 Mn^{2+} 的状态被植物吸收。锰对植物的生理作用是多方面的,它能参与光分解,提高植物的呼吸强度,促进碳水化合物的水解;调节体内氧化还原过程;也是许多酶的活化剂,促进氨基酸合成肽键,有利于蛋白质的合成;促进种子萌发和幼苗的早期生长,还能加速萌发和成熟,增加磷和钙的有效性。

(一)土壤有效锰分布现状

1.有效锰含量分级状况

根据对甘肃省 7504 个样品的分析检测,其土壤有效锰含量为 8.1mg/kg,标准差为 2.7mg/kg,变化区间为 1.1~15.1mg/kg,变异系数为 33.7%。根据农业部的土壤养分分级标准,结合甘肃省的实际情况,甘肃省耕层土壤有效锰含量分级如表 1-4-65。甘肃省 3.88% 的耕地土壤有效锰含量小于 3mg/kg,33.39% 的耕地土壤有效锰含量在 3~7mg/kg。因此,甘肃省大部分耕地缺锰。

表 1-4-65　甘肃省耕层土壤有效锰含量状况分级统计

级别	范围(mg/kg)	样本数	耕地面积(公顷)	占总耕地比例(%)
高	>15	6	4464.24	0.08
中等	9.0~15.0	2535	1753894.1	32.42
较低	7.0~9.0	2256	1635433.21	30.23
低	3.0~7.0	2434	1806528.75	33.39
极低	≤3.00	273	209911.79	3.88

2.各土类的有效锰含量状况

耕层有效锰含量最高的是棕钙土,为9mg/kg,而含量最低的则是棕漠土,2.6mg/kg。其他土类的有效锰含量在3~9mg/kg之间。详情见表1-4-66。

表1-4-66 甘肃省各土类耕层土壤有效锰含量

土类名称	有效锰(mg/kg)	土类名称	有效锰(mg/kg)	土类名称	有效锰(mg/kg)	土类名称	有效锰(mg/kg)
棕壤	8.1	棕钙土	9.0	龟裂土	3.0	沼泽土	5.5
暗棕壤	7.8	灰钙土	7.5	风沙土	7.3	盐土	6.7
褐土	7.8	灰漠土	7.6	石质土	7.3	水稻土	7.5
灰褐土	8.5	灰棕漠土	8.1	粗骨土	6.7	灌淤土	8.6
黑土	8.4	棕漠土	2.6	草甸土	7.2	灌漠土	7.9
黑钙土	8.1	黄绵土	8.3	山地草甸土	9.5	高山草甸土	7.5
栗钙土	7.6	红黏土	8.6	林灌草甸土	7.8	亚高山草甸土	8.7
黑垆土	8.4	新积土	8.5	潮土	8.0		

(二)不同行政区划土壤有效锰含量变化情况

兰州市、白银市、张掖市的土壤有效锰含量比第二次土壤普查时增高了,增幅分别为18%、9%、6%,嘉峪关市、金昌市、天水市、平凉市、庆阳市、定西市、陇南市、临夏州、甘南州均降低了,降幅最大的是陇南市,降低了44%。详情见表1-4-67、图1-4-10。

表1-4-67 甘肃省各地耕层土壤有效锰含量空间变化

地、州、市名称	第二次土壤普查(mg/kg)	耕地地力评价(mg/kg)	增减幅(%)	地、州、市名称	第二次土壤普查(mg/kg)	耕地地力评价(mg/kg)	增减幅(%)
兰州市	6.78	8	18	平凉市	9.81	9.5	-3
嘉峪关市	8.98	7.4	-18	酒泉市	8.98	6.4	-29
金昌市	8.40	7.2	-14	庆阳市	8.67	7.9	-9
白银市	6.51	7.1	9	定西市	10.50	8.6	-18
天水市	10.04	8.7	-13	陇南市	13.10	7.3	-44
武威市	9.46	7.4	-22	临夏回族自治州	10.96	8.2	-25
张掖市	8.42	8.9	6	甘南藏族自治州	13.06	8.5	-35

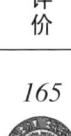

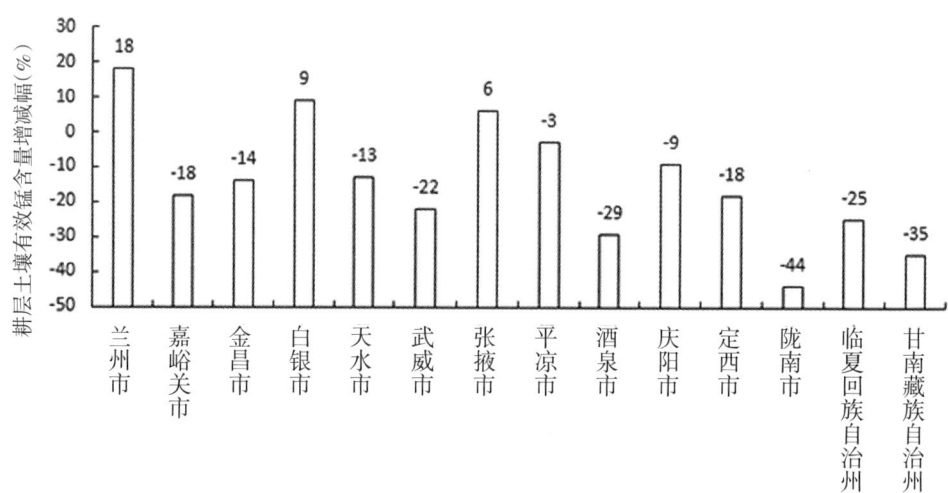

图 1-4-10　甘肃省各地耕层土壤有效锰含量空间变化

三、土壤有效铜

铜参与植物的光合作用,以 Cu^{2+} 和 Cu^+ 的形式被植物吸收,它可以畅通无阻地催化植物的氧化还原反应,从而促进碳水化合物和蛋白质的代谢与合成,使植物抗寒、抗旱能力大为增强;铜还参与植物的呼吸作用,影响到作物对铁的利用,在叶绿体中含有较多的铜,因此铜与叶绿素形成有关;铜具有提高叶绿素稳定性的能力,避免叶绿素过早遭受破坏,这有利于叶片更好地进行光合作用。

(一)土壤有效铜分布现状

1.有效铜含量分级状况

根据对甘肃省 7504 个样品的分析检测,其土壤有效铜含量为 1.06mg/kg,标准差为 0.47mg/kg,变化区间为 0.21~2.73mg/kg,变异系数为 44.07%。根据农业部的土壤养分分级标准,结合甘肃省的实际情况,现将甘肃省耕层土壤有效铜含量分级,如表 1-4-68。

表 1-4-68　甘肃省耕层土壤有效铜含量状况分级统计

级别	范围(mg/kg)	样本数	耕地面积(公顷)	占总耕地比例(%)
高	>2.00	438	331281.09	6.12
中等	1.00~2.00	2960	2072732.52	38.31
较低	0.50~1.00	3608	2640103.53	48.80
低	0.20~0.50	498	366114.95	6.77
极低	≤0.20	0	0	0

2.各土类有效铜的含量

甘肃省土壤有效铜含量大于1mg/kg的土类有褐土、黑土、黑垆土、灰钙土、灰漠土、灰棕漠土、龟裂土、风沙土、石质土、粗骨土、草甸土、沼泽土、盐土、灌淤土、灌漠土。含量最高的是灌漠土,为1.48mg/kg;含量最低的是棕漠土,为0.60mg/kg。见表1-4-69。

表1-4-69 甘肃省各土类耕层土壤有效铜含量

土类名称	有效铜(mg/kg)	土类名称	有效铜(mg/kg)	土类名称	有效铜(mg/kg)	土类名称	有效铜(mg/kg)
棕壤	0.94	棕钙土	0.97	龟裂土	1.11	沼泽土	1.34
暗棕壤	0.86	灰钙土	1.06	风沙土	1.25	盐土	1.43
褐土	1.02	灰漠土	1.05	石质土	1.09	水稻土	0.90
灰褐土	0.97	灰棕漠土	1.43	粗骨土	1.24	灌淤土	1.08
黑土	1.19	棕漠土	0.60	草甸土	1.31	灌漠土	1.48
黑钙土	0.89	黄绵土	0.97	山地草甸土	0.96	高山草甸土	0.85
栗钙土	0.92	红黏土	0.99	林灌草甸土	1.34	亚高山草甸土	0.93
黑垆土	1.07	新积土	1.03	潮土	1.27		

(二)不同行政区划土壤有效铜含量变化情况

兰州市、天水市、张掖市、平凉市、庆阳市、酒泉市、定西市、陇南市、临夏州比第二次土壤普查时,耕层有效铜含量均增加了,增幅最大的是兰州市,增加了45%。而嘉峪关市、金昌市、白银市、甘南州均降低了,降幅最大的是金昌市,降低了29%。武威市与第二次土壤普查时持平,没有变化。见表1-4-70,图1-4-11。

表1-4-70 甘肃省各地耕层土壤有效铜含量空间变化

地、州、市名称	第二次土壤普查(mg/kg)	耕地地力评价(mg/kg)	增减幅(%)	地、州、市名称	第二次土壤普查(mg/kg)	耕地地力评价(mg/kg)	增减幅(%)
兰州市	0.84	1.22	45	平凉市	0.97	1.1	13
嘉峪关市	1.26	1.06	-16	酒泉市	1.26	1.53	21
金昌市	1.59	1.13	-29	庆阳市	0.88	0.92	5
白银市	0.91	0.86	-5	定西市	0.87	0.96	10
天水市	1.02	1.11	9	陇南市	0.89	0.93	4
武威市	1.18	1.18	0	临夏回族自治州	0.94	1.11	18
张掖市	1.35	1.52	13	甘南藏族自治州	1.17	0.9	-23

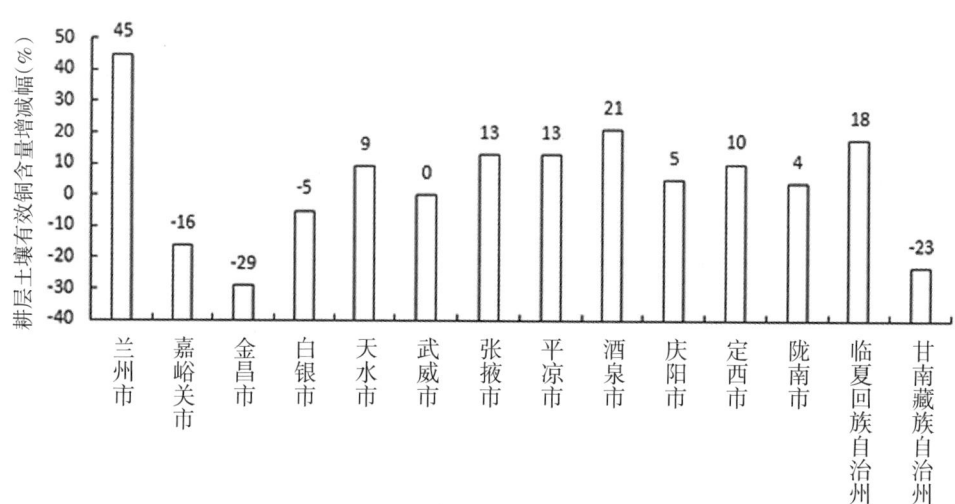

图 1-4-11　甘肃省各地耕层土壤有效铜含量空间变化

四、土壤有效锌

锌以 Zn^{2+} 的形式被植物吸收,在氮素代谢中,锌能很好地改变植物体内有机氮和无机氮的比例,大大提高抗干旱、抗低温的能力,促进枝叶健康生长;锌参与叶绿素生成、防止叶绿素的降解和形成碳水化合物;锌主要参与生长素的合成,是某些酶(如谷氨酸脱氢酶、乙醇脱氢酶)的活化剂;色氨酸合成需要锌,而色氨酸是合成生长素(IAA)的前体。现在已经知道锌是 80 种以上酶的成分,例如乙醇脱氢酶、Cu-Zn 超氧物歧化酶、碳酸酐酶和 RNA 聚合酶。

(一)土壤有效锌分布现状

1.有效锌含量分级状况

根据对甘肃省 7504 个样品的分析检测,其土壤有效锌含量为 0.90mg/kg,标准差为 0.48mg/kg,变化区间为 0.23～2.5mg/kg,变异系数为 53.55%。根据农业部的土壤养分分级标准,结合甘肃省的实际情况,现将甘肃省耕层土壤有效锌含量分级,如表 1-4-71。

表 1-4-71　甘肃省耕层土壤有效锌含量状况分级统计

级别	范围(mg/kg)	样本数	耕地面积(公顷)	占总耕地比例(%)
高	>2.00	264	196972.78	3.64
中等	1.00～2.00	2146	1614061	29.83
较低	0.50～1.00	3417	2383573.6	44.06
低	0.30～0.50	1577	1145497.35	21.17
极低	≤0.30	100	70127.36	1.30

2.各土类有效锌的含量

甘肃省土壤有效锌含量大于1mg/kg的土类有黑土、棕钙土、灰钙土、灰棕漠土、龟裂土、风沙土、石质土、草甸土、林灌草甸土、潮土、沼泽土、盐土、灌淤土、灌漠土、高山草甸土、亚高山草甸土。含量最高的是棕钙土，为1.79mg/kg；含量最低的是黄绵土，为0.71mg/kg。见表1-4-72。

表1-4-72 甘肃省各土类耕层土壤有效锌含量

土类名称	有效锌(mg/kg)	土类名称	有效锌(mg/kg)	土类名称	有效锌(mg/kg)	土类名称	有效锌(mg/kg)
棕壤	0.75	棕钙土	1.79	龟裂土	1.63	沼泽土	1.29
暗棕壤	0.90	灰钙土	1.09	风沙土	1.14	盐土	1.32
褐土	0.85	灰漠土	0.98	石质土	1.00	水稻土	0.80
灰褐土	0.85	灰棕漠土	1.11	粗骨土	0.96	灌淤土	1.13
黑土	1.04	棕漠土	0.93	草甸土	1.13	灌漠土	1.18
黑钙土	0.89	黄绵土	0.71	山地草甸土	0.93	高山草甸土	1.10
栗钙土	0.89	红黏土	0.95	林灌草甸土	1.18	亚高山草甸土	1.11
黑垆土	0.88	新积土	0.87	潮土	1.18		

(二)不同行政区划土壤有效锌含量变化情况

全省除了嘉峪关市外，土壤有效锌含量比第二次土壤普查时均有增高，其中，增幅最大的是酒泉市，增加了152%；增幅最小的是临夏州，增加了31%；甘南州与二普时持平，没有变化。见表1-4-73，图1-4-12。

表1-4-73 甘肃省各地耕层土壤有效锌含量空间变化

地、州、市名称	第二次土壤普查(mg/kg)	耕地地力评价(mg/kg)	增减幅(%)	地、州、市名称	第二次土壤普查(mg/kg)	耕地地力评价(mg/kg)	增减幅(%)
兰州市	0.67	1.33	99	平凉市	0.38	0.73	92
嘉峪关市	0.54	0.47	-13	酒泉市	0.54	1.36	152
金昌市	0.49	1.23	151	庆阳市	0.32	0.66	106
白银市	0.44	0.82	86	定西市	0.48	0.89	85
天水市	0.44	0.87	98	陇南市	0.55	0.75	36
武威市	0.47	1.1	134	临夏回族自治州	0.71	0.93	31
张掖市	0.48	1.07	123	甘南藏族自治州	1.03	1.03	0

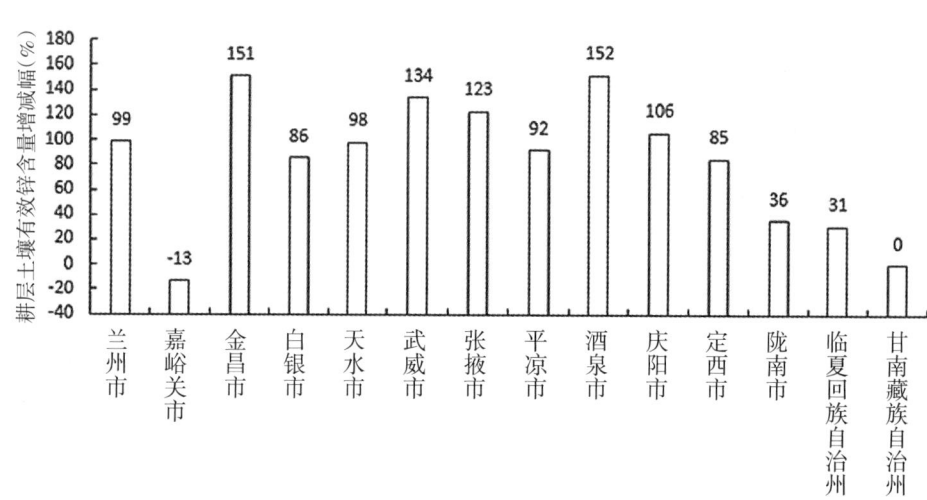

图 1-4-12　甘肃省各地耕层土壤有效锌含量空间变化

五、土壤有效硼

土壤的硼主要以硼酸(H_3BO_3 或 $B(OH)_3$)的形式被植物吸收。它不是植物体内的结构成分,但它对植物的某些重要生理过程有着特殊的影响。硼能参与叶片光合作用中碳水化合物的合成,有利其向根部输送;它还有利于蛋白质的合成,提高豆科作物根瘤菌的固氮活性,增加固氮量;硼还能促进生长素的运转,提高植物的抗逆性。它比较集中于植物的茎尖、根尖、叶片和花器官中,能促进花粉萌发和花粉管的伸长,故而对作物受精有着神奇的影响。

(一)土壤有效硼分布现状

1.有效硼含量分级状况

根据对甘肃省 7504 个样品的分析检测,其土壤有效硼含量为 0.69mg/kg,标准差为 0.36mg/kg,变化区间为 0.23~1.81mg/kg,变异系数为 52.16%。根据农业部的土壤养分分级标准,结合甘肃省的实际情况,现将甘肃省耕层土壤有效硼含量分级,如表 1-4-74。甘肃省有效硼含量属于较低的水平。

表 1-4-74　甘肃省耕层土壤有效硼含量状况分级统计

级别	范围(mg/kg)	样本数	耕地面积(公顷)	占总耕地比例(%)
高	>2.00	0	0	0.00
中等	1.00~2.00	1254	969741.15	17.92
较低	0.50~1.00	3623	2574412.64	47.58
低	0.20~0.50	2627	1866078.3	34.49
极低	≤0.20	0	0	0.00

2.各土类有效硼含量分布

甘肃省耕层有效硼含量大于 1mg/kg 的土类有棕钙土、棕漠土、龟裂土、粗骨土、沼泽土、盐土。含量最高的是棕钙土,为 1.67mg/kg;含量最低的是褐土,为 0.56mg/kg。见表 1-4-75。

表 1-4-75　甘肃省各土类耕层土壤有效硼含量

土类名称	有效硼(mg/kg)	土类名称	有效硼(mg/kg)	土类名称	有效硼(mg/kg)	土类名称	有效硼(mg/kg)
棕壤	0.58	棕钙土	1.67	龟裂土	1.24	沼泽土	1.39
暗棕壤	0.61	灰钙土	0.77	风沙土	0.83	盐土	1.02
褐土	0.56	灰漠土	0.59	石质土	0.89	水稻土	0.49
灰褐土	0.63	灰棕漠土	0.90	粗骨土	1.08	灌淤土	0.93
黑土	0.76	棕漠土	1.45	草甸土	0.86	灌漠土	0.75
黑钙土	0.64	黄绵土	0.67	山地草甸土	0.57	高山草甸土	0.73
栗钙土	0.69	红黏土	0.57	林灌草甸土	0.82	亚高山草甸土	0.67
黑垆土	0.66	新积土	0.73	潮土	0.78		

(二)不同行政区划土壤有效硼含量变化情况

甘肃省土壤有效硼含量与第二次土壤普查时相比较,变化较大,金昌市、庆阳市、定西市、陇南市、临夏州均比二普时增高了,增幅最大的是庆阳市,增加了 53%;兰州市、嘉峪关市、白银市、武威市、张掖市、酒泉市、甘南州均降低了,降幅最大的是张掖市,降低了 46%。见表 1-4-76,图 1-4-13。

表 1-4-76　甘肃省各地耕层土壤有效硼含量空间变化

地、州、市名称	第二次土壤普查(mg/kg)	耕地地力评价(mg/kg)	增减幅(%)	地、州、市名称	第二次土壤普查(mg/kg)	耕地地力评价(mg/kg)	增减幅(%)
兰州市	1.03	0.63	-39	平凉市	0.61	0.58	-5
嘉峪关市	1.72	1.67	-3	酒泉市	1.72	1.15	-33
金昌市	1.15	1.37	19	庆阳市	0.43	0.66	53
白银市	1.08	0.82	-24	定西市	0.67	0.72	7
天水市	0.57	0.57	0	陇南市	0.45	0.56	24
武威市	1.16	0.64	-45	临夏回族自治州	0.65	0.74	14
张掖市	1.22	0.66	-46	甘南藏族自治州	0.82	0.65	-21

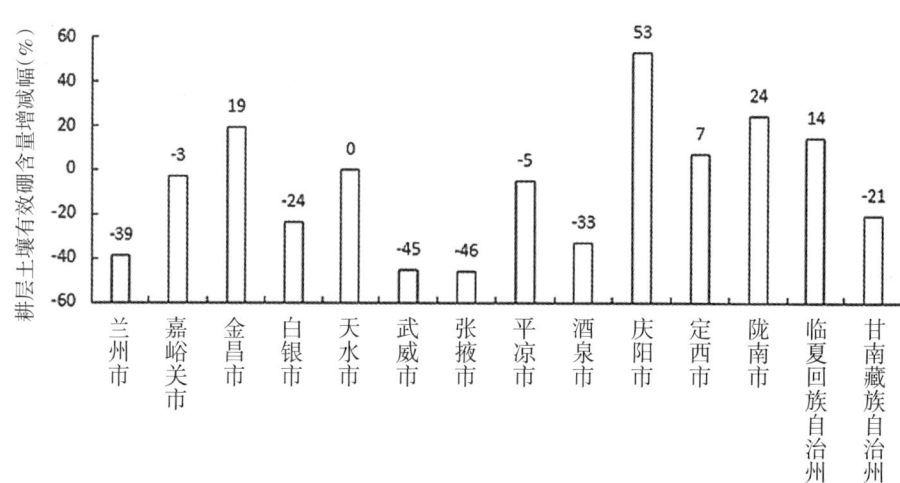

图 1-4-13 甘肃省各地耕层土壤有效硼含量空间变化

六、土壤有效钼

土壤中钼以钼酸盐（MoO_4^{2-}）和硫化钼（MoS_2）的形式存在。植物对钼的需要量低于其他任何矿质元素，至今仍未明了植物吸收钼的形式以及钼在植物细胞内的变化方式。高等植物的硝酸还原酶和生物固氮作用的固氮酶都是含钼的蛋白，钼肥充足能大大提高固氮能力，提高蛋白质含量。可见钼的生理功能突出表现在氮代谢方面。钼还能促近光合作用的强度，以及消除酸性土壤中活性铝在植物体内累积而产生的毒害作用。

（一）土壤有效钼分布现状

1.有效钼含量分级状况

根据对甘肃省7504个样品的分析检测，其土壤有效钼含量为0.266mg/kg，标准差为0.345mg/kg，变化区间为0.01~2.5mg/kg。变异系数为129.58%。根据农业部的土壤养分分级标准，结合甘肃省的实际情况，现将甘肃省耕层土壤有效钼含量分级，如表1-4-77。

表1-4-77 甘肃省耕层土壤有效钼含量状况分级统计

级别	范围（mg/kg）	样本数	耕地面积（公顷）	占总耕地比例（%）
高	>0.4	1033	755746.06	13.97
中等	0.20~0.40	1258	963789.5	17.81
较低	0.15~0.20	1773	1257466.3	23.24
低	0.05~0.15	3051	2172362.65	40.15
极低	≤0.05	389	260867.58	4.82

2.各土类有效钼含量分布

甘肃省土壤有效钼含量最高的是棕钙土，为1.524mg/kg；含量最低的为龟裂土，为0.156mg/kg。见表1-4-78。

表1-4-78 甘肃省各土类耕层土壤有效钼含量

土类名称	有效钼（mg/kg）	土类名称	有效钼（mg/kg）	土类名称	有效钼（mg/kg）	土类名称	有效钼（mg/kg）
棕壤	0.161	棕钙土	1.524	龟裂土	0.156	沼泽土	0.166
暗棕壤	0.309	灰钙土	0.313	风沙土	0.194	盐土	0.324
褐土	0.219	灰漠土	0.223	石质土	0.293	水稻土	0.217
灰褐土	0.302	灰棕漠土	0.415	粗骨土	0.526	灌淤土	0.315
黑土	0.643	棕漠土	0.212	草甸土	0.206	灌漠土	0.236
黑钙土	0.486	黄绵土	0.218	山地草甸土	0.672	高山草甸土	0.544
栗钙土	0.652	红粘土	0.275	林灌草甸土	0.359	亚高山草甸土	0.608
黑垆土	0.219	新积土	0.248	潮土	0.215		

（二）不同行政区划土壤有效钼含量变化情况

甘肃省各地州市土壤有效钼含量比第二次土壤普查时均增高了，增幅最大的是嘉峪关市，增加了544%；增幅最小的是陇南市，增加了9%。见表1-4-79、图1-4-14。

表1-4-79 甘肃省各地耕层土壤有效钼含量空间变化

地、州、市名称	第二次土壤普查（mg/kg）	耕地地力评价（mg/kg）	增减幅（%）	地、州、市名称	第二次土壤普查（mg/kg）	耕地地力评价（mg/kg）	增减幅（%）
兰州市	0.14	0.496	254	平凉市	0.08	0.425	431
嘉峪关市	0.13	0.837	544	酒泉市	0.13	0.426	228
金昌市	0.12	0.386	222	庆阳市	0.07	0.226	223
白银市	0.11	0.204	85	定西市	0.10	0.183	83
天水市	0.11	0.125	14	陇南市	0.18	0.196	9
武威市	0.16	0.304	90	临夏回族自治州	0.11	0.345	214
张掖市	0.13	0.259	99	甘南藏族自治州	0.07	0.44	529

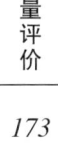

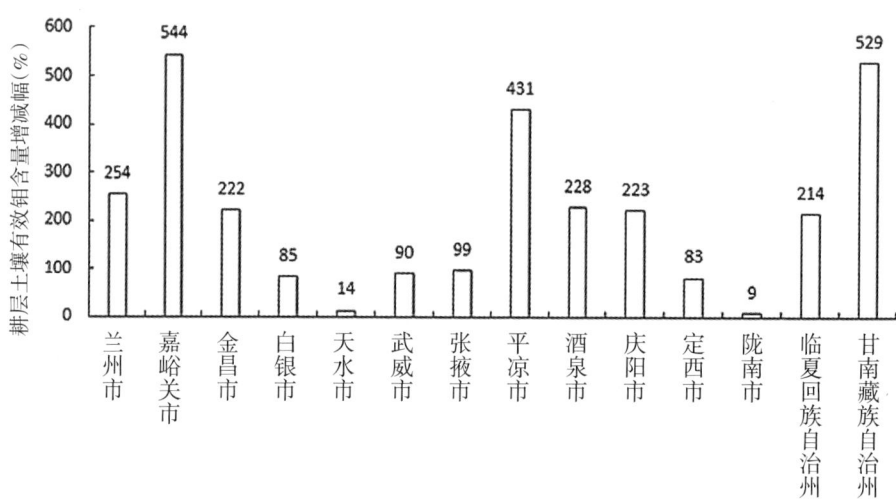

图 1-4-14　甘肃省各地耕层土壤有效钼含量空间变化

七、土壤有效硅

硅是植物体组成的重要营养元素,被国际土壤界列为继氮、磷、钾之后的第四大元素,硅有利于提高作物的光合作用和叶绿素含量,使茎叶挺直,促进有机物积累,硅肥能增加作物茎秆的机械强度,提高抗倒伏能力85%以上,令茎秆挺直,有利于密植,硅能提高作物对病虫害的抵抗力,减少各种病虫害的发生,作物吸收硅后,可在植物体内形成硅化细胞,使茎叶表层细胞壁加厚,角质层增加,形成一个坚固的保护层,使昆虫不易咬动,病菌难以入侵。

根据对甘肃省7504个样品的分析检测,其土壤有效硅含量为155mg/kg,标准差为69mg/kg,变化区间为44~711mg/kg,变异系数为44.6%。结合甘肃省的实际情况,现将甘肃省耕层土壤有效硅含量分级,如表1-4-80。

表1-4-80　甘肃省耕层土壤有效硅含量状况分级统计

级别	范围(mg/kg)	样本数	耕地面积(公顷)	占总耕地比例(%)
一级	>300	315	242766.92	4.49
二级	250~300	513	381260.23	7.05
三级	200~250	450	332420.03	6.14
四级	150~200	2386	1669390.2	30.86
五级	100~150	2063	1473504.48	27.24
六级	50~100	1780	1310890.23	24.23
七级	≤50	0	0	0

八、中微量元素变化原因分析

微量元素的变化受土壤 pH 的影响较大,在中性以上的条件下,硼、锌、铁、锰、铜的有效性下降,在酸性条件下,以上微量元素有效性较高,而钼在碱性条件下,有效性增高。现将本次耕地地力评价各土类的 pH 与第二次土壤普查时做一对比,发现大多数土壤类型的 pH 都增大了,土壤碱性增大,增加了 4%。见表 1-4-81。甘肃省土壤有效钼含量比二普时明显增加,原因很可能是土壤碱性的增强,加之 20 多年来耕作方式的变化,施肥结构的调整,土壤利用方式的改变,以及各地农业发展的速度不均衡,都有可能影响土壤中微量元素的变化。

表 1-4-81 甘肃省各土类耕层 pH 空间变化

土类名称	第二次土壤普查	耕地地力评价	增减幅(%)	土类名称	第二次土壤普查	耕地地力评价	增减幅(%)
棕壤	6.7	8	19	新积土	8.2	8.2	0
暗棕壤	6.2	8.1	31	风沙土	8.7	8.4	-3
褐土	7.9	8.1	3	草甸土	8	8.3	4
灰褐土	7.9	8	1	山地草甸土	7	7.9	13
黑土	7.3	7.7	5	潮土	8.2	8.2	0
黑钙土	8.1	8.1	0	沼泽土	7.4	8.4	14
栗钙土	8.4	8.2	-2	盐土	9	8.5	-6
黑垆土	8.4	8.2	-2	水稻土	7.6	7.9	4
灰钙土	8.5	8.2	-4	灌淤土	8.3	8.2	-1
灰漠土	8.2	8.3	1	灌漠土	8.4	8.3	-1
灰棕漠土	8.4	8.3	-1	高山草甸土	6.7	8.2	22
黄绵土	8.3	8.2	-1	亚高山草甸土	6.6	8.1	23
红粘土	8.2	8.1	-1	平均值	7.9	8.2	4

九、中微量元素调控

硅肥中含有多种微量元素,我国除生产固体硅肥外,也开发了液态硅肥,可用作农作物的叶面追肥。水溶性硅酸盐一般在水稻的分蘖至拔节前施用,可以撒施、条施或穴施,但不能和种子直接接触。溶解性差的硅肥,应作基肥,与有机肥料配合施用,能更充分发挥硅肥的作用。

微肥可作基肥、种肥或追肥,也可拌种、浸种和根外喷施等。生产上应根据不同微肥品种采取相应的施用方法,如硼酸可作基肥、种肥和根外喷施;硫酸锌可拌种、浸种或喷施;硫酸亚铁多采用喷施;铜肥一般作基肥等。微肥作根际追肥时早施效果好,应在作物生长前期追施。根外喷施一般掌握在作物营养生长转入生殖生长期喷施效果较好。

微量元素肥料施用有其特殊性,如果施用不当,不仅不能增产,甚至会使作物受到严重危害。为提高肥效,减少危害,施用时应注意如下事项。

1. 控制用肥量浓度,力求施用均匀

作物需要微量元素的数量很少,许多微量元素从缺乏到适量的浓度范围很窄,因此,施用微量元素肥料要严格控制用量,防止浓度过大,施用必须注意均匀。也可将微量元素肥料拌混到有机肥料中施用。

2. 针对土壤微量元素状况而施用

不同的土壤类型,不同质地的土壤微量元素的有效性及含量不同,其施用微量元素肥料的效果不一样。一般来说在北方的石灰性土壤上,土壤中铁、锌、锰、硼的有效性低,易出现缺乏。

3. 注意各种作物对微量元素的反映

各种作物对不同的微量元素有不同的反映,敏感程度不同,需要量也不同,施用效果有明显差异。如北方栽培果树对铁、锌、硼等敏感,玉米施锌肥效果较好,油菜、棉花等对硼敏感,禾本科作物对锰敏感,豆科作物对钼、硼敏感。所以,要针对不同作物对不同微量元素的敏感程度和肥效,合理选择和施用。

4. 注意改善土壤环境

土壤微量元素供应不足,往往是由于土壤环境条件的影响。土壤的酸碱性是影响微量元素有效性的首要因素,其他还有土壤质地、土壤水分多少、土壤氧化还原状况等因素。为彻底解决微量元素缺乏问题,在补充微量元素养分的同时,注意改善土壤环境条件,如酸性土壤施用有机肥料或施用适量石灰等措施调节土壤酸碱性、改善土壤微量元素营养状况。

5. 注意与大量元素肥料、有机肥料配合施用

只有在满足了作物对大量元素氮、磷、钾等需要的前提下,微量元素肥料才能表现出明显的增产效果。有机肥料含有多种微量元素,把有机肥料作为维持土壤微量元素肥力的一个重要养分补给源,不可忽视。

第五章 其他耕地指标

一、耕层 pH

pH 是土壤酸碱性强度的主要指标,它代表与土壤固相处于平衡的土壤溶液中的氢离子浓度的负对数,是土壤盐基状况的综合反映,对土壤的一系列其他性质有深刻地影响。土壤中有机质的合成与分解,氮、磷等营养元素的转化和释放,微量元素的有效性,土壤保持养分的能力,等都与土壤 pH 有关。土壤酸碱度对土壤肥力及植物生长影响很大,因此可以种植和土壤酸碱度相适应的作物和植物。

根据对甘肃省 7504 个样品的分析检测,其土壤 pH 含量为 8.2,标准差为 0.35,变化区间为 6.1~9.3。变异系数为 4.33%。根据农业部的 pH 分级标准,结合甘肃省的实际情况,现将甘肃省耕层土壤 pH 含量分级如表 1-5-1。结果显示,甘肃省 79.84% 的耕地土壤为中性。

表 1-5-1 甘肃省耕层土壤 pH 含量状况分级统计

级别	范围(mg/kg)	样本数	耕地面积(公顷)	占总耕地比例(%)
强碱性	>9.5	0	0	0
碱性	8.5~9.5	1106	784561.95	14.50
弱碱性	7.5~8.5	5975	4319398.5	79.84
中性	6.5~7.5	413	297627.32	5.50
弱酸性	5.5~6.5	10	8644.3	0.16
酸性	4.5~5.5	0	0	0

二、耕层质地

土壤质地是根据土壤的颗粒组成划分的土壤类型。土壤质地一般分为砂土、壤土、黏土和粘壤土四类,其类别和特点,主要是继承了成土母质的类型和特点,又受到耕作、施肥、排灌、平整土地等人为因素的影响,是土壤的一种十分稳定的自然属性,对土壤肥力有很大影响。甘肃省的土壤质地状况如表 1-5-2 所示。

砂土抗旱能力弱,易漏水漏肥,因此土壤养分少,加之缺少粘粒和有机质,故保肥性能弱,速效肥料易随雨水和灌溉水流失,而且施用速效肥料效猛而不稳长,因此,砂土上

要强调增施有机肥,适时追肥,并掌握勤浇薄施的原则;黏土含土壤养分丰富,而且有机质含量较高,因此,大多土壤养分不易被雨水和灌溉水淋失,故保肥性能好,但由于遇雨或灌溉时,往往水分在土体中难以下渗而导致排水困难,影响农作物根系的生长,阻碍了根系对土壤养分的吸收。对此类土壤,在生产上要注意开沟排水,降低地下水位,以避免或减轻涝害,并选择在适宜的土壤含水条件下精耕细作,以改善土壤结构性和耕性,以促进土壤养分的释放;壤土兼有砂土和黏土的优点,是较理想的土壤,其耕性优良,适种的农作物种类多。

表 1-5-2　甘肃省耕层土壤质地分布

质地	耕地面积(公顷)	占总耕地面积的比例(%)
壤土	2546112.03	47.06
砂土	230397.76	4.26
黏壤土	2567256.84	47.45
黏土	66465.46	1.23

三、有效土层厚度

作物根系的活动层,一般为坚硬基岩或障碍层次以上的土层厚度,甘肃省各土类有效土层厚度在 80~200cm 之间,灌淤土有效土层厚度平均值最高,为 146cm;龟裂土最低,为 80cm。详情见表 1-5-3。

表 1-5-3　甘肃省各土类有效土层厚度

质地	耕地面积(公顷)	占总耕地面积的比例(%)
壤土	2546112.03	47.06
砂土	230397.76	4.26
黏壤土	2567256.84	47.45
黏土	66465.46	1.23

四、耕层容重

土壤容重是田间自然状态下单位体积的干土重,以 g/cm^3 表示。是表示土壤松紧度的一个重要指标。其好坏取决于耕作措施、土壤结构、有机质含量等。容重对保蓄水分和通透性能关系密切,过大过小都不好。甘肃省的龟裂土容重最大,为 $1.41g/cm^3$;黑土容重最小,为 $1.17g/cm^3$。详情见表 1-5-4。

表 1-5-4　甘肃省各土类容重

土类名称	容重（g/cm³）	土类名称	容重（g/cm³）	土类名称	容重（g/cm³）	土类名称	容重（g/cm³）
棕壤	1.19	棕钙土	1.37	龟裂土	1.41	沼泽土	1.30
暗棕壤	1.21	灰钙土	1.25	风沙土	1.32	盐土	1.28
褐土	1.21	灰漠土	1.23	石质土	1.33	水稻土	1.16
灰褐土	1.21	灰棕漠土	1.28	粗骨土	1.28	灌淤土	1.21
黑土	1.17	棕漠土	1.39	草甸土	1.29	灌漠土	1.32
黑钙土	1.23	黄绵土	1.20	山地草甸土	1.21	高山草甸土	1.30
栗钙土	1.28	红黏土	1.23	林灌草甸土	1.31	亚高山草甸土	1.20
黑垆土	1.22	新积土	1.20	潮土	1.27		

五、耕层盐渍化程度

1.耕地盐渍化现状

根据本次7504个采样点的数据统计，甘肃省盐碱耕地面积为32.25万公顷，主要分布在民勤县、金塔县、古浪县、永昌县、玉门市、瓜州县、民乐县、靖远县、甘州区、高台县、甘肃农垦、景泰县、凉州区、永登县、肃州区等15县区；从市州部分情况看，酒泉市、武威市盐碱耕地面积最大，为7.57万公顷和8.73万公顷，分别占盐碱耕地总面积的27.20%和27.07%。从所占行政区耕地面积比重来看，酒泉市盐碱耕地面积占本市总耕地面积的50.97%。甘肃省土壤盐渍化状况见表1-5-5。

表 1-5-5　甘肃省土壤盐渍化程度状况统计

土壤盐渍化程度	土壤含盐总量（干土重%）	样本数	耕地面积（万公顷）	占总耕地比例（%）	作物生长情况
无	<0.3	7288	508.77	94.04	正常
轻度	0.3~0.5	113	15.95	2.95	不良
中度	0.5~1.0	76	11.31	2.09	困难
重度	>1.0	27	4.99	0.92	死亡

2.盐碱地治理思路

疏勒河、黑河、石羊河上游盐碱地危害较轻地区，以改革区域用水制度，建立全新的节水和用水机制，杜绝大水漫灌，实行按作物、按区域土壤类型合理轮灌，有效抑制灌溉水大量渗漏为治理重点,大力推广以灌溉节水技术、发展节水作物种植和调整区域节水农业结构为中心的综合治理技术,重点发展以膜下滴灌技术等一批先进的节水灌溉技术,提高灌溉水资源综合利用能力,从源头上杜绝大水漫灌溉,减轻因大量灌溉渗漏水对中下游区域次生盐渍化的影响。

河西及沿黄灌溉农业区的中下游盐碱地危害较重的区域,开展农艺、生物、工程、化学等综合改良措施进行盐碱地的治理,并培育盐碱地特色农业产业,加快耕地土壤覆盖率,减轻盐分表积为中心的综合治理措施的实施。重点推广以增施有机肥、秸秆还田、种植绿肥、洗盐排盐、粮草轮作等技术模式,培育以盐渍化特有的先锋吸盐类枸杞、牧草、食葵、甜菜等种植治理,逐步建立粮、经、饲等多元化的耕作、栽培体制,加强耕地质量建设,逐步减轻盐渍化危害。

六、障碍层次

甘肃省耕地土壤障碍因素主要有白僵化、瘠薄、沙化、盐碱四个类型,有障碍因素的耕地面积占总耕地面积的28.65%。其中,12.29%的耕地障碍因素为白僵化,8.53%的耕地为瘠薄,6.0%的耕地为盐碱,1.83%的耕地为沙化,详情见表1-5-6。

表1-5-6 甘肃省土壤障碍层次状况统计

障碍因素	样本数	耕地面积(公顷)	占总耕地比例(%)
白僵化	909	664913.58	12.29
瘠薄	576	461490.06	8.53
沙化	118	99006.66	1.83
盐碱	216	322512	6.00
无	5685	3862277.7	71.35

七、灌溉保证率

1.甘肃省耕地灌溉现状

甘肃省的年降雨量极其不均衡,全省各地年降水量在36.6~734.9mm,大致从东南向西北递减,乌鞘岭以西降水明显减少,陇南山区和祁连山东段降水偏多,而河西地区是甘肃省的产粮基地,年降雨量却很低。因此,灌溉条件的好坏直接影响着甘肃省的产量,现将甘肃省五个区域的灌溉保证率统计如表1-5-7。河西地区灌溉保证率最高,达到81%;陇东高原最低,为30%。

表 1-5-7　甘肃省各区域灌溉保证率

区域名称	河西地区	陇中高原	陇东高原	陇南山区	甘南高原
灌溉保证率(%)	81	42	30	31	40

2.灌溉保证率与耕地地力等级

随着耕地地力等级的降低,灌溉保证率也随之降低,一等地灌溉保证率为74%,五等地降至30%,见表1-5-8。主要的灌溉方式有漫灌、滴管、畦灌、沟灌、喷灌等。

表 1-5-8　甘肃各等级耕地灌溉保证率

耕地等级	一等地	二等地	三等地	四等地	五等地
灌溉保证率(%)	74	38	31	30	30

第六章 对策和建议

第一节 耕地培肥对策措施与建议

耕地培肥是指在一定的耕作制度下,通过精耕细作,合理施肥和灌溉等措施,使土壤不断增进肥力,向获得高产、稳产的方向发展。耕地培肥的方式有很多种,常规的有广辟肥源、增施有机肥特别是农家肥,包括人、畜、禽粪尿和草木灰等;大力发展豆科作物和绿肥作物,以增加土壤中的氮素和有机质含量;提倡秸秆还田,或用秸秆垫猪栏、牛圈,腐烂后再积肥;利用洁净的沼液沼渣、河塘淤泥和生活垃圾等改善土质;酸性较强的土壤应施用石灰进行中和;适当控制化肥用量,且所用化肥应以复合肥为主。

一、耕地土壤培肥理论

(一)水土平衡

作为干旱地区,土壤水分是土壤肥力因素中的关键,土壤蒸发量为降水量的20~80倍,广大漠境或草原,干旱缺水,所以须先考虑水土平衡。陇南一些地区则为降水多,又分布不均,引起水土流失严重,土层浅薄,甚至泥石流冲去表土,露出母岩,仍是水土不协调问题。河西走廊无灌溉则无农业,有水始有土,要以水定地。现状是所有水量只足一千万亩地之用,因此,应多方面开源节流。

(二)水热平衡

水热条件影响植物与土壤生理生态及产品的产量和品质。若改造了水热动态,也就改造了土壤,使坏的土壤转变成好的土壤,水热不调,即使土壤养分状况很好,仍为低产土壤。

(三)光肥平衡

光肥平衡即土壤养分供应与光合作用的协调关系。光合作用弱,必致土壤养分供应缓慢,反之,土壤养分不足,则导致光合作用减弱,从而引起减产。漠境沙地光照强,而土壤养分供应不足,作物不可能长好,产量低。在这个地区同样的灌溉条件下,产量高低完全取决于土壤养分供应能力。

(四)肥力平衡

肥力平衡指土壤所有肥力因素的平衡协调。首先有温度,才有肥力。热是主导因素,特别是干旱地区,首先是水热不足引起低产。因此,必须解决土壤中水与热、水与肥、光与肥的矛盾,使土壤越种越肥,产量越来越高。

二、耕地土壤培肥原则

土壤培肥必须正确处理宏观、微观的辩证关系,运用综合手段,特别是生物路线,全面地、有针对性地根治生态失调,基本原则如下:

(一)改善生态环境

土壤随生态系统的改善而变肥。表明只有在改造生态黄金的同时培肥土壤,才能稳定提高土壤肥力,绿肥在培肥土壤方面的效果是显著的,但因在沙漠包围中,土壤处于生物累积与风蚀沙化的交替过程,消长更替中,土壤肥力不能巩固和稳定提高,甚至为风沙淹没。又如在干旱环境中,环境劣化,肥力因素间的矛盾重重,肥大伤苗,土干肥不发挥效用,压青不能腐解,土干使养分贫瘠,于是光能优势不能发挥,从而直接造成产量低下,土壤肥力处于衰竭过程。而绿洲地区由于灌溉作用优化环境,土壤肥力不断提高,表明优化环境之重要,不如是则不能促进土壤进化的良性循环。

(二)调整土体构型

特别是根除障碍因素,例如砂、粘、盐、砂僵、潜育层、砂砾层等,本省的河西、陇中,一般土体深厚,应该发挥这个优势,完善土体构型。一是使之具备活动层,有良好的结构状况和生物状况;二是具备潜在肥力的稳定层,以备取之不尽用之不竭;三是具备保水、保肥、保土的保证层,以利于水肥因素不致丧失。具备这三种层次,则土体构型优化,从而实现土壤层次肥力地不断提高。

(三)加强生物累积

生物累积是创造肥沃土壤的主导因素,有繁茂的植被,才会有旺盛的生物过程,才能提高土壤有机质含量,绿肥的生物累积作用尤为显著,其效果最好。

三、耕地土壤培肥措施

甘肃省五大区耕层土壤养分状况见表1-6-1,除了甘南高原耕层有机质含量达到30.9g/kg以外,其他区域的有机质含量均在20g/kg以下,都需要提升。而甘南高原属于高寒阴湿区,积温较低,有机质不易被分解利用,导致此区域耕地质量较低。因此五大区域均需要培肥土壤。措施如下:

(一)河西地区采用油菜绿肥压青种植技术模式

适宜种植的油菜品种为饲油1号,作为绿肥油菜对播期要求不严,根据当地灌溉或降雨实际,在霜前55天的任何一天内都可随时进行播种,播期越早,产量越高,播种出苗后苗高达 30cm 时可翻青入土。通过大量试验得出：麦收后复种绿肥饲草油菜的适宜播量为 0.75～1.0 公斤，田间保苗数为 10～12 万株。

在盐碱地较重的区域，以盐碱地综合改良为主要技术模式，推广增施有机肥、施用土壤改良剂、秸秆还田、种植耐盐碱作物，重点改良盐渍化等障碍土壤。一要选择适宜的土壤调理剂。石膏应选择重金属含量低、质量安全的产品，土壤调理剂产品须经农业部登记，重金属、有害物质含量必须达到国家有关标准要求。二要确定施用量和施用方法。应用测土配方施肥成果，合理确定调理剂施用范围、施用量和施用方法。每亩推荐石膏用量400～500 公斤，其他土壤调理剂按说明书使用，一般只选一种调理剂。土壤盐碱调理剂在农田翻耕前均匀撒在耕地表面，播种或栽插前，将土壤调理剂翻入土层并与耕地土壤充分混合。

表 1-6-1　甘肃省各区域耕层养分含量状况

区域名称	河西地区	陇中高原	陇东高原	陇南山区	甘南高原
有机质(g/kg)	17.3	15.0	13.5	14.8	30.9
全氮(g/kg)	1.00	0.912	0.78	0.842	1.73
有效磷(mg/kg)	22.32	19.1	15.2	13.8	23.1
速效钾(mg/kg)	171	178	176	159	194

(二)陇中、陇东高原区采用玉米秸秆腐熟还田全膜双垄集雨沟播技术模式

秸秆处理：在玉米成熟后，立秆摘穗，运穗出地，将秸秆粉碎均匀撒入田中。随后，按每公斤秸秆施用 2 亿个以上有效活菌数(CFU)确定秸秆腐熟剂施用量，兑水喷洒在粉碎的秸秆上，用机械深翻入土。

起垄整地：在起垄时，按大小垄规格先划出大小行，在地边留出 40～50cm，再按"小垄 + 大垄"依次类推。用步犁沿小行画线处来回向中间耕翻，在整理垄面时将犁臂落土用手耙刮至大行中间形成大垄，也可用机械直接起垄。大小垄总宽度为 120cm，大垄宽为70～80cm，高度为 5～10cm；小垄宽为 40～50cm，高度为 15～20cm。缓坡地应沿等高线起垄，垄沟、垄面的宽窄要均匀，垄脊高低一致。

地面覆膜：在起垄后，全垄覆盖地膜，地膜相接处在大垄的垄脊中间，膜与膜间不留空隙，用下一垄沟内的表土压住地膜。地膜与垄面、垄沟应贴紧，每隔 2 米横压土腰带，防大风揭膜，拦截径流。在垄沟内，每隔 50cm 打一个雨水入渗孔。

注意事项：种植玉米要选用抗旱包衣种子。海拔高度在 2000m 以下的地区，选用中晚熟品种；海拔高度在 2000m 以上的地区，选用中早熟品种。肥力水平较高的地块，株距为30～35cm，大行距为 70～80cm，小行距为 40～50cm，每亩保苗 3200～3700 株；肥力水平较低的地块,株距适当放宽到 35～40cm,每亩保苗 2800～3200 株。

(三)陇南山区、甘南高原采用增施有机肥措施

1.确定维持耕层土壤有机质平衡的有机肥用量。根据当地土壤有机质含量、腐殖化系数、土壤有机质年矿化率来确定维持耕层土壤有机质平衡的有机肥用量。如土壤原有机质含量为 20g/kg,在耕层上每亩有机质含量为 3000kg;若年矿化率为 2%,则每年消耗的有机质量为 60kg;若有机质的腐殖化系数为 0.25,则每亩需加入 240kg 有机肥才能达到土壤耕层有机质平衡。将当地最肥沃的菜园土的有机质含量视为该地土壤有机质的最高含量,确定有机肥用量的上限。

2.确定有机肥施用量应用测土配方施肥成果,确定目标产量下的需肥总量。依照生态平衡和经济环保的原则,综合考虑维持耕层土壤有机质平衡、有机肥用量上限和秸秆还田量,采用同效当量法,确定商品有机肥用量。

第二节 耕地种植业区划建议

种植业是人类社会赖以生存的最基本的产业部门,它包括粮、棉、油、麻、丝、茶、精、菜、烟、果、药、杂等项。种植业是大农业的重要组成部分,在国民经济中占有举足轻重的地位。

种植业区划主要研究各种农作物对不同的自然条件的适应程度,同一自然条件下不同类型作物的分布组合、发展方向及其地域分异特点,为合理利用自然资源和经济技术条件,调整作物结构和布局,建设农作物商品生产基地,以及制订发展规划、计划,为指导生产提供科学根据。因此种植业区划是一项涉及面广、综合性强的科学研究工作。

一、甘肃省种植业概况

甘肃省位于黄河上游,分属黄河、长江、内陆河三大流域。地域狭长,南北宽 530km,东西长 1655km,全省土地总面积 4258.89 万公顷。省内山地、高原、平川、河谷、沙漠、戈壁交错分布,以山地和高原为主。这样的地域和地貌决定了甘肃省农业生产、自然生态、生产条件的多样性。气候干燥,日照充足,独特的光能资源使农业生产地域差别较大。河西走廊干旱,但良好的水利设施和灌溉条件使其具有充足的水资源,是我国重要的商品粮基地、制种基地和高原夏菜基地;陇中、陇东属旱作农业区,是全国重要的马铃薯、中药材、小杂粮、羊肉生产基地;甘南及河西牧区是全国重要的牛羊肉生产基地和细毛羊基地;陇南地区属亚热带气候,雨量充足,植被覆盖率高,动物资源丰富,是甘肃省重要的特

色农产品基地。

然而，水浇地少、旱地多，川（塬）地少、山地多，全省水土资源分布错位，河西地区地势平坦，大部分系冲击洪积平原，土地质量好，但处于内陆干旱区，水资源匮乏。陇南山地和甘南高原区降雨量充足，水资源丰富，但耕地质量较差，大部分区域不宜耕种。这些自然条件严重制约着甘肃省的农业生产。

甘肃省种植业的特点及其存在问题为：①地区差别性大，气候、土壤、农作物都有明显的过渡性特征；②海拔高，无霜期短，绝大部分地区农作物为一年一熟；③物质能量投入少，生产水平低；④干旱缺水，抗灾能力弱；⑤土地用养失调，土壤肥力下降。

甘肃省以小麦、玉米、马铃薯等为主要粮食作物，耕作制度以小麦—玉米—其他为主，全省以一年一熟为主要熟制。2001 年至 2014 年粮食作物的播种面积保持在 4000 万亩左右，2001 年的播种面积为 4035.94 万亩，2003 年跌至 3749.19 万亩，为近 14 年来最小播种面积。2010 年至 2014 年，粮食作物的播种面积保持在 4200 万亩左右。粮食作物的单产近 14 年里稳中有升，从 2001 年的 186.63 千克/亩增长到 2014 年的 272.64 千克/亩，增长了 46.09%。见表 1-6-2、1-6-3、图 1-6-1、1-6-2。

表 1-6-2　2001—2014 年甘肃省粮食生产情况

年份	粮食作物总面积（万亩）	总产量（吨）	单产（kg/亩）
2001	4035.94	753.22	186.63
2002	3943.14	782.68	198.49
2003	3749.19	789.34	210.54
2004	3801.90	805.80	211.95
2005	3880.78	836.89	215.65
2006	3898.26	826.05	211.90
2007	4030.55	824.43	204.55
2008	4024.49	888.50	220.77
2009	4110.05	906.20	220.48
2010	4199.67	958.30	228.18
2011	4250.48	1014.60	238.70
2012	4259.05	1109.70	260.55
2013	4288	1138.9	265.60
2014	4250	1158.7	272.64

表 1-6-3　2001—2014 年甘肃省粮食生产情况

单位:万亩

	农作物总播种面积	粮食作物	小麦	玉米	谷子	豆类	大豆	薯类
2001 年	5533.35	4035.94	1685.92	700.58	54.37	376.63	124.33	724.82
2002 年	5474.9	3943.14	1610.99	746.86	51.06	350.96	122.72	727.35
2003 年	5431.38	3749.19	1442.01	735.71	50.69	346.11	121.21	744.83
2004 年	5503.34	3801.9	1400.25	740.51	49.65	351.71	129.99	823.71
2005 年	5589	3880.8	1442.1	754.65	48.15	367.5	141.3	796.5
2006 年	5625.03	3898.26	1405.04	776.58	46.82	337.28	133.56	869.98
2007 年	5752.03	4030.55	1386.21	748.81	40.22	349.65	148.44	986.74
2008 年	5802.92	4024.49	1355.29	835.81	29.73	341.89	149.63	986.1
2009 年	5907.96	4110.05	1376.07	1054.41	27.62	310.79	136.9	965.33
2010 年	5992.77	4199.67	1319.48	1253.22	18.65	298.3	135.53	968.17
2011 年	6104.16	4250.48	1292.39	1277.54	19.34	299.91	140.45	1022.61
2012 年	6182.07	4259.05	1228.46	1387.11	17.7	287	136.02	1044.93

甘肃省耕地质量评价

187

续表 1-6-3

单位:万亩

经济作物播种面积	棉花	油料	油菜籽	大麻	甜菜	烟叶	药材	蔬菜	瓜类
2001年 873.78	85.35	489.8	208	3.42	17.13	21.04	156.79	280.27	45.8
2002年 881.38	60.61	466.2	204.78	6.5	10.78	14.13	199.13	301.04	51.19
2003年 947.93	78.24	502.49	231.32	5.06	7.89	20.03	209.35	342.49	48.08
2004年 970.23	102.5	498.98	243.05	5.75	6.91	21.35	210.11	352.6	50.06
2005年 1441.95	96	493.2	236.1	6	6	21.3	214.2	460.2	54.6
2006年 1481.36	114.02	487.4	243.53	5.15	7.61	23.84	216.24	476.21	61.4
2007年 1506.01	118.89	457.8	228.74	4.77	8.83	7.18	224.03	520.46	66.37
2008年 1579.02	109.1	497.54	243.13	3.51	6.88	6.02	240.8	551.69	69.52
2009年 1605.47	83.52	527.81	283.29	3.38	6.7	6.6	247.78	557.46	74.16
2010年 1625.26	71.86	518.57	274.41	2.56	7.58	6.09	248.12	592.46	77.05
2011年 1696.92	71.88	526.67	276.85	2.6	7.35	5.76	278.2	623.1	74.69
2012年 1774.98	72.27	504.65	262.56	2.76	7.55	6.17	316.74	681.02	76.88

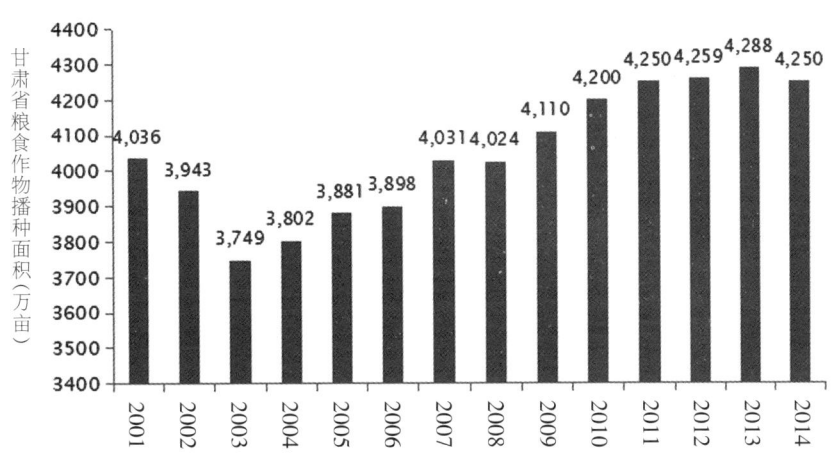

图 1-6-1　甘肃省 2001—2014 年粮食作物播种面积

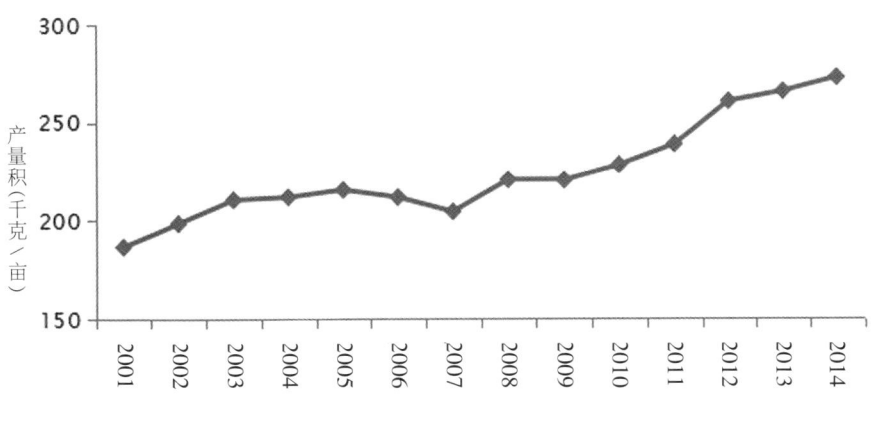

图 1-6-2　甘肃省 2001—2014 年粮食作物单产

从表 1-6-3 可以看出,12 年来,经济作物的种植面积持续增加,从 2001 年的 873.78 万亩增加到 2012 年的 1774.98 万亩,由此可见,甘肃省的种植业在近十几年内,已发生了很大的变化。

二、种植业布局原则

要根据需要分清主次,因地制宜,发挥优势,实行用地与养地结合,并在讲求经济、生态效益的原则下安排。在发展粮食的同时,充分发挥各地优势,积极发展经济作物,要向自然生态条件适宜、生产潜力大的地区集中,从而建立合理的种植业结构。今后粮食作物、经济作物、饲料绿肥作物的比例大致保持在 7∶2∶1 的水平上。粮食作物内部结构的调整,应保证在粮食产量稳定增长的前提下进行。粮食作物要适当调减小麦面积,河东地区一般占粮播面积的 40%～50%,河西地区以 60%～65% 为宜。重点恢复豆类面积,适当恢复玉米和抗旱、耐瘠、早熟的杂粮。经济作物要重点发挥胡麻和油菜的优势,甜菜围绕糖厂建设在河西走廊集中种植,棉花要继续发挥关外三县的优势,其他如瓜、果、百合、药材等应充分考虑国内外市场需要,选建集中产区,利用自然、技术优势建立商品生产基地。饲料和绿肥作物除正茬外,要充分发挥间作套种和复种等方式发展。

三、种植业分区

(一)河西平原为小麦、玉米、甜菜、瓜果、棉花区

本区包括河西五市。气候干旱,是甘肃省灌溉面积最大、单产最高、对国家贡献最大的地区。

种植业特点及存在的主要问题:分散的绿洲溉灌农业;农业生产基本条件好,耕作技术水平高,种植业发展快;作物品质普遍好;粮食生产以小麦为主;甜菜、棉花、甜瓜、西瓜、葡萄、啤酒花在省内占有极其重要的地位;粮食作物内部结构不合理,用地养地作物比例失调;风沙灾害大,盐碱危害重;粮食单产发展还不平衡;水源不足;土壤肥力不高。

本区种植业布局建议:保证粮食作物稳定增产的前提下,扩大经济作物种植面积。力争提高粮食作物单产,推进经济作物生产,使农民生活水平提高。

(二)陇中黄土高原为小麦、杂粮、胡麻、瓜果、蔬菜区

本区位居甘肃中部。雨量少,绝大部分为旱作,种植业生产靠天吃饭,产量低而不稳,为我省最困难地区之一。

种植业特点及存在的主要问题:粮食作物一年一熟,并以旱杂粮和小麦为主;经济作物胡麻在全省占重要地位;具有一套旱作农业特色的耕作保墒技术和轮作换茬方式;蔬菜、瓜果品种齐全,品质优良,传统产品白兰瓜、黑瓜籽、苹果等在国内外市场享有声誉;干旱、水土流失等自然灾害严重;粮食作物内部结构不合理,用养失调;耕作粗放,产量低而不稳。

本区种植业布局建议:本区发展方向应以恢复生态平衡为总方针。在认真搞好发展种植业的同时,逐步退耕还草还林,努力提高农牧业比重,改广种薄收为精耕细作;合理布局,大力提高单产,力争粮食自给;积极发展经济作物,开展多种经营,实现农、林、牧全面发展。具体措施为:基本稳定粮食作物种植面积,努力提高单产,逐步退耕还草还林;建立合理的耕作制度,健全用养结合的种植体系;适当压缩小麦面积,基本稳定马铃薯面积,恢复豆类、糜谷及莜麦面积;适当发展胡麻面积,努力提高产量,建成油料生产基地,积极发展蔬菜、瓜果生产基地,适当发展玫瑰等优势作物。

(三)陇东黄土高原为冬麦、杂粮、果树区

本区位于我省六盘山以东。海拔大都在 1000~1500m 之间。为西北黄土高原的一个组成部分,地面全为黄土覆盖。

种植业特点及存在的主要问题:本区为我国最大的黄土原区,塬面完整平坦,土层深厚,便于机耕,增产潜力大;有以冬麦为主的一整套旱原农业耕作栽培技术;水土流失严重;农业生产基本条件改变不快;干旱出现频率高,危害重;种植业内部结构不够合理,产量不高不稳。

本区种植业布局建议:在综合治理的原则下,以粮食为主,积极发展经济作物,建成果品、黄花菜、烤烟商品生产基地。稳定主要粮作面积,适当恢复豆类生产,努力提高粮食单产;积极建设马铃薯生产基地;扩大油料、稳定烤烟面积,提高质量;大力发展黄花菜,建立苹果、梨、枣等商品生产基地。

(四)甘南高原为夏杂粮、春麦、油菜、当归区

本区位于甘肃西南部。包括甘南、临夏两州大部分和定西地区南部,以及陇南地区的宕昌县北部,海拔较高,气候冷凉阴湿。

种植业特点及存在的主要问题:粮食作物一年一熟,以耐寒作物夏杂粮为主;我省重要药材产区,为当归集中产区,驰名中外;省内重要春油菜基地,很有发展前途;本区自然灾害频繁,主要是低温冻害、秋涝和冰雹;种植业发展不平衡,大部分地区栽培耕作技术落后,经营粗放;生态条件脆弱,社会经济、技术条件较差。

本区种植业布局建议:主攻粮、油、药,发展青稞、小麦等粮食作物。建立春油菜、当归等生产基地;发展饲料作物和基地,保证畜牧业发展;逐步种果木、菜,改善人民生活;根据不同地区特点,确定种植粮食作物、经济作物和饲料作物比例;调整粮食作物内部比例,努力提高单产;油料生产有一个大发展;稳步发展药材生产;大力发展饲料作物。

(五)陇南山地为冬麦、玉米、果树、特产区

本区包括天水、陇南两地市的大部分和舟曲县,绝大部分为山区,雨量和热量条件是全省各区中最好的。

种植业主要特点和存在的主要问题:作物种类齐全,土特产种类多,有明显优势;山坡耕地为主,立体农业,种植制度多种多样;农业基本生产条件改变缓慢,生产水平低;种植业内部结构不合理,多种经营发展慢。

本区种植业布局建议:稳定耕地面积,狠抓治山治水,搞好农田基建;猛攻单产,力争粮食自给;积极发展经济林木和名、优、稀土特产品,建成省内苹果和土特产品商品生产基地;以水土保持、合理施肥为重点建设高产稳产农田,搞好种植业生产;稳定粮食面积,主攻单产,积极发展豆类生产;提高经济作物比重,发展油料和干鲜果品、名贵中药材、蚕豆、花椒、油桐等。

四、保障区划实现的措施

耕地是土地的精华,是农业生产的最重要的资源,种植业结构的好坏影响到农业的可持续发展和粮食安全,随着经济、社会发展,耕地减少与人口增长矛盾日益突出,自然、人为因素对耕地保护冲击力度持续增加,耕地面临着严峻的挑战。珍惜并合理利用土地已成为我国的基本国策。因此,实现耕地种植业区划,必须做到以下几点:

1.结合实际,根据甘肃省省情,合理规划种植业布局。发挥优势,扬长避短。促进种植业良性发展。

2.依靠科技进步,加快科研成果转化,增加物质能量投入,不断提高生产力。

3.加强农村信息化建设,提高广大农业生产者的文化素养,调动其农业生产的积极性。

参考文献:

[1]甘肃发展年鉴编委会.甘肃发展年鉴[M/CD].北京:中国统计出版社,2015.

[2]甘肃省土壤普查办公室.甘肃土壤.北京:农业出版社,1993.

[3]杨封科等.气候变化对甘肃省粮食生产的影响研究进展.应用生态学报,2015,26(3):930-938.

[4]甘肃省水利厅.2013年水资源公报.

[5]陈宝玉.甘肃省农业信息化水平的测算及发展趋势研究,研究生学位论文,2013.

[6]李卓亭. 甘肃省东南部农田土壤有机碳时空变化及DSSAT模型模拟研究,研究生学位论文,2014.

第二部分

县域耕地地力评价

第一章　酒泉市耕地地力评价

第一节　酒泉市耕地地力分析
（含酒泉市一区二市四县）

一、酒泉市耕层土壤属性

（一）耕层土壤有机质

酒泉市土壤样品分析检测结果显示，其土壤有机质平均含量为12.83g/kg。根据甘肃省养分分级标准，酒泉市土壤有机质含量为五级。

对酒泉市各县（市、区）有机质含量进行对比分析，有机质含量平均值小于12.83g/kg的县（市、区）有4个，分别为阿克塞县、敦煌市、瓜州县、金塔县；其他县（市、区）有机质含量均在12.83g/kg以上。玉门市有机质含量最高，为17.65g/kg，敦煌市有机质含量最低，为9.41g/kg。

将此次测土配方施肥测定的土壤有机质含量数据与第二次土壤普查测定的有机质含量数据相比较，结果表明，土壤有机质平均含量增加了0.53g/kg。有机质含量增加的县（市、区）有阿克塞县、玉门市、肃州区，其中增幅较大的有玉门市和肃州区，增加了4.05g/kg和1.80g/kg；肃北县、敦煌市、瓜州县和金塔县有机质含量低于第二次土壤普查结果，减副较大的为肃北县和瓜州县，分别减少了1.75g/kg、1.42g/kg。

（二）耕层土壤全氮

酒泉市土壤样品分析检测结果显示，其土壤全氮平均含量为0.73g/kg。根据甘肃省养分分级标准，酒泉市土壤全氮含量为五级。

对酒泉市各县（市、区）全氮含量进行对比分析，全氮含量小于平均值0.73g/kg的有3个县（市、区），分别为敦煌市、金塔县；其他县（市、区）在0.73g/kg以上。其中瓜州县全氮含量最高，为0.92g/kg；敦煌市、金塔县全氮含量最低，为0.59g/kg。

将测土配方施肥测定的土壤全氮含量与第二次土壤普查测定的全氮含量相比较，结果表明，全市土壤全氮平均含量增加了0.11g/kg；有6个县（市、区）全氮含量增加，其中增幅最大为瓜州县，增加了0.30g/kg；阿克塞、肃北、玉门、金塔、敦煌5个县（市、区）分别增加0.23g/kg、0.17g/kg、0.14g/kg、0.03g/kg、0.01g/kg。

(三)耕层土壤碱解氮

酒泉市土壤样品的分析检测结果显示,其土壤碱解氮平均含量为64.3mg/kg,根据甘肃省养分分级标准,酒泉市土壤碱解氮含量为Ⅵ级。对酒泉市各县(市、区)进行对比分析,碱解氮含量小于平均值64.3mg/kg的有3个县(市、区),分别为肃北县、瓜州县、金塔县;其他各县(市、区)碱解氮含量均在平均值以上;其中阿克塞县最高,为71.8mg/kg,瓜州县含量最低,为39.0mg/kg。

将此次测土配方施肥测定的土壤碱解氮含量与第二次土壤普查测定的碱解氮含量相比较,结果表明,全市土壤碱解氮平均含量增加了18.2mg/kg;7个县(市、区)碱解氮含量均增加,其中增幅最大为肃州区,增加了31.9mg/kg;阿克塞、敦煌、金塔、玉门、肃北、瓜州6个县(市、区)土壤碱解氮分别增加31.5mg/kg、22.5mg/kg、17.3mg/kg、17.2mg/kg、1.0mg/kg、0.6mg/kg。

(四)耕层土壤有效磷

酒泉市土壤样品的分析检测结果显示,其土壤有效磷平均含量为15.5mg/kg,根据甘肃省养分分级标准,酒泉市土壤有效磷含量为Ⅳ级。

对酒泉市各县(市、区)有效磷含量进行对比分析,小于平均值的有3个县(市、区),分别为阿克塞县、敦煌市、玉门市;其他县(市、区)在15.5mg/kg以上。肃北县和瓜州县有效磷含量最高,为22.1mg/kg;敦煌市有效磷含量最低,为12.1mg/kg。

将测土配方施肥测定的土壤有效磷含量数据与第二次土壤普查测定的有效磷含量数据相比较,结果表明,酒泉市土壤有效磷平均含量增加了0.91mg/kg;全市7个县(市、区)都有不同程度的增加,增幅最大的为肃北县,增加了1.7mg/kg;其次是瓜州县,增加了1.61mg/kg;阿克塞、肃州、金塔、敦煌、玉门5个县(市、区)分别增加了1.16mg/kg、0.92mg/kg、0.9mg/kg、0.51mg/kg、0.46mg/kg。

(五)土壤速效钾

酒泉市土壤样品的分析检测结果显示,其土壤速效钾平均含量为121.4mg/kg,根据甘肃省养分分级标准,酒泉市土壤速效钾含量为Ⅴ级。

对酒泉市各县(市、区)速效钾含量进行对比分析,速效钾含量小于平均值121.4mg/kg的有4个县(市、区),分别为肃北县、敦煌市、瓜州县、玉门市;其他县(市、区)在121.4mg/kg以上。其中肃州区速效钾含量最高,为152.6mg/kg;敦煌市速效钾含量最低,为108.0mg/kg。

将测定的土壤速效钾含量与第二次土壤普查测定的速效钾含量相比较,结果表明,酒泉市土壤速效钾平均含量减少了32.9mg/kg;全市7个县(市、区)速效钾含量均有所减少,减幅最大的为肃北县和金塔县,分别减少了68.0mg/kg、66.7mg/kg;阿克塞、瓜州、敦煌、玉门、肃州5个县（市、区）速效钾分别减少了61.0mg/kg、39.6mg/kg、28.0mg/kg、11.4mg/kg、6.4mg/kg。

（六）耕层土壤有效铁

酒泉市土壤样品的分析检测结果显示，其土壤有效铁平均含量为7.66mg/kg，根据甘肃省养分分级标准，酒泉市土壤有效铁含量为一级。

对酒泉市各县(市、区)全氮含量进行对比分析，有效铁含量小于平均值7.66mg/kg的有3个县(市、区)，分别为阿克塞县、肃北县、瓜州县；其他县(市、区)在5.81mg/kg以上。其中玉门市有效铁含量最高，为10.59mg/kg；瓜州县含量最低，为1.36mg/kg。

（七）耕层土壤有效锰

酒泉市土壤样品的分析检测结果显示，其土壤有效锰平均含量为8.32mg/kg，根据甘肃省养分分级标准，酒泉市土壤有效锰含量为四级。

对酒泉市各县(市、区)进行对比分析，有效锰含量小于平均值8.32mg/kg的有4个县(市、区)，分别为阿克塞县、瓜州县、玉门市、金塔县；其他县(市、区)有效锰含量均在平均值8.32mg/kg以上。其中敦煌市最高，为15.96mg/kg；瓜州县含量最低，为0.81mg/kg。

（八）耕层土壤有效铜

酒泉市土壤样品的分析检测结果显示，其土壤有效铜平均含量为0.55mg/kg，对酒泉市各县(市、区)有效铜含量进行对比分析，小于平均值0.55mg/kg的有3个县(市、区)，分别为阿克塞县、敦煌市、瓜州县；其他县(市、区)均在0.55mg/kg以上。其中金塔县有效铜含量最高，为1.21mg/kg，敦煌市和瓜州县有效铜含量最低，均为0.17mg/kg。

（九）耕层土壤有效锌

酒泉市土壤样品的分析检测结果显示，其土壤有效锌平均含量为1.12mg/kg，根据甘肃省养分分级标准，酒泉市土壤有效锌含量为三级。

对酒泉市各县(市、区)有效锌含量进行对比分析，小于平均值1.12mg/kg的有4个县(市、区)，分别为阿克塞县、敦煌市、瓜州县、金塔县；其他县(市、区)在1.12mg/kg以上。玉门市有效锌含量最高，为2.00mg/kg；瓜州县含量最低，为0.29mg/kg。

（十）耕层土壤pH

酒泉市土壤样品的分析测试结果显示，酒泉市pH值平均值为8.35。统计结果显示，酒泉市土壤呈微碱性。对酒泉市各县(市、区)pH值进行对比分析，pH值小于平均值8.35的县(市、区)有3个，分别为阿克塞县、肃北县、敦煌市；瓜州县pH值等于8.35。其他县(市、区)pH值均大于8.35；pH值最大的是肃州区，为8.55；pH值最小的是阿克塞县，pH值为7.70。

二、酒泉市耕地地力分析

以土壤图与土地利用现状图叠加形成评价单元,应用模糊综合评判方法,通过综合分析,将酒泉市耕地共划分为 5 个等级,根据评价结合进行耕地地力的系统分析。

(一)耕地地力等级与分布

1.耕地地力等级面积统计

根据耕地地力评价结果数据表,汇总各等级耕地的面积,以《2010年甘肃农村年鉴》酒泉市耕地总面积为基准进行平差,统计出不同等级耕地面积。

酒泉市总耕地面积为15.5万公顷,其中一、二、三等地占的比例较大,分别为32.6%、24.2%和23.7%,占总耕地的80.5%;四等地和五等地占的比例较小,分别为10.5%和8.9%。见表2-1-1。

表 2-1-1　酒泉市耕地地力评价结果面积统计

等级	一等地	二等地	三等地	四等地	五等地	总计
面积(公顷)	50599.8	37508.4	36751.5	16324	13816.4	155000
百分比(%)	32.6	24.2	23.7	10.5	8.9	100

2.耕地地力等级的行政区域划分

从耕地地力评价结果数据表中可以看出,一等地主要分布在敦煌市、瓜州县、金塔县和肃州区;二等地主要分布在瓜州县、肃州区和玉门市;三等地主要分布在金塔县、肃州区和玉门市;四等地主要分布在敦煌市和金塔县、瓜州县、肃州区、玉门市,肃北县分布面积相对较小;五等地主要分布在金塔县和玉门市,其他各县(市、区)分布面积相对较小。表2-1-2 为酒泉市一等地到五等地各县(区、市)的分布状况。

表 2-1-2　酒泉市耕地地力等级行政区域分布

县名称		一等地	二等地	三等地	四等地	五等地	总计
阿克塞县	面积(公顷)				102.9		102.9
	比例(%)				100		100
敦煌市	面积(公顷)	9707.5	2790.4	2305.7	4214.4	198.1	19216.1
	比例(%)	50.52	14.52	12.00	21.93	1.03	100
瓜州县	面积(公顷)	15185	15800.1	2261.9	1773.4	892.3	35912.7
	比例(%)	42.28	44.00	6.30	4.94	2.48	100
金塔县	面积(公顷)	5070.4	2983.2	5428.9	5289.2	1774.6	20546.4
	比例(%)	24.68	14.52	26.42	25.74	8.64	100

续表 2-1-2

县名称		一等地	二等地	三等地	四等地	五等地	总计
肃北县	面积(公顷)		14.1	56.2	211.7	222.4	504.4
	比例(%)		2.80	11.14	41.97	44.09	100
肃州区	面积(公顷)	20436.9	6751.8	9333.8	2450.3	88.8	39061.7
	比例(%)	52.32	17.28	23.90	6.27	0.23	100
玉门市	面积(公顷)	199.9	9168.7	17364.9	2282.1	10640.1	39655.8
	比例(%)	0.50	23.12	43.79	5.75	26.83	100
总计	面积(公顷)	50599.8	37508.4	36751.5	16324	13816.4	155000
	比例(%)	32.65	24.20	23.71	10.53	8.91	100

(二)耕地地力等级分述

1. 一等地的主要属性

一等地，综合评价指数 IFI 大于 0.7390，耕地面积 5.06 万公顷，占总耕地面积的 32.65%，主要分布在敦煌市的转口渠镇、肃州镇、莫高镇、郭家堡；瓜州县的西湖乡、瓜州乡、南岔镇、锁阳城镇；金塔县的金塔镇、中东镇、西坝乡；肃州区的泉湖、银达、果园、三墩、上坝一带。

一等地土壤主要以灌漠土居多，占一等地的 60% 以上，其次为潮土，部分为草甸土、盐土、沼泽土和灰棕漠土；土壤质地构型以砂底轻壤为主，夹砂轻壤和黏底轻壤、黏底中壤面积分布相对较小，有少量为黏底重壤和壤身轻壤；地貌类型主要为疏勒河中下游干三角和走廊平原，少量为北部山区戈壁倾斜平原和昌马洪积冲积扇扇沿，灌溉保证率高，灌溉水质好，地势平坦，无明显障碍层，土壤理化性状良好，可耕性强，土壤肥力高。耕层土壤养分含量：有机质 11.53g/kg，全氮 0.71g/kg，碱解氮 66.6mg/kg，有效磷 16.2mg/kg，速效钾 128.2mg/kg，缓效钾 544.5mg/kg，有效硫 246.9mg/kg，有效铁 6.61mg/kg，有效锰 12.01mg/kg，有效铜 0.25mg/kg，有效锌 0.76mg/kg，水溶性硼 0.49mg/kg（表 2-1-3）。

表 2-1-3 酒泉市一等地主要养分含量

	有机质 g/kg	全氮 g/kg	碱解氮 mg/kg	有效磷 mg/kg	速效钾 mg/kg	有效铁 mg/kg	有效锰 mg/kg	有效铜 mg/kg	有效锌 mg/kg
平均含量	11.53	0.71	66.6	16.2	128.2	6.61	12.01	0.25	0.76
含量水平	五级	六级	六级	四级	五级	三级	二级	四级	三级

2.二等地的主要属性

二等地,综合评价指数IFI0.7390~0.6942,耕地面积3.75万公顷,占总耕地面积的24.2%,主要分布在瓜州县、肃州区和玉门市。

二等地土壤主要有灌漠土、盐土、草甸土,部分为潮土、林灌草甸土、沼泽土和棕漠土,极少量为灰棕漠土、新积土、红黏土和龟裂土;土壤质地构型以黏底轻壤、砂底轻壤和砂底中壤为主,部分为夹砂轻壤、黏底中壤、黏底砂土;地貌类型为走廊平原,占二等地面积的50%左右,灌溉保证率高,灌溉水质好,地势平坦,无明显障碍层,土壤理化性状良好,可耕性强,土壤肥力高。耕层土壤养分含量:有机质12.4g/kg,全氮0.78g/kg,碱解氮57.9mg/kg,有效磷17.1mg/kg,速效钾119.5mg/kg,缓效钾416.5mg/kg,有效硫292.7mg/kg,有效铁5.66mg/kg,有效锰4.79mg/kg,有效铜0.51mg/kg,有效锌1.05mg/kg,水溶性硼0.31mg/kg(表2-1-4)。

表2-1-4　酒泉市二等地主要养分含量

	有机质 g/kg	全氮 g/kg	碱解氮 gm/kg	有效磷 mg/kg	速效钾 mg/kg	有效铁 mg/kg	有效锰 mg/kg	有效铜 mg/kg	有效锌 mg/kg
平均含量	12.4	0.78	57.9	17.1	119.5	5.66	4.79	0.51	1.05
含量水平	五级	五级	六级	四级	五级	三级	四级	三级	二级

3.三等地的主要属性

三等地,综合评价指数IFI0.6942~0.6400,耕地面积3.68万公顷,占总耕地面积的23.71%,主要分布在金塔县、肃州区和玉门市。

三等地土壤主要有盐土、灌漠土、砾质戈壁灰棕漠土和潮土,少量为草甸土、风沙土等;土壤质地构型以均质砂土、黏底轻壤、黏底中壤、砂底轻壤、砂底中壤和砂底重壤为主,少量为夹砂轻壤、黏底砂壤、黏底砂土;地貌类型以走廊平原为主,占三等地面积的70%左右,其次为北部山区戈壁倾斜平原、昌马洪积冲积扇扇沿及赤金盆地;三等地地势较平坦,土壤理化性状良好,可耕性强,土壤肥力高。耕层土壤养分含量:有机质14.47g/kg,全氮0.76g/kg,碱解氮67mg/kg,有效磷15.3mg/kg,速效钾123.1mg/kg,缓效钾439.3mg/kg,有效硫289mg/kg,有效铁9.85mg/kg,有效锰5.6mg/kg,有效铜0.87mg/kg,有效锌1.49mg/kg,水溶性硼0.71mg/kg(表2-1-5)。

表2-1-5　酒泉市三等地主要养分含量

	有机质 g/kg	全氮 g/kg	碱解氮 mg/kg	有效磷 mg/kg	速效钾 mg/kg	有效铁 mg/kg	有效锰 mg/kg	有效铜 mg/kg	有效锌 mg/kg
平均含量	14.47	0.76	67	15.3	123.1	9.85	5.6	0.87	1.49
含量水平	五级	五级	六级	四级	五级	三级	四级	三级	二级

4.四等地的主要属性

四等地,综合评价指数IFI0.64~0.59,耕地面积1.63万公顷,占总耕地面积的10.53%,主要分布在敦煌市和金塔县,瓜州县、肃州区、玉门市和肃北县分布面积相对较小。

四等地土壤主要有盐土、砾质戈壁灰棕漠土、棕漠土、风砂土为主;土壤质地构型绝大多数为均质砂土和砂底轻壤为主,少量为黏底砂壤、黏底砂土和砂底轻壤;地貌类型以北部山区戈壁倾斜平原和走廊平原为主。耕层土壤养分含量:有机质11.28g/kg,全氮0.65g/kg,碱解氮65.8mg/kg,有效磷14mg/kg,速效钾115.7mg/kg,缓效钾521.4mg/kg,有效硫335.9mg/kg,有效铁7.82mg/kg,有效锰12.17mg/kg,有效铜0.38mg/kg,有效锌0.88mg/kg,水溶性硼0.77mg/kg(表2-1-6)。

表2-1-6 酒泉市四等地主要养分含量

	有机质 g/kg	全氮 g/kg	碱解氮 gm/kg	有效磷 mg/kg	速效钾 mg/kg	有效铁 mg/kg	有效锰 mg/kg	有效铜 mg/kg	有效锌 mg/kg
平均含量	11.28	0.65	65.8	14	115.7	7.82	12.17	0.38	0.88
含量水平	五级	六级	六级	五级	五级	三级	二级	四级	三级

5.五等地的主要属性

五等地,综合评价指数IFI小于0.5900,耕地面积1.38万公顷,占总耕地面积的8.91%,主要分布在金塔县和玉门市,其他各县(市、区)分布面积相对较小。

五等地土壤以砾质戈壁灰棕漠土、盐土、风砂土、灰棕漠土为主;土壤质地构型绝大多数为均质砂土,少量为砂底轻壤;地貌类型以走廊平原为主,部分分布于北部戈壁倾斜平原、赤金盆地、昌马盆地和昌马洪积冲积扇扇沿。耕层土壤养分含量:有机质16.64g/kg,全氮0.78g/kg,碱解氮64.3mg/kg,有效磷12.9mg/kg,速效钾114mg/kg,缓效钾606.5mg/kg,有效硫359mg/kg,有效铁9.59mg/kg,有效锰5.9mg/kg,有效铜0.98mg/kg,有效锌1.83mg/kg,水溶性硼0.84mg/kg(表2-1-7)。

表2-1-7 酒泉市五等地主要养分含量

	有机质 g/kg	全氮 g/kg	碱解氮 mg/kg	有效磷 mg/kg	速效钾 mg/kg	有效铁 mg/kg	有效锰 mg/kg	有效铜 mg/kg	有效锌 mg/kg
平均含量	16.64	0.78	64.3	12.9	114	9.59	5.9	0.98	1.83
含量水平	四级	五级	六级	五级	五级	三级	四级	四级	二级

6.各等级耕地养分状况

酒泉市各等级的主要养分状况汇总如表2-1-8。

表2-1-8 酒泉市不同地力等级养分含量

	一等地	二等地	三等地	四等地	五等地	总计
pH	8.27	8.4	8.46	8.23	8.44	8.35
有机质 g/kg	11.53	12.4	14.47	11.28	16.64	12.83
CEC cmol/kg	5.62	7.05	6.92	5.44	3.86	6.03
全氮 g/kg	0.71	0.78	0.76	0.65	0.78	0.73
碱解氮 mg/kg	66.6	57.9	67	65.8	64.3	64.3
全磷 mg/kg	0.92	0.8	0.93	0.95	0.97	0.9
有效磷 mg/kg	16.2	17.1	15.3	14	12.9	15.5
全钾 mg/kg	17.5	15.2	17	17.4	18.7	17
速效钾 mg/kg	128.2	119.5	123.1	115.7	114	121.4
缓效钾 mg/kg	544.5	416.5	439.3	521.4	606.5	493
有效硫 mg/kg	246.9	292.7	289	335.9	359	286.5
有效铁 mg/kg	6.61	5.66	9.85	7.82	9.59	7.66
有效锰 mg/kg	12.01	4.79	5.6	12.17	5.9	8.32
有效铜 mg/kg	0.25	0.51	0.87	0.38	0.98	0.55
有效锌 mg/kg	0.76	1.05	1.49	0.88	1.83	1.12
水溶态硼 mg/kg	0.49	0.31	0.71	0.77	0.84	0.5

第二节 肃州区耕地地力分析

一、肃州区耕层土壤属性

(一)耕层土壤有机质

根据对肃州区3788个样品的分析检测,土壤有机质含量为14.69g/kg,标准差为2.39,变化区间为10.96～19.09g/kg,变异系数为16.27%。

根据甘肃省测土施肥养分分级标准,肃州区土壤有机质含量为五级。对肃州区各乡镇有机质含量进行对比分析,有机质含量平均值小于13g/kg的有4个乡镇,分别为上坝镇、东洞乡、下河清乡和清水镇;其他乡镇有机质含量均在13g/kg以上。泉湖乡有机质含量最高,为19.09g/kg,上坝镇最低,为10.96g/kg。

(二)耕层土壤全氮

根据对肃州区3801个样品的分析检测和分析,其土壤全氮含量为0.83g/kg,标准差为0.15,变化区间为0.61~1.22g/kg,变异系数为18.54%。

根据甘肃省测土施肥养分分级标准,肃州区土壤全氮含量为五级。对肃州区各乡镇全氮含量进行对比分析,全氮含量平均值小于0.75g/kg的有5个乡镇,分别为上坝镇、下河清乡、清水镇、屯升乡和东洞乡;其他乡镇全氮含量平均值在0.75g/kg以上。全氮含量最大的乡镇为金佛寺镇,最小的乡镇为上坝镇和下河清乡。

(三)耕层土壤碱解氮

根据对肃州区3786个样品的分析检测,土壤碱解氮含量为71.76mg/kg,标准差为11.55,变化区间为35.7~83.67mg/kg,变异系数为16.10%。根据甘肃省测土施肥养分分级标准,肃州区土壤碱解氮含量为六级。对肃州区各乡镇碱解氮含量进行对比分析,碱解氮含量平均值小于70mg/kg的有4个乡镇,分别为丰乐乡、清水镇、屯升乡、下河清乡;其他乡镇碱解氮含量平均值均在70mg/kg以上。碱解氮含量最大的乡镇是黄泥堡乡,为83.67mg/kg;最小的乡镇是丰乐乡,为35.70mg/kg。

(四)耕层土壤有效磷

根据对肃州区3814个样品的分析检测,土壤有效磷含量为18.46mg/kg,标准差为2.55,变化区间为15.70~25.07mg/kg,变异系数为13.83%。

根据甘肃省测土施肥养分分级标准,肃州区土壤有效磷含量为四级。对肃州区各乡镇有效磷含量进行对比分析,有效磷含量平均值小于20.00mg/kg的有12个乡镇;有效磷含量平均值在20.00mg/kg以上的有4个乡镇,分别为下河清乡、银达镇、西峰乡和丰乐乡。有效磷含量最高的乡镇是丰乐乡,为25.07mg/kg;最小的乡镇是清水镇,为15.70mg/kg。

(五)土壤速效钾

根据对肃州区3835个样品的分析检测,土壤速效钾含量为159.97mg/kg,标准差为21.73mg/kg,变化区间为110.72~192.88mg/kg,变异系数为13.58%。

根据甘肃省测土施肥养分分级标准,肃州区土壤速效钾含量为四级。对肃州区各乡镇速效钾含量进行对比分析,速效钾含量平均值小于150mg/kg的有3个乡镇,分别为金佛寺镇、泉湖乡和下河清乡;其他乡镇速效钾含量平均值均在150mg/kg以上。速效钾含量最大的乡镇是铧尖乡,为192.88mg/kg;最小的乡镇是金佛寺镇,为110.72mg/kg。

(六)耕层土壤有效铁

根据对肃州区3756个样品的分析检测,土壤有效铁含量为14.89mg/kg,标准差为

2.44,变化区间为 8.97~18.85mg/kg,变异系数为 16.37%。

根据甘肃省测土施肥养分分级标准,肃州区土壤有效铁含量为二级。对肃州区各乡镇有效铁含量进行对比分析,有效铁含量平均值小于 14mg/kg 的有 5 个乡镇,分别为上坝镇、西峰乡、总寨镇、屯升乡和清水镇;其他乡镇有效铁含量平均值均在 14mg/kg 以上。有效铁含量最大的乡镇是金佛寺镇,为 18.85mg/kg,最小的乡镇是上坝镇,为 8.97mg/kg。

(七)耕层土壤有效锰

根据对肃州区 3796 个样品的分析检测,土壤有效锰含量为 7.94mg/kg,标准差为 1.67,变化区间为 5.78~11.66mg/kg,变异系数为 20.00%。

根据甘肃省测土施肥养分分级标准,肃州区土壤有效锰含量为三级。对肃州区各乡镇有效锰含量进行对比分析,有效锰含量平均值小于 7mg/kg 的有 4 个乡镇,分别为西洞镇、丰乐乡、总寨镇和银达镇;其他乡镇有效锰含量平均值均在 7mg/kg 以上。有效锰含量最大的乡镇是泉湖乡,为 11.66mg/kg;最小的乡镇是西洞镇,为 5.78mg/kg。

(八)耕层土壤有效铜

根据对肃州区 3766 个样品的分析检测,土壤有效铜含量为 2.36mg/kg,标准差为 0.37,变化区间为 1.93~3.18mg/kg,变异系数为 15.64%。

根据甘肃省测土施肥养分分级标准,肃州区土壤有效铜含量为一级。对肃州区各乡镇有效铜含量进行对比分析,有效铜含量平均值小于 2mg/kg 的只有果园乡 1 个乡镇;其他乡镇有效铜含量平均值均在 2mg/kg 以上。上坝镇有效铜含量最高,为 3.18mg/kg;果园乡最小,为 1.93mg/kg。

(九)耕层土壤有效锌含量状况

根据对肃州区 3802 个样品的分析检测,土壤有效锌含量为 1.27mg/kg,标准差为 0.26,变化区间为 0.82~1.73mg/kg。变异系数为 20.38%。

根据甘肃省测土施肥养分分级标准,肃州区土壤有效锌含量为Ⅱ级。对肃州区各乡镇有效锌含量进行对比分析,有效锌含量平均值小于 1mg/kg 的只有铧尖乡 1 个乡镇;其他乡镇有效锌含量平均值均在 1mg/kg 以上。有效锌含量最大的乡镇是西峰乡,为 1.73mg/kg;最小的乡镇是铧尖乡,为 0.82mg/kg。

(十)耕层土壤 pH

根据对肃州区 3798 个样品的分析测试,肃州区 pH 值的变化区间为 8.2~8.77,平均值为 8.56。统计结果显示,肃州区土壤呈微碱性。对肃州区各乡镇 pH 值进行对比分析,pH 值小于 8.5 的有 3 个乡镇,分别为果园乡、东洞乡和上坝镇;其他乡镇 pH 值均在 8.5 以上。

二、肃州区耕地地力分析

以土壤图与土地利用现状图叠加形成评价单元,应用模糊综合评判方法,通过综合分析,将肃州区耕地共划分为5个等级,根据评价结合进行耕地地力的系统分析。

(一)耕地地力等级与分布

1.耕地地力等级面积统计

根据耕地地力评价结果数据表,汇总各等级耕地的面积,以《2008年甘肃农村年鉴》中的肃州区耕地总面积为基准进行平差,统计不同等级耕地面积。

肃州区总耕地面积为4.58万公顷,其中一、二、三等地占的比例较大,分别为36.1%、37.2%和21.6%,占总耕地的94.9%。四等地占的比例较小,为5.1%(表2-1-9)。

表2-1-9 肃州区耕地地力评价结果面积统计

等级	一等地	二等地	三等地	四等地	总计
面积(公顷)	16500	17000	9900	2300	45800
百分比(%)	36.09	37.17	21.64	5.10	100.00

2.耕地地力等级的行政区域划分

一等地主要分布在肃州区北部,南部有零星分布。二、三等地主要分布在肃州区中北部、南部和东南角。四等地主要分布在沿山、东洞乡和下河清乡西部的大部分地区(表2-1-10)。

从表2-1-10中可以看出,一等地主要分布在西峰乡、三墩镇、泉湖乡、果园乡、银达镇和总寨镇等乡镇;二、三等地主要分布在下河清乡、金佛寺镇、屯升乡、丰乐乡、清水镇、东洞乡、上坝镇、西洞镇、清水镇、黄泥堡乡、丰乐乡和铧尖乡等乡镇;四等地主要分布在东洞乡、金佛寺镇乡、屯升乡和下河清乡等乡镇。

表2-1-10 肃州区耕地地力等级行政区域分布

乡镇名称		一等地	二等地	三等地	四等地	合计
总寨镇	面积(公顷)	2252.15	772.64	911.26	96.13	4032.17
	比例(%)	55.85	19.16	22.60	2.38	100.00
银达镇	面积(公顷)	2161.08	1026.72	419.71	0.00	3607.51
	比例(%)	59.91	28.46	11.63	0.00	100.00

续表 2-1-10

乡镇名称		一等地	二等地	三等地	四等地	合计
下河清乡	面积(公顷)	0.00	1031.19	308.35	74.67	1414.20
	比例(%)	0.00	72.92	21.80	5.28	100.00
西峰乡	面积(公顷)	1305.28	164.62	70.61	0.00	1540.52
	比例(%)	84.73	10.69	4.58	0.00	100.00
西洞镇	面积(公顷)	292.73	192.31	346.26	22.87	854.17
	比例(%)	34.27	22.51	40.54	2.68	100.00
屯升乡	面积(公顷)	88.50	1348.00	414.28	187.48	2038.26
	比例(%)	4.34	66.13	20.33	9.20	100.00
上坝镇	面积(公顷)	1305.78	2042.03	604.40	39.70	3991.91
	比例(%)	32.71	51.15	15.14	0.99	100.00
三墩镇	面积(公顷)	3240.04	1172.87	181.62	10.54	4605.06
	比例(%)	70.36	25.47	3.94	0.23	100.00
泉湖乡	面积(公顷)	1718.84	342.07	385.14	0.00	2446.05
	比例(%)	70.27	13.98	15.75	0.00	100.00
清水镇	面积(公顷)	0.00	1115.80	814.85	148.99	2079.64
	比例(%)	0.00	53.65	39.18	7.16	100.00
金佛寺镇	面积(公顷)	0.00	3065.23	641.53	512.51	4219.28
	比例(%)	0.00	72.65	15.20	12.15	100.00
黄泥堡乡	面积(公顷)	152.60	95.32	148.99	0.00	396.91
	比例(%)	38.45	24.02	37.54	0.00	100.00
铧尖乡	面积(公顷)	785.97	586.30	696.04	0.00	2068.31
	比例(%)	38.00	28.35	33.65	0.00	100.00
果园乡	面积(公顷)	1813.11	484.06	720.40	0.00	3017.56
	比例(%)	60.09	16.04	23.87	0.00	100.00
丰乐乡	面积(公顷)	0.00	1304.59	747.30	10.99	2062.88
	比例(%)	0.00	63.24	36.23	0.53	100.00
东洞乡	面积(公顷)	22.80	986.99	278.49	604.36	1892.65
	比例(%)	1.20	52.15	14.71	31.93	100.00

(二)耕地地力等级分述

1.一等地的主要属性

一等地,综合评价指数大于0.93,耕地面积1.65万公顷,占总耕地面积的36.1%。评价单元773个,其中水浇地面积最大,为1.63万公顷,占一等地面积的98.74%。一等地主要分布在西峰乡、三墩镇、泉湖乡、果园乡、银达镇、总寨镇,在肃州区北部地区。土种以灌淤土和潮土为主,地貌类型以倾斜冲洪积平原为主,耕层质地构型以轻壤质和中壤质为主,灌溉保证率均在75%以上;土层厚,有效土层厚度大于1m,地势平坦,降水量少,无明显障碍层,耕层土壤盐分平均含量为0.26%,土壤理化性状良好,可耕性强。耕层土壤pH值为8.56,有机质14.86g/kg,有效锌1.19mg/kg,有效磷18.39mg/kg,速效钾160.69mg/kg,速效氮72.45mg/kg(表2-1-11)

表2-1-11 肃州区一等地主要养分含量

	pH	有机质(g/kg)	有效锌(mg/kg)	有效磷(mg/kg)	速效钾(mg/kg)	速效氮(mg/kg)	土层盐分(%)
平均含量	8.56	14.86	1.19	18.39	160.69	72.45	0.26
含量水平	—	四级	二级	三级	三级	四级	—

2.二等地的主要属性

二等地,综合评价指数在0.76~0.93之间,耕地面积1.70万公顷,占总耕地面积的37.2%,评价单元1758个。其中水浇地面积最大,为1.66万公顷,占二等地面积的97.74%。二等地主要分布在下河清乡、金佛寺镇、屯升乡、丰乐乡、清水镇、东洞乡、上坝镇等,在肃州区中北部的各乡镇以及西南部的部分乡镇。土种以潮土和灰棕漠土为主,地貌类型以浅山区和低洼地为主,耕层质地构型以均质轻壤、均质中壤和夹黏中壤为主,灌溉保证率在65%以上;有效土层厚度在29~100cm,降雨量少,有明显障碍层,耕层土壤盐分平均含量为0.22,有轻度盐碱危害,可耕性较强。耕层土壤pH值为8.54,有机质14.27g/kg,有效锌1.22mg/kg,有效磷18.10mg/kg,速效钾149.53mg/kg,速效氮68.68mg/kg。(表2-1-12)。

表2-1-12 肃州区二等地主要养分含量

	pH	有机质 g/kg	有效锌 mg/kg	有效磷 mg/kg	速效钾 mg/kg	速效氮 mg/kg	土层盐分(%)
平均含量	8.54	14.27	1.22	18.1	149.53	68.68	0.22
含量水平	—	IV	II	III	III	IV	

3.三等地的主要属性

三等地,综合评价指数在0.57~0.76之间,耕地面积0.99万公顷,占总耕地面积的21.6%,评价单元1521个。其中水浇地面积最大,为9176.79公顷,占三等地面积的

92.58%。三等地主要分布在西洞镇、清水镇、黄泥堡乡、丰乐乡、铧尖乡。土种以灰棕漠土为主,耕层质地构型以均质轻壤、夹黏中壤和夹砂轻壤为主,灌溉保证率均在65%以下;有效土层厚度在29~100cm,降雨量少,海拔高,有明显障碍层,耕层土壤盐分含量平均值为0.26%,土壤理化性状良好,可耕性较强。耕层土壤pH值为8.54,有机质14.68g/kg,有效锌1.20mg/kg,有效磷18.14mg/kg,速效钾157.07mg/kg,速效氮70.25mg/kg(表2-1-13)。

表 2-1-13　肃州区三等地主要养分含量

	pH	有机质(g/kg)	有效锌(mg/kg)	有效磷(mg/kg)	速效钾(mg/kg)	速效氮(mg/kg)	土层盐分(%)
平均含量	8.54	14.68	1.2	18.14	157.07	70.25	0.26
含量水平	—	四级	二级	三级	二级	四级	—

4.四等地的主要属性

四等地,综合评价指数在0.41~0.57之间,耕地面积0.23万公顷,占总耕地面积的5.1%,评价单元473。其中水浇地面积最大,为2164.40公顷,占四等地面积的92.62%。四等地主要分布在肃州区祁连山一带的东洞乡、金佛寺镇乡、屯升乡、下河清乡。土种以山地灰棕漠土为主,地貌类型为缓坡地,耕层质地构型以均质中壤和均质轻壤为主,灌溉保证率均在65%以上;有效土层厚度22~48cm,土层薄,有明显障碍层,耕层土壤盐分含量平均值为0.25%,受盐碱和风蚀危害,可耕性较好。耕层土壤pH值为8.54,有机质13.97g/kg,有效锌1.19mg/kg,有效磷17.78mg/kg,速效钾149.91mg/kg,速效氮69.53mg/kg(表2-1-14)。

表 2-1-14　肃州区四等地主要养分含量

	pH	有机质(g/kg)	有效锌(mg/kg)	有效磷(mg/kg)	速效钾(mg/kg)	速效氮(mg/kg)	土层盐分(%)
平均含量	8.54	13.97	1.19	17.78	149.91	69.53	0.25
含量水平	—	四级	二级	三级	三级	四级	—

第三节　敦煌市耕地地力分析

一、敦煌市耕层土壤属性

(一)耕层土壤有机质

敦煌市耕层土壤有机质检测含量平均值为9.42g/kg,变幅为6.31~12.38g/kg,与1986

年有机质含量平均值9.90g/kg比较,减少了0.48g/kg。根据甘肃省土壤养分含量分级标准(以下分级水平皆以甘肃省土壤养分分级标准为参照),属于低等水平,含量在五、六级水平的耕地分别占耕地总面积的19.22%、80.78%(表2-1-15)。

表2-1-15 敦煌市耕层土壤有机质含量分级及面积

划分等级	五级	六级
有机质含量范围(g/kg)	10~15	6~10
样本数(n)	1021	3564
面积(公顷)	5078.37	21350..07
占耕地总面积(%)	19.22	80.78

(二)耕层土壤全氮

敦煌市耕层土壤碱解氮检测含量平均值为70.57mg/kg,变幅为54.01~92.36mg/kg。根据甘肃省土壤养分含量分级标准,属于低等水平,含量在6级水平,占耕地总面积的96.39%。耕层土壤全氮检测含量平均值为0.59g/kg,变幅为0.45~0.93g/kg(表2-1-16)。

表2-1-16 敦煌市耕层土壤全氮含量分级及面积

划分等级	五级	六级	七级
有机质含量范围(g/kg)	1~0.75	0.75~0.5	≤0.5
样本数(n)	22	4548	15
面积(公顷)	16.41	25475.41	936.62
占耕地总面积(%)	0.06	96.39	3.54

(三)耕层土壤有效磷

敦煌市耕层土壤有效磷平均含量为12.11mg/kg,变幅为10~14.99mg/kg,与1986年有效磷含量平均值6.40mg/kg相对比,增加了5.71mg/kg。根据甘肃省土壤养分含量分级标准,属于中低等水平,含量在五、六级水平的耕地分别占耕地总面积的68.81%、25.71%(表2-1-17)。

表2-1-17 敦煌市耕层土壤有效磷含量分级及面积

划分等级	三级	四级	五级	六级
有效磷含量(mg/kg)	30~20	20~15	15~10	10~5
样本数(n)	46	378	3428	733
面积(公顷)	173.57	1275.34	18185.39	6794.14
占耕地总面积(%)	0.66	4.83	68.81	25.71

(四)土壤速效钾

敦煌市耕层土壤速效钾含量平均为 108mg/kg,变幅为 67~166mg/kg,与 1986 年速效钾含量平均值 139mg/kg 相比较,减少了 31mg/kg,速效钾含量偏低,属于缺钾地区。根据甘肃省土壤养分含量分级标准,属于低等水平,含量在五、六级水平的耕地分别占耕地总面积的 70.88%、28.83%(表 2-1-18)。

表 2-1-18　敦煌市耕层土壤速效钾含量分级及面积

划分等级	四级	五级	六级
速效钾含量(mg/kg)	200~150	150~100	100~50
样本数(n)	33	3506	1046
面积(公顷)	75.15	18733.64	7619.66
占耕地总面积(%)	0.28	70.88	28.83

(五)耕层土壤微量元素

根据本次地力评价调查结果,敦煌市有效铁平均值为 0.76mg/kg,最小值为 0.36mg/kg,最大值为 1.18mg/kg,按照甘肃省土壤养分分级标准,敦煌市有效铁含量分布在 5 级水平。土壤有效锰含量在 7.45~20.62mg/kg,分级及面积如表 2-1-19。有效铜平均值为 0.14mg/kg,最大值为 0.16mg/kg,最小值为 0.1mg/kg,根据甘肃省微量元素分级标准,敦煌市的有效铜含量属于最低级水平。有效锌平均值为 0.63mg/kg,最大值为 0.38mg/kg,最小值为 0.85mg/kg,按照甘肃省土壤养分分级标准,敦煌市有效锌含量分布在三、四级水平(表 2-1-20)。

表 2-1-19　敦煌市耕层土壤有效锰含量分级及面积

划分等级	一级	二级	三级
有效锰含量(mg/kg)	>15.00	15.00~9.00	9.00~7.00
样本数(n)	3902	643	40
面积(公顷)	20444.28	5119.60	864.56
占耕地总面积(%)	77.36	19.37	3.27

表 2-1-20　敦煌市耕层土壤有效锌含量分级及面积

划分等级	三级	四级
有效锌含量(mg/kg)	1.00~0.50	0.50~0.30
样本数(n)	4272	313
面积(公顷)	23528.23	2900.21
占耕地总面积(%)	89.03	10.97

(六)耕层土壤pH

敦煌市pH值变化在7.53~8.37之间,均值为8.05,属于碱性土壤。

二、敦煌市耕地地力分析

以土壤图与土地利用现状图叠加形成评价单元,应用模糊综合评判方法,通过综合分析,将敦煌市耕地共划分为5个等级,根据评价结合进行耕地地力的系统分析。

(一)耕地地力等级与分布

1.耕地地力等级面积统计

利用MAPGIS软件,对耕地资源管理单元图关联属性数据表和评价结果表进行操作,检索统计耕地各等级的面积及图幅面积。以2007年敦煌市耕地总面积26428.44公顷(即敦煌市国土资源局2007年统计资料)为基准,按面积比例进行平差,计算出各耕地地力等级的面积。

敦煌市耕地总面积为26428.44公顷。其中,一等地面积为9847.66公顷,占耕地总面积的40.83%;二等地面积为6975.67公顷,占耕地总面积的29.46%;三等地面积为5461.65公顷,占耕地总面积的19.51%;四等地面积为4143.46公顷,占耕地总面积的10.2%(表2-1-21)。

表2-1-21 敦煌市耕地地力评价结果面积统计

等级	一等地	二等地	三等地	四等地	总计
面积(公顷)	9847.66	6975.67	5461.65	4143.46	26428.44
百分比(%)	40.83	29.46	19.51	10.20	100

2.耕地地力等级的行政区域划分

将耕地地力等级分布图与行政区划图进行叠加分析,从耕地地力等级行政区域分布数据库中,按权属字段检索出各等级的记录,统计出1~6级地在各乡镇的分布状况,见表2-1-22。

表2-1-22 敦煌市耕地地力等级行政区域分布　　　　　单位:公顷,%

等级	合计	一等地	二等地	三等地	四等地
全市面积	26428.44	9847.66	6975.67	5461.65	4143.46
所占比例	100	40.83	29.46	19.51	10.20
莫高镇	2860.91	2121.98	667.53	69.38	2.02
七里镇	2874.49	687.51	284.54	1294.15	608.29
转口渠镇	5134.56	1633.49	2693.86	739.45	67.76

续表 2-1-22 敦煌市耕地地力等级行政区域分布　　单位：公顷，%

等级	合计	一等地	二等地	三等地	四等地
肃州镇	4251.11	1612.86	1830.86	587.63	219.76
月牙泉镇	2365.85	1034.57	497.54	589.31	244.43
阳关镇	2609.59	—	—	435.06	2174.53
黄渠乡	2938.67	2102.83	158.4	504.2	173.24
郭家堡乡	2853.26	654.42	842.94	1242.47	113.43

（二）耕地地力等级分述

1.一等地的主要属性

一等地，综合评价指数大于0.7230，主要分布在黄渠乡、莫高镇、转口渠镇、肃镇等乡镇。土壤成土母质主要为冲击洪积物、冲击湖积物和风击冲积物。土壤质地主要为轻壤土和中壤土。耕地面积为9847.66公顷，占耕地总面积的40.83%。一等地土地利用类型主要是水浇地和果园，有效土层厚度在120~150cm之间，平均海拔为1182m，年降雨量为40mm。

一等地土体构型为均质轻壤、均质中壤、壤身轻壤、砂底轻壤、砂底中壤，表层质地为轻壤土、中壤土。灌溉水来源主要为地下深水井和河流引水，灌溉条件优越，施肥水平高，是耕作土壤中质量较好的土壤资源类型，多数无障碍因素。由于耕作时间长，熟化程度高，养分含量较高，有机质平均含量在9.83g/kg，有效磷平均含量12.94mg/kg，速效钾平均含量113mg/kg，碱解氮平均含量73.54mg/kg（表2-1-23）。

表2-1-23 敦煌市一等地主要养分含量

项目	有机质(g/kg)	碱解氮(mg/kg)	速效钾(mg/kg)	有效磷(mg/kg)
含量范围	7.68~12.38	54.18~72.6	84~166	8.21~28.09
总含量	4653.6	27137.1	59166	9254.1
平均值	9.83	73.54	113	12.94
含量水平	低	低	中等偏下	中等

2.二等地的主要属性

二等地，综合评价指数为0.7230~0.7080，面积为6975.67公顷，占耕地总面积的29.46%。敦煌市除阳关镇没有分布其余各乡镇皆有分布。土壤质地为轻壤土、砂壤土，质地构型为均质轻壤、黏底砂壤和壤身砂壤。土地利用类型为水浇地。土壤成土母质主要为冲积洪积物、冲击湖积物和风击冲积物。土体构型有厚黏底、全剖面均质，少部分轻度盐渍化，地势较为平坦，土层厚，无明显障碍层，土壤理化性状良好，可耕性强。耕地土壤有机质平均含量为 9.36g/kg,有效磷平均含量为 11.35mg/kg,速效钾平均含量为 109.00mg/kg,碱解氮平均含量为 71.89mg/kg(表 2-1-24)。

表 2-1-24 敦煌市二等地主要养分含量

项目	有机质(g/kg)	碱解氮(mg/kg)	速效钾(mg/kg)	有效磷(mg/kg)
含量范围	7.64~11.17	54.43~91.53	85~155	7.99~17.63
总含量	11764.03	90367.48	137224	14271.83
平均值	9.36	71.89	109.00	11.35
含量水平	低	低	中等偏下	中等偏下

3.三等地的主要属性

三等地,综合评价指数为 0.6847~0.7080,耕地面积为 5461.65 公顷,占耕地总面积的 19.51%。敦煌市各乡镇均有分布。土壤质地为轻壤土、砂壤土,质地构型为均质轻壤、黏底轻壤、黏底砂壤和壤身砂壤。土地利用类型为水浇地和果园。三等地耕层土壤主要养分含量及水平见表 2-1-25。

表 2-1-25 敦煌市三等地主要养分含量

项目	有机质(g/kg)	碱解氮(mg/kg)	速效钾(mg/kg)	有效磷(mg/kg)
含量范围	6.31~10.67	54.02~86.21	70~159	8.05~16.435
总含量	7833.23	57520.88	89542	10352.97
平均值	8.90	65.36	101.00	11.76
含量水平	低	低	中等偏下	中等偏下

4.四等地的主要属性

四等地,综合评价指数小于 0.6847,耕地面积为 4143.46 公顷,占耕地总面积的 10.20%。敦煌市各乡镇均有分布。土壤质地为砂壤土、轻壤土。四等地耕层土壤养分状况如下表 2-1-26。

表 2-1-26 敦煌市四等地主要养分含量

项目	有机质(g/kg)	碱解氮(mg/kg)	速效钾(mg/kg)	有效磷(mg/kg)
含量范围	7.05~10.67	54.84~80.63	67~137	7.61~17.08
总含量	3728.07	27046.03	40433	4845.97
平均值	8.73	63.34	94	11.35
含量水平	低	低	低	中等偏下

第四节 瓜州县耕地地力分析

一、瓜州县耕层土壤属性

(一)耕层土壤有机质

根据对瓜州县13个乡镇663个样品有机质的分析检测,瓜州县土壤有机质平均含量为8.43g/kg。根据甘肃省养分分级标准,瓜州县土壤有机质含量为六级。

对瓜州县各乡(镇)有机质含量进行对比分析,有机质含量平均值小于8.43g/kg的乡(镇)有5个,分别为梁湖乡、广至藏族乡、腰站子东乡族乡、双塔乡、沙河回族乡;其他乡(镇)有机质含量均在8.43g/kg以上。其中南岔镇有机质含量最高,为13.10g/kg,梁湖乡有机质含量最低,为7.35g/kg。

将此次测土配方施肥所测有机质数据与第二次土壤普查有机质数据相比较,由于腰站子东乡族乡、七墩回族东乡族乡、双塔乡、广至藏族乡、沙河回族乡、梁湖乡为第二次土壤普查之后所建制的移民乡镇,没有第二次土壤普查的数据,所以无法做出比较,只比较三道沟镇、南岔镇、锁阳城镇、河东乡、布隆吉乡、西湖乡、瓜州乡7个乡镇。通过比较这7个乡镇有机质含量的变化状况,结果表明,7乡镇的土壤有机质含量平均减少1.56g/kg,有3个乡镇有机质含量有所减小,4个乡镇有所增加;其中布隆吉乡减幅较大,减少了9.61g/kg;南岔镇增幅较大,增加了2.80g/kg。

(二)耕层土壤全氮

根据对瓜州县13个乡镇的683个土壤样品全氮的分析检测,其土壤全氮平均含量为0.85g/kg。根据甘肃省养分分级标准,瓜州县土壤全氮含量为五级。

对瓜州县各乡(镇)全氮含量进行对比分析,全氮含量小于平均值0.85g/kg的有6个乡(镇),分别为七墩回族东乡族乡、双塔乡、腰站子东乡族乡、广至藏族乡、沙河回族乡、梁湖乡;其他乡(镇)在0.85g/kg以上。其中七墩回族东乡族乡全氮含量较低,为0.52g/kg;南岔镇、瓜州乡和西湖乡全氮含量较高,分别为1.23g/kg、1.19g/kg和1.18g/kg。全氮含量在0.75~1.00g/kg的主要有七墩回族东乡族乡、双塔乡、腰站子东乡族乡、广至藏族乡、沙河回族乡、梁湖乡、河东乡、三道沟镇、布隆吉乡;在1.0~1.25g/kg的乡镇有锁阳城镇、西湖乡、瓜州乡、南岔镇。

将此次测土配方施肥所测全氮含量数据与第二次土壤普查全氮含量数据相比较,由于腰站子东乡族乡、七墩回族东乡族乡、双塔乡、广至藏族乡、沙河回族乡、梁湖乡为第二次土壤普查之后所建制的移民乡镇,没有第二次土壤普查的数据,无法做出比较,只比较三道沟镇、南岔镇、锁阳城镇、河东乡、布隆吉乡、西湖乡、瓜州乡 7 个乡镇。通过比较这 7 个乡镇的土壤全氮含量的变化状况,结果表明,7 乡镇的土壤全氮含量均有所增加,平均增加了 0.42g/kg;其中西湖乡、南岔乡及瓜州乡增幅较大,分别增加 0.73g/kg、0.71g/kg 和 0.70g/kg;其他乡镇增幅相对较小,均小于 0.30g/kg。

(三)耕层土壤碱解氮

根据对瓜州县 13 个 701 个土壤样品的分析检测,其土壤碱解氮平均含量为 36.71mg/kg。根据甘肃省养分分级标准,瓜州县土壤碱解氮含量为七级。

对瓜州县各乡(镇)进行对比分析,碱解氮含量小于平均值 36.71mg/kg 的有 8 个乡(镇),分别为沙河回族乡、广至藏族乡、梁湖乡、七墩回族东乡族乡、腰站子东乡族乡、双塔乡、布隆吉乡;其他乡(镇)在 36.71mg/kg 以上。瓜州乡碱解氮含量最高,为 52.33mg/kg,沙河回族乡碱解氮含量最小,为 24.23mg/kg。

将此次测土配方施肥所测碱解氮含量数据与第二次土壤普查碱解氮含量数据相比较,由于腰站子东乡族乡、七墩回族东乡族乡、双塔乡、广至藏族乡、沙河回族乡、梁湖乡为第二次土壤普查之后所建制的移民乡镇,没有第二次土壤普查的数据,无法做出比较,只比较三道沟镇、南岔镇、锁阳城镇、河东乡、布隆吉乡、西湖乡、瓜州乡 7 个乡镇。通过比较这 7 个乡镇的土壤碱解氮含量的变化状况,结果表明,7 个乡镇的土壤碱解氮含量平均减少 5.34mg/kg;其中 7 乡镇中有三道沟镇、锁阳城镇、河东乡和布隆吉镇 4 个乡镇的土壤碱解氮含量减少,锁阳城镇减幅最大,为 39.22mg/kg;西湖乡、南岔镇及瓜州乡碱解氮含量增加,分别增加了 13.50mg/kg、16.20mg/kg 和 18.33mg/kg;其他乡镇碱解氮含量变化相对较小。

(四)耕层土壤有效磷

根据对瓜州县 13 个乡镇 692 个土壤样品的分析检测,其土壤有效磷含量为 21.72mg/kg。根根据甘肃省养分分级标准,瓜州县土壤有效磷含量为三级。

对瓜州县 13 个乡镇有效磷含量变化进行对比分析,小于平均值 21.72mg/kg 的有 8 个乡(镇),分别为广至藏族乡、梁湖乡、沙河回族乡、腰站子东乡族乡、布隆吉乡、七墩回族东乡族乡、双塔乡、河东乡;其他乡(镇)在 21.72mg/kg 以上。广至藏族乡有效磷含量最低,为 8.40mg/kg;南岔镇有效磷含量最高,为 40.26mg/kg。

将此次测土配方施肥所测有效磷含量数据与第二次土壤普查有效磷含量数据相比较,由于腰站子东乡族乡、七墩回族东乡族乡、双塔乡、广至藏族乡、沙河回族乡、梁湖乡为第二次土壤普查之后所建制的移民乡镇,没有第二次土壤普查的数据,无法做出比较,只比较三道沟镇、南岔镇、锁阳城镇、河东乡、布隆吉乡、西湖乡、瓜州乡 7 个乡镇。通过比较这7个乡镇的土壤有效磷含量的变化状况，结果表明，7乡镇有效磷含量均有所增加，平均增加21.54mg/kg；其中南岔镇增幅较大，增加35.26mg/kg；布隆吉乡增加较小，为11.23mg/kg。

(五)土壤速效钾

根据对瓜州县706个样品的分析检测，其土壤速效钾含量为110.07mg/kg。根据甘肃省养分分级标准，瓜州县土壤速效钾含量为五级。

对瓜州县各乡(镇)速效钾含量进行对比分析，速效钾含量小于平均值110.07mg/kg的有6个乡(镇)，分别为广至藏族乡、沙河回族乡、腰站子东乡族乡、双塔乡、七墩回族东乡族乡、梁湖乡；其他乡(镇)在110.07mg/kg以上。其中广至藏族乡速效钾含量最低，为78.54mg/kg，南岔镇速效钾含量最高为146.82mg/kg。速效钾含量在50~100mg/kg的主要分布在广至藏族乡、沙河回族乡、腰站子东乡族乡、双塔乡、七墩回族东乡族乡、梁湖乡；在100~150mg/kg的主要分布在锁阳城镇、河东乡、布隆吉乡、三道沟镇、瓜州乡、西湖乡、南岔镇。

将此次测土配方施肥所测速效钾含量数据与第二次土壤普查速效钾含量数据相比较，由于腰站子东乡族乡、七墩回族东乡族乡、双塔乡、广至藏族乡、沙河回族乡、梁湖乡为第二次土壤普查之后所建制的移民乡镇，没有第二次土壤普查的数据，无法做出比较，只比较三道沟镇、南岔镇、锁阳城镇、河东乡、布隆吉乡、西湖乡、瓜州乡7个乡镇。通过比较7个乡镇速效钾含量的变化状况，结果表明，速效钾平均减少了49.96mg/kg，其中有5个乡镇速效钾含量减少；布隆吉乡、锁阳城镇减幅较大，分别减少了140.59mg/kg和119.29mg/kg；南岔镇和瓜州乡速效钾含量有所增加，分别增加20.82mg/kg和24.15mg/kg。

(六)耕层土壤有效铁

根据对瓜州县7个乡镇的219个土壤样品的分析检测，其土壤有效铁含量为7.37mg/kg。根据甘肃省养分分级标准，瓜州县土壤有效铁含量为三(较低)等。

对瓜州县7个乡(镇)有效铁含量进行对比分析，有效铁含量小于平均值7.37mg/kg的乡(镇)有3个，分别为瓜州乡、锁阳城镇、河东乡，其中瓜州乡含量最低，为6.41mg/kg；有效铁含量大于平均值的有4个乡镇，分别为双塔乡、沙河回族乡、腰站子东乡族乡和广至藏族乡，其中广至藏族乡有效铁含量最高，为8.13mg/kg。

(七)耕层土壤有效锰

根据对瓜州县7个乡镇的19个有效锰样品的分析检测，其土壤有效锰含量为4.16mg/kg。根据甘肃省养分分级标准，瓜州县土壤有效锰含量为四(低)等。

对瓜州县7个乡(镇)有效锰含量进行对比分析，小于平均值4.16mg/kg的有4个乡

（镇），分别为瓜州乡、沙河回族乡、锁阳城镇、双塔乡，其中瓜州乡含量最小，为3.28mg/kg；广至藏族乡、河东乡、腰站子东乡族乡有效锰含量高于平均值4.16mg/kg，其中腰站子东乡族乡含量最高，为4.82mg/kg。瓜州县耕层土壤有效锰含量分布相对较均匀均在3.00~7.00mg/kg之间。

(八)耕层土壤有效铜

根据对瓜州县7个乡镇219个土壤样品的分析检测，其土壤有效铜含量为0.85mg/kg。根据甘肃省养分分级标准，瓜州县土壤有效铜含量为三（较低）等。

对瓜州县7个乡（镇）有效铜含量进行对比分析，小于平均值0.85mg/kg的乡镇有2个，分别为瓜州乡和锁阳城镇；其中瓜州乡含量最低，为0.70mg/kg；有效铜含量大于平均值的有5个乡镇，分别为双塔乡、沙河回族乡、腰站子东乡族乡、河东乡和广至藏族乡，其中腰站子东乡族乡有效铜含量最高，为0.94mg/kg。瓜州县所测7个乡镇中有效铜含量相对较小，均在0.50~1.00mg/kg。

(九)耕层土壤有效锌含量状况

根据对瓜州县7个乡镇的219个土壤样品的分析检测，其土壤有效锌含量为1.51mg/kg。根据甘肃省养分分级标准，瓜州县土壤有效锌含量为二（中）等。

对瓜州县7个乡（镇）有效锌含量进行对比分析，有效锌含量小于平均值1.51mg/kg的乡（镇）有2个，分别为瓜州乡、锁阳城镇，其中瓜州乡含量最低，为1.10mg/kg；有效锌含量大于平均值的有5个乡镇，分别为双塔乡、沙河回族乡、腰站子东乡族乡、河东乡和广至藏族乡，其中腰站子东乡族乡有效锌含量最高，为1.80mg/kg。7个乡镇中有效锌含量在1.0~1.50mg/kg的有2个，分别为瓜州乡、锁阳城镇，在1.50~2.0mg/kg的乡镇有双塔乡、沙河回族乡、腰站子东乡族乡、河东乡和广至藏族乡。

(十)耕层土壤pH

根据对瓜州县13个乡镇694个土壤样品的分析测试，瓜州县pH值平均值为8.33。统计结果显示，瓜州县土壤呈微碱性。对瓜州县各乡镇pH值进行对比分析，pH值小于平均值8.33的乡镇有5个，分别为腰站子东乡族乡、广至藏族乡、七墩回族东乡族乡、沙河回族乡、河东乡，pH值最小的乡镇是腰站子东乡族乡，pH值为8.09。其他乡镇pH值均大于8.33。pH值最大的乡镇是瓜州乡、梁湖乡、锁阳城镇，分别为8.44、8.44和8.45。

二、瓜州县耕地地力分析

以土壤图与土地利用现状图叠加形成评价单元，应用模糊综合评判方法，通过综合分析，将瓜州县耕地共划分为5个等级，根据评价结合进行耕地地力的系统分析。

(一)耕地地力等级与分布

1.耕地地力等级面积统计

根据耕地地力评价结果数据表,汇总各等级耕地的面积,以《2010年甘肃农村年鉴》瓜州县耕地总面积为基准进行平差,统计出不同等级耕地面积。

瓜州县总耕地面积为3.386万公顷,其中一等地、四等地和五等地占的比例较大,分别为20.0%、33.7%和17.3%,占总耕地的71.0%;二等地和三等地占的比例较小,分别为12.4%和16.5%。见表2-1-27。

表2-1-27 瓜州县耕地地力评价结果面积统计

等级	一等地	二等地	三等地	四等地	五等地	总计
面积(公顷)	6780	4210	5590	11420	5870	33860
百分比(%)	20.0	12.4	16.5	33.7	17.3	100

2.耕地地力等级的行政区域划分

从耕地地力评价结果数据表中可以看出,一等地和二等地主要分布在锁阳城镇、河东乡、西湖乡、瓜州乡、三道沟镇、南岔镇;三等地主要分布在锁阳城镇、河东乡、瓜州乡、腰站子东乡族乡、双塔乡;四等地主要分布在双塔乡、腰站子东乡族乡、河东乡、沙河回族乡、南岔镇、西湖乡;五等地主要分布在锁阳城镇、广至藏族乡、三道沟镇、西湖乡及各乡镇公地。表2-1-28为瓜州县一等地到五等地的各乡镇的分布状况。

表2-1-28 瓜州县耕地地力等级行政区域分布

乡镇名称		一等地	二等地	三等地	四等地	五等地	合计
布隆吉乡	面积(公顷)	252.3	168.5	347.2	129.9	8.4	906.3
	比例(%)	27.8	18.6	38.3	14.3	0.9	100.0
瓜州乡	面积(公顷)	904.3	609.4	566.3	365.4	146.1	2591.6
	比例(%)	34.9	23.5	21.9	14.1	5.6	100.0
广至藏族乡	面积(公顷)			2.4		405.6	408.0
	比例(%)			0.6		99.4	100.0
河东乡	面积(公顷)	563.4	775.0	461.3	687.6	68.5	2555.8
	比例(%)	22.0	30.3	18.1	26.9	2.7	100.0
梁湖乡	面积(公顷)		6.3	15.3	384.1	300.8	706.5
	比例(%)		0.9	2.2	54.4	42.6	100.0

续表 2-1-28

乡镇名称		一等地	二等地	三等地	四等地	五等地	合计
南岔镇	面积（公顷）	1590.1	916.3	166.0	795.6	215.2	3683.2
	比例（%）	43.2	24.9	4.5	21.6	5.8	100.0
七墩回族东乡族乡	面积（公顷）			7.0	104.4	249.3	360.6
	比例（%）			1.9	28.9	69.1	100.0
三道沟镇	面积（公顷）	1309.0	305.7	343.8	454.8	411.3	2824.5
	比例（%）	46.3	10.8	12.2	16.1	14.6	100.0
沙河回族乡	面积（公顷）	30.2		151.8	791.5	69.9	1043.4
	比例（%）	2.9		14.5	75.9	6.7	100.0
双塔乡	面积（公顷）	29.1	23.4	1459.5	511.3	19.4	2042.8
	比例（%）	1.4	1.1	71.4	25.0	0.9	100.0
锁阳城镇	面积（公顷）	532.4	676.1	382.7	245.2	395.0	2231.4
	比例（%）	23.9	30.3	17.1	11.0	17.7	100.0
西湖乡	面积（公顷）	1088.2	313.6	58.4	1595.6	725.7	3781.5
	比例（%）	28.8	8.3	1.5	42.2	19.2	100.0
腰站子东乡族乡	面积（公顷）	94.1	0.1	700.8	661.2	7.9	1464.2
	比例（%）	6.4	0.0	47.9	45.2	0.5	100.0
其他	面积（公顷）	384.8	414.8	926.0	4692.2	2842.8	9260.5
	比例（%）	4.2	4.5	10.0	50.7	30.7	100.0
瓜州县	面积（公顷）	6777.9	4209.1	5588.4	11418.8	5865.9	33860.2
	比例（%）	20.0	12.4	16.5	33.7	17.3	100.0

（二）耕地地力等级分述

1.一等地的主要属性

一等地，综合评价指数 IFI 大于 0.6915，耕地面积 0.68 万公顷，占总耕地面积的 20.0%，主要分布在锁阳城镇、河东乡、瓜州乡、西湖乡、三道沟镇、南岔镇一带。

一等地土壤主要以灌淤土、潮土为主,少量为灰棕漠土、沼泽土和棕漠土;土壤质地构型以砂底轻壤和砂底中壤为主;地貌类型主要为昌马洪积冲积扇扇沿和疏勒河中下游干三角。耕层土壤养分含量:有机质 11.6g/kg,碱解氮 41.8mg/kg,有效磷 24.1mg/kg,速效钾 123.3mg/kg,有效硫 249.1mg/kg,有效铜 0.17mg/kg,有效锌 0.24mg/kg,有效铁 1.13mg/kg,有效锰 0.18mg/kg,有效硼 0.18mg/kg(表 2-1-29)。

表 2-1-29 瓜州县一等地主要养分含量

	有机质 g/kg	碱解氮 mg/kg	有效磷 mg/kg	速效钾 mg/kg	有效硫 mg/kg	有效铜 mg/kg	有效锌 mg/kg	有效铁 mg/kg	有效锰 mg/kg	有效硼 mg/kg
平均含量	11.6	41.8	24.1	123.3	249.1	0.17	0.24	1.13	0.69	0.18
含量水平	五级	七级	三级	五级	一级	五级	五级	五级	五级	五级

2.二等地的主要属性

二等地,综合评价指数 IFI 为 0.6915~0.6830,耕地面积 0.42 万公顷,占总耕地面积的 12.4%,主要分布在瓜州乡、锁阳城镇、河东乡、南岔镇,布隆吉乡、三道沟镇、西湖乡分布面积相对较小。

二等地土壤主要以灌淤土为主,少量为潮土;土壤质地构型以壤身中壤和夹砂轻壤为主,砂底中壤面积较小;地貌类型主要以昌马洪积冲积扇扇沿和疏勒河中下游干三角地区为主;少部分分布在洪基冲积扇、南部山区戈壁倾斜平原和疏勒河下游平原区。耕层土壤养分含量:有机质 11.56g/kg,碱解氮 42.2mg/kg,有效磷 24.7mg/kg,速效钾 120.7mg/kg,有效硫 292.4mg/kg,有效铜 0.17mg/kg,有效锌 0.28mg/kg,有效铁 1.32mg/kg,有效锰 0.81mg/kg,有效硼 0.22mg/kg(表 2-1-30)。

表 2-1-30 瓜州县二等地主要养分含量

	有机质 g/kg	碱解氮 mg/kg	有效磷 mg/kg	速效钾 mg/kg	有效硫 mg/kg	有效铜 mg/kg	有效锌 mg/kg	有效铁 mg/kg	有效锰 mg/kg	有效硼 mg/kg
平均含量	11.56	42.2	24.7	120.7	292.4	0.17	0.28	1.32	0.81	0.22
含量水平	五级	七级	三级	五级	一级	五级	五级	五级	五级	四级

3.三等地的主要属性

三等地,综合评价指数 IFI 为 0.6830~0.6590,耕地面积 0.59 万公顷,占总耕地面积的 16.50%。三等地全县各乡镇均有分布,其主要分布河东乡、瓜州乡、腰站子东乡族乡、双塔乡等乡镇,西湖乡、沙河回族乡、南岔镇、三道沟镇、布隆吉乡、锁阳城镇面积相对较小。

三等地土壤几乎全部为灌淤土,只有极少量为潮土;土壤质地构型以夹砂轻壤为主,部分为砂身中壤,少量为砂底中壤;地貌类型以昌马洪积冲积扇扇沿和疏勒河中下游干三角地区为主;少部分分布在洪基冲积扇、南部山区戈壁倾斜平原、疏勒河下游平原区和北部山区戈壁倾斜平原区。耕层土壤养分含量:有机质 10.62g/kg,碱解氮 36.3mg/kg,有效磷 20.3mg/kg,速效钾 109mg/kg,有效硫 271mg/kg,有效铜 0.16mg/kg,有效锌 0.31mg/kg,有效铁 1.39mg/kg,有效锰 0.87mg/kg,有效硼 0.21mg/kg(表 2-1-31)。

表 2-1-31 瓜州县三等地主要养分含量

	有机质 g/kg	碱解氮 mg/kg	有效磷 mg/kg	速效钾 mg/kg	有效硫 mg/kg	有效铜 mg/kg	有效锌 mg/kg	有效铁 mg/kg	有效锰 mg/kg	有效硼 mg/kg
平均含量	10.62	36.3	20.3	109	271	0.16	0.31	1.39	0.87	0.21
含量水平	五级	七级	三级	五级	一级	五级	四级	五级	五级	四级

4.四等地的主要属性

四等地,综合评价指数 IFI 为 0.6590～0.5550,耕地面积 1.14 万公顷,占总耕地面积的 33.7%。四等地主要分布在腰站子东乡族乡、河东乡、沙河回族乡、南岔镇、西湖乡,七墩回族东乡族乡、布隆吉乡、锁阳城镇、瓜州乡、梁湖乡、三道沟镇、双塔乡也有零星分布。

四等地土壤以灌淤土和灰棕漠土为主,少量为草甸土,潮土、风沙土和石膏灰棕漠土;土壤质地构型以砂身中壤、夹砂轻壤、均质砂土和砂底轻壤为主,少量为夹黏轻壤、黏底砂壤和砂底中壤;瓜州县各种地貌类型均分布有四等地,其主要分布在疏勒河中下游干三角地区、昌马洪积冲积扇扇沿、南部山区戈壁倾斜平原和疏勒河下游平原区,少量分布在北部山区戈壁倾斜平原区、风蚀地貌区和洪基冲积扇地区。耕层土壤养分含量:有机质 10.57g/kg,碱解氮 38.8mg/kg,有效磷 21.7mg/kg,速效钾 115.8mg/kg,有效硫 308mg/kg,有效铜 0.18mg/kg,有效锌 0.29mg/kg,有效铁 1.41mg/kg,有效锰 0.82mg/kg,有效硼 0.24mg/kg(表 2-1-32)。

表 2-1-32 瓜州县四等地主要养分含量

	有机质 g/kg	碱解氮 mg/kg	有效磷 mg/kg	速效钾 mg/kg	有效硫 mg/kg	有效铜 mg/kg	有效锌 mg/kg	有效铁 mg/kg	有效锰 mg/kg	有效硼 mg/kg
平均含量	10.57	38.8	21.7	115.8	308	0.18	0.29	1.41	0.82	0.24
含量水平	五级	七级	三级	五级	一级	五级	五级	五级	五级	四级

5.五等地的主要属性

五等地,综合评价指数 IFI 小于 0.5550,耕地面积 0.59 万公顷,占总耕地面积的 17.3%。五等地全县各乡镇均有不同程度的分布,其中面积分布较大的为锁阳城镇、广至藏族乡、三道沟镇、西湖乡,其余各乡镇面积相对较小。

五等地土壤以棕漠土、灌淤土、风沙土和砾质石膏为主;土壤质地构型以壤身砂土、均质砂土和砂底轻壤为主,少量为壤底砂土和壤身砂壤;地貌类型主要为疏勒河中下游干三角地区,其余各区分布面积较小。耕层土壤养分含量有机质 10.96g/kg,碱解氮 40.0mg/kg,有效磷 22.9mg/kg,速效钾 116.2mg/kg,有效硫 230.2mg/kg,有效铜 0.19mg/kg,有效锌 0.23mg/kg,有效铁 1.17mg/kg,有效锰 0.65mg/kg,有效硼 0.18mg/kg(表 2-1-33)。

表 2-1-33　瓜州县五级地主要养分含量

	有机质 g/kg	碱解氮 mg/kg	有效磷 mg/kg	速效钾 mg/kg	有效硫 mg/kg	有效铜 mg/kg	有效锌 mg/kg	有效铁 mg/kg	有效锰 mg/kg	有效硼 mg/kg
平均含量	10.96	40	22.9	116.2	230.2	0.19	0.23	1.17	0.65	0.18
含量水平	五级	七级	三级	五级	一级	五级	五级	五级	五级	五级

第五节　金塔县耕地地力等级分析

一、金塔县耕地地力等级分析

土地是人类赖以生存和发展的根基,是不可再生的宝贵资源。改革开放以来,由于人口的增长和经济的快速发展,耕地的供需矛盾日益尖锐,人多地少的现状日益明显。通过这次耕地地力调查,从金塔县耕地实际情况入手,利用 3S 技术对金塔县耕地进行评等划级,找准存在的问题,提出可行的解决办法,以促进耕地的可持续利用。

(一)金塔县耕地地力等级及面积统计

利用 MAPGIS 软件,对耕地资源管理单元图关联属性数据表和评价结果表进行操作,检索统计耕地各等级的面积及图幅面积。以 2007 年金塔县耕地总面积 30573.65 公顷(即金塔县国土资源局 2007 年统计资料)为基准,按面积比例进行平差,计算出各耕地地力等级的行政区域分布面积(见表 2-1-34)及各等级土种分布面积(见表 2-1-35)。

表 2-1-34　金塔县耕地地力评价行政区域分布　　　　　　　　　　　　单位:公顷

等级	合计	一等地	二等地	三等地	四等地
全县面积	30573.65	12215.86	8890.72	6439.55	3027.52
所占比例(%)	100	39.96	29.08	21.06	9.90
中东镇	2862.63	1136.72	1176.52	528.89	20.5

续表 2-1-34

等级	合计	一等地	二等地	三等地	四等地
鼎新镇	2839.45	1069.27	689.73	740.57	339.88
金塔镇	3818.3	1618.58	1585.89	555.99	57.84
东坝镇	4221.38	1285.75	1541	461.63	933
航天镇	2514.5	1199.61	50.81	1187.54	76.54
三合乡	2941.64	1311.05	777.99	650.77	201.83
大庄子乡	3016.4	904.05	850.93	545.26	716.16
古城乡	3871.25	1602.77	1015.5	624.06	628.92
西坝乡	3917.71	1833.54	919.16	1112.16	52.85
羊井子湾乡	570.39	254.52	283.19	32.68	

表 2-1-35 金塔县耕地地力评价土壤类型分布表

土壤名称	评价单元数（个）	一等地（公顷）	二等地（公顷）	三等地（公顷）	四等地（公顷）	合计（公顷）	所占比例（%）
草甸土	226	2760.44	703.28	1186.86	1193.28	5843.86	19.13
潮土	239	640.14	3660.07	144.44		4444.65	14.55
风沙土	140	1056.67	1257.39	1637.65		3951.71	12.94
灌淤土	308	3290.55	2447.16	300.31	57.84	6095.86	19.95
灰棕漠土	183	4468.06	794.19	725.96		5988.21	19.60
盐土	97			2444.33	1776.4	4220.73	13.82
沼泽土	2		4			4	0.01

金塔县耕地总面积为30573.65公顷。其中，一等地面积为12215.86公顷，占耕地总面积的39.96%，主要土壤类型是灰棕漠土和灌淤土；二等地面积为8890.72公顷，占耕地总面积的29.08%，主要土壤类型是潮土和灌淤土；三等地面积为6439.55公顷，占耕地总面积的21.06%，主要土壤类型是盐土和风沙土；四等地面积为3027.52公顷，占耕地总面积的9.9%，主要土壤类型是草甸土和盐土。

（二）金塔县不同地力等级地域分布及属性分析

将耕地地力等级分布图，按权属字段检索出各等级的记录，统计各级地在各乡镇的分布状况。

1. 一等地

一等地,综合评价指数大于0.873,从金塔县耕地地力等级的行政区域分布表中(表2-1-34)可以看出,一等地主要位于金塔县黑河流域的金塔镇、西坝乡、古城乡、东坝镇等乡镇。一等地的耕地利用类型为水浇地。土壤质地主要为轻壤和砂壤。耕地面积为12215.86公顷,占耕地总面积的39.96%。成土母质主要是风积冲积物、冲积洪积物、冲积湖积物;土体构型为均质砂壤、均质轻壤、砂底轻壤、砂身轻壤,表层质地为轻壤、砂壤。灌溉水来源主要为地下深水井和河流引水,灌溉条件优越,施肥水平高,是耕作土壤中质量较好的土壤资源类型,多数无障碍因素。由于耕作时间长,熟化程度高,养分含量较高,有机质平均含量9.86g/kg,有效磷平均含量19.61g/kg,速效钾平均含量125.35mg/kg,碱解氮平均含量57.49mg/kg(表2-1-36)。

表2-1-36 金塔县耕地一等地土壤养分含量及水平

项目	有机质(g/kg)	碱解氮(mg/kg)	速效钾(mg/kg)	有效磷(mg/kg)	缓效钾(mg/kg)
含量范围	7.7~13.5	42.5~72.6	86~202	11.6~33.7	410~660
总含量	4653.6	27137.1	59166	9254.1	247633
平均值	9.86	57.49	125.35	19.61	524.65
含量水平	低	低	中等偏下	中等	中等偏下

一等地是金塔县性能最好的耕地,各项指标均属良好型。土层厚,排灌性好,易于耕作,养分含量高,保肥、保水,适于各种作物生长。该等耕地农作物历来水平很高。利用方向是发展优质、高效农业,如无公害蔬菜基地、日光温室、反季节瓜果栽培等。为此,应搞好以下工作,首先农业部门应结合科技入户、配方施肥等工程,加大宣传力度,转变观念,提高认识,加大农业投入,提升农业综合生产能力。其次增施有机肥,增加土壤有机质含量;实施平衡施肥,防止土壤污染,适量补施微肥,提高耕地质量。最后加大检测力度,确保农业灌溉、施肥、用药安全,搞好无公害生产,加强配套灌溉系统,进一步增大灌溉面积,发展节水灌溉,建成高产稳产田。

2. 二等地

二等地,综合评价指数为0.7750~0.8730,面积为8890.72公顷,占耕地总面积的29.08%。在金塔县各乡镇皆有分布。土壤质地为轻壤、砂壤、砂土、重壤。土地利用类型为水浇地。土壤成土母质主要为冲击洪积物、冲击湖积物和风击冲积物。土体构型有厚黏底、全剖面均质、少部分轻度盐渍化,地势较为平坦,土层厚,无明显障碍层,土壤理化性状良好,可耕性强。耕地土壤有机质平均含量为9.43g/kg,有效磷平均含量为19.09mg/kg,

速效钾平均含量为117.35mg/kg,碱解氮平均含量为55.61g/kg,缓效钾的平均含量为509.45mg/kg。详见表2-1-37。

表2-1-37 金塔县耕地二等地土壤主要养分含量及水平

项目	有机质(g/kg)	碱解氮(mg/kg)	速效钾(mg/kg)	有效磷(mg/kg)	缓效钾(mg/kg)
含量范围	6.2~12.7	40.9~77.2	75~158	11~36.5	369~619
总含量	3981.2	23468.4	49523	8056.2	214990
平均值	9.43	55.61	117.35	19.09	509.45
含量水平	低	低	中等偏下	中等	中等偏下

二等地主要存在问题是部分耕地环境质量欠佳,化肥用量较大,有机肥投入不足。此外部分二等地地下水位较高,有轻度盐渍化威胁,土壤养分含量偏低。改善土壤质量,提高耕地地力水平的措施主要有:增施有机肥料,培肥地力;采取深耕等措施,同时与农田基础建设相结合,兴修水利,扩大灌溉面积,减轻部分乡镇的盐渍化威胁;扩大肥源,改善土壤理化性状,提高土壤有机质含量,培肥土壤;合理轮作,调剂养分,余缺互补。

3.三等地

三等地,综合评价指数为0.6827~0.7750,耕地面积为6439.55公顷,占耕地总面积的21.06%。在各乡镇均有分布。土地利用类型为水浇地。三等地土壤主要养分含量及水平。见表2-1-38。

表2-1-38 金塔县耕地三等地土壤养分含量及水平

项目	有机质(g/kg)	碱解氮(mg/kg)	速效钾(mg/kg)	有效磷(mg/kg)	缓效钾(mg/kg)
含量范围	7.3~12.2	40.9~71.5	77~190	13.7~30	380~632
总含量	1915.6	11095.2	24206	3810.8	102105
平均值	9.63	55.75	121.64	19.15	513.09
含量水平	低	低	中等偏下	中等	中等偏下

三等耕地土壤主要问题是土壤肥力不足。灌溉条件是作物高产限制因子之一,少部分土壤轻、中度盐碱化。合理利用措施为:土壤肥力不足的耕地,应培肥土壤;结合当前实际,抓好大规模的养畜建圈,积肥沤肥,增加农家肥来源,提高农家肥质量;以提高土壤有机质含量为目标,大力推广平衡施肥技术,进一步提高耕地的增产潜力;改善水利条件,搞好水利基础设施建设,提高灌溉保证率。

(四)四等地

四等地,综合评价指数小于0.6827,耕地面积为3027.52公顷,占耕地总面积的

9.9%。除羊井子湾乡没有分布其余各乡均有分布。土壤质地为砂土、砂壤。四等地土壤养分状况如下表 2-1-39。

表 2-1-39　金塔县耕地四等地土壤养分含量及水平

项目	有机质（g/kg）	碱解氮（mg/kg）	速效钾（mg/kg）	有效磷（mg/kg）	缓效钾（mg/kg）
含量范围	7.3～9.9	47.1～65.7	91～153	13.1～24.8	441～589
总含量	902	5687.4	11919	1797.6	50977
平均值	8.84	55.76	116.85	17.62	499.77
含量水平	低	低	中等偏下	中等	中等偏下

四等地主要分布于金塔县的大庄子、古城乡。该区域土壤耕层薄，土壤熟化程度低，适耕期短，肥力低，属于较低产土壤。存在的限制因素主要是地形、土壤和水分限制，旱灾威胁大，适宜于抗旱粮食作物生长。该级地的改良利用主要从两个方面着手：一是平整土地，发展旱作农业和集雨工程；二是增加对耕地的投入，积极推广秸秆还田，增施有机肥料，实行有机无机结合，改良土壤理化性状，努力提高土地的产出水平。

二、金塔县耕地土壤属性

耕地土壤属性主要包括土壤的物理性状和化学性状。土壤理化性状主要取决于土壤的成土因素和成土过程以及耕作施肥。耕地土壤属性直接影响着作物的产量和品质。

本次耕地地力调查，结合金塔县种植业结构特点，在全县耕地共选取 4250 个有代表性的点，进行了系统检测。通过系统汇总，充分掌握了全县耕地的养分状况、分布范围、面积和变化趋势，可有效地指导本县农业生产。

土壤物理性状是重要的肥力因素，它调节着土壤中水、肥、气、热等状况，能反映农业生产的综合性能，主要包括土壤质地、土体构型、土体厚度、土壤容重和孔隙度等。本次耕地地力调查，是在第二次土壤普查资料中土壤质地、土体构型、土壤分类的基础上，在耕地上选取样点，测定其耕层、亚耕层土壤容重、质地、剖面构型等项目，掌握了全县最新耕地土壤的物理性状，为合理改良利用土壤提供了依据。

（一）土壤剖面性状分析

1.土壤质地

土壤质地是指土壤中各级土粒的组合比例，也称土壤的机械组成。通常用各粒级土粒占土壤总质量的百分数表示。土壤质地反映土壤母质来源及成土过程的某些特征，直接关系到土壤通气、透水、保水、保肥性能和耕性的好坏，是土壤肥力的主要标志。

表 2-1-40 金塔县土壤质地类型面积统计表

质地类型	轻壤	砂土	砂壤	重壤
面积（公顷）	14078.47	7426.19	9043.53	25.46
占总面积(%)	46.05	24.29	29.58	0.08

金塔县土壤以轻壤土、砂壤土为主，其中轻壤占总耕地土壤面积的46.05%，砂壤占29.58%，这在农业生产中是一种理想的土壤，土层深厚、不砂不黏、通气透水性能良好，适耕期长，适种性广，是一种生产潜力较大的土壤类型。

2.耕层厚度

土壤是由一层层厚度各异的矿物质成分所组成的大自然主体。土壤和母质层的区别表现在于形态、物理特性、化学特性以及矿物学特性等方面。由于地壳、水蒸气、大气和生物圈的相互作用，土层有别于母质层，它是矿物和有机物的混合组成部分，存在着固体、气体和液体状态。疏松的土壤微粒组合起来，形成充满间隙的土壤形式，这些孔隙中含有溶解溶液（液体）和空气（气体）。土壤耕层厚度也是影响土壤肥力的因素之一。金塔县农田耕层土壤厚度见表2-1-41。

表 2-1-41 金塔县主要土壤耕层厚度统计表

耕层厚度（厘米）	20	25	30	35	40
面积（公顷）	6654.96	7772.6	14071.5	35.1	1204.66
占总面积(%)	24.50	25.42	46.02	0.11	3.94

由表2-1-41可以看出，土壤耕层厚度偏小，影响了土壤肥力的发挥，因而制约了作物的生长。土壤耕层厚度与耕作管理有密切关系，合理的耕作能使土壤耕层降低，主要措施有两方面：一是实行秸秆还田，增施有机肥料；二是大犁深耕，增厚活土层。

3.CEC

土壤CEC取决于土壤中存在的黏土和有机质的类型和数量。例如，黏粒含量高的土壤比黏粒含量低的土壤能够保持更多的可交换性的阳离子。同样，CEC随土壤有机质的增加而增加。

在土壤高度风化、有机质含量低的地区，CEC值较低。土壤风化程度低、有机质含量通常较高，CEC值可能很高。CEC值高的黏质土壤能保持大量的阳离子，防止由于淋洗作用引起的潜在损失。CEC值低的砂质土壤只能保持少量的阳离子。正因如此，施肥时间和施肥量在规划施肥计划中占据重要地位。例如，在秋季给极砂性的土壤施钾肥以供来春作物利用的做法可能不明智，特别是在秋雨和冬雨量高的地区。但是，在CEC高的土壤上，便可以在秋季一次安全地施用足够供后茬一、二季作物利用的钾肥。另外，分期施氮肥、使用氮肥抑制剂和在作物需氮高峰期施氮肥都很重要,可以降低氮从砂土乃至细质地土壤中淋溶的可能性。金塔县CEC均值为4.45mol/kg,变幅从0.8~7.4mol/kg,金塔县地处荒漠地带,土壤质地较轻,有机质含量低,因而土壤CEC也相应较低。要提高土壤保肥供肥能力,不仅要用增施有机肥的办法进行弥补,同时还应采取少量多次追肥,控制田间进砂量等办法加以改良。

(二)土壤化学性状分析

土壤化学性状是土壤的另一个主要属性,它是决定土壤肥力的主要因素,直接影响作物的产量和品质,主要包括土壤有机质、大量元素、中微量元素、PH值等。此次耕地地力调查,共调查了3900个点,分析土壤有机质、速效钾、有效磷、缓效钾等。参照甘肃省养分分级标准表2-1-42。

表2-1-42 甘肃省养分分级标准(主要养分)

等级	一级	二级	三级	四级	五级	六级	七级
有机质(g/kg)	>30	30.0~25.0	25~20	20~15	15~10	10~6	≤6
全氮(g/kg)	>2	2~1.5	1.5~1.25	1.25~1	1~0.75	0.75~0.5	≤0.5
速效钾(mg/kg)	>300	300~250	250~200	200~150	150~100	100~50	≤50
缓效钾(mg/kg)	>1200	1200~1000	1000~800	800~600	600~400	400~150	≤150
有效硫(mg/kg)	>50	50~40	40~30	30~20	20~15	15~10	≤10
碱解氮(mg/kg)	>300	300~250	250~200	200~150	150~100	100~50	≤50
有效磷(mg/kg)	>40	40~30	30~20	20~15	15~10	10~5	≤5

将2008年测土配方施肥土样测试结果与第二次土壤普查报告中土壤养分含量进行对比,得到金塔县土壤养分变化情况(表2-1-43)。

表2-1-43 金塔县耕层主要养分含量变化表

乡镇	有机质(g/kg)			碱解氮(mg/kg)			有效磷(mg/kg)			速效钾(mg/kg)		
	二普	2008年	变化	二普	2008年	变化	二普	2008年	变化	二普	2008年	变化
平均	9.7	9.58	-0.12	39	56.39	17.39	9.7	19.18	9.48	188	121.18	-66.82
金塔镇	9.9	10.17	0.27	26	60.26	34.26	8.8	22.96	14.16	180	111.32	-68.68
三合乡	10.4	9.2	-1.2	33	57.85	24.85	9.8	18.76	8.96	201	122.2	-78.8
东坝镇	8	9.6	1.6	43	59.86	16.86	6.6	18.17	11.57	198	117.35	-80.65
大庄子	7.8	9.1	1.3	49	56.1	7.1	6.7	17.88	11.18	187	120.74	-66.26
古城乡	8.9	9.63	0.73	29	56.75	27.75	11.2	19.37	8.17	197	125.93	-71.07
中东镇	11.5	9.39	-2.11	37	54.79	17.79	10.6	18.52	7.92	195	121.38	-73.62

续表 2-1-43

乡镇	有机质(g/kg)			碱解氮(mg/kg)			有效磷(mg/kg)			速效钾(mg/kg)		
	二普	2008年	变化	二普	2008年	变化	二普	2008年	变化	二普	2008年	变化
西坝乡	10.1	10.33	0.23	42	50.62	8.62	10.8	18.26	7.46	185	118	-67
鼎新镇	10.3	11.17	0.87	46	62.09	16.09	10.1	21.44	11.34	213	132.09	-80.91
航天镇	10.6	10.01	-0.59	53	58.28	5.28	7.7	22.94	15.24	176	151.61	-24.39
羊井子		7.39			50.12			18.43			89.4	

1. 土壤有机质

土壤有机质是土壤的重要组成部分,量虽少,但其作用很大,可促进土壤团粒结构的形成,使之具有调节水、肥、气、热的功能;从而改善土壤耕性,增强通透性和保水保肥的能力;同时土壤有机质又是土壤肥力的重要标志之一,是作物养分的重要来源,通过微生物的分解,可将复杂的有机物变成简单的无机养分,供给作物生长和发育。

本次耕地地力调查显示,全县耕层土壤有机质检测含量平均值为9.58g/kg,变幅为6.2~13.5g/kg,。根据甘肃省土壤养分含量分级标准(以下分级水平皆以甘肃省土壤养分分级标准),属于低等水平,含量在5、6级水平的耕地分别占耕地总面积的34.03%、65.97%,金塔县有机质含量较低,就各乡情况来看,土壤有机质的含量级别和所占比例也不平衡,各乡有机质含量级别和所占比例见表2-1-44,西坝、航天、鼎新的土壤有机质含量较高。

表 2-1-44 金塔县土壤耕层有机质含量分级及面积

划分等级	五级	六级
有机质含量范围(g/kg)	10~15	6~10
样本数(n)	383	812
面积(公顷)	10403.57	20170.08
占耕地总面积(%)	34.03	65.97

表 2-1-45 金塔县土壤耕层有机质面积级别乡镇统计表

乡镇	五级面积(公顷)	占百分比(%)	六级面积(公顷)	占百分比(%)	平均值(g/kg)
中东镇	334.94	11.70	2527.69	88.30	9.24
鼎新镇	2119.49	74.64	719.96	25.36	10.92
金塔镇	1270.52	33.27	2547.78	66.73	9.64

续表 2-1-45

乡镇	五级面积(公顷)	占百分比(%)	六级面积(公顷)	占百分比(%)	平均值(g/kg)
东坝镇	554.84	13.14	3666.54	86.86	9.23
航天镇	1585.84	63.07	928.66	36.93	10.29
三合乡	411	13.97	2530.64	86.03	9.2
大庄子乡	178.13	5.91	2838.27	94.09	9.07
古城乡	1423.37	36.77	2447.88	63.23	9.64
西坝乡	2525.44	64.46	1392.27	35.54	10.33
羊井子湾乡			570.39	100.00	7.39

土壤有机质的含量取决于年生成量和年矿化量的相对大小，当生成量大于矿化量时，有机质含量会逐步增加，反之，将会逐步降低。土壤有机质矿化虽主要受土壤温度、湿度、通气状况、有机质含量等因素影响。一般来说，土壤温度低、通气性差、湿度大时，土壤有机质矿化量较低；相反，土壤温度高、通气性好、湿度适中时则有利于有机质的矿化。金塔县有机质含量低，其原因主要是肥源不足，农田有机肥料的数量少，质量差，种草面积小，畜禽养殖业不发达，有很大一部分面积的秸秆不能还田。因而要增加有机质含量，今后应该积极发展牧草绿肥，扩大豆科作物面积，有些土地还要退耕还牧，退耕还林，要广开肥源，增加有机肥料数量和提高有机肥料的质量。

2.土壤氮素

土壤中氮素分为有机态和无机态两种。土壤水解性氮或称碱解氮，也叫有效氮，能反映土壤近期内氮素供应情况，包括无机态氮（铵态氮、硝态氮）及易水解的有机态氮（氨基酸、酰胺和易水解蛋白质）。用碱液处理土壤时，易水解的有机氮及铵态氮转化为氨，硝态氮则先经硫酸亚铁转化为铵。以硼酸吸收氨，再用标准酸滴定，计算水解氮的含量。土壤有效氮量与作物生长关系密切，因此它在推荐施肥中意义更大。土壤中的氮素是作物营养中的主要元素，凡是构成植物组织部分的蛋白质、叶绿素及其他有机化合物都缺少不了氮素。

本次耕地地力调查显示，全县耕层土壤碱解氮检测含量平均值为 56.39mg/kg，变幅为 40.9~72.6mg/kg。根据甘肃省土壤养分含量分级标准，含量在六、七级水平的耕地分别占耕地总面积的 86.73%、13.27%（见表 2-1-46），金塔县氮素水平低，各乡的碱解氮含量面积水平见表 2-1-47，就各乡的碱解氮含量比较，含量高于全县平均水平的有鼎新镇、金塔镇、东坝镇、航天镇、三合乡等。

表 2-1-46　金塔县土壤碱解氮分级及面积

划分等级	六级	七级
碱解氮含量范围(mg/kg)	>50	≤50
样本数(n)	1043	152
面积(公顷)	26516.88	4056.77
占耕地总面积(%)	86.73	13.27

表 2-1-47　金塔县土壤耕层碱解氮面积级别乡镇统计表

乡镇	六级面积(公顷)	占百分比(%)	七级面积(公顷)	占百分比(%)	平均值(mg/kg)
中东镇	2661.32	92.97	201.31	7.03	55.14
鼎新镇	2839.45	100.00			61.74
金塔镇	3496.20	91.56	322.10	8.44	57.93
东坝镇	4093.41	96.97	127.97	3.03	57.86
航天镇	2514.50	100.00			58.97
三合乡	2896.96	98.48	44.68	1.52	57.85
大庄子乡	2747.95	91.10	268.45	8.90	56.10
古城乡	3570.06	92.22	301.19	7.78	56.75
西坝乡	1364.34	34.82	2553.37	65.18	50.62
羊井子湾乡	332.69	58.33	237.70	41.67	51.11

土壤氮素的调控:在土壤氮素的转化过程中,要使土壤有机氮转化为有效氮,需要通过科学合理施肥、耕作、灌溉等人为措施进行调控,发挥土壤氮素的潜在作物营养功能,以满足作物高产、优质、高效的需要。增加地表覆盖度,但是最根本的方法是改善土壤结构,改善土壤的通气透水、保水保肥的能力,可以通过增加土壤腐殖质的含量或通过施用农家肥或绿肥来改善,使土壤的理化性质和结构达到植物适宜生长的理想结构。具体措施如下:①扩种豆科作物,增加土壤氮素的积累。②增施有机肥和实行秸秆还田,调节土壤 C/N 比,加速土壤有机氮的转化。③氮肥与磷、钾肥配合施用。④施用方法合理:一是氮肥应深施覆土,以减少氮肥的挥发损失及反硝化作用;二是确定合理的施肥时期,50%~70%用作基施,30%~50%用作追肥。

3.土壤磷素

土壤中磷的含量主要决定于土壤母质和施用磷肥情况。土壤有效磷包括土壤溶液中易溶性磷酸盐、土壤胶体吸附的磷酸根离子和易矿化的有机磷。土壤有效磷含量是土壤肥力水平的重要指标。耕层土壤中的磷一般以无机磷与有机磷两种形态存在,通常有机磷占无机磷含量的20%~50%，无机磷占全磷的50%~80%。无机形态的磷中易溶性磷酸盐及土壤胶体吸附的磷酸根离子和在有机形态中易矿化的部分被称为土壤有效磷，约占土壤总磷量的10%左右。土壤有效磷含量高低是衡量土壤肥力水平的重要指标。

本次耕地地力调查，全县耕层土壤有效磷平均含量为19.52mg/kg，变幅为11~36.5mg/kg。根据甘肃省土壤养分含量分级标准，属于中等水平，含量在三、四级水平的耕地分别占耕地总面积的33.17%、58.62%，详见表2-1-48，2-1-49。

表2-1-48 金塔县土壤耕层有效磷含量分级及面积

划分等级	二级	三级	四级	五级
有效磷含量(mg/kg)	40~30	30~20	20~15	15~10
样本数(n)	11	351	785	48
面积(公顷)	341.46	10140.89	17921.49	2169.81
占耕地总面积(%)	1.12	33.17	58.62	7.10

表2-1-49 金塔县土壤耕层有效磷面积级数乡镇统计表

乡镇	二级面积(公顷)	三级面积(公顷)	四级面积(公顷)	五级面积(公顷)	平均值(mg/kg)
中东镇		846.80	1877.60	138.23	18.79
鼎新镇	15.18	1931.90	272.40	619.97	21.67
金塔镇	305.28	1894.53	582.00	1036.49	21.16
东坝镇		804.67	2553.60	863.11	17.91
航天镇	90.83	1488.01	361.20	574.46	21.66
三合乡		902.44	1640.30	398.90	18.76
大庄子乡		756.94	1313.40	946.06	27.17
古城乡	10.39	1236.32	2620.70	3.84	19.37
西坝乡		581.90	2175.30	1160.51	18.26
羊井子湾		136.30	89.30	344.79	18.43

在磷肥的合理施用方面，应根据土壤条件合理分配和施用，优先施用在最缺磷的地块以1∶1为宜；对严重缺磷的低产地，氮、磷施用比例以1∶0.5左右；对速效磷含量丰富的地块，可以暂时不施磷肥。为了减少磷在土壤中的固定，提高土壤磷的有效性，可采用以下方法进行调控：①调节土壤酸碱度，在酸性土壤中施入适量石灰调节pH，使pH保持在6.5~6.8；对于石灰性土壤或碱性土壤，应增施有机肥或绿肥，可降低土壤pH。②增施有机肥料，提高土壤有机质含量。③磷肥宜作基肥施用，作基肥时，开沟或开穴，将磷肥集中施入根系密集层，或将磷肥与有机物一起堆沤，或与有机肥混合施用。

4.土壤钾素

土壤中钾素按化学组成分为矿物钾、非交换性钾、交换性钾和水溶性钾四种。按植物营养的有效性可分为无效钾、缓效性钾和速效性钾。土壤矿物钾一般占全钾量的92%～98%,它在植物营养上不能为植物所吸收利用,属无效钾。非交换性钾即缓效钾,通常占土壤全钾量的2%～8%。速效钾包括交换性钾和水溶性钾,一般占土壤全钾量的1%～2%,可以被植物直接吸收利用。钾是植物生长的三要素之一,在植物生长发育中起着重要的生理生化作用,土壤中含钾量的丰缺,直接影响到各种作物对钾肥的吸收效果,所以了解土壤含钾量及合理施用钾肥是非常必要。土壤速效钾的,它是评价土壤供钾潜力的一个重要指标。金塔县土壤耕层速效钾含量分级及面积如表2-1-51,金塔县耕层土壤速效钾含量平均为121.18mg/kg,变幅为75～202mg/kg,速效钾含量偏低,属于缺钾地区。根据甘肃省土壤养分含量分级标准,属于低等水平,含量在5级水平的耕地占耕地总面积的88.64%。

表2-1-50 金塔县土壤耕层速效钾含量分级及面积

划分等级	三级	四级	五级	六级
速效钾含量(mg/kg)	250～200	200～150	150～100	100～50
样本数n(单元)	1	42	1077	75
面积(hm²)	125.52	1410.59	27101.41	1936.13
占耕地总面积(%)	0.41	4.61	88.64	6.33

表2-1-51 金塔县土壤耕层速效钾面积级数乡镇统计表

乡镇	四级面积(公顷)	五级面积(公顷)	六级面积(公顷)	平均值(mg/kg)
中东镇		2724.75	137.88	119.77
鼎新镇	107.31	2732.14		135.88
金塔镇		3396.13	422.17	107.58
东坝镇		3953.68	267.70	113.84
航天镇	1249.85	1139.13	125.52	149.43
三合乡		2941.64	0.00	122.20
大庄子乡	38.67	2874.00	103.73	120.74
古城乡	104.32	3722.16	44.77	125.93
西坝乡		3714.57	203.14	118.00
羊井子湾乡		94.41	475.98	89.40

金塔县耕层土壤缓效钾含量平均为 515.23mg/kg，变幅为 369～632mg/kg，缓效钾含量偏低，属于缺钾地区。根据甘肃省土壤养分含量分级标准，属于低等水平，含量在五级水平的耕地占耕地总面积的 97.17%，见表 2-1-52。

表 2-1-52　金塔县土壤耕层缓效钾含量分级及面积

缓效钾划分等级	四级	五级	六级
缓效钾含量(mg/kg)	800～600	600～400	400～150
样本数(n)	14	1175	6
面积(公顷)	481.91	29708.61	383.13
占耕地总面积(%)	1.58	97.17	1.25

钾是农作物不可缺少的必要元素。人们把钾、氮、磷合称为肥料"三要素"，就足见其在农业生产中的重要性。尽管钾本身并不参与植物有机物的组成，但是它通过调节植物体内多种代谢途径从而对农作物的产量和品质产生巨大影响。总的说来，缺钾作物对不良环境的抵抗力下降，不耐旱，不耐寒，易得病；生长缓慢，产量降低，品质变差。不同的作物对钾的需要量是不同的，在缺钾时表现出各异的症状。但是由于钾素在植物体内再运转能力强，可以从老叶或其他部位运往代谢活动较强的部位，因此，缺钾症状都先表现于老叶，并且是从叶缘开始逐渐发展出现坏死现象。这是作物缺钾的共同特征。

5.微量元素

微量元素是指自然界中含量很低的一种化学元素。部分微量元素具有生物学意义，是植物和动物正常生长和生活所必需的，称为"必需微量元素"或者"微量养分"，通常简称"微量元素"。必需微量元素在植物和动物体内的作用有很强的专一性，是不可缺乏和不可替代的，当供给不足时，植物往往表现出特定的缺乏症状，农作物产量降低，质量下降，严重时可能绝产。而施加微量元素肥料，有利于产量的提高，这已经被科学试验和生产试验所证实。根据耕地地力评价结果，统计得到金塔县耕层土壤微量元素各乡镇分别情况(表 2-1-53)。土壤耕层有效铁含量较高的是中东镇、鼎新镇、航天镇、西坝乡，分别是 11.56mg/kg、11.39mg/kg、11.24mg/kg、11.29mg/kg；有效铜含量较高的是中东镇、东坝镇、大庄子乡，都是 1.28mg/kg；有效锌含量较高的是鼎新镇、大庄子乡、三合乡，分别是 1.16mg/kg、1.08mg/kg、1mg/kg；有效锰含量较高的是航天镇、鼎新镇，分别是 6.66mg/kg、6.02mg/kg。

表 2-1-53　金塔县耕层土壤微量元素各乡镇分布情况表

乡镇 项目	有效铁(mg/kg)	有效铜(mg/kg)	水溶态硼(mg/kg)	有效锌(mg/kg)	有效锰(mg/kg)
中东镇	11.56	1.28	1.30	0.56	5.53
鼎新镇	11.39	1.16	1.56	1.16	6.02
金塔镇	9.67	1.25	1.41	0.68	4.39
东坝镇	10.58	1.28	1.38	1.05	5.63
航天镇	11.24	1.24	1.57	0.67	6.66
三合乡	9.84	1.18	1.58	1	4.93
大庄子乡	10.87	1.28	1.23	1.08	5.76
古城乡	9.89	1.21	1.32	0.57	5.34
西坝乡	11.29	1.12	1.21	0.63	5.54
羊井子湾乡	7.91	0.95	1.14	0.56	4.63
全县平均含量	10.53	1.22	1.36	0.79	5.44

6. 土壤 pH

pH 是衡量土壤酸碱性强弱的主要指标，它代表与土壤固相处于平衡的土壤溶液中的氢离子浓度的负对数，是土壤盐基状况的综合反映，对土壤的一系列其他性质有深刻地影响。土壤中有机质的合成与分解，氮、磷等营养元素的转化和释放，微量元素的有效性，土壤保持养分的能力，等都与土壤 pH 有关。金塔县 pH 值变化在 8.1～8.8 之间，均值为 8.45，属于碱性土壤。

改良碱性土壤的农业方法是：①增施有机肥。能提高土壤有机质含量，改善土壤理化性状，增强土壤保水能力；②种植绿肥。是有机肥的重要来源，还有增加覆盖、减少蒸发和抑盐作用；③合理耕作。合理耕作及时松土，可减少蒸发，破除板结，改善通气，抑制返盐，利于种子萌发和根系吸收；④植树造林。能降低风速，减少蒸发，减轻地面返盐；⑤刮除盐土。在春秋旱季，将含盐表土刮除，移出耕地外，降低土壤含盐量；⑥开沟躲盐。是利用盐往高处走的规律，降低沟底含盐量，以利种子出苗；⑦放淤压碱。把含泥沙较多的河水，引入事先筑好埝坝的地块，使泥沙降下来，淤地改碱。⑧另外种植耐盐碱作物，如棉花、高粱等。化学改良法是：①施用磷石膏。可提高土壤活性钙阳离子的含量，减轻碳酸钠和重碳酸钠对作物的危害，降低 pH 值；②巧施化肥。盐碱地多施钙质化肥（过磷酸钙、硝酸钙等）和酸性化肥（硝酸铵等），可增加土壤中钙的含量和活化土壤中钙素；③施用腐殖酸类改良剂：这类物质是很好的离子交换剂，对钠、氯等有害离子有代换吸附作用，能调节土壤酸碱度；④施用抑盐剂。该剂用水稀释后，喷在地面能形成一层连续性的薄膜。这种薄膜能阻止水分子通过，抑制水分蒸发和提高地温，减少盐分在地表积累，对农作物保苗增产有良好作用。

第六节 玉门市耕地地力等级分析

一、玉门市耕层土壤属性

土壤养分是作物生长的物质基础,也是土壤肥力的重要组成部分。为了查清玉门市土壤肥力状况,全市共采集耕层农化样 2515 个。对土壤 pH 值、有机质、全氮、全磷、全钾、速效氮、速效磷、速效钾、缓效钾、有效铜、有效锌、有效铁、有效锰进行了常规分析。同时根据玉门市土壤盐分普遍较重的情况,对所有农化样进行了全盐含量分析,从化验分析结果看,玉门市耕层土壤养分含量总体表现为氮不足,磷、钾、锰缺乏,铁较缺,锌和铜基本能满足农作物生长。

(一)土壤 pH 值

1.土壤 pH 值空间分布

根据对玉门市 2515 个耕层土样的分析测试,全市 pH 值平均 8.43,标准差为 0.05,变化区间为 7.86~9.12,变异系数为 0.59%。统计结果显示,玉门市土壤呈碱性。

经对玉门市 11 个乡镇耕层土壤 pH 值进行对比分析,pH 值小于全市平均值 8.43 的乡镇有 4 个,分别为清泉乡 8.31、独山子乡 8.37、赤金镇 8.41 和玉门镇 8.41;pH 值等于全市平均值的有 2 个乡镇,分别为柳湖乡和下西号乡,其余乡镇均大于全市平均值,以柳河乡和花海镇最高,为 8.49,清泉乡最低,为 8.31(见图 2-1-1)。

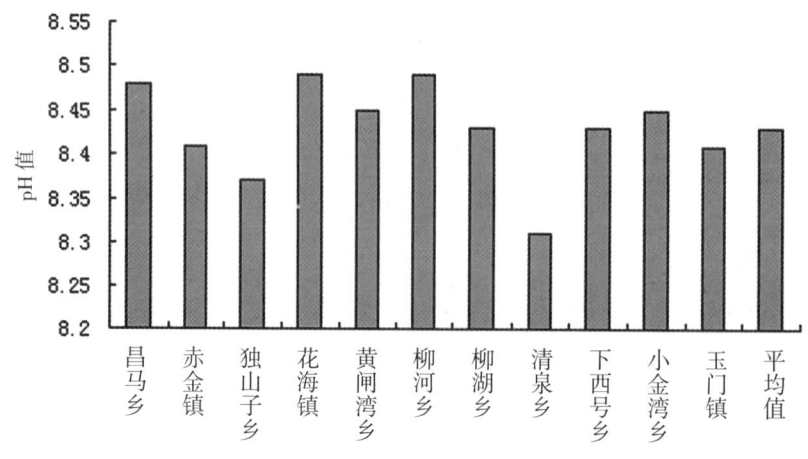

图 2-1-1 不同乡镇耕层土壤 pH 值

2.不同土壤类型pH值

经对玉门市8个土壤类型耕层土壤pH值进行对比分析,pH值平均为8.44,标准差为0.01,变化区间为8.39~8.51,变异系数为0.47%。不同土类pH值由高到低依次为:耕种风沙土、盐土、灌淤土、潮土、棕漠土、灰棕漠土、沼泽土、风沙土,以耕种风沙土最高为8.51,风沙土最低为8.39(见图2-1-2)。

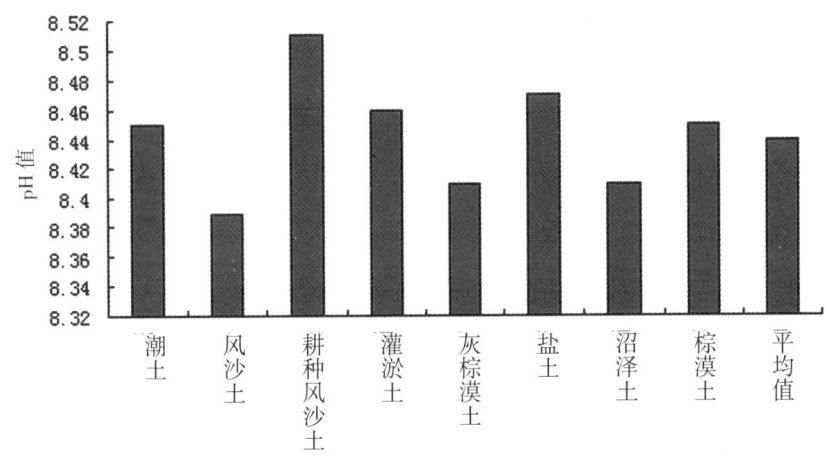

图2-1-2　不同土类耕层土壤pH值

3.不同生态区土壤pH值

根据玉门市地理、气候等特点,将全市区划为三个生态农业区域,即玉门镇灌区(包括玉门镇、下西号乡、黄闸湾乡、柳河乡)、昌马沿山冷凉灌区(包括昌马乡、赤金镇、清泉乡)、花海灌区(包括花海镇、小金湾、柳湖乡和独山子乡)。

经对全市三个生态区域pH值进行对比分析,土壤pH值分别为玉门镇灌区8.45、昌马沿山冷凉灌区8.40、花海灌区8.44,与全市平均值相比,分别高0.02个pH单位、低0.03个pH单位、高0.01个pH单位(见图2-1-3)。

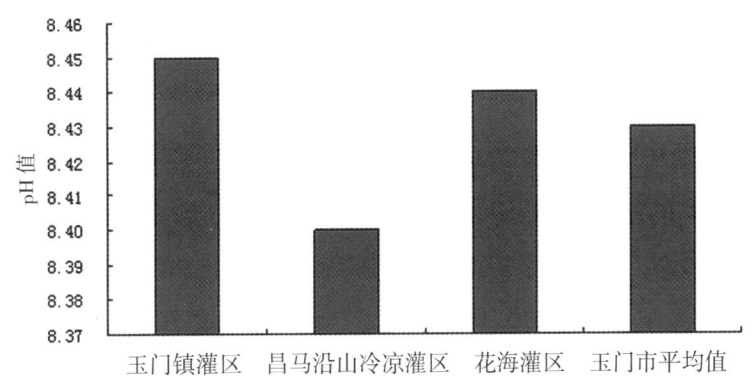

图2-1-3　不同生态区耕层土壤pH值

(二)土壤全盐

1.土壤全盐空间分布

根据对玉门市 2052 个耕层土样的分析测试,全市耕层土壤全盐平均含量为 2.23g/kg,标准差为 2.16,变化区间为 0.04~14.3g/kg,变异系数为 96.86%。

经对玉门市 11 个乡镇耕层土样全盐含量进行对比分析,平均含量大于全市平均值 2.23g/kg 的乡(镇)有 2 个,分别是独山子乡和柳湖乡,其中独山子乡全盐平均含量达 8.81g/kg,花海镇的大畅河农业综合开发区全盐含量平均为 4.13g/kg,严重抑制当地农作物的正常生长,盐害为该区农业生产的主要矛盾;其余乡(镇)全盐平均含量均小于或接近全市平均值,以独山子乡最高为 8.81g/kg,小金湾乡最低为 0.74g/kg(见图 2-1-4)。

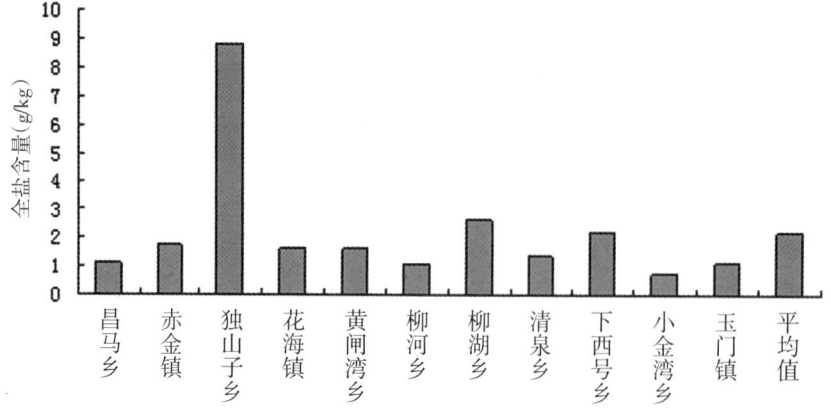

图 2-1-4　不同乡镇耕层土壤全盐含量

2.不同土壤类型全盐

经对玉门市 8 个土壤类型耕层土壤全盐含量进行对比分析,全盐含量平均为 1.66 g/kg,标准差为 0.67,变化区间为 0.78~2.85g/kg,变异系数为 40.36%。不同土类全盐平均含量由高到低依次为:风沙土、沼泽土、棕漠土、潮土、盐土、灌淤土、灰棕漠土、耕种风沙土,以风沙土最高为 2.85g/kg,耕种风沙土最低为 0.78g/kg(见图 2-1-5)。

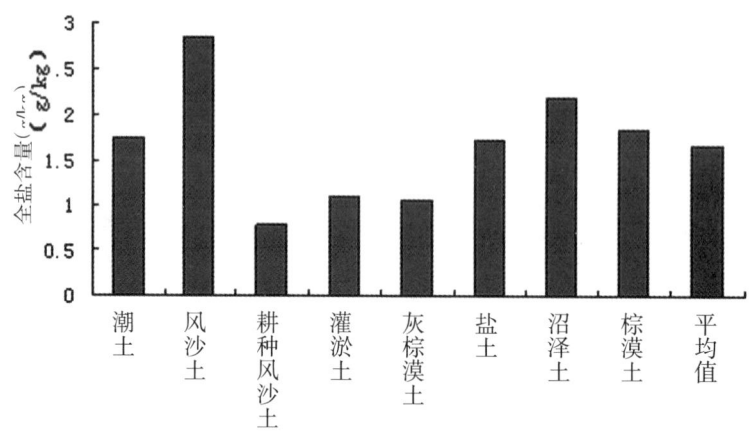

图 2-1-5　不同土类耕层土壤全盐含量

3.不同生态区土壤全盐

经对全市三个生态区域全盐含量进行对比分析，土壤全盐含量分别为玉门镇灌区1.51g/kg，昌马沿山冷凉灌区1.40g/kg，花海灌区3.45g/kg，分别较全市平均值低0.72g/kg，低0.8g/kg，高1.22g/kg（见图2-1-6）。

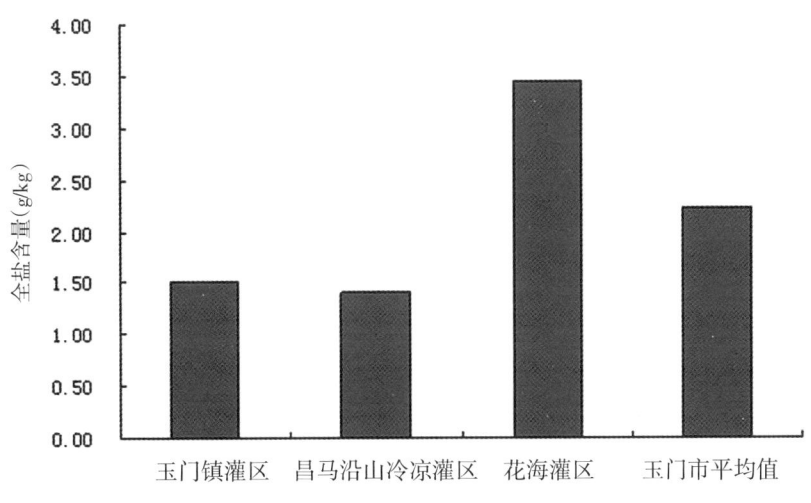

图2-1-6　不同生态区耕层土壤全盐含量

(三)土壤有机质

1.土壤有机质空间分布

根据对玉门市2504个耕层土壤的分析测试，全市有机质平均14.77g/kg，标准差为6.77，变化区间为1.5～55.48g/kg，变异系数为45.84%。根据甘肃省测土配方施肥养分分级标准，玉门市土壤有机质含量水平为Ⅴ级，属较缺乏等级。

经对玉门市11个乡镇耕层土壤有机质含量进行对比分析，平均含量小于全市平均值14.77g/kg的乡镇有5个，分别为小金湾乡5.41g/kg、独山子乡12.47g/kg、柳湖乡14.08g/kg、花海镇11.17g/kg、柳河乡13.51g/kg，其余乡镇均大于全市平均值，以赤金镇最高为29.66g/kg，小金湾乡最低为5.41g/kg。与第二次土壤普查结果相比较，全市土壤有机质平均含量呈上升趋势，增加1.66g/kg，增长12.7%。其中增幅最大的乡镇是赤金镇，增加了13.16g/kg，增长了79.6%；其次是昌马乡，增加了8.97g/kg，增长了78.7%；增幅最小的是花海镇，增加了1.57g/kg，增长了16.4%（见图2-1-7）。

2.不同土壤类型有机质

经对玉门市8个土壤类型耕层土壤有机质含量进行对比分析，有机质含量平均为13.5g/kg，标准差为3.87，变化区间为8.0～17.7g/kg，变异系数为28.65%。不同土类有机质含量由高到低依次为：潮土、沼泽土、灰棕漠土、灌淤土、盐土、耕种风沙土、风沙土、棕漠土，以潮土最高为17.7g/kg，棕漠土最低为8.0g/kg。其中潮土、沼泽土、灰棕漠土、灌淤土其有机质含量在 20.0~15.0g/kg 之间,为Ⅳ级,属中等水平;盐土与耕种风沙土有机质含量在 15.0~10.0g/kg 之间,为五级,属较缺乏水平;风沙土与棕漠土在 10.0~6.0g/kg 之间,为六级,属缺乏水平(见图 2-1-7)。

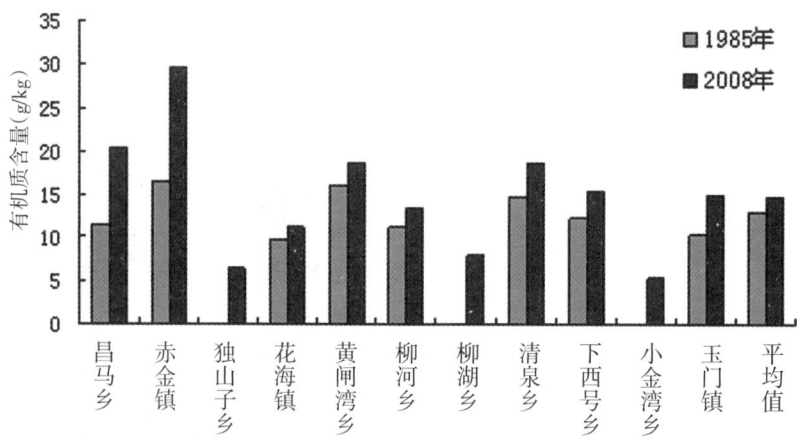

图 2-1-7 不同乡镇耕层土壤有机质含量

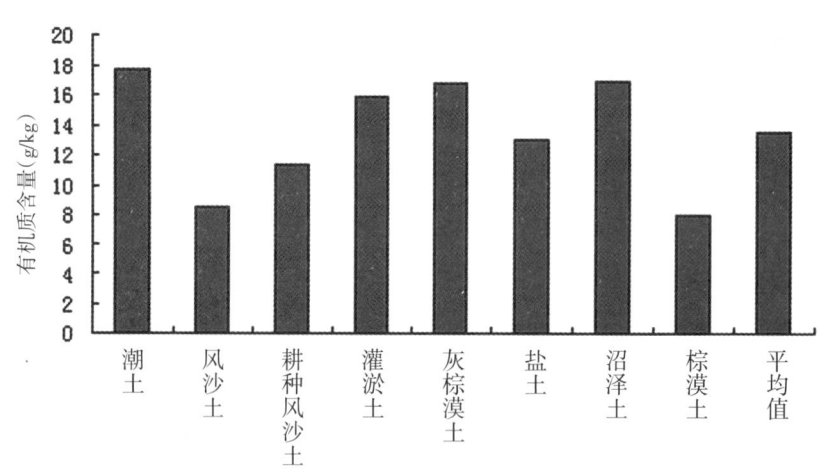

图 2-1-8 不同土类耕层土壤有机质含量

3.不同生态区土壤有机质

经对全市三个生态区域耕层土壤有机质含量进行对比分析,土壤有机质平均含量分别为:玉门镇灌区 15.72g/kg,昌马沿山冷凉灌区 22.90g/kg,花海灌区 7.72g/kg。与全市平均含量相比,玉门镇灌区高 0.95g/kg,增幅为 6.42%;昌马沿山冷凉灌区高 8.13g/kg,增幅为 55.07%;花海灌区低 7.05g/kg,减幅为 47.71%(见图 2-1-9)。

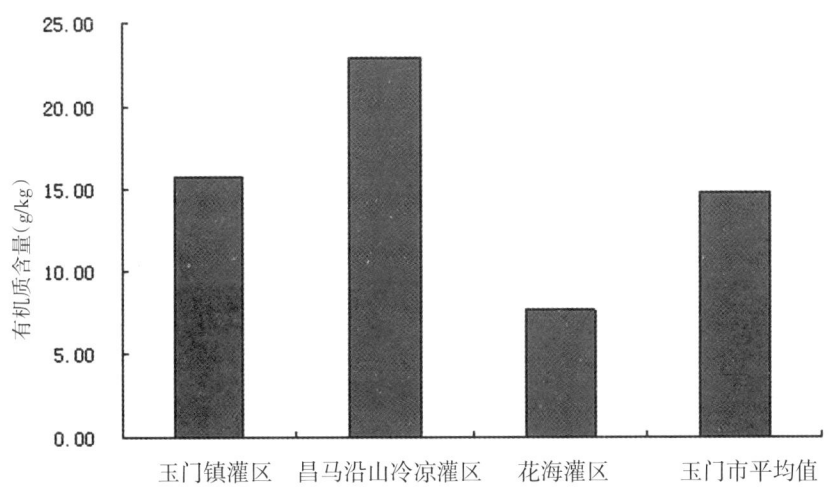

图 2-1-9 不同生态区耕层土壤有机质含量

(四)土壤全氮

1.土壤全氮空间分布

根据对玉门市 2515 个耕层土壤样品的分析测试,全市全氮平均含量为 0.70g/kg,标准差为 0.2,变化区间为 0.17~2.02g/kg,变异系数为 0.66%。

根据甘肃省测土配方施肥养分分级标准,玉门市土壤全氮含量水平为Ⅵ级,属缺乏等级。经对玉门市 11 个乡镇耕层土壤全氮含量进行对比分析,平均含量小于全市平均值 0.70g/kg 的乡镇有 5 个,分别为柳湖乡 0.41g/kg、小金湾乡 0.41g/kg、独山子乡 0.48g/kg、花海镇 0.55g/kg、柳河乡 0.64g/kg,其余乡镇均大于全市平均值,以赤金镇最高为 0.98g/kg,柳湖乡、小金湾乡最低,为 0.41g/kg。与第二次土壤普查结果相比较,全市土壤全氮含量呈上升趋势,全市增加了 0.13g/kg,增长了 22.8%。其中增幅最大的乡镇是昌马乡,增加了 0.42g/kg,增长了 80.8%;增幅最小的乡镇是柳河乡,增加了 0.07g/kg,增长了 12.3%(见图 2-1-10)。

2.不同土壤类型全氮

经对玉门市 8 个土壤类型耕层土壤全氮含量进行对比分析,全氮含量平均为 0.67g/kg,标准差为 0.18,变化区间为 0.42~0.90g/kg,变异系数为 26.87%。不同土类全氮含量由高到低依次为:沼泽土、潮土、灌淤土、灰棕漠土、盐土、耕种风沙土、风沙土、棕漠土。以沼泽土最高为 0.90g/kg,风沙土和棕漠土最低为 0.42g/kg。其中沼泽土和潮土全氮含量在 1.0~0.75g/kg 之间,为五级,属较缺乏等级;灌淤土、灰棕漠土、盐土、耕种风沙土全氮含量在 0.75~0.5g/kg 之间,为七级,属极缺乏等级(见图 2-1-11)。

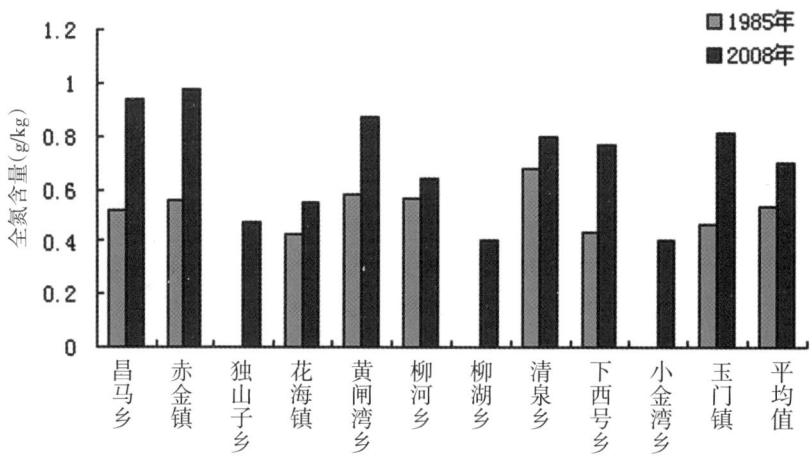

图 2-1-10 不同乡镇耕层土壤全氮含量

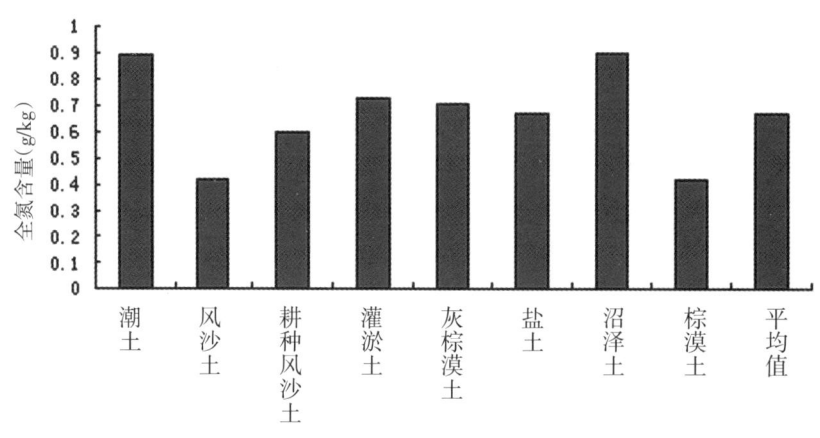

图 2-1-11 不同土类耕层土壤全氮含量

3.不同生态区土壤全氮

经对全市三个生态区域耕层土壤全氮含量进行对比分析,土壤全氮含量分别是玉门镇灌区 0.77g/kg,昌马沿山冷凉灌区 0.91g/kg,花海灌区 0.46g/kg。与全市平均含量相比,玉门镇灌区高 0.07g/kg,增幅为 10.4%；昌马沿山冷凉灌区高 0.21g/kg,增幅为 29.5%；花海灌区低 0.24g/kg,降幅为 33.9%(见图 2-1-12)。

(五)土壤全磷

1.土壤全磷空间分布

根据对玉门市 267 个耕层土样的分析测试,全市耕层土壤全磷含量平均为 0.74g/kg,标准差为 0.07,变化区间为 0.17～1.25g/kg,变异系数为 9.46%。

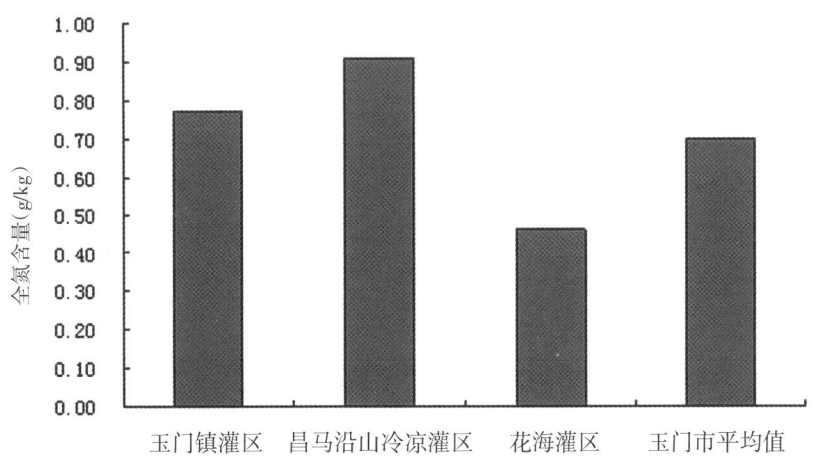

图 2-1-12 不同生态区耕层土壤全氮含量

经对玉门市 11 个乡镇耕层土壤全磷含量进行对比分析,平均含量小于全市平均值 0.74g/kg 的乡镇有 6 个,分别为柳河乡 0.63g/kg、花海镇 0.68g/kg、下西号乡 0.68g/kg、小金湾乡 0.69g/kg、清泉乡 0.72g/kg、黄闸湾乡 0.72g/kg,其余各乡镇均大于 0.74g/kg。以独山子乡最高为 0.86g/kg,柳河乡最低为 0.63g/kg。与第二次土壤普查结果相比较,全市土壤全磷平均含量呈上升趋势,增加了 0.27g/kg,增幅为 57.4%。其中增幅最大的乡镇为黄闸湾乡,增加了 0.35g/kg,增幅为 94.62%;增幅最小的乡镇为清泉乡,增加了 0.2g/kg,增幅为 38.5%(见图 2-1-13)。

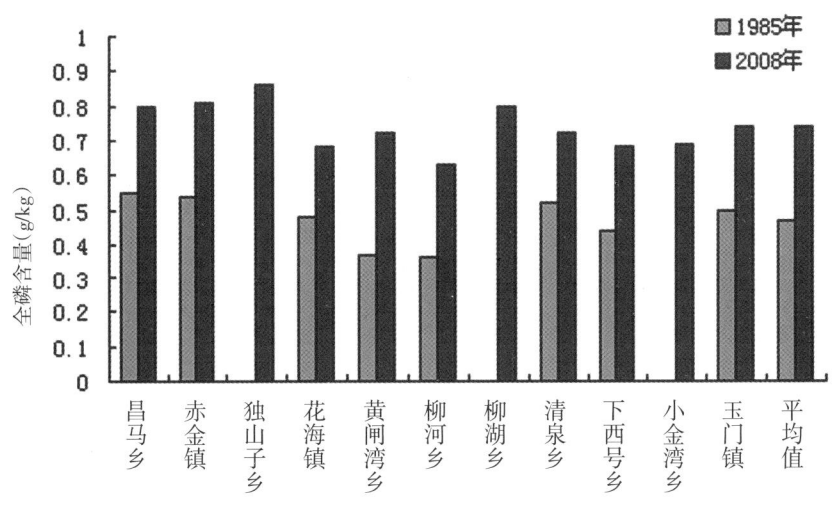

图 2-1-13 不同乡镇耕层土壤全磷含量

2. 不同土壤类型全磷

经对玉门市 8 个土壤类型耕层土壤全磷含量进行对比分析,全市平均为 0.75g/kg,标准差为 0.06,变化区间为 0.68~0.89,变异系数为 8.00%。不同土类耕层全磷含量由高到低依次为:风沙土、潮土、沼泽土、灰棕漠土、灌淤土、盐土、耕种风沙土和棕漠土。以风沙土最高为 0.89g/kg,棕漠土最低为 0.68g/kg(见图 2-1-14)。

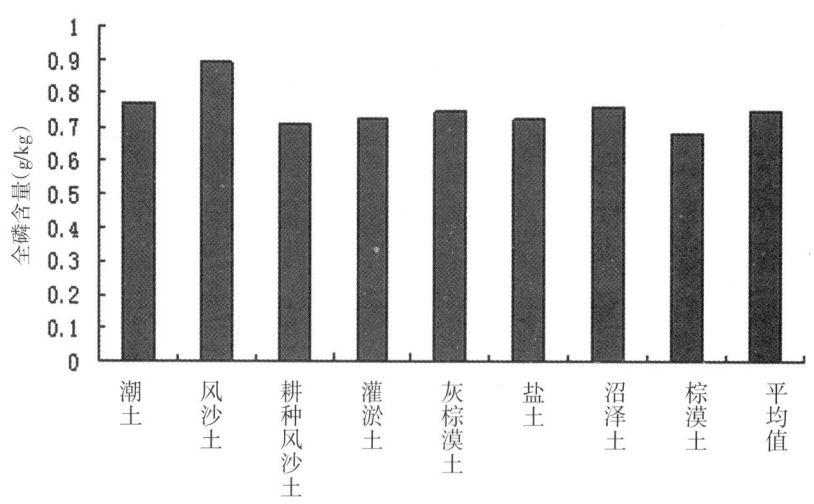

图 2-1-14　不同土类耕层土壤全磷含量

3. 不同生态区土壤全磷

经对全市三个生态区域耕层土壤全磷含量进行对比分析,全磷含量分别是玉门镇灌区 0.69g/kg,昌马沿山冷凉灌区 0.78g/kg,花海灌区 0.76g/kg。与全市平均含量相比,玉门镇灌区低 0.05g/kg,降幅为 6.4%;昌马沿山冷凉灌区高 0.04g/kg,增幅为 4.95%;花海灌区高 0.02g/kg,增幅为 2.36%(见图 2-1-15)。

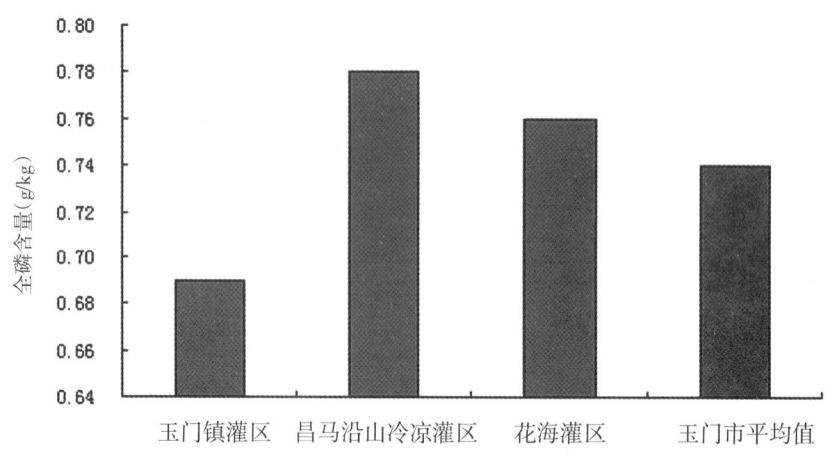

图 2-1-15　不同生态区耕层土壤全磷含量

(六)土壤全钾

1.土壤全钾空间分布

根据对玉门市254个耕层土壤样品的分析测试,全市全钾平均含量为18.57g/kg,标准差为1.74,变化区间为12.5~23.49g/kg,变异系数为0.66%。

对玉门市11个乡镇耕层土壤全钾含量进行对比分析,平均含量小于全市平均值18.57g/kg的乡镇有5个,分别为清泉乡16.44g/kg、下西号乡17.74g/kg、玉门镇17.06g/kg、柳河乡16.40g/kg、黄闸湾乡15.76g/kg,其余乡镇均大于18.57g/kg,以昌马乡最高为22.19g/kg,黄闸湾乡最低为15.76g/kg(见图2-1-16)。

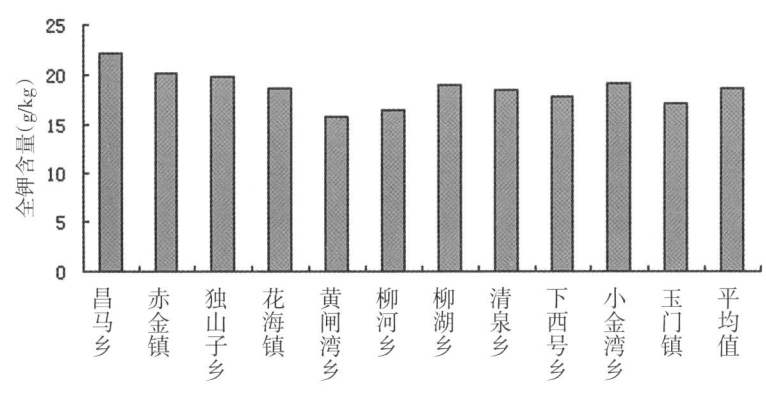

图2-1-16 不同乡镇耕层土壤全钾含量

2.不同土壤类型全钾

对玉门市8个土壤类型耕层土壤全钾含量进行对比分析,全市平均为18.31g/kg,标准差为1.78,变化区间为16.24~21.98g/kg,变异系数为0.66%。不同土类耕层土壤全钾含量由高到低依次为:灰棕漠土、风沙土、棕漠土、灌淤土、盐土、沼泽土、潮土、耕种风沙土。以灰棕漠土最高为21.98g/kg,耕种风沙土最低为16.24g/kg(见图2-1-17)。

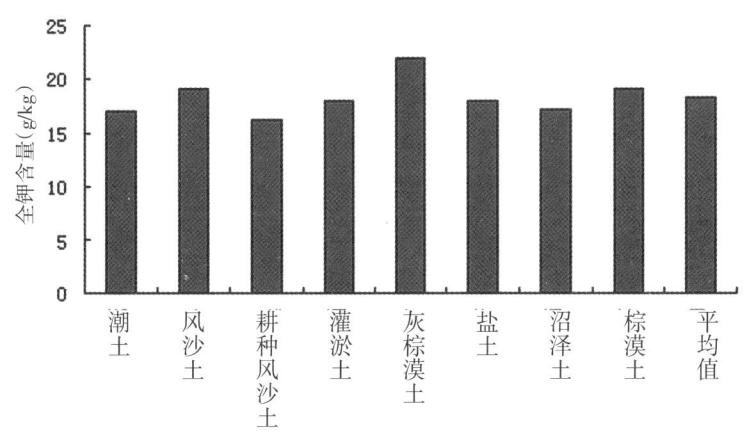

图2-1-17 不同土类耕层土壤全钾含量

3.不同生态区土壤全钾

经对全市三个生态区域耕层土壤全钾含量进行对比分析,耕层土壤全钾含量分别为玉门镇灌区16.74g/kg,昌马沿山冷凉灌区20.26g/kg,花海灌区19.14g/kg。与全市平均含量相比,玉门镇灌区低1.83g/kg,降幅为9.8%;昌马沿山冷凉灌区高1.69g/kg,增幅为9.1%;花海灌区高0.57g/kg,增幅为3.0%(见图2-1-18)。

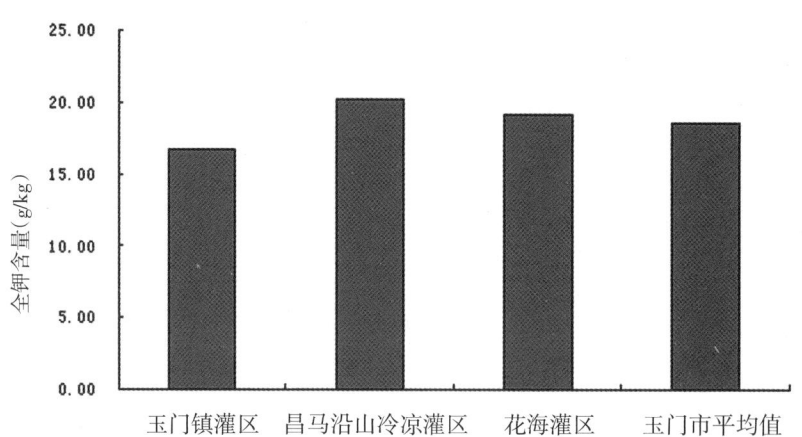

图2-1-18 不同生态区耕层土壤全钾含量

(七)土壤速效氮

1.土壤速效氮空间分布

根据对玉门市2515个耕层土壤样品的分析测试,全市速效氮含量平均为67.03mg/kg,标准差为9.63,变化区间为16.3~125.1mg/kg,变异系数为9.37%。根据甘肃省测土配方施肥养分分级标准,玉门市耕层土壤速效氮含量水平为Ⅵ级,属缺乏水平。

经对玉门市11个乡镇耕层土壤速效氮含量进行对比分析,平均含量小于全市平均值67.03mg/kg的乡镇有5个,分别为小金湾乡45mg/kg、独山子乡58.5mg/kg、柳湖乡64.5mg/kg、玉门镇66.2mg/kg、花海镇66.7mg/kg,其余乡镇均大于67.03mg/kg;以黄闸湾乡最高为87.05mg/kg,小金湾乡最低为45mg/kg。与第二次土壤普查结果相比较,全市平均含量呈上升趋势,平均增加10.2mg/kg,增幅为17.9%。各乡镇之间除清泉乡降低5.1mg/kg外,其余乡镇均较第二次土壤普查结果增加,增幅最大的乡(镇)为花海镇,增加了26mg/kg,增幅为63.88%;增幅最小的乡(镇)是赤金镇,增加了1.6mg/kg,增幅为2.38%(见图2-1-19)。

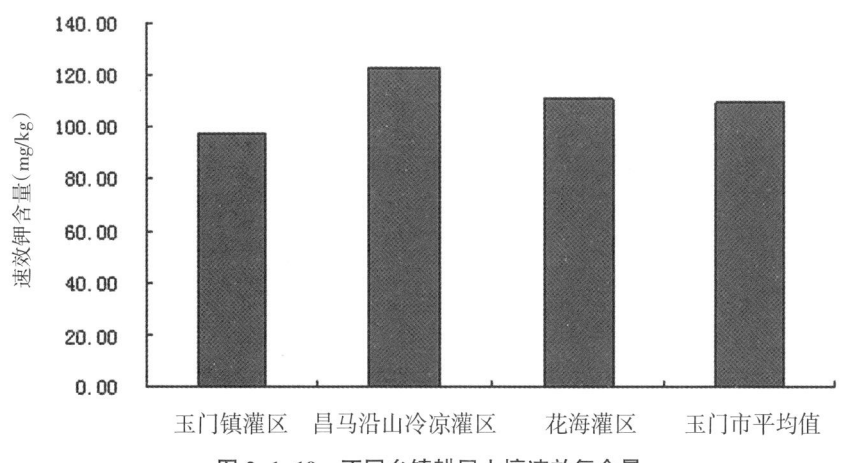

图 2-1-19 不同乡镇耕层土壤速效氮含量

2.不同土壤类型速效氮

经对玉门市 8 个土壤类型耕层土壤速效氮含量进行对比分析,速效氮平均含量为 69.89mg/kg,标准差为 7.69,变化区间为 54.96~81.96mg/kg,变异系数为 11.0%。不同土类速效氮含量由高到低依次为:潮土、沼泽土、灰棕漠土、灌淤土、风沙土、耕种风沙土、盐土、棕漠土。以潮土最高为 81.96mg/kg,棕漠土最低为 54.96mg/kg。8 个土类耕层土壤速效氮含量均在 50~100mg/kg 之间,为 Ⅵ 级,属缺乏水平(见图 2-1-20)。

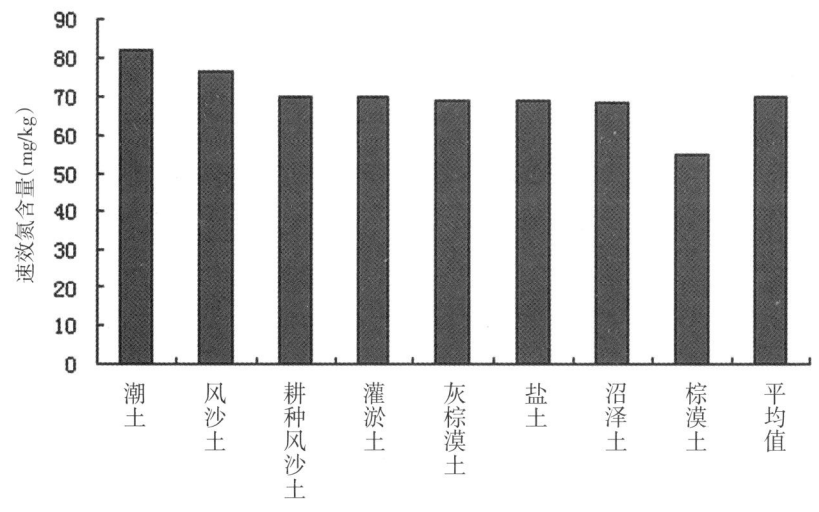

图 2-1-20 不同土类耕层土壤速效氮含量

3.不同生态区土壤速效氮

经对全市三个生态区域速效氮含量进行对比分析,耕层土壤速效氮分别为玉门镇灌区 73.26mg/kg,昌马沿山冷凉灌区为 69.87mg/kg,花海灌区为 58.68mg/kg。与全市平均含量相比,玉门镇灌区增加 6.23mg/kg,增幅为 9.3%;昌马沿山冷凉灌区增加 2.84mg/kg,增幅为 4.2%;花海灌区下降 8.36mg/kg,降幅为 12.5%(见图 2-1-21)。

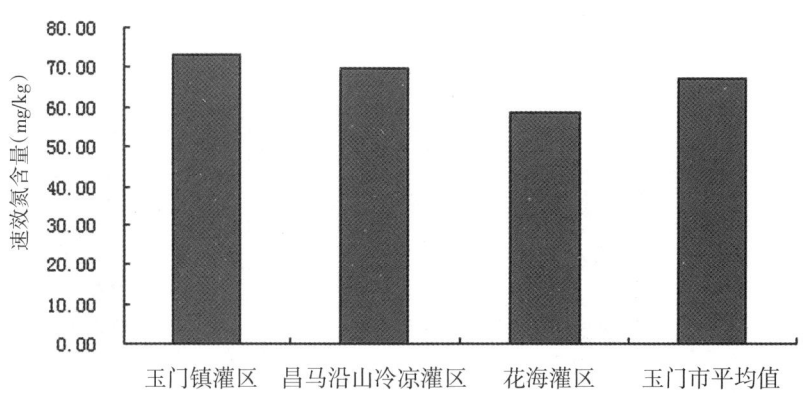

图 2-1-21 不同生态区耕层土壤速效氮含量

(八)土壤速效磷

1.土壤速效磷空间分布

根据对玉门市 2505 个耕层土壤样品的分析测试,全市速效磷含量平均为 11.47mg/kg,标准差为 3.25,变化区间为 1.4~41.8mg/kg,变异系数为 28.33%。根据甘肃省测土配方施肥养分分级标准,玉门市土壤速效磷含量为 V 级,属缺乏水平。

经对玉门市 11 个乡镇耕层土壤速效磷含量进行对比分析,平均含量小于全市平均值 11.47mg/kg 的乡镇有 5 个,分别为柳湖乡 6.47mg/kg、小金湾乡 6.5mg/kg、独山子乡 8.1mg/kg、下西号乡 10.6mg/kg、花海镇 10.9mg/kg,其余乡镇均大于全市平均值,以玉门镇最高为 16.3mg/kg,柳湖乡最低为 6.47mg/kg。与第二次土壤普查结果比较,全市耕层土壤速效磷含量均表现增加,全市平均增加 5.71mg/kg,增幅为 99.13%。增幅最大的乡(镇)是昌马乡,增加了 12.48mg/kg,增幅为 413.24%;增幅最小的乡(镇)是下西号乡,增加了 3.42mg/kg,增幅为 47.63%(见图 2-1-22)。

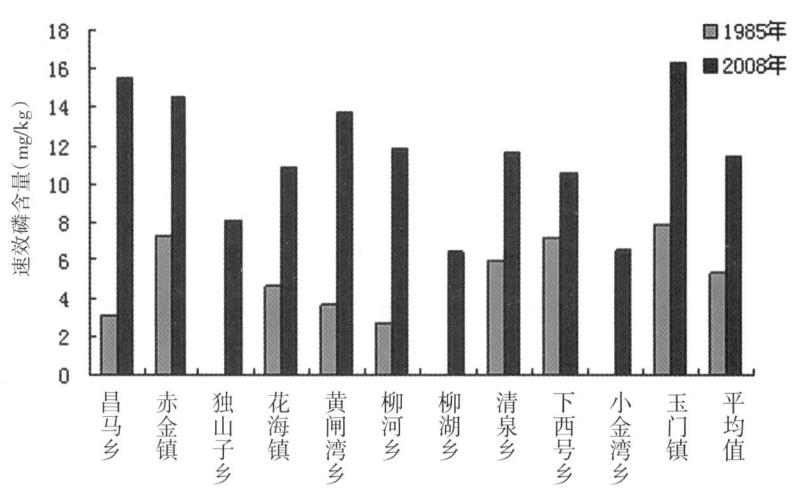

图 2-1-22 不同乡镇耕层土壤速效磷含量

2.不同土壤类型速效磷

经对玉门市 8 个土壤类型耕层土壤速效磷含量进行对比分析,速效磷含量平均为 11.96mg/kg,标准差为 2.22,变化区间为 8.29～15.28mg/kg,变异系数为 18.56%。不同土类耕层土壤速效磷含量由高到低依次为:耕种风沙土、灌淤土、灰棕漠土、潮土、沼泽土、盐土、风沙土、棕漠土。以耕种风沙土最高为 15.28mg/kg,棕漠土最低为 8.29mg/kg。其中耕种风沙土速效磷含量在 20.0～15.0mg/kg 之间,为四级,属中等水平;灌淤土、灰棕漠土、潮土、沼泽土、盐土速效磷含量在 15.0～10.0mg/kg 之间,为Ⅴ级,属较缺乏水平;风沙土与棕漠土速效磷含量小于 10.0mg/kg,属缺乏水平(见图 2-1-23)。

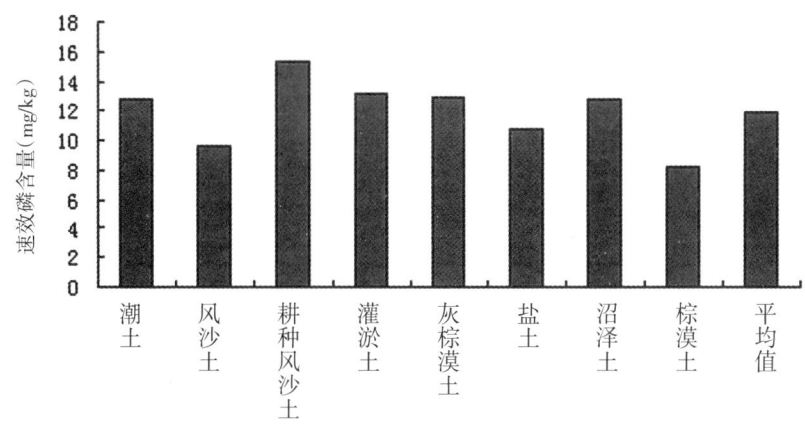

图 2-1-23　不同土类耕层土壤速效磷含量

3.不同生态区土壤速效磷

经对三个生态区域耕层土壤速效磷含量进行对比分析,土壤速效磷含量分别为玉门镇灌区 13.13mg/kg,昌马沿山冷凉灌区 13.9mg/kg,东部花海灌区 7.99mg/kg。与全市平均含量相比,玉门镇灌区增加 1.66mg/kg,增幅为 14.4%;昌马沿山冷凉灌区增加 2.4mg/kg,增幅为 21.2%;花海灌区下降 3.48mg/kg,降幅为 30.2%(见图 2-1-24)。

(九)土壤速效钾

1.土壤速效钾空间分布

根据对玉门市 2508 个耕层土壤样品的分析测试,全市速效钾含量平均为 109.35mg/kg,标准差为 15.19,变化区间为 37.7～346.0mg/kg,变异系数为 13.89%。根据甘肃省测土配方施肥养分分级标准,玉门市土壤速效钾含量为Ⅴ级,属较缺乏水平。

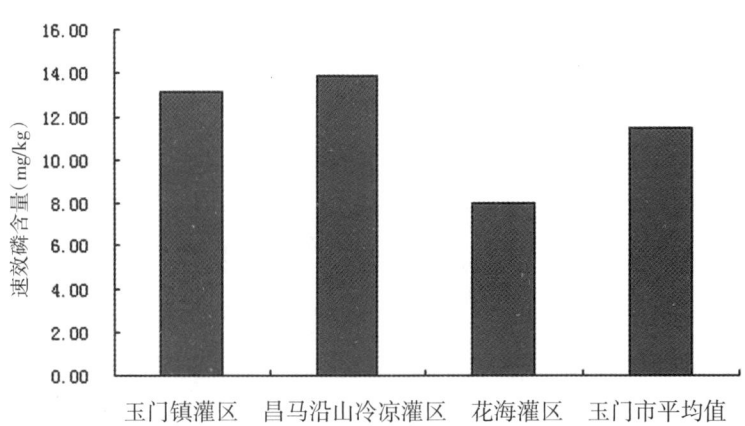

图 2-1-24 不同生态区耕层土壤速效磷含量

经对玉门市 11 个乡镇耕层土壤速效钾含量进行对比分析,平均含量小于全市平均值 109.35mg/kg 的乡镇有 6 个,分别为小金湾乡 89mg/kg、柳河乡 92.2mg/kg、下西号乡 95.3mg/kg、玉门镇 99.2mg/kg、黄闸湾乡 103mg/kg、花海镇 107.3mg/kg,其余乡镇均大于全市平均值,以赤金镇最高为 140mg/kg,小金湾乡最低为 89mg/kg。与第二次土壤普查结果比较,全市耕层土壤速效钾含量整体为下降趋势,全市平均下降 15.3mg/kg,降幅为 12.27%。其中较第二次土壤普查结果增加的乡(镇)有 4 个,分别为昌马乡增加 11.6mg/kg,柳河乡增加 8.4mg/kg,黄闸湾乡增加 1.87mg/kg,玉门镇增加 1.36mg/kg,平均增加 25.82mg/kg;较第二次土壤普查结果下降的乡(镇)有 4 个,分别为赤金镇下降 31.9mg/kg,花海镇下降 40.3mg/kg,清泉乡下降 58.4mg/kg,下西号乡下降 28.5mg/kg,平均下降 39.78mg/kg(见图 2-1-25)。

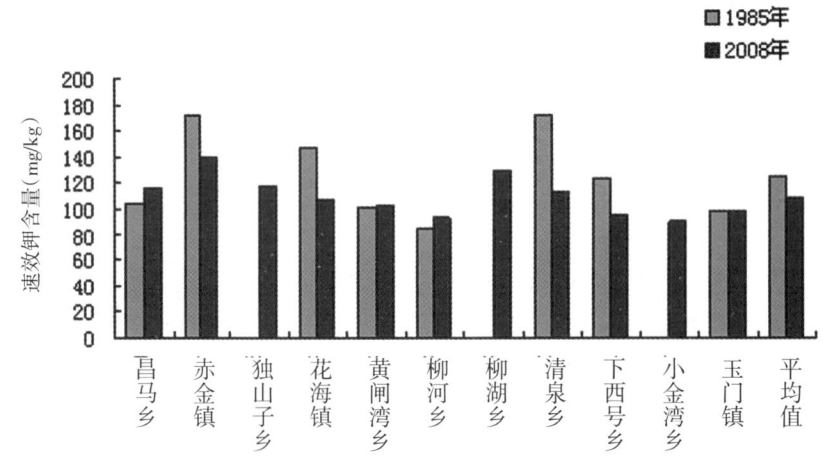

图 2-1-25 不同乡镇耕层土壤速效钾含量

2.不同土壤类型速效钾

对玉门市8个土壤类型速效钾含量进行对比分析,速效钾含量平均为112.49mg/kg,标准差为15.6,变化区间为96.12~138mg/kg,变异系数为13.87%。不同土类耕层土壤速效钾含量由高到低依次为:风沙土、沼泽土、灰棕漠土、灌淤土、盐土、棕漠土、耕种风沙土、潮土。以风沙土最高为138mg/kg,潮土最低为96.12mg/kg,其中风沙土、沼泽土、灰棕漠土、灌淤土、盐土速效钾含量在100~150mg/kg之间,为五级,属较缺乏水平;棕漠土、耕种风沙土、潮土速效钾含量在50~100之间,为六级,属缺乏水平(见图2-1-26)。

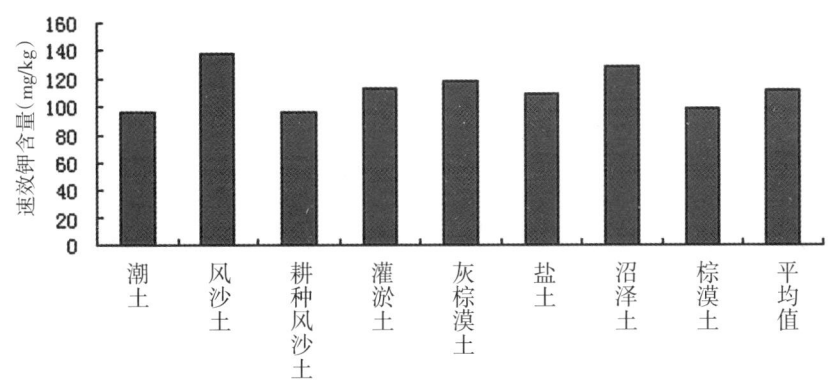

图2-1-26 不同土类耕层土壤速效钾含量

3.不同生态区土壤速效钾

对玉门市三个不同生态区域耕层土壤速效钾含量进行对比分析,速效钾含量分别为玉门镇灌区97.43mg/kg,昌马沿山灌区为123.1mg/kg,花海灌区110.95mg/kg。与全市平均含量相比,玉门镇灌区下降11.93mg/kg,降幅为10.91%;昌马沿山冷凉灌区增加13.75mg/kg,增幅为12.57%;花海灌区增加1.6mg/kg,增幅为1.46%(见图2-1-27)。

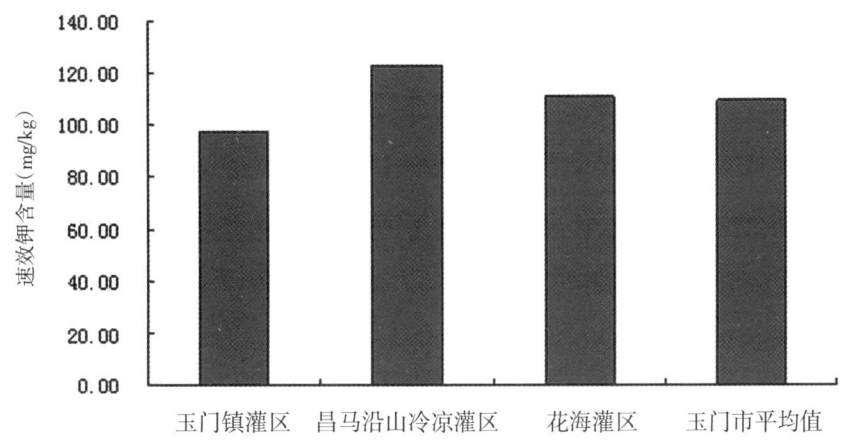

图2-1-27 不同生态区耕层土壤速效钾含量

(十)土壤缓效钾

1.土壤缓效钾空间分布

根据对玉门市2056个耕层土壤样品的分析测试,全市缓效钾含量平均为539.77mg/kg,标准差为152.52,变化区间为137.0~1106.0mg/kg,变异系数为28.26%。

经对玉门市11个乡镇耕层土壤缓效钾含量进行对比分析,平均含量小于全市平均值539.77mg/kg的乡镇有4个,分别为柳河乡291.7mg/kg、黄闸湾乡314.4mg/kg、下西号乡375.3mg/kg和玉门镇426.4mg/kg,其余乡镇均大于全市平均值。以赤金镇最高为747.8mg/kg,柳河乡最低为291.7mg/kg(见图2-1-28)。

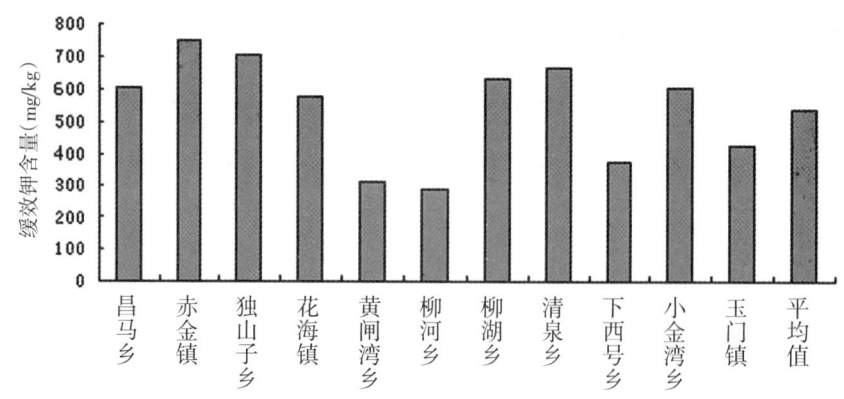

图2-1-28 不同乡镇耕层土壤缓效钾含量

2.不同土壤类型缓效钾

经对玉门市8个土壤类型耕层土壤缓效钾含量进行对比分析,缓效钾含量平均为470.73mg/kg,标准差为118.15,变化区间为324.5~650.71mg/kg,变异系数为25.10%。不同土类耕层土壤缓效钾由高到低依次为:风沙土、棕漠土、灰棕漠土、盐土、灌淤土、潮土、沼泽土、耕种风沙土。以风沙土最高为650.71mg/kg,耕种风沙土最低为324.5mg/kg,其中风沙土缓效钾含量为四级;棕漠土、灰棕漠土、盐土、灌淤土速效钾含量为Ⅴ级;耕种风沙土速效钾含量为六级(见图2-1-29)。

3.不同生态区土壤缓效钾

经对三个生态区域耕层土壤缓效钾含量进行对比分析,土壤缓效钾含量分别为玉门镇灌区351.95mg/kg,昌马沿山冷凉灌区671.9mg/kg,花海灌区628.5mg/kg。与全市平均含量相比,玉门镇灌区下降187.82mg/kg,降幅为34.8%;昌马沿山冷凉灌区增加132.13mg/kg,增幅为24.48%;花海灌区增加88.73mg/kg,增幅为16.44%(见图2-1-30)。

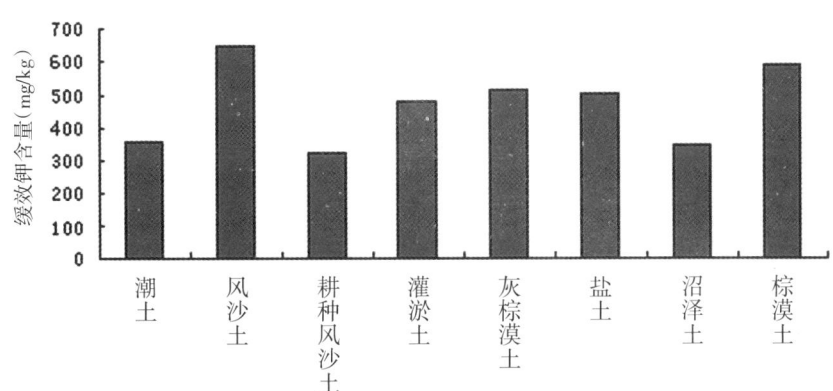

图 2-1-29 不同土类耕层土壤缓效钾含量

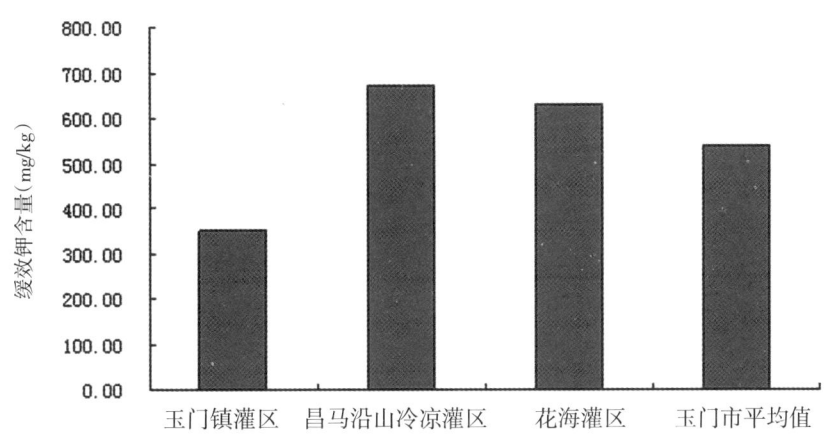

图 2-1-30 不同生态区耕层土壤缓效钾含量

(十一)土壤有效铁

1.土壤有效铁空间分布

根据对玉门市 2167 个耕层土壤样品的分析测试,全市有效铁含量平均为 9.83mg/kg,标准差 2.99,变化区间为 1.17～28.00mg/kg,变异系数为 0.66%。根据甘肃省测土配方施肥养分分级标准,为三级,属较低水平。

经对玉门市 11 个乡镇耕层土壤有效铁含量进行对比分析,平均含量小于全市平均值 9.83mg/kg 的乡镇有 7 个,分别为小金湾乡 5.85mg/kg、柳湖乡 7.17mg/kg、清泉乡 7.79mg/kg、独山子乡 8.16mg/kg、花海镇 8.34mg/kg、玉门镇 8.77mg/kg 和柳河乡 9.76mg/kg,其余乡镇均大于全市平均值。以昌马乡最高为 17.0mg/kg,小金湾乡最低为 5.85mg/kg。与第二次土壤普查结果比较,有效铁含量整体表现为降低的趋势,全市平均降低 0.22mg/kg,降幅为 1.9%。其中较第二次土壤普查结果下降的乡(镇)有 3 个,分别为赤金镇下降 1.64mg/kg,降幅为 13.4%;柳河乡下降 2.22mg/kg,降幅为 18.5%;玉门镇下降 3.57mg/kg,降幅为 28.9%;其余乡镇均增加(见图 2-1-31)。

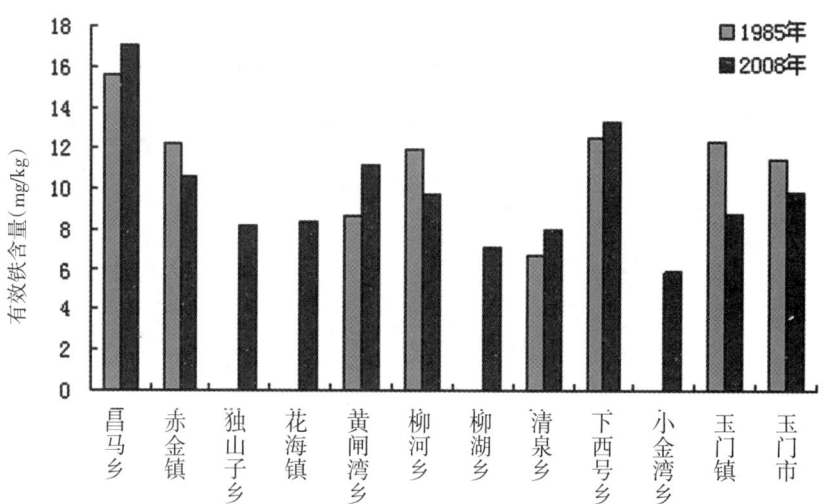

图 2-1-31　不同乡镇耕层土壤有效铁含量

2.不同土壤类型有效铁

经对玉门市 8 个土壤类型耕层土壤有效铁含量进行对比分析,有效铁含量平均为 9.88mg/kg,标准差为 2.15,变化区间为 5.92~12.28mg/kg,变异系数为 21.76%。不同土类有效铁含量由高到低依次为:沼泽土、灰棕漠土、潮土、灌淤土、盐土、耕种风沙土、风沙土、棕漠土,以沼泽土最高为 12.28mg/kg,棕漠土最低为 5.92mg/kg。其中,沼泽土、灰棕漠土、潮土、灌淤土、盐土在 15.00~10.00mg/kg 之间,为 Ⅱ 级,属中等水平;耕地风沙土、风沙土和棕漠土有效铁含量在 10.00~4.50mg/kg 之间,为 Ⅲ 级,属较低水平(见图 2-1-32)。

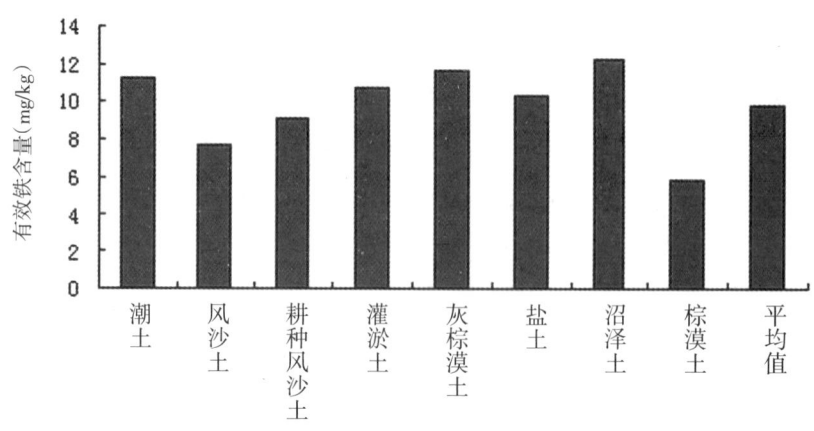

图 2-1-32　不同土类耕层土壤有效铁含量

3.不同生态区土壤有效铁

经对玉门市三个生态区域耕层土壤有效铁含量进行对比分析,有效铁含量平均为玉门镇灌区10.75mg/kg,昌马沿山冷凉灌区11.86mg/kg,花海灌区7.38mg/kg。与全市平均含量相比,玉门镇灌区增加1.92mg/kg,增幅为9.4%;昌马沿山冷凉灌区增加2.03mg/kg,增幅为20.7%;花海灌区下降2.45mg/kg,降幅为24.9%(见图2-1-33)。

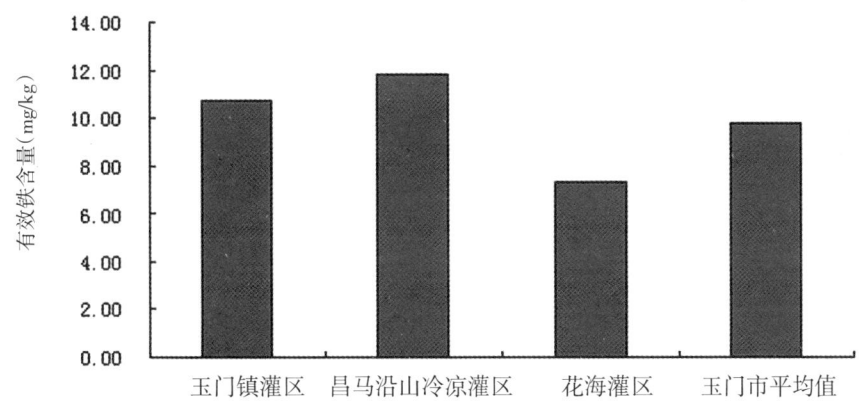

图2-1-33 不同生态区耕层土壤有效铁含量

(十二)土壤有效锰

1.土壤有效锰空间分布

根据对玉门市2241个耕层土壤样品的分析测试,全市有效锰含量平均5.38mg/kg,标准差为1.11,变化区间为2.04～21.5mg/kg,变异系数为20.63%。根据甘肃省测土配方施肥养分分级标准,玉门市耕层土壤有效锰含量为四级,属低水平。

经对玉门市11个乡镇耕层土壤有效锰含量进行对比分析,平均含量小于全市平均值5.38mg/kg的乡镇有6个,分别为花海镇5.07mg/kg、小金湾乡5.01mg/kg、柳湖乡4.82mg/kg、玉门镇4.35mg/kg、黄闸湾乡4.02mg/kg和柳河乡3.88mg/kg,其余乡镇均大于全市平均值,以柳河乡最低为3.88mg/kg,清泉乡最高为7.5mg/kg。与第二次土壤普查结果相比较,全市土壤有效锰含量呈降低趋势,平均降低3.91mg/kg,降幅为41.8%。其中降幅最大的是柳河乡,降低了7.22mg/kg,降幅为65.0%;降幅最小的是清泉乡,降低了0.23mg/kg,降幅为3.0%(见图2-1-34)。

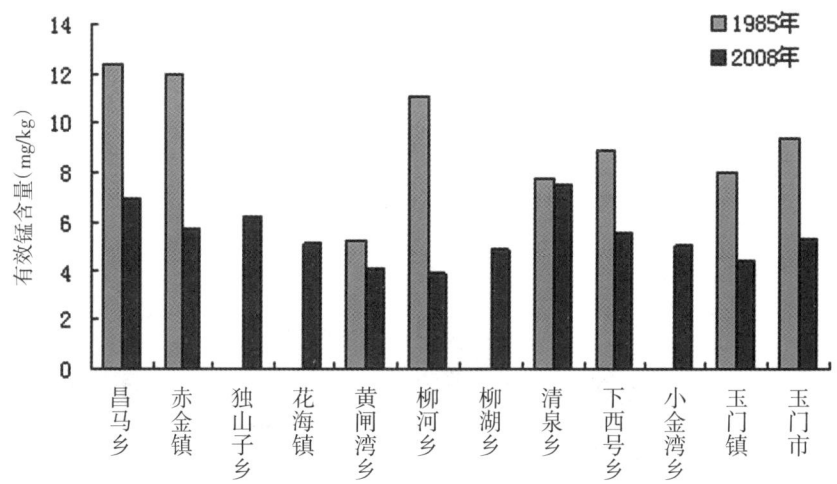

图 2-1-34 不同乡镇耕层土壤有效锰含量

2.不同土壤类型有效锰

经对玉门市 8 个土壤类型耕层土壤有效锰含量进行对比分析，有效锰含量平均为 4.76mg/kg，标准差为 0.58，变化区间为 3.76～5.62mg/kg，变异系数为 12.18%。不同土类有效锰由高到低依次为：灰棕漠土、灌淤土、风沙土、盐土、潮土、沼泽土、棕漠土、耕种风沙土。以灰棕漠土最高为 5.62mg/kg；耕种风沙土最低为 3.76mg/kg。8 种土类耕层土壤有效锰含量均在 7.00～3.00mg/kg 之间，为四级，属低水平（见图 2-1-35）。

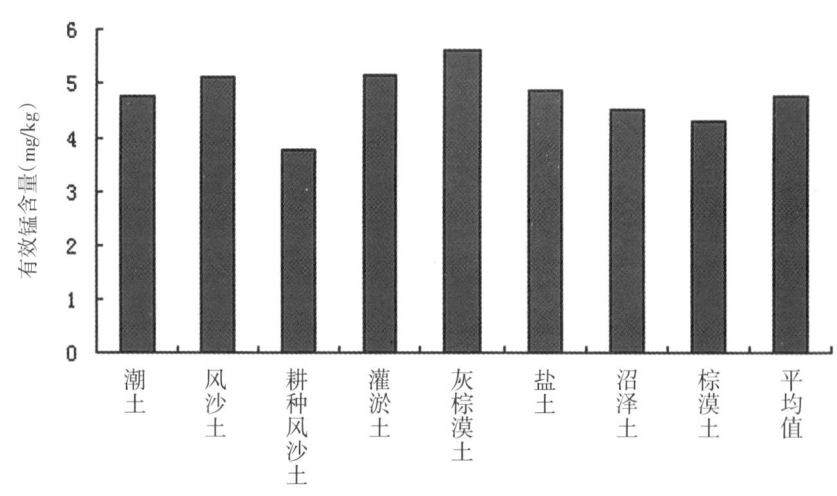

图 2-1-35 不同土类耕层土壤有效锰含量

3.不同生态区土壤有效锰

经对玉门市三个生态区域耕层土壤有效锰含量进行对比分析，有效锰含量平均为玉门镇灌区 4.46mg/kg，昌马沿山冷凉灌区 6.74mg/kg，花海灌区 5.28mg/kg。与全市平均含量相比,玉门镇灌区下降0.93mg/kg,降幅为17.2%;昌马沿山冷凉灌区增加1.36mg/kg,增幅为25.3%;花海灌区下降0.11mg/kg,降幅为2.0%(见图2-1-36)。

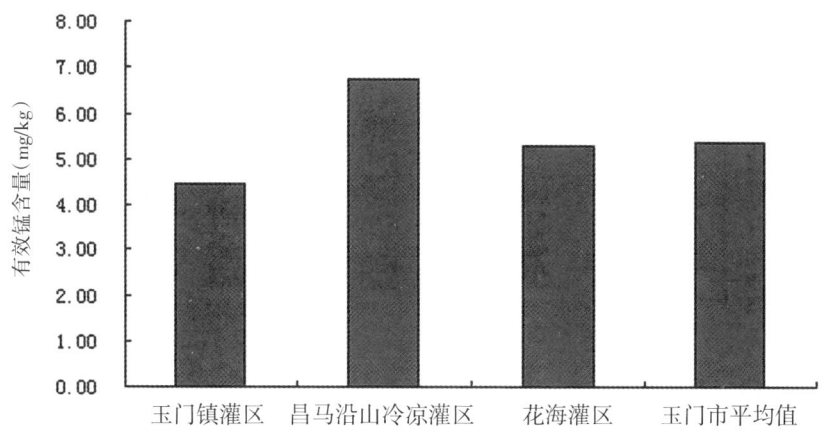

图2-1-36 不同生态区耕层土壤有效锰含量

(十三)土壤有效铜

1.土壤有效铜空间分布

根据对玉门市2245个耕层土壤样品的测试分析,全市有效铜平均含量为1.13mg/kg,标准差为0.25,变化区间为0.31~3.10mg/kg,变异系数为13.04%。根据甘肃省测土配方施肥养分分级标准,玉门市耕层土壤有效铜含量为二级,属中等水平。

经对玉门市11个乡镇耕层土壤有效铜含量进行对比分析,平均含量小于全市平均值1.13mg/kg的乡镇有5个,分别为小金湾乡0.62mg/kg、柳河乡0.79mg/kg、玉门镇0.98mg/kg、花海镇1.09mg/kg和赤金镇1.12mg/kg,其余乡镇均大于全市平均值,以独山子乡最高为1.56mg/kg,小金湾乡最低为0.62mg/kg。与第二次土壤普查结果比较,全市土壤有效铜含量整体表现为降低趋势,全市平均降低0.03mg/kg,降幅为2.6mg/kg。其中较第二次普查结果下降的乡(镇)有4个,分别为昌马乡下降0.5mg/kg,降幅为36.1%;赤金镇下降0.18mg/kg,降幅为13.8%;柳河乡下降0.23mg/kg,降幅为22.5%;玉门镇下降0.12mg/kg,降幅为10.9%(见图2-1-37)。

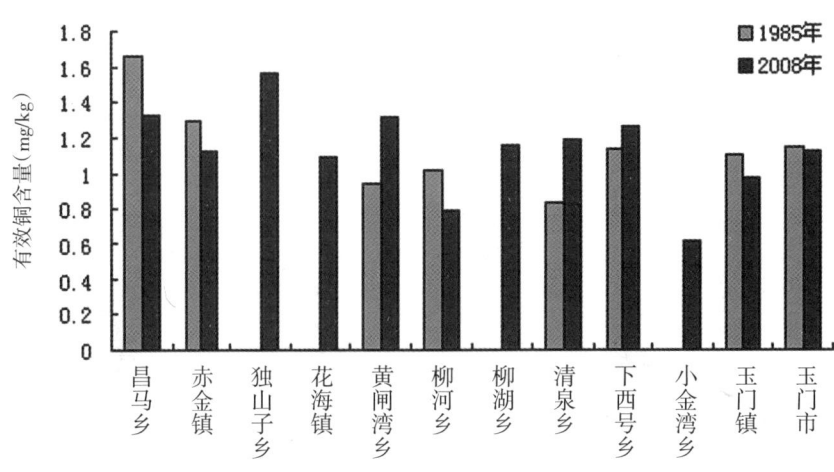

图 2-1-37 不同乡镇耕层土壤有效铜含量

2.不同土壤类型有效铜

经对玉门市 8 个土壤类型的耕层土壤有效铜含量进行对比分析,平均含量为 1.08mg/kg,标准差为 0.19,变化区间为 0.74~1.33mg/kg,变异系数为 17.59%。不同土类有效铜含量由高到低依次为:沼泽土、风沙土、潮土、盐土、灌淤土、灰棕漠土、棕漠土、耕种风沙土。以沼泽土最高为 1.33mg/kg,耕种风沙土最低为 0.74mg/kg。其中沼泽土、风沙土、潮土、盐土、灌淤土有效铜含量在 2.00~1.00mg/kg,为二级,属中等水平;灰棕漠土、棕漠土、耕种风沙土有效铜含量在 1.00~0.50mg/kg 之间,为三级,属较低水平(见图 2-1-38)。

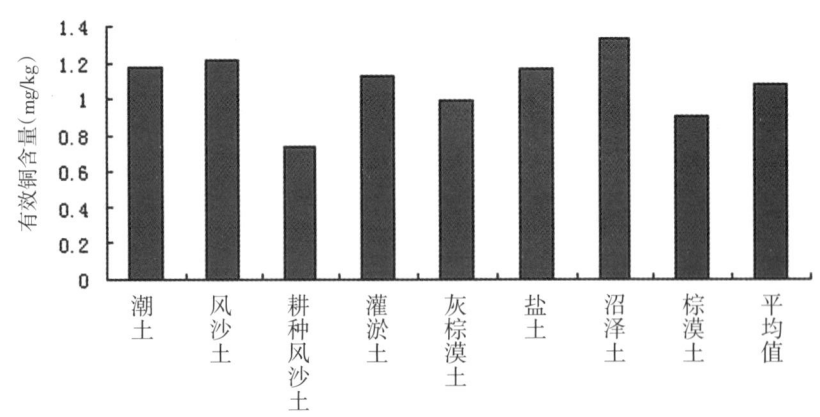

图 2-1-38 不同土类耕层土壤有效铜含量

3.不同生态区土壤有效铜

经对玉门市三个生态区域耕层土壤有效铜含量进行对比分析,有效铜含量分别为玉门镇灌区 1.09mg/kg,昌马沿山冷凉灌区 1.21mg/kg,花海灌区为 1.11mg/kg。与全市平均含量相比,玉门镇灌区下降0.04mg/kg,降幅为3.8%;昌马沿山冷凉灌区增加0.08mg/kg,增幅为7.4%;花海灌区下降0.02mg/kg,降幅为2.0%(见图2-1-39)。

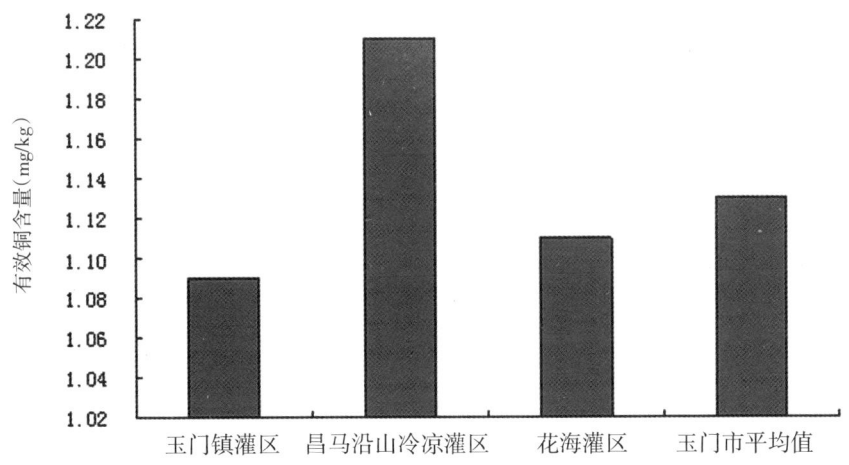

图 2-1-39　不同生态区耕层土壤有效铜含量

(十四)土壤有效锌

1.土壤有效锌空间分布

根据对玉门市 2215 个耕层土壤样品的测试分析,全市有效锌含量平均为 1.84mg/kg,标准差为0.24,变化区间为0.89~5.71mg/kg,变异系数为13.04%。根据甘肃省测土配方施肥养分分级标准,玉门市耕层土壤有效锌含量为二级,属中等水平。

经对玉门市 11 个乡镇耕层土壤有效锌含量进行对比分析,平均含量小于全市平均值 1.84mg/kg 的乡镇有 6 个,分别为小金湾乡 1.54mg/kg、独山子乡 1.58mg/kg、花海镇 1.59mg/kg、柳湖乡 1.63mg/kg、黄闸湾乡 1.77mg/kg 和柳河乡 1.81mg/kg,其余乡镇均大于全市平均值。以清泉乡最高为 2.33mg/kg,小金湾乡最低为 1.54mg/kg。与第二次土壤普查结果相比较,全市土壤有效锌含量呈增加趋势,全市平均增加 1.33mg/kg,增幅为 204.6%。其中增幅最大的乡(镇)是清泉乡,增加了 2.03mg/kg,增幅为 676.7%;增幅最小的乡(镇)是下西号乡,增加了 0.53mg/kg,增幅为 41.4%(见图2-1-40)。

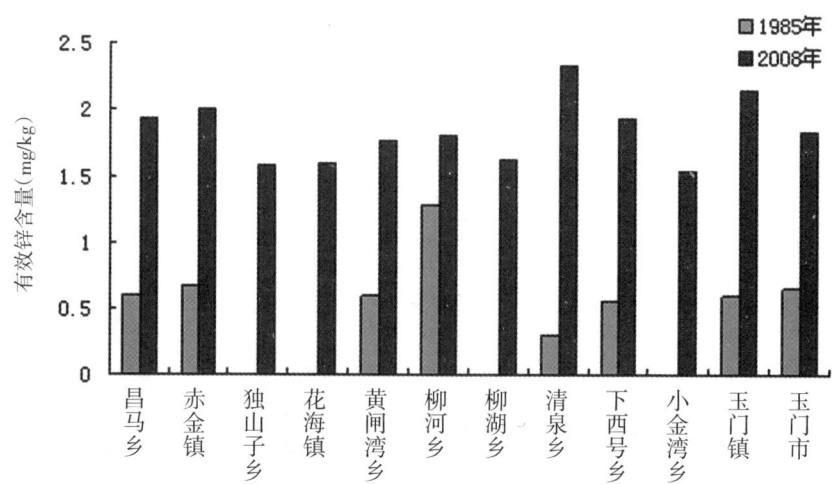

图 2-1-40 不同乡镇耕层土壤有效锌含量

2. 不同土壤类型有效锌

经对玉门市 8 个土壤类型耕层土壤有效锌含量进行对比分析，有效锌含量平均为 1.75mg/kg，标准差为 0.19，变化区间 1.5~1.87mg/kg，变异系数为 6.86%。不同土类有效锌含量由高到低依次为：灰棕漠土、沼泽土、灌淤土、耕种风沙土、盐土、风沙土、潮土、棕漠土。以灰棕漠土最高为 1.87mg/kg，棕漠土最低为 1.50mg/kg。8 个土类耕层土壤有效锌含量均在 2.00~1.00mg/kg 之间，为Ⅱ级，属中等水平（见图 2-1-41）。

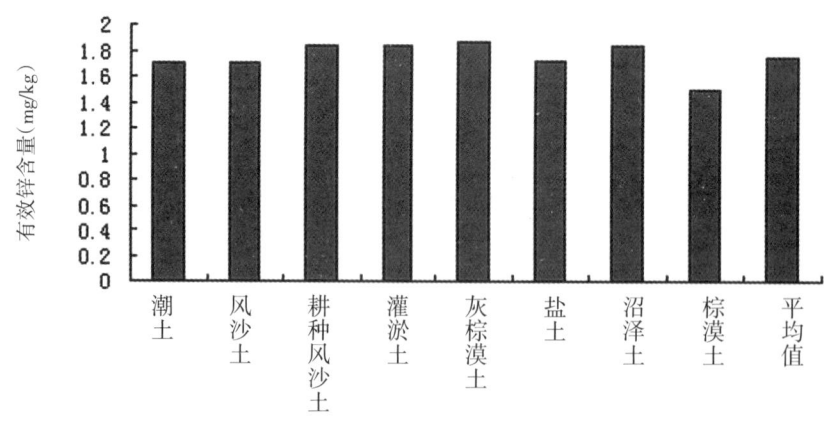

图 2-1-41 不同土类耕层土壤有效锌含量

3. 不同生态区土壤有效锌

经对玉门市三个生态区域有效锌含量进行对比分析，有效锌含量分别为玉门镇灌区 1.91mg/kg，昌马沿山冷凉灌区 2.09mg/kg，花海灌区 1.59mg/kg。与全市平均含量相比，玉门镇灌区高 0.07mg/kg，增幅为 3.9%；昌马沿山冷凉灌区高 0.25mg/kg，增幅为 13.6%；花海灌区低 0.26mg/kg,降幅为 13.9%(见图 2-1-42)。

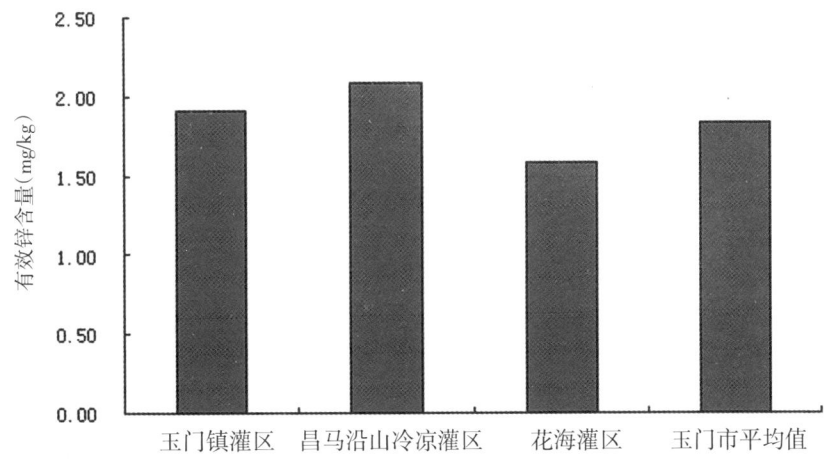

图 2-1-42 不同施肥分区耕层土壤有效锌含量

(十五)土壤容重

土壤容重是衡量土壤物理性状好坏的重要指标。肥沃的土壤,疏松多孔,质地适中容重较小,而结构差、土体紧实、瘠薄的土壤容重偏大。为了充分掌握我市耕地土壤容重情况,对我市部分乡镇的典型土种进行了取样化验分析,结果显示,我市土壤容重在 1.02~1.49g/cm³ 之间,其中耕层(0~20cm)平均为 1.35g/cm³ 左右,心土层(20~50cm)平均为 1.40g/cm³ 左右,容重偏大。

经对玉门市 8 个乡(镇)部分耕地土壤容重分析表明,耕层(0~20cm)土壤容重在 1.20~1.49g/cm³ 之间,平均为 1.35g/cm³,容重大于平均值的乡镇有 4 个,分别是玉门镇 1.49g/cm³、花海镇 1.40g/cm³、清泉乡 1.38g/cm³ 和昌马乡 1.36g/cm³,其余乡镇均小于全市平均值,以玉门镇最大为 1.49g/cm³,黄闸湾乡最小为 1.20g/cm³;心土层(20~50cm)土壤容重在 1.26~1.47g/cm³ 之间,平均为 1.40g/cm³,容重小于平均值的乡镇有 2 个,分别为黄闸湾乡 1.26g/cm³、赤金镇 1.35g/cm³,其余乡镇均大于平均值(见表 2-1-65)。

对玉门市 38 个典型土种耕地土壤容重测定分析,全市耕层(0~20cm)土壤容重在 1.02~1.49g/cm³ 之间,平均为 1.29g/cm³。容重大于平均值的土种有 22 个,小于平均值的有 16 个,其中容重最大的土种是薄层盐化漏沙立土 1.49g/cm³,其次是薄层沙盖平土 1.46g/cm³、薄层漏沙平土 1.45g/cm³;心土层(20~50cm)土壤容重在 1.12~1.5g/cm³ 之间,平均为 1.38g/cm³。容重小于平均值的土种有 16 个,其余土种均大于平均值,其中容重最大的土种是厚漏沙立土和耕种风沙土,为 1.59g/cm³;其次是低位盐化潮平土为 1.52g/cm³,薄沙盖平土为 1.50g/cm³。从土壤类型上分析,耕层土壤容重表现为:耕种风沙土 > 灌淤土 > 潮土(见表 2-1-66)。

(十六)土壤质地

经对玉门市部分剖面样机械组成的分析，耕地耕层土壤黏粒粒径小于 0.01mm 的机械组成在 6.89%~50.73%之间，平均为 35.2%，黏粒粒径大于 0.01mm 的机械组成在 49.81%~93.11%之间，平均为 65.25%。其中厚层灌淤立土耕层土壤黏粒粒径小于 0.01mm 的机械组成平均为 43.13%，黏粒粒径大于 0.01mm 的机械组成平均为 56.86%，属于中壤土，代表面积 5687 公顷，占耕地面积的 20.3%；厚层灌淤平土耕层土壤黏粒粒径小于 0.01mm 的机械组成平均为 34.49%，黏粒粒径大于 0.01mm 的机械组成平均为 65.51%，属于中壤土，代表面积 6660 公顷，占耕地面积的 23.8%；薄层沙盖灌淤立土耕层土壤黏粒粒径小于 0.01mm 的机械组成平均为 6.89%，大于 0.01mm 的机械组成平均为 93.11%，属于紧砂土，代表面积 2100 公顷，占耕地面积的 7.49%；薄层盐化灌淤立土耕层土壤黏粒粒径小于 0.01mm 的机械组成平均为 37.67%，大于 0.01mm 的机械组成平均为 62.33%，属于中壤土，代表面积 2353 公顷，占耕地面积的 8.4%；高位潮平土耕层土壤黏粒粒径小于 0.01mm 的机械组成平均为 46.51%，大于 0.01mm 的机械组成平均为 54.13%，属于重壤土，代表面积 2087 公顷，占耕地面积的 7.45%；薄腰沙平土耕层土壤黏粒粒径小于 0.01mm 的机械组成平均为 22.01%，大于 0.01mm 的机械组成平均为 77.99%，属于轻壤土，代表面积 1947 公顷，占耕地面积的 6.94%；中位潮立土耕层土壤黏粒粒径小于 0.01mm 的机械组成平均为 25.71%，大于 0.01mm 的机械组成平均为 74.42%，属于轻壤土，代表面积 127 公顷，占耕地面积的 0.46%；中位青白潮平土耕层土壤黏粒粒径小于 0.01mm 的机械组成平均为 29.6%，大于 0.01mm 的机械组成平均为 70.18%，属于轻壤土，代表面积 1827 公顷，占耕地面积的 6.52%。分析结果表明，玉门市耕地耕层土壤质地大多数为壤质范围，其中以轻、中壤质土占比重较大(见表 2-1-67)。

表 2-1-54　玉门市不同行政村耕层土壤养分含量及变化范围

乡镇名称	村名称		pH值	全盐 g/kg	有机质 g/kg	全氮 g/kg	全磷 g/kg	全钾 g/kg	速效氮 mg/kg	速效磷 mg/kg	速效钾 mg/kg	缓效钾 mg/kg	有效铁 mg/kg	有效锰 mg/kg	有效铜 mg/kg	有效锌 mg/kg
昌马乡	东湾	最大值	8.72	1.62	23.4	1.1	0.88	21.96	107.8	23.6	197	659	19.17	8.43	1.77	2.2
		最小值	8.33	0.8	14.31	0.17	0.78	21.53	49.9	8.9	48.4	573	11.91	5.99	1.15	1.63
		平均值	8.48	1.14	18.72	0.83	0.83	21.75	71.3	15.6	110.8	604	16.38	7.11	1.39	1.92
	河岸	最大值	8.66	2.64	23.9	0.91	0.84	23.49	80.1	24	152	616	20.31	7.4	1.69	2
		最小值	8.29	1.16	17.18	0.66	0.7	22	47.2	8.7	85	539	11.78	5.25	1.27	1.56
		平均值	8.47	1.72	20.78	0.8	0.8	22.87	61.7	13.8	114.1	578	17.56	6.28	1.44	1.84
	南湖	最大值	8.73	1.18	23.74	1.16	0.92	23.48	86.9	28.2	302	850	19.96	8.75	1.47	1.91
		最小值	8.45	0.6	10.88	0.37	0.62	21.96	55.4	5.4	76	420	13.4	4.93	1.09	1.78
		平均值	8.56	1	18.91	0.83	0.78	22.47	77.5	14.3	131	583	17.95	7.31	1.27	1.85
	上游	最大值	8.6	1.16	22.38	1.08	0.78	22.95	80.7	35.2	136.4	611	15.99	8.28	1.28	2.02
		最小值	8.39	0.68	11.24	0.71	0.78	22.95	45.6	7.5	69	560	10.66	4.51	0.96	1.86
		平均值	8.5	0.87	17.32	0.93	0.78	22.95	69.6	18.4	98.1	580.5	13.45	6.16	1.09	1.92
	水峡	最大值	8.53	1.22	29.73	1.39	0.9	22.94	113.3	26	177.1	856.5	20.08	9.83	2.01	2.24
		最小值	8.32	0.72	16.1	0.91	0.77	22.01	45.6	8	83	508	14.3	7.23	1.13	1.97
		平均值	8.43	0.9	22.97	1.13	0.83	22.48	72.1	14.9	120.1	637.6	17.89	8.2	1.58	2.08
	西湖	最大值	8.41	1	24.5	1.2	0.77	19.96	70.8	14.2	158	846	16.65	8.72	1.15	2.11
		最小值	8.23	0.7	18.59	0.81	0.77	19.96	89.9	8.4	86	638	14.71	7.53	1.14	1.91
		平均值	8.35	0.85	21.47	1.01	0.77	19.96	77.4	10.6	119	742	15.68	8.13	1.15	2.01

续表 2-1-54

乡镇名称	村名称		pH值	全盐 g/kg	有机质 g/kg	全氮 g/kg	全磷 g/kg	全钾 g/kg	速效氮 mg/kg	速效磷 mg/kg	速效钾 mg/kg	缓效钾 mg/kg	有效铁 mg/kg	有效锰 mg/kg	有效铜 mg/kg	有效锌 mg/kg
赤金镇	先锋	最大值	8.7	1.34	29.59	1.25	0.86	22	90.6	24.8	163.6	632	23.35	7.95	1.44	2.12
		最小值	8.42	0.98	15.06	0.41	0.73	20.96	57.1	9.3	62	518	14.53	4.87	1.1	1.72
		平均值	8.53	1.19	21.31	0.91	0.78	21.48	75.2	18.6	122.5	579.7	18.69	6.12	1.27	1.93
	朝阳	最大值	8.65	1.6	19.25	0.96	0.74	20.01	83.2	10.8	163	1083	17.02	9.97	2.07	1.78
		最小值	8.46	1.6	15.9	0.95	0.74	20.01	45.6	9	100.2	925	13.11	8.1	1.63	1.68
		平均值	8.57	1.6	17.59	0.96	0.74	20.01	67.6	9.7	140.1	1004	15.07	9.04	1.85	1.73
	东湖	最大值	8.57	1.4	54.99	1.23	0.85	20.98	89.9	11	181	689	12.93	8.32	1.26	1.98
		最小值	8.05	1.4	20.26	1.02	0.85	20.98	77	8	123	643	12.74	5.16	1.03	1.76
		平均值	8.31	1.4	37.63	1.13	0.85	20.98	83.5	9.5	152	666	12.84	6.74	1.15	1.87
	东沙门	最大值	8.31	1.7	48.3	1.14	1.03	20.46	80.1	24	141	855	10.98	4.34	1.1	1.82
		最小值	8.21	1.7	47.1	0.89	0.82	19.48	70.8	6.2	103	661	10.49	2.8	0.92	1.79
		平均值	8.26	1.7	47.7	1.02	0.93	19.97	75.5	15.1	122	758	10.74	3.57	1.01	1.81
	和平	最大值	8.51	2.14	55.48	1.2	0.86	19.96	93	23.8	245.4	812.5	15.51	6.85	1.43	2.13
		最小值	8.17	0.9	32.93	0.09	0.54	15.98	58.6	8	86	520	9.52	2.87	0.7	1.83
		平均值	8.28	1.31	46.29	0.96	0.68	18.48	76.3	15.8	152.6	653.8	12.02	4.29	1.02	2.03
	苗圃	最大值	8.54	1.52	18.87	0.96	0.82	21.51	77	12	147	925	12.54	9.15	1.19	2.01
		最小值	8.5	1.04	13.65	0.91	0.82	21.51	73.3	11.4	86	750	11.89	6.98	1.1	1.89
		平均值	8.52	1.28	16.26	0.94	0.82	21.51	75.2	11.7	116.5	837.5	12.22	8.07	1.15	1.95

续表 2-1-54

乡镇名称	村名称		pH值	全盐 g/kg	有机质 g/kg	全氮 g/kg	全磷 g/kg	全钾 g/kg	速效氮 mg/kg	速效磷 mg/kg	速效钾 mg/kg	缓效钾 mg/kg	有效铁 mg/kg	有效锰 mg/kg	有效铜 mg/kg	有效锌 mg/kg
	前丰	最大值	8.74	2.76	18.64	0.54	0.77	19.97	58.5	14	127	657	8.22	5.32	0.99	1.77
		最小值	8.74	2.76	18.64	0.54	0.77	19.97	58.5	14	127	657	8.22	5.32	0.99	1.77
		平均值	8.74	2.76	18.64	0.54	0.77	19.97	58.5	14	127	657	8.22	5.32	0.99	1.77
	天津卫	最大值	8.81	1.48	13.05	0.46	0.62	20.45	57	4.4	115		4.17	4.74	1.18	1.28
		最小值	8.34	1.48	5.79	0.39	0.46	19.53	24.6	2.2	67		4.17	4.74	1.18	1.28
		平均值	8.65	1.48	8.65	0.43	0.54	19.99	39.5	3.5	93.3		4.17	4.74	1.18	1.28
	西湖	最大值	8.63	2.88	62.39	1.23	0.82	20.01	86.2	32	346	1106	11.08	9.86	1.74	2.57
		最小值	8.22	0.8	17.75	0.89	0.73	20.01	52.1	4.4	86	611	8.67	4.59	1.03	1.85
		平均值	8.39	1.63	29.68	1.06	0.78	20.01	76.15	18.23	169.43	775.6	10.05	7.67	1.28	2.15
	新风	最大值	8.79	4.26	27.3	2.02	0.86	20.96	83.2	19.4	264	844	11.21	6.01	1.31	2.22
		最小值	8.46	1.3	16.68	0.58	0.86	20.96	39.1	3.8	79.1	605	8.08	3.78	0.85	1.72
		平均值	8.58	2.12	21.99	1	0.86	20.96	65.4	11.1	133.4	739.8	9.23	4.94	1.07	1.89
	新光	最大值	8.6	2.6	24.1	0.93	0.87	22	86.1	21	244	814	9.05	7.11	2.54	2.02
		最小值	8.21	1.06	14	0.73	0.87	22	45.3	5.3	103.4	568	5.6	3.22	0.46	1.79
		平均值	8.4	1.84	21.23	0.81	0.87	22	67.5	13.6	146.2	722.3	7.27	4.83	1.27	1.88
	新明	最大值	8.6	2.4	25	1.06	0.92	22.03	96.7	26	223	1033	12.35	7.12	1.13	2.22
		最小值	8.19	1.06	19.9	0.75	0.79	20.95	45.6	8.2	79.1	676	8.36	4.14	0.78	1.98
		平均值	8.39	1.68	23.07	0.92	0.84	21.49	63.5	13.8	130.3	859.5	10.48	5.53	0.96	2.14

续表 2-1-54

乡镇名称	村名称		pH值	全盐 g/kg	有机质 g/kg	全氮 g/kg	全磷 g/kg	全钾 g/kg	速效氮 mg/kg	速效磷 mg/kg	速效钾 mg/kg	缓效钾 mg/kg	有效铁 mg/kg	有效锰 mg/kg	有效铜 mg/kg	有效锌 mg/kg
	营田	最大值	8.51	1.4	61.68	1.31	1.25	19.46	89.9	39.8	198	768	13.19	8.15	1.03	2.65
		最小值	8.14	1.04	27.3	1.1	0.9	18.47	65.1	11.6	145	615	10.61	5.14	0.82	2.25
		平均值	8.31	1.26	39.43	1.18	1.08	18.97	80.5	22.3	161.4	680.8	11.35	6.21	0.93	2.42
	春柳	最大值	8.83	10.18	12.47	0.71	0.92	19.97	67.8	14.8	328	716	8.23	4.35	1.79	1.62
		最小值	8.38	9.38	6.89	0.71	0.83	19	58.5	6.6	92	938	9.95	8.1	2.23	1.82
		平均值	8.55	9.78	9.38	0.71	0.88	19.49	61.6	10.5	198	795.33	9.03	6.2	2.02	1.74
独山子	金旺	最大值	8.39	7.36	2.59	0.37			55.4	10.8	95	580	4.5	3.78	0.8	1.42
		最小值	8.28	0.62	1.5	0.29			52.4	2.8	80	443	4.09	3.28	0.62	1.32
		平均值	8.33	4.89	2.02	0.32			54.4	6	87.5	524	4.33	3.48	0.74	1.39
	金泉	最大值	8.42	9.9	8.01	0.77	0.84	20.5	64.7	9.2	101	1027	25.38	19.15	3.1	1.84
		最小值	8.18	2.22	4.42	0.29	0.84	20.5	49.3	5.4	67	649	4.47	3.64	0.86	1.46
		平均值	8.27	5.62	5.92	0.49	0.84	20.5	56.5	6.9	84.7	791.33	11.5	8.98	1.67	1.6
	源泉	最大值	8.22	14.3	12.14	0.71			67.8	11	111	725	6.99	6.07	2.29	1.62
		最小值	8.22	14.3	12.14	0.71			67.8	11	111	725	6.99	6.07	2.29	1.62
		平均值	8.22	14.3	12.14	0.71			67.8	11	111	725	6.99	6.07	2.29	1.62
花海镇	大畅河	最大值	9.12	11.64	11.24	0.66	0.92	21.51	70.8	10.6	172	847	6.87	4.33	1.17	1.85
		最小值	8	0.22	2.23	0.25	0.17	17.49	44.7	3.2	50	318	3.55	2.68	0.52	1.26
		平均值	8.57	3.1	4.57	0.41	0.54	19.14	56.6	6.1	85	554.3	5.1	3.4	0.82	1.48

续表 2-1-54

乡镇名称	村名称		pH值	全盐 g/kg	有机质 g/kg	全氮 g/kg	全磷 g/kg	全钾 g/kg	速效氮 mg/kg	速效磷 mg/kg	速效钾 mg/kg	缓效钾 mg/kg	有效铁 mg/kg	有效锰 mg/kg	有效铜 mg/kg	有效锌 mg/kg
	黄水桥	最大值	8.7	10.86	18.55	0.71	0.77	19.01	118.3	34.4	226	631	12.09	21.5	1.51	2
		最小值	8.25	0.22	9.31	0.27	0.55	15.98	35.8	1.8	85.7	506	6.97	4.44	0.66	1.29
		平均值	8.45	1.93	13.9	0.59	0.65	17.67	72.2	10.2	119.1	555.2	9.87	6.68	1.28	1.62
	金湾	最大值	8.79	1.26	15	1.37	0.83	20.99	95.5	18.8	197	836	10.81	11.15	1.22	1.71
		最小值	8.09	0.04	4.64	0.27	0.58	17.48	22.8	1.4	87	356	5.28	3.81	0.56	1.24
		平均值	8.47	0.54	11.03	0.59	0.66	18.83	73.7	10	116.4	555.2	7.55	5.72	0.88	1.48
	南渠	最大值	8.69	4.06	17.14	0.85	0.67	19.5	115.2	26.4	173.3	642	15.59	5.92	1.92	1.79
		最小值	8.28	0.12	8.03	0.42	0.55	15.97	22.8	6.2	50	381	4.12	2.83	0.6	1.16
		平均值	8.53	0.73	12.12	0.58	0.62	17.83	68.4	13.2	101.9	519	8.71	4.64	1.14	1.52
	西泉	最大值	8.83	1.78	19.73	0.88	1	20.45	89.3	33.8	158.7	676	12.46	6.83	1.43	2.1
		最小值	8.08	0.24	6.3	0.4	0.68	17.96	22.8	2.4	60	516	6.43	4.58	0.96	1.01
		平均值	8.45	0.78	12.85	0.57	0.9	18.8	62.1	12.2	96	608.3	9.17	5.41	1.19	1.61
	中渠	最大值	8.75	3.06	17.5	0.85	0.82	20.5	103.49	31.6	305	861	11.67	7.7	1.63	2.55
		最小值	8.15	0.32	6.2	0.4	0.6	17.96	16.3	4.2	58	399	7.39	3.49	0.31	1.06
		平均值	8.47	1.1	12.34	0.59	0.7	19.36	64.1	13.6	140.8	646.6	9.9	5.39	1.22	1.8
黄闸湾乡	黄花营	最大值	8.54	9.6	27.2	1.27	0.89	16.99	109	24.2	169	789	12.77	5.17	1.13	1.92
		最小值	8.16	0.36	14.7	0.75	0.79	13.97	78.2	5.2	68	178	6.74	3.61	0.62	1.51
		平均值	8.44	1.79	21.02	1	0.84	14.99	91.3	14.4	110.5	423.5	10.27	4.24	0.92	1.71

续表 2-1-54

乡镇名称	村名称		pH值	全盐 g/kg	有机质 g/kg	全氮 g/kg	全磷 g/kg	全钾 g/kg	速效氮 mg/kg	速效磷 mg/kg	速效钾 mg/kg	缓效钾 mg/kg	有效铁 mg/kg	有效锰 mg/kg	有效铜 mg/kg	有效锌 mg/kg
	黄闸湾	最大值	8.63	5.98	28.8	1.52	0.87	17.49	114	30	274	436	11.7	7.53	2.94	2.5
		最小值	8.06	0.5	14.55	0.66	0.66	14.46	77	5.2	50	202	5.32	2.69	1.06	1.35
		平均值	8.39	1.66	20.14	0.96	0.76	16.05	91.2	14.8	115.6	322.9	9.28	3.7	2.12	1.65
	梁子沟	最大值	8.68	7.48	33	1.27	0.83	16.72	114	24.6	129	409	23.18	4.92	1.19	2.07
		最小值	8.29	0.34	9.87	0.46	0.64	14.5	69.6	4.2	45	144	7.66	2.4	0.53	1.52
		平均值	8.53	1.3	15.61	0.68	0.75	15.45	83.5	12.4	69.4	272.6	12.1	3.74	0.83	1.79
	乡集体	最大值	8.77	7.3	27.2	1.39	0.71	12.5	107.2	22.6	197	303	21.53	3.77	1.83	1.91
		最小值	8.27	0.68	11	0.5	0.71	12.5	73.3	11.4	38	137	6.66	2.48	0.86	1.5
		平均值	8.45	3.45	21.62	0.97	0.71	12.5	91.3	16.5	127.8	194.3	14.1	3.2	1.4	1.67
	泽湖	最大值	8.61	5.06	29.5	1.19	0.76	17.97	107.8	31.2	261	403	16.31	6.54	1.5	3.03
		最小值	8.17	0.3	11.1	0.5	0.37	14.96	52.9	2.8	56	175	3.48	3.95	0.81	1.52
		平均值	8.46	1.29	18.55	0.81	0.6	16.57	80.1	11.4	112.9	293.8	12.31	4.71	1.1	1.96
	东风	最大值	8.79	2.28	15.57	0.69	0.78	17.97	93.6	33.4	142.9	310	12.31	5.12	1.05	2.02
		最小值	8.35	0.44	8.45	0.27	0.49	15.98	32.6	4	46	219	7.18	3.14	0.56	1.59
		平均值	8.54	0.78	11.03	0.45	0.67	16.79	69.6	13.2	73.6	271.2	9.28	4	0.72	1.77
柳河乡	二道沟	最大值	8.82	5.38	23	1.19	0.73	18.47	95.5	25.6	199	457	14.54	5.78	1.47	2.55
		最小值	8.24	0.56	10	0.54	0.56	15.99	29.3	5	50.5	257	3.95	2.8	0.72	1.28
		平均值	8.46	1.48	17.01	0.83	0.65	16.98	62.3	10.5	111.1	336.3	10.29	4.44	0.93	1.8

续表 2-1-54

乡镇名称	村名称		pH值	全盐 g/kg	有机质 g/kg	全氮 g/kg	全磷 g/kg	全钾 g/kg	速效氮 mg/kg	速效磷 mg/kg	速效钾 mg/kg	缓效钾 mg/kg	有效铁 mg/kg	有效锰 mg/kg	有效铜 mg/kg	有效锌 mg/kg
	官庄子	最大值	8.74	7.94	13.33	0.77	0.65	14.99	102.9	41.8	126	322	17.63	4.61	1.45	2.29
		最小值	8.33	0.5	2.65	0.35	0.18	13.98	26	2.6	37.7	185	5.48	2.04	0.55	1.51
		平均值	8.55	1.38	10	0.54	0.45	14.36	69.7	18.5	70.3	252.1	8.71	3.27	0.75	1.94
	红旗	最大值	8.73	2.54	21.5	1.2	0.88	19.48	124.4	28	197.1	469	15.25	6.39	0.97	2.72
		最小值	8.2	0.23	5.73	0.46	0.54	12.73	35.8	5	40	153	7.09	2.71	0.57	1.53
		平均值	8.45	0.99	11.89	0.76	0.67	16.53	66.2	10.4	103	284.4	11.43	4.42	0.76	1.82
	红旗林场	最大值	8.67	0.7	10.71	0.53	0.58	17.51	69	12	69	239	8.72	4.05	0.64	1.76
		最小值	8.53	0.44	8.78	0.39	0.54	17.01	61.6	4.6	45	179	6.97	2.92	0.5	1.34
		平均值	8.58	0.56	9.68	0.47	0.56	17.26	64.8	7.4	52.3	210.8	7.68	3.4	0.57	1.6
	蘑菇滩	最大值	8.66	3.42	18.87	0.91	0.73	17.99	125.1	26.2	172	432	15.81	4.88	1.1	2.13
		最小值	8.25	0.2	11.93	0.54	0.57	14.99	39.1	2.8	43	250	9.02	2.88	0.76	1.52
		平均值	8.45	1.15	14.01	0.66	0.66	16.58	75.9	11.2	94.1	322.7	11.54	3.98	0.91	1.73
	乡林场	最大值	8.65	0.74	9.57	0.6			73.3	38.6	107	269	8.09	3.25	0.64	1.72
		最小值	8.65	0.74	9.57	0.6			73.3	38.6	107	269	8.09	3.25	0.64	1.72
		平均值	8.65	0.74	9.57	0.6			73.3	38.6	107	269	8.09	3.25	0.64	1.72
	徐家沟	最大值	8.91	3.66	23.4	0.98	0.78	17.49	91.2	26.4	143	461	11.53	4.38	0.99	2.21
		最小值	8.31	0.46	8.84	0.41	0.48	15.47	29.3	3.4	46	209	4.74	2.37	0.61	1.55
		平均值	8.54	0.99	14.34	0.71	0.64	16.55	67.4	11.7	80.7	312.9	8.11	3.35	0.75	1.9

续表 2-1-54

乡镇名称	村名称		pH值	全盐 g/kg	有机质 g/kg	全氮 g/kg	全磷 g/kg	全钾 g/kg	速效氮 mg/kg	速效磷 mg/kg	速效钾 mg/kg	缓效钾 mg/kg	有效铁 mg/kg	有效锰 mg/kg	有效铜 mg/kg	有效锌 mg/kg
柳湖乡	富民	最大值	8.66	7.98	13.51	0.64			98.6	8.4	219	741	12.31	9.55	1.68	1.91
		最小值	8.4	0.14	7.82	0.39			49.3	7.4	83	461	6.14	4.4	0.96	1.36
		平均值	8.49	3	9.73	0.51			69.3	7.9	158	605	8.19	5.99	1.28	1.61
	华西	最大值	8.9	2.24	7.27	0.44	0.82	19.47	55.4	7	128	596	5.96	4.47	1.26	1.49
		最小值	8.35	0.16	5.9	0.23	0.77	18.45	43.1	2.8	49	406	4.56	3.67	0.69	1.38
		平均值	8.69	0.95	6.7	0.31	0.8	18.96	49.3	4.6	79.7	488.3	5.27	4.03	0.91	1.42
	岷州	最大值	8.62	1.62	9.28	0.37	0.82	18.97	67.8	8.6	118	631	6.89	5.73	1.29	1.55
		最小值	8.35	0.16	7.63	0.27	0.82	18.97	49.3	2	96	548	5.12	4.84	1.02	1.52
		平均值	8.48	1.12	8.15	0.31	0.82	18.97	57	4.8	107.3	585.8	6.01	5.3	1.15	1.54
	小康	最大值	8.7	5.3	8.52	0.5	0.8	19.52	80.1	14	231	885	7.98	6.13	1.71	2.55
		最小值	8.35	0.24	4.55	0.21	0.36	17.98	43.1	2.2	79	547	4.87	3.31	0.68	1.25
		平均值	8.5	2.05	6.12	0.34	0.58	18.75	55.9	6.6	118.7	646.1	6.62	4.84	1.08	1.74
	兴旺	最大值	8.64	8.04	14.08	0.62	1.01	20.97	81.9	17	213	963	14.11	6.45	1.77	1.83
		最小值	8.05	1.22	4.61	0.28	0.82	16.5	43.1	3.4	70	430	4.92	2.8	0.76	1.46
		平均值	8.28	3.86	8.6	0.47	0.9	19.11	65.9	8.4	147.8	683.3	8.1	4.42	1.23	1.66
清泉乡	白杨河	最大值	8.45	8.48	23.67	1.25	0.73	17.51	120.1	17.8	97	1027	12.55	13.04	1.66	5.71
		最小值	7.86	0.54	19.4	0.91	0.58	17.46	49.3	9.2	88	625	5.87	6.95	1.05	1.78
		平均值	8.21	2.34	21.2	1.06	0.66	17.49	81.1	12.7	92.8	740.8	9.1	9.03	1.39	3.13

续表 2-1-54

乡镇名称	村名称		pH值	全盐 g/kg	有机质 g/kg	全氮 g/kg	全磷 g/kg	全钾 g/kg	速效氮 mg/kg	速效磷 mg/kg	速效钾 mg/kg	缓效钾 mg/kg	有效铁 mg/kg	有效锰 mg/kg	有效铜 mg/kg	有效锌 mg/kg
下西号乡	清泉	最大值	8.46	1.7	23.14	0.83			80.1	21.6	188	652	7.64	6.67	1.26	2.15
		最小值	8.15	0.74	11.54	0.54			45.6	4.6	68	548	6.2	6.03	1.21	1.95
		平均值	8.32	1.04	16.88	0.65			63.5	9.8	116.2	606	6.98	6.41	1.24	2.03
	新民堡	最大值	8.54	1.06	28.3	1.14	0.97	17.5	98.6	21.6	268.2	737	15.35	8.46	1.45	2.77
		最小值	8.2	0.46	20.04	0.85	0.97	17.5	80.1	6	87	605	8.48	5.78	1.06	2.03
		平均值	8.38	0.67	23.49	0.99	0.97	17.5	89	12.3	144.3	670.3	10.81	6.78	1.29	2.31
	跃进	最大值	8.56	2.42	21.78	1.06	0.66	20.02	83.2	17.8	145	666	7.24	8.08	0.94	1.85
		最小值	8.13	0.76	11.96	0.54	0.65	19.7	46.2	4.2	79	569	4.49	6.3	0.82	1.64
		平均值	8.31	1.14	16.27	0.71	0.66	19.86	57.5	10.1	103.9	619	5.46	7.32	0.87	1.76
	川北镇	最大值	8.66	1.06	28.08	1.1	0.76	17.52	89.3	33.8	184.3	389	15.71	7.14	1.82	3.08
		最小值	8.11	0.46	13.6	0.64	0.65	17.49	52.1	5.6	47	246	10.78	4.64	0.86	2.05
		平均值	8.41	0.77	19.25	0.84	0.71	17.51	71.4	13.9	102.2	305.6	13.8	6.16	1.33	2.63
	河东	最大值	8.72	2	24.5	0.91	0.7	18.98	86.2	31.8	141.4	438	18.8	8.91	1.44	3.63
		最小值	8.21	0.5	9.1	0.48	0.5	15.48	61.8	4.4	44	272	9.8	4.71	1.06	1.53
		平均值	8.53	1.1	15.66	0.69	0.61	17.16	75.1	12.5	94.9	366.8	12.18	5.91	1.25	1.93
	沙地	最大值	8.51	1.42	17.12	0.89	0.77	19.51	86.2	14.2	113.3	412	28	7.25	2.16	2.52
		最小值	7.95	0.74	7.91	0.37	0.64	17.27	48.8	1.8	52	299	6.65	3.77	0.56	1.63
		平均值	8.38	1.07	12.71	0.7	0.71	18.39	67.7	9.5	75.4	354.5	16.47	5.65	1.15	2.12

续表 2-1-54

乡镇名称	村名称		pH 值	全盐 g/kg	有机质 g/kg	全氮 g/kg	全磷 g/kg	全钾 g/kg	速效氮 mg/kg	速效磷 mg/kg	速效钾 mg/kg	缓效钾 mg/kg	有效铁 mg/kg	有效锰 mg/kg	有效铜 mg/kg	有效锌 mg/kg
	石河子	最大值	8.69	1.78	19.7	1.29	0.89	18.02	89.3	16.8	191.4	417	16.28	7.48	1.68	2.89
		最小值	8.3	0.56	11.41	0.58	0.5	17.5	55.3	8.4	46	285	11.6	5.58	1.2	1.62
		平均值	8.53	1.03	16.36	0.77	0.73	17.68	77.9	11	99.5	342.1	14.34	6.47	1.41	1.97
	塔尔湾	最大值	8.78	3.06	17.72	0.83	0.65	19.49	81.4	15	247	715	21.52	6.64	2.24	2.03
		最小值	8.32	0.62	10.9	0.66	0.62	18.48	73.9	2.2	61	443	6.93	4.48	0.73	1.64
		平均值	8.47	1.61	14.43	0.72	0.64	18.99	77.2	8.5	154.7	503.6	14.3	5.7	1.57	1.8
	西红号	最大值	8.68	7.74	41.35	1.5	0.68	17.74	112.1	25.6	137	436	23.52	5.6	1.73	2.05
		最小值	8.01	0.86	12.3	0.62	0.48	13.47	37.2	5.2	47.9	199	5.86	3.71	0.76	1.26
		平均值	8.38	1.74	16.81	0.95	0.57	16.22	69.3	9.8	90.1	309.6	14.37	4.71	1.35	1.64
	下东号	最大值	8.75	13.5	13.77	0.89	1.09	21.98	80.1	17.6	150	657	22.23	5.98	1.61	2.38
		最小值	8	0.62	5.73	0.52	0.58	16.97	61.6	4.8	46	347	7.62	2.71	0.74	1.57
		平均值	8.43	3.66	11.47	0.69	0.8	18.73	69.9	11	87.8	445.3	10.71	4.51	0.98	1.88
	下西号	最大值	8.59	5.18	18.2	0.94	0.69	17.97	92.4	15.6	184.4	436	20.24	7.26	1.58	2.85
		最小值	7.93	0.2	12	0.67	0.55	16.47	52.1	3.6	48	331	9.42	5.12	0.94	1.54
		平均值	8.42	1.22	15.39	0.81	0.62	17.47	77.3	9.7	97.7	376.2	13.71	6.33	1.27	1.87
小金湾乡	一村	最大值	8.27	2.58	8.46	0.5	0.77	18.48	49.3	12.2	100	568	6.57	4.61	0.69	1.54
		最小值	8.06	0.88	4.55	0.4	0.77	18.48	49.3	5.6	70	528	5.14	4.04	0.59	1.43
		平均值	8.17	1.73	6.51	0.45	0.77	18.48	49.3	8.9	85	533	5.86	4.33	0.65	1.48

续表 2-1-54

乡镇名称	村名称		pH值	全盐 g/kg	有机质 g/kg	全氮 g/kg	全磷 g/kg	全钾 g/kg	速效氮 mg/kg	速效磷 mg/kg	速效钾 mg/kg	缓效钾 mg/kg	有效铁 mg/kg	有效锰 mg/kg	有效铜 mg/kg	有效锌 mg/kg
	二村	最大值	8.74	0.8	11.07	0.56	0.77	18.23	55.4	12	129	687	5.86	3.85	0.44	1.55
		最小值	8.33	0.46	3.4	0.33	0.77	18.23	16.3	3.2	49	483	5.86	3.85	0.44	1.55
		平均值	8.47	0.66	6.11	0.44	0.77	18.23	40.6	6.1	86	579.33	5.89	4.05	0.52	1.55
	三村	最大值	8.7	0.46	6.56	0.4	0.8	19.46	55.4	11.2	91.5	686	7	5.44	0.73	1.66
		最小值	8.53	0.18	3.14	0.29	0.25	18.48	43.1	2	60	560	5.1	3.13	0.5	1.39
		平均值	8.58	0.32	4.84	0.36	0.53	18.97	46.2	6	73.7	604.8	6.08	4.19	0.61	1.48
	四村	最大值	8.72	1.22	7.18	0.52	0.87	20.48	64.7	11.8	147	633	6.7	6.54	0.64	1.67
		最小值	8.27	0.18	2.9	0.37	0.87	20.48	19.9	2.6	61	541	5.2	3.65	0.47	1.45
		平均值	8.46	0.65	4.57	0.42	0.87	20.48	47	6.6	84.5	586	5.85	4.92	0.55	1.58
	五村	最大值	8.62	2.32	7.44	0.52	0.7	19.48	58.5	14.6	140	776	6.79	7.91	0.96	1.6
		最小值	8.26	0.38	3.39	0.35	0.7	19.48	19.5	2.2	68	553	4.77	4.62	0.56	1.5
		平均值	8.43	0.81	5.76	0.41	0.7	19.48	47.4	6.4	104.5	649	5.67	6.19	0.72	1.56
玉门镇	北门	最大值	8.61	2.16	21	0.95	0.91	18.01	107.4	31.2	131	537	16.32	4.2	2.12	4.86
		最小值	8.05	0.96	13.5	0.83	0.7	15.98	61.8	3.4	100.3	443	9.24	3.13	0.79	2.09
		平均值	8.4	1.38	17.76	0.9	0.79	17	78.8	18.3	118.9	496.3	12.44	3.79	1.34	3.21
	代家滩	最大值	8.61	3.58	18.13	0.94	0.83	18.98	86.2	37.2	157	505	11.71	5.15	1.51	2.83
		最小值	8.19	0.74	9	0.62	0.59	16.97	32.6	8.6	55.1	410	6.33	3.89	0.55	1.73
		平均值	8.39	1.45	12.7	0.78	0.73	17.6	63.7	19.1	92.3	462.4	9.24	4.59	0.96	2.17

续表 2-1-54

乡镇名称	村名称		pH值	全盐 g/kg	有机质 g/kg	全氮 g/kg	全磷 g/kg	全钾 g/kg	速效氮 mg/kg	速效磷 mg/kg	速效钾 mg/kg	缓效钾 mg/kg	有效铁 mg/kg	有效锰 mg/kg	有效铜 mg/kg	有效锌 mg/kg
	东渠	最大值	8.47	1.2	17.7	0.89	0.84	18.52	80.1	28.8	207	499	14.3	6.08	1.69	2.6
		最小值	8.29	0.76	8.46	0.54	0.62	14.51	48.8	8	61	247	2.48	3.36	0.7	1.62
		平均值	8.4	0.96	15.11	0.69	0.71	17.59	66.2	14.6	109.1	388.2	8.41	4.61	0.94	1.97
	河西	最大值	8.5	1.36	19.76	0.71	0.82	17.01	81.9	22.8	60	296	11.25	3.84	0.89	1.74
		最小值	8.29	1.06	10.6	0.64	0.6	16.48	26	2.1	48	275	10.03	3.81	0.78	0.89
		平均值	8.38	1.25	14.23	0.68	0.67	16.66	58.6	9.9	52.9	285.5	10.64	3.83	0.84	1.32
	南门	最大值	8.52	1	20	1.77	0.89	16.49	86.2	33	168.1	489	1.27	4.5	1.04	3.01
		最小值	8.21	0.78	10.9	0.69	0.7	14.99	39.1	10.3	83	351	1.17	3.33	0.99	2.26
		平均值	8.41	0.86	16.81	1.17	0.81	15.83	68.9	19.1	132.5	436.3	1.23	4.05	1.01	2.51
	团结	最大值	8.61	1.12	14.5	0.73	0.73	17.5	67.8	31	92	520	10.16	4.57	0.95	2.25
		最小值	8.25	0.76	13	0.62	0.66	17.01	39.1	8.6	59.4	340	9.41	4.09	0.72	1.78
		平均值	8.43	0.9	13.94	0.68	0.7	17.26	55.2	17.6	75.4	417	9.8	4.39	0.83	1.97
	中渠	最大值	8.54	1.34	21.9	0.96	0.79	17.48	80.1	20	151	521	12.98	4.77	1.06	2.1
		最小值	8.38	0.86	10.84	0.91	0.76	16	77	11.6	105	434	8	4.37	0.87	1.15
		平均值	8.49	1.07	16.56	0.93	0.78	16.82	78.03	14.87	127.33	466.67	10.29	4.59	0.94	1.72

表 2-1-55 玉门市不同乡(镇)耕层土壤养分平均含量及变化范围

乡镇		pH	全盐 g/kg	有机质 g/kg	全氮 g/kg	全磷 g/kg	全钾 g/kg	速效氮 mg/kg	速效磷 mg/kg	速效钾 mg/kg	缓效钾 mg/kg	有效铁 mg/kg	有效锰 mg/kg	有效铜 mg/kg	有效锌 mg/kg
昌马乡	最大值	8.73	2.64	29.7	1.39	0.92	23.5	113.3	35.2	302	857	23.35	9.83	2.01	2.24
	最小值	8.23	0.6	10.9	0.17	0.62	20.0	45.6	5.4	48	420	10.66	4.51	0.96	1.56
	平均值	8.48	1.11	20.4	0.94	0.8	22.2	70.7	15.5	116	605	17	6.95	1.33	1.94
赤金镇	最大值	8.81	4.26	55.5	2.02	1.25	22.0	96.7	39.8	346	1106	17.02	9.97	2.54	2.65
	最小值	8.05	0.8	5.8	0.19	0.46	16.0	24.6	2.2	67	520	4.17	2.8	0.46	1.28
	平均值	8.41	1.73	29.7	0.98	0.81	20.2	68.8	14.5	140	748	10.62	5.77	1.12	2
独山子乡	最大值	8.83	14.3	12.5	0.77	0.92	20.5	67.8	14.8	328	1027	25.38	19.15	3.1	1.84
	最小值	8.18	0.62	1.5	0.29	0.83	19.0	49.3	2.8	67	443	4.09	3.28	0.62	1.32
	平均值	8.37	8.81	6.4	0.48	0.86	19.8	58.5	8.1	118	706	8.16	6.2	1.56	1.58
花海镇	最大值	9.12	11.64	19.7	1.37	1	21.5	118.3	34.4	305	861	15.59	21.5	1.92	2.55
	最小值	8	0.04	0.6	0.25	0.17	16.0	16.3	1.4	50	318	3.55	2.68	0.31	1.01
	平均值	8.49	1.61	11.2	0.55	0.68	18.6	66.7	10.9	107	576	8.34	5.07	1.09	1.59
黄闸湾乡	最大值	8.77	9.6	33.0	1.52	0.89	18.0	114	31.2	274	789	23.18	7.53	2.94	3.03
	最小值	8.06	0.3	9.9	0.46	0.37	12.5	52.9	2.8	38	137	3.48	2.4	0.53	1.35
	平均值	8.45	1.63	18.8	0.87	0.72	15.8	87.1	13.7	103	314	11.14	4.02	1.32	1.77
柳河乡	最大值	8.91	7.94	23.4	1.2	0.88	19.5	125.1	41.8	199	469	17.63	6.39	1.47	2.72
	最小值	8.2	0.2	2.7	0.27	0.18	12.7	26	2.6	38	153	3.95	2.04	0.5	1.28
	平均值	8.49	1.08	13.5	0.64	0.63	16.4	67.5	11.9	92	292	9.76	3.88	0.79	1.81

续表 2-1-55

乡镇		pH	全盐 g/kg	有机质 g/kg	全氮 g/kg	全磷 g/kg	全钾 g/kg	速效氮 mg/kg	速效磷 mg/kg	速效钾 mg/kg	缓效钾 mg/kg	有效铁 mg/kg	有效锰 mg/kg	有效铜 mg/kg	有效锌 mg/kg
柳湖乡	最大值	8.9	8.04	14.1	0.64	1.01	21.0	98.6	17	231	963	14.11	9.55	1.77	2.55
	最小值	8.05	0.14	4.6	0.21	0.36	16.5	43.1	2	49	406	4.56	2.8	0.68	1.25
	平均值	8.43	2.62	7.9	0.41	0.8	19.0	64.5	6.47	130	630	7.17	4.82	1.16	1.63
清泉乡	最大值	8.56	8.48	28.3	0.97	0.97	20.0	120.1	21.6	268	1027	15.35	13.04	1.66	5.71
	最小值	7.86	0.46	11.5	0.54	0.58	17.5	45.6	4.2	68	548	4.49	5.78	0.82	1.64
	平均值	8.31	1.37	18.7	0.8	0.72	18.4	70.1	11.7	113	663	7.97	7.5	1.19	2.33
下西号乡	最大值	8.78	13.5	41.4	1.5	1.09	22.0	112.1	33.8	247	715	28	8.91	2.24	3.63
	最小值	7.93	0.2	5.7	0.37	0.48	13.5	37.2	1.8	44	199	5.86	2.71	0.56	1.26
	平均值	8.43	2.2	15.6	0.77	0.68	17.7	72.3	10.6	95	375	13.33	5.57	1.26	1.93
小金湾乡	最大值	8.06	2.58	11.1	0.56	0.87	20.5	55.4	14.6	147	776	7	7.91	0.96	1.67
	最小值	8.74	0.18	2.9	0.29	0.25	18.2	16.3	2	49	483	4.77	3.13	0.44	1.39
	平均值	8.45	0.74	5.4	0.41	0.69	19.1	45	6.5	89	602	5.85	5.01	0.62	1.54
玉门镇	最大值	8.61	3.58	21.9	1.77	0.91	19.0	107.4	37.2	207	537	16.32	6.08	2.12	4.86
	最小值	8.05	0.74	8.5	0.54	0.59	14.5	26	2.1	48	247	1.17	3.13	0.55	0.89
	平均值	8.41	1.14	15.0	0.81	0.74	17.1	66.2	16.3	99	426	8.77	4.35	0.98	2.14
玉门市	最大值	9.12	14.3	55.5	2.02	1.25	23.5	125.1	41.8	346	1106	28	21.5	3.1	5.71
	最小值	7.86	0.04	1.5	0.17	0.17	12.5	16.3	1.4	38	137	1.17	2.04	0.31	0.89
	平均值	8.43	2.23	14.8	0.7	0.74	18.6	67.03	11.47	109	540	9.83	5.38	1.13	1.84

表 2-1-56 不同乡(镇)耕层土壤养分测试样本数(个)

乡镇名称	pH	全盐	有机质	全氮	全磷	全钾	速效氮	速效磷	速效钾	缓效钾	铜	锌	铁	锰
昌马乡	218	123	234	146	20	20	219	242	232	123	134	134	131	135
赤金镇	190	151	152	169	21	20	192	197	202	145	159	159	170	160
独山子	40	33	29	45	5	4	40	36	38	45	50	50	43	45
花海镇	563	481	530	629	59	57	569	560	607	518	564	564	556	567
黄闸湾乡	246	269	260	322	29	27	239	250	224	260	283	278	268	278
柳河乡	532	339	539	415	41	40	530	542	473	332	366	366	356	362
柳湖乡	115	137	126	158	13	13	116	76	120	132	143	143	141	145
清泉乡	67	75	90	68	7	7	60	76	90	55	60	55	57	56
下西号乡	305	232	329	310	26	24	306	313	287	241	268	257	252	272
小金湾乡	91	90	107	107	9	8	90	66	94	87	89	89	88	90
玉门镇	148	118	147	146	37	34	147	147	141	118	129	120	106	131
总计数	2515	2052	2510	2515	267	254	2515	2505	2508	2056	2245	2215	2167	2241

表 2-1-57 玉门市不同乡镇耕层土壤养分平均含量与第二次土壤普查比较表

乡镇	pH 1985	pH 2008	pH 差值	有机质(g/kg) 1985	有机质(g/kg) 2008	有机质(g/kg) 差值	全氮(g/kg) 1985	全氮(g/kg) 2008	全氮(g/kg) 差值	全磷(g/kg) 1985	全磷(g/kg) 2008	全磷(g/kg) 差值	速效氮(mg/kg) 1985	速效氮(mg/kg) 2008	速效氮(mg/kg) 差值	速效磷(mg/kg) 1985	速效磷(mg/kg) 2008	速效磷(mg/kg) 差值
昌马乡		8.48		11.4	20.37	8.97	0.52	0.94	0.42	0.55	0.8	0.25	61.5	70.7	9.2	3.02	15.5	12.48
赤金镇		8.41		16.5	29.66	13.16	0.56	0.98	0.42	0.54	0.81	0.27	67.2	68.8	1.6	7.3	14.5	7.2
独山子乡		8.37			6.41			0.48			0.86			58.5			8.1	
花海镇		8.49		9.6	11.17	1.57	0.43	0.55	0.12	0.48	0.68	0.2	40.7	66.7	26	4.6	10.9	6.3
黄闸湾乡		8.45		16	18.77	2.77	0.58	0.87	0.29	0.37	0.72	0.35	70.26	87.05	16.79	3.62	13.7	10.08
柳河乡		8.49		11.1	13.51	2.41	0.57	0.64	0.07	0.36	0.63	0.27	49.2	67.5	18.3	2.7	11.9	9.2
柳湖乡		8.43			7.9	7.9		0.41			0.8			64.5			6.47	
清泉乡		8.31		14.9	18.68	3.78	0.68	0.8	0.12	0.52	0.72	0.2	75.2	70.1	-5.1	5.9	11.7	5.8
下西号乡		8.43		12.2	15.56	3.36	0.44	0.77	0.33	0.44	0.68	0.24	56.33	72.3	15.97	7.18	10.6	3.42
小金湾乡		8.45			5.41			0.41			0.69			45			6.5	
玉门镇		8.41		10.2	15.03	4.83	0.47	0.81	0.34	0.5	0.74	0.24	46.01	66.2	20.19	7.95	16.3	8.35
玉门市		8.43		13.11	14.77	1.66	0.57	0.7	0.13	0.47	0.74	0.27	56.86	67.03	10.17	5.76	11.47	5.71

续表 2-1-57

乡镇	速效钾(mg/kg)			有效铜(mg/kg)			有效锌(mg/kg)			有效铁(mg/kg)			有效锰(mg/kg)		
	1985	2008	差值	1985	2008	差值	1985	2008	差值	1985	2008	差值	1985	2008	差值
昌马乡	105	116	11	1.66	1.16	−0.5	0.6	1.94	1.34	15.59	17	1.41	12.4	6.95	−5.45
赤金镇	172	140	−32	1.3	1.12	−0.18	0.66	2	1.34	12.26	10.62	−1.64	12	5.77	−6.23
独山子乡		118													
花海镇	148	107	−41												
黄闸湾乡	101	103	2	0.94	1.32	0.38	0.59	1.77	1.18	8.7	11.14	2.44	5.3	4.02	−1.28
柳河乡	84	92	8	1.02	0.79	−0.23	1.28	1.81	0.53	11.98	9.76	−2.22	11.1	3.88	−7.22
柳湖乡		130													
清泉乡	171	113	−58	0.84	1.19	0.35	0.3	2.33	2.03	6.7	7.97	1.27	7.73	7.5	−0.23
下西号乡	124	95	−29	1.14	1.26	0.12	0.55	1.93	1.38	12.56	13.33	0.77	8.9	5.57	−3.33
小金湾乡		89													
玉门镇	98	99	1	1.1	0.98	−0.12	0.6	2.14	1.54	12.34	8.77	−3.57	8	4.35	−3.65
玉门市	125	109	−16	1.14	1.12	−0.03	0.65	1.99	1.33	11.45	11.23	−0.22	9.35	5.43	3.91

表 2-1-58 玉门市不同土类耕层养分平均含量及变化范围

土类		pH	全盐 g/kg	有机质 g/kg	全氮 g/kg	全磷 g/kg	全钾 g/kg	速效氮 mg/kg	速效磷 mg/kg	速效钾 mg/kg	缓效钾 mg/kg	有效铜 mg/kg	有效锌 mg/kg	有效铁 mg/kg	有效锰 mg/kg
潮土	最大值	8.78	9.6	26.7	1.27	1.09	22.0	114.0	26.8	169	855	2.61	1.99	16.3	7.53
	最小值	7.93	0.36	9.1	0.48	0.5	14.0	35.8	5.6	56	156	0.73	1.48	7.0	2.88
	平均值	8.45	1.75	17.66	0.89	0.77	17.0	82.0	12.78	96	361	1.18	1.7	11.2	4.76
	标准偏差	0.17	1.93	4.93	0.21	0.16	2.2	15.1	5.58	29	133	0.44	0.14	2.4	1.19
风沙土	最大值	8.66	8.04	14.08	0.64	1.01	21.0	123.2	17	219	963	1.77	2.55	14.1	9.55
	最小值	8.09	0.14	4.55	0.23	0.82	16.5	49.3	5.2	70	430	0.76	1.36	5.1	3.46
	平均值	8.39	2.85	8.54	0.42	0.89	19.1	68.8	9.68	138	651	1.22	1.7	7.7	5.13
	标准偏差	0.17	2.27	2.45	0.12	0.09	1.7	22.1	4.05	50	144	0.28	0.28	2.3	1.37
耕种风沙土	最大值	8.74	2.28	13.33	1.18	0.9	18.5	93.6	25.8	145	615	1.05	2.29	13.2	5.14
	最小值	8.25	0.22	9.5	0.35	0.6	14.5	26.0	5.8	55	206	0.55	1.51	5.5	2.55
	平均值	8.51	0.78	11.35	0.6	0.71	16.2	68.7	15.28	96	325	0.74	1.83	9.2	3.76
	标准偏差	0.12	0.6	1.33	0.25	0.13	1.8	18.2	7.23	35	132	0.16	0.29	2.4	0.8
灌淤土	最大值	8.83	8.48	29.86	1.77	1.25	23.0	125.1	33.4	529	1106	2.54	2.94	20.3	9.97
	最小值	7.86	0.12	4.64	0.27	0.37	12.7	16.3	5	50	153	0.54	0.89	4.1	2.69
	平均值	8.46	1.11	15.88	0.73	0.72	18.0	70.0	13.14	113	480	1.13	1.84	10.7	5.15
	标准偏差	0.14	1.04	4.79	0.24	0.14	2.1	17.8	6.45	47	177	0.37	0.32	3.3	1.5
灰棕漠土	最大值	8.79	1.86	28.3	1.14	0.82	23.5	98.6	21.6	268	925	1.61	2.77	20.0	9.15
	最小值	8	0.44	7.91	0.37	0.62	20.0	32.6	5.2	55	211	0.46	1.56	5.6	2.97
	平均值	8.41	1.07	16.72	0.71	0.75	22.0	70.1	12.91	119	512	0.99	1.87	11.7	5.62
	标准偏差	0.18	0.41	6.07	0.26	0.09	1.6	15.8	4.8	53	208	0.39	0.31	5.2	2.44

续表 2-1-58

土类		pH	全盐 g/kg	有机质 g/kg	全氮 g/kg	全磷 g/kg	全钾 g/kg	速效氮 mg/kg	速效磷 mg/kg	速效钾 mg/kg	缓效钾 mg/kg	有效铜 mg/kg	有效锌 mg/kg	有效铁 mg/kg	有效锰 mg/kg
盐土	最大值	8.91	9.38	27.2	1.23	0.91	20.0	98.6	23.4	235	938	2.9	2.72	21.2	8.1
	最小值	8.05	0.38	4.55	0.27	0.54	13.5	32.6	5	58	144	0.6	1.01	5.4	2.8
	平均值	8.47	1.72	13.04	0.67	0.72	17.9	68.4	10.82	110	501	1.17	1.72	10.3	4.87
	标准偏差	0.15	2.05	4.13	0.23	0.12	2.1	17.6	4.68	39	221	0.44	0.31	3.1	1.15
沼泽土	最大值	8.82	7.3	27.2	1.52	0.82	22.0	110.9	32.2	274	622	2.94	2.5	21.5	7.69
	最小值	8.06	0.56	5.73	0.5	0.65	12.5	39.7	6	59	137	0.72	1.35	4.7	2.71
	平均值	8.41	2.18	16.87	0.9	0.76	17.2	76.3	12.78	129	348	1.33	1.84	12.3	4.53
	标准偏差	0.17	1.98	4.76	0.26	0.06	3.4	17.6	6.95	55	117	0.62	0.27	4.8	1.29
棕漠土	最大值	8.94	9.9	15.1	0.77	0.92	21.5	94.3	16.4	328	1027	3.1	2.22	11.2	7.22
	最小值	8	0.16	4.07	0.23	0.24	17.5	13.0	5	50	318	0.44	1.24	4.0	2.68
	平均值	8.45	1.84	7.98	0.42	0.68	19.1	55.0	8.29	99	589	0.9	1.5	5.9	4.29
	标准偏差	0.22	2.32	3.46	0.12	0.22	1.1	15.7	2.79	42	125	0.44	0.16	1.5	1.18

表 2-1-59 不同土类耕层土壤养分测试样本数(个)

土类	pH	全盐	有机质	全氮	全磷	全钾	速效氮	速效磷	速效钾	缓效钾	Cu	Zn	Fe	Mn
潮土	163	161	170	192	20	19	163	179	163	150	169	168	166	171
风沙土	67	80	74	96	8	7	68	45	73	77	84	84	83	85
耕种风沙土	56	47	44	56	6	6	60	58	39	46	55	55	54	55
灌淤土	1515	1149	1527	1429	165	155	1507	1534	1516	1162	1264	1234	1223	1271
灰棕漠土	79	62	91	73	6	6	80	89	69	54	64	65	64	60
盐土	210	184	213	208	23	23	211	224	210	168	183	183	171	176
沼泽土	131	90	139	118	9	8	123	134	120	95	104	104	98	101
棕漠土	294	279	252	343	30	30	303	242	318	304	322	322	308	322
总计数	2515	2052	2510	2515	267	254	2515	2505	2508	2056	2245	2215	2167	2241

表2-1-60 玉门市不同施肥分区土壤耕层养分含量及变化情况

分区	乡镇	pH	全盐 g/kg	有机质 g/kg	全氮 g/kg	全磷 g/kg	全钾 g/kg	速效氮 mg/kg	速效磷 mg/kg	速效钾 mg/kg	缓效钾 mg/kg	有效铁 mg/kg	有效锰 mg/kg	有效铜 mg/kg	有效锌 mg/kg
玉门镇灌区	玉门镇	8.41	1.14	15.0	0.81	0.74	17.1	66.2	16.3	99	426	8.8	4.35	0.98	2.14
	下西号乡	8.43	2.2	15.6	0.77	0.68	17.7	72.3	10.6	95	375	13.3	5.57	1.26	1.93
	黄闸湾乡	8.45	1.63	18.8	0.87	0.72	15.8	87.1	13.7	103	314	11.1	4.02	1.32	1.77
	柳河乡	8.49	1.08	13.5	0.64	0.63	16.4	67.5	11.9	92	292	9.8	3.88	0.79	1.81
	平均	8.45	1.51	15.7	0.77	0.69	16.7	73.3	13.13	97	352	10.8	4.46	1.09	1.91
	距市均值	0.02	-0.72	1.0	0.07	-0.05	-1.8	6.2	1.66	-12	-188	0.9	-0.93	-0.04	0.07
	幅度%	0.23	-32.17	6.4	10.36	-6.42	-9.9	9.3	14.43	-11	-35	9.4	-17.19	-3.76	3.94
昌马沿山冷凉灌区	昌马乡	8.48	1.11	20.4	0.94	0.8	22.2	70.7	15.5	116	605	17.0	6.95	1.33	1.94
	赤金镇	8.41	1.73	29.7	0.98	0.81	20.2	68.8	14.5	140	748	10.6	5.77	1.12	2
	清泉乡	8.31	1.37	18.7	0.8	0.72	18.4	70.1	11.7	113	663	8.0	7.5	1.19	2.33
	平均	8.4	1.4	22.9	0.91	0.78	20.3	69.9	13.9	123	672	11.9	6.74	1.21	2.09
	距市均值	-0.03	-0.83	8.1	0.21	0.04	1.7	2.8	2.43	14	132	2.0	1.36	0.08	0.25
	幅度%	-0.36	-37.07	55.1	29.52	4.95	9.1	4.2	21.19	13	24	20.7	25.28	7.37	13.59
花海灌区	花海镇	8.49	1.61	11.2	0.55	0.68	18.6	66.7	10.9	107	576	8.3	5.07	1.09	1.59
	小金湾乡	8.45	0.74	5.4	0.41	0.69	19.1	45.0	6.5	89	602	5.9	5.01	0.62	1.54
	柳湖乡	8.43	2.62	7.9	0.41	0.8	19.0	64.5	6.47	130	630	7.2	4.82	1.16	1.63
	独山子乡	8.37	8.81	6.4	0.48	0.86	19.8	58.5	8.1	118	706	8.2	6.2	1.56	1.58
	平均	8.44	3.45	7.7	0.46	0.76	19.1	58.7	7.99	111	629	7.4	5.28	1.11	1.59
	距市均值	0.01	1.22	-7.1	-0.24	0.02	0.6	-8.4	-3.48	2	89	-2.5	-0.11	-0.02	-0.26
	幅度%	0.12	54.48	-47.7	-33.93	2.36	3.0	-12.5	-30.32	1	16	-24.9	-1.95	-1.99	-13.86
玉门市平均值		8.43	2.23	14.8	0.7	0.74	18.6	67.0	11.47	109	540	9.8	5.38	1.13	1.84

表 2-1-61　玉门市不同土地利用类型养分平均含量

地类名称		pH	全盐 g/kg	有机质 g/kg	全氮 g/kg	全磷 g/kg	全钾 g/kg	速效氮 mg/kg	速效磷 mg/kg	速效钾 mg/kg	缓效钾 mg/kg	有效铜 mg/kg	有效锌 mg/kg	有效铁 mg/kg	有效锰 mg/kg
果园	最大值	8.7	1.06	11.3	1.5	0.74	16.5	101.6	22	137	289	1.72	1.83	7.71	4.66
	最小值	8.3	0.52	11.3	0.37	0.48	13.5	69.6	8	137	199	0.56	1.54	5.86	3.4
	平均值	8.5	0.79	11.3	0.94	0.61	15.0	85.6	15	137	244	1.14	1.69	6.79	4.03
	标准偏差	0.28	0.38		0.8	0.18	2.1	22.7	9.9		64	0.82	0.21	1.31	0.89
设施农用地	最大值	8.6	3.58	17.2	0.73	1.09	22.0	86.2	14.8	107	505	1.51	2.61	12.31	6.83
	最小值	8.3	0.56	10.3	0.46	0.68	18.0	77.0	10.4	74	247	0.53	1.6	7.66	4.47
	平均值	8.48	1.55	12.84	0.61	0.83	19.6	81.7	12.8	91	361	0.99	2.07	10.16	5.27
	标准偏差	0.13	1.25	2.73	0.11	0.22	2.1	4.3	1.58	14	101	0.4	0.4	1.86	1.08
水浇地	最大值	8.9	9.9	29.9	1.77	1.25	23.0	125.1	33.4	529	1106	3.1	2.94	21.52	9.97
	最小值	7.9	0.12	4.1	0.23	0.24	12.5	13.0	5	50	137	0.44	0.89	4.01	2.55
	平均值	8.45	1.41	14.7	0.69	0.72	18.0	68.7	12.35	111	489	1.1	1.77	9.91	4.92
	标准偏差	0.16	1.6	5.36	0.26	0.15	2.1	18.4	6.14	47	183	0.42	0.3	3.55	1.48
其他园地	最大值	8.5	7.3	27.2	1.39	0	0.0	107.8	30	197	352	2.21	1.85	17.5	7.34
	最小值	8.2	1.28	11.4	0.62	0	0.0	45.6	10.6	69	167	1.52	1.59	11.7	3.57
	平均值	8.35	3.37	19.2	0.97			84.4	18.23	119	278	1.78	1.71	14.48	5.46
	标准偏差	0.13	3.41	7.51	0.39			29.6	8.29	55	98	0.38	0.13	2.91	2.67

表 2-1-62 玉门市不同土种养分含量及变化范围

土种		pH	全盐 g/kg	有机质 g/kg	全氮 g/kg	全磷 g/kg	全钾 g/kg	速效氮 mg/kg	速效磷 mg/kg	速效钾 mg/kg	缓效钾 mg/kg	有效铜 mg/kg	有效锌 mg/kg	有效铁 mg/kg	有效锰 mg/kg
薄潮化平土	最大值	8.46	0	18.4	0	0	0	52.9	0	90	0	0	0	0	0
	最小值	8.46	0	18.4	0	0	0	52.9	0	90	0	0	0	0	0
	平均值	8.46		18.4				52.9		90					
	标准差														
薄立土	最大值	8.7	1.8	27.3	0.96	0.74	20.01	83.2	19.4	264	1083	2.07	2.22	17.02	9.97
	最小值	8.25	0.84	9.97	0.52	0.58	18.98	29.3	6	68	364	0.74	1.68	8.08	4.28
	平均值	8.52	1.3	17.62	0.84	0.66	19.5	62.05	10.99	121.28	724	1.25	1.84	11.56	6.31
	标准差	0.13	0.38	5.86	0.18	0.11	0.73	17.56	3.64	58.91	240.9	0.45	0.18	3.04	2.11
薄漏沙立土	最大值	8.79	0.66	21.4	1.37	0	0	95.48	12.7	162	836	1.09	1.71	8.91	7.24
	最小值	7.95	0.22	4.64	0.27	0	0	48.8	7	56	356	0.56	1.29	5.28	3.81
	平均值	8.38	0.46	13.33	0.63			69.6	9.85	98.59	579.2	0.77	1.44	6.69	5
	标准差	0.3	0.21	6.06	0.45			16.15	2.27	37.16	200.43	0.27	0.18	1.77	1.42
薄漏沙平土	最大值	8.65	3.58	27.4	0.94	0.83	18.98	118.27	31.8	165	774	2.21	2.83	17.5	7.7
	最小值	8.19	0.38	9	0.5	0.59	16.51	37.6	5.2	52	252	0.55	1.5	6.33	3.17
	平均值	8.44	1.03	14.21	0.73	0.72	17.31	69.35	12.44	98.18	458.42	1.18	1.92	10.17	4.99
	标准差	0.14	0.83	4.55	0.15	0.08	0.75	22.07	6.73	34.06	131.34	0.49	0.36	2.77	1.25

续表 2-1-62

土种		pH	全盐 g/kg	有机质 g/kg	全氮 g/kg	全磷 g/kg	全钾 g/kg	速效氮 mg/kg	速效磷 mg/kg	速效钾 mg/kg	缓效钾 mg/kg	有效铜 mg/kg	有效锌 mg/kg	有效铁 mg/kg	有效锰 mg/kg
薄平土	最大值	8.61	4.26	29.86	1.41	1.25	22	100.41	32	346	1106	2.54	2.94	19.8	9.86
	最小值	8.17	0.3	13.3	0.56	0.54	14.5	29.3	5	50.5	175	0.64	1.52	7.14	2.96
	平均值	8.42	1.43	20.99	0.94	0.76	18.56	68.11	12.82	132.35	596.09	1.09	1.98	10.77	5.78
	标准差	0.12	0.92	4.5	0.23	0.19	2.32	15.84	6.4	53.88	225.21	0.43	0.35	2.89	1.88
薄青白平土	最大值	8.58	3.42	29.5	1.19	0.73	17.46	125.1	28.8	152.5	436	1.87	2.45	16.31	7.14
	最小值	8.25	0.2	11.93	0.54	0.37	14.96	39.1	6	74	204	0.79	1.52	8.58	3.23
	平均值	8.4	1.2	16.36	0.79	0.61	16.1	79.33	14.81	113.67	320.7	1.1	1.81	11.98	4.57
	标准差	0.11	0.93	5.17	0.25	0.17	1.32	21.93	7.43	28.04	70.26	0.41	0.29	2.87	1.2
薄沙盖平土	最大值	8.8	0.74	9.57	0.6	0.48	15.96	73.3	14.4	107	340	0.8	1.91	8.09	3.25
	最小值	8.65	0.68	9.3	0.45	0.48	15.96	64.7	14.4	56	269	0.64	1.72	7.34	3.19
	平均值	8.73	0.71	9.44	0.53	0.48	15.96	69	14.4	81.5	304.5	0.72	1.82	7.72	3.22
	标准差	0.11	0.04	0.19	0.11			6.08		36.06	50.2	0.11	0.13	0.53	0.04
薄盐化立土	最大值	8.46	1.7	13.21	0.89	0.82	20.46	80.08	24	204	661	1.26	2.15	10.98	6.67
	最小值	8.31	0.74	11.54	0.54	0.82	20.46	73.92	13	68	548	0.92	1.79	6.2	2.8
	平均值	8.38	1.12	12.38	0.67	0.82	20.46	77	18.5	125	620.33	1.13	1.96	8.09	5.33
	标准差	0.08	0.51	1.18	0.19			4.36	7.78	70.62	62.8	0.18	0.18	2.54	2.2

续表 2-1-62

土种		pH	全盐 g/kg	有机质 g/kg	全氮 g/kg	全磷 g/kg	全钾 g/kg	速效氮 mg/kg	速效磷 mg/kg	速效钾 mg/kg	缓效钾 mg/kg	有效铜 mg/kg	有效锌 mg/kg	有效铁 mg/kg	有效锰 mg/kg
薄盐化平土	最大值	8.56	0.76	17.12	0.89	0.64	19.51	86.24	9.4	82	644	2.16	2.52	5.49	7.25
	最小值	8.38	0.76	13.57	0.64	0.64	19.51	49.28	8.5	61	299	0.89	1.77	5.49	6.3
	平均值	8.47	0.76	15.35	0.77	0.64	19.51	67.76	8.95	71.5	471.5	1.53	2.15	5.49	6.78
	标准差	0.13		2.51	0.18			26.13	0.64	14.85	243.95	0.9	0.53		0.67
薄盐化腰沙立土	最大值	8.57	2.14	20.26	1.2	0.85	20.98	92.4	16.2	183	812.5	1.43	2.12	13.59	8.32
	最小值	8.2	1.22	20.26	1.02	0.85	20.98	77.6	8	123	520	0.7	1.93	12.06	3.69
	平均值	8.3	1.52	20.26	1.13	0.85	20.98	84.78	12.55	153.75	702.13	1.13	2.03	12.67	5.75
	标准差	0.18	0.42		0.1			7.46	3.39	24.54	132.57	0.31	0.09	0.68	2.21
薄腰沙立土	最大值	8.58	1.7	18.2	1.12	0.61	20.5	83.16	19	267	650	1.31	2.55	10.49	6.03
	最小值	8.15	0.5	9.44	0.46	0.6	18.47	45.6	6.3	50	523	0.6	1.16	4.12	2.83
	平均值	8.39	0.96	14.59	0.72	0.61	19.24	69.85	13.46	114.78	575.14	1.01	1.79	7.86	4.61
	标准差	0.17	0.43	3.49	0.23	0.01	1.1	13.86	5.76	66.23	45.73	0.27	0.44	2.39	1.38
薄腰沙平土	最大值	8.77	0.72	8.84	0.5	0	0	80.7	19.6	126	269	0.69	2.18	9.21	3.84
	最小值	8.63	0.5	8.84	0.41	0	0	70.8	19.6	54	254	0.62	1.6	5.2	2.82
	平均值	8.7	0.61	8.84	0.46			75.75	19.6	90	261.5	0.66	1.89	7.21	3.33
	标准差	0.1	0.16		0.06			7		50.91	10.61	0.05	0.41	2.84	0.72

续表 2-1-62

土种		pH	全盐 g/kg	有机质 g/kg	全氮 g/kg	全磷 g/kg	全钾 g/kg	速效氮 mg/kg	速效磷 mg/kg	速效钾 mg/kg	缓效钾 mg/kg	有效铜 mg/kg	有效锌 mg/kg	有效铁 mg/kg	有效锰 mg/kg
草甸盐土	最大值	8.91	9.38	19.9	1.23	0.91	20.03	98.56	23.4	235	938	2.23	2.72	21.15	8.1
	最小值	8.05	0.38	6.93	0.27	0.54	13.51	32.6	5	58	144	0.61	1.01	5.35	2.8
	平均值	8.47	1.87	12.58	0.64	0.72	17.78	67.89	11.04	112.65	499.02	1.15	1.74	10.41	5.01
	标准差	0.14	2.23	3.13	0.22	0.13	2.26	17.52	5.01	40.45	231.21	0.34	0.34	3.28	1.22
低位潮平土	最大值	8.56	1.12	16.56	0.71	0.74	16.49	87.5	12.8	110	274	0.95	1.61	11.23	4.35
	最小值	8.56	1.12	16.56	0.71	0.74	16.49	87.5	12.8	110	274	0.95	1.61	11.23	4.35
	平均值	8.56	1.12	16.56	0.71	0.74	16.49	87.5	12.8	110	274	0.95	1.61	11.23	4.35
	标准差														
低位漏沙潮立土	最大值	8.49	0	13.8	0	0	0	35.8	7.9	69.6	0	0	0	0	0
	最小值	8.49	0	13.8	0	0	0	35.8	7.9	69.6	0	0	0	0	0
	平均值	8.49		13.8				35.8	7.9	69.6					
	标准差														
低位青白潮平土	最大值	8.48	2.3	26.4	1.27	0.79	17.49	113.96	24.6	145	326	2.61	1.9	11.99	3.89
	最小值	8.23	1.18	12.4	0.54	0.65	14.01	74.5	8.8	74	156	0.76	1.55	7.95	2.88
	平均值	8.34	1.7	21.29	0.98	0.71	15.65	99.54	15.12	97.75	266.6	1.44	1.68	9.66	3.5
	标准差	0.1	0.4	6.33	0.29	0.07	1.75	18.1	7.17	32.05	65.76	0.84	0.14	1.71	0.48

续表 2-1-62

土种		pH	全盐 g/kg	有机质 g/kg	全氮 g/kg	全磷 g/kg	全钾 g/kg	速效氮 mg/kg	速效磷 mg/kg	速效钾 mg/kg	缓效钾 mg/kg	有效铜 mg/kg	有效锌 mg/kg	有效铁 mg/kg	有效锰 mg/kg
低位盐化潮立土	最大值	8.35	0	13.7	0	0	0	81.4	6.4	108.1	0	0	0	0	0
	最小值	8.35	0	13.7	0	0	0	81.4	6.4	108.1	0	0	0	0	0
	平均值	8.35		13.7				81.4	6.4	108.1					
	标准差														
低位盐化潮平土	最大值	8.51	2	26.7	1.2	0.79	18.98	92.4	16.8	96	415.5	1.68	1.67	16.28	7.53
	最小值	8.25	1.34	18.5	0.83	0.64	17.5	86.24	11	61	250	1.03	1.61	10.56	3.71
	平均值	8.4	1.66	21.04	0.96	0.72	18.24	89.64	13.8	79.75	342.13	1.28	1.65	13.66	5.76
	标准差	0.11	0.29	3.83	0.16	0.11	1.05	2.59	2.6	14.57	84.39	0.3	0.03	2.82	1.57
低位盐化腰沙潮平土	最大值	8.72	9.6	17.1	0.83	1.09	21.98	89.32	17.6	117	417	1.13	1.98	9.95	4.55
	最小值	8.16	0.62	12.04	0.69	1.09	21.98	64.68	5.6	66	331	0.77	1.65	8.74	4.47
	平均值	8.5	4.04	14.21	0.76	1.09	21.98	78.03	12.07	92.67	376.67	0.89	1.82	9.24	4.51
	标准差	0.3	4.86	2.6	0.07			12.45	6.05	25.58	43.25	0.21	0.17	0.63	0.04
低位腰沙潮平土	最大值	8.52	7.48	21.5	0.77	0.76	14.5	81.93	13.8	82	250	0.76	1.73	11.45	4.28
	最小值	8.52	7.48	21.5	0.77	0.76	14.5	81.93	13.8	82	250	0.76	1.73	11.45	4.28
	平均值	8.52	7.48	21.5	0.77	0.76	14.5	81.93	13.8	82	250	0.76	1.73	11.45	4.28
	标准差														

续表 2-1-62

土种		pH	全盐 g/kg	有机质 g/kg	全氮 g/kg	全磷 g/kg	全钾 g/kg	速效氮 mg/kg	速效磷 mg/kg	速效钾 mg/kg	缓效钾 mg/kg	有效铜 mg/kg	有效锌 mg/kg	有效铁 mg/kg	有效锰 mg/kg
典型盐土	最大值	8.51	1.2	19.7	0.95	0	0	92.4	12.4	150	789	1.04	1.85	11.93	5.17
	最小值	8.48	0.8	16.35	0.94	0	0	87.47	9.4	89	403	0.96	1.82	10.48	4.76
	平均值	8.5	1	18.03	0.95			89.94	10.9	119.5	596	1	1.84	11.21	4.97
	标准差	0.02	0.28	2.37	0.01			3.49	2.12	43.13	272.94	0.06	0.02	1.03	0.29
高位潮立土	最大值	8.63	1.7	24.05	1.23	1.03	19.48	83.2	16.2	145	855	1.74	1.99	10.49	7.46
	最小值	8.21	1.66	24.05	1.14	1.03	19.48	70.84	6.2	141	611	1.1	1.82	10.02	4.34
	平均值	8.42	1.68	24.05	1.19	1.03	19.48	77.02	11.2	143	733	1.42	1.91	10.26	5.9
	标准差	0.3	0.03		0.06			8.74	7.07	2.83	172.53	0.45	0.12	0.33	2.21
高位青白潮平土	最大值	8.48	0.72	26.2	1.27	0	0	89.94	23.8	169	447	1.02	1.6	11.71	4.73
	最小值	8.48	0.36	22.15	0.98	0	0	89.32	11.6	70	178	0.84	1.51	7.04	3.61
	平均值	8.48	0.54	24.18	1.13			89.63	17.7	119.5	312.5	0.93	1.56	9.38	4.17
	标准差	0	0.25	2.86	0.21			0.44	8.63	70	190.21	0.13	0.06	3.3	0.79
耕种风沙土	最大值	8.74	2.28	13.33	1.18	0.9	18.47	93.6	25.8	145	615	1.05	2.29	13.19	5.14
	最小值	8.25	0.22	9.5	0.35	0.6	14.48	26	5.8	55	206	0.55	1.51	5.48	2.55
	平均值	8.51	0.78	11.35	0.6	0.71	16.24	68.66	15.28	96.24	324.5	0.74	1.83	9.15	3.76
	标准差	0.12	0.6	1.33	0.25	0.13	1.84	18.2	7.23	34.88	132.31	0.16	0.29	2.39	0.8

续表 2-1-62

土种		pH	全盐 g/kg	有机质 g/kg	全氮 g/kg	全磷 g/kg	全钾 g/kg	速效氮 mg/kg	速效磷 mg/kg	速效钾 mg/kg	缓效钾 mg/kg	有效铜 mg/kg	有效锌 mg/kg	有效铁 mg/kg	有效锰 mg/kg
固定风沙土	最大值	8.66	8.04	14.08	0.64	1.01	20.97	123.2	17	219	963	1.77	2.55	14.11	9.55
	最小值	8.09	0.14	4.55	0.23	0.82	16.5	49.28	5.2	70	430	0.76	1.36	5.12	3.46
	平均值	8.39	2.85	8.54	0.42	0.89	19.08	68.77	9.68	138	650.71	1.22	1.7	7.74	5.13
	标准差	0.17	2.27	2.45	0.12	0.09	1.67	22.11	4.05	49.87	143.62	0.28	0.28	2.3	1.37
旱盐土	最大值	8.91	0.86	13.35	0.66	0.68	19.26	65.91	7.2	92	610	1.43	1.65	11.04	4.87
	最小值	8.32	0.42	6.27	0.52	0.68	19.26	55.44	6.8	74	592	0.95	1.6	6.51	4.33
	平均值	8.62	0.64	9.81	0.59	0.68	19.26	60.68	7	83	601	1.19	1.63	8.78	4.6
	标准差	0.42	0.31	5.01	0.1			7.4	0.28	12.73	12.73	0.34	0.04	3.2	0.38
厚潮化平土	最大值	8.54	1.34	21.9	0.91	0.78	16	77	13	115	521	1.06	1.15	8	4.62
	最小值	8.54	1.34	21.9	0.91	0.78	16	77	13	115	521	1.06	1.15	8	4.62
	平均值	8.54	1.34	21.9	0.91	0.78	16	77	13	115	521	1.06	1.15	8	4.62
	标准差														
厚立土	最大值	8.83	7.94	28.08	1.5	1	20.45	115.19	33.4	305	741	2.15	2.89	18.8	8.91
	最小值	8.01	0.12	5.73	0.37	0.48	12.73	16.3	5	50	153	0.56	1.2	4.49	2.69
	平均值	8.47	1.05	13.92	0.65	0.72	17.39	70.23	12.41	108.81	457.38	1.18	1.77	10.3	5.04
	标准差	0.15	1.16	3.72	0.19	0.14	1.62	18.12	6.53	40.2	147.21	0.32	0.32	2.54	1.22

续表 2-1-62

土种		pH	全盐 g/kg	有机质 g/kg	全氮 g/kg	全磷 g/kg	全钾 g/kg	速效氮 mg/kg	速效磷 mg/kg	速效钾 mg/kg	缓效钾 mg/kg	有效铜 mg/kg	有效锌 mg/kg	有效铁 mg/kg	有效锰 mg/kg
厚漏沙立土	最大值	8.55	1.04	18.55	0.85	0.77	19.01	98.56	26	135	642	1.92	2.32	15.59	6.5
	最小值	8.39	0.52	10.15	0.44	0.58	17.01	59.75	7.6	52	179	0.54	1.61	7.34	2.92
	平均值	8.49	0.72	14.12	0.63	0.66	17.76	75.33	15.34	91.5	460.57	1.16	1.83	11.11	5.19
	标准差	0.06	0.23	3.21	0.14	0.1	1.09	14.83	5.8	30.24	188.19	0.49	0.23	3.43	1.39
厚漏沙平土	最大值	8.5	1.06	16.3	0.81	0.89	16.48	79.46	10	68	308	0.84	1.67	11.25	4.16
	最小值	8.49	0.76	15.57	0.71	0.6	13.97	65.91	5.2	60	296	0.78	0.89	10.25	3.81
	平均值	8.5	0.91	15.94	0.76	0.75	15.23	72.69	7.6	64	302	0.81	1.28	10.75	3.99
	标准差	0.01	0.21	0.52	0.07	0.21	1.77	9.58	3.39	5.66	8.49	0.04	0.55	0.71	0.25
厚平土	最大值	8.79	8.48	29.73	1.77	0.97	23.01	124.4	33	529	1027	2.21	2.6	20.31	8.92
	最小值	7.86	0.2	8.46	0.31	0.49	14.51	29.3	5.4	50.5	209	0.57	1.53	4.63	2.77
	平均值	8.46	1.18	17.17	0.79	0.74	18.89	69	14.39	115.05	456.64	1.09	1.93	12.05	5.23
	标准差	0.13	1.22	4.52	0.26	0.12	2.62	17.41	6.83	54.15	169.35	0.37	0.24	4.12	1.62
厚青白平土	最大值	8.6	1.22	26.68	1.2	0.57	17.99	113.34	19.4	172	618.5	2.01	2.13	20.08	9.83
	最小值	8.28	0.36	12.93	0.64	0.57	17.99	45.6	6.9	68	308	0.94	1.69	11.38	3.97
	平均值	8.48	0.83	16.6	0.85	0.57	17.99	80.56	13.38	119.67	418.13	1.23	1.93	14.24	5.66
	标准差	0.11	0.36	5.33	0.26			21.68	5.42	40.14	145.27	0.52	0.22	3.95	2.79

续表 2-1-62

土种		pH	全盐 g/kg	有机质 g/kg	全氮 g/kg	全磷 g/kg	全钾 g/kg	速效氮 mg/kg	速效磷 mg/kg	速效钾 mg/kg	缓效钾 mg/kg	有效铜 mg/kg	有效锌 mg/kg	有效铁 mg/kg	有效锰 mg/kg
厚沙盖平土	最大值	8.65	0	14.6	0.27	0.55	15.98	81.31	13.2	155.8	0	0.66	1.34	6.97	4.44
	最小值	8.3	0	14.6	0.27	0.55	15.98	35.8	10.4	155.8	0	0.66	1.34	6.97	4.44
	平均值	8.48		14.6	0.27	0.55	15.98	58.56	11.8	155.8		0.66	1.34	6.97	4.44
	标准差	0.25						32.18	1.98						
荒漠化盐土	最大值	8.27	0.88	4.55	0.5	0.77	18.48	49.28	12.2	70	538	0.6	1.52	6.57	4.04
	最小值	8.27	0.88	4.55	0.5	0.77	18.48	49.28	12.2	70	538	0.6	1.52	6.57	4.04
	平均值	8.27	0.88	4.55	0.5	0.77	18.48	49.28	12.2	70	538	0.6	1.52	6.57	4.04
	标准差							0							
灰棕漠土	最大值	8.79	1.86	28.3	1.14	0.82	23.48	98.56	21.6	268.2	925	1.61	2.77	19.96	9.15
	最小值	8	0.44	7.91	0.37	0.62	19.96	32.6	5.2	55.1	211	0.46	1.56	5.6	2.97
	平均值	8.41	1.07	16.72	0.71	0.75	21.98	70.11	12.91	118.76	512.08	0.99	1.87	11.69	5.62
	标准差	0.18	0.41	6.07	0.26	0.09	1.58	15.8	4.8	52.65	207.86	0.39	0.31	5.18	2.44
镁质草甸盐土	最大值	8.49	1.98	27.2	1.21	0	0	94.25	11.8	120.1	442	2.9	1.76	11.6	3.76
	最小值	8.2	1.26	16.5	0.75	0	0	56.7	8.2	78	202	0.81	1.43	11.08	3.33
	平均值	8.38	1.62	20.87	0.98			79.05	9.83	93.37	322	1.86	1.6	11.34	3.55
	标准差	0.16	0.51	5.61	0.33			19.77	1.82	23.24	169.71	1.48	0.23	0.37	0.3

续表 2-1-62

土种		pH	全盐 g/kg	有机质 g/kg	全氮 g/kg	全磷 g/kg	全钾 g/kg	速效氮 mg/kg	速效磷 mg/kg	速效钾 mg/kg	缓效钾 mg/kg	有效铜 mg/kg	有效锌 mg/kg	有效铁 mg/kg	有效锰 mg/kg
泥炭腐殖质沼泽土	最大值	8.82	7.3	27.2	1.52	0.82	21.96	110.88	32.2	274	622	2.94	2.5	21.52	7.69
	最小值	8.06	0.56	5.73	0.5	0.65	12.5	47.5	6	59	137	0.72	1.35	5.32	2.71
	平均值	8.41	2.1	16.76	0.9	0.75	17.18	77.78	13.04	129.26	342.08	1.35	1.84	12.67	4.53
	标准差	0.18	2.01	4.93	0.27	0.07	3.79	16.94	7.25	58.64	117.28	0.63	0.27	4.52	1.33
盐化草甸沼泽土	最大值	8.52	3.66	21	0.85	0.78	17.26	81.3	13.5	143	461	0.99	1.87	4.74	4.38
	最小值	8.31	3.66	12.3	0.85	0.78	17.26	39.7	8.2	114.8	461	0.99	1.87	4.74	4.38
	平均值	8.44	3.66	17.64	0.85	0.78	17.26	62.03	10.43	130.4	461	0.99	1.87	4.74	4.38
	标准差	0.1		3.81				20.97	2.75	14.34					
盐化棕漠土	最大值	8.94	9.9	14.14	0.77	0.92	20.96	93.63	14.8	328	1027	3.1	1.84	9.12	6.75
	最小值	8	0.18	4.07	0.29	0.25	18.23	13	5	60	422	0.44	1.32	4.09	3.13
	平均值	8.44	2.32	6.87	0.42	0.64	19.27	56.02	8.83	98.13	607.11	0.99	1.51	5.94	4.57
	标准差	0.24	2.7	2.88	0.13	0.26	1.06	14.63	3.07	50.97	128.97	0.62	0.11	1.48	1.22
原始棕漠土	最大值	8.94	9.18	15.1	0.66	0.92	21.51	94.25	16.4	231	885	1.71	2.22	11.22	7.22
	最小值	8.05	0.16	4.14	0.23	0.24	17.49	16.3	5	50	318	0.47	1.24	4.01	2.68
	平均值	8.45	1.56	8.66	0.42	0.71	18.95	54.39	7.97	99.11	576.65	0.84	1.5	5.92	4.1
	标准差	0.21	2.04	3.64	0.12	0.21	1.13	16.32	2.61	37	122.87	0.25	0.18	1.54	1.12

续表 2-1-62

土种		pH	全盐 g/kg	有机质 g/kg	全氮 g/kg	全磷 g/kg	全钾 g/kg	速效氮 mg/kg	速效磷 mg/kg	速效钾 mg/kg	缓效钾 mg/kg	有效铜 mg/kg	有效锌 mg/kg	有效铁 mg/kg	有效锰 mg/kg
中位潮立土	最大值	8.78	1.14	17.72	0.73	0	0	81.4	15	108.1	465	1.38	1.84	14.37	6.64
	最小值	8.32	0.62	10.9	0.66	0	0	73.92	6.4	61	443	0.73	1.64	8	4.48
	平均值	8.61	0.88	14.31	0.7			77.44	9.53	85.37	454	1.06	1.74	11.19	5.56
	标准差	0.25	0.37	3.41	0.05			3.76	4.75	23.59	15.56	0.46	0.14	4.5	1.53
中位漏沙青白潮平土	最大值	8.51	0.88	21.6	1.16	0.85	16.99	99.79	11.2	79	461	0.84	1.69	12.77	4
	最小值	8.51	0.88	21.6	1.16	0.85	16.99	99.79	11.2	79	461	0.84	1.69	12.77	4
	平均值	8.51	0.88	21.6	1.16	0.85	16.99	99.79	11.2	79	461	0.84	1.69	12.77	4
	标准差														
中位青白潮平土	最大值	8.58	1.02	21.5	0.93	0.73	15.99	94.9	18	133.4	348	2.04	1.67	14.54	4.74
	最小值	8.38	0.62	9.5	0.85	0.72	15.02	49.7	9.2	82	262	0.73	1.48	9.8	3.42
	平均值	8.44	0.78	15.75	0.9	0.73	15.51	74.01	13.28	105.05	294.67	1.21	1.57	12.3	4.07
	标准差	0.08	0.21	5.1	0.04	0.01	0.69	17.37	3.83	22.34	46.58	0.72	0.1	2.38	0.66
中位盐化潮立土	最大值	8.72	5.18	17.8	0.94	0.5	17.01	92.4	26.8	132	436	1.58	1.89	15.08	6.51
	最小值	7.93	0.5	9.1	0.48	0.5	17.01	70.84	5.6	56	272	0.85	1.53	9.42	4.3
	平均值	8.46	1.41	14.38	0.75	0.5	17.01	78.55	11.54	83	363.71	1.2	1.7	11.63	5.48
	标准差	0.24	1.54	2.88	0.13			6.59	7.46	30.72	63.57	0.28	0.13	2.24	0.85

续表 2-1-62

土种		pH	全盐 g/kg	有机质 g/kg	全氮 g/kg	全磷 g/kg	全钾 g/kg	速效氮 mg/kg	速效磷 mg/kg	速效钾 mg/kg	缓效钾 mg/kg	有效铜 mg/kg	有效锌 mg/kg	有效铁 mg/kg	有效锰 mg/kg
中位盐化潮平土	最大值	8.49	1.06	23.15	1	0	0	86.24	10.7	108.5	196	1.41	1.52	14.1	4.03
	最小值	8.39	1.06	18.3	1	0	0	63.8	10.2	56	196	1.41	1.52	14.1	4.03
	平均值	8.44	1.06	20.73	1			75.02	10.45	82.25	196	1.41	1.52	14.1	4.03
	标准差	0.07		3.43				15.87	0.35	37.12					
中位腰沙青白潮平土	最大值	8.37	1.86	23.48	1.06	0	0	95.48	24.2	142	460	1.02	1.92	9.77	3.63
	最小值	8.37	1.86	23.48	1.06	0	0	95.48	24.2	142	460	1.02	1.92	9.77	3.63
	平均值	8.37	1.86	23.48	1.06			95.48	24.2	142	460	1.02	1.92	9.77	3.63
	标准差														
总计最大值		8.94	9.9	29.86	1.77	1.25	23.48	125.1	33.4	529	1106	3.1	2.94	21.52	9.97
总计最小值		7.86	0.12	4.07	0.23	0.24	12.5	13	5	50	137	0.44	0.89	4.01	2.55
总计平均值		8.45	1.42	14.75	0.69	0.72	18.09	69.1	12.4	111.2	486.81	1.1	1.77	9.99	4.93
总计标准偏差		0.16	1.6	5.37	0.26	0.15	2.18	18.39	6.12	46.08	182.04	0.42	0.31	3.58	1.46

表 2-1-63 第二次土壤普查不同土种养分含量

土种类型	有机质（g/kg）	全氮(g/kg)	全磷(g/kg)	碱解氮(mg/kg)	速效磷(mg/kg)	速效钾(mg/kg)
薄立土	6.8–16.7	0.30–0.68	0.47–0.64	40–65	2–5.0	56–116
薄漏沙立土	6.9–14.0	0.35–0.66	0.39–0.54	23–71	3–4.5	101–159
薄平土	5.7–11.1	0.34–0.49	0.35–0.65	42–73	1–4.0	70–90
薄青白平土	11.3–19.5	0.30–0.68	0.55–1.05	53–114	2–9.5	80–168
薄沙盖平土	3.1–8.0	0.19–0.37	0.27–0.57	22–63	4–4.5	42–112
薄盐化平土	8.3–9.3	0.46–0.46	0.27–0.32	23–31	3.5–9.0	82–225
薄腰沙平土	8.1–15.1	0.21–0.82	0.50–0.60	20.5–57	2.0–4.0	112–120
低位潮平土	17.3–29.7	0.83–1.60	0.48–0.72	93–163	8.0–15.0	99–274
低位底粘潮平土	14.4–34.1	0.81–1.73	0.52–0.64	95–157	14.0–22.0	92–284
低位底粘潮土	28.6	1.39	0.65	98	7	117
低位青白平土	16.9–27.3	0.66–0.87	0.33–0.55	69–105	2–5.0	110–144
低位湿潮平土	22.0–36.4	0.84–1.02	0.11–0.4	4–5.5	94–172	60–70
低位盐化潮立土	16.3–17.7	0.81–0.83	0.44	3–5.5	78–106	78–113
低位盐化潮平土	11.0–14.7	0.47–0.62	0.47–0.51	4.5–5	42–114	69–198
低位盐化底粘潮平土	1.10–1.73	0.39–0.68	0.44–0.71	50–74	5–12.0	84–134
低位盐化夹粘潮平土	0.83–1.65	0.43–0.84	0.38–0.68	50–95	5.0–28.0	90–230
低位盐化腰沙潮平土	0.57–1.43	0.25–0.75	0.41–0.44	21–58	3	54–75
低位腰沙潮平土	8.5–13.8	0.38–0.54	0.34–0.48	41–67	3	113–122
高位潮立土	6.0–16.8	0.26–0.54	0.41–0.57	20–53	3月8日	93–204
耕种风沙土	0.41–0.85	0.14–0.37	0.25–0.4	25–41	1–3.0	50–228
厚立土	9.3–15.4	0.45–0.82	0.33–0.64	50–109	3.5–5.0	102–159
厚漏沙立土	10.8–11.7	0.36–0.46	0.25–0.62	49–59	2–8.0	92–114
厚平土	10.5–15.9	0.35–0.64	0.51–0.74	36–78	2–7.5	70–150
厚平土	9.8–15.9	0.4–0.64	0.40–0.74	47–78	3–8.5	885–150
厚青白平土	1.32–1.64	0.55–1.07	0.55–0.57	77–214	3–5.0	91–273
中位潮立土	18.0–20.2	0.52–1.04	0.55–0.57	46–78	2–4.0	104–143
中位青白潮平土	12.1–19.1	0.61–0.67	0.34–0.46	55–72	3–4.0	104–135
中位盐化潮立土	9.3	0.44	0.43	2	48.5	156
中位盐化潮平土	14.0–23.8	0.49–0.76	0.52–0.71	42–83	4–16.0	81–129
中位盐化漏沙潮平土	8.5–13.8	0.38–0.48	0.34–0.48	0–3	41–66	113–122

表 2-1-64　玉门市第二次土壤普查几种微量元素平均含量

乡镇	土种	铜 mg/kg	锌 mg/kg	铁 mg/kg	锰 mg/kg	硼 mg/kg
玉门镇	厚平土	1.4	0.62	15.99	9.4	1.68
	薄漏沙平土	0.8	0.58	8.68	6.6	1.3
下西号	厚立土	1.1	0.68	12.41	9.5	1.65
	薄青白平土	1.18	0.42	12.76	8.3	>4
黄闸湾	低位青白潮平土	0.9	0.5	13.02	8	2.35
	低位盐化潮平土	0.98	0.68	4.39	2.6	>4
柳河	厚漏沙立土	0.94	0.6	12.96	9.2	1.85
	耕种风沙土	1.1	1.96	11	13	2.45
昌马	厚平土	1.66	0.64	15.59	12.4	1.1
赤金	薄立土	1.28	0.64	11.85	11.8	>4
	薄平土	1.32	0.68	12.66	12.2	1.04
清泉	厚平土	1.18	0.43	11.13	11.35	0.86
	薄盐化平土	0.5	0.16	2.86	4.1	1.15
花海镇	厚立土	1.06	0.34	8.22	>0.40	1.63
饮马场	中位潮平土	1.06	0.5	5.95	5	>4
	中位盐化潮平土	1.36	0.61	5.14	8.45	>4
黄花场	中位潮平土	0.72	0.28	4.34	4.56	2.2

表 2-1-65　玉门市各乡(镇)耕地容重统计表

乡(镇)名称	平均容重(g/cm³)		乡(镇)名称	平均容重(g/cm³)	
	耕层(0~20 cm)	心土层(20~50 cm)		耕层(0~20 cm)	心土层(20~50 cm)
玉门镇	1.49	1.45	昌马	1.36	1.44
下西号	1.32	1.42	赤金	1.32	1.35
黄闸湾	1.2	1.26	花海	1.4	1.41
柳河	1.32	1.47	清泉	1.38	1.42

表 2-1-66　玉门市不同土种土壤容重统计表

土种名称	容重 g/cm³		土种名称	容重 g/cm³		土种名称	容重 g/cm³	
	0~20cm	20~50cm		0~20cm	20~50cm		0~20cm	20~50cm
薄腰沙立土	1.21	1.26	薄盐化平土	1.36	1.35	高位青白潮平土	1.32	1.27
薄平土	1.29	1.33	薄盐化立土	1.34	1.41	中位青白潮平土	1.41	1.45
薄漏沙平土	1.45	1.37	薄沙盖立土	1.43	1.39	中位漏沙青白潮平土	1.23	1.35
厚立土	1.45	1.41	薄沙盖平土	1.46	1.5	低位青白潮平土	1.12	1.27
厚漏沙立土	1.39	1.59	高位潮立土	1.36	1.44	低位腰沙青白潮平土	1.21	1.3
厚平土	1.38	1.47	高位潮平土	1.32	1.39	低位湿潮平土	1.08	1.12
厚漏沙平土	1.29	1.47	中位潮立土	1.27	1.43	高位盐化潮平土	1.32	1.31
厚腰沙平土	1.3	1.4	中位潮平土	1.1		中位盐化潮平土	1.02	1
厚青白平土	1.31	1.43	中位漏沙潮土	1.23	1.37	低位盐化漏沙潮平土	1.32	1.52
薄潮化平土	1.35	1.42	中位底黏潮平土	1.12		低位盐化腰沙潮平土	1.34	1.45
厚潮化平土	1.32	1.35	低位潮立土	1.17	1.22	低位底黏盐化潮平土	1.15	1.34
薄盐化漏沙立土	1.49	1.42	低位潮立土	1.2	1.21	耕种风沙土	1.4	1.59
薄盐化腰沙立土	1.35	1.23	低位底黏潮平土	1.25				

表 2-1-67 玉门市典型土壤剖面理化性状统计表

土种名称	土层(cm)	剖面形态 颜色	剖面形态 结构	机械组成(%)粒径(mm) 1~0.25	0.25~0.05	0.05~0.01	0.01~0.005	0.005~0.001	<0.001	总量 <0.01	总量 >0.01	质地	代表面积(公顷)	%
厚立土	0~32	灰黄	块状	5.84	20.84	30.18	13.68	21.73	7.73	43.14	56.86	中壤	5687	20.3
厚立土	32~80	棕黄	块状	5.44	28.22	23.16	15.71	21.75	5.72	43.18	57.78	中壤		
厚立土	80~110	黄棕	块状	2.62	23.99	27.198	12.69	23.79	9.75	46.2	54.37	重壤		
厚平土	0~26	黄棕	块状	4.53	29.8	31.18	11.87	20.93	1.69	34.49	65.51	中壤	6660	23.8
厚平土	26~61	棕色	鳞片	2.55	27.82	31.18	15.88	18.99	3.7	38.47	62.49	中壤		
厚平土	61~117	棕色	片状	5.67	30.73	28.14	11.86	19.9	3.7	35.46	66.71	中壤		
薄腰沙平土	0~31	灰黄	粒状	3.82	44.99	29.18	10.06	11.06	0.89	22.01	77.99	轻壤土	1947	6.94
薄腰沙平土	31~88	棕黄	无	0.54	66.51	24.05	3.01	5.01	0.88	8.9	91.1	紧砂土		
薄腰沙平土	88~130	灰棕	片状	3.05	67.02	19.03	5.01	5.01	0.88	10.9	89.1	砂壤		
薄平土	0~23			0.2	21.74	35.35	18.18	18.19	6.34	42.71	57.49	中壤土	1360	4.8
薄平土	23~49			1.81	6.17	20.17	20.16	38.3	13.39	71.85	28.27	轻黏土		
薄平土	49~64			0.1	3.23	9.04	16.06	52.21	19.36	87.63	12.27	重黏土		
薄平土	64~85			0.63	13.4	30.46	13.2	35.73	6.58	55.51	44.66	重壤土		
薄漏沙立土	0~23	棕色	块状	1.81	21.33	26.13	15.88	26.13	8.72	50.73	49.81	重壤	1460	5.21
薄漏沙立土	23~42	黄褐	碎块	1.01	18.11	34.17	14.87	27.14	4.7	53.16	1.26	重壤		
薄漏沙立土	42~60	黄褐	碎粒	7.04	26.08	26.16	23.13	17.11	0.48	60.5		中壤		
薄漏沙立土	60~104	青灰	青沙	31.59	35.9	19.02	5	4.01	4.48		88.19	砂壤		
厚潮化平土	0~26	灰褐	块状	4.74	36.91	27.22	14.72	14.72	1.69	31.13	71.34	轻壤土	907	3.2
厚潮化平土	26~61	褐色	片状	3.2	36.5	31.22	11.68	12.69	4.71	29.08	72.56	轻壤土		
厚潮化平土	61~83	灰褐	鳞片夹沙	8.04	40.82	27.14	13.67	7.64	2.69	24	79.6	轻壤土		
厚潮化平土	83~117	灰棕	块夹砾石	8.33	38.47	20.35	7.96	13.5	3.4	24.85	75.133	轻壤		

续表 2-1-67

土种名称	土层(cm)	剖面形态		机械组成(%)粒径(mm)					总量		质地	代表面积(公顷)	%
		颜色	结构	1~0.25	0.25~0.05	0.05~0.01	0.01~0.005	0.005~0.001	<0.001	<0.01	>0.01		
薄盐化立土	0~30	棕黄	块状	1.25	25.91	35.17	12.06	18.9	6.71	37.67	62.33	中壤	2353	8.4
	30~55	黄棕	板状	0.61	24.23	34.31	11.1	24.02	5.73	40.85	59.15	中壤		
	55~110	黄棕	核状	0.31	29.02	30.96	14.45	19.4	5.86	39.71	60.29	中壤		
薄沙盖立土	0~29	棕红色	单粒	6.45	72.63	14.03	4	1.21	1.68	6.89	93.11	紧砂土	2100	7.49
	29~90	灰红色	单粒	8.47	67.58	14.03	7.02	2.21	0.68	9.91	90.09	紧砂土		
	90~108	棕红	粒状	0.74	24.59	42.03	30.74	0.2	0.7	31.74	68.36	中壤土		
高位潮平土	0~40	褐色	核状	1.81	32.58	19.1	13.06	25.93	7.52	46.51	54.13	重壤	2087	7.45
	40~80	棕黄	板状	1.65	18.67	28.14	15.08	25.93	9.53	51.54	49	重壤		
	80~120	棕黄	片状	0.22	20.1	26.13	15.08	25.93	12.54	53.35	46.49	重壤		
中位潮立土	0~31	棕	碎粒	9.28	35.75	29.26	22.2	2.82	0.69	25.71	74.42	轻壤	127	0.46
	31~43	棕	粒状	10.37	38.33	40.65	7.11	2.85	0.69	10.65	89.35	砂壤		
	43~72	棕	块状	1.37	27.4	35.35	12.12	20	3.72	35.84	64.16	中壤		
	72~98	黄棕	块状	0.64	26.44	40.24	12.08	14.89	5.71	36.68	67.32	中壤		
	98~150	黄棕	块状	0.2	2.84	28.14	20.1	31.15	17.57	68.82	31.24	轻黏		
中位潮平土	0~28	棕灰	粒状	0.54	19.22	38.27	14.9	26.99	0.08	41.97	58.05	中壤	647	2.31
	28~52	棕色	鳞片	0.54	21.07	37.34	14.93	26.04	0.08	41.05	58.98	中壤		
	52~91	棕黄	片状	0.55	21.9	48.15	28.49	0.82	0.08	29.39	70.63	轻壤		
	91~114	灰棕	片状	3.96	19.9	54.33	12.88	8.85	0.08	21.81	78.2	轻壤		

续表 2-1-67

土种名称	土层(cm)	剖面形态 颜色	剖面形态 结构	机械组成(%)粒径(mm) 1~0.25	0.25~0.05	0.05~0.01	0.01~0.005	0.005~0.001	<0.001	总量 <0.01	总量 >0.01	质地	代表面积(公顷)	%
低位潮立土	0~34	灰棕	粒状	5.58	31.5	32.23	11.07	17.12	2.5	30.69	70.19	中壤	573	2.05
	34~53	灰棕	核状	4.52	20.7	35.14	15.06	20.08	4.5	39.64	60.87	中壤		
	53~88	黄棕	核状	0.04	0.89	10.06	20.12	46.27	2.62	89.01		重黏		
	83~117	黄棕	块状	0.1	22.73	34.29	12.12	24.02	6.74	42.88		中壤		
中位青白潮平土	0~20	棕灰	块状	4.22	47.11	19.07	11.05	12.05	6.1	29.6	70.18	轻壤	1827	6.52
	20~38	灰黄	粒状	7.01	46.96	22.03	16.09	2.4	6.09	24.5	76.76	轻壤		
	38~50	黄棕	片状	1.48	33.98	30.03	13.01	11.41	10.09	34.51	65.53	中壤		
	50~60	灰	片状	0.06	18.81	33.27	13.1	16.53	18.23	47.86	52.14	重壤		
	60~102	灰棕	片状	0.16	8.91	26.13	22.11	23.51	19.18	64.8	35.2	轻黏		
低位湿潮平土	0~39	棕黄	粒状	1.8	25.98	22.04	14.83	34.87	0.48	50.18	49.86	重壤	280	1.01
	39~62	黄棕	鳞片	1.31	52.24	18.14	8.87	16.94	2.5	28.31	71.69	轻壤		
	62~88	灰黑	板状	0.38	21.31	22.06	15.85	34.9	5.5	56.25	43.75	重壤		
	8~100	灰棕	块状	0.89	34.51	25.82	11.9	27.02	0.48	39.4	60.6	中壤		
	100~170	灰黑	块状		6.77	12.1	18.15	41.93	81.05	81.13	18.87	中黏		

表 2-1-68 甘肃省养分分级标准(1)

	Ⅰ	Ⅱ	Ⅲ	Ⅳ	Ⅴ	Ⅵ	Ⅶ
有机质(g/kg)	>30	30.0–25.0	25.0–20.0	20.0–15.0	15.0–10.0	10.0–6.0	≤6.0
全氮(g/kg)	>2.00	2.00–1.50	1.50–1.25	1.25–1.0	1.0–0.75	0.75–0.5	≤0.5
有效磷(mg/kg)	>30.0	30.0–25.0	25.0–20.0	20.0–15.0	15.0–10.0	10.0–5.0	≤5.0
速效钾(mg/kg)	>300	250–300	200–250	150–200	100–150	50–100	≤50
缓效钾(mg/kg)	>1200	1200–1000	1000–800	800–600	600–400	400–150	≤150
有效硫(mg/kg)	>40	40–50	30–40	20–30	15–20	10–15	≤10
碱解氮(mg/kg)	>300	250–300	200–250	150–200	100–150	50–100	≤50

表 2-1-69　甘肃省养分分级标准（2）

	Ⅰ(高)	Ⅱ(中等)	Ⅲ(较低)	Ⅳ(低)	Ⅴ(极低)
锌(mg/kg)	>2.00	2.00–1.00	1.00–0.50	0.50–0.30	≤0.30
锰(mg/kg)	>15	15.00–9.00	9.00–7.00	7.00–3.00	≤3.00
硼(mg/kg)	>2.00	2.00–1.00	1.00–0.50	0.50–0.20	≤0.2
钼(mg/kg)	>0.40	0.40–0.20	0.20–0.15	0.15–0.05	≤0.05
铁(mg/kg)	>15.00	15.00–10.00	10.00–4.50	4.50–2.50	≤2.50
铜(mg/kg)	>2.00	2.00–1.00	1.00–0.50	0.50–0.20	≤0.20

二、玉门市耕地地力分析

本次耕地地力分析，以测土施肥项目为基础，根据评价的规程及相关标准，结合当地实际情况，选取了对耕地地力影响较大，区域内变异明显，在时间序列上具有相对稳定性，与农业生产有密切关系的9个因素，建立评价指标体系。以土壤图、土地利用现状图、行政区划图、灌溉分区图和地貌类型分区图叠加形成评价单元，应用层次分析法，通过综合分析，将玉门市耕地共划分为5个等级，根据评价结果进行耕地地力的系统分析。

（一）耕地地力等级与分布

1.不同等级耕地面积统计

根据耕地地力评价结果数据表，汇总各等级耕地的面积，以《2009年甘肃农村年鉴》中玉门市耕地总面积为基准进行平差，统计出不同等级耕地面积。

玉门市总耕地面积为3.36万公顷，其中三、四和五等地占的比例较大，分别为37.3%、16.7%和20.9%，占总耕地的74.9%；一等地和二等地占的比例较小，分别为9.7%和15.5%（见表2-1-70与图2-1-43）。

表 2-1-70　玉门市不同等级耕地面积统计

县地力等级	一等地	二等地	三等地	四等地	五等地	总计
单元个数	819	1423	3042	1295	735	7314
面积(公顷)	3269	5188	12508	5603	6997	33565
比例(%)	9.7	15.5	37.3	16.7	20.9	100

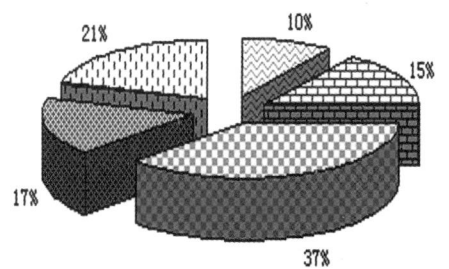

图 2-1-43 不同等级耕地所占比例

2.不同等级耕地空间分布特征

（1）不同等级耕地分布特点

玉门市耕地地力等级分布有3个特点：①耕地地力等级与立地条件关系密切。走廊平原、盆地内村镇附近地势平坦，垦植年代长，土层厚，肥力较高，便于耕作管理，大部分土壤属一等地和二等地；相反靠近戈壁边缘，垦植年代较短，土层薄，耕作管理比较粗放，大部分土壤属三、四、五等地。②耕地地力等级与土壤类型密切相关。灌淤土大部分属一等地和二等地，潮土、沼泽土大部分属三等地，灰棕漠土大部分属三等地和四等地，盐土和棕漠土的大部分属四等地和五等地，风沙土和耕种风沙土大部分属五等地。③耕地地力等级与土壤质地构型关系密切。均质轻壤大部分属一等地、二等地和三等地，砂底轻壤大部分属二等地，砂底中壤和夹黏中壤大部分属三等地、四等地和五等地，均质砂壤大部分属五等地。

（2）不同等级耕地空间分布描述

从耕地地力评价结果数据表中可以看出，一等地主要分布在花海镇、下西号乡，在赤金镇、黄闸湾乡、柳河乡、玉门镇等乡（镇）零星分布；二等地主要分布在赤金镇、昌马乡、玉门镇、柳河乡等乡（镇），在花海镇、下西号乡、清泉乡和黄闸湾乡也零星分布；三等地主要分布在下西号乡、黄闸湾乡、柳河乡、花海镇、赤金镇等乡（镇），在昌马乡、玉门镇和清泉乡等乡（镇）也零星分布；四等地主要分布在黄闸湾乡、下西号乡，在柳河乡、小金湾乡、花海镇、赤金镇等乡（镇）也零星分布；五等地主要分布在花海镇、柳湖乡和柳河乡，在赤金镇、清泉乡、下西号乡有零星分布（表2-1-71）。

表 2-1-71 玉门市各乡镇不同等级耕地面积与比例

乡镇名称		一等地	二等地	三等地	四等地	五等地	合计
昌马乡	面积（公顷）	2.36	1100.44	730.44	0	0	1833.24
	所占比例%	0.13	60.03	39.84	0	0	100

续表 2-1-71

乡镇名称		一等地	二等地	三等地	四等地	五等地	合计
赤金镇	面积（公顷）	401.09	1175.54	1150.11	475.66	123.89	3326.29
	所占比例%	12.06	35.34	34.58	14.3	3.72	100
花海镇	面积（公顷）	1015.66	444.33	1337.95	521.38	4831.32	8150.65
	所占比例%	12.46	5.45	16.42	6.4	59.28	100
黄闸湾乡	面积（公顷）	325.15	261.15	3036.07	1755.89	0.71	5378.97
	所占比例%	6.05	4.86	56.45	32.64	0.01	100
柳河乡	面积（公顷）	323.2	702.15	1941.72	749.74	752.85	4469.67
	所占比例%	7.23	15.71	43.44	16.77	16.84	100
柳湖乡	面积（公顷）	0	0	0	0	1218.99	1218.99
	所占比例%	0	0	0	0	100	100
清泉乡	面积（公顷）	75.24	333.71	480.93	110.42	51.16	1051.46
	所占比例%	7.16	31.74	45.74	10.5	4.87	100
下西号乡	面积（公顷）	964.08	352.26	3108.36	1390.71	18.51	5833.91
	所占比例%	16.53	6.04	53.28	23.84	0.32	100
小金湾乡	面积（公顷）	0	0	49.61	598.94	0	648.54
	所占比例%	0	0	7.65	92.35	0	100
玉门东镇	面积（公顷）	0	0	0.82	0	0	0.82
	所占比例%	0	0	100	0	0	100
玉门镇	面积（公顷）	162.35	818.42	671.66	0	0	1652.44
	所占比例%	9.83	49.53	40.65	0	0	100
玉门市	面积（公顷）	3269.14	5188.01	12507.67	5602.74	6997.43	33564.98
	所占比例%	9.74	15.46	37.26	16.69	20.85	100

（二）耕地地力等级分述

1. 一等地

（1）面积与分布

一等地，综合评价指数 IFI 大于 0.690，耕地面积 0.33 万公顷，占总耕地面积的

9.74%。评价单元819个，其中果园28.07公顷，占一等地面积的0.86%；其他园地38.3公顷，占一等地面积的1.17%；设施农用地40.64公顷，占一等地面积的1.24%；水浇地3162.13公顷，占一等地面积的96.74%（见表2-1-72）。

一等地主要分布在花海镇、下西号乡、赤金镇、黄闸湾乡和柳河乡。

表2-1-72 玉门市一等地不同耕地利用类型面积

利用类型	果园	其他园地	设施农用地	水浇地	总计
面积（公顷）	28.07	38.3	40.64	3162.13	3269.14
评价单元（个）	86	60	149	524	819
占总耕地面积（%）	0.08	0.11	0.12	9.42	9.74
占一等地面积（%）	0.86	1.17	1.24	96.73	100

（2）属性分析

一等地全部为灌淤土；土壤质地构型绝大多数为均质轻壤，有极少数为砂底轻壤；地貌类型主要为走廊平原，赤金盆地分布面积较小；其他各地貌类型也有极少量的分布；地势平坦，无明显障碍层，土壤理化性状良好，可耕性强，土壤肥力高。耕层土壤养分含量有机质16.96g/kg，全盐1.35g/kg，全氮0.75g/kg，全磷0.95g/kg，全钾17.33g/kg，碱解氮69.93mg/kg，有效磷12.32mg/kg，速效钾107.26mg/kg，缓效钾425.35mg/kg，有效铁10.51mg/kg，有效锰5.30mg/kg，有效铜1.03mg/kg，有效锌2.01mg/kg（见表2-1-73）。

表2-1-73 玉门市一等地土壤主要养分含量等级

地力等级	有机质 g/kg	全氮 g/kg	碱解氮 mg/kg	有效磷 mg/kg	速效钾 mg/kg	缓效钾 mg/kg	有效铁 mg/kg	有效锰 mg/kg	有效铜 mg/kg	有效锌 mg/kg
一等地	16.96	0.75	69.93	12.32	107.26	425.35	10.51	5.30	1.03	2.01
含量水平	四级	五级	六级	六级	五级	五级	二级	四级	二级	一级

在农业生产中主要推广测土配方施肥技术，加强耕地保护。

2.二等地

（1）面积与分布

二等地，综合评价指数IFI为0.690～0.594，耕地面积0.52万公顷，占总耕地面积的15.46%，评价单元1423个。其中果园28.37公顷，占二等地面积的0.55%；其他园地111.03公顷，占二等地面积的2.14%；设施农用地58.5公顷，占二等地面积的1.13%；水浇地4990.1公顷，占二等地面积的96.19%（见表2-1-74）。

二等地主要分布在昌马乡、赤金镇、玉门镇、柳河乡，在花海镇、下西号乡、清泉乡、黄闸湾乡分布面积较小，其他各乡镇也有零星分布。

表 2-1-74　玉门市二等地不同耕地利用类型面积

利用类型	果园	其他园地	设施农用地	水浇地	总计
面积(公顷)	28.37	111.03	58.5	4990.1	5188.01
评价单元(个)	88	70	217	1048	1423
占总耕地面积(%)	0.08	0.33	0.17	14.87	15.46
占二等地面积(%)	0.55	2.14	1.13	96.19	100

（2）属性分析

二等地主要是灌淤土,还有少量潮土,经改良的轻盐土中也有少量分布;土壤质地构型以均质轻壤和砂底轻壤为主,地貌类型为走廊平原、赤金盆地和昌马盆地,可耕性较强,土壤肥力较高。耕层土壤养分含量有机质 20.12g/kg,全盐 1.33g/kg,全氮 0.85g/kg,全磷 0.95g/kg,全钾 18.23g/kg,碱解氮 71.13mg/kg,有效磷 14.16mg/kg,速效钾 117.99mg/kg,缓效钾 522.56mg/kg,有效铁 11.03mg/kg,有效锰 5.65mg/kg,有效铜 1.06mg/kg,有效锌 2.04mg/kg(见表 2-1-75)。

表 2-1-75　玉门市二等地土壤主要养分含量等级

地力等级	有机质 g/kg	全氮 g/kg	碱解氮 mg/kg	有效磷 mg/kg	速效钾 mg/kg	缓效钾 mg/kg	有效铁 mg/kg	有效锰 mg/kg	有效铜 mg/kg	有效锌 mg/kg
二等地	20.12	0.85	71.13	14.16	117.99	522.56	11.03	5.65	1.06	2.04
含量水平	三级	五级	六级	五级	五级	五级	二级	四级	二级	一级

二等地主要障碍因素是气候冷凉,土壤熟化程度低,有机质分解缓慢,种植结构单一。在农业生产中,要推广测土配方施肥、农田节水等技术,调整作物种植结构,重视有机肥的生产和使用,并及时深翻暴晒,增加土层厚度,促进土壤熟化。

3.三等地

（1）面积与分布

三等地,综合评价指数 IFI 为 0.594～0.471,耕地面积 1.25 万公顷,占总耕地面积的 37.26%,评价单元 3042 个。其中果园 39.88 公顷,占三等地面积的 0.32%;其他园地 289.18 公顷,占三等地面积的 2.31%;设施农用地 100.85 公顷,占三等地面积的 0.81%;水浇地 12077.75 公顷,占三等地面积的 96.56%(见表 2-1-76)。

三等地主要分布在下西号乡、黄闸湾乡、柳河乡、花海镇、赤金镇,在昌马乡、玉门镇和清泉乡分布面积较小。

表 2-1-76　玉门市三等地不同耕地利用类型面积

利用类型	果园	其他园地	设施农用地	水浇地	总计
面积(公顷)	39.88	289.18	100.85	12077.75	12507.67
评价单元(个)	123	101	344	2474	3042
占总耕地面积(%)	0.12	0.86	0.30	35.98	37.26
占三等地面积(%)	0.32	2.31	0.81	96.56	100

(2)属性分析

三等地土壤以潮土、灌淤土、沼泽土和灰棕漠土为主；土壤质地构型以夹黏中壤、均质轻壤、砂底中壤为主；地貌类型主要为走廊平原，土壤理化性状良好，可耕性较强。耕层土壤养分含量有机质 17.91g/kg，全盐 1.42g/kg，全氮 0.79g/kg，全磷 0.96g/kg，全钾 17.58g/kg，碱解氮 72.81mg/kg，有效磷 12.74mg/kg，速效钾 109.14mg/kg，缓效钾 460.76mg/kg，有效铁 10.86mg/kg，有效锰 5.24mg/kg，有效铜 1.06mg/kg，有效锌 2.01mg/kg（见表 2-1-77）。

表 2-1-77　玉门市三等地土壤主要养分含量等级

地力等级	有机质 g/kg	全氮 g/kg	碱解氮 mg/kg	有效磷 mg/kg	速效钾 mg/kg	缓效钾 mg/kg	有效铁 mg/kg	有效锰 mg/kg	有效铜 mg/kg	有效锌 mg/kg
三等地	17.91	0.79	72.81	12.74	109.14	460.76	10.86	5.24	1.06	2.01
含量水平	四级	五级	六级	五级	五级	五级	二级	四级	二级	一级

三等地主要障碍因素是在土层中有漏沙、夹黏等土层。在农业生产中，要重视种植结构的调整，实施测土配方施肥，增施有机肥，及时深翻晒地，推广秸秆还田等技术。

4.四等地

(1)面积与分布

四等地，综合评价指数 IFI 为 0.471～0.430，耕地面积 0.56 万公顷，占总耕地面积的 16.69%，评价单元 1295 个。其中果园 6.84 公顷，占四等地面积的 0.12%；其他园地 118.76 公顷，占四等地面积的 2.12%；设施农用地 43.67 公顷，占四等地面积的 0.78%；水浇地 5433.47 公顷，占四等地面积的 96.98%（见表 2-1-78）。

四等地主要分布在黄闸湾乡、下西号乡、柳河乡、赤金镇、花海镇，在清泉乡也有零星分布。

表 2-1-78　玉门市四等地不同耕地利用类型面积

利用类型	果园	其他园地	设施农用地	水浇地	总计
面积（公顷）	6.84	118.76	43.67	5433.47	5602.74
评价单元（个）	13	29	116	1137	1295
占总耕地面积（%）	0.02	0.35	0.13	16.19	16.69
占四等地面积（%）	0.12	2.12	0.78	96.98	100

（2）属性分析

四等地土壤以盐土、棕漠土和灰棕漠土为主，土壤质地构型以夹黏中壤和砂底中壤为主；地貌类型为走廊平原，在赤金盆地和低山丘陵也有少量分布。耕层土壤养分含量有机质 16.47g/kg，全盐 1.65g/kg，全氮 0.76g/kg，全磷 1.00g/kg，全钾 17.73g/kg，碱解氮 70.83mg/kg，有效磷 10.98mg/kg，速效钾 102.80mg/kg，缓效钾 399.06mg/kg，有效铁 10.30mg/kg，有效锰 5.09mg/kg，有效铜 1.01mg/kg，有效锌 1.95mg/kg（见表 2-1-79）。

表 2-1-79　玉门市四等地土壤主要养分含量等级

地力等级	有机质 g/kg	全氮 g/kg	碱解氮 mg/kg	有效磷 mg/kg	速效钾 mg/kg	缓效钾 mg/kg	有效铁 mg/kg	有效锰 mg/kg	有效铜 mg/kg	有效锌 mg/kg
四等地	16.47	0.76	70.83	10.98	102.80	399.06	10.30	5.09	1.01	1.95
含量水平	四级	五级	六级	五级	五级	六级	二级	四级	二级	二级

四等地主要以盐土为主，其次是棕漠土与灰棕漠土。因成土母质均含盐，土壤具有盐化现象，生产上主要矛盾为盐害。在农业生产上应注意增施有机肥，作物种植上采用冲沟播种和覆盖播种；土壤改良上采用秸秆还田、深翻改土、冬季深度泡水、拉沙压碱等技术措施以达到改良盐碱、提高土壤生产力的目的。

5.五等地

（1）面积与分布

五等地，综合评价指数 IFI 小于 0.430，耕地面积 0.70 万公顷，占总耕地面积的 20.85%，评价单元 735 个。其中果园 4.85 公顷，占五等地面积的 0.07%；其他园地 10.14 公顷，占五等地面积的 0.14%；设施农用地 15.84 公顷，占五等地面积的 0.23%；水浇地 6966.6 公顷，占五等地面积的 99.56%（见表 2-1-80）。

五等地主要分布在花海镇、柳湖乡和柳河乡，在赤金镇、清泉乡、下西号乡等地也零星分布。

表 2-1-80　玉门市五等地不同耕地利用类型面积

利用类型	果园	其他园地	设施农用地	水浇地	总计
面积(公顷)	4.85	10.14	15.84	6966.6	6997.43
评价单元(个)	11	3	39	682	735
占总耕地面积(%)	0.01	0.03	0.05	20.76	20.85
占五等地面积(%)	0.07	0.14	0.23	99.56	100

（2）属性分析

五等地土壤主要以棕漠土、盐土、风沙土和耕种风沙土为主；土壤质地构型为砂底中壤、夹黏中壤和均质砂壤；地貌类型以走廊平原为主，赤金盆地也有少量分布。耕层土壤养分含量有机质 12.66g/kg，全盐 1.53g/kg，全氮 0.60g/kg，全磷 0.97g/kg，全钾 17.83g/kg，碱解氮 67.04mg/kg，有效磷 11.16mg/kg，速效钾 105.36mg/kg，缓效钾 501.97mg/kg，有效铁 8.80mg/kg，有效锰 4.82mg/kg，有效铜 1.00mg/kg，有效锌 2.00mg/kg（见表 2-1-81）。

表 2-1-81　玉门市五等地土壤主要养分含量等级

地力等级	有机质 g/kg	全氮 g/kg	速效氮 mg/kg	碱解磷 mg/kg	速效钾 mg/kg	缓效钾 mg/kg	有效铁 mg/kg	有效锰 mg/kg	有效铜 mg/kg	有效锌 mg/kg
五等地	12.66	0.60	67.04	11.16	105.36	501.97	8.80	4.82	1.00	2.00
含量水平	五级	六级	六级	五级	五级	五级	三级	四级	三级	二级

五等地主要受盐渍、风沙、漏水、漏肥等危害，土壤养分含量低、盐分含量高。在农业生产中采用分类指导的方式进行改良，棕漠土、盐碱土一般含量较高，土壤易板结，采用大水漫灌、排水洗盐，挖除盐碱斑、掺沙、增施有机肥料及种植绿肥等方法进行改良；沙土地，土壤沙化，漏水漏肥现象严重，有机质含量低，生产上要推广增施有机肥、秸秆还田、防风固沙、封沙育草育林等措施，以培肥土壤。

玉门市不同地力等级土壤养分含量见表 2-1-82 至表 2-1-85。

表 2-1-82 玉门市不同地力等级养分含量

县地力等级	pH	有机质 g/kg	全盐 g/kg	全氮 g/kg	全磷 g/kg	全钾 g/kg	速效氮 mg/kg	有效磷 mg/kg	速效钾 mg/kg	缓效钾 mg/kg	铁 mg/kg	锰 mg/kg	铜 mg/kg	锌 mg/kg
一等地	8.46	16.96	1.35	0.75	0.95	17.33	69.93	12.32	107.26	425.35	10.51	5.30	1.03	2.01
二等地	8.44	20.12	1.33	0.85	0.95	18.23	71.13	14.16	117.99	522.56	11.03	5.65	1.06	2.04
三等地	8.43	17.91	1.42	0.79	0.96	17.58	72.81	12.74	109.14	460.76	10.86	5.24	1.06	2.01
四等地	8.44	16.47	1.65	0.76	1.00	17.73	70.83	10.98	102.80	399.06	10.30	5.09	1.01	1.95
五等地	8.48	12.66	1.53	0.60	0.97	17.83	67.04	11.16	105.36	501.97	8.80	4.82	1.00	2.00
平均值	8.44	17.45	1.45	0.77	0.97	17.73	71.23	12.50	109.15	462.04	10.55	5.26	1.04	2.00

表 2-1-83 玉门市不同地力等级土壤类型面积   单位:公顷

土壤类型	草甸土	潮土	风沙土	耕种风沙土	灌淤土	灰棕漠土	盐土	沼泽土	棕漠土	总计
一等地	0	0	0	0	3269.14	0	0	0	0	3269
二等地	0	172.54	0	0	5002.94	0	12.53	0	0	5188
三等地	0	4763.9	0	16.01	2619.66	1545.68	743.3	2429.33	389.8	12508
四等地	21.98	0	0	76.61	45.31	705.22	3927	0	826.62	5603
五等地	0	0	732.04	425.33	0	0	1248.7	0	4591.36	6997
总计	21.98	4936.44	732.04	517.95	10937.05	2250.9	5931.52	2429.33	5807.77	33565
占耕地%	0.07	14.71	2.18	1.54	32.58	6.71	17.67	7.24	17.30	100

表 2-1-84 玉门市不同地力等级土壤质地构型面积　　　　单位:公顷

质地构型	夹砂轻壤	夹砂中壤	夹黏中壤	均质轻壤	均质砂壤	均质中壤	壤身砂壤	砂底轻壤	砂底中壤	黏底砂壤	总计
一等地	0	0	0	3241	0	0	0	28.1	0	0	3269.1
二等地	142.9	0	98.8	1676.1	0	198.4	21.1	3027.2	0	23.5	5188
三等地	92.9	211.3	5583.3	2793.9	16	554.3	218.2	36.6	2371	630.2	12507.7
四等地	0	0	3949	0	76.6	44.3	1	0	1531.8	0.1	5602.7
五等地	0	0	1248.7	0	1157.4	0	0	0	4591.4	0	6997.4
总计	235.8	211.3	10879.7	7711	1250	797	240.3	3091.9	8494.2	653.8	33565
占耕地%	0.70	0.63	32.41	22.97	3.72	2.37	0.72	9.21	25.31	1.95	100

表 2-1-85 玉门市不同地力等级耕地利用类型面积　　　　单位:公顷

利用类型	果园	其他园地	设施农用地	水浇地	总计
一等地	28.07	38.3	40.64	3162.13	3269.14
二等地	28.37	111.03	58.5	4990.1	5188.01
三等地	39.88	289.18	100.85	12077.75	12507.67
四等地	6.84	118.76	43.67	5433.47	5602.74
五等地	4.85	10.14	15.84	6966.6	6997.43
总计	108	567	260	32630	33565
占耕地%	0.32	1.69	0.77	97.21	100

第二章　嘉峪关市耕地地力评价

一、嘉峪关市耕层土壤属性

(一)耕层土壤有机质

嘉峪关市568个耕层土壤样品化验结果表明,嘉峪关市耕层土壤有机质含量最小值为2g/kg,最大值为28g/kg,平均值为11.92g/kg,标准差为5.70,偏度为0.02,峰度为-0.54,变异系数为47.8%,属于中等变异。根据甘肃省土壤有机质分级标准,嘉峪关市耕层土壤有机质含量在15.0~20.0g/kg之间的样点数占22.9%,其代表耕地面积为970.3公顷;在10.0~15.0g/kg之间的样点数占38.7%,其代表耕地面积为1639.8公顷,分别属于甘肃省四、五级水平(见表2-2-1)。

从空间和行政区域分布上看,嘉峪关市耕地耕层土壤有机质空间分布情况是酒钢农场、黑山湖农场、东南部的河口村和冯家沟村部分耕地耕层有机质含量较高,在15.0~20.0g/kg之间。东北部的野麻湾村和长城村的大部分耕地耕层有机质含量较低,在6.0~10.0g/kg之间。嘉峪关市耕层土壤有机质含量空间分布详见图集。

表 2-2-1　嘉峪关市耕层土壤有机质含量状况分级统计

有机质分级标准(g/kg)	级别	样点数	占总样点数(%)	代表面积(公顷)
25.0~30.0	二级	8	1.4	59.3
20.0~25.0	三级	28	4.9	207.6
15.0~20.0	四级	130	22.9	970.3
10.0~15.0	五级	220	38.7	1639.8
6.0~10.0	六级	61	10.7	453.4
≤6.0	七级	121	21.3	902.5

(二)耕层土壤碱解氮

嘉峪关市581个耕层土壤样品化验结果表明,嘉峪关市耕层土壤碱解氮含量最小值为14mg/kg,最大值为231mg/kg,平均值为74.39mg/kg,标准差为29.45,偏度为1.27,峰度为2.82,变异系数为39.6%,属于中等变异。根据甘肃省土壤碱解氮分级标准,嘉峪关市属于甘肃省的六、七级水平(见表2-2-2)。

从空间和行政区域分布上看,嘉峪关市耕地的耕层土壤碱解氮空间分布基本上均在

50~100mg/kg 之间，总体上很低。

表 2-2-2 嘉峪关市耕层土壤碱解氮含量状况分级统计

碱解氮分级标准（mg/kg）	级别	样点数	占总样点数（%）	代表面积（公顷）
200~250	三级	2	0.3	12.7
150~200	四级	12	2.1	89.0
100~150	五级	70	12.0	508.5
50~100	六级	374	64.4	2728.8
≤50	七级	123	21.2	898.3

（三）耕层土壤有效磷

嘉峪关市 554 个耕层土壤样品进行化验结果表明，嘉峪关市耕层土壤有效磷含量最小值为 2.1mg/kg，最大值为 82.8mg/kg，平均值为 21.94mg/kg，标准差为 15.55，偏度为 1.32，峰度为 1.73，变异系数为 70.9%，属于中等变异。根据甘肃省土壤有效磷分级标准，嘉峪关市耕层土壤有效磷含量在大于 30mg/kg 之间的样点数占 22.9%，其代表耕地面积为 970.3 公顷；在 10.0~15.0mg/kg 的样点数占 18.1%，其代表耕地面积为 766.9 公顷，分别属于甘肃省一级和五级水平。

从空间和行政区域分布上看，嘉峪关市的大部分耕地的耕层有效磷含量较高，在 20.0~25.0mg/kg 之间。东北部的新城村和野麻湾村的一部分耕地的有效磷含量较低，在 15.0~20.0mg/kg 之间（表 2-2-3）。

表 2-2-3 嘉峪关市耕层土壤有效磷含量分级统计

有效磷分级标准（mg/kg）	级别	样点数	占总样点数（%）	代表面积（公顷）
>30.0	一级	127	22.9	970.3
25.0~30.0	二级	45	8.1	343.2
20.0~25.0	三级	82	14.8	627.1
15.0~20.0	四级	72	13.0	550.8
10.0~15.0	五级	100	18.1	766.9
5.0~10.0	六级	86	15.5	656.8
≤5.0	七级	42	7.6	322.0

（四）土壤速效钾

嘉峪关市 581 个耕层土壤样品化验结果表明，嘉峪关市耕层土壤速效钾含量最小值为 22mg/kg，最大值为 444mg/kg，平均值为 107.04mg/kg，标准差为 59.54，偏度为 1.57，峰度为3.41,变异系数为55.6%,属于中等变异。根据甘肃省土壤速效钾分级标准,嘉峪关市的耕层土壤速效钾含量在100~150mg/kg之间的样点数占20.8%,其代表耕地面积为881.3公顷;在50~100mg/kg之间的样点数占49.9%,其代表耕地面积为2114.4公顷,分别属于甘肃省五、六级水平(见表2-2-4)。

从空间和行政区域分布上看,嘉峪关市的冯家沟村、长城村和中沟村大部分耕地的耕层土壤速效钾含量较高,在150~200mg/kg之间。其他耕地的耕层土壤速效钾较低,大多在50~150mg/kg之间,总体来说,嘉峪关市的耕层土壤速效钾含量很低。

表2-2-4 嘉峪关市耕层土壤速效钾含量状况分级统计

速效钾分级标准(mg/kg)	级别	样点数	占总样点数(%)	代表面积(公顷)
>300	一级	6	1.0	42.4
250~300	二级	12	2.1	89.0
200~250	三级	21	3.6	152.5
150~200	四级	80	13.8	584.7
100~150	五级	121	20.8	881.3
50~100	六级	290	49.9	2114.4
≤50	七级	51	8.8	372.8

(五)耕层土壤pH

对嘉峪关市581个耕层土壤样品进行化验结果表明,嘉峪关市耕层土壤pH值最小值为7.1,最大值为8.8,平均值为8.07,标准差为0.22,偏度为-0.65,峰度为3.34,变异系数为2.7%,属于弱变异。

二、嘉峪关市耕地地力分析

以土壤图与土地利用现状图叠加形成评价单元,应用模糊综合评判方法,通过综合分析,将嘉峪关市耕地共划分为5个等级,根据评价结合进行耕地地力的系统分析。

(一)耕地地力等级与分布

1.耕地地力等级面积统计

利用ArcGIS软件和Excel2003,对评价图属性库进行操作,检索统计耕地各等级的面积和图幅总面积。以2007年嘉峪关市耕地总面积为基准,按面积比例进行平差,统计得各耕地地力等级面积。

嘉峪关市耕地总面积为4237.2公顷,二等地和三等地较多,分别占总耕地面积的27.2%和37.2%;其次是一等地和四等地,分别占总耕地面积的23.5%和12.1%。见表2-2-5。

表 2-2-5　嘉峪关市耕地地力评价结果面积统计

级别	一等地	二等地	三等地	四等地	总面积
面积（公顷）	997.6	1152.2	1575.2	512.2	4237.2
占总耕地面积（%）	23.5	27.2	37.2	12.1	100.0

2. 耕地地力等级的行政区域划分

从嘉峪关市各村中不同等级耕地所占比例来看，河口村、塔湾村和文殊村都是一等地，石桥村（86.3%）、团结村（55.6%）大部分耕地是一等地，冯家沟村（91.3%）、横沟村（61.6%）、嘉峪关村（52.4%）、新城村（78.4%）大部分都是二等地，黄草营村，泥沟村和野麻湾村都是三等地，安远沟村（65.4%）、观蒲村（81.6%）、长城村（56.6%）大部分是三等地，嘉峪关村（47.6%）、中沟村（51.2%）、断山口村（88.8%）大部分是四等地，见表 2-2-6。

表 2-2-6　嘉峪关市耕地地力等级行政区域分布　　　　　　单位：公顷，%

村名称	一等地 面积	一等地 占本村耕地	二等地 面积	二等地 占本村耕地	三等地 面积	三等地 占本村耕地	四等地 面积	四等地 占本村耕地
安远沟村	0.0	0.0	83.5	33.1	164.7	65.4	3.6	1.4
冯家沟村	13.2	8.7	138.3	91.3	0.0	0.0	0.0	0.0
观蒲村	0.0	0.0	52.0	17.4	243.6	81.6	3.0	1.0
横沟村	0.0	0.0	52.9	61.6	33.0	38.4	0.0	0.0
嘉峪关村	0.0	0.0	88.1	52.4	0.0	0.0	79.9	47.6
石桥村	119.6	86.3	19.0	13.7	0.0	0.0	0.0	0.0
团结村	200.3	55.6	159.7	44.4	0.0	0.0	0.0	0.0
新城村	0.0	0.0	258.8	78.4	70.6	21.4	0.5	0.2
中沟村	0.0	0.0	73.8	39.5	17.3	9.3	95.7	51.2
长城村	0.0	0.0	0.0	0.0	191.8	56.6	146.9	43.4
断山口村	0.0	0.0	0.0	0.0	5.6	11.2	44.3	88.8
黄草营村	0.0	0.0	0.0	0.0	191.0	100.0	0.0	0.0
泥沟村	0.0	0.0	0.0	0.0	94.2	100.0	0.0	0.0
野麻湾村	0.0	0.0	0.0	0.0	279.1	100.0	0.0	0.0
河口村	330.8	100.0	0.0	0.0	0.0	0.0	0.0	0.0
塔湾村	135.3	100.0	0.0	0.0	0.0	0.0	0.0	0.0
文殊村	179.1	100.0	0.0	0.0	0.0	0.0	0.0	0.0
其他	19.3	2.9	226.1	33.9	284.1	42.5	138.3	20.7
总计	997.6	23.5	1152.6	27.2	1575.2	37.2	512.2	12.1

(二)耕地地力等级分述

1. 一等地的主要属性

一等地综合评价指数大于0.8605,评价单元18个,耕地面积997.6公顷,占总耕地面积的23.5%。一等地主要分布在嘉峪关市的文殊镇,其中河口村、塔湾村和文殊村全部是一等地,石桥村和团结村大部分是一等地,土壤类型以灌淤土为主,占本级地的100.0%。耕层土壤质地主要是中壤,质地构型主要是均质中壤。耕层土壤有机质含量平均为15.0g/kg,全磷含量平均为0.653mg/kg,碱解氮含量平均为79.2mg/kg,有效磷含量平均为23.4mg/kg,速效钾含量平均为128.6mg/kg,缓效钾含量平均为612.4 mg/kg,全钾含量平均为20.326 mg/kg,CEC平均为5.68cmol/kg,pH平均为8.06(详见表2-2-7)。

2. 二等地的主要属性

二等地综合评价指数在0.8605~0.7950之间,评价单元39个,耕地面积1152.2公顷,占总耕地面积的27.2%。二等地主要分布在嘉峪关市的新城镇和峪泉镇等,主要在冯家沟村(91.3%),横沟村(61.6%)和新城村(78.4%)等。土壤类型主要是灌淤土,占本级地的85.8%。耕层土壤质地主要是轻壤(43.0%)和中壤(42.9%),质地构型主要是夹砂中壤(28.1%)、均质轻壤(43.0%)。耕层土壤有机质含量平均为13.1g/kg,全磷含量平均为0.598 mg/kg,碱解氮含量平均为73.4 mg/kg,有效磷含量平均为21.7 mg/kg,速效钾含量平均为109.6 mg/kg,缓效钾含量平均为571.3 mg/kg,全钾含量平均为21.048 mg/kg,CEC平均为9.05cmol/kg,pH平均为8.04(详见表2-2-7)。

3. 三等地的主要属性

三等地综合评价指数在0.7950~0.6900之间,评价单元72个,耕地面积1575.2公顷,占总耕地面积的37.2%。三等地主要分布在嘉峪关市的新城镇和峪泉镇等,黄草营村、泥沟村和野麻湾村都是三等地,安远沟村(65.4%)、观蒲村(81.6%),长城村(56.6%)大部分是三等地。土壤类型主要是灌淤土,占本级地的78.3%。耕层土壤质地主要是轻壤(62.6%),质地构型主要是均质轻壤(46.4%)和均质中壤(23.9%)。耕层土壤有机质含量平均为12.6g/kg,全磷含量平均为0.594mg/kg,碱解氮含量平均为77.3mg/kg,有效磷含量平均为23.2mg/kg,速效钾含量平均为104.3mg/kg,缓效钾含量平均为554.5 mg/kg,全钾含量平均为21.046 mg/kg,CEC平均为8.59cmol/kg,pH平均为8.06(表2-2-7)。

4. 四等地的主要属性

四等地综合评价指数小于0.6900,评价单元44个,耕地面积512.2公顷,占总耕地面积的12.1%。四等地主要分布在嘉峪关市的新城镇和峪泉镇等,中沟村(51.2%),断山口村(88.8%)大部分是四等地。土壤类型主要是灌淤土,占本级地的83.6%。耕层土壤质地主要是轻壤(63.2%),质地构型主要是均质轻壤(45.4%)。耕层土壤有机质含量平均为

12.5g/kg,全磷含量平均为 0.610mg/kg,碱解氮含量平均为 79.8mg/kg,有效磷含量平均为 23.4mg/kg,速效钾含量平均为 116.6mg/kg,缓效钾含量平均为 571.2 mg/kg,全钾含量平均为 21.082 mg/kg,CEC 平均为 6.22cmol/kg,pH 平均为 8.12(表 2-2-7)。

表 2-2-7 嘉峪关市各等级耕地耕层土壤大量养分含量及其理化性状

养分		一等地	二等地	三等地	四等地
有机质(g/kg)	范围	14.5 ~ 16.0	9.3 ~ 15.5	8.0 ~ 19.2	7.1 ~ 18.1
	平均值	15.0	13.1	12.6	12.5
全磷(mg/kg)	范围	0.640 ~ 0.674	0.524 ~ 0.663	0.524 ~ 0.695	0.517 ~ 0.776
	平均值	0.653	0.598	0.594	0.610
碱解氮(mg/kg)	范围	67.4 ~ 90.2	50.7 ~ 90.8	47.9 ~ 113.1	56.7 ~ 103.0
	平均值	79.2	73.4	77.3	79.8
有效磷(mg/kg)	范围	19.5 ~ 27.4	17.3 ~ 26.1	17.8 ~ 27.9	18.0 ~ 30.7
	平均值	23.4	21.7	23.2	23.4
速效钾(mg/kg)	范围	98.7 ~ 164.3	72.8 ~ 158.8	66.9 ~ 176.3	87.6 ~ 161.8
	平均值	128.6	109.6	104.3	116.6
缓效钾(mg/kg)	范围	572.2 ~ 658.0	497.2 ~ 658.4	491.0 ~ 646.9	493.9 ~ 653.6
	平均值	612.4	571.3	554.5	571.2
全钾(mg/kg)	范围	20.034 ~ 20.714	20.212 ~ 21.719	20.454 ~ 21.648	20.16 ~ 21.572
	平均值	20.326	21.048	21.046	21.082
CEC(cmol/kg)	范围	5.6 ~ 5.9	5.9 ~ 14.3	3.1 ~ 14.3	3.1 ~ 9.5
	平均值	5.68	9.05	8.59	6.22
pH	范围	7.99 ~ 8.10	7.98 ~ 8.13	7.89 ~ 8.3	7.95 ~ 8.24
	平均值	8.06	8.04	8.06	8.12

第三章 张掖市耕地地力评价

第一节 甘州区耕地地力分析

一、甘州区耕层土壤属性

1.耕地土壤的有机质含量

据土壤普查资料反映,全区耕地土壤的有机质含量加权平均为1.63%,含量偏低。其中有机质含量较丰富(>3%)的耕地土壤占全区耕地的1.3%;含量中等(2%~3%)的占全区耕地9.7%;含量较缺(1%~2%)的占全区耕地64.5%;含量缺乏(0.6%~1%)的占全区耕地18.7%;含量极缺(<0.6%)的占全区耕地3.8%。有机质含量因不同区域、不同地形、不同的利用方式而有一定差异。城郊区人多田少,肥源较充足,有机质含量较高。

2.耕地土壤的氮素含量

全区耕地土壤全氮含量加权平均为0.105%,刚刚达到国家三级标准,贮量偏低。其中,含量丰富(>0.2%)的占全区耕地3.5%;较丰富(0.15%~0.2%)的占全区耕地9.0%;含量中等(0.10%~0.15%)的占全区耕地33.5%;含量较缺(0.075%~0.10%)的占全区耕地29%;含量缺乏(0.05%~0.075%)的占耕地24.0%含量极低(<0.05%)的占全区耕地1%。全氮含量与有机质含量有一定的相关性,即全氮含量随有机质的增高而增加。

3.耕地土壤的速效磷含量

全区耕地土壤速效磷含量加权平均仅18.8mg/kg,其中,含量丰富(21~40mg/kg)的仅占全区耕地3%;中等(11~20mg/kg)的占全区耕地9%;含量偏低(6~10mg/kg)的占全区耕地21%;含量低(3~5mg/kg)的占全区耕地36%;含量极低(<3mg/kg)占全区耕地31%。全区速效磷含量南、北、中地区性差异不大,普遍表现为缺磷。主要是成土母质中磷素含量低,其全磷含量一般都只有0.15%~0.25%。

4.耕地土壤的速效钾含量

本区耕地土壤速效钾含量加权平均为105mg/kg,相当于国家的三级标准。其中,含量丰富(>200mg/kg)的占全区耕地3.8%;含量较丰富(151~200mg/kg)的占全区耕地13%;含量中等(101~150mg/kg)的占全区耕地32%;含量偏低(51~100mg/kg)的占全区耕地42%;含量低(<50mg/kg)的占全区耕地9.2%。全区耕地土壤速效钾含量比速效磷要好得

多,但仍显不足,还有42%的耕地土壤表现比较缺钾。因此,在农业生产上,钾肥可主要施用于一些高产地区,以弥补土壤中钾的不足,其他地区可酌情适当补施,以提高作物的产量和品质。

二、甘州区耕地地力分析

甘州区耕地地力分级标准取值为0.63、0.58、0.51、0.43。根据每个评价单元的综合指数和《全国耕地类型区、耕地地力等级划分》(NYPT309—1996)标准,将张掖市甘州区耕地地力划分为5个等级。

甘州区耕地中二等和三等耕地占耕地面积的绝大部分。甘州区农用耕地面积为173.7万亩,通过平差计算,实际种植面积为136.7万亩,剔除国营农场面积,实际农户耕种面积为96.6万亩。

表2-3-1 甘州区耕地地力等级与面积统计表

土地等级	面积(亩)	占耕地(%)
一等地	5961.907	0.343
二等地	1043544	60.089
三等地	656156.2	37.783
四等地	26423.74	1.522
五等地	4566.104	0.263
总耕地	1736651.951	100

第二节 山丹县耕地地力分析

一、山丹县耕层土壤属性

(一)耕层土壤有机质

根据对山丹县3038个样品的分析检测,土壤有机质含量平均值为17.8g/kg,标准差为2.60,变化区间为14.9～22.8g/kg,变异系数为14.6%。对山丹县各乡镇有机质含量进行对比分析,有机质含量最高的是大马营乡,最低的是东乐乡。根据甘肃省测土施肥养分分级标准,山丹县土壤有机质含量在Ⅳ～Ⅴ级之间。

将测土施肥有机质含量与第二次土壤普查相比较,全县有机质平均含量呈下降趋势,降低0.6g/kg,除东乐乡、清泉镇、李桥乡的土壤有机质含量有所增加外,其余各乡镇均下降,其中变化最大的是老军乡,较第二次土壤普查下降 4.6g/kg,变化最小的是霍城镇,下降 0.6g/kg。

(二)耕层土壤全氮

根据对山丹县 3045 个样品的分析检测,土壤全氮含量平均值为 1.040g/kg,标准差为 0.12,变化区间为 0.928~1.28g/kg,变异系数为 11.8%。对山丹县各乡镇全氮含量进行对比分析,全氮含量最高的是大马营乡,最低的是位奇镇。根据甘肃省测土施肥养分分级标准,山丹县土壤全氮含量在四至五级之间。

将测土施肥全氮含量与第二次土壤普查相比较,全县全氮平均含量呈下降趋势,降低 0.23g/kg,除东乐乡、清泉镇的土壤全氮含量有所增加外,其余各乡镇均下降,其中变化最大的是霍城镇,较第二次土壤普查下降 0.455g/kg,变化最小的是清泉镇,增加了 0.053g/kg。

(三)耕层土壤碱解氮

根据对山丹县 3046 个样品的分析检测,土壤碱解氮含量平均值为 74.8mg/kg,标准差为 14.18,变化区间为 59.0~96.8mg/kg,变异系数为 14.18%。对山丹县各乡镇土壤碱解氮含量进行对比分析,碱解氮含量最高的是大马营乡,最低的是位奇镇。根据甘肃省测土施肥养分分级标准,山丹县土壤碱解氮含量为六级。

将测土施肥碱解氮含量与第二次土壤普查相比较,全县碱解氮平均含量呈下降趋势,降低 5.0mg/kg,东乐乡、清泉镇、大马营乡的土壤碱解氮含量降幅很大,其余各乡镇均有所增加,其中变化最大的是大马营乡,较第二次土壤普查下降 40.2mg/kg,变化最小的是位奇镇,增加了 3.0mg/kg。

(四)耕层土壤有效磷

根据对山丹县 2928 个样品的分析检测,土壤有效磷含量平均值为 14.6mg/kg,标准差为 1.8,变化区间为 12.1~18mg/kg,变异系数为 12.3%。对山丹县各乡镇土壤有效磷含量进行对比分析,有效磷含量最高的是清泉镇,最低的是位奇镇。根据甘肃省测土施肥养分分级标准,山丹县土壤有效磷含量在四至五级之间。

将测土施肥有效磷含量与第二次土壤普查相比较,全县有效磷平均含量呈明显上升趋势,上升 6.7mg/kg,全县所有乡镇的土壤有效磷含量均较土壤普查有明显增加,其中变化最大的是清泉镇,较第二次土壤普查增加 12.0mg/kg,变化最小的是老军乡,增加了 3.9mg/kg。

(五)土壤速效钾

根据对山丹县 1462 个样品的分析检测,土壤速效钾含量平均值为 196mg/kg,标准差为 28,变化区间为 152~240mg/kg,变异系数为 14.2%。对山丹县各乡镇速效钾含量进行对比分析,速效钾含量最高的是老军乡,最低的是清泉镇。根据甘肃省测土施肥养分分级标准,山丹县土壤速效钾含量为四级。

将测土施肥速效钾含量与第二次土壤普查相比较,全县土壤速效钾平均含量呈增加趋势,增加16mg/kg,除陈户乡有所下降外,其余各乡镇的土壤速效钾含量均有不同程度的增加,其中变化最大的是东乐乡,较第二次土壤普查增加了42mg/kg,变化了最小的是陈户乡,下降了1mg/kg。

(六)耕层土壤有效铁

根据对山丹县81个样品的分析检测,土壤有效铁含量为16.1mg/kg,标准差为2.5,变化区间为13.5~19.3mg/kg,变异系数为15.6%。根据甘肃省测土施肥养分分级标准,山丹县土壤有效铁含量为一至二级。

对山丹县各乡镇土壤有效铁含量进行对比分析,有效铁含量最大的乡镇是霍城镇,为19.3mg/kg,最小的乡镇为位奇镇,为13.5mg/kg。

(七)耕层土壤有效锰

根据对山丹县98个样品的分析检测,土壤有效锰含量为11.1mg/kg,标准差为1.6,变化区间为8.2~13.6mg/kg,变异系数为14.5%。根据甘肃省测土施肥养分分级标准,山丹县土壤有效锰含量为二至三级。

对山丹县各乡镇土壤有效锰含量进行对比分析,有效锰含量最大的乡镇为老军乡,最小的乡镇为清泉镇。

(八)耕层土壤有效铜

根据对山丹县99个样品的分析检测,土壤有效铜含量为1.49mg/kg,标准差为0.32,变化区间为1.01~1.82mg/kg,变异系数为21.6%。根据甘肃省测土施肥养分分级标准,山丹县土壤有效铜含量为二级。

对山丹县各乡镇土壤有效铜含量进行对比分析,李桥乡有效铜含量最高,为1.82mg/kg,东乐乡有效铜含量最小,为1.01mg/kg。

(九)耕层土壤有效锌含量状况

根据对山丹县101个样品的分析检测,土壤有效锌含量为1.37mg/kg,标准差为0.49,变化区间为0.88~2.25mg/kg,变异系数为36.1%。根据甘肃省测土施肥养分分级标准,山丹县土壤有效锌含量为二至三级。

对山丹县各乡镇土壤有效锌含量进行对比分析,有效锌含量最大的乡镇为清泉镇,为2.25mg/kg,最小的乡镇为霍城镇,为0.88mg/kg。

(十)耕层土壤pH

根据对山丹县3054个样品的分析测试,山丹县pH值的变化区间为8.1~8.4,平均值为8.2,标准差为0.11,变异系数为1.3%。统计结果显示,山丹县土壤呈微碱性。对山丹县各乡镇pH值进行对比分析,pH值最大的乡镇是位奇镇,最小的是霍城镇和大马营乡。

二、山丹县耕地地力分析

以土壤图与土地利用现状图叠加形成评价单元,应用模糊综合评判方法,通过综合分析,将山丹县耕地共划分为6个等级,根据评价结合进行耕地地力的系统分析。

(一)耕地地力等级与分布

1.耕地地力等级面积统计

根据耕地地力评价结果数据表,汇总各等级耕地的面积,以《2008年甘肃农村年鉴》中山丹县耕地总面积为基准进行平差,统计不同等级耕地面积。

山丹县总耕地面积为4.82万公顷,其中二、四等地占的比例较大,分别为18.9%、29.5%,占总耕地的48.4%。一、五等地占的比例较小,均为11%。见表2-3-2。

表2-3-2 山丹县耕地地力评价结果面积统计

等级	一等地	二等地	三等地	四等地	五等地	六等地	总计
面积(公顷)	5300	9100	7000	14200	5300	7300	48200
百分比(%)	11	18.9	14.5	29.5	11	15.1	100

2.耕地地力等级的行政区域划分

一、二等地主要分布在山丹县中北部,南部大马营乡也有零星分布。三、四等地主要分布在山丹县中南部、西北角。五、六等地主要分布在山丹县南部的李桥乡、老军乡、霍城镇、大马营乡等地区,见表2-3-3。

表2-3-3 山丹县耕地地力等级行政区域分布

乡名称		一等地	二等地	三等地	四等地	五等地	六等地	总计
东乐乡	面积(公顷)	430.72	209.99	746.50	1786.37	0.00	17.58	3191.16
	比例(%)	13.50	6.58	23.39	55.98	0.00	0.55	100
清泉镇	面积(公顷)	2722.62	578.50	916.47	0.34	253.64	88.69	4560.26
	比例(%)	59.70	12.69	20.10	0.01	5.56	1.94	100
位奇镇	面积(公顷)	1072.86	6473.73	2821.61	1201.24	100.56	703.11	12373.11
	比例(%)	8.67	52.32	22.80	9.71	0.81	5.68	100

续表 2-3-3　山丹县耕地地力等级行政区域分布

乡名称		一等地	二等地	三等地	四等地	五等地	六等地	总计
李桥乡	面积（公顷）	0	0	503.18	870.16	1135.12	697.19	3205.65
	比例（%）	0	0	15.70	27.14	35.41	21.75	100
陈户乡	面积（公顷）	0	0	756.62	6378.62	173.26	96.91	7405.41
	比例（%）	0	0	10.22	86.13	2.34	1.31	100
霍城镇	面积（公顷）	0	561.66	240.99	3775.84	49.71	1231.55	5859.75
	比例（%）	0	9.59	4.11	64.44	0.85	21.02	100
老军乡	面积（公顷）	0	0	0	184.52	2889.91	889.53	3963.96
	比例（%）	0	0	0	4.65	72.90	22.44	100
大马营乡	面积（公顷）	0.07	995.10	995.22	0	706.89	3531.58	6228.86
	比例（%）	0	15.98	15.98	0	11.35	56.70	100

（二）耕地地力等级分述

1. 一等地的主要属性

一等地，综合评价指数大于 0.7689，耕地面积 0.53 万公顷，占总耕地面积的 11%。主要分布在山丹县中北部地区，土种主要以厚灌耕立土、壤质耕灌淡灰钙土、薄层淡灰钙土、灰棕漠土为主，地貌类型以冲积缓坡平原为主，耕层质地构型以轻壤质和中壤质为主，灌溉保证率均在 95% 以上，土层厚，有效土层厚度大于 1m，地势平坦，降水量少，无明显障碍层，土壤理化性状良好，可耕性强。耕层土壤 pH 值为 8.3，有机质 15.6g/kg，碱解氮 64.9mg/kg，有效磷 12.9mg/kg，速效钾 194mg/kg（表 2-3-4）。

表 2-3-4　山丹县一等地主要养分含量

	pH	有机质(g/kg)	碱解氮(mg/kg)	有效磷(mg/kg)	速效钾(mg/kg)
平均值	8.3	15.6	64.9	12.9	194
含量水平	—	四级	六级	五级	四级

2. 二等地的主要属性

二等地，综合评价指数 0.7411~0.7689，耕地面积 0.91 万公顷，占总耕地面积的 18.9%，二等地主要分布在山丹县中北部的各乡镇以及南部大马营乡的楼庄、夹河等区域。土种以薄层淡灰钙土、厚灌耕立土、壤质耕灌淡灰钙土为主，地貌类型以冲积缓坡平原和丘陵为主,耕层质地构型以均质轻壤、均质中壤和夹黏中壤为主,灌溉保证率在90%以上,有效土层厚度在50～100cm,降雨量少,可耕性较强。耕层土壤pH值为8.3,有机质16.5g/kg,碱解氮67.3mg/kg,有效磷14.2mg/kg,速效钾188mg/kg(表2-3-5)。

表2-3-5　山丹县二等地主要养分含量

	pH	有机质(g/kg)	碱解氮(mg/kg)	有效磷(mg/kg)	速效钾(mg/kg)
平均值	8.3	16.5	67.3	14.2	188
含量水平	—	四级	六级	五级	四级

3.三等地的主要属性

三等地,综合评价指数为0.6800～0.7411,耕地面积0.70万公顷,占总耕地面积的14.5%,三等地主要分布在山丹县中南部地区,北部有零星分布。土种以厚灌耕立土、薄层淡灰钙土为主,地貌类型以冲积缓坡平原和丘陵为主,耕层质地以轻中壤为主,灌溉保证率均在80%以上,有效土层厚度在50～100cm,降雨量少,土壤理化性状良好,可耕性较强。耕层土壤pH值为8.3,有机质17.2g/kg,碱解氮68.6mg/kg,有效磷14.3mg/kg,速效钾189g/kg(表2-3-6)。

表2-3-6　山丹县三等地主要养分含量

	pH	有机质(g/kg)	碱解氮(mg/kg)	有效磷(mg/kg)	速效钾(mg/kg)
平均值	8.3	17.2	68.6	14.3	189
含量水平	—	四级	六级	五级	四级

4.四等地的主要属性

四等地,综合评价指数为0.5980～0.6800,面积1.42万公顷,占总耕地面积的29.5%,四等地主要分布在山丹县中南部地区的陈户乡、霍城镇、东乐乡、位奇镇等地区,北部有零星分布。土种以厚灌耕立土、灰钙土、壤质耕灌灰土为主,地貌类型以冲积缓坡平原和丘陵为主,耕层质地构型以均质中壤和均质轻壤为主,灌溉保证率均在60%以上,有效土层厚度40～100cm,有障碍层,可耕性较好。耕层土壤pH值为8.3,有机质16.4g/kg,碱解氮67.9mg/kg,有效磷14.2mg/kg,速效钾193g/kg(表2-3-7)。

表2-3-7　山丹县四等地主要养分含量

	pH	有机质(g/kg)	碱解氮(mg/kg)	有效磷(mg/kg)	速效钾(mg/kg)
平均值	8.3	16.4	67.9	14.3	193
含量水平	—	四级	六级	五级	四级

5.五等地的主要属性

五等地,综合评价指数为0.3267～0.5980,耕地面积0.53万公顷,占总耕地面积的

11%,五等地主要分布在山丹县东南部的老军乡、李桥乡、大马营乡等地区。土种以灰钙土、壤质耕灌灰土为主,地貌类型以冲积缓坡平原和丘陵为主,耕层质地构型以均质中壤和均质轻壤为主,灌溉保证率均在30%以上,有效土层厚度40~80cm,有明显障碍层,可耕性差。耕层土壤pH值为8.2,有机质19.9g/kg,碱解氮77.6mg/kg,有效磷15.3mg/kg,速效钾201mg/kg(表2-3-8)。

表2-3-8　山丹县五级地主要养分含量

	pH	有机质(g/kg)	碱解氮(mg/kg)	有效磷(mg/kg)	速效钾(mg/kg)
平均值	8.2	19.9	77.6	15.3	201
含量水平	—	四级	六级	四级	四级

6.六等地的主要属性

六等地,综合评价指数为0.20895~0.3267,耕地面积0.73万公顷,占总耕地面积的15.1%,六等地主要分布在山丹县祁连山、大黄山的大马营乡、霍城镇和老军乡一带。土种以壤质耕种淡栗钙土、壤质耕种栗钙土、灰钙土为主,地貌类型以丘陵和盆地为主,耕层质地构型以均质中壤和均质轻壤为主,无灌溉,有效土层厚度40~80cm,有明显障碍层,可耕性差。耕层土壤pH值为8.2,有机质19.7g/kg,碱解氮74.6mg/kg,有效磷15.0mg/kg,速效钾200g/kg(见表2-3-9)。

表2-3-9　山丹县六等地主要养分含量

	pH	有机质(g/kg)	碱解氮(mg/kg)	有效磷(mg/kg)	速效钾(mg/kg)
平均值	8.2	19.7	74.6	15.0	200
含量水平	—	四级	六级	五级	四级

第三节　民乐县耕地地力分析

一、民乐县耕层土壤属性

(一)耕层土壤有机质

根据对民乐县3084个样品的分析检测,其土壤有机质平均含量为18.0g/kg,标准差为1.24,变化区间为15.95~20.56g/kg。变异系数为6.89%。根据甘肃省养分分级标准,民乐县土壤有机质含量为四级。

对民乐县各乡(镇)的土壤有机质含量进行对比分析,有机质含量平均值小于18.0g/kg的乡(镇)有7个,分别为新天镇、三堡镇、顺化乡、民联乡、南古镇、丰乐乡和六坝镇;其他乡(镇)有机质含量均在18.0g/kg以上。永固镇的土壤有机质含量最高,为20.56g/kg,新天镇的土壤有机质含量最低,为15.95g/kg。有机质含量在15.0~17.0g/kg的主要分布在新天镇和三堡镇;有机质含量在17.0~18.0g/kg的主要分布在顺化乡、民联乡、南古镇、丰乐乡和六坝镇;有机质含量18.0g/kg以上的主要分布在洪水镇、南丰乡和永固镇。

(二)耕层土壤全氮

根据对民乐县230个样品的分析检测,其土壤全氮含量平均值为1.01g/kg,标准差为0.12,变化区间为0.94~1.32g/kg,变异系数为11.11%。根据甘肃省养分分级标准,民乐县土壤全氮含量为Ⅳ级。

对民乐县各乡(镇)的土壤全氮含量进行对比分析,全氮含量小于平均值1.01g/kg的有6个乡(镇),分别为新天镇、三堡镇、丰乐乡、民联乡、六坝镇和南古镇;其他乡(镇)的土壤全氮含量均在1.01g/kg以上。永固镇土壤全氮含量最高,为1.32g/kg,新天镇土壤全氮含量最小,为0.94g/kg。全氮含量0.9~1.0g/kg的主要分布在新天镇、三堡镇,全氮含量1.0~1.1g/kg的主要分布在丰乐乡、民联乡、六坝镇、南古镇和顺化乡;永固镇、洪水镇和南丰乡的土壤全氮含量在1.1g/kg以上。

(三)耕层土壤碱解氮

根据对民乐县3084个样品的分析检测,其土壤碱解氮含量平均值为82.09mg/kg,标准差为4.01,变化区间为74.54~89.95mg/kg,变异系数为4.88%。根据甘肃省养分分级标准,民乐县土壤碱解氮含量为Ⅵ级。

对民乐县各乡(镇)的土壤进行对比分析,碱解氮含量大于平均值82.09mg/kg的有4个乡(镇),分别为民联乡、新天镇、南丰乡和永固镇;其他乡(镇)均在82.09mg/kg以下。永固镇土壤碱解氮最高,为89.95mg/kg,三堡镇土壤碱解氮最小,为74.54mg/kg。三堡镇、顺化乡和六坝镇的土壤碱解氮含量在80.0mg/kg以下,其余乡(镇)的土壤均在80.0~90.0mg/kg之间。

(四)耕层土壤有效磷

根据对民乐县3084个样品的分析检测,其土壤有效磷含量平均值为33.67mg/kg,标准差为1.68,变化区间为31.62~36.82mg/kg,变异系数为4.99%。根根据甘肃省养分分级标准,民乐县土壤有效磷含量为Ⅰ级。

对民乐县各乡(镇)的土壤有效磷含量进行对比分析,大于平均值33.67mg/kg的有4个乡(镇),分别为南丰乡、永固镇、六坝镇和民联乡;其他乡(镇)的土壤有效磷均在33.67mg/kg以下。民联乡土壤有效磷含量最高,为36.82mg/kg,新天镇土壤有效磷含量最小,为31.62mg/kg。有效磷含量在31.0~33.0mg/kg的主要分布在新天镇、南古镇、三堡镇、

丰乐乡和顺化乡；有效磷含量在 33.0～35.0mg/kg 的主要分布在洪水镇、南丰镇；有效磷含量在 35.0～37.0mg/kg 的主要分布在永固镇、六坝镇和民联乡。

（五）土壤速效钾

根据对民乐县 3084 个样品的分析检测，其土壤速效钾含量平均值为 212.34mg/kg，标准差为 8.97，变化区间为 200.78～227.39mg/kg，变异系数为 4.22%。根据甘肃省养分分级标准，民乐县土壤速效钾含量为三级。

对民乐县各乡（镇）的土壤速效钾含量进行对比分析，速效钾含量大于平均值 212.34mg/kg 的有 4 个乡（镇），分别为丰乐乡、永固镇、南古镇和洪水镇；其他乡（镇）均在 212.34mg/kg 以下。洪水镇的速效钾含量最高，为 227.39mg/kg，新天镇最低，为 200.78mg/kg。土壤速效钾含量 200.0～210.0mg/kg 的主要分布在新天镇、三堡镇、民联乡、六坝镇、顺化乡和南丰乡，其他区域均在 210.0～230.0mg/kg 之间。

（六）耕层土壤微量元素

根据对民乐县 3084 个样品的分析检测，其土壤微量元素含量情况如表 2-3-10 所示。

表 2-3-10　土壤微量元素分级标准

单位：mg/kg

微量元素	丰富	适量	不足	缺	极缺
Zn 锌	>2	1～2	0.5～1.0	0.3～0.5	<0.3
Cu 铜	>2	1～2	0.5～1.0	0.2～0.5	<0.2
Fe 铁	>10	4.5～10.0	3.5～4.5	2.5～3.5	<2.5
B 硼	>2	1～2	0.5～1.0	0.2～0.5	<0.2
Mn 锰	>15.0	9.0～15.0	7.0～9.0	3.0～7.0	<3.0
Mo 钼	>0.4	0.2～0.4	0.15～0.20	0.05～0.15	<0.05

民乐县土壤中有效硼含量不足的样占总样数的 72.9%，低于缺硼临界值（0.5mg/kg）的样占总样数的 10.4%，极缺硼的占 2.1%，属于基本缺硼地区。土壤中有效钼含量在 0.10～0.41mg/kg 之间，平均为 0.21mg/kg，有效钼不足样占总样的 51.1%，低于缺钼临界值（0.15mg/kg）的样占 27.7%，缺钼不多。土壤中锌的含量在 0.14～1.10mg/kg 之间，平均 0.48mg/kg，有效锌不足样占总样的 93.6%，低于缺锌临界值（0.50mg/kg）的样占 59.6%，极缺锌的样占 31.9%。土壤中有效锰含量与上述情况完全相符，有效锰含量在 4.5～11.8mg/kg 之间，平均为 7.16mg/kg，有效锰不足样占总样的 74.5%，低于临界值（7mg/kg）的样占 55.3%，即有一半的土壤中缺少有效性锰。有效铜含量在 0.65～1.94mg/kg 之间，平均为 1.16mg/kg，不足样占总样的 19.6%，低于缺铜临界值的没有。有效铁含量在 1.9～

17.4mg/kg 之间,平均为 8.15mg/kg,有效铁含量不足样占总样的 14.9%,只有一个样低于有效临界值。

(七)耕层土壤 pH

根据对民乐县 3084 个样品的分析测试,民乐县土壤 pH 值平均值为 8.07,标准差为 0.01,变化区间为 8.04~8.08,变异系数为 0.12%。统计结果显示,民乐县土壤呈微碱性。对民乐县各乡镇土壤 pH 值进行对比分析,pH 值小于平均值 8.07 的乡镇有 6 个,分别为南古镇、丰乐乡、南丰乡、顺化乡、六坝镇和新天镇;其他乡镇的土壤 pH 值均在 8.07 以上。pH 值最大的乡镇是永固镇,pH 值为 8.08;土壤 pH 值最小的乡镇是南古镇,pH 值为 8.04。pH 值在 8.04~8.06 的主要分布在南古镇、丰乐乡、南丰乡、顺化乡;pH 值在 8.07~8.08 的主要分布在六坝镇、新天镇、洪水镇、民联乡、三堡镇、永固镇。

二、民乐县耕地地力分析

以土壤图与土地利用现状图叠加形成评价单元,应用模糊综合评判方法,通过综合分析,将民乐县耕地共划分为 5 个等级,根据评价结合进行耕地地力的系统分析。

(一)耕地地力等级与分布

1.耕地地力等级面积统计

根据耕地地力评价结果数据表,汇总各等级耕地的面积,以《2008 年甘肃农村年鉴》中民乐县耕地总面积为基准进行平差,统计出不同等级耕地面积。

民乐县总耕地面积为 6.73 万公顷,其中二、三等地占的比例较大,分别为 28.4%、31.7%,占总耕地的 60%;一、四等地和五等地占的比例较小,分别为 13.4%、13.1% 和 13.5%(表 2-3-11)。

表 2-3-11 民乐县耕地地力评价结果面积统计

等级	一等地	二等地	三等地	四等地	五等地	总计
面积(公顷)	9000	19100	21300	8800	9100	67300
百分比(%)	13.4	28.3	31.7	13.1	13.5	100

2.耕地地力等级的行政区域划分

从耕地地力评价结果数据表中可以看出,一等地和二等地主要分布在二类地区和一类地区上线,三类地区下线;三等地、四等地主要分布在一、三类地区中线;五等地主要分布在一类地区下线和三类地区上线,二类地区的河滩地及野水地等。表 2-3-12 为民乐县一等地到五等地的各乡镇的分布状况。

表 2-3-12 民乐县耕地地力等级行政区域分布

乡镇名称		一等地	二等地	三等地	四等地	五等地	合计
丰乐乡	面积(公顷)	0	73.7	1732.55	1584.2	1177.65	4568.1
	所占比例%	0	1.61	37.93	34.68	25.78	100
洪水镇	面积(公顷)	0	698.45	4675.13	560.26	814.24	6748.08
	所占比例%	0	10.35	69.28	8.3	12.07	100
六坝镇	面积(公顷)	1433.77	5110.22	405.64	148.11	449.56	7547.3
	所占比例%	19	67.71	5.37	1.96	5.96	100
民联乡	面积(公顷)	93.37	1482.35	4079.8	958.09	1354.8	7968.4
	所占比例%	1.17	18.6	51.2	12.02	17	100
南丰乡	面积(公顷)	0	0	2627.24	3013.13	629.41	6269.78
	所占比例%	0	0	41.9	48.06	10.04	100
南古镇	面积(公顷)	3307.68	1240.4	469.25	910.17	1127.02	7054.53
	所占比例%	46.89	17.58	6.65	12.9	15.98	100
三堡镇	面积(公顷)	89.34	4367.77	276.94	18.66	629.84	5382.55
	所占比例%	1.66	81.15	5.15	0.35	11.7	100
顺化乡	面积(公顷)	0	956.57	2815.36	197.36	540.94	4510.23
	所占比例%	0	21.21	62.42	4.38	11.99	100
新天镇	面积(公顷)	3137.92	3062.53	1287.76	613.72	507.64	8609.58
	所占比例%	36.45	35.57	14.96	7.13	5.9	100
永固镇	面积(公顷)	675.73	579	2588.23	212.58	295.51	4351.06
	所占比例%	15.53	13.31	59.49	4.89	6.79	100
高新实用技术开发区	面积(公顷)	0	11.52	0	31.36	1.76	44.63
	所占比例%	0	25.81	0	70.27	3.94	100
其他	面积(公顷)	264.22	1485.74	337.14	577.24	1541.9	4206.24
	所占比例%	6.28	35.32	8.02	13.72	36.66	100

(二)耕地地力等级分述

1.一等地的主要属性

一等地,综合评价指数 IFI 大于 0.87,耕地面积 0.90 万公顷,占总耕地面积的 13.4%。主要分布在六坝镇、南古镇、新天镇、永固镇及开发区农林场一带。

一等地土壤主要以灌耕土、灰钙土和灰漠土为主,土壤质地构型以均质轻壤和均质中壤为主,地貌类型主要为河谷冲积平原,灌溉保证率均在 2~3 次,地势平坦,无明显障碍层,土壤理化性状良好,可耕性强,土壤肥力高。耕层土壤养分含量有机质 18.27g/kg,全磷 1.95g/kg,全钾 16.0mg/kg,碱解氮 83.7mg/kg,有效磷 34.8mg/kg,速效钾 213.7mg/kg(表 2-3-13)

表 2-3-13 民乐县一等地主要养分含量

县地力等级	有机质(g/kg)	碱解氮(mg/kg)	有效磷(mg/kg)	速效钾(mg/kg)
平均	18.27	83.7	34.8	213.7
含量水平	四级	六级	一级	三级

2.二等地的主要属性

二等地,综合评价指数 IFI 为 0.87~0.82,耕地面积 1.91 万公顷,占总耕地面积的 28.3%,主要分布在洪水镇、六坝镇、民联乡、南古镇、三堡镇、顺化乡、丰乐乡、新天镇、永固镇及农林场,南丰乡也有零星分布。

二等地土壤主要有灰钙土、灰钙土、灰漠土和栗钙土,土壤质地构型以均质中壤和均质轻壤为主,也有夹黏轻壤,地貌类型为山前洪积冲积倾斜平原,灌溉保证率在 2~3 次,可耕性较强,土壤肥力较高。耕层土壤养分含量有机质 16.95g/kg,全磷 2.01g/kg,全钾 15.6mg/kg,碱解氮 78.0mg/kg,有效磷 32.5mg/kg,速效钾 204.6mg/kg(表 2-3-14)。

表 2-3-14 民乐县二等地主要养分含量

县地力等级	有机质(g/kg)	碱解氮(mg/kg)	有效磷(mg/kg)	速效钾(mg/kg)
平均	16.95	78.0	32.5	204.6
含量水平	四级	六级	一级	三级

3.三等地的主要属性

三等地,综合评价指数 IFI 为 0.82~0.72,耕地面积 2.13 万公顷,占总耕地面积的 31.7%,主要分布在洪水镇、民联乡、永固镇、南丰乡、新天镇、顺化乡和丰乐乡,六坝镇、南古镇和三堡镇部分区域和机关农林场也有零星分布。

三等地土壤以灰钙土和栗钙土为主,土壤质地构型以均质中壤、均质轻壤和砂底中壤为主，无明显障碍层，土壤理化性状良，可耕性较强。耕层土壤养分含量有机质17.71g/kg，全磷2.05g/kg，全钾15.5mg/kg，碱解氮79.4mg/kg，有效磷32.9mg/kg，速效钾207.6mg/kg（表2-3-15）。

表2-3-15　民乐县三等地主要养分含量

县地力等级	有机质(g/kg)	碱解氮(mg/kg)	有效磷(mg/kg)	速效钾(mg/kg)
平均	17.71	79.4	32.9	207.6
含量水平	三级	六级	一级	三级

4. 四等地的主要属性

四等地，综合评价指数IFI为0.72~0.64，耕地面积0.88万公顷，占总耕地面积的13.1%，主要分布在南丰乡、永固镇、丰乐乡、民联乡、新天镇和洪水镇一带，六坝镇、南古镇、三堡镇和顺化乡也有零星分布。

四等地土壤以灰钙土和栗钙土为主，土壤质地构型以均质中壤和砂底中壤为主，主要为旱耕地。耕层土壤养分含量有机质18.08g/kg，全磷2.21g/kg，全钾16.5mg/kg，碱解氮80.0mg/kg，有效磷31.6mg/kg，速效钾205.9mg/kg（表2-3-16）。

表2-3-16　民乐县四等地主要养分含量

县地力等级	有机质(g/kg)	碱解氮(mg/kg)	有效磷(mg/kg)	速效钾(mg/kg)
平均	18.08	80.0	31.6	205.9
含量水平	四级	六级	一级	三级

5. 五等地的主要属性

五等地，综合评价指数IFI小于0.64，耕地面积0.91万公顷，占总耕地面积的13.5%，主要分布在南丰乡、丰乐乡、民联乡、南古镇、洪水镇、新天镇及机关农林场，永固镇、三堡镇、六坝镇和顺化乡也有少量分布。

五等地土壤以灰棕漠土、栗钙土和新成土为主，土壤质地构型以砂底轻壤为主。耕层土壤养分含量有机质17.48g/kg，全磷2.14g/kg，全钾15.7mg/kg，碱解氮80.4mg/kg，有效磷33.0mg/kg，速效钾204.6mg/kg（表2-3-17）。

表2-3-17　民乐县五级地主要养分含量

县地力等级	有机质(g/kg)	碱解氮(mg/kg)	有效磷(mg/kg)	速效钾(mg/kg)
平均	17.48	80.4	33.0	204.6
含量水平	三级	六级	一级	三级

第四节　临泽县耕地地力分析

一、临泽县耕层土壤属性

(一)主要土壤养分变化分析

1.耕层土壤全量养分变化

将2008年测土配方施肥土样测试结果与第二次土壤普查报告中耕层土壤全量养分指标进行对比,得到临泽县耕层土壤全量养分变化表(表2-3-18)。

表2-3-18　临泽县耕层土壤全量养分变化

土壤全量养分	第二次土壤普查	2008测土配方施肥	变化值	变化率(%)
有机质(g/kg)	13.37	16.53	3.16	23.64
全氮(g/kg)	0.69	0.86	0.17	24.64
全磷(g/kg)	0.56	0.72	0.16	28.57

由表2-3-18可知:耕层土壤有机质含量目前的平均水平为16.53g/kg,与第二次土壤普查相比,有机质含量明显增加,平均增加了3.16g/kg,变化率较大,为23.64%;全氮由第二次土壤普查的0.69g/kg增加到目前的0.86g/kg,平均增加0.17g/kg,相对变化率为24.64%。

图2-3-1为临泽县耕层土壤全量养分变化柱状图,可以看出,临泽县耕层土壤全量养分从第二次土壤普查到目前为止,三种养分含量都有所增加,其中全磷含量增加幅度最大。

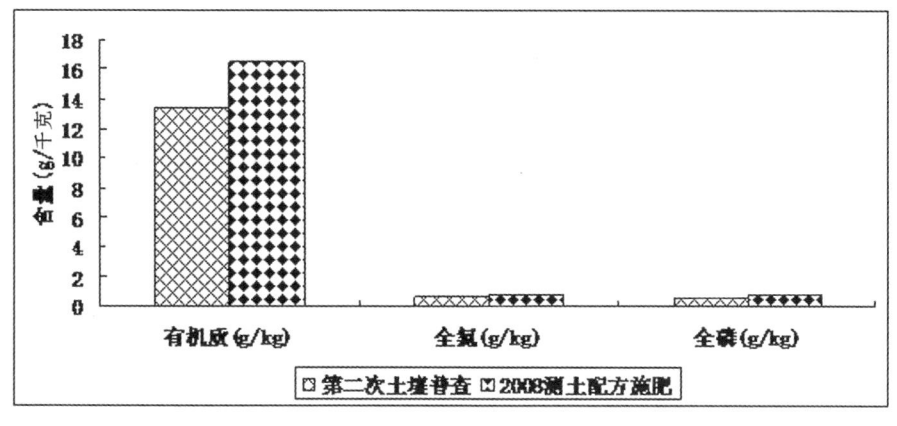

图2-3-1　临泽县耕层土壤全量养分变化

2.土壤速效养分分析

由表2-3-19可知：碱解氮当前平均含量为79.39mg/kg，变化率为37.47%。有效磷当前平均含量为20.12mg/kg，变化率为102.20%。速效钾当前平均含量为146mg/kg，较第二次土壤普查的数据减少2mg/kg，变化率为-1.35%，详见表2-3-19。

表2-3-19 临泽县土壤速效养分变化

土壤速效养分	第二次土壤普查	2008测土配方施肥	变化值	变化率(%)
碱解氮(mg/kg)	57.75	79.39	21.64	37.47
有效磷(mg/kg)	10.00	20.12	10.12	102.20
速效钾(mg/kg)	148	146	-2	-1.35

3.土壤微量元素分析

2008年测土配方施肥土样测试结果显示，有效铁平均含量为11.187mg/kg，有效锰平均含量为3.722mg/kg，有效铜平均含量为1.361mg/kg，详见表2-3-20。

表2-3-20 临泽县土壤微量元素测土配方施肥数据表

土壤微量元素	有效铁	有效锰	有效铜	有效锌	水溶态硼	有效硫
平均含量(mg/kg)	11.187	3.722	1.361	0.930	1.269	25.980

(二)主要土壤养分空间分布

土壤养分在空间上有规律的分布形成了养分的空间分布格局。在土壤学中，空间变异性导致空间分布格局的存在，空间分布格局是空间变异性的具体表现。由于土壤养分空间分布格局的传统统计分析方法只能从数量方面反映空间格局，存在较大的缺陷。地统计学方法如kriging插值法能够准确、直观地描述土壤各养分在空间上的分布特征如形状、大小、地理位置等，可以帮助我们更深入的了解土壤养分的空间分布格局。

基于临泽县耕地地力评价采样点实际测量数据，利用ArcGIS软件平台，结合普通Kriging插值法，获得临泽县土壤有机质、全氮、全磷、有效磷、速效钾、缓效钾、有效锰、有效铁、有效铜、有效硫、碱解氮、水溶态硼、有效锌等养分含量的各等级分布图，从中可以看出研究区各土壤养分含量的空间分布状况。

1.有机质分布

临泽耕层土壤有机质含量在中北部含量较高，但地带性不明显。沙河镇有机质含量最高，有机质含量达到25~30g/kg之间，其余各乡镇虽然也有部分有机质含量较高，但面积都很小。

根据甘肃省耕层土壤养分分级标准(主要养分)(表2-3-21)，将临泽县耕层土壤有机质含量由高到低分为五级，对应到甘肃省耕层土壤有机质含量分级标准的二到七级

（表2-3-22）。可见临泽县耕层土壤有机质含量差异较大。

表2-3-21 甘肃省耕层土壤养分分级标准（主要养分）

	Ⅰ	Ⅱ	Ⅲ	Ⅳ	Ⅴ	Ⅵ	Ⅶ
有机质(g/kg)	>30	30.0-25.0	25.0-20.0	20.0-15.0	15.0-10.0	10.0-6.0	≤6.0
全氮(g/kg)	>2.00	2.00-1.50	1.50-1.25	1.25-1.0	1.0-0.75	0.75-5.0	≤0.5
速效钾(mg/kg)	>300	250-300	200-250	150-200	100-150	50-100	≤50
缓效钾(mg/kg)	>1200	1200-1000	1000-800	800-600	600-400	400-150	≤150
有效硫(mg/kg)	>40	40-50	30-40	20-30	15-20	10-15	≤10
碱解氮(mg/kg)	>300	250-300	200-250	150-200	100-150	50-100	≤50
有效磷(mg/kg)	>40.0	40.0-30.0	30.0-20.0	20.0-15.0	15.0-10.0	10.0-5.0	≤5.0

表2-3-22 临泽耕层县土壤有机质等级划分

甘肃省等级	Ⅱ	Ⅲ	Ⅳ	Ⅴ	Ⅵ	Ⅶ
临泽县等级	Ⅰ	Ⅱ	Ⅲ	Ⅳ	Ⅴ	
有机质(g/kg)	30.0-25.0	25.0-20.0	20.0-15.0	15.0-10.0	≤10.0	

2.有效磷分布

临泽县耕层土壤有效磷含量普遍较低，基本上处于5mg/kg-15mg/kg水平段中。含量最高的主要是沙河镇和板桥镇的部分村庄。

根据甘肃省耕层土壤养分分级标准（表2-3-21），将临泽县耕层土壤有效磷含量由高到低分为五个等级，对应到甘肃省耕层土壤有效磷含量分级标准的一到七级（表2-3-23）。可见临泽县耕层土壤有效磷含量低且变幅大，相对属于甘肃省耕层土壤有效磷缺乏地区。

表2-3-23 临泽县耕层土壤有效磷等级划分

甘肃省等级	Ⅰ	Ⅱ	Ⅲ	Ⅳ-Ⅴ-Ⅵ-Ⅶ	
临泽县等级	Ⅰ	Ⅱ	Ⅲ	Ⅳ	Ⅴ
有效磷(mg/kg)	55.0-45.0	45.0-35.0	35.0-25.0	25.0-15.0	≤15.0

3.全氮分布

耕层土壤全氮在临泽县分布较高，大多数地区的全氮含量都在0.90g/kg-1.50g/kg之间，且含量大于1.00g/kg的广泛分布在全县各乡镇，全县土壤全氮平均含量为0.95g/kg。

对照甘肃省耕层土壤养分分级标准（表2-3-21），将临泽县耕层土壤全氮含量由高到低分为四级，分别对应甘肃省耕层土壤全氮含量分级标准的三到七级（表2-3-24）。由此可见临泽县耕层土壤富含氮。

表 2-3-24　临泽县耕层土壤全氮等级划分

甘肃省等级	Ⅲ	Ⅳ	Ⅴ	Ⅵ	Ⅶ
临泽县等级	Ⅰ	Ⅱ	Ⅲ		Ⅳ
全氮(g/kg)	1.50–1.20	1.20–0.90	0.90–0.60		≤0.60

4.有效锰分布

临泽县耕层土壤有效锰含量处于 2.9mg/kg–4.7mg/kg 之间。全县耕层土壤有效锰含量偏低。

根据甘肃省耕层土壤养分分级标准(微量元素)(表 2-3-25),将临泽县耕层土壤有效锰含量按照甘肃省耕层土壤养分分级标准进行划分为五级,临泽县耕层土壤有效锰含量为中等水平,归并到甘肃省耕层土壤养分分级标准为四级(表 2-3-26)。由此可见,临泽县耕层土壤有效锰含量偏低。

表 2-3-25　甘肃省耕层土壤养分分级标准(微量元素)

甘肃省等级	Ⅰ	Ⅱ	Ⅲ	Ⅳ	Ⅴ
	高	中等	较低	低	极低
有效锌(mg/kg)	>2.00	2.00–1.00	1.00–0.50	0.50–0.30	≤0.30
有效锰(mg/kg)	>15	15.00–9.00	9.00–7.00	7.00–3.00	≤3.00
有效铁(mg/kg)	>15.00	15.00–10.00	10.00–4.50	4.50–2.50	≤2.50
有效铜(mg/kg)	>2.00	2.00–1.00	1.00–0.50	0.50–0.20	≤0.20

表 2-3-26　临泽县耕层土壤有效锰等级划分

甘肃省等级	Ⅳ				
	低				
临泽县等级	Ⅰ	Ⅱ	Ⅲ	Ⅳ	Ⅴ
有效锰(mg/kg)	≥4.50	4.50–4.00	4.00–3.50	3.50–3.00	≤3.00

5.有效铁分布

临泽县耕层土壤有效铁含量较低,大部分处于 4mg/kg–12mg/kg 之间。含量最高的主要是沙河镇和新华镇,有效铁含量处于 12mg/kg–20mg/kg 之间,含量最低的主要分布在平川镇耕层土壤有效铁含量小于 8mg/kg。

根据甘肃省耕层土壤养分分级标准(微量元素)(表 2-3-25),将临泽县耕层土壤有效铁含量由高到低分成四个等级,对应甘肃省耕层土壤有效铁含量一、二、三级,即高、中等、较低三个档次(表2-3-27)。由此可见,临泽县耕层土壤有效铁含量呈中等水平,属于铁的适量地区。

表2-3-27 临泽县耕层土壤有效铁等级划分

甘肃省等级	Ⅰ	Ⅱ		Ⅲ
	高	中等		较低
临泽县等级	Ⅰ	Ⅱ	Ⅲ	Ⅳ
有效铁(mg/kg)	20.00-16.00	16.00-12.00	12.00-8.00	≤8.00

6.有效铜分布

临泽县耕层土壤有效铜含量处于中等水平,大部分处于1mg/kg-2mg/kg之间。含量最高的沙河镇中部等地区,有效铜含量1.3mg/kg以上。

根据甘肃省耕层土壤养分分级标准(微量元素)(表2-3-25),将临泽县耕层土壤有效铜含量由低到高分成四个等级,对应甘肃省耕层土壤有效铜含量二、三两个等级,即中等和较低两个档次(表2-3-28)。由此可见,临泽县耕层土壤有效铜含量处于中等水平。

表2-3-28 临泽县耕层土壤有效铜等级划分

甘肃省等级	Ⅱ		Ⅲ	
临泽县等级	Ⅰ	Ⅱ	Ⅲ	Ⅳ
有效铜(mg/kg)	1.60-1.30	1.30-1.00	1.00-0.70	≤0.70

二、临泽县耕地地力分析

按照农业部耕地质量调查和评价的规程及相关标准,结合当地实际情况,临泽县耕地地力分析,选取了对耕地地力影响较大,区域内变异明显,在时间序列上具有相对稳定性,与农业生产有密切关系的8个因子,建立评价指标体系。以土壤图与土地利用现状图叠加形成评价单元,应用模糊综合评判方法,通过综合分析,将全县耕地地力共划分为四个等级,根据评价结果结合地理信息系统ArcGIS软件平台从县域总体、各等级的空间分布、各等级耕地的土地利用类型、土壤主要属性等角度对耕地地力进行了系统分析。

(一)耕地地力等级与分布

1.各等级耕地数量及其分布比例

由耕地潜在地力评价模型所得出的临泽县耕地地力等级图,并以2007年土地变更调查数据为基准,按面积比例进行平差,统计得到临泽县各耕地地力等级面积。

临泽县耕地总面积为18858.46公顷,各等级耕地面积比例差异较大,一等地面积最

大，占到了总耕地面积的50.59%；其次是二等地和三等地，分别占到总耕地面积的25.59%和14.53%；四等地面积最小，占总耕地面积的9.30%，具体数据见表2-3-29。

表2-3-29 临泽县耕地地力等级及面积统计表

等级	一等地	二等地	三等地	四等地
面积（公顷）	9539.62	4825.95	2739.74	1753.15
占总耕地面积（%）	50.59	25.59	14.53	9.30

2.各等级耕地的空间分布

一等地主要分布在黑河流域的二级河床，以及临泽县南部。此区域地势比较平坦，土壤有灌耕土和部分潮土等，以及少量的耕种风沙土。耕地集中连片，条田化程度高，光热水资源丰富。水利设备配套齐全，对农业灌水起着重要调节作用。沟渠纵横，排灌比较方便。农业生产水平高，土壤利用率高，此区域粮食亩产千斤以上，是临泽县光、热、水、土条件最好，生产水平最高的农业区，是发展农业生产的重要基地。

二等地主要分布在中北部，且与一等地交叉分布现象明显。该地区地势平坦，土壤肥沃，水源丰富，灌溉比较方便，条田化程度高，光热条件优越，适宜于各类作物生长。但是，黑河岸边，水土流失严重，北有风沙地，容易引起土壤沙化。土壤保肥性差，土温变幅大，春天解冻早，有利于小麦和沙生植物种植。该区域农业基础设施基本配套成型，农业技术普及率呈中等水平。

三等地、四等地分布区域较小，主要分布在临泽县北部，此区域靠近山地，且紧邻黑河，山洪暴发，黑河冲刷，吞没良田现象严重。且利用率又高，造成土壤肥力下降。

从耕地地力等级分布的地域特征可以看出，地力等级的高低与地貌类型、质地有着密切的联系，呈现出明显的地域分布规律。随着耕地地力等级的降低，地貌类型呈现冲积扇平原—平坦洪积平原—风成地貌—低山的变化趋势。

3.耕地地力等级的行政区域划分

为了更好的分析临泽县耕地地力等级的空间分布情况，利用ArcGIS软件将得到的地力等级分布图与临泽县行政区划图（乡镇级）进行叠加，从属性库中按乡镇权属检索统计得各级耕地在各个乡镇的分布状况（表2-3-30）。

统计结果表明：一等地在临泽县各个乡镇都有分布，除平川镇分布范围较小，其余各个乡镇分布较平均，空间覆盖比例较大；二等地在临泽县各个乡镇均有分布；三等地和四等地在全县7个乡镇也均有分布。

由各等级耕地在不同乡镇所占比例来看，一等地面积比例较高的是鸭暖乡、新华镇、蓼泉镇和沙河镇，分别占一等地面积的23.49%、19.86%、18.27%和17.55%。其余各个乡镇尽管也有一等地分布,但占本级地面积比例均不到15%。二等地面积比例较高的是鸭暖乡和新华镇,分别占二等地面积的25.46%和27.18%,其余各乡镇二等地面积均不到该等级总面积的20%。三等地面积比例较高的是鸭暖乡和板桥镇,占三等地总面积的30.27%和23.43%,而其余各乡镇占本级面积比例均达不到20%。四等地尽管在全县各乡镇均有分布,但分布较为分散,面积比例最高的是板桥镇和平川镇,分别占四等地面积的28.85%和20.88%。

从各乡镇不同等级耕地所占本乡镇面积比例来看,一等地中占本乡镇耕地比例的排序为沙河镇、倪家营乡和蓼泉镇,但比值有所变化,分别是75.99%、66.84%和55.39%。二等地中占本乡镇耕地面积比例较高的是新华镇和鸭暖乡,分别为37.58%和27.05%。三等地中占本乡镇面积比例排序最高的是平川镇和板桥镇,比例分别是39.60%和27.18%。四等地中占本乡镇面积比值,最高的是板桥镇为28.85%,其次是平川镇20.88%,蓼泉镇为19.22%。

表2-3-30 临泽县各乡镇一等地面积分布情况

乡名称	评价单元数(个)	面积(公顷)	占本级耕地面积(%)	占本乡镇耕地面积(%)	占总耕地面积(%)
板桥镇	67	607.69	6.37	25.73	3.22
蓼泉镇	173	1742.83	18.27	55.39	9.24
倪家营乡	75	1221.35	12.80	66.84	6.48
平川镇	20	157.98	1.66	12.27	0.84
沙河镇	195	1674.45	17.55	75.99	8.88
新华镇	166	1894.4	19.86	54.28	10.05
鸭暖乡	290	2240.92	23.49	49.34	11.88
总计	986	9539.62	100.00	50.59	50.59

表 2-3-31　临泽县各乡镇二等地面积分布情况

乡名称	评价单元数（个）	面积（公顷）	占本级耕地面积（%）	占本乡镇耕地面积（%）	占总耕地面积（%）
板桥镇	53	606.24	12.56	25.67	3.21
蓼泉镇	71	626.7	12.99	19.92	3.32
倪家营乡	160	399.15	8.27	21.84	2.12
平川镇	29	253.62	5.26	19.70	1.34
沙河镇	104	400.03	8.29	18.15	2.12
新华镇	118	1311.5	27.18	37.58	6.95
鸭暖乡	195	1228.71	25.46	27.05	6.52
总计	730	4825.95	100.00	25.59	25.59

表 2-3-32　临泽县各乡镇三等地面积分布情况

乡名称	评价单元数（个）	面积（公顷）	占本级耕地面积（%）	占本乡镇耕地面积（%）	占总耕地面积（%）
板桥镇	63	642	23.43	27.18	3.40
蓼泉镇	273	440.27	16.07	13.99	2.33
倪家营乡	114	190.4	6.95	10.42	1.01
平川镇	174	509.82	18.61	39.60	2.70
沙河镇	36	43.97	1.60	2.00	0.23
新华镇	51	83.91	3.06	2.40	0.44
鸭暖乡	375	829.37	30.27	18.26	4.40
总计	1086	2739.74	100.00	14.53	14.53

表 2-3-33 临泽县各乡镇四等地面积分布情况

乡名称	评价单元数（个）	面积（公顷）	占本级耕地面积(%)	占本乡镇耕地面积(%)	占总耕地面积(%)
板桥镇	204	505.7	28.85	21.41	2.68
蓼泉镇	192	336.91	19.22	10.71	1.79
倪家营乡	20	16.46	0.94	0.90	0.09
平川镇	220	366.12	20.88	28.44	1.94
沙河镇	56	85	4.85	3.86	0.45
新华镇	136	200.36	11.43	5.74	1.06
鸭暖乡	240	242.6	13.84	5.34	1.29
总计	1068	1753.15	100.00	9.30	9.30

（二）耕地地力分等级分析

由综合指数和专家评议结果得到临泽县四个等级的耕地地力评价结果，为了更好的反映各级耕地的土地利用类型和主要评价指标的影响，按耕地等级分别进行分析。

．一等地

临泽县一等地综合评价指数（IFI）>0.6618，共 986 个评价单元，面积为 9539.62 公顷，占总耕地面积的 50.59%。临泽县耕地全部具备灌溉条件主要土地利用类型只有水浇地，一等地水浇地面积为 9539.62 公顷，占总耕地面积的 50.59%，详见表 2-3-34。

表 2-3-34 临泽县一等地土地利用类型分布情况

地类名称	评价单元数（个）	面积（公顷）	占一等地面积（%）	占总耕地面积（%）
水浇地	986	9539.62	100	50.59

临泽县共有土壤类型 48 种，其中一等耕地分布有 34 种，主要土壤类型为厚立土和盐化草甸土，面积分别为 4356.65 公顷和 2387.43 公顷。分别占一等地面积比例为 45.67% 和 25.03%，占总耕地面积的 23.10% 和 12.66%。其它 32 种土壤类型所占面积不大，详见表 2-3-35。

表 2-3-35　临泽县一等地土壤类型分布情况

县土壤名称	评价单元数(个)	面积(公顷)	占一等地面积(%)	占总耕地面积(%)
粗骨性灰棕漠土	1	0.5	0.005	0.003
底灰粘下潮平土	5	108.11	1.133	0.573
底砾薄立土	7	21.48	0.225	0.114
底砾薄壤土	1	14.55	0.153	0.077
底砾厚壤土	4	162.41	1.702	0.861
底粘下潮平土	2	21.43	0.225	0.114
耕种灰棕漠土	24	90.2	0.946	0.478
耕种盐化草甸土	6	102.21	1.071	0.542
厚立土	205	4356.65	45.669	23.102
厚平土	7	246.18	2.581	1.305
灰棕漠土	1	25.21	0.264	0.134
夹粘薄平土	2	38.85	0.407	0.206
砾砂灰棕漠土	23	69.29	0.726	0.367
砾砂石膏灰棕漠土	11	15.93	0.167	0.084
漏沙薄立土	2	14.91	0.156	0.079
漏沙厚立土	2	99.36	1.042	0.527
绿洲厚灌耕土	6	106.01	1.111	0.562
轻盐底灰粘上潮平土	2	12.49	0.131	0.066
轻盐漏沙下潮立土	5	113.68	1.192	0.603
轻盐壤土	2	11.3	0.118	0.060
轻盐下潮立土	4	30.61	0.321	0.162
轻盐下潮平土	5	100.68	1.055	0.534
砂砾石膏灰棕漠土	4	2.21	0.023	0.012
砂砾质灰棕漠土	44	99.25	1.040	0.526
上潮土	1	0.22	0.002	0.001
下潮立土	22	428.66	4.493	2.273
下潮平土	20	186.47	1.955	0.989
下潮土	25	431.08	4.519	2.286
盐化草甸土	528	2387.43	25.026	12.660
盐化沼泽土	1	53.93	0.565	0.286
盐下潮土	3	20.54	0.215	0.109
中盐漏沙壤土	4	77.35	0.811	0.410
中盐下潮立土	3	37.1	0.389	0.197
重盐壤土	4	53.34	0.559	0.283
总计	986	9539.62	100	50.585

临泽县一等地主要分布黑河流域与大沙河流域两侧,地貌类型主要为平坦洪积平原,成土母质主要为冲击物和洪积物,面积分别为 4176.63 公顷和 5362.99 公顷,分别占一等地总面积的 43.78%和 56.22%。耕层质地主要是轻壤和中壤,面积分别为 6120.37 公顷和 3265.96 公顷,分别占一等地总面积的 64.16%和 34.24%。主要质地构型为均质中壤和黏底中壤,面积分别为 4462.66 公顷和 2481.93 公顷,分别占一等耕地总面积的 46.78%和 26.02%。

剖面构型主要为 A11-A12-C1-C2 构型。坡向主要为东南和南向。≥10° 积温均值为 3185℃,平均年降水量 125 毫米,平均海拔 1438.9 米,平均坡度 3.2°,平均耕层厚度为 18cm,耕层土壤 pH 值平均为 8.3,全氮平均含量为 0.86g/kg,有效磷平均含量为 20.43mg/kg,速效钾平均含量为 145mg/kg,有机质平均含量为 17.13g/kg,详见表 2-3-36。

表 2-3-36 临泽县各等级耕地主要指标平均值

指标	一等地	二等地	三等地	四等地
年降水量(mm)	125.3	124.1	126.3	126.4
海拔(m)	1438.9	1425.6	1397.4	1396.6
坡度(°)	3.2	3.2	3.0	3.3
耕层厚度(cm)	18	15	18	17
pH	8.3	8.3	8.4	8.4
全氮(g/kg)	0.86	0.87	0.85	0.85
碱解氮(mg/kg)	81.85	78.57	77.10	75.72
有效磷(mg/kg)	20.43	19.97	19.88	19.68
速效钾(mg/kg)	145	144	147	152
有机质(g/kg)	17.13	16.43	15.91	15.41

2.二等地

临泽县二等地综合评价指数(IFI)在 0.6618~0.6636 之间,共 730 个评价单元,临泽县耕地全部具备灌溉条件主要土地利用类型只有水浇地,二等地水浇地面积为 4828.95 公顷,占总耕地面积的 25.59%,详见表 2-3-37。

表 2-3-37 临泽县二等地各土地利用类型分布情况

地类名称	评价单元数(个)	面积(公顷)	占二等地面积(%)	占总耕地面积(%)
水浇地	730	4825.95	100	25.59

临泽县二等耕地主要土壤类型为草甸盐土,面积 1047.82 公顷,占二等地面积的比例为 21.71%。其它 20 多种土壤在二等地中有零星分布,但面积不大,详见表 2-3-38。

表 2-3-38 临泽县二等地主要土壤类型分布情况

县土壤名称	评价单元数(个)	面积(公顷)	占二等地面积(%)	占总耕地面积(%)
薄平土	6	115.42	2.392	0.612
草甸盐土	127	1047.82	21.712	5.556
淡灰钙土	2	16.91	0.350	0.090
底灰粘下潮平土	1	0.59	0.012	0.003
底砾薄立土	3	11.78	0.244	0.062
底粘厚平土	5	10.86	0.225	0.058
耕种灰棕漠土	52	332.41	6.888	1.763
耕种盐化草甸土	12	76.75	1.590	0.407
固定风沙土	36	169.65	3.515	0.900
厚立土	11	194.08	4.022	1.029
灰棕漠土	1	1.23	0.025	0.007
砾砂灰棕漠土	39	405.27	8.398	2.149
砾砂石膏灰棕漠土	45	107.62	2.230	0.571
漏沙薄立土	4	50.37	1.044	0.267
漏沙下潮立土	5	25.07	0.519	0.133
轻盐底灰粘上潮平土	4	25.12	0.521	0.133
轻盐底灰粘下潮平土	3	37.07	0.768	0.197
轻盐壤土	11	115.73	2.398	0.614
轻盐上潮立土	4	47.08	0.976	0.250
轻盐下潮立土	4	42.43	0.879	0.225
轻盐下潮平土	7	100.16	2.075	0.531
砂砾石膏灰棕漠土	28	46.03	0.954	0.244
砂砾质灰棕漠土	144	354.27	7.341	1.879
砂土	33	66.34	1.375	0.352
下潮立土	21	305.05	6.321	1.618
盐化草甸土	53	225.34	4.669	1.195
盐化底粘厚壤土	2	11.72	0.243	0.062
盐化灰棕漠土	18	203.41	4.215	1.079
盐化石膏灰棕漠土	2	6.13	0.127	0.033
盐上二潮土	4	30.98	0.642	0.164
盐下潮土	26	339.03	7.025	1.798
粘质灰棕漠土	1	17.25	0.357	0.091
中盐底粘壤土	7	151.51	3.139	0.803
中盐底粘下潮平土	1	33.81	0.701	0.179
中盐壤土	6	52.1	1.080	0.276
中盐下潮立土	1	41.91	0.868	0.222
中盐下潮平土	1	7.65	0.159	0.041

临泽县二等地主要地貌类型为冲积扇平原,面积为2006.2公顷,占二等地总面积的41.57%,其次是风成地貌,面积1448.11公顷,占二等地总面积的30%,还有22.42%为平坦洪积平原。成土母质主要为冲积物和洪积物,面积分别为2705.2公顷和1884.76公顷,占二等地总面积的比例分别是56.06%和39.05%。耕层质地以中壤和轻壤为主,30.54%的剖面构型为A11-AB-B-C构型。坡向主要为东南和南向。≥10°积温均值为3185℃,平均年降水量124毫米,平均海拔1425.6米,平均坡度3.2°,平均耕层厚度为15cm,耕层土壤pH值平均为8.3,全氮平均含量为0.870g/kg,有效磷平均含量为19.97mg/kg,速效钾平均含量为144mg/kg,有机质平均含量为16.43g/kg,详见表2-3-36。

3.三等地

临泽县三等地综合评价指数(IFI)在0.5497~0.6316之间,共1086个评价单元,耕地面积2739.74公顷,占总耕地面积的14.53%,主要土地利用类型只有水浇地,三等地水浇地面积为2739.74公顷,占总耕地面积的14.53%,详见表2-3-39。

表2-3-39 临泽县三等地各土地利用类型分布情况

地类名称	评价单元数(个)	面积(公顷)	占三等地面积(%)	占总耕地面积(%)
水浇地	1086	2739.74	100.00	14.53

临泽县三等耕地主要土壤类型为固定风沙土和底粘薄壤土,面积分别为673.18公顷、372.67公顷,这两种土壤类型占三等地面积的比例分别为24.57%和13.6%。占全县总耕地面积的比例分别为3.57%和1.98%。其它40多种土壤类型在三等地中也有零星分布,但比例较小,详见表2-3-40。

表2-3-40 临泽县三等地主要土壤类型分布情况

县土壤名称	评价单元数(个)	面积(公顷)	占三等地面积(%)	占总耕地面积(%)
半流动风沙土	48	130.44	4.761	0.692
薄立土	54	186.28	6.799	0.988
薄沙土	6	49.46	1.805	0.262
草甸盐土	114	130.17	4.751	0.690
淡灰钙土	63	50.22	1.833	0.266
底砾薄壤土	6	11.19	0.408	0.059
底砾厚壤土	21	46.35	1.692	0.246
底砾壤土	3	7.68	0.280	0.041
底粘薄平土	3	19.31	0.705	0.102
底粘薄壤土	15	372.67	13.602	1.976

续表 2-3-40

县土壤名称	评价单元数(个)	面积(公顷)	占三等地面积(%)	占总耕地面积(%)
底粘厚平土	6	24.77	0.904	0.131
底粘厚壤土	6	6.97	0.254	0.037
底粘砂土	12	50.63	1.848	0.268
耕种草甸土	30	43.76	1.597	0.232
耕种淡灰钙土	3	4.02	0.147	0.021
耕种风沙土	6	33.6	1.226	0.178
耕种灰棕漠土	3	71.37	2.605	0.378
耕种盐化灰棕漠土	3	0.39	0.014	0.002
固定风沙土	228	673.18	24.571	3.570
厚立土	3	3.11	0.114	0.016
砾砂灰棕漠土	12	15.35	0.560	0.081
砾砂石膏灰棕漠土	72	92.85	3.389	0.492
流动风沙土	30	36.04	1.315	0.191
漏沙薄立土	9	18.33	0.669	0.097
漏沙厚立土	30	108.98	3.978	0.578
漏沙厚壤土	6	40.72	1.486	0.216
漏沙下潮立土	3	5.18	0.189	0.027
沙化薄立土	6	41.84	1.527	0.222
沙化厚立土	36	135.9	4.960	0.721
沙化漏沙厚立土	9	42.45	1.549	0.225
沙化腰沙薄立土	9	29	1.058	0.154
砂砾石膏灰棕漠土	6	0.55	0.020	0.003
砂土	147	45.09	1.646	0.239
下潮立土	3	18.59	0.679	0.099
下潮土	6	44.09	1.609	0.234
盐化厚壤土	12	76.6	2.796	0.406
盐化灰棕漠土	39	46.49	1.697	0.247
盐上二潮土	3	0.13	0.005	0.001
中盐下潮平土	15	25.99	0.949	0.138

临泽县三等地主要地貌类型为冲积扇平原、风成地貌和平坦洪积平原,冲积扇平原面积1246.55公顷,占三等地总面积的45.5%,风成地貌面积780.84公顷,占三等地总面积的28.5%,平坦洪积平原面积658.67公顷,占三等地总面积的24.04%。主要成土母质为风沙沉积物和洪积物,面积分别为1267.63公顷和1204.2公顷占三等地总面积比例分别是46.27%和43.95%。耕层土壤质地为砂壤和轻壤,质地构型以砂身重壤和黏身轻壤为主。主要剖面构型以A11-C1-C2构型为主。主要坡向为南和东南向。≥10°积温均值为3185℃,平均年降水量126毫米,平均海拔1397.4米,平均坡度3°,平均耕层厚度为18cm,耕层土壤pH值平均为8.4,全氮平均含量为0.850g/kg,有效磷平均含量为19.88mg/kg,速效钾平均含量为146mg/kg,有机质平均含量为15.91g/kg,详见表2-3-36。

4.四等地

临泽县四等地综合评价指数(IFI)<0.5497,共1068个评价单元,耕地面积1753.15公顷,占总耕地面积的9.3%。四等地主要土地利用类型只有水浇地,详见表2-3-41。

表2-3-41 临泽县四等地各土地利用类型分布情况

地类名称	评价单元数(个)	面积(公顷)	占四等地面积(%)	占总耕地面积(%)
水浇地	1068	1753.15	100.00	9.3

临泽县四等耕地主要土壤类型为流动风沙土、半流动风沙土和草甸沼泽土,面积分别为478.25公顷、290.42公顷和261.81公顷,这三种土壤类型占四等地面积的比例分别为27.28%、16.57%和14.93%。占全县总耕地面积的比例分别为2.54%、1.54%和1.39%。其它20多种土壤类型在四等地中也有零星分布,但比例相对较小(表2-3-42)。

表2-3-42 临泽县四等地主要土壤类型分布情况

县土壤名称	评价单元数(个)	面积(公顷)	占四等地面积(%)	占总耕地面积(%)
半流动风沙土	224	290.42	16.566	1.540
薄立土	4	7.19	0.410	0.038
薄沙土	28	26.63	1.519	0.141
草甸沼泽土	200	261.81	14.934	1.388
腐殖质沼泽土	4	44.66	2.547	0.237
耕种草甸土	24	68.88	3.929	0.365
耕种风沙土	4	0.01	0.001	0.001

续表 2-3-42

县土壤名称	评价单元数(个)	面积(公顷)	占四等地面积(%)	占总耕地面积(%)
厚壤土	56	101.28	5.777	0.537
流动风沙土	360	478.25	27.279	2.536
漏沙薄壤土	16	72.39	4.129	0.384
绿洲薄灌耕土	12	49.22	2.808	0.261
泥炭沼泽土	48	83.09	4.739	0.441
沙化薄灌耕土	16	56.71	3.235	0.301
沙化薄立土	20	66.89	3.815	0.355
沙化厚立土	36	94.89	5.413	0.503
沙化漏沙薄立土	8	32.32	1.844	0.171
盐化沼泽土	8	18.52	1.056	0.098

临泽县四等地主要地貌类型为冲积扇平原，面积 1243.46 公顷，占四等耕地面积的 70% 以上，主要成土母质为风沙沉积物，面积为 1046.11 公顷，占四等地总面积比例 59.67%。主要耕层土壤质地为砂壤，质地构型以砂身重壤为主。主要剖面构型以 A11-C1-C2 构型为主。主要坡向为东南和南向。≥10° 积温均值为 3185℃，平均年降水量 126 毫米，平均海拔 1396.6 米，平均坡度 3.3°，平均耕层厚度为 17cm，耕层土壤 pH 值平均为 8.4，全氮平均含量为 0.850g/kg，有效磷平均含量为 19.68mg/kg，速效钾平均含量为 152mg/kg，有机质平均含量为 15.41g/kg，详见表 2-3-36。

第五节　高台县耕地地力分析

本次耕地地力分析，按照农业部耕地质量调查和评价的规程及相关标准，结合当地实际情况，选取了对耕地地力影响较大，区域内变异明显，在时间序列上具有相对稳定性，与农业生产有密切关系的 10 个因素，建立评价指标体系。以土壤图与土地利用现状图叠加形成评价单元,应用模糊综合评判方法,通过综合分析,将高台县耕地共划分为5个等级,根据评价结果进行耕地地力的系统分析。

一、高台县耕地地力等级与分布

(一)高台县耕地地力等级面积统计

利用 ArcGIS 软件和 Excel2003,对评价图属性库进行操作,检索统计耕地各等级的面积和图幅总面积。以2007年高台县耕地总面积为基准,按面积比例进行平差,统计得各耕地地力等级面积。

高台县耕地总面积为24946.7公顷,一等地和二等地较多,分别占总耕地面积的28.0%和42.0%;其次是三等地和四等地,分别占总耕地面积的15.0%和11.0%;五等地较少,占总耕地面积的3.9%,见表2-3-43。

表2-3-43 高台县耕地地力等级面积统计结果

级别	一等地	二等地	三等地	四等地	五等地	总面积
面积(公顷)	6992.4	10486.6	3752.8	2743.4	971.6	24946.7
占总耕地面积(%)	28.0	42.0	15.0	11.0	3.9	100.0

(二)高台县耕地地力等级行政区域分布

从各乡镇中不同等级耕地所占比例来看,城关镇的耕地全部是一等地。合黎乡(58.8%)、黑泉乡(47.0%)、巷道乡(56.0%)、新坝乡(41.0%)和宣化镇(49.4%)大部分耕地是一等地。罗城乡(50.8%)、骆驼城乡(50.4%)、南华镇(55.4%)和新坝乡(53.5%)的一半以上的耕地是二等地。罗城乡35.2%的耕地、黑泉乡23.7%和宣化镇24.3%的耕地是三等地。骆驼城乡35.9%耕地是四等地。南华镇8.9%的耕地和骆驼城乡5.9%的耕地是五等地。(详见表2-3-44)。

表2-3-44 高台县各乡镇中不同等级耕地面积分布情况

乡镇名称	一等地		二等地		三等地		四等地		五等地	
	面积(公顷)	占本乡镇耕地(%)	面积(公顷)	占本乡镇耕地(%)	面积(公顷)	占本乡镇耕地(%)	面积(公顷)	占本乡镇耕地(%)	面积(公顷)	占本乡镇耕地(%)
城关镇	7.3	100.0	0.0	0.0	0.0	0.0	0.0	0.0	0.0	0.0
合黎乡	810.8	58.8	188.1	13.6	194.8	14.1	167.4	12.1	16.9	1.2
黑泉乡	932.9	47.0	459.6	23.1	470.8	23.7	115.3	5.8	7.2	0.4
罗城乡	109.8	6.6	845.1	50.8	585.1	35.2	123.1	7.4	0.0	0.0

续表 2-3-44

乡镇名称	一等地 面积（公顷）	一等地 占本乡镇耕地（%）	二等地 面积（公顷）	二等地 占本乡镇耕地（%）	三等地 面积（公顷）	三等地 占本乡镇耕地（%）	四等地 面积（公顷）	四等地 占本乡镇耕地（%）	五等地 面积（公顷）	五等地 占本乡镇耕地（%）
骆驼城乡	0.0	0.0	1491.4	50.4	233.3	7.9	1062.7	35.9	174.1	5.9
南华镇	418.3	13.6	1699.8	55.4	445.2	14.5	230.1	7.5	274.3	8.9
国有、林场	102.4	2.4	2508.4	58.9	669.5	15.7	546.1	12.8	434.5	10.2
巷道乡	1788.0	56.0	567.2	17.8	611.7	19.2	162.0	5.1	62.6	2.0
新坝乡	1722.5	41.0	2248.9	53.5	0.0	0.0	230.4	5.5	0.0	0.0
宣化镇	1100.4	49.4	478.1	21.4	542.6	24.3	106.4	4.8	1.9	0.1
总计	6992.4	28.0	10486.6	42.0	3752.8	15.0	2743.4	11.0	971.6	3.9

从各等级耕地在不同乡镇所占比例来看，一等地主要分布在巷道乡（25.6%）和新坝乡（24.6%）。二等地主要分布在新坝乡（21.4%）、南华镇（16.2%）和骆驼城乡（14.2%）。三等地主要分布在骆驼城乡、巷道乡和宣化镇，分别占三等地的面积比例为15%左右。四等地主要分布在骆驼城乡，占四等地的38.7%。五等地主要分布在南华镇和骆驼城乡，分别占五等地的28.2%和17.9%。（详见表2-3-45）

表 2-3-45 高台县各等级耕地在不同乡镇面积分布情况

乡镇名称	一等地 面积（公顷）	一等地 占本级耕地（%）	二等地 面积（公顷）	二等地 占本级耕地（%）	三等地 面积（公顷）	三等地 占本级耕地（%）	四等地 面积（公顷）	四等地 占本级耕地（%）	五等地 面积（公顷）	五等地 占本级耕地（%）
城关镇	7.3	0.1	0.0	0.0	0.0	0.0	0.0	0.0	0.0	0.0
合黎乡	810.8	11.6	188.1	1.8	194.8	5.2	167.4	6.1	16.9	1.7
黑泉乡	932.9	13.3	459.6	4.4	470.8	12.5	115.3	4.2	7.2	0.7
罗城乡	109.8	1.6	845.1	8.1	585.1	15.6	123.1	4.5	0.0	0.0
骆驼城乡	0.0	0.0	1491.4	14.2	233.3	6.2	1062.7	38.7	174.1	17.9
南华镇	418.3	6.0	1699.8	16.2	445.2	11.9	230.1	8.4	274.3	28.2
国有、林场	102.4	1.5	2508.4	23.9	669.5	17.8	546.1	19.9	434.5	44.7
巷道乡	1788.0	25.6	567.2	5.4	611.7	16.3	162.0	5.9	62.6	6.4
新坝乡	1722.5	24.6	2248.9	21.4	0.0	0.0	230.4	8.4	0.0	0.0
宣化镇	1100.4	15.7	478.1	4.6	542.6	14.5	106.4	3.9	1.9	0.2
总计	6992.4	100.0	10486.6	100.0	3752.8	100.0	2743.4	100.0	971.6	100.0

二、高台县按自然要素划分的耕地地力等级分述

(一)一等地

1.一等地面积

一等地,综合评价指数在 0.8505~0.9117 之间,评价单元 8548 个,耕地面积 6992.4 公顷,占总耕地面积的 28.0%。

2.一等地主要属性

一等地主要分布在高台县中部和西南部地区,土壤类型以灌耕土为主,占本级地的 81.1%(详见表 2-3-46)。耕层土壤质地主要是中壤(77.4%)和轻壤(22.5%)(详见表 2-3-47),质地构型主要是夹黏中壤(详见表 2-3-48)。耕层土壤有机质含量平均为 18.0g/kg,全氮含量平均为 1.068mg/kg,碱解氮含量平均为 79mg/kg,有效磷含量平均为 19.3mg/kg,速效钾含量平均为 209mg/kg,CEC 平均为 7.49cmol/kg,pH 平均为 8.39(详见表 2-3-49)。一等地耕层土壤中微量养分含量情况见表 2-3-50。

(二)二等地

1.二等地面积

二等地,综合评价指数在 0.7200~0.8505 之间,评价单元 13761 个,耕地面积 10486.6 公顷,占总耕地面积的 42.0%。

2.二等地主要属性

二等地分布的土壤类型主要是灰棕漠土,占本级地的 49.1%(详见表 2-3-46)。耕层土壤质地主要是轻壤(54.7%)和砂壤(42.6%)(详见表 2-3-47),质地构型主要是均质砂壤(35.7%)、均质轻壤(19.9%)和夹砂轻壤(18.5%)(详见表 2-3-48)。耕层土壤有机质含量平均为 14.6g/kg,全氮含量平均为 0.871mg/kg,碱解氮含量平均为 68mg/kg,有效磷含量平均为 17.0mg/kg,速效钾含量平均为 191mg/kg,CEC 平均为 7.50cmol/kg,pH 平均为 8.40(详见表 2-3-49)。二等地耕层土壤中微量养分含量情况见表 2-3-50。

(三)三等地

1.三等地面积

三等地,综合评价指数在 0.6626~0.7200 之间,评价单元 5792 个,耕地面积 3752.8 公顷,占总耕地面积的 15.0%。

2.三等地主要属性

三等地分布的土壤类型主要是草甸土(47.8%)和灌耕土(23.2%)(详见表 2-3-46)。耕层土壤质地主要是轻壤(60.1%)和砂壤(33.4%)(详见表 2-3-47),质地构型主要是黏底轻壤(36.3%)和均质砂壤(24.8%)(详见表 2-3-48)。耕层土壤有机质含量平均为

16.0g/kg，全氮含量平均为 0.950mg/kg，碱解氮含量平均为 70mg/kg，有效磷含量平均为 18.5mg/kg，速效钾含量平均为 186mg/kg，CEC 平均为 7.51cmol/kg，pH 平均为 8.36（详见表 2-3-49）。三等地耕层土壤中微量养分含量情况见表 2-3-50。

（四）四等地

1.四等地面积

四等地，综合评价指数在 0.6300～0.6626 之间，评价单元 3979 个，耕地面积 2743.4 公顷，占总耕地面积的 11.0%。

2.四等地主要属性

四等地分布的土壤类型主要是灰棕漠土（40.1%）、草甸土（46.7%）和盐土（19.3%）（详见表 2-3-46）。耕层土壤质地主要是轻壤（48.3%）和砂壤（36.5%）（详见表 2-3-47），质地构型主要是黏底轻壤（36.7%）和均质砂壤（25.9%）（详见表 2-3-48）。耕层土壤有机质含量平均为 13.4g/kg，全氮含量平均为 0.802mg/kg，碱解氮含量平均为 64mg/kg，有效磷含量平均为 13.7mg/kg，速效钾含量平均为 168mg/kg，CEC 平均为 7.36cmol/kg，pH 平均为 8.40（详见表 2-3-49）。四等地耕层土壤中微量养分含量情况见表 2-3-50。

（五）五等地

1.五等地面积

五等地综合评价指数在 0.5864～0.6300 之间，评价单元 1013 个，耕地面积 971.6 公顷，占总耕地面积的 3.9%。

2.五等地主要属性

五等地分布的土壤类型主要是盐土（87.4%）（详见表 2-3-46）。耕层土壤质地主要是重壤（55.1%）和砂壤（44.5%）（详见表 2-3-47），质地构型主要是夹砂重壤（47.0%）和均质砂壤（37.6%）（详见表 2-3-48）。耕层土壤有机质含量平均为 14.6g/kg，全氮含量平均为 0.865mg/kg，碱解氮含量平均为 64mg/kg，有效磷含量平均为 13.2mg/kg，速效钾含量平均为 162mg/kg，CEC 平均为 7.36cmol/kg，pH 平均为 8.49（详见表 2-3-49）。五等地耕层土壤中微量养分含量情况见表 2-3-50。

表 2-3-46　高台县各等级耕地在不同土壤类型面积分布情况

县土类名称	一等地 面积（公顷）	一等地 占本级耕地（%）	二等地 面积（公顷）	二等地 占本级耕地（%）	三等地 面积（公顷）	三等地 占本级耕地（%）	四等地 面积（公顷）	四等地 占本级耕地（%）	五等地 面积（公顷）	五等地 占本级耕地（%）
草甸土	0.0	0.0	110.3	1.1	1792.1	47.8	732.1	26.7	3.4	0.4
潮土	525.4	7.5	1662.2	15.9	0.0	0.0	0.0	0.0	0.0	0.0

续表 2-3-46

县土类名称	一等地		二等地		三等地		四等地		五等地	
	面积（公顷）	占本级耕地(%)	面积（公顷）	占本级耕地(%)	面积（公顷）	占本级耕地(%)	面积（公顷）	占本级耕地(%)	面积（公顷）	占本级耕地(%)
风砂土	0.0	0.0	1776.4	16.9	19.2	0.5	83.9	3.1	35.5	3.7
灌耕土	5670.0	81.1	901.9	8.6	869.0	23.2	75.4	2.7	0.0	0.0
灰钙土	768.5	11.0	814.3	7.8	0.0	0.0	0.0	0.0	0.0	0.0
灰棕漠土	23.3	0.3	5146.4	49.1	506.4	13.5	1101.1	40.1	4.1	0.4
盐土	0.0	0.0	0.0	0.0	324.4	8.6	529.7	19.3	849.6	87.4
沼泽土	5.2	0.1	75.1	0.7	241.8	6.4	221.3	8.1	79.0	8.1
总计	6992.4	100.0	10486.6	100.0	3752.8	100.0	2743.4	100.0	971.6	100.0

表 2-3-47 高台县各等级耕地在不同质地面积分布情况

质地	一等地		二等地		三等地		四等地		五等地	
	面积（公顷）	占本级耕地(%)	面积（公顷）	占本级耕地(%)	面积（公顷）	占本级耕地(%)	面积（公顷）	占本级耕地(%)	面积（公顷）	占本级耕地(%)
轻壤	1574.9	22.5	5735.6	54.7	2257.0	60.1	1326.4	48.3	4.1	0.4
砂壤	0.0	0.0	4465.5	42.6	1254.0	33.4	1001.0	36.5	432.3	44.5
中壤	5412.2	77.4	210.4	2.0			0.0	0.0	0.0	0.0
重壤	5.2	0.1	75.1	0.7	241.8	6.4	416.0	15.2	535.2	55.1
总计	6992.4	100.0	10486.6	100.0	3752.8	100.0	2743.4	100.0	971.6	100.0

表 2-3-48 高台县各等级耕地在不同质地构型面积分布情况

质地构型	一等地		二等地		三等地		四等地		五等地	
	面积（公顷）	占本级耕地(%)	面积（公顷）	占本级耕地(%)	面积（公顷）	占本级耕地(%)	面积（公顷）	占本级耕地(%)	面积（公顷）	占本级耕地(%)
夹黏轻壤	257.8	3.7	672.7	6.4	0.0	0.0	0.0	0.0	0.0	0.0
夹黏中壤	5412.2	77.4	210.4	2.0	0.0	0.0	0.0	0.0	0.0	0.0
夹壤砂壤	0.0	0.0	632.3	6.0	0.0	0.0	0.0	0.0	0.0	0.0
夹砂轻壤	0.0	0.0	1942.0	18.5	24.7	0.7	243.5	8.9	3.8	0.4

续表 2-3-48

质地构型	一等地 面积（公顷）	一等地 占本级耕地（%）	二等地 面积（公顷）	二等地 占本级耕地（%）	三等地 面积（公顷）	三等地 占本级耕地（%）	四等地 面积（公顷）	四等地 占本级耕地（%）	五等地 面积（公顷）	五等地 占本级耕地（%）
夹砂重壤	0.0	0.0	0.0	0.0	0.0	0.0	194.7	7.1	456.2	47.0
均质轻壤	1147.8	16.4	2091.6	19.9	382.2	10.2	17.6	0.6	0.0	0.0
均质砂壤	0.0	0.0	3742.0	35.7	929.6	24.8	710.7	25.9	365.3	37.6
均质重壤	5.2	0.1	75.1	0.7	241.8	6.4	221.3	8.1	79.0	8.1
黏底轻壤	23.3	0.3	625.6	6.0	1363.4	36.3	1007.5	36.7	0.2	0.0
黏底砂壤	0.0	0.0	91.2	0.9	324.4	8.6	290.3	10.6	67.0	6.9
砂底轻壤	146.1	2.1	403.6	3.8	486.8	13.0	57.8	2.1	0.0	0.0
总计	6992.4	100.0	10486.6	100.0	3752.8	100.0	2743.4	100.0	971.6	100.0

表 2-3-49 高台县各等级耕地耕层大量养分含量

养分		一等地	二等地	三等地	四等地	五等地
有机质 (g/kg)	范围	12.2~31.4	8.2~24.2	8.5~23.9	9.4~20.9	9.2~18.8
	平均值	18.0	14.6	16.0	13.4	14.6
全氮 (mg/kg)	范围	0.703~1.661	0.485~1.343	0.503~1.402	0.559~1.227	0.549~1.111
	平均值	1.068	0.871	0.950	0.802	0.865
碱解氮 (mg/kg)	范围	49~119	47~110	48~113	44~95	50~84
	平均值	79	68	70	64	64
有效磷 (mg/kg)	范围	8.9~35.0	4.1~32.5	4.9~31.7	4.5~27.8	4.3~21.3
	平均值	19.3	17.0	18.5	13.7	13.2
速效钾 (mg/kg)	范围	118~415	83~422	122~293	110~220	120~313
	平均值	209	191	186	168	162
缓效钾 (mg/kg)	范围	571~875	579~882	579~864	613~893	588~872
	平均值	744	751	756	761	781
CEC (mg/kg)	范围	5.7~8.9	5.8~8.6	6.2~8.6	6.3~8.4	6.2~8.3
	平均值	7.49	7.50	7.51	7.36	7.36
pH	范围	7.9~8.7	7.8~8.8	7.9~8.7	7.8~8.8	7.8~8.7
	平均值	8.39	8.40	8.36	8.40	8.49

表 2-3-50 高台县各等级耕地耕层中微量养分平均含量

养分	一等地	二等地	三等地	四等地	五等地
有效铁	8.0	8.1	7.8	8.1	8.4
有效锰	4.8	4.9	4.9	4.9	4.8
有效铜	1.12	1.10	1.09	1.09	1.11
有效锌	2.42	2.35	2.38	2.34	2.52
水溶态硼	0.54	0.53	0.55	0.55	0.53

第四章 金昌市耕地地力评价

第一节 金川区耕地地力分析

一、金川区耕层土壤属性

(一)耕层土壤有机质

根据对金川区 3466 个样品的分析检测,其土壤有机质平均含量为 15.18g/kg。根据甘肃省养分分级标准,金川区土壤有机质含量为四级。对金川区各乡(镇)有机质含量进行对比分析,宁远堡镇有机质含量 16.33g/kg,双湾镇有机质含量为 14.4g/kg。

将测土配方施肥测定的土壤有机质含量数据与第二次土壤普查测定的有机质含量相比较,结果表明,土壤有机质平均含量增加了 5.01g/kg;增幅较大的为双湾镇,增加了 5.79g/kg;宁远堡镇有机质含量增幅较小,增加了 4.23g/kg。

(二)耕层土壤全氮

根据对金川区 3476 个样品的分析检测,其土壤全氮平均含量为 0.87g/kg。根据甘肃省养分分级标准,金川区土壤全氮含量为五级。对金川区各乡(镇)全氮含量进行对比分析,宁远堡镇全氮含量 1.01g/kg,双湾镇全氮含量 0.78g/kg。

将测土配方施肥测定的土壤全氮含量数据与第二次土壤普查测定的全氮含量相比较,结果表明,金川区土壤全氮平均含量增加了 0.285g/kg;增幅较大的地区为宁远堡镇,增加了 0.322g/kg;增幅较小的为双湾镇,增幅为 0.247g/kg。

(三)耕层土壤碱解氮

根据对金川区 3476 个样品的分析检测,其土壤碱解氮平均含量为 29.7mg/kg。根据甘肃省养分分级标准,金川区土壤碱解氮含量为六级。对金川区各乡(镇)碱解氮含量进行对比分析,宁远堡镇碱解氮含量 36.8mg/kg,双湾镇碱解氮含量 22.6mg/kg。

将测土配方施肥测定的土壤碱解氮含量数据与第二次土壤普查测定的碱解氮含量数据相比较,结果表明,土壤碱解氮平均含量增加了 1.2mg/kg;宁远堡镇 2009 年较 1984 年增加了 5.8mg/kg;双湾镇 2009 年较 1984 年减少了 3.4mg/kg。

(四)耕层土壤有效磷

根据对金川区3306个样品的分析检测,其土壤有效磷平均含量为23.73mg/kg。根据甘肃省养分分级标准,金川区土壤有效磷含量为三级。对金川区各乡(镇)有效磷含量进行对比分析,宁远堡镇有效磷含量24.25mg/kg,双湾镇有效磷含量23.4mg/kg。

将测土配方施肥测定的土壤有效磷含量数据与第二次土壤普查测定的有效磷含量数据相比较,结果表明,土壤有效磷平均含量增加了18.83mg/kg;全区乡镇都有不同程度的增加,增幅较大的为双湾镇,增加了19.4mg/kg;增幅最小的宁远堡镇,增加了18.25mg/kg。

(五)土壤速效钾

根据对金川区3275个样品的分析检测,其土壤速效钾平均含量为145.43mg/kg。根据甘肃省养分分级标准,金川区土壤速效钾含量为五级。对金川区各乡(镇)速效钾含量进行对比分析,宁远堡镇速效钾含量153.48mg/kg,双湾镇速效钾含量139.86mg/kg。

将测定的土壤速效钾含量与第二次土壤普查测定的速效钾含量相比较,结果表明,金川区土壤速效钾变化不大,平均含量减少了3.33mg/kg;其中宁远堡镇减少了15.52mg/kg;双湾镇土壤速效钾含量增加了8.86mg/kg。

(六)耕层土壤pH

根据对金川区3099个样品的分析测试,金川区pH值平均值为7.95。统计结果显示,金川区土壤呈微碱性。对金川区各乡镇pH值进行对比分析,宁远堡镇pH值为8.09,双湾镇pH值为7.86。

二、金川区耕地地力分析

以土壤图与土地利用现状图叠加形成评价单元,应用模糊综合评判方法,通过综合分析,将金川区耕地共划分为5个等级,根据评价结合进行耕地地力的系统分析。

(一)耕地地力等级与分布

1.耕地地力等级面积统计

根据耕地地力评价结果数据表,汇总各等级耕地的面积,以《2010年甘肃农村年鉴》中金川区耕地总面积为基准进行平差,统计出不同等级耕地面积。

金川区总耕地面积为1.32万公顷,其中一、二、三等地占的比例较大,分别为32.7%、27.3%和20.7%占总耕地的80.7%;四等地和五等地占的比例较小,分别为9.6%和9.7%。见表2-4-1。

表 2-4-1　金川区耕地地力评价结果面积统计

等级	一等地	二等地	三等地	四等地	五等地	总计
面积(公顷)	4315.9	3607.6	2738	1268	1283.2	13212.7
百分比(%)	32.7	27.3	20.7	9.6	9.7	100

2.耕地地力等级的行政区域划分

将耕地地力等级分布图与行政区划图进行叠加分析,从耕地地力等级行政区域分布数据库中,按权属字段检索出各等级的记录,统计出一至六级地在各乡镇的分布状况,见表2-4-2。

从表2-4-2中可以看出,一等地和二等地、四等地主要分布在双湾镇;三等地在两乡镇面积分布相对较小;五等地主要分布在宁远堡镇,双湾镇分布面积较小。

表 2-4-2　金川区耕地地力等级行政区域分布

乡镇名称		一等地	二等地	三等地	四等地	五等地	合计
宁远堡镇	面积(公顷)	0.03	679	1149.1	311.9	1153	3292.9
	所占比例(%)	0.0	20.6	34.9	9.5	35.0	100
双湾镇	面积(公顷)	4315.8	2928.5	1589	956.2	130.3	9919.8
	所占比例(%)	43.5	29.5	16.0	9.6	1.3	100
合计	面积(公顷)	4315.9	3607.6	2738	1268	1283.2	13212.7
	所占比例(%)	32.7	27.3	20.7	9.6	9.7	100

(二)耕地地力等级分述

1.一等地的主要属性

一等地,综合评价指数 IFI 大于 0.680,耕地面积 4315.9 公顷,占总耕地面积的 32.7%。金川区一等地几乎全部分布在双湾镇,宁远堡镇只有极少量的一等地。一等地土壤全部为灌漠土,土壤质地构型为均质中壤和黏身轻壤,地貌类型主要为湖积风积平原,灌溉保证率均在 90% 以上,灌溉水质好,地势平坦,无明显障碍层,土壤理化性状良好,可耕性强,土壤肥力高。耕层土壤养分含量:有机质 14.2g/kg,全氮 0.81g/kg,有效磷 21.6mg/kg,速效钾 147.1mg/kg(表 2-4-3)。

表 2-4-3　金川区一等地主要养分含量

	有机质(g/kg)	全氮(g/kg)	有效磷(mg/kg)	速效钾(mg/kg)
养分含量	14.2	0.81	21.6	147.1
含量水平	五级	五级	三级	五级

2.二等地的主要属性

二等地,综合评价指数 IFI 为 0.680~0.625,耕地面积 3607.6 公顷,占总耕地面积的 27.3%,主要分布在双湾镇,少量分布在宁远堡镇。二等地土壤主要以灌漠土为主,少量为灰棕漠土和盐土;土壤质地构型以均质中壤和砂身中壤为主,少量为黏身轻壤和砂身轻壤;地貌类型以湖积风积平原为主,少量为洪积戈壁平原和山前洪积倾斜平原,灌溉保证率在 70% 以上,可耕性较强,土壤肥力较高。耕层土壤养分含量:有机质 14.4g/kg,全氮 0.80g/kg,有效磷 21.2g/kg,速效钾 143.6mg/kg(表 2-4-4)。

表 2-4-4 金川区二等地主要养分含量

	有机质(g/kg)	全氮(g/kg)	有效磷(mg/kg)	速效钾(mg/kg)
养分含量	14.4	0.80	21.2	143.6
含量水平	五级	五级	三级	五级

3.三等地的主要属性

三等地,综合评价指数 IFI 为 0.625~0.580,耕地面积 2738 公顷,占总耕地面积的 20.7%,宁远堡镇和双湾镇均有分布,其面积分别为 1149.1 公顷和 1589 公顷。三等地占总耕地面积的 20.7%。三等地以灌漠土和灰棕漠土为主,部分为风砂土和盐土;地貌类型以湖积风积平原为主,洪积戈壁平原和山前洪积倾斜平原含有少量的三等地;土壤质地构型以砂身中壤和砂身轻壤为主,部分为均质砂土、均质中壤和黏身轻壤;三等地土壤无明显障碍层,理化性状良好,可耕性较强。耕层土壤养分含量:有机质 15.3g/kg,全氮 0.86g/kg,有效磷 21.0g/kg,速效钾 148.7mg/kg(表 2-4-5)。

表 2-4-5 金川区三等地主要养分含量

	有机质(g/kg)	全氮(g/kg)	有效磷(mg/kg)	速效钾(mg/kg)
养分含量	15.3	0.86	21.0	148.7
含量水平	四级	五级	三级	五级

4.四等地的主要属性

四等地,综合评价指数 IFI 为 0.580~0.520,耕地面积 1268 公顷,占总耕地面积的 9.6%,主要分布在双湾镇,宁远堡镇分布较小。四等地土壤以灰棕漠土为主,灌漠土和盐土也有零星分布;地貌类型以洪积戈壁平原为主,湖积风积平原、山前洪积倾斜平原和北部沙漠戈壁也有少量的分布;土壤质地构型以砂身轻壤为主,部分为均质中壤、黏身轻壤、砂身中壤;四等地土壤无明显障碍层,灌溉条件较差或无灌溉条件,理化性状良好,可耕性一般。耕层土壤养分含量:有机质 14.3g/kg,全氮 0.85g/kg,有效磷 20.4g/kg,速效钾

152.8mg/kg。（表 2-4-6）。

表 2-4-6　金川区四等地主要养分含量

	有机质(g/kg)	全氮(g/kg)	有效磷(mg/kg)	速效钾(mg/kg)
养分含量	14.3	0.85	20.4	152.8
含量水平	五级	五级	三级	四级

5. 五等地的主要属性

五等地，综合评价指数 IFI 小于 0.520，耕地面积 1283.2 公顷，占总耕地面积的 9.7%。五等地绝大部分分布在宁远堡镇，双湾镇五等地分布面积较小。其五等地面积为，双湾镇 130.3 公顷，宁远堡镇 1153 公顷。五等地土壤以灰棕漠土为主，灌漠土、风砂土、灰钙土、栗钙土、盐土也有零星分布；地貌类型以北部沙漠戈壁和山前洪积倾斜平原为主，洪积戈壁平原、湖积风积平原、中部低山丘陵区也有少量的分布；土壤质地构型以砂身轻壤为主，部分为均质砂壤、均质中壤、黏身轻壤、砂身中壤；五等地土壤无明显障碍层，灌溉条件较差或无灌溉条件，理化性状良好，可耕性较差。耕层土壤养分含量：有机质 15.6g/kg、全氮 0.93g/kg，有效磷 21.5g/kg，速效钾 154.6mg/kg（表 2-4-7）。

表 2-4-7　金川区五级地主要养分含量

	有机质(g/kg)	全氮(g/kg)	有效磷(mg/kg)	速效钾(mg/kg)
养分含量	15.6	0.93	21.5	154.6
含量水平	四级	五级	三级	四级

6. 各等级耕地养分状况

将各等级的主要养分状况汇总如表 2-4-8。

表 2-4-8　金川区耕地地力等级主要养分含量汇总表

	有机质(g/kg)	全氮(g/kg)	有效磷(mg/kg)	速效钾(mg/kg)
一等地	14.2	0.81	21.6	147.1
二等地	14.4	0.80	21.2	143.6
三等地	15.3	0.86	21.0	148.7
四等地	14.3	0.85	20.4	152.8
五等地	15.6	0.93	21.5	154.6
平均值	14.8	0.85	21.2	148.8

第二节 永昌县耕地地力分析

一、永昌县耕层土壤属性

(一)耕层土壤有机质

根据对永昌县 1550 个样品的分析检测,其土壤有机质平均含量为 19.13g/kg。根据甘肃省养分分级标准,永昌县土壤有机质含量为四级。

对永昌县各乡镇有机质含量进行对比分析,全县有机质平均含量为 19.2g/kg,有机质含量小于平均值 19.2g/kg 的乡镇有 4 个,分别为水源镇、朱王堡镇、河西堡镇、六坝乡;其他乡镇有机质含量均在 19.13g/kg 以上。新城子镇有机质含量最高,为 23.26g/kg,水源镇有机质含量最低,为 15.76g/kg。有机质含量在 20~25g/kg 的主要在红山窑乡、城关镇、南坝乡、新城子镇,土壤有机质含量在 15~20g/kg 的分布在全县其余各乡镇。

将测土配方施肥测定的土壤有机质含量与第二次土壤普查测定的有机质含量相比较,结果表明,土壤有机质平均含量增加了 2.39g/kg;增幅较大的有朱王堡镇、六坝乡、东寨镇,增加了 4.0g/kg 以上;其中增幅最大的是东寨镇,为 4.74g/kg,焦家庄乡最低,为 1.52g/kg。

(二)耕层土壤全氮

根据对永昌县 1265 个样品的分析检测,其土壤全氮含量为 1.13g/kg。根据甘肃省养分分级标准,永昌县土壤全氮含量为四级。

对永昌县各乡镇全氮含量进行对比分析,全氮含量小于平均值 1.13g/kg 的有 5 个乡镇,分别为水源镇、朱王堡镇、河西堡镇、东寨镇、六坝乡;其他乡镇在 1.13g/kg 以上。新城子镇最高,为 1.39g/kg,水源镇最小,为 0.95g/kg。土壤全氮含量在 1.25~2.5g/kg 的主要分布在焦家庄乡和新城子镇,土壤全氮含量在 1~1.25g/kg 的主要分布在朱王堡镇、河西堡镇、东寨镇、南坝乡、城关镇、红山窑乡,土壤全氮含量在 0.75~1.0g/kg 的主要分布在水源镇和六坝乡。

将测定的土壤全氮含量与第二次土壤普查测定的全氮含量相比较,结果表明,土壤全氮平均含量增加了 0.22g/kg;增幅最大为朱王堡镇,增加了 0.37g/kg;增幅最小为城关镇,增加了 0.11g/kg。

(三)耕层土壤碱解氮

根据对永昌县 1284 个样品的分析检测,其土壤碱解氮平均含量为 57.1mg/kg。根据甘肃省养分分级标准,永昌县土壤碱解氮含量为六级。

对永昌县各乡镇进行对比分析,碱解氮含量大于平均值57.1mg/kg的有6个乡镇,分别为南坝乡、东寨镇、城关镇、红山窑乡、焦家庄乡、新城子镇;其他乡镇在56.79mg/kg以下。新城子镇最高,为70.40mg/kg,水源镇最小,为47.49mg/kg。水源镇、六坝乡碱解氮含量在50mg/kg以下,其余各乡镇均在50~100mg/kg之间。

将测定的土壤碱解氮含量与第二次土壤普查测定的碱解氮含量相比较,结果表明,土壤碱解氮平均含量增加了12.93mg/kg;增幅最大的为新城子镇,增加了32.40mg/kg以上;仅南坝乡较普查时有所降低,降低了为6.78mg/kg。

(四)耕层土壤有效磷

根据对永昌县1519个样品的分析检测,其土壤有效磷含量为33.2mg/kg,根据甘肃省养分分级标准,永昌县土壤有效磷含量为一级。

对永昌县各乡镇有效磷含量进行对比分析,大于平均值33.2mg/kg的有5个乡镇,分别为河西堡镇、南坝乡、焦家庄乡、城关镇、东寨镇;其他乡镇在33.2mg/kg以下。东寨镇有效磷含量最高,为45.25mg/kg,水源镇最小,为22.08mg/kg。焦家庄乡、城关镇、东寨镇大于40mg/kg,35~40mg/kg的主要分布在南坝乡,土壤有效磷含量在30~35mg/kg的主要分布在六坝乡、新城子镇、河西堡镇,土壤有效磷含量在25~30mg/kg的主要分布在红山窑乡、朱王堡镇,水源镇土壤有效磷含量小于25mg/kg。

将测定的土壤有效磷含量与第二次土壤普查测定的有效磷含量相比较,结果表明,土壤有效磷平均含量增加了27.47mg/kg;全县乡镇都有不同程度的增加,增幅最大的为东寨镇、城关镇、焦家庄乡、南坝乡,增加了30mg/kg以上;增幅最小的为水源镇,增加了16.08mg/kg。

(五)土壤速效钾

根据对永昌县1504个样品的分析检测,其土壤速效钾含量为159mg/kg。根据甘肃省养分分级标准,永昌县土壤速效钾含量为三级。

对永昌县各乡镇速效钾含量进行对比分析,速效钾含量大于平均值159mg/kg的有6个乡镇,分别为红山窑乡、东寨镇、焦家庄乡、城关镇、河西堡镇、新城子镇;其他乡镇在159mg/kg以下。新城子镇速效钾含量最高,为208mg/kg,水源镇最低,为120.4mg/kg。土壤速效钾含量在100~150mg/kg的主要分布在六坝乡、南坝乡和水源镇;土壤速效钾含量在150~200mg/kg的主要分布在城关镇、焦家庄乡、红山窑乡、东寨镇、河西堡镇。

将测土配方施肥测定的土壤速效钾含量与第二次土壤普查测定的速效钾含量相比较,结果表明,土壤速效钾平均含量减少了50.68mg/kg;减幅幅最大的为河西堡镇和南坝乡,分别减少了79.75mg/kg、55.83mg/kg;增幅最小的为六坝乡,减少了4.68mg/kg。

(六)耕层土壤有效铁

根据对永昌县1203个样品的分析检测,其土壤有效铁含量为2.28mg/kg。根据甘肃省养分分级标准,永昌县土壤有效铁含量为极低等。

对永昌县各乡镇有效铁含量进行对比分析,小于平均值 2.28mg/kg 的有 4 个乡镇,分别为朱王堡镇、水源镇、东寨镇、六坝乡;其他乡镇在 2.28mg/kg 以上。城关镇有效铁含量最大,为 3.09mg/kg,朱王堡镇最小,为 1.71mg/kg。全县各乡镇土壤有效铁含量均在 1.0~4.0mg/kg 之间。

(七)耕层土壤有效锰

根据对永昌县 1302 个样品的分析检测,其土壤有效锰含量为 6.76mg/kg。根据甘肃省养分分级标准,永昌县土壤有效锰含量为低等。

对永昌县各乡镇有效锰含量进行对比分析,小于平均值 6.76mg/kg 的有 4 个乡镇,分别为朱王堡镇、水源镇、河西堡镇、六坝乡;其他乡镇在 6.76mg/kg 以上。城关镇有效锰含量最高,为 8.06mg/kg,朱王堡镇最低,为 5.47mg/kg。土壤有效锰含量在 5~7mg/kg 的主要分布在朱王堡镇、水源镇、河西堡镇、六坝乡、焦家庄乡、东寨镇,土壤有效锰含量在 7~9mg/kg 的主要分布在新城子镇、南坝乡、红山窑乡、城关镇。

(八)耕层土壤有效铜

根据对永昌县 1301 个样品的分析检测,其土壤有效铜平均含量为 0.85mg/kg。根据甘肃省养分分级标准,永昌县土壤有效铜含量为较低等。

对永昌县各乡镇有效铜含量进行对比分析,小于平均值 0.85mg/kg 的乡镇有 6 个,分别为新城子镇、焦家庄乡、朱王堡镇、红山窑乡、水源镇、南坝乡;其他乡平均含量在 0.85mg/kg 以上。河西堡镇有效铜含量最大,为 1.37mg/kg,新城子镇最小,为 0.65mg/kg。土壤有效铜含量在 1.0~1.5mg/kg 的主要分布在河西堡镇,其他区域均在 0.5~1.0mg/kg 之间。

(九)耕层土壤有效锌

根据对永昌县 1297 个样品的分析检测,其土壤有效锌平均含量为 1.17mg/kg。根据甘肃省养分分级标准,永昌县土壤有效锌含量为中等。

对永昌县各乡镇有效锌含量进行对比分析,有效锌含量平均值小于 1.17mg/kg 的乡镇有 5 个,分别是红山窑乡、东寨镇、六坝乡、新城子镇、水源镇;南坝乡为 1.17mg/kg,与平均值相同;其他乡镇均在 1.17mg/kg 以上。河西堡镇有效锌含量最高,为 2.21mg/kg,红山窑乡最低,为 0.88mg/kg。土壤有效锌含量在 2~2.5mg/kg 的主要分布在河西堡镇;土壤有效锌含量在 1~2mg/kg 的主要分布在六坝乡、新城子镇、水源镇、南坝乡、焦家庄乡、朱王堡镇、城关镇。土壤有效锌含量在 0.5~1.0mg/kg 的主要分布在红山窑乡、东寨镇。

(十)耕层土壤 pH

根据对永昌县 1562 个样品的分析测试,永昌县 pH 值平均值为 8.30。统计结果显示,

永昌县土壤呈微碱性。对永昌县各乡镇pH值进行对比分析,pH值小于平均值8.30的乡镇有3个,分别为朱王堡镇、新城子镇、焦家庄乡;其他乡镇pH值均在8.30以上。pH值最大的乡镇是水源镇,pH值为8.44;pH值最小的乡镇是新城子镇和朱王堡镇,pH值均为8.21。

二、永昌县耕地地力分析

以土壤图与土地利用现状图叠加形成评价单元,应用模糊综合评判方法,通过综合分析,将永昌县耕地共划分为5个等级,根据评价结合进行耕地地力的系统分析。

(一)耕地地力等级与分布

1.耕地地力等级面积统计

根据耕地地力评价结果数据表,汇总各等级耕地的面积,以《2011年甘肃农村年鉴》中永昌县耕地总面积为基准进行平差,统计出不同等级耕地面积。

永昌县总耕地面积为8.00万公顷,其中一、二、三等地占的比例较大,分别为19.6%、27.4%和31.8%,占总耕地的78.8%;四等地和五等地占的比例相对较小,分别为14.7%和6.5%。见表2-4-9。

表2-4-9　永昌县耕地地力评价结果面积统计

等级	一等地	二等地	三等地	四等地	五等地	总计
面积(公顷)	15674.3	21921.3	25458.4	11767.1	5178.9	80000
百分比(%)	19.6	27.4	31.8	14.7	6.5	100

2.耕地地力等级的行政区域划分

从耕地地力评价结果数据表中可以看出,一等地主要分布在朱王堡镇、水源镇和焦家庄乡;二等地主要分布在东寨镇、六坝乡、朱王堡镇和水源镇,河西堡镇、城关镇及焦家庄乡分布面积较小;三等地主要分布在红山窑乡、新城子镇、城关镇、东寨镇、六坝乡、焦家庄乡、河西堡乡和水源镇也有少量分布;四等地和五等地主要分布在红山窑乡和新城子镇,六坝乡和南坝乡及焦家庄乡也有零星分布,分布面积相对较小。表2-4-10为永昌县一等地到五等地在各乡镇的分布状况。

表 2-4-10　永昌县耕地地力等级行政区域分布

乡镇名称		一等地	二等地	三等地	四等地	五等地	总计
城关镇	面积(公顷)	179.4	327.2	1487.4	623.5	143.3	2760.8
	所占比例(%)	6.50	11.85	53.88	22.58	5.19	100
东寨镇	面积(公顷)	0	9354.8	987.3	123.3	0	10465.5
	所占比例(%)	0	89.39	9.43	1.18	0	0
河西堡镇	面积(公顷)	0	1176.9	1156.3	854.2	0	3187.4
	所占比例(%)	0	36.92	36.28	26.80	0	100
红山窑乡	面积(公顷)	0.3	25.5	9113.4	3981.6	1034.8	14155.6
	所占比例(%)	0.00	0.18	64.38	28.13	7.31	100
焦家庄乡	面积(公顷)	1766.3	631	1040.9	488.3	267.3	4193.8
	所占比例(%)	42.12	15.05	24.82	11.64	6.37	100
六坝乡	面积(公顷)	0	3970.8	1570	1538.8	798.4	7878
	所占比例(%)	0	50.40	19.93	19.53	10.13	100
南坝乡	面积(公顷)	0	64.6	332.3	590.9	558.6	1546.4
	所占比例(%)	0	4.18	21.49	38.21	36.12	100
水源镇	面积(公顷)	4981	2055.1	2358.4	0	0	9394.6
	所占比例(%)	53.02	21.88	25.10	0	0	100
新城子镇	面积(公顷)	3.8	5.6	3573.9	2723.9	1890	8197.1
	所占比例(%)	0.05	0.07	43.60	33.23	23.06	100
朱王堡镇	面积(公顷)	8393.9	1958.9	137.2	0	0	10490
	所占比例(%)	80.02	18.67	1.31	0	0	100
其他	面积(公顷)	349.4	2351	3701.4	842.6	486.5	7730.9
	所占比例(%)	4.52	30.41	47.88	10.90	6.29	100
总计	面积(公顷)	15674.3	21921.3	25458.4	11767.1	5178.9	80000
	所占比例(%)	19.6	27.4	31.8	14.7	6.5	100

(二)耕地地力等级分述

1.一等地的主要属性

一等地,综合评价指数 IFI 大于 0.6375,耕地面积 15674.3 公顷,占总耕地面积的 19.6%。主要分布在朱王堡镇、水源镇和焦家庄乡,城关镇也有零星分布。

一等地土壤主要以灌漠土为主,含有少量的灰棕漠土;土壤质地构型以均质中壤为主,均质砂壤、壤身中壤、砂身轻壤和砂身中壤面积相对较小;地貌类型主要为洪积淤积细土平原;灌溉保证率均在90%以上,灌溉水质好,地势平坦,无明显障碍层,土壤理化性状良好,可耕性强,土壤肥力高。耕层土壤养分含量:有机质 17.4g/kg,全氮 1.04g/kg,碱解氮 52.5mg/kg,有效磷 27.6mg/kg,速效钾 132mg/kg,缓效钾 432mg/kg,有效铁 2.06mg/kg,有效铜 0.76mg/kg,有效锌 1.19mg/kg,有效锰 6.02mg/kg(表 2-4-11)。

表 2-4-11　永昌县一等地主要养分含量

	有机质(g/kg)	全氮(g/kg)	碱解氮(mg/kg)	有效磷(mg/kg)	速效钾(mg/kg)	缓效钾(mg/kg)	有效铁(mg/kg)	有效铜(mg/kg)	有效锌(mg/kg)	有效锰(mg/kg)
养分含量	17.4	1.04	52.5	27.6	132	432	2.06	0.76	1.19	6.02
含量水平	四级	四级	六级	二级	五级	五级	五级	三级	二级	四级

2.二等地的主要属性

二等地,综合评价指数 IFI 为 0.6375~0.5715,耕地面积 21921.3 公顷,占总耕地面积的 27.4%,主要分布在东寨镇、六坝乡、朱王堡镇和水源镇,河西堡镇、城关镇及焦家庄乡也有少量分布。

二等地土壤主要有灌漠土和灰棕漠土,土壤质地构型以均质中壤和砂身轻壤为主,均质砂壤、壤身中壤和砂身中壤面积相对较小;地貌类型以山前洪积倾斜平原为主,少量为洪积淤积细土平原、洪积戈壁平原和中部低山丘陵,灌溉保证率均在75%以上,部分土壤有效土层厚度在30~60cm之间,灌溉水质较好,地势平坦,无明显障碍层,土壤理化性状较好,可耕性强,土壤肥力高。耕层土壤养分含量:有机质 18.0g/kg,全氮 1.04g/kg,碱解氮 51.9mg/kg,有效磷 36.1mg/kg,速效钾 147mg/kg,缓效钾 508mg/kg,有效铁 2.14mg/kg,有效铜 0.9mg/kg,有效锌 1.06mg/kg,有效锰 6.63mg/kg(表 2-4-12)。

表 2-4-12　永昌县二等地主要养分含量

	有机质(g/kg)	全氮(g/kg)	碱解氮(mg/kg)	有效磷(mg/kg)	速效钾(mg/kg)	缓效钾(mg/kg)	有效铁(mg/kg)	有效铜(mg/kg)	有效锌(mg/kg)	有效锰(mg/kg)
养分含量	18	1.04	51.9	36.1	147	508	2.14	0.9	1.06	6.63
含量水平	四级	四级	六级	一级	五级	五级	五级	三级	二级	四级

3.三等地的主要属性

三等地,综合评价指数 IFI 为 0.5715~0.5230,耕地面积 25458.4 公顷,占总耕地面积的 31.8%,主要分布在红山窑乡、新城子乡、城关镇、东寨镇、六坝乡、焦家庄乡、河西堡乡、南坝乡、朱王堡镇和水源镇也有零星分布。

三等地土壤主要有灌漠土和灰棕漠土,少量为草甸土、风砂土、灰钙土和栗钙土;土壤质地构型以均质中壤、砂身轻壤和砂身中壤为主,均质砂壤、壤身中壤面积相对较小;地貌类型以山前洪积倾斜平原为主,少量为南部中高山山地、洪积戈壁平原和中部低山丘陵;无明显障碍层,土壤理化性状良,可耕性较强。耕层土壤养分含量:有机质 18.1g/kg,全氮 1.09g/kg,碱解氮 54.1mg/kg,有效磷 30.4mg/kg,速效钾 161mg/kg,缓效钾 522mg/kg,有效铁 2.18mg/kg,有效铜 0.87mg/kg,有效锌 1.08mg/kg,有效锰 6.62mg/kg(表 2-4-13)。

表 2-4-13 永昌县三等地主要养分含量

	有机质(g/kg)	全氮(g/kg)	碱解氮(mg/kg)	有效磷(mg/kg)	速效钾(mg/kg)	缓效钾(mg/kg)	有效铁(mg/kg)	有效铜(mg/kg)	有效锌(mg/kg)	有效锰(mg/kg)
养分含量	18.1	1.09	54.1	30.4	161	522	2.18	0.87	1.08	6.62
含量水平	四级	四级	六级	一级	四级	五级	五级	三级	二级	四级

4.四等地的主要属性

四等地,综合评价指数 IFI 为 0.5230~0.4450,耕地面积 11767.1 公顷,占总耕地面积的 14.7%,主要分布红山窑乡和新城子镇、六坝乡、南坝乡河、西堡镇及焦家庄乡也有零星分布,面积相对较小。

四等地土壤以灌漠土、栗钙土和灰棕漠土为主,少量为草甸土和灰钙土;土壤质地构型以均质中壤和砂身中壤为主,黏身轻壤、壤身中壤、砂身轻壤面积相对较小;地貌类型以山前洪积倾斜平原为主,少量为南部中高山山地、洪积戈壁平原和中部低山丘陵;耕层土壤养分含量:有机质 19.9g/kg,全氮 1.16g/kg,碱解氮 58.0mg/kg,有效磷 34.3mg/kg,速效钾 164mg/kg,缓效钾 536mg/kg,有效铁 2.37mg/kg,有效铜 0.9mg/kg,有效锌 1.15mg/kg,有效锰 7.1mg/kg(表 2-4-14)。

表 2-4-14 永昌县四等地主要养分含量

	有机质(g/kg)	全氮(g/kg)	碱解氮(mg/kg)	有效磷(mg/kg)	速效钾(mg/kg)	缓效钾(mg/kg)	有效铁(mg/kg)	有效铜(mg/kg)	有效锌(mg/kg)	有效锰(mg/kg)
养分含量	19.9	1.16	58	34.3	164	536	2.37	0.9	1.15	7.1
含量水平	四级	四级	六级	一级	四级	五级	五级	三级	二级	三级

5.五等地的主要属性

五等地，综合评价指数 IFI 小于 0.4450，耕地面积 5178.9 公顷，占总耕地面积的 6.5%，主要分布在红山窑乡和新城子镇，六坝乡和南坝乡及焦家庄乡也有零星分布，面积相对较小。

五等地土壤以灌漠土和栗钙土为主，部分为草甸土、灰钙土和灰棕漠土；土壤质地构型以均质中壤和砂身中壤为主，少量为黏身轻壤、壤身中壤、砂身轻壤；地貌类型以南部中高山山地为主，少量为山前洪积倾斜平原、洪积戈壁平原和中部低山丘陵；耕层土壤养分含量：有机质 20.4g/kg，全氮 1.17g/kg，碱解氮 58.9mg/kg，有效磷 33.0mg/kg，速效钾 167mg/kg，缓效钾 530mg/kg，有效铁 2.41mg/kg，有效铜 0.86mg/kg，有效锌 1.12mg/kg，有效锰 7.07mg/kg（表 2-4-15）。

表 2-4-15　永昌县五级地主要养分含量

	有机质(g/kg)	全氮(g/kg)	碱解氮(mg/kg)	有效磷(mg/kg)	速效钾(mg/kg)	缓效钾(mg/kg)	有效铁(mg/kg)	有效铜(mg/kg)	有效锌(mg/kg)	有效锰(mg/kg)
养分含量	20.4	1.17	58.9	33	167	530	2.41	0.86	1.12	7.07
含量水平	三级	四级	六级	一级	四级	五级	五级	三级	二级	三级

6.各等级耕地养分状况

将各等级的主要养分状况汇总如表 2-4-16。

表 2-4-16　永昌县耕地地力等级主要养分含量汇总表

地力等级	有机质(g/kg)	全氮(g/kg)	碱解氮(mg/kg)	有效磷(mg/kg)	速效钾(mg/kg)	缓效钾(mg/kg)	有效铁(mg/kg)	有效铜(mg/kg)	有效锌(mg/kg)	有效锰(mg/kg)
一等地	17.4	1.04	52.5	27.6	132	432	2.06	0.76	1.19	6.02
二等地	18.0	1.04	51.9	36.1	147	508	2.14	0.90	1.06	6.63
三等地	18.1	1.09	54.1	30.4	161	522	2.18	0.87	1.08	6.62
四等地	19.9	1.16	58.0	34.3	164	536	2.37	0.90	1.15	7.10
五等地	20.4	1.17	58.9	33.0	167	530	2.41	0.86	1.12	7.07
平均值	18.8	1.10	55.1	32.3	154	506	2.23	0.86	1.12	6.69

第五章 武威市耕地地力评价

第一节 凉州区耕地地力分析

一、凉州区耕层土壤属性

(一)耕层土壤有机质

凉州区土壤有机质平均含量为 16.2g/kg，变化区间为 1.02~40.1g/kg，标准差 5.79，变异系数 35.33。根据甘肃省养分分级标准，凉州区土壤有机质含量为四级。

对我区各区域土壤有机质含量进行对比分析，有机质含量小于 15.0g/kg 的乡(镇)有吴家井、九墩滩指挥部、黄羊镇、长城乡、康宁乡、谢河镇、河东乡、中坝镇、下双乡、古城镇、永丰镇、清源镇、丰乐镇、东河乡，主要分布在沿沙区的风积平原和西南区的低山、中山丘陵区和沙漠戈壁；沙漠边缘的吴家井乡有机质含量最低，为 10.3g/kg；有机质大于 20g/kg 的乡镇有洪祥镇、永昌镇、四坝镇、金塔乡、金羊镇、张义镇、发放镇，主要分布在城效蔬菜精细耕作区和张义山区，发放镇有机质含量最高，为 22.2g/kg；有机质含量在 15.0~20.0g/kg 之间的乡镇，主要集中在中部的山前洪积冲击倾斜平原和冲击洪积细土平原的柏树乡、金山乡、双城镇、清水乡、和平镇、九墩乡、武南镇、韩佐乡、怀安乡、五和乡、西营镇、高坝镇、新华乡、羊下坝镇、松树乡、金沙乡、大柳乡。

(二)耕层土壤全氮

通过对 3805 个土样的检测分析，凉州区土壤全氮平均含量为 0.99g/kg，变化区间 0.21~2.87g/kg，标准差 0.36，变异系数 36.59。根据甘肃省养分分级标准，凉州区土壤全氮含量为Ⅴ级。

对凉州区各区域全氮含量进行对比分析，黄羊、丰乐区、清源区、金羊区、大河区(武南区)土壤全氮含量小于平均值，大于平均值 0.99g/kg 的区有西营区、高坝区、永昌区和张义区。其中黄羊区最低为 0.63g/kg，张义区最高为 1.57g/kg，全区土壤全氮含量的分布基本上和有机质含量的分布相似。

(三)耕层土壤碱解氮

凉州区土壤碱解氮平均含量为 80.3mg/kg，变化区间 63.6~196.9mg/kg。根据甘肃省养分分级标准，凉州区土壤碱解氮含量为六级。

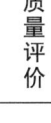

对凉州区各区域的土壤碱解氮进行对比分析，碱解氮含量大于平均值 80.3mg/kg 的区依次为丰乐区、清源区、大河区（武南区）、西营区、张义区、永昌区；小于平均值的区有高坝区和金羊区。土壤碱解氮含量最高的区是永昌区，为 94.1mg/kg，最小的区是黄羊区，为 63.6mg/kg。

（四）耕层土壤有效磷

根据对凉州区 3805 个样品的分析检测，全区土壤有效磷（P_2O_5）平均含量为 25.4mg/kg，折合纯磷 11.1mg/kg，变化区间为 15.5~36.4mg/kg。根据甘肃省养分分级标准，凉州区土壤有效磷含量为五级。

对凉州区各区域土壤有效磷（P_2O_5）含量进行对比分析，大于平均值 25.4mg/kg 的有张义区、大河区（武南区）、高坝区、清源区；丰乐区、西营区、金羊区、永昌区、黄羊区均在 25.4mg/kg 以下。张义区土壤有效磷含量最高，为 36.4mg/kg，丰乐区最小，为 15.5mg/kg。

（五）土壤速效钾

根据对凉州区 3805 个样品的分析检测，其土壤速效钾（K_2O）含量加权平均值为 177mg/kg，折合纯钾 147mg/kg，变化区间为 155~266mg/kg。根据甘肃省养分分级标准，凉州区土壤速效钾含量为四级。

对凉州区各区域土壤速效钾（K_2O）含量进行对比分析，张义区土壤速效钾含量最高，为 266mg/kg，黄羊区最小，为 155mg/kg。

（六）耕层土壤微量元素

凉州区有效锌平均含量为 0.50mg/kg，在甘肃省养分分级标准中占Ⅳ级，含量低。其中大于 0.5mg/kg 的分析样 31 个，小于 0.5mg/kg 的分析样 44 个，表明凉州区缺有效锌的面积约为五分之三；有效钼平均含量为 0.155mg/kg，在甘肃省养分分级标准中占Ⅲ级，含量较低，有近一半分析样的有效钼在临界值以下，可大略判定凉州区缺钼的面积约为全区耕地总面积的一半；全区有效硼含量平均含量 0.954mg/kg，有 98.61% 的分析样在临界值以上，在甘肃省养分分级标准中占三级，含量较低；有效锰平均含量 11.01mg/kg、有效铜平均含量 1.01mg/kg、有效铁平均含量 14.6mg/kg，在甘肃省养分分级标准中均占Ⅱ级，说明全区有效锰、有效铜、有效铁总体上是不缺的。全区的微量元素中较缺的是有效锌和有效钼，其他微量元素基本可满足大田作物的生长需求。

从区域来到看，全区微量元素最高的区域是黄羊区域，有效铁、锰、铜、锌均为最高，张义区最低。

（七）耕层土壤 pH

根据对凉州区 3805 个样品的分析检测，凉州区 pH 值平均值为 8.08，标准差为 0.20，变异系数 2.46，变化区间为 7.20~8.60。统计结果显示，凉州区土壤呈微碱性。

二、凉州区耕地地力分析

以土壤图与土地利用现状图叠加形成评价单元,应用模糊综合评判方法,通过综合分析,将凉州区耕地共划分为5个等级,根据评价结合进行耕地地力的系统分析。

(一)耕地地力等级与分布

1.耕地地力等级面积统计

根据耕地地力评价结果数据表,汇总各等级耕地的面积,以《2008年甘肃农村年鉴》中凉州区耕地总面积为基准进行平差,统计出不同等级耕地面积。

凉州区总耕地面积为9.73万公顷,其中二、三等地占的比例较大,分别为31.1%、35.5%,占总耕地的66.6%;五等地占的比例最小,为8.1%(表2-5-1)。

表2-5-1 凉州区耕地地力评价结果面积统计

等级	一等地	二等地	三等地	四等地	五等地	总计
面积(hm²)	12510	30300	34560	12100	7860	97300
百分比(%)	12.9	31.1	35.5	12.4	8.1	100

2.耕地地力等级的行政区域划分

从耕地地力评价结果数据表中可以看出,一等地主要分布在冲积洪积细土平原区的羊下坝镇、大柳乡、金羊镇、清水乡、中坝镇;二等地主要分布在双城镇、永昌镇、和平镇、金沙乡、金塔乡、怀安乡、柏树乡、永丰镇、丰乐镇、四坝镇、洪祥镇、高坝镇;三等地主要分布在长城乡、吴家井乡、韩佐乡、河东乡、武南镇、谢河镇、高坝镇、黄羊镇、东河乡;四等地主要分布在武南镇、高坝镇、古城镇、黄羊镇、新华乡、九墩滩指挥部;五等地主要分布在黄羊镇、张义镇等。

(二)耕地地力等级分述

1.一等地的主要属性

一等地,综合评价指数IFI大于0.721,耕地面积1.251万公顷,占总耕地面积的12.9%,主要分布在凉州区的东北片的永昌灌区和清源灌区。地貌类型以冲积洪积细土平原为主;土壤以绿洲灌淤土为主,主要土种有灰黄立土、深位漏沙土、潮土、底青泥淡灰黄立土;土壤质地构型以均质中壤、均质轻壤和均质砂壤为主;灌溉保证率好,灌溉水质好,地势平坦,无明显障碍层,土层深厚,耐旱、耐肥,土质肥沃,土壤水热状况协调,土壤理化性状良好,可耕性强,是本区的高产土壤类型。耕层土壤养分含量:有机质17.8g/kg,全氮1.0g/kg,碱解氮83.8mg/kg,有效磷11.0mg/kg,速效钾162mg/kg,缓效钾875mg/kg,有效硫41.3mg/kg(表2-5-2)。

表 2-5-2 凉州区一等地主要养分含量

地力等级	pH	有机质 (g/kg)	全氮 (g/kg)	碱解氮 (mg/kg)	有效磷 (mg/kg)	缓效钾 (mg/kg)	速效钾 (mg/kg)	有效硫 (mg/kg)
平均值	8.04	17.8	1.0	83.8	11.0	875	162	41.3
含量水平	—	四级	四级	六级	五级	三级	四级	二级

2.二等地的主要属性

二等地,综合评价指数 IFI 在 0.721~0.596 之间,耕地面积 30300 公顷,占总耕地面积的 31.1%,主要分布在我区永昌灌区、金羊灌区、清源灌区、西营灌区。地貌类型以山前洪积冲积倾斜平原和洪积冲击细土平原为主;洪积冲积母质经人为长期耕种、灌溉而成的绿洲灌耕土。土壤 pH8.0~8.5,呈微碱性,主要土种有灰黄平土、淡灰黄平土、底青泥灰黄平土、浅位漏沙土;土壤质地构型以均质中壤、均质轻壤和黏身中壤为主;灌溉保证率较好,地势平坦,土壤障碍有平茬层和夹砂层,夹砂层出现位置大于 60cm;土壤可耕性强,土壤肥力较高。耕层土壤养分含量:有机质 16.7g/kg,全氮 1.0g/kg,碱解氮 81.5mg/kg,有效磷 9.3mg/kg,速效钾 154mg/kg,缓效钾 852mg/kg,有效硫 35.6mg/kg(表 2-5-3)。

表 2-5-3 凉州区二等地主要养分含量

地力等级	pH	有机质 (g/kg)	全氮 (g/kg)	碱解氮 (mg/kg)	有效磷 (mg/kg)	缓效钾 (mg/kg)	速效钾 (mg/kg)	有效硫 (mg/kg)
平均值	8.07	16.7	1.0	81.5	9.3	852	154	35.6
含量水平	—	四级	四级	六级	六级	三级	四级	三级

3.三等地的主要属性

三等地,耕地地力综合指数在 0.5501~0.66997 之间,耕地面积 34560 公顷,占总耕地面积的 35.5%,主要分布在凉州区南部高山区和中连川乡。土种以黑垆土、灰褐土和灰钙土为主;地貌类型以低黄土崾梁、丘陵和高山为主;耕层质地构型以夹黏中壤、均质中壤和砂底中壤为主;灌溉保证率均在 50% 以下,有效土层厚度在 40~180cm,地势高低不平,降雨量充沛,土层厚,无明显障碍层,土壤理化性状良,可耕性较强。耕层土壤养分含量有机质 14.0g/kg,全氮 1.0g/kg,碱解氮 73.3mg/kg,有效磷 10.4mg/kg,缓效钾 821mg/kg,速效钾 141mg/kg,有效硫 37.8mg/kg(表 2-5-4)。

表 2-5-4 凉州区三等地主要养分含量

地力等级	PH	有机质（g/kg）	全氮（g/kg）	碱解氮（mg/kg）	有效磷（mg/kg）	缓效钾（mg/kg）	速效钾（mg/kg）	有效硫（mg/kg）
平均值	8.13	14.0	1.0	73.3	10.4	821	141	37.8
含量水平	—	五级	四级	六级	五级	三级	五级	三级

4.四等地的主要属性

四等地，综合评价指数 IFI 在 0.470～0.3200 之间，耕地面积 12100 公顷，占总耕地面积的 12.4%。四等地土壤以流动风沙土、中位青泥淡灰黄平土、栗土、砂壤土、砂砾灰漠土为主；土壤质地构型以均质砂壤和均质中壤为主；地貌类型主要为山前洪积冲积倾斜平原、低山丘陵和风积平原。主要障碍因素是沙化、夹砂层和砂砾石；成土母质为风沙母质和洪积冲击物。耕层土壤养分含量：有机质 13.6g/kg，全氮 0.94g/kg，碱解氮 75.5mg/kg，有效磷 11.4mg/kg，速效钾 142mg/kg，缓效钾 812mg/kg，有效硫 41.0mg/kg（表 2-5-5）。

表 2-5-5 凉州区四等地主要养分含量

地力等级	pH	有机质（g/kg）	全氮（g/kg）	碱解氮（mg/kg）	有效磷（mg/kg）	速效钾（mg/kg）	缓效钾（mg/kg）	有效硫（mg/kg）
平均值	8.13	13.6	0.94	75.5	11.4	142	812	41.0
含量水平	—	六级	七级	七级	六级	六级	六级	六级

5.五等地的主要属性

五等地，综合评价指数 IFI 小于 0.3200，耕地面积 7860 公顷，占总耕地面积的 8.1%，主要分布在张义镇、古城镇、韩佐乡、新华乡、谢河镇等地。五等地土壤以淡栗土、栗土为主；土壤质地构型为均质中壤；地貌类型主要为山前洪积冲积倾斜平原、低山丘陵。耕层土壤养分含量：有机质 17.9g/kg，全氮 1.0g/kg，碱解氮 85.1mg/kg，有效磷 14.3mg/kg，速效钾 190mg/kg，缓效钾 893mg/kg，有效硫 54.7mg/kg（表 2-5-6）。

表 2-5-6 凉州区五级地主要养分含量

地力等级	pH	有机质（g/kg）	全氮（g/kg）	碱解氮（mg/kg）	有效磷（mg/kg）	速效钾（mg/kg）	缓效钾（mg/kg）	有效硫（mg/kg）
平均值	8.11	17.9	1.0	85.1	14.3	190	893	54.7
含量水平	—	六级	五级	六级	五级	四级	三级	一级

第二节　古浪县耕地地力分析

一、古浪县耕层土壤属性

(一)耕层土壤有机质

根据对古浪县2594个样品的分析检测,其土壤有机质平均含量为13.8g/kg,标准差为5.86,变化区间为3.1~43.4g/kg,变异系数为42.23%。根据甘肃省测土施肥养分分级标准,古浪县土壤有机质含量为省级五级。

对古浪县各乡镇土壤有机质含量进行对比分析,有机质含量平均值小于10g/kg(省级六级)的只有裴家营镇,大于15g/kg(省级四级)的有7个乡镇,以山区乡镇为主,分别为干城乡、古浪镇、海子滩镇、永丰滩乡、黄羊川镇、新堡乡、古丰乡。干城乡有机质含量最高,为18.5g/kg;裴家营镇有机质含量最低,为9.1g/kg。

(二)耕层土壤全氮

根据对古浪县2314个样品的分析检测,其土壤全氮含量为0.860g/kg,标准差为0.34,变化区间为0.640~1.130g/kg,变异系数为39.41%。根据甘肃省养分分级标准,古浪县土壤全氮含量为五级。

对古浪县各乡镇土壤全氮含量进行对比分析,变化范围不大,最大的为干城乡1.130g/kg,最小的为黄花滩乡0.640g/kg,全氮含量平均值大于1.000g/kg(省级四级)的有4个乡镇,分别为干城乡、新堡乡、横梁乡和永丰滩乡。

(三)耕层土壤碱解氮

根据对古浪县2317个样品的分析检测,其土壤碱解氮含量为66.25mg/kg,标准差为21.56,变化区间为19.1~119.1mg/kg,变异系数为32.55%。根据甘肃省养分分级标准,古浪县土壤碱解氮含量为六级。

对古浪县各乡镇土壤碱解氮含量进行对比分析,碱解氮含量平均值大于66.25mg/kg的有8个乡镇,分别为定宁镇、古浪镇、海子滩镇、黑松驿镇、民权乡、泗水镇、土门镇和直滩乡;其他乡镇碱解氮含量平均值均在66.25mg/kg以下。土门镇碱解氮含量最高,为72.7mg/kg;新堡乡碱解氮含量最小,为55.1mg/kg。

(四)耕层土壤有效磷

根据对古浪县2387个样品的分析检测,其土壤有效磷含量为12.35mg/kg,标准差为6.54,变化区间为3.1~37.8mg/kg,变异系数为52.94%。根根据甘肃省养分分级标准,古浪县土壤有效磷含量为五级。

对古浪县各乡镇土壤有效磷含量进行对比分析,有效磷含量平均值大于15.00mg/kg(省级四级)的有3个乡镇,分别为干城乡、海子滩镇、泗水镇,小于10.00mg/kg(省级六级)的有民权乡、裴家营镇和新堡乡。泗水镇有效磷含量最高,为18.4mg/kg;新堡乡有效磷含量最小,为6.8mg/kg。

(五)土壤速效钾

根据对古浪县2027个样品的分析检测,其土壤速效钾含量为161.98mg/kg,标准差为65.85,变化区间为31~398mg/kg,变异系数为40.66%。根据甘肃省养分分级标准,古浪县土壤速效钾含量为四级。

对古浪县各乡镇土壤速效钾含量进行对比分析,速效钾含量平均值小于100.00mg/kg(省级六级)的只有永丰滩乡,大于200.00mg/kg(省级Ⅳ)的有5个乡镇,分别为新堡乡、民权乡、黑松驿镇、干城乡和横梁乡。横梁乡速效钾含量最高,为232mg/kg;永丰滩乡速效钾含量最低66mg/kg。

(六)耕层土壤有效铁

根据对古浪县2376个样品的分析检测,其土壤有效铁含量为6.34mg/kg,标准差为3.09,变化区间为0.1~22.5mg/kg,变异系数为48.81%。根据甘肃省养分分级标准,古浪县土壤有效铁含量为较低等。

对古浪县各乡镇土壤有效铁含量进行对比分析,有效铁含量平均值小于6.37mg/kg的有6个乡镇,分别为干城乡、黑松驿镇、黄花滩乡、黄羊川镇、新堡乡和永丰滩乡;其他乡镇土壤有效铁含量平均值均在6.37mg/kg以上。裴家营镇有效铁含量最大,为8.4mg/kg;干城乡有效铁含量最小,为2.7mg/kg。

(七)耕层土壤有效锰

根据对古浪县2385个样品的分析检测,其土壤有效锰含量为5.94mg/kg,标准差为4.07,变化区间为0.1~67mg/kg,变异系数为68.57%。根据甘肃省养分分级标准,古浪县土壤有效锰含量为较低等。

对古浪县各乡镇土壤有效锰含量进行对比分析,有效锰含量平均值小于5.94mg/kg的有8个乡镇,分别为干城乡、黑松驿镇、横梁乡、黄花滩乡、黄羊川镇、十八里堡乡、新堡乡和永丰滩乡;其他乡镇土壤有效锰含量平均值均在5.94mg/kg以上。裴家营镇有效锰含量最高,为12.2mg/kg;干城乡有效锰含量最低,为2.5mg/kg。

(八)耕层土壤有效铜

根据对古浪县2401个样品的分析检测,其土壤有效铜含量为0.80mg/kg,标准差为0.42,变化区间为0.01~2.23mg/kg,变异系数为53.04%。根据甘肃省养分分级标准,古浪县土壤有效铜含量为低等。

对古浪县各乡镇土壤有效铜含量进行对比分析，有效铜含量平均值小于0.80mg/kg的有8个乡镇，分别为干城乡、黑松驿镇、横梁乡、黄花滩乡、黄羊川镇、十八里堡乡、新堡乡和永丰滩乡；其他乡镇土壤有效铜含量平均值均在0.8mg/kg以上。泗水镇有效铜含量最大，为1.16mg/kg；干城乡有效铜含量最小，为0.32mg/kg。

(九)耕层土壤有效锌含量状况

根据对古浪县2394个样品的分析检测，其土壤有效锌含量为0.52mg/kg，标准差为0.34，变化区间为0.01~2.6mg/kg，变异系数为65.22%。根据甘肃省养分分级标准，古浪县土壤有效锌含量为高等。

对古浪县各乡镇土壤有效锌含量进行对比分析，有效锌含量平均值小于0.52mg/kg的乡镇有7个，分别是干城乡、黑松驿镇、横梁乡、黄花滩乡、土门镇、新堡乡和永丰滩乡；其他乡镇土壤有效锌含量平均值均在0.52mg/kg以上。西靖乡有效锌含量最高，为0.89mg/kg；永丰滩乡有效锌含量最低，为0.12mg/kg。

(十)耕层土壤pH

根据对古浪县2642个样品的分析测试，古浪县土壤pH值平均值为8.3，标准差为0.21，变化区间为7.8~9，变异系数为2.49%。统计结果显示，古浪县土壤呈微碱性。对古浪县各乡镇土壤pH值进行对比分析，各乡镇土壤pH值差别不大，均在8.2以上，最大的乡镇是海子滩镇，pH值为8.4。

二、古浪县耕地地力分析

以土壤图与土地利用现状图叠加形成评价单元，应用模糊综合评判方法，通过综合分析，将古浪县耕地共划分为4个等级，根据评价结合进行耕地地力的系统分析。

(一)耕地地力等级与分布

1.耕地地力等级面积统计

根据耕地地力评价结果数据表，汇总各等级耕地的面积，以《2008年甘肃农村年鉴》中古浪县耕地总面积为基准进行平差，统计出不同等级耕地面积。

古浪县总耕地面积为7.27万公顷，其中一、二和四等地占的比例较大，分别为13.7%、28.3%和51.1%，占总耕地的93.1%；三等地占的比例较小，为6.9%。见表2-5-7。

表 2-5-7 古浪县耕地地力评价结果面积统计

等级	一等地	二等地	三等地	四等地	总计
面积(公顷)	13300	17700	4600	37100	72700
百分比(%)	13.7	28.3	6.9	51.1	100.00

2.耕地地力等级的行政区域划分

表 2-5-8 为古浪县一等地到四等地在各乡镇的分布状况。

表 2-5-8 古浪县耕地地力等级行政区域分布

单位:公顷,%

县地力等级		一等地	二等地	三等地	四等地	总计
城关街道	面积	0	11.69	0	0	11.69
	占比	0	100	0	0	100
古浪镇	面积	732.23	703.57	43.84	306.95	1786.59
	占比	40.98	39.38	2.45	17.18	100
泗水镇	面积	1394.95	1949.57	954.74	88.16	4387.42
	占比	31.79	44.44	21.76	2.01	100
定宁镇	面积	65.49	1933.15	58.77	1753.19	3810.61
	占比	1.72	50.73	1.54	46.01	100
土门镇	面积	1312.69	2291.97	330.56	699.56	4634.78
	占比	28.32	49.45	7.13	15.09	100
永丰滩乡	面积	116.05	1170.71	8.21	0.59	1295.55
	占比	8.96	90.36	0.63	0.05	100
黄花滩乡	面积	140.3	1957.08	119.73	2893.82	5110.92
	占比	2.75	38.29	2.34	56.62	100
西靖乡	面积	308.16	325.05	125.35	2509.72	3268.27
	占比	9.43	9.95	3.84	76.79	100
大靖镇	面积	2889.13	1398.77	195.16	700.17	5183.23
	占比	55.74	26.99	3.77	13.51	100
民权乡	面积	790.57	612.31	186.06	1821.54	3410.47
	占比	23.18	17.95	5.46	53.41	100
裴家营镇	面积	1747.5	852.69	34.37	1547.02	4181.58
	占比	41.79	20.39	0.82	37	100

续表 2-5-8

县地力等级		一等地	二等地	三等地	四等地	总计
直滩乡	面积	1029.56	1651.55	219.83	2205.88	5106.82
	占比	20.16	32.34	4.3	43.19	100
海子滩镇	面积	2462.45	1291.34	52.61	14.71	3821.1
	占比	64.44	33.79	1.38	0.38	100
古丰乡	面积	61.57	502.31	832.13	1766.37	3162.37
	占比	1.95	15.88	26.31	55.86	100
十八里堡乡	面积	21.13	133.72	34.89	1340.82	1530.56
	占比	1.38	8.74	2.28	87.6	100
黑松驿镇	面积	98.69	114.96	84.05	2709	3006.69
	占比	3.28	3.82	2.8	90.1	100
黄羊川镇	面积	43.9	364.01	51.38	5427.06	5886.35
	占比	0.75	6.18	0.87	92.2	100
横梁乡	面积	19.07	280.07	204.69	3128.88	3632.72
	占比	0.52	7.71	5.63	86.13	100
干城乡	面积	5.11	61.46	549.13	3772.98	4388.67
	占比	0.12	1.4	12.51	85.97	100
新堡乡	面积	19.05	71.11	528.65	4427.25	5046.06
	占比	0.38	1.41	10.48	87.74	100
其他	面积	2.81	34.19	0.52	0.03	37.55
	占比	7.48	91.05	1.38	0.08	100
总计	面积	13260.39	17711.26	4614.67	37113.68	72700
	占比	18.24	24.36	6.35	51.05	100

(二)耕地地力等级分述

1.一等地的主要属性

一等地,综合评价指数 IFI 大于 0.80,耕地面积 1.33 万公顷,占总耕地面积的 13.7%。主要分布在大靖镇、海子滩镇、裴家营镇、泗水镇和土门镇。

一等地土壤类型主要为灌淤土,地貌类型主要为河川地,全部为水浇地耕层质地构型以均质中壤、砂质轻壤和均质轻壤为主,灌溉保证率均在 70% 以上,熟化程度高,质地适中,通透性好,保水保肥能力强,地势平坦,无明显障碍层,土壤理化性状良好,可耕性强。耕层土壤养分含量：有机质 12.85g/kg，全氮 0.81g/kg，碱解氮 63.67mg/kg，有效磷 12.42mg/kg，速效钾 160.01mg/kg，有效铜 0.96mg/kg，有效锌 0.61mg/kg，有效铁 6.79mg/kg，有效锰 6.98mg/kg 等（表 2-5-9）。

表 2-5-9　古浪县一等地主要养分含量

县地力等级	有机质（g/kg）	有效磷（mg/kg）	速效钾（mg/kg）	缓效钾（mg/kg）	碱解氮（mg/kg）	全氮（g/kg）	有效铁（mg/kg）	有效锌（mg/kg）	有效铜（mg/kg）	有效锰（mg/kg）
平均	12.85	12.42	160.01	826.12	63.67	0.81	6.79	0.61	0.96	6.98
水平含量	五级	五级	四级	三级	六级	五级	三级	三级	三级	三级

2.二等地的主要属性

二等地，综合评价指数 IFI 为 0.68～0.80，耕地面积 1.77 万公顷，占总耕地面积的 28.30%，主要分布在土门镇、黄花滩乡、泗水镇、定宁镇、直滩乡和永丰滩乡。

二等地土壤类型主要有灌淤土和灰钙土，地貌类型主要为河川地、平坦的洪积平原及河谷平原，耕层质地构型以均质中壤、砂质轻壤和砂身轻壤为主，灌溉保证率高，可耕性较强。耕层土壤养分含量：有机质 13.21g/kg，全氮 0.84g/kg，全钾 2.46g/kg，碱解氮 66.18mg/kg，有效磷 12.10mg/kg，速效钾 150.41mg/kg，有效铜 0.90mg/kg，有效锌 0.59mg/kg，有效铁 6.57mg/kg，有效锰 6.38mg/kg 等（表 2-5-10）。

表 2-5-10　古浪县二等地主要养分含量

县地力等级	有机质（g/kg）	有效磷（mg/kg）	速效钾（mg/kg）	缓效钾（mg/kg）	碱解氮（mg/kg）	全氮（g/kg）	有效铁（mg/kg）	有效锌（mg/kg）	有效铜（mg/kg）	有效锰（mg/kg）
平均	13.21	12.10	150.41	825.60	66.18	0.84	6.57	0.59	0.90	6.38
水平含量	五级	五级	四级	三级	六级	五级	三级	三级	三级	三级

3.三等地的主要属性

三等地，综合评价指数 IFI 为 0.50～0.68，耕地面积 0.46 万公顷，占总耕地面积的 6.9%，主要分布在泗水镇、古丰乡、干城乡、新堡乡、土门镇。

三等地土壤类型以灰钙土、山地栗钙土和灌淤土为主，地貌类型主要为平坦的洪积平原、倾斜的洪积平原及河谷平原，土壤质地构型以均质中壤和砂质轻壤为主，灌溉保证率低，海拔较高，土壤理化性状良，可耕性较强。耕层土壤养分含量：有机质 13.85g/kg，全氮 0.88g/kg，全钾 2.49g/kg，碱解氮 64.18mg/kg，有效磷 12.04mg/kg，速效钾 164.66mg/kg，有效铜 0.77mg/kg，有效锌 0.50mg/kg，有效铁 5.81mg/kg，有效锰 5.51mg/kg 等（表 2-5-11）。

表 2-5-11　古浪县三等地主要养分含量

县地力等级	有机质（g/kg）	有效磷（mg/kg）	速效钾（mg/kg）	缓效钾（mg/kg）	碱解氮（mg/kg）	全氮（g/kg）	有效铁（mg/kg）	有效锌（mg/kg）	有效铜（mg/kg）	有效锰（mg/kg）
平均	13.85	12.04	164.66	876.02	64.18	0.88	5.81	0.50	0.77	5.51
水平含量	五级	五级	四级	三级	六级	五级	三级	三级	三级	三级

4.四等地的主要属性

四等地，综合评价指数 IFI 为 0.00～0.50，耕地面积 3.71 万公顷，占总耕地面积的 51.10%，主要分布在黄羊川镇、新堡乡、干城乡、横梁乡、黄花滩乡、黑松驿镇、西靖乡、直滩乡、民权乡、古丰乡、定宁镇、裴家营镇和十八里堡乡。

四等地土壤类型以山地栗钙土和灰钙土为主，地貌类型主要为倾斜的洪积平原，土壤质地构型以均质中壤为主，无灌溉，海拔高，可耕性较好。耕层土壤养分含量：有机质 12.84g/kg，全氮 0.85g/kg，全钾 2.52g/kg，碱解氮 60.66mg/kg，有效磷 10.45mg/kg，速效钾 195.85mg/kg，有效铜 0.76mg/kg，有效锌 0.51mg/kg，有效铁 6.28mg/kg，有效锰 5.73mg/kg 等（表 2-5-12）。

表 2-5-15　古浪县四等地主要养分含量

县地力等级	有机质（g/kg）	有效磷（mg/kg）	速效钾（mg/kg）	缓效钾（mg/kg）	碱解氮（mg/kg）	全氮（g/kg）	有效铁（mg/kg）	有效锌（mg/kg）	有效铜（mg/kg）	有效锰（mg/kg）
平均	12.84	10.45	195.85	927.21	60.66	0.85	6.28	0.51	0.76	5.73
水平含量	五级	五级	四级	三级	六级	五级	三级	三级	三级	三级

第三节　民勤县耕地地力分析

一、民勤县耕层土壤属性

（一）耕层土壤有机质

根据对民勤县 3640 个样品的分析检测，其土壤有机质含量为 10.75g/kg，标准差为 1.84，变化区间为 6.06～12.55g/kg，变异系数为 18.57%。根据甘肃省测土施肥养分分级标准，民勤县土壤有机质含量为五级。

对民勤县各乡（镇）土壤有机质含量进行对比分析，有机质含量平均值小于 10g/kg 的有 6 个乡（镇），分别为南湖乡、收成乡、西渠镇、泉山镇、红沙梁乡和东湖镇；其他乡（镇）

土壤有机质含量均在10g/kg以上。苏武乡有机质含量最高,为12.55g/kg;南湖乡有机质含量最低,为6.06g/kg。

(二)耕层土壤全氮

根据对民勤县3635个样品的分析检测,其土壤全氮含量为0.55g/kg,标准差为0.10,变化区间为0.37~0.71g/kg,变异系数为18.37%。根据甘肃省测土施肥养分分级标准,民勤土壤全氮含量为六级。

对民勤县各乡(镇)土壤全氮含量进行对比分析,全氮含量平均值小于0.5g/kg的有7个乡(镇),分别为南湖乡、收成乡、西渠镇、大滩乡、红沙梁乡、昌盛乡和泉山镇;其他乡全氮含量平均值在0.5g/kg以上。重兴乡全氮含量最高,为0.71g/kg;南湖乡全氮含量最小,为0.37g/kg。

(三)耕层土壤碱解氮

根据对民勤县3604个样品的分析检测,其土壤碱解氮含量为47.59mg/kg,标准差为12.10,变化区间为19.28~68.06mg/kg,变异系数为28.87%。根据甘肃省测土施肥养分分级标准,民勤县土壤碱解氮含量为六级。

对民勤县各乡(镇)土壤碱解氮含量进行对比分析,碱解氮含量平均值大于50mg/kg的有2个乡(镇),分别为昌盛乡和昌宁乡;其他乡(镇)碱解氮含量平均值均在50mg/kg以下。昌宁乡碱解氮含量最高,为68.06mg/kg;南湖乡碱解氮含量最小,为19.28mg/kg。

(四)耕层土壤有效磷

根据对民勤县3601个样品的分析检测,其土壤有效磷含量为21.65mg/kg,标准差为4.16,变化区间为14.69~31.22mg/kg,变异系数为20.28%。根根据甘肃省测土施肥养分分级标准,民勤县土壤有效磷含量为三级。

对民勤县各乡(镇)土壤有效磷含量进行对比分析,有效磷含量平均值小于20.00mg/kg的有7个乡(镇),分别为夹河乡、蔡旗乡、红沙梁乡、东湖镇、南湖乡、西渠镇和重兴乡;其他乡(镇)土壤有效磷含量平均值均在20.00mg/kg以下。大滩乡有效磷含量最高,为31.22mg/kg;夹河乡有效磷含量最小,为14.69mg/kg。

(五)土壤速效钾

根据对民勤县3596个样品的分析检测,其土壤速效钾含量为147.15mg/kg,标准差为28.95,变化区间为108.29~198.75mg/kg,变异系数为19.48%。根据甘肃省测土施肥养分分分级标准,民勤县土壤速效钾含量为五级。

对民勤县各乡(镇)土壤速效钾含量进行对比分析,速效钾含量平均值大于150mg/kg的有7个乡(镇),分别为昌盛乡、东湖镇、大滩乡、昌宁乡、薛百乡、收成乡和南湖乡;其他乡土壤速效钾含量平均值在150mg/kg以下。南湖乡速效钾含量最高,为198.75mg/kg;

双茨科乡速效钾含量最低 108.29mg/kg。

(六)耕层土壤有效铁

根据对民勤县 3600 个样品的分析检测,其土壤有效铁含量为 8.35mg/kg,标准差为 1.10,变化区间为 5.76~9.50mg/kg,变异系数为 13.44%。根据甘肃省测土施肥养分分级标准,民勤县土壤有效铁含量为较低等。

对民勤县各乡(镇)土壤有效铁含量进行对比分析,有效铁含量平均值小于 8mg/kg 的有 5 个乡(镇),分别为昌宁乡、东湖镇、昌盛乡、重兴乡和大滩乡;其他乡(镇)土壤有效铁含量平均值均在 8mg/kg 以上。苏武乡有效铁含量最大,为 9.50mg/kg;昌宁乡有效铁含量最小,为 5.76mg/kg。

(七)耕层土壤有效锰

根据对民勤县 3635 个样品的分析检测,其土壤有效锰含量为 7.34mg/kg,标准差为 1.42,变化区间为 4.27~8.63mg/kg,变异系数为 20.24%。根据甘肃省测土施肥养分分级标准,民勤县土壤有效锰含量为较低等。

对民勤县各乡(镇)土壤有效锰含量进行对比分析,有效锰含量平均值小于 7mg/kg 的有 6 个乡(镇),分别为昌宁乡、昌盛乡、东湖镇、南湖乡、蔡旗乡和重兴乡;其他乡(镇)土壤有效锰含量平均值均在 7mg/kg 以上。苏武乡有效锰含量最高,为 8.63mg/kg,昌宁乡有效锰含量最低,为 4.27mg/kg。

(八)耕层土壤有效铜

根据对民勤县 3621 个样品的分析检测,其土壤有效铜含量为 1.59mg/kg,标准差为 0.28,变化区间为 0.48~1.72mg/kg,变异系数为 38.31%。根据甘肃省测土施肥养分分级标准,民勤县土壤有效铜含量为中等。

对民勤县各乡(镇)土壤有效铜含量进行对比分析,有效铜含量平均值大于 1mg/kg 的只有双茨科乡 1 个乡;其他乡土壤有效铜含量平均值均在 1mg/kg 以下。双茨科乡有效铜含量最大,为 1.72mg/kg;昌盛乡有效铜含量最小,为 0.48mg/kg。

(九)耕层土壤有效锌含量状况

根据对民勤县 3622 个样品的分析检测,其土壤有效锌含量为 2.19mg/kg,标准差为 0.78,变化区间为 1.38~4.08mg/kg,变异系数为 35.45%。根据甘肃省测土施肥养分分级标准,民勤县土壤有效锌含量为高等。

对民勤县各乡(镇)土壤有效锌含量进行对比分析,有效锌含量平均值小于 1mg/kg 的乡(镇)有 6 个,分别是昌盛乡、昌宁乡、东湖镇、泉山镇、夹河乡和南湖乡;其他乡(镇)土壤有效锌含量平均值均在 1mg/kg 以上。大滩乡有效锌含量最高,为 4.08mg/kg;昌盛乡有效锌含量最低,为 1.38mg/kg。

(十)耕层土壤pH

根据对民勤县3640个样品的分析测试,民勤县pH值平均值为8.42,标准差为0.21,变化区间为8.19~8.82,变异系数为2.44%。统计结果显示,民勤县土壤呈微碱性。对民勤县各乡镇土壤pH值进行对比分析,pH值小于8.5的有5个乡镇,分别为夹河乡、泉山镇、双茨科乡、重兴乡和大滩乡;其他乡镇pH值均在8.5以上。pH值最大的乡镇是红沙梁乡,pH值为8.82;pH值最小的乡镇是夹河乡,pH值为8.19。

二、民勤县耕地地力分析

以土壤图与土地利用现状图叠加形成评价单元,应用模糊综合评判方法,通过综合分析,将民勤县耕地共划分为六个等级,根据评价结合进行耕地地力的系统分析。

(一)耕地地力等级与分布

1.耕地地力等级面积统计

根据耕地地力评价结果数据表,汇总各等级耕地的面积,以《2008年甘肃农村年鉴》中民勤县耕地总面积为基准进行平差,统计出不同等级耕地面积。

民勤县总耕地面积为6.02万公顷,其中一、二和三等地占的比例较大,分别为26.09%、23.87%和29.69%,占总耕地的79.65%;四、五和六等地占的比例较小,分别为7.10%、9.66%和3.58%。见表2-5-13。

表2-5-13 民勤县耕地地力评价结果面积统计

等级	一等地	二等地	三等地	四等地	五等地	六等地	总计
面积(公顷)	15700	14400	17900	4300	5800	2200	60200
比例(%)	26.09	23.87	29.69	7.10	9.66	3.58	100.00

2.耕地地力等级的行政区域划分

表2-5-14为民勤县一等地到六等地的各乡镇的分布状况。从表中可以看出,一等地主要分布在三雷、东坝、蔡旗、大坝、夹河、重兴、苏武和薛百等乡(镇);二等地主要分布在双茨科、大滩、红沙梁、泉山和昌宁等乡(镇);三等地主要分布在西渠、东湖、收成和薛百等乡(镇);四等地主要分布在南湖乡和昌宁乡,其中南湖乡四等地面积达到了97.27%;五等地主要分布在夹河乡、收成乡和泉山镇;六等地主要分布在绿洲边缘风沙线附近的红沙梁乡、收成乡和泉山镇。

表 2-5-14 民勤县耕地地力等级行政区域分布

乡镇名称		一等地	二等地	三等地	四等地	五等地	六等地	合计
蔡旗乡	面积（公顷）	1757.00	235.20	729.00	0.90	20.30	0	2742.40
	比例(%)	64.07	8.58	26.58	0.03	0.74	0	100.00
昌宁乡	面积（公顷）	483.00	1986.00	1.50	1236.00	275.30	154.00	4135.80
	比例(%)	11.68	48.02	0.04	29.88	6.65	3.72	100.00
大坝乡	面积（公顷）	1387.00	0	565.00	251.00	0	0.20	2203.20
	比例(%)	62.95	0	25.64	11.39	0	0.01	100.00
大滩乡	面积（公顷）	45.10	2396.00	13.80	348.00	123.20	226.00	3152.10
	比例(%)	1.43	76.00	0.44	11.04	3.91	7.18	100.00
东坝镇	面积（公顷）	2839.00	70.00	115.10	39.80	434.80	32.30	3531.00
	比例(%)	80.40	1.98	3.26	1.13	12.31	0.91	100.00
东湖镇	面积（公顷）	0	468.60	2724.00	153.00	330.40	67.40	3743.40
	比例(%)	0	12.52	72.77	4.09	8.83	1.80	100.00
红沙梁乡	面积（公顷）	0	1976.00	223.70	36.60	109.10	259.00	2604.40
	比例(%)	0	75.87	8.59	1.41	4.19	9.95	100.00
夹河乡	面积（公顷）	1793.00	0	96.00	222.40	1320.00	79.20	3510.60
	比例(%)	51.08	0	2.73	6.33	37.60	2.26	100.00
南湖乡	面积（公顷）	0	0	0	57.10	1.70	0	58.80
	比例(%)	0	0	0	97.27	2.90	0	100.00
泉山镇	面积（公顷）	0	2366.00	195.50	36.80	870.40	310.00	3778.70
	比例(%)	0	62.61	5.17	0.97	23.03	8.21	100.00
三雷镇	面积（公顷）	1870.00	0	193.60	15.70	0	0	2079.30
	比例(%)	89.93	0	9.31	0.76	0	0	100.00

续表 2-5-14

乡镇名称		一等地	二等地	三等地	四等地	五等地	六等地	合计
收成乡	面积（公顷）	0	93.20	2742.00	74.50	1110.00	430.00	4449.70
	比例(%)	0	2.09	61.61	1.67	24.94	9.68	100.00
双茨科乡	面积（公顷）	198.40	4167.00	169.30	179.80	0.90	169.00	4884.40
	比例(%)	4.06	85.30	3.47	3.68	0.02	3.48	100.00
苏武乡	面积（公顷）	2903.00	128.30	1606.00	1090.00	312.80	0	6040.10
	比例(%)	48.06	2.12	26.58	18.05	5.18	0	100.00
西渠镇	面积（公顷）	0	417.00	6216.00	149.60	774.30	305.00	7861.90
	比例(%)	0	5.30	79.06	1.90	9.85	3.89	100.00
薛百乡	面积（公顷）	1246.00	52.40	1346.00	301.40	3.10	114.00	3062.90
	比例(%)	40.67	1.71	43.93	9.84	0.10	3.75	100.00
重兴乡	面积（公顷）	1194.00	21.80	946.50	85.30	134.80	6.70	2389.10
	比例(%)	49.99	0.91	39.60	3.57	5.64	0.28	100.00

（二）耕地地力等级分述

1. 一等地的主要属性

一等地，综合评价指数 IFI 大于 0.83，耕地面积 1.57 万公顷，占总耕地面积的 26.09%。主要分布在民勤县城郊的三雷镇、苏武乡和坝区的薛百乡、夹河乡、重兴乡和蔡旗乡等。

一等地主要分布在民勤县城郊乡镇；土壤有灌淤土、草甸土和潮土 3 种类型；地貌类型为冲积洪积平原；耕层质地构型以壤身轻壤、壤底轻壤和均质中壤为主；灌溉保证率均在 60% 以上，灌溉水质好，有效土层厚度大于 1m，地势平坦，无明显障碍层，土壤理化性状良好，可耕性强。耕层土壤养分含量：有机质 11.09g/kg，全氮 0.63g/kg，全磷 10.88g/kg；碱解氮 44.31mg/kg，有效磷 21.41mg/kg，速效钾 196.39mg/kg，有效铜 0.70mg/kg，有效锌 2.23mg/kg，有效铁 8.84mg/kg，有效锰 7.62mg/kg（表 2-5-15）。

表 2-5-15　民勤县一等地主要养分含量

县地力等级	有机质(g/kg)	全氮(g/kg)	碱解氮(mg/kg)	有效磷(mg/kg)	速效钾(mg/kg)	有效铜(mg/kg)	有效锌(mg/kg)	有效铁(mg/kg)	有效锰(mg/kg)
平均	11.09	0.63	44.31	21.41	196.39	0.70	2.23	8.84	7.62
含量水平	五级	六级	七级	三级	四级	三级	一级	三级	三级

2.二等地的主要属性

二等地，综合评价指数 IFI 为 0.67～0.83，耕地面积 1.44 万公顷，占总耕地面积的 23.87%，主要分布在泉山片的红沙梁乡、泉山镇、大滩乡和双茨科乡，以及昌宁乡和昌盛乡等地。

二等地主要分布在民勤县中部的各乡镇以及西南角的部分乡镇；土壤有草甸土、灌淤土和潮土 3 种类型；地貌类型为冲积洪积平原；耕层质地构型以壤身轻壤、均质中壤和夹砂中壤为主；土层中存在漏沙层，灌溉保证率在 50% 以上，有效土层厚度在 50cm 以上，1 米土层含盐量 0.1%～0.25%，可耕性较强。耕层土壤养分含量：有机质 9.38g/kg，全氮 0.51g/kg，碱解氮 40.96mg/kg，有效磷 19.78mg/kg，速效钾 197.91mg/kg，有效铜 0.82mg/kg，有效锌 1.90mg/kg，有效铁 8.02mg/kg，有效锰 6.87mg/kg（表 2-5-16）。

表 2-5-16　民勤县二等地主要养分含量

县地力等级	有机质(g/kg)	全氮(g/kg)	碱解氮(mg/kg)	有效磷(mg/kg)	速效钾(mg/kg)	有效铜(mg/kg)	有效锌(mg/kg)	有效铁(mg/kg)	有效锰(mg/kg)
平均	9.38	0.51	40.96	19.78	197.91	0.82	1.90	8.02	6.87
含量水平	六级	六级	七级	四级	四级	三级	二级	三级	四级

3.三等地的主要属性

三等地，综合评价指数 IFI 为 0.50～0.67，耕地面积 1.79 万公顷，占总耕地面积的 29.69%，主要分布在湖区的西渠镇、东湖镇和收成乡，另外薛百乡、苏武乡和蔡旗乡也有零星分布。

三等地主要分布在民勤县湖区的各乡镇，土壤以潮土和灌淤土为主；地貌类型为湖积平原；土壤质地构型以壤身轻壤、夹砂中壤和砂质轻壤为主；灌溉保证率低，地下水位浅，水质差，有中度盐碱危害，有效土层厚，无明显障碍层，土壤理化性状良，可耕性较强。耕层土壤养分含量：有机质 9.46g/kg，全氮 0.54g/kg，全磷 10.42g/kg，碱解氮 39.06mg/kg，有效磷 19.60mg/kg，速效钾 202.11mg/kg，有效铜 0.66mg/kg，有效锌 1.96mg/kg，有效铁 8.32mg/kg，有效锰 7.29mg/kg（表 2-5-17）。

表 2-5-17　民勤县三等地主要养分含量

县地力等级	有机质(g/kg)	全氮(g/kg)	碱解氮(mg/kg)	有效磷(mg/kg)	速效钾(mg/kg)	有效铜(mg/kg)	有效锌(mg/kg)	有效铁(mg/kg)	有效锰(mg/kg)
平均	9.46	0.54	39.06	19.60	202.11	0.66	1.96	8.32	7.29
含量水平	六级	六级	七级	四级	三级	三级	三级	三级	三级

4. 四等地的主要属性

四等地，综合评价指数 IFI 为 0.33～0.55，耕地面积 0.43 万公顷，占总耕地面积的 7.10%，主要分布在南湖乡和昌宁乡，以及环河区沿风沙线一带。

四等地主要分布在民勤县南湖乡和昌宁乡以及环河区沿风沙线一带。土种以风沙土为主；地貌类型为风积平原；土壤质地构型以砂质轻壤为主；灌溉保证率一般，土壤保水保肥能力差，地下水水质好，土层中有明显沙层，受风蚀危害，可耕性较好。耕层土壤养分含量：有机质 10.77g/kg，全氮 0.59g/kg，碱解氮 43.23mg/kg，有效磷 21.33mg/kg，速效钾 206.61mg/kg，有效铜 0.68mg/kg，有效锌 2.12mg/kg，有效铁 8.15mg/kg，有效锰 7.15mg/kg（表 2-5-18）。

表 2-5-18　民勤县四等地主要养分含量

县地力等级	有机质(g/kg)	全氮(g/kg)	碱解氮(mg/kg)	有效磷(mg/kg)	速效钾(mg/kg)	有效铜(mg/kg)	有效锌(mg/kg)	有效铁(mg/kg)	有效锰(mg/kg)
平均	10.77	0.59	43.23	21.33	206.61	0.68	2.12	8.15	7.15
含量水平	五级	六级	七级	三级	三级	三级	一级	三级	三级

5. 五等地的主要属性

五等地，综合评价指数 IFI 为 0.17～0.33，耕地面积 0.58 万公顷，占总耕地面积的 9.66%，主要分布在西渠镇、东湖镇、收成乡、泉山镇、昌盛乡、昌宁乡、夹河乡和南湖乡等沿风沙线一带的区域。

五等地主要分布在民勤县各乡镇沿风沙线一带的区域，面积比较小。土壤以风沙土和盐土为主；地貌类型为风积平原；土壤质地构型以砂质轻壤、砂底轻壤和均质砂壤为主；灌溉保证率一般，有效土层薄，有明显障碍层，受盐碱和风蚀危害严重。耕层土壤养分含量：有机质 8.74g/kg，全氮 0.49g/kg，碱解氮 35.75mg/kg，有效磷 19.69mg/kg，速效钾 193.52mg/kg，有效铜 0.68mg/kg，有效锌 1.91mg/kg，有效铁 8.20mg/kg，有效锰 7.28mg/kg（表 2-5-19）。

表 2-5-19 民勤县五级地主要养分含量

县地力等级	有机质(g/kg)	全氮(g/kg)	碱解氮(mg/kg)	有效磷(mg/kg)	速效钾(mg/kg)	有效铜(mg/kg)	有效锌(mg/kg)	有效铁(mg/kg)	有效锰(mg/kg)
平均	8.74	0.49	35.75	19.69	193.52	0.68	1.91	8.20	7.28
含量水平	六级	七级	七级	四级	四级	三级	二级	三级	三级

6.六等地的主要属性

六等地，综合评价指数 IFI 为 0~0.17，耕地面积 0.22 万公顷，占总耕地面积的 3.58%，主要分布在收成乡、东湖镇的盐碱滩地，红沙梁乡、泉山镇、大滩乡、昌宁乡等沿风沙线一带的区域。

六等地主要分布在民勤县北部的盐碱滩地以及中部沿风沙线一带的区域。土种以风沙土为主;地貌类型为风积平原;土壤质地构型以砂质轻壤为主;灌溉保证率一般，有效土层薄，有明显障碍层，受风沙危害严重，可耕性较好。耕层土壤养分含量：有机质 9.02g/kg，全氮 0.49g/kg，全磷 9.05g/kg，碱解氮 37.18mg/kg，有效磷 20.96mg/kg，速效钾 198.72mg/kg，有效铜 0.73mg/kg，有效锌 2.09mg/kg，有效铁 8.14mg/kg，有效锰 7.32mg/kg（表 2-5-20）。

表 2-5-20 民勤县六级地主要养分含量

县地力等级	有机质(g/kg)	全氮(g/kg)	碱解氮(mg/kg)	有效磷(mg/kg)	速效钾(mg/kg)	有效铜(mg/kg)	有效锌(mg/kg)	有效铁(mg/kg)	有效锰(mg/kg)
平均	9.02	0.49	37.18	20.96	198.72	0.73	2.09	8.14	7.32
含量水平	六级	七级	七级	三级	四级	三级	一级	三级	三级

第四节 天祝县耕地地力分析

一、天祝县耕层土壤属性

(一)耕层土壤有机质

根据 2718 个样品的分析检测，土壤有机质平均含量为 31.9g/kg。根据甘肃省养分分级标准，天祝县土壤有机质含量为 y 一级。

对各乡(镇)土壤有机质含量进行对比分析，有机质含量平均值小于 31.9g/kg 的乡

(镇)有9个,分别为东坪乡、炭山岭镇、赛什斯镇、天堂镇、打柴沟镇、石门镇、华藏寺镇、祁连乡、旦马乡;其他乡(镇)土壤有机质含量均在31.9g/kg以上。抓喜秀龙乡的土壤有机质含量最高为43.9g/kg,东坪乡有机质含量最低为16.3g/kg。

(二)耕层土壤全氮

根据2719个样品的分析检测,土壤全氮含量为1.78g/kg。根据甘肃省养分分级标准,天祝县土壤全氮含量为二级。

对各乡(镇)土壤全氮含量进行对比分析,全氮含量小于平均值1.78g/kg的有8个乡(镇),分别为东坪乡、华藏寺镇、石门镇、炭山岭镇、打柴沟镇、赛什斯镇、西大滩乡、祁连乡;旦马乡、东大滩乡的全氮含量等于平均值1.78g/kg;其他乡镇的土壤全氮含量在1.78g/kg以上。其中哈溪镇全氮含量最高,为2.47g/kg;东坪乡全氮含量最低为1.27g/kg。

(三)耕层土壤碱解氮

根据对2703个样品的分析检测,土壤碱解氮含量为122mg/kg。根据甘肃省养分分级标准,天祝县土壤碱解氮含量为五级。

对各乡(镇)的土壤碱解氮含量进行对比分析,碱解氮含量小于平均值122mg/kg的有8个乡(镇),分别为东坪乡、松山镇、东大滩乡、华藏寺镇、祁连乡、旦马乡、西大滩乡、哈溪镇;其他乡(镇)的土壤碱解氮含量在122mg/kg以上;天堂镇、抓喜秀龙乡、炭山岭镇的土壤碱解氮含量高于150mg/kg,其中抓喜秀龙乡最高,为172mg/kg;土壤碱解氮含量在100mg/kg以下的为东坪乡和松山镇,东坪乡含量最低,为70.0mg/kg;土壤碱解氮含量在100~150mg/kg之间的有东大滩乡、祁连乡、华藏寺镇、旦马乡、西大滩乡、哈溪镇、打柴沟镇、石门镇、安远镇、朵什乡、大红沟乡、赛什斯镇。

(四)耕层土壤有效磷

根据2664个土壤样品的分析检测结果,土壤有效磷平均值含量为25.4mg/kg。根据甘肃省养分分级标准,天祝县土壤有效磷含量为二级。

对各乡(镇)土壤有效磷含量进行对比分析,小于平均值25.4mg/kg的有8个乡(镇),分别为东坪乡、旦马乡、天堂镇、松山镇、大红沟乡、祁连乡、哈溪镇、炭山岭镇;抓喜秀龙乡的土壤有效磷含量等于25.4mg/kg;其他乡(镇)的土壤有效磷含量在25.4mg/kg以上。西大滩乡土壤有效磷含量最高,为32.4mg/kg;东坪乡有效磷含量最低,为13.6mg/kg。

(五)土壤速效钾

根据2704个样品的分析检测,土壤平均速效钾含量为259mg/kg。根据甘肃省养分分级标准,天祝县土壤速效钾含量为二级。

对各乡(镇)土壤速效钾含量进行对比分析,速效钾含量小于平均值259.0mg/kg的有9个乡(镇),分别为东坪乡、炭山岭镇、石门镇、抓喜秀龙乡、赛什斯镇、天堂镇、华藏寺镇、东大滩乡、打柴沟镇;其他乡(镇)的土壤速效钾含量在259.0mg/kg以上。其中西大滩乡速效钾含量最高,为306.0mg/kg;东坪乡及炭山岭镇速效钾含量最低,为162mg/kg和216mg/kg。

(六)耕层土壤pH

根据2686个土壤样品的分析测试,pH值平均值为8.16。统计结果显示,天祝县土壤呈微碱性。

对各乡镇土壤pH值进行对比分析,pH值小于平均值8.16的乡镇有8个,分别为打柴沟镇、旦马乡、石门镇、安远镇、抓喜秀龙乡、哈溪镇、祁连乡、东大滩乡;炭山岭镇土壤pH值等于平均值8.16;其他乡镇土壤pH值均在8.16以上。pH值最大的乡镇是东坪乡,为8.28;pH值最小的乡镇是打柴沟镇,为8.01。

二、天祝县耕地地力分析

以土壤图与土地利用现状图叠加形成评价单元,应用模糊综合评判方法,通过综合分析,将天祝县耕地共划分为5个等级,根据评价结合进行耕地地力的系统分析。

(一)耕地地力等级与分布

1.耕地地力等级面积统计

根据耕地地力评价结果数据表,汇总各等级耕地的面积,以《2011年甘肃农村年鉴》中天祝县耕地总面积为基准进行平差,统计出不同等级耕地面积。

全县净耕地面积为5.56万公顷,其中二、三、四等地占的比例较大,分别为20.9%、29.2%和21.8%,占总耕地面积的84.3%;一等地和五等地占的比例较小,分别为14.6%和13.5%。见表2-5-21。

表2-5-21 天祝县耕地地力评价结果面积统计

等级	一等地	二等地	三等地	四等地	五等地	总计
面积(公顷)	8100	11600	16200	12100	7500	55600
百分比(%)	14.6	20.9	29.2	21.8	13.5	100

2.耕地地力等级的行政区域划分

从耕地地力评价结果数据表中可以看出,一等地主要分布哈溪镇、天堂镇、打柴沟镇、华藏寺镇等庄浪河周边一带;二等地主要分布在哈溪镇、安远镇、朵什乡、赛什斯镇;三等地主要分布在松山镇、华藏寺镇、西大滩乡、赛什斯镇、祁连乡;四等地主要分布在松山镇、西大滩乡、安远镇、朵什乡;五等地主要分布在大红沟乡、东大滩乡、打柴沟镇、旦马乡等乡(镇)。表2-5-22为我县一等地到五等地的各乡镇的分布状况。

表 2-5-22 天祝县耕地地力等级行政区域分布

乡镇名称		一等地	二等地	三等地	四等地	五等地	合计
安远镇	面积(公顷)	9.2	848.6	614.4	1134.8	378.4	2985.3
	所占比例(%)	0.3	28.4	20.6	38	12.7	100
打柴沟镇	面积(公顷)	2478.5	318	480.7	384.2	923.9	4585.3
	所占比例(%)	54.1	6.9	10.5	8.4	20.1	100
大红沟乡	面积(公顷)	39.6	1087.6	48.4	748.3	1790.4	3714.4
	所占比例(%)	1.1	29.3	1.3	20.1	48.2	100
旦马乡	面积(公顷)	0	116.5	567.7	428.1	647.8	1760.1
	所占比例(%)	0	6.6	32.3	24.3	36.8	100
东大滩乡	面积(公顷)	13.8	0	10.4	223.3	1142	1389.5
	所占比例(%)	1	0	0.7	16.1	82.2	100
东坪乡	面积(公顷)	0	464.7	0	639.4	0.6	1104.7
	所占比例(%)	0	42.1	0	57.9	0.1	100
朵什乡	面积(公顷)	11.5	1900.1	220.7	894.4	435.7	3462.5
	所占比例(%)	0.3	54.9	6.4	25.8	12.6	100
哈溪镇	面积(公顷)	1384.9	1910.4	265.5	999.9	255.9	4816.6
	所占比例(%)	28.8	39.7	5.5	20.8	5.3	100
华藏寺镇	面积(公顷)	1804.9	189.4	3117.9	168.8	153.5	5434.4
	所占比例(%)	33.2	3.5	57.4	3.1	2.8	100
毛藏乡	面积(公顷)	0	21.8	0	9.2	0.3	31.3
	所占比例(%)	0	69.7	0	29.2	1	100
祁连乡	面积(公顷)	594.3	664.6	1008.2	182.4	411.3	2860.9
	所占比例(%)	20.8	23.2	35.2	6.4	14.4	100
赛拉隆乡	面积(公顷)	0	10.8	2.8	43.4	0	56.9
	所占比例(%)	0	19	4.8	76.2	0	100

续表 2-5-22

乡镇名称		一等地	二等地	三等地	四等地	五等地	合计
赛什斯镇	面积(公顷)	58.4	1765	1312.9	764	11.1	3911.4
	所占比例(%)	1.5	45.1	33.6	19.5	0.3	100
石门镇	面积(公顷)	171.9	285.8	733.4	171.8	437.5	1800.4
	所占比例(%)	9.5	15.9	40.7	9.5	24.3	100
松山镇	面积(公顷)	1116.4	192.5	4282	3539.2	491.6	9621.7
	所占比例(%)	11.6	2	44.5	36.8	5.1	100
炭山岭镇	面积(公顷)	0	777.9	192.9	40.9	14.8	1026.6
	所占比例(%)	0	75.8	18.8	4	1.4	100
天堂镇	面积(公顷)	82.1	325.2	756.1	362.6	83.6	1609.6
	所占比例(%)	5.1	20.2	47	22.5	5.2	100
天祝羊场	面积(公顷)	6.6	0	592.3	32.9	88.4	720.2
	所占比例(%)	0.9	0	82.2	4.6	12.3	100
西大滩乡	面积(公顷)	7	574.3	1778.4	1223.1	154.7	3737.6
	所占比例(%)	0.2	15.4	47.6	32.7	4.1	100
抓喜秀龙乡	面积(公顷)	360.8	151.8	245.3	138.3	80.5	976.7
	所占比例(%)	36.9	15.5	25.1	14.2	8.2	100
合计	面积(公顷)	8139.8	11605.2	16229.7	12129.1	7502.2	55605.9
	所占比例(%)	14.6	20.9	29.2	21.8	13.5	100

(二)耕地地力等级分述

1.一等地的主要属性

一等地,综合评价指数 IFI 大于 0.510,耕地面积 0.81 万公顷,占总耕地面积的 14.6%。主要分布哈溪镇、天堂镇、打柴沟镇、华藏寺镇等庄浪河周边一带,松山镇和祁连乡也有零星分布。

一等地土壤主要以山地黑钙土和山地栗钙土为主,含有少量的潮土和草甸土;土壤质地以中壤为主;地貌类型主要为河谷平原区和浅山区;灌溉保证率均在80%以上,灌溉水质好,地势平坦,无明显障碍层,土壤理化性状良好,可耕性强,土壤肥力高。耕层土壤养分含量:有机质 33.5g/kg,全氮 1.88g/kg,碱解氮 117mg/kg,有效磷 26.4mg/kg,速效钾 265mg/kg,缓效钾 1287mg/kg(表 2-5-23)。

表 2-5-23 天祝县一等地主要养分含量

	有机质(g/kg)	全氮(g/kg)	碱解氮(mg/kg)	有效磷(mg/kg)	速效钾(mg/kg)	缓效钾(mg/kg)
平均含量	33.5	1.88	117	26.4	265	1287
含量水平	一级	二级	五级	二级	二级	一级

2.二等地的主要属性

二等地,综合评价指数 IFI 为 0.5100～0.4450,耕地面积 1.16 万公顷,占总耕地面积的 20.9%,主要分布在哈溪镇、安远镇、朵什乡、赛什斯镇和大红沟乡,祁连乡、炭山岭镇、西大滩乡、东坪乡、松山镇等乡镇也有零星分布。

二等地土壤主要以山地黑钙土和山地栗钙土为主,也有少量的山地褐土;土壤质地以中壤为主;地貌类型以中山区为主,少量分布在河谷平原区和浅山区;灌溉保证率在60%以上,可耕性较强,土壤肥力较高。耕层土壤养分含量:有机质 30.9g/kg,全氮 1.87g/kg,碱解氮 116mg/kg,全磷 1.00g/kg,有效磷 25mg/kg,全钾 19.4g/kg,速效钾 251mg/kg,缓效钾 1295mg/kg(表 2-5-24)。

表 2-5-24 天祝县二等地主要养分含量

	有机质(g/kg)	全氮(g/kg)	碱解氮(mg/kg)	有效磷(mg/kg)	速效钾(mg/kg)	缓效钾(mg/kg)
平均含量	30.9	1.87	116	25	251	1295
含量水平	一级	二级	五级	二级	二级	一级

3. 三等地的主要属性

三等地,综合评价指数 IFI 为 0.4450～0.4295,耕地面积 1.62 万公顷,占总耕地面积的 29.2%,主要分布在松山镇、华藏寺镇、西大滩乡、赛什斯镇、祁连乡,天堂乡、旦马乡、安远镇也有零星分布。

三等地土壤以山地黑钙土和山地栗钙土为主,有少量山地灰褐土;土壤质地以均质中壤为主;地貌类型以浅山区为主,少量分布在中山区;土壤理化性状良,可耕性较强。耕层土壤养分含量:有机质 33.4g/kg,全氮 1.98g/kg,碱解氮 110mg/kg,有效磷 24mg/kg,速效钾 281mg/kg,缓效钾 1279mg/kg(表 2-5-25)。

表 2-5-25 天祝县三等地主要养分含量

	有机质(g/kg)	全氮(g/kg)	碱解氮(mg/kg)	有效磷(mg/kg)	速效钾(mg/kg)	缓效钾(mg/kg)
平均含量	33.4	1.98	110	24	281	1279
含量水平	一级	二级	五级	三级	二级	一级

4. 四等地的主要属性

四等地,综合评价指数 IFI 为 0.4295～0.3655,耕地面积 1.21 万公顷,占总耕地面积的 21.8%,主要分布在松山镇、东坪乡、赛什斯镇、西大滩乡、安远镇、朵什乡,旦马乡、祁连乡、东大滩和大红沟乡等乡镇也有零星分布。

四等地土壤以山地黑钙土和山地栗钙土为主,有少量山地灰褐土和亚高山草甸土;土壤质地中壤为主,主要为旱地;地貌类型以浅山区、中山区和亚高山区为主。耕层土壤养分含量:有机质 32.4g/kg,全氮 1.88g/kg,碱解氮 112mg/kg,全磷 1.00g/kg,有效磷 23.6mg/kg,全钾 19.4g/kg,速效钾 260mg/kg,缓效钾 1267mg/kg(表 2-5-26)。

表 2-5-26 天祝县四等地主要养分含量

	有机质(g/kg)	全氮(g/kg)	碱解氮(mg/kg)	有效磷(mg/kg)	速效钾(mg/kg)	缓效钾(mg/kg)
平均含量	32.4	1.88	112	23.6	260	1267
含量水平	一级	二级	五级	三级	二级	一级

5. 五等地的主要属性

五等地,综合评价指数 IFI 小于 0.3655,耕地面积 0.75 万公顷,占总耕地面积的 13.5%,主要分布在大红沟乡、东大滩乡、打柴沟镇、旦马乡、祁连乡、石门镇、天堂镇、华藏寺镇等乡镇也有零星分布。

五等地土壤以山地栗钙土为主,有少量山地黑钙土、山地灰褐土和亚高山草甸土;土壤质地以中壤为主;地貌类型以浅山区和亚高山区为主。耕层土壤养分含量:有机质 33.9/kg,全氮 1.94g/kg,碱解氮 123mg/kg,有效磷 26.5mg/kg,速效钾 280mg/kg,缓效钾 1295mg/kg(表2-5-27)。

表 2-5-27　天祝县五级地主要养分含量

	有机质（g/kg）	全氮（g/kg）	碱解氮（mg/kg）	有效磷（mg/kg）	速效钾（mg/kg）	缓效钾（mg/kg）
平均含量	33.9	1.94	123	26.5	280	1295
含量水平	一级	二级	五级	二级	二级	一级

6.各等级耕地养分状况

天祝县各等级的主要养分状况汇总如表2-5-28。

表 2-5-28　天祝县耕地地力等级主要养分含量汇总表

县地力等级	pH	有机质（g/kg）	全氮（g/kg）	碱解氮（mg/kg）	全磷（g/kg）	有效磷（mg/kg）	全钾（g/kg）	速效钾（mg/kg）	缓效钾（mg/kg）
一等地	8.16	33.5	1.88	117	1	26.4	19.1	265	1287
二等地	8.18	30.9	1.87	116	1	25	19.4	251	1295
三等地	8.22	33.4	1.98	110	1	24	18.5	281	1279
四等地	8.19	32.4	1.88	112	1	23.6	19.4	260	1267
五等地	8.16	33.9	1.94	123	1	26.5	19.8	280	1295
平均值	8.19	32.8	1.92	114	1	24.7	19.1	268	1282

第六章 兰州市耕地地力分析

第一节 兰州市五区耕地地力分析

一、兰州市五区耕层土壤属性

通过国家测土配方施肥补贴资金项目对兰州市区耕层土壤农化样的常规化验分析，应用经典统计方法和地统计方法，分别对兰州市区耕层土壤农化土样的常规化验数据进行了统计分析，得出了兰州市区耕层土壤养分的变异情况和空间分布规律，基本摸清了兰州市区土壤养分状况，找出了高产土壤适宜的氮、磷、钾配比及低产土壤在养分方面的限制因素，为兰州市区合理施肥、耕地质量保护等提供了科学依据。

（一）耕层土壤有机质

兰州市区 2672 个耕层土壤样品化验结果表明，兰州市区耕层土壤有机质含量最小值为 3.6g/kg，最大值为 30.4g/kg，平均值为 14.0g/kg。

根据甘肃省土壤有机质分级标准，兰州市区耕层土壤有机质含量在 10.0~15.0g/kg 之间的样点数占 54.9%，其代表耕地面积为 15135.0 公顷；在 20.0~25.0g/kg 之间的样点数占 19.0%，其代表耕地面积为 5244.6 公顷，分别属于甘肃省五级和三级水平（见表 2-6-1）。

表 2-6-1 兰州市区耕层土壤有机质含量分级

有机质分级标准(g/kg)	级别	样点数	占总样点数(%)	代表面积(公顷)
>30	一级	2	0.07	20.6
25.0~30.0	二级	52	1.95	536.8
20.0~25.0	三级	508	19.01	5244.6
15.0~20.0	四级	214	8.01	2209.3
10.0~15.0	五级	1466	54.87	15135.0
6.0~10.0	六级	403	15.08	4160.6
≤6.0	七级	27	1.01	278.7

从空间和行政区域分布上看,红古区的红古乡、花庄镇和平安镇西南部的耕地,安宁区中部的耕地,以及七里河区南部鲁家村、湖滩村和草原村的耕地耕层土壤有机质含量较高,在15.0~23.0g/kg之间。城关区的耕地耕层土壤有机质含量较低,在6.0~10.0g/kg之间;其余的耕地耕层土壤有机质含量在10.0~15.0g/kg之间。

(二)耕层土壤全氮

兰州市区2682个耕层土壤样品化验结果表明,兰州市区耕层土壤全氮含量最小值为0.25g/kg,最大值为2.79g/kg,平均值为0.9g/kg。

根据甘肃省土壤全氮分级标准,兰州市区耕层土壤全氮含量在1.00~1.25g/kg的样点数占22.8%;在0.75~1.00g/kg之间的样点数占50.2%;在0.5~0.75g/kg之间的样点数占25.5%,分别属于省四级、五级和六级水平(见表2-6-2)。

从空间和行政区域分布上看,城关区和七里河区八里镇和魏岭乡的几个村以及西固区达川乡的耕地耕层土壤全氮含量较低,在0.5~0.75g/kg之间。其余的大部分耕地耕层土壤全氮含量较高,在0.75~1.25g/kg之间。

表2-6-2 兰州市区耕层土壤全氮含量分级

全氮分级标准(g/kg)	级别	样点数	占总样点数(%)	代表面积(公顷)
>2.00	一级	1	0.04	10.3
1.50~2.00	二级	1	0.04	10.3
1.25~1.50	三级	28	1.04	288.0
1.00~1.25	四级	612	22.82	6294.7
0.75~1.00	五级	1347	50.22	13854.6
0.5~0.75	六级	684	25.50	7035.3
≤0.5	七级	9	0.34	92.6

(三)耕层土壤碱解氮

兰州市区2680个耕层土壤样品化验结果表明,兰州市区耕层土壤碱解氮含量最小值为23mg/kg,最大值为142mg/kg,平均值为81.9mg/kg。

根据甘肃省土壤碱解氮分级标准,兰州市区耕层土壤碱解氮含量在50~100mg/kg之间的样点数占78.4%,属于省六级水平(见表2-6-3)。

从空间和行政区域分布上看,兰州市区耕地耕层土壤碱解氮空间分布基本上均在50~100mg/kg之间,总体上很低。

表 2-6-3　兰州市区耕层土壤碱解氮含量分级

碱解氮分级标准(mg/kg)	级别	样点数	占总样点数(%)	代表面积(公顷)
100~150	五级	504.00	18.81	5187.8
50~100	六级	2101.00	78.40	21626.0
≤50	七级	75.00	2.80	772.0

(四)耕层土壤有效磷

兰州市区 2682 个耕层土壤样品进行化验结果表明,兰州市区耕层土壤有效磷含量最小值为 5.4mg/kg,最大值为 81.8mg/kg,平均值为 28.8mg/kg。

根据甘肃省土壤有效磷分级标准,兰州市区耕层土壤有效磷含量 >30mg/kg 的样点数占 40.8%,在 20.0~25.0mg/kg 的样点数占 23.0%,在 15.0~20.0mg/kg 之间的样点数占 17.9%;分别属于省一级、四级和五级水平(见表 2-6-4)。

从空间和行政区域分布上看,红古区耕地耕层土壤有效磷含量最高,在 30.0~55.0mg/kg 之间;城关区耕地耕层土壤有效磷含量最低,在 7.0~10.0mg/kg 之间;七里河区、西固区和安宁区的大部分耕地耕层土壤有效磷在 15.0~25.0mg/kg 之间。

表 2-6-4　兰州市区耕层土壤有效磷含量分级

有效磷分级标准(mg/kg)	级别	样点数	占总样点数(%)	代表面积(公顷)
>30.0	一级	1095	40.83	11262.6
25.0~30.0	二级	164	6.11	1686.8
20.0~25.0	三级	616	22.97	6335.9
15.0~20.0	四级	481	17.93	4947.3
10.0~15.0	五级	267	9.96	2746.2
5.0~10.0	六级	59	2.20	606.8

(五)耕层土壤速效钾

兰州市区 2681 个耕层土壤样品化验结果表明,兰州市区耕层土壤速效钾含量最小值为 43mg/kg,最大值为 571mg/kg,平均值为 154mg/kg。

根据甘肃省土壤速效钾分级标准,兰州市区的耕层土壤速效钾含量在 150~200mg/kg 之间样点数占 22.1%;在 100~150mg/kg 之间样点数占 32.9%;在 50~100mg/kg 之间样点数占 23.1%,分别属于省四级、五级和六级水平(见表 2-6-5)。

从空间和行政区域分布上看,红古区的大部分耕地耕层土壤速效钾含量在 100~150mg/kg 之间。其他 4 个区的大部分耕地耕层土壤速效钾含量在 150~250mg/kg 之间。

表 2-6-5　兰州市区耕层土壤速效钾含量分级

速效钾分级标准（mg/kg）	级别	样点数	占总样点数（%）	代表面积（公顷）
>300	一级	119	4.44	1224.4
250～300	二级	145	5.41	1492.0
200～250	三级	320	11.94	3292.6
150～200	四级	593	22.12	6101.6
100～150	五级	883	32.94	9085.5
50～100	六级	619	23.09	6369.1
≤50	七级	2	0.07	20.6

（六）耕层土壤微量元素

兰州市区 2680 个耕层土壤样品化验结果表明，兰州市区耕层土壤有效铁含量最小值为 5.4mg/kg，最大值为 42.1mg/kg，平均值为 13.7mg/kg；耕层土壤有效锰含量最小值为 5.2mg/kg，最大值为 15.4mg/kg，平均值为 8.3mg/kg；耕层土壤有效铜含量最小值为 0.21mg/kg，最大值为 2.53mg/kg，平均值为 1.1mg/kg；耕层土壤有效锌含量最小值为 0.1mg/kg，最大值为 18.2mg/kg，平均值为 1.4mg/kg。

由表 2-6-6、2-6-7、2-6-8、2-6-9 表明，根据甘肃省土壤养分分级标准，兰州市区耕层土壤有效铁含量在 15.0～10.0mg/kg 之间的样点数占 46.0%，属于省二级水平。有效锰含量在 9.00～7.00mg/kg 之间的样点数占 43.7%，属于省三级水平。有效铜含量在 2.00～1.00mg/kg 和在 1.00～0.50mg/kg 之间的样点数分别占 54.0% 和 42.8%，分别属于省二级和三级水平。有效锌含量在 2.00～1.00mg/kg 之间的样点数分别占 50.2%，属于省二级水平。

表 2-6-6　兰州市区耕层土壤有效铁含量分级

有效铁分级标准（mg/kg）	级别	样点数	占总样点数（%）
>15.00	一级	1009	37.65
15.00～10.00	二级	1233	46.01
10.00～4.50	三级	438	16.34

表 2-6-7　兰州市区耕层土壤有效锰含量分级

有效锰分级标准（mg/kg）	级别	样点数	占总样点数（%）
>15.00	一级	15	0.56
15.00～9.00	二级	883	32.95
9.00～7.00	三级	1170	43.66
7.00～3.00	四级	612	22.84

表 2-6-8　兰州市区耕层土壤有效铜含量分级

有效铜分级标准(mg/kg)	级别	样点数	占总样点数(%)
>2.00	一级	83	3.10
2.00~1.00	二级	1446	53.96
1.00~0.50	三级	1148	42.84
0.50~0.20	四级	3	0.11

表 2-6-9　兰州市区耕层土壤有效锌含量分级

有效铜分级标准(mg/kg)	级别	样点数	占总样点数(%)
>2.00	一级	83	3.10
2.00~1.00	二级	1446	53.96
1.00~0.50	三级	1148	42.84
0.50~0.20	四级	3	0.11

(七)耕层土壤 pH

兰州市区 2680 个耕层土壤样品化验结果表明,兰州市区耕层土壤 pH 值最小值为 7.1,最大值为 8.5,平均值为 8.0。

二、兰州市五区耕地地力分析

以土壤图与土地利用现状图叠加形成评价单元,应用模糊综合评判方法,通过综合分析,将兰州市区耕地共划分为 4 个等级,根据评价结果进行耕地地力的系统分析。

(一)兰州市区耕地地力等级与分布

1.耕地地力等级面积统计

利用 ArcGIS 软件和 Excel2003,对评价图属性库进行操作,检索统计耕地各等级的面积和图幅总面积。以 2007 年兰州市区耕地总面积为基准,按面积比例进行平差,统计得各耕地地力等级面积。

兰州市区耕地总面积为 27831.9 公顷,二等地面积最多,占总耕地面积的 34.4%。其次是四等地和三等地,分别占总耕地面积的 25.6%和 22.6%;一等地较少,占总耕地面积的 17.3%,见表 2-6-10。

表 2-6-10　兰州市区耕地地力等级面积统计结果

级别	一等地	二等地	三等地	四等地	总面积(hm²)
面积(公顷)	4827.6	9575.7	6300.0	7128.6	27831.9
占总耕地面积(%)	17.3	34.4	22.6	25.6	100.0

2.耕地地力等级的行政区域划分

从兰州市五区中不同等级耕地所占比例来看，安宁区80.81%和红古区51.53%的耕地是一等地。城关区37.35%、红古区40.68%和西固区46.93%的耕地是二等地。城关区55.0%、七里河区22.37%和西固区28.4%的耕地是三等地。七里河区44.57%的耕地是四等地。详见表2-6-11。从四个等级耕地在不同区所占比例来看，一等地主要分布在红古区，占一等地总面积的61.3%。二等地主要分布在七里河区(40.6%)、西固区(25.5%)和红古(24.2%)。三等地主要分布在七里河区，占三等地总面积的50.7%。四等地主要分布在七里河区，占四等地总面积的89.3%。

表 2-6-11　兰州市区五区中不同等级耕地面积分布情况

区名称	一等地 面积(公顷)	一等地 占本区耕地(%)	二等地 面积(公顷)	二等地 占本区耕地(%)	三等地 面积(公顷)	三等地 占本区耕地(%)	四等地 面积(公顷)	四等地 占本区耕地(%)
安宁区	198.93	80.81	35.87	14.57	11.36	4.61	0	0
城关区	122.26	5.21	876.14	37.35	1290.02	55.00	57.11	2.43
红古区	2960.32	51.53	2336.97	40.68	324.06	5.64	123.64	2.15
七里河区	841.73	5.89	3882.96	27.18	3195.75	22.37	6367.38	44.57
西固区	704.34	13.53	2443.80	46.93	1478.78	28.40	580.51	11.15
总计	4827.57	17.35	9575.74	34.41	6299.98	22.64	7128.64	25.61

3.安宁区各等级耕地的行政区域分布

安宁区只有一、二和三等地，3个等级耕地在不同乡镇和街道所占比例见表2-6-12。一等地主要分布在安宁堡街道、沙井驿街道和刘家堡街道。二等地主要分布在沙井驿街道、安宁堡街道。三等地主要分布在沙井驿街道和十里店街道。

表 2-6-12　安宁区各等级耕地在不同乡镇的面积分布情况

乡镇、街道名称	一等地 面积(公顷)	一等地 占本级耕地(%)	二等地 面积(公顷)	二等地 占本级耕地(%)	三等地 面积(公顷)	三等地 占本级耕地(%)
安宁堡街道	90.3	45.39	17.96	50.05	0	0
孔家崖街道	6.30	3.17	0.00	0.00	0.00	0.00

续表 2-6-12

乡镇、街道名称	一等地		二等地		三等地	
	面积(公顷)	占本级耕地(%)	面积(公顷)	占本级耕地(%)	面积(公顷)	占本级耕地(%)
刘家堡街道	31.97	16.07	0.73	2.04	0.00	0.00
培黎街道	0.35	0.17	0.11	0.31	9.15	80.58
沙井驿街道	55.33	27.81	16.56	46.17	2.21	19.42
十里店街道	2.33	1.17	0.52	1.44	0.00	0.00
西路街道	2.00	1.01	0.00	0.00	0.00	0.00
银滩路街道	10.35	5.21	0.00	0.00	0.00	0.00
总计	198.93	100	35.87	100	11.36	100

4.城关区各等级耕地的行政区域分布

城关区中4个等级耕地在不同乡镇和街道所占比例见表 2-6-13。一等地主要分布在雁南街道和东岗街道。二等地主要分布在伏龙坪街道和盐场路街道。三等地主要分布在伏龙坪街道和青白石街道。四等地主要分布在伏龙坪街道。

表 2-6-13 城关区各等级耕地在不同乡镇的面积分布情况

乡镇、街道名称	一等地		二等地		三等地		四等地	
	面积(公顷)	占本级耕地(%)	面积(公顷)	占本级耕地(%)	面积(公顷)	占本级耕地(%)	面积(公顷)	占本级耕地(%)
草场街街道	0.00	0.00	6.82	0.78	0.00	0.00	0.00	0.00
东岗街道	26.17	21.41	82.65	9.43	31.06	2.41	0.00	0.00
伏龙坪街道	1.42	1.16	408.69	46.65	313.76	24.32	55.12	96.51
拱星墩街道	18.56	15.18	0.00	0.00	4.41	0.34	0.00	0.00
广武门街道	0.27	0.22	0.00	0.00	30.27	2.35	0.00	0.00
靖远路街道	1.01	0.83	7.16	0.82	118.90	9.22	0.00	0.00
青白石街道	11.83	9.68	154.99	17.69	537.23	41.65	0.00	0.00
五泉街道	0.00	0.00	8.81	1.01	33.88	2.63	0.00	0.00
五泉山社区	0.00	0.00	9.71	1.11	12.68	0.98	0.00	0.00
盐场路街道	0.59	0.48	197.31	22.52	207.65	16.10	0.00	0.00
雁南街道	61.32	50.16	0.00	0.00	0.00	0.00	0.00	0.00
高新开发区	0.00	0.00	0.00	0.00	0.00	0.00	0.00	0.00
林场	1.08	0.89	0.00	0.00	0.18	0.01	1.99	3.49
总计	122.26	100	876.14	100	1290.02	100	57.11	100

5.红古区各等级耕地的行政区域分布

红古区中4个等级耕地在不同乡镇和街道所占比例见表2-6-14。一等地主要分布在红古乡、花庄镇和平安镇。二等地主要分布在红古乡和花庄镇。三等地主要分布在花庄镇和矿区街道。四等地主要分布在矿区街道和窑街街道。

表2-6-14 红古区各等级耕地在不同乡镇的面积分布情况

乡镇、街道名称	一等地		二等地		三等地		四等地	
	面积（公顷）	占本级耕地(%)	面积（公顷）	占本级耕地(%)	面积（公顷）	占本级耕地(%)	面积（公顷）	占本级耕地(%)
海石湾镇	165.66	5.60	136.87	5.86	23.33	7.20	1.89	1.53
红古乡	960.66	32.45	748.31	32.02	38.66	11.93	0.00	0.00
花庄镇	933.89	31.55	833.34	35.66	149.50	46.13	19.65	15.89
矿区街道	13.19	0.45	25.13	1.08	90.80	28.02	70.54	57.05
平安镇	869.42	29.37	424.45	18.16	19.02	5.87	0.00	0.00
窑街街道	17.51	0.59	168.87	7.23	2.75	0.85	31.56	25.53
总计	2960.32	100	2336.97	100	324.06	100	123.64	100

6.七里河区各等级耕地的行政区域分布

七里河区中4个等级耕地在不同乡镇和街道所占比例见表2-6-15。一等地主要分布在八里镇、彭家坪镇和西果园镇。二等地主要分布在西果园镇。三等地主要分布在魏岭乡和龚家湾街道。四等地主要分布在阿干镇、黄峪乡和西果园镇。

表2-6-15 七里河区各等级耕地在不同乡镇的面积分布情况

乡镇、街道名称	一等地		二等地		三等地		四等地	
	面积（公顷）	占本级耕地(%)	面积（公顷）	占本级耕地(%)	面积（公顷）	占本级耕地(%)	面积（公顷）	占本级耕地(%)
阿干镇	0.00	0.00	1.10	0.03	209.99	6.57	2192.45	34.43
八里镇	238.90	28.38	576.35	14.84	194.25	6.08	7.18	0.11
龚家湾街道	14.12	1.68	1.29	0.03	722.44	22.61	0.00	0.00
黄峪乡	1.07	0.13	615.80	15.86	91.87	2.87	1842.34	28.93
彭家坪镇	193.97	23.04	386.55	9.96	0.00	0.00	9.49	0.15
土门墩街道	33.41	3.97	0.84	0.02	0.00	0.00	0.00	0.00
魏岭乡	0.00	0.00	493.27	12.70	1401.91	43.87	643.23	10.10
西果园镇	208.86	24.81	1462.80	37.67	565.53	17.70	1532.76	24.07
西湖街道	0.89	0.11	0.15	0.00	0.00	0.00	0.00	0.00
秀川街道	150.52	17.88	327.88	8.44	0.00	0.00	0.95	0.01
晏家坪街道	0.00	0.00	16.93	0.44	9.76	0.31	0.00	0.00
马场新村	0.00	0.00	0.00	0.00	0.00	0.00	138.97	2.18
总计	841.73	100	3882.96	100	3195.75	100	6367.38	100

7.西固区各等级耕地的行政区域分布

西固区中4个等级耕地在不同乡镇和街道所占比例见表2-6-16。一等地主要分布在新城镇和东川乡。二等地主要分布在河口乡和陈坪街道。三等地主要分布在金沟乡和西柳沟街道。四等地主要分布在金沟乡。

表2-6-16 西固区各等级耕地在不同乡镇的面积分布情况

乡镇、街道名称	一等地 面积(公顷)	一等地 占本级耕地(%)	二等地 面积(公顷)	二等地 占本级耕地(%)	三等地 面积(公顷)	三等地 占本级耕地(%)	四等地 面积(公顷)	四等地 占本级耕地(%)
陈坪街道	89.65	12.73	393.37	16.10	102.60	6.94	7.40	1.28
达川乡	80.20	11.39	253.79	10.39	0.00	0.00	0.00	0.00
东川乡	146.57	20.81	177.33	7.26	67.98	4.60	13.17	2.27
河口乡	50.33	7.15	506.79	20.74	157.57	10.66	0.00	0.00
金沟乡	0.00	0.00	118.99	4.87	438.05	29.62	505.74	87.12
临洮街道	0.00	0.00	11.71	0.48	0.00	0.00	0.00	0.00
柳泉乡	0.00	0.00	203.41	8.32	96.51	6.53	2.38	0.41
四季青街道	80.46	11.42	315.40	12.91	130.27	8.81	23.25	4.01
西柳沟街道	33.60	4.77	256.16	10.48	298.56	20.19	0.34	0.06
新城镇	223.51	31.73	206.86	8.46	187.24	12.66	28.22	4.86
总计	704.34	100	2443.80	100	1478.78	100	580.51	100

(二)耕地地力等级分述

1.一等地的主要属性

一等地的土壤类型以灌耕土为主,占本级地的87.8%(详见表2-6-17)。耕层土壤质地主要是重壤(61.1%)和中壤(30.5%)(详见表2-6-18),质地构型主要是均质重壤和均质中壤(详见表2-6-19)。地貌类型主要是河谷平原(占90%)(详见表2-6-20)。耕层土壤有机质含量平均为13.8g/kg,全氮含量平均为0.859g/kg,碱解氮含量平均为81mg/kg,有效磷含量平均为26.8mg/kg,速效钾含量平均为159mg/kg,CEC平均为9.2cmol/kg,pH平均为8.0(详见表2-6-21)。一等地耕层土壤中微量养分含量情况见表2-6-22。

2.二等地的主要属性

二等地的土壤类型主要是灰钙土和黄绵土,分别占本级地的61.0%和36.0%(详见表2-6-17)。耕层土壤质地主要是中壤(55.8%)和轻壤(41.5%)(详见表2-6-18),质地构型主要是均质中壤和均质轻壤(详见表2-6-19)。地貌类型主要是丘陵梁峁区(占78.5%)(详见表2-6-20)。耕层土壤有机质含量平均为11.5g/kg,全氮含量平均为0.778g/kg,碱解氮含量平均为72mg/kg,有效磷含量平均为20.3mg/kg,速效钾含量平均为172mg/kg,CEC平均为5.3cmol/kg,pH平均为8.0(详见表2-6-21)。二等地耕层土壤中微量养分含量情况见表2-6-22。

3.三等地的主要属性

三等地的土壤类型主要是灰钙土,占本级地的90.9%(详见表2-6-17)。耕层土壤质地主要是中壤(55.8%)和轻壤(44.2%)(详见表2-6-18),质地构型是均质中壤和均质轻壤(详见表2-6-19)。地貌类型主要是山地(占53.7%)和丘陵梁峁区(占46.3%)(详见表2-6-21)。耕层土壤有机质含量平均为10.9g/kg,全氮含量平均为0.755g/kg,碱解氮含量平均为69mg/kg,有效磷含量平均为18.5mg/kg,速效钾含量平均为173mg/kg,CEC平均为5.8cmol/kg,pH平均为8.0(详见表2-6-21)。三等地耕层土壤中微量养分含量情况见表2-6-22。

4.四等地的主要属性

四等地的土壤类型主要是栗钙土,占本级地的70%(详见表2-6-17)。耕层土壤质地主要是中壤(88.2%)(详见表2-6-18),质地构型主要是均质中壤(详见表2-6-19)。地貌类型主要是山地(占98.5%)(详见表2-6-20)。耕层土壤有机质含量平均为13.0g/kg,全氮含量平均为0.82g/kg,碱解氮含量平均为77mg/kg,有效磷含量平均为18.7mg/kg,速效钾含量平均为162mg/kg,CEC平均为19cmol/kg,pH平均为8.1(详见表2-6-21)。四等地耕层土壤中微量养分含量情况见表2-6-22。

表2-6-17 兰州市区各等级耕地在不同土壤类型的面积分布情况

县土类名称	一等地		二等地		三等地		四等地	
	面积(公顷)	占本级耕地(%)	面积(公顷)	占本级耕地(%)	面积(公顷)	占本级耕地(%)	面积(公顷)	占本级耕地(%)
潮土	76.39	1.58	90.78	0.95	0.00	0.00	0.00	0.00
灌耕土	4239.81	87.82	68.89	0.72	0.00	0.00	0.00	0.00
红土	3.13	0.06	104.96	1.10	0.00	0.00	0.00	0.00
黄绵土	503.92	10.44	3452.45	36.05	1.37	0.02	0.00	0.00
灰钙土	0.55	0.01	5845.58	61.05	5725.13	90.88	735.34	10.32
灰褐土	0.00	0.00	0.00	0.00	10.90	0.17	1400.65	19.65
栗钙土	0.00	0.00	13.08	0.14	562.58	8.93	4992.64	70.04
盐土	3.76	0.08	0.00	0.00	0.00	0.00	0.00	0.00
总计	4827.57	100	9575.74	100	6299.98	100	7128.64	100

表 2-6-18　兰州市区各等级耕地中不同质地土壤的面积分布情况

质地	一等地		二等地		三等地		四等地	
	面积（公顷）	占本级耕地(%)	面积（公顷）	占本级耕地(%)	面积（公顷）	占本级耕地(%)	面积（公顷）	占本级耕地(%)
轻壤	405.16	8.39	3968.83	41.45	2786.03	44.22	104.36	1.46
砂壤	0.00	0.00	251.87	2.63	0.00	0.00	0.00	0.00
中壤	1471.22	30.48	5346.89	55.84	3513.95	55.78	6288.29	88.21
重壤	2951.19	61.13	8.15	0.09	0.00	0.00	735.99	10.32
总计	4827.57	100	9575.74	100	6299.98	100	7128.64	100

表 2-6-19　兰州市区各等级耕地在不同质地构型的面积分布情况

质地构型	一等地		二等地		三等地		四等地	
	面积（公顷）	占本级耕地(%)	面积（公顷）	占本级耕地(%)	面积（公顷）	占本级耕地(%)	面积（公顷）	占本级耕地(%)
夹壤砂壤	0.00	0.00	61.77	0.65	0.00	0.00	0.00	0.00
夹砂轻壤	200.43	4.15	0.10	0.00	0.00	0.00	0.00	0.00
夹砂中壤	286.14	5.93	1.85	0.02	0.00	0.00	0.00	0.00
均质轻壤	204.72	4.24	3968.21	41.44	2786.03	44.22	104.36	1.46
均质砂壤	0.00	0.00	104.96	1.10	0.00	0.00	0.00	0.00
均质中壤	989.55	20.50	5344.22	55.81	3509.04	55.70	5309.79	74.49
均质重壤	2951.19	61.13	8.15	0.09	0.00	0.00	0.00	0.00
黏底砂壤	0.00	0.00	58.45	0.61	0.00	0.00	0.00	0.00
黏底中壤	0.00	0.00	0.00	0.00	4.92	0.08	978.50	13.73
壤身砂壤	0.00	0.00	26.69	0.28	0.00	0.00	0.00	0.00
壤身重壤	0.00	0.00	0.00	0.00	0.00	0.00	735.99	10.32
砂底轻壤	0.00	0.00	0.52	0.01	0.00	0.00	0.00	0.00
砂底中壤	195.53	4.05	0.83	0.01	0.00	0.00	0.00	0.00
总计	4827.57	100	9575.74	100	6299.98	100	7128.64	100

表 2-6-20　兰州市区各等级耕地中不同地貌类型的面积分布情况

地貌类型	一等地		二等地		三等地		四等地	
	面积（公顷）	占本级耕地（%）	面积（公顷）	占本级耕地（%）	面积（公顷）	占本级耕地（%）	面积（公顷）	占本级耕地（%）
河谷平原	4323.10	89.55	264.63	2.76	0.00	0.00	0.00	0.00
丘陵梁峁区	504.47	10.45	7514.94	78.48	2915.27	46.27	104.36	1.46
山地	0.00	0.00	1796.17	18.76	3384.70	53.73	7024.28	98.54
总计	4827.57	100	9575.74	100	6299.98	100	7128.64	100

表 2-6-21　兰州市区各等级耕地耕层大量养分含量及耕层理化性状

养分		一等地	二等地	三等地	四等地
有机质(g/kg)	范围	6.2～21.4	5.5～19.4	5.6～-16.6	6.9～17.5
	平均值	13.8	11.5	10.9	13
全氮(mg/kg)	范围	0.583～1.122	0.545～1.057	0.547～0.957	0.597～0.957
	平均值	0.859	0.778	0.755	0.82
碱解氮(mg/kg)	范围	47～109	44～101	44～-95	50～91
	平均值	81	72	69	77
有效磷(mg/kg)	范围	9.3～60.0	7.4～46.4	7.5～36.7	9.6～32.6
	平均值	26.8	20.3	18.5	18.7
速效钾(mg/kg)	范围	85～233	95～240	114～227	103～216
	平均值	159	172	173	162
CEC(mg/kg)	范围	5.0～11.7	1.2～14.6	3.9～41.6	3.9～41.6
	平均值	9.2	5.3	5.8	19
pH	范围	7.9～8.2	7.9～-8.2	8.0～8.1	8.0～8.1
	平均值	8.0	8.0	8.0	8.1

表 2-6-22　兰州市区各等级耕地耕层微量养分含量

养分		一等地	二等地	三等地	四等地
有效铁(mg/kg)	范围	11.6～16.5	10.9～16.9	10.8～15.4	10.6～14.8
	平均值	13.6	13.2	12.9	13.1
有效锰(mg/kg)	范围	7.2～12.0	7.2～12.7	7.3～11.8	7.4～8.8
	平均值	8.2	8.1	8.1	8.1

续表 2-6-22

养分		一等地	二等地	三等地	四等地
有效铜(mg/kg)	范围	0.86~1.96	0.84~2.0	0.88~1.76	0.92~1.20
	平均值	1.04	1.04	1.04	1.03
有效锌(mg/kg)	范围	0.87~5.35	0.76~5.32	0.76~4.84	0.77~1.64
	平均值	1.31	1.26	1.22	1.19
水溶态硼(mg/kg)	范围	0.76~1.03	0.67~1.06	0.69~1.03	0.74~1.04
	平均值	0.88	0.87	0.87	0.9

第二节 榆中县耕地地力分析

一、榆中县耕层土壤属性

(一)耕层土壤有机质

根据对榆中县 3936 个样品的分析检测,其耕层土壤有机质含量为 12.6g/kg,标准差为 3.40g/kg,变化区间为 3.6~33.91g/kg,变异系数为 26.98%。土壤有机质比 1981 年减少了 0.4g/kg(1981 年第二次全国土壤普查中榆中县土壤有机质含量为 13.0g/kg)。

根据甘肃省土壤有机质分级标准,榆中县耕层土壤有机质含量在 10.0~15.0g/kg 之间的样点数占 55.67%,其代表耕地面积为 51272.60 公顷;土壤有机质含量在 6.0~10.0g/kg 之间的样本数占 19.76%,其代表耕地面积为 18200.65 公顷;大于 30g/kg 的样本数占的比例只有 0.60%。这表明,榆中县耕层土壤有机质含量比较低,榆中县土壤有机质分级如表 2-6-23。

表 2-6-23 榆中县耕层土壤有机质含量状况分级统计

级别	范围(g/kg)	样本数	耕地面积(公顷)	占耕地比例(%)
1	>30	6	103.36	0.11
2	30.0~25.0	27	529.45	0.57
3	25.0~20.0	189	3897.97	4.23
4	20.0~15.0	834	18005.41	19.55
5	15.0~10.0	2142	51272.60	55.67
6	10.0~6.0	737	18200.65	19.76
7	≤6.0	1	86.14	0.09

(二)耕层土壤全氮

根据对榆中县3936个样品的分析检测,其土壤全氮含量为1.050g/kg,标准差为0.27g/kg,变化区间为0.06~1.86g/kg,变异系数为25.7%。

根据甘肃省土壤有机质分级标准,在3936个检测土壤样本中,32.21%的榆中县耕层土壤样本全氮含量在1.0~1.5g/kg之间,28.14%的土壤样本全氮含量在0.75~1.0g/kg之间,13.62%的土壤样本全氮含量在0.5~0.75g/kg之间,大约70%以上的土壤样本的全氮含量在1.5g/kg以下,和有机质一样,榆中县耕层土壤全氮含量也比较低(表2-6-24)。

表2-6-24 榆中县耕层土壤全氮含量状况分级统计

级别	范围(g/kg)	样本数	耕地面积(公顷)	占耕地比例(%)
1	>2.00	0	0	0
2	2.00~1.50	200	5162.89	5.61
3	1.50~1.25	728	17168.84	18.64
4	1.25~1.0	1296	29665.68	32.21
5	1.0~0.75	1126	25913.20	28.14
6	0.75~0.5	516	12544.06	13.62
7	≤0.5	70	1640.90	1.78

(三)耕层土壤碱解氮

根据对榆中县3936个样品的分析检测,其耕层土壤碱解氮含量为79.9mg/kg,标准差为48.8mg/kg,变化区间为6.5~362mg/kg,变异系数为61.08%。

根据甘肃省土壤有机质分级标准,榆中县土壤碱解氮分级如表2-6-25。在3936个检测土壤样本中,土壤碱解氮含量较低,分布在50~100mg/kg这个区间的采样点数量占总采样点数量的66.70%,分布在50mg/kg以下的采样点数量占的比重也不小,为25.65%。说明榆中县的碱解氮含量很低。

表2-6-25 榆中县耕层土壤碱解氮含量状况分级统计

级别	范围(mg/kg)	样本数	耕地面积(公顷)	占耕地比例(%)
1	>300	51	1302.85	1.41
2	250~300	33	927.25	1.01
3	200~250	77	2080.13	2.26
4	150~200	29	775.97	0.84
5	100~150	557	1539.69	1.67
6	50~100	2330	61424.44	66.70
7	≤50	859	23623.48	25.65

(四)耕层土壤有效磷

根据对榆中县3936个样品的分析检测,其土壤有效磷含量为31.9mg/kg,标准差为35.4mg/kg,变化区间为0.5~173.5mg/kg,变异系数为111.0%。

根据甘肃省土壤有机质分级标准,在3936个检测土壤样本中,土壤有效磷含量分布在40mg/kg以上的占34.47%,其代表耕地面积为31742.82公顷;其他区间的采样点数量分布较均匀(表2-6-26)。

表2-6-26 榆中县耕层土壤有效磷含量分级统计

级别	范围(mg/kg)	样本数	耕地面积(公顷)	占耕地比例(%)
一级	>40.0	1373	31742.82	34.47
二级	40.0~30.0	291	6667.43	7.24
三级	30.0~20.0	464	10686.46	11.60
四级	20.0~15.0	552	12842.79	13.95
五级	15.0~10.0	647	15285.87	16.60
六级	10.0~5.0	453	11056.48	12.01
七级	≤5.0	156	3813.73	4.14

(五)土壤速效钾

根据对榆中县3936个样品的分析检测,其土壤速效钾含量为158mg/kg,标准差为82mg/kg,变化区间为36~782mg/kg,变异系数为51.90%。

根据甘肃省土壤有机质分级标准,现将榆中县土壤速效钾分级如表2-6-27。在3936个检测土壤样本中,榆中县有60%以上的采样点数的速效钾含量在200mg/kg以下。速效钾含量在300mg/kg以上的采样点数才占全部采样点数的12%。可见,榆中的土壤速效钾含量较低。

表2-6-27 榆中县耕层土壤速效钾含量分级统计

级别	范围(mg/kg)	样本数	耕地面积(公顷)	占耕地比例(%)
一级	>300	241.00	5589.26	6.07
二级	250~300	226.00	5374.77	5.84
三级	200~250	487.00	11650.50	12.65
四级	150~200	713.00	16447.20	17.86
五级	100~150	1316.00	30482.97	33.10
六级	50~100	898.00	21071.27	22.88
七级	≤50	55.00	1479.61	1.61

(六)耕层土壤有效铁

根据对榆中县 3936 个样品的分析检测,其土壤有效铁含量为 10.9mg/kg,标准差为 4.0mg/kg,变化区间为 3.9~25.9mg/kg,变异系数为 36.88%。

根据甘肃省土壤有机质分级标准,将榆中县土壤有效铁分级如表 2-6-28。在 3936 个检测土壤样本中,45.14% 的榆中县耕层土壤样本有效铁含量在 4.50~10.00mg/kg 之间,37.67% 的土壤样本有效铁含量在 10.00~15.00mg/kg 之间,15.70% 的土壤样本有效铁含量在大于 15.00mg/kg。

表 2-6-28 榆中县耕层土壤有效铁含量分级统计

级别	范围(mg/kg)	样本数	耕地面积(公顷)	占耕地比例(%)
高	>15.00	629	14458.32	15.70
中等	15.00~10.00	1510	34694.70	37.67
较低	10.00~4.50	1739	41573.06	45.14
低	4.50~2.50	58	1369.50	1.49
极低	≤2.50	0	0.00	0.00

(七)耕层土壤有效锰

根据对榆中县 3936 个样品的分析检测,其土壤有效锰含量为 9.0mg/kg,标准差为 5.3mg/kg,变化区间为 2.6~17.3mg/kg,变异系数为 25.60%。

根据甘肃省土壤有机质分级标准,榆中县耕层土壤有效锰含量在 9.0~15.0mg/kg 之间的样点数占 50.24%,其代表耕地面积为 46268.93 公顷;土壤有效锰含量在 7.0~9.0mg/kg 之间的样本数占 27.73%,其代表耕地面积为 25542.22 公顷;21.89% 的样本土壤有效锰含量在 3.00~7.00mg/kg 之间;大于 15.0mg/kg 的样本数占的比例只有 0.02%。这说明榆中县耕层土壤的有效锰含量是比较高的(表 2-6-29)。

表 2-6-29 榆中县耕层土壤有效锰含量分级统计

级别	范围(mg/kg)	样本数	耕地面积(公顷)	占耕地比例(%)
高	>15	1	17.20	0.02
中等	15.00~9.00	1999	46268.93	50.24
较低	9.00~7.00	1088	25542.22	27.73
低	7.00~3.00	843	20164.00	21.89
极低	≤3.00	5	103.23	0.11

(八)耕层土壤有效铜

根据对榆中县3936个样品的分析检测,其土壤有效铜含量为1.49mg/kg,标准差为0.66mg/kg,变化区间为0.3~5.4mg/kg,变异系数为43.78%。

根据甘肃省土壤有机质分级标准,将榆中县土壤有效铜分级如表2-6-30。在3936个检测土壤样本中,14.74%的样本土壤有效铜含量大于2.00mg/kg,63.43%的样本土壤有效铜含量在1.00~2.00mg/kg之间,20.23%的样本土壤有效铜含量在0.50~1.00mg/kg之间,1.59%的样本土壤有效铜含量在0.20~0.50mg/kg之间。可见,榆中县耕层土壤有效铜的含量比较高。

表2-6-30 榆中县耕层土壤有效铜含量分级统计

级别	范围(mg/kg)	样本数	耕地面积(公顷)	占耕地比例(%)
高	>2.00	582	13574.00	14.74
中等	2.00~1.00	2509	58418.37	63.43
较低	1.00~0.50	780	18635.07	20.23
低	0.50~0.20	65	1468.14	1.59
极低	≤0.20	0	0.00	0.00

(九)耕层土壤有效锌含量状况

根据对榆中县3936个样品的分析检测,其土壤有效锌含量为2.32mg/kg,标准差为0.98mg/kg,变化区间为0.20~5.84mg/kg,变异系数为42.41%。

根据甘肃省土壤有机质分级标准,榆中县耕层土壤有效锌含量情况:57.09%的样本土壤有效锌含量大于2.00mg/kg,33.99%的样本土壤有效锌含量在1.00~2.00mg/kg之间,8.13%的样本土壤有效锌含量在0.50~1.00mg/kg之间,0.47%的样本土壤有效锌含量在0.20~0.50mg/kg之间。可见,榆中耕层土壤有效锌的含量很高(表2-6-31)。

表2-6-31 榆中县耕层土壤有效锌含量分级统计

级别	范围(mg/kg)	样本数	耕地面积(公顷)	占耕地比例(%)
高	>2.00	2275	52573.91	57.09
中等	2.00~1.00	1322	31302.38	33.99
较低	1.00~0.50	309	7485.23	8.13
低	0.50~0.30	18	435.85	0.47
极低	≤0.30	6	298.22	0.32

(十)耕层土壤pH

根据对榆中县3936个样品的分析测试,榆中县pH的变化区间为7.5~8.8,平均值为8.14,比1982年(第二次土壤普查时pH为8.4)降低0.26。根据土壤pH分级标准,将土壤分为微碱性(大于7.5)、中性(6.5~7.5)、微酸性(5.5~6.5)、酸性(4.5~5.5)、强酸性(小于4.5)五个标准。统计结果显示,榆中县土壤呈微碱性。

二、榆中县耕地地力分析

以土壤图与土地利用现状图叠加形成评价单元,应用模糊综合评判方法,通过综合分析,将榆中县耕地共划分为5个等级,根据评价结合进行耕地地力的系统分析。

(一)耕地地力等级与分布

1.耕地地力等级面积统计

利用CLRMIS软件,对评价图属性库进行操作,检索统计耕地各等级的面积和图幅总面积。以2007年榆中县耕地总面积为基准,按面积比例进行平差,统计得各耕地地力等级面积。

榆中县总耕地面积为92095.58公顷,其中二、三、四等地占的比例较大,分别为19.4%、29.6%、25.6%,这三个等别的地占总耕地的74.6%。相对而言,一等地和五等地占的比例较小,分别为11.7%和13.7%。见表2-6-32。

表2-6-32 榆中县耕地地力评价结果面积统计

等级	一等地	二等地	三等地	四等地	五等地	总计
面积(公顷)	10752.71	17818.23	27265.31	23658.9	12600.43	92095.58
百分比(%)	11.7	19.4	29.6	25.6	13.7	100

2.耕地地力等级的行政区域划分

将耕地地力等级分布图与行政区划图进行叠加分析,从耕地地力等级行政区域分布数据库中,按权属字段检索出各等级的记录,统计出一至六级地在各乡镇的分布状况,见表2-6-33。

从表2-6-33中可以看出,地力等级较高的一、二等地分布较多的乡镇有城关镇、定远镇、高崖镇、和平镇、金崖镇、连搭乡、青城镇、夏官营镇、清水驿乡、小康营乡等。中等别的三、四等地大多分布在甘草店镇、高崖镇、贡井乡、连搭乡、龙泉乡、马坡乡、清水驿乡、上花岔乡、韦营乡、新营乡、中连川乡等。低等别的五等地主要分布在和平镇、马坡乡、上花岔乡、韦营乡、园子岔乡等。

表 2-6-33 榆中县耕地地力等级行政区域分布

单位:公顷,%

乡镇名称		一等地	二等地	三等地	四等地	五等地	合计
城关镇	面积	2484.32	127.22	537.85	237.74	102.73	3489.86
	比例	71.19%	3.65%	15.41%	6.81%	2.94%	100.00%
定远镇	面积	110.25	1747.35	1044.81	106.81	677.65	3686.87
	比例	2.99%	47.39%	28.34%	2.90%	18.38%	100.00%
甘草店镇	面积	88.65	370.11	1421.3	1874.86	409.42	4164.34
	比例	2.13%	8.89%	34.13%	45.02%	9.83%	100.00%
高崖镇	面积	493.77	916.37	800.88	879.69	25.68	3116.39
	比例	15.84%	29.40%	25.70%	28.23%	0.82%	100.00%
贡井乡	面积	0	208.99	2043.35	2474.58	603.74	5330.66
	比例	0.00%	3.92%	38.33%	46.42%	11.33%	100.00%
哈岘乡	面积	0	0	309.15	3535.86	430.22	4275.23
	比例	0.00%	0.00%	7.23%	82.71%	10.06%	100.00%
和平镇	面积	4.79	2307.04	381.13	1379.25	1152	5224.21
	比例	0.09%	44.16%	7.30%	26.40%	22.05%	100.00%
金崖镇	面积	293.8	1272.32	132.31	997.57	177.22	2873.22
	比例	10.23%	44.28%	4.60%	34.72%	6.17%	100.00%
连搭乡	面积	688.62	3065.39	1829.44	67.21	73.15	5723.81
	比例	12.03%	53.56%	31.96%	1.17%	1.28%	100.00%
龙泉乡	面积	18.28	307.46	3333.46	132.39	0	3791.59
	比例	0.48%	8.11%	87.92%	3.49%	0.00%	100.00%
马坡乡	面积	4.22	20.57	3481.9	0	1150.66	4657.35
	比例	0.09%	0.44%	74.76%	0.00%	24.71%	100.00%
青城镇	面积	838.52	384.68	252.09	41.89	83.09	1600.27
	比例	52.40%	24.04%	15.75%	2.62%	5.19%	100.00%

续表 2-6-33

乡镇名称		一等地	二等地	三等地	四等地	五等地	合计
清水驿乡	面积	778.6	1552.04	1174.65	1873.28	247.7	5626.27
	比例	13.84%	27.59%	20.88%	33.30%	4.40%	100.00%
上花岔乡	面积	0	113.48	154.08	2015.64	3588.19	5871.39
	比例	0.00%	1.93%	2.62%	34.33%	61.11%	100.00%
韦营乡	面积	0	175.73	408.17	1940.34	1065.5	3589.74
	比例	0.00%	4.90%	11.37%	54.05%	29.68%	100.00%
夏官营镇	面积	3109.78	774.36	219.45	303.43	203.99	4611.01
	比例	67.44%	16.79%	4.76%	6.58%	4.42%	100.00%
小康营乡	面积	1830.23	1436.72	859.58	215.41	377.17	4719.11
	比例	38.78%	30.44%	18.21%	4.56%	7.99%	100.00%
新营乡	面积	8.88	1586.44	3687.3	208.67	295.87	5787.16
	比例	0.15%	27.41%	63.72%	3.61%	5.11%	100.00%
园子岔乡	面积	0	43	0	3223.37	1857.86	5124.23
	比例	0.00%	0.84%	0.00%	62.90%	36.26%	100.00%
中连川乡	面积	0	264.96	5194.41	2150.91	78.59	7688.87
	比例	0.00%	3.45%	67.56%	27.97%	1.02%	100.00%

(二)耕地地力等级分述

1.一等地的主要属性

一等地,耕地地力综合指数大于0.8,面积10752.71公顷,占总耕地面积的11.7%。主要分布在榆中县中部平原地区;土种以灌淤土和黑垆土为主;地貌类型以倾斜洪积平原和起伏洪积平原为主;耕层质地构型以均质中壤和均质重壤为主;灌溉保证率均在50%以上,有效土层厚度在100~180cm,地势平坦,降雨量充沛,土层厚,无明显障碍层,土壤理化性状良好,可耕性强。耕层有机质含量平均值为14.4g/kg;阳离子代换量(CEC)平均值为9.2cmol/kg;耕层土壤有效磷含量平均值为20mg/kg;耕层土壤速效钾含量平均值为159mg/kg(表2-6-34)。

表 2-6-34　榆中县一等地主要养分含量

项目	有机质(g/kg)	CEC(cmol/kg)	有效磷(mg/kg)	速效钾(mg/kg)
平均	14.4	9.2	20	159
范围	7.6~19.7	7.5~9.3	11~26	105~230
含量水平	中等	中等	中偏上	中等

2.二等地的主要属性

二等地，耕地地力综合指数在 0.67004~0.79984 之间，面积 17818.23 公顷，占总耕地面积的 19.4%，主要分布在榆中县南部平原区和青城镇。土种以黄绵土、黑垆土和灌淤土为主；地貌类型以倾斜洪积平原、低黄土峁梁和丘陵为主；耕层质地构型以夹黏中壤、均质中壤和均质轻壤为主；灌溉保证率均在 50% 以上，有效土层厚度在 40~180cm，地势平坦，降雨量充沛，土层厚，无明显障碍层，土壤理化性状良好，可耕性较强。耕层有机质含量平均值为 12.9g/kg；阳离子代换量(CEC)平均值为 7.7cmol/kg；耕层土壤有效磷含量平均值为 19mg/kg；耕层土壤速效钾含量平均值为 151mg/kg(表 2-6-35)。

表 2-6-35　榆中县二等地主要养分含量

项目	有机质(g/kg)	CEC(cmol/kg)	有效磷(mg/kg)	速效钾(mg/kg)
平均	12.9	7.7	19	151
范围	7.0~18.7	5.3~11.2	10~28	91~226
含量水平	中等	中等	中偏上	中等

3.三等地的主要属性

三等地，耕地地力综合指数在 0.5501~0.66997 之间，耕地面积 27265.31 公顷，占总耕地面积的 29.6%。主要分布在榆中县南部高山区和中连川乡；土种以黑垆土、灰褐土和灰钙土为主；地貌类型以低黄土峁梁、丘陵和高山为主；耕层质地构型以夹黏中壤、均质中壤和砂底中壤为主；灌溉保证率均在 50% 以下，有效土层厚度在 40~180cm，地势高低不平，降雨量充沛，土层厚，无明显障碍层，土壤理化性状良好，可耕性较强。耕层有机质含量平均值为 12.6g/kg；阳离子代换量(CEC)平均值为 8.8cmol/kg；耕层土壤有效磷含量平均值为 19mg/kg；耕层土壤速效钾含量平均值为 160mg/kg(表 2-6-36)。

表 2-6-36　榆中县三等地主要养分含量

项目	有机质(g/kg)	CEC(cmol/kg)	有效磷(mg/kg)	速效钾(mg/kg)
平均	12.6	8.8	19	160
范围	9.7~17.1	5.5~12.5	14.3~20	150~199
含量水平	中等	中等	中偏上	中等

3.三等地的主要属性

四等地,耕地地力综合指数在 0.528~0.54997 之间,耕地面积 23658.9 公顷,占总耕地面积的 25.7%,主要分布在榆中县北山一带,南部的韦营乡也有分布。土种以黑垆土、灰钙土为主;地貌类型为低黄土峁梁;耕层质地构型以均质中壤和均质轻壤主;灌溉保证率均在 50% 以下,有效土层厚度 120cm,地势崎岖陡峭,降雨量不足,土层厚,无明显障碍层,土壤理化性状较差,可耕性较弱。耕层有机质含量平均值为 11.8g/kg;阳离子代换量(CEC)平均值为 8.3cmol/kg;耕层土壤有效磷含量平均值为 18mg/kg;耕层土壤速效钾含量平均值为 155mg/kg(表 2-6-37)。

表 2-6-37 榆中县四等地主要养分含量

项目	有机质(g/kg)	CEC(cmol/kg)	有效磷(mg/kg)	速效钾(mg/kg)
平均	11.8	8.3	18	155
范围	10.1~15.5	7.2~8.8	11~26	97~220
含量水平	中等	中等	中偏上	中等

5.五等地的主要属性

五等地,耕地地力综合指数在 0.42985~0.5279 之间,耕地面积 12600.43 公顷,占总耕地面积的 13.70%,主要分布在榆中县的南部高山区和北山一带。土类以黄绵土、灰钙土为主;地貌类型为低黄土峁梁和高山;耕层质地构型以砂底中壤和均质轻壤主;灌溉保证率均为零,有效土层厚度 80~120cm,地势崎岖陡峭,降雨量不足,无明显障碍层,土壤理化性状差,可耕性弱。耕层有机质含量平均值为 11.3g/kg;阳离子代换量(CEC)平均值为 9.1cmol/kg;耕层土壤有效磷含量平均值为 18mg/kg;耕层土壤速效钾含量平均值为 148mg/kg(表 2-6-38)。

表 2-6-38 榆中县五级地主要养分含量

项目	有机质(g/kg)	CEC(cmol/kg)	有效磷(mg/kg)	速效钾(mg/kg)
平均	11.3	9.1	18	148
范围	10.1~15.5	7.2~8.8	11~26	97~220
含量水平	较低	中等	中偏上	中等

6.各等级耕地养分状况

将各等级的主要养分状况汇总如表 2-6-39:随着耕地地力等级的升高,有机质含量明显降低;阳离子代换量和有效磷含量随着地力等级的升高而降低,但是没有有机质明显;速效钾含量随着耕地地力等级的升高略微有所下降。

表 2-6-39 榆中县耕地地力等级主要养分含量汇总表

	项目	有机质(g/kg)	CEC(cmol/kg)	有效磷(mg/kg)	速效钾(mg/kg)
一等地	平均	14.4	9.2	19.98	158.6
	范围	7.6～19.7	7.5～9.3	11.3～25.9	105～230
二等地	平均	12.9	8.8	19	151.3
	范围	7.0～18.7	5.3～11.2	10.4～27.7	91～226
三等地	平均	11.57	7.9	18.8	159.5.
	范围	9.7～17.1	5.5～12.5	14.3～20	150～199
四等地	平均	10.8	7.5	18.5	154.7
	范围	10.1～15.5	7.2～8.8	11.3～25.9	97～220
五等地	平均	10.1	7.3	18.25	148.2
	范围	10.1～15.5	7.2～8.8	11.3～25.9	97～220

第三节 皋兰县耕地地力分析

一、皋兰县耕层土壤属性

(一)耕层土壤有机质

根据对皋兰县 3716 个样品的分析检测,其土壤有机质平均含量为 14.30g/kg,标准差为 5.27,变化区间为 12.06~17.33g/kg。变异系数为 36.85%。根据甘肃省测土施肥养分分级标准,皋兰县土壤有机质含量为四级。

对皋兰县各乡(镇)有机质含量进行对比分析,有机质含量平均值小于 14g/kg 的有 3 个乡(镇),分别为忠和镇、水阜乡和九合镇;其他乡(镇)土壤有机质含量均在 14g/kg 以上。什川镇有机质含量最高,为 17.33g/kg,忠和镇有机质含量最低,为 12.06g/kg。

对皋兰县不同土壤类型有机质含量进行对比分析,其土壤有机质含量为 14.30g/kg,标准差为 8.49,变化区间为 9.88~18.37g/kg。变异系数为 59.37%。薄层灌淤土有机质含量最高,为 18.37g/kg。红黏土有机质含量最低,为 9.88g/kg。

将测土施肥项目测定的土壤有机质含量与第二次土壤普查测定的有机质含量相比较,结果表明,土壤有机质平均含量增加了 3.4g/kg;增幅最大为西岔镇,增加了 5.69g/kg。增幅最小为黑石川乡,增加了 1.59g/kg。

(二)耕层土壤碱解氮

根据对皋兰县 3716 个样品的分析检测,其土壤碱解氮含量为 54.29mg/kg,标准差为 34.96,变化区间为 37.04~72.00mg/kg。变异系数为 64.39%。根据甘肃省测土施肥养分分级标准,皋兰县土壤碱解氮含量为 Ⅱ 级。对皋兰县各乡(镇)碱解氮含量进行对比分析,碱解氮含量平均值大于 60mg/kg 的有 4 个乡(镇),分别为忠和镇、什川镇、石洞镇和皋兰县;其它乡(镇)碱解氮含量平均值均在 60mg/kg 以下。皋兰县碱解氮含量最高,为 72.00mg/kg,九合镇碱解氮含量最小,为 37.04mg/kg。

对皋兰县不同土壤类型碱解氮含量进行对比分析,土壤碱解氮含量为 54.29mg/kg,标准差为 41.89,变化区间为 30.75~2.64mg/kg。变异系数为 77.16%。薄层灌淤土碱解氮含量最高,为 72.64mg/kg。红黏土碱解氮含量最低,为 30.75mg/kg。

(三)耕层土壤有效磷

根据对皋兰县 3716 个样品的分析检测,其土壤有效磷含量为 20.48mg/kg,标准差为 8.16,变化区间为 16.27–24.43mg/kg。变异系数为 39.84%。根根据甘肃省测土施肥养分分级标准,皋兰县土壤有效磷含量为五级。

对皋兰县各乡(镇)有效磷含量进行对比分析,有效磷含量平均值小于 17mg/kg 的有 2 个乡(镇),分别为九合镇和忠和镇;其它乡(镇)有效磷含量平均值均在 17mg/kg 以上。什川镇有效磷含量最高,为 24.43mg/kg,九合镇有效磷含量最小,为 16.27mg/kg。

对皋兰县不同土壤类型有效磷含量进行对比分析,土壤有效磷含量为 20.48mg/kg,标准差为 19.61,变化区间为 7.43~27.04mg/kg。变异系数为 95.75%。薄层灌淤土有效磷含量最高,为 72.64mg/kg。红黏土有效磷含量最低,为 30.75mg/kg。

(四)土壤速效钾

根据对皋兰县 3716 个样品的分析检测,其土壤速效钾含量为 132.35mg/kg,标准差为 52.69,变化区间为 103.93~156.62mg/kg。变异系数为 39.81%。根据甘肃省测土施肥养分分级标准,皋兰县土壤速效钾含量为四级。

对皋兰县各乡(镇)速效钾含量进行对比分析,速效钾含量平均值大于 130mg/kg 的有 3 个乡(镇),分别为什川镇、西岔镇和黑石川乡;其它乡速效钾含量平均值均在 130mg/kg 以下。黑石川乡速效钾含量最高,为 156.62mg/kg,水阜乡速效钾含量最低 103.93mg/kg。对皋兰县不同土壤类型速效钾含量进行对比分析,其土壤速效钾含量为 132.35mg/kg,标准差为 97.49,变化区间为 77.25~174.74mg/kg。变异系数为 73.66%。砂田

红黏土速效钾含量最高,为174.74mg/kg。红黏土速效钾含量最低,为77.25mg/kg。

将测土施肥项目测定的土壤速效钾含量与第二次土壤普查测定的速效钾含量相比较,结果表明,土壤速效钾平均含量减少了10.65mg/kg;减幅最大的为黑石川乡,减少了31.38mg/kg;只有九合镇增加最大,为29.22mg/kg。

(五)耕层土壤有效铁

根据对皋兰县3716个样品的分析检测,其土壤有效铁含量为5.41mg/kg,标准差为1.10,变化区间为4.78~6.05mg/kg。变异系数为20.33%。根据甘肃省测土施肥养分分级标准,皋兰县土壤有效铁含量为较低等。

对皋兰县各乡(镇)有效铁含量进行对比分析,有效铁含量平均值小于5mg/kg的有2个乡(镇),分别为黑石川乡和皋兰县;其它乡(镇)有效铁含量平均值均在5mg/kg以上。忠和镇有效铁含量最大,为6.05mg/kg,黑石川乡有效铁含量最小,为4.78mg/kg。

对皋兰县不同土壤类型有效铁含量进行对比分析,其土壤有效铁含量为5.41mg/kg,标准差为2.2,变化区间为4.61~6.81mg/kg。变异系数为40.67%。薄层灌淤土有效铁含量最高,为6.81mg/kg。砂田砂质红粘土有效铁含量最低,为4.61mg/kg。

(六)耕层土壤有效锰

根据对皋兰县3716个样品的分析检测,其土壤有效锰含量为6.26mg/kg,标准差为2.16,变化区间为5.14~7.30mg/kg。变异系数为34.5%。根据甘肃省测土施肥养分分级标准,皋兰县土壤有效锰含量为较低等。

对皋兰县各乡(镇)有效锰含量进行对比分析,有效锰含量平均值小于6mg/kg的有3个乡(镇),分别为黑石川乡、九合镇和西岔镇;其它乡(镇)有效锰含量平均值均在6mg/kg以上。石洞镇有效锰含量最高,为7.30mg/kg,黑石川乡有效锰含量最低,为5.14mg/kg。对皋兰县不同土壤类型有效锰含量进行对比分析,其土壤有效锰含量为6.26mg/kg,标准差为3.56,变化区间为5.15~8.71mg/kg。变异系数为56.87%。薄层灌淤土有效锰含量最高,为8.71mg/kg。砂田砂质红黏土有效锰含量最低,为5.15mg/kg。

(七)耕层土壤有效铜

根据对皋兰县3716个样品的分析检测,其土壤有效铜含量为1.07mg/kg,标准差为0.12,变化区间为0.98~1.10mg/kg。变异系数为11.21%。根据甘肃省测土施肥养分分级标准,皋兰县土壤有效铜含量为中等。

对皋兰县各乡(镇)有效铜含量进行对比分析,有效铜含量平均值小于1.0mg/kg的只有皋兰县;其它乡有效铜含量平均值均在1mg/kg以上。黑石川乡有效铜含量最大,为1.10mg/kg,皋兰县有效铜含量最小,为0.98mg/kg。对皋兰县不同土壤类型有效铜含量进行对比分析,其土壤有效铜含量为1.07mg/kg,标准差为0.28,变化区间为

1.04~1.32mg/kg。变异系数为26.17%。薄层灌淤土有效铜含量最高,为1.32mg/kg。厚层灌淤土有效铜含量最低,为1.04mg/kg。

(八)耕层土壤有效锌含量状况

根据对皋兰县3716个样品的分析检测,其土壤有效锌含量为0.99mg/kg,标准差为1.03,变化区间为0.78-1.81mg/kg。变异系数为104.04%。根据甘肃省测土施肥养分分级标准,皋兰县土壤有效锌含量为高等。

对皋兰县各乡(镇)有效锌含量进行对比分析,有效锌含量平均值小于1mg/kg的乡(镇)有5个,分别是黑石川乡、九合镇、什川镇、西岔镇和水阜乡;其它乡(镇)有效锌含量平均值均在1mg/kg以上。皋兰县有效锌含量最高,为1.81mg/kg,水阜乡有效锌含量最低,为0.78mg/kg。对皋兰县不同土壤类型有效锌含量进行对比分析,其土壤有效锌含量为0.99mg/kg,标准差为0.38,变化区间为0.77~1.15mg/kg。变异系数为38.38%。耕种淡灰钙土有效锌含量最高,为1.15mg/kg。砂田砂质红粘土有效锌含量最低,为0.77mg/kg。

(十)耕层土壤pH

土壤酸碱度pH值表示,它是土壤重要的基本性质之一,土壤pH值对土壤养分的有效性、理化性质、微生物活动以及植物生长发育都有很大影响。

根据对皋兰县3716个样品的分析测试,皋兰县pH值平均值为8.31,标准差为0.25,变化区间为8.23~8.48,变异系数为3.09%。统计结果显示,皋兰县土壤呈微碱性。对皋兰县各乡镇pH值进行对比分析,pH值小于8.4的有6个乡镇,分别为黑石川乡、九合镇、什川镇、石洞镇、水阜乡和西岔镇;全县pH值平均为8.48。对皋兰县不同土壤类型pH值进行对比分析,pH值平均值为8.31,标准差为0.14,变化区间为8.24~8.38,变异系数为1.68%。薄层灌淤土pH值最高,为8.38。砂质红黏土pH值最低,为8.24。

二、皋兰县耕地地力分析

以土壤图与土地利用现状图叠加形成评价单元,应用模糊综合评判方法,通过综合分析,将皋兰县耕地共划分为4个等级,根据评价结合进行耕地地力的系统分析。

(一)耕地地力等级与分布

1.耕地地力等级面积统计

根据耕地地力评价结果数据表,汇总各等级耕地的面积,以《2008年甘肃农村年鉴》皋兰县耕地总面积为基准进行平差,统计出不同等级耕地面积。

皋兰县总耕地面积为2.90万公顷,其中一等地占总耕地面积的23.45%;二、三等地占地比例较大,分别为37.3%和35.70%,占总耕地的73%;四等地占地比例较小,为3.62%。见表2-6-40与图2-6-1。

表 2-6-40 不同等级耕地面积统计

等级	一等地	二等地	三等地	四等地	总计
多边形个数	2494	6595	11130	1451	21670
面积(万公顷)	0.68	1.08	1.04	0.10	2.90
比例(%)	23.45	37.24	35.70	3.62	100.00

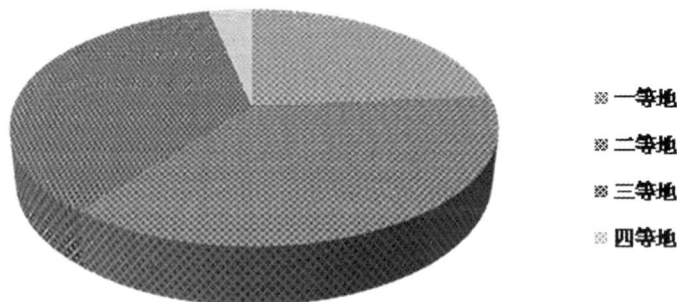

图 2-6-1 不同等级耕地所占比例

2.不同等级耕地空间分布特征

(1)不同等级耕地分布特点

皋兰县耕地地力等级分布有一个共同的特点：耕地地力等级与灌溉分区关系密切。什川灌区和西电灌区灌溉保证率高，大部分土壤属一等地；二等地主要分布在西岔镇、九合镇、黑石川乡、石洞镇等乡(镇)，灌溉保证率在60%以上。三等地主要分布在忠和镇、水阜乡和黑石川乡等乡(镇)，灌溉保证率低。四等地主要分布在忠和镇、九合镇等乡(镇)的部分区域，主要以旱地为主。

(2)不同等级耕地空间分布描述

表 2-6-41 为皋兰县一等地到四等地的各乡镇的分布状况。从表中可以看出，一等地主要分布在什川镇、石洞镇等乡(镇)；二等地主要分布在西岔镇、九合镇、石洞镇等乡(镇)；三等地主要分布在黑石川乡、忠和镇、水阜乡和九合镇等乡(镇)；四等地主要分布在忠和镇、九合镇和水阜乡等乡(镇)，其中忠和镇四等地面积达到了12.95%。各乡镇不同等级耕地面积见表 2-6-41。

表 2-6-41　各乡镇不同等级耕地面积与比例

乡镇名称		一等地	二等地	三等地	四等地	合计
九合镇	面积（公顷）	452.04	1039.28	1015.41	224.92	2731.64
	比例（%）	16.55	38.05	37.17	8.23	100
什川镇	面积（公顷）	716.36	234.33	307.4	60.07	1318.16
	比例（%）	54.35	17.78	23.32	4.56	100
石洞镇	面积（公顷）	1532.81	1059.31	965.61	35.62	3593.36
	比例（%）	42.66	29.48	26.87	0.99	100
水阜乡	面积（公顷）	410.75	765.31	1662.27	188.62	3026.96
	比例（%）	13.57	25.28	54.92	6.23	100
西岔镇	面积（公顷）	2300.55	4775.4	1394.59	2.53	8473.08
	比例（%）	27.15	56.36	16.46	0.03	100
忠和镇	面积（公顷）	349.52	581.31	1533.37	366.62	2830.83
	比例（%）	12.35	20.53	54.17	12.95	100
黑石川乡	面积（公顷）	1033.21	2383.44	3474.08	171.01	7061.74
	比例（%）	14.63	33.75	49.2	2.42	100

（二）耕地地力等级分述

1. 一等地

一等地，综合评价指数 IFI 大于 0.85，耕地面积 6795.25 公顷，占总耕地面积的 23.4%。评价单元 2494 个，其中水浇地 5667.18 公顷，占一等地面积的 83.40%；旱地 0.83 公顷，占一等地面积的 0.012%；果园 1127.24 公顷，占一等地面积的 16.59%（见表 2-6-42）。

一等地主要分布在什川镇、石洞镇等乡（镇）。

表 2-6-42　一等地不同耕地利用类型面积

利用类型	评价单元（个）	面积（公顷）	占总耕地面积（%）	占一等地面积（%）
果园	903	1127.24	3.88	16.59
旱地	10	0.83	0.002	0.01
水浇地	1581	5667.18	19.52	83.40
总计	2494	6795.25	23.4	100

一等地主要分布在什川镇、石洞镇、西岔镇等乡（镇），灰钙土、灌淤土、红土 3 种类型，地貌类型为河谷川地、平原，耕层质地构型以均质轻壤和壤身砂壤为主，灌溉保证率

均在83.7%以上,灌溉水质好,地势平坦,无明显障碍层,土壤理化性状良好,熟化程度高,可耕性强。耕层土壤养分含量有机质4.79g/kg,碱解氮5.11mg/kg,有效磷4.31mg/kg,速效钾119.94mg/kg,有效铜1.07mg/kg,有效锌1.15mg/kg,有效铁5.52mg/kg,有效锰6.67mg/kg(见表2-6-43至表2-6-45)。

在农业利用中主要推广测土配方施肥技术,加强耕地保护。

表2-6-43 一等地土壤类型面积

土类名称	灌淤土	红土	灰钙土	总计
面积(公顷)	287.13	60.75	6447.37	6795.25

表2-6-44 一等地土壤质地构型面积

质地构型	壤身砂壤	均质轻壤
面积(公顷)	347.88	6447.37

表2-6-45 一等地土壤主要养分含量

县地力等级	有机质(g/kg)	碱解氮(mg/kg)	有效磷(mg/kg)	速效钾(mg/kg)	有效铜(mg/kg)	有效锌(mg/kg)	有效铁(mg/kg)	有效锰(mg/kg)
平均	5.03	4.97	4.23	122.21	1.06	1.17	5.46	6.52
含量水平	六级	七级	七级	五级	二级	二级	三级	四级

2.二等地

二等地,综合评价指数IFI0.72~0.85,耕地面积10838.39公顷,占总耕地面积的37.3%,评价单元6595个。其中水浇地5540.71公顷,占二等地面积的51.12%;果园1150.37公顷,占二等地面积的10.61%;旱地4147.31公顷,占二等地面积的38.27%(见表2-6-46)。

二等地主要分布在西岔镇、九合镇、黑石川乡、石洞镇等乡(镇)。

表2-6-46 二等地不同耕地利用类型面积

利用类型	评价单元(个)	面积(公顷)	占总耕地面积(%)	占二等地面积(%)
果园	964	1150.37	3.96	10.61
旱地	4693	4147.31	14.28	38.27
水浇地	938	5540.71	19.08	51.12
总计	6595	10838.39	37.3	100

二等地主要分布在西岔镇、九合镇、黑石川乡等乡(镇),土壤有灌淤土、红土和灰钙土3种类型,地貌类型为低山平原、河谷川地、平原、山地丘陵、中山等,耕层质地构型以均质轻壤、黏质中壤和壤身砂壤为主,灌溉保证率在60%以上,无明显障碍层,可耕性较

强。耕层土壤养分含量有机质 4.12g/kg，碱解氮 4.73mg/kg，有效磷 4.65mg/kg，速效钾 121.15mg/kg，有效铜 1.06mg/kg，有效锌 1.07mg/kg，有效铁 5.34mg/kg，有效锰 6.30mg/kg。

二等地土壤质量较好，土层厚，适应性广，在农业生产中合理利用测土施肥技术，均衡肥力，提高土壤质量，同时加强灌溉条件的建设（见表 2-6-47 至表 2-6-49）。

表 2-6-47 二等地土壤类型面积

土类名称	灌淤土	红土	灰钙土	总计
面积（公顷）	111.00	615.428	10111.97	10838.39

表 2-6-48 二等地土壤质地构型面积

质地构型	均质轻壤	黏质中壤	壤身砂壤
面积（公顷）	10111.97	176.67	549.76

表 2-6-49 二等地土壤主要养分含量

县地力等级	有机质（g/kg）	碱解氮（mg/kg）	有效磷（mg/kg）	速效钾（mg/kg）	有效铜（mg/kg）	有效锌（mg/kg）	有效铁（mg/kg）	有效锰（mg/kg）
平均	4.12	4.73	4.65	121.15	1.06	1.07	5.34	6.30
含量水平	七级	七级	七级	五级	二级	二级	三级	四级

3.三等地

三等地，综合评价指数 IFI0.50–0.67，耕地面积万 1.04 万公顷，占总耕地面积的 35.7%，评价单元 11130 个。其中水浇地 31.28 公顷，占三等地面积的 0.30%；果园 38.00 公顷，占三等地面积的 0.37%；旱地 10283.46 公顷，占三等地面积的 99.33%。（见表 2-6-50）。

三等地主要分布在忠和镇、水阜乡和黑石川乡等乡（镇），其他乡（镇）也有零星分布。

表 2-6-50 三等地不同耕地利用类型面积

利用类型	评价单元（个）	面积（公顷）	占总耕地面积（%）	占三等地面积（%）
果园	46	38.00	0.1	0.37
旱地	11065	10283.46	35.5	99.33
水浇地	19	31.28	0.1	0.30
总计	11130	10352.74	35.7	100

三等地主要分布在忠和镇、水阜乡和黑石川乡等乡（镇），土壤以红土和灰钙土为主，地貌类型为低山平原、山地丘陵、中山，土壤质地构型以均质轻壤、黏质中壤和壤身砂壤为主，灌溉保证率低。部分地域障碍层厚度 20~50cm，耕层土壤养分含量有机质 3.81g/kg，碱解氮 4.79mg/kg，有效磷 5.03mg/kg，速效钾 124.56mg/kg，有效铜 1.06mg/kg，有效锌

0.96mg/kg，有效铁 5.25mg/kg，有效锰 6.04mg/kg。

三等地土壤干旱缺水、肥力较低、质量较差，部分地下水位高保水、保肥性能差，当前应加强土壤肥力的提高，种植绿肥、引洪淤土、增厚土层，同时加强灌溉条件建设（见表 2-6-51 至 2-6-53）。

表 2-6-51　三等地土壤类型面积

土类名称	红土	灰钙土	总计
面积（公顷）	507.55	9845.19	10352.74

表 2-6-52　三等地土壤质地构型面积

质地构型	均质轻壤	黏质中壤	壤身砂壤
面积（公顷）	9845.19	224.14	283.41

表 2-6-53　三等地土壤主要养分含量

县地力等级	有机质（g/kg）	碱解氮（mg/kg）	有效磷（mg/kg）	速效钾（mg/kg）	有效铜（mg/kg）	有效锌（mg/kg）	有效铁（mg/kg）	有效锰（mg/kg）
平均	3.81	4.79	5.03	124.56	1.06	0.96	5.25	6.04
含量水平	七级	七级	七级	五级	二级	三级	三级	四级

4.四等地

四等地，综合评价指数 IFI0~0.65，耕地面积 1049.39 公顷，占总耕地面积的 3.6%，评价单元 1451 个。旱地 1046.76 公顷，占四等地面积的 99.74%（见表 2-6-54）。

四等地主要分布在忠和镇、黑石川乡、九合镇和水阜乡等乡（镇）的极少区域。

表 2-6-54　四等地不同耕地利用类型面积

利用类型	评价单元（个）	面积（公顷）	占总耕地面积（%）	占四等地面积（%）
果园	12	2.58	0.01	0.25
旱地	1438	1046.76	3.6	99.74
水浇地	1	0.05		0.01
总计	1451	1049.39	3.6	100

四等地主要分布在忠和镇、九合镇等乡（镇）的部分区域。土壤以灌淤土、红土、灰钙土为主，地貌类型为低山平原、河谷川地、山地丘陵、中山，土壤质地构型以均质轻壤、黏质中壤、壤身砂壤为主，主要是旱地，障碍层厚度 20cm 以上，耕层土壤养分含量有机质 3.39g/kg，碱解氮 4.59mg/kg，有效磷 4.29mg/kg，速效钾 109.60mg/kg，有效铜 1.05mg/kg，有效锌 0.98mg/kg，有效铁 5.33mg/kg，有效锰 6.22mg/kg。

四等地干旱缺水是影响其主要因子，部分土壤质地粘或砂，宜耕性差，肥力低，生产应注重发展水利,种植绿肥,提高肥力(见表 2-6-55 至表 2-6-57)。

表 2-6-55 四等地土壤类型面积

土类名称	灌淤土	红土	灰钙土	总计
面积(公顷)	3.24	138.94	907.21	1049.39

表 2-6-56 四等地土壤质地构型面积

质地构型	均质轻壤	黏质中壤	壤身砂壤
面积(公顷)	907.21	3.62	138.56

表 2-6-57 四等地土壤主要养分含量

县地力等级	有机质(g/kg)	碱解氮(mg/kg)	有效磷(mg/kg)	速效钾(mg/kg)	有效铜(mg/kg)	有效锌(mg/kg)	有效铁(mg/kg)	有效锰(mg/kg)
平均	3.39	4.59	4.29	109.60	1.05	0.98	5.33	6.22
含量水平	七级	七级	七级	五级	二级	三级	三级	四级

第四节 永登县耕地地力分析

一、永登县耕层土壤属性

(一)耕层土壤有机质

根据对永登县 3994 个样品的分析检测,其土壤有机质平均含量为 17.14g/kg,标准差为 1.96,变化区间为 12.9~20.3g/kg,变异系数为 11.44%。根据甘肃省养分分级标准,永登县土壤有机质含量为四级。

对永登县各乡(镇)土壤有机质含量进行对比分析,有机质含量平均值小于 17.14g/kg 的乡(镇)有 9 个,分别为大同镇、河桥镇、红城镇、苦水镇、龙泉寺镇、七山乡、上川镇、树屏镇和中川镇;其他乡(镇)土壤有机质含量均在 17.14g/kg 以上。民乐乡土壤有机质含量最高,为 20.3g/kg,七山乡土壤有机质含量最低,为 12.9g/kg。土壤有机质含量在 20~25g/kg 的主要在民乐乡、通过乡北部、武胜镇西部;土壤有机质含量 10~15g/kg 的主要在秦王川南部和七山乡;土壤有机质含量在 5~10g/kg 的主要分布在秦王川南部丘陵区;土壤有机质含量在 15~20g/kg 的分布在全县其余各乡镇。

(二)耕层土壤全氮

根据对永登县 3997 个样品的分析检测,其土壤全氮含量为 1.14g/kg,标准差为 0.32,变化区间为 0.6~1.72g/kg,变异系数为 27.92%。根据甘肃省养分分级标准,永登县土壤全

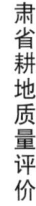

氮含量为Ⅳ级。

对永登县各乡(镇)土壤全氮含量进行对比分析,全氮含量小于平均值1.14g/kg的有12个乡(镇),分别为城关镇、大同镇、河桥镇、苦水镇、连城镇、柳树乡、龙泉寺镇、七山乡、秦川镇、上川镇、树屏镇和中川镇;其他乡的土壤全氮含量在1.14g/kg以上。坪城乡最高,为1.72g/kg;柳树乡最小,为0.6g/kg。土壤全氮含量在1.25~2.5g/kg的主要分布在二阴地区的通远乡、民乐乡、武胜驿镇和坪城乡;土壤全氮含量在1~1.25g/kg的主要分布在两河灌区、秦川镇东部、中川镇西北部和上川镇;土壤全氮含量0.75~1.0g/kg的主要分布在七山乡、秦川镇西部、中川镇中南部和柳树乡西北部;土壤全氮含量在0.75~1.0g/kg的主要分布在中川镇南部、柳树乡清水一带和树屏镇。

(三)耕层土壤碱解氮

根据对永登县3999个样品的分析检测,其土壤碱解氮含量为70.4mg/kg,标准差为14.49,变化区间为41.8~92.2mg/kg,变异系数为20.58%。根据甘肃省养分分级标准,永登县土壤碱解氮含量为Ⅵ级。

对永登县各乡(镇)的土壤碱解氮含量进行对比分析,碱解氮含量大于平均值70.40mg/kg的有12个乡(镇),分别为城关镇、大同镇、红城镇、苦水镇、柳树乡、龙泉寺镇、民乐乡、坪城乡、七山乡、通远乡、武胜驿镇和中堡镇;其他乡(镇)的土壤碱解氮含量在70.40mg/kg以下。坪城乡最高,为92.2mg/kg;树屏镇最小,为41.8mg/kg。上川镇中北部、秦川镇西部、中川镇中南部和树屏镇的土壤碱解氮含量在50mg/kg以下,其余各乡(镇)的土壤碱解氮含量均在50~100mg/kg之间。

(四)耕层土壤有效磷

根据对永登县3989个样品的分析检测,其土壤有效磷含量为32.99mg/kg,标准差为7.57,变化区间为19.82~48.24mg/kg,变异系数为22.94%。根根据甘肃省养分分级标准,永登县土壤有效磷含量为二级。

对永登县各乡(镇)土壤有效磷含量进行对比分析,大于平均值32.99mg/kg的有9个乡(镇),分别为城关镇、河桥镇、红城镇、苦水镇、连城镇、民乐镇、通远乡、武胜驿镇和中堡镇;其他乡(镇)土壤有效磷在32.99mg/kg以下。红城镇土壤有效磷含量最高,为48.24mg/kg;七山乡最小,为19.82mg/kg。两河灌区、秦川镇大部、树屏镇中部土壤有效磷大于30mg/kg,土壤有效磷含量在25~30mg/kg的主要分布在坪城乡、通远乡南部、柳树乡东北部、上川镇南部和中川镇南部。土壤有效磷含量在20~25mg/kg的主要分布在七山乡、柳树乡清水一带,土壤有效磷含量15~20mg/kg的主要分布在七山乡中部、柳树乡川区和上川镇中西部。

(五)土壤速效钾

根据对永登县3550个样品的分析检测,其土壤速效钾含量为255.01mg/kg,标准差为20.49,变化区间为212.4~294mg/kg,变异系数为8.03%。根据甘肃省养分分级标准,永登县土壤速效钾含量为Ⅱ级。

对永登县各乡(镇)土壤速效钾含量进行对比分析,速效钾含量大于平均值255.01mg/kg的有9个乡(镇),分别为城关镇、红城镇、柳树乡、龙泉寺镇、坪城乡、七山乡、上川镇、树屏镇和中川镇;其他乡(镇)的土壤速效钾在255.01mg/kg以下。七山乡土壤速效钾含量最高,为294mg/kg;连城镇最低,为212.4mg/kg。土壤速效钾含量在200~250mg/kg的主要分布在民乐乡、大通河灌区、庄浪河灌区北部、秦川镇中部、通远乡北部和坪城乡东南部,其他区域的土壤速效钾含量均在250~300mg/kg之间。

(六)耕层土壤有效铁

根据对永登县3998个样品的分析检测,其土壤有效铁含量为7.12mg/kg,标准差为0.87,变化区间为4.73~8.14mg/kg,变异系数为12.15%。根据甘肃省养分分级标准,永登县土壤有效铁含量为较低等。

对永登县各乡(镇)土壤有效铁含量进行对比分析,小于平均值7.12mg/kg的有10个乡(镇),分别为红城镇、河桥镇、苦水镇、大同镇、柳树乡、民乐乡、七山乡、秦川镇、中堡镇和中川镇;其他乡(镇)的土壤有效铁含量在7.12mg/kg以上。城关镇土壤有效铁含量最大,为8.14mg/kg;中堡镇最小,为4.73mg/kg。全县各乡镇的土壤有效铁含量均在4.5~10mg/kg之间。

(七)耕层土壤有效锰

根据对永登县3989个样品的分析检测,其土壤有效锰含量为7.22mg/kg,标准差为1.15,变化区间为4.74~9.32mg/kg,变异系数为15.98%。根据甘肃省养分分级标准,永登县土壤有效锰含量为较低等。

对永登县各乡(镇)土壤有效锰含量进行对比分析,小于平均值7.22mg/kg的有9个乡(镇),分别为城关镇、红城镇、河桥镇、连城镇、柳树乡、民乐乡、上川镇、树屏镇和通远乡;其他乡(镇)的土壤有效锰含量在7.22mg/kg以上。七山乡土壤有效锰含量最高,为9.32mg/kg;连城镇最低,为4.74mg/kg。土壤有效锰含量在3~7mg/kg的主要分布在两河灌区、武胜驿镇北部、柳树乡东北部、上川镇中南部、秦川镇西部和龙泉寺东部,7~9mg/kg的主要分布在七山乡大部、民乐乡中东部、坪城乡和秦川镇中部。

(八)耕层土壤有效铜

根据对永登县4000个样品的分析检测,其土壤有效铜含量为0.92mg/kg,标准差为

0.09，变化区间为 0.76~1.06mg/kg，变异系数为 9.82%。根据甘肃省养分分级标准，永登县土壤有效铜含量为中等。

对永登县各乡(镇)土壤有效铜含量进行对比分析，小于平均值 0.92mg/kg 的乡镇有 9 个，分别为红城镇、河桥镇、连城镇、苦水镇、龙泉寺镇、柳树乡、坪城乡、树屏镇和中堡镇；其他乡的土壤有效铜平均含量在 0.92mg/kg 以上。通远乡土壤有效铜含量最大，为 1.06mg/kg；连城镇最小，为 0.76mg/kg。土壤有效铜含量在 1~2mg/kg 的主要分布在武胜驿镇南部、通远乡北部和秦王川中部，其他区域均在 0.5~1mg/kg 之间。

(九)耕层土壤有效锌含量状况

根据对永登县 3968 个样品的分析检测，其土壤有效锌含量为 1.32mg/kg，标准差为 0.43，变化区间为 0.49~1.99mg/kg，变异系数为 32.32%。根据甘肃省养分分级标准，永登县土壤有效锌含量为低等。

对永登县各乡(镇)土壤有效锌含量进行对比分析，有效锌含量平均值小于 1.32mg/kg 的乡(镇)有 12 个，分别是河桥镇、连城镇、苦水镇、龙泉寺镇、坪城乡、民乐乡、七山乡、上川镇、树屏镇、通远乡、武胜驿镇和中堡镇；其他乡(镇)土壤有效锌含量均在 1.32mg/kg 以上。秦川镇土壤有效锌含量最高，为 1.99mg/kg；坪城乡最低，为 0.49mg/kg。土土壤有效锌含量在 1~2mg/kg 的主要分布在大通河灌区北部、民乐乡北部、通远乡、武胜镇大部、庄浪河川大部和秦王川大部。土壤有效锌含量在 0.5~1mg/kg 的主要分布在大通河灌区南部、民乐乡中南部和七山乡大部。

(十)耕层土壤 pH

根据对永登县 3992 个样品的分析测试，永登县 pH 值平均值为 8.29，标准差为 0.05，变化区间为 8.19~8.36，变异系数为 0.66%。统计结果显示，永登县土壤呈微碱性。

对永登县各乡镇土壤 pH 值进行对比分析，pH 值小于平均值 8.29 的乡镇有 8 个，分别为红城镇、苦水镇、龙泉寺镇、民乐镇、坪城镇、七山镇、上川镇和武胜驿镇；其他乡镇土壤 pH 值均在 8.29 以上。pH 值最大的乡镇是柳树乡，pH 值为 8.36；pH 值最小的乡镇是红城镇，pH 值为 8.19。pH 值在 8.0~8.1 的主要分布在秦王川中部，pH 值在 8.1~8.2 的主要分布在庄浪河川、大通河川、秦王川大部、通远乡、柳树乡清水一带。pH 值在 8.2~8.3 的主要分布在民乐乡中北部、武胜驿西部、坪城乡、七山乡。pH 值 8.3 以上的在武胜驿镇、秦王川零星分布。

二、永登县耕地地力分析

以土壤图与土地利用现状图叠加形成评价单元，应用模糊综合评判方法，通过综合分析,将永登县耕地共划分为5个等级,根据评价结合进行耕地地力的系统分析。

(一)耕地地力等级与分布

1.耕地地力等级面积统计

利用CLRMIS软件,对评价图属性库进行操作,检索统计耕地各等级的面积和图幅总面积。以2007年永登县耕地总面积为基准,按面积比例进行平差,统计得各耕地地力等级面积。

永登县总耕地面积为92000公顷,其中二、三、四等地占的比例较大,分别为18.9%、24.9%、14.7%,这三个等别的地占总耕地的58.5%。相对而言,一等地、五等地和六等地占的比例较小,分别为11.7%、13.7%、1.1%。见表2-6-58。

表2-6-58 永登县耕地地力评价结果面积统计

等级	一等地	二等地	三等地	四等地	五等地	六等地	总计
面积(hm^2)	16900	17400	22900	13500	20300	1000	92000
百分比(%)	18.4	18.9	24.9	14.7	22	1.1	100

2.耕地地力等级的行政区域划分

从耕地地力评价结果数据表中可以看出,一等地和二等地主要分布在八宝川、庄浪河川、秦王川的川区乡(镇);三等地主要分布在二阴地区的通远、民乐、武胜驿、坪城等乡(镇);四等地主要分布在坪城乡、七山乡南部;五等地主要分布在通远乡、七山乡北部、柳树乡西北部、大同镇东部、中川镇南部;六等地主要分布在上川镇西北部。

表2-6-59 永登县耕地地力等级行政区域分布

乡镇名称		一等地	二等地	三等地	四等地	五等地	六等地	合计
城关镇	面积	599.32	45.41	1.14	51.78	110	0	807.66
	比例(%)	74.20	5.62	0.14	6.41	13.62	0	100
大同镇	面积	2075.57	236.46	250.18	190.55	1320.89	0.26	4073.92
	比例(%)	50.95	5.80	6.14	4.68	32.42	0.01	100
河桥镇	面积	1295.54	271.30	28.31	200.69	275.69	0	2071.54
	比例(%)	62.54	13.10	1.37	9.69	13.31	0	100
红城镇	面积	752.49	150.04	467.17	131.14	29.20	0	1530.04
	比例(%)	49.18	9.81	30.53	8.57	1.91	0	100
苦水镇	面积	1119.92	0	680.17	2.69	0	0	1802.77
	比例(%)	62.12	0	37.73	0.15	0	0	100

续表 2-6-59

乡镇名称		一等地	二等地	三等地	四等地	五等地	六等地	合计
连城镇	面积（公顷）	1175.18	82.32	123.50	265.89	125.59	0	1772.49
	比例（%）	66.30	4.64	6.97	15	7.09	0	100
柳树乡	面积（公顷）	1609.60	369.36	15.29	461.14	3305.06	0.22	5760.66
	比例（%）	27.94	6.41	0.27	8	57.37	0	100
龙泉寺镇	面积（公顷）	1012.97	964.20	483.60	427.96	1389.10	0	4277.83
	比例（%）	23.68	22.54	11.30	10	32.47	0	100
民乐乡	面积（公顷）	0	22.57	9323.27	1194.89	593.65	0	11134.38
	比例（%）	0	0.20	83.73	10.73	5.33	0	100
坪城乡	面积（公顷）	20.70	124.12	252.54	6522.57	279.08	0	7199
	比例（%）	0.29	1.72	3.51	90.60	3.88	0	100
七山乡	面积（公顷）	0	90.88	259.89	1543.81	3452.53	0.59	5347.69
	比例（%）	0	1.70	4.86	28.87	64.56	0.01	100
秦川镇	面积（公顷）	1303.94	6049.12	40.77	76.98	704.94	3.47	8179.23
	比例（%）	15.94	73.96	0.50	0.94	8.62	0.04	100
上川镇	面积（公顷）	432.75	4016.83	88.07	112.86	3362.96	943.57	8957.05
	比例（%）	4.83	44.85	0.98	1.26	37.55	10.53	100
树屏镇	面积（公顷）	178.70	680.36	1202.60	8.26	776.77	0	2846.70
	比例（%）	6.28	23.90	42.25	0.29	27.29	0	100
通远乡	面积（公顷）	399.82	0.32	2185.84	772.05	2306.65	0	5664.69
	比例（%）	7.06	0.01	38.59	13.63	40.72	0	100
武胜驿镇	面积（公顷）	1013.64	52.90	6944.61	227.30	737.95	0	8976.40
	比例（%）	11.29	0.59	77.37	2.53	8.22	0	100
中堡镇	面积（公顷）	1455.27	6.93	59.45	64.19	238.12	0	1823.95
	比例（%）	79.79	0.38	3.26	3.52	13.06	0	100
中川镇	面积（公顷）	2408.38	4044.42	388.10	308.36	1105.74	26.46	8281.46
	比例（%）	29.08	48.84	4.69	3.72	13.35	0.32	100

(二)耕地地力等级分述

1.一等地的主要属性

一等地,综合评价指数IFI大于0.805,耕地面积1.69万公顷,占总耕地面积的18.4%。主要分布在连城镇、河桥镇、武胜驿镇、中堡镇、城关镇、柳树乡、大同镇、龙泉寺镇、红城镇、苦水镇及上川东北部、秦川南部、通远乡牌楼一带。一等地土壤主要以灌淤土、灰钙土和黄绵土为主;土壤质地构型以均质轻壤和均质中壤为主;地貌类型主要为河谷川区和盆地;灌溉保证率均在80%以上,灌溉水质好,地势平坦,无明显障碍层,土壤理化性状良好,可耕性强,土壤肥力高。耕层土壤养分含量:有机质16.8g/kg,全氮1.09g/kg,碱解氮72.5mg/kg,有效磷34.9mg/kg,速效钾253mg/kg,有效铜0.84mg/kg,有效锌1.41mg/kg,有效铁7.5mg/kg,有效锰7.0mg/kg(表2-6-60)。

表2-6-60 永登县一等地主要养分含量

县地力等级	有机质(g/kg)	全氮(g/kg)	碱解氮(mg/kg)	有效磷(mg/kg)	速效钾(mg/kg)	有效锰(mg/kg)	有效铁(mg/kg)	有效铜(mg/kg)	有效锌(mg/kg)
平均	16.8	1.09	72.5	34.9	253	7	7.5	0.84	1.41
含量水平	四级	四级	六级	一级	二级	三级	三级	三级	二级

2.二等地的主要属性

二等地,综合评价指数IFI为0.805~0.625,耕地面积1.74万公顷,占总耕地面积的18.9%。主要分布在河桥镇、上川镇、秦川镇、中川镇、树屏镇、柳树乡、大同镇、龙泉寺镇、红城镇、民乐乡、七山乡、坪城乡、树屏镇有零星分布。二等地土壤主要有灰钙土、灌淤土和红土;土壤质地构型以均质轻壤为主;地貌类型河谷川区和盆地;灌溉保证率在70%以上,可耕性较强,土壤肥力较高。耕层土壤养分含量:有机质16.2g/kg,全氮0.97g/kg,碱解氮55.6mg/kg,有效磷30.5mg/kg,速效钾260mg/kg,有效铜0.98mg/kg,有效锌1.58mg/kg,有效铁7.5mg/kg,有效锰7.2mg/kg(表2-6-61)。二等地主要影响因素是土层中存在不同厚度的漏沙层,且有轻度的风蚀。在农业生产利用中,要推广农田节水技术,调整作物种植结构,种植低耗水作物,重视有机肥的生产和使用。

表2-6-61 永登县二等地主要养分含量

县地力等级	有机质(g/kg)	全氮(g/kg)	碱解氮(mg/kg)	有效磷(mg/kg)	速效钾(mg/kg)	有效锰(mg/kg)	有效铁(mg/kg)	有效铜(mg/kg)	有效锌(mg/kg)
平均	16.2	0.97	55.6	30.5	260	7.2	7.5	0.98	1.58
含量水平	四级	五级	六级	一级	二级	三级	三级	三级	二级

3. 三等地的主要属性

三等地,综合评价指数 IFI 为 0.625~0.41,耕地面积 2.29 万公顷,占总耕地面积的 24.9%。主要分布在民乐乡、通远乡、武胜驿镇、七山乡南部和龙泉寺镇东部丘陵区,坪城乡、树屏镇和苦水镇东部丘陵区也有零星分布。三等地土壤以灰钙土和栗钙土为主;土壤质地构型以均质中壤和均质轻壤为主;无明显障碍层,土壤理化性状良,可耕性较强。耕层土壤养分含量:有机质 17.3g/kg,全氮 1.26g/kg,碱解氮 71.8mg/kg,有效磷 35.3mg/kg,速效钾 253mg/kg,有效铜 0.89mg/kg,有效锌 1.27mg/kg,有效铁 7.4mg/kg,有效锰 7.3mg/kg(表 2-6-62)。三等地土壤肥力较好,主要影响因素是灌溉条件和气候因素,主要分布于冷凉半干旱地区。在农业生产中,要调整种植结构,推广农田节水技术。

表 2-6-62 永登县三等地主要养分含量

县地力等级	有机质(g/kg)	全氮(g/kg)	碱解氮(mg/kg)	有效磷(mg/kg)	速效钾(mg/kg)	有效锰(mg/kg)	有效铁(mg/kg)	有效铜(mg/kg)	有效锌(mg/kg)
平均	17.3	1.26	71.8	35.3	253	7.3	7.4	0.89	1.27
含量水平	四级	三级	六级	一级	二级	三级	三级	三级	二级

4. 四等地的主要属性

四等地,综合评价指数 IFI 为 0.41~0.38,耕地面积 1.35 万公顷,占总耕地面积的 14.7%。主要分布坪城乡、七山乡一带,通远乡、民乐乡、龙泉寺镇、中川镇也有零星分布。四等地土壤以灰钙土和栗钙土为主;土壤质地构型以均质轻壤和均质中壤为主;主要为旱耕地。耕层土壤养分含量:有机质 17.1g/kg,全氮 1.27g/kg,碱解氮 77.0mg/kg,有效磷 32.2mg/kg,速效钾 251mg/kg,有效铜 0.89mg/kg,有效锌 1.08mg/kg,有效铁 7.1mg/kg,有效锰 7.4mg/kg(表 2-6-63)。四等地无灌溉条件,土壤水分不足,在农业生产上应注意增施有机肥,推广地膜覆盖技术,推广储水保墒技术。

表 2-6-63 永登县四等地主要养分含量

县地力等级	有机质(g/kg)	全氮(g/kg)	碱解氮(mg/kg)	有效磷(mg/kg)	速效钾(mg/kg)	有效锰(mg/kg)	有效铁(mg/kg)	有效铜(mg/kg)	有效锌(mg/kg)
平均	17.1	1.27	77	32.2	251	7.4	7.1	0.89	1.08
含量水平	四级	三级	六级	一级	二级	三级	三级	三级	二级

5.五等地的主要属性

五等地，耕地地力综合指数在0.42985~0.5279之间，耕地面积2.03万公顷，占总耕地面积的22%。主要分布在永登县的南部高山区和北山一带。土类以黄绵土、灰钙土为主；地貌类型为低黄土峁梁和高山；耕层质地构型以砂底中壤和均质轻壤主；灌溉保证率均为零，有效土层厚度80~120cm，地势崎岖陡峭，降雨量不足，无明显障碍层，土壤理化性状差，可耕性弱。耕层有机质含量平均值为11.3g/kg；阳离子代换量（CEC）平均值为9.1cmol/kg；耕层土壤有效磷含量平均值为18mg/kg；耕层土壤速效钾含量平均值为148mg/kg（表2-6-64）。

表2-6-64　永登县五级地主要养分含量

项目	有机质（g/kg）	CEC（cmol/kg）	有效磷（mg/kg）	速效钾（mg/kg）
平均	11.3	9.1	18	148
范围	10.1~15.5	7.2~8.8	11~26	97~220
含量水平	较低	中等	中偏上	中等

6.六等地的主要属性

六等地，综合评价指数IFI为0.00~0.25，耕地面积0.1万公顷，占总耕地面积的1.1%。主要分布在永登县上川镇西北部一带，中川镇南部也有零星分布。六等地以旱盐土和盐化灰钙土为主，有明显障碍层，土壤养分贫缺。耕层土壤养分含量：有机质15.9g/kg，全氮1.06g/kg，碱解氮47.7mg/kg，有效磷22.5mg/kg，速效钾250mg/kg，有效铜0.92mg/kg，有效锌1.37mg/kg，有效铁7.1mg/kg，有效锰7.8mg/kg（表2-6-65）。六等地属低产土壤，受盐碱和风沙侵蚀危害严重，土壤养分含量低，需经过很好的改良，才能被农业生产所利用。

表2-6-655　永登县六级地主要养分含量

县地力等级	有机质（g/kg）	全氮（g/kg）	碱解氮（mg/kg）	有效磷（mg/kg）	速效钾（mg/kg）	有效锰（mg/kg）	有效铁（mg/kg）	有效铜（mg/kg）	有效锌（mg/kg）
平均	15.9	1.06	47.7	22.5	250	7.8	7.1	0.92	1.37
含量水平	四级	四级	七级	三级	三级	三级	三级	三级	二级

7.各等级耕地养分状况

将各等级的主要养分状况汇总如表2-6-66。

表 2-6-66 永登县耕地地力等级主要养分含量汇总表

县地力等级	有机质（g/kg）	全氮（g/kg）	碱解氮（mg/kg）	有效磷（mg/kg）	速效钾（mg/kg）	有效锰（mg/kg）	有效铁（mg/kg）	有效铜（mg/kg）	有效锌（mg/kg）
一等地	16.8	1.09	72.5	34.9	253	7.0	7.5	0.84	1.41
二等地	16.2	0.97	55.6	30.5	260	7.2	7.5	0.98	1.58
三等地	17.3	1.26	71.8	35.3	253	7.3	7.4	0.89	1.27
四等地	17.1	1.27	77.0	32.2	251	7.4	7.1	0.89	1.08
五等地	16.5	1.08	67.0	29.6	260	7.3	7.0	0.89	1.27
六等地	15.9	1.06	47.7	22.5	250	7.8	7.1	0.92	1.37
平均	16.8	1.14	68.8	32.1	256	7.3	7.2	0.89	1.30

第七章　白银市耕地地力评价

第一节　白银区耕地地力分析

一、白银区耕层土壤属性

(一)耕层土壤有机质

白银区耕层土壤有机质含量目前的平均水平为 131.2g/kg，与第二次土壤普查相比，有机质含量有所增长，平均增长 1.0g/kg，变化率为 8.20%。

白银区有机质含量较高的土壤主要分布在中部王岘镇和南部水川镇部分地区，地带性较为明显，山区较川、沟谷地区含量高。水川镇的金峰村、张庄村和白茨滩村附近土壤有机质含量最高，含量在 20~25g/kg 之间；其次，在水川镇的桦皮川村、白崖子村和大川渡村附近，及王岘镇中部地区的土壤有机质含量在 15~20g/kg，其余各乡镇土壤有机质含量基本上在 10~15g/kg；有机质含量最低的地方在武川乡的武川村西北部和崖渠村西部，有机质含量为 6~10g/kg，但面积不大。

按照甘肃省土壤有机质分级标准，白银市白银区的耕层土壤有机质含量等级为三到六级(表 2-7-1)。可见白银市白银区有机质含量不高，属于有机质不足地区。

表 2-7-1　白银区耕层土壤有机质含量分级划分

甘肃省等级	三级	四级	五级	六级
有机质(g/kg)	25.0~20.0	20.0~15.0	15.0~10.0	10.0~6.0

(二)耕层土壤全氮

白银区的土壤全氮含量从第二次土壤普查的 0.790g/kg，减少到目前的 0.771g/kg，平均减少 0.019g/kg，相对变化率不大，为 2.41%；白银市白银区耕层土壤全量养分从第二次土壤普查到目前为止，有机质含量有所增长，全氮含量变化很小。

(三)耕层土壤有效磷

白银市白银区土壤有效磷含量普遍较高。含量最高的主要是水川镇、四龙镇的绝大部分地区，以及强湾乡西南部和王岘镇的中部等区域，有效磷含量处于 40~60mg/kg 之间；另外强湾乡的东北部和王岘镇除中部以外的其他地区的有效磷含量也较高，处于 30~40mg/kg 之间。

根据甘肃省养分分级标准,白银市白银区土壤有效磷含量基本上处于甘肃省有效磷含量的四级或以上的标准的范围内(表2-7-2),可见白银市白银区土壤有效磷含量较高,有效磷富余。

表 2-7-2　白银区耕层土壤有效磷含量分级划分

甘肃省等级	一级	二级	三级	四级	五级
有效磷(mg/kg)	>40.0	40.0~30.0	30.0~20.0	20.0~15.0	15.0~10.0

(四)土壤速效钾

白银区耕层土壤速效钾从第二次土壤普查的154mg/kg,增加到182mg/kg,增加值达28mg/kg,变化率达到18.2%,在土壤养分中变化很大,耕层土壤的速效钾的含量有明显增加。

耕层土壤速效钾在白银市白银区分布较高,大多数地区的速效钾含量都在150~200mg/kg之间,且含量在200~250mg/kg的只分布在白银市白银区最西北部的武川乡新安村西南部和中山村西北部,耕层土壤速效钾含量最低的也在100~150mg/kg之间。

对照甘肃省养分分级标准,白银市白银区土壤速效钾含量由高到低分为四级,分别对应甘肃省的二到五级(表2-7-3)。由此可见白银市白银区耕层土壤富含速效钾,但对于喜钾作物和灌区,不应该忽视施用钾肥。

表 2-7-3　白银区耕层土壤速效钾含量等级划分

甘肃省等级	二级	三级	四级	五级
速效钾(mg/kg)	250~300	200~250	150~200	100~150

(五)耕层土壤微量元素

由2009年测土配方施肥土样测试结果对比第二次土壤普查报告,得到白银市白银区耕层土壤微量元素含量变化(表2-7-4)。

表 2-7-4　白银市白银区耕层土壤微量元素变化

土壤微量元素	第二次土壤普查	2009测土配方施肥	变化值	变化率(%)
铜(mg/kg)	1.58	3.32	1.74	110.1
铁(mg/kg)	10.31	8.82	-1.49	14.5
锌(mg/kg)	0.91	2.20	1.29	141.8
锰(mg/kg)	7.10	7.60	0.5	7.0

由表2-7-4可知:白银市白银区耕层土壤微量元素含量从第二次土壤普查到目前为止,在统计的耕层土壤有效铜、铁、锌和锰的含量变化中,既有增加,也有降低。其中,有效

铜、有效锌和有效锰的含量是增加的,有效铜由第二次土壤普查的1.58mg/kg增加到目前的3.32mg/kg,变化值为1.74mg/kg,变化率高达110.1%;有效锌由第二次土壤普查的0.91mg/kg,增至目前的2.20mg/kg,变化值为1.29mg/kg,变化率达141.8%;有效锰由第二次土壤普查的7.10mg/kg,增至目前的7.60mg/kg,变化值为0.5mg/kg,变化率为7.0%;有效铁的含量降低了,平均有效铁含量由第二次土壤普查的10.31mg/kg,降为目前的8.82mg/kg,平均减少1.49mg/kg,变化率为14.5%。从数据中可以发现,有效锌和有效铜是土壤微量元素中变化最大的元素。

1.耕层土壤有效铁分布情况

白银市白银区耕层土壤有效铁含量不高,大部分处于4.5~10mg/kg之间。含量最高的主要在武川乡的红岘村东北部、王岘镇的五星村、强湾乡的川口村及月亮湾村和聂家窑村附近,还有四龙镇的大部分地区、水川镇西南部地区,这些地方有效铁含量处于10~15mg/kg之间。

白银区土壤有效铁含量由低到高分成两个等级,对应甘肃省有效铁含量的二级和三级,即中等和较低(表2-7-5)。由此可见,白银区耕层有效铁含量属于较低水平,是铁的不足地区。

表2-7-5　白银区耕层土壤有效铁含量等级划分

甘肃省等级	二级	三级
	中等	较低
有效铁(mg/kg)	20.0~10.0	10.0~4.50

2.耕层土壤有效锰分布情况

白银市白银区土壤有效锰含量属于中等水平,基本上处于7.00~9.00mg/kg之间。土壤有效锰含量最高的主要在武川乡红岘村东北部、武川村和独山村部分地区、水川镇张庄村和金峰村附近、四龙镇四龙村、梁家村和民乐村附近,有效锰含量处于9.00~15.00mg/kg之间,其他地区有效锰含量在3.00~7.00mg/kg之间。

白银市白银区土壤有效锰含量由低到高分成三个等级,对应甘肃省有效锰含量的二到四级,即中等、较低和低三个档次(表2-7-6)。由此可见,白银市白银区耕层有效锰含量属于相对不足的地区。

表2-7-6　白银区耕层土壤有效锰含量等级划分

甘肃省等级	二级	三级	四级
	中等	较低	低
有效锰(mg/kg)	15.00~9.00	9.00~7.00	7.00~3.00

3. 耕层土壤有效铜分布情况

白银市白银区耕层土壤有效铜含量属于中等情况,大部分大于2.0mg/kg。土壤有效铜含量最高的主要是王岘镇、强湾乡以及四龙镇等地区,含量最低的面积分布在白银市白银区的武川乡和水川镇,耕层土壤有效铜含量处于1.0~2.0mg/kg。

白银市白银区土壤有效铜含量由低到高分成三个等级,对应甘肃省有效铜含量的一、二、三这三个等级,即高、中等和较低三个档次(表2-7-5)。由此可见,白银市白银区是耕层土壤有效铜含量高的地区。

表 2-7-7 白银区耕层土壤有效铜含量等级划分

甘肃省等级	一级	二级	三级
	高	中等	较低
有效铜(mg/kg)	>2.00	2.00~1.00	1.00~0.50

4. 耕层土壤有效锌分布情况

白银市白银区耕层土壤有效锌含量属于较高,含量几乎都大于1.00mg/kg。土壤有效锌含量最高的主要在王岘镇和强湾乡的绝大部分地区、武川乡独山村、水川镇的金峰村和桦皮川村,以及四龙镇四龙村部分地区,有效锌含量在1.00~2.00mg/kg之间,有效锌含量处于0.40~1.00mg/kg的地方不多,主要分布在水川镇五柳村附近及武川乡武川村、中山村以及新安村西部等地区。

白银市白银区土壤有效锌含量由低到高分成三个等级,对应甘肃省有效锌含量的一、二、三这三个等级,即高、中等和较低三个档次(表2-7-8)。由此可见,白银市白银区的耕层有效锌含量普遍较高,属于锌的富足地区。

表 2-7-8 白银区耕层土壤有效锌含量等级划分

甘肃省等级	一级	二级	三级
	高	中等	较低
有效锌(mg/kg)	>2.00	2.00~1.00	1.00~0.40

(六)耕层土壤 pH

白银市白银区耕层土壤酸碱度平均值为8.21,而各耕地利用类型的pH值均大于8,因此,白银市白银区的耕地土壤呈微碱性。

二、白银区耕地地力分析

以土壤图与土地利用现状图叠加形成评价单元,应用模糊综合评判方法,通过综合分析,将白银区耕地共划分为5个等级,根据评价结合进行耕地地力的系统分析。

(一)耕地地力等级与分布

1.耕地地力等级面积统计

由耕地潜在地力评价模型所得出的白银市白银区耕地地力等级图,并以2007年土地变更调查数据为基准,按面积比例进行平差,统计得到白银市白银区各耕地地力等级面积。

白银市白银区耕地总面积为11633.33公顷,各等级耕地面积比例差异不大,五等地面积最大,占到了总耕地面积的35.64%;其次是三等地、二等地、一等地,分别占到总耕地面积的19.72%、19.32%、15.10%;四等地面积最小,占总耕地面积的10.21%,具体数据见表2-7-9。

表2-7-9 白银区耕地地力评价结果面积统计

等级	一等地	二等地	三等地	四等地	五等地	总计
面积(公顷)	1757.2	2247.6	2294.3	1188.2	4146.1	11633.3
百分比(%)	15.10	19.32	19.72	10.21	35.65	100

2.耕地地力等级的行政区域划分

白银区一等地只分布在水川镇、四龙镇和强湾乡,王岘镇和武川乡没有一等地分布;二等地、三等地、四等地在全区5个乡镇均有分布,空间覆盖比例较大;五等地主要分布在武川乡、王岘镇和强湾乡,四龙镇有零星分布,水川镇则没有分布。

由各等级耕地在不同乡镇所占比例来看,一等地面积比例最高的是水川镇,占一等地的总面积的84.71%,四龙镇和强湾乡分别占一等地面积的8.4%和6.89%(表2-7-10);二等地面积比例较高的是四龙镇,占二等地面积的33.9%,王岘镇、水川镇和强湾乡的二等地面积相差不大,分别占二等地总面积的22.70%、22.03%和21.37%(表2-7-11);三等地面积比例较高的强湾乡,占三等地总面积的57.46%,其次为王岘镇和四龙镇,分别占三等地总面积的18.3%和13.94%,武川乡和水川镇的比例较小,分别占三等地总面积的5.54%和4.76%(表2-7-12);四等地尽管在全区各乡镇均有分布,武川乡面积比例最高,占四等地面积的53.7%,其次是强湾乡和王岘镇,分别占四等地总面积的21.46%和19.13%,四龙镇和水川镇有零星分布,比例为5.41%和0.31%(表2-7-13);五等地在武川乡、王岘镇、强湾乡和四龙镇都有分布,但大部分全部分布在武川乡,占五等地总面积的91.13%,王岘镇、强湾乡和四龙镇分别占五等地4.30%、3.60%和0.91%(表2-7-14)。

从各乡镇不同等级耕地所占本乡镇面积比例来看,水川镇、四龙镇和强湾乡的一等地中占本乡镇耕地比例分别为63.98%、6.35%和5.2%;四龙镇、王岘镇、水川镇和强湾乡的二等地中占本乡镇耕地面积比例分别为32.75%、21.93%、21.28%和20.65%;三等地中占本乡镇面积比例均较大的是强湾乡、王岘镇和四龙镇，比例分别是56.66%、18.05%和13.75%，武川乡和水川镇的比例较小，分别占5.46%和4.69%；四等地中占本乡镇面积比例最高的是武川乡为27.43%，其次是强湾乡和王岘镇，分别占10.96%和9.77%，四龙镇和水川镇的比例较小，分别占2.76%和0.16%；五等地中占本乡镇面积比例最高的是武川乡为83.16%，其次是王岘镇和强湾乡，分别占13.36%和6.53%，四龙镇的比例最小，占2.82%。

表 2-7-10　白银市白银区各乡镇一等地面积分布情况

乡镇名称	评价单元数（个）	面积（公顷）	占本级耕地面积(%)	占本乡镇耕地面积(%)	占总耕地面积(%)
强湾乡	37	121.01	6.89	5.20	1.04
水川镇	219	1488.55	84.71	63.98	12.80
四龙镇	14	147.63	8.40	6.35	1.27

表 2-7-11　白银市白银区各乡镇二等地面积分布情况

乡镇名称	评价单元数（个）	面积（公顷）	占本级耕地面积(%)	占本乡镇耕地面积(%)	占总耕地面积(%)
强湾乡	249	480.39	21.37	20.65	4.13
水川镇	199	495.14	22.03	21.28	4.26
四龙镇	95	761.92	33.90	32.75	6.55
王岘镇	247	510.17	22.70	21.93	4.39

表 2-7-12　白银市白银区各乡镇三等地面积分布情况

乡镇名称	评价单元数（个）	面积（公顷）	占本级耕地面积(%)	占本乡镇耕地面积(%)	占总耕地面积(%)
强湾乡	803	1318.19	57.46	56.66	11.33
水川镇	79	109.19	4.76	4.69	0.94
四龙镇	105	319.93	13.94	13.75	2.75
王岘镇	354	419.89	18.30	18.05	3.61
武川乡	30	127.09	5.54	5.46	1.09

表 2-7-13 白银市白银区各乡镇四等地面积分布情况

乡镇名称	评价单元数（个）	面积（公顷）	占本级耕地面积（%）	占本乡镇耕地面积（%）	占总耕地面积（%）
强湾乡	183	254.93	21.46	10.96	2.19
水川镇	2	3.65	0.31	0.16	0.03
四龙镇	17	64.23	5.41	2.76	0.55
王岘镇	108	227.27	19.13	9.77	1.95
武川乡	440	638.10	53.70	27.43	5.49

表 2-7-14 白银市白银区各乡镇五等地面积分布情况

乡镇名称	评价单元数（个）	面积（公顷）	占本级耕地面积（%）	占本乡镇耕地面积（%）	占总耕地面积（%）
强湾乡	102	151.91	3.66	6.53	1.31
四龙镇	25	37.59	0.91	2.82	0.32
王岘镇	85	178.39	4.30	13.36	1.53
武川乡	2624	3778.18	91.13	83.16	32.48

(二)耕地地力等级分述

1.一等地的主要属性

白银市白银区一等地综合评价指数（IFI）>0.725，共270个评价单元，面积为1757.19公顷，占总耕地面积的15.1%。主要分布在黄河附近的河流低阶地上，面积为2247.61公顷，耕层质地主要是中壤、轻壤和砂壤，面积分别为1005.48公顷、434.77公顷和316.99公顷，分别占一等地总面积的57.22%、24.74%和18.04%。主要质地构型为夹砂中壤和砂底中壤，面积分别为2310.52公顷和693.8公顷，分别占一等耕地总面积的62.89%和18.88%。

剖面构型主要为 A11-Ab-C1-C2、A11-Ab-C、A11-ABk-Bk-C 和 A11-Bk-Ck 构型。坡向主要为东南和南向。平均年降水量238mm，≥10℃积温均值为3162℃，平均有效土层厚度为135cm，平均海拔1496.3m，平均坡度6.0°，耕层土壤pH值平均为8.1，有机质平均含量为17.3g/kg，有效磷平均含量为49.4mg/kg，速效钾平均含量为197mg/kg，全氮平均含量为1.026g/kg，碱解氮平均含量为76.5g/kg，有效铜平均含量为2.17mg/kg，有效铁平均含量为9.7mg/kg，有效锌平均含量为1.87mg/kg，有效锰平均含量为8.6mg/kg（表2-7-15）。

2.二等地的主要属性

白银市白银区二等地综合评价指数(IFI)在 0.699~0.725 之间,共 790 个评价单元,耕地面积 2247.61 公顷,占总耕地面积的 19.32%,主要土地利用类型有水浇地。

二等地主要地貌类型为黄土丘陵,面积为 982.33 公顷,占二等地总面积的 43.71%,其次是河流低阶地,面积为 634.9 公顷,占二等地总面积的 28.25%,侵蚀丘陵面积为 608.72 公顷,占二等地总面积的 27.08%,最后还有占二等地总面积的 0.96% 的中山,面积为 21.66 公顷。成土母质主要为冲积物和黄土母质,面积分别为 1314.9 公顷和 811.71 公顷,占二等地总面积的比例分别是 58.5% 和 36.11%。耕层质地以轻壤和中壤为主,分别占二等耕地总面积的 65.21% 和 28.25%,主要质地构型为均质轻壤、均质中壤和砂底轻壤,面积分别为 811.71 公顷、634.90 公顷和 532.99 公顷,分别占二等耕地总面积的 36.11%、28.25% 和 23.71%。

剖面构型主要为 A11-Bk-Ck、A11-ABk-Bk-C 和 A11-Ab-C 构型。坡向主要为东南、东和南向。平均年降水量 241mm,≥10℃ 积温均值为 2987℃,平均有效土层厚度为 141cm,平均海拔 1584.3m,平均坡度 7.6°,耕层土壤 pH 值平均为 8.2,有机质平均含量为 14.7g/kg,有效磷平均含量为 41.7mg/kg,速效钾平均含量为 179mg/kg,全氮平均含量为 0.844g/kg,碱解氮平均含量为 59.3g/kg,有效铜平均含量为 6.06mg/kg,有效铁平均含量为 9.3mg/kg,有效锌平均含量为 3.11mg/kg,有效锰平均含量为 7.7mg/kg(表 2-7-15)。

3.三等地的主要属性

白银市白银区三等地综合评价指数(IFI)在 0.67~0.699 之间,共 1371 个评价单元,耕地面积 2294.28 公顷,占总耕地面积的 19.8%。

三等地主要地貌类型为黄土丘陵和侵蚀丘陵,面积分别为 1379.91 公顷和 729.27 公顷,占三等地总面积的 60.15% 和 31.79%,河流低阶地和中山的的面积较小,分别是 23684.67 公顷和 3073.65 公顷,分别占三等耕地总面积的 5.21% 和 2.85%。成土母质主要为黄土母质、冲积物和残积物,占三等地总面积的比例分别是 54.12%、33.07% 和 12.14%。质地以轻壤和砂壤为主,占三等耕地总面积的 79.9% 和 14.22%。主要质地构型为均质轻壤、均质砂壤、砂底轻壤和砂身轻壤,面积分别为 1241.78 公顷、326.29 公顷、312.91 公顷和 278.55 公顷,分别占三等耕地总面积的 54.22%、14.22%、13.64% 和 12.14%。

剖面构型主要为 A11-Bk-Ck、A11-ABk-Bk-C 和 A11-ABk-Bk-CK 构型。坡向主要为东南、东、南和东北向。平均年降水量 230mm,≥10℃ 积温均值为 2917℃,平均有效土层厚度为 136cm,平均海拔 1661.0m,平均坡度 8.5°,耕层土壤 pH 值平均为 8.2,有机质平均含量为 13.8g/kg,有效磷平均含量为 32.7mg/kg,速效钾平均含量为 184mg/kg,全氮平均含量为 0.781g/kg,碱解氮平均含量为 54.5g/kg,有效铜平均含量为 5.09mg/kg,有效铁平均含量为9.7mg/kg，有效锌平均含量为3.34mg/kg，有效锰平均含量为7.7mg/kg（表2-7-15）。

4.四等地的主要属性

白银市白银区四等地综合评价指数(IFI)在0.648~0.67之间，共750个评价单元，耕地面积1188.17公顷，占总耕地面积的10.21%。四等地主要土地利用类型有旱地和水浇地。

四等地的地貌类型为黄土丘陵、剥蚀丘陵和中山，它们的面积分别为1012.75公顷、162.52公顷和9.91公顷，占四等耕地面积的85.24%、13.93%和0.83%，主要成土母质为黄土母质、冲积物、残积物和红土母质，面积为362.08公顷、356.35公顷、271.87公顷和197.87公顷，占四等地总面积比例30.47%、29.99%、22.88%和16.65%。质地以轻壤、砂壤和重壤为主，占三等耕地总面积的61.46%、21.89%和15.68%。主要质地构型为均质轻壤、砂身轻壤、均质砂壤和夹砂重壤，面积分别为362.08公顷、271.86公顷、260.09公顷和186.34公顷，分别占四等耕地总面积的30.47%、22.88%、21.89%和15.68%。

剖面构型主要为A11-Bk-Ck、A11-ABk-Bk-C、A11-ABk-Bk-Ck和A11-AC-C构型。坡向主要为东南、南、东、西南和东北向。平均年降水量216mm，≥10℃积温均值为2663℃，平均有效土层厚度为123cm，平均海拔1739.5m，平均坡度7.3°，耕层土壤pH值平均为8.2，有机质平均含量为13.0g/kg，有效磷平均含量为28.9mg/kg，速效钾平均含量为174mg/kg，全氮平均含量为0.737g/kg，碱解氮平均含量为51.0g/kg，有效铜平均含量为3.22mg/kg，有效铁平均含量为9.4mg/kg，有效锌平均含量为2.32mg/kg，有效锰平均含量为7.8mg/kg（表2-7-15）。

5.五等地的主要属性

白银市白银区五等地综合评价指数(IFI)小于0.648，共2836个评价单元，耕地面积4146.08公顷，占总耕地面积的35.6%。五等地土地利用类型有旱地和水浇地。

五等地的主要地貌类型为黄土丘陵和剥蚀丘陵，它们的面积分别为2869.39公顷和1251.33公顷，占四等耕地面积的69.21%和30.18%，主要成土母质为黄土母质、冲积物和残积物，面积为2786.44公顷、569.16公顷和562.85公顷，占五等地总面积比例67.21%、13.73%和13.58%。质地有轻壤、重壤和砂壤，分别占五等耕地总面积的92.12%、5.49%和2.39%。主要质地构型为均质轻壤、砂身轻壤和砂底轻壤，面积分别为2786.44公顷、562.85公顷和469.9公顷，分别占三等耕地总面积的43.40%和40.89%。

剖面构型主要为A11-Bk-Ck、A11-ABk-Bk-C和A11-ABk-Bk-Ck构型。坡向主要为东南、东、南和西南向。平均年降水量225mm，≥10℃积温均值为2530℃，平均有效土层厚度为140cm，平均海拔1944.7m，平均坡度7.4°，耕层土壤pH值平均为8.2，有机质平均含量为12.2g/kg,有效磷平均含量为22.7mg/kg,速效钾平均含量为183mg/kg,全氮平均含量为0.731g/kg,碱解氮平均含量为49.8g/kg,有效铜平均含量为1.84mg/kg,有效铁平均含量为8.0mg/kg,有效锌平均含量为1.40mg/kg,有效锰平均含量为7.4mg/kg(表2-7-15)。

表2-7-15 白银区各等地主要养分含量

指标	一等地	二等地	三等地	四等地	五等地
pH	8.1	8.2	8.2	8.2	8.2
有机质	17.3	14.7	13.8	13.0	12.2
有效磷	49.4	41.7	32.7	28.9	22.7
速效钾	197	179	184	174	183
全氮	1.026	0.844	0.781	0.737	0.731
碱解氮	76.5	59.3	54.5	51.0	49.8
有效铜	2.17	6.06	5.09	3.22	1.84
有效铁	9.7	9.3	9.7	9.4	8.0
有效锌	1.87	3.11	3.34	2.32	1.40
有效锰	8.6	7.7	7.7	7.8	7.4

第二节 平川区耕地地力分析

耕地土壤属性主要包括土壤的物理性状和化学性状。土壤理化性状主要取决于土壤的成土因素和成土过程以及耕作施肥。耕地土壤属性直接影响着作物的产量和品质。

本次耕地地力调查,结合平川区种植业结构特点,在全区耕地共选取2563个有代表性的点,进行了系统检测。通过系统汇总,充分掌握了平川区耕地的养分状况、分布范围、面积和变化趋势,可有效地指导平川区农业生产。

土壤物理性状是重要的肥力因素,它调节着土壤中水、肥、气、热等状况,能反映农业生产的综合性能,主要包括土壤质地、土体构型、土体厚度、土壤容重和孔隙度等。本次耕地地力调查,是在第二次土壤普查资料中土壤质地、土体构型、土壤分类的基础上,在耕地上选取样点,检测其耕层、亚耕层土壤的容重、质地、剖面构型等项目,掌握了全区最新耕地土壤的物理性状,为合理地改良利用土壤提供了依据。

一、平川区耕地土壤属性

(一)土壤质地

土壤质地是指土壤中各级土粒的组合比例,也称土壤的机械组成。通常用各粒级土粒占土壤总质量的百分数表示。土壤质地反映土壤母质来源及成土过程某些特征,直接关系到土壤通气、透水、保水、保肥性能和耕作的好坏,是土壤肥力的主要标志。平川区成土母质主要以黄土及黄土状母质、冲洪积母质及冲击母质等类型,土壤质地包括:轻黏土、轻壤土、砂壤土、松砂土、中壤土,以中壤土、砂壤土、轻壤土为主。平川区土壤质地类型见表2-7-16。

表2-7-16 平川区土壤质地类型面积统计表

质地类型	轻黏土	轻壤土	砂壤土	松砂土	中壤土
面积(公顷)	346.4	5442.89	13150.58	4.31	10595.83
占总面积(%)	1.17	18.43	44.52	0.01	35.87

各种作物生长对土壤的要求不同,对于不同质地的土壤要因地制宜选择适宜的作物,一般壤质土适于各种作物生长,二砂壤土和砂土适宜种植生育期短作物及薯类作物,而禾谷类作物一般适于壤质、粘质土壤生长。

(二)土壤阳离子代换量(CEC)

土壤阳离子代换量是指土壤溶液在中性时,土壤能吸附阳离子的最大量,它的大小是土壤供肥保肥能力的重要指标,代换量大的土壤保肥性强,供肥性好。平川区土壤除灰褐土阳离子代换量大于20cmol/kg外,其他大部分土壤阳离子代换量小于10cmol/kg,耕地土壤阳离子代换量平均为4.25cmol/kg;不同土种间变异较大,灌淤土和水砂田阳离子代换量为10cmol/kg左右,保肥性能相对较好;旱砂田为4.5cmol/kg;其他各种土壤阳离子代换量较小,土壤保肥供肥能力较差,作物生长后劲不足。土壤阳离代换量大小与有机质含量有密切关系,质地越黏,土壤比表面积大,则代换量大,有机质含量高,腐殖质含量高,有机胶体越多。因此,增施有机肥,对提高土壤保肥性能有重要意义。

(三)土壤有机质

土壤有机质是土壤的重要组成部分,与土壤的演变、肥力水平和许多属性都有密切的关系。土壤有机质中含有作物生长所需的各种养分,可直接或间接地为作物生长提供氮、磷、钾、钙、镁、硫和各种微量元素;有机质具有改土壤理化性状,影响和制约土壤结构形成及通气性、渗透性、缓冲性、交换性能和保水保肥性能,是评价耕地地力的重要指标。对耕作土壤来说,培肥的中心环节是增施各种有机肥料,实行秸秆还田,保持和提高土壤有机质含量。

本次耕地地力调查,对全区耕层土壤有机质检测含量平均值为12.68g/kg,与1990年第二次土壤普查有机质含量13.17g/kg相比,下降3.72%。根据甘肃省土壤养分含量分级标准(以下同),属于中等偏下水平,平均含量在5级水平。总体分布情况如下(表2-7-17)。

表 2-7-17　平川区土壤耕层有机质含量现状及面积

有机质分级	四级	五级	六级
含量(g/kg)	20.0~15.0	15.0~10.0	10.0~6.0
面积(公顷)	3947.33	20497.08	5095.6
比例%	13.36	69.39	17.25

土壤有机质的含量取决于年生成量和年矿化量的相对大小,当生成量大于矿化量时,有机质含量会逐步增加,反之,将会逐步降低。土壤有机质矿化虽主要受土壤温度、湿度、通气状况、有机质含量等因素影响。一般说来,土壤温度低、通气性差、湿度大时,土壤有机质矿化量较低;相反,土壤温度高、通气性好、湿度适中时则有利于有机质的矿化。为培育具有高水平肥力的土壤,必须使耕地土壤有机质得到保持和不断提高;向土壤增加有机质最有效的措施就是实行秸秆直接还田或过腹还田,增施有机肥料。

(四)土壤氮素

土壤中氮素有有机态和无机态两种。土壤中的氮素以有机态氮为主存在,它主要取决于有机质含量,大部分是迟效的,约占土壤全氮的90%。而无机态氮,主要是铵态氮、硝态氮和极少量的亚硝态氮,是速效的,可以被植物直接吸收利用,一般占土壤全氮的10%以下。土壤氮素主要分析全氮和水解性氮。

平川区耕层土壤全氮平均含量为0.52g/kg,与1990年第二次土壤普查时的含量0.82g/kg相比,下降幅度较大,达36.59%。根据甘肃省土壤养分含量分级标准,属于偏低水平,平均含量在Ⅶ级水平。总体分布情况如下(表2-7-18)

表 2-7-18　平川区土壤耕层全氮含量现状及面积

全氮分级	五级	六级	七级
含量(g/kg)	1.0~0.75	0.75~5.0	≤0.5
面积(公顷)	1041.87	10274.58	18223.56
比例%	3.53	34.78	61.69

土壤中铵态氮和硝态氮称速效氮,通常用碱解扩散法检测其含量,又称碱解氮,它的含量水平常作为衡量供氮强度的指标。耕地土壤碱解氮含量与全氮含量有一定的相关性,但受人为施肥的影响较大。全区耕层土壤速效氮含量平均为56.50mg/kg,总体水平偏低。总体分布情况如下(表2-7-19)。

在土壤氮素的转化过程中,要使土壤有机氮转化为有效氮,需通过科学合理施肥、耕作、灌溉等人为措施进行调控,发挥土壤氮素的潜在作物营养功能,以满足作物高产、优质、高效的需要。具体措施如下:①粮豆轮作或套种,用地与养地结合,提高土壤肥力。②

增施有机肥和实行秸秆还田,调节土壤 C/N 比,加速土壤有机氮的转化。③施用方法合理:一是氮肥应深施覆土,以减少氮肥的挥发损失及反硝化作用;二是确定合理的施肥时期,50%~70%用作基施,30%~50%用作追肥。

表 2-7-19 平川区土壤耕层碱解氮含量现状及面积

碱解氮分级	五级	六级	七级
含量(mg/kg)	>100	50~100	≤50
面积(公顷)	10.72	20275.6	9253.69
比例%	0.04	68.64	31.33

(五)土壤磷素

土壤中磷的含量主要决定于土壤母质和施用磷肥情况。土壤有效磷包括土壤溶液中易溶性磷酸盐、土壤胶体吸附的磷酸根离子和易矿化的有机磷。土壤有效磷含量是土壤肥力水平的重要指标。耕层土壤中的磷一般以无机磷与有机磷两种形态存在,通常有机磷占无机磷含量的 20%~50%,无机磷占全磷的 50%~80%。无机形态的磷中易溶性磷酸盐及土壤胶体吸附的磷酸根离子和在有机形态中易矿化的部分被称为土壤有效磷,约占土壤总磷量的 10%左右。土壤有效磷含量高低是衡量土壤肥力水平的重要指标。评价结果显示全区耕层土壤有效磷平均含量为 16.51mg/kg。根据甘肃省土壤养分含量分级标准,属于高水平,平均含量在 4 级水平,属于中等偏下水平。土壤有效磷总体分布情况如下(表 2-7-20)。

表 2-7-20 平川区土壤耕层有效磷含量现状及面积

有效磷分级	二级	三级	四级	五级
含量(mg/kg)	40.0~30.0	30.0~20.0	20.0~15.0	≤15.0
面积(公顷)	165.17	5220	10293.65	13861.19
比例%	0.56	17.67	34.85	46.92

在磷肥的合理施用方面,应根据土壤条件合理分配和施用,优先施用在最缺磷的地块;四等地隔年施用;三等地减少当年施用量;二等地保持施磷量。对速效磷含量丰富的地块,可以暂时不施磷肥。为了减少磷在土壤中的再固定,提高土壤磷的有效性,可采用以下方法进行调控:①增施有机肥料,提高土壤有机质含量。②磷肥宜作基肥施用,作基肥时,开沟或开穴,将磷肥集中施入根系密集层,或将磷肥与有机物一起堆沤,或与有机肥混合施用。

(六)土壤钾素

土壤中钾素按化学组成分为矿物钾、非交换性钾、交换性钾和水溶性钾四种。按植物营养的有效性可分为无效钾、缓效性钾和速效性钾。土壤矿物钾一般占全钾量的92~98%,它在植物营养上不能为植物所吸收利用,属无效钾。非交换性钾即缓效钾,通常占土壤全钾量的2~8%,是土壤速效钾的储库,它是评价土壤供钾潜力的一个重要指标。速效钾包括交换性钾和水溶性钾,一般占土壤全钾量的1~2%,可以被植物直接吸收利用。平川区耕层土壤速效钾含量平均为165mg/kg,与1990年第二次土壤普查时的含量214mg/kg相比,下降22.89%。根据甘肃省土壤养分含量分级标准,属于中等水平,平均含量在4级。速效钾总体分布情况如下(表2-7-21)。

表2-7-21 平川区土壤耕层速效钾含量现状及面积

速效钾分级	二级	三级	四级	五级	六级
含量(mg/kg)	250~300	200~250	150~200	100~150	≤100
面积(公顷)	774.63	8206.13	7282.41	12675.21	601.63
比例%	2.62	27.78	24.65	42.91	2.04

缓效钾是指存在于层状硅酸盐矿物层间和颗粒边缘,不能被中性盐在短时间内浸提出的钾,也叫非交换性钾。平川区土壤缓效钾含量在甘肃省养分分级中属于六级水平。平川区土壤缓效钾含量及分布情况如下(表2-7-22)。

表2-7-22 平川区耕层土壤缓效钾含量(mg/kg)分级及面积

缓效钾分级	五级	六级	七级
含量(mg/kg)	>400	150~400	≤150
面积(公顷)	870.65	28529.43	139.93
比例%	2.95	96.58	0.47

(七)PH值

PH是土壤酸碱性强度的主要指标,它代表与土壤固相处于平衡的土壤溶液中的氢离子浓度的负对数,是土壤盐基状况的综合反映,对土壤的一系列其他性质有深刻地影响。土壤中有机质的合成与分解、氮、磷等营养元素的转化和释放,微量元素的有效性,土壤保持养分的能力等都与土壤pH有关。平川区PH值变化在7.3~8.4之间,均值为8.0,属于弱碱性土壤,对磷肥的有效性影响较大,应注意施用方法,提高肥效。

二、平川区耕地地力分析

将耕地地力等级分布图,按权属字段检索出各等级的记录,统计各等级耕地分布状况。

1. 一等地

一等地主要分布在水泉镇和宝积乡沿黄灌区和井灌区,灌溉保证率较高达85%~100%。经过近几年的水利设施改善,该区域分布面积较小的川旱地、旱砂田、旱沟坝地基本能满足需水要求,达到高产稳产。土壤以包括淡灰钙土、厚层耕灌淡灰钙土等土种为主,面积为1535.11公顷,占耕地总面积的5.20%。一等地土壤主要养分含量及水平,见表2-7-23。

表2-7-23 平川区一等地土壤养分含量

项目	有机质(g/kg)	全氮(g/kg)	碱解氮(mg/kg)	速效钾(mg/kg)	有效磷(mg/kg)
平均值	16.51	0.72	75.99	147	23.30
含量水平	中等	偏低	偏低	中等	中等

表2-7-24 平川区一等地土地利用类型分布情况

	评价单元数(个)	面积(公顷)	占一等地面积(%)	占总耕地面积(%)
灌溉水田	2	9.79	0.64	0.03
水浇地砂田	142	438.06	28.54	1.48
其它水浇地	223	864	56.28	2.92
旱砂田	197	215.62	14.05	0.73
旱沟坝地	6	5.07	0.33	0.02
川旱地	5	2.57	0.17	0.01

表2-7-25 平川区一等地土壤类型分布情况

	评价单元数(个)	面积(公顷)	占一等地面积(%)	占总耕地面积(%)
山地耕种灰钙土	3	0.82	0.05	0.00
淡灰钙土	192	672.66	43.82	2.28
山地耕种淡灰钙土	6	5.44	0.35	0.02
薄层耕种淡灰钙土	6	6.21	0.40	0.02
旱砂田	56	117.93	7.68	0.40
薄层耕灌淡灰钙土	10	19.69	1.28	0.07
厚层耕灌淡灰钙土	69	249.71	16.27	0.85
砂砾质耕灌淡灰钙土	24	33.26	2.17	0.11
水砂田	11	25.76	1.68	0.09
侵蚀性淡灰钙土	25	44.69	2.91	0.15
钙质石质土	162	334.79	21.81	1.13
栗钙土	11	24.15	1.57	0.08

一等地各项评价指标均属良好型,其中水浇地和少量川旱地利用类型占该等地总面积的99.51%,是平川区的粮食高产区。该区灌溉条件良好,地势较为平坦,土层深厚,质地适中,易于耕作,适耕期长,土壤养分含量水平较高,保水保肥性能好,供肥能力强,利用上无限制因素,适宜种植多种作物,应深耕增肥,用养结合,促进土壤熟化。在农业生产中应注意:一是增施有机肥料,提高土壤有机质含量,培肥地力;二是大力推广平衡配套施肥技术,调整氮、磷、钾投入比例,提高化肥利用率,防止次生盐渍化的产生;三是加强配套灌溉系统,进一步增大灌溉面积,发展节水灌溉,建成高产稳产田。

2.二等地

二等地综合评价指数为0.70~0.84,面积为6511.3公顷,占耕地总面积的22.04%。除复兴乡、种田乡(种田、复兴两乡镇位于南部干旱山区,以雨养农业为主)外,其余各乡镇均有分布。土壤类型多为淡灰钙土、山地耕种淡灰钙土、川地耕种淡灰钙土、旱砂田等。二等地灌溉保证率在75%左右,以淡灰钙土和耕种淡灰钙土等土种为主,土壤养分含量较低,应结合施肥、耕作蓄水保墒,提高抗旱能力。二等地土壤主要养分含量及水平,见表2-7-26。

表2-7-26 平川区二等地土壤养分含量及水平

项目	有机质(g/kg)	全氮(g/kg)	碱解氮(mg/kg)	速效钾(mg/kg)	有效磷(mg/kg)
平均值	14.35	0.60	62.72	159	19.16
含量水平	中等偏低	偏低	偏低	中等	中等

表2-7-27 平川区二等地土地利用类型分布情况

地类面积	评价单元数(个)	面积(公顷)	占二等地面积(%)	占总耕地面积(%)
灌溉水田	8	137.67	2.11	0.47
水浇地砂田	331	1216.79	18.69	4.12
水浇地梯田	1	0.36	0.01	0.00
其他水浇地	535	1857.95	28.53	6.29
旱砂田	1229	1380.5	21.20	4.67
旱沟坝地	784	813.37	12.49	2.75
川旱地	193	397.65	6.11	1.35
山旱地	460	707.01	10.86	2.39

表 2-7-28 平川区二等地土壤类型分布情况

	评价单元数(个)	面积(公顷)	占二等地面积(%)	占总耕地面积(%)
灰钙土	27	29.81	0.46	0.10
山地耕种灰钙土	1	0.07	0.00	0.00
淡灰钙土	1704	3246.81	49.86	10.99
山地耕种淡灰钙土	518	670.18	10.29	2.27
川地耕种淡灰钙土	244	414.1	6.36	1.40
薄层耕种淡灰钙土	2	1.91	0.03	0.01
砂砾质耕种灰钙土	56	79.05	1.21	0.27
旱砂田	276	326.99	5.02	1.11
薄层耕灌淡灰钙土	47	84.03	1.29	0.28
厚层耕灌淡灰钙土	144	328.61	5.05	1.11
砂砾质耕灌淡灰钙土	49	107.03	1.64	0.36
水砂田	70	294.71	4.53	1.00
侵蚀性淡灰钙土	270	513.74	7.89	1.74
上位潮土	2	22.62	0.35	0.08
壤质上潮土	3	26.14	0.40	0.09
耕灌红沙土	9	110.24	1.69	0.37
半固定风沙土	4	4.31	0.07	0.01
钙质石质土	80	112.59	1.73	0.38
厚层灌淤土	31	125.29	1.92	0.42

二等地多处在黄灌区河谷阶地、北部和中部平原区以及北部断陷盆地丘陵沟壑区。耕层质地以轻壤、砂壤土为主。该等地多为灌溉中等的水浇地及水浇地砂田和经改良灌溉的旱砂田利用类型，占该等地总面积的80.91%，平川区近几年在改善灌溉设施增加灌溉保证率、梯田土壤熟化、坡地改梯田等建设方面做了大量的工作，取得的成效。经过多年的基本农田建设，平田整地，起高垫低，改善了土壤结构，农业生产水平大幅度提高，是平川区具有较大高产潜力的土壤。

对二等地合理利用应从改良入手，加强农田基本建设，主要措施：一是提高灌溉保证率，该等地所在区域灌溉水源主要为电力提灌和井灌，应大力开发水资源并合理利用，结合农艺措施，提高灌溉水利用效率。二是河谷川地区，应以加厚耕层为主，增施有机肥，提高土壤肥力。三是实行平衡配套施肥，合理施用化肥，协调氮、磷、钾比例，适量补施微肥。

通过土壤改良，建造一个深厚、疏松、养分协调、肥沃的耕作层。

3. 三等地

三等地综合评价指数为 0.58～0.70，耕地面积 11865.22 公顷，占全区耕地总面积的 40.17%。主要分布在黄峤乡、共和镇、王家山镇、宝积乡，其他乡镇也有零星分布。土壤以淡灰钙土、灰钙土、耕种淡灰钙土、旱砂田为主，土壤养分含量处于低水平；土地利用类型主要以旱砂田、山旱地、川旱地、旱沟坝地为主；少量井灌水浇地主要分布在黄峤乡、宝积乡和王家山镇、共和乡，但灌溉保证率较低。三等地土壤主要养分含量及水平，见表 2-7-29。

表 2-7-29 平川区三等地土壤养分含量及水平

项目	有机质(g/kg)	全氮(g/kg)	碱解氮（mg/kg）	速效钾(mg/kg)	有效磷(mg/kg)
平均值	12.32	0.49	52.69	154.68	16.03
含量水平	偏低	偏低	偏低	中等	偏低

表 2-7-30 平川区三等地土地利用类型分布情况

	评价单元数(个)	面积(公顷)	占三等地面积(%)	占总耕地面积(%)
菜地	1	0.84	0.01	0.00
水浇地砂田	162	398.42	3.36	1.35
其他水浇地	388	1079.76	9.10	3.66
旱砂田	1851	3479.55	29.33	11.78
旱地梯田	2	1.61	0.01	0.01
旱沟坝地	985	1095.11	9.23	3.71
川旱地	639	1177.42	9.92	3.99
山旱地	1653	4632.51	39.04	15.68

表 2-7-31 平川区三等地土壤类型分布情况

	评价单元数(个)	面积(公顷)	占三等地面积(%)	占总耕地面积(%)
灰钙土	565	1633.86	13.77	5.53
山地耕种灰钙土	290	1151.75	9.71	3.90
侵蚀性灰钙土	39	43.08	0.36	0.15
淡灰钙土	2532	4624.07	38.97	15.65
山地耕种淡灰钙土	705	1365.11	11.51	4.62
川地耕种淡灰钙土	165	244.22	2.06	0.83

续表 2-7-31

	评价单元数(个)	面积(公顷)	占三等地面积(%)	占总耕地面积(%)
薄层耕种淡灰钙土	226	568.57	4.79	1.92
砂砾质耕种灰钙土	101	181	1.53	0.61
旱砂田	619	902.02	7.60	3.05
薄层耕灌淡灰钙土	88	150.72	1.27	0.51
厚层耕灌淡灰钙土	69	114.36	0.96	0.39
水砂田	24	51.17	0.43	0.17
侵蚀性淡灰钙土	108	149	1.26	0.50
弱盐化耕灌灰钙土	4	12.43	0.10	0.04
淋溶灰褐土	5	6.18	0.05	0.02
栗钙土	25	66.98	0.56	0.23
山地耕种栗钙土	2	3.47	0.03	0.01
淡栗钙土	73	431.78	3.64	1.46
山地耕种淡栗钙土	41	165.45	1.39	0.56

三等地多处在中部川区、东南部黄土高原丘陵区及东北部断陷盆地沟壑丘陵区。中部川区,地形平坦,但灌溉条件差,土壤养分含量低;丘陵区,有机质含量较高,应充分发展旱地农业。宝积、共和、黄峤等乡镇井灌区以生态节水农业为主,重点发展果品、西甜瓜、番茄和枸杞种植、反季节瓜菜和畜牧养殖。黄峤乡、种田乡和复兴乡该区域的耕地干旱缺水,农业主要以雨养农业为主,建议发挥以小杂粮、马铃薯等为主的特色产品,具有优势,发展绿色农业;推广全膜双垄沟播玉米,重点发展旱作农业,建设绿色小杂粮基地。

4.四等地

四等地综合评价指数为 0.55~0.58,耕地面积 7229.33 公顷,占全区耕地总面积的 24.47%。主要分布在种田乡、复兴乡、黄峤乡以及王家山镇井儿川村。主要以山旱地、川旱地为主,占该等地面积的 92.94%;土壤以灰钙土、山地耕种灰钙土和栗钙土为主。土壤养分含量偏低。四等地土壤主要养分含量及水平,见表 2-7-32。

表 2-7-32 平川区四等地土壤养分含量及水平表

项目	有机质(g/kg)	全氮(g/kg)	碱解氮(mg/kg)	速效钾(mg/kg)	有效磷(mg/kg)
平均值	10.66	0.43	53.38	198	12.8
含量水平	偏低	偏低	偏低	中等	偏低

表 2-7-33 平川区四等地土地利用类型分布情况

	评价单元数(个)	面积(公顷)	占四等地面积(%)	占总耕地面积(%)
其它水浇地	11	33.74	0.47	0.11
旱砂田	184	284.48	3.94	0.96
旱地梯田	7	12.78	0.18	0.04
旱沟坝地	194	179.85	2.49	0.61
川旱地	186	492.85	6.82	1.67
山旱地	1551	6225.63	86.12	21.08

表 2-7-34 平川区四等地土壤类型分布情况

	评价单元数(个)	面积(公顷)	占四等地面积(%)	占总耕地面积(%)
灰钙土	767	2708.93	37.47	9.17
山地耕种灰钙土	599	3127.15	43.26	10.59
侵蚀性灰钙土	16	27.97	0.39	0.09
淡灰钙土	334	466.73	6.46	1.58
山地耕种淡灰钙土	26	27.19	0.38	0.09
川地耕种淡灰钙土	71	138.54	1.92	0.47
砂砾质耕种灰钙土	14	12.98	0.18	0.04
旱砂田	22	16.13	0.22	0.05
侵蚀性淡灰钙土	8	11.58	0.16	0.04
淋溶灰褐土	4	11.17	0.15	0.04
栗钙土	4	4.12	0.06	0.01
淡栗钙土	176	407.08	5.63	1.38
山地耕种淡栗钙土	92	269.76	3.73	0.91

　　四等地主要分布于平川区南部黄土丘陵沟壑区及北部断陷盆地丘陵沟壑区,中部低中山区仅有少量分布,分布区海拔较高,气温较低,无霜期短,该等地应大力推广旱地农业措施。该区域无灌溉条件,应推广全膜双垄沟播种植方式以及覆砂种植,提高作物产量。存在的限制因素主要是地形、土壤和水分限制,旱灾威胁大。该等地的改良利用主要从两个方面着手:一是增加对耕地的投入,积极推广秸秆还田,增施有机肥料,实行有机

无机结合,改良土壤理化性状,努力提高土地的产出水平。二是平整土地,发展旱作农业和集雨工程。三是发展梯田化建设,对坡度较大适宜耕种的土壤,坡改梯,提高降雨有效利用。

5.五等地

五等地综合评价指数小于 0.55,耕地面积 2399.05 公顷,占全区耕地总面积的 8.12%。五等地面积较小,主要分布在南部干旱区的种田乡、复兴乡、黄峤乡,以及王家山镇东北部井儿川村,宝积乡的黑水村、尖山村也有零星分布。该区域以山旱地为主,占该等地面积的 88.26%;零星水浇地为井灌,由于设施不完善已无法满足灌溉需要;土壤以灰钙土、山地耕种灰钙土、淡栗钙土为主,存在少量弱盐化耕种灰钙土;该区域土壤养分含量较低,属于低产田。五等地土壤主要养分含量及水平,见表 2-7-35。

表 2-7-35 平川区五等地土壤养分含量及水平

项目	有机质(g/kg)	全氮(g/kg)	碱解氮(mg/kg)	速效钾(mg/kg)	有效磷(mg/kg)
平均值	10.54	0.43	50.26	180	13.14
含量水平	较低	偏低	偏低	中等	偏低

表 2-7-36 平川区五等地土地利用类型分布情况

	评价单元数(个)	面积(公顷)	占五等地面积(%)	占总耕地面积(%)
其他水浇地	6	62.52	2.61	0.21
旱砂田	90	77.61	3.24	0.26
旱沟坝地	55	55.01	2.29	0.19
川旱地	21	86.61	3.61	0.29
山旱地	634	2117.3	88.26	7.17

表 2-7-37 平川区五等地土壤类型分布情况

	评价单元数(个)	面积(公顷)	占五等地面积(%)	占总耕地面积(%)
灰钙土	103	284.43	11.86	0.96
山地耕种灰钙土	187	643.56	26.83	2.18
侵蚀性灰钙土	4	7.84	0.33	0.03
淡灰钙土	147	133.36	5.56	0.45
川地耕种淡灰钙土	5	3.11	0.13	0.01
砂砾质耕种灰钙土	16	11.54	0.48	0.04
旱砂田	7	4.18	0.17	0.01
侵蚀性淡灰钙土	5	8.93	0.37	0.03

续表 2-7-37

	评价单元数(个)	面积(公顷)	占五等地面积(%)	占总耕地面积(%)
弱盐化耕种灰钙土	13	86.55	3.61	0.29
弱盐化耕灌灰钙土	16	60.3	2.51	0.20
淋溶灰褐土	2	1.47	0.06	0.00
淡栗钙土	160	674.11	28.10	2.28
山地耕种淡栗钙土	141	479.67	19.99	1.62

五等耕地改良的重点：一是因地制宜调整农业种植结构，选择适应品种种植。注意发展经济林，实行多种经营，增加收入。二是将坡地改为梯田，增厚活土层，保持水土，保护好耕地；三是增施有机肥料，培肥地力。利用方向是整修梯田，营造水土保持林，提高综合控制水土的能力。

第三节　会宁县耕地地力分析

一、会宁县耕层土壤属性

(一)耕层土壤有机质

会宁县耕层土壤有机质含量目前的平均水平为 13.73g/kg，与第二次土壤普查相比，有机质含量明显增加，平均增加了 3.73g/kg，变化率较大，为 37.3%。

会宁县土壤有机质分布为南部、东北部较高，中部、西北部偏低，但地带性不明显。山区较川、沟谷地区含量高。东北部的白草塬乡、郭城驿镇和土高山乡的有机质含量最高，其中土高山乡中庄村部分地区有机质含量达到 20%～25%之间；南部的丁家沟乡、党家岘乡也有大面积有机质含量在 15%～20%之间的地区，其余各乡镇虽然也有部分地区有机质含量较高，但面积都很小。

会宁县土壤有机质含量由低到高，根据甘肃省有机质含量标准属于三到七级（表 2-7-38）。可见会宁县土壤有机质含量低且差异大，属于有机质贫乏地区。

表 2-7-38　会宁县耕层土壤有机质含量等级划分

甘肃省等级	三级	四级	五级	六级	七级
有机质(g/kg)	25.0～20.0	20.0～15.0	15.0～10.0	10.0～6.0	≤6.0

(二)耕层土壤氮素

会宁县土壤全氮由第二次土壤普查的 0.76g/kg 增加到目前的 0.83g/kg，平均增加 0.07g/kg，相对变化率较小，仅为 9.93%。会宁县土壤碱解氮由第二次土壤普查的 34mg/kg 增至目前的 40.63mg/kg，平均增加 6.63mg/kg，变化率为 19.50%。

(三)耕层土壤有效磷

会宁县土壤有效磷由第二次土壤普查的 2.58mg/kg，增加到 12.67mg/kg，增加值高达 10.09mg/kg，变化率达到 391.09%，在土壤养分中变化最大。

会宁县土壤有效磷含量普遍较低，基本上处于 10～15mg/kg 水平段中。含量最高的主要是老君坡乡的谢家埂子村，有效磷含量处于 20～25mg/kg 之间；另外河畔镇的车家川村、四房吴乡的大南岔村、老君坡乡的高石崖村、老君坡村张家川村等有效磷含量也较高，处于 15～20mg/kg 之间。

会宁县土壤有效磷含量由低到高分成一到五级，对应甘肃省有效磷含量为三到七级（表 2-7-39）。可见会宁县有效磷含量低且变幅大，属于有效磷缺乏地区。

表 2-7-39　会宁县耕层土壤有效磷等级划分

甘肃省等级	三级	四级	五级	六级	七级
有效磷(mg/kg)	30.0～20.0	20.0～15.0	15.0～10.0	10.0～5.0	≤5.0

(四)土壤速效钾

会宁县土壤速效钾第二次土壤普查值为 201.6mg/kg，而目前含量为 263.07mg/kg，平均增加 61.47mg/kg，变化率为 30.49%。

耕层土壤速效钾在会宁县分布较高，大多数地区的土壤速效钾含量都在 200～300mg/kg 之间，且含量大于 300mg/kg 的地区广泛分布在全县各乡镇，耕层土壤速效钾含量最低的也在 100～150mg/kg 之间。

会宁县土壤速效钾含量由高到低分为五级，分别对应甘肃省的一到五级（表 2-7-40）。由此可见会宁县土壤富含速效钾，但对于喜钾作物和灌区，不应该忽视施用钾肥。

表 2-7-40　会宁县耕层土壤速效钾等级划分

甘肃省等级	一级	二级	三级	四级	五级
速效钾(mg/kg)	>300	250～300	200～250	150～200	100～150

(五)耕层土壤微量元素

由 2006 年测土配方施肥土样测试结果对比第二次土壤普查报告,得到会宁县土壤微量元素含量变化(表 2-7-41)。

表 2-7-41　会宁县耕层土壤微量元素变化

土壤微量元素	第二次土壤普查	2006 测土配方施肥	变化值	变化率(%)
铁(mg/kg)	5.47	5.03	−0.44	−8.04
锰(mg/kg)	7.19	7.07	−0.12	−1.67
铜(mg/kg)	0.79	0.80	0.01	1.27
锌(mg/kg)	0.33	0.53	0.20	60.61
硼(mg/kg)	0.89	0.72	−0.17	−19.10

由表 2-7-41 可知:在统计的耕层土壤铁、锰、铜、锌、硼含量变化中,既有增加的,也有降低的。其中,铜和锌含量是增加的,铜由第二次土壤普查的 0.79mg/kg,增至目前的 0.80mg/kg,变化值很小,变化率为 1.27%;锌由第二次土壤普查的 0.33mg/kg 增加到目前的 0.53,变化值为 0.20mg/kg,变化率达 60.61%;铁、锰、硼的含量变化都是降低的,铁的平均含量由第二次土壤普查的 5.47mg/kg 降为目前的 5.03mg/kg,平均减少 0.44mg/kg,变化率为 −8.04%;锰的平均含量由第二次土壤普查的 7.19mg/kg 降为目前的 7.07mg/kg,平均减少 0.12mg/kg,变化率为 −1.67%;硼的平均含量由第二次土壤普查的 0.89mg/kg 降为目前的 0.72mg/kg,平均减少 0.17mg/kg,变化率为 −19.1%,是土壤微量元素中变化最大的元素。

1.耕层土壤有效铁分布情况

会宁县土壤有效铁含量属于中等情况,大部分处于 4.5～6.7mg/kg 之间。含量最高的主要是郭城驿镇东北部、头寨子乡中部、河畔镇周边等地区,有效铁含量处于 5.5～6.7mg/kg 之间;含量最低的面积较小,主要分布在土高山乡西北部、汉岔乡西南部、新庄乡南部及柴家门乡西北等地,耕层土壤有效铁含量小于 4.5mg/kg。

会宁县土壤有效铁含量由低到高分成两个等级,对应甘肃省有效铁含量三、四两级,即较低和低两个档次(表 2-7-42)。由此可见,会宁县耕层有效铁含量普遍很低,没有极低值,属于铁的适量地区。

表 2-7-42　会宁县耕层土壤有效铁等级划分

甘肃省等级	三级	四级
	较低	低
有效铁(mg/kg)	10.00～4.50	4.50～2.50

2.耕层土壤有效锰分布情况

会宁县土壤有效锰含量普遍较低,基本上处于5~8mg/kg之间。含量最高的主要在郭城驿镇东北部,有效锰含量处于8.5~10mg/kg之间;另外河畔镇中部、韩家集乡东南部、杨集崖乡南部有效锰含量也较高,处于7~8.5mg/kg之间。

根据甘肃省养分分级标准,将会宁县土壤有效锰含量由低到高分成三个等级,对应甘肃省有效锰含量二到四级,即中等、较低和低三个档次(表2-7-43)。由此可见,会宁县耕层土壤有效锰含量普遍很低,但极低地区也很少,属于有效锰缺乏地区。

表2-7-43 会宁县有效锰等级划分

甘肃省等级	二级	三级	四级
	中等	较低	低
有效锰(mg/kg)	15.00~9.00	9.00~7.00	7.00~3.00

3.耕层土壤有效铜分布情况

会宁县土壤有效铜含量属于中等情况,大部分处于0.5~1mg/kg之间。含量最高的主要在新塬乡东南部、白草塬乡和土门岘乡西部等地区,有效铜含量处于1~1.8mg/kg之间;含量最低的面积较小,零星分布在全县各乡镇,耕层土壤有效铜含量小于0.5mg/kg。

根据甘肃省养分分级标准,将会宁县土壤有效铜含量由低到高分成三个等级,对应甘肃省有效铜含量二、三、四三个等级,即中等、较低和低两个档次(表2-7-44)。由此可见,会宁县耕层有效铜含量普遍较低,没有极低值,属于铜的不足地区。

表2-7-44 会宁县有效铜等级划分

甘肃省等级	二级	三级	四级
	中等	较低	低
有效铜(mg/kg)	2.00~1.00	1.00~0.50	0.50~0.20

4.耕层土壤有效锌分布情况

会宁县土壤有效锌含量属于中等情况,大部分处于0.3~0.5mg/kg之间。含量最高的主要在新塬乡东南部、白草塬乡和土门岘乡西部等地区,有效锌含量处于1~1.8mg/kg之间,有效锌含量小于0.3mg/kg的很少。

会宁县土壤有效锌含量由低到高分成三个等级,对应甘肃省有效锌含量二、三、四三个等级,即中等、较低和低两个档次(表2-7-45)。由此可见,会宁县耕层有效锌含量普遍较低,没有极低值,属于锌的不足地区。

表 2-7-45 会宁县有效锌等级划分

甘肃省等级	二级	三级	四级
	中等	较低	低
有效锌(mg/kg)	2.00~1.00	1.00~0.50	0.50~0.30

(十)耕层土壤 pH

会宁县土壤酸碱度平均值为 8.25,而各耕地利用类型的 pH 值均大于 7,因此,会宁县耕地土壤呈微碱性。各耕地利用类型中,沟坝地 pH 值最高,为 8.27,而旱地梯田 pH 值最低,为 8.20,且各耕地利用类型 pH 值相差不大。

二、会宁县耕地地力分析

以土壤图与土地利用现状图叠加形成评价单元,应用模糊综合评判方法,通过综合分析,将会宁县耕地共划分为 5 个等级,根据评价结合进行耕地地力的系统分析。

(一)耕地地力等级与分布

1.耕地地力等级面积统计

由耕地潜在地力评价模型所得出的会宁县耕地地力等级图,并以 2007 年土地变更调查数据为基准,按面积比例进行平差,统计得到会宁县各耕地地力等级面积。

会宁县耕地总面积为 172251.48 公顷,各等级耕地面积比例差异较大,四等地面积最大,占到了总耕地面积的 62.10%;其次是三等地和五等地,分别占到总耕地面积的 19.21% 和 10.38;一等地面积最小,占总耕地面积的 3.12%,见表 2-7-46。

表 2-7-46 会宁县耕地地力评价结果面积统计

等级	一等地	二等地	三等地	四等地	五等地	总计
面积(公顷)	5376.51	8921.33	33097.93	106975.64	17879.97	172251.38
百分比(%)	3.12	5.18	19.21	62.10	10.38	100

2.耕地地力等级的行政区域划分

会宁县一等地只分布在郭城驿镇、河畔镇、头寨子镇、柴家门乡、会师镇、甘沟驿镇、中川乡、新添堡回族乡这 8 个乡镇,而有 20 个乡镇没有一等地分布;二等地分布在 11 个乡镇,而有 17 个乡镇没有分布;三等地和四等地在全县 28 个乡镇均有分布,空间覆盖比例较大;五等地除党家岘乡没有分布以外,其余 27 个乡镇均有分布(表 2-7-47 至表 2-7-51)。

由各等级耕地在不同乡镇所占比例来看,一等地面积比例较高的是郭城驿镇、河畔镇和头寨子镇,分别占一等地面积的35.51%、21.89%和13.31%。柴家门乡、会师镇、甘沟驿镇、中川乡、新添堡回族乡尽管也有一等地分布,但面积很小,占本级地面积比例均不到10%。二等地面积比例较高的是白草塬乡和郭城驿镇,分别占二等地面积的30.80%和24.21%,其余各乡镇二等地面积均不到该等级总面积的10%。三等地面积比例较高的是杨崖集乡,占三等地总面积的10.39%,而其余各乡镇分布情况则属于零星分布,比例均达不到10%。新庄乡、大沟乡、新塬乡、刘家寨子乡、韩家集乡和汉家岔乡尽管也有三等地分布,但面积很小,甚至不到三等地总面积的1%。四等地尽管在全县各乡镇均有分布,但分布较为分散,面积比例最高的是汉家岔乡和甘沟驿镇,分别占四等地面积的7.91%和7.08%。五等地面积比例较高的是新庄乡,为42.39%,其余各乡镇分布面积不大。

从各乡镇不同等级耕地所占本乡镇面积比例来看,一等地中占本乡镇耕地比例最大的与占一等地面积比例的排序相当,为郭城驿镇、河畔镇和头寨子镇,但比值有所变化,分别是23.99%和18.56%。二等地中占本乡镇耕地面积比例较高的是白草塬乡、郭城驿镇和中川乡,分别为50.99%,27.15%和14.25%。三等地中占本乡镇面积比例排序最高的是侯家川乡、党家岘乡、杨崖集乡和老君坡乡,比例分别是68.74%、57.16%、56.91%和52.86%,而这四个乡镇均没有或少有一等、二等地的分布。四等地中占本乡镇面积比值均都很大,最高的是韩家集乡为98.71%,其次是大沟乡为96.41%,汉家岔乡为93.02%。五等地中占本乡镇比例最大的是新庄乡、刘家寨子乡和新塬乡,比例分别是72.55%、45.07%和30.52%。

表2-7-47 会宁县各乡镇一等地面积分布情况

乡镇名称	评价单元数(个)	面积(公顷)	占本级耕地面积(%)	占本乡镇耕地面积(%)	占总耕地面积(%)
郭城驿镇	105	1908.96	35.51	23.9916	1.11
河畔镇	66	1177.13	21.89	18.5637	0.68
头寨子镇	20	715.42	13.31	9.4030	0.42
柴家门乡	36	509.45	9.48	6.4851	0.30
会师镇	27	417.35	7.76	7.0580	0.24
甘沟驿镇	7	328.13	6.10	3.7041	0.19
中川乡	19	251.02	4.67	5.1587	0.15
新添堡回族乡	5	69.05	1.28	0.9978	0.04

表 2-7-48　会宁县各乡镇二等地面积分布情况

乡名称	评价单元数（个）	面积（公顷）	占本级耕地面积（%）	占本乡镇耕地面积（%）	占总耕地面积（%）
白草塬乡	117	2747.41	30.80	50.99	0.0103
郭城驿镇	165	2159.98	24.21	27.15	0.0081
河畔镇	94	815.02	9.14	12.85	0.0030
中川乡	64	693.37	7.77	14.25	0.0026
柴家门乡	70	684.21	7.67	8.71	0.0026
头寨子镇	75	540.40	6.06	7.10	0.0020
甘沟驿镇	68	500.12	5.61	5.65	0.0019
会师镇	94	427.25	4.79	7.23	0.0016
丁家沟乡	18	194.00	2.17	3.68	0.0007
新添堡回族乡	12	115.49	1.29	1.67	0.0004
侯家川乡	4	44.07	0.49	1.15	0.0002

表 2-7-49　会宁县各乡镇三等地面积分布情况

乡名称	评价单元数（个）	面积（公顷）	占本级耕地面积（%）	占本乡镇耕地面积（%）	占总耕地面积（%）
杨崖集乡	214	3439.57	10.39	56.91	2.00
老君坡乡	250	2986.29	9.02	52.86	1.73
侯家川乡	246	2634.21	7.96	68.74	1.53
党家岘乡	281	2571.03	7.77	57.16	1.49
中川乡	162	2568.91	7.76	52.79	1.49
白草塬乡	180	2532.26	7.65	46.99	1.47
河畔镇	136	2146.21	6.48	33.85	1.25
柴家门乡	121	1666.80	5.04	21.22	0.97
土门岘乡	211	1398.81	4.23	44.72	0.81
翟家所乡	105	1336.10	4.04	20.01	0.78
丁家沟乡	145	1087.36	3.29	20.63	0.63
头寨子镇	139	1037.05	3.13	13.63	0.60
新添堡回族乡	117	1028.50	3.11	14.86	0.60
太平店乡	101	977.88	2.95	22.62	0.57
平头川乡	61	966.47	2.92	23.50	0.56

续表 2-7-49

乡名称	评价单元数（个）	面积（公顷）	占本级耕地面积（%）	占本乡镇耕地面积（%）	占总耕地面积（%）
郭城驿镇	151	930.26	2.81	11.69	0.54
四房吴乡	134	620.21	1.87	9.16	0.36
会师镇	90	604.09	1.83	10.22	0.35
土高山乡	47	561.89	1.70	17.49	0.33
草滩乡	66	442.73	1.34	6.03	0.26
八里湾乡	49	383.78	1.16	6.09	0.22
甘沟驿镇	55	332.89	1.01	3.76	0.19
新庄乡	40	302.98	0.92	2.90	0.18
大沟乡	33	199.08	0.60	2.71	0.12
新塬乡	48	137.13	0.41	2.86	0.08
刘家寨子乡	20	103.27	0.31	1.87	0.06
韩家集乡	11	68.30	0.21	1.11	0.04
汉家岔乡	6	33.86	0.10	0.37	0.02

表 2-7-50　会宁县各乡镇四等地面积分布情况

乡名称	评价单元数（个）	面积（公顷）	占本级耕地面积（%）	占本乡镇耕地面积（%）	占总耕地面积（%）
汉家岔乡	1107	8463.82	7.91	93.02	2.82
甘沟驿镇	813	7568.54	7.08	85.44	2.52
大沟乡	1090	7074.87	6.61	96.41	2.36
四房吴乡	704	6146.09	5.75	90.75	2.05
韩家集乡	647	6098.95	5.70	98.71	2.03
八里湾乡	636	5858.91	5.48	93.01	1.95
草滩乡	424	5594.37	5.23	76.15	1.86
新添堡回族乡	605	5352.42	5.00	77.35	1.78
翟家所乡	543	4959.73	4.64	74.28	1.65
会师镇	505	4447.55	4.16	75.21	1.48
柴家门乡	529	4379.71	4.09	55.75	1.46
丁家沟乡	425	3984.56	3.72	75.61	1.33
太平店乡	352	3338.78	3.12	77.22	1.11

续表 2-7-50

乡名称	评价单元数（个）	面积（公顷）	占本级耕地面积（%）	占本乡镇耕地面积（%）	占总耕地面积（%）
头寨子镇	760	3245.80	3.03	42.66	1.08
新塬乡	625	3195.77	2.99	66.62	1.06
平头川乡	418	3139.06	2.93	76.32	1.05
刘家寨子乡	428	2925.92	2.74	53.06	0.97
郭城驿镇	455	2870.49	2.68	36.08	0.96
老君坡乡	272	2654.25	2.48	46.98	0.88
杨崖集乡	150	2603.36	2.43	43.07	0.87
新庄乡	390	2564.66	2.40	24.55	0.85
土高山乡	547	2251.79	2.10	70.09	0.75
河畔镇	373	2117.60	1.98	33.40	0.71
党家岘乡	281	1927.00	1.80	42.84	0.64
土门岘乡	423	1606.16	1.50	51.35	0.54
中川乡	107	1348.79	1.26	27.72	0.45
侯家川乡	176	1148.86	1.07	29.98	0.38
白草塬乡	45	107.83	0.10	2.00	0.04

表 2-7-51　会宁县各乡镇五等地面积分布情况

乡名称	评价单元数（个）	面积（公顷）	占本级耕地面积（%）	占本乡镇耕地面积（%）	占总耕地面积（%）
新庄乡	305	7580.67	42.40	72.55	4.4009
刘家寨子乡	350	2485.00	13.90	45.07	1.4427
头寨子镇	307	2069.73	11.58	27.20	1.2016
新塬乡	317	1464.18	8.19	30.52	0.8500
草滩乡	115	1309.51	7.32	17.82	0.7602
柴家门乡	100	615.59	3.44	7.84	0.3574
汉家岔乡	123	601.63	3.36	6.61	0.3493
土高山乡	151	399.24	2.23	12.43	0.2318
翟家所乡	85	381.44	2.13	5.71	0.2214
新添堡回族乡	55	354.27	1.98	5.12	0.2057
甘沟驿镇	32	128.87	0.72	1.45	0.0748

续表 2-7-51

乡名称	评价单元数（个）	面积（公顷）	占本级耕地面积（%）	占本乡镇耕地面积（%）	占总耕地面积（%）
土门岘乡	27	122.88	0.69	3.93	0.0713
郭城驿镇	26	87.10	0.49	1.09	0.0506
河畔镇	23	85.08	0.48	1.34	0.0494
大沟乡	23	64.69	0.36	0.88	0.0376
八里湾乡	11	56.54	0.32	0.90	0.0328
会师镇	6	16.94	0.09	0.29	0.0098
韩家集乡	7	11.64	0.07	0.19	0.0068
老君坡乡	6	9.12	0.05	0.16	0.0053
平头川乡	3	7.36	0.04	0.18	0.0043
太平店乡	5	7.13	0.04	0.16	0.0041
四房吴乡	5	6.62	0.04	0.10	0.0038
侯家川乡	5	4.82	0.03	0.13	0.0028
丁家沟乡	4	4.26	0.02	0.08	0.0025
中川乡	2	3.81	0.02	0.08	0.0022
杨崖集乡	1	0.92	0.01	0.02	0.0005
白草塬乡	1	0.91	0.01	0.02	0.0005

（二）耕地地力等级分述

1. 一等地的主要属性

会宁县一等地综合评价指数（IFI）大于 0.7650，共 285 个评价单元，面积为 5376.51 公顷，占总耕地面积的 3.12%。主要土地利用类型有其他水浇地、川旱地、灌溉水田等。

会宁县一等地主要分布在中北部河谷川道区，地貌类型全部为河谷川道，成土母质主要为冲击物，面积为 5027.85 公顷，占一等地总面积的 93.51%。耕层质地主要是重壤和轻壤，面积分别为 3257.51 公顷和 1227.61 公顷，分别占一等地总面积的 60.6% 和 22.8%。主要质地构型为夹壤重壤和均质轻壤，面积分别为 3184.06 公顷和 1226.63 公顷，分别占一等耕地总面积的 59.22% 和 22.81%。

剖面构型主要为 A11-A12-Bk-Ck 构型，坡向主要为东南和西南向，≥10℃ 积温均值为 2963℃，平均年降水量 348.3mm，平均海拔 1617.9m，平均坡度 3.1°，平均耕层厚度为 19cm，耕层土壤 pH 值平均为 8.3，全氮平均含量为 0.780g/kg，全磷平均含量为 704mg/kg，缓效钾平均含量为 1178mg/kg，有效磷平均含量为 12.11mg/kg，速效钾平均含量

244mg/kg，有机质平均含量为13.2g/kg。一等地灌溉保证率平均为73%。（表2-7-52）

2.二等地的主要属性

会宁县二等地综合评价指数（IFI）在0.6620～0.7650之间，共781个评价单元，耕地面积8921.33公顷，占总耕地面积的5.18%，主要土地利用类型有其他水浇地、川旱地、山旱地和塬旱地。

会宁县二等地主要地貌类型为梁峁丘陵沟壑，面积为4132.73公顷，占二等地总面积的46.32%，其次是黄土高原塬面，面积为2751.60公顷，占二等地总面积的30.84%，还有22.83%为河谷川地。成土母质主要为冲积物和黄土母质，面积分别为4704.1公顷和4188.39公顷，占二等地总面积的比例分别是52.73%和46.95%。

耕层质地以中壤和轻壤为主，52.9%的剖面构型为A11-A12-Bk-Ck构型，45.88%的剖面构型为A11-A12-C1-C2构型。坡向主要是西南向，≥10℃积温均值为2744℃，平均年降水量382.8mm，平均海拔1706.6m，平均坡度6.5°，田面坡度平均为2.1°，平均耕层厚度为19cm，耕层土壤pH值平均为8.3，全氮平均含量为0.840g/kg，全磷平均含量为703mg/kg，缓效钾平均含量为1194mg/kg，有效磷平均含量为12.5mg/kg，速效钾平均含量为243mg/kg，有机质平均含量为14.2g/kg。二等地灌溉保证率平均为27%。（表2-7-52）

3.三等地的主要属性

会宁县三等地综合评价指数（IFI）在0.5750～0.6620之间，共3219个评价单元，耕地面积33097.93公顷，占总耕地面积的19.21%，主要土地利用类型有山旱地、旱地梯田、塬旱地和其他水浇地。

会宁县三等地主要地貌类型为梁峁丘陵沟壑和黄土高原塬面，梁峁丘陵沟壑面积25246.44公顷，占三等地总面积的76.28%，黄土高原塬面面积6053.34公顷，占三等地总面积的18.29%。主要成土母质为坡积物和黄土母质，面积分别为16740.94公顷和14233.26公顷占三等地总面积比例分别是50.58%和43.00%。耕层土壤质地为中壤和轻壤，质地构型以均质中壤和均质轻壤为主。

剖面构型以A11-A12-C1-C2构型为主，主要坡向为南和东南向，≥10°积温均值为2438℃，平均年降水量416.8mm，平均海拔1923.2m，平均坡度10.8°，田面坡度平均为4.0°，平均耕层厚度为20cm，耕层土壤pH值平均为8.3，全氮平均含量为0.850g/kg，全磷平均含量为690mg/kg，缓效钾平均含量为1205mg/kg，有效磷平均含量为12.6mg/kg，速效钾平均含量为248mg/kg，有机质平均含量为14.4g/kg。（表2-7-52）

4.四等地的主要属性

会宁县四等地综合评价指数（IFI）在0.5050～0.5750之间，共13830个评价单元，耕地面积106975.64公顷，占总耕地面积的62.1%，是会宁县最主要的耕地地力等级。四等地主要土地利用类型有山旱地、旱地梯田、砂地、塬旱地和川旱地。

会宁县四等地主要地貌类型为梁峁丘陵沟壑,面积102414.13公顷,占四等耕地面积的95%以上,主要成土母质为黄土母质,面积为87224.82公顷,占四等地总面积比例81.54%。主要耕层土壤质地为轻壤,质地构型以均质轻壤为主。

剖面构型以A11-A12-C1-C2构型为主,主要坡向为南向,≥10℃积温均值为2438℃,平均年降水量367.9mm,平均海拔1901.4m,平均坡度11.9°,田面坡度平均为5.6°,平均耕层厚度为20cm,耕层土壤pH值平均为8.3,全氮平均含量为0.820g/kg,全磷平均含量为688mg/kg,缓效钾平均含量为1206mg/kg,有效磷平均含量为12.0mg/kg,速效钾平均含量为239mg/kg,有机质平均含量为13.6g/kg。(表2-7-52)

5.五等地的主要属性

会宁县五等地综合评价指数(IFI)小于0.5050,共2095个评价单元,耕地面积17879.97公顷,占总耕地面积的10.38%,主要土地利用类型有山旱地和旱地梯田。

会宁县五等地主要地貌类型为梁峁丘陵沟壑,面积17837.38公顷,占五等耕地面积的99.76%,成土母质主要为冲击物和黄土母质,面积分别为9668.41公顷和7424.07公顷,占五等地总面积比例为54.07%和41.52%。耕层土壤质地主要为轻壤,质地构型以均质轻壤为主。

剖面构型以A11-A12-Bk-Ck构型为主,主要坡向为西南向,≥10°积温均值为2473℃,平均年降水量318.4mm,平均海拔1913.1m,平均坡度11.8°,田面坡度平均为10.3°,平均耕层厚度为19cm,耕层土壤pH平均为8.3,全氮平均含量为0.810g/kg,全磷平均含量为686mg/kg,缓效钾平均含量为1179mg/kg,有效磷平均含量为11.8mg/kg,速效钾平均含量为237mg/kg,有机质平均含量为13.0g/kg。(表2-7-52)

表2-7-52 会宁县各等级耕地主要指标平均值

指标	一等地	二等地	三等地	四等地	五等地
pH	8.3	8.3	8.3	8.3	8.3
全氮(g/kg)	0.780	0.840	0.850	0.820	0.810
全磷(mg/kg)	704	703	690	688	686
缓效钾(mg/kg)	1178	1194	1205	1206	1179
有效磷(mg/kg)	12.1	12.5	12.6	12.0	11.8
速效钾(mg/kg)	244	243	248	239	237
有机质(g/kg)	13.2	14.2	14.4	13.6	13.0

第四节 靖远县耕地地力分析

一、靖远县耕层土壤属性

(一)耕层土壤大量元素

靖远县耕层土壤有机质检测含量平均值为10.36g/kg,变幅为5.9~24.3g/kg。根据甘肃省土壤养分含量分级标准,属于中等水平,含量在三级、四级水平的耕地分别占耕地总面积的0.41%、3.25%;五级,六级水平的耕地占耕地总面积的48.54%、47.80%。

表2-7-53 靖远县耕层土壤有机质含量状况分级统计

划分等级	三级	四级	五级	六级	七级
有机质含量范围(g/kg)	>20	15~20	10~15	6~10	≤6
样本数	208	80	11239	11326	2
面积(公顷)	409.43	3283.76	49072.48	48318.83	9.12
占耕地总面积(%)	0.41	3.25	48.54	47.80	0.07

表2-7-54 靖远县耕层土壤碱解氮含量状况分级统计

划分等级	六级	七级
碱解氮含量范围(mg/kg)	>50	≤50
样本数	10105	13428
面积(公顷)	36730.00	64363.62
占耕地总面积(%)	36.33	63.67

表2-7-55 靖远县土壤耕层有效磷含量分级及面积

划分等级	一级	二级	三级	四级	五级	六级
有效磷含量(mg/kg)	>40	40~30	30~20	20~15	15~10	≤10
样本数	1179	1891	5581	5203	8131	1549
面积(公顷)	7701.48	13840.5	26779.34	21180.76	25723.89	5867.65
占耕地总面积(%)	7.62	13.69	26.49	20.95	25.45	5.80

表 2-7-56　靖远县土壤耕层速效钾含量分级及面积

划分等级	一级	二级	三级	四级	五级
速效钾含量(mg/kg)	>300	300~250	250~200	200~150	150~100
样本数	67	1386	8927	11139	2014
面积(公顷)	369.29	7119.44	30296.4	49718.91	13589.58
占耕地总面积(%)	0.37	7.04	29.97	49.18	13.44

表 2-7-57　靖远县土壤耕层缓效钾含量分级及面积

缓效钾划分等级	二级	三级	四级
缓效钾含量(mg/kg)	>1000	1000~800	<800
样本数	1276	21769	488
面积(公顷)	7727.37	90890.08	2481.17
占耕地总面积(%)	7.64	81.91	2.45

(二)耕层土壤 pH

靖远县 PH 值变化在 7.9~8.8 之间,均值为 8.43,属于弱碱性土壤。土壤 PH 值过高是限制作物生长的主要因素。

二、靖远县耕地地力分析

以土壤图与土地利用现状图叠加形成评价单元,应用模糊综合评判方法,通过综合分析,将靖远县耕地共划分为 5 个等级,根据评价结合进行耕地地力的系统分析。

(一)耕地地力等级与分布

1.耕地地力等级面积统计

利用 MAPGIS 软件,对耕地资源管理单元图关连属性数据表和评价结果表进行操作,检索统计耕地各等级的面积及图幅面积。以 2007 年靖远县耕地总面积 101093.62 公顷(即靖远县国土资源局 2007 年统计资料)为基准,按面积比例进行平差,计算出各耕地地力等级的面积(表 2-7-58)。

靖远县耕地总面积为 101093.62 公顷。其中,一等地面积为 15474.03 公顷,占耕地总面积的 15.31%;二等地面积为 33122.09 公顷,占耕地总面积的 32.76%;三等地面积为 26779.85 公顷,占耕地总面积的 26.49%;四等地面积为 18822.70 公顷,占耕地总面积的 18.62%;五等地面积为 6894.95 公顷,占耕地总面积的 6.82%。

表 2-7-58 靖远县耕地地力评价结果面积统计

单位:公顷,%

等级	合计	一等地	二等地	三等地	四等地	五等地
全县面积	101093.62	15474.03	33122.09	26779.82	18822.70	6894.95
所占比例	100	15.31	32.76	26.49	18.62	6.82
平堡乡	1238.79	1075.11	65.85	15.49	82.34	
三滩乡	1600.74	993.91	519.39	82.75	4.69	
糜滩乡	1755.60	629.14	722.80	280.55	123.11	
乌兰镇	2972.49	785.71	1509.89	297.61	301.81	77.47
北湾镇	2993.03	642.84	1406.38	925.93	17.12	0.76
东湾镇	3148.20	2060.52	750.87	281.98	54.83	
刘川乡	3160.39	2287.60	660.50	187.89	24.40	
大芦乡	3410.60	1204.59	1008.72	697.42	452.30	38.57
兴隆乡	3524.42		583.56	1618.60	915.14	407.12
石门乡	4142.74	29.12	1492.44	2072.49	427.43	121.26
双龙乡	4301.25	439.62	1530.90	1894.61	390.39	45.73
永新乡	7742.94		1636.87	2858.00	2592.68	665.39
东升乡	8396.35	1155.66	4379.11	1263.70	1282.93	314.95
靖安乡	9174.70		1521.39	2609.23	2895.47	2148.61
高湾乡	9567.92	1083.72	1991.75	3669.60	2161.37	661.48
若笠乡	10583.77		1131.47	4570.16	3966.06	916.08
北滩乡	11665.13	1311.61	8102.48	1409.27	804.95	36.82
五合乡	11723.56	1174.88	4107.72	2044.57	2325.68	1470.71

(二)耕地地力等级分述

1.一等地的主要属性

一等地,综合评价指数大于 0.6800,一等地主要分布在平堡、三滩、糜滩、东湾、刘川等乡镇。一等地的各项评价指标均属良好型,土壤养分含量除了碱解氮较低外,其余养分含量中等(表 2-7-59),主要分布于黄河两岸及高扬程灌区,其特点是地势平坦、交通方便、市场近。土壤类型主要是灌淤土、潮土。

表 2-7-59 靖远县一等地主要养分含量

项目	有机质(g/kg)	碱解氮(g/kg)	速效钾(mg/kg)	有效磷(mg/kg)	缓效钾(mg/kg)
含量范围	6.5~23.1	30.1~70.1	107~332	8.2~60.4	779~1099
平均值	11.48	51.29	179.79	27.94	896.24
含量水平	中等偏下	极低	中等	丰富	中等

2.二等地的主要属性

二等地,综合评价指数为0.500~0.6800,面积为33122.09公顷,占耕地总面积的32.76%。在靖远县各乡镇皆有分布。土壤地貌类型为山间凹陷平原、浅山丘陵、黄土丘陵沟壑、河谷阶地、中山。土壤质地为轻壤、中壤、重壤。土地利用类型主要有其他水浇地、山旱地、旱砂田等。二等地多处在西北部和南部的丘陵沟壑区、东部低山丘陵区。土壤类型多为黑麻土、黄绵土及淤积土类。耕层质地以轻壤、中壤为主。

表 2-7-60 靖远县二等地主要养分含量

项目	有机质(g/kg)	碱解氮(g/kg)	速效钾(mg/kg)	有效磷(mg/kg)	缓效钾(mg/kg)
含量范围	5.9~23.2	25~72.5	104~328	6.8~62.5	779~1109
平均值	11.01	46.83	194.93	23.84	915.26
含量水平	中等偏下	极低	中等	丰富	中等

3.三等地的主要属性

三等地,综合评价指数为0.4600~0.5000,耕地面积26779.85公顷,占全县耕地总面积的26.49%。在各乡镇均有分布。三等地土壤主要养分含量及水平,见表2-7-61。三等地多处在中部中山丘陵区。地貌类型以黄土丘陵沟壑、浅山丘陵和中山为主,土壤质地以轻壤和中壤占绝大部分,成土母质以黄土状物居多,熟化度较高,属雨养农业区,由于重用轻养,使部分耕地养分下降,全氮、碱解氮含量明显偏低。

表 2-7-61 靖远县三等地主要养分含量

项目	有机质(g/kg)	碱解氮(g/kg)	速效钾(mg/kg)	有效磷(mg/kg)	缓效钾(mg/kg)
含量范围	5.9~24.3	24.1~71.7	109~338	6.6~60.8	779~1108
平均值	10.31	44.29	201.66	18.51	912.09
含量水平	中等偏下	极低	中等	丰富	中等

4.四等地的主要属性

四等地,综合评价指数0.4300~0.4600,耕地面积18822.70公顷,占全县耕地总面积的18.62%。主要在若笠、永新、五合、兴隆、靖安等乡。土壤质地主要为轻壤、中壤。四等地土壤养分状况如下表 2-7-62。

四等地主要分布于靖远县西北及东南的黄土高原区。该区域海拔高,土壤耕层薄,土壤熟化程度低,适耕期短,肥力低,属于较低产土壤。存在的限制因素主要是地形、土壤和水分限制,旱灾威胁大,适宜于抗旱粮食作物生长。

表 2-7-62　靖远县四等地主要养分含量

项目	有机质(g/kg)	碱解氮(g/kg)	速效钾(mg/kg)	有效磷(mg/kg)	缓效钾(mg/kg)
含量范围	6~22	24.1~68.4	112~339	5.1~59.2	779~110
平均值	9.78	43.94	199.83	15.66	908.74
含量水平	中等偏下	极低	中等	丰富	中等

5.五等地的主要属性

五等地,综合评价指数小于 0.4300,耕地面积 11320.78 公顷,仅占全县耕地总面积的 11.20%。除了三滩、糜滩、平堡、东湾、刘川等乡镇没有五等地以外,其余各乡镇皆有分布。地貌类型为黄土丘陵沟壑、浅山丘陵和中山。该区域海拔高,土壤耕层薄,冲刷严重,肥力低,属于低产土壤。五等地土壤养分状况如下表 2-7-63。

表 2-7-63　靖远县五级地主要养分含量

项目	有机质(g/kg)	碱解氮(g/kg)	速效钾(mg/kg)	有效磷(mg/kg)	缓效钾(mg/kg)
含量范围	6.1~16.1	23.8~58.1	121~314	5.1~45	795~1067
平均值	9.27	40.61	195.67	12.50	912.25
含量水平	中等偏下	极低	中等	丰富	中等

第四节　景泰县耕地地力分析

一、景泰县耕层土壤属性

(一)主要土壤养分变化动态

1.土壤有机质变化动态

景泰县耕层土壤有机质平均含量 13.06g/kg,标准差 5.45g/kg,变异系数 41.73%。相当于全国分级五级,属较低水平。从样点的分布频率来看,在水浇地分布较集中,绝大多数处于 10~20g/kg(五级)范围内,占 78.48%,6 级样点数占 17.14%,5、6 级共占 95% 以上。而在旱地中分布较分散,以六级(6~10g/kg)出现最多,占 40.64%;五级占 31.46%;4 级占 14.49%。

2.土壤全氮变化动态

景泰县耕层土壤全氮含量平均值为0.7847g/kg,标准差0.3528g/kg,变异系数44.96%,相当于全国分类六级,属较低水平。从样点的分布频率来看,与有机质的分布趋势相似,水浇地分布较集中,多数分布在0.5~1.0g/kg(六级)范围内,占57.12%;五级和七级分别占24.11%和18.46%,其他各级分布极少。旱地中分布比较分散,六级占44.94%,七级占30.05%,五级和四级分别占16.10%和6.64%。频率分布的这种规律性,反映了全氮与有机质之间显著的相关性。

3.土壤有效磷变化动态

景泰县耕层土壤有效磷含量平均值14.09mg/kg,相当于全国分级五级,属偏低水平,标准差11.29mg/kg,变异系数80.12%,说明变异程度更大。从变化幅度来看,最大值达159.3mg/kg,而最小值为0,可见变化之大。由于人为施肥的影响,水浇地的有效磷含量是旱地的3.5倍(分别为19.18mg/kg和5.28mg/kg)。从频率分布来看,水浇地中以五级分布最多,占43.38%,四级和六级分别占34.56%和10.06%,其他各级分布很少;在旱地中,以七级分布最多,占72.77%,六级和五级分别占15.29%和6.91%。这种频率分布的规律与碱解氮相似,也反映了人为耕作措施的影响。

4.土壤速效钾变化动态

耕层土壤速效钾含量平均值183.27mg/kg,相当于全国分类四级,属较高水平,标准差93.17mg/kg,变异系数50.84%。从平均值来看,水浇地略高于旱地,水浇地为189mg/kg,旱地为173.33mg/kg。从频率分布来看,分散程度相似,但水浇地出现最多的在150~200mg/kg(四级)范围内,占28.21%,其他各级依次为:三级占22.56%,五级占18.61%,2级占14.94%;六级占9.56%,1级占4.68%,七级占1.43%。旱地出现最多的在50~100mg/kg(六级)范围内,占29.64%,其他各级依次为:五级占26.09%,三级占21.73%,四级占12.74%,一级占7.78%,二级占1.68%,七级占0.34%。

(二)主要土壤养分空间分布

基于景泰县采样点实际测量数据,在半方差结构分析和球状模型套合的基础上,结合普通Kriging插值法,获得了土壤有机质、有效磷、缓效钾、速效钾、有效锰、有效铁、有效铜、有效锌等10种土壤养分含量的各等级含量图及等值线图,从中可以明显的看出研究区各土壤养分含量的空间分布状况。

1.耕层土壤有机质分布

景泰县土壤有机质分布为一条山镇、草窝滩镇、正路乡和五佛乡土壤有机质含量较高,其值在15~20g/kg之间;有机质含量在6~11g/kg的是在喜泉镇和中泉乡的大部分区域。而红水镇、寺滩乡、漫水滩乡的有机质含量处于11~15g/kg的中间水平。

根据甘肃省养分分级标准（表2-7-64），景泰县有机质含量由低到高对应甘肃省有机质含量为四到六级（表2-7-65）。可见景泰县有机质含量较低，属于有机质贫乏地区。

表2-7-64　甘肃省养分分级标准（主要养分）表

	一级	二级	三级	四级	五级	六级	七级
有机质(g/kg)	>30	30.0~25.0	25.0~20.0	20.0~15.0	15.0~10.0	10.0~6.0	≤6.0
速效钾(mg/kg)	>300	250~300	200~250	150~200	100~150	50~100	≤50
碱解氮(mg/kg)	>300	250~300	200~250	150~200	100~150	50~100	≤50
有效磷(mg/kg)	>40.0	40.0~30.0	30.0~20.0	20.0~15.0	15.0~10.0	10.0~5.0	≤5.0

表2-7-65　景泰县有机质等级划分表

甘肃省等级	一级	二级	三级	四级	五级
有机质(g/kg)	15.0~20.0	13.0~15.0	11.0~13.0	9.0~11.0	6.0~9.0

2.耕层土壤有效磷分布

景泰县土壤有效磷分布情况为，中泉乡、五佛乡和一条山镇的土壤有效磷含量相对较高，其值为在20~30mg/kg；红水镇、喜泉镇和芦阳镇的大部分区域土壤有效磷含量均较低，其值在10~15mg/kg之间；其余大部分地区的土壤有效磷含量在15~20mg/kg之间。

根据甘肃省养分分级标准，将景泰县有效磷含量为三到五级。可见景泰县有效磷含量低且变幅大，属于有效磷缺乏地区。

3.耕层土壤速效钾分布

耕层土壤速效钾在景泰县分布较高，全县大多数地区的土壤速效钾含量都在180~260mg/kg之间，其中中泉乡、一条山镇、芦阳镇、五佛乡、寺滩乡和草窝滩镇等6个乡镇土壤速效钾含量较高，在200~260mg/kg之间。

对照甘肃省养分分级标准，景泰县速效钾含量由高到低分为三级，分别对应甘肃省的三到五级。在土壤速效钾的分级中，160mg/kg以上属于高级别的含量，因此景泰县的土壤速效钾含量较高。

4.耕层土壤有效锰分布

景泰县土壤碱解氮分布情况为，全县大部分区域土壤有效锰含量较低，基本上处于5~9mg/kg之间；含量最高的主要是一条山镇、五佛乡，有效锰含量处于11.0~15mg/kg之间；正路乡、寺滩乡、红水镇、上沙沃镇、芦阳镇和中泉乡大部分区域土壤有效锰含量低，耕层土壤有效锰含量在5~9mg/kg。

根据甘肃省养分分级标准（微量元素）（表2-7-66），将景泰县土壤有效锰含量由低到高分成三个等级，对应甘肃省有效锰含量二、三、四级，由此可见，景泰县耕层有效锰含量普遍很低。

表 2-7-66　甘肃省养分分级标准（微量元素）

甘肃省等级	一级	二级	三级	四级	五级
	高	中等	较低	低	极低
有效锌（mg/kg）	>2.00	2.00~1.00	1.00~0.50	0.50~0.30	≤0.30
有效锰（mg/kg）	>15	15.00~9.00	9.00~7.00	7.00~3.00	≤3.00
有效铁（mg/kg）	>15.00	15.00~10.00	10.00~4.50	4.50~2.50	≤2.50
有效铜（mg/kg）	>2.00	2.00~1.00	1.00~0.50	0.50~0.20	≤0.20

5.耕层土壤有效铜分布

景泰县土壤有效铜含量属于中等情况，大部分处于 0.9~1.5mg/kg 之间。含量最高的主要是一条山镇、五佛乡、和中泉乡的部分区域，有效铜含量处于 1.5~2.1mg/kg 之间；含量最低的主要分布在喜泉镇、正路乡和寺滩乡，耕层土壤有效铜含量在 0.6~1.2mg/kg 之间。

根据甘肃省养分分级标准，将景泰县土壤有效铜含量由低到高分成两个等级，对应甘肃省有效铜含量二、三等两个等级，即中等、较低两个档次。

6.耕层土壤有效锌分布

景泰县土壤有效锌含量较低，大部分处于 0.3~0.9mg/kg 之间。含量最高的主要是五佛乡、一条山镇、草窝滩乡、芦阳镇部分区域和中泉乡沿河灌区，有效锌含量处于 0.9~1.1mg/kg 之间；有效锌含量较小的都区主要有正路乡、寺滩乡和喜泉镇的大部分区域，含量处于 0.3~0.7mg/kg 之间。

根据甘肃省养分分级标准，将景泰县土壤有效锌含量由低到高分成三个等级，对应甘肃省有效锌含量二、三、四三个等级，即中等、较低和低三个档次。由此可见，景泰县耕层有效锌含量普遍较低，属于锌的不足地区，特别是小麦缺锌严重。

二、景泰县耕地地力分析

以土壤图与土地利用现状图叠加形成评价单元，应用模糊综合评判方法，通过综合分析，将景泰县耕地共划分为 4 个等级，根据评价结合进行耕地地力的系统分析。

（一）耕地地力等级与分布

1.耕地地力等级面积统计

由耕地潜在地力评价模型所得出的景泰县耕地地力等级图，并以 2007 年甘肃省土地变更调查数据为基准，对景泰县各等级耕地面积按照 6390 个管理单元进行了平差处理和统计，由统计结果可知：四级耕地中，四等地占耕地面积最大，占总耕地面积 49.52%，为 32273.33 公顷，主要分布在景泰县西南部；一等地所占耕地面积最小，占总耕

地的 10.55%，为 6873.33 公顷，主要分布在景泰县中部、一条山镇和五佛乡。（表 2-7-67）

表 2-7-67　景泰县耕地地力评价结果面积统计

等级	一等地	二等地	三等地	四等地	总计
面积（公顷）	6873	11193	15433	32273	65772
面积比例（%）	10.45	17.02	23.46	49.07	100

2.耕地地力等级的行政区域划分

由表 2-7-68 至表 2-7-71 可以看出，从各等级耕地在不同乡镇所占比例来看，一等地所占比例较高的乡镇为芦阳镇、一条山镇和喜泉镇，分别占一等地面积的 20.22%、12.49% 和 12.22%。二等地所占比例较高的乡镇为草窝滩镇、寺滩乡和喜泉镇，分别占本级地面积的 15.15%、11.33% 和 9.50%。三等地所占比例较高的乡镇为寺滩乡、芦阳镇和喜泉镇，分别占三等地面积的 20.16%、12.95% 和 12.95%。四等地所占比例较高的乡镇为正路乡、寺滩乡和喜泉镇，分别占本级地面积的 21.69%、21.29% 和 19.08%。

表 2-7-68　景泰县各乡镇一等地面积分布情况统计表

乡镇名称	评价单元（个）	一等地面积（公顷）	占本乡镇耕地面积的比例（%）	占一等地面积的比例（%）	占总耕地面积的比例（%）
一条山镇	93	858.67	44.69	12.49	1.32
红水镇	14	166.27	5.06	2.42	0.26
草窝滩镇	74	582.32	11.68	8.47	0.89
上沙沃镇	47	494.4	16.74	7.19	0.76
喜泉镇	77	839.81	8.41	12.22	1.29
芦阳镇	137	1390.21	18.95	20.22	2.13
寺滩乡	64	606.11	5.16	8.82	0.93
五佛乡	35	450.85	19.45	6.56	0.69
中泉乡	19	167.58	3.00	2.44	0.26
正路乡	1	2.22	0.03	0.03	0.00
漫水滩乡	64	697.23	22.46	10.14	1.07

表 2-7-69 景泰县各乡镇二等地面积分布情况统计表

乡镇名称	评价单元(个)	二等地面积（公顷）	占本乡镇耕地面积的比例（%）	占二等地面积的比例(%)	占总耕地面积的比例(%)
一条山镇	63	568.4	29.59	5.20	0.87
红水镇	48	497.18	15.14	4.54	0.76
草窝滩镇	188	1657.74	33.26	15.15	2.54
上沙沃镇	76	662.94	22.45	6.06	1.02
喜泉镇	112	1039.13	10.40	9.50	1.59
芦阳镇	101	1009.82	13.77	9.23	1.55
寺滩乡	130	1239.56	10.54	11.33	1.90
五佛乡	122	1036.14	44.71	9.47	1.59
中泉乡	91	892.35	15.96	8.16	1.37
正路乡	27	328.65	4.46	3.00	0.50
漫水滩乡	102	886.35	28.55	8.10	1.36

表 2-7-70 景泰县各乡镇三等地面积分布情况统计表

乡镇名称	评价单元(个)	三等地面积（公顷）	占本乡镇耕地面积的比例（%）	占三等地面积的比例(%)	占总耕地面积的比例(%)
一条山镇	31	321.01	16.71	2.13	0.49
红水镇	99	1006.14	30.65	6.67	1.54
草窝滩镇	123	1176.04	23.59	7.80	1.80
上沙沃镇	82	743.76	25.18	4.93	1.14
喜泉镇	218	1952.85	19.55	12.95	3.00
芦阳镇	194	1953.71	26.63	12.95	3.00
寺滩乡	292	3040.55	25.86	20.16	4.67
五佛乡	44	416.89	17.99	2.76	0.64
中泉乡	186	1903.97	34.04	12.62	2.92
正路乡	3	34.18	0.46	0.23	0.05
漫水滩乡	125	1314.34	42.34	8.71	2.02

表 2-7-71　景泰县各乡镇四等地面积分布情况统计表

乡镇名称	评价单元(个)	四等地面积（公顷）	占本乡镇耕地面积的比例(%)	占四等地面积的比例(%)	占总耕地面积的比例(%)
一条山镇	16	173.12	9.01	0.54%	0.27%
红水镇	152	1613.46	49.15	5.00%	2.48%
草窝滩镇	172	1568.63	31.47	4.86%	2.41%
上沙沃镇	96	1052.23	35.63	3.26%	1.61%
喜泉镇	557	6156.75	61.64	19.08%	9.45%
芦阳镇	286	2981.5	40.65%	9.24%	4.57%
寺滩乡	642	6870.23	58.44%	21.29%	10.54%
五佛乡	34	413.65	17.85%	1.28%	0.63%
中泉乡	242	2628.63	47.00%	8.14%	4.03%
正路乡	642	7001.4	95.04%	21.69%	10.74%
漫水滩乡	19	206.59	6.65%	0.64%	0.32%

（二）耕地地力等级分述

1.一等地的主要属性

景泰县一等地综合评价指数 IFI 大于 0.6915，评价单元为 684 个，耕地面积 6873 公顷，全部为水浇地，并占总耕地面积的 10.45%。旱地在一等地里面没有分布。一等地主要位于景泰县中部，土种主要为壤体灰黄土、壤体淡灰钙土和灌溉灰钙土等。地貌类型主要为平原；耕层质地主要为中壤，质地构型以均质中壤为主。年降水量 190～300mm；海拔 1301～2516m，平均为 1909m；坡度 0～21°，耕层厚度 11～22cm；耕地土壤 pH 平均为 8.19，有机质平均含量为 13.49g/kg，全氮平均含量为 0.81g/kg，有效锌平均含量为 0.89mg/kg，有效锰平均含量为 10.13mg/kg，有效磷平均含量为 19.77mg/kg，速效钾平均含量为 205mg/kg。（表 2-7-72）

表 2-7-72　景泰县各等级耕地主要指标平均值

县地力等级	一等地	二等地	三等地	四等地
评价单元(个)	684	1172	1516	3018
pH 值	8.19	8.14	8.13	8.12
有机质(g/kg)	13.49	12.33	12.64	12.25
有效磷(mg/kg)	19.77	18.20	17.85	17.30
速效钾(mg/kg)	205	200	199	196
全氮(g/kg)	0.81	0.75	0.77	0.75
有效锌(mg/kg)	0.89	0.80	0.77	0.72
有效锰(mg/kg)	10.13	9.19	8.93	8.62

2.二等地的主要属性

景泰县二等地综合评价指数在 0.6915~0.6135 之间，评价单元 1172 个，耕地面积 11193 公顷，占总耕地面积的 17.02%，土地主要利用类型为大部分水浇地和部分旱地。二等地主要分布在景泰县的北部和中部地区，土种主要为壤体灰黄土、砾底厚层淡灰钙土等。地貌类型以平原和盆地为主。年降水量平均为 186mm；海拔 1284~2775m，平均为 1642m；坡度 0~29°，平均为 2.27°；耕层土壤质地主要以中壤为主；有效土层厚度平均为 123cm。耕地土壤 pH 平均为 8.14，有机质平均含量为 12.33g/kg，全氮平均含量为 0.75g/kg，有效锌平均含量为 0.80mg/kg，有效锰平均含量为 9.19mg/kg，有效磷平均含量为 18.20mg/kg，速效钾平均含量为 200mg/kg(表 2-7-72)。

3.三等地的主要属性

景泰县三等地综合评价指数在 0.6135~0.5372 之间，评价单元为 1516 个，耕地面积 15433 公顷，占总耕地面积的 23.46%，土地主要利用类型为水浇地和部分旱地。三等地主要分布在北、中部，主要土壤为耕种淡灰钙土、红砂底厚层淡灰钙土和覆砂淡灰钙土。地貌类型主要为平原、盆地，有少许丘陵存在。年降水量 145~300mm，平均为 177mm；海拔 1311~3211m，平均为 1740m；坡度 0~37°，平均为 2.86°；耕层土壤质地主要以轻壤为主;有效土层厚度平均为118cm。耕层土壤pH平均为8.13,有机质平均含量为12.64g/kg,全氮平均含量为0.77g/kg,有效锌平均含量为0.77mg/kg,有效锰平均含量为8.93mg/kg,有效磷平均含量为17.85mg/kg,速效钾平均含量为199mg/kg(表2-7-72)。

4.四等地的主要属性

景泰县四等地综合评价指数小于0.5372,评价单元为3018个,耕地面积32273公顷,占总耕地面积的49.07%,土地主要利用类型为旱地。四等地主要集中在景泰县西南部,绝大部分土壤为覆砂暗栗钙土、耕种淡灰钙土和覆砂中层灰钙土;地貌类型主要以丘陵、中山为主;耕层土壤质地主要以轻壤和重壤为主;年降水量平均为199mm,平均海拔为1963m,平均坡度为1.48°;有效土层厚度平均为119cm。耕层土壤pH平均为8.12,有机质平均含量为12.25g/kg,全氮平均含量为0.75g/kg,有效磷平均含量为17.30mg/kg,有效锌平均含量为0.72mg/kg,有效锰平均含量为8.62mg/kg,速效钾平均含量为196mg/kg(表2-7-72)。

第八章 定西市耕地地力评价

第一节 安定区耕地地力分析

一、安定区耕层土壤属性

(一)各土类土壤养分变化动态

1.土壤有机质变化动态

有机质含量的高低是评价土壤养分的重要指标。安定区土壤有机质含量的平均值为10.37g/kg,与第二次土壤普查时的平均10.5g/kg基本持平。从有机质的平均含量来看我区土壤基本属于中等偏瘠薄田。但不同土壤类型和不同地域间土壤有机质差别较大。由表2-8-1可知,土壤有机质含量黑垆土＞灰钙土＞黄绵土＞潮土,从取样地点及化验分析结果看,全区有机质含量分布状况是西南部大于中东部,中东部大于北部。

表2-8-1 安定区土壤有机质变化情况

土 类	黑垆土	灰钙土	黄绵土	潮土
第二次土壤普查(g/kg)	17.9	7.5	7.1	5.8
2006测土配方施肥(g/kg)	18.4	7.3	6.9	5.6
变化值(g/kg)	0.5	−0.2	−0.2	−0.2
变化率(%)	2.79	−2.67	−2.82	−3.45

2.土壤含氮量变化动态

氮素是作物最重要的营养元素之一。土壤全氮含量和有机质有较好的相关性,在同一类土壤类型中,有机质含量和全氮含量呈正相关。本次化验结果表明,全区土壤全氮量平均为0.78g/kg,与第二次土壤普查时的平均值0.76g/kg基本持平略有增加。在不同土壤类型间和地域间差别也较大,由表2-8-2可知,全区土壤全氮含量表现为黑垆土＞灰钙土＞黄绵土＞潮土;从全区地区性差异性来分析,全区土壤全氮含量分布状况是西南部大于中东部,中东部大于北部干旱区。

表 2-8-2　安定区土壤全氮变化情况

土类	黑垆土	灰钙土	黄绵土	潮土
第二次土壤普查(g/kg)	1.1	0.55	0.54	0.045
2006 测土配方施肥(g/kg)	1.3	0.57	0.59	0.048
变化值(g/kg)	0.2	0.02	0.05	0.003
变化率(%)	18.18	3.64	9.26	6.67

3.土壤含磷量变化动态

本次化验结果表明,全区耕地全磷平均值为 0.69g/kg 比第二次土壤普查时的耕地全磷平均值 1.5g/kg 低 0.81g/kg(见表 2-8-3),有效磷平均值为 13.35mg/kg,比第二次土壤普查时的 4.8mg/kg 增加 9.55mg/kg(表 2-8-4)。从有效磷含量看,黑垆土 > 黄绵土 > 灰钙土 > 潮土;从全区地区性差异性来分析,土壤有效磷含量分布表现为西南部大于中东部,中东部大于北部干旱区。可见,全区土壤养分含量具有明显的区域性。

表 2-8-3　安定区土壤全磷变化情况

土类	黑垆土	灰钙土	黄绵土	潮土
第二次土壤普查(g/kg)	1.4	1.6	1.4	1.1
2006 测土配方施肥(g/kg)	1.5	0.4	0.5	0.4
变化值(g/kg)	0.1	−1.2	−0.9	−0.7
变化率(%)	7.14	−75.00	−64.29	−63.64

表 2-8-4　安定区土壤有效磷变化情况

土类	黑垆土	灰钙土	黄绵土	潮土
第二次土壤普查(mg/kg)	4.6	5	5	4.2
2006 测土配方施肥(mg/kg)	18.4	11.6	14.7	8.8
变化值(mg/kg)	13.8	6.6	9.7	4.6
变化率(%)	300.00	132.00	194.00	109.52

4.土壤含钾量变化动态

本次化验结果表明,全区耕地全钾平均值为 22.4g/kg,比第二次土壤普查时的耕地全钾平均值 19.4g/kg 高 3g/kg(表 2-8-5)。速效钾平均值为 204mg/kg,比第二次土壤普查时的 123mg/kg 增加 81mg/kg(表 2-8-6),全区土壤全钾和速效钾的含量表现为潮土 > 黄绵土 > 灰钙土 > 黑垆土。自全国第二次土壤普查以来,通过推广作物留茬收割及秸秆还田技术,增施有机肥等措施,使得土壤含钾量明显增加,土壤钾含量处于较为丰富的水平。

表 2-8-5 安定区土壤全钾变化情况

土类	黑垆土	灰钙土	黄绵土	潮土
第二次土壤普查(g/kg)	20.4	19.2	19	20.9
2006测土配方施肥(g/kg)	21.5	22.1	23.3	21.3
变化值(g/kg)	1.1	2.9	4.3	0.4
变化率(%)	5.39	15.10	22.63	1.91

表 2-8-6 安定区土壤速效钾变化情况

土类	黑垆土	灰钙土	黄绵土	潮土
第二次土壤普查(mg/kg)	89	183.5	185	193
2006测土配方施肥(mg/kg)	9	202	211	224
变化值(mg/kg)	90	18.5	26	31
变化率(%)	101.12	10.08	14.05	16.06

(二)不同耕地利用类型土壤养分分析

1.土壤酸碱性分布

土壤的酸碱度是土壤形成过程综合因子作用的结果,土壤酸碱度参与土壤的许多化学反应,它是土壤肥力重要指标之一。按照安定区测土配方施肥项目完成的6065个土样测试,结合安定区土地利用类型分布,得到不同土地利用类型下的平均pH值(表2-8-7)。

由表分析可得,安定区土壤酸碱度平均值为8.24,而各耕地利用类型的pH值均大于7,因此,安定区耕地土壤基本呈微碱性。

各耕地利用类型中,水浇地梯田和旱地梯田pH值最高,为8.25,其余各耕地利用类型pH值相同,均为8.24。

表 2-8-7 各耕地利用类型pH值分布

检测项目	水浇地梯田	其他水浇地	旱地梯田	沟坝地	川旱地	山旱地
PH	8.25	8.23	8.25	8.24	8.24	8.24

2.全量养分分布

表 2-8-8 各耕地利用类型全量养分分布

检测项目	水浇地梯田	其他水浇地	旱地梯田	沟坝地	川旱地	山旱地
有机质(g/kg)	10.41	11.31	10.57	9.78	10.67	10.71
全氮(g/kg)	0.70	0.81	0.71	0.64	0.71	0.72
全磷(g/kg)	0.67	0.66	0.66	0.68	0.68	0.66
全钾(g/kg)	21.40	21.14	21.05	21.17	21.51	21.08

由测土配方施肥补贴项目6065个上样数据,测得安定区基本土壤养分含量,通过统计得到不同耕地类型的土壤养分含量表(表2-8-8)。

由分析可得,安定区各土地利用类型中,耕层土壤有机质平均含量最高的是其他水浇地,为11.31g/kg,最低的是沟坝地,为9.78g/kg;全氮含量值最高的是其他水浇地,含量最低的是沟坝地,处在0.64g/kg~0.81g/kg之间;全磷含量由沟坝地的0.68g/kg降至0.66g/kg,变幅较小;全钾含量最高为川旱地的21.51g/kg,其次是水浇地梯田的21.40g/kg,最低为旱地梯田的21.05g/kg。

3.速效养分分布

通过统计得到安定区各耕地利用类型速效养分分布情况(表2-8-9)。分析可得有效磷含量最高的是水浇地梯田,含量分别是14.38mg/kg,最低的是旱地梯田,含量为11.01mg/kg;速效钾平均含量最高值为177.25mg/kg,对应的耕地利用类型是川旱地,最低值为172.03mg/kg,对应的耕地利用类型为其他水浇地。

表2-8-9 各耕地利用类型速效养分分布

检测项目	水浇地梯田	其他水浇地	旱地梯田	沟坝地	川旱地	山旱地
有效磷(mg/kg)	14.38	13.62	11.01	10.68	11.64	11.28
速效钾(mg/kg)	173.94	172.03	175.58	175.21	177.25	174.37

4.微量元素分布

统计得到安定区各耕地利用类型微量元素分布情况(表2-8-10)。分析可得各耕地利用类型中,土壤耕层有效铁含量最高的是水浇地梯田,含量为5.65mg/kg,其次是川旱地,含量为5.59mg/kg,有效铁含量最低的是其他水浇地,含量为5.51mg/kg;土壤耕层有效锰含量最高的是沟坝地,含量为8.24mg/kg,最低的是其他水浇地,含量为7.77mg/kg,;平均有效铜含量为0.95mg/kg,其中最高的是其他水浇地,含量分别为0.98mg/kg,最低的是水浇地梯田,含量为0.91mg/kg;土壤耕层有效锌含量最高的是旱地梯田和山旱地,含量为0.76mg/kg,最低的是水浇地梯田,含量为0.69mg/kg。

表2-8-10 各耕地利用类型微量元素分布

检测项目	水浇地梯田	其他水浇地	旱地梯田	沟坝地	川旱地	山旱地
有效铁(mg/kg)	5.65	5.51	5.59	5.63	5.59	5.58
有效锰(mg/kg)	7.77	8.13	7.96	8.24	7.97	7.93
有效铜(mg/kg)	0.91	0.98	0.97	0.93	0.96	0.97
有效锌(mg/kg)	0.69	0.70	0.76	0.68	0.75	0.76

(三)土壤养分空间分布

土壤养分在空间上有规律的分布形成了养分的空间分布格局。在土壤学中,空间变异性导致空间分布格局的存在,空间分布格局是空间变异性的具体表现。由于土壤养分空间分布格局的传统统计分析方法只能从数量方面反映空间格局,存在较大的缺陷。地统计学方法如kriging插值法能够准确、直观地描述土壤各养分在空间上的分布特征如形状、大小、地理位置等,可以帮助我们更深入的了解土壤养分的空间分布格局。基于采样点实际测量数据,在半方差结构分析和球状模型套合的基础上,结合普通Kriging插值法,获得了土壤有机质、有效磷、缓效钾、速效钾、有效锰、有效铁、有效铜、有效锌等养分含量的各等级含量图,从中可以明显的看出研究区各土壤养分含量的空间分布状况。

1.土壤有机质

安定区土壤有机质含量以符家川镇、内官镇、高峰乡、香泉镇、团结镇、石泉乡、杏园乡和宁远镇土壤有机质含量较高,其值在11-15g/kg之间,其中内官镇的米粮村、勤宝村、嘴头村、大庄村、先锋村、东岳村、林川村、迎丰村、瓦窑村、关亭村,高峰乡的红光村,香泉镇的池沟村、东寨村、陈家洼村、双庙村和泉湾村,团结镇的小山村、唐家堡村、寒树村、高泉村土壤有机质的含量比较高,其余各乡镇虽然也有部分区域有机质含量较高,但面积都很小。

根据甘肃省养分分级标准(表2-8-11),按照安定区有机质含量由低到高对应甘肃省有机质含量为五到六级(表2-8-12)。可见安定区有机质含量较低,属于有机质贫乏地区。

表2-8-11 甘肃省养分分级标准

等级	一级	二级	三级	四级	五级	六级	七级
有机质(g/kg)	30	30.0~25.0	25.0~20.0	20.0~15.0	15.0~10.0	10.0~6.0	≤6.0
速效钾(mg/kg)	>300	250~300	200~250	150~200	100~150	50~100	≤50
缓效钾(mg/kg)	>1200	1200~1000	1000~800	800~600	600~400	400~150	≤150
有效磷(mg/kg)	>40.0	40.0~30.0	30.0~20.0	20.0~15.0	15.0~10.0	10.0~5.0	≤5.0

表2-8-12 安定区有机质等级划分

等级	一级	二级	三级	四级
有机质(g/kg)	13.0~15.0	11.0~13.0	11.0~9.0	7.0~9.0

2.土壤有效磷

安定区凤翔镇的北甘铺村、西甘铺村、丰禾村、柏林村、福台村、永安村、中川村、中岔村、石家坪村、景家店村、景家口村,内官镇的先锋村,内官村土壤有效磷含量相对较高,其值为在 15~20mg/kg,葛家岔镇、新集乡、西巩驿镇、青岚山乡土壤有效磷含量均较低,其值在 5~10mg/kg 之间,其余大部分地区的有效磷含量在 10~15mg/kg 之间。

根据甘肃省养分分级标准(表 2-8-11),将安定区有效磷含量为四到六级。可见安定区有效磷含量低且变幅大,属于有效磷缺乏地区。

3.土壤速效钾

全区大多数地区的速效钾含量都在 150~200mg/kg 之间,其中团结镇的联庄村、小山村、庙川村,香泉镇的花坪村,宁远镇的薛川村、红土村,白碌乡的铧尖村、碌丰村、中山村,青岚山乡的原坪村和付家村,西巩驿镇的中驿村、花沟村、南河村速效钾含量较高,在 200~250mg/kg 之间。

对照甘肃省养分分级标准(表 2-8-11),安定区速效钾含量由高到低分为三级,分别对应甘肃省的三到五级。在土壤速效钾的分级中,160mg/kg 以上属于高级别的含量,因此安定区的土壤速效钾含量较高。

4.土壤缓效钾

土壤缓效钾在整个安定区含量分布相对较高,全区大部分区域缓效钾在 1000~1200mg/kg 之间,其中含量(>1200mg/kg)较高的有团结镇联庄村、小山村,香泉镇的陈家洼村、马连村,西巩驿镇中驿村、花沟村,白碌乡的中山村。归并到甘肃省养分分级标准(表 2-8-11)中,属于一等到三等。

5.土壤有效铁

安定区土壤有效铁含量较低,处于 4.5~6.5mg/kg 之间。含量相对较高的主要是白碌乡的拽碾村、碌丰村、铧尖村、前进村,石峡湾乡的大泉湾村三泉村、长川村、新建村,葛家岔镇的北坪村、中寨村,西巩驿镇的栗川村、营坊村、河畔村,石泉乡的吕坪村、下坪村,香泉镇的陈家洼村、香泉村、泉湾村等地区,有效铁含量处于 6.0~6.5mg/kg 之间,含量相对较低的面积较小,主要分布在安定区西南部,耕层土壤有效铁含量 4.~5.0mg/kg。

归并到甘肃省养分分级标准(微量元素)(表 2-8-13),安定区有效铁含量为三级,属较低档次。由此可见,安定区耕层有效铁含量普遍很低。

表 2-8-13 甘肃省养分分级标准(微量元素)

等级	一级	二级	三级	四级	五级
	高	中等	较低	低	极低
有效锌(mg/kg)	>2.00	2.00~1.00	1.00~0.50	0.50~0.30	≤0.30
有效锰(mg/kg)	>15	15.00~9.00	9.00~7.00	7.00~3.00	≤3.00
有效铁(mg/kg)	>15.00	15.00~10.00	10.00~4.50	4.50~2.50	≤2.50
有效铜(mg/kg)	>2.00	2.00~1.00	1.00~0.50	0.50~0.20	≤0.20

6.土壤有效铜

安定区土壤有效铜含量属于中等情况,大部分处于 0.85~1.05mg/kg 之间。含量最高的主要是鲁家沟镇的紫云村,巉口镇的学房村,葛家岔镇的北坪村,石峡湾乡的九岔村,称钩驿镇的双乐村、平安村,符家川的金星村、杨湾村,高峰乡的新泉村、马营村、红光村,香泉镇的泉湾村、马莲村,青岚山乡的红庄村、青义村、仁川村等地区,有效铜含量处于 1.05~1.25mg/kg 之间,含量最低的面积较小,零星分布在全县各乡镇,耕层土壤有效铜含量在 0.65~0.85mg/kg。

根据甘肃省养分分级标准(微量元素)(表 2-8-13),将安定区有效铜含量由低到高分成两个等级,对应甘肃省有效铜含量二、三等两个等级,即中等、较低两个档次。

7.土壤有效锌

安定区土壤有效锌含量较低,大部分处于 0.7~0.9mg/kg 之间。含量最高的主要是西巩镇的安乐村,葛家岔镇的中寨村、葛家岔村和清明村,青岚山乡的郑沟村、清湾村,白碌乡的中山村和碌丰村,以及高峰乡等地区,有效锌含量处于 0.9~1.1mg/kg 之间,有效锌含量较小的都区主要有鲁家沟镇中部、新集乡、内官镇、凤翔镇、石泉乡及香泉镇的部分地区,含量处于 0.5~0.7mg/kg 之间。

根据甘肃省养分分级标准(微量元素)(表 2-8-13),将安定区有效锌含量由低到高分成三个等级,对应甘肃省有效锌含量二、三、四三个等级,即中等、较低和低三个档次。由此可见,安定区耕层有效锌含量普遍较低,属于锌的不足地区。

8.土壤有效锰

安定区土壤有效锰含量较低,基本上处于 7~9mg/kg 之间。含量最高的主要是巉口镇的巉口村、东川村、北川村、张家川村、松川村、冯家岔村,新集乡的大南岔村、鲁家岔村、坪塬村、田坪村,西巩驿镇的栗川村、河畔村,鲁家沟镇的山林村、罗川村、御风村等地区,有效锰含量处于 9.0~10mg/kg 之间。含量最低的面积较小,零星分布在全县各乡镇,耕层土壤有效锰含量在 6~7mg/kg。根据甘肃省养分分级标准(微量元素)(表 2-8-13),将安定区有效锰含量由低到高分成两个等级,对应甘肃省有效锰含量三、四级,即较低和低两个档次。由此可见,安定区耕层有效锰含量普遍很低。

二、安定区耕地地力分析

以土壤图与土地利用现状图叠加形成评价单元,应用模糊综合评判方法,通过综合分析,将安定区耕地共划分为 5 个等级,根据评价结合进行耕地地力的系统分析。

(一)耕地地力等级与分布

1.安定区耕地地力评价结果

利用 ArcGIS 软件,对评价图属性库进行操作,检索统计耕地各等级的面积和图幅总面积。以2007年安定区耕地总面积为基准,按面积比例进行平差,统计得各耕地地力等级面积。

安定区耕地总面积为149904.11公顷,各等级耕地比例相对差异较大,其中以三等地为主,占到了总耕地面积的43.63%;其次是二等地和四等地,分别占到总耕地面积的26.60%和25.72%;一等地面积最小,占总耕地面积的4.05%(见表2-8-14)。

由耕地潜在地力评价模型所得出的安定区耕地地力等级图如图6.1所示,并以2007年土地变更调查数据为基准,对安定区各等级耕地面积进行了统计:四级耕地中,三等地占耕地面积最大,占总耕地面积的43.63%,为65404.22公顷,主要分布在安定区的西北部和东北部,一等地所占耕地面积最小,为4.05%,主要分布在安定区的东南部。

表2-8-14 耕地地力等级统计

等级	一等地	二等地	三等地	四等地
单元个数(%)	995	7190	13979	9173
单元数比例(%)	3.20	22.90	44.60	29.30
面积(公顷)	6073.20	39873.15	65404.22	38553.55
占总耕地面积(%)	4.05	26.60	43.63	25.72

2.耕地地力等级空间分布特征

(1)耕地地力等级分布

安定区一等地主要分布在南部半湿润土石中山丘陵区的内官镇、团结镇、宁远镇和香泉镇,及中部的河谷川台地区的凤翔镇,该区耕作时间长,熟化程度高,养分含量较为丰富。二等地主要分布东南部的宁远镇、杏园乡和石泉乡,南部半湿润土石中山丘陵区的内官镇、团结镇、宁远镇和香泉镇,及中部的河谷川台地区的凤翔镇。该区土层深厚、地面平坦、耕作方便。三、四等地分布比较分散,三等地主要分布中部半干旱梁峁丘陵区的李家堡镇、青岚山乡、称钩驿镇及北部干旱长梁丘陵沟壑区的葛家岔镇、巉口镇。该区农业利用限制因素多,干旱和水土流失严重,土壤水分条件和肥力较差。四等地基本上全部分布在北部干旱长梁丘陵沟壑区巉口镇、白碌乡、石峡湾乡、新集乡、鲁家沟镇、西巩驿镇。该区土壤侵蚀较为严重,发育程度低,熟化程度不高,有机质层薄,水分条件很差,应退耕还林(草),以利增加植被覆盖率,防止水土流失。从各等级的分布地域特征可以看出,等级的高低与地貌类型、土壤类型存在着密切的关系,呈现明显的地域分布规律:随着耕地地力等级的提高,地貌类型由川台地向黄土丘陵过渡。土壤类型由黑垆土、黄绵土向着潮土逐渐过渡。

(2)耕地地力等级的行政区域划分

表2-8-15—2-8-19表明,从各等级耕地在不同乡镇所占比例来看,一等地所占比例

较高的乡镇为凤翔镇、内官镇和香泉镇，分别占本级地面积的37.30%、28.75%和9.76%。二等地所占比例较高的乡镇为内官镇、凤翔镇、香泉镇、宁远镇和团结镇，分别占本级地面积的24.61%、16.70%、10.79%、8.78%和8.44%。三等地所占比例较高的乡镇为李家堡镇、青岚山乡、称钩驿镇、宁远镇和葛家岔镇，分别占本级地面积的14.46%、9.28%、8.65%、8.09%和7.30%、。四等地所占比例较高的乡镇为西巩驿镇、鲁家沟镇、新集乡、巉口镇和石峡湾乡，分别占本级地面积的19.76%和17.30%、16.82%、15.77%和12.66%。

表2-8-15　各乡镇耕地面积

乡镇名称	总面积（公顷）	耕地单元数	耕地面积（公顷）	乡镇名称	总面积（公顷）	耕地单元数	耕地面积（公顷）
内官镇	31540.26	2772	16306.93	石泉乡	13054.58	1434	6615.49
凤翔镇	26841.81	2214	12630.77	称钩驿镇	18741.09	1669	7172.65
团结镇	13445.28	1252	7003.25	符家川镇	8971.37	867	4171.39
宁远镇	19293.81	1799	9179.52	葛家岔镇	15897.85	1454	5857.94
巉口镇	32171.24	2581	10750.99	西巩驿镇	20480.66	1968	9347.19
新集乡	19974.34	1801	7484.05	青岚山乡	21762.31	2106	8518.35
李家堡镇	23105.28	2204	11281.76	香泉镇	15062.22	1282	7217.58
杏园乡	10975.58	1012	4827.59	高峰乡	6318.47	530	2948.70
白碌乡	19562.14	1028	4587.29	鲁家沟镇	29032.86	2064	8334.58
石峡湾乡	17154.90	1300	5668.10				

但是，从各乡镇不同等级耕地所占比例来看，一等地主要分布在凤翔镇、高峰乡、内官镇和香泉镇，分别占本乡镇耕地面积的17.93%、10.73%、10.71%、8.21%。二等地主要分布在内官镇、香泉镇、高峰乡、凤翔镇和内官镇，分别占本乡镇耕地面积的60.17%、59.61%、53.87%、52.73%和48.06%。三等地全区各个乡镇均有分布，主要分布在李家堡镇、葛家岔镇、称钩驿镇、青岚山乡、石泉乡、宁远镇和杏园乡，分别占本乡镇耕地面积的83.84%、81.56%、78.86%、71.29%、65.98%、57.66%和52.13%。四等地主要分布在新集乡、石峡湾乡、西巩驿镇、鲁家沟镇、白碌乡和巉口镇，分别占本乡镇耕地面积的86.643%、86.12%、81.49%、80.01%、61.79%和56.55%。

表 2-8-16　各乡镇一等地面积分布情况

乡镇名称	评价单元(个)	面积(公顷)	占本乡镇耕地面积的(%)	占本级地面积的(%)	占总耕地面积的(%)
内官镇	243	1746.02	10.71	28.75	1.16
凤翔镇	344	2265.15	17.93	37.30	1.51
团结镇	85	480.10	6.86	7.91	0.32
宁远镇	101	373.02	4.06	6.14	0.25
杏园乡	15	57.34	1.19	0.94	0.04
石泉乡	4	10.62	0.16	0.17	0.01
符家川镇	32	231.82	5.56	3.82	0.15
香泉镇	110	592.66	8.21	9.76	0.40
高峰乡	61	316.47	10.73	5.21	0.21

表 2-8-17　各乡镇二等地面积分布情况

乡镇名称	评价单元(个)	面积(公顷)	占本乡镇耕地面积的(%)	占本级地面积的(%)	占总耕地面积的(%)
内官镇	1592	9811.98	60.17	24.61	6.55
凤翔镇	1091	6659.91	52.73	16.70	4.44
团结镇	560	3365.82	48.06	8.44	2.25
宁远镇	614	3498.91	38.12	8.78	2.33
巉口镇	195	750.40	6.98	1.88	0.50
李家堡镇	184	856.57	7.59	2.15	0.57
杏园乡	448	2253.72	46.68	5.65	1.50
白碌乡	76	310.02	6.76	0.78	0.21
石泉乡	459	2240.10	33.86	5.62	1.49
称钩驿镇	218	934.32	13.03	2.34	0.62
符家川镇	378	1884.14	45.17	4.73	1.26
葛家岔镇	118	431.39	7.36	1.08	0.29
青岚山乡	251	981.82	11.53	2.46	0.65
香泉镇	737	4302.60	59.61	10.79	2.87
高峰乡	268	1588.52	53.87	3.98	1.06
鲁家沟镇	1	2.90	0.03	0.01	0.00

表 2-8-18　各乡镇三等地面积分布情况

乡镇名称	评价单元(个)	面积(公顷)	占本乡镇耕地面积的(%)	占本级地面积的(%)	占总耕地面积的(%)
内官镇	928	4690.99	28.77	7.17	3.13
凤翔镇	773	3675.92	29.10	5.62	2.45
团结镇	607	3157.33	45.08	4.83	2.11
宁远镇	1079	5293.17	57.66	8.09	3.53
巉口镇	912	3920.70	36.47	5.99	2.62
新集乡	255	1000.20	13.36	1.53	0.67
李家堡镇	1782	9458.32	83.84	14.46	6.31
杏园乡	549	2516.52	52.13	3.85	1.68
白碌乡	302	1442.90	31.45	2.21	0.96
石峡湾乡	194	786.60	13.88	1.20	0.52
石泉乡	971	4364.76	65.98	6.67	2.91
称钩驿镇	1276	5656.57	78.86	8.65	3.77
符家川镇	439	1933.93	46.36	2.96	1.29
葛家岔镇	1146	4777.73	81.56	7.30	3.19
西巩驿镇	318	1730.53	18.51	2.65	1.15
青岚山乡	1441	6072.73	71.29	9.28	4.05
香泉镇	428	2289.87	31.73	3.50	1.53
高峰乡	186	972.32	32.97	1.49	0.65
鲁家沟镇	393	1663.11	19.95	2.54	1.11

表 2-8-19　各乡镇四等地面积分布情况

乡镇名称	评价单元(个)	面积(公顷)	占本乡镇耕地面积的(%)	占本级地面积的(%)	占总耕地面积的(%)
内官镇	9	57.94	0.36	0.15	0.04
凤翔镇	6	29.79	0.24	0.08	0.02
宁远镇	5	14.42	0.16	0.04	0.01
巉口镇	1474	6079.89	56.55	15.77	4.06

续表 2-8-19

乡镇名称	评价单元(个)	面积(公顷)	占本乡镇耕地面积的(%)	占本级地面积的(%)	占总耕地面积的(%)
新集乡	1546	6483.85	86.64	16.82	4.33
李家堡镇	238	966.86	8.57	2.51	0.64
白碌乡	650	2834.37	61.79	7.35	1.89
石峡湾乡	1106	4881.51	86.12	12.66	3.26
称钩驿镇	175	581.75	8.11	1.51	0.39
符家川镇	18	121.49	2.91	0.32	0.08
葛家岔镇	190	648.82	11.08	1.68	0.43
西巩驿镇	1650	7616.66	81.49	19.76	5.08
青岚山乡	414	1463.79	17.18	3.80	0.98
香泉镇	7	32.45	0.45	0.08	0.02
高峰乡	15	71.39	2.42	0.19	0.05
鲁家沟镇	1670	6668.57	80.01	17.30	4.45

(二)耕地地力等级分述

1.一等地

一等地综合评价指数>0.854,评价单元为995个,耕地面积6073.20公顷,占总耕地面积的4.05%,土地主要利用类型为山旱地、其他水浇地、旱地梯田和川旱地。其中山旱地面积为3068.34公顷,占一等地面积50.52%,占总耕地面积的2.05%;其他水浇地面积为1461.13公顷,占一等地面积24.06%,占总耕地面积的0.97%;旱地梯田面积为844.75公顷,占一等地面积13.91%,占总耕地面积的0.56%;川旱地面积为646.09公顷,占一等地面积10.64%,占总耕地面积的0.43%(详见表2-8-20)。

表2-8-20 一等地土地利用类型分布情况

利用类型	评价单元(个)	面积(公顷)	占一等地面积的(%)	占总耕地面积的(%)
水浇地梯田	9	50.97	0.84	0.03
其他水浇地	118	1461.13	24.06	0.97
旱地梯田	204	844.75	13.91	0.56
沟坝地	1	1.92	0.03	0.00
川旱地	102	646.09	10.64	0.43
山旱地	561	3068.34	50.52	2.05

一等地主要位于安定区西南地区,土种主要为薄垆层灌溉麻土、薄垆层毛灰黑土、薄垆层毛灰黄土、薄垆层毛麻土和薄垆层旱川麻土,其中本级地中薄垆层灌溉麻土面积为1051.64公顷,占本级地面积的17.32%;薄垆层毛灰黑土面积为822.20公顷,占本级地面积的13.54%;薄垆层毛灰黄土面积为714.15公顷,占本级地面积的11.76%。地貌类型均为川台地,耕层质地主要为中壤,质地构型以均质中壤为主,剖面构型主要为A-Bk-Ck构型。年降水量395~427mm,平均为424.2mm;海拔1829.1~2558.7m,平均为2063.9m;坡度0~30°,平均为11.2°;耕层厚度22~25cm,平均为25cm。耕地土壤pH平均为8.2,有机质平均含量为11.7g/kg,全氮平均含量为0.815g/kg,全磷平均含量为678mg/kg,全钾平均含量为21.2g/kg,有效磷平均含量为13.3mg/kg,速效钾平均含量为178mg/kg(详见表2-8-21、2-8-22和2-8-23)。

表 2-8-21　各等级耕地主要指标平均值

县地力等级	一等地	二等地	三等地	四等地
评价单元(个)	995	7190	13979	9173
pH 值	8.2	8.2	8.2	8.3
有机质(g/kg)	11.7	11.7	10.7	9.7
有效磷(mg/kg)	13.3	12.3	11.0	10.6
速效钾(mg/kg)	178	176	175	173
全钾(g/kg)	21.2	21.4	20.7	21.4
全氮(g/kg)	0.815	0.775	0.718	0.655
全磷(mg/kg)	678	669	664	658
耕层厚度(cm)	25	25	25	25
≥10℃积温	2231	2232	2236	2239
年降水量(mm)	423.5	412.0	374.4	290.5
海拔(m)	2121.9	2148.6	2088.2	2006.0
坡度(°)	11.7	13.1	14.9	15.7
耕地面积(公顷)	6073.20	39873.15	65404.22	38553.55

表 2-8-22　各等级耕地地貌类型分布情况

耕地等级	川台地		河流低阶地		河漫滩		黄土丘陵	
	面积(公顷)	占本级耕地面积比例(%)	面积(公顷)	占本级耕地面积比例(%)	面积(公顷)	占本级耕地面积比例(%)	面积(公顷)	占本级耕地面积比例(%)
一等地	6073.20	100.00	0.00	0.00	0.00	0.00	0.00	0.00
二等地	7070.64	17.73	0.00	0.00	92.72	0.232539	32709.79	82.03
三等地	6655.06	10.18	206.83	0.32	4948.88	7.566601	53593.45	81.94
四等地	262.34	0.68	118.89	0.31	5964.25	15.47005	32208.07	83.54

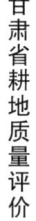

表 2-8-23　一等地土壤类型分布情况

县土壤名称	评价单元(个)	耕地面积(公顷)	占一等地面积的(%)	占总耕地面积的(%)
薄垆层灌溉黑麻土	47	465.22	7.66	0.31
薄垆层台地麻土	14	51.28	0.84	0.03
红砂土	14	118.28	1.95	0.08
薄垆层旱川灰黄土	1	3.88	0.06	0.00
薄垆层旱川麻土	86	629.75	10.37	0.42
薄垆层毛灰黑土	181	822.20	13.54	0.55
薄垆层旱川黑麻土	10	48.50	0.80	0.03
薄垆层毛灰黄土	149	714.15	11.76	0.48
厚垆层台地麻土	31	207.47	3.42	0.14
中砾质砂麻土	1	6.82	0.11	0.00
厚垆层台地灰黄土	49	303.37	5.00	0.20
傻白土	2	7.15	0.12	0.00
薄垆层灌溉麻土	98	1051.64	17.32	0.70
薄垆层旱川黄麻土	31	114.43	1.88	0.08
薄垆层毛麻土	146	643.98	10.60	0.43
薄垆层台地黄麻土	9	30.97	0.51	0.02
红斑斑土	1	30.17	0.50	0.02
红稍土	35	274.47	4.52	0.18
厚垆层台地黄麻土	82	473.66	7.80	0.32
薄垆层灌溉黄麻土	8	75.80	1.25	0.05
合　计	995	6073.20	100.00	4.05

2.二等地

二等地综合评价指数在 0.8000～0.8540 之间,评价单元 7190 个,耕地面积 39873.15 公顷,占总耕地面积的 26.6%,土地主要利用类型为山旱地,其次是旱地梯田和其他水浇地。其中山旱地面积 25870.83 公顷,占二等地面积 64.88%,占总耕地面积的 17.26%;旱地梯田面积 7323.70 公顷,占二等地面积 18.37%,占总耕地面积的 4.89%;其他水浇地面积 4221.32 公顷,占二等地面积 10.59%,占总耕地面积的 2.82%(详见表 2-8-24)。

表 2-8-24　二等地各利用类型分布情况

利用类型	评价单元(个)	面积(公顷)	占二等地面积的(%)	占总耕地面积的(%)
水浇地梯田	14	140.45	0.35	0.09
其他水浇地	370	4221.32	10.59	2.82
旱地梯田	1835	7323.70	18.37	4.89
沟坝地	7	16.76	0.04	0.01
川旱地	410	2300.09	5.77	1.53
山旱地	4554	25870.83	64.88	17.26

二等地主要分布在安定区的东南部和西南部的部分地区,土种主要为厚垆层灰黄土、厚垆层黄麻土、厚垆层麻土、厚垆层黑麻土、厚垆层灌溉黑麻土和薄垆层毛灰黄土,其中本级地中厚垆层灰黄土面积为3817.69公顷,占本级地面积的9.57%;本级地中厚垆层黄麻土面积为3393.62公顷,占本级地面积的8.51%,本级地中厚垆层麻土面积3305.05公顷,占本级地面积的8.29%,本级地中厚垆层黑麻土面积为3162.73公顷,占本级地面积的7.93%。地貌类型以黄土丘陵和川台地为主,本级地中黄土丘陵面积为32709.85公顷,占本级地面积的82.03%;本级地中川台地面积为7070.64公顷,占本级地面积的17.73%。年降水量290~428mm,平均为414.8mm;海拔1821.8~2560.0m,平均为2144.3m;坡度0~38.7°,平均为11.9°;耕层土壤质地主要以中壤为主,质地构型均绝大部分为均质中壤,剖面构型主要为A-Bk-Ck构型。耕层厚度平均为25cm。耕地土壤pH平均为8.2,有机质平均含量为11.7g/kg,全氮平均含量为0.775g/kg,全磷平均含量为669mg/kg,全钾平均含量为21.4g/kg,有效磷平均含量为12.3mg/kg,速效钾平均含量为176mg/kg(详见表2-8-21、2-8-22和2-8-25)。

表2-8-25 二等地主要土壤类型分布情况

县土壤名称	评价单元(个)	耕地面积(公顷)	占二等地面积的(%)	占总耕地面积的(%)
薄垆层灌溉麻土	41	416.05	1.04	0.28
梯田麻土	88	433.54	1.09	0.29
薄垆层毛黑土	89	440.45	1.10	0.29
薄垆层灰黄土	64	454.10	1.14	0.30
厚垆层毛黄麻土	112	481.05	1.21	0.32
厚垆层毛黑土	116	501.93	1.26	0.33
薄垆层麻土	73	503.76	1.26	0.34
厚垆层台地灰黄土	131	517.60	1.30	0.35
厚垆层毛灰黑土	141	562.76	1.41	0.38
梯田灰黄土	120	581.80	1.46	0.39
薄垆层黑麻土	133	624.87	1.57	0.42
薄垆层黄麻土	106	677.36	1.70	0.45
薄垆层灰黑土	126	717.71	1.80	0.48
薄垆层黑土	141	722.78	1.81	0.48
厚垆层旱川麻土	109	771.17	1.93	0.51
厚垆层毛黑麻土	136	802.60	2.01	0.54
薄垆层毛麻土	214	842.30	2.11	0.56

续表 2-8-25

县土壤名称	评价单元(个)	耕地面积(公顷)	占二等地面积的(%)	占总耕地面积的(%)
厚垆层毛灰黄土	180	842.64	2.11	0.56
厚垆层台地黄麻土	215	953.22	2.39	0.64
傻白土	269	1159.00	2.91	0.77
厚垆层毛麻土	265	1304.57	3.27	0.87
厚垆层灌溉麻土	138	1337.38	3.35	0.89
厚垆层灰黑土	315	1506.15	3.78	1.00
厚垆层黑土	364	1920.06	4.82	1.28
薄垆层毛灰黄土	539	2196.58	5.51	1.47
厚垆层灌溉黑麻土	212	2268.53	5.69	1.51
厚垆层黑麻土	463	3162.73	7.93	2.11
厚垆层麻土	561	3305.05	8.29	2.20
厚垆层黄麻土	518	3393.62	8.51	2.26
厚垆层灰黄土	653	3817.69	9.57	2.55

3. 三等地

三等地综合评价指数在 0.746～0.8000 之间，评价单元为 13979 个，耕地面积 65404.22 公顷，占总耕地面积的 43.63%，土地主要利用类型为山旱地和旱地梯田。其中山旱地面积为 44274.89 公顷，占三等地面积 67.69%，占总耕地面积的 29.54%；旱地梯田面积为 16486.54 公顷，占三等地面积 25.21%，占总耕地面积的 11.00%；川旱地面积为 2658.14 公顷，占三等地面积 4.06%，占总耕地面积的 1.77%（详见表 2-8-26）。

表 2-8-26　三等地各利用类型分布情况

利用类型	评价单元(个)	面积(公顷)	占三等地面积的(%)	占总耕地面积的(%)
水浇地梯田	8	55.48	0.08	0.04
其他水浇地	175	1758.14	2.69	1.17
旱地梯田	4389	16486.54	25.21	11.00
沟坝地	63	170.85	0.26	0.11
川旱地	592	2658.32	4.06	1.77
山旱地	8752	44274.89	67.69	29.54

2. 主要属性分析

三等地主要分布在全区分布范围较广，主要土壤为厚垆层灰黄土、厚垆层黄麻土、厚垆层黑麻土、厚垆层麻土、傻白土和厚垆层毛灰黄土,其中本级地中厚垆层灰黄土面积为9199.45公顷,占本级地面积的14.07%;本级地中厚垆层黄麻土面积为9000.90公顷,占本级地面积的13.76%;本级地中厚垆层黑麻土面积为6357.99公顷,占本级地面积的9.72%。地貌类型主要为黄土丘陵和川台地,黄土丘陵面积为53593.45公顷,占本级地面积的81.94%;川台地面积为6655.06公顷,占本级地面积的10.16%。年降水量245~428mm,平均为378.9mm;海拔1409.8~2555.3m,平均为2112.5m;坡度0~43.8°,平均为13.1°;耕层土壤质地主要以中壤为主,质地构型均主要为均质中壤和均质轻壤,质地以中壤为主,65.20%的土壤剖面构型为A-C1-C2,22.56%的土壤剖面构型为A-Bk-Ck型和A-Bk-C型。耕层厚度平均为25cm。耕层土壤pH平均为8.2,有机质平均含量为10.7g/kg,全氮平均含量为0.718g/kg,全磷平均含量为664mg/kg,全钾平均含量为20.7g/kg,有效磷平均含量为11.0mg/kg,速效钾平均含量为175mg/kg(详见表2-8-21、2-8-22和1-2-8-27)。

表2-8-27 三等地主要土壤类型分布情况

县土壤名称	评价单元(个)	耕地面积(公顷)	占三等地面积的(%)	占总耕地面积的(%)
梯田麻土	145	595.08	0.91	0.40
厚垆层黑土	157	615.40	0.94	0.41
厚垆层旱川黄麻土	146	654.97	1.00	0.44
薄垆层毛麻土	142	660.59	1.01	0.44
薄垆层黑麻土	153	706.24	1.08	0.47
梯田黄白土	166	778.68	1.19	0.52
厚垆层灰黑土	161	842.08	1.29	0.56
薄垆层灰黄土	182	948.42	1.45	0.63
厚垆层毛黑麻土	325	1217.61	1.86	0.81
梯田黑麻土	322	1317.98	2.02	0.88
灰白土	293	1356.86	2.07	0.91
薄垆层毛黄麻土	301	1384.17	2.12	0.92
厚垆层毛黄麻土	367	1490.28	2.28	0.99
薄垆层毛灰黄土	422	1513.78	2.31	1.01
梯田灰黄土	402	1664.98	2.55	1.11
薄垆层黄麻土	413	1912.03	2.92	1.28
厚垆层毛麻土	467	1919.43	2.93	1.28

续表 2-8-27

县土壤名称	评价单元(个)	耕地面积(公顷)	占三等地面积的(%)	占总耕地面积的(%)
梯田黄麻土	547	2472.83	3.78	1.65
厚垆层毛灰黄土	658	2755.54	4.21	1.84
傻白土	917	4163.05	6.37	2.78
厚垆层麻土	859	4172.13	6.38	2.78
厚垆层黑麻土	1179	6357.99	9.72	4.24
厚垆层黄麻土	1886	9000.90	13.76	6.00
厚垆层灰黄土	1818	9199.45	14.07	6.14

4.四等地

四等地综合评价指数<0.746,评价单元为9173个,耕地面积38553.55公顷,占总耕地面积的25.72%,土地主要利用类型为山旱地和旱地梯田。其中山旱地面积为23201.29公顷,占四等地面积60.18%,占总耕地面积的15.48%;旱地梯田面积为11336.561公顷,占四等地面积29.4%,占总耕地面积的7.56%;川旱地面积为2255.56公顷,占四等地面积5.85%,占总耕地面积的1.5%(详见表2-8-28)。

表 2-8-28 四等地各利用类型分布情况

利用类型	评价单元(个)	面积(公顷)	占四等地面积的(%)	占总耕地面积的(%)
水浇地梯田	16	63.27	0.16	0.04
其他水浇地	135	1059.60	2.75	0.71
旱地梯田	2857	11336.56	29.40	7.56
沟坝地	206	637.28	1.65	0.43
川旱地	472	2255.56	5.85	1.50
山旱地	5487	23201.29	60.18	15.48

四等地主要集中在北部,绝大部分土壤均为灰白土、厚垆层黄麻土、毛傻白土、毛灰白土、梯田黄白土和厚垆层灰黄土,其中本级地中灰白土面积为4855.06公顷,占本级地面积的12.67%,其中本级地中厚垆层黄麻土面积为4045.82公顷,占本级地面积的10.49%,其中本级地中毛傻白土面积为3426.62公顷,占本级地面积的8.89%,其中本级地中毛灰白土面积为3285.30公顷,占本级地面积的8.52%。地貌类型主要以黄土丘陵和河漫滩为主,其中黄土丘陵面积为32208.07公顷,占本级地面积的83.54%,河漫滩面积为5964.26公顷,占本级地面积的15.47%。耕层土壤质地主要以中壤和轻壤为主,质地构型绝大部分为均质中壤和均质轻壤,绝大部分土壤剖面构型为A-Bk-Ck和A-Bk-C。年

降水量平均为290.5mm，平均海拔为2006m，平均坡度为15.7。土壤耕层厚度平均为25cm，耕层土壤pH平均为8.3，有机质平均含量为9.7g/kg，全氮平均含量为0.655g/kg，全磷平均含量为658mg/kg，全钾平均含量为21.4g/kg，有效磷平均含量为10.6mg/kg，速效钾平均含量为173mg/kg（详见表2-8-21、2-8-22和表2-8-29）。

表2-8-29　四等地等地主要土壤类型分布情况

县土壤名称	评价单元(个)	耕地面积(公顷)	占四等地面积的(％)	占总耕地面积的(％)
厚垆层毛黑麻土	124	457.20	1.19	0.30
轻盐化白麻土	75	516.63	1.34	0.34
薄垆层灰黄土	143	606.70	1.57	0.40
台地黄白土	149	645.43	1.67	0.43
厚垆层麻土	152	713.79	1.85	0.48
梯田灰黄土	202	745.11	1.93	0.50
梯田黑麻土	195	794.69	2.06	0.53
厚垆层毛黄麻土	260	985.11	2.56	0.66
厚垆层毛灰黄土	271	1034.21	2.68	0.69
薄垆层毛黄麻土	340	1330.80	3.45	0.89
薄垆层黄麻土	375	1541.87	4.00	1.03
厚垆层黑麻土	352	1557.78	4.04	1.04
肥白土	458	1819.47	4.72	1.21
梯田黄麻土	538	2233.06	5.79	1.49
厚垆层灰黄土	546	2318.80	6.01	1.55
梯田黄白土	628	2751.38	7.14	1.84
毛灰白土	869	3285.30	8.52	2.19
毛傻白土	853	3426.62	8.89	2.29
厚垆层黄麻土	908	4045.82	10.49	2.70
灰白土	1074	4885.06	12.67	3.26

第二节 通渭县耕地地力分析

一、通渭县耕层土壤属性

(一)耕层土壤有机质

本次化验结果表明:通渭县土壤有机质含量最低为7.1g/kg,最高为26.9g/kg,平均为13.34g/kg,比1984年第二次土壤普查时的土壤有机质平均含量11.3g/kg,提升了17.0%。全县土壤有机质含量情况是黑垆土＞黄绵土＞红土。从取样地点及化验分析结果看,全县有机质含量分布状况是西北部大于中部,中部大于东南部。按照甘肃省土壤养分分级标准,有机质含量分布在二~六级水平,有机质含量在二级水平上的耕地面积为237.28公顷,占耕地总面积的0.18%,分布在北城乡;有机质含量在三级水平上的耕地面积为2271.26公顷,占耕地总面积的1.69%,主要分布在华岭乡、北城乡;有机质含量在四级水平上的耕地面积为25151.00公顷,占耕地总面积的18.67%,主要分布在马营镇、华岭乡、北城乡、陇山乡等乡镇;有机质含量在五级水平上的耕地面积为101573.40公顷,占耕地总面积的75.4%,各乡镇分布面积均较大;有机质含量在六级水平上的耕地面积为5474.240公顷,占耕地总面积的4.06%,主要分布在常河镇和李店乡(表2-8-30)。

表2-8-30 通渭县耕层土壤有机质含量状况分级统计

有机质含量(g/kg)	二级	三级	四级	五级	六级
	>25	25~20	20~15	15~10	≤10
耕地面积(公顷)	237.28	2271.26	25151.00	101573.40	5474.24
占耕地面积(%)	0.18	1.69	18.67	75.40	4.06
榜罗镇	0.00	0.00	66.07	13185.39	0.00
北城乡	237.28	716.36	4315.76	2521.01	0.00
碧玉乡	0.00	0.00	0.00	5692.59	0.61
常河镇	0.00	0.00	0.00	4794.79	3460.64
华岭乡	0.00	1311.99	5516.51	1066.21	0.00
鸡川镇	0.00	0.00	32.78	6333.15	15.40
李店乡	0.00	0.00	0.00	2706.41	1311.27

续表 2-8-30

有机质含量(g/kg)	二级	三级	四级	五级	六级
	>25	25~20	20~15	15~10	≤10
陇川乡	0.00	0.00	158.46	6252.02	0.00
陇山乡	0.00	0.00	3635.84	2573.92	0.00
陇阳乡	0.00	46.11	618.23	5789.42	0.00
马营镇	0.00	133.67	7514.48	6360.91	79.08
平襄镇	0.00	0.00	0.47	9002.91	0.00
三铺乡	0.00		0.00	7335.39	0.00
什川乡	0.00	0.00	806.90	8126.76	207.96
寺子乡	0.00	63.13	1395.38	3816.01	0.00
襄南乡	0.00	0.00	0.00	6288.25	379.28
新景乡	0.00	0.00	709.12	3815.95	0.00
义岗镇	0.00	0.00	380.95	5932.40	0.00

(二)耕层土壤全氮

根据本次地力评价调差结果,全县土壤全氮量平均为 0.89g/kg,最高为 1.84g/kg,最低为 0.62g/kg,平均值比 1984 年第二次土壤普查时的平均值 0.932g/kg 略有下降,降幅为 4.3%。全县土壤全氮含量变化情况是黑垆土>黄绵土>红土。全县土壤全氮含量分布状况是西北部大于中部,中部大于东南部干旱区。按照甘肃省土壤养分分级标准,土壤全氮含量分布在二至五级水平,全氮含量在二级水平上的耕地面积为 369.99 公顷,占耕地总面积的 0.27%,分布在陇山乡;全氮含量在三级水平上的耕地面积为 3713.78 公顷,占耕地总面积的 2.76%,主要分布在华岭乡、北城乡;全氮含量在四级水平上的耕地面积为 18564.73 公顷,占耕地总面积的 13.78%,主要分布在马营镇、华岭乡、北城乡;全氮含量在五级水平上的耕地面积为 112058.68 公顷,占耕地总面积的 83.19%,各乡镇分布面积均较大(表 2-8-32)。

表 2-8-31　通渭县耕层土壤全氮含量状况分级统计

全氮含量等级(g/kg)	二级	三级	四级	五级
	>1.50	1.50~1.25	1.25~1.0	≤1.0
耕地面积(公顷)	369.99	3713.78	18564.73	112058.68
占耕地面积(%)	0.27	2.76	13.78	83.19
榜罗镇	0.00	0.00	244.68	13006.78
北城乡	0.00	1017.70	3471.18	3301.53
碧玉乡	0.00	0.00	5.05	5688.15
常河镇	0.00	0.00	0.00	8255.43
华岭乡	0.00	1817.40	4867.48	1209.83
鸡川镇	0.00	0.00	5.68	6375.65
李店乡	0.00	0.00	0.00	4017.68
陇川乡	0.00	295.63	39.59	6075.26
陇山乡	369.47	196.07	753.51	4890.71
陇阳乡	0.00	81.72	402.38	5969.66
马营镇	0.00	0.00	6730.11	7358.03
平襄镇	0.00	7.41	297.95	8698.02
三铺乡	0.00	0.00	9.53	7325.86
什川乡	0.00	0.00	0.00	9141.62
寺子乡	0.00	55.88	315.33	4903.31
襄南乡	0.00	0.00	95.28	6572.25
新景乡	0.52	241.97	792.78	3489.80
义岗镇	0.00	0.00	533.90	5779.45

(三)耕层土壤碱解氮

根据本次地力评价调查结果,全县土壤碱解氮含量平均为70.6mg/kg,最高为126.8mg/kg,最低为29.6mg/kg,按照甘肃省土壤养分分级标准,土壤碱解氮含量分布在五至七级水平,碱解氮含量在五级水平上的耕地面积为3978.18公顷,占耕地总面积的2.95%,主要分布在陇山乡、华岭乡、新景乡;碱解氮含量在六级水平上的耕地面积为128081.81公顷,占耕地总面积的95.08%,各乡镇分布面积都较大;碱解氮含量在七级水平上的耕地面积为2647.21公顷,占耕地总面积的1.97%,主要分布在碧玉乡、襄南乡(表2-8-32)。

表 2-8-32 通渭县耕层土壤碱解氮含量状况分级统计

碱解氮含量等级(mg/kg)	五级	六级	七级
	>100	100～50	≤50
耕地面积(公顷)	3978.18	128081.81	2647.21
占耕地面积(%)	2.95	95.08	1.97
榜罗镇	0.00	13251.46	0.00
北城乡	0.00	7769.78	20.63
碧玉乡	0.00	3984.17	1709.03
常河镇	0.00	8255.43	0.00
华岭乡	1045.28	6849.43	0.00
鸡川镇	0.00	6352.09	29.24
李店乡	0.00	3892.65	125.03
陇川乡	206.97	6193.18	10.33
陇山乡	1635.97	4550.76	23.03
陇阳乡	105.90	6347.86	0.00
马营镇	50.60	14037.54	0.00
平襄镇	0.00	9003.38	0.00
三铺乡	0.00	7334.93	0.46
什川乡	0.00	9141.62	0.00
寺子乡	0.00	5274.52	0.00
襄南乡	0.00	5938.07	729.46
新景乡	933.45	3591.62	0.00
义岗镇	0.00	6313.35	0.00

(四)耕层土壤有效磷

根据本次地力评价调差结果,有效磷平均值为 13.17mg/kg,最高为 29.7mg/kg,最低为 6.1mg/kg,比第二次土壤普查时的 4.2mg/kg 增加 8.97mg/kg,增幅为 211.9%。全县土壤有效磷含量情况是黑垆土＞黄绵土＞红土。按照甘肃省土壤养分分级标准,土壤有效磷含量分布在三至六级水平,有效磷含量在三级水平上的耕地面积为 842.10 公顷,占耕地总面积的 0.63%,主要分布在平襄镇、陇川乡;有效磷含量在四级水平上的耕地面积为 19754.28 公顷,占耕地总面积的 14.66%,主要分布在榜罗镇、平襄镇、北城乡等乡镇;有效磷含量在五级水平上的耕地面积为 105454.80 公顷,占耕地总面积的 78.28%,各乡镇面积都较大;有效磷含量在六级水平上的耕地面积为 8656.00 公顷,占耕地总面积的

6.43%，主要分布在马营镇、常河镇等乡镇（表2-8 33）。

表2-8-33 通渭县耕层土壤有效磷含量分级统计

有效磷含量等级（mg/kg）	三级 >20.0	四级 20.0～15.0	五级 15.0～10.0	六级 ≤10.0
耕地面积（公顷）	842.10	19754.28	105454.80	8656.00
占耕地面积（%）	0.63	14.66	78.28	6.43
榜罗镇	20.30	3595.30	9548.33	87.53
北城乡	0.00	2577.14	5213.27	0.00
碧玉乡	0.00	220.39	4738.85	733.96
常河镇	84.80	502.36	5798.35	1869.92
华岭乡	0.00	1234.74	6513.94	146.03
鸡川镇	0.00	723.51	5451.90	205.92
李店乡	0.00	189.43	3746.61	81.64
陇川乡	285.70	2052.98	3660.24	411.56
陇山乡	0.00	674.62	5425.38	109.76
陇阳乡	0.00	1802.21	4623.84	27.71
马营镇	0.00	390.08	11427.48	2270.58
平襄镇	686.73	2736.18	5557.49	22.98
三铺乡	0.00	282.92	6153.09	899.38
什川乡	0.00	709.90	7629.71	802.01
寺子乡	0.00	0.00	5167.19	107.33
襄南乡	0.00	139.28	6170.73	357.52
新景乡	0.00	0.00	4002.87	522.20
义岗镇	1.22	1923.24	4388.89	0.00

（五）土壤速效钾

全县速效钾平均值为167.18mg/kg，最高值为297mg/kg，最低值为93mg/kg，比1984年第二次土壤普查时的189mg/kg下降21.82mg/kg，降幅为11.6%。全县土壤速效钾的含量情况是红土＞黄绵土＞黑垆土。按照甘肃省土壤养分分级标准，土壤速效钾含量分布在二至六级水平，速效钾含量在二级水平上的耕地面积为709.47公顷，占耕地总面积的0.53%，主要分布在常河镇、鸡川镇；速效钾含量在三级水平上的耕地面积为16712.66公顷，占耕地总面积的12.41%，主要分布在常河镇、平襄镇、碧玉乡等乡镇；速效钾含量在四级水平上的耕地面积为69736.75公顷，占耕地总面积的51.77%，全县各乡镇分布面积都较大；速效钾含量在五级水平上的耕地面积为47301.13公顷，占耕地总面积的35.11%，主要分布在马营镇、榜罗镇、华岭乡等乡镇；速效钾含量在六级水平上的耕地面积为247.17公顷，占耕地总面积的0.18%，分布在陇山乡、马营镇（表2-8-34）。

表2-8-34 通渭县耕层土壤速效钾含量状况分级统计

速效钾含量等级(mg/kg)	二级	三级	四级	五级	六级
	>250	250~200	200~150	150~100	≤100
耕地面积（公顷）	709.47	16712.66	69736.75	47301.13	247.17
占耕地面积（%）	0.53	12.41	51.77	35.11	0.18
榜罗镇	0.00	10.97	7040.92	6199.57	0.00
北城乡	0.00	599.49	2770.60	4420.32	0.00
碧玉乡	0.00	2016.30	2967.09	709.81	0.00
常河镇	368.61	3430.65	3194.07	1262.10	0.00
华岭乡	0.00	0.00	3246.40	4648.31	0.00
鸡川镇	249.25	1190.01	3437.59	1504.48	0.00
李店乡	0.00	1528.34	2486.12	3.22	0.00
陇川乡	1.50	1263.64	2921.00	2224.34	0.00
陇山乡	0.00	214.48	2096.48	3664.29	234.51
陇阳乡	0.00	596.46	5112.02	745.28	0.00
马营镇	0.00	287.80	6694.62	7093.06	12.66
平襄镇	90.11	2128.48	4818.44	1966.35	0.00
三铺乡	0.00	0.00	2785.32	4550.07	0.00
什川乡	0.00	535.92	6993.95	1611.75	0.00
寺子乡	0.00	10.57	2208.65	3055.30	0.00
襄南乡	0.00	1784.59	4865.58	17.36	0.00
新景乡	0.00	5.27	3247.09	1272.71	0.00
义岗镇	0.00	719.42	3241.12	2352.81	0.00

（六）耕层土壤有效铁

根据本次地力评价调查结果，有效铁平均值为8.1mg/kg，最高值为15.6mg/kg，最低值为5.4mg/kg。按照甘肃省土壤养分分级标准，土壤有效铁含量分布在一至三级水平，有效铁含量在一级水平上的耕地面积为4.32公顷，占耕地总面积的0.003%，分布在陇川乡；有效铁含量在二级水平上的耕地面积为5221.28公顷，占耕地总面积的3.876%，主要分布在陇川乡、常河镇；有效铁含量在三级水平上的耕地面积为129481.58公顷，占耕地总面积的96.121%,全县各乡镇分布面积都较大(表2-8-35)。

表2-8-35 通渭县耕层土壤有效铁含量分级统计

有效铁含量等级(mg/kg)	一级	二级	三级
	>15.00	15.00~10.00	≤10
耕地面积(公顷)	4.32	5221.28	129481.58
占耕地面积(%)	0.003	3.876	96.121
榜罗镇	0.00	58.60	13192.86
北城乡	0.00	0	7790.41
碧玉乡	0.00	97.81	5595.39
常河镇	0.00	941.34	7314.09
华岭乡	0.00	0.00	7894.71
鸡川镇	0.00	190.74	6190.59
李店乡	0.00	0.00	4017.68
陇川乡	4.32	3870.97	2535.19
陇山乡	0.00	3.48	6206.28
陇阳乡	0.00	0.52	6453.24
马营镇	0.00	0.00	14088.14
平襄镇	0.00	46.87	8956.51
三铺乡	0.00	0.00	7335.39
什川乡	0.00	0.00	9141.62
寺子乡	0.00	9.91	5264.61
襄南乡	0.00	0.00	6667.53
新景乡	0.00	1.04	4524.03
义岗镇	0.00	0.00	6313.35

(七)耕层土壤有效锰

根据本次地力评价调查结果,有效锰平均值8.9mg/kg,最高值为11.2mg/kg,最低值为7.3mg/kg。按照甘肃省土壤养分分级标准,土壤有效锰含量分布在一至二级水平,有效锰含量在一级水平上的耕地面积为43694.68公顷,占耕地总面积的32.44%,主要分布在榜罗镇、常河镇、平襄镇等乡镇;有效锰含量在二级水平上的耕地面积为91012.50公顷,占耕地总面积的67.56%,除了常河镇分布面积较小外,其他各乡镇分布面积均较大(表2-8-36)。

表 2-8-36　通渭县耕层土壤有效锰含量分级统计

有效锰含量等级(mg/kg)	一级 >9	二级 ≤9
耕地面积(公顷)	43694.68	91012.50
占耕地面积(%)	32.44	67.56
榜罗镇	9095.80	4155.66
北城乡	273.28	7517.13
碧玉乡	1123.21	4569.99
常河镇	7510.31	745.12
华岭乡	0.00	7894.71
鸡川镇	75.44	6305.89
李店乡	2937.43	1080.25
陇川乡	5185.72	1224.76
陇山乡	4532.93	1676.83
陇阳乡	3085.00	3368.76
马营镇	0.00	14088.14
平襄镇	6903.23	2100.15
三铺乡	2752.52	4582.87
什川乡	87.70	9053.92
寺子乡	3.94	5270.58
襄南乡	3.47	6664.06
新景乡	125.58	4399.49
义岗镇	0.00	6313.35

(八)耕层土壤有效铜

根据本次地力评价调查结果,有效铜平均值1.17mg/kg,最高值为1.51mg/kg,最低值为0.92mg/kg。按照甘肃省土壤养分分级标准,土壤有效铜含量分布在二至三级水平,有效铜含量在二级水平上的耕地面积为122393.23公顷,占耕地总面积的90.86%,全县各乡镇分布面积均较大;有效铜含量在三级水平上的耕地面积为12313.95公顷,占耕地总面积的9.14%,主要分布在什川乡、榜罗镇、华岭乡等乡镇(表2-8-37)。

表 2-8-37　通渭县耕层土壤有效铜含量分级统计

有效铜含量等级(mg/kg)	二级 >1	三级 ≤1
耕地面积(公顷)	122393.23	12313.95
占耕地面积(%)	90.86	9.14
榜罗镇	9830.55	3420.91
北城乡	7790.41	0.00
碧玉乡	5693.20	0.00
常河镇	7722.20	533.23
华岭乡	5277.96	2616.75
鸡川镇	6381.33	0.00
李店乡	3765.63	252.05
陇川乡	6004.12	406.36
陇山乡	6209.76	0.00
陇阳乡	6453.76	0.00
马营镇	14083.88	4.26
平襄镇	9003.38	0.00
三铺乡	7335.39	0.00
什川乡	5123.56	4018.06
寺子乡	4212.19	1062.33
襄南乡	6667.53	0.00
新景乡	4525.07	0.00
义岗镇	6313.35	0.00

(九)耕层土壤有效锌

根据本次地力评价调查结果，根据本次地力评价调查结果，有效锌平均值1.04mg/kg，最高值为1.51mg/kg，最低值为0.92mg/kg。按照甘肃省土壤养分分级标准，土壤有效铜含量分布在二至三级水平，有效铜含量在二级水平上的耕地面积为81192.06公顷，占耕地总面积的60.27%，除了李店乡、新景乡、义岗镇的面积分布较小外，其他各乡镇中分布面积均较大；有效铜含量在三级水平上的耕地面积为53515.12公顷，占耕地总面积的 39.73%,除了陇川乡、碧玉乡、寺子乡的面积分布较小外,其他各乡镇的面积分布均较大(表 2-8-38)。

表 2-8-38 通渭县耕层土壤有效锌含量分级统计

有效铁含量等级(mg/kg)	二级 >1	三级 ≤1
耕地面积(公顷)	81192.06	53515.12
占耕地面积(%)	60.27	39.73
榜罗镇	8681.88	4569.58
北城乡	6183.53	1606.88
碧玉乡	5519.03	174.17
常河镇	2817.08	5438.35
华岭乡	3292.98	4601.73
鸡川镇	1259.91	5121.42
李店乡	63.11	3954.57
陇川乡	6350.01	60.47
陇山乡	3924.13	2285.63
陇阳乡	3006.61	3447.15
马营镇	12488.71	1599.43
平襄镇	6998.76	2004.62
三铺乡	4697.24	2638.15
什川乡	4308.08	4833.54
寺子乡	5057.87	216.65
襄南乡	5272.48	1395.05
新景乡	571.62	3953.45
义岗镇	698.95	5614.40

(十)耕层土壤 pH

通渭县土壤 pH 值变化在 8.1~8.6 之间,均值为 8.36,属于碱性土壤。

二、通渭县耕地地力分析

以土壤图与土地利用现状图叠加形成评价单元,应用模糊综合评判方法,通过综合分析,将通渭县耕地共划分为 5 个等级,根据评价结合进行耕地地力的系统分析。

(一)耕地地力等级与分布

1.耕地地力等级面积统计

利用ARCGiS软件,对耕地资源管理单元图关联属性数据表和评价结果表进行操作,检索统计通渭县耕地各等级的面积及图幅面积。以2007年通渭县耕地总面积134707.18公顷(即通渭县国土资源局统计资料)为基准,按面积比例进行平差,计算出各耕地地力等级的面积。

通渭县耕地总面积为134707.18公顷。其中,一级地面积为7756.33公顷,占耕地总面积的5.67%;二级地面积为20120.39公顷,占耕地总面积的14.89%;三级地面积为51074.79公顷,占耕地总面积的37.98%;四级地面积为43655.71公顷,占耕地总面积的32.46%;五级地面积为12099.66公顷,占耕地总面积的9.00%(表2-8-39)。

表2-8-39 通渭县耕地地力评价结果面积统计

等级	一等地	二等地	三等地	四等地	五等地	总计
面积(公顷)	7756.33	20120.39	51074.79	43655.71	12099.66	134707.18
百分比(%)	5.67	14.89	37.98	32.46	9.00	100

2.耕地地力等级的行政区域划分

将耕地地力等级分布图,按权属字段检索出各等级的记录,可统计各级地在各乡镇的分布状况,见表2-8-40。

表2-8-40 通渭县耕地地力等级行政区域分布

单位:公顷

等级	一等地	二等地	三等地	四等地	五等地
三铺乡	98.76	548.07	3342.37	2705.79	640.41
义岗镇	187.76	841.57	1534.95	1451.26	2297.81
什川乡	61.87	1201.36	2706.26	3691.86	1480.27
北城乡	287.82	1387.97	2570.21	2851.52	692.89
华岭乡	103.90	62.88	1961.21	4656.39	1110.33
寺子乡	259.50	991.87	2256.35	1242.99	523.81
常河镇	1787.80	1226.55	2054.47	3065.32	121.29
平襄镇	347.06	2423.24	3502.99	2546.94	183.15
新景乡	226.07	1221.25	2385.35	692.40	0
李店乡	175.56	778.48	2184.77	839.70	39.17
榜罗镇	250.02	1381.20	5511.90	4750.08	1358.26
碧玉乡	512.54	610.19	3032.96	1521.19	16.31

续表 2-8-40

等级	一等地	二等地	三等地	四等地	五等地
襄南乡	841.00	1304.22	2710.34	1781.88	30.09
陇山乡	134.46	2269.08	2159.32	1443.24	203.66
陇川乡	682.17	1117.33	3562.20	1048.78	0
陇阳乡	189.43	1479.05	3378.99	1225.75	180.52
马营镇	80.26	731.68	3010.98	7049.52	3215.7
鸡川镇	1530.36	544.40	3209.16	1091.10	6.31

（二）耕地地力等级分述

1. 一等地的主要属性

一等地评价单元 2308 个，面积为 7756.33 公顷，全县各乡镇均有分布，其中鸡川镇、常河镇、襄南乡、碧玉乡、陇川乡分布面积较大。土地利用类型有耕地和园地两种。耕地面积为 7690.99 公顷，占一等地面积的 99.16%，一等地地貌类型主要以河谷川台地为主。一级地各项评价指标均属良好型，土壤养分含量高保水保肥性能好，供肥能力强（表 2-8-41）。

表 2-8-41 通渭县一等地主要养分含量

项目	有机质(g/kg)	全氮(g/kg)	有效磷(mg/kg)	速效钾(mg/kg)
范围	7.3~22.8	0.64~1.75	6.1~29.7	98~297
平均值	11.9	0.84	13.8	197
含量水平	中等	低	中等	高

2. 二等地的主要属性

二等地评价单元 3125 个，面积为 20120.39 公顷，各乡镇均有分布，主要分布在平襄镇、陇山乡、常河镇、榜罗镇、襄南乡、陇阳乡、北城乡、什川乡、陇川乡、新景乡。土地利用类型有耕地和园地两种。耕地面积为 19565.66 公顷，占二等地面积的 99.92%。二等地地貌类型主要以丘陵为主,有少量的河谷川台地和山地。二等地耕层土壤主要养分含量见表 2-8-42。

表 2-8-42 通渭县二等地主要养分含量

项目	有机质(g/kg)	全氮(g/kg)	有效磷(mg/kg)	速效钾(mg/kg)
范围	7.4~24.8	0.64~1.76	7.3~27.3	95~280
平均值	13.1	0.88	13.8	178
含量水平	中等	低	中等	高

3.三等地的主要属性

三等地评价单元7584个,面积为51074.79公顷,在各乡镇均有分布,且分布面积较大。土地利用类型有耕地和园地两种。耕地面积51073.44公顷,占三等地面积的99.997%。三等地地貌类型以丘陵为主,有少量的山地和河谷川台地。具有耕层土壤熟化度较高,质地适中的特性,养分水平较低。近些年来,由于重用轻养,使部分耕地养分下降,全氮的含量明显偏低(表2-8-43)。

表2-8-43 通渭县三等地主要养分含量

项目	有机质(g/kg)	全氮(g/kg)	有效磷(mg/kg)	速效钾(mg/kg)
范围	7.3~26.9	0.61~1.84	7.1~23.8	95~264
平均值	13.1	0.88	12.8	165
含量水平	中等	低	中等	高

4.四等地的主要属性

四等地评价单元6593个,面积为43655.71公顷,各乡镇均有分布,主要分布在马营镇、华岭乡、北城乡、榜罗镇、什川乡、义岗镇。土地利用类型只有耕地一种。四等地地貌类型以山地为主,有少量的丘陵。存在的限制因素主要受地形、土壤和水分限制,旱灾威胁大,养分水平低(表2-8-44)。

表2-8-44 通渭县四等地主要养分含量

项目	有机质(g/kg)	全氮(g/kg)	有效磷(mg/kg)	速效钾(mg/kg)
范围	7.1~26.9	0.62~1.75	7.4~20.0	93~262
平均值	14.0	0.92	12.6	155
含量水平	中等	低	中等	高

5.五等地的主要属性

五等地,除新景乡、陇川乡外,各乡镇皆有分布,主要分布在义岗镇、马营镇、什川乡、榜罗镇。全为耕地中的旱地,评价单元数2209个,面积为12099.96公顷。五等地地貌类型多为山地,有少部分丘陵,土壤耕层薄,冲刷严重,肥力低,属于低产土壤(表2-8-45)。

表2-8-45 通渭县五级地主要养分含量

项目	有机质(g/kg)	全氮(g/kg)	有效磷(mg/kg)	速效钾(mg/kg)
范围	7.4~20.8	0.64~1.38	7.3~20.3	97~231
平均值	13.4	0.88	12.6	147
含量水平	中等	低	中等	中等

第三节　陇西县耕地地力分析

一、陇西县耕层土壤属性

(一)耕层土壤有机质

本次耕地地力调查中全县耕层土壤有机质含量平均值为11.06g/kg,变幅为7.9~17.6g/kg,比第二次土壤普查的平均值10.04g/kg,增加了1.2g/kg,增幅为11.5%。从有机质的平均含量来看,陇西县土壤基本属于中等偏瘠薄地,但不同类型和不同地域间土壤有机质差别较大,总体分布状况是南山区＞北部山区＞西北山区＞川水区＞北川区＞,灰褐土＞黑垆土＞潮土＞黄绵土＞红土。根据甘肃省土壤养分含量分级标准,属于中等偏下水平,含量在四级水平的耕地分别占耕地总面积的1.47%;五级、六级水平的耕地占耕地总面积的77.09%、21.43%。陇西县土壤有机质分级如表2-8-46。

表2-8-46　陇西县耕层土壤有机质含量状况分级统计

划分等级	4级	5级	6级
有机质含量范围(g/kg)	20~15	15~10	10~6
样本数	66	4239	1204
面积(公顷)	1634.19	85516.45	23775.53
占耕地总面积(%)	1.47	77.09	21.43

(二)耕层土壤碱解氮

全县耕层土壤碱解氮含量平均为97.39mg/kg,变幅为73.2~205.4mg/kg。临陇西县土壤碱解氮分级如表2-8-47。

表2-8-47　陇西县耕层土壤碱解氮含量状况分级统计

划分等级	3级	4级	5级	6级
碱解氮含量范围(mg/kg)	>200	200~150	150~100	100~50
样本数	1	137	1410	3961
面积(公顷)	77.18	3612.32	28202.88	79033.79
占耕地总面积(%)	0.07	3.26	25.42	71.25

(三)耕层土壤有效磷

据调查,全县耕层土壤有效磷平均含量为22.23mg/kg,变幅为17.6~37.3mg/kg,有效磷分级情况如表2-8-48。

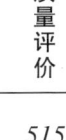

表 2-8-48 陇西县耕层土壤有效磷含量分级统计

划分等级	二级	三级	四级
有效磷含量(mg/kg)	40～30	30～20	20～15
样本数	152	4410	947
面积(公顷)	3526.21	84915.63	22484.33
占耕地总面积(%)	3.18	76.55	20.27

(四)土壤速效钾

陇西县土壤耕层速效钾含量分级及面积如表 2-8-49。

表 2-8-49 陇西县耕层土壤速效钾含量状况分级统计

速效钾划分等级	二级	三级	四级	五级	六级
缓效钾含量(mg/kg)	300～250	250～200	200～150	150～100	100～50
样本数	40	887	3609	946	27
面积(公顷)	1017.55	19780.09	72076.98	17167.07	884.48
占耕地总面积(%)	0.92	17.83	64.98	15.48	0.80

(五)耕层土壤 pH

陇西县土壤 pH 值变化在 7.6～8.4 之间,均值为 8.14,属于弱碱性土壤。

二、陇西县耕地地力分析

以土壤图与土地利用现状图叠加形成评价单元,应用模糊综合评判方法,通过综合分析,将陇西县耕地共划分为 5 个等级,根据评价结合进行耕地地力的系统分析。

(一)耕地地力等级与分布

1.耕地地力等级面积统计

利用 MAPGIS 软件,对耕地资源管理单元图关连属性数据表和评价结果表进行操作,检索统计耕地各等级的面积及图幅面积。以 2007 年陇西县耕地总面积 110926.17 公顷(即陇西县国土资源局 2007 年统计资料)为基准,按面积比例进行平差,计算出各耕地地力等级的面积(见表 2-8-50)。

陇西县耕地总面积为 110926.17 公顷。其中,一等地面积为 13456.49 公顷,占耕地总面积的 12.13%;二等地面积为 18486.26 公顷,占耕地总面积的 16.67%;三等地面积为 37739.03 公顷,占耕地总面积的 30.02%;四等地面积为 28692.24 公顷,占耕地总面积的 25.87%;五等地面积为 12552.15 公顷,占耕地总面积的 11.32%。

表 2-8-50　陇西县耕地地力评价结果面积统计

等级	一等地	二等地	三等地	四等地	五等地	总计
面积(公顷)	13456.49	18486.26	37739.03	28692.24	12552.15	110926.17
百分比(%)	12.13	16.67	34.02	25.87	11.32	100

2.耕地地力等级的行政区域划分

将耕地地力等级分布图与行政区划图进行叠加分析,从耕地地力等级行政区域分布数据库中,按权属字段检索出各等级的记录,统计出一至五级地在各乡镇的分布状况,见表 2-8-51。

表 2-8-51　陇西县耕地地力等级行政区域分布

单位:公顷

等级	合计	一等地	二等地	三等地	四等地	五等地
巩昌镇	8167.47	3096.9	2155.66	1197.55	1101.45	615.91
福星镇	14539.43	6.05	481.59	3174.89	7667.7	3209.2
首阳镇	7184.36	2013.9	2171.41	1694.4	1300.51	4.14
文峰镇	12727.7	3977.36	3557.64	3362.09	1334.15	496.46
马河镇	4147.22	920.74	917.11	2151.54	156.09	1.74
通安驿镇	10194.89	441.29	1386.61	4186.21	3763.63	417.15
菜子镇	9687.47	217.7	831.65	2267.11	2231.45	4139.56
碧岩镇	4172.83	226.89	233.91	1001.97	1459.76	1250.3
云田镇	7321.3	1409.01	1961.11	3070.25	880.93	
德兴乡	3509.99	1.53	4.52	193.54	1660.73	1649.67
宏伟乡	3298.77	3.34	69.84	1874.05	1170.43	181.11
和平乡	4988.75	138.38	1414.26	3073.54	336.99	25.58
权家湾乡	5897.72	107.27	741.31	3193.62	1847.06	8.46
永吉乡	3811.62	230.76	398.65	1721.06	1013.17	447.98
柯寨乡	900.96	154.29	99.85	236.91	305.02	104.89
渭阳乡	7514.93	285.57	1715.99	4161.58	1351.79	
双泉乡	2860.76	225.51	345.15	1178.72	1111.38	

(二)耕地地力等级分述

1.一等地的主要属性

一等地,综合评价指数大于 0.7466,从陇西县耕地地力等级的行政区域分布表中(表 2-8-51)可以看出,一等地主要分布于渭河及其支流两岸,主要乡镇有文峰镇、巩昌镇、云

出镇、首阳镇等乡镇。土壤质地主要为轻壤和中壤。地貌类型为渭北黄土梁峁沟壑区、渭河河谷冲洪积区。一等地土地利用类型主要为水浇地、旱地。一等地各项评价指标均属良好型,土壤养分含量高;地势较为平坦,土层深厚,质地适中,通透性良好,易于耕作,适耕期长,土壤养分含量水平高(表2-8-52),保水保肥性能好,供肥能力强,利用上几乎没有限制因素,适宜种植多种作物。

表 2-8-52 陇西县一等地主要养分含量

项目	有机质(g/kg)	碱解氮(mg/kg)	速效钾(mg/kg)	有效磷(mg/kg)	缓效钾(mg/kg)
含量范围	8.2 ~ 16.3	73.6 ~ 205.4	107 ~ 332	18.7 ~ 37.3	822 ~ 1162
合计	9426	80322.4	143656	19678.1	827198
平均值	11.22	95.62	171.02	23.43	984.76
含量水平	中等偏下	中等	中等	丰富	中等

2.二等地的主要属性

二等地,综合评价指数为0.6984 ~ 0.7466,面积为18486.26公顷,占耕地总面积的16.67%。在陇西县各乡镇皆有分布。土壤质地为轻壤、中壤、轻黏。土地利用类型主要有水浇地、山旱地、山旱坡地、旱地梯田等。二等地是较重要的旱作土壤,水土流失程度轻,保护了熟化土层,使土壤的生产力显著提高,彻底改善了农田的立地条件,使跑水、跑肥、跑土的"三跑田"变成保水、保肥、保土的"三保田",有效防止了水土流失,提高了天然降水的利用率,农业生产水平大幅度提高,具有耕层土壤熟化度高,营养物质丰富,质地适中,通透性好的特性,是陇西县具有较大高产潜力的土壤。陇西县二等地主要养分含量见表2-8-53。

表 2-8-53 陇西县二等地主要养分含量

项目	有机质(g/kg)	碱解氮(mg/kg)	速效钾(mg/kg)	有效磷(mg/kg)	缓效钾(mg/kg)
含量范围	7.9 ~ 16.6	73.9 ~ 189.6	104 ~ 263	18.6 ~ 37.3	827 ~ 1158
合计	13175.1	115212	212516	27456.6	1192473
平均值	10.92	95.45	176.07	22.75	987.96
含量水平	中等偏下	中等	中等	丰富	中等

3.三等地的主要属性

三等地,综合评价指数为0.6222 ~ 0.6984,面积为37739.03公顷,占耕地总面积的30.02%,在陇西县各乡镇皆有分布。土壤质地为轻壤、中壤、轻黏。土地利用类型主要有水浇地、山旱地、山旱坡地、旱地梯田等。三等地地貌类型多为高山、中山、黄土梁峁。具有耕层土壤熟化度较高,质地适中的特性,养分水平较低(表2-8-54)。

表2-8-54 陇西县三等地主要养分含量

项目	有机质(g/kg)	碱解氮(mg/kg)	速效钾(mg/kg)	有效磷(mg/kg)	缓效钾(mg/kg)
含量范围	7.9~16.6	73.9~189.6	104~263	18.6~37.3	811~1157
合计	21560.1	191337	335843	43400.9	1927710
平均值	11.06	98.17	172.32	22.27	989.08
含量水平	中等偏下	中等	中等	中等	中等偏上

4.四等地的主要属性

四等地,综合评价指数0.5699~0.6222,耕地面积28692.24公顷,占全县耕地总面积的25.87%。主要分布于菜子镇、通安驿镇、福星镇、德兴乡、渭阳乡等乡镇。土壤质地主要为轻壤、轻黏、中壤。土地利用类型主要有山旱坡地。四等地土壤养分状况如下表2-8-55。

表2-8-55 陇西县四等地主要养分含量

项目	有机质(g/kg)	碱解氮(mg/kg)	速效钾(mg/kg)	有效磷(mg/kg)	缓效钾(mg/kg)
含量范围	8.2~17.6	74.2~152.9	77~242	17.6~32.2	819~1156
合计	11737.4	104776.2	179403	22859.9	1060899
平均值	10.95	97.74	167.35	21.32	989.64
含量水平	中等偏下	丰富	中等偏下	中等	中等

5.五等地的主要属性

五等地,综合评价指数小于0.5699,耕地面积12552.15公顷,仅占全县耕地总面积的11.32%。除了渭阳、双泉、云田没有五等地以外,其余各乡镇皆有分布。该区域海拔高,土壤耕层薄,冲刷严重,肥力低,属于低产土壤。土地利用类型主要为山旱坡地。五等地主要养分含量见表2-8-56。

表2-8-56 陇西县五级地主要养分含量

项目	有机质(g/kg)	碱解氮(mg/kg)	速效钾(mg/kg)	有效磷(mg/kg)	缓效钾(mg/kg)
含量范围	8.8~16.9	74.9~147	96~221	17.7~26.2	820~1154
合计	5035.6	44890.2	72474	9050.1	433764
平均值	11.42	101.79	164.34	20.52	983.59
含量水平	中等偏下	丰富	中等偏下	中等	中等

第四节 漳县耕地地力分析

一、漳县耕层土壤属性

(一)耕层土壤有机质

根据对漳县2786个样品的分析检测,其土壤有机质平均含量为22.25g/kg,对漳县各乡(镇)有机质含量进行对比分析,有机质含量平均值小于22.25g/kg的乡(镇)有7个,分别为马泉乡、武当乡、新寺镇、武阳镇、盐井乡、四族乡、三岔镇;其他乡(镇)有机质含量均在22.25g/kg以上。其中草滩乡有机质含量最高,为33.69g/kg,马泉乡有机质含量最低,为12.97g/kg。有机质含量在10~15g/kg的主要在马泉乡、武当乡、新寺镇,在15~20g/kg的主要有武阳镇、盐井乡、四族乡、三岔镇,25~30g/kg的只有殪虎桥乡,其余各乡镇有机质含量均在30g/kg以上。

将测土配方施肥测定的土壤有机质含量数据与第二次土壤普查测定的有机质含量数据相比较,结果表明,土壤有机质平均含量增加了2.05g/kg;其中武阳镇、三岔镇、殪虎桥乡、金钟镇、草滩乡、新寺镇、武当乡土壤有机质含量增大,增幅较大的有草滩乡、武当乡和金钟镇,分别增加了15.09g/kg、4.64g/kg、3.90g/kg;大草滩乡、马泉乡、四族乡、石川乡、盐井乡土壤有机质含量低于第二次土壤普查结果,减幅较大的乡镇有四族乡、盐井乡,分别减少5.11g/kg和4.88g/kg;其他各乡镇变化较小。

(二)耕层土壤全氮

氮素是作物生长的重要营养元素之一,土壤氮素在土壤肥力中起着相当重要的作用。土壤是作物氮素的主要来源之一,与土壤有机质有显著的相关性。

根据对漳县2780个土壤样品的分析检测,其土壤全氮含量为1.39g/kg,根据甘肃省养分分级标准,漳县土壤全氮含量为三级。

对漳县各乡(镇)土壤全氮含量进行对比分析,全氮含量小于平均值1.39g/kg的有7个乡(镇),分别为马泉乡、武当乡、新寺镇、武阳镇、四族乡、盐井乡、三岔镇;其他乡镇土壤全氮含量在1.39g/kg以上。其中马泉乡土壤全氮含量最低,为0.82g/kg;大草滩乡最高,为2.02g/kg。土壤全氮含量在0.75~1.00g/kg的主要有马泉乡、武当乡,在1.0~1.25g/kg的乡镇有新寺镇、武阳镇、四族乡、盐井乡、三岔镇,在1.50~1.75g/kg之间的主要分布在石川乡、草滩乡、殪虎桥乡、金钟镇,大草滩乡的土壤全氮含量高于2.0g/kg。

将此次测土配方施肥测定的土壤全氮含量数据与第二次土壤普查测定的全氮含量

数据相比较,结果表明,全县土壤全氮平均含量减少了0.08g/kg;其中武阳镇、三岔镇、殪虎桥乡、金钟镇、草滩乡全氮含量增大,增幅较大的有草滩乡、武阳镇,分别增加了0.37g/kg和0.22g/kg;大草滩乡、马泉乡、四族乡、石川乡、盐井乡、武当乡全氮含量低于第二次土壤普查结果,减幅较大的乡镇有四族乡、马泉乡,分别减少0.46g/kg和0.36g/kg;其他各乡镇变化较小。

(三)耕层土壤碱解氮

对漳县各乡(镇)土壤碱解氮进行对比分析,碱解氮含量小于平均值145.8mg/kg的有7个乡(镇),分别为武阳镇、马泉乡、盐井乡、武当乡、新寺镇、四族乡、三岔镇;其他乡(镇)在145.8mg/kg以上。殪虎桥乡土壤碱解氮含量最高,为234.2mg/kg;武阳镇土壤碱解氮含量最小,为88.6mg/kg。

将此次测土配方施肥测定的土壤碱解氮含量数据与第二次土壤普查测定的碱解氮含量数据相比较,结果表明,土壤碱解氮平均含量增加了17.8g/kg;其中有8个乡镇的土壤碱解氮含量增加,分别为武阳镇、三岔镇、殪虎桥乡、金钟镇、大草滩乡、石川乡、草滩乡和新寺镇,增幅较大的有殪虎桥乡、金钟镇,分别增加了108.2mg/kg和64.6mg/kg;有4个乡镇的土壤碱解氮含量减小,为盐井乡、马泉乡、四族乡、武当乡,分别减少39.0mg/kg、15.8mg/kg、20.4mg/kg和7.6mg/kg。

表 2-8-57 漳县耕层土壤碱解氮含量状况分级统计

级别	范围(mg/kg)	样本数	耕地面积(公顷)	占耕地比例(%)
一级	>300	51	1302.85	1.41
二级	250~300	33	927.25	1.01
三级	200~250	77	2080.13	2.26
四级	150~200	29	775.97	0.84
五级	100~150	557	1539.69	1.67
六级	50~100	2330	61424.44	66.70
七级	≤50	859	23623.48	25.65

(四)耕层土壤有效磷

根据对漳县2824个样品的分析检测,其土壤有效磷含量为18.1mg/kg。

对漳县土壤有效磷含量进行对比分析,小于平均值18.1mg/kg的有7个乡(镇),分别为马泉乡、武当乡、新寺镇、武阳镇、盐井乡、四族乡、三岔镇;其他乡(镇)在18.1mg/kg以上。马泉乡土壤有效磷含量最低,为10.4mg/kg;大草滩乡土壤有效磷含量最高,为27.4mg/kg。

将此次测土配方施肥测定的土壤有效磷含量数据与第二次土壤普查测定的有效磷含量数据相比较,结果表明,土壤有效磷平均含量增加了6.1mg/kg;有10个乡镇土壤有效磷含量增加,分别为武阳镇、盐井乡、三岔镇、殪虎桥乡、金钟镇、大草滩乡、马泉乡、草滩乡、东泉乡、新寺镇、武当乡,增幅较大的有殪虎桥乡、金钟镇和大草滩乡,其中增幅较大的乡镇为殪虎桥乡、大草滩乡和金钟镇,分别增加了18.4mg/kg、15.4mg/kg和13.3mg/kg,其余各乡镇增幅相对较小;有2个乡镇土壤有效磷含量减小,为四族乡和石川乡,分别减少4.5mg/kg和5.6mg/kg。

(五)土壤速效钾

根据对漳县2818个样品的分析检测,其土壤速效钾含量为129.0mg/kg。

对漳县各乡(镇)土壤速效钾含量进行对比分析,速效钾含量小于平均值129.0mg/kg的有6个乡(镇),分别为武阳镇、新寺镇、盐井乡、三岔镇、马泉乡、武当乡;其他乡(镇)在126.0mg/kg以上。其中武阳镇土壤速效钾含量最低,为67.0mg/kg;草滩乡土壤速效钾含量最高,为197.0mg/kg。土壤速效钾含量在50~100mg/kg的主要分布在武阳镇、新寺镇、盐井乡、三岔镇;土壤速效钾含量在100~150mg/kg的主要分布在马泉乡、武当乡、殪虎桥乡、四族乡、大草滩乡,金钟镇、石川乡、草滩乡的土壤速效钾含量在150~200mg/kg之间。

将此次测土配方施肥测定的土壤速效钾含量数据与第二次土壤普查测定的土壤速效钾含量数据相比较,结果表明,土壤速效钾平均含量减少了25.0mg/kg;有8个乡镇土壤有效磷含量增加,分别为武阳镇、盐井乡、三岔镇、金钟镇、大草滩乡、马泉乡、新寺镇、武当乡,减幅较大的有马泉乡、新寺镇,分别减少304mg/kg、72mg/kg;有4个乡镇土壤速效钾含量增加,其中增幅较大的乡镇为石川乡和草滩乡,分别增加109mg/kg和46mg/kg。

(六)耕层土壤有效铁

根据对漳县26.7个样品的分析检测,其土壤有效铁含量为5.36mg/kg。

对漳县各乡(镇)土壤有效铁含量进行对比分析,小于平均值5.36mg/kg的有6个乡(镇),分别为新寺镇、武阳镇、盐井乡、三岔镇、武当乡、马泉乡;其他乡(镇)土壤有效钾含量在5.36mg/kg以上。草滩乡有效铁含量最大,为9.12mg/kg;新寺镇最小,为2.24mg/kg。其中小于2.50mg/kg的乡镇有草滩乡,土壤有效钾含量在2.50~4.50mg/kg的乡镇有武阳镇、盐井乡、三岔镇、武当乡、马泉乡,其他各乡镇均在4.5~10mg/kg之间。

(七)耕层土壤有效锰

根据对漳县2585个样品的分析检测,其土壤有效锰含量为10.85mg/kg。

对漳县各乡(镇)土壤有效锰含量进行对比分析,小于平均值10.85mg/kg的有6个乡(镇),分别为新寺镇、武阳镇、盐井乡、三岔镇、武当乡、马泉乡;其他乡(镇)土壤有效锰含量在10.85mg/kg以上。草滩乡有效锰含量最高,为15.76mg/kg;新寺镇含量最低,为

5.80mg/kg。土壤有效锰含量在3~7mg/kg的主要分布在新寺镇、武阳镇、盐井乡,土壤有效锰含量在7~9mg/kg的主要分布在三岔镇,土壤有效锰含量在9~15mg/kg的主要分布在马泉乡、武当乡、殪虎桥乡、四族乡、大草滩乡、金钟镇、石川乡,草滩乡有效锰含量高于15.00mg/kg。

(八)耕层土壤有效铜

根据对漳县2597个样品的分析检测,其土壤有效铜含量为0.73mg/kg,对漳县各乡(镇)土壤有效铜含量进行对比分析,小于平均值0.73mg/kg的乡(镇)有7个,分别为新寺镇、武阳镇、盐井乡、三岔镇、马泉乡、武当乡、殪虎桥乡;其他各乡(镇)土壤有效铜平均含量在0.73mg/kg以上。草滩乡土壤有效铜含量最大,为1.40mg/kg;新寺镇最小,为0.31mg/kg。土壤有效铜含量在0.2~0.5mg/kg的主要分布在新寺镇、武阳镇、盐井乡、三岔镇;土壤有效铜含量在0.5~1.0mg/kg的主要分布在马泉乡、武当乡、殪虎桥乡、大草滩乡、四族乡;金钟镇、石川乡、草滩乡的土壤有效铜含量均在1.0~1.5mg/kg之间。

(九)耕层土壤有效锌

根据对漳县2607个样品的分析检测,其土壤有效锌含量为0.56mg/kg。

对漳县各乡(镇)土壤有效锌含量进行对比分析,有效锌含量平均值小于0.56mg/kg的乡(镇)有6个,分别是新寺镇、武阳镇、盐井乡、三岔镇、马泉乡、武当乡;其他乡(镇)土壤有效锌均在0.56mg/kg以上。草滩乡有效锌含量最高,为0.94mg/kg;新寺镇有效锌含量最低,为0.26mg/kg。有效锌含量小于0.3mg/kg的乡镇主要有新寺镇、武阳镇、盐井乡;土壤有效锌含量在0.3~0.5mg/kg的主要分布在三岔镇、马泉乡、武当乡;在0.5~1.0mg/kg的主要分布在殪虎桥乡、四族乡、大草滩乡、金钟镇、石川乡、草滩乡。

(十)耕层土壤pH

根据对漳县2824个样品的分析测试,漳县pH值平均值为8.18,统计结果显示,漳县土壤呈微碱性。对漳县各乡镇土壤pH值进行对比分析,pH值小于平均值8.18的乡镇有5个,分别为大草滩乡、殪虎桥乡、金钟镇、草滩乡、石川乡;土壤pH值最小的乡镇是大草滩乡,pH值为7.95;其他乡镇土壤pH值均大于8.18;pH值最大的乡镇是新寺镇和武阳镇,均为8.34。

二、漳县耕地地力分析

以土壤图与土地利用现状图叠加形成评价单元,应用模糊综合评判方法,通过综合分析,将漳县耕地共划分为5个等级,根据评价结合进行耕地地力的系统分析。

(一)耕地地力等级与分布

1.耕地地力等级面积统计

根据耕地地力评价结果数据表,汇总各等级耕地的面积,以《2010年甘肃农村年鉴》中的漳县耕地总面积为基准进行平差,统计出不同等级耕地面积。

漳县净耕地面积为3.12万公顷,其中二、三、四等地占的比例较大,分别为24.5%、28.9%和21.2%,占总耕地的74.6%;一等地和五等地占的比例较小,分别为11.8%、13.6%(表2-8-58)。

表2-8-58 漳县耕地地力评价结果面积统计

耕地地力等级	一等地	二等地	三等地	四等地	五等地	总计
评价单元个数	1846	2184	3828	2960	1977	12795
面积(公顷)	3679.6	7658.3	9017.4	6623.1	4252.3	31230.7
所占比例%	11.8	24.5	28.9	21.2	13.6	100

2.耕地地力等级的行政区域划分

从耕地地力评价结果数据表中可以看出,一等地主要分布在三岔镇、武阳镇和新寺镇;二等地主要分布在马泉乡、武当乡、四族乡、武阳镇;三等地主要分布在盐井乡、新寺镇;四等地主要分布在大草滩乡、石川乡、东泉乡及金钟镇;五等地主要分布在金钟镇、大草滩乡及东泉乡。表2-8-597为漳县一等地到五等地在各乡镇的分布状况。

表2-8-59 漳县耕地地力等级行政区域分布

行政单位名		一等地	二等地	三等地	四等地	五等地	总计
草滩乡	面积(公顷)	0.5	22.1	1391.1	1295.1	5.6	2714.4
	比例(%)	0.02	0.81	51.25	47.71	0.21	100
大草滩乡	面积(公顷)	3.7	0.7	16.5	623.2	1312.8	1956.8
	比例(%)	0.19	0.04	0.84	31.85	67.09	100
东泉乡	面积(公顷)			797.4	873.3	492	2162.6
	比例(%)			36.87	40.38	22.75	100
金钟镇	面积(公顷)			0.2	968.5	1957	2925.7
	比例(%)			0.01	33.10	66.89	100
马泉乡	面积(公顷)	77.7	1709.7	1009.8	52.8	1.9	2851.9
	比例(%)	2.72	59.95	35.41	1.85	0.07	100

续表 2-8-59

行政单位名		一等地	二等地	三等地	四等地	五等地	总计
三岔镇	面积（公顷）	1292.9	563.6	648.9	58.7		2564.1
	比例（%）	50.42	21.98	25.31	2.29		100
石川乡	面积（公顷）	72.3	40.7	1127.8	1792.1	81	3113.9
	比例（%）	2.32	1.31	36.22	57.55	2.60	100
四族乡	面积（公顷）	96.8	1162.8	996.3	262.6	5.8	2524.3
	比例（%）	3.83	46.06	39.47	10.40	0.23	100
武当乡	面积（公顷）	319.2	1518.5	252.3	21.6		2111.6
	比例（%）	15.12	71.91	11.95	1.02		100
武阳镇	面积（公顷）	496.1	1123.6	672.6	39.1		2331.4
	比例（%）	21.28	48.19	28.85	1.68		100
新寺镇	面积（公顷）	877.8	172.6	909	131.3	123	2213.8
	比例（%）	39.65	7.80	41.06	5.93	5.56	100
盐井乡	面积（公顷）	323	657.2	893.3	64.8		1938.4
	比例（%）	16.66	33.90	46.08	3.34		100
殪虎桥乡	面积（公顷）	119.6	686.7	302.3	440.1	273.2	1821.9
	比例（%）	6.56	37.69	16.59	24.16	15.00	100
漳县	面积（公顷）	3679.6	7658.4	9017.4	6623.1	4252.3	31230.7
	比例（%）	11.78	24.52	28.87	21.21	13.62	100

（二）耕地地力等级分述

1.一等地的主要属性

一等地，综合评价指数 IFI 大于 0.425，耕地面积 3679.6 公顷，占总耕地面积的 11.8%。一等地主要分布在三岔镇、武阳镇和新寺镇一带。

一等地土壤主要以黑垆土、淀土为主，少量为黄绵土和山地褐色土；土壤质地以中壤为主，少量为轻壤和砂土；地貌类型主要为北部黄土高原梁峁沟和漳龙河谷新积土区为主，灌溉保证率好，灌溉水质好，地势平坦，无障碍层，土壤理化性状良好，可耕性强。耕层土壤养分含量：有机质 18.03g/kg，碱解氮 50.0mg/kg，有效磷 14.3mg/kg，速效钾 96.1mg/kg，有效铜 0.46mg/kg，有效锌 0.37mg/kg，有效铁 3.5mg/kg，有效锰 7.97mg/kg（表 2-8-60）。

表 2-8-60　漳县一等地主要养分含量

	有机质 g/kg	碱解氮 mg/kg	有效磷 mg/kg	速效钾 mg/kg	有效铁 mg/kg	有效锰 mg/kg	有效铜 mg/kg	有效锌 mg/kg
平均含量	18.03	50.0	14.30	96.10	3.50	7.97	0.46	0.37
含量水平	四级	六级	五级	六级	四级	三级	四级	四级

2.二等地的主要属性

二等地，综合评价指数（IFI）为 0.425~0.395，耕地面积 7658.4 公顷，占总耕地面积的 24.5%，评价单元 2184 个。二等地主要分布在马泉乡、武当乡、四族乡、武阳镇。

二等地土壤主要以黑垆土为主，部分为黄绵土、山地草原土、红土淀土和山地褐色土；土壤质地以中壤为主，其他各个类型含量较少；地貌类型以北部黄土高原梁峁沟为主，只有少量的二等地分布在南部秦岭亚高山河谷；灌溉保证率较好，可耕性较强，土壤肥力较高。耕层土壤养分含量：有机质 16.95g/kg，碱解氮 62.4mg/kg，有效磷 13.5mg/kg，速效钾 103.6mg/kg，有效铜 0.51mg/kg，有效锌 0.42mg/kg，有效铁 3.95mg/kg，有效锰 9.05mg/kg（表 2-8-61）。

表 2-4-61　漳县二等地主要养分含量

	有机质 g/kg	碱解氮 mg/kg	有效磷 mg/kg	速效钾 mg/kg	有效铁 mg/kg	有效锰 mg/kg	有效铜 mg/kg	有效锌 mg/kg
平均含量	16.95	62.40	13.5 0	103.6	3.95	9.05	0.51	0.42
含量水平	四级	六级	五级	五级	四级	二级	三级	四级

3.三等地的主要属性

三等地，综合评价指数（IFI）为 0.395~0.351，耕地面积 9017.4 公顷，占总耕地面积的 28.9%，评价单元 3828 个。三等地主要分布在盐井乡、新寺镇。

三等地土壤以黑垆土、山地草原土、山地褐色土为主，少量为红土、潮土、淀土、黄绵土和山地草甸图；土壤质地为中壤占绝大多少，少部分为砂壤、轻壤和重壤。三等地无明显障碍层，土壤理化性状良，可耕性较强。耕层土壤养分含量：有机质 22.71g/kg，碱解氮 60.6mg/kg，有效磷 18.1mg/kg，速效钾 136.8mg/kg，有效铜 0.80mg/kg，有效锌 0.59mg/kg，有效铁 5.65mg/kg，有效锰 10.95mg/kgg（表 2-8-62）。

表 2-8-62　漳县三等地主要养分含量

	有机质 g/kg	碱解氮 mg/kg	有效磷 mg/kg	速效钾 mg/kg	有效铁 mg/kg	有效锰 mg/kg	有效铜 mg/kg	有效锌 mg/kg
平均含量	22.71	60.60	18.10	136.80	5.65	10.95	0.80	0.59
含量水平	四级	六级	四级	五级	三级	二级	三级	三级

4.四等地的主要属性

四等地,综合评价指数(IFI)为0.351~0.314,耕地面积6623.1公顷,占总耕地面积的21.2%,评价单元2960个。四等地主要分布在大草滩乡、石川乡、东泉乡、金钟镇。

四等地主要土壤类型为山地草原土和山地褐色土;土壤质地以砂壤和中壤为主,主要为旱耕地。耕层土壤养分含量:有机质28.55g/kg,碱解氮57.9mg/kg,有效磷22.8mg/kg,速效钾164.7mg/kg,有效铜1.02mg/kg,有效锌0.74mg/kg,有效铁7.15mg/kg,有效锰13.02mg/kg,(表2-8-63)。

表2-8-63 漳县四等地主要养分含量

	有机质 g/kg	碱解氮 mg/kg	有效磷 mg/kg	速效钾 mg/kg	有效铁 mg/kg	有效锰 mg/kg	有效铜 mg/kg	有效锌 mg/kg
平均含量	28.55	57.9	22.8	164.7	7.15	13.02	1.02	0.74
含量水平	四级	六级	三级	四级	三级	二级	二级	三级

5.五等地的主要属性

五等地,综合评价指数(IFI)小于0.314,耕地面积4252.3公顷,占总耕地面积的13.6%,评价单元1977个。五等地主要分布在金钟镇、大草滩乡及东泉乡。

五等地土壤以山地草原土为主,部分为淀土和红土,少量为潮土、高山草甸图、山地褐色土和山地棕壤土。土壤质地主要为砂壤,还有少量为砂土。耕层土壤养分含量:有机质29.91g/kg,碱解氮53.4mg/kg,有效磷23.8mg/kg,速效钾159.6mg/kg,有效铜0.96mg/kg,有效锌0.71mg/kg,有效铁6.92mg/kg,有效锰13.09mg/kg(表2-8-64)。

表2-8-64 漳县五级地主要养分含量

	有机质 g/kg	碱解氮 mg/kg	有效磷 mg/kg	速效钾 mg/kg	有效铁 mg/kg	有效锰 mg/kg	有效铜 mg/kg	有效锌 mg/kg
平均含量	29.91	53.4	23.8	159.6	6.92	13.09	0.96	0.71
含量水平	四级	六级	三级	四级	三级	二级	三级	三级

第五节 渭源县耕地地力分析

一、渭源县耕层土壤属性

(一)耕层土壤有机质

根据甘肃省土壤养分含量分级标准,2007年,渭源县耕层土壤有机质检测含量平均值为17.17g/kg,处于10.6~25.00g/kg之间,属于中等水平,含量在三级、四级、五级水平的耕地分别占耕地总面积的13.88%、59.32%、26.80%(见表2-8-65),与1983年第二次土壤普查的有机质含量16.6g/kg相比较,略有提高,增幅为3.32%。

表2-8-65　渭源县耕层土壤有机质含量状况分级统计

有机质含量级别	三级	四级	五级
	>20	20~15	≤15
耕地面积(公顷)	10344.66	44191.93	19967.17
占总比例耕地面积(%)	13.88	59.32	26.80

(二)耕层土壤全氮

2007年,渭源县耕层土壤全氮平均含量为0.95g/kg,处于0.58~1.40g/kg之间,含量在2级、3级、4级、5级水平的耕地分别占耕地总面积的3.68%、38.00%、51.33%、6.99%(见表2-8-66),与1983年第二次土壤普查时的平均值1.09g/kg相比较,略有减少,降幅为12.8%。

表2-8-66　渭源县耕层土壤全氮含量状况分级统计

全氮含量等级	二级	三级	四级	五级
	>1.25	1.25~1.0	1.0~0.75	≤0.75
耕地面积(公顷)	2737.35	28314.26	38243.20	5208.95
占总比例耕地面积(%)	3.68	38.00	51.33	6.99

(三)耕层土壤碱解氮

耕地土壤碱解氮含量与全氮含量有一定的相关性,但受人为施肥的影响较大。2007年,渭源县耕层土壤碱解氮平均含量为65.81mg/kg,处于36.8~99.4mg/kg之间,含量较低,在七级、八级水平的耕地分别占耕地总面积的91.94%、8.06%(见表2-8-67),与1983年第二次土壤普查时的平均值60.00mg/kg相比,略有增加,增幅为9.6%。

表2-8-67　渭源县耕层土壤碱解氮含量状况分级统计

碱解氮含量等级	七级	八级
	>50	≤50
耕地面积(公顷)	68496.61	6007.15
占总比例耕地面积(%)	91.94	8.06

(四)耕层土壤有效磷

据调查,2007年,渭源县耕层土壤有效磷平均含量为13.91mg/kg,处于8.00~23.00mg/kg之间,含量较低,在3级、4级、5级、6级水平的耕地分别占耕地总面积的5.78%、23.45%、53.25%、17.52%(见表2-8-68),比1983年第二次土壤普查时的有效磷含量10mg/kg相比较,明显增加,增幅为39.1%。

表2-8-68 渭源县耕层土壤有效磷含量分级统计

有效磷含量等级	三级	四级	五级	六级
	>20.0	20.0～15.0	15.0～10.0	≤10.0
耕地面积(公顷)	4307.96	17469.45	39669.79	13048.07
占总比例耕地面积(%)	5.78	23.45	53.25	17.52

(五)土壤速效钾

2007年,渭源县耕层土壤速效钾平均值为150.7mg/kg,处于79～220mg/kg之间,含量丰富,在三级、四级、五级、六级水平的耕地分别占耕地总面积的0.58%、45.51%、52.26%、1.65%(见表2-8-69),比1983年第二次土壤普查时的速效钾平均值171mg/kg相比较,略有减少,降幅为11.9%。

表2-8-69 渭源县耕层土壤速效钾含量状况分级统计

速效钾含量等级	三级	四级	五级	六级
	>200	200～150	150～100	≤50
耕地面积(公顷)	432.15	33909.10	38932.25	1230.26
占总比例耕地面积(%)	0.58	45.51	52.26	1.65

(六)耕层土壤微量元素

渭源县耕层土壤微量元素含量情况见表2-8-70。渭源县耕层土壤有效铁含量较低,平均值为6.52mg/kg,处于3.5～13.1mg/kg之间,含量在3级、4级、5级水平的耕地分别占耕地总面积的5.04%、91.46%、3.50%(表2-8-71)。耕层土壤有效锰含量低,平均值为4.17mg/kg,处于1.90～8.40mg/kg之间,含量在三级、四级、五级水平的耕地分别占耕地总面积的0.74%、85.04%、14.22%(表2-8-72)。耕层土壤有效铜含量较低,平均值为0.57mg/kg,处于0.32～0.97mg/kg之间,含量在三级、四级水平的耕地分别占耕地总面积的66.27%、33.73%(表2-8-73)。有效锌含量较低,平均值为0.66mg/kg,处于0.41～1.20mg/kg之间,含量在二级、三级、四级水平的耕地分别占耕地总面积的2.09%、89.16%、8.75%(表2-8-74)。

表2-8-70 2007年渭源县土壤耕层微量元素含量

单位:mg/kg

名称	有效锌	有效铜	有效锰	有效铁
范围	0.41～1.20	0.32～0.97	1.90～8.40	3.5～13.1
平均值	0.66	0.57	4.17	6.52

表 2-8-71　渭源县耕层土壤有效铁含量分级统计

有效铁含量等级	2 级	3 级	4 级
	>10.00	10.00~4.50	≤4.50
耕地面积(公顷)	3752.04	68143.4	2608.32
占总比例耕地面积(%)	5.04	91.46	3.50

表 2-8-72　渭源县耕层土壤有效锰含量分级统计

有效锰含量等级	3 级	4 级	5 级
	>7.00	7.00~3.00	≤3.00
耕地面积(公顷)	553.82	63355.01	10594.93
占总比例耕地面积(%)	0.74	85.04	14.22

表 2-8-73　渭源县耕层土壤有效铜含量分级统计

有效铜含量等级	3 级	4 级
	>0.50	≤0.50
耕地面积(公顷)	49371.36	25132.4
占总比例耕地面积(%)	66.27	33.73

表 2-8-74　渭源县耕层土壤有效锌含量分级统计

有效锌含量等级	2 级	3 级	4 级
	>1.00	1.00~0.50	<0.50
耕地面积(公顷)	1556.4	66424.94	6522.42
占总比例耕地面积(%)	2.09	89.16	8.75

(十)耕层土壤 pH

渭源县土壤 PH 值变化在 7.6~8.9 之间,均值为 8.37,属于弱碱性土壤。

二、渭源县耕地地力分析

以土壤图与土地利用现状图叠加形成评价单元,应用模糊综合评判方法,通过综合分析,将渭源县耕地共划分为 5 个等级,根据评价结合进行耕地地力的系统分析。

(一)耕地地力等级与分布

1.耕地地力等级面积统计

利用 ArcGIS 软件,对耕地资源管理单元图关连属性数据表和评价结果表进行操作,检索统计耕地各等级的面积及图幅面积。以 2007 年渭源县耕地总面积 74503.76 公顷（即渭源县国土资源局统计资料）为基准，按面积比例进行平差，计算出各耕地地力等级的面积。

渭源县耕地总面积为 74503.76 公顷。其中，一级地面积为 17234.88 公顷，占耕地总面积的 23.1%；二级地面积为 25817.06 公顷，占耕地总面积的 34.7%；三级地面积为 18300.21 公顷，占耕地总面积的 24.6%；四级地面积为 9664.47 公顷，占耕地总面积的 12.9%；五级地面积为 3487.14 公顷，占耕地总面积的 4.7%（表 2-8-75）。

表 2-8-75　渭源县耕地地力评价结果面积统计

等级	一等地	二等地	三等地	四等地	五等地	总计
面积（公顷）	17234.88	25817.06	18300.21	9664.47	3487.14	74503.76
百分比（%）	23.1	34.7	24.6	12.9	4.7	100

2.耕地地力等级的行政区域划分

将耕地地力等级分布图与行政区划图进行叠加分析，从耕地地力等级行政区域分布数据库中，按权属字段检索出各等级的记录，统计出一至五 5 级地在各乡镇的分布状况，见表 2-8-76。

表 2-8-76　渭源县耕地地力等级行政区域分布

单位：公顷

等级	一等地	二等地	三等地	四等地	五等地
清源镇	1846.75	3295.63	2551.21	356.02	306.42
会川镇	4968.51	1140.68	276.36		8.03
莲峰镇	3657.09	2735.61	426.61	576.19	139.74
五竹镇	2651.58	376.66	9.3	3.37	13.8
路园镇	1112.28	2350.94	310.31	63.95	6.56
北寨镇		566.33	2551.93	1849.11	656.97
新寨镇		547.19	4215.86	1345.18	404.67
麻家集镇	46.84	2413.91	785.03	304.49	17.64
锹峪乡	759.12	1998.58	127.20	25.14	100.36
大安乡		29.41	1767.12	2338.82	651.18
秦祁乡		5.12	758.60	1906.59	558.72

续表 2-8-76

等级	一等地	二等地	三等地	四等地	五等地
庆坪乡		2815.09	1207.96	133.39	6.98
祁家庙乡	939.29	2683.56	849.80	443.76	104.79
上湾乡	1176.47	2659.66	404.79	132.43	78.06
峡城乡		737.08	1046.41	96.81	128.28
田家河乡	76.44	1428.10	926.67	82.34	259.09
五竹林场	0.51		4.08		1.96
会川林场		6.81	16.77		3.01
莲峰林场		26.70	64.20	6.88	40.88

(二)耕地地力等级分述

1. 一等地的主要属性

渭源县一等地主要分布在清源镇、会川镇、莲峰镇、五竹镇、路园镇、田家河乡、祁家庙乡、上湾乡、麻家集镇、锹峪乡、五竹林场。土地利用类型有旱地、果园、水浇地三种。一级地各项评价指标均属良好型,土壤养分含量高(表2-8-77);地势较为平坦,土层深厚,质地适中,通透性良好,易于耕作,适耕期长,土壤养分含量水平高,保水保肥性能好,供肥能力强,利用上几乎没有限制因素,适宜种植多种作物。

表 2-8-77　渭源县一等地主要养分含量

项目	有机质(g/kg)	全氮(g/kg)	有效磷(mg/kg)	速效钾(mg/kg)
范围	11.0~22.4	0.73~1.37	8.9~25.3	79~212
平均值	18.3	1.06	16.44	143
含量水平	中等	中等	中等	中等

2. 二等地的主要属性

二等地主要分布在清源镇、会川镇、莲峰镇、五竹镇、路园镇、北寨镇、新寨镇、田家河乡、祁家庙乡、上湾乡、麻家集镇、锹峪乡等地,土地利用类型有旱地、水浇地、园地。二等地是较重要的旱作土壤,通过梯田建设、土壤培肥,减弱了水土流失,保护了熟化土层,使土壤的生产力显著提高,彻底改善了农田的立地条件,使跑水、跑肥、跑土的"三跑田"变成保水、保肥、保土的"三保田",有效地防止了水土流失,提高了天然降水的利用率,农业生产水平大幅度提高,具有耕层土壤熟化度高,营养物质丰富,质地适中,通透性好的特性,是渭源县具有较大高产潜力的土壤。渭源县二等地主要养分含量见表2-8-78。

表 2-8-78 渭源县二等地主要养分含量

项目	有机质(g/kg)	全氮(g/kg)	有效磷(mg/kg)	速效钾(mg/kg)
平均	10.6~25.0	0.59~1.40	8.10~23.7	83~216
范围	17.3	1.01	12.88	152
含量水平	中等	中等	中等	高

3. 三等地的主要属性

三等地，在渭源县各乡镇均有分布，土地利用类型有旱地、水浇地、其他园地。

三等地地貌类型多为高山、中山、高黄土峁梁。具有耕层土壤熟化度较高，质地适中的特性，养分水平较低。近些年来，由于重用轻养，使部分耕地养分下降，全氮的含量明显偏低（表 2-8-79）。

表 2-8-79 渭源县三等地主要养分含量

项目	有机质(g/kg)	全氮(g/kg)	有效磷(mg/kg)	速效钾(mg/kg)
平均	10.8~22.9	0.60~1.30	8.1~22.6	81~220
范围	15.9	0.90	11.3	149
含量水平	中等	低	中等	中等

4. 四等地的主要属性

四等地，除会川镇、会川林场、五竹林场外，全县其他乡镇皆有分布，土地利用类型有旱地、水浇地两种。四等地存在的限制因素主要是地形、土壤和水分限制，旱灾威胁大，养分水平低。四等地中的水浇地位于峡城乡，由于该地受地貌类型、有效磷含量低的影响，被划分在四等地（表 2-8-80）。

表 2-8-80 渭源县四等地主要养分含量

项目	有机质(g/kg)	全氮(g/kg)	有效磷(mg/kg)	速效钾(mg/kg)
平均	10.8~22.1	0.58~1.35	8.0~22.2	98~198
范围	15.1	0.83	10.9	145
含量水平	中等	低	中等	中等

5. 五等地的主要属性

五等地，在全县各乡镇均有分布，土地利用类型只有旱地一种，评价单元数 1040 个，面积为 3487.14 公顷。五等地土壤耕层薄，冲刷严重，肥力低，属于低产土壤（表 2-8-81）。

表 2-8-81　渭源县五级地主要养分含量

项目	有机质(g/kg)	全氮(g/kg)	有效磷(mg/kg)	速效钾(mg/kg)
平均	10.8~23.7	0.61~1.28	8.0~23.4	100~198
范围	14.7	0.85	11.1	144
含量水平	中等	低	中等	中等

第六节　岷县耕地地力分析

一、岷县耕层土壤属性

(一)耕层土壤有机质

本次耕地地力调查,对全县耕层土壤有机质检测含量平均值为 35.2g/kg,与 1985 年第二次土壤普查时的有机质含量 28.15g/kg 相比,增长了 25.04%。根据甘肃省土壤养分含量分级标准,属于高等级水平,平均含量在一级水平(表 2-8-82)。总体分布情况如表 2-8-83。

表 2-8-82　岷县耕层土壤有机质含量状况分级统计

有机质分级	一级	二级	三级	四级	五级
含量(g/kg)	>30	25.0~30.0	20.0~25.0	15.0~20.0	≤15.0
面积(公顷)	37697.21	6531.48	3629.11	1642.07	568.32
比例%	75.29	13.05	7.25	3.28	1.14

表 2-8-83　岷县土壤有机质不同含量耕地面积变化表

级别	含量(g/kg)	丰缺程度	现状		1985 年土壤普查		与 1985 年相比增减(%)
			面积(公顷)	占总面积(%)	面积(公顷)	占总面积(%)	
一级	>40.0	高	16678.6	33.31	16973.12	33.9	19.66
二级	30.0~40.0	较高	21018.61	41.98	14820.18	29.6	12.38
三级	20.0~30.0	中等	10160.59	20.29	5707.774	11.4	-11.36
四级	10.0~20.0	较低	2205.67	4.41	6158.387	12.3	-7.89
五级	6.0~10.0	低	4.72	0.01	6008.183	12	-12.00
六级	≤6.0	极低	0	0	400.5455	0.8	-0.80

(二)耕层土壤全氮

岷县耕层土壤养分全氮含量平均值为1.06g/kg,较1985年第二次普查时的全氮量平均值1.04g/kg相比较,增加0.02g/kg,增幅为1.92%。根据甘肃省土壤养分含量分级标准,岷县土壤全氮总体分布情况如表2-8-84。

表2-8-84 岷县土壤全氮含量耕地面积变化表

级别	含量(g/kg)	丰缺程度	现状		1985年土壤普查		与1985年相比增减(%)
			面积(公顷)	占总面积(%)	面积(公顷)	占总面积(%)	
一级	>2.00	高	320.44	0.64	2703.68	5.4	-4.76
二级	1.50~2.00	较高	9072.36	18.12	10664.52	21.3	-3.18
三级	1.00~1.50	中等	23321.76	46.58	20427.82	40.8	5.78
四级	0.75~1.00	较低	12291.74	24.55	10514.32	21	3.55
五级	0.50~0.75	低	5061.89	10.11	5006.82	10	0.11
六级	≤0.50	极低	0	0	751.02	1.5	-1.5

(三)耕层土壤碱解氮

耕地土壤碱解氮含量与全氮含量有一定的相关性,但受人为施肥的影响较大。全县耕层土壤速效氮含量平均为89.27mg/kg,总体水平偏低。分布情况如下(表2-8-85)。

表2-8-85 岷县耕层土壤碱解氮含量状况分级统计

碱解氮分级	四级	五级	六级
含量(mg/kg)	>150	100~150	≤100
面积(公顷)	219.73	14180.37	35668.09
比例%	0.44	28.32	71.24

(四)耕层土壤有效磷

根据甘肃省土壤养分含量分级标准,岷县耕层土壤有效磷含量属于高水平,平均含量在Ⅰ级水平(表2-8-86)。评价结果显示全县耕层土壤有效磷平均含量为40.3mg/kg,与1985年第二次土壤普查时的有效磷平均值11.13mg/kg相比,增加29.17mg/kg,增幅为262.08%,有效磷显著增加(表2-8-87)。

表2-8-86 岷县耕层土壤有效磷含量分级统计

有效磷分级	一级	二级	三级	四级
含量(mg/kg)	>40.0	30.0~40.0	20.0~30.0	≤20.0
面积(公顷)	23243.57	21437.61	5238.33	148.68
比例%	46.42	42.82	10.46	0.30

表 2-8-87　岷县土壤有效磷含量耕地面积变化表

级别	含量(g/kg)	丰缺程度	现状		1985 年土壤普查		与 1985 年相比增减（%）
			面积（公顷）	占总面积（%）	面积（公顷）	占总面积（%）	
一级	>40.0	高	23243.57	46.42			46.42
二级	30.0~40.0	较高	21437.61	42.82	300.41	0.6	42.22
三级	20.0~30.0	中等	5238.33	10.46	2102.86	4.2	6.26
四级	10.0~20.0	较低	8.02	0.02	6709.14	13.4	-13.38
五级	5.0~10.0	低	148.68	0.30	23682.25	47.3	-47.00
六级	≤5.0	极低			17273.53	34.5	-34.50

（五）土壤速效钾

根据甘肃省土壤养分含量分级标准，属于中等水平，平均含量在四级。土壤速效钾总体分布情况如下（表 2-8-88）。岷县耕层速效钾平均值为 184mg/kg，与 1985 年第二次土壤普查时的速效钾平均值 146mg/kg 相比增加了 38.0mg/kg，增幅为 26.02%（表 2-8-89）。

表 2-8-88　岷县耕层土壤速效钾含量状况分级统计

速效钾分级	一级	二级	三级	四级	五级
含量(mg/kg)	>300	250~300	200~250	150~200	≤150
面积(公顷)	159.32	594.41	10511.99	30782.21	8020.26
比例%	0.32	1.19	21.00	61.48	16.02

表 2-8-89　岷县土壤速效钾含量耕地面积变化表

级别	含量(g/kg)	丰缺程度	现状		1985 年土壤普查		与 1985 年相比增减（%）
			面积（公顷）	占总面积（%）	面积（公顷）	占总面积（%）	
一级	>200	丰富	11265.72	22.50	8611.73	17.2	5.30
二级	150~200	较丰	30782.21	61.48	3955.39	7.9	53.58
三级	100~150	中等	8020.26	16.02	5657.71	11.3	4.72
四级	50~100	较缺	5.09	0.01	12116.50	24.2	-24.19
五级	30~50	缺乏	0.17	0.00	19176.12	38.3	-38.30
六级	≤30	极缺	0	0	550.75	1.1	-1.10

(六)耕层土壤微量元素

整体来看,岷县耕层土壤有效铁、有效锰、有效铜和有效锌等微量含量按照甘肃省土壤养分分级标准属于中等水平,其中有效铁含量在 4.5~15.0mg/kg 之间,有效锰含量在 7.0~15.0mg/kg 之间,有效铜含量在 0.5~2.0mg/kg 之间,有效锌含量在 0.5~2.0mg/kg 之间。见表 2-8-90 至 2-8-93。

岷县土壤耕层有效铁含量较低的区域占全县耕地面积一半以上,主要分布在蒲麻镇、申都乡,以及岷县西部,含量小于 10mg/kg;中寨乡南部、茶埠镇、麻子川乡、寺沟乡东北部、闾井镇、马坞乡、锁龙乡的土壤有效铁含量较高,在 10~15mg/kg 之间;大于 15mg/kg 的区域主要零星分布在锁龙乡、马坞乡。

岷县土壤耕层有效锰含量较低的区域主要分布在茶埠镇西北部、梅川镇西南部、中寨镇,含量小于 8mg/kg;梅川镇东南部、禾驮乡西部、茶埠镇、岷阳镇、十里镇、清水乡南部土壤有效锰含量较低,在 8~9mg/kg 之间;维新乡中北部、清水乡西北部、寺沟乡东南部、麻子川乡中北部、蒲麻镇、闾井镇以及马坞乡南部,土壤有效锰含量中等,在 9~10mg/kg 之间;其余区域土壤有效锌含量皆大于 10mg/kg。

岷县土壤耕层有效铜含量较低的区域主要分布在洮河沿岸以及蒲麻镇、申都乡、锁龙乡和闾井镇东部,含量小于 1.0mg/kg;其他区域含量大于 1.0mg/kg。

岷县土壤耕层有效锌含量较低的区域主要分布在洮河沿岸的两江镇、清水乡南部以及十里镇北部、梅川镇西北部,含量小于 0.8mg/kg;中寨镇东南部、梅川镇南部、秦许乡东部、维新乡、清水乡西北部的土壤有效锌含量适中,在 0.8~1.0mg/kg 之间;其余区域土壤有效锌含量皆大于 1.0mg/kg。

表 2-8-90 岷县耕层土壤有效铁含量分级统计

有效铁	一级	二级	三级
	高	中等	较低
含量(mg/kg)	>15.00	15.00~10.00	≤10.00
面积(公顷)	37.39	21706.91	28323.89
比例%	0.07	43.35	56.57

表 2-8-91 岷县耕层土壤有效锰含量分级统计

有效锰分级	二级	三级
	中等	较低
含量(mg/kg)	>9.00	≤9.00
面积(公顷)	24459.4	25608.79
比例%	48.85	51.15

表 2-8-92　岷县耕层土壤有效铜含量分级统计

有效铜分级	二级	三级
	中等	较低
含量(mg/kg)	>1.00	≤1.00
面积(公顷)	28335.39	21732.8
比例%	56.59	43.41

表 2-8-93　岷县耕层土壤有效锌含量分级统计

有效锌分级	二级	三级
	中等	较低
含量(mg/kg)	>1.00	≤1.00
面积(公顷)	26608.91	23459.28
比例%	53.15	46.85

(七)耕层土壤 pH

岷县土壤 pH 值变化在 7.2~8.6 之间,均值为 7.9,属于弱碱性土壤,对磷肥的有效性影响较大,应注意施用方法,提高肥效。

二、岷县耕地地力分析

以土壤图与土地利用现状图叠加形成评价单元,应用模糊综合评判方法,通过综合分析,将岷县耕地共划分为 4 个等级,根据评价结合进行耕地地力的系统分析。

(一)耕地地力等级与分布

1.耕地地力等级面积统计

利用 ArcGIS 软件,对耕地资源管理单元图关联属性数据表和评价结果表进行操作,检索统计耕地各等级的面积及图幅面积。岷县耕地总面积 50068.19 公顷(以岷县国土资源局 2007 年统计资料为基准),按面积比例进行平差,计算出各耕地地力等级的面积(见表 2-8-94)。

岷县总耕地面积为 50068.19 公顷,其中二、三等地占的比例较大,分别为 27.77%、42.92%。相对而言,一等地和四等地占的比例较小,分别为 13.94%和 15.38%。

表 2-8-94　岷县耕地地力评价结果面积统计

等级	一等地	二等地	三等地	四等地	总计
面积(公顷)	6977.42	13901.79	21488	7700.98	50068.19
百分比(%)	13.94	27.77	42.92	15.38	100.00

2.耕地地力等级的行政区域划分

将耕地地力等级分布图与行政区划图进行叠加分析,从耕地地力等级行政区域分布数据库中,按权属字段检索出各等级的记录,统计出1—至四级地在各乡镇的分布状况,见表2-8-95。

从表2-8-95中可以看出,一等地占全县耕地面积的13.94%,二等地面积占全县耕地面积的27.77%,三等地占全县耕地面积的42.92%,四等地占全县耕地面积的15.38%。其中一等地主要分布在梅川镇、中寨镇、维新乡、寺沟乡、十里镇、清水乡等洮河沿岸以及海拔较低的马坞乡;二等地在全县各乡镇皆有分布,主要以闾井镇、梅川镇、蒲麻镇、秦许乡、清水乡、十里镇、寺沟乡为主;三等地主要分布在茶埠镇、闾井镇、麻子川乡、清水乡、申都乡、寺沟乡、维新乡、中寨镇等地区;四等地主要分布在禾驮乡、梅川镇、西江镇、中寨镇等地海拔较高地区。

表2-8-95 岷县耕地地力等级行政区域分布　　　　　　　　单位:公顷,%

等级	一等地	二等地	三等地	四等地	合计
茶埠镇	251.25	377.1	1710.21	279.51	2618.07
禾驮乡	127.22	811.51	1387.66	932.33	3258.72
闾井镇	94.69	1374.21	3599.64	570.67	5639.21
麻子川乡	96.65	546.87	1014.75	186.29	1844.56
马坞乡	1051.97	475.11	257.43	15.43	1799.94
梅川镇	988.51	980.43	1314.46	898.91	4182.31
岷阳镇	175.61	457.2	181.05	23.85	837.71
蒲麻镇	309.36	2364.09	576.24	137.02	3386.71
秦许乡	288.95	1249.82	682.44	69.98	2291.19
清水乡	906.42	933.96	2345.41	663.72	4849.51
申都乡	13.36	287.61	1459.02	191.35	1951.34
十里镇	666.3	935.1	262.28	103.28	1966.96
寺沟乡	461.33	1461.26	1161.64	239.15	3323.38
锁龙乡	78.08	309.65	852.46	158.08	1398.27
维新乡	410.49	426.46	1351.87	662.1	2850.92
西江镇	240	215.68	685.28	1047.53	2188.49
西寨镇	243.39	269.1	419.74	227.13	1159.36
中寨镇	573.84	426.63	2226.42	1294.65	4521.54
总计面积	6977.42	13901.79	21488	7700.98	50068.19
所占比例	13.94	27.77	42.92	15.38	100.00

(二)耕地地力等级分述

1.一等地的主要属性

从岷县耕地地力等级的行政区域分布中(表2-8-83)可以看出,一等地主要分布在梅川镇、清水乡、十里镇、寺沟乡、中寨镇等洮河沿岸地区以及海拔较低的马坞乡。该等地分布海拔较低,地貌类型以沿河川地和低半山区为主,≥10℃积温在1600℃左右,年均降雨量600mm左右,土壤养分较高,适宜作物生长,为岷县高产区。

土壤类型以黑土和黑钙土类、黄绵土为主,占该等地面积的81.07%。经过近几年的水利设施改善,西川灌区、学中渠灌区、梅川渠改扩建及集雨节灌等水利工程,使有效灌溉面积得到提高。该等地分布区以洮河沿岸和海拔较低的马坞乡为主,洮河沿岸地势平坦,其他低半山区坡度较缓,土层深厚,质地以中壤土为主,易于耕作,土壤养分含量水平较高(表2-8-96),保水保肥性能好,供肥能力强,利用上无限制因素,适宜种植多种作物,应深耕增肥,用养结合,促进土壤熟化。

表2-8-96 岷县一等地主要养分含量

项目	有机质(g/kg)	碱解氮(mg/kg)	速效钾(mg/kg)	有效磷(mg/kg)
平均	32.5	89.92	178	40.9
含量水平	高	偏低	较低	高

2.二等地的主要属性

二等地综合评价指数为0.605~0.665,面积为13901.79公顷,占全县耕地总面积的27.77%。全县各乡镇均有分布,主要以寺沟乡、清水乡、秦许乡、闾井乡、蒲麻镇、禾驮乡、麻子川乡分布为主。该区域地貌类型主要是低半山区,田面坡度在10度左右,≥10℃积温在1300℃左右,年均降雨量600mm左右,海拔较高在2400m左右,以旱地为主,土壤类型多为黑土、黑钙土、黑麻土等。该等地土壤养分含量中等,应结合施肥、耕作蓄水保墒,提高抗旱能力。二等地土壤主要养分含量及水平,见表2-8-97。

二等地多处在低半山区,耕层质地以轻壤、砂壤、中壤土为主。岷县近几年在梯田土壤熟化、坡地改梯田建设方面做了大量的工作,取得的成效。经过多年的基本农田建设,平田整地,起高垫低,改善了土壤结构,农业生产水平大幅度提高,是岷县具有较大高产潜力的土壤。

表2-8-97 岷县二等地主要养分含量

项目	有机质(g/kg)	碱解氮(cmol/kg)	有效磷(mg/kg)	速效钾(mg/kg)
平均	35.3	91.2	179	40
含量水平	高	偏低	较低	高

3.三等地的主要属性

三等地综合评价指数为 0.56~0.605，耕地面积 21488 公顷，占全县耕地总面积的 42.92%。全县各乡镇分布面积较大，其中闾井镇、禾驮乡、麻子川乡、梅川镇、清水乡、申都乡、维新乡分布面积较大。该等地分布土壤以中壤土、轻壤土为主，土壤类型以山地耕种黑土、山地耕种石灰性黑钙土、坪台耕种石灰性黑钙土为主，占该等地面积的 76.8%，土壤养分含量较高；土地利用类型主要以山旱地、川旱地为主；三等地土壤主要养分含量及水平见表 2-8-98。

三等地多处在低半山区、丘陵高原区、山原倾斜平地类型区，海拔较高，在 2600m 左右，田面坡度大于 15 度，坡向以东、东南、西南坡为主，土壤质地构型中多为夹黏中壤、夹砂中壤、砂底轻壤、砂底中壤类型，土壤保水保肥能力较差。

表 2-8-98 岷县三等地主要养分含量

项目	有机质(g/kg)	碱解氮(mg/kg)	有效磷(mg/kg)	速效钾(mg/kg)
平均	37.2	90.4	186	40.6
含量水平	高	偏低	较低	高

4.四等地的主要属性

四等地，综合评价指数小于 0.56，耕地面积 7700.98 公顷，占全区耕地总面积的 15.38%。在全县各乡镇皆有分布，主要以禾驮乡、中寨乡、西江镇、梅川镇等地；马坞乡、锁龙乡、蒲麻镇、申都乡也有零星分布，面积较小。主要以山旱地为主，土壤以谷地耕种淋溶灰褐土、土山地耕种黑土、山地耕种石灰性黑钙土、坪台耕种石灰性黑钙土为主，并伴随有部分草甸沼泽土，土壤质地构型以夹黏中壤、夹砂中壤、砂底中壤为主。四等地土壤主要养分含量及水平见表 2-8-99。

四等地主要分布于岷县西北部低半山区，平均海拔达 2700m，坡度较高，分布区具有海拔较高、气温较低、无霜期短等特点，为岷县低产田分布区，该区域小麦平均产量不足 100kg，应大力推广旱地农业措施，推广覆膜种植方式以及覆砂种植，提高作物产量。

表 2-8-99 岷县四等地主要养分含量

项目	有机质(g/kg)	碱解氮(mg/kg)	有效磷(mg/kg)	速效钾(mg/kg)
平均	34.5	84.8	188	39.6
含量水平	高	偏低	较低	高

第七节　临洮县耕地地力分析

一、临洮县耕地土壤属性

耕地土壤属性主要包括土壤的物理性状和化学性状。土壤理化性状主要取决于土壤的成土因素、成土过程以及耕作施肥。耕地土壤属性直接影响着作物的产量和品质。

本次耕地地力调查,结合临洮县种植业结构特点,在全县耕地共选取4130个有代表性的点,进行了系统检测。通过系统汇总,充分掌握了临洮县耕地的养分状况、分布范围、面积和变化趋势,可有效地指导临洮县的农业生产。

土壤物理性状是重要的肥力因素,它调节着土壤中水、肥、气、热等状况,能反映农业生产的综合性能,主要包括土壤质地、土体构型、土体厚度、土壤容重和孔隙度等。本次耕地地力调查,是在1985年第二次土壤普查资料中土壤质地、土体构型、土壤分类的基础上,在耕地上选取样点,检测其耕层、亚耕层土壤的容重、质地、剖面构型等项目,掌握了全县最新耕地土壤的物理性状,为合理地改良利用土壤提供了依据。

(一)土壤物理性状分析

1.土壤质地

土壤质地是指土壤中各级土粒的组合比例,也称土壤的机械组成。通常用各粒级土粒占土壤总质量的百分数表示。土壤质地反映土壤母质来源及成土过程的某些特征,直接关系到土壤通气、透水、保水、保肥性能和耕作的好坏,是土壤肥力的主要标志。临洮县地处典型的黄土地区,广厚的黄土物质是土壤发育的基础,土壤质地变化在轻壤、中壤至重壤范围内,其中中壤占总耕地土壤面积的81%,轻壤占14%(表2-8-100)。

表2-8-100　临洮县土壤质地类型面积统计表

质地类型	中壤	轻壤	重壤	砂壤	合计
面积(公顷)	86588.09	14965.84	3206.97	2137.98	106898.88
占总面积(%)	81	14	3	2	100

临洮县土壤以壤土为主,是农业生产中一种理想的土壤,土层深厚,不砂不黏,通气透水性能良好,适耕期长,适种性广,是一种生产潜力较大的土壤类型。

2.土壤容重

容重的大小决定土壤质地。土体结构和有机质含量的多少,受降水、机械压力和人为活动的影响。土壤容重是影响土壤肥力的因素之一,标志着土壤中水、肥、气、热诸因素是否协调。根据分析,全县土壤容重平均为 1.16g/cm³,以山地黑土容重最小,为 1.05g/cm³,砂田容重最大,为 1.54g/cm³。可以看到,少部分土壤容重偏大,影响了土壤肥力的发挥,因而制约了作物的生长。土壤容重与耕作管理有密切关系,合理的耕作能使土壤容重降低,措施有两方面:一是实行秸秆还田,增施有机肥料;二是大犁深耕,增厚活土层。

(二)土壤化学性状分析

土壤化学性状是土壤的另一个主要的属性,它是决定土壤肥力的主要因素,直接影响作物的产量和品质,主要包括土壤有机质、大量元素、中微量元素、土壤 pH 等。此次耕地地力调查,共调查了 4130 个点,全部分析土壤有机质、大量元素、中量元素和微量元素。

1.土壤有机质

土壤有机质是土壤的重要组成部分,与土壤的演变、肥力水平和许多属性都有密切的关系。土壤有机质中含有作物生长所需的各种养分,可直接或间接地为作物生长提供氮、磷、钾、钙、镁、硫和各种微量元素;有机质具有改土壤理化性状,影响和制约土壤结构形成及通气性、渗透性、缓冲性、交换性能和保水保肥性能,是评价耕地地力的重要指标,对耕作土壤来说,培肥的中心环节是增施各种有机肥料,实行秸秆还田,保持和提高土壤有机质含量。

本次耕地地力调查,全县耕层土壤有机质检测含量平均值为 20.7g/kg,与 1985 年第二次土壤普查有机质含量 12.5g/kg 相比,增幅达 65.6%。根据甘肃省土壤养分含量分级标准,全县土壤有机质含量属于中上水平,平均含量在二级。总体分布情况如下(表 2-8-101)。

表 2-8-101 临洮县土壤耕层有机质含量现状及面积

有机质分级	一级	二级	三级	四级	五级	六级	七级
含量(g/kg)	>30	30.0~25.0	25.0~20.0	20.0~15.0	15.0~10.0	10.0~6.0	≤6.0
面积(公顷)	26392	13262	9504	18245	26149	10547	2799
比例%	24.7	12.4	8.9	17.1	24.5	9.9	2.6

土壤有机质的含量取决于年生成量和年矿化量的相对大小,当生成量大于矿化量时,有机质含量会逐步增加,反之,将会逐步降低。土壤有机质矿化虽主要受土壤温度、湿度、通气状况、有机质含量等因素影响。一般说来,土壤温度低、通气性差、湿度大时,土壤有机质矿化量较低;相反,土壤温度高、通气性好、湿度适中时,则有利于有机质的矿化。为培育具有高水平肥力的土壤,必须使耕地土壤有机质得到保持和不断提高;向土壤增加有机质最有效的措施就是实行秸秆直接还田或过腹还田,增施有机肥料。

2. 土壤氮素

土壤中氮素分有机态和无机态两种。土壤中的氮素以有机态氮为主，它主要取决于有机质含量，大部分是迟效的，约占土壤全氮的90%。而无机态氮，主要是铵态氮、硝态氮和极少量的亚硝态氮，是速效的，可以被植物直接吸收利用，一般占土壤全氮的10%以下。土壤氮素主要分析全氮和水解性氮。

临洮县耕层土壤全氮平均含量为0.88g/kg，与1985年第二次土壤普查时的含量0.83g/kg相比，基本稳定。根据甘肃省土壤养分含量分级标准，全县土壤全氮含量属于中下水平，平均含量在五级。总体分布情况如下（表2-8-102）。

表2-8-102 临洮县土壤耕层全氮含量现状及面积

全氮分级	二级	三级	四级	五级	六级	七级
含量(g/kg)	>1.50	1.50~1.25	1.25~1.0	1.0~0.75	0.75~5.0	≤0.5
面积(公顷)	3497	10415	18958	42566	18762	12702
比例%	3.3	9.7	17.7	39.8	17.6	11.9

土壤中铵态氮和硝态氮称速效氮，通常用碱解扩散法检测其含量，又称碱解氮，它的含量水平常作为衡量供氮强度的指标。耕地土壤碱解氮含量与全氮含量有一定的相关性，但受人为施肥的影响较大。全县耕层土壤速效氮含量平均为65mg/kg。总体分布情况如下（表2-8-103）。

表2-8-103 临洮县土壤耕层碱解氮含量现状及面积

碱解氮分级	六级	七级
含量(mg/kg)	>50	≤50
面积(公顷)	79768	27130
比例%	75	25

在土壤氮素的转化过程中，要使土壤有机氮转化为有效氮，需通过科学合理施肥、耕作、灌溉等人为措施进行调控，发挥土壤氮素的潜在作物营养功能，以满足作物高产、优质、高效的需要。具体措施如下：①扩种豆科作物，增加土壤氮素的积累。②增施有机肥和实行秸秆还田，调节土壤C/N比，加速土壤有机氮的转化。③氮肥与磷、钾肥配合施用。④施用方法合理：一是氮肥应深施覆土，以减少氮肥的挥发损失及反硝化作用；二是确定合理的施肥时期，50%~70%用作基施，30%~50%用作追肥。

3. 土壤磷素

土壤中磷的含量主要决定于土壤母质和施用磷肥情况。土壤有效磷包括土壤溶液中易溶性磷酸盐、土壤胶体吸附的磷酸根离子和易矿化的有机磷。土壤有效磷含量是土壤肥力水平的重要指标。耕层土壤中的磷一般以无机磷与有机磷两种形态存在,通常有机磷占无机磷含量的20%~50%,无机磷占全磷的50%~80%。无机形态的磷中易溶性磷酸盐及土壤胶体吸附的磷酸根离子和在有机形态中易矿化的部分被称为土壤有效磷,约占土壤总磷量的10%左右。土壤有效磷含量高低是衡量土壤肥力水平的重要指标。评价结果显示全县耕层土壤有效磷平均含量为33.8mg/kg。根据甘肃省土壤养分含量分级标准,属于高水平,平均含量在二级。土壤有效磷总体分布情况见表(表2-8-104)。

表2-8-104 临洮县土壤耕层有效磷含量现状及面积

有效磷分级	一级	二级	三级	四级	五级
含量(mg/kg)	>40.0	40.0~30.0	30.0~20.0	20.0~15.0	≤15.0
面积(公顷)	24397	34795	41754	5858	94
比例%	22.8	32.5	39.1	5.5	0.1

在磷肥的合理施用方面,应根据土壤条件合理分配和施用,优先施用在最缺磷的地块;四级地隔年施用;三级地减少当年施用量;二级地保持施磷量。对速效磷含量丰富的地块,可以暂时不施磷肥。为了减少磷在土壤中的再固定,提高土壤磷的有效性,可采用以下方法进行调控:①调节土壤酸碱度。在酸性土壤中施入适量石灰调节pH值,使pH值保持在6.5~6.8,对于石灰性土壤或碱性土壤,应增施有机肥或绿肥,可降低土壤pH值。②增施有机肥料,提高土壤有机质含量。③磷肥宜作基肥施用,作基肥时,开沟或开穴,将磷肥集中施入根系密集层,或将磷肥与有机物一起堆沤,或与有机肥混合施用。

4.土壤钾素

土壤中钾素按化学组成分为矿物钾、非交换性钾、交换性钾和水溶性钾四种。按植物营养的有效性可分为无效钾、缓效性钾和速效性钾。土壤矿物钾一般占全钾量的92%~98%,它在植物营养上不能为植物所吸收利用,属无效钾。非交换性钾即缓效钾,通常占土壤全钾量的2%~8%,是土壤速效钾的储库,它是评价土壤供钾潜力的一个重要指标。速效钾包括交换性钾和水溶性钾,一般占土壤全钾量的1%~2%,可以被植物直接吸收利用。临洮县耕层土壤速效钾含量平均为186mg/kg,与1985年第二次土壤普查时的含量192mg/kg相比,略有下降。根据甘肃省土壤养分含量分级标准,属于中等水平,平均含量在4级。速效钾总体分布情况如下(表2-8-105)。从不同地势看,全县土壤速效钾含量有一定的差异,一般地看,川地>山地>台地。

表 2-8-105　临洮县土壤耕层速效钾含量现状及面积

速效钾分级	一级	二级	三级	四级	五级	六级
含量(mg/kg)	>300	250~300	200~250	150~200	100~150	≤100
面积(公顷)	2483	8419	18997	46022	28154	2824
比例%	2.3	7.9	17.8	43.1	26.3	2.6

缓效钾是指存在于层状硅酸盐矿物层间和颗粒边缘,不能被中性盐在短时间内浸提出的钾,也叫非交换性钾。临洮县土壤缓效钾含量及分布情况如下(表 2-8-106)。

表 2-8-106　临洮县耕层土壤缓效钾含量现状及面积

缓效钾分级	一级	二级	三级	四级	五级
含量(mg/kg)	>1200	1200~1000	1000~800	800~600	≤600
面积(公顷)	86	19269	67382	19700	462
比例%	0.1	18.0	63.0	18.4	0.4

5.耕层土壤 pH 值

pH 值是土壤酸碱性强度的主要指标,它代表与土壤固相处于平衡的土壤溶液中的氢离子浓度的负对数,是土壤盐基状况的综合反映,对土壤的一系列其他性质有深刻地影响。土壤中有机质的合成与分解,氮、磷等营养元素的转化和释放,微量元素的有效性,土壤保持养分的能力,等都与土壤 PH 值有关。临洮县土壤 pH 值变化在 7.8~9.0 之间,均值为 8.5,属于弱碱性土壤,对磷肥的有效性影响较大,应注意施用方法,提高肥效。

二、临洮县耕地地力分析

一等地占全县耕地面积的 10.76%,二等地占全县耕地面积的 39.91%,三等地占全县耕地面积的 25.38%,四等地占全县耕地面积的 18.23%,五等地占全县耕地面积的 5.72%。其中一等地除红旗乡、康家集乡、漫洼乡、上营乡、站滩乡外,各乡镇均有分布,但主要分布在衙下集镇、八里铺镇、洮阳镇、新添镇、玉井镇;二等地分布较广,全县各乡镇均有分布,以连儿湾乡、漫洼乡、南屏镇、洮阳镇、太石镇、上营乡、峡口镇、新添镇、衙下集镇、玉井镇、中铺镇为主;三等地主要分布在峡口镇、站滩乡、中铺镇、上营乡、太石镇、龙门镇、八里铺镇、辛店镇、新添镇,其他乡镇也有零星分布;四等地主要分布在康家集乡、龙门镇、漫洼乡、辛店镇、窑店镇、站滩乡;五等地面积较小,主要分布在康家集乡、辛店镇、窑店镇、站滩乡。

1.一等地

从临洮县耕地地力等级的行政区域分布来看,一级地主要分布在衙下集镇、洮阳镇、玉井镇、八里铺镇、新添镇、南屏镇、辛店镇、太石镇、龙门镇的河谷川台地上。土壤类型包括川覆盖黑麻土、台覆盖黑麻土、川黑麻土、台黑麻土、台梯黑麻土、台黄麻土、黄绵土等土种。一等地面积为11507.5公顷,占耕地总面积的10.8%。

表 2-8-107　临洮县一等地土壤养分含量

项目	有机质(g/kg)	全氮(g/kg)	水解性氮(g/kg)	速效钾(mg/kg)	有效磷(mg/kg)	水溶态硼(mg/kg)	有效铁(mg/kg)	有效锌(mg/kg)
平均值	29.46	0.89	0.063	193.18	37.99	0.60	6.82	0.82
含量水平	高	中等偏下	中等	丰富	丰富	中等	中等	中等

表 2-8-108　临洮县一等地土地利用类型分布情况

	评价单元数(个)	面积(公顷)	占一等地面积(%)	占总耕地面积(%)
菜地	11	15.83	0.14	0.0148
果园	57	70.51	0.61	0.0660
其他园地	1	1.31	0.01	0.0012
水浇地梯田	15	42.67	0.37	0.0399
其他水浇地	600	7850.66	68.22	7.3440
旱地砂田	11	21.92	0.19	0.0205
旱地梯田	139	638.57	5.55	0.5974
旱沟坝地	40	70.51	0.61	0.0660
川旱地	46	237.93	2.07	0.2226
山旱地	362	2360.35	20.51	2.2080
台旱地	42	197.25	1.71	0.1845

表 2-8-109　临洮县一等地土壤类型分布情况

	评价单元数(个)	面积(公顷)	占一等地面积(%)	占总耕地面积(%)
山地麻土属	135	336.06	2.92	0.3144
侵蚀灰褐土	12	16.93	0.15	0.0158
红土性碳酸盐灰褐土	35	73.81	0.64	0.0690
山地麻土	21	123.84	1.08	0.1158
山地黄麻土	64	531.04	4.61	0.4968

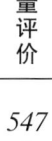

续表 2-8-109

	评价单元数(个)	面积(公顷)	占一等地面积(%)	占总耕地面积(%)
山地红麻土	80	385.51	3.35	0.3606
沟台黄麻土	2	17.88	0.16	0.0167
沟台盐化麻土	20	60.13	0.52	0.0562
旱台地麻土	10	85.18	0.74	0.0797
旱台黄麻土	22	87.63	0.76	0.0820
水台麻土	29	413.03	3.59	0.3864
水台黄麻土	69	828.61	7.20	0.7751
水川麻土	30	502.03	4.36	0.4696
水川黄麻土	187	2157.3	18.75	2.0181
水川漏砂土	61	787.57	6.84	0.7367
水川红麻土	106	1926.43	16.74	1.8021
水川地漏砂土	9	26.69	0.23	0.0250
水川红油土	41	350.23	3.04	0.3276
山地黄绵土	207	1692.06	14.70	1.5829
水台黄绵土	45	367.91	3.20	0.3442
山地白土	46	262.16	2.28	0.2452
沟台白土	9	64.23	0.56	0.0601
红黏土	5	9.77	0.08	0.0091
台地红黏土	3	2.36	0.02	0.0022
沟台红砂土	8	70.74	0.61	0.0662
水川红黏土	5	82.77	0.72	0.0774
红砂土	3	4.33	0.04	0.0041
砾石红土(粗骨性)	28	43.72	0.38	0.0409
潮土	9	13.74	0.12	0.0129
水川砂土	16	102.59	0.89	0.0960
盐化潮土	7	81.23	0.71	0.0760

一级地各项评价指标均属良好型,其中水浇地和少量旱地利用类型占该等地总面积的90%以上,是临洮县的粮食高产区。该区灌溉条件良好,地势较为平坦,土层深厚,质地适中,通透性良好,易于耕作,适耕期长,土壤养分含量水平高,保水保肥性能好,供肥能力强,利用上几乎没有限制因素,适宜种植多种作物。在农业生产中应注意:一是增施有机肥料,提高土壤有机质含量,培肥地力;二是大力推广平衡配套施肥技术,调整氮、磷、钾投入比例,提高化肥利用率,防止次生盐渍化的产生;三是加强配套灌溉系统,进一步增大灌溉面积,发展节水灌溉,建成高产稳产田。

2.二等地

二等地综合评价指数为 0.7200～0.6200,面积为 42661.8 公顷,占耕地总面积的39.6%。在临洮县各乡镇皆有分布,主要集中分布在连儿湾乡、上营乡、南屏镇、太石镇、洮阳镇、衙下集镇、中铺镇、玉井镇、峡口镇、新添镇、漫洼乡和八里铺镇。土壤类型多为川黑麻土、台黑麻土、覆盖黑垆土、新积土、黄绵土、黄潮土等。二级地土壤主要养分含量及水平见表 2-8-110。

表 2-8-110 二等地土壤养分含量及水平

项目	有机质 (g/kg)	全氮 (g/kg)	水解性氮 (g/kg)	速效钾 (mg/kg)	有效磷 (mg/kg)	水溶态硼 (mg/kg)	有效铁 (mg/kg)	有效锌 (mg/kg)
平均值	29.18	1.03	0.065	191.85	37.23	0.60	7.00	0.84
含量水平	高	中高	中等	丰富	丰富	中等	中等	高

表 2-8-111 临洮县二等地土地利用类型分布情况

	评价单元数(个)	面积(公顷)	占二等地面积(%)	占总耕地面积(%)
菜地	11	81.12	0.19	0.0759
果园	69	62.55	0.15	0.0585
其他园地	1	1.11	0.00	0.0010
水浇地梯田	45	198.51	0.47	0.1857
其他水浇地	610	5420.04	12.70	5.0702
旱地砂田	152	157.89	0.37	0.1477
旱地梯田	1058	6483.03	15.20	6.0646
旱沟坝地	421	552.06	1.29	0.5164
川旱地	22	147.85	0.35	0.1383
塬旱地	6	39.76	0.09	0.0372
山旱地	4592	28077.09	65.81	26.2651
台旱地	163	1437.12	3.37	1.3444
台旱地	2	3.65	0.01	0.0034

表 2-8-112 临洮县二等地土壤类型分布情况

	评价单元数(个)	面积(公顷)	占二等地面积(%)	占总耕地面积(%)
亚高山草甸土	3	13.01	0.03	0.0122
山地淋溶黑土	134	357.76	0.84	0.3347
山地黑土	15	295.26	0.69	0.2762
山地麻土属	2790	7366.35	17.27	6.8910
沙砾质灰褐土	44	112.96	0.26	0.1057
侵蚀灰褐土	92	161.17	0.38	0.1508
红土性碳酸盐灰褐土	417	1864.39	4.37	1.7441
山地黑麻土	342	4608.42	10.80	4.3110
山地麻土	685	7855.34	18.41	7.3484
沟地麻土	27	156.56	0.37	0.1465
山地黄麻土	518	4307.72	10.10	4.0297
山地红麻土	167	1642.18	3.85	1.5362
沟台黑麻土	26	220.3	0.52	0.2061
沟台黄麻土	64	512.06	1.20	0.4790
沟台漏砂土	69	122.28	0.29	0.1144
沟台盐化麻土	7	39.89	0.09	0.0373
旱台地麻土	12	172.82	0.41	0.1617
旱台黄麻土	131	909.64	2.13	0.8509
水台麻土	28	220.91	0.52	0.2067
水台黄麻土	112	1241.67	2.91	1.1615
水川麻土	21	123.8	0.29	0.1158
水川黄麻土	49	743.28	1.74	0.6953
水川漏砂土	5	116.57	0.27	0.1090
水川红麻土	62	618.45	1.45	0.5785
旱川红麻土	3	25.37	0.06	0.0237
水川地漏砂土	6	121.51	0.28	0.1137
旱台红麻土	4	80.64	0.19	0.0754
水台红麻土	2	7.79	0.02	0.0073
水川红油土	4	42.6	0.10	0.0399

续表 2-8-112

	评价单元数(个)	面积(公顷)	占二等地面积(%)	占总耕地面积(%)
山地黄绵土	607	5546.99	13.00	5.1890
水台黄绵土	34	366.47	0.86	0.3428
灰钙土	131	425.61	1.00	0.3981
山地白土	97	370.12	0.87	0.3462
旱台地白土	12	283.65	0.66	0.2653
山地砂田	45	54.12	0.13	0.0506
旱川地砂田	14	39.36	0.09	0.0368
沟台白土	25	90.94	0.21	0.0851
沟台砂田	5	12.41	0.03	0.0116
粗骨性灰钙土	4	2.34	0.01	0.0022
侵蚀灰钙土	37	31.36	0.07	0.0293
红黏土	133	464.81	1.09	0.4348
山地红黏土	22	157.6	0.37	0.1474
台地红黏土	39	68.18	0.16	0.0638
沟台红黏土	2	125.97	0.30	0.1178
沟台红砂土	15	41.13	0.10	0.0385
水川红黏土	1	0.14	0.00	0.0001
红砂土	28	99.09	0.23	0.0927
砾石红土(粗骨性)	48	46.72	0.11	0.0437
潮土	1	2.58	0.01	0.0024
水川砂土	3	66.41	0.16	0.0621
盐化潮土	10	305.08	0.72	0.2854

二级地多处在洮河川谷地的外缘以及西南部的丘陵沟壑区、北部低山丘陵区。耕层质地以中壤为主。该等地多为旱地梯田和山坡地利用类型,占该等地总面积的96.5%,临洮县近几年在增加灌溉保证率,梯田土壤熟化、坡地改梯田建设方面做了大量的工作,取得了成效。该区是较重要的旱作土壤,经过多年的基本农田建设,平田整地,起高垫低,改善了土壤结构;减弱了水土流失,保护了熟化土层,使土壤的生产力显著提高,彻底改善了农田的立地条件,有效地防止了水土流失,提高了灌溉水和天然降水的利用率,农业生产水平大幅度提高,具有耕层土壤熟化度高,营养物质丰富,质地适中,通透性好的特性,

是临洮县具有较大高产潜力的土壤。

对二级地合理利用应从改良入手,加强农田基本建设,主要措施:一是提高灌溉水的利用效率,增施有机肥料,实行秸秆直接还田或过腹还田,不断培肥地力。二是对川旱地采用伏、秋用大犁深耕,破除犁底层,形成深厚的耕作层,对于促进作物根系下扎、接纳雨水、释放土壤潜在养分、增加土壤熟化层、改善土壤结构、调节土壤中水、气、热状况和其他理化性质起着一定的作用。三是实行平衡配套施肥,合理施用化肥,协调氮、磷、钾比例,适量补施微肥。通过土壤改良,建造一个深厚、疏松、养分协调、肥沃的耕作层。

3.三等地

三等地综合评价指数为0.6200~0.5400,耕地面积27133公顷,占全县耕地总面积的25.4%。主要分布在临洮县的峡口镇、新添镇、龙门镇、辛店镇、八里铺镇、太石镇、上营乡、中铺镇、站滩乡和红旗乡。三等地土壤主要养分含量及水平见表2-8-113。

表2-8-113　临洮县三等地土壤养分含量及水平

项目	有机质(g/kg)	全氮(g/kg)	水解性氮(g/kg)	速效钾(mg/kg)	有效磷(mg/kg)	水溶态硼(mg/kg)	有效铁(mg/kg)	有效锌(mg/kg)
平均值	16.36	0.80	0.064	186.30	31.60	0.60	6.20	0.76
含量水平	中高	中等偏下	中等	丰富	丰富	中等	中等	高

表2-8-114　临洮县三等地土地利用类型分布情况

	评价单元数(个)	面积(公顷)	占三等地面积(%)	占总耕地面积(%)
菜地	3	6.13	0.02	0.0057
果园	51	61.79	0.23	0.0578
水浇地砂田	28	37.89	0.14	0.0354
水浇地梯田	32	173.87	0.64	0.1626
其他水浇地	435	3560.43	13.12	3.3307
旱地砂田	443	1630	6.01	1.5248
旱地梯田	455	3083.4	11.36	2.8844
旱沟坝地	402	397.8	1.47	0.3721
川旱地	21	42.69	0.16	0.0399
塬旱地	2	1.7	0.01	0.0016
山旱地	2867	17734.88	65.36	16.5903
台旱地	65	402.42	1.48	0.3764

表 2-8-115 临洮县三等地土壤类型分布情况

	评价单元数(个)	面积(公顷)	占三等地面积(%)	占总耕地面积(%)
亚高山草甸土	2	2.18	0.01	0.0020
山地淋溶黑土	68	154.87	0.57	0.1449
山地黑土	3	45.48	0.17	0.0425
山地麻土属	1679	4489.68	16.55	4.1999
沙砾质灰褐土	17	20.19	0.07	0.0189
侵蚀灰褐土	254	434.74	1.60	0.4067
红土性碳酸盐灰褐土	147	387.61	1.43	0.3626
山地黑麻土	103	1251.29	4.61	1.1705
山地麻土	188	2010.98	7.41	1.8812
沟地麻土	47	204.85	0.75	0.1916
山地黄麻土	295	3179.27	11.72	2.9741
山地红麻土	8	13.13	0.05	0.0123
沟台黑麻土	8	51.45	0.19	0.0481
沟台黄麻土	96	329.24	1.21	0.3080
沟台漏砂土	88	181.65	0.67	0.1699
沟台盐化麻土	8	20.73	0.08	0.0194
旱台地麻土	2	3.18	0.01	0.0030
旱台黄麻土	8	155.48	0.57	0.1454
水台麻土	6	94.15	0.35	0.0881
水台黄麻土	57	936.48	3.45	0.8760
水川麻土	12	143.5	0.53	0.1342
水川黄麻土	55	732.33	2.70	0.6851
水川红麻土	18	163.38	0.60	0.1528
水川地漏砂土	34	369.78	1.36	0.3459
旱台红麻土	2	26.88	0.10	0.0251
水台红麻土	5	46.02	0.17	0.0431
山地黄绵土	744	8555.57	31.53	8.0034
水台黄绵土	56	763.67	2.81	0.7144
灰钙土	236	486.3	1.79	0.4549

续表 2-8-115

	评价单元数(个)	面积(公顷)	占三等地面积(%)	占总耕地面积(%)
山地白土	126	509.53	1.88	0.4766
旱台地白土	7	8.1	0.03	0.0076
山地砂田	23	99.05	0.37	0.0927
旱川地砂田	103	300.93	1.11	0.2815
水川白土	8	71.88	0.26	0.0672
沟台白土	28	68.01	0.25	0.0636
沟台砂田	44	256.26	0.94	0.2397
水台白土	18	169.31	0.62	0.1584
粗骨性灰钙土	12	11.25	0.04	0.0105
侵蚀灰钙土	34	42.05	0.15	0.0393
山地红黏土	1	0.95	0.00	0.0009
沟台红砂土	1	2.01	0.01	0.0019
红砂土	92	193.82	0.71	0.1813
砾石红土(粗骨性)	34	26.76	0.10	0.0250
水川砂土	18	93.15	0.34	0.0871
盐化潮土	9	25.88	0.10	0.0242

三等地多处在中部中山丘陵区。该等地多为旱地和山坡地梯田利用类型，占该等地总面积的90%以上。虽分布一些水浇地，由于灌溉保证率低，此类水浇地划分为三等地。土壤类型以耕地石灰性灰褐土、灌丛黄甸土、黄潮土、灰红土、灰黄绵土、坡红土、坡黄绵土、梯黄绵土为主，还有部分川黑麻土、台黄麻土。耕层质地多为中壤。同二等地一样，该区也是土壤培肥建设的重点，具有耕层土壤熟化度较高，质地适中的特性。近些年来，由于重用轻养，使部分耕地养分下降，全氮、碱解氮和有效硼的含量明显偏低。对该等地的合理利用同二等地。

4.四等地

四等地，综合评价指数 0.5400～0.4800，耕地面积 19485.3 公顷，占全县耕地总面积的 18.2%。除南屏镇、连儿湾乡、玉井镇、衙下集镇外，各乡镇皆有分布。

表 2-8-116　洮县四等地土壤养分含量及水平

项目	有机质（g/kg）	全氮（g/kg）	水解性氮（g/kg）	速效钾（mg/kg）	有效磷（mg/kg）	水溶态硼（mg/kg）	有效铁（mg/kg）	有效锌（mg/kg）
平均值	11.31	0.76	0.065	181.18	31.07	0.62	7.04	0.83
含量水平	中等	中等偏下	中等	丰富	丰富	中等	中等	高

表 2-8-117　临洮县四等地土地利用类型分布情况

	评价单元数（个）	面积（公顷）	占四等地面积（%）	占总耕地面积（%）
果园	18	24.57	0.13	0.0230
水浇地砂田	84	191.45	0.98	0.1791
水浇地梯田	14	87.57	0.45	0.0819
其他水浇地	250	1471.11	7.55	1.3762
旱地砂田	218	306.73	1.57	0.2869
旱地梯田	726	4333.19	22.24	4.0535
旱沟坝地	278	343.43	1.76	0.3213
川旱地	32	101	0.52	0.0945
山旱地	2484	12568.64	64.50	11.7575
台旱地	20	56.93	0.29	0.0533
台旱地	1	0.65	0.00	0.0006

表 2-8-118　临洮县四等地土壤类型分布情况

	评价单元数（个）	面积（公顷）	占四等地面积（%）	占总耕地面积（%）
亚高山草甸土	5	3.44	0.02	0.0032
山地淋溶黑土	70	912.55	4.68	0.8537
淋溶灰褐土	2	9.35	0.05	0.0087
山地麻土属	1585	4200.48	21.56	3.9294
沙砾质灰褐土	1	1.92	0.01	0.0018
侵蚀灰褐土	298	428.58	2.20	0.4009
红土性碳酸盐灰褐土	6	10.34	0.05	0.0097
山地黑麻土	179	1834.2	9.41	1.7158
山地麻土	442	4600.79	23.61	4.3039
沟地麻土	2	23.64	0.12	0.0221
山地黄麻土	356	3095.85	15.89	2.8961

续表 2-8-118

	评价单元数(个)	面积(公顷)	占四等地面积(%)	占总耕地面积(%)
山地红麻土	46	292.91	1.50	0.2740
沟台黑麻土	21	100.55	0.52	0.0941
沟台黄麻土	32	138.32	0.71	0.1294
沟台漏砂土	29	68.22	0.35	0.0638
旱台黄麻土	25	215.87	1.11	0.2019
水台黄麻土	7	26.24	0.13	0.0245
水川麻土	1	2.79	0.01	0.0026
水川黄麻土	84	280.46	1.44	0.2624
水川漏砂土	0	0	0.00	0.0000
水川地漏砂土	5	113.66	0.58	0.1063
水台红麻土	28	248.55	1.28	0.2325
山地黄绵土	133	1138.37	5.84	1.0649
水台黄绵土	4	24.75	0.13	0.0232
灰钙土	224	284.85	1.46	0.2665
山地砂田	11	70.64	0.36	0.0661
旱川地砂田	102	198.2	1.02	0.1854
水川白土	14	156.23	0.80	0.1461
沟台白土	1	3.73	0.02	0.0035
沟台砂田	58	125.36	0.64	0.1173
侵蚀灰钙土	89	77.78	0.40	0.0728
红黏土	14	19.36	0.10	0.0181
山地红年土	27	140.22	0.72	0.1312
沟台红砂土	28	138.22	0.71	0.1293
水川红黏土	9	101	0.52	0.0945
红砂土	177	381.07	1.96	0.3565
盐化潮土	10	16.78	0.09	0.0157

四等地主要分布于临洮县北部的丘陵区,少部分分布于各乡镇海拔较高地点。该等地多为旱地梯田和山坡地利用类型,占该等地总面积的90%以上,该等地中山坡地类型面积较大。该区域海拔高,土壤耕层薄,土壤熟化程度低,适耕期短,肥力低,属于较低产土壤。存在的限制因素主要是地形、土壤和水分限制,旱灾威胁大。该级地的改良利用主要从两个方面着手:一是增加对耕地的投入,积极推广秸秆还田,增施有机肥料,实行有机无机结合,改良土壤理化性状,努力提高土地的产出水平。二是加强梯田化建设,平整土地,发展旱作农业和集雨工程。

5.五等地

五等地综合评价指数小于0.4800,耕地面积6111.3公顷,占全县耕地总面积的5.7%。主要分布于马啣山一带以及坡度大于25度的山坡地和河滩地的耕地。土地利用类型以旱地梯田和山坡地为主,土壤多为重壤。该区域海拔高,土壤耕层薄,冲刷严重,肥力低,属于低产土壤。

表2-8-119 五等地土壤养分含量及水平

项目	有机质(g/kg)	全氮(g/kg)	水解性氮(g/kg)	速效钾(mg/kg)	有效磷(mg/kg)	水溶态硼(mg/kg)	有效铁(mg/kg)	有效锌(mg/kg)
平均值	9.98	0.82	0.067	165.50	28.58	0.61	7.48	0.87
含量水平	中低	中等偏下	中等	丰富	丰富	中等	中等	高

表2-8-120 临洮县五等地土地利用类型分布情况

	评价单元数(个)	面积(公顷)	占五等地面积(%)	占总耕地面积(%)
果园	3	6.4	0.10	0.0060
水浇地砂田	20	51.71	0.85	0.0484
其他水浇地	64	163.95	2.68	0.1534
旱地砂田	62	93.67	1.53	0.0876
旱地梯田	311	1251.17	20.47	1.1704
旱沟坝地	61	69.07	1.13	0.0646
山旱地	1103	4439.68	72.65	4.1532
台旱地	9	35.57	0.58	0.0333

表 2-8-121　临洮县五等地土壤类型分布情况

	评价单元数(个)	面积(公顷)	占五等地面积(%)	占总耕地面积(%)
山地淋溶黑土	137	961.16	15.73	0.8991
淋溶灰褐土	3	7.81	0.13	0.0073
山地麻土属	382	707.54	11.58	0.6619
沙砾质灰褐土	5	13.07	0.21	0.0122
侵蚀灰褐土	369	724.85	11.86	0.6781
红土性碳酸盐灰褐土	11	17.02	0.28	0.0159
山地黑麻土	56	590.69	9.67	0.5526
山地麻土	138	1000.33	16.37	0.9358
山地黄麻土	52	493.43	8.07	0.4616
山地红麻土	8	87.56	1.43	0.0819
沟台黑麻土	7	116.1	1.90	0.1086
沟台黄麻土	2	4.99	0.08	0.0047
旱台黄麻土	21	55.66	0.91	0.0521
山地黄绵土	34	247.13	4.04	0.2312
灰钙土	2	1.93	0.03	0.0018
旱川地砂田	21	47.52	0.78	0.0445
水川白土	17	62.77	1.03	0.0587
沟台砂田	9	13.74	0.22	0.0129
红黏土	307	601.88	9.85	0.5630
山地红黏土	12	241.61	3.95	0.2260
沟台红黏土	3	9.48	0.16	0.0089
红砂土	37	105.05	1.72	0.0983

五等耕地改良的重点:一是因土制宜调整农业种植结构,在二阴地区发展耐旱耐贫瘠作物;种植耐低温喜阴作物,如特色中药材等。注意发展经济林,实行多种经营,增加收入。二是将坡地改为梯田,增厚活土层,保持水土,保护好耕地;三是增施有机肥料,培肥地力。利用方向是整修梯田,营造水土保持林,提高综合控制水土的能力。

第九章　天水市耕地地力评价

第一节　秦州区耕地地力分析

一、秦州区耕层土壤属性

(一)主要土壤养分变化分析

1.土壤全量养分变化

将2007年测土配方施肥土样测试结果与第二次土壤普查报告中土壤全量养分指标进行对比,得到秦州区土壤全量养分变化表(表2-9-1)。

表2-9-1　秦州区土壤全量养分变化表

土壤全量养分	第二次土壤普查	本次采样	变化值	变化率(%)
有机质(g/kg)	14.86	12.88	-1.98	-13.32
全氮(g/kg)	1.17	0.91	-0.26	-22.22
全磷(g/kg)	1.27	0.76	-0.51	-40.16
全钾(g/kg)	12.72	20.84	8.12	63.84

由表2-9-1分析可知:采样比较的四种全量养分中,耕层土壤有机质含量目前的平均水平为12.88g/kg,与第二次土壤普查相比,有机质含量明显降低,平均降低1.98g/kg,变化率为-13.32%;全氮由第二次土壤普查的1.17g/kg,变化到目前的0.91g/kg,平均降低0.26g/kg,相对变化率较大,为-22.22%;全磷目前的平均含量为0.76g/kg,第二次土壤普查值为1.27g/kg,平均降低0.51g/kg,尽管变化值小,但变化率却很高,达到-40.16%;全钾平均含量由第二次土壤普查的12.72g/kg变化为目前的20.84g/kg,平均增加8.12g/kg,变化率为63.84%,是四种全量养分中唯一增加的,且变化率最高。

2.土壤速效养分变化

将2007年测土配方施肥土样测试结果与第二次土壤普查报告中土壤速效养分指标进行对比,得到秦州区土壤速效养分变化(表2-9-2)。

表 2-9-2　秦州区土壤速效养分变化表

土壤养分	第二次土壤普查	本次采样	变化值	变化率(%)
碱解氮(mg/kg)	39.43	76.86	37.43	94.93
有效磷(mg/kg)	7.18	11.42	4.24	59.05
速效钾(mg/kg)	87.36	178.93	91.57	104.82

由表 2-9-2 可知:在统计的耕层土壤碱解氮、速效磷和速效钾三种速效养分中,碱解氮的平均变化较大,由第二次土壤普查的 39.43mg/kg 增至目前的 76.86mg/kg,平均增加 37.43mg/kg,变化率高达 94.93.18%；有效磷由第二次土壤普查的 7.18mg/kg,增加到 11.42mg/kg,增加值为 4.24mg/kg,变化率达到 59.05%；速效钾第二次土壤普查值为 87.36mg/kg,目前值为 178.93mg/kg,平均增加 91.57mg/kg,变化率为 104.82%,是变化率最大的速效养分。

(二)主要土壤养分空间分布

基于秦州区耕地地力评价采样点实际测量数据,利用 ArcGIS 软件平台,结合普通 Kriging 插值法,获得秦州区土壤有机质、有效磷、速效钾、碱解氮等养分含量的各等级分布图,从中可以探究秦州区主要土壤养分含量的空间分布状况。

1.耕层土壤有机质分布

全区土壤有机质含量呈现明显的不均衡性,东南部、中部部分地区土壤有机质含量较高,而北部和西南大部分地区土壤有机质含量较低,但地带性不明显。山区、林区较川、沟谷地区含量高。从乡镇分布东南部娘娘坝镇、中部华岐乡的有机质含量最高,这两个乡镇的大部分地区有机质含量达到 14g/kg 以上；皂郊镇西部、关子镇东部及齐寿乡东南部也有大面积有机质含量大于 14g/kg 的地区,其余各乡镇虽然也有部分有机质含量较高,但面积都很小。

根据甘肃省养分分级标准(主要养分)(表 2-9-3),按照秦州区有机质含量由低到高对应甘肃省有机质含量为五级和六级(表 2-9-4)。可见秦州区土壤有机质含量虽然差异不大,但含量普遍较低,属于有机质贫乏地区。

表 2-9-3　甘肃省养分分级标准(主要养分)表

	一级	二级	三级	四级	五级	六级	七级
有机质(g/kg)	>30	30.0~25.0	25.0~20.0	20.0~15.0	15.0~10.0	10.0~6.0	≤6.0
速效钾(mg/kg)	>300	250~300	200~250	150~200	100~150	50~100	≤50
碱解氮(mg/kg)	>300	250~300	200~250	150~200	100~150	50~100	≤50
有效磷(mg/kg)	>40.0	40.0~30.0	30.0~20.0	20.0~15.0	15.0~10.0	10.0~5.0	≤5.0

表 2-9-4　秦州区有机质等级划分表

甘肃省等级	五级	六级
有机质(g/kg)	15.0~10.0	10.0~6.0

2.耕层土壤全氮分布

由秦州区土壤全氮空间分布图(详见图集)，可以看出秦州区有效磷含量普遍较低，基本上处于0.783~0.872g/kg水平段中。含量最高的主要是皂郊镇北部，全氮含量处于0.845~0.872g/kg之间。另外，秸口镇东部、华岐乡、平南镇大部分地区的全氮含量也较高，处于0.835~0.872g/kg之间，而东南和西北大部分地区土壤全氮含量都比较低，处于0.783~0.826g/kg之间。

根据甘肃省养分分级标准（表2-9-3），对应甘肃省全氮含量为五级和六级（表2-9-5）。可见秦州区属于全氮缺乏地区，全氮含量低但变幅不大。

表 2-9-5　秦州区有效磷等级划分表

甘肃省等级	五级	六级
全氮(g/kg)	1.0~0.75	0.75~0.5

3 耕层土壤碱解氮分布

秦州区碱解氮含量普遍较低，一半以上地区处于37.3~50.9mg/kg之间。含量最高的主要是皂郊镇、平南镇北部、以及藉口镇东南部，碱解氮含量处于66~81.9mg/kg之间，另外牡丹镇西南部、玉镇南部碱解氮含量也较高。

根据甘肃省养分分级标准(主要养分)(表2-9-3)，将秦州区碱解氮含量由低到高分成两个等级，对应甘肃省碱解氮含量六级和七级，属于比较低的水平(表2-9-6)。由此可见，秦州区耕层碱解氮含量普遍很低，属于碱解氮缺乏地区。

表 2-9-6　秦州区碱解氮等级划分

甘肃省等级	六级	七级
碱解氮(mg/kg)	50~100	≤50

4.耕层土壤有效磷分布

由秦州区土壤有效磷空间分布图(详见图集)，可以看出秦州区土壤有效磷含量属于中等情况，大部分处于10.8~18.7mg/kg之间。含量最高的主要是娘娘坝镇和华岐乡大部分地区，藉口镇东北部，关子镇西部，有效磷含量处于14.0~18.7mg/kg之间，含量最低的面积较小，主要分布在皂郊镇东部、汪川镇大部分地区、大门乡中南部、牡丹镇中东部等地，耕层土壤有效磷含量小于10.8mg/kg。

根据甘肃省养分分级标准（表2-9-3），将秦州区有效磷含量由低到高分成四个等

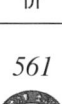

级,分别对应甘肃省有效磷含量四、五、六、七四个等级(表2-9-7)。由此可见,秦州区耕层有效磷含量普遍属于中等,没有极低值,属于有效磷的适量地区。

表2-9-7 秦州区有效磷等级划分

甘肃省等级	四级	五级	六级	七级
有效磷(mg/kg)	20.0~15.0	15.0~10.0	10.0~5.0	≤5.0

5.耕层土壤速效钾分布

由秦州区土壤速效钾空间分布图(详见图集),可以看出秦州区土壤速效钾含量属于中等情况,大部分处于120~203mg/kg之间。含量最高的主要是娘娘坝镇、皂郊镇北部、牡丹镇西南部和杨家寺东部,这些地区速效钾含量处于203~277mg/kg之间。含量最低的面积较小,主要分布在秦州区北部乡镇、大门乡大部分地区以及汪川镇中部,另外其他各乡镇有零星分布,这些地区耕层土壤速效钾含量小于165mg/kg。

根据甘肃省养分分级标准(表2-9-3),将秦州区速效钾含量由低到高分成四个等级,分别对应甘肃省速效钾含量二、三、四、五等级(表2-9-8)。由此可见,秦州区耕层速效钾含量普遍属于中高水平,没有极低值。

表2-9-8 秦州区速效钾等级划分

甘肃省等级	二级	三级	四级	五级
速效钾(mg/kg)	250~300	200~250	150~200	100~150

二、秦州区耕地地力分析

以土壤图与土地利用现状图叠加形成评价单元,应用模糊综合评判方法,通过综合分析,将全区耕地地力共划分为五个等级,根据评价结果结合地理信息系统ArcGIS软件平台从县域总体、各等级的空间分布、各等级耕地的土地利用类型、土壤主要属性等角度对耕地地力进行了系统分析。

(一)耕地地力等级与分布

1.耕地地力等级面积统计

由耕地潜在地力评价模型所得出的秦州区耕地地力等级图,并以2007年土地变更调查数据为基准,按面积比例进行平差,统计得到秦州区各耕地地力等级面积。

秦州区耕地总面积为90700.79公顷,各等级耕地面积比例差异较大,三等地面积最大,占到了总耕地面积的45.24%;其次是四等地,占总耕地面积的27.29%;一等地面积最小,占总耕地面积的4.7%,具体数据见表2-9-9。

表 2-9-9 秦州区耕地地力评价结果面积统计

等级	一等地	二等地	三等地	四等地	五等地
评价单元数(个)	426	1187	2677	1396	382
面积(公顷)	4399.28	13442.92	41154.40	26157.76	5546.43
占总耕地面积(%)	4.85	14.82	45.37	28.84	6.12

2.耕地地力等级的行政区域划分

为了更好的分析秦州区耕地地力等级的空间分布情况，利用ArcGIS软件将得到的地力等级分布图与秦州区行政区划图(乡镇级)进行叠加，从属性库中按乡镇名称结合各等级耕地信息进行检索统计，得到各级耕地在各个乡镇的分布状况（表2-9-10值表2-9-14）。

统计结果表明：一等地只分布在太京镇、藉口镇、娘娘坝镇、华岐乡、大门乡、皂郊镇、关子镇、天水镇和玉泉镇9个乡镇，而其余7个乡镇没有一等地分布；二等地、三等地和四等地在全区16个乡镇均有分布，空间覆盖范围较大；五等地除大门乡、玉泉镇、太京镇和娘娘坝镇四个乡镇没有分布以外，其余12个乡镇均有分布。

由各等级耕地在不同乡镇所占比例来看，一等地面积比例较高的是太京镇、藉口镇、娘娘坝镇，分别占一等地面积的44.53%、32.47%和17.69%。华岐乡、大门乡、皂郊镇、关子镇、玉泉镇尽管也有一等地分布，但面积很小，占本级地面积比例均不到5%。

二等地面积比例较高的是娘娘坝镇和藉口镇，分别占二等地面积的24.93%和22.98%，太京镇和华岐乡的比例也较高，分别是14.29%和13.80%，其余各乡镇二等地面积均不到该等级总面积的10%。关子镇、天水镇、汪川镇和秦岭乡尽管也有二等地分布，但面积很小，甚至不超过二等地总面积的1%。

三等地面积比例较高的是牡丹镇、汪川镇、藉口镇和皂郊镇，占三等地面积比例分别是12.06%、11.08%、10.74%和10.51%，而其余各乡镇分布情况则属于零星分布，比例均达不到10%，中梁乡甚至不到1%，可见三等地面积分布范围很广。

四等地尽管在全区各乡镇均有分布，但分布较为分散，面积比例最高的是关子镇、杨家寺乡和皂郊镇，分别占四等地面积的15.33%、14.18%和11.94%。

五等地面积比例较高的是关子镇、皂郊镇和秦岭乡，比例分别为26.07%、23.3%和11.7%，其余各乡镇分布面积不大。

从各乡镇不同等级耕地所占本乡镇耕地面积比例来看，一等地中占本乡镇耕地比例最大的与占一等地面积比例的排序相当，也是太京镇、藉口镇和娘娘坝镇，比例分别是36.16%、13.44%和11.84%，说明这三个乡镇的一等地分布和比例均比较高；二等地中占本乡镇耕地面积比例较高的是娘娘坝镇和大门乡，分别为50.97%和44.87%；三等地中占本乡镇面积比例排序最高的是牡丹镇和平南镇，比例分别是75.58%和66.82%，而这两个乡镇均没有一等地的分布，说明这两个乡镇大多数耕地为三等地，另外，玉泉镇、汪川镇、华岐乡、大门乡和天水镇的三等地面积占本乡镇面积均在50%以上；四等地中占本乡镇面积比值分布不均，最高的是中梁乡为79.29%，其次是杨家寺乡为60.54%，关子镇和齐寿乡为比例也较大，均大于50%；五等地中占本乡镇比例最大的是皂郊镇，比例为53.04%，其次是关子镇，比例为20.01%，另外，中梁乡五等地占本乡镇比例也较高，为14.33%，其余各乡镇五等地没有或零星分布。

表 2-9-10　秦州区各乡镇一等地面积分布情况统计表

乡镇名称	评价单元数(个)	面积(公顷)	占本级耕地面积(%)	占本乡镇耕地面积(%)	占总耕地面积(%)
太京镇	219	1959.09	44.53	36.16	2.16
藉口镇	104	1428.25	32.47	13.44	1.575
娘娘坝镇	78	778.35	17.69	11.84	0.858
华岐乡	16	180.55	4.1	3.35	0.199
大门乡	4	43.34	0.99	1.38	0.048
皂郊镇	2	3.79	0.09	0.04	0.004
天水镇	1	2.84	0.06	0.04	0.003
关子镇	1	2.4	0.05	0.05	0.003
玉泉镇	1	0.67	0.02	0.03	0.001

表 2-9-11　秦州区各乡镇二等地面积分布情况统计表

乡名称	评价单元数(个)	面积(公顷)	占本级耕地面积(%)	占本乡镇耕地面积(%)	占总耕地面积(%)
娘娘坝镇	424	3351.87	24.93	50.97	3.7
藉口镇	176	3089.06	22.98	29.08	3.41
太京镇	190	1920.88	14.29	35.45	2.12
华岐乡	127	1854.5	13.8	34.44	2.04
大门乡	81	1408.23	10.48	44.87	1.55
玉泉镇	73	712.57	5.3	29.24	0.79
汪川镇	37	428.25	3.19	5.53	0.47
牡丹镇	35	306.15	2.28	4.66	0.34
平南镇	12	123.16	0.92	2.39	0.14
齐寿乡	3	89.56	0.67	2.74	0.1
中梁乡	6	41.03	0.31	1.17	0.05
秦岭乡	6	28.56	0.21	0.78	0.03
皂郊镇	1	26.31	0.2	0.3	0.03
天水镇	2	23.2	0.17	0.45	0.03
杨家寺乡	6	20.76	0.15	0.34	0.02
关子镇	8	18.83	0.14	0.26	0.02

表 2-9-12　秦州区各乡镇三等地面积分布情况统计表

乡名称	评价单元数（个）	面积（公顷）	占本级耕地面积（%）	占本乡镇耕地面积（%）	占总耕地面积（%）
牡丹镇	270	4962.56	12.06	75.58	5.47
汪川镇	217	4561.80	11.08	58.86	5.03
藉口镇	320	4418.46	10.74	41.59	4.87
皂郊镇	337	4325.43	10.51	49.31	4.77
平南镇	240	3440.79	8.36	66.82	3.79
华岐乡	112	3008.77	7.31	55.88	3.32
天水镇	150	2833.62	6.89	55.45	3.12
娘娘坝镇	252	2419.88	5.88	36.80	2.67
杨家寺乡	122	2025.75	4.92	33.07	2.23
关子镇	117	1748.42	4.25	24.20	1.93
大门乡	89	1681.22	4.09	53.56	1.85
秦岭乡	109	1534.66	3.73	42.17	1.69
太京镇	116	1461.58	3.55	26.98	1.61
玉泉镇	161	1351.72	3.28	55.48	1.49
齐寿乡	48	1196.41	2.91	36.56	1.32
中梁乡	17	183.33	0.45	5.22	0.20

表 2-9-13　秦州区各乡镇四等地面积分布情况统计表

乡名称	评价单元数（个）	面积（公顷）	占本级耕地面积（%）	占本乡镇耕地面积（%）	占总耕地面积（%）
关子镇	168	4008.87	15.33	55.49	4.42
杨家寺乡	180	3708.70	14.18	60.54	4.09
皂郊镇	244	3124.35	11.94	35.62	3.44
中梁乡	120	2785.30	10.65	79.29	3.07
汪川镇	137	2751.59	10.52	35.50	3.03
天水镇	135	1920.63	7.34	37.59	2.12

续表 2-9-13

乡名称	评价单元数（个）	面积(公顷)	占本级耕地面积(%)	占本乡镇耕地面积(%)	占总耕地面积(%)
齐寿乡	105	1859.55	7.11	56.82	2.05
藉口镇	50	1671.71	6.39	15.74	1.84
秦岭乡	74	1460.16	5.58	40.12	1.61
平南镇	82	1189.32	4.55	23.10	1.31
牡丹镇	48	1108.12	4.24	16.88	1.22
玉泉镇	27	371.60	1.42	15.25	0.41
华岐乡	8	89.37	0.34	1.66	0.10
太京镇	14	76.63	0.29	1.41	0.08
娘娘坝镇	2	25.87	0.10	0.39	0.03
大门乡	2	5.99	0.02	0.19	0.01

表 2-9-14　秦州区各乡镇五等地面积分布情况统计表

乡名称	评价单元数（个）	面积(公顷)	占本级耕地面积(%)	占本乡镇耕地面积(%)	占总耕地面积(%)
关子镇	89	1445.92	26.07	20.01	1.59
皂郊镇	123	1292.36	23.30	53.04	1.42
秦岭乡	23	616.09	11.11	7.02	0.68
中梁乡	47	503.33	9.07	14.33	0.55
平南镇	14	395.99	7.14	7.69	0.44
杨家寺乡	37	370.68	6.68	6.05	0.41
天水镇	21	330.07	5.95	6.46	0.36
华岐乡	5	251.07	4.53	4.66	0.28
牡丹镇	14	188.80	3.40	2.88	0.21
齐寿乡	5	127.05	2.29	1.20	0.14
藉口镇	2	15.95	0.29	0.44	0.02
汪川镇	2	9.12	0.16	0.12	0.01

(二)耕地地力等级分述

1.一等地的主要属性

秦州区一等地综合评价指数(IFI)＞0.7845,共426个评价单元,面积为4399.28公顷,占总耕地面积的4.85%。主要土地利用类型有菜地、水浇地、旱地梯田、川旱地、山旱地等。主要土壤类型为河黑淀土、白鸡粪土和河黄淀砂土。秦州区一等地主要分布在中藉河河谷川地、东南部河漫滩地及藉河川地两岸黄土丘陵沟壑区,地貌类型大部分河谷川地和河漫滩地,耕层质地主要是中壤。一等地≥10°积温均值为3440.98℃,平均年降水量572.2毫米,平均无霜期为165天,平均海拔1495.8米,平均坡度8.7°,平均有效土层厚度平均值为101cm,耕层土壤有机质平均含量为13.6g/kg,有效磷平均含量为13.08mg/kg,速效钾平均含量为179mg/kg,全氮平均含量为0.831g/kg,全磷平均含量为818mg/kg,全钾平均含量为21.9g/kg,碱解氮平均含量为57.5mg/kg,详见表2-9-15。

表2-9-15 秦州区各等级耕地主要指标平均值

指标	一等地	二等地	三等地	四等地	五等地
≥10°积温(℃)	3441	3262	2910	2676	2665
年降水量(mm)	572.2	608.5	622.7	626.4	610.5
无霜期(天)	165	161	160	154	156
海拔(m)	1495.8	1605.3	1682.4	1748.0	1712.3
坡度(°)	6.7	7.5	6.9	7.9	7.6
有效土层层厚度(cm)	101	95	92	90	78
有机质(g/kg)	13.6	13.8	13.3	13.0	12.5
有效磷(mg/kg)	13.1	13.1	11.9	11.0	10.0
速效钾(mg/kg)	179	187	188	188	184
全氮(g/kg)	0.831	0.833	0.832	0.831	0.826
全磷(mg/kg)	818	783	788	783	789
全钾(g/kg)	21.9	22.1	21.9	21.7	22.1
碱解氮((mg/kg))	57.5	58.7	58.6	58.2	56.0

2. 二等地的主要属性

秦州区二等地综合评价指数（IFI）在 0.7345~0.7845 之间，共 1187 个评价单元，耕地面积 13442.92 公顷，占总耕地面积的 14.82%，主要土地利用类型有菜地、水浇地、旱地梯田、川旱地、山旱地等。秦州区二等耕地主要土壤类型为白鸡粪土和红土，秦州区二等地主要地貌类型为黄土丘陵沟壑，耕层质地以中壤和砂壤为主。二等地≥10°积温均值为 3262℃，平均年降水量 608.5mm，无霜期平均为 161 天，平均海拔 1605.3m，平均坡度 7.5°，有效土层厚度为 94.8cm，耕层土壤有机质平均含量为 13.8g/kg，有效磷平均含量为 13.1mg/kg，速效钾平均含量为 187mg/kg，全氮平均含量为 0.833g/kg，全磷平均含量为 783mg/kg，全钾平均含量为 22.1g/kg，碱解氮平均含量为 58.7mg/kg，详见表 2-9-15。

3. 三等地的主要属性

秦州区三等地综合评价指数（IFI）在 0.6395~0.7345 之间，共 2677 个评价单元，耕地面积 41154.4 公顷，占总耕地面积的 45.37%，是秦州区耕地中面积和比例均最大的等级。主要土地利用类型是旱地，主要土壤类型为红土、白鸡粪土和麻鸡粪土，主要地貌类型为黄土丘陵沟壑，主要成土母质为黄土母质。三等地≥10°积温为 2910℃，年降水量 622.7 毫米，无霜期 160 天，海拔 1682.4 米，坡度 6.9°，有效土层厚度为 92cm，耕层土壤有机质含量为 13.3g/kg，有效磷含量为 11.9mg/kg，速效钾平均含量为 188mg/kg，全氮平均含量为 0.832g/kg，全磷平均含量为 788mg/kg，全钾平均含量为 21.9g/kg，碱解氮平均含量为 58.6mg/kg，详见表 2-9-15。

4. 四等地的主要属性

秦州区四等地综合评价指数（IFI）在 0.5846~0.6395 之间，共 1396 个评价单元，耕地面积 26157.76 公顷，占总耕地面积的 28.84%。四等地主要土地利用类型有山旱地、旱地梯田和川旱地。秦州区四等耕地主要土壤类型是黄鸡粪土、粗骨质山地棕壤和黑红土，主要地貌类型为石质山地，主要成土母质为黄土母质。四等地≥10°积温为 2676℃，年降水量 626.4 毫米，无霜期 154 天，海拔 1748.0 米，坡度 7.9°，有效土层厚度为 90cm，耕层土壤有机质含量为 13.0g/kg，有效磷含量为 11.0mg/kg，速效钾平均含量为 188mg/kg，全氮平均含量为 0.831g/kg，全磷平均含量为 783mg/kg，全钾平均含量为 21.7g/kg，碱解氮平均含量为 58.2mg/kg，详见表 2-9-15。

5. 五等地的主要属性

秦州区五等地综合评价指数（IFI）□0.5846，共 382 个评价单元，耕地面积 5546.43 公顷，占总耕地面积的 6.12%，比重较小。主要土地利用类型有山旱地、旱地梯田和川旱地。五等耕地主要土壤类型是黄鸡粪土和黑红土，主要地貌类型石质山地，成土母质主要为黄土母质和残积物母质。五等地≥10°积温为 2665℃，年降水量 610.5mm，无霜期 156

天,海拔1712.3m,坡度7.6°,有效土层厚度为78cm,耕层土壤有机质含量为12.5g/kg,有效磷含量为10.0mg/kg,速效钾平均含量为184mg/kg,全氮平均含量为0.826g/kg,全磷平均含量为789mg/kg,全钾平均含量为22.1g/kg,碱解氮平均含量为56.0mg/kg,详见表2-9-15。

第二节 麦积区耕地地力分析

一、麦积区耕层土壤属性

(一)主要土壤养分变化分析

1.土壤全量养分变化

将2007年测土配方施肥土样测试结果与第二次土壤普查报告中土壤全量养分指标进行对比,得到麦积区土壤全量养分变化表(表2-9-16)。

表2-9-16 麦积区土壤全量养分变化表

土壤全量养分	第二次土壤普查	本次采样	变化值	变化率(%)
有机质(g/kg)	14.86	12.88	-1.98	-13.32
全氮(g/kg)	1.17	0.91	-0.26	-22.22
全磷(g/kg)	1.27	0.76	-0.51	-40.16
全钾(g/kg)	12.72	20.84	8.12	63.84

由表2-9-16分析可知:采样比较的四种全量养分中,耕层土壤有机质含量目前的平均水平为12.88g/kg,与第二次土壤普查相比,有机质含量明显降低,平均降低1.98g/kg,变化率为-13.32%;全氮由第二次土壤普查的1.17g/kg,变化到目前的0.91,平均降低0.26g/kg,相对变化率较大,为-22.22%;全磷目前的平均含量为0.76g/kg,第二次土壤普查值为1.27g/kg,平均降低0.51g/kg,尽管变化值小,但变化率却很高,达到-40.16%;全钾平均含量由第二次土壤普查的12.72g/kg,变化为目前的20.84g/kg,平均增加8.12g/kg,变化率为63.84%,是四种全量养分中唯一增加的,且变化率最高。

2.土壤速效养分变化

将2007年测土配方施肥土样测试结果与第二次土壤普查报告中土壤速效养分指标进行对比,得到麦积区土壤速效养分变化(表2-9-17)。

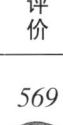

表 2-9-17　麦积区土壤速效养分变化表

土壤养分	第二次土壤普查	本次采样	变化值	变化率(%)
碱解氮(mg/kg)	39.43	76.86	37.43	94.93
有效磷(mg/kg)	7.18	11.42	4.24	59.05
速效钾(mg/kg)	87.36	178.93	91.57	104.82

由表 2-9-17 可知:在统计的耕层土壤碱解氮、有效磷和速效钾三种速效养分中,碱解氮的平均变化较大,由第二次土壤普查的 39.43mg/kg 增至目前的 76.86mg/kg,平均增加 37.43mg/kg,变化率高达 94.93.18%;有效磷由第二次土壤普查的 7.18mg/kg,增加到 11.42mg/kg,增加值为 4.24mg/kg,变化率达到 59.05%;速效钾第二次土壤普查值为 87.36mg/kg,目前值为 178.93mg/kg,平均增加 91.57mg/kg,变化率为 104.82%,是变化率最大的速效养分。

(二)主要土壤养分空间分布

基于麦积区耕地地力评价采样点实际测量数据,利用 ArcGIS 软件平台,结合普通 Kriging 插值法,获得麦积区土壤有机质、有效磷、速效钾、碱解氮等养分含量的各等级分布图,从中可以探究麦积区主要土壤养分含量的空间分布状况。

1.耕层土壤有机质分布

麦积区土壤有机质分布的空间特征是,全区土壤有机质含量呈现明显的不均衡性,东南部、中部部分地区土壤有机质含量较高,而北部和西南大部分地区土壤有机质含量较低,但地带性不明显。山区、林区较川、沟谷地区含量高。从乡镇分布来看东南部娘娘坝镇、中部华岐乡的有机质含量最高,这两个乡镇的大部分地区有机质含量达到 14g/kg 以上;皂郊镇西部、关子镇东部及齐寿乡东南部也有大面积有机质含量大于 14g/kg 的地区,其余各乡镇虽然也有部分有机质含量较高,但面积都很小。

根据甘肃省养分分级标准(主要养分)(表 2-9-18),按照麦积区有机质含量由低到高对应甘肃省有机质含量为五级和六级(表 2-9-19)。可见麦积区土壤有机质含量虽然差异不大,但含量普遍较低,属于有机质贫乏地区。

表 2-9-18　甘肃省养分分级标准(主要养分)表

	一级	二级	三级	四级	五级	六级	七级
有机质(g/kg)	>30	30.0~25.0	25.0~20.0	20.0~15.0	15.0~10.0	10.0~6.0	≤6.0
速效钾(mg/kg)	>300	250~300	200~250	150~200	100~150	50~100	≤50
碱解氮(mg/kg)	>300	250~300	200~250	150~200	100~150	50~100	≤50
有效磷(mg/kg)	>40.0	40.0~30.0	30.0~20.0	20.0~15.0	15.0~10.0	10.0~5.0	≤5.0

表 2-9-19 麦积区有机质等级划分表

甘肃省等级	五级	六级
有机质(g/kg)	15.0~10.0	10.0~6.0

2.耕层土壤全氮分布

麦积区土壤有效磷含量普遍较低，基本上处于 0.783~0.872g/kg 水平段中。含量最高的地区主要是皂郊镇北部，全氮含量处于 0.845~0.872g/kg 之间。另外，藉口镇东部、华岐乡、平南镇大部分地区的全氮含量也较高，处于 0.835~0.872g/kg 之间，而东南和西北大部分地区土壤全氮含量都比较低，处于 0.783~0.826g/kg 之间。

根据甘肃省养分分级标准（表 2-9-18），对应甘肃省全氮含量为五级和六级（表 2-9-20）。可见麦积区属于全氮缺乏地区，全氮含量低但变幅不大。

表 2-9-20 麦积区有效磷等级划分表

甘肃省等级	五级	六级
全氮(g/kg)	1.0~0.75	0.75~0.5

3.耕层土壤碱解氮分布

麦积区土壤碱解氮含量普遍较低，一半以上地区处于 37.3~50.9mg/kg 之间。含量最高的地区主要是皂郊镇、平南镇北部，以及藉口镇东南部，碱解氮含量处于 66~81.9mg/kg 之间，另外牡丹镇西南部、玉泉镇南部碱解氮含量也较高。

根据甘肃省养分分级标准(主要养分)（表 2-9-18），将麦积区碱解氮含量由低到高分成两个等级，对应甘肃省碱解氮含量六级和七级，属于比较低的水平（表 2-9-21）。由此可见，麦积区耕层碱解氮含量普遍很低，属于碱解氮缺乏地区。

表 2-9-21 麦积区碱解氮等级划分

甘肃省等级	六级	七级
碱解氮(mg/kg)	50~100	≤50

4.耕层土壤有效磷分布

麦积区土壤有效磷含量属于中等情况，大部分处于 10.8~18.7mg/kg 之间。含量最高的地区主要是娘娘坝镇和华岐乡大部分地区，藉口镇东北部、关子镇西部的有效磷含量处于 14.0~18.7mg/kg 之间；土壤有效磷含量最低地区主要分布在皂郊镇东部、汪川镇大部分地区、大门乡中南部、牡丹镇中东部等地，耕层土壤有效磷含量小于 10.8mg/kg。

根据甘肃省养分分级标准（表 2-9-18），将麦积区有效磷含量由低到高分成四个等级，分别对应甘肃省有效磷含量四、五、六、七四个等级（表 2-9-22）。由此可见，麦积区耕层有效磷含量普遍属于中等，没有极低值，属于有效磷的适量地区。

表 2-9-22　麦积区有效磷等级划分

甘肃省等级	四级	五级	六级	七级
有效磷(mg/kg)	20.0~15.0	15.0~10.0	10.0~5.0	≤5.0

5.耕层土壤速效钾分布

麦积区土壤速效钾含量属于中等情况,大部分处于 120~203mg/kg 之间。含量最高的地区主要是娘娘坝镇、皂郊镇北部、牡丹镇西南部和杨家寺东部,这些地区速效钾含量处于 203~277mg/kg 之间。土壤速效钾含量最低的地区主要分布在麦积区北部乡镇、大门乡大部分地区以及汪川镇中部,另外其他各乡镇有零星分布,这些地区耕层土壤速效钾含量小于 165mg/kg。

根据甘肃省养分分级标准(表 2-9-18),将麦积区速效钾含量由低到高分成四个等级,分别对应甘肃省速效钾含量二、三、四、五等级(表 2-9-23)。由此可见,麦积区耕层速效钾含量普遍属于中高水平,没有极低值。

表 2-9-23　麦积区速效钾等级划分

甘肃省等级	二级	三级	四级	五级
速效钾(mg/kg)	250~300	200~250	150~200	100~150

二、麦积区耕地地力分析

以土壤图与土地利用现状图叠加形成评价单元,应用模糊综合评判方法,通过综合分析,将全区耕地地力共划分为五个等级,根据评价结果结合 ArcGIS 软件平台,从县域总体、各等级的空间分布、各等级耕地的土地利用类型、土壤主要属性等角度对耕地地力进行了系统分析。

(一)耕地地力等级与分布

1.耕地地力等级面积统计

由耕地潜在地力评价模型所得出的麦积区耕地地力等级图,并以 2007 年土地变更调查数据为基准,按面积比例进行平差,统计得到麦积区各耕地地力等级面积。

麦积区耕地总面积为 90700.8 公顷,各等级耕地面积比例差异较大,三等地面积最大,占到了总耕地面积的 45.37%;其次是四等地,占总耕地面积的 28.84%;一等地面积最小,占总耕地面积的 4.85%,具体数据见表 2-9-24。

表 2-9-24 麦积区耕地地力评价结果面积统计

等级	一等地	二等地	三等地	四等地	五等地
评价单元数(个)	426	1187	2677	1396	382
面积(公顷)	4399.28	13442.92	41154.40	26157.76	5546.43
占总耕地面积(%)	4.85	14.82	45.37	28.84	6.12

2.耕地地力等级的行政区域划分

为了更好的分析麦积区耕地地力等级的空间分布情况，利用ArcGIS软件将得到的地力等级分布图与麦积区行政区划图(乡镇级)进行叠加,从属性库中按乡镇名称结合各等级耕地信息进行检索统计，得到各级耕地在各个乡镇的分布状况（表2-9-25至表2-9-29）。

统计结果表明：一等地只分布在太京镇、糟口镇、娘娘坝镇、华岐乡、大门乡、皂郊镇、关子镇、天水镇和玉泉镇等9个乡镇,而其余7个乡镇没有一等地分布;二等地、三等地和四等地在全区16个乡镇均有分布,空间覆盖范围较大;五等地除大门乡、玉泉镇、太京镇和娘娘坝镇4个乡镇没有分布以外,其余12个乡镇均有分布。

由各等级耕地在不同乡镇所占比例来看,一等地面积比例较高的是太京镇、糟口镇、娘娘坝镇,分别占一等地面积的44.53%、32.47%和17.69%。华岐乡、大门乡、皂郊镇、关子镇、玉泉镇尽管也有一等地分布,但面积很小,占本级地面积比例均不到5%。

二等地面积比例较高的是娘娘坝镇和糟口镇，分别占二等地面积的24.93%和22.98%,太京镇和华岐乡的比例也较高,分别是14.29%和13.80%,其余各乡镇二等地面积均不到该等级总面积的10%。关子镇、天水镇、汪川镇和秦岭乡尽管也有二等地分布,但面积很小,甚至不超过二等地总面积的1%。

三等地面积比例较高的是牡丹镇、汪川镇、糟口镇和皂郊镇,占三等地面积比例分别是12.06%、11.08%、10.74%和10.51%,而其余各乡镇分布情况则属于零星分布,比例均达不到10%,中梁乡甚至不到1%,可见三等地面积分布范围很广。

四等地尽管在全区各乡镇均有分布,但分布较为分散,面积比例最高的是关子镇、杨家寺乡和皂郊镇,分别占四等地面积的15.33%、14.18%和11.94%。

五等地面积比例较高的是关子镇、皂郊镇和秦岭乡，比例分别为26.07%、23.3%和11.7%,其余各乡镇分布面积不大。

从各乡镇不同等级耕地所占本乡镇耕地面积比例来看,一等地中占本乡镇耕地比例最大的与占一等地面积比例的排序相当,也是太京镇、糟口镇和娘娘坝镇,比例分别是36.16%、13.44%和11.84%,说明这三个乡镇的一等地分布和比例均比较高;二等地中占本乡镇耕地面积比例较高的是娘娘坝镇和大门乡,分别为50.97%和44.87%;三等地中占本乡镇面积比例排序最高的是牡丹镇和平南镇,比例分别是75.58%和66.82%,而这两个乡镇均没有一等地的分布,说明这两个乡镇大多数耕地为三等地,另外,玉泉镇、汪川镇、华岐乡、大门乡和天水镇的三等地面积占本乡镇面积均在50%以上;四等地中占本乡镇面积比值分布不均,最高的是中梁乡为79.29%,其次是杨家寺乡为60.54%,关子镇和齐寿乡为比例也较大,均大于50%;五等地中占本乡镇比例最大的是皂郊镇,比例为53.04%,其次是关子镇,比例为20.01%,另外,中梁乡五等地占本乡镇比例也较高,为14.33%,其余各乡镇没有五等地或有零星分布。

表 2-9-25 麦积区各乡镇一等地面积分布情况统计表

乡镇名称	评价单元数(个)	面积(公顷)	占本级耕地面积(%)	占本乡镇耕地面积(%)	占总耕地面积(%)
太京镇	219	1959.09	44.53	36.16	2.16
藉口镇	104	1428.25	32.47	13.44	1.575
娘娘坝镇	78	778.35	17.69	11.84	0.858
华岐乡	16	180.55	4.1	3.35	0.199
大门乡	4	43.34	0.99	1.38	0.048
皂郊镇	2	3.79	0.09	0.04	0.004
天水镇	1	2.84	0.06	0.04	0.003
关子镇	1	2.4	0.05	0.05	0.003
玉泉镇	1	0.67	0.02	0.03	0.001

表 2-9-26 麦积区各乡镇二等地面积分布情况统计表

乡名称	评价单元数(个)	面积(公顷)	占本级耕地面积(%)	占本乡镇耕地面积(%)	占总耕地面积(%)
娘娘坝镇	424	3351.87	24.93	50.97	3.7
藉口镇	176	3089.06	22.98	29.08	3.41
太京镇	190	1920.88	14.29	35.45	2.12
华岐乡	127	1854.5	13.8	34.44	2.04
大门乡	81	1408.23	10.48	44.87	1.55
玉泉镇	73	712.57	5.3	29.24	0.79

续表 2-9-26

乡名称	评价单元数（个）	面积(公顷)	占本级耕地面积(%)	占本乡镇耕地面积(%)	占总耕地面积(%)
汪川镇	37	428.25	3.19	5.53	0.47
牡丹镇	35	306.15	2.28	4.66	0.34
平南镇	12	123.16	0.92	2.39	0.14
齐寿乡	3	89.56	0.67	2.74	0.1
中梁乡	6	41.03	0.31	1.17	0.05
秦岭乡	6	28.56	0.21	0.78	0.03
皂郊镇	1	26.31	0.2	0.3	0.03
天水镇	2	23.2	0.17	0.45	0.03
杨家寺乡	6	20.76	0.15	0.34	0.02
关子镇	8	18.83	0.14	0.26	0.02

表 2-9-27 麦积区各乡镇三等地面积分布情况统计表

乡名称	评价单元数（个）	面积(公顷)	占本级耕地面积(%)	占本乡镇耕地面积(%)	占总耕地面积(%)
牡丹镇	270	4962.56	12.06	75.58	5.47
汪川镇	217	4561.80	11.08	58.86	5.03
藉口镇	320	4418.46	10.74	41.59	4.87
皂郊镇	337	4325.43	10.51	49.31	4.77
平南镇	240	3440.79	8.36	66.82	3.79
华岐乡	112	3008.77	7.31	55.88	3.32
天水镇	150	2833.62	6.89	55.45	3.12
娘娘坝镇	252	2419.88	5.88	36.80	2.67
杨家寺乡	122	2025.75	4.92	33.07	2.23
关子镇	117	1748.42	4.25	24.20	1.93
大门乡	89	1681.22	4.09	53.56	1.85
秦岭乡	109	1534.66	3.73	42.17	1.69
太京镇	116	1461.58	3.55	26.98	1.61
玉泉镇	161	1351.72	3.28	55.48	1.49
齐寿乡	48	1196.41	2.91	36.56	1.32
中梁乡	17	183.33	0.45	5.22	0.20

表 2-9-28　麦积区各乡镇四等地面积分布情况统计表

乡名称	评价单元数（个）	面积（公顷）	占本级耕地面积（%）	占本乡镇耕地面积（%）	占总耕地面积（%）
关子镇	168	4008.87	15.33	55.49	4.42
杨家寺乡	180	3708.70	14.18	60.54	4.09
皂郊镇	244	3124.35	11.94	35.62	3.44
中梁乡	120	2785.30	10.65	79.29	3.07
汪川镇	137	2751.59	10.52	35.50	3.03
天水镇	135	1920.63	7.34	37.59	2.12
齐寿乡	105	1859.55	7.11	56.82	2.05
藉口镇	50	1671.71	6.39	15.74	1.84
秦岭乡	74	1460.16	5.58	40.12	1.61
平南镇	82	1189.32	4.55	23.10	1.31
牡丹镇	48	1108.12	4.24	16.88	1.22
玉泉镇	27	371.60	1.42	15.25	0.41
华岐乡	8	89.37	0.34	1.66	0.10
太京镇	14	76.63	0.29	1.41	0.08
娘娘坝镇	2	25.87	0.10	0.39	0.03
大门乡	2	5.99	0.02	0.19	0.01

表 2-9-29　麦积区各乡镇五等地面积分布情况统计表

乡名称	评价单元数（个）	面积（公顷）	占本级耕地面积（%）	占本乡镇耕地面积（%）	占总耕地面积（%）
关子镇	89	1445.92	26.07	20.01	1.59
皂郊镇	123	1292.36	23.30	53.04	1.42
秦岭乡	23	616.09	11.11	7.02	0.68
中梁乡	47	503.33	9.07	14.33	0.55
平南镇	14	395.99	7.14	7.69	0.44
杨家寺乡	37	370.68	6.68	6.05	0.41
天水镇	21	330.07	5.95	6.46	0.36
华岐乡	5	251.07	4.53	4.66	0.28
牡丹镇	14	188.80	3.40	2.88	0.21
齐寿乡	5	127.05	2.29	1.20	0.14
藉口镇	2	15.95	0.29	0.44	0.02
汪川镇	2	9.12	0.16	0.12	0.01

（二）耕地地力等级分述

1. 一等地的主要属性

麦积区一等地综合评价指数（IFI）大于0.7845，共426个评价单元，面积为4399.28公顷，占总耕地面积的4.85%。主要土地利用类型有菜地、水浇地、旱地梯田、川旱地、山旱地等。主要土壤类型为河黑淀土、白鸡粪土和河黄淀砂土。麦积区一等地主要分布在中藉河河谷川地、东南部河漫滩地及藉河川地两岸黄土丘陵沟壑区，地貌类型大部分河谷川地和河漫滩地，耕层质地主要是中壤。一等地≥10°积温均值为3440.98℃，平均年降水量572.2mm，平均无霜期为165天，平均海拔1495.8m，平均坡度8.7°，平均有效土层厚度平均值为101cm，耕层土壤有机质平均含量为13.6g/kg，有效磷平均含量为13.08mg/kg，速效钾平均含量为179mg/kg，全氮平均含量为0.831g/kg，全磷平均含量为818mg/kg，全钾平均含量为21.9g/kg，碱解氮平均含量为57.5mg/kg，详见表2-9-30。

2. 二等地的主要属性

麦积区二等地综合评价指数（IFI）在0.7345～0.7845之间，共1187个评价单元，耕地面积13442.92公顷，占总耕地面积的14.82%，主要土地利用类型有菜地、水浇地、旱地梯田、川旱地、山旱地等。麦积区二等耕地主要土壤类型为白鸡粪土和红土，麦积区二等地主要地貌类型为黄土丘陵沟壑，耕层质地以中壤和砂壤为主。二等地≥10°积温均值为3262℃，平均年降水量608.5mm，无霜期平均为161天，平均海拔1605.3m，平均坡度7.5°，有效土层厚度为94.8cm，耕层土壤有机质平均含量为13.8g/kg，有效磷平均含量为13.1mg/kg，速效钾平均含量为187mg/kg，全氮平均含量为0.833g/kg，全磷平均含量为783mg/kg，全钾平均含量为22.1g/kg，碱解氮平均含量为58.7mg/kg，详见表2-9-32。

3. 三等地的主要属性

麦积区三等地综合评价指数（IFI）在0.6395～0.7345之间，共2677个评价单元，耕地面积41154.4公顷，占总耕地面积的45.37%，是麦积区耕地中面积和比例均最大的等级。主要土地利用类型是旱地，主要土壤类型为红土、白鸡粪土和麻鸡粪土，主要地貌类型为黄土丘陵沟壑，主要成土母质为黄土母质。三等地≥10°积温为2910℃，年降水量622.7mm，无霜期160天，海拔1682.4m，坡度6.9°，有效土层厚度为92cm，耕层土壤有机质含量为13.3g/kg，有效磷含量为11.9mg/kg，速效钾平均含量为188mg/kg，全氮平均含量为0.832g/kg，全磷平均含量为788mg/kg，全钾平均含量为21.9g/kg，碱解氮平均含量为58.6mg/kg，详见表2-9-30。

4. 四等地的主要属性

麦积区四等地综合评价指数（IFI）在0.5846～0.6395之间，共1396个评价单元，耕地面积26157.76公顷，占总耕地面积的28.84%。四等地主要土地利用类型有山旱地、旱地梯田和川旱地。麦积区四等耕地主要土壤类型是黄鸡粪土、粗骨质山地棕壤和黑红土,主要地貌类型为石质山地,主要成土母质为黄土母质。四等地≥10° 积温为2676℃,年降水量626.4mm,无霜期154天,海拔1748.0m,坡度7.9°,有效土层厚度为90cm,耕层土壤有机质含量为13.0g/kg,有效磷含量为11.0mg/kg,速效钾平均含量为188mg/kg,全氮平均含量为0.831g/kg,全磷平均含量为783mg/kg,全钾平均含量为21.7g/kg,碱解氮平均含量为58.2mg/kg,详见表2-9-30。

5.五等地的主要属性

麦积区五等地综合评价指数(IFI)小于0.5846,共382个评价单元,耕地面积5546.43公顷,占总耕地面积的6.12%,比重较小。主要土地利用类型有山旱地、旱地梯田和川旱地。五等耕地主要土壤类型是黄鸡粪土和黑红土,主要地貌类型石质山地,成土母质主要为黄土母质和残积物母质。五等地≥10° 积温为2665℃,年降水量610.5mm,无霜期156天,海拔1712.3m,坡度7.6°,有效土层厚度为78cm,耕层土壤有机质含量为12.5g/kg,有效磷含量为10.0mg/kg,速效钾平均含量为184mg/kg,全氮平均含量为0.826g/kg,全磷平均含量为789mg/kg,全钾平均含量为22.1g/kg,碱解氮平均含量为56.0mg/kg,详见表2-9-30。

表2-9-30 麦积区各等级耕地主要指标平均值

指标	一等地	二等地	三等地	四等地	五等地
≥10° 积温(℃)	3441	3262	2910	2676	2665
年降水量(mm)	572.2	608.5	622.7	626.4	610.5
无霜期(天)	165	161	160	154	156
海拔(m)	1495.8	1605.3	1682.4	1748.0	1712.3
坡度(°)	6.7	7.5	6.9	7.9	7.6
有效土层厚度(cm)	101	95	92	90	78
有机质(g/kg)	13.6	13.8	13.3	13.0	12.5
有效磷(mg/kg)	13.1	13.1	11.9	11.0	10.0
速效钾(mg/kg)	179	187	188	188	184
全氮(g/kg)	0.831	0.833	0.832	0.831	0.826
全磷(mg/kg)	818	783	788	783	789
全钾(g/kg)	21.9	22.1	21.9	21.7	22.1
碱解氮((mg/kg))	57.5	58.7	58.6	58.2	56.0

第三节　清水县耕地地力分析

一、清水县耕层土壤属性

(一)主要土壤养分变化分析

1.土壤全量养分变化

将2008年测土配方施肥土样测试结果与第二次土壤普查报告中土壤全量养分指标进行对比,得到清水县土壤全量养分变化表(表2-9-31)。

表2-9-31　清水县土壤全量养分变化表

土壤全量养分	第二次土壤普查	2008测土配方施肥	变化值
有机质(g/kg)	11.8	12.7	0.9
全氮(g/kg)	0.86	0.71	−0.15

由表2-9-31分析可知:耕层土壤有机质含量目前的平均水平为11.8g/kg,与第二次土壤普查相比,有机质含量明显增加,平均增加了0.9g/kg;全氮由第二次土壤普查的0.86g/kg降低到目前的0.71g/kg,平均降低0.15g/kg,相对变化较大。

2.土壤速效养分变化

将2008年测土配方施肥土样测试结果与第二次土壤普查报告中土壤速效养分指标进行对比,得到清水县土壤速效养分变化(表2-9-32)。

表2-9-32　清水县土壤速效养分变化表

速效养分	第二次土壤普查	2008测土配方施肥	变化值
有效磷(mg/kg)	6.00	7.9	1.9
速效钾(mg/kg)	184	165	−19

由表2-9-32可知:在统计的耕层土壤速效磷和速效钾两种速效养分中,有效磷由第二次土壤普查的6.00mg/kg,增加到7.9mg/kg,平均增加了1.9mg/kg,在土壤养分中变化最大;速效钾第二次土壤普查值为184mg/kg,目前值为165mg/kg,平均增加19mg/kg。

(二)主要土壤养分空间分布

基于清水县耕地地力评价采样点实际测量数据,利用ArcGIS软件平台,结合普通Kriging插值法,获得清水县土壤有机质、有效磷、速效钾、碱解氮等养分含量的各等级分布图,从中可以探究清水县主要土壤养分含量的空间分布状况。

1. 耕层土壤有机质分布

清水县土壤有机质含量分布为,西部较低,东部相对有机质含量较高。

根据甘肃省养分分级标准(主要养分)(表2-9-33),按照清水县有机质含量由低到高对应甘肃省有机质含量等级为四级、五级、六级(表2-9-34)。

表2-9-33 甘肃省养分分级标准(主要养分)表

	一级	二级	三级	四级	五级	六级	七级
有机质(g/kg)	>30	30.0~25.0	25.0~20.0	20.0~15.0	15.0~10.0	10.0~6.0	≤6.0
速效钾(mg/kg)	>300	250~300	200~250	150~200	100~150	50~100	≤50
碱解氮(mg/kg)	>300	250~300	200~250	150~200	100~150	50~100	≤50
有效磷(mg/kg)	>40.0	40.0~30.0	30.0~20.0	20.0~15.0	15.0~10.0	10.0~5.0	≤5.0

表2-9-34 清水县有机质等级划分表

甘肃省等级	四级	五级	六级
有机质(g/kg)	20.00~15.00	15.00~10.00	10.00~6.00

2. 耕层土壤全氮分布

清水县土壤缓效钾空间分布情况为,远门乡的土壤缓效钾含量最高,全乡面积普遍大于1200mg/kg,部分地区在1000mg/kg以下。对照甘肃省养分分级标准(表2-9-35),清水县土壤缓效钾含量分别对应甘肃省的一至三级。

表2-9-35 清水县有效磷等级划分

甘肃省等级	五级	六级	七级
全氮(g/kg)	1.00~0.75	0.75~0.50	≤0.50

3. 耕层土壤有效磷分布

清水县土壤有效磷含量差异较大,含量最高且面积较大的乡镇有黄门乡和永清镇,有效磷含量处于10.00mg/kg之上,另外红堡镇和松树乡的部分地区有效磷含量也较高。

根据甘肃省养分分级标准(表2-9-33),将清水县有效磷含量由低到高分成一至五级,对应甘肃省有效磷含量为五级和六级(表2-9-36)。可见清水县有效磷含量普遍低,属于有效磷缺乏地区。

表2-9-36 清水县有效磷等级划分

甘肃省等级	五级	六级
有效磷(mg/kg)	15.0~10.0	10.0~5.0

4. 耕层土壤速效钾分布

耕层土壤速效钾在清水县分布含量最小的是中部地区。含量面积最大的是东部边缘地区和北部边缘地区。

对照甘肃省养分分级标准(表2-9-33),清水县土壤速效钾含量分别对应甘肃省的三级和四级(表2-9-337)。三级速效钾区域面积大概达到全县面积的五分之三,由此可见清水县土壤富含速效钾,但对于喜钾作物和灌区,不应该忽视施用钾肥。

表2-9-37 清水县速效钾等级划分

甘肃省等级	三级	四级
速效钾(mg/kg)	200~250	150~200

二、清水县耕地地力分析

以土壤图与土地利用现状图叠加形成评价单元,应用模糊综合评判方法,通过综合分析,将全县耕地地力共划分为五个等级,根据评价结果结合地理信息系统ArcGIS软件平台从县域总体、各等级的空间分布、各等级耕地的土地利用类型、土壤主要属性等角度对耕地地力进行了系统分析。

(一)耕地地力等级与分布

1.耕地地力等级面积统计

由耕地潜在地力评价模型所得出的清水县耕地地力等级图,并以2007年土地变更调查数据为基准,按面积比例进行平差,统计得到清水县各耕地地力等级面积。

清水县耕地总面积为83572.31公顷,各等级耕地面积比例差异较大,四等地面积最大,占到了总耕地面积的46.4%;其次是三等地,占到总耕地面积的31.0%;一等地面积最小,占总耕地面积的3.6%,具体数据见表2-9-38。

表2-9-38 清水县耕地地力评价结果面积统计

等级	一等地	二等地	三等地	四等地	五等地
面积(公顷)	2986.73	9294.01	25942.92	38808.09	6540.56
占总耕地面积(%)	3.6	11.1	31.0	46.4	7.8

2.耕地地力等级的行政区域划分

为了更好的分析清水县耕地地力等级的空间分布情况,利用ArcGIS软件将得到的地力等级分布图与清水县行政区划图(乡镇级)进行叠加,从属性库中按乡镇权属检索统计得各级耕地在各个乡镇的分布状况(表2-9-39至2-9-43)。

统计结果表明:

一等地主要分布在牛头河及其支流沿岸的永清镇、红堡镇、白沙乡、黄门乡、新城乡、白驼乡及金集镇、贾川乡、郭川乡的一部分,地势平坦,耕作历史悠久,土壤熟化度高,质地适中，通透性良好，保水、保肥，占全县耕地总面积的3.6%。

二等地分布于牛头河沿岸的白沙乡、永清镇、红堡镇等地，对农作物生长基本无限制因素，潜在肥力较高。主要土壤类型有河淀黄砂土、洪淀黄土、黑鸡粪土等，面积9294.01公顷，占全县耕地总面积的11.1%。

三等地主要分布在全县18个乡镇的海拔较高、土壤有效土层厚度较浅、耕层养分较低的地方，对农作物生长有一定限制，潜在肥力较差，土壤肥力中等。土壤类型主要有白鸡粪土、黑黄绵土、麻鸡粪土等。面积25942.92公顷，占全县耕地总面积的31%。

四等地主要分布在18个乡镇的海拔较高、坡度大的地方，水土流失严重，熟化层薄，熟化度低，土壤较黏重，僵板现象严重，保水保肥性差。土壤类型包括黄鸡粪土、黄土、黑黄土、黄红土、红土、板土、青土等。面积38808.09公顷，占全县耕地总面积的16.4%。

五等地主要分布在地貌类型是陇东山地的地方，海拔高，气温低，土性凉，土壤供肥性差，土层薄，保水保肥性差，养分贫瘠。质地多为黏土或沙壤土。影响土壤水、气、热的协调和作物根系的发育。土壤类型主要有河淀砂砾土、薄层棕黄砂土、薄层棕黄砂砾土、薄层潮棕黄土、薄层黑黄砂土、薄层黑红土。面积6540.56公顷，占全县总耕地面积的7.8%。

表2-9-39 清水县各乡镇一等地面积分布情况统计表

乡镇名称	面积(公顷)	占本级耕地面积(%)	占本乡镇耕地面积(%)
白沙乡	285.96	9.57	5.12
白驼镇	223.03	7.47	3.63
草川铺乡	55	1.84	1.23
丰望乡	116.31	3.89	3.36
郭川乡	115.24	3.86	2.79
红堡镇	674.93	22.60	10.68
黄门乡	153.25	5.13	3.06
贾川乡	65	2.18	2.23
金集镇	54.94	1.84	1.10
陇东乡	32.07	1.07	0.70
秦亭镇	51.5	1.72	0.75
松树乡	0.66	0.02	0.02
土门乡	87.79	2.94	2.40
王河乡	53.93	1.81	1.40
新城乡	154.29	5.17	3.20
永清镇	852.73	28.55	13.37
远门乡	10.1	0.34	0.32

表 2-9-40　清水县各乡镇二等地面积分布情况统计表

乡镇名称	面积(公顷)	占本级耕地面积(%)	占本乡镇耕地面积(%)
白沙乡	528.08	5.68	9.45
白驼镇	235.77	2.54	3.83
草川铺乡	338.56	3.64	7.58
丰望乡	875.69	9.42	25.30
郭川乡	342.35	3.68	8.30
红堡镇	1277.98	13.75	20.22
黄门乡	1112.38	11.97	22.20
贾川乡	462.2	4.97	15.89
金集镇	762.84	8.21	15.20
陇东乡	296.13	3.19	6.47
秦亭镇	38.24	0.41	0.56
山门镇	1.6	0.02	0.04
松树乡	295.67	3.18	8.65
土门乡	404.62	4.35	11.08
王河乡	261.71	2.82	6.81
新城乡	721.63	7.76	14.96
永清镇	1147.77	12.35	18.00
远门乡	10.1	0.11	0.32

表 2-9-41　清水县各乡镇三等地面积分布情况统计表

乡镇名称	面积(公顷)	占本级耕地面积(%)	占本乡镇耕地面积(%)
白沙乡	1693.58	6.53	30.31
白驼镇	1739.7	6.71	28.30
草川铺乡	1463.27	5.64	32.74
丰望乡	1204.59	4.64	34.81
郭川乡	1781.89	6.87	43.18
红堡镇	2180.29	8.40	34.50
黄门乡	2030.13	7.83	40.51
贾川乡	1072.8	4.14	36.87
金集镇	2163.27	8.34	43.12

续表 2-9-41

乡镇名称	面积(公顷)	占本级耕地面积(%)	占本乡镇耕地面积(%)
陇东乡	867.65	3.34	18.96
秦亭镇	321	1.24	4.66
山门镇	15.27	0.06	0.41
松树乡	1924.54	7.42	56.30
土门乡	1227.34	4.73	33.60
王河乡	1274.09	4.91	33.13
新城乡	1991.48	7.68	41.28
永清镇	2213.42	8.53	34.71
远门乡	778.61	3.00	24.51

表 2-9-42 清水县各乡镇四等地面积分布情况统计表

乡镇名称	面积(公顷)	占本级耕地面积(%)	占本乡镇耕地面积(%)
白沙乡	2875.65	7.41	51.46
白驼镇	3704.09	9.54	60.25
草川铺乡	2565.45	6.61	57.41
丰望乡	1219.71	3.14	35.24
郭川乡	1875.02	4.83	45.44
红堡镇	2163.16	5.57	34.23
黄门乡	1690.47	4.36	33.73
贾川乡	1189.45	3.06	40.88
金集镇	1964.94	5.06	39.16
陇东乡	3137.69	8.09	68.56
秦亭镇	3909.12	10.07	56.78
山门镇	1159.94	2.99	30.81
松树乡	1196.29	3.08	35.00
土门乡	1883.82	4.85	51.57
王河乡	2247.46	5.79	58.44
新城乡	1903.65	4.91	39.46
永清镇	1989.59	5.13	31.20
远门乡	2132.59	5.50	67.14

表 2-9-43 清水县各乡镇五等地面积分布情况统计表

乡镇名称	面积(公顷)	占本级耕地面积(%)	占本乡镇耕地面积(%)
白沙乡	205.06	3.14	3.67
白驼镇	245.3	3.75	3.99
草川铺乡	46.57	0.71	1.04
丰望乡	44.5	0.68	1.29
郭川乡	12.16	0.19	0.29
红堡镇	23.22	0.36	0.37
黄门乡	24.84	0.38	0.50
贾川乡	119.95	1.83	4.12
金集镇	71.3	1.09	1.42
陇东乡	243.25	3.72	5.31
秦亭镇	2565.17	39.22	37.26
山门镇	2588.11	39.57	68.74
松树乡	1.18	0.02	0.03
土门乡	49.61	0.76	1.36
王河乡	8.64	0.13	0.22
新城乡	53.14	0.81	1.10
永清镇	174.23	2.66	2.73
远门乡	64.33	0.98	2.03

(二)耕地地力等级分述

1.一等地的主要属性

清水县一等地综合评价指数(IFI)大于 0.8100,共 435 个评价单元,面积为 2986.73 公顷,占总耕地面积的 3.6%。主要土地利用类型是水浇地。清水县共有土壤类型 79 种,其中一等耕地分布有 30 种,主要土壤类型为薄层白鸡粪土和薄层黄鸡粪土,面积分别为 1022.03 公顷、463.51 公顷。

2.二等地的主要属性

清水县二等地综合评价指数(IFI)在 0.7600~0.8100 之间,共 946 个评价单元,耕地面积 9294.01 公顷,占总耕地面积的 11.1%。清水县二等耕地主要土壤类型为薄层白鸡粪土,面积为 2881.14 公顷,所占总耕地面积的 31%。其次是薄层黄鸡粪土和薄层麻鸡粪土,面积分别为 2198.6 公顷和 1153.72 公顷。

3.三等地的主要属性

清水县三等地综合评价指数(IFI)在 0.6500～0.7600 之间,共 2596 个评价单元,耕地面积 25942.92 公顷,占总耕地面积的 31%,主要土地利用类型有山旱地。清水县三等耕地中有土壤类型 55 种。所占面积最大的土壤类型是薄层黄鸡粪土,面积是 6418.61 公顷。

4.四等地的主要属性

清水县四等地综合评价指数(IFI)在 0.5900～0.6500 之间,共 4556 个评价单元,耕地面积 38808.09 公顷,占总耕地面积的 46.4%,是清水县最主要的耕地地力等级。清水县四等耕地土壤类型所占面积最大的是薄层黄板土,所占面积最小的红土性棕壤,共有土种 72 种。

5.五等地的主要属性

清水县五等地综合评价指数(IFI)小于 0.5900,共 410 个评价单元,耕地面积 3744.36 公顷,占总耕地面积的 7.8%,主要土地利用类型有山旱地。清水县五等耕地主要土壤类型是薄层黄红土,所占面积为 2022.44 公顷。

第四节 秦安县耕地地力分析

一、秦安县耕层土壤属性

(一)主要土壤养分变化分析

1.土壤全量养分变化

将 2007 年测土配方施肥土样测试结果与第二次土壤普查报告中土壤全量养分指标进行对比,得到秦安县土壤全量养分变化表(表 2-9-44)。

表 2-9-44 秦安县土壤全量养分变化表

土壤全量养分	第二次土壤普查	2007 测土配方施肥	变化值	变化率(%)
有机质(g/kg)	8.97	11.91	2.94	32.78
全氮(g/kg)	0.51	0.94	0.43	84.31
全磷(mg/kg)	827	840	13	1.57

由表 2-9-44 分析可知,耕层土壤有机质含量目前的平均水平为 11.91g/kg,与第二次土壤普查相比,有机质含量明显增加,平均增加了 2.94g/kg,变化率较大,为 32.78%;全氮由第二次土壤普查的 0.51g/kg 增加到目前的 0.94g/kg,平均增加 0.43g/kg,相对变化率较大,为 84.31%;全磷目前的平均含量为 840mg/kg,第二次土壤普查时为 827mg/kg,平均增

加13mg/kg,变化率较小,为1.57%。

2.土壤速效养分变化

有效磷当前平均含量为11.28mg/kg,较第二次土壤普查时的数据增加6.62mg/kg,变化率为142.06%,增加幅度较大。碱解氮、缓效钾和速效钾没有获取到第二次土壤普查的数据,因此无法进行变化分析(表2-9-45)。

表2-9-45 秦安县土壤速效养分变化表

土壤速效养分	第二次土壤普查	2007测土配方施肥	变化值	变化率(%)
碱解氮(mg/kg)	/	74.33	/	/
有效磷(mg/kg)	4.66	11.28	6.62	142.06
缓效钾(mg/kg)	/	1209	/	/
速效钾(mg/kg)	/	254	/	/

(二)主要土壤养分空间分布

基于秦安县耕地地力评价采样点实际测量数据,利用ArcGIS软件平台,结合普通Kriging插值法,获得秦安县土壤有机质、有效磷、速效钾、碱解氮等养分含量的各等级分布图,从中可以探究秦安县主要土壤养分含量的空间分布状况。

1.耕层土壤有机质分布

秦安县土壤有机质分布的空间特征是,全区土壤有机质含量呈现明显的不均衡性,东南部、中部部分地区土壤有机质含量较高,而北部和西南大部分地区的土壤有机质含量较低,但地带性不明显。山区、林区、沟谷地区含量高。从乡镇分布来看,东南部的娘娘坝镇、中部的华岐乡的有机质含量最高,这两个乡镇的大部分地区有机质含量达到14g/kg以上;皂郊镇西部、关子镇东部及齐寿乡东南部也有大面积有机质含量大于14g/kg的地区,其余各乡镇虽然也有部分有机质含量较高,但面积都很小。

根据甘肃省养分分级标准(表2-9-46),按照秦安县有机质含量由低到高对应甘肃省有机质含量的等级为五级和六级(表2-9-47)。可见秦安县土壤有机质含量虽然差异不大,但含量普遍较低,属于有机质贫乏地区。

表2-9-46 甘肃省养分分级标准(主要养分)表

	一级	二级	三级	四级	五级	六级	七级
有机质(g/kg)	>30	30.0~25.0	25.0~20.0	20.0~15.0	15.0~10.0	10.0~6.0	≤6.0
速效钾(mg/kg)	>300	250~300	200~250	150~200	100~150	50~100	≤50
碱解氮(mg/kg)	>300	250~300	200~250	150~200	100~150	50~100	≤50
有效磷(mg/kg)	>40.0	40.0~30.0	30.0~20.0	20.0~15.0	15.0~10.0	10.0~5.0	≤5.0

表 2-9-47　秦安县有机质等级划分表

甘肃省等级	五级	六级
有机质(g/kg)	15.0 ~ 10.0	10.0 ~ 6.0

2.耕层土壤全氮分布

秦安县土壤有效磷含量普遍较低,基本上处于 0.783 ~ 0.872g/kg 水平段中。含量最高的主要是皂郊镇北部,全氮含量处于 0.845 ~ 0.872g/kg 之间。另外,藉口镇东部,华岐乡、平南镇大部分地区的全氮含量也较高,处于 0.835 ~ 0.872g/kg 之间,而东南和西北大部分地区的土壤全氮含量都比较低,处于 0.783 ~ 0.826g/kg 之间。

根据甘肃省养分分级标准(表 2-9-46),对应甘肃省全氮含量为五级和六级(表 2-9-48)。可见秦安县属于全氮缺乏地区,全氮含量低但变幅不大。

表 2-9-48　秦安县有效磷等级划分表

甘肃省等级	五级	六级
全氮(g/kg)	1.0 ~ 0.75	0.75 ~ 0.5

3.耕层土壤碱解氮分布

秦安县土壤碱解氮含量普遍较低,一半以上地区处于 37.3 ~ 50.9mg/kg 之间。含量最高的主要是皂郊镇、平南镇北部,以及藉口镇东南部,碱解氮含量处于 66 ~ 81.9mg/kg 之间,另外牡丹镇西南部、玉泉镇南部的土壤碱解氮含量也较高。

根据甘肃省养分分级标准(表 2-9-46),将秦安县碱解氮含量由低到高分成两个等级,对应甘肃省碱解氮含量六级和七级,属于比较低的水平(表 2-9-49)。由此可见,秦安县耕层碱解氮含量普遍很低,属于碱解氮缺乏地区。

表 2-9-49　秦安县碱解氮等级划分

甘肃省等级	六级	七级
碱解氮(mg/kg)	50 ~ 100	≤50

4.耕层土壤有效磷分布

秦安县土壤有效磷含量属于中等情况,大部分处于 10.8 ~ 18.7mg/kg 之间。含量最高的地区主要是娘娘坝镇和华岐乡大部分地区,藉口镇东北部、关子镇西部的有效磷含量处于 14.0 ~ 18.7mg/kg 之间,含量最低的地区主要分布在皂郊镇东部、汪川镇大部分地区、大门乡中南部、牡丹镇中东部等地,耕层土壤有效磷含量小于 10.8mg/kg。

根据甘肃省养分分级标准(表 2-9-46),将秦安县土壤有效磷含量由低到高分成四个等级,分别对应甘肃省有效磷含量四、五、六、七四个等级(表 2-9-50)。由此可见,秦安县耕层有效磷含量普遍属于中等,没有极低值,属于有效磷的适量地区。

表 2-9-50　秦安县有效磷等级划分

甘肃省等级	四级	五级	六级	七级
有效磷(mg/kg)	20.0~15.0	15.0~10.0	10.0~5.0	≤5.0

5.耕层土壤速效钾分布

秦安县土壤速效钾含量属于中等情况,大部分处于120~203mg/kg之间。含量最高的地区主要是娘娘坝镇、皂郊镇北部、牡丹镇西南部和杨家寺东部,这些地区速效钾含量处于203~277mg/kg之间。含量最低的地区主要分布在秦安县北部乡镇、大门乡大部分地区,以及汪川镇中部,另外其他各乡镇也有零星分布,这些地区耕层土壤速效钾含量小于165mg/kg。

根据甘肃省养分分级标准(表 2-9-46),将秦安县土壤速效钾含量由低到高分成四个等级,分别对应甘肃省速效钾含量二、三、四、五等级(表 2-9-51)。由此可见,秦安县耕层速效钾含量普遍属于中高水平,没有极低值。

表 2-9-51　秦安县速效钾等级划分

甘肃省等级	二级	三级	四级	五级
速效钾(mg/kg)	250~300	200~250	150~200	100~150

二、秦安县耕地地力分析

以土壤图与土地利用现状图叠加形成评价单元,应用模糊综合评判方法,通过综合分析,将全区耕地地力共划分为五个等级,根据评价结果结合地理信息系统 ArcGIS 软件平台从县域总体、各等级的空间分布、各等级耕地的土地利用类型、土壤主要属性等角度对耕地地力进行了系统分析。

(一)耕地地力等级与分布

1.耕地地力等级面积统计

由耕地潜在地力评价模型所得出的秦安县耕地地力等级图,并以 2007 年土地变更调查数据为基准,按面积比例进行平差,统计得到秦安县各耕地地力等级面积。

秦安县耕地总面积为 84194.54 公顷,各等级耕地面积比例差异较大,四等地面积最大,占到了总耕地面积的 38.48%;其次是五等地和三等地,分别占到总耕地面积的 27.21%和 25.68%;一等地面积最小,占总耕地面积的 1.37%,具体数据见表 2-9-52。

表 2-9-52　秦安县耕地地力评价结果面积统计

等级	一等地	二等地	三等地	四等地	五等地
面积（公顷）	1150.9	6115.5	21619.48	32401.45	22907.21
占总耕地面积（%）	1.37	7.26	25.68	38.48	27.21

2.耕地地力等级的行政区域划分

统计结果表明：

一等地主要分布在安伏乡、郭嘉镇、莲花镇、刘坪乡、陇城镇、王甫乡、王尹乡、魏店乡、五营乡、西川镇、兴丰乡、兴国镇、叶堡乡和中山乡这 14 个乡镇，而有 3 个乡镇没有一等地分布；二等地在 17 个乡镇均有分布，空间覆盖比例较小。三等地、四等地和五等地在全县 17 个乡镇也均有分布，但空间覆盖比例较大。

由各等级耕地在不同乡镇所占比例来看，一等地面积比例较高的是郭嘉镇、五营乡、莲花镇和兴国镇，分别占一等地面积的 26.13%、14.48%、11.72% 和 10.99%。其他乡镇尽管也有一等地分布，但面积很小，占本级地面积比例均不到 10%。二等地面积比例较高的是陇城镇、王尹乡、兴国镇和五营乡，分别占二等地面积的 17.36%、13.84%、11.46% 和 11.13%，其余各乡镇二等地面积均不到该等级总面积的 10%。三等地面积比例较高的是安伏乡，占三等地总面积的 12.67%，而其余各乡镇分布情况则属于零星分布，比例均达不到 10%。四等地尽管在全县各乡镇均有分布，但分布较为分散，面积比例最高的是王甫乡、魏店乡和郭嘉镇，分别占四等地面积的 14.37%、13.2% 和 10.74%，其余各乡镇四等地面积均不到该等级总面积的 10%。五等地面积比例较高的是中山乡和王甫乡，占五等地面积的 17.84% 和 17.18%，其余各乡镇分布面积不大。

从各乡镇不同等级耕地所占本乡镇面积比例来看，一等地中占本乡镇耕地比例最大为兴国镇、五营乡、郭嘉镇和西川镇，比值有所变化，分别是 4.55%、4.17%、4.01% 和 3.23%。二等地中占本乡镇耕地面积比例较高的是陇城镇、兴国镇、王尹乡和五营乡，分别为 30.18%、25.24%、24.5% 和 17.03%。三等地中占本乡镇面积比例排序最高的是云山乡、安伏乡、陇城镇和兴国镇，比例分别是 49.49%、47.41%、41.02% 和 38.01%。四等地中占本乡镇面积比值均都很大，最高的是刘坪乡乡为 55.11%，其次是魏店乡为 50.94%，王甫乡为 48.25%。五等地中占本乡镇比例最大的是中山乡、王窑乡和王甫乡，比例分别是 51.47%、46.09% 和 40.79%。

表 2-9-53　秦安县各乡镇一等地面积分布情况统计表

乡镇名称	评价单元数（个）	面积（公顷）	占本级耕地面积(%)	占本乡镇耕地面积(%)	占总耕地面积（%）
安伏乡	20	74.01	6.43	1.28	0.0879
郭嘉镇	73	300.71	26.13	4.01	0.3572
莲花镇	40	134.9	11.72	2.64	0.1602
刘坪乡	1	0.4	0.03	0.01	0.0005
陇城镇	6	19.37	1.68	0.55	0.0230
王甫乡	1	5.29	0.46	0.05	0.0063
王尹乡	29	60.6	5.27	1.75	0.0720
魏店乡	24	60.22	5.23	0.72	0.0715
五营乡	39	166.66	14.48	4.17	0.1979
西川镇	31	113.77	9.89	3.23	0.1351
兴丰乡	4	7.76	0.67	0.17	0.0092
兴国镇	49	126.49	10.99	4.55	0.1502
叶堡乡	34	79.83	6.94	2.06	0.0948
中山乡	1	0.89	0.08	0.01	0.0011

表 2-9-54　秦安县各乡镇二等地面积分布情况统计表

乡名称	评价单元数（个）	面积（公顷）	占本级耕地面积(%)	占本乡镇耕地面积(%)	占总耕地面积（%）
安伏乡	75	471.9	7.72	8.17	0.5605
郭嘉镇	105	280.92	4.59	3.75	0.3337
莲花镇	69	283.39	4.63	5.55	0.3366
刘坪乡	51	208.74	3.41	5.67	0.2479
陇城镇	137	1061.64	17.36	30.18	1.2609
千户乡	39	256.4	4.19	6.05	0.3045
王甫乡	14	58.54	0.96	0.61	0.0695
王窑乡	8	16.53	0.27	0.42	0.0196
王尹乡	146	846.27	13.84	24.50	1.0051
魏店乡	63	227.45	3.72	2.71	0.2701
五营乡	142	680.96	11.13	17.03	0.8088

续表 2-9-54

乡名称	评价单元数（个）	面积（公顷）	占本级耕地面积（%）	占本乡镇耕地面积（%）	占总耕地面积（%）
西川镇	74	188.49	3.08	5.35	0.2239
兴丰乡	60	349.79	5.72	7.85	0.4155
兴国镇	231	701.02	11.46	25.24	0.8326
叶堡乡	81	167.24	2.73	4.33	0.1986
云山乡	33	92.85	1.52	3.87	0.1103

表 2-9-55 秦安县各乡镇三等地面积分布情况统计表

乡名称	评价单元数（个）	面积（公顷）	占本级耕地面积（%）	占本乡镇耕地面积（%）	占总耕地面积（%）
安伏乡	172	2738.67	12.67	47.41	3.2528
郭嘉镇	227	2158.53	9.98	28.82	2.5637
莲花镇	111	668.43	3.09	13.09	0.7939
刘坪乡	114	791.1	3.66	21.48	0.9396
陇城镇	128	1442.74	6.67	41.02	1.7136
千户乡	128	1463.3	6.77	34.51	1.7380
王甫乡	114	993.63	4.60	10.30	1.1802
王窑乡	77	486.19	2.25	12.39	0.5775
王尹乡	143	1228.96	5.68	35.57	1.4597
魏店乡	116	1917.64	8.87	22.83	2.2776
五营乡	157	1297.79	6.00	32.46	1.5414
西川镇	101	1009.36	4.67	28.67	1.1988
兴丰乡	190	1416.15	6.55	31.77	1.6820
兴国镇	187	1055.65	4.88	38.01	1.2538
叶堡乡	102	786.17	3.64	20.33	0.9338
云山乡	178	1186.31	5.49	49.49	1.4090
中山乡	99	978.86	4.53	12.33	1.1626

表 2-9-56　秦安县各乡镇四等地面积分布情况统计表

乡名称	评价单元数（个）	面积（公顷）	占本级耕地面积（%）	占本乡镇耕地面积（%）	占总耕地面积（%）
安伏乡	207	1631.65	5.04	28.24	1.9380
郭嘉镇	440	3480.79	10.74	46.47	4.1342
莲花镇	287	1980.78	6.11	38.79	2.3526
刘坪乡	241	2029.77	6.26	55.11	2.4108
陇城镇	120	768.47	2.37	21.85	0.9127
千户乡	158	947.18	2.92	22.34	1.1250
王甫乡	393	4655.57	14.37	48.25	5.5295
王窑乡	206	1612.23	4.98	41.09	1.9149
王尹乡	100	796.07	2.46	23.04	0.9455
魏店乡	361	4277.89	13.20	50.94	5.0810
五营乡	144	1435.61	4.43	35.91	1.7051
西川镇	170	1509.56	4.66	42.88	1.7929
兴丰乡	224	1414.93	4.37	31.75	1.6805
兴国镇	147	678.38	2.09	24.42	0.8057
叶堡乡	222	1685.26	5.20	43.59	2.0016
云山乡	149	847.6	2.62	35.36	1.0067
中山乡	295	2649.71	8.18	33.38	3.1471

表 2-9-57　秦安县各乡镇五等地面积分布情况统计表

乡名称	评价单元数（个）	面积（公顷）	占本级耕地面积（%）	占本乡镇耕地面积（%）	占总耕地面积（%）
安伏乡	103	860.72	3.76	14.90	1.0223
郭嘉镇	180	1269.98	5.54	16.95	1.5084
莲花镇	329	2039.5	8.90	39.94	2.4224
刘坪乡	112	653.09	2.85	17.73	0.7757
陇城镇	55	224.95	0.98	6.40	0.2672
千户乡	152	1573.12	6.87	37.10	1.8684
王甫乡	384	3934.94	17.18	40.79	4.6736
王窑乡	233	1808.39	7.89	46.09	2.1479
王尹乡	67	522.72	2.28	15.13	0.6208
魏店乡	336	1915.15	8.36	22.80	2.2747
五营乡	128	417.3	1.82	10.44	0.4956

续表 2-9-57

乡名称	评价单元数（个）	面积(公顷)	占本级耕地面积(%)	占本乡镇耕地面积(%)	占总耕地面积(%)
西川镇	91	698.93	3.05	19.86	0.8301
兴丰乡	197	1268.28	5.54	28.46	1.5064
兴国镇	23	215.93	0.94	7.77	0.2565
叶堡乡	121	1147.74	5.01	29.69	1.3632
云山乡	47	270.51	1.18	11.28	0.3213
中山乡	514	4085.96	17.84	51.47	4.8530

（二）耕地地力等级分述

1.一等地的主要属性

秦安县一等地综合评价指数(IFI)大于0.7950，共352个评价单元，面积为1150.9公顷，占总耕地面积的1.37%。主要土地利用类型有菜地、旱地、水浇地等。主要土壤类型为河淀砂砾土、中层洪淀红土、厚层河淀黄土。秦安县一等地主要分布在清水河川道区和葫芦河川道区，地貌类型全部为河流低阶地。耕层质地主要是重壤土和砂壤土。一等地≥10℃积温均值为2938℃，平均年降水量461mm，平均海拔1350.9m，平均坡度4.4°，平均耕层厚度为22cm，耕层土壤pH值平均为8.25，全氮平均含量为0.71g/kg，全磷平均含量为804mg/kg，速效钾平均含量为253.85mg/kg，有机质平均含量为11.81g/kg，详见表2-9-58。

2.二等地的主要属性

秦安县二等地综合评价指数(IFI)在0.7100~0.7950之间，共1363个评价单元，耕地面积6115.5公顷，占总耕地面积的7.26%，主要土地利用类型为旱地。

秦安县二等耕地主要土壤类型为中层麻鸡粪土、薄层白鸡粪土和中层白鸡粪土。秦安县二等地主要地貌类型为低黄土崩梁。耕层质地以中壤土和重壤土为主。二等地≥10℃积温均值为2933℃，平均年降水量462mm，平均海拔1471.9m，平均坡度10.8°，平均耕层厚度为20cm，耕层土壤pH值平均为8.26，全氮平均含量为0.841g/kg，全磷平均含量为841mg/kg，速效钾平均含量为254.85mg/kg，有机质平均含量为12.09g/kg，详见表2-9-58。

3.三等地的主要属性

秦安县三等地综合评价指数(IFI)在0.6800~0.7100之间，共2344个评价单元，耕地面积21619.48公顷，占总耕地面积的25.68%，主要土地利用类型为旱地。秦安县三等耕地主要土壤类型为中层黄绵土、薄层傻黄绵土、中层麻鸡粪土、薄层白鸡粪土。秦安县三等地主要地貌类型为低黄土崩梁，耕层土壤质地为中壤土和重壤土，质地构型以均质中壤和均质重壤壤为主。三等地≥10℃积温均值为2827℃，平均年降水量467mm，平均海拔1609.2m，平均坡度14.7°，平均耕层厚度为19cm，耕层土壤pH值平均为8.27，全氮平均含量为0.73g/kg，全磷平均含量为833g/kg，速效钾平均含量为254.20mg/kg，有机质平均含量为12.04g/kg，详见表2-9-58。

4.四等地的主要属性

秦安县四等地综合评价指数（IFI）在0.6320～0.6800之间，共3864个评价单元，耕地面积32401.45公顷，占总耕地面积的38.48%，是秦安县最主要的耕地地力等级。四等地主要土地利用类型有旱地、水浇地。秦安县四等耕地主要土壤类型为薄层黄绵土、中层黄绵土、薄层黑黄绵土、薄层傻黄绵土和中层麻鸡粪土。秦安县四等地主要地貌类型为低黄土峁梁。主要耕层土壤质地为重壤土，质地构型以均质中壤为主。四等地≥10℃积温均值为2741℃，平均年降水量460mm，平均海拔1629.0m，平均坡度17.8°，平均耕层厚度为18cm，耕层土壤pH值平均为8.27，全氮平均含量为0.72g/kg，全磷平均含量为830mg/kg，速效钾平均含量为253.82mg/kg，有机质平均含量为11.86g/kg，，详见表2-9-58。

5.五等地的主要属性

秦安县五等地综合评价指数（IFI）小于0.6320，共3072个评价单元，耕地面积22907.21公顷，占总耕地面积的27.21%，主要土地利用类型是旱地。秦安县五等耕地主要土壤类型为薄层红土、薄层黄红土和中层黄鸡粪土。秦安县五等地主要地貌类型为低黄土峁梁。耕层土壤质地主要为黏土，质地构型以均质黏土为主。五等地≥10℃积温均值为2656℃，平均年降水量460mm，平均海拔1649.1m，平均坡度17.5°，平均耕层厚度为17cm，耕层土壤pH平均为8.25，全氮平均含量为0.72g/kg，全磷平均含量为857mg/kg，速效钾平均含量为253.35mg/kg，有机质平均含量为11.82g/kg，详见表2-9-58。

表2-9-58 秦安县各等级耕地主要指标平均值

指标	一等地	二等地	三等地	四等地	五等地
≥10℃积温（℃）	2938	2933	2827	2741	2656
≥0℃积温（℃）	3416	3417	3325	3254	3182
年降水量(mm)	461	462	467	460	460
海拔(m)	1350.9	1471.9	1609.2	1629.0	1649.1
有效土层厚度(cm)	59	74	86	77	38
耕层厚度(cm)	22	20	19	18	17
坡度(°)	4.4	10.8	14.7	17.8	17.5
pH	8.25	8.26	8.27	8.27	8.25
有机质(g/kg)	11.81	12.09	12.04	11.86	11.82
全氮(g/kg)	0.71	0.72	0.73	0.72	0.72
全磷(mg/kg)	804	841	833	830	857
速效钾(mg/kg)	253.85	254.85	254.20	253.82	253.36

第五节 甘谷县耕地地力分析

一、甘谷县耕地土壤属性

耕地土壤养分是土壤质量与持续生产、环境和人类健康间的关系研究中最为关注的问题之一,对土壤养分空间变异的充分了解是管理好土壤养分和合理施肥的基础。土壤养分状况是耕地地力的重要指标,也是科学施肥的主要依据。本章结合第二次土壤普查报告及土壤农化样点数据,结合甘肃省土壤养分含量分级标准,从土壤养分类型和不同耕地利用类型对土壤养分的水平与垂直空间分布进行研究,以探求县域内土壤养分分布特征。

(一)主要土壤养分变化分析

1. 土壤全量养分变化

将2007年测土配方施肥土样测试结果与第二次土壤普查报告中土壤全量养分指标进行对比,得到甘谷县土壤全量养分变化表(表2-9-59)。

表2-9-59 甘谷县土壤全量养分变化

土壤全量养分	第二次土壤普查	2007测土配方施肥	变化值	变化率(%)
有机质(g/kg)	9.80	10.08	0.28	2.90
全氮(g/kg)	0.73	0.87	0.14	19.23

由表2-9-59可知,耕层土壤有机质含量目前的平均水平为10.08g/kg,与第二次土壤普查相比,有机质含量明显增加,平均增加了0.28g/kg,变化率较小,为2.90%;全氮由第二次土壤普查的0.73g/kg增加到目前的0.87g/kg,平均增加0.14g/kg,相对变化率较大,为19.23%。

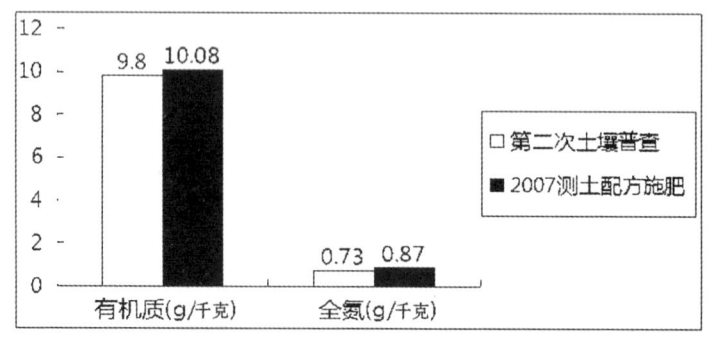

图2-9-1 甘谷县土壤全量养分变化

图 2-9-1 为甘谷县土壤全量养分变化柱状图,可以看出,甘谷县土壤全量养分从第二次土壤普查到目前为止,两种养分含量都有所增加,其中全氮增加幅度最大,其次是有机质。

2.土壤速效养分变化

将 2007 年测土配方施肥土样测试结果与第二次土壤普查报告中土壤速效养分指标进行对比,得到甘谷县土壤速效养分变化(表 2-9-60)。

表 2-9-60 甘谷县土壤速效养分变化

土壤养分	第二次土壤普查	2007 测土配方施肥	变化值	变化率(%)
有效磷(mg/kg)	8.00	12.89	4.89	61.10
速效钾(mg/kg)	167.00	167.64	0.64	0.38

由表 2-9-60 可知,在统计的耕层土壤速效磷和速效钾两种速效养分中,有效磷由第二次土壤普查的 8.00mg/kg,增加到 12.89mg/kg,增加值高达 4.89mg/kg,变化率达到 61.10%,在土壤养分中变化最大;速效钾第二次土壤普查值为 167.00mg/kg,目前值为 167.64mg/kg,平均增加 0.64mg/kg,变化率为 0.38%。

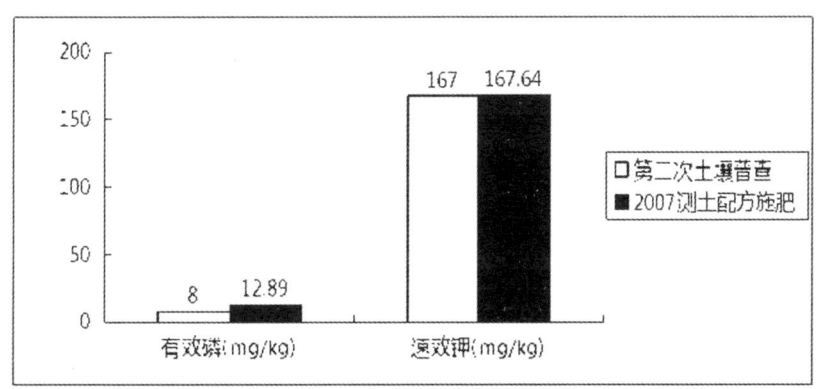

图 2-9-2 甘谷县土壤速效养分变化

图 2-9-2 是甘谷县土壤速效养分变化柱状图,可以看出,甘谷县土壤速效养分从第二次土壤普查到目前为止,两种养分含量都有所增加,其中有效磷增加幅度最大,速效钾增加不大。

3.土壤微量元素变化

由 2007 年测土配方施肥土样测试结果对比第二次土壤普查报告,得到甘谷县土壤微量元素含量变化(表 2-9-61)。

表 2-9-61　甘谷县土壤微量元素变化

土壤微量元素	第二次土壤普查	2007测土配方施肥	变化值	变化率(%)
铁(mg/kg)	6.89	5.63	-1.26	-18.30
锰(mg/kg)	8.93	6.72	-2.21	-24.70
铜(mg/kg)	0.88	0.62	-0.26	-29.50
锌(mg/kg)	0.40	0.41	0.01	2.50

由表 2-9-61 可知,在统计的耕层土壤铁、锰、铜、锌含量变化中,既有增加的,也有降低的。其中,锌含量是增加的,铜由第二次土壤普查的 0.88mg/kg,降至目前的 0.62mg/kg,变化率为 -29.50%;锌由第二次土壤普查的 0.40mg/kg 增加到目前的 0.41mg/kg,变化值为 0.01mg/kg,变化率达 2.50%;铁、锰的含量变化都是降低的,平均铁含量由第二次土壤普查的 6.89mg/kg 降为目前的 5.63mg/kg,平均减少 1.26/kg,变化率为 -18.30%;平均锰含量由第二次土壤普查的 8.93mg/kg 降为目前的 6.72mg/kg,平均减少 2.21mg/kg,变化率为 -24.70%;

由甘谷县土壤微量元素变化柱状图(图 2-9-3)可以看出,甘谷县土壤微量元素含量从第二次土壤普查到目前为止,既有增加也有降低,其中锌含量的增加幅度最大,铜含量变化不大,而铁、锰含量均有降低。

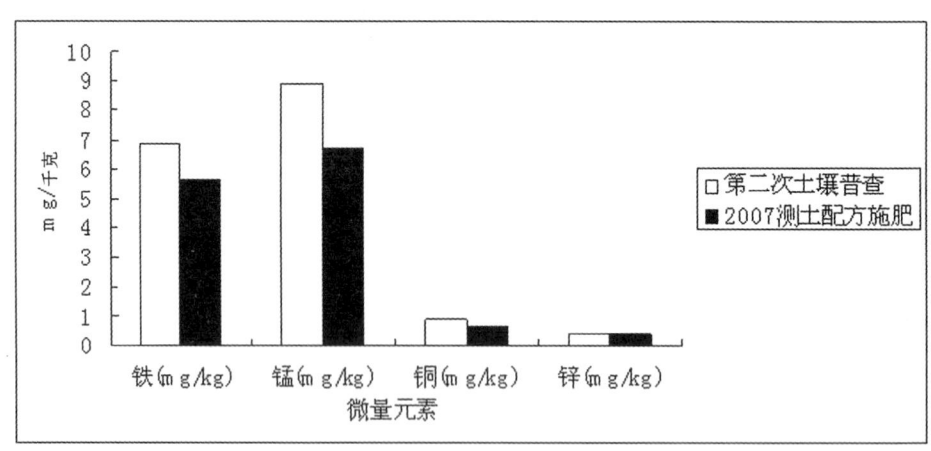

图 2-9-3　甘谷县土壤微量元素变化

(二)不同耕地利用类型土壤养分含量分析

1.土壤酸碱性分布

土壤的酸碱度是土壤形成过程综合因子作用的结果,土壤酸碱度参与土壤的许多化学反应,它是土壤肥力的重要指标之一。按照甘谷县测土配方施肥项目完成的土样测试,

结合甘谷县土地利用类型分布,得到不同土地利用类型下的平均pH值。详见表2-9-62:

表2-9-62　甘谷县各耕地利用类型pH值分布

检测项目	水浇地	旱地梯田	山旱地	平均值
pH	7.76	7.78	7.76	7.77

由表2-9-62分析可得,甘谷县土壤酸碱度平均值为7.7,而各耕地利用类型的pH值均大于7,因此,甘谷县耕地土壤呈微碱性。各耕地利用类型中,旱地梯田pH值最高,为7.78,各耕地利用类型pH值相差不大。

2.全量养分分布

由测土配方施肥补贴项目的土样数据,测得甘谷县耕地的基本土壤养分含量,通过统计得到不同耕地类型的土壤养分分布表(表2-9-63)。

表2-9-63　甘谷县各耕地利用类型全量养分分布

检测项目	水浇地	旱地梯田	山旱地	平均值
有机质(g/kg)	10.08	10.19	10.08	10.12
全氮(g/kg)	0.88	0.83	0.87	0.86

由分析可得甘谷县各土地利用类型中,耕层土壤有机质平均含量最高的是旱地梯田,为10.19g/kg,最低的是水浇地,为10.08g/kg,平均含量为10.12g/kg;全氮含量值最高的是水浇地,含量最低的是旱地梯田,平均值为0.86g/kg。

3.速效养分分布

通过统计得到甘谷县各耕地利用类型速效养分分布情况(表2-9-64)。分析可得碱解氮含量最高的是旱地梯田,为67.98mg/kg,其次是山旱地,为63.58mg/kg,最低的是水浇地,为60.30mg/kg,平均含量为63.95mg/kg;缓效钾、速效钾、有效磷、有效硫含量情况见下表(2-9-64)。

表2-9-64　甘谷县各耕地利用类型速效养分分布

检测项目	水浇地	旱地梯田	山旱地	平均值
碱解氮(mg/kg)	60.30	67.98	63.58	63.95
缓效钾(mg/kg)	1511.02	1512.71	1456.10	1493.28
速效钾(mg/kg)	179.29	167.07	165.04	170.47
有效磷(mg/kg)	15.48	12.72	12.31	12.89
有效硫(mg/kg)	19.33	19.43	19.80	19.71

4.微量元素分布

统计得到甘谷县各耕地利用类型微量元素分布情况(表2-9-65)。分析可得各耕地利用类型中,土壤耕层铁含量最高的是水浇地,含量为6.05mg/kg,其次是山旱地,含量为

5.54mg/kg,铁含量最低的是旱地梯田,含量为5.48mg/kg,平均铁含量为5.63mg/kg;土壤耕层锰含量最高的是水浇地,含量为6.89mg/kg,最低的是旱地梯田,含量为6.47mg/kg,平均锰含量为6.72mg/kg;平均铜含量为0.62mg/kg,其中最高的是水浇地和旱地梯田,含量分别为0.67mg/kg,其次旱地梯田,含量为0.63mg/kg,最低的是山旱地,含量为0.61mg/kg;土壤耕层锌含量最高的是水浇地,含量为0.49mg/kg,最低的是旱地梯田,含量为0.34mg/kg,耕层土壤平均锌含量为0.41mg/kg。

表2-9-65 甘谷县各耕地利用类型微量元素分布

检测项目	水浇地	旱地梯田	山旱地	平均值
有效铁(mg/kg)	6.05	5.48	5.54	5.63
有效铜(mg/kg)	0.67	0.63	0.61	0.62
有效锰(mg/kg)	6.89	6.47	6.68	6.72
有效锌(mg/kg)	0.49	0.34	0.40	0.41

(三)主要土壤养分空间分布

土壤养分在空间上有规律的分布形成了养分的空间分布格局。在土壤学中,空间变异性导致空间分布格局的存在,空间分布格局是空间变异性的具体表现。由于土壤养分空间分布格局的传统统计分析方法只能从数量方面反映空间格局,存在较大的缺陷。地统计学方法如kriging插值法能够准确、直观地描述土壤各养分在空间上的分布特征,如形状、大小、地理位置等,可以帮助我们更深入地了解土壤养分的空间分布格局。

基于甘谷县耕地地力评价采样点实际测量数据,利用ArcGIS软件平台,结合普通Kriging插值法,获得甘谷县土壤有机质、有效磷、速效钾、缓效钾、有效锰、有效铁、有效铜、有效锌等养分含量的各等级分布图,从中可以看出研究区内各土壤养分含量的空间分布状况。

二、甘谷县耕地地力分析

按照农业部耕地质量调查和评价的规程及相关标准,结合当地实际情况对甘谷县耕地地力进行分析,选取了对耕地地力影响较大,区域内变异明显,在时间序列上具有相对稳定性,与农业生产有密切关系的10个因子,建立评价指标体系。以土壤图与土地利用现状图叠加形成评价单元,应用模糊综合评判方法,通过综合分析,将全县耕地地力共划分为五个等级,根据评价结果结合地理信息系统ArcGIS软件平台从县域总体、各等级的空间分布、各等级耕地的土地利用类型、土壤主要属性等角度对耕地地力进行了系统分析。

三、耕地地力等级与分布

(一)各等级耕地数量及其分布比例

由耕地潜在地力评价模型所得出的甘谷县耕地地力等级图，并以2007年土地变更调查数据为基准，按面积比例进行平差，统计得到甘谷县各耕地地力等级面积。

甘谷县耕地总面积为77841.92公顷，各等级耕地面积比例差异较大，四等地面积最大，占到了总耕地面积的41.50%；其次是三等地，占到总耕地面积的40.00%；五等地面积最小，占总耕地面积的4.80%，具体数据见表(2-9-66)。

表2-9-66 甘谷县县耕地地力等级及面积统计表

等级	一等地	二等地	三等地	四等地	五等地
面积(公顷)	6655.80	4037.39	31131.77	32272.60	3744.36
占总耕地面积(%)	8.60	5.20	40.00	41.50	4.80

1.各等级耕地的空间分布

(1)全县范围耕地地力等级分布

一等地：主要分布在渭河河谷平原、散度河、清溪河两岸。该地区地势较平坦，灌溉便利，有引灌条件，气候温和，适宜多种农作物生长，土壤熟化层深厚，无不良层次肥力水平较高。适宜多种农作物生长，由于人口密集，做务精细，农作物产量高且稳定。

二等地：属中产田，主要分布在散度河川台区，属雨养型农业用地。分布区地势平缓，接纳雨水能力强，水土流失较轻，山地土层深厚质地适中，新积土类土层薄，土壤肥力水平较低。受气候条件影响较大，产量不够稳定。

三等地：主要分布在渭河南、北黄土梁峁沟壑山区的山坡地，坡度较大，一般在10~25°。属雨养型农业用地，由于土地坡度较大，水土流失严重，土壤贫瘠，农业生产受到很大限制，产量低而不稳定。

四等地：主要分布在渭河南北黄土梁峁沟壑和秦岭山系的海拔1700~2200m的沟壑侧坡及山梁上，该区坡度在25°以上，植被稀少，水土流失严重，土层浇薄，土壤贫瘠。该地分布零散，田间运输不便，施肥量小，耕作粗犷，广种薄收，好年景尚有收成，灾害年景收成无几。

五等地：主要分布在秦岭山系海拔2000m以上地区以及南北两山海拔2000m以下的荒山荒坡。该地主要为孤立的山头、深切的沟谷，地陡土薄，冷凉风大，水土流失严重，这类土地不适宜耕种。

（2）耕地地力等级的行政区域划分

为了更好的分析甘谷县耕地地力等级的空间分布情况，利用 ArcGIS 软件将得到的地力等级分布图与甘谷县行政区划图（乡镇级）进行叠加，从属性库中按乡镇权属检索统计得各级耕地在各个乡镇的分布状况（表 2-9-67 至表 2-9-71）。

统计结果表明：一等地分布在安远镇、大石乡、大像山镇、大庄乡、礼辛乡、六峰镇、磐安镇、武家河乡、谢家湾乡、新兴镇这 10 个乡镇，而有 5 个乡镇没有一等地分布；二等地、三等地、四等地和五等地在全县 15 个乡镇均有分布。

由各等级耕地在不同乡镇所占比例来看，一等地面积比例较高的是新兴镇、磐安镇、大像山镇，面积分别为 1928.96 公顷、1775.91 公顷和 1195.95 公顷；其次为六峰镇和安远镇，面积分别为 789.18 公顷、450.55 公顷；一等地面积较小的乡镇是谢家湾乡、礼辛乡、大庄乡、大石乡，面积分别为 170.77 公顷、119.59 公顷、142.53 公顷、71.19 公顷；一等地面积最少的是武家河乡，面积为 11.17 公顷。二等地面积最高的是安远镇，所占面积为 1154.56 公顷，其次是新兴镇和磐安镇，所占面积分别为 953.41 公顷和 685.07 公顷；二等地面积较小的乡镇是大石乡、大像山镇、大庄乡、礼辛乡，面积分别为 294.37 公顷、256.75 公顷、260.75 公顷、168.48 公顷。二等地面积很小的乡镇是谢家湾乡、古坡乡、六峰镇、西坪乡、金山乡、白家湾乡，其面积分别为 56.58 公顷、66.68 公顷、71.4 公顷、24.94 公顷、17.04 公顷、23.48 公顷；面积最小的是八里湾乡和武家河乡，其面积分别为 3.19 公顷和 0.69 公顷。三等地各乡镇均有分布，起所占面积较小的乡镇是大像山镇、古坡乡、六峰镇和西坪乡，其面积分别为 673.31 公顷、903.63 公顷、583.72 公顷、732.4 公顷，其余乡镇尔等地面积都大于 1500 公顷，面积最大的是安远镇。四等地所占面积较高的乡镇是西坪乡、金山乡、八里湾乡、大庄乡和磐安镇，面积分别为 4936.48 公顷、4044.68 公顷、3694.52 公顷、3694.52 公顷、3339.61 公顷、3330.29 公顷，其余各乡镇均有分布，面积稍小，大概分布情况是：安远镇四等地面积为 1631.68 公顷、白家湾乡四等地面积为 1177.3 公顷、大石乡四等地面积为 1283.86 公顷、大像山镇四等地面积为 487.47 公顷、古坡乡四等地面积为 962.91 公顷、礼辛乡四等地面积为 1741.69 公顷、六峰镇四等地面积为 1163.41 公顷、武家河乡四等地面积为 1375.18 公顷、谢家湾乡四等地面积为 2165.23 公顷、新兴镇四等地面积为 938.28 公顷。五等地全县分布差异较大，所占面积较大的乡镇是安远镇和西坪乡，分别为 973.54 公顷和 879.83 公顷；面积最少的乡镇是金山乡，仅为 3.94 公顷。

表 2-9-67　甘谷县各乡镇一等地面积分布情况

乡镇名称	评价单元数（个）	面积(公顷)	占本级耕地面积(%)	占本乡镇耕地面积(%)	占总耕地面积(%)
安远镇	46	450.55	6.80	5.80	0.60
大石乡	10	71.19	1.10	0.90	0.10
大像山镇	176	1195.95	18.00	15.30	1.50
大庄乡	15	142.53	2.10	1.80	0.20
礼辛乡	19	119.59	1.80	1.50	0.20
六峰镇	107	789.18	11.90	10.10	1.00
磐安镇	182	1775.91	26.70	22.80	2.30
武家河乡	3	11.17	0.20	0.10	0.00
谢家湾乡	22	170.77	2.60	2.20	0.20
新兴镇	167	1928.96	29.00	24.70	2.50

表 2-9-68　甘谷县各乡镇二等地面积分布情况

乡镇名称	评价单元数（个）	面积(公顷)	占本级耕地面积(%)	占本乡镇耕地面积(%)	占总耕地面积(%)
安远镇	104	28.60	14.80	1.48	28.60
八里湾乡	2	0.08	0.05	0.0041	0.08
白家湾乡	9	0.58	0.70	0.03	0.58
大石乡	33	7.29	7.58	0.38	7.29
大像山镇	36	6.36	9.62	0.33	6.36
大庄乡	15	6.46	4.00	0.34	6.46
古坡乡	13	1.65	3.36	0.09	1.65
金山乡	6	0.42	0.25	0.02	0.42
礼辛乡	34	4.17	3.18	0.22	4.17
六峰镇	12	1.77	2.67	0.09	1.77
磐安镇	70	16.97	7.00	0.88	16.97
武家河乡	1	0.02	0.02	0.0009	0.02
西坪乡	2	0.62	0.38	0.03	0.62
谢家湾乡	10	1.40	1.11	0.07	1.40
新兴镇	90	23.61	14.90	1.22	23.61

表 2-9-69　甘谷县县各乡镇三等地面积分布情况表

乡镇名称	评价单元数（个）	面积(公顷)	占本级耕地面积(%)	占本乡镇耕地面积(%)	占总耕地面积(%)
安远镇	250	3589.54	11.53	46.02	4.61
八里湾乡	245	2050.69	6.59	34.73	2.63
白家湾乡	211	2125.10	6.83	63.25	2.73
大石乡	189	2218.78	7.13	57.15	2.85
大像山镇	104	673.31	2.16	25.22	0.87
大庄乡	192	2227.61	7.16	34.14	2.86
古坡乡	87	903.63	2.90	45.50	1.16
金山乡	207	2685.63	8.63	39.78	3.45
礼辛乡	411	3199.72	10.28	60.39	4.11
六峰镇	83	583.72	1.88	21.81	0.75
磐安镇	230	3497.54	11.23	35.76	4.49
武家河乡	97	1693.58	5.44	54.19	2.18
西坪乡	94	732.40	2.35	11.14	0.94
谢家湾乡	220	2399.14	7.71	46.95	3.08
新兴镇	262	2551.38	8.20	39.87	3.28

表 2-9-70　甘谷县各乡镇四等地面积分布情况表

乡镇名称	评价单元数（个）	面积(公顷)	占本级耕地面积(%)	占本乡镇耕地面积(%)	占总耕地面积(%)
安远镇	163	1631.69	5.06	20.92	2.10
八里湾乡	310	3694.52	11.45	62.57	4.75
白家湾乡	80	1177.30	3.65	35.04	1.51
大石乡	161	1283.86	3.98	33.07	1.65
大像山镇	49	487.47	1.51	18.26	0.63
大庄乡	288	3339.61	10.35	51.19	4.29
古坡乡	110	962.91	2.98	48.49	1.24
金山乡	275	4044.68	12.53	59.91	5.20
礼辛乡	206	1741.69	5.40	32.87	2.24
六峰镇	108	1163.41	3.60	43.46	1.49
磐安镇	256	3330.29	10.32	34.05	4.28
武家河乡	118	1375.18	4.26	44.01	1.77
西坪乡	422	4936.48	15.30	75.10	6.34
谢家湾乡	240	2165.23	6.71	42.37	2.78
新兴镇	96	938.28	2.91	14.66	1.21

表 2-9-71 甘谷县各乡镇五等地面积分布情况

乡镇名称	评价单元数（个）	面积（公顷）	占本级耕地面积（%）	占本乡镇耕地面积（%）	占总耕地面积（%）
安远镇	77	973.54	26.00	12.48	1.25
八里湾乡	20	156.46	4.18	2.65	0.20
白家湾乡	3	34.21	0.91	1.02	0.04
大石乡	10	13.88	0.37	0.36	0.02
大像山镇	7	55.91	1.49	2.09	0.07
大庄乡	41	553.75	14.79	8.49	0.71
古坡乡	16	52.75	1.41	2.66	0.07
金山乡	3	3.94	0.11	0.06	0.01
礼辛乡	15	68.70	1.83	1.30	0.09
六峰镇	13	69.00	1.84	2.58	0.09
磐安镇	61	492.00	13.14	5.03	0.63
武家河乡	9	44.40	1.19	1.42	0.06
西坪乡	93	879.83	23.50	13.38	1.13
谢家湾乡	37	318.47	8.51	6.23	0.41
新兴镇	5	27.52	0.74	0.43	0.04

（二）耕地地力分等级分析

由综合指数和专家评议结果得到甘谷县五个等级的耕地地力评价结果，为了更好的反映各级耕地的土地利用类型和主要评价指标的影响，按耕地等级分别进行分析。

1.一等地

（1）土地利用类型分布

甘谷县一等地综合评价指数（IFI）大于0.8100，共747个评价单元，面积为6655.8公顷，占总耕地面积的8.6%，主要土地利用类型有水浇地。详见表2-9-72。

表 2-9-72 甘谷县一等地土地利用类型分布情况

地类名称	评价单元数（个）	面积（公顷）	占一等地面积（%）	占总耕地面积（%）
水浇地	666	6259.35	94.04	8.04
旱地梯田	1	4.40	0.07	0.01
山旱地	80	392.05	5.89	0.50
土壤分布				

（2）土壤分布

甘谷县共有土壤类型 57 种，其中一等耕地分布有 17 种，主要土壤类型为中层河淀砂土和厚层河淀土，面积分别为 3817.68 公顷、1037.74 公顷。详见表 2-9-73。

表 2-9-73　甘谷县一等地土壤类型分布情况

县土壤名称	评价单元数（个）	面积（公顷）	占一等地面积（%）	占总耕地面积（%）
薄层河淀砂土	51	526.59	7.91	0.68
薄层河淀土	72	541.76	8.14	0.70
薄层红砂土	1	0.63	0.01	0.000809
薄层洪淀红砂土	68	719.71	10.81	0.92
薄层洪淀红土	62	396.55	5.96	0.51
薄层洪淀黄砂土	17	101.09	1.52	0.13
薄层洪淀黄土	25	290.92	4.37	0.37
薄层黄绵土	1	1.60	0.02	0.002055
河淀底砂土	94	988.18	14.85	1.27
厚层河淀土	101	1037.74	15.59	1.33
厚层洪淀红土	13	114.99	1.73	0.15
厚层黄绵土	1	1.87	0.03	0.002402
中层河淀砂土	105	817.68	12.29	1.05
中层河淀土	68	481.88	7.24	0.62
中层洪淀红土	4	71.06	1.07	0.09
中层洪淀黄砂土	16	82.80	1.24	0.11
中层洪淀黄土	48	480.75	7.22	0.62

2.二等地

（1）土地利用类型分布

甘谷县二等地综合评价指数（IFI）在 0.7600～0.8100 之间，共 437 个评价单元，耕地面积 4037.39 公顷，占总耕地面积的 5.2%，详见表 2-9-74。

表 2-9-74　甘谷县二等地各土地利用类型分布情况

地类名称	评价单元数（个）	面积（公顷）	占二等地面积（%）	占总耕地面积（%）
水浇地	242	2472.69	61.24	3.18
旱地梯田	3	10.04	0.25	0.01
山旱地	192	1554.66	38.51	2.00

（2）土壤分布

甘谷县二等耕地主要土壤类型为厚层河淀土，面积分别为1640.88公顷，所占总耕地面积的2.11%。详情见表2-9-75。

表2-9-75 甘谷县二等地主要土壤类型分布情况

县土壤名称	评价单元数(个)	面积(公顷)	占二等地面积(%)	占总耕地面积(%)
薄层暗棕黄砂砾土	1	1.38	0.03	0.001773
薄层河淀潮土	5	43.43	1.08	0.06
薄层河淀砂土	30	277.25	6.87	0.36
薄层河淀土	4	39.63	0.98	0.05
薄层红砂土	5	12.85	0.32	0.02
薄层洪淀潮土	1	0.94	0.02	0.001208
薄层洪淀红砂土	11	71.68	1.78	0.09
薄层洪淀红土	7	17.43	0.43	0.02
薄层洪淀黄砂土	6	50.85	1.26	0.07
薄层洪淀黄土	29	393.88	9.76	0.51
薄层黄僵砂土	2	2.68	0.07	0.003443
薄层黄绵土	53	408.55	10.12	0.52
薄层傻黄绵土	1	2.48	0.06	0.003186
河淀底砂土	10	54.33	1.35	0.07
厚层河淀潮土	4	46.04	1.14	0.06
厚层河淀砂土	1	4.2	0.10	0.01
厚层河淀土	125	1640.88	40.64	2.11
厚层黑黄绵土	7	25.63	0.63	0.03
厚层红砂土	1	1.05	0.03	0.001349
厚层洪淀红土	13	87.89	2.18	0.11
厚层黄绵土	15	66.63	1.65	0.09
厚层傻黄绵土	1	10.41	0.26	0.01
中层河淀潮土	17	194.52	4.82	0.25
中层河淀砂土	27	201.81	5.00	0.26
中层河淀土	1	6.93	0.17	0.01
中层黑黄绵土	1	0.63	0.02	0.000809

续表 2-9-75

县土壤名称	评价单元数(个)	面积(公顷)	占二等地面积(%)	占总耕地面积(%)
中层洪淀红土	3	18.44	0.46	0.02
中层洪淀黄砂土	2	5.06	0.13	0.01
中层洪淀黄土	16	64.96	1.61	0.08
中层黄绵土	34	265.56	6.58	0.34
中层傻黄绵土	4	19.39	0.48	0.02

3.三等地

(1)土地利用类型分布

甘谷县三等地综合评价指数(IFI)在 0.6500~0.7600 之间,共 2882 个评价单元,耕地面积 31131.77 公顷,占总耕地面积的 40%,主要土地利用类型有山旱地。详见表 2-9-76。

表 2-9-76 甘谷县三等地各土地利用类型分布情况

地类名称	评价单元数(个)	面积(公顷)	占三等地面积(%)	占总耕地面积(%)
水浇地	319	2460.38	7.90	3.16
旱地梯田	13	59.98	0.19	0.08
山旱地	2550	28611.41	91.90	36.76

(2)土壤分布

甘谷县三等耕地中有土壤类型 51 种,所占面积最大的土壤类型是薄层黄绵土。详细情况见表 2-9-77。

表 2-9-77 甘谷县三等地主要土壤类型分布情况

县土壤名称	评价单元数(个)	面积(公顷)	占三等地面积(%)	占总耕地面积(%)
薄层暗棕黄砂砾土	38	264.08	0.85	0.34
薄层暗棕黄砂土	2	6.85	0.02	0.01
薄层白鸡粪土	82	470.81	1.51	0.60
薄层河淀砂土	21	288.29	0.93	0.37
薄层河淀土	5	9.72	0.03	0.01
薄层黑黄红砂土	7	50.98	0.16	0.07
薄层黑黄僵土	6	22.56	0.07	0.03
薄层黑黄绵土	53	441.36	1.42	0.57

续表 2-9-77

县土壤名称	评价单元数(个)	面积(公顷)	占三等地面积(%)	占总耕地面积(%)
薄层黑鸡粪土	9	37.40	0.12	0.05
薄层黑毛土	2	4.59	0.01	0.01
薄层红鸡粪土	3	3.05	0.01	0.00
薄层红砂土	137	1759.97	5.65	2.26
薄层红土	70	601.71	1.93	0.77
薄层洪淀潮土	31	211.09	0.68	0.27
薄层洪淀红砂土	22	139.94	0.45	0.18
薄层洪淀黄砂土	2	6.94	0.02	0.01
薄层洪淀黄土	8	39.61	0.13	0.05
薄层黄鸡粪土	121	1022.82	3.29	1.31
薄层黄僵砂土	52	323.92	1.04	0.42
薄层黄绵土	892	12256.79	39.37	15.75
薄层黄砂土	89	1272.28	4.09	1.63
薄层麻鸡粪土	44	473.23	1.52	0.61
薄层傻黄绵土	64	638.67	2.05	0.82
河淀底砂土	2	6.96	0.02	0.01
厚层白鸡粪土	37	333.89	1.07	0.43
厚层河淀潮土	9	20.79	0.07	0.03
厚层河淀土	51	390.11	1.25	0.50
厚层黑黄绵土	74	791.92	2.54	1.02
厚层黑鸡粪土	2	23.38	0.08	0.03
厚层红砂土	9	47.26	0.15	0.06
厚层红土	5	121.29	0.39	0.16
厚层洪淀潮土	2	21.40	0.07	0.03
厚层洪淀红土	14	77.52	0.25	0.10
厚层黄绵土	86	1373.02	4.41	1.76
厚层黄砂土	57	396.69	1.27	0.51
厚层麻鸡粪土	17	167.28	0.54	0.21
厚层傻黄绵土	10	92.37	0.30	0.12
中层白鸡粪土	233	2464.27	7.92	3.17

续表 2-9-77

县土壤名称	评价单元数(个)	面积(公顷)	占三等地面积(%)	占总耕地面积(%)
中层河淀潮土	9	71.46	0.23	0.09
中层河淀砂土	13	47.00	0.15	0.06
中层黑黄绵土	65	603.17	1.94	0.77
中层黑鸡粪土	20	160.58	0.52	0.21
中层红砂土	5	21.50	0.07	0.03
中层红土	1	1.18	0.00379	0.001516
中层洪淀潮土	1	0.94	0.003019	0.001208
中层洪淀黄砂土	5	20.12	0.06	0.03
中层洪淀黄土	4	10.86	0.03	0.01
中层黄绵土	242	2635.17	8.46	3.39
中层黄砂土	2	22.72	0.07	0.03
中层麻鸡粪土	40	298.07	0.96	0.38
中层砂黄绵土	107	564.19	1.81	0.72

4.四等地

(1)土地利用类型分布

甘谷县四等地综合评价指数(IFI)在 0.5900~0.6500 之间,共 2882 个评价单元,耕地面积 32272.6 公顷,占总耕地面积的 41.5%,是甘谷县最主要的耕地地力等级。详见表 2-9-78。

表 2-9-78 甘谷县四等地各土地利用类型分布情况

地类名称	评价单元数(个)	面积(公顷)	占四等地面积(%)	占总耕地面积(%)
水浇地	109	1186.3	3.68	1.52
旱地梯田	11	128.18	0.40	0.16
山旱地	2762	30958.12	95.93	39.77

(2)土壤分布

甘谷县四等耕地土壤类型所占面积最大的是薄层白鸡粪土,所占面积最小的薄层砂黄绵土,共有土种 35 种,详见表 2-9-79。

表 2-9-79 甘谷县县四等地主要土壤类型分布情况

县土壤名称	评价单元数(个)	面积(公顷)	占四等地面积(%)	占总耕地面积(%)
薄层暗棕黄砂砾土	58	465.82	1.44	0.60
薄层暗棕黄砂土	41	500.72	1.55	0.64
薄层白鸡粪土	761	10280.81	31.86	13.21
薄层黑黄红砂土	40	255.13	0.79	0.33
薄层黑黄僵土	36	317.00	0.98	0.41
薄层黑黄绵土	44	493.17	1.53	0.63
薄层黑鸡粪土	38	583.74	1.81	0.75
薄层黑毛土	64	441.20	1.37	0.57
薄层红鸡粪土	111	1686.10	5.22	2.17
薄层红青杂土	7	114.86	0.36	0.15
薄层红土	39	411.30	1.27	0.53
薄层洪淀潮土	15	160.84	0.50	0.21
薄层黄鸡粪土	349	2366.32	7.33	3.04
薄层黄僵砂土	35	311.59	0.97	0.40
薄层黄绵土	59	571.90	1.77	0.73
薄层黄砂土	286	2737.97	8.48	3.52
薄层麻鸡粪土	129	1141.45	3.54	1.47
薄层砂黄绵土	1	0.59	0.001828	0.000758
厚层白鸡粪土	3	15.28	0.05	0.02
厚层黑黄绵土	3	43.66	0.14	0.06
厚层黑鸡粪土	8	23.81	0.07	0.03
厚层红土	16	142.56	0.44	0.18
厚层黄绵土	2	22.83	0.07	0.03
厚层黄砂土	48	474.72	1.47	0.61
厚层麻鸡粪土	18	207.78	0.64	0.27
中层白鸡粪土	149	1749.06	5.42	2.25
中层黑黄绵土	51	388.39	1.20	0.50
中层黑鸡粪土	234	3292.98	10.20	4.23
中层红砂土	18	265.51	0.82	0.34

续表 2-9-79

县土壤名称	评价单元数(个)	面积(公顷)	占四等地面积(%)	占总耕地面积(%)
中层红土	5	13.81	0.04	0.02
中层洪淀潮土	1	1.45	0.004493	0.001863
中层黄绵土	8	45.23	0.14	0.06
中层黄砂土	15	88.82	0.28	0.11
中层麻鸡粪土	189	2655.50	8.23	3.41
中层砂黄绵土	1	0.70	0.002169	0.000899

5.五等地

(1)土地利用类型分布

甘谷县五等地综合评价指数(IFI)小于 0.5900,共 410 个评价单元,耕地面积 3744.36 公顷,占总耕地面积的 4.8%,主要土地利用类型有山旱地。详见表 2-9-80。

表 2-9-80　甘谷县五等地各土地利用类型分布情况

地类名称	评价单元数(个)	面积(公顷)	占五等地面积(%)	占总耕地面积(%)
水浇地	8	35.21	0.94	0.05
山旱地	402	3709.15	99.06	4.76

(2)土壤分布

甘谷县五等耕地主要土壤类型有中层黑鸡粪土和薄层白鸡粪土,所占面积分别为 1375.67 公顷和 1192.94 公顷,其余见表 2-9-81。

表 2-9-81　甘谷县五等地主要土壤类型分布情况

县土壤名称	评价单元数(个)	面积(公顷)	占五等地面积(%)	占总耕地面积(%)
薄层暗棕黄砂土	1	1.87	0.05	0.002402
薄层白鸡粪土	139	1192.94	31.86	1.53
薄层黑黄僵土	11	37.19	0.99	0.05
薄层黑鸡粪土	1	5.04	0.13	0.01
薄层黑毛土	59	331.73	8.86	0.43
薄层红鸡粪土	6	71.78	1.92	0.09
薄层红青杂土	15	135.62	3.62	0.17

续表 2-9-81

县土壤名称	评价单元数(个)	面积(公顷)	占五等地面积(%)	占总耕地面积(%)
薄层黄鸡粪土	5	17.86	0.48	0.02
薄层黄砂土	22	190.97	5.10	0.25
薄层麻鸡粪土	9	115.78	3.09	0.15
厚层黑黄绵土	1	3.48	0.09	0.004471
厚层麻鸡粪土	1	0.65	0.02	0.000835
中层黑鸡粪土	111	1375.67	36.74	1.77
中层麻鸡粪土	29	263.78	7.04	0.34

第六节　武山县耕地地力分析

一、武山县耕层土壤属性

(一)耕层土壤有机质

根据对武山县3889个样品的分析检测,其土壤有机质平均含量为16.39g/kg,标准差为3.31,变化区间为12.2~23.02g/kg,变异系数为20.21%。根据甘肃省养分分级标准,武山县土壤有机质含量为四级。

对武山县各乡(镇)土壤有机质含量进行对比分析,有机质含量平均值小于16.39g/kg的乡(镇)有9个,分别为咀头乡、鸳鸯镇、山丹乡、桦林乡、城关镇、马力镇、洛门镇、高楼乡和四门镇,其他乡(镇)有机质含量均在16.39g/kg以上。杨河乡土壤有机质含量最高,为23.02g/kg;咀头乡有机质含量最低,为12.2g/kg。土壤有机质含量在12~14g/kg的主要在咀头乡、鸳鸯镇、山丹乡、桦林乡、城关镇;14~16g/kg的主要在马力镇、洛门镇、高楼乡、四门镇;16~20g/kg的主要分布在滩歌镇、温泉乡、沿安乡、榆盘乡;20g/kg以上的分布在龙台乡和杨河乡。

(二)耕层土壤全氮

根据对武山县3888个样品的分析检测,其土壤全氮含量为平均值1.16g/kg,标准差为0.20,变化区间为0.95~1.58g/kg,变异系数为17.53%。根据甘肃省养分分级标准,武山县土壤全氮含量为四级。

对武山县各乡(镇)土壤全氮含量进行对比分析,全氮含量小于平均值1.16g/kg的有10个乡(镇),分别为鸳鸯镇、四门镇、洛门镇、城关镇、高楼乡、沿安乡、杨河乡、山丹乡、温泉乡和榆盘乡,其他乡在1.16g/kg以上。马力镇最高,为1.58g/kg;鸳鸯镇最小,为0.95g/kg。土壤全氮含量在0.95~1.00g/kg的主要分布在鸳鸯镇、四门镇、洛门镇;在1.00~1.1g/kg的主要分布在城关镇、高楼乡、沿安乡、杨河乡、山丹乡、温泉乡和榆盘乡;在1.1~1.4g/kg的主要分布在滩歌镇、桦林乡、龙台乡;在1.4~1.6g/kg的主要分布在咀头乡、马力镇。

(三)耕层土壤碱解氮

根据对武山县3854个样品的分析检测,其土壤碱解氮含量平均值为70.35mg/kg,标准差为15.27,变化区间为43.95~96.7mg/kg,变异系数为21.71%。根据甘肃省养分分级标准,武山县土壤碱解氮含量为六级。

对武山县各乡(镇)土壤碱解氮含量进行对比分析,碱解氮含量大于平均值70.35mg/kg的有7个乡(镇),分别为四门镇、山丹乡、城关镇、杨河乡、滩歌镇、沿安乡和龙台乡,其他乡(镇)在70.35mg/kg以下。龙台乡最高,为96.7mg/kg;咀头乡最小,为43.95mg/kg。咀头乡、鸳鸯镇、桦林乡、榆盘乡的土壤碱解氮含量在60mg/kg以下,其余乡(镇)均在60~100mg/kg之间。

(四)耕层土壤有效磷

根据对武山县3874个样品的分析检测,其土壤有效磷含量平均值为16.10mg/kg,标准差为2.36,变化区间为12.41~19.36mg/kg,变异系数为14.67%。根据甘肃省养分分级标准,武山县土壤有效磷含量为四级。

对武山县各乡(镇)土壤有效磷含量进行对比分析,大于平均值16.10mg/kg的有8个乡(镇),分别为四门镇、榆盘乡、鸳鸯镇、温泉乡、高楼乡、杨河乡、洛门镇和城关镇,其他乡(镇)在16.10mg/kg以下。城关镇有效磷含量最高,为19.36mg/kg;龙台乡最小,为12.41mg/kg。有效磷含量在12~14mg/kg的乡镇有龙台乡、沿安乡、山丹乡;有效磷含量在14~16mg/kg的乡镇有咀头乡、滩歌镇、桦林乡、马力镇;有效磷含量在16~18mg/kg的乡镇有四门镇、榆盘乡、鸳鸯镇;有效磷含量在18mg/kg以上乡镇有温泉乡、高楼乡、杨河乡、洛门镇和城关镇。

(五)土壤速效钾

根据对武山县3828个样品的分析检测,其土壤速效钾含量平均值为155.08mg/kg,标准差为20.34,变化区间为120.7~207.22mg/kg,变异系数为13.11%。根据甘肃省养分分级标准,武山县土壤速效钾含量为四级。

对武山县各乡(镇)土壤速效钾含量进行对比分析,速效钾含量大于平均值

155.08mg/kg 的有 6 个乡(镇),分别为城关镇、桦林乡、高楼乡、山丹乡、咀头乡和马力镇,其他乡(镇)在 155.08mg/kg 以下。马力镇速效钾含量最高,为 207.22mg/kg;龙台乡最低,为 120.7mg/kg。速效钾含量在 120～140mg/kg 的主要分布在龙台乡和温泉乡;速效钾含量在 140～160mg/kg 的主要分布在杨河乡、沿安乡、四门镇、鸳鸯镇、滩歌镇、洛门镇、榆盘乡和城关镇;速效钾含量 160mg/kg 以上的主要分布在桦林乡、高楼乡、山丹乡、咀头乡和马力镇。

(六)耕层土壤有效铁

根据对武山县 3897 个样品的分析检测,其土壤有效铁含量平均值为 8.90mg/kg,标准差为 0.84,变化区间为 7.24～10.48mg/kg,变异系数为 9.44%。根据甘肃省养分分级标准,武山县土壤有效铁含量为三级等。

对武山县各乡(镇)土壤有效铁含量进行对比分析,小于平均值 8.90mg/kg 的有 8 个乡(镇),分别为城关镇、咀头乡、龙台乡、温泉乡、洛门镇、马力镇、杨河乡、鸳鸯镇,其他乡(镇)在 8.90mg/kg 以上。高楼乡有效铁含量最大,为 10.48mg/kg;城关镇最小,为 7.24mg/kg。

(七)耕层土壤有效锰

根据对武山县 3895 个样品的分析检测,其土壤有效锰含量平均值为 13.93mg/kg,标准差为 0.83,变化区间为 11.99～15.52mg/kg,变异系数为 5.96%。根据甘肃省养分分级标准,武山县土壤有效锰含量为中等。

对武山县各乡(镇)土壤有效锰含量进行对比分析,小于平均值 13.93mg/kg 的有 9 个乡(镇),分别为温泉乡、咀头乡、城关镇、龙台乡、马力镇、高楼乡、沿安乡、榆盘乡和桦林乡,其他乡(镇)在 13.93mg/kg 以上。鸳鸯镇有效锰含量最高,为 15.52mg/kg;温泉乡最低,为 11.99mg/kg。有效锰含量在 11～14mg/kg 的主要分布在温泉乡、咀头乡、城关镇、龙台乡、马力镇、高楼乡、沿安乡、榆盘乡和桦林乡,有效锰含量在 14～16mg/kg 的主要分布在四门镇、杨河乡、滩歌镇、洛门镇、山丹乡和鸳鸯镇。

(八)耕层土壤有效铜

根据对武山县 3896 个样品的分析检测,其土壤有效铜含量为 1.35mg/kg,标准差为 0.10,变化区间为 1.26～1.70mg/kg,变异系数为 7.41%。根据甘肃省养分分级标准,武山县土壤有效铜含量为中等。

对武山县各乡(镇)土壤有效铜含量进行对比分析,大于平均值 1.35mg/kg 的乡镇有 3 个,分别为龙台乡、高楼乡和滩歌镇,其他乡平均含量在 1.35mg/kg 以下。滩歌镇有效铜含量最大,为 1.70mg/kg;温泉乡最小,为 1.26mg/kg。

(九)耕层土壤有效锌含量状况

根据对武山县 3888 个样品的分析检测,其土壤有效锌含量为 0.79mg/kg,标准差为 0.04,变化区间为 0.72~0.86mg/kg,变异系数为 5.06%。根据甘肃省养分分级标准,武山县土壤有效锌含量为较低等。

对武山县各乡(镇)土壤有效锌含量进行对比分析,有效锌含量平均值小于 0.79mg/kg 的乡(镇)有 9 个,分别是鸳鸯镇、马力镇、咀头乡、杨河乡、洛门镇、高楼乡、四门镇、桦林乡和山丹乡,其他乡(镇)均在 0.79mg/kg 以上。沿安乡有效锌含量最高,为 0.86mg/kg;鸳鸯镇最低,为 0.72mg/kg。

(十)耕层土壤 pH

根据对武山县 3421 个样品的分析测试,武山县土壤 pH 值平均值为 8.28,标准差为 0.17,变化区间为 7.88~8.48,变异系数为 2.10%。统计结果显示,武山县土壤呈微碱性。

对武山县各乡镇土壤 pH 值进行对比分析,pH 值小于平均值 8.28 的乡镇有 5 个,分别为龙台乡、杨河乡、四门镇、咀头乡和温泉乡,其他乡镇土壤 pH 值均在 8.28 以上。土壤 pH 值最大的乡镇是鸳鸯镇,为 8.48;pH 值最小的乡镇是龙台乡,为 7.88。土壤 pH 值 7.8~8.0 的主要分布在龙台乡;pH 值在 8.0~8.2 的主要分布在杨河乡、四门镇、咀头乡一带;土壤 pH 值在 8.2~8.4 的主要分布在温泉乡、滩歌镇、马力镇和高楼乡;土壤 pH 值在 8.4 以上的主要分布在城关镇、洛门镇、山丹乡和鸳鸯镇。

二、武山县耕地地力分析

以土壤图与土地利用现状图叠加形成评价单元,应用模糊综合评判方法,通过综合分析,将武山县耕地共划分为 5 个等级,根据评价结合进行耕地地力的系统分析。

(一)耕地地力等级与分布

1.耕地地力等级面积统计

根据耕地地力评价结果数据表,汇总各等级耕地的面积,以《2009 年甘肃农村年鉴》中武山县耕地总面积为基准进行平差,统计出不同等级耕地面积。

武山县总耕地面积为 7.53 万公顷,其中二、三、和四等地占的比例较大,分别为 15.8%、33.8% 和 30%,占总耕地的 79.6%;一等地和五等地占的比例较小,分别为 10.4%、10%(表 2-9-82)。

表 2-9-82 武山县耕地地力评价结果面积统计

等级	一等地	二等地	三等地	四等地	五等地	总计
面积(公顷)	7800	11900	25400	22600	7500	75300
百分比(%)	10.4	15.8	33.8	30.0	10.0	100

2.耕地地力等级的行政区域划分

从表 2-9-83 中可以看出,一等地主要分布在洛门镇、马力镇、鸳鸯镇、城关镇、山丹乡、桦林乡;二等地主要分布在马力镇、城关镇、洛门镇、榆盘乡、滩歌镇、四门镇、咀头乡;三等地主要分布在榆盘乡、马力镇、咀头乡、滩歌镇、高楼乡、山丹乡、桦林乡、城关镇、洛门镇;四等地主要分布在桦林乡、杨河乡、温泉乡、沿安乡、马力镇、高楼乡、鸳鸯镇、四门镇;五等地主要分布在四门镇、杨河乡沿安乡,其他各乡镇分布面积相对较小。

表 2-9-83 武山县耕地地力等级行政区域分布

单位:公顷,%

乡镇名称		一等地	二等地	三等地	四等地	五等地	总计
城关镇	面积	911.35	1855.92	1601.14	691.93	362.82	5423.16
	比例	16.80	34.22	29.52	12.76	6.69	100.00
高楼乡	面积	387.49	427.40	2433.15	1557.20	446.53	5251.77
	比例	7.38	8.14	46.33	29.65	8.50	100.00
桦林乡	面积	526.75	389.48	1739.97	2434.42	113.50	5204.11
	比例	10.12	7.48	33.43	46.78	2.18	100.00
咀头乡	面积	0.00	759.07	2830.18	1277.29	16.40	4882.95
	比例	0.00	15.55	57.96	26.16	0.34	100.00
龙台乡	面积	0.00	294.98	958.34	1148.97	28.13	2430.42
	比例	0.00	12.14	39.43	47.27	1.16	100.00
洛门镇	面积	2329.88	1606.91	1431.82	212.40	24.32	5605.33
	比例	41.57	28.67	25.54	3.79	0.43	100.00
马力镇	面积	1219.30	1859.45	2981.87	1779.53	565.25	8405.41
	比例	14.51	22.12	35.48	21.17	6.72	100.00
山丹乡	面积	613.91	251.71	1831.13	1295.18	503.23	4495.17
	比例	13.66	5.60	40.74	28.81	11.19	100.00
四门镇	面积	165.04	841.41	863.31	1453.28	1987.14	5310.18
	比例	3.11	15.85	16.26	27.37	37.42	100.00
滩歌镇	面积	244.40	1263.99	2639.32	1311.12	385.10	5843.92
	比例	4.18	21.63	45.16	22.44	6.59	100.00
温泉乡	面积	281.36	394.17	818.66	2222.79	223.69	3940.67
	比例	7.14	10.00	20.77	56.41	5.68	100.00

续表 2-9-83

乡镇名称		一等地	二等地	三等地	四等地	五等地	总计
沿安乡	面积	0.45	327.69	206.59	2178.72	1721.39	4434.84
	比例	0.01	7.39	4.66	49.13	38.82	100.00
杨河乡	面积	0.01	56.42	213.42	2349.31	658.20	3277.36
	比例	0.00	1.72	6.51	71.68	20.08	100.00
榆盘乡	面积	11.85	1368.78	3911.86	1195.12	92.16	6579.77
	比例	0.18	20.80	59.45	18.16	1.40	100.00
鸳鸯镇	面积	1135.13	191.79	985.48	1514.70	424.69	4251.79
	比例	26.70	4.51	23.18	35.62	9.99	100.00
全县	面积	7826.92	11889.17	25446.24	22621.96	7552.55	75336.85
	比例	10.4	15.8	33.8	30.0	10.0	100

(二)耕地地力等级分述

1.一等地的主要属性

一等地,综合评价指数 IFI 大于 0.613,耕地面积 0.78 万公顷,占总耕地面积的 10.4%。主要分布在洛门镇、马力镇、鸳鸯镇、城关镇、山丹乡、桦林乡;高楼乡、温泉乡、滩歌镇、四门镇和榆盘乡分布面积较少。

一等地土壤主要以淀土为主,土壤质地构型以壤身砂壤和均质中壤为主,地貌类型主要为河谷冲积平原区,灌溉保证率均在80%以上,灌溉水质好,地势平坦,无明显障碍层,土壤理化性状良好,可耕性强,土壤肥力高。耕层土壤养分含量:有机质 14.63g/kg,全氮 1.01g/kg,全磷 0.88g/kg,全钾 20.73g/kg,碱解氮 63.49mg/kg,有效磷 19.14mg/kg,有效硫 22.22mg/kg,速效钾 155.49mg/kg,缓效钾 155.49mg/kg(表 2-9-84)。

表 2-9-84 武山县一等地主要养分含量

县地力等级	pH	有机质 g/kg	全氮 g/kg	全磷 g/kg	全钾 g/kg	碱解氮 mg/kg	有效磷 mg/kg	有效硫 mg/kg	速效钾 mg/kg	缓效钾 mg/kg
一等地	7.65	14.63	1.01	0.88	20.73	63.49	19.14	22.22	155.49	859.54
含量水平		五级	四级			六级	四级	四级	四级	三级

2.二等地的主要属性

二等地,综合评价指数(IFI)为 0.613～0.533,耕地面积 1.19 万公顷,占总耕地面积的 15.8%,主要分布在马力镇、城关镇、洛门镇、榆盘乡、滩歌镇、四门镇、咀头乡,高楼乡、温泉乡、桦林乡、沿安乡的分布面积相对较小,龙台乡、山丹乡、鸳鸯镇、杨河乡也有零星分布。

二等地土壤主要有红土、黑垆土、黄绵土、淀土和褐色土,占总土地面积的96.1%;土壤质地构型以壤底轻壤、壤身中壤和夹砂中壤为主,地貌类型河谷冲积平原区和黄土丘陵沟壑区,可耕性较强,土壤肥力较高。耕层土壤养分含量:有机质16.23g/kg,全氮0.97g/kg,全磷0.78g/kg,全钾23.62g/kg,碱解氮54.11mg/kg,有效磷17.48mg/kg,有效硫20.41mg/kg,速效钾139.58mg/kg,缓效钾729.12mg/kg(表2-9-85)。

表2-9-85　武山县二等地主要养分含量

县地力等级	pH	有机质 g/kg	全氮 g/kg	全磷 g/kg	全钾 g/kg	碱解氮 mg/kg	有效磷 mg/kg	有效硫 mg/kg	速效钾 mg/kg	缓效钾 mg/kg
二等地	6.91	16.23	0.99	0.78	23.62	54.11	17.48	20.41	139.58	729.12
含量水平		四级	五级			六级	四级	四级	五级	四级

3.三等地的主要属性

三等地,综合评价指数(IFI)为0.533~0.4931,耕地面积2.54万公顷,占总耕地面积的33.8%。主要分布在榆盘乡、马力镇、咀头乡、滩歌镇、高楼乡、山丹乡、桦林乡、城关镇、洛门镇。

三等地土壤以黑垆土、褐色土、黄绵土、红土为主;土壤质地构型以壤底轻壤为主,无明显障碍层,土壤理化性状良,可耕性较强;地貌类型以黄土丘陵沟壑区为主。耕层土壤养分含量:有机质16.51g/kg,全氮1.15g/kg,全磷0.86g/kg,全钾27.75g/kg,碱解氮61.51mg/kg,有效磷16.35mg/kg,有效硫23.44mg/kg,速效钾156.28mg/kg,缓效钾825.37mg/kg(表2-9-86)。

表2-9-86　武山县三等地主要养分含量

县地力等级	pH	有机质 g/kg	全氮 g/kg	全磷 g/kg	全钾 g/kg	碱解氮 mg/kg	有效磷 mg/kg	有效硫 mg/kg	速效钾 mg/kg	缓效钾 mg/kg
三等地	7.87	16.51	1.15	0.86	27.75	61.51	16.35	23.44	156.28	825.37
含量水平		四级	四级			六级	四级	四级	四级	三级

4.四等地的主要属性

四等地,综合评价指数(IFI)为0.4931~0.448,耕地面积2.26万公顷,占总耕地面积

的30.0%。主要分布在桦林乡、杨河乡、温泉乡、沿安乡、马力镇、高楼乡、鸳鸯镇、四门镇等一带，城关镇和洛门镇也有零星分布。

四等地土壤以褐色土、黄绵土和黑垆土为主；土壤质地构型以壤底轻壤和夹砂中壤为主，主要为旱耕地；地貌类型为黄土丘陵沟壑区和西秦岭构造剥蚀山。耕层土壤养分含量：有机质18.91g/kg，全氮1.14g/kg，全磷0.87g/kg，全钾23.7g/kg，碱解氮74.1mg/kg，有效磷16.57mg/kg，有效硫26.13mg/kg，速效钾153.6mg/kg，缓效钾935.46mg/kg（表2-9-87）。

表2-9-87 武山县四等地主要养分含量

县地力等级	pH	有机质 g/kg	全氮 g/kg	全磷 g/kg	全钾 g/kg	碱解氮 mg/kg	有效磷 mg/kg	有效硫 mg/kg	速效钾 mg/kg	缓效钾 mg/kg
四等地	8.13	18.9	1.14	0.87	23.7	74.1	16.57	26.13	153.6	935.46
含量水平		四级	四级			六级	四级	三级	四级	三级

5.五等地的主要属性

五等地，综合评价指数IFI小于0.448，耕地面积0.76万公顷，占总耕地面积的10.0%。主要分布在四门镇、杨河乡和沿安乡一带，其他各乡镇分布面积相对较小。

五等地土壤以褐色土、红土和黑垆土为主；土壤质地构型以壤底轻壤和夹砂中壤为主，主要为旱耕地；地貌类型为黄土丘陵沟壑区和西秦岭构造剥蚀山。耕层土壤养分含量：有机质17.6g/kg，全氮1.12g/kg，全磷0.91g/kg，全钾22.54g/kg，碱解氮73.52mg/kg，有效磷15.18mg/kg，有效硫26.54mg/kg，速效钾152.52mg/kg，缓效钾923.4mg/kg（表2-9-88）。

表2-9-88 武山县五级地主要养分含量

县地力等级	pH	有机质 g/kg	全氮 g/kg	全磷 g/kg	全钾 g/kg	碱解氮 mg/kg	有效磷 mg/kg	有效硫 mg/kg	速效钾 mg/kg	缓效钾 mg/kg
五等地	8.08	17.6	1.12	0.91	22.54	73.52	15.18	26.54	152.54	923.4
含量水平		四级	四级			六级	四级	三级	四级	三级

第七节　张家川县耕地地力分析

一、张家川县耕层土壤属性

耕地土壤养分是土壤质量与持续生产、环境和人类健康间的关系研究中最为关注的问题之一，对土壤养分空间变异的充分了解是管理好土壤养分和合理施肥的基础。土壤养分含量是一个可变因素，在其比例协调的情况下，含量与作物产量呈正相关，即养分含量高，作物产量也高，反之则低。通过国家测土配方施肥补贴资金项目对张家川回族自治县耕层土壤农化样的常规化验分析数，基本摸清了张家川回族自治县土壤养分状况，为张家川回族自治县合理施肥、耕地质量保护等提供了科学依据。

（一）主要土壤养分变化分析

1.耕层土壤全量养分变化

将2008年测土配方施肥土样测试结果与第二次土壤普查报告中土壤全量养分指标进行对比，得到张家川回族自治县耕层土壤全量养分变化表（表2-9-89）。

表2-9-89　张家川回族自治县耕层土壤全量养分变化

土壤全量养分	第二次土壤普查	2008测土配方施肥	变化值	变化率（%）
有机质（g/kg）	14.44	11.45	−2.95	−20.49
全氮（g/kg）	0.95	1.009	0.059	6.21

由表2-9-89可知，耕层土壤有机质含量目前的平均水平为11.45g/kg，与第二次土壤普查相比，有机质含量有所下降，平均减少2.95g/kg，变化率较大，为20.49%；全氮由第二次土壤普查的0.95g/kg，增加到目前的1.009g/kg，平均减少0.059g/kg，相对变化率更大，为6.21%。

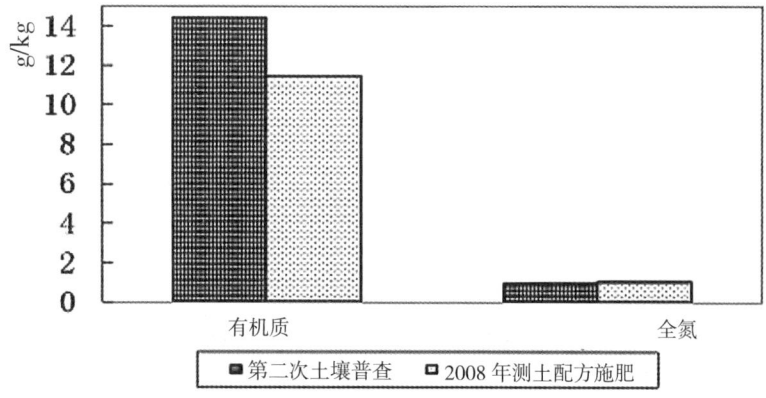

图 2-9-4　张家川回族自治县耕层土壤全量养分变化

图 2-9-4 为张家川回族自治县耕层土壤全量养分变化柱状图,可以看出,张家川回族自治县耕层土壤全量养分从第二次土壤普查到目前为止,有机质含量有比较明显的下降,全氮含量略有增加。

2.耕层土壤速效养分变化

将 2008 年测土配方施肥土样测试结果与第二次土壤普查报告中土壤速效养分指标进行对比,得到张家川回族自治县耕层土壤速效养分变化情况(表 2-9-90)。

表 2-9-90　张家川回族自治县耕层土壤速效养分变化

土壤养分	第二次土壤普查	2008 测土配方施肥	变化值	变化率(%)
有效磷(mg/kg)	11	53.56	42.56	386.91
速效钾(mg/kg)	188	175.86	-12.14	-6.46

由表 2-9-90 可知,在统计的耕层土壤有效磷和速效钾这两种速效养分中,有效磷由第二次土壤普查的 11mg/kg,增加到 53.56mg/kg,增加值高达 42.56mg/kg,变化率达到 386.91%,在土壤养分中变化很大;速效钾第二次土壤普查值为 188mg/kg,目前值为 175.86mg/kg,平均减少 12.14mg/kg,变化率为 -6.46%。

图 2-9-5 是张家川回族自治县耕层土壤速效养分变化柱状图,可以看出,张家川回族自治县耕层土壤速效养分从第二次土壤普查到目前为止,有效磷的含量有明显增加,速效钾的含量略有下降。

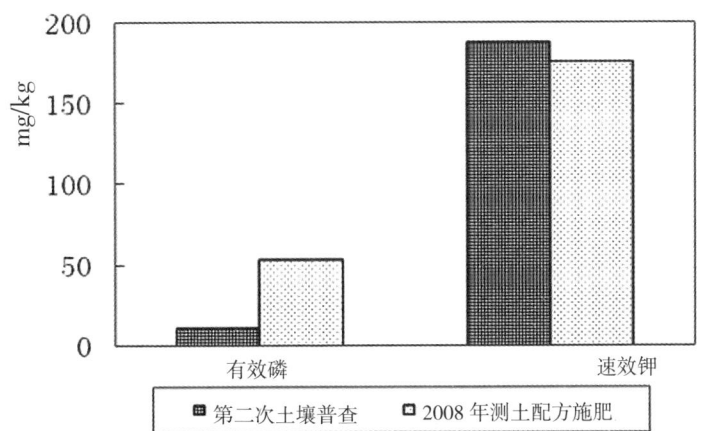

图 2-9-5 张家川回族自治县耕层土壤速效养分变化

3.耕层土壤微量元素变化

由 2008 年测土配方施肥土样测试结果对比第二次土壤普查报告,得到张家川回族自治县耕层土壤微量元素含量变化情况(表 2-9-91)。

由表 2-9-91 可知,在统计的耕层土壤铁、锰、铜、锌、硼含量变化中,既有增加的,也有降低的。其中,铜、铁和硼的含量是增加的,铜由第二次土壤普查的 1.08mg/kg 增加到目前的 2.87mg/kg,变化值为 1.79mg/kg,变化率达 165.74%;铁由第二次土壤普查的 19.76mg/kg,增至目前的 24.29mg/kg,变化值为 4.53mg/kg,变化率为 22.93%;硼由第二次土壤普查的 0.12mg/kg,增至目前的 0.13mg/kg,变化值为 0.01mg/kg,变化率为 8.33%;锰和锌的含量变化都是降低的,锰含量由第二次土壤普查的 12.05mg/kg 降为目前的 11.91mg/kg,平均减少 0.14mg/kg,变化率为 -1.16%;锌含量由第二次土壤普查的 0.46mg/kg 降为目前的 0.43mg/kg,减少 0.03mg/kg,变化率为 -6.52%;铜是土壤微量元素中变化最大的元素。

表 2-9-91 张家川回族自治县耕层土壤微量元素变化

土壤微量元素	第二次土壤普查	2008测土配方施肥	变化值	变化率(%)
铁(mg/kg)	19.76	24.29	4.53	22.93
锰(mg/kg)	12.05	11.91	−0.14	−1.16
铜(mg/kg)	1.08	2.87	1.79	165.74
锌(mg/kg)	0.46	0.43	−0.03	−6.52
硼(mg/kg)	0.12	0.13	0.01	8.33

由张家川回族自治县耕层土壤微量元素变化柱状图(图 2-9-6)可以看出,张家川回族自治县耕层土壤微量元素含量从第二次土壤普查到目前为止,既有增加也有降低,其中铜、铁含量的增加幅度最大,硼含量变化不大,而锰和锌含量均有降低。

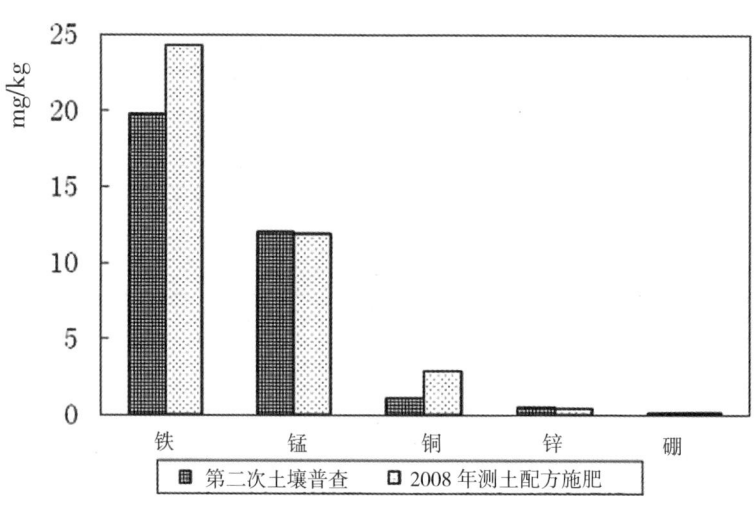

图 2-9-6　张家川回族自治县土微量元素变化

(二)不同耕地利用类型土壤养分含量分析

1.耕层土壤酸碱性分布

土壤的酸碱度是土壤形成过程综合因子作用的结果,土壤酸碱度参与土壤的许多化学反应,它是土壤肥力重要指标之一。按照张家川回族自治县测土配方施肥项目完成的 4600 个土样测试,结合张家川回族自治县土地利用类型分布,得到不同土地利用类型下的平均 pH 值。详见表 2-9-92。

表 2-9-92　张家川回族自治县各耕地利用类型 pH 值分布

检测项目	川旱地	旱地梯田	坡旱地	平均值
pH	7.80	7.80	7.85	7.82

由表 2-9-92 分析可得,张家川回族自治县耕层土壤酸碱度平均值为 7.82,而各耕地利用类型的 pH 值均大于 7,因此,张家川回族自治县耕地土壤呈微碱性。各耕地利用类型中,坡旱地的 pH 值最高,为 7.85,而旱地梯田和川旱地的 pH 值最低,为 7.0,且各耕地利用类型 pH 值相差不大。

2.耕层土壤全量养分分布

由测土配方施肥补贴项目 4096 个土样数据测得张家川回族自治县基本土壤养分含量,通过统计得到不同耕地类型的土壤养分分布表(表 2-9-93)。

表 2-9-93　张家川回族自治县各耕地利用类型全量养分分布

检测项目	川旱地	旱地梯田	坡旱地	平均值
有机质(g/kg)	10.96	11.70	11.36	11.45
全氮(g/kg)	0.82	1.09	0.98	1.01

由分析可得,张家川回族自治县各土地利用类型中,耕层土壤有机质平均含量最高的是坡旱地,为 11.36g/kg,最低的是川旱地,为 10.96g/kg,平均含量为 11.45g/kg;全氮含量值最高的是旱地梯田,含量最低的是川旱地,处在 0.82g/kg~1.09g/kg 之间,变幅为 0.27g/kg,平均值为 1.01g/kg。

3.耕层土壤速效养分分布

通过统计得到张家川回族自治县各耕地利用类型速效养分分布情况（表 2-9-94）。分析可得有效磷含量最高的是坡旱地,含量是 55.86mg/kg,其次是川旱地,含量为 52.13mg/kg,最低的是旱地梯田,含量为 51.59mg/kg,平均值是 53.57mg/kg;速效钾平均含量最高的耕地利用类型是旱地梯田,含量为 189.96mg/kg,其次是川旱地,含量是 169.21mg/kg,坡旱地的含量最低,为 163.55mg/kg。

表 2-9-94　张家川回族自治县各耕地利用类型速效养分分布

检测项目	川旱地	旱地梯田	坡旱地	平均值
有效磷(mg/kg)	52.13	51.59	55.86	53.57
速效钾(mg/kg)	169.21	189.96	163.55	175.86

4.耕层土壤微量元素分布

统计得到张家川回族自治县各耕地利用类型微量元素分布情况（表 2-9-95）。分析可得各耕地利用类型中,土壤耕层铁含量最高的是坡旱地,含量为 30.64mg/kg,其次是川旱地,含量为 27.49mg/kg,铁含量最低的是旱地梯田,含量为 17.08mg/kg,平均铁含量为 24.29mg/kg;土壤耕层锰含量最高的是旱地梯田,含量为 13.62mg/kg,最低的是坡旱地,含量为 10.40mg/kg,平均锰含量为 11.91mg/kg;土壤耕层平均铜含量为 2.87mg/kg,其中最高的是川旱地和坡旱地,含量分别为 3.76mg/kg 和 3.65mg/kg,最低的是旱地梯田,含量为 1.87mg/kg;土壤耕层锌含量最高的是川旱地,含量为 0.46mg/kg,最低的是旱地梯田,含量为 0.40mg/kg,耕层土壤平均锌含量为 0.43mg/kg;土壤耕层硼含量最高的是旱地梯田,含量为 0.14mg/kg,最低的是川旱地,含量为 0.12mg/kg,耕层土壤平均锌含量为 0.13mg/kg。

表 2-9-95　张家川回族自治县各耕地利用类型微量元素分布

检测项目	川旱地	旱地梯田	坡旱地	平均值
铁(mg/kg)	27.49	17.08	30.64	24.29
锰(mg/kg)	11.18	13.62	10.40	11.91
铜(mg/kg)	3.76	1.87	3.65	2.87
锌(mg/kg)	0.46	0.40	0.44	0.43
硼(mg/kg)	0.12	0.14	0.13	0.13

(三)主要土壤养分空间分布

土壤养分在空间上有规律的分布形成了养分的空间分布格局。在土壤学中,空间变异性导致空间分布格局的存在,空间分布格局是空间变异性的具体表现。由于土壤养分空间分布格局的传统统计分析方法只能从数量方面反映空间格局,存在较大的缺陷。地统计学方法如 kriging 插值法能够准确、直观地描述土壤各养分在空间上的分布特征如形状、大小、地理位置等,可以更深入地了解土壤养分的空间分布格局。

基于张家川回族自治县耕地地力评价采样点实际测量数据,利用 ArcGIS 软件平台,结合普通 Kriging 插值法,获得张家川回族自治县耕层土壤有机质、有效磷、速效钾、缓效钾、有效锰、有效铁、有效铜、有效锌等养分含量的各等级分布图,从中可以看出研究区各土壤养分含量的空间分布状况。

1.耕层土壤有机质分布

张家川土壤有机质分布西北部、东南部较高以及马关乡的部分地区,地带性较为明显,山区较川、沟谷地区含量高。西北部的张棉乡、刘堡乡,以及西南部的胡川乡和西部的马关乡的有机质含量最高,有机质含量达到 15~22g/kg 之间;阎家乡、张川镇、川王乡等乡镇的有机质含量在 10~15g/kg,其余各乡镇虽然也有部分有机质含量较高,但面积都很小。

根据甘肃省养分分级标准(表 2-9-96),按照张家川回族自治县有机质含量由低到高对应甘肃省有机质含量为三至七级(表 2-9-97)。可见张家川回族自治县有机质含量低且差异大,属于有机质贫乏地区。

表 2-9-96　甘肃省耕层养分分级标准(主要养分)

	一级	二级	三级	四级	五级	六级	七级
有机质(g/kg)	>30	30.0~25.0	25.0~20.0	20.0~15.0	15.0~10.0	10.0~6.0	≤6.0
速效钾(mg/kg)	>300	250~300	200~250	150~200	100~150	50~100	≤50
缓效钾(mg/kg)	>1200	1200~1000	1000~800	800~600	600~400	400~150	≤150
有效磷(mg/kg)	>40.0	40.0~30.0	30.0~20.0	20.0~15.0	15.0~10.0	10.0~5.0	≤5.0

表 2-9-97　张家川回族自治县有机质等级划分

甘肃省等级	四级	五级	六级	七级
有机质(g/kg)	22.0~15.0	15.0~10.0	10.0~6.0	≤6.0

2.耕层土壤有效磷分布

张家川回族自治县有效磷含量普遍较高,多数处于40~50g/kg水平段中。含量最高的主要是川王乡的大庄村、西崖村,刘堡乡的杜家村、米家村、高家村,阎家乡三友村,马鹿乡的龙口村等,此区域的有效磷含量处于60~70g/kg之间;另外阎家乡、梁山乡、刘堡乡、大阳乡以及川王乡的部分地区有效磷含量也较高,处于50~60g/kg之间。

根据甘肃省养分分级标准,将张家川回族自治县有效磷含量基本上对应甘肃省有效磷含量三级或以上的标准,可见张家川回族自治县有效磷含量高,属于有效磷富余地区。

3.耕层土壤速效钾分布

耕层土壤速效钾在张家川回族自治县分布较高,大多数地区的速效钾含量都在150~200mg/kg之间,且含量大于300mg/kg的只分布在张家川回族自治县最南端的马鹿乡的一部分地区,耕层土壤速效钾含量最低的也在100~150mg/kg之间。

对照甘肃省养分分级标准,张家川回族自治县速效钾含量由高到低分为五级,分别对应甘肃省的一至五级(表2-9-98)。由此可见张家川回族自治县耕层土壤富含速效钾,但对于喜钾作物和灌区,不应该忽视施用钾肥。

表 2-9-98　张家川回族自治县速效钾等级划分

甘肃省等级	一级	二级	三级	四级	五级
速效钾(mg/kg)	>300	250~300	200~250	150~200	100~150

4.耕层土壤缓效钾分布

耕层土壤缓效钾在张家川回族自治县分布都很高,除少数地区的缓效钾含量低于800mg/kg以外,其余地区基本上都是大于800mg/kg,还有一部分地区的缓效钾含量大于1200mg/kg。对照甘肃省养分分级标准,张家川回族自治县缓效钾含量绝大多数属于二级和三级,少部分属于四级,部分大于一级,可见张家川回族自治县的耕层土壤缓效钾含量非常高,属于缓效钾高含量区。

对照甘肃省养分分级标准,张家川回族自治县速效钾含量由高到低分为四级,分别对应甘肃省的一至四级(表2-9-99)。

表2-9-99　张家川回族自治县速效钾等级划分

甘肃省等级	一级	二级	三级	四级
缓效钾(mg/kg)	>1200	1200~1000	1000~800	800~600

5.耕层土壤有效锰分布

张家川回族自治县土壤有效锰含量属于中等水平,基本上处于9~13mg/kg之间。含量最高的主要是张川镇西北部、平安乡、刘堡乡的南部以及马鹿乡的南部地区,有效锰含量处于17~21mg/kg之间。

根据甘肃省养分分级标准(微量元素)(表2-9-100),将张家川回族自治县有效锰含量由低到高分成四个等级,对应甘肃省有效锰含量一至四级,即高、中等、较低和低四个档次(表2-9-101)。由此可见,张家川回族自治县耕层有效锰含量属于相对不足的地区。

表2-9-100　甘肃省养分分级标准(微量元素)

甘肃省等级	一级	二级	三级	四级	五级
	高	中等	较低	低	极低
有效锌(mg/kg)	>2.00	2.00~1.00	1.00~0.50	0.50~0.30	≤0.30
有效锰(mg/kg)	>15	15.00~9.00	9.00~7.00	7.00~3.00	≤3.00
有效铁(mg/kg)	>15.00	15.00~10.00	10.00~4.50	4.50~2.50	≤2.50
有效铜(mg/kg)	>2.00	2.00~1.00	1.00~0.50	0.50~0.20	≤0.20

表 2-9-101　张家川回族自治县有效锰等级划分

甘肃省等级	一级	二级	三级	四级
	高	中等	较低	低
有效锰(mg/kg)	21.00~17.00	13.00~17.00	9.00~13.00	9.00~5.00

6.耕层土壤有效铁分布

张家川回族自治县耕层土壤有效铁含量较高,大部分处于 10~20mg/kg 之间。含量最高的主要是张棉乡东部、龙山镇南部以及龙山镇、木河乡、大阳乡三个乡镇接壤的地方,胡川乡的大部分地区,有效铁含量处于 40~60mg/kg 之间,有效铁含量高的地区全部集中在张家川回族自治县的西北部地区,中部地区的有效铁含量最低,基本上处于 4.5~10mg/kg 之间,张家川中部以南地区的有效铁含量基本上处于 10~20mg/kg 之间。

根据甘肃省养分分级标准(微量元素),将张家川回族自治县有效铁含量由低到高分成三个等级,对应甘肃省有效铁含量一、二、三级,即高、中等和较低三个档次(表2-9-102)。由此可见,张家川回族自治县耕层有效铁含量属于中等水平,没有极低值,属于铁的适量地区。

表 2-9-102　张家川回族自治县有效铁等级划分

甘肃省等级	一级	二级	三级
	高	中等	较低
有效铁(mg/kg)	>20.0	20.0~10.0	10.0~4.50

7.耕层土壤有效铜分布

张家川回族自治县耕层土壤有效铜含量属于中等情况,大部分处于 1.5~2.5mg/kg 之间。含量最高的主要是龙山镇、木河乡以及大阳乡的东北部等地区,有效铜含量处于 5.5~8.5 mg/kg 之间,含量最低的面积分布在张家川回族自治县的阎家乡和马鹿乡,耕层土壤有效铜含量处于 0.5~1.5mg/kg。

根据甘肃省养分分级标准(微量元素),将张家川回族自治县有效铜含量由低到高分成三个等级,对应甘肃省有效铜含量二、三、四等级,即中等、较低和低三个档次(表2-9-103)。由此可见,张家川回族自治县耕层有效铜含量属于中等水平。

表 2-9-103　张家川回族自治县有效铜等级划分

甘肃省等级	二级	三级	四级
	高	中等	较低
有效铜(mg/kg)	>2.5	2.50～1.50	1.50～0.50

8.耕层土壤有效锌分布

由张家川回族自治县耕层土壤有效锌空间分布图(图 2-9-14),可以看出张家川回族自治县耕层土壤有效锌含量属于中等情况,大部分处于 0.3～0.5 mg/kg 之间。含量最高的主要是马关乡西北部、龙山镇南部、大阳乡东北部、木河乡、张川镇北部以及马鹿乡的少部分地区,有效锌含量处于 0.3～1.0mg/kg 之间,有效锌含量小于 0.3mg/kg 的较多,主要分布在川王乡、连五乡的西北部、胡川乡、恭门镇、张棉乡,以及阎家乡和马鹿乡的部分地区。

根据甘肃省养分分级标准(微量元素),将张家川回族自治县有效锌含量由低到高分成两个等级,对应甘肃省有效锌含量三和四等级,即较低和低两个档次(表 2-9-104)。由此可见,张家川回族自治县耕层有效锌含量普遍较低,属于锌的不足地区。

表 2-9-104　张家川回族自治县有效锌等级划分

甘肃省等级	Ⅲ	Ⅳ
	较低	低
有效锌(mg/kg)	1.00～0.50	0.50～0.30

二、张家川县耕地地力分析

按照农业部耕地质量调查和评价的规程及相关标准,结合当地实际情况,张家川回族自治县耕地地力分析,选取了对耕地地力影响较大,区域内变异明显,在时间序列上具有相对稳定性,与农业生产有密切关系的 8 个因子,建立评价指标体系。以土壤图与土地利用现状图叠加形成评价单元,应用模糊综合评判方法,通过综合分析,将全县耕地地力共划分为四个等级,根据评价结果结合地理信息系统 ArcGIS 软件平台,从县域总体、各等级的空间分布、各等级耕地的土地利用类型、土壤主要属性等角度对耕地地力进行了系统分析。

(一)各等级耕地数量及其分布比例

由耕地潜在地力评价模型所得出的张家川回族自治县耕地地力等级图所示,并以

2007年土地变更调查数据为基准,按面积比例进行平差,统计得到张家川回族自治县各耕地地力等级面积。

张家川回族自治县耕地总面积为48487.18公顷,各等级耕地面积比例差异较大,三等地面积最大,占到了总耕地面积的45.95%;其次是二等地和四等地,分别占到总耕地面积的25.60%和22.32%;一等地面积最小,占总耕地面积的6.13%,具体数据见表2-9-105。

表2-9-105　张家川回族自治县耕地地力等级及面积统计表

等级	一等地	二等地	三等地	四等地
面积(公顷)	2972.3	12412.7	22279.8	10822.3
占总耕地面积(%)	6.13	25.60	45.95	22.32

1.各等级耕地的空间分布

(1)全县范围耕地地力等级分布

张家川回族自治县的一等地主要分布在马关乡、龙山镇、张川镇、胡川乡的部分地区,基本上都属于河流低阶地,灌溉条件比较好,土壤较肥沃,日照充足。二等地主要分布在张川镇、马关乡、胡川乡、恭门镇、龙山镇、阎家乡、川王乡的部分地区,与一等地交叉分布现象明显。二等地土层深厚,地貌条件较好,对耕地地力影响较大。该地区农业基础设施基本配套成型,机械化水平较高,农业技术普及率呈中等水平。三等地主要分布在恭门镇、张棉乡、胡川乡、张川镇、连五乡、梁山乡的部分地区,该地区地形复杂,沟深坡陡,有机质、有效磷等的养分含量低,造成产量下降。四等地主要分布在恭门镇、木河乡、大阳乡、阎家乡、平安乡、张川镇、连五乡的部分地区,其他少部分分布在张棉乡、马鹿乡等地区。该地区地形复杂,土壤有机质及养分含量低,形成了土壤瘠薄、粮食产量不高的局面。

从耕地地力等级分布的地域特征可以看出,地力等级的高低与地貌类型、灌溉或降水条件有着密切的联系,呈现出明显的地域分布规律。随着耕地地力等级的降低,地貌类型呈现河流低阶地—中山—高黄土峁梁的大致变化趋势。另外年降水量和地域差异也是造成耕地地力等级变化的重要因子。

(2)耕地地力等级的行政区域划分

为了更好地分析张家川回族自治县耕地地力等级的空间分布情况,利用ArcGIS软件将得到的地力等级分布图与张家川回族自治县行政区划图(乡镇级)进行叠加,从属性库中按乡镇权属检索统计得各级耕地在各个乡镇的分布状况(表2-9106至2-9-109)。

表 2-9-106　张家川回族自治县各乡镇一等地面积分布情况

乡镇名称	评价单元数（个）	面积（公顷）	占本级耕地面积（%）	占本乡镇耕地面积（%）	占总耕地面积（%）
川王乡	8	112.24	4	4.66	0.231
大阳乡	16	140.85	5	4.52	0.29
恭门镇	1	7.38	0	0.11	0.015
胡川乡	24	395.22	13	10.51	0.815
连五乡	6	101.69	3	4.14	0.21
梁山乡	2	24.7	1	1.22	0.051
龙山镇	86	804.52	27	30.02	1.659
马关乡	89	839.33	28	24.48	1.731
木河乡	11	105.1	4	4.17	0.217
张川镇	41	441.67	15	7.93	0.911

表 2-9-107　张家川回族自治县各乡镇二等地面积分布情况

乡镇名称	评价单元数（个）	面积（公顷）	占本级耕地面积（%）	占本乡镇耕地面积（%）	占总耕地面积（%）
川王乡	45	718.51	5.82	29.83	1.48
大阳乡	47	446.81	3.62	14.34	0.92
恭门镇	74	1212.73	9.82	18.29	2.50
胡川乡	76	1261.12	10.21	33.52	2.60
连五乡	18	221.04	1.79	9.00	0.46
梁山乡	47	543.49	4.40	26.84	1.12
刘堡乡	57	834.11	6.75	29.89	1.72
龙山镇	113	1121.92	9.08	41.86	2.31
马关乡	97	1365.20	11.05	39.82	2.82
马鹿乡	66	520.48	4.21	28.59	1.07
木河乡	21	265.86	2.15	10.56	0.55
平安乡	4	186.90	1.51	7.66	0.39
阎家乡	42	771.13	6.24	20.89	1.59
张川镇	163	2358.06	19.09	42.33	4.86
张棉乡	60	526.00	4.26	16.70	1.08

表 2-9-108 张家川回族自治县各乡镇三等地面积分布情况

乡镇名称	评价单元数（个）	面积（公顷）	占本级耕地面积（%）	占本乡镇耕地面积（%）	占总耕地面积（%）
川王乡	90	1034.85	4.66	42.97	2.13
大阳乡	77	1253.96	5.65	40.26	2.59
恭门镇	209	3076.17	13.86	46.39	6.34
胡川乡	97	1984.39	8.94	52.75	4.09
连五乡	107	1500.38	6.76	61.07	3.09
梁山乡	54	1427.41	6.43	70.50	2.94
刘堡乡	104	1158.46	5.22	41.52	2.39
龙山镇	38	562.13	2.53	20.98	1.16
马关乡	57	1029.11	4.64	30.01	2.12
马鹿乡	146	1222.97	5.51	67.18	2.52
木河乡	61	786.38	3.54	31.23	1.62
平安乡	70	1234.61	5.56	50.62	2.55
阎家乡	90	1765.51	7.95	47.83	3.64
张川镇	165	1871.90	8.43	33.60	3.86
张棉乡	159	2288.87	10.31	72.65	4.72

表 2-9-109 张家川回族自治县各乡镇四等地面积分布情况

乡镇名称	评价单元数（个）	面积（公顷）	占本级耕地面积（%）	占本乡镇耕地面积（%）	占总耕地面积（%）
川王乡	35	542.72	18.26	22.54	1.12
大阳乡	53	1273.27	42.83	40.88	2.63
恭门镇	125	2334.60	78.53	35.21	4.81
胡川乡	7	121.07	4.07	3.22	0.25
连五乡	25	633.81	21.32	25.80	1.31
梁山乡	6	29.06	0.98	1.44	0.06
刘堡乡	58	797.59	26.83	28.59	1.64
龙山镇	15	191.30	6.44	7.14	0.39
马关乡	8	195.09	6.56	5.69	0.40
马鹿乡	17	77.11	2.59	4.24	0.16

续表 2-9-109

乡镇名称	评价单元数（个）	面积（公顷）	占本级耕地面积（%）	占本乡镇耕地面积（%）	占总耕地面积（%）
木河乡	45	1360.82	45.78	54.04	2.81
平安乡	51	1017.64	34.23	41.72	2.10
阎家乡	55	1154.55	38.84	31.28	2.38
张川镇	65	899.63	30.26	16.15	1.86
张棉乡	18	335.76	11.29	10.66	0.69

统计结果表明：一等地只分布在川王乡、大阳乡、恭门镇、胡川乡、连五乡、梁山乡、龙山镇、马关乡、木河乡这 10 个乡镇，而刘堡乡、马鹿乡、平安乡、阎家乡、张棉乡 5 个乡镇没有一等地分布；二等地、三等地、四等地在全县 15 个乡镇均有分布，空间覆盖比例较大。

由各等级耕地在不同乡镇所占比例来看，一等地面积比例较高的是马关乡、龙山镇、张川镇和胡川乡，分别占一等地面积的 28%、27%、15% 和 13%。川王乡、大阳乡、恭门镇、连五乡、梁山乡、木河乡尽管也有一等地分布，但面积很小，占本级地面积比例均不到 10%；二等地面积比例较高的是张川镇、马关乡和胡川乡，分别占二等地面积的 19.09%、11.05% 和 10.21%，其余各乡镇二等地面积均不到该等级总面积的 10%；三等地面积比例较高的是恭门镇和张棉乡，分别占三等地总面积的 13.86% 和 10.31%，而其余各乡镇都有分布，但比例均达不到 10%；四等地尽管在全县各乡镇均有分布，恭门镇、木河乡、大阳乡、阎家乡、张川镇面积比例最高，分别占四等地面积的 78.53%、45.78%、42.83%、38.84% 和 30.26%，而其余各乡镇都有分布，但比例均达不到 10%。

从各乡镇不同等级耕地所占本乡镇面积比例来看，一等地中占本乡镇耕地比例最大的是龙山镇、马关乡和胡川乡，分别是 30.02%、24.48% 和 10.51%；二等地中占本乡镇耕地面积比例较高的张川镇、龙山镇、马关乡和胡川乡，分别为 42.33%、41.86%、39.82% 和 33.52%；三等地中占本乡镇面积比例均较大，其中最高的是张棉乡、梁山乡、马鹿乡、连五乡，比例分别是 72.65%、70.5%、67.18% 和 61.07%；四等地中占本乡镇面积比例最高的是木河乡为 54.04%，其次是平安乡为 41.72%，大阳乡为 40.88%。

（二）耕地地力分等级分析

由综合指数和专家评议结果得到张家川回族自治县四个等级的耕地地力评价结果，为了更好地反映各级耕地的土地利用类型和主要评价指标的影响，按耕地等级分别进行分析。

1.一等地

(1)土地利用类型分布

张家川回族自治县一等地综合评价指数(IFI)大于0.7714,共285个评价单元,面积为2972.7公顷,占总耕地面积的6.13%。主要土地利用类型有川旱地、旱地梯田和坡旱地。其中,川旱地面积为1264.8公顷,占一等地面积42.55%,占总耕地面积的2.61%;旱地梯田面积为30.5公顷,占一等地面积1.03%,占总耕地面积的0.06%;坡旱地面积为1677.4公顷,占一等地面积56.43%,占总耕地面积的3.46%,详见表2-9-110。

表2-9-110 张家川回族自治县一等地土地利用类型分布情况

地类名称	评价单元数(个)	面积(公顷)	占一等地面积(%)	占总耕地面积(%)
川旱地	137	1264.8	42.55	2.61
旱地梯田	10	30.5	1.03	0.06
坡旱地	138	1677.4	56.43	3.46

(2)土壤分布

张家川回族自治县共有土壤类型99种,其中一等耕地分布有28种,主要土壤类型为中层黑鸡粪土、薄层黑鸡粪土、中层黄绵土,面积分别为437.3公顷、317.93公顷、300.78公顷。分别占一等地面积比例为14.71%、10.69%和10.12%,占总耕地面积的0.9%、0.66%和0.62%。其他25种土壤类型所占面积不超10%,详见表2-9-111。

表2-9-111 张家川回族自治县一等地土壤类型分布情况

县土壤名称	评价单元数(个)	面积(公顷)	占一等地面积(%)	占总耕地面积(%)
薄层河淀潮土	5	28.73	0.97	0.0593
薄层河淀黄土	5	69.56	2.34	0.1435
薄层黑黄绵土	17	169.30	5.70	0.3492
薄层黑鸡粪土	26	317.93	10.69	0.6557
薄层黄鸡粪土	1	66.99	2.25	0.1382
冲积砂砾土	4	34.31	1.15	0.0708
粗骨质始成黑垆土	3	3.18	0.11	0.0066
高位河淀底砂土	6	13.95	0.47	0.0288

续表 2-9-111

县土壤名称	评价单元数(个)	面积(公顷)	占一等地面积(%)	占总耕地面积(%)
红土性黑垆土型土壤	25	218.18	7.34	0.4500
红土性石灰质褐土	1	3.91	0.13	0.0081
厚层白鸡粪土	3	26.10	0.88	0.0538
厚层河淀黄砂土	8	62.67	2.11	0.1293
厚层黑鸡粪土	15	108.11	3.64	0.2230
厚层洪淀红土	9	103.25	3.47	0.2129
厚层黄鸡粪土	3	37.13	1.25	0.0766
厚层黄绵土	19	181.62	6.11	0.3746
厚层砂黄绵土	4	33.41	1.12	0.0689
黄红土性黑垆土型侵蚀土	8	39.84	1.34	0.0822
黄土性黑垆土型土壤	2	11.99	0.40	0.0247
石质性始成黑垆土	5	42.80	1.44	0.0883
中层河淀黄砂土	11	94.47	3.18	0.1948
中层河淀黄土	17	263.25	8.86	0.5429
中层黑黄绵土	10	143.97	4.84	0.2969
中层黑鸡粪土	42	437.31	14.71	0.9019
中层洪淀红土	3	20.87	0.70	0.0430
中层黄绵土	20	300.78	10.12	0.6203
中层麻鸡粪土	11	131.70	4.43	0.2716
中位夹砂土	1	7.38	0.25	0.0152

（3）主要属性分析

张家川回族自治县一等地主要分布在河流两岸的河流低阶地上，面积为2972.3公顷，耕层质地主要是中壤和重壤，面积分别为2586.6公顷和386.1公顷，分别占一等地总面积的87%和13%。主要质地构型为夹砂中壤和砂底中壤，面积分别为1869.6公顷和561.4公顷，分别占一等耕地总面积的62.89%和18.88%。

剖面构型主要为A11-A12-Ab-Bk-Ck、A11-A12-B-C 和 A11-A12-A-Bk 构型。坡向主要为东南、南和西南向。≥10℃积温均值为2561℃，平均年降水量521.5mm，平均海拔1608.4m，平均坡度6.2°，平均有效土层厚度为148cm，耕层土壤有机质平均含量为11.1g/kg，有效磷平均含量为53.4mg/kg、pH值平均为7.8，全氮平均含量为0.871g/kg，缓效钾平均含量为1029mg/kg，缓效钾平均含量为160mg/kg，水解氮平均含量为58.302g/kg，有效锰平均含量为10.3mg/kg，有效锌平均含量为0.46mg/kg，有效铜平均含量为4.09mg/kg，有效铁平均含量为31.2mg/kg，有效硼平均含量为0.13mg/kg，全钾平均含量为22.2g/kg。详见表2-9-112。

表 2-9-112　张家川回族自治县各等级耕地主要指标平均值

指标	一等地	二等地	三等地	四等地
≥10℃积温（℃）	2561	2370	2283	2278
年降水量（mm）	521.5	569.7	589.6	582.3
海拔（m）	1608.4	1785.2	1894.1	1904.4
坡度（°）	6.2	10.2	12.9	14.8
有效土层厚度（cm）	148	133	106	49
有机质（g/kg）	11.1	12.0	11.6	10.5
有效磷（mg/kg）	53.4	54.6	53.5	52.0
pH	7.8	7.8	7.8	7.8
全氮（g/kg）	0.871	0.988	1.067	0.964
缓效钾（mg/kg）	1029	1084	1101	1111
速效钾（mg/kg）	160	173	180	177

续表 2-9-112

指标	一等地	二等地	三等地	四等地
水解氮(g/kg)	58.302	50.725	48.119	50.255
有效锰(mg/kg)	10.3	11.6	12.2	12.6
有效锌(mg/kg)	0.46	0.43	0.42	0.43
有效铜(mg/kg)	4.09	2.97	2.59	2.87
有效铁(mg/kg)	31.2	25.8	23.4	20.7
有效硼(mg/kg)	0.13	0.13	0.13	0.13
全钾(g/kg)	22.2	23.4	24.2	24.3

2.二等地

（1）土地利用类型分布

张家川回族自治县二等地综合评价指数（IFI）在 0.6680~0.7714 之间，共 929 个评价单元，耕地面积 12412.7 公顷，占总耕地面积的 25.60%，主要土地利用类型有川旱地、旱地梯田和坡旱地。其中，川旱地面积为 1263.1 公顷，占二等地面积 10.22%，占总耕地面积的 2.61%；旱地梯田面积为 4830.1 公顷，占二等地面积 9.96%，占总耕地面积的 2.538%；坡旱地面积为 6260.2 公顷，占二等地面积 50.68%，占总耕地面积的 12.91%，详见表 2-9-113。

表 2-9-113　张家川回族自治县一等地土地利用类型分布情况

地类名称	评价单元数(个)	面积(公顷)	占二等地面积(%)	占总耕地面积(%)
川旱地	150	1263.1	10.22	2.61
旱地梯田	346	4830.1	39.10	9.96
坡旱地	433	6260.2	50.68	12.91

（2）土壤分布

张家川回族自治县二等耕地主要土壤类型为中层麻鸡粪土和薄层黄鸡粪土，面积分别为 2428.51 公顷和 2070.83 公顷，这三种土壤分别占二等地面积的比例为 13.23% 和 11.18%。其他 60 多种土壤在二等地中有零星分布，面积不大，详见表 2-9-114。

表 2-9-114 张家川回族自治县二等地主要土壤类型分布情况

县土壤名称	评价单元数(个)	面积(公顷)	占二等地面积(%)	占总耕地面积(%)
暗色草甸土	4	11.56	0.43	5.0086
薄层白鸡粪土	12	127.09	1.29	4.2709
薄层河淀黄砂土	17	100.70	1.83	1.5272
薄层河淀黄土	16	211.73	1.72	0.7785
薄层黑潮土	6	103.76	0.65	0.7708
薄层黑黄绵土	10	140.82	1.08	0.9909
薄层黑黄砂土	7	27.59	0.75	1.1427
薄层黑鸡粪土	35	554.08	3.76	0.2991
薄层红板土	1	40.45	0.11	1.2389
薄层红青杂土	2	26.50	0.22	0.5856
薄层洪淀红土	5	37.09	0.54	0.2633
薄层黄红土	7	32.23	0.75	0.4539
薄层黄鸡粪土	104	2070.83	11.18	0.5176
薄层黄绵土	13	191.36	1.40	0.5900
薄层黄土	2	20.15	0.22	0.2077
薄层麻鸡粪土	26	220.06	2.80	0.8850
薄层砂黄绵土	1	1.39	0.11	0.4367
粗骨质始成黑垆土	7	127.53	0.75	0.3448
高位河淀底砂土	5	18.07	0.54	0.7107
红土性黑垆土型侵蚀土	2	13.17	0.22	0.3947

续表 2-9-114

县土壤名称	评价单元数(个)	面积(公顷)	占二等地面积(%)	占总耕地面积(%)
红土性黑垆土型土壤	47	377.49	5.05	0.2621
红土性石灰质褐土	2	6.08	0.22	0.1576
厚层白鸡粪土	3	34.98	0.32	0.2904
厚层河淀黑土	4	39.08	0.43	0.1098
厚层河淀黄砂土	1	6.23	0.11	0.1023
厚层河淀黄土	39	373.75	4.19	0.3503
厚层黑潮土	10	53.25	1.08	0.1312
厚层黑黄绵土	27	283.96	2.90	0.1732
厚层黑鸡粪土	3	30.92	0.32	0.0569
厚层洪淀红土	8	63.63	0.86	0.0665
厚层黄红土	3	48.37	0.32	0.2630
厚层黄鸡粪土	4	47.51	0.43	0.2140
厚层黄绵土	15	167.17	1.61	0.0571
厚层麻鸡粪土	15	344.60	1.61	0.0587
厚层傻黄绵土	4	64.94	0.43	0.0765
黄红土性黑垆土型侵蚀土	27	127.64	2.90	0.0373
黄绵土性土壤	1	33.30	0.11	0.1364
黄土性典型褐土	1	7.95	0.11	0.0238
黄土性黑垆土型土壤	10	49.60	1.08	0.0806
黄土性黑土	6	27.67	0.65	0.0980

续表 2-9-114

县土壤名称	评价单元数(个)	面积(公顷)	占二等地面积(%)	占总耕地面积(%)
黄土性石灰质褐土	63	740.50	6.77	0.1339
砂土性典型褐土	1	12.72	0.11	0.0129
砂土性典型棕壤	34	145.00	3.66	0.0378
砂土性石灰质褐土	12	76.43	1.29	0.1627
石质性始成黑垆土	6	28.49	0.65	0.0494
石质性始成棕壤	4	6.24	0.43	0.0722
中层白鸡粪土	8	83.96	0.86	0.0638
中层潮棕黄土	10	169.83	1.08	0.0998
中层河淀潮土	3	34.18	0.32	0.0705
中层河淀黑土	3	37.78	0.32	0.0779
中层河淀黄砂土	4	18.33	0.43	0.0555
中层河淀黄土	20	250.95	2.15	0.0334
中层黑红土	1	29.91	0.11	0.0547
中层黑黄绵土	18	286.07	1.94	0.0416
中层黑黄土	5	66.16	0.54	0.0272
中层黑鸡粪土	39	480.46	4.19	0.0125
中层洪淀红土	4	78.88	0.43	0.0834
中层黄红土	4	23.97	0.43	0.0029
中层黄鸡粪土	17	429.14	1.83	0.0129
中层黄绵土	32	600.72	3.44	0.0687

续表 2-9-114

县土壤名称	评价单元数(个)	面积(公顷)	占二等地面积(%)	占总耕地面积(%)
中层黄土	1	17.73	0.11	0.0164
中层麻鸡粪土	123	2428.51	13.23	0.0262
中位夹砂土	3	26.92	0.32	0.0617
棕红砂土	3	16.17	0.32	0.0366

(3)主要属性分析

张家川回族自治县二等地主要地貌类型为中山，面积为8670.14公顷，占二等地总面积的61.72%，其次是河流低阶地，面积为3132.57公顷，占二等地总面积的33.23%，还有5.25%为高黄土峁梁。成土母质主要为黄土母质和冲积物，面积分别为1004.1公顷和1350.6公顷，占二等地总面积的比例分别是80.98%和10.93%。耕层质地以中壤为主，占二等耕地总面积的87.92%，主要质地构型为夹砂中壤和均质中壤，面积分别为6304公顷和3742公顷，分别占二等耕地总面积的51.03%和30.29%。

剖面构型主要为A11-A12-Ab-Bk-Ck和A11-A12-ABB-C构型。坡向主要为南和东南向。≥10℃积温均值为2370℃，平均年降水量569.7mm，平均海拔1785.2m，平均坡度10.2°，平均有效土层厚度为133cm，耕层土壤有机质平均含量为12.0g/kg，有效磷平均含量为54.6mg/kg、pH值平均为7.8，全氮平均含量为0.988g/kg，缓效钾平均含量为1084mg/kg，缓效钾平均含量为173mg/kg，水解氮平均含量为50.725g/kg，有效锰平均含量为11.6mg/kg，有效锌平均含量为0.43mg/kg，有效铜平均含量为2.97mg/kg，有效铁平均含量为25.8mg/kg，有效硼平均含量为0.13mg/kg，全钾平均含量为23.4g/kg。详见表2-9-112。

3.三等地

(1)土地利用类型分布

张家川回族自治县三等地综合评价指数(IFI)在0.5467~0.6680之间，共1526个评价单元，耕地面积22279.8公顷，占总耕地面积的45.95%，是张家川回族自治县最主要的地力等级。三等地的土地利用类型主要土地利用类型有川旱地、旱地梯田和坡旱地。其中，川旱地面积为489.3公顷，占三等地面积2.2%，占总耕地面积的1.01%；旱地梯田面积为10851.4公顷，占三等地面积22.38%，占总耕地面积的10.245%；坡旱地面积为10856.4公顷，占三等地面积48.91%，占总耕地面积的22.39%，详见表2-9-115。

表 2-9-115 张家川回族自治县一等地土地利用类型分布情况

地类名称	评价单元数(个)	面积(公顷)	占三等地面积(%)	占总耕地面积(%)
川旱地	57	489.3	2.20	1.01
旱地梯田	780	10851.4	48.89	22.38
坡旱地	689	10856.4	48.91	22.39

(2)土壤分布

张家川回族自治县三等耕地主要土壤类型为山地黄麻土、山地黄绵土、塬地黄麻土以及山地麻土，面积分别为 12895.36 公顷、4533.87 公顷、3366.87 公顷、3081.60 公顷，这四种土壤类型占三等地面积的比例分别为 38.96%、13.70%、10.17% 和 9.31%。占全县总耕地面积的比例分别为 7.49%、2.63%、1.95% 和 1.78%。其他 20 多种土壤类型在三等地中也有零星分布，但比例较小，详见表 2-9-116。

表 2-9-116 张家川回族自治县三等地主要土壤类型分布情况

县土壤名称	评价单元数(个)	面积(公顷)	占二等地面积(%)	占总耕地面积(%)
暗色草甸土	19	120.39	1.25	0.2483
暗色草原草甸土	6	27.03	0.39	0.0557
暗色沼泽草甸土	7	51.84	0.46	0.1069
薄层白鸡粪土	72	1302.10	4.72	2.6854
薄层潮黄土	7	127.40	0.46	0.2627
薄层河淀黄砂土	1	38.60	0.07	0.0796
薄层河淀黄土	2	16.50	0.13	0.0340
薄层黑潮土	10	140.50	0.66	0.2898
薄层黑红土	2	27.99	0.13	0.0577
薄层黑黄绵土	7	53.03	0.46	0.1094

续表 2-9-116

县土壤名称	评价单元数(个)	面积(公顷)	占二等地面积(%)	占总耕地面积(%)
薄层黑黄砂土	4	56.01	0.26	0.1155
薄层黑黄土	12	251.17	0.79	0.5180
薄层黑鸡粪土	11	263.25	0.72	0.5429
薄层红板土	12	357.89	0.79	0.7381
薄层红鸡粪土	4	25.78	0.26	0.0532
薄层红砂土	10	227.59	0.66	0.4694
薄层红土	3	41.76	0.20	0.0861
薄层洪淀红土	5	31.62	0.33	0.0652
薄层黄红土	64	1011.96	4.20	2.0871
薄层黄鸡粪土	38	833.59	2.49	1.7192
薄层黄绵土	59	1393.64	3.87	2.8742
薄层黄砂土	7	241.04	0.46	0.4971
薄层黄土	7	101.91	0.46	0.2102
薄层麻鸡粪土	116	2649.10	7.61	5.4635
薄层青杂土	6	37.02	0.39	0.0763
薄层砂黄绵土	1	24.13	0.07	0.0498
薄层棕红土	1	14.01	0.07	0.0289
薄层棕黄砂土	3	36.68	0.20	0.0756
薄层棕黄土	13	332.93	0.85	0.6866
粗骨质始成褐土	25	246.35	1.64	0.5081

续表 2-9-116

县土壤名称	评价单元数(个)	面积(公顷)	占二等地面积(%)	占总耕地面积(%)
粗骨质始成黑垆土	17	118.15	1.12	0.2437
红土性典型褐土	3	21.66	0.20	0.0447
红土性黑垆土型侵蚀土	30	282.54	1.97	0.5827
红土性黑垆土型土壤	68	597.90	4.46	1.2331
红土性石灰质褐土	54	418.41	3.54	0.8629
厚层白鸡粪土	6	56.96	0.39	0.1175
厚层潮黄土	2	14.12	0.13	0.0291
厚层潮土	7	76.21	0.46	0.1572
厚层河淀黑土	7	30.74	0.46	0.0634
厚层河淀黄土	30	412.64	1.97	0.8510
厚层黑潮土	3	144.46	0.20	0.2979
厚层黑黄绵土	20	310.60	1.31	0.6406
厚层黑黄土	6	43.94	0.39	0.0906
厚层黑鸡粪土	1	21.33	0.07	0.0440
厚层洪淀红土	2	54.13	0.13	0.1116
厚层黄鸡粪土	16	195.57	1.05	0.4034
厚层黄绵土	12	272.95	0.79	0.5629
厚层黄土	15	333.81	0.98	0.6885
厚层麻鸡粪土	4	96.89	0.26	0.1998
厚层砂黄绵土	3	54.93	0.20	0.1133

续表 2-9-116

县土壤名称	评价单元数(个)	面积(公顷)	占二等地面积(%)	占总耕地面积(%)
厚层棕黄砂土	4	59.84	0.26	0.1234
厚层棕黄土	8	113.13	0.52	0.2333
黄红土性黑垆土型侵蚀土	40	262.81	2.62	0.5420
黄红土性石灰质褐土	3	16.70	0.20	0.0345
黄土性草甸棕壤	4	68.86	0.26	0.1420
黄土性典型褐土	8	83.98	0.52	0.1732
黄土性典型棕壤	6	48.02	0.39	0.0990
黄土性黑垆土型土壤	56	476.90	3.67	0.9836
黄土性黑土	9	78.17	0.59	0.1612
黄土性淋溶褐土	23	244.96	1.51	0.5052
黄土性石灰质褐土	26	292.92	1.71	0.6041
砂土性草甸棕壤	19	167.59	1.25	0.3456
砂土性典型褐土	7	74.25	0.46	0.1531
砂土性典型棕壤	86	887.58	5.64	1.8305
砂土性淋溶褐土	15	88.28	0.98	0.1821
砂土性石灰质褐土	49	555.03	3.22	1.1447
石质始成褐土	5	43.93	0.33	0.0906
石质性始成黑垆土	3	14.86	0.20	0.0306
石质性始成棕壤	19	75.27	1.25	0.1552
中层白鸡粪土	36	643.13	2.36	1.3264

续表 2-9-116

县土壤名称	评价单元数(个)	面积(公顷)	占二等地面积(%)	占总耕地面积(%)
中层潮棕黄土	6	225.27	0.39	0.4646
中层河淀黑土	5	68.27	0.33	0.1408
中层河淀黄砂土	3	10.41	0.20	0.0215
中层河淀黄土	4	10.85	0.26	0.0224
中层黑红土	12	136.82	0.79	0.2822
中层黑黄绵土	8	74.68	0.52	0.1540
中层黑鸡粪土	10	130.11	0.66	0.2683
中层红土	1	24.89	0.07	0.0513
中层洪淀红土	6	76.76	0.39	0.1583
中层黄红土	31	450.21	2.03	0.9285
中层黄鸡粪土	56	1035.72	3.67	2.1361
中层黄绵土	20	460.93	1.31	0.9506
中层黄土	9	55.57	0.59	0.1146
中层麻鸡粪土	60	957.97	3.94	1.9757
中层傻黄绵土	4	50.82	0.26	0.1048
中层棕红土	4	182.41	0.26	0.3762
中层棕黄土	15	255.44	0.98	0.5268
中位夹砂土	3	4.28	0.20	0.0088
棕红砂土	1	48.70	0.07	0.1004

(3)主要属性分析

张家川回族自治县三等地主要地貌类型为中山和高黄土崩梁,中山的面积 25246.44

公顷，占三等地总面积的76.28%，中山和高黄土峁梁的面积分别是19164.9公顷和2487.1公顷，分别占三等耕地总面积的84.91%和12.01%。成土母质主要为黄土母质、红土母质和残积物，占三等地总面积的比例分别是62.53%、16.01%和10.10%。质地以中壤、重壤和砂壤为主，占三等耕地总面积的55.38%、26.90%和13.25%。主要质地构型为夹砂中壤、夹砂重壤和均质中壤，面积分别为10106.8公顷、3240.3公顷和2945.9公顷，分别占三等耕地总面积的36.29%、17.72%和14.24%。

剖面构型主要为A11-A12-Bk-Ck和A11-A12-Ab-Bk-Ck构型。坡向主要为南、东南和西南向。≥10℃积温均值为2283℃，平均年降水量589.6mm，平均海拔1894.1m，平均坡度12.9°，平均有效土层厚度为106cm，耕层土壤有机质平均含量为11.6g/kg，有效磷平均含量为53.5mg/kg、pH值平均为7.8，全氮平均含量为1.067g/kg，缓效钾平均含量为1101mg/kg，缓效钾平均含量为180mg/kg，水解氮平均含量为48.119g/kg，有效锰平均含量为12.2mg/kg，有效锌平均含量为0.42mg/kg，有效铜平均含量为2.59mg/kg，有效铁平均含量为23.4mg/kg，有效硼平均含量为0.13mg/kg，全钾平均含量为24.2g/kg。详见表2-9-112。

4.四等地

(1)土地利用类型分布

张家川回族自治县四等地综合评价指数(IFI)小于0.5467，共581个评价单元，耕地面积10822.3公顷，占总耕地面积的22.32%。四等地主要土地利用类型有川旱地、旱地梯田和坡旱地。其中，川旱地面积为22.9公顷，占四等地面积0.21%，占总耕地面积的0.05%；旱地梯田面积为5874.3公顷，占四等地面积53.58%，占总耕地面积的12.12%；坡旱地面积为5066.9公顷，占四等地面积46.21%，占总耕地面积的10.45%，详见表2-9-117。

表2-9-117 张家川回族自治县一等地土地利用类型分布情况

地类名称	评价单元数(个)	面积(公顷)	占四等地面积(%)	占总耕地面积(%)
川旱地	10	22.9	0.21	0.05
旱地梯田	335	5874.3	53.58	12.12
坡旱地	236	5066.9	46.21	10.45

(2)土壤分布

张家川回族自治县四等耕地主要土壤类型为薄层黄红土、薄层麻鸡粪土和薄层白鸡粪土,面积分别为 3512.72 公顷、3001.61 公顷和 1725.84 公顷,这三种土壤类型占四等地面积的比例分别为 32.04%、27.38% 和 15.74%。占全县总耕地面积的比例分别为 7.24%、6.19% 和 3.56%。其他土壤类型占四等地面积的比例均较小(表 2-9-118)。

表 2-9-118 张家川回族自治县四等地主要土壤类型分布情况

县土壤名称	评价单元数(个)	面积(公顷)	占四等地面积(%)	占总耕地面积(%)
薄层白鸡粪土	73	1725.84	15.74	3.5594
薄层河淀黄砂土	8	54.20	0.49	0.1118
薄层黑红土	9	229.20	2.09	0.4727
薄层黑黄土	1	27.87	0.25	0.0575
薄层红鸡粪土	7	52.22	0.48	0.1077
薄层红砂土	6	46.68	0.43	0.0963
薄层红土	25	318.82	2.91	0.6575
薄层黄红土	133	3512.72	32.04	7.2446
薄层黄绵土	4	22.71	0.21	0.0468
薄层麻鸡粪土	120	3001.61	27.38	6.1905
薄层砂黄绵土	1	8.20	0.07	0.0169
粗骨质始成褐土	40	700.65	6.39	1.4450
红土性黑垆土型侵蚀土	38	303.18	2.77	0.6253
厚层河淀黄土	3	5.47	0.05	0.0113
黄红土性石灰质褐土	21	241.50	2.20	0.4981
黄土性草甸棕壤	5	6.40	0.06	0.0132
黄土性典型棕壤	21	127.63	1.16	0.2632
砂土性草甸棕壤	12	42.07	0.38	0.0868

续表 2-9-118

县土壤名称	评价单元数(个)	面积(公顷)	占四等地面积(%)	占总耕地面积(%)
砂土性典型褐土	1	0.64	0.01	0.0013
砂土性淋溶褐土	25	225.88	2.06	0.4659
石质始成褐土	24	255.79	2.33	0.5275
中层红土	6	54.73	0.50	0.1129

(3)主要属性分析

张家川回族自治县四等地的主要地貌类型为中山和高黄土崾梁,它们的面积分别为 7753.3 公顷和 3210.7 公顷,占四等耕地面积的 70.72% 和 29.28%,主要成土母质为黄土母质、离石黄土和残积物,面积为 5302.8 公顷、3512.7 公顷和 1182.9 公顷,占四等地总面积比例 47.46%、32.04% 和 10.79%。质地以中壤、重壤和砂壤为主,占三等耕地总面积的 44.59%、44.20% 和 11.21%。主要质地构型为夹砂中壤和夹砂重壤,面积分别为 4758.4 公顷和 4483.2 公顷,分别占三等耕地总面积的 43.40% 和 40.89%。

剖面构型主要为 A11-A12-Bk-Ck 和 A11-AC-C 构型。坡向主要为南、东南和西南向。≥10℃ 积温均值为 2278℃,平均年降水量 582.3mm,平均海拔 1904.4m,平均坡度 14.8°,平均有效土层厚度为 49cm,耕层土壤有机质平均含量为 10.5g/kg,有效磷平均含量为 52.0mg/kg、pH 值平均为 7.8,全氮平均含量为 0.964g/kg,缓效钾平均含量为 11mg/kg,缓效钾平均含量为 177mg/kg,水解氮平均含量为 50.255g/kg,有效锰平均含量为 12.6mg/kg,有效锌平均含量为 0.43mg/kg,有效铜平均含量为 2.87mg/kg,有效铁平均含量为 20.7mg/kg,有效硼平均含量为 0.13mg/kg,全钾平均含量为 24.3g/kg。详见表 2-9-112。

第十章　平凉市耕地地力评价

第一节　崆峒区耕地地力分析

一、崆峒区耕层土壤属性

(一)耕层土壤有机质

根据对崆峒区4200个样品的分析检测,其土壤有机质含量为13.2g/kg,标准差为7.3g/kg,变化区间为3.5～23.6g/kg,变异系数为55.0%。土壤有机质比1981年增加了1.6g/kg(1981年第二次全国土壤普查崆峒区土壤有机质含量为11.6g/kg)。根据农业部的土壤养分分级标准,结合甘肃省的实际情况,现将崆峒区土壤有机质分级如表2-10-1。

表2-10-1　崆峒区土壤有机质含量状况分级统计

级别	范围	样本数	耕地面积(公顷)	占耕地比例(%)
7	≤6.0	30	468.52	0.66
6	10.0～6.0	749	13808.06	19.45
5	15.0～10.0	2088	39772.56	56.01
4	20.0～15.0	780	14374.45	20.24
3	25.0～20.0	128	2068.31	2.91
2	30.0～25.0	21	341.15	0.48
1	>30	11	174.04	0.25

崆峒区的耕地土壤有机质含量是比较低的,56.01%的土壤样本分布在10.0～15.0g/kg之间,养分等级较高的一级、二级只占到土壤样本的0.73%。

(二)耕层土壤碱解氮

根据崆峒区4200个土壤样品的分析检测,其土壤碱解氮含量为129.6mg/kg,标准差为62.2mg/kg,变化区间为7.4～981.0mg/kg,变异系数为48.0%。根据农业部的土壤养分分级标准,结合甘肃省的实际情况,将崆峒区土壤碱解氮分级如表2-10-2。

表 2-10-2　崆峒区耕层土壤碱解氮含量状况分级统计

级别	范围	样本数	耕地面积（公顷）	占耕地比例（%）
7	≤50	38	722.65	1.02
6	50～100	572	10138.20	14.28
5	100～150	2502	47332.62	66.66
4	150～200	576	10576.32	14.89
3	200～250	75	1548.08	2.18
2	250～300	19	286.92	0.40
1	>300	21	325.38	0.46

(三)耕层土壤有效磷

根据对崆峒区 4200 个样品的分析检测，其土壤有效磷含量为 13.9mg/kg，标准差为 11.7mg/kg，变化区间为 5.4～234mg/kg，变异系数为 84.1%。根据农业部的土壤养分分级标准，结合甘肃省的实际情况，现将崆峒区土壤有效磷分级如表 2-10-3。

表 2-10-3　崆峒区耕层土壤有效磷含量分级统计

级别	范围	样本数	耕地面积（公顷）	占耕地比例（%）
6	10.0～5.0	890	17390.09	24.49
5	15.0～10.0	1917	35046.98	49.36
4	20.0～15.0	778	14435.93	20.33
3	30.0～20.0	187	3528.11	4.97
2	40.0～30.0	3	63.69	0.09
1	>40.0	32	542.30	0.76

(四)土壤速效钾

根据对崆峒区 4200 个样品的分析检测，其土壤速效钾含量为 200mg/kg，标准差为 113mg/kg，变化区间为 52～1559mg/kg，变异系数为 57.0%。根据农业部的土壤养分分级标准，结合甘肃省的实际情况，现将崆峒区土壤速效钾分级如表 2-10-4。

表 2-10-4 崆峒区耕层土壤速效钾含量状况分级统计

级别	范围	样本数	耕地面积（公顷）	占耕地比例（%）
6	50～100	354	6344.29	8.93
5	100～150	987	18792.63	26.47
4	150～200	881	16304.54	22.96
3	200～250	725	13117.51	18.47
2	250～300	494	9229.21	13.00
1	>300	366	7218.91	10.17

（五）耕层土壤有效铁

根据对崆峒区4200个样品的分析检测，其土壤有效铁含量为10.5mg/kg，标准差为4.2mg/kg，变化区间为4.2～32.6mg/kg，变异系数为39.77%。根据农业部的土壤养分分级标准，结合甘肃省的实际情况，将崆峒区土壤有效铁分级如表2-10-5。

表 2-10-5 崆峒区耕层土壤有效铁含量分级统计

级别	范围	样本数	耕地面积（公顷）	占耕地比例（%）
5	≤2.50	6	127.38	0.18
4	4.50～2.50	5	90.17	0.13
3	10.00～4.50	2122	39781.27	56.02
2	15.00～10.00	1267	23602.40	33.24
1	>15.00	398	7263.37	10.23

（六）耕层土壤有效锰

根据对崆峒区4200个样品的分析检测，其土壤有效锰含量为12.2mg/kg，标准差为2.1mg/kg，变化区间为2.1～21.9mg/kg，变异系数为17.1%。根据农业部的土壤养分分级标准，结合甘肃省的实际情况，将崆峒区土壤有效锰分级如表2-10-6。

表 2-10-6 崆峒区耕层土壤有效锰含量分级统计

级别	范围	样本数	耕地面积（公顷）	占耕地比例（%）
5	≤3.00	5	71.89	0.10
4	7.00～3.00	4	76.30	0.11
3	9.00～7.00	85	1512.77	2.13
2	15.00～9.00	2502	44706.24	62.96
1	>15	317	5639.81	7.94

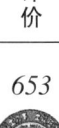

(七)耕层土壤有效铜

根据对崆峒区4200个样品的分析检测,其土壤有效铜含量为1.03mg/kg,标准差为0.50mg/kg,变化区间为0.11~6.48mg/kg,变异系数为48.90%。根据农业部的土壤养分分级标准,结合甘肃省的实际情况,将崆峒区土壤有效铜分级如表2-10-7。

表2-10-7 崆峒区耕层土壤有效铜含量分级统计

级别	范围	样本数	耕地面积(公顷)	占耕地比例(%)
5	≤0.20	8	141.88	0.20
4	0.50~0.20	107	1911.11	2.69
3	1.00~0.50	1484	27389.87	38.57
2	2.00~1.00	2160	40696.56	57.31
1	>2.00	41	763.01	1.07

(八)耕层土壤有效锌

根据对崆峒区4200个样品的分析检测,其土壤有效锌含量为0.83mg/kg,标准差为2.09mg/kg,变化区间为0.02~7.90mg/kg,变异系数为252.75%。根据农业部的土壤养分分级标准,结合甘肃省的实际情况,将崆峒区土壤有效锌分级如表2-10-8。

表2-10-8 崆峒区耕层土壤有效锌含量分级统计

级别	范围	样本数	耕地面积(公顷)	占耕地比例(%)
5	≤0.30	706	12243.84	17.24
4	0.50~0.30	486	8817.44	12.42
3	1.00~0.50	1291	24318.30	34.25
2	2.00~1.00	1284	24906.76	35.08
1	>2.00	33	616.08	0.87

(十)耕层土壤pH

根据对崆峒区3817个样品的分析测试,崆峒区pH的变化区间为7.5~9.2,平均值为8.0,比1982年(第二次土壤普查时土壤pH为8.2)降低0.2。根据土壤pH分级标准,将土壤分为微碱性(大于7.5)、中性(6.5~7.5)、微酸性(5.5~6.5)、酸性(4.5~5.5)、强酸性(小于4.5)五个标准。统计结果显示,崆峒区土壤呈微碱性。

二、崆峒区耕地地力分析

本次耕地地力分析,按照农业部耕地质量调查和评价的规程及相关标准,结合当地实际情况,选取了对耕地地力影响较大、区域内变异明显、在时间序列上具有相对稳定性、与农业生产有密切关系的10个因素,建立评价指标体系。以土壤图、农用地地块图和土地利用现状图叠加形成评价单元,应用模糊综合评判方法,通过综合分析,将崆峒区耕地共划分为4个等级,根据评价结合进行耕地地力的系统分析。

(一)耕地地力等级与分布

1.耕地地力等级面积统计

利用CLRMIS软件,对评价图属性库进行操作,检索统计耕地各等级的面积和图幅总面积。以2007年崆峒区耕地总面积为基准,按面积比例进行平差,统计得各耕地地力等级面积。

崆峒区总耕地面积为71007.09公顷,其中三等地占总耕地面积的比例最大,为41.7%。相对而言,一、二、四等地占的比例较小,分别为12.9%、25.4%和20.0%,见表2-10-9。

表2-10-9　崆峒区耕地地力评价结果面积统计

等级	一等地	二等地	三等地	四等地	总计
面积(公顷)	9150.45	18028.71	29635.87	14192.06	71007.09
百分比(%)	12.9	25.4	41.7	20.0	100

2.耕地地力等级的行政区域划分

将耕地地力等级分布图与行政区划图进行叠加分析,从耕地地力等级行政区域分布数据库中,按权属字段检索出各等级的记录,统计出一至四级地在各乡镇的分布状况,见表2-10-10。

如表2-10-10所示,一等地主要分布在白水镇、草峰镇、花所乡、四十里铺和索罗乡;二等地在每个乡镇都有分布,其中分布较多的乡镇有白庙乡、白水镇、大秦乡和柳湖乡;三等地也在每个乡镇中都有分布,其中分布较多的乡镇有安国乡、大寨乡、崆峒镇、麻武乡、上扬乡、西阳乡、香莲乡和寨河乡;四等地主要分布在峡门乡,其他乡镇也有零星分布。

表2-10-10　崆峒区耕地地力等级行政区域分布

乡镇名称	面积及比例	一等地	二等地	三等地	四等地	合计
安国乡	面积(公顷)	384.35	1203.3	3478.03	148.32	5214.00
	比例(%)	7.37	23.08	66.71	2.84	100
白庙乡	面积(公顷)	136.4	1378.01	632.99	0.69	2148.09
	比例(%)	6.35	64.15	29.47	0.03	100
白水镇	面积(公顷)	1603.48	1979.50	1140.06	144.61	4867.65
	比例(%)	32.94	40.67	23.42	2.97	100

续表 2-10-10

乡镇名称	面积及比例	一等地	二等地	三等地	四等地	合计
草锋镇	面积(公顷)	2778.00	2111.65	3056.38	105.73	8051.76
	比例(%)	34.50	26.23	37.96	1.31	100
大秦乡	面积(公顷)	53.67	1010.56	979.66	0.00	2043.89
	比例(%)	2.63	49.44	47.93	0.00	100
大寨乡	面积(公顷)	238.51	2029.15	4146.02	1321.05	7734.73
	比例(%)	3.08	26.23	53.60	17.08	100
花所乡	面积(公顷)	1138.91	1028.47	775.86	1.32	2944.56
	比例(%)	38.68	34.93	26.35	0.04	100
崆峒镇	面积(公顷)	279.17	863.61	2700.02	773.80	4616.60
	比例(%)	6.05	18.71	58.49	16.76	100
柳湖乡	面积(公顷)	721.57	1432.81	1219.85	10.44	3384.67
	比例(%)	21.32	42.33	36.04	0.31	100
麻武乡	面积(公顷)	0.00	2.73	2244.54	860.13	3107.40
	比例(%)	0.00	0.09	72.23	27.68	100
上扬乡	面积(公顷)	0.00	338.31	1436.17	85.40	1859.88
	比例(%)	0.00	18.19	77.22	4.59	100
四十里铺	面积(公顷)	2526.87	1098.40	1743.91	265.79	5634.97
	比例(%)	44.84	19.49	30.95	4.72	100
索罗乡	面积(公顷)	1051.94	627.77	539.10	0.76	2219.57
	比例(%)	47.39	28.28	24.29	0.03	100
西阳乡	面积(公顷)	0.00	683.32	3493.99	0.00	4177.31
	比例(%)	0.00	16.36	83.64	0.00	100
峡门乡	面积(公顷)	87.19	613.04	2546.49	2565.49	5812.21
	比例(%)	1.50	10.55	43.81	44.14	100
香莲乡	面积(公顷)	287.98	962.50	1834.15	162.90	3247.53
	比例(%)	8.87	29.64	56.48	5.02	100
寨河乡	面积(公顷)	23.13	1064.14	2540.25	314.75	3942.27
	比例(%)	0.59	26.99	64.44	7.98	100

(二)耕地地力等级分述

1.一等地的主要属性

一等地,耕地地力综合指数在0.7833~0.8483之间,面积9150.45公顷,占总耕地面积的12.9%。主要分布在白水镇、草峰镇、花所乡、四十里铺和索罗乡。

一等地主要分布在崆峒区泾河川,土类以淤育土、潮土和黑垆土为主,地貌类型以黄土低台塬和平坦洪积平原为主,耕层质地构型以均质中壤为主,有效土层厚度在80~150cm,地势平坦,降雨量充沛,土层厚,无明显障碍层,土壤理化性状良好,可耕性强。耕层有机质含量平均值为12.09g/kg;阳离子代换量(CEC)平均值为14.6cmol/kg;耕层土壤有效磷含量平均值为13.5mg/kg;耕层土壤速效钾含量平均值为189mg/kg(表2-10-11)。

表2-10-11 崆峒区一等地主要养分含量

项目	有机质(g/kg)	CEC(cmol/kg)	有效磷(mg/kg)	速效钾(mg/kg)
平均	12.09	14.6	13.5	189
范围	10.7~13.2	12~23	9.9~18.3	118~275
含量水平	低	中等	中等	中等

2.二等地的主要属性

二等地,耕地地力综合指数在0.6868~0.7833之间,面积18028.71公顷,占总耕地面积的25.4%。二等地在每个乡镇都有分布,其中分布较多的乡镇有白庙乡、白水镇、大秦乡和柳湖乡。二等地土种以黄绵土和黑垆土为主,地貌类型以黄土低台塬、平坦洪积平原和低黄土崩梁为主,耕层质地构型以均质中壤为主,有效土层厚度在80~200cm,降雨量充沛,土层厚,无明显障碍层,土壤理化性状良好,可耕性强。耕层有机质含量平均值为11.7g/kg;阳离子代换量(CEC)平均值为17.6cmol/kg;耕层土壤有效磷含量平均值为12.8mg/kg;耕层土壤速效钾含量平均值为179mg/kg(表2-10-12)。

表2-10-12 崆峒区二等地主要养分含量

项目	有机质(g/kg)	CEC(cmol/kg)	有效磷(mg/kg)	速效钾(mg/kg)
平均	11.7	17.6	12.8	179
范围	8.9~15.1	9~20	9.5~18.7	114~277
含量水平	低	中等	中等	中等

3.三等地的主要属性

三等地,耕地地力综合指数在0.62497~0.6868之间,面积29635.87公顷,占总耕地面积的41.7%。三等地在每个乡镇中都有分布,其中分布较多的乡镇有安国乡、大寨乡、崆峒镇、麻武乡、上扬乡、西阳乡、香莲乡和寨河乡。三等地土种以黄绵土、红土和灰褐土为主,地貌类型以低黄土峁梁、中山为主,耕层质地构型以均质中壤为主,有效土层厚度在 100~150cm,土层无明显障碍层,土壤理化性状良好,可耕性较强。耕层有机质含量平均值为 11.6g/kg;阳离子代换量(CEC)平均值为 10.8cmol/kg;耕层土壤有效磷含量平均值为 12.2mg/kg;耕层土壤速效钾含量平均值为 174mg/kg(表 2-10-13)。

表 2-10-13 崆峒区三等地主要养分含量

项目	有机质(g/kg)	CEC(cmol/kg)	有效磷(mg/kg)	速效钾(mg/kg)
平均	11.6	10.8	12.2	174
范围	8.5~15	9~20	9.3~18.7	113~273
含量水平	低	中等	中等	中等

4.四等地的主要属性

四等地,耕地地力综合指数在 0.48064~0.62497 之间,面积 14192.06 公顷,占总耕地面积的 20.0%。四等地主要分布在峡门乡、麻武乡、大寨乡、安国乡、崆峒镇和夕阳乡。四等地土种以红土、灰褐土和山地棕壤为主,地貌类型以低黄土峁梁、中山为主,耕层质地构型以均质中壤为主,有效土层厚度在 100~150cm,土层无明显障碍层,土壤理化性状良,可耕性较差。耕层有机质含量平均值为 12.7g/kg;阳离子代换量(CEC)平均值为 19.3cmol/kg;耕层土壤有效磷含量平均值为 11.8mg/kg;耕层土壤速效钾含量平均值为 156mg/kg(表 2-10-14)。

表 2-10-14 崆峒区四等地主要养分含量

项目	有机质(g/kg)	CEC(cmol/kg)	有效磷(mg/kg)	速效钾(mg/kg)
平均	12.7	19.3	11.8	156
范围	9.5~14.9	15~22	9.3~18.1	116~236
含量水平	低	中等	中等	中等

第二节 泾川县耕地地力分析

一、泾川县耕层土壤属性

(一)耕层土壤有机质

泾川县耕层土壤样品化验结果表明,泾川县耕层土壤有机质含量最小值为 4.1g/kg,最大值为 19.9g/kg,平均值为 12.0g/kg,标准差为 2.62,偏度为 -0.27,峰度为 0.98,变异系数为 21.9%,属于弱变异。

根据甘肃省土壤有机质分级标准，泾川县耕层土壤有机质含量在10.0~15.0g/kg之间的样点数占67.53%，其代表耕地面积为27770.97公顷；耕层土壤有机质含量在6.0~10.0g/kg之间的样点数占20.17%，其代表耕地面积为8292.50公顷，分别属于甘肃省五、六级水平（见表2-10-15）。

从空间和行政区域分布上看，泾川县耕层土壤有机质空间分布基本集中在10.0~15.0g/kg之间。

表2-10-15 泾川县耕层土壤有机质含量状况分级统计

有机质分级标准(g/kg)	级别	样点数	占总样点数(%)	代表面积(公顷)
15.0~20.0	四级	261	10.26	4218.98
10.0~15.0	五级	1718	67.53	27770.97
6.0~10.0	六级	513	20.17	8292.50
≤6.0	七级	52	2.04	840.56

(二)耕层土壤全氮

泾川县2545个耕层土壤样品化验结果表明，泾川县耕层土壤全氮含量最小值为0.290g/kg，最大值为1.950g/kg，平均值为0.949g/kg，标准差为0.19，偏度为0.25，峰度为1.34，变异系数为20.49%，弱变异。

根据甘肃省土壤全氮分级标准，泾川县耕层土壤全氮含量在1.0~1.25g/kg之间的样点数占30.92%，其代表耕地面积为12716.63公顷；耕层土壤全氮含量在0.75~1.0g/kg的样点数占49.63%，其代表耕地面积为20408.01公顷；分别属于省四级和五级水平（见表2-10-16）。

从空间和行政区域分布上看，泾川县耕层土壤全氮的空间分布情况是飞云乡偏高一些，其他乡镇耕地耕层土壤全氮含量基本集中在0.75~1.00g/kg之间。

表2-10-16 泾川县耕层土壤全氮含量状况分级统计

全氮分级标准(g/kg)	级别	样点数	占总样点数(%)	代表面积(公顷)
1.50~2.00	二级	15	0.59	242.38
1.25~1.50	三级	113	4.44	1825.89
1.00~1.25	四级	787	30.92	12716.63
0.75~1.00	五级	1263	49.63	20408.01
0.5~0.75	六级	330	12.97	5332.26
≤0.5	七级	37	1.45	597.86

(三)耕层土壤碱解氮

泾川县2541个耕层土壤样品化验结果表明,泾川县耕层土壤碱解氮含量最小值为23.0mg/kg,最大值为146.0mg/kg,平均值为71.4mg/kg,标准差为15.71,偏度为0.31,峰度为1.36,变异系数为22%,属于弱变异。

根据甘肃省土壤碱解氮分级标准,泾川县耕层土壤碱解氮含量在50~100mg/kg之间的样点数占87.45%,其代表耕地面积为35960.39公顷,属于省六级水平(见表2-10-17)。

从空间和行政区域分布上看,泾川县耕地耕层土壤碱解氮空间分布基本上均在60~80mg/kg之间,总体上很低。

表2-10-17 泾川县耕层土壤碱解氮含量状况分级统计

碱解氮分级标准(mg/kg)	级别	样点数	占总样点数(%)	代表面积(公顷)
100~150	五级	83	3.27	1343.25
50~100	六级	2222	87.45	35960.39
≤50	七级	236	9.29	3819.38

(四)耕层土壤有效磷

泾川县2545个耕层土壤样品进行化验结果表明,泾川县耕层土壤有效磷含量最小值为3.3mg/kg,最大值为41.5mg/kg,平均值为11.9mg/kg,标准差为5.3,偏度为1.8,峰度为5.6,变异系数为44.86%,属于中等变异。

根据甘肃省土壤有效磷分级标准,泾川县耕层土壤有效磷含量在10.0~15.0mg/kg之间的样点数占43.58%,其代表耕地面积为17919.62公顷;耕层土壤有效磷含量在5.0~10.0mg/kg的样点数占33.40%,其代表耕地面积为13734.60公顷,分别属于省五级和六级水平(表2-10-18)。

从空间和行政区域分布上看,泾川县耕地耕层土壤有效磷空间分布基本上均在10.0~15.0mg/kg之间,总体上很低。

表2-10-18 泾川县耕层土壤有效磷含量分级统计

有效磷分级标准(mg/kg)	级别	样点数	占总样点数(%)	代表面积(公顷)
>30.0	一级	33	1.30	533.23
25.0~30.0	二级	30	1.18	484.75
20.0~25.0	三级	136	5.34	2197.54
15.0~20.0	四级	272	10.69	4395.07
10.0~15.0	五级	1109	43.58	17919.62
5.0~10.0	六级	850	33.40	13734.60
≤5.0	七级	115	4.52	1858.21

（五）土壤速效钾

泾川县2544个耕层土壤样品化验结果表明，泾川县耕层土壤速效钾含量最小值为40mg/kg，最大值为409mg/kg，平均值为191mg/kg，标准差为64.0，偏度为0.97，峰度为0.98，变异系数为33.54%，属于中等变异。

根据甘肃省土壤速效钾分级标准，泾川县的耕层土壤速效钾含量，在甘肃省的七个等级中都有分布，其中40.92%的样点速效钾含量在150～200mg/kg之间，其代表耕地面积为16827.46公顷；21.93%的样点速效钾含量在100～150mg/kg，其代表耕地面积为9019.91公顷，分别属于省四级和五级水平（见表2-10-19）。

从空间和行政区域分布上看，泾川县耕地耕层土壤速效钾含量大多在170～250mg/kg之间。

表2-10-19　泾川县耕层土壤速效钾含量状况分级统计

速效钾分级标准（mg/kg）	级别	样点数	占总样点数（%）	代表面积（公顷）
>300	一级	187	7.35	3022.80
250～300	二级	209	8.22	3378.42
200～250	三级	442	17.37	7144.80
150～200	四级	1041	40.92	16827.46
100～150	五级	558	21.93	9019.91
50～100	六级	101	3.97	1632.64
≤50	七级	6	0.24	96.99

（六）耕层土壤微量元素

通过对泾川县土壤进行采样化验分析，有效铁的2545个土样化验结果表明，有效铁的最小值为0.2mg/kg，最大值是17.3mg/kg，平均值为6.9mg/kg，标准差为1.24，变异系数为17.88%。有效锰的最小值为0.3mg/kg，最大值为30.5mg/kg，平均值为15.0mg/kg，标准差为4.50，变异系数30.01%。有效铜的最小值为0.44mg/kg，最大值为4.54mg/kg，平均值为1.34mg/kg，标准差为0.33，变异系数为24.86%。有效锌最小值为0.08mg/kg，最大值为2.02mg/kg，平均值为0.83mg/kg，标准差为0.29，变异系数为34.18%（表2-10-20）。

泾川县耕层土壤有效铁含量和有效铜含量属于省二级、三级水平；有效锌含量属于省三级、四级水平；有效锰含量、有效硫含量、有效钼含量和水溶态硼含量均属于省四级水平（表2-10-21至表2-10-23）。

表 2-10-20　泾川县耕层土壤微量元素含量分级统计

养分	样本数	最小值	最大值	平均值	标准差	偏度	峰度	变异系数(%)
有效铁	2545	0.2	17.3	6.9	1.24	0.63	4.02	17.88
有效锰	2545	1.3	30.5	15.0	4.50	0.21	0.37	30.01
有效铜	2545	0.44	4.54	1.34	0.33	1.04	5.18	24.86
有效锌	2545	0.08	2.02	0.83	0.29	2.34	6.54	34.18
水溶态硼	2545	0.26	1.81	0.59	0.17	0.26	0.67	28.52
有效硫	2545	0.2	40.9	16.9	5.31	0.21	1.65	31.44

表 2-10-21　泾川县耕层土壤有效铁含量分级

有效铁分级标准(mg/kg)	级别	样点数	占总样点数百分比(%)
>15.0	一级	1	0.04
10.0~15.0	二级	41	1.61
4.5~10.0	三级	2471	97.09
2.5~4.5	四级	31	1.22
≤2.5	五级	1	0.04

表 2-10-22　泾川县耕层土壤有效锰含量分级

有效锰分级标准(mg/kg)	级别	样点数	占总样点数百分比(%)
>15.0	一级	1187	46.64
9.0~15.0	二级	1120	44.01
7.0~9.0	三级	217	8.53
3.0~7.0	四级	2	0.08
≤3.0	五级	19	0.75

表 2-10-23　泾川县耕层土壤有效铜含量分级

有效铜级标准(mg/kg)	级别	样点数	占总样点数百分比(%)
>2.00	一级	92	3.61
1.00~2.00	二级	2069	81.30
0.50~1.00	三级	381	14.97
0.20~0.50	四级	3	0.12

表 2-10-24　泾川县耕层土壤有效锌含量分级

有效锌分级标准(mg/kg)	级别	样点数	占总样点数百分比(%)
>2.00	一级	3	0.12
1.00~2.00	二级	251	9.86
0.50~1.00	三级	2232	87.70
0.30~0.50	四级	56	2.20
≤0.30	五级	3	0.12

(七)耕层土壤 pH

泾川县 2544 个耕层土壤样品进行化验结果表明,泾川县耕层土壤 pH 含量最小值为 7.2,最大值为 8.9,平均值为 8.3,标准差为 0.19,偏度为 -0.10,峰度为 1.36,变异系数为 2.28%,属于弱变异。从空间和行政区域分布上看,泾川县耕地耕层土壤 pH 值,大多在 8.2~8.5 之间。

二、泾川县耕地地力分析

以土壤图与土地利用现状图叠加形成评价单元,应用模糊综合评判方法,通过综合分析,将泾川县耕地共划分为 5 个等级,根据评价结合进行耕地地力的系统分析。

(一)耕地地力等级与分布

1.耕地地力等级面积统计

利用 ArcGIS 软件和 Excel2003,对评价图属性库进行操作,检索统计耕地各等级的面积和图幅总面积。以 2007 年泾川县耕地总面积为基准,按面积比例进行平差,统计得各耕地地力等级面积。

泾川县耕地总面积为 41123.02 公顷,二等地和三等地较多,分别占总耕地面积的 25%以上;其次是一等地和四等地,分别占总耕地面积的 10.78%和 11.18%;五等地较少,占总耕地面积的 7.25%,见表 2-10-25。

表 2-10-25　泾川县耕地地力评价结果面积统计

等级	一等地	二等地	三等地	四等地	五等地	总计
面积(公顷)	4434.11	10880.53	18232.45	4595.55	2980.38	41123.02
百分比(%)	10.78	26.46	44.34	11.18	7.25	100.00

2.耕地地力等级的行政区域划分

从各乡镇中不同等级耕地所占比例来看,城关镇、党原乡、飞云乡、丰台乡、高平镇和玉都镇的耕地主要是二、三等地。开发区、汭丰乡和王村镇的耕地主要是三、四等地。红河乡、泾明乡、荔堡镇和窑店镇的耕地主要是一、三等地。太平乡的耕地主要是三、四、五等地。罗汉洞乡的耕地主要是三等地,详见表2-10-26。

从各等级耕地在不同乡镇所占比例来看,一等地主要分布在荔堡镇。二等地主要分布在党原乡、丰台乡和玉都镇。三等地和四等地在各乡镇中均有分布,在高平镇、太平乡和王村镇中比例较大。五等地主要集中在太平乡和王村镇,详见表2-10-27。

表 2-10-26 泾川县各乡镇不同等级耕地面积分布情况

乡镇名称	一等地 面积（公顷）	占本乡镇耕地面积（%）	二等地 面积（公顷）	占本乡镇耕地面积（%）	三等地 面积（公顷）	占本乡镇耕地面积（%）	四等地 面积（公顷）	占本乡镇耕地面积（%）	五等地 面积（公顷）	占本乡镇耕地面积（%）
城关镇	139.85	6.06	262	11.35	1526.78	66.15	238.26	10.32	141.08	6.11
党原乡	160.82	3.09	3606.62	69.2	966.06	18.54	399.55	7.67	78.61	1.51
飞云乡	106.29	8.83	590.29	49.06	356.61	29.64	135.73	11.28	14.17	1.18
丰台乡	69.68	2.88	1499.55	61.97	538.65	22.26	231.65	9.57	80.11	3.31
高平镇	326.56	6.99	816.73	17.49	2876.18	61.58	463.83	9.93	187.27	4.01
红河乡	284.59	19.34	46.88	3.19	1099.44	74.71	36.09	2.45	4.59	0.31
泾明乡	236.73	12.4	23.8	1.25	1425.48	74.67	60.08	3.15	162.86	8.53
开发区	2	0.4	7.05	1.42	314.73	63.18	132.08	26.52	42.24	8.48
荔堡镇	2504.36	62.98	188.03	4.73	1188.91	29.9	87.42	2.2	7.76	0.2
罗汉洞乡	116.32	6.03	53.91	2.79	1555.9	80.63	152.13	7.88	51.31	2.66
汭丰乡	3.15	0.15	40.76	2	1512.69	74.34	283.13	13.91	195.02	9.58
太平乡	54.99	1.03	764.03	16.85	1756.08	38.73	1027.33	22.65	932.32	20.56
王村镇	6.44	0.18	441.07	12.54	1851.5	52.65	718.76	20.44	498.69	14.18
窑店镇	397.51	52.84	63.32	8.42	257.07	34.17	12.31	1.64	22.03	2.93
玉都镇	24.79	0.64	2419.65	62.69	853.64	22.11	375.28	9.72	186.64	4.84
张老寺	0.00	0.00	56.75	6.86	153.51	18.54	242.58	29.30	375.02	45.30
总计	4434.11	10.78	10880.53	26.46	18232.45	44.34	4595.55	11.18	2980.38	7.25

表 2-10-27 泾川县各等级耕地不同乡镇面积分布

乡镇名称	一等地 面积（公顷）	占本等级耕地面积（%）	二等地 面积（公顷）	占本等级耕地面积（%）	三等地 面积（公顷）	占本等级耕地面积（%）	四等地 面积（公顷）	占本等级耕地面积（%）	五等地 面积（公顷）	占本等级耕地面积（%）
城关镇	139.85	3.15	262.00	2.41	1526.78	8.37	238.26	5.18	141.08	4.73
党原乡	160.82	3.63	3606.62	33.15	966.06	5.30	399.55	8.69	78.61	2.64
飞云乡	106.29	2.40	590.29	5.43	356.61	1.96	135.73	2.95	14.17	0.48
丰台乡	69.68	1.57	1499.55	13.78	538.65	2.95	231.65	5.04	80.11	2.69
高平镇	326.56	7.36	816.73	7.51	2876.18	15.78	463.83	10.09	187.27	6.28
红河乡	284.59	6.42	46.88	0.43	1099.44	6.03	36.09	0.79	4.59	0.15
泾明乡	236.73	5.34	23.80	0.22	1425.48	7.82	60.08	1.31	162.86	5.46
开发区	2.00	0.05	7.05	0.06	314.73	1.73	132.08	2.87	42.24	1.42
荔堡镇	2504.36	56.48	188.03	1.73	1188.91	6.52	87.42	1.90	7.76	0.26
罗汉洞乡	116.32	2.62	53.91	0.50	1555.90	8.53	152.13	3.31	51.31	1.72
汭丰乡	3.15	0.07	40.76	0.37	1512.69	8.30	283.13	6.16	195.02	6.54
太平乡	54.99	1.24	764.03	7.02	1756.08	9.63	1027.33	22.36	932.32	33.34
王村镇	6.44	0.15	441.07	4.05	1851.50	10.15	718.76	15.64	498.69	16.73
窑店镇	397.51	8.96	63.32	0.58	257.07	1.41	12.31	0.27	22.03	0.74
玉都镇	24.79	0.56	2419.65	22.24	853.64	4.68	375.28	8.17	186.64	6.26
张老寺	0.00	0.00	56.75	0.52	153.51	0.84	242.58	5.28	375.02	13.41
总计	4434.11	100.00	10880.53	100.00	18232.45	100.00	4595.55	100.00	2980.38	100.00

(二)耕地地力等级分述

1.一等地的主要属性

一等地综合评价指数大于 0.8100，评价单元 1471 个，耕地面积 4434.11 公顷，占总耕地面积的 10.78%。一等地地貌类型为残垣区和河谷川区。土属主要是原厚覆盖黑垆土和黄淤土，分别占本级地总面积的 60.4% 和 14.5%。耕层土壤质地主要是轻壤和中壤，质地构型主要是均质中壤。耕层土壤有机质含量平均为 12.9g/kg，全氮含量平均为 0.949g/kg，碱解氮含量平均为 73.7mg/kg，有效磷含量平均为 12.8mg/kg，速效钾含量平均为 201mg/kg，CEC 平均为 9.7cmol/kg，pH 平均为 8.3(详见表 2-10-28)。本级地耕层土壤中微量养分含量情况见表 2-10-29。

2.二等地的主要属性

二等地综合评价指数 0.8100~0.7650,评价单元 2820 个,耕地面积 10880.53 公顷,占总耕地面积的 26.46%。二等地地貌类型主要是残塬区。土属主要是塬厚覆盖黑垆土,分别占本级地总面积的 88.3%。耕层土壤质地主要是轻壤和中壤,质地构型是均质中壤。耕层土壤有机质含量平均为 12.5g/kg,全氮含量平均为 0.961g/kg,碱解氮含量平均为 71.8mg/kg,有效磷含量平均为 11.8mg/kg,速效钾含量平均为 185mg/kg,CEC 平均为 10.2cmol/kg,pH 平均为 8.3(详见表 2-10-27)。本级地耕层土壤中微量养分含量情况见表 2-10-28。

3.三等地的主要属性

三等地综合评价指数 0.6900~0.7650,评价单元 6402 个,耕地面积 18232.45 公顷,占总耕地面积的 44.34%。三等地地貌类型主要是河谷川区和沟壑山区。土属主要是底砂潮土和坡厚黄绵土,分别占本级地总面积的 17.2% 和 35.1%。耕层土壤质地主要是砂壤和中壤,质地构型主要是夹壤砂壤和均质中壤。耕层土壤有机质含量平均为 11.5g/kg,全氮含量平均为 0.936g/kg,碱解氮含量平均为 69.6mg/kg,有效磷含量平均为 11.8mg/kg,速效钾含量平均为 194mg/kg,CEC 平均为 8.4cmol/kg,pH 平均为 8.3(详见表 2-10-27)。本级地耕层土壤中微量养分含量情况见表 2-10-28。

4.四等地的主要属性

四等地综合评价指数 0.6700~0.6900,评价单元 2065 个,耕地面积 4595.55 公顷,占总耕地面积的 11.18%。四等地地貌类型主要是沟壑山区。土属主要是坡厚黄绵土、坡灰钙黄绵土和塬厚覆盖黑垆土,分别占本级地总面积的 18.6%、21.4% 和 17.1%。耕层土壤质地主要是中壤和轻壤,质地构型主要是均质中壤。耕层土壤有机质含量平均为 11.2g/kg,全氮含量平均为 0.940g/kg,解氮含量平均为 70.0mg/kg,有效磷含量平均为 11.4mg/kg,速效钾含量平均为 186mg/kg,CEC 平均为 8.9cmol/kg,pH 平均为 8.4(详见表 2-10-27)。本级地耕层土壤中微量养分含量情况见表 2-10-28。

5.五等地的主要属性

五等地综合评价指数小于 0.6700,评价单元 1549 个,耕地面积 2980.38 公顷,占总耕地面积的 7.25%。五等地地貌类型主要是沟壑山区。土属主要是底砂潮土、坡灰钙黄绵土和塬厚覆盖黑垆土,分别占本级地总面积的 22.2%、13.8% 和 33.9%。耕层土壤质地主要是轻壤、砂壤和中壤,质地构型主要是夹壤砂壤。耕层土壤有机质含量平均为 10.9g/kg,全氮含量平均为 0.940g/kg,碱解氮含量平均为 71.1mg/kg,有效磷含量平均为 11.2mg/kg,速效钾含量平均为 185mg/kg,CEC 平均为 9.5cmol/kg,pH 平均为 8.4(详见表 2-10-27)。本级地耕层土壤中微量养分含量情况见表2-10-29。

表2-10-28 泾川县各等级耕地耕层大量养分含量状况

养分		一等地	二等地	三等地	四等地	五等地
有机质(g/kg)	范围	10.0~14.7	9.2~15.0	9.1~14.7	8.9~14.4	9.0~14.1
	平均值	12.9	12.5	11.5	11.2	10.9
全氮(g/kg)	范围	0.767~1.137	0.651~1.145	0.653~1.161	0.648~1.168	0.668~1.169
	平均值	0.949	0.961	0.936	0.940	0.940
碱解氮(mg/kg)	范围	56~87	54~91	53~92	53~93	54~88
	平均值	73.7	71.8	69.6	70.0	71.1
有效磷(mg/kg)	范围	8.1~17.6	7.6~18.3	7.8~16.9	7.8~17.2	7.6~17.0
	平均值	12.8	11.8	11.8	11.4	11.2
速效钾(mg/kg)	范围	133~251	124~255	136~258	127~259	124~264
	平均值	201	185	194	186	185
CEC(cmol/kg)	范围	6.3~14.2	6.3~14.2	6.3~14.2	6.3~14.2	6.3~14.2
	平均值	9.7	10.2	8.4	8.9	9.5
pH	范围	8.2~8.5	8.2~8.5	8.2~8.5	8.2~8.5	8.2~8.5
	平均值	8.3	8.3	8.3	8.4	8.4

表2-10-29 泾川县各等级耕地耕层中微量养分含量状况

养分		一等地	二等地	三等地	四等地	五等地
有效铁(mg/kg)	范围	6.1~7.8	5.9~7.8	6.0~8.0	6.1~7.7	6.1~7.9
	平均值	6.9	6.9	7.0	7.0	7.0
有效锰(mg/kg)	范围	10.3~19.5	10.0~19.1	9.4~20.0	9.3~19.9	10.2~20.3
	平均值	14.9	14.9	14.9	14.9	15.2
有效铜(mg/kg)	范围	1.10~1.56	1.12~1.56	1.14~1.66	1.14~1.61	1.14~1.62
	平均值	1.34	1.34	1.34	1.35	1.35
有效锌(mg/kg)	范围	0.69~1.03	0.68~1.03	0.68~1.06	0.68~1.04	0.66~1.06
	平均值	0.83	0.83	0.85	0.83	0.83
有效硫(mg/kg)	范围	9.2~20.8	9.9~21.2	8.4~21.0	8.0~21.1	8.1~21.1
	平均值	16.3	16.7	16.9	17.1	17.0
水溶态硼(mg/kg)	范围	0.47~0.71	0.48~0.71	0.47~0.72	0.48~0.69	0.47~0.71
	平均值	0.60	0.59	0.59	0.59	0.59

第三节　灵台县耕地地力分析

一、灵台县耕层土壤属性

(一)耕层土壤有机质

灵台县耕层土壤样品化验结果表明，灵台县耕层土壤有机质含量最小值为5.5g/kg，最大值为15.9g/kg，平均值为12.7g/kg，标准差为2.24，偏度为-0.72，峰度为-0.10，变异系数为17.66%，属于中等变异。

根据甘肃省土壤有机质分级标准，灵台县耕层土壤有机质含量在10.0~15.0g/kg之间的样点数占70.92%，其代表耕地面积为31496.87公顷，属于省五级水平（见表2-10-30）。

从空间和行政区域分布上看，除梁原乡的一小部分耕地耕层有机质含量较低外，其他耕地耕层有机质含量均在10.0~15.0g/kg之间。

表2-10-30　灵台县耕层土壤有机质含量状况分级统计

有机质分级标准(g/kg)	级别	样点数	占总样点数(%)	代表面积(公顷)
15.0~20.0	四级	267	16.52	7338.28
10.0~15.0	五级	1146	70.92	31496.87
6.0~10.0	六级	201	12.44	5524.32
≤6.0	七级	2	0.12	54.97

(二)耕层土壤全氮

台县208个耕层土壤样品化验结果表明，灵台县耕层土壤全氮含量最小值为0.180g/kg，最大值为1.100g/kg，平均值为0.678g/kg，标准差为0.20，偏度为0.002，峰度为0.589，变异系数为29.16%，属于中等变异。

根据甘肃省土壤全氮分级标准，灵台县耕层土壤全氮含量在0.75~1.0g/kg的样点数占32.69%，其代表耕地面积为14520.11公顷；耕层土壤全氮含量在0.5~0.75g/kg之间的样点数占42.79%，其代表耕地面积为19004.26公顷，分别属于省五级和六级水平（见表2-10-31）。

从空间和行政区域分布上看，灵台县西南部的韩那镇和百里乡的大部分耕地，以及东南部中台镇和新开乡的部分耕地耕层全氮含量较高，在0.75~1.0g/kg之间。北部和中部大部分耕地耕层全氮含量较低，在0.5~0.75g/kg之间。

表 2-10-31　灵台县耕层土壤全氮含量状况分级统计

全氮分级标准(g/kg)	级别	样点数	占总样点数(%)	代表面积(公顷)	占耕地面积(%)
1.00~1.25	四级	8	3.85	1708.248	3.85
0.75~1.00	五级	68	32.69	14520.11	32.69
0.5~0.75	六级	89	42.79	19004.26	42.79
≤0.5	七级	43	20.67	9181.833	20.67

(三)耕层土壤碱解氮

灵台县1098个耕层土壤样品化验结果表明,灵台县耕层土壤碱解氮含量最小值为17mg/kg,最大值为158mg/kg,平均值为71mg/kg,标准差为24.84,偏度为0.252,峰度为-0.279,变异系数为34.99%,属于中等变异。

根据甘肃省土壤碱解氮分级标准,灵台县耕层土壤碱解氮含量在50~100mg/kg之间的样点数占64.48%,其代表耕地面积为28638.82公顷,属于省六级水平(见表2-10-32)。

从空间和行政区域分布上看,灵台县耕地耕层土壤碱解氮空间分布基本上均在50~100mg/kg之间,总体上很低。

表 2-10-32　灵台县耕层土壤碱解氮含量状况分级统计

碱解氮分级标准(mg/kg)	级别	样点数	占总样点数(%)	代表面积(公顷)	占耕地面积(%)
150~200	四级	2	0.18	80.9	0.18
100~150	五级	139	12.66	5622.59	12.66
50~100	六级	708	64.48	28638.82	64.48
≤50	七级	249	22.68	10072.13	22.68

(四)耕层土壤有效磷

灵台县3812个耕层土壤样品进行化验结果表明,灵台县耕层土壤有效磷含量最小值为2.0mg/kg,最大值为40.0mg/kg,平均值为9.9mg/kg,标准差为5.54,偏度为1.21,峰度为1.44,变异系数为56.02%,属于中等变异。

根据甘肃省土壤有效磷分级标准,灵台县耕层土壤有效磷含量在10.0~15.0mg/kg之间的样点数占49.77%,其代表耕地面积为22105.82公顷,属于省六级水平(见表2-10-33)。

从空间和行政区域分布上看,灵台县西北部的梁原乡、韩那镇、上良乡和什字镇,以及东南部的蒲窝乡和新开乡的大部分耕地耕层有效磷含量较低,在5.0~10.0mg/kg之间。灵台县东北部的独店镇和西屯乡,以及东南部的龙门乡的大部分耕地耕层有效磷含

量较高,在 10.0~15.0mg/kg 之间。

表 2-10-33　灵台县耕层土壤有效磷含量分级统计

有效磷分级标准(mg/kg)	级别	样点数	占总样点数(%)	代表面积(公顷)	占耕地面积(%)
30.0~40.0	二级	2	0.18	81.12	0.16
20.0~30.0	三级	45	4.11	1825.25	2.55
15.0~20.0	四级	151	13.79	6124.73	10.3
10.0~15.0	五级	156	14.25	6327.54	63.32
5.0~10.0	六级	545	49.77	22105.82	22.57
≤5.0	七级	196	17.9	7949.98	1.09

(五)土壤速效钾

灵台县 1617 个耕层土壤样品化验结果表明,灵台县耕层土壤速效钾含量最小值为 26mg/kg,最大值为 312mg/kg,平均值为 127mg/kg,标准差为 49.65,偏度为 1.07,峰度为 0.69,变异系数为 38.94%,属于中等变异。

根据甘肃省土壤速效钾分级标准,灵台县的耕层土壤速效钾含量,在甘肃省的七个等级中都有分布,其中 33.46% 的样点速效钾含量在 100~150mg/kg 之间,其代表耕地面积为 14859.75 公顷;40.57% 的样点速效钾含量在 50~100mg/kg 之间,其耕地面积为 18018.48 公顷,分别属于省五级和六级水平(见表 2-10-34)。

从空间和行政区域分布上看,灵台县新开乡和邵寨镇的部分耕地耕层速效钾含量较高,在 150~200mg/kg 之间。其他各乡镇耕地耕层速效钾含量基本都在 150~200mg/kg 之间,详见图集。

表 2-10-34　灵台县耕层土壤速效钾含量状况分级统计

速效钾分级标准(mg/kg)	级别	样点数	占总样点数(%)	代表面积(公顷)
>300	一级	7	0.43	192.27
250~300	二级	27	1.67	741.61
200~250	三级	132	8.16	3625.67
150~200	四级	252	15.58	6921.73
100~150	五级	541	33.46	14859.75
50~100	六级	656	40.57	18018.48
≤50	七级	2	0.12	54.93

(六)耕层土壤 pH

灵台县 1617 个耕层土壤样品进行化验结果表明,灵台县耕层土壤 pH 最小值为 7.0,最大值为 9.2,平均值为 8.1,标准差为 0.25,偏度为 -0.44,峰度为 3.99,变异系数为

3.11%,属于弱变异。

二、灵台县耕地地力分析

以土壤图与土地利用现状图叠加形成评价单元,应用模糊综合评判方法,通过综合分析,将灵台县耕地共划分为4个等级,根据评价结合进行耕地地力的系统分析。

（一）耕地地力等级与分布

1. 耕地地力等级面积统计

利用 ArcGIS 软件,对评价图属性库进行操作,检索统计耕地各等级的面积和图幅总面积。以2007年灵台县耕地总面积为基准,按面积比例进行平差,统计得各耕地地力等级面积。

灵台县耕地总面积为44414.44公顷,三等地最多,占总耕地面积的41.1%;其次是二等地,占总耕地面积的26.1%;一等地和四等地较少,分布占总耕地面积的18.4%和14.4%,见表2-10-35。

表2-10-35　灵台县耕地地力评价结果面积统计

等级	一等地	二等地	三等地	四等地	总计
面积(公顷)	8183.67	11596.96	18235.6	6398.21	44414.44
百分比(%)	18.4	26.1	41.1	14.4	100

2. 耕地地力等级的行政区域划分

从各等级耕地在不同乡镇所占比例来看,一等地主要分布在独店镇、什字镇、西屯乡和韩那镇,其中独店镇和什字镇的一等地最多,分别占本乡镇耕地总面积的38.25%和31.32%。二等地主要分布在百里乡、梁原乡、独店镇和什字镇,其中中台镇和梁原乡的二等地最多,分别占本乡镇耕地总面积的36.87%和36.98%。三等地主要分布在百里乡、梁原乡、什字镇和韩那镇。其中朝那镇的三等地最多,占本乡镇耕地总面积的60.21%。四等地主要分布在百里乡、蒲窝乡和新开乡,分别占本级耕地总面积的27.58%、63.06%和50.73%。

表2-10-36　灵台县各乡镇不同等级耕地面积分布情况

乡镇名称	一等地		二等地		三等地		四等地	
	面积（公顷）	占本乡镇耕地面积（%）	面积（公顷）	占本乡镇耕地面积（%）	面积（公顷）	占本乡镇耕地面积（%）	面积（公顷）	占本乡镇耕地面积（%）
百里乡	147.47	2.27	1824.87	28.07	2734.83	42.07	1792.88	27.58
朝那镇	822.67	24.71	487.77	14.65	2006.32	60.27	11.94	0.36

续表 2-10-36

乡镇名称	一等地		二等地		三等地		四等地	
	面积（公顷）	占本乡镇耕地面积（%）	面积（公顷）	占本乡镇耕地面积（%）	面积（公顷）	占本乡镇耕地面积（%）	面积（公顷）	占本乡镇耕地面积（%）
独店镇	1638.07	38.25	1184.60	27.66	1427.56	33.33	32.31	0.75
梁原乡	284.85	6.68	1576.07	36.98	2359.30	55.35	42.14	0.99
龙门乡	319.31	11.01	629.87	21.71	1524.50	52.55	427.63	14.74
蒲窝乡	226.41	8.26	526.42	19.21	259.63	9.47	1728.02	63.06
上良乡	593.96	26.58	842.58	37.70	767.31	34.34	30.86	1.38
邵寨镇	657.48	24.67	561.57	21.08	833.30	31.27	612.27	22.98
什字镇	1448.03	31.32	1078.64	23.33	2008.06	43.44	87.88	1.90
西屯乡	929.12	30.22	821.08	26.71	1292.41	42.04	31.59	1.03
新开乡	298.63	12.78	380.00	16.26	472.91	20.23	1185.87	50.73
星火乡	468.02	16.71	700.77	25.03	1631.25	58.26	0	0
中台镇	349.64	13.12	982.71	36.87	918.22	34.45	414.82	15.56

(二)耕地地力等级分述

1.一等地的主要属性

一等地综合评价指数大于 0.7050，评价单元 1720 个，耕地面积 8183.67 公顷，占总耕地面积的 18.4%，土地利用类型主要为塬旱地和山坡地。一等地中塬旱地和山坡地的面积分别占本级地总面积的 54.06% 和 31.38%。地貌类型主要是塬面区，一等地中塬面区的面积占本级地总面积的 91.16%。

一等地中的土种类型主要是厚复盖黑垆土和薄复盖黑垆土，其面积分别为 2347.43 公顷和 1905.61 公顷，分别占一等地总面积的 28.68% 和 23.29%。耕层土壤质地均是中壤，质地构型主要是均质中壤。坡度平均为 11.2°，海拔平均为 1266.8m。本级地中耕层土壤养分含量情况见表 2-10-37。

2.二等地的主要属性

二等地综合评价指数 0.6100～0.7050，评价单元 2885 个，耕地面积 11596.96 公顷，占总耕地面积的 26.1%，土地利用类型主要为山坡地和塬旱地。二等地中山坡地和塬旱地的面积分别占本级地总面积的 55.35% 和 24.82%。地貌类型主要是塬面区、川台区和沟壑区，其面积分别占本级地总面积的 40.69%、35.68% 和 23.20%。

二等地中的土种类型主要是灰黄墡土、梯黄绵土和厚复盖黑垆土，其面积分别占二等地总面积的25.70%、16.59%和13.71%。耕层土壤质地主要是中壤,有少部分是轻壤。质地构型主要是均质中壤。坡度平均为14.7度,海拔平均为1219.6m。本级地中耕层土壤养分含量情况见表2-10-36。

3.三等地的主要属性

三等地综合评价指数0.5450~0.6100,评价单元4208个,耕地面积18235.6公顷,占总耕地面积的41.1%,土地利用类型主要为山坡地、塬旱地和旱地梯田。其面积分别占本级地总面积的64.63%、16.41%和14.18%。地貌类型主要是沟壑区和丘陵区,其面积分别占本级地总面积的78.68%和14.67%。

三等地中的土种类型主要是灰黄墡土、坡黄绵土和坡黄墡土,其面积分别分别占三等地总面积的28.22%、16.74%和13.40%。耕层土壤质地主要是中壤,有少部分是轻壤。质地构型主要是均质中壤,有一部分砂底中壤和黏底轻壤。坡度平均为15.1度,海拔平均为1238.9m。本级地中耕层土壤养分含量情况见表2-10-37。

表2-10-37 灵台县各等级耕地耕层大量养分含量状况

养分		一等地	二等地	三等地	四等地
有机质(g/kg)	范围	9.2~14.4	9.4~14.5	9.1~14.4	11.0~13.9
	平均值	12.8	12.6	12.6	12.6
全氮(g/kg)	范围	0.470~0.930	0.407~0.931	0.352~0.895	0.336~0.933
	平均值	0.718	0.730	0.730	0.750
碱解氮(mg/kg)	范围	49~103	45~102	48~101	46~96
	平均值	71	69	71	68
有效磷(mg/kg)	范围	6.3~17.3	5.6~15.4	5.6~15.2	5.6~13.9
	平均值	9.8	9.5	9.6	9.3
速效钾(mg/kg)	范围	93~193	90~191	88~196	88~193
	平均值	128	125	125	130
缓效钾(mg/kg)	范围	886~1368	872~1348	863~1364	904~1359
	平均值	1082	1080	1072	1111
CEC(cmol/kg)	范围	8.7~22.9	8.7~22.9	8.7~22.9	7.8~22.9
	平均值	12.3	12.8	12.9	13.8
pH	范围	7.1~8.9	7.1~8.8	7.1~9.1	7.2~8.8
	平均值	8.1	8.1	8.1	8.1

4.四等地的主要属性

四等地综合评价指数小于0.5450,评价单元1724个,耕地面积6398.21公顷,占总耕地面积的14.4%,土地利用类型主要为山坡地,其面积占本级地总面积的79.55%。地貌类型主要是丘陵区,其面积占本级地总面积的93.24%。

四等地中的土种类型主要是灰黄墡土、耕地碳酸盐灰褐土、坡黄墡土和坡黄绵土,其面积分别占四等地总面积的23.85%、22.19%、11.64%和10.56%。耕层土壤质地主要是中壤,有少部分是轻壤。质地构型主要是均质中壤,有一部分砂底中壤、黏身中壤和黏底轻壤。坡度平均为14.5度,海拔平均为1189.8m。本级地中耕层土壤养分含量情况见表2-10-37。

第四节 崇信县耕地地力分析

一、崇信县耕层土壤属性

(一)耕层土壤有机质

崇信县耕层土壤样品化验结果表明,崇信县耕层土壤有机质含量最小值为4.3g/kg,最大值为36.5g/kg,平均值为14.3g/kg,标准差为3.8,偏度为1.3,峰度为5.2,变异系数为26.4%,属于中等变异(见表2-10-38)。

表2-10-38 崇信县耕层土壤有机质描述性统计(g/kg)

样本数	最小值	最大值	平均值	标准差	偏度	峰度	变异系数(%)
1872	4.3	36.5	14.3	3.8	1.3	5.2	26.4

根据甘肃省土壤有机质分级标准,崇信县耕层土壤有机质含量在15.0~20.0g/kg之间的样点数占30.3%,其代表耕地面积为6331.5公顷;耕层土壤有机质含量在10.0~15.0g/kg之间的样点数占54.2%,其代表耕地面积为11334.1公顷,分别属于甘肃省四、五级水平(见表2-10-39)。

从空间和行政区域分布上看,崇信县耕地耕层土壤有机质空间分布情况是,柏树乡的耕层有土壤机质含量较高,在15.0~20.0g/kg之间;其他乡镇的耕层土壤有机质含量较低,在10.0~15.0g/kg之间。

表 2-10-39　崇信县耕层土壤有机质含量状况分级统计

级别	范围(g/kg)	样本数	耕地面积(公顷)	占耕地比例(%)
一级	>30	6	103.36	0.11
二级	30.0~25.0	27	529.45	0.57
三级	25.0~20.0	189	3897.97	4.23
四级	20.0~15.0	834	18005.41	19.55
五级	15.0~10.0	2142	51272.60	55.67
六级	10.0~6.0	737	18200.65	19.76
七级	≤6.0	1	86.14	0.09

（二）耕层土壤碱解氮

崇信县1872个耕层土壤样品化验结果表明，崇信县耕层土壤碱解氮含量最小值为7.0mg/kg，最大值为444.0mg/kg，平均值为86.1mg/kg，标准差为25.9，偏度为3.1，峰度为33.5，变异系数为30.1%，属于中等变异（见表2-10-40）。

表 2-10-40　崇信县耕层土壤碱解氮含量描述性统计(mg/kg)

样本数	最小值	最大值	平均值	标准差	偏度	峰度	变异系数(%)
1872	14.0	444.0	86.1	25.9	3.1	33.5	30.1

根据甘肃省土壤碱解氮分级标准，崇信县耕层土壤碱解氮含量在50~100mg/kg之间的样点数占77.9%，其代表耕地面积为16292.1公顷；耕层土壤碱解氮含量在100~150mg/kg之间的样点数占15.1%，其代表耕地面积为3160.2公顷，分别属于省六级和五级水平（见表2-10-41）。

从空间和行政区域分布上看，崇信县各乡镇耕地耕层土壤碱解氮含量都在60~100mg/kg之间，总体上很低。

表 2-10-41　崇信县耕层土壤碱解氮含量状况分级统计

甘肃省碱解氮含量等级	分级标准(mg/kg)	样点数	占总样点数(%)	代表面积(公顷)
一级	>300	4	0.2	44.7
四级	150~200	26	1.4	290.3
五级	100~150	283	15.1	3160.2
六级	50~100	1459	77.9	16292.1
七级	≤50	100	5.3	1116.7

(三)耕层土壤有效磷

崇信县1872个耕层土壤样品进行化验结果表明,崇信县耕层土壤有效磷含量最小值为1.1mg/kg,最大值为58.7mg/kg,平均值为10.1mg/kg,标准差为6.2,偏度为2.0,峰度为8.4,变异系数为61.4%,属于中等变异(见表2-10-42)。

表2-10-42 崇信县耕层土壤有效磷含量描述性统计(mg/kg)

样本数	最小值	最大值	平均值	标准差	偏度	峰度	变异系数(%)
1872	1.1	58.7	10.1	6.2	2.0	8.4	61.3

根据甘肃省土壤有效磷分级标准,崇信县耕层土壤有效磷含量在5.0~10.0mg/kg之间的样点数占44.4%,其代表耕地面积为9279.5公顷;耕层土壤有效磷含量在10.0~15.0mg/kg的样点数占21.5%,其代表耕地面积为4489.0公顷,分别属于省六级和五级水平(见表2-10-43)。

从空间和行政区域分布上看,崇信县西部的苏元乡、纸坊镇、小川镇和东部的店村镇的耕层土壤有效磷含量较低,在10.0~15.0mg/kg之间。中部的城关镇和抛沙镇、南部的鸡峰镇以及北部的黄渚镇的耕层有效磷含量较高,在15.0~25.0mg/kg之间。

表2-10-43 崇信县耕层土壤有效磷含量分级统计

甘肃省有效磷含量等级	分级标准(mg/kg)	样点数	占总样点数(%)	代表面积(公顷)
一级	>30.0	20	1.1	223.3
二级	25.0~30.0	24	1.3	268.0
三级	20.0~25.0	78	4.2	871.0
四级	15.0~20.0	209	11.2	2333.8
五级	10.0~15.0	402	21.5	4489.0
六级	5.0~10.0	831	44.4	9279.5
七级	≤5.0	308	16.5	3439.3

(四)土壤速效钾

崇信县1872个耕层土壤样品化验结果表明,崇信县耕层土壤速效钾含量最小值为30mg/kg,最大值为486mg/kg,平均值为189mg/kg,标准差为80.7,偏度为2.2,峰度为8.0,变异系数为42.8%,属于中等变异(见表2-10-44)。

表2-10-44 崇信县耕层土壤速效钾含量描述性统计(mg/kg)

样本数	最小值	最大值	平均值	标准差	偏度	峰度	变异系数(%)
1872	30	486	189	80.7	2.2	8.0	42.8

根据甘肃省土壤速效钾分级标准，崇信县的耕层土壤速效钾含量在150～200mg/kg的样点数占33.1%，其代表耕地面积为6923.3公顷；含量在100～150mg/kg的样点数占27.2%，其代表耕地面积为5695.0公顷，分别属于省四级和五级水平（见表2-10-45）。

从空间和行政区域分布上看，崇信县耕地耕层土壤速效钾含量大多在100～150mg/kg之间。

表2-10-45　崇信县耕层土壤速效钾含量状况分级统计

甘肃省速效钾含量等级	分级标准（mg/kg）	样点数	占总样点数（%）	代表面积（公顷）
一级	>300	121	6.5	1351.2
二级	250～300	169	9.0	1887.2
三级	200～250	332	17.7	3707.3
四级	150～200	620	33.1	6923.3
五级	100～150	510	27.2	5695.0
六级	50～100	120	6.5	1340.0

（六）耕层土壤pH

崇信县1872个耕层土壤样品进行化验结果表明，崇信县耕层土壤pH含量最小值为7.5，最大值为8.5，平均值为8.2，标准差为0.1，偏度为0.1，峰度为0.6，变异系数为1.7%，属于弱变异（见表2-10-46）。

从空间和行政区域分布上看，崇信县耕地耕层土壤pH值，大多在7.5～8.0之间。

表2-10-46　崇信县耕层土壤pH值描述性统计

样本数	最小值	最大值	平均值	标准差	偏度	峰度	变异系数（%）
1872	7.5	8.5	8.2	0.1	0.1	0.6	1.7

二、崇信县耕地地力分析

以土壤图与土地利用现状图叠加形成评价单元，应用模糊综合评判方法，通过综合分析，将崇信县耕地共划分为5个等级，根据评价结合进行耕地地力的系统分析。

（一）耕地地力等级与分布

1.耕地地力等级面积统计

利用ArcGIS软件和Excel2003，对评价图属性库进行操作，检索统计耕地各等级的面积和图幅总面积。以2007年崇信县耕地总面积为基准，按面积比例进行平差，统计得各耕地地力等级面积。

崇信县耕地总面积为20903.93公顷，三等地和四等地较多，分别占总耕地面积的40.8%和28.5%；其次是二等地，占总耕地面积的12.9%；一等地和五等地较少，分别占总耕地面积的9.1%和8.7%，见表2-10-47。

表2-10-47　崇信县耕地地力评价结果面积统计

等级	一等地	二等地	三等地	四等地	五等地	总计
面积（公顷）	1905.37	2688.07	8536.22	5959.01	1815.26	20903.93
百分比（%）	9.11	12.86	40.84	28.51	8.68	100.00

2.耕地地力等级的行政区域划分

从各乡镇中不同等级耕地所占比例来看，柏树乡主要是二等地和三等地；黄花乡、黄寨乡主要是三等地和四等地；锦屏镇、木林乡以及五举农场主要是三等地，新窑镇主要是四等地和五等地，详见表2-10-48。

从各等级耕地在不同乡镇所占比例来看，一等地主要分布在锦屏乡；二等地、三等地和四等地在每个乡镇中均有分布，其中二等地在柏树乡的比例较大；三等地在锦屏镇的比例较大；四等地在黄花乡、新窑镇的比例较大；五等地主要分布在新窑镇，详见表2-10-49。

表2-10-48　崇信县各乡镇中不同等级耕地面积分布情况

乡镇名称	一等地		二等地		三等地		四等地		五等地	
	面积（公顷）	占本乡镇耕地面积（%）	面积（公顷）	占本乡镇耕地面积（%）	面积（公顷）	占本乡镇耕地面积（%）	面积（公顷）	占本乡镇耕地面积（%）	面积（公顷）	占本乡镇耕地面积（%）
柏树乡	245.17	10.17	816.00	33.84	912.03	37.82	418.42	17.35	19.95	0.83
黄花乡	85.56	2.73	283.95	9.06	1184.78	37.81	1383.40	44.15	195.85	6.25
黄寨乡	0.33	0.01	527.27	20.18	917.07	35.11	1055.06	40.39	112.60	4.31
锦屏镇	1248.39	21.41	400.62	6.87	3235.18	55.49	870.70	14.93	75.33	1.29
木林乡	0.00	0.00	431.88	17.13	1305.86	51.79	772.16	30.62	11.71	0.46
新窑镇	183.25	4.82	179.62	4.73	665.67	17.52	1373.31	36.14	1398.25	36.80
五举农场	142.67	24.00	48.73	8.20	315.63	53.09	85.96	14.46	1.57	0.26

表 2-10-49 崇信县各等级耕地在不同乡镇面积分布情况

乡镇名称	一等地 面积(公顷)	一等地 占本等级耕地面积(%)	二等地 面积(公顷)	二等地 占本等级耕地面积(%)	三等地 面积(公顷)	三等地 占本等级耕地面积(%)	四等地 面积(公顷)	四等地 占本等级耕地面积(%)	五等地 面积(公顷)	五等地 占本等级耕地面积(%)
柏树乡	245.17	12.87	816.00	30.36	912.03	10.68	418.42	7.02	19.95	1.10
黄花乡	85.56	4.49	283.95	10.56	1184.78	13.88	1383.40	23.22	195.85	10.79
黄寨乡	0.33	0.02	527.27	19.62	917.07	10.74	1055.06	17.71	112.60	6.20
锦屏镇	1248.39	65.52	400.62	14.90	3235.18	37.90	870.70	14.61	75.33	4.15
木林乡	0.00	0.00	431.88	16.07	1305.86	15.30	772.16	12.96	11.71	0.65
新窑镇	183.25	9.62	179.62	6.68	665.67	7.80	1373.31	23.05	1398.25	77.03
五举农场	142.67	7.49	48.73	1.81	315.63	3.70	85.96	1.44	1.57	0.09

(二)耕地地力等级分述

1.一等地的主要属性

一等地综合评价指数大于 0.8080,评价单元 681 个,耕地面积 1905.37 公顷,占总耕地面积的 9.11%。

一等地主要地貌类型均为残原区和河谷川区,土属主要是黄淤土和台厚覆盖黑垆土,分别占本级地总面积的 68.5% 和 10.2%。耕层土壤有机质含量平均为 14.37g/kg,碱解氮含量平均为 83.13mg/kg,有效磷含量平均为 11.38mg/kg,速效钾含量平均为 187.38mg/kg,CEC 平均为 11.48cmol/kg,pH 平均为 8.16(详见表 2-10-49)。

2.二等地的主要属性

二等地综合评价指数 0.7450~0.8080,评价单元 709 个,耕地面积 2688.1 公顷,占总耕地面积的 12.86%。

二等地地貌类型主要是残原区和河谷川区,土属主要是原厚覆盖黑垆土、心砂土和原薄覆盖黑垆土,分别占本级地总面积的 60.1%、16.4% 和 13.5%。耕层土壤有机质含量平均为 14.72g/kg,碱解氮含量平均为 87.23mg/kg,有效磷含量平均为 10.21mg/kg,速效钾含量平均为 183.3mg/kg,CEC 平均为 10.4mol/kg,pH 平均为 8.17(详见表 2-10-49)。

3.三等地的主要属性

三等地综合评价指数 0.6700~0.7450,评价单元 2451 个,耕地面积 8536.22 公顷,占总耕地面积的 40.84%。

三等地地貌类型主要是低山沟壑区,土属主要是灰黄墡土和坡黄绵土,分别占本级地总面积的 25.6% 和 36.6%。耕层土壤有机质含量平均为 14.35g/kg,碱解氮含量平均为 85.17mg/kg,有效磷含量平均为 10.85mg/kg,速效钾含量平均为 183.92mg/kg,CEC 平均为

11.55cmol/kg,pH 平均为 8.17(详见表 2-10-49)。

4.四等地的主要属性

四等地综合评价指数 0.6300～0.6700,评价单元 2125 个,耕地面积 5959.01 公顷,占总耕地面积的 28.51%。

四等地地貌类型主要是残原区和丘陵沟壑区,土属主要是坡黄绵土、坡黄墡土和梯黄绵土,分别占本级地总面积的 19.2%、24.3%和 13.5%。耕层土壤有机质含量平均为 14.11g/kg,碱解氮含量平均为 87.19mg/kg,有效磷含量平均为 9.87mg/kg,速效钾含量平均为 194.47mg/kg,CEC 平均为 12.33cmol/kg,pH 平均为 8.18(详见表 2-10-49)。

5.五等地的主要属性

五等地综合评价指数小于 0.6300,评价单元 902 个,耕地面积 1815.26 公顷,占总耕地面积的 8.68%。

五等地地貌类型主要是残原区和丘陵沟壑区,土属主要是耕种石灰性灰褐土、坡红胶土和坡黄墡土,分别占本级地总面积的 17.1%、16.6%和 22.5%。耕层土壤有机质含量平均为 13.36g/kg,碱解氮含量平均为 86.16mg/kg,有效磷含量平均为 8.75mg/kg,速效钾含量平均为 216.95mg/kg,CEC 平均为 20.95cmol/kg,pH 平均为 8.17(详见表 2-10-50)。

表 2-10-50 崇信县各等级耕地耕层大量养分含量状况

养分		一等地	二等地	三等地	四等地	五等地
有机质(g/kg)	范围	11.7～20.4	11.7～20.7	11.3～19.8	11.5～17.8	11.1～16.1
	平均值	14.37	14.72	14.35	14.11	13.36
碱解氮(mg/kg)	范围	58～100	59～114	57～117	58～114	67～115
	平均值	83.13	87.23	85.17	87.19	86.16
有效磷(mg/kg)	范围	5.4～17.3	5.9～18.5	6.0～18.4	5.4～18.4	5.5～15.8
	平均值	11.38	10.21	10.85	9.87	8.75
速效钾(mg/kg)	范围	135～283	138～295	133～300	137～288	144～282
	平均值	187.38	183.3	183.92	194.47	216.95
CEC(cmol/kg)	范围	9.4～34.9	8.2～13.4	8.2～34.9	9.0～34.9	9.0～34.9
	平均值	11.48	10.4	11.55	12.33	20.95
pH	范围	8.0～8.3	8.0～8.3	8.0～8.3	8.1～8.3	8.1～8.3
	平均值	8.16	8.17	8.17	8.18	8.17

第五节 华亭县耕地地力分析

一、华亭县耕层土壤属性

(一)耕层土壤有机质

华亭县耕层土壤样品化验结果表明,华亭县耕层土壤有机质含量最小值为9.4g/kg,最大值为47.9g/kg,平均值为19.4g/kg,标准差为4.0,偏度为0.43,峰度为1.58,变异系数为20.58%,属于中等变异(见表2-10-51)。

表2-10-51 华亭县耕层土壤有机质含量状况分级统计

样本数	最小值	最大值	平均值	标准差	偏度	峰度	变异系数(%)
1598	9.4	47.9	19.4	4.0	0.43	1.58	20.58

根据甘肃省土壤有机质分级标准,华亭县耕层土壤有机质含量在20.0~25.0g/kg之间的样点数占35.17%,其代表耕地面积为11250.44公顷;耕层土壤有机质含量在15.0~20.0g/kg之间的样点数占45.12%,其代表耕地面积为14433.39公顷,分别属于甘肃省三、四级水平（见表2-10-52）。耕层土壤有机质含量在15.0~25.0g/kg之间的样点占到80.29%,说明华亭县耕层有机质含量大部分属于中量水平。

表2-10-52 华亭县耕层土壤有机质含量状况分级统计

甘肃省有机质含量等级级别	分级标准(g/kg)	样点数	占总样点数(%)	代表面积(公顷)
一级	>30	7	0.44	140.13
二级	25.0~30.0	127	7.95	2542.36
三级	20.0~25.0	562	35.17	11250.44
四级	15.0~20.0	721	45.12	14433.39
五级	10.0~15.0	177	11.08	3543.29
六级	6.0~10.0	4	0.25	80.07
合计	—	1598	100	31989.68

(二)耕层土壤全氮

根据华亭县1593个耕层土壤样品化验结果表明,华亭县耕层土壤全氮含量最小值为0.160g/kg,最大值为3.380g/kg,平均值为1.315g/kg,标准差为0.34,偏度为0.37,峰度为0.76,变异系数为25.48%,属于中等变异(见表2-10-53)。

表 2-10-53　华亭县耕层土壤全氮含量描述性统计（mg/kg）

样本数	最小值	最大值	平均值	标准差	偏度	峰度	变异系数(%)
1593	0.160	3.380	1.315	0.34	0.37	0.76	25.48

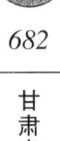

根据甘肃省土壤全氮分级标准,华亭县耕层土壤全氮含量在 1.25～1.0g/kg 之间的样点数占 33.40%,其代表耕地面积为 10683.31 公顷;耕层土壤全氮含量在 2.00～1.50g/kg 之间的样点数占 30.26%,其代表耕地面积为 9679.24 公顷,分别属于省四级和二级水平（见表 2-10-54）。耕层土壤全氮含量在 1.0g/kg 以上的样点数占到 84.87%,说明全县耕层土壤全氮含量整体上属于中等偏上水平。

表 2-10-54　华亭县耕层土壤全氮含量状况分级统计

甘肃省全氮含量等级	分级标准(mg/kg)	样点数	占总样点数(%)	代表面积(公顷)
一级	>2.00	21	1.32	421.71
二级	2.00～1.50	482	30.26	9679.24
三级	1.50～1.25	317	19.90	6365.81
四级	1.25～1.0	532	33.40	10683.31
五级	1.0～0.75	184	11.55	3694.98
六级	0.75～0.5	51	3.20	1024.15
七级	≤0.5	6	0.38	120.49
合计	—	1593	100.00	31989.68

(三)耕层土壤有效磷

根据华亭县 1591 个耕层土壤样品进行化验结果表明,华亭县耕层土壤有效磷含量最小值为 6.0mg/kg,最大值为 35.3mg/kg,平均值为 14.4mg/kg,标准差为 2.80,偏度为 0.68,峰度为 1.94,变异系数为 19.51%,属于中等变异(见表 2-10-55)。

表 2-10-55　华亭县耕层土壤有效磷含量分级统计

样本数	最小值	最大值	平均值	标准差	偏度	峰度	变异系数(%)
1591	6.0	35.3	14.4	2.80	0.68	1.94	19.51

根据甘肃省土壤有效磷分级标准,华亭县耕层土壤有效磷含量在 15.0～20.0mg/kg 之间的样点数占 41.23%,其代表耕地面积为 13189.96 公顷;耕层土壤有效磷含量在 10.0～15.0mg/kg 的样点数占 53.80%,其代表耕地面积为 17211.29 公顷,分别属于省四级和五级水平(见表 2-10-56)。耕层土壤有效磷含量在 10.0～20.0mg/kg 之间的样点数占到 97.99%,说明全县耕层土壤有效磷含量基本属于中量水平。

表 2-10-56　华亭县耕层土壤有效磷含量分级统计

甘肃省有效磷含量等级	分级标准（mg/kg）	样点数	占总样点数（%）	代表面积（公顷）
二级	25.0~30.0	1	0.06	20.11
三级	20.0~25.0	47	2.95	945.01
四级	15.0~20.0	656	41.23	13189.96
五级	10.0~15.0	856	53.80	17211.29
六级	5.0~10.0	31	1.95	623.31
合计	—	1591	100.00	31989.68

（四）土壤速效钾

根据华亭县 1599 个耕层土壤样品化验结果表明，华亭县耕层土壤速效钾含量最小值为 102mg/kg，最大值为 451mg/kg，平均值为 249mg/kg，标准差为 59.23，偏度为 0.30，峰度为 -0.08，变异系数为 23.74%，属于中等变异（见表 2-10-57）。

表 2-10-57　华亭县耕层土壤速效钾含量状况分级统计

样本数	最小值	最大值	平均值	标准差	偏度	峰度	变异系数（%）
1599	102	451	249	59.23	0.30	-0.08	23.74

根据甘肃省土壤速效钾分级标准，华亭县的耕层土壤速效钾含量在大于 300mg/kg 的样点数占 20.51%，其代表耕地面积为 6561.99 公顷；含量在 250~300mg/kg 的样点数占 23.95%，其代表耕地面积为 7662.32 公顷；含量在 200~250mg/kg 的样点数占 40.03%，其代表耕地面积为 12803.87 公顷，分别属于省一级、二级和三级水平（见表 2-10-58）。华亭县的耕层土壤速效钾含量在大于 150mg/kg 的样点数占到 95.75%，说明全县耕层土壤速效钾含量丰缺程度为丰富。

表 2-10-58　华亭县耕层土壤速效钾含量状况分级统计

甘肃省速效钾含量等级	分级标准（mg/kg）	样点数	占总样点数（%）	代表面积（公顷）
一级	>300	328	20.51	6561.99
二级	250~300	383	23.95	7662.32
三级	200~250	640	40.03	12803.87
四级	150~200	180	11.26	3601.09
五级	100~150	68	4.25	1360.41
合计	—	1599	100.00	31989.68

(六)耕层土壤 pH

根据华亭县 1599 个耕层土壤样品进行化验结果表明,华亭县耕层土壤 pH 含量最小值为 6.2,最大值为 10.5,平均值为 7.5,标准差为 0.34,偏度为 –0.37,峰度为 5.41,变异系数为 4.58%,属于弱变异(见表 2-10-59)。

表 2-10-59 华亭县耕层土壤 pH 值描述性统计

样本数	最小值	最大值	平均值	标准差	偏度	峰度	变异系数(%)
1599	6.2	10.5	7.5	0.34	–0.37	5.41	4.58

二、华亭县耕地地力分析

以土壤图与土地利用现状图叠加形成评价单元,应用模糊综合评判方法,通过综合分析,将华亭县耕地共划分为 5 个等级,根据评价结合进行耕地地力的系统分析。

(一)耕地地力等级与分布

1.耕地地力等级面积统计

利用 ArcGIS 软件和 Excel2003,对评价图属性库进行操作,检索统计耕地各等级的面积和图幅总面积。以 2007 年华亭县耕地总面积为基准,按面积比例进行平差,统计得各耕地地力等级面积。

华亭县耕地总面积为 31989.68 公顷,二等地和三等地较多,分别占总耕地面积的 34.91% 和 34.58%;其次是一等地,占总耕地面积的 16.91%;四等地较少,占总耕地面积的 13.60%,见表 2-10-60。

表 2-10-60 华亭县耕地地力评价结果面积统计

等级	一等地	二等地	三等地	四等地	总计
面积(公顷)	5410.92	11166.63	11061.59	4350.54	31989.68
百分比(%)	16.91	34.91	34.58	13.60	100.00

2.耕地地力等级的行政区域划分

从全县各乡镇中不同等级耕地所占比例来看,东华镇、河西乡、西华镇主要是一等地、二等地和三等地;马峡镇、山寨乡主要是三等地和四等地;其余主要是二等地和三等地,详见表 2-10-61。

从全县各等级耕地在不同乡镇所占比例来看,每个等级耕地在各乡镇均有分布,但所占的比例有所差异。其中一等地主要分布在西华镇、河西乡等地;二等地在神峪乡、安口镇占的比例较大;三等地在上关乡、西华镇比例稍大些;四等地在山寨乡、马峡镇的比例较大,详见表 2-10-62。

表 2-10-61 华亭县各乡镇中不同等级耕地面积分布情况

乡镇名称	面积及比例	一等地	二等地	三等地	四等地	合计
安口镇	面积(公顷)	604.68	1874.06	683.18	51.04	3212.96
	比例(%)	18.82	58.33	21.26	1.59	100.00
策底镇	面积(公顷)	450.34	997.30	1319.69	138.66	2905.99
	比例(%)	15.50	34.32	45.41	4.77	100.00
东华镇	面积(公顷)	588.50	850.72	865.17	52.73	2357.12
	比例(%)	24.97	36.09	36.70	2.24	100.00
河西乡	面积(公顷)	630.81	718.69	585.07	231.66	2166.23
	比例(%)	29.12	33.18	27.01	10.69	100.00
马峡镇	面积(公顷)	598.24	473.93	1187.08	1114.41	3373.65
	比例(%)	17.73	14.05	35.19	33.03	100.00
山寨乡	面积(公顷)	422.68	567.50	1194.38	1575.13	3759.69
	比例(%)	11.24	15.09	31.77	41.90	100.00
上关乡	面积(公顷)	325.05	1467.94	1578.83	441.51	3813.32
	比例(%)	8.52	38.49	41.40	11.58	100.00
神峪乡	面积(公顷)	425.06	2012.20	1163.86	153.65	3754.78
	比例(%)	11.32	53.59	31.00	4.09	100.00
石堡子开发区	面积(公顷)	51.38	234.73	115.24	8.46	409.81
	比例(%)	12.54	57.28	28.12	2.06	100.00
西华镇	面积(公顷)	1279.25	1580.23	1630.15	490.08	4979.69
	比例(%)	25.69	31.73	32.74	9.84	100.00
砚峡乡	面积(公顷)	34.93	389.36	738.96	93.20	1256.44
	比例(%)	2.78	30.99	58.81	7.42	100.00

表 2-10-62　华亭县各等级耕地在不同乡镇面积分布情况

乡镇名称	面积及比例	一等地	二等地	三等地	四等地
安口镇	面积（公顷）	604.68	1874.06	683.18	51.04
	比例（%）	11.18	16.78	6.18	1.17
策底镇	面积（公顷）	450.34	997.30	1319.69	138.66
	比例（%）	8.32	8.93	11.93	3.19
东华镇	面积（公顷）	588.50	850.72	865.17	52.73
	比例（%）	10.88	7.62	7.82	1.21
河西乡	面积（公顷）	630.81	718.69	585.07	231.66
	比例（%）	11.66	6.44	5.29	5.32
马峡镇	面积（公顷）	598.24	473.93	1187.08	1114.41
	比例（%）	11.06	4.24	10.73	25.62
山寨乡	面积（公顷）	422.68	567.50	1194.38	1575.13
	比例（%）	7.81	5.08	10.80	36.21
上关乡	面积（公顷）	325.05	1467.94	1578.83	441.51
	比例（%）	6.01	13.15	14.27	10.15
神峪乡	面积（公顷）	425.06	2012.20	1163.86	153.65
	比例（%）	7.86	18.02	10.52	3.53
石堡子开发区	面积（公顷）	51.38	234.73	115.24	8.46
	比例（%）	0.95	2.10	1.04	0.19
西华镇	面积（公顷）	1279.25	1580.23	1630.15	490.08
	比例（%）	23.64	14.15	14.74	11.26
砚峡乡	面积（公顷）	34.93	389.36	738.96	93.20
	比例（%）	0.65	3.49	6.68	2.14
合计	面积（公顷）	5410.92	11166.63	11061.59	4350.54
	比例（%）	100.00	100.00	100.00	100.00

(二)耕地地力等级分述

1.一等地的主要属性

一等地综合评价指数大于0.8200,评价单元597个,耕地面积5410.92公顷,占总耕地面积的16.91%。

一等地主要地貌类型是川台地,土种主要是黄淤土,占本级耕地总面积的45.33%。耕层土壤有机质含量平均为19.96g/kg,全氮含量平均为1.320g/kg,有效磷含量平均为14.25mg/kg,速效钾含量平均为254.0mg/kg,CEC平均为16.66cmol/kg,pH平均为7.47(表2-10-63)。

2.二等地的主要属性

二等地综合评价指数0.7306~0.8200,评价单元1880个,耕地面积11166.63公顷,占总耕地面积的34.91%。

二等地地貌类型主要是丘陵,土种主要是灰黄墡土和坡红胶土,分别占本等级地总面积的20.12%、24.64%。耕层土壤有机质含量平均为19.17g/kg,全氮含量平均为1.338g/kg,有效磷含量平均为14.39mg/kg,速效钾含量平均为244.7mg/kg,CEC平均为18.51mol/kg,pH平均为7.52(详见表2-10-63)。

3.三等地的主要属性

三等地综合评价指数0.6906~0.7306,评价单元1230个,耕地面积11061.59公顷,占总耕地面积的34.58%。

三等地地貌类型主要是低山和丘陵,土种主要是坡黄墡土和坡红胶土,分别占本级地总面积的35.10%和20.40%。耕层土壤有机质含量平均为19.29g/kg,全氮含量平均为1.322g/kg,有效磷含量平均为14.36mg/kg,速效钾含量平均为249.0mg/kg,CEC平均为17.87cmol/kg,pH平均为7.52(详见表2-10-63)。

4.四等地的主要属性

四等地综合评价指数小于0.6906,评价单元776个,耕地面积4350.54公顷,占总耕地面积的13.60%。

四等地地貌类型主要是低山和丘陵,土种主要是耕作淋溶灰褐土,占本等级地总面积的62.74%。耕层土壤有机质含量平均为19.64g/kg,全氮含量平均为1.292g/kg,有效磷含量平均为14.43mg/kg,速效钾含量平均为258.5mg/kg,CEC平均为17.58cmol/kg,pH平均为7.55(详见表2-10-63)。

表 2-10-63 华亭县各等级耕地耕层大量养分含量状况

养分		一等地	二等地	三等地	四等地
有机质(g/kg)	范围	16.5~23.4	16.2~23.0	15.8~23.3	15.5~22.9
	平均值	19.96	19.17	19.29	19.64
全氮(g/kg)	范围	0.989~1.530	0.984~1.615	0.986~1.613	1.067~1.680
	平均值	1.320	1.338	1.322	1.292
有效磷(mg/kg)	范围	11.9~17.3	12.1~17.3	12.0~16.5	12.7~16.4
	平均值	14.25	14.39	14.36	14.43
速效钾(mg/kg)	范围	198~299	193~319	198~313	204~296
	平均值	254.0	244.7	249.0	258.5
CEC(cmol/kg)	范围	11.4~24.2	11.4~24.2	11.4~22.8	13.0~35.5
	平均值	16.66	18.51	17.87	17.58
pH	范围	7.1~7.9	7.1~7.9	7.1~7.9	7.1~7.9
	平均值	7.47	7.52	7.52	7.55

第六节 庄浪县耕地地力分析

一、庄浪县耕层土壤属性

(一)耕层土壤有机质

本次耕地地力调查，对全县耕层土壤有机质检测含量平均值为 14.17g/kg，变幅为 10.4~18g/kg，与 1984 年第二次土壤普查有机质含量 11.6g/kg 相比，增幅达 17.5%。根据甘肃省土壤养分含量分级标准，属于中等水平，含量在三级、四级水平的耕地分别占耕地总面积的 3.65%、59.97%；五级、六级水平的耕地占耕地总面积的 33.09%、3.29%。庄浪县土壤有机质分级如表 2-10-64。

表 2-10-64 庄浪县土壤耕层有机质含量(g/kg)分级及面积

年份	级别	三级	四级	五级	六级
		15~20	10~15	6~10	<6
2006	耕地面积(公顷)	17108.25	53971.05	155099.18	15420.86
	占总比例耕地面积(%)	3.65	59.99	33.09	3.29
1984	耕地面积(公顷)	3926.54	5007.78	22755.75	464.58
	占总比例耕地面积(%)	5.11	64.64	29.64	0.61

(二)耕层土壤全氮

全县耕层土壤全氮平均含量为0.82g/kg,变幅为0.673~1.066g/kg(表2-10-65)。

表2-10-65 庄浪县土壤耕层全氮含量(g/kg)分级及面积

年份	级别	三级 1.0~1.25	四级 0.75~1.0	五级 0.5~0.75	六级 <0.5
2006	耕地面积(公顷)	332.507	61867.61	8879.189	
	占总比例耕地面积(%)	0.047	87.04	12.49	
1984	耕地面积(公顷)	1814.896	37435.04	30582.02	6944.684
	占总比例耕地面积(%)	9.04	39.83	48.76	2.37

(三)耕层土壤有效磷

根据对庄浪县3842个样品的分析检测,全县耕层土壤有效磷平均含量为25.2mg/kg,标准差14.38mg/kg(表2-10-66)。

表2-10-66 庄浪县耕层土壤有效磷含量变化(mg/kg)

年份	级别	二级 40.0~30.0	三级 30.0~20.0	四级 20.0~15.0	五级 15.0~10.0	六级 10.0~5.0	七级 ≤5.0
2006	耕地面积(公顷)	2770.69	62813.29	5495.2			
	占总比例耕地面(%)	3.9	88.37	7.73			
1984	耕地面积(公顷)				90.44	6684.83	64304.0
	占总比例耕地面(%)				0.13	9.4	90.47

(四)土壤速效钾

庄浪县耕层土壤速效钾含量平均为181.96mg/kg,变幅为100~278mg/kg。速效钾含量丰富,属于富钾区。从不同地势看,全县土壤速效钾含量有一定的差异,川地>山地>台地。区域分布上差异不显著,南部丘陵沟壑河谷川区、西北部黄土丘陵沟壑区和东部土石山区皆接近于全县平均值(表2-10-67)。

(五)耕层土壤微量元素

根据系统数据对微量元素进行了初步分析,庄浪县土壤中微量元素含量及分布结果如下:

有效铁平均含量为7.22mg/kg。其中四级(10.0~20.0mg/kg)面积0.81万亩;五级(4.5~10.0mg/kg)面积89.43万亩;六级(2.5~4.5mg/kg)面积1.22万亩;七级(≤2.5mg/kg)

面积 0.10 万亩。

表 2-10-67　庄浪县耕层土壤速效钾含量变化(mg/kg)

年份	级别	二级 250~300	三级 200~250	四级 150~200	五级 100~150	六级 50~100
2006	耕地面积（公顷）	151.04	9898.02	58243.39	2786.85	
2006	占总比例耕地面积(%)	0.20	13.93	81.95	3.92	
1984	耕地面积（公顷）		6238.29	23754.54	41025.03	61.41
1984	占总比例耕地面积(%)		8.78	33.42	57.72	0.08

有效锰平均含量为 10.02mg/kg。其中四级(15.0~30.0mg/kg)面积 0.10 万亩；五级(5.0~15.0mg/kg)面积 91.37 万亩；六级(1.0~5.0mg/kg)面积 0.10 万亩。

有效铜平均含量为 0.99mg/kg。其中三级（1.80~2.60mg/kg）面积 0.02 万亩；四级(1.00~1.80mg/kg)面积 33.44 万亩；五级(0.20~1.00mg/kg)面积 58.08 万亩；六级(0.10~0.20mg/kg)面积 0.02 万亩。

有效锌平均含量为 0.64mg/kg。其中四级（1.00~2.00mg/kg）面积 0.67 万亩；五级（0.50~1.00mg/kg）面积 66.75 亩；六级（0.30~0.50mg/kg）面积 23.57 万亩；七级(≤0.30mg/kg)面积 0.53 万亩。

(六)耕层土壤 pH

庄浪县 pH 值变化在 8.4~8.9 之间，均值为 8.65，标准差 0.133，属于弱碱性土壤。

二、庄浪县耕地地力分析

以土壤图与土地利用现状图叠加形成评价单元，应用模糊综合评判方法，通过综合分析，将庄浪县耕地共划分为 5 个等级，根据评价结合进行耕地地力的系统分析。

(一)耕地地力等级与分布

1.耕地地力等级面积统计

利用 ArcGIS 软件，对耕地资源管理单元图关联属性数据表和评价结果表进行操作，检索统计耕地各等级的面积及图幅面积。以 2007 年庄浪县耕地总面积 71079.3 公顷(即庄浪县国土资源局 2007 年统计资料)为基准，按面积比例进行平差，计算出各耕地地力等级的面积(见表 2-10-68)。

表 2-10-68 庄浪县耕地地力评价结果面积统计

等级	一等地	二等地	三等地	四等地	五等地	总计
面积（公顷）	3909.36	28360.64	29568.99	8031.96	1208.35	71079.30
百分比（%）	5.5	39.9	41.6	11.3	1.7	100

2.耕地地力等级的行政区域划分

庄浪县耕地总面积为71079.3公顷，占庄浪县总面积的44.45%。其中，一级地面积为3909.36公顷，占耕地总面积的5.5%；二级地面积为28360.64公顷，占耕地总面积的39.9%；三级地面积为29568.99公顷，占耕地总面积的41.6%；四级地面积为8031.96公顷，占耕地总面积的11.3%；五级地面积为1208.35公顷，占耕地总面积的1.7%（表2-10-69）。

表 2-10-69 庄浪县耕地地力等级行政区域分布　　　　　　　　单位：公顷，%

等级	一等地	二等地	三等地	四等地	五等地
全县面积	3909.36	28360.64	29568.99	8031.96	1208.35
所占比例	5.5	39.9	41.6	11.3	1.7
水洛镇	350.14	1336.77	2201.45	11.65	30.56
大庄		2431.14	507.58	6.83	
韩店	119.27	1387.99	1301.12	1696.54	6.05
良邑	381.22	599.61	2075.40	26.64	11.32
南湖	710.60	1607.52	2066.25	103.50	
南坪	302.54	847.41	1448.91	10.23	118.59
盘安		2354.02	2068.81	122.01	13.13
通化	339.04	554.36	1034.77	2211.01	143.41
万泉	255.12	1481.55	1055.34	173.82	
卧龙		2819.63	3180.94		
阳川	669.52	1585.33	1319.13		
杨河	86.67	980.36	2444.81	257.46	34.20
永宁		699.85	946.98	1424.28	99.98
岳堡	428.67	1194.46	2051.60	94.40	
赵墩		3797.03	799.33		
郑河		471.75	146.77	1864.46	744.57
朱店	435.24	1517.01	2577.31	39.67	21.99
柳梁		2499.08	2342.86	0.71	

(二)耕地地力等级分述

1.一等地的主要属性

一等地。从庄浪县耕地地力等级的行政区域分布表中(表2-10-70)可以看出,一级地主要分布在水洛镇、韩店、良邑、南湖、南坪、通化、万泉、卧龙、阳川、杨河、岳堡、朱店等乡镇的河谷川台地上。包括川覆盖黑麻土、台覆盖黑麻土、川黑麻土、台黑麻土、台梯黑麻土、台黄麻土、黄绵土等土种,面积为3909.36公顷,占耕地总面积的5.5%。

表2-10-70 庄浪县一等地主要养分含量

项目	有机质(g/kg)	全氮(g/kg)	水解性氮(g/kg)	速效钾(mg/kg)	有效磷(mg/kg)	水溶态硼(mg/kg)	有效铁(mg/kg)	有效锌(mg/kg)
平均值	13.98	0.82	0.06	196.13	24.94	0.60	7.18	0.64
含量水平	中等	中等偏下	中等	丰富	丰富	中等	中等	高

2.二等地的主要属性

二等地,综合评价指数为0.6400～0.7850,面积为28360.64公顷,占耕地总面积的39.9%。在庄浪县各乡镇皆有分布。土壤类型多为川黑麻土、台黑麻土、覆盖黑垆土、新积土、黄绵土、黄潮土等。

二级地土壤主要养分含量及水平,见表2-10-71。

表2-10-71 庄浪县二等地主要养分含量

项目	有机质(g/kg)	全氮(g/kg)	水解性氮(g/kg)	速效钾(mg/kg)	有效磷(mg/kg)	水溶态硼(mg/kg)	有效铁(mg/kg)	有效锌(mg/kg)
平均值	14.51	0.83	0.06	182.86	24.49	0.60	7.18	0.64
含量水平	中等	中等偏下	中等	丰富	丰富	中等	中等	高

3.三等地的主要属性

三等地综合评价指数为0.6000～0.6400,耕地面积29568.99公顷,占全县耕地总面积的41.6%,在各乡镇均有分布。三等地土壤主要养分含量及水平,见表2-10-72。

表2-10-72 庄浪县三等地主要养分含量

项目	有机质(g/kg)	全氮(g/kg)	水解性氮(g/kg)	速效钾(mg/kg)	有效磷(mg/kg)	水溶态硼(mg/kg)	有效铁(mg/kg)	有效锌(mg/kg)
平均值	13.83	0.81	0.06	181.20	23.82	0.60	7.29	0.63
含量水平	中等	中等偏下	中等	丰富	丰富	中等	中等	高

4.四等地的主要属性

四等地,综合评价指数0.5000～0.6000,耕地面积8031.96公顷,占全县耕地总面积的11.3%。除卧龙、阳川、赵墩外,各乡镇皆有分布(表2-10-73)。

表 2-10-73　庄浪县四等地主要养分含量

项目	有机质 (g/kg)	全氮 (g/kg)	水解性氮 (g/kg)	速效钾 (mg/kg)	有效磷 (mg/kg)	水溶态硼 (mg/kg)	有效铁 (mg/kg)	有效锌 (mg/kg)
平均值	14.46	0.83	0.06	172.47	24.09	0.62	7.28	0.64
含量水平	中等	中等偏下	中等	丰富	丰富	中等	中等	高

5.五等地的主要属性

五等地，综合评价指数小于0.5000，耕地面积1208.35公顷，仅占全县耕地总面积的1.7%。主要分布于关山一带，以及坡度大于25度的山坡地和河滩地的耕地。土地利用类型以旱地梯田和山坡地为主，其中山坡地占该等面积的55.31%，土壤多为重壤。该区域海拔高，土壤耕层薄，冲刷严重，肥力低，属于低产土壤（表2-10-74）。

表 2-10-74　庄浪县五级地主要养分含量

项目	有机质 (g/kg)	全氮 (g/kg)	水解性氮 (g/kg)	速效钾 (mg/kg)	有效磷 (mg/kg)	水溶态硼 (mg/kg)	有效铁 (mg/kg)	有效锌 (mg/kg)
平均值	14.06	0.81	0.06	177.14	23.82	0.61	7.16	0.66
含量水平	中等	中等偏下	中等	丰富	丰富	中等	中等	高

第七节　静宁县耕地地力分析

一、静宁县耕层土壤属性

(一)耕层土壤有机质

根据对静宁县3701个样品的分析检测，其土壤耕层有机质平均含量为13.50g/kg，标准差为0.87，变化区间为12.29~15.48g/kg，变异系数为6.45%。根据甘肃省养分分级标准，静宁县土壤耕层有机质含量为五级。对静宁县各乡(镇)土壤有机质含量进行对比分析，有机质含量平均值小于13.50g/kg的乡(镇)有11个，分别为古城乡、界石铺镇、原安乡、余湾乡、贾河乡、威戎镇、曹务乡、双岘乡、深沟乡、仁大乡、八里镇；其他乡(镇)土壤有机质含量均在13.50g/kg以上。雷大乡有机质含量最高，为15.48g/kg；古城乡有机质含量最低，为12.29g/kg。有机质含量在15~20g/kg的主要分布在红寺乡和雷大乡，在13.50~15g/kg的主要分布在全县其余各乡镇。

2008年与1986年土壤耕层有机质含量相比较，土壤耕层有机质平均含量增加了2.28g/kg；增幅较大的有治平乡、李店镇、深沟乡、雷大乡，增加了3.0g/kg以上；曹务乡和原安乡有机质含量低于第二次土壤普查结果，减幅不大。

(二)耕层土壤全氮

根据对静宁县3385个样品的分析检测,其土壤耕层全氮平均含量为0.87g/kg,标准差为0.03,变化区间为0.82~0.98g/kg,变异系数为3.872%。根据甘肃省养分分级标准,静宁县土壤耕层全氮含量为五级。

对静宁县各乡(镇)土壤耕层全氮含量进行对比分析,全氮含量大于平均值0.87g/kg的有3个乡(镇),分别为雷大乡、三合乡和红寺乡;其他乡镇均在0.87g/kg以下。红寺乡最高,为0.98g/kg;古城乡最小,为0.82g/kg。

2008年与1986年土壤耕层全氮含量相比较,土壤耕层全氮平均含量变化不大,土壤耕层全氮平均含量增加了0.01g/kg;增幅最大的为仁大乡、贾河乡、甘沟乡和红寺乡,均增加了0.09g/kg;有8个乡镇略有降低。

(三)耕层土壤碱解氮

根据对静宁县3701个样品的分析检测,其土壤耕层碱解氮平均含量为61.82mg/kg,标准差为4.35,变化区间为48.87~67.48mg/kg,变异系数为7.04%。根据甘肃省养分分级标准,静宁县土壤耕层碱解氮含量为Ⅵ级。对静宁县各乡(镇)土壤碱解氮进行对比分析,碱解氮含量大于平均值61.82mg/kg的有13个乡(镇),分别为新店乡、双岘乡、四河乡、界石铺镇、甘沟乡、古城乡、红寺乡、贾河乡、细巷乡、城川乡、仁大乡、八里镇、曹务乡;其他乡(镇)均在61.82mg/kg以下。曹务乡最高,为67.48mg/kg;灵芝乡最小,为48.87mg/kg。

(四)耕层土壤有效磷

根据对静宁县3701个样品的分析检测,其土壤耕层有效磷平均含量为22.3mg/kg,标准差为5.30,变化区间为13.23~33.12mg/kg,变异系数为23.76%。根据甘肃省养分分级标准,静宁县土壤耕层有效磷含量为Ⅲ级。

对静宁县各乡(镇)土壤耕层有效磷含量进行对比分析,大于平均值22.3mg/kg的有9个乡(镇),分别为古城乡、威戎镇、雷大乡、红寺乡、甘沟乡、双岘乡、李店镇、曹务乡和城川乡;其他乡(镇)均在22.3mg/kg以下。城川乡有效磷含量最高,为33.12mg/kg;深沟乡最小,为13.23mg/kg。

2008年与1986年土壤耕层有效磷含量相比较,土壤耕层有效磷平均含量增加了12.1mg/kg;全县各乡镇都有不同程度的增加,增幅最大的为城川乡,增加了21.12mg/kg;增幅最小的为司桥乡,增加了5.02mg/kg。

(五)土壤速效钾

根据对静宁县3701个样品的分析检测,其土壤耕层速效钾平均含量为195.32mg/kg,标准差为50.53,变化区间为127.14~287.7mg/kg,变异系数为25.87%。根据甘肃省养分分级标准,静宁县土壤耕层速效钾含量为三级。

对静宁县各乡(镇)土壤耕层速效钾含量进行对比分析,速效钾含量大于平均值195.32mg/kg的有8个乡(镇),分别为红寺乡、城川乡、李店镇、双岘乡、雷大乡、甘沟乡、余湾乡和曹务乡;其他乡(镇)均在255.01mg/kg以下。曹务乡速效钾含量最高,为287.7mg/kg,仁大乡最低,为127.14mg/kg。

2008年与1986年土壤耕层速效钾含量相比较,土壤耕层速效钾平均含量减少了39.74mg/kg;减幅最大的为古城乡,减少了108.98mg/kg;减幅最小的为原安乡,减少了2.74mg/kg。李店镇、余湾乡、雷大乡、曹务乡和红寺乡略有增加。

(六)耕层土壤有效铁

根据对静宁县1200个样品的分析检测,其土壤耕层有效铁平均含量为7.41mg/kg,标准差为0.49,变化区间为5.0~8.5mg/kg,变异系数为6.67%。根据甘肃省养分分级标准,静宁县土壤耕层有效铁含量为较低等。

对静宁县各乡(镇)土壤耕层有效铁含量进行对比分析,小于平均值7.41mg/kg的有7个乡(镇),分别为界石铺镇、四河乡、八里镇、司桥乡、原安乡、余湾乡、雷大乡;其他乡(镇)均在7.41mg/kg以上。李店镇有效铁含量最大,为8.5mg/kg;界石铺镇最小,为5.0mg/kg。

(七)耕层土壤有效锰

根据对静宁县1200个样品的分析检测,其土壤耕层有效锰平均含量为10.25mg/kg,标准差为0.68,变化区间为5.8~12.3mg/kg,变异系数为6.67%。根据甘肃省养分分级标准,静宁县土壤耕层有效锰含量为中等。

对静宁县各乡(镇)土壤耕层有效锰含量进行对比分析,小于平均值10.25mg/kg的有6个乡(镇),分别为司桥乡、李店镇、界石铺镇、四河乡、雷大乡和灵芝乡;其他乡(镇)在10.25mg/kg以上。甘沟乡有效锰含量最高,为12.3mg/kg;司桥乡最低,为5.8mg/kg。

(八)耕层土壤有效铜

根据对静宁县1200个样品的分析检测,其土壤耕层有效铜平均含量为0.87mg/kg,标准差为0.06,变化区间为0.70~0.96mg/kg,变异系数为6.67%。根据甘肃省养分分级标准,静宁县土壤有效铜含量为较低等。

对静宁县各乡(镇)有效铜含量进行对比分析,小于平均值0.87mg/kg的乡镇有8个,分别为雷大乡、八里镇、界石铺镇、深沟乡、双岘乡、细巷乡、新店乡和司桥乡;其他乡平均含量均在0.87mg/kg以上。红寺乡有效铜含量最大,为0.96mg/kg;雷大乡最小,为0.70mg/kg。

(九)耕层土壤有效锌

根据对静宁县1200个样品的分析检测,其土壤耕层有效锌平均含量为0.79mg/kg,标准差为0.05,变化区间为0.72~0.90mg/kg,变异系数为6.67%。根据甘肃省养分分级标准，静宁县土壤有效锌含量为较低等。

对静宁县各乡（镇）土壤耕层有效锌含量进行对比分析，有效锌含量平均值大于 0.79mg/kg 的乡（镇）有 6 个，分别是灵芝乡、红寺乡、李店镇、四河乡、八里镇和甘沟乡；其他乡（镇）均在 0.79mg/kg 以下。甘沟乡有效锌含量最高，为 0.90mg/kg；界石铺镇最低，为 0.72mg/kg。

（十）耕层土壤 pH

根据对静宁县 3700 个样品的分析测试，静宁县土壤耕层 pH 值变化区间为 7.54～8.49，平均值为 8.08，标准差为 0.31，变异系数为 3.88%。统计结果显示，静宁县土壤属微碱性，适宜农作物生长。但磷酸盐的有效性不太大，其原因是土壤 pH 值在 7.5～8.5 时，施入土壤中的水溶性和弱酸溶性磷酸盐，容易被土壤中的钙离子固定为磷酸三钙，而降低磷肥的肥效。对静宁县各乡镇土壤 pH 值进行对比分析，pH 值小于平均值 8.08 的乡镇有 9 个，分别为新店乡、四河乡、细巷乡、贾河乡、界石铺镇、威戎镇、八里镇、曹务乡、深沟乡；其他乡镇土壤 pH 值均在 8.08 以上。pH 值最大的乡镇是城川乡和双岘乡，pH 值均为 8.49；pH 值最小的乡镇是新店乡，pH 值为 7.54。pH 值在 8.1～8.2 的主要分布在司桥乡、城关镇、余湾乡、原安乡、灵芝乡，pH 值在 8.2～8.3 的主要分布在古城乡和红寺乡。pH 值在 8.3～8.4 的主要分布在仁大乡、三合乡、雷大乡。pH 值在 8.4～8.48 的主要分布在甘沟乡和李店镇。

二、静宁县耕地地力分析

以土壤图与土地利用现状图叠加形成评价单元，应用模糊综合评判方法，通过综合分析，将静宁县耕地共划分为 5 个等级，根据评价结合进行耕地地力的系统分析。

（一）耕地地力等级与分布

1. 耕地地力等级面积统计

根据耕地地力评价结果数据表，汇总各等级耕地的面积，以《2009 年甘肃农村年鉴》中静宁县耕地总面积为基准进行平差，统计出不同等级耕地面积。

静宁县总耕地面积为 10.06 万公顷，其中二、三和四等地占的比例较大，分别为 21.26%、40.85% 和 18.96%，占总耕地的 81.07%；一等地和五等地占的比例较小，分别为 10.1% 和 8.83%，见表 2-10-75。

表 2-10-75 静宁县耕地地力评价结果面积统计

等级	一等地	二等地	三等地	四等地	五等地	总计
面积（公顷）	10200	21400	41100	19100	8900	100600
百分比（%）	10.1	21.26	40.85	18.96	8.83	100

2.耕地地力等级的行政区域划分

从耕地地力评价结果数据表中可以看出,一等地主要分布在仁大乡、城川乡、李店镇、威戎镇和甘沟乡;二等地主要分布在甘沟乡、仁大乡、雷大乡、红寺乡、李店镇、细巷乡、威戎镇、余湾乡;三等地主要分布在甘沟乡、古城乡、界石铺镇、红寺乡、四河乡、雷大乡、曹务乡、细巷乡、灵芝乡;四等地主要分布四河乡、界石铺镇、原安乡、古城乡、三合乡、灵芝乡;五等地主要分布四河乡、红寺乡、甘沟乡、界石铺、镇原安乡。表2-10-76为静宁县一等地到五等地在各乡镇的分布状况。

表2-10-76 静宁县耕地地力等级行政区域分布

单位:公顷,%

乡镇名称		一等地	二等地	三等地	四等地	五等地	总计
八里镇	面积	584.01	816.37	1455.53	423.12	213.70	3492.73
	比例	16.72	23.37	41.67	12.11	6.12	100.00
曹务乡	面积	304.77	675.43	2400.69	58.14	234.13	3673.16
	比例	8.30	18.39	65.36	1.58	6.37	100.00
城川乡	面积	1244.92	416.11	622.38	0.86	98.15	2382.42
	比例	52.25	17.47	26.12	0.04	4.12	100.00
城关镇	面积	293.16	174.93	300.76	91.51	46.56	906.92
	比例	32.32	19.29	33.16	10.09	5.13	100.00
甘沟乡	面积	876.96	2107.72	3538.16	242.16	734.15	7499.15
	比例	11.69	28.11	47.18	3.23	9.79	100.00
古城乡	面积	181.45	861.67	3085.52	2352.44	335.12	6816.21
	比例	2.66	12.64	45.27	34.51	4.92	100.00
红寺乡	面积	152.18	1267.67	2829.45	203.63	789.01	5241.93
	比例	2.90	24.18	53.98	3.88	15.05	100.00

续表 2-10-76

乡镇名称		一等地	二等地	三等地	四等地	五等地	总计
贾河乡	面积	524.21	786.74	642.21	43.01	253.49	2249.65
	比例	23.30	34.97	28.55	1.91	11.27	100.00
界石铺镇	面积	101.09	755.57	2971.23	2697.09	573.17	7098.14
	比例	1.42	10.64	41.86	38.00	8.07	100.00
雷大乡	面积	266.24	1585.10	2443.78	57.45	457.14	4809.71
	比例	5.54	32.96	50.81	1.19	9.50	100.00
李店镇	面积	963.68	1224.36	1036.64	212.57	312.08	3749.33
	比例	25.70	32.66	27.65	5.67	8.32	100.00
灵芝乡	面积	9.11	487.76	2301.10	1238.96	361.32	4398.25
	比例	0.21	11.09	52.32	28.17	8.22	100.00
仁大乡	面积	1509.82	1861.95	832.83	135.61	363.53	4703.75
	比例	32.10	39.58	17.71	2.88	7.73	100.00
三合乡	面积	0.00	184.42	964.63	2004.91	364.56	3518.52
	比例	0.00	5.15	26.93	55.98	10.18	98.24
深沟乡	面积	185.15	257.35	751.49	600.98	306.98	2101.96
	比例	8.81	12.24	35.75	28.59	14.60	100.00
双岘乡	面积	7.68	869.98	1920.13	148.28	373.33	3319.38
	比例	0.23	26.21	57.85	4.47	11.25	100.00
司桥乡	面积	106.08	612.54	1456.56	701.83	210.67	3087.68
	比例	3.44	19.84	47.17	22.73	6.82	100.00

续表 2-10-76

乡镇名称		一等地	二等地	三等地	四等地	五等地	总计
四河乡	面积	20.94	629.66	2513.51	2829.36	884.57	6878.04
	比例	0.30	9.15	36.54	41.14	12.86	100.00
威戎镇	面积	950.92	1182.76	1694.11	256.87	166.55	4251.22
	比例	22.37	27.82	39.85	6.04	3.92	100.00
细巷乡	面积	350.66	1197.27	2359.74	583.62	363.49	4854.78
	比例	7.22	24.66	48.61	12.02	7.49	100.00
新店乡	面积	104.02	382.01	808.16	870.58	209.87	2374.64
	比例	4.38	16.09	34.03	36.66	8.84	100.00
余湾乡	面积	395.54	1117.48	491.85	209.31	178.71	2392.89
	比例	16.53	46.70	20.55	8.75	7.47	100.00
原安乡	面积	3.92	553.31	1580.77	2491.56	472.20	5101.74
	比例	0.08	10.85	30.98	48.84	9.26	100.00
治平乡	面积	568.26	387.40	781.27	163.13	198.64	2098.70
	比例	27.08	18.46	37.23	7.77	9.46	100.00
其他	面积	453.48	994.10	1319.49	464.67	386.25	3617.99
	比例	12.53	27.48	36.47	12.84	10.68	100.00
总计	面积	10158.22	21389.66	41101.99	19081.65	8887.37	100618.89
	比例	10.10	21.26	40.85	18.96	8.83	100.00

(二)耕地地力等级分述

1.一等地的主要属性

一等地，综合评价指数 IFI 大于 0.4306，耕地面积 1.02 万公顷，占总耕地面积的

10.10%。评价单元4586个,其中果园5266.1公顷,占一等地面积的51.84%;旱地3651.8公顷,占一等地面积的35.95%;水浇地1229.5公顷,占一等地面积的12.10%;其他园地2.0公顷,占一等地面积的0.02%;设施农用地8.8公顷,占一等地面积的0.09%。

一等地主要分布在仁大乡、城川乡、李店镇、威戎镇、甘沟乡、八里镇、治平乡、贾河乡、余湾乡、细巷乡、曹务乡等乡镇。

耕层土壤养分含量:有机质13.47g/kg,全氮0.86g/kg,全磷0.75g/kg,全钾15.25g/kg,碱解氮63.25mg/kg,有效磷24.47mg/kg,速效钾197.03mg/kg,缓效钾871.61mg/kg,有效铜0.68mg/kg,有效锌0.62mg/kg,有效铁6.14mg/kg,有效锰8.14mg/kg(见表2-10-77)。

表2-10-77 静宁县一等地主要养分含量

县地力等级	pH	有机质 g/kg	全氮 g/kg	全磷 g/kg	全钾 g/kg	碱解氮 mg/kg	有效磷 mg/kg	速效钾 mg/kg	缓效钾 mg/kg	铜 mg/kg	锌 mg/kg	铁 mg/kg	锰 mg/kg
平均含量	8.00	13.47	0.86	0.75	15.25	63.25	24.47	197.03	871.61	0.68	0.62	6.14	8.14
含量水平		五级	五级			六级	三级	四级	三级	三级	三级	三级	三级

2.二等地的主要属性

二等地,综合评价指数IFI在0.4306~0.4062,耕地面积2.14万公顷,占总耕地面积的21.26%,评价单元8095个。其中果园5233.5公顷,占二等地面积的24.47%;旱地16133.7公顷,占二等地面积的75.43%;水浇地2.2公顷,占二等地面积的0.01%;其他园地11.7公顷,占二等地面积的0.05%;设施农用地8.5公顷,占二等地面积的0.04%。

二等地主要分布在甘沟乡、仁大乡、雷大乡、红寺乡、李店镇、细巷乡、威戎镇、余湾乡,而治平乡、新店乡、深沟乡、三合乡、城关镇等乡镇分布面积较少。

耕层土壤养分含量:有机质13.52g/kg,全氮0.86g/kg,全磷0.72g/kg,全钾14.62g/kg,碱解氮62.65mg/kg,有效磷23.25mg/kg,速效钾195.76mg/kg,缓效钾888.23mg/kg,有效铜0.71mg/kg,有效锌0.64mg/kg,有效铁6.29mg/kg,有效锰8.42mg/kg(表2-10-78)。

表2-10-78 静宁县二等地主要养分含量

县地力等级	pH	有机质 g/kg	全氮 g/kg	全磷 g/kg	全钾 g/kg	碱解氮 mg/kg	有效磷 mg/kg	速效钾 mg/kg	缓效钾 mg/kg	铜 mg/kg	锌 mg/kg	铁 mg/kg	锰 mg/kg
平均含量	7.92	13.52	0.86	0.72	14.62	62.65	23.25	195.76	888.23	0.71	0.64	6.29	8.42
含量水平		五级	五级			六级	三级	四级	三级	三级	三级	三级	三级

3.三等地的主要属性

三等地,综合评价指数IFI在0.4062~0.3900之间,耕地面积4.11万公顷,占总耕地面积的40.85%,评价单元13023个。其中果园3877.9公顷,占三等地面积的9.43%;旱地

37205.1公顷,占三等地面积的90.52%;其他园地10.8公顷,占三等地面积的0.03%;设施农用地8.20公顷,占三等地面积的0.02%。

三等地全县各乡镇均有分布,其主要分布在甘沟乡、古城乡、界石铺镇、红寺乡、四河乡、雷大乡、曹务乡、细巷乡、灵芝乡、双岘乡,其他各乡镇分布面积相对较少。

耕层土壤养分含量:有机质13.53g/kg,全氮0.85g/kg,全磷0.76g/kg,全钾15.60g/kg,碱解氮61.88mg/kg,有效磷23.16mg/kg,速效钾196.36mg/kg,缓效钾886.1mg/kg,有效铜0.83mg/kg,有效锌0.71mg/kg,有效铁6.98mg/kg,有效锰9.37mg/kg(表2-10-79)。

表2-10-79 静宁县三等地主要养分含量

县地力等级	pH	有机质 g/kg	全氮 g/kg	全磷 g/kg	全钾 g/kg	碱解氮 mg/kg	有效磷 mg/kg	速效钾 mg/kg	缓效钾 mg/kg	铜 mg/kg	锌 mg/kg	铁 mg/kg	锰 mg/kg
平均含量	8.03	13.53	0.85	0.76	15.60	61.88	23.16	196.36	886.10	0.79	0.71	6.98	9.37
含量水平		五级	五级			六级	三级	四级	三级	三级	三级	三级	二级

4.四等地的主要属性

四等地,综合评价指数IFI 0.3900~0.3476,耕地面积1.91万公顷,占总耕地面积的18.96%,评价单元5231个。其中果园976.2公顷,占四等地面积的5.12%;旱地18100.6公顷,占四等地面积的94.86%;其他园地1.6公顷,占四等地面积的0.01%;设施农用地3.2公顷,占四等地面积的0.02%。

四等地主要分布在四河乡、界石铺镇、原安乡、古城乡、三合乡、灵芝乡一带,其他各乡镇分布面积相对较小。

耕层土壤养分含量有机质13.01g/kg,全氮0.87g/kg,全磷0.80g/kg,全钾16.31g/kg,碱解氮61.58mg/kg,有效磷18.41mg/kg,速效钾169.71mg/kg,缓效钾930.68mg/kg,有效铜0.71mg/kg,有效锌0.74mg/kg,有效铁7.14mg/kg,有效锰9.75mg/kg(表2-10-80)。

表2-10-80 静宁县四等地主要养分含量

县地力等级	pH	有机质 g/kg	全氮 g/kg	全磷 g/kg	全钾 g/kg	碱解氮 mg/kg	有效磷 mg/kg	速效钾 mg/kg	缓效钾 mg/kg	铜 mg/kg	锌 mg/kg	铁 mg/kg	锰 mg/kg
平均含量	7.96	13.01	0.87	0.80	16.31	61.58	18.41	169.71	930.68	0.83	0.74	7.14	9.75
含量水平		五级	五级			六级	二级	四级	三级	三级	三级	三级	二级

5.五等地的主要属性

五等地,综合评价指数IFI小于0.3476,耕地面积0.89万公顷,占总耕地面积的8.83%,评价单元9171个。其中果园1613.40公顷,占五等地面积的18.15%;旱地7263.4

公顷,占五等地面积的81.73%;其他园地7.4公顷,占五等地面积的0.08%;设施农用地3.2公顷,占五等地面积的0.04%。

五等地主要分布在四河乡、红寺乡、甘沟乡、界石铺镇、原安乡、雷大乡;而双岘乡、三合乡、仁大乡、细巷乡、灵芝乡、古城乡、李店镇、深沟乡、贾河乡、曹务乡、八里镇、司桥乡、新店乡、治平乡、余湾乡、威戎镇分布面积相对较小;城川乡和城关镇也有零星分布。

耕层土壤养分含量有机质13.55g/kg,全氮0.87g/kg,全磷0.75g/kg,全钾15.28g/kg,碱解氮62.03mg/kg,有效磷22.30mg/kg,速效钾193.21mg/kg,缓效钾897.69mg/kg,有效铜0.77mg/kg,有效锌0.69mg/kg,有效铁6.78mg/kg,有效锰9.05mg/kg(表2-10-81)。

表2-10-81 静宁县五级地主要养分含量

县地力等级	pH	有机质 g/kg	全氮 g/kg	全磷 g/kg	全钾 g/kg	碱解氮 mg/kg	有效磷 mg/kg	速效钾 mg/kg	缓效钾 mg/kg	铜 mg/kg	锌 mg/kg	铁 mg/kg	锰 mg/kg
平均含量	7.95	13.55	0.87	0.75	15.28	62.03	22.30	193.21	897.69	0.77	0.69	6.78	9.05
含量水平		五级	五级			六级	三级	四级	三级	三级	三级	三级	二级

第十一章　庆阳市耕地地力评价

第一节　西峰区耕地地力分析

一、西峰区耕层土壤属性

(一)耕层土壤有机质

通过对西峰区 4069 个耕层土壤样有机质化验结果分析(表 2-11-1),西峰区耕层土壤有机质最大为 29.9g/kg,最小为 1.1g/kg,标准差为 3.7,变异系数为 27.8%,平均值为 8.6g/kg。

表 2-11-1　西峰区耕层土壤有机质描述性统计(g/kg)

描述性指标	平均	标准差	变异系数(%)	最小值	最大值	样本数
统计结果	13.4	3.7	27.8	1.1	29.9	4069.0

根据甘肃省土壤有机值分级标准,西峰区耕层土壤有机质属于四、五、六、七级(见表 2-11-2),其中 78.40% 的耕地有机质含量在 10~20g/kg,属五级水平,土壤有机质含量总体较低。从空间和行政区域分布上看,彭原乡的赵沟畔、五郎铺、鄢旗坳、义门、邵家寺、顺咀、周寨、杨坳,后官寨的李庄、南佐土壤有机质的含量比较高,其含量在 15~17g/kg 之间;什社乡以及董志乡的北门,陈户乡的八年张、肖金镇的小寨、王庄,显胜乡的岳岭土壤有机质含量在 14~15g/kg 之间;其余乡镇的土壤有机质含量都在 9~14g/kg 之间。

表 2-11-2　西峰区耕层土壤有机质含量状况分级统计

分级标准(g/kg)	级别	样点数	代表面积(公顷)	占耕地比例(%)
20~30	四级	183	1764.14	4.50%
10~20	五级	3189	30741.97	78.40%
6~10	六级	648	6246.65	15.90%
<6	七级	49	472.44	1.20%

(二)耕层土壤全氮

通过对西峰区 4069 个耕层土壤样全氮化验结果分析(表 2-11-3),西峰区耕层土壤

全氮最大为0.86g/kg，最小为1.1g/kg，标准差为3.7，变异系数为27.8%，平均值为0.86g/kg。

表2-11-3　西峰区耕层土壤全氮描述性统计（g/kg）

描述性指标	样本数	平均	标准差	最小值	最大值	变异系数(%)
统计结果	4069	0.86	0.18	0.10	1.78	20.79

根据甘肃省土壤全氮分级标准，西峰区耕层土壤全氮属于四、五、六、七级（见表2-11-4），其中84.69%的耕地全氮含量在0.5~1.0g/kg之间，属于六级水平，土壤全氮含量普遍较低。从空间和行政区域分布上看，彭原乡的草滩、义门、杨坳、彭原、五郎铺、顾咀、刘家岭、上何，温泉乡的何家坳、黄官寨、巨家塬、新桥，董志镇的周庄、南庄、罗杭、北门、董志，什社的文安，肖金的米王，这些地区的土壤全氮含量在0.90~1.10g/kg之间；显胜和后官寨土壤全氮的含量最低，在0.7~0.8g/kg之间。根据第二次土壤普查结果，土壤全氮的临界值是1g/kg，西峰区的土壤普遍缺氮。

表2-11-4　西峰区耕层土壤全氮含量状况分级统计

分级标准(g/kg)	级别	样点数	代表面积(公顷)	占耕地比例(%)
1.5~2.0	四级	9	86.79	0.22
1.0~1.5	五级	580	5591.21	14.25
0.5~1.0	六级	3446	33219.36	84.69
<0.5	七级	34	327.84	0.84

（三）耕层土壤碱解氮

通过对西峰区1805个耕层土壤样碱解氮化验结果分析（表2-11-5），西峰区耕层土壤碱解氮最大为280mg/kg，最小为10.0mg/kg，标准差为23.1，变异系数为50.61%，平均值为45.7mg/kg。

表2-11-5　西峰区耕层土壤碱解氮描述性统计（mg/kg）

描述性指标	样本数	平均	标准差	最小值	最大值	变异系数(%)
统计结果	1805	45.7	23.1	10.0	280	50.61

根据甘肃省土壤碱解氮分级标准，西峰区耕层土壤碱解氮属于四、五、六、七级（见表2-11-6），其中70.57%的耕地碱解氮含量小于50mg/kg，属于七级水平，土壤碱解氮的含量普遍较低。从空间和行政区域分布上看，彭原乡的德顾咀、邵家寺、草滩、芦渠，温泉乡的巨家塬、新桥、齐家楼，后官寨的马集、司官寨，肖金的杨咀、上刘，董志的崔沟、庄头，以及整个显胜，这些地方的土壤碱解氮的含量在30~90mg/kg之间，而其他地方的含量均低于30mg/kg。

表 2-11-6　西峰区耕层土壤碱解氮含量状况分级统计

分级标准(mg/kg)	级别	样点数	代表面积(公顷)	占耕地比例(%)
150～200	四级	2	43.46	0.11
100～150	五级	19	413.14	1.05
50～100	六级	507	11022.22	28.10
<50	七级	1273	27674.98	70.57

(四)耕层土壤有效磷

通过对西峰区4069个耕层土壤样有效磷化验结果分析(表2-11-7),西峰区耕层土壤有效磷最大为77.4mg/kg,最小为0.60mg/kg,标准差为17.0,变异系数为96.62%,平均值为17.6mg/kg。

表 2-11-7　西峰区耕层土壤有效磷描述性统计(mg/kg)

描述性指标	样本数	平均	标准差	最小值	最大值	变异系数(%)
统计结果	4069	17.6	17	0.60	77.4	96.62

根据甘肃省土壤有效磷分级标准,西峰区耕层土壤有效磷属于一至七级(见表2-11-8),其中56.28%的耕地有效磷含量在10～20mg/kg之间,属于五级水平;30.27%的耕地有效磷含量在20～30mg/kg,属于四级水平。从空间和行政区域分布上看,彭原乡的上何、芦渠,后官寨的李庄、帅堡、东坪、路堡、孔家塬、赵咀,温泉乡的刘家店、湫沟、新桥,董志的崔沟、冯堡,肖金的米王、贺咀、芮岭,这些地区的土壤有效磷含量在20～28mg/kg;其他地方土壤有效磷含量在12～20mg/kg。根据第二次土壤普查结果,土壤有效磷的临界值是10mg/kg,因此,本区的土壤有效磷含量属于完全满足作物生长的水平。

表 2-11-8　西峰区耕层土壤有效磷含量分级统计

分级标准(mg/kg)	级别	样点数	代表面积(公顷)	占耕地比例(%)
≥50	一级	14	134.97	0.34
40～50	二级	19	183.18	0.47
30～40	三级	162	1561.74	3.98
20～30	四级	1231	11866.83	30.27
10～20	五级	2289	22065.96	56.28
5～10	六级	289	2785.98	7.11
<5	七级	63	607.31	1.55

(五)土壤速效钾

通过对西峰区4069个耕层土壤样速效钾化验结果分析(表2-11-9),西峰区耕层土壤速效钾最大为971.0mg/kg,最小为30.0mg/kg,标准差为41.3,变异系数为21.5%,平均值为192.2mg/kg。

表 2-11-9 西峰区耕层土壤速效钾描述性统计(mg/kg)

描述性指标	样本数	平均	标准差	最小值	最大值	变异系数(%)
统计结果	4069.0	192.2	41.3	30.0	971.0	21.5

根据甘肃省土壤速效钾分级标准,西峰区耕层土壤速效钾属于一、二、三、四、五、六、七级(见表2-11-10),其中65.20%的耕地速效钾含量为四级,在150～200mg/kg,24.97%的耕地速效钾含量为三级,在200～250mg/kg,土壤速效钾含量较为丰富。从空间和行政区域分布上看,彭原乡的芦渠、上何、李家寺,温泉乡的刘家店、巨家塬、新桥,后官寨的沟畔、南佐,什社的新兴、任岭,董志的吴庄,显胜的唐荀、蒲河、毛寺,这些地区的土壤速效钾含量相对较高,在209～296mg/kg;除此之外,其他地方土壤速效钾含量在164～209mg/kg。在土壤速效钾的分级中,160mg/kg以上属于高级别的含量,因此西峰区的土壤速效钾含量较高。

表 2-11-10 西峰区耕层土壤速效钾含量状况分级统计

分级标准(mg/kg)	级别	样点数	代表面积(公顷)	占耕地比例(%)
>300	一级	76	732.64	1.87
250～300	二级	76	732.64	1.87
200～250	三级	1016	9794.24	24.97
150～200	四级	2653	25574.92	65.20
100～150	五级	239	2303.96	5.87
50～100	六级	8	77.12	0.20
<50	七级	1	9.64	0.02

(六)耕层土壤有效铁

通过对西峰区1808个耕层土壤样有效铁化验结果分析(表2-11-11),西峰区耕层土壤有效铁最大为15.6mg/kg,最小为0.1mg/kg,标准差为1.9,变异系数为24%,平均值为7.8mg/kg。

表 2-11-11 西峰区耕层土壤有效铁描述性统计（mg/kg）

描述性指标	样本数	平均	标准差	最小值	最大值	变异系数（%）
统计结果	1808	7.8	1.9	0.1	15.6	24.0

根据甘肃省土壤有效铁分级标准，西峰区耕层土壤有效铁属于四至七级（见表2-11-12），其中90.98%的耕地有效铁含量为五级，在4.5～10.5mg/kg。从空间和行政区域分布上看，董志、后官寨、肖金三个乡镇的土壤有效铁含量相对较高，在8.4～12mg/kg；其他地方的土壤有效铁含量相对较低，在5.6～8.4mg/kg。根据第二次土壤普查结果，土壤有效铁的临界值是4.5mg/kg，西峰区的土壤有效铁的含量属于完全满足作物生长的水平。

表 2-11-12 西峰区耕层土壤有效铁含量分级统计

分级标准（mg/kg）	级别	样点数	代表面积（公顷）	占耕地比例（%）
10.5～20	四级	105	2278.50	5.81
4.5～10.5	五级	1645	35696.50	90.98
2.5～4.5	六级	53	1150.10	2.93
<2.5	七级	5	108.50	0.28

（七）耕层土壤有效锰

通过对西峰区1808个耕层土壤样有效锰化验结果分析（表2-11-13），西峰区耕层土壤有效锰最大为16.8mg/kg，最小为0.3mg/kg，标准差为2.0，变异系数为22.3%，平均值为9.1mg/kg。

表 2-11-13 西峰区耕层土壤有效锰描述性统计（mg/kg）

描述性指标	样本数	平均	标准差	最小值	最大值	变异系数（%）
统计结果	1808	9.1	2.0	0.3	16.8	22.3

根据甘肃省土壤有效锰分级标准，西峰区耕层土壤有效锰属于四至七级（见表2-11-14），其中97.01%的耕地有效锰含量为三级，在5～15mg/kg。从空间和行政区域分布上看，土壤有效锰含量相对较高的是后官寨的王岭和中心，在12～58mg/kg；其次，土壤有效锰含量在10～12mg/kg的是彭原乡的下庄，温泉乡的何家坳、地庄、米家堡、湫沟，董志的周岭、北门、野林、郭堡、崔沟、冯堡、八年、吴庄，肖金的小寨，显胜的岳岭。其他地方土壤有效锰含量在6～10mg/kg。根据第二次土壤普查结果，土壤有效锰的临界值是5mg/kg，因此，西峰区的土壤有效锰含量属于完全满足作物生长的水平。

表 2-11-14　西峰区耕层土壤有效锰含量分级统计

分级标准(mg/kg)	级别	样点数	代表面积(公顷)	占耕地比例(%)
15~30	四级	25	542.50	1.38
5~15	五级	1754	38061.80	97.01
1~5	六级	23	499.10	1.27
<1	七级	6	130.20	0.33

(八)耕层土壤有效铜

通过对西峰区 1802 个耕层土壤样有效铜化验结果分析(表 2-11-15),西峰区耕层土壤有效铜最大为 3.37mg/kg,最小为 0.15mg/kg,标准差为 0.46,变异系数为 48.63%,平均值为 0.94mg/kg。

表 2-11-15　西峰区耕层土壤有效铜描述性统计(mg/kg)

描述性指标	样本数	平均	标准差	最小值	最大值	变异系数(%)
统计结果	1802.0	0.94	0.46	0.15	3.37	48.63

根据甘肃省土壤有效铜分级标准,西峰区耕层土壤有效铜属于二至六级(见表 2-11-16),其中 72.92%的耕地有效铜含量为五级,在 0.2~1mg/kg,26.03%的耕地有效铜含量为四级,在 1~1.8mg/kg。从空间和行政区域分布上看,温泉乡的何家坳、温泉、米家堡土壤有效铜的含量相对较高,在 1.2~1.6mg/kg;温泉乡的刘家店、湫沟,彭原的鄢旗坳,董志的周岭、董志、野林土壤有效铜的含量在 0.9~1.2mg/kg;其他地方的土壤有效铜含量在 0.6~0.9mg/kg。根据第二次土壤普查结果,土壤有效铁的临界值是 0.2mg/kg,因此,西峰区的土壤有效铜含量属于完全满足作物生长的水平。

表 2-11-16　西峰区耕层土壤有效铜含量分级统计

分级标准(mg/kg)	级别	样点数	代表面积(公顷)	占耕地比例(%)
2.6~3.4	二级	2	43.56	0.11
1.8~2.6	三级	12	261.36	0.67
1~1.8	四级	469	10214.82	26.03
0.2~1	五级	1314	28618.92	72.92
0.1~0.2	六级	5	108.90	0.28

(九)耕层土壤有效锌含量状况

通过对西峰区1805个耕层土壤样有效锌化验结果分析(表2-11-17),西峰区耕层土壤有效锌最大为4.66mg/kg,最小为0.02mg/kg,标准差为0.50,变异系数为66.62%,平均值为0.74mg/kg。

表2-11-17 西峰区耕层土壤有效锌描述性统计(mg/kg)

描述性指标	样本数	平均	标准差	最小值	最大值	变异系数(%)
统计结果	1805	0.74	0.50	0.02	4.66	66.62

根据甘肃省土壤有效锌分级标准,西峰区耕层土壤有效锌属于一至七级(见表2-11-18),其中71.25%的耕地有效锌含量为五级,在0.5~1mg/kg,14.90%的耕地有效锌含量为六级,在0.3~0.5mg/kg,10.42%的耕地有效锌含量为四级,在1~2mg/kg。从空间和行政区域分布上看,彭原乡的周寨、彭原、后官寨的路堡、马集、沟畔、司官寨,温泉乡的温泉,董志的冯堡、南庄、庄头、罗杭、北门、周岭、八年、吴庄,这些地区的土壤有效锌含量在0.9~1.5mg/kg;其他地方土壤有效锌含量相对较低,在0.5~0.9mg/kg。根据第二次土壤普查结果,土壤有效锌的临界值是0.5mg/kg,因此,西峰区的土壤有效锌含量属于完全满足作物生长的水平。

表2-11-18 西峰区耕层土壤有效锌含量分级统计

分级标准(mg/kg)	级别	样点数	代表面积(公顷)	占耕地比例(%)
>4	一级	4	86.96	0.22
3~4	二级	10	217.40	0.55
2~3	三级	15	326.10	0.83
1~2	四级	188	4087.12	10.42
0.5~1	五级	1286	27957.64	71.25
0.3~0.5	六级	269	5848.06	14.90
<0.3	七级	33	717.42	1.83

(十)耕层土壤pH值

通过对西峰区4069个耕层土壤样pH值化验结果分析(表2-11-19),西峰区耕层土壤pH值最大为8.9,最小为7.8,标准差为0.17,变异系数为1.97%,平均为8.6,根据甘肃省土壤pH值分级标准,属于二、三级,属于石灰性土壤。从空间和行政区域分布上看,彭原乡的彭原、下庄、上何、义门,董志镇的南庄、罗杭、周庄、吴庄、冯堡,肖金镇的纸坊、芮岭、南李、小寨、老山、八年,什社的李岭,温泉乡的新桥、黄官寨、刘家店,这些地区的土壤pH值在8.60~8.76,其他乡镇的土壤pH值在8.32~8.60。

表 2-11-19 西峰区耕层土壤 pH 描述性统计

描述性指标	样本数	平均	标准差	最小值	最大值	变异系数(%)
统计结果	4069	8.6	0.17	7.8	8.9	1.97

二、西峰区耕地地力分析

以土壤图与土地利用现状图叠加形成评价单元,应用模糊综合评判方法,通过综合分析,将西峰区耕地共划分为 4 个等级,根据评价结合进行耕地地力的系统分析。

(一)耕地地力等级与分布

1.耕地地力等级面积统计

利用 ArcGIS 软件,对评价图属性库进行操作,检索统计耕地各等级的面积和图幅总面积。以 2007 年西峰区耕地总面积为基准,按面积比例进行平差,统计得到各等级面积。

西峰区耕地总面积为 39240.67 公顷,各等级耕地比例相对差异较大,其中一等地面积最大,占总耕地面积的 45.89%;其次是二等地和四等地,分别占总耕地面积的 26.05% 和 16.63%;三等地面积最小,占总耕地面积的 11.43%,见表 2-11-20。

表 2-11-20 西峰区耕地地力评价结果面积统计

单位:公顷,%

等级	一等地	二等地	三等地	四等地	总计
面积(公顷)	18006.86	10220.83	4485.54	6527.44	39240.67
百分比(%)	45.89	26.05	11.43	16.63	100

2.耕地地力等级的行政区域划分

由表 2-11-21、表 2-11-22、表 2-11-23、表 2-11-24 表明,从各等级耕地在不同乡镇所占比例来看,一等地所占比例较高的乡镇为董志镇、肖金镇,分别占本级地面积的 25.48% 和 20.39%。二等地所占比例较高的乡镇为彭原乡、董志镇,分别占本级地面积的 19.88% 和 18.30%。三等地所占比例较高的乡镇为董志镇、显胜乡,分别占本级地面积的 21.96% 和 17.79%。四等地所占比例较高的乡镇为董志镇、温泉乡,分别占本级地面积的 25.90% 和 23.20%。

但是,从各乡镇不同等级耕地所占比例来看,西街办、肖金镇、后官寨乡、董志镇、彭原乡一等地面积最大,其次是二等地,一等地分别占本乡镇面积的 88.11%、60.07%、50.41%、50.23%、48.75%;什社乡耕地主要为一等地、二等地,分别占本乡镇面积的 39.55% 和 32.82%;温泉乡主要耕地为一等地、二等地、四等地,分别占本乡镇面积的 28.79%、28.83%、30.03%;显胜乡主要耕地为二、三等地,分别占本乡镇耕地面积的 36.58%、24.17%。

表 2-11-21　西峰区各乡镇一等地面积分布情况

乡名称	评价单元(个)	面积(公顷)	占本乡镇面积的(%)	占本级地面积的(%)	占总耕地面积的百分数(%)
董志镇	81	4587.69	50.23	25.48	11.69
后官寨乡	60	2273.34	50.41	12.62	5.79
彭原乡	84	2985.01	48.75	16.58	7.61
什社乡	39	1656.01	39.55	9.20	4.22
温泉乡	46	1452.25	28.79	8.06	3.70
西街办	26	590.08	88.11	3.28	1.50
显胜乡	31	693.96	21.02	3.85	1.77
肖金镇	89	3768.52	60.07	20.93	9.60

表 2-11-22　西峰区各乡镇二等地面积分布情况

乡名称	评价单元(个)	面积(公顷)	占本乡镇面积的(%)	占本级地面积的(%)	占总耕地面积的百分数(%)
董志镇	127	1870.54	20.48	18.3	4.77
后官寨乡	103	1091.17	24.20	10.68	2.78
彭原乡	129	2031.96	33.19	19.88	5.18
什社乡	105	1374.26	32.82	13.45	3.50
温泉乡	102	1454.23	28.83	14.23	3.71
西街办	5	23.62	3.53	0.23	0.06
显胜乡	117	1206.70	36.56	11.81	3.08
肖金镇	94	1168.35	18.62	11.43	2.98

表 2-11-23　西峰区各乡镇三等地面积分布情况

乡名称	评价单元(个)	面积(公顷)	占本乡镇面积的(%)	占本级地面积的(%)	占总耕地面积的百分数(%)
董志镇	138	985.24	10.79	21.96	2.51
后官寨乡	96	516.58	11.46	11.52	1.32
彭原乡	69	492.96	8.05	10.99	1.26
什社乡	69	566.47	13.53	12.63	1.44
温泉乡	101	622.74	12.35	13.88	1.59
西街办	2	18.49	2.76	0.41	0.05
显胜乡	113	797.82	24.17	17.79	2.03
肖金镇	71	485.24	7.73	10.82	1.24

表 2-11-24 西峰区各乡镇四等地面积分布情况

乡名称	评价单元(个)	面积(公顷)	占本乡镇面积的(%)	占本级地面积的(%)	占总耕地面积的百分数(%)
董志镇	182	1690.62	18.51	25.90	4.31
后官寨乡	71	628.45	13.94	9.63	1.60
彭原乡	67	612.98	10.01	9.39	1.56
什社乡	84	590.04	14.09	9.04	1.50
温泉乡	116	1514.36	30.03	23.20	3.86
西街办	2	37.51	5.60	0.57	0.10
显胜乡	73	602.26	18.25	9.23	1.53
肖金镇	90	851.22	13.57	13.04	2.17

(二)耕地地力等级分述

1.一等地的主要属性

一等地综合评价指数大于0.853,评价单元为456个,耕地面积18006.86公顷,占总耕地面积的45.89%,主要土种为厚覆盖黑垆土和条田黑垆土,地貌类型以黄土高原塬面为主。耕地土壤pH值平均为8.6,有机质平均含量为13.5g/kg,全氮平均含量为0.86g/kg,全磷平均含量为0.72g/kg,全钾平均含量为19.3g/kg,碱解氮平均含量为20mg/kg,有效磷平均含量为18.2mg/kg,速效钾平均含量为193mg/kg(表2-11-25)。

表 2-11-25 西峰区各等级耕地耕层养分状况

等级		pH 值	有机质(g/kg)	全氮(g/kg)	全磷(g/kg)	全钾(g/kg)	水解性氮(mg/kg)	有效磷(mg/kg)	速效钾(mg/kg)
一等	平均	8.6	13.5	0.860	0.720	19.30	20	18.2	193
	范围	8.1～8.7	10.8～16.4	0.767～0.996	0.569～0.802	17.8～21.3	50～70.5	13.8～27.3	137～266
二等	平均	8.6	13.5	0.853	0.715	19.394	22	18.5	197
	范围	8.1～8.7	9.9～16.2	0.74～1.02	0.6～0.8	17.7～22.3	3～56	14.2～26.4	172～275
三等	平均	8.5	13.22	0.854	0.712	19.407	22	18.8	199
	范围	8.1～8.7	10.6～16.2	0.744～0.991	0.597～0.807	17.8～22.1	3～53	13.6～25.4	172～263
四等	平均	8.6	13.1	0.853	0.718	19.565	21	18.8	196
	范围	8.1～8.7	10.5～16	0.755～1.08	0.591～0.796	17.9～22.6	5～44	14.3～26.7	175～280

2. 二等地的主要属性

二等地综合评价指数在 0.742~0.853 之间，评价单元为 471 个，耕地面积 10220.83 公顷，占总耕地面积的 26.05%，土地主要利用类型为塬旱地，其次是山坡旱地。二等地主要土种为厚覆盖黑垆土和条田黑垆土，地貌类型以高原丘陵沟壑和黄土高原塬面为主。耕地土壤 pH 值平均为 8.6，有机质平均含量为 13.5g/kg，全氮平均含量为 0.853g/kg，全磷平均含量为 0.715g/kg，全钾平均含量为 19.39g/kg，碱解氮平均含量为 22mg/kg，有效磷平均含量为 18.5mg/kg，速效钾平均含量为 197mg/kg（表 2-11-25）。

3. 三等地的主要属性

三等地综合评价指数在 0.661~0.742 之间，评价单元为 659 个，耕地面积 4485.54 公顷，占总耕地面积的 11.43%，土地主要利用类型为塬旱地和山坡旱地，三等地主要土壤为中度侵蚀黄绵土、厚覆盖黑垆土及淡灰绵土，地貌类型主要为高原丘陵沟壑。耕层土壤 pH 值平均为 8.5，有机质平均含量为 13.22g/kg，全氮平均含量为 0.854g/kg，全磷平均含量为 0.712g/kg，全钾平均含量为 19.41g/kg，碱解氮平均含量为 22mg/kg，有效磷平均含量为 18.8mg/kg，速效钾平均含量为 199mg/kg（表 2-11-25）。

4. 四等地的主要属性

四等地综合评价指数在小于 0.661 之间，评价单元为 685 个，耕地面积 6527.44 公顷，占总耕地面积的 16.63%，土地主要利用类型为塬旱地和山坡旱地，四等地绝大部分土壤均为淡灰绵土，地貌类型基本上均为高原丘陵沟壑。耕层土壤 pH 值平均为 8.6，有机质平均含量为 13.10g/kg，全氮平均含量为 0.853g/kg，全磷平均含量为 0.718g/kg，全钾平均含量为 19.57g/kg，碱解氮平均含量为 21mg/kg，有效磷平均含量为 18.8mg/kg，速效钾平均含量为 196mg/kg（表 2-11-25）。

第二节　正宁县耕地地力分析

一、正宁县耕层土壤属性

（一）耕层土壤有机质

通过对正宁县 1970 个耕层土壤样有机质化验结果分析，正宁县耕层土壤有机质最小值为 9.2g/kg，最大值为 25.0g/kg，平均值为 13.3g/kg，偏度为 0.78，峰度为 2.46，标准差为 1.44，变异系数是 10.83%，属于中等变异（表 2-11-26）。

根据农业部的土壤养分分级标准，结合甘肃省的实际情况，现将正宁县耕层土壤有机质分级如表 2-11-27。在 1970 个检测土壤样本中，正宁县耕层土壤有机质含量主要集

中在10.0~15.0g/kg之间,样点数占89.39%,代表面积32009.77公顷,属甘肃省五级水平,说明耕层土壤有机质含量总体较低。

表2-11-26　正宁县耕层土壤有机质(g/kg)描述性统计

样本数	最小值	最大值	平均值	标准差	偏度	峰度	变异系数(%)
1970	9.2	25.0	13.3	1.44	0.78	2.46	10.83

表2-11-27　正宁县耕层土壤有机质含量状况分级统计

有机质分级标准(g/kg)	级别	样点数	代表面积(%)	代表面积(公顷)
20.0~25.0	三级	1	0.05	18.18
15.0~20.0	四级	197	10.00	3580.88
10.0~15.0	五级	1761	89.39	32009.77
6.0~10.0	六级	11	0.56	199.95

(二)耕层土壤全氮

通过对正宁县1970个耕层土壤样全氮化验结果分析,其耕层土壤全氮含量最小值为0.39g/kg,最大值为1.68g/kg,平均值为0.84g/kg,标准差为0.11,偏度为1.20,峰度为6.01,变异系数为13.21%,属于中等变异(表2-11-28)。

表2-11-28　正宁县耕层土壤全氮(g/kg)描述性统计

样本数	最小值	最大值	平均值	标准差	偏度	峰度	变异系(%)
1970	0.39	1.68	0.84	0.11	1.20	6.01	13.21

根据农业部的土壤养分分级标准,结合甘肃省的实际情况,现将正宁县耕层土壤全氮分级如表2-11-29。

在1970个检测土壤样本中,正宁县耕层土壤全氮含量76.35%集中在0.75~1.00g/kg之间,大约99%以上的土壤样本的全氮含量在1.25g/kg以下,说明正宁县耕层土壤全氮含量偏低。

表2-11-29　正宁县耕层土壤全氮含量状况分级统计

全氮分级标准(g/kg)	级别	样点数	代表面积(%)	代表面积(公顷)
1.50~2.00	二级	2	0.10	36.35
1.25~1.50	三级	12	0.61	218.12
1.00~1.25	四级	82	4.16	1490.52
0.75~1.00	五级	1504	76.35	27338.27
0.5~0.75	六级	368	18.68	6689.15
≤0.5	七级	2	0.10	36.35

(三)耕层土壤有效磷

通过对正宁县1969个耕层土壤样品有效磷化验结果分析,正宁县耕层土壤有效磷最小值为10.9mg/kg,最大值为23.8mg/kg,平均值为17.5mg/kg,标准差为1.66,偏度为0.35,峰度为1.46,变异系数为9.49%,属于弱变异。详见表2-11-30。

表2-11-30 正宁县耕层土壤有效磷描述性统计

样本数	最小值	最大值	平均值	标准差	偏度	峰度	变异系数(%)
1969	10.9	23.8	17.5	1.66	0.35	1.46	9.49

根据甘肃省土壤有效磷分级标准,正宁县耕层土壤有效磷属于三至五级,在1969个检测土壤样本中,其中85.63%的耕地有效磷含量在20.0~15.0mg/kg,属于甘肃省四级水平。由此可以看出正宁县的耕层土壤有效磷含量偏低(表2-11-31)。

表2-11-31 正宁县耕层土壤有效磷含量分级统计

有效磷分级标准(mg/kg)	级别	样点数	占总样点数(%)	代表面积(公顷)
20.0~30.0	三级	63	3.20	1145.74
15.0~20.0	四级	1686	85.63	30662.05
10.0~15.0	五级	220	11.17	4000.98

(四)耕层土壤速效钾

根据对正宁县1950个样品的分析检测,其耕层土壤速效钾含量的最小值为107mg/kg,最大值为297mg/kg,平均值为223mg/kg,标准差为23.93,偏度为-0.40,峰度为-0.04,变异系数为10.73%,属于中等变异,详见表2-11-32。

表2-11-32 正宁县耕层土壤速效钾(mg/kg)描述性统计

样本数	最小值	最大值	平均值	标准差	偏度	峰度	变异系数(%)
1950	107	297	223	23.93	-0.40	-0.04	10.73

根据农业部的土壤养分分级标准,结合甘肃省的实际情况,将正宁县耕层土壤速效钾分级如表2-11-33。在1950个检测土壤样本中,耕层土壤速效钾含量大于200mg/kg的面积占全县总耕地面积的76.56%,150~200mg/kg的占23.08%,小于150mg/kg的只占0.36%。由此表明,正宁县土壤速效钾的含量很富足,这是农业生产的有利因素。

表2-11-33 正宁县耕层土壤速效钾含量状况分级统计

速效钾分级标准(mg/kg)	级别	样点数	占总样点数(%)	代表面积(公顷)
250~300	二级	82	4.21	1505.80
200~250	三级	1411	72.36	25910.86
150~200	四级	450	23.08	8263.56
100~150	五级	7	0.36	128.54

(十)耕层土壤 pH 值

根据对正宁县 1967 个样品的化验结果分析,正宁县耕层土壤 pH 值最小为 6.8,最大为 9.0,平均值为 8.5,标准差为 0.21,偏度 -1.35,峰度 3.51,变异系数为 2.44%,属于弱变异。统计结果显示,正宁县土壤呈弱碱性,详见表 2-11-34。

表 2-11-34　正宁县耕层土壤 pH 值描述性统计

样本数	最小值	最大值	平均值	标准差	偏度	峰度	变异系数(%)
1967	6.8	9.0	8.5	0.21	-1.35	3.51	2.44

二、正宁县耕地地力分析

以土壤图与土地利用现状图叠加形成评价单元,应用模糊综合评判方法,通过综合分析,将正宁县耕地共划分为 4 个等级,根据评价结合进行耕地地力的系统分析。

(一)耕地地力等级与分布

1.耕地地力等级面积统计

利用 ArcGIS,对评价图属性库进行操作,检索统计耕地各等级的面积和图幅总面积。以 2007 年甘肃省国土资源厅详查的正宁县耕地总面积为基准,按面积比例进行平差,统计得到各等级面积。

正宁县耕地总面积为 35808.77 公顷,各等级耕地比例中一等地和二等地面积最大,分别占总耕地面积的 31.78% 和 39.77%;三等地和四等地所占总耕地面积比例相对较少,分别为 20.07% 和 8.38%,见表 2-11-35。

表 2-11-35　正宁县耕地地力评价结果面积统计

单位:公顷,%

等级	一等地	二等地	三等地	四等地	总计
面积	11378.27	14242.44	7188.08	2999.97	35808.77
百分比	31.78	39.77	20.07	8.38	100

2.耕地地力等级的行政区域划分

由表 2-11-36、表 2-11-37、表 2-11-38、表 2-11-39 可以看出不同乡镇占各等级耕地面积比例情况。其中占一等地面积比例较高的乡镇为榆林子镇、宫河镇和永正乡,分别占本级耕地面积的 18.82%、14.90% 和 13.53%;占二等地面积比例较高的乡镇为西坡乡、湫头乡和山河镇,分别占本级耕地面积的 14.75%、14.33% 和 14.29%;占三等地面积比例较高的乡镇为永和镇和西坡乡,分别占本级耕地面积的 17.91% 和 17.26%;占四等地面积比例较高的是正宁县的四个林场,分别是刘家店林场、中湾林场、西坡林场和秦家梁林场,占本级耕地面积的 27.75%、13.89%、12.71% 和 8.30%。

由表 2-11-36、表 2-11-37、表 2-11-38、表 2-11-39 也可以看出不同等级耕地在各乡镇所占面积比例。其中榆林子镇、宫河镇和永正乡的一等地面积最大,分别占本乡镇耕地面积的 60.10%、53.25% 和 41.80%;湫头乡、三嘉乡和西坡乡的二等地面积最大,分别占本乡镇耕地面积的 65.45%、58.59% 和 49.12%;周家乡、永和镇和西坡乡的三等地面积最大,分别占本乡镇面积的 31.88%、29.24% 和 29.02%;正宁县的四个林场(刘家店林场、中湾林场、西坡林场和秦家梁林场)的四等地面积最大,均达 85% 以上,几乎覆盖整个林场所有耕地。

表 2-11-36　正宁县各乡镇及林场一等地面积分布情况

乡镇名称	评价单元(个)	面积(公顷)	占本乡镇耕地面积的百分比(%)	占本级耕地面积的百分比(%)	占总耕地面积的百分比(%)
宫河镇	49	1695.68	53.25	14.90	4.74
湫头乡	27	870.11	27.90	7.65	2.43
三嘉乡	32	308.44	11.56	2.71	0.86
山河镇	71	1344.52	30.96	11.82	3.75
五顷原乡	4	134.42	8.21	1.18	0.38
西坡乡	27	685.20	16.02	6.02	1.91
永和镇	65	1268.19	28.80	11.15	3.54
永正乡	72	1539.26	41.80	13.53	4.30
榆林子镇	43	2141.20	60.10	18.82	5.98
周家乡	50	1374.71	47.76	12.08	3.84
刘家店林场	1	9.70	1.10	0.09	0.03
秦家梁林场	1	6.82	2.35	0.06	0.02
西坡林场	0	0.00	0.00	0.00	0.00
中湾林场	0	0.00	0.00	0.00	0.00
合计	442	11378.27	/	100.00	31.78

表 2-11-37　正宁县各乡镇及林场二等地面积分布情况

乡镇名称	评价单元（个）	面积（公顷）	占本乡镇耕地面积的百分比（%）	占本级耕地面积的百分比（%）	占总耕地面积的百分比（%）
宫河镇	121	972.36	30.53	6.83	2.72
湫头乡	119	2041.27	65.45	14.33	5.70
三嘉乡	184	1563.53	58.59	10.98	4.37
山河镇	129	2035.44	46.86	14.29	5.68
五顷原乡	46	783.62	47.87	5.50	2.19
西坡乡	100	2100.77	49.12	14.75	5.87
永和镇	126	1666.76	37.85	11.70	4.65
永正乡	109	1446.72	39.29	10.16	4.04
榆林子镇	82	1000.92	28.09	7.03	2.80
周家乡	70	530.18	18.42	3.72	1.48
刘家店林场	8	19.81	2.25	0.14	0.06
秦家梁林场	7	34.13	11.75	0.24	0.10
西坡林场	4	35.63	8.35	0.25	0.10
中湾林场	3	11.32	2.48	0.08	0.03
合计	1108	14242.44	/	100.00	39.77

表 2-11-38　正宁县各乡镇及林场三等地面积分布情况

乡镇名称	评价单元（个）	面积（公顷）	占本乡镇耕地面积的百分比（%）	占本级耕地面积的百分比（%）	占总耕地面积的百分比（%）
宫河镇	33	465.49	14.62	6.48	1.30
湫头乡	23	171.78	5.51	2.39	0.48
三嘉乡	51	688.22	25.79	9.57	1.92
山河镇	44	835.19	19.23	11.62	2.33
五顷原乡	8	459.70	28.08	6.40	1.28
西坡乡	51	1240.93	29.02	17.26	3.47
永和镇	64	1287.52	29.24	17.91	3.60
永正乡	51	662.39	17.99	9.22	1.85
榆林子镇	34	403.67	11.33	5.62	1.13
周家乡	50	917.52	31.88	12.76	2.56

续表 2-11-38

乡镇名称	评价单元（个）	面积（公顷）	占本乡镇耕地面积的百分比（%）	占本级耕地面积的百分比（%）	占总耕地面积的百分比（%）
刘家店林场	3	17.44	1.98	0.24	0.05
秦家梁林场	1	0.72	0.25	0.01	0.00
西坡林场	1	9.77	2.29	0.14	0.03
中湾林场	4	27.75	6.09	0.39	0.08
合计	418	7188.08	/	100.00	20.07

表 2-11-39 正宁县各乡镇及林场四等地面积分布情况

乡镇名称	评价单元（个）	面积（公顷）	占本乡镇耕地面积的百分比（%）	占本级耕地面积的百分比（%）	占总耕地面积的百分比（%）
宫河镇	14	51.09	1.60	1.70	0.14
湫头乡	17	35.84	1.15	1.19	0.10
三嘉乡	25	108.45	4.06	3.62	0.30
山河镇	43	128.31	2.95	4.28	0.36
五顷原乡	16	259.08	15.83	8.64	0.72
西坡乡	30	249.74	5.84	8.32	0.70
永和镇	29	181.39	4.12	6.05	0.51
永正乡	14	33.84	0.92	1.13	0.09
榆林子镇	7	17.01	0.48	0.57	0.05
周家乡	13	55.76	1.94	1.86	0.16
刘家店林场	74	832.59	94.66	27.75	2.33
秦家梁林场	31	248.88	85.66	8.30	0.70
西坡林场	33	381.36	89.36	12.71	1.07
中湾林场	31	416.62	91.43	13.89	1.16
合计	377	2999.97	/	100.00	8.38

(二)耕地地力等级分述

1.一等地的主要属性

一等地耕地地貌类型以塬面为主,本级耕地中塬面的面积为 11018.82 公顷,占本级耕地面积的 96.84%。耕层土壤质地均为中壤,质地构型为均质中壤和夹黏中壤,分别占本级耕地的 77.09% 和 22.91%。有效土层厚度平均为 245.3cm。耕地土壤 pH 值平均为 8.2,有机质平均含量为 12.9g/kg,全氮平均含量为 0.842g/kg,全磷平均含量为 0.770g/kg,全钾平均含量为 20.1g/kg,有效磷平均含量为 17.0mg/kg,速效钾平均含量为 222mg/kg,CEC 平均含量 14.4cmol/kg(表 2-11-40)。

2.二等地的主要属性

二等地耕地地貌类型以坡地为主,其耕地面积为 12884.37 公顷,占本级耕地面积的 90.46%。耕层土壤质地大部分为中壤,占耕地面积 96.76%,质地构型绝大部分为均质中壤和黏底中壤,分别占耕地面积 44.19% 和 50.66%。有效土层厚度平均为 156.9cm。耕地土壤 pH 值平均为 8.2,有机质平均含量为 13.2g/kg,全氮平均含量为 0.832g/kg,全磷平均含量为 0.804g/kg,全钾平均含量为 20.3g/kg,有效磷平均含量为 17.6mg/kg,速效钾平均含量为 215mg/kg,CEC 平均含量 11.9cmol/kg(表 2-11-40)。

3.三等地的主要属性

三等地耕地地貌类型以坡地为主,其耕地面积为 7137.76 公顷,占本级耕地面积的 99.30%。耕层土壤质地主要是中壤,占耕地面积 99.96%。质地构型绝大部分为均质中壤和黏底中壤,分别占耕地面积 38.84% 和 61.12%。有效土层厚度平均为 170.2cm。耕层土壤 pH 值平均为 8.2,有机质平均含量为 13.0g/kg,全氮平均含量为 0.828g/kg,全磷平均含量为 0.801g/kg,全钾平均含量为 20.2g/kg,有效磷平均含量为 17.2mg/kg,速效钾平均含量为 212mg/kg,CEC 平均含量 10.5cmol/kg(表 2-11-40)。

4.四等地的主要属性

四等地耕地地貌类型主要为坡地和山地,面积分别为 845.78 公顷和 2154.19 公顷,分别占本级耕地面积的 28.19% 和 71.81%。耕层土壤质地以中壤为主,占本级耕地面积的 84.46%,此外,重壤比重也相对较大些,占本级耕地面积比例的 14.73%。质地构型绝大部分为黏身中壤,占本级耕地面积比例的 60.90%。有效土层厚度平均为 133.3cm。耕层土壤 pH 值平均为 8.2,有机质平均含量为 14.3g/kg,全氮平均含量为 0.832g/kg,全磷平均含量为 0.793g/kg,全钾平均含量为 19.9g/kg,有效磷平均含量为 17.0mg/kg,速效钾平均含量为 198mg/kg,CEC 平均含量 14.2cmol/kg(表 2-11-40)。

表 2-11-40　正宁县一等地主要养分含量

等级		pH 值	有机质（g/kg）	全氮(g/kg)	全磷(g/kg)	全钾（g/kg）	CEC（cmol/kg）	有效磷（mg/kg）	速效钾（mg/kg）
一	平均	8.2	12.9	0.842	0.770	20.1	14.4	17.0	222
	范围	7.8~8.4	11.0~16.0	0.698~1.013	0.630~1.463	18.3~24.9	11.6~14.9	14.7~21.1	180~245
二	平均	8.2	13.2	0.832	0.804	20.3	11.9	17.6	215
	范围	7.8~8.5	10.6~16.1	0.701~1.028	0.634~1.460	18.0~25.0	5.5~14.9	14.4~21.1	178~246
三	平均	8.2	13.0	0.828	0.801	20.2	10.5	17.2	212
	范围	7.8~8.5	11.3~15.8	0.688~0.976	0.631~1.455	18.1~24.9	5.5~14.3	15.1~20.9	177~244
四	平均	8.2	14.3	0.832	0.793	19.9	14.2	17.0	198
	范围	8.0~8.5	11.0~16.2	0.720~0.992	0.636~1.437	18.0~24.8	5.5~17.4	14.9~20.5	176~238

第三节　合水县耕地地力分析

一、合水县耕层土壤属性

耕地土壤养分是土壤质量与持续生产、环境和人类健康间的关系研究中最为关注的问题之一，对土壤养分空间变异的充分了解是管理好土壤养分和合理施肥的基础。土壤养分状况是耕地地力的重要指标，也是科学施肥的主要依据。本章依据第二次土壤普查报告及土壤农化样点数据，结合甘肃省土壤养分含量分级标准，从土壤养分类型和不同耕地利用类型对土壤养分的水平与垂直空间分布进行研究，以探求县域内土壤养分分布特征。

（一）主要土壤养分变化分析

1.土壤全量养分变化

将2007年测土配方施肥土样测试结果与第二次土壤普查报告中土壤全量养分指标进行对比，得到合水县土壤全量养分变化表（表2-11-41）。

表 2-11-41 合水县土壤全量养分变化

土壤全量养分	第二次土壤普查	2007测土配方施肥	变化值	变化率(%)
有机质(g/kg)	9.3	12.8	+3.5	37.6
全氮(g/kg)	0.73	0.82	+0.09	12.3
全磷(g/kg)	1.37	1.38	+0.01	0.7
全钾(g/kg)	18.0	24.1	+6.1	33.8

由表3-1可知:耕层土壤有机质含量目前的平均水平为12.8g/kg,与第二次土壤普查相比,有机质含量明显增加,平均增加了3.50g/kg,变化率较大,为37.6%;全氮由第二次土壤普查的0.73g/kg增加到目前的0.82g/kg,平均增加0.09g/kg,相对变化率较小,仅为12.3%;全磷目前的平均含量为1.38g/kg,第二次土壤普查值为1.37g/kg,平均增加0.01g/kg,变化值很小;全钾平均含量由第二次土壤普查的18.00g/kg增加至目前的24.10g/kg,平均增加6.1g/kg,变化率为33.80%。

2.土壤速效养分变化

将2007年测土配方施肥土样测试结果与第二次土壤普查报告中土壤速效养分指标进行对比,得到合水县土壤速效养分变化(表2-11-42)。

表 2-11-42 合水县土壤速效养分变化

土壤养分	第二次土壤普查	2007测土配方施肥	变化值	变化率(%)
碱解氮(mg/kg)	34.0	66.15	+32.15	94.5
有效磷(mg/kg)	7.3	8.5	+1.2	16.4
速效钾(mg/kg)	192	223	+31	16.1

由表3-2可知:在统计的耕层土壤碱解氮、有效磷和速效钾三种速效养分中,碱解氮由第二次土壤普查的34mg/kg增至目前的66.15mg/kg,平均增加32.15mg/kg,变化率为94.50%;有效磷由第二次土壤普查的7.30mg/kg,增加到8.50mg/kg,增加值高达1.2mg/kg,变化率达到16.40%,在土壤养分中变化最大;速效钾第二次土壤普查值为192mg/kg,目前值为223mg/kg,平均增加31mg/kg,变化率为16.1%。

(二)不同耕地利用类型土壤养分含量分析

1.土壤酸碱性分布

土壤的酸碱度是土壤形成过程综合因子作用的结果,土壤酸碱度参与土壤的许多化学反应,它是土壤肥力重要指标之一。按照合水县测土配方施肥项目完成的3887个土样测试,结合合水县土地利用类型分布,得到不同土地利用类型下的平均pH值。详见表2-11-43。

表 2-11-43 合水县各耕地利用类型 pH 值分布

检测项目	旱地	水浇地	水田	平均值
pH	8.42	8.43	8.46	8.44

由表 2-11-43 分析可得,合水县土壤酸碱度平均值为 8.44,而各耕地利用类型的 pH 值均大于 7,因此,合水县耕地土壤呈微碱性。各耕地利用类型中,水田 pH 值最高,为 8.46,而旱地 pH 值最低,为 8.42,且各耕地利用类型 pH 值相差不大。

2.全量养分分布

由测土配方施肥补贴项目 3887 个土样数据,测得合水县基本土壤养分含量,通过统计得到不同耕地类型的土壤养分分布表:

表 2-11-44 合水县各耕地利用类型全量养分分布

检测项目	旱地	水浇地	水田	平均值
有机质(g/kg)	12.6	12.19	11.76	12.18
全磷(g/kg)	0.75	0.73	0.7	0.72
全氮(g/kg)	0.824	0.866	0.83	0.84

由表 2-11-44 分析可得,合水县各土地利用类型中,耕层土壤有机质平均含量最高的是旱地,为 12.60g/kg,最低的是水田地,为 11.76g/kg,平均含量为 12.18g/kg;全氮含量值最高的是水浇地,含量最低的是旱地,处在 0.824~0.866g/kg 之间,变幅为 0.42g/kg,平均值为 0.840g/kg;全磷含量由旱地的 0.75g/kg 降至水田的 0.70g/kg,变幅较小,平均值为 0.72g/kg。

3.速效养分分布

通过统计得到合水县各耕地利用类型速效养分分布情况(表 2-11-45)。分析可得碱解氮含量最高的是旱地,为 65.57mg/kg,其次是水田,为 62.76mg/kg,最低的是水浇地,为 60.10mg/kg,平均含量为 62.81mg/kg;有效磷含量最高的是水浇地,含量最低的是水田,处在 11.00mg/kg 和 10.27mg/kg 之间,变幅为 0.63mg/kg,平均值是 10.58mg/kg;速效钾平均含量最高值为 259.57mg/kg,对应的耕地利用类型是水田,最低值为 244.74mg/kg,对应的耕地利用类型为旱地,各耕地类型速效钾平均含量为 237.77mg/kg。

表 2-11-45 合水县各耕地利用类型速效养分分布

检测项目	旱地	水浇地	水田	平均值
速效钾(mg/kg)	224.74	229.00	259.57	237.77
有效磷(mg/kg)	10.47	11.00	10.27	10.58
碱解氮(mg/kg)	65.57	60.10	62.76	62.81

4.微量元素分布

统计得到合水县各耕地利用类型微量元素分布情况（表2-11-46）。分析可得各耕地利用类型中，土壤耕层有效铁含量最高的是水田，含量为5.37mg/kg，其次是山旱地，含量为5.34mg/kg，有效铁含量最低的是旱地，含量为4.95mg/kg，平均铁含量为5.22mg/kg；土壤耕层有效锰含量最高的是水田，含量为6.07mg/kg，最低的是旱地，含量为5.78mg/kg，平均有效锰含量为6.07mg/kg；平均有效铜含量为0.89mg/kg，其中最高的是水田，含量为0.91mg/kg，最低的是旱地，含量为0.86mg/kg；土壤耕层有效锌含量最高的是水田，含量为0.46mg/kg，最低的是旱地，含量为0.86mg/kg，耕层土壤平均有效锌含量为0.86mg/kg。

表2-11-46　合水县各耕地利用类型微量元素分布

检测项目	有效铁(mg/kg)	有效铜(mg/kg)	有效锌(mg/kg)	有效锰(mg/kg)
旱地	4.95	0.86	0.46	5.78
水浇地	5.34	0.89	0.42	6.04
水田	5.37	0.91	0.42	6.40
平均值	5.22	0.89	0.43	6.07

（三）主要土壤养分空间分布

土壤养分在空间上有规律的分布形成了养分的空间分布格局。在土壤学中，空间变异性导致空间分布格局的存在，空间分布格局是空间变异性的具体表现。由于土壤养分空间分布格局的传统统计分析方法只能从数量方面反映空间格局，存在较大的缺陷。地统计学方法如Kriging插值法能够准确、直观地描述土壤各养分在空间上的分布特征如形状、大小、地理位置等，可以帮助我们更深入的了解土壤养分的空间分布格局。

基于合水县耕地地力评价采样点实际测量数据，利用ArcGIS软件平台，结合普通Kriging插值法，获得合水县土壤有机质、有效磷、速效钾、缓效钾、有效铁、有效铜、有效锌等养分含量的各等级分布图，从中可以看出研究区各土壤养分含量的空间分布状况。由于合水县东北部为大片的林区，采样点较少，因此，东北部养分插值效果不是很理想，但是由于此地区耕地面积较小，不会影响耕层土壤的养分空间分布。

1.有机质分布

合水县土壤有机质含量普遍较低，基本上处于10~15g/kg水平段中。含量较高的主要是何家畔乡的何家畔村、姚坑崂村、显头村，段家集乡的段家集村、北头村、王庄村，固城乡的固城村，老城镇的小塬子村、寺儿塬村、庙庄村，有机质含量处于15g/kg-20g/kg之间。

根据甘肃省养分分级标准(主要养分)（表2-11-47），按照合水县有机质含量由高到低对应甘肃省有机质含量为四到六级（表2-11-48）。可见合水县有机质含量低且差异大，属于有机质贫乏地区。

表 2-11-47　甘肃省养分分级标准（主要养分）

养分	一级	二级	三级	四级	五级	六级	七级
有机质（g/kg）	>30	30.0–25.0	25.0–20.0	20.0–15.0	15.0–10.0	10.0–6.0	≤6.0
全氮（g/kg）	>2.00	2.00–1.50	1.50–1.25	1.25–1.0	1.0–0.75	0.75–5.0	≤0.5
速效钾（mg/kg）	>300	250–300	200–250	150–200	100–150	50–100	≤50
缓效钾（mg/kg）	>1200	1200–1000	1000–800	800–600	600–400	400–150	≤150
有效硫（mg/kg）	>40	40–50	30–40	20–30	15–20	10–15	≤10
碱解氮（mg/kg）	>300	250–300	200–250	150–200	100–150	50–100	≤50
有效磷（mg/kg）	>40.0	40.0–30.0	30.0–20.0	20.0–15.0	15.0–10.0	10.0–5.0	≤5.0

表 2-11-48　合水县有机质等级划分

甘肃省等级	四级	五级	六级
合水县等级	一级	二级	三级
有机质（g/kg）	20.0–15.0	15.0–10.0	10.0–5.0

2.有效磷分布

合水县有效磷含量普遍较低，基本上处于 8~13mg/kg 水平段中。含量最高的主要是北川林场、平定川林场和老城镇的庙庄村、牧家沟村，有效磷含量处于 13~15.5mg/kg 之间，根据甘肃省养分分级标准（表 2-11-47），将合水县有效磷含量由高到低分成一到三级，对应甘肃省有效磷含量为四到五级（表 2-11-49）。可见合水县有效磷含量低且变幅较小，属于有效磷缺乏地区。

表 2-11-49　合水县有效磷等级划分

合水县等级	一级	二级	三级
有效磷（mg/kg）	13.0–15.5	10.5–13.0	8.0–10.5

3.速效钾分布

耕层土壤速效钾在合水县分布较高，且分布较均匀，大多数地区的速效钾含量都在 200~250mg/kg 之间，含量大于 250mg/kg 的在全县各乡镇有零星分布，耕层土壤速效钾含量最低的也在 150~200mg/kg 之间。

对照甘肃省养分分级标准(表2-11-47),合水县速效钾含量由高到低分为三级,分别对应甘肃省的二到四级(表2-11-50)。由此可见合水县土壤富含速效钾,但对于喜钾作物和灌区,不应该忽视施用钾肥。

表2-11-50 合水县速效钾等级划分

甘肃省等级	二级	三级	四级
合水县等级	一级	二级	三级
速效钾(mg/kg)	250~300	200~250	150~200

4.缓效钾分布

耕层土壤缓效钾在合水县分布都很高,除少数斑块的缓效钾含量低于900mg/kg以外,基本上都是大于1000mg/kg,还有大面积的缓效钾含量高予1100mg/kg,将合水县缓效钾含量由高到低分成一到四级(表2-11-51),归并到甘肃省养分分级标准(表3-7)中,绝大多数属于二等,少部分属于三等,可见合水县的耕层土壤缓效钾含量非常高,属于缓效钾高含量区。

表2-11-51 合水县缓效钾等级划分

合水县等级	一级	二级	三级	四级
有效磷(mg/kg)	800~900	900~1000	1000~1100	1100~1200

5.有效铁分布

合水县土壤有效铁含量属于较低水平,大部分处于4.5~5.5mg/kg之间。含量最高的主要是段家集乡的东部,老城镇的西南部,蒿咀铺乡的南部等地区,有效铁含量处于5.5~6.1mg/kg之间。含量最低的面积较小,主要分布在西南部的店子乡、西华池、镇板桥乡地区以及东北部的林区,耕层土壤有效铁含量小于4.5mg/kg。

根据甘肃省养分分级标准(微量元素)(表2-11-52),将合水县有效铁含量由低到高分成两个等级,对应甘肃省有效铁含量三、四两级,即较低和低两个档次。由此可见,合水县耕层有效铁含量普遍很低,没有极低值,属于铁的适量地区。

表2-11-52 甘肃省养分分级标准(微量元素)

甘肃省等级	一级	二级	三级	四级	五级
	高	中等	较低	低	极低
有效锌(mg/kg)	>2.00	2.00~1.00	1.00~0.50	0.50~0.30	≤0.30
有效锰(mg/kg)	>15	15.00~9.00	9.00~7.00	7.00~3.00	≤3.00
有效铁(mg/kg)	>15.00	15.00~10.00	10.00~4.50	4.50~2.50	≤2.50
有效铜(mg/kg)	>2.00	2.00~1.00	1.00~0.50	0.50~0.20	≤0.20

6.有效铜分布

合水县土壤有效铜含量属于较低水平,大部分处于0.5~1mg/kg之间。含量最高的主要是店子乡李沟圈村,蒿咀铺乡的蒿咀铺村和九站村,蒿咀铺林场等地区,有效铜含量处于1~2.0mg/kg之间。

根据甘肃省养分分级标准(微量元素)(表2-11-52),将合水县有效铜含量由低到高分成二个等级,对应甘肃省有效铜含量二、三两个等级,即较低和低两个档次。由此可见,合水县耕层有效铜含量普遍较低,没有极低值,属于铜的不足地区。

二、合水县耕地地力分析

以土壤图与土地利用现状图叠加形成评价单元,应用模糊综合评判方法,通过综合分析,将合水县耕地共划分为5个等级,根据评价结合进行耕地地力的系统分析。

(一)耕地地力等级与分布

1.各等级耕地数量及其分布比例

由耕地潜在地力评价模型所得出的合水县耕地地力等级图如图4.9所示,并以2007年土地变更调查数据为基准,按面积比例进行平差,统计得到合水县各耕地地力等级面积。

合水县耕地总面积为34738.98公顷,各等级耕地面积比例差异较大,三等地面积最大,占到了总耕地面积的45.58%;其次是二等地和四等地,分别占到总耕地面积的16.93%和26.82%;一等地面积最小,占总耕地面积的2.71%,具体数据见表2-11-53。

表2-11-53 合水县耕地地力等级及面积统计表

等级	一等地	二等地	三等地	四等地	五等地	合 计
面积(公顷)	943.06	5879.91	15835.44	9316.10	2764.47	34738.98
占总耕地面积(%)	2.71	16.93	45.58	26.82	7.96	100.00

2.各等级耕地的空间分布

由合水县耕地一等级主要分布在西南部黄土高原沟壑区的塬面坳地,该区地势平坦,地面平整,养分含量较高,土层深厚,质地适中、通透性好,保水保肥性能强,是全县生产水平最高的农业区。二等地主要分布在西南部的肖咀乡、西华池镇、吉岘乡、段家集乡、店子乡,且与一等地交叉分布现象明显。该区地貌类型为黄土高原塬面,且主要土属为覆盖黑垆土,土层深厚、疏松、贮水保肥性较好,理化性状良好,是该县比较高产的旱作农业区。三、四等地分布比较分散,三等地主要分布在西南部的黄土塬区及河谷区,且与与二等地呈交叉分布。该等级占全县耕地的45.58%,光、热、水、土条件适中,理化性状较好。四等地基本上都分布在西南部的黄土沟壑区及东北部的河谷区,该地区地形复杂,地貌条件差,沟深坡陡,植被稀疏,土壤保水保肥能力差,理化性状较差。五等地主要分布在西部的黄土沟壑区和东北的河谷区,该区积温条件较差,土层较薄。从各等级的分布地域特征可以看出,等级的高低与地貌类型、土壤类型存在着密切的关系,呈现明显的地域分布规律:随着耕地地力等级的降低,地貌类型由地貌类型呈现黄土塬区—河谷区—黄土沟壑区的变化趋势,土壤类型由黑垆土、黄绵土向着潮土逐渐过渡。另外,积温地域差异也是造成耕地地力等级变化的重要因子。

3.耕地地力等级的行政区域划分

为了更好的分析合水县耕地地力等级的空间分布情况,利用ArcGIS软件将得到的地力等级分布图与合水县行政区划图(乡镇级)进行叠加,从属性库中按乡镇权属检索统计得各级耕地在各个乡镇的分布状况(表2-11-54)。

统计结果表明:一等地分布在段家集乡、何家畔乡、西华池镇、肖咀乡、吉岘乡、板桥乡、店子乡、太莪乡8个乡镇,有4个乡镇没有一等地分布;二等地分布在9个乡镇,而有3个乡镇没有分布;三等地除除太白镇没有分布以外,其余11个乡镇均有分布;四等地在全县12个乡镇均有分布,空间覆盖范围较大;五等地只分布在太白镇、老城镇、蒿咀铺乡3各乡镇。

由各等级耕地在不同乡镇所占比例来看,一等地面积比例较高的是段家集乡、何家畔乡、西华池镇,分别占一等地面积的32.19%、27.53%和22.44%。尽管肖咀乡、吉岘乡、板桥乡、店子乡、太莪乡也有一等地分布,但面积很小,占本级地面积比例均不到10%。二等地面积比例较高的是西华池镇、肖咀乡和吉岘乡,分别占二等地面积的22.04%、21.22%和16.24%,其余各乡镇二等地面积均不到该等级总面积的15%。三等地面积比例较高的是板桥乡、固城乡和西华池镇,占三等地总面积的17.73%、13.17%和12.46%,而其余各乡镇分布情况则属于零星分布,比例均达不到10%。四等地尽管在全县各乡镇均有分布,但分布较为分散,面积比例最高的是太白镇、老城镇和蒿咀铺乡,分别占四等地面积的28.19%、18.16%和16.12%。五等地只分布在面积比例较高的是老城镇和太白镇,比例分别为51.85%和47.78%。

从各乡镇不同等级耕地所占本乡镇面积比例来看,一等地中占本乡镇耕地比例最大的与占一等地面积比例的排序相当,为段家集乡、何家畔乡、西华池镇,但比值有所变化,分别是14.98%、13.7%和5.75%。二等地中占本乡镇耕地面积比例较高的是肖咀乡、店子乡、吉岘乡、西华池镇和段家集乡,分别为55.88%、37.09%、35.36%、35.19%和33.15%。三等地中占本乡镇面积比例排序最高的是固城乡、板桥乡、吉岘乡、西华池镇和店子乡,比例分别是74.16%、70.49%、55.95%、53.58%和52.54%。四等地中占本乡镇面积比值均很大,最高的是太白镇、蒿咀铺乡、老城镇和太莪乡,比例分别是66.53%、52.03%、37.97%和37.63%。五等地中占本乡镇比例最大的是太白镇和老城镇,比例分别是33.47%和32.18%。

表 2-11-54 各乡镇耕地面积

乡镇名称	评价单元数	耕地面积(公顷)	乡镇名称	耕地单元数	耕地面积(公顷)
何家畔乡	467	1894.86	板桥乡	685	3983.28
吉岘乡	280	2700.46	段家集乡	209	2026.36
固城乡	411	2813.31	老城镇	719	4454.86
太白镇	698	3946.51	肖咀乡	260	2232.73
太莪乡	379	2455.48	蒿咀铺乡	474	2885.51
店子乡	244	1662.97	西华池镇	661	3682.65

表 2-11-55 合水县各乡镇一等地面积分布情况

乡镇名称	评价单元数	耕地面积（公顷）	占本级耕地面积(%)	占本乡镇耕地面积(%)	占总耕地面积(%)
何家畔乡	49	259.60	27.53	13.70	0.75
吉岘乡	6	51.88	5.50	1.92	0.15
太莪乡	1	3.67	0.39	0.15	0.01
店子乡	8	14.88	1.58	0.89	0.04
板桥乡	17	41.23	4.37	1.04	0.12
段家集乡	16	303.57	32.19	14.98	0.87
肖咀乡	12	56.59	6.00	2.53	0.16
西华池镇	28	211.64	22.44	5.75	0.61
合 计	137	943.06	100.00	2.71	2.71

表 2-11-56 合水县各乡镇二等地面积分布情况

乡名称	评价单元数	耕地面积（公顷）	占本级耕地面积(%)	占本乡镇耕地面积(%)	占总耕地面积(%)
何家畔乡	117	493.24	8.39	26.03	1.42
吉岘乡	40	954.90	16.24	35.36	2.75
固城乡	1	1.57	0.03	0.06	0.00
太莪乡	33	332.33	5.65	13.53	0.96
店子乡	59	616.86	10.49	37.09	1.78
板桥乡	55	265.52	4.52	6.67	0.76
段家集乡	48	671.81	11.43	33.15	1.93
肖咀乡	66	1247.73	21.22	55.88	3.59
西华池镇	139	1295.95	22.04	35.19	3.73
合 计	558	5879.91	100.00	16.93	16.93

表 2-11-57 合水县各乡镇三等地面积分布情况

乡名称	评价单元数	耕地面积(公顷)	占本级耕地面积(%)	占本乡镇耕地面积(%)	占总耕地面积(%)
何家畔乡	251	872.63	5.51	46.05	2.51
吉岘乡	190	1511.03	9.54	55.95	4.35
固城乡	226	2086.31	13.17	74.16	6.01
太莪乡	213	1195.44	7.55	48.68	3.44
店子乡	118	873.72	5.52	52.54	2.52
板桥乡	464	2807.71	17.73	70.49	8.08
段家集乡	127	976.46	6.17	48.19	2.81
老城镇	146	1329.73	8.40	29.85	3.83
肖咀乡	143	835.42	5.28	37.42	2.40
蒿咀铺乡	180	1373.92	8.68	47.61	3.95
西华池镇	422	1973.07	12.46	53.58	5.68
合计	2480	15835.44	100.00	45.58	45.58

表 2-11-58 合水县各乡镇四等地面积分布情况

乡名称	评价单元数	耕地面积(公顷)	占本级耕地面积(%)	占本乡镇耕地面积(%)	占总耕地面积(%)
何家畔乡	50	269.39	2.89	14.22	0.78
吉岘乡	44	182.65	1.96	6.76	0.53
固城乡	184	725.43	7.79	25.79	2.09
太白镇	299	2625.77	28.19	66.53	7.56
太莪乡	132	924.04	9.92	37.63	2.66
店子乡	59	157.51	1.69	18.94	0.45
板桥乡	149	868.82	9.33	21.81	2.50
段家集乡	18	74.52	0.80	3.68	0.21
老城镇	280	1691.68	18.16	37.97	4.87
肖咀乡	39	92.99	1.00	4.16	0.27
蒿咀铺乡	287	1501.31	16.12	52.03	4.32
西华池镇	72	201.99	2.17	0.06	0.58
合计	1613	9316.10	100.00	26.82	26.82

表 2-11-59　合水县各乡镇五等地面积分布情况

乡名称	评价单元数	耕地面积（公顷）	占本级耕地面积（%）	占本乡镇耕地面积（%）	占总耕地面积（%）
太白镇	399	1320.74	47.78	33.47	3.80
老城镇	293	1433.45	51.85	32.18	4.13
蒿咀铺乡	7	10.28	0.37	0.36	0.03
合计	699	2764.47	100.00	7.96	7.96

（二）耕地地力分等级分析

由综合指数和专家评议结果得到合水县五个等级的耕地地力评价结果，为了更好的反映各级耕地的土地利用类型和主要评价指标的影响，按耕地等级分别进行分析。

1.一等地

合水县一等地综合评价指数（IFI）大于 0.9149，共 137 个评价单元，面积为 943.06 公顷，占总耕地面积的 2.71%，土地利用类型为旱地。

合水县共有土属类型 15 种，其中一等耕地分布有 4 种，主要土属类型为覆盖黑垆土，面积为 926.10 公顷，占一等地面积的比例为 98.20%，占总耕地面积的 2.666%。其他 3 种土属类型所占面积极小，详见表 2-11-60。

表 2-11-60　合水县一等地土壤类型分布情况

县土属名称	评价单元数（个）	面积（公顷）	占一等地面积（%）	占总耕地面积（%）
覆盖黑垆土	130	926.10	98.20	2.666
黄墡土	1	0.87	0.09	0.003
黄绵土	1	0.77	0.08	0.002
黑垆土	5	15.32	1.62	0.044
合计	137	943.06	100.00	2.715

表 2-11-61　合水县各等级耕地主要指标平均值

指标	一等地	二等地	三等地	四等地	五等地
耕地面积（公顷）	943.06	5879.91	15835.44	9316.10	2764.47
pH	8.42	8.42	8.42	8.43	8.43
缓效钾（mg/kg）	1036.9	1027.6	1014.5	1007.1	1006.1
速效钾（mg/kg）	221.0	223.1	222.9	225.4	232.1

续表 2-11-61

指　标	一等地	二等地	三等地	四等地	五等地
有效磷(mg/kg)	10.1	10.1	10.3	10.6	11.0
有机质(g/kg)	14.5	13.1	12.7	12.3	12.3
全磷(g/kg)	0.740	0.751	0.751	0.742	0.732
全氮(g/kg)	0.850	0.827	0.818	0.821	0.849
海拔(m)	1281.9	1283.6	1226.1	1254.7	1331.1
坡度(°)	0.9	2.5	8.8	13.9	16.2
≥10° 积温(℃)	2969.3	2968.7	2958.3	2891.2	2794.8
年降水量(mm)	547.91	547.88	546.92	548.71	553.87
耕层厚度(cm)	19	18	16	15	14

合水县一等地主要分布在西南部的黄土塬区,地貌类型全部为黄土塬区,成土母质主要为马兰黄土,耕层质地主要是中壤,主要质地构型为均质中壤,剖面构型主要为A11-A12-A-Ab-B 构型,坡向主要为平地和东南向。≥10° 积温均值为2969.3℃,平均年降水量547.91mm,平均海拔1281.9m,平均坡度0.9°,平均耕层厚度为19cm,耕层土壤pH 值平均为8.42,全氮平均含量为0.850g/kg,全磷平均含量为0.740g/kg,缓效钾平均含量为1036.9mg/kg,有效磷平均含量为10.1mg/kg,速效钾平均含量为221mg/kg,有机质平均含量为14.5g/kg,详见表2-11-61。

2.二等地

合水县二等地综合评价指数(IFI)在 0.9149～0.8807 之间,共 558 个评价单元,耕地面积5879.91公顷,占总耕地面积的16.93%,土地利用类型为旱地

合水县二等耕地主要土属类型为覆盖黑垆土和黑垆土,面积分别为4740.75公顷和742.96公顷,这两种土属分别占二等地面积的比例为80.63%和12.64%。其他5多种土属在二等地中有零星分布,但面积不大,详见表2-11-62。

表 2-61-62　合水县二等地主要土壤类型分布情况

县土属名称	评价单元数(个)	面积(公顷)	占二等地面积(%)	占总耕地面积(%)
灰塿土	77	231.55	3.94	0.67
灰绵土	2	8.18	0.14	0.02
灰褐塿土	1	1.65	0.03	0.00

续表 2-11-62

县土属名称	评价单元数(个)	面积(公顷)	占二等地面积(%)	占总耕地面积(%)
覆盖黑垆土	368	4740.75	80.63	13.65
黄墡土	20	110.27	1.88	0.32
黄绵土	5	44.55	0.76	0.13
黑垆土	85	742.96	12.64	2.14
合 计	558	5879.91	100.00	16.93

合水县二等地地貌类型为黄土塬区，成土母质主要为马兰黄土母质和离石黄土母质，面积分别为 5536.44 公顷和 343.47 公顷，占二等地总面积的比例分别是 94.16% 和 5.84%。耕层质地主要是中壤，主要质地构型为均质中壤，80.63% 的剖面构型为 A11-A12-A-Ab-B 构型，12.64% 的剖面构型为 A11-A12-ABk-Bk 构型。≥10° 积温均值为 2968.7℃，平均年降水量 547.88 毫米，平均海拔 1283.6 米，平均坡度 2.5°，平均耕层厚度为 18cm，耕层土壤 pH 值平均为 8.42，全氮平均含量为 0.827g/kg，全磷平均含量为 0.751g/kg，缓效钾平均含量为 1027.6mg/kg，有效磷平均含量为 10.1mg/kg，速效钾平均含量为 223.1mg/kg，有机质平均含量为 13.1g/kg。详见表 2-11-62。

3.三等地

合水县三等地综合评价指数(IFI)在 0.8807~0.7208 之间，共 2480 个评价单元，耕地面积 15835.44 公顷，占总耕地面积的 45.58%，是合水县最主要的耕地地力等级，土地利用类型为旱地。

合水县三等耕地主要土属类型为灰墡土、淤积土、黑垆土以及覆盖黑垆土，面积分别为 6953.05 公顷、3585.28 公顷、1675.34 公顷和 1258.74 公顷，这四种土属类型占三等地面积的比例分别为 43.91%、22.64%、10.58% 和 7.95%。占全县总耕地面积的比例分别为 20.02%、10.32%、4.82% 和 3.62%。其它 7 种土属类型在三等地中也有零星分布，但比例较小，详见表 2-11-63。

表 2-11-63 合水县三等地主要土壤类型分布情况

县土属名称	评价单元数(个)	面积(公顷)	占三等地面积(%)	占总耕地面积(%)
淤积土	351	3585.28	22.64	10.32
潮土	6	61.40	0.39	0.18
灰墡土	1139	6953.05	43.91	20.02
灰绵土	36	183.77	1.16	0.53

续表 2-11-63

县土属名称	评价单元数(个)	面积(公顷)	占三等地面积(%)	占总耕地面积(%)
灰褐土	15	67.66	0.43	0.19
灰褐墡土	181	1053.13	6.65	3.03
荒地红土	1	1.77	0.01	0.01
覆盖黑垆土	265	1258.74	7.95	3.62
黄墡土	143	798.20	5.04	2.30
黄绵土	49	197.10	1.24	0.57
黑垆土	294	1675.34	10.58	4.82
合 计	2480	15835.44	100.00	45.58

合水县三等地主要地貌类型为黄土塬区和河谷区，黄土塬区面积 7570.49 公顷，占三等地总面积的 47.81%，河谷区面积 5073.6 公顷，占三等地总面积的 32.04%。主要成土母质为离石黄土母质、冲积、洪积母质和马兰黄土母质，面积分别为 8804.38 公顷、3585.28 公顷和 3382.61 公顷，占三等地总面积比例分别是 55.60%、22.64% 和 21.36%。耕层土壤质地主要为中壤，质地构型以均质中壤和黏底中壤为主。主要剖面构型以 A11-AC-C-D、A11-A12-C2 和 A11-A12-ABk-Bk 构型为主，面积分别为 6953.05 公顷、4580.58 公顷和 1675.34 公顷，占三等地总面积比例分别是 43.91%、28.93% 和 10.58%。≥10°积温均值为 2958.3℃，平均年降水量 546.92 毫米，平均海拔 1226.1 米，平均坡度 8.8°，平均耕层厚度为 16cm，耕层土壤 pH 值平均为 8.42，全氮平均含量为 0.818g/kg，全磷平均含量为 0.751g/kg，缓效钾平均含量为 1014.5mg/kg，有效磷平均含量为 10.3mg/kg，速效钾平均含量为 222.9mg/kg，有机质平均含量为 12.7g/kg，详见表 2-11-63。

4.四等地

合水县四等地综合评价指数(IFI)在 0.7208～0.6223 之间，共 1613 个评价单元，耕地面积 9316.1 公顷，占总耕地面积的 26.82%，主要土地利用类型为旱地。

合水县四等耕地主要土属类型为灰墡土、灰褐墡土、淤积土和黑垆土，面积分别为 3603.98 公顷、3176.56 公顷、882.69 公顷和 567.82 公顷，这四种土属类型占四等地面积的比例分别 38.69%、34.10%、9.47% 和 6.10%。占全县总耕地面积的比例分别为 10.38%、9.14%、2.54% 和 1.63%。其它 11 多种土属类型在四等地中也有零星分布，但比例相对较小(表 2-11-64)。

表 2-11-64　合水县四等地主要土壤类型分布情况

县土属名称	评价单元数(个)	面积(公顷)	占四等地面积(%)	占总耕地面积(%)
残余草甸土	4	41.01	0.44	0.12
淤积土	146	882.69	9.47	2.54
潮土	3	5.72	0.06	0.02
灰墡土	683	3603.98	38.69	10.37
灰绵土	24	133.49	1.43	0.38
灰褐土	42	194.92	2.09	0.56
灰褐墡土	445	3176.56	34.10	9.14
耕种灰褐土	2	4.82	0.05	0.01
荒地红土	1	0.68	0.01	0.00
覆盖黑垆土	43	150.54	1.62	0.43
黄墡土	93	378.83	4.07	1.09
黄泥土	12	78.77	0.85	0.23
黄砂土	1	3.78	0.04	0.01
黄绵土	24	92.49	0.99	0.27
黑垆土	90	567.82	6.10	1.63
合　计	1613	9316.10	100.00	26.82

合水县四等地主要地貌类型为黄土沟壑区和河谷区,黄土沟壑区和河谷区面积分别为 6188.25 公顷和 2788.71 公顷,分别占四等耕地面积的 66.43% 和 29.93%。主要成土母质为离石黄土母质、马兰黄土母质和冲积、洪积母质,面积分别为 7159.37 公顷、1144.08 公顷和 923.7 公顷,占四等地总面积比例分别是 76.85%、12.28% 和 9.92%。主要耕层土壤质地为轻壤和中壤,质地构型以均质中壤为主和黏身中壤。主要剖面构型以 A11-AC-C-D、A11-AC-C 和 A11-A12-C2 构型为主,面积分别为 3603.98 公顷、3505.65 公顷和 1399.84 公顷,占四等地总面积比例分别是 38.69%、37.63% 和 15.03%。≥10° 积温均值为 2891.2℃,平均年降水量 548.71 毫米,平均海拔 1901.4 米,平均坡度 11.9°,田面坡度平均为 5.6°,平均耕层厚度为 15cm,耕层土壤 pH 值平均为 8.42,全氮平均含量为 0.821g/kg,全磷平均含量为 0.742g/kg,缓效钾平均含量为 1007.1mg/kg,有效磷平均含量为 10.6mg/kg,速效钾平均含量为 225.4mg/kg,有机质平均含量为 12.3g/kg,详见表 3-23。

5.五等地

合水县五等地综合评价指数(IFI)小于 0.6223,共 699 个评价单元,耕地面积 2764.47

公顷,占总耕地面积的 7.96%,主要土地利用类型为旱地。

合水县五等耕地主要土属类型为灰褐墡土和灰墡土,面积分别为 1543.99 公顷和 769.66 公顷,这两种土属分别占五等地面积的比例为 55.85% 和 27.84%。其他 10 种土属在五等地中有零星分布,但面积不大(表 2-11-65)。

表 2-11-65 合水县五等地主要土壤类型分布情况

县土壤名称	评价单元数(个)	面积(公顷)	占五等地面积(%)	占总耕地面积(%)
残余草甸土	1	1.86	0.07	0.01
淤积土	51	186.86	6.76	0.54
潮土	5	10.74	0.39	0.03
灰墡土	156	769.66	27.84	2.22
灰绵土	6	16.83	0.61	0.05
灰褐土	34	88.05	3.19	0.25
灰褐墡土	404	1543.99	55.85	4.44
耕种灰褐土	4	17.73	0.64	0.05
覆盖黑垆土	6	15.32	0.55	0.04
黄墡土	7	16.72	0.60	0.05
黄绵土	4	19.67	0.71	0.06
黑垆土	21	77.04	2.79	0.22
合 计	699	2764.47	100.00	7.96

合水县五等地主要地貌类型为黄土沟壑区,面积 1677.99 公顷,占五等耕地面积的 60.70%,成土母质主要为离石黄土母质,面积为 2330.37 公顷,占五等地总面积比例为 84.30%。耕层土壤质地主要为轻壤和中壤,质地构型以均质中壤和黏身中壤为主。剖面构型以 A11-AC-C 和 A11-AC-C-D 构型为主,面积分别为 1648.87 公顷和 769.66 公顷,占五等地总面积比例为 59.65% 和 27.84%。≥10℃积温均值为 2794.8℃,平均年降水量 553.87 毫米,平均海拔 1331.1 米,平均坡度 16.2,平均耕层厚度为 14cm,耕层土壤 pH 平均为 8.43,全氮平均含量为 0.849g/kg,全磷平均含量为 0.732g/kg,缓效钾平均含量为 1006.1mg/kg,有效磷平均含量为 11.0mg/kg,速效钾平均含量为 232.1mg/kg,有机质平均含量为 12.3g/kg,详见表 2-11-65。

第四节 宁县耕地地力分析

一、宁县耕层土壤属性

(一)耕层土壤有机质

通过对宁县4202个耕层土壤样品有机质的化验结果分析(表2-11-66),宁县耕层土壤有机质最大值为22.7g/kg,最小值为5.3g/kg,平均值为13.2g/kg,标准差为2.71,变异系数是20.53%。

表2-11-66 宁县耕层土壤有机质描述性统计

描述性指标	样本数	平均(g/kg)	标准差	最小值(g/kg)	最大值(g/kg)	变异系数(%)
统计结果	4202	13.2	2.71	5.3	22.7	20.53

根据甘肃省土壤有机质分级标准,宁县耕层土壤有机质分别属于三、四、五、六、七级(见表2-11-67),其中65.82%的耕地有机质含量在15.0~10.0g/kg,属于五级水平,耕层土壤有机质含量总体较低。

表2-11-67 宁县耕层土壤有机质含量状况分级统计

甘肃省有机质含量等级	分级标准(g/kg)	样本数	耕地面积(公顷)	占总耕地面积比例(%)
三级	20.0~25.0	94	1929.47	2.24
四级	15.0~20.0	882	18104.15	20.99
五级	10.0~15.0	2766	56775.61	65.82
六级	6.0~10.0	450	9236.81	10.71
七级	≤6.0	10	205.26	0.24

(二)耕层土壤全氮

通过对宁县4202个耕层土壤样品全氮化验结果分析(表2-11-68),其耕层土壤全氮含量最大值为1.504g/kg,最小值为0.430g/kg,平均值为0.900g/kg,标准差为0.14,变异系数为15.56%。

表 2-11-68 宁县耕层土壤全氮描述性统计

描述性指标	样本数	平均(g/kg)	标准差	最小值(g/kg)	最大值(g/kg)	变异系数(%)
统计结果	4202	0.900	0.14	0.430	1.504	15.56

根据农业部的土壤养分分级标准,结合甘肃省的实际情况,现将宁县耕层土壤全氮分级如表 2-11-69。在 4202 个检测土壤样本中,22.11%的土壤样本耕层土壤全氮含量在 1.250~1.000g/kg 之间,60.41%的土壤样本全氮含量在 1.000~0.750g/kg 之间,15.54%的土壤样本全氮含量在 0.500~0.750g/kg 之间。大约 98%以上的土壤样本的全氮含量在 1.250g/kg 以下,和有机质一样,宁县耕层土壤全氮含量也很低。

表 2-11-69 宁县耕层土壤全氮含量状况分级统计

甘肃省全氮含量等级	分级标准(g/kg)	样本数	耕地面积(公顷)	占总耕地面积的比例(%)
二级	1.500~2.000	6	123.16	0.14
三级	1.250~1.500	75	1539.47	1.78
四级	1.000~1.250	929	19068.89	22.11
五级	0.750~1.000	2538	52095.62	60.41
六级	0.500~0.750	654	13424.17	15.56

(三)耕层土壤碱解氮

通过对宁县 4093 个土壤样品碱解氮的检测结果分析(表 2-11-70),其土壤碱解氮含量最大值为 105.0mg/kg,最小值为 17.5mg/kg,平均值为 55.2mg/kg,标准差为 14.83,变异系数为 26.87%。

表 2-11-70 宁县耕层土壤碱解氮描述性统计

描述性指标	样本数	平均(mg/kg)	标准差	最小值(mg/kg)	最大值(mg/kg)	变异系数(%)
统计结果	4093	55.2	14.83	17.5	105.0	26.87

根据农业部的土壤养分分级标准,结合甘肃省的实际情况,将宁县耕层土壤碱解氮分级如表 2-11-71,在 4093 个检测土壤样本中,土壤碱解氮含量很低,分布在 50~100mg/kg 这个区间的耕地面积比重很大,为 62.91%,碱解氮含量在 50mg/kg 以下的耕地面积占总耕地面积的 36.92%。这说明宁县的耕层土壤碱解氮含量很低。

表 2-11-71　宁县耕层土壤碱解氮含量状况分级统计

甘肃省碱解氮含量等级	分级标准（mg/kg）	样本数	耕地面积（公顷）	占总耕地面积的比例（%）
五级	100～150	7	147.51	0.17
六级	50～100	2575	54262.67	62.91
七级	≤50	1511	31841.12	36.92

（四）耕层土壤有效磷

通过对宁县4202个耕层土壤样品有效磷化验结果分析（表2-11-72），宁县耕层土壤有效磷最大值为48.3mg/kg，最小值为0.4mg/kg，平均值为13.8mg/kg，标准差为6.03，变异系数为43.70%。

表 2-11-72　宁县耕层土壤有效磷描述性统计

描述性指标	样本数	平均（mg/kg）	标准差	最小值（mg/kg）	最大值（mg/kg）	变异系数（%）
统计结果	4202	13.8	6.03	0.4	48.3	43.70

根据甘肃省土壤有效磷分级标准，宁县耕层土壤有效磷属于一至七级，见表2-11-73，在4202个检测土壤样本中，其中21.56%的耕地有效磷含量在20.0～15.0mg/kg，属于四级水平；37.27%的耕地有效磷含量在15.0～10.0mg/kg之间，属于五级水平；27.30%的耕地有效磷含量在10.0～5.0mg/kg之间，属于六级水平。这说明宁县的耕层土壤有效磷含量比较低。

表 2-11-73　宁县耕层土壤有效磷含量分级统计

甘肃省有效磷等级	分级标准（mg/kg）	样本数	耕地面积（公顷）	占总耕地面积的比例（%）
二级	30.0～40.0	88	1806.31	2.09
三级	20.0～30.0	435	8928.92	10.35
四级	15.0～20.0	906	18596.78	21.56
五级	10.0～15.0	1566	32144.11	37.27
六级	5.0～10.0	1147	23543.61	27.30
七级	≤5.0	60	1231.57	1.43

（五）耕层土壤速效钾

通过对宁县4202个土壤样品速效钾的检测结果分析（表2-11-74），其耕层土壤速效钾含量的最大值为502mg/kg，最小值为90mg/kg，平均值为215mg/kg，标准差为53.20，变异系数为24.74%。

表 2-11-74　宁县耕层土壤速效钾描述性统计

描述性指标	样本数	平均(mg/kg)	标准差	最小值(mg/kg)	最大值(mg/kg)	变异系数(%)
统计结果	4202	215	53.20	90	502	24.74

根据农业部的土壤养分分级标准,结合甘肃省的实际情况,将宁县耕层土壤速效钾分级如表 2-11-75,在 4202 个检测土壤样本中,耕层土壤速效钾含量大于 200mg/kg 的面积占全县总耕地面积的 55.71%,150～200mg/kg 的占 35.23%,小于 150mg/kg 的只占 9.06%。由此表明,宁县土壤速效钾的含量很富足,是农业生产的有利因素。

表 2-11-75　宁县耕层土壤速效钾含量状况分级统计

甘肃省速效钾含量等级	分级标准(mg/kg)	样本数	耕地面积(公顷)	占总耕地面积的比例(%)
一级	>300	297	6096.30	7.07
二级	250～300	670	13752.59	15.94
三级	200～250	1374	28203.07	32.70
四级	150～200	1480	30378.85	35.23
五级	100～150	381	7820.5	9.06

(六)耕层土壤有效铁

通过对宁县 4202 个土壤样品的检测结果分析(表 2-11-76),其耕层土壤有效铁含量的最大值为 9.2mg/kg,最小值为 2.4mg/kg,平均值为 4.5mg/kg,标准差为 1.05,变异系数为 23.33%。

表 2-11-76　宁县耕层土壤有效铁描述性统计

描述性指标	样本数	平均(mg/kg)	标准差	最小值(mg/kg)	最大值(mg/kg)	变异系数(%)
统计结果	4202	4.5	1.05	2.4	9.2	23.33

根据农业部的土壤养分分级标准,结合甘肃省的实际情况,将宁县耕层土壤有效铁分级如表 2-11-77,在 4202 个检测土壤样本中,51.17% 的样本土壤有效铁含量为 4.5～10.0mg/kg,属于三级水平。47.81% 的样本有效铁含量为 2.5～4.5mg/kg,有效铁含量≤2.5mg/kg 的样本占 1.02%。由此可见,宁县耕层土壤有效铁的含量较高。

表 2-11-77　宁县耕层土壤有效铁含量分级统计

甘肃省有效铁含量等级	分级标准（mg/kg）	样本数	耕地面积（公顷）	占总耕地面积的比例（%）
3	4.5~10.0	2150	44134.79	51.17
4	2.5~4.5	2009	41236.75	47.81
5	≤2.5	43	879.76	1.02

（七）耕层土壤有效锰

通过对宁县4202个土壤样品的检测结果分析（表2-11-78），其耕层土壤有效锰含量的最大值为8.8mg/kg，最小值为2.8mg/kg，平均值为5.8mg/kg，标准差为1.03，变异系数为17.76%。

表 2-11-78　宁县耕层土壤有效锰描述性统计

描述性指标	样本数	平均（mg/kg）	标准差	最小值（mg/kg）	最大值（mg/kg）	变异系数（%）
统计结果	4202	5.8	1.03	2.8	8.8	17.76

根据农业部的土壤养分分级标准，结合甘肃省的实际情况，将宁县耕层土壤有效锰分级如表2-11-79，在4202个检测土壤样本中，12.07%的样本土壤有效锰含量在7.0~9.0mg/kg之间，86.86%的样本土壤有效锰含量在3.0~7.0mg/kg之间，1.07%的样本土壤有效锰含量≤3.0mg/kg。这表明宁县耕层土壤有效锰含量比较丰富。

表 2-11-79　宁县耕层土壤有效锰含量分级统计

甘肃省有效锰含量等级	分级标准（mg/kg）	样本数	耕地面积（公顷）	占总耕地面积的比例（%）
3	7.0~9.0	507	10406.81	12.07
4	3.0~7.0	3650	74920.81	86.86
5	≤3.0	45	923.68	1.07

（八）耕层土壤有效铜

通过对宁县4202个土壤样品的检测结果分析（表2-11-80），其耕层土壤有效铜含量的最大值为1.93mg/kg，最小值为0.45mg/kg，平均值为0.68mg/kg，标准差为0.09，变异系数为13.24%。

表 2-11-80　宁县耕层土壤有效铜描述性统计

描述性指标	样本数	平均（mg/kg）	标准差	最小值（mg/kg）	最大值（mg/kg）	变异系数（%）
统计结果	4202	0.68	0.09	0.45	1.93	13.24

根据农业部的土壤养分分级标准，结合甘肃省的实际情况，将宁县耕层土壤有效铜分级如表2-11-81，在4202个检测土壤样本中，0.02%的样本土壤有效铜含量在1.00~

2.00mg/kg 之间,94.20%的样本土壤有效铜含量在 0.50~1.00mg/kg 之间,5.78%的样本土壤有效铜含量在 0.20~0.50mg/kg 之间。由此表明宁县耕层土壤有效铜含量比较丰富。

表 2-11-81　宁县耕层土壤有效铜含量分级统计

甘肃省有效铜含量等级	分级标准(mg/kg)	样本数	耕地面积(公顷)	占总耕地面积的比例(%)
2	1.00~2.00	1	17.25	0.02
3	0.50~1.00	3958	81248.72	94.20
4	0.20~0.50	243	4985.33	5.78

(九)耕层土壤有效锌含量状况

通过对宁县 4202 个土壤样品的检测结果分析(表 2-11-82),其耕层土壤有效锌含量的最大值为 2.01mg/kg,最小值为 0.17mg/kg,平均值为 0.44mg/kg,标准差为 0.26,变异系数为 59.09%。

表 2-11-82　宁县耕层土壤有效锌描述性统计

描述性指标	样本数	平均(mg/kg)	标准差	最小值(mg/kg)	最大值(mg/kg)	变异系数(%)
统计结果	4202	0.44	0.26	0.17	2.01	59.09

根据农业部的土壤养分分级标准,结合甘肃省的实际情况,将宁县耕层土壤有效锌分级如表 2-11-83,在 4202 个检测土壤样本中,44.57%的样本土壤有效锌含量在 0.30~0.50mg/kg 之间,30.68%的样本土壤有效锌含量≤0.30mg/kg,21.82%的样本土壤有效锌含量在 0.50~1.00mg/kg,有效锌含量大于 1.00mg/kg 的样本只占 2.93%。由此表明宁县耕层土壤有效锌严重缺乏。

表 2-11-83　宁县耕层土壤有效锌含量分级统计

甘肃省有效磷含量等级	分级标准(mg/kg)	样本数	耕地面积(公顷)	占总耕地面积的比例(%)
一级	>2.00	42	862.51	1.00
二级	1.00~2.00	81	1664.65	1.93
三级	0.50~1.00	917	18820.04	21.82
四级	0.30~0.50	1873	38442.20	44.57
五级	≤0.30	1289	26461.90	30.68

(十)耕层土壤 pH 值

通过对宁县 4202 个土壤样品 pH 值的测试结果分析(表 2-11-84),宁县耕层土壤 pH 值最大为 8.7,最小为 8.0,平均值为 8.4,标准差为 0.06,变异系数为 0.71%。统计结果显示,宁县土壤呈弱碱性。

表 2-11-84 宁县耕层土壤 pH 描述性统计

描述性指标	样本数	平均	标准差	最小值	最大值	变异系数(%)
统计结果	4202	8.4	0.06	8.0	8.7	0.71

二、宁县耕地地力分析

以土壤图与土地利用现状图叠加形成评价单元,应用模糊综合评判方法,通过综合分析,将宁县耕地共划分为6个等级,根据评价结合进行耕地地力的系统分析。

(一)耕地地力等级与分布

1.耕地地力等级面积统计

利用 ArcGIS,对评价图属性库进行操作,检索统计耕地各等级的面积和图幅总面积。以2007年宁县耕地总面积为基准,按面积比例进行平差,统计得到各等级面积。

宁县耕地总面积为86251.30公顷,各等级耕地比例相对差异不大,其中四等地面积最大,占总耕地面积的25.55%;五等地、一等地、三等地和二等地,分别占总耕地面积的17.73%、17.19%、17.08%和14.45%;六等地面积最小,占总耕地面积的7.99%,见表2-11-85。

表 2-11-85 宁县耕地地力评价结果面积统计

等级	一等地	二等地	三等地	四等地	五等地	六等地
面积(公顷)	14829.60	12465.80	14732.74	22037.04	15293.03	6893.09
百分比(%)	17.19	14.45	17.08	25.55	17.73	7.99

2.耕地地力等级的行政区域划分

由表2-11-86、表2-11-87、表2-11-88、表2-11-89、表2-11-90、表2-11-91表明,从各等级耕地在不同乡镇所占比例来看,一等地所占比例较高的乡镇为中村乡、新庄镇和早胜镇,分别占本级耕地面积的20.78%、16.21%、15.43%;二等地所占比例较高的乡镇为和盛镇、焦村乡和良平乡,分别占本级耕地面积的13.77%、11.91%和10.78%;三等地所占比例较高的乡镇为焦村乡和盘克镇,分别占本级耕地面积的15.70%和13.01%;四等地所占比例较高的乡镇为春荣乡和湘乐镇,分别占本级耕地面积的20.59%和15.79%;五等地所占比例较高的乡镇为盘克镇和春荣乡,分别占本级耕地面积的25.61%和13.49%;六等地所占比例较高的乡镇为盘克镇、金村乡和湘乐镇,分别占本级耕地面积的30.65%、15.72%和14.10%。

从宁县各乡镇不同等级耕地所占比例来看,中村乡、早胜镇、新庄镇和太昌乡的一等地面积最大,分别占本乡镇耕地面积的54.22%、50.15%、42.90%和40.31%;良平乡和和盛镇的二等地面积最大，分别占本乡镇耕地面积的41.96%和32.82%；长庆桥镇、焦村乡和平子镇的三等地面积最大，分别占本乡镇面积的48.14%、37.83%和29.63%；湘乐镇、春荣乡和新宁镇的四等地面积最大，分别占本乡镇耕地面积的51.07%、47.25%和39.76%；九岘乡、盘克镇和米桥乡的五等地面积最大，分别占本乡镇耕地面积的60.23%、39.44%和31.16%；金村乡的六等地面积最大，占该乡耕地面积的54.87%；南义乡主要是一等地和四等地，分别占该乡耕地面积的29.89%和29.70%；瓦斜乡主要是三等地和四等地，分别占该乡耕地面积的33.15%和31.05%；桂花园林场、梁掌林场和罗山府林场主要是五等地和六等地。

表2-11-86　宁县各乡镇一等地面积分布情况

乡镇名称	评价单元（个）	面积（公顷）	一等地占本乡镇耕地面积的百分比（%）	一等地占本级耕地面积的百分比（%）	一等地占总耕地面积的百分比（%）
长庆桥镇	5	55.56	6.01	0.37	0.06
春荣乡	46	684.18	7.13	4.61	0.79
和盛镇	62	1297.59	24.81	8.75	1.50
焦村乡	54	417.35	6.83	2.81	0.48
九岘乡	1	0.05	0.00	0.00	0.00
良平乡	14	683.30	21.33	4.61	0.79
米桥乡	4	35.75	0.86	0.24	0.04
南义乡	77	1127.00	29.89	7.60	1.31
盘克镇	5	43.48	0.44	0.29	0.05
平子镇	21	908.79	19.88	6.13	1.05
太昌乡	36	764.65	40.31	5.16	0.89
瓦斜乡	13	148.47	6.06	1.00	0.17
湘乐镇	34	330.69	4.85	2.23	0.38
新宁镇	65	560.38	15.70	3.78	0.65
新庄镇	120	2403.48	42.90	16.21	2.79
早胜镇	111	2287.90	50.15	15.43	2.65
中村乡	111	3080.98	54.22	20.78	3.57
合计	779	14829.60	/	100.00	17.19

表 2-11-87　宁县各乡镇二等地面积分布情况

乡镇名称	评价单元（个）	面积（公顷）	二等地占本乡镇耕地面积的百分比（%）	二等地占本级耕地面积的百分比（%）	二等地占总耕地面积的百分比（%）
长庆桥镇	4	23.90	2.58	0.19	0.03
春荣乡	52	708.98	7.38	5.69	0.82
和盛镇	119	1716.64	32.82	13.77	1.99
焦村乡	121	1484.30	24.28	11.91	1.72
金村乡	1	1.11	0.06	0.01	0.00
九岘乡	4	11.49	0.50	0.09	0.01
良平乡	33	1344.07	41.96	10.78	1.56
米桥乡	60	769.33	18.43	6.17	0.89
南义乡	79	516.83	13.71	4.15	0.60
盘克镇	46	904.62	9.11	7.26	1.05
平子镇	44	952.41	20.84	7.64	1.10
太昌乡	20	312.72	16.49	2.51	0.36
瓦斜乡	35	516.38	21.07	4.14	0.60
湘乐镇	31	348.02	5.11	2.79	0.40
新宁镇	79	550.25	15.41	4.41	0.64
新庄镇	96	994.40	17.75	7.98	1.15
早胜镇	45	1017.37	22.30	8.16	1.18
中村乡	53	292.01	5.14	2.34	0.34
桂花园林场	2	0.97	0.10	0.01	0.00
合计	924	12465.80	—	100.00	14.45

表 2-11-88 宁县各乡镇三等地面积分布情况

乡镇名称	评价单元（个）	面积（公顷）	三等地占本乡镇耕地面积的百分比（%）	三等地占本级耕地面积的百分比（%）	三等地占总耕地面积的百分比（%）
长庆桥镇	35	445.09	48.14	3.02	0.52
春荣乡	160	1437.22	14.97	9.76	1.67
和盛镇	56	411.57	7.87	2.79	0.48
焦村乡	191	2313.19	37.83	15.70	2.68
金村乡	37	399.86	20.25	2.71	0.46
九岘乡	42	338.33	14.61	2.30	0.39
良平乡	14	150.86	4.71	1.02	0.17
米桥乡	95	1033.46	24.75	7.01	1.20
南义乡	139	739.55	19.62	5.02	0.86
盘克镇	147	1917.28	19.30	13.01	2.22
平子镇	87	1354.32	29.63	9.19	1.57
太昌乡	34	437.82	23.08	2.97	0.51
瓦斜乡	73	812.34	33.15	5.51	0.94
湘乐镇	89	843.14	12.38	5.72	0.98
新宁镇	117	637.60	17.86	4.33	0.74
新庄镇	79	754.16	13.46	5.12	0.87
早胜镇	49	244.77	5.36	1.66	0.28
中村乡	50	193.77	3.41	1.32	0.22
桂花园林场	10	108.69	10.82	0.74	0.13
梁掌林场	20	156.31	6.99	1.06	0.18
罗山府林场	2	3.41	0.55	0.02	0.00
合计	1526	14732.74	—	100.00	17.08

表 2-11-89　宁县各乡镇四等地面积分布情况

乡镇名称	评价单元（个）	面积（公顷）	四等地占本乡镇耕地面积的百分比（%）	四等地占本级耕地面积的百分比（%）	四等地占总耕地面积的百分比（%）
长庆桥镇	62	327.65	35.44	1.49	0.38
春荣乡	412	453661	47.25	20.59	5.26
和盛镇	191	1473.16	28.17	6.68	1.71
焦村乡	277	1443.22	23.60	6.55	1.67
金村乡	8	14.91	0.76	0.07	0.02
九岘乡	58	467.09	20.17	2.12	0.54
良平乡	94	527.22	16.46	2.39	0.61
米桥乡	98	994.52	23.82	4.51	1.15
南义乡	241	1119.62	29.70	5.08	1.30
盘克镇	119	1037.00	10.44	4.71	1.20
平子镇	75	333.28	7.29	1.51	0.39
太昌乡	83	318.35	16.78	1.44	0.37
瓦斜乡	151	760.82	31.05	3.45	0.88
湘乐镇	257	3479.29	51.07	15.79	4.03
新宁镇	340	1419.42	39.76	6.44	1.65
新庄镇	256	1317.19	23.51	5.98	1.53
早胜镇	198	680.18	14.91	3.09	0.79
中村乡	304	1522.09	26.79	6.91	1.76
桂花园林场	13	104.24	10.38	0.47	0.12
罗山府林场	11	161.18	26.04	0.73	0.19
合计	3248	22037.04	—	100.00	25.55

表 2-11-90 宁县各乡镇五等地面积分布情况

乡镇名称	评价单元（个）	面积（公顷）	五等地占本乡镇耕地面积的百分比（%）	五等地占本级耕地面积的百分比（%）	五等地占总耕地面积的百分比（%）
长庆桥镇	1	5.66	0.61	0.04	0.01
春荣乡	347	2063.75	21.49	13.49	2.39
和盛镇	45	312.76	5.98	2.05	0.36
焦村乡	109	379.83	6.21	2.48	0.44
金村乡	92	475.39	24.07	3.11	0.55
九岘乡	174	1394.77	60.23	9.12	1.62
良平乡	100	479.77	14.98	3.14	0.56
米桥乡	176	1300.88	31.16	8.51	1.51
南义乡	69	258.27	6.85	1.69	0.30
盘克镇	318	3916.87	39.44	25.61	4.54
平子镇	145	845.69	18.50	5.53	0.98
太昌乡	6	17.50	0.92	0.11	0.02
瓦斜乡	47	211.50	8.63	1.38	0.25
湘乐镇	127	839.89	12.33	5.49	0.97
新宁镇	95	392.56	11.00	2.57	0.46
新庄镇	22	82.58	1.47	0.54	0.10
早胜镇	64	288.23	6.32	1.88	0.33
中村乡	124	527.41	9.28	3.45	0.61
桂花园林场	74	416.19	41.45	2.72	0.48
梁掌林场	39	889.21	39.75	5.81	1.03
罗山府林场	12	194.32	31.40	1.27	0.23
合计	2186	15293.03	—	100.00	17.73

表 2-11-91 宁县各乡镇六等地面积分布情况

乡镇名称	评价单元（个）	面积（公顷）	六等地占本乡镇耕地面积的百分比（%）	六等地占本级耕地面积的百分比（%）	六等地占总耕地面积的百分比（%）
长庆桥镇	5	66.77	7.22	0.97	0.08
春荣乡	46	171.47	1.79	2.49	0.20
和盛镇	1	18.29	0.35	0.27	0.02
焦村乡	15	76.28	1.25	1.11	0.09
金村乡	91	1083.54	54.87	15.72	1.26
九岘乡	32	104.20	4.50	1.51	0.12
良平乡	7	18.09	0.56	0.26	0.02
米桥乡	7	40.96	0.98	0.59	0.05
南义乡	5	8.67	0.23	0.13	0.01
盘克镇	208	2112.96	21.27	30.65	2.45
平子镇	31	176.57	3.86	2.56	0.20
太昌乡	14	45.89	2.42	0.67	0.05
瓦斜乡	1	1.13	0.05	0.02	0.00
湘乐镇	164	972.05	14.27	14.10	1.13
新宁镇	5	10.14	0.28	0.15	0.01
新庄镇	6	50.85	0.91	0.74	0.06
早胜镇	17	43.95	0.96	0.64	0.05
中村乡	20	65.63	1.16	0.95	0.08
桂花园林场	45	374.07	37.25	5.43	0.43
梁掌林场	41	1191.56	53.26	17.29	1.38
罗山府林场	24	260.02	42.01	3.77	0.30
合计	785	6893.09	—	100.00	7.99

(二)耕地地力等级分述

1.一等地的主要属性

一等地综合评价指数大于0.8439,评价单元为779个,耕地面积14829.60公顷,占总耕地面积的17.19%,土地主要利用类型为塬旱地,主要土种为厚覆盖黑垆土,地貌类型以黄土高台塬为主,耕层土壤质地均为中壤。耕地土壤pH值平均为8.5,有机质平均含量为13.5g/kg,全氮平均含量为0.894g/kg,全磷平均含量为0.740g/kg,全钾平均含量为21.8g/kg,碱解氮平均含量为55.1mg/kg,有效磷平均含量为14.0mg/kg,速效钾平均含量为214mg/kg(表2-11-92)。

2.二等地的主要属性

二等地综合评价指数在0.8439~0.8195之间,评价单元为924个,耕地面积12465.80公顷,土地主要利用类型为塬旱地,主要土种为厚覆盖黑垆土、鸡粪垆土和薄覆盖黑垆土,耕层土壤质地均为中壤。耕地土壤pH值平均为8.5,有机质平均含量为13.0g/kg,全氮平均含量为0.896g/kg,全磷平均含量为0.741g/kg,全钾平均含量为21.8g/kg,碱解氮平均含量为55.1mg/kg,有效磷平均含量为13.3mg/kg,速效钾平均含量为215mg/kg(表2-11-92)。

3.三等地的主要属性

三等地综合评价指数在0.7420~0.6765之间,评价单元为1526个,耕地面积14732.74公顷,土地主要利用类型为塬旱地,主要土种为条田黑垆土、厚覆盖淋溶黑垆土和淤黄土,耕层土壤质地主要是中壤。耕层土壤pH值平均为8.3,有机质平均含量为13.2g/kg,全氮平均含量为0.897g/kg,全磷平均含量为0.741g/kg,全钾平均含量为21.8g/kg,碱解氮平均含量为55.3mg/kg,有效磷平均含量为13.8mg/kg,速效钾平均含量为216mg/kg(表2-11-92)。

4.四等地的主要属性

四等地综合评价指数在0.6765~0.6060之间,评价单元为3248个,耕地面积22037.04公顷,土地利用类型主要为山旱地,土种主要为薄腐质灰绵土,耕层土壤质地以中壤为主。耕层土壤pH值平均为8.2,有机质平均含量为13.3g/kg,全氮平均含量为0.902g/kg,全磷平均含量为0.743g/kg,全钾平均含量为21.8g/kg,碱解氮平均含量为55.2mg/kg,有效磷平均含量为13.9mg/kg,速效钾平均含量为217mg/kg(表2-11-92)。

5.五等地的主要属性

五等地综合评价指数在0.6765~0.6060之间,评价单元为2186个,耕地面积15293.03公顷,土地利用类型主要为山旱地,土种主要为薄腐质灰墡土,耕层土壤质地以中壤为主。耕层土壤pH值平均为8.3,有机质平均含量为13.2g/kg,全氮平均含量为

0.907g/kg,全磷平均含量为 0.739g/kg,全钾平均含量为 21.8g/kg,碱解氮平均含量为 55.2mg/kg,有效磷平均含量为 13.6mg/kg,速效钾平均含量为 215mg/kg(表 2-11-92)。

6.六等级的主要属性

六等地综合评价指数在 0.6060~0.0000 之间,评价单元为 785 个,耕地面积 6893.09 公顷,土地利用类型主要为山旱地,土种主要为灰褐墡土和黄墡土,耕层土壤质地为中壤和重壤。耕层土壤 pH 值平均为 8.1,有机质平均含量为 13.4g/kg,全氮平均含量为 0.917g/kg,全磷平均含量为 0.731g/kg,全钾平均含量为 22.0g/kg,碱解氮平均含量为 54.3mg/kg,有效磷平均含量为 14.0mg/kg,速效钾平均含量为 217mg/kg(表 2-11-92)。

表 2-11-92 宁县各等级耕地耕层土壤养分状况

耕地等级		pH 值	有机质 (g/kg)	全氮 (g/kg)	全磷 (g/kg)	全钾 (g/kg)	碱解氮 (mg/kg)	有效磷 (mg/kg)	速效钾 (mg/kg)
一	平均	8.5	13.5	0.894	0.740	21.8	55.1	14.0	214
	范围	8.2~8.5	11.4~14.9	0.757~1.034	0.698~0.803	20.6~22.9	45.3~65.3	9.6~18.5	182~249
二	平均	8.5	13.0	0.896	0.741	21.8	55.1	13.3	215
	范围	8.2~8.6	11.1~15.1	0.763~1.100	0.696~0.792	20.6~22.8	45.7~66.2	10.5~18.8	179~251
三	平均	8.3	13.2	0.897	0.741	21.8	55.3	13.8	216
	范围	8.2~8.6	11.0~15.5	0.783~1.080	0.682~0.800	19.5~22.8	46.0~65.8	10.3~18.8	183~253
四	平均	8.2	13.3	0.902	0.743	21.8	55.2	13.9	217
	范围	8.1~8.6	11.1~15.2	0.778~1.050	0.690~0.810	19.3~23.0	45.5~66.0	10.1~20.2	183~255
五	平均	8.3	13.2	0.907	0.739	21.8	55.2	13.6	215
	范围	8.0~8.8	10.5~15.2	0.783~1.095	0.682~0.794	19.3~23.0	45.4~66.2	10.2~20.0	181~250
六	平均	8.1	13.4	0.917	0.731	22.0	54.3	14.0	217
	范围	8.0~8.5	11.4~15.4	0.803~1.098	0.687~0.785	20.7~22.9	46.4~65.9	10.6~19.0	187~243

第五节 庆城县耕地地力分析

一、庆城县耕层土壤属性

(一)耕层土壤有机质

根据本次耕地地力评价调查结果,庆城县耕层土壤有机质检测含量平均值为 9.02g/kg,处于 6.5~13.1g/kg 之间,属于较低水平,与 1983 年第二次土壤普查有机质含量 8.89g/kg 相比,略有提高,提高了 1.46%。按照甘肃省土壤养分分级标准,有机质含量分布在五、六级水平,有机质含量在五级水平上的耕地面积为 12818.1 公顷,占耕地总面积的 15.89%,主要分布在驿马镇、赤城乡、庆城镇、白马乡;有机质含量在六级水平上的耕地面积为 67825.64 公顷,占耕地总面积的 84.11%,主要分布在桐川乡、蔡家庙乡、太白梁乡、玄马镇等乡镇(见表 2-11-93)。

表 2-11-93 庆城县耕层土壤有机质含量状况分级统计

有机质含量级别(g/kg)		五级	六级
		>10	≤10
庆城县耕地面积(公顷)		12818.1	67825.64
占总耕地面积比例(%)		15.89	84.11
各乡镇所占耕地面积(公顷)	白马乡	1498.76	1241.53
	蔡家庙乡	67.22	8075.22
	蔡口集乡	19.48	4437.9
	赤城乡	2050.74	697.22
	高楼乡	211.92	2644.96
	马岭镇	165.97	5846.1
	南庄乡	28.5	4218.59
	庆城镇	1657.9	2155.66
	卅铺镇	443.89	4915.48
	太白梁乡	92.33	6888.85
	桐川乡	733.05	9538.51
	土桥乡	703.38	3966.57
	玄马镇	0	6528.31
	驿马镇	5144.67	2702.56
	翟家河乡	0	3968.47

(二)耕层土壤全氮

根据本次耕地地力评价调查结果,庆城县全氮含量为0.47g/kg,处于0.33~3.63g/kg之间,与1983年第二次土壤普查时的平均值0.46g/kg相比,增加了2.17%。按照甘肃省土壤养分分级标准,全氮含量分布在一至七级水平,全氮含量在一级水平上的耕地面积为169.22公顷,占耕地总面积的0.21%,分布在蔡家庙乡;全氮含量在二级水平上的耕地水平上的耕地面积为116.54公顷,占耕地总面积的0.14%,分布在蔡家庙乡和桐川乡;全氮含量在三级水平上的耕地面积为116.72公顷,占耕地总面积的0.14%,分布在蔡家庙乡和桐川乡;全氮含量在四级水平上的耕地面积为179.51公顷,占耕地总面积的0.22%,分布在蔡家庙乡、桐川乡和驿马乡;全氮含量在五级水平上的耕地面积为154.30公顷,占耕地总面积的0.19%,分布在桐川乡和驿马乡;全氮含量在六级水平上的耕地面积为19173.77公顷,占耕地总面积的23.78%,主要分布在驿马乡、桐川乡、庆城镇、土桥乡、白马乡、蔡家庙乡;全氮含量在七级水平上的耕地面积为60733.68公顷,占耕地总面积的75.31%,主要分布在桐川乡、玄马镇、蔡家庙乡、马岭镇等乡镇(见表2-11-94)。

表2-11-94 庆城县耕层土壤全氮含量状况分级统计

全氮含量等级(g/kg)		一级	二级	三级	四级	五级	六级	七级
		>2.00	2.00~1.50	1.50~1.25	1.25~1.0	1.0~0.75	0.75~0.5	≤0.5
耕地面积(公顷)		169.22	116.54	116.72	179.51	154.3	19173.77	60733.68
占总比例耕地面积(%)		0.21	0.14	0.14	0.22	0.19	23.78	75.31
各乡镇所占耕地面积(公顷)	白马乡	0	0	0	0	0	1573.91	1166.38
	蔡家庙乡	169.22	96.1	68.97	3.09	0	1361.17	6443.89
	蔡口集乡	0	0	0	0	0	11.67	4445.71
	赤城乡	0	0	0	0	0	2385.21	362.75
	高楼乡	0	0	0	0	0	155.11	2701.77
	马岭镇	0	0	0	0	0	79.96	5932.11
	南庄乡	0	0	0	0	0	328.66	3918.43
	庆城镇	0	0	0	0	0	2176.01	1637.55
	卅铺镇	0	0	0	0	0	794.04	4565.33
	太白梁乡	0	0	0	0	0	26.63	6954.55
	桐川乡	0	20.44	47.75	145.08	128.91	2251.73	7677.65
	土桥乡	0	0	0	0	0	1917.75	2752.2
	玄马镇	0	0	0	0	0	0	6528.31
	驿马镇	0	0	0	31.34	25.39	6107.76	1682.74
	翟家河乡	0	0	0	0	0	4.16	3964.31

(三)耕层土壤碱解氮

2008年,庆城县耕层土壤碱解氮平均含量为38.32mg/kg,处于16.7~70.9mg/kg之间,含量较低,按照甘肃省土壤养分分级标准,碱解氮分布在七、八级水平,碱解氮含量在七级水平上的耕地面积为5553.06公顷,占耕地总面积的6.89%,主要分布在蔡家庙乡、高楼乡等乡镇;碱解氮含量在八级水平上的耕地面积为75090.68公顷,占耕地总面积的93.11%,各乡镇分布面积都较大(见表2-11-97)。

表2-11-97 庆城县耕层土壤碱解氮含量状况分级统计

碱解氮含量等级(mg/kg)		7级	8级
		>50	≤50
耕地面积(公顷)		5553.06	75090.68
占总比例耕地面积(%)		6.89	93.11
各乡镇所占耕地面积(公顷)	白马乡	0.83	2739.46
	蔡家庙乡	588.95	7553.49
	蔡口集乡	0.00	4457.38
	赤城乡	0.00	2747.96
	高楼乡	1728.67	1128.21
	马岭镇	0.00	6012.07
	南庄乡	1631.43	2615.66
	庆城镇	8.31	3805.25
	卅铺镇	309.68	5049.69
	太白梁乡	0.00	6981.18
	桐川乡	0.00	10271.56
	土桥乡	0.00	4669.95
	玄马镇	486.14	6042.17
	驿马镇	799.23	7048.00
	翟家河乡	0.00	3968.47

(四)耕层土壤有效磷

根据本次耕地地力评价调查结果,庆城县耕层土壤有效磷平均含量为14.29mg/kg,处于7.1~25.4mg/kg区间,含量较低,比1983年第二次土壤普查时的有效磷5.58mg/kg,明显增加,增加了156.1%。按照甘肃省土壤养分分级标准,土壤有效磷分布在三至六级水平,有效磷含量在三级水平上的耕地面积为2693.90公顷,占耕地总面积的3.34%,主要分布在翟家河乡、驿马镇、桐川乡;有效磷含量在四级水平上的耕地面积为29428.32公顷,占耕地总面积的36.49%,主要分布在桐川乡、驿马镇、蔡家庙乡等乡镇;有效磷含量在五级水平上的耕地面积为42843.69公顷,占耕地总面积的53.15%,主要分布在玄马镇、马岭镇、太白梁乡等乡镇;有效磷含量在六级水平上的耕地面积为5677.83公顷,占耕地总面积的7.04%,主要分布在太白梁乡、玄马镇、蔡家庙乡等乡镇(见表2-11-96)。

表2-11-96 庆城县耕层土壤有效磷含量分级统计

有效磷含量等级(mg/kg)		三级	四级	五级	六级
		>20.0	20.0~15.0	15.0~10.0	≤10.0
耕地面积(公顷)		2693.90	29428.32	42843.69	5677.83
占总比例耕地面积(%)		3.34	36.49	53.13	7.04
各乡镇所占耕地面积(公顷)	白马乡	0.00	1422.86	1317.43	0.00
	蔡家庙乡	190.02	4006.31	3043.51	902.60
	蔡口集乡	246.35	3798.13	412.90	0.00
	赤城乡	0.00	609.94	1988.00	150.02
	高楼乡	0.00	89.64	2077.70	689.54
	马岭镇	30.15	834.01	5143.99	3.92
	南庄乡	26.77	2636.47	1583.85	0.00
	庆城镇	0.00	270.91	3097.03	445.62
	卅铺镇	42.77	2439.02	2877.58	0.00
	太白梁乡	0.00	23.64	4889.08	2068.46
	桐川乡	487.85	5917.44	3866.27	0.00
	土桥乡	0.00	1195.82	3468.20	5.93
	玄马镇	0.00	96.34	5423.90	1008.07
	驿马镇	834.27	4445.66	2163.63	403.67
	翟家河乡	835.75	1642.13	1490.59	0.00

(五)耕层土壤速效钾

根据本次耕地地力评价调查结果,庆城县耕层土壤速效钾平均值为181mg/kg,处于103~400mg/kg之间,含量丰富,比1983年速效钾平均值192mg/kg,略有减少,减少了5.72%。按照甘肃省土壤养分分级标准,土壤速效钾分布在一至五级水平,速效钾含量在1级水平上的耕地面积为62.7公顷,占耕地总面积的0.08%,分布在白马乡、玄马镇、卅铺镇、翟家河乡；速效钾含量在 2 级水平上的耕地面积为 195.17 公顷，占耕地总面积的 0.24%，主要分布在卅铺镇、驿马镇、蔡家庙乡；速效钾含量在三级水平上的耕地面积为 14373.43 公顷，占耕地总面积的 17.82%，主要分布在驿马镇、太白梁乡、卅铺镇；速效钾含量在四级水平上的耕地面积为 56930.53 公顷，占耕地总面积的 70.60%，主要分布在驿马镇、桐川乡、太白梁乡等乡镇；速效钾含量在五级水平上的耕地面积为 9081.91 公顷，占耕地总面积的 11.26%，主要分布在桐川乡、蔡家庙乡、土桥乡（见表 2-11-97）。

表 2-11-97 庆城县耕层土壤速效钾含量状况分级统计

速效钾含量等级(mg/kg)		1级	2级	3级	4级	5级
		>300	300~250	250~200	200~150	≤150
耕地面积(公顷)		62.7	195.17	14373.43	56930.53	9081.91
占总比例耕地面积(%)		0.08	0.24	17.82	70.60	11.26
各乡镇所占耕地面积(公顷)	白马乡	25.12	0.00	680.71	2715.17	0.00
	蔡家庙乡	0.00	21.91	226.94	5365.23	2755.30
	蔡口集乡	0.00	0.00	802.45	4411.78	45.60
	赤城乡	0.00	0.00	549.12	2628.46	119.50
	高楼乡	0.00	0.00	229.60	2732.89	123.99
	马岭镇	0.00	0.00	697.18	5529.68	482.39
	南庄乡	0.00	8.63	1171.77	4155.44	83.02
	庆城镇	0.00	0.00	104.47	3511.34	302.22
	卅铺镇	12.47	52.50	1401.01	5290.79	3.61
	太白梁乡	0.00	17.27	2853.13	6963.91	0.00
	桐川乡	0.00	0.00	599.28	7449.42	2822.14
	土桥乡	0.00	0.00	110.65	2948.32	1721.63
	玄马镇	18.73	28.18	575.43	5982.48	498.92
	驿马镇	0.00	47.67	3425.12	7683.98	115.58
	翟家河乡	6.38	19.01	946.57	3935.07	8.01

（六）耕层土壤有效铁

根据本次耕地地力评价调查结果，土壤有效铁含量平均值为 9.16mg/kg，处于 7.7~11.3mg/kg 之间，与《甘肃省土壤微量元素普查报告》（庆阳地区土壤微量元素平均值）的 6.23mg/kg 相比，有效铁提高了 2.93mg/kg，增幅 47%。按照甘肃省土壤养分分级标准，有效锰含量在二级水平上的耕地面积为 8053.06 公顷，占耕地总面积的 9.99%，主要分布在南庄乡、玄马镇；有效锰含量在三级水平上的耕地面积为 72590.68 公顷，占耕地总面积的

90.01%,除了南庄乡面积分布较小外,其他各乡镇面积都较大(见表2-11-98)。

表2-11-98 庆城县耕层土壤有效铁含量分级统计

	有效铁含量等级(mg/kg)	二级	三级
		>10.00	≤10.00
	耕地面积(公顷)	8053.06	72590.68
	占总比例耕地面积(%)	9.99	90.01
各乡镇所占耕地面积(公顷)	白马乡	95.59	2644.70
	蔡家庙乡	227.99	7914.45
	蔡口集乡	0.00	4457.38
	赤城乡	35.82	2712.14
	高楼乡	358.30	2498.58
	马岭镇	0.00	6012.07
	南庄乡	3818.96	428.13
	庆城镇	210.27	3603.29
	卅铺镇	0.00	5359.37
	太白梁乡	0.00	6981.18
	桐川乡	0.00	10271.56
	土桥乡	32.81	4637.14
	玄马镇	2558.71	3969.60
	驿马镇	714.61	7132.62
	翟家河乡	0.00	3968.47

(七)耕层土壤有效锰

根据本次耕地地力评价调查结果,庆城县土壤有效锰含量平均值为8.14mg/kg,处于0.70~10.6mg/kg之间,与《甘肃省土壤微量元素普查报告》(庆阳地区土壤微量元素平均值)的8.67mg/kg相比,有效锰减少了0.53mg/kg,减幅6.1%。按照甘肃省土壤养分分级标准,土壤有效锰分布在二至五级水平,有效锰含量在二级水平上的耕地面积为8562.69公顷,占耕地总面积的10.62%,主要分布在南庄乡、玄马镇、驿马镇;有效锰含量在三级水平上的耕地面积为69010.67公顷,占耕地总面积的85.57%,除了南庄乡分布较小外,其他各乡镇面积都较大;有效锰含量在四级水平上的耕地面积为363.05公顷,占耕地总面积的0.45%,主要分布在马岭镇、太白梁乡;有效锰含量在五级水平上的耕地分布在高楼乡(见表2-11-99)。

表2-11-99 庆城县耕层土壤有效锰含量分级统计、

	有效锰含量等级(mg/kg)	二级	三级	四级	五级
		>9.00	9.00~7.00	7.00~3.00	≤3.00
	耕地面积(公顷)	8562.69	69010.67	2707.33	363.05
	占总比例耕地面积(%)	10.62	85.57	3.36	0.45
各乡镇所占耕地面积(公顷)	白马乡	0.00	2740.29	0.00	0.00
	蔡家庙乡	92.97	8049.47	0.00	0.00
	蔡口集乡	0.00	4457.38	0.00	0.00
	赤城乡	0.00	2721.41	26.55	0.00
	高楼乡	72.14	2027.99	393.70	363.05
	马岭镇	0.00	4990.59	1021.48	0.00
	南庄乡	3924.28	322.81	0.00	0.00
	庆城镇	100.88	3566.92	145.76	0.00
	卅铺镇	0.00	5359.37	0.00	0.00
	太白梁乡	0.00	6058.90	922.28	0.00
	桐川乡	0.00	10267.76	3.80	0.00
	土桥乡	0.00	4669.01	0.94	0.00
	玄马镇	3054.24	3474.07	0.00	0.00
	驿马镇	1318.18	6466.19	62.86	0.00
	翟家河乡	0.00	3838.51	129.96	0.00

(八)耕层土壤有效铜

根据本次耕地地力评价调查结果,庆城县土壤有效铜含量较低,平均值为0.78mg/kg,处于0.1~9.22mg/kg之间,与《甘肃省土壤微量元素普查报告》的0.88mg/kg相比,有效铜减少了0.1mg/kg,减幅11.4%。按照甘肃省土壤养分分级标准,土壤有效铜分布在一至五级水平,有效铜含量在一级水平上的耕地面积为27.23公顷,占耕地总面积的0.034%,分布在驿马镇;有效铜含量在二级水平上的耕地面积为322.33公顷,占耕地总面积的0.40%,主要分布在驿马镇、玄马镇、白马乡等乡镇;有效铜含量在三级水平上的耕地面积为80086.88公顷,占耕地总面积的99.309%,各乡镇分布面积都较大;有效铜含量在 4 级水平上的耕地面积为 206.81 公顷，占耕地总面积的 0.256%，主要分布在驿马镇、太白梁乡、庆城镇等乡镇；有效铜含量在四级水平上的耕地面积为 0.49 公顷，占耕地总面积的 0.001%，分布在太白梁乡（见表 2-11-100）。

表 2-11-100　庆城县耕层土壤有效铜含量分级统计

有效铜含量等级（mg/kg）		一级	二级	三级	四级	五级
		>2.00	2.00~1.00	1.00~0.50	0.50~0.20	≤0.20
耕地面积（公顷）		27.23	322.33	80086.88	206.81	0.49
占总比例耕地面积（%）		0.034	0.4	99.309	0.256	0.001
各乡镇所占耕地面积（公顷）	白马乡	0.00	37.21	2703.08	0.00	0.00
	蔡家庙乡	0.00	30.78	8082.14	29.52	0.00
	蔡口集乡	0.00	0.00	4457.38	0.00	0.00
	赤城乡	0.00	12.49	2735.47	0.00	0.00
	高楼乡	0.00	0.00	2823.98	32.90	0.00
	马岭镇	0.00	4.89	6004.24	2.94	0.00
	南庄乡	0.00	24.86	4222.23	0.00	0.00
	庆城镇	0.00	29.31	3749.61	34.64	0.00
	卅铺镇	0.00	34.02	5322.38	2.97	0.00
	太白梁乡	0.00	0.00	6946.33	34.36	0.49
	桐川乡	0.00	0.00	10270.17	1.39	0.00
	土桥乡	0.00	0.97	4633.73	35.25	0.00
	玄马镇	0.00	41.09	6480.58	6.64	0.00
	驿马镇	27.23	81.23	7728.42	37.58	0.00
	翟家河乡	0.00	25.48	3927.14	15.85	0.00

（九）耕层土壤有效锌

根据本次耕地地力评价调查结果，庆城县土壤有效锌含量较低，平均值为 0.71mg/kg，处于 0.49~1.19mg/kg 之间，与《甘肃省土壤微量元素普查报告》（庆阳地区土壤微量元素平均值）的 0.32mg/kg 相比，高出 0.39mg/kg，增幅 121.88%。按照甘肃省土壤养分分级标准，土壤有效锌分布在二至四级水平，有效锌含量在二级水平上的耕地面积为 591.4 公顷，占耕地总面积的 0.73%，分布在南庄乡、玄马镇；有效锌含量在三级水平上的耕地面积为 80037.54 公顷，占耕地总面积的 99.25%，各乡镇面积都较大；有效锌含量在四级水平上的耕地面积为 14.26 公顷，占耕地总面积的 0.02%，分布在桐川乡（见表 2-11-101）。

表 2-11-101　庆城县耕层土壤有效锌含量分级统计

有效锌含量等级(mg/kg)		二级	三级	四级
		>1.00	1.00~0.50	≤0.50
耕地面积(公顷)		591.94	80037.54	14.26
占总比例耕地面积(%)		0.73	99.25	0.02
各乡镇所占耕地面积(公顷)	白马乡	0.00	2740.29	0.00
	蔡家庙乡	0.00	8142.44	0.00
	蔡口集乡	0.00	4457.38	0.00
	赤城乡	0.00	2747.96	0.00
	高楼乡	0.00	2856.88	0.00
	马岭镇	0.00	6012.07	0.00
	南庄乡	498.75	3748.34	0.00
	庆城镇	0.00	3813.56	0.00
	卅铺镇	0.00	5359.37	0.00
	太白梁乡	0.00	6981.18	0.00
	桐川乡	0.00	10257.30	14.26
	土桥乡	0.00	4669.95	0.00
	玄马镇	93.19	6435.12	0.00
	驿马镇	0.00	7847.23	0.00
	翟家河乡	0.00	3968.47	0.00

(十)耕层土壤 pH 值

庆城县 pH 值变化在 7.7~8.4 之间,均值为 8.06,属于石灰性弱碱土壤,在施肥过程一般不必调节。

二、庆城县耕地地力分析

以土壤图与土地利用现状图叠加形成评价单元,应用模糊综合评判方法,通过综合分析,将庆城县耕地共划分为 5 个等级,根据评价结合进行耕地地力的系统分析。

(一)耕地地力等级与分布

1.耕地地力等级面积统计

利用 ArcGIS 软件,对耕地资源管理单元图关联属性数据表和评价结果表进行操作,检索统计耕地各等级的庆城县面积及图幅面积。以 2007 年庆城县耕地总面积 80643.74

公顷(即庆城县国土资源局统计资料)为基准,按面积比例进行平差,计算出各耕地地力等级的面积。

庆城县耕地总面积为80643.74公顷。其中,一等地面积为20723.01公顷,占耕地总面积的26.14%,分布在一等地上的土种主要有淡灰棉土、中度侵蚀黄绵土、厚覆盖黑垆土、条田黑垆土等;二等地面积为4044.71公顷,占耕地总面积的5.0%,分布在二等地上的土种主要有淡灰棉土、中度侵蚀黄绵土;三等地面积为49103.28公顷,占耕地总面积的60.47%,分布在三等地上的土种主要有淡灰棉土、中度侵蚀黄绵土、厚覆盖黑垆土、轻度侵蚀黄绵土;四等地面积为6472.07公顷,占耕地总面积的7.98%,分布在四等地上的土种主要有淡灰棉土;五等地面积为300.67公顷,占耕地总面积的0.37%,分布在五等地上的土种主要有淡灰棉土和砂石土。

2.耕地地力等级的行政区域划分

将庆城县耕地地力等级分布图,按权属字段检索出各等级的记录,统计各级耕地在各乡镇的分布状况,见表2-11-102。

表2-11-102 庆城县耕地地力等级行政区域分布

单位:公顷,%

乡镇名称	一等地	二等地	三等地	四等地	五等地
庆城县面积	20723.01	4044.71	49103.28	6472.07	300.67
所占比例	26.14	5.0	60.47	7.98	0.37
卅铺镇	0	0	4639.11	690.5	29.76
南庄乡	64.91	0	3510.05	649.04	23.09
土桥乡	615.49	620.5	3433.96	0	0
太白梁乡	574.61	471.13	5935.44	0	0
庆城镇	12.63	9.99	3487.97	290.62	12.35
桐川乡	2972.76	1323.07	5975.73	0	0
玄马镇	207.51	0	4411.78	1808.88	100.41
白马乡	2447.07	199.01	94.21	0	0
翟家河乡	397.21	360.22	3211.04	0	0
蔡口集乡	1077.4	622.11	2757.87	0	0
蔡家庙乡	147.29	24	5779.92	2111.83	79.4
赤城乡	2605.49	64.24	78.23	0	0
马岭镇	22.24	5.55	5077.89	850.46	55.93
驿马镇	7441.43	167.7	232.98	5.42	0
高楼乡	2137.27	177.19	477.1	65.32	0

(二)耕地地力等级分述

1.一等地的主要属性

庆城县总面积20723.01公顷,占耕地总面积的26.14%。一等地除了卅铺镇外,其他各乡镇均有分布,主要分布在驿马镇、赤城乡、白马乡、高楼乡、桐川乡南部最好的原心区。土地利用类型有耕地、园地两种。一等地各项评价指标均属良好型,土壤养分含量较高,地势较为平坦,土层深厚,质地适中,通透性良好,易于耕作,适耕期长,土壤养分含量水平较高,保水保肥性能好,供肥能力强,利用上几乎没有限制因素,适宜种植多种作物。一等地主要养分含量见表2-11-103。

表2-11-103 庆城县一等地主要养分含量

项目	有机质(g/kg)	全氮(g/kg)	有效磷(mg/kg)	速效钾(mg/kg)
范围	7.3~13.1	0.35~2.63	7.5~25.4	103~267
平均值	9.95	0.52	14.86	187
含量水平	低	低	中等	高

2.二等地的主要属性

二等地总面积4044.71公顷,除了卅铺镇、南庄乡、玄马镇外,其他各乡镇均有分布,主要分布在桐川乡、蔡口集乡、土桥乡,土地利用类型有耕地、园地两种。

二等地以丘陵为主,有少量的河谷川台地,地势较低,具有耕层土壤熟化度高,营养物质丰富,质地适中,通透性好的特性,二等地主要养分含量见表2-11-104。

表2-11-104 庆城县二等地主要养分含量

项目	有机质(g/kg)	全氮(g/kg)	有效磷(mg/kg)	速效钾(mg/kg)
范围	6.9~12.7	0.35~1.52	8.3~24.9	105~247
平均值	9.07	0.47	15.1	179
含量水平	低	低	中等	高

3.三等地的主要属性

三等地总面积49103.28公顷,在各乡镇均有分布,除了白马乡、赤城乡、驿马镇、高楼乡,分布面积较少外,其他各乡镇分布面积都大。土地利用类型有耕地、果园。三等地是庆城县重要的旱作土壤,多为丘陵、中山。具有耕层土壤熟化度较高,质地适中的特性,养分水平较低,三等地主要养分含量见表2-11-105。

表 2-11-105 庆城县三等地主要养分含量

项目	有机质(g/kg)	全氮(g/kg)	有效磷(mg/kg)	速效钾(mg/kg)
范围	10.8～22.9	0.33～3.60	7.1～25.0	110～400
平均值	8.7	0.45	14	179
含量水平	低	低	中等	高

4.四等地的主要属性

四等地面积6472.07公顷,主要分布在蔡家庙乡和玄马镇。土地利用类型有旱地、果园两种,四等地多为山地,有少量的河谷川地,存在的限制因素主要是地形、土壤和水分限制,旱灾威胁大,养分水平低。四等地主要养分含量见表2-11-106。

表 2-11-106 庆城县四等地主要养分含量

项目	有机质(g/kg)	全氮(g/kg)	有效磷(mg/kg)	速效钾(mg/kg)
范围	7～11.3	0.31～0.61	7.2～20.9	115～323
平均值	8.2	0.44	13.2	173
含量水平	低	低	中等	高

5.五等地的主要属性

五等地,全为耕地中的旱地,评价单元数100个,面积为300.67公顷,在全县分布面积较小。五等地土壤耕层薄,冲刷严重,肥力低,属于低产土壤,土被结构支离破碎,水土流失严重。五等地主要养分含量见表2-11-107。

表 2-11-107 庆城县五级地主要养分含量

项目	有机质(g/kg)	全氮(g/kg)	有效磷(mg/kg)	速效钾(mg/kg)
范围	7.3～10.0	0.37～0.539	7.1～17.7	116～231
平均值	8.1	0.45	11.1	169
含量水平	低	低	中等	高

第六节 华池县耕地地力分析

一、华池县耕层土壤属性

(一)耕层土壤有机质

根据对土壤样品的分析检测,其土壤有机质平均含量为10.8g/kg,标准差为3.09,变化区间为7.83~19.36g/kg,变异系数为28.61%。根据甘肃省养分分级标准,华池县土壤有机质含量为五级。

对华池县各乡(镇)土壤有机质含量进行对比分析,有机质含量平均值小于10.80g/kg的乡(镇)有10个,分别为白马乡、怀安乡、乔川乡、乔河乡、柔远镇、上里塬乡、王咀子乡、五蛟乡、元城镇和悦乐镇;其他乡(镇)有机质含量均在10.80g/kg以上。林镇乡有机质含量最高,为19.36g/kg;乔川乡有机质含量最低,为7.83g/kg。有机质含量在5~10g/kg的主要在柔远镇、五蛟乡、悦乐镇和乔川乡,10~15g/kg的主要在华池县南部和乔河乡,15~20g/kg的分布在城壕乡、林镇乡和山庄乡。

(二)耕层土壤全氮

根据对土壤样品的分析检测,其土壤全氮含量为0.93g/kg,标准差为0.20,变化区间为0.75~1.13g/kg,变异系数为21.51%。根据甘肃省养分分级标准,华池县土壤全氮含量为五级。

对华池县各乡(镇)土壤全氮含量进行对比分析,全氮含量小于平均值0.93g/kg的有10个乡(镇),分别为白马乡、怀安乡、乔川乡、乔河乡、柔远镇、上里塬镇、王咀子乡、五蛟乡、元城镇和悦乐镇;其他乡在0.89g/kg以上。其中林镇乡土壤全氮含量最高,为1.45g/kg;乔川乡和元城镇全氮含量最小,为0.75g/kg。土壤全氮含量小于0.5g/kg的主要分布在中部的五蛟乡和柔远镇及北部的乔川乡,0.5~0.75g/kg的主要分布在元城镇、白马乡、怀安乡和乔河乡,0.75~1.0g/kg的主要分布在悦乐镇、上里塬乡及紫坊畔乡,1~1.5g/kg的主要分布在城壕乡、王咀子乡和南梁乡。

(三)耕层土壤碱解氮

根据对土壤样品的分析检测,其土壤碱解氮含量为59.73mg/kg,标准差为24.32,变化区间为30.60~115.00mg/kg,变异系数为40.72%。根据甘肃省养分分级标准,华池县土壤碱解氮含量为六级。

对华池县各乡(镇)土壤碱解氮含量进行对比分析,碱解氮含量大于平均值

59.73mg/kg 的有 6 个乡(镇),分别为怀安乡、五蛟乡、紫坊畔乡、南梁乡、林镇乡、山庄乡;其他乡(镇)在 59.73mg/kg 以下。山庄乡最高,为 115.00mg/kg;元城镇最小,为 30.60mg/kg。元城镇、白马乡、乔河乡、王咀子乡、乔川乡、上里塬乡、柔远镇的土壤碱解氮含量在 50mg/kg 以下,悦乐镇、城壕乡、怀安乡、五蛟乡、紫坊畔乡、南梁乡的土壤碱解氮含量在 50～100mg/kg 之间,林镇乡和山庄乡的土壤碱解氮含量大于 100mg/kg。

(四)耕层土壤有效磷

根据对土壤样品的分析检测,其土壤有效磷含量为 26.70mg/kg,标准差为 12.24,变化区间为 12.08～63.83mg/kg,变异系数为 45.84%。根据甘肃省养分分级标准,华池县土壤有效磷含量为二级。

对华池县各乡(镇)土壤有效磷含量进行对比分析,大于平均值 26.70mg/kg 的有 5 个乡(镇),分别为元城镇、山庄乡、王咀子乡、乔河乡、白马乡;其他乡(镇)均在 26.70mg/kg 以下。乔川乡有效磷含量最高,为 49.02mg/kg;怀安乡最低,为 12.08mg/kg。王咀子乡、乔河乡的土壤有效磷含量大于 30mg/kg,25～30mg/kg 的主要分布在上里塬乡、悦乐镇、元城镇、白马乡、山庄乡,20～25mg/kg 的主要分布在柔远镇、林镇乡、五蛟乡、城壕乡一带,15～20mg/kg 的主要分布在怀安乡、南梁乡、紫坊畔乡。

(五)土壤速效钾

根据对土壤样品的分析检测,其土壤速效钾含量为 111.48mg/kg,标准差为 13.53,变化区间为 94.90～139.77mg/kg,变异系数为 12.14%。根据甘肃省养分分级标准,华池县土壤速效钾含量为 V 级。

对华池县各乡(镇)土壤速效钾含量进行对比分析,速效钾含量大于平均值 111.48mg/kg 的有 6 个乡(镇),分别为柔远镇、紫坊畔乡、林镇乡、乔河乡、元城镇、山庄乡;其他乡(镇)在 111.48mg/kg 以下。山庄乡速效钾含量最高,为 139.77mg/kg;乔川乡最低,为 94.90mg/kg。土壤速效钾含量在 50～100mg/kg 的主要分布在乔川乡、城壕乡,其他区域土壤速效钾含量均在 100～150mg/kg 之间。

(六)耕层土壤有效铁

根据对土壤样品的分析检测,其土壤有效铁含量为 5.42mg/kg,标准差为 1.99,变化区间为 3.50～9.67mg/kg,变异系数为 36.72%。根据甘肃省养分分级标准,华池县土壤有效铁含量为四(较低)等。

对华池县各乡(镇)土壤有效铁含量进行对比分析,小于平均值 5.42mg/kg 的有 11 个乡(镇),分别为元城镇、白马乡、柔远镇、悦乐镇、五蛟乡、王咀子乡、上里塬乡、乔川乡、怀安乡、乔河乡和城壕乡;其他乡(镇)在 5.42mg/kg 以上。南梁乡有效铁含量最大,为 9.67mg/kg;元城镇最小,为 3.50mg/kg。土壤有效铁含量在 2.50～4.50mg/kg 之间的主要分

布在元城镇、白马乡、柔远镇、悦乐镇,其他各乡镇土壤有效铁含量均在4.50~10.00mg/kg之间。

(七)耕层土壤有效锰

根据对土壤样品的分析检测,其土壤有效锰含量为13.30mg/kg,标准差为4.77,变化区间为8.12~22.23mg/kg,变异系数为35.86%。根据甘肃省养分分级标准,华池县土壤有效锰含量为二级(中等)。

对华池县各乡(镇)土壤有效锰含量进行对比分析,小于平均值13.30mg/kg的有10个乡(镇),分别为元城镇、白马乡、乔川乡、柔远镇、怀安乡、乔河乡、悦乐镇、五蛟乡、上里塬乡、王咀子乡;其他乡(镇)在13.30mg/kg以上。林镇乡有效锰含量最高,为22.23mg/kg;元城镇最低,为8.12mg/kg。土壤有效锰含量在7~9mg/kg的主要分布在元城镇和白马乡,在9~15mg/kg的主要分布在乔川乡、柔远镇、怀安乡、乔河乡、悦乐镇、五蛟乡、上里塬乡、王咀子乡、城壕乡,大于15mg/kg的主要分布在紫坊畔乡、南梁乡、山庄乡、林镇乡。

(八)耕层土壤有效铜

根据对土壤样品的分析检测,其土壤有效铜含量为0.75mg/kg,标准差为0.11,变化区间为0.57~0.98mg/kg,变异系数为14.67%。根据甘肃省养分分级标准,华池县土壤有效铜含量为三级(较低)。

对华池县各乡(镇)土壤有效铜含量进行对比分析,小于平均值0.75mg/kg的乡镇有9个,分别为白马乡、元城镇、柔远镇、怀安乡、五蛟乡、王咀子乡、南梁乡、乔川乡、上里塬乡;其他乡平均含量在0.75mg/kg以上。山庄乡有效铜含量最大,为0.98mg/kg;白马乡最小,为0.57mg/kg。

(九)耕层土壤有效锌

根据对土壤样品的分析检测,其土壤有效锌含量为0.69mg/kg,标准差为0.43,变化区间为0.18~1.71mg/kg,变异系数为63.32%。根据甘肃省养分分级标准,华池县土壤有效锌含量为三级(较低)。

对华池县各乡(镇)土壤有效锌含量进行对比分析,有效锌含量平均值小于0.69mg/kg的乡(镇)有8个,分别是白马乡、元城镇、柔远镇、乔川乡、悦乐镇、城壕乡、怀安乡、上里塬乡;其他乡(镇)均在0.69mg/kg以上。林镇乡有效锌含量最高,为1.71mg/kg;白马乡最低,为0.18mg/kg。土壤有效锌含量在1~2mg/kg的主要分布在南梁乡和林镇乡,在0.5~1mg/kg的主要分布在怀安乡、上里塬乡、紫坊畔乡、王咀子乡、五蛟乡、乔河乡、山庄乡,在0.3~0.5mg/kg的主要分布在柔远镇、乔川乡、悦乐镇、城壕乡,小于0.3mg/kg的主要分布在白马乡、元城镇。

(十)耕层土壤 pH 值

根据对土壤样品的分析测试,华池县土壤 pH 平均值为 8.42,标准差为 0.02,变化区间为 8.36~8.44,变异系数为 0.24%。统计结果显示,华池县土壤呈微碱性。

对华池县各乡镇土壤 pH 值进行对比分析,pH 值小于等于平均值 8.42 的乡镇有 7 个,分别为城壕乡、林镇乡、柔远镇、上里塬乡、王咀子乡、五蛟乡、悦乐镇;其他乡镇土壤 pH 值均在 8.42 以上。土壤 pH 值最大的乡镇是怀安乡、乔川乡、元城镇、紫坊畔乡,pH 值均为 8.44;pH 值最小的乡镇是五蛟乡,pH 值为 8.36。土壤 pH 值在 8.30~8.40 的主要分布在华池县中南部的城壕乡、悦乐镇、五蛟乡,其他各乡镇土壤 pH 值均分布在 8.40~8.50 之间。

二、华池县耕地地力分析

以土壤图与土地利用现状图叠加形成评价单元,应用模糊综合评判方法,通过综合分析,将华池县耕地共划分为 5 个等级,根据评价结合进行耕地地力的系统分析。

(一)耕地地力等级与分布

1.耕地地力等级面积统计

根据耕地地力评价结果数据表,汇总各等级耕地的面积,以《2009 年甘肃农村年鉴》中华池县耕地总面积为基准进行平差,统计出不同等级耕地面积。

华池县总耕地面积为 6.89 万公顷,其中二、三、四等地占的比例较大,分别为 19.1%、35.1% 和 28.9%,占总耕地的 83.1%;一等地和五等地占的比例较小,分别为 5.8% 和 11.2%,见表 2-11-108。

表 2-11-108 华池县耕地地力评价结果面积统计

等级	一等地	二等地	三等地	四等地	五等地	总计
单元个数	863	5626	8477	6885	4024	25875
面积(公顷)	400	13200	24200	19900	7700	68900
百分比(%)	5.8	19.1	35.1	28.9	11.2	100.0

2.耕地地力等级的行政区域划分

从华池县耕地地力等级行政区域分布数据表(表 2-11-101)中可以看出,一等地主要分布在悦乐镇、林镇乡、城壕乡、五蛟乡、山庄乡和王咀子乡;二等地主要分布在城壕乡、林镇乡、南梁乡、山庄乡、白马乡、五蛟乡、悦乐镇;三等地主要分布在五蛟乡、柔远镇、悦乐镇、城壕乡;四等地主要分布在柔远镇、五蛟乡、乔川乡、怀安乡、悦乐镇、紫坊畔乡;五等地主要分布在乔川乡、乔河乡、紫坊畔乡、元城镇、怀安乡、柔远镇。

表 2-11-109 华池县耕地地力等级行政区域分布

乡镇名称		一等地	二等地	三等地	四等地	五等地	总计
白马乡	面积(公顷)	42.2	1344.0	1039.5	887.9	621.8	3935.3
	比例(%)	1.1	34.2	26.4	22.6	15.8	100.0
城壕乡	面积(公顷)	588.5	2483.9	2702.0	464.0	74.3	6312.6
	比例(%)	9.3	39.3	42.8	7.4	1.2	100.0
怀安乡	面积(公顷)	216.8	101.3	1666.6	2083.6	974.8	5043.1
	比例(%)	4.3	2.0	33.0	41.3	19.3	100.0
林镇乡	面积(公顷)	732.2	1944.4	12.8	0.0	0.0	2689.5
	比例(%)	27.2	72.3	0.5	0.0	0.0	100.0
南梁乡	面积(公顷)	167.3	1540.0	1387.2	40.4	60.0	3194.9
	比例(%)	5.2	48.2	43.4	1.3	1.9	100.0
乔川乡	面积(公顷)	0.3	63.2	1885.6	2565.4	1269.7	5784.1
	比例(%)	0.0	1.1	32.6	44.4	22.0	100.0
乔河乡	面积(公顷)	3.0	565.9	819.0	914.4	1256.1	3558.4
	比例(%)	0.1	15.9	23.0	25.7	35.3	100.0
柔远镇	面积(公顷)	77.3	223.6	2951.4	4020.4	952.2	8224.8
	比例(%)	0.9	2.7	35.9	48.9	11.6	100.0
山庄乡	面积(公顷)	348.0	1392.6	906.4	30.7	8.4	2686.1
	比例(%)	13.0	51.8	33.7	1.1	0.3	100.0
上里塬乡	面积(公顷)	191.2	425.5	580.7	987.1	4.9	2189.5
	比例(%)	8.7	19.4	26.5	45.1	0.2	100.0
王咀子乡	面积(公顷)	345.3	593.9	798.1	527.0	0.0	2264.2
	比例(%)	15.3	26.2	35.2	23.3	0.0	100.0
五蛟乡	面积(公顷)	429.4	1147.8	3482.4	2802.0	228.6	8090.3
	比例(%)	5.3	14.2	43.0	34.6	2.8	100.0
元城镇	面积(公顷)	52.1	164.9	1407.4	1463.6	1038.5	4126.4
	比例(%)	1.3	4.0	34.1	35.5	25.2	100.0
悦乐镇	面积(公顷)	787.7	1122.9	2948.4	1637.4	34.0	6530.4
	比例(%)	12.1	17.2	45.1	25.1	0.5	100.0
紫坊畔乡	面积(公顷)	0.0	52.2	1566.7	1465.9	1168.3	4253.1
	比例(%)	0.0	1.2	36.8	34.5	27.5	100.0
全县比例(%)	面积(公顷)	3981.4	13166.0	24154.2	19889.7	7691.4	68882.7
	比例(%)	5.8	19.1	35.1	28.9	11.2	100

(二)耕地地力等级分述

1.一等地的主要属性

一等地,综合评价指数IFI大于0.6144,耕地面积0.40公顷,占总耕地面积的5.8%。一等地主要分布在悦乐镇、林镇乡、城壕乡、五蛟乡、山庄乡和王咀子乡。土壤主要以黑垆土和淤积土为主,土壤质地构型以均质中壤和壤身中壤为主,地貌类型主要为川台地和塬地为主。

耕层土壤养分含量:有机质13.9g/kg,全氮1.10g/kg,全磷1.0g/kg,全钾18.41g/kg,碱解氮73.0mg/kg,有效磷281.mg/kg,速效钾110.6mg/kg,缓效钾938.3mg/kg,有效硫27.22mg/kg,有效硼0.72mg/kg,有效铜0.98mg/kg,有效锌0.84mg/kg,有效铁5.57mg/kg,有效锰16.5g/kg(表2-11-110)

表2-11-110 华池县一等地主要养分含量

县地力等级	pH值	有机质(g/kg)	全氮(g/kg)	全磷(g/kg)	全钾(g/kg)	碱解氮(mg/kg)	有效磷(mg/kg)	速效钾(mg/kg)	缓效钾(mg/kg)
平均含量	8.44	13.9	1.10	1.0	18.41	73.0	28.1	110.6	938.3
含量水平		五级	四级			六级	二级	五级	三级

2.二等地的主要属性

二等地,综合评价指数IFI0.6144~0.5098,耕地面积1.31万公顷,占总耕地面积的19.11%,二等地主要分布在城壕乡、林镇乡、南梁乡、山庄乡、白马乡、五蛟乡、悦乐镇。二等地土壤主要有黄绵土和山地灰褐土;土壤质地构型以均质中壤为主;地貌类型以子午岭丘陵区和南部丘陵区为主。

耕层土壤养分含量:有机质13.0g/kg,全氮1.05g/kg,全磷1.0g/kg,全钾18.07g/kg,碱解氮68.6mg/kg,有效磷37.5mg/kg,速效钾116.8mg/kg,缓效钾961.7mg/kg,有效硫27.18mg/kg,有效硼0.69mg/kg,有效铜0.97mg/kg,有效锌0.81mg/kg,有效铁5.72mg/kg,有效锰15.2mg/kg(表2-11-111)。

表2-11-111 华池县二等地主要养分含量

县地力等级	pH值	有机质(g/kg)	全氮(g/kg)	全磷(g/kg)	全钾(g/kg)	碱解氮(mg/kg)	有效磷(mg/kg)	速效钾(mg/kg)	缓效钾(mg/kg)
平均含量	8.42	13.0	1.05	1.0	18.07	68.6	37.5	116.8	961.7
含量水平		五级	四级			六级	一级	五级	三级

3.三等地的主要属性

三等地,综合评价指数IFI 0.5098~0.4620,耕地面积2.42万公顷,占总耕地面积的35.1%。三等地全县各乡镇均有分布,其中主要集中在五蛟乡、柔远镇、悦乐镇、城壕乡、乔川乡、怀安乡和白马乡,其中山庄乡、王咀子乡、上里塬乡分布面积最小。三等地土壤以黄绵土为主,淤积土、黑垆土、山地灰褐土也有少量分布;地貌类型以南部丘陵区、北部高山丘陵区和子午岭丘陵区为主;土壤质地构型以均质中壤为主。

耕层土壤养分含量:有机质10.2g/kg,全氮0.89g/kg,全磷1.0g/kg,全钾17.8g/kg,碱解氮56.9mg/kg,有效磷22.9mg/kg,速效钾106.7mg/kg,缓效钾874.1mg/kg,有效硫22.6mg/kg,有效硼0.64mg/kg,有效铜0.94mg/kg,有效锌0.49mg/kg,有效铁4.99mg/kg,有效锰12.4mg/kg(表2-11-112)。

表2-11-112 华池县三等地主要养分含量

县地力等级	pH值	有机质(g/kg)	全氮(g/kg)	全磷(g/kg)	全钾(g/kg)	碱解氮(mg/kg)	有效磷(mg/kg)	速效钾(mg/kg)	缓效钾(mg/kg)
平均含量	8.41	10.2	0.89	1.0	17.8	56.9	22.9	106.7	874.1
含量水平		五级	五级			六级	三级	五级	三级

4.四等地的主要属性

四等地,综合评价指数IFI 0.4620~0.4394,耕地面积1.99万公顷,占总耕地面积的28.9%。四等地主要分布柔远镇、五蛟乡、乔川乡、怀安乡、悦乐镇、紫坊畔乡、元城镇等乡镇,南梁乡和山庄乡也有零星分布。四等地土壤以黄绵土为主,山地灰褐土也有少量分布;地貌类型以南部丘陵区和北部高山丘陵区为主;土壤质地构型以均质中壤为主,壤身轻壤和壤身中壤类含量较少;主要为旱耕地。

耕层土壤养分含量:有机质9.0g/kg,全氮0.81g/kg,全磷1.0g/kg,全钾17.42g/kg,碱解氮48.2mg/kg,有效磷20.2mg/kg,速效钾106.5mg/kg,缓效钾815.0mg/kg,有效硫20.99mg/kg,有效硼0.54mg/kg,有效铜0.91mg/kg,有效锌0.29mg/kg,有效铁4.43mg/kg,有效锰10.2mg/kg(表2-11-113)。

表2-11-113 华池县四等地主要养分含量

县地力等级	pH值	有机质(g/kg)	全氮(g/kg)	全磷(g/kg)	全钾(g/kg)	碱解氮(mg/kg)	有效磷(mg/kg)	速效钾(mg/kg)	缓效钾(mg/kg)
平均含量	8.42	9.0	0.81	1.0	17.42	48.2	20.2	106.5	815.0
含量水平		六级	五级			七级	三级	五级	三级

5.五等地的主要属性

五等地,综合评价指数 IFI 小于 0.4394,耕地面积 0.77 万公顷,占总耕地面积的 11.2%。五等地主要分布在乔川乡、乔河乡、紫坊畔乡、元城镇、怀安乡、柔远镇、白马乡、五蛟乡、城壕乡、南梁乡、悦乐镇、山庄乡、上里塬乡也有零星分布。五等地土壤以黄绵土为主,红土面积较少;地貌类型以北部高山丘陵区、南部丘陵区、子午岭丘陵区分布较广,川台地和塬地面积较小;土壤质地构型以均质中壤为主,壤身轻壤和壤身中壤类含量较少。

耕层土壤养分含量:有机质 8.8g/kg,全氮 0.80g/kg,全磷 1.0g/kg,全钾 16.89g/kg,碱解氮 44.6mg/kg,有效磷 20.3mg/kg,速效钾 108.5mg/kg,缓效钾 776.0mg/kg,有效硫 20.62mg/kg,有效硼 0.49mg/kg,有效铜 0.87mg/kg,有效锌 0.25mg/kg,有效铁 4.53mg/kg,有效锰 9.7mg/kg(表 2-11-114)。

表 2-11-114 华池县五级地主要养分含量

县地力等级	pH 值	有机质(g/kg)	全氮(g/kg)	全磷(g/kg)	全钾(g/kg)	碱解氮(mg/kg)	有效磷(mg/kg)	速效钾(mg/kg)	缓效钾(mg/kg)
平均含量	8.43	8.8	0.80	1.0	16.89	44.6	20.3	108.5	776.0
含量水平		六级	五级			七级	三级	五级	四级

6.各等级耕地养分状况

将华池县各等级的主要养分状况汇总如表 2-11-115。

表 2-11-115 华池县耕地地力等级主要养分含量汇总表

	pH 值	有机质(g/kg)	全氮(g/kg)	全磷(g/kg)	全钾(g/kg)	碱解氮(mg/kg)	有效磷(mg/kg)	速效钾(mg/kg)	缓效钾(mg/kg)
一等地	8.44	13.9	1.10	1.0	18.41	73.0	28.1	110.6	938.3
二等地	8.42	13.0	1.05	1.0	18.07	68.6	37.5	116.8	961.7
三等地	8.41	10.2	0.89	1.0	17.82	56.9	22.9	106.7	874.1
四等地	8.42	9.0	0.81	1.0	17.42	48.2	20.2	106.5	815.0
五等地	8.43	8.8	0.80	1.0	16.89	44.6	20.3	108.5	776.0
平均值	8.42	10.4	0.90	1.0	17.65	55.8	25.1	109.2	864.3

第七节 镇原县耕地地力分析

一、镇原县耕层土壤属性

(一)耕层土壤有机质

本次耕地地力调查,全县耕层土壤有机质检测含量平均值为11.41g/kg,与1985年第二次土壤普查有机质含量8.7g/kg耕地,增幅达31.15%。根据甘肃省土壤养分含量分级标准,属于偏低水平,平均含量在五级水平。镇原县土壤有机质含量总体分布情况见表2-11-116。

表2-11-116 镇原县耕层土壤有机质含量状况分级统计

有机质分级	五级	六级
含量(g/kg)	>10.0	10.0~6.0
面积(公顷)	110258.7	13848.16
比例(%)	88.84	11.16

(二)耕层土壤全氮

镇原县耕层土壤全氮平均含量为0.69g/kg,与1985年第二次土壤普查时的含量0.66g/kg相比,基本稳定。根据甘肃省土壤养分含量分级标准,属于偏低水平,平均含量在六级水平。总体分布情况如下(表2-11-117)。

表2-11-117 镇原县耕层土壤全氮含量状况分级统计

全氮分级	五级	六级	七级
含量(g/kg)	>0.75	0.75~5.0	≤0.5
面积(公顷)	18866.19	104975.85	264.82
比例(%)	15.20	84.59	0.21

(三)耕层土壤有效磷

评价结果显示全县耕层土壤有效磷平均含量为14.86mg/kg。根据甘肃省土壤养分含量分级标准,属于较低水平,平均含量在四级水平。土壤有效磷总体分布情况如下(表2-11-118)。

表2-11-118 镇原县耕层土壤有效磷含量分级统计

有效磷分级	四级	五级
含量(mg/kg)	>15.0	≤15.0
面积(公顷)	70707.37	53399.49
比例%	56.97	43.03

(四)土壤速效钾

镇原县耕层土壤速效钾含量平均为168mg/kg,与1985年第二次土壤普查时的含量163mg/kg相比,略有升高。根据甘肃省土壤养分含量分级标准,属于中等水平,平均含量在四级。速效钾总体分布情况如下(表2-11-119)。

表2-11-119 镇原县耕层土壤速效钾含量状况分级统计

速效钾分级	四级	五级
含量(mg/kg)	>150	100~150
面积(公顷)	117893.41	6213.45
比例(%)	94.99	5.01

(五)耕层土壤pH值

镇原县pH值变化在7.4~8.6之间,均值为8.24,属于弱碱性土壤,对磷肥的有效性影响较大,应注意施用方法,提高肥效。

二、镇原县耕地地力分析

以土壤图与土地利用现状图叠加形成评价单元,应用模糊综合评判方法,通过综合分析,将镇原县耕地共划分为5个等级,根据评价结合进行耕地地力的系统分析。

(一)耕地地力等级与分布

1.耕地地力等级面积统计

利用ArcGIS软件,对耕地资源管理单元图关联属性数据表和评价结果表进行操作,检索统计耕地各等级的面积及图幅面积。镇原县耕地总面积124106.86公顷(以镇原县国土资源局2007年统计资料为基准),按面积比例进行平差,计算出各耕地地力等级的面积(表2-11-120)。

表2-11-120 镇原县耕地地力评价结果面积统计

等级	一等地	二等地	三等地	四等地	五等地	总计
面积(公顷)	21548.24	26608.32	35073.48	30097.58	10779.24	124106.86
百分比(%)	17.36	21.44	28.26	24.25	8.69	100.00

2.耕地地力等级的行政区域划分

将耕地地力等级分布图与行政区划图进行叠加分析,从耕地地力等级行政区域分布数据库中,按权属字段检索出各等级的记录,统计出一至五级地在各乡镇的分布状况,见表2-11-121。

表 2-11-121　镇原县耕地地力等级行政区域分布

单位:公顷

乡镇名称 \ 等级	一等地面积	二等地面积	三等地面积	四等地面积	五等地面积	合计
城关镇	1064.29	2148.43	1052.98	15.95	0.00	4281.65
方山乡	22.84	38.03	3013.93	2926.83	189.41	6191.04
郭原乡	0.43	384.40	1799.40	2398.29	512.40	5094.92
开边镇	136.21	1102.89	3592.31	1338.69	9.14	6179.24
临泾乡	2684.17	2360.55	1814.84	28.33	0.00	6887.89
马渠乡	0.00	7.99	860.50	5160.95	433.94	6463.38
孟坝镇	107.64	2953.79	4918.84	704.42	0.00	8684.69
庙渠乡	6.23	246.57	2281.33	4196.09	120.64	6850.86
南川乡	1123.52	2609.34	1786.96	0.34	0.00	5520.16
平泉镇	3857.25	2694.70	2461.68	172.28	2.95	9188.86
三岔镇	0.00	6.38	249.36	5126.41	3803.51	9185.66
上肖乡	2660.60	932.04	231.13	0.00	0.00	3823.77
太平镇	2869.01	2979.38	1821.56	5.12	0.00	7675.07
屯子镇	3639.58	3338.91	785.50	27.88	0.00	7791.87
武沟乡	0.00	3.48	812.24	4387.69	736.64	5940.05
新城乡	830.09	1340.89	2435.38	1276.15	802.48	6684.99
新集乡	379.06	2012.03	4338.24	837.94	0.00	7567.27
殷家城乡	0.00	0.00	10.31	1491.76	4168.13	5670.20
中原乡	2167.32	1448.52	806.99	2.46	0.00	4425.29

从表 2-11-121 中可以看出,一、二等地主要分布在东南部高原沟壑区,该区域塬面平坦开阔,河川较宽,海拔 1100~1300m,年降水量 500mm 左右,土壤类型多为黑垆土、黄绵土;三等地主要分布在中部残塬沟壑黄绵土、黑垆土区,该区域位于镇原县中部,从西南向东北呈弧带分布,该区域塬面破碎、沟壑纵横,地形多变,高差悬殊,属西北丘陵沟壑向高原沟壑的过渡地带,也是镇原县林牧向农林过渡地带,气候和土壤条件略优于西北部,主要以黑垆土、荒木、淤积土和红土为主要土壤;四、五等地主要分布于西北部丘陵沟壑黄绵土区,该区域地形地貌复杂,沟谷纵横,梁峁群立,地面坡度大。一等地占全县耕地面积的 17.36%,二等地占全县耕地面积的 21.44%,三等地占全县耕地面积的 28.26%,四等地占全县耕地面积的 24.25%,五等地占全县耕地面积的 8.69%。其中一等地除马渠乡、三岔镇、武沟乡、殷家城乡外,各乡镇均有分布,但主要分布在平泉镇、屯子镇、太平镇、上肖乡、临泾乡、中原乡、南川乡、城关镇;二等地分布较广,除殷家城乡外,全县各乡

镇均有分布,以新城乡、新集乡、中原乡、屯子镇、太平镇、平泉镇、南川乡、孟坝镇、临泾乡、开边镇、城关镇、上肖乡分布为主;三等地主要分布在新集乡、平泉镇、新城乡、太平镇、南川乡、孟坝镇、开边镇、临泾乡、方山乡、郭原乡、城关镇;四等地主要分布在方山乡、郭原乡、开边镇、马渠乡、庙渠乡、三岔镇、武沟乡、新城乡、殷家城乡;五等地分布较少,主要分布在三岔镇、殷家城乡。

(二)耕地地力等级分述

1.一等地的主要属性

从镇原县耕地地力等级的行政区域分布表中(表2-11-121)可以看出,一等地主要分布在临泾乡、平泉镇、上肖乡、太平镇、屯子镇、中原乡,主要分布于屯字、平泉、临泾、孟坝塬面及茹河、洪河、蒲河河川地带,该区域土层深厚,质地适中,通透性好,保水保肥,地形较为平坦;该区域少量水浇地分布于茹河、洪河河川地带的城镇村庄附件及屯字塬面井灌区。主要以厚覆盖黑垆土为主,一等地面积为21548.24公顷,占耕地总面积的17.36%。镇原县一等地主要养分含量见表2-11-122。

表2-11-122 镇原县一等地主要养分含量

项目	有机质(g/kg)	全氮(g/kg)	碱解氮(mg/kg)	速效钾(mg/kg)	有效磷(mg/kg)	水溶态硼(mg/kg)
平均值	12.05	0.72	77.01	172	14.71	0.80
含量水平	中等偏低	偏低	偏低	中等	中等偏低	较低

2.二等地的主要属性

二等地综合评价指数为0.75～0.79,面积为26608.32公顷,占耕地总面积的21.44%,以新城乡、新集乡、中原乡、屯子镇、太平镇、平泉镇、南川乡、孟坝镇、临泾乡、开边镇、城关镇、上肖乡分布为主。二等地土壤养分含量略高于全县平均水平,土壤主要养分含量及水平见表2-11-123。

表2-11-123 镇原县二等地主要养分含量

项目	有机质(g/kg)	全氮(g/kg)	碱解氮(mg/kg)	速效钾(mg/kg)	有效磷(mg/kg)	水溶态硼(mg/kg)
平均值	11.88	0.71	75.39	170	14.76	0.81
含量水平	中等偏低	偏低	偏低	中等	中等偏低	较低

3.三等地的主要属性

三等地综合评价指数为0.70～0.75,耕地面积35073.48公顷,占全县耕地总面积的28.26%。主要分布在镇原县的方山乡、开边镇、孟坝镇、平泉镇、新集乡、新城乡。土壤类型

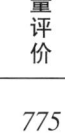

以中度侵蚀黄绵土、中度侵蚀黄墡土、轻度侵蚀黄绵土、厚覆盖黑垆土为主，土层深厚，质地均一，耕性良好，适耕性好。土壤养分与全县平均水平持平，三等地土壤主要养分含量及水平见表2-11-124。

表2-11-124　镇原县三等地主要养分含量

项目	有机质（g/kg）	全氮（g/kg）	碱解氮（mg/kg）	速效钾（mg/kg）	有效磷（mg/kg）	水溶态硼（mg/kg）
平均值	11.59	0.69	68.43	167	15.13	0.82
含量水平	中等偏低	偏低	偏低	中等	中等偏低	较低

4.四等地的主要属性

四等地，综合评价指数0.65~0.70，耕地面积30097.58公顷，占全县耕地总面积的24.25%。除上肖乡外，全县各乡镇均有分布，以三岔镇、武沟乡、庙渠乡、马渠乡为主。四等地土壤主要养分含量及水平见表2-11-125。

表2-11-125　镇原县四等地主要养分含量

项目	有机质（g/kg）	全氮（g/kg）	碱解氮（mg/kg）	速效钾（mg/kg）	有效磷（mg/kg）	水溶态硼（mg/kg）
平均值	10.78	0.67	53.96	164	15.35	0.82
含量水平	中等偏低	偏低	偏低	中等	中等偏低	较低

5.五等地的主要属性

五等地综合评价指数小于0.65，耕地面积10779.24公顷，占全县耕地总面积的8.69%，主要分布于坡度较陡的梁峁、沟谷地带。该区域海拔高，土壤耕层薄，冲刷严重，肥力低，属于低产土壤。土壤类型以轻度侵蚀黄绵土、中度侵蚀黄绵土、强度侵蚀黄绵土、薄腐殖质灰墡土为主，多为中壤土，养分含量低。五等地土壤主要养分含量及水平见表2-11-126。

表2-11-126　镇原县五级地主要养分含量

项目	有机质（g/kg）	全氮（g/kg）	碱解氮（mg/kg）	速效钾（mg/kg）	有效磷（mg/kg）	水溶态硼（mg/kg）
平均值	9.54	0.61	53.42	165	13.47	0.82
含量水平	偏低	偏低	偏低	中等	中等偏低	较低

第八节 环县耕地地力分析

一、环县耕层土壤属性

土壤养分在空间上有规律的分布形成了养分的空间分布格局。在土壤学中,空间变异性导致空间分布格局的存在,空间分布格局是空间变异性的具体表现。由于土壤养分空间分布格局的传统统计分析方法只能从数量方面反映空间格局,存在较大的缺陷。地统计学方法如 Kriging 插值法能够准确、直观地描述土壤各养分在空间上的分布特征,如形状、大小、地理位置等,可以帮助我们更深入地了解土壤养分的空间分布格局。

基于环县耕地地力 4004 个采样点的实际化验数据评价,利用 ArcGIS 软件平台,结合普通 Kriging 插值法,获得环县耕层土壤有机质、有效磷、速效钾和碱解氮等主要养分含量的各等级分布图,从中可以直观地看出研究区中各土壤养分含量的空间分布状况。

(一)耕层土壤有机质

环县耕层土壤有机质分布为东部各乡镇有机质含量高,特别是小南沟乡有机质含量在 15~20g/kg 之间;中部、北部地区有机质含量较低,分布地带性明显。小南沟乡周边的罗山乡、洪德乡、毛井乡的土壤有机质分布较高。西南、东南部的车道乡、合道乡、曲子镇的有机质含量较高,在 10~15g/kg 之间;环城镇北部、樊家川乡等乡镇的有机质含量低,大约在 6~10g/kg。

根据甘肃省养分分级标准(主要养分)(表 2-11-127),按照环县有机质含量一、二、三、四、五级,由高到低对应甘肃省有机质含量为三、四、五、六、七级(表 2-11-128),最低达国家级七级,大于 25g/kg 的甘肃省二级以上有机质水平在环县没有分布。可见环县有机质含量还是偏低,属于有机质欠缺地区;而且有机质空间分布不均,部分区域有机质还是极低,有待整体进一步提高。

表 2-11-127 甘肃省耕层土壤养分分级标准(主要养分)

养分名称	一级	二级	三级	四级	五级	六级	七级
有机质 (g/kg)	>30	30.0~25.0	25.0~20.0	20.0~15.0	15.0~10.0	10.0~6.0	≤6.0
全氮 (g/kg)	>2.00	2.00~1.50	1.50~1.25	1.25~1.0	1.0~0.75	0.75~5.0	≤0.5
速效钾 (mg/kg)	>300	250~300	200~250	150~200	100~150	50~100	≤50

续表 2-11-127

养分名称	一级	二级	三级	四级	五级	六级	七级
缓效钾（mg/kg）	>1200	1200~1000	1000~800	800~600	600~400	400~150	≤150
有效硫（mg/kg）	>40	40~50	30~40	20~30	15~20	10~15	≤10
碱解氮（mg/kg）	>300	250~300	200~250	150~200	100~150	50~100	≤50
有效磷（mg/kg）	>40.0	40.0~30.0	30.0~20.0	20.0~15.0	15.0~10.0	10.0~5.0	≤5.0

表 2-11-128 环县耕层土壤有机质等级划分表

甘肃省等级	三级	四级	五级	六级	七级
有机质（g/kg）	≥20	15.0~20.0	10.0~15.0	6.0~10.0	≤6

（二）耕层土壤有效磷

环县有效磷含量普遍较低，大部分基本处于 5.0~10.0mg/kg 水平段中。含量最高的主要是东南部曲子镇，县中部也有零星分布，有效磷含量处于 15.0~20.0mg/kg 之间；另外中部的罗山乡、洪德乡有效磷含量也较高，处于 10.0~15.0mg/kg 之间；北部山城乡、西南部毛井乡、车道乡和合道乡有效磷含量低，大约在 5.0~10.0mg/kg 之间。

根据甘肃省养分分级标准（表 2-11-127），将环县有效磷含量由低到高分成一、二、三、四、五级，对应甘肃省有效磷含量为三、四、五、六、七级（表 2-11-129），且有效磷≥20.0mg/kg 的区域非常少。可见环县有效磷含量低且变幅大，属于有效磷缺乏地区。

表 2-11-129 环县耕层土壤有效磷等级划分

甘肃省等级	三级	四级	五级	六级	七级
有效磷（mg/kg）	≥20	20.0~15.0	15.0~10.0	10.0~5.0	≤5.0

（三）耕层土壤速效钾

耕层土壤速效钾在环县空间分布较高，大多数地区的速效钾含量都在 150~200mg/kg 之间，且含量小于等于 50mg/kg 的速效钾极低区域分布很少，仅仅在樊家川乡、环城镇和芦家湾乡有零星分布；耕层土壤速效钾含量较高在 150~200mg/kg 之间，大概分布在环县东部的南湫乡、毛井乡、东南部的曲子镇东、北部的四合原旅游开发办公室、耿湾乡和中部的环城镇等乡镇。

对照甘肃省养分分级标准(表2-11-127),环县速效钾含量由高到低分为五级,分别对应甘肃省速效钾级别为三、四、五、六、七级(表2-11-130),省级速效钾最低七级在环县仅有零星分布。由此可见环县土壤富含速效钾,但对于喜钾作物和灌区,不应该忽视施用钾肥。

表2-11-130 环县耕层土壤速效钾等级划分

甘肃省等级	三级	四级	五级	六级	七级
速效钾(mg/kg)	≥200	150~200	100~150	50~100	≤50

(四)耕层土壤碱解氮

耕层土壤碱解氮在环县分布不高,境内大多数地区的碱解氮含量都在50~100mg/kg之间,且含量大于150mg/kg的分布在中北部及南部地区,特别是罗山乡、小南沟乡、洪德乡和八珠乡等乡镇的碱解氮含量较高。环县耕层土壤碱解氮含量最低的≤50mg/kg,大概分布在北部的秦团庄乡、东部的樊家川乡等乡镇。

对照甘肃省养分分级标准(表2-11-127),环县碱解氮含量由高到低分为一、二、三、四级,分别对应甘肃省碱解氮等级为四、五、六、七级(表2-11-131)。由此可见环县土壤碱解氮含量不高,属于碱解氮欠缺地区。碱解氮含量低,也与氮肥的变异程度较大有关,因此在施肥过程需密切关注氮肥的变化。

表2-11-131 环县耕层土壤碱解氮等级划分表

甘肃省等级	四级	五级	六级	七级
碱解氮(mg/kg)	150~200	100~150	50~100	≤50

二、环县耕地地力分析

由综合指数和专家评议结果得到环县耕地五个等级的耕地地力评价结果,为了更好地反映各级耕地的土地利用类型、地貌类型和主要评价指标的影响,按耕地等级分别对各等级的相关属性信息进行了分析统计。

(一)一等地

1.土地利用类型分布

环县一等地综合评价指数(IFI值)大于等于0.7122,共有175个评价单元,面积为3299.81公顷,占总耕地面积的1.66%。主要土地利用类型有水浇地、川旱地和旱地梯田

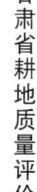

等。其中,水浇地面积为389.87公顷,占一等地面积的11.81%,占总耕地面积的0.20%;川旱地面积为355.12公顷,占一等地面积的10.76%,占总耕地面积的0.18%;旱地梯田面积为2554.82公顷,在一等地中分布面积最大,占一等地面积的77.42%,占总耕地面积的1.28%;详见表2-11-132。

表2-11-132 环县一等地土地利用类型分布情况统计表

地类名称	评价单元数(个)	面积(公顷)	占一等地面积(%)	占总耕地面积(%)
水浇地	20	389.87	11.81	0.20
川旱地	73	355.12	10.76	0.18
旱地梯田	82	2554.82	77.42	1.28

2.土壤分布

环县共有土壤种类40种,其中一等耕地分布有5种,主要土壤类型为灰绵土、淤积土、覆盖黑垆土、黄绵土和黑垆土。其中面积最大的为灰绵土、淤积土和覆盖黑垆土,面积分别为2197.88公顷、841.7公顷、136.87公顷。分别占一等地面积比例为66.61%、25.51%和4.15%,占总耕地面积的1.10%、0.42%和0.07%。其他2种土壤类型所占面积不大,详见表2-11-133。

表2-11-133 环县一等地土壤类型分布情况统计表

县土壤名称	评价单元数(个)	面积(公顷)	占一等地面积(%)	占总耕地面积(%)
灰绵土	91	2197.88	66.61	1.10
淤积土	37	841.7	25.51	0.42
覆盖黑垆土	26	136.87	4.15	0.07
黄绵土	19	120.08	3.64	0.06
黑垆土	2	3.28	0.10	0.00

3.主要属性分析

环县一等地主要分布东南部为马莲河西川水系的河流低阶地,其余地方几乎没有分布,地貌类型主要是河谷川地,面积为3273.17公顷,占一等地面积的99.19%,残塬地貌上也有零星分布,面积为5.38公顷,占一等地面积的0.16%;成土母质主要为黄土母质、洪积物和马兰黄土，面积最大的为黄土母质，面积为 2334.75 公顷，占一等地总面积的 70.75%；面积最小的为马兰黄土，面积为 123.36 公顷，占一等地总面积的 3.74%。耕层质地全部为轻壤，面积分别为 3299.81 公顷，占一等地总面积的 100%；主要质地构型为均质中壤和夹黏中壤，面积分别为 136.87 公顷和 3162.94 公顷，分别占一等耕地总面积的 4.14% 和 95.85%。剖面构型主要为 A-C1-C2-C3 和 A11-C1-C2 构型，面积分别为 2197.88 公顷和 841.7 公顷，分别占一等耕地总面积的 66.61% 和 25.51%。坡向主要为南、东南、东和西南。平均海拔为 1227.45m，平均坡度 9.95°，平均有效土层厚度为 158cm，耕层厚度平均 16.2cm，平均积温 2907℃，平均年降雨量 473mm，耕层土壤 pH 值平均为 8.22，全氮平均含量为 0.653g/kg，全钾平均含量为 18.37g/kg，全磷平均含量为 0.587g/kg，碱解氮 43.9mg/kg，有效磷平均含量为 13.21mg/kg，速效钾平均含量为 182mg/kg，有机质平均含量为 10.28g/kg，详见表 2-11-134。

表 2-11-134　环县各等级耕地主要指标平均值统计表

指标	一等地	二等地	三等地	四等地	五等地
海拔(m)	1227.45	1402.12	1519.73	1629.47	1640.95
坡度(°)	9.95	16.74	18.23	16.65	13.83
耕层厚度(cm)	16.2	16.6	15.2	13.5	10.9
有效土层厚度(cm)	158	164	166	170	184
≥10℃积温(℃)	2907	2844	2754	2641	2559
年降雨量(mm)	473	469	457	428	377
pH 值	8.22	8.23	8.28	8.27	8.15
全氮(g/kg)	0.653	0.638	0.649	0.711	0.626
全钾(g/kg)	18.37	18.33	18.30	18.32	18.20
全磷(g/kg)	0.587	0.597	0.613	0.614	0.598
有效磷(mg/kg)	13.21	11.57	10.32	10.29	10.26
速效钾(mg/kg)	182	170	156	152	150
缓效钾(mg/kg)	792	788	799	816	779
有机质(g/kg)	10.28	10.11	10.28	11.23	10.04
碱解氮(mg/kg)	43.9	44.8	45.8	48.2	49.3

(二)二等地

1.土地利用类型分布

环县二等地综合评价指数(IFI)在0.6471~0.7122之间,共有1159个评价单元,耕地面积19958.38公顷,占总耕地面积的10.02%。主要土地利用类型有水浇地、川旱地和旱地梯田。其中,水浇地面积为898.44公顷,占二等耕地面积的4.50%,占总耕地面积的0.45%;川旱地面积为5555.28公顷,占二等耕地面积的27.83%,占总耕地面积的2.79%;旱地梯田面积为13504.66公顷,占二等地面积最多,为67.66%,占总耕地面积的6.78%,详见表2-11-135。

表2-11-135 环县二等地各土地利用类型分布情况统计表

地类名称	评价单元数(个)	面积(公顷)	占二等地面积(%)	占总耕地面积(%)
水浇地	29	898.44	4.50	0.45
川旱地	166	5555.28	27.83	2.79
旱地梯田	964	13504.66	67.66	6.78

2.土壤分布

环县二等耕地在40种土壤种类中占据9种,主要土壤类型包括灰绵土、黄绵土、覆盖黑垆土、黑垆土、淤积土、轻黑垆土、粗黄绵土、灰墡土和覆盖轻黑垆土等。分布面积最广的三类为灰绵土、黄绵土和覆盖黑垆土,面积分别为11546.24公顷、3605.65公顷和2725.84公顷,这三种土类分别占二等地面积的比例为57.85%、18.07%和13.66%,占全县总耕地面积分别为5.80%、1.81%和1.37%。其他7种土壤在二等地中有零星分布,多数面积不到二等地的3%,面积不大,详见表2-11-136。

表2-11-136 环县二等地主要土壤类型分布情况统计表

县土壤名称	评价单元数(个)	面积(公顷)	占二等地面积(%)	占总耕地面积(%)
灰绵土	570	11546.24	57.85	5.80
黄绵土	265	3605.65	18.07	1.81
覆盖黑垆土	142	2725.84	13.66	1.37
黑垆土	85	881.23	4.42	0.44

续表 2-11-136

县土壤名称	评价单元数(个)	面积(公顷)	占二等地面积(%)	占总耕地面积(%)
淤积土	37	523.34	2.62	0.26
轻黑垆土	39	514.97	2.58	0.26
粗黄绵土	14	80.96	0.41	0.04
灰墡土	2	45.68	0.23	0.02
覆盖轻黑垆土	5	34.47	0.17	0.02

3.主要属性分析

环县二等地主要分布在东南部,其余地方只是零星分布。地貌类型为山峁地、残塬、河谷川地和掌地,其中面积最大的为山峁地,面积为 11246.00 公顷,占二等地总面积的 56.35%,其次是残塬,面积为 4357.68 公顷,占二等地总面积的 21.83%。成土母质主要为黄土母质、马兰黄土和洪积物,面积最大的是黄土母质和马兰黄土,面积分别为 14867.2 公顷和 4567.84 公顷,占二等地总面积的比例分别是 74.49% 和 22.89%。耕层质地包括中壤土、重壤土和轻壤土,其中以中壤土最多,面积为 19878.23 公顷,占到二等地面积的 99.60%。主要质地构型为夹黏中壤和均质中壤,面积分别为 16637.42 公顷和 3240.81 公顷,分别占二等耕地总面积的 83.36% 和 16.24%。剖面构型以 A-C1-C2-C3 和 A-AC-C1-C2-C3 为主,面积分别为 11546.24 公顷和 3605.65 公顷,分别占二等地的 57.85% 和 18.07%。坡向以南、东南、西南和东为主。平均海拔为 1402.12m,平均坡度 16.74°,平均有效土层厚度为 164cm,耕层厚度平均 16.6cm,平均积温 2844℃,平均年降雨量 469mm,耕层土壤 pH 值平均为 8.23,全氮平均含量为 0.638g/kg,全钾平均含量为 18.33g/kg,全磷平均含量为 0.597g/kg,碱解氮 44.8mg/kg,有效磷平均含量为 11.57mg/kg,速效钾平均含量为 170mg/kg,有机质平均含量为 10.11g/kg,详见表 2-11-134。

(三)三等地

1.土地利用类型分布

环县三等地综合评价指数(IFI)在 0.6099~0.6477 之间,共有 2913 个评价单元,耕地面积 69883.96 公顷,占总耕地面积的 35.10%,三等地为环县最多的耕作土壤。主要土地利用类型有水浇地、川旱地和旱地梯田。其中,分布最多的是旱地梯田,面积为 65481.02 公顷,占三等地面积的 93.70%,占总耕地面积的 32.89%;川旱地面积为 4352.45 公顷,占三等地面积6.23%，占总耕地面积的2.19%；水浇地面积为50.49公顷，占三等地面积0.07%，占总耕地面积的0.03%，详见表2-11-137。

表2-11-137　环县三等地各土地利用类型分布情况统计表

地类名称	评价单元数(个)	面积(公顷)	占三等地面积(%)	占总耕地面积(%)
水浇地	3	50.49	0.07	0.03
川旱地	127	4352.45	6.23	2.19
旱地梯田	2783	65481.02	93.70	32.89

2.土壤分布

环县共有土种40类，三等耕地主要土壤类型有14种，主要包括灰绵土、黄绵土、轻黑垆土、黑垆土、粗黄绵土、覆盖黑垆土、灰墡土、淤积土、覆盖黑垆土和荒地红土，分布最多的三类是灰绵土、黄绵土和轻黑垆土，面积分别为50694.92公顷、8677.58公顷、2662.83公顷，这三种土壤类型占三等地面积的比例分别为72.54%、12.42%和3.81%。占全县总耕地面积的比例分别为25.46%、4.36%和1.34%。其他11种土壤类型在三等地中也有零星分布，但比例较小，详见表2-11-138。

表2-11-138　环县三等地主要土壤类型分布情况统计表

县土壤名称	评价单元数(个)	面积(公顷)	占三等地面积(%)	占总耕地面积(%)
灰绵土	1856	50694.92	72.54	25.46
黄绵土	335	8677.58	12.42	4.36
轻黑垆土	137	2662.83	3.81	1.34
黑垆土	190	2606.21	3.73	1.31
粗黄绵土	193	2241.81	3.21	1.13
覆盖黑垆土	116	1835.25	2.63	0.92
灰墡土	8	345.7	0.49	0.17
淤积土	24	316.81	0.45	0.16

续表 2-11-138

县土壤名称	评价单元数(个)	面积(公顷)	占三等地面积(%)	占总耕地面积(%)
覆盖轻黑垆土	37	283.22	0.41	0.14
荒地红土	2	153.41	0.22	0.08
黄墡土	3	28.85	0.04	0.01
粗灰绵土	8	27.73	0.04	0.01
灰垆土	3	7.87	0.01	0.00
耕种红土	1	1.77	0.00	0.00

3.主要属性分析

环县三等地分布主要由东南向西北减少,地貌类型为山峁地、掌地、残塬和河谷川地4种,面积分别为54276.16公顷、9592.68公顷、6014.45公顷和0.67公顷,分别占三等耕地面积的77.67%、13.73%、8.61%和0.01%。主要成土母质为黄土母质、马兰黄土、洪积物和午城黄土4种,面积最多的3种为黄土母质、马兰黄土和洪积物,面积分别为55886.37公顷、13525.60公顷和316.81公顷,占三等地总面积比例分别是79.97%、19.35%和0.45%。耕层土壤质地以中壤土、轻壤土和重壤土为主,面积分别为69072.13公顷、464.36公顷和347.47公顷,占三等地总面积比例分别是98.83%、0.66%和0.50%。质地构型以夹黏中壤、均质中壤、夹黏轻壤、壤身重壤和黏身中壤为主,其中夹黏中壤面积最大。主要剖面构型以 A-C1-C2-C3 和 A-AC-C1-C2-C3 为主,面积分别为50696.69公顷和8677.58公顷,分别占三等地的72.54%和12.42%。主要坡向为南、东南、东和西南。平均海拔为1519.73m,平均坡度18.23°,平均有效土层厚度为166cm,耕层厚度平均为15.2cm,平均积温为2754℃,平均年降雨量457mm,耕层土壤pH值平均为8.28,全氮平均含量为0.649g/kg,全钾平均含量为18.30g/kg,全磷平均含量为0.613g/kg,碱解氮45.8mg/kg,有效磷平均含量为10.32mg/kg,速效钾平均含量为156mg/kg,有机质平均含量为10.28g/kg,详见表 2-11-134。

(四)四等地

1.土地利用类型分布

环县四等地综合评价指数(IFI)在0.5377~0.6099之间,共有4020个评价单元,耕地面积为80397.53公顷,占总耕地面积的40.38%,是环县主要的耕地地力等级和分布面积最广的耕作土壤。四等地主要土地利用类型包括水浇地、川旱地和旱地梯田。其中旱地梯田面积最大,面积为75648.40公顷,占四等耕地面积的94.09%,占总耕地面积的38.00%,是环县最主要的耕地类型;川旱地面积为4679.01公顷,占四等耕地面积的5.82%,占总耕地面积的2.35%;水浇地面积为70.12公顷,占四等耕地面积的0.09%,占总耕地面积的0.04%,详见表2-11-139。

表2-11-139　环县四等地各土地利用类型分布情况统计表

地类名称	评价单元数(个)	面积(公顷)	占四等地面积(%)	占总耕地面积(%)
水浇地	2	70.12	0.09	0.04
川旱地	89	4679.01	5.82	2.35
旱地梯田	3929	75648.4	94.09	38.00

2.土壤分布

环县四等耕地主要土壤类型为灰绵土、粗灰绵土、覆盖轻黑垆土、黑垆土、黄绵土、轻黑垆土、耕种红土、灰垆土、覆盖黑垆土、荒地红土、淤积土、残余沼泽土、黄墡土和灰墡土等15个土种。其中,分布最广的3种土壤类型为灰绵土、粗灰绵土和粗黄墡土,面积分别为43972.53公顷、19597.52公顷和8779.31公顷,这三种土壤类型占四等地面积的比例分别为54.69%、24.38%和10.92%,占全县总耕地面积的比例分别为22.09%、9.84%和4.41%。其他12种土壤类型在四等地中也有零星分布,但比例相对较小,不足四等地的3%(表2-11-140)。

表2-11-140　环县四等地主要土壤类型分布情况统计表

县土壤名称	评价单元数(个)	面积(公顷)	占四等地面积(%)	占总耕地面积(%)
灰绵土	1814	43972.53	54.69	22.09
粗灰绵土	1070	19597.52	24.38	9.84
粗黄绵土	604	8779.31	10.92	4.41
覆盖轻黑垆土	129	1969.17	2.45	0.99
黑垆土	121	1646.91	2.05	0.83

续表 2-11-140

县土壤名称	评价单元数(个)	面积(公顷)	占四等地面积(%)	占总耕地面积(%)
黄绵土	93	1289.78	1.60	0.65
轻黑垆土	64	1205.47	1.50	0.61
耕种红土	50	481.49	0.60	0.24
灰垆土	33	929.25	1.16	0.47
覆盖黑垆土	14	122.21	0.15	0.06
荒地红土	13	99.93	0.12	0.05
淤积土	7	109.43	0.14	0.05
残余沼泽土	4	117.53	0.15	0.06
黄墡土	3	75.62	0.09	0.04
灰墡土	1	1.38	0.00	0.00

3. 主要属性分析

环县四等地主要分布在县西部和中东部，地貌类型为山峁地、掌地、残塬和河谷川地 4 种，面积分别为 48824.47 公顷、27793.29 公顷、3779.74 公顷和 0.03 公顷，分别占四等耕地面积的 60.73%、34.57%、4.70% 和 0.01%。主要成土母质包括黄土母质、马兰黄土、午城黄土、洪积残积物和洪积物 5 种，面积最多的 3 种为黄土母质、马兰黄土和午城黄土，面积分别为 67873.15 公顷、11716.00 公顷和 581.42 公顷，分别占四等地总面积比例为 84.42%、14.57% 和 0.72%。主要耕层土壤质地为中壤土、轻壤土和重壤土，面积分别为 58248.04 公顷、21666.62 公顷和 482.87 公顷，分别占四等地总面积比例为 72.45%、26.95% 和 0.60%。质地构型以夹黏中壤、夹黏轻壤、均质中壤、黏身中壤和壤身重壤为主。主要剖面构型有 14 种，以 A-C1-C2-C3、A-C 和 A-AC 构型为主。主要坡向为东南、南、东和西南。平均海拔为 1629.47m，平均坡度 16.65°，平均有效土层厚度为 170cm，耕层厚度平均 13.5cm，平均积温 2641℃，平均年降雨量 428mm，耕层土壤 pH 值平均为 8.27，全氮平均含量为 0.711g/kg，全钾平均含量为 18.32g/kg，全磷平均含量为 0.614g/kg，碱解氮

48.2mg/kg,有效磷平均含量为 10.29mg/kg,速效钾平均含量为 152mg/kg,有机质平均含量为 11.23g/kg,详见表 2-11-134。

(五)五等地

1.土地利用类型分布

环县五等地综合评价指数(IFI)小于等于 0.5377,共有 1783 个评价单元,耕地面积 25546.83 公顷,占耕地面积的 12.83%,分布不是很多。主要土地利用类型有川旱地和旱地梯田,两类土地利用类型面积相差较大。其中旱地梯田面积最大,面积为 24147.06 公顷,占五等地面积的 94.52%,占总耕地面积的 12.13%;川旱地面积最小,面积为 1399.77 公顷,占五等地面积的 5.48%,占总耕地面积的 0.70%,详见表 2-11-141。

表 2-11-141　环县五等地各土地利用类型分布情况统计表

地类名称	评价单元数(个)	面积(公顷)	占五等地面积(%)	占总耕地面积(%)
川旱地	13	1399.77	5.48	0.70
旱地梯田	1770	24147.06	94.52	12.13

2.土壤分布

环县五等耕地主要土壤类型有粗灰绵土、粗黄绵土、覆盖轻黑垆土、荒地红土、耕种红土、黄绵土、灰绵土和黑垆土等 8 个土种,面积最多的 3 种为粗灰绵土、粗黄绵土和覆盖轻黑垆土,面积分别为 22883.11 公顷、1606.33 公顷和 577.62 公顷,这 3 种土壤分别占五等地面积的比例为 89.57%、6.29% 和 2.26%,占环县总耕地面积分别为 11.49%、0.81% 和 0.29%,其余 5 个土种占五等地面积比例不到 3%。(表 2-11-142)。

表 2-11-142　环县五等地主要土壤类型分布情况统计表

县土壤名称	评价单元数(个)	面积(公顷)	占五等地面积(%)	占总耕地面积(%)
粗灰绵土	1545	22883.11	89.57	11.49
粗黄绵土	141	1606.33	6.29	0.81
覆盖轻黑垆土	39	577.62	2.26	0.29
荒地红土	29	346.14	1.35	0.17
耕种红土	18	118.65	0.46	0.06

续表 2-11-142

县土壤名称	评价单元数(个)	面积(公顷)	占五等地面积(%)	占总耕地面积(%)
黄绵土	2	13.29	0.05	0.01
灰绵土	8	1.61	0.01	0.00
黑垆土	1	0.08	0.00	0.00

3.主要属性分析

环县五等地集中分布在环县北部,地貌类型为山峁地、掌地和残塬 3 种,其中,面积最大的是山峁地,其次是掌地、残塬,面积分别为 18932.48 公顷、4594.72 公顷、2019.63 公顷,分别占五等耕地面积的 74.11%、17.99%、7.91%。成土母质包括黄土母质、马兰黄土和午城黄土 3 种,面积分别为 23462.34 公顷、1619.70 公顷和 464.79 公顷,分别占五等地面积为 91.84%、6.34%和 1.82%。主要耕层土壤质地为轻壤土、中壤土和重壤土,面积分别为 23806.87 公顷、1621.31 公顷和 118.65 公顷,分别占四等地总面积为 93.19%、6.35%和 0.45%。质地构型有夹黏轻壤、夹黏中壤和壤身重壤。剖面构型有 7 种,以 A-C、A-AC 和 A11-A12-A-Ab-Bk 构型为主;主要坡向为南、东南、东北和东。平均海拔为 1640.95m,平均坡度 13.83°,平均有效土层厚度为 184cm,耕层厚度平均 10.9cm,平均积温 2559℃,平均年降雨量 377mm,耕层土壤 pH 值平均为 8.15,全氮平均含量为 0.626g/kg,全钾平均含量为 18.20g/kg,全磷平均含量为 0.598g/kg,碱解氮 49.3mg/kg,有效磷平均含量为 10.26mg/kg,速效钾平均含量为 150mg/kg,有机质平均含量为 10.04g/kg,详见表 2-11-134。

甘肃省耕地质量评价

（下册）

崔增团　顿志恒　主编

甘肃科学技术出版社

目 录
（下册）

第二部分　县域耕地地力评价

第十二章　临夏回族自治州耕地地力评价 ……………………………………（791）
　第一节　临夏县耕地地力分析 ……………………………………………（791）
　第二节　康乐县耕地地力分析 ……………………………………………（816）
　第三节　广河县耕地地力分析 ……………………………………………（823）
　第四节　永靖县耕地地力分析 ……………………………………………（830）
　第五节　和政县耕地地力分析 ……………………………………………（838）
　第六节　东乡族自治县耕地地力分析 ……………………………………（846）
　第七节　积石山县耕地地力分析 …………………………………………（853）

第十三章　甘南藏族自治州耕地地力评价 ……………………………………（865）
　第一节　合作市耕地地力分析 ……………………………………………（865）
　第二节　舟曲县耕地地力分析 ……………………………………………（876）
　第三节　卓尼县耕地地力分析 ……………………………………………（888）
　第四节　临潭县耕地地力分析 ……………………………………………（899）
　第五节　迭部县耕地地力分析 ……………………………………………（910）
　第六节　夏河县耕地地力分析 ……………………………………………（920）

第十四章　陇南市耕地地力评价 ………………………………………………（927）
　第一节　武都区耕地地力分析 ……………………………………………（927）
　第二节　成县耕地地力分析 ………………………………………………（939）
　第三节　徽县耕地地力分析 ………………………………………………（950）
　第四节　西和县耕地地力分析 ……………………………………………（966）
　第五节　礼县耕地地力分析 ………………………………………………（975）

第六节　康县耕地地力分析 ··· (987)

第七节　文县耕地地力分析 ··· (997)

第八节　宕昌县耕地地力分析 ·· (1008)

第九节　两当县耕地地力分析 ·· (1021)

第三部分　专题报告

专题一　甘肃省玉米种植适宜性分区研究 ···	(1039)
专题二　甘肃省马铃薯适宜性评价及产业发展问题和对策 ·························	(1059)
专题三　甘肃省中低产田划分及改良措施研究 ···	(1073)
专题四　兰州市区百合种植区适宜性评价 ···	(1083)
专题五　皋兰县低产田土壤类型与改良利用分区研究 ·································	(1098)
专题六　永登县中低产田土壤类型与改良利用分区研究 ·····························	(1104)
专题七　榆中县中低产田的类型、分布与改良 ··	(1118)
专题八　酒泉市中低产土壤类型与改良利用分区研究 ·································	(1128)
专题九　肃州区中低产土壤类型与改良利用分区研究 ·································	(1150)
专题十　敦煌市中低产田类型、存在问题及改良利用措施 ··························	(1157)
专题十一　瓜州县中低产土壤类型与改良利用分区研究 ·····························	(1165)
专题十二　玉门市麦田土壤养分评价及配方施肥方案 ································	(1176)
专题十三　嘉峪关市耕地生态施肥区划 ···	(1180)
专题十四　张掖市中低产田改良措施 ···	(1186)
专题十五　山丹县中低产土壤类型与改良利用分区研究 ·····························	(1193)
专题十六　民乐县中低产土壤类型与改良利用分区研究 ·····························	(1200)
专题十七　临泽县耕地地力评价与粮食生产布局 ····································	(1209)
专题十八　天祝县中低产田土壤类型与改良利用分区研究 ·························	(1220)
专题十九　民勤县低产田土壤类型与改良利用分区研究 ·····························	(1232)
专题二十　金川区中低产土壤类型与改良利用分区研究 ·····························	(1239)
专题二十一　永昌县中低产土壤类型与改良利用分区研究 ·························	(1249)
专题二十二　白银区中低产田类型划分与改造 ·······································	(1262)
专题二十三　会宁县中低产田类型划分与改造 ·······································	(1273)
专题二十四　安定区中低产田类型划分与改造 ·······································	(1286)
专题二十五　陇西县中低产田类型、存在问题及改良利用措施 ····················	(1298)
专题二十六　通渭县中低产田分布状况及其改良对策 ·······························	(1309)

专题二十七	漳县中低产土壤类型与改良利用分区研究	（1319）
专题二十八	秦州区耕地地力评价与主要粮食作物生产布局	（1332）
专题二十九	麦积区耕地地力评价结果及中低产田分布	（1357）
专题三十	甘谷县中低产田类型划分与改造	（1370）
专题三十一	华亭县中低产田的类型分布与改良	（1378）
专题三十二	泾川县中低产田类型与改良利用	（1386）
专题三十三	灵台县中低产田类型划分与改良利用	（1395）
专题三十四	西峰区中低产田类型划分与改良利用报告	（1399）
专题三十五	华池县中低产田土壤类型与改良利用分区研究	（1405）
专题三十六	宁县中低产田专题报告	（1416）
专题三十七	合水县耕地地力评价与粮食作物生产布局	（1422）
专题三十八	环县玉米适宜性评价研究	（1441）
专题三十九	临夏县中低产田分布及改造措施	（1451）
专题四十	东乡县中低产田的类型、分布与改良	（1460）
专题四十一	广河县中低产田类型划分及改良利用	（1469）
专题四十二	和政县中低产田的类型、分布与改良	（1477）
专题四十三	积石山县中低产田类型划分及改良利用	（1486）
专题四十四	永靖县中低产田类型划分与改造	（1494）
专题四十五	康乐县中药材生态适宜性区划	（1508）
专题四十六	合作市中低产田类型划分与改造	（1515）
专题四十七	临潭县中低产田现状及改良利用途径	（1523）
专题四十八	夏河县中低产田类型、存在问题及改良利用措施	（1528）
专题四十九	舟曲县中低产田分布状况及其改良对策	（1532）
专题五十	卓尼县中低产田分布状况及其改良对策	（1538）
专题五十一	迭部县粮饲兼用玉米适宜性分区及产业发展	（1544）
专题五十二	徽县中低产田类型划分与改良利用	（1551）
专题五十三	成县中低产田类型划分与改良利用	（1559）
专题五十四	省农垦条山农场中低产田分布与改良	（1564）

第十二章　临夏回族自治州耕地地力评价

第一节　临夏县耕地地力分析

一、临夏县耕层土壤属性

(一)土壤 pH

土壤酸碱度用 pH 值表示,它是土壤重要的基本性质之一,是土壤形成过程和熟化培肥过程的一个指标,土壤 pH 对土壤中养分的性状和有效性,对土壤的理化性质、微生物活动以及植物生长发育都有很大影响。

根据对临夏县 4042 个样品的分析测试,临夏县耕层 pH 值的变化区间为 7.6~8.5,平均值为 8.2,比 1982 年(第二次土壤普查时土壤 pH 值为 8.0)增加了 0.2。根据土壤 pH 分级标准,将土壤分为微碱性(>7.5)、中性(6.5~7.5)、微酸性(5.5~6.5)、酸性(4.5~5.5)、强酸性(<4.5)五个标准。统计结果显示,临夏县土壤呈微碱性。

(二)土壤有机质

土壤有机质是指存在于土壤中的所有含碳的有机物质,它包括土壤中各种动、植物残体、微生物体及其分解和合成的各种有机物质。土壤有机质是土壤中各种营养,特别是氮、磷的重要来源。它还含有刺激植物生长的胡敏酸等物质。由于它具有胶体特征,能吸附较多的阳离子,因而使土壤具有保肥力和缓冲性。它还能使土壤疏松和形成结构,从而可改善土壤的物理性状。它是土壤微生物必不可少的碳源和能源。

1.土壤有机质状况与分级

根据对临夏县 4042 个样品的分析检测,其土壤有机质含量为 21.1g/kg,标准差为 6.5g/kg,变化区间为 5.4~49.6g/kg,变异系数为 30.67%。根据农业部的土壤养分分级标准,结合甘肃省的实际情况,现将临夏县土壤有机质分级如表 2-12-1,图 2-12-1。

临夏县耕层有机质含量在 15~20g/kg 和 20~25g/kg 耕地面积占总耕地面积的 52.5%,分布在 25~30/kg 的耕地面积占总耕地面积的 18.61%,分布在 30g/kg 以上的耕地面积占总耕地面积的 9.55%。分布在 15g/kg 以下的占总耕地面积的 19.35%。由此可以看出,临夏县耕层有机质含量相对于整个甘肃省来说,是比较高的(图 2-12-1)。

表 2-12-1 临夏县土壤有机质含量状况分级统计

级别	范围	样本数	耕地面积(公顷)	占耕地比例(%)
7	≤6.0	4	51.14	0.10
6	10.0~6.0	88	1128.30	2.22
5	15.0~10.0	690	8651.66	17.03
4	20.0~15.0	1113	13691.93	26.95
3	25.0~20.0	1031	12976.96	25.54
2	30.0~25.0	746	9453.73	18.61
1	>30	380	4852.68	9.55

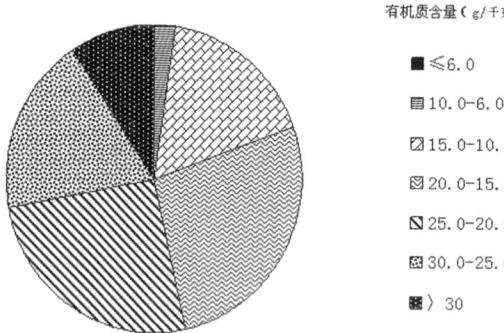

图 2-12-1 临夏县耕层有机质含量分级状况

2.不同土种有机质含量的变化

各土种耕层有机质含量按照黑土、山地棕壤、红土、垆土、黄绵土依次减小。黑土土类中谷地薄层油黑土的耕层有机质含量最高,谷地厚、中、薄层大黑土的耕层有机质含量次之。垆土土类中的生草麻土、红土土类中的谷底麻红土和山地棕壤土类中的山地森林棕壤的耕层有机质含量也比较高(表 2-12-2)。

表 2-12-2 临夏县各土种耕层有机质含量统计

县土类名称	县亚类名称	县土属名称	县土种名称	2008年测土施肥	
				样本数	平均值(g/kg)
山地棕壤	山地棕壤	山地棕壤	山地森林棕壤	17	23.4
黑土	黑土	山地耕种黑土	山地生草黑土	40	24.3
			山地厚层大黑土	199	25.6
			山地中层大黑土	71	25.8
			山地薄层大黑土	5	25.2
			砾质黑土	9	23.6

续表 2-12-2

县土类名称	县亚类名称	县土属名称	县土种名称	2008年测土施肥	
				样本数	平均值(g/kg)
		谷地耕种黑土	谷地厚层大黑土	130	26.8
			谷地中层大黑土	93	26.8
			谷地薄层大黑土	17	25.8
	石灰性黑土	山地耕种石灰性黑土	山地厚层油黑土	140	24.6
			山地中层油黑土	123	24.3
			山地灰黑土	75	26.1
		谷地耕种石灰性黑土	谷地厚层油黑土	48	26.0
			谷地中层油黑土	36	25.3
			谷地薄层油黑土	5	27.0
垆土	麻土	山地麻土	山地黑麻土	206	23.9
			山地黄麻土	294	18.6
			山地白麻土	212	16.6
		塬地麻土	塬地黄麻土	713	18.1
			塬地白麻土	156	17.1
		川地麻土	川地黑麻土	199	21.5
			川地黄麻土	17	19.4
		谷地麻土	谷地黄麻土	20	20.8
		淤垫麻砂土	淤垫厚层麻砂土	1	19.6
			淤垫中层麻砂土	6	17.5
			淤垫薄层麻砂土	35	24.9
		黄土性麻土	生草麻土	188	16.7
			疏林麻土	25	17.7
黄绵土	黄绵土	黄白土	疏林黄白土	8	16.4
			生草黄白土	6	17.5
			塬地大白土	4	14.6
	石灰性黑土	谷地耕种黑土	谷地厚层大黑土	130	26.8
			谷地中层大黑土	93	26.8
			谷地薄层大黑土	17	25.8
		山地耕种石灰性黑土	山地厚层油黑土	140	24.6
			山地中层油黑土	123	24.3
			山地灰黑土	75	26.1
		谷地耕种石灰性黑土	谷地厚层油黑土	48	26.0
			谷地中层油黑土	36	25.3
			谷地薄层油黑土	5	27.0

续表 2-12-2

县土类名称	县亚类名称	县土属名称	县土种名称	2008年测土施肥	
				样本数	平均值(g/kg)
垆土	麻土	山地麻土	山地黑麻土	206	23.9
			山地黄麻土	294	18.6
			山地白麻土	212	16.6
		塬地麻土	塬地黄麻土	713	18.1
			塬地白麻土	156	17.1
		川地麻土	川地黑麻土	199	21.5
			川地黄麻土	17	19.4
		谷地麻土	谷地黄麻土	20	20.8
		淤垫麻砂土	淤垫厚层麻砂土	1	19.6
			淤垫中层麻砂土	6	17.5
			淤垫薄层麻砂土	35	24.9
		黄土性麻土	生草麻土	188	16.7
			疏林麻土	25	17.7
黄绵土	黄绵土	黄白土	疏林黄白土	8	16.4
			生草黄白土	6	17.5
			塬地大白土	4	14.6
红土	黑红土	山地红油土	山地红油土	200	20.7
	麻红土	山地麻红土	山地麻红土	273	21.8
		川地麻红土	川地麻红土	81	19.1
		谷地麻红土	谷地麻红土	110	24.5
	红土	山地砂红土	山地砂红土	37	20.7
		川地砂红土	川地砂红土	55	21.3
		山地红胶土	山地红胶土	32	21.2
		岩性红土	岩性红土	156	21.0

3.不同土壤类型土壤有机质含量变化

根据2008年检测数据显示,山地棕壤、黑土和垆土3个土类的耕层有机质含量和第二次土壤普查相比,都有所下降,并且山地棕壤、黑土土类下降比较明显。相反,黄绵土和红土的耕层有机质含量相对于第二次土壤普查明显增高(表2-12-3、图2-12-2)。

表 2-12-3　耕层有机质含量在不同土类中的分布

县土类名称	山地棕壤	黑土	垆土	黄绵土	红土
面积(公顷)	21397.96	27738.19	45438.09	405.17	25149.53
1984年耕层有机质含量(g/kg)	63	41.2	20.2	7.5	8.5
2008年耕层有机质含量(g/kg)	23.4	25.5	19.4	16.2	19.4

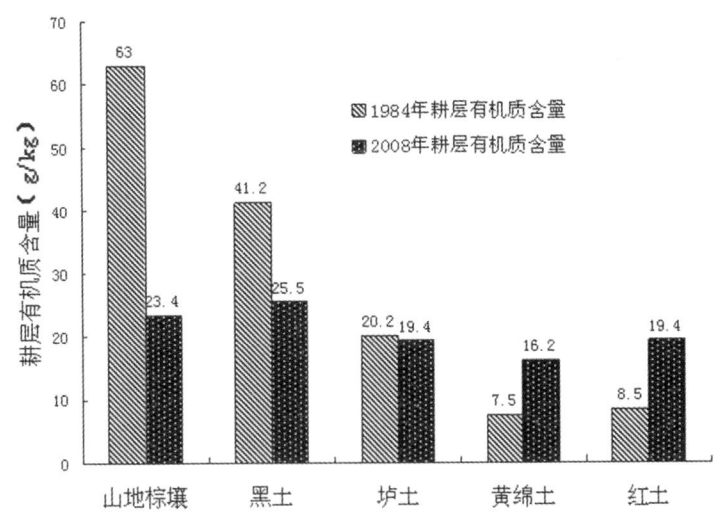

图 2-12-2　临夏县 1984 年、2008 年耕层有机质含量

4.有机质含量变化的原因

一是黑土、山地棕壤区,地处临夏县二阴高寒山区,近年来大面积发展冷凉性蔬菜生产,又不注意用地与养地相结合,绝大部分耕地仅靠化学肥料,无有机肥可施,使有机质矿化、积累量减少。二是黄绵土、红土区域地处县内低山区,该区人口多,耕地面积小,农民长期精耕细作,很注重对地力的培养,同时,该区由于热量足够,种植两茬蔬菜,前茬收获后不更翻土地,免耕种植下茬,将前茬作物的大量根茬留在土中,积累了有机物,使得土壤有机质提高。

(三)土壤氮素含量状况

土壤氮素可分为有机态与无机态两大部分,二者之和称为土壤全氮。氮素是作物生长的重要营养元素之一,土壤氮素在土壤肥力中起着相当重要的作用。研究表明,即使在使用大量氮肥的情况下,作物中积累的氮素仍有 50% 左右来自土壤,在有些土壤上甚至会超过这个数字,研究土壤全氮及其各种形态氮的含量是评价土壤肥力,拟定合理用氮量的重要依据。

1.土壤碱解氮

土壤水解性氮或称碱解氮,包括无机态氮(铵态氮、硝态氮)和易水解的有机态氮(氨基酸、酰铵和易水解蛋白质)。用碱液处理土壤时,易水解的有机氮及铵态氮转化为氨,硝态氮则先经硫酸亚铁转化为铵,以硼酸吸收氨,再用标准酸滴定,计算水解氮的含量。

(1)土壤碱解氮含量与分级状况

根据对临夏县4042个样品的分析检测,其土壤碱解氮含量为87.6mg/kg,标准差为27.1mg/kg,变化区间为15.3~220.1mg/kg,变异系数为30.9%。根据农业部的土壤养分分级标准,结合甘肃省的实际情况,现将临夏县土壤碱解氮分级如表2-12-4,图2-12-3。

表2-12-4 临夏县土壤碱解氮含量状况分级统计

级别	范围	样本数	耕地面积(公顷)	占耕地比例(%)
五级	≤50	339	4084.17	8.04
四级	50~100	2452	30977.68	60.97
三级	100~150	1201	15137.06	29.79
二级	150~200	48	584.15	1.15
一级	200~250	2	23.34	0.05

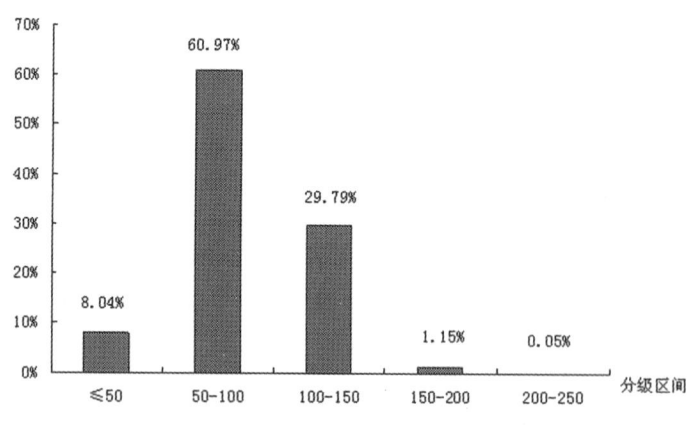

图2-12-3 临夏县耕层碱解氮含量分级状况

(2)土壤碱解氮含量在不同土种中的分布

各土种耕层碱解氮含量按照黑土、山地棕壤、垆土、红土、黄绵土依次减小。谷地薄层油黑土的碱解氮含量最高,达到112.0mg/kg。塬地大白土碱解氮含量最低,为58.6mg/kg,黑土土类的全部土种碱解氮含量总体都比较高(表2-12-5)。

表 2-12-5 临夏县各土种耕层碱解氮含量统计

县土类名称	县亚类名称	县土属名称	县土种名称	2008年测土施肥	
				样本数	平均值(mg/kg)
山地棕壤	山地棕壤	山地棕壤	山地森林棕壤	17	88.5
黑土	黑土	山地耕种黑土	山地生草黑土	40	107.6
			山地厚层大黑土	199	107.2
			山地中层大黑土	71	106.7
			山地薄层大黑土	5	73.8
			砾质黑土	9	80.0
		谷地耕种黑土	谷地厚层大黑土	130	106.1
			谷地中层大黑土	93	107.1
			谷地薄层大黑土	17	104.4
	石灰性黑土	山地耕种石灰性黑土	山地厚层油黑土	140	82.4
			山地中层油黑土	123	103.9
			山地灰黑土	75	81.3
		谷地耕种石灰性黑土	谷地厚层油黑土	48	98.6
			谷地中层油黑土	36	107.3
			谷地薄层油黑土	5	112.0
垆土	麻土	山地麻土	山地黑麻土	206	101.7
			山地黄麻土	294	80.2
			山地白麻土	212	77.1
		塬地麻土	塬地黄麻土	713	80.4
			塬地白麻土	156	79.5
		川地麻土	川地黑麻土	199	93.1
			川地黄麻土	17	88.3

续表 2-12-5

县土类名称	县亚类名称	县土属名称	县土种名称	2008年测土施肥	
				样本数	平均值(mg/kg)
		谷地麻土	谷地黄麻土	20	86.1
		淤垫麻砂土	淤垫厚层麻砂土	1	118.3
			淤垫中层麻砂土	6	80.3
			淤垫薄层麻砂土	35	90.6
		黄土性麻土	生草麻土	188	76.4
			疏林麻土	25	87.5
黄绵土	黄绵土	黄白土	疏林黄白土	8	76.1
			生草黄白土	6	91.5
			塬地大白土	4	58.6
红土	黑红土	山地红油土	山地红油土	200	85.5
	麻红土	山地麻红土	山地麻红土	273	79.3
		川地麻红土	川地麻红土	81	91.6
		谷地麻红土	谷地麻红土	110	93.6
	红土	山地砂红土	山地砂红土	37	76.9
		川地砂红土	川地砂红土	55	85.2
		山地红胶土	山地红胶土	32	84.5
		岩性红土	岩性红土	156	78.4

2.土壤全氮

(1)土壤全氮含量与分级

根据对临夏县4042个样品的分析检测，其土壤全氮含量为1.100g/kg，标准差为0.360g/kg，变化区间为0.148~2.689g/kg，变异系数为32.74%。根据农业部的土壤养分分级标准，结合甘肃省的实际情况，现将临夏县土壤全氮分级如表2-12-6、图2-12-4。

表 2-12-6　临夏县土壤全氮含量状况分级统计

级别	范围	样本数	耕地面积(公顷)	占耕地比例(%)
	≤0.5	141	1764.76	3.47
	0.75~0.5	443	5583.02	10.99
	1.0~0.75	1091	13729.56	27.02
	1.25~1.0	1179	14748.94	29.03
	1.50~1.25	687	8597.50	16.92
	2.00~1.50	426	5395.91	10.62
	>2.00	75	986.69	1.94

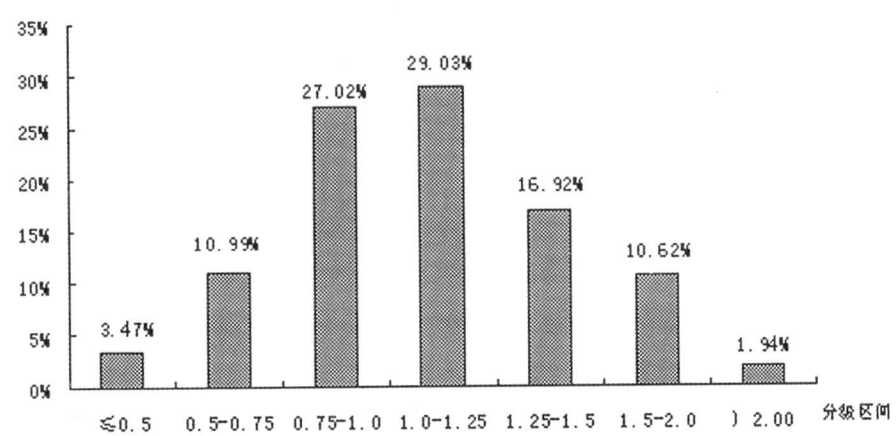

图 2-12-4　临夏县耕层全氮含量分级状况

(2)土壤全氮含量在不同土种中的分布

各土种耕层全氮含量按照黑土、山地棕壤、垆土、红土、黄绵土依次减小。谷地薄层大黑土的全氮含量最高,达到 1.546g/kg;塬地大白土的全氮含量最低,为 0.698g/kg。黑土土类包含的所有土种的土壤全氮含量都比较高,平均为 1.400g/kg(表 2-12-7)。

表 2-12-7 临夏县各土种耕层全氮含量统计

县土类名称	县亚类名称	县土属名称	县土种名称	2008年测土施肥	
				样本数	平均值(g/kg)
山地棕壤	山地棕壤	山地棕壤	山地森林棕壤	17	1.298
黑土	黑土	山地耕种黑土	山地生草黑土	40	1.348
			山地厚层大黑土	199	1.288
			山地中层大黑土	71	1.387
			山地薄层大黑土	5	1.463
			砾质黑土	9	1.323
		谷地耕种黑土	谷地厚层大黑土	130	1.193
			谷地中层大黑土	93	1.411
			谷地薄层大黑土	17	1.546
	石灰性黑土	山地耕种石灰性黑土	山地厚层油黑土	140	1.253
			山地中层油黑土	123	1.297
			山地灰黑土	75	1.391
		谷地耕种石灰性黑土	谷地厚层油黑土	48	1.502
			谷地中层油黑土	36	1.231
			谷地薄层油黑土	5	1.269
垆土	麻土	山地麻土	山地黑麻土	206	1.100
			山地黄麻土	294	1.064
			山地白麻土	212	0.990
		塬地麻土	塬地黄麻土	713	1.007
			塬地白麻土	156	1.002
		川地麻土	川地黑麻土	199	1.062
			川地黄麻土	17	1.128
		谷地麻土	谷地黄麻土	20	0.801
		淤垫麻砂土	淤垫厚层麻砂土	1	1.097
			淤垫中层麻砂土	6	1.083
			淤垫薄层麻砂土	35	1.106
		黄土性麻土	生草麻土	188	0.958
			疏林麻土	25	0.922
黄绵土	黄绵土	黄白土	疏林黄白土	8	0.907
			生草黄白土	6	0.748
			塬地大白土	4	0.698

续表 2-12-7

县土类名称	县亚类名称	县土属名称	县土种名称	2008年测土施肥	
				样本数	平均值(g/kg)
红土	黑红土	山地红油土	山地红油土	200	1.100
	麻红土	山地麻红土	山地麻红土	273	1.018
		川地麻红土	川地麻红土	81	1.093
		谷地麻红土	谷地麻红土	110	1.146
	红土	山地砂红土	山地砂红土	37	1.010
		川地砂红土	川地砂红土	55	0.948
		山地红胶土	山地红胶土	32	0.870
		岩性红土	岩性红土	156	1.001

（3）不同土壤类型土壤全氮含量变化

根据2008年检测数据显示，山地棕壤、黑土和垆土这3个土类的耕层全氮含量和第二次土壤普查相比，都有所下降，并且山地棕壤、黑土土类下降比较明显。相反，黄绵土和红土的耕层全氮含量相对于第二次土壤普查明显增高（表2-12-8、图2-12-5）。

表2-12-8　耕层全氮含量在不同土类中的分布

县土类名称	山地棕壤	黑土	垆土	黄绵土	红土
面积(公顷)	21397.96	27738.19	45438.09	405.17	25149.53
1984年耕层全氮含量	3.892	2.287	1.111	0.504	0.671
2008年耕层全氮含量	1.298	1.400	1.000	0.800	1.000

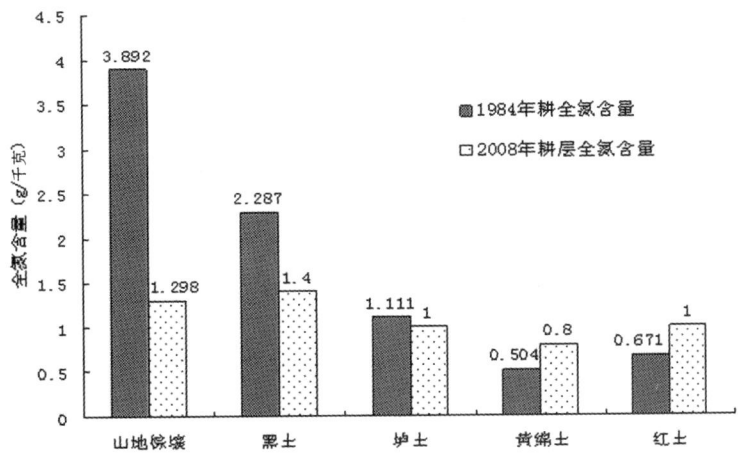

图2-12-5　临夏县1984年、2008年耕层土壤全氮含量

(4)全氮含量变化原因

灌区大面积种植蔬菜的乡镇,农民在施肥结构上普遍重视氮肥的施用,使土壤水解氮水平提高,氮素积累相对增加。然而,在山地棕壤、黑土和垆土区域内,不注意用地与养地相结合,绝大部分耕地仅靠化学肥料,使得土壤全氮含量下降。

(四)土壤有效磷含量状况

土壤有效磷,也称为速效磷,是土壤中可被植物吸收的磷组分,包括全部水溶性磷、部分吸附态磷及有机态磷,有的土壤中还包括某些沉淀态磷。在化学上,有效磷定义为:能与 ^{32}P 进行同位素交换的或容易被某些化学试剂提取的磷及土壤溶液中的磷酸盐。在农业生产中一般采用土壤有效磷的指标来指导施用磷肥。土壤有效磷含量是决定磷肥有无效果以及效果大小的主要因素。所以能否用好磷肥必须根据土壤有效磷的含量区别对待。

1.耕层土壤有效磷含量状况

根据对临夏县4042个样品的分析检测,其土壤有效磷含量为30.6mg/kg,标准差为19.1mg/kg,变化区间为0.1~174.1mg/kg,变异系数为62.4%。根据农业部的土壤养分分级标准,结合甘肃省的实际情况,现将临夏县土壤有效磷分级如表2-12-9,图2-12-6。

表 2-12-9　临夏县土壤有效磷含量状况分级统计

级别	范围	样本数	耕地面积(公顷)	占耕地比例(%)
7	≤5.0	178	2215.43	4.36
6	10.0~5.0	226	2810.33	5.53
5	15.0~10.0	286	3603.48	7.09
4	20.0~15.0	574	7193.42	14.16
3	30.0~20.0	1187	15003.84	29.53
2	40.0~30.0	448	5615.67	11.05
1	>40.0	1143	14364.23	28.27

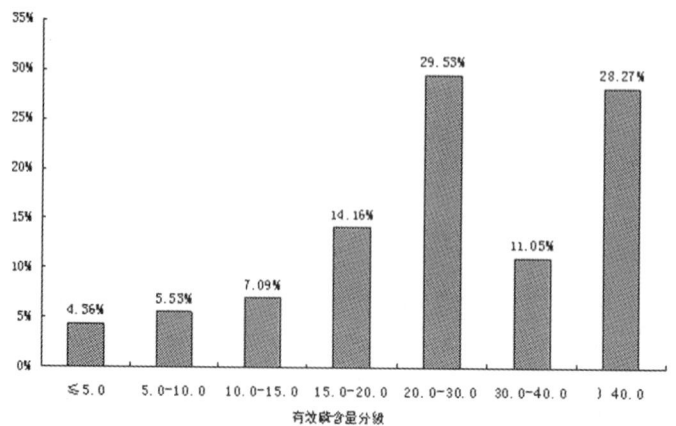

图 2-12-6　临夏县耕层有效磷含量分级状况

2.不同土种耕层土壤有效磷含量状况

根据表 2-12-10 的数据显示,临夏县的 5 个耕种土类的 39 个土种的耕层有效磷含量趋于一个平均化的分布走势,除了谷地薄层大黑土的有效磷含量为 41.3mg/kg 以外,其他土种的有效磷含量都集中在 30mg/kg 左右,说明临夏县的耕种土壤是不缺磷的。

表 2-12-10 临夏县各土种耕层有效磷含量统计

县土类名称	县亚类名称	县土属名称	县土种名称	2008 年测土施肥	
				样本数	平均值(mg/kg)
山地棕壤	山地棕壤	山地棕壤	山地森林棕壤	17	33.8
黑土	黑土	山地耕种黑土	山地生草黑土	40	29.9
			山地厚层大黑土	199	27.5
			山地中层大黑土	71	28.9
			山地薄层大黑土	5	24.2
			砾质黑土	9	34.0
		谷地耕种黑土	谷地厚层大黑土	130	30.7
			谷地中层大黑土	93	28.4
			谷地薄层大黑土	17	41.3
	石灰性黑土	山地耕种石灰性黑土	山地厚层油黑土	140	24.6
			山地中层油黑土	123	24.7
			山地灰黑土	75	36.6
		谷地耕种石灰性黑土	谷地厚层油黑土	48	25.1
			谷地中层油黑土	36	25.5
			谷地薄层油黑土	5	31.7
垆土	麻土	山地麻土	山地黑麻土	206	27.4
			山地黄麻土	294	28.1
			山地白麻土	212	29.9
		塬地麻土	塬地黄麻土	713	34.5
			塬地白麻土	156	37.6
		川地麻土	川地黑麻土	199	31.5
			川地黄麻土	17	24.7
		谷地麻土	谷地黄麻土	20	26.7

续表 2-12-10

县土类名称	县亚类名称	县土属名称	县土种名称	2008年测土施肥	
				样本数	平均值(mg/kg)
黄绵土	黄绵土	淤垫麻砂土	淤垫厚层麻砂土	1	31.8
			淤垫中层麻砂土	6	27.3
			淤垫薄层麻砂土	35	28.5
		黄土性麻土	生草麻土	188	31.0
			疏林麻土	25	36.2
		黄白土	疏林黄白土	8	36.0
			生草黄白土	6	23.5
			塬地大白土	4	30.1
红土	黑红土	山地红油土	山地红油土	200	28.5
	麻红土	山地麻红土	山地麻红土	273	29.6
		川地麻红土	川地麻红土	81	32.7
		谷地麻红土	谷地麻红土	110	33.2
	红土	山地砂红土	山地砂红土	37	30.6
		川地砂红土	川地砂红土	55	32.4
		山地红胶土	山地红胶土	32	36.7
		岩性红土	岩性红土	156	28.5

(五)土壤速效钾含量状况

通常土壤中存在水溶性钾,因为这部分钾能很快地被植物吸收利用,故称为速效钾。土壤速效钾含量是最能直接反映土壤供钾能力的指标,尤对当季作物而言,速效钾含量和作物吸钾量之间往往有很好的相关性,因此对土壤速效钾含量进行测试并进行评价,对推荐施用钾肥具有很好的指导作用。

1.耕层土壤速效钾含量状况

根据对临夏县4042个样品的分析检测,其土壤速效钾含量为111mg/kg,标准差为51mg/kg,变化区间为12～309mg/kg,变异系数为45.9%。根据农业部的土壤养分分级标准,结合甘肃省的实际情况,现将临夏县土壤速效钾分级如表2-12-11,图2-12-7。

表 2-12-11　临夏县土壤速效钾含量状况分级统计

级别	范围	样本数	耕地面积（公顷）	占耕地比例（%）
七级	≤50	340	4265.12	8.39
六级	50～100	1517	19134.65	37.66
五级	100～150	1575	19833.83	39.04
四级	150～200	316	3827.17	7.53
三级	200～250	173	2238.65	4.41
二级	250～300	116	1452.96	2.86
一级	>300	5	54.02	0.11

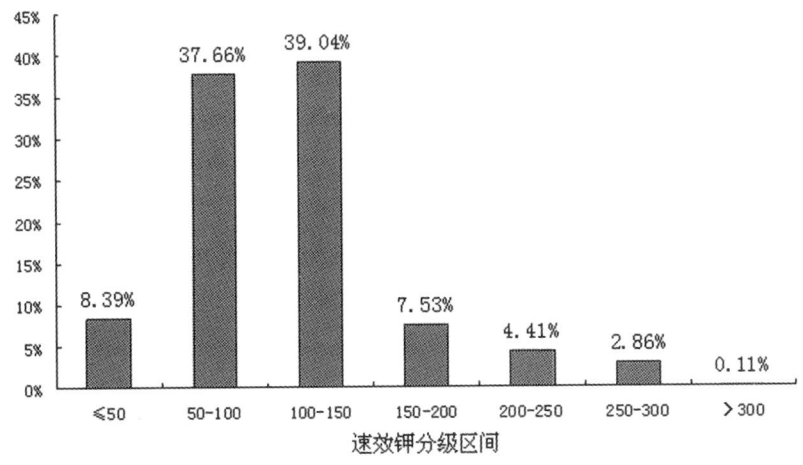

图 2-12-7　临夏县耕层速效钾含量分级状况

2.不同土种耕层土壤速效钾含量状况

根据表 2-12-12 数据显示，耕层土壤速效钾含量按照山地棕壤、红土、黑土、垆土、黄绵土依次降低。其中，谷地中层油黑土的耕层土壤速效钾含量最高，达到 165mg/kg；红土土类和黑土土类所包含的土种耕层速效钾含量相当；黄绵土土类的塬地大白土的耕层土壤速效钾含量最低，为 52mg/kg。

表 2-12-12　临夏县各土种耕层速效钾含量统计

县土类名称	县亚类名称	县土属名称	县土种名称	2008 年测土施肥	
				样本数	平均值（mg/kg）
山地棕壤	山地棕壤	山地棕壤	山地森林棕壤	17	134
黑土	黑土	山地耕种黑土	山地生草黑土	40	117
			山地厚层大黑土	199	123
			山地中层大黑土	71	121

续表 2-12-12

县土类名称	县亚类名称	县土属名称	县土种名称	2008年测土施肥	
				样本数	平均值（mg/kg）
			山地薄层大黑土	5	87
			砾质黑土	9	148
		谷地耕种黑土	谷地厚层大黑土	130	157
			谷地中层大黑土	93	104
			谷地薄层大黑土	17	107
	石灰性黑土	山地耕种石灰性黑土	山地厚层油黑土	140	129
			山地中层油黑土	123	119
			山地灰黑土	75	124
		谷地耕种石灰性黑土	谷地厚层油黑土	48	136
			谷地中层油黑土	36	165
			谷地薄层油黑土	5	90
垆土	麻土	山地麻土	山地黑麻土	206	108
			山地黄麻土	294	96
			山地白麻土	212	99
		塬地麻土	塬地黄麻土	713	89
			塬地白麻土	156	88
		川地麻土	川地黑麻土	199	112
			川地黄麻土	17	107
		谷地麻土	谷地黄麻土	20	71
		淤垫麻砂土	淤垫厚层麻砂土	1	115
			淤垫中层麻砂土	6	92
			淤垫薄层麻砂土	35	131
	黄土性麻土		生草麻土	188	97
			疏林麻土	25	100
黄绵土	黄绵土	黄白土	疏林黄白土	8	72
			生草黄白土	6	43
			塬地大白土	4	52
红土	黑红土	山地红油土	山地红油土	200	119
	麻红土	山地麻红土	山地麻红土	273	148
		川地麻红土	川地麻红土	81	113
		谷地麻红土	谷地麻红土	110	106
	红土	山地砂红土	山地砂红土	37	157
		川地砂红土	川地砂红土	55	97
		山地红胶土	山地红胶土	32	137
		岩性红土	岩性红土	156	117

(六)土壤主要物理性状

1.耕种土壤质地

土壤是大小不等的矿物质颗粒组成的,这种大小不同土粒的比例,组成砂土、壤土和黏土等多种土壤质地。土壤质地是反映土壤物理特征的一个重要指标。对土壤水分、肥力、耕性和生产性能有重要影响。

临夏县耕种土壤的质地分为轻壤、轻黏、砂土、中壤、中黏、重壤6种。

表 2-12-13　临夏县耕种土壤质地

质地	轻壤	轻黏	砂土	中壤	中黏	重壤
耕地面积(公顷)	1036.66	2687	174.58	32527.63	2852.82	11527.7
占总耕地面积百分比(%)	2.04	5.29	0.34	64.02	5.62	22.69

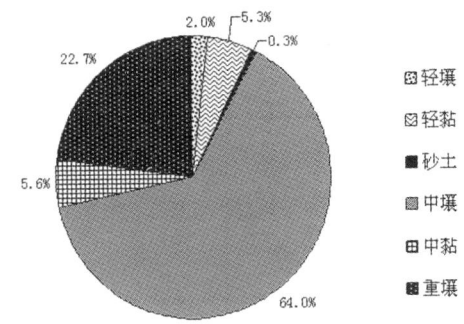

图 2-12-8　临夏县耕种土壤质地分布状况

2.耕种土壤有效土层厚度

作物根系的活动层,一般为坚硬基岩或障碍层次以上的土层厚度,临夏县的耕层土壤有效土层厚度在19~150cm之间。最薄的有效土层厚度出现在垆土土类的淀淤薄层麻砂土中。

3.耕种土壤耕层厚度

耕种土壤表层的厚度,该层土壤质地疏松,结构良好,有机质含量较多,是作物根系主要活动层,临夏县耕层厚度在19~40cm之间。最薄的耕层厚度出现在垆土土类的淀淤薄层麻砂土中。

4.耕种土壤质地构型

土壤质地构型是指1m土体内不同质地土层的排列组合形式。临夏县耕地质地构型分布及分布状况如表2-12-14。质地构型为均质中壤的耕地占总耕地面积的45.9%,为夹黏中壤的耕地占总耕地面积的11.7%,为均质黏土的耕地占耕地面积的10.9%。这是临夏县耕地的主要质地构型种类。

表 2-12-14　临夏县耕地土壤质地构型种类和面积

质地构型	占地面积(公顷)	占总耕地面积的比例(%)
夹黏中壤	5946.02	11.70
夹壤砂土	174.58	0.34
夹砂重壤	2740.24	5.39
质地构型	占地面积(公顷)	占总耕地面积的比例(%)
均质轻壤	1.34	0.003
均质黏土	5539.82	10.90
均质中壤	23319.99	45.90
均质重壤	3963.58	7.80
壤身黏土	3552.5	6.99
砂底轻壤	359.57	0.71
砂底中壤	948.07	1.87
砂底重壤	1112.63	2.19
黏底中壤	3148.05	6.20

二、临夏县耕地地力分析

(一)耕地地力等级面积统计

临夏县总耕地面积为50806.39公顷(利用CLRMIS软件,对评价图属性库进行操作,检索统计耕地各等级的面积和图幅总面积,以2007年临夏县耕地总面积为基准,按面积比例进行平差,统计得各耕地地力等级面积),共分为4个等级。一等地面积为7581.82公顷,占总耕地面积的14.92%;二等地面积为12763.91公顷,占总耕地面积的25.12%;三等地面积为20759.06公顷,占总耕地面积的40.86%;四等地面积为9701.6公顷,占总耕地面积的19.1%。

表 2-12-15　临夏县耕地地力评价结果面积统计

等级	一等地	二等地	三等地	四等地	总计
面积(公顷)	7581.82	12763.91	20759.06	9701.60	50806.39
百分比(%)	14.92	25.12	40.86	19.10	100

1.耕地地力等级的土类分布

一等地的土壤类型主要是垆土,占一等地面积的90.36%,此外,还有少部分红土和零星的黄绵土分布在一等地中。5个耕种土壤类型在二等地中都有分布,占二等地面积比例最大的是垆土,红土次之,黑土占11.47%。三等地的土壤类型主要是垆土、黑土和红土。在四等地中,红土占47.08%,黑土占31.14%,垆土占20.15%,还有零星山地棕壤分布在其中(表2-12-16,图2-12-9)。

表2-12-16 临夏县各等级耕地在不同土类中的分布状况

土类	占地面积和比例	一等地	二等地	三等地	四等地
黑土	面积(公顷)	0	1464.56	6823.37	3021.15
	比例(%)	0	11.47	32.87	31.14
红土	面积(公顷)	696.56	2244.78	5488.14	4567.78
	比例(%)	9.19	17.59	26.44	47.08
黄绵土	面积(公顷)	34.28	155.86	13.72	0
	比例(%)	0.45	1.22	0.07	0
山地棕壤	面积(公顷)	0	61.38	129.66	157.69
	比例(%)	0	0.48	0.63	1.63
垆土	面积(公顷)	6850.98	8837.33	8302.83	1954.98
	比例(%)	90.36	69.24	40	20.15

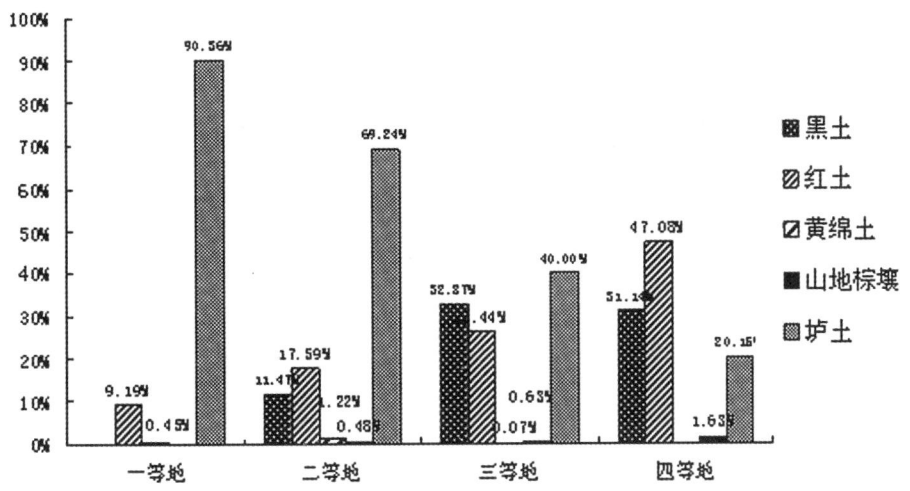

图2-12-9 临夏县各土类在各等级耕地中的分布

2. 耕地地力等级的行政区域划分

安家坡乡的耕地是一等地和二等地，北塬乡和安家坡乡一样，城郊镇主要是二等地，一等地和三等地占的比例相对较小。刁祁乡4个等级的耕地都有出现，占总耕地面积较大的是二、三等地。枹罕镇耕地主要是二、三、四等地，面积最大是二等地。二、三、四等地在黄泥弯乡都有出现，井沟乡也是，只是井沟乡二等地占的比例微乎其微。河西乡、土桥镇、先锋乡、坡头乡、拆桥镇的耕地均为一、二等地。莲花镇的耕地以一、二等为主，三等地只占莲花镇总耕地面积的0.81%。韩集镇、红台乡、路盘乡、麻尼寺沟乡、马集镇、漫路乡、民主乡、漠尼沟乡、营滩乡、榆林乡、掌子沟乡的耕地均为三等地和四等地。南龙镇的耕地在一、二、三等地中都有分布。南塬乡的耕地主要是二等地和三等地，一等地只占该乡总耕地面积的0.06%。桥寺乡基本上都是二等地，一等地和三等地各占6.5%和0.395%。新集镇和尹集镇一、二、三、四等地都有分布（表2-12-17，表2-12-18）。

表2-12-17 临夏县耕地地力等级在各乡镇中的分布

乡镇名称	面积及比例	一等地	二等地	三等地	四等地	合计
安家坡乡	面积(公顷)	426.42	638.32	0	0	1064.74
	比例(%)	40.05	59.95	0	0	100
北塬乡	面积(公顷)	925.01	698.01	0	0	1623.02
	比例(%)	56.99	43.01	0	0	100
城郊镇	面积(公顷)	6.33	482.89	96.32	0	585.54
	比例(%)	1.08	82.47	16.45	0	100
刁祁乡	面积(公顷)	71.26	1017.68	1346.57	2.69	2438.20
	比例(%)	2.92	41.74	55.23	0.11	100
枹罕镇	面积(公顷)	320.73	1958.83	10.41	0	2289.97
	比例(%)	14.01	85.54	0.45	0	100
韩集镇	面积(公顷)	0	0	800.66	556.25	1356.91
	比例(%)	0	0	59.01	40.99	100
河西乡	面积(公顷)	478.44	66.65	0	0	545.09
	比例(%)	87.77	12.23	0	0	100
红台乡	面积(公顷)	0	0	1732.55	1361.36	3093.91
	比例(%)	0	0	56.00	44.00	100
黄泥湾乡	面积(公顷)	0	71.68	1113.69	16.06	1201.43
	比例(%)	0	5.97	92.70	1.34	100

续表 2-12-17

乡镇名称	面积及比例	一等地	二等地	三等地	四等地	合计
井沟乡	面积(公顷)	0	8.06	1614.45	1827.91	3450.42
	比例(%)	0	0.23	46.79	52.98	100
莲花镇	面积(公顷)	36.05	475.67	4.16	0	515.88
	比例(%)	6.99	92.21	0.81	0	100
路盘乡	面积(公顷)	0	0	1098.39	164.63	1263.02
	比例(%)	0	0	86.97	13.03	100
麻尼寺沟乡	面积(公顷)	0	0	2772.42	137.45	2909.87
	比例(%)	0	0	95.28	4.72	100
马集镇	面积(公顷)	0	0	865.42	580.81	1446.23
	比例(%)	0	0	59.84	40.16	100
漫路乡	面积(公顷)	0	0	1225.52	1402.24	2627.76
	比例(%)	0	0	46.64	53.36	100
民主乡	面积(公顷)	0	0	986.05	253.37	1239.42
	比例(%)	0	0	79.56	20.44	100
漠泥沟乡	面积(公顷)	0	0	815.76	611.35	1427.11
	比例(%)	0	0	57.16	42.84	100
南龙镇	面积(公顷)	231.31	1603.27	83.93	0	1918.51
	比例(%)	12.06	83.57	4.37	0	100
南塬乡	面积(公顷)	1.27	1522.58	571.44	0	2095.29
	比例(%)	0.06	72.67	27.27	0	100
坡头乡	面积(公顷)	670.25	254.14	0	0	924.39
	比例(%)	72.51	27.49	0	0	100
桥寺乡	面积(公顷)	95.04	1360.68	5.49	0	1461.21
	比例(%)	6.50	93.12	0.38	0	100
土桥镇	面积(公顷)	1393.81	241.39	0	0	1635.20
	比例(%)	85.24	14.76	0	0	100
先锋乡	面积(公顷)	1279.97	1.31	0	0	1281.28
	比例(%)	6.65	1.15	0	0	7.80

续表 2-12-17

乡镇名称	面积及比例	一等地	二等地	三等地	四等地	合计
新集镇	面积（公顷）	543.77	334.85	1024.44	331.70	2234.76
	比例（%）	24.33	14.98	45.84	14.84	100
尹集镇	面积（公顷）	426.49	1533.70	661.68	414.18	3036.05
	比例（%）	14.05	50.52	21.79	13.64	100
营滩乡	面积（公顷）	0	0	1405.53	393.17	1798.70
	比例（%）	0	0	78.14	21.86	100
榆林乡	面积（公顷）	0	0	1163.82	1296.41	2460.23
	比例（%）	0	0	47.31	52.69	100
掌子沟乡	面积（公顷）	0	0	1360.36	352.02	1712.38
	比例（%）	0	0	79.44	20.56	100
拆桥镇	面积（公顷）	675.67	494.20	0	0	1169.87
	比例（%）	57.76	42.24	0	0	100

表 2-12-18 临夏县各乡镇耕地各因子统计

乡镇名称	有机质（g/kg）	有效磷（mg/kg）	速效钾（mg/kg）	CEC（cmol/kg）	pH 值	坡度（度）	海拔（m）	灌溉保证率（%）
安家坡乡	18.6	27.2	70	7.8	8.2	7.1	1917	70
北塬乡	19.2	33.8	86	7.5	8.2	6.5	2025	70
城郊镇	20.4	27.7	83	11.9	8.2	4.8	2023	70
刁祁乡	26.5	31.6	122	15.0	8.2	8.2	2173	24
枹罕镇	19.5	31.8	87	10.8	8.2	6.6	1997	70
韩集镇	24.3	26.6	138	13.7	8.3	9.2	2187	0
河西乡	20.2	29.9	86	7.5	8.2	10.2	1795	70
红台乡	19.6	30.9	117	12.6	8.3	11.9	2142	0
黄泥湾乡	21.2	26.2	56	11.5	8.2	9.8	1970	0
井沟乡	18.8	28.1	114	10.0	8.3	13.0	2200	0
莲花镇	16.6	28.7	96	8.9	8.2	10.4	1830	70
路盘乡	21.8	29.7	84	13.9	8.2	13.8	2046	0
麻尼寺沟乡	26.7	26.4	116	17.6	8.3	9.0	2389	0
马集镇	23.8	27.9	123	15.6	8.2	11.7	2204	0

续表 2-12-18

乡镇名称	有机质(g/kg)	有效磷(mg/kg)	速效钾(mg/kg)	CEC(cmol/kg)	pH 值	坡度(度)	海拔(m)	灌溉保证率(%)
漫路乡	22.2	28.7	170	13.9	8.2	10.3	2200	0
民主乡	18.8	27.7	41	11.3	8.2	13.3	2092	0
漠泥沟乡	26.9	24.9	121	18.3	8.2	9.2	2356	0
南龙镇	19.4	28.0	68	10.6	8.2	8.1	1937	70
南塬乡	14.6	33.3	80	8.8	8.2	12.3	2058	70
坡头乡	19.1	35.5	93	8.6	8.2	11.3	2139	70
桥寺乡	15.6	35.4	92	7.8	8.2	7.6	1968	70
土桥镇	20.7	35.7	104	8.2	8.2	7.3	2023	70
先锋乡	19.5	40.6	92	7.1	8.2	4.0	1948	70
新集镇	19.0	33.2	100	10.7	8.2	8.4	2129	33
尹集镇	22.3	31.0	146	14.9	8.2	9.9	2184	54
营滩乡	24.4	30.3	136	14.6	8.2	12.4	2293	0
榆林乡	20.4	29.1	119	13.8	8.2	10.7	2087	0
掌子沟乡	26.3	22.9	121	16.8	8.3	11.7	2399	0
拆桥镇	20.5	29.0	76	9.1	8.2	5.3	1863	70

(二)耕地地力等级分述

1.按自然要素划分的耕地地力等级分述

1.一等地

一等地,耕地地力综合指数在 0.80151~0.86904 之间,面积 7581.82 公顷,占总耕地面积的 14.92%。主要分布在安家坡乡、北塬乡、河西乡、土桥镇、先锋乡、坡头乡、新集镇、拆桥镇和莲花镇。

一等地主要分布在临夏县刘家峡水库附近和大夏河流域,土类以垆土和红土为主,地貌类型以黄土低台塬和平坦河流高阶地为主,耕层质地构型以均质中壤为主,有效土层厚度为 150cm,海拔在 1744~2396m,平均为 1995m。地势平坦,灌溉保证率为 70%,土层厚,无明显障碍层,土壤理化性状良好,可耕性强。耕层有机质含量平均值为 20.3g/kg;阳离子代换量平均值为 8.2cmol/kg;耕层土壤有效磷含量平均值为 34.7mg/kg;耕层土壤速效钾含量平均值为 94mg/kg(表 2-12-19)。

表 2-12-19 临夏县一等地养分含量状况

项目	有机质(g/kg)	CEC(cmol/kg)	有效磷(mg/kg)	速效钾(mg/kg)
平均	20.3	8.2	34.7	94
范围	14.7～29.2	4.7～14.4	24～54	47～168
含量水平	中等	中等	中偏上	中等

一等地位于大夏河流域的一级阶地、河漫滩及刘家峡水库西南岸和牛津河河谷,这些区域黑麻土面积大,虽然有机质含量较高,但是钾素不足;红土在一等地中也占相当大的比例,而红土黏重易结板;再有就是薄、中层淤垫麻砂土易漏水、跑肥。一是建议推广绿肥,增施有机肥料,改善土壤理化性状;二是建议合理施用化学肥料,氮、磷、钾"三要素"要正确搭配;三是建议扩大豆类种植面积,压缩小麦,稳定玉米,减少重茬,为了提高光能利用率,应大力搞间作、套种,增加收入。

2.二等地

二等地,耕地地力综合指数在 0.72566～0.80151 之间,面积 12763.91 公顷,占总耕地面积的 25.12%。主要分布在刁祁乡、枹罕镇、南龙镇、南塬乡、桥寺乡、安家坡乡、北塬乡、河西乡、土桥镇、先锋乡、坡头乡、新集镇、拆桥镇。

二等地主要分布在临夏县刘家峡水库附近和大夏河流域,土类以垆土、红土和黑土为主,地貌类型以黄土低台塬和平坦河流高阶地为主,耕层质地构型以均质中壤为主,有效土层厚度为平均为 135cm,海拔在 1736～2463m,平均为 2011m。地势较为平坦,灌溉保证率为 70%,土层厚,无明显障碍层,土壤理化性状良好,可耕性强。耕层有机质含量平均值为 18.5g/kg;阳离子代换量平均值为 9.9cmol/kg;耕层土壤有效磷含量平均值为 31.0mg/kg;耕层土壤速效钾含量平均值为 95mg/kg(表 2-12-20)。

表 2-12-20 临夏县二等地养分含量状况

项目	有机质(g/kg)	CEC(cmol/kg)	有效磷(mg/kg)	速效钾(mg/kg)
平均	18.5	9.9	31.0	95
范围	13.7～28.4	4.7～26	13.4～50.2	27～212
含量水平	中等	中等	中偏上	中等

二等地位于大夏河流域的一级阶地、河漫滩及刘家峡水库西南岸,这些区域全部为风积物黄土母质上形成的土壤,有机质贫乏。水土流失严重,灌水后易塌陷。一是建议推广绿肥,增施有机肥料,改善土壤理化性状;二是建议合理施用化学肥料,氮、磷、钾"三要素"要正确搭配;三是建议调整作物布局,扩大豆类种植面积,压缩小麦,稳定玉米,减少重茬,为了提高光能利用率,应大力搞间作、套种,增加收入。

3.三等地

三等地,耕地地力综合指数在 0.61202～0.72566 之间,面积 20759.06 公顷,占总耕地面积的 40.86%。主要分布在韩集镇、红台乡、井沟乡、马集镇、漫路乡、漠尼沟乡、新集镇、营滩乡、榆林乡、掌子沟乡。

三等地主要分布在地貌类型为低山和中山的区域,耕层质地构型以均质黏土、均质中壤、壤身黏土和砂底重壤为主,土壤类型主要为垆土、黑土和红土。海拔在 1879～2786m,有效土层厚度为平均为 144cm,地势不平,灌溉保证率为 0,土层厚,无明显障碍层,土壤理化性状良,可耕性较弱。耕层有机质含量平均值为 22.9g/kg;阳离子代换量平均值为 13.4cmol/kg;耕层土壤有效磷含量平均值为 29.39mg/kg;耕层土壤速效钾含量平均值为 112mg/kg(表 2-12-21)。

表 2-12-21 临夏县三等地养分含量状况

项目	有机质(g/kg)	CEC(cmol/kg)	有效磷(mg/kg)	速效钾(mg/kg)
平均	22.9	13.4	29.39	112
范围	13.8～31.8	5.9～34.9	12.7～46.7	27～220
含量水平	中等	中等	中偏上	中等

部分三等地分布在于太子山、积石山麓及中山地带,这些区域虽然土壤有机质含量很高,但是气温低,分解慢,作物生长前期速效养分供应不足。另一部分三等地基本上都是旱地,雨量小的年份易受旱灾,垆土和红土因成土母质的关系,遇雨已造成水土流失,严重时易造成崩塌和滑坡。土壤有机质也比较贫乏,此区域的红土黏重,易板结,通气性差。一是建议推广绿肥,增施有机肥料,改善土壤理化性状;二是建议调整作物布局,扩大豆类种植面积;三是建议在荒山区大力植树种草,以促进农林牧和谐发展,也是解决干旱、半干旱地区治贫致富的根本途径。

4.四等地

四等地,耕地地力综合指数在 0.52469～0.61202 之间,面积 9701.6 公顷,占总耕地面积的 19.1%。主要分布在韩集镇、红台乡、井沟乡、马集镇、漫路乡、民主乡、漠尼沟乡、新集镇、营滩乡、榆林乡、掌子沟乡。

四等地主要分布在地貌类型为中山的区域,耕层质地构型以夹砂重壤、黏底中壤和砂底重壤为主,土壤类型主要为垆土、黑土和红土。海拔在 1920～2840m。有效土层厚度为平均为 146cm,地势不平,灌溉保证率为 0,土层厚,无明显障碍层,土壤理化性状良,可耕性差。耕层有机质含量平均值为 20.9g/kg;阳离子代换量平均值为 14.1cmol/kg;耕层土壤有效磷含量平均值为 26.9mg/kg;耕层土壤速效钾含量平均值为 122mg/kg(表2-12-22)。

表 2-12-22 临夏县四等地养分含量状况

项目	有机质(g/kg)	CEC(cmol/kg)	有效磷(mg/kg)	速效钾(mg/kg)
平均	20.9	14.1	26.9	122
范围	13.4~29.9	6~25.8	15~38.2	32~226
含量水平	中等	中等	中偏上	中等

四等地大多位于太子山、积石山麓及中山地带,全境高寒阴湿,气温低,阴雨天气多,光照不足,无霜期短。土壤有机质含量高,但是气温低,分解慢,作物生长前期速效养分供应不足。这是制约四等地提高生产潜力的主要因素。一是建议种植青禾、蚕豆、马铃薯等作物;二是建议在该区施用无机肥;三是建议坡度在20°以上的耕地退耕还林;四是建议利用山区优势,加大种植药材的力度,如当归、芍药、大黄、党参等。

第二节 康乐县耕地地力分析

一、康乐县耕层土壤属性

(一)耕层土壤有机质

根据对康乐县3382个样品的分析检测,其土壤有机质含量为23.7g/kg,标准差为5.4g/kg,变化区间为4.4~67.2g/kg,变异系数为3.2%。土壤有机质比1981年降低了3.39g/kg(1981年第二次全国土壤普查时康乐县土壤有机质含量为27.09g/kg)。根据农业部的土壤养分分级标准,结合甘肃省的实际情况,将康乐县土壤有机质含量分级如表2-12-23所示。

康乐县耕层有机质含量在15g/kg以下的耕地面积占总耕地面积的4.15%,有机质含量在15~20g/kg之间的耕地占20.04%,有机质含量在20~25g/kg之间的耕地占35.32%,有机质含量大于30g/kg的耕地占8.45%。这些数据表明,康乐县耕层有机质含量并不低。

表 2-12-23 康乐县耕层有机质含量分级统计

级别	范围	样本数	耕地面积(公顷)	占耕地比例(%)
六级	10.0~6.0	10	37.48	0.11
五级	15.0~10.0	150	1357.86	4.04
四级	20.0~15.0	673	6735.33	20.04
三级	25.0~20.0	1214	11872.13	35.32
二级	30.0~25.0	1061	10770.76	32.04
一级	>30	274	2839.36	8.45

(二)耕层土壤全氮

根据对康乐县 3382 个样品的分析检测，其土壤全氮含量为 1.360g/kg，标准差为 0.4g/kg，变化区间为 0.19~4.77g/kg，变异系数为 26%。土壤全氮比 1981 年降低了 0.321g/kg(1981 年第二次全国土壤普查时康乐县土壤全氮含量为 1.681g/kg)。根据农业部的土壤养分分级标准，结合甘肃省的实际情况，将康乐县土壤全氮含量分级如表 2-12-24。

表 2-12-24 康乐县耕层全氮含量分级统计

级别	范围	样本数	耕地面积(公顷)	占耕地比例(%)
七级	≤0.5	9	62.3	0.19
六级	0.5~0.75	112	628.95	1.87
五级	0.75~1.0	376	2879.90	8.57
四级	1.0~1.25	825	7698.97	22.90
三级	1.25~1.50	917	9637.95	28.67
二级	1.50~2.00	1013	11244.72	33.45
一级	>2.00	130	1460.13	4.34

(三)耕层土壤碱解氮

根据康乐县 3382 个土壤样品的分析检测，其土壤碱解氮含量为 96.52mg/kg，标准差为 27.0mg/kg，变化区间为 10.0~256.0mg/kg，变异系数为 28%。根据农业部的养分分级标准，结合甘肃省的实际情况，将康乐县土壤碱解氮分级如表 2-12-25。

表 2-12-25 康乐县耕层碱解氮含量分级统计

级别	范围	样本数	耕地面积(公顷)	占耕地比例(%)
七级	≤50	92	610.83	1.82
六级	50~100	1976	18222.93	54.21
五级	100~150	1216	13559.32	40.34
四级	150~200	93	1174.79	3.50
三级	200~250	4	37.38	0.11
二级	250~300	1	7.67	0.02

(四)耕层土壤有效磷

根据康乐县 3382 个土壤样品的分析检测，其土壤有效磷含量为 10.5mg/kg，标准差为 5.6mg/kg，变化区间为 4.0~84.0mg/kg，变异系数为 53.1%。根据农业部的土壤养分分级标准，结合甘肃省的实际情况，将康乐县土壤有效磷分级如表 2-12-26。

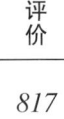

表 2-16-26 康乐县耕层有效磷含量分级统计

级别	范围	样本数	耕地面积（公顷）	占耕地比例（%）
七级	≤5	375	4302.94	12.80
六级	5.0~10.0	1460	15561.46	46.30
五级	10.0~15.0	1027	9399.20	27.96
四级	15.0~20.0	385	3231.47	9.61
三级	20.0~30.0	109	948.79	2.82
二级	30.0~40.0	15	126.90	0.38
一级	>40.0	11	40.26	0.12

（五）耕层土壤速效钾

根据康乐县3382个土壤样品的分析检测，其土壤速效钾含量为205mg/kg，标准差为76mg/kg，变化区间为37~597mg/kg，变异系数为37.1%。根据农业部的土壤养分分级标准，结合甘肃省的实际情况，将康乐县土壤速效钾分级如表2-12-27。

表 2-12-27 康乐县耕层速效钾含量分级统计

级别	范围	样本数	耕地面积（公顷）	占耕地比例（%）
六级	50-100	187	1719.10	5.11
五级	100~150	944	6315.52	18.79
四级	150~200	960	10202.20	30.35
三级	200~250	803	7696.96	22.90
二级	250~300	411	4231.44	12.59
一级	>300	377	3447.70	10.26

（六）耕层土壤有效铁

根据康乐县307个土壤样品的分析检测，其耕层有效铁含量为9.9mg/kg，标准差为5.6mg/kg，变化区间为1~34.4mg/kg，变异系数为56.4%。根据农业部的土壤养分分级标准，结合甘肃省的实际情况，将康乐县土壤有效铁分级如表2-12-28。

表 2-12-28 康乐县耕层有效铁含量分级统计

范围	样本数	耕地面积（公顷）	占耕地比例（%）
≤2.50	25	223.71	0.67
2.50~4.50	9	46.96	0.14
4.50~10.00	159	1278.59	3.80
10.00~15.00	71	740.61	2.20
>15.00	43	356.26	1.06

(七)耕层土壤有效锰

根据康乐县307个土壤样品的分析检测,其耕层有效锰含量为5.34mg/kg,标准差为2.1mg/kg,变化区间为1.1~16.8mg/kg,变异系数为39.7%。根据农业部的土壤养分分级标准,结合甘肃省的实际情况,将康乐县土壤有效锰分级如表2-12-29。

表2-12-29 康乐县耕层有效锰含量分级统计

范围	样本数	耕地面积(公顷)	占耕地比例(%)
≤3.00	13	96.04	0.29
3.00~7.00	221	2053.61	6.11
7.00~9.00	56	329.52	0.98
9.00~15.00	12	96.33	0.29
>15	1	13.42	0.04

(八)耕层土壤有效铜

根据康乐县307个土壤样品的分析检测,其耕层有效铜含量为0.74mg/kg,标准差为0.20mg/kg,变化区间为0.16~1.70mg/kg,变异系数为31.8%。根据农业部的土壤养分分级标准,结合甘肃省的实际情况,将康乐县土壤有效铜分级如表2-12-30。

表2-12-30 康乐县耕层有效铜含量分级统计

范围	样本数	耕地面积(公顷)	占耕地比例(%)
≤0.20	2	18.21	0.05
0.20~0.50	35	285.05	0.85
0.50~1.00	243	2170.83	6.46
1.00~2.00	21	127.00	0.38

(九)耕层土壤有效锌

根据康乐县307个土壤样品的分析检测,其耕层有效锌含量为0.96mg/kg,标准差为0.40mg/kg,变化区间为0.13~2.45mg/kg,变异系数为45.8%。根据农业部的土壤养分分级标准,结合甘肃省的实际情况,将康乐县土壤有效锌分级如表2-12-31。

表2-12-31 康乐县耕层有效锌含量分级统计

范围	样本数	耕地面积(公顷)	占耕地比例(%)
≤0.30	8	58.95	0.18
0.30~0.50	32	182.59	0.54
0.50~1.00	149	1171.82	3.49
1.00~2.00	86	880.35	2.62
>2.00	4	26.84	0.08

(十)耕层土壤 pH 值

根据对康乐县 3382 个样品的分析测试,康乐县 pH 值的变化区间为 6.7～8.9,平均值为 8.1。根据土壤 pH 值分级标准,将土壤分为碱性(>8.5)、微碱性(7.5～8.5)、中性(6.5～7.5)、微酸性(5.5～6.5)、酸性(4.5～5.5)、强酸性(<4.5)五个标准。统计结果显示,康乐县耕地土壤 3.18% 呈中性、92.34% 呈微碱性、4.48% 呈碱性(表 2-12-32)。

表 2-12-32 康乐县耕层 pH 分级统计

级别	范围	样本数	耕地面积(公顷)	占耕地比例(%)
中性	6.7～7.5	95	1045.88	3.18
微碱性	7.5～8.5	3140	30375	92.34
碱性	8.5～8.9	147	1473.07	4.48

二、康乐县耕地地力分析

本次耕地地力分析,按照农业部耕地质量调查和评价的规程及相关标准,结合当地实际情况,选取了对耕地地力影响较大,区域内变异明显,在时间序列上具有相对稳定性,与农业生产有密切关系的 9 个因素,建立评价指标体系。以土壤图、农用地地块图和行政区划图叠加形成评价单元,应用模糊综合评判方法,通过综合分析,将康乐县耕地共划分为 4 个等级,根据评价结合进行耕地地力的系统分析。

(一)耕地地力等级与分布

1.耕地地力等级面积统计

利用 CLRMIS 软件,对评价图属性库进行操作,检索统计耕地各等级的面积和图幅总面积。以 2007 年康乐县耕地总面积为基准,按面积比例进行平差,统计得各耕地地力等级面积。康乐县总耕地面积 33612.92 公顷,一等地的面积为 6156.96 公顷,占总耕地面积的 18.32%;二等地面积为 8338.22 公顷,占总耕地面积的 24.8%1;三等地面积为 12340.34 公顷,占总耕地面积的 36.71%;四等地面积为 6777.40 公顷,占总耕地面积的 20.16%(表 2-12-33)。

表 2-12-33 康乐县耕地地力评价结果面积统计

等级	一等地	二等地	三等地	四等地	总计
面积(公顷)	6156.96	8338.22	12340.34	6777.4	33612.92
百分比(%)	18.32	24.81	36.71	20.16	100.00

2.耕地地力等级的行政区域划分

各乡镇一、二、三、四等地的分布详情见表 2-12-34。

表 2-12-34 康乐县耕地地力等级行政区域分布

乡镇名称	面积及比例	一等地	二等地	三等地	四等地	合计
附城镇	面积(公顷)	618	92.17	451.93	589.11	1751.21
	比例(%)	35.29	5.26	25.81	33.64	100.00
苏集镇	面积(公顷)	664.25	885.39	589.5	301.82	2440.96
	比例(%)	27.21	36.27	24.15	12.36	100.00
胭脂镇	面积(公顷)	806.48	335.85	914.88	752.28	2809.49
	比例(%)	28.71	11.95	32.56	26.78	100.00
景古镇	面积(公顷)	260.92	579.25	1694.70	373.76	2905.27
	比例(%)	8.98	19.94	58.22	12.86	100.00
莲麓镇	面积(公顷)	215.7	72.19	609.12	220.13	1117.14
	比例(%)	19.31	6.46	54.52	19.70	100.00
康丰乡	面积(公顷)	418.81	330.15	676.81	125.33	1551.10
	比例(%)	27.00	21.28	43.63	8.08	100.00
虎关乡	面积(公顷)	655.49	916.06	1070.28	228.60	2870.43
	比例(%)	22.84	31.91	37.29	7.96	100.00
流川乡	面积(公顷)	360.58	456.75	768.39	7.35	1593.07
	比例(%)	22.63	28.67	48.23	0.46	100.00
白王乡	面积(公顷)	422.08	1188.81	454.63	11.72	2077.24
	比例(%)	20.32	57.23	21.89	0.56	100.00
八松乡	面积(公顷)	162.24	428.84	1055.30	1424.44	3070.82
	比例(%)	5.28	13.96	34.37	46.39	100.00
鸣鹿乡	面积(公顷)	166.78	422.43	668.72	1063.83	2321.76
	比例(%)	7.18	18.19	28.80	45.82	100.00
八丹乡	面积(公顷)	143.77	43.79	588.23	664.72	1440.51
	比例(%)	9.98	3.04	40.83	46.14	100.00
上湾乡	面积(公顷)	394.22	763.96	1249.22	892.25	3299.65
	比例(%)	11.95	23.15	37.86	27.04	100.00
草滩乡	面积(公顷)	514.62	607.46	1171.59	113.36	2407.03
	比例(%)	21.38	25.24	48.67	4.71	100.00
五户乡	面积(公顷)	353.02	1215.12	377.04	8.70	1953.88
	比例(%)	18.07	62.19	19.30	0.45	100.00
总计		6156.96	8338.22	12340.34	6777.40	33612.92

(二)耕地地力等级分述

1.一等地的主要属性

一等地,耕地地力综合指数在0.77024~0.93333之间,面积6156.96公顷,占总耕地面积的18.32%。一等地的土地利用类型主要有水浇地和旱地。一等地主要分布在附城镇、苏集镇、胭脂镇、康丰乡。

一等地的土类是黑垆土,地貌类型以河流低阶地、黄土低台塬为主,耕层质地构型以均质中壤为主,有效土层厚度平均为150cm,地势平坦,降雨量充沛,土层厚,无明显障碍层,土壤理化性状良好,可耕性强。耕层有机质含量为17.6~29.5g/kg,平均值为23.3g/kg;阳离子代换量为9.3~23cmol/kg,平均值为15.5cmol/kg;耕层土壤有效磷含量为7.6~18.6mg/kg,平均值为11.2mg/kg;耕层土壤速效钾含量为146~283mg/kg,平均值为205mg/kg。

2.二等地的主要属性

二等地,耕地地力综合指数在0.72905~0.76696之间,面积8338.22公顷,占总耕地面积的24.81%。二等地的土地利用类型主要是旱地。二等地主要分布在苏集镇、虎关乡、流川乡、白王乡、草滩乡、五户乡。

二等地的土类主要是黑垆土、栗钙土,地貌类型以丘陵和侵蚀沟壑为主,耕层质地构型以夹砂重壤、均质中壤为主,有效土层厚度在70~150cm之间,坡度平均为10.1度。降雨量较为充沛,土层较厚,无明显障碍层,土壤理化性状良好,可耕性较强。耕层有机质含量为17.8~29.6g/kg,平均值为23.6g/kg;阳离子代换量为9.3~23.1cmol/kg,平均值为15.2cmol/kg;耕层土壤有效磷含量为7.3~18mg/kg,平均值为11.3mg/kg;耕层土壤速效钾含量为138~283mg/kg,平均值为199mg/kg。

3.三等地的主要属性

三等地,耕地地力综合指数在0.67953~0.72899之间,面积12340.34公顷,占总耕地面积的36.71%。三等地的土地利用类型主要是旱地。三等地主要分布在胭脂镇、景古镇、虎关乡、流川乡、八松乡、鸣鹿乡、八丹乡、上湾乡、草滩乡。

三等地的土类主要是黑垆土、黑土和栗钙土。地貌类型以丘陵、侵蚀沟壑和中山为主,所占三等地面积的比例分别为56.54%、11.46%和31.92%。耕层质地构型主要是夹砂中壤、夹砂重壤、均质中壤、均质重壤和砂底中壤。有效土层厚度在49~150cm之间,坡度平均为13.9度。土层较薄,无明显障碍层,土壤理化性状良好,可耕性较差。耕层有机质含量为17.9~29.9g/kg,平均值为23.3g/kg;阳离子代换量为9.3~23.1cmol/kg,平均值为16.5cmol/kg;耕层土壤有效磷含量为7~18.3mg/kg,平均值为10.8mg/kg;耕层土壤速效钾含量为136~286mg/kg,平均值为200mg/kg。

4.四等地的主要属性

四等地,耕地地力综合指数在0.48756～0.67949之间,面积6777.4公顷,占总耕地面积的20.16%。四等地的土地利用类型主要是旱地。四等地主要分布在附城镇、八松乡、鸣鹿乡、八丹乡、上湾乡。

四等地的土类主要是黑垆土、黑土和栗钙土。地貌类型以丘陵、中山为主,所占四等地面积的比例分别为34.37%、56.12%。耕层质地构型主要是夹砂中壤、夹砂重壤、均质重壤和砂底中壤。有效土层厚度在39～150cm之间,坡度平均为16.7度。土层薄,无明显障碍层,土壤理化性状良好,坡度较大,可耕性差。耕层有机质含量为17.6～28.7g/kg,平均值为23.5g/kg;阳离子代换量为10.3～25.47cmol/kg,平均值为17.1cmol/kg;耕层土壤有效磷含量为7.2～15.9mg/kg,平均值为10.1mg/kg;耕层土壤速效钾含量为143～291mg/kg,平均值为200mg/kg。

第三节 广河县耕地地力分析

一、广河县耕层土壤属性

(一)耕层土壤有机质

分析广河县1399个耕层土壤样品化验结果表明,广河县耕层土壤有机质含量最小值为3.1g/kg,最大值为26.2g/kg,平均值为12.62g/kg,标准差为3.56,偏度为0.33,峰度为-0.58,变异系数为28%,属于低等变异(见表2-12-35)。

表2-12-35 广河县耕层土壤有机质描述性统计(g/kg)

样本数	最小值	最大值	平均值	标准差	偏度	峰度	变异系数(%)
1399	3.1	26.2	12.62	3.56	0.33	-0.58	28

根据甘肃省土壤有机质分级标准,广河县耕层土壤有机质含量在15.0～20.0g/kg之间的样点数占27.7%,其代表耕地面积为5128.6公顷;在10.0～15.0g/kg之间的样点数占47.3%,其代表耕地面积为8757.5公顷,分别属于甘肃省四、五级水平(见表2-12-36)。

表2-12-36 广河县耕层土壤有机质含量分级

有机质分级标准(g/kg)	级别	样点数	占总样点数(%)	代表面积(公顷)
25.0～30.0	二级	1	0.07	13.0
20.0～25.0	三级	7	0.5	92.6
15.0～20.0	四级	388	27.7	5128.6
10.0～15.0	五级	662	47.3	8757.5
6.0～10.0	六级	328	23.4	4332.5
≤6.0	七级	13	0.9	166.6

(二)耕层土壤全氮

广河县1397个耕层土壤样品化验结果表明,广河县耕层土壤全氮含量最小值为0.16g/kg,最大值为1.66g/kg,平均值为0.86g/kg,标准差为0.20,偏度为0.17,峰度为1.05,变异系数为23.2%,属于低等变异(见表2-12-37)。

表2-12-37 广河县耕层土壤全氮含量描述性统计(g/kg)

样本数	最小值	最大值	平均值	标准差	偏度	峰度	变异系数(%)
1397	0.16	1.66	0.86	0.20	0.17	1.05	23.2

根据甘肃省土壤全氮分级标准,广河县耕层土壤全氮含量在1.00~1.25g/kg之间的样点数占13.2%;在0.75~1.00g/kg之间的样点数占58.6%;在0.5~0.75g/kg之间的样点数占19.6%,分别属于省四级、五级和六级水平(见表2-12-38)。

表2-12-38 广河县耕层土壤全氮含量分级

全氮分级标准(g/kg)	级别	样点数	占总样点数(%)	代表面积(公顷)
1.50~2.00	二级	5	0.4	74.1
1.25~1.50	三级	57	4.0	740.6
1.00~1.25	四级	185	13.2	2444.0
0.75~1.00	五级	819	58.6	10849.7
0.5~0.75	六级	274	19.6	3628.9
≤0.5	七级	57	4.0	740.6

从空间和行政区域分布上看,广河县耕地耕层土壤全氮的空间分布情况较均匀,大部分耕地耕层全氮分布范围在0.75~1.0g/kg之间。

(三)耕层土壤有效磷

广河县1401个耕层土壤样品进行化验结果表明,广河县耕层土壤有效磷含量最小值为4.5mg/kg,最大值为73.5mg/kg,平均值为19.0mg/kg,标准差为10.67,偏度为1.25,峰度为2.63,变异系数为56.2%,属于中等变异(见表2-12-39)。

表2-12-39 广河县耕层土壤有效磷含量描述性统计(mg/kg)

样本数	最小值	最大值	平均值	标准差	偏度	峰度	变异系数(%)
1401	4.5	73.5	19.0	10.67	1.25	2.63	56.2

根据甘肃省土壤有效磷分级标准,广河县耕层土壤有效磷含量在25.0~30.0mg/kg的样点数占25.3%;在5.0~10.0mg/kg之间的样点数占24.5%,分别属于省二级和六级水平(见表2-12-40)。

表 2-12-40　广河县耕层土壤有效磷分级

有效磷分级标准(mg/kg)	级别	样点数	占总样点数(%)	代表面积(公顷)
>30.0	一级	103	7.4	1370.1
25.0～30.0	二级	354	25.3	4684.3
20.0～25.0	三级	136	9.7	1796.0
15.0～20.0	四级	194	13.8	2555.0
10.0～15.0	五级	270	19.3	3573.4
5.0～10.0	六级	343	24.5	4536.1

从空间和行政区域分布上看,广河县东北部的三甲集镇的耕地耕层有效磷含量较高,在30.0～55.0mg/kg之间。中部的祁家集镇和西部的买家巷镇的大部分耕地耕层土壤有效磷含量较低,在7.3～10.0mg/kg之间。

(四)耕层土壤速效钾

广河县1401个耕层土壤样品化验结果表明,广河县耕层土壤速效钾含量最小值为90mg/kg,最大值为430mg/kg,平均值为251.8mg/kg,标准差为52.07,偏度为-0.20,峰度为-0.21,变异系数为20.7%,属于低等变异(见表2-12-41)。

表 2-12-41　广河县耕层土壤速效钾含量描述性统计(mg/kg)

样本数	最小值	最大值	平均值	标准差	偏度	峰度	变异系数(%)
1401	90	430	251.8	52.07	-0.20	-0.21	20.7

根据甘肃省土壤速效钾分级标准,广河县的耕层土壤速效钾含量在250～300mg/kg之间样点数占32.5%;在200～250mg/kg之间样点数占33.0%,分别属于省二级和三级水平(见表2-12-42)。

表 2-12-42　广河县耕层土壤速效钾含量分级

速效钾分级标准(mg/kg)	级别	样点数	占总样点数(%)	代表面积(公顷)
>300	一级	227	16.2	2999.4
250～300	二级	455	32.5	6017.3
200～250	三级	463	33.0	6109.9
150～200	四级	194	13.8	2555.0
100～150	五级	59	4.2	777.6
50～100	六级	3	0.2	37.0

从空间和行政区域分布上看,广河县大部分耕地耕层土壤速效钾含量较高,在200～300mg/kg之间。中部祁家集镇的部分耕地耕层土壤速效钾较低,大多在150～200mg/kg之间。

(五)耕层土壤 pH 值

广河县1402个耕层土壤样品进行化验结果表明,广河县耕层土壤 pH 值含量最小值为6.70,最大值为9.80,平均值为7.97,标准差为0.41,偏度为0.09,峰度为0.72,变异系数为5.14%,属于弱变异(见表2-12-43)。

表2-12-43　广河县耕层土壤 pH 值描述性统计

样本数	最小值	最大值	平均值	标准差	偏度	峰度	变异系数(%)
1402	6.70	9.80	7.97	0.41	0.09	0.72	5.14

二、广河县耕地地力分析

(一)广河县耕地地力等级与分布

1.广河县耕地地力等级面积统计

利用 ArcGIS 软件和 Excel2003,对评价图属性库进行操作,检索统计耕地各等级的面积和图幅总面积。以2007年广河县耕地总面积为基准,按面积比例进行平差,统计得各耕地地力等级面积。

广河县耕地总面积为18514.8公顷,共分为四等,二等地和三等地较多,分别占总耕地面积的28.2%和33.5%;一等地和四等地分别占总耕地面积的21.1%和17.2%;详情见表2-12-44。

表2-12-44　广河县耕地地力等级面积统计结果

级别	一等地	二等地	三等地	四等地	总面积(公顷)
面积(公顷)	3897.0	5222.4	6206.6	3188.8	18514.8
占总耕地面积(%)	21.1	28.2	33.5	17.2	100.0

2.广河县耕地地力等级行政区域分布

从各乡镇中不同等级耕地所占比例来看,祁家集镇(41.0%)和三甲集镇(33%)大部分是一等地,庄禾集镇(50.4%)大部分是二等地,水泉乡(55.3%),城关镇(40.8%),齐家镇(39.8%),阿力麻土乡(41.6%)和官坊乡(42.8%)大部分是三等地,买家巷镇(32.6%),官坊乡(40.8%)大部分是四等地。(详见表2-12-45)

从各等级耕地在不同乡镇所占比例来看,一等地主要分布在三甲集镇(22.2%)和祁家集镇(23.5%),二等地主要分布在庄禾集镇(27.1%)和水泉乡(12.4%),三等地主要分布在水泉乡（18.7%）和齐家镇（14.8%），四等地主要分布在三甲集镇（22.3%）和买家巷镇（19.6%）。（详见表2-12-46）

表2-12-45 广河县各镇不同等级耕地面积分布情况

乡镇名称	一等地		二等地		三等地		四等地	
	面积（公顷）	占本乡镇耕地（%）	面积（公顷）	占本乡镇耕地（%）	面积（公顷）	占本乡镇耕地（%）	面积（公顷）	占本乡镇耕地（%）
城关镇	535.0	30.5	447.5	25.5	714.6	40.8	56.3	3.2
三甲集镇	865.9	33.0	570.4	21.7	477.6	18.2	712.2	27.1
祁家集镇	915.1	41.0	581.1	26.0	612.5	27.4	123.8	5.6
庄禾集镇	131.9	4.7	1414.5	50.4	879.6	31.4	379.2	13.5
买家巷镇	490.9	25.7	523.4	27.4	275.0	14.4	624.7	32.6
齐家镇	600.3	26.0	563.1	24.4	919.2	39.8	228.1	9.9
水泉乡	12.2	0.6	646.2	30.7	1163.3	55.3	283.0	13.5
阿力麻土乡	345.9	21.7	283.7	17.8	663.1	41.6	302.7	19.0
官坊乡	0.00	0.0	192.4	16.4	501.6	42.8	478.9	40.8
总计	3897.2	21.1	5222.3	28.2	6206.6	33.5	3188.8	17.2

表2-12-46 广河县各等级耕地在不同乡镇面积分布情况

乡镇名称	一等地		二等地		三等地		四等地	
	面积（公顷）	占本级耕地（%）	面积（公顷）	占本级耕地（%）	面积（公顷）	占本级耕地（%）	面积（公顷）	占本级耕地（%）
城关镇	535.0	13.7	447.5	8.6	714.6	11.5	56.3	1.8
三甲集镇	865.9	22.2	570.4	10.9	477.6	7.7	712.2	22.3
祁家集镇	915.1	23.5	581.1	11.1	612.5	9.9	123.8	3.9
庄禾集镇	131.9	3.4	1414.5	27.1	879.6	14.2	379.2	11.9
买家巷镇	490.9	12.6	523.4	10.0	275.0	4.4	624.7	19.6
齐家镇	600.3	15.4	563.1	10.8	919.2	14.8	228.1	7.2
水泉乡	12.2	0.3	646.2	12.4	1163.3	18.7	283.0	8.9
阿力麻土乡	345.9	8.9	283.7	5.4	663.1	10.7	302.7	9.5
官坊乡	0.00	0.0	192.4	3.7	501.6	8.1	478.9	15.0
总计	3897.2	100.0	5222.3	100.0	6206.6	100.0	3188.8	100.0

(二)广河县耕地地力等级分述

1.一等地的主要属性

一等地综合评价指数大于0.8048,评价单元517个,耕地面积3897.1公顷,占总耕地面积的21.0%。一等地主要分布在广河县的三甲集镇和祁家集镇,土壤类型以黑垆土为主,占本级地的77.3%(详见表2-12-47)。耕层土壤质地主要是中壤(85.5%)(详见表2-12-48),质地构型主要是均质中壤(31.3%)(详见表2-12-49)。耕层土壤有机质含量平均为12.6g/kg,全磷含量平均为0.765mg/kg,全氮含量平均为0.869mg/kg,有效磷含量平均为19.0mg/kg,速效钾含量平均为244.5mg/kg,全钾含量平均为19.725mg/kg,CEC平均为12.6cmol/kg,pH值平均为8.08(详见表2-12-50)。

2.二等地的主要属性

二等地综合评价指数在0.8048~0.7236之间,评价单元1072个,耕地面积5222.4公顷,占总耕地面积的28.2%。二等地主要分布在广河县的庄禾集镇和水泉乡,土壤类型以栗钙土为主,占本级地的41.9%(详见表2-12-47)。耕层土壤质地主要是中壤(98.3%)(详见表2-12-48),质地构型主要是均质中壤(62.4%)(详见表2-12-49)。耕层土壤有机质含量平均为12.5g/kg,全磷含量平均为0.785mg/kg,全氮含量平均为0.869mg/kg,有效磷含量平均为20.28mg/kg,速效钾含量平均为250.9mg/kg,全钾含量平均为18.7mg/kg,CEC平均为12.0cmol/kg,pH值平均为8.00(详见表2-12-50)。

3.三等地的主要属性

三等地综合评价指数在0.7236~0.6842之间,评价单元528个,耕地面积6206.6公顷,占总耕地面积的33.5%。三等地主要分布在广河县的齐家镇和水泉乡,土壤类型以黑垆土为主,占本级地的61.9%(详见表2-12-47)。耕层土壤质地主要是中壤(94.8%)(详见表2-12-48),质地构型主要是夹砂中壤(54.0%)(详见表2-12-49)。耕层土壤有机质含量平均为12.7g/kg,全磷含量平均为0.782mg/kg,全氮含量平均为0.874mg/kg,有效磷含量平均为19.52mg/kg,速效钾含量平均为252.4mg/kg,全钾含量平均为18.7mg/kg,CEC平均为13.3cmol/kg,pH值平均为7.96(详见表2-12-50)。

4.四等地的主要属性

四等地综合评价指数小于0.6842,评价单元277个,耕地面积3188.8公顷,占总耕地面积的17.2%。四等地主要分布在广河县的三甲集镇和买家巷镇,土壤类型以黑垆土为主,占本级地的68.4%(详见表2-12-47)。耕层土壤质地主要是重壤(57.1%)(详见表2-12-48),质地构型主要是砂身重壤(47.3%)(详见表2-12-49)。耕层土壤有机质含量平均为11.6g/kg,全磷含量平均为0.774mg/kg,全氮含量平均为0.849mg/kg,有效磷含量平均为17.85mg/kg,速效钾含量平均为252.8mg/kg,全钾含量平均为18.6mg/kg,CEC平均为

17.3cmol/kg,pH 平均为 7.97(详见表 2-12-50)。

表 2-12-47 广河县各等级耕地在不同土壤类型面积分布情况

县土类名称	一等地		二等地		三等地		四等地	
	面积（公顷）	占本级耕地(%)	面积（公顷）	占本级耕地(%)	面积（公顷）	占本级耕地(%)	面积（公顷）	占本级耕地(%)
黑垆土	3013.2	77.3	1474	28.2	3838.5	61.9	2182.3	68.4
黑土	0.0	0.0	1032.1	19.8	230.6	3.7	174.8	5.5
红土	405.8	10.4	171.6	3.3	32.1	0.5	16.1	0.5
黄绵土	180.5	4.6	357.8	6.9	974.8	15.7	605.0	19.0
栗钙土	297.7	7.6	2186.8	41.9	1130.6	18.2	210.6	6.6
总计	3897.2	100.0	5222.3	100.0	6206.6	100.0	3188.8	100.0

表 2-12-48 广河县各等级耕地在不同质地面积分布情况

质地	一等地		二等地		三等地		四等地	
	面积（公顷）	占本级耕地(%)	面积（公顷）	占本级耕地(%)	面积（公顷）	占本级耕地(%)	面积（公顷）	占本级耕地(%)
轻壤	180.5	4.6	0.0	0.0	0.0	0.0	0.0	0.0
中壤	3343.1	85.8	5132.6	98.3	5885.9	94.8	1369.2	42.9
重壤	373.6	9.6	89.7	1.7	320.7	5.2	1819.7	57.1
总计	3897.2	100.0	5222.3	100.0	6206.6	100.0	3188.8	100.0

表 2-12-49 广河县各等级耕地在不同质地构型面积分布情况

质地构型	一等地		二等地		三等地		四等地	
	面积（公顷）	占本级耕地(%)	面积（公顷）	占本级耕地(%)	面积（公顷）	占本级耕地(%)	面积（公顷）	占本级耕地(%)
均质轻壤	180.5	4.6	0.0	0.0	0.0	0.0	0.0	0.0
均质中壤	1219.2	31.3	3257.6	62.4	1079.3	17.4	84.6	2.7
均质重壤	373.6	9.6	88.5	1.7	250.0	4.0	310.7	9.7
夹砂中壤	1067.1	27.4	1270.4	24.3	3354.2	54.0	1124.9	35.3
砂底中壤	820.7	21.1	208.6	4.0	0.0	0.0	0.0	0.0
砂身中壤	236.2	6.1	0.0	0.0	0.0	0.0	0.0	0.0
砂身重壤	0.0	0.0	1.2	0.0	70.7	1.1	1509.0	47.3
夹黏中壤	0.0	0.0	396.0	7.6	1388.5	22.4	153.5	4.8
黏底中壤	0.0	0.0	0.0	0.0	64.0	1.0	6.3	0.2
总计	3897.2	100.0	5222.3	100.0	6206.6	100.0	3188.8	100.0

表 2-12-50　广河县各等级耕地耕层土壤大量养分含量及理化性状

养分		一等地	二等地	三等地	四等地
有机质(g/kg)	范围	8.1～18.0	8.3～18.2	8.4～18.1	8.6～18.0
	平均值	12.6	12.5	12.7	11.6
全磷(mg/kg)	范围	0.627～1.129	0.648～0.133	0.675～0.949	0.674～0.945
	平均值	0.765	0.785	0.782	0.774
全氮(mg/kg)	范围	0.514～1.091	0.569～1.239	0.619～1.208	0.649～1.064
	平均值	0.869	0.869	0.874	0.849
全钾(mg/kg)	范围	15.0～24.1	15.3～23.9	15.4～23.4	15.1～23.2
	平均值	19.7	18.7	18.7	18.6
有效磷(mg/kg)	范围	7.79～49.3	8.00～52.4	8.35～49.1	8.41～50.6
	平均值	19.0	20.28	19.52	17.85
速效钾(mg/kg)	范围	161.4～303.2	163.4～307.8	182.4～306.2	193.0～304.6
	平均值	244.5	250.9	252.4	252.8
CEC(cmol/kg)	范围	8.3～16.1	8.8～23.3	8.8～29.2	8.8～29.2
	平均值	12.6	12.0	13.3	17.3
pH	范围	7.36～8.82	7.34～8.87	7.33～8.84	7.42～8.57
	平均值	8.08	8.00	7.96	7.97

第四节　永靖县耕地地力分析

一、永靖县耕层土壤属性

1. 耕层土壤有机质

耕层土壤有机质含量目前的平均水平为12.68g/kg,与第二次土壤普查相比,有机质含量有所降低,平均降低了3.30g/kg,变化率较大,为20.65%。永靖县各土地利用类型中,耕层土壤有机质平均含量最高的是旱地,为12.7g/kg,水浇地为12.3g/kg。

2. 耕层土壤全氮

全氮含量值最高的是水浇地,含量为1.0g/kg,旱地含量为0.92g/kg;全磷含量值最高的是旱地,含量为0.95g/kg,全量养分在永靖县各土地利用类型中差别很小。

3.耕层土壤碱解氮

碱解氮含量最高的是旱地,为34.07mg/kg,平均含量为32.41mg/kg。

4.耕层土壤有效磷

永靖县有效磷当前平均含量为16.15mg/kg,较第二次土壤普查的数据增加8.31mg/kg,变化率为106%,有效磷含量最高的是旱地,含量是16.18mg/kg,平均值是16.15mg/kg。

5.耕层土壤速效钾

速效钾当前平均含量为210mg/kg,较第二次土壤普查的数据减少9mg/kg,变化率为4.09%。速效钾含量最高的也是旱地,为212mg/kg,水浇地含量为197mg/kg。

6.耕层土壤pH值

按照永靖县测土配方施肥项目完成的3499个土样测试,结合永靖县土地利用类型分布,得到不同土地利用类型下的平均pH值。详见表2-12-51。

表2-12-51 永靖县各耕地利用类型土壤pH值分布

检测项目	旱地	水浇地
pH值	8.4	8.4

由表2-12-51分析可得,永靖县土壤酸碱度平均值为8.4,而各耕地利用类型的pH值均大于7,因此,永靖县耕地土壤呈微碱性。各耕地利用类型pH值相同。

二、永靖县耕地地力分析

按照农业部耕地质量调查和评价的规程及相关标准,结合当地实际情况,永靖县耕地地力分析,选取了对耕地地力影响较大,区域内变异明显,在时间序列上具有相对稳定性,与农业生产有密切关系的8个因子,建立评价指标体系。以土壤图与土地利用现状图叠加形成评价单元,应用模糊综合评判方法,通过综合分析,将全县耕地地力共划分为四个等级,根据评价结果结合地理信息系统ArcGIS软件平台从县域总体、各等级的空间分布、各等级耕地的土地利用类型、土壤主要属性等角度对耕地地力进行了系统分析。

(一)耕地地力等级与分布

1.耕地地力等级面积统计

永靖县耕地总面积为36318.2公顷,一等地面积占到了总耕地面积的18.60%;二等地和三等地,分别占到总耕地面积的17.27%和29.67%;四等地面积最大,占总耕地面积的32.02%,五等地面积最小,占总耕地面积的2.44%,具体数据见表2-12-52。

表 2-12-52　永靖县耕地地力等级及面积统计表

等级	一等地	二等地	三等地	四等地	五等地
面积（公顷）	6755.89	6272.53	10776.91	11627.94	884.93
占总耕地面积（%）	18.60	17.27	29.67	32.02	2.44

2.耕地地力等级的行政区域划分

为了更好的分析永靖县耕地地力等级的空间分布情况，利用 ArcGIS 软件将得到的地力等级分布图与永靖县行政区划图（乡镇级）进行叠加，从属性库中按乡镇权属检索统计得各级耕地在各个乡镇的分布状况（表 2-12-53 至 2-12-57）。

统计结果表明：一等地分布在永靖县各 11 个乡镇，盐锅峡镇分布范围较大，其余各个乡镇分布较平均，空间覆盖比例较小；二等地在永靖县王台镇、小岭乡、新寺乡没有分布其余各个乡镇均有分布；三等地和四等地基本在全县 17 个乡镇均有分布；五等地主要分布在红泉镇、小岭乡、川城镇。

由各等级耕地在不同乡镇所占比例来看，一等地面积比例较高的是盐锅峡镇、三塬镇、太极镇、西河镇和三条岘镇，分别占一等地面积的 19.45%、14.66%、13.46%、10.89% 和 10.54%。其余各个乡镇尽管也有一等地分布，但占本级地面积比例均不到 10%。二等地面积比例较高的是陈井镇、关山乡和徐顶乡，分别占二等地面积的 36.33%、18.85% 和 14.15%，其余各乡镇二等地面积均不到该等级总面积的 10%。三等地面积比例较高的是新寺乡，占三等地总面积的 19.91%，而其余各乡镇占本级面积比例均达不到 15%。四等地尽管在全县各乡镇均有分布，但分布较为分散，面积比例最高的是坪沟乡、新寺乡和杨塔乡，分别占四等地面积的 28.66%、18.44% 和 11.35%，其余各乡镇四等地面积均不到该等级总面积的 10%。五等地面积比例较小，主要分布在红泉镇，占五等地面积的 46.70%。

从各乡镇不同等级耕地所占本乡镇面积比例来看，一等地中占本乡镇耕地比例的排序为刘家峡镇、岘塬镇和盐锅峡镇，比值有所变化，分别是 93.02%、88.45% 和 86.15%。二等地中占本乡镇耕地面积比例较高的是陈井镇和徐顶乡，分别为 61.22% 和 58.20%。三等地中占本乡镇面积比例排序最高的是川城镇和红泉镇，比例分别是 60.07% 和 51.93%。四等地中占本乡镇面积比值最高的是杨塔乡为 82.08%，其次是坪沟乡 68.90%，小岭乡为 55.82%，五等地中占本乡镇面积比例最高的是红泉镇为 14.05%，其余各个县镇五等地占本乡镇面积比例均不足 10%。

表 2-12-53 永靖县各乡镇一等地面积分布情况

乡名称	评价单元数（个）	面积（公顷）	占本级耕地面积（%）	占本乡镇耕地面积（%）	占总耕地面积（%）
陈井镇	99	578.1	8.56	15.53	1.59
关山乡	30	213.9	3.17	9.21	0.59
刘家峡镇	124	647.91	9.59	93.02	1.78
坪沟乡	1	14.63	0.22	0.30	0.04
三条岘乡	130	712.28	10.54	64.36	1.96
三塬镇	114	990.59	14.66	53.95	2.73
太极镇	86	909.23	13.46	72.31	2.50
西河镇	113	735.43	10.89	46.63	2.02
岘塬镇	97	578.22	8.56	88.45	1.59
徐顶乡	4	11.05	0.16	0.69	0.03
盐锅峡镇	89	1314.25	19.45	86.15	3.62
国有土地	16	50.3	0.74	31.00	0.14
总计	903	6755.89	100.00	561.60	18.60

表 2-12-54 永靖县各乡镇二等地面积分布情况

乡名称	评价单元数（个）	面积（公顷）	占本级耕地面积（%）	占本乡镇耕地面积（%）	占总耕地面积（%）
陈井镇	242	2278.83	36.33	61.22	6.27
川城镇	21	76.39	1.22	3.20	0.21
关山乡	166	1182.38	18.85	50.90	3.26
红泉镇	12	63.64	1.01	2.16	0.18
刘家峡镇	8	35.75	0.57	5.13	0.10
坪沟乡	2	28.14	0.45	0.58	0.08
三条岘乡	52	260.42	4.15	23.53	0.72
三塬镇	76	429.65	6.85	23.40	1.18
太极镇	24	89.51	1.43	7.12	0.25
西河镇	35	366.02	5.84	23.21	1.01
岘塬镇	5	15.91	0.25	2.43	0.04
新寺乡	67	358.81	5.72	22.27	0.99
徐顶乡	146	887.83	14.15	58.20	2.44
盐锅峡镇	25	117.85	1.88	7.33	0.32
国有土地	5	81.4	1.30	50.16	0.22
总计	886	6272.53	100.00	340.86	17.27

表 2-12-55　永靖县各乡镇三等地面积分布情况

乡名称	评价单元数（个）	面积（公顷）	占本级耕地面积（%）	占本乡镇耕地面积（%）	占总耕地面积（%）
陈井镇	63	455.24	4.22	12.23	1.25
川城镇	188	1431.75	13.29	60.07	3.94
关山乡	98	523.34	4.86	22.53	1.44
红泉镇	155	1527.06	14.17	51.93	4.20
刘家峡镇	1	12.9	0.12	1.85	0.04
坪沟乡	184	1454.25	13.49	30.07	4.00
三条岘乡	8	80.79	0.75	7.30	0.22
三塬镇	58	260.83	2.42	14.21	0.72
太极镇	21	192.81	1.79	15.33	0.53
王台镇	73	756.19	7.02	44.43	2.08
西河镇	62	372.71	3.46	23.63	1.03
岘塬镇	8	27.05	0.25	4.14	0.07
小岭乡	73	617.69	5.73	36.46	1.70
新寺乡	333	2145.81	19.91	45.82	5.91
徐顶乡	86	610.28	5.66	37.88	1.68
盐锅峡镇	7	31.64	0.29	2.07	0.09
杨塔乡	43	276.57	2.57	17.20	0.76
总计	1461	10776.91	100.00	427.16	29.67

表 2-12-56　永靖县各乡镇四等地面积分布情况

乡名称	评价单元数（个）	面积（公顷）	占本级耕地面积（%）	占本乡镇耕地面积（%）	占总耕地面积（%）
陈井镇	49	316.68	2.72	8.51	0.87
川城镇	67	745.25	6.41	31.27	2.05
关山乡	70	396.01	3.41	17.05	1.09
红泉镇	195	936.64	8.06	31.85	2.58
坪沟乡	542	3331.99	28.66	68.90	9.17
三条岘乡	8	53.21	0.46	4.81	0.15
三塬镇	30	155.05	1.33	8.44	0.43
太极镇	8	65.82	0.57	5.23	0.18

续表 2-12-56

乡名称	评价单元数（个）	面积（公顷）	占本级耕地面积（%）	占本乡镇耕地面积（%）	占总耕地面积（%）
王台镇	181	915.22	7.87	53.78	2.52
西河镇	12	103.04	0.89	6.53	0.28
岘塬镇	2	32.52	0.28	4.97	0.09
小岭乡	115	945.65	8.13	55.82	2.60
新寺乡	339	2144.13	18.44	45.79	5.90
徐顶乡	28	102.12	0.88	6.34	0.28
盐锅峡镇	4	34.61	0.30	2.27	0.10
杨塔乡	195	1319.94	11.35	82.08	3.63
国有土地	16	30.06	0.26	18.52	0.08
总计	1861	11627.94	100.00	452.18	32.02

表 2-12-57 永靖县各乡镇五等地面积分布情况

乡名称	评价单元数（个）	面积（公顷）	占本级耕地面积（%）	占本乡镇耕地面积（%）	占总耕地面积（%）
陈井镇	10	93.33	10.55	2.51	0.26
川城镇	34	130.08	14.70	5.46	0.36
关山乡	4	7.15	0.81	0.31	0.02
红泉镇	132	413.27	46.70	14.05	1.14
坪沟乡	3	6.78	0.77	0.14	0.02
王台镇	18	30.41	3.44	1.79	0.08
小岭乡	39	130.78	14.78	7.72	0.36
新寺乡	7	33.93	3.83	0.72	0.09
盐锅峡镇	4	27.16	3.07	1.78	0.07
杨塔乡	9	11.52	1.30	0.72	0.03
国有土地	1	0.52	0.06	0.32	0.00
总计	261	884.93	100.00	35.52	2.44

（二）耕地地力分等级分析

由综合指数和专家评议结果得到永靖县五个等级的耕地地力评价结果，为了更好的反映各级耕地的土地利用类型和主要评价指标的影响，按耕地等级分别进行分析。

1. 一等地的主要属性

永靖县一等地综合评价指数（IFI）>0.7416，共903个评价单元，面积为6755.89公顷，占总耕地面积的18.60%。主要土地利用类型有其他旱地和水浇地。其中，水浇地面积为4886.67公顷占一等地面积72.33%，占总耕地面积的13.46%；旱地面积为1869.22公顷，占一等地面积27.67%，占总耕地面积的5.15%。

永靖县一等地主要分布在永靖县中部的黄河流域两侧的河谷川、塬（谷）地，地貌类型主要为河谷川、塬（谷）地，成土母质主要为黄土母质和冲击母质，面积分别为2550.25公顷和2030.66公顷，分别占一等地总面积的37.75%和30.06%。耕层质地主要是中壤，面积为6251.45公顷，占一等地总面积的92.53%。主要质地构型为均质中壤，面积为6251.45公顷，占一等耕地总面积的92.53%。

剖面构型主要为A11-A12-Bk-Ck构型。坡向主要为北向。≥10℃积温均值为2825℃，平均年降水量302mm，平均海拔1866.0m，平均坡度8.8°，平均耕层厚度为17cm，耕层土壤pH值平均为8.5，全氮平均含量为1g/kg，有效磷平均含量为15.66mg/kg，速效钾平均含量为200.03mg/kg，有机质平均含量为12.79g/kg。

2. 二等地的主要属性

永靖县二等地综合评价指数（IFI）在0.6663~0.7416之间，共886个评价单元，永靖县耕地主要土地利用类型有旱地，二等地旱地面积为5961.54公顷，占总耕地面积的16.41%。

永靖县二等地主要地貌类型为山间丘陵盆地，面积为4657.44公顷，占二等地总面积的74.25%，其次是黄土丘陵山地，面积为1412.21公顷，占二等地总面积的22.51%。成土母质主要为黄土母质，面积为5677.98公顷，占二等地总面积的比例为90.52%。耕层质地以中壤为主，50%的剖面构型为A11-A12-Bk-Ck构型。坡向主要为北向。≥10℃积温均值为2447℃，平均年降水量342mm，平均海拔2187.3m，平均坡度15.4°，平均耕层厚度为15cm，耕层土壤pH值平均为8.4，全氮平均含量为0.890g/kg，有效磷平均含量为15.28mg/kg，速效钾平均含量为209mg/kg，有机质平均含量为13.35g/kg。

3. 三等地的主要属性

永靖县三等地综合评价指数（IFI）在0.6082~0.6663之间，共1461个评价单元，耕地面积10776.91公顷，占总耕地面积的29.67%，主要土地利用类型有旱地和水浇地，其中三等地旱地面积为10586.96公顷，占总耕地面积的29.15%。

永靖县三等地主要地貌类型为黄土丘陵山地和山间丘陵盆地，黄土丘陵山地面积9075.66公顷，占三等地总面积的84.21%，山间丘陵盆地1598.31公顷，占三等地总面积的14.83%。主要成土母质为黄土母质，面积为10360.68公顷占三等地总面积比例是

96.14%。耕层土壤质地为中壤，质地构型以均质中壤为主。主要剖面构型以A11-A12-Bk-Ck构型为主。主要坡向北向。≥10°积温均值为2308℃，平均年降水量330mm,平均海拔2165.0m,平均坡度15.3°，平均耕层厚度为15cm,耕层土壤pH值平均为8.4,全氮平均含量为0.900g/kg,有效磷平均含量为16.86mg/kg,速效钾平均含量为212mg/kg,有机质平均含量为13.18g/kg。

4.四等地的主要属性

永靖县四等地综合评价指数(IFI)在0.4800～0.6082之间，共1861个评价单元,耕地面积11627.94公顷,占总耕地面积的32.02%。四等地主要土地利用类型是旱地,占四等地面积的98.87%,占耕地总面积31.66%。

永靖县四等地主要地貌类型为黄土丘陵山地,面积10720.77公顷,占四等耕地面积的90%以上，主要成土母质为黄土母质，面积为10714.09公顷,占四等地总面积比例92.14%。主要耕层土壤质地为中壤，质地构型以均质中壤为主。主要剖面构型以A11-A12-Bk-Ck构型为主。主要坡向北向。≥10℃积温均值为2350℃，平均年降水量320mm,平均海拔2168.9m,平均坡度18.5°，平均耕层厚度为15cm,耕层土壤pH值平均为8.4，全氮平均含量为0.940g/kg,有效磷平均含量为16.03mg/kg,速效钾平均含量为212mg/kg,有机质平均含量为11.85g/kg。

5.五等地的主要属性

永靖县五等地综合评价指数(IFI)<0.4800,共261个评价单元,耕地面积884.93公顷,占总耕地面积的2.44%。五等地主要土地利用类型是旱地,占五等地面积的90.73%,占耕地总面积2.21%。

永靖县五等地主要地貌类型为黄土丘陵山地,面积757.29公顷,占五等耕地面积的80%以上,主要成土母质为残积母质,面积为137.12公顷,占五等地总面积比例15.50%。主要耕层土壤质地为中壤,质地构型以均质中壤为主。主要剖面构型以A11-C1-C2构型为主。主要坡向北向。≥10°积温均值为2275℃,平均年降水量336320mm,平均海拔2046.9m,平均坡度16.1°，平均耕层厚度为12cm,耕层土壤pH值平均为8.4,全氮平均含量为0.900g/kg,有效磷平均含量为17.76mg/kg,速效钾平均含量为216mg/kg,有机质平均含量为13.21g/kg。

第五节 和政县耕地地力分析

一、和政县耕层土壤属性

(一)耕层土壤有机质

根据对和政县2523个样品的分析检测,其土壤有机质含量为23.1g/kg,标准差为6.3g/kg,变化区间为1.3~74.5g/kg。变异系数为27.3%。土壤有机质比1984年降低了9.1g/kg(1984年第二次全国土壤普查和政县土壤有机质含量为36.4g/kg)。根据农业部的土壤养分分级标准,结合甘肃省的实际情况,将和政县土壤有机质含量分级如表2-12-58所示。

和政县耕层有机质含量在15g/kg以下的耕地面积占总耕地面积的6.19%,有机质含量在15~20g/kg之间的耕地占26.27%,有机质含量在20~30g/kg之间的耕地占58.24%,有机质含量大于30g/kg的耕地占9.3%。这些数据表明,和政县耕层有机质含量不低。但是由于和政县处于高寒二阴区,有效积温较低导致有机质无法被分解利用,耕地土壤较贫瘠。

表 2-12-58　和政县耕层有机质含量分级统计

级别	范围	样本数	耕地面积(公顷)	占耕地比例(%)
7	≤6.0	3	22.56	0.09
6	6.0~10.0	7	70.51	0.29
5	10.0~15.0	135	1418.06	5.81
4	15.0~20.0	636	6410.00	26.27
3	20.0~25.0	963	9209.01	37.73
2	25.0~30.0	521	5004.63	20.51
1	>30	258	2269.80	9.30

(二)耕层土壤全氮

根据对和政县2523个样品的分析检测,其土壤全氮含量为1.400g/kg,标准差为0.6g/kg,变化区间为0.350~4.100g/kg。变异系数为45.2%。土壤全氮比1984年降低了0.013g/kg(1984年第二次全国土壤普查和政县土壤全氮含量1.413g/kg)。根据农业部的土壤养分分级标准,结合甘肃省的实际情况,将和政县土壤全氮含量分级如表2-12-59。

表 2-12-59 和政县耕层全氮含量分级统计

级别	范围	样本数	耕地面积(公顷)	占耕地比例(%)
7	≤0.5	4	24.82	0.10
6	0.5~0.75	73	697.75	2.86
5	0.75~1.0	431	4388.16	17.98
4	1.0~1.25	516	5327.05	21.83
3	1.25~1.50	549	5161.66	21.15
2	1.50~2.00	699	6654.92	27.27
1	>2.00	251	2150.22	8.81

(三)耕层土壤碱解氮

根据和政县 2523 个土壤样品的分析检测，其土壤碱解氮含量为 89.7mg/kg，标准差为 29.3mg/kg，变化区间为 6.5~251.0mg/kg。变异系数为 32.6%。根据农业部的养分分级标准，结合甘肃省的实际情况，将和政县土壤碱解氮分级如表 2-12-60。

和政县耕层碱解氮含量主要集中在 50~100mg/kg 之间，在这个含量级别的耕地占总耕地面积的 70.75%。有 26.33%的耕地碱解氮含量在 150~200mg/kg。耕层碱解氮含量大于 200mg/kg 以上的耕地面积仅为总耕地面积的 0.51%。

表 2-12-60 耕层碱解氮含量分级统计

级别	范围	样本数	耕地面积(公顷)	占耕地比例(%)
7	≤50	65	591.71	2.42
6	50~100	1764	17266.98	70.75
5	100~150	589	5651.67	23.16
4	150~200	92	774.07	3.17
3	200~250	11	103.22	0.42
2	250~300	2	16.92	0.07

(四)耕层土壤有效磷

根据和政县 2523 个土壤样品的分析检测，其土壤有效磷含量为 11.7mg/kg，标准差为 6.8mg/kg，变化区间为 1.5~98.1mg/kg。变异系数为 58.1%。根据农业部的土壤养分分级标准，结合甘肃省的实际情况，将和政县土壤有效磷分级如表 2-12-61。

表 2-12-61 耕层有效磷含量分级统计

级别	范围	样本数	耕地面积(公顷)	占耕地比例(%)
7	≤5	129	1159.72	4.75
6	5.0~10.0	1100	10182.98	41.72
5	10.0~15.0	788	7974.44	32.68
4	15.0~20.0	292	2976.02	12.19
3	20.0~30.0	180	1779.07	7.29
2	30.0~40.0	18	163.69	0.67
1	>40.0	16	168.66	0.69

和政县化验数据显示,41.72%的耕地土壤有效磷含量在5~10mg/kg之间,耕层有效磷含量分布在10~15mg/kg的耕地占总耕地面积的32.68%,而有效磷含量在15~30mg/kg的耕地面积更小,仅占总耕地面积的19.48%。可见,和政县耕层有效磷含量较低。

(五)耕层土壤速效钾

根据和政县2523个土壤样品的分析检测,其土壤速效钾含量为137mg/kg,标准差为58.4mg/kg,变化区间为10~510mg/kg。变异系数为42.5%。根据农业部的土壤养分分级标准,结合甘肃省的实际情况,将和政县土壤速效钾分级如表2-12-62。

和政县耕层速效钾主要分布在50~100mg/kg之间,土壤速效钾在这个区间的耕地占总耕地面积的60.33%。耕层速效钾含量在100~200mg/kg之间的耕地有23.38%。和政县耕地土壤速效钾含量低。

表 2-12-62 耕层速效钾含量分级统计

级别	范围	样本数	耕地面积(公顷)	占耕地比例(%)
7	≤50	12	85.74	0.35
6	50~100	1539	14724.06	60.33
5	100~150	197	2052.64	8.41
4	150~200	381	3654.48	14.97
3	200~250	268	2627.54	10.77
2	250~300	88	861.89	3.53
1	>300	38	398.23	1.63

(六)耕层土壤pH值

根据对和政县2523个样品的分析测试,和政县pH值的变化区间为7.0~8.8,平均值为7.8。根据土壤pH值分级标准,将土壤分为碱性(>8.5)、微碱性(7.5~8.5)、中性

(6.5~7.5)、微酸性(5.5~6.5)、酸性(4.5~5.5)、强酸性(<4.5)五个标准。统计结果显示,和政县耕地土壤17.71%呈中性,82.2%呈微碱性,0.09%呈碱性(表2-12-63)。

表2-12-63 和政县耕层pH分级统计

级别	范围	样本数	耕地面积(公顷)	占耕地比例(%)
中性	7.0~7.5	510	4321.03	17.71
微碱性	7.5~8.5	2011	20060.98	82.20
碱性	8.5~8.8	2	22.56	0.09

(七)耕层土壤有效铁

根据和政县52个土壤样品的分析检测,其耕层有效铁含量为17.5mg/kg,标准差为6.6mg/kg,变化区间为9.1~29.1mg/kg。变异系数为38%。根据农业部的土壤养分分级标准,结合甘肃省的实际情况,将和政县土壤有效铁分级如表2-12-64。

表2-12-64 和政县耕层有效铁含量分级统计

范围	样本数	耕地面积(公顷)	占耕地比例(%)
4.5~10.0	5	2223.66	9.11
10.0~12.5	8	3293.58	13.50
12.5~15.0	11	6445.93	26.41
>15.00	28	12441.74	50.98

和政县耕层有效铁的含量大于15mg/kg的耕地占总耕地面积的50.98%,有将近40%的耕地有效铁含量在10~15mg/kg之间,此数据显示,和政县90%的耕地有效铁含量丰富。

(八)耕层土壤有效锰

根据和政县52个土壤样品的分析检测,其耕层有效锰含量为13.1mg/kg,标准差为2.0mg/kg,变化区间为9.7~17.0mg/kg。变异系数为15.4%。根据农业部的土壤养分分级标准,结合甘肃省的实际情况,将和政县土壤有效锰分级如表2-12-65。

和政县耕层有效锰含量在9.0~12.0mg/kg之间的耕地占总耕地的35.75%,有44.06%的耕地土壤有效锰在12~15mg/kg之间,大于15mg/kg的耕地占总耕地的20.18%。

表2-12-65 和政县耕层有效锰含量分级统计

范围	样本数	耕地面积(公顷)	占耕地比例(%)
9.0~12.0	19	8725.98	35.75
12.0~15.0	23	10752.53	44.06
>15	10	4925.89	20.18

(九)耕层土壤有效铜

根据和政县52个土壤样品的分析检测,其耕层有效铜含量为1.00mg/kg,标准差为0.10mg/kg,变化区间为0.72~1.23mg/kg。变异系数为13.3%。根据农业部的土壤养分分级标准,结合甘肃省的实际情况,将和政县土壤有效铜分级如表2-12-66。

表2-12-65 和政县耕层有效铜含量分级统计

范围	样本数	耕地面积(公顷)	占耕地比例(%)
0.50~0.75	3	1154.25	4.73
0.75~1.00	28	14468.29	59.28
1.00~2.00	21	8782.37	35.99

和政县耕层土壤有效铜含量在0.75~1.00mg/kg之间的耕地占耕地的59.28%,土壤有效铜含量在1.00~2.00mg/kg之间的耕地有35.99%。仅有4.73%的耕地土壤有效铜含量在0.50~0.75mg/kg。

(十)耕层土壤有效锌

根据和政县52个土壤样品的分析检测,其耕层有效锌含量为0.90mg/kg,标准差为0.30mg/kg,变化区间为0.48~2.32mg/kg。变异系数为30.1%。根据农业部的土壤养分分级标准,结合甘肃省的实际情况,将和政县土壤有效锌分级如表2-12-67。

表2-12-67 和政县耕层有效锌含量分级统计

范围	样本数	耕地面积(公顷)	占耕地比例(%)
0.30~0.50	2	900.74	3.69
0.50~1.00	37	16410.50	67.24
1.00~2.00	12	6670.99	27.33
>2.00	1	422.18	1.73

和政县的耕地中,土壤有效锌含量在0.30~0.50mg/kg之间的耕地为3.69%,土壤有效锌含量在0.50~1.00mg/kg之间的耕地面积最大,占总耕面积的67.24%,土壤有效锌含量在1.00~2.00mg/kg之间的耕地为27.33%。

二、和政县耕地地力分析

本次耕地地力评价,按照农业部耕地质量调查和评价的规程及相关标准,结合当地实际情况,选取了对耕地地力影响较大、区域内变异明显、在时间序列上具有相对稳定性、与农业生产有密切关系的10个因素,建立评价指标体系。以土壤图、农用地地块图和行政区划图叠加形成评价单元,应用模糊综合评判方法,通过综合分析,将和政县耕地共划分为4个等级,根据评价结合进行耕地地力的系统分析。

(一)耕地地力等级与分布

1.耕地地力等级面积统计

利用CLRMIS4.0软件,对评价图属性库进行操作,检索统计耕地各等级的面积和图幅总面积。以2007年和政县耕地总面积为基准,按面积比例进行平差,统计得各耕地地力等级面积。和政县总耕地面积24405.00公顷,一等地的面积为4084.52公顷,占总耕地面积的16.74%;二等地面积为6608.78公顷,占总耕地面积的27.08%;三等地面积为9678.77公顷,占总耕地面积的39.66%;四等地面积为4032.93公顷,占总耕地面积的16.53%(表2-12-68)。

表2-12-68 和政县耕地地力评价结果面积统计

等级	一等地	二等地	三等地	四等地	总计
面积(公顷)	4084.52	6608.78	9678.77	4032.93	24405.00
百分比(%)	16.74	27.08	39.66	16.53	100.00

2.耕地地力等级的行政区域划分

各乡镇一、二、三、四等地的分布详情见表2-12-69。

表2-12-69 和政县耕地地力等级行政区域分布

乡镇名称	面积及比例	一等地	二等地	三等地	四等地	合计
城关镇	面积(公顷)	550.9	673.96	236.48	51.77	1513.11
	比例(%)	36.41	44.54	15.63	3.42	100
三合镇	面积(公顷)	516.54	396.93	203.02	213.29	1329.78
	比例(%)	38.84	29.85	15.27	16.04	100
三十里铺镇	面积(公顷)	462.84	698.41	1011.99	320.36	2493.6
	比例(%)	18.56	28.01	40.58	12.85	100
马家堡镇	面积(公顷)	503.69	679.59	648.42	113.15	1944.85
	比例(%)	25.90	34.94	33.34	5.82	100
买家集镇	面积(公顷)	182.5	473.35	1008.95	266.48	1931.28
	比例(%)	9.45	24.51	52.24	13.80	100
梁家寺乡	面积(公顷)	491.63	491.19	470.79	208.58	1662.19
	比例(%)	29.58	29.55	28.33	12.55	100.01029

续表2-12-69

乡镇名称	面积及比例	一等地	二等地	三等地	四等地	合计
陈家集乡	面积(公顷)	0	189.97	989.96	301.44	1481.37
	比例(%)	0	12.82	66.83	20.35	100
罗家集乡	面积(公顷)	189.81	830.63	913.62	257.62	2191.68
	比例(%)	8.66	37.90	41.69	11.75	100
卜家庄乡	面积(公顷)	72.25	271.63	688.99	103.84	1136.71
	比例(%)	6.36	23.90	60.61	9.14	100
新营乡	面积(公顷)	4.77	479.59	874.67	563.18	1922.21
	比例(%)	0.25	24.95	45.50	29.30	100
新庄乡	面积(公顷)	32.9	439.41	1302.17	990.26	2764.74
	比例(%)	1.19	15.89	47.10	35.82	100
吊滩乡	面积(公顷)	398.32	492.43	964.73	374.66	2230.14
	比例(%)	17.86	22.08	43.26	16.80	100
达浪乡	面积(公顷)	687.37	488.53	224.33	39.5	1439.73
	比例(%)	47.74	33.93	15.58	2.74	100
太子山	面积(公顷)	0	3.16	140.65	228.8	372.61
	比例(%)	0	0.85	37.75	61.40	100
总计	/	4084.52	6608.78	9678.77	4032.93	24405.00

(二)耕地地力等级分述

1.一等地的主要属性

一等地,耕地地力综合指数在0.8098~0.9319之间,面积4084.52公顷,占总耕地面积的16.74%。一等地的土地利用类型为旱地,一等地主要分布在城关镇、三合镇、梁家寺乡、达浪乡等。

一等地的地貌类型以河谷地和川谷地为主,耕层质地构型以均质中壤、均质重壤为主,有效土层厚度平均为150cm,地势平坦,降雨量充沛,无明显障碍层,土壤理化性状良好,可耕性强。耕层有机质含量平均值为21.5g/kg;耕层土壤有效磷含量平均值为

12.0mg/kg;耕层土壤速效钾含量平均值为88mg/kg。

2.二等地的主要属性

二等地,耕地地力综合指数在0.7709~0.8098之间,面积6608.78公顷,占总耕地面积的27.08%。二等地的土地利用类型主要是旱地,二等地主要分布在城关镇、三合镇、三十里铺镇、马家堡镇、梁家寺乡、罗家集乡、达浪乡等。

二等地的土类主要是黑垆土、黑土。地貌类型山谷地、河谷地以及川谷地主,耕层质地构型以夹砂重壤、均质中壤为主,有效土层厚度在70~150cm之间,坡度平均为9.7度。降雨量较为充沛,无明显障碍层,土壤理化性状良好,可耕性较强。耕层有机质含量平均值为21.8g/kg;耕层土壤有效磷含量平均值为11.1mg/kg;耕层土壤速效钾含量平均值为89mg/kg。

3.三等地的主要属性

三等地,耕地地力综合指数在0.7364~0.7709之间,面积9678.77公顷,占总耕地面积的39.66%。三等地的土地利用类型主要是旱地,三等地主要分布在三十里铺镇、买家集镇、陈家集乡、罗家集乡、卜家庄乡、新营乡、新庄乡、吊滩乡等。

三等地的土类主要是黑土。地貌类型以山谷地为主,所占三等地面积的比例为80%。耕层质地构型主要是均质重壤、黏身重壤、均质黏土、黏底轻壤等。有效土层厚度在60~150cm之间,坡度平均为10.8度。土层较薄,无明显障碍层,土壤理化性状良好,可耕性较差。耕层有机质含量平均值为23.3g/kg;耕层土壤有效磷含量平均值为10.8mg/kg;耕层土壤速效钾含量平均值为92mg/kg。

4.四等地的主要属性

四等地,耕地地力综合指数在0.5082~0.7364之间,面积4032.93公顷,占总耕地面积的16.53%。四等地的土地利用类型主要是旱地,四等地主要分布在陈家集乡、新营乡、新庄乡、太子山等。

四等地的土类主要是黑土和红土。地貌类型以山谷地为主,所占四等地面积的比例为93.2%。耕层质地构型主要是夹砂重壤、均质重壤。有效土层厚度在30~150cm之间,坡度平均为15.1°。土层薄,无明显障碍层,土壤理化性状良好,坡度较大,可耕性差。耕层有机质含量平均值为23.4g/kg;耕层土壤有效磷含量平均值为10.4mg/kg;耕层土壤速效钾含量平均值为93mg/kg。

第六节 东乡族自治县耕地地力分析

一、东乡县耕层土壤属性

(一)土壤有机质

根据对东乡县1953个样品的分析检测,其土壤有机质含量为14.9g/kg,标准差为6.27g/kg,变化区间为1.0~46.7g/kg。变异系数为42.05%。土壤有机质比1984年升高了3.3g/kg(1984年第二次全国土壤普查东乡县土壤有机质含量为11.6g/kg)。根据农业部的土壤养分分级标准,结合甘肃省的实际情况,将东乡县土壤有机质含量分级如表2-12-70所示。

东乡县耕层有机质含量在15g/kg以下的耕地面积占总耕地面积的6.19%,有机质含量在15~20g/kg之间的耕地占24.49%,有机质含量在20~30g/kg之间的耕地占18.27%。这些数据表明,东乡县耕层有机质含量较低。

表2-12-70 东乡县耕层有机质含量分级统计

级别	范围(g/kg)	样本数	耕地面积(公顷)	占耕地比例(%)
7	≤6.0	85	1649.7	4.42
6	6.0~10.0	306	5851.99	15.69
5	10.0~15.0	704	13310.79	35.70
4	15.0~20.0	488	9133.07	24.49
3	20.0~25.0	249	5064.99	13.58
2	25.0~30.0	93	1749.22	4.69
1	>30	28	525.94	1.41

(二)耕层土壤全氮

根据对东乡县1953个样品的分析检测,其土壤全氮含量为0.400g/kg,标准差为0.35g/kg,变化区间为0.019~2.470g/kg。变异系数为80.34%。土壤全氮比1984年降低了0.557g/kg(1985年第二次全国土壤普查东乡县土壤全氮含量为0.957g/kg)。根据农业部的土壤养分分级标准,结合甘肃省的实际情况,将东乡县土壤全氮含量分级如表2-12-71。

表 2-12-71　东乡县耕层全氮含量分级统计

级别	范围(g/kg)	样本数	耕地面积(公顷)	占耕地比例(%)
7	≤0.5	1415	27277.57	73.16
6	0.5~0.75	241	4494.30	12.05
5	0.75~1.0	191	3560.75	9.55
4	1.0~1.25	73	1355.07	3.63
3	1.25~1.50	22	391.55	1.05
2	1.50~2.00	8	148.8	0.40
1	>2.00	3	57.66	0.15

(三)耕层土壤碱解氮

根据东乡县1953个土壤样品的分析检测,其土壤碱解氮含量为58.7mg/kg,标准差为24.77mg/kg,变化区间为6.5~212.0mg/kg。变异系数为42.22%。根据农业部的养分分级标准,结合甘肃省的实际情况,将东乡县土壤碱解氮分级如表2-12-72。

东乡县耕层碱解氮含量在50~100mg/kg之间的耕地占总耕地面积的61.98%,50mg/kg以下的耕地占33.99%,可见东乡县耕地碱解氮含量较低。

表 2-12-72　耕层碱解氮含量分级统计

级别	范围(mg/kg)	样本数	耕地面积(公顷)	占耕地比例(%)
7	≤50	670	12674.7	33.99
6	50~100	1202	23110.4	61.98
5	100~150	57	1054.2	2.83
4	150~200	23	427.8	1.15
3	200~250	1	18.6	0.05

(四)耕层土壤有效磷

根据东乡县1953个土壤样品的分析检测,其土壤有效磷含量为16.1mg/kg,标准差为7.88mg/kg,变化区间为2.0~78.8mg/kg。变异系数为49.08%。根据农业部的养分分级标准,结合甘肃省的实际情况,将东乡县土壤有效磷分级如表2-12-73。

东乡县耕层有效磷含量在10~20mg/kg之间的耕地面积占总耕地面积的62.29%,在20~30mg/kg之间的耕地面积占总耕地面积的15.02%,其中,有13.42%的耕地耕层有效磷含量在10mg/kg以下。

表 2-12-73 耕层有效磷含量分级统计

级别	范围(mg/kg)	样本数	耕地面积(公顷)	占耕地比例(%)
七级	≤5	60	1156.60	3.10
六级	5.0~10.0	264	4964.83	13.32
五级	10.0~15.0	687	12993.57	34.85
四级	15.0~20.0	542	10307.32	27.64
三级	20.0~30.0	289	5599.02	15.02
二级	30.0~40.0	78	1460.91	3.92
一级	>40.0	33	803.45	2.15

(五)土壤速效钾

根据东乡县1953个土壤样品的分析检测,其土壤速效钾含量为181.6mg/kg,标准差为56.04mg/kg,变化区间为31~393mg/kg。变异系数为30.86%。根据农业部的养分分级标准,结合甘肃省的实际情况,将东乡县土壤速效钾分级如表2-12-74。

表 2-12-74 耕层速效钾含量分级统计

级别	范围(mg/kg)	样本数	耕地面积(公顷)	占耕地比例(%)
六级	50~100	69	1311.45	3.52
五级	100~150	553	10688.08	28.67
四级	150~200	681	13122.57	35.19
三级	200~250	454	8503.62	22.81
二级	250~300	143	2680.37	7.19
一级	>300	53	979.61	2.63

东乡县耕层土壤速效钾含量在主要集中在150~200mg/kg之间,占总耕地的35.19%,有22.81%耕地耕层速效钾含量在200~250mg/kg之间。另外,28.67%耕地耕层速效钾含量在100~150mg/kg之间。

(六)耕层土壤pH值

根据对东乡县1953个样品的分析测试,东乡县pH值的变化区间为7.0~8.8,平均值为8.0。根据土壤pH值分级标准,将土壤分为碱性(>8.5)、微碱性(7.5~8.5)、中性(6.5~7.5)、微酸性(5.5~6.5)、酸性(4.5~5.5)、强酸性(<4.5)五个标准。统计结果显示,东

乡县耕地土壤0.68%呈中性,98.41%呈微碱性,0.91%呈碱性(表2-12-75)。

表2-12-75　东乡县耕层pH分级统计

级别	范围	样本数	耕地面积(公顷)	占耕地比例(%)
中性	7.0~7.5	13	254.18	0.68
微碱性	7.5~8.5	1922	36692.33	98.41
碱性	8.5~8.8	18	339.19	0.91

二、东乡县耕地地力分析

本次耕地地力分析,按照农业部耕地质量调查和评价的规程及相关标准,结合当地实际情况,选取了对耕地地力影响较大,区域内变异明显,在时间序列上具有相对稳定性,与农业生产有密切关系的10个因素,建立评价指标体系。以土壤图、农用地地块图和行政区划图叠加形成评价单元,应用模糊综合评判方法,通过综合分析,将东乡县耕地共划分为4个等级,根据评价结合进行耕地地力的系统分析。

(一)耕地地力等级与分布

1.耕地地力等级面积统计

利用CLRMIS4.0软件,对评价图属性库进行操作,检索统计耕地各等级的面积和图幅总面积。以2007年东乡县耕地总面积为基准,按面积比例进行平差,统计得各耕地地力等级面积。东乡县总耕地面积37285.7公顷,一等地的面积为5094.26公顷,占总耕地面积的13.66%;二等地面积为8361.43公顷,占总耕地面积的22.43%;三等地面积为15707.54公顷,占总耕地面积的42.13%;四等地面积为8122.47公顷,占总耕地面积的21.78%(表2-12-76)。

表2-12-76　东乡县耕地地力评价结果面积统计

等级	一等地	二等地	三等地	四等地	总计
面积(公顷)	5094.26	8361.43	15707.54	8122.47	37285.70
百分比(%)	13.66	22.43	42.13	21.78	100.00

2.耕地地力等级的行政区域划分

锁南镇,一等地面积为4.44公顷,占全镇总耕地的0.24%;二等地面积为159.13公顷,占8.72%;三等地面积为1380.65公顷,占75.66%;四等地面积为280.7公顷,占15.38%。东乡县各乡镇一、二、三、四等地的分布详情见表2-12-77。

表 2-12-77 耕地地力等级行政区域分布

乡镇名称	面积及比例	一等地	二等地	三等地	四等地	合计
锁南镇	面积（公顷）	4.44	159.13	1380.65	280.70	1824.92
	比例（%）	0.24	8.72	75.66	15.38	100
达板镇	面积（公顷）	630.19	34.53	10.12	80.55	755.39
	比例（%）	83.43	4.57	1.34	10.66	100
河滩镇	面积（公顷）	1210.57	53.27	13.71	27.42	1304.97
	比例（%）	92.77	4.08	1.05	2.10	100
那勒寺镇	面积（公顷）	598.70	1747.68	223.53	212.89	2782.8
	比例（%）	21.51	62.80	8.03	7.65	100
唐汪镇	面积（公顷）	473.65	7.76	23.63	123.32	628.36
	比例（%）	75.38	1.23	3.76	19.63	100
春台镇	面积（公顷）	72.79	144.50	1104.78	322.81	1644.88
	比例（%）	4.43	8.78	67.16	19.63	100
柳树乡	面积（公顷）	80.12	544.96	478.54	218.45	1322.07
	比例（%）	6.06	41.22	36.20	16.52	100
东塬乡	面积（公顷）	290.22	525.87	236.24	374.52	1426.85
	比例（%）	20.34	36.86	16.56	26.25	100
坪庄乡	面积（公顷）	128.88	1391.28	89.46	166.66	1776.28
	比例（%）	7.26	78.33	5.04	9.38	100
百和乡	面积（公顷）	102.07	543.36	327.80	548.01	1521.24
	比例（%）	6.71	35.72	21.55	36.02	100
关卜乡	面积（公顷）	186.37	191.21	695.52	199.15	1272.25
	比例（%）	14.65	15.03	54.67	15.65	100
赵家乡	面积（公顷）	287.10	661.72	20.96	134.28	1104.06
	比例（%）	26.00	59.94	1.90	12.16	100
五家乡	面积（公顷）	210.93	474.48	423.14	366.43	1474.98
	比例（%）	14.30	32.17	28.69	24.84	100
果园乡	面积（公顷）	448.56	163.28	867.44	626.14	2105.42
	比例（%）	21.31	7.76	41.20	29.74	100

续表 2-12-77

乡镇名称	面积及比例	一等地	二等地	三等地	四等地	合计
沿岭乡	面积(公顷)	3.57	95.74	685.12	296.62	1081.05
	比例(%)	0.33	8.86	63.38	27.44	100
汪集乡	面积(公顷)	2.83	46.69	1810.09	504.07	2363.68
	比例(%)	0.12	1.98	76.58	21.33	100
凤山乡	面积(公顷)	65.59	1146.26	949.05	894.80	3055.7
	比例(%)	2.15	37.51	31.06	29.28	100
高山乡	面积(公顷)	2.02	299.45	564.68	343.01	1209.16
	比例(%)	0.17	24.77	46.70	28.37	100
大树乡	面积(公顷)	4.41	11.12	1355.70	405.40	1776.63
	比例(%)	0.25	0.63	76.31	22.82	100
北岭乡	面积(公顷)	0.77	16.31	856.68	194.20	1067.96
	比例(%)	0.07	1.53	80.22	18.18	100
龙泉乡	面积(公顷)	1.39	11.77	1754.35	1074.61	2842.12
	比例(%)	0.05	0.41	61.73	37.81	100
考勒乡	面积(公顷)	179.23	63.10	683.18	152.40	1077.91
	比例(%)	16.63	5.85	63.38	14.14	100
董岭乡	面积(公顷)	109.86	27.96	1153.17	576.03	1867.02
	比例(%)	5.88	1.50	61.77	30.85	100
总计	—	5094.26	8361.43	15707.54	8122.47	37285.70

(二)耕地地力等级分述

1.一等地的主要属性

一等地,耕地地力综合指数在 0.7500～0.8730 之间,面积 5094.26 公顷,占总耕地面积的 13.66%。一等地的土地利用类型主要有水浇地和旱地,一等地主要分布在达坂镇、河滩镇、唐汪镇等。一等地的土类是黑垆土,地貌类型以河谷阶地为主,耕层质地构型以均质中壤为主,有效土层厚度平均为 150cm,地势平坦,降雨量充沛,无明显障碍层,土壤理化性状良好,可耕性强。耕层有机质含量为 10.3～22.4g/kg,平均值为 15.9g/kg;阳离子代换量为 7.3～16.53cmol/kg,平均值为 10.01cmol/kg;耕层土壤有效磷含量为 11～24.7mg/kg,平均值为 17.4mg/kg;耕层土壤速效钾含量为 135～270mg/kg,平均值为

177mg/kg。

2.二等地的主要属性

二等地,耕地地力综合指数在 0.7208~0.7500 之间,面积 8361.43 公顷,占总耕地面积的 22.43%。二等地的土地利用类型主要是旱地,二等地主要分布在那勒寺镇、柳树乡、东源乡、坪庄乡、赵家乡等。二等地的土类主要是黑垆土,地貌类型以黄土斜梁状丘陵和河谷阶地为主,耕层质地构型以夹砂重壤、均质中壤为主,有效土层厚度在 70~150cm 之间,坡度平均为 10.1 度。降雨量较为充沛,土层较厚,无明显障碍层,土壤理化性状良好,可耕性较强。耕层有机质含量为 9.5~23.3g/kg,平均值为 15.5g/kg;阳离子代换量为 7.3~16.53cmol/kg,平均值为 10.03cmol/kg;耕层土壤有效磷含量为 10.5~24.4mg/kg,平均值为 16.2mg/kg;耕层土壤速效钾含量为 139~261mg/kg,平均值为 184mg/kg。

3.三等地的主要属性

三等地,耕地地力综合指数在 0.6700~0.7208 之间,面积 15707.54 公顷,占总耕地面积的 42.13%。三等地的土地利用类型主要是旱地,三等地主要分布在锁南镇、春台镇、关卜乡、果园乡、沿岭乡、汪集乡、高山乡、大树乡、北岭乡、龙泉乡、考勒乡、董岭乡等。三等地的土类主要是黑垆土和黄绵土。地貌类型以黄土斜梁状丘陵为主。耕层质地构型主要是夹砂中壤、夹砂重壤、均质中壤、均质重壤和砂底中壤。有效土层厚度在 49~150cm 之间,坡度平均为 17.7 度。土层较薄,无明显障碍层,土壤理化性状良好,可耕性较差。耕层有机质含量为 9.4~23.5g/kg,平均值为 14.4g/kg;阳离子代换量为 7.3~16.53cmol/kg,平均值为 9.97cmol/kg;耕层土壤有效磷含量为 10.5~24.1mg/kg,平均值为 15.6mg/kg;耕层土壤速效钾含量为 136~259mg/kg,平均值为 186mg/kg。

4.四等地的主要属性

四等地,耕地地力综合指数在 0.4159~0.6700 之间,面积 8122.47 公顷,占总耕地面积的 21.78%。四等地的土地利用类型主要是旱地,四等地主要分布在百和乡、果园乡、沿岭乡、凤山乡、高山乡、龙泉乡、董岭乡等。四等地的土类主要是栗钙土。地貌类型以黄土斜梁状丘陵、黄土梁峁丘陵为主,所占四等地面积的比例分别为 57.37%、41.12%。耕层质地构型主要是夹砂中壤、夹砂重壤、均质重壤和砂底中壤。有效土层厚度在 39~150cm 之间,坡度平均为 20.2 度。土层薄,无明显障碍层,土壤理化性状良好,坡度较大,可耕性差。耕层有机质含量 9~23.5g/kg,平均值为 14.5g/kg;阳离子代换量为 7.85~16.53cmol/kg,平均值为 9.5cmol/kg;耕层土壤有效磷含量为 10.3~25.2mg/kg,平均值为 15.6mg/kg;耕层土壤速效钾含量为 137~262mg/kg,平均值为 183mg/kg。

第七节 积石山县耕地地力分析

一、积石山县耕层土壤属性

(一)耕层土壤有机质

积石山县耕层土壤样品化验结果表明,积石山县耕层土壤有机质含量最小值为5.8g/kg,最大值为37.7g/kg,平均值为15.8g/kg,标准差为6.7,偏度为1.3,峰度为2.9,变异系数为42.2%,属于中等变异(见表2-12-78)。

根据甘肃省土壤有机质分级标准,积石山县耕层土壤有机质含量在10.0~15.0g/kg之间的样点数占47.49%,其代表耕地面积为14440.72公顷,属于省五级水平(见表2-12-79)。

从空间和行政区域分布上看,积石山县耕地耕层土壤有机质空间分布情况是:西南部的小关乡、吹麻滩镇、癿藏镇有机质含量较高,在20~29.8g/kg之间;东南部的安集乡、银川乡有机质含量偏低,含量大多在9.8~10.0g/kg之间。

表2-12-78 积石山县耕层土壤有机质描述性统计(g/kg)

样本数	最小值	最大值	平均值	标准差	偏度	峰度	变异系数(%)
2495	5.8	37.7	15.8	6.7	1.3	2.9	42.2

表2-12-79 积石山县耕层土壤有机质含量分级

有机质分级标准(g/kg)	级别	样点数	占总样点数(%)	代表面积(公顷)
>30	一级	57	2.28	694.62
25.0~30.0	二级	249	9.98	3034.38
20.0~25.0	三级	341	13.67	4155.52
15.0~20.0	四级	295	11.82	3594.95
10.0~15.0	五级	1185	47.49	14440.72
6.0~10.0	六级	356	14.27	4338.31
≤6.0	七级	12	0.48	146.24

(二)耕层土壤全氮

积石山县2478个耕层土壤样品化验结果表明,积石山县耕层土壤全氮含量最小值为0.380g/kg,最大值为1.100g/kg,平均值为0.766g/kg,标准差为0.18,偏度为-0.06,峰度为-0.73,变异系数为22.9%,属于弱变异(见表2-12-80)。

根据甘肃省土壤全氮分级标准,积石山县耕层土壤全氮含量在0.75~1.00g/kg之间的样点数占37.57%,其代表耕地面积为11423.25公顷;耕层土壤全氮含量在0.5~0.75g/kg的样点数占44.35%,其代表耕地面积为13484.58公顷;分别属于省五级和六级水平(见表2-12-81)。

从空间和行政区域分布上看,积石山县耕地耕层土壤全氮的空间分布情况是:刘集乡、关家川乡、小关乡一些耕地全氮含量高,能达到1.250~2.373之间;其他大部分乡镇全氮含量偏低,最低的乡镇包括安集乡、胡林家乡、郭干乡、关家川乡等大多耕地全氮含量在0.75g/kg以下。

表2-12-80 积石山县耕层土壤全氮含量描述性统计(g/kg)

样本数	最小值	最大值	平均值	标准差	偏度	峰度	变异系(%)
2478	0.380	1.100	0.766	0.18	−0.06	−0.73	22.9

表2-12-81 积石山县耕层土壤全氮含量分级

全氮分级标准(g/kg)	级别	样点数	占总样点数(%)	代表面积(公顷)
1.00~1.25	四级	293	11.82	3595.07
0.75~1.00	五级	931	37.57	11423.25
0.5~0.75	六级	1099	44.35	13484.58
≤0.5	七级	155	6.26	1901.83

(三)耕层土壤碱解氮

积石山县2472个耕层土壤样品化验结果表明,积石山县耕层土壤碱解氮含量最小值为15.3mg/kg,最大值为81.1mg/kg,平均值为49.1mg/kg,标准差为12.67,偏度为−0.19,峰度为−1.22,变异系数为25.83%,属于中等变异(见表2-12-82)。

表2-12-82 积石山县耕层土壤碱解氮含量描述性统计(mg/kg)

样本数	最小值	最大值	平均值	标准差	偏度	峰度	变异系数(%)
2472	15.3	81.1	49.1	12.67	−0.19	−1.22	25.83

根据甘肃省土壤碱解氮分级标准,积石山县耕层土壤碱解氮含量在50~100mg/kg之间的样点数占54.81%,其代表耕地面积为16666.02公顷;土壤碱解氮含量在≤50g之间的样点数占45.19%,其代表耕地面积为13738.71公顷分别属于省六、七级水平(见表2-12-83)。

从空间和行政区域分布上看,积石山县耕地耕层土壤碱解氮空间分布基本上均在30~100mg/kg之间,总体上很低。

表 2-12-83　积石山县耕层土壤碱解氮分级

碱解氮分级标准(mg/kg)	级别	样点数	占总样点数(%)	代表面积(公顷)
50~100	六级	1355	54.81	16666.02
≤50	七级	1117	45.19	13738.71

(四)耕层土壤有效磷

积石山县 2500 个耕层土壤样品进行化验结果表明,积石山县耕层土壤有效磷含量最小值为 6.0mg/kg,最大值为 25.6mg/kg,平均值为 14.0mg/kg,标准差为 2.6,偏度为 0.6,峰度为 1.3,变异系数为 18.70%,属于弱变异(见表 2-12-84)。

根据甘肃省土壤有效磷分级标准,积石山县耕层土壤有效磷含量在 10.0~15.0mg/kg 之间的样点数占 65.8%,其代表耕地面积为 20006.31 公顷,属于省五级水平(见表 2-12-85)。

从空间和行政区域分布上看,积石山县石塬乡、关家川乡、屲藏镇耕层土壤有效磷含量较高,在 15.0~20.0mg/kg 之间。东部的安集乡、胡林家乡、银川乡、铺川乡等耕层有效磷含量较低,在 10.0mg/kg 以下。

表 2-12-84　积石山县耕层土壤有效磷含量描述性统计(mg/kg)

样本数	最小值	最大值	平均值	标准差	偏度	峰度	变异系数(%)
2500	6.0	25.6	14.0	2.6	0.6	1.3	18.70

表 2-12-85　积石山县耕层土壤有效磷分级

有效磷分级标准(mg/kg)	级别	样点数	占总样点数(%)	代表面积(公顷)
25.0~30.0	二级	3	0.12	36.49
20.0~25.0	三级	61	2.44	741.88
15.0~20.0	四级	676	27.04	8221.44
10.0~15.0	五级	1645	65.8	20006.31
5.0~10.0	六级	115	4.60	1398.62

(五)耕层土速效钾

积石山县 2484 个耕层土壤样品化验结果表明,积石山县耕层土壤速效钾含量最小值为 80mg/kg,最大值为 298mg/kg,平均值为 157mg/kg,标准差为 30.2,偏度为 -0.15,峰度为 2.09,变异系数为 19.21%,属于弱变异(见表 2-12-86)。

根据甘肃省土壤速效钾分级标准,积石山县的耕层土壤速效钾含量,在甘肃省的七个等级中都有分布,其中 51.25% 的样点速效钾含量在 150~200mg/kg 之间,其代表耕地面积为 15581.81 公顷；38.57%的样点速效钾含量在 100～150mg/kg，其代表耕地面积为 11726.14 公顷，分别属于省四级和五级水平（见表 2-12-87）。

从空间和行政区域分布上看，积石山县东部的关家川乡、胡林家乡及东南部银川乡、铺川乡耕地速效钾含量高，在 150mg/kg～200mg/kg 之间；癿藏镇、吹麻滩镇、寨子沟乡耕层速效钾含量集中在 90～100mg/kg 之间。

表 2-12-86　积石山县耕层土壤速效钾含量描述性统计（mg/kg）

样本数	最小值	最大值	平均值	标准差	偏度	峰度	变异系数（%）
2484	80	298	157	30.2	-0.15	2.09	19.21

表 2-12-87　积石山县耕层土壤速效钾含量分级

速效钾分级标准（mg/kg）	级别	样点数	占总样点数（%）	代表面积（公顷）
250～300	二级	6	0.24	73.44
200～250	三级	172	6.92	2105.32
150～200	四级	1273	51.25	15581.81
100～150	五级	958	38.57	11726.14
50～100	六级	75	3.02	918.01

（六）耕层土壤 pH 值

积石山县 2499 个耕层土壤样品进行化验结果表明，积石山县耕层土壤 pH 值含量平均在 7.9～8.4 之间。耕层土壤 pH 含量最小值为 7.6，最大值为 8.7，平均值为 8.2，标准差为 0.2，偏度为 -0.57，峰度为 7.83，变异系数为 2.44%，属于弱变异（见表 2-12-88）。

从空间和行政区域分布上看，积石山县耕地耕层土壤 pH 值，大多在 7.8～8.4 之间。

表 2-12-88　积石山县耕层土壤 pH 值描述性统计

样本数	最小值	最大值	平均值	标准差	偏度	峰度	变异系数（%）
2499	7.6	8.7	8.2	0.2	-0.57	7.83	2.44

二、积石山县耕地地力分析

本次耕地地力分析，按照农业部耕地质量调查和评价的规程及相关标准，结合当地实际情况，选取了对耕地地力影响较大，区域内变异明显，在时间序列上具有相对稳定性，与农业生产有密切关系的 10 个因素，建立评价指标体系。以土壤图与土地利用现状图叠加形成评价单元，应用模糊综合评判方法，通过综合分析，将积石山县耕地共划分为 4 个等级，根据评价结果进行耕地地力的系统分析。

(一)积石山县耕地地力等级与分布

1.积石山县耕地地力等级面积统计

利用ArcGIS软件和Excel2003,对评价图属性库进行操作,检索统计耕地各等级的面积和图幅总面积。以2007年积石山县耕地总面积为基准,按面积比例进行平差,统计得各耕地地力等级面积。

积石山县耕地总面积为30404.73公顷,二等地和三等地较多,分别占总耕地面积的30%以上;四等地较少,占总耕地面积的11.5%,见表2-12-89。

表2-12-89 积石山县耕地地力等级面积统计结果

级别	一等地	二等地	三等地	四等地	总面积(公顷)
面积(公顷)	5837.01	9670.14	11391.15	3506.43	30404.73
占总耕地面积(%)	19.20	31.80	37.47	11.53	100.00

2.积石山县耕地地力等级行政区域分布

从各乡镇中不同等级耕地所占比例来看,安集乡、居集镇、刘集乡、柳沟乡、铺川乡、银川乡、寨子沟乡及中咀岭乡的耕地主要是二、三等地。癿藏镇、胡林家乡的耕地主要是二等地。吹麻滩镇、郭干乡、小关乡、徐扈家乡的耕地主要是三等地,大河家镇和关家川乡的耕地近50%是一等地。石塬乡耕地在一、二、三等地主要分布。详见表2-12-90。

从各等级耕地在不同乡镇所占比例来看,各等级地在各个乡镇均有分布,其中一等地主要分布在关家川乡。二等地主要分布在安集乡、胡林家乡。三等地主要分布在安集乡、小关乡和寨子沟乡。四等地主要分布在安集乡、胡林家乡、柳沟乡。详见表2-12-91。

表2-12-90 积石山县各乡镇不同等级耕地面积分布情况

乡镇名称	一等地		二等地		三等地		四等地	
	面积(公顷)	占本乡镇耕地面积(%)	面积(公顷)	占本乡镇耕地面积(%)	面积(公顷)	占本乡镇耕地面积(%)	面积(公顷)	占本乡镇耕地面积(%)
安集乡	500.81	14.58	1219.78	35.51	1252.34	36.46	462.28	13.46
癿藏镇	346.24	27.89	477.72	38.49	305.04	24.57	112.27	9.05
吹麻滩镇	279.21	17.77	280.38	17.84	808.96	51.48	202.94	12.91
大河家镇	459.12	46.51	275.69	27.93	128.04	12.97	124.31	12.59
关家川乡	1389.83	50.74	527.53	19.26	705.33	25.75	116.54	4.25
郭干乡	57.84	5.67	164.77	16.17	556.75	54.62	239.89	23.54
胡林家乡	319.29	13.06	1168.22	47.79	580.24	23.74	376.73	15.41
居集镇	74.67	4.61	663.12	40.90	555.51	34.27	327.86	20.22

续表 2-12-90

乡镇名称	一等地		二等地		三等地		四等地	
	面积（公顷）	占本乡镇耕地面积（%）	面积（公顷）	占本乡镇耕地面积（%）	面积（公顷）	占本乡镇耕地面积（%）	面积（公顷）	占本乡镇耕地面积（%）
刘集乡	203.36	12.26	616.65	37.18	581.49	35.06	257.24	15.51
柳沟乡	393.61	18.78	615.00	29.34	640.68	30.56	447.11	21.33
铺川乡	160.82	10.78	492.50	33.01	760.09	50.94	78.74	5.28
石塬乡	411.24	26.07	454.80	28.83	586.98	37.21	124.35	7.88
太子山林场	0.30	12.40	0.00	0.00	0.44	18.01	1.68	69.58
小关乡	196.38	11.95	302.54	18.41	936.62	56.98	208.15	12.66
徐扈家乡	39.51	4.17	258.43	27.28	564.89	59.62	84.62	8.93
银川乡	496.52	22.72	859.38	39.32	671.21	30.71	158.66	7.26
寨子沟乡	461.43	21.98	592.76	28.24	930.47	44.32	114.58	5.46
中咀岭乡	46.83	2.85	700.86	42.68	826.07	50.30	68.48	4.17
总计	5837.01	19.20	9670.14	31.80	11391.15	37.47	3506.43	11.53

表 2-12-91 积石山县各等级耕地不同乡镇面积分布情况

乡镇名称	一等地		二等地		三等地		四等地	
	面积（公顷）	占本等级耕地（%）	面积（公顷）	占本等级耕地（%）	面积（公顷）	占本等级耕地（%）	面积（公顷）	占本等级耕地（%）
安集乡	500.81	8.58	1219.78	12.61	1252.34	10.99	462.28	13.18
乱藏镇	346.24	5.93	477.72	4.94	305.04	2.68	112.27	3.20
吹麻滩镇	279.21	4.78	280.38	2.90	808.96	7.10	202.94	5.79
大河家镇	459.12	7.87	275.69	2.85	128.04	1.12	124.31	3.55
关家川乡	1389.83	23.81	527.53	5.46	705.33	6.19	116.54	3.32
郭干乡	57.84	0.99	164.77	1.70	556.75	4.89	239.89	6.84
胡林家乡	319.29	5.47	1168.22	12.08	580.24	5.09	376.73	10.74
居集镇	74.67	1.28	663.12	6.86	555.51	4.88	327.86	9.35
刘集乡	203.36	3.48	616.65	6.38	581.49	5.10	257.24	7.34
柳沟乡	393.61	6.74	615.00	6.36	640.68	5.62	447.11	12.75
铺川乡	160.82	2.76	492.50	5.09	760.09	6.67	78.74	2.25
石塬乡	411.24	7.05	454.80	4.70	586.98	5.15	124.35	3.55

续表 2-12-91

乡镇名称	一等地		二等地		三等地		四等地	
	面积（公顷）	占本等级耕地(%)	面积（公顷）	占本等级耕地(%)	面积（公顷）	占本等级耕地(%)	面积（公顷）	占本等级耕地(%)
太子山林场	0.30	0.01	0.00	0.00	0.44	0.00	1.68	0.05
小关乡	196.38	3.36	302.54	3.13	936.62	8.22	208.15	5.94
徐扈家乡	39.51	0.68	258.43	2.67	564.89	4.96	84.62	2.41
银川乡	496.52	8.51	859.38	8.89	671.21	5.89	158.66	4.52
寨子沟乡	461.43	7.91	592.76	6.13	930.47	8.17	114.58	3.27
中咀岭乡	46.83	0.80	700.86	7.25	826.07	7.25	68.48	1.95
总计	5837.01	100.00	9670.14	100.00	11391.15	100.00	3506.43	100.00

(二)积石山县耕地地力等级分述

1.一等地的主要属性

一等地综合评价指数>0.8570，评价单元 909 个，耕地面积 5837.01 公顷，占总耕地面积的 19.2%。一等地地貌类型为黄土塬坪沟壑区详见表 2-12-92。土种主要是山地黄麻土、山地黑麻土和山地白麻土，分别占本级地总面积的 28.29%、22.47% 和 10.14%（详见表 2-12-93）。耕层土壤质地主要是中壤（详见表 2-12-94），质地构型主要是均质中壤（详见表 2-12-95）。耕地平均坡度 7.8（详见表 2-12-96）。耕层土壤有机质含量平均为 16.7g/kg，全氮含量平均为 0.780g/kg，碱解氮含量平均为 48.4mg/kg，全磷含量平均为 0.889g/kg，有效磷含量平均为 14.5mg/kg，速效钾含量平均为 158mg/kg，缓效钾含量平均为 982mg/kg，CEC 平均为 13.4cmol/kg，pH 值平均为 8.2（详见表 2-12-97）。

2.二等地的主要属性

二等地综合评价指数 0.8275~0.8570，评价单元 1155 个，耕地面积 9670.14 公顷，占总耕地面积的 31.8%。

二等地地貌类型主要是低山沟谷坡地和黄土塬坪沟壑区（详见表 2-12-92）。土种主要是山地黑麻土、山地白麻土和山地黄麻土，分别占本级地总面积的 28.10%、24.10% 和 20.89%（详见表 2-12-93）。耕层土壤质地主要是中壤（详见表 2-12-94），质地构型主要是均质中壤（详见表 2-12-95）。耕地平均坡度 12.1°（详见表 2-12-96）。耕层土壤有机质含量平均为 14.9g/kg，全氮含量平均为 0.785g/kg，碱解氮含量平均为 48.2mg/kg，全磷含量平均为 0.885g/kg，有效磷含量平均为 14.0mg/kg，速效钾含量平均为 158mg/kg，缓效钾含量平均为 960mg/kg，CEC 平均为 13.1cmol/kg，pH 平均为 8.2（详见表 2-12-97）。

表 2-12-92 积石山县各等级耕地在不同土壤类型面积分布情况

县土种名称	一等地		二等地		三等地		四等地	
	面积（公顷）	占本级地面积(%)	面积（公顷）	占本级地面积(%)	面积（公顷）	占本级地面积(%)	面积（公顷）	占本级地面积(%)
薄层淤填麻砂土	10.67	0.18	64.69	0.67	16.29	0.14	0.00	0.00
川谷白麻土	117.77	2.02	22.49	0.23	14.35	0.13	0.00	0.00
川谷薄层大黑土	0.00	0.00	25.76	0.27	40.84	0.36	0.00	0.00
川谷黑麻土	423.84	7.26	24.65	0.25	10.81	0.09	0.00	0.00
川谷红土	112.16	1.92	0.00	0.00	0.00	0.00	0.00	0.00
川谷黄麻土	364.22	6.24	137.96	1.43	32.55	0.29	0.00	0.00
川谷麻红土	93.33	1.60	90.15	0.93	87.13	0.76	10.26	0.29
川谷中层大黑土	237.27	4.06	202.75	2.10	57.07	0.50	0.00	0.00
灌丛黑土	0.00	0.00	0.00	0.00	141.22	1.24	406.80	11.60
灌丛麻红土	84.13	1.44	146.59	1.52	44.57	0.39	0.68	0.02
灌丛砂麻红	0.00	0.00	18.58	0.19	68.17	0.60	2.50	0.07
坪塬白麻土	52.37	0.90	43.96	0.45	15.79	0.14	0.00	0.00
坪塬黄麻土	457.62	7.84	440.62	4.56	554.30	4.87	1.62	0.05
山地白麻土	591.63	10.14	2330.86	24.10	2421.71	21.26	45.01	1.28
山地大白土	192.66	3.30	532.45	5.51	66.23	0.58	0.00	0.00
山地黑麻土	1311.45	22.47	2717.58	28.10	888.29	7.80	0.00	0.00
山地厚层大黑土	4.73	0.08	71.34	0.74	2755.40	24.19	112.32	3.20
山地黄麻土	1651.57	28.29	2019.83	20.89	402.41	3.53	5.04	0.14
山地胶红土	0.00	0.00	1.46	0.02	87.33	0.77	205.83	5.87
山地麻红土	0.00	0.00	4.63	0.05	890.19	7.81	984.03	28.06

续表 2-12-92

县土种名称	一等地		二等地		三等地		四等地	
	面积（公顷）	占本级地面积(%)	面积（公顷）	占本级地面积(%)	面积（公顷）	占本级地面积(%)	面积（公顷）	占本级地面积(%)
山地砂红土	0.00	0.00	4.55	0.05	342.58	3.01	80.55	2.30
山地中层大黑土	0.00	0.00	0.00	0.00	253.90	2.23	349.57	9.97
生草黑土	50.23	0.86	178.53	1.85	182.04	1.60	17.26	0.49
生草麻红土	0.00	0.00	24.19	0.25	694.02	6.09	696.48	19.86
生草麻土	0.00	0.00	24.85	0.26	1078.30	9.47	579.30	16.52
疏林麻土	68.34	1.17	345.56	3.57	154.62	1.36	0.00	0.00
岩性红土	0.00	0.00	0.00	0.00	0.00	0.00	9.19	0.26
中层淤填麻砂土	13.04	0.22	196.10	2.03	91.05	0.80	0.00	0.00
总计	5837.01	100.00	9670.14	100.00	11391.15	100.00	3506.43	100.00

表 2-12-93 积石山县各等级耕地在不同地貌类型面积分布情况

地貌类型	一等地		二等地		三等地		四等地	
	面积（公顷）	占本级地面积(%)	面积（公顷）	占本级地面积(%)	面积（公顷）	占本级地面积(%)	面积（公顷）	占本级地面积(%)
低山沟谷坡地	1750.85	30.00	4749.86	49.12	6631.58	58.22	1972.59	56.26
河谷阶地	514.29	8.81	51.63	0.53	39.92	0.35	0.00	0.00
黄土塬坪沟壑区	3571.88	61.19	4868.65	50.35	4643.20	40.76	1462.87	41.72
中高山山地沟壑区	0.00	0.00	0.00	0.00	76.45	0.67	70.97	2.02
总计	5837.01	100.00	9670.14	100.00	11391.15	100.00	3506.43	100.00

表 2-12-94 积石山县各等级耕地在不同质地面积分布情况

质地	一等地		二等地		三等地		四等地	
	面积（公顷）	占本级地面积(%)	面积（公顷）	占本级地面积(%)	面积（公顷）	占本级地面积(%)	面积（公顷）	占本级地面积(%)
轻壤	0.00	0.00	25.76	0.27	182.06	1.60	406.80	11.60
中壤	5832.29	99.92	9513.36	98.38	5107.38	44.84	82.37	2.35
中粘	0.00	0.00	1.46	0.02	87.33	0.77	205.83	5.87
重壤	4.73	0.08	129.56	1.34	6014.38	52.80	2811.43	80.18
总计	5837.01	100.00	9670.14	100.00	11391.15	100.00	3506.43	100.00

表 2-12-95 积石山县各等级耕地在不同质地构型面积分布情况

质地构型	一等地		二等地		三等地		四等地	
	面积（公顷）	占本级地面积(%)	面积（公顷）	占本级地面积(%)	面积（公顷）	占本级地面积(%)	面积（公顷）	占本级地面积(%)
夹黏中壤	52.37	0.90	43.96	0.45	15.79	0.14	0.00	0.00
夹砂中壤	93.33	1.60	108.73	1.12	155.30	1.36	12.76	0.36
均质轻壤	0.00	0.00	25.76	0.27	182.06	1.60	406.80	11.60
均质中壤	5228.97	89.58	8920.05	92.24	4382.00	38.47	67.99	1.94
均质重壤	0.00	0.00	33.37	0.35	2180.68	19.14	2119.81	60.45
黏身中壤	457.62	7.84	440.62	4.56	554.30	4.87	1.62	0.05
壤底重壤	4.73	0.08	71.34	0.74	2755.40	24.19	112.32	3.20
壤身黏土	0.00	0.00	1.46	0.02	87.33	0.77	205.83	5.87
壤身重壤	0.00	0.00	24.85	0.26	1078.30	9.47	579.30	16.52
总计	5837.01	100.00	9670.14	100.00	11391.15	100.00	3506.43	100.00

表 2-12-96 积石山县各等级耕地坡度情况

坡度(度)	一等地	二等地	三等地	四等地
平均值	7.8	12.1	13.8	18.0

表 2-12-97 积石山县各等级耕地耕层大量养分含量状况

养分		一等地	二等地	三等地	四等地
有机质(g/kg)	范围	9.9～28.2	9.8～27.5	9.9～29.7	9.8～26.7
	平均值	16.7	14.9	16.2	15.5
全氮(g/kg)	范围	0.546～1.954	0.558～1.968	0.550～2.373	0.576～1.961
	平均值	0.780	0.785	0.830	0.805

续表 2-12-97

养分		一等地	二等地	三等地	四等地
碱解氮(mg/kg)	范围	32.1～62.7	33.7～62.9	33.5～62.9	32.8～63.0
	平均值	48.4	48.2	49.8	48.8
全磷(g/kg)	范围	0.702～1.989	0.699～2.017	0.698～2.779	0.703～2.781
	平均值	0.889	0.885	0.892	0.884
有效磷(mg/kg)	范围	10.4～19.2	10.3～19.5	10.3～19.1	10.3～18.0
	平均值	14.5	14.0	13.9	13.8
速效钾(mg/kg)	范围	101～194	96～193	113～194	117～192
	平均值	158	158	155	156
缓效钾(mg/kg)	范围	781～1176	772～1189	760～1199	761～1191
	平均值	982	960	982	964
CEC(cmol/kg)	范围	9.4～20.0	9.4～33.4	9.4～33.4	9.4～33.4
	平均值	13.4	13.1	14.7	18.0
pH	范围	7.9～8.5	7.9～8.5	7.9～8.5	7.9～8.4
	平均值	8.2	8.2	8.2	8.2

3.三等地的主要属性

三等地综合评价指数 0.7680～0.8275，评价单元 1634 个，耕地面积 11391.15 公顷，占总耕地面积的 37.5%。

三等地地貌类型主要是低山沟谷坡地和黄土塬坪沟壑区（详见表 2-12-92）。土种主要是山地厚层大黑土和山地白麻土，分别占本级地总面积的 24.19% 和 21.26%（详见表 2-12-93）。耕层土壤质地主要是中壤和重壤（详见表 2-12-94），质地构型主要是均质中壤（38.47%）、壤底重壤（24.19%）（详见表 2-12-95）。耕地平均坡度 13.8（详见表 2-12-96）。耕层土壤有机质含量平均为 16.2g/kg，全氮含量平均为 0.830g/kg，碱解氮含量平均为 49.8mg/kg，全磷含量平均为 0.892g/kg，有效磷含量平均为 13.9mg/kg，速效钾含量平均为 155mg/kg，缓效钾含量平均为 9825mg/kg，CEC 平均为 14.7cmol/kg，pH 值平均为 8.2（详见表 2-12-97）。

4.四等地的主要属性

四等地综合评价指数 <0.7680，评价单元 681 个，耕地面积 3506.43 公顷，占总耕地面积的 11.5%。

四等地地貌类型主要是低山沟谷坡地和黄土塬坪沟壑区（详见表 2-12-92）。土种主要是山地麻红土、生草麻红土、生草麻土，分别占本级地总面积的 28.06%、19.86% 和 16.52%（详见表 2-12-93）。耕层土壤质地主要是重壤（详见表 2-12-94），质地构型主要是均质重壤（60.54%）和壤身重壤（16.52%）（详见表 2-12-95）。耕地平均坡度 18.0（详见表 2-12-96）。耕层土壤有机质含量平均为 15.5g/kg，全氮含量平均为 0.805g/kg，碱解氮含量平均为 48.8mg/kg，全磷含量平均为 0.884g/kg，有效磷含量平均为 13.8mg/kg，速效钾含量平均为 156mg/kg，缓效钾含量平均为 964mg/kg，CEC 平均为 18.0cmol/kg，pH 值平均为 8.2（详见表 2-12-97）。

第十三章 甘南藏族自治州耕地地力评价

第一节 合作市及碌曲县耕地地力分析

一、合作市及碌曲县耕层土壤属性

(一)耕层土壤有机质

本次耕地地力调查,合作市及碌曲县耕层土壤有机质检测含量平均值为34.08g/kg,与1985年第二次土壤普查时的有机质含量38.12g/kg相比,降低10.61%。其中,土壤有机质含量大于40.0g/kg的高等级的降低幅度较大,为31.29%;而二等和三等级增加较高,低等级(≤6.0g/kg)在耕作土壤中未显现。

表2-13-1 合作市及碌曲县土壤耕层有机质含量现状及面积

有机质分级	一级	二级	三级
含量(g/kg)	>30	25.0~30.0	≤25.0
面积(公顷)	12207.4	4000.66	728.89
比例%	72.08	23.62	4.30

(二)耕层土壤全氮

合作市及碌曲县耕作土壤耕层养分全氮含量平均值为1.854g/kg,较1985年的全氮含量平均值2.61g/kg减少0.76g/kg,降幅为28.95%,尤以全氮含量大于2.00g/kg的高等级降幅较大,但由于农业耕作中施肥,较高等级比例增加明显,为73.14%。

(三)耕层土壤碱解氮

土壤中铵态氮和硝态氮称速效氮,通常用碱解扩散法检测其含量,又称碱解氮,它的含量水平常作为衡量供氮强度的指标。耕地土壤碱解氮含量与全氮含量有一定的相关性,但受人为施肥的影响较大。合作市及碌曲县耕层土壤速效氮含量平均为128.25mg/kg,总体水平偏低,分布情况如下(表2-13-2)。

表 2-13-2　合作市及碌曲县土壤耕层碱解氮含量现状及面积

碱解氮分级	三	四	五	六
含量(mg/kg)	>200	150~200	100~150	≤100
面积(公顷)	6.3	1583.09	15264.28	83.28
比例%	0.04	9.35	90.12	0.49

(四)耕层土壤土壤有效磷

评价结果显示,合作市及碌曲县耕层土壤有效磷平均含量为23.1mg/kg,较1985年时的土壤有效磷平均值9.1mg/kg增加14.0mg/kg,增幅为154.36%,表明有效磷含量显著增加。

表 2-13-3　合作市及碌曲县土壤耕层有效磷含量现状及面积

有效磷分级	二	三	四
含量(mg/kg)	>30.0	20.0~30.0	≤20.0
面积(公顷)	21.7	16863.26	51.99
比例%	0.13	99.56	0.31

(五)耕层土壤土壤速效钾

合作市及碌曲县耕层速效钾含量平均值为259mg/kg,较1985年的土壤速效钾平均值306mg/kg降低47mg/kg,降幅达15.41%。

根据甘肃省土壤养分含量分级标准,属于中等水平,平均含量在二级。速效钾总体分布情况如下(表2-13-4)。

表 2-13-4　合作市及碌曲县土壤耕层速效钾含量现状及面积

速效钾分级	一	二	三	四	五
含量(mg/kg)	>300	250~300	200~250	150~200	≤150
面积(公顷)	3721.91	3964.32	6899.59	2297.77	53.36
比例%	21.98	23.41	40.74	13.57	0.32

(六)耕层土壤pH值

合作市及碌曲县pH值变化在7.6~8.7之间,均值为8.15,属于弱碱性土壤,对磷肥的有效性影响较大,应注意施用方法,提高肥效。

二、合作市及碌曲县耕地地力分析

以土壤图与土地利用现状图叠加形成评价单元,应用模糊综合评判方法,通过综合分析,将合作市及碌曲县耕地共划分为 4 个等级,根据评价结合进行耕地地力的系统分析。

(一)耕地地力等级与分布

1.耕地地力等级面积统计

利用 ArcGIS 软件,对耕地资源管理单元图关联属性数据表和评价结果表进行操作,检索统计耕地各等级的面积及图幅面积。合作市及碌曲县耕地总面积为 16936.95 公顷(以合作市及碌曲县国土资源局 2007 年统计资料为基准),按面积比例进行平差,计算出各耕地地力等级的面积(见表 2-13-5、2-13-6)。

表 2-13-5 碌曲县耕地地力评价行政区域分布　　　　　　　　　　　　单位:公顷

乡镇名称 \ 等级	一等地	二等地	四等地	合计
阿拉乡	419.82	729.18	0	1149
玛艾镇	1.7	25.04	17.64	44.38
西仓乡	140.71	506.61	0	647.32
双岔乡	993.07	123.9	0	1116.97
总计面积	1555.3	1384.73	17.64	2957.67
所占比例%	52.59	46.82	0.60	100.00

表 2-13-6 合作市耕地地力评价行政区域分布　　　　　　　　　　　　单位:公顷

乡镇名称 \ 等级	一等地	二等地	三等地	四等地	合计
伊合昂街道	8.12	33.4	0	0	41.52
当周街道	53.94	518.06	83.87	0.65	656.52
通钦街社区	28.24	16.27	0	0	44.51
坚木克尔街道	39.32	270.57	2.16	0	312.05
卡加道乡	23.39	377.73	496.88	8.7	906.7
卡加曼乡	292.45	837.75	140.22	2.16	1272.58
勒秀乡	98.23	1414.65	1937.79	1044.46	4495.13
那吾乡	68.49	1652.46	1608.4	410.13	3739.48
佐盖多玛乡		26.33	117.83	31.9	176.06
佐盖曼玛乡	69.52	1674.47	554.28	36.46	2334.73
总计面积	681.7	6821.69	4941.43	1534.46	13979.28
所占比例%	4.88	48.80	35.35	10.98	100.00

2.耕地地力等级的行政区域划分

合作市一等地占全市耕地面积的4.88%,二等地面积占全市耕地面积的48.8%,三等地占全市耕地面积的35.35%,四等地占地占全市耕地面积的10.98%。其中一等地主要分布在卡加曼乡、勒秀乡南部、那吾乡、当周街道、佐盖曼玛乡等乡镇,其中以卡加曼乡分布面积最大,占该等地面积的42.9%;二等地在全县各乡镇皆有分布,主要以佐盖曼玛乡、那吾乡、勒秀乡、卡加曼乡、当周街道为主;三等地主要分布在勒秀乡、那吾乡等地;四等地主要分布在勒秀乡、那吾乡等地海拔较高地区。

由表2-13-5可以看出,碌曲县一等地占全县耕地面积的52.59%,二等地占全县耕地面积的46.82%,四等地占全县耕地面积的0.6%。其中一等地主要分布在阿拉乡、双岔乡等海拔较低的乡镇,其中以双岔乡分布面积最大,占该等地面积的63.85%;二等地主要分布在阿拉乡、双岔乡等;碌曲县在该次分等过程中未出现三等地;四等地主要分布在海拔较高的玛艾镇。

(二)耕地地力等级分述

将耕地地力等级分布图,按权属字段检索出各等级的记录,统计各等级耕地分布状况。

1.一等地

从合作市及碌曲县耕地地力等级的行政区域分布中(表2-13-7、2-13-8)可以看出,合作市一等地主要分布在卡加曼乡、勒秀乡南部、那吾乡、当周街道、佐盖曼玛乡等乡镇,其中以卡加曼乡分布面积最大,占该等地面积的42.9%;一等地占全市耕地面积的4.88%。碌曲县一等地主要分布在阿拉乡、双岔乡等海拔较低的乡镇,其中以双岔乡分布面积最大,占该等地面积的63.85%;一等地占全县耕地面积的52.59%。该区域地貌类型主要为低山山地、高山峡谷区、夷平面,田面坡度较小,主要为旱地和旱地梯田;除平地外,其余耕地坡度平均小于5°,且海拔较低,一等地平均海拔在2800m以下,≥0℃积温在1950℃左右,年均降雨量580mm左右,土壤养分较高,适宜作物生长,为合作市及碌曲县高产区。

表2-13-7 合作市各乡镇一等地面积分布

乡镇名称	评价单元个数(个)	面积(公顷)	占该等级面积(%)	占本乡镇耕地面积(%)	占总耕地面积(%)
伊合昂街道	2	8.12	1.19	19.56	0.06
当周街道	9	53.94	7.91	8.22	0.39
通钦街社区	1	28.24	4.14	63.45	0.20
坚木克尔街道	13	39.32	5.77	12.60	0.28
卡加道乡	14	23.39	3.43	2.58	0.17

续表 2-13-7

乡镇名称	评价单元个数（个）	面积（公顷）	占该等级面积(%)	占本乡镇耕地面积(%)	占总耕地面积(%)
卡加曼乡	94	292.45	42.90	22.98	2.09
勒秀乡	55	98.23	14.41	2.19	0.70
那吾乡	21	68.49	10.05	1.83	0.49
佐盖多玛乡	0	0	0.00	0.00	0.00
佐盖曼玛乡	20	69.52	10.20	2.98	0.50
总计	229	681.7	100.00	4.88	4.88

表 2-13-8　碌曲县各乡镇一等地面积分布

乡镇名称	评价单元个数（个）	面积（公顷）	占该等级面积(%)	占本乡镇耕地面积(%)	占总耕地面积(%)
阿拉乡	21	419.82	26.99	36.54	14.19
玛艾镇	1	1.7	0.11	3.83	0.06
西仓乡	7	140.71	9.05	21.74	4.76
双岔乡	47	993.07	63.85	88.91	33.58
总计	76	1555.3	100.00	52.59	52.59

表 2-13-9　合作市及碌曲县一等地土壤养分含量

项目	有机质(g/kg)	碱解氮(mg/kg)	速效钾(mg/kg)	有效磷(mg/kg)
平均值	32.07	126.52	310	24.3
含量水平	高	偏低	高	中等

表 2-13-10　合作市及碌曲县一等地土地利用类型分布情况

土地类型	评价单元数(个)	面积(公顷)	占一等地面积(%)	占总耕地面积(%)
川旱地	32	150.99	6.75	0.89
旱地	76	1555.3	69.53	9.18
旱地梯田	179	494.95	22.13	2.92
坡旱地	9	21.71	0.97	0.13
果园	4	3.92	0.18	0.02
其他园地	5	10.13	0.45	0.06
总计	305	2237	100.00	13.21

表 2-13-11　合作市及碌曲县一等地土壤类型分布情况

土壤类型	评价单元数（个）	面积（公顷）	占一等地面积（%）	占总耕地面积比例（%）
亚高山灌丛草甸土	2	2.16	0.10	0.01
亚高山草原草甸土	3	65.73	2.94	0.39
亚高山草甸土	15	18.79	0.84	0.11
淋溶灰褐土	35	279.5	12.49	1.65
碳酸盐灰褐土	36	1207.91	54.00	7.13
亚高山草原草甸土	23	31.82	1.42	0.19
石灰性黑钙土	6	11.93	0.53	0.07
耕种石灰性黑钙土	61	279.12	12.48	1.65
石灰性草甸土	22	159.5	7.13	0.94
淋溶灰褐土	30	37.6	1.68	0.22
灰褐土	59	138.6	6.20	0.82
石灰性灰褐土	13	4.34	0.19	0.03
总计	305	2237	100.00	13.21

土壤类型以灰褐土和黑钙土类为主，占该等地面积的 79%。该等地分布区以洮河沿岸的双岔乡、阿拉乡为主，该区域地势平坦，其他低半山区坡度较缓，土层深厚，质地以中壤土为主，易于耕作，土壤养分含量水平较高，供肥能力强，适宜种植青稞、油菜及温室蔬菜，该等地土壤氮素含量较低，磷中等，应用养结合，促进土壤熟化。在农业生产中应推广平衡配套施肥技术，调整氮、磷、钾投入比例，提高化肥利用率；同时，加强配套灌溉系统，进一步增大灌溉面积，发展节水灌溉，建成高产稳产田。

2.二等地

二等地综合评价指数为 0.755～0.811，面积为 8206.42 公顷，占评价区耕地总面积的 48.45%。主要分布在合作市的勒秀乡、那吾乡、卡加曼乡、当周街道和碌曲县的阿拉乡、西仓乡。该区域地貌类型主要是低半山区，田面坡度在 10 度左右，≥0℃积温在 1750℃左右，年均降雨量 575mm 左右，海拔较高在 3000m 左右，以旱地梯田为主，土壤类型多为黑钙土、黑褐土、草甸土为主。二等地土壤主要养分含量及水平，见表 2-13-14。

表 2-13-12　合作市各乡镇二等地面积分布

乡镇名称	评价单元个数（个）	面积（公顷）	占该等级面积（%）	占本乡镇耕地面积（%）	占总耕地面积（%）
伊合昂街道	10	33.4	0.49	80.44	0.24
当周街道	37	518.06	7.59	78.91	3.71

续表 2-13-12

乡镇名称	评价单元个数（个）	面积（公顷）	占该等级面积（%）	占本乡镇耕地面积（%）	占总耕地面积（%）
通钦街社区	7	16.27	0.24	36.55	0.12
坚木克尔街道	22	270.57	3.97	86.71	1.94
卡加道乡	79	377.73	5.54	41.66	2.70
卡加曼乡	172	837.75	12.28	65.83	5.99
勒秀乡	316	1414.65	20.74	31.47	10.12
那吾乡	286	1652.46	24.22	44.19	11.82
佐盖多玛乡	41	26.33	0.39	14.96	0.19
佐盖曼玛乡	234	1674.47	24.55	71.72	11.98
总计	1204	6821.69	100.00	48.80	48.80

表 2-13-13　碌曲县各乡镇二等地面积分布

乡镇名称	评价单元个数（个）	面积（公顷）	占该等级面积（%）	占本乡镇耕地面积（%）	占总耕地面积（%）
阿拉乡	24	729.18	52.66	63.46	24.65
玛艾镇	5	25.04	1.81	56.42	0.85
西仓乡	29	506.61	36.59	78.26	17.13
双岔乡	6	123.9	8.95	11.09	4.19
总计	64	1384.73	100.00	46.82	46.82

表 2-13-14　合作市及碌曲县二等地土壤养分含量及水平

项目	有机质(g/kg)	碱解氮(mg/kg)	速效钾(mg/kg)	有效磷(mg/kg)
平均值	34.18	128.74	264	23.6
含量水平	高	偏低	较高	中等

表 2-13-15　合作市及碌曲县二等地土地利用类型分布情况

土地类型	评价单元数(个)	面积(公顷)	占二等地面积(%)	占总耕地面积(%)
川旱地	68	178.42	2.17	1.05
旱地	64	1384.73	16.87	8.18
旱地梯田	1019	5902.41	71.92	34.85
坡旱地	105	714.76	8.71	4.22
果园	10	23.05	0.28	0.14
其他园地	2	3.05	0.04	0.02
总计	1268	8206.42	100.00	48.45

表 2-13-16　合作市及碌曲县二等地土壤类型分布情况

土壤类型	评价单元数(个)	面积(公顷)	占二等地面积(%)	占总耕地面积(%)
高山草甸土	1	0.45	0.01	0.00
亚高山草甸土	9	70.51	0.86	0.42
亚高山灌丛草甸土	7	66.16	0.81	0.39
亚高山草原草甸土	27	526.04	6.41	3.11
亚高山草甸土	189	525.07	6.40	3.10
亚高山灌丛草甸土	20	40.96	0.50	0.24
淋溶灰褐土	7	121.4	1.48	0.72
碳酸盐灰褐土	14	600.62	7.32	3.55
亚高山草原草甸土	259	1344.21	16.38	7.94
耕种亚高山草原草甸土	22	80.16	0.98	0.47
黑钙土	15	66.66	0.81	0.39
石灰性黑钙土	114	401.55	4.89	2.37
耕种石灰性黑钙土	318	3533.74	43.06	20.86
石灰性草甸土	6	23.85	0.29	0.14
沼泽土	2	0.24	0.00	0.00
淋溶灰褐土	129	376.36	4.59	2.22
灰褐土	115	404.96	4.93	2.39
石灰性灰褐土	14	23.48	0.29	0.14
总计	1268	8206.42	100.00	48.45

二等地多处在低半山区，耕层质地构型主要以均质中壤和夹砂中壤为主，土壤耕层厚度和有效土层厚度较一等地低，且处于海拔较高地带。合作市及碌曲县近几年在梯田土壤熟化、坡地改梯田建设方面做了大量的工作，取得一定的成效。经过多年的基本农田建设，平田整地，起高垫低，改善了土壤结构，农业生产水平大幅度提高，使合作市及碌曲县具有较大高产潜力的土壤。对二等地合理利用应从改良入手，加强农田基本建设。主要措施：川旱地，应以加厚耕层为主，实行平衡配套施肥，合理施用化肥，协调氮、磷、钾比例，适量补施微肥；通过土壤改良，建造一个深厚、疏松、养分协调、肥沃的耕作层，提高土壤肥力；有条件的乡镇或村庄应改善灌溉条件，提高作物产量。

3.三等地

三等地综合评价指数为 0.72～0.755，耕地面积 4941.73 公顷，占全县耕地总面积的

29.18%，主要分布在合作市勒秀乡、那吾乡、佐盖曼玛乡、卡加道乡。该等地分布土壤以中壤土、重壤土为主，土壤类型以草甸土和黑钙土为主，占该等地面积的85%，土壤养分含量较高；土地利用类型主要以旱地梯田为主，零星分布一些川旱地，但有效土层厚度较小；三等地土壤主要养分含量及水平，见表2-13-18。

表2-13-17　合作市各乡镇三等地面积分布

乡镇名称	评价单元个数（个）	面积（公顷）	占该等级面积（%）	占本乡镇耕地面积（%）	占总耕地面积（%）
当周街道	29	83.87	1.70	12.77	0.60
坚木克尔街道	2	2.16	0.04	0.69	0.02
卡加道乡	85	496.88	10.06	54.80	3.55
卡加曼乡	62	140.22	2.84	11.02	1.00
勒秀乡	376	1937.79	39.22	43.11	13.86
那吾乡	275	1608.4	32.55	43.01	11.51
佐盖多玛乡	99	117.83	2.38	66.93	0.84
佐盖曼玛乡	129	554.28	11.22	23.74	3.97
总计	1057	4941.43	100.00	35.35	35.35

表2-13-18　合作市及碌曲县三等地土壤养分含量及水平

项目	有机质(g/kg)	碱解氮(mg/kg)	速效钾(mg/kg)	有效磷(mg/kg)
平均值	34.86	129	247	22.8
含量水平	高	较低	中等	中等

表2-13-19　合作市及碌曲县三等地土壤类型分布情况

土壤类型	评价单元数(个)	面积(公顷)	占三等地面积(%)	占总耕地面积(%)
高山草甸土	6	6.6	0.13	0.04
亚高山草甸土	360	1599.11	32.36	9.44
亚高山灌丛草甸土	50	152.64	3.09	0.90
亚高山草原草甸土	261	1558.44	31.54	9.20
耕种亚高山草原草甸土	42	298.11	6.03	1.76
黑钙土	18	126.96	2.57	0.75
石灰性黑钙土	130	614.24	12.43	3.63
耕种石灰性黑钙土	90	423.29	8.57	2.50
沼泽土	4	1.56	0.03	0.01

续表 2-13-19

土壤类型	评价单元数(个)	面积(公顷)	占三等地面积(%)	占总耕地面积(%)
淋溶灰褐土	67	98.1	1.99	0.58
灰褐土	26	61.94	1.25	0.37
石灰性灰褐土	3	0.44	0.01	0.00
总计	1057	4941.43	100.00	29.18

表 2-13-20　合作市及碌曲县三等地土地利用类型分布情况

土地类型	评价单元数(个)	面积(公顷)	占三等地面积(%)	占总耕地面积(%)
川旱地	40	91.81	1.86	0.54
旱地梯田	914	4177.67	84.54	24.67
坡旱地	96	662.74	13.41	3.91
果园	6	2.7	0.05	0.02
其他园地	1	6.51	0.13	0.04
总计	1057	4941.43	100.00	29.18

三等地多处在低半山区、高山峡谷区、夷平面类型区，以低半山区为主，该区域海拔较高，在3150m左右，田面坡度大于15度，坡向以东、东南、西南坡为主，土壤质地构型中多砂底重壤、夹砂中壤、均质中壤、黏底中壤类型，土壤保水保肥能力较差。应充分发挥特色农业种植优势，引进青稞、油菜良种，增加收入，在坡度较大不适宜耕种的地块，对引种成功的藏药材，如大黄、秦艽、独一味、红景天等适宜高海拔种植的藏药品种进行规模人工种植，充分利用土壤有机质含量高、土质疏松的有利条件，增加农民收入。

4. 四等地

四等地，综合评价指数小于0.72，耕地面积1552.1公顷，占评价区耕地总面积的9.16%。主要分布在合作市的勒秀乡、那吾乡，占该等地的92.17%；碌曲县的玛艾镇分布面积较小，仅为17.64公顷。分布区地貌类型主要为低山山区和碌曲县玛艾镇的西倾山高原区。主要以山旱地为主，占该等地的96.41%。土壤以亚高山草甸土、耕种亚高山、草原草甸土、石灰性黑钙土为主，土壤质地构型以均质中壤、夹砂中壤、砂底重壤为主。四等地土壤主要养分含量及水平，见表2-13-23。

表 2-13-21　合作市各乡镇四等地面积分布

乡镇名称	评价单元个数(个)	面积(公顷)	占该等级面积(%)	占本乡镇耕地面积(%)	占总耕地面积(%)
当周街道	2	0.65	0.04	0.10	0.00
卡加道乡	23	8.7	0.57	0.96	0.06

续表 2-13-21

乡镇名称	评价单元个数（个）	面积（公顷）	占该等级面积（%）	占本乡镇耕地面积（%）	占总耕地面积（%）
卡加曼乡	6	2.16	0.14	0.17	0.02
勒秀乡	291	1044.46	68.07	23.24	7.47
那吾乡	107	410.13	26.73	10.97	2.93
佐盖多玛乡	38	31.9	2.08	18.12	0.23
佐盖曼玛乡	28	36.46	2.38	1.56	0.26
总计	495	1534.46	100.00	10.98	10.98

表 2-13-22　碌曲县各乡镇四等地面积分布

乡镇名称	评价单元个数（个）	面积（公顷）	占该等级面积（%）	占本乡镇耕地面积（%）	占总耕地面积（%）
玛艾镇	1	17.64	100.00	39.75	0.60
总计	1	17.64	100.00	0.60	0.60

表 2-13-23　合作市及碌曲县四等地土壤养分含量及水平表

项目	有机质(g/kg)	碱解氮(mg/kg)	速效钾(mg/kg)	有效磷(mg/kg)
平均值	33.46	126.44	238	22
含量水平	高	较低	中等	中等

表 2-13-24　合作市及碌曲县四等地土地利用类型分布情况

土地类型	评价单元数（个）	面积（公顷）	占四等地面积（%）	占总耕地面积（%）
川旱地	11	6.72	0.43	0.04
旱地	1	0.2	0.01	0.00
旱地梯田	1	17.64	1.14	0.10
坡旱地	457	1496.4	96.41	8.84
果园	26	31.14	2.01	0.18
高山草甸土	9	3.07	0.20	0.02
亚高山草原草甸土	1	17.64	1.14	0.10
亚高山草甸土	256	1039.08	66.95	6.13
亚高山灌丛草甸土	34	25.64	1.65	0.15
亚高山草原草甸土	62	56.14	3.62	0.33
耕种亚高山草原草甸土	51	157.76	10.16	0.93
黑钙土	3	1.86	0.12	0.01
石灰性黑钙土	50	239.79	15.45	1.42
耕种石灰性黑钙土	2	4.18	0.27	0.02
淋溶灰褐土	28	6.94	0.45	0.04
总计	496	1552.1	100.00	9.16

四等地主要分布于合作市低半山区和碌曲县西倾山高原区，平均海拔达3200m,坡度较高,田面坡度平均为20度,分布区海拔较高、气温较低,≥0℃积温在1600℃左右,为合作市及碌曲县低产田分布区,应大力推广旱地农业措施,提高作物产量。存在的限制因素主要是地形、土壤限制。该等地的改良利用主要从三个方面着手:一是增加对耕地的投入,改良土壤,努力提高土地的产出水平;二是平整土地,发展旱作农业;三是发展梯田化建设,对坡度较大适宜耕种的土壤,坡改梯,提高降雨有效利用。

第二节 舟曲县耕地地力评价

一、舟曲县耕地土壤属性

(一)耕层土壤有机质

根据甘肃省土壤养分含量分级标准,2009年,舟曲县耕层土壤有机质检测含量平均值为28.9g/kg,处于11.2~45.7g/kg之间,属于高水平,与1987年第二次土壤普查有机质含量29.4g/kg,略有下降,下降了1.70%。按照甘肃省土壤养分分级标准,有机质含量分布在1~5级水平。有机质含量在1级水平上的耕地面积为5679.31公顷,占耕地总面积的37.65%,主要分布在果耶乡、曲告纳乡、八楞乡、曲瓦乡等乡镇;有机质含量在2级水平上的耕地面积为6536.45公顷,占耕地总面积的42.35%,主要分布在曲告纳乡、拱坝乡、博峪乡等乡镇;有机质含量在3级水平上的耕地面积为1957.22公顷,占耕地总面积的12.98%,主要分布在蜂迭乡、坪定乡、武坪乡等乡镇;有机质含量在4级水平上的耕地面积为788.25公顷,占耕地总面积的5.23%,主要分布在江盘乡、东山乡、立节乡等乡镇;有机质含量在5级水平上的耕地面积为270.05公顷,占耕地总面积的1.79%,主要分布在江盘乡、蜂迭乡、东山乡等乡镇。

表2-13-25 舟曲县耕层土壤有机质含量变化状况

年限	有机质含量(g/kg)
1987年	29.4
2009年	28.9
与1987年相比	−0.5

表 2-13-26　2009 年舟曲县各乡镇土壤耕层有机质含量分级及面积

有机质含量 （g/kg） 乡镇名称	一级 >30	二级 30.0~25.0	三级 25.0~20.0	四级 15~20	五级 ≤15.0
八楞乡	685.66	81.72	0	0	0
巴藏乡	119.02	167.35	248.6	48.13	0
博峪乡	191.02	672.68	0	0	0
插岗乡	18.94	609.07	0	0	0
城关镇	120.15	378.94	165.36	24.17	0
大川镇	48.05	121.79	80.93	28.23	0
大峪乡	327.28	464.22	105.9	0	0
东山乡	452.59	98.76	149.9	162.29	22.09
蜂迭乡	214.52	190.85	326.2	97.42	59.65
拱坝乡	341.29	829.01	0.12	0	0
果耶乡	865.71	177.48	0	0	0
憨班乡	367.4	44.26	11.96	49.48	4.57
江盘乡	0	6.28	52.87	198.1	183.74
立节乡	104.97	191.95	56.47	118.98	0
南峪乡	2.75	119.08	184.26	23.48	0
坪定乡	102.48	89.97	281.5	0	0
曲告纳乡	859.6	1519.13	0	0	0
曲瓦乡	601.09	211.49	21.05	0	0
武坪乡	256.79	412.42	272.1	37.97	0
合计面积	5679.31	6386.45	1957.22	788.25	270.05
占舟曲县 总耕地面积（%）	37.65	42.35	12.98	5.23	1.79

注：舟曲县耕地总面积为 15081.28 公顷。

（二）耕层土壤全氮

2009 年舟曲县耕层土壤全氮平均含量为 2.48g/kg，处于 1.76~3.28g/kg 之间，与 1987 年时的平均值 1.56g/kg 明显增加，增幅为 58.97%。按照甘肃省土壤养分分级标准，全氮含量分布在一至二级水平。全氮含量在一级水平上的耕地面积为 14403.48 公顷，占耕地总面积的 95.51%，主要分布在曲告纳乡、拱坝乡、果耶乡、蜂迭乡等乡镇；全氮含量在二级水平上的耕地面积为 677.8 公顷，占耕地总面积的 4.49%，主要分布在江盘乡、城关镇、南峪乡。

表 2-13-27 舟曲县耕层土壤全氮含量变化状况

年限	全氮含量(g/kg)
1987 年	1.56
2009 年	2.48
与 1987 年相比	+0.92

表 2-13-28 2009 年舟曲县各乡镇土壤耕层全氮含量分级及面积

乡镇名称 \ 全氮(g/kg)	一级 >2.00	二级 ≤2.00
八楞乡	767.38	0
巴藏乡	583.1	0
博峪乡	859.29	4.41
插岗乡	628.01	0
城关镇	509.28	179.34
大川镇	279	0
大峪乡	897.4	0
东山乡	885.13	0.5
蜂迭乡	888.64	0
拱坝乡	1170.42	0
果耶乡	1043.19	0
憨班乡	477.67	0
江盘乡	59.41	381.58
立节乡	472.37	0
南峪乡	217.6	111.97
坪定乡	511.92	0
曲告纳乡	2378.73	0
曲瓦乡	833.63	0
武坪乡	941.31	0
合计面积	14403.48	677.8
占舟曲县总耕地面积(%)	95.51	4.49

注：舟曲县耕地总面积为 15081.28 公顷。

(三)耕层土壤碱解氮

2009年,舟曲县耕层土壤碱解氮平均含量为209.1mg/kg,处于117.3~269.3mg/kg之间,含量较高。按照甘肃省土壤养分分级标准,碱解氮含量分布在二至五级水平。碱解氮含量在二级水平上的耕地面积为1356.62公顷,占耕地总面积的9.00%,主要分布在博峪乡、曲告纳乡、曲瓦乡;碱解氮含量在三级水平上的耕地面积为6897.3公顷,占耕地总面积的45.73%,主要分布在曲告纳乡、拱坝乡、大峪乡;碱解氮含量在四级水平上的耕地面积为6557.33公顷,占耕地总面积的43.48%,主要分布在果耶乡、城关镇、蜂迭乡;碱解氮含量在五级水平上的耕地面积为270.03公顷,占耕地总面积的1.79%,主要分布在东山乡。

表2-13-29 2009年各乡镇舟曲县土壤耕层碱解氮含量分级及面积

乡镇名称 \ 碱解氮(mg/kg)	二级 >250	三级 250~200	四级 200~150	五级 ≤150
八楞乡	0	6.39	760.99	0
巴藏乡	0	474.04	109.06	0
博峪乡	727.08	131.78	4.84	0
插岗乡	0	628.01	0	0
城关镇	0	0	688.62	0
大川镇	0	0	279	0
大峪乡	0	645.43	251.97	0
东山乡	0	0.64	615.56	269.43
蜂迭乡	0	232.21	656.43	0
拱坝乡	0	1170.42	0	0
果耶乡	0	0	1043.19	0
憨班乡	0	32.14	445.53	0
江盘乡	0	2.12	438.87	0
立节乡	0	457.63	14.74	0
南峪乡	0	0	328.97	0.6
坪定乡	0	112.02	399.9	0
曲告纳乡	418.53	1951.84	8.36	0
曲瓦乡	211.01	622.62	0	0
武坪乡	0	430.01	511.3	0
合计面积	1356.62	6897.3	6557.33	270.03
占舟曲县总耕地面积(%)	9.00	45.73	43.48	1.79

注:舟曲县耕地总面积为15081.28公顷。

(四)耕层土壤速效磷

据调查,2009年舟曲县耕层土壤有效磷平均含量为34.5mg/kg,处于25.6~56.0mg/kg之间,比1987年时的有效磷13.5mg/kg明显增加,增幅为155.56%。按照甘肃省土壤养分分级标准,有效磷含量分布在一至三级水平。有效磷含量在一级水平上的耕地面积为1697.3公顷,占耕地总面积的11.25%,主要分布在曲瓦乡、果耶乡、憨班乡;有效磷含量在二级水平上的耕地面积为9903.02公顷,占耕地总面积的65.67%,主要分布在曲告纳乡、拱坝乡、博峪乡;有效磷含量在三级水平上的耕地面积为3480.96公顷,占耕地总面积的23.08%,主要分布在八楞乡、曲告纳乡、武坪乡。

表2-13-30 舟曲县耕层土壤有效磷含量变化状况

年限	有效磷含量(mg/kg)
1987年	13.5
2009年	34.5
与1987年相比	+21.0

表2-13-31 舟曲县各乡镇土壤耕层有效磷含量分级及面积

有效磷(mg/kg) 乡镇名称	一级 >40.0	二级 40.0~30.0	三级 ≤30.0
八楞乡	0	3.95	763.43
巴藏乡	0	583.1	0
博峪乡	0.33	859.06	4.31
插岗乡	0	627.84	0.17
城关镇	233.26	455.36	0
大川镇	0	36.65	242.35
大峪乡	0	735.26	162.14
东山乡	0	429.96	455.67
蜂迭乡	82.37	806.14	0.13
拱坝乡	0	1161.15	9.27
果耶乡	0	718.07	325.12
憨班乡	449.28	28.39	0
江盘乡	0.51	440.48	0
立节乡	251.45	220.92	0
南峪乡	0	130.41	199.16

续表 2-13-31

乡镇名称	有效磷(mg/kg)	一级 >40.0	二级 40.0~30.0	三级 ≤30.0
坪定乡		0	213.1	298.82
曲告纳乡		88.46	1728.53	561.7
曲瓦乡		591.64	241.99	0
武坪乡		0	482.62	458.69
合计面积		1697.3	9903.02	3480.96
占舟曲县总耕地面积(%)		11.25	65.67	23.08

注：舟曲县耕地总面积为15081.28公顷。

(五)耕层土壤速效钾

据调查，2009年舟曲县耕层土壤速效钾平均值为264mg/kg，处于135~453mg/kg之间，含量丰富，比1987年时的速效钾250mg/kg相比，增加了5.60%。

按照甘肃省土壤养分分级标准，土壤速效钾含量分布在一至五级水平。土壤速效钾含量在一级水平上的耕地面积为4993.83公顷，占耕地总面积的33.11%，主要分布在曲告纳乡、拱坝乡、博峪乡等乡镇；土壤速效钾含量在二级水平上的耕地面积为2970.22公顷，占耕地总面积的19.69%，主要分布在曲告纳乡、曲瓦乡、憨班乡等乡镇；土壤速效钾含量在三级水平上的耕地面积为4440.61公顷，占耕地总面积的29.45%，主要分布在东山乡、武坪乡、巴藏乡等乡镇；土壤速效钾含量在四级水平上的耕地面积为2545.8公顷，占耕地总面积的16.88%，主要分布在城关镇、坪定乡、蜂迭乡等乡镇；土壤速效钾含量在五级水平上的耕地面积为130.82公顷，占耕地总面积的0.87%，主要分布在城关镇、蜂迭乡等乡镇。

表 2-13-32　舟曲县耕层土壤速效钾含量变化状况

年限	速效钾含量(mg/kg)
1987年	250
2009年	264
与1987年相比	+14

表 2-13-33　舟曲县各乡镇土壤耕层速效钾含量分级及面积

乡镇名称	速效钾(mg/kg)	一级 >300	二级 300~250	三级 250~200	四级 200~150	五级 ≤150
八楞乡		748.01	19.37	0	0	0
巴藏乡		2.17	125.03	377.21	78.67	0

续表 2-13-33

乡镇名称 \ 速效钾(mg/kg)	一级 >300	二级 300~250	三级 250~200	四级 200~150	五级 ≤150
博峪乡	749.11	80.11	8.65	25.83	0
插岗乡	436.05	191.96	0	0	0
城关镇	0	0	59.85	536.18	92.59
大川镇	0	36.6	234.14	8.26	0
大峪乡	0	147.52	474.62	275.26	0
东山乡	20.21	57.45	662.49	145.48	0
蜂迭乡	0	137.29	385.41	338.8	27.14
拱坝乡	863.41	255.88	51.13	0	0
果耶乡	278.83	243.65	462.29	58.42	0
憨班乡	97.91	297.18	82.58	0	0
江盘乡	0	0	202.17	238.82	0
立节乡	0	99.47	372.61	0.29	0
南峪乡	0	2.01	31.24	287.68	8.64
坪定乡	0	0	60.82	448.65	2.45
曲告纳乡	1713.58	665.15	0	0	0
曲瓦乡	52.76	393.98	365.53	21.36	0
武坪乡	31.79	217.57	609.85	82.1	0
合计面积	4993.83	2970.22	4440.61	2545.8	130.82
占舟曲县耕地面积(%)	33.11	19.69	29.45	16.88	0.87

注:舟曲县耕地总面积为 15081.28 公顷。

(六)耕层土壤 pH 值

舟曲县 pH 值变化在 6~7.8 之间,均值为 7.01,属于中性土壤。

二、舟曲县耕地地力分析

以土壤图与土地利用现状图叠加形成评价单元,应用模糊综合评判方法,通过综合分析,将舟曲县耕地共划分为 4 个等级,根据评价结合进行耕地地力的系统分析。

(一)耕地地力等级与分布

1.耕地地力等级面积统计

利用 ArcGIS 软件,对耕地资源管理单元图关联属性数据表和评价结果表进行操作,检索统计耕地各等级的面积及图幅面积。以2007年舟曲县耕地总面积15081.28公顷为基准,按面积比例进行平差,计算出各耕地地力等级的面积。

舟曲县耕地总面积为15081.28公顷。其中,一等地面积为1525.66公顷,占耕地总面积的10.12%,分布在一等地上的土种主要有黄土质石灰性褐土、泥质岩类石灰性褐土、洪积物褐土性土等;二等地面积为4753.98公顷,占耕地总面积的31.52%,分布在二等地上的土种主要有黄土质石灰性褐土、红砂砾岩类石灰性褐土、泥质岩类棕壤、泥质岩类石灰性褐土等;三等地面积为5140.3公顷,占耕地总面积的34.08%,分布在三等地上的土种主要有泥质岩类石灰性褐土、红砂砾岩类石灰性褐土、碳酸盐岩类石灰性褐土等;四等地面积为3661.34公顷,占耕地总面积的24.28%,分布在四等地上的土种主要有泥质岩类石灰性褐土、碳酸盐岩类石灰性褐土等(见表2-13-34)。

表2-13-34　舟曲县各土种耕地地力评价面积分布　　　　　　　单位:公顷

土种类型	一等地	二等地	三等地	四等地
冲垫湿潮土	40.06	18.86	4.46	0.39
冲积物褐土性土	19.78	3.43	4.33	0
冲积物石灰性褐土	42.32	0.14	0.01	0
红砂砾岩类褐土	0	0	0	1.02
红砂砾岩类石灰性褐土	0.22	998.88	237.76	50.31
洪积物褐土性土	241.04	127.1	11.6	1.61
洪积物石灰性褐土	81.28	21.13	38.54	10.88
黄土质暗棕壤	0	0.45	2.69	0
黄土质褐土	0	49.92	43.53	10.62
黄土质山地棕壤	17.27	80.17	229.15	21.22
黄土质石灰性褐土	762.83	2530.6	820.81	35.52
泥质岩类暗棕壤	0.11	4.57	9.4	3.14
泥质岩类褐土	0.41	2.83	16.05	119.24
泥质岩类石灰性褐土	259.28	735.99	2556.54	1937.95
泥质岩类亚高山草甸土	0	0.33	37.7	1.13
泥质岩类棕壤	42.79	875.13	443.14	3.45
酸性岩类褐土	0	1.79	0.26	3.73
酸性岩类山地棕壤	0	0	1.37	0.5
酸性岩类石灰性褐土	7.44	34.92	104.59	26.42
碳酸盐岩类暗棕壤	0	0	0.22	2.17

续表 2-13-34

土种类型	一等地	二等地	三等地	四等地
碳酸盐岩类褐土	0.1	60.3	95.66	42.23
碳酸盐岩类石灰性褐土	10.19	102.67	470.86	1210.17
碳酸盐岩类棕壤	0	3.77	11.63	179.64
合计面积	1525.66	4753.98	5140.3	3661.34
占耕地面积%	10.12	31.52	34.08	24.28

注：舟曲县耕地总面积为 15081.28 公顷。

2.耕地地力等级的行政区域划分

舟曲县耕地总面积为 15081.28 公顷。其中，一等地面积为 1525.66 公顷，占耕地总面积的 10.12%；二等地面积为 4753.98 公顷，占耕地总面积的 31.52%；三等地面积为 5140.3 公顷，占耕地总面积的 34.08%；四等地面积为 3661.34m²，占耕地总面积的 24.28%。

表 2-13-35 舟曲县耕地地力评价行政区域分布　　　　单位：公顷

乡镇名称	一等地	二等地	三等地	四等地
八楞乡	78.93	263.18	411.42	13.85
巴藏乡	78.7	126.16	266.65	111.59
博峪乡	23.6	145.62	280.61	413.87
插岗乡	15.98	204.32	131.73	275.98
城关镇	128.75	141.66	308.75	109.46
大川镇	79.26	94.68	24.03	81.03
大峪乡	36.45	266.72	318.68	275.55
东山乡	145.48	447.38	116.47	176.3
蜂迭乡	156.65	262.02	238.03	231.94
拱坝乡	129.38	594.68	212.75	233.61
果耶乡	10.59	186.74	664.27	181.59
憨班乡	77.35	103.37	182.31	114.64
江盘乡	34.32	45.46	313.55	47.66
立节乡	129.62	230.35	46.23	66.17
南峪乡	18.24	58.29	202.54	50.5
坪定乡	0.22	172.2	228.04	111.46
曲告纳乡	189.33	701.09	639	849.31
曲瓦乡	43.85	404.11	248.05	137.62
武坪乡	148.96	305.95	307.19	179.21
合计面积	1525.66	4753.98	5140.3	3661.34
占耕地面积(%)	10.12	31.52	34.08	24.28

注：舟曲县耕地总面积为 15081.28 公顷。

(二)耕地地力等级分述

1.一等地

舟曲县一等地面积为1525.66公顷,占全县总面积的10.12%。主要分布在曲告纳乡、蜂迭乡、武坪乡、东山乡等乡镇。土地利用类型有川旱地、坡旱地、旱地梯田、水浇地、果园、其他园地。其中,川旱地面积为26.33公顷,占一等地面积的1.72%;坡旱地面积为949.85公顷,占一等地面积的62.26%;旱地梯田面积为134.86公顷,占一等地面积的8.84%;水浇地面积为358.75公顷,占一等地面积的23.51%;果园面积为14.59公顷,占一等地面积的0.96%;其他园地面积为358.75公顷,占一等地面积的2.71%。

表 2-13-36 各类型耕地一等地面积

地类名称	评价单元数(个)	面积(公顷)	占一等地面积(%)
川旱地	27	26.33	1.72
坡旱地	341	949.85	62.26
旱地梯田	45	134.86	8.84
水浇地	144	358.75	23.51
果园	34	14.59	0.96
其他园地	75	41.28	2.71

注:舟曲县一等地面积为1525.66公顷。

一等地各项评价指标均属良好型,土壤养分含量高;地势较为平坦,土层深厚,质地适中,通透性良好,易于耕作,适耕期长,土壤养分含量水平高,保水保肥性能好,供肥能力强,利用上几乎没有限制因素,适宜种植多种作物。有些地块可实行灌溉,但大部分地块无灌溉条件,是舟曲县的丰产耕地。

在农业生产中应注意:一是增施有机肥料,提高土壤有机质含量,培肥地力;二是大力推广平衡配套施肥技术,调整氮、磷、钾投入比例,提高化肥利用率,防止次生盐渍化的产生;三是加强配套灌溉系统,进一步增大灌溉面积,发展节水灌溉,建成高产稳产田。

表 2-13-37 一等地土壤养分含量及水平

项目	有机质(g/kg)	全氮(g/kg)	有效磷(mg/kg)	速效钾(mg/kg)
范围	11.2~45.7	1.84~3.28	8.9~25.3	137~453
平均值	28.5	2.41	37.27	264

2.二等地

二等地面积为4753.98公顷,占耕地总面积的31.52%。主要分布在曲告纳乡、拱坝乡、曲瓦乡等乡镇。土地利用类型有川旱地、坡旱地、旱地梯田、水浇地、果园、其他园地。

其中,川旱地面积为11.63公顷,占二等地面积的0.25%;坡旱地面积为4439.48公顷,占二等地面积的93.38%;旱地梯田面积为66.15公顷,占二等地面积的1.39%;水浇地面积为126.38公顷,占二等地面积的2.66%;果园面积为12.04公顷,占二等地面积的0.25%;其他园地面积为98.30公顷,占二等地面积的2.07%。

表2-13-38　各类型耕地二等地面积

地类名称	评价单元数(个)	面积(公顷)	占二等地面积(%)
川旱地	13	11.63	0.25
坡旱地	1568	4439.48	93.38
旱地梯田	42	66.15	1.39
水浇地	64	126.38	2.66
果园	19	12.04	0.25
其他园地	119	98.30	2.07

注:舟曲县二等地面积为4753.98公顷。

二等地是较重要的旱作土壤,具有耕层土壤熟化度高,营养物质丰富,质地适中,通透性好的特性,是舟曲县具有较大高产潜力的土壤。

对二等地合理利用应从改良入手,主要措施:一是增施有机肥料,不断培肥地力。二是伏、秋用大犁深耕,破除犁底层,形成深厚的耕作层,对于促进作物根系下扎、接纳雨水、释放土壤潜在养分、增加土壤熟化层、改善土壤结构、调节土壤中水、气、热状况和其他理化性质起着一定的作用。三是实行平衡配套施肥,合理施用化肥,协调氮、磷、钾比例,适量补施微肥。通过改良,建造一个深厚、疏松、养分协调、肥沃的耕作层。

表2-13-39　二等地土壤养分含量及水平

项目	有机质(g/kg)	全氮(g/kg)	有效磷(mg/kg)	速效钾(mg/kg)
范围	11.2~45.6	1.78~3.28	25.6~55.4	136~453
平均值	29.5	2.47	35.0	269

3.三等地

三等地面积为5140.3公顷,占耕地总面积的34.08%。主要分布在曲告纳乡、果耶乡、八楞乡、大峪乡等乡镇。土地利用类型有川旱地、坡旱地、旱地梯田、水浇地、果园、其他园地。其中,川旱地面积为6.83公顷,占三等地面积的0.13%;坡旱地面积为4999.83公顷,占三等地面积的97.27%;旱地梯田面积为23.22公顷,占三等地面积的0.45%;水浇地面积为27.27公顷,占三等地面积的0.53%;果园面积为8.44公顷,占三等地面积的0.17%;其他园地面积为74.71公顷,占三等地面积的1.45%。

表 2-13-40　各类型耕地三等地面积

地类名称	评价单元数(个)	面积(公顷)	占三等地面积(%)
川旱地	10	6.83	0.13
坡旱地	2025	4999.83	97.27
旱地梯田	21	23.22	0.45
水浇地	30	27.27	0.53
果园	11	8.44	0.17
其他园地	85	74.71	1.45

注:舟曲县三等地面积为5140.3公顷。

三等地地貌类型多为山地。具有耕层土壤熟化度较高,质地适中的特性,养分水平较低。近些年来,由于重用轻养,使部分耕地养分下降,对该等地的合理利用同二等地。

表 2-13-41　三等地土壤养分含量及水平

项目	有机质(g/kg)	全氮(g/kg)	有效磷(mg/kg)	速效钾(mg/kg)
范围	11.3~45.7	1.77~3.28	25.7~54.8	135~453
平均值	29.0	2.45	34.2	257

4.四等地

四等地面积为3661.34m^2,占耕地总面积的24.28%。主要分布在曲告纳乡、博峪乡、大峪乡等乡镇。土地利用类型有坡旱地、旱地梯田、水浇地、果园、其他园地。其中坡旱地面积为3597.53公顷,占四等地面积的98.26%;旱地梯田面积为25.27公顷,占四等地面积的0.69%;水浇地面积为0.77公顷,占四等地面积的0.02%;果园面积为1.78公顷,占四等地面积的0.05%;其他园地面积为35.99公顷,占四等地面积的0.98%。

表 2-13-42　各类型耕地四等地面积

地类名称	评价单元数(个)	面积(公顷)	占四等地面积(%)
坡旱地	1832	3597.53	98.26
旱地梯田	14	25.27	0.69
水浇地	4	0.77	0.02
果园	6	1.78	0.05
其他园地	68	35.99	0.98

注:舟曲县四等地面积为3661.34公顷。

四等地存在的限制因素主要是地形、土壤和水分限制,旱灾威胁大,养分水平低。四等地中的水浇地由于该地受地貌类型、海拔的影响,被划分在四等地。四等地的改良利用主要从两个方面着手:一是加强平整土地,发展旱作农业和集雨工程;二是增加对耕地的投入,增施有机肥料,实行有机无机结合,改良土壤理化性状,努力提高土地的产出水平。

表 2-13-43　四等地土壤养分含量及水平

项目	有机质(g/kg)	全氮(g/kg)	有效磷(mg/kg)	速效钾(mg/kg)
范围	11.2～40.7	1.76～3.28	23.1～53.6	138～453
平均值	28.22	2.53	33.5	264

第三节　卓尼县耕地地力评价

一、卓尼县耕层土壤属性

(一)耕层土壤有机质

卓尼县土壤有机质含量最低为17.1g/kg,最高为46.7g/kg,平均为30.1g/kg,与1987年第二次土壤普查时的平均值98.1g/kg相比,下降了69.3%。按照甘肃省土壤养分分级标准,有机质含量分布在一至四级水平。有机质含量在一级水平上的耕地面积为7397.82公顷,占耕地总面积的37.50%,主要分布在完冒乡、喀尔钦乡、藏巴哇乡、木耳镇等乡镇;有机质含量在二级水平上的耕地面积为8630.37公顷,占耕地总面积的43.75%,主要分布在喀尔钦乡、阿子塘乡、申藏乡、藏巴哇乡等乡镇;有机质含量在三级水平上的耕地面积为3139.19公顷,占耕地总面积的15.90%,主要分布在纳浪乡、申藏乡、洮砚乡等乡镇;有机质含量在四级水平上的耕地面积为561.34公顷,占耕地总面积的2.85%,主要分布在勺哇土族乡和纳浪乡。

表 2-13-44　卓尼县耕层土壤有机质含量变化状况

年限	有机质含量(g/kg)
1987年	98.1
2009年	30.1
与1987年相比	-68.0

表 2-13-45 2009 年卓尼县各乡镇土壤耕层有机质含量分级及面积

单位：公顷

有机质含量(g/kg) 乡镇名称	一级 >30	二级 30.0~25.0	三级 25.0~20.0	四级 ≤20.0
阿子塘乡	681.86	1324.17	205.18	0
藏巴哇乡	771.25	1287.91	169.98	0
刀告乡	435.96	0	0	0
喀尔钦乡	1014.3	1446.5	66.5	0
康多乡	0.25	41.93	311.12	3.6
柳林镇	585.54	902.51	25.5	0
木耳镇	629.73	625.17	260.86	0
纳浪乡	13.1	288.62	658.99	119.39
尼巴乡	234.89	0	0	0
恰盖乡	147.24	123.56	292.68	0
勺哇土族乡	0	0	193.32	417.65
申藏乡	560.9	1311.45	604.72	0
洮砚乡	447.74	182.63	350.34	20.7
完冒乡	1318.27	37.38	0	0
扎古录镇	556.79	1058.54	0	0
合计面积	7397.82	8630.37	3139.19	561.34
占耕地总面积(%)	37.50	43.75	15.90	2.85

注：卓尼县耕地总面积为 19728.72 公顷。

(二)耕层土壤土壤全氮

全县土壤全氮量平均为 2.1g/kg，最高为 4.45g/kg，最低为 1.29g/kg，平均值与 1987 年第二次土壤普查时的平均值 3.80g/kg 相比，下降了 39.4%。按照甘肃省土壤养分分级标准，土壤全氮含量分布在一至三级水平，全氮含量在一级水平上的耕地面积为 6874.62 公顷，占耕地总面积的 34.85%，主要分布在藏巴哇乡、申藏乡、纳浪乡等乡镇；全氮含量在二级水平上的耕地面积为 12012.2 公顷，占耕地总面积的 60.89%，主要分布在喀尔钦乡、阿子塘乡、柳林镇、扎古录镇等乡镇；全氮含量在三级水平上的耕地面积为 541.9 公顷，占耕地总面积的 2.75%，主要分布在勺哇土族乡、扎古录镇等乡镇。

表 2-13-46　卓尼县耕层土壤全氮含量变化状况

年限	全氮含量(g/kg)
1987 年	3.80
2009 年	2.10
与 1987 年相比	-1.7

表 2-13-47　2009 年卓尼县各乡镇耕层土壤全氮含量分级及面积

单位：公顷

全氮含量等级(g/kg) 乡镇名称	一级 >2.00	二级 2.00～1.50	三级 ≤1.50
阿子塘乡	624.43	1553.85	32.93
藏巴哇乡	1915.16	313.93	0.05
刀告乡	341.7	94.26	0
喀尔钦乡	44.74	2481.65	0.91
康多乡	0	351.15	5.75
柳林镇	0	1513.55	0
木耳镇	327.93	1187.83	0
纳浪乡	940.02	140.08	0
尼巴乡	177.5	57.39	0
恰盖乡	21.29	414.8	127.39
勺哇土族乡	0	195.62	415.35
申藏乡	1295.48	1173.72	7.87
洮砚乡	501	0	0
完冒乡	184.69	1170.3	0.66
扎古录镇	0.27	1364.07	250.99
合计面积	6874.62	12012.2	541.9
占卓尼县总耕地面积(%)	34.85	60.89	2.75

注：卓尼县耕地总面积为 19728.72 公顷。

（三）耕层土壤碱解氮

全县土壤碱解氮氮量平均为 135.3mg/kg，最高为 192.7mg/kg，最低为 61.6mg/kg，按照甘肃省土壤养分分级标准，土壤碱解氮含量分布在四至六级水平。碱解氮含量在四级水平上的耕地面积为 5515.91 公顷，占耕地总面积的 27.96%，主要分布在藏巴哇乡、申藏乡、阿子塘乡、洮砚乡等乡镇;碱解氮含量在五级水平上的耕地面积为12168.59公顷,占耕地总面积的61.68%,各乡镇分布面积都较大;碱解氮含量在六级水平上的耕地面积为2044.22公顷,占耕地总面积的10.36%,主要分布在纳浪乡、勺哇土族乡等乡镇。

表2-13-48　2009年卓尼县各乡镇耕层土壤碱解氮含量分级及面积

单位:公顷

乡镇名称	碱解氮含量等级(mg/kg)	四级	五级	六级
		>150	150~100	≤100
阿子塘乡		551.48	1659.73	0
藏巴哇乡		2004.47	224.67	0
刀告乡		204.68	229.75	1.53
喀尔钦乡		340.42	2186.88	0
康多乡		0	182.55	174.35
柳林镇		254.71	1258.84	0
木耳镇		330.68	1184.91	0.17
纳浪乡		0	299.34	780.76
尼巴乡		0	222.03	12.86
恰盖乡		0	442.09	121.39
勺哇土族乡		0	38.79	572.18
申藏乡		1240.57	1236.5	0
洮砚乡		467.23	534.18	0
完冒乡		118.31	1237.34	0
扎古录镇		3.36	1230.99	380.98
合计面积		5515.91	12168.59	2044.22
占卓尼县总耕地面积(%)		27.96	61.68	10.36

注:卓尼县耕地总面积为19728.72公顷。

(四)耕层土壤速效磷

卓尼县土壤有效磷平均值为16.0mg/kg,最高为33.0mg/kg,最低为4.8mg/kg,比第二次土壤普查时的7.0mg/kg增加9.0mg/kg,增幅为128.5%。按照甘肃省土壤养分分级标准,土壤有效磷含量分布在二至七级水平。有效磷含量在二级水平上的耕地面积为509.98公顷,占耕地总面积的0.63%,主要分布在藏巴哇乡、柳林镇等乡镇;有效磷含量在三级水平上的耕地面积为5418.03公顷,占耕地总面积的27.46%,主要分布在藏巴哇乡、柳林镇、申藏乡等乡镇;有效磷含量在四级水平上的耕地面积为4413.691公顷,占耕地总面积的

22.37%，主要分布在喀尔钦乡、申藏乡等乡镇；有效磷含量在五级水平上的耕地面积为5691.03公顷，占耕地总面积的28.85%，主要分布在阿子塘乡、洮砚乡等乡镇；有效磷含量在六级水平上的耕地面积为3674.82公顷，占耕地总面积的18.63%，主要分布在扎古录镇、完冒乡等乡镇；有效磷含量在7级水平上的耕地面积为21.17公顷，占耕地总面积的0.11%，分布在扎古录镇。

表2-13-49 卓尼县耕层土壤有效磷含量变化状况

年限	有效磷含量(mg/kg)
1987年	7.0
2009年	16.0
与1987年相比	+9

表2-13-50 2009年卓尼县各乡镇耕层土壤有效磷含量分级及面积

单位：公顷

有效磷含量等级(mg/kg)　　乡镇名称	二级 >30.0	三级 30.0~20.0	四级 20.0~15.0	五级 15.0~10.0	六级 10.0~5.0	七级 ≤5.0
阿子塘乡	0	0	8.79	1561.11	641.31	0
藏巴哇乡	293.11	1540.73	395.3	0	0	0
刀告乡	0	0	8.28	336.35	91.33	0
喀尔钦乡	0	382.88	1241.66	784.54	118.2	0
康多乡	0	0	0	274.37	82.52	0
柳林镇	174.39	973.5	365.66	0	0	0
木耳镇	0.06	863.68	652.02	0	0	0
纳浪乡	42.42	681.64	352.05	3.99	0	0
尼巴乡			28.79	206.1	0	0
恰盖乡	0	0.24	154.67	408.57	0	0
勺哇土族乡	0	0	0	258.71	352.26	0
申藏乡	0	962.25	1144.65	370.17	0	0
洮砚乡	0	13.11	61.82	804.6	121.88	0
完冒乡	0	0	0	634.71	720.94	0
扎古录镇	0	0	0	47.79	1546.37	21.17
合计面积	509.98	5418.03	4413.69	5691.03	3674.82	21.17
占卓尼县耕地总面积(%)	2.58	27.46	22.37	28.85	18.63	0.11

注：卓尼县耕地总面积为19728.72公顷。

(五)耕层土壤速效钾

本县土壤速效钾平均值为118mg/kg,最高值为387mg/kg,最低值为24mg/kg,比1987年第二次土壤普查时的262mg/kg下降144mg/kg,降幅为56.13%。按照甘肃省土壤养分分级标准,土壤速效钾含量分布在一至七级水平。速效钾含量在一级水平上的耕地面积为19.60公顷,占耕地总面积的0.10%,分布在刀告乡;速效钾含量在二级水平上的耕地面积为2.86公顷,占耕地总面积的0.01%,分布在刀告乡;速效钾含量在三级水平上的耕地面积为62.61公顷,占耕地总面积的0.32%,主要分布在刀告乡;速效钾含量在四级水平上的耕地面积为3040.09公顷,占耕地总面积的15.41%,主要分布在藏巴哇乡、洮砚乡等乡镇;速效钾含量在五级水平上的耕地面积为10756.24公顷,占耕地总面积的54.52%,主要分布在阿子塘乡、扎古录镇、申藏乡等乡镇;速效钾含量在六级水平上的耕地面积为5723.35公顷,占耕地总面积的29.01%,主要分布在木耳镇、申藏乡等乡镇;速效钾含量在七级水平上的耕地面积为123.95公顷,占耕地总面积的0.63%,主要分布在木耳镇。

表2-13-51　卓尼县耕层土壤速效钾含量变化状况

年限	速效钾钾含量(mg/kg)
1987年	262
2009年	118
与1987年相比	-144

表2-13-52　2009年卓尼县各乡镇耕层土壤速效钾含量分级及面积

单位:公顷

速效钾含量 等级(mg/kg) 乡镇名称	一级 >300	二级 300~250	三级 250~200	四级 200~150	五级 150~100	六级 100~50	七级 ≤50
阿子塘乡	0	0	0	1.09	2149.03	61.09	0
藏巴哇乡	0	0	0	1809.12	420.02	0	0
刀告乡	19.60	2.86	62.45	31.08	319.81	0.16	0
喀尔钦乡	0	0	0	0	864.42	1662.67	0
康多乡	0	0	0	0	356.90	0	0
柳林镇	0	0	0	0	472.19	917.41	123.95
木耳镇	0	0	0	0	286.85	1228.91	0
纳浪乡	0	0	0	130.24	949.86	0	0
尼巴乡	0	0	0.17	0.32	234.40	0	0
恰盖乡	0	0	0	0	562.90	0.58	0

续表 2-13-52

速效钾含量等级(mg/kg) 乡镇名称	一级 >300	二级 300~250	三级 250~200	四级 200~150	五级 150~100	六级 100~50	七级 ≤50
勺哇土族乡	0	0	0	0	604.13	6.84	0
申藏乡	0	0	0	60.71	1310.99	1105.37	0
洮砚乡	0	0	0	1001.41	0	0	0
完冒乡	0	0	0	0	800.52	555.13	0
扎古录镇	0	0	0	6.12	1424.02	185.19	0
合计面积	19.60	2.86	62.61	3040.09	10756.24	5723.35	123.95
占卓尼县耕地总面积(%)	0.10	0.01	0.32	15.41	54.52	29.01	0.63

注：卓尼县耕地总面积为 19728.72 公顷。

（六）土壤 pH

卓尼县土壤 pH 值变化在 7.3~8.5 之间，均值为 7.97，属于微碱性土壤。

二、卓尼县耕地地力分析

以土壤图与土地利用现状图叠加形成评价单元，应用模糊综合评判方法，通过综合分析，将卓尼县耕地共划分为 4 个等级，根据评价结合进行耕地地力的系统分析。

（一）耕地地力等级与分布

1.耕地地力等级面积统计

卓尼县耕地总面积为 19728.72 公顷。其中，一等地面积为 2246.62 公顷，占耕地总面积的 11.39%，分布在一等地的土种主要有耕种碳酸盐灰褐土、碳酸盐灰褐土；二等地面积为 7264.24 公顷，占耕地总面积的 40.88%，分布在二等地的土种主要有耕种碳酸盐灰褐土、碳酸盐灰褐土、淋溶灰褐土、耕种红土；三等地面积为 8065.52 公顷，占耕地总面积的 40.88%，分布在三等地的土种主要有耕种碳酸盐灰褐土、淋溶灰褐土、碳酸盐黑钙土、碳酸盐灰褐土、亚高山草甸土、耕种碳酸盐黑钙土；四等地面积为 2152.34 公顷，占耕地总面积的 10.91%，分布在四等地的土种主要有亚高山草甸土、红土、耕种红土、淋溶灰褐土、碳酸盐黑钙土。

表 2-13-53 卓尼县各土种在不同地力等级耕地的面积分布

单位:公顷

土种名称	一等地	二等地	三等地	四等地
高山草甸土	0	0	0	0.7
耕种红土	0	233.01	103.76	229.9
耕种淋溶黑钙土	0	1.29	126.43	150.9
耕种碳酸盐黑钙土	0	74.72	790.92	52.7
耕种碳酸盐灰褐土	1614.33	3703.2	1675.36	14.32
红沙土	0	0	42.24	0
红土	0	0	333.09	277.36
淋溶黑钙土	0	0	131.58	111.1
淋溶灰褐土	11.98	421	1454.52	198.19
碳酸盐黑钙土	0	16.79	1386.36	198.65
碳酸盐灰褐土	620.31	2869.55	958.59	42.88
亚高山草甸土	0	7.47	775.92	871.78
亚高山草原草甸土	0	11.93	286.75	3.86
合计面积	2246.62	7264.24	8065.52	2152.34
占卓尼县耕地总面积比例(%)	11.39	36.82	40.88	10.91

注:卓尼县耕地总面积为 19728.72 公顷。

2.耕地地力等级的行政区域划分

将耕地地力等级分布图,按权属字段检索出各等级的记录,可统计各级地在各乡镇的分布状况。

表 2-13-54 卓尼县耕地地力评价行政区域分布

单位:公顷

乡镇名称	一等地	二等地	三等地	四等地
阿子塘乡	11.81	61.82	1548.61	588.97
藏巴哇乡	638.15	358.94	1089.72	142.33
刀告乡	0	320.55	115.35	0.06
喀尔钦乡	67.27	2155.58	301.68	2.77
康多乡	0	0.69	233.11	123.1
柳林镇	259.52	1252.75	1.28	0

续表 2-13-54

乡镇名称	一等地	二等地	三等地	四等地
木耳镇	357.51	1112.85	43.26	2.14
纳浪乡	498.85	581.25	0	0
尼巴乡	0	0	200.23	34.66
恰盖乡	0	15.02	419.01	129.45
勺哇土族乡	0	0	590.36	20.61
申藏乡	0	0	1758.17	718.9
洮砚乡	413.51	287.7	0	0
完冒乡	0	11.93	1008.23	335.49
扎古录镇	0	804.96	756.51	53.86
合计面积	2246.62	7264.24	8065.52	2152.34
占卓尼县耕地总面积比例(%)	11.39	36.82	40.88	10.91

注：卓尼县耕地总面积为 19728.72 公顷。

(二)耕地地力等级分述

1.一等地

一等地评价单元 594 个，面积为 2246.42 公顷，全县主要分布在藏巴哇乡、纳浪乡、洮砚乡、木耳镇、柳林镇。土地利用类型有旱地和水浇地两种。其中旱地面积为 1941.99 公顷，占一等地面积的 86.45%；水浇地面积为 304.63 公顷，占一等地面积的 13.55%。

表 2-13-55 各类型耕地一等地面积

地类名称	评价单元数(个)	面积(公顷)	占一等地面积(%)
旱地	581	1941.99	86.45
水浇地	13	304.63	13.55

注：卓尼县一等地面积为 2246.42 公顷。

一等地地貌类型主要以河谷川台地为主，有部分丘陵和少量的山地。一等地各项评价指标均属良好型，土壤养分含量高；地势较为平坦，土层深厚，质地适中，通透性良好，易于耕作，适耕期长，土壤养分含量水平高，保水保肥性能好，供肥能力强，利用上几乎没有限制因素，种植的主要作物是春小麦、青稞。有些地块可实行灌溉，但大部分地块无灌溉条件，是卓尼县的丰产耕地。在农业生产中应注意：一是增施有机肥料，提高土壤有机质含量，培肥地力；二是大力推广平衡配套施肥技术，调整氮、磷、钾投入比例，提高化肥利用率，防止次生盐渍化的产生；三是加强配套灌溉系统，进一步增大灌溉面积，发展节水灌溉,建成高产稳产田。

表 2-13-56　一等地耕层土壤养分含量及水平

项目	有机质(g/kg)	全氮(g/kg)	有效磷(mg/kg)	速效钾(mg/kg)
范围	18.5 ~ 40.5	1.44 ~ 4.45	9.36 ~ 32.9	208 ~ 245
平均值	30.1	2.49	20.1	219

2.二等地

二等地评价单元2546个,面积为7264.24公顷,主要分布在喀尔钦乡、柳林镇、木耳镇、扎古录镇、纳浪乡等乡镇。土地利用类型有旱地和水浇地两种。旱地面积为7197.3公顷,占二等地面积的99.08%;水浇地面积为66.94公顷,占二等地面积的0.92%。

表 2-13-57　各类型耕地二等地面积

地类名称	评价单元数(个)	面积(公顷)	占二等地面积(%)
旱地	2536	7197.3	99.08
水浇地	10	66.94	0.92

注:卓尼县二等地面积为7264.24公顷

二等地地貌类型主要以丘陵为主,有少量的河谷川台地和山地。二等地是卓尼县较重要的旱作土壤,具有耕层土壤熟化度高,营养物质丰富,质地适中,通透性好的特性,是卓尼县具有较大高产潜力的土壤。

对二等地合理利用应从改良入手。主要措施:一是增施有机肥料,不断培肥地力。二是伏、秋用大犁深耕,破除犁底层,形成深厚的耕作层,对于促进作物根系下扎、接纳雨水、释放土壤潜在养分、增加土壤熟化层、改善土壤结构、调节土壤中水、气、热状况和其他理化性质起着一定的作用。三是实行平衡配套施肥,合理施用化肥,协调氮、磷、钾比例,适量补施微肥。通过改良,建造一个深厚、疏松、养分协调肥沃的耕作层。

表 2-13-58　二等地耕层土壤养分含量及水平

项目	有机质(g/kg)	全氮(g/kg)	有效磷(mg/kg)	速效钾(mg/kg)
范围	19.0 ~ 45.0	1.45 ~ 4.18	5.6 ~ 33.0	207 ~ 247
平均值	31.1	2.18	17.51	219

3.三等地

三等地评价单元2012个,面积为8065.52公顷,除了纳浪乡、洮砚乡,其他各乡镇均有分布,主要分布在申藏乡、阿子塘乡、藏巴哇乡、扎古录镇、完冒乡。土地利用类型有旱地和水浇地两种。旱地面积8005.56公顷,占三等地面积的99.26%;水浇地面积为59.96公顷,占三等地面积的0.74%。

表 2-13-59 各类型三等地面积

地类名称	评价单元数(个)	面积(公顷)	占三等地面积(%)
旱地	2005	8005.56	99.26
水浇地	6	59.96	0.74

注:卓尼县三等地面积为8065.52公顷

三等地地貌类型以山地为主,有少量的丘陵和河谷川台地。具有耕层土壤熟化度较高,质地适中的特性,养分水平中等。近些年来,由于重用轻养,使部分耕地养分下降,对该等地的合理利用同二等地。

表 2-13-60 三等地耕层土壤养分含量及水平

项目	有机质(g/kg)	全氮(g/kg)	有效磷(mg/kg)	速效钾(mg/kg)
范围	17.2~46.7	1.29~4.06	4.81~31.1	206~235
平均值	31.1	1.95	13.95	218

4.四等地

四等地评价单元657个,面积为2152.34公顷,主要分布在申藏乡、阿子塘乡、扎古录镇、完冒乡。土地利用类型为水浇地、旱地两种,其中旱地面积为2146.47公顷,占四等地耕地面积的99.73%;水浇地面积为5.87公顷,占四等地耕地面积的0.27%。

表 2-13-61 各类型耕地四等地面积

地类名称	评价单元数(个)	面积(公顷)	占四等地面积(%)
旱地	655	2146.47	99.73
水浇地	2	5.87	0.27

注:卓尼县四等地面积为2152.34公顷。

四等地地貌类型以山地为主,有少量的丘陵。存在的限制因素主要受地形、土壤限制,养分水平低。四等地中的水浇地位于喀尔钦乡、藏巴哇乡,由于该地受地貌类型、海拔、有效磷含量低的影响,被划分在四等地。四等地的改良利用主要从两个方面着手:一是加强平整土地;二是增加对耕地的投入,增施有机肥料,实行有机无机结合,改良土壤理化性状,努力提高土地的产出水平。

表 2-13-62 四等地耕层土壤养分含量及水平

项目	有机质(g/kg)	全氮(g/kg)	有效磷(mg/kg)	速效钾(mg/kg)
范围	17.1~46.4	1.35~4.07	5.15~13.8	206~242
平均值	30.3	1.95	13.8	220

第四节　临潭县耕地地力评价

一、临潭县耕层土壤属性

(一)耕层土壤有机质

临潭县耕层土壤有机质检测含量平均值为29.0g/kg,处于18.3~41.5g/kg之间,属于较高水平,与1987年第二次土壤普查时的有机质含量24.8g/kg相比,略有提高,增幅为16.93%。按照甘肃省土壤养分分级标准,有机质含量分布在一至四级水平,有机质含量在一级水平上的耕地面积为10789.64公顷,占耕地总面积的49.17%,主要分布在王旗乡、新城镇、洮滨乡、石门乡等乡镇;有机质含量在二级水平上的耕地面积为8074.16公顷,占耕地总面积的36.80%,主要分布在流顺乡、羊沙乡、王旗乡等乡镇;有机质含量在三级水平上的耕地面积为2548.99公顷,占耕地总面积的11.62%,主要分布在三岔乡、八角乡、羊沙乡等乡镇;有机质含量在四级水平上的耕地面积为529.86公顷,占耕地总面积的2.41%,主要分布在八角乡。

表2-13-63　临潭县耕层土壤有机质含量变化状况

年限	有机质含量(g/kg)
1987年	29.0
2009年	24.8
与1987年相比	-5.2

表2-13-64　2009年临潭县各乡镇耕层土壤有机质含量分级及面积

单位:公顷

有机质(g/kg) 乡镇名称	一级 >30	二级 30.0~25.0	三级 25.0~20.0	四级 ≤20.0
八角乡	0	0	389.31	382.57
长川乡	974.51	681.2	0	0
城关镇	713.53	245.64	0	0
店子乡	487.76	609.62	96.6	0
古战乡	531.97	178.23	314.8	0
流顺乡	328.42	1049.47	55.14	0
三岔乡	88.88	562.52	460.71	0
石门乡	1230.77	319.6	0	0
术布乡	210.33	182.77	218.98	10.63

续表 2-13-64

有机质(g/kg) 乡镇名称	一级 >30	二级 30.0~25.0	三级 25.0~20.0	四级 ≤20.0
洮滨乡	1537.27	82.42	0	0
王旗乡	2007.37	910.27	0	0
新城镇	1730.46	901.9	0	0
羊沙乡	0.91	993.49	319	0
羊永乡	676.85	808.95	26.47	0
冶力关镇	68.65	430.08	659.52	136.66
卓洛乡	201.96	118	8.46	0
合计面积	10789.64	8074.16	2548.99	529.86
占总耕地面积比例(%)	49.17	36.80	11.62	2.41

注：临潭县耕地总面积为 21942.65 公顷

（二）耕层土壤全氮

2009 年临潭县全氮含量为 1.35g/kg，处于 0.78~1.88g/kg 之间，与 1987 年第二次土壤普查时的平均值 1.55g/kg 相比，下降了 12.9%。按照甘肃省土壤养分分级标准，全氮含量分布在二至五级水平。全氮含量在二级水平上的耕地面积为 4555.04 公顷，占耕地总面积的 20.76%，主要分布在新城镇、洮滨乡等乡镇；全氮含量在三级水平上的耕地水平上的耕地面积为 13235.95 公顷，占耕地总面积的 60.32%，主要分布在王旗乡、羊永乡等乡镇；全氮含量在四级水平上的耕地面积为 3118.83 公顷，占耕地总面积的 14.21%，分布在冶力关镇、三岔乡等乡镇；全氮含量在五级水平上的耕地面积为 1032.83 公顷，占耕地总面积的 4.71%，主要分布在八角乡。

表 2-13-65　临潭县耕层土壤全氮含量变化状况

年限	全氮含量(g/kg)
1987 年	1.88
2009 年	1.55
与 1987 年相比	-0.32

表 2-13-66　2009 年临潭县各乡镇耕层土壤全氮含量分级及面积

单位：公顷

全氮(g/kg) 乡镇名称	二级 >1.50	三级 1.50~1.25	四级 1.25~1.0	五级 ≤1.0
八角乡	0	0	13.58	758.3
长川乡	460.9	1194.81	0	0

续表 2-13-66

乡镇名称 \ 全氮(g/kg)	二级 >1.50	三级 1.50~1.25	四级 1.25~1.0	五级 ≤1.0
城关镇	486.7	472.47	0	0
店子乡	74.5	917.35	202.09	0
古战乡	302.08	316.35	406.57	0
流顺乡	8.51	1180.22	244.3	0
三岔乡	17.95	544.38	549.78	0
石门乡	392.53	1157.84	0	0
术布乡	145.3	264.73	212.68	0
洮滨乡	1131.96	487.73	0	0
王旗乡	181.45	2736.19	0	0
新城镇	1236.58	1381.72	14.06	0
羊沙乡	0	696.81	433.33	183.26

注：临潭县耕地总面积为 21942.65 公顷

（三）耕层土壤碱解氮

2009 年，临潭县耕层土壤碱解氮平均含量为 89.31mg/kg，处于 73.9~115.8mg/kg 之间，含量较低。按照甘肃省土壤养分分级标准，碱解氮分布在五、六级水平。碱解氮含量在五级水平上的耕地面积为 2758.62 公顷，占耕地总面积的 12.57%，主要分布在新城镇、洮滨乡等乡镇；碱解氮含量在六级水平上的耕地面积为 19184.03 公顷，占耕地总面积的 87.43%，各乡镇分布面积都较大。

表 2-13-67 2009 年临潭县各乡镇耕层土壤碱解氮含量分级及面积

单位：公顷

乡镇名称 \ 碱解氮(mg/kg)	五级 >100	六级 ≤100
八角乡	0	771.88
长川乡	0	1655.71
城关镇	292.61	666.56
店子乡	0	1193.98
古战乡	260.46	764.54
流顺乡	476.06	956.97
三岔乡	380.32	731.79
石门乡	0	1550.37

续表 2-13-67

乡镇名称	碱解氮（mg/kg） 五级 >100	六级 ≤100
术布乡	0	622.71
洮滨乡	622.92	996.77
王旗乡	69.9	2847.74
新城镇	656.35	1976.01
羊沙乡	0	1313.4
羊永乡	0	1512.27
冶力关镇	0	1294.91
卓洛乡	0	328.42
合计面积	2758.62	19184.03
占临潭县总耕地面积比例（%）	12.57	87.43

注：临潭县耕地总面积为 21942.65 公顷。

（四）耕层土壤速效磷

临潭县耕层土壤有效磷平均含量为 22.3mg/kg，处于 19.5～25.1mg/kg 区间，含量中等，比 1987 年第二次土壤普查时的有效磷 8.0mg/kg 明显增加，增幅为 178.8%。按照甘肃省土壤养分分级标准，土壤有效磷分布在三、四级水平。有效磷含量在三级水平上的耕地面积为 21701.35 公顷，占耕地总面积的 98.9%，在全县各乡镇分布都较大；有效磷含量在四级水平上的耕地面积为 241.28 公顷，占耕地总面积的 1.10%，主要分布在长川乡。

表 2-13-68　临潭县耕层土壤有效磷含量变化状况

年限	有效磷含量（mg/kg）
1987 年	8
2009 年	22.3
与 1987 年相比	14.3

表 2-13-69 临潭县耕层土壤有效磷含量分级及面积

单位:公顷

有效磷含量等级(mg/kg) 乡镇名称	三级 >20.0	四级 ≤20.0
八角乡	771.88	0
长川乡	1481.02	174.69
城关镇	957.97	1.2
店子乡	1193.98	0
古战乡	1025	0
流顺乡	1383.79	49.24
三岔乡	1112.11	0
石门乡	1550.37	0
术布乡	622.47	0.24
洮滨乡	1619.69	0
王旗乡	2917.64	0
新城镇	2632.36	0
羊沙乡	1313.4	0
羊永乡	1496.36	15.91
冶力关镇	1294.91	0
卓洛乡	328.42	0
合计面积	21701.35	241.28
占总耕地面积比例(%)	98.90	1.10

注:临潭县耕地总面积为 21942.65 公顷。

(五)耕层土壤速效钾

临潭县耕层土壤速效钾平均值为 303mg/kg,处于 244～361mg/kg 之间,含量丰富,比 1987 年时的速效钾平均值 246mg/kg 明显增加,增幅为 23.1%。按照甘肃省土壤养分分级标准,土壤速效钾分布在一至三级水平。速效钾含量在一级水平上的耕地面积为 13774.97 公顷,占耕地总面积的 62.78%,主要分布在新城镇、王旗乡、羊永乡等乡镇;速效钾含量在二级水平上的耕地面积为 8165.49 公顷,占耕地总面积的 37.21%,主要分布在洮滨乡、石门乡、羊沙乡等乡镇;速效钾含量在三级水平上的耕地面积为 2.19 公顷,占耕地总面积的 0.01%,分布在冶力关镇、洮滨乡。

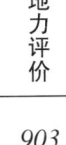

表 2-13-70　临潭县耕层土壤速效钾含量变化状况

年限	速效钾含量（mg/kg）
1987 年	246
2009 年	303
与 1987 年相比	+57

表 2-13-71　临潭县各乡镇耕层土壤速效钾含量分级及面积

单位：公顷

速效钾含量等级 （mg/kg） 乡镇名称	一级 >300	二级 300～250	三级 ≤250
八角乡	0	771.88	0
长川乡	1655.71	89.75	0
城关镇	959.17	0	0
店子乡	1078.32	115.66	0
古战乡	1025	0	0
流顺乡	1430.97	2.06	0
三岔乡	552.75	559.36	0
石门乡	309.4	1240.97	0
术布乡	622.71	0	0
洮滨乡	10.41	1609.23	0.05
王旗乡	1861.07	1056.57	0
新城镇	2225.92	406.44	0
羊沙乡	107.41	1205.99	0
羊永乡	1512.27	0	0
冶力关镇	95.44	1197.33	2.14
卓洛乡	328.42	0	0
合计面积	13774.97	8165.49	2.19
占总耕地面积比例（%）	62.78	37.21	0.01

注：临潭县耕地总面积为 21942.65 公顷。

(六)耕层土壤 pH

临潭县 pH 值变化在 8.1~8.3 之间,均值为 8.21,属于弱碱性土壤,在施肥上一般不必调节。

二、临潭县耕地地力分析

以土壤图与土地利用现状图叠加形成评价单元,应用模糊综合评判方法,通过综合分析,将临潭县耕地共划分为 4 个等级,根据评价结合进行耕地地力的系统分析。

(一)耕地地力等级与分布

1.耕地地力等级面积统计

临潭县耕地总面积为 21942.65 公顷。其中,一等地面积为 3202.95 公顷,占耕地总面积的 14.60%,分布在一等地上的土种主要有暗栗黄土、淡栗黄土、碳酸盐灰褐土、林缘黄土等;二等地面积为 5905.85 公顷,占耕地总面积的 26.91%,分布在二等地上的土种主要有碳酸盐灰褐土、林缘淋溶石渣土、暗栗黄土、淋溶灰褐土、林缘黄土等;三等地面积为 10047.99 公顷,占耕地总面积的 45.79%,分布在三等地上的土种主要有暗栗石渣土、碳酸盐灰褐土、栗钙黄土、暗栗钙土等;四等地面积为 2785.86 公顷,占耕地总面积的 12.70%,分布在四等地上的土种主要有淋溶灰褐土、淋溶黑钙石渣土、碳酸盐灰褐土等(见 2-13-72)。

表 2-13-72 临潭县各土种耕地地力等级面积分布　　　　单位:公顷

土种类型	一等地	二等地	三等地	四等地
暗栗充淤土	0	0	342.84	0
暗栗钙土	0	5.49	1036.09	183.84
暗栗红砂土	0	105.73	49.35	69.9
暗栗红土	0	66.59	470.06	61.55
暗栗黄胶泥土	36.35	239.9	141.14	0
暗栗黄土	886.87	682.59	59.43	0
暗栗石渣土	0	257.95	1398.37	84.49
草甸栗钙土	0	1.7	0	0
草栗冲淤土	42.16	181.12	300.13	28.37
草栗红土	0	54.65	19.83	0
草栗黄土	100.53	127	69.66	0
草栗石渣土	0	0	32.32	0

续表 2-13-72

土种类型	一等地	二等地	三等地	四等地
淡栗冲淤土	17.35	0	0	0
淡栗钙土	211.64	132.2	46.54	0
淡栗红砂土	2.06	206.35	59.06	0
淡栗红土	0	31.98	18.05	0
淡栗黄土	578.78	175.47	83.02	0
黑钙红土	0	0	99.24	0
黑钙黄土	0	28.03	298.18	2.18
黑钙石渣土	0	0	6.88	0
栗钙冲淤土	65.15	7.79	123.17	0
栗钙红砂土	0	284.23	21.59	0
栗钙红土	0	16.77	442.79	4.84
栗钙黄土	7.18	622.75	1059.38	2.56
栗钙石渣土	0	0	198.3	179.17
栗钙土	0	166.75	428.33	13.67
林缘冲淤土	0	24.83	196.44	0
林缘红砂土	0	0	7.42	0
林缘红土	0	0	19.37	5.74
林缘黄土	463.08	401.29	473.74	18.44
林缘淋溶红砂土	0	0	0	152.01
林缘淋溶红土	0	0	0	10.55
林缘淋溶黄土	0	0	30.16	
林缘淋溶石渣土	174.46	729	144.5	134.31
淋溶黑钙黄土	0	0	82.35	2.77
淋溶黑钙石渣土	0	0	80.93	534.63
淋溶黑钙土	0	22.72	286.32	0
淋溶灰褐土	38.6	439.91	708.91	922.9
人工堆垫土	23.84	0.71	0	0
石膏性盐土	0	58.71	29.94	0
碳酸盐黑钙土	0	5.56	26.56	46.24
碳酸盐灰褐土	554.9	828.08	1162.16	327.72
合计面积	3202.95	5905.85	10047.99	2785.86
占临潭县耕地总面积比例(%)	14.60	26.91	45.79	12.70

注:临潭县耕地总面积为 21942.65 公顷。

2.耕地地力等级的行政区域划分

将临潭县耕地地力等级分布图,按权属字段检索出各等级的记录,统计各级耕地在各乡镇的分布状况。临潭县耕地总面积为21942.65公顷。其中,一等地面积为3202.95公顷,占耕地总面积的14.60%,主要分布在王旗乡、石门乡等乡镇;二等地面积为5905.85公顷,占耕地总面积的26.91%,主要分布在王旗乡、新城镇、流顺乡等乡镇;三等地面积为10047.99公顷,占耕地总面积的45.79%,各乡镇均有分布,主要分布在新城镇、长川乡等乡镇;四等地面积为2785.86公顷,占耕地总面积的12.70%,分布在四等地上的土种主要有淋溶灰褐土、淋溶黑钙石渣土、碳酸盐灰褐土等

表2-13-73 临潭县耕地地力等级行政区域分布

单位:公顷

乡镇名称	一等地	二等地	三等地	四等地
八角乡	0	15.27	715.49	41.12
长川乡	69.41	338.72	1247.58	0
城关镇	222.22	259.18	477.77	0
店子乡	4.25	4.47	423.82	757.19
古战乡	192.94	286.66	545.4	0
流顺乡	183.92	654.46	549.65	0
三岔乡	0	0	115.43	996.68
石门乡	494.63	927.14	128.6	0
术布乡	61.72	212.12	346.69	2.18
洮滨乡	13.71	22.47	1085.7	497.81
王旗乡	1561.11	1277.46	68.03	11.04
新城镇	183.91	919.02	1529.43	0
羊沙乡	0	0	842.76	470.64
羊永乡	144.42	522.38	845.47	0
冶力关镇	66.46	332.98	886.27	9.2
卓洛乡	0	133.52	194.9	0
合计面积	3202.95	5905.85	10047.99	2785.86
占临潭县总耕地面积比例(%)	14.60	26.91	45.79	12.70

注:临潭县耕地总面积为21942.65公顷。

(二)耕地地力等级分述

1.一等地

临潭县一等地总面积3202.95公顷,占耕地总面积的14.60%。一等地除了八角乡、三岔乡、羊沙乡、卓洛乡外,其他各乡镇均有分布,主要分布在王旗乡、石门乡等乡镇。耕地利用类型有旱地、水浇地两种。旱地面积为2927.14公顷,占一等地面积的91.39%;水浇地面积275.81公顷,占一等地面积的8.61%。

表 2-13-74　各类型耕地一等地面积

地类名称	评价单元数(个)	面积(公顷)	占一等地面积(%)
旱地	655	2927.14	91.39
水浇地	8	275.81	8.61

注:临潭县一等地面积为3202.95公顷。

一等地以河谷川地为主,各项评价指标均属良好型,土壤养分含量较高,地势较为平坦,土层深厚,质地适中,通透性良好,易于耕作,适耕期长,土壤养分含量水平较高,保水保肥性能好,供肥能力强,利用上几乎没有限制因素,适宜种植多种作物。有些地块可实行灌溉,但大部分地块无灌溉条件,是临潭县的丰产耕地。在农业生产中应注意:一是增施有机肥料,提高土壤有机质含量,培肥地力;二是大力推广平衡配套施肥技术,调整氮、磷、钾投入比例,提高化肥利用率,防止次生盐渍化的产生;三是加强配套灌溉系统,进一步增大灌溉面积,发展节水灌溉,建成高产稳产田。

表 2-13-75　一等地耕层土壤养分含量

项目	有机质(g/kg)	全氮(g/kg)	有效磷(mg/kg)	速效钾(mg/kg)
范围	21.8~41.5	0.991~1.802	19.7~24.6	260~354
平均值	31.5	1.46	22.4	303

2.二等地

二等地总面积5905.85公顷,除了三岔乡、羊沙乡外,其他各乡镇均有分布,主要分布在王旗乡、新城镇、流顺乡等乡镇,耕地利用类型为旱地、水浇地两种。旱地面积为5828.84公顷,占二等地面积的98.7%;水浇地面积为77.01公顷,占二等地面积的1.3%。

表 2-13-76　各类型耕地二等地面积

地类名称	评价单元数(个)	面积(公顷)	占二等地面积(%)
旱地	1306	5858.84	98.7
水浇地	2	77.01	1.3

注:临潭县二等地面积为5905.85公顷。

二等地以丘陵为主,有少量的河谷川台地,地势较低,具有耕层土壤熟化度高,营养物质丰富,质地适中,通透性好的特性。

对二等地合理利用改良措施主要有:①通过梯田建设,减弱水土流失,保护熟化土层,提高土壤的生产力,提高天然降水的利用率。②合理施肥,提高土壤肥力。

表 2-13-77　二等地耕层土壤养分含量及水平

项目	有机质(g/kg)	全氮(g/kg)	有效磷(mg/kg)	速效钾(mg/kg)
范围	19.6~41.3	0869~1.835	19.7~25.1	247~354
平均值	30.2	1.404	22.4	313

3.三等地

三等地总面积10047.99公顷,在各乡镇均有分布,除了王旗乡、石门乡,分布面积较少外,其他各乡镇分布面积都大。耕地利用类型有水浇地、旱地。旱地面积为9704.67公顷,占三等地面积的96.58%;水浇地面积为343.32公顷,占三等地面积的3.42%。

表 2-13-78　各类型耕地三等地面积

地类名称	评价单元数(个)	面积(公顷)	占三等地面积(%)
旱地	2181	9704.67	96.58
水浇地	7	343.32	3.42

注:临潭县三等地面积为10047.99公顷。

三等地是临潭县重要的耕作土壤,多为丘陵、山地。具有耕层土壤熟化度较高,质地适中的特性,养分水平较低。近些年来,由于重用轻养,使部分耕地养分下降,是临潭县具有较大高产潜力的土壤。

对三等地合理利用应从改良入手。主要措施:一是通过梯田建设,平整土地;二是破除犁底层,形成深厚的耕作层,对于促进作物根系下扎、接纳雨水、释放土壤潜在养分、增加土壤熟化层、改善土壤结构、调节土壤中水、气、热状况和其他理化性质起着一定的作用;三是合理施肥,提高土壤肥力。

表 2-13-79　三等地耕层土壤养分含量及水平

项目	有机质(g/kg)	全氮(g/kg)	有效磷(mg/kg)	速效钾(mg/kg)
范围	18.3~40.5	0.776~1.876	14.8~25.1	244~361
平均值	28.6	1.328	21.9	302

4.四等地

四等地面积 2785.86 公顷，主要分布在三岔乡、店子乡。土地利用类型有只有旱地一种。四等地多为山地，有少量的丘陵，存在的限制因素主要是地形地貌的影响。四等地的改良利用主要从三个方面着手：一是通过梯田建设，平整土地；二是增加对耕地的投入，增施有机肥料，实行有机无机结合，改良土壤理化性状，努力提高土地的产出水平；三是退耕还林还草。

表 2-13-80　四等地耕层土壤养分含量及水平

项目	有机质（g/kg）	全氮（g/kg）	有效磷（mg/kg）	速效钾（mg/kg）
范围	18.5～37.8	0.804～1.769	20.7～24.1	253～351
平均值	27.3	1.273	22.5	294

第五节　迭部县耕地地力评价

一、迭部县耕层土壤属性

（一）耕层土壤有机质

迭部县耕层土壤有机质检测含量平均值为 32.1g/kg，与 1985 年第二次土壤普查时的有机质含量 35g/kg 相比，降低了 8.33%。根据甘肃省土壤养分含量分级标准，迭部县土壤有机质含量属于高等级水平，平均含量在一级水平。有机质总体分布情况如下（表 2-13-81）

表 2-13-81　迭部县土壤耕层有机质含量现状及面积

有机质分级	一级	二级	三级	四级
含量（g/kg）	>30	25.0～30.0	20.0～25.0	≤20.0
面积（公顷）	6266.79	2836.39	614.02	5.08
比例（%）	64.46	29.17	6.32	0.05

（二）耕层土壤速效磷

全县耕层土壤有效磷平均含量为 27.7mg/kg，较 1985 年时的有效磷平均值 9.0mg/kg 相比，增加了 18.7mg/kg，增幅为 207.73%，有效磷显著增加。

表 2-13-82　迭部县土壤耕层有效磷含量现状及面积

有效磷分级	二级	三级
含量(mg/kg)	>30.0	≤30.0
面积(公顷)	802.1	8920.18
比例(%)	8.25	91.75

(三)耕层土壤速效钾

迭部县耕层土壤速效钾平均值为 352mg/kg，较 1985 年时的速效钾平均值 311mg/kg 增加了 41.0mg/kg，增幅为 13.24%。根据甘肃省土壤养分含量分级标准，属于高等级水平，平均含量在一级水平。速效钾总体分布情况如下（表 2-13-83）。

表 2-13-83　迭部县土壤耕层速效钾含量现状及面积

速效钾分级	一级	二级
含量(mg/kg)	>300	≤300
面积(公顷)	9382.88	339.4
比例(%)	96.51	3.49

(四)土壤 pH 值

迭部县土壤 pH 值变化在 8.2~8.5 之间，均值为 8.4，属于弱碱性土壤。

二、迭部县耕地地力分析

以土壤图与土地利用现状图叠加形成评价单元，应用模糊综合评判方法，通过综合分析，将迭部县耕地共划分为 4 个等级，根据评价结合进行耕地地力的系统分析。

(一)耕地地力等级与分布

利用 ArcGIS 软件，对耕地资源管理单元图关联属性数据表和评价结果表进行操作，检索统计耕地各等级的面积及图幅面积。迭部县耕地总面积 9722.28 公顷（以迭部县国土资源局 2007 年统计资料为基准），按面积比例进行平差，计算出各耕地地力等级的面积（见表 2-13-84）。

表 2-13-84 迭部县耕地地力评价行政区域分布

单位:公顷

乡镇名称	一等地	二等地	三等地	四等地	合计
阿夏乡	36.93	91.45	127.49	17.06	272.93
达拉乡	8.69	196.97	305.29	123.13	634.08
电尕镇	459.38	311.99	342.04	93.81	1207.22
多儿乡	159.57	618.63	549.2	36.81	1364.21
卡坝乡	34.64	113.6	370.95	48.38	567.57
腊子口乡	23.22	357.86	235.15	12.52	628.75
洛大乡	72.69	376.9	742.64	32.92	1225.15
尼傲乡	22.64	228.46	275.75	109.15	636
桑坝乡	8.19	442.21	307.67	113.93	872
旺藏乡	287.79	566.62	717.69	183.09	1755.19
益哇乡	25.87	201.18	285.27	46.86	559.18
总计面积	1139.61	3505.87	4259.14	817.66	9722.28
所占比例(%)	11.72	36.06	43.81	8.41	100

由表 2-13-84 可以看出,一等地占全县耕地面积的 11.72%,二等地占全县耕地面积的 36.06%,三等地占全县耕地面积的 43.81%,四等地占全县耕地面积的 8.41%。其中一等地主要分布在电尕镇、旺藏乡、多儿乡和洛大乡等乡镇的白龙江沿岸。二等地在全县各乡镇皆有分布,主要以腊子口乡、电尕镇、多儿乡、尼傲乡、桑坝乡、旺藏乡、益哇乡为主;三等地主要分布在洛大乡、旺藏乡、达拉乡、电尕镇、多儿乡、卡坝乡等地;四等地主要分布在达拉乡、尼傲乡、桑坝乡、旺藏乡等海拔较高地区。

(二)耕地地力等级分述

1.一等地

从迭部县耕地地力等级的行政区域分布中(表 2-13-85)可以看出,一等地主要分布在电尕镇、多儿乡、旺藏乡等白龙江沿岸地区的峡谷川地。该等地分布海拔较低,地貌类型以沿河川地和中山区为主,≥10℃积温在 1550℃左右,年均降雨量 620mm 左右,土壤养分较高,适宜作物生长,为迭部县高产区。

表 2-13-85　迭部县各乡镇一等地面积分布

乡镇名称	评价单元个数（个）	面积（公顷）	占该等级面积（%）	占本乡镇耕地面积（%）	占总耕地面积（%）
阿夏乡	33	36.93	3.24	13.53	0.38
达拉乡	13	8.69	0.76	1.37	0.09
电尕镇	196	459.38	40.31	38.05	4.73
多儿乡	105	159.57	14.00	11.70	1.64
卡坝乡	24	34.64	3.04	6.10	0.36
腊子口乡	22	23.22	2.04	3.69	0.24
洛大乡	31	72.69	6.38	5.93	0.75
尼傲乡	34	22.64	1.99	3.56	0.23
桑坝乡	25	8.19	0.72	0.94	0.08
旺藏乡	242	287.79	25.25	16.40	2.96
益哇乡	31	25.87	2.27	4.63	0.27
总计	756	1139.61	100.00	105.90	11.72

表 2-13-86　迭部县一等地土壤养分含量

项目	有机质（g/kg）	速效钾（mg/kg）	有效磷（mg/kg）
平均值	32.5	352	27.6
含量水平	高	高	中等

表 2-13-87　迭部县一等地土地利用类型分布情况

	评价单元数（个）	面积（公顷）	占一等地面积（%）	占总耕地面积（%）
水浇地	164	461.43	40.49	4.75
旱地	493	556.78	48.86	5.73
果园	94	118.98	10.44	1.22
其他园地	5	2.42	0.21	0.02
总计	756	1139.61	100.00	11.72

表 2-13-88 迭部县一等地土壤类型分布情况

土壤类型	评价单元数(个)	面积(公顷)	占一等地面积(%)	占总耕地面积(%)
石灰性新积土	1	6.28	0.55	0.06
褐土	1	2.05	0.18	0.02
淋钙土	9	2.06	0.18	0.02
石灰性褐土	322	370.61	32.52	3.81
石块黄土	42	122.68	10.77	1.26
夹石壤土	148	296.39	26.01	3.05
黄土	84	165.09	14.49	1.70
角砾黄土	38	59.16	5.19	0.61
卵石黄土	1	6.99	0.61	0.07
棕壤	44	13.39	1.17	0.14
亚高山草甸土	12	0.56	0.05	0.01
红黏土	42	71.93	6.31	0.74
紫色土	12	22.42	1.97	0.23
总计	756	1139.61	100.00	11.72

一等地土地利用类型主要为水浇地和旱地,水浇地占一等地面积的40.49%,土壤类型以石灰性褐土、夹石壤土、黄土、石块黄土为主,占该等地面积的83.79%。经过近几年的水利设施改善,有效灌溉面积得到提高。该等地分布区以白龙江沿岸的电尕镇、多儿乡、旺藏乡为主,该区域地势平坦,其他中山区坡度较缓,土层深厚,质地以中壤土为主,易于耕作,土壤养分含量水平较高,保水保肥性能好,供肥能力强,适宜种植多种作物。种植业多为两年三熟制,即冬麦—复种荞、糜、谷、秋玉米—冬麦,主要种植的粮油作物有冬小麦、春小麦、青稞、蚕豆、豌豆、洋芋、糜、谷、玉米、油菜等。在农业生产中应推广平衡配套施肥技术,调整氮、磷、钾投入比例,提高化肥利用率;同时,加强配套灌溉系统,进一步增大灌溉面积,建成高产稳产田。

2.二等地

二等地综合评价指数为0.766~0.81,面积为3505.87公顷,占全县耕地总面积的36.06%。全县各乡镇均有分布,主要以电尕镇、多儿乡、腊子口乡、洛大乡、桑坝乡、旺藏乡分布为主。该区域地貌类型主要是中山区,田面坡度在15度左右,≥10℃积温在1150℃左右,年均降雨量630mm左右,海拔较高在2600m左右,该等地90%以上为旱地,土壤类型多为石灰性褐土、黄土、棕壤等,土壤养分含量较高,应结合施肥、耕作蓄水保墒,提高抗旱能力。二等地土壤主要养分含量及水平见表 2-13-90。

表 2-13-89 迭部县各乡镇二等地面积分布

乡镇名称	评价单元个数(个)	面积(公顷)	占该等级面积(%)	占本乡镇耕地面积(%)	占总耕地面积(%)
阿夏乡	120	91.45	2.61	33.51	0.94
达拉乡	170	196.97	5.62	31.06	2.03
电尕镇	257	311.99	8.90	25.84	3.21
多儿乡	380	618.63	17.65	45.35	6.36
卡坝乡	72	113.6	3.24	20.02	1.17
腊子口乡	283	357.86	10.21	56.92	3.68
洛大乡	225	376.9	10.75	30.76	3.88
尼傲乡	209	228.46	6.52	35.92	2.35
桑坝乡	258	442.21	12.61	50.71	4.55
旺藏乡	497	566.62	16.16	32.28	5.83
益哇乡	219	201.18	5.74	35.98	2.07
总计	2690	3505.87	100.00	398.35	36.06

表 2-12-90 迭部县二等地土壤养分含量及水平

项目	有机质(g/kg)	速效钾(mg/kg)	有效磷(mg/kg)
平均值	33.1	350	27.8
含量水平	高	高	中等

表 2-13-91 迭部县二等地土地利用类型分布情况

土地类型	评价单元数(个)	面积(公顷)	占二等地面积(%)	占总耕地面积(%)
水浇地	91	202.08	5.76	2.08
旱地	2521	3157.83	90.07	32.48
果园	76	145.57	4.15	1.50
其他园地	2	0.39	0.01	0.00
总计	2690	3505.87	100.00	36.06

表 2-13-92　迭部县二等地土壤类型分布情况

土壤类型	评价单元数(个)	面积(公顷)	占二等地面积(%)	占总耕地面积(%)
石灰性新积土	6	8.69	0.25	0.09
沙石土	3	7.37	0.21	0.08
褐土	65	56.11	1.60	0.58
淋钙土	34	175.83	5.02	1.81
石灰性褐土	596	608.45	17.36	6.26
石块黄土	58	88.1	2.51	0.91
夹石壤土	174	254.24	7.25	2.62
青土	11	27.97	0.80	0.29
黄土	509	1040.15	29.67	10.70
角砾黄土	85	165.22	4.71	1.70
卵石黄土	8	2.73	0.08	0.03
棕壤	658	555.34	15.84	5.71
暗棕壤	13	9.31	0.27	0.10
亚高山草甸土	321	285.4	8.14	2.94
红黏土	99	102.31	2.92	1.05
紫色土	50	118.65	3.38	1.22
总计	2690	3505.87	100.00	36.06

二等地多处在中山区，耕层质地以轻壤、中壤土为主。迭部县近几年在梯田土壤熟化、坡地改梯田建设方面做了大量的工作，经过平田整地，改善了土壤结构，农业生产水平大幅度提高，使迭部县具有较大高产潜力的土壤，应加强农田基本建设。

3.三等地

三等地综合评价指数为 0.718～0.766，耕地面积 4259.14 公顷，占全县耕地总面积的 43.81%。全县各乡镇分布面积较大，其中多儿乡、洛大乡、旺藏乡分布面积较大。该等地分布土壤以中壤土、轻壤土、重壤为主，土壤质地构型多夹砂中壤、黏底中壤、砂底轻壤、砂底中壤、砂身中壤，土壤类型以石灰性褐土、黄土为主，占该等地面积的 81.21%，土壤养分含量较高，以旱地为主；三等地土壤主要养分含量及水平见表 2-13-94。

表 2-13-93 迭部县各乡镇三等地面积分布

乡镇名称	评价单元个数（个）	面积（公顷）	占该等级面积（%）	占本乡镇耕地面积（%）	占总耕地面积（%）
阿夏乡	151	127.49	2.99	46.71	1.31
达拉乡	295	305.29	7.17	48.15	3.14
电尕镇	324	342.04	8.03	28.33	3.52
多儿乡	369	549.2	12.89	40.26	5.65
卡坝乡	230	370.95	8.71	65.36	3.82
腊子口乡	253	235.15	5.52	37.40	2.42
洛大乡	638	742.64	17.44	60.62	7.64
尼傲乡	336	275.75	6.47	43.36	2.84
桑坝乡	302	307.67	7.22	35.28	3.16
旺藏乡	686	717.69	16.85	40.89	7.38
益哇乡	164	285.27	6.70	51.02	2.93
总计	3748	4259.14	100.00	497.37	43.81

表 2-13-94 迭部县三等地土壤养分含量及水平

项目	有机质（g/kg）	速效钾（mg/kg）	有效磷（mg/kg）
平均值	31.5	354	27.7
含量水平	高	高	中等

表 2-13-95 迭部县三等地土地利用类型分布情况

土地类型	评价单元数（个）	面积（公顷）	占三等地面积（%）	占总耕地面积（%）
水浇地	55	95.28	2.24	0.98
旱地	3619	4076.76	95.72	41.93
果园	67	81.83	1.92	0.84
其他园地	7	5.27	0.12	0.05
总计	3748	4259.14	100.00	43.81

表 2-13-96　迭部县三等地土壤类型分布情况

	评价单元数(个)	面积(公顷)	占三等地面积(%)	占总耕地面积(%)
沙壤土	11	15.4	0.36	0.16
沙石土	7	14.76	0.35	0.15
褐土	38	79.45	1.87	0.82
淋钙土	8	59.61	1.40	0.61
淋溶褐土	65	51.73	1.21	0.53
石灰性褐土	2871	2778.89	65.25	28.58
石块黄土	29	63.82	1.50	0.66
夹石壤土	16	64.51	1.51	0.66
青土	23	20.59	0.48	0.21
灰黑土	69	127.45	2.99	1.31
黄土	325	679.89	15.96	6.99
角砾黄土	8	4.3	0.10	0.04
卵石黄土	55	85.32	2.00	0.88
棕壤	11	3.48	0.08	0.04
亚高山草甸土	135	81.23	1.91	0.84
亚高山灌丛草甸土	22	30.05	0.71	0.31
红黏土	34	47.46	1.11	0.49
紫色土	21	51.2	1.20	0.53
总计	3748	4259.14	100.00	43.81

三等地多处在中山、高山地貌类型区,海拔较高,在 2650m 左右,田面坡度大于 15 度,坡向以东、东南、西南、东北、北坡为主,≥10℃积温在 1100℃左右,土壤保水保肥能力较差。对坡度大于 25°的林间耕地应退耕还林或发展林果业和中药材种植,充分利用林缘地优势,发展特色农业种植,提高单位面积产出。

4.四等地

四等地,综合评价指数小于 0.718,耕地面积 817.66 公顷,占全区耕地总面积的 8.41%。在全县各乡镇皆有分布,主要以达拉乡、电尕镇、卡坝乡、尼傲乡、桑坝乡、旺藏乡、益哇乡等乡镇为主;阿夏乡、腊子口乡有零星分布,面积较小。土地利用类型为山旱地,土壤以石灰性褐土为主,并伴随有部分草甸土、红黏土,土壤质地构型以黏底中壤为主。四等地土壤主要养分含量及水平见表 2-13-98。

表 2-13-97　迭部县各乡镇四等地面积分布

乡镇名称	评价单元个数（个）	面积（公顷）	占该等级面积（％）	占本乡镇耕地面积（％）	占总耕地面积（％）
阿夏乡	23	17.06	2.09	6.25	0.18
达拉乡	93	123.13	15.06	19.42	1.27
电尕镇	76	93.81	11.47	7.77	0.96
多儿乡	48	36.81	4.50	2.70	0.38
卡坝乡	48	48.38	5.92	8.52	0.50
腊子口乡	34	12.52	1.53	1.99	0.13
洛大乡	26	32.92	4.03	2.69	0.34
尼傲乡	132	109.15	13.35	17.16	1.12
桑坝乡	45	113.93	13.93	13.07	1.17
旺藏乡	107	183.09	22.39	10.43	1.88
益哇乡	48	46.86	5.73	8.38	0.48
总计	680	817.66	100.00	98.38	8.41

表 2-13-98　迭部县四等地土壤养分含量及水平表

项目	有机质（g/kg）	速效钾（mg/kg）	有效磷（mg/kg）
平均值	31	355	27.2
含量水平	高	高	中等

表 2-13-99　迭部县四等地土地利用类型分布情况

	评价单元数（个）	面积（公顷）	占四等地面积（％）	占总耕地面积（％）
旱地	680	817.66	19.20	8.41
总计	680	817.66	19.20	8.41

表 2-13-100　迭部县四等地土壤类型分布情况

土壤类型	评价单元数（个）	面积（公顷）	占四等地面积（％）	占总耕地面积（％）
石灰性新积土	12	6.84	0.84	0.07
沙壤土	16	7.71	0.94	0.08
沙石土	2	0.76	0.09	0.01
淋溶褐土	3	1.67	0.20	0.02
石灰性褐土	625	776.14	94.92	7.98
灰黑土	13	20.97	2.56	0.22

续表 2-13-100

土壤类型	评价单元数(个)	面积(公顷)	占四等地面积(%)	占总耕地面积(%)
亚高山草甸土	5	2.92	0.36	0.03
亚高山灌丛草甸土	1	0.06	0.01	0.00
红黏土	3	0.59	0.07	0.01
总计	680	817.66	100.00	8.41

四等地主要分布于迭部县中东部中山区,平均海拔达2850m,坡度较高,分布区有海拔较高、气温较低、无霜期短等特点,为迭部县低产田分布区,应大力推广旱地农业措施,推广覆膜种植方式,提高作物产量。存在的限制因素主要是地形、土壤和水分限制,旱灾威胁大。该等地的改良利用主要从三个方面着手:一是增加对耕地的投入,改良土壤,努力提高土地的产出水平。二是平整土地,发展旱作农业和集雨工程。三是发展梯田化建设,对坡度较大适宜耕种的土壤,坡改梯,提高降雨有效利用。

第六节　夏河县耕地地力评价

一、夏河县耕层土壤属性

(一)耕层土壤有机质

夏河县耕层土壤有机质检测含量平均值为36.49g/kg,变幅为24.9~53.1g/kg,较1987年的平均值38.14g/kg减少了1.65g/kg。从有机质的平均含量来看夏河县土壤属于有机质丰富地区,但不同类型和不同地域间土壤有机质差别较大。根据甘肃省土壤养分含量分级标准,夏河县耕层土壤有机质含量属于一级水平。

表 2-13-101　夏河县各土壤耕层有机质变化表

土类名称	2009年结果(g/kg)	1987年结果(g/kg)	与1987年相比(g/kg)
耕种黑钙土	38.25	39.45	−1.20
耕种石灰性草甸土	36.63	32.9	+3.73
耕种石灰性黑钙土	37.1	38.4	−1.3
耕种石灰性灰褐土	34.98	28.4	+6.58
耕种亚高山草甸草原土	35.99	25.7	+10.29
耕种亚高山草原草甸土	37.58	41.8	−4.22

(二)耕层土壤碱解氮

夏河县耕层土壤碱解氮含量平均值为122.7mg/kg,变幅为51.1～202.2mg/kg。全县的碱解氮含量在四、五、六级水平,所占耕地总面积比例为21.89%、53.73%、24.33%。

表2-13-102　夏河县土壤碱解氮分级及面积

划分等级	三级	四级	五级	六级
碱解氮含量范围(mg/kg)	>200	200～150	150～100	100～50
样本数(n)	2	120	304	153
面积(公顷)	6.42	2808.34	6894.01	3121.63
占耕地总面积(%)	0.05	21.89	53.73	24.33

(三)耕层土壤有效磷

夏河县耕层土壤有效磷平均含量为22.13mg/kg,变幅为8.2～64.9mg/kg,较1987年的平均值5mg/kg增加了17.13mg/kg。

表2-13-103　夏河县土壤耕层有效磷含量分级及面积

划分等级	一级	二级	三级	四级	五级	六级
有效磷含量(mg/kg)	>40	40～30	30～20	20～15	15～10	10～5
样本数(n)	10	59	265	167	72	6
面积(公顷)	37.41	1106.09	6309	2724.30	2475.33	178.27
占耕地总面积(%)	0.29	8.62	49.17	21.23	19.29	1.39

表2-13-104　夏河县各土壤耕层有效磷变化表

土类名称	2009年结果(mg/kg)	1987年结果(mg/kg)	与87年相比(mg/kg)
耕种黑钙土	21.98	11	+10.98
耕种石灰性草甸土	19.75	11	+8.75
耕种石灰性黑钙土	22.77	7	+15.77
耕种石灰性灰褐土	22.62	12	+10.62
耕种亚高山草甸草原土	20.47	21	－0.53
耕种亚高山草原草甸土	17.48	6	+11.48

(四)耕层土壤速效钾

夏河县耕层土壤速效钾含量平均为288mg/kg,变幅为137～450mg/kg,表明夏河县土壤速效钾含量丰富。根据甘肃省土壤养分含量分级标准,属于较高水平,含量在一、二、三级水平的耕地分别占耕地总面积的33.40%、41.61%、24.24%。

(五)土壤 pH

夏河县土壤 pH 值变化在 6.8～7.6 之间,均值为 7.21,属于中性土壤。

二、夏河县耕地地力分析

以土壤图与土地利用现状图叠加形成评价单元,应用模糊综合评判方法,通过综合分析,将夏河县耕地共划分为 4 个等级,根据评价结合进行耕地地力的系统分析。

(一)耕地地力等级与分布

1.耕地地力等级面积统计

利用 ArcGIS 软件,对耕地资源管理单元图关联属性数据表和评价结果表进行操作,检索统计耕地各等级的面积及图幅面积。以 2007 年夏河县耕地总面积 12830.39 公顷(即夏河县国土资源局 2007 年统计资料)为基准,按面积比例进行平差,计算出各耕地地力等级的面积(见表 2-13-105)。

表 2-13-105 夏河县耕地地力等级面积和土种分布　　　　　　单位:公顷

等级	一等地	二等地	三等地	四等地
全县面积	1382.29	5288.44	4140.82	2018.86
所占比例(%)	10.77	41.22	32.2	15.73
耕种石灰性黑钙土	253.33	1161.75	8.94	—
耕种石灰性灰褐土	459.82	594.59	10.62	—
黑钙土	151.14	291.29	447.82	15.83
灰褐土	51.69	105.76	402.04	285.7
亚高山草甸草原土	440.58	1851.88	672.81	—
亚高山草原草甸土	23.4	848.13	57.61	—
亚高山灌丛草甸土	2.33	42.06	447.6	23.82
耕种黑钙土	—	22.88	232.41	28.46
淋溶灰褐土	—	1.22	12.89	40.3
石灰性黑钙土	—	131.02	674.5	74.18
亚高山草甸土	—	0.07	851.46	237.06
耕种亚高山草原草甸土	—	—	259.92	—
耕种亚高山草甸草原土	—	—	13.07	533.52
高山草甸土	—	—	49.12	0.21
耕种石灰性草甸土	—	—	—	779.78

2.耕地地力等级的行政区域划分

夏河县耕地总面积为12830.39公顷。其中,一等地面积为1382.29公顷,占耕地总面积的10.77%;二等地面积为5288.44公顷,占耕地总面积的41.22%;三等地面积为4140.82公顷,占耕地总面积32.27%;四等地面积为2018.86公顷,占耕地总面积的15.73%。(见表2-13-106)

表2-13-106 夏河县耕地地力评价行政区域分布　　　　　　　　　　单位:公顷

等级	合计	一等地	二等地	三等地	四等地
全县面积	12830.39	1382.29	5288.44	4140.82	2018.86
所占比例(%)	100	10.77	41.22	32.2	15.73
阿木去乎镇	2072.83	275.12	1188.46	609.25	—
博拉乡	2770.82	221.07	889.87	1659.88	—
甘加乡	2258.58	9.56	1649.21	599.6	0.21
吉仓乡	1284.5	0.01	694.93	589.56	—
麻当乡	1491.5	779.91	489.56	10.39	211.64
曲奥乡	260.08	37.79	39.19	—	183.1
王格尔塘镇	416.38	58.83	134.9	7.75	214.9
拉卜楞镇	406.18	—	110.18	46.3	249.7
桑科乡	104.25	—	92.13	12.12	—
达麦乡	429.43	—	—	108.62	320.81
唐尕昂乡	400.32	—	—	77.09	323.23
扎油乡	935.52	—	—	420.25	515.27

(二)耕地地力等级分述

1.一等地

一等地,综合评价指数大于0.7800,从夏河县耕地地力等级的行政区域分布表中(表2-13-107)可以看出,一等地主要分布于夏河流域乡镇。土壤成土母质主要为次生黄土、黄土冲击物、黄土碎岩混合坡积物、坡积残积物;土壤质地主要为轻壤和中壤;地貌类型为东部夷平面地区、南部低山山地区、西部山原区;一等地土地利用类型主要为旱地。

一等地各项评价指标均属良好型,土壤养分含量高;地势较为平坦,土层深厚,质地适中,通透性良好,易于耕作,适耕期长,土壤养分含量水平高,保水保肥性能好,供肥能力强,利用上几乎没有限制因素,适宜种植多种作物。有些地块可实行灌溉,但大部分地块无灌溉条件,是夏河县的丰产耕地。在农业生产中应注意:一是增施有机肥料,提高土壤有机质含量,培肥地力;二是大力推广平衡施肥技术,调整氮、磷、钾投入比例,提高化肥利用率,防止次生盐渍化的产生;三是加强配套灌溉系统,进一步增大灌溉面积,发展节水灌溉,建成高产稳产田。

表2-13-107　夏河县耕地一等地土壤养分含量及水平

项目	有机质(g/kg)	碱解氮(mg/kg)	速效钾(mg/kg)	有效磷(mg/kg)
含量范围	24.9~45.1	51.1~171.7	214~422	11.7~49
合计	2152.69	6978.4	17625	1545.6
平均值	34.72	95.62	284.00	24.93

表2-13-108　夏河县一等地质地类型所占面积统计表　　（单位:公顷）

质地	一等地
轻壤土	459.82
中壤土	922.47
总计	1382.29

2.二等地

二等地,综合评价指数为0.7400~0.7800,面积为5288.44公顷,占耕地总面积的41.22%。土壤成土母质主要为次生黄土、黄土、黄土碎岩混合坡积物、坡积残积物、坡积物。土壤质地为轻壤土、中壤土、重壤土。土地利用类型主要是旱耕地。

二等地是较重要的旱作土壤,水土流失程度轻,保护了熟化土层,使土壤的生产力显著提高,彻底改善了农田的立地条件,使跑水、跑肥、跑土的"三跑田"变成保水、保肥、保土的"三保田",有效防止了水土流失,提高了天然降水的利用率,农业生产水平大幅度提高,具有耕层土壤熟化度高、营养物质丰富、质地适中、通透性好的特性,使夏河县具有较大高产潜力的土壤。

对二级地合理利用应从改良入手,加强农田基本建设,主要措施:一是增施有机肥料,实行秸秆直接还田或过腹还田,不断培肥地力。二是伏、秋用大犁深耕,破除犁底层,形成深厚的耕作层,对于促进作物根系下扎、接纳雨水、释放土壤潜在养分、增加土壤熟化层、改善土壤结构、调节土壤中水、气、热状况和其他理化性质起着一定的作用。三是实行平衡配套施肥,合理施用化肥,协调氮、磷、钾比例,适量补施微肥。通过改良,建造一个深厚、疏松、养分协调、肥沃的耕作层。

表2-13-109　夏河县耕地二等地土壤主要养分含量及水平

项目	有机质(g/kg)	碱解氮(mg/kg)	速效钾(mg/kg)	有效磷(mg/kg)
含量范围	25.4~51.2	54.9~165.7	183~425	10.6~45.8
合计	6799.70	21686.9	53229	4248.10
平均值	35.98	114.75	281.00	22.48

表 2-13-110　夏河县二等地质地类型所占面积统计表　　　　　　　　单位：公顷

质地	二等地
轻壤土	594.59
重壤土	131.02
中壤土	4562.83
总计	5288.44

3.三等地

三等地，综合评价指数为 0.686~0.7400，面积为 4140.82 公顷，占耕地总面积的 32.27%。土壤成土母质主要为次生黄土、黄土、黄土冲击物、黄土碎岩混合坡积物、坡积残积物、坡积物。土壤质地为轻壤土、中壤土、重壤土。土地利用类型主要是旱耕地。

表 2-13-111　夏河县耕地三等地土壤主要养分含量及水平

项目	有机质(g/kg)	碱解氮(mg/kg)	速效钾(mg/kg)	有效磷(mg/kg)
含量范围	27.6~52.2	56.5~202.1	137~450	8.2~64.9
合计	8122.40	27874.4	64496	4850.40
平均值	37.26	127.86	295.00	22.25

表 2-13-112　夏河县三等地质地类型所占面积统计表　　　　　　　　单位：公顷

质地	三等地
轻壤土	23.69
重壤土	674.50
中壤土	3442.62
总计	4140.82

三等地地貌类型多为低山山区、山原区和高山峡谷区。具有耕层土壤熟化度较高、质地适中的特性。近些年来，由于重用轻养，使部分耕地养分下降，全氮、碱解氮和有效硼的含量明显偏低。对该等地的合理利用同二等地。

4.四等地

四等地，综合评价指数小于 0.686，耕地面积 2018.86 公顷，占全县耕地总面积的 15.73%。土壤质地主要为轻壤土、重壤土、中壤土。土地利用类型主要有旱耕地。四等地土壤养分状况如下表 2-13-113。

表 2-13-113　夏河县耕地四等地土壤养分含量及水平

项目	有机质(g/kg)	碱解氮(mg/kg)	速效钾(mg/kg)	有效磷(mg/kg)
含量范围	29.1~36.82	66.2~202.2	161~405	9.50~44.20
合计	4050.1	14505.4	31796	2168.4
平均值	36.82	131.87	289.00	19.71

表 2-13-114　夏河县四等地质地类型所占面积统计表　　　　单位：公顷

质地	四等地
轻壤土	533.52
重壤土	74.18
中壤土	1411.16
总计	2018.86

四等地存在的限制因素主要是地形、土壤和水分限制，旱灾威胁大，养分水平低。该级地的改良利用主要从两个方面着手：一是加强平整土地，发展旱作农业和集雨工程；二是增加对耕地的投入，积极推广秸秆还田，增施有机肥料，实行有机无机结合，改良土壤理化性状，努力提高耕地的产出水平。

第十四章 陇南市耕地地力评价

第一节 武都区耕地地力分析

一、武都区耕层土壤属性

(一)耕层土壤有机质

根据对武都区 3936 个样品的分析检测,其耕层土壤有机质含量为 12.6g/kg,标准差为 3.40g/kg,变化区间为 3.6~33.91g/kg,变异系数为 26.98%。土壤有机质比 1981 年减少了 0.4g/kg(1981 年第二次全国土壤普查时武都区土壤有机质含量为 13.0g/kg)。

根据甘肃省土壤有机质分级标准,武都区耕层土壤有机质含量在 10.0~15.0g/kg 之间的样点数占 55.67%,其代表耕地面积为 51272.60 公顷;土壤有机质含量在 6.0~10.0g/kg 之间的样本数占 19.76%,其代表耕地面积为 18200.65 公顷;大于 30g/kg 的样本数占的比例只有 0.60%。这表明,武都区耕层土壤有机质含量比较低,武都区土壤有机质分级如表 2-14-1。

表 2-14-1 武都区耕层土壤有机质含量状况分级统计

级别	范围(g/kg)	样本数	耕地面积(公顷)	占耕地比例(%)
一级	>30	6	103.36	0.11
二级	30.0~25.0	27	529.45	0.57
三级	25.0~20.0	189	3897.97	4.23
四级	20.0~15.0	834	18005.41	19.55
五级	15.0~10.0	2142	51272.60	55.67
六级	10.0~6.0	737	18200.65	19.76
七级	≤6.0	1	86.14	0.09

(二)耕层土壤全氮

根据对武都区 3936 个样品的分析检测,其土壤全氮含量为 1.050g/kg,标准差为 0.27g/kg,变化区间为 0.06~1.86g/kg,变异系数为 25.7%。

根据甘肃省土壤有机质分级标准,在 3936 个检测土壤样本中,32.21%的武都区耕层土壤样本全氮含量在 1.0~1.5g/kg 之间,28.14%的土壤样本全氮含量在 0.75~1.0g/kg 之间,13.62%的土壤样本全氮含量在0.5~0.75g/kg之间,大约70%以上的土壤样本的全氮含量在1.5g/kg以下。和有机质一样,武都区耕层土壤全氮含量也比较低(表2-14-2)。

表2-14-2 武都区耕层土壤全氮含量状况分级统计

级别	范围(g/kg)	样本数	耕地面积(公顷)	占耕地比例(%)
一级	>2.00	0	0	0
二级	2.00~1.50	200	5162.89	5.61
三级	1.50~1.25	728	17168.84	18.64
四级	1.25~1.0	1296	29665.68	32.21
五级	1.0~0.75	1126	25913.20	28.14
六级	0.75~0.5	516	12544.06	13.62
七级	≤0.5	70	1640.90	1.78

(三)耕层土壤碱解氮

根据对武都区3936个样品的分析检测,其耕层土壤碱解氮含量为79.9mg/kg,标准差为48.8mg/kg,变化区间为6.5~362mg/kg,变异系数为61.08%。

根据甘肃省土壤有机质分级标准,武都区土壤碱解氮分级如表2-14-3。在3936个检测土壤样本中,土壤碱解氮含量较低,分布在50~100mg/kg这个区间的采样点数量占总采样点数量的66.70%,分布在50mg/kg以下的采样点数量占的比重也不小,为25.65%。说明武都区的碱解氮含量很低。

表2-14-3 武都区耕层土壤碱解氮含量状况分级统计

级别	范围(mg/kg)	样本数	耕地面积(公顷)	占耕地比例(%)
一级	>300	51	1302.85	1.41
二级	250~300	33	927.25	1.01
三级	200~250	77	2080.13	2.26
四级	150~200	29	775.97	0.84
五级	100~150	557	1539.69	1.67
六级	50~100	2330	61424.44	66.70
七级	≤50	859	23623.48	25.65

(四)耕层土壤有效磷

根据对武都区3936个样品的分析检测,其土壤有效磷含量为31.9mg/kg,标准差为35.4mg/kg,变化区间为0.5~173.5mg/kg,变异系数为111.0%。

根据甘肃省土壤有机质分级标准，在 3936 个检测土壤样本中，土壤有效磷含量分布在 40mg/kg 以上的占 34.47%，其代表耕地面积为 31742.82 公顷；其他区间的采样点数量分布较均匀（表 2-14-4）。

表 2-14-4　武都区耕层土壤有效磷含量分级统计

级别	范围（mg/kg）	样本数	耕地面积（公顷）	占耕地比例（%）
一级	>40.0	1373	31742.82	34.47
二级	40.0~30.0	291	6667.43	7.24
三级	30.0~20.0	464	10686.46	11.60
四级	20.0~15.0	552	12842.79	13.95
五级	15.0~10.0	647	15285.87	16.60
六级	10.0~5.0	453	11056.48	12.01
七级	≤5.0	156	3813.73	4.14

（五）土壤速效钾

根据对武都区 3936 个样品的分析检测，其土壤速效钾含量为 158mg/kg，标准差为 82mg/kg，变化区间为 36~782mg/kg，变异系数为 51.90%。

根据甘肃省土壤有机质分级标准，现将武都区土壤速效钾分级如表 2-14-5。在 3936 个检测土壤样本中，武都区有 60% 以上的采样点数的速效钾含量在 200mg/kg 以下。速效钾含量在 300mg/kg 以上的采样点数占全部采样点数的 12%。可见，武都区的速效钾含量较低。

表 2-14-5　武都区耕层土壤速效钾含量状况分级统计

级别	范围（mg/kg）	样本数	耕地面积（公顷）	占耕地比例（%）
一级	>300	241.00	5589.26	6.07
二级	250~300	226.00	5374.77	5.84
三级	200~250	487.00	11650.50	12.65
四级	150~200	713.00	16447.20	17.86
五级	100~150	1316.00	30482.97	33.10
六级	50~100	898.00	21071.27	22.88
七级	≤50	55.00	1479.61	1.61

(六)耕层土壤有效铁

根据对武都区 3936 个样品的分析检测,其土壤有效铁含量为 10.9mg/kg,标准差为 4.0mg/kg,变化区间为 3.9～25.9mg/kg。变异系数为 36.88%。

根据甘肃省土壤有机质分级标准,将武都区土壤有效铁分级如表 2-14-6。在 3936 个检测土壤样本中,45.14% 的武都区耕层土壤样本有效铁含量在 4.50～10.00mg/kg 之间,37.67% 的土壤样本有效铁含量在 10.00～15.00mg/kg 之间,15.70% 的土壤样本有效铁含量在大于 15.00mg/kg。

表 2-14-6　武都区耕层土壤有效铁含量分级统计

级别	范围(mg/kg)	样本数	耕地面积(公顷)	占耕地比例(%)
高	>15.00	629	14458.32	15.70
中等	15.00～10.00	1510	34694.70	37.67
较低	10.00～4.50	1739	41573.06	45.14
低	4.50～2.50	58	1369.50	1.49
极低	≤2.50	0	0.00	0.00

(七)耕层土壤有效锰

根据对武都区 3936 个样品的分析检测,其土壤有效锰含量为 9.0mg/kg,标准差为 5.3mg/kg,变化区间为 2.6～17.3mg/kg,变异系数为 25.60%。

根据甘肃省土壤有机质分级标准,武都区耕层土壤有效锰含量在 9.0～15.0mg/kg 之间的样点数占 50.24%,其代表耕地面积为 46268.93 公顷;土壤有效锰含量在 7.0～9.0mg/kg 之间的样本数占 27.73%,其代表耕地面积为 25542.22 公顷;21.89% 的样本土壤有效锰含量在 3.00～7.00mg/kg 之间;大于 15.0mg/kg 的样本数占的比例只有 0.02%。这说明武都区耕层土壤的有效锰含量是比较高的(表 2-14-7)。

表 2-14-7　武都区耕层土壤有效锰含量分级统计

级别	范围(mg/kg)	样本数	耕地面积(公顷)	占耕地比例(%)
高	>15	1	17.20	0.02
中等	15.00～9.00	1999	46268.93	50.24
较低	9.00～7.00	1088	25542.22	27.73
低	7.00～3.00	843	20164.00	21.89
极低	≤3.00	5	103.23	0.11

(八)耕层土壤有效铜

根据对武都区 3936 个样品的分析检测,其土壤有效铜含量为 1.49mg/kg,标准差为 0.66mg/kg,变化区间为 0.3～5.4mg/kg,变异系数为 43.78%。

根据甘肃省土壤有机质分级标准,将武都区土壤有效铜分级如表 2-14-8。在 3936 个检测土壤样本中,14.74%的样本土壤有效铜含量大于 2.00mg/kg,63.43%的样本土壤有效铜含量在 1.00~2.00mg/kg 之间,20.23%的样本土壤有效铜含量在 0.50~1.00mg/kg 之间,1.59%的样本土壤有效铜含量在 0.20~0.50mg/kg 之间。可见,武都区耕层土壤有效铜的含量比较高。

表 2-14-8　武都区耕层土壤有效铜含量分级统计

级别	范围(mg/kg)	样本数	耕地面积(公顷)	占耕地比例(%)
高	>2.00	582	13574.00	14.74
中等	2.00~1.00	2509	58418.37	63.43
较低	1.00~0.50	780	18635.07	20.23
低	0.50~0.20	65	1468.14	1.59
极低	≤0.20	0	0.00	0.00

(九)耕层土壤有效锌含量状况

根据对武都区 3936 个样品的分析检测,其土壤有效锌含量为 2.32mg/kg,标准差为 0.98mg/kg,变化区间为 0.20~5.84mg/kg。变异系数为 42.41%。

根据甘肃省土壤有机质分级标准,武都区 57.09%的样本土壤有效锌含量大于 2.00mg/kg,33.99%的样本土壤有效锌含量在 1.00~2.00mg/kg 之间,8.13%的样本土壤有效锌含量在 0.50~1.00mg/kg 之间,0.47%的样本土壤有效锌含量在 0.20~0.50mg/kg 之间。可见,武都区耕层土壤有效锌的含量很高(表 2-14-9)。

表 2-14-9　武都区耕层土壤有效锌含量分级统计

级别	范围(mg/kg)	样本数	耕地面积(公顷)	占耕地比例(%)
高	>2.00	2275	52573.91	57.09
中等	2.00~1.00	1322	31302.38	33.99
较低	1.00~0.50	309	7485.23	8.13
低	0.50~0.30	18	435.85	0.47
极低	≤0.30	6	298.22	0.32

(十)耕层土壤 pH

根据对武都区 3936 个样品的分析测试,武都区 pH 的变化区间为 7.5~8.8,平均值为 8.14,比 1982 年(第二次土壤普查时的 pH 值为 8.4)降低 0.26。根据土壤 pH 分级标准,将土壤分为微碱性(>7.5)、中性(6.5~7.5)、微酸性(5.5~6.5)、酸性(4.5~5.5)、强酸性(<4.5)五个标准。统计结果显示,武都区土壤呈微碱性。

二、武都区耕地地力分析

以土壤图与土地利用现状图叠加形成评价单元,应用模糊综合评判方法,通过综合分析,将武都区耕地共划分为5个等级,根据评价结合进行耕地地力的系统分析。

(一)耕地地力等级与分布

1.耕地地力等级面积统计

由耕地潜在地力评价模型所得出的武都区耕地地力等级图,并以2007年土地变更调查数据为基准,按面积比例进行平差,统计得到武都区各耕地地力等级面积。

武都区耕地总面积为74172.7公顷,三、四等耕地面积比例差异不大,三等地面积最大,占到了总耕地面积的37.3%;其次是四等地和二等地,分别占到总耕地面积的27.6%和23.2%;五等地面积最小,占总耕地面积的4.8%(表2-14-10)。

表2-14-10 武都区耕地地力评价结果面积统计

等级	一等地	二等地	三等地	四等地	五等地	总计
面积(公顷)	5329.94	17182.15	27640.33	20457.32	3562.98	74172.7
百分比(%)	7.19	23.2	37.3	27.6	4.8	100

2.耕地地力等级的行政区域划分

利用ArcGIS软件,将得到的地力等级分布图与武都区行政区划图(乡镇级)进行叠加,从属性库中按乡镇权属检索统计得各级耕地在各个乡镇的分布状况(表2-14-11—2-14-15)。

统计结果表明:一等地只分布在城关镇、城郊乡、东江镇、枫相乡、汉王镇、角弓镇、桔柑乡、两水镇、龙凤乡、马街镇、坪垭藏族乡、蒲池乡、三河镇、石门乡、外纳乡、五马乡和裕河乡这17个乡镇,而有19个乡镇没有一等地分布;二等地分布在18个乡镇,而有18个乡镇没有分布;三等地在33个乡镇均有分布,而汉林乡、磨坝藏族乡和坪垭藏族乡没有分布,空间覆盖比例最大。四等地在24个乡镇有分布,12个乡镇没有分布。五等地在安化镇、柏林乡、汉林乡、角弓镇、两水镇、马街镇、马营乡、蒲池乡、石门乡这9个乡镇有分布,其余27个乡镇没有分布。

由各等级耕地在不同乡镇所占比例来看,一等地面积比例较高的是角弓镇、坪垭藏族乡和石门乡,面积分别为1630.57公顷、810.21公顷、735.17公顷,分别占一等地面积的30.59%、15.2%和13.79%;龙凤乡、两水镇、三河镇、马街镇、五马乡等乡镇也有一等地分布,但面积很小,占本级地面积比例均不到10%。二等地面积比例较高的是琵琶镇、鱼龙镇和安化镇,分别占二等地面积的16.94%、17.26和12.39%,其余各乡镇二等地面积均不到该等级总面积的10%。三等地面积比例较高的是两水镇和洛塘镇,占三等地总面积的10.87%和13.48,而其余各乡镇分布情况则属于零星分布,比例均达不到10%;甘泉镇、两水镇、角弓镇、桔柑乡、三河乡和裕河乡尽管也有三等地分布,但面积很小,甚至不到三等地总面积的1%。四等地分布面积最多的三个乡镇依次是三仓乡、枫相乡和马营乡,面积分别为4933.00公顷、3237.46公顷和2503.89公顷,分别占四等地的24.11%、15.83%和12.24%。五等地分布面积最多的3个乡镇依次是蒲池乡、马街镇和汉林乡,面积分别为1751.48公顷、526.39公顷和387.51公顷,分别占五等地的49.16%、14.71%和10.88%,其余乡镇所占面积达不到该等级总面积的10%。

从各乡镇不同等级耕地所占本乡镇面积比例来看,一等地中占本乡镇耕地比例最大为角弓镇、城关镇和东江镇,分别占本乡镇耕地的94.19%、60.32%和49.83%。二等地中占本乡镇耕地面积比例较高的是甘泉镇、佛崖乡、鱼龙镇和琵琶镇,分别为98.2%、91.3%、87.96%和81.33%,二等地面积接近所对应的乡镇耕地面积。三等地中占本乡镇面积比例排序最高的是龙坝乡、五马乡、玉皇乡和池坝乡,比例分别是100%、98.58%、92.17%和91.15%,其中龙坝乡全部耕地为三等地,其余乡镇的三等地面积也接近本乡镇的耕地面积。四等地中占本乡镇面积较高的是磨坝藏族乡、桔柑乡、五库乡和城郊乡,所占本乡镇耕地面积的比例分别为100%、85.62%、85.27%和80.06%,其中磨坝藏族乡全部为四等地。五等地中占本乡镇比例最大的是汉林乡、蒲池乡和马街镇,比例分别是98.67%、87.50%和34.81%。

表2-14-11 武都区各乡镇一等地面积分布情况

乡镇名称	评价单元数(个)	面积(公顷)	占本级耕地面积(%)	占本乡镇耕地面积(%)	占总耕地面积(%)
城关镇	30	253.62	4.76	60.32	0.34
城郊乡	32	233.90	4.39	18.10	0.32
东江镇	15	39.35	0.74	49.83	0.05
枫相乡	15	60.14	1.13	1.10	0.08
汉王镇	68	418.25	7.85	29.49	0.56
角弓镇	122	1630.57	30.59	94.19	2.20
桔柑乡	18	52.97	0.99	12.07	0.07
两水镇	34	268.04	5.03	5.16	0.36
龙凤乡	1	1.47	0.03	0.14	0.00
马街镇	2	29.53	0.55	1.95	0.04

续表 2-14-11

乡镇名称	评价单元数（个）	面积（公顷）	占本级耕地面积(%)	占本乡镇耕地面积(%)	占总耕地面积(%)
坪垭藏族乡	58	810.21	15.20	90.79	1.09
蒲池乡	4	42.10	0.79	2.10	0.06
三河镇	10	86.57	1.62	14.73	0.12
石门乡	86	735.17	13.79	57.70	0.99
外纳乡	37	459.43	8.62	25.87	0.62
五马乡	6	18.34	0.34	1.42	0.02
裕河乡	30	190.28	3.57	62.95	0.26

表 2-14-12　武都区各乡镇二等地面积分布情况

乡镇名称	评价单元数（个）	面积（公顷）	占本级耕地面积(%)	占本乡镇耕地面积(%)	占总耕地面积(%)
安化镇	229	2965.82	17.26	75.70	4.00
柏林乡	45	500.45	2.91	37.31	0.67
枫相乡	62	465.02	2.71	8.53	0.63
佛崖乡	122	929.57	5.41	91.30	1.25
甘泉镇	114	1322.98	7.70	98.20	1.78
郭河乡	55	185.99	1.08	15.15	0.25
黄坪乡	71	678.03	3.95	28.14	0.91
龙凤乡	2	8.36	0.05	0.79	0.01
隆兴乡	78	966.50	5.63	31.21	1.30
洛塘镇	113	1775.54	10.33	28.92	2.39
马街镇	17	96.11	0.56	6.36	0.13
琵琶镇	220	2910.94	16.94	81.33	3.92
三仓乡	33	205.21	1.19	2.96	0.28
三河镇	2	14.43	0.08	2.45	0.02
外纳乡	15	119.18	0.69	6.71	0.16
五库乡	9	32.13	0.19	1.27	0.04
鱼龙镇	225	2128.24	12.39	87.96	2.87
月照乡	81	1877.65	10.93	78.45	2.53

表 2-14-13 武都区各乡镇三等地面积分布情况

乡镇名称	评价单元数（个）	面积（公顷）	占本级耕地面积(%)	占本乡镇耕地面积(%)	占总耕地面积(%)
安化镇	24.00	173.28	0.63	4.42	0.23
柏林乡	25.00	561.30	2.03	41.84	0.76
城关镇	38.00	166.85	0.60	39.68	0.22
城郊乡	6.00	17.29	0.06	1.34	0.02
池坝乡	48.00	707.86	2.56	91.15	0.95
东江镇	14.00	39.62	0.14	50.17	0.05
枫相乡	64.00	1687.05	6.10	30.96	2.27
佛崖乡	12.00	88.55	0.32	8.70	0.12
甘泉镇	1.00	5.66	0.02	0.42	0.01
郭河乡	29.00	190.64	0.69	15.53	0.26
汉王镇	65.00	460.24	1.67	32.45	0.62
黄坪乡	145.00	1731.49	6.26	71.86	2.33
角弓镇	10.00	82.89	0.30	4.79	0.11
桔柑乡	4.00	10.15	0.04	2.31	0.01
两水镇	125.00	3003.90	10.87	57.78	4.05
龙坝乡	146.00	2298.73	8.32	100.00	3.10
龙凤乡	63.00	782.97	2.83	74.23	1.06
隆兴乡	82.00	2130.31	7.71	68.79	2.87
洛塘镇	334.00	3726.45	13.48	60.69	5.02
马街镇	66.00	817.67	2.96	54.07	1.10
马营乡	99.00	1434.61	5.19	33.43	1.93
琵琶镇	53.00	668.18	2.42	18.67	0.90
蒲池乡	17.00	206.28	0.75	10.31	0.28
三仓乡	165.00	1792.22	6.48	25.86	2.42
三河镇	44.00	258.33	0.93	43.95	0.35
石门乡	38.00	310.56	1.12	24.38	0.42
外纳乡	112.00	1083.40	3.92	61.01	1.46
五库乡	42.00	342.07	1.24	13.47	0.46

续表 2-14-13

乡镇名称	评价单元数（个）	面积（公顷）	占本级耕地面积(%)	占本乡镇耕地面积(%)	占总耕地面积(%)
五马乡	188.00	1271.35	4.60	98.58	1.71
鱼龙镇	29.00	291.42	1.05	12.04	0.39
玉皇乡	81.00	671.38	2.43	92.17	0.91
裕河乡	22.00	111.99	0.41	37.05	0.15
月照乡	46.00	515.64	1.87	21.55	0.70

表 2-14-14　武都区各乡镇四等地面积分布情况

乡镇名称	评价单元数（个）	面积（公顷）	占本级耕地面积(%)	占本乡镇耕地面积(%)	占总耕地面积(%)
安化镇	10	570.65	2.79	14.56	0.77
柏林乡	7	220.80	1.08	16.46	0.30
城郊乡	111	1041.13	5.09	80.56	1.40
池坝乡	7	68.75	0.34	8.85	0.09
枫相乡	37	3237.46	15.83	59.41	4.36
甘泉镇	7	18.57	0.09	1.38	0.03
郭河乡	95	850.96	4.16	69.32	1.15
汉林乡	1	5.23	0.03	1.33	0.01
汉王镇	63	539.71	2.64	38.06	0.73
桔柑乡	56	375.84	1.84	85.62	0.51
两水镇	20	1879.69	9.19	36.16	2.53
龙凤乡	23	261.94	1.28	24.83	0.35
洛塘镇	26	637.96	3.12	10.39	0.86
马街镇	2	42.41	0.21	2.80	0.06
马营乡	92	2503.89	12.24	58.34	3.38
磨坝藏族乡	66	604.36	2.95	100.00	0.81
坪垭藏族乡	6	82.17	0.40	9.21	0.11
蒲池乡	1	1.83	0.01	0.09	0.00
三仓乡	51	4933.00	24.11	71.18	6.65
三河镇	58	228.51	1.12	38.87	0.31
石门乡	4	15.86	0.08	1.24	0.02

续表 2-14-14

乡镇名称	评价单元数（个）	面积（公顷）	占本级耕地面积(%)	占本乡镇耕地面积(%)	占总耕地面积(%)
外纳乡	25	113.91	0.56	6.41	0.15
五库乡	162	2165.63	10.59	85.27	2.92
玉皇乡	15	57.06	0.28	7.83	0.08

表 2-14-15　武都区各乡镇五等地面积分布情况

乡镇名称	评价单元数（个）	面积（公顷）	占本级耕地面积(%)	占本乡镇耕地面积(%)	占总耕地面积(%)
安化镇	24	208.29	5.85	5.32	0.28
柏林乡	13	58.83	1.65	4.39	0.08
汉林乡	46	387.51	10.88	98.67	0.52
角弓镇	2	17.67	0.50	1.02	0.02
两水镇	1	46.89	1.32	0.90	0.06
马街镇	80	526.39	14.77	34.81	0.71
马营乡	49	353.45	9.92	8.24	0.48
蒲池乡	122	1751.48	49.16	87.50	2.36
石门乡	10	212.47	5.96	16.68	0.29

(二)耕地地力等级分述

1.一等地的主要属性

武都区一等地综合评价指数(IFI)大于 0.4650，共 568 个评价单元，面积为 5329.94 公顷，占总耕地面积的 7.19%。主要土地利用类型有水田、水浇地、川旱地和破旱地。一等地主要土壤类型为耕种砂质黄棕壤、黄土性淋溶褐土、麻黄土、绵黄土、青绵砂土和砂质棕壤等。武都区一等地主要分布在沿白龙江两岸地区和部分低山地区，地貌类型主要是低山和河流低阶地。耕层质地主要是轻壤土和中壤土。主要质地构型为均质轻壤和壤身重壤。

一等地平均有效土层厚度为 91cm，耕层厚度平均 16.8cm，耕层土壤 pH 值平均为 8.1，全氮平均含量为 0.282g/kg，碱解氮平均含量为 87.6mg/kg，缓效钾平均含量为 765mg/kg，有效磷平均含量为 15.4mg/kg，速效钾平均含量为 176mg/kg，有机质平均含量为 12.0g/kg。一等地灌溉保证率平均为 21.9%（表 2-14-16）。

2. 二等地的主要属性

武都区二等地综合评价指数(IFI)在 0.3969~0.4650 之间,共 1493 个评价单元,耕地面积 17182.15 公顷,占总耕地面积的 23.17%,主要土地利用类型有水浇地、川旱地、旱地梯田和破旱地。二等耕地主要土壤类型为耕种砂质棕壤、红黏土、浅红土、砂砾质碳酸盐褐土。武都区二等地主要地貌类型为低山、中山和高山。耕层质地包括轻黏土、轻壤土、砂壤土和重黏土。二等地平均坡度 22.8°,平均耕层厚度为 17.6cm,有效土层厚度 92.5cm,耕层土壤 pH 值平均为 8.05,全氮平均含量为 0.21g/kg,缓效钾平均含量为 929mg/kg,有效磷平均含量为 18.8mg/kg,速效钾平均含量为 169mg/kg,有机质平均含量为 12.5g/kg(表 2-14-16)。

3. 三等地的主要属性

武都区三等地综合评价指数(IFI)在 0.3650~0.3969 之间,共 2237 个评价单元,耕地面积 27640.33 公顷,占总耕地面积的 37.26%,主要土地利用类型有水田、水浇地、川旱地、旱地梯田和破旱地。武都区三等地主要土壤类型有潮土、黄土、黄土性淋溶褐土、黄土性碳酸盐褐土、灰沙土、淋溶黄土、淋溶石渣土、山地草甸土、山地耕种草甸土、羊血土、黏质棕壤和棕壤土等。武都区三等地主要地貌类型为高山和中山。耕层土壤质地以中壤土、重壤土和砂壤土为主。三等地平均耕层厚度为 19.2cm,耕层土壤 pH 值平均为 8.1,全氮平均含量为 0.189g/kg,缓效钾平均含量为 868mg/kg,有效磷平均含量为 18.9mg/kg,速效钾平均含量为 173mg/kg,有机质平均含量为 11.6g/kg(表 2-14-16)。

4. 四等地的主要属性

武都区四等地综合评价指数(IFI)在 0.3400~0.3650 之间,共有 945 个评价单元,耕地面积为 20457.32 公顷,占总耕地面积的 27.58%,是武都区最主要的耕地地力等级之一。四等地主要土地利用类型包括水田、水浇地、川旱地、旱地梯田和破旱地。武都区四等耕地主要土壤类型为粗骨质碳酸盐褐土、耕种砂质棕壤、黄胶土、黄土性碳酸盐褐土、侵蚀黄土、山地草甸土、石渣土、亚高山灌丛草甸土和棕黄土。武都区四等地主要地貌类型为中山和高山。要耕层土壤质地为轻壤土、砂壤土、中黏土、重黏土和重壤土。四等地平均耕层厚度为 18.9cm,有效土层厚度 99.2cm,耕层土壤 pH 值平均为 8.1,全氮平均含量为 0.174g/kg,缓效钾平均含量为 779mg/kg,有效磷平均含量为 17.3mg/kg,速效钾平均含量为 167mg/kg,有机质平均含量为 11.5g/kg(表 2-14-16)。

5. 五等地的主要属性

武都区五等地综合评价指数(IFI)小于 0.3400,共 347 个评价单元,耕地面积 3562.98 公顷,占总耕地面积的 4.80%,分布不是很多。主要土地利用类型有水浇地、川旱地和破旱地。武都区五等地主要土壤类型有黄胶土、黄土性碳酸盐褐土和灰沙土。武都区五等地地貌类型全部为高山。耕层土壤质地包括砂壤土、重黏土和重壤土。平均有效土层厚度118.3cm,平均耕层厚度为18.5cm,耕层土壤 pH 平均为8.1,全氮平均含量为0.124g/kg,缓效钾平均含量为810mg/kg,有效磷平均含量为18.5mg/kg,速效钾平均含量为159mg/kg,有机质平均含量为11.6g/kg(表2-14-16)。

表 2-14-16 武都区各等级耕地主要指标平均值

指标	一等地	二等地	三等地	四等地	五等地
≥10℃积温(℃)	4225	3600	3538	3691	3550
年降水量(mm)	516.9	554.4	567.3	540.4	547.5
无霜期(d)	235	210	211	212	217
海拔(m)	1457.3	1832.9	1928.2	1929.4	2111.8
坡度(°)	21.8	22.4	22.8	26.1	23.3
耕层厚度(cm)	16.8	17.6	19.2	18.9	18.5
有效土层厚度(cm)	91	92.5	95.7	99.2	118.3
灌溉保证率(%)	21.9	0	21.8	24	17.5
pH	8.1	8.05	8.1	8.1	8.1
全氮(g/kg)	0.282	0.21	0.189	0.174	0.124
缓效钾(mg/kg)	765	929	868	779	810
有效磷(mg/kg)	15.4	18.8	18.9	17.3	18.5
速效钾(mg/kg)	176	169	173	167	159
有机质(g/kg)	12.0	12.5	11.6	11.5	11.6

第二节 成县耕地地力分析

一、成县耕层土壤属性

(一)耕层土壤有机质

成县耕层土壤样品化验结果表明,成县耕层土壤有机质含量最小值为3.8g/kg,最大值为113.4g/kg,平均值为13.7g/kg,标准差为4.2,偏度为7.4,峰度为160.3,变异系数为30.7%,属于中等变异(见表2-14-17)。

表 2-14-17　成县耕层土壤有机质描述性统计（g/kg）

样本数	最小值	最大值	平均值	标准差	偏度	峰度	变异系数(%)
3966	3.8	113.4	13.7	4.2	7.4	160.3	30.7

根据甘肃省土壤有机质分级标准，成县耕层土壤有机质含量在 15.0～20.0g/kg 之间的样点数占 24.36%，其代表耕地面积为 11923.48 公顷；耕层土壤有机质含量在 10.0～15.0g/kg 之间的样点数占 57.77%，其代表耕地面积为 28276.66 公顷，分别属于甘肃省四、五级水平（见表 2-14-18）。

从空间和行政区域分布上看，成县耕地耕层土壤有机质空间分布情况是：中部的城关镇、店村镇、红川镇、纸坊镇和沙坝镇，及西南和东南等海拔较低的地区耕层有机质含量较低，在 10.0～15.0g/kg 之间；北部黄渚镇和南部鸡峰镇地区的耕层有机质含量较高，在 15.0～20.0g/kg 之间。

表 2-14-18　成县耕层土壤有机质含量分级

有机质分级标准(g/kg)	级别	样点数	占总样点数(%)	代表面积(公顷)
>30	一级	5	0.13	63.63
25.0～30.0	二级	27	0.68	332.84
20.0～25.0	三级	160	4.03	1972.56
15.0～20.0	四级	966	24.36	11923.48
10.0～15.0	五级	2291	57.77	28276.66
6.0～10.0	六级	507	12.78	6255.42
≤6.0	七级	10	0.25	122.37

（二）耕层土壤全氮

成县 2718 个耕层土壤样品化验结果表明，成县耕层土壤全氮含量最小值为 0.300g/kg，最大值为 2.000g/kg，平均值为 0.718g/kg，标准差为 0.15，偏度为 0.92，峰度为 2.61，变异系数为 20.9%，属于中等变异（见表 2-14-19）。

表 2-14-19　成县耕层土壤全氮含量描述性统计（g/kg）

样本数	最小值	最大值	平均值	标准差	偏度	峰度	变异系数(%)
2718	0.3	2	0.718	0.15	0.92	2.61	20.9

根据甘肃省土壤全氮分级标准，成县耕层土壤全氮含量在 0.75～1.0g/kg 的样点数占 30.61%，其代表耕地面积为 14982.67 公顷；耕层土壤全氮含量在 0.5～0.75g/kg 之间的样点数占 59.53%，其代表耕地面积为 29138.131 公顷，分别属于省五级和六级水平（见表 2-14-20）。

表 2-14-20 成县耕层土壤全氮含量分级

全氮分级标准(g/kg)	级别	样点数	占总样点数(%)	代表面积(公顷)
1.50~2.00	二级	1	0.04	19.58
1.25~1.50	三级	10	0.37	181.10
1.00~1.25	四级	114	4.19	2050.88
0.75~1.00	五级	832	30.61	14982.67
0.5~0.75	六级	1618	59.53	29138.13
≤0.5	七级	143	5.26	2574.61

从空间和行政区域分布上看,成县耕地耕层土壤全氮的空间分布情况和有机质的分布情况相似。

(三)耕层土壤碱解氮

成县 3938 个耕层土壤样品化验结果表明,成县耕层土壤碱解氮含量最小值为 2mg/kg,最大值为 551mg/kg,平均值为 65.4mg/kg,标准差为 40.67,偏度为 3.37,峰度为 21.96,变异系数为 62.19%,属于中等变异(见表 2-14-21)。

表 2-14-21 成县耕层土壤碱解氮含量描述性统计(mg/kg)

样本数	最小值	最大值	平均值	标准差	偏度	峰度	变异系数(%)
3938	2	551	65.4	40.67	3.37	21.96	62.19

根据甘肃省土壤碱解氮分级标准,成县耕层土壤碱解氮含量在 50~100mg/kg 之间的样点数占 44.77%,其代表耕地面积为 21913.56 公顷;耕层土壤碱解氮含量≤50mg/kg 的样点数占 42.94%,其代表耕地面积为 21017.83 公顷,分别属于省六级和七级水平(见表 2-14-22)。

表 2-14-22 成县耕层土壤碱解氮分级

碱解氮分级标准(mg/kg)	级别	样点数	占总样点数(%)	代表面积(公顷)
>300	一级	13	0.33	161.53
250~300	二级	10	0.25	122.37
200~250	三级	44	1.12	548.21
150~200	四级	60	1.52	743.99
100~150	五级	357	9.07	4439.49
50~100	六级	1763	44.77	21913.56
≤50	七级	1691	42.94	21017.83

从空间和行政区域分布上看，成县耕地耕层土壤碱解氮空间分布基本上均在 30～100mg/kg 之间，总体上很低。

(四) 耕层土壤有效磷

成县 3966 个耕层土壤样品进行化验结果表明，成县耕层土壤有效磷含量最小值为 1.3mg/kg，最大值为 220.0mg/kg，平均值为 15.4mg/kg，标准差为 10.4，偏度为 8.4，峰度为 128.3，变异系数为 67.5%，属于中等变异（见表 2-14-23）。

表 2-14-23　成县耕层土壤有效磷含量描述性统计（mg/kg）

样本数	最小值	最大值	平均值	标准差	偏度	峰度	变异系数(%)
3966	1.3	220	15.4	10.4	8.4	128.3	67.5

根据甘肃省土壤有效磷分级标准，成县耕层土壤有效磷含量在 15.0～20.0mg/kg 之间的样点数占 21.66%，其代表耕地面积为 10601.91 公顷；耕层土壤有效磷含量在 10.0～15.0mg/kg 的样点数占 38.0%，其代表耕地面积为 18599.85 公顷，分别属于省四级和五级水平（见表 2-14-24）。

从空间和行政区域分布上看，成县西部的苏元乡、纸坊镇、小川镇和东部的店村镇的耕层土壤有效磷含量较低，在 10.0～15.0mg/kg 之间；中部的城关镇和抛沙镇、南部的鸡峰镇以及北部的黄渚镇的耕层有效磷含量较高，在 15.0～25.0mg/kg 之间。

表 2-14-24　成县耕层土壤有效磷分级

有效磷分级标准(mg/kg)	级别	样点数	占总样点数(%)	代表面积(公顷)
>30.0	一级	179	4.51	2207.51
25.0～30.0	二级	213	5.37	2628.45
20.0～25.0	三级	309	7.79	3812.97
15.0～20.0	四级	859	21.66	10601.91
10.0～15.0	五级	1507	38.00	18599.85
5.0～10.0	六级	755	19.04	9319.50
≤5.0	七级	144	3.63	1776.78

(五) 土壤速效钾

成县 3967 个耕层土壤样品化验结果表明，成县耕层土壤速效钾含量最小值为 10mg/kg，最大值为 561mg/kg，平均值为 129.3mg/kg，标准差为 36.9，偏度为 -0.27，峰度为 5.08，变异系数为 28.5%，属于中等变异（见表 2-14-25）。

表 2-14-25　成县耕层土壤速效钾含量描述性统计（mg/kg）

样本数	最小值	最大值	平均值	标准差	偏度	峰度	变异系数(%)
3967	10	561	129.3	36.9	−0.27	5.08	28.5

根据甘肃省土壤速效钾分级标准,成县的耕层土壤速效钾含量,在甘肃省的七个等级中都有分布,其中28.94%的样点速效钾含量在150~200mg/kg之间,其代表耕地面积为14165.25公顷;53.06%的样点速效钾含量在100~150mg/kg,其代表耕地面积为25971.26公顷,分别属于省四级和五级水平(见表2-14-26)。

从空间和行政区域分布上看,成县耕地耕层土壤速效钾含量大多在100~150mg/kg之间。

表 2-14-26　成县耕层土壤速效钾含量分级

速效钾分级标准(mg/kg)	级别	样点数	占总样点数(%)	代表面积(公顷)
>300	一级	1	0.03	14.68
250~300	二级	2	0.05	24.47
200~250	三级	11	0.28	137.05
150~200	四级	1148	28.94	14165.25
100~150	五级	2105	53.06	25971.26
50~100	六级	567	14.29	6994.52
≤50	七级	133	3.35	1639.72

(六)耕层土壤微量元素

通过对成县土壤进行采样化验分析:

有效铁的735个土样化验结果表明,有效铁的最小值为1.3mg/kg,最大值是18.7mg/kg,平均值为10.27mg/kg,标准差为2.95,变异系数为28.72%。

有效锰的732个土样化验结果表明,有效锰的最小值为1.3mg/kg,最大值为7.5mg/kg,平均值为4.53mg/kg,标准差为1.34,变异系数29.58%。

有效钼的728个土样化验结果表明,有效钼的最小值为0.01mg/kg,最大值为0.92mg/kg,平均值为0.08mg/kg,标准差为0.05,变异系数为62.50%。

有效硫的746个土样化验结果表明,有效硫的最小值是13.5mg/kg,最大值是32.1mg/kg,平均值为23.61mg/kg,标准差是4.37,变异系数是18.51%。

有效锌的654个土样的化验结果表明,有效锌最小值为0.02mg/kg,最大值为1.74mg/kg,平均值为0.61mg/kg,标准差为0.25,变异系数为40.98%。

有效铜的733个土样化验结果表明,有效铜的最小值为0.23mg/kg,最大值为1.83

mg/kg,平均值为 0.99mg/kg,标准差为 0.20,变异系数为 20.20%。

水溶态硼的 734 个土样化验结果表明,水溶态硼的最小值为 0.02mg/kg,最大值为 0.93mg/kg,平均值为 0.32,标准差 0.09,变异系数为 28.13%。

根据以上结果,从变异程度来看,有效硫和有效铜属于弱变异,其他属于中等变异(表 2-14-27)。

由表 2-14-28、2-14-29、2-14-30、2-14-31、2-14-32、2-14-33、2-14-34 表明,成县耕层土壤有效铁含量和有效铜含量属于省二级、三级水平;有效锌含量属于省三级、四级水平;有效锰含量、有效硫含量、有效钼含量和水溶态硼含量均属于省四级水平。

表 2-14-27　成县耕层土壤微量养分描述性统计(mg/kg)

养分	样本数	最小值	最大值	平均值	标准差	偏度	峰度	变异系数(%)
有效铁	735	1.3	18.7	10.27	2.95	0.23	-0.42	28.72
有效锰	732	1.3	7.5	4.53	1.34	0.08	-1.02	29.58
有效钼	728	0.01	0.92	0.08	0.05	11.67	185.42	62.5
有效硫	746	13.5	32.1	23.61	4.37	-0.16	-0.8	18.51
有效锌	654	0.02	1.74	0.61	0.25	0.29	0.6	40.98
有效铜	733	0.23	1.83	0.99	0.2	-0.09	1.49	20.2
水溶态硼	734	0.02	0.93	0.32	0.09	1.27	8.44	28.13

表 2-14-28　成县耕层土壤有效锰含量分级

有效锰分级标准(mg/kg)	级别	样点数	占总样点数百分比(%)
7.0~9.0	三级	7	0.96
3.0~7.0	四级	599	81.83
≤3.0	五级	126	17.21

表 2-14-29　成县耕层土壤有效铁含量分级

有效铁分级标准(mg/kg)	级别	样点数	占总样点数百分比(%)
>15.0	一级	38	5.17
10.0~15.0	二级	332	45.17
4.5~10.0	三级	359	48.84
2.5~4.5	四级	4	0.54
≤2.5	五级	2	0.27

表 2-14-30　成县耕层土壤有效硫含量分级

有效硫分级标准(mg/kg)	级别	样点数	占总样点数百分比(%)
30.0~40.0	三级	52	6.97
20.0~30.0	四级	529	70.91
15.0~20.0	五级	145	19.44
10.0~15.0	六级	20	2.68

表 2-14-31　成县耕层土壤有效锌含量分级

有效锌分级标准(mg/kg)	级别	样点数	占总样点数百分比(%)
1.00~2.00	二级	17	2.6
0.50~1.00	三级	394	60.24
0.30~0.50	四级	152	23.24
≤0.30	五级	91	13.91

表 2-14-32　成县耕层土壤有效铜含量分级

有效铜级标准(mg/kg)	级别	样点数	占总样点数百分比(%)
1.00~2.00	二级	341	46.52
0.50~1.00	三级	378	51.57
0.20~0.50	四级	14	1.91

表 2-14-33　成县耕层土壤有效钼含量分级

有效钼分级标准(mg/kg)	级别	样点数	占总样点数百分比(%)
>0.40	一级	3	0.41
0.20~0.40	二级	3	0.41
0.05~0.15	四级	637	87.5
≤0.05	五级	85	11.68

表 2-14-34　成县耕层土壤水溶态硼含量分级

水溶态硼分级标准(mg/kg)	级别	样点数	占总样点数百分比(%)
0.50~1.00	三级	7	0.95
0.20~0.50	四级	681	92.78
≤0.20	五级	46	6.27

(七)耕层土壤 pH

成县 3969 个耕层土壤样品进行化验结果表明,成县耕层土壤 pH 含量最小值为 1.2,最大值为 12.3,平均值为 7.7,标准差为 0.4,偏度为 –3.25,峰度为 0.04,变异系数为 5.19%,属于弱变异(见表 2-14-35)。

从空间和行政区域分布上看,成县耕地耕层土壤 pH 值,大多在 7.5 ~ 8.0 之间。

表 2-14-35　成县耕层土壤 pH 值描述性统计

样本数	最小值	最大值	平均值	标准差	偏度	峰度	变异系数(%)
3969	1.2	12.3	7.7	0.4	–3.25	0.04	5.19

二、成县耕地地力分析

以土壤图与土地利用现状图叠加形成评价单元,应用模糊综合评判方法,通过综合分析,将成县耕地共划分为 5 个等级,根据评价结合进行耕地地力的系统分析。

(一)耕地地力等级与分布

1.耕地地力等级面积统计

利用 ArcGIS 软件,对评价图属性库进行操作,检索统计耕地各等级的面积和图幅总面积。以 2007 年成县耕地总面积为基准,按面积比例进行平差,统计得各耕地地力等级面积。

成县耕地总面积为 48946.97 公顷,三等地和四等地较多,分别占总耕地面积的 30% 以上;其次是二等地和五等地,分别占总耕地面积的 15.6% 和 11.64%;一等地较少,占耕地面积的 7.72%,见表 2-14-36。

表 2-14-36　成县耕地地力评价结果面积统计

等级	一等地	二等地	三等地	四等地	五等地	总计
面积(公顷)	3778.56	7634.91	15563.16	16274.60	5695.75	48946.97
百分比(%)	7.72	15.60	31.80	33.25	11.64	100

2.耕地地力等级的行政区域划分

从成县各乡镇中不同等级耕地所占比例来看,镡河乡和小川镇的耕地主要是三、四和五等地。陈院镇、城关镇、红川镇和抛沙镇的耕地主要是一、二和三等地。店村镇的耕地主要是二等地和三等地。二郎乡、沙坝镇和纸坊镇的耕地主要是四等地和五等地。黄陈镇、黄渚镇、鸡峰镇、宋坪乡、苏元乡、索池乡和王磨镇的耕地主要是三等地和四等地,详见表 2-14-37。

从各等级耕地在不同乡镇所占比例来看,一等地主要分布在陈院镇、城关镇、红川镇和抛沙镇。二等地主要分布在城关镇和抛沙镇。三等地和四等地在每个乡镇中均有分布,在鸡峰镇中比例较大。五等地在每个乡镇均有分布,其中二郎乡、小川镇和纸坊镇的五等地比例较大,详见表2-14-37。

表2-14-37 成县各乡镇不同等级耕地面积分布情况

乡镇名称	一等地		二等地		三等地		四等地		五等地	
	面积(公顷)	占本乡镇耕地面积(%)	面积(公顷)	占本乡镇耕地面积(%)	面积(公顷)	占本乡镇耕地面积(%)	面积(公顷)	占本乡镇耕地面积(%)	面积(公顷)	占本乡镇耕地面积(%)
镡河乡	0.0	0.0	418.6	18.5	750.0	33.1	636.9	28.1	459.1	20.3
陈院镇	607.2	23.0	765.1	29.0	822.0	31.1	263.2	10.0	181.7	6.9
城关镇	864.2	17.6	2380.9	48.4	1073.2	21.8	429.4	8.7	174.5	3.5
店村镇	185.7	6.8	865.3	31.9	1387.7	51.2	239.8	8.8	33.2	1.2
二郎乡	0.0	0.0	0.0	0.0	134.2	6.8	926.9	46.8	918.7	46.4
红川镇	917.5	51.0	424.7	23.6	326.5	18.0	94.8	5.3	35.2	2.0
黄陈镇	0.0	0.0	307.8	13.0	631.5	26.7	1193.1	50.4	235.7	10.0
黄渚镇	1.5	0.1	9.0	0.5	1335.6	72.9	334.4	18.2	152.2	8.3
鸡峰镇	71.2	1.2	173.7	3.0	2580.3	44.1	2584.1	44.1	445.3	7.6
抛沙镇	1006.8	27.1	1466.8	39.5	851.3	22.9	296.3	8.0	96.6	2.6
沙坝镇	0.0	0.0	0.0	0.0	83.1	4.5	1288.7	69.8	473.5	25.7
宋坪乡	42.1	1.2	309.4	8.5	1530.5	42.0	1339.3	36.7	425.5	11.7
苏元乡	0.0	0.0	104.9	6.9	383.2	25.2	971.6	63.9	61.4	4.0
索池乡	0.0	0.0	192.4	8.7	731.6	33.3	1150.9	52.3	125.4	5.7
王磨镇	82.3	2.6	216.6	6.9	1691.1	54.2	780.3	25.0	349.9	11.2
小川镇	0.0	0.0	0.0	0.0	856.5	26.9	1607.5	50.6	714.7	22.5
纸坊镇	0.0	0.0	0.0	0.0	394.9	11.8	2137.3	63.9	813.3	24.3
总计	3778.6	7.7	7634.9	15.6	15563.2	31.8	16274.6	33.2	5695.8	11.6

(二)耕地地力等级分述

1.一等地的主要属性

一等地综合评价指数大于 0.8603,评价单元 457 个,耕地面积 3778.56 公顷,占总耕地面积的 7.72%。一等地主要分布在成县中部地区,地貌类型均为川坝,坡度平均为 8.35 度。土属主要是耕种黄僵土、耕种红砂土和耕种大黄土。耕层土壤质地主要是中壤。耕层土壤有机质含量平均为 13.7g/kg,全氮含量平均为 0.709mg/kg,碱解氮含量平均为 56.5mg/kg,有效磷含量平均为 17.48mg/kg,速效钾含量平均为 124.59mg/kg,缓效钾含量平均为 796mg/kg,CEC 平均为 20.08cmol/kg,pH 平均为 7.72(详见表 2-14-38)。本级地耕层土壤中微量养分含量情况见表 2-14-39。

2.二等地的主要属性

二等地综合评价指数 0.8200~0.8603,评价单元 1142 个,耕地面积 7634.91 公顷,占总耕地面积的 15.6%。二等地地貌类型主要是川坝。土属主要是耕种黄僵土、耕种大黄土、川地潜育潮土和川地潮土。耕层土壤质地主要是中壤。耕层土壤有机质含量平均为 13.15g/kg,全氮含量平均为 0.705g/kg,碱解氮含量平均为 62.82mg/kg,有效磷含量平均为 15.83mg/kg,速效钾含量平均为 126.81mg/kg,缓效钾含量平均为 772.25mg/kg,CEC 平均为 18.4cmol/kg,pH 平均为 7.67(详见表 2-14-38)。本级地耕层土壤中微量养分含量情况见表 2-14-39。

3.三等地的主要属性

三等地综合评价指数 0.6880~0.8200,评价单元 2110 个,耕地面积 15563.16 公顷,占总耕地面积的 31.8%。三等地地貌类型主要是丘陵和中山。土属主要是耕种大黄土、耕种黄僵土、黄土性碳酸盐褐土和粗骨质碳酸盐褐土。耕层土壤质地主要是中壤和轻壤。耕层土壤有机质含量平均为 14.4g/kg,全氮含量平均为 0.746g/kg,碱解氮含量平均为 65.42mg/kg,有效磷含量平均为 16.06mg/kg,速效钾含量平均为 129.18mg/kg,缓效钾含量平均为 805.68mg/kg,CEC 平均为 18.42cmol/kg,pH 平均为 7.65(详见表 2-14-38)。本级地耕层土壤中微量养分含量情况见表 2-14-39。

4.四等地的主要属性

四等地综合评价指数 0.6288~0.6880,评价单元 2108 个,耕地面积 16274.6 公顷,占总耕地面积的 33.25%。四等地地貌类型主要是中山。土属主要是耕种大黄土、黄土性碳酸盐褐土和粗骨质碳酸盐褐土。耕层土壤质地主要是中壤和轻壤。耕层土壤有机质含量平均为 13.87g/kg,全氮含量平均为 0.733mg/kg,碱解氮含量平均为 68.15mg/kg,有效磷含量平均为 14.66mg/kg,速效钾含量平均为 129.23mg/kg,缓效钾含量平均为 778mg/kg,CEC 平均为 17.33cmol/kg,pH 平均为 7.67(详见表 2-14-38)。本级地耕层土壤中微量养分含量情况见表 2-14-39。

5.五等地的主要属性

五等地综合评价指数小于 0.6288，评价单元 1104 个，耕地面积 5695.75 公顷，占总耕地面积的 11.64%。五等地地貌类型主要是高山、中山和低山。土属主要是粗骨质碳酸盐褐土、耕种大黄土和黄土性碳酸盐褐土。耕层土壤质地主要是中壤和轻壤。耕层土壤有机质含量平均为 13.98g/kg，全氮含量平均为 0.726mg/kg，碱解氮含量平均为 70.82mg/kg，有效磷含量平均为 14.99mg/kg，速效钾含量平均为 128.84mg/kg，缓效钾含量平均为 847.93mg/kg，CEC 平均为 16.55cmol/kg，pH 平均为 7.68（详见表 2-14-38）。本级地耕层土壤中微量养分含量情况见表 2-14-39。

表 2-14-38 成县各等级耕地耕层大量养分含量状况

养分		一等地	二等地	三等地	四等地	五等地
有机质(g/kg)	范围	11.6~16.5	10.7~18.9	10.5~20.5	10.3~19.9	10.7~20.6
	平均值	13.70	13.15	14.40	13.87	13.98
全氮(g/kg)	范围	0.631~0.848	0.599~0.962	0.58~1.029	0.591~1.033	0.425~1.290
	平均值	0.709	0.705	0.746	0.733	0.726
碱解氮(mg/kg)	范围	39~103	38~134	40~138	41~109	22~93
	平均值	56.50	62.82	65.42	68.15	70.82
有效磷(mg/kg)	范围	11.5~23.5	9.0~24.2	8.9~26.0	9.1~24.5	0.8~41.5
	平均值	17.48	15.83	16.06	14.66	14.99
速效钾(mg/kg)	范围	76~161	64~162	71~185	65~162	42~292
	平均值	124.59	126.81	129.18	129.23	128.84
缓效钾(mg/kg)	范围	505~1105	412~1130	450~12651	468~1189	567~1783
	平均值	796.14	772.25	805.68	778.00	847.93
CEC(cmol/kg)	范围	7.32~27.5	7.32~27.5	7.32~27.5	7.32~27.5	7.32~27.5
	平均值	20.08	18.40	18.42	17.33	16.55
pH	范围	7.3~8.1	7.3~8.1	7.2~7.9	7.3~8.0	7.4~7.9
	平均值	7.72	7.67	7.65	7.67	7.68

表 2-14-39　成县各等级耕地耕层中微量养分含量状况

养分		一等地	二等地	三等地	四等地	五等地
有效铁（mg/kg）	范围	8.6~12.1	8.5~12.2	7.8~12.5	7.9~12.7	7.8~12.7
	平均值	10.41	10.14	10.13	10.05	9.75
有效锰（mg/kg）	范围	3.76~5.47	3.53~5.64	3.36~5.76	3.30~5.77	3.38~5.68
	平均值	4.56	4.58	4.67	4.57	4.36
有效铜（mg/kg）	范围	0.88~1.1	0.87~1.11	0.79~1.14	0.79~1.13	0.83~1.12
	平均值	0.993	1.003	0.997	0.988	0.990
有效锌（mg/kg）	范围	0.2~0.94	0.19~0.94	0.22~0.92	0.22~0.89	0.25~0.98
	平均值	0.700	0.624	0.627	0.577	0.608
有效硫（mg/kg）	范围	19.7~26.8	19.0~27.2	17.7~28.6	17.5~28.6	18.6~28.6
	平均值	23.35	23.57	23.80	23.86	24.24
有效钼（mg/kg）	范围	0.07~0.09	0.06~0.09	0.05~0.10	0.05~0.10	0.06~0.10
	平均值	0.077	0.078	0.076	0.078	0.077
水溶态硼（mg/kg）	范围	0.25~0.38	0.26~0.38	0.26~0.38	0.26~0.38	0.26~0.36
	平均值	0.322	0.316	0.317	0.319	0.322

第三节　徽县耕地地力分析

一、徽县耕层土壤属性

（一）耕层土壤有机质

徽县耕层土壤样品化验结果表明，徽县耕层土壤有机质含量最小值为1.3g/kg，最大值为51.6g/kg，平均值为14.5g/kg，标准差为4.1，偏度为1.2，峰度为4.5，变异系数为28.3%，属于中等变异（见表2-14-40）。

表 2-14-40　徽县耕层土壤有机质描述性统计（g/kg）

样本数	最小值	最大值	平均值	标准差	偏度	峰度	变异系数（%）
3816	1.3	51.6	14.5	4.1	1.2	4.5	28.3

根据甘肃省土壤有机质分级标准，徽县耕层土壤有机质含量在15.0～20.0g/kg之间的样点数占31.26%，其耕地面积为15981.59公顷，占总耕地面积的29.70%；耕层土壤有机质含量在10.0～15.0g/kg之间的样点数占48.19%，其耕地面积为33307.88公顷，占总耕地面积的61.90%，分别属于省四、五级水平（见表2-14-41）。

从空间和行政区域分布上看，徽县耕地耕层土壤有机质空间分布情况是中部较低，北部和南部较高。中部是主要产粮区，其耕地耕层土壤有机质含量一般在10.0～15.0g/kg之间，属于甘肃省五级水平，所以应加大力度，采取有利措施提高有机质含量。南部的大河店乡，以及北部各乡镇耕地的耕层土壤有机质含量较高，一般大于15.0g/kg，麻沿河乡和高桥乡的大部分耕地耕层有机质含量在20.0g/kg左右。

表2-14-41　徽县耕层土壤有机质含量分级

有机质分级标准(g/kg)	级别	样点数	占总样点数(%)	面积(公顷)	占耕地面积(%)
>30	一级	16	0.42	89.99	0.17
25.0～30.0	二级	50	1.31	211.80	0.39
20.0～25.0	三级	278	7.29	3327.18	6.18
15.0～20.0	四级	1193	31.26	15981.59	29.70
10.0～15.0	五级	1839	48.19	33307.88	61.90
6.0～10.0	六级	424	11.11	887.95	1.65
≤6.0	七级	16	0.42	0	0

（二）耕层土壤全氮

徽县2027个耕层土壤样品化验结果表明，徽县耕层土壤全氮含量最小值为0.110g/kg，最大值为1.410g/kg，平均值为0.740g/kg，标准差为0.18，偏度为0.78，峰度为1.29，变异系数为24.8%，属于中等变异（见表2-14-42）。

表2-14-42　徽县耕层土壤全氮含量描述性统计（g/kg）

样本数	最小值	最大值	平均值	标准差	偏度	峰度	变异系数(%)
2027	0.110	1.410	0.740	0.18	0.78	1.29	24.8

根据甘肃省土壤全氮分级标准，徽县耕层土壤全氮含量在0.75～1.0g/kg的样点数占30.98%，其耕地面积为19765.85公顷，占总耕地面积的36.74%；耕层土壤全氮含量在0.5～0.75g/kg之间的样点数占55.70%，其耕地面积为30558.21公顷，占总耕地面积的56.79%，分别属于省五级和六级水平（见表2-14-43）。

从空间和行政区域分布上看，徽县耕地耕层土壤全氮的空间分布情况和有机质的分布情况相似,中部较低,南部和北部较高。中部耕地耕层全氮含量基本在 0.50~0.75g/kg 之间,属于甘肃省六级水平。南部的大河店乡和嘉陵镇的部分耕地耕层全氮含量在 0.75~1.0g/kg 之间。北部耕地中,大多数耕层全氮含量在 0.75~1.25g/k 之间。

表 2-14-43 徽县耕层土壤全氮含量分级

全氮分级标准(g/kg)	级别	样点数	占总样点数(%)	面积(公顷)	占耕地面积(%)
1.25~1.50	三级	46	2.27	195.56	0.36
1.00~1.25	四级	105	5.18	2636.92	4.90
0.75~1.00	五级	628	30.98	19765.85	36.74
0.5~0.75	六级	1129	55.70	30558.21	56.79
≤0.5	七级	119	5.87	649.85	1.21

(三)耕层土壤碱解氮

徽县 3815 个耕层土壤样品化验结果表明,徽县耕层土壤碱解氮含量最小值为 7mg/kg,最大值为 202mg/kg,平均值为 56mg/kg,标准差为 20.31,偏度为 1.08,峰度为 3.22,变异系数为 36.3%,属于中等变异(见表 2-14-44)。

表 2-14-44 徽县耕层土壤碱解氮含量描述性统计(mg/kg)

样本数	最小值	最大值	平均值	标准差	偏度	峰度	变异系数(%)
3815	7	202	56	20.31	1.08	3.22	36.3

根据甘肃省土壤碱解氮分级标准,徽县耕层土壤碱解氮含量在 50~100mg/kg 之间的耕地面积为 34565.21 公顷,占总耕地面积的 64.24%;耕层土壤碱解氮含量≤50mg/kg 的耕地面积为 19013.55 公顷,占总耕地面积的 35.34%,分别属于省六级和七级水平(见表 2-14-45)。

从空间和行政区域分布上看,徽县耕地耕层土壤碱解氮空间分布基本上均在 16~100mg/kg 之间,总体上很低。

表 2-14-45 徽县耕层土壤碱解氮分级

碱解氮分级标准(mg/kg)	级别	样点数	占总样点数(%)	面积(公顷)	占耕地面积(%)
200~250	三级	1	0.03	0	0
150~200	四级	5	0.13	0	0
100~150	五级	102	2.67	227.63	0.42
50~100	六级	2060	54.00	34565.21	64.24
≤50	七级	1647	43.17	19013.55	35.34

(四)耕层土壤有效磷

徽县3812个耕层土壤样品进行化验结果表明,徽县耕层土壤有效磷含量最小值为0.5mg/kg,最大值为78.5mg/kg,平均值为12.1mg/kg,标准差为6.1,偏度为2.6,峰度为13.1,变异系数为50.3%,属于中等变异(见表2-14-46)。

表2-14-46 徽县耕层土壤有效磷含量描述性统计(mg/kg)

样本数	最小值	最大值	平均值	标准差	偏度	峰度	变异系数(%)
3812	0.5	78.5	12.1	6.1	2.6	13.1	50.3

根据甘肃省土壤有效磷分级标准,徽县耕层土壤有效磷含量在10.0~15.0mg/kg之间的耕地面积为34069.24公顷,占总耕地面积的63.32%;耕层土壤有效磷含量在5.0~10.0mg/kg的耕地面积为12145.34公顷,占总耕地面积的22.57%,分别属于省五级和六级水平(见表2-14-47)。

从空间和行政区域分布上看,徽县耕地耕层土壤有效磷空间变异程度较大,没有一定规律性。总体上徽县耕层有效磷含量较低,大部分耕地耕层有效磷含量在10.0~15.0mg/kg,属于甘肃省五级水平。中部的银杏乡和城关镇等乡镇大部分耕地耕层有效磷含量在5.0~10.0mg/kg。大多乡镇耕地中,有零星的耕地耕层有效磷含量较高,在15.0~30.0mg/kg之间。

表2-14-47 徽县耕层土壤有效磷分级

有效磷分级标准(mg/kg)	级别	样点数	占总样点数(%)	面积(公顷)	占耕地面积(%)
>40.0	一级	30	0.79	3.88	0.01
30.0~40.0	二级	52	1.36	86.54	0.16
20.0~30.0	三级	163	4.28	1372.29	2.55
15.0~20.0	四级	579	15.19	5544.03	10.30
10.0~15.0	五级	1556	40.82	34069.24	63.32
5.0~10.0	六级	1230	32.27	12145.34	22.57
≤5.0	七级	202	5.30	585.08	1.09

(五)耕层土壤速效钾

徽县3808个耕层土壤样品化验结果表明,徽县耕层土壤速效钾含量最小值为10mg/kg,最大值为447mg/kg,平均值为150mg/kg,标准差为54.4,偏度为1.11,峰度为2.68,变异系数为36.4%,属于中等变异(见表2-14-48)。

表 2-14-48　徽县耕层土壤速效钾含量描述性统计（mg/kg）

样本数	最小值	最大值	平均值	标准差	偏度	峰度	变异系数(%)
3808	10	447	150	54.4	1.11	2.68	36.4

根据甘肃省土壤速效钾分级标准，徽县的耕层土壤速效钾含量，在甘肃省的七个等级中都有分布，其中32.14%的样点速效钾含量在150~200mg/kg之间，其耕地面积为19868.76公顷，占总耕地面积的36.93%；38.26%的样点速效钾含量在100~150mg/kg之间，其耕地面积为26813.38公顷，占总耕地面积的49.83%，分别属于省四级和五级水平（见表2-14-49）。

从空间和行政区域分布上看，徽县耕地耕层土壤速效钾含量大多在100~200mg/kg之间，属于甘肃省四级、五级水平。其中柳林镇耕地耕层速效钾含量较高，在200~379mg/kg之间，属于甘肃省一级、二级和三级水平；北部高桥乡的一部分耕地耕层速效钾含量较低，在50~100mg/kg之间，属于甘肃省六级水平（详见图集）。

表 2-14-49　徽县耕层土壤速效钾含量分级

速效钾分级标准(mg/kg)	级别	样点数	占总样点数(%)	面积(公顷)	占耕地面积(%)
>300	一级	83	2.18	276.21	0.51
250~300	二级	120	3.15	1393.0	2.59
200~250	三级	282	7.41	2985.36	5.55
150~200	四级	1224	32.14	19868.76	36.93
100~150	五级	1457	38.26	26813.38	49.83
50~100	六级	603	15.84	2431.78	4.52
≤50	七级	39	1.02	37.90	0.07

（六）耕层土壤微量元素

通过对徽县土壤进行采样化验分析：

有效铁的1834个土样化验结果表明，有效铁的最小值为1.2mg/kg，最大值是42.2mg/kg，平均值为22.8mg/kg，标准差为4.11，变异系数为18.0%。

有效锰的1950个土样化验结果表明，有效锰的最小值为0.2mg/kg，最大值为48.9mg/kg，平均值为20.9mg/kg，标准差为4.28，变异系数20.5%。

有效钼的1951个土样化验结果表明，有效钼的最小值为0.04mg/kg，最大值为1.90mg/kg，平均值为0.27mg/kg，标准差为0.16，变异系数为61.2%。

有效硫的1951个土样化验结果表明，有效硫的最小值是0.02mg/kg，最大值是84.5mg/kg，平均值为48.4mg/kg，标准差是4.95，变异系数是10.2%。有效锌的1956个土样的化验结果表明,有效锌最小值为0.12mg/kg,最大值为22.1mg/kg,平均值为1.34mg/kg,标准差为1.24,变异系数为92.7%。

有效铜的1958个土样化验结果表明,有效铜的最小值为0.11mg/kg,最大值为24.1mg/kg,平均值为1.31mg/kg,标准差为1.57,变异系数为120.1%。

水溶态硼的1943个土样化验结果表明,水溶态硼的最小值为0.03mg/kg,最大值为1.58mg/kg,平均值为0.40,标准差0.15,变异系数为37.0%。根据以上结果,从变异程度来看,有效铁、有效锰和有效硫属于弱变异,有效钼、有效锌和水溶态硼属于中等变异,有效铜属于强变异(表2-14-50)。

由表2-14-51、2-14-52、2-14-53、2-14-54、2-14-55、2-14-56、2-14-57表明,徽县耕层土壤有效铁含量和有效锰含量属于省一级水平,有效锌含量属于省二级水平,有效硫含量属于省一级和二级水平,有效铜含量和有效钼含量属于省二级和三级水平,水溶态硼含量属于省四级水平。总体上,徽县耕地耕层中微量养分含量较丰。

从空间和行政区域分布上看,徽县耕层土壤中中微量元素含量情况是:徽县耕地中,除了伏家镇和栗川乡的一部分耕地耕层土壤有效铁含量较低以外,其他各乡镇耕地耕层有效铁含量均较高,在10.0~36.3mg/kg之间,属于甘肃省一级和二级水平。

徽县大部分耕地耕层土壤有效锌含量在1.00~2.00mg/kg之间,属于甘肃省二级,中等水平。城关镇、银杏乡、江洛镇和泥阳镇等乡镇的部分耕地耕层有效锌含量较低,在0.50~1.00mg/kg之间,属于甘肃省三级,较低水平。

徽县耕地耕层土壤有效铜含量的空间分布基本情况是:中部地区的银杏乡、城关镇、栗川乡、水阳乡和永宁镇,以及北部的榆树乡和高桥乡的大部分耕地耕层有效铜含量较低,在0.50~1.00mg/kg之间,属于甘肃省三级,较低水平;其中水阳乡的一部分耕地有效铜含量在0.22~0.50mg/kg之间,属于甘肃省四级,低水平;其他各乡镇耕地耕层有效铜含量较高,在1.00~13.31mg/kg之间,属于甘肃省一级,中等水平。

徽县耕地耕层土壤有效硫含量总体上较高,其中中部地区的泥阳镇、栗川乡、银杏乡、城关镇、水阳乡和永宁镇,北部的榆树乡和高桥乡,以及南部的虞关乡的耕地耕层有效硫含量在40.0~50.0mg/kg之间,属于甘肃省二级水平;中部的伏家镇、柳林镇,南部的大河店乡和嘉陵镇,以及北部的江洛镇和麻沿河乡的耕地耕层有效硫含量在50.0~68.2mg/kg之间,属于甘肃省一级水平。

徽县耕地耕层土壤有效钼含量空间分布基本情况是,中部地区的伏家镇、泥阳镇、城关镇、栗川乡、水阳乡,南部的嘉陵镇,以及北部江洛镇的耕地耕层有效钼含量较低,在0.07~0.20mg/kg之间,属于甘肃省三级、四级,较低等水平。南部大河店乡和虞关乡,以及北部麻沿河乡、高桥乡和榆树乡等乡镇耕地耕层有效钼含量基本在0.20~0.40mg/kg之间，属于甘肃省二级，中等水平。中部柳林镇的大多数耕地耕层有效钼含量较高，在0.40~1.25mg/kg之间，属于甘肃省一级，高等水平。

徽县耕地耕层土壤水溶态硼含量普遍较低，大部分耕地耕层水溶态硼在0.20~0.50mg/kg之间，属于甘肃省四级，低等水平。其中柳林镇和嘉陵镇的部分耕地耕层水溶态硼含量略高，在0.50~1.00mg/kg之间，属于甘肃省三级，较低水平。

表 2-14-50 徽县耕层土壤微量养分描述性统计（mg/kg）

	样本数	最小值	最大值	平均值	标准差	偏度	峰度	变异系数（%）
有效铁	1834	1.20	42.2	22.8	4.11	−1.86	8.25	18.0
有效锰	1950	0.20	48.9	20.92	4.28	−0.76	2.65	20.5
有效钼	1951	0.04	1.90	0.27	0.16	3.12	16.37	61.2
有效硫	1951	0.02	84.5	48.4	4.95	−2.92	32.35	10.2
有效锌	1956	0.12	22.1	1.34	1.24	9.12	114.36	92.7
有效铜	1958	0.11	24.1	1.31	1.57	9.25	104.4	120.1
水溶态硼	1943	0.03	1.58	0.40	0.15	3.0	18.4	37.0

表 2-14-51 徽县耕层土壤有效铁含量分级

有效铁分级标准（mg/kg）	级别	样点数	占总样点数百分比（%）
>15.0	一级	1775	96.78
10.0~15.0	二级	19	1.04
4.5~10.0	三级	18	0.98
2.5~4.5	四级	8	0.44
≤2.5	五级	14	0.76

表 2-41-52 徽县耕层土壤有效锰含量分级

有效锰分级标准（mg/kg）	级别	样点数	占总样点数百分比（%）
>15.0	一级	1830	93.85
9.0~15.0	二级	91	4.67
7.0~9.0	三级	10	0.51
3.0~7.0	四级	12	0.62
≤3.0	五级	7	0.36

表 2-14-53　徽县耕层土壤有效硫含量分级

有效硫分级标准(mg/kg)	级别	样点数	占总样点数百分比(%)
>50.0	一级	796	40.82
40.0~50.0	二级	1142	58.56
30.0~40.0	三级	2	0.10
20.0~30.0	四级	1	0.05
15.0~20.0	五级	0	0
10.0~15.0	六级	1	0.05
≤10.0	七级	8	0.41

表 2-14-54　徽县耕层土壤有效锌含量分级

有效锌分级标准(mg/kg)	级别	样点数	占总样点数百分比(%)
>2.00	一级	71	3.63
1.00~2.00	二级	1474	75.36
0.50~1.00	三级	346	17.69
0.30~0.50	四级	22	1.12
≤0.30	五级	43	2.20

表 2-14-55　徽县耕层土壤有效铜含量分级

有效铜分级标准(mg/kg)	级别	样点数	占总样点数百分比(%)
>2.00	一级	66	3.37
1.00~2.00	二级	975	49.80
0.50~1.00	三级	860	43.92
0.20~0.50	四级	53	2.71
≤0.20	五级	4	0.20

表 2-14-56　徽县耕层土壤有效钼含量分级

有效钼分级标准(mg/kg)	级别	样点数	占总样点数百分比(%)
>0.40	一级	225	11.53
0.20~0.40	二级	790	40.49
0.15~0.20	三级	605	31.01
0.05~0.15	四级	328	16.81
≤0.05	五级	3	0.15

表 2-14-57　徽县耕层土壤水溶态硼含量分级

水溶态硼分级标准(mg/kg)	级别	样点数	占总样点数百分比(%)
1.00~2.00	二级	20	1.03
0.50~1.00	三级	251	12.92
0.20~0.50	四级	1589	81.78
≤0.20	五级	83	4.27

(七)耕层土壤 pH

徽县 1834 个耕层土壤样品进行化验结果表明，徽县耕层土壤 PH 含量最小值为 5.4，最大值为 12.5，平均值为 7.8，标准差为 0.5，偏度为 1.75，峰度为 15.6，变异系数为 6.49%，属于弱变异(见表 2-14-58)。

表 2-14-58　徽县耕层土壤 pH 值描述性统计

样本数	最小值	最大值	平均值	标准差	偏度	峰度	变异系数(%)
1834	5.4	12.5	7.8	0.5	1.75	15.6	6.49

从空间和行政区域分布上看，徽县耕地耕层土壤 pH 值，大多在 7.5~8.5 之间；其中南部的虞关乡和大河店乡、中部的永宁镇和水阳乡、北部的江洛镇、高桥乡和麻沿河乡的小部分耕地耕层 pH 值较小，在 6.5~7.5 之间；柳林镇的一部分耕地耕层 pH 值较高，在 9.0~9.5 之间。

二、徽县耕地地力分析

以土壤图与土地利用现状图叠加形成评价单元，应用模糊综合评判方法，通过综合分析，将徽县耕地共划分为 5 个等级，根据评价结合进行耕地地力的系统分析。

(一)耕地地力等级与分布

1.耕地地力等级面积统计

利用 ArcGIS 软件，对评价图属性库进行操作，检索统计耕地各等级的面积和图幅总面积，以 2007 年徽县耕地总面积为基准，按面积比例进行平差，统计得各耕地地力等级面积。

徽县耕地总面积为 53806.39 公顷，三等地最多，占总耕地面积的 36.99%；其次是二等地和四等地，分别占耕地面积的 21.55% 和 18.69%；一等地较少，占总耕地面积的 13.66%；五等地最少，占总耕地面积的 9.11%，见表 2-14-59。

表 2-14-59　徽县耕地地力评价结果面积统计

等级	一等地	二等地	三等地	四等地	五等地	总计
面积（公顷）	7348.20	11596.14	19901.86	10058.04	4902.15	53806.39
百分比（%）	13.66	21.55	36.99	18.69	9.11	100

2.耕地地力等级的行政区域划分

一等地和二等地主要分布于中部丘陵地区，该区域耕地自然条件最好。三等地在中部丘陵地区，以及南部地垒山和北部中山地区都有较多分布。中部丘陵区的一、二、三等地是该县的主要产粮区，耕地自然条件较好，农业管理措施较合理。四等地和五等地主要分布在南部的地垒山地区和北部的中山地区，海拔比较高，坡度比较大，土壤肥力比较低，不利于农业生产。

从各乡镇不同等级耕地所占比例来看，总体上，徽县中部地区的耕地以一等地和二等地为主，地貌以丘陵为主，耕地自然条件较好，生产潜力较大。徽县北部和南部地区的耕地中，以三等地和四等地为主，基本上是山地，农业生产受到自然条件的限制。

中部地区 8 个乡镇中不同等级耕地分布情况是：城关镇的耕地中，二等地和三等地最多，均占本镇耕地总面积的 31.65%。伏家镇的耕地中，二等地最多，占本镇耕地总面积的 52.05%。栗川乡的耕地中，一等地和二等地最多，分别占本乡耕地总面积的 38.89% 和 38.13%。柳林镇的耕地中，三等地最多，占本镇耕地总面积的 41.76%。泥阳镇的耕地中，二等地最多，占本镇耕地总面积的 61.12%。水阳乡的耕地中，一等地最多，占本乡耕地总面积的 38.06%。银杏乡的耕地中，一等地和二等地最多，分别本乡耕地总面积的 37.28% 和 35.75%。永宁镇的耕地中，二等地和一等地最多，分别占本镇耕地总面积的 40.57% 和 36.36%（详见表 2-14-60）。

北部地区 4 个乡镇中不同等级耕地分布情况是：高桥乡的耕地中，三等地和四等地最多，分别占本乡耕地总面积的 38.40% 和 37.60%。麻沿乡的耕地中，四等地最多，占本乡耕地总面积的 54.96%。江洛镇的耕地中，三等地最多，占本镇耕地总面积的 41.04%。榆树乡的耕地中，三等地最多，占本乡耕地总面积的 58.23%，（详见表 2-14-60）。

南部地区 3 个乡镇中不同等级耕地分布情况是：大河店乡的耕地中，三等地最多，占本乡耕地总面积的 54.88%。嘉陵镇的耕地中，三等地最多，占本镇耕地总面积的 48.95%。虞关乡的耕地中，三等地最多，占本乡耕地总面积的 66.46%（详见表 2-14-60）。

从各等级耕地在不同乡镇所占比例来看，一等地主要分布在徽县中部地区，其中在银杏乡和永宁镇分布最多，分别占本级地面积的 19.14% 和 18.53%（详见表 2-14-61）。二等地除了虞关乡以外，在其他各乡镇都有分布，其中在伏家镇分布最多，占本级地面积

18.20%(详见表2-14-62)。三等地在15个乡镇中均有分布,其中在江洛镇、榆树乡和大河店乡分布最多(详见表2-14-63)。四等地在15个乡镇中也均有分布,其中在麻沿乡的分布最多,占本级地面积22.73%(详见表2-14-64)。五等地主要分布在江洛镇和大河店乡,其五等地分别占本级地面积的33.94%和23.07%(详见表2-14-65)。

表2-14-60 徽县各乡镇不同等级耕地面积分布情况

乡镇名称	一等地 面积（公顷）	一等地 占本乡镇耕地面积（%）	二等地 面积（公顷）	二等地 占本乡镇耕地面积（%）	三等地 面积（公顷）	三等地 占本乡镇耕地面积（%）	四等地 面积（公顷）	四等地 占本乡镇耕地面积（%）	五等地 面积（公顷）	五等地 占本乡镇耕地面积（%）
城关镇	449.6	16.4	869.8	31.7	869.9	31.7	559.0	20.3	0	0
大河店乡	0	0	8.5	0.2	2356.9	54.9	797.8	18.6	1131	26.3
伏家镇	1007	24.9	2110	52.1	871.2	21.5	64.6	1.6	0	0
高桥乡	0	0	66.7	2.3	1099.6	38.4	1076	37.6	620.6	21.6
嘉陵镇	9.75	0.3	280.5	8.16	1682.2	48.9	1181	34.3	282.9	8.2
江洛镇	272.5	4.01	1078	15.8	2792.5	41.0	998.1	14.7	1663	24.4
栗川乡	964.7	38.9	945.8	38.1	506.6	20.4	63.6	2.5	0	0
柳林镇	426.6	10.6	1119	27.8	1679.7	41.7	766.1	19.0	30.3	0.7
麻沿乡	0	0	112.6	2.7	1219.1	29.31	2285	54.9	541.5	13.0
泥阳镇	383.5	18.4	1269	61.1	381.5	18.4	42.4	2.0	62.8	3.02
水阳乡	1065	38.1	735.8	26.3	730.0	26.07	205.8	7.3	0	0
银杏乡	1406	37.3	1348	35.7	948.9	25.2	68.7	1.8	0	0
永宁镇	1361	36.4	1519	40.6	759.3	20.3	102.2	2.7	2.4	0.06
榆树乡	0	0	130.8	3.09	2461.7	58.2	1507	35.6	127.9	3.03
虞关乡	0	0	0.6	0.02	1542.7	66.5	339.0	14.6	438.9	18.9

表2-14-61 徽县各乡镇一等地面积分布情况

乡镇名称	评价单元（个）	面积（公顷）	占本乡镇耕地面积（%）	占本级面积（%）	占总耕地面积（%）
城关镇	43	449.60	16.36	6.12	0.84
大河店乡	0	0	0	0	0
伏家镇	63	1007.77	24.86	13.71	1.87
高桥乡	0	0	0	0	0
嘉陵镇	2	9.75	0.28	0.13	0.02
江洛镇	14	272.55	4.01	3.71	0.51

续表 2-14-61

乡镇名称	评价单元(个)	面积(公顷)	占本乡镇耕地面积(%)	占本级面积(%)	占总耕地面积(%)
栗川乡	66	964.73	38.89	13.13	1.79
柳林镇	22	426.63	10.61	5.81	0.79
麻沿乡	0	0	0	0	0
泥阳镇	30	383.53	18.46	5.22	0.71
水阳乡	61	1065.81	38.06	14.50	1.98
银杏乡	86	1406.44	37.28	19.14	2.61
永宁镇	57	1361.40	36.36	18.53	2.53
榆树乡	0	0	0	0	0
虞关乡	0	0	0	0	0
总计	444	7348.20	13.66	100	13.66

表 2-14-62 徽县各乡镇二等地面积分布情况

乡镇名称	评价单元(个)	面积(公顷)	占本乡镇面积(%)	占本级面积(%)	占总耕地面积(%)
城关镇	69	869.83	31.65	7.50	1.62
大河店乡	3	8.52	0.20	0.07	0.02
伏家镇	149	2110.06	52.05	18.20	3.92
高桥乡	6	66.67	2.33	0.57	0.12
嘉陵镇	26	280.49	8.16	2.42	0.52
江洛镇	124	1078.29	15.85	9.30	2.00
栗川乡	89	945.85	38.13	8.16	1.76
柳林镇	86	1119.28	27.83	9.65	2.08
麻沿乡	10	112.63	2.71	0.97	0.21
泥阳镇	91	1269.62	61.12	10.95	2.36
水阳乡	90	735.82	26.28	6.35	1.37
银杏乡	156	1348.77	35.75	11.63	2.51
永宁镇	111	1518.93	40.57	13.10	2.82
榆树乡	6	130.81	3.09	1.13	0.24
虞关乡	1	0.58	0.02	0.005	0.001
总计	1017	11596.14	21.55	100	21.55

表 2-14-63　徽县各乡镇三等地面积分布情况

乡镇名称	评价单元(个)	面积(公顷)	占本乡镇面积(%)	占本级面积(%)	占总耕地面积(%)
城关镇	80	869.87	31.65	4.37	1.62
大河店乡	223	2356.88	54.88	11.84	4.38
伏家镇	88	871.17	21.49	4.38	1.62
高桥乡	153	1099.61	38.40	5.53	2.04
嘉陵镇	139	1682.24	48.95	8.45	3.13
江洛镇	253	2792.50	41.04	14.03	5.19
栗川乡	61	506.64	20.42	2.55	0.94
柳林镇	168	1679.74	41.76	8.44	3.12
麻沿乡	196	1219.16	29.31	6.13	2.27
泥阳镇	39	381.52	18.37	1.92	0.71
水阳乡	85	730.00	26.07	3.67	1.36
银杏乡	117	948.94	25.15	4.77	1.76
永宁镇	59	759.29	20.28	3.82	1.41
榆树乡	206	2461.67	58.23	12.37	4.58
虞关乡	163	1542.67	66.46	7.75	2.87
总计	2030	19901.86	36.99	100.00	36.99

表 2-14-64　徽县各乡镇四等地面积分布情况

乡镇名称	评价单元(个)	面积(公顷)	占本乡镇面积(%)	占本级面积(%)	占总耕地面积(%)
城关镇	42	559.00	20.34	5.56	1.04
大河店乡	90	797.79	18.58	7.93	1.48
伏家镇	5	64.57	1.59	0.64	0.12
高桥乡	65	1076.68	37.60	10.70	2.00
嘉陵镇	102	1181.22	34.37	11.74	2.20
江洛镇	85	998.16	14.67	9.92	1.86
栗川乡	12	63.62	2.56	0.63	0.12
柳林镇	87	766.11	19.05	7.62	1.42
麻沿乡	277	2285.71	54.96	22.73	4.25
泥阳镇	13	42.43	2.04	0.42	0.08

续表 2-14-64

乡镇名称	评价单元(个)	面积(公顷)	占本乡镇面积(%)	占本级面积(%)	占总耕地面积(%)
水阳乡	39	205.81	7.35	2.05	0.38
银杏乡	7	68.71	1.82	0.68	0.13
永宁镇	12	102.25	2.73	1.02	0.19
榆树乡	121	1506.95	35.65	14.98	2.80
虞关乡	40	339.02	14.61	3.37	0.63
总计	997	10058.04	18.69	100	18.69

表 2-14-65　徽县各乡镇五等地面积分布情况

乡镇名称	评价单元(个)	面积(公顷)	占本乡镇面积	占本级面积	占总耕地面积
城关镇	0	0	0	0	0
大河店乡	133	1131.15	26.34	23.07	2.10
伏家镇	0	0	0	0	0
高桥乡	95	620.63	21.67	12.66	1.15
嘉陵镇	38	282.88	8.23	5.77	0.53
江洛镇	101	1663.55	24.45	33.94	3.09
栗川乡	0	0	0	0	0
柳林镇	10	30.35	0.75	0.62	0.06
麻沿乡	67	541.53	13.02	11.05	1.01
泥阳镇	9	62.82	3.02	1.28	0.12
水阳乡	0	0	0	0	0
银杏乡	0	0	0	0	0
永宁镇	2	2.39	0.06	0.05	0.00
榆树乡	27	127.88	3.03	2.61	0.24
虞关乡	71	438.96	18.91	8.95	0.82
总计	553	4902.15	9.11	100	9.11

(二)耕地地力等级分述

1.一等地的主要属性

一等地综合评价指数大于 0.8165,评价单元 444 个,耕地面积 7348.20 公顷,占总耕地面积的13.7%,土地利用类型主要为旱耕地。一等地主要分布在徽县中部地区,土种主要是中层黄僵土和中层黄土。地貌类型均为丘陵。耕层土壤质地主要是中壤。耕层土壤质地构型均为均质中壤。耕层土壤有机质含量平均为13.7g/kg,全氮含量平均为0.722g/kg,碱解氮含量平均为57mg/kg,有效磷含量平均为12.1mg/kg,全磷含量平均为0.367g/kg,速效钾含量平均为152mg/kg,缓效钾含量平均为1037mg/kg,全钾含量平均为20.9g/kg,CEC平均为19.0cmol/kg,pH平均为7.9,详见表2-14-66。本级地耕层土壤中微量养分含量情况见表2-14-67。

2.二等地的主要属性

二等地综合评价指数范围是0.7024~0.8165,评价单元1017个,耕地面积11596.14公顷,占总耕地面积的21.6%。土地利用类型主要为旱耕地。二等地主要分布在徽县中部,土种主要是自然土壤和中层黄土。地貌类型主要是丘陵。耕层土壤质地以中壤和重壤为主。耕层土壤有机质含量平均为13.7g/kg,全氮含量平均为0.727g/kg,碱解氮含量平均为57mg/kg,有效磷含量平均为12.0mg/kg,全磷含量平均为0.370g/kg,速效钾含量平均为153mg/kg,缓效钾含量平均为1049mg/kg,全钾含量平均为21.0g/kg,CEC平均为17.1cmol/kg,pH平均为7.9,详见表2-14-66。本级地耕层土壤中微量养分含量情况见表2-14-67。

3.三等地的主要属性

三等地综合评价指数范围0.5842~0.7024,评价单元2030个,耕地面积19901.86公顷,占总耕地面积的37.0%。土地利用类型主要为旱耕地。三等地在各个乡镇都有较多的分布,土种主要是自然土壤、中层黄僵土和中层黄土。地貌类型包括本县丘陵、中山和地垒山等全部类型。耕层土壤质地以中壤和重壤为主。耕层土壤有机质含量平均为14.8g/kg,全氮含量为0.760g/kg,碱解氮含量平均为57mg/kg,有效磷含量平均为11.9mg/kg,全磷含量平均为0.360g/kg,速效钾含量平均为150mg/kg,缓效钾含量平均为1011mg/kg,全钾含量平均为21.4g/kg,CEC平均为14.5cmol/kg,pH平均为7.9,详见表2-14-66。本级地耕层土壤中微量养分含量情况见表2-14-67。

4.四等地的主要属性

四等地综合评价指数范围0.4512~0.5842,评价单元997个,耕地面积10058.04公顷,占总耕地面积的18.7%,土地利用类型主要为旱耕地。四等地主要分布在徽县北部和南部,土种主要是自然土壤、黄石碴土和黑黄砂土。地貌类型主要是中山和地垒山。耕层土壤质地以重壤和砂壤为主。耕层土壤有机质含量平均为16.2g/kg,全氮含量平均为0.807g/kg,碱解氮含量平均为54mg/kg,有效磷含量平均为12.1mg/kg,全磷含量平均为

0.382g/kg,速效钾含量平均为153mg/kg,缓效钾含量平均为1028mg/kg,全钾含量平均为21.3g/kg,CEC平均为12.3cmol/kg,pH平均为7.8,详见表2-14-66。本级地耕层土壤中微量养分含量情况见表2-14-67。

5.五等地的主要属性

五等地综合评价指数范围小于0.4512,评价单元553个,耕地面积4902.15公顷,占总耕地面积的9.1%,土地利用类型主要为旱耕地。五等地主要分布在徽县北部和南部,土种主要是自然土壤和黄石碴土。地貌类型是中山和地垒山。耕层土壤质地以砂壤为主。耕层土壤有机质含量平均为15.6g/kg,全氮含量平均为0.786g/kg,碱解氮含量平均为52mg/kg,有效磷含量平均为11.4mg/kg,全磷含量平均为0.369g/kg,速效钾含量平均为140mg/kg,缓效钾含量平均为932mg/kg,全钾含量平均为21.2g/kg,CEC平均为15.4cmol/kg,pH平均为7.9,详见表2-14-66。本级地耕层土壤中微量养分含量情况见表2-14-67。

表42-14-66 徽县各等级耕地耕层大量养分含量状况

养分		一等地	二等地	三等地	四等地	五等地
有机质(g/kg)	范围	8.4~27.4	7.7~31.1	8.0~31.5	7.7~35.9	8.3~30.5
	平均值	13.7	13.7	14.8	16.2	15.6
全氮(g/kg)	范围	0.455~1.183	0.455~1.290	0.141~1.290	0.325~1.277	0.425~1.290
	平均值	0.722	0.727	0.760	0.807	0.786
碱解氮(mg/kg)	范围	28~124	25~107	21~116	22~104	22~93
	平均值	57	57	57	54	52
有效磷(mg/kg)	范围	4.9~31.1	4.6~34.3	0.8~39.6	0.8~34.0	0.8~41.5
	平均值	12.1	12.0	11.9	12.1	11.4
全磷(g/kg)	范围	0.235~0.671	0.220~0.671	0.181~0.707	0.208~0.709	0.200~0.713
	平均值	0.367	0.370	0.360	0.382	0.369
速效钾(mg/kg)	范围	81~328	75~375	42~379	42~379	42~292
	平均值	152	153	150	153	140
缓效钾(mg/kg)	范围	739~1907	664~1890	570~1901	664~1888	567~1783
	平均值	1037	1049	1011	1028	932
全钾(g/kg)	范围	18.0-24.0	17.8-25.4	17.7-25.4	17-25.4	17.8-25.4
	平均值	20.9	21.0	21.4	21.3	21.2
CEC(cmol/kg)	范围	3.6~24.5	3.6~24.5	3.6~24.5	3.6~23.1	3.6~31.1
	平均值	19	17.1	14.5	12.3	15.4
pH	范围	7.2~9.1	7.1~9.0	6.4~9.2	6.3~9.2	6.2~9.4
	平均值	7.9	7.9	7.9	7.8	7.9

表 2-14-67　徽县各等级耕地耕层中微量养分含量状况

养分		一等地	二等地	三等地	四等地	五等地
水溶态硼 （mg/kg）	范围	0.24～0.58	0.23～0.57	0.22～0.61	0.22～0.61	0.32～0.57
	平均值	0.41	0.41	0.41	0.41	0.41
有效铁 （mg/kg）	范围	2.7～33.8	1.9～33.8	1.9～32.2	3.7～33.8	6.2～32.2
	平均值	20.3	21.2	23.1	23.7	23.6
有效锰 （mg/kg）	范围	15.6～25.7	15.4～26.5	13.6～26.7	15.8～26.9	17.4～25.5
	平均值	21.2	21.8	22.0	22.1	22.0
有效钼 （mg/kg）	范围	0.15～0.39	0.16～0.40	0.15～0.44	0.16～0.40	0.21～0.40
	平均值	0.24	0.26	0.27	0.28	0.28
有效铜 （mg/kg）	范围	0.61～1.79	0.54～1.83	0.52～1.86	0.67～1.83	0.73～1.75
	平均值	1.11	1.17	1.23	1.23	1.25
有效锌 （mg/kg）	范围	0.77～1.51	0.66～1.57	0.57～1.61	0.84～1.56	0.94～1.59
	平均值	1.12	1.15	1.18	1.18	1.19
有效硫 （mg/kg）	范围	40.1～54.4	37.5～55.8	36.2～56.1	44.8～55.3	44.6～55.9
	平均值	48.4	48.6	48.7	48.8	48.8

第四节　西和县耕地地力分析

一、西和县耕层土壤属性

（一）主要土壤养分变化分析

1.土壤全量养分变化

将2009年测土配方施肥土样测试结果与第二次土壤普查报告中土壤全量养分指标进行对比，得到西和县土壤全量养分变化表（表2-14-68）。

表 2-14-68　西和县土壤全量养分变化表

土壤全量养分	第二次土壤普查	2009测土配方施肥	变化值	变化率（%）
有机质（g/kg）	10.6	18.6	8.00	80.0

由表2-14-68可知：耕层土壤有机质含量目前的平均水平为18.6g/kg，与第二次土壤普查相比，有机质含量明显增加，平均增加了3.73g/kg，变化率较大，为37.3%。

2.土壤速效养分变化

将2009年测土配方施肥土样测试结果与第二次土壤普查报告中的土壤速效养分指标进行对比，得到西和县土壤速效养分变化情况（表2-14-69）。

表2-14-69 西和县土壤速效养分变化表

土壤养分	第二次土壤普查	2009测土配方施肥	变化值	变化率（%）
碱解氮（mg/kg）	34.00	40.63	6.63	19.50
有效磷（mg/kg）	2.58	12.67	10.09	391.09
速效钾（mg/kg）	201.60	263.07	61.47	30.49

由表2-14-69可知：在统计的耕层土壤碱解氮、有效磷和速效钾3种速效养分中，碱解氮由第二次土壤普查的34mg/kg增至目前的40.63mg/kg，平均增加6.63mg/kg，变化率为19.50%；有效磷由第二次土壤普查的2.58mg/kg增加到12.67mg/kg，增加值高达10.09mg/kg，变化率达到391.09%，在土壤养分中变化最大；速效钾第二次土壤普查值为201.6mg/kg，目前值为263.07mg/kg，平均增加61.47mg/kg，变化率为30.49%。

西和县土壤速效养分从第二次土壤普查到目前为止，三种养分含量都有所增加，其中有效磷增加幅度最大，其次是速效钾。

（二）主要土壤养分空间分布

基于西和县耕地地力评价采样点实际测量数据，利用ArcGIS软件平台，结合普通Kriging插值法，获得西和县土壤有机质、有效磷、速效钾、碱解氮等养分含量的各等级分布图，从中可以看出研究区中各土壤养分含量的空间分布状况。

1.有机质分布

西和县土壤有机质分布为西北部较高，与其他地区差异明显。土壤有机质含量总的趋势是山区较多，川区较低，有机肥源较多地区较高，反之较低。南部山塬区较高，北部黄土梁峁沟壑区较低，同时随海拔高度增加而递增。土壤有机质含量高低差异大，最高达41.2g/kg，最低有6.7g/kg，分布不均匀。其中苏合乡、姜席镇土壤有机质含量大部分超过30g/kg，达到甘肃省一级标准，其余乡镇也有零星分布，但面积不大；马元乡土壤有机质含量小于6g/kg的区域占较大面积。

根据甘肃省养分分级标准（主要养分）（表2-14-70），按照西和县土壤有机质含量由低到高对应甘肃省有机质含量为一至七级（表2-14-71）。可见西和县土壤有机质含量高低错落，差异大，但总体含量较低，属于有机质贫乏地区。

表 2-14-70　甘肃省养分分级标准(主要养分)表

	一级	二级	三级	四级	五级	六级	七级
有机质(g/kg)	>30	30.0~25.0	25.0~20.0	20.0~15.0	15.0~10.0	10.0~6.0	≤6.0
速效钾(mg/kg)	>300	250~300	200~250	150~200	100~150	50~100	≤50
碱解氮(mg/kg)	>300	250~300	200~250	150~200	100~150	50~100	≤50
有效磷(mg/kg)	>40.0	40.0~30.0	30.0~20.0	20.0~15.0	15.0~10.0	10.0~5.0	≤5.0

表 2-14-71　西和县有机质等级划分表

甘肃省等级	一级	二级	三级	四级	五级	六级	七级
有机质(g/kg)	>30	30.0~25.0	25.0~20.0	20.0~15.0	15.0~10.0	10.0~6.0	≤6.0

2.有效磷分布

西和县有效磷含量有高有低,大部分处于处于10~15mg/kg之间。有效磷含量的趋势与有机质基本相同,西北部含量高,含量最高的主要是姜席镇的北庄窠村和彭寺村,部分地区有效磷含量高达43.7mg/kg,另外十里乡的部分地区有效磷含量也较高,处于30~40mg/kg之间。河坝镇的杨付村和黄江村土壤有效磷含量最低,不到5mg/kg。马元乡、卢河乡等乡镇土壤有效磷含量低的地区有的不足6mg/kg。

根据甘肃省养分分级标准将西和县有效磷含量由高到低分成一至七级,对应甘肃省有效磷含量为一至七级(表2-14-72)。可见西和县有效磷含量较低且变幅大,属于有效磷缺乏地区。

表 2-14-72　西和县有效磷等级划分表

甘肃省等级	一级	二级	三级	四级	五级	六级	七级
有效磷(mg/kg)	>40.0	40.0~30.0	30.0~20.0	20.0~15.0	15.0~10.0	10.0~5.0	≤5.0

3.速效钾分布

西和县大多数地区的速效钾含量都在200~300mg/kg之间,且含量大于300mg/kg的广泛分布在全县各乡镇,但耕层土壤速效钾含量最低的也较低,不足50mg/kg。土壤速效钾含量高低不均,但总体较高。

对照甘肃省养分分级标准(表2-14-70),西和县速效钾含量由高到低分为七级,分别对应甘肃省的一至七级(表2-14-73)。西和县土壤速效钾含量平均值为263mg/kg,达到全国二级标准,属于富足的范畴。

表 2-14-73　西和县速效钾等级划分表

甘肃省等级	一级	二级	三级	四级	五级	六级	七级
速效钾(mg/kg)	>300	250~300	200~250	150~200	100~150	50~100	≤50

4.碱解氮分布

西和县碱解氮含量高低不均,但总体含量低,基本上处于 50~100mg/kg 水平段中。含量最高的主要是洛峪镇的何胡村,十里乡的刘集村、梁集村、张集村、麻元村、佘铺村,碱解氮含量处于 320~340mg/kg 之间,另外太石河乡、蒿林乡的少部地区碱解氮含量也较高,处于 300~320g/kg 之间。

根据甘肃省养分分级标准(表 2-14-70),将碱解氮含量由高到低分成一至七级,对应甘肃省碱解氮含量为一至七级(表 2-14-74)。西和县碱解氮含量低且变幅大,属于碱解氮贫乏地区。

表 2-14-74　西和县有效磷等级划分

甘肃省等级	一级	二级	三级	四级	五级	六级	七级
碱解氮(mg/kg)	>300	250~300	200~250	150~200	100~150	50~100	≤50

二、西和县耕地地力分析

以土壤图与土地利用现状图叠加形成评价单元,应用模糊综合评判方法,通过综合分析,将西和县耕地共划分为 5 个等级,根据评价结合进行耕地地力的系统分析。

(一)耕地地力等级与分布

1.耕地地力等级面积统计

由耕地潜在地力评价模型所得出的西和县耕地地力等级,并以 2007 年土地变更调查数据为基准,按面积比例进行平差,统计得到西和县各耕地地力等级面积。

西和县耕地总面积为 69670.30 公顷,各等级耕地面积比例差异较大,四等地面积最大,占到了总耕地面积的 45.41%;其次是三等地,占到总耕地面积的 26.45%;二等地占到总耕地面积的 12.20%;五等地占到总耕地面积的 10.18%;一等地面积最小,占总耕地面积的 5.76%,具体数据见表 2-14-75。

表 2-14-75　西和县耕地地力评价结果面积统计

等级	一等地	二等地	三等地	四等地	五等地	总计
面积(公顷)	4011.39	8502.50	18425.99	31636.59	7093.83	69670.30
百分比(%)	5.76	12.20	26.45	45.41	10.18	100

2.耕地地力等级的行政区域划分

为了更好地分析西和县耕地地力等级的空间分布情况，利用ArcGIS软件将得到的地力等级分布图与西和县行政区划图进行叠加，从属性库中按乡镇权属检索统计得各级耕地在各个乡镇的分布状况（表2-14-76、2-14-77、2-14-78、2-14-79、2-14-80）。

统计结果表明：一等地大部分分布在长道镇、石堡乡、汉源镇、西峪乡、稍峪乡、河坝镇、十里乡这7个乡镇，洛峪镇、蒿林乡、大桥乡也有零星分布，而有10个乡镇没有一等地分布；二等地分布在12个乡镇，而有8个乡镇没有分布；三等地和四等地在全县20个乡镇均有分布，空间覆盖比例较大；五等地除长道镇、汉源镇、西峪乡、稍峪乡这4个乡镇没有分布以外，其余16个乡镇均有分布。

由各等级耕地在不同乡镇所占比例来看，一等地面积比例较高的是长道镇、西峪乡、河坝镇、十里乡，分别占一等地面积的33.28%、20.50%、11.79%和11.54%，而石堡乡、汉源镇、大桥乡、蒿林乡、洛峪镇、稍峪乡也有一等地分布，但面积很小，占本级地面积比例均不到10%。二等地面积比例较高的是十里乡、石堡乡、长道镇、河坝镇，分别占二等地面积的20.19%、17.65%、14.65%和11.64%，其余各乡镇二等地面积均不到该等级总面积的10%。三等地面积比例较高的是十里乡、洛峪镇、姜席镇，占三等地总面积的13.98%、12.36%和11.44%，而其余各乡镇分布情况则属于零星分布，比例均达不到10%。兴隆乡、石峡镇、六巷乡、太石河乡、马元乡、晒经乡也有三等地分布，但面积很小，甚至不到三等地总面积的1%。四等地在全县各乡镇均有分布，但分布较为分散，面积比例最高的是洛峪镇、苏合乡和卢河乡，分别占四等地面积的8.92%、8.82%和8.62%。五等地面积比例较高的是马元乡，为29.86%，其余各乡镇分布面积不大。

表2-14-76　西和县各乡镇一等地面积分布情况统计表

乡镇名称	评价单元数（个）	面积（公顷）	占本级耕地面积（%）	占本乡镇耕地面积（%）	占总耕地面积（%）
长道镇	61	1335.19	33.28	30.90	1.92
西峪乡	53	822.50	20.50	44.07	1.18
何坝镇	52	472.93	11.79	12.47	0.68
十里乡	41	463.10	11.54	7.58	0.66
石堡乡	28	334.00	8.33	7.95	0.48
汉源镇	28	313.60	7.82	21.18	0.45
稍峪乡	15	138.66	3.46	5.82	0.199
蒿林乡	8	72.83	1.82	1.86	0.104
洛峪镇	13	52.99	1.32	0.87	0.076
大桥乡	3	5.59	0.14	0.23	0.008

从各乡镇不同等级耕地所占本乡镇面积比例来看,一等地中占本乡镇耕地比例最大的与占一等地面积比例的排序相当,但比值有所变化,分别是 44.07%和 33.28%。二等地中占本乡镇耕地面积比例较高的是汉源镇、西峪乡和石堡乡,分别为 40.06%、38.94%和 35.74%。三等地中占本乡镇面积比例较高的分别是稍峪乡 55.01%、姜席镇 48.09%、蒿林乡 45.79%、大桥乡 45.47%和十里乡 42.16%,而这 5 个乡镇中除姜席镇没有一、二等地的分布,其余均有一、二等地零星分布。四等地中占本乡镇面积比值除汉源镇和西峪乡外都很大,最高的是石峡镇为 77.11%,其次是晒经乡为 76.81%,兴隆乡为 76.71%。五等地中占本乡镇比例最大的是马元乡、太石河乡和六巷乡,分别是 48.08%、37.34%和 31.65%。

表 2-14-77 西和县各乡镇二等地面积分布情况统计表

乡镇名称	评价单元数(个)	面积(公顷)	占本级耕地面积(%)	占本乡镇耕地面积(%)	占总耕地面积(%)
十里乡	113	1716.38	20.19	28.08	2.46
石堡乡	101	1500.68	17.65	35.74	2.15
长道镇	82	1245.72	14.65	28.83	1.79
何坝镇	110	989.77	11.64	26.10	1.42
洛峪镇	68	805.87	9.48	13.28	1.16
西峪乡	60	726.86	8.55	38.94	1.04
汉源镇	39	593.13	6.98	40.06	0.85
稍峪乡	52	499.39	5.87	20.98	0.72
大桥乡	24	205.77	2.42	8.51	0.30
西高山乡	9	114.61	1.35	3.58	0.16
蒿林乡	10	98.11	1.15	2.51	0.14
六巷乡	2	6.23	0.07	0.37	0.0089

表 2-14-78 西和县各乡镇三等地面积分布情况统计表

乡镇名称	评价单元(个)	面积(公顷)	占本级耕地面积(%)	占本乡镇耕地面积(%)	占总耕地面积(%)
十里乡	230	2576.37	13.98	42.16	3.70
洛峪镇	232	2277.54	12.36	37.52	3.27
姜席镇	154	2108.33	11.44	48.09	3.03
蒿林乡	82	1789.28	9.71	45.79	2.57
石堡乡	157	1502.33	8.15	35.78	2.16
稍峪乡	100	1309.42	7.11	55.01	1.88

续表 2-14-78

乡镇名称	评价单元(个)	面积(公顷)	占本级耕地面积(%)	占本乡镇耕地面积(%)	占总耕地面积(%)
长道镇	84	1265.57	6.87	29.29	1.82
何坝镇	152	1254.78	6.81	33.09	1.80
苏合乡	114	1203.15	6.53	28.07	1.73
大桥乡	97	1099.95	5.97	45.47	1.58
西高山乡	53	515.10	2.80	16.07	0.74
汉源镇	22	509.15	2.76	34.39	0.73
西峪乡	20	288.20	1.56	15.44	0.41
卢河乡	15	217.32	1.18	5.39	0.31
兴隆乡	18	181.76	0.99	5.58	0.26
石峡镇	22	161.20	0.87	5.02	0.23
六巷乡	19	124.18	0.67	7.28	0.178
太石河乡	7	32.12	0.17	1.62	0.046
马元乡	2	6.35	0.034	0.14	0.0091
晒经乡	2	3.87	0.021	0.15	0.0056

表 2-14-79 西和县各乡镇四等地面积分布情况统计表

乡镇名称	评价单元(个)	面积(公顷)	占本级耕地(%)	占本乡镇耕地(%)	占总耕地面积(%)
洛峪镇	326	2822.76	8.92	46.50	4.05
苏合乡	213	2788.93	8.82	65.07	4.00
卢河乡	305	2725.71	8.62	67.64	3.91
兴隆乡	232	2499.56	7.90	76.71	3.59
石峡镇	236	2478.29	7.83	77.11	3.56
西高山乡	268	2366.27	7.48	73.83	3.40
马元乡	184	2280.96	7.21	51.77	3.27
姜席镇	171	2251.03	7.12	51.35	3.23
晒经乡	168	2036.69	6.44	76.81	2.92
蒿林乡	152	1888.66	5.97	48.33	2.71
十里乡	117	1293.26	4.09	21.16	1.86
太石河乡	121	1210.75	3.83	61.04	1.74
何坝镇	136	1051.38	3.32	27.73	1.51

续表 2-14-79

乡镇名称	评价单元(个)	面积(公顷)	占本级耕地(%)	占本乡镇耕地(%)	占总耕地面积(%)
大桥乡	108	1050.43	3.32	43.43	1.51
六巷乡	112	1035.36	3.27	60.70	1.49
石堡乡	113	855.69	2.70	20.38	1.23
长道镇	46	474.15	1.50	10.97	0.681
稍峪乡	35	432.95	1.37	18.19	0.621
汉源镇	7	64.79	0.20	4.38	0.093
西峪乡	3	28.98	0.09	1.55	0.042

表 2-14-80　西和县各乡镇五等地面积分布情况统计表

乡镇名称	评价单元数(个)	面积(公顷)	占本级耕地(%)	占本乡镇耕地(%)	占总耕地(%)
马元乡	158	2118.23	29.86	48.08	3.040
卢河乡	113	1086.68	15.32	26.97	1.560
太石河乡	99	740.61	10.44	37.34	1.063
晒经乡	43	611.18	8.62	23.05	0.877
兴隆乡	48	577.12	8.14	17.71	0.828
石峡镇	73	574.38	8.10	17.87	0.824
六巷乡	71	539.88	7.61	31.65	0.775
苏合乡	38	293.96	4.14	6.86	0.422
西高山乡	55	208.88	2.94	6.52	0.300
洛峪镇	27	110.83	1.56	1.83	0.159
十里乡	12	62.30	0.88	1.02	0.089
蒿林乡	12	59.05	0.83	1.51	0.085
大桥乡	7	57.21	0.81	2.36	0.082
姜席镇	10	24.50	0.35	0.56	0.035
何坝镇	4	22.66	0.32	0.60	0.033
石堡乡	4	6.36	0.09	0.15	0.009

(二)耕地地力等级分述

1.一等地的主要属性

西和县一等地综合评价指数(IFI)大于0.9120,共有302个评价单元,面积为4011.39公顷,占总耕地面积的5.76%。主要地貌类型为河流低阶地和河流平坦高阶地。一等地主要土壤类型为薄层黄鸡粪土、中层白鸡粪土和中层河淀黄土。一等地平均有效土层厚度为149cm,耕层土壤pH值平均为8.1,耕层土壤CEC平均为15.72mmol/kg,碱解氮平均含量为151.94mg/kg,有效磷平均含量为24.1mg/kg,速效钾平均含量为239mg/kg,有机质平均含量为24.9g/kg(表2-14-81)。

2.二等地的主要属性

西和县二等地综合评价指数(IFI)在0.8880~0.9120之间,共有670个评价单元,耕地面积8502.50公顷,占总耕地面积的12.20%,主要地貌类型为河流低阶地、河流平坦高阶地和黄土高台塬。西和县二等地主要土壤类型为薄层黄鸡粪土、薄层白鸡粪土和棕黄土。二等地平均有效土层厚度为146cm,耕层土壤pH值平均为8.1,CEC平均为15.87mmol/kg,碱解氮平均含量为157.43mg/kg,有效磷平均含量为21.1mg/kg,速效钾平均含量为232mg/kg,有机质平均含量为22.7g/kg(表2-14-81)。

3.三等地的主要属性

三等地综合评价指数(IFI)在0.8478~0.8880之间,共有1582个评价单元,耕地面积18425.99公顷,占总耕地面积的26.45%,主要地貌类型有河流低阶地、高黄土梁峁和河流平坦高阶地。三等地主要土壤类型为薄层黄鸡粪土、薄层白鸡粪土和薄层黑黄僵土。三等地平均有效土层厚度为138cm,耕层土壤pH值平均为8.1,CEC平均为16.73mmol/kg,碱解氮平均含量为154.04mg/kg,有效磷平均含量为20.7mg/kg,速效钾平均含量为233mg/kg,有机质平均含量为22.0g/kg(表2-14-81)。

4.四等地的主要属性

西和县四等地综合评价指数IFI值在0.7740~0.8478之间,共有3053个评价单元,耕地面积31636.59公顷,占总耕地面积的45.41%,是西和县最主要的耕地地力等级。四等地主要地貌类型有高黄土梁峁、河流低阶地、黄土高台塬、中山和河流平坦高阶地。四等地主要土壤类型为薄层黄红土、薄层黑黄僵土和棕黄土。四等地平均有效土层厚度为110cm,耕层土壤pH值平均为8.2,耕层土壤CEC平均为17.95mmol/kg,碱解氮平均含量为150.17mg/kg,有效磷平均含量为19.0mg/kg,速效钾平均含量为222mg/kg,有机质平均含量为21.3g/kg(表2-14-81)。

5.五等地的主要属性

西和县五等地综合评价指数(IFI)≤0.7740,共有774个评价单元,耕地面积7093.83

公顷,占总耕地面积的 10.18%,主要地貌类型有高黄土梁峁、中山和黄土高台塬。西和县五等地主要土壤类型为薄层黄红土和砂砾质石灰性褐色土。五等地平均有效土层厚度为 73cm,耕层土壤 pH 值平均为 8.2,耕层土壤 CEC 平均为 18.69mmol/kg,碱解氮平均含量为 151.57mg/kg,有效磷平均含量为 16.5mg/kg,速效钾平均含量为 211mg/kg,有机质平均含量为 18.6g/kg(表 2-14-81)。

表 2-14-81　西和县各等级耕地主要指标平均值

指标	一等地	二等地	三等地	四等地	五等地
海拔(m)	1639.6	1710.8	1730.2	1704.6	1709.3
坡度(°)	8.3	13.5	17.7	21.0	27.2
年降水量(mm)	529.2	542.3	563.4	581.8	603.8
≥10℃积温(℃)	2263	2219	2224	2199	2111
有效土层厚度(cm)	149	146	138	110	73
pH	8.1	8.1	8.1	8.2	8.2
CEC(mmol/kg)	15.72	15.87	16.73	17.95	18.69
有效磷(mg/kg)	24.1	21.1	20.7	19.0	16.5
有机质(g/kg)	24.9	22.7	22.0	21.3	18.6
碱解氮(mg/kg)	151.94	157.43	154.04	150.17	151.57
速效钾(mg/kg)	239	232	233	222	211

第五节　礼县耕地地力分析

一、礼县耕层土壤属性

(一)主要土壤养分变化分析

1.土壤主要养分变化

将 2009 年测土配方施肥土样测试结果与第二次土壤普查报告中土壤全量养分指标进行对比,得到礼县土壤全量养分变化表(表 2-14-82)。

表 2-14-82　礼县土壤全量养分变化表

土壤全量养分	第二次土壤普查	2009 测土配方施肥	变化值	增幅(%)
有机质(g/kg)	12.7	14.63	1.93	15.2
碱解氮(mg/kg)	43.3	59.4	16.1	37.2
速效磷(mg/kg)	5.2	10.92	5.72	110
速效钾(mg/kg)	135	133.5	-1.5	-1.1
全氮(g/kg)	0.84	1.03	0.19	22.6
有效铁(mg/kg)	4.00	6.89	2.89	72
有效锰(mg/kg)	8.46	7.98	-0.48	-5.67
有效铜(mg/kg)	1.12	0.89	-0.23	-10.85
有效锌(mg/kg)	0.45	0.34	0.11	47.8

由表 2-14-82 可知:耕层土壤有机质含量目前的平均水平为 14.63g/kg,与第二次土壤普查数据 12.7g/kg 相比,有机质明显有所增加,平均增加了 1.93g/kg,增幅较大,为 15.2%;碱解氮由第二次土壤普查的 43.3mg/kg 增加到目前的 59.4mg/kg,平均增加 16.1mg/kg,增幅明显,增加率为 37.2%;速效磷目前的平均含量为 10.92mg/kg,第二次土壤普查值为 5.2mg/kg,平均增加 5.72mg/kg,增幅明显,增幅 110%;速效钾平均含量由第二次土壤普查的 135mg/kg 减少至目前的 133.5mg/kg,平均减少 1.5mg/kg,变化率为 -1.1%。微量元素有效铁和有效锌含量比第二次土壤普查有所增加,有效锰和有效铜较第二次土壤普查有所减少。

(二)主要土壤养分空间分布

基于礼县耕地地力评价采样点实际测量数据,利用 ArcGIS 软件平台,结合普通 Kriging 插值法,获得礼县土壤有机质、碱解氮、有效磷、速效钾、有效铁、有效铜、有效锰、有效锌和碱解氮等主要养分含量的各等级分布图,从中可以直观地看出研究区中各土壤养分含量的空间分布状况。

1.耕层土壤有机质分布

礼县土壤有机质分布为西北部、南部等乡镇有机质含量高,北部和中南部地区有机质含量较低,分布地带性明显。沿江、河流低阶地比旱坡地、旱地梯田高。西北部上坪乡、洮坪乡部分区域和南部桥头乡的有机质含量最高,有机质含量达到 13.0~20.0g/kg 之间;中南部滩坪乡、沙金乡、北部固城乡等乡镇有机质含量低,大约在 9.0~11.0g/kg 之间。

根据甘肃省养分分级标准(主要养分)(表 2-14-83),按照礼县有机质含量由高到低对应甘肃省有机质含量为五、六级(表 2-14-84),六级在以下在礼县分布面积还较多,大于 15g/kg 的甘肃省一级有机质水平在礼县没有分布。可见礼县有机质含量低,属于有机质缺乏地区;且有机质空间分布不均,部分区域有机质还是十分低,有待进一步提高。

表 2-14-83 甘肃省养分分级标准(主要养分)表

养分名称	一级	二级	三级	四级	五级	六级	七级
有机质(g/kg)	>30	30.0~25.0	25.0~20.0	20.0~15.0	15.0~10.0	10.0~6.0	≤6.0
全氮(g/kg)	>2.00	2.00~1.50	1.50~1.25	1.25~1.0	1.0~0.75	0.75~5.0	≤0.5
速效钾(mg/kg)	>300	250~300	200~250	150~200	100~150	50~100	≤50
缓效钾(mg/kg)	>1200	1200~1000	1000~800	800~600	600~400	400~150	≤150
有效硫(mg/kg)	>40	40~50	30~40	20~30	15~20	10~15	≤10
碱解氮(mg/kg)	>300	250~300	200~250	150~200	100~150	50~100	≤50
有效磷(mg/kg)	>40.0	40.0~30.0	30.0~20.0	20.0~15.0	15.0~10.0	10.0~5.0	≤5.0

表 2-14-84 礼县有机质等级划分表

甘肃省等级	六级	五级
县养分等级	二级	一级
有机质(g/kg)	9.0~10.0	10.0~15.0

2.耕层土壤有效磷分布

礼县土壤有效磷含量普遍较低,大部分基本处于 5.0~10.0mg/kg 水平段中,含量最高的主要是南部的上坪乡、洮坪乡,有效磷含量处于 15.0~20.0mg/kg 之间;另外北部湫山乡、西南的桥头乡等乡镇有效磷含量也较高,处于 10.0~15.0mg/kg 之间;北部固城乡、红河乡、马河乡,中南部中坝乡、滩坪乡、肖良乡、三峪乡等乡镇有效磷含量低,大约在 5.0~10.0mg/kg。

根据甘肃省养分分级标准(表 2-14-83),将礼县有效磷含量由高到低分成一、二、三级,对应甘肃省有效磷含量为四、五、六级(表 2-14-85)。可见礼县有效磷含量低且变幅大,属于有效磷缺乏地区。

表 2-14-85 礼县有效磷等级划分表

甘肃省等级	四级	五级	六级
有效磷(mg/kg)	20.0~15.0	15.0~10.0	10.0~5.0

3.耕层土壤速效钾分布

耕层土壤速效钾在礼县空间分布较高,大多数地区的速效钾含量都在 150~200mg/kg 之间,且含量小于 50mg/kg 的速效钾极低区域在礼县几乎不存在;耕层土壤速效钾含量在200~250mg/kg之间,大概分布在礼县西北部的上坪乡、洮坪乡、白关乡,西南部肖良乡,县城的城关镇,以及北部崖城乡也有部分有机质较高的区域。

对照甘肃省养分分级标准(表2-14-83),礼县速效钾含量由高到低分为五级,分别对应甘肃省速效钾级别为三、四、五、六级(表2-14-86),省级速效钾最低七级在礼县没有分布。由此可见礼县土壤富含速效钾,属于钾肥充足地区,但对于喜钾作物和灌溉耕地,不应该忽视施用钾肥。

表2-14-86 礼县速效钾等级划分表

甘肃省等级	三级	四级	五级	六级
速效钾(mg/kg)	200~250	150~200	100~150	50~100

4.耕层土壤全氮分布

耕层土壤全氮在礼县分布较低,且区域内差异不大,大多数地区的全氮含量都在0.750~1.000g/kg之间,且含量大于1.000g/kg的在全县没有分布;中部和中南部地区,特别是洮坪乡、中坝乡、桥头乡、草坪乡和肖良乡等乡镇全氮含量相对较高。礼县耕层土壤碱解氮含量最低的在0.500~0.750g/kg之间,大概分布在中南部地区、北部的白关乡、滩坪乡和固城乡等。

对照甘肃省养分分级标准(表2-14-83),礼县全氮含量由高到低分为一、二级,分别对应甘肃省碱解氮等级为五、六级(表2-14-87)。由此可见礼县土壤全氮含量不高,属于氮肥欠缺地区。

表2-14-87 礼县全氮等级划分

甘肃省等级	五级	六级
全氮(g/kg)	0.750~1.000	0.500~0.7500

二、礼县耕地地力分析

以土壤图与土地利用现状图叠加形成评价单元,应用模糊综合评判方法,通过综合分析,将礼县耕地共划分为5个等级,根据评价结合进行耕地地力的系统分析。

(一)耕地地力等级与分布

1.耕地地力等级面积统计

由耕地潜在地力评价模型所得出的礼县耕地地力等级,并以2007年土地变更调查数据为基准,按面积比例进行平差,统计得到礼县各耕地地力等级面积。

礼县耕地总面积为132295.72公顷,二、四等地面积比例差异不大,三等地面积最大,面积为46404.85公顷,占到了总耕地面积的35.08%;其次是四等地和二等地,面积分布为33175.04公顷和26642.43公顷,分别占到总耕地面积的25.08%和20.14%;一等地面积和五等地面分布较少,占总耕地面积的8.05%和11.66%。礼县耕地地力等级分布面积具体数据见表2-14-88。

表2-14-88 礼县耕地地力评价结果面积统计

等级	一等地	二等地	三等地	四等地	五等地	总计
面积(公顷)	10644.55	26642.43	46404.85	33175.04	15428.85	132295.72
百分比(%)	8.05	20.14	35.08	25.08	11.66	100

2.耕地地力等级的行政区域划分

为了更好的分析礼县耕地地力等级的空间分布情况,利用ArcGIS软件将得到的地力等级分布图与礼县行政区划图进行叠加,从属性库中按乡镇权属检索统计得各级耕地在各个乡镇的分布状况(表2-14-89、2-14-90、2-14-91、2-14-92、2-14-93)。

统计结果表明:一等地在全县21个乡镇有分布;其中,石桥镇分布最多,面积2354.19km²,占全县总耕地面积的1.78%,占本级耕地面积的22.12%,占本乡镇耕地面积的28.97%;其次是盐官镇,面积1919.15km²,占全县总耕地面积的1.45%,占本级耕地面积的18.03%,占本乡镇耕地面积的29.50%;一等地面积分布最少的乡镇为王坝乡,面积1.14km²,占全县总耕地面积的0.001%,占本级耕地面积的0.01%。二等地在全县27个乡镇有分布;其中,宽川乡分布最多,面积3816.16km²,占全县总耕地面积的2.88%,占本乡镇面积的48.85%,占本级耕地面积的14.32%;其次是永坪乡,面积1203.92km²,占全县总耕地面积的2.65%,占本乡镇面积的46.27%;二等地面积分布最少的乡镇为沙金乡,面积0.57km²,占全县总耕地面积的0.0002%,占本级耕地面积的0.0004%,占本乡镇耕地面积的0.03%。三等地在全县29个乡镇均有分布,分布面积最广;其中,白河镇分布最多,面积3732.32km²,占全县总耕地面积的2.82%,占本乡镇面积的48.60%,占本级耕地面积的8.04%;其次是城关镇,面积3626.74km²,占全县总耕地面积的2.74%,占本乡镇面积的50.67%,占本级耕地面积的7.82%。四等地在全县29个乡镇均有分布,分布面积较多;其中,白关乡分布最多,面积为3332.62km²,占全县总耕地面积的2.52%,占本乡镇面积的44.02%,占本级耕地面积的10.05%;其次是龙林乡,面积为2364.24km²,占全县总耕地面积的1.79%,占本乡镇面积的43.77%,占本级耕地面积的7.13%。五等地在27个乡镇有分布,在盐官镇和永兴乡没有分布;其中,白关乡分布最多,面积为2249.84km²,占全县总耕地面积的1.70%,占本乡镇面积的29.72%,占本级耕地面积的14.58%;其次是固城乡,面积为1740.93km²,占全县总耕地面积的1.32%,占本乡镇面积的27.64%,占本级耕地面积的11.28%。

表 2-14-89 礼县各乡镇一等地面积分布情况统计表

乡镇名称	评价单元数（个）	面积（公顷）	占本级耕地面积(%)	占本乡镇耕地面积(%)	占总耕地面积(%)
白河镇	7	90.67	0.85	1.18	0.07
城关镇	68	1068.27	10.04	14.93	0.81
红河乡	6	256.41	2.41	6.04	0.19
江口乡	7	297.39	2.79	8.79	0.22
湫山乡	3	49.12	0.46	1.62	0.04
宽川乡	9	136.77	1.28	1.75	0.10
雷坝乡	7	92.23	0.87	2.80	0.07
雷王乡	5	94.96	0.89	2.85	0.07
龙林乡	4	108.59	1.02	2.01	0.08
祁山乡	27	920.98	8.65	27.21	0.70
桥头乡	2	6.65	0.06	0.13	0.01
石桥镇	83	2354.19	22.12	28.97	1.78
滩坪乡	4	121.46	1.14	2.45	0.09
洮坪乡	12	162.5	1.53	5.31	0.12
王坝乡	1	1.14	0.01	0.04	0.00
肖良乡	3	21.83	0.21	0.79	0.02
崖城乡	10	200.1	1.88	4.14	0.15
盐官镇	53	1919.15	18.03	29.50	1.45
永坪乡	26	1203.92	11.31	15.92	0.91
永兴乡	60	1507.88	14.17	42.16	1.14
中坝乡	3	30.34	0.29	0.77	0.02

表 2-14-90　礼县各乡镇二等地面积分布情况统计表

乡镇名称	评价单元数（个）	面积(公顷)	占本级耕地面积(%)	占本乡镇耕地面积(%)	占总耕地面积(%)
白关乡	3	44.17	0.17	0.58	0.03
白河镇	9	496.46	1.86	6.46	0.38
城关镇	32	996.93	3.74	13.93	0.75
固城乡	8	224.64	0.84	3.57	0.17
红河乡	31	1147.43	4.31	27.02	0.87
江口乡	25	659.33	2.47	19.49	0.50
湫山乡	8	105.42	0.40	3.47	0.08
宽川乡	60	3816.16	14.32	48.85	2.88
雷坝乡	4	62.71	0.24	1.90	0.05
雷王乡	16	648.61	2.43	19.46	0.49
龙林乡	14	294.58	1.11	5.45	0.22
罗坝乡	30	296.29	1.11	8.01	0.22
马河乡	9	701.61	2.63	15.60	0.53
祁山乡	30	1938.25	7.28	57.27	1.47
桥头乡	9	546.7	2.05	10.51	0.41
沙金乡	2	0.57	0.00	0.03	0.00
上坪乡	2	197.78	0.74	9.78	0.15
石桥镇	56	2646.05	9.93	32.56	2.00
滩坪乡	2	225.84	0.85	4.56	0.17
洮坪乡	35	1087.52	4.08	35.56	0.82
王坝乡	6	68.96	0.26	2.64	0.05
肖良乡	5	8.6	0.03	0.31	0.01
崖城乡	24	1666.2	6.25	34.48	1.26
盐官镇	45	2735.84	10.27	42.05	2.07
永坪乡	56	3503.1	13.15	46.32	2.65
永兴乡	43	1654.74	6.21	46.27	1.25
中坝乡	33	867.94	3.26	21.99	0.66

表 2-14-91 礼县各乡镇三等地面积分布情况统计表

乡镇名称	评价单元数（个）	面积（公顷）	占本级耕地面积（%）	占本乡镇耕地面积（%）	占总耕地面积（%）
白关乡	41	1943.68	4.19	25.68	1.47
白河镇	86	3732.32	8.04	48.60	2.82
草坪乡	4	114.07	0.25	4.49	0.09
城关镇	116	3626.74	7.82	50.67	2.74
固城乡	86	2482.12	5.35	39.41	1.88
红河乡	44	1373.92	2.96	32.36	1.04
江口乡	87	2136.12	4.60	63.13	1.61
湫山乡	63	1906.57	4.11	62.72	1.44
宽川乡	52	2603.53	5.61	33.33	1.97
雷坝乡	44	1017.05	2.19	30.84	0.77
雷王乡	47	1060.91	2.29	31.82	0.80
龙林乡	85	1550.76	3.34	28.71	1.17
罗坝乡	137	1457.6	3.14	39.39	1.10
马河乡	32	2002.68	4.32	44.54	1.51
祁山乡	5	109.1	0.24	3.22	0.08
桥头乡	67	1962.21	4.23	37.72	1.48
三峪乡	13	174.72	0.38	10.43	0.13
沙金乡	18	283.92	0.61	13.38	0.21
上坪乡	19	1015.93	2.19	50.22	0.77
石桥镇	88	1582.82	3.41	19.48	1.20
滩坪乡	41	1822.32	3.93	36.80	1.38
洮坪乡	73	1436.75	3.10	46.98	1.09
王坝乡	60	1657.48	3.57	63.37	1.25
肖良乡	77	1672.19	3.60	60.76	1.26
崖城乡	59	1333.65	2.87	27.60	1.01
盐官镇	25	1390.66	3.00	21.37	1.05
永坪乡	57	2282.89	4.92	30.18	1.73
永兴乡	14	245.97	0.53	6.88	0.19
中坝乡	71	2426.17	5.23	61.48	1.83

表 2-14-92 礼县各乡镇四等地面积分布情况统计表

乡镇名称	评价单元数（个）	面积(公顷)	占本级耕地面积(％)	占本乡镇耕地面积(％)	占总耕地面积(％)
白关乡	74	3332.62	10.05	44.02	2.52
白河镇	53	1679.71	5.06	21.87	1.27
草坪乡	29	1751.13	5.28	68.91	1.32
城关镇	58	1105.39	3.33	15.44	0.84
固城乡	83	1849.8	5.58	29.37	1.40
红河乡	56	1132.52	3.41	26.67	0.86
江口乡	19	238.55	0.72	7.05	0.18
湫山乡	54	882.2	2.66	29.02	0.67
宽川乡	27	1080.6	3.26	13.83	0.82
雷坝乡	49	1336.44	4.03	40.52	1.01
雷王乡	36	1026.3	3.09	30.79	0.78
龙林乡	127	2364.24	7.13	43.77	1.79
罗坝乡	103	1586.21	4.78	42.86	1.20
马河乡	23	1694.68	5.11	37.69	1.28
祁山乡	7	376.48	1.13	11.12	0.28
桥头乡	52	1617.28	4.87	31.09	1.22
三峪乡	50	962.62	2.90	57.45	0.73
沙金乡	24	826.72	2.49	38.95	0.62
上坪乡	16	791.26	2.39	39.11	0.60
石桥镇	60	1391.94	4.20	17.13	1.05
滩坪乡	44	1277.72	3.85	25.80	0.97
洮坪乡	31	354.66	1.07	11.60	0.27
王坝乡	47	757.87	2.28	28.98	0.57
肖良乡	49	885.2	2.67	32.16	0.67
崖城乡	61	1090.56	3.29	22.57	0.82
盐官镇	17	461.02	1.39	7.09	0.35
永坪乡	20	573.11	1.73	7.58	0.43
永兴乡	8	167.9	0.51	4.69	0.13
中坝乡	19	580.31	1.75	14.70	0.44

表 2-14-93 礼县各乡镇五等地面积分布情况统计表

乡镇名称	评价单元数（个）	面积（公顷）	占本级耕地面积（%）	占本乡镇耕地面积（%）	占总耕地面积（%）
白关乡	80	2249.84	14.58	29.72	1.70
白河镇	80	1680.98	10.90	21.89	1.27
草坪乡	41	675.89	4.38	26.60	0.51
城关镇	23	360.06	2.33	5.03	0.27
固城乡	87	1740.93	11.28	27.64	1.32
红河乡	21	335.65	2.18	7.91	0.25
江口乡	7	52.35	0.34	1.55	0.04
湫山乡	11	96.55	0.63	3.18	0.07
宽川乡	7	174.54	1.13	2.23	0.13
雷坝乡	49	789.61	5.12	23.94	0.60
雷王乡	36	502.97	3.26	15.09	0.38
龙林乡	70	1083.06	7.02	20.05	0.82
罗坝乡	51	360.45	2.34	9.74	0.27
马河乡	1	97.71	0.63	2.17	0.07
祁山乡	1	39.79	0.26	1.18	0.03
桥头乡	77	1069.42	6.93	20.56	0.81
三峪乡	36	538.22	3.49	32.12	0.41
沙金乡	48	1011.38	6.56	47.65	0.76
上坪乡	5	18.09	0.12	0.89	0.01
石桥镇	18	151.62	0.98	1.87	0.11
滩坪乡	61	1504.56	9.75	30.38	1.14
洮坪乡	6	17.11	0.11	0.56	0.01
王坝乡	11	130.11	0.84	4.97	0.10
肖良乡	17	164.25	1.06	5.97	0.12
崖城乡	40	541.42	3.51	11.21	0.41
永坪乡	1	0.62	0.00	0.01	0.00
中坝乡	7	41.67	0.27	1.06	0.03

(二)耕地地力等级分述

1.一等地的主要属性

礼县一等地综合评价指数(IFI)大于0.5766,共400个评价单元,面积为10644.55公顷,占总耕地面积的8.05%。主要土地利用类型有水浇地和旱地等,主要地貌类型有河谷平原和中山。礼县一等地主要土壤类型为淀土、黑垆土、山地褐色土、白麻土、黄鸡粪土、红土、麻黄土、潮土、黑麻土等。一等地平均有效土层厚度为114cm,耕层厚度平均19cm,耕层土壤pH值平均为8.18,全氮平均含量为0.820g/kg,碱解氮平均含量为79.71mg/kg,有效磷平均含量为12.23mg/kg,速效钾平均含量为165.6mg/kg,有机质平均含量为12.82g/kg,有效铁平均含量为8.41mg/kg,有效铜平均含量为0.496mg/kg,有效锰平均含量为6.91mg/kg,有效锌平均含量为1.09mg/kg(表2-14-94)。

2.二等地的主要属性

礼县二等地综合评价指数(IFI)在0.5571~0.5766之间,共597个评价单元,耕地面积26642.43公顷,占总耕地面积的20.14%,主要土地利用类型有水浇地、旱地梯田和旱耕地。礼县二等地主要土壤类型包括白麻土、黑垆土、淀土和黄鸡粪土等。二等地平均耕层厚度为19cm,有效土层厚度139cm,耕层土壤pH值平均为8.17,全氮平均含量为0.805g/kg,碱解氮平均含量为79.83mg/kg,有效磷平均含量为12.33mg/kg,速效钾平均含量为159.8mg/kg,有机质平均含量为12.58g/kg,有效铁平均含量为8.52mg/kg,有效铜平均含量为0.493mg/kg,有效锰平均含量为6.85mg/kg,有效锌平均含量为1.06mg/kg(表2-14-94)。

3.三等地的主要属性

礼县三等地综合评价指数(IFI)在0.5153~0.5571之间,共1611个评价单元,耕地面积46404.85公顷,占总耕地面积的35.08%,三等地为礼县最多的耕作土壤。主要土地利用类型有旱地梯田、旱耕地、川旱地和坡旱地。礼县三等地主要土壤类型包括山地褐色土、黑垆土、淀土、山地棕壤、黄绵土、潮土和中层棕黄土等,主要地貌类型为中山。三等地平均海拔1775.47m,平均坡度17.89°,有效土层厚度133cm,平均耕层厚度为19cm,耕层土壤pH值平均为8.16,全氮平均含量为0.783g/kg,碱解氮平均含量为79.82mg/kg,有效磷平均含量为12.21mg/kg,速效钾平均含量为164.9mg/kg,有机质平均含量为12.24g/kg,有效铁平均含量为8.76mg/kg,有效铜平均含量为0.491mg/kg,有效锰平均含量为6.89mg/kg,有效锌平均含量为1.03mg/kg(表2-14-94)。

4.四等地的主要属性

礼县四等地综合评价指数(IFI)在0.4841~0.5153之间,共有1296个评价单元,耕地面积为33175.04公顷,占总耕地面积的25.08%,是礼县较主要的耕地地力等级之一。四等地主要土地利用类型包括旱地梯田、旱耕地、川旱地和坡旱地。礼县四等地主要土壤类型为红土、山地棕壤、山地褐色土、潮黄土、黑黄土、中层棕黄土、淀土、山地草甸土、黄绵土、厚层黄僵土、黑垆土和厚层棕黄土等26个土种。礼县四等地主要地貌类型为中山。平均耕层厚度为18cm，有效土层厚度123cm，耕层土壤pH值平均为8.16，全氮平均含量为0.768g/kg，碱解氮平均含量为79.97mg/kg，有效磷平均含量为12.09mg/kg，速效钾平均含量为168.8mg/kg，有机质平均含量为12.00g/kg，有效铁平均含量为8.85mg/kg，有效铜平均含量为0.493mg/kg，有效锰平均含量为6.89mg/kg，有效锌平均含量为1.07mg/kg（表2-14-94）。

5.五等地的主要属性

礼县五等地综合评价指数(IFI)小于等于0.4841，共有892个评价单元，耕地面积为15428.85公顷，占总耕地面积的11.66%。主要土地利用类型有旱地梯田、旱耕地、川旱地和坡旱地。礼县五等地主要土壤类型有山地棕壤、红土、潮黄土、山地褐色土、黑黄土、黄僵石渣土、中层棕黄土、厚层黄僵土、山地草甸土和黄红土等19个土种。礼县五等地地貌类型为高山和中山。平均耕层厚度为18cm，有效土层厚度118cm，耕层土壤pH值平均为8.17，全氮平均含量为0.751g/kg，碱解氮平均含量为80.33mg/kg，有效磷平均含量为11.98mg/kg，速效钾平均含量为168.8mg/kg，有机质平均含量为12.00g/kg，有效铁平均含量为8.85mg/kg，有效铜平均含量为0.493mg/kg，有效锰平均含量为6.89mg/kg，有效锌平均含量为1.07mg/kg（表2-14-94）。

表2-14-94 礼县各等级耕地主要指标平均值

指标	一等地	二等地	三等地	四等地	五等地
海拔(m)	1499.11	1678.29	1775.47	1867.29	2004.49
坡度(°)	7.68	12.67	17.89	20.13	24.67
耕层厚度(cm)	19	19	19	18	18
有效土层厚度(cm)	114	139	133	123	118
pH	8.18	8.17	8.16	8.16	8.17
CEC(cmd/kg)	5.93	6.19	6.74	7.47	7.40
全氮(g/kg)	0.820	0.805	0.783	0.768	0.751
有效磷(mg/kg)	12.23	12.33	12.21	12.09	11.98
速效钾(mg/kg)	165.6	159.8	164.9	168.8	170.8
有机质(g/kg)	12.82	12.58	12.24	12.00	11.74
碱解氮(mg/kg)	79.71	79.83	79.82	79.97	80.33
有效铁(mg/kg)	8.41	8.52	8.76	8.85	8.80
有效铜(mg/kg)	0.496	0.493	0.491	0.493	0.491
有效锰(mg/kg)	6.91	6.85	6.89	6.89	6.85
有效锌(mg/kg)	1.09	1.06	1.03	1.07	1.07

第六节　康县耕地地力分析

一、康县耕层土壤属性

(一)主要土壤养分变化分析

1.土壤全量养分变化

将2006年测土配方施肥土样测试结果与第二次土壤普查报告中耕层土壤有机质进行对比,得到康县土壤全量养分变化表(表2-14-95)。

表2-14-95　康县土壤全量养分变化表

土壤全量养分	第二次土壤普查	2006测土配方施肥	变化值	变化率(%)
有机质(g/kg)	16.200	16.291	0.091	0.56

由表2-14-95可知:耕层土壤有机质含量目前的平均水平为16.291g/kg,与第二次土壤普查相比,有机质含量明显增加,增加了0.091g/kg,变化率为0.56%。

2.土壤速效养分变化

将2006年测土配方施肥土样测试结果与第二次土壤普查报告中土壤速效养分指标进行对比,得到康县土壤速效养分变化(表2-14-96)。

表1-14-96　康县土壤速效养分变化表

土壤养分	第二次土壤普查	2006测土配方施肥	变化值	变化率(%)
碱解氮(mg/kg)	57.00	92.12	35.12	61.61
有效磷(mg/kg)	5.10	11.34	6.24	122.39
速效钾(mg/kg)	83.00	121.45	38.45	46.33

由表2-14-96可知:在统计的耕层土壤碱解氮、速效磷和速效钾三种速效养分中,碱解氮由第二次土壤普查的57mg/kg增至目前的92.12mg/kg,平均增加35.12mg/kg,变化率为61.61%;有效磷由第二次土壤普查的5.10mg/kg,增加到11.34mg/kg,增加值高达6.24mg/kg,变化率达到122.39%,在土壤养分中变化最大;速效钾第二次土壤普查值为83.00mg/kg,目前为121.45mg/kg,平均增加38.45mg/kg,变化率为46.33%。

康县土壤速效养分从第二次土壤普查到目前为止,三种养分含量都有所增加,其中速效钾增加幅度最大,其次是碱解氮,速效磷的变化最小。

(二)主要土壤养分空间分布

基于康县耕地地力评价采样点实际测量数据,利用ArcGIS软件平台,结合普通

Kriging 插值法,获得康县土壤有机质、有效磷、速效钾、碱解氮等养分含量的各等级分布图,从中可以看出研究区中各土壤养分含量的空间分布状况。

1.耕层土壤有机质分布

由康县土壤有机质空间分布可以看出,康县土壤有机质分布为西北部较高,中部、东南部偏低,地带性明显,低山地区含量高。西北部的大堡镇、长坝镇、豆坪乡和望关乡的有机质含量最高,其中部分地区有机质含量达到 20~25g/kg 之间;西北部的大堡镇、长坝镇、豆坪乡和望关乡的有机质含量在 15~20g/kg 之间的地区,其余北方乡镇虽然也有部分有机质含量较高,但面积都很小。

根据甘肃省养分分级标准(主要养分)(表 2-14-97),按照康县有机质含量由低到高对应甘肃省有机质含量为三至六级(表 2-14-98)。可见康县有机质含量低且差异大,属于有机质贫乏地区。

表 2-14-97　甘肃省养分分级标准(主要养分)表

	一级	二级	三级	四级	五级	六级	七级
有机质(g/kg)	>30	30.0~25.0	25.0~20.0	20.0~15.0	15.0~10.0	10.0~6.0	≤6.0
速效钾(mg/kg)	>300	250~300	200~250	150~200	100~150	50~100	≤50
碱解氮(mg/kg)	>300	250~300	200~250	150~200	100~150	50~100	≤50
有效磷(mg/kg)	>40.0	40.0~30.0	30.0~20.0	20.0~15.0	15.0~10.0	10.0~5.0	≤5.0

表 2-14-98　康县有机质等级划分表

甘肃省等级	三级	四级	五级	六级
有机质(g/kg)	25.0~20.0	20.0~15.0	15.0~10.0	10.0~6.0

2.耕层土壤有效磷分布

可以看出康县有效磷含量普遍较低,基本上处于不足 9.58mg/kg 水平段中。含量最高的主要是王坝乡、太石乡等乡镇,有效磷含量处于 26.86~32.62mg/kg 之间,另外王坝乡、大堡镇、太石乡等地有效磷含量也较高,处于 21.10~26.86mg/kg 之间。

根据甘肃省养分分级标准(表 2-14-97),将康县有效磷含量由低到高分成一到五级,对应甘肃省有效磷含量为二到六级(表 2-14-99)。可见康县有效磷含量低且变幅大,属于有效磷缺乏地区。

表 2-14-99　康县有效磷等级划分表

甘肃省等级	二级	三级	四级	五级	六级
有效磷(mg/kg)	40.0~30.0	30.0~20.0	20.0~15.0	15.0~10.0	10.0~5.0

3.耕层土壤速效钾分布

耕层土壤速效钾在康县分布较高，大多数地区的速效钾含量都在102.15~127.98mg/kg之间，且含量大于127.98mg/kg的广泛分布在全县各乡镇，耕层土壤速效钾含量最低的在76~102.15mg/kg之间。

对照甘肃省养分分级标准（表2-14-97），康县速效钾含量由高到低分为五级，分别对应甘肃省的二至六级（表2-14-100）。由此可见康县土壤富含速效钾，但对于喜钾作物和灌区，不应该忽视施用钾肥。

表2-14-100 康县速效钾等级划分表

甘肃省等级	二级	三级	四级	五级	六级
速效钾（mg/kg）	250~300	200~250	150~200	100~150	50~100

4.耕层土壤碱解氮分布

由康县土壤碱解氮空间分布可以看出，康县土壤碱解氮分布西北部较高，中部、东南部偏低，地带性明显，低山地区含量高。西北部的大堡镇、长坝镇、豆坪乡和望关乡的碱解氮含量最高，其中部分地区碱解氮含量达到162.2~201.11mg/kg之间；西北部的大堡镇、长坝镇、豆坪乡和望关乡碱解氮含量在123.42~162.27mg/kg之间，其余北方乡镇虽然也有有机质含量较高的地区，但面积都不大。

根据甘肃省养分分级标准（表2-14-97），按照康县碱解氮含量由低到高对应甘肃省有机质含量为二至六级（表2-14-101）。可见康县有机质含量低且差异大。

表2-14-101 康县碱解氮等级划分

甘肃省等级	二级	三级	四级	五级	六级
速效钾（mg/kg）	250~300	200~250	150~200	100~150	50~100

5.耕层土壤有效铁分布

由康县土壤有效铁空间分布可以看出，康县土壤有效铁含量属于中等情况，大部分处于10.62~15.6mg/kg之间。含量最高的主要是城关镇、大堡镇、长坝镇等地区，有效铁含量处于15.60~18.08mg/kg之间；含量最低的面积较小，主要分布在豆坝、店子、阳坝镇、大南峪乡、云台镇、迷坝乡和望关镇等地，耕层土壤有效铁含量小于10.62mg/kg。

根据甘肃省养分分级标准（微量元素）（表2-14-102），将康县有效铁含量由低到高分成三个等级，对应甘肃省有效铁含量一至三级，即高等、中等和较低（表2-14-103）。由此可见，康县耕层有效铁含量普遍很低，没有极低值，属于铁的适量地区。

表 2-14-102　甘肃省养分分级标准（微量元素）

甘肃省等级	一级	二级	三级	四级	五级
	高	中等	较低	低	极低
有效锌(mg/kg)	>2.00	2.00~1.00	1.00~0.50	0.50~0.30	≤0.30
有效锰(mg/kg)	>15	15.00~9.00	9.00~7.00	7.00~3.00	≤3.00
有效铁(mg/kg)	>15.00	15.00~10.00	10.00~4.50	4.50~2.50	≤2.50
有效铜(mg/kg)	>2.00	2.00–1.00	1.00–0.50	0.50–0.20	≤0.20

表 2-14-103　康县有效铁等级划分

甘肃省等级	一级	二级	三级
	高	中等	较低
有效铁(mg/kg)	>15.00	15.00~10.00	10.00~4.50

6.耕层土壤有效锰分布

由康县土壤有效锰空间分布可以看出，康县有效锰含量较一致，基本上处于5~12mg/kg之间。含量最高的主要是康南和康北南部部分地区，有效锰含量处于10.62~12.50mg/kg之间，康中和康北北部有效锰含量较低，处于10.62mg/kg以下。

根据甘肃省养分分级标准（微量元素）（表2-14-102），将康县有效锰含量由低到高分成3个等级，对应甘肃省有效锰含量二至四级，即中等、较低和低（表2-14-104）。由此可见，康县耕层有效锰含量普遍很低，但极低地区也很少，属于有效锰缺乏地区。

表 2-14-104　康县有效锰等级划分

甘肃省等级	二级	三级	四级
	中等	较低	低
有效锰(mg/kg)	15.00~9.00	9.00~7.00	7.00~3.00

7.耕层土壤有效铜分布

由康县土壤有效铜空间分布可以看出，康县土壤有效铜含量属于中等情况，大部分处于1~2mg/kg之间。含量最高的主要是康南零星地区，有效铜含量处于1.16~1.28mg/kg之间；含量最低的面积也小，零星分布在豆坪乡、大堡镇和望关乡等乡镇，耕层土壤有效铜含量小于0.91mg/kg。

根据甘肃省养分分级标准（微量元素）（表2-14-102），将康县有效铜含量由低到高分成两个等级，对应甘肃省有效铜含量二、三等级，即中等和较低（表2-14-105）。由此可见,康县耕层有效铜含量普遍较低,没有极低值,属于铜的不足地区。

表 2-14-105 康县有效铜等级划分、

甘肃省等级	二级	三级
	中等	较低
有效铜(mg/kg)	2.00~1.00	1.00~0.50

8.耕层土壤有效锌分布

由康县土壤有效锌空间分布可以看出,康县土壤有效锌含量属于较低情况,大部分小于1.02mg/kg之间。含量最高的主要是王坝、寺台乡、平洛镇和太石乡等地区,有效锌含量处于1.26~1.51mg/kg之间。

根据甘肃省养分分级标准(微量元素)(表2-14-102),将康县有效锌含量由低到高分成三个等级,对应甘肃省有效锌含量二、三等级,即中等和较低(表2-14-106)。由此可见,康县耕层有效锌含量普遍较低,没有极低值,属于锌的不足地区。

表 2-14-106 康县有效锌等级划分

甘肃省等级	二级	三级
	中等	较低
有效锌(mg/kg)	2.00~1.00	1.00~0.50

二、康县耕地地力分析

以土壤图与土地利用现状图叠加形成评价单元,应用模糊综合评判方法,通过综合分析,将康县耕地共划分为4个等级,根据评价结合进行耕地地力的系统分析。

(一)耕地地力等级与分布

1.耕地地力等级面积统计

由耕地潜在地力评价模型所得出的康县耕地地力等级图,并以2007年土地变更调查数据为基准,按面积比例进行平差,统计得到康县各耕地地力等级面积。康县耕地总面积为745243.9公顷,各等级耕地面积比例差异较大,三等地面积最大,占到了总耕地面积的74.40%;其次是二等地占到总耕地面积的17.93%;四等地和一等地面积较小,分别占总耕地面积的4.23%和3.44%(表2-14-107)。

表 2-14-107 康县耕地地力评价结果面积统计

等级	一等地	二等地	三等地	四等地	总计
面积(公顷)	30826.4	160547.3	666006.7	27846.9	745243.9
百分比(%)	3.44%	17.93%	74.40%	4.23%	100

2.耕地地力等级的行政区域划分

为了更好地分析康县耕地地力等级的空间分布情况,利用ArcGIS软件将得到的地力等级分布图与康县行政区划图进行叠加,从属性库中按乡镇权属检索统计得出各级耕地在各个乡镇的分布状况(表2-14-108、2-14-109、2-14-110、2-14-111)。

统计结果表明:一等地分布在岸门口镇、城关镇、大堡镇、大南峪乡、豆坝乡、豆坪乡、两河镇、迷坝乡、平洛镇、三河坝乡、寺台乡、太石乡、铜钱乡、王坝乡、望关乡、阳坝镇、云台镇、长坝镇这18个乡镇,其余3个乡镇没有一等地分布;二等地和三等地在全县22个乡镇均有分布,空间覆盖比例较大;四等分布在岸门口镇、城关镇、店子乡、豆坝乡、碾坝乡、平洛镇、王坝乡、阳坝镇这8个乡镇,其余14个乡镇没有分布。

由各等级耕地在不同乡镇所占本级耕地面积比例来看,一等地面积比例较高的是大南峪乡、迷坝乡和长坝镇,分别占一等地面积的19.20%、12.70%和10.41%。大堡镇、豆坪乡、豆坝乡、太石乡、寺台乡、平洛镇、城关镇、王坝乡、阳坝镇、云台镇、铜钱乡、两河镇、岸门口镇、望关乡、三河坝乡也有一等地分布,但面积很小,占本级地面积比例均不到10%。二等地面积比例较高的是豆坪乡和平洛镇,分别占二等地面积的12.60%和10.23%,其余各乡镇二等地面积均不到该等级总面积的10%。三等地在全县各乡镇均有分布,且分布较为均匀,面积比例均在10%以内,面积比例较高的是大南峪乡、阳坝镇、云台镇、豆坪乡、长坝镇、城关镇和三河坝乡,分别占三等地总面积的7.43%、7.21%、6.99%、6.48%、6.33%、5.74%和5.37%,而其余各乡镇分布情况则属于零星分布,比例均达不到5%。四等地面积比例最高的是岸门口镇、碾坝乡、店子乡和城关镇,分别占四等地面积的31.60%、29.03%、11.31%和10.31%,在豆坝乡、王坝乡、平洛镇也有不足10%的分布,而阳坝镇仅有零星分布,仅0.73%。

从各乡镇不同等级耕地所占本乡镇耕地面积比例来看,一等地中占本乡镇耕地比例最大的与占一等地面积比例的排序相当,为豆坝乡、迷坝乡、大南峪乡,但比值有所变化,分别是12.62%、12.29%和11.23%。二等地中占本乡镇耕地面积比例较高的是太石乡、平洛镇和豆坪乡,分别为35.97%、34.98%和30.33%。三等地占本乡镇面积比值均都很大,均大于50%,其中占本乡镇面积比例排序最高的是望关乡、白杨乡、阳坝镇、三河坝乡、铜钱乡、两河镇和城关镇,比例分别是91.84%、87.48%、85.79%、85.55%、82.11%、81.05%和80.83%。四等地中占本乡镇耕地比例最高的是岸门口镇和碾坝乡,比例为25.39%和24.54%。

表 2-14-108 康县各乡镇一等地面积分布情况统计表

乡镇名称	评价单元数（个）	面积（公顷）	占本级耕地面积（%）	占本乡镇耕地面积（%）	占总耕地面积（%）
岸门口镇	4	2671.9	1.24%	0.97%	0.05%
城关镇	7	8034.62	3.72%	3.18%	0.16%
大堡镇	14	19392.05	8.99%	8.20%	0.38%
大南峪乡	22	41444.35	19.20%	11.23%	0.82%
豆坝乡	5	16773.09	7.77%	12.62%	0.33%
豆坪乡	4	17330.74	8.03%	4.47%	0.34%
两河镇	4	2705.27	1.25%	1.38%	0.05%
迷坝乡	8	27416.27	12.70%	12.29%	0.54%
平洛镇	7	10762.79	4.99%	3.94%	0.21%
三河坝乡	2	1314.89	0.61%	0.58%	0.03%
寺台乡	8	11884	5.51%	8.42%	0.23%
太石乡	3	12336.44	5.72%	7.90%	0.24%
铜钱乡	2	3319.04	1.54%	2.16%	0.07%
王坝乡	5	6456	2.99%	3.27%	0.13%
望关乡	1	2261	1.05%	1.82%	0.04%
阳坝镇	7	5112.92	2.37%	1.37%	0.10%
云台镇	5	4117.67	1.91%	1.37%	0.08%
长坝镇	8	22475.76	10.41%	6.06%	0.44%

表 2-14-109 康县各乡镇二等地面积分布情况统计表

乡镇名称	评价单元数（个）	面积（公顷）	占本级耕地面积（%）	占本乡镇耕地面积（%）	占总耕地面积（%）
岸门口镇	12	24005.25	2.57%	8.73%	0.47%
白杨乡	12	27112.16	2.91%	12.52%	0.54%
城关镇	14	17678.75	1.89%	6.99%	0.35%
大堡镇	30	63184.87	6.77%	26.71%	1.25%
大南峪乡	30	61806.78	6.62%	16.75%	1.22%
店子乡	10	36655.27	3.93%	19.25%	0.72%
豆坝乡	7	8317.61	0.89%	6.26%	0.16%
豆坪乡	40	117611.25	12.60%	30.33%	2.32%

续表 2-14-109

乡镇名称	评价单元数（个）	面积（公顷）	占本级耕地面积（%）	占本乡镇耕地面积（%）	占总耕地面积（%）
两河镇	21	34513.46	3.70%	17.57%	0.68%
迷坝乡	22	57069.35	6.12%	25.58%	1.13%
碾坝乡	9	22071.8	2.37%	8.44%	0.44%
平洛镇	24	95439.56	10.23%	34.98%	1.89%
三河坝乡	16	31607.43	3.39%	13.87%	0.62%
寺台乡	19	37005.88	3.97%	26.22%	0.73%
太石乡	15	56197	6.02%	35.97%	1.11%
铜钱乡	12	24134.63	2.59%	15.72%	0.48%
王坝乡	9	20831.93	2.23%	10.56%	0.41%
望关乡	7	7892.79	0.85%	6.34%	0.16%
阳坝镇	14	46189	4.95%	12.41%	0.91%
云台镇	20	58879.11	6.31%	19.52%	1.16%
长坝镇	28	85032.97	9.11%	22.92%	1.68%

表 2-14-110 康县各乡镇三等地面积分布情况统计表

乡镇名称	评价单元数（个）	面积（公顷）	占本级耕地面积（%）	占本乡镇耕地面积（%）	占总耕地面积（%）
岸门口镇	67	178537.95	4.93%	64.91%	3.53%
白杨乡	62	189448.02	4.56%	87.48%	3.74%
城关镇	78	204497.19	5.74%	80.83%	4.04%
大堡镇	63	153956.26	4.64%	65.09%	3.04%
大南峪乡	101	265799.95	7.43%	72.02%	5.25%
店子乡	43	128811.63	3.16%	67.63%	2.55%
豆坝乡	34	87231.9	2.50%	65.64%	1.72%
豆坪乡	88	252845.11	6.48%	65.20%	5.00%
两河镇	51	159183.7	3.75%	81.05%	3.15%
迷坝乡	59	138649.04	4.34%	62.14%	2.74%
碾坝乡	62	175257.67	4.56%	67.02%	3.46%
平洛镇	62	161911.03	4.56%	59.34%	3.20%
三河坝乡	73	194956.61	5.37%	85.55%	3.85%

续表 2-14-110

乡镇名称	评价单元数（个）	面积（公顷）	占本级耕地面积（%）	占本乡镇耕地面积（%）	占总耕地面积（%）
寺台乡	35	92225.49	2.58%	64.35%	1.82%
太石乡	38	87695.1	2.80%	56.13%	1.73%
铜钱乡	48	126045.18	3.53%	82.11%	2.49%
王坝乡	64	157653.7	4.71%	79.94%	3.12%
望关乡	52	114276.19	3.83%	91.84%	2.26%
阳坝镇	98	319356.92	7.21%	85.79%	6.31%
云台镇	95	238658.66	6.99%	79.12%	4.72%
长坝镇	86	263496.77	6.33%	71.02%	5.21%

表 2-14-111 康县各乡镇四等地面积分布情况统计表

乡镇名称	评价单元数（个）	面积（公顷）	占本级耕地面积（%）	占本乡镇耕地面积（%）	占总耕地面积（%）
岸门口镇	18	69831.69	31.60%	25.39%	1.38%
城关镇	8	22785.49	10.31%	9.01%	0.45%
店子乡	7	24998.13	11.31%	13.12%	0.49%
豆坝乡	5	20561.99	9.31%	15.47%	0.41%
碾坝乡	18	64156.31	29.03%	24.54%	1.27%
平洛镇	2	4753.04	2.15%	1.74%	0.09%
王坝乡	3	12274.32	5.55%	6.22%	0.24%
阳坝镇	3	1613.91	0.73%	0.43%	0.03%

（二）耕地地力等级分述

1.一等地的主要属性

康县一等地综合评价指数（IFI）大于 0.8120，共 116 个评价单元，面积为 30826.4 公顷，占总耕地面积的 3.44%。主要土地利用类型旱地。主要土壤类型为耕种河滩新积土和厚层黑黄土。一等地平均有效土层厚度为 120.17cm，耕层土壤 pH 值平均为 7.63，CEC 平均含量为 14.06cmol/kg，有效磷平均含量为 12.92mg/kg，有机质平均含量为 17.56g/kg（表 2-14-112）。

2. 二等地的主要属性

康县二等地综合评价指数（IFI）在 0.7760～0.8120 之间，共 371 个评价单元，耕地面积 160547.3 公顷，占总耕地面积的 17.93%，主要土地利用类型为旱地。康县二等地主要土壤类型为麻黄土和厚层夹石棕黄土。康县二等地主要地貌类型为低山。二等地平均有效土层厚度为 117.26cm，耕层土壤 pH 值平均 7.55，CEC 值平均含量为 14.65cmol/kg，有效磷平均含量为 11.60mg/kg，有机质平均含量 16.72g/kg（表 2-14-112）。

3. 三等地的主要属性

康县三等地综合评价指数（IFI）在 0.6640～0.7760 之间，共 1359 个评价单元，耕地面积 666006.7 公顷，占总耕地面积的 74.40%，是康县最主要的耕地地力等级，主要土地利用类型为旱地。康县三等地主要地貌类型为低山。三等地平均有效土层厚度为 69.58cm，耕层土壤 pH 值平均为 7.53，CEC 值平均含量为 15.03cmol/kg，有效磷平均含量为 11.23mg/kg，有机质平均含量为 16.15g/kg（表 2-14-112）。

4. 四等地的主要属性

康县四等地综合评价指数 IFI 小于 0.6640，共 64 个评价单元，耕地面积 37846.90 公顷，占总耕地面积的 4.23%。四等地土地利用类型为旱地，康县四等耕地主要土壤类型为中层棕壤土、薄层淋溶褐土、钙质石质土和棕壤性土。康县四等地主要地貌类型为中山。四等地平均有效土层厚度为 26.50cm，耕层土壤 pH 值平均为 7.85，CEC 值平均含量为 14.92cmol/kg，有效磷平均含量为 9.45mg/kg，有机质平均含量为 14.57g/kg（表 2-14-112）。

表 2-14-112　康县各等级耕地主要指标平均值

指标	一等地	二等地	三等地	四等地
pH	7.63	7.55	7.53	7.85
CEC(cmol/kg)	14.06	14.65	15.03	14.92
有效磷(mg/kg)	12.92	11.60	11.23	9.45
有机质(g/kg)	17.56	16.72	16.15	14.57
有效土层厚度(cm)	120.17	117.26	69.58	26.50
海拔(m)	1092.13	1215.04	1320.23	1518.54
坡度(°)	15.63	23.71	27.27	31.26

第七节 文县耕地地力分析

一、文县耕层土壤属性

(一)主要土壤养分变化分析

1.土壤主要养分变化

将2008年测土配方施肥土样测试结果与第二次土壤普查报告中主要土壤养分指标进行对比,得到文县主要土壤养分变化表(表2-14-113)。

表2-14-113 文县土壤全量养分变化表

土壤全量养分	第二次土壤普查	2008测土配方施肥	变化值	变化率(%)
有机质(g/kg)	37.5	19.9	-17.6	-46.93
碱解氮(mg/kg)	17.0	78.48	61.48	361.65
有效磷(mg/kg)	7.0	7.67	0.67	9.57
速效钾(mg/kg)	180	155.97	-24.03	-13.35

由表2-14-113可知:耕层土壤有机质含量目前的平均水平为19.9g/kg,与第二次土壤普查数据37.5g/kg相比,有机质明显有所降低,平均降低了17.6g/kg,降低率较大,为46.93%,主要原因是由于大量施用化肥以来,农民重视施用化肥而轻视施用农家肥,造成有机质降低。碱解氮由第二次土壤普查的17.0mg/kg增加到目前的78.48mg/kg,平均增加61.48mg/kg,增幅明显为361.65%。有效磷目前的平均含量为7.67mg/kg,第二次土壤普查值为7.0mg/kg,平均增加0.67mg/kg,变化率较小,可见有效磷增幅不明显,呈现缺磷状态。速效钾平均含量由第二次土壤普查的180mg/kg减少至目前的155.97mg/kg,平均减少24.03mg/kg,变化率为13.35%。

(二)主要土壤养分空间分布

基于文县耕地地力评价采样点实际测量数据,利用ArcGIS软件平台,结合普通Kriging插值法,获得文县土壤有机质、碱解氮、有效磷、速效钾、有效铁、有效铜、有效锰、有效锌和碱解氮等主要养分含量的各等级分布图,从中可以直观地看出研究区中各土壤养分含量的空间分布状况。

1.耕层土壤有机质分布

由文县土壤有机质空间分布可以看出,文县土壤有机质分布为北部、南部等靠近林场保护区的乡镇有机质含量高,中部地区有机质含量较低,分布地带性明显。沿江、河流低阶地比旱坡地、旱地梯田高。北部堡子坝乡、桥头乡部分区域和南部刘家坪乡的有机质含量最高,其中堡子坝乡和刘家坪乡中部有机质含量达到25~30g/kg之间;中部城关镇、尚德镇、西部铁楼乡等乡镇有机质含量低,大约在10~15g/kg。

根据甘肃省养分分级标准(主要养分)(表2-14-114),按照文县有机质含量一、二、三、四级,对应甘肃省有机质含量为二、三、四、五级(表2-14-115),最低六级和七级在文县没有分布,大于30g/kg的甘肃省一级有机质水平在文县没有分布。可见文县有机质含量较高,属于有机质较丰富区,但因有机质空间分布不均,部分区域有机质还是较低,有待进一步提高。

表 2-14-114　甘肃省养分分级标准(主要养分)表

养分名称	一级	二级	三级	四级	五级	六级	七级
有机质(g/kg)	>30	30.0~25.0	25.0~20.0	20.0~15.0	15.0~10.0	10.0~6.0	≤6.0
全氮(g/kg)	>2.00	2.00~1.50	1.50~1.25	1.25~1.0	1.0~0.75	0.75~5.0	≤0.5
速效钾(mg/kg)	>300	250~300	200~250	150~200	100~150	50~100	≤50
缓效钾(mg/kg)	>1200	1200~1000	1000~800	800~600	600~400	400~150	≤150
有效硫(mg/kg)	>40	40~50	30~40	20~30	15~20	10~15	≤10
碱解氮(mg/kg)	>300	250~300	200~250	150~200	100~150	50~100	≤50
有效磷(mg/kg)	>40.0	40.0~30.0	30.0~20.0	20.0~15.0	15.0~10.0	10.0~5.0	≤5.0

表 2-14-115　文县有机质等级划分表

甘肃省等级	二级	三级	四级	五级
有机质(g/kg)	30.0~25.0	25.0~20.0	20.0~15.0	15.0~10.0

2.耕层土壤有效磷分布

由土壤有效磷空间分布可以看出,文县有效磷含量普遍较低,大部分基本处于8.0~11.0mg/kg水平段中。含量最高的主要是南部的丹堡乡、刘家坪乡,有效磷含量处于14.0~17.0mg/kg之间,另外西北部的石鸡坝乡、保护区,东部的临江乡,中部的桥头乡等乡镇有效磷含量也较高,处于11.0~14.0mg/kg之间;中北部堡子坝乡、城关镇,东部尚德镇、玉磊乡等乡镇有效磷含量低,大约在2.0~8.0mg/kg。

根据甘肃省养分分级标准(表2-14-114),将文县有效磷含量分成一、二、三、四级,对应甘肃省有效磷含量为四、五、六、七级（表2-14-116）。可见文县有效磷含量低且变幅大，属于有效磷缺乏地区。

表2-14-116 文县有效磷等级划分表

甘肃省等级	Ⅳ	Ⅴ	Ⅵ	Ⅶ
有效磷(mg/kg)	20.0~15.0	15.0~10.0	10.0~5.0	≤5.0

3.耕层土壤速效钾分布

大多数地区的速效钾含量都在100~150mg/kg之间，且含量小于50mg/kg的速效钾极低区域广泛分布在全县各乡镇；耕层土壤速效钾含量较高在250~300mg/kg之间，大概分布在文县东北部的舍书乡，南部的铁楼乡、保护区和刘家坪乡，以及东部的中庙乡也有部分有机质较高的区域。

对照甘肃省养分分级标准（表2-14-114），文县速效钾含量由高到低分为五级，分别对应甘肃省速效钾级别为二、三、四、五、六级（表2-14-117），省级速效钾最低七级在文县没有分布。

表2-14-117 文县速效钾等级划分表

甘肃省等级	Ⅱ	Ⅲ	Ⅳ	Ⅴ	Ⅵ
速效钾(mg/kg)	250~300	200~250	150~200	100~150	50~100

4.耕层土壤碱解氮分布

大多数地区的碱解氮含量都在80~100mg/kg之间，且含量大于120mg/kg的广泛分布在全县北部、中部和中东部地区，特别是范坝乡、碧口镇、中庙乡、玉磊乡和尚德镇等乡镇碱解氮含量高。文县耕层土壤碱解氮含量最低的在40~60mg/kg之间，大概分布在中西部地区的铁楼乡、石鸡坝乡和桥头乡。

对照甘肃省养分分级标准（表2-14-114），文县碱解氮含量由高到低分为一、二、三级，分别对应甘肃省碱解氮等级为三、四、五级（表2-14-118）。由此可见文县土壤碱解氮含量不高，属于碱解氮欠缺地区。碱解氮含量低，也与氮肥的变异程度较大有关，因此在施肥过程中需密切关注氮肥的变化。

表2-14-118 文县碱解氮等级划分

甘肃省等级	Ⅲ	Ⅳ	Ⅴ
碱解氮(mg/kg)	100~150	50~100	<50

二、文县耕地地力分析

以土壤图与土地利用现状图叠加形成评价单元,应用模糊综合评判方法,通过综合分析,将文县耕地共划分为5个等级,根据评价结合进行耕地地力的系统分析。

(一)耕地地力等级与分布

1.耕地地力等级面积统计

由耕地潜在地力评价模型所得出的文县耕地地力等级,并以2007年土地变更调查数据为基准,按面积比例进行平差,统计得到文县各耕地地力等级面积。

文县耕地总面积为39427.48公顷,三、四等地面积比例差异不大,三等地面积最大,占到了总耕地面积的33.18%;其次是四等地和二等地,分别占到总耕地面积的29.64%和16.63%;一等地面积和五等地面积相当,占总耕地面积的10.30%和10.24%。文县耕地地力等级分布面积具体数据见表2-14-119。

表2-14-119　文县耕地地力评价结果面积统计

等级	一等地	二等地	三等地	四等地	五等地	总计
面积(公顷)	4062.87	6558.15	13081.08	11686.37	4039.01	39427.48
百分比(%)	10.30	16.63	33.18	29.64	10.24	100

2.耕地地力等级的行政区域划分

为了更好地分析文县耕地地力等级的空间分布情况,利用ArcGIS软件将得到的地力等级分布图与文县行政区划图进行叠加,从属性库中按乡镇权属检索统计得各级耕地在各个乡镇的分布状况(表2-14-120、2-14-121、2-14-122、2-14-123、2-14-124)。

统计结果表明:一等地在全县20个乡镇均有分布,包括林场保护区的少许耕地;其中,范坝乡分布最多,面积631.56公顷,占全县总耕地面积的1.60%,占本级耕地面积的15.54%,占本乡镇耕地面积的27.01%;其次是桥头乡,面积533.80公顷,占全县总耕地面积的1.35%,占本级耕地面积的13.14%;一等地面积分布最少的乡镇为口头坝乡,面积8.61公顷,占全县总耕地面积的0.02%,占本级耕地面积的0.21%。二等地在全县20个乡镇均有分布,包括林场保护区的少许耕地;其中,范坝乡分布最多,面积1098.43公顷,占全县总耕地面积的2.79%,占本乡镇面积的46.98%,占本级耕地面积的16.75%;其次是丹堡乡,面积576.64公顷,占全县总耕地面积的1.46%,占本乡镇面积的33.29%;二等地面积分布最少的乡镇为舍书乡,面积12.95公顷,占全县总耕地面积的0.03%,占本级耕地面积的0.20%,占本乡镇耕地面积的2.24%。三等地在全县20个乡镇均有分布,包括林场保护区的少许耕地,分布面积最广;其中,桥头乡分布最多,面积1312.81公顷,占全县总耕地面积的3.33%,占本乡镇面积的30.82%,占本级耕地面积的10.04%;其次是石鸡坝乡,面积1179.08公顷,占全县总耕地面积的2.99%,占本乡镇面积的44.68%,占本级耕地面积的9.01%。四等地在全县20个乡镇均有分布,包括林场保护区的少许耕地;其中,堡子坝乡分布最多,面积2110.48公顷,占全县总耕地面积的5.35%,占本乡镇面积的55.08%,占本级耕地面积的18.06%;其次是桥头乡,面积1690.46公顷,占全县总耕地面积的4.29%,占本乡镇面积的39.68%,占本级耕地面积的14.47%。五等地在19个乡镇有分布,在碧口镇没有分布,在林场保护区有少数分布;其中,堡子坝乡分布最多,面积691.44公顷,占全县总耕地面积的1.75%,占本乡镇面积的18.05%,占本级耕地面积的17.2%;其次是尚德镇,面积556.98公顷,占全县总耕地面积的0.03%,占本乡镇面积的0.58%,占本级耕地面积的0.26%。

表2-14-120 文县各乡镇一等地面积分布情况统计表

乡镇名称	评价单元数（个）	面积（公顷）	占本级耕地面积（%）	占本乡镇耕地面积（%）	占总耕地面积（%）
堡子坝乡	9	87.61	2.16	2.29	0.22
碧口镇	61	176.11	4.33	12.48	0.45
城关镇	54	176.14	4.34	8.73	0.45
丹堡乡	104	390.81	9.62	22.56	0.99
范坝乡	152	631.56	15.54	27.01	1.60
尖山乡	23	169.35	4.17	14.55	0.43
口头坝乡	5	8.61	0.21	0.58	0.02
梨坪乡	5	26.61	0.66	1.30	0.07
林场保护区	9	21.05	0.52	7.78	0.05
临江乡	37	293.50	7.22	16.15	0.74
刘家坪乡	29	126.33	3.11	22.17	0.32
桥头乡	73	533.80	13.14	12.53	1.35
尚德镇	32	128.03	3.15	4.87	0.32
舍书乡	10	66.37	1.63	11.47	0.17
石坊乡	81	345.56	8.51	17.81	0.88
石鸡坝乡	36	197.31	4.86	7.48	0.50
天池乡	20	140.08	3.45	10.15	0.36
铁楼乡	7	24.54	0.60	1.50	0.06
玉垒乡	40	92.71	2.28	7.16	0.24
中庙乡	112	296.47	7.30	15.50	0.75
中寨乡	18	130.31	3.21	5.26	0.33

表 2-14-121　文县各乡镇二等地面积分布情况统计表

乡镇名称	评价单元数（个）	面积（公顷）	占本级耕地面积（%）	占本乡镇耕地面积（%）	占总耕地面积（%）
堡子坝乡	22	140.42	2.14	3.66	0.36
碧口镇	82	370.90	5.66	26.28	0.94
城关镇	64	548.12	8.36	27.18	1.39
丹堡乡	70	576.64	8.79	33.29	1.46
范坝乡	293	1098.43	16.75	46.98	2.79
尖山乡	31	196.75	3.00	16.90	0.50
口头坝乡	22	48.81	0.74	3.28	0.12
梨坪乡	25	177.74	2.71	8.71	0.45
林场保护区	13	37.10	0.57	13.71	0.09
临江乡	76	495.15	7.55	27.25	1.26
刘家坪乡	22	123.20	1.88	21.62	0.31
桥头乡	78	505.35	7.71	11.86	1.28
尚德镇	47	328.64	5.01	12.50	0.83
舍书乡	5	12.95	0.20	2.24	0.03
石坊乡	27	336.84	5.14	17.36	0.85
石鸡坝乡	40	344.02	5.25	13.04	0.87
天池乡	39	155.13	2.37	11.24	0.39
铁楼乡	34	154.92	2.36	9.49	0.39
玉垒乡	110	440.99	6.72	34.05	1.12
中庙乡	90	300.53	4.58	15.71	0.76
中寨乡	23	165.51	2.52	6.68	0.42

表 2-14-122 文县各乡镇三等地面积分布情况统计表

乡镇名称	评价单元数（个）	面积(公顷)	占本级耕地面积(%)	占本乡镇耕地面积(%)	占总耕地面积(%)
堡子坝乡	86	801.46	6.13	20.92	2.03
碧口镇	207	853.25	6.52	60.45	2.16
城关镇	109	692.44	5.29	34.34	1.76
丹堡乡	123	548.96	4.20	31.70	1.39
范坝乡	223	530.59	4.06	22.69	1.35
尖山乡	89	283.11	2.16	24.32	0.72
口头坝乡	141	567.78	4.34	38.11	1.44
梨坪乡	122	991.92	7.58	48.58	2.52
林场保护区	51	132.41	1.01	48.92	0.34
临江乡	101	464.64	3.55	25.57	1.18
刘家坪乡	26	295.72	2.26	51.90	0.75
桥头乡	249	1312.81	10.04	30.82	3.33
尚德镇	142	578.81	4.42	22.02	1.47
舍书乡	45	333.95	2.55	57.71	0.85
石坊乡	69	354.49	2.71	18.27	0.90
石鸡坝乡	130	1179.08	9.01	44.68	2.99
天池乡	75	475.70	3.64	34.47	1.21
铁楼乡	111	528.19	4.04	32.37	1.34
玉垒乡	177	439.59	3.36	33.94	1.11
中庙乡	302	892.89	6.83	46.68	2.26
中寨乡	98	823.27	6.29	33.22	2.09

表 2-14-123　文县各乡镇四等地面积分布情况统计表

乡镇名称	评价单元数（个）	面积（公顷）	占本级耕地面积（%）	占本乡镇耕地面积（%）	占总耕地面积（%）
堡子坝乡	284	2110.48	18.06	55.08	5.35
碧口镇	6	11.33	0.10	0.80	0.03
城关镇	108	514.92	4.41	25.53	1.31
丹堡乡	92	196.96	1.69	11.37	0.50
范坝乡	13	29.62	0.25	1.27	0.08
尖山乡	103	454.28	3.89	39.03	1.15
口头坝乡	174	663.76	5.68	44.55	1.68
梨坪乡	131	639.72	5.47	31.33	1.62
林场保护区	30	73.76	0.63	27.25	0.19
临江乡	118	485.71	4.16	26.73	1.23
刘家坪乡	6	14.01	0.12	2.46	0.04
桥头乡	344	1690.46	14.47	39.68	4.29
尚德镇	288	1036.56	8.87	39.43	2.63
舍书乡	24	142.03	1.22	24.54	0.36
石坊乡	142	665.72	5.70	34.31	1.69
石鸡坝乡	135	609.98	5.22	23.11	1.55
天池乡	72	353.70	3.03	25.63	0.90
铁楼乡	159	678.93	5.81	41.60	1.72
玉垒乡	73	255.63	2.19	19.74	0.65
中庙乡	26	55.91	0.48	2.92	0.14
中寨乡	235	1002.89	8.58	40.47	2.54

表 2-14-124　文县各乡镇五等地面积分布情况统计表

乡镇名称	评价单元数（个）	面积（公顷）	占本级耕地面积（%）	占本乡镇耕地面积（%）	占总耕地面积（%）
堡子坝乡	284	2110.48	18.06	55.08	5.35
碧口镇	6	11.33	0.10	0.80	0.03
城关镇	108	514.92	4.41	25.53	1.31
丹堡乡	92	196.96	1.69	11.37	0.50
范坝乡	13	29.62	0.25	1.27	0.08
尖山乡	103	454.28	3.89	39.03	1.15
口头坝乡	174	663.76	5.68	44.55	1.68
梨坪乡	131	639.72	5.47	31.33	1.62
林场保护区	30	73.76	0.63	27.25	0.19
临江乡	118	485.71	4.16	26.73	1.23
刘家坪乡	6	14.01	0.12	2.46	0.04
桥头乡	344	1690.46	14.47	39.68	4.29
尚德镇	288	1036.56	8.87	39.43	2.63
舍书乡	24	142.03	1.22	24.54	0.36
石坊乡	142	665.72	5.70	34.31	1.69
石鸡坝乡	135	609.98	5.22	23.11	1.55
天池乡	72	353.70	3.03	25.63	0.90
铁楼乡	159	678.93	5.81	41.60	1.72
玉垒乡	73	255.63	2.19	19.74	0.65
中庙乡	26	55.91	0.48	2.92	0.14
中寨乡	235	1002.89	8.58	40.47	2.54

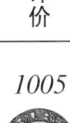

(二)耕地地力等级分述

1.一等地的主要属性

文县一等地综合评价指数(IFI值)大于0.7650,共917个评价单元,面积为4062.87公顷,占总耕地面积的10.30%。主要土地利用类型有水田、水浇地、川旱地和坡旱地等。一等地主要土壤类型为石灰性褐土、林灌棕壤、薄层耕种黄棕壤、麻黄土、砂质潜育型水稻土、河滩新积土、耕种薄层夹石黄土等。文县一等地主要分布在沿白龙江两岸地区、部分低山地区,南部碧口镇一带也有零散分布。地貌类型主要是低山、中山和河流低阶地。一等地平均有效土层厚度为112.86cm,耕层厚度平均21.51cm,耕层土壤pH值平均为8.25,全氮平均含量为0.266g/kg,碱解氮87.10mg/kg,有效磷平均含量为9.00mg/kg,速效钾平均含量为163.72mg/kg,有机质平均含量为19.34g/kg(表2-14-125)。

2.二等地的主要属性

文县二等地综合评价指数(IFI)在0.5750~0.6620之间,共1213个评价单元,耕地面积6558.15公顷,占总耕地面积的16.63%,主要土地利用类型有水田、水浇地、川旱地、旱地梯田和坡旱地。文县二等地主要土壤类型包括石灰性褐土、林灌棕壤、耕种薄层粘盘黄棕壤、耕种薄层夹石黄土、暗棕壤和灌溉黄土等。文县二等地主要地貌类型为低山、中山、高山河流低阶地和河漫滩。二等地平均耕层厚度为22.00cm,有效土层厚度110.75cm,耕层土壤pH值平均为8.25,全氮平均含量为0.270g/kg,有效磷平均含量为8.62mg/kg,速效钾平均含量为162.53mg/kg,有机质平均含量为19.00g/kg(表2-14-125)。

3.三等地的主要属性

文县三等地综合评价指数(IFI)在0.5750~0.6620之间,共2676个评价单元,耕地面积13081.08公顷,占总耕地面积的33.18%,三等地为文县最多的耕作土壤。主要土地利用类型有水田、水浇地、川旱地、旱地梯田和破旱地。文县三等地主要土壤类型包括暗棕壤、耕作薄层黄土、耕作薄层粘盘黄棕壤、黄棕壤、林灌棕壤、石灰性褐土等。文县三等地主要地貌类型为中山、高山、低山、河漫滩、坡地地貌和河流低阶地。三等地有效土层厚度103.83cm,平均耕层厚度为21.15cm,耕层土壤pH值平均为8.26,全氮平均含量为0.248g/kg,有效磷平均含量为8.33mg/kg,速效钾平均含量为157.81mg/kg,有机质平均含量为18.67g/kg(表2-14-125)。

4.四等地的主要属性

文县四等地综合评价指数(IFI)在0.5050~0.5750之间,共有2563个评价单元,耕地面积为11686.37公顷,占总耕地面积的29.64%,是文县较主要的耕地地力等级之一。四等地主要土地利用类型包括水田、水浇地、川旱地、旱地梯田和破旱地。文县四等地主要土壤类型为石灰性褐土、耕种薄层黄土、褐土性土、林灌棕壤、麻黄土、暗棕壤、耕种中性薄层紫色土、耕种灌溉夹石黄土、耕种薄层棕壤、砾石土、黄土性淋溶褐土、耕种薄层棕黄土和黄棕壤等36个土种。四等地主要地貌类型为中山、高山、坡地地貌、低山和河漫滩。四等地平均耕层厚度为19.63cm,有效土层厚度93.66cm,耕层土壤pH值平均为8.27,全氮平均含量为0.280g/kg,有效磷平均含量为8.40mg/kg,速效钾平均含量为157.81mg/kg,有机质平均含量为19.06g/kg(表2-14-125)。

5.五等地的主要属性

文县五等地综合评价指数(IFI)小于0.5050,共1072个评价单元,耕地面积4039.01公顷,占总耕地面积的10.24%,分布不是很多。主要土地利用类型有水田、川旱地和破旱地。文县五等地主要土壤类型有褐土性土、钙质石质土、硅铝质石质土、耕种中性薄层紫色土、钙质粗骨土、生草棕壤、黄土性淋溶褐土、厚层草甸黑土、林灌棕壤、耕种薄层黄土、暗棕壤、砾石土、石灰性褐土、灌溉夹石黄土、耕种薄层砾质黄黑土和棕壤性土等30个土种。文县五等地地貌类型为高山、中山和坡地地貌。五等地平均有效土层厚度66.04cm,平均耕层厚度为14.21cm,耕层土壤pH平均为8.25,全氮平均含量为0.256g/kg,有效磷平均含量为8.15mg/kg,速效钾平均含量为154.81mg/kg,有机质平均含量为18.32g/kg(表2-14-125)。

表2-14-125 文县各等级耕地主要指标平均值

指标	一等地	二等地	三等地	四等地	五等地
海拔(m)	1052.86	1135.30	1292.32	1694.30	1810.40
坡度(°)	19.57	25.04	26.88	25.80	27.35
耕层厚度(cm)	21.51	22.00	21.15	19.63	14.21
有效土层厚度(cm)	112.86	110.75	103.83	93.66	66.04
pH	8.25	8.25	8.26	8.27	8.25
全氮(g/kg)	0.266	0.270	0.248	0.280	0.256
有效磷(mg/kg)	9.00	8.62	8.33	8.40	8.15
速效钾(mg/kg)	163.72	162.53	159.35	157.81	154.81
有机质(g/kg)	19.34	19.00	18.67	19.06	18.32
碱解氮(mg/kg)	87.10	86.61	85.25	82.38	84.29

第八节 宕昌县耕地地力分析

一、宕昌县耕层土壤属性

(一)主要土壤养分变化分析

1.土壤主要养分变化

将2008年测土配方施肥土样测试结果与第二次土壤普查报告中主要土壤养分指标进行对比,得到宕昌县主要土壤养分变化表(表2-14-126)。

表2-14-126 宕昌县主要土壤养分变化表

土壤全量养分	第二次土壤普查	2008测土配方施肥	变化值	变化率(%)
有机质(g/kg)	22.9	12.4	-10.5	-45.85
有效磷(mg/kg)	7.00	20.4	13.4	191.43
速效钾(mg/kg)	184	182.5	-1.5	-0.82

由表2-14-126可知:耕层土壤有机质含量目前的平均水平为12.4g/kg,与第二次土壤普查相比,有机质明显有所降低,平均降低了10.5g/kg,变化率较大,为45.85%,主要原因是由于农民重视施用化肥而轻视施用农家肥,造成土壤有机质降低。有效磷目前的平均含量为20.4g/kg,第二次土壤普查值为7.00g/kg,平均增加13.4g/kg,增幅明显,变化率达到191.43%。速效钾平均含量由第二次土壤普查的184mg/kg减少至目前的182.5mg/kg,平均减少1.5mg/kg,变化率为0.82%。

(二)主要土壤养分空间分布

基于宕昌县耕地地力评价采样点实际测量数据,利用ArcGIS软件平台,结合普通Kriging插值法,获得宕昌县土壤有机质、碱解氮、有效磷、速效钾、有效铁、有效铜、有效锰、有效锌和碱解氮等主要养分含量的各等级分布图,从中可以直观地看出研究区中各土壤养分含量的空间分布状况。

1.耕层土壤有机质分布

由宕昌县土壤有机质空间分布可以看出,宕昌县土壤有机质分布为北部的贾河乡、将台乡兴化乡较高,中部的临江乡、新城子藏族乡有机质含量较高,东部的好梯乡、竹院乡有机质含量较高,南部的沙湾镇、新寨乡有机质含量较高;县内北部、西北部偏低,但地带性不明显;川地、低阶地含量整体比山旱地、坡旱地高。东北部的贾河乡、将台乡的有机质含量最高,其中部分地区有机质含量达到16.5~19.0g/kg之间;南部的沙湾镇、新寨乡也有大面积有机质含量在 14～19.0g/kg 之间的地区,其余各乡镇虽然也有部分有机质含量较高,但面积都很小。

根据甘肃省养分分级标准(主要养分)(表 2-14-127)规范,按照宕昌县有机质含量由低到高对应甘肃省有机质含量级别为四、五、六级,最低有机质分布尚未达到省级最低七级水平,最高有机质含量水平为省级四级水平,省级一、二、三级有机质分布在宕昌县内没有(表 2-14-128)。可见宕昌县有机质含量较低,且差异大,属于有机质较贫乏地区。

表 2-14-127　甘肃省养分分级标准(主要养分)表

养分名称	一级	二级	三级	四级	五级	六级	七级
有机质(g/kg)	>30	30.0～25.0	25.0～20.0	20.0～15.0	15.0～10.0	10.0～6.0	≤6.0
全氮(g/kg)	>2.00	2.00～1.50	1.50～1.25	1.25～1.0	1.0～0.75	0.75～5.0	≤0.5
速效钾(mg/kg)	>300	250～300	200～250	150～200	100～150	50～100	≤50
缓效钾(mg/kg)	>1200	1200～1000	1000～800	800～600	600～400	400～150	≤150
有效硫(mg/kg)	>40	40～50	30～40	20～30	15～20	10～15	≤10
碱解氮(mg/kg)	>300	250～300	200～250	150～200	100～150	50～100	≤50
有效磷(mg/kg)	>40.0	40.0～30.0	30.0～20.0	20.0～15.0	15.0～10.0	10.0～5.0	≤5.0

表 2-14-128　宕昌县有机质等级划分表

甘肃省等级	四级	五级	六级
有机质(g/kg)	19.0～16.5	16.5～11.5	11.5～6.5

2.耕层土壤有效磷分布

由土壤有效磷空间分布可以看出,宕昌县有效磷含量普遍较低,基本上处于 12～18g/kg 水平段中。含量最高的主要是宕昌县东部韩院乡和好梯乡,有效磷含量处于 24～27g/kg 之间;另外北部地区的哈达铺镇部分区域、贾河乡、将台乡,以及中南部地区的官亭镇等乡镇,有效磷含量也较高,处于 21～24g/kg 之间。

根据甘肃省养分分级标准(表 2-14-127),将宕昌县有效磷含量由低到高分成一、二、三等级,对应甘肃省有效磷含量为三、四、五等级(表 2-14-129)。可见宕昌县有效磷含量较低,空间分布不均,东北少数区域高,其他地区低,且变幅大,属于有效磷缺乏地区。

表 2-14-129　宕昌县有效磷等级划分表

甘肃省等级	三级	四级	五级
有效磷(mg/kg)	30.0～20.0	20.0～15.0	15.0～12.0

3.耕层土壤速效钾分布

耕层土壤速效钾在宕昌县分布整体较高,大多数地区的速效钾含量都在200~250mg/kg之间,且含量大于300mg/kg的广泛分布在全县各乡镇,特别是中南部区域的狮子乡、竹院乡、好梯乡、官亭镇、城关镇、贾河乡等乡镇。耕层土壤速效钾含量最低的也在100~150mg/kg之间。

对照甘肃省养分分级标准(表2-14-127),宕昌县速效钾含量由高到低分为一、二、三、四、五级,分别对应甘肃省速效钾养分分级标准的一至五级(表2-14-130)。由此可见宕昌县耕层土壤富含速效钾,属于钾肥丰富区,这于改革开放以来,农民重视钾肥施用和钾肥施用量增加可明显增加作物产量有关,但对于喜钾作物和灌区,不应该忽视施用钾肥;也不能一味重视钾肥施用,忽视测土配方施肥的科学性和重要性。

表2-14-130 宕昌县速效钾等级划分表

甘肃省等级	一级	二级	三级	四级	五级
速效钾(mg/kg)	>300	250~300	200~250	150~200	100~150

4.耕层土壤全氮分布

耕层土壤全氮在宕昌县分布较高的地区有中南部新寨乡、两河口乡、沙湾镇、竹院乡、好梯乡、新城子藏族乡、甘江头乡和城关镇等乡镇,该区域的全氮含量都在1.0~1.2g/kg之间,北部的阿坞乡、庞家乡、木耳乡、哈达铺镇、理川镇等乡镇全氮含量低,在0.4~0.6g/kg。

对照甘肃省主要养分分级标准(表2-14-127),宕昌县全氮含量由高到低分为一、二、三、四级,分别对应甘肃省的四、五、六、七级(表2-14-131)。由此可见宕昌县耕层土壤全氮较缺,属于缺氮区域。但也因为氮肥的变异性较大,数据不稳定,因此,在氮肥的施用过程中要根据具体的情况施肥。

表2-14-131 宕昌县全氮等级划分

甘肃省等级	四级	五级	六级	七级
速效钾(mg/kg)	1.2~1.0	1.0~0.8	0.8~0.6	0.6~0.4

二、宕昌县耕地地力分析

以土壤图与土地利用现状图叠加形成评价单元,应用模糊综合评判方法,通过综合分析,将宕昌县耕地共划分为5个等级,根据评价结合进行耕地地力的系统分析。

(一)耕地地力等级与分布

1.耕地地力等级面积统计

由耕地潜在地力评价模型所得出的宕昌县耕地地力等级，并以2007年土地变更调查数据为基准，按面积比例进行平差，统计得到宕昌县各耕地地力等级面积。

宕昌县耕地总面积为67012.69公顷，一等地面积最小，面积为1354.72公顷，占总耕地面积的2.02%，二、三等耕地面积比例差异不大；二等地面积23597.11公顷，占总耕地面积的35.21%；三等地面积最大，面积为25277.43公顷，占到了总耕地面积的37.72%；其次是四等地和五等地，面积分别为10046.34公顷和6737.09公顷，分别占到总耕地面积的14.99%和10.05%（表2-14-132）。

表2-14-132 宕昌县耕地地力评价结果面积统计

等级	一等地	二等地	三等地	四等地	五等地	总计
面积（公顷）	1354.72	23597.11	25277.43	10046.34	6737.09	67012.69
百分比（%）	2.02	35.21	37.72	14.99	10.05	100

2.耕地地力等级的行政区域划分

为了更好地分析宕昌县耕地地力等级的空间分布情况，利用ArcGIS软件将得到的地力等级分布图与宕昌县行政区划图进行叠加，从属性库中按乡镇权属检索统计得各级耕地在各个乡镇的分布状况（表2-14-133、2-14-134、2-14-135、2-14-136、2-14-137）。

统计结果表明：一等地在全县25个乡镇中只有4个乡镇没有分布，分别是八力乡、车拉乡、将台乡和南河乡，而其余21个乡镇均有一等地分布；二等地在全县25个乡镇均有分布；三等地在全县25个乡镇中均有分布，空间覆盖比例最大。四等地在全县25个乡镇均有分布；五等地在全县25个乡镇也均有分布。因此，各等级土地分布零散，除一等地之外，其余各等级在全县所有乡镇均有分布。

由各等级耕地在不同乡镇所占本级耕地面积比例来看，一等地面积比例较高的是哈达铺镇、沙湾镇和狮子乡，面积分别为203.2公顷、151.22公顷、116.27公顷，分别占一等地面积的15.00%、11.16%和8.58%。竹院乡、新城子藏族乡、庞家乡、两河口乡、官亭镇等乡镇也有一等地分布，但面积很小，占本级地面积比例均不到10%。二等地面积比例较高的是哈达铺镇、阿坞乡和理川镇，面积分别为2955.28公顷、2343.23公顷、1887.71公顷，分别占二等地面积的12.52%、9.93%和8.00%，车拉乡、庞家乡、木耳乡、兴化乡、南阳镇、贾河乡和好梯乡的二等地面积都在1000公顷以上，其余各乡镇二等地面积较少。三等地面积比例较高的是车拉乡、韩院乡和兴化乡，面积分别为2442.02公顷、1935.44公顷、1863.84公顷，分别占三等地面积的9.66%、7.66%和7.37%，南阳镇、竹院乡、好梯乡、甘江头乡、官亭镇、狮子乡和新寨乡的三等地面积都在1000公顷以上，而其余各乡镇分布情况则属于零星分布，比例均达不到5%。四等地分布面积最多的3个乡镇依次是八力乡、沙湾镇和贾河乡，面积分别为975.55公顷、665.81公顷和663.46公顷，分别占四等地面积的9.71%、6.63%和6.60%，甘江头乡、南阳镇和哈达铺镇的四等地分布也较多；而四等地面积最少的三个乡镇为木耳乡、阿坞乡和新城子藏族乡。五等地分布面积最多的3个乡镇依次是狮子乡、沙湾镇和两河口乡，面积分别为979.21公顷、933.42公顷和785.09公顷，分别占五等地面积的14.53%、13.85%和11.65%；庞家乡、官亭镇、八力乡的五等地分布也较多，五等地分布最少的3个乡镇为将台乡、阿坞乡和好梯乡。

从各乡镇不同等级耕地所占本乡镇面积比例来看，一等地中占本乡镇耕地比例最大的3个乡镇为城关镇、沙湾镇和哈达铺镇，分别占本乡镇耕地的5.69%、4.78%和4.54%。二等地中占本乡镇耕地面积比例较高的是木耳乡、阿坞乡、哈达铺镇和理川镇，分别为75.05%、71.76%、66.04%和59.18%，二等地面积占到全乡镇面积的一半以上。三等地中占本乡镇面积比例排序最高的是竹院乡、韩院乡、城关镇和新城子藏族乡，比例分别是68.04%、61.04%、55.85%和54.76%，占到本乡镇耕地面积的一半以上，三等地在本乡镇面积中占有比例最少的是哈达铺镇、八力乡和理川镇。四等地中占本乡镇面积较高的是八力乡、甘江头乡、何家堡乡、理川镇和南河乡，所占本乡镇耕地面积的比例分别为27.56%、27.46%、25.68%、24.80%和24.80%，而最少的3个乡镇为阿坞乡、车拉乡和兴化乡。五等地中占本乡镇比例最大的是两河口乡、沙湾镇和狮子乡，比例占本乡镇耕地面积的38.11%、29.52%和26.85%；而最少的三个乡镇为阿坞乡、车拉乡和好梯乡。

表2-14-133　宕昌县各乡镇一等地面积分布情况统计表

乡镇名称	评价单元数（个）	面积（公顷）	占本级耕地面积（%）	占本乡镇耕地面积（%）	占总耕地面积（%）
阿坞乡	17	90.47	6.68	2.77	0.14
城关镇	22	67.71	5.00	5.69	0.10
甘江头乡	30	55.33	4.08	2.31	0.08
官亭镇	17	8.04	0.59	0.34	0.01
哈达铺镇	39	203.2	15.00	4.54	0.30
韩院乡	70	65.13	4.81	2.05	0.10
好梯乡	56	64.94	4.79	2.24	0.10
何家堡乡	16	34.58	2.55	4.16	0.05

续表 2-14-133

乡镇名称	评价单元数（个）	面积(公顷)	占本级耕地面积(%)	占本乡镇耕地面积(%)	占总耕地面积(%)
贾河乡	3	86.34	6.37	2.86	0.13
理川镇	24	60.77	4.49	1.91	0.09
两河口乡	16	12.63	0.93	0.61	0.02
临江乡	16	26.71	1.97	1.52	0.04
木耳乡	12	32.68	2.41	1.67	0.05
南阳镇	61	85.99	6.35	2.27	0.13
庞家乡	7	5.6	0.41	0.15	0.01
沙湾镇	64	151.22	11.16	4.78	0.23
狮子乡	174	116.27	8.58	3.19	0.17
新城子藏族乡	6	6.89	0.51	0.78	0.01
新寨乡	21	53.26	3.93	2.73	0.08
兴化乡	83	118	8.71	3.41	0.18
竹院乡	33	8.86	0.65	0.35	0.01

表 2-14-134　宕昌县各乡镇二等地面积分布情况统计表

乡镇名称	评价单元数（个）	面积(公顷)	占本级耕地面积(%)	占本乡镇耕地面积(%)	占总耕地面积(%)
阿坞乡	254	2343.23	9.93	71.76	3.50
八力乡	115	1639.33	6.95	46.32	2.45
车拉乡	292	1723.38	7.30	37.56	2.57
城关镇	39	211.87	0.90	17.81	0.32

续表 2-14-134

乡镇名称	评价单元数（个）	面积(公顷)	占本级耕地面积(%)	占本乡镇耕地面积(%)	占总耕地面积(%)
甘江头乡	65	104.37	0.44	4.37	0.16
官亭镇	78	87.26	0.37	3.67	0.13
哈达铺镇	220	2955.28	12.52	66.04	4.41
韩院乡	349	846.21	3.59	26.69	1.26
好梯乡	341	1154.18	4.89	39.89	1.72
何家堡乡	38	132.88	0.56	16.00	0.20
贾河乡	123	1185.14	5.02	39.31	1.77
将台乡	75	961.94	4.08	48.05	1.44
理川镇	155	1887.71	8.00	59.18	2.82
两河口乡	85	109.06	0.46	5.29	0.16
临江乡	102	430.97	1.83	24.58	0.64
木耳乡	142	1465.85	6.21	75.05	2.19
南河乡	26	64.22	0.27	5.00	0.10
南阳镇	217	1226.46	5.20	32.37	1.83
庞家乡	116	1649.64	6.99	45.35	2.46
沙湾镇	122	503.22	2.13	15.92	0.75
狮子乡	666	908.09	3.85	24.90	1.36
新城子藏族乡	39	164.49	0.70	18.72	0.25

续表 2-14-134

乡镇名称	评价单元数（个）	面积(公顷)	占本级耕地面积(%)	占本乡镇耕地面积(%)	占总耕地面积(%)
新寨乡	82	214.08	0.91	10.95	0.32
兴化乡	332	1280.89	5.43	36.99	1.91
竹院乡	220	347.36	1.44	13.89	0.52

表 2-14-135 宕昌县各乡镇三等地面积分布情况统计表

乡镇名称	评价单元数（个）	面积(公顷)	占本级耕地面积(%)	占本乡镇耕地面积(%)	占总耕地面积(%)
阿坞乡	34	714.34	2.83	21.88	1.07
八力乡	42	417.62	1.65	11.80	0.62
车拉乡	429	2442.02	9.66	53.23	3.64
城关镇	130	664.5	2.63	55.85	0.99
甘江头乡	275	1276.54	5.05	53.40	1.90
官亭镇	347	1132.8	4.48	47.59	1.69
哈达铺镇	78	487.34	1.93	10.89	0.73
韩院乡	598	1935.44	7.66	61.04	2.89
好梯乡	473	1475.37	5.84	51.00	2.20
何家堡乡	152	307.01	1.21	36.96	0.46
贾河乡	249	884.23	3.50	29.33	1.32
将台乡	150	864.34	3.42	43.18	1.29
理川镇	49	572.55	2.27	17.95	0.85
两河口乡	353	642.52	2.54	31.19	0.96

续表 2-14-135

乡镇名称	评价单元数（个）	面积（公顷）	占本级耕地面积（%）	占本乡镇耕地面积（%）	占总耕地面积（%）
临江乡	238	836.31	3.31	47.70	1.25
木耳乡	22	252.41	1.00	12.92	0.38
南河乡	178	684.74	2.71	53.31	1.02
南阳镇	386	1815.25	7.18	47.92	2.71
庞家乡	157	825.24	3.26	22.68	1.23
沙湾镇	227	908.07	3.59	28.72	1.36
狮子乡	847	1086.31	4.30	29.78	1.62
新城子藏族乡	80	481.33	1.90	54.76	0.72
新寨乡	294	1005.91	3.98	51.47	1.50
兴化乡	494	1863.84	7.37	53.82	2.78
竹院乡	537	1701.4	6.73	68.04	2.54

表 2-14-136 宕昌县各乡镇四等地面积分布情况统计表

乡镇名称	评价单元数（个）	面积（公顷）	占本级耕地面积（%）	占本乡镇耕地面积（%）	占总耕地面积（%）
阿坞乡	19	116.67	1.16	3.57	0.17
八力乡	60	975.55	9.71	27.56	1.46
车拉乡	81	386.93	3.85	8.43	0.58
城关镇	66	212.77	2.12	17.88	0.32
甘江头乡	143	656.49	6.53	27.46	0.98
官亭镇	245	527.97	5.26	22.18	0.79

续表 2-14-136

乡镇名称	评价单元数（个）	面积(公顷)	占本级耕地面积(%)	占本乡镇耕地面积(%)	占总耕地面积(%)
哈达铺镇	46	585.09	5.82	13.07	0.87
韩院乡	197	261.69	2.60	8.25	0.39
好梯乡	79	181.66	1.81	6.28	0.27
何家堡乡	116	213.32	2.12	25.68	0.32
贾河乡	205	663.46	6.60	22.01	0.99
将台乡	33	173.92	1.73	8.69	0.26
理川镇	40	463.09	4.61	14.52	0.69
两河口乡	234	510.87	5.09	24.80	0.76
临江乡	82	413.68	4.12	23.60	0.62
木耳乡	16	113.24	1.13	5.80	0.17
南河乡	129	318.53	3.17	24.80	0.48
南阳镇	86	628.76	6.26	16.60	0.94
庞家乡	45	478.4	4.76	13.15	0.71
沙湾镇	121	665.81	6.63	21.06	0.99
狮子乡	452	557.67	5.55	15.29	0.83
新城子藏族乡	48	154.19	1.53	17.54	0.23
新寨乡	134	321.34	3.20	16.44	0.48
兴化乡	92	175.09	1.74	5.06	0.26
竹院乡	189	290.15	2.89	11.60	0.43

表 2-14-137 宕昌县各乡镇五等地面积分布情况统计表

乡镇名称	评价单元数（个）	面积(公顷)	占本级耕地面积(%)	占本乡镇耕地面积(%)	占总耕地面积(%)
阿坞乡	2	0.73	0.01	0.02	0.00
八力乡	35	506.82	7.52	14.32	0.76
车拉乡	38	35.77	0.53	0.78	0.05
城关镇	25	33.01	0.49	2.77	0.05
甘江头乡	103	297.59	4.42	12.45	0.44
官亭镇	382	624.29	9.27	26.23	0.93
哈达铺镇	29	244.07	3.62	5.45	0.36
韩院乡	100	62.47	0.93	1.97	0.09
好梯乡	20	16.98	0.25	0.59	0.03
何家堡乡	87	142.77	2.12	17.19	0.21
贾河乡	148	195.38	2.90	6.48	0.29
将台乡	2	1.68	0.02	0.08	0.00
理川镇	27	205.66	3.05	6.45	0.31
两河口乡	593	785.09	11.65	38.11	1.17
临江乡	53	45.47	0.67	2.59	0.07
木耳乡	11	89.01	1.32	4.56	0.13
南河乡	126	217.07	3.22	16.90	0.32
南阳镇	19	32	0.47	0.84	0.05

续表 2-14-137

乡镇名称	评价单元数（个）	面积（公顷）	占本级耕地面积（%）	占本乡镇耕地面积（%）	占总耕地面积（%）
庞家乡	67	679	10.08	18.66	1.01
沙湾镇	472	933.42	13.85	29.52	1.39
狮子乡	862	979.21	14.53	26.85	1.46
新城子藏族乡	27	72.01	1.07	8.19	0.11
新寨乡	257	359.8	5.34	18.41	0.54
兴化乡	17	25.18	0.37	0.73	0.04
竹院乡	111	152.61	2.27	6.10	0.23

（二）耕地地力等级分述

1. 一等地的主要属性

宕昌县一等地综合评价指数（IFI）大于 0.7721，共评价单元 787 个，面积为 1354.72 公顷，占总耕地面积的 2.02%。一等地主要土地利用类型有水浇地和旱地。一等耕地主要土壤类型为暗棕壤、粗骨土、褐土、黑钙土、黑土、红黏土和棕壤等。宕昌县一等地主要分布在沿白龙江、岷江两岸的低山地、川地和河流低阶地区，地貌类型主要是低山和河流低阶地。一等地平均有效土层厚度为 118cm，耕层厚度平均 31.6cm，耕层土壤 pH 值平均为 8.10，全氮平均含量为 0.784g/kg，有效磷平均含量为 20.78mg/kg，速效钾平均含量为 198.90mg/kg，有机质平均含量为 12.67g/kg（表 2-14-138）。

2. 二等地的主要属性

宕昌县二等地综合评价指数（IFI）在 0.7100～0.7721 之间，共 4293 个评价单元，耕地面积 23597.11 公顷，占总耕地面积的 35.21%，主要土地利用类型有水浇地和旱地。宕昌县二等耕地主要土壤类型为黑钙土、褐土、红黏土、暗棕壤和黑土。宕昌县二等地主要地貌类型为低山、中山和部分河流低阶地。二等地平均有效土层厚度为 111cm，耕层厚度平均 29.0cm，耕层土壤 pH 值平均为 8.09，全氮平均含量为 0.760g/kg，有效磷平均含量为 20.74mg/kg，速效钾平均含量为 194.10mg/kg，有机质平均含量为 12.61g/kg；二等地灌溉保证率平均为 9.5%（表 2-14-138）。

3. 三等地的主要属性

宕昌县三等地综合评价指数(IFI)在0.6770~0.7100之间,共6819个评价单元,耕地面积25277.43公顷,占总耕地面积的37.72%,是宕昌县面积最多的耕地。主要土地利用类型有水浇地和旱地。宕昌县三等耕地主要土壤类型有11种,主要包括褐土、红黏土、黑土、粗骨土、新积土、棕壤、暗棕壤、山地草甸土、亚高山草甸土、石质土和黑钙土。宕昌县三等地主要地貌类型为低山、河流低阶地和中山。三等地平均有效土层厚度为113cm,耕层厚度平均32.7cm,耕层土壤pH值平均为8.11,全氮平均含量为0.775g/kg,有效磷平均含量为20.63mg/kg,速效钾平均含量为194.24mg/kg,有机质平均含量为12.27g/kg(表2-14-138)。

4.四等地的主要属性

宕昌县四等地综合评价指数(IFI)在0.6568~0.6770之间,共有2958个评价单元,耕地面积为10046.34公顷,占总耕地面积的14.99%。四等地主要土地利用类型包括水浇地和旱地。宕昌县四等耕地主要土壤类型为褐土、新积土、黑土、棕壤、粗骨土、红黏土、暗棕壤、石质土、黑钙土和山地草甸土。宕昌县四等地主要地貌类型为中山、低山和河流低阶地。四等地平均有效土层厚度为107cm,耕层厚度平均31.9cm,耕层土壤pH值平均为8.11,全氮平均含量为0.760g/kg,有效磷平均含量为20.01mg/kg,速效钾平均含量为189.13mg/kg,有机质平均含量为11.66g/kg;四等地灌溉保证率平均为2.9%(表2-14-138)。

5.五等地的主要属性

宕昌县五等地综合评价指数(IFI)小于0.6568,共有3613个评价单元,耕地面积6737.09公顷,占总耕地面积的10.05%,分布不是很多。主要土地利用类型有水浇地和旱地。宕昌县五等耕地主要土壤类型为暗棕壤、粗骨土、褐土、黑土、红黏土、山地草甸土、石质土、新积土、亚高山草甸土、沼泽土和棕壤共11种类型。宕昌县五等地主要地貌类型为低山、中山和高山。五等地平均有效土层厚度为84cm,耕层厚度平均22.5cm,耕层土壤pH值平均为8.13,全氮平均含量为0.796g/kg,有效磷平均含量为19.97mg/kg,速效钾平均含量为192.98mg/kg,有机质平均含量为11.97g/kg(表2-14-138)。

表2-14-138 宕昌县各等级耕地主要指标平均值

指标	一等地	二等地	三等地	四等地	五等地
≥10° 积温(℃)	2387.56	2109.37	2390.12	2527.17	3003.67
年降水量(mm)	633	633	633	633	633

续表 2-14-138

指标	一等地	二等地	三等地	四等地	五等地
无霜期(d)	153	140	149	154	174
海拔(m)	2290.68	2291.29	2298.39	2281.28	2275.22
坡度(°)	7.65	17.06	21.86	27.27	33.01
耕层厚度(cm)	31.6	29.0	32.7	31.9	22.5
有效土层厚度(cm)	118	111	113	107	84
灌溉保证率(%)	19	9.5	2.1	2.9	0.5
pH	8.10	8.09	8.11	8.11	8.13
全氮(g/kg)	0.784	0.760	0.775	0.760	0.796
有效磷(mg/kg)	20.78	20.74	20.63	20.01	19.97
速效钾(mg/kg)	198.90	194.10	194.24	189.13	192.98
有机质(g/kg)	12.67	12.61	12.27	11.66	11.97

第九节 两当县耕地地力分析

一、两当县耕层土壤属性

土壤养分在空间上有规律的分布形成了养分的空间分布格局。在土壤学中，空间变异性导致空间分布格局的存在，空间分布格局是空间变异性的具体表现。由于土壤养分空间分布格局的传统统计分析方法只能从数量方面反映空间格局，存在较大的缺陷。地统计学方法如 kriging 插值法能够准确、直观地描述土壤各养分在空间上的分布特征，如形状、大小、地理位置等，可以更深入地了解土壤养分的空间分布格局。

基于两当县耕地地力评价采样点实际测量数据，利用 ArcGIS 软件平台，结合普通

Kriging 插值法,获得两当县耕层土壤有机质、有效磷、速效钾、有效锰、有效铁、有效铜、有效锌等养分含量的各等级分布图,从中可以看出研究区中各土壤养分含量的空间分布状况。

1. 耕层土壤有机质含量分布

如图 2-14-1 是两当县耕层土壤有机质空间分布图,由图上可以看出两当县土壤有机质含量地带性较为明显,以左家乡、云屏乡、鸡巴、金洞乡较高,有机质含量在 19~30g/kg 之间,兴化乡、站儿巷镇、西坡镇的有机质含量较低,有机质含量在 9~16g/kg 之间;其余各乡镇虽然也有部分有机质含量较高,但面积都很小。

依据甘肃省养分分级标准(主要养分)(表 2-14-139),两当县耕地耕层有机质含量由低到高对应甘肃省有机质含量为二到六级。通过分级汇总结果可知:两当县绝大多数耕地有机质含量处于三、四两级,其中Ⅲ级面积为 5611.09 公顷,四级面积为 9771.46 公顷。可见两当县耕地耕层有机质含量整体处于中等偏下水平(图 2-14-2)。

表 2-14-139 甘肃省耕层养分分级标准(主要养分)

指标	一级	二级	三级	四级	五级	六级	七级
有机质(g/kg)	>30	30.0~25.0	25.0~20.0	20.0~15.0	15.0~10.0	10.0~6.0	≤6.0
有效磷(mg/kg)	>40.0	40.0~30.0	30.0~20.0	20.0~15.0	15.0~10.0	10.0~5.0	≤5.0
速效钾(mg/kg)	>300	250~300	200~250	150~200	100~150	50~100	≤50
碱解氮(mg/kg)	>300.00	250~300	200.00~250.00	150.00~200.00	100.00~150.00	50.00~100.00	≤50.00

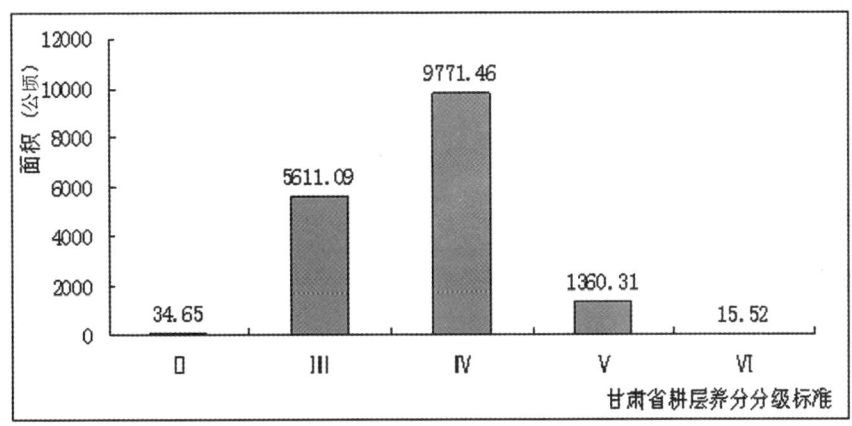

图 2-14-1　两当县耕层土壤有机质含量各等级面积分布图

2.耕层土壤有效磷含量分布

两当县有效磷含量普遍较低，多数处于13～24g/kg水平段中。含量最高的主要是云屏乡的东河村、常饮河村、广金坝村、龙王庙、炉坪村等，有效磷含量处于27～31g/kg之间，其他乡镇有效磷含量水平均较小，且差异不大，多数处于13～24g/kg之间。

根据甘肃省养分分级标准（表2-14-139），两当县有效磷含量基本上对应甘肃省有效磷含量的三级至六级。通过分级汇总结果可知：两当县绝大多数耕地有效磷含量处于三、四、五级，其中三级面积为5611.09公顷，四级面积为9771.46公顷。可见两当县耕地耕层有效磷含量整体处于中等偏下水平。

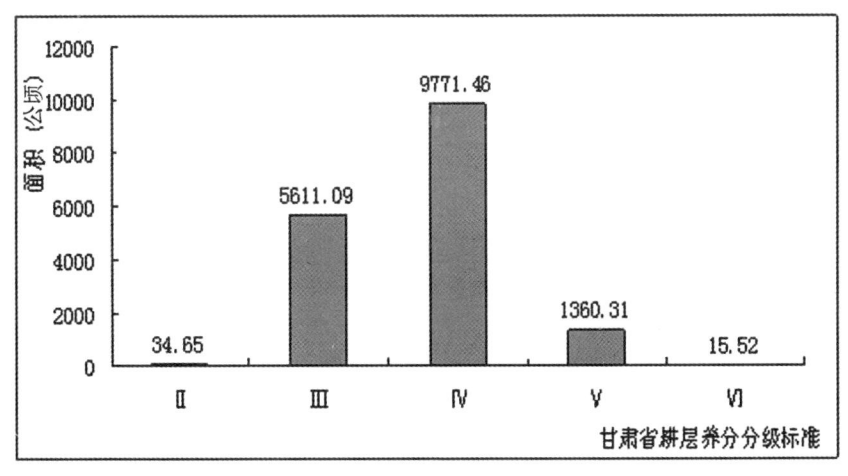

图 2-14-2　两当县耕层土壤有效磷含量各等级面积分布图

3.耕层土壤速效钾含量分布

两当县耕层土壤速效钾含量总体较低，大多数地区的速效钾含量都在160～200mg/kg之间，且含量大于200mg/kg的只有金洞乡、张家乡、鱼池乡的一部分地区，耕层土壤速效钾含量最低的仅有134mg/kg。

对照甘肃省养分分级标准(表2-14-139),两当县耕层土壤速效钾含量由高到低分为3个等级。通过分级汇总结果可知:两当县绝大多数耕地有效磷含量处三、四两级,其中三级面积为2937.81公顷,四级面积为13505.70公顷。可见两当县耕层土壤速效钾含量整体处于中等偏下水平,对于喜钾作物,不应该忽视施用钾肥。

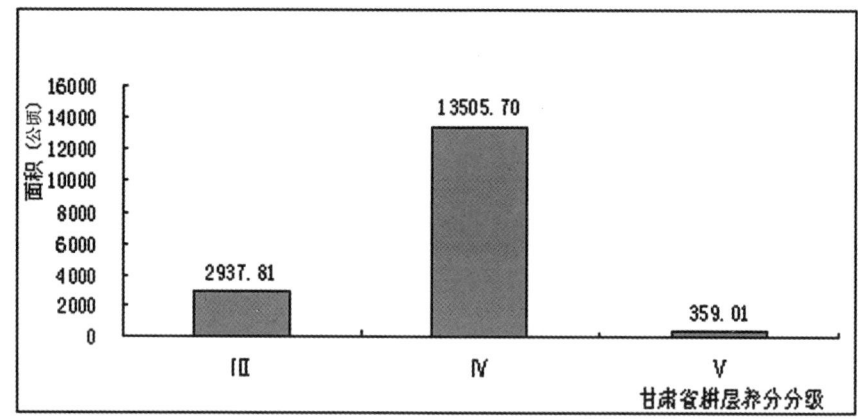

图 2-14-3　两当县耕地土壤耕层速效钾含量各等级面积分布图

4.耕层土壤有效锰分布

两当县有效锰含量属于中等水平,基本上处于10~15mg/kg之间。含量最高的主要是张家乡、云屏乡、西坡镇,有效锰含量处于13~15mg/kg之间。

根据甘肃省养分分级标准(微量元素)(表2-14-140),将两当县耕层土壤有效锰含量由低到高分成5个等级,对应甘肃省有效锰含量一至五级,即高、中等、较低和低、极低5个档次。通过分级汇总结果可知:两当县绝大多数耕地耕层土壤有效锰含量处二、四两级,其中二级面积为14617.71公顷,四级面积为1848.12公顷。可见两当县耕地耕层土壤有效锰含量整体处于中等偏下水平,且分布不均。

表 2-14-140　甘肃省养分分级标准(微量元素)

甘肃省等级	一级	二级	三级	四级	五级
	高	中等	较低	低	极低
有效锰(mg/kg)	>15	15.00~9.00	9.00~7.00	7.00~3.00	≤3.00
有效铁(mg/kg)	>15.00	15.00~10.00	10.00~4.50	4.50~2.50	≤2.50
有效铜(mg/kg)	>2.00	2.00~1.00	1.00~0.50	0.50~0.20	≤0.20
有效锌(mg/kg)	>2.00	2.00~1.00	1.00~0.50	0.50~0.30	≤0.30

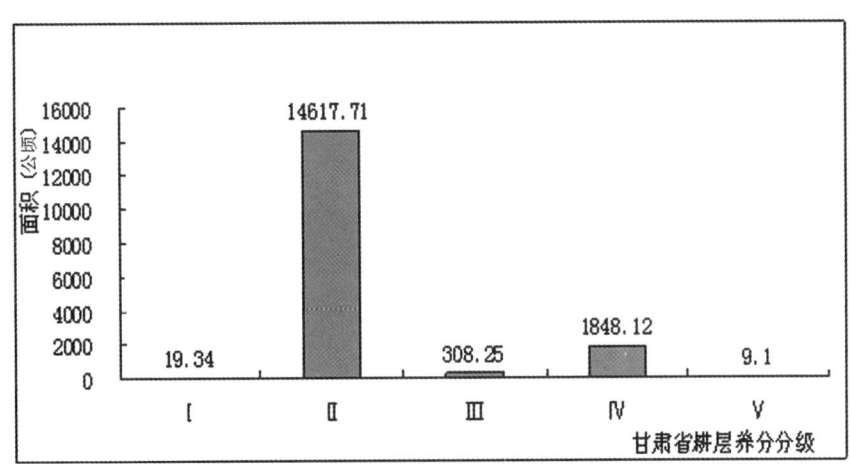

图 2-14-4 两当县耕层土壤有效锰含量各等级面积分布图

5.耕层土壤有效铁分布

两当县耕层土壤有效铁含量差异较大,处于 1.3～9.9mg/kg 之间。含量最高的主要是金洞乡、云屏乡、张家乡,有效铁含量处于 5.7～9.9mg/kg 之间;显龙乡、鱼池乡的有效铁含量最低,基本上处于 1.3～1.7mg/kg 之间。

根据甘肃省养分分级标准(微量元素)(表 2-14-140),将两当县有效铁含量由高到低分成 3 个等级,对应甘肃省有效铁含量三、四、五级,即高等、中等和较低等。通过分级汇总结果可知:两当县绝大多数耕地耕层土壤有效铁含量处于四级,其中三级面积为 3294.17 公顷,四级面积为 11592.21 公顷,五级面积为 1916.14 公顷。可见两当县耕地耕层土壤有效铁含量整体处于中等偏下水平,属于铁的贫乏地区。

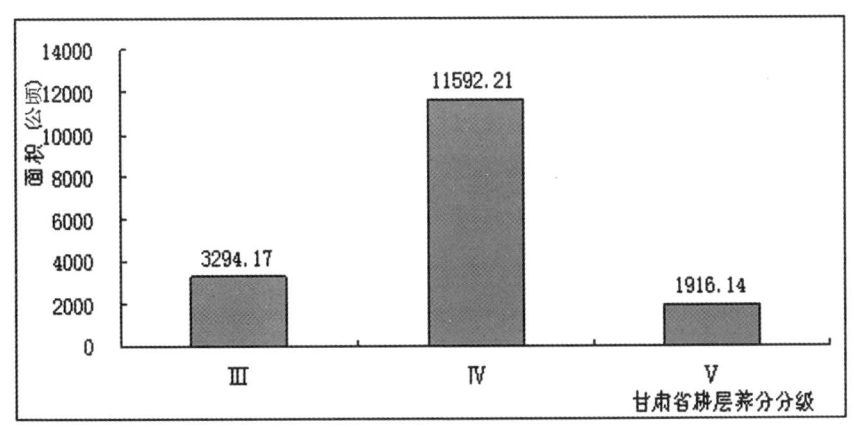

图 2-14-5 两当县耕层土壤有效铁含量各等级面积分布图

6.耕层土壤有效铜分布

两当县耕层土壤有效铜含量属于较低水平,处于 1.14～3.27mg/kg 之间。含量最高的主要是金洞乡、泰山乡、站儿巷镇,有效铜含量处于 3.0mg/kg 以上;显龙乡、鱼池乡、城关镇的耕层土壤有效铜含量处于较低水平,处于1.14~1.17mg/kg之间。

根据甘肃省养分分级标准(微量元素)(表2-14-140),将两当县耕地耕层土壤有效铜含量由高到低分成2个等级,对应甘肃省有效铜含量一、二等级,即高等和中等。通过分级汇总结果可知:两当县绝大多数耕地耕层土壤有效铜含量处于一级,其中一级面积为13634.80公顷,二级面积为3168.34公顷。可见两当县耕地耕层土壤有效铜含量整体处于较高水平。

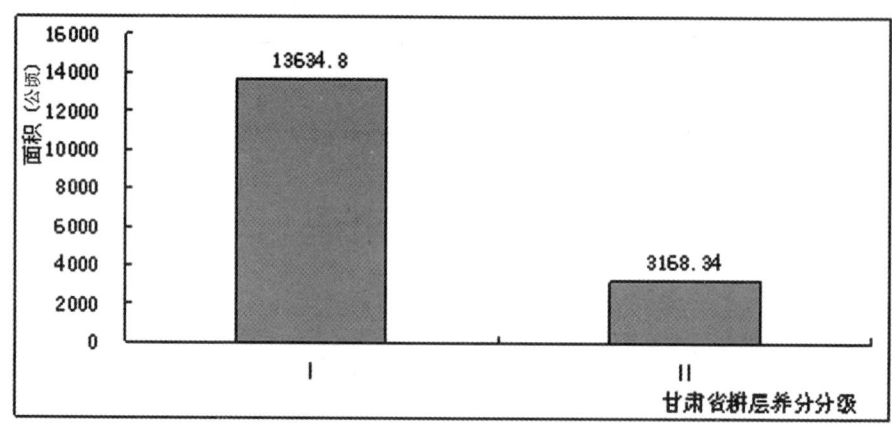

图2-14-6 两当县耕地土壤耕层有效铜含量各等级面积分布图

7.耕层土壤有效锌分布

两当县耕层土壤有效锌含量较高,大部分处于1.5mg/kg以上,含量最高的主要是金洞乡、西坡镇、杨店乡、云屏乡、左家乡的部分地区;有效锌含量较小的区域主要分布在显龙乡、鱼池乡、泰山乡,处于0.35~1.77mg/kg之间。

根据甘肃省养分分级标准(微量元素)(表2-14-140),将两当县耕地耕层土壤有效锌含量由高到低分成5个等级。通过分级汇总结果可知:两当县绝大多数耕地有效锌含量处于一级,其面积达到了14382.71公顷。由此可见,两当县耕层有效锌含量普遍较高,属于锌的富余地区。

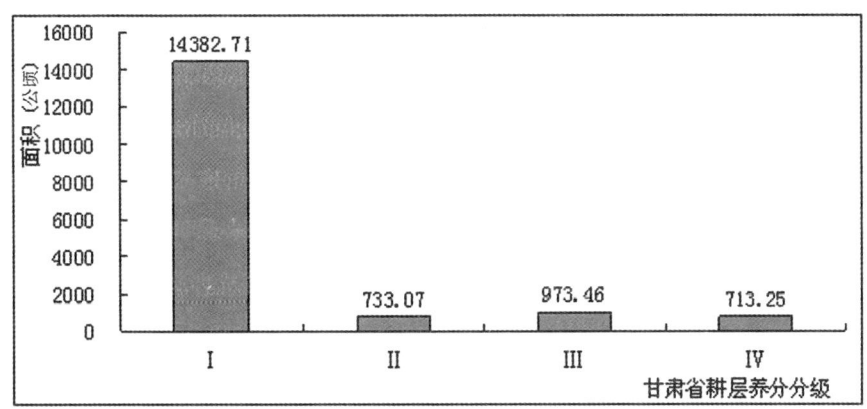

图 2-14-7 两当县耕地土壤耕层有效锌含量各等级面积分布图

二、两当县耕地地力分析

两当县耕地总面积为16802.52公顷,均为旱地,各等级耕地面积比例差异较大,三等地面积最大,占到了总耕地面积的34.55%;其次是二等地和四等地,分别占到总耕地面积的29.57%和20.82%;一等地面积最小,占总耕地面积的15.06%,具体数据见表2-14-141。

表 2-14-141 两当县耕地地力等级及面积统计表

等级	一等地	二等地	三等地	四等地
面积(公顷)	2530.52	4968.46	5804.78	3498.76
占总耕地面积(%)	15.06	29.57	34.55	20.82

(一)一等地

1.土壤分布

两当县共有土壤34种,其中一等耕地分布有13种,主要土壤类型为黄善土、砂土性石灰质褐土、河淀土,面积分别为804.68公顷、501.48公顷、445.87公顷,分别占一等地面积比例为31.80%、19.82%和17.62%,占总耕地面积的4.789%、2.985%和2.654%。其他10种土壤类型所占面积均不超10%,详见表2-14-142。

表 2-14-142 两当县一等地土壤类型分布情况统计表

土壤名称	评价单元数(个)	面积(公顷)	占一等地面积(%)	占总耕地面积(%)
粗骨质始成褐土	7	45.40	1.79	0.270
河淀土	11	445.87	17.62	2.654

续表 2-14-142

土壤名称	评价单元数(个)	面积(公顷)	占一等地面积(%)	占总耕地面积(%)
红土性石灰质褐土	9	225.73	8.92	1.343
黄红砂土	10	125.49	4.96	0.747
黄僵砂土	1	39.62	1.57	0.236
黄砂土	1	0.43	0.02	0.003
黄善土	22	804.68	31.80	4.789
料姜石土	8	97.32	3.85	0.579
砂砾土质典型棕壤	1	17.51	0.69	0.104
砂土性石灰质褐土	5	501.48	19.82	2.985
砂土质典型褐土	1	12.79	0.51	0.076
紫红土	10	213.23	8.43	1.269
棕黄砂土	1	0.97	0.04	0.006
合计	87	2530.52	100.00	15.061

2.主要属性分析

两当县一等地主要分布在河流两岸的河流低阶地上,面积为2530.52公顷,耕层质地主要是中壤和砂壤,面积分别为1845.45公顷和644.48公顷,分别占一等地总面积的25.46%和72.93%。主要质地构型为均质中壤和夹壤砂壤,面积分别为1689.51公顷和501.48公顷,分别占一等耕地总面积的66.77%和19.82%。

一等地土壤剖面构型主要为A11—A12—Btk—Ck、A11—Btk—Ck、A11—A12—B—C构型。坡向主要为东南、南和东北向。≥10℃积温均值为3630.6℃,平均年降水量642.8mm,平均海拔1098.1m,平均坡度16.7°,平均有效土层厚度为65.6cm,耕层土壤有机质平均含量为19.3g/kg,有效磷平均含量为18.7mg/kg、pH值平均为7.2,全氮平均含量为1.0g/kg,速效钾平均含量为189.2mg/kg,碱解氮平均含量为47.9g/kg,有效锰平均含量为9.73mg/kg,有效锌平均含量为2.1mg/kg,有效铜平均含量为2.0mg/kg,有效铁平均含量为

2.9mg/kg。详见表2-14-143。

表2-14-143 两当县各等级耕地主要指标平均值统计表

指标	一等地	二等地	三等地	四等地
≥10℃积温(℃)	3630.6	3622.6	3614.8	3611.4
年降水量(mm)	642.8	657.5	682.2	731.6
海拔(m)	1098.1	1171.2	1234.1	1360.5
坡度(°)	16.7	17.9	22.9	26.2
有效土层厚度	65.6	69.5	57.2	52.6
有机质(g/kg)	19.3	16.6	17.1	19.0
有效磷(mg/kg)	18.7	18.5	18.6	20.4
pH	7.2	7.1	7.2	7.1
全氮(g/kg)	1.0	1.0	1.1	1.2
速效钾(mg/kg)	189.2	183.8	182.1	173.3
碱解氮(g/kg)	47.9	47.0	49.3	53.1
有效锰(mg/kg)	9.7	9.3	11.1	11.6
有效锌(mg/kg)	2.1	1.9	2.4	2.4
有效铜(mg/kg)	2.0	2.1	2.4	2.5
有效铁(mg/kg)	2.9	3.4	4.3	4.9

(二)二等地

1.土壤分布

两当县二等耕地主要土壤类型为黄善土、砂土性石灰质褐土、黄红砂土,面积分别为

1557.27公顷、780.17公顷、606.12公顷。这3种土壤分别占二等地面积的比例为31.34%、15.70%、12.20%。其他20多种土壤在二等地中有零星分布,面积不大,详见表2-14-144。

表2-14-144 两当县二等地主要土壤类型分布情况统计表

土壤名称	评价单元数(个)	面积(公顷)	占二等地面积(%)	占总耕地面积(%)
粗骨质始成褐土	1	11.45	0.23	0.068
河淀土	1	65.73	1.32	0.391
黑潮土	2	1.28	0.03	0.008
黑红土	5	60.48	1.22	0.360
黑黄僵砂土	7	99.32	2.00	0.591
黑黄僵土	1	60.15	1.21	0.358
红砂土	1	77.87	1.57	0.463
红土性石灰质褐土	26	362.4	7.29	2.157
黄红砂土	44	606.12	12.20	3.607
黄红土	1	10.69	0.22	0.064
黄僵砂土	2	13.22	0.27	0.079
黄僵土	3	62.64	1.26	0.373
黄砂土	5	68.78	1.38	0.409
黄善土	50	1557.27	31.34	9.268
黄土性暗色草甸土	1	1.86	0.04	0.011
黄土性石灰质褐土	2	130.53	2.63	0.777
黄土质草甸棕壤	2	20.78	0.42	0.124

续表 2-14-144

土壤名称	评价单元数(个)	面积(公顷)	占二等地面积(%)	占总耕地面积(%)
黄土质典型棕壤	7	31.06	0.63	0.185
料姜石土	38	453.58	9.13	2.699
砂砾土质典型棕壤	1	27.48	0.55	0.164
砂砾质始成褐土	6	38.5	0.77	0.229
砂土性石灰质褐土	22	780.17	15.70	4.643
砂土质典型褐土	2	49.53	1.00	0.295
砂土质淋溶褐土	1	12.17	0.24	0.072
始成棕壤	1	1.48	0.03	0.009
紫红土	19	294.98	5.94	1.756
棕黄土	2	68.94	1.39	0.410
合计	253	4968.46	100.00	29.570

2.主要属性分析

两当县二等地主要地貌类型为丘陵，面积为4512.45公顷，占二等地总面积的90.82%。成土母质主要为黄土母质和残积母质，面积分别为2360.03公顷和1708.8公顷，占二等地总面积的比例分别是47.50%和34.40%。耕层质地以中壤和砂壤为主，占二等耕地总面积的66.74%和28.46%，主要质地构型为均质中壤和夹砂砂壤，面积分别为2481.97公顷和780.17公顷，分别占二等耕地总面积的49.95%和15.70%。

剖面构型主要为A11—A12—Btk—Ck、A11—Btk—Ck、A11—A12—AC—C构型。坡向主要为南和东南、西南向。≥10℃积温均值为3622.6℃,平均年降水量657mm,平均海拔1171.2m,平均坡度17.9°,平均有效土层厚度为69.5cm,耕层土壤有机质平均含量为16.6g/kg,有效磷平均含量为18.5mg/kg、pH值平均为7.1,全氮平均含量为1.0g/kg,速效钾平均含量为183.8mg/kg,碱解氮平均含量为47.0mg/kg,有效锰平均含量为9.3mg/kg,有效锌平均含量为1.9mg/kg,有效铜平均含量为2.1mg/kg,有效铁平均含量为3.4mg/kg。详见表2-14-143。

(三)三等地

1.土壤分布

两当县三等耕地主要土壤类型为山地黄麻土、山地黄绵土、塬地黄麻土以及山地麻土,面积分别为12895.36公顷、4533.87公顷、3366.87公顷、3081.60公顷,这4种土壤类型占三等地面积的比例分别为38.96%、13.70%、10.17%和9.31%,占全县总耕地面积的比例分别为7.49%、2.63%、1.95%和1.78%。其他20多种土壤类型在三等地中也有零星分布,但比例较小。详见表2-14-145。

表2-14-145 两当县三等地主要土壤类型分布情况统计表

土壤名称	评价单元数(个)	面积(公顷)	占三等地面积(%)	占总耕地面积(%)
粗骨质始成褐土	17	265.44	4.57	1.58
黑潮土	23	324.81	5.60	1.93
黑红土	5	14.25	0.25	0.08
黑黄僵砂土	19	198.89	3.43	1.18
黑黄僵土	4	39.27	0.68	0.23
红砂土	2	22.34	0.38	0.13
红土	1	17.72	0.31	0.11
红土性石灰质褐土	10	45	0.78	0.27
黄红砂土	28	169.43	2.92	1.01
黄红土	4	3.14	0.05	0.02
黄僵砂土	29	313.43	5.40	1.87
黄僵土	40	958.23	16.51	5.70

续表 2-14-145

土壤名称	评价单元数(个)	面积(公顷)	占三等地面积(%)	占总耕地面积(%)
黄砂土	2	7.98	0.14	0.05
黄善土	35	353.44	6.09	2.10
黄土性暗色草甸土	2	5.93	0.10	0.04
黄土性石灰质褐土	15	602.86	10.39	3.59
黄土质草甸棕壤	2	9.68	0.17	0.06
黄土质典型棕壤	5	116.65	2.01	0.69
黄土质淋溶褐土	7	39.88	0.69	0.24
料姜石土	10	162.12	2.79	0.96
砂砾土质典型棕壤	4	23.08	0.40	0.14
砂砾质始成褐土	39	674.67	11.62	4.02
砂土性暗色草甸土	1	1.29	0.02	0.01
砂土性石灰质褐土	70	892.46	15.37	5.31
砂土质草甸棕壤	1	2.02	0.03	0.01
砂土质典型褐土	29	395.06	6.81	2.35
砂土质典型棕壤	2	12.29	0.21	0.07
砂土质淋溶褐土	16	118.54	2.04	0.71
始成棕壤	3	9.10	0.16	0.05
紫红土	2	5.78	0.10	0.03
合计	427	5804.78	100.00	34.55

2.主要属性分析

两当县三等地主要地貌类型为丘陵、中山和坡地地貌,丘陵的面积4443.42公顷,占三等地总面积的76.55%,中山和坡地地貌的面积分别是803.51公顷和537.45公顷,分别占三等耕地总面积的2.01%和13.84%。成土母质主要为残积物黄土母质和红土母质,占三等地总面积的比例分别是76.80%、20.93%和1.81%。质地以中壤、砂壤和重黏土为主,占三等耕地总面积的40.17%、19.03%和18.00%。主要质地构型为砂底中壤、壤身黏土,面积分别为1477.06公顷和1322.92公顷,分别占三等地总面积的25.45%和22.79%。

剖面构型主要为A11—A12—Btk—Ck、A11—Btk—Ck和A11—A12—B—C构型。坡向主要为东南和南。≥10℃积温均值为3614.8℃,平均年降水量657mm,平均海拔1234.1m,平均坡度22.9°,平均有效土层厚度为57.2cm,耕层土壤有机质平均含量为17.1g/kg,有效磷平均含量为18.6mg/kg、pH值平均为7.2,全氮平均含量为1.1g/kg,速效钾平均含量为182.1mg/kg,碱解氮平均含量为49.3g/kg,有效锰平均含量为11.1mg/kg,有效锌平均含量为2.4mg/kg,有效铜平均含量为2.4mg/kg,有效铁平均含量为3.3mg/kg。详见表2-14-143。

(四)四等地

1.土壤分布

两当县四等耕地主要土壤类型黄土性石灰质褐土、粗骨质始成褐土、黄土质典型棕壤、黄土质淋溶褐土,面积分别为572.38公顷、379.47公顷、339.72公顷、289.41公顷。这4种土壤类型占四等地面积的比例分别为16.36%、10.85%、.71%和8.27%。其他土壤类型占四等地面积的比例均较小。详见表2-14-146。

表2-14-146 两当县四等地主要土壤类型分布情况统计表

土壤名称	评价单元数(个)	面积(公顷)	占四等地面积(%)	占总耕地面积(%)
粗骨质始成褐土	21	379.47	10.85	2.26
黑潮土	16	66.34	1.90	0.39
黑黄僵砂土	3	10.33	0.30	0.06
黑黄僵土	3	25.7	0.73	0.15
红土	4	15.56	0.44	0.09
红土性石灰质褐土	3	31.55	0.90	0.19

续表 2-14-146

土壤名称	评价单元数(个)	面积(公顷)	占四等地面积(%)	占总耕地面积(%)
黄僵砂土	32	164.49	4.70	0.98
黄僵土	16	196.99	5.63	1.17
黄善土	4	10.92	0.31	0.06
黄土性石灰质褐土	42	572.38	16.36	3.41
黄土质典型褐土	34	187.41	5.36	1.12
黄土质典型棕壤	24	339.72	9.71	2.02
黄土质淋溶褐土	39	289.41	8.27	1.72
砂砾土质典型棕壤	6	48.77	1.39	0.29
砂砾质始成褐土	27	255.99	7.32	1.52
砂土性暗色草甸土	2	21.76	0.62	0.13
砂土性石灰质褐土	24	148.24	4.24	0.88
砂土质典型褐土	26	257.13	7.35	1.53
砂土质典型棕壤	7	21.79	0.62	0.13
砂土质淋溶褐土	26	246.66	7.05	1.47
始成棕壤	12	80.88	2.31	0.48
棕黄砂土	16	127.27	3.64	0.76
合 计	387	3498.76	100.00	20.82

2.主要属性分析

两当县四等地的主要地貌类型为中山和丘陵,它们的面积分别为 2380.85 公顷和

945.3公顷,占四等地面积的68.05%和27.02%,主要成土母质为残积物、黄土母质和冲积物,面积分别为5302.8公顷、3512.7公顷和1182.9公顷,占四等地总面积比例62.59%、31.03%和5.03%。质地以重壤、中壤和中黏土为主,占三等地总面积的40.39%、37.74%和9.41%。主要质地构型为均质重壤和砂底中壤,面积分别为1226.78公顷和1220.13公顷,分别占三等地总面积的35.06%和34.87%。

剖面构型主要为和A11—A12—B—C构型。坡向主要为东南和南。≥10℃积温均值为3611.4℃,平均年降水量731.6mm,平均海拔1360.5m,平均坡度26.2°,平均有效土层厚度为52.6cm,耕层土壤有机质平均含量为19.0g/kg,有效磷平均含量为20.4mg/kg、pH值平均为7.1,全氮平均含量为1.2g/kg,速效钾平均含量为173.3mg/kg,碱解氮平均含量为53.1g/kg,有效锰平均含量为11.6mg/kg,有效锌平均含量为2.4mg/kg,有效铜平均含量为2.5mg/kg,有效铁平均含量为4.9mg/kg。详见表2-14-143。

第三部分

专题报告

专题一　甘肃省玉米种植适宜性分区研究

玉米是世界上三大粮食作物之一,其种植面积和产量仅次于小麦和水稻而位居世界第三位,在中国玉米仅次于水稻居第二位,总产和单产均居粮食作物之首。玉米也是重要的饲料作物,是公认的饲料之王,籽粒和茎叶都是优质饲料,其饲用价值远高于小麦、大麦、燕麦和高粱,在畜禽饲料中占有极其重要的地位。玉米作为发展畜牧业的优质饲料来源,有着广阔的应用前景。玉米同时是重要的工业原料作物,是人类加工利用最多的谷类作物,其深加工产品已超过 3000 种。玉米籽粒、秸秆、穗轴、苞叶等都是重要的工业原料,用玉米可生产降解地膜、降解塑料、液体燃料等。

玉米除南极洲外,世界各地都有种植,分布在南纬 40 度和北纬 50 度之间。主要集中在北半球 7 月等温线在 20℃~27℃、无霜期 140~180 d 的温暖地区。在我国已有 400 多年的种植历史,与其他作物相比,栽培历史最短,发展速度最快。我国的玉米种植面积和总产量均仅次于美国而居世界第二位。玉米单产水平为 4703kg/公顷,超过世界平均水平 4296kg/公顷。玉米已经成为我国仅次于水稻的第二大作物,是我国重要的粮食作物、饲料作物和工业原料作物,在国民经济中占有相当重要的地位。近 20 年,由于管理水平的提高和科技的进步,我国玉米生产发展迅速,种植面积增加了 18.5%,单产水平提高了 33.5%,总产量增加 58.3%。

近年来,随着规模养殖、饲料和玉米淀粉深加工等产业的迅速发展,玉米的需求量日益加大,品质要求不断提高。

第一节　甘肃省玉米产业的发展现状

甘肃省降水分布不均,降雨主要集中在下半年,春季多干旱。通过大力推进结构调整,甘肃通过对旱作区作物的产量水平、作物生长期与自然降水期的吻合度,以及全膜双垄沟播技术、秋雨春用等进行综合分析,突破传统思路,创新地提出了"压夏扩秋"这一调整作物结构的思路,扩大了玉米等秋季作物种植面积。全膜双垄沟播技术具有的增温作用,在面积扩大的同时,也扩大了玉米的种植范围,种植区域从海拔 2000 m 以下延伸到 2400m 左右,由降水量 350 mm 以上区域扩大到 250 mm 以上区域;尤其是环县、会宁、通渭 3 个贫困县,从过去零星玉米种植到玉米种植面积扩大到近百万亩,一跃成为甘肃的粮食生产大县。据统计,通过结构调整及旱作栽培技术的迅速推广,甘肃省玉米种植面积由 2000 年的 46.47 万公顷扩大到 2014 年的 99.8 万公顷。玉米已成为甘肃旱作农业和草食畜牧业发展的主力作物。

一、种植面积稳步上升,区域布局趋于合理

近年来,全省玉米种植面积逐年扩大,2004 年全省玉米种植面积 49.67 万公顷,占全省粮食作物播种面积的 19.6%;玉米总产量 245.03 万 t,占全省粮食总产量的 30.4%。2005 年全省玉米种植面积 50.31 万公顷,占全省粮食作物播种面积的 19.44%;玉米总产量 248.51 万 t,占全省粮食总产量的 29.69%。2014 年全省玉米种植面积达到 99.8 万公顷,占全省粮食作物播种面积的 35.8%;玉米总产量 564.5 万 t,占全省粮食总产量的 48.7%。同时,生产布局趋于合理,形成了不同用途的玉米种植区域。

一是高淀粉玉米种植区。以种植高淀粉玉米品种沈单 10 号、四单 19 号等为主,主要分布在河西走廊的武威、张掖、酒泉、金昌、嘉峪关 5 市和沿黄灌区的兰州市、白银市等地区。

二是优质蛋白饲料玉米及粮饲兼用玉米种植区。以种植优质高蛋白玉米品种临单 230、临单 211、酒泉 283 和青饲玉米品种迪卡 656、迪卡 743 等为主,主要分布在中部及陇东地区。

三是杂交玉米制种区。主要分布在河西走廊的张掖市、武威市、酒泉市、金昌市及沿黄灌区的白银市、陇南市的徽县、庆阳市的宁县及正宁县。

四是鲜食玉米种植区。以种植鲜食型玉米品种中糯 2 号、张糯 2 号、中科糯 2008 及花香糯等为主,主要分布在兰州、白银、金昌、天水、陇南等城市的近郊区。

二、玉米制种产业快速发展

河西走廊区因戈壁沙漠带与绿洲农业带交错,形成了天然的"隔离带",成为"种子生产最佳的理想王国",玉米种子纯度高、发芽率高、商品性好,造就了全国最大的杂交玉米制种基地,供应全国大田用种量 50% 左右的种子。

2013 年,张掖市、临泽县、甘州区、高台县、凉州区、肃州区、永昌县和古浪县等 1 市 7 县(区)被农业部认定为国家级杂交玉米种子生产基地,基地建设和管理提升到国家层面,确立了甘肃省国家级玉米种子基地地位,成为全国现代种业三大核心基地之一。以张掖为主的甘肃省玉米制种产业,在全国的核心地位进一步提高,建成了全国最大、产业化水平最高、最具优势的玉米制种基地。2014 年全省玉米种子生产面积 123 万亩,产种量

4.78亿kg,制种面积和产量分别占全国玉米制种总面积、总产量的42%和48%,占比分别较2013年提高了4%和5%。中国种业54家骨干企业中有41家在甘肃省建立了玉米种子加工中心和生产基地,建成玉米果穗及籽粒烘干线209条,成套加工线90条,种子加工能力6亿kg以上。加工带动增值,全省玉米制种已带动农民增收29亿元,主产区农民人均玉米制种收入达4000元,占农民人均纯收入的70%以上,成为河西走廊产业化程度最高、联系农户最广、农民收入比重最大、农业效益最为显著的支柱产业和"黄金产业"。

三、青贮玉米生产进一步扩大,玉米加工业有了较快发展

随着养殖业的发展,全省青贮饲料专用玉米种植面积呈进一步扩大的趋势,青贮方式也由秸秆青贮向整株青贮发展。目前,全省每年青贮作物秸秆量约250万t,年青贮玉米秸秆量175万t,占年青贮作物秸秆量的70%,其中收获玉米籽粒后青贮的玉米秸秆量为165万t,青贮玉米专用品种整株青贮量10万t;同时,玉米加工业有了较快发展,全省每年用于饲料、淀粉和酿造等方面的玉米加工量达到110万t,其中饲料工业年加工玉米量达到50多万t;全省玉米淀粉产量达到30多万t。

四、科技水平明显提高

据统计,甘肃省14个市(州)87个县(市)中有79个县(区)种植玉米,2014年全省玉米播种面积1497万亩,占农作物播种面积的35.8%,种植面积比1985年增长了2.3倍;玉米制种面积达到123万亩,产种量4.78亿kg,分别占全国玉米制种总面积和总产量的42%和48%。目前,甘肃玉米种植品种以豫玉22号、沈单16号、郑单958、先玉335为主。随着气候变暖和降水条件的改变,各玉米种植区气候生态发生了较明显的变化,对玉米生产产生了有利或不利影响。如温热、温暖区因气温升高,干旱机率增大,导致玉米产量下降;而温和区因生育期间热量增加,积温保证率提高,玉米产量增加,且玉米种植上限抬升,种植范围扩大。目前全省有79个县(区)种植玉米,但由于自然生产条件不一,产量水平差异较大。

从合理开发和利用耕地、气候资源角度出发,研究玉米生长发育及产量形成与气候生态条件的关系,划分甘肃省玉米最佳种植区域,对调整优化农作物种植结构,建设规模化玉米栽培生产和制种基地,振兴全省农业经济具有十分重要的意义。

第二节 玉米主要物候特征及适宜条件分析

一、玉米主要物候特征

研究表明：全省大多数春玉米产区一般在4月中旬播种，5月上旬出苗，7月中下旬抽雄、吐丝，8月中下旬乳熟，陇东南9月上旬、陇东9月中旬、河西9月下旬成熟。陇东南、陇东和河西全生育期天数分别为140~145 d、145~155 d和160~165 d。由于气候生态条件的差异，不同地区玉米生育速度不同。低海拔地区玉米生育速度较快，生长期较短，而海拔较高地区玉米生育速度较慢，生长期较长。如陇南、陇东低海拔地区玉米出苗天数平均为12~16 d，较陇中、河西等高海拔地区少4~9 d，全生育期天数可缩短27 d左右。同一地区不同年份玉米发育期因不同气候年的原因相差也较大。如天水麦积区、武威凉州区多年玉米出苗天数最早与最晚可相差半月之久。夏玉米一般分布在白龙江河谷川坝—康县阳坝托河以东以南海拔850 m以下地区，一般在6月上中旬播种，8月上旬抽雄，10月上旬成熟，全生育期110 d左右。

二、适宜种植条件分析

玉米是高产作物，其在系统发育上要求较高湿度、短日照及较好的水肥条件，具有较强的抗逆性和广泛的适应性。玉米不同产区由于气候生态条件的差异，玉米产量水平和稳产性能很不相同。

(一)热量因子

玉米是喜温作物，整个生育期都要求较高的热量条件。因品种和熟性的不同，热量条件也不尽相同。玉米生物学下限温度和对积温的要求都比较高。据资料分析，玉米播种到出苗下限温度6.5℃~9.3℃，有效积温78.55℃~117.2℃。早熟类型玉米需要≥10℃积温2250℃，变幅范围2100℃~2300℃之间；中熟类型玉米需要≥10℃积温2550℃，变幅范围2700℃~2800℃；晚熟类型玉米需要≥10℃积温2900℃，变幅范围2500℃~3000℃。同时，由于环境因子的影响及其本身的生物学特性的可调性，相同品种的热量指标和生育期长短是有波动的。温度随海拔的递减呈线性相关。低海拔地区温度较高，生长发育速度较快，生育期短，产量较高；高海拔地区温度较低，生长发育较慢，生育期则延长，产量较低。玉米生长阶段最适温度播种至出苗为11℃~16℃，低于零下1℃就受冻害；出苗至抽雄为14℃~20℃，抽雄至吐丝为22℃~26℃，低于17℃不能开花授粉；吐丝至成熟为24℃~28℃，低于12℃或高于24℃都不利于灌浆，16℃为灌浆温度下限。

(二)光照

玉米属短日照作物,日照对玉米产量影响总的趋势是随日照时数的增加而产量提高。玉米群体内光分布越均匀,各层叶片获得的光照越多,群体利用光能的效率也就越高。改善群体内部光分布,是提高光能利用率和产量的有效途径。在玉米生长期间,太阳辐射能均匀投到冠层顶部,由于种植密度等条件差异,使冠层生长及结构不尽相同,使群体对太阳辐射能的截获和利用率存在差异,最终反映在生物产量及经济产量的变化上。群体密度过大,消光系数变小,产量则下降,在生产上一般建议南北行向种植,有利于充分利用太阳能,增强玉米光合作用,增加产量。

(三)水分条件

玉米是需水较多的作物,在年降雨量不足 250 mm 且无灌溉条件的情况下,就没有玉米露地种植。不同生育时期水分胁迫对玉米生长发育均有显著的影响。

1.苗期

干旱使玉米"蹲苗",促进初生根和 1~4 层次生根下扎,增加根量,有利于根系对土壤水份和养分的吸收。

2.孕穗期

干旱对玉米叶片生长和功能有显著影响,叶面积减少即叶片不能充分生长,光合能力、光合速度均下降,气孔阻力增大,叶绿体含量下降。在轻度干旱后恢复供水可以使植株叶片迅速恢复生长和恢复功能。而在重度干旱后,尽管恢复供水也很难使叶片恢复正常生长和功能,甚至会使叶片衰老死亡。干旱对玉米雌穗分化造成严重影响,阻碍雌穗小穗和小花分化增加败育花,减少穗粒数,延迟花柱伸出,提早花柱枯萎。对雄穗分化主要是抑制生长锥生长,阻碍小穗和小花分化甚至会使雄穗花粉失去活力,还可使雄穗抽穗滞后,造成雌雄穗花期不遇,影响授粉。由于此期生殖生长受影响的不可逆转性,既使后期有充足的水分供应,也不能弥补或恢复正常的生育进程。因此,这一阶段干旱对玉米生长影响极大。

3.花粒期

干旱主要影响花粉活力、受精及籽粒灌浆过程。加速根系衰老进程,降低根系吸收活力;叶片光合作用受到影响,合成光合产物减少,有效叶面积指数迅速下降,缩短叶面积指数高峰持续时间,从而使供给籽粒生长发育的养分减少,籽粒灌浆不充分,产量降低。

三、玉米种植分布调查

全膜双垄沟播技术集覆盖抑蒸、垄沟集雨、垄沟种植技术为一体,实现了保墒蓄墒、就地入渗和雨水富集的效果。该技术显著减少了土壤水分的蒸发,尤其是秋覆膜和顶凌覆膜避免了秋冬早春休闲期土壤水分的无效蒸发,又减轻了风蚀和水蚀,保墒增墒效果显著;田间相间的大小垄面是良好的集流面,将微小降雨集流入渗于玉米根部,大大提高了天然降水的利用率;增加了积温,扩大了玉米及中晚熟品种的种植区域;全膜双垄沟播技术集成了雨水叠加入渗、土壤水分覆盖抑蒸和太阳辐射增温三大原理。

甘肃省定西市安定区唐家堡省农科院定西试验站研究表明:全膜双垄沟播能提高玉米苗期至抽雄期以及成熟期 0~25 cm 土壤平均温度 2.5℃左右,增加有效积温 300℃左右,利于玉米早生快发,地温相对稳定,为玉米生长提供较好的温度条件;全膜覆盖后,土壤与大气气流的交换受阻,使玉米生长期间的有效积温增加,促进玉米早熟,可提早成熟 10~15 天,可有效地减轻早霜冻的危害,使玉米的适种海拔提高 500 m 左右,使不能种玉米的地区可以种玉米,从而发挥了品种的生产潜力。

2014 年 5—9 月,项目组对甘肃玉米种植区种植情况及各生态类型区气候及种植制度进行了调查,调查发现:适宜种植晚熟和中晚熟的地区主要分布在陇南、天水、陇东(静宁除外)、白银(不包括会宁)、兰州(不包括榆中、永登)和河西大部;定西、临夏(不包括永靖)等地适宜种植中熟或早熟品种;超早熟品种在甘肃不宜春播。对照 20 世纪 80 年代甘肃玉米种植区划,目前甘肃玉米扩大的种植区集中在两个方面,一是原来基本不种玉米的县区,如古浪(1989 年种植面积为 153.33 公顷)、永登(1985 年种植面积最少,只有 20 公顷)、皋兰、渭源、岷县、通渭、漳县等县区,二是原来就种植玉米,2007 年以来扩大了种植区域的县区,如环县、景泰、靖远、会宁、榆中、安定、陇西、宕昌、静宁、康乐、和政、临夏县等县区。从生态因素看,主要是通过全膜双垄沟播农做措施改进了玉米生产技术,增加了有效积温,同时抑制土壤水分蒸发,提高了水分利用效率,弥补了玉米生产热量和水分不足的难题。

制种玉米、鲜食玉米、粮饲兼用玉米种植区主要分布在以下区域:

制种玉米:主要分布在河西走廊的张掖、武威、酒泉,及沿黄灌区的白银等地区;

高淀粉玉米:分布在河西走廊的武威、张掖、酒泉、金昌、嘉峪关和沿黄灌区的兰州、白银等地区;

鲜食玉米:分布在兰州、白银、金昌、天水、陇南等地区;

粮饲兼用玉米:主要分布在甘肃省中、东部地区,该区为甘肃省玉米种植业发展的重点区域。

第三节　甘肃省玉米适宜性分区评价

为全面、细致地做好本项专题研究,甘肃省农业科学院旱地农业研究所会同甘肃省农业节水与土壤肥料管理总站、甘肃农业大学及兰州大学专家共同组成评议小组,利用1985年第二次土壤普查以及测土配方施肥项目积累的大量土壤资源调查数据以及近30年气候数据,充分考虑现势情况,针对玉米产业发展中的突出问题进行研究。

一、技术路线

本项专题调查研究通过邀请甘肃省农业科学院、甘肃省农业节水与土壤肥料管理总站、甘肃农业大学及兰州大学专家组成专题研究小组,在对甘肃省玉米生产现状及存在问题展开调查研究的基础上,充分利用甘肃省测土配方施肥成果,针对玉米生长的气候生态适应性及种植技术措施,同时摸清甘肃省玉米生产的潜力,提出相应的种植布局规划及优质高效栽培技术措施(图3-1-1)。

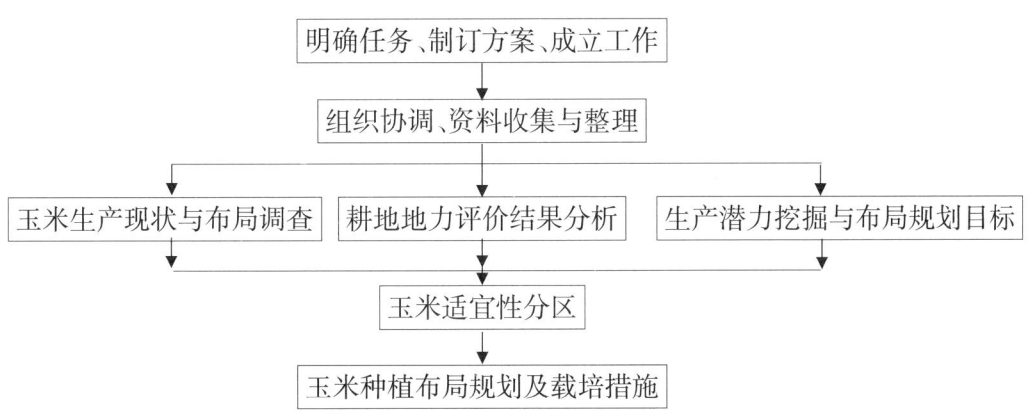

图3-1-1　甘肃省玉米适宜性评价及生产布局研究技术路线

二、甘肃省玉米适宜性评价

(一)评价因子选择及其权重确定方法

在综合考虑玉米适宜条件的基础上,选择对玉米生长适宜性有较大影响,在评价区域内的变异较大,便于划分等级,且具有相对的稳定性和与生产密切相关性等有关参评因子,确定有机质、有效磷、质地构型、有效土层厚度、年降雨量、灌溉保证率、≥10℃积温、坡度、地貌类型、海拔等10项评价指标。

评价因子权重确定采用层次分析模型进行,将甘肃省10个评价指标通过建立层次结构、构造判断矩阵、层次单元排序及其一致性检验、层次总排序及其一致性检验得出各因子的组合权重。

1.建立层次结构

耕地地力为目标层(G层),影响耕地地力的立地条件、物理性状、化学性状为准则层(C层),再把影响准则层中各元素的项目作为指标层(A层),其结构关系,如图3-1-2所示。

2.构建判断矩阵

运用德尔菲法请10名专家比较同一层次各因素对上一层次的相对重要性,给出数量化的评估。

专家们的初步结果经过相应的数学处理后反馈给各位专家,请专家重新修改或确认。经多轮反复形成最终的判断矩阵。

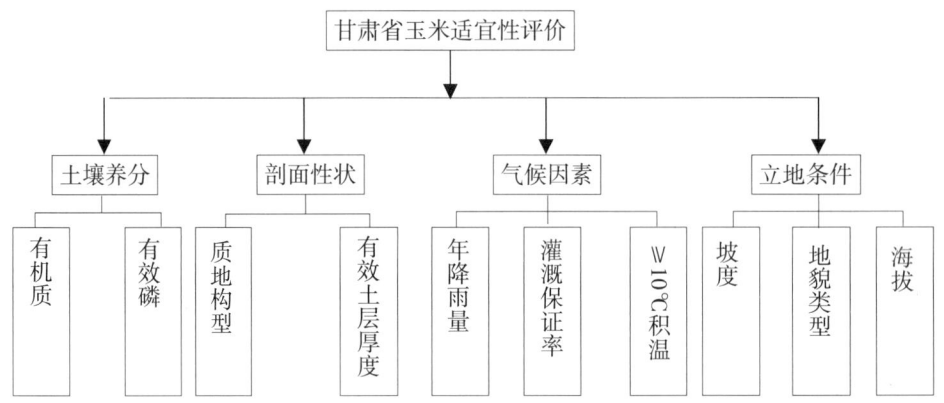

图3-1-2　甘肃省玉米种植适宜性评价因子层次结构

表3-1-1　甘肃玉米种植适宜性目标层判断矩形

玉米适宜性	土壤养分	剖面性状	气候因素	立地条件	权重
土壤养分	1.0000	0.7143	0.3846	0.3333	0.1256
剖面性状	1.4000	1.0000	0.5780	0.5000	0.1821
气候因素	2.6000	1.7300	1.0000	0.8000	0.3145
立地条件	3.0000	2.0000	1.2500	1.0000	0.3778

表3-1-2　土壤养分判断矩形

土壤养分	有机质	有效磷	权重
有机质	1.0000	0.6667	0.4000
有效磷	1.5000	1.0000	0.6000

表 3-1-3　剖面性状判断矩形

剖面性状	质地构型	有效土层厚度	权重
质地构型	1.0000	0.8333	0.4545
有效土层厚度	1.2000	1.0000	0.5455

表 3-1-4　气候因素判断矩形

气候因素	年降雨量	灌溉保证率	≥10℃积温	权重
年降雨量	1.0000	0.5000	0.3333	0.1667
灌溉保证率	2.0000	1.0000	0.6667	0.3333
≥10℃积温	3.0000	1.5000	1.0000	0.5000

表 3-1-5　立地条件判断矩形

立地条件	坡度	地貌类型	海拔	权重
坡度	1.0000	0.8333	0.4000	0.2210
地貌类型	1.2000	1.0000	0.7692	0.3097
海拔	2.5000	1.3000	1.0000	0.4693

3.层次分析结果

通过求各判断矩阵的特征向量就可以得到准则层和指标层的权重系数,这样就可以求得每个评价指标对耕地地力的组合权重,即每个指标对相应准则层的权重系数乘以准则层对耕地地力的权重系数,如表 3-1-6 所示。

表 3-1-6　甘肃省玉米适宜性分析层次分析最终结果表

指标名称	指标权重
有机质	0.0503
有效磷	0.0754
质地构型	0.0828
有效土层厚	0.0993
年降雨量	0.0524
灌溉保证率	0.1048
≥10℃积温	0.1572
坡度	0.0835
地貌类型	0.1170
海拔	0.1773

由表3-1-6可知，各评价因子对甘肃省玉米适宜性的影响程度从大到小依次为：海拔、≥10℃积温、地貌类型、灌溉保证率、有效土层厚度、坡度、质地构型、有效磷、年降雨量、有机质。

4.确定各评价因子的隶属度

用德尔菲法，根据一组分布均匀的实测值，评估出对应的一组隶属度，然后在计算机中绘制这两组数值的散点图，再根据散点图进行曲线模拟，寻求参评因素实际值与隶属度关系方程，从而建立起隶属函数。根据定量指标的隶属函数和定性指标的隶属度，在省级耕地资源管理信息系统中，建立甘肃省玉米适宜性评价隶属函数模型；对于评价指标体系中地貌类型、质地构型等概念性指标隶属度的确定不需要建立隶属函数，由专家依据这些指标对适宜性分布的影响直接评分确定隶属度（表3-1-7、3-1-8、3-1-9、3-1-10）。

表3-1-7 甘肃省玉米适宜性评价数值型指标隶属函数模型

指标名称	函数类型	函数模型	a值	b值	c值
≥10℃积温	正直线型	y=b+a*u	0.000280	−0.064087	
有机质	戒上型	y=1/(1+a*(u−c)^2)	0.001697		38.22
有效磷	戒上型	Y=1/(1+a*(u−c)^2)	0.001871		37.272
海拔	负直线型	y=b−a*u	0.000233	1.113825	
坡度	负直线型	y=b−a*u	0.018448	0.953091	
有效土层厚	正直线型	y=b+a*u	0.004545	0.188881	
年降雨量	正直线型	y=b+a*u	0.001064	0.168569	

表3-1-8 灌溉保证率的隶属度

灌溉保证率	30	70	80	90
隶属度	0.3	0.6	0.85	0.96

表3-1-9 地貌类型的隶属度

地貌类型	高山	中山	低山	平原	丘陵	黄土塬
隶属度	0.20	0.40	0.60	0.90	0.567	0.850

表3-1-10 土壤质地构型隶属度

质地构型	海绵型	薄层型	上松下紧型	下松上紧型	松散型	紧实型
隶属度	0.8	0.3	0.75	0.5	0.4	0.4

(二)玉米生产耕地地力适宜性评价及其结果

通过建立的甘肃省玉米种植适宜性评价的层次分析模型和隶属函数模型,关联甘肃省耕地资源管理单元的属性数据,借助省级耕地资源管理信息系统对甘肃省内所有耕地进行玉米种植适宜性评价,采用累积曲线分级法来划分甘肃省玉米种植适宜性评价等级。

利用指数法将参评因子的隶属度值进行加权组合得到每个评价单元的综合评价分值(IFI)。

IFI 值的计算方法采用参数法,具体表达如下:

$$IFI = b_1x_1 + b_2x_2 + \cdots\cdots + b_nx_n$$

式中:IFI = 作物适宜性指数

X_i = 耕地自然属性(参评因素)

b_i = 该属性对作物适宜性的贡献率

IFI 值是作物适宜性指数,反映全部因子综合作用下对评价作物适宜性的影响程度,其大小决定了作物适宜性等级的高低。

在划分等级过程中,考虑到评价结果部分与当地实际情况不符,将第一轮评价结果返回当地专家,在当地专家经验指导下,经过不断调试,设置各等级起始分值,确定将甘肃省玉米种植适宜性评价定为 4 个等级(图 3-1-3)。

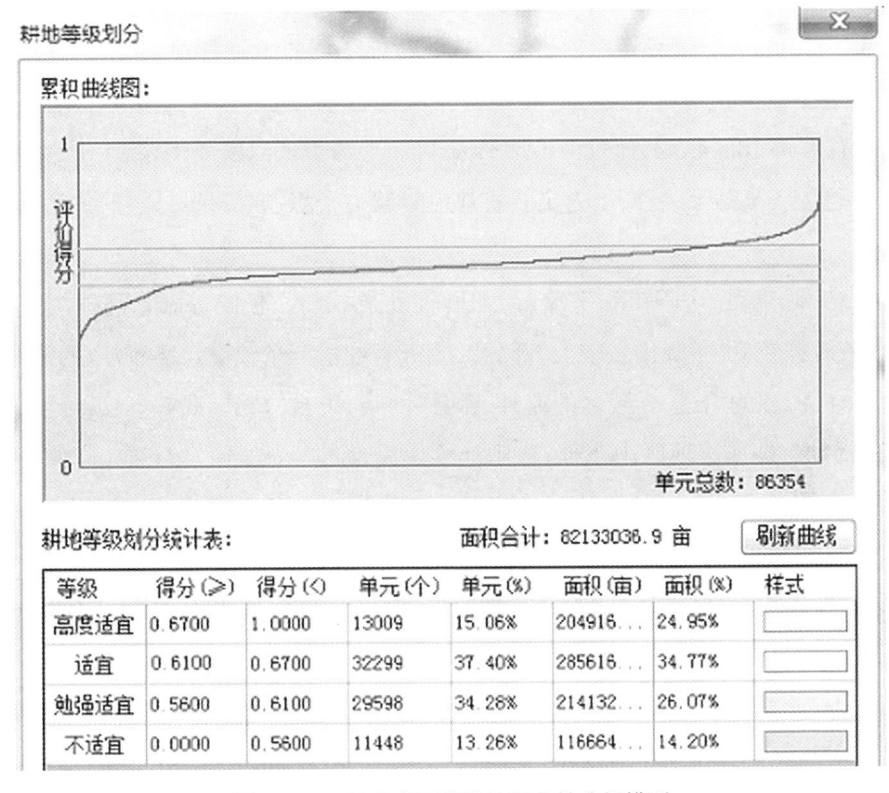

图 3-1-3 甘肃省玉米种植适宜性分级模型

1.高度适宜种植玉米的区域

主要分布在武威、张掖、酒泉、金昌等河西地区的大部分地区,白银市的靖远县、平川区、白银区等沿黄灌区,以及兰州市、庆阳市、天水市、陇南市、嘉峪关市、定西市、临夏州的部分区域高度适宜种植玉米的区域面积为1349856.81公顷,占全省耕地总面积的24.95%。该区域地势较为平坦,光热资源丰富,平均产量在12000~15000 kg/公顷,是全省玉米高产区。

对于河西绿洲农业区和沿黄灌区,具有良好的灌溉条件,以≥10℃积温作为玉米种植的主要指标,影响产量关键气候因子为玉米抽雄、吐丝期(7月中下旬)和灌浆后期(9月上中旬)气温。瓜州东部、金塔县、高台县、民勤县、武威市北部区域,海拔1200~1400m,光热资源丰富,≥10℃积温2800℃~3500℃,抽雄、吐丝期气温适宜为22℃~24℃,灌浆后期气温为15℃~18℃,籽粒灌浆速度快,灌浆充分,适宜栽培晚熟和中晚熟玉米品种,平均产量在10500~15000 kg/公顷,是河西乃至全省玉米高产区。该区域土壤有机质平均含量11.03g/kg,全氮0.48g/kg,有效磷18.45mg/kg,速效钾144.15mg/kg。土壤类型以灌漠土、棕漠土、风沙土、灰棕漠土为主。耕地地势平坦,灌溉条件能满足玉米生育期需水,为全省制种玉米主要分布区。

玉门市、嘉峪关市、酒泉市、临泽县、甘州区、永昌县、武威市以及中部的景泰县、靖远县、白银市、兰州市等沿黄灌区,海拔1400~1600m,光热较丰富,≥10℃积温2850℃~3100℃,抽雄、吐丝期气温适宜,灌浆后期气温略低于河西绿洲种植区,适合种植中晚熟品种,产量在9000~15000kg/公顷。该区域土壤有机质平均含量11.39g/kg,全氮0.70g/kg,有效磷18.5mg/kg,速效钾147.35mg/kg。土壤类型以灌漠土、棕漠土、风沙土、灰棕漠土、灰漠土、灰钙土、灌淤土为主。耕地地势较为平坦,灌溉条件较好,为全省制种玉米分布区。

天水市、陇南市、庆阳市和平凉市,地形较复杂,塬区、丘陵、高山、河谷川道均有分布,该区域海拔较低、年降雨量较大,部分区域玉米种植产量较高。嘉陵江、西汉水、渭河上游、白龙江流域的川道、丘陵区的成县、徽县、两当、康县、文县、武都等县;泾河、马莲河流域的川台地,即平凉地区中东部、庆阳地区中南部的华池、正宁、宁县、合水、西峰、庆城、崆峒区、泾川、崇信、灵台等县,海拔1200 m以下,≥10℃积温在3000℃以上,热量丰富,玉米全生育期降水量430 mm以上,抽雄、吐丝期平均气温大于22℃,气温高、蒸发大,干旱时有发生,适宜中晚熟、晚熟品种栽培,为春夏玉米兼种区,产量在9000kg/公顷左右。该区域土壤有机质平均含量13.8g/kg,全氮0.78g/kg,有效磷15.6mg/kg,速效钾181.71mg/kg。土壤类型以黑垆土、黄绵土、褐土、黑土、红黏土、灰褐土为主。该区域高度适宜种植的耕地主要分布在川道区域,耕地具有一定的坡度,但小于8度,具有一定的灌溉条件,产量较高,适宜玉米种植。

2.适宜种植玉米的区域：

适宜种植玉米的区域主要分布在庆阳市、平凉市、白银市、陇南市、天水市等区域。适宜种植的区域面积为1881450.63公顷，占全省耕地总面积的34.77%。

敦煌、瓜州西部、玉门的花海、金塔的东北部，海拔≤1200 m以下，≥10℃积温大于3000℃，但积温的有效性不高，玉米抽雄、吐丝期气温较适温高2℃~4℃，高温、干热风危害较重；玉门、酒泉、张掖、永昌、武威等地的沿山地带，以及永登、皋兰等的地海拔1400~2000 m地区，≥10℃积温2000℃~2900℃。该区域土壤有机质平均含量17.02g/kg，全氮0.97g/kg，有效磷20.6mg/kg，速效钾180.47mg/kg。土壤养分含量较高，土壤类型以灌漠土、棕漠土、风沙土、灰棕漠土为主。抽雄、吐丝期和灌浆后期气温均略低于适温，对籽粒数、粒重都有不利影响。该区域积温较高，适合中早熟品种栽培，产量一般在7500~10000kg/公顷。

温和半湿润区的西和、礼县、宁县、镇原、庆城、华池、正宁、合水、西峰、华亭、崆峒区、崇信县、灵台县、泾川县、庄浪县、静宁县、清水县、天水县、武山县、甘谷县、舟曲县等地的海拔700~1900m地区，≥10℃积温2700℃~3500℃，适合中熟、中晚熟品种栽培。该区域土壤有机质平均含量13.01g/kg，全氮0.73g/kg，有效磷15.5mg/kg，速效钾169.94mg/kg。土壤类型以黑垆土、黄绵土、褐土、黑土、红粘土、灰褐土、灰钙土、棕壤为主。该区域平均海拔1498 m，坡度10度左右。玉米全生育期降水量400~550 mm，抽雄、吐丝期平均气温在20℃~22℃，产量在7000~9000kg/公顷。

3.勉强适宜种植玉米的区域

勉强适宜种植区包括古浪县中北部和酒泉市西南部、张掖市、山丹县、永昌县、武威南部沿山一带的海拔1500~2200 m地区。勉强适宜种植的区域面积为1410562.64公顷，占全省耕地总面积的26.07%。该区域热量条件基本满足早熟品种要求，≥10℃积温2000℃~2800℃，灌浆期气温较适宜温度低，灌浆不充分，成熟度较差，产量小于7500kg/公顷。

陇南市宕昌县、天水市张家川，定西市安定区、通渭县、临洮县、陇西县、渭源县，平凉市的崆峒区、华亭市、庄浪县、静宁县，庆阳市的西峰区、环县、镇原县，临夏回族自治州的临夏县、康乐县、永靖县、广河县，以及白银市的会宁、兰州市的榆中县等海拔在1000~2400m的地区。该区域≥10℃积温在1800℃~3000℃，全生育期降水量300~500 mm，属半干旱气候区，玉米拔节、抽雄、吐丝需水关键期降水不足，"卡脖旱"严重。单产水平在5500~7500kg/公顷。

4.不适宜种植玉米的区域

不适宜种植区主要分布在武威市的古浪县南部山区、天祝县，张掖市的肃南裕固族自治县、民乐县，定西市的漳县、岷县，临夏州南部山区及甘南州大部分县市。不适宜种植

表 3-1-11　甘肃省各市州玉米种植适宜性划分及其面积

单位：公顷,%

市州名称	高度适宜	占本等地比例	适宜	占本等地比例	勉强适宜	占本等地比例	不适宜	占本等地比例	总计
武威市	258393.15	19.14	58539.68	3.11	31888.87	2.26	138182.84	17.98	487004.54
庆阳市	233587.79	17.30	354841.62	18.86	285100.90	20.21	0.00	0.00	873530.31
酒泉市	195331.08	14.47	17178.45	0.91	1315.83	0.09	677.68	0.09	214503.04
张掖市	184278.33	13.65	67553.83	3.59	35136.73	2.49	53950.53	7.02	340919.42
平凉市	128092.64	9.49	255588.45	13.58	80778.71	5.73	987.51	0.13	465447.31
兰州市	79491.30	5.89	109733.92	5.83	63908.29	4.53	64587.79	8.40	317721.30
白银市	74850.58	5.55	214384.72	11.39	218530.56	15.49	35116.83	4.57	542882.69
陇南市	65828.60	4.88	317707.69	16.89	162786.11	11.54	58034.05	7.55	604356.45
金昌市	58252.69	4.32	18899.65	1.00	4853.93	0.34	408.87	0.05	82415.14
天水市	57401.78	4.25	374346.36	19.90	68283.28	4.84	4958.57	0.65	504989.99
嘉峪关	5906.35	0.44	232.36	0.01	185.16	0.01	0.00	0.00	6323.87
定西市	5190.88	0.38	57852.43	3.07	340556.45	24.14	207411.23	26.99	611010.99
临夏州	3251.64	0.24	28476.66	1.51	92779.03	6.58	93522.47	12.17	218029.80
甘南州	0.00	0.00	6114.81	0.33	24458.79	1.73	110671.77	14.40	141245.37
总计	1349856.81	100.00	1881450.63	100.00	1410562.64	100.00	768510.14	100.00	5410380.22

的区域面积为768510.14公顷，占全省耕地总面积的14.20%。该区域≥10℃积温在2500℃以下，海拔在2400 m以上，属温凉半干旱气候区或温凉湿润气区候，热量和水分条件差，玉米不能正常成熟。

第四节 甘肃省玉米产业发展的影响因素分析

一、农业机械化水平较低

甘肃省玉米机收率12.8%，与全国平均水平差27.2%。全膜双垄沟播玉米机收水平更是不足1%，基本处于空白状态，收获还是以人工为主，机收是全膜双垄沟播玉米机械化生产乃至粮食生产中最突出、最薄弱的环节，也是提升农机化水平的一个主要瓶颈。

甘肃省玉米种植有制种、全膜双垄沟播、大田等3种种植模式，每种模式农艺要求又千差万别，没有一种机具能适合3种模式，机械化举步为艰。甘肃农业生产经营规模偏小，一家一户经营土地，分割过于细碎，且不连片，不便于规模化作业。全国通用的玉米联合收获机体积大，自走式玉米联合收获机往往长9 m多、宽3 m多，在小地块作业困难，大多数机手不喜欢收获小块玉米地，而且小块地掉头多、倒车多、油耗大、费用高、效益差。这从根本上制约了玉米机收的效率，导致作业收费相对偏高。

二、施肥结构不够合理，农田养分失衡

农民不重视有机肥施用，很少使用中微量元素肥，比较注重使用氮、磷、钾肥，但使用比例不合理，且盲目施肥，过量使用氮肥。重基肥轻追肥，相当数量的农民施肥采取"一炮轰"，根本不追肥的办法。在施肥方法上浅施、表施现象仍然存在，造成肥料浪费，污染环境。

甘肃省耕层土壤有机质检测含量平均值为14.9g/kg，处于5级水平；耕层土壤全氮平均含量为0.85g/kg，处于5~6级水平；耕层土壤有效磷平均含量为16.7mg/kg，处于3~5级水平；耕层土壤速效钾平均值为173mg/kg，处于4级水平。土壤耕层养分含量较低，有机质施用量不足。

三、干旱严重，水资源供需矛盾突出

甘肃省自然灾害频繁，其中旱灾对农业生产的影响最大。"十五"以来，旱灾更加严重，除2004年全省旱灾较轻，全省受旱面积占旱作面积的比例为17%外，其余年份均在50%左右。2006年全省出现了严重干旱，截止7月底，中部旱作农业区降水量不足100 mm，比常年同期偏少3~8成，全省受旱面积66.67万公顷，重旱面积53.33万公顷，给旱作农

区农业生产造成了严重制约。以张掖市为例,据多年制种玉米灌溉经验分析,正常年份黑河来水量只能保灌制种玉米 2.33 万公顷,若制种玉米面积达到 3.33 万公顷以上,全市制种玉米头水灌溉预计缺水 3000 万 m^3,约有 1.20 万公顷制种玉米不能适时灌溉,灌溉供需矛盾非常突出。

四、病虫害发生有加重的趋势,对玉米生产构成严重威胁

甘肃省玉米的病虫害主要为玉米黑粉病、丝黑穗病、锈病、顶腐病、疯顶病、大小斑病、玉米红蜘蛛、蚜虫、棉铃虫、玉米螟、地下害虫等。长期连作使玉米病虫害增加,数据显示,7 年连作玉米螟发生量是 1 年制种田的 300 多倍,3 年连作玉米螟是 1 年制种田的 12 倍。酒泉沿山制种区玉米螟危害 2009 年达 60%~70%,在连作 5 年的制种面积中玉米瘤黑粉病发生率达 90%。这些病虫害的发生不但影响制种产量和种子的质量,对玉米的种植也造成了巨大危害,导致玉米减产,威胁玉米基地的长远发展。

五、缺少精深加工龙头企业

甘肃省玉米加工存在结构不合理、产品单一、开发层次不一的问题,导致玉米深加工产品无法在质量上满足国内外市场的需要。甘肃省一部分玉米加工企业存在着设备陈旧、技术落后、玉米综合利用率低、产品层次低的问题,使玉米深加工、系列加工能力严重不足,玉米加工进一步转化增值缺乏后劲。

第五节 甘肃省玉米产业发展的对策建议

从生产效益来看,玉米种植的收益仅次于保护地栽培的瓜菜作物而居于第 2 位,与主要粮食作物小麦相比,可增加收益 6500~8000 元/公顷。按照产业化经营的模式,通过进一步优化区域布局,加快推广优良品种和先进技术,挖掘增产潜力,扩大种植密度,主攻单产,优化品质,大力提高玉米综合生产能力。同时联结"龙头"企业,推广优质、高产、高效综合栽培技术,建成集玉米新品种、新技术试验、示范和推广为一体的生产基地,并逐步形成种养加、产供销一体化的玉米生产开发格局。围绕"稳定面积、依靠科技、提高单产,增加总产,保障供给"的目标,强化科技创新、技术集成和示范推广,实施板块推进战略,开展品种替代工程和玉米科技丰产工程,通过科技与产业有效衔接,以养殖和加工业增殖,提升玉米产业发展水平,保障粮食安全和饲料安全,促进农民增产增收。

一、大力提高玉米机械化应用水平

重点支持先进农机具创新示范、农机规模化作业和农机装备结构优化等，加大农机化重大技术推广支持力度，鼓励支持各级建立现代农业机械化示范园区。对农业跨区生产作业和粮食运输，以及相应技术服务车辆，建立农机跨区作业服务的"绿色通道"。在春播时，充分发挥农机大户、农机作业合作社和国家补贴机具的作用，抢积温，抢农时，适时抢墒播种，确保一次播种保全苗。充分发挥现代农机合作社的带动作用，吸引农民带地入社，将土地向合作社或种植大户集中，解决大农机和小地块的矛盾，实现统一作物品种、统一种收时间、统一施肥标准和统一技术措施，充分发挥土地的规模经营优势，集约管理，进一步提高玉米生产全程机械化水平。

在农艺适应农机方面，与农机发展需求相结合，开发、推广适于机械化作业的农艺，在同一区域使用统一的标准化农艺，从而提高农机的区域适应性；引导农民科学种田，实现规范、统一的种植标准，合理密植；对于套种地区也要结合机械化作业特点，规范种植模式，推广等行距播种模式，便于机械化综合作业；培育结穗高度适中、穗位整齐，有较好的抗倒伏、抗病害能力的优良品种，适应机械化作业要求。

二、用地养地结合，提高水肥利用效率

1. 增施有机肥，培肥地力

甘肃耕层土壤有机质含量平均值为 14.9g/kg，处于较低水平。通过玉米秸秆粉碎还田，既可以增加土壤中有机质、有效磷和速效钾的含量，又可以改善土壤团粒结构，增加土壤孔隙度，提高土壤保水保肥能力。同时，还可以较好地发挥化肥的肥效，有研究表明，在秸秆还田的大田中施用化肥后，可以提高氮肥利用率 10~12% 左右，提高磷肥利用率 15%~20%，一般增加产量 20%~30%。

2. 加强科学施肥，提高化肥使用效率

实行测土配方施肥不但能够提高化肥利用率和减少化肥用量，还能够提高农作物产量和改善农产品品质，达到节本增效的目的。实践证明，测土配方施肥技术，能够提高化肥 5~10% 的利用率，农产品可以增产 10%~15%，最高可增产 20% 以上。积极引导肥料生产企业与基层肥料经销商、玉米种植大户、家庭农场、农民专业合作社等对接，为农民提供统一测土、统一配方、统一供应、统一施肥的专业化服务，为整建制推进测土配方施肥的县、乡、村提供配方肥。推广应用县域测土配方施肥专家系统，以触摸屏、PC、手机等为终端，加速测土配方施肥技术进村入户进程。同时，将县域测土配方施肥专家系统与智能化现场混配设备组装到乡村配方肥经销网点，方便农民根据玉米不同生育期对专用肥中营养比率和数量要求,按方选肥、购肥、施肥。在玉米产区示范推广高效缓释肥料时要与单质化肥配合使用,提高肥料利用率。对于高产地块要增施硼、锰、钼、锌等微量元素。

改进传统施肥方式。根据土壤养分化验结果以及玉米生长期营养需求,确定合理的施肥配方,有针对性地补充作物所需营养元素,保证氮、磷、钾肥与中、微量元素搭配使用,实现各种养分平衡供应,满足玉米生长的需要。引导农民改变撒施、浅施、表施等传统粗放施肥方式,使用长效复合元素化肥做基肥应避免"一炮法"施入。示范推广化肥深施、种肥同播、分层施肥等机械施肥技术以及滴灌施肥、喷灌施肥等水肥一体化技术,大力推广应用小型机械追施肥技术,解决玉米"喇叭口"期追肥难问题。

3. 推进节水农业发展

旱灾是影响甘肃玉米单产的首要因素。针对不同地区,研发简便适用的节水农业技术模式,大力推广应用地膜覆盖、膜下滴灌、水肥一体化、控制灌溉等主推技术。加大水利基础设施建设,保持和增加灌溉水源,进一步扩大有效灌溉面积。

三、切实推进玉米防灾减灾工作

(一)提高旱涝灾害的抵御能力

1. 制订完善玉米防灾减灾预案

由农业、气象、水利等部门对玉米农情联合会商,分季节对农业气象灾害预判及制订行之有效的应对预案,有针对性地对玉米重点产区和生产各关键环节提出具体防灾减灾措施。通过加强对玉米生产环节的灾情预测预判,及早发布气象预警信息,做到科学防灾。

2. 落实玉米防灾增产关键技术

在玉米生长关键环节和灾害多发期,要组织农技、植保、土肥等领域的专家驻守生产一线,及时开展技术指导,做到科学有效减灾,切实起到专业化服务指导作用,提高防灾增产关键技术到位率,真正做到科学有效防灾。

(二)减少病虫害造成的玉米减产

加强病虫害预测预报,大力推广生物防治、物理防治,兼顾化学防治,及时灭杀处理越冬寄主,压低虫源基数,将危害损失降到最低限度。加强防控组织领导,在重大病虫防治关键时期,各级政府和农业主管部门要组织植保专家进行技术指导,制订重大病虫害防治预案,强化区域间联防联控,对丝黑穗病、大斑病、茎腐病等病害,以及玉米螟、粘虫、地老虎等虫害进行重点防控。同时,要加大对农民农药安全使用技术知识的宣传,指导农民使用低毒、安全的病虫害防治技术,确保由农药使用引发的农药安全事故不断减少。

四、大力搞好深加工转化，扩大玉米需求

发展深加工转化是平衡玉米供求，提高玉米成本收益率的有效措施。一方面，要大力发展畜牧业生产。畜禽产品消费量是衡量一个国家或地区人民生活水平的重要标志。充分发挥玉米多的优势，发展养殖业，变销售玉米原粮为销售畜禽产品，实行玉米就地转化增值，将原材料优势转化为效益优势。另一方面，要大力发展玉米深加工转化。玉米不仅是"饲料之王"，而且是粮食作物中用途最广、可开发产品最多、用量最大的工业原料。以玉米为原料，可以生产出化学成份最佳、成本最低的淀粉。目前，世界玉米淀粉品种已达上千种，广泛用于食品、纺织、造纸、医药等行业，产品附加值超过玉米原值几十倍。玉米深加工效益优势明显，发展前景十分广阔。

五、科学合理选择玉米栽培技术

在选择玉米栽培技术时，应首先了解当地气候资源、土壤类型、种子特征特性以及农业机械化水平，经过综合评价后，良种良法相结合，农艺农机相配套，科学合理的选择相应的配套栽培技术。

2014年，全省共完成全膜双垄沟播技术推广面积1528.7万亩，超计划推广28.7万亩。覆盖了全省中东部旱作农业区的10个市州、50个县区，受益农户达182.93万户。全膜双垄沟播技术推广的1500多万亩中，秋覆膜1039.9万亩，顶凌覆膜488.8万亩。从作物种类划分，玉米1231.4万亩，马铃薯297.3万亩。玉米平均亩产642.6kg，马铃薯平均亩产2097.5kg，粮食总产916.03万t，同比总增产147.65万t。全膜双垄沟播技术推广面积占全省粮食播种面积的35.9%，产量却占到全省粮食总产的78.2%，为实现全省粮食自给发挥了重大作用。

粮豆合理轮作。玉米需氮多，豆类、绿肥需磷和钙多，而薯类需钾多。因此，通过上述作物合理轮作，可以均衡地、全面地利用土壤中的营养元素，不会由于连作而导致土壤中的营养元素片面消耗。玉米与大豆轮作能够增进地力，通过大豆根瘤菌的固氮作用，可以为玉米生长提供部份氮元素。

加强玉米产前、产中、产后管理，提高玉米质量。保障玉米的品质，必须要加强各个环节的管理。要加强玉米产前、产中与科研单位或农业高校的联系，依靠科技培育并推广种植优质、高产普通品种及专用玉米新品种，采用先进的配套栽培技术，实现合理施肥，精密播种，严格田间管理，提高玉米单产水平，发挥区位比较优势，控制品种越区种植，保证玉米在田间的成熟度；在产后商品化处理方面，要提高玉米生产者组织化程度，增强农民的商品化意识，加快晾晒场、存储等硬件建设，提高玉米的优质率，降低不完善粒和杂质

的含量,使之不仅达到国家标准,并进一步提高玉米的商品率;要严格执行收购玉米标准,结合专用玉米区域种植,专收专贮,保证玉米优质优价;要加强市场监管,建立农产品质量检测体系。

六、培育农民合作组织,促进玉米流通组织创新

分散经营的农业种植模式,决定了农民接受市场信息不准确、进入市场存在较大障碍。在农民卖粮过程中表现为:一方面农民粮食卖不出去,另一方面国有粮食企业与农户签订购粮合同困难重重。一般来说,为了解决小生产与大市场之间的矛盾,减少农民进入粮食市场的交易成本,选择农村合作化路径最符合农民群体自身的利益要求。目前,农民合作组织多为养殖业合作组织,种植业合作组织非常少,种粮合作组织更是少。种植玉米等粮食作物的利润空间非常小,种粮农民的经济实力薄弱,靠农民自身的努力组建经济合作组织需要一个漫长的过程。根据这种客观情况,种粮合作经济组织应该走以农民自愿为基础、政府诱导型为主的合作道路。政府应发挥引导作用,进一步完善有利于发展农民合作组织的制度环境。

七、积极探索农业保险体系

农业保险制度是农业产业化经营的稳定器。农业是高风险产业,尤其是自然风险和市场风险对农业的影响更大,一旦出现大的自然灾害,可能会给灾区农业造成毁灭性打击。农业风险的不可控性,决定了农业保险不同于产业性保险,而主要属于政策性保险,从而决定了农业保险主要由政府承担。为此,一要建立农业保险机构,专门开展农业保险业务;二要在经济、法律、行政上扶持农业保险事业;三要建大宗农产品市场风险基金,弥补粮食、棉花、肉蛋、疏菜、果品等大宗农产品因市场波动给生产经营者造成的损失。

总之,依靠科技进步,发挥各项农业技术措施效益,把先进适用技术与传统精细农艺相结合,达到良田、良种、良法配套,研究新型的模式化耕作栽培体系,实现玉米生产的高产量、高品质和高效益。

专题二　甘肃省马铃薯适宜性评价及产业发展问题和对策

甘肃省气候属大陆性很强的温带季风气候。全省干旱缺雨,温差较大,适宜马铃薯生长。甘肃省耕地面积广阔,土层疏松深厚,区位优势明显,梯田面积不断增多,为推广马铃薯良种和开展规模种植提供了得天独厚的条件,使甘肃成为种植马铃薯的最佳区域。近年来,省委、省政府在充分调研、科学论证的基础上,针对如何利用土地和劳动力两大资源优势和尽快增加农民收入这一问题,省委、省政府在重新审视省情,把马铃薯种植当作调整农业结构、增加农民收入、推进农业产业化经营的突破口和切入点,进一步确立了马铃薯产业的主导地位。为了进一步发挥甘肃省马铃薯种薯的品牌优势和市场竞争力,规范马铃薯种薯产业的可持续发展,全面提升甘肃省马铃薯种薯产业发展的层次和水平,应用耕地地力评价所建立的省级信息系统成果,指导甘肃省马铃薯产业发展,通过充分调研,从甘肃省马铃薯发展的实际出发并做了适宜性评价,分析发展中存在的问题,并提出了对策和建议。

第一节　马铃薯生长发育对环境条件的要求

马铃薯生育期 90～110 d。喜凉和较大的气温日照差,喜光照,怕霜冻,不耐热,要求疏松湿润富含有机质的土壤,适应范围较广,在温度适宜的前提下,无论山区、丘陵、平原均可种植。

一、光照条件

马铃薯基本属长日照喜光作物,在生育期间,光照强度不足,会使茎叶徒长,块茎形成延迟。日照长短直接影响植株生长和块茎的形成,长日照可促进茎叶生长和现蕾开花,短日照有利于块茎形成,在每天 11～13 h 日照下,茎叶发达,光合作用旺盛,块茎的产量也高。马铃薯各个生育时期,对产量形成最有利的条件是:幼苗期的短日、强光和适当高温,有利于促根、壮苗和提早结薯;块茎形成期的长日、强光和适当高温,有利于建立强大同化系统;块茎增长及淀粉积累期的短日、强光、适当低温和较大的昼夜温差,有利于同

化产物向块茎运转,促进块茎高产。

二、温度条件

马铃薯性喜冷凉,不耐高温,生育期间以日平均气温 17℃～21℃ 为适宜,在气候冷凉,无霜期短的高海拔和高纬度地区干物质积累快,可以春播秋收年种一季。马铃薯在 4℃ 以上块茎的芽就能萌动,在 0℃ 以下块茎受冻。块茎上芽的最适萌发温度为 12℃～16℃,块茎发育的适宜土温是 16℃～18℃,以不超过 21℃ 为好,高温会使块茎停止生长,30℃ 左右时块茎完全停止生长。昼夜温差大,有利于块茎膨大,特别是较低的夜温,有利于茎叶同化产物向块茎运转。

三、水分条件

马铃薯整个生育期间,土壤湿度保持田间最大持水量的 60%～80% 为最适宜。萌芽和出苗,可以靠种薯自身所含水分。幼苗期间,土壤保持田间最大持水量的 65% 左右为宜。块茎形成期,茎叶开始旺盛生长,需水量显著增加,该期需水量占全生育期总需水量的 30% 左右,保持田间最大持水量的 70%～75% 为宜。早熟品种在地上部孕蕾期至开花末期,茎叶急速生长,块茎大量形成,需水量最大;中熟品种自开花后直至茎叶停止生长前的整个阶段,都属块茎膨大期,比早熟品种需水期更长。

四、土壤条件

马铃薯适宜于表土层深厚、结构疏松、排水通气良好和富含有机质的土壤,特别是孔隙度大、通气良好的土壤,有利于根系发育和块茎增长。

五、需肥特点

在幼苗期以氮、钾吸收较多,分别达到总吸收的 20% 以上,磷较少,约占吸收总量的 15%;现蕾、开花期间,吸钾最多,达总量的 70% 左右,氮磷约占总量的 50% 左右;生育后期,则以氮、磷吸收较多,分别约为 30% 和 20%,吸钾较少,占 5% 左右。

第二节 工作组织和技术路线

一、基础工作条件

采用基础资料:属性数据包括第二次土壤普查所编撰的《土壤志》、据"测土配方施肥"项目所获得的耕地调查点资料（包括采样点坐标、基本情况、土壤农化分析数据）、省情统计以及其他相关文本资料和数据资料。空间数据包括1∶50万土壤图、地形图以及行政区划图、土地利用现状图等。数据处理和管理软件包括ACCESS数据库软件、SPSS统计分析软件、ArcGIS地理信息系统软件和省域耕地资源管理信息系统软件。

二、技术路线

本项专题调查研究通过组建研究小组，明确各自分工，积极组织协调各类资料的收集与整理工作，在对全省马铃薯产业的现状展开调查研究的基础上，充分利用甘肃省耕地地力评价结果，进行适宜性评价，最后将整个工作的结果以报告的形式提交。

具体步骤为：（1）收集相关数据资料和图件，并按照统一的规范进行分析和处理，建立适宜性评价数据库。（2）选取评价指标，确定单因素权重，即建立隶属函数模型及层次分析模型。（3）利用土壤图、土地利用现状图及行政区划图确定评价单元。提取评价单元属性，包括土壤化验数据、田间调查数据、社会经济要素等评价指标属性。（4）根据建立的评价模型确定评价单元等级，获得各等级耕地面积，编制适宜性分布图等。详见图3-2-1。

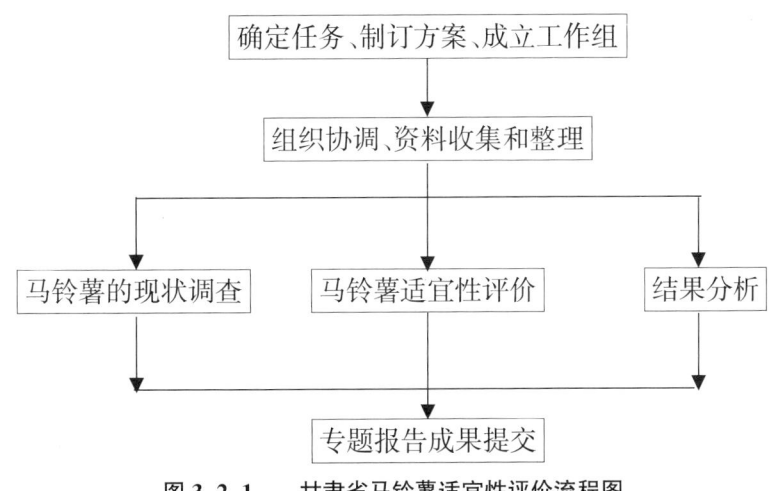

图3-2-1　甘肃省马铃薯适宜性评价流程图

第三节　甘肃省马铃薯现状调查

一、种植情况

马铃薯是甘肃省粮菜兼用和主栽优势作物。2013年甘肃省马铃薯种植面积为69.5万公顷，比2012年种植面积69.6万公顷减少0.1万公顷，比2011年种植面积70.0万公顷减少0.5万公顷。甘肃省马铃薯种植面积趋于稳定，逐渐由数量扩张向质量提升转变。

从全省布局来看，目前已经规划并形成了四大马铃薯生产基地，分别为河西及沿黄灌区全粉加工专用型马铃薯生产基地（包括张掖市、武威市及金昌市所辖县区）、中部淀粉加工型马铃薯生产基地（包括兰州市、白银市、临夏市、庆阳市及平凉市所辖县区）、陇东南早熟菜用型马铃薯生产基地（包括天水市和陇南两个区域），以及马铃薯脱毒种薯生产基地（主要集中在定西地区）。

二、销售情况

2013年甘肃省早熟马铃薯鲜薯销售价格较高，其中150 g以上的鲜薯平均价格2.0～2.8元/kg；晚熟马铃薯鲜薯销售价格持平，150g以上的鲜薯平均价格1.0～1.4元/kg。原种价格因品种和大小等因素而不同，价格在0.3～0.6元/粒，较高于往年。目前，甘肃省的马铃薯销售网络基本建成，甘肃省建成马铃薯批发市场10多个，购销网点1500多个，从事马铃薯经销的大户3500户，从业人员达10万多人，年销往北京、上海等20多个省（市）的鲜薯达350万t以上。其中，马铃薯主产区定西市的"定西马铃薯综合交易中心"及"临洮康家崖"等4个市场被国家农业部定点为全国重点马铃薯专业批发市场。定西市已建成中小型马铃薯交易市场50多个，参与马铃薯交易的农贸市场196个，另有2300多个收购网点遍布全市乡村。

三、加工生产情况

初步统计，全省有一定规模的马铃薯产品加工企业100多家，其中年加工鲜薯能力在万吨以上的加工企业有65家，从业人员5200多人，形成面定资产24.28亿元。鲜薯年加工能力达400多万t。加工产品的种类主要有马铃薯精淀粉、全粉、变性淀粉，以及薯条、薯片、粉条粉皮、膨化食品等品种系列。其中精淀粉年生产能力60万t，全粉生产能力5万t，变性淀粉生产能力3万t，速冻薯条生产能力4 000 t。一批现代加工企业相继建立，涌现出爱味客、腾胜、薯峰、清吉、达利、金大地、海盛、圣大方舟等马铃薯加工龙头企业。其中，定西市已建成精淀粉、变性淀粉、全粉、速冻薯条等加工生产线22条，全市年加工能力在25万t以上；张掖市已建成精淀粉、全粉加工龙头企业7家，全市年加工能力在80万t左右。

四、贮藏情况

甘肃省建成了以气调库为主要形式的大型贮存库，以市场为依托万吨左右的自然通风式贮藏窖群，以收购摊点为依托千吨以下的贮藏窖群，以农户为主自建的20 t和60 t土窖等四个层次的贮藏设施。目前，约有各类贮藏窖93万多个，贮藏能力达300多万t，占鲜薯总量的近三分之一,有力促进了产、加、销各环节、各主体的有效连接,实现了旺吞淡吐、均衡上市。

甘肃省马铃薯贮藏能力达350万~400万t。贮藏设施主要分两类,第一类为种薯贮藏设施,以气调库为主,主要是从事马铃薯种薯生产的企业和单位建设的种薯恒温贮藏库,目前原种和一级种贮藏能力约为45万t。第二类为商品薯贮藏设施,主要以农户的贮藏窖、马铃薯种植大户和协会的自然通风库,以及部分马铃薯加工、营销企业的马铃薯贮藏库为主,目前的商品薯贮藏能力约为270万t。

五、政策性马铃薯保险大范围实施

为提高马铃薯种植农户的效益,对甘肃省马铃薯种植户提出"每亩三块一毛五,保您千斤马铃薯"的口号,甘肃省大力实施了政策性马铃薯农业保险业务。2013年甘肃省马铃薯承保面积45万公顷,甘肃省12个市州、51个县区、674个乡镇,共92.36万马铃薯种植户参保,提供风险保障23.53亿元。合计签单保费14 180万元,其中实收农户保费2 131万元,市县安排地方财政补贴资金2 823万元;申请省级财政补贴资金3 554万元,中央财政补贴资金5 672万元。马铃薯保险承保的全面展开,最大程度保障了农户利益,得到了广大种植户的广泛认同。

六、晚疫病预警体系建成

目前,甘肃省在全省范围内建立50多个马铃薯晚疫病气象监测预警预报站点,可对全省马铃薯产区晚疫病发生情况进行实时全面监测,初步建立了全省晚疫病预警系统。

第四节 甘肃省马铃薯适宜性评价

一、评价因子选择及其权重确定方法

在综合考虑了参评因子应对适宜性有较大的影响,在评价区域内的变异较大,便于划分等级,具有相对的稳定性和与生产的密切相关性等原则的前提下,确定有效土层厚度、质地、有机质、有效磷、速效钾、降雨量、≥10℃积温、坡度等评价指标。参评因子赋值采用隶属函数模型,根据模糊数学的理论。用德尔菲法对一组实测值评估出相应的一组隶属度,并根据这两组数据拟合隶属函数。详见表3-2-1。

表 3-2-1　数值型隶属函数模型

评价指标	函数类型	函数模型	a	b	c
≥10℃积温	峰型	y=1/(1+a*(u-c)^2)	0.000001		2337.542469
有机质	戒上型	y=1/(1+a*(u-c)^2)	0.001697		38.218828
有效磷	戒上型	y=1/(1+a*(u-c)^2)	0.001871		37.274378
有效土层厚度	正直线型	y=b+a*u	0.004545	0.188881	
年降雨量	正直线型	y=b+a*u	0.001064	0.168569	
速效钾	戒上型	y=1/(1+a*(u-c)^2)	0.000018		355.647304

而概念型指标(如质地等)与耕地生产能力之间是一种非线性的关系,采用德尔菲法直接给出隶属度。详见表 3-2-2。

表 3-2-2　质地的隶属度

质地	壤土	黏土	黏壤土	砂土
隶属度	1	0.1	0.7	0.3

参评因子权重确定采用层次分析模型进行,将评价指标通过建立层次结构、构造判断矩阵、层次单元排序及其一致性检验、层次总排序得出各因子的组合权重。详见表3-2-3。

表 3-2-3　评价因子组合权重表

指标名称	指标权重
有效磷	0.0614
速效钾	0.0885
有机质	0.1277
质地	0.1500
有效土层厚度	0.1800
年降雨量	0.1706
≥10℃积温	0.2218

二、根据评价指标确定适宜性

利用模糊评价法计算各因子的隶属度,拟合隶属函数,计算出甘肃省马铃薯适宜性综合指数后,在耕地资源管理系统中我们选择累积曲线分级法进行评价,根据曲线斜率的突变点来确定等级的数目和划分综合指数的临界点,将甘肃省马铃薯适宜性划分四个等级:高度适宜、适宜、勉强适宜、不适宜。详见图3-2-2。

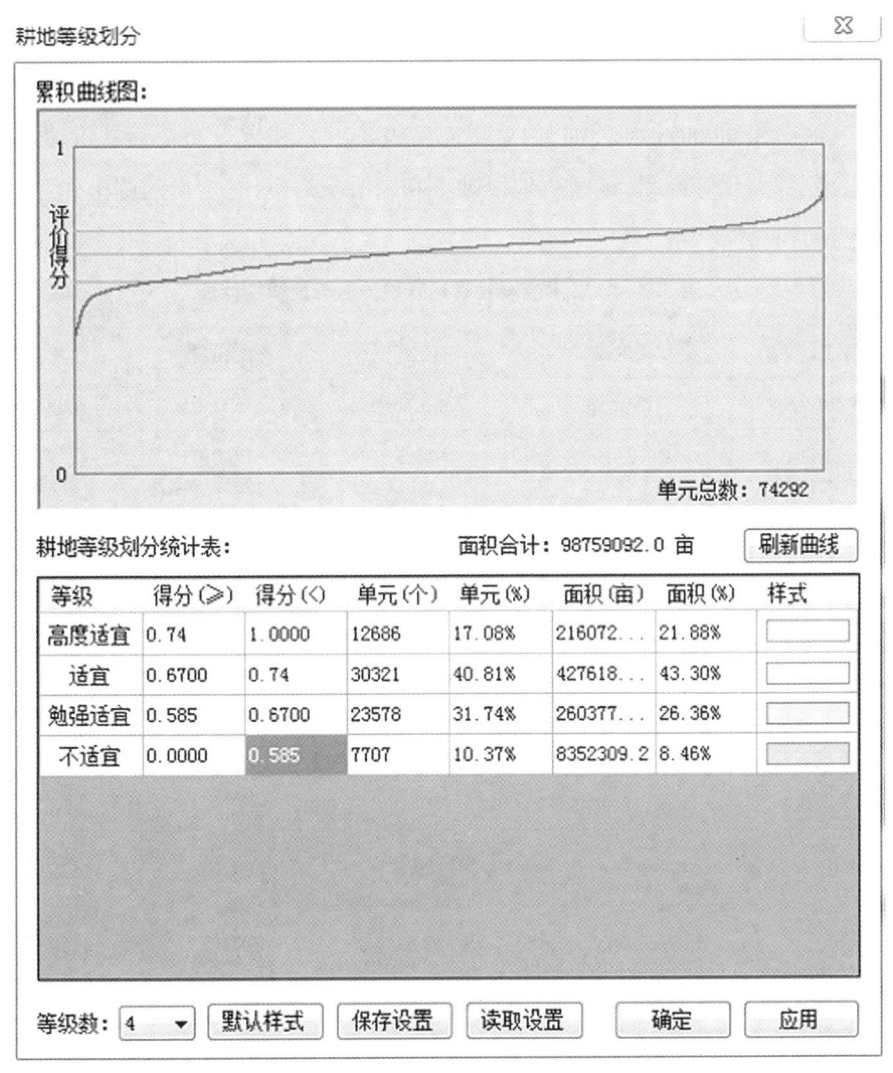

图 3-2-2 甘肃省玉米种植适宜性分级模型

第五节 甘肃省马铃薯适宜性分区

甘肃省马铃薯适宜性划分为四个等级:高度适宜、适宜、勉强适宜、不适宜。高度适宜区面积1280819.58公顷,占总耕地面积21.88%,主要分布在甘肃中部的定西市、白银市、兰州市、平凉市、天水市、临夏州以及河西的武威市、张掖市、金昌市等市州,该区域气候条件适宜,土壤有机质和养分含量高,质地为壤土和黏壤土,土层深厚,非常适宜马铃薯生长。适宜区面积2355228.5公顷,占总耕地面积43.3%,主要分布在庆阳市、定西市、白银市、天水市、临夏州、平凉市、张掖市、兰州市等市州,该区气候条件适宜,土壤养分含量高,质地以壤土和黏壤土为主,有少量的黏土,土层深厚,适宜马铃薯生长。勉强适宜区面积1345317.56公顷,占总耕地面积26.36%,主要分布在陇南市、天水市、庆阳市、酒泉市、平凉市等市州,该区质地以壤土、黏壤土、黏土为主,有少量的砂土,勉强适宜马铃薯生长。不适宜区面积428866.45公顷,占总耕地面积8.46%,主要分布在临夏州、武威市、酒泉市、张掖市、甘南州等市州,该区质地以砂土和黏壤土为主,有少量的壤土和黏土,养分含量低,不适宜马铃薯生长。

表3-2-4 甘肃省马铃薯适宜性分区与面积统计表

名称	高度适宜	适宜	勉强适宜	不适宜
耕地面积(公顷)	1280819.58	2355228.5	1345317.56	428866.45
占总耕地面积(%)	21.88	43.3	26.36	8.46

表3-2-5 甘肃省马铃薯适宜性行政区划分布

单位:公顷

名称	高度适宜	适宜	勉强适宜	不适宜
兰州市	161633.22	112601.75	20889.26	727.22
嘉峪关市	0	3772.81	2570.66	705.61
金昌市	56289.35	32811.89	14034.99	11951.05
白银市	170927.68	306779.5	37904.15	15738.19
天水市	43169.88	261290.74	230746.84	10771.28
武威市	98490.88	92955.34	89325.67	115237
张掖市	72224	159327	21320.32	38620.62
酒泉市	43.18	58712.9	135649.01	73879.83
平凉市	113347.74	196297.03	99497.44	0

续表 3-2-5

名称	高度适宜	适宜	勉强适宜	不适宜
庆阳市	0	474582.26	225256.82	0
定西市	485524.64	327810.72	16696.88	12.74
陇南市	13085.76	32367.95	379664.6	0
临夏州	36675.68	220757.47	22965.71	145325.7
甘南州	24628.1	53684.89	29779.67	15897.21
莲花山林场	440.67	645.35	137.16	0
山丹马场	4312.6	20573.67	18684.71	0
太子山林场	26.2	257.23	193.67	0

表 3-2-6　甘肃省马铃薯适宜区养分状况

适宜性	有机质(g/kg)	全氮(g/kg)	有效磷(mg/kg)	速效钾(mg/kg)
高度适宜	17.5	0.994	21.7	191
适宜	14.3	0.85	15.7	175
勉强适宜	14.3	0.796	15	168
不适宜	14.1	0.656	15.6	165

一、河西及沿黄灌区马铃薯适宜性分区

该区域包括张掖市、武威市、金昌市、酒泉市及嘉峪关市,面积1077922.11公顷。其中高度适宜区面积227047.41公顷,占该区面积的21.06%;适宜区面积347579.94公顷,占该区面积的32.25%;勉强适宜区面积262900.65公顷,占该区面积的24.39%;不适宜区面积240394.11公顷,占该区面积的22.30%。

该区域的高度适宜和适宜区主要分布在武威市、张掖市和金昌市的凉州、古浪、天祝、民乐、山丹、永昌等县区,本区域气候凉爽,降雨稀少,但灌溉条件好,施肥水平高,农业生产基础条件好,适合发展薯条、薯片及全粉加工型马铃薯。

二、中部淀粉加工型马铃薯适宜性分区

该区域包括兰州市、白银市、临夏市、庆阳市及平凉市所辖县区,面积2361906.82公顷。其中高度适宜区面积482584.32公顷,占该区面积的20.43%;适宜区面积1311018.01公顷,占该区面积的55.51%;勉强适宜区面积406513.38公顷,占该区面积的17.21%;不适宜区面积161791.11公顷,占该区面积的6.85%。

该区域的高度适宜区和适宜区主要分布在榆中、皋兰、东乡、永靖、会宁、静宁、庄浪等县区。本区域大多地处黄土高原及其边缘过渡地带,土层深厚,土质疏松,富含钾素,海拔高,气候冷凉,昼夜温差大,年降雨量240~650 mm,但降雨主要集中在7~9月份。这种独特的气候条件,最适宜于发展马铃薯生产。这一区域是种植面积大、分布区域广,马铃薯优势开发要以淀粉加工型和晚熟菜用型马铃薯品种的生产和开发为主。

三、陇东南早熟菜用型马铃薯适宜性分区

该区域主要包括天水市和陇南两个区域,面积971097.05公顷。其中高度适宜区面积56255.64公顷,占该区面积的5.79%;适宜区面积293658.69公顷,占该区面积的30.24%;勉强适宜区面积610411.44公顷,占该区面积的62.86%;不适宜区面积10771.28公顷,占该区面积的1.11%。

该区域的高度适宜区和适宜区主要分布在天水市和陇南市的秦安、武山、甘谷、武都、宕昌、西和、礼县等县区。本区域气候温润,年平均气温7℃~15℃,年降雨量450~950 mm,大于10℃的活动积温2200℃~4750℃,生长期130~246 d,是全省发展早熟马铃薯最具优势的区域。该区域要以培育早熟菜用型商品薯的生产优势区域为目标,重点推广品种为适合早熟及中熟栽培的菜用品种。

四、定西马铃薯脱毒种薯适宜性分区

该区域包括定西市一个区域,面积830044.98公顷。其中高度适宜区面积485524.64公顷,占该区面积的58.49%;适宜区面积327810.72公顷,占该区面积的39.49%;勉强适宜区面积16696.88公顷,占该区面积的2.01%;不适宜区面积12.74公顷,占该区面积的0.001%。

该区域的高度适宜区和适宜区在定西市各县区均有大面积分布,本区域大多地处黄土高原及其边缘过渡地带,土层深厚,土质疏松,富含钾素,海拔高,气候冷凉,昼夜温差大,适宜于发展马铃薯生产,是中国最大的马铃薯脱毒种薯生产基地。

第六节　存在的问题

虽然通过近几年的发展，甘肃省马铃薯产业发展取得了显著成绩，成为农民增收的主要渠道和农业发展的希望所在，但马铃薯产业自身发展还存在一些不容忽视和亟待解决的问题。

一、品种类型单一老化，难以满足全省产业发展需求

甘肃省境内地形复杂，山脉纵横交错，海拔相差悬殊，从东南到西北包括了北亚热带湿润区到高寒区、干旱区的各种气候类型，马铃薯种植需要适合不同生态类型的早、晚熟新品种，但在实际生产当中，晚熟菜用型品种仍占据主要位置，早熟的品种较为缺乏。早熟品种引进主要是克新2号、克新6号和费乌瑞它等品种，甘肃省育成的早熟菜用型品种没有被大面积应用。淀粉加工专用品种较多，但应用效果不佳。全省育成的陇薯3号、陇薯5号、陇薯6号、庄薯3号和天薯8号等淀粉加工专用品种，其中陇薯8号淀粉含量高达27.34%，但这些高淀粉品种通常被作为淀粉加工与蔬菜兼用品种来栽培，在没有采用高淀粉品种配套的栽培技术，以及受气候环境、市场等不确定因素的影响，高淀粉品种的优势并没有凸显出来。全粉、油炸加工品种较少，难以满足加工企业的需求。新育成的油炸、全粉加工型品种LK99和陇薯7号正在被大规模推广应用。加工企业仍以引进的大西洋、夏波蒂等品种为主要加工原料品种。但大西洋、夏波蒂等品种对水、肥要求高，难以适应甘肃省干旱、贫瘠的耕地。所以，选育高产稳产、抗逆、广适的炸片、炸条及全粉加工专用品种，是甘肃省马铃薯品种选育工作的当务之急。目前，大规模种植的晚熟菜用品种，虽然产量高，但是抗逆性特别是抗病性逐渐丧失，还存在芽眼过深、薯形差、商品性不高等缺陷。面对南方冬播马铃薯的迅速发展，甘肃省菜用商品薯的市场竞争力在急剧下降。

二、脱毒种薯繁育体系完善，但质量监管体系不健全，种薯质量难以保证

甘肃省已建立完善的"原原种—原种——一级脱毒种薯体系—二级脱毒种薯"的四级脱毒种薯繁育体系，脱毒种薯覆盖率达到了100%，但是脱毒种薯质量监管体系不健全，种薯质量良莠不齐。近年来，由于许多种薯生产单位、企业、协会及个人只注重数量而忽视了质量，甚至没有种薯质量检测的条件、设备和技术的部分企业、协会及个人也在生产

脱毒种薯，尤其是脱毒苗不经过检测或多年不检测就直接生产原原种（微型薯），甚至将超代薯、商品薯冒充脱毒种薯出售，加上缺乏必要的法律规范脱毒种薯生产，导致种薯生产、流通环节混乱，种薯质量无法得到有效保障，严重影响了脱毒种薯的推广和马铃薯产业的可持续健康发展。

三、马铃薯生产机械化程度及水平有待进一步提升

甘肃省幅员辽阔，土壤、气候类型复杂，各地马铃薯种植模式也各具特色，如地膜垄播、深播平作、棚膜覆盖冬播等多种种植方式。马铃薯主栽区大多是人多地少、机械化操作难度较大的山区、丘陵，目前多采用犁翻人工点播、人力深挖点播方式种植，犁翻人捡、人力翻地捡拾方式收获，马铃薯生产机械化发展相对滞后，严重制约了全省马铃薯产业的发展和种植农户的增收。与发达国家70%以上的马铃薯生产机械化水平相比，甘肃省马铃薯生产机械化只有20%左右，严重滞后。

四、自然灾害与病虫害常有发生，栽培技术与防控措施薄弱

甘肃省气候类型复杂，在马铃薯生产过程中，自然灾害与病虫害常有发生。中部半干旱区为全省马铃薯主栽区，"十年九旱"是本地区气候的显著特点，干旱严重影响了马铃薯的产量与商品性，困扰着马铃薯增产与薯农增收。近年来，随着马铃薯种植规模的增大，经济效益的提高，马铃薯连茬重茬现象普遍，加上个别主栽品种晚疫病抗性的丧失，导致晚疫病连年流行，环腐病、黑胫病、软腐病发生严重，贮藏期干腐病爆发使晚熟幼嫩的脱毒种薯大量腐烂。自然灾害与病虫害导致马铃薯减产，说明当前栽培和防控技术急需加强，应及时建立干旱、晚疫病预警预报系统，全面提高抗灾救灾的能力，保证马铃薯稳产增产。

五、加工储藏能力薄弱，产业链条短

甘肃省常年马铃薯种植面积约60多万公顷，产量在1200万t左右，但目前全省马铃薯贮藏能力仅为350万~400万t（其中种薯约150万t）。且马铃薯贮藏设施还比较简陋，贮藏能力还不能满足产业的发展需求。全省的马铃薯贮藏设施建设相对滞后，贮藏需求和贮藏能力之间的矛盾非常突出，导致产品集中上市，加之企业自身流动资金短缺，没有建成较大的贮藏设施，收购加工原料严重不足，企业没有实现达产达标，难以满负荷生产运行，从而影响马铃薯的就地加工转化增值和企业效益的提升。

第七节 发展对策

为进一步加快产业开发步伐,提升产业层次,真正做大做强马铃薯产业,实现农业增效、农民增收,今后要着力抓好以下几方面的工作。

一、加快良种良繁基地和专用型马铃薯生产基地建设

要把发展的重点从规模扩张向量质并举上转变,在稳定种植面积的同时,提高单产水平,保证马铃薯高产稳产。切实加快良种良繁基地和专用型马铃薯生产基地建设,加强质量检测、认证和监管。一方面,要坚持引进良种和自繁良种,加快良种化进程。不仅保证甘肃省马铃薯良种覆盖率达标,并且为周边省区提供一定数量的优质专用种薯。另一方面,科学规划,合理布局,优化品种结构,加快专用薯基地建设,重点发展高淀粉加工型品种,加快全省加工专用型马铃薯生产基地建设,为企业提供充足的优质加工原料。

二、突出抓好销售、贮藏和加工

要把产业效益提升的重点向加工增值转移,在尽量扩大外销鲜薯的同时,以增强贮藏能力和加工能力为关键,形成鲜薯销售和加工转化两个"龙头"并驾齐驱、相互竞争的格局,实现产业增值、农民增收。在销售体系建设上,要认真研究市场,组织有关人员到终端市场考察,鼓励动员省内协会、经销大户在终端市场联系业主,拓宽销售渠道,延长销售链条,减少销售环节。同时,加强引导和扶持,加大重点乡镇马铃薯专业交易市场建设力度,建立遍布城乡、更加完善的收购网络,切实缩短运距,解决老百姓的难卖问题。在贮藏设施建设上,要坚持长期规划与近期建设相结合,制订建设规划,增加全省贮藏能力。特别是要争取项目和资金,扶持大户、协会和企业,加快贮藏设施建设步伐,引导其贮藏鲜薯、种薯,与农户签订订单贮藏,解决鲜薯集中上市与企业原料不足、价格不稳的矛盾和良种缺乏的问题。在加工企业发展上,按照"抓大扶中关小"的思路,重点扶龙头企业,使其尽快发展壮大,提高全省精淀粉加工能力、粗淀粉加工能力。同时,要引导企业实施强强联合,加强企业之间的联合发展,抗御市场风险,创立品牌经营,以品牌优势占领市场,提高甘肃省商品薯和精淀粉在市场上的竞争力。

三、提高马铃薯产业机械化水平

甘肃省马铃薯主产区耕地多是坡地、山地,比较平坦的地块面积也比较小,不适合大型机械耕作,可引进适合山地小地块的中小型马铃薯播种、中耕、收获机械。应在现有的

国家农机购置补贴的政策基础上,通过国家扶贫贴息贷款等方式鼓励种植大户购置机械,提高马铃薯种植机械化水平。

四、建立干旱等自然灾害及晚疫病等病虫害预警预报系统

由于晚疫病严重影响马铃薯产量,建议设立晚疫病预警体系,降低产量损失,在种薯繁育区域,进行蚜虫迁飞预测,提高脱毒种薯质量。

五、建立新型马铃薯产业社会化服务体系

要进一步加强对产业发展的组织领导。根据全省马铃薯产业发展的现实需要,对目前设立的马铃薯产业办公室要解决好机构设置和编制问题,在人员配备上充实优化。要对现有销售大户、营销老板、协会负责人由政府组织,通过学习培训、赴外考察等牵线搭桥的办法,真正使他们有计划、有目的、有能力接受外部信息,进入终端市场,做好产前、产中、产后服务,加大促销力度。加快构建以公共服务机构为依托,合作经济组织为基础,龙头企业为骨干,其他社会力量为补充,公益性服务和经营性服务相结合,专项服务和综合服务相协调的新型农业社会化服务体系。

专题三 甘肃省中低产田划分及改良措施研究

第一节 研究背景及目的意义

一、研究背景

(一)全国耕地状况

中国耕地数量总量较少,截至 2014 年底,全国共有农用地 64574.11 万公顷,其中耕地 13505.73 万公顷。同时,自 20 世纪 80 年代起出现缓慢下滑,而 1999 年后由于生态退耕、和城市化进程加快等原因,引起耕地数量迅速减少,由此导致的中国粮食安全问题与耕地安全问题引起广泛关注。据国家土地局《国土资源公报》显示,2010 年至 2014 年,全国土地面积由 20.29 亿亩下降到 20.26 亿亩,年均 60 万亩。见图 3-3-1。

就全国耕地质量而言,林鹏生[①]指出:东北地区和长江中下游地区耕地质量最佳;东南沿海地区耕地质量居于中等偏上水平;黄淮海地区和西北干旱地区耕地质量基本居于中等偏下水平;西南地区、黄土高原地区和青藏高原地区是我国耕地质量最差的地区。分省来看,甘肃省的一等地面积比重在 20%~30%。

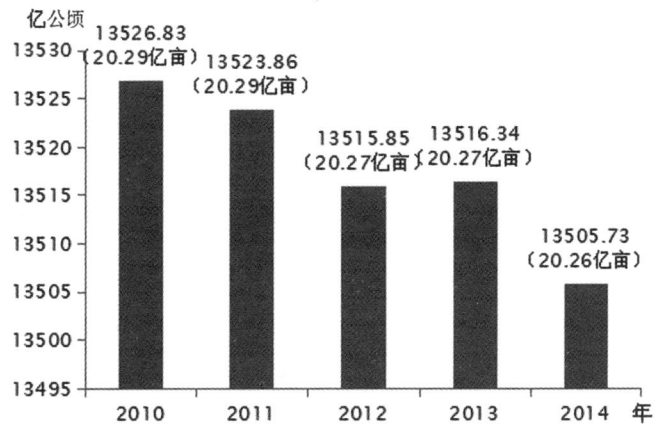

图 3-3-1 2010—2014 年全国耕地面积变化情况

---

①林鹏生:《我国中低产田分布及粮食增产潜力研究》,博士学位论文,中国农业科学院,2008 年,页 75-76。

(二)甘肃省耕地状况

根据近6年《国土资源公报》统计数据显示,甘肃省耕地面积总体趋势是增加的,见图3-3-2。但是,孙国军[①]指出,1949—2012年的64年时间里,耕地面积增加了1.67×10^4公顷,最小人均耕地面积减少了0.526公顷,耕地压力指数减少了0.951。预测结果表明,未来15年甘肃省耕地压力严峻。

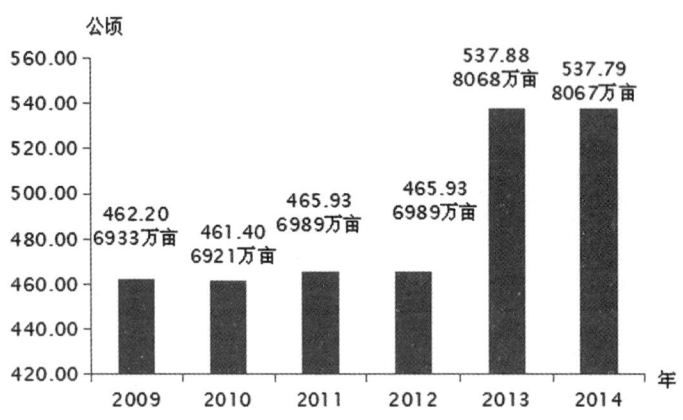

图3-3-2 2009—2014年甘肃省耕地面积变化情况

(三)甘肃省耕地地力状况

甘肃省的耕地地力共分为10个等级,各等级的面积见表3-3-1。一、二等地主要分布在河西地区,地貌类型以平原为主,属于疏勒河、黑河、石羊河流域;三、四、五、六等地主要分布在陇东高原、陇中高原,地貌类型以黄土塬、丘陵为主,属于泾河、黄河、渭河流域;七、八等地主要分布在天水、陇南山地,属于嘉陵江流域;九、十等地主要分布在甘南高原,属于洮河流域。

表3-3-1 甘肃省耕地地力等级与面积统计表

级别	耕地面积(公顷)	占总面积(%)	级别	耕地面积(公顷)	占总面积(%)
一等地	71 8478.82	13.28	六等地	80 1255.37	14.81
二等地	35 4370.20	6.55	七等地	114 8051.25	21.22
三等地	42 7408.34	7.9	八等地	88 4031.92	16.34
四等地	33 3811.32	6.17	九等地	29 2152.53	5.4
五等地	30 1349.93	5.57	十等地	14 9322.41	2.76

[①]孙国军:《甘肃省耕地压力动态变化及空间差异分析》,载于《冰川冻土》,2015.37(4),页

按照产量归入国家等级后,甘肃省的耕地基本上属于产量偏低的,分布在国家的五等地至十等地之间。将近60%的耕地属于国家六至十等地。详见表3-3-2。

表3-3-2 甘肃省地力等级与国家地力等级对照表

省级地力等级	概念性产量（kg/亩）	国家地力等级	省级地力等级	概念性产量（kg/亩）	国家地力等级
一等地	500~600	五等地	六等地	200~300	八等地
二等地	400~500	六等地	七等地	200~300	八等地
三等地	400~500	六等地	八等地	100~200	九等地
四等地	300~400	七等地	九等地	100~200	九等地
五等地	300~400	七等地	十等地	<100	十等地

二、国内中低产田现状

（一）中低产田的概念

关于中低产田的概念,主要基于土壤的障碍因素和改造措施两方面来认识：从土壤障碍因素的角度,国内多数学者认为,中低产田土是指土壤环境因素不良或土体内存在一种或几种障碍因子,影响了土壤生产力发挥,从而导致农作物产量低而不稳的一类耕地土壤[1]。或者说中低产田土是指那些环境条件不良、综合农业技术措施（包括农田水利设计、作物布局、耕作制度、施肥措施等）不高,农作物全部环境因素（包括光照、温度、降水、地形地貌、作物布局、土壤属性等）配合不相协调,产量水平低的耕地[2]。

（二）中国的中低产田概况

通过分县汇总,我国高、中、低产田面积分别为67429万亩、81004万亩和44680万亩,分别占全国耕地总面积的34.92%、41.95%和23.14%；中低产田面积合计占全国耕地总面积的65.08%。

中低产田比重超过90%的有黄土高原地区和青藏高原地区,分别达到94.68%和90.59%；西北干旱地区也达到86.21%；比重界于60%~70%的有西南地区、东北地区和东南沿海地区。黄土高原地区是我国低产田比重最高的地区,达到59.12%,西北干旱地区和西南地区的低产田比重也分别达47.61%到和34.02%。黄淮海地区和长江中下游地区

---

[1] 唐志坚：《贵州省中低产田土的主要类型及改造措施耕作与栽培》,载《耕作与栽培》,1991(2),页48-49。

[2] 曾庆祝：《浅谈中低产田改造必须集中治理》,载《中国减灾》,1997,7(4),页10-12。

是我国现有的高产田面积超过中低产田面积的两个大区，高产田比重分别达到56.89%和55.65%[①]。

三、中低产田的划分方法

(一)地力等级法

地力等级法也就是根据对耕地质量评价的分等定级结果,把质量较好的耕地作为高产田,把质量中等的耕地作为中产田,把质量较差的耕地作为低产田。地力等级法的优点是对中低产田改造的目标认识明确,有利于农业生产建设实践。同时缺点也比较突出,最主要的是它脱离了耕地的现实产出水平,没能准确地把握高、中、低田的内涵。

(二)平均单产法

平均单产法就是以粮食平均单产为中值,上下各浮动一定的比重,一般为公斤左右,分别作为中产田的上限、高产田下限和下限、低产田上限,依此来划分高、中、低产田。《中国耕地资源及其开发利用》[②]即采用此方法划分的高、中、低产田,其划分结果为:在全国耕地总面积中,高产田占21.54%,中产田占37.24%,低产田占41.22%。平均单产法的优点是准确地把握住了高、中、低田的内涵,对其有直观明了的认识,且计算方法简单,便于农业生产决策管理部门操作和用于农业生产实践的指导。

(三)潜力产出率法

潜力产出率法[③]是"耕地潜力产出率划分法"的简称,顾名思义,它是根据耕地现实产出水平与其最大生产潜力之比值的大小来划分高、中、低产田的方法,即把潜力产出率高于一定数值的耕地划归为高产田,低于一定数值的耕地划归为低产田,处于两数值之间的耕地划归为中产田。潜力产出率法综合考虑了耕地地力和其现实产出水平两个方面的因素,是一种比较综合的高、中、低产田划分方法。林鹏生[④]用此方法划分出的中国中低产田约占全国耕地面积的65%。

四、甘肃省中低产田的划分

以甘肃省耕地资源管理信息系统为基础,根据地力等级法划分出了甘肃省的高、中、

---

① 林鹏生:《我国中低产田分布及粮食增产潜力研究》,博士学位论文,中国农业科学院,2008年,页98-100。
② 柯炳生:《新时期我国粮食供求形势探析》,载《中国农垦经济》,2003(1),页35-38。
③ 林鹏生:《我国中低产田分布及粮食增产潜力研究》,博士学位论文,中国农业科学院,2008年,页89-94。
④ 林鹏生:《我国中低产田分布及粮食增产潜力研究》,博士学位论文,中国农业科学院,2008年,页89-94。

低产田。中低产田面积为 472.02 万公顷，占全省总耕地面积的 86.7%；中产田面积为 128.87 万公顷，占全省总耕地面积的 27.30%；低产田面积为 343.15 万公顷，占全省总耕地面积的 72.70%。依照《全国中低产田类型划分与改良技术规范》（NY/T 310—1996），将甘肃省中低产田划分为干旱灌溉型、瘠薄培肥型、坡地梯改型、沙化耕地型、盐碱耕地型、障碍层次型。见表 3-3-3。

表 3-3-3　甘肃省中低产田类型及面积分布表

中低产田类型	干旱灌溉型	瘠薄培肥型	坡地梯改型	沙化耕地型	盐碱耕地型	障碍层次型
耕地面积（公顷）	387720.93	1693118.6	2334374.5	154775.71	114389.94	7373.61
占总耕地面积的比例（%）	7.17	31.29	43.15	2.86	2.11	0.14

（一）干旱灌溉型

干旱灌溉型的中低产田主要分布在兰州、白银、武威等地，面积为 387721 公顷，占总耕地面积的 7.17%。这一类型的中低产田，地貌类型以中山、丘陵为主，年降水量在 300mm 左右，并且分布不均，主要集中在 8~9 月。这一区域的灌溉条件不能满足作物的生长需求，久而久之，造成了这一区域的耕地产量低下的状况。详细见表 3-3-4。

表 3-3-4　干旱灌溉型障碍程度指标

等级	六等地	七等地	八等地	九等地	十等地
地貌类型	低山、平原、丘陵、中山	平原、丘陵、中山	中山、低山、高山、平原	中山、高山	
坡度（°）	0.4~25	0.9~34	1.2~27	1.7~25.5	1.6~29.9
耕层厚度（cm）	10~33			7~33	10~31
灌溉条件	河西地区保灌 1~2 次/年				
产量水平（kg/亩）	393~480	305~393	217~305	130~217	50~130

（二）瘠薄培肥型

瘠薄培肥型的中低产田主要分布在庆阳市、白银市、定西市、天水市，在兰州市、平凉市、陇南市、甘南州等地也有少量分布，面积为 1693119 公顷，占总耕地面积的 31.29%。瘠薄培肥型中低产田的有机质含量基本上在 12g/kg 以下，甘南州也划分为瘠薄培肥型，因其所处的地理位置和气候条件所致，高寒阴湿地区的甘南州，虽然耕层有机质含量在 14.2~40.4g/kg，但是甘南州有效积温较低，有机质难于分解，因此将甘南州的中低产田类型划分为瘠薄培肥型。详细见表 3-3-5。

表 3-3-5　瘠薄培肥型障碍程度指标

等级	六等地	七等地	八等地	九等地	十等地
地貌类型	黄土塬、平原、丘陵、中山	低山、黄土塬、平原、丘陵、中山		中山、高山、中山、丘陵	
坡度(°)	0.5~27.2	0.5~31	0.8~37	0.6~40	1.3~55
耕层厚度(cm)	12~31	6~33	10~33		
有机质(g/kg)	<13				
产量水平(kg/亩)	393~480	305~393	217~305	130~217	50~130

注：此类中低产田包括耕层有机质含量小于13g/kg的耕地和甘南州。

(三)坡地梯改型

坡地梯改型的中低产田主要分布在定西、陇南、天水、平凉、庆阳、临夏等地，白银、兰州、山丹马场也有少量分布，面积为2334375公顷，占总耕地面积的43.15%。这是甘肃省占地面积最大的一个中低产田类型，地貌以黄土塬、丘陵为主，还有部分的中山和低山，地面坡度较大，均值为14.6°。土壤侵蚀程度较高，跑水跑肥现象较为严重。详细见表3-3-6。

表 3-3-6　坡地梯改型障碍程度指标

等级	六等地	七等地	八等地	九等地	十等地
地貌类型	黄土塬、平原、丘陵、中山	黄土塬、平原、丘陵、中山、低山		中山、高山、中山、丘陵	
坡度(°)	0.3~32	0.5~38	0.3~42	0.9~49	3.2~52
耕层厚度(cm)	12~31	12~33	10~33	5~30	
梯田化水平	坡耕地				
土壤侵蚀程度	中度至强度			强度	
灌溉条件	无灌溉				
产量水平(kg/亩)	393~480	305~393	217~305	130~217	50~130

(四)沙化耕地型

沙化耕地型的中低产田主要分布在武威市、金昌市、酒泉市、张掖市、嘉峪关市，面积为154 776公顷，占总耕地面积的2.68%。在河西有少部分沙化耕地，坡度较小，耕层较薄，植被建设没有做好。详细见表3-3-7。

表 3-3-7　沙化耕地型障碍程度指标

等级	六等地	七等地	八等地	九等地	十等地
地貌类型	平原、丘陵	平原、丘陵、低山	平原、丘陵	中山	
坡度(°)	0.5～8.7	0.8～13.3	1.3～10.8	1.8～4.1	2.8～6.8
耕层厚度(cm)	6～10			10	
灌溉条件	有灌溉		无灌溉		
障碍程度	轻度沙化		中度沙化		
植被建设	二级		三级	小于四级	
产量水平(kg/亩)	393～480	305～393	217～305	130～217	50～130

（五）盐碱耕地型

盐碱耕地型的中低产田主要分布在金昌市、张掖市、酒泉市、白银市、嘉峪关市和山丹马场，面积为 114 390 公顷，占总耕地面积的 2.11%。这一类型的中低产田，耕层 pH 为 7.8～8.6，耕层含盐量 0.3%～0.99%，以硫酸盐为主。该地型可溶性盐含量和碱化度超过了限量，影响作物正常的生长，主导障碍因素为土壤盐渍化。详细见表 3-3-8。

表 3-3-8　盐碱耕地型障碍程度指标

等级	六等地	七等地	八等地	九等地	十等地
地貌类型	平原、丘陵、低山、中山	平原、丘陵、中山	平原、丘陵、低山、中山	低山、丘陵、中山	低山、高山、中山
耕层质地	黏土、砂土、黏壤土				
耕层 pH	7.8～8.7	8～8.6	7.8～8.5	7.9～8.4	7.9～8.3
耕层厚度(cm)	10～31	10～30	7～25	7～30	7～10
耕层含盐量(%)	0.3～0.8	0.3～0.99	0.3～0.77	0.3～0.5	0.3～0.52
产量水平(kg/亩)	393～480	305～393	217～305	130～217	50～130

（六）障碍层次型

障碍层次型的中低产田主要分布在陇南市，面积为 7374 公顷，占总耕地面积的 0.14%。这一类型的中低产田土壤类型主要为黄棕壤土，障碍层位置大多在 20 cm，影响作物的正常生长，障碍层类型以砂姜层、黏盘层、铁盘为主。详细见表 3-3-9。

表 3–3–9　盐碱耕地型障碍程度指标

等级	六等地	七等地	八等地	九等地	十等地
地貌类型	中山				
耕层质地	壤土、黏壤土				
障碍层位置(cm)	>100		100	20	
耕层厚度(cm)	20	7~20	20	7~20	7
产量水平（kg/亩）	393~480	305~393	217~305	130~217	50~130

表 3–3–10　甘肃省中低产田分布概况

行政单位	中低产田类型	干旱灌溉型	瘠薄培肥型	坡地梯改型	沙化耕地型	盐碱耕地型	障碍层次型
兰州市	面积(公顷)	152434.03	85972.11	47507.59	0	0	0
	比例(%)	39.08	5.05	2.02	0	0	0
嘉峪关市	面积(公顷)	515.91	0	0	344.28	1151.9	0
	比例(%)	0.13	0	0	0.22	1.00	0
金昌市	面积(公顷)	25814.87	0	0	13492.2	74991.63	0
	比例(%)	6.62	0	0	8.66	65.16	0
白银市	面积(公顷)	58840.17	294716.59	171420.42	0	3044.32	0
	比例(%)	15.08	17.30	7.30	0	2.65	0
天水市	面积(公顷)	0	210325.48	335471.74	0	0	0
	比例(%)	0	12.35	14.28	0	0	0
武威市	面积(公顷)	117143.89	0	0	92486.83	2120.61	0
	比例(%)	30.03	0	0	59.40	1.84	0
张掖市	面积(公顷)	28051.41	0	0	22639.35	11701.66	0
	比例(%)	7.19	0	0	14.54	10.17	0
平凉市	面积(公顷)	0	107777.56	298193.65	0	0	0
	比例(%)	0	6.33	12.70	0	0	0
酒泉市	面积(公顷)	7268.43	0	0	26750.27	9972.97	0
	比例(%)	1.86	0	0	17.18	8.67	0
庆阳市	面积(公顷)	0	435033.04	246229.54	0	0	0
	比例(%)	0	25.54	10.48	0	0	0

续表 3-3-10

行政单位	中低产田类型	干旱灌溉型	瘠薄培肥型	坡地梯改型	沙化耕地型	盐碱耕地型	障碍层次型
定西市	面积（公顷）	0	299484.16	525639.74	0	0	0
	比例（%）	0	17.58	22.38	0	0	0
陇南市	面积（公顷）	0	120110.44	437229.95	0	0	7418.26
	比例（%）	0	7.05	18.62	0	0	100
临夏回族自治州	面积（公顷）	0	25972.39	253645.57	0	0	0
	比例（%）	0	1.52	10.80	0	0	0
甘南藏族自治州	面积（公顷）	0	123979.19	0	0	0	0
	比例（%）	0	7.28	0	0	0	0
莲花山林场	面积（公顷）	0	0	1223.18	0	0	0
	比例（%）	0	0	0.05	0	0	0
山丹马场	面积（公顷）	0	0	31471.64	0	12099.52	0
	比例（%）	0	0	1.34	0	10.51	0
太子山林场	面积（公顷）	0	0	477.1	0	0	0
	比例（%）	0	0	0.02	0	0	0

五、中低产田改造措施

（一）干旱灌溉型

1.田间灌溉工程。干旱年份，保灌 3 次以上，毛灌定额 4500~7500m³/公顷。井渠结合，用水保证率达到 90%。平整土地与条田建设，达到适应各类灌溉需要的要求。

2.加深耕层至 30 cm，保证机耕面积大于 60%。连续 3 年秸秆还田，小麦留高茬，玉米秸秆粉碎还田。连续 3 年增施有机肥，每年 45000kg/公顷。

（二）瘠薄培肥型

1.将平坦塬面及缓坡地规划成条田。注重林带植被建设，达到林、草、作物总植被覆盖率大于 80%。

2.深翻。3 年内深耕 1~2 次，加深耕层 5~10 cm，使耕作熟化层达到 20 cm。在耕作制度方面，大秋粮食套种黄豆，麦茬复种短期绿肥，麦、油、豆轮作，连续 3~5 年。秸秆还田，小麦高茬收割 15~20 cm，连续 3 年。

（三）坡地梯改型

1.梯田工程。为防止水土流失，增强土壤水分储备和抗旱能力，可采用缓坡修梯田，陡坡种林草,增加地面覆盖度;同时,增加梯田土层及耕作熟化层厚度。

2.耕作培肥。采用深耕技术,种植绿草,增施有机肥,配方施肥,地膜覆盖。

(四)沙化耕地型

1.建设农田防护林带、林网,减少风沙危害。保护村庄农田附近沙窝里的天然杂草、灌木,使其不受破坏;坚持在风沙口办林场,植树种草,或用砾石麦草网格法,或栽培沙生植物,或盖土压沙等固定沙丘。

2.农业措施。如种植苜蓿、豌豆等绿色作物,施用墙土、黏土,增加土壤黏粒,深翻底层,增施有机肥料等。

(五)盐碱耕地型

1.通过灌溉脱盐、挖沟压盐、平整土地和加强园田建设等工程技术改造。

2.耕作培肥,包括秋深耕晒垡,春浅耕早耙,增施有机肥、配方施肥。

3.增施硫酸亚铁、地膜覆盖、生物覆盖、土壤改良剂等其他措施。

(六)障碍层次型

1.平整土地,使田面坡度小于3度。

2.耕作培肥,主要通过加深耕层、增施有机肥、秸秆还田、种植绿肥等对障碍层次型的中低产田进行改良。

3.其他措施,如林带植被建设;开发适当的水利设施,增强抗旱能力。

按照产量归入国家等级后,甘肃省的耕地基本上属于产量偏低的,分布在国家的五等地至十等地之间。将近60%的耕地属于国家六至十等地。详见表3-3-2。

表3-3-2 甘肃省地力等级与国家地力等级对照表

省级地力等级	概念性产量（kg/亩）	国家地力等级	省级地力等级	概念性产量（kg/亩）	国家地力等级
一等地	500～600	五等地	六等地	200~300	八等地
二等地	400～500	六等地	七等地	200~300	八等地
三等地	400～500	六等地	八等地	100~200	九等地
四等地	300～400	七等地	九等地	100~200	九等地
五等地	300～400	七等地	十等地	＜100	十等地

二、国内中低产田现状

(一)中低产田的概念

关于中低产田的概念,主要基于土壤的障碍因素和改造措施两方面来认识:从土壤障碍因素的角度,国内多数学者认为,中低产田土是指土壤环境因素不良或土体内存在一种或几种障碍因子,影响了土壤生产力发挥,从而导致农作物产量低而不稳的一类耕地土壤[1]。或者说中低产田土是指那些环境条件不良、综合农业技术措施(包括农田水利设计、作物布局、耕作制度、施肥措施等)不高,农作物全部环境因素(包括光照、温度、降水、地形地貌、作物布局、土壤属性等)配合不相协调,产量水平低的耕地[2]。

(二)中国的中低产田概况

通过分县汇总,我国高、中、低产田面积分别为67429万亩、81004万亩和44680万亩,分别占全国耕地总面积的34.92%、41.95%和23.14%;中低产田面积合计占全国耕地总面积的65.08%。

中低产田比重超过90%的有黄土高原地区和青藏高原地区,分别达到94.68%和90.59%;西北干旱地区也达到86.21%;比重界于60%～70%的有西南地区、东北地区和东南沿海地区。黄土高原地区是我国低产田比重最高的地区,达到59.12%,西北干旱地区和西南地区的低产田比重也分别达47.61%到和34.02%。黄淮海地区和长江中下游地区

---

[1] 唐志坚:《贵州省中低产田土的主要类型及改造措施耕作与栽培》,载《耕作与栽培》,1991(2),页48-49。

[2] 曾庆祝:《浅谈中低产田改造必须集中治理》,载《中国减灾》,1997,7(4),页10-12。

是我国现有的高产田面积超过中低产田面积的两个大区,高产田比重分别达到56.89%和55.65%①。

三、中低产田的划分方法

(一)地力等级法

地力等级法也就是根据对耕地质量评价的分等定级结果,把质量较好的耕地作为高产田,把质量中等的耕地作为中产田,把质量较差的耕地作为低产田。地力等级法的优点是对中低产田改造的目标认识明确,有利于农业生产建设实践。同时缺点也比较突出,最主要的是它脱离了耕地的现实产出水平,没能准确地把握高、中、低田的内涵。

(二)平均单产法

平均单产法就是以粮食平均单产为中值,上下各浮动一定的比重,一般为公斤左右,分别作为中产田的上限、高产田下限和下限、低产田上限,依此来划分高、中、低产田。《中国耕地资源及其开发利用》②即采用此方法划分的高、中、低产田,其划分结果为:在全国耕地总面积中,高产田占21.54%,中产田占37.24%,低产田占41.22%。平均单产法的优点是准确地把握住了高、中、低田的内涵,对其有直观明了的认识,且计算方法简单,便于农业生产决策管理部门操作和用于农业生产实践的指导。

(三)潜力产出率法

潜力产出率法③是"耕地潜力产出率划分法"的简称,顾名思义,它是根据耕地现实产出水平与其最大生产潜力之比值的大小来划分高、中、低产田的方法,即把潜力产出率高于一定数值的耕地划归为高产田,低于一定数值的耕地划归为低产田,处于两数值之间的耕地划归为中产田。潜力产出率法综合考虑了耕地地力和其现实产出水平两个方面的因素,是一种比较综合的高、中、低产田划分方法。林鹏生④用此方法划分出的中国中低产田约占全国耕地面积的65%。

四、甘肃省中低产田的划分

以甘肃省耕地资源管理信息系统为基础,根据地力等级法划分出了甘肃省的高、中、

---

①林鹏生:《我国中低产田分布及粮食增产潜力研究》,博士学位论文,中国农业科学院,2008年,页98-100。
②柯炳生:《新时期我国粮食供求形势探析》,载《中国农垦经济》,2003(1),页35-38。
③林鹏生:《我国中低产田分布及粮食增产潜力研究》,博士学位论文,中国农业科学院,2008年,页89-94。
④林鹏生:《我国中低产田分布及粮食增产潜力研究》,博士学位论文,中国农业科学院,2008年,页89-94。

低产田。中低产田面积为472.02万公顷，占全省总耕地面积的86.7%；中产田面积为128.87万公顷，占全省总耕地面积的27.30%；低产田面积为343.15万公顷，占全省总耕地面积的72.70%。依照《全国中低产田类型划分与改良技术规范》(NY/T 310—1996)，将甘肃省中低产田划分为干旱灌溉型、瘠薄培肥型、坡地梯改型、沙化耕地型、盐碱耕地型、障碍层次型。见表3-3-3。

表3-3-3 甘肃省中低产田类型及面积分布表

中低产田类型	干旱灌溉型	瘠薄培肥型	坡地梯改型	沙化耕地型	盐碱耕地型	障碍层次型
耕地面积（公顷）	387720.93	1693118.6	2334374.5	154775.71	114389.94	7373.61
占总耕地面积的比例（%）	7.17	31.29	43.15	2.86	2.11	0.14

(一)干旱灌溉型

干旱灌溉型的中低产田主要分布在兰州、白银、武威等地，面积为387721公顷，占总耕地面积的7.17%。这一类型的中低产田，地貌类型以中山、丘陵为主，年降水量在300mm左右，并且分布不均，主要集中在8~9月。这一区域的灌溉条件不能满足作物的生长需求，久而久之，造成了这一区域的耕地产量低下的状况。详细见表3-3-4。

表3-3-4 干旱灌溉型障碍程度指标

等级	六等地	七等地	八等地	九等地	十等地
地貌类型	低山、平原、丘陵、中山	平原、丘陵、中山	中山、低山、高山、平原	中山、高山	
坡度（°）	0.4~25	0.9~34	1.2~27	1.7~25.5	1.6~29.9
耕层厚度（cm）	10~33			7~33	10~31
灌溉条件	河西地区保灌1~2次/年				
产量水平（kg/亩）	393~480	305~393	217~305	130~217	50~130

(二)瘠薄培肥型

瘠薄培肥型的中低产田主要分布在庆阳市、白银市、定西市、天水市，在兰州市、平凉市、陇南市、甘南州等地也有少量分布，面积为1693119公顷，占总耕地面积的31.29%。瘠薄培肥型中低产田的有机质含量基本上在12g/kg以下，甘南州也划分为瘠薄培肥型，因其所处的地理位置和气候条件所致，高寒阴湿地区的甘南州，虽然耕层有机质含量在14.2~40.4g/kg，但是甘南州有效积温较低，有机质难于分解，因此将甘南州的中低产田类

型划分为瘠薄培肥型。详细见表3-3-5。

表3-3-5　瘠薄培肥型障碍程度指标

等级	六等地	七等地	八等地	九等地	十等地
地貌类型	黄土塬、平原、丘陵、中山	低山、黄土塬、平原、丘陵、中山		中山、高山、中山、丘陵	
坡度（°）	0.5～27.2	0.5～31	0.8～37	0.6～40	1.3～55
耕层厚度（cm）	12～31	6～33	10～33		
有机质（g/kg）	<13				
产量水平（kg/亩）	393～480	305～393	217～305	130～217	50～130

注：此类中低产田包括耕层有机质含量小于13g/kg的耕地和甘南州。

(三)坡地梯改型

坡地梯改型的中低产田主要分布在定西、陇南、天水、平凉、庆阳、临夏等地，白银、兰州、山丹马场也有少量分布，面积为2334375公顷，占总耕地面积的43.15%。这是甘肃省占地面积最大的一个中低产田类型，地貌以黄土塬、丘陵为主，还有部分的中山和低山，地面坡度较大，均值为14.6°。土壤侵蚀程度较高，跑水跑肥现象较为严重。详细见表3-3-6。

表3-3-6　坡地梯改型障碍程度指标

等级	六等地	七等地	八等地	九等地	十等地
地貌类型	黄土塬、平原、丘陵、中山	黄土塬、平原、丘陵、中山、低山		中山、高山、中山、丘陵	
坡度（°）	0.3～32	0.5～38	0.3～42	0.9～49	3.2～52
耕层厚度（cm）	12~31	12~33	10~33	5~30	
梯田化水平	坡耕地				
土壤侵蚀程度	中度至强度			强度	
灌溉条件	无灌溉				
产量水平（kg/亩）	393～480	305～393	217～305	130～217	50～130

(四)沙化耕地型

沙化耕地型的中低产田主要分布在武威市、金昌市、酒泉市、张掖市、嘉峪关市，面积为154 776公顷，占总耕地面积的2.68%。在河西有少部分沙化耕地，坡度较小，耕层较薄，植被建设没有做好。详细见表3-3-7。

表 3-3-7　沙化耕地型障碍程度指标

等级	六等地	七等地	八等地	九等地	十等地
地貌类型	平原、丘陵	平原、丘陵、低山	平原、丘陵	中山	
坡度（°）	0.5～8.7	0.8～13.3	1.3～10.8	1.8～4.1	2.8～6.8
耕层厚度(cm)	6～10		10		
灌溉条件	有灌溉		无灌溉		
障碍程度	轻度沙化		中度沙化		
植被建设	二级	三级		小于四级	
产量水平（kg/亩）	393～480	305～393	217～305	130～217	50～130

（五）盐碱耕地型

盐碱耕地型的中低产田主要分布在金昌市、张掖市、酒泉市、白银市、嘉峪关市和山丹马场，面积为 114 390 公顷，占总耕地面积的 2.11%。这一类型的中低产田，耕层 pH 为 7.8～8.6，耕层含盐量 0.3%～0.99%，以硫酸盐为主。该地型可溶性盐含量和碱化度超过了限量，影响作物正常的生长，主导障碍因素为土壤盐渍化。详细见表 3-3-8。

表 3-3-8　盐碱耕地型障碍程度指标

等级	六等地	七等地	八等地	九等地	十等地
地貌类型	平原、丘陵、低山、中山	平原、丘陵、中山	平原、丘陵、低山、中山	低山、丘陵、中山	低山、高山、中山
耕层质地	黏土、砂土、黏壤土				
耕层 pH	7.8～8.7	8～8.6	7.8～8.5	7.9～8.4	7.9～8.3
耕层厚度(cm)	10～31	10～30	7～25	7～30	7～10
耕层含盐量(%)	0.3～0.8	0.3～0.99	0.3～0.77	0.3～0.5	0.3～0.52
产量水平（kg/亩）	393～480	305～393	217～305	130～217	50～130

（六）障碍层次型

障碍层次型的中低产田主要分布在陇南市，面积为 7374 公顷，占总耕地面积的 0.14%。这一类型的中低产田土壤类型主要为黄棕壤土，障碍层位置大多在 20 cm，影响作物的正常生长，障碍层类型以砂姜层、黏盘层、铁盘为主。详细见表 3-3-9。

表 3-3-9　盐碱耕地型障碍程度指标

等级	六等地	七等地	八等地	九等地	十等地
地貌类型	中山				
耕层质地	壤土、黏壤土				
障碍层位置(cm)	>100		100		20
耕层厚度(cm)	20	7~20	20	7~20	7
产量水平（kg/亩）	393~480	305~393	217~305	130~217	50~130

表 3-3-10　甘肃省中低产田分布概况

行政单位	中低产田类型	干旱灌溉型	瘠薄培肥型	坡地梯改型	沙化耕地型	盐碱耕地型	障碍层次型
兰州市	面积(公顷)	152434.03	85972.11	47507.59	0	0	0
	比例(%)	39.08	5.05	2.02	0	0	0
嘉峪关市	面积(公顷)	515.91	0	0	344.28	1151.9	0
	比例(%)	0.13	0	0	0.22	1.00	0
金昌市	面积(公顷)	25814.87	0	0	13492.2	74991.63	0
	比例(%)	6.62	0	0	8.66	65.16	0
白银市	面积(公顷)	58840.17	294716.59	171420.42	0	3044.32	0
	比例(%)	15.08	17.30	7.30	0	2.65	0
天水市	面积(公顷)	0	210325.48	335471.74	0	0	0
	比例(%)	0	12.35	14.28	0	0	0
武威市	面积(公顷)	117143.89	0	0	92486.83	2120.61	0
	比例(%)	30.03	0	0	59.40	1.84	0
张掖市	面积(公顷)	28051.41	0	0	22639.35	11701.66	0
	比例(%)	7.19	0	0	14.54	10.17	0
平凉市	面积(公顷)	0	107777.56	298193.65	0	0	0
	比例(%)	0	6.33	12.70	0	0	0
酒泉市	面积(公顷)	7268.43	0	0	26750.27	9972.97	0
	比例(%)	1.86	0	0	17.18	8.67	0
庆阳市	面积(公顷)	0	435033.04	246229.54	0	0	0
	比例(%)	0	25.54	10.48	0	0	0

续表 3-3-10

行政单位	中低产田类型	干旱灌溉型	瘠薄培肥型	坡地梯改型	沙化耕地型	盐碱耕地型	障碍层次型
定西市	面积（公顷）	0	299484.16	525639.74	0	0	0
	比例（%）	0	17.58	22.38	0	0	0
陇南市	面积（公顷）	0	120110.44	437229.95	0	0	7418.26
	比例（%）	0	7.05	18.62	0	0	100
临夏回族自治州	面积（公顷）	0	25972.39	253645.57	0	0	0
	比例（%）	0	1.52	10.80	0	0	0
甘南藏族自治州	面积（公顷）	0	123979.19	0	0	0	0
	比例（%）	0	7.28	0	0	0	0
莲花山林场	面积（公顷）	0	0	1223.18	0	0	0
	比例（%）	0	0	0.05	0	0	0
山丹马场	面积（公顷）	0	0	31471.64	0	12099.52	0
	比例（%）	0	0	1.34	0	10.51	0
太子山林场	面积（公顷）	0	0	477.1	0	0	0
	比例（%）	0	0	0.02	0	0	0

五、中低产田改造措施

（一）干旱灌溉型

1.田间灌溉工程。干旱年份，保灌 3 次以上，毛灌定额 4500~7500m³/公顷。井渠结合，用水保证率达到 90%。平整土地与条田建设，达到适应各类灌溉需要的要求。

2.加深耕层至 30 cm，保证机耕面积大于 60%。连续 3 年秸秆还田，小麦留高茬，玉米秸秆粉碎还田。连续 3 年增施有机肥，每年 45000kg/公顷。

（二）瘠薄培肥型

1.将平坦塬面及缓坡地规划成条田。注重林带植被建设，达到林、草、作物总植被覆盖率大于 80%。

2.深翻。3 年内深耕 1~2 次，加深耕层 5~10 cm，使耕作熟化层达到 20 cm。在耕作制度方面，大秋粮食套种黄豆，麦茬复种短期绿肥，麦、油、豆轮作，连续 3~5 年。秸秆还田，小麦高茬收割 15~20 cm，连续 3 年。

（三）坡地梯改型

1.梯田工程。为防止水土流失，增强土壤水分储备和抗旱能力，可采用缓坡修梯田，陡

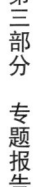

坡种林草,增加地面覆盖度;同时,增加梯田土层及耕作熟化层厚度。

2.耕作培肥。采用深耕技术,种植绿草,增施有机肥,配方施肥,地膜覆盖。

(四)沙化耕地型

1.建设农田防护林带、林网,减少风沙危害。保护村庄农田附近沙窝里的天然杂草、灌木,使其不受破坏;坚持在风沙口办林场,植树种草,或用砾石麦草网格法,或栽培沙生植物,或盖土压沙等固定沙丘。

2.农业措施。如种植苜蓿、豌豆等绿色作物,施用墙土、黏土,增加土壤黏粒,深翻底层,增施有机肥料等。

(五)盐碱耕地型

1.通过灌溉脱盐、挖沟压盐、平整土地和加强园田建设等工程技术改造。

2.耕作培肥,包括秋深耕晒垡,春浅耕早耙,增施有机肥、配方施肥。

3.增施硫酸亚铁、地膜覆盖、生物覆盖、土壤改良剂等其他措施。

(六)障碍层次型

1.平整土地,使田面坡度小于3度。

2.耕作培肥,主要通过加深耕层、增施有机肥、秸秆还田、种植绿肥等对障碍层次型的中低产田进行改良。

3.其他措施,如林带植被建设;开发适当的水利设施,增强抗旱能力。

第二节　皋兰县土地利用现状

一、皋兰县土地利用概况

皋兰县土地总面积25.56万公顷。其中农用地4.90万公顷，占全县土地总面积的19.80%；建设用地0.697万公顷，占2.81%；未利用地19.95万公顷，占77.39%。

二、存在的问题

(一)土壤资源利用不尽合理

1.土地分配不均，耕地利用率不高

土地面积分配不均衡，在黄河沿岸的东南地区，耕地面积小，人口密集，多采用密集型生产方式，耕地利用率较高，在梁峁、丘陵、山地土地面积大，相对人口少，耕作粗放，耕地利用率低；土壤贫瘠，影响农作物产量的提高。

2.农、林、牧用地结构失调

皋兰县农、林、牧用地比例为24∶1∶121；其结构明显失调，尤其是林业用地面积过小，造成这种畸形结构的原因是从20世纪50年代开始，农垦过量，耕地面积增大，特别是粮播面积增大，至1984年耕地中粮播面积达81%以上。因此，直接影响着农业结构趋于合理，降低了农、林、牧综合经济效益的发挥。

(二)耕地土壤重用轻养，忽视培肥，土壤肥力降低

皋兰县除部分老水地外，多是近十年来新平整的水地，大部分地土肥力不高，占县区总耕地面积很大的旱作土壤，其肥力更差，多在全国养分含量标准的四级以下。其主要原因：一是土壤本身的肥力差；二是大部分地块距村庄较远，肥料运输困难，土壤肥力得不到及时补充；三是畜禽少，有机肥源缺乏，量少质差；四是群众经济尚有困难，无力购买大量商品肥料；五是长期单一施用化肥，氮、磷肥比例失调，施用方法不恰当等。

另外，利用土地而不注重培养土地，导致土壤地力衰退，这主要在丘陵山地和新平整的土地上较为普遍，一是山高坡陡，气候复杂，灾害频繁，水土流失严重；二是劳动力不足，耕粗放，依靠土地的自然肥力经营作物，广种薄收；三是土地逐渐趋向瘠薄，肥力不断下降。

(三)土壤速效养分含量低

从耕层农化样化验分析统计结果看，全县区土壤的速效养分碱解氮相当于国家标准五级；速效磷相当于国家标准三级，速效钾相当于国家标准三级，氮、磷比例为1∶0.39，

除钾素表现较丰富外,磷、碱解氮缺乏,氮、磷比例失调。在生产上部分地方化肥施用重氮轻磷的现象依然存在,这更加速了土壤中氮、磷比例的不协调;就农业生产和农作物的要求,进一步重视增施磷肥,氮、磷配合施用,以达到调整氮、磷比例,使之趋于平衡的目的。

(四)农田灌溉用水集中,无法保证

皋兰县近年来水浇地发展较快,灌溉供需矛盾突出。一是用水季节集中,灌溉用水明显不足;二是灌溉渠线上,渗漏多;三是新平整地畦大不平,用水量大,水费昂贵,无法保证作物的需求,影响了农业生产。同时,农田灌溉不合理,大水漫灌、串灌,不仅浪费水严重,而且导致地下水位抬升,在强烈蒸发作用下,土壤盐分上升,使土壤趋于产生次生盐渍化,对农业生产的发展极为不利。

(五)耕地减少,土壤污染日趋严重

皋兰县耕地减少的主要原因是由于人口急剧的增长,引起的农村总农户的增加,村镇基建占地量的增大。土壤污染趋向严重,这主要是工矿企业排放"三废",即"废气、废水、废渣",长期的排放积累,不仅污染了大片的土壤,而且污染了水源、作物、牧草和一切生物。特别是对土壤的污染,极大地影响着人民的身心健康和农、林、牧各业的发展。另外,部分缺乏水源的地方,用高矿化度的劣质水灌溉农田,也对土壤产生了污染,使之产生次生盐渍化现象。

第三节 中低产土壤类型

根据皋兰县"县域耕地资源管理信息系统"的耕地地力评价结果,影响皋兰县耕地地力的主要影响因素为土壤侵蚀和土壤障碍层厚度,结合土地利用区划,按照《全国中低产田类型划分与改良技术规范》(NY/T 310—1996)的划分标准,皋兰县中低产土壤只有障碍层次型一种类型。

厚层漏砂土。面积437公顷。上黏下砂,有效土层一般60~100cm,上层多为轻—中壤,而下层则为砂壤,其熟化层较厚,达40cm。

厚层淤砂土。面积182.27公顷。通层砂壤,此层有侵入煤渣。

第四节 皋兰县土改良利用分区与改良利用措施

综合考虑皋兰县的地貌类型、光热条件、地域特点、土壤类型,不同土壤类型存在的障碍因素、土地利用方式、灌溉保证率和行政区划特点,将皋兰县土壤分为2个大区4个

亚区。

一、丘陵梁峁、沟壑、农、牧、林综合改良利用分区

本区在全县广泛分布,包括黑石川、西岔、中心、忠和、水阜、石洞等乡镇。面积大,自然条件差,海拔约在1550~2400m之间,地势呈西北向东南倾斜趋势,高低起伏,土地较为分散。该区自然资源较丰富,年平均气温6.5℃~8.3℃,≥10℃活动积温2280℃~3114℃,无霜期为130~172 d;年日照时数在2651.1~2700 h,太阳辐射总量为129.75kcol /cm²;年降雨量在260~110mm之间变化,且年际变率大,地下水埋深在沟谷川地不超过50m,矿化度多在3~10g/L之间。成土母质主要是黄土母质,局部为冲、洪积物;分布的土壤类型主要为灰钙土类,根据本区的分布方位、土壤类型、生产水平、利用现状及改良利用方向,划分出以下两个亚区。

(一)北部灰钙土抗旱保墒、培肥农、牧、林综合利用亚区

本亚区在境内广泛分布,主要包括黑石川和西岔等地。本亚区存在的主要问题:(1)土壤耕作粗放,养分含量低,地力差。(2)肥料补充不足,广种薄收,靠天吃饭。(3)降雨稀少,蒸发大,干旱威胁严重,生产水平低。(4)新平整农田用水紧张,灌溉无法保证。(5)草场退化严重,产草量下降,载畜量低。又因长期过量开垦土地,滥挖草皮,致使植被更加稀少,加速了水土流失。

本亚区今后发展的方向是以粮食为主,适当缩小粮播面积,扩大蔬菜、油料等经济作物面积。在此前提下,发展牧、林业,封山育草,营造水土保持林,控制放牧,保护植被,促使生态环境向良性循环转化。

本亚区改良措施:(1)实行精耕细作,轮作倒茬;提倡种植绿肥,扩大有机肥源,合理施肥,重视有机与无机,氮与磷的配合施用,提高养分含量,增加地力。(2)平田整地,兴修梯田,发展沟坝地,引洪漫地,抗旱保墒,进行有机旱作农业。(3)加强管理,实行科学合理地灌溉,缓和用水紧张的矛盾,满足农作物的需求。(4)发展多种经营,扩大复种面积,提高复种指数,充分利用光热、水资源,提高土壤利用率。(5)实行封山育草、植树造林与控制放牧、轮牧相结合的措施,杜绝滥挖草皮的现象,增加植被,防止水土流失。

(二)南部淡灰钙土农、林、牧综合利用亚区

本亚区在境内分布面积较大,包括中心、忠和、水阜及什川等地。本亚区存在问题:(1)土地耕作较粗放,复种指数低;旱土地广种薄收,进行掠夺式经营生产,地力逐渐衰退。(2)灌溉地重氮轻磷,轻有机肥施用。氮、磷比例失调,限制农作物产量的提高。(3)农田灌溉用水集中、紧张,供需矛盾突出。(4)农业结构比例失调,经济作物面积缩小,地区特点难以发挥。(5)林、牧业发展缓慢,农田林网规模不大,天然植被较差,水土流失严重。

(6)局部耕地土壤盐渍化现象明显,日益影响到农作物生长。

本亚区今后发展的方向,应以农为主,全面发展多种经营。在粮食基本自给有余的前提下,着重发展商品瓜类、蔬菜、果品及其他经济作物,向开放型的商品经济转化,在此基础上,首先要发展林业,植树造林,扩大农田林网,其次,发展牧业,从而达到以林、牧促农的目的。

改良措施:(1)实行精耕细作,向集约化生产过渡;增施有机肥料,改善土壤肥力状况;实行氮、磷、钾化肥配方施肥,协调土壤氮、磷、钾养分的平衡;重视扩大复种面积,提高土壤生产率。(2)科学合理用水,调整粮经比、夏秋比,避免用水时间集中;加强渠线维修管理,防止渗漏,以减少水的浪费,减轻群众负担。(3)调整生产结构,适当缩小粮播面积,扩大经济作物面积,因地制宜,因土种植,充分发挥本区的综合经济优势,扩大商品性生产。(4)加快林、牧业发展,植树造林,扩大农田林网。实行封山育草,控制放牧、轮牧相结合措施,增加植被,防止水土流失。(5)杜绝不合理的灌溉及土壤污染,防止土壤的次生盐渍化。

二、河川、塬台农、林、经济作物区

本区位于境内东南部的黄河沿岸,属河谷冲洪积川、塬、台地区。耕地主要分布在河漫滩及Ⅰ、Ⅱ、Ⅲ、Ⅳ级台阶地上。是县区耕作土壤的精华之地,自然条件、农业生产水平较高。本区为黄河谷地,地势平坦,海拔约在1431~1600m,气候较温暖湿润,年平均气温8.3℃~8.7℃,≥10℃活动积温3114℃~3323℃,无霜期170~183 d,年日照时数为2600~2700 h,年太阳辐射总量为129.75kcol/cm²,年降雨量260-280mm。地下水源充足,埋深较浅,其矿化度多大于1g/L。根据本区地形地貌单元、土壤类型、肥力水平、生产水平的差异、改良利用方向划分两个亚区。

(一)河川、塬台灰钙土培肥,农、林利用亚区

本亚区分布在黄河河川、塬台面上,属冲、洪积Ⅳ级以上的阶地,土层深厚,土壤主要是灰钙土类,土质良好,加之灌溉条件优越,适宜种植多种作物。

1.存在问题

(1)土壤肥力低,尤其是速效养分不足;施用肥料重氮轻磷,土壤养分比例失调。(2)有机肥料缺乏,种植绿肥少,土壤僵硬、板结较为普遍。(3)作物种植单一,连作重茬普遍,病虫害加重。(4)经济林木少,管理粗放,结果少,产量低。

2.利用方向

本亚区今后发展的方向是以农为主,农林结合,在稳步发展粮食生产的同时,大力发展各类果树、油料、豆类、瓜类的生产。

3.改良措施

(1)增施有机肥料,配合施用化肥,尤其是氮磷复合肥,改善土壤的肥力状况,减少土壤的僵硬板结。(2)提倡轮作倒茬,间、套、复种绿肥,做到用养结合,培肥地力。(3)做好农作物的合理布局,使种植结构更趋合理,减轻病虫危害,提高产量和品质。(4)加强现有经济林木的管理,及时修剪,施肥灌溉,防病治虫,增加产量。

(二)河川川地灌淤土,改土培肥经济作物亚区。

本亚区分布在黄河沿岸河漫滩及Ⅰ、Ⅱ、Ⅲ级阶地,部分在Ⅳ级阶地上,是县区精华土壤的所在,主要的土壤是灌淤土类,地块平整,土质肥沃,土壤养分丰富,这里为县区主要的果、菜、瓜经济作物区。

1.存在问题

(1)土壤湿度大,黏粒含量较大,通透性能较弱,连作重茬普遍,病虫害日益严重。(2)施肥不合理,部分土壤肥力尚低,如漏砂土等,有机肥料缺乏,依靠无机化肥生产,土壤性质变差。(3)部分土壤土层薄、砂性大,影响农作物生长。(4)果园土壤管理不善,致使多数果园趋于老化,不仅产量低,且品质差。

2.改良利用措施

(1)重视精耕细作,实行间、套、复种,轮作倒茬,缓和肥力,减轻病虫害。(2)增施有机肥,配合施用无机肥,充分利用沤、堆肥等扩大有机肥来源。同时,提倡间、套、复种豆科绿肥,一是倒茬肥地;二可以解决饲料,提高经济收益;三可防止土壤产生次性盐渍化。(3)土层薄、砂性大的土壤要采用引洪灌淤等措施加以改良,增厚土层,改善土壤理化性质,提高土壤肥力。(4)加强果园土壤管理,及时耕作施肥,合理灌溉,创造适宜于果树生长发育的土壤条件。(5)加快蔬菜发展的速度,采用先进科学技术措施,实现品种良种化,施肥科学化;多发展细菜,向早熟、高产、优质的方向转变。(6)及时中耕土壤,减小土壤湿度,运砂改土,增加土壤通透性促使其向作物适宜生长的方面发展。

专题六　永登县中低产田土壤类型与改良利用分区研究

改造中低产田是挖掘现有耕地的生产潜力,提高永登县粮食综合生产能力,保证食物安全的重要途径,在防止耕地退化、保护生态环境方面具有重要意义。本文通过对永登县中低产田分布类型分析,针对性地提出不同中低产田类型区改造措施。

第一节　目的意义

本县在土地开发利用方面的历史悠久。据史载,春秋战国时这里称为西戎地又叫西羌地,已为少数民族放牧;在汉武帝元狩年间,即设县制,除继续进行放牧外,已开始耕种业;到了明朝洪武年间,对今连城、大有、民乐、七山、通远一带进行了土地开发利用,发展了畜牧、农业;明朝万历年间,生产达到一定水平,土地利用面积不断扩大,在大通河两岸已修渠系6条,庄浪河东岸有渠系15条,西岸有渠系13条,当时生产已有相当规模;随着农业的发展,人口也不断增多,明万历年间,本县已达3万多人,到清朝乾隆时期人口达9万多人。伴随着人口的增长,土地的开发利用持续扩大。新中国成立以来,在党和人民政府的领导下,农业生产得到突飞猛进的发展,对土地的利用也逐步有计划地进行综合开发和治理。

永登县位于甘肃省中部,兰州市西北部,境内地势由西北向东南倾斜,最高海拔为县西北部的天马岭(3648.8m),最低海拔为咸水河出口处(1590m),境内平均海拔2000m,地貌呈"三川两河一片"特征,即秦王川、庄浪川、八宝川和庄浪河、大通河及西北片山区,有山地、丘陵、盆地、河谷等四大类型。永登县地处陇中北部温带半干旱区,年降水量290.2mm,年平均气温5.9℃。自然降水稀少,地下水源不足,干旱是本县总的气候特点。耕作土壤依据土壤质地、土层结构、特殊异质土层、土壤盐化程度、砾石含量划分为80个土种。永登县地域辽阔,地貌类型复杂,地形高差大,区域气候差异显著,土壤类型较为复杂。在过去相当长的一段时期,盲目毁草种粮,毁林开荒,自然植被遭到严重破坏,加剧了水土流失和土壤荒漠化的发展,加之农业土壤的利用和管理上"重用轻养",忽视培肥地力,搞掠夺式经营,土壤肥力水平逐渐降低,养分比例严重失调。根据本次耕地资源管理信息系统的资料和第二次土壤普查的资料,找出影响永登县耕地生产力的障碍因素,划分改良分区,提出改良利用措施。

第二节 永登县耕地利用概况

永登县总土地面积为 6090 km²,折合 60.9 万 hm²,其中:耕地 9.2 万 hm²,占土地总面积的 15.11%;水浇地 3.3 万 hm²,占耕地面积的 35.88%;旱地 5.69 万 hm²,占耕地面积的 61.8%。总播面积 8.3 万 hm²,粮食作物面积 5.6 万 hm²,粮食总产量达 16.8 万 t,经济作物面积 1.9 万 hm²。其中胡麻 0.5 万 hm²,总产量 0.66 万 t,油菜 0.4 万 hm²,总产量 0.25 万 t;药材 0.07 万 hm²,总产量 0.46 万 t,蔬菜生产面积 0.6 万 hm²,总产量 22.1 万 t。日光温室面积 900hm²,露地蔬菜 5400hm²,红提葡萄 266.7hm²,饲草 0.8 万 hm²,果园 0.2 万 hm²,总产量 1.28 万 t。

水浇地主要分布在两条河谷地带和秦王川,以种植小麦为主,土壤以吃劲土、红土为主,肥力较好,产量也高,一般每公顷小麦产量都在 6000~7500kg 以上。旱地分为川旱地、山旱地和旱沙地三类,主要分布在两河谷的南北两山、秦川盆地和半旱地区,以种植小麦、马铃薯和豆类为主,产量低且不稳定。

园地:包括果园和玫瑰园,面积共 1525.8hm²,占总面积的 1.66%。该地主要分布在川区,肥力较好,土壤以吃劲土、红土为主。

一、土地利用状况

土地利用状况是反映一个地区生产力发展水平合理与否的标志之一。通过对我县土地资源的调查,我们可以看出如下几个问题。

(一)土地垦殖情况

全县土地垦殖率为 15.7%,但从各乡(镇)来看,二阴山区由于大量开荒种地,垦殖率最高,如民乐乡垦殖率 37%。由于垦殖率高,所以一些适宜林草的土地都已辟为农田,造成农、林、牧比例失调,给农业生产的进一步发展造成不良影响。因此,这些地区应继续退耕还林和退耕还草。(如表 3-6-1)

(二)耕地地势和坡度

全县海拔 2400m 以上的耕地共有 3.07 万 hm²,占总耕地面积的 33.36%。由于海拔高,气候冷凉,无霜期短,因而大大限制了作物生长发育,产量也无法提高。另外全县有 5845.4 hm² 耕地分布在坡度为 20° 以上的坡上。这些地方,土壤侵蚀强烈,表层有机质层流失严重,产量也逐年下降,所以对这些耕地应退耕还林、还草。(如表 3-6-2)

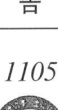

表 3-6-1 永登县各乡镇土地垦殖率统计表

乡名称	土地面积(hm²)	耕地面积(hm²)	垦殖率(%)
城关镇	27246.1	807.7	3
大同镇	14250.8	4073.9	28.6
河桥镇	26691.3	2071.5	7.8
红城镇	41162.8	1530	3.7
苦水镇	11589.1	1802.8	15.6
连城镇	35370.8	1772.5	5
柳树乡	42837.3	5760.7	13.4
龙泉寺镇	32826.3	4277.8	13
民乐乡	30128.7	11134.4	37
坪城乡	68273.8	7199	10.5
七山乡	20248.1	5347.7	26.4
秦川镇	34573.6	8179.2	23.7
上川镇	28938	9013	31.1
树屏镇	40281.5	2846.7	7.1
通远乡	33950.3	5664.7	16.7
武胜驿镇	12610.4	8976.4	71.2
中堡镇	26991.2	1887.3	7
中川镇	26991.2	8281.5	30.7

表 3-6-2 永登县各乡镇不同海拔耕地面积统计表(hm²)

乡镇	<1800m	1800~2000m	2000~2200m	2200~2400m	2400~2600m	2600~2800m	2800~3000m	>3000m
苦水镇	1273	530	0	0	0	0	0	0
树屏镇	709	2138	0	0	0	0	0	0
中川镇	0	6328	1953	0	0	0	0	0
秦川镇	0	0	8179	0	0	0	0	0
红城镇	556	849	121	4	0	0	0	0
河桥镇	7	1626	91	288	61	0	0	0
龙泉寺镇	0	3360	876	38	4	0	0	0
大同镇	0	2336	1702	1	34	0	0	0
七山乡	0	972	3131	1187	57	0	0	0

第二节 皋兰县土地利用现状

一、皋兰县土地利用概况

皋兰县土地总面积25.56万公顷。其中农用地4.90万公顷，占全县土地总面积的19.80%；建设用地0.697万公顷，占2.81%；未利用地19.95万公顷，占77.39%。

二、存在的问题

(一)土壤资源利用不尽合理

1.土地分配不均，耕地利用率不高

土地面积分配不均衡，在黄河沿岸的东南地区，耕地面积小，人口密集，多采用密集型生产方式，耕地利用率较高，在梁峁、丘陵、山地土地面积大，相对人口少，耕作粗放，耕地利用率低；土壤贫瘠，影响农作物产量的提高。

2.农、林、牧用地结构失调

皋兰县农、林、牧用地比例为24∶1∶121；其结构明显失调，尤其是林业用地面积过小，造成这种畸形结构的原因是从20世纪50年代开始，农垦过量，耕地面积增大，特别是粮播面积增大，至1984年耕地中粮播面积达81%以上。因此，直接影响着农业结构趋于合理，降低了农、林、牧综合经济效益的发挥。

(二)耕地土壤重用轻养，忽视培肥，土壤肥力降低

皋兰县除部分老水地外，多是近十年来新平整的水地，大部分地土肥力不高，占县区总耕地面积很大的旱作土壤，其肥力更差，多在全国养分含量标准的四级以下。其主要原因：一是土壤本身的肥力差；二是大部分地块距村庄较远，肥料运输困难，土壤肥力得不到及时补充；三是畜禽少，有机肥源缺乏，量少质差；四是群众经济尚有困难，无力购买大量商品肥料；五是长期单一施用化肥，氮、磷肥比例失调，施用方法不恰当等。

另外，利用土地而不注重培养土地，导致土壤地力衰退，这主要在丘陵山地和新平整的土地上较为普遍，一是山高坡陡，气候复杂，灾害频繁，水土流失严重；二是劳动力不足，耕粗放，依靠土地的自然肥力经营作物，广种薄收；三是土地逐渐趋向瘠薄，肥力不断下降。

(三)土壤速效养分含量低

从耕层农化样化验分析统计结果看，全县区土壤的速效养分碱解氮相当于国家标准五级；速效磷相当于国家标准三级，速效钾相当于国家标准三级，氮、磷比例为1∶0.39，

除钾素表现较丰富外，磷、碱解氮缺乏，氮、磷比例失调。在生产上部分地方化肥施用重氮轻磷的现象依然存在，这更加速了土壤中氮、磷比例的不协调；就农业生产和农作物的要求，进一步重视增施磷肥，氮、磷配合施用，以达到调整氮、磷比例，使之趋于平衡的目的。

（四）农田灌溉用水集中，无法保证

皋兰县近年来水浇地发展较快，灌溉供需矛盾突出。一是用水季节集中，灌溉用水明显不足；二是灌溉渠线上，渗漏多；三是新平整地畦大不平，用水量大，水费昂贵，无法保证作物的需求，影响了农业生产。同时，农田灌溉不合理，大水漫灌、串灌，不仅浪费水严重，而且导致地下水位抬升，在强烈蒸发作用下，土壤盐分上升，使土壤趋于产生次生盐渍化，对农业生产的发展极为不利。

（五）耕地减少，土壤污染日趋严重

皋兰县耕地减少的主要原因是由于人口急剧的增长，引起的农村总农户的增加，村镇基建占地量的增大。土壤污染趋向严重，这主要是工矿企业排放"三废"，即"废气、废水、废渣"，长期的排放积累，不仅污染了大片的土壤，而且污染了水源、作物、牧草和一切生物。特别是对土壤的污染，极大地影响着人民的身心健康和农、林、牧各业的发展。另外，部分缺乏水源的地方，用高矿化度的劣质水灌溉农田，也对土壤产生了污染，使之产生次生盐渍化现象。

第三节 中低产土壤类型

根据皋兰县"县域耕地资源管理信息系统"的耕地地力评价结果，影响皋兰县耕地地力的主要影响因素为土壤侵蚀和土壤障碍层厚度，结合土地利用区划，按照《全国中低产田类型划分与改良技术规范》（NY/T 310—1996）的划分标准，皋兰县中低产土壤只有障碍层次型一种类型。

厚层漏砂土。面积437公顷。上黏下砂，有效土层一般60~100cm，上层多为轻—中壤，而下层则为砂壤，其熟化层较厚，达40cm。

厚层淤砂土。面积182.27公顷。通层砂壤，此层有侵入煤渣。

第四节 皋兰县土改良利用分区与改良利用措施

综合考虑皋兰县的地貌类型、光热条件、地域特点，土壤类型，不同土壤类型存在的障碍因素、土地利用方式、灌溉保证率和行政区划特点，将皋兰县土壤分为2个大区4个亚区。

一、丘陵梁峁、沟壑、农、牧、林综合改良利用分区

本区在全县广泛分布，包括黑石川、西岔、中心、忠和、水阜、石洞等乡镇。面积大，自然条件差，海拔约在1550~2400m之间，地势呈西北向东南倾斜趋势，高低起伏，土地较为分散。该区自然资源较丰富，年平均气温6.5℃~8.3℃，≥10℃活动积温2280℃~3114℃，无霜期为130~172 d；年日照时数在2651.1~2700 h，太阳辐射总量为129.75kcol/cm²；年降雨量在260~110mm之间变化，且年际变率大，地下水埋深在沟谷川地不超过50m，矿化度多在3~10g/L之间。成土母质主要是黄土母质，局部为冲、洪积物；分布的土壤类型主要为灰钙土类，根据本区的分布方位、土壤类型、生产水平、利用现状及改良利用方向，划分出以下两个亚区。

（一）北部灰钙土抗旱保墒、培肥农、牧、林综合利用亚区

本亚区在境内广泛分布，主要包括黑石川和西岔等地。本亚区存在的主要问题：(1)土壤耕作粗放，养分含量低，地力差。(2)肥料补充不足，广种薄收，靠天吃饭。(3)降雨稀少，蒸发大，干旱威胁严重，生产水平低。(4)新平整农田用水紧张，灌溉无法保证。(5)草场退化严重，产草量下降，载畜量低。又因长期过量开垦土地，滥挖草皮，致使植被更加稀少，加速了水土流失。

本亚区今后发展的方向是以粮食为主，适当缩小粮播面积，扩大蔬菜、油料等经济作物面积。在此前提下，发展牧、林业，封山育草，营造水土保持林，控制放牧，保护植被，促使生态环境向良性循环转化。

本亚区改良措施：(1)实行精耕细作，轮作倒茬；提倡种植绿肥，扩大有机肥源，合理施肥，重视有机与无机，氮与磷的配合施用，提高养分含量，增加地力。(2)平田整地，兴修梯田，发展沟坝地，引洪漫地，抗旱保墒，进行有机旱作农业。(3)加强管理，实行科学合理地灌溉，缓和用水紧张的矛盾，满足农作物的需求。(4)发展多种经营，扩大复种面积，提高复种指数，充分利用光热、水资源，提高土壤利用率。(5)实行封山育草、植树造林与控制放牧、轮牧相结合的措施，杜绝滥挖草皮的现象，增加植被，防止水土流失。

（二）南部淡灰钙土农、林、牧综合利用亚区

本亚区在境内分布面积较大，包括中心、忠和、水阜及什川等地。本亚区存在问题：(1)土地耕作较粗放，复种指数低；旱土地广种薄收，进行掠夺式经营生产，地力逐渐衰退。(2)灌溉地重氮轻磷，轻有机肥施用。氮、磷比例失调，限制农作物产量的提高。(3)农田灌溉用水集中、紧张，供需矛盾突出。(4)农业结构比例失调，经济作物面积缩小，地区特点难以发挥。(5)林、牧业发展缓慢，农田林网规模不大，天然植被较差，水土流失严重。

(6)局部耕地土壤盐渍化现象明显,日益影响到农作物生长。

本亚区今后发展的方向,应以农为主,全面发展多种经营。在粮食基本自给有余的前提下,着重发展商品瓜类、蔬菜、果品及其他经济作物,向开放型的商品经济转化,在此基础上,首先要发展林业,植树造林,扩大农田林网,其次,发展牧业,从而达到以林、牧促农的目的。

改良措施:(1)实行精耕细作,向集约化生产过渡;增施有机肥料,改善土壤肥力状况;实行氮、磷、钾化肥配方施肥,协调土壤氮、磷、钾养分的平衡;重视扩大复种面积,提高土壤生产率。(2)科学合理用水,调整粮经比、夏秋比,避免用水时间集中;加强渠线维修管理,防止渗漏,以减少水的浪费,减轻群众负担。(3)调整生产结构,适当缩小粮播面积,扩大经济作物面积,因地制宜,因土种植,充分发挥本区的综合经济优势,扩大商品性生产。(4)加快林、牧业发展,植树造林,扩大农田林网。实行封山育草,控制放牧、轮牧相结合措施,增加植被,防止水土流失。(5)杜绝不合理的灌溉及土壤污染,防止土壤的次生盐渍化。

二、河川、塬台农、林、经济作物区

本区位于境内东南部的黄河沿岸,属河谷冲洪积川、源、台地区。耕地主要分布在河漫滩及Ⅰ、Ⅱ、Ⅲ、Ⅳ级台阶地上。是县区耕作土壤的精华之地,自然条件、农业生产水平较高。本区为黄河谷地,地势平坦,海拔约在1431~1600m,气候较温暖湿润,年平均气温8.3℃~8.7℃,≥10℃活动积温3114℃~3323℃,无霜期170~183 d,年日照时数为2600~2700 h,年太阳辐射总量为129.75kcol/cm²,年降雨量260-280mm。地下水源充足,埋深较浅,其矿化度多大于1g/L。根据本区地形地貌单元、土壤类型、肥力水平、生产水平的差异、改良利用方向划分两个亚区。

(一)河川、塬台灰钙土培肥,农、林利用亚区

本亚区分布在黄河河川、塬台面上,属冲、洪积Ⅳ级以上的阶地,土层深厚,土壤主要是灰钙土类,土质良好,加之灌溉条件优越,适宜种植多种作物。

1.存在问题

(1)土壤肥力低,尤其是速效养分不足;施用肥料重氮轻磷,土壤养分比例失调。(2)有机肥料缺乏,种植绿肥少,土壤僵硬、板结较为普遍。(3)作物种植单一,连作重茬普遍,病虫害加重。(4)经济林木少,管理粗放,结果少,产量低。

2.利用方向

本亚区今后发展的方向是以农为主,农林结合,在稳步发展粮食生产的同时,大力发展各类果树、油料、豆类、瓜类的生产。

3.改良措施

(1)增施有机肥料,配合施用化肥,尤其是氮磷复合肥,改善土壤的肥力状况,减少土壤的僵硬板结。(2)提倡轮作倒茬,间、套、复种绿肥,做到用养结合,培肥地力。(3)做好农作物的合理布局,使种植结构更趋合理,减轻病虫危害,提高产量和品质。(4)加强现有经济林木的管理,及时修剪,施肥灌溉,防病治虫,增加产量。

(二)河川川地灌淤土,改土培肥经济作物亚区。

本亚区分布在黄河沿岸河漫滩及Ⅰ、Ⅱ、Ⅲ级阶地,部分在Ⅳ级阶地上,是县区精华土壤的所在,主要的土壤是灌淤土类,地块平整,土质肥沃,土壤养分丰富,这里为县区主要的果、菜、瓜经济作物区。

1.存在问题

(1)土壤湿度大,黏粒含量较大,通透性能较弱,连作重茬普遍,病虫害日益严重。(2)施肥不合理,部分土壤肥力尚低,如漏砂土等,有机肥料缺乏,依靠无机化肥生产,土壤性质变差。(3)部分土壤土层薄、砂性大,影响农作物生长。(4)果园土壤管理不善,致使多数果园趋于老化,不仅产量低,且品质差。

2.改良利用措施

(1)重视精耕细作,实行间、套、复种、轮作倒茬,缓和肥力,减轻病虫害。(2)增施有机肥,配合施用无机肥,充分利用沤、堆肥等扩大有机肥来源。同时,提倡间、套、复种豆科绿肥,一是倒茬肥地;二可以解决饲料,提高经济收益;三可防止土壤产生次性盐渍化。(3)土层薄、砂性大的土壤要采用引洪灌淤等措施加以改良,增厚土层,改善土壤理化性质,提高土壤肥力。(4)加强果园土壤管理,及时耕作施肥,合理灌溉,创造适宜于果树生长发育的土壤条件。(5)加快蔬菜发展的速度,采用先进科学技术措施,实现品种良种化,施肥科学化;多发展细菜,向早熟、高产、优质的方向转变。(6)及时中耕土壤,减小土壤湿度,运砂改土,增加土壤通透性促使其向作物适宜生长的方面发展。

专题六 永登县中低产田土壤类型与改良利用分区研究

改造中低产田是挖掘现有耕地的生产潜力,提高永登县粮食综合生产能力,保证食物安全的重要途径,在防止耕地退化、保护生态环境方面具有重要意义。本文通过对永登县中低产田分布类型分析,针对性地提出不同中低产田类型区改造措施。

第一节 目的意义

本县在土地开发利用方面的历史悠久。据史载,春秋战国时这里称为西戎地又叫西羌地,已为少数民族放牧;在汉武帝元狩年间,即设县制,除继续进行放牧外,已开始耕种业;到了明朝洪武年间,对今连城、大有、民乐、七山、通远一带进行了土地开发利用,发展了畜牧、农业;明朝万历年间,生产达到一定水平,土地利用面积不断扩大,在大通河两岸已修渠系 6 条,庄浪河东岸有渠系 15 条,西岸有渠系 13 条,当时生产已有相当规模;随着农业的发展,人口也不断增多,明万历年间,本县已达 3 万多人,到清朝乾隆时期人口达 9 万多人。伴随着人口的增长,土地的开发利用持续扩大。新中国成立以来,在党和人民政府的领导下,农业生产得到突飞猛进的发展,对土地的利用也逐步有计划地进行综合开发和治理。

永登县位于甘肃省中部,兰州市西北部,境内地势由西北向东南倾斜,最高海拔为县西北部的天马岭(3648.8m),最低海拔为咸水河出口处(1590m),境内平均海拔 2000m,地貌呈"三川两河一片"特征,即秦王川、庄浪川、八宝川和庄浪河、大通河及西北片山区,有山地、丘陵、盆地、河谷等四大类型。永登县地处陇中北部温带半干旱区,年降水量 290.2mm,年平均气温 5.9℃。自然降水稀少,地下水源不足,干旱是本县总的气候特点。耕作土壤依据土壤质地、土层结构、特殊异质土层、土壤盐化程度、砾石含量划分为 80 个土种。永登县地域辽阔,地貌类型复杂,地形高差大,区域气候差异显著,土壤类型较为复杂。在过去相当长的一段时期,盲目毁草种粮,毁林开荒,自然植被遭到严重破坏,加剧了水土流失和土壤荒漠化的发展,加之农业土壤的利用和管理上"重用轻养",忽视培肥地力,搞掠夺式经营,土壤肥力水平逐渐降低,养分比例严重失调。根据本次耕地资源管理信息系统的资料和第二次土壤普查的资料,找出影响永登县耕地生产力的障碍因素,划分改良分区,提出改良利用措施。

第二节 永登县耕地利用概况

永登县总土地面积为 6090 km², 折合 60.9 万 hm², 其中: 耕地 9.2 万 hm², 占土地总面积的 15.11%; 水浇地 3.3 万 hm², 占耕地面积的 35.88%; 旱地 5.69 万 hm², 占耕地面积的 61.8%。总播面积 8.3 万 hm², 粮食作物面积 5.6 万 hm², 粮食总产量达 16.8 万 t, 经济作物面积 1.9 万 hm²。其中胡麻 0.5 万 hm², 总产量 0.66 万 t, 油菜 0.4 万 hm², 总产量 0.25 万 t; 药材 0.07 万 hm², 总产量 0.46 万 t, 蔬菜生产面积 0.6 万 hm², 总产量 22.1 万 t。日光温室面积 900 hm², 露地蔬菜 5400 hm², 红提葡萄 266.7 hm², 饲草 0.8 万 hm², 果园 0.2 万 hm², 总产量 1.28 万 t。

水浇地主要分布在两条河谷地带和秦王川,以种植小麦为主,土壤以吃劲土、红土为主,肥力较好,产量也高,一般每公顷小麦产量都在 6000~7500 kg 以上。旱地分为川旱地、山旱地和旱沙地三类,主要分布在两河谷的南北两山、秦川盆地和半旱地区,以种植小麦、马铃薯和豆类为主,产量低且不稳定。

园地: 包括果园和玫瑰园,面积共 1525.8 hm², 占总面积的 1.66%。该地主要分布在川区,肥力较好,土壤以吃劲土、红土为主。

一、土地利用状况

土地利用状况是反映一个地区生产力发展水平合理与否的标志之一。通过对我县土地资源的调查,我们可以看出如下几个问题。

(一)土地垦殖情况

全县土地垦殖率为 15.7%, 但从各乡(镇)来看,二阴山区由于大量开荒种地,垦殖率最高,如民乐乡垦殖率 37%。由于垦殖率高,所以一些适宜林草的土地都已辟为农田,造成农、林、牧比例失调,给农业生产的进一步发展造成不良影响。因此,这些地区应继续退耕还林和退耕还草。(如表 3-6-1)

(二)耕地地势和坡度

全县海拔 2400 m 以上的耕地共有 3.07 万 hm², 占总耕地面积的 33.36%。由于海拔高,气候冷凉,无霜期短,因而大大限制了作物生长发育,产量也无法提高。另外全县有 5845.4 hm² 耕地分布在坡度为 20°以上的坡上。这些地方,土壤侵蚀强烈,表层有机质层流失严重,产量也逐年下降,所以对这些耕地应退耕还林、还草。(如表 3-6-2)

表 3-6-1　永登县各乡镇土地垦殖率统计表

乡名称	土地面积(hm²)	耕地面积(hm²)	垦殖率(%)
城关镇	27246.1	807.7	3
大同镇	14250.8	4073.9	28.6
河桥镇	26691.3	2071.5	7.8
红城镇	41162.8	1530	3.7
苦水镇	11589.1	1802.8	15.6
连城镇	35370.8	1772.5	5
柳树乡	42837.3	5760.7	13.4
龙泉寺镇	32826.3	4277.8	13
民乐乡	30128.7	11134.4	37
坪城乡	68273.8	7199	10.5
七山乡	20248.1	5347.7	26.4
秦川镇	34573.6	8179.2	23.7
上川镇	28938	9013	31.1
树屏镇	40281.5	2846.7	7.1
通远乡	33950.3	5664.7	16.7
武胜驿镇	12610.4	8976.4	71.2
中堡镇	26991.2	1887.3	7
中川镇	26991.2	8281.5	30.7

表 3-6-2　永登县各乡镇不同海拔耕地面积统计表(hm²)

乡镇	<1800m	1800~2000m	2000~2200m	2200~2400m	2400~2600m	2600~2800m	2800~3000m	>3000m
苦水镇	1273	530	0	0	0	0	0	0
树屏镇	709	2138	0	0	0	0	0	0
中川镇	0	6328	1953	0	0	0	0	0
秦川镇	0	0	8179	0	0	0	0	0
红城镇	556	849	121	4	0	0	0	0
河桥镇	7	1626	91	288	61	0	0	0
龙泉寺镇	0	3360	876	38	4	0	0	0
大同镇	0	2336	1702	1	34	0	0	0
七山乡	0	972	3131	1187	57	0	0	0

续表 3-6-2

乡镇	<1800m	1800~2000m	2000~2200m	2200~2400m	2400~2600m	2600~2800m	2800~3000m	>3000m
连城镇	0	1210	302	137	112	11	0	0
柳树乡	0	47	3553	2130	30	0	0	0
城关镇	0	0	705	81	21	0	0	0
中堡镇	0	0	923	881	67	17	0	0
通远乡	0	44	332	1703	3042	532	11	0
上川镇	0	0	3528	5336	150	5189	0	0
民乐乡	0	0	59	658	4145	5208	1064	0
坪城乡	0	0	0	45	1699	0	266	0
武胜驿镇	0	0	0	874	3228	4081	781	13

（三）耕地用养失调

全县耕地中，施肥面积只能达到60%。尤其是干旱丘陵山区，由于自然条件很差，农民采用歇地的方式恢复地力。新中国成立前歇地面积占耕地面积的40%。新中国成立后，因农业的发展，人口的增长，歇地面积逐步缩小到25%。以后由于片面强调"以粮为纲"，搞广种大种使歇地面积在70年代下降到15%左右，1974年只有11.6%，使产量受到很大影响。由此看出，对我县土地利用中存在的歇地问题，必须加以认真对待。在目前农业生产水平还不高，水肥条件差的情况下，要维持一定的歇地。尤其干旱丘陵山区，更应注意土地的用养结合。

（四）土地利用浪费严重

具体表现在村庄占用土地太多。随着农民生活水平地不断提高，村庄建设发展很快，但是村镇建设缺乏长远的合理规划，浪费土地现象严重，占用的土地多为水肥条件好的耕地。经调查，秦王川地区平均每户占地 0.29 hm²，水川地区每户占地 0.06 hm²。就水川地来看，每户比规划面积多占 0.03 hm²。我县人口主要集中于水川地区，仅村庄建设就多占好地 1.5 万 hm²，所以这个问题要引起全县人民的关注。今后对村镇建设要合理的规划设计，尽量提高农业用地的比率。

二、耕地土壤肥力演变

（一）土壤有机质

土壤有机质是肥力的一个重要指标，不仅是氮、磷、钾等重要元素的主要来源，而且是土壤团聚体的胶结剂，能促进土壤团粒的形成，改善土壤的黏性及耕性，协调土壤中水、肥、气、热状况,增加土壤的持水量;同时有机质还是土壤微生物活动的能量来源,因此,土壤有机质含量的多少在衡量土壤肥力中起重要作用。

全县3994个土壤测定结果,有机质含量幅度为3.5~36g/kg,平均17.37g/kg。有机质含量大于20 g/kg的占26.44%,15~20g/kg的占4.35%,1.2~1.5的占1.69%。第二次土壤普查有机质含量平均为16.9g/kg,10~12g/kg的占23.8%,8~10g/kg的占24.3%,8g/kg以下的占10.4%。

西北山区的土壤有机质含量在全县为最高,平均含量19.3%。这是因为这一地区地势较高,气候阴湿冷凉,植被较为繁茂,土壤中有机质的分解速度缓慢。河川地区农业生产发达,农民重视对土壤的施肥,因此有机质含量也维持在较高的水平。秦王川盆地面积广阔,有机质平均含量15.9%,旱地砂田改造成水浇地后,这一地区土壤有机质含量得到一定的提高,测土施肥测定数据比第二次土壤普查上升了2.78%。

(二)土壤氮素

根据全县3997个土壤测定结果,土壤全氮含量为0.2~3.02g/kg,平均为1.18g/kg,其中全氮含量大于2g/kg%的占2.93%,1.5~2.0g/kg的占18.84%,1~1.5 g/kg的占46.48%,0.75~1 g/kg的占21%,0.5~0.75 g/kg的占8.13%,小于0.05 g/kg的占2.63%。总的来看,土壤氮素含量比较缺乏,约有31.75%的土壤全氮含量在1 g/kg以下。西北山区、两河灌区土壤全氮含量较高,平均在1.14 g/kg,而秦王川盆地为较低,全氮含量只有0.9 g/kg,但C/N却最低,表明这一地区气温较高,干燥,土壤有机质分解速度快。河川地区从一些剖面来看,通层氮素含量相近,有的甚至下层高于表层,这种情状尤其是灌溉土壤较明显,这说明在长期的灌溉条件下,土壤中氮素有下移的情况。第二次土壤普查全氮1.08g/kg,测土施肥测定数据比第二次土壤普查上升了8.9%。

(三)土壤磷素

土壤的有效磷含量总的来说比较高,据3989个采样分析,其耕层的有效磷含量变幅为5.3~150mg/kg,约86%的土壤有效含量在50mg/kg以上,16.16%的土壤有效磷含量在20mg/kg以下,全县平均有效磷含量为32.78mg/kg。

从总趋势来看,西北山区、秦王川中部和南部、两河灌区速效磷的含量较高;秦王川北部、柳树乡、七山乡中部速效磷含量较低。速效磷含量有了大幅度的提高,这与人们在初期施用磷肥增产明显,并进而长期大量施用磷肥有关。

(四)土壤钾素

经分析,全县速效钾含量平均为253mg/kg,大多数土壤速效钾的含量却较高,根据3550个样点测定的结果,河川区和西北山区都在200mg/kg以上。与第二次土壤普查相比较,速效钾含量有了较大幅度的增长。

根据上述分析,本县土壤中营养元素的含量状况是钾素较为丰富,经多次田间试验也证明增施钾肥对除蔬菜和马铃薯外的农作物无明显的增产效果;碱解氮在全国土壤养分分级标准中为六级和七级,处于较低的水平,给土壤补充氮素还是十分重要的;磷素和钾素是急需注意解决的问题,土壤中磷素和钾素虽比第二次土壤普查有了一定的提高,但肥料利用率还有待提高,因此科学施用磷钾肥,是今后要大力解决的问题。

三、土壤养分状况与土壤类型的关系

土壤肥力是指土壤中水、肥、气、热诸因素的综合表现,而养分含量是肥力的重要因素之一,土壤养分状况即是自然成土条件的结果,更重要的是人为耕作活动的结果。

由西北阴湿逐渐向东南干旱的生物气候变化,土壤养分含量大致也随着这种趋势有所递减,这表现出自然成土作用的结果。除此之外,又一种变化是以庄浪河、八宝川为轴线,土壤养分含量向两侧随着农业生产活动的由强至弱而递减,前者如像西北山区的栗钙土向黄绵土、大白土、砂田这几方向养分递减,后者如由川区的灌淤土类型向两侧黄绵土、大白土养分递减的情况。

主要土种的土壤养分状况如表3-6-3。

表3-6-3 主要土种养分含量状况

土种类型	0~20cm 土层养分含量			
	有机质(g/kg)	全氮(g/kg)	速效磷(mg/kg)	速效钾(mg/kg)
低丘厚层暗栗钙土	31.8	2.47	18.8	157
川台厚层暗栗钙土	30.2	2.41	15.9	98
低丘厚层栗钙土	23.4	1.67	16.4	199
川台厚层栗钙土	25.2	1.75	13.6	139
低丘厚层淡栗钙土	18.3	1.28	11.3	104
川台厚层淡栗钙土	20.2	1.44	9.6	153
厚层灌淤黑吃劲土	20.8	1.38	15.7	206
厚层灌淤黄吃劲土	14.4	0.96	9.1	164
厚层灌淤红吃劲土	13.9	0.94	10.3	168
轻盐化灌淤土	13.5	0.87	9.3	153
下位潮化厚层漏沙土沙土	17.2	1.07	9.7	144
低丘旱地黄绵土	11.5	0.87	10.9	104

续表 3-6-3

土种类型	0~20cm 土层养分含量			
	有机质(g/kg)	全氮(g/kg)	速效磷(mg/kg)	速效钾(mg/kg)
川台水地黄绵土	13	0.86	9.6	159
川台旱地黄绵土	11	0.82	8.5	104
川台砂地黄绵土	9.5	0.76	5.5	98
川台盐性黄绵土	11.5	0.87	2.9	84
低丘旱地大白土	9.96	0.72	6.4	92
川台水地大白土	7.78	0.53	7.8	112
川台旱地大白土	9.88	0.74	12.7	142
川台厚层红胶土	14.2	0.88	14	170
川台厚层红沙土	6.8	0.56	7	110
硫酸盐氯化物白碱土	9.95	0.75	10.2	147
氯化物硫酸盐白碱土	11.7	0.76	3.1	80

四、中低产田类型及特点

永登县中低产土壤类型划分，以土壤障碍因素为依据，中低产田地障碍因素很多，且相互联系，相互影响，往往一个障碍因素可派生几个障碍因素，或多个障碍因素并存，如盐碱和干旱并存。为避免中低产田地面积统计时易造成重复，以主要障碍因素和改良主攻方向为依据，主要影响因素，对永登县中低产土壤改良时，与利用区域类型进行二级系统划分。初步查清永登县低产土壤主要有：盐碱耕地型、干旱缺水型和障碍层次型。

(一)亚高山草甸土

土体上部黏性大，质地黏重，土体下部多粗骨质、土层结构疏松的腐殖质层、较紧的淀积层及母质层。

(二)灰褐土

在一定深度有碳酸盐的聚积而形成淀积层，黏化作用不很明显，土壤黏粒含量以中部含量较高，在60cm处可见到较明显的钙积层。

(三)淡栗钙土

有 13681 hm²，占总面积的 2.25%，腐殖质层与钙积层厚度在 23~37cm 之间，钙积层出现于半米之内。

(四)潮栗钙土

面积小,处庄浪河河滩,地下水位较高,一般在 1.5m 左右。

(五)盐化栗钙土

主要分布在坪城南部,上川北部,面积 9803hm²,占总面积的 1.61%。土体内的可溶性盐分含量 1m 内大于 0.3%,作物因盐害而不同程度减产 10%~30%。

(六)低丘盐性栗钙土(代号 II5①)

耕种面积 1263 hm²,占总土地面积的 0.21%。据分析在 0~100cm 土层内可溶性盐分含量为 0.475%,雨后地面有盐霜表露。由于土壤中含有一定量的可溶性盐分,作物受到不同程度的盐害而减产 10%~30%。

(七)川台盐性栗钙土(代号 II5②)

耕种面积 8540 hm²,占总土地面积的 1.4%,主要分布在上川镇海拔 2300m 左右的平川地或沟谷平地。100cm 土层内可溶性盐含量大于 0.3%,盐分在剖面中分布呈现出表层轻、中下部含盐重的特点,对作物生长造成一定的危害。

(八)红吃劲土(代号 V1②C)

面积 5095 hm²,土壤熟化程度较低,其质地黏重,土性僵易板结,通透性较差。在灌淤土中相比是肥力水平较低的一种。

(九)上位潮化灌淤土(代号 V2①)

面积 40 hm²,占总面积的 0.11%,土体下部为砾卵石。

(十)中位潮化灌淤土(代号 V2②)

面积 1857 公顷,占总土地面积的 0.31%。地下水位在 100cm 以内,剖面下部为砂、砾石,有的土层有潜育化现象,质地轻重不等,由于土层薄,易漏肥漏水。

(十一)下位潮化灌淤土(代号 V2③)

面积 3851 hm²,占总土地面积的 0.63%。下层土壤有潜育化现象,地下水位 1~2m,土体通层潮湿,下部多为砂、砾石。

(十二)轻盐化灌淤土(代号 V3①)

面积 1264 hm²,占总土地面积的 0.21%,土层薄,质地不均,往往上砂下黏,地下水位 100cm 左右,土壤湿度大,早春易返盐,地面可见明显的盐霜。土层中含有较多的砾石,耕作时顶犁跳犁。土性凉,保肥能力差,100cm 土层内可溶性盐分含量大于 0.3%,表层含量在 0.4%~0.7% 之间。

(十三)川台旱砂地盐性黄绵土(代号 VI1②Cs)

面积 3010 hm²,土壤剖面中含有较多的可溶性盐分。这种盐分是在成土中残积下来的现代无机盐过程。盐分在剖面中上轻下重。盐分类型为氯化物—硫酸盐型。

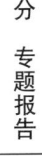

(十四)红 土

全剖面质地均一而黏重,红黏土以棕红色为主,土层较薄,层段过渡较明显,质地粗。红沙土则没有比较明显的腐殖质层。

(十五)低丘红沙土(代号Ⅶ1③)

面积只有 413 hm²,占总土地面积的 0.07%。剖面土层薄,质地较粗,砂粒含量占 25%以上,粗粉粒含量占 35%左右,细粉粒不到 10%,黏粒只有 5%左右。剖面中下部有石膏出现,在生产性状上养分含量低,保水保肥性能差。

(十六)盐 土

盐土主要分布于秦川盆地,秦川盆地土壤普遍含有一定量的可溶性盐分。0~100cm 土体内平均含盐量为 0.225%,其中含盐量大于 0.3%的剖面占统计剖面的 40.5%,0.8%~1.0%的占 7.0%,含盐量大于 1.0%的只有 5.8%。盆地盐分组成在北部以硫酸盐为主,而在南部则以氯化物为主,硫酸盐次之。在 0~100cm 土层内,氯根与硫酸根的当量比为 1∶2,系硫酸盐氯化物盐土。

第三节 改良利用分区

制定土壤改良利用分区的目的,是为农业的近期和远景规划、农业结构、作物布局及耕作、施肥制度等方面提供科学依据。根据我县地貌类型复杂,气候差异较大,土壤种类繁多的特点,按照在一定的气候、地貌类型和主要种类相对集中的情况:在一个区域内,土壤的基本性质、肥力状况、农林牧的布局和农业生产上存在的问题及今后发展方向、改良途径有着一致性等原则,我们划分出大区,再根据区内地貌单元、植被、水热条件、发展方向、耕作制度、改良措施等因素划分出亚区和片,共将我县土壤改良利用分为 4 个大区、9 个亚区和 7 个片。

一、西北中山半干旱农林牧综合改良利用区

本区包括武胜驿、民乐、坪城等 5 个乡(镇)以及连城、通远部分地区。一般海拔在 2300m 以上,年平均气温 -2.0℃~2.0℃,年降雨量 350~435.8mm,≥10℃的积温 1000℃以下,土壤主要为栗钙土。这一区又分为 3 个亚区。

(一)中山发展林业灰褐土亚区

该亚区是我县林业的集中区,包括连城、民乐和武胜驿各乡(镇),海拔在 2800m 以上的地区。土壤类型主要以灰褐土类为主,适宜发展林业。当前存在的问题是林木面积缩小,毁林、毁草垦荒,水土流失增加,因此要恢复以林为主的方针,对坡度大于 20 度的农

田要退耕还林。

(二)民乐、武胜驿实行草田轮作栗钙土农牧业亚区

本亚区是二阴地区主要旱作农业区。以种小麦、马铃薯、油籽为主，农业生产上怕旱又怕涝，产量不稳定，加之乱开荒，对土壤肥力破坏较大，又造成水土流失。据测定经过烧山(地)灰之后的焦土，其土壤有机质由原来的2.31%，减少到0.23%。因此，本区要实行农牧结合的方针，对现有的耕地实行草田轮作，加速恢复土壤肥力，杜绝烧山灰的错误做法，坡度在20度以上的农田，要逐步做到退耕还草、还林。

(三)坪城—上川恢复草原栗钙土牧农业亚区

本区是我县主要冷凉草地草山区，畜牧业比较发达。年平均气温2.5℃左右，降雨量250~300mm，≥10℃的积温1000℃左右，土壤类型主要是盐化栗钙土。由于多年来对草山、草地不进行保护，不进行合理规划利用，毁草开荒，烧山灰，广种薄收，造成草原严重退化，严重影响到牧业和农业生产的发展。因此，目前要实行以牧为主，农牧结合的方针，稳定粮食播种面积，退耕还牧。对现有耕地实行草田轮作，种草养畜。在培养地力的同时，要注意增施磷肥，以磷促氮。

二、干旱山区抗旱保墒种草培肥黄绵土农业区

本区主要分布在庄浪河东西两岸的低山丘陵地带，是本县的干旱山区。年平均气温4.0℃~7.0℃，年降雨量275~325mm，≥10℃的积温1500℃~2500℃。土壤主要类型为黄绵土。该区水土流失严重，粮食产量低而不稳。今后要注意做好防治水土流失的工作，荒山多种耐旱的灌木和草本植物，耕地要继续坚持兴修梯田、平田整地。推行一系列抗旱保墒的旱农耕作措施，大力提倡种植耐旱的绿肥、牧草品种，用养地相结合，农牧相结合，逐步变恶性循环为良性循环。

三、川区培肥改土农业区

本区处于庄浪河、大通河两岸和东干渠的平台、沟谷地，为河水和井水灌溉区，农业生产发达，农作物产量高。根据其特点该区又分为2个亚区。

(一)庄浪河—东干渠灌溉培肥农业亚区

该区是庄浪河冲积平原和东干渠所辟灌区。根据土壤、生产特性又划分为4个片。

1.苦水—红城发展经济作物改良土壤耕性红胶土片

这一利用改良片处于庄浪下游，年平均气温7.0℃~8.1℃，年降雨量275~300mm，≥10℃的积温2890℃左右，海拔高度1600~1700m，是我县气温最高，海拔最低的地方，是农业生产发展水平高的地区。人多地少，耕作精细，一年一熟，热量有余，产量高而稳定。

土壤类型主要是红胶土。存在的主要问题是土质黏重、局部土壤次生盐渍化面积不断扩大,应继续不断培肥土壤提高地力。今后,除继续抓好粮食产量的丰产栽培外,同时,也要使玫瑰、蔬菜、水果有适当发展,并注意搞好合理倒茬种植绿肥,改善红胶土理化性状,逐步调整土壤中氮磷比例,提高磷肥利用率。同时抓好盐渍化改良,防止次生盐渍化进一步扩大。

2. 红城—武胜驿精耕细作、提高土壤肥力吃劲土改良片

该片位于在庄浪河中、上游,包括红城、龙泉寺、大同、柳树、城关、中堡、武胜驿这几个乡(镇)的河川地区。年平均气温 4.0℃~7.0℃,年降雨量 296~325mm,≥10℃ 的积温 1767℃~2635℃,是全县粮食主要产区。土壤类型主要是灌淤土,土质肥沃,土层深厚,灌溉水充足。由于该片小麦常年连作,加之耕作比较粗放,对土壤结构、肥力的提高都有一定的影响,所以今后要多施有机肥料,提高土壤有机质,进一步改善土壤结构,合理施用化肥,加速土壤肥力的提高;对作物进行合理倒茬,因地制宜的安排一定面积的经济作物,如油菜、甜菜、大蒜及一些豆类;在耕作方面要改粗放耕作为精耕细作,提高土壤肥力。

3. 庄浪河低阶地漏沙土、盐渍土改良片

本片主要分布在庄浪河两岸的低阶地和河滩地。由于受到庄浪河汛期的影响及地下水排泄不通,或垦殖耕作时间短,从而形成一些土层浅薄漏水漏肥的漏沙土;或土壤中含有较多的可溶性盐分,致使土壤盐渍化的盐渍土以及潮土。今后,对这一部分土壤的改良,要注意修堤防洪,营造防护林带,有计划地引洪淤地,加厚土层,进行盐渍化的改良治理。

4. 庄浪河—东干渠加强农田基本建设、提高土壤肥力黄绵土改良片

这一片处于庄浪河阶地后缘浅山地带有灌溉条件的地方以及东干渠灌溉区,即称新水地的地区。这一地区年平均气温 6.0℃~7.0℃,年降雨量 275mm 左右,≥10℃ 的积温约为 2500℃。土壤类型主要是黄绵土。旱地改为水地后,土壤中水、肥、气、热诸肥力因素发生了变化,营养元素显得十分不足。因此,在土壤改良方面要狠抓平田整地,做好渠系配套工程,节约用水,提高水的利用率,提高土壤肥力。除增施农家肥料和合理增施化肥外,还要考虑大种绿肥,种养地相结合,推广一些速生的绿肥品种;同时也要注意耕作制度的改革,变粗放的耕作形式为精耕细作,改过去的旱作方式为水地耕作方式。

(二)八宝川培肥土壤农业亚区

本亚区分布在大通河两岸,自然条件良好,灌溉方便,是我县的重要农业区。年平均气温 7.0℃,年降雨量 400mm 左右,≥10℃ 的积温 2500℃,是全县气温较高,雨量较多的地区。土壤主要类型为灌淤土,黄绵土。本亚区又分为 3 个改良片。

1. 河桥—连城培肥土壤吃劲土改良片

这一片分布在大通河下游,灌溉方便,一年一熟,种植小麦为主,产量较高。存在的问题是耕作粗放,土壤肥力差。要从改变耕作方式,增施肥料,培肥土壤,不断提高土壤肥力

等方面入手进行改良。

2. 发展灌溉,提高地力黄绵土改良片

主要分布在大通河两岸的一些浅山地区,土壤为黄绵土,土层深厚,土壤肥力较差,产量较低,多为提水灌溉。这一片要适当控制粮食作物面积,发展果园建设,推广绿肥种植,增施有机肥料。

3. 河滩漏沙盐渍土改良片

本片零星分布在大通河的河滩地上,地下水位高,土壤潮湿,耕作粗放,产量低。其改良措施与庄浪河河滩地改良措施相同。

四、秦川盆地栽培农业区

本区处于我县的东部,包括上川、秦川、中川、树屏4个公社。年平均气温5.0℃~6.5℃,年降雨量260mm左右,≥10℃的积温2000℃~2500℃。这里是我县雨量最少的地区,土壤类型主要为黄绵土,土层浅薄,土壤盐分含量高,养分含量低。在长期的农业生产实践中,群众采取了一种特殊的耕作制度和改造途径,用铺压砂田的办法进行抗旱压碱,减少土壤水分蒸发,防止土壤积盐,使这块盆地逐步被开发为特殊的农业区。引大入秦以后,原先大面积的砂田被改造成水浇地,经过十多年的培肥,如今,这里的土壤已发生了很大的变化。当前要注意增施有机肥和复合肥料,并要研究绿肥的种植技术,做到有机肥料与无机肥料结合。本区又分为4个改良利用亚区.

(一)哈家嘴—上川盐土改良利用亚区

本亚区分布在秦王川盆地公路两侧,面积约2000公顷左右,盐分含量高,气候干燥,灌溉困难,耕作粗放,有许多地方因盐碱危害,而呈不毛之地。该区主要改良措施是要开挖排水沟,使地下水出路畅通,再结合灌水进行洗盐。对盐分含量较轻的土壤,采用一系列生物防治措施,重视绿肥的种植,多施有机肥料。有灌溉条件的地方,要渠系配套,减少渠道渗漏。

(二)更新砂田,盐性土改良利用亚区

本区分布于盐土以外的盆地及其丘陵、沟台地,包括有盐性黄绵土、盐性大白土以及一些盐吃劲土。这些土壤多分布在还未改造成水地的老沙地上,耕作粗放,土壤肥力极低。当前的主要改良措施是安排绿肥轮作,种草养地,提高土壤肥力。

(三)抗旱保墒,黄绵土改良利用亚区

本亚区处于盆地黄土丘陵及沟台地上,主要土壤为黄绵土类型及少量的吃劲土,土壤易受到侵蚀,干旱缺水,有机质少,氮磷缺乏。当前的改良措施与干旱山区抗旱保墒措施相同。

(四)引洪灌淤,加厚土层漏沙土改良利用亚区

该亚区为零星分布,面积不大,土层薄、漏水、漏肥,加之干旱,农业生产极不稳定。在改良利用上重点应加厚土层,有条件的地方采用引洪灌淤的办法。此外,要注意种植绿肥,提高土壤肥力,增强抗旱保墒能力。

第四节　中低产田土壤改良利用措施

几年来,随着农业生产条件的改善,科学种田水平的提高,粮食产量水平也有逐年上升。但目前全县在农家肥的积用和化肥使用、用地养地以及灌溉等方面存在一些值得重视的问题,其中:主要表现是土性向阴凉僵板的方向发展,土壤水、肥、气、热不协调,肥力下降。因此,特提出以下几条土壤培肥措施,仅供农业生产中参考。

一、盐化耕地土壤改良

根据永登县的实行情况和盐化土壤的形成特点,改良应以生物措施为主,辅之以耕作措施,特提出以下几点意见,供参考。

(一) 合理轮作,大种绿肥

对于盐碱较重的耕地,最好隔年轮作一次绿肥作物,盐碱较轻的耕地可复种或套种箭舌豌豆、毛苕子等绿肥作物,并适时翻压。通过大量增加土壤有机质,改变土壤的理化性状,来抑制土壤盐分的聚积,培肥土壤。

(二)植树造林,营造防风林带,严禁打沙柴,保护自然植被

这样有利于改善生态环境,减少盐分的补给,间接地降低土壤的盐化作用。特别是盐化草甸土区,植树造林有很好的条件,可通过生物排水的作用。降低地下水位,抑制土壤盐分。

(三)秸秆还田,深耕翻压

这是群众对含盐化土壤改良方面总结出来的行之有效的措施。一般结合深翻,每公顷压麦草 1500~2250kg,或用麦草垫圈,然后翻压到地里,效果都很好。

(四)搞好耕地的平整工作

防止盐分在地面的水平分布上过度集中,相对降低表层土壤的含盐量,减少和避免地表盐斑的形成。在管理措施上,必须坚持干湿锄,力争早耕,解除板结,协调土壤水、肥、气、热,抑制土壤盐分。

(五)合理用水,搞好水利设施

对于旱盐化土壤,应改大水漫灌为适当少灌勤灌,可减弱盐分的表聚作用。另外,对于流经盐化土壤的渠道,应争取改道或渠道衬砌,以降低灌溉水的矿化度。对于因地下水

位高而引起的盐渍化土壤,还应搞好排水工作,解决好地下水的出路问题。

二、滩旱地土壤的改良

(一)草田轮作,农牧结合

对于丘陵山区的耕种淡灰钙土、灰钙土应大力推广草田轮作制,以一年粮和二年草为宜,对于边缘地区的还可采取还荒的措施,任其发展自然草场。这样,不但提高了土地利用率,又可以发展畜牧业生产,提高经济效益,改良土壤,培肥地力,协调和促进了生态环境的平衡。

(二)退耕还草,发展人工草场

几十年来,由于在粮食"自给自足"的思想指导下,大面积毁草种粮,尤其是个别乡镇近几年在天然草场上用机械化铺压砂田,使草场资源受到严重损失,严重破坏了生态平衡,造成恶性循环。因此,必须从改善生态环境、保护水源的角度出发,积极退耕还草,发展人工草场。人工草场一般不易自然放牧,应收割饲草进行喂养。

(三)植树种草,林草间作

对于滩旱地以及适合种林木的陡坡地,应以发展林木为主,建立人工林牧基地。发展中要以草引路,林草间作。有条件的要先近后远,逐步搞平田整地,以及灌溉渠系的整修、配套等农田基本建设工作,以利改良培肥土壤,进一步发展生产。

三、山旱地土壤的改良

根据山地旱作土壤的性状特征,改良利用要以增加植被、固定土壤、防止沟蚀和风蚀为中心,因地因土制宜,加强水土保持。

(一)退耕还荒,发展自然植被

七山、民乐、通远一带低山丘陵区的陡坡地,投入产出比很低,一般均可退耕还荒,让其自然发展野生植物,稳定表层土壤,防止土壤侵蚀(沟蚀和风蚀),避免水土流失,逐渐发展为自然牧场,发展畜牧业生产。在退耕还荒的3~4年内,禁止放牧。对现有的自然草场,也要加强管理,合理安排载畜量,不宜过度放牧。

(二)退耕还林,建立人工林基地。

武胜驿、坪城一带的陡坡地低产田,气候较冷凉湿润,应大力发展人工涵养林木。以改变气候、保护水源为中心,用林草间作,先草后林,草、灌、乔结合,先灌后乔的方法,逐步发展。

(三)粮油草轮作,发展粮油种植。

西北片山区,气候冷凉湿润,雨量较为充沛,收成有一定程度的稳定性。应采取草田轮作,用养地结合的方式,发展粮油生产。

专题七　榆中县中低产田的类型、分布与改良

第一节　中低产田划分标准

根据耕地基础地力不同所构成的生产能力,将全国耕地分为10个地力等级。其粮食单产水平为大于13500kg/hm² 至小于1500kg/hm²,级差1500kg/hm²。采用当地典型的粮食种植制度的近期正常年份全年粮食产量水平计算,即一等地大于13500kg/hm²、二等地12000～13500kg/hm²、三等地10500～12000kg/hm²、四等地9000～10500kg/hm²、五等地7500～9000kg/hm²、六等地6000～7500kg/hm²、七等地4500～6000kg/hm²、八等地3000～4500kg/hm²、九等地1500～3000kg/公顷hm²、十等地小于1500kg/hm²。榆中县耕地分为5个等级,参照中低产田划分标准:正常年份全年粮食产量300～500kg/hm²划为中产田,300kg/hm²以下划为低产田,以此判断标准,榆中县的一、二等地为中产田,三、四、五等地为低产田。

第二节　榆中县中低产田的类型与分布

榆中县耕地土壤主要分属于灰钙土、黑垆土、黄绵土等,灰钙土养分含量普遍较低,黑垆土养分含量也不高,黄绵土受水蚀较严重,土壤侵蚀程度较高。按照《全国中低产田类型划分与改良技术规范》(NY/T 310—1996)的划分标准,结合表3-7-2不同地力等级的障碍程度指标,将榆中县一、二等地定为干旱灌溉型;三等地定为瘠薄培肥型;四、五等地定为坡地梯改型(见表3-7-1)。

一、干旱灌溉型

干旱灌溉型的中低产田主要分布在榆中地貌类型为冲积平原的"榆中盆地":和平镇、定远镇、连搭乡、城关镇、夏官营、金崖镇、清水驿乡、甘草店镇和青城镇等,占地面积28570.94hm²。这些区域主要是以灌溉为主的水浇地和灌溉水田,地处榆中的三大灌区。

但因灌区提灌设施年久老化,灌溉能力不足,灌溉保证率达不到,加之年降水量较低,气候干燥,而造成这种中低产田。

表 3-7-1 榆中县中低产田类型与分布面积

中低产田类型	干旱灌溉型	坡地梯改型	瘠薄培肥型	总计
面积(hm^2)	28570.94	36259.33	27265.31	92095.58
百分比(%)	31.1	39.3	29.6	100

表 3-7-2 榆中县不同地力等级障碍程度指标

中低产田		低产田				
县耕地地力等级		一等地	二等地	三等地	四等地	五等地
国家耕地地力等级		六等地	七等地	八等地	八等地	八等地
立地条件	地形部位	平原	丘陵、平原	丘陵、黄土峁梁、高山	黄土峁梁、高山	高山
	地面坡度(°)	<50	<50	50~100	50~100	50~100
	灌溉条件(%)	75%	60%	30%	14%	0%
	梯田化水平	水平梯田	条田、水平梯田	旱地	坡耕地	坡耕地
	土壤侵蚀程度	无明显侵蚀	轻度侵蚀	中度侵蚀	轻度侵蚀	重度侵蚀
	耕层厚度(cm)	18.9	19.3	16.5	17.6	18.9
	耕层质地	中壤	中壤	中壤	中壤	中壤
	障碍层类型	无	无	无	无	无
耕层理化性状	有机质(g/kg)	14.4	12.9	12.57	11.8	11.3
	全氮(g/kg)	1.028	1.003	0.997	0.939	0.899
	有效磷(mg/kg)	19.98	19	18.8	18.5	18.25
	速效钾(mg/kg)	158.6	151.3	159.5	154.7	148.2
	pH	8.1~8.7	8.1~8.7	8.1~8.7	8.1~8.7	8.1~8.7
熟制		二年三熟	二年三熟	一年一熟	二年三熟	一年一熟
年产量水平(kg/hm^2)		6000~7500	4500~6000	3000~4500	3000~4500	3000~4500

二、坡地梯改型

坡地梯改型的中低产田主要分布在北部山区、南部部分的高山地,以及中部的部分丘陵地区。占地面积36259.33hm²，这些区域坡度在10°～25°；地貌类型主要有高山和低黄土峁梁；土壤侵蚀程度在三级以上，干旱缺水，可耕性差。

三、瘠薄培肥型

瘠薄培肥型的中低产田主要分布在中部乡镇的山区村社，北部浅山山区也有零星分布，占地面积27265.31hm²，这个类型的中低产田特点为：多处梁峁山地，海拔相对较高，降雨相对较多，农田基本建设相对落后，提高灌溉成本较高，耕地绝大多数的田面坡度在5°～15°之间，属中部的二阴偏旱区。如何提高降雨利用率是该区的主攻方向。

第三节 中低产田的改良目标与措施

一、中低产田的改造目标

中低产田改造要加强领导，统一思想，加强服务。统一规划，综合治理，成片开发强化工程管护，以便发挥长期效益，要从加大资金集中投入，连片治理，平田整地，格田成方，健全水系，搞好配套，改良土壤，发展节水工程，提高农田灌溉、排涝、降渍标准。坚持改造中低产田与保护生态环境，调整优化农业结构相结合，通过改造，形成沟、路、林、渠合理布局，旱能灌、涝能排、绿美结合的高标准高效农田，促进农业发展和种植结构调整，提高农民收入，增加农业效益。进行水、土、田、林、路综合治理，提高土地的可持续生产能力。

中低产田改造完成后，将达到"旱能灌、涝能排、渠相通、路相连、林成网、树成行"。依据中低产田的主要特征，运用不同的综合治理技术，因地制宜地对中低产田的土肥水等条件进行全方位治理，形成低产变中产，中产变高产，高产稳产农田的特征。做到看山山青，看地地绿，坡土成台，园田成方，水利配套，能灌能排，土地平整，机耕方便，旱涝稳收，轮间配套，季季高产。

二、中低产田改造后要达到的目标

（一）活土层厚，土体构造好

土层要求总厚度在60～100cm以上，土体的构造最好是上松下紧，即活土层要松，心土层要紧，活土层在20～25cm左右。固、气、液三相比例适当，固体占45%，总孔隙达55%，其中大孔隙占15%，即可渗下多余的水，透气性好，又可通过40%的小孔隙以毛管水形式保持和传导给植物可利用的水；而在35cm以下大孔隙减少到9.4%，毛管孔隙增加到43.8%,有利于保持下渗水,成为耕层水肥储藏库。活土层疏松多孔,一般粒状结构多,土性软而不散,有利于热、水、气、肥的调节,形成根系生长的理想环境,根深叶茂,保证作物生长好,产量高。

(二)土壤三化程度高,土质好

土壤的腐殖质化、结构化、微菌化程度高。中低产田改造不单纯是提高当年产量,而是着眼于根本性的土壤改良,特别是要进行提高耕地综合生产能力的基本建设。要针对不同类型中低产田,采取相应又针对性的重点措施和综合措施,清除或减轻制约产量提高的土壤障碍因素,提高耕地可持续力等级,改善农业生产条件。

第四节 中低产田改良措施

根据农业部《全国中低产田类型划分与改良技术规范》(NY/T 310—1996),提出以下改造技术规范,如表3-7-3~3-7-5所示。

表3-7-3 榆中县干旱灌溉型改造技术规范

改良措施	改 良 指 标
灌溉工程	每年保灌4次,毛灌溉定额250~300m³以上
平整土地	达到不同灌溉方式的要求
加深耕层	加深5cm
种植绿肥	30%,连续3年
秸秆还田	缺燃料地区30%~50%(秸秆量或面积),不缺燃料地区>50%(秸秆量或面积),连续5年
增施有机肥	每年3000kg/hm²,连续5年
林带植被建设	占地面积10%

表3-7-4 榆中县坡地梯改型改造技术规范

改良措施	改 良 指 标
梯田工程	参照北方山地丘陵棕壤褐土耕地类型区坡地梯改型的梯田规格
林带植被建设	林、草、作物总植被覆盖率>80%(无裸露面积)
深翻	3年内深耕2次,加深耕层5cm,耕作熟化层达到20cm
种植制度	粮食套种黄豆、麦茬、短期绿肥,麦、油、豆轮作,连续5年
秸秆还田	小麦留高茬15cm,连续3年缺燃料地区30~50%(秸秆量或面积),不缺燃料地区>50%,连续5年
增施有机肥	2000kg/hm²,连续5年

表 3-7-5　榆中县瘠薄培肥型改造技术规范

改良措施	改良指标
平整土地及条田建设	平坦塬面及缓坡地,规划成条田
水保耕作法	推广丰产沟或其他等高耕作,等高种植制度,连续 5 年
林带植被建设	林、草、作物总植被覆盖率>80%(无裸露面积)
深翻	3 年内深耕 2 次,加深耕层 5cm,耕作熟化层达到 15cm
种植制度	粮食套种黄豆、麦茬、短期绿肥,麦、油、豆轮作,连续 5 年
秸秆还田	小麦留高茬 20cm,连续 3 年缺燃料地区 30%~50%(秸秆量或面积),不缺燃料地区>50%,连续 5 年
增施有机肥	每亩 3000kg,连续 5 年

一、增加土壤有机质,不断培肥地力

提高土壤肥力的关键措施是增加土壤有机质,而增加土壤有机质的主要途径是增施优质有机肥料,实行草、田轮作,秸秆还田和种植绿肥。因此,就必须认真抓好以下几项工作。

(一)开辟有机肥源,管好有机肥

榆中县有机肥料中,牲畜圈粪占有机肥的 90%以上,是补充土壤中有机质的主要来源。根据测定,人粪、家畜粪,机质含量为 22～36 g/kg,其他各种有机肥料有机质均在 20 g/kg 以下,牲畜圈垫土较多的有机肥在 10 g/kg 以下,全氮最高为 1.33 g/kg,最低为 0.43 g/kg,这与农田土壤相比,相差不大。在目前,由于家庭结构的小型化,牲畜饲养量显著下降;农民生活条件的改善,由土炕改为床,用土炕冬季取暖的明显减少,具有传统历史的有机肥源——熏炕土在农村很少见,一日三餐多用液化气、电磁炉、太阳能、沼气做饭,草木灰的施用量也下降;更重要的是农村青壮年劳力一年四季有 80%的在外打工,把优质的有机肥流失到城郊,有机肥料严重不足。可见,榆中县目前农家肥量之少,质之差。因此,开辟新的有机肥源,应充分利用目前作物秸秆、高原夏菜的副产物菜叶量大的有利条件,大力提倡用作物秸秆、菜叶高温堆肥。管理好现有的有机肥,注意土肥的混合比例,是提高肥料质量的关键措施。所以,在有机肥料的积存期间,应注意防止风吹、日晒和雨淋,保管在避风遮阴之处,以免养分损失,在用土垫圈时,土粪的混合比例一般应以 2∶1 为宜,杜绝黄土搬家的现象。

(二)种植绿肥,扩大苜蓿种植面积

根据目前肥源情况,要提高土壤中有机质的含量,还必须提倡种植绿肥,实行草田轮作、间作,要以粮促牧、以牧促肥、以肥增粮。根据榆中县雨量的月分配指标和多年的绿肥试验结果来看,小麦收割后土地空闲,此期又是一年的雨季,降雨相对较多,可复种一茬豆科的豌豆、扁豆、毛苕子和芸芥等作物,也可在麦田套种毛苕子,深秋耕翻入土壤,给土壤中增加一定数量的有机质,所以应予大力推广。苜蓿具有庞大的根系,能够穿透耕层以下坚硬的犁底层和埋藏较深的其他坚硬障碍层,并且有显著增加土壤有机质和改善土壤结构的作用。根据榆中县调查结果来看,一般农田有机质为11.3 g/kg,全氮为0.76 g/kg,水解氮为53.3 mg/kg;而五年的苜蓿地土壤有机质则高达14.9 g/kg,全氮为0.97 g/kg,水解氮为59.5 mg/kg;苜蓿地与一般农田相比,有机质增加3.5 g/kg,全氮增加0.21 g/kg,水解氮增加5.8 mg/kg。光有机质增加量,苜蓿地比农田每亩增加了相当于含有机质为1.75%的农家肥九万多斤。另外,苜蓿含有大量的蛋白质和其他养分,是猪、羊、牲畜的好饲草。并且产草量高,据调查,生长五年、六年、七年的苜蓿亩产草量(鲜态)分别是1800 kg,2600 kg和2400 kg,由此可见,苜蓿是一种十分理想的肥田作物,所以,应适当扩大种植面积。并应普遍地、有计划地逐步实行草田轮作。

(三)增种豆科作物,改善土壤理化性状

豆科作物蛋白质含量多,营养价值高,还具有良好的肥田作用,其肥田的机理是豆科作物特殊的根系所表现出的功能:一是根瘤能够吸收同化固定空气中大量的游离态氮,增加土壤氮素;二是根系的根毛具有分秘有机弱酸的本领,这种弱酸能溶解土壤中溶性磷为有效磷,提高有效磷的供应容量。同时豆科作物的茎秆富合养分,是羊、兔的优质饲草。所以,扩大豆科作物的种植面积,同样是增加土壤有机质,改善土壤结构的主要途径之一,要认真抓好。并逐步实行粮豆轮作、间作,增加豆科作物的种植面积,缩短轮作周期。

(四)大力发展畜牧业,秸秆"过腹还田"

推广秸秆还田技术是今后解决榆中县肥源不足、增加土壤有机质的主要措施。近年来,随着全膜双垄沟剥技术的大面积推广应用,玉米秸秆量显著增加,据测定,每亩玉米干秸秆量在500~600kg,榆中县每年玉米播种面积在25万亩以上,仅玉米秸秆量就达到12.5万~15万t。为此,要充分利用这一优势,大力发展畜牧业,秸秆"过腹还田",或直接还田。

(五)实施以农户为主的生态模式

该模式的思路是,"在狠抓耕地梯田化改造工程的基础上,以农户家庭为实施单元,将集蓄水设施、高效种植业、舍饲养殖业、新型清洁能源有机地结合起来,配套种植业、养殖业、能源等方面的多项实用技术,实现现有资源充分、持续、合理、循环利用,增加群众的经济收入、改善和提高生活质量和居住环境,达到人与自然共存条件下,自然资源的合理永续利用和农牧业生产的持续发展。"对类似榆中县北山的干旱、半干旱地区中低产田改造具有较强的指导意义。

具体措施是,建雨水集流设施,进行舍饲养殖,退耕还林。对梯田地、沟坝、台地,大力推广种植全膜双垄玉米,玉米秸秆青贮作冬季饲草;将大于25°的坡耕地退耕种植苜蓿,作为夏季舍饲养殖牲畜的饲草,牲畜粪便入沼气池,沼渣沼液肥田,促进作物生长,产生较多的秸秆,并增加作物根系量,根茬直接还田。

(六)推广地膜覆盖栽培免耕再利用种植技术

主要推广玉米地膜覆盖再利用免耕技术,其核心是一次覆膜连续种植两茬或多茬作物。在前茬作物收获后不耕,保护好地膜,第二年在原地膜上播种下茬作物,生长期进行分次追肥管理。其模式为:玉米→玉米,玉米→马铃薯,玉米→小麦,玉米→蔬菜,玉米→蚕豆等。该技术能最大限度地保蓄土壤水分,减轻冬春季土壤水分的蒸发,使第二年播前土壤含水量保持较高的水平,可以充分满足早春作物对水分的需求。根茬直接还田,增加了土壤有机质,有利于改良土壤和提高土壤肥力;周年进行全地面地膜覆盖,能有效减轻土壤地表的风蚀和水蚀,防止水土流失,有利于保护环境。

在蔬菜区采取该技术,种植两茬作物,前茬作物收获后不耕翻土地,直接在原膜上播种下茬作物,前茬作物的根茬留在土壤中,增加土壤有机质。

(七)充分利用高原夏菜的副产物菜叶还田

榆中县高原夏菜面积在逐年扩大,目前,种植面积(包括复种)已达25万亩左右。种植品种以花椰菜、甘蓝、大白菜、青笋为主,这些蔬菜有大量的副产物菜叶,商品总产量在6亿kg左右,副产物菜叶至少也在6亿kg以上,由于在生长期为防治病虫害,都不同程度喷洒农药,不能喂养家畜,只能堆积在田间地头,任其腐烂,不仅污染环境,又造成有机肥源的浪费。为此,采取掺土集中堆沤,是很好的有机肥,在蔬菜种植区应大力提倡。

二、大搞农田基本建设,治沟治坡,保持水土

"有收无收在于水,收多收少在于肥"。水、肥是榆中县农业生产中的决定因素,平田整地,防止水土流失,仍是当务之急和今后农、林、牧业生产发展的必由之路。所以,每年有计划做好农田基本建设,保持水土,防止水土流失。

(一)抓以平田整地为中心的农田基本建设

该区为旱作农业区,农业生产所需的水分主要来自天然降雨,作物一生对水分的要求,大都是由土壤接纳自然降水而供给。所以,平田整地,接纳雨水,防止水土流失,是农业生产的关键措施,也是今后发展水浇地的基础工作。要有计划、有步骤尽快把田面坡度小于25°坡耕地修建成便于机械耕作、种植、收割和灌溉的高质量的水平条田,在山区修建便于机械操作和运输的山地梯田,为今后农业机械化打下良好的基础。

(二)抓以种草种树为中心的生物固土保水工作

种草种树是调节气候,改变环境,平衡生态,固土保水的有效的生物措施。榆中县

60%以上的耕地分布在丘陵坡地上,坡度较大,高差明显,树木稀少,草被稀疏,侵蚀严重,冲刷强烈,水土大量流失。为了防止水土流失,调节气候,平衡生态,就必须有计划地进行退耕还林,种草种树。山顶部水土流失严重的干旱部位,应自上而下地修筑反坡梯田、鱼鳞坑等蓄水工程,进行蓄水保墒,种植乔、灌木和固坡草;山腰部位应保护好现有草被,有计划地逐步更换草被,提高草被覆盖度,防止水土流失,为发展牧业生产提供物质基础。

三、深耕改土,合理论作倒茬

合理的轮作倒茬和正确的深耕是改善土壤中水、肥、气、热状况,加速土壤熟化,提高土壤肥力的有效措施。

(一)加深耕层,打破犁底层

黑垆土类土壤耕层以下多有厚度不等(3~5cm)、较为坚实的犁底层。该层影响作物根系的下扎和土壤水分,养分的上下疏通,为一障碍层次,加深耕层不但能打破犁底层,还能蓄水保墒,增加作物根系的营养范围和扩大微生物的活动场所。根据测定:伏耕30厘米比18厘米,每亩土壤含水量高出30%;土壤中硝化菌增加40倍,硝态氮增加3倍。由此可见,以加深耕层为中心的耕作改土也是不断熟化土壤,提高土壤水分,增加速效养分的基本措施。因此,对适宜机械作业的田块,至少每三年深耕一次,深度达到30cm左右,还可采取深松措施。

(二)合理轮作倒茬

农谚说:"茬口倒顺,强似上粪。"合理轮作倒茬是用作物对土壤肥力进行调节平衡的一项生物措施,是用地养地的好方法,而且也是一种消除和减少各种作物病虫危害行之有效的措施。经调查:小麦、玉米、高粱等作物的产量随着连作年限的增加而递减,病虫害发生的频率也随着连作年限的增加而增加。玉米在连作2年以上就会造成瘤黑粉病的大发生,小麦连作会造成根腐病、全蚀病的发生。小麦连作年限应控制在4年以下,大秋作物控制在全2年以下,最好一年一换。一般应按以下方式进行轮作:小麦(3~4年)→小秋(一季)→黄豆(一年)→大秋(一年)→小麦。这样就能较好地发挥作物的互补作用,促进养分协调供应,改善土壤性状,减少病虫危害。

四、科学合理施肥

施肥是提高作物生物量的基础,补充土壤养分不足的有效方法。为了达到增产的目的和预期的增产效果,就必须适时、适量、合理施肥。然而,榆中县近几年来,农民在施肥上缺少合理性和科学性,大部分地区的农民对肥料的种类、性质、使用方法不掌握,存在着极大的盲目性、随意性、跟随性。为了充分发挥肥料的最大效益和增产增收的目的,就必须抓好以下几项工作。

(一)做好有机肥料的堆沤腐熟,严禁生粪、干草施入土壤

不论是人粪尿、畜粪尿和植物茎秆、树叶都必须经过堆沤腐熟方能使用。由于未经腐熟的人粪尿、畜粪尿中含有较多的蛋白质、有机酸、半分解的纤维素等物质,以及各种病菌和虫卵。这些物质中的养分不能被作物直接吸收利用,并且碳氮比值过大。所以未经腐熟的肥料不能直接施入土壤。若施入土壤,就会造成土壤局部溶液浓度增大,使作物窒息。由于碳氮比值过大,土壤微生物与作物发生争氮现象,使作物严重缺氮。而病菌、虫卵未经高温堆沤,生活力很高,仍可繁殖危害作物。禾本科作物的茎秆碳氮比值为80:1,一般植物残体碳氮比值为40:1。前几年,由于瞎指挥,有些社队把干麦草、麦衣撒入地里当肥施用,结果造成严重的缺苗和大量的黄苗。

(二)配方施肥,协调土壤养分比例

充分应用近年来测土配方施肥技术成果,按照县域内的不同生态类型、不同土壤类型、不同作物需肥规律,制订科学合理的施肥配方,通过试验示范,技术培训,逐步改变农民的不合理施肥习惯,推广配方施肥技术,做到有的放矢,缺什么补什么,缺多少补多少。并提倡施用作物专用肥、配方肥。在今后的化肥施用上,应重视氮磷的配合施用外,高产作物和蔬菜种植区应注重钾肥和微量元素肥料的补充使用,协调土壤养分比例。

五、加强耕地土壤管理,保护基本农田

加强耕地土壤管理是农、林、牧业生产的根本保证。目前,随着招商引资力度的加大,城乡一体化建设步伐的加快,使原来交通便利、水肥条件较好的耕地比占用,又不注意耕地占补平衡,造成耕地面积减少。同时,随着农民进城务工,农村撂荒耕地的现象也以已头,因此必须在力争提高单位面积产量的同时,应制定相应的政策法规,加强耕地土壤管理工作,禁止一切浪费土地的行为。

(一)因地制宜,实行农林牧的合理布局

前几年,由于受"以粮为纲,不顾其余"的错误路线的干扰,在榆中县一度出现了以农挤林、以农挤牧的现象,使当时农、林、牧业生产背离了客观规律。由于偏重粮食生产,林、牧业生产受到极大影响。所以,在榆中县范围内实行因地制宜的农、林、牧合理布局已是当务之急,应当本着宜农则农、宜林则林、宜牧则牧的原则,根据地形地貌、土壤类型分布以及地质水文条件,进行农、林、牧专业性生产的区域规划工作。在各自然区域内也同样注意农、林、牧业的合理搭配问题,在确保重点生产和严防水土流失的前提下,因地制宜地发展多种经营和其他各业生产,决不能单打一。

（二） 改变不合理的利用方式

因地制宜、合理利用是土壤管理、利用的依据，也是客观条件的要求。所以，必须对利用不合理的土地进行经营方式上的调整工作。目前，榆中县超坡度农用地相当大，这些土地地力瘠薄，水土流失严重，如无完善的水土保持工程措施，应禁止农业使用，必须退农还林还牧。对土壤理化性状好的土地应尽量减少非生产性占用，制定合理的土地流转政策，确保基本农田面积。

专题八　酒泉市中低产土壤类型与改良利用分区研究

酒泉市位于河西走廊的西端,东与张掖市的高台县相连,南靠祁连山与张掖市的肃南裕固族自治县和青海省接壤,西与新疆维吾尔自治区为邻,北接内蒙古自治区的额济纳旗并与蒙古人民共和国交界。属大陆性气候,总的特点是干旱多风,降水稀少,蒸发强烈,夏季酷热,冬季严寒,日照长,无霜期短,昼夜温差变化大。走廊绿洲区年平均气温6.9℃~9.3℃,祁连山区6.5℃,北山区3.9℃。境内地表水、地下水资源短缺,尤其进入20世纪90年代以来,随着经济的快速发展,人类对土壤的无限索取和人类对自然环境的破坏,以及土壤自身环境恶化,农业生产受到了严重的威胁。根据酒泉市耕地资源管理信息系统耕地地力评价结果,全市中低产田面积达到6.8hm²,占总耕地面积的43.15%。因此,对全市中低产田土壤类型与改良利用进行分区研究,可以摸清形成中低产田的主要因素,准确划分中低产田的类型;有针对性地提出改良的措施,为当地政府改造中低产田提升和合理地利用耕地提供科学依据。

第一节　目的意义

改造中低产田是挖掘现有耕地的生产潜力,提高全市粮食综合生产能力,保证粮食安全的重要途径,在防止耕地退化、保护生态环境方面具有重要意义。

通过建立"酒泉市耕地资源管理信息系统",基本摸清了全市土地利用现状、土壤类型和耕层土壤养分空间分布,研究了影响土壤生产的障碍因素,评价酒泉市耕地生产潜力,并划分耕地地力等级,为合理利用和科学管理土壤资源提供有效途径。

本章将充分利用"酒泉市耕地资源信息系统"的数据,结合"第二次土壤普查"资料和"测土配方施肥"项目研究成果,开展酒泉市中低产田土壤的分区与改良技术研究,针对性地提出不同中低产田类型区改良利用措施。合理开发和利用酒泉市耕地资源。

第二节　土地利用现状

一、土地利用概况

全市土地总面积19.2万平方千米。其中耕地15.5万平方千米,占全市土地总面积的0.83%;林业用地21.40万平方千米,占1.12%;草地468万平方千米,占24.47%。

二、土地利用特点

(一)土地利用率低

全市走廊绿洲平原面积380万平方千米,按农业人口计算,人均74.12 km²;耕地面积15.50万平方千米,农业人均占有耕地0.24平方千米,只占绿洲面积的4.1%。同时,土地浪费现象也比较严重,乡镇居民点占地面积较多,农场、林场占地面积较大。

(二)难利用土地面积大

难利用土地包括戈壁荒滩、低山残丘、盐碱滩、沼泽地等,占全市土地总面积的71%。

(三)牧场广阔,但草质差,载畜量低

全市有草场467.93万平方千米,占全市土地总面积的24.3%。其中,南山区的高山草原和亚高山草原、草甸草场272.35万平方千米,实际载畜量每公顷为0.2个羊单位;其余荒漠草场,每公顷不足0.05个羊单位,载畜量极低。且因超载放牧,鼠害猖獗,草场退化严重。

第三节　中低产土壤类型及特点

通常情况下,影响农作物产量的主要因素有两方面:一是土壤、温度、降水、光照、大气、地形等自然因素;二是对耕地的管理、物质和科技投入等人为因素。作物的高产、中产、低产是依据耕地相对产量人为划分的,而农业产量的主要限制因素是自然因素,自然条件越差的地区,农业生产受到的限制就越大,农作物产量也就越低。

结合"酒泉市耕地资源管理信息系统"的耕地地力评价结果,将酒泉市耕地地力等级为三等的地划分为中产田,将耕地地力等级为四等地和五等地划分为低产田。全市中低产田面积66891.9 km²,占总耕地面积的43.15%,其中中产田36751.5 km²,占总耕地面积23.71%,主要分布在金塔县、肃州区和玉门市。低产田30140.4万平方千米,占总耕地面积19.44%,主要分布在敦煌市、金塔县、瓜州县、玉门市和肃北县,其他各县(市、区)分布相对较小。

根据"酒泉市耕地资源管理信息系统"的耕地地力评价结果,结合专家的意见和建议,酒泉市各县(市、区)耕作土壤剖面存在一些障碍层,土壤沙化、风蚀严重,土壤局部盐碱化严重。因此,依据《全国中低产田类型划分与改良技术规范》(NY/T310—1996)的划分标准,结合酒泉市耕地地力评价中作物产量限制因子的排序情况,综合考虑影响酒泉市农作物产量中各类因子及其权重,以及在农业生产中的直观性和改良利用的针对性,专题研究从若干耕地质量评价指标体系中选定灌溉条件、有机质含量、障碍类型和质地构型4个指标,作为划分酒泉市中低产田限制因子的限制极限指标。

将各评价单元的属性数据与限制极限指标进行比较,对照全国中低产田耕地类型划分,结合当地实际资源特点,酒泉市中低产田依次划分为盐碱耕地型、障碍层次型、沙化耕地型、瘠薄培肥型。

表 3-8-1　酒泉市中低产耕地限制因素及其限制极限指标

限制因子	灌溉限制	干旱限制	瘠薄限制	障碍限制	侵蚀限制
限制极限	没有灌溉条件	全年有效降雨<260mm	有机质含量<2g/kg	红绣砂	风蚀
指　标	灌溉工艺落后	全年有效降雨<300mm	有效磷含量<16mg/kg	分化碎屑	沙化

一、盐碱耕地型

这类中低产田是由于耕地可溶性盐含量和碱化度超过限量,影响作物正常生长的多种盐碱化耕地。其主导障碍因素为土壤盐渍化,以及与其相关的地形条件,地下水临界深度、含盐量、碱化度、pH等。形成主要原因有大水漫灌、自流灌溉以及长期形成的不合理灌溉模式,造成水位上升,地表经长时间形成盐霜、盐斑、盐结皮等。矿化度最高可达10.08g/L。这类中低产田面积约55710.2hm²,占酒泉市耕地面积的35.9%,这类土地容易造成作物苗期斑结和死苗,严重影响农业生产。主要分布瓜州县、玉门市、肃州区、金塔县,涉及土壤亚类为盐土、氧化物硫酸盐旱盐土、硫酸盐草甸盐土、沙砾质石灰性新积土、红柳林灌草甸土。

二、障碍层次型

这类中低产田主要是指土壤剖面构型上有严重缺陷的耕地。主要类型有:红绣砂、砂砾石、硫酸盐、碳酸钙。面积大约有36660.2 hm²,占酒泉市耕地面积的23.7%。主要分布在肃州区、玉门市、敦煌市、瓜州县、金塔县。主要土壤亚类有砾质戈壁灰棕漠土、薄层灌漠土、中位潮土、薄层灌漠土等。

三、沙化耕地型

此类中低产田是指土壤受到风沙侵蚀。对应瓜州县耕地地力评价结果,涉及大部分三等耕地及部分四、五等耕地,主要分布在金塔县、玉门市、敦煌市、瓜州县的部分区域,农业生产水平较低,面积5681.5 hm²,占酒泉市耕地面积的3.7%。涉及土壤类型主要为固定风沙土、流动风沙土、岸风沙土、固定砂土等。

四、瘠薄培肥型

此类中低产田是指主要由于土壤养分匮乏或失衡引起作物产量低下的耕地,可通过长期培肥加以逐步改良,这类中低产田在境内分布面积广泛,涉及部分三等地及大部分四、五等地,总面积大约在8193.4hm²左右,占酒泉市耕地面积的5.3%。主要土类为暗灌漠土、层灌漠土、灌漠土、耕灰棕漠土等。

表 3-8-2 各县(区、市)中低产田类型表　　　　单位:hm²

县名称	瘠薄培肥型	沙化耕地型	盐碱耕地型	障碍层次型
敦煌市	—	863.6	2948.6	5162.0
瓜州县	0.1	462.6	20396.5	3835.7
金塔县	323.8	2903.9	7101.6	3445.3
肃州区	282.6	340.7	7217.9	13136.8
玉门市	7587.0	1110.7	18045.5	11080.4
总　计	8193.4	5681.5	55710.2	36660.2

表 3-8-3 各县(区、市)中低产田土属表　　　　单位:hm²

土属	瘠薄培肥型	沙化耕地型	盐碱耕地型	障碍层次型
暗灌漠土	6289.4			
半固定砂土		309		
薄层潮灌漠土				67.5
薄层灌漠土				4454.1

续表 3-8-3

土属	瘠薄培肥型	沙化耕地型	盐碱耕地型	障碍层次型
薄层潮灌漠土				67.5
薄层灌漠土				4454.1
草甸沼泽土				999.9
低位潮土				631.9
腐泥沼泽土				857.1
钙质粗育土				576
钙质石质土				1093.6
耕种草甸土				940.2
耕种红黏土				0.9
固定风沙土		2872		
灌耕灰棕漠土	15.3			
灌耕棕漠土				621.7
龟裂土				1272.5
河岸风沙土		135.1		
红柳林灌草甸土			2390.4	
红黏土				957.3
厚层灌漠土	1688.9			
灰灌漠土	199.8			

续表 3-8-3

土属	瘠薄培肥型	沙化耕地型	盐碱耕地型	障碍层次型
砾质戈壁灰棕漠土				18154.1
砾质石膏棕漠土				607.3
林灌草甸土				1196.2
流动风沙土		2365.3		
硫酸盐草甸盐土			11054.9	
硫酸盐旱盐土			1255.9	
硫酸盐盐化草甸土			5852	
硫酸盐盐化潮土			3709	
硫酸盐盐化灌漠土			1171.3	
硫酸盐氧化物旱盐土			54.3	
硫酸盐沼泽盐土			283.6	
泥炭沼泽土				306.7
潜育草甸土			348.3	
沙砾质石灰性新积土			2235.9	
石膏灰棕漠土				157.2
石膏盐盘棕漠土				79.5
碳酸镁盐土			333.1	
盐化龟裂土			1569.6	
盐化灰棕漠土			1193.8	
盐化沼泽土			3666.2	

续表 3-8-3

土属	瘠薄培肥型	沙化耕地型	盐碱耕地型	障碍层次型
盐化棕漠土			1047.6	
盐土			14376.2	
氧化物草甸盐土			212.5	
氧化物旱盐土			1234.3	
氧化物硫酸盐旱盐土			3709.2	
氧化物盐化灰色草甸土			11.9	
中位潮土				2751.7
棕漠土				935
总计	8193.4	5681.5	55710.2	36660.2

第四节　土壤改良利用分区系统及命名

土壤改良利用分区的目的是为合理开发利用土地资源,实行农、林、牧业的合理布局和科学管理,利用、改良土壤,为酒泉市农、林、牧业的远景规划提供科学的依据,使之今后在利用土壤资源中真正做到宜农则农,宜林则林,宜牧则牧,使各类土壤都能各得其所,扬长避短,趋利避害,防止土壤退化演变。

土壤改良利用分区是在土壤普查各项资料的基础上,经过归纳整理而形成的土壤普查的综合性成果。其分区的原则是根据土壤组合、自然条件(包括气候、地貌、植被、水文状况等)、生产水平、主要生产问题、改良利用的方向和相应采取的措施而划分区域的。

土壤改良利用分区分为两级,第一级为区,第二级为副区。其划分依据是生物气候因素、地貌类型、土壤的基本属性、肥力水平、障碍因素、利用现状、发展方向及改良措施。

土壤改良利用分区的命名,以该区的地貌—主要土壤类型—改良利用方向,采取三级连续命名法。

第五节　土壤改良利用分区概述

根据上述分区原则,将全市分为4个改良利用区和所属13个副区。

一、中部走廊绿洲平原耕作土区

本土区位于我市中部走廊绿洲平原地带,包括走廊7个县(市、区)在内及国营农林牧场的绿洲区,面积38000.8hm²,占全市总面积19.7%。其中耕地15.49万8hm²,占全市总耕地面积99.4%,为酒泉市市农业耕作土区。

主要耕作土壤为灌漠土、潮土、耕种风沙土;次为灌耕灰棕漠土、灌耕棕漠土和耕种草甸土。非耕作土壤有草甸土、沼泽土、风沙土、灰棕漠土。成土母质为洪积冲积或冲积物和部分风积物、湖积物。耕作土壤质地多为轻壤和沙壤,少部分为中壤。该土区根据气候特点和地貌、水文条件,划分为3个亚区。

(一)酒、金盆地灌漠土、潮土改良培肥亚区

该亚区指酒泉、金塔盆地,位于全市的东部,面积12264.8hm²,占该土区面积的32.4%。其中耕地8.38万hm²,占该土区耕地面积的54.1%。该亚区因土壤类型和生产水平的差异,改良利用方向和措施的不同,划分为6个片。

1. 黑河下游潮土、盐化土,粮棉固沙护岸改土片

本片位于金塔盆地东部,县城东北部,地处黑河下游灌区,巴丹吉林沙漠西面。包括鼎新、航天两个镇,面积5.53万hm²,占该亚区面积4.5%。其中耕地0.52万hm²,占该亚区耕地面积6.2%。本片地势平坦,海拔1130~1206m,气候条件较好,无霜期为135d。土壤母质为冲积物、湖积物和风积物。土壤主要为潮土类,部分为盐化潮土,土层深厚,地下水位较高,1~2.5m。

本片限制生产发展的因素:一是潮土面积大,肥力低;二是风沙侵袭,埋没农田;三是作物生长期内,也正是黑河枯水期,作物生长易受干旱威胁,加之栽培技术水平差,轮作不当,连作年限长,致使产量低。

利用方向:以农为主,林、牧、渔结合,保证粮、棉、油生产,提高经济效益;扩大经济林面积,发展家畜饲养业。

主要改良措施:

(1)加快护岸林和农田防护林网建设。在搞好农田防护林网和四旁植树的同时,坚持林、灌、草结合,控制风沙危害。

(2)搞好水利建设,提高河水利用率。加固水库,扩大调蓄能力,抓好渠系衬砌和现有

水利工程管理,合理用水,发挥机井效益,降低地下水位,减轻土壤盐化危害。

(3)扩大绿肥种植面积。复种、套种,用地养地结合。

(4)挖排阴沟,降低地下水位,是改造潮土和盐化土壤的有效措施。

(5)增施有机肥、磷肥,提倡秸秆还田。

2.金塔鸳鸯灌区灌漠土、潮土、盐化土,粮、棉、糖改碱培肥片

本片位于金塔盆地南部,系鸳鸯池水库灌区。包括金塔、三合、东坝、大庄子、中东、古城、西坝 7 个乡和生地湾农场,面积 11.95 万 hm^2,占该亚区面积的 9.7%;其中耕地 2.04 万 hm^2,占该亚区耕地面积 24.4%。地势由南北倾斜,海拔 1231~1270m。气候条件较好,无霜期 142d。土壤母质为冲积物。该片土壤南部为灌漠土,北部为潮土,从中部向北,夹杂有盐化土壤,面积较大。边缘为风沙土、盐土和草甸土。土层较厚,地下水位埋深 0.7~8m,矿化度 0.5~5g/L。作物有粮、棉、瓜菜。水利条件好,可以满足农业用水。

本片生产上存在的主要问题:盐化土壤面积大,次为潮土,土壤有效养分含量低。

利用方向:农、林、牧结合,扩大经济作物和果园面积,发展饲养业。

主要改良措施:

(1)改造盐碱地。排阴治碱,铺沙压碱,扫浮碱,挖碱窟窿,衬渠防漏,合理用水。

(2)种植绿肥,农牧结合,用地养地结合。实行草田轮作,治盐改土。

(3)深翻改土,排水洗盐,降低地下水位,控制土壤返盐,提高脱盐效果。

(4)植树造林,防风固沙,实现林网化。

3.酒泉北部碱潮地,粮、油、糖、牧排水治盐片

本片位于酒泉盆地北部,包括怀茂、三墩、临水、铧尖、黄泥堡和银达乡的两三口、明沙窝、杨洪、妥家沟 4 个村,以及新城林场、长城林场、边湾农场在内。面积 6.20 万 hm^2,占该亚区面积 5.1%;其中耕地 1.40 万 hm^2,占该亚区耕地面积 16.7%。

该片地处洪积扇缘地下水溢出带以下,海拔 1350~1450m,平均坡降 1/320。清水河、北大河、临水河穿越其境,汇集于鸳鸯池水库。土壤母质为洪积冲积物,土层深厚,地面物质组成较细,以亚沙土和亚黏土为主。土壤有潮土、盐土、草甸土、沼泽土交替分布。由于地势低,诸河汇流,夹山阻隔,排水不畅,土壤受碱潮危害严重,土壤盐化和沼泽化显著。地下水位高,0.5~2.5m;矿化度 5~15g/L,有的高达 30 g/L。本片内有盐碱地 0.57 万 hm^2。

土壤改良利用上存在的问题:本片内河湖交错,大量泉水溢出,积水和湖沼影响,加上地下水矿化度高,上排下灌,土壤盐化和次生盐化程度高,土质黏重,洗盐不易,潮汛过后表土僵板,龟裂严重,致使作物产量不高。

利用方向:采取综合措施,改土治盐,培肥土壤,在提高粮食产量同时,合理布局农、林、牧业,扩大油料、甜菜、绿肥种植面积。

主要改良措施：

(1)兴修水利工程。完善灌排设施，打井提灌，降低和控制地下水位。

(2)排阴治盐。在抓好大型排水工程外，疏通现有各级排水渠、沟，降低地下水位，减少盐碱危害。压(沙)、挖(碱窟窿)、垫(客土)相结合。

(3)种草种树。本片水源丰富，发展林草潜力很大，结合护田林网建设，大造用材林，靠林木强大的蒸腾作用，降低地下水位，减轻盐害。对现有耕地实行草田轮作，种植豆科绿肥，农牧结合。

(4)调整作物布局。选种耐盐作物，增种甜菜，提高经济效益，多种蚕豆，养地用地相结合。

(5)利用水草优势，提倡水库，塘坝养鱼，发展牧业，增加舍饲。

4.城郊、中部暗灌漠土，粮、菜、糖、油高产精种片

本片位于酒泉盆地南北两片的中部，包括酒泉城郊的西峰、果园、泉湖3个乡和银达乡的余新、拐坝、银达、谭家堡村，以及西峰林场、丁家坝园艺场、城郊农场等耕作土片中部的总寨、上坝、下河清3个乡和黄粮墩林场、良种场、市县机关农场、下河清农场。面积9.15万 hm²，占该亚区面积7.5%，其中耕地2.32万 hm²，占该亚区耕地面积27.6%。

本片地形平缓，海拔1420~1620m，由西南向东北倾斜，平均坡降1/100。土壤母质为洪积冲积物，土壤以厚层灌漠土为主，也有少部分潮土。地处城郊或走廊中部，耕作历史长，土层厚达3~5m，熟化程度高，土壤保水保肥，抗旱性强，耕作精细，亩施农肥万千克以上。水利条件较好，有河水、井水可灌，城郊以北还有部分泉水可利用。气候温暖，无霜期140d，宜种各种作物。

本片土壤养分含量和施肥水平较高，但因粮食产量高，地力消耗大，养地作物少，土壤肥力下降，氮磷比例失调。

利用方向：郊区精耕细作，继续提高单产，建成粮、菜、瓜、果、奶、禽基地；中部农牧结合，培肥地力，以粮油为主，发展糖料和瓜类生产。

主要改良措施：

(1)改进耕作栽培技术。大力推广地膜覆盖和大棚栽培技术，采用间作、套种和复种，提高单产，增加瓜果、蔬菜品种。

(2)把绿肥插入轮作、套种、复种，培肥地力，发展奶牛和家禽饲养业，提高有机肥料质量。

(3)改造低产田。增施有机肥料，分次施用化肥，调节氮磷比，充分利用光热资源，套种复种绿肥，用养结合。

(4)合理调整作物布局，增加豆类作物面积，恢复地力。

5. 沿山灰灌漠土, 粮、草、果、牧培肥改土片

本片位于酒泉盆地南部山前洪积扇中上部, 南靠祁连山, 北跨兰新铁路, 包括西洞、东洞、红山、金佛寺、丰乐、清水、屯升7个乡和三合林场。面积12.51万 hm², 占该亚区面积10.2%; 其中耕地2.10万 hm², 占该亚区耕地面积25.1%。

该片地形南高北低, 海拔2200~1500m, 平均坡降为1/30。土壤物质组成粗细不一, 土层薄厚不一, 皆因地形不同而异。地下水埋深100~150m, 矿化度1~2g/L。气候冷凉, 无霜期135d, 年平均气温5.4℃~6.7℃, 年降水量109.8~149.7mm。农业土壤主要是灰灌漠土, 且多为立茬厚层, 有机质含量大于1.5%, 地块高差大, 不利机耕, 靠季节性河坝水灌溉。

农业特点: 耕地有限, 土壤较肥沃, 牲畜多, 有机肥料充足, 果树多, 产量较稳定, 其下部土质较差, 因季节性河流调蓄设施不完善, 灌溉保证率低, 受干旱威胁大。

利用方向: 治水建田, 培肥地力, 深耕保肥蓄水, 稳定粮食产量, 发展林果畜牧。

主要改良措施:

(1) 开展农田基本建设. 平田整地, 兴建蓄水设施, 完善渠系配套和衬砌工程, 扩大保灌面积。

(2) 种植绿肥牧草。实行草田轮作, 增加土壤肥力, 发展畜牧, 增施有机肥料。

(3) 深耕细作, 蓄肥保墒, 增强抗旱能力。

(4) 发展林果、畜牧。本片闲滩空地较多, 潜力大。

6. 绿洲边缘灰棕漠土、风沙土, 植树种草防风固沙待垦片

本片位于酒金盆地耕地外缘地带, 包括金塔盆地两个灌区耕作土壤周围的三大片, 向南连接酒泉盆地北面的滩地, 东部中片和南片所夹的三角地带。面积为77.05万 hm², 占该亚区面积的63%。

成土母质多为洪积冲积物, 主要土壤为灰棕漠土、风沙土, 次为盐土、草甸土和沼泽土。这片荒地土壤有的土层深厚, 土质肥沃, 因土壤含盐过重或地下水位高, 不能耕作; 灰棕漠土和风沙土面积大, 因缺水暂没有垦殖, 是种草种树, 发展畜牧的有利条件, 潜力很大。

本片存在的问题: 风沙危害、草场退化; 地下水位过高, 排水不畅; 只重天然牧场, 缺乏统一规划。

改良利用方向: 种树种草, 发展畜牧, 治水治盐, 综合治理, 农、林、牧、渔全面发展。

主要改良措施:

(1) 建设防风固沙林带, 乔、灌、草结合。

(2) 利用泉水、地下水(打井)浇灌荒漠草场, 种树种草, 林牧结合。

(3) 保护现有植被, 利用现有水源, 种草放牧。

(4)利用洼地,集水养鱼,扩大经济收入。

(二)疏勒河中游灌漠土、潮土,盐化土改良培肥亚区

该亚区指疏勒河中游灌区和疏勒河水系的部分灌区,位于本地区的中部,面积14037.6hm²,占该土区面积37%,其中耕地3.7万hm²,占该土区耕地面积24.4%。因地貌、土壤类型和生产水平的差异,改良利用方向和措施的不同,划分为5个片。

1.昌马盆地灰灌漠土,以牧促农改土培肥片

本片指昌马乡全部,属祁连山山间盆地,中间地势低平,海拔2200m左右,有小昌马河流入境内,农业历史悠久,为古老农业耕作区。面积3万hm²,占该亚区面积2.2%,现有耕地0.17万hm²,占该亚区耕地面积4.5%。成土母质为洪积冲积物,土壤主要为灰灌漠土。气候冷凉,无霜期110d左右,只能种植小麦和油料,蚕豆成一年冻一年。

本片有利条件是土壤条件好,无障碍因素,又有独自灌溉河系,是一个良好的农牧业基地。不利条件是无霜期短,作物品种受到限制。作物收获后土壤深翻伏晒不易,地力恢复困难,因而土质僵硬,有机质缺乏,活土层较薄。

利用方向:以粮为主,发展畜牧业,以牧促农,建立农牧基地。

主要改良措施:

(1)划地轮歇,深耕暴晒,增加活土层,促使土壤熟化。

(2)发展舍、圈牧业,增加有机肥料,提高土壤有机质含量。

(3)种植绿肥,草田轮作,合理倒茬,恢复地力。

2.赤金盆地灌漠土,粮油深耕改土精种片

本片包括赤金、清泉2个乡。有常年性流水的石油河和白杨河,可灌溉,但保证率低,有的村全靠塘坝等水灌溉。气候温凉,无霜期短,属沿山冷凉灌区。成土母质为洪积冲积物,主要土壤为灌漠土,部分为潮土和草甸土。面积4.95万hm²,占该亚区面积3.5%,现有耕地0.98万hm²,占该亚区耕地面积25.8%。

本片中部灌漠土土体深厚,有机质含量高,自然排灌条件好,土壤含盐量轻、地处洪积冲积扇扇缘地带,土层薄,土壤肥力较差,灌溉无保证,是本土片的主要问题。

利用方向:精耕细作,提高土壤肥力,建立稳产高产的粮油基地。

主要改良措施:

(1)增施肥料,提高地力。

(2)加强灌溉管理,提高有限水源利用率。

(3)精耕细作,合理轮作倒茬。

(4)深翻晒土,增加熟化土层。

3.花海盆地灌漠土、风沙土、盐化土,粮、棉防风固沙治盐片

花海盆地地处诸山之间,农区四周为山前戈壁和风沙地。本片为盆地中心农区,面积4.06万 hm²,占该亚区面积2.9%;其中耕地0.24万 hm²,占该亚区耕地面积6.4%。成土母质为洪积冲积细土物质,土壤主要为灌漠土、风沙土和盐化土,土层深厚,一般达2m以上。气候热,是玉门市唯一植棉区。

存在问题:土壤有机质缺乏,平均小于10g/kg;风沙严重,盐碱危害较普遍;灌溉水源不足。

利用方向:治沙治碱,培肥地力,发展粮棉生产,提高经济效益。

主要改良措施:

(1)进一步搞好水利建设,充分利用水源。开发地下水,增加保灌面积。

(2)渠系配套,衬砌防渗,防止土壤次生盐化。

(3)广开肥源,种植绿肥,增施有机肥料。

(4)合理布局,精耕细作,充分利用有利条件,提高农业生产水平。

(5)植树造林,结合营造农田防护林网,防风固沙,彻底解决,避免风沙危害。

4.昌马河冲积扇缘细土平原暗灌漠土、盐化土,粮、油、糖改土培肥治盐片

本片位于疏勒河中游灌区,地处昌马河洪积冲积扇扇缘地带,包括玉门镇、下西号、黄闸湾、柳河及瓜州县的三道沟、河东、布隆吉7个乡,以及青山、黄花和饮马三个农场。面积13.95万 hm²,占该亚区面积9.9%;其中耕地2.39万 hm²,占该亚区耕地面积63.2%。

母质为洪积冲积细土物质,土壤主要有灌漠土、潮土、风沙土和盐化土。地下水位较高,1~5m,水质矿化度大,0.5~10g/L,土壤盐化较重。灌漠土土层较厚,1~8m,土质肥沃,农区边缘土层薄且有漏沙和夹沙地。地势低处多有潮土,土壤返潮返盐,其低洼处,土壤含盐重,作物深受盐害,缺苗、死苗,甚至不能耕种。

影响农业生产的障碍因素:一是盐,二是潮,三是风沙。

利用方向:建立稳产高产商品粮基地,在完成粮食生产的同时,农、林、牧、副、渔全面发展,防潮、治盐、固沙、培肥地力综合治理。

主要改良措施:

(1)合理布置排灌体系,减少渠系渗漏,防潮治盐,避免土壤次生盐化。

(2)增施有机肥,扩种绿肥,提高土壤肥力。

(3)坚持深翻伏晒,加厚熟化土层,恢复地力。

(4)合理使用化肥,达到高效益低成本,增加收入。

(5)植树造林。营造农田林网,防风固沙林,护渠护路林,绿化林,根治风沙危害,百年大计。

5.绿洲外围灰棕漠土、草甸土、盐土,植被保护排水改良利用片

本片东自玉门市界,西至瓜州双塔水库向南达榆林河口,南起肃北县界,北到绿洲边缘与北戈壁交界处,中部除去农业耕作土片外的广泛荒地,面积114.41万hm²,占该亚区面积81.5%。该片大面积成土母质为洪积冲积物,一般质地较粗,土壤有灰棕漠土、草甸土和盐土,未经改良农业上难以利用。

利用方向:保护天然植被,发展畜牧业,近水源处种树种草,防风固沙;低洼处可利用现有水源发展沼泽养鱼,实现林、牧结合。

(三)安、敦盆地灌漠土、盐化土培肥改良利用亚区

本亚区位于疏勒河下游灌区和党河灌区,包括瓜州县的锁阳城、瓜州、南岔、西湖等乡镇和敦煌市的大部分乡。面积116.98万hm²,占该土区面积30.7%;其中耕地3.33万hm²,占该土区耕地面积的21.5%。该区因气候条件、土壤类型的差异,改良利用方向和措施也极不一致,划分为6个土片。

1.踏实扇形平原灌漠土、潮土、风沙土,粮、油、牧增肥改土治沙片

本片位于瓜州县城东南部,地处榆林河灌区,包括锁阳城镇的农区和国营踏实农场。面积9.06万hm²,占该亚区面积7.7%;其中耕地0.25万hm²,占该亚区耕地面积23.9%。耕地分布在榆林河洪积冲积扇细土平原上,耕作土壤有灌漠土、潮土和风沙土,作物有小麦、油料和棉花。

存在问题:

(1)自然植被破坏严重,草场退化。

(2)耕作粗放,大水漫灌,草荒严重;农作物种植单一,夏粮比重大,小麦连作年限长,粮食产量低于全县平均水平。

(3)有机肥料不足,质量差,土壤瘠薄、僵板,养分含量低,氮磷比例失调。

(4)盐化土壤面积大,分布集中,土壤含盐重。

利用方向:充分利用草场资源优势,发展畜牧,以农为主,农牧结合,发展粮、油、林、果。

主要改良措施:

(1)稳定农田面积,控制开荒,封滩育草,合理轮牧,防止草场退化。

(2)增施农家肥和磷肥,改变氮磷比失调情况。

(3)建立合理轮作制度,精耕细作,种植豆科作物(包括绿肥),争取三年一倒茬,提高土壤肥力。

(4)种树种草,防风固沙。

2.疏勒河干三角洲灌漠土、盐化土,粮、棉、瓜果防风固沙培肥精种片

本片地处疏勒河中、下游干三角洲绿洲平原上,地势东高西低。包括瓜州、南岔、西湖等乡和国营小宛、西湖、十工、四工农场,县良种场,城郊林场。面积 11.65 万 hm^2,占该亚区面积 10%;其中耕地 1.16 万 hm^2,占该亚区耕地面积的 29.5%。

本片是瓜州县自然条件最好的片,地势平坦,海拔 1080~1250m。土地集中,光热资源丰富,年均气温 8.8℃,≥10℃积温 3582℃,日照 3260h,无霜期 146d,适宜粮、棉、瓜果的生长。主要土壤为灌漠土、潮土和部分耕种风沙土、灌耕棕漠土。该片水利设施完善,耕作历史长久,生产条件优越,产量高,是瓜州县棉花、瓜果经济作物区。

存在问题:

(1)地力消耗大,肥料补充不足。间、套、复种面积大,普遍存在地力衰退现象,土壤有机质含量不足 10g/kg。

(2)风沙危害严重。地处风沙线上,长年受风沙危害。

(3)土壤次生盐化比较突出。部分村队地下水位 0.95~1.5m,矿化度 3.0~11.8g/L。尤其西湖水盐无处排,盐化土壤面积占该片 81.3%。

利用方向:调整结构,稳定粮食生产,大力发展棉花、瓜类、果品的种植,建立经济作物区。实行精耕细作,提高单产,走集约化生产道路。

主要改良措施:

(1)在风沙线上和外围耕地植树造林,形成林网化,减轻风沙危害,减少沙化、盐化;土地退耕还林还牧,或实行林粮、林草间作。

(2)大力发展绿肥,高茬收割,秸秆还田,增施有机肥和磷肥,用养结合,培肥土壤,提高地力。

(3)完善灌排系统,渠道衬砌,减少渗漏,充分利用井灌,降低地下水位,控制次生盐化。

(4)严禁砍伐现有林木,封滩育林,保护天然植被,扩大覆盖度,根治风沙危害。

3.敦煌城郊灌漠土,粮棉、果菜高产精种片

本片位于县城周围,地处党河灌区上部,包括党河、杨家桥、三危、五墩、肃州五 5 个乡。面积 3.55 万 hm^2,占该亚区面积 8%;其中耕地 0.80 万 hm^2,占该亚区耕地面积的 23.9%。

该片地势平坦,地下水资源丰富,水质优良。土壤是发生在洪积母质上的灌漠土,土层深厚,土质肥沃,耕层以轻壤土为主。宜种各种作物,属稳产高产区,也是敦煌市棉花、果品、蔬菜经济作物区。因在县城周围,人多地少,耕作管理精细,生产水平高,亩施农肥万千克以上,耕层有机质 10~12g/kg。自然条件优越,年均气温 9.3℃,光热条件充裕,日照时间长,≥10℃的积温为 3611℃,无霜期 150d 左右,复种指数高。

存在的主要问题:重氮轻磷,小麦易出现倒伏,棉花疯长脱花落铃;易受风沙吹袭和晚霜冻,造成果树严重减产。

利用方向:稳定粮食生产,发展棉花、果树、蔬菜优势,因地制宜,综合发展。

主要改良措施:

(1)营造防风固沙林,林网化,防风防霜冻,确保果树丰产。

(2)增施农肥和磷肥,调整氮磷配比;套种和复种绿肥,增加土壤有机质,提高土壤肥力。

4. 党河下游盐化土、风沙土,粮棉固沙改土片

本片位于县城北部,地处党河下游灌区冲积扇缘带,包括吕家堡、郭家堡、孟家桥、转渠口、黄渠5个乡。面积4.53万hm^2,占该亚区面积3.9%;其中耕地0.98万hm^2,占该亚区耕地面积29.5%。该片地势低平,地下水位埋深1~2.5m,土壤有不同程度的盐化和次生盐化,主要土壤为盐化潮土、盐化灌漠土和耕种风沙土。人少地多,耕作粗放,肥料量少质差,生产水平低。

农业生产上存在的问题:一是盐化土和潮土面积大,土壤肥力低;二是生产管理水平低,产量不高。

利用方向:改土治盐,培肥地力,努力提高粮棉产量。

主要改良措施:

(1)排阴治盐。挖沟排水,盐潮自退,可减轻盐碱危害,地下水较好的地区可打井灌溉,降低地下水位。

(2)大种绿肥。实行草田轮作或套种复种,增加土壤有机质。

(3)增施有机肥,培肥地力。采取有效措施,广开肥源,积肥造肥,提高质量,搞好秸秆还田。

5. 南湖风沙土营林,粮、果培肥固沙片

本片位于县城西南的古阳关下,四面被戈壁沙丘包围,为一狭长湖盆洼地。靠泉水灌溉,水质较好,水资源丰富。面积3.15万hm^2,占该亚区面积2.7%;其中有耕地0.14万hm^2,占该亚区耕地面积7%。地貌属洪积冲积湖盆洼地,南部有黄水坝、北有新工坝、北工坝,绿洲部分低洼。土壤为耕种风沙土和耕种草甸土。自然肥力低是本片土壤突出的问题,作物后期脱肥减产。本片中心阳关村一带为古老耕地,地少人多,耕作较细;除此多为地多人少,开垦年限短,肥力不足,管理粗放。

改良利用方向和措施:增施有机肥,引洪漫淤,草田轮作,改善土壤理化性状,培肥地力;以农田防护林为重点,大力植树造林,以粮、果为重点,提高种植业水平,以渔业为重点,发展饲养业。

6.绿洲边缘风沙土、棕漠土、沙生植被保护片

本片指安、敦盆地农业耕作土壤片的外围荒区。面积70.83万hm², 占该亚区面积72.7%。主要土壤类型有风沙土、棕漠土、灰棕漠土、盐土和草甸土类。宜牧荒区主要分布在安、敦公路北面,面积约为7.33万hm²。植被为芦草、冰草、骆驼刺和芨芨草,土壤为盐土和草甸土。天然林保护区,分布在肃北蒙古族自治县境的东北部,鸣沙山以南,以红柳、胡杨为主。再一为敦煌灌区北部,土壤为结皮盐土,植被以红柳为主,生长旺盛,面积较大。南山天然林保护区,生长有梭梭、沙拐枣、红柳等。该片为广泛的戈壁荒滩,植被稀疏,地面裸露,除靠近河岸或泉水露头地方可供牧驼、马外,多数农牧业利用价值不大。由于气候干燥,降水稀少,又无灌溉水源,荒漠植被生长缓慢,一旦遭受破坏,长时间难以恢复,因此,应予以保护,以维持脆弱的生态环境。

二、南部高山、山地草原土区

本土区位于酒泉市市南部祁连山地带,包括肃北蒙古族自治县的南半县和阿克塞哈萨克族自治县全部。土地面积680.08万hm²,占全市总面积35.3%;其中耕地901.8 hm²,占全市耕地面积的0.6%,为牧业区。总人口16531人,其中牧业人口6430人,人均占有牲畜62头(只);农业人口3186人,人均占有耕地0.29 hm²。该土区根据地貌和气候特点划分为5个亚区。

(一)高山漠土冰川冻土亚区

本亚区指海拔4200m以上的高寒地带,包括野马山、大雪山、讨赖南山、野马南山、疏勒南山、党河南山、阿尔金山、土尔根达坂山、喀克吐蒙克山、野牛脊山的主要山体。面积150.6万hm²,占该土区面积22.1%。因受高寒限制,土壤夜冻日消,植被稀疏,盖度只有5%~10%,为高山漠土;海拔4500m以上,高等植被除雪莲和蚤缀外截然绝迹,植被为地衣和苔藓类。土壤为高山寒漠土,海拔4700m为雪线,海拔5100m以上,冰川遍布,是各河流的发源地,牧业上无改良利用价值。为防止水土流失,该亚区是冰川水源保护区。

(二)高山、亚高山草原土放牧区

本亚区指海拔3200~4200m的高山和亚高山地带。面积为234.32万hm²,占该土区面积34.5%。面积较大,牧草类型较多,长势旺盛,盖度40%~90%,是祁连山牧草的精华所在。海拔3800~4200m,为高山草原土,属夏秋牧场,冬春因高寒和山风牲畜不能停留;海拔3200~3800m为亚高山草原和亚高山草甸土,是牧区的主要草场,一年四季均可放牧,属冬春牧场。

存在的主要问题是草原退化严重,其原因大致有:

(1)超载过牧是草原退化的主要原因。随着牲畜的增加,冬春牧场超过原载畜能力。

再一是季节性分布不均,夏秋草场因高寒路远,利用率低,多挤到冬春牧场,四季草场变为两季。超载不仅破坏了植被,也破坏了地表结皮层,从而加剧了风蚀和水蚀。

(2)鼠害严重。多者每平方米内有15~20个鼠穴。鼠类不仅啃食牧草,也抑制了牧草生长,挖洞打穴把沙土堆在洞外,覆盖草被。除此,旱獭群居,食草挖根,使成片植被遭到破坏,鼠害严重的草原面积达26.67多万 hm^2。

(3)土壤次生盐化、沙化不断加剧。破坏了植被,地表成秃斑地,随后盐化、沙化随之而来。

改良利用方向:发展草原水利,解决灌溉和人畜饮水,充分利用夏秋草场,减轻冬春草场压力;抓紧草原灭鼠,保护草原植被;继续搞好棚圈建设和草原基本建设,提高草场利用率;落实"双包",草场固定到户,合理轮牧;发展绵羊、牦牛、骆驼,巩固羊改成果;推广肉畜快速育肥,建设毛皮肉业基地。

主要改良措施:

(1)建立合理的轮牧制度,避免草场超载过牧,减少土壤侵蚀,控制草原盐化、沙化。

(2)均衡利用草场,适当缩短冬春草场放牧时间,延迟进入冬场。

(3)加强草原管理,恢复草原生机。对退化严重的牧场实行隔年放牧或控牧,最好是圈栏、封滩。

(4)抓紧草原灭鼠工作。器械杀或药剂灭,尽量减少鼠害。

(5)发展人工草地、打草场和饲料场,根据条件发展草原灌溉,种植饲草,增加饲料产量,提高草场生产力。

(三)山前洪积扇灰棕漠土季节放牧亚区。

本亚区分布在海拔3200m以下的山地,主要包括海子周围和肃、阿两县的北部与安、敦二县交界线的南面广阔的洪积扇地带。面积248.16万 hm^2,占该土区面积36.5%。土壤以灰棕漠土为主,次为风沙土。荒漠化严重,海拔3000m以上,植被较好,3000m以下则稀疏,甚至没有几棵草的不毛之地,整个亚区植被盖度不足30%,水源较缺,可季节性地放牧骆驼。

存在的主要问题:荒漠化面积大,草场利用率低,产草量少质差,大部分地区缺水,人畜饮水成问题;原有的灌木和半灌木已濒临绝境,荒漠化程度不断地加剧。据调查,20世纪50年代红柳、胡杨丛生,其茂密程度可遮住其中采食的骆驼,而现在幸存者甚少,高度1~1.5m。即使白刺、合头草、珍珠、红砂、霸王、灌木亚菊、金露梅也在日益减少,对天然植被的保护已经成为防风固沙、防止土壤侵蚀、保护草原的当务之急。

土壤改良利用方向:保护天然植被,解决人畜饮水问题,可因地制宜地放牧骆驼。

主要改良措施:

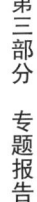

(1)营造防风固沙林、薪炭林,保护天然植被,从根本上防止植被破坏和风沙问题。

(2)在水土条件较好的地带,种植适应性强的树种,乔、灌、草结合,采伐与补植结合,可增强草原抗风能力,保护天然植被,从根本上保护草原,发展草原畜牧业。

(四)山间谷地、盆地草甸土、沼泽盐土改良围栏放牧亚区

本亚区分布在海拔 3200m 的党河谷地海拔 3500m 的疏勒河上游谷地,以及海拔 3000m 以下的大、小苏干湖盆地中心的干海子四周。面积 39.74 万 hm^2,占该土区总面积 5.8%。成土母质为湖积物,土壤主要有草甸土、盐土。地处河床或湖盆,地表多积水,个别处已生长有塔头墩子,属沼泽草甸土。植被盖度大,可达 60%~90%,植被以赖草、芦苇和冰草为主,已形成草湖滩。牧业上问题是水草丰美,但面积不大,要防止抢草增膘。利用方向是搞好草场基本建设,提高草场利用率;落实"双包",草场固定到户;发展羊、牛,推广快速育肥,建设成肉、奶、毛皮生产基地。

主要改良措施:

(1)继续搞好草场建设。合理利用草场,提高产草量,解决好牧草退化问题。

(2)调整放牧季节,加强草场管理,围建割草场,发展绵羊、牦牛。

(五)党城湾、石包城、阿克旗灌耕灰棕漠土、耕种风沙土改良培肥亚区

本亚区分布在山间盆地,包括肃北县的党城湾、石包城乡和阿克塞县的阿克旗乡。面积 7.29 万 hm^2,占该土区面积 1.1%;其中有耕地 901.8hm^2,是这两个县唯一的农作区。主要土壤为灌耕灰棕漠土和耕种风沙土,而耕种草甸土不多。水利条件较好,因气候条件冷凉,作物品种单一,小麦和油料为主要作物,养地作物较少,导致土壤养分缺乏,加之管理粗放,灌水不当等,招致水土流失和土壤次生盐化。土壤理化性质变坏,肥力下降,作物产量不高,这是该亚区存在的问题。有利条件是水资源充足,发展农业大有潜力。

综上所述,利用方向是:以粮、油为重点,发展林、牧业,以牧促农,以林保农,防风固沙,农、林、牧结合;以禽、蛋、奶为重点,发展养殖业,建立农牧业基地。

主要改良措施:

(1)调整作物比例,倒茬轮作,广施有机肥料,改善土壤理化性状,培肥地力。

(2)合理灌溉。改大块为小块,改漫灌为畦灌,防止水土流失和土壤次生盐化。

(3)以农田防护林为重点,大力种树种草;以粮、油、果为重点,提高种植业水平;以禽、蛋、奶为重点,发展畜牧业。

三、西部风蚀洼地风沙土区

本土区分布于阿克塞县境以北,敦煌绿洲以西,包括库土塔格大沙漠和玉门关周围地带。面积 167.53 万 hm^2,占全区总面积 8.7%。

(一)库土塔格沙漠流动风沙土植被保护亚区

本亚区位于阿克塞县界以北的流动风沙土区,为我市有名的库木塔格沙漠,面积92.65hm²,占该土区面积55.3%。海拔1000~1800m,成土母质为风积沙。水利条件差,崔木土沟和阿克旗的泉水流入沙漠边缘很快就渗入地下。气候干旱,广阔的大沙漠植被无几,只有个别地区生有胡杨等沙生植被,无利用价值。

(二)疏勒河下游草甸沼泽土,防风固沙天然林保护亚区

本亚区位于敦煌绿洲以西,疏勒河以前曾流入此区——古玉门关外。地形为一低洼盆地,最低处海拔920m,为该区最低处,面积74.88万hm²,占该土区面积44.7%。土壤为草甸土和沼泽土,部分已盐化,重者为盐土。汉代为军马场,水草丰美,到元朝时水草已开始衰败,以后随着农业灌溉的发展,疏勒河水断流,但有部分泉水仍维持水草生存,近些年因某种原因,这里已被封滩,草原又恢复生机,除珍贵的动物野驴外,家畜不能进入,为天然林木防风固沙保护亚区。

第六节 土壤改良利用措施

一、科学施肥,培肥地力

为了提高地力,必须坚持用养结合,有机肥料与无机肥并重,走增施有机肥,发展绿肥,合理施用化肥,协调氮磷比例和以无机促有机的途径,以达到增加产量,降低成本的目的。

(一)加强管理,提高农家肥的数量和质量

人、畜粪便是当地有机肥的主要来源,但旧的积肥方法造成积肥数量少而且质量差。据估计畜粪有40%养分流失,人粪尿有60%养分流失,实际使用的人畜粪便还不到一半。为此,今后要推行圈养,薄垫勤垫等积肥方法,提高农家肥的数量和质量,以减少损失,扩大肥源。

(二)扩大绿肥种植,用地养地结合

种植绿肥是用地、养地、培肥地力的重要途径。目前全市绿肥面积已达到1.76万hm²,据测定套种绿肥每公顷可收鲜草26250kg,复种绿肥每公顷收鲜草18750kg;若留茬高度10cm,土壤有机质可增加1.5g/kg,速效氮增加8mg/kg。更主要的是改善了土壤理化性状。种植绿肥还可覆盖地面,减少土壤返盐。豆科绿肥是优良的家畜饲草,用地上部分养畜,过腹还田,可弥补饲料的单一,蛋白质和维生素的不足,又可增加优质肥料。

(三)合理使用化肥,注意氮磷配比

化肥可直接补充土壤养分的不足。1985年酒泉市使用化肥量是65150t,平均每公顷施化肥477kg。氮肥和磷肥的施用比例是1:0.3。此外,还进行了叶面喷磷。尽管如此,磷的比例仍然比较低。农业生产水平的提高,化肥施用量将要继续增加,因此,不断改进施用方法至关重要。今后,应根据各类作物的生长发育规律,研究采用相应的施肥方法,实行氮、磷及其他肥料的合理配比。

二、低产土壤的改良措施

低产土壤改良,应根据造成低产的主要原因而采取相应的改良措施。

(一)采取综合技术措施改良盐碱地和冷浸田

盐碱地和冷浸田,皆因地下水位过高,土壤水分过多而引起土壤返潮,加之地下水质矿化度大,土壤返潮返盐。若能降低地下水位,淡化水质,便可减轻或根治潮湿冷浸和盐碱的危害。

1.挖沟排水。地势低平或低洼,地下径流排泄不畅,地下水位过高而引起土壤返潮返盐,挖沟排阴是主要的治理方法。

2.改造和完善灌排系统,减少渠系渗漏,控制灌水定额,也是降低地下水位的有力措施。

3.提倡井排井灌。在地下水位较高、水质较好的地区发展竖井灌排,既可增加下游灌溉水源,又降低了上游地下水位,是两全其美的措施。

4.挖盐斑,扛浮碱。在局部地方盐碱较重的土壤上,挖去碱斑、浮碱,换上好土或填入麦草等,可以减轻盐碱危害,保证作物全苗,但并非是一项治本的措施。

5.铺沙压碱。"沙压碱、刮金板"是农民对压沙治碱良好效益的一个形象的比喻。铺沙,可以减少地面蒸发,减少"碱随水来"而聚积地表或土壤上层,粗沙、细沙都有一定作用。

(二)增施有机肥和种植绿肥

增施有机肥和种植绿肥,这是改良低产田的根本措施。低产田的主要表现是薄、瘦、板、漏,坚持增施有机肥和种植绿肥可以增加土壤有机质,改善土壤理化性状,增强土壤胶体和供肥保肥性能,调节土壤水、气、热状况,破除土壤板结,缓冲盐害危害,提高土壤肥力。同时,种植绿肥也为畜禽业的发展提供了优质饲草,实现土地用养结合和农牧结合。在盐碱土改良上,种植绿肥还可以增加地面覆盖,减少土壤水分蒸发及减轻土壤返盐。据调查,种植3年的苜蓿根系深达1.5m,可穿过土壤中的胶泥层,增加了土壤的通透性能,提高土壤洗盐效果。

(三)植树造林

低产土壤多在风沙沿线和农田边缘。生产实践证明,营造农田防护林带,不仅可以防止风沙的威胁和侵袭,改善农田小气候,而且在盐碱土壤改良上也有良好的效果。通过树木庞大树冠的蒸腾排水作用,可以改变地下水位运动的方向,减缓地下水和土壤水分的蒸发,以及防止土壤表层盐分的聚积。

树木的排水作用是巨大的。据估算,一条成年林带的排水效果相当于一条排水农沟的排水量。据调查,一条五六年生的林带(白杨、沙枣等),其降低水位作用的范围可达到200~250m,其防风作用的范围亦可达到树高的30倍。

专题九 肃州区中低产土壤类型与改良利用分区研究

第一节 目的意义

肃州区属温带大陆性气候，地势平坦，土地肥沃，水源丰富，日照充足，降雨量少，蒸发量大，昼夜温差大，是我国典型的绿洲农业和大型灌溉农业区。全区农业的整体发展水平处于全国一熟制地区的先进行列，粮食生产以优质小麦、玉米、洋葱和啤酒大麦为主，是国家商品粮基地县之一。农业产业化开发成效显著，科技对农业发展的贡献率达55.3%，高于全国平均水平，处于甘肃省领先地位。2008年全区耕地面积4.19万hm^2，总播面积4.07万hm^2，粮食作物面积2.13万hm^2，粮食总产量达18.21万t，经济作物面积2.05万hm^2，其中蔬菜0.99万hm^2，总产4.22万t，洋葱0.32万hm^2，日光温室蔬菜生产面积0.18万hm^2，啤酒花0.04万hm^2。全区种植业总产值达13.09亿元，种植业人均纯收入达2448元，农民人均纯收入达到5036元。2008年全区化肥使用量为8.33万t。

通过建立肃州区"县域耕地资源管理信息系统"，基本摸清了肃州区土地利用类型、土壤类型和耕层土壤养分空间分布；研究了影响土壤生产力的障碍因素，评价肃州区耕地生产潜力并划分耕地地力等级，为合理利用和科学管理土壤资源提供有效途径。充分利用肃州区"县域耕地资源管理信息系统"的数据，结合第二次土壤普查和"测土配方施肥"项目研究成果，开展肃州区中低产土壤的分区与改良技术研究，合理开发与利用耕地资源。

第二节 土地利用现状

一、土地利用概况

根据2007年肃州区土地利用现状图统计，全区总面积34.5万hm^2，耕地面积4.19万hm^2，占全区总面积的12.14%。人均占耕地0.12hm^2。全区林地3509.6公顷（不包括四旁植树），占全区面积的1.02%。目前能用于放牧的草场101424hm^2，占总面积的29.40%，植被稀疏，载畜量低，属荒漠草场和盐生草甸草场。盐碱地 23911.8hm^2，占总面积的 6.93%。

二、土地利用特点

(一)土地利用率低

肃州区现有土地总面积 34.5 万 hm^2，以农业人口计算，人均为 1.58hm^2。耕地面积 4.19 万 hm^2，占全区总面积的 12.14%，土地利用率低。人均耕地面积 0.12 hm^2，人均耕地面积少。

(二)耕地障碍因素多

肃州区有障碍因素的农业土壤共 1.54 万 hm^2，占耕地面积的 36.7%。其中有障碍因素的漏沙、僵板地为 3220.0hm^2，占耕地面积的 6.0%；土薄石厚地 3806.7hm^2，占耕地面积的 7.1%；不同程度的盐碱地 8406.4hm^2，占耕地面积的 15.8%。另外，因水源不足，调蓄水设施不完善，1.90 万 hm^2 耕地得不到保灌，占耕地总面积 45.34%。

(三)土壤养分含量低

从 2007 年耕层养分化验结果看，肃州区耕层土壤速效养分含量为碱解氮 71.76mg/kg、有效磷 18.46mg/kg、速效钾 159.97mg/kg。1983 年第二次土壤普查，耕层土壤速效养分含量为碱解氮 38mg/kg、有效磷 9mg/kg、速效钾 159 mg/kg。2007 年与 1983 年相比，土壤碱解氮增加 33.76mg/kg，土壤有效磷增加 9.46mg/kg，土壤速效钾增加 0.97mg/kg。根据甘肃省测土施肥土壤养分分级标准，肃州区土壤碱解氮属Ⅵ级，有效磷属Ⅳ级，速效钾属Ⅳ级。土壤速效养分虽然有一定程度的增加，但与全省相比，肃州区土壤速效养分含量仍然较低。

(四)耕地重用轻养,施肥不平衡

从 2007 年耕层养分化验结果看，肃州区土壤有机质含量为 14.7g/kg，与 1983 年第二次土壤普查的有机质含量 12.7g/kg 相比，土壤有机质含量增加 2.0g/kg。由于产业结构调整，耕地重用轻养的问题比较突出，一是豆类作物面积大幅度下降，全区 1983 年豆类面积 4866.7hm^2，2007 年减少到 6.67hm^2；二是绿肥种植面积少，2007 年绿肥种植面积 4000hm^2；三是休闲轮歇地减少，地力得不到恢复，1950 年全区轮歇地 1.29 万 hm^2，1975 年 4600hm^2，现在基本上没有休闲轮歇地；四是重化肥,轻视有机肥料的施用，化肥的年施用量已由 1976 年的 1.1 万 t 增加到 1983 年的 3.7 万 t，2007 年猛增到 8.3 万 t，增长了 7.55 倍。有机肥与化肥施用不平衡，大量元素氮肥、磷肥、钾肥施用不平衡。

第三节 中低产土壤类型

一、土地利用区划

综合考虑肃州区的地貌类型、光热条件、地域特点、土壤类型、不同土壤类型存在的障碍因素、土地利用方式、灌溉保证率和行政区划特点,将肃州区划分为4个区。

(一)城郊高肥高产区

本区位于肃州区城郊,总土地面积4.1万 hm^2,占全区总面积的11.8%。区内地形由西南向东北倾斜,海拔1420~1550m,平均坡降1/125。讨赖河南、北干渠贯穿全境。土壤主要是熟化程度高的厚层灌淤土,也有少量潮土分布,耕层质地多为沙壤或轻壤。无霜期141d,年平均温度7.3℃,≤10℃的积温2985.7℃,水位2~10m,部分地方达30m,矿化度1~3g/L,水质较好。农田水利条件较完善。

(二)北部碱潮区

本区位于肃州区北部,总面积9.2万 hm^2,占全区总面积的26.7%;其中耕地1.2万 hm^2,占全区耕地的22.8%。本区地处洪积冲积扇缘泉水溢出带,海拔1350~1450m,平均坡降1/320,清水河、北大河、临水河穿越其境,汇集与鸳鸯池水库。土层厚度一般为5~10m。质地较细,以亚沙土和亚黏土为主。无霜期140~150d,≤10℃的积温2700~3100℃。地势低平,土壤盐渍化与沼泽化显著,地下水位高,一般在1~5m,矿化度5~15g/L,有的高达30g/l。边湾、明沙窝一带水位1~3m,矿化度0.4~3g/L。地下水储藏丰富,较易开采,故有河、泉、井三水灌溉之利,同时水量稳定,能够保证及时灌溉。

土壤类型主要有潮土、盐土、草甸土、沼泽土,由于本区地势低洼,诸河汇流,夹山阻隔,排水不畅,土壤受碱潮危害严重。区内盐碱地共0.6万 hm^2,占本区耕地面积的59.7%,占全区盐碱地面积的68%。

(三)中部灌淤土培肥区

本区位于肃州区中部,总面积6.3万 hm^2,占全区总面积的18.2%;其中耕地1.3万 hm^2,占全区耕地面积的23.4%。区内地形平缓,海拔1450~1620m,平均坡降1/75。土壤母质为洪积冲积物,土层深厚达3~5m以上。质地北部以沙砾质为主,南部是沙壤或轻壤质。无霜期140d,年平均温度7.4℃,大于10℃的积温3100℃,地下水位1.5~20m,有的达100m以下,从南向北,由深变浅,矿化度1~3g/L,水质较好。区内有河、井水灌溉。土类由南往北依次是灰棕漠土、风沙土、灌淤土、盐土,成带状分布。

(四)沿山灰棕漠土低产区

本区位于肃州区之南的山前洪积扇中上部,总面积14.9万hm²,占全区总面积的43.3%;其中耕地1.9万hm²,占全区耕地面积的36.2%。本区地形南高北低,海拔2200~1500m,平均坡降1/30,土壤机械组成粗,多为砾质或沙砾质,仅在榆林坝、涌泉坝、黄草坝、磁窑口、屈家口等三坝两口和扇间低处,有较细物质,土层薄厚不一,扇间低洼处较厚,可达2m左右。三坝两口较薄,地下水埋深100~150m,矿化度1~2g/L。气候冷凉,无霜期135d,年平均气温5.40℃~6.70℃,≤10℃的积温平均值2116.3℃~2695.9℃,全年降水量109.8~149.7mm。土壤类型有灌淤土、风沙土、灰棕漠土。因洪枯期流量变化大,加之水利设施不完善,土层薄,渗漏严重,水利用率只有48%。

二、中低产土壤类型及特点

根据肃州区"县域耕地资源管理信息系统"的耕地地力评价结果,影响肃州区耕地地力的土壤障碍因素主要有障碍层位置和厚度,一米土层盐分含量,结合土地利用区划,按照《全国中低产田类型划分与改良技术规范》(NY/T 310—1996)的划分标准,将肃州区中低产土壤划分为三种类型:盐碱耕地型;障碍层次型;干旱灌溉型。

(一)盐碱耕地型

肃州区耕地盐渍土分为两种类型,一是盐化灌淤土,主要分布在上坝乡的茅福村,下河清乡的五坝村,总寨乡的涌泉村等地;二是盐化潮土,主要分布在总寨的涌泉村、北沟村、双明村等。这两种盐化土属硫酸盐型,地下水位浅,由于受着潮和盐的双重影响,表层土壤盐分含量高,耕性不良,直接危害作物的生长发育,产量低下。盐化潮土面积较大,面积3572 hm²,占潮土类面积的35.1%。

另外,近十几年开垦的灰棕漠土由于灌溉措施不当,一部分土地形成盐化耕灌灰棕漠土,面积2757hm²,主要分布在边湾滩、明沙窝滩及下河清北滩。地表有薄厚不等的盐霜或结皮,表土聚盐较重,农业生产不能利用。盐分来源主要是含盐母质,由于垦殖较晚,土壤脱盐不彻底。

(二)障碍层类型

肃州区耕地47个土种中有20个土种存在障碍因素,障碍层类型包括透水性差的平茬层、青白层、夹黏层和夹砂层。

不同土种的障碍因素分述如下:

(1)平茬薄层灌淤土:土体纹理沿水平方向有薄厚不等的胶泥层。

(2)立茬漏沙薄层灌淤土:在1m土层内下部出现轻纱或细沙层,沙层厚在20cm以上。

(3)平茬漏沙薄层灌淤土:漏沙层出现在55cm以下,有效土层很薄。

(4)立茬腰沙薄层灌淤土:在1m土层中出现20cm以上的青沙层。

(5)平茬厚层灌淤土:1m土体中出现大于20cm的平茬层。

(6)立茬漏沙厚层灌淤土:下部都有漏沙层。

(7)立茬厚层青白灌淤土:质地上层较轻,下层黏重。心土层以下有大于20cm的青白层。

(8)平茬厚层青白灌淤土:质地黏重,渗透性能差,心土层以下有大于20cm的青白层。

(9)平茬薄层潮化灌淤土:在耕层或心土层以下有20~90cm的片状或鳞片状平茬层。

(10)立茬漏沙薄层潮化灌淤土:1m土层内下部有大于20cm的青沙层,漏水漏肥。

(11)平茬厚层潮化灌淤土:与平茬厚层灌淤土相似。

(12)立茬薄层红色灌淤土:土壤僵板,质地黏重,耕性差。

(13)立茬厚层红色灌淤土:质地多为中壤,结构粒块状,土层深厚,土壤易板结,耕性较差。

(14)平茬高位潮土:在耕层以下出现片状或鳞片状结构。

(15)平茬中位潮土:上层质地较轻,多为粒状结构,下层质地较重。

(16)立茬漏沙中位潮土:在剖面下部有大于20cm的粗沙。

(17)平茬漏沙中位潮土:剖面中有漏沙层,又有平茬结构层,而且平茬在漏沙之上,主要是质地较黏重的平茬结构起阻水作用,通透性能差。

(18)平茬低位潮土:剖面上层质地较轻,结构多为粒状,下层质地较重,多为片状或板状结构。

(19)平茬中位青白潮土:耕层质地多为轻壤,结构粒状,心土层以下有质地黏重的片状或鳞片状结构。

(20)平茬中位湿潮土:剖面上层质地较轻,结构多为粒状,下层质地较重,多为片状或板状结构。

(三)干旱灌溉型

主要分布在肃州区之南的山前洪积扇中上部,西起文殊山,东至高台,北跨兰新铁路,南靠祁连山,包括西洞、东洞、红山、金佛寺、丰乐、清水、屯升乡和三合林场、东洞南滩、单墩滩、夹山子滩、马营岗滩等。属于纯河水灌区,种植作物较单一。

本区有3种土壤类型,灌淤土类26569.1hm^2,风沙土类10009.1hm^2,灰棕漠土类110384hm^2。因洪枯期流量变化大,加之水利设施不配套,土薄石厚,渗漏严重,相对于其他灌区,灌溉保证率较差,水利用率只有48%。

第四节　中低产土壤改良措施

在肃州区3种低产土壤类型中,其中盐碱型中低产土壤面积大,对生产危害大。本章重点研究盐碱型低产土壤的改良措施。根据盐碱型低产土壤的分布区域和特点,可分为3个亚区。

一、清水河北改良区

本区位于清水河北,夹山山前坡地之间的绿洲农区。总面积1.93万hm²,占本区总面积的21.18%,其中耕地4848 hm²。农业土壤以灌淤土为主,潮土次之;自然土壤以草甸土和盐土为主,沼泽土次之。区内耕地多发育在河流冲积物上,地块高差1.5~2m,土层厚。因受地下水位过高的影响,土壤水分充分,需氧性微生物活动受限制,有机质矿质化程度被抑制。粮食作物主要有小麦、玉米。土壤改良利用方面存在的主要问题是,区内河湖交错,因受泉水溢出积水和残余湖沼影响,加之地下水矿化度高,上排下灌,土壤盐化程度高,部分有沼泽化现象,有些地方,因养分贫乏,质地黏重,土体紧实,耕层僵板,造成板结龟裂;其次是重茬连作,草荒严重,耗费地力。

改良措施:采用明沟暗灌排水,降低地下水位,采用地膜栽培技术,减少地表蒸发,休闲期种植绿肥作物,增施有机肥,培育土壤淡化肥沃层。

二、临水河冲积平原改良区

该区位于肃州区东10km处,属讨赖河与临水河之间的冲积平原,北以讨赖河为界,东与黄泥堡相接,西与泉湖乡为邻,南连总寨。总面积19602 hm²,占本区总面积的21.26%,其中耕地6449.2 hm²。耕作土壤主要是潮土、灌淤土;自然土壤有盐土、草甸土、沼泽土、风沙土和灰棕漠土。地下水位3~4m,部分地方达10m以上,矿化度1~3g/L。地下水类型为硫酸钠型水,成土母质多为壤质冲积物。壤土层一般为80cm左右。铧尖乡一带土体中有青白层,上黄泥堡、下黄泥堡土体中有红色胶泥层。粮食作物主要是小麦、玉米。本区耕地集中,土壤分布较有规律,中部为较好的灌淤土,其外围环形分布着潮土、盐土。存在问题是春秋返潮,土壤积盐比较严重,受鸳鸯池水库的影响,大片土地发生次生盐渍化危害;因洪水、红山两河洪水的影响,地表土质黏重,春潮积水干涸后,易发生大面积的地表板结。

改良措施:采用调整作物种植结构,扩大啤酒、大麦、油葵和适用葵花的种植面积,采用半膜和全膜垄作沟灌栽培技术,扩大间、套、复、带面积,加强现有渠道的衬砌,防止渗

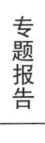

漏,严格控制灌水量。

三、边湾、黄泥堡改良区

本区位于肃州区的北部和东部边缘的狭长地带,包括边湾、明沙窝、黄泥堡、狼窝泉、刺窝泉等荒滩。土壤类型有灰棕漠土、盐土、风沙土、草甸土和少量沼泽土。质地因地形部位不同,边湾为轻壤,明沙窝为粉沙壤,狼窝泉为上沙下黏,黄泥堡有夹黏或夹沙层。地下水位 1~5m,矿化度 0.4~3g/L。下黄泥堡为氯化物—硫酸盐—钠型水,边湾滩为硫酸钠型水。

改良措施:除少量耕地外,大部分生长有草甸植被。区内地形平坦,面积大。属于原生盐土,宜发展牧草。农业利用难度大,必须通过建立排水网,灌溉洗盐,土壤培肥,才可以进行农业利用。

专题十 敦煌市中低产田类型、存在问题及改良利用措施

第一节 敦煌市自然与农业生产概况

一、自然地理概况

敦煌市位于甘肃省西北部,隶属甘肃省酒泉市管辖。东西分别与瓜州县、肃北蒙古自治县和阿克塞哈萨克自治县相接。全市总面积3.12万km^2,其中绿洲面积$1400km^2$,仅占总面积的4.5%,且被沙漠戈壁包围,故有"戈壁绿洲"之称。

敦煌境内东有三危山,南有鸣沙山,西面是沙漠,与罗布泊相连,北面是戈壁,与天山余脉相接。南北高,中间低,自西南向东北倾斜,平均海拔不足1200m,市区海拔为1138m。党河冲积扇带和疏勒河冲积平原,构成了敦煌这片内陆平原。一望无际的沙漠和大片绿洲,形成了独特的自然风貌。

二、农业资源

敦煌市耕地面2.13万hm^2,草原面积3.8万hm^2,天然林面积7.93万hm^2,另有可垦荒地27.07万hm^2。由于光照资源丰富,土质肥沃,灌溉条件好,适合各种植物生长,主要农作物有棉花、西瓜、甜瓜、蔬菜、小麦、玉米等,出名的野生药材有锁阳、枸杞、罗布麻、甘草等。敦煌光照条件较为优越,由于光照充足,光合作用强,昼夜温差大,是全省最大的棉花生产基地和瓜果之乡。其中阳关镇所产的无核白葡萄,无论是色泽还是味觉,都足以跟吐鲁番产的相媲美,而且晾晒形成的葡萄干,颗粒大,糖分十足。七里镇的千亩红提基地,别具一格地成了敦煌的另一个特色,年产各类优质水果2000多万km^2,优质皮棉1.5万t。

第二节 中低产田类型及相应改良措施

中低产田是指土壤中存在一种或多种制约农业生产的障碍因素,导致单位面积产量

相对低而不稳的耕地。敦煌市位于河西走廊西北端,大漠深处的绿洲盆地,属于我国典型的暖温带干旱性气候。针对敦煌市耕地利用和生产力现状,通过本次耕地地力评价,分析了敦煌市中低产田主要存在问题,并提出有效的改良利用措施。

按照《全国中低产田类型划分与改良技术规范》(NY/T310—1996),敦煌市的中低产田主要为耕地地力评价中的二至四等地。根据其土壤主导障碍因素及改良主攻方向,对敦煌市中低产田的类型进行划分。

表 3-10-1　敦煌市中低产田类型分布及面积(hm^2)

等级	盐碱耕地型	沙化耕地型
全市中低产田面积	9871.89	6708.89
所占比例(%)	59.54	40.46
莫高镇	667.45	71.48
七里镇	364.61	1822.37
转渠口镇	3136.86	364.21
肃州镇	2261.28	376.97
月牙泉镇	460.80	870.48
阳关镇	435.06	2714.53
黄渠乡	640.00	195.84
郭家堡乡	1905.83	293.01

一、盐碱耕地型

主要分布在敦煌市的转渠口镇、肃州镇、郭家堡镇,且面积较大,其他乡镇有零星分布,总面积为9871.89hm^2。由于耕地可溶性盐含量和碱化度超过限量,影响作物正常生长,其主导障碍因素为土壤盐渍化,以及与其相关的地形条件、地下水临界深度、含盐量、碱化度、PH等。盐碱耕地型改良措施见表3-10-2。

表 3-10-2 盐碱耕地型改良技术规范

改良措施		改良指标
工程系统	灌溉、洗盐工程（含淤灌）	需水 10500～18000 m^3/hm^2
	排水工程	地下水位降至 2m 以下，100cm 土体内盐分达到彻底脱盐标准，含盐量小于 0.20%（氯化物为主）或含盐量小于 0.3%（硫酸盐为主）
	平整土地	建成大于 0.2hm^2 的格田，畦面高差 3～5cm
	林带植被建设（乔灌合计）	占地面积大于 15%
耕作培肥	种植绿肥牧草	间、套、复、轮 3 年重复一次
	增施有机肥	30000～45000kg/hm^2，连续 3 年
	校正施肥	每公顷磷肥 600kg，连续 3 年
	耕作（耱、耙）	秋耕冬灌，春灌春耙，灌后及时中耕，作物收获后及时翻耕
挖盐斑、推盐土等		每年春天进行挖盐斑、推盐土
施石膏		对碱化土，每公顷施石膏 2250～3000kg

二、沙化耕地型

敦煌市位于沙漠的绿洲盆地，沙化程度比较大。其主导因素为风蚀沙化以及与其相关的地形起伏、水资源开发潜力、植被覆盖率、土体构型、引水放淤与引水灌溉条件等。沙化耕地型改良措施见表 3-10-3。

表 3-10-3 沙化耕地型改良技术规范

改良措施	改良指标
水源开发及调蓄工程	一年一熟保灌 3～6 次以上，毛灌定额 4500～7500m^3/hm^2，一年两熟保灌 4～8 次以上，毛灌定额 6000～10500m^3/hm^2，用水保证率大于 90%
田间工程及平整土地	开发耕地部分，消灭大起伏，适应不同灌溉方式（井、渠、喷、滴）的要求

续表 3--10-3

改良措施		改良指标
	林带植被建设(乔灌合计)	占地面积大于 30%(基本控制风蚀)
耕作栽培	种植绿肥牧草(含豆科作物)	每年覆盖面积 30% 以上。2~3 年全面覆盖一次
	增施有机肥	45000kg/hm², 连续 3 年
	校正施肥	每公顷磷肥 900kg, 钾肥 90kg, 连续 3 年
	种植制度改革	增加复种半季或一季, 提高植被覆盖, 减少裸露
	淤灌与客土压沙	黄河淤灌, 每放淤灌溉一次, 淤厚 3~5cm, 直到 30~50cm, 洪水淤灌, 一年淤厚 20~30cm。每公顷客土 1500~000m²

敦煌市耕地土壤的有机质主要在五至六级，分别占 18.54%、47.80%；碱解氮含量在六至七级，分别占 36.33%、63.67%；有效磷含量在二至五级，分别占 13.69%、26.49%、20.95%、25.45%；速效钾含量主要在三级，占 81.91%。这是由于多年的高产耕作栽培，再加上施肥水平不平衡形成的。与全国水平相比，敦煌市的耕地土壤养分仍表现出低有机质、低氮、中磷、中钾的特点，具有明显的地带性差异和地区性差异，也有明显的土壤类型差异。

第三节 中低产田存在的主要问题

一、水资源严重短缺

党河是敦煌、肃北、阿克塞三县市农牧业灌溉的唯一河流，随着人口的发展，耕地草场扩大，灌溉面积日益增加，仅敦煌市农田灌溉面积由解放初期的 0.89 万 hm² 增加到现在的 2.41 万 hm²，地表水用量增加。为了保证农作物的适时灌溉和解决城乡人畜饮水困难，从 20 世纪 70 年代中期到现在，敦煌市共新打机井 1200 眼，每年开采地下水量达 4123 万 m³，其中用于农业补充灌溉提取地下水 2375 万 m³，城乡工业、人畜饮水提取地下水 1748 万 m³。地下水的大量开采，使敦煌境内地下水的补给量每年仅为 26277 万 m³，而排泄量高达 33698 万 m³，均衡差为 7421 万 m³，地下水呈负均衡状态。据敦煌市水电局水资源办公室观测，1982—1992 年，10 年间敦煌平均每年地下水位下降 0.18~0.2m，共下降 2m；1991—2001 年，又下降了 4.33m。自 20 世纪 70 年代以来，敦煌市地下水位平均每年以 0.4m 的速度急剧下降，千古名泉——月牙泉正面临着干涸的危险。

二、盐化问题

敦煌市处于内陆盐区,降雨少,土壤中有害盐类淋溶弱,干旱荒漠气候的强烈蒸发作用,随时都加剧着土壤表层的积盐过程;加上地下水、地表径流缺少排泄外流出路,洗盐效果差,盐分囤积低洼下游区域,使土壤次生盐化随时可以发生,轻者成盐化土,重者成盐土,不能耕种。主要分布于灌区下游,冲积扇边缘地带的敦煌的转渠口镇、郭家堡乡、黄渠乡、莫高镇、肃州镇。除自然因素外,人类不合理的生产活动,也是造成土壤盐化的重要原因。如不合理的灌溉,串浇漫灌,抬高渠底等使地下水位上升,加剧土壤次生盐渍化过程;耕种管理粗放,土地不平,浇水后容易发生盐斑;雨后不及时中耕松土,常年不使用有机肥料,会造成地面板结,加剧土壤积盐。土壤盐化使耕地、草场利用价值降低,使一部分耕地不得不弃耕而荒芜。

盐碱土是低产土壤中的主要类型,它造成低产的原因,首先是生理性干旱,由于盐土中含过多的可溶性盐,提高了土壤溶液的浓度,给作物吸水造成困难,使之脱水干枯而死;其次是有害盐类的毒害作用,直接腐蚀作物根系,如含钠、钙离子盐类的吸胀作用,使土壤"湿时一团糟,干时硬如刀",作物轻则生长受抑制,重则造成死亡。各种盐类对作物毒害作用程度不同,其毒害强度大体是:$MgCl_2 > CaCO_3 > NaHCO_3 > NaCl_2 > CaCl_2 > MgSO_4 > Na_2SO_4$;再者是使土壤性状恶化,由于盐碱土土壤结构不良,水、肥、气、热状况极不协调,常常是含水多,土温低,通气不良,土壤胶体高度分散,耕性不良,耕种阻力大,质量差,难以为作物生长发育创造适宜的土壤条件。总的来说,盐化土壤的形成都是可溶性盐分在各种因素的综合作用下向土壤表层积聚的结果,它与水的运动密切联系,"盐随水来,水随气走,气走盐存",因此,治理改良土壤盐化问题,只有在"水"上做文章、下功夫,才能收到良好的效果。

三、沙化问题

敦煌市境内鸣沙山,沙源量大,加上气候干燥少雨,大风多,沙子随时漂移,造成绿洲耕地沙化严重。风沙土耕层养分含量低,沙黏比大,作物生长期间极易受风沙危害,产量水平较低。除此之外,风沙还不断侵蚀原有耕地,部分良田被吞没。风沙土及受风沙危害致使作物减产的原因主要有两个:一是风沙土本身肥力低,跑水、跑肥严重,作物没有良好的土壤基础,正常年份产量就不高,再遇上高温、干热风等不良气候的情况下,植株会发生生理性失水而枯萎,籽粒干秕造成减产。二是作物生长期间,尤其是幼苗期,直接受风沙侵袭,使植株地上部分损伤干枯,影响了作物正常生长而减产。沙借风势,风助沙威,风沙给农业生产和人民生活带来了极大的危害。因此,治理风沙危害,防止土地沙化是敦煌市发展农业生产的一项重要任务。由于森林植被减少,湿地萎缩,湖泽消失,全市现有 3.33 余万 hm² 土地出现沙化。据统计,自 1994 年以来,敦煌绿洲区外围沙化面积增加了 1.33 万 hm²,平均每年增加近 0.13 万 hm²,沙漠向前推进 3~4m。

四、土层薄、漏水、漏肥问题

敦煌市土层薄,漏水漏肥面积大。漏水漏肥问题,主要是指土壤剖面中部或下部有大于 20cm 厚的砂层或砾石层,土层浅薄或中下部土壤颗粒较粗,土层浅则是指土层厚度小于 60cm,土层下位沙砾型母质的土壤,他们都是自然冲积洪积而形成的,灌水后淋洗作用强烈,漏水漏肥,表层水分容易散失,底墒不足;因其沙层或砾层出现部位不同,所以蓄水保肥能力略有出入,但一般作物后期都容易受旱,产生脱水脱肥现象。此种土壤有机质、全氮、全磷的含量都比较低,作物生长呈早衰,质量差、产量低。

五、地下水位高

全市地下水位在 1m 以内的土壤含水量过大,土性凉等使作物生长受制约,产量低下。诸如 1m 土体内出现的潜育层、平茬结构层等,均为农田土壤障碍因素,这些障碍因子都直接影响了敦煌市农业生产持续稳步增长。

第四节 改良利用技术措施

农业土壤的肥力,主要决定于耕作技术水平的高低,耕作栽培技术越高,土地的生产潜力越大,对低产田,也同样如此,只要人们注重土壤改良,再利用中耕培肥,不断提高耕作栽培技术,就能变低产田为高产田,在农业生产中发挥作用。针对敦煌市光热资源丰富,降水少,蒸发大,水源贫乏,地表水年季变化大,时空分布不均,调蓄能力差,等引起的干旱缺水现状,以及北部排水不畅,阴湿碱潮,风沙侵蚀,自然土壤及植被破坏,草场退化,农业土壤肥力不高,等具体情况,在敦煌市改良和栽培土壤中提出以下几项措施。

一、因地制宜、改良土壤

(一)盐碱地的改良

针对造成土壤盐渍化的问题采取以下措施:

1.排阴治碱

造成土壤盐渍化的主要原因是地下水位高,土壤母质含盐高。根据盐随水来、盐随水去的规律,整体规划挖排阴沟,排水洗盐,降低地下水位,是目前改良盐碱地行之有效的措施。认真总结这方面的经验教训,在盐碱分布地区,统一规划,开挖或改挖主干排阴沟,干、支、斗成网配套,现在的第一步工作应是疏通原有排阴沟,使之发挥作用。

2.水利改良措施

根治盐碱,要加强现有渠道的衬砌灌浆,防止渗漏,严格控制灌水次数和水量;对于个别渠道渠底过高引起地下水位上升,造成土壤次生盐渍化,应设法降低渠底,或改变渠道路线,使之有利于土地利用和改良。一是在敦煌市水资源贫乏条件下,可以提高水的利用率;二是从改良土壤的角度考虑可以降低地下水位,减轻次生盐渍化程度。水利土壤改良工作,从调节土壤水分状况,改善土壤肥力因素来说,是同其他各种形式的土壤改良措施一样的,对敦煌市的具体情况来说,除了兴修水利,增加保灌面积,改善干旱缺水面貌的内容外,应重点考虑结合盐碱地的改良而进行工作。

3.生物改良措施

生物改良措施是利用植物强大的根系,吸收水分,降低地下水位,用其粗大树冠荫蔽土壤,增加空气湿度,减少土壤水分蒸发,抑制盐分上升。抓好植树造林,营造农田防护林带的同时,发展牧草生产,特别是草木栖,在盐碱地生长旺盛,产草量高,既能收到生物治碱的效果,又能改善土壤的物理状况,增加土壤有机质,提高土壤肥力。

4.农业措施

采取农业措施综合治理盐碱土壤,虽然是治表的办法,但效果仍然可观。例如,平整土地,深翻改土,铺沙压碱,挖碱窟窿;增施有机肥料,种植绿肥;秋泡冬灌,排灌结合,科学用水;种植耐盐作物,选用抗碱品种等;都能起到一定的改良土壤、提高土壤肥力的作用。

(二)风沙土的改良

敦煌市风沙土的改良措施:

1.植树造林,防风固沙

对于风沙土的改良,首先是要营造永固的防风、固沙林带,使其成为绿洲的人工屏障,加上农田防护林带、林网,使得大风在高大的林带、林网下,速度减缓下来,它的危害就减少了,由风携带来的沙粒也就留在林带附近,不在对农田造成直接危害;其次是保护村庄农田附近沙窝里的天然杂草、灌木,不能使其受破坏;再就是坚持在风沙口办林场,植树种草,做固定沙丘的工作,或用砾石麦草网格法,或栽培沙生植物,或盖土压沙等。

2.农业措施

就田块小范围来讲,风沙土的改良还可采用农业措施来进行。如种植苜蓿等绿色作物,施用墙土、黏土,增加土壤黏粒,深翻底层,增施有机肥料等,都有良好效果。

二、深耕改土，提高地力

深耕可以疏松土壤，加厚活土层，增加表层的非毛管孔隙，协调大小孔隙的比例，调节土壤水、肥、气、热，提高土壤蓄水保墒能力，解决土壤透水与保水、蓄水与通气的矛盾，改善土壤理化性状，深耕结合分层施肥，提高土壤肥力，加深活土层，就可以扩大根系的生长范围，作物根系扎得深，相应的就能提高作物的抗旱能力。

三、推广测土配方施肥技术

建立并不断完善测土配方施肥专家系统，同时加强与配方肥生产企业合作，生产适合本地不同肥力水平的配方肥，科学指导农户施肥。

四、调整产业结构，合理轮作倒茬

引导农户扩大种植粮食、蔬菜、瓜果、牧草面积；大力推广间作套种绿肥、农作物秸秆还田技术，改善土壤结构，培肥地力。

五、加快畜牧业的发展，增加有机肥料来源

鼓励农户发展养殖，集造农家肥，采用市场化运作方式，鼓励专业养殖户加工、处理畜禽粪便，变废为宝，加大耕地有机肥投入量，减少化学肥料施用量。

六、推广沼气生产技术，发展循环经济

依靠政策引导、项目带动，鼓励各种经济组织参与农村能源项目建设，支持农户建造沼气池，大力开发沼液、沼渣，抓好综合利用技术，减少化肥、农药施用量，保证农业的可持续发展。

专题十一 瓜州县中低产土壤类型与改良利用分区研究

瓜州县位于甘肃省河西走廊西端,县境东连玉门市,南接肃北蒙古族自治县,西邻敦煌市,西北与新疆维吾尔自治区哈密地区接壤。东西长 185km,南北宽 220km,总面积 24130km²。瓜州县年平均气温 8.8℃,无霜期 146d。本县东部泉水区年降水日为 26.4d,年降水量 58.2~75.3mm,年蒸发量 2946.8mm,年相对湿度约 41%。本县西部年降水日为 22.1d,年降水量 45.7mm,年降水相对平均变率 39.3%,年蒸发量 3140.6mm,年平均相对湿度为 39%,八级以上大风年平均为 70.7d,年平均气温 11.1℃。全县地表水和地下水资源丰富,地表水境内流程 242km,流域面积 1.28 万 km²。随着经济的快速发展,人类对土壤的无限索取和人类对自然环境的破坏,以及土壤自身环境恶化,使农业生产受到了严重的威胁。根据瓜州县耕地资源管理信息系统得耕地地力评价结果,对全县中低产田土壤类型与改良利用进行分区研究,可以摸清形成中低产田的主要因素,准确划分中低产田的类型;有针对性地提出改良的措施,为当地政府改造中低产田,提升和合理地利用耕地,提供科学依据。

第一节 目的意义

改造中低产田是挖掘现有耕地的生产潜力,提高全县粮食综合生产能力,保证粮食安全的重要途径;在防止耕地退化、保护生态环境方面具有重要意义。

通过建立"瓜州县耕地资源管理信息系统",基本摸清了全县土地利用现状、土壤类型和耕层土壤养分空间分布,研究了影响土壤生产的障碍因素,评价瓜州县耕地生产潜力,并划分耕地地力等级,为合理利用和科学管理土壤资源提供有效途径。

本章将充分利用"瓜州县耕地资源管理信息系统"的数据,结合"第二次土壤普查"资料和"测土配方施肥"项目研究成果,开展瓜州县中低产田土壤的分区与改良技术研究,针对性地提出不同中低产田类型区改良利用措施,合理开发和利用瓜州县耕地资源。

第二节 土地利用现状

一、土地利用概况

根据瓜州县第二次全国土地调查,全县土地总面积 241.30 万 hm^2,其中耕地 5.28 万 hm^2,占总面积的 2.24%;林地 17615.64 hm^2,占总面积的 0.75%;草地 18.96 万 hm^2,占总面积的 8.04%。

二、土地利用特点

(一)土壤资源利用不尽合理,沙化、盐化危害严重

瓜州县土壤资源利用不尽合理,主要表现在以下三个方面:一是利用率低,全县总土地面积 241.30 hm^2。而实际利用于农、林、牧的土地仅有 10.49 hm^2,利用率只有 4.34%。二是农、林、牧用地缺乏统筹安排和规划,特别是 20 世纪 60 年代和 70 年代,土地的开发利用上存在着以粮为纲,盲目开荒,广种薄收,使生态环境向恶性循环发展。50 年代初,全县耕地 5546hm^2,至 1984 年已发展到 9595hm^2,比 1949 年增加 4049hm^2,增长 1.73 倍,平均每年扩大 274hm^2。要发展生产,扩大耕地是必要的,但是不合理的垦荒必然造成土壤沙化、盐化。全县现有 8619hm^2 耕地受盐碱危害。80 年代大挖干草,每年破坏植被面积达 13333hm^2,目前已有 6666hm^2 草原严重沙化。三是土地浪费现象突出。全县仅农村居民点用地一项,面积就达 1601hm^2,户均 2.5 亩,而且占用的大多数都是好地。包产到户以后,农村居民点解体现象已经出现,农户占用良田修建住宅者甚多。

(二)耕作土壤重用轻养,忽视培肥

对耕作土壤普遍存在重用轻养或只种不养,忽视培肥。全县耕地耕层有机质含量平均 12.3g/kg,有 33.6%的耕地在 10.0g/kg 以下。仅相当于全国分级标准的五级和六级,可见土壤有机质普遍贫乏,肥力不高。其原因:一是豆类作物减少。绿肥发展缓慢,复种面积不断扩大,土地利用指数提高,对养地不利。从历史看,50 年代初,全县耕地不足 6000hm^2,但每年种豌豆万亩以上。倒茬作物比重大,为 29.25%。复种面积小,布局较合理。三十多年来,耕地面积不断扩大,作物结构有很大变化,但豆类作物仍稳定在万亩左右。据统计,1983 年全县豆类面积 699hm^2,绿肥面积 396hm^2,合计 1096hm^2,只占总耕地面积 14392hm^2 的 7.6%,远不能解决养地问题。同时,随着间、套、复、种面积不断扩大,地力消耗增大。二是重化肥,轻有机肥。耕地面积的迅速扩大,使得有机肥不足的问题日益突出。据调查,每年施肥面积只占耕地的 80%~5%。亩施农肥 14~17 车。有的拉沙代肥,有的白

水下种。农家肥量少质差,黄土搬家的现象极为普遍。如农丰六队垫圈,粪土比为1∶12。此次普查化验,我县农家肥有机质含量167g/kg,全氮3.2g/kg,全磷1.7g/kg,全钾5.5g/kg,较以前质量有明显提高。生产不断发展,农家肥不足,必然导致大量使用化肥。全县使用量由20世纪70年代初的3220t增加到9284t,增长1.9倍,其中:氮肥4159t,磷肥5125t。单纯靠化肥增产,长久必然导致地力逐渐衰竭。三是社队边远耕地"白水"下种,连作重茬,搞掠夺式生产,土壤缺乏培肥措施,得不到休养生息的机会,有机质必然会减少,肥力不断下降。

(三)土壤速效养分含量低,氮磷比例失调

从耕层养分化验结果来看,全县土壤中速效养分平均含量低,碱解氮43.3mg/kg,速效磷6.4mg/kg,速效钾155mg/kg。按全国土壤养分分级标准,碱解氮为五级,速效磷为四级,速效钾为二级,氮、磷、钾比为1∶0.16∶4.04。除钾丰富以外,少氮缺磷的问题比较突出,而且氮磷比例失调。

(四)耕地分散,低产田面积大

本县地域广阔,50多万亩耕地呈带状、分枝状分布在昌马洪积冲积扇、踏实盆地和安西干三角洲一带。尤以布隆吉乡最为典型,两万亩耕地分布在近30km长的疏勒河南岸宽只有0.5~1km的地方。全县亩产150kg以下的低产田面积为8024.53hm²,占耕地面积的35%。盐碱、潮化、僵板、平茬层、风沙、养分低\肥力差是限制作物生长,导致低产的主要原因。

第三节 中低产土壤类型及特点

通常情况下,影响农作物产量的主要因素有两方面:一是土壤、温度、降水、光照、大气、地形等自然因素;二是对耕地的管理、物质和科技投入等人为因素。作物的高产、中产、低产是依据耕地相对产量人为划分的,而农业产量的主要限制因素是自然因素,自然条件越差的地区,农业生产受到的限制就越大,农作物产量也就越低。

结合"瓜州县耕地资源管理信息系统"的耕地地力评价结果,将瓜州县耕地地力等级为三等的地划分为中产田,将耕地地力等级为四等地和五等地划分为低产田。全县中低产田面积2.288万hm²,占总耕地面积的67.6%。其中中产田0.559万hm²,占总耕地面积16.5%,主要分布在锁阳城镇、河东乡、瓜州乡、腰站子东乡族乡、双塔、广至藏族乡、三道沟镇、沙河回族乡、南岔镇、西湖乡。低产田1.729万hm²,占总耕地面积51.0%,主要分布在锁阳城镇、河东乡、瓜州乡、腰站子东乡族乡、双塔、广至藏族乡、三道沟镇、沙河回族乡、南岔镇、西湖乡。

根据"瓜州县耕地资源管理信息系统"的耕地地力评价结果,结合专家的意见和建

议,瓜州县各乡镇耕作土壤剖面存在一些障碍层,土壤沙化,风蚀严重;部分条件差的地区,土壤施肥不到位,管理跟不上;土壤局部盐碱化严重。因此依据《全国中低产田类型划分与改良技术规范》(NY/T310—1996)的划分标准,结合瓜州县耕地地力评价中作物产量限制因子的排序情况,综合考虑影响瓜州县农作物产量中各类因子及其权重,以及在农业生产中的直观性和改良利用的针对性,专题研究从若干耕地质量评价指标体系中选定有机质、有效磷含量、障碍类型、盐碱和风沙侵蚀等指标,作为划分瓜州县中低产田限制因子的限制极限指标。

将各评价单元的属性数据与限制极限指标进行比较,对照全国中低产田耕地类型划分,结合当地实际资源特点,瓜州县中低产田依次划分为沙化耕地型、瘠薄培肥型、障碍层次型和盐碱耕地型四种中低产田类型。

表 3-11-1　瓜州县中低产耕地限制因素及其限制极限指标

限制因子	灌溉限制	干旱限制	瘠薄限制	障碍限制	侵蚀限制
限制极限指标	没有灌溉条件	全年有效降雨<260mm	有机质含量<2g/kg	红绣砂	风蚀
	灌溉工艺落后	全年有效降雨<300mm	有效磷含量<16mg/kg	分化碎屑	沙化

一、沙化耕地型

此类中低产田是指土壤受到风沙侵蚀。对应瓜州县耕地地力评价结果,涉及大部分三等地及部分四、五等耕地,主要分布在七墩回族东乡族乡、西湖乡、南岔镇、瓜州乡的部分区域。农业生产水平较低,面积854.8hm²,占耕地面积的2.5%。涉及土壤类型主要为耕灌风沙土、厚层沙盖灌淤土等。

二、瘠薄培肥型

此类中低产田是指主要由于土壤养分匮乏或失衡引起作物产量低下的耕地,可通过长期培肥加以逐步改良,这类中低产田在境内分布面积广泛,涉及部分三等地及大部分四、五等地,总面积在56.7hm²左右,占瓜州县耕地面积的0.2%,主要分布在腰站子东乡族乡。主要土壤类型为新开垦的耕灌棕漠土。

三、障碍层次型

这类中低产田主要是指土壤剖面构型上有严重缺陷的耕地。土层中有漏沙层、平茬层、沙砾层、石膏层等障碍因素。面积大约有14762.1公顷,占耕地面积的43.6%。主要分布在双塔乡、河东乡、腰站子东乡族乡、三道沟镇、锁阳城镇等地。主要土壤类型有山前残积石膏灰棕漠土、薄层灌淤土、中位潮土、薄层灌淤土、薄层青白灌淤土等。

四、盐碱耕地型

这类中低产田是由于耕地可溶性盐含量和碱化度超过限量,影响作物正常生长的多种盐碱化耕地。其主导障碍因素为土壤盐渍化,以及与其相关的地形条件、地下水临界深度、含盐量、碱化度、pH 等。在疏勒河下游草甸土上开垦的耕作土壤,形成主要原因有地下水位高、自流灌溉。面积约 12995.7hm²,占耕地面积的 38.4%。这类土地容易造成作物苗期斑结和死苗,严重影响农业生产。主要分布在西湖乡、南岔镇、瓜州乡、锁阳城镇、三道沟镇等的部分耕地。涉及土壤类型为薄层盐化灌淤土、低位盐化潮土、高位盐化潮土、厚层盐化灌淤土、盐化耕灌棕漠土等。

表 3-11-2　瓜州县中低产田类型面积(hm²)

乡镇名称	瘠薄培肥型	沙化耕地型	盐碱耕地型	障碍层次型
布隆吉乡			85.6	780.6
瓜州乡		72.0	954.7	673.2
广至藏族乡			408.0	
河东乡		38.5	198.4	1798.2
梁湖乡			447.7	258.8
南岔镇		172.1	1704.0	271.6
七墩回族东乡族乡		249.3	104.3	7.0
三道沟镇	0.1		606.3	1194.0
沙河回族乡				1043.4
双塔乡		5.5	1.6	2035.7
锁阳城镇		7.4	729.4	1141.4
西湖乡		229.9	2497.7	420.4
腰站子东乡族乡	10.8		6.3	1420.8
其他	45.8	80.1	5251.8	3717.0
总计	56.7	854.8	12995.7	14762.1

表 3-11-3　瓜州县中低产土壤类型面积(hm²)

土属	瘠薄培肥型	沙化耕地型	盐碱耕地型	障碍层次型
薄层潮化灌淤土				277.1
薄层耕灌棕漠土				47.5
薄层灌淤土				1001.4
薄层灌淤土灌淤土				5195.5
薄层青白灌淤土				449.5
薄层盐化灌淤土			9760.4	
草甸沼泽土				1454.6
低位潮土				1179.8
低位盐化潮土			3057.6	
高位潮土潮土				28.9
高位盐化潮土			1242.0	
戈壁灰棕漠土				2233.2
戈壁石膏棕漠土				7992.8
耕灌风沙土		3873.6		
厚层潮化灌淤土				1433.8
厚层耕灌灰棕漠土				
厚层耕灌棕漠土	76.3			
厚层灌淤土	490.4			101773.7
厚层沙盖灌淤土		1955.4		
厚层盐化灌淤土			78891.1	

续表 3-11-3

土属	瘠薄培肥型	沙化耕地型	盐碱耕地型	障碍层次型
荒地风沙土		0.2		
砾质石膏棕漠土				3172.3
流动风沙土		2718.8		
山前残积石膏灰棕漠土				16367.8
石膏灰棕漠土				187.9
石膏盐盘棕漠土				482.3
盐化草甸土			2464.0	
盐化风沙土			1538.4	
盐化耕灌棕漠土			8897.2	
盐化棕漠土			21423.0	119.8
沼泽土				1096.7
中位潮土				2261.2
中位青白潮土				865.7
中位盐化潮土			2683.8	
总计	566.7	8548.0	129957.4	147621.5

第四节 土壤改良利用分区系统及命名

土壤改良利用分区的目的是为合理开发利用土地资源,实行农、林、牧业的合理布局和科学管理,利用、改良土壤,为瓜州县农、林、牧业的远景规划提供科学的依据。使之今后,在利用土壤资源中真正做到宜农则农,宜林则林,宜牧则牧,使各类土壤都能各得其所,扬长避短,趋利避害,防止土壤退化演变。

土壤改良利用分区是在土壤普查各项资料的基础上，经过归纳整理而形成的土壤普查的综合性成果。其分区的原则是：根据土壤组合、自然条件（包括气候、地貌、植被、水文状况等）、生产水平、主要生产问题及改良利用的方向和相应采取的措施而划分区域的。

土壤改良利用分区分为两级，第一级为区，第二级为副区。其划分依据是：主要根据生物气候因素、地貌类型、土壤的基本属性、肥力水平、障碍因素、利用现状、发展方向及改良措施。

土壤改良利用分区的命名，以该区的地貌—主要土壤类型—改良利用方向，采取三级连续命名法。

第五节　土壤改良利用分区概述

根据上述分区原则，将全县分为5个改良利用区和所属7个副区。

一、西部干三角洲农经高产培肥区

本区位于瓜州县西部，地处疏勒河中下游干三角洲绿洲平原上。西起西湖乡西湖村，东至双塔水库，南至截山子，北以疏勒河为界，包括瓜州、南岔、西湖乡和国营小宛县良种场、城郊林场。区域内共有耕地11598.47hm²，占全县总耕地面积的34.25%。

该区是全县自然条件最好的地区，海拔1063~1300m，地势平坦开阔，土地集中，光热资源丰富。平均气温8.8℃，≥10℃积温3582℃，日照3260h，无霜期146d。地下水埋深，一般1.5~10m，矿化度1.0~40.8g/L，水利条件较为优越。成土母质主要为冲积物，局部为湖积物与风积物。主要土壤类型有灌淤土、潮土，小部分为耕灌风沙土、耕灌棕漠土。因土壤类型、地形和生产水平的差异及改良利用方向的不同，又划分为2个片。

（一）干三角洲灌淤土经济作物发展片

包括西湖、瓜州、南岔、小宛及县属农场。总土地面积为10.16万hm²、占本区的71.15%。其中耕地10160.2hm²，占本区耕地面积的87.6%。土壤类型主要是灌淤土、潮土、耕灌风沙土、耕灌棕漠土。该片灌溉渠网完善，机井普遍，河水井灌双保险，机械化水平高，耕作历史长久，生产条件优越，产量比较高，是瓜州县粮棉、瓜果、经济作物的集中产区。

（二）西湖盐潮土低产改良片

该片地处疏勒河下游，包括西湖村和西湖农场，地势较低，海拔1100~1063m，年平均温度9.1℃，≥10℃积温3691.6℃。总面积4.12万hm²。占本区面积的28.84%；其中耕地1438.27hm²，占该片耕地面积的12.4%。本片以盐潮土为主，主要种植小麦、棉花和瓜。

二、东部扇沿农林综合利用区

该区位于瓜州县东部,地处昌马洪积冲积扇沿地带,包括三道沟镇、河东乡、河东猪场、辉铜矿农场。总面积27015.8hm²,占全县总面积的1.12%;其中耕地14434.52hm²,占全县总耕地面积的28.42%。

区内由东南向西北倾斜。海拔1345~1432m,疏勒河与三、四、五、六、七道冲沟横穿其间。土壤母质为洪积冲积物,质地以轻壤、中壤为主。气候温凉,无霜期短,平均为125d左右,年平均气温7.6℃,≥10℃积温2900℃,日照3149.2h。地下水位1.2~10m,矿化度0.62~4.14g/L。区内以山水灌溉为主,部分为泉水,水源比较充沛。

主要土壤类型:农区以灌淤土为主,零星分布有耕灌草甸土、耕灌灰棕漠土和潮土;自然土壤以灰棕漠土为主,还分布有盐化草甸土及盐土。

三、东南部泉水灌溉农牧合理利用区

该区位于瓜州县东南部。东起唐墩湖,南至昌马南戈壁,西与锁阳城镇接壤,北以疏勒河和截山子为界,包括布隆吉、桥子、七道沟农场、青山牧场。总面积11.31万hm²,占全县总土地面积的4.68%;其中耕地5053.61hm²,占全县耕地面积的9.95%。

该区地处昌马洪积冲积扇缘泉水溢出带,海拔1300~1350m,土壤母质为洪积冲积物与湖沼沉积物,质地为轻壤、中壤为主。气候温凉,年平均气温7.8℃,≥10℃积温2814.3℃,无霜期125d左右。地下水位1~2m,局部低洼处小于1m。矿化度1.16~24.08g/L。区内有大量泉水溢出,为主要灌溉水源。由于地势低洼,排水不畅,盐碱危害严重。自然土壤以盐化草甸土、草甸盐土、草甸沼泽土为主。耕作土壤有灌淤土、潮土、青白灌淤土等。因受地下水的影响,土壤需氧性微生物活动受限制,有机质矿化过程缓慢。耕层全量养分含量较高,有机质平均含量为22.1g/kg,全氮0.97g/kg,全磷0.52g/kg,全钾15g/kg,碱解氮92mg/kg,速效磷8.1mg/kg,速效钾196mg/kg。

四、南部盆地低产土壤改良区

该区位于截山子以南的踏实盆地内,南与肃北接壤,东和桥子相邻,西接敦煌。包括锁阳城镇、东巴兔村和国营踏实农场。总面积36110.33hm²,占全县土地总面积的1.49%;其中耕地5602.14hm²,占全县耕地面积的11.03%。

该区耕地集中分布在榆林河洪积冲积扇细土平原上,和东巴兔山间小盆地内。地势由南向北倾斜,海拔1300~1670m,年平均气温8.2℃~7.6℃,≥10℃积温,踏实为农场3093.8℃,东巴兔村为2531.6℃。成土母质为洪积冲积物,土层深厚,质地为沙壤、轻壤或中壤。地下水在扇形上部为10m以上,中下部5~10m,扇沿地带1~3m。水质由南向北、由东向西逐步变差,矿化度1.3~5g/L,局部34.7 g/L。该区一年一熟,主要种植小麦、玉米、油料及少量棉花。锁阳城镇以榆林河水灌溉,东巴兔村以井泉水灌溉。因地形不同,该区又划分2个片。

(一)踏实灌淤土低产改良农、林、牧结合片

该片地处榆林河洪积冲积扇下部,包括锁阳城镇、踏实农场,面积31185.33hm²,占该区总面积的86.4%;其中耕地2421.33hm²,占该区耕地总面积的95.75%。该片由于坡降大,洪沟和灌溉渠道侵蚀切割较严重。耕作土壤以灌淤土为主,与南戈壁接壤地带和踏实农场分布着耕灌棕漠土。自然土壤由南向北依次分布着灰棕漠土、棕漠土、盐土、盐化草甸和草甸沼泽土,为放牧场所。破城子至老师兔一带还分布有大片宜农、宜林荒地。

(二)东巴兔农牧片

该片范围较小,但地形起伏大。面积4925hm²,占该片总面积的13.64%。耕地分散分布在山间小盆地内,面积107.27hm²,只占该片总耕地面积的4.25%。以泉水、井水灌溉。地下水埋深1~3m,矿化度2.88g/L。耕作土壤主要有灌淤土、潮土、耕灌风沙土。质地为轻壤,有部分沙壤土或砾质沙壤土。耕层养分含量有机质15.9g/kg,全氮0.95g/kg,碱解氮35mg/kg 速效磷6.5mg/kg,速效钾103mg/kg。

五、绿洲外围滩利用区

该片包括县境内昌马大戈壁,一百四十大戈壁。疏勒河以北戈壁地带,马鬃山和绿洲内截山子山地、沙漠等地方。总面积209.20万hm²,占全县总土地面积的86.7%;其中戈壁面积118.86万hm²,山地丘陵面积87.76万hm²,沙漠面积2.58万hm²。土壤类型主要有山地石膏灰棕荒漠土、戈壁灰棕漠土、石膏棕漠土、石膏盐盘棕漠土、山地石膏棕漠土和流动风沙土、半固定风沙土。这些地区植被稀少,地面裸露,除靠近河岸、山区有泉眼的地方可供骆驼游牧外,大多无农牧业利用价值。由于气候干旱,降水稀少,又无灌溉水源,荒漠植被生长十分缓慢,遭受破坏后长时间难以恢复。因此应予以保护,以维持脆弱的生态平衡。

第六节 土壤改良利用措施

一、采取综合技术措施改良盐碱地

盐碱地是因地下水位过高、土壤水分过多而引起土壤返潮,加之地下水质矿化度大,

土壤返潮返盐。若能降低地下水位,淡化水质,便可减轻或根治潮湿冷浸和盐碱的危害。

1.挖沟排水。地势低平或低洼,地下径流排泄不畅,地下水位过高而引起土壤返潮返盐,挖沟排阴是主要的治理方法。

2.进一步完善灌溉渠网,衬砌渠道、减少渗漏。充分利用机井提灌降低局部地下水位,控制次生盐渍化。

3.提倡井排井灌。在地下水位较高、水质较好的地区发展竖井灌排,既可增加下游灌溉水源,又降低了上游地下水位,是两全其美的措施。

4.挖盐斑,扛浮碱。在局部地方盐碱较重的土壤上,挖去碱斑、浮碱,换上好土或填入麦草等,可以减轻盐碱危害,保证作物全苗,但并非是一项治本的措施。

二、增施有机肥和种植绿肥

调整结构,稳定粮食生产,大力发展棉花、瓜类、葡萄、果品的种植与加工,向以经济作物为主的区域发展。实行精耕细作,提高单位面积产量,走集约化生产的道路。

充分利用光热资源和水利条件好的优势,大力发展绿肥,养蓄积肥,高茬收割,秸秆还田,增施磷肥。用养结合,培肥土壤,提高地力。

增施有机肥和种植绿肥,这是改良低产田的根本措施。低产田的主要表现是薄、瘦、板、漏,坚持增施有机肥和种植绿肥,可以增加土壤有机质,改善土壤理化性状,增强土壤胶体和供肥保肥性能,调节土壤水、气、热状况,破除土壤板结,缓冲盐害危害,提高土壤肥力。同时,种植绿肥也为畜禽业的发展提供了优质饲草,实现土地用养结合和农牧结合。在盐碱土改良上,种植绿肥还可以增加地面覆盖,减少土壤水分蒸发及减轻土壤返盐。

三、植树造林

低产土壤多在风沙沿线和农田边缘。生产实践证明,营造农田防护林带,不仅可以防止风沙的威胁和侵袭,改善农田小气候,而且在盐碱土壤改良上也有良好的效果。通过树木庞大树冠的蒸腾排水作用,可以改变地下水位运动的方向,减缓地下水和土壤水分的蒸发,以及防止土壤表层盐分的聚积。

专题十二　玉门市麦田土壤养分评价及配方施肥方案

玉门市属中温带大陆性气候,光照资源丰富,农业生产条件良好,极适宜多种作物生产。近年来,农民为了片面追求产量,不断加大化肥投入,普遍存在着"三重三轻"现象,即重化肥,轻有机肥;重氮、磷肥,轻钾肥;重用地,轻养地。使耕地地力呈下降趋势,直接影响玉门市小麦产业的健康发展。在充分利用玉门市县域耕地资源管理信息系统,分析研究空间数据和属性数据的基础上,提出玉门市小麦适宜种植区域,并对麦田土壤养分进行科学评价,研究建立小麦测土配方施肥方案,促进玉门市小麦产业发展。

第一节　玉门市基本情况

玉门市位于河西走廊西南部,祁连山北麓,酒泉地区中部,东经97°20′~98°20′,北纬39°40′~40°55′。东与钢铁城嘉峪关和金塔县接壤,西与瓜州县相连,南北与肃北蒙古族自治县毗连,南部东端与肃南裕固族自治县相接。绿洲之外,均为沙漠、戈壁包围。市内兰新铁路、甘肃公路自东向西横贯全境,各乡(镇)均有公路相通,交通极为方便。境内东西长107km,南北宽125km,土地总面积133.2万hm²,是古"丝绸之路"重镇,欧亚大陆桥通往中亚、东欧必经之路,素有"塞垣咽喉,表里藩维"之称。

玉门市总耕地面积3.36万hm²,粮食面积1.08万hm²,农业总产值达到8.34亿元,农业人均产粮878kg。属典型的中温带大陆性气候,具有典型的大陆性荒漠气候特征。光能资源充沛,日照强,热量丰富,无霜期短。农业生产条件良好,是我国重要的商品粮基地,农作物一年一熟,境内盛产小麦、啤酒大麦、玉米、孜然、蚕豆、胡麻、啤酒花、西瓜、甜菜、黑瓜子、甘草、麻黄、雪莲、锁阳等20多种作物。

第二节　春小麦的生产现状

春小麦是玉门市主要的粮食作物,年播种面积0.7万hm²,占全市总耕地面积的23.3%,平均单产7500kg/hm²,年总产52500t。在全市各乡镇均有种植,重点分布在中部平原温和生态区的柳河乡、黄闸湾乡、下西号乡,昌马沿山盆地温寒生态区的昌马乡、赤金镇,以及东部花海盆地温暖生态区的柳湖乡、小金湾乡。主要种植品种以8511、92157为主,种植形式以单作、小麦玉米带田为主。近年来,随着农业生产的发展,广大农民普遍存在盲目施肥、过量施肥现象,肥料使用比例极不平衡,一方面造成肥料浪费,加大生产成本投入;另一方面降低作物品质,导致生产效益低下;同时造成土壤环境污染,肥料利用率低,土壤肥力下降。

第三节 材料与方法

一、样品采集

玉门市的11个乡镇根据土壤类型、土地利用现状、肥力等级等因素,共采集耕层土样2500个。9月上旬至10月下旬秋收犁地前采样,采样深度0~20cm。每个代表土壤由15~20个样点,按照随机、等量、多点混拿原则,以"S"形或5点对角线法采集混合,再用四分法缩分至1kg左右。将采集的土样风干、过筛、分级后,保存备用。

二、样品测定方法

土壤pH采用土液比1:2.5电们法测定,土壤有机质采用油浴加热重铬酸钾氧化—滴定法测定,土壤碱解氮采用碱解扩散法测定,土壤速效磷采用碳酸氢钠浸担—钼锑抗比色法测定,土壤速效钾采用乙酸铵浸提—火焰光度计法测定,土壤有效铜、锌、铁、锰采用DTPA浸提—原子吸收分光光度计法测定。

三、土壤肥力评价标准

按照《测土配方施肥技术规范》规定的"土壤有机质、全氮,和大、微量元素含量丰缺指标"(表1)进行评价。

表3-12-1 玉门市耕层土壤养分含量丰缺指标

养分水平	有机质(g/kg)	碱解氮(mg/kg)	速效磷(mg/kg)	速效钾(mg/kg)	有效铜(mg/kg)	有效锌(mg/kg)	有效铁(mg/kg)	有效锰(mg/kg)
丰		>200	>40	>250	>2.0	>4.0	>20.0	>15.0
较丰	>25	150~200	20~40	150~250	1.0~2.0	2.0~4.0	10~20	9.0~15.0
中	15.0~25.0	1100~150	10~20	100~150	0.2~1.0	1.0~2.0	4.5~10	7.0~9.0
较缺	<15.0	50.0~100	5.0~10	50~100	0.1~0.2	0.5~1.0	2.5~4.5	4.7~7.0
缺		<50.0	<5.0	<50.0	<0.1	<0.5	<2.5	<4.0

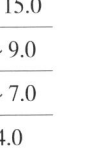

四、施肥量计算方法

经过统计分析多年试验示范结果,结合沼地群众实际经验,初步总结出小麦施肥参数(表3-12-2)

施肥量=(作物单位产量养分吸收量×目标产量−土壤测试值×0.15土壤有效养分校正系数)/(肥料中养分含量×肥料利用率)　　　　　　　　　　　　　　公式1

表3-12-2　玉门市小麦土壤养分校正系数法肥料配方设计有关参数

肥料种类	校正系数	肥料利用率(%)			100kg经济产量吸肥量(kg)
		高肥力区	中肥力区	低肥力区	
氮	0.87	34.9	45.3	55.6	2.98
磷	1.51	12.3	29.5	36.2	1.25
钾	0.74	33.1	35.5	36.4	2.51

第四节　数据分析

一、耕层土壤养分现状

依据测定结果,玉门市耕层为碱性土壤,养分含量整体表现为氮不足,磷、钾、锰缺乏,锌、铁和铜基本能满足作物生长。其中,中部平原温和生态区有机质、速效磷、有效锌含量分别为15.72mg/kg、13.13mg/kg、1.91mg/kg,属于中等水平;速效氮、速效钾、有效锰含量分别为73.26mg/kg、97.43mg/kg、4.46mg/kg,为缺乏水平;有效铜、有效铁含量分别为1.09mg/kg、10.75mg/kg,处于较丰富水平。南部昌马沿山盆地温寒生态区有机质、速效磷、速效钾含量分别为22.9g/kg、13.9mg/kg、123.0mg/kg,属于中等水平;速效氮、有效锰含量分别为69.9mg/kg、6.74mg/kg,表现位缺乏水平;有效铜、有效锌、有效铁含量分别为1.21mg/kg、2.09mg/kg、11.86mg/kg,处于较丰富水平。东部花海盆地温暖生态区有机质、速效氮、速效磷、有效锰含量分别为7.72g/kg、58.7mg/kg、8.0mg/kg、5.3mg/kg,表现缺乏水平;速效钾、有效锌、有效铁含量分别为110.9mg/kg、1.59mg/kg、7.38mg/kg,属于中等水平;有效铜含量为1.11mg/kg,处于较丰富水平。

二、不同生态区施肥方案

以土壤养分的测试结果为基础,分别按高、中、低肥力确定了目标产量及其土壤供肥情况,采用土壤养分校正系数法(公式1),计算确定玉门市3个不同生态区的小麦肥料配方施肥方案。

(一)中部平原温和生态区

高肥力区小麦目标产量为 8550kg/hm²,施氮 228.6kg/hm²、速效磷 131.4kg/hm²;中肥力区目标产量为 7950kg/hm²,施氮 215.25kg/hm²、速效磷 138.75kg/hm²、速效钾 52.80kg/hm²;低肥力区目标产量为 6900kg/hm²,施氮 213.45kg/hm²、速效磷 154.80kg/hm²、速效钾 151.95kg/hm²。

(二)昌马沿山盆地温寒生态区

高肥力区小麦目标产量为 8400kg/hm²,施氮 228.15kg/hm²、速效磷 143.70kg/hm²;中等肥力区目标产量为 7950kg/hm²,施氮 217.95kg/hm²、速效磷 130.65kg/hm²、速效钾 53.70kg/hm²;低肥力区目标产量为 6300kg/hm²,施氮 154.65kg/hm²、速效磷 124.65kg/hm²、速效钾 39.45kg/hm²。

(三)东部花海盆地温暖生态区

高肥力区小麦目标产量为 8400kg/hm²,施氮 197.25kg/hm²、速效磷 58.20kg/hm²;中等肥力区目标产量为 6600kg/hm²,施氮 142.50kg/hm²、速效磷 79.20kg/hm²;低肥力区目标产量为 5700kg/hm²,施氮 139.05kg/hm²、速效磷 125.55 kg/hm²、速效钾 34.35kg/ 公顷。

第五节　结果与讨论

通过分析结果可知,玉门市麦田耕层为碱性土壤,养分含量整体表现为氮不足,磷、钾、锰缺乏,铁、锌和铜基本能满足作物生长。其中,中部平原温和生态区表现为氮、钾、锰缺乏,有机质、磷、锌居中等水平,铜、铁含量丰富。南部昌马沿山盆地温寒生态区氮、锰缺乏,有机质、磷、钾处于中等水平,铜、锌、铁丰富。东部花海盆地温暖生态区有机质、氮、磷、锰缺乏,钾、锌、铁中等水平,铜丰富。总的来看,生产中应侧重补充氮肥,调节磷、钾肥的投入,有选择性地补充中、微量元素。

建议在实施玉门市不同生态区的麦田配方施肥方案时,尽量利用作物秸秆、杂草、泥土、垃圾、人粪尿、粪便、沼液、沼渣等高温堆肥,或采用作物根茬收割,或将玉米、豆类等作物根茬还田,或秸秆沤肥还田等措施增施有机肥。在此基础上,合理配施化肥,推广微肥,以平衡养分,满足小麦高优质之需。

表 3-12-3　玉门市不同生态区耕地耕层土壤养分测定结果

取样地点	pH	有机质 (g/kg)	速效氮 (mg/kg)	速效磷 (mg/kg)	速效钾 (mg/kg)	铜 (mg/kg)	锌 (mg/kg)	铁 (mg/kg)	锰 (mg/kg)
中部平原温和生态区	15.72	73.26	13.13	97.43	1.09	1.91	10.75	4.46	
南部昌马山盆地温寒生态区	22.90	69.9	13.90	123.10	1.21	2.09	11.86	6.74	
东部花海盆地温暖生态区	7.72	58.68	7.99	110.95	1.11	1.59	7.38	5.28	

专题十三　嘉峪关市耕地生态施肥区划

第一节　嘉峪关市耕地施肥状况

嘉峪关市化肥常年用量5280t左右。其中，尿素912t，硫铵1560t，普钙500t，磷酸二铵812t，硫酸钾10t，硝酸磷钾920t，其他复混肥料571t；氮肥主要是尿素，一般小麦亩施用量10~15kg，洋葱亩施用量30~40kg，玉米亩施用量35~45kg；磷肥主要是过磷酸钙，小麦亩施用量20~30kg，洋葱亩施用量25~55kg，玉米亩施用量25~40kg；钾肥主要是硫酸钾和硝酸磷钾，主要在蔬菜、瓜果作物施用，在含钾量比较缺乏地块的粮食作物补施；复混肥是磷酸二铵，主要做基肥施用，亩施量5~10kg；微量元素主要是多元微肥等。有机农肥是由畜禽粪便、人粪尿、作物秸秆和土堆制经高温发酵而成的堆肥，一般亩施用量2000~3000kg，小麦亩施用量1500~2000kg，玉米亩施用量2000~3000kg，啤酒花亩施用量3000~4000kg，洋葱亩施用量4000~5000kg。

第二节　嘉峪关市当前肥料施用上存在的主要问题

尽管嘉峪关市在测土配方施肥项目实施过程中，开展了一系列测土配方施肥技术推广的宣传培训、采土化验、施肥建议卡制定等工作，并取得了显著成效。但受人力物力限制，目前农民习惯施肥与盲目施肥的现象仍存在。主要存在以下几个问题：一是肥料投入结构、配比不合理，甚至粗估冒算，凭经验施肥。普遍存在着"三重三轻"现象，即重化肥，轻有机肥；重氮、磷、轻钾肥；重大量元素，轻中微量元素。习惯施肥的氮、磷、钾比例为1：0.86：0.65，施肥比例不协调，限制了农作物产量提高；二是肥料利用率较低，氮肥当季利用率只有38.68%，磷肥为19.19%，钾肥为33.23%；三是施肥投入成本不断加大，大大降低了生产效益，而且偏施、滥施化肥现象导致了资源浪费、环境污染，降低了农产品竞争力；四是用地养地失衡，导致土壤养分失调，耕地地力下降；五是技术服务体系不健全，服务手段落后，直接影响到农业增效和农民增收。

第三节 测土施肥土样检测结果与分析

(一)耕层土壤养分现状及其变化

2009—2012年,在全市3个乡镇17个村开展调查,调查地块2706块,代表面积12.5万亩,走访农户2706户,询问农民6012人次,共填写表册0.44万份,采集数据19.8万个。

2009—2012年,以100~200亩为采样单元,采集并分析化验耕层深度为0~20cm的土壤样品进行统计分析(土壤分析方法为第二次土壤普查时方法),获得全市土壤养分含量,不同耕种土壤类型养分含量(见表3-13-1),不同乡镇土壤养分含量(见表3-13-2)及不同施肥类区土壤养分含量,并对不同养分分级统计面积,为指导科学施肥提供理论依据。

表3-13-1 嘉峪关市不同土壤类型大量元素养分平均含量

县土种名称	pH	有机质(g/kg)	碱解氮(mg/kg)	全磷(g/kg)	有效磷(mg/kg)	全钾(g/kg)	缓效钾(mg/kg)	速效钾(mg/kg)
厚淤立土	8.16	14.22	60	0.64	31.49	20.48	607	100
厚淤平土	8.09	15.13	73	0.725	20.44	20.64	641	134
薄立土	8.11	23.16	103	0.743	32.13	19.12	671	100
薄僵板土	8.21	13.19	77	0.639	9.99	22.46	646	108
薄淤立土	8.06	19.72	78	0.561	26.32	19.87	488	54
薄淤平土	8.18	15.35	88	0.609	21.64	20.02	492	52
薄淤漏沙土	8.23	17.3	73	0.757	34.71	20.56	540	73
薄潮淤立土	7.92	14.33	73	0.512	19.49	20.37	519	87
薄潮淤平土	8.08	11.02	56	0.603	30.76	18.93	424	73
厚潮淤平土	8	13.65	74	0.767	35.79	20.28	563	62
厚潮淤立土	7.82	14.76	87	0.543	20.66	21.5	502	97
薄潮淤沙黄立土	7.77	8.19	77	0.579	29.88	20.18	487	48
薄潮淤沙黄平土	7.84	13.43	98	0.613	35.57	19.99	545	180
薄潮淤漏沙土	7.9	12.36	70	0.418	16.76	23.24	424	49
沼泽草甸土	7.94	9.68	48	0.411	8.74	20.99	563	62
盐化草甸土	8.33	8.18	37	0.443	38.81	20.33	536	92
耕种林灌平土	8.11	17.2	67	0.633	9.74	23.22	573	111

表 3-13-2 嘉峪关市不同乡镇耕层土壤养分平均含量

乡镇	pH	有机质 (g/kg)	碱解氮 (mg/kg)	有效磷 (mg/kg)	全磷 (g/kg)	速效钾 (mg/kg)	缓效钾 (mg/kg)	全钾 (g/kg)
文殊镇	8.09	15.2	73	24.2	0.735	134	649	20.7
新城镇	7.96	13.7	69	25.8	0.54	81	508	21.1
峪泉镇	8.17	17.1	89	19.6	0.66	87	603	20.5
宏丰葡萄园	8.25	3.7	88	19.3	0.509	104	505	21.2
花海农场	8.03	14.5	73	4.7	0.416	113	568	21.6
黑山湖农场	8.11	10.2	67	9.7	0.63	111	573	23.2

由化验结果可以看出,嘉峪关市三镇耕层土壤平均有机质 15.3 g/kg、碱解氮 77 mg/kg、有效磷 23.2 mg/kg、速效钾 100.7 mg/kg;宏丰葡萄园平均有机质 3.7 g/kg、碱解氮 88 mg/kg、有效磷 19.3mg/kg、速效钾 104 mg/kg。

文殊镇属土壤含速效钾丰富区,峪泉镇、新城镇属微量缺钾区;三镇耕层土壤有效磷含量中等。与第二次土壤普查的三镇耕层土壤平均有机质 17.5 g/kg、碱解氮 62 mg/kg、有效磷 15.6 mg/kg、速效钾 155 mg/kg 的结果相比,有机质含量降低、氮磷含量增加,钾含量降低。有机质减少了 2.2 g/kg,降幅为 12.6%;碱解氮增加了 15mg/kg,增幅为 24.2%;有效磷增加 7.6mg/kg,,增幅为 48.7%;速效钾减少 54.3mg/kg,降幅为 35%。

目前土壤有机质含量降低,氮磷含量增加,钾含量降低,根源于"只用地不养地,重氮肥、轻磷钾肥"的不合理施肥现象。长期以来,造成土壤板结,病虫害增加,产量降低的后果。今后在作物种植过程中,应注意用养结合,轮作换茬,增加磷钾肥的施用量,并注意施肥平衡性,根据作物生长需求,合理科学施肥。

第四节 配方肥配方的制定

配方肥是生产配方肥料的前提和保证上,在制定配方肥前,需要进行了大量的野外调查、土样测试、"3414"田间试验和示范,并按照区域土壤类型、养分状况、产量水平分作物制定配方。通过对全市 3 个乡镇、17 个村、117 个村民小组,及宏丰公司葡萄园、种植园、黑山湖农场、花海农场,所采集 2206 个土壤样品中有机质、氮、磷、钾、锌、锰、铜、铁、pH 值等 14 个项目化验结果的汇总分析,根据洋葱、玉米、马铃薯、西瓜等主要作物的需肥规律,以村组为单位,制定了洋葱、玉米、马铃薯、西瓜等作物施肥建议方案,并为洋葱制定了配方肥。配方肥配方设计:氮(22)+ 五氧化二磷(10)+ 氧化钾(12)大于等于 44%

(全部磷钾肥和 1/3 的氮肥作基肥,2/3 氮肥分 3 次追肥)。在洋葱作物上每亩施配方肥 50kg 作基肥,不足氮肥分次追施。

第五节　嘉峪关市施肥单元区域划分

根据项目调查统计的气候条件、土壤类型、地力要素、主要障碍因素、土壤改良主攻方向及主要种植作物的平均产量等,将全市耕地划分为 6 大施肥单元区域。

一、新城镇施肥单元区

该区位于嘉峪关市东北部,包括横沟、野麻湾、长城、新城、中沟、泥沟、观蒲、安远沟 8 个村。是嘉峪关市最大的绿洲区,水资源丰富,地下水 5~20m,光热条件好,大于等于 0℃ 的平均积温 3464℃,大于等于 10℃ 的平均积温 2798.6℃,年均气温 7℃,无霜期 146 天。平均海拔 1475m,年平均降水量 85.3mm,耕作制度为一年一熟。

该区耕层土壤有机质含量范围 6.60~38.91g/kg,平均 13.85g/kg;pH 值 7.8~8.39,平均 7.96;碱解氮 28~165mg/kg,平均 70mg/kg;速效钾 22~320mg/kg,平均 84mg/kg;有效磷 1.63~84.89mg/kg,平均 26.74mg/kg。土壤中有效锌 1.63mg/kg、有效锰 6.02mg/kg、有效铜 1.3mg/kg、有效铁 6.21mg/kg。该区耕地面积 4.1 万亩,主要种植作物有洋葱、玉米、西瓜、胡萝卜等。洋葱年平均产量 7002kg,最高 8208kg,最低产量 6813kg。近几年,该区域的氮肥施用量增加较大,今后应注意施肥平衡性,适当增加磷钾肥的施用量,满足不同种植作物在不同生育期的肥料需求。

二、文殊镇施肥单元区

该区位于嘉峪关市东南部,包括河口、团结、石桥、冯家沟、塔湾、文殊等 6 个村,耕地面积为 2326.7hm²,该区所处地形部位较高,地下水埋深大于 30m,土层厚 40~150cm,光热条件好,大于等于 0℃ 的平均积温 3343℃,大于等于 10℃ 的平均积温 2822.2℃,年均气温 6.9℃,无霜期 134d。平均海拔 1591m,年平均降水量 96.5mm,耕作制度为一年一熟。

该区土壤有机质 3.64~25.37g/kg,平均 15.09g/kg;pH 值 7.41~8.28,平均 8.1;碱解氮 28~122mg/kg,平均 72mg/kg;速效钾 58~296mg/kg,平均 131mg/kg;有效磷 4.35~126.3mg/kg,平均 23.13mg/kg。土壤中有效锌 1.61mg/kg、有效锰 6.05mg/kg、有效铜 1.4mg/kg、有效铁 6.01mg/kg。该区耕地面积 1600hm²,主要种植作物有玉米、各类蔬菜、洋葱、马铃薯、啤酒花、洋葱等。马铃薯年平均产量 3000kg,最高 3082kg,最低产量 2842kg。该区域土壤肥力相对较好,蔬菜种植面积较大,应注意作物不同生育期的氮、磷、钾元素的科学平衡施肥。

三、峪泉镇施肥单元区

该区位于嘉峪关市西北部,包括嘉峪关村、黄草营村、断山口村。面积 733.3hm²,土层厚度 40~60cm,光热条件好,大于等于 0℃的平均积温 3230.5℃,大于等于 10℃的平均积温 2695.9℃,年均气温 6.9℃,无霜期 126d。平均海拔 165m,年平均降水量 102.8mm,耕作制度为一年一熟。

该区土壤有机质 ~27.99g/kg,平均 17.12g/kg;pH 值 7.92~8.38,平均 8.17;碱解氮 27~149mg/kg,平均 88.93mg/kg;速效钾 23~172mg/kg,平均 100mg/kg;有效磷 5.34~58.7mg/kg,平均 19.6mg/kg。土壤中有效锌 1.59mg/kg、有效锰 5.96mg/kg、有效铜 1.38mg/kg、有效铁 6.27mg/kg。该区耕地面积 640hm²,主要种植作物有各类蔬菜、玉米、马铃薯、制种等。玉米年平均产量 905kg,最高 1022kg,最低产量 849kg。该区域土层较薄,有机质含量低,今后应注意有机肥的施用,同时注意提升土层厚度,以满足作物的生长需求。

四、花海农场施肥单元区

该区位于嘉峪关市西北部,属山间盆地,耕地面积 600hm²,平均海拔 1310m,光热条件好,大于等于 0℃的平均积温 3300℃,大于等于 10℃的平均积温 2869.2℃,年均气温 8.1℃,无霜期 151d。耕作制度为一年一熟。

该区土壤有机质 16.8~20.6g/kg,平均 18.45g/kg;pH 值 7.95~8.13,平均 8.03;碱解氮 63~80mg/kg,平均 72mg/kg;速效钾 52~190mg/kg,平均 112.5mg/kg;有效磷 2.32~8.66mg/kg,平均 4.7mg/kg。土壤中有效锌 1.60mg/kg、有效锰 5.21mg/kg、有效铜 1.12mg/kg、有效铁 7.93mg/kg。主要种植作物有玉米、棉花、西瓜等。该区域土层较厚,土质相对较好,但磷、钾肥的施用量相对较少,影响棉花等作物在不同生育期的养分需求。今后应根据种植作物科学平衡施肥。

五、黑山湖农场施肥单元区

该区位于嘉峪关市西部,面积 400hm²。耕种熟化土层厚 30~35cm 之间,耕层以下土壤松紧度偏紧,为板状或片状结构,层次分明,养分含量减少,通透性能变差。无霜期 109d。平均海拔 1747m,年平均降水量 112mm,耕作制度为一年一熟。

该区土壤有机质 14.6~21.5g/kg,平均 14.25g/kg;pH 值 7.98~8.25,平均 8.11;碱解氮 60~75mg/kg,平均 67mg/kg;速效钾 49~195mg/kg,平均 113.86mg/kg;有效磷 3.12~28.35mg/kg,平均 11.45mg/kg。土壤中有效锌 1.65mg/kg、有效锰 5.48mg/kg、有效铜 1.16mg/kg、有效铁 6.41mg/kg。该区耕地面积 400hm²,主要种植作物有玉米、小麦、大麦等。小麦年平均产量

300kg。该区域土层较薄,有机质含量低,今后应注意有机肥的施用,同时注意提升土层厚度,增加氮、磷、钾的科学施肥,以满足作物的生长需求。

六、葡萄园客土施肥单元区

该区位于嘉峪关市东北部,面积3333.3公顷,主要种植作物为酿酒葡萄。该区葡萄种植行内全为客土,土层厚100~150cm之间。园内灌溉为膜下滴灌,有供水水库1个。光热条件好,大于等于0℃的平均积温3382℃,大于等于10℃的平均积温2865.1℃,年均气温7.1℃,无霜期132d。平均海拔1554m,年平均降水量70.5mm,耕作制度为一年一熟。

该区土壤有机质0.85~8.05g/kg,平均3.68g/kg;pH值7.82~8.79,平均8.25;碱解氮140~231mg/kg,平均88.33mg/kg;速效钾43~444mg/kg,平均153.75mg/kg;有效磷19.31~109.96mg/kg,平均19.31mg/kg。该区重点要加大有机肥的施用量,提升土壤有机质。因为土壤养分含量较低,氮、磷、钾的施用量也要相应增加,以提高土壤养分含量,满足酿酒葡萄的养分生长需求。

专题十四 张掖市中低产田改良措施

结合各类中低产田的改良技术规范,总结当地农民群众因土耕作、因土种植、因土施肥、因土改良利用等方面的经验,提出针对张掖市的中低产田改良措施。

第一节 科学规划,因地制宜,认真抓好中低产田改良整治工作

实施中低产田培肥改造是一项涉及面广,工程任务大,投入资金多,而且技术含量高的综合性工程。因此,应充分利用各县(区)开展耕地地力评价的成果资源,借助国家支持测土配方施肥补贴项目的历史机遇,认真搞好中低产田年度及中长期改良利用规划,因地制宜地制定出各县(区)分区域、分年度,按土壤类型确定中低产田改良整治规划实施方案,坚持做到田、渠、路、林网和住宅统一规划、分步实施。整合省、市、县财政资金,加大投入力度,有计划、有步骤地开展中低产田改造工作。切实把此项工作列入全市农业发展的长远目标之中,为全市农业可持续发展注入活力,储备后劲。

第二节 增加物质投入,不断提高中低产田土壤肥力

农业生产是物质循环的过程,而土壤又是农业生产的物质基础。土地的生产能力取决于人为的生产活动。因此,千方百计增加对土壤的物质投入,是改良治理的有效手段。一是狠抓有机肥料积造和施用,不断提高耕地质量。要加大宣传力度,采取积极有效的措施,逐年恢复农家肥积造使用,力争达到每年有三分之一的耕地施用有机肥料,通过3~5年的培肥改良,实现耕地质量的明显提高。二是大力提倡种植绿肥作物,提高土壤养分含量。种植绿肥是提高土壤有机质含量,培肥地力的有效途径之一。应把种植绿肥作物作为一项基础性措施来抓,鼓励和支持广大农户采取间、混、套和单种等多种方式,扩大绿肥种植面积。沿山区的山丹、民乐两县要利用半水地和耕地套种复种绿肥作物,川区各县有井灌条件的乡村,应在麦田和制种玉米等作物中推广间、混、套种绿肥作物,这样既可解决牲畜的饲草来源问题,更重要的是达到根茎翻压还田,实现"茎叶喂畜、根茎肥田"培肥地力双赢的目的。三是积极推广高茬收割和秸秆还田技术。随着全市农业机械化水平的

普及和提高,应充分利用机械作业成本低、效率高、收茬一致的特点,在沿山区的山丹、民乐两县的大、小麦收茬中,应大力推广高茬收割,一般要求留茬在 15~20cm,同时将多余的麦草每亩按 250~300kg 撒到麦茬地表层,结合深翻,再将根茬和麦草及时翻压还田。川区各县的大田玉米,可推广用机械将秸秆田间粉碎后翻压还田。据多年来翻压试验结果:翻压麦草和玉米秸秆第三年后,测得土壤有机质比翻压前增加了 0.015~0.068%,全氮量增加了 0.1%~0.14%,全磷增加了 0.01%,速效氮增加了 1.12%,速效磷增加了 1.88%,土壤容重降低了 0.03~0.089g/cm^3。

免耕秸秆覆盖技术要点为:选用抗病、优质丰产、抗逆性强、适应性广、商品性好的作物品种。春小麦选择生育期为 120 ~ 150d(出苗—成熟),需 ≥10℃ 积温 1400℃ 左右的品种。可选用永良 4 号、15 号,张春 21 号,宁春 1 口号,陇辐 2 号,张 1248 号等中筋品种,其产量水平在 5250 ~ 6750 kg/hm^2。

种子质量应符合 GB 4404.1—1996 中二级以上要求,具体为:纯度 ≥97%,净度 ≥98%,发芽率 ≥90%,水分 ≤12%,最好选用前一年生产的新种。种子播前经筛选、风选去除杂质后晒种 1~2d,以提高种子发芽率,提早出苗。具体操作时,应注意以下几个环节:

1. 选茬整地

选择土壤质地良好,土壤肥力高,灌溉方便的地块。前茬作物最好为豆科或中耕作物。前茬作物收获后,及时耕翻灭茬,灌足冬水。春天及时耙糖保墒,达到地平、土松、上虚下实。

2. 合理施肥

施优质腐熟农家肥 75000 ~ 90000kg/ hm^2,纯氮 186~222kg/ hm^2,五氧化二磷 69~93kg/ hm^2,钾肥适量施用底肥;氮肥 65% 作底肥,35% 作种肥和追肥,磷肥 80% 作底肥,20% 作种肥。

3. 选用品种

山区选用优质、高产小麦品种陇辐 2 号、张 1248、永良 15 号、永良 4 号、宁春 18 号等。川区带田选用早熟品种陇福 2 号、张 1248 等。播种时用三唑酮(粉锈宁)或多菌灵拌种,可以防止小麦散黑穗、腥黑穗病等多种病害。

4. 规范栽培,控制播量

当土壤表层解冻 7 ~ 10d 时播种为宜,一般平川灌区 3 月上旬,山水灌区 4 月上旬。平川灌区亩播量 22.5 ~ 25kg 为宜,山水灌区亩播量 20 ~ 23.5kg。单种时等行距条播,行距 15 ~ 20cm,大穗品种增大行距,可增加穗粒重,减少倒伏,播后耙糖保墒。

5. 田间管理

前期管理宜早播种,重基肥,合理密植。出苗前若遇到雨雪,天晴后,应及时耙糖,破除板结。苗期管理突出一个"早"字,即早灌水、早追肥,以水调肥,以早灌促早发,培育壮苗。头水前,进行中耕松土保墒。在三至四叶期灌头水,结合头水,每亩追施纯氮 2.5～4.5kg,全生育期 3～4 个水为宜。在整个小麦生长期,建议人工与化学方法相结合清除杂草,每亩用 2.4　D～丁酯 25 毫升兑水 40～50kg,麦苗 4～5 叶片叶时进行叶面喷雾。中期管理主要是合理调节水肥,促控结合,使群体大而不密,个体壮而不旺。对群体过大、生长旺盛的麦田应防止倒伏,三叶一心期用 50%矮壮素 150ml 兑水 50～60kg 喷雾。后期管理主要是防早衰,防干热风,增粒重,防止病虫害。

6.病虫害防治

根据虫情预测、预报,及时了解防止办法,做到早控早治。在干热风危害严重的地区,灌水和叶面喷施抗旱剂是较好的解决办法。田间发现锈病、白粉病等病害,一般用三唑酮叶面喷雾。当小麦蚜虫发生量较大时,注意及时喷洒杀虫剂防治。

7.适时收获,颗粒归仓

小麦适宜收获时期是蜡熟后期,此时麦叶、麦穗、麦茎变黄,95%以上的籽粒变硬,手掐不动,但茎秆仍有弹性。收获过早,灌浆不充分,籽粒不饱满,影响产量和品质。收获晚了容易造成掉头落粒或遭受雨淋,籽粒黑胚率增多,发芽霉变,导致产量和品质下降。收获后及时晾晒,小麦达到安全水分时,妥善储藏。单种单收,确保品种商品质量。

第三节　大力推广测土配方施肥技术,努力提高肥料有效利用率

在有条件的地方,要因土、因作物、因产量指标施肥。在施肥上,根据分阶段、有步骤的底肥和追肥相结合的原则施用化肥,使肥效发挥在作物的需肥临界期上。氮素肥料要分层深施;磷钾肥料要集中条深施,增施生物肥料。根据作物产量及土壤中有效养分含量进行配方施肥和平衡施肥相结合,做到大微结合、农化结合、缺补、丰减、匀施,为作物生长创造良好生长环境。

测土配方施肥则是以土壤测试和肥料田间试验为基础,根据作物需肥规律、土壤供肥性能和肥料效应,在合理施用有机肥料的基础上,提出氮、磷、钾及中、微量元素等肥料的施用数量、施肥时期和施用方法。通俗地讲,就是在农业科技人员指导下,科学施用配方肥。测土配方施肥技术的核心是调节和解决作物需肥与土壤供肥之间的矛盾。同时,有针对性地补充作物所需的营养元素,作物缺什么元素就补充什么元素,需要多少补多少,实现各养分平衡供应,满足作物的需要;达到提高肥料利用率和减少用量,提高作物产

量,改善农产品品质,节省劳力,节支增收的目的。全市应坚持开展测土施肥,因土供肥,因作物施肥,充分发挥肥料的经济效益,达到改良中低产田土壤的目的。

经过张掖市农业节水与土壤肥料管理站多年试验示范推广,通过在制种玉米、露地蔬菜、马铃薯、啤酒大麦、小麦等主要农作物中大力推广膜下滴灌、垄膜沟灌、垄作沟灌等高效农田节水新技术,分别实现亩均节水 200 m^3、120 m^3 和 60 m^3 的目标。推广高效农田节水技术,改变了农田的灌溉方式,将漫灌改为滴灌或沟灌,树立了灌溉是浇作物而不是浇地的新理念,较好地防止了地面蒸发和水肥损失,在节约水资源的同时,有效提高了水资源利用率和水分生产率。

因此,全力抓好中低产田改良中农田节水技术推广工作,就显得十分重要和紧迫。全市各县(区)必须从全市农业面临的严峻实际出发,坚持按照"举节水旗,走生态路,发展高效节水农业"的总体思路,力求做到"三水齐抓"(即蓄住天上水、管好地下水、用好地表水),采取积极有效的农业工程、农艺、生物以及管理等诸多措施相配套的手段,在全市中低产田耕地中全力推广应用高效农田节水新技术。一是在沿山区的山丹、民乐半干旱混作区,大力推广已成熟的垄作沟灌和旱作全膜双垄沟播节水技术。该技术就是采用机械起垄覆膜播种一体化技术,在现有麦类作物上推广应用,将灌水定额由过去每亩 360~440 m^3,降低到 300~380 m^3,亩节水达到 60~80 m^3,实现亩增产 5%~8%。在大面积种植马铃薯作物上可全面推广垄膜沟灌节水技术,亩灌水定额由过去平作栽培 300~360 m^3 降低到 220~300 m^3,亩节水 80~120 m^3,亩增产 150~200kg。二是在川区甘、临、高三县(区)制种玉米作物,全面推广半膜和全膜垄作沟灌节水技术,该项技术采用机械起垄覆膜,人工进行点种,出苗灌水在沟内进行,亩灌水量可由过去平作栽培的 480~550 m^3,降低到 400~450 m^3,亩节水 80~100 m^3,亩增产 35~50kg。三是在部分制种玉米、番茄和露地蔬菜等作物上,扩大推广膜下滴灌节水技术,该技术采用井灌区优势,将主管道铺设到田间地头,连接支管到作物种植行间与滴灌带相通,灌水时一次性按划定片进行水肥一体化运行。这项技术虽然一次性亩投入成本较高,一般在 1200~1500 元之间,滴灌带可使用 3~5 年,但省工省时,亩节水在 200~250 m^3,亩节约化肥成本 45~50 元,亩增产 10% 以上。通过上述三项节水新技术的大面积示范推广应用,不仅可缓解全市农业耕作区灌水不足的矛盾,更主要还可科学合理地调整作物种植结构,最大限度地发挥现有水资源利用效率,提高耕地生产力水平,实现节地节肥、增产增收的目的。

制种玉米膜下滴灌是滴灌技术和覆膜种植技术的有机结合,利用低压管道系统将输水管内的有压水流通过消能滴头,使滴灌水成点、缓慢、均匀而又定量地浸润玉米根系最发达的区域,使作物主要根系活动区的土壤始终保持在最优含水状态。经过张掖市农业节水与土壤肥料管理站多年试验和示范推广结果表明:采用膜下滴灌技术,制种玉米每亩可用水250m³以上,增产5%~10%;采用水肥一体化技术,可有效节约化肥,保证精确用量;同时也有效解决了因部分耕地存在坡度或不平整情况下大水漫灌导致的产量不稳的突出问题。技术要点如下:

一、栽培技术要点

播前准备:前作收获后,及时深翻土地,耕翻深度25cm以上,做到地表土疏松,上虚下实,地面平整,无残茬杂物。

施足底肥:亩施5000kg优质农家肥,尿素13kg,磷二铵20kg,硫酸钾10kg,沟施或撒施后进行浅耕。

化学除草:播种前亩用48%地乐胺100~150ml,兑水2~3kg,拌50kg细沙均匀撒入地表,或亩用50%乙草胺50~100ml,兑水50kg,用喷雾器喷于地表,耙入2~3cm土层中。

二、滴灌带的铺设和播种

覆膜前按种植品种特性划行,然后铺管覆膜,选用幅宽80cm规格地膜,一膜一管种两行玉米,铺管时应保证滴灌带凸面朝上,拉力均匀、平直。平作,行间距100~110cm,宽行60cm,窄行40~50cm,株距20~25cm,人工点种后覆土封穴,或播种后铺管覆膜。

三、田间管理

补苗、间苗、定苗:膜下播种要及时破膜放苗,每穴留苗2~3株,在4~6片真叶时定苗,保苗每亩5000~5500株。

去杂—去劣:结合定苗,根据幼苗长相、叶色、叶形、叶鞘色、生长势等特性,拔除杂苗、劣苗、弱苗、过旺苗、病苗。

四、科学灌水

全生育期滴灌10~13次。在滴水前应做好滴灌系统的检查工作,包括首部和输水管道的正确安装。

出苗—拔节期:滴2次水,滴水量每次每亩10~18m³。

拔节—抽穗期:每10~15d滴1次,每次滴水量每亩15~20m³,滴3~4次。长势强的品种要注意蹲苗。

抽穗—灌浆期:10~15d滴1次水,每次每亩10~15m³,滴3~4次。

灌浆—蜡熟期:滴水2~3次,每次滴水量每亩10~12m³,收获前20d停水。

五、灌溉施肥

实施水肥同步,使玉米生长发育各阶段养分合理供应,根据灌水期确定施肥时期。配兑肥料养分浓度,应根据作物不同生长期的需肥特点和营养诊断确定,全生育期追肥6次。

苗期肥:滴肥1次,施尿素每亩5kg。

拔节—抽穗肥:滴肥2次,每次施尿素每亩10~15kg。

抽穗—灌浆肥:滴肥2次,每次施尿素每亩10~15kg。

灌浆—蜡熟肥:滴肥1次,施尿素每亩5~10kg,收获前20d停水。

六、去杂、去雄

除去田间杂株,确保种子纯度。当田间80%植株只有1~2片叶未展开时,摸苞带叶去雄,保证抽雄不见雄,以保证去雄彻底,并利于植株养分供给雌穗。

七、人工授粉

人工授粉在玉米制种中,花期常遇阴雨天气影响授粉,必须人工辅助授粉,选择母本吐丝盛期,每人拿一长木棍,左右摇摆父本株即可,如此进行2~3次,可提高种子结实率。

八、早割父本

授粉结束后,10d内及时割除父本,以利节水,减少土壤养分消耗,并保证通风、透光,促进光合作用。

九、防治病虫害

种子包衣、防治苗期地下虫害,拔节后可用克百威颗粒剂每7.5~15.0kg/hm²,拌细沙15.0~52.5kg/hm²撒入玉米心叶内防治玉米螟;用50%西维因可湿性粉剂300~500倍液喷施,防治玉米棉铃虫;在父本雄穗散粉前,用40%氧化乐果乳油或80%敌敌畏乳油1000倍液喷雾,防治蚜虫和红蜘蛛,抽雄结束后再喷雾1次;播前用40%的拌种灵可湿性粉剂100~150g拌100kg种子,防治玉米丝黑穗病。

十、适时收获,加强晾晒

种子成熟后适时收获,收获后的果穗及时拿到房顶或水泥晒场晾晒,也可装入塑料网袋,码成长垛晾晒,要勤翻动,防止雨淋和冻害,影响种子色泽和发芽率。

十一、灌溉制度

适用于甘肃河西河灌区、井灌区和井河混灌区的制种玉米上。按全生育期灌 12 次，每次灌水每亩 20m³ 算，共需灌水每亩 240m³，而平作大水漫灌全生育期灌 6 次，每次灌水每亩 75m³ 计算，共需灌水每亩 450m³，全生育期亩节水 210m³。

专题十五 山丹县中低产土壤类型与改良利用分区研究

改造中低产田是挖掘现有耕地的生产潜力,提高山丹县粮食综合生产能力,保证粮食安全的重要途径,在防止耕地退化、保护生态环境方面具有重要意义。本章利用山丹县耕地地力管理信息系统中的数据,通过对山丹县中低产土壤分布类型分析,针对性地提出不同中低产田类型区改造措施。

第一节 目的意义

山丹县地处河西走廊中部,东靠永昌,西邻张掖、民乐,北过龙首山与内蒙古阿拉善右旗接壤,南以祁连山和青海省为界。总面积54.02万 hm²。全县地形波状起伏,山川交错。三面环山,南面有祁连山,东南有大黄山,北部有龙首山,西南是丘陵地带,海拔最高点在祁连山,为4444m;最低点在东乐乡西屯,海拔为1550m;东西89km,南北148km。山丹县地域辽阔,地貌类型复杂,地形高差大,区域气候差异显著,土壤类型较为复杂。在过去相当长的一段时期,由于盲目毁草种粮,毁林开荒,自然植被遭到严重破坏,加剧了水土流失和土壤荒漠化的发展,加之农业土壤的利用和管理上"重用轻养",忽视培肥地力,搞掠夺式经营,土壤肥力水平逐渐降低,养分比例严重失调。根据本次耕地资源管理信息系统的资料和第二次土壤普查的资料,找出影响山丹县耕地生产力的障碍因素,划分改良分区,提出改良利用措施。

第二节 中低产土壤类型及特点

中低产土壤障碍因素很多,且相互联系,相互影响,往往一个障碍因素可派生几个障碍因素,或多个障碍因素并存,如盐碱和干旱并存。为避免中低产田地面积统计时易造成重复,以主要障碍因素和改良主攻方向为依据。根据全国中低产田划分与改良技术规范(NY/T 310—1996),将山丹县的中低产土壤类型划分为盐碱耕地型、干旱缺水型、障碍层次型3种。

一、盐碱耕地型

盐碱耕地型包括盐化灌耕土、盐化灌耕灰钙土、盐化耕灌灰棕漠土,主要分布在东乐、清泉、位奇、红寺湖、霍城等地的洪积冲积扇地带和河流冲积阶地低洼处。其特点是风沙危害严重,土壤瘠薄。采取的主要改良措施是增施农肥、种植绿肥、推广磷石膏改土、机械深翻、拉砂压碱、地膜覆盖等。

二、干旱缺水型

干旱缺水型可分为滩旱地和山旱地两类。

滩旱地主要分布在位奇、陈户、老军等马营河冲积平原和大黄山北麓洪积平原、马营盆地和霍城河冲积阶地上,其他乡镇数量较小,滩旱地土壤类型主要为耕灌淡灰钙土、耕灌灰钙土。土层深厚,土体结构良好。一般有效土层大于100cm,质地轻壤,结构良好,无障碍层次,土壤养分含量低,土壤较瘠薄。采取的主要措施:一是实施工程措施,加快农田水利基础设施建设,增强防旱抗旱能力,从根本上改变中产田的外部环境,创造良好的基本生产条件;二是生物措施和工程措施相结合,促进农业技术措施的落实。加强耕作制度改革,合理调整种植业结构,把机械深翻改土、轮作倒茬与结构调整有机结合起来,试试三三轮作制,扩大绿肥种植面积。

山旱地纯属旱作土壤,主要分布在老军、陈户、大马营一带的大黄山山前丘陵及李桥、霍城、位奇等地的低山丘陵区。土壤类型为耕种栗钙土、耕种淡栗钙土、耕种灰钙土、耕种淡灰钙土。气候冷凉阴湿,降雨量较大。土层厚,土体结构好,无障碍层次,土壤肥力低,分布不均匀,强度沟蚀,水土流失严重,保水保肥能力差,而且耕作不便,更不利于机械操作,无灌水条件,在生产利用上有很大的局限性。采取的主要措施:实行退耕还林,建立人工林基地;草田轮作,农牧结合,发展自然植被。

第三节 中低产耕地土壤肥力演变

一、中产耕地土壤肥力演变

中产耕地主要分布在山丹县中南部地区,北部有零星分布,此类耕地土种以厚灌耕立土、盐化灌耕土、薄层淡灰钙土、灰钙土、壤质耕灌灰土为主,主要分布在马营河、山丹河沿岸的河流冲积物及洪积冲积物母质上。属冲断发生改变,土壤肥力逐年提高,在自然土壤上形成了一层30~120cm厚的古老灌耕层,即土层内残留有明显的炉渣、碳屑、砖瓦片和骨骸等人类活动遗迹。此层土质比较均一,耕层质地以轻中壤为主,土色深暗,呈灰褐色或黄灰色,结构良好,多为力搓和平搓。土壤疏松多孔,酥绵,通气性好,保水保肥能力强,土地较平整,多适宜机械耕作,养分含量低,水、气、热不协调。

此类耕地主要为水浇地。地貌类型以冲积缓坡平原和丘陵为主,灌溉保证率均在80%以上,降雨量少,土壤理化性状良好,可耕性较好。耕层土壤pH值为8.3~8.4,有机质16.4~17.2g/kg,碱解氮67.9~68.6mg/kg,有效磷14.25mg/kg,速效钾189~193g/kg。适宜种植小麦、啤酒大麦、洋葱、马铃薯等作物,麦类亩产一般在300~500kg。

二、低产土壤肥力演变

低产耕地主要分布在山丹县南部的老军乡、大马营乡等地区,李桥乡和霍城镇有零星分布。此类耕地土种以灰钙土、壤质耕灌灰土、淡栗钙土、壤质耕种栗钙土为主。

灰钙土是开垦以后,从事灌溉农业生产的农田土壤,主要分布在山丹盆地、位奇、新河、张湾、陈户、老军等地。因灌溉耕作年限不长,耕作层下还未出现灌耕层。灰钙土的钙积层仍然存在,且黏化、紧实等特性日渐加强。因这一带成土母质是第四纪砾石层上覆盖的黄土层,随着地形变化,愈低下愈厚,故本土属有壤质底砾耕灌灰钙土及壤质耕灌灰钙土,农民统称为"黄土"。所谓"底砾",系指砾石层上覆盖的黄土层厚约60~100cm,不加底砾的耕灌灰钙土系指1m以内未发现砾石层的土壤。在砾石层与黄土层接触的部位,有厚约30~40cm的坚硬土层,碳酸钙含量>20%,常被误认为是土壤发育过程中形成的钙积层。

栗钙土主要分布在大马营乡、霍城乡一带的丘陵基部较宽阔的沟台地上,老军和花寨一带大黄山麓也有。分布区一般海拔2300~2500m,生物气候条件是干旱草原类型,以密丛乔草为主,扁麻丛稀疏,狼毒丛增多,在分布上常与暗灰钙土壤嵌。在这个生物气候带中,如果成土母质是岩石风化残积物,如大黄山麓,则发育成粗骨淡栗钙土属,发育在黄土母质上的,如霍城、大马营一带,则是淡栗钙土属。其中生产条件较好,被开垦为农田,在多年耕翻、种植和施肥等生产活动作用下,土壤发育发生了质的改变,而形成了耕种淡栗钙土属。

此类耕地以旱地为主。多数分布在低山丘陵、山间盆地和山前洪积扇上的山旱地和自然干旱草场上。农业耕种利用部分,收获无保证,多年有种无收,最好年景麦类亩产也只有300kg。地貌类型以冲积缓坡平原、丘陵和盆地为主,耕层质地构型以均质中壤和均质轻壤为主,多数无灌溉保证,滩旱地面积大,有效土层厚度40~80cm,有明显障碍层,可耕性差。耕层土壤pH值为8.1~8.2,有机质19.5g/kg,碱解氮74.6~77.6mg/kg,有效磷15mg/kg,速效钾200g/kg。主要种植作物有小麦、啤酒大麦、胡麻、油菜、豌豆等。

第四节　山丹县不同耕地地力等级分布

山丹县农用耕地面积 4.82 万 hm^2，通过平差计算，农用地面积 3.99 万 hm^2，2007 年年末统计的耕地面积是 3.99 万 hm^2，平均平差系数 0.1718。其中水浇地 3.39 万 hm^2，山旱地 0.60 万 hm^2，效灌溉面积 2.37 万 hm^2，保灌面积 1.92 万 hm^2。根据全国中低产田划分与改良技术规范（NY/T 310—1996），结合山丹县土壤类型、成土母质、立地条件、剖面构型、土壤养分等综合因素和不同等级产量结果调查，将我县一二等地划分为高产田，占总耕地面积的 29.9%；三四等地划分为中产田，占总耕地面积的 44%；五六等地划分为低产田，占总耕地面积的 26.1%（见表 3-15-1）、不同等级耕地空间分布情况（见表 3-15-2）。

表 3-15-1　不同等级耕地面积统计

等级	一等地	二等地	三等地	四等地	五等地	六等地	总计
多边形个数	469	688	746	1931	1033	1619	6486
面积（万公顷）	0.53	0.91	0.70	1.42	0.53	0.73	4.82
百分比（%）	11	18.9	14.5	29.5	11	15.1	100

表 3-15-2　山丹县不同耕地等级分区表

类区	地力等级	行政村名称	合计（个）
高产田	一等地	西屯、城北、南湖、东街、郇庄、南关、清泉、双桥、西街、郑庄、北湾、东湾、十里堡、朱湾	14
	二等地	南湾、北难、祁店、拾号、二十里堡、马寨、高寨、柳荫、四坝、位奇、永兴、楼庄、花寨、城南	14
中产田	三等地	城东、城西、五墩、芦堡、暖泉、孙家营、张湾、山湾、高庙、山湾、夹河、新泉、高家湖	13
	四等地	大寨、静安、山羊堡、十里堡、小寨、大桥、汪庄、新开、候山、岸头、陈户、沙河湾、东门、刘伏、寺沟、西门、周坑、三十里堡、孙营、王城、张庄、范营、杨坝、巴寨、吴宁、郭泉、双湖、沙沟、泉头、王庄、杜庄、东关、刘庄、周庄、西关、西坡、新庄、下西山、下河西、新墩	40
低产田	五等地	红寺湖、盘山、上寨、周庄、下寨、河湾、羊虎沟、潘庄、李泉、祝庄、孙庄、马营、上河、中河	14
	六等地	东沟、西沟、焦湾、丰城、峡口、老军、东山、上河西、上西山、圈沟、双泉、窑坡、磨湾、前山、下河	15

第五节　土壤改良利用措施

一、中产土壤的改良

此类土壤是我县耕种历史悠久的农田土壤,海拔在1550~1950m之间,年平均气温为8℃~5℃,≥10℃有效积温2930℃~2100℃,平均无霜冻期138d。年降水量平均195.0mm,7、8、9月份平均降水量119.6mm。年蒸发量为2246mm,属于温带大陆性干旱气候,春季气候干旱,秋季降水较多。光照资源丰富,一季有余,两季不足,耕地连片集中,灌溉条件及水利设施较好,有农业生产综合发展的基础;地域气候差异大,因而导致耕作制度、作物布局、农田土壤肥力水平以及农业生产水平、社会经济的差异较为显著;农田土壤重用轻养,氮磷比例严重失调。根据此类耕地土壤的形成特点,特提出以下几项措施:

1.普及测土配方施肥技术,推广农作物专用配方肥。通过施用农作物配方专用肥提高科学施肥水平,克服盲目施肥,减少肥料浪费,提高肥料利用率,减轻土壤面源污染,保护生态环境。建议种植麦类作物,亩施农家肥2000~3000kg,亩施配方肥40~50kg,在苗期追施尿素10kg(亩施纯氮10~12kg、五氧化二磷6~7kg、氧化钾2kg);马铃薯亩施农家肥3000~4000kg,亩施配方肥80~100kg(亩施纯氮14~15kg、五氧化二磷7~9kg、氧化钾6~8kg);玉米亩施农家肥3000~4000kg,亩施测土配方肥50~60kg做基肥施用,在玉米拔节前追施尿素15kg,在大喇叭口期追施尿素10kg(亩施纯氮20-22kg、五氧化二磷10~11kg、氧化钾6~8kg)。

2.调整种植结构,扩大绿肥种植。采取"公司+农户+科技+生产"的市场运作模式,通过能人带动,建立一批具有规模化、标准化的养殖场,将以粮食和经济作物的二元结构调整为粮食、经济、饲料作物的三元结构,扩大"间、套、复种"豆科绿肥,形成绿肥—畜牧—土壤资源优势的良性循环产业链,实现夏季长粮、秋季长草、发展养殖、过腹还田、秸秆还田、根茎肥田、改良土壤、培肥地力和保护环境的目的。建议在井灌区种植绿肥,一是套种绿肥。在麦类二轮苗水时,亩撒毛苕子8~10kg,收获麦类时,采取留高茬25cm的方式进行收获;收获后3~5d内及时灌水,并追施尿素3~5kg;如遇秋雨充沛,无须灌二水,在10月中下旬及时收获绿肥。二是复种绿肥,在麦类收获后,及时灌水,复种箭舌豌豆和饲用油菜;当绿肥长至30~40cm时,进行机械压青,或到10月中下旬收获鲜草。

3.秸秆还田,深耕翻压。一般结合深翻,亩压麦草200~300kg,或用麦草垫圈,然后翻压到地里,效果都很好。

4.合理用水,搞好水利设施。对于旱盐化土壤,适当少灌勤灌,可减弱盐分的表聚作用。对于流径盐化土壤的渠道,应争取改道,并搞好渠道的衬砌工程,以降低灌溉水的矿化度。

5.搞好耕地的平整工作,防止盐分在地面的水平分布上过度集中,相对降低表层土壤的含盐量,减少和避免地表盐斑的形成。在管理措施上,必须坚持干湿锄,力争早耕,解除板结,协调土壤水、肥、气、热,抑制土壤盐分。

6.植树造林,营造防风林带,严禁打沙柴,保护自然植被,改善生态环境。建议山旱地种植灌木,如沙棘、红柳等;滩旱地种植白杨树、榆树、沙枣等耐旱树种。

二、低产土壤的改良

此类土壤大部分为近期新开垦的山滩旱地,包括大马营、霍城等乡镇的大部分,李桥、老军乡南部,经大马营乡双泉到军马四场以北为界。海拔2250~2500m,年平均气温3℃~1℃,无霜期102d,年降雨量290~340mm,年干燥度K值为1.5~1,年蒸发量1700mm,年日照2802h,年辐射量136KJ/cm2,≥10℃有效积温1180℃,地势高,多山地,气候寒冷,热量不足,无霜期短,雨量充沛,土壤湿度大,山区地形复杂,高差变化大;植被覆盖度高,草原地域广阔,有得天独厚的牧业发展条件;土地资源丰富,土壤肥沃,有机质含量丰富,潜在养分含量高,但有效养分含量低;土性阴凉,湿润,作物生长期短,产量低,属于寒冷半阴湿区。根据此类耕地土壤的形成特点,特提出以下几项措施:

1.普及测土配方施肥技术,增施磷肥,配合施用农家肥,推广商品有机肥。采取以肥调水,促进植物根系生长,增强植物抗旱性;克服盲目施肥,减少肥料浪费;提高肥料利用率,增加土壤有机质含量,改善土壤结构。

2.草田轮作,农牧结合。以一年粮和二年草为宜,对于边缘地区,灌水管理困难的还可采取还荒的措施,任其发展自然草场。这样,不但提高了土地利用率,又可以发展畜牧业生产,提高经济效益,改良土壤,培肥地力,协调和促进了生态环境的平衡。

3.植树种草,林草间作。以发展林木为主,建立人工林牧基地。发展中要以草引路,林草间作,树种应以乔木为主。

4.有条件的要先近后远,逐步搞平田整地,以及灌溉渠系的整修、配套等农田基本建设工作,以改良培肥土壤,进一步发展生产。

5.退耕还荒,发展自然植被。可退耕还荒,让其自然发展野生植物,稳定表层土壤,防止土壤侵蚀,避免水土流失,逐渐发展为自然牧场,发展畜牧业生产。在退耕还荒的6~8年内,禁止放牧。对现有的自然草场,也要加强管理,合理安排载畜量,不宜过度放牧。

6.退耕还林,建立人工林基地。大黄山西、北山麓丘陵地带的耕种灰钙土和耕种淡栗钙灰区,气候较冷凉湿润,土壤含水量高,应大力发展人工涵养林木。以改变气候、保护水源为中心,用林草间作。先草后林,草、灌、乔结合,先灌后乔的方法,逐步发展。

7.粮油草轮作,发展粮油种植。大黄山沿山地区的耕种栗钙土区,气候冷凉湿润,雨量较为充沛,收成有一定程度的稳定性。应采取草田轮作,用养地结合的方式,发展粮油生产,以种油菜为主。一般应种粮油两年,种草一年进行养地为宜。

专题十六 民乐县中低产土壤类型与改良利用分区研究

改造中低产土壤是挖掘现有耕地的生产潜力，提高民乐县农作物综合生产能力，保证粮食安全的重要途径，在防止耕地退化、保护生态环境方面具有重要意义。通过对民乐县中低产土壤分布类型进行分析，针对性地提出不同中低产土壤类型区改良措施。

第一节 目的意义

民乐县位于河西走廊中段，东邻山丹，西靠肃南，南接青海省，北与张掖相连，海拔1589~5027m，地形南高北低，地势由南向北倾斜。民乐县气候属于暖温带半干旱大陆型，太阳辐射年总量127~144kcal/cm²，年日照时数2592~2997h，年平均气温0℃~7.6℃（中、高山区□0℃），无霜期78-188d，年降水量155~501mm。全年盛行东南和西北风，年平均风速为2.06~4.01m/s，按中国综合自然区划，属大陆性荒漠草原气候。民乐县具有日照时数较长，太阳辐射强，热量不足，昼夜温差大，降雨量少且时空分布不均匀，蒸发量大的特点。并因地形高低悬殊，存在着明显的垂直差异，光能丰富日照多，降水集中总量少，热量不足温差大，干旱冷冻较频繁，呈显南寒温、中冷润、北温干旱的气候特点。民乐县地域辽阔，地貌类型复杂，地形高差大，区域气候差异显著，土壤类型较为复杂。农业土壤的利用和管理上"重用轻养"，农户在农作物施肥上偏施、滥施现象比较普遍，氮、磷、钾肥比例不合理，导致土壤板结，通透性差，土壤肥力水平逐渐降低，养分比例严重失调。根据耕地资源管理信息系统的资料和第二次土壤普查的资料，找出影响民乐县耕地生产力的障碍因素，划分改良分区，提出改良利用措施。

第二节 基本情况

民乐县总土地面积为36.85万hm²，其中：耕地6.73万hm²，占土地总面积的18.25%；水浇地4.8万hm²，占耕地面积的71.32%；旱地1.33万hm²，占耕地面积的19.76%。民乐县总播面积6.03万hm²，粮食作物面积4.351万hm²，粮食总产量达27.23万t，马铃薯

1.333 万 hm²,总产量 9.746 万 t;,油菜 0.892 万 hm²,总产量 29.59 万 t,中药材 0.387 万 hm²,总产量 1.784 万 t,大蒜 0.088 万 hm²,总产量 1.668 万 t。

通过耕地地力评价,以土壤图、土地利用现状图、行政区划图、灌溉分区图和地貌类型分区图叠加形成评价单元,应用层次分析法,通过综合分析,将民乐县耕地共划分为 5 个等级,以此为基础将民乐县耕地三等地划分为中产土壤,四、五等地划分为低产土壤。通过对全县耕地地力状况的调查,根据土壤主导障碍因素的改良主攻方向,依据农业部发布的行业标准(NY/T310—1996),引用农业部耕地地力划分标准,结合实际进行分析,民乐县中低产土壤包括两种类型:干旱缺水型和障碍层次型。

一、中低产土壤面积统计

民乐县总耕地面积为 6.73 万 hm²,中产土壤面积 2.13 万 hm²,占总耕地的 31.7%;低产土壤面积 1.79 万 hm²,占总耕地的 26.6%;中低产田占总耕地的 58.3%。民乐县大部分中低产土壤耕灌区灌溉模数低,灌溉保证率低,主要分布在南部浅山区、北部荒漠区,以及丘陵和河滩区,土壤瘠薄,土壤类型主要集中在灰钙土、栗钙土、暗栗钙土等中山丘陵区。(见表 3-16-1 与图 3-16-1)。

表 3-16-1　民乐县不同等级耕地面积统计

等级	一等地	二等地	三等地	四等地	五等地	总计
单元个数	1351	2972	1946	1874	2783	10926
面积(万 hm²)	0.90	1.91	2.13	0.88	0.91	6.73
比例(%)	13.4	28.3	31.7	13.1	13.5	100

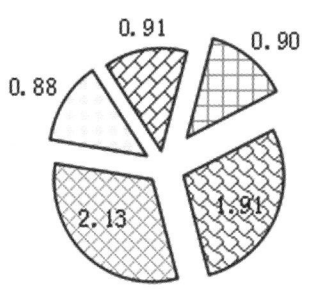

图 3-16-1　民乐县不同等级耕地所占比例

二、中低产土壤空间分布描述

全县的中低产土壤为民联乡面积最大,达 6392.69 万 hm²,占全乡土壤面积的 80.2%;

三堡镇面积最小,为925.44万 hm²,占全乡土壤面积的17.2%。(如表3-16-2)

表3-16-2 民乐县各乡镇中低产土壤面积与比例

乡镇名称		土壤面积	三等地	四等地	五等地	中低产土壤
丰乐乡	面积(hm²)	4568.1	1732.55	1584.2	1177.65	4494.4
	所占比例(%)	100	37.93	34.68	25.78	98.39
洪水镇	面积(hm²)	6748.08	4675.13	560.26	814.24	6049.63
	所占比例(%)	100	69.28	8.3	12.07	89.65
六坝镇	面积(hm²)	7547.3	405.64	148.11	449.56	1003.31
	所占比例(%)	100	5.37	1.96	5.96	13.29
民联乡	面积(hm²)	7968.4	4079.8	958.09	1354.8	6392.69
	所占比例(%)	100	51.2	12.02	17	80.22
南丰乡	面积(hm²)	6269.78	2627.24	3013.13	629.41	6269.78
	所占比例(%)	100	41.9	48.06	10.04	100
南古镇	面积(hm²)	7054.53	469.25	910.17	1127.02	2506.44
	所占比例(%)	100	6.65	12.9	15.98	35.53
三堡镇	面积(hm²)	5382.55	276.94	18.66	629.84	925.44
	所占比例(%)	100	5.15	0.35	11.7	17.2
顺化乡	面积(hm²)	4510.23	2815.36	197.36	540.94	3553.66
	所占比例(%)	100	62.42	4.38	11.99	78.79
新天镇	面积(hm²)	8609.58	1287.76	613.72	507.64	2409.12
	所占比例(%)	100	14.96	7.13	5.9	27.99
永固镇	面积(hm²)	4351.06	2588.23	212.58	295.51	3096.32
	所占比例(%)	100	59.49	4.89	6.79	71.17
高新实用技术开发区	面积(hm²)	44.63	0	31.36	1.76	33.12
	所占比例(%)	100	0	70.27	3.94	74.21
其他	面积(hm²)	4206.24	337.14	577.24	1541.9	2456.28
	所占比例(%)	100	8.02	13.72	36.66	58.4

第三节　中低产土壤影响因素分析

一、有效土层厚度

民乐县有效土层厚度为 30~40cm 的中低产土壤面积为 4390.5hm²，占有效土层厚度 30~40cm 土壤的 98.7%；有效土层厚度 60~90m 的中低产土壤面积为 6253.8hm²，占有效土层厚度 60~90cm 土壤的 70.2%；有效土层厚度大于 100cm 的中低产土壤面积为 25256.6hm²，占有效土层厚度大于 100cm 土壤的 49.9%；说明有效土层厚度越厚，耕地等级越高；有效土层越薄，耕地等级越低。（如表 3-16-3 和 3-16-4）

表 3-16-3　民乐县不同有效土层厚度所占面积（hm²）

县地力等级	30	40	60	90	>100	总计
1	0.0	0.0	12.2	0.0	8989.8	9002.0
2	20.4	0.0	2642.0	0.0	16405.8	19068.3
3	33.5	0.0	4339.0	1080.3	15842.3	21295.0
4	0.0	0.0	1256.8	755.1	6813.0	8824.9
5	4390.5	1134.6	658.0	285.8	2601.3	9070.3
总计	4444.5	1134.6	8908.0	2121.2	50652.2	67260.5

表 3-16-4　民乐县各乡镇不同有效土层厚度所占面积（(hm²）

乡镇面积	30	40	60	90	>100	总计
丰乐乡	111.6	0.0	616.3	778.8	3061.4	4568.1
高新实用技术开发区	1.8	0.0	31.4	0.0	11.5	44.6
洪水镇	302.3	0.0	1952.7	0.0	4493.0	6748.1
六坝镇	426.8	21.2	558.3	70.6	6470.3	7547.3
民联乡	1012.0	0.7	360.4	235.7	6359.5	7968.4
南丰乡	113.6	95.1	0.0	0.0	6061.1	6269.8
南古镇	923.1	91.0	1057.6	320.0	4662.8	7054.5
三堡镇	629.8	0.0	287.9	23.6	4441.2	5382.5
顺化乡	73.2	94.7	722.2	0.0	3620.0	4510.2
新天镇	414.5	82.4	2322.5	688.4	5101.8	8609.6
永固镇	96.2	0.0	374.4	0.0	3880.4	4351.1
总计	4104.9	385.3	8283.8	2117.2	48163.1	63054.2

二、障碍层类型

民乐县土壤障碍层类型分为砾砂层、潜育层和沙化层。砾砂层为10021.2hm², 占障碍层总面积的89.2%; 潜育层为39.9hm², 占障碍层总面积的0.4%; 沙化层为1172.3hm², 占障碍层总面积的10.4%。中低产土壤占障碍层总面积的99.5%, 说明有障碍层的土壤为中低产土壤。（如表3-16-5和3-16-6）

表3-16-5 民乐县不同障碍层类型所占面积（hm²）

县地力等级	砾砂层	潜育层	沙化层	总计
1	40.2	0.0	0.0	40.2
2	21.0	0.0	0.0	21.0
3	1780.5	0.0	0.0	1780.5
4	2392.9	2.3	0.0	2395.2
5	5787.3	37.6	1172.3	6997.2
总计	10021.9	39.9	1172.3	11234.1

表3-16-6 民乐县不同障碍层类型面积（hm²）

乡镇面积	砾砂层	潜育层	沙化层	总计
丰乐乡	1272.2	0.0	0.0	1272.2
高新实用技术开发区	33.1	0.0	0.0	33.1
洪水镇	302.3	0.0	0.0	302.3
六坝镇	672.8	0.0	21.2	694.0
民联乡	1363.4	0.0	0.7	1364.1
南丰乡	890.7	0.0	0.0	890.7
南古镇	1511.4	0.0	91.0	1602.3
三堡镇	653.5	0.0	0.0	653.5
顺化乡	168.0	0.0	0.0	168.0
新天镇	1976.2	0.0	82.4	2058.6
永固镇	362.8	39.9	29.4	432.1
总计	9206.3	39.9	224.8	9471.0

三、干旱因素

全县多出现春末初夏干旱，是影响农业生产的主要气象灾害。干旱是影响地力等级的因素，而灌溉保证率是干旱的反映。无灌溉的面积为10961.6hm²，全部为中低产土壤，占全部耕地面积的14.2%；不能保灌的中低产土壤面积为23887.3hm²，占不能保灌面积的93.5%；保灌的中低产土壤5392.5hm²，占保灌面积的26.8%。（如表3-16-7和3-16-8）

表3-16-7　县地力等级灌溉保证率面积（hm²）

县地力等级	不能保灌		基本保灌	保灌		无灌溉	总计
	0.3	0.5	0.7	0.9	1	0	
1	0	0	1220.3	7727.8	1399.5	0	10347.6
2	0	1656.5	14654.7	5383	224.3	0	21918.5
3	903.6	19244.7	1634.7	2476.4	14.5	204.4	24478.2
4	229.6	1320.3	670.5	808.5	7.7	7107.4	10144
5	28.1	2160.9	2501.8	1958.5	127	3649.8	10426.1
总计	1161.3	24382.5	20681.9	18354.1	1772.9	10961.6	77314.4

表3-16-8　民乐县各乡镇灌溉保证率面积（hm²）

乡镇名称	不能保灌		基本保灌	保灌		无灌溉	总计
	0.3	0.5	0.7	0.9	1	0	
丰乐乡	0	3194.6	0	0	0	2056.3	5251
高新实用技术开发区	0	0	51.3	0	0	0	51.3
洪水镇	0	6511.4	0	0	0	1245.4	7756.7
六坝镇	0	0	7825.4	847.6	0	2.4	8675.5
民联乡	0	6060	1399.9	340.2	0	1359.5	9159.5
南丰乡	1161	2141.3	367.7	130.9	0	3406	7206.9
南古镇	0	0	0	5939	1099.9	1070.2	8109
三堡镇	0	0.1	6187	0	0	0	6187.1
顺化乡	0	3048.8	1367.6	0	0	768	5184.4
新天镇	0	0	0.2	9659.1	0	237.3	9896.5
永固镇	0	3126	165.6	785.1	666.3	258.5	5001.4
总计	1161	24082.1	17364.7	17701.8	1766.2	10403.5	72479.4

第四节 土壤改良利用分区

土壤改良利用分区是土壤组合及其自然生态条件的综合性分区,主要根据土壤类型的特征特性和限制农、林、牧业发展不利因素;同时还要考虑社会经济状况和人类生产活动的需要,把自然属性与社会发展结合起来,同一区的土壤类型大体相似,利用方向改良措施有独自的特点。综合考虑民乐县的地貌类型、自然条件、农业利用现状、土壤组合类型、土地利用方式、灌溉保证率等,将民乐县土壤改良利用分区划分为东山丘陵灰钙土区、川地暗灰钙土灌耕土区、川地灰钙土灌耕土区、干河谷石砾质区、暗栗钙黑钙土区、漏沙砾底砾砂薄层土区、祁连山冲积扇中下部灰漠土淡灰钙土区、祁连山冲积扇缘风沙土灰棕漠土区、祁连山山地草甸土灰褐土区、高山寒漠土区。

一、东山丘陵灰钙土区

本区分布在县境东部由南向北延伸的黄土丘陵地带,截止民联乡东升村以东山地,海拔2000~2600m,整个是灰钙土区。本区土壤发生层次不明显,土层深厚达几米,而且疏松绵软,植被退化,气候变坏。改良利用措施:保护植被,严禁开荒;种草种树,发展畜牧;丘陵低部水土流失严重,应营造灌丛林保护牧场,种草可以防止水土流失。

二、川地暗灰钙土灌耕土区

本区是古老的川水地,属本县二类地区,海拔2200~2400m,呈东西水平分布带。土壤是暗灰钙土(亚类),以及在暗灰钙土上形成的灌耕土,土壤肥力高,土层深厚可达几米,古灌耕层一般达70~80cm,通层质地适中多以中壤,土壤疏松,耕性好,肥劲平缓。改良利用措施:本区最适宜大蒜、马铃薯、油菜和春小麦种植,立足防旱抗旱,推广秋深翻、秋泡地、秋施肥,合理轮作,重视有机无机肥料的结合,测土配方施肥,要精耕细作,提高土壤肥力。

三、川地灰钙土灌耕土区

本区是位于倾斜平原中部偏下,是农区老川水地,土壤耕种历史悠久,靠近村庄近的地大都成了人类劳动产物——灌耕土,离村庄较远的是耕灌灰钙土。由于人为耕种影响大,所以土壤肥力与村庄远近有关,肥力随距离由近到远递减,土层深厚质地适中,由于微生物矿质化作用强,使腐殖质含量低,土壤结构不良,部分地灌水不当,大水串漫灌,水土流失严重,土体坚实较板结,耕层养分含量较低。改良利用措施:本区自然条件较优越,立足抗旱,提高土壤蓄水保肥能力,加强一系列的抗旱保墒措施,平整土地,渠系配套,适墒耕作,调整种植业内部结构,推广种植适宜本区的高产作物和高产品种。

四、干河谷石砾质区

本副区分布全县各河流干沟谷。改良利用措施:上层是石头,下层是沙砾,拦洪淤土,引水造林,也可作建筑原料。

五、暗栗钙黑钙土区

本区是南丰乡沿山各村浅山丘陵和扁都口山前坡地,土壤肥沃,有机质含量高,土色暗栗或黑,土酥绵软团粒状结构。改良利用措施:缓坡地适当种植小油菜、青稞等,测土配方施肥,退耕还牧,发展牧业;坡度>20°的山地要退耕还牧,恢复植被,防止水土流失,恢复生态良性循环;封山育林,防止草场退化,阴湿山坡或沟谷地带,恢复和发展薪炭林,提高山地森林涵蓄水能力。

六、淡栗钙栗钙土区

本区位于主区北半部永固镇川水地及南部浅山丘陵前的山坡旱地,土壤质地中壤至重壤,土层深厚,层次明显,自然土壤腐殖质层与淀积层有明显差异,上层为淡栗色或浅黑灰色,下层为棕黄或浅灰黄色,一般腐殖质层较厚,最厚可达1.2m。改良利用措施:适宜种植油菜、马铃薯、大麦和春小麦,测土配方施肥,施用优质农家肥,建立马铃薯无病毒种薯繁殖基地,防止马铃薯退化和病害。

七、漏沙砾底砾砂薄层土区

本区土壤分布在和河谷阶地河浸滩地,土壤肥沃,但漏水肥,土层薄不抗旱。改良利用措施:本区土壤土层薄,漏水肥,注重耕灌和施肥次数,积极种植牧草,发展畜牧业生产。

八、祁连山冲积扇中下部灰漠土、淡灰钙土区

本区土壤类型主要是灰漠土和淡灰钙土以及在此土壤上发育形成的灌耕土。本区灰漠土靠近风沙土,由于受风沙的侵袭,一般土壤表面有2~3cm厚的浮沙,耕种土壤质地有轻壤向沙壤转化的趋势,土壤结构差,土体松散,透水通气性能好,水、肥、气、热不协调,耕性较好,但蓄水保肥能力差,养分贫瘠,土壤发小苗不发老苗,有前劲无后劲。淡灰钙土分布在灰漠土之上,由于通气不良,透水性能差,土壤缺乏胶结物质,所以板结,但保水肥

性能较好。改良利用措施：主要矛盾是缺水，解决水源，有计划地开发利用荒地，应先造林后开垦，保护植被，防止风沙侵袭和剥蚀，大力种植绿肥，培肥地力，多施有机肥料，提高土壤有机质，改善土壤结构，测土配方施肥，加速土壤肥力的提高，充分利用光热资源。加大瓜果、蔬菜、马铃薯、玉米制种生产，推广地膜覆盖，加速发展经济作物。

九、祁连山冲积扇缘风沙土、灰棕漠土区

本区位于县境最北部，土壤类型主要为风沙土和灰棕漠土。干旱缺水，风沙土由西北风搬迁来的黄沙堆积而成，浮沙厚度>20cm；灰棕漠土由于风蚀严重，土层厚度不一，一般土层<60cm，土壤质地多为黏沙质，部分为沙砾质或石质，在黏沙质上有盐结皮，土壤僵硬，养分贫瘠。改良利用措施：干旱风大，土质差，光热资源丰富，只要解决水就是宜林地区，必须保护天然植被，严禁本区毁草放牧；种植抗旱耐瘠薄的植物，如沙打旺、红柴、红柳、沙枣、白杨树等。

十、祁连山山地草甸土、灰褐土区

本区位于我县南部的中、高山地带，海拔2850~3950m，是天然林、牧区。土壤有亚高山草甸土、亚高山灌丛草甸土、山地灰褐土、高山草甸土。土层薄，养分含量高低幅度很大，有机质平均值150g/kg，有机质最低为50k/kg，最高达260g/kg。改良利用措施：本天然林牧区严禁滥砍伐，封山育林，搞好水源建设，植被退化严重地带用人工或飞机播种，加快植被更新；保护和繁殖药材，发挥天然药材优势，培育羌活、大黄、秦艽、独活等。

十一、高山寒漠土区

本副区是祁连山南山支脉高峰顶部地带，海拔在3950m以上（雪线以上），常年四季积雪积水，土壤形成以物理风化为主，多为母质残积物，低凹处土层局部薄，粗骨性大，有矮小低等植物和稀有动物。改良利用措施：严加保护稀有动植物，如雪鸡、豹子、野猪等动物，以及雪莲、秦艽、羌活等珍贵药材。

专题十七 临泽县耕地地力评价与粮食生产布局

第一节 前言

耕地数量的多少和质量的高低,直接影响农业产业结构、耕地产出水平及农产品质量。作为耕地的直接产物之一,粮食则是一种具有战略意义的特殊商品,特别是像我国这样一个拥有十几亿人口的发展中大国,粮食安全始终关系国民经济发展的全局,任何时候都不能忽视。随着社会的进步与发展,人口和社会对农产品的需求不断增大,对农业生产的要求也越来越高,耕地与粮食已经成为世界各国及科学领域高度关注的重要问题。

"民以食为天,国以粮为安"。改革开放以来,临泽县历届县委、县政府始终把"决不放松粮食生产,努力提高粮食综合生产能力"作为农业生产重中之重来抓,在生产实践中始终坚持农艺农机相结合,生物措施与工程措施相配套,经济效益与生态效益并重,技术创新与机制创新并举的农牧业发展原则,按照"因地制宜、分类指导、依靠科技、增加单产、提高总产"的发展思路。

临泽县地处丝绸之路河西走廊,是典型的绿洲灌溉农业地区,总面积2727平方千米,总人口14.8万,其中农业人口12.4万,曾获全国一熟制地区粮食单产冠军县称号。境内地势平坦,土质肥沃,灌溉便利,光热资源丰富,昼夜温差大,历来是国家重要的商品粮油和蔬菜瓜果生产基地,也是理想的农作物生产基地。所产种子籽粒饱满,发芽率高,水分含量低,商品性好,深受国内外客商的好评,是全国最佳的玉米制种区域之一。近年来,临泽县立足得天独厚的自然优势和地域优势,大力实施"中国金张掖玉米制种基地工程",坚持"优化布局、提高质量、创建品牌、实现三赢"的发展思路,和"生态立县、产业富县、商贸活县、科教兴县"的发展理念,按照"公司加基地、基地加农户、订单保效益"的产业化经营模式,采取政府引导、农民自愿、科教支撑、龙头带动的组织形式,把制种产业作为富民强县的主导产业,着力提升制种产业质量和规模,制种产业已呈现出"基地做优、企业做强、品牌做亮、产业做精"的良好发展格局。主要做法:

一是抓项目,做强龙头企业。积极申报制种基地建设项目,先后实施"科技富民强县专项行动计划玉米制种产业工程项目""临泽县杂交玉米繁育基地建设项目",有力地促进了制种产业发展。同时,把龙头企业建设作为促进种子产业发展的首要措施,大力开展

招商引资,先后引进辽宁东亚、北京德农、北京奥瑞金、中种集团、三北种业等知名种子企业落户临泽工业园区,建成大型现代化种子加工中心6座,建成玉米种子加工生产线12条,籽粒、果穗烘干线12条,年加工种子能力达到25万t以上。目前,全县从事玉米种子产业开发的企业22家,奥瑞金公司临泽分公司被确定为甘肃省重点农业产业化龙头企业,进入甘肃省100强工业企业行列。二是抓机制,完善产业基地。积极探索建立了"企业＋协会＋基地＋农户"的经营模式,全县100%的乡镇、村建立了玉米制种协会,近70%的农户成为协会会员,在企业和农户之间形成了"风险共担、利益均沾"的产业化经营机制,初步实现了千变万化的大市场与千家万户的小生产之间的有效对接,种子基地形成适度规模。三是抓服务,提升产品质量。采取多种形式,积极与科研院所、种子产业集团建立长期稳定的合作关系,通过制订切实可行的科研攻关计划,大力引进和开发种质资源,为产业开发注入新的生机和活力。四是抓监管,规范种业经营。临泽县围绕建设全国农作物制种强县的目标,认真贯彻《种子法》等法律法规,加快种子质量监督检测体系建设,严格落实行政许可制度,推行种子基地准入制度,探索玉米制种基地招投标,引导开展和谐制种,积极开展种子生产经营秩序专项治理,打击抢撬基地、无序竞争和私繁乱制等种子生产经营违法行为,使种子生产经营秩序不断规范,种子质量稳步提升,所产种子全部达到国标二级以上标准。种子产业已成为与农民利益连接最紧密、获得效益最多的支柱产业。

自2008年6月起,根据农业部办公厅《关于做好耕地地力评价工作的通知》(农办农〔2007〕66号)、《测土配方施肥补贴资金项目实施方案》《2008年耕地地力调查项目实施方案》和甘肃省农业委员会《关于印发甘肃省耕地地力评价工作方案的通知》文件精神,由甘肃省农牧厅领导,在甘肃省农业节水与土壤肥料管理总站和甘肃农业大学资源与环境学院协助下,临泽县通过收集土壤类型、土地利用类型、作物产量、地形、气候、测土配方施肥调查等各类分析数据及图件,严格按照《测土配方施肥技术规范(试行)修订稿》和《农业部耕地地力评价规程》要求,扎实开展了耕地地力评价工作,并于2009年11月建立了临泽县县域耕地资源管理信息系统,并依托该系统完成了临泽县耕地地力评价工作。

从国家层面上来讲,全面开展耕地地力评价,逐步建立我国耕地质量预警体系,对准确掌握耕地生产能力,因地制宜加强耕地质量建设,指导农业种植结构调整,科学合理施肥,粮食安全等方面都具有重要意义。此外,耕地地力评价结果是科学配置耕地资源,提高耕地利用效率,促进农业可持续发展的基础。通过比较分析耕地地力的变化特征,揭示地力变化规律,研究当前耕地保护和利用对策与确保国家粮食安全的关系,促进国家耕地资源宏观管理。同时,耕地地力评价结果又可以延伸到现行的测土配方施肥实践、精准农业探索等应用型研究领域,是一项从理论到实践的系统工程。从临泽县层面上来讲,该项工作的完成是摸清临泽县耕地资源状况,提高耕地利用效率,促进现代农业发展的重要基础工作,也为进一步优化临泽县域内种植业布局,发展无公害和优质农产品提供了科学依据。

为此,甘肃农业大学资源与环境学院的部分专家会同甘肃省农业节水与土壤肥料管理总站,就临泽县耕地地力评价与粮食生产布局进行了专门的调查研究,并在耕地地力评价的基础上,利用建立好的临泽县耕地资源管理信息系统分析临泽县县域内3种主要栽培的粮食作物的适宜性,拟定了临泽县粮食生产布局的中、远期发展目标,同时提出具体的措施与建议。

第二节　工作组织及方法

一、工作组织

本项专题调查研究是在充分利用临泽县耕地地力评价结果的基础上展开的。为了全面、细致地做好本项专题研究,甘肃农业大学资源与环境学院会同临泽县农技推广中心专门组建了"临泽县粮食生产布局研究"工作组,预借助前者在耕地地力评价工作中积累的大量数据和土壤资源调查与评价,以及农作物产业布局方面的技术优势,切实分析临泽县粮食生产的限制因素及增产潜力,并提出具体的粮食生产布局规划目标,同时就如何进一步提高土壤资源利用效率,发挥中低产田增产潜力提出具体的措施与建议。

二、技术路线

本项专题调查研究试图通过组建临泽县粮食生产布局专题研究小组,明确各自分工,积极组织协调各类资料的收集与整理工作,在对临泽县粮食生产中存在的现状展开调查研究的基础上,充分利用临泽县耕地地力评价结果,并针对这些问题总结形成粮食生产限制因子;同时摸清临泽县粮食生产的潜力,挖掘提炼粮食生产的突破点,最后提出相应的规划目标和具体措施。

第三节　调查结果与分析

一、临泽县粮食生产及消费现状

(一)制种玉米产值概况

2010年,临泽县农作物播种面积达到38.38万亩,其中农作物制种面积达28.28万亩,占农作物播种面积的73.7%,玉米制种27.91万亩,生产品种(组合)达165个,玉米种子产量达1.45亿kg,所产玉米种子占全国年均需种量的十分之一以上,销往全国26个省、市、自治区。全县实现国内生产总值26.2亿元,同比增长11.5%;农业增加值达8.2亿元,同比增长5.5%,农民人均纯收入达5886元,同比增长15.1%。2011年,全县从事种子生产的企业达19家,制种玉米种植面积28.72万亩,生产品种(组合)达165个,涉及全县7个乡镇68个行政村。预计全县玉米杂交种产量达1.48亿kg,农户制种总收入达7亿元,亩均收入2460元左右,较2010年增加600元。

(二))制种玉米产业发展历程及现状

自二十世纪七八十年代开始,临泽群众就率先依托临泽县种子公司开展小麦、玉米、蔬菜、瓜果等种子的繁育。1982年,临泽县农业部门和种子公司大胆引进多抗丰产玉米杂交种"中单2号"进行繁育,试验结果较当时推广的维尔156、张单488等品种亩增产30%以上。以"中单2号"为主的玉米杂交种子生产面积在临泽逐步扩大,临泽乃至张掖地区被商家和专家称为"天然玉米种子生产王国"。1996年,张掖地委、行署出台了关于加快制种产业发展的决定,由此临泽制种业步入持续发展的快车道。进入21世纪,伴随着中国加入世界贸易组织及《种子法》的颁布实施,临泽制种业开始向"四个根本性转变"的目标迈进,即由传统粗放生产向集约化大生产转变,由行政区域性的自给自足向社会化、国际化、市场化转变,由分散的小规模生产经营向专业化的大中型企业或企业集团转变,由科研、生产、经营相互脱节向育繁推一体化转变。"十五"期间,临泽县整合资金实力,统筹协调,综合谋划,把制种业作为实施产业富民的核心和农民增收的大项目来抓,使之进入了发展最快、效益最好、农民得到实惠最多的时期。玉米制种面积和产值分别由1995年的1万亩(涉及2个乡镇5个行政村)、900万元提高到2010年的27.91万亩(涉及7个乡镇67个行政村)、5.23亿元。全国种业五十强中有八强在临泽制种,六强在临泽建成加工基地。全县共建成大型现代化种子加工中心6座,年加工种子能力达到25万t以上,所产玉米种子占全国年均需种量的十分之一以上;制种效益从亩收入900元,到现在的亩保效益1850元,人均制种收入达3200多元。玉米制种产业已成为全县农户参与最广泛,利益连接机制最紧密,农民增收最稳定的产业,是临泽县富民强县的金色产业。

(三)狠抓种子项目建设,采取有力措施

全力抓好种子加工生产项目和基地建设项目工作:一是奥瑞金公司投资3000万元新建的2条果穗烘干生产线建设项目的生产线土建工程主体、设备安装已完工,计划2011年9月份投产,完成投资1800万元;二是中种长城公司投资1500万元建设的1万吨种子加工生产线项目的生产线设备已定购,计划于2011年9月份开工建设;三是三北种业公司投资2500万元的2万吨种子加工及果穗烘干生产线续建工程土建主体工程已完工,设备已安装,正在调试阶段,完成投资2250万元;四是屯玉绿源种业公司投资3000万元新建的2条果穗烘干生产线建设项目生产线土建工程、设备安装基础已完工,完成投资1560万元;五是投资603万元的临泽县杂交玉米种子繁育基地建设项目已完成U型渠衬砌6.3Km,砼制U型砖3.5万块,旧机井维修16眼,完成5000M2晒场原土夯实和150mm厚鹅卵石垫层任务,160mm厚混凝土浇筑完成总工程量的53%;2011年兰洽会上新引进的中种迪卡、山东金海、张掖裕晟种业公司一期加工厂生产建设项目已完成立项土地审批、规划选址工作,土建工程已于8月份开工建设。至目前,全县建成大型现代化种子加工中心7座,建成玉米种子加工生产线12条,籽粒、果穗烘干线12条,年加工种子能力达25万吨以上,配套建成了三个种子标准化检验室,并培训和配备了专门的质检、加工、保藏等专业人员。

(四)打造精品玉米制种产业示范区

1.编制规划

牢固树立"科学发展、规划先行"的理念,以《甘肃省循环经济总体规划》建设"张武定"特色农副产品加工循环经济基地为契机,力行"减量化、再利用、资源化"原则,统一规划、合理布局,建设特色农产品循环经济基地,力争把临泽建成全国一流现代化玉米制种基地。按照《张掖市实施"十大工程"的意见》,实施了"中国金张掖玉米制种基地建设"工程。进一步改善了全县农业生产基础条件,提高了农业生产能力,做强做大了主导优势产业,确立了玉米杂交种子产业在全国全省的优势地位,培育了一大批"有文化、懂技术、会经营"的新型农民,为发展现代农业奠定了基础。

2.规模化生产

积极扶持发展制种玉米龙头企业,组建专业合作经济组织,引领和带动广大制种农户进行产业化经营、标准化生产和市场化运作,形成了较为完善的"公司+基地+农户+标准化生产"为一体的产业化经营模式。2010年,全县落实各类农作物制种28.28万亩,其中玉米制种27.91万亩,订单生产面积和标准化生产技术推广均达到100%。全县玉米制种亩均效益1875元。全县玉米杂交种产量达1.45亿kg,按亩均产值计算,农户制种总收入5.23亿元。杂交玉米种子产量占全国杂交玉米种子总产量的13.6%,居全国所有农业县的第2位;制种面积占粮食作物播种面积的比重位居全国第1位,全省第1位,全市第1位。

3.加大科技推广力度

为提高农业生产能力和农产品市场竞争力,示范区加大了新品种新技术的示范推广力度,杂交玉米制种重点推广了"父本行比加满天星"的授粉技术,"母本摸苞"取雄技术,膜下滴灌技术,测土配方施肥技术,提高了种子质量和品质。良种覆盖率在全省所有农业县位次第1位,制种玉米平均亩产515公斤,居全省前列,全市第1位。示范区玉米制种基地已成为全国知名种子企业落户甘肃的首选基地。示范区现有农技推广机构34个,其中县级6个,乡级28个。至2010年底,县乡两级农技推广机构实有人数131人,其中县级72人,乡级61人。拥有专业技术职称人员61人,占总人数的47%。专业技术人员中,高级职称5人,中级职称41人,中级职称以上技术人员占技术人员总数的67%。大专以上学历40人,占总人数的30.5%。乡镇推广机构中,有专业技术职称的9人,占总人数的49.7%。其中,中级以上职称2人,占乡镇技术人员的8.0%;大专以上学历的17人,占乡镇技术人员总数的24.7%。示范区内县、乡、村三级农技推广服务网络体系基本形成,覆盖全县各乡镇、村社。

4.提升农业机械化水平

农业机械化水平不断提高。农机购置补贴实施范围覆盖了全县7个乡镇(国有农牧场),受益农户达到1700户,共补贴各类农机具1500余台(套)。农机购置补贴范围的全覆盖对提高全县农机装备水平,改善农机装备结构,提升农业机械化水平,增强农业综合生产能力起到了重要作用,玉米收获、土壤深耕等薄弱作业环节实现了根本性突破。

5.加强院地合作

注重加强与科研院所和大专院校的合作与交流,按照"利用院校资源、扩大合作领域、提高合作成效"的思路,形成了以企业为主体,高校科研院所为依托,产学研紧密结合的技术创新体系。先后与甘肃农业大学、甘肃省农业科学院、河西学院等20多家科研单位、院校建立技术合作关系,聘请多名专家、教授到示范区指导技术改造和新产品开发及病虫害防治工作,为加快产业发展提供了技术保障。

(五)不断创新体制机制

1.土地流转

按照依法自愿有偿原则,县政府制定出台"推进农村土地承包经营权流转工作的意见",指导规范示范区农村土地承包经营权流转工作,对示范区内土地流转承包经营权依法进行管理,在不改变家庭承包经营基本制度的基础上,不断探索农村土地"有序流转、集约经营"新路子。以产业发展为突破口,创新流转模式,引导农村土地向现代农业示范园区、农业产业化项目集中,大力推进土地合作制和土地股份制。

2.生产组织

依托龙头企业,组建专业合作组织,形成了较为完善的"公司+基地+农户+标准化生产"的产业化经营模式,使玉米制种主导产业优势进一步显现。

3.社会化服务

完成科技信息平台建设。通过整合资源,全县71个村全部建立了农业科技信息站,农业科技信息网络服务体系初步形成。建立了科技特派员和农民技术员服务产业的长效机制。健全完善了专业合作社规章制度。

4.农业投融资

以国家、省项目投资为主,市县财政资金引导,龙头企业、农户投入、金融机构扶持相结合,积极探索完善县级财政涉农资金整合机制,改革支农资金投入方式和运行机制,实行集中投放,确保高效运行,充分发挥支农资金的使用效益。加大协调力度,促使金融部门增加对农业的信贷支持。

5.发展循环经济

高度重视节水、节肥和节能工作,形成了"玉米制种—畜禽—沼气—蔬菜"循环农业经济发展新模式。在发展玉米制种时,兼顾了循环经济的概念,用玉米制种产业带动其他产业发展。玉米制种农户都在发展养殖业,种玉米收获后的秸秆能够提供丰富的饲草,牛羊的饲草得到了保障,而牛羊粪肥又可以还田,减少了化肥的使用。循环经济的概念已经深入农户,亩均农药用量仅为0.22kg,为全省所有农业县中亩均农药用量最少的县;畜禽排泄物资源化利用率达92%,在全省所有农业县中位居第1位,全市第1位。制种玉米耕地全部实施了测土配方施肥技术,平均亩节肥25公斤(标准),增产12%以上。在全省所有农业县中位居第1位,全市第1位;专业化统防统治实施面积占示范区总耕地面积的74%,在全省所有农业县中位居第1位,全市第1位。

(六)临泽县制种玉米产业发展过程中存在的问题

1.制种基地无序竞争现象依然存在

个别制种企业为减少投入,获得利益最大化,采取一些包揽产值,哄抬制种价格,过量垫付农资,贿赂村干部等手段争抢基地,结果造成制种成本提高,隔离区无法安排,制种质量下降等问题。这些无序竞争为基地建设和企业发展带来了不安定因素。

2.企业和农户违约现象时有发生

个别企业不能如期履行制种合同,不遵守诚信准则。一部分制种农民组织化程度低,法律意识不强,自我约束力较差,存在不守合同私售种子,不按制种技术规程制种的现象。

3.制种田质量管理有待规范

首先,由于制种企业多,生产组合多,给划定隔离区带来了困难;隔离区设置多、设置难的问题十分突出,给进一步全面提升种子质量、发展精品制种带来了一定的负面影响。其次,由于制种基地落实困难,种子企业为了得到基地,竞相承诺条件,无形中提高了种子的身价,使制种农户产生了一种侥幸心理,给制种田的质量管理埋下了隐患,使种子田的质量管理难度加大。再次,个别企业在玉米抽雄等关键时期,从社会上聘请的临时技术员责任心不强,造成质量管理被动,致使种子质量下降,纯度降低。

(七)制种玉米生产耕地地力适宜性评价

1.层次分析构型的建立

通过召开专家评议会,选定地貌类型、成土母质、质地构型、耕层厚度、有机质、有效磷6个因子作为玉米适宜性评价的指标,然后根据各自的属性和特点,将它们分别归入到立地条件、耕层养分状况和剖面性状3个准则层中。(图3-17-1)

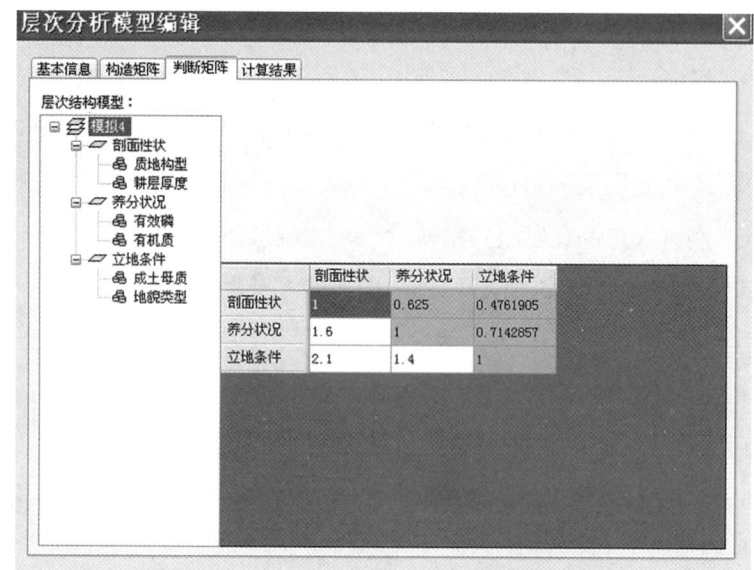

图3-17-1　临泽县玉米适宜性评价层次模型结构

针对各准则层及指标层各指标之间的相互关系,由9位专家通过德尔菲法,按照准则层的目标层、指标层各因素对准则层相应因素的相对重要性,给出数量化的评估,评估方法见表3-17-1:

表3-17-1　层次判断矩阵标度

标度	含义
1	表示两个因素相比,具有同样重性
3	表示两个因素相比,一个因素比另一个因素稍微重要
5	表示两个因素相比,一个因素比另一个因素明显重要
7	表示两个因素相比,一个因素比另一个因素强烈重要
9	表示两个因素相比,一个因素比另一个因素极端重要
2,4,6,8	上述两相邻判断的中值
倒数	因素i与j比较得判断b_{ij},则因素j与i比较的判断$b_{ji}=1/b_{ij}$

经专家反复对比与分析,最终建立了 4 个判断矩阵(表 3-17-2~3-17-5):

表 3-17-2 目标层判断矩阵及指标权重

目标层	剖面性状	养分状况	立地条件	W_i
剖面性状	1.0000	0.6250	0.4762	0.2123
养分状况	1.60	1.0000	0.7143	0.3324
立地条件	2.10	1.40	1.0000	0.4554

表 3-17-3 准则层(1)判别矩阵(剖面性状)

剖面性状	质地构型	耕层厚度	W_i
质地构型	1.0000	0.5556	0.3571
耕层厚度	1.80	1.0000	0.6429

表 3-17-4 准则层(2)判别矩阵(立地条件)

立地条件	成土母质	地貌类型	W_i
成土母质	1.0000	0.4762	0.3226
地貌类型	2.1000	1.0000	0.6774

表 3-17-5 准则层(3)判别矩阵(耕层养分)

养分状况	有效磷	有机质	W_i
有效磷	1.0000	0.3571	0.2632
有机质	2.80	1.0000	0.7368

2.计算各因子权重

在县域耕地资源管理系统中,运行层次分析模型编辑菜单,系统根据所构建的判别矩阵,首先获得各判别矩阵的权重值,然后计算同一层次所有因素对于总目标相对排序权值,即进行层次总排序,最终所得到的组合权重即为各玉米适宜性评价因子的权重值(表 3-17-6)。

表 3-17-6 临泽县玉米适宜性评价各因素的组合权重计算结果

指标名称	指标权重
质地构型	0.0758
耕层厚度	0.1365
有效磷	0.0875
有机质	0.2449
成土母质	0.1469
地貌类型	0.3085

由层次分析结果可以看出，各评价因子对玉米适宜性的影响程度从大到小依次为：地貌类型、有机质、成土母质、耕层厚度、有效磷、质地构型。

3.隶属函数模型建立及其隶属度确定

由于该项专题评价中所选定6个因子均包含在8个耕地地力评价因子之中,项目组决定应用县域耕地资源管理信息系统中已经建成的隶属函数模型确定玉米适宜性评价因子的隶属度。

4.玉米生产耕地地力适宜性评价及其结果

通过建立的临泽县玉米生产适宜性评价的层次分析模型和隶属函数模型,关联临泽县耕地资源管理单元的属性数据,对临泽县县域内所有耕地进行玉米适宜性评价。本项目采用累积曲线分级法来划分临泽县玉米适宜性评价等级。

在划分等级过程中,考虑到评价结果部分与当地实际情况不符,将第一轮评价结果返回当地专家,在当地专家经验指导下,经过不断调试,设置各等级起始分值,确定将临泽县玉米适宜性评价定为四个等级(图3-17-2)。等级分值确定之后,系统依据评分生成不同等级的适宜性评价结果图。

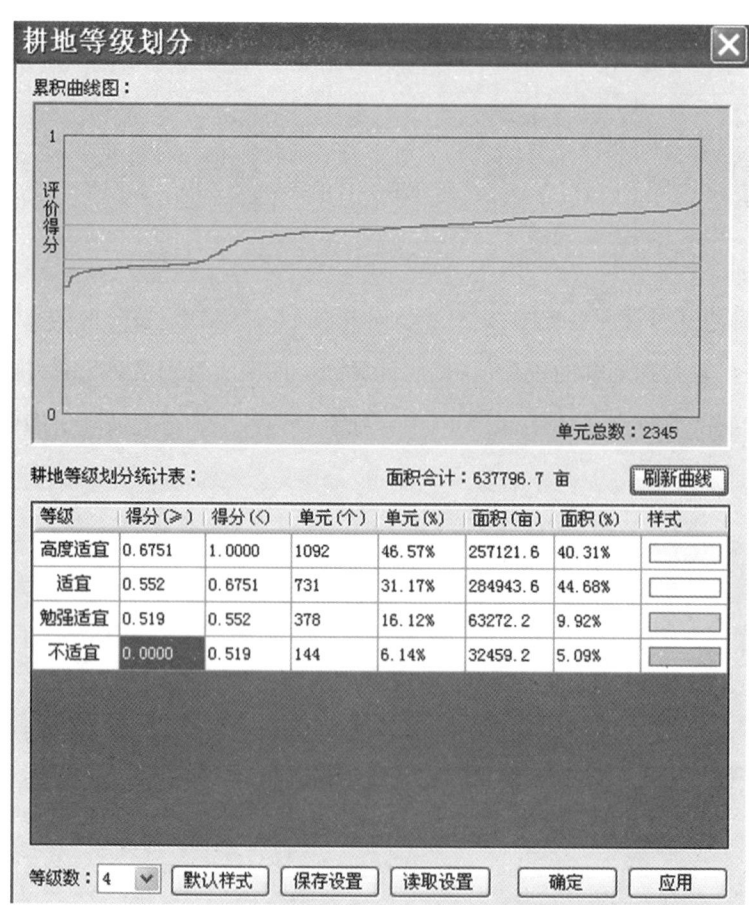

图3-17-2 临泽县玉米适宜性评价划分等级界面

临泽县县域内绝大多数耕地评价单元均适合玉米生产,其中高度适宜种植玉米的区域分布在临泽县耕地地力评价等级为一级和二级的区域。对应评价单元的属性数据分析,主要涉及新华镇、鸭暖乡、蓼泉镇、平川镇等 6 个乡镇的 7602.67hm² 耕地,占全县总耕地面积的 40.31%;适宜种植玉米的区域在临泽县耕地地力评价等级为一到三等中分布,涉及全县 7 个乡镇,总面积达到了 8425.24 hm²,占全县总耕地面积的 44.68%;勉强适宜种植玉米的区域在临泽县耕地地力评价等级为一到四等中均有分布,涉及全县 7 个乡镇的 1870.83hm² 耕地,占全县总耕地面积的 9.92%;不适宜种植玉米的区域在二到四等级中均有分布,涉及全县 7 个乡镇的 959.72 hm² 耕地,占全县总耕地面积的 5.09%。对临泽县玉米生产适宜性评价各等级耕地面积进行统计的结果如表 3-17-7 所示。

表 3-17-7 临泽县玉米生产适宜性评价各等级耕地面积

乡镇名称	耕地总面积(hm²)	适宜性评价等级耕地面积及其占全乡耕地总面积比例(hm², %)							
		高度适宜	比例	适宜	比例	勉强适宜	比例	不适宜	比例
板桥镇	2361.62	163.11	6.91	1145.86	48.52	669.19	28.34	383.46	16.24
蓼泉镇	3146.71	1259.56	40.03	1638.67	52.08	183.62	5.84	64.86	2.06
倪家营乡	1827.36		0.00	1339.46	73.30	371.94	20.35	115.96	6.35
平川镇	1287.55	299.80	23.28	646.82	50.24	11.72	0.91	329.21	25.57
沙河镇	2203.45	934.92	42.43	1032.26	46.85	225.13	10.22	11.14	0.51
新华镇	3490.18	2479.46	71.04	814.94	23.35	174.12	4.99	21.66	0.62
鸭暖乡	4541.59	2465.82	54.29	1807.23	39.79	235.11	5.18	33.43	0.74
总计	18858.46	7602.67	40.31	8425.24	44.68	1870.83	9.92	959.72	5.09

专题十八　天祝县中低产田土壤类型与改良利用分区研究

　　天祝县位于甘肃省中部,河西走廊东端,东临景泰县,北接凉州区、古浪县,南与永登相邻,西北与肃南裕固族自治县接壤,西与青海省门源、互助、乐都县毗邻。属高原大陆性气候,年均气温 $-0.2℃\sim4℃$,$≥0℃$ 的积温 $2474.8℃$,$≥5℃$ 积温 $2287.0℃$,$≥10℃$ 有效积温 $1740.3℃$,年降雨量 $265\sim632mm$,相对无霜期 $90\sim136d$。境内地表水、地下水资源短缺,尤其进入 20 世纪 90 年代以来,随着经济的快速发展,人类对土壤的无限索取和人类对自然环境的破坏,以及土壤自身环境恶化,农业生产受到了严重的威胁。根据天祝县耕地资源管理信息系统的耕地地力评价结果,全县中低产田面积达到 3.58 万 hm^2 占总耕地面积的 64.5%,因此,对全县中低产田土壤类型与改良利用进行分区研究,可以摸清形成中低产田的主要因素,准确划分中低产田的类型;有针对性地提出改良的措施,为当地政府改造中低产田和合理地利用耕地,提供科学依据。

第一节　目的意义

　　改造中低产田是挖掘现有耕地的生产潜力,提高全县粮食综合生产能力,保证粮食安全的重要途径,在防止耕地退化、保护生态环境方面具有重要意义。

　　通过建立"天祝县耕地资源管理信息系统",基本摸清了全县土地利用现状、土壤类型和耕层土壤养分空间分布,研究了影响土壤生产的障碍因素,评价我县耕地生产潜力并划分耕地地力等级,为合理利用和科学管理土壤资源提供有效途径。

　　本章将充分利用"天祝县耕地资源信息系统"的数据,结合"第二次土壤普查"资料和"测土配方施肥"项目研究成果,开展中低产田土壤的分区与改良技术研究,针对性地提出不同中低产田类型区改良利用措施。

第二节　土地利用现状

一、土地利用概况

　　全县土地总面积 $7149km^2$。其中耕地 5.56 万 hm^2,占全县土地总面积的 7.8%;林业用地 18.9 万 hm²,占 26.5%;草地 39.2 万 hm²,占 54.8%。

二、土地利用特点

(一)垦殖度过大,造成水土流失,影响生态平衡

20 世纪 50 年代,全县耕地面积 1.87 万 hm²,到 2012 年增加到 5.56 万 hm²,增加 1.97 倍。以后增垦的耕地主要是开垦陡坡草地、高海拔草原和林地。据土地资源调查资料,全县在海拔 3000m 以上的耕地为 1632.87hm²,在坡度 25°以上的耕地为 2884.2hm²,还有林间耕地 3466.67hm²,三项共计 7983.73hm²。这样不断蚕食林地、草原的结果,致使植被遭到严重破坏,除松山地区有风蚀因素外,绝大多数为水蚀,水土流失逐年加剧,种植业也只能在广种—薄收—越广种—越薄收这一困境中做无限的恶性循环,土壤肥力也就变得越来越低。

(二)土地资源退化严重

1.豆科作物面积减少,麦类作物面积不断扩大,对养地不利。回顾过去,农民对用地养地比较重视,豌豆、蚕豆、扁豆、箭舌豌豆等豆类养地作物面积约占粮食播种面积的 15%,这对全县耕作土壤长期保持一定肥力起了一定的作用。近几年以来,由于作物种植结构的变化,豆科作物面积日趋减少。目前,全县豆科作物面积只占粮食播种面积的 8% 左右,而麦类作物面积不断扩大,小麦连作不仅在川水地区普遍逐年增加,而且在山旱区也开始出现。这样一来,使地力消耗过大。

2.山旱区轮歇地减少,使地力得不到恢复。历史上我县山旱区一般种 1—2 年或 2—3 年要轮歇一年,使土壤休养生息恢复地力,一般轮歇面积占耕地面积的 20%~30%。但自 20 世纪 80 年代以来,轮歇面积逐年减少。2012 年,轮歇地面积仅占耕地面积的 3.3%,这将是全县今后农业生产中必须引起重视的一个问题。

3.施肥技术不科学,撒施、表面施肥多,氮、磷肥单一施用面积大,肥料利用率低。尤其在一些浅山干旱地区,既不施有机肥,又很少用化肥,长期对土壤进行掠夺式经营,致使土壤肥力逐年下降。如东坪乡的下山耕地,松山镇的阿岗湾等干旱地方,有机质含量低于 15g/kg 的低产土壤面积达 637.33hm²。

(三)土壤中氮磷钾养分比例失调

从全县耕作层养分化验结果来看,土壤中速效性养分的氮、磷、钾比例为 3.7∶1∶8.1,普遍存在着氮、磷、钾养分比例失调的问题。在部分土壤类型上表现更为突出。二阴区的耕种黑钙土氮、磷、钾比为 4.8∶1∶5.3,川水灌区的灌耕栗钙土的氮、磷、钾比为 3.7∶1∶10.4。根据近几年该县的试验证明,适宜粮食增产的施肥氮、磷、钾比为 1∶0.75∶1。由于我县土壤速效养分中钾富足,氮属于中上水平,磷偏低,因此增施磷肥就显得更为重

要。但是，施用化肥的氮磷比近几年一般在 1：0.23~0.55，存在着重氮肥、轻磷肥的问题。

第三节　中低产田的类型及特点

通常情况下，影响农作物产量的主要因素有两方面：一是土壤、温度、降水、光照、大气、地形等自然因素；二是对耕地的管理、物质和科技投入等人为因素。作物的高产、中产、低产是依据耕地相对产量人为划分的，而农业产量的主要限制因素是自然因素，自然条件越差的地区，农业生产受到的限制就越大，农作物产量也就越低。

结合天祝县耕地资源管理信息系统的耕地地力评价结果，将天祝县耕地地力等级为三等的地划分为中产田，将耕地地力等级为四等地和五等地划分为低产田。全县中低产田面积 3.58 万 hm²，占总耕地面积的 64.5%。其中，中产田 1.62 万 hm²，占总耕地面积 29.2%，主要分布在华藏寺镇、松山镇、西大滩乡和赛什斯镇，其余各乡镇均有分布，但其面积相对较小。低产田 1.96 万 hm²，占总耕地面积 35.3%，主要分布在大红沟乡、松山镇、东大滩乡、西大滩乡、安远镇及打柴沟镇。

根据天祝县耕地资源管理信息系统的耕地地力评价结果，结合专家的意见和建议，县各乡镇耕作土壤剖面存在一些障碍层，且干旱缺水，土壤沙化，风蚀严重。部分条件差的地区，土壤施肥不到位，管理跟不上；并且由于长时间的漫灌、自流灌造成土壤局部盐碱化严重。因此，依据《全国中低产田类型划分与改良技术规范》（NY/T310—1996）的划分标准，结合天祝县耕地地力评价中作物产量限制因子的排序情况，综合考虑影响天祝县农作物产量中各类因子及其权重，以及在农业生产中的直观性和改良利用的针对性，专题研究从若干耕地质量评价指标体系中选定灌溉条件、有机质含量、障碍类型和质地构型 4 个指标，作为划分天祝县中低产田限制因子的限制极限指标。

将各评价单元的属性数据与限制极限指标进行比较，对照全国中低产田耕地类型划分，结合当地实际资源特点，我县中低产田依次划分为干旱缺水型、坡地梯改型、瘠薄培肥型、障碍层次型和盐碱耕地型 5 种中低产田类型。

表 3-18-1　天祝县中低产耕地限制因素及其限制极限指标

限制因子	灌溉限制	干旱限制	瘠薄限制	障碍限制	侵蚀限制
限制极限	没有灌溉条件	全年有效降雨 < 260mm	有机质含量 < 2g/kg	红绣砂	风蚀
指　标	灌溉工艺落后	全年有效降雨 < 300mm	有效磷含量 < 16mg/kg	分化碎屑	沙化

一、干旱缺水型

此类中低产田是指具备水资源开发条件,可通过发展灌溉加以改造的耕地。这类中低产田的障碍因素主要为水利设施及水资源利用效率不高引起的土壤水分亏缺。对应我县耕地地力评价结果,涉及大部分三等地及部分四、五等耕地,主要分布在松山镇、石门镇、华藏寺镇、打柴沟镇等地,多为河谷川区,地势平坦,农业生产水平较高的地区,面积1.59万hm^2,占耕地面积的28.59%。涉及土壤类型主要为山地耕种栗钙土、山地栗钙土、山地暗栗钙土、山地耕种暗栗钙土等。

二、坡地梯改型

天祝县旱作农业区大于20°的耕地有184.6hm^2,占耕地总面积的0.33%。这类中低产田的障碍因素主要是坡度大,保水保肥性差,土壤侵蚀现象严重,从而使土壤养分流失。这类地大部分为四、五级耕地,主要分布在天堂镇、西大滩乡、哈溪镇、赛什斯镇、朵什乡等区域,但其面积分布较小;涉及土壤亚类主要有山地栗钙土、山地耕种暗栗钙土、山地耕种黑钙土、山地淋溶灰褐土等。

三、瘠薄培肥型

此类中低产田是指主要由于土壤养分匮乏或失衡引起作物产量低下的耕地,可通过长期培肥加以逐步改良。这类中低产田在境内分布面积广泛,涉及部分三等地及大部分四、五等地,总面积大约在1137hm^2,占全县耕地面积的1.93%,主要分布在旦马乡、祁连乡、天堂乡、大红沟乡等区域。主要土壤类型为山地栗钙土、山地耕种栗钙土、山地淡栗钙土等。

四、障碍层次型

这类中低产田主要是指土壤剖面构型上有严重缺陷的耕地。主要类型有砂砾石、钙积层等。面积大约有2.7万hm^2,占耕地面积的46.64%。主要分布在安远镇、哈溪镇、赛什斯镇、西大滩乡、朵什乡、大红沟乡等乡镇。主要土壤类型有山地耕种黑钙土、山地耕种暗栗钙土、石灰性草原黑钙土、山地淋溶灰褐土、山地暗栗钙土。

五、盐碱耕地型

这类中低产田是由于耕地可溶性盐含量和碱化度超过限量,影响作物正常生长的多种盐碱化耕地。其主导障碍因素为土壤盐渍化,以及与其相关的地形条件,地下水临界深

度、含盐量、碱化度、pH 等。耕地面积约 44.8hm²，占耕地面积的 0.08%。这类土地容易造成作物苗期斑结和死苗，严重影响农业生产。只分布在松山镇，涉及土壤类型为氯化物硫酸盐盐化栗钙土。

表 3-18-2　天祝县中低产田类型面积统计表（hm²）

土壤类型	干旱灌溉型	瘠薄培肥型	坡地梯改型	盐碱耕地型	障碍层次型	总计
亚高山草甸土	24.1				8.2	32.3
亚高山灌丛草甸土	47.1		11.5		379.2	437.8
山地淋溶灰褐土			21.4		1107.5	1129.0
山地灰褐土	5.5		12.9		489.3	507.7
石灰性草原黑钙土	434.6		8.5		3162.8	3606.0
草原黑钙土			1.4		508.3	509.7
山地耕种黑钙土	303.3		29.1		11127.9	11460.2
山地暗栗钙土	2027.0		5.2		1238.4	3270.6
砾质栗钙土	404.1				120.5	524.6
沙化栗钙土	57.9				88.5	146.3
山地耕种暗栗钙土	1541.8		38.6		8679.1	10259.6
川地灌耕暗栗钙土	172.6		0.8			173.4
山地栗钙土	3582.8	305.4	39.2			3927.5
氯化物硫酸盐盐化栗钙土	25.5			44.8		70.4
山地淡栗钙土	12.0	53.0				65.0
山地耕种栗钙土	6570.7	778.6	13.3			7362.7
川地灌耕栗钙土	584.6		2.7			587.3
谷地潮土	100.9					100.9

续表 3-18-2

土壤类型	干旱灌溉型	瘠薄培肥型	坡地梯改型	盐碱耕地型	障碍层次型	总计
谷地草甸土	1.0				14.1	15.2
沼泽化草甸土					136.2	136.2
总计	15895.5	1137.0	184.6	44.8	27060.0	44322.4

表 3-18-3 天祝县中低产田类型面积统计表（hm²）

乡镇名称	干旱灌溉型	瘠薄培肥型	坡地梯改型	盐碱耕地型	障碍层次型	总计
华藏寺镇	3619				600.9	4220
打柴沟镇	2106.8				457.9	2564.7
安远镇					2985.3	2985.3
炭山岭镇					986.9	986.9
哈溪镇			28.5		3928.1	3956.5
赛什斯镇		3.9	25		2059.8	2088.7
石门镇	1628.5				100.1	1728.6
松山镇	8541.2	50.7		44.8	196.7	8833.5
天堂镇		158.5	40.2		701.7	900.4
东大滩乡					1230.9	1230.8
抓喜秀龙乡					974	974.1
西大滩乡			33.4		2051.3	2084.7
朵什乡			24.2		3438.2	3462.4
大红沟乡		69.8	10.3		3628.9	3709.1
祁连乡		150.5	11.4		1465.3	1627.3

续表 3-18-3

乡镇名称	干旱灌溉型	瘠薄培肥型	坡地梯改型	盐碱耕地型	障碍层次型	总计
旦马乡		604.1	11.7		1037.6	1653.4
种羊场		33.9			89.9	123.8
总计	15895.5	1071.4	184.7	44.8	25933.5	43130.2

第四节　土壤改良利用分区

土壤改良利用分区的目的是为科学管理,利用改良土壤提供依据。本次土壤改良利用分区是在天祝县第二次土壤普查资料的基础上,结合天祝县耕地地力评价中低产田类型划分的。其分区的原则是根据土壤组合、自然条件(包括气候、地貌、植被、水文状况等)、生产水平、主要生产问题、改良利用的方向和相应采取的措施而划分区域的。

土壤改良利用分区分为两级,第一级为区,第二级为副区。其划分主要根据生物气候因素、地貌类型、土壤的基本属性、肥力水平、障碍因素、利用现状、发展方向及改良措施。

第五节　土壤改良利用分区概述

根据上述分区原则,将全县分为3个改良利用区和所属6个副区。

一、浅山栗钙土改良区

本区包括整个浅山丘陵地区,耕地面积 3.5 万 hm^2,占全县总耕地面积的 63%。海拔 2100~2700m,气候较温暖干燥,无霜期平均 136d,降雨量 300mm 左右,蒸发量 1700mm,植被较稀疏,土壤为山地栗钙土,地下水位很深,灌溉困难。冬春干旱常威胁着本区的农牧业生产,山旱地农作物产量低而不稳。按其土壤类型和利用现状,又可分为如下副区。

(一)山地耕种栗钙土改良副区

分布范围主要在华藏寺镇、西大滩乡、哈溪镇、祁连乡、松山镇等乡镇的浅山农业用地。海拔 2300~2700m。耕地面积 1.9 万 hm^2,占全县耕地面积的 34.4%。

本副区温度、积温较为适中,适合春小麦、青稞、大麦、豌豆、洋芋、小油菜等作物的生长,由于春末夏初干旱、伏旱、施肥少,土壤肥力不足,氮、磷、钾养分比例不协调,人少地多,山高地远坡度大,耕作较粗放,农作物产量低而不稳,同时冰雹、霜冻、草荒等自然灾害也是影响产量的重要因素,因此改良利用的主要措施是:一是积好农家肥,增施有机肥料,逐步扩大秋施肥面积,扩大豆科作物面积,实行粮、豆轮作。二是恢复轮歇地面积,搞好秋季深翻蓄水,结合秋施肥及时耙糖保墒,冬末春初及时镇压,做到秋雨春用。三是合理增施化肥,氮磷比要求达到1∶0.75。

(二)川地耕灌栗钙土改良副区

主要指打柴沟、华藏寺、松山等乡镇境内的河谷川水浇地,以及哈溪、赛什斯等乡镇靠近冰沟河、南岔河、龙滩河、大通河等河流两岸阶地上的灌溉耕地。海拔2100~2800m。耕地面积4125hm^2,占全县耕地面积的7.42%。

本副区土地比较平整,土层深厚,土壤性质良好,大部分地区热量比较充足,适种小麦、油菜、青稞、马铃薯等作物。生产上存在的主要问题是耕作不够精细,尤其是海拔较高的地方,草荒十分严重。作物结构不够合理,灌溉渠系比较乱,漫灌、串灌现象严重,化肥施用上重氮轻磷。为此,改良利用的主要措施是:一是以粮油为主,增加豆类、油菜、马铃薯种植面积,合理轮作倒茬,减少小麦重茬面积。二是完善灌水渠系,搞好工程配套维修,平整土地,克服大水漫灌,减少水肥损失。三是合理施用化肥,提高化肥利用率。这一副区作物产量水平相对较高,因此在增施农肥的同时,要补施氮磷化肥,并注意肥料配方施用。(4)积极推广化学药剂灭草,消灭草荒。

(三)浅山丘陵滩地栗钙土改良副区

本副区包括松山、华藏寺、打柴沟、祁连等乡镇的低山丘陵地区。海拔2500~2900m。耕地面积1.18万hm^2,占全县耕地面积的21.2%。

本副区地势比较开阔平缓,气候干燥、多风、缺水,土壤为山地栗钙土、山地暗栗钙土、沙化栗钙土、粗骨性栗钙土、盐化栗钙土、草甸栗钙土等。土层比较薄,土壤中多石砾,植被盖度较低,丘陵区水土流失较严重,土壤抗旱性较差。本区耕地加快退耕还草。

二、垴山黑钙土油改良区

本区位于垴山地区,土壤为山地黑钙土。土层比较深厚,土壤肥沃,气候冷凉。降水丰富,年降雨量410mm,蒸发量1590mm,无霜期90~100d左右,植被盖度较高,适种农作物以小油菜、青稞为主,另有大麦、燕麦、马铃薯等,海拔2700~3200m。按其土壤类型和利用现状,本区可分为以下2个副区。

(一)山地耕种黑钙土改良副区

本副区主要分布在西大滩乡、炭山岭镇、朵什乡、赛什斯镇、哈溪镇等乡镇的垴山二阴耕地,地处海拔2800~3000m,乌鞘岭以北2650~3100m之间。耕地面积7970hm^2,占全县耕地面积的14.3%。

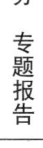

本副区气候冷凉，降水比较丰富，土壤肥沃，是小油菜、青稞高产地区。存在的主要问题是无霜期短，热量条件较差，作物易受冻害，影响成熟。耕地离村庄远，坡度大，施农肥困难，土壤氮、磷、钾养分不协调，耕作粗放，草荒严重。因此，改良利用的主要措施是：一是搞好规划，统一安排，农林牧全面发展。本区土壤肥沃，雨水丰沛，适宜农、林、牧业生产。要处理好三者关系，以农为主，积极发展林、牧业。二是充分利用有机肥源，增施农家肥，合理增施化肥，协调氮磷比例。三是精耕细作，加速土壤熟化。把豆科牧草插入轮作，做到茎叶喂畜，根茬肥田，畜粪肥地。四是加强田间管理，积极推广化学药剂，消灭草荒，增加产量。五是海拔3000m以上、坡度20°以上的耕地以及林间零星插花地，弃耕还林还牧，保护自然生态环境。

(二)草原黑钙土改良副区

本副区主要指东坪乡、抓喜秀龙乡、朵什乡、大红沟乡、西大滩乡、安远镇等乡镇，海拔大部在2900~3200m，耕地面积7539hm^2，占全县耕地面积的13.6%。

本副区由于海拔高，气温低，无霜期短，坡度大，土层较薄，不宜种植农作物，应退耕还林。

三、山地灰褐土、亚高山草甸土改良区

本区主要分布在赛什斯镇、东大滩乡、天堂镇、西大滩乡、哈溪镇、安远镇、朵什乡、大红沟乡等乡镇，海拔2600~3000m之间，年平均气温0℃以下，年降雨量400~600mm。土壤主要是山地灰褐土、亚高山草甸土。耕地面积4842.7hm^2，占全县耕地面积的8.71%。本区不适宜种植农作物，应退耕还林还牧。

表3-18-4　天祝县土壤改良利用分区面积统计表

乡镇名称	草原黑钙土改良副区	川地灌耕栗钙土改良副区	浅山丘陵滩地栗钙土改良副区	山地耕种黑钙土改良副区	山地耕种栗钙土改良副区	山地灰褐土、亚高山草甸土改良副区	总计
安远镇	2170.6					814.7	2985.3
抓喜秀龙乡	495.5		477.3			3.9	976.7
炭山岭镇	262.2			731.5		32.9	1026.5
朵什乡	680.1			1554.6		1227.7	3462.4
种羊场			710.3		9.8	0.0	720.2
东坪乡	478.2		92.6		495.6	38.3	1104.7

续表 3-18-4

乡镇名称	草原黑钙土改良副区	川地灌耕栗钙土改良副区	浅山丘陵滩地栗钙土改良副区	山地耕种黑钙土改良副区	山地耕种栗钙土改良副区	山地灰褐土、亚高山草甸土改良副区	总计
天堂镇	99.9		257.5	248.5	785.5	218.2	1609.6
石门镇	189.7		304.3	280.8	987.8	37.8	1800.4
东大滩乡		5.0	182.4		1018.9	183.1	1389.4
旦马乡	161.0		196.2	99.3	1303.6	0.0	1760.1
大红沟乡	961.4				1395.9	1357.0	3714.3
打柴沟镇	404.7	1754.7	998.1		1418.8	8.9	4585.3
赛什斯镇	286.4	328.9	87.4	1664.2	1421.9	122.6	3911.4
华藏寺镇	1.0	672.5	2791.5	355.9	1473.6	0.0	5294.5
西大滩乡	1057.8		391.1	508.8	1535.8	244.0	3737.6
哈溪镇	174.2	491.6		2170.0	1596.3	384.5	4816.5
祁连乡	35.8		597.5	356.6	1797.3	73.7	2860.9
松山镇	81.0	872.1	4716.7		3856.6	95.3	9621.7
总计	7539.4	4124.7	11803.0	7970.3	19097.3	4842.7	55377.5

单位：hm²

表 3-18-5 天祝县中低产田类型面积分区统计表

副区	干旱灌溉型	瘠薄培肥型	坡地梯改型	盐碱耕地型	障碍层次型	总计
草原黑钙土改良副区	667.4	1.4	27.0		6814.0	7509.8
川地灌耕栗钙土改良副区	739.6		9.2		722.8	1471.6
浅山丘陵滩地栗钙土改良副区	7314.7	357.1	48.6	44.8	1568.6	9333.8
山地耕种黑钙土改良副区	215.5		26.9		7603.7	7846.1
山地耕种栗钙土改良副区	6818.1	672.4	23.3		5887.5	13401.3
山地灰褐土、亚高山草甸土林改良区	142.0	106.2	50.0		4466.7	4764.9
总计	15897.4	1137.1	184.8	44.8	27056.3	44320.4

第六节　土壤改良利用措施

一、因土调整生产结构，合理利用土壤资源

应遵循自然规律，本着"宜牧则牧，宜林则林，宜农则农"的原则，从有利于保持和恢复生态平衡，合理利用保护土壤资源出发，在提高土地利用率和生产率的同时，使土地越种越肥，常用不衰，发挥最大的经济效益，合理安排农、林、牧用地。分布在海拔3000m以上、坡度在20°以上，以及林间的插花耕地，既影响森林、草原的恢复培育和水土保持，又因为高海拔地带，热量严重不足，不利于种植农作物。应一律退耕还林还牧。畜牧业生产中应在提高质量中求发展求经济效益，克服盲目求存栏头数的不良倾向，减少草原超载。对草原要做好封山育草，保护和更新已退化的草原，按照冬春和夏秋季草场类型严格划片轮牧，实行放牧和育草相结合，对日益蔓延的黄花棘豆、醉马草等毒草及鼠害应加紧剔除消灭，以提高草原的载畜能力。

二、大力发展豆科作物，增施有机肥料

豌豆、蚕豆、扁豆、箭舌豌豆等豆科作物，蛋白质含量高，营养价值丰富，还具有良好的肥田作用。其一，能够固定空气中大量的游离态氮，增加土壤氮素；其二，根系分泌的大量有机类弱酸，可溶解土壤中难溶性磷为有效性磷，提高土壤的供磷能力，同时豆科作物茎秆富含蛋白质，尤以箭舌豌豆种后青割，其茎秆蛋白质含量更为丰富，是养羊的优质饲草。为了提高箭舌豌豆的肥田作用，应与养殖业紧密结合起来，将箭舌豌豆收后喂畜，以畜粪上地，起到"过腹还田"的作用。扩大豆类作物的种植面积，同样是增加土壤有机质，改善土壤结构的主要途径之一。

天祝县有机肥源十分丰富，是补充土壤有机质的主要来源。要充分利用有机肥源，首先，要使广大农民真正认识到有机肥对改良土壤，培肥地力，增加产量，节约生产成本的重大作用。其次，要解决继续把畜粪作燃料的问题，把全部人畜粪利用起来，作肥料上地。第三，搞好有机肥料的堆制发酵和管理工作。注意土肥的混合比例，防止黄土搬家，提高肥料质量。堆放期间，防止人畜粪直接受风吹、日晒、雨淋，做好保氮，防止养分淋失。

三、用地养地，完善合理的轮作制度

合理轮作是对土壤肥力进行调节平衡的一项重要的生物措施，是用地养地的好方

法。而且也是一种消除和减少各种作物病虫危害的有效措施,把传统农业生产措施中行之有效的轮歇制度恢复起来。根据土壤肥力、水肥、杂草等综合因素,在浅山半干旱区种1—2年或2—3年要轮歇一年,在二阴山区,种2—3年或3—4年轮歇一年。通过轮歇达到恢复地力,保墒抗旱,消灭杂草,增加产量的目的。水分条件较好,畜牧业比重较大的二阴地和水川地,可种豆科牧草做青饲草,把豆科牧草种植纳入轮作,逐步形成草田轮作制。

近年来天祝县县麦类作物面积迅速扩大,从而导致连作面积加大,土壤养分供求不协调,农作物根病日趋严重。因此,水川地区减少小麦种植面积,扩大高原夏菜种植区域,进行小麦—蔬菜轮作。山旱区扩大马铃薯、豌豆的种植面积,实行小麦—马铃薯轮作,发挥不同作物之间的互补作用,促进土壤养分协调供应,改善土壤性状,减少病虫害危害。

四、增施化肥,协调氮磷比例

针对全县化肥用量低,尤其在山旱区化肥用量普遍低的情况,应继续增施化肥。在山旱区应以无机促有机,实行无机有机农业的肥料政策。山旱区由于有机肥料来源有限,而且又不便运送,可通过增施化肥,促使秸秆产量大幅度上升,从而为畜牧业提供大量饲草,经过牲畜转化后以优质粪肥归田,再加上因增施化肥后形成的繁茂作物根系残留于土壤中,这样将有利于改良、提高土壤肥力。

据近几年试验结果显示,作物需要的氮磷比为2—3∶1,而天祝县二阴区土壤中的氮磷比例为4.8∶1,水川区土壤中氮磷比为3.7∶1,浅山干旱区土壤中氮磷比为3.5∶1。因此,在增施化肥的同时,更应增施磷肥来调整氮磷比例,以满足作物需要。

专题十九　民勤县低产田土壤类型与改良利用分区研究

第一节　目的意义

民勤县地处甘肃省河西走廊东北部,属温带大陆性干旱气候区。气候干燥,降水量强度小,且年际分布不均,日照时间长,光辐射强,昼夜温差大,自然条件得天独厚,非常适宜于农作物,尤其是果瓜类的糖分积累,是我国典型的沙漠绿洲县份。全县农业的整体发展水平处于全国一熟制地区的先进行列,粮食生产以优质小麦、玉米和啤酒大麦为主,是国家商品粮基地县之一,农业产业化开发成效显著,科技对农业发展的贡献率达52.1%,高于全国平均水平,处于甘肃省领先地位。2007年全县耕地面积6.05万hm^2,总播面积5.94万hm^2,粮食作物面积1.88万hm^2,粮食总产量达15万t,经济作物面积3.45万hm^2。其中,棉花1.82万hm^2,茴香0.19万hm^2,果用瓜0.15万hm^2,洋葱0.13万hm^2,辣椒0.49万hm^2,红黑瓜子0.07万hm^2,白瓜子0.08万hm^2,日光温室蔬菜生产面积0.12万hm^2,饲草0.60万hm^2。全县种植业总产值达13.09亿元,种植业人均纯收入达2748元,农民人均纯收入达到3868元。

通过建立民勤县耕地资源管理信息系统,基本摸清民勤县土地利用类型、土壤类型和耕层土壤养分空间分布,研究了影响土壤生产力的障碍因素,评价民勤县耕地生产潜力,并划分耕地地力等级,为合理利用和科学管理土壤资源提供有效途径。充分利用民勤县耕地资源管理信息系统的数据,结合第二次土壤普查和本次测土配方施肥项目研究成果,开展民勤县中低土壤的分区与改良技术研究,合理开发与利用耕地资源。

第二节　民勤县土地利用现状

一、民勤县土地利用概况

民勤县土地总面积158.31万hm^2。其中,农用地22.45万hm^2,占全区土地总面积的14.18%;建设用地1.37万hm^2,占0.838%;未利用地134.54万hm^2,占84.9%。

二、土地利用特点

(一)土地利用率低

民勤县现有土地总面积 158.31 万 hm^2,以农业人口计算人均为 $6.60hm^2$。耕地面积 6.05 万 hm^2,占全县总面积的 3.78%,土地利用率低。人均耕地面积 $0.20hm^2$,人均耕地面积少。

(二)土壤养分含量低

从 2007 年耕层养分化验结果看,民勤县土壤养分含量分别为:有机质 10.75g/kg,全氮 0.55g/kg,碱解氮 47.59mg/kg,速效磷 21.65mg/kg,速效钾 147.15mg/kg。1982 年第二次土壤普查结果显示:有机质 7.91g/kg,全氮 0.52g/kg,碱解氮 32.51mg/kg,速效磷 5.99mg/kg,速效钾 91.41mg/kg。土壤养分含量 2007 年与 1982 年相比,有机质平均含量增加了 2.84g/kg,全氮增加 0.03g/kg,碱解氮增加 15.08mg/kg,速效磷增加 15.66mg/kg,速效钾 55.74mg/kg。

近 20 年来,民勤县土壤养分虽然有一定程度的增加,但根据甘肃省测土施肥土壤养分分级标准,民勤县土壤碱解氮属七级,速效磷属三级,速效钾属五级。与全省相比,土壤养分含量较低。

(三)耕地重用轻养,施肥不平衡

近年来,随着农业农村经济发展,种植作物种类的增加,种植业内部比例失调,养地豆科作物面积太少,而耗地作物面积过大,使耕地得不到休养,同时收割作物留茬低,秸秆还田很少。

(四)土壤沙化问题日趋严重

近些年,民勤县沿沙已有 $446.67\ hm^2$ 的耕地沙化,$1173.33\ hm^2$ 草场退化,$0.02\ hm^2$ 林地沙化。民勤土地荒漠化主要有风蚀荒漠化土地、盐渍荒漠化土地和退化耕地 3 种类型。绿洲外围尚有 4 万 hm^2 的流沙,69 个大的风沙口。荒漠化蔓延的势头仍在扩张,流沙以平均每年 3~4m 的速度前移,个别地段前移速度达每年 8~10m。

(五)盐渍化问题突出

民勤县在潮土、沼泽土上开垦的土壤受地下水影响程度深,存在大面积的盐化和盐渍化土壤,尤其在北部有近 $446.67\ hm^2$ 的耕地因盐渍化而被迫弃耕。

(六)地下水位下降,井水矿化度升高

灌溉水质量下降对作物生长造成危害。地下水位平均每年下降幅度 0.4~1.0m,凿井由几米的涝池发展到 60~100m 深井,湖区已开采 300m 深水井;水矿化度平均每年升高达 0.125g/l。全县地下水埋深已由 20 世纪 50 年代 1~5m 下降到目前的 12.8~18.8m,昌宁

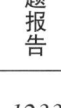

区最深达30m。由于地下水位下降和水质矿化度升高,分布于丘间低地、湖畔及沟渠两旁的湿中生系列植物覆盖度由20世纪50年代的80%以上,下降到现在的30%左右。历来被视为农田保护屏障的柴湾植被萎缩,成片枯死。

(七)重化肥轻有机肥,重氮磷肥、轻钾微肥

农户施肥习惯重化肥、轻农家肥。只看到化肥的肥效高、肥效快、使用方便等优点,对长期地、过量地施用化肥对土壤环境和耕地地力的影响不够重视,只注重氮磷肥,轻钾肥、微肥。施肥时撒施和浅施较普遍,造成了肥料的浪费,肥料利用率很低。根据试验结果,氮肥的利用率为21.6%,磷肥利用率为14.5%。

第三节　中低产土壤类型

一、民勤县土地利用区划

民勤县地处温带干旱荒漠地带,四周多岛状弧山,中部为条带状的冲积、洪积、湖积平原。大部分地区为连绵不断的沙丘和平沙地,呈盆地特征。有低山丘陵、平原和沙漠3个地貌类型。从西南向东北倾斜至最低处白亭海后,地形又逐渐升高。由于高差较小,水、热分布差异不大,只是地形的局部差异,引起地下水位高低不一,差别较大,因而成土过程受地下水影响程度不一。海拔高度1320m以上的地区,成土过程不受地下水的影响,形成了地带性土壤灰棕漠土和荒漠绿洲地区特有的耕作土壤灌漠土。

民勤县地处腾格里、巴丹吉林两大沙漠的包围之中,由于风力的搬运堆积作用,风沙土到处都有大面积的分布。海拔高度低于1320m的地方,形成了地域性土壤潮土、草甸土、盐土和沼泽土。潮土与草甸土交错分布在石羊河两岸的阶地和低洼滩地上,沼泽土分布在以上两河岸边的凹地和石羊河的终端白亭海周围。盐碱地多分布在外河下游的红沙滩和青土湖、白亭海、东硝池、西硝池等低洼碟形地上。

综合考虑民勤县的地貌类型、光热条件、地域特点、土壤类型、不同土壤类型存在的障碍因素、土地利用方式、灌溉保证率和行政区划特点,将民勤县划分为5个区。

(一)金川河扇缘洼地薄立土、退化潮土区

本区位于民勤县西南部,属金川河洪积冲积扇的北部边缘洼地,地势低,平四周环沙。主要自然土壤为草甸盐土、荒漠化草甸土、盐化草甸土和各类风沙土。耕作土壤主要有薄立土1335 hm², 薄平土448 hm², 中盐化薄立土328 hm², 退化潮土350 hm², 占耕作土壤总面积的66.1%。土壤质地偏轻,耕作熟化层较薄,盐渍化耕作土壤面积占该区耕地土壤总面积的32.5%。1m土层平均含盐量0.4~2.0%,影响作物的正常生长发育。1m土层中夹有料姜结核层的土种,如底料姜薄立土,体姜料退化潮土等。本区目前纯用井水灌溉,井水所含盐分以重碳酸盐和硫酸盐主。

(二)石羊河扇缘洼地厚层灌淤土潮土区

本区位于民勤县最南段的石羊河两岸,辖有蔡旗、重兴两乡和石羊河林场的两个分场,自然土壤主要有灰棕漠土、盐化草甸土、荒漠化草甸土和各类风沙土。耕作土壤面积3721 hm², 占本区总面积的15.48%。主要有厚立土、厚平土、潮土和退化潮土。属石羊河洪积冲积扇的北部边缘,地势平坦,境内无山,石羊河纵贯其境内。本区为民勤县开发种植较早的农业区,土壤比较肥沃,熟化层较厚。局部地区1m土层内夹有厚度大于20cm的沙层、黏土层和姜料层。还有一定面积的薄沙性土,质地轻,保肥保水性能不良,是本区的低产土壤。

(三)冲积平原上下部厚层灌淤土、薄层灌淤土区

本区位于冲积平原中下部,包括薛百、大坝、三雷、苏武4个乡的全部和夹河乡的肖案、国栋两个村以外的地区。此外,还包括治沙站、勤锋农场和石羊河总场在内。面积5.6万hm², 占全县总面积的3.55%。其中,自然土壤3.4万hm², 占本区面积的60.06%,主要土类有灰棕漠土、盐化草甸土和各类风沙土等;耕作土壤2.2万hm², 占本区面积的39.94%,主要有薄立土、薄平土、厚立土、薄沙性土。此外,还有薄深位漏沙土、薄浅位漏沙土、厚平土等近20个土种。土性僵硬板结,多数土种熟化层薄,土壤养分含量低,氮磷比例失调,物理性质不良,是影响农业生产的主要障碍因素。

(四)冲积平原下部薄层灌淤土区

本区位于冲积平原下部,辖有双茨科、大滩、泉山、红沙梁、收成5个乡(镇),西渠镇的食珍、民政、始成、幸福、民旗、建立、丰政村、芥蔚、出鲜村,东湖镇的红英、致力、宿积村,以及夹河乡除肖案、国栋两村以外的地区。面积8.7万hm², 占全县总面积的5.44%。自然土壤主要有盐化草甸土、荒漠化草甸土、灰棕漠土、沼泽盐土、草甸盐土、风沙土等,面积5.4万hm², 占该区面积的62.8%。耕作土壤主要有薄立土、薄平土、退化潮土、薄沙性土、盐化薄平土、薄深位漏沙土等10余个土种,面积3.2万hm², 占该区面积的37.2%。地下水位5~8m,盐分组成以硫酸盐、氯化物为主,矿化度2~3g/L。耕作土壤僵硬板结,有机质及速效养分含量低,熟化层薄。1m土层平均含盐量0.3%~0.4%之间,局部地段含盐量大于0.4%,作物生长受轻微抑制。漏沙土和薄沙性土面积较大,单产低而不稳,个别地区地下水含盐量较高,不宜灌溉。

(五)湖积平原盐化退化潮土区

本区位于绿洲北端的湖积平原,辖有东湖镇除红英、致力、宿积村,西渠镇除食珍、民政、始成、幸福、民旗、建立、丰政村、芥蔚、出鲜村以外的村。面积4.0万hm², 占全县总面

积的2.56%。主要自然土壤有草甸盐土、荒漠化草甸土、盐化草甸土等,面积2.0万 hm^2,占该区面积的48.8%。主要耕作土壤有薄立土、轻盐化薄平土、轻盐化退化潮土、退化潮土、底黏退化潮土等,面积2.1万 hm^2,占该区面积的51.2%。本区主要问题是土壤肥力低,盐碱危害较重,地下水质差,盐分组成以氯化物和硫酸盐为主,矿化度3~5g/L,局部地段达20g/L左右。1m土层平均含盐量0.25%~1.37%。

二、中低产土壤类型及特点

根据民勤县耕地资源管理信息系统的耕地地力评价结果,影响民勤县耕地地力的主要影响因素为土壤侵蚀、土壤盐分含量和土壤障碍层厚度,结合土地利用区划,按照《全国中低产田类型划分与改良技术规范》(NY/T 310—1996)的划分标准,将民勤县中低产田划分为3种类型:沙化耕地型,盐碱耕地型,障碍层次型。

(一)沙化耕地型

(1)山地灰棕漠土:土层薄,质地粗,多为沙壤。

(2)沙化灰棕漠土:地表覆盖有一层厚30cm左右的沙层,沙层厚度有的达80cm以上。

(3)流动风沙土:土质很粗,几乎全由细沙、粗沙组成,物理性黏粒含量很少。

(4)半固定风沙土:地表开始形成薄层沙土,剖面发生分异,成土过程较流动风沙土明显。

(5)固定风沙土:物理化学性质类似于半流动风沙土。

(6)荒漠化草甸土:植被稀疏,风沙盛行,盐化过程被沙化过程所代替。

(7)沙化灌淤土:灌淤层上部堆积了一层厚度小于20cm的沙层。

(8)退化沙化潮土属:地表覆有一层厚薄不等的沙。

(二)盐碱耕地型

(1)山地石膏灰棕漠土:在地表4cm以下,出现粉末状或斑点状石膏淀积,甚至形成石膏层,有残积盐化现象。

(2)沙砾质灰棕漠土:地表覆盖有一层杂色不规则的砾石,石砾层下面,土层质地粗,多为粗沙且夹有砾石。粉末状或条纹状石膏淀积亦较明显。

(3)盐化灰棕漠土:成土过程受地下水的轻微影响而产生微盐化现象。

(4)钙积灰棕漠土:1.5m土层内夹有一层厚度不等的石灰结核层,有的形成石灰结核板,有微盐化现象。

(5)草甸盐土:盐分表聚性很强,形成了厚1~3cm的盐结皮层,表层有白色盐霜。

(6)沼泽盐土:盐分表聚性较弱,盐结皮薄而松软,厚0.5~1cm。

(7)沙化盐土:是盐土遭受沙化而形成。

(8)盐化草甸土:地表覆白色盐霜。

(9)轻盐化薄立土:1m 土层平均含盐量 0.4%~0.7%之间,盐斑面积达 10% ~ 30%。

(10)轻盐化薄平土:1m 土层平均含盐量 0.4%~0.7%。

(11)中盐化薄立土:1m 土层平均含盐量 0.9%左右,盐斑面积 30%~50%。

(12) 盐化潮土属:地表出现明显的白色盐霜和盐结皮,1m 土层中含盐量 0.7%~1.4%。

(13)轻盐化退化潮土:地表有轻度盐化现象。

(14)中盐化退化潮土:1m 土层平均含盐量 1.28%。

(15)沙化盐化潮土:盐渍化程度较重,1m 土层平均含盐量达 0.4%~1.4%。

(三)障碍层次型

(1)薄立土:剖面上层夹有厚度大于 10cm 的异质层和障碍层。

(2)底黏薄立土:70~100cm 土层内夹有一层厚度为 10~30cm 的重壤或黏土层。

(3)薄平土:1m 以上土层结构为片状、板状或鳞片状,有的在 60cm 以下出现块状、团块状结构。

(4)薄腰沙土:在 20~60cm 土层内夹有一层厚度为 20~40cm 的松沙或紧沙层。

(5)薄深位漏沙土:在 60~100cm 土层范围内开始出现一层厚度连续大于 40cm 的沙层。

(6)薄浅位漏沙土:在 20~60cm 土层范围内开始出现厚度连续大于 40cm 以上的沙层。

(7)厚平土:1m 以上土层为鳞片状、片状或板状结构。

(8)漏沙潮土:60cm 以下即出现沙层,厚达 40cm 以上,含有少量料姜结核。

(9)底黏退化潮土:70~100cm 土层中夹有厚度为 10~30cm 的黏重土层。

(10)体粘退化潮土:黏土层出现在 30-100cm 土层中,且厚度大于 30cm。

(11)底沙退化潮土:70~100cm 土层内夹有一层厚度 20~40cm 的沙层。

(12)漏沙退化潮土:30cm 以下开始出现连续大于 40cm 的沙层。

(13)轻盐化底黏退化潮土:在 70~100cm 土层中夹有一层厚度为 10~30cm 的黏土或重壤土层。

(14)中盐化青白退化潮土:在 40cm 以下开始出现质地黏重的灰蓝色潜育层,地表盐结皮较厚。

第四节 中低产田土壤改良措施

一、沙化耕地型

增施有机肥,建设风沙防护林,推广U型槽输水技术,推广地膜栽培技术,对风沙危害的严重区域退耕还林。

二、障碍层次型

由于土壤耕层浅,不仅会造成作物根系发育不良,而且会大大降低土壤的蓄水量,从而造成土壤失墒,直接影响产量。要借助国家对农户加大农机补贴力度的有利时机,全面做好农业机械,特别是大型农业机械的入户工作。对中低产田耕地进行深翻,增加耕层厚度。在这一改良过程中要注意耕层质量。

三、盐碱耕地型

推广耐盐作物及品种,培肥耕层淡化肥沃层,推广膜下滴灌技术,推广地膜覆盖栽培技术,种植绿肥。

专题二十　金川区中低产土壤类型与改良利用分区研究

金川区位于甘肃省河西走廊东部,金昌市境内背北部,格里沙漠南缘,龙首山东麓。东北部与民勤县为邻,南部与永昌县接壤,西部与山丹县毗邻,西北部与内蒙古自治区阿拉善右旗相邻。境域东西长约90.1km,南北宽约74.1km。现属金昌市所辖,全区总土地面积3060.25km²。金川区现辖宁远堡、双湾2个镇和6个街道办事处,27个行政村,25个国有农林场。属典型的温带大陆性气候,年平均气温3.2℃~7.3℃,全年≥0℃积温为3600℃,≥10℃积温为3128℃,无霜期152d,全年平均降水量东北部为140mm。随着经济的快速发展,人类对土壤的无限索取和人类对自然环境的破坏,以及土壤自身环境恶化,农业生产受到了严重的威胁。根据金川区耕地资源管理信息系统的耕地地力评价结果,全区中低产田面积达到5289.2hm²占总耕地面积的40.0%。因此,对全区中低产田土壤类型与改良利用进行分区研究,可以摸清形成中低产田的主要因素,准确划分中低产田的类型;有针对性地提出改良的措施,为当地政府改造中低产田和合理地利用耕地,提供科学依据。

第一节　目的意义

改造中低产田是挖掘现有耕地的生产潜力,提高全区粮食综合生产能力,保证粮食安全的重要途径,在防止耕地退化、保护生态环境方面具有重要意义。

通过建立"金川区耕地资源管理信息系统,基本摸清了全区土地利用现状、土壤类型和耕层土壤养分空间分布,研究了影响土壤生产的障碍因素,评价金川区耕地生产潜力并划分耕地地力等级,为合理利用和科学管理土壤资源提供有效途径。

本章将充分利用金川区耕地资源管理信息系统的数据,结合第二次土壤普查资料和测土配方施肥项目研究成果,开展金川区中低产田土壤的分区与改良技术研究,针对性地提出不同中低产田类型区改良利用措施,合理开发和利用金川区耕地资源。

第二节 土地利用现状

一、土地利用概况

金川区土地总面积30.7万 hm^2。其中：农用地3.07万 hm^2，占10%；建设用地9204 hm^2，占1.77%；未利用地26.7万 hm^2，占87%。全区总耕地面积为1.32万 hm^2，有水浇地、旱地、果园和农业设施4个类型。其中，水浇地12295 hm^2，占93.14%；旱地33 hm^2，占0.25%；果园405.6 hm^2，占3.07%；农业设施用地466 hm^2，占3.53%。

二、土地利用特点

(一)有机肥量少质差

近几年，随着农作物产量的逐步提高，有机肥已不能满足农作物的需要。而单纯靠化肥增产，致使土壤有机质含量难以积累，但是为什有机质含量低，而产量在逐年提高，这主要是由于大量增施速效性化学肥料，动用了土壤中潜在养分之故。如果长期大量施用化肥，将会造成土壤板结，浇水后龟裂严重，破坏土壤结构性能，这对作物的生长发育极为不利。

(二)土壤氮磷比例严重失调

通过对耕层土壤碱解氮、有效磷含量的分析结果折合换算，氮磷比例1∶0.15，致使经济效益和化肥的生产效益不能充分发挥。

(三)夏秋作物布局不合理，豆科绿肥作物发展缓慢

这主要是农民对种植绿肥认识还没有提高到新的水平，没有变成一种自觉的行动，特别是在人少地多的东西河地区，轮歇地减少，绿肥面积上不去，用地、养地不合理，使地力得不到恢复。由于夏粮作物种植面积不断增大，而经济作物种植面积过小，造成倒茬困难，连作年限过长，地力大量消耗。

(四)低产土壤和不宜发展农业的土壤占有比重较大

金川区土地总面积30.7万 hm^2。年末耕地全区中低产田土壤及不宜发展农业的土壤面积较大。不宜发展农业的土壤限制因素很多，应退耕还牧，低产土壤对农业生产的发展影响也很大，这些土壤中有各种障碍层，有的土壤质地过黏有胶泥层(如青胶泥土、黄胶泥土)，有的质地过砂，并且有漏沙层(如浅位漏沙土、浅位潮漏沙土)，有的有料姜层(如浅位料姜平土，中位料姜沙壤土等)，有的土层太薄(如薄层沙壤土、浅位胶泥潮沙壤土等)，有的盐分超过了4g/kg(如中度盐化立土)等。而且低产土壤有其共同的特征，即土壤

的理化性能较差,多数土壤板结,结构差,土体紧实,速效养分含量低,土壤保水保肥能力差。

第三节 中低产的类型及特点

通常情况下,影响农作物产量的主要因素有两方面:一是土壤、温度、降水、光照、大气、地形等自然因素;二是对耕地的管理、物质和科技投入等人为因素。作物的高产、中产、低产是依据耕地相对产量人为划分的,而农业产量的主要限制因素是自然因素,自然条件越差的地区,农业生产受到的限制就越大,农作物产量也就越低。

结合金川区耕地资源管理信息系统的耕地地力评价结果,将金川区耕地地力等级为三等的地划分为中产田,将耕地地力等级为四等地和五等地划分为低产田。全区中低产田面积 5289.2hm²,占总耕地面积的 40.0%。其中,中产田 2738hm²,占总耕地面积 20.7%,主要分布在宁远堡镇、双湾镇;低产田 2551.2hm²,占总耕地面积 19.3%,主要分布在双湾镇、宁远堡镇。

根据金川区耕地资源管理信息系统的耕地地力评价结果,结合专家的意见和建议,金川区各乡镇耕作土壤剖面存在一些障碍层,且干旱缺水,土壤沙化,部分条件差的地区,土壤施肥不到位,管理跟不上;并且由于长时间的漫灌造成土壤局部盐碱化严重。因此,依据《全国中低产田类型划分与改良技术规范》(NY/T310—1996)的划分标准,结合金川区耕地地力评价中作物产量限制因子的排序情况,综合考虑影响金川区农作物产量中各类因子及其权重,以及在农业生产中的直观性和改良利用的针对性,专题研究从若干耕地质量评价指标体系中选定灌溉条件、有机质含量、障碍类型、盐化程度等指标作为划分金川区中低产田限制因子的限制极限指标。

通过对全区耕地地力状况的调查,根据土壤主导障碍因素的改良主攻方向,依据农业部发布的行业标准,引用农业部耕地地力划分标准,结合实际进行分析,金川区中低产田包括 5 种类型:干旱灌溉型、盐碱耕地型、沙化耕地型、障碍层次型和瘠薄培肥型。

一、干旱灌溉型

在全区两个乡镇均有分布,面积 30.55 hm²,其主要土种有碱化盐土、砾质灰棕漠土、流动风沙土、绿洲薄层灌耕土、绿洲厚层灌耕土、绿洲硫酸盐灌耕土、石质灰棕漠土等。其特点是:由于降雨量不足或季节分配不合理,缺少必要地调蓄工程,及由于地形、土壤等原因造成的保水蓄水能力的缺陷等原因,在作物生长季节不能满足正常水分需要。一般耕作层平均有机质含量为 14.5g/kg,全氮 0.815g/kg,全磷 0.742g/kg,碱解氮 40mg/kg,有效磷 4mg/kg,速效钾 169mg/kg,阳离子代换量 8.65cmol/kg,pH 值 8.33,土壤容重 1.54g/cm³。

二、盐碱耕地型

主要分布在金川区双湾镇,面积 2480.45 hm²,其主要土种有碱化盐土、绿洲硫酸盐灌耕土等。其特点是:表层有明显的盐斑,可溶性全盐含量在 0.4%~0.7%,主要分布在山间坡地,由于排水不良所致,土壤结构块状、柱状,作物因盐斑减产 10%~30%。耕层有机质平均含量 18.0g/kg,全氮 1.15g/kg,全磷 0.783g/kg,碱解氮 65mg/kg,有效磷 4mg/kg,速效钾 204mg/kg,阳离子代换量 10.30cmol/kg,pH 值 8.38,全盐 1.01%。在生产上应大量施用有机肥料。

三、沙化耕地型

主要分布在宁远堡镇、双湾镇两个乡镇,面积 652.89 hm²,其主要土种有固定风沙土和流动风沙土等。其黏粒含量少,沙性大,保水、保肥能力很低,易漏水、漏肥,耕作层厚度一般在 28cm 左右,土壤松散,质地多为轻壤或砂壤。根据四个剖面化验结果,耕层有机质平均含量为 8.39g/kg,全氮 0.471g/kg,全磷 0.583g/kg,碱解氮 30mg/kg,有效磷 3mg/kg,速效钾 116mg/kg,阳离子代换量 6.83cmol/kg,pH 值 8.34,土壤容重 1.29g/cm³。属肥力低的土壤。

四、障碍层次型

主要分布在本区的宁远堡镇,面积 3575.86 hm²,其主要土种有砾质灰棕漠土、绿洲薄层灌耕土、石质灰棕漠土等。其特点是:耕作层厚度一般在 30cm 左右,由于主要受河流及山坡的影响而形成,多分布在冲积扇的上部及河床边,土体厚度一般在 50~80cm。一般耕层有机质含量平均为 17.7g/kg,全氮 1g/kg,全磷 0.74g/kg,碱解氮 55mg/kg,有效磷 4mg/kg,速效钾 159mg/kg,阳离子代换量 8.73cmol/kg,pH 值 8.44,土壤容重 1.24g/cm³。养分含量明显高于浅位漏沙土。土壤通气透水性较好,但漏水、漏肥、蓄水保肥能力较差,作物根系较发达,作物出苗快,前期生长旺盛,后期若肥水不足则表现脱肥。一般属低肥力土壤。

五、瘠薄培肥型

分布在宁远堡镇、双湾镇等地,面积 70.67 hm²,其主要土种有绿洲薄层灌耕土、绿洲厚层灌耕土等。主要是 20 世纪 70 年代经过打机井、修渠等水利建设后开垦利用,主要种植小麦等作物,产量较低,这种土壤有机质含量较低,肥力状况较差,但因水热状况较好,又处于原老农区周围,耕种管理较为方便,只要加以改造,可以继续利用。

表 3-20-1　金川区各乡镇中低产田类型面积统计表(hm²)

乡镇名称	干旱灌溉型	瘠薄培肥型	沙化耕地型	盐碱耕地型	障碍层次型
宁远堡镇	15.06	67.65	8.01		1476.2
双湾镇	15.5	3.02	644.87	2480.45	2099.7
总计	30.55	70.67	652.89	2480.45	3575.9

表 3-20-2　金川区中低产田类型土种面积统计表(hm²)

土种	干旱灌溉型	瘠薄培肥型	沙化耕地型	盐碱耕地型	障碍层次型
淡栗钙土					
固定风沙土			644.87		
灰钙土					
灰棕漠土					804.26
碱化盐土	4.06			702.69	
砾质灰棕漠土	12.34				2371.66
流动风沙土	1.87		8.01		
绿洲薄层灌耕土	0.64	49.54			
绿洲潮薄层灌耕土					225.86
绿洲厚层灌耕土	6.05	21.13			
绿洲硫酸盐灌耕土	5.38			1777.76	
石质灰棕漠土	0.22			0	174.08
总计	30.55	70.67	652.89	2480.45	3575.86

第四节　土壤改良利用分区系统及命名

土壤改良利用分区的目的是为合理开发利用土地资源,实行农、林、牧业的合理布局和科学管理,利用、改良土壤,为金川区农、林、牧业的远景规划提供科学的依据。使之今后在利用土壤资源中真正做到宜农则农,宜林则林,宜牧则牧,使各类土壤都能各得其所,扬长避短,趋利避害,防止土壤退化演变。

土壤改良利用分区是在土壤普查各项资料的基础上,经过归纳整理而形成的土壤普查的综合性成果。其分区的原则是:根据土壤组合、自然条件(包括气候、地貌、植被、水文状况等)、生产水平、主要生产问题、改良利用的方向和相应采取的措施等而划分区域的。

土壤改良利用分区分为两级,第一级为区,第二级为副区。其划分主要根据生物气候因素、地貌类型、土壤的基本属性、肥力水平、障碍因素、利用现状、发展方向及改良措施。

土壤改良利用分区的命名,以该区的地貌—主要土壤类型—改良利用方向,采取三级连续命名法。

第五节　土壤改良利用分区概述

一、北部荒漠戈壁林牧区

本区位于金川区北部,包括北部草原的大部和宁远堡、双湾两镇的部分放牧地。

1.自然条件

本区海拔 1327~2000m,相对高差 673m,地势较平坦,平均坡度小于 1%,气候温和,无霜期为 131~150d;降水极少,年降水量为 100~210mm,蒸发强烈,年蒸发量是降水量的 11 倍以上,干燥度 2.08~5.0;春季多八级以上大风,风沙危害严重,植被极少,呈荒漠戈壁景观。

2.土壤类型特点

本区土壤主要有灰棕漠土、风沙土和盐土,土壤限制因素很多,养分含量极低,由于受风沙危害,沙化极其严重。植被类型为荒漠类草原,主要有骆驼蓬、盐瓜瓜、白刺、梭梭等耐盐抗旱抗风沙的植物,盖度在 5% 左右,且本区土壤植被盖度低、草质差。

3.存在的问题

主要是水源极缺,风沙危害日趋严重,不但严重影响着本区畜牧业生产的发展,而且也威胁着金川区和北部农田的生活和生产。

4.改良利用方向和措施

本区自然条件十分恶劣。在近期内对本区土壤基本无法改良利用,但从长远规划看,随着工农业生产的发展和科学技术的进步,可以先在靠近市区和农田的边缘利用河水灌溉营造城市和农田防护林带。同时,在沿与右旗民勤交界的地下水位较高的公路旁营造大型的防风固沙林带。以后随着自然和经济条件的改善,一层林、一层草、逐渐向内部推进。把本区改造成为金昌市北部的林牧业生产基地。

二、金川井河混灌瓜菜糖果区

本片包括双湾、宁远堡两个镇的全部农区和八一农场的天生坑、小井子分场,市、县及金川工矿机关农场,总土地面积 6.78 万 hm^2。共有 27 个村,160 多个自然村组成,总耕地面积 1.72 万 hm^2,其中乡村净耕地面积 1.16 万 hm^2,占本片土地面积的 17.12%,人均净耕地 0.27 hm^2。

本区海拔 1400~1700m,无霜期 136~150d,降水量 100~158mm,≥0℃积温平均值 3200℃~3800℃,≥10℃积温平均值 2600℃~3300℃。根据其热量条件,也是一季有余,两季不足,适宜间套复种。并由于该地区昼夜温差大,不但适宜瓜果蔬菜作物的种植,而且品质也很好。

本区属龙首山北坡至巴丹吉林沙漠南缘的绿洲部分,南部宁远乡为山前冲积洪积倾斜平原,土壤类型以沙壤土为主,达 0.67 万℃,占耕地面积的 38.91%;其次为黄平土,共 0.34 万℃,占 20.04%。土壤有机质含量为 1.21%,全氮 0.0688%,碱解氮 31mg/kg,有效磷 6mg/kg。北部双湾乡为湖积风积平原,土壤养分较差,有机质平均为 8.61g/kg,全氮 0.53g/kg,碱解氮 26mg/kg,有效磷 4mg/kg。但土壤的物理性状较好,只要注意改良利用,土壤的增产潜力也很大。存在的主要问题:一是有机肥料严重不足,一些离村庄较远的边缘地块,多年仅靠化肥维持目前的生产水平;二是由于地下水位下降,沙生植被退化,荒滩土地沙化严重,农田易受风沙危害;三是由于深井灌溉,过量提取地下水,使水溶性盐分随水浇到地面,久而久之,盐分浓度越来越大,造成土壤次生盐渍化。

本区土壤改良利用方向应当是:大力种草种树,加强农田防护,广开肥源,增施有机肥料,改良培肥土壤,压缩粮食面积,扩大瓜果蔬菜等经济作物,发挥区郊农业的优势,在全区率先致富。具体主要措施,一是充分利用光热资源,扩大绿肥套复种面积,并采用发展畜牧业、城粪下乡等措施,广开农家肥料来源,大量增施有机肥料,建设稳产高产农田;二是调整作物布局,压缩总播种面积,以保证地下水正常开采,达到水土平衡,压缩粮食作物,扩大经济作物;三是在本片西北部风沙沿线,大力营造防风固沙林带,在农区内部积极营造农田防护林,实现农田林网化,改变恶劣的生态环境,保护农田不受风沙危害,

保护金川镍都建设的健康进行。

三、中部温寒干旱低山残丘牧业区

本区位于金川区中部,西起龙首山与右旗、山丹交界处,东至馒头山与民勤交界处。全长102.3km,包括宁远堡、双湾等镇的放牧地,是我金川区第二个牧业集中区,基本无农林业生产。

1.自然条件

本区海拔一般在1600~2500m,气候差异十分显著,从东向西,由温和极干旱区过渡到温凉干旱区、温寒干旱区、寒冷半干旱区、寒冷半湿润区,无霜期108~150d,本区没有河流,更无灌溉设施,水资源主要靠降水,地下水埋藏很深,基本无可利用地下水。

2.土壤类型特点

本区土壤类型以灰棕漠土为主,占本区面积的48.01%;其次是灰钙土,占34.54%;第三是栗钙土,占13.56%。绝大多数土壤比较瘠薄,而且多为石质山地和低山残丘,剥蚀比较严重。

3.存在的问题

主要是干旱缺水,造成植被稀少,盖度很低,除平口峡以西的山间盆地,即大青阳—花草滩—露泉滩一带为半荒漠类草场;熊子山、成山掌—茇岭一带为山地草原类草场外,其余都是荒漠类草场,产草数量少,质量差,草场载畜量严重超载。

4.改良利用方向和措施

本区自然条件较差,土壤改良困难,重点应放在西部采用草原围栏、人工改良、补播牧草、轮换放牧、消灭鼠害等措施,加强草原建设,在能够开采利用地下水的地区,应逐步采用打井抗旱的办法,积极营造草原防护林带,结合封滩育林,争取早日发挥林带效益,削弱草原沙化过程。同时,进行草原水利建设,逐步扩大草场灌溉面积,更好地利用本区土地资源建设金川市以羊只为主的畜牧业生产基地。

第六节　土壤改良利用措施

一、土壤培肥的途径

1.深耕改土,熟化土壤,增厚活土层,改善土壤水\气\热状况,促进土壤微生物活动和作物根系伸展。

2.广辟肥源,大量增施有机肥料,提高土壤有机质含量,建立以有机肥料为主,化肥为辅的施肥制度,积极采取"种、养、积"等措施,"种"就是大种绿肥,实行用地养地相结合;"养"就是大力发展畜牧业;"积"就是收集各种自然肥料。

3.增施磷肥,协调氮磷比例,提高肥效,合理施肥

针对金川区土壤贫磷的实际情况,在目前增施氮肥的基础上,特别强调增施磷肥,以满足作物需要。

(1)早施:磷素在作物体内移动性较小,特别指出的是苗期是作物磷素营养的临界期,是需要的关键时期。因此要早施,提倡磷肥作为基肥和种肥。

(2)集中施:由于金川区土壤为石灰性土壤,土壤中碳酸钙含量比较高,为11.51%,因此施入土壤中的磷易被固定。提倡磷肥与有机肥(如羊粪等)混合堆沤一周左右,集中开沟施入作物根系附近,以利提高磷肥的利用率。

(3)深施:提倡磷肥作基肥使用,深施到作物根部,以减少养分消耗,提高利用率。

(4)因土施磷:由于该区土壤普遍极缺磷,各类土壤都提倡大力增施磷肥。

(5)因作物施磷:把磷肥施到作物对磷素需要量大,反应敏感,并有较好的增产效果的作物上。如豆科作物需磷量大于小麦,小麦大于玉米、谷子,故豆科作物重点施用磷肥,达到"以磷增氮"的目的。

4.巧施氮肥,提高肥效

(1)深施氮肥:采取底施可结合拖拉机或畜力耕地进行,也可在耕前先将氮肥均匀撒施地面,随机耕翻入土,或作种肥随种子用播种机播入地中,然后耙糖。

(2)灌水前深施:一般作物在灌水前3至5天深施于作物根系周围,可防止因浇水发生的淋失和施的浅,而产生的挥发损失。

(3)因土施肥:砂性土可以少吃多餐,黏性土可适当多施。

(4)巧施追肥,保证作物在全生育期间对氮素的利用。

5.施肥与其他措施结合,充分发挥施肥的作用

结合深耕分层施肥,耕后耙糖,可使基肥分布均匀,土肥相融。追施后中耕除草盖土,可以促进肥料分解和保存,提高肥效,避免养分被杂草消耗。在灌溉条件下,施肥应与灌溉紧密结合,一般旱地追肥时,可先施肥,后灌水,使肥料随水渗入土壤,但必须避免水量过大,防止肥料流失。

6.调整作物种植比例,因地、因土种植农作物

要因土种植农作物,从有利于用地、养地出发,不能搞掠夺式的经营,要调整用地作物和养地作物、中耕作物和非中耕作物、夏粮作物和秋粮作物的种植比例,适当压缩夏粮播种面积,增加秋粮播种面积,不论山区和井泉灌溉区,都应因地制宜,扩大蚕豆、豌豆等豆类绿肥作物的种植面积。

二、低产土壤改良

该区低产土壤面积较大,且土壤类型较复杂,因此要因土种植,因土培肥土壤,因土改良土壤。对土层中有胶泥层,质地过黏的青胶泥土、黄胶泥土、浅位胶泥潮沙壤土,可采取加深耕作层,打破犁底层,增厚活土层,大力增施有机肥料,发展豆类、绿肥作物,使根系穿插下扎,疏松土壤,进行掺砂改良质地,改变土壤水肥气热状况;对有漏沙层和质地过砂的薄层沙壤土、浅位漏沙土、浅位夹砂立土、浅位潮漏砂土,可采取大力增施有机肥料,种植绿肥作物,以利提高土壤保水保肥能力;对土层中有料姜存在的土壤,如浅位料姜立土,浅位料姜平土、中位料姜沙壤土,可采取大量增施有机肥料,种植豆类、绿肥作物,进行深翻,增加活土层,改善土壤耕性,促进土壤团粒结构的形成;对轻度盐化立土、轻度盐化平土、中度盐化立土、中度盐化沙壤土,可采取大量摆沙,摆土压碱,伏耕暴晒,种植耐盐碱作物,等措施进行改良土壤。

专题二十一　永昌县中低产土壤类型与改良利用分区研究

永昌县位于甘肃省中部,河西走廊东部的祁连山北麓,为河西走廊咽喉地带,古丝绸之路必经通道。东起于朱王堡镇董家堡村与民勤县蔡旗乡交界处,东南面与武威市凉州区的双城镇、洪祥乡、青林乡接壤;南起于脑儿墩沟脑,与武威市凉州区的金山乡、肃南裕固族自治县皇城镇接界;西起于白石崖沟,与民乐县、山丹县毗邻,西南面与青海省门源回族自治县相邻;北起于河西堡镇与金昌市金川区分界处。属中温带大陆性干旱气候,年平均气温为 5.0℃, 年平均降水量 201.7mm, 年平均蒸发量 1990.2mm, 年平均无霜期 l44d。县域盛行偏西风,8 级以上大风最多年有 40d,平均每年 8d;沙尘暴出现最多年为 12d,平均每年 4~5d。随着经济的快速发展,人类对土壤的无限索取和对自然环境的破坏,以及土壤自身环境恶化,使农业生产受到了严重的威胁。根据永昌县耕地资源管理信息系统耕地地力评价结果,全县中低产田面积达到 4.24 万 hm^2 占总耕地面积的 53%。因此,对全县中低产田土壤类型与改良利用进行分区研究,可以摸清影响中低产田的主要因素,准确划分中低产田的类型;有针对性地提出改良的措施,为当地政府改造中低产田,和合理地利用耕地,提供科学依据。

第一节　目的意义

改造中低产田是挖掘现有耕地的生产潜力,提高全县粮食综合生产能力,保证粮食安全的重要途径,在防止耕地退化、保护生态环境方面具有重要意义。

通过建立永昌县耕地资源管理信息系统,基本摸清了全县土地利用现状、土壤类型和耕层土壤养分空间分布,研究了影响土壤生产的障碍因素,评价永昌县耕地生产潜力,并划分耕地地力等级,为合理利用和科学管理土壤资源提供有效途径。

本文将充分利用永昌县耕地资源信息系统的数据,结合第二次土壤普查资料和测土配方施肥项目研究成果,开展永昌县中低产田土壤的分区与改良技术研究,针对性地提出不同中低产田类型区改良利用措施。合理开发和利用永昌县耕地资源。

第二节 土地利用现状

一、土地利用概况

全县土地总面积 7149km²。其中,耕地 8.22 万 hm²,占全县土地总面积的 11.0%;林地 4.76 万 hm²,占全县土地总面积的 6.4%;草地 17.01 万 hm²,占 22.9%;园地 1243hm²,占全县土地总面积的 0.16%;其他农用地 1.73 万 hm²,占 2.32%。

二、土地利用特点

(一)有机肥量少质差

近几年,随着农作物产量的逐步提高,有机肥已不能满足农作物的需要。而单纯靠化肥增产,致使土壤有机质含量难以积累,但是为什么有机质含量低,而产量在逐年提高,这主要是由于大量增施速效性化学肥料,动用了土壤中潜在养分之故。如果长期大量施用化肥,将会造成土壤板结,浇水后龟裂严重,破坏土壤结构性能,这对作物的生长发育极为不利。

(二)夏秋作物布局不合理,绿肥作物发展缓慢

这主要是农民对种植绿肥认识还没有提高到新的水平,没有变成一种自觉的行动,特别是在人少地多的东西河地区,轮歇地减少,绿肥面积上不去,用地、养地不合理,使地力得不到恢复,由于夏粮作物种植面积大,而经济作物种植面积过小,造成倒茬困难,连作年限过长,地力大量消耗。

(三)低产土壤和不宜发展农业的土壤占有比重较大

永昌县土地总面积 7439.27hm²,折合 74.39 万 hm²。其中,未利用地 41.24 万 hm²,占 55.43%。全县中低产田土壤及不宜发展农业的土壤面积较大。不宜发展农业的土壤限制因素很多,应退耕还牧,低产土壤对农业生产的发展影响也很大,这些土壤中有各种障碍层,有的土壤质地过黏有胶泥层(如青胶泥土、黄胶泥土),有的质地过砂,并且有漏沙层(如浅位漏沙土、浅位潮漏沙土),有的有料姜层(如浅位料姜平土、中位料姜沙壤土等),有的土层太薄(如薄层沙壤土、浅位胶泥潮沙壤土等),有的盐分超过了 4.0g/kg,如中度盐化立土等,而且低产土壤有其共同的特征,即土壤的理化性能较差,多数土壤板结,结构差,土体紧实,速效养分含量低,土壤保水保肥能力差。

第三节 中低产土壤类型的特点

通常情况下,影响农作物产量的主要因素有两方面:一是土壤、温度、降水、光照、大气、地形等自然因素;二是对耕地的管理、物质和科技投入等人为因素。作物的高产、中产、低产是依据耕地相对产量人为划分的,而农业产量的主要限制因素是自然因素,自然条件越差的地区,农业生产受到的限制就越大,农作物产量也就越低。

结合永昌县耕地资源管理信息系统的耕地地力评价结果,将永昌县耕地地力等级为三等的地划分为中产田,将耕地地力等级为四等地和五等地划分为低产田。全县中低产田面积4.24万 hm^2,占总耕地面积的53.0%。其中,中产田面积2.55万 hm^2,占总耕地面积31.8%,主要分布在红山窑乡、新城子乡、城关镇、东寨镇、六坝乡、焦家庄乡、河西堡乡、南坝乡、朱王堡镇,水源镇也有零星分布;低产田面积1.69万 hm^2,占总耕地面积21.2%,主要分布在红山窑乡和新城子镇,六坝乡、南坝乡、河西堡镇及焦家庄乡也有分布,其面积相对较小。

根据永昌县耕地资源管理信息系统的耕地地力评价结果,结合专家的意见和建议,永昌县各乡镇耕作土壤剖面存在一些障碍层,且干旱缺水,土壤沙化,风蚀严重;部分条件差的地区,土壤施肥不到位;土壤局部盐碱化严重。因此,依据《全国中低产田类型划分与改良技术规范》(NY/T310—1996)的划分标准,结合永昌县耕地地力评价中作物产量限制因子的排序情况,综合考虑影响永昌县农作物产量中各类因子及其权重,以及在农业生产中的直观性和改良利用的针对性,专题研究从若干耕地质量评价指标体系中,选定灌溉条件、有机质含量、障碍类型等指标作为划分永昌县中低产田限制因子的限制极限指标。

将各评价单元的属性数据与限制极限指标进行比较,对照全国中低产田耕地类型划分,结合当地实际资源特点,永昌县中低产田依次划分为瘠薄培肥型、沙化耕地型、盐碱耕地型\障碍层次型4种中低产田类型。

表3-21-1 永昌县中低产耕地限制因素及其限制极限指标

限制因子	灌溉限制	干旱限制	瘠薄限制	障碍限制	侵蚀限制
限制极限	没有灌溉条件	全年有效降雨<260mm	有机质含量<2g/kg	红绣砂	风蚀
指 标	灌溉工艺落后	全年有效降雨<300mm	有效磷含量<16mg/kg	分化碎屑	沙化

一、瘠薄培肥型

此类中低产田是指主要由于土壤养分匮乏或失衡引起作物产量低下的耕地,可通过长期培肥加以逐步改良,这类中低产田在境内分布面积较小,面积大约在19.6hm²,占总耕地面积的0.025%左右,主要土种有绿洲薄层灌耕土、绿洲潮薄层灌耕土,少量为绿洲厚层灌耕土;主要分布在水源镇。

二、沙化耕地型

此类中低产田主导障碍因素为风蚀沙化,面积1741.1hm²,占全县总耕地面积的2.17%;主要土种有固定风沙土,少量为流动风沙土;主要分布在水源镇、朱王堡和各乡镇公地。

三、盐碱耕地型

这类中低产田是由于耕地可溶性盐含量和碱化度超过限量,影响作物正常生长的多种盐碱化耕地。其主导障碍因素为土壤盐渍化,以及与其相关的地形条件,地下水临界深度、含盐量、碱化度、pH等。形成主要原因有大水漫灌、自流灌溉以及长期形成的不合理灌溉模式,造成水位上升,地表经长时间形成盐霜、盐斑、盐结皮等。面积约241.5hm²,占耕地面积的0.30%。这类土地容易造成作物苗期斑结和死苗,严重影响农业生产。主要分布在红山窑乡,部分分布在城关镇;涉及土种为绿洲硫酸盐灌耕土、盐化草甸土。

四、障碍层次型

这类中低产田主要是指土壤剖面构型上有严重缺陷的耕地。主要类型有钙积层、潮化、砾质等。面积大约有1.23万hm²,占耕地面积的15.38%。全县各乡镇均有分布,其主要分布在水源镇、红山窑乡,其他各乡镇分布面积相对较小。主要土种有石质灰棕漠土、灰棕漠土、砾质灰棕漠土,少量为暗栗钙土、沼泽草甸土。

表3-21-1 永昌县各乡镇中低产田类型面积统计表(hm²)

乡镇名称	瘠薄培肥型	沙化耕地型	盐碱耕地型	障碍层次型
城关镇			41	269.3
东寨镇				200.9
河西堡镇				463.5
河西堡镇				51.4
红山窑乡			200.5	1118.6

续表 3-21-1

乡镇名称	瘠薄培肥型	沙化耕地型	盐碱耕地型	障碍层次型
焦家庄乡				345.5
六坝乡				465.6
南坝乡				321.1
水源镇	19.6	511.7		3202.1
新城子镇				153.5
朱王堡镇		412.2		329.3
其他		817.1		5384.3
总计	19.6	1741.1	241.5	12305.1

表 3-21-2　永昌县各中低产田类型土种面积统计表(hm²)

土种	瘠薄培肥型	沙化耕地型	盐碱耕地型	障碍层次型
暗栗钙土				13.8
淡栗钙土				
固定风沙土		1618		
灰钙土				
灰棕漠土				1949.6
栗钙土				
砾质灰棕漠土				8908.9
流动风沙土		123		
绿洲薄层灌耕土	1.2			
绿洲潮薄层灌耕土	18.3			
绿洲潮厚层灌耕土				
绿洲厚层灌耕土	0.1			
绿洲硫酸盐灌耕土			125.5	
石质灰棕漠土				1032.1
盐化草甸土			116.1	
沼泽草甸土				400.6
总计	19.6	1741.1	241.5	12305.1

第四节 土壤改良利用分区系统及命名

土壤改良利用分区的目的是为合理开发利用土地资源，实行农、林、牧业的合理布局和科学管理，利用、改良土壤，为永昌县农、林、牧业的远景规划提供科学的依据。使之今后在利用土壤资源中真正做到宜农则农、宜林则林、宜牧则牧，使各类土壤都能各得其所，扬长避短，趋利避害，防止土壤退化演变。

土壤改良利用分区是在土壤普查各项资料的基础上，经过归纳整理而形成的土壤普查的综合性成果。其分区的原则是根据土壤组合、自然条件（包括气候、地貌、植被、水文状况等）、生产水平、主要生产问题及改良利用的方向和相应采取的措施而划分区域的。

土壤改良利用分区分为两级，第一级为区，第二级为副区。其划分主要根据生物气候因素、地貌类型、土壤的基本属性、肥力水平、障碍因素、利用现状、发展方向及改良措施。

土壤改良利用分区的命名，以该区的地貌—主要土壤类型—改良利用方向，采取三级连续命名法。

第五节 土壤改良利用分区概述

根据上述分区原则，将全县分为3个改良利用区和所属7个副区。

一、南部祁连山牧林区

本区位于该县南部的祁连山区，包括西部草原、南部草原的全部和红山窑乡、新城子镇、焦家庄乡、城关镇、东寨镇、南坝乡6个乡镇沿祁连山一带的放牧地，总土地面积10.3万 hm^2，占全县总土地面积的22.8%。其中，草地8.37万 hm^2，占本区面积的81.6%；林地1.04万 hm^2，占本区面积的10.2%；耕地4066.67hm^2。占面积的4.0%；难利用土地4440hm^2，占本区面积的4.33%。

1.自然条件

本区海拔2500~4442m，相对高差1942m。是全县地势最高的地带，属寒冷湿润气候，气温低，无霜期<108d，降水量较多，年降水>311mm，为全县最高。干燥度0.99，为全县最低，水分涵养较好。

2.土壤类型特点

本区土壤、植被垂直带谱十分明显，从海拔4442m下降到2500m，分布着高山草甸土→亚高山灌丛草甸土→黑钙土（阴坡为灰褐土）→栗钙土。自然景观也由高山寒漠景观→高山草甸景观→亚高山灌丛草甸景观→山地森林灌丛草原景观→山地草原景观。

3.存在的问题

一是草原超载过牧严重。据1983年统计，本区放牧20.2个羊单位，比理论载畜量14.2个羊单位超载,5.96个羊单位,超载率41.8%。并由于草场纠纷和混牧抢牧,加重了草场压力。二是开垦种地,破坏植被。至1983年,仅军马场开荒种地达760.9hm²。但因海拔高,气温低,无霜期短,自然灾害多等原因,农作物产量低。

4.改良利用方向和措施

本区土壤改良困难,但应坚决贯彻停止破坏,退耕还牧,保护森林,扩大林区,明确草场使用权,合理放牧,加强草场建设等方针,以避免植被破坏,生态失调,建设水源涵养林区和畜牧业生产基地,积极发展林牧业生产。

二、中部低山丘陵牧业区

本区位于该县中部,西起龙首山与右旗、山丹交界处,东至馒头山与民勤交界处。全长102.3km,包括红山窑乡、焦家庄乡、城关镇、河西堡镇、水源镇、朱王堡镇等乡镇的放牧地,总土地面积25.9万hm²,占全县总土地面积的28.0%。其中,草地10.5万hm²,占本区面积的40.5%;难利用土地15.1万hm²,占本区面积的58.5%。该区是我县第二个牧业集中区,基本无农林业生产。

1.自然条件

本区海拔一般在1600~2500m,最高处达3052m,相对高差1452m。因此,气候差异十分显著,从东向西,由温和极干旱区过渡到温凉干旱区、温寒干旱区、寒冷半干旱区、寒冷半湿润区,无霜期108~150d。本区没有河流,更无灌溉设施,水资源主要靠降水,年降水量100~248mm,地下水位低,基本无可利用地下水。

2.土壤类型特点

本区土壤类型以灰棕漠土为主,面积12.4万hm²,占本区面积的48.0%;其次是灰钙土,面积8.93万hm²,占34.5%;第三是栗钙土,面积3.51万hm²,占13.6%。绝大多数土壤比较瘠薄,而且多为石质山地和低山残丘,剥蚀比较严重。

3.存在的问题

主要是干旱缺水,造成植被稀少,盖度很低,除平口峡以西的山间盆地即大青阳—花草滩—露泉滩为半荒漠类草场;熊子山、成山掌—芨岭一带为山地草原类草场外,其余都是荒漠类草场,产草数量少,质量差,草场载畜量严重超载。

4.改良利用方向和措施

本区自然条件较差,土壤改良困难,重点应放在西部采用草原围栏、人工改良、补播牧草、轮换放牧、消灭鼠害等措施,加强草原建设,在能够开采利用地下水的地区,应逐步采用打井抗旱的办法,积极营造草原防护林带,结合封滩育林,争取早日发挥林带效益,削弱草原沙化过程。同时,进行草原水利建设,逐步扩大草场灌溉面积,更好地利用本区土地资源,建设我县以养殖为主的畜牧业生产基地。

三、走廊绿洲平川农业区

本区位于永昌县县走廊平川地区,包括全县10个乡镇的农区部分和绿洲间的部分荒滩,是该县的农事活动区,全区有111个村民委员会,915个村民小组(生产大队),还有国有永昌八一农场、国营红光园艺场和省、地、县级及机关农林牧场31个。

本区总土地面积25.7万hm^2,占全县总土地面积的27.9%。其中,总耕地面积9.49万hm^2,占本区总土地面积的36.9%(其中,净耕地面积8.51万hm^2,水浇地净耕地8.29万hm^2,占97.40%);林地0.80万hm^2,占本区面积的3.12%;草地1.42万hm^2,占本区面积的0.55%;难利用土地13.2万hm^2,占本区面积的51.16%;在难利用土地中,有96.88%的土地,即12.8万hm^2为宜林荒地。

本区海拔1400~2500m,气候差异较大,海拔1700m以下(俗称铁路以北)属温和极干旱区和温凉干旱区,海拔1700m以上(俗称铁路以南)属温寒干旱区、寒冷半干旱区和寒冷半湿润区。日照由东北向西南逐步减少,太阳辐射和气温由东北向西南逐步降低。无霜期由东北向西南逐步缩短,而降水却由东北向西南逐步增加。

根据自然条件、灌溉方式、土壤类型、作物布局、农业生产水平和今后改良利用的方向措施,又将该区划分为5个片。

(一)西河山水灌溉灰黄平土、黄平土半农半牧片

本片包括新城子镇、红山窑乡两个乡镇的农区部分和黑土洼分场,总土地面积4.56万hm^2。占该区总土地面积的17.75%。共24个村,204个自然村,8100户,4.19万人,劳力1.75万人,耕地面积2.83万hm^2。其中,乡村净耕地面积2.23万hm^2,占该区净耕地面积的26.22%,占本片面积的48.93%。

本片海拔2200~2500m,无霜期108~122d,降水量248~311mm,≥0℃积温平均1900℃~2400℃,≥10℃积温平均1200℃~1700℃。

本片属西大河上游冲积洪积倾斜平原,是该县地多人少的地区,乡村人均净耕地达7.97亩,土地连片集中,地块大而平坦,有利于机械化耕地,耕地土壤类型多为灰黄平土,面积达5878℃,占耕地面积的20.80%;其次为黄平土,达5795.53℃,占20.51%。土壤有机质含量较高,达20.51~23.26g/kg,碱解氮含量为66.79mg/kg,速效磷平均为25.4~33.03mg/kg,主要限制因素和存在的问题:一是热量不足,勉强种植一季农作物,易

受霜冻危害,沿山村队粮食(特别是小麦)籽粒不饱满,品质较差;二是地多人少,肥料不足,不少耕地施不上农家肥料,靠轮歇制恢复地力,靠化肥维持现有生产水平;三是作物布局不合理,粮食作物占总播种面积的84%,而小麦、啤酒大麦又占粮食作物的85%,造成小麦连作重茬,夏秋用水矛盾突出,不能适时适量灌溉。

本片土壤改良利用的方向是:有计划的退耕还牧,发展畜牧业生产,广开农机肥料的来源,调整种植业内部结构,扩大饲草饲料面积,逐步过渡为半农半牧地区。具体主要措施:一是沿山村队有计划的退耕还牧,种植牧草饲料,发展畜牧业,增加有机肥料的来源;二是继续搞好平田整地,兴修水利等农田基本建设,改善农业生产基本条件,改大水漫灌为块灌,提高灌水技术,防止水肥流失;三是压缩粮食作物,压缩小麦面积,扩大油料和绿肥作物,实行小麦、啤酒大麦—胡麻(油菜)—绿肥或小麦的轮作制,做到用地养地相结合;四是增施有机肥料,加大配方肥的施用面积,改良培肥土壤。

(二)城郊泉水灌溉灰黄平土粮油片

本片指永昌县城城郊,包括焦家庄乡、城关镇两个乡镇的农区部分和永昌羊场、永昌县小坝良种场。总土地面积1.47万 hm^2,占该区总土地面积的5.72%。共有21个村,168个自然村,6200户,3.09万人,劳力1.43万人。耕地面积0.74万 hm^2,其中乡村净耕地0.63万 hm^2,占该区净耕地面积的7.38%,占本片面积的42.73%。人均净耕地3.06亩,是该县地少人多的地区之一。本片海拔1800~2200m,无霜期120~136d,降水量158~248mm,≥0℃积温平均值2400℃~3100℃。≥10℃积温平均值1700℃~2600℃。

本片属西大河中下游和祁连山山前冲积洪积倾斜平原,地势南高北低,地块比较集中,多呈台阶式。由于靠近县城,地少人多,土地加工较为精细,土壤类型多为灰黄平土。面积0.51万℃,占耕地面积的69.19%,土壤质地多为轻壤—中壤。有机质含量19.9~21.75g/kg,碱解氮平均为61.17mg/kg,速效磷平均为42.90mg/kg。主要限制因素和存在的问题,一是热量不足,能种植一季农作物;二是随着近年来城郊蔬菜产业的发展,引起连作年限过长,夏秋用水紧张。

本片土壤改良利用的方向应当是:调整作物布局,扩大经济作物面积。充分利用三荒地,大搞种草种树,广开肥料来源,合理使用化肥,培肥土壤。建设高产稳产农田,具体主要措施:一是适当压缩粮食作物面积,扩大经济作物,压缩小麦、啤酒大麦面积,加大蔬菜面积,做到合理轮作倒茬;二是克服本片耕地少,气候不适宜农区种草的困难,充分利用三荒地和南山坡,大搞植树造林,种植牧草,发展畜牧业,扩大肥料来源;三是增施有机肥,配方施肥,合理施肥;四是进一步搞好平田整地、农田水利等基本建设,不断改良培肥土壤,建设稳产高产农田。

(三)东河山水灌溉改良黄平土粮油片

本片包括东寨镇、六坝乡、南坝乡的全部农区和八一农场的玉皇地、东寨、青山三个分场及红光园艺场。总土地面积5.30万 hm^2,占该片总土地面积的20.56%。共27个村,199个自然村,5200户,2.65万人,劳力1.25万人,耕地面积2.63万 hm^2。其中乡村净耕地面积1.93万 hm^2,占本片土地面积的36.41%。

本片海拔1700~2000m,无霜期131~136d,降水量158~210mm,≥0℃积温平均值2700℃~3200℃,≥10℃积温平均值2100℃~2600℃。

本片属东大河中上游冲积洪积倾斜平原,地势西南高、东北低,土地面积大,人均净耕地10.92亩,是该县人均耕地最多的地区。本片土壤发育于冲积洪积母质,以黄平土居多,为1.67万 hm^2,占本片耕地土壤的63.56%。

这些土壤结构较紧密,质地较黏重,加之长期广种薄收,耕作粗放和大水串灌漫灌,致使本片土壤僵硬板结,熟土层薄,障碍层浅,养分状况差,产量水平低的低产农业土壤。据化验,该土壤有机质含量一般在17.67~19.44g/kg,全氮0.9~0.1.12g/kg,碱解氮48.43~57.24mg/kg,速效磷32.99~45.25mg/kg。土壤瘠薄、肥料不足、耕作粗放、广种薄收是本片土壤利用最突出的问题。本片土壤改良利用的方向应当是:大力种草,发展畜牧,增施农家肥料,改良土壤理化性质,实行科学种田,改低产田为中产高产田,稳步发展粮油生产,重点建设好粮食基地。具体主要措施:一是充分利用本区土壤资源丰富的优势,大力发展绿肥,这是改变肥料不足,土壤瘠薄的根本途径,只有解决好这个问题,才能充分发挥其他自然条件的作用,利用轮歇地单种绿肥变轮歇制为草田轮作制。二是调整作物布局,建成以啤酒大麦为主的粮食产地,同时有利于轮作倒茬。实行小麦、啤酒大麦—经济作物的轮作制;三是继续狠抓平田整地,深翻改土的农田基本建设,改进灌溉制度和灌水技术,改大水串灌漫灌为沟灌块灌,以提高水的利用率和防止土肥流失;四是充分发挥本区土壤资源丰富的优势,利用长期撂荒地和荒滩,积极营造成片林和农田防护林,实现农田林网化,改善生态环境。

(四)河西堡河泉混灌灰黄平土—黄平土粮菜片

本片包括河西堡镇的全部农区和工业工矿,土地面积1.31万 hm^2,占该片总土地面积的5.09%。共有12个村,101个自然村,农业人口3900户,1.87万人,劳力0.87万人。总耕地面积0.32万 hm^2,其中净耕地0.29万 hm^2,占本片总面积的22.25%;人均净耕地2.38亩,是该县人均耕地面积最少的地区。

本片海拔1700~1800m,无霜期136d,降水量158mm左右,≥0℃积温平均值3200℃左右,≥10℃积温平均值2600℃左右。

本片属龙首山东部的山间盆地,南、西、北三面环山,东面开口与清河相连,为山前倾斜平原,地势为西高东低。由于地少人多,靠近工矿,农家肥积攒较方便,施肥水平较高,历史上曾出现过小麦平均亩产全市最高的河西一队。土壤以灰黄平土为主,为951.87hm²,占本片耕地面积的29.92%,其次为黄平土746.87hm²,占23.47%。土壤养分状况中等,有机质含量为17.11g/kg,全氮0.89g/kg,碱解氮53.03mg/kg,速效磷33.78mg/kg。存在的主要问题:一是作物布局不合理,粮食作物面积过大,占总播种面积的91.57%,经济作物面积小;二是大片地势平坦的宜林荒地没有得到利用,林地面积仅329.47hm²,占本片面积的2.51%。

本片土壤改良利用的方向:压缩粮食作物,扩大经济作物种植,逐步开发荒滩,种草种树,发展畜牧,为城镇居民提供菜、肉等农产品。具体主要措施:一是利用靠近城镇工矿的优势,大力积造农家肥料,增施有机肥;培肥高产田,在提高粮食单产上下功夫。二是采用温室、塑料大棚等先进技术,扩大蔬菜种植面积,提供市场需要。三是充分利用荒滩资源,逐步开发营造用材型成片林和农田防护林;利用三荒地种草,发展畜牧业。

(五)清河井泉混灌灰黄平土、沙壤土粮食瓜果蔬菜片

本片包括朱王堡镇、水源镇两个乡镇的全部农区和部分机关农林场,总土地面积6.33万公顷,占该片总土地面积的24.56%。共有24个村,221个自然村,8100户,4.24万人,劳力2.09万人。总耕地面积1.26万hm²,其中乡村净耕地面积1.09万hm²,占本片土地面积的17.16%,人均净耕地3.84亩。

本片海拔1400~1600m,无霜期144~150d,降水量100~135mm,≥0℃积温平均值3500℃~3800℃,≥10℃积温平均值3000℃~3300℃,根据热量条件,是一季有余,两季不足,适宜发展间套复种的地区。本片属武威盆地边缘,为东大河、西营河冲积洪积扇泉水露出带以北的淤积湖积细土平原,地势平坦,坡度0.3%~0.6%。本片历史上是该县耕作精细、施肥较多、管理较好的高产区。

由于气候等自然条件和人粪生产活动的影响,土壤水肥气热状况较好,土壤类型以灰黄平土为主。共0.33万hm²,占耕地面积的26.37%;其次为沙壤土0.29万hm²,占22.22%。有机质含量15.76~16.39g/kg,全氮0.95~1.03g/kg。碱解氮47.49~51.87mg/kg,速效磷22.08~26.28mg/kg。存在的主要问题:一是粮食作物面积大,经济作物面积小,适合发展瓜菜作物的自然优势没有发挥;二是近年来制种玉米和洋葱产业的发展,造成连作年限过长,病虫危害上升;三是化肥用量增加,最高的达亩施200kg商品肥,提高了作物生产成本,同时也不利于高产稳产农田的建设;四是由于地下水位下降,沙生植被退化,荒滩土地沙化严重,农田受风沙威胁很大,有的年份沿风沙线农田被埋没,对生产危害很大。

本片土壤改良利用方向:加强林业、水利建设;保护保证农业生产的持续发展;在决不放松粮食生产的同时,建设商品性瓜果蔬菜基地,增加农民收入,尽快致富。具体主要

措施:一是调整作物布局,压缩粮食作物,扩大瓜果、蔬菜等经济作物,在粮食作物中,压缩小麦面积,扩大玉米、豆类等饲料作物。二是发展绿肥面积,利用光热资源,进一步培肥土壤,降低化肥用量和生产成本,同时种草养畜,加强农机肥料的积造,建设稳产高产农田;三是在风沙沿线积极营造防风固沙林带,继续抓好农田林网化建设,以改善生态条件,保护农田,同时加快发展果木经济林,以繁荣市场,活跃经济,提高人民生活水平。

第六节　土壤改良利用措施

一、土壤培肥的途径

1.深耕改土,熟化土壤,增厚活土层,改善土壤水气热状况,促进土壤微生物活动和作物根系伸展。

2.广辟肥源,大量增施有机肥料,提高土壤有机质含量,建立以有机肥料为主,化肥为辅的施肥制度;积极采取"种、养、积"等措施,"种"就是大种绿肥,实行用地养地相结合,"养"就是大力发展畜牧业,"积"就是收集各种自然肥料。

3.增施磷肥,协调氮磷比例,提高肥效,合理施肥

针对该县土壤贫磷的实际情况,在目前增施氮肥的基础上,增施磷肥,以满足作物需要。氮磷比例调整到1∶0.5为宜,这样可以有效地解决土壤中氮磷比例失调的突出矛盾,缓和作物对土壤磷素的大量吸收,逐渐使土壤中的速效养分积累,而免遭"掠夺"式的吸收。

(1)早施:磷素在作物体内移动性较小,特别指出的是苗期是作物磷素营养的临界期,是需要的关键时期。因此要早施,提倡磷肥作为基肥和种肥。

(2)集中施:由于该县土壤为石灰性土壤,土壤中碳酸钙含量比较高,为11.51%,施入土壤中的磷易被固定。因此,提倡磷肥与有机肥(如羊粪等)混合堆沤一周左右,集中开沟施入作物根系附近,以利提高磷肥的利用率。

(3)深施:提倡磷肥作基肥使用,深施到作物根部,以减少养分消耗,提高利用率。

(4)因作物施磷:把磷肥施到作物对磷素需要量大,反应敏感,并有较好的增产效果的作物上。如豆科作物需磷量大于小麦,小麦大于玉米、谷子,豆科作物重点施用磷肥,达到"以磷增氮"的目的。

4.巧施氮肥,提高肥效

(1)深施氮肥:采取底施可结合机械作用进行,也可在耕前先将氮肥均匀撒施地面,随机耕翻入土,或作种肥,随种子用播种机播入地中,然后耙糖。

(2)灌水前深施:一般作物在灌水前3~5d深施于作物根系周围,可防止因浇水发生

的淋失和施得浅而产生的挥发损失。

（3）因土施肥：砂性土可以少吃多餐，黏性土可适当多施。

（4）巧施追肥：保证作物在全生育期间对氮素的利用。

5.施肥与其他措施结合，充分发挥施肥的作用

结合深耕分层施肥，耕后耙糖可使基肥分布均匀，土肥相融。追施后中耕除草盖土，可以促进肥料分解和保存，提高肥效，避免养分被杂草消耗。在灌溉条件下，施肥应与灌溉紧密结合，一般旱地追肥时，可先施肥，后灌水，使肥料随水渗入土壤，但必须避免水量过大，防止肥料流失。

6.调整作物种植比例，因地、因土种植农作物

要因土种植农作物，从有利于用地、养地出发，不能搞掠夺式的经营，要调整用地作物和养地作物、中耕作物和非中耕作物、夏粮作物和秋粮作物的种植比例，不论山区和井泉灌溉区，都应因地制宜，扩大豆类、绿肥作物的种植面积。

二、低产土壤改良

该县低产土壤面积较大，且土壤类型较复杂，因此要因土种植，因土培肥土壤，因土改良土壤。对土层中有胶泥层，质地过黏的青胶泥土、黄胶泥土、浅位胶泥潮沙壤土，可采取加深耕作层，打破犁底层，增厚活土层，大力增施有机肥料，发展豆类、绿肥作物，使根系穿插下扎，疏松土壤，进行掺砂改良质地，改变土壤水肥气热状况；对有漏沙层和质地过砂的薄层沙壤土、浅位漏沙土、浅位夹砂立土、浅位潮漏砂土，可采取大力增施有机肥料，种植绿肥作物，以利提高土壤保水保肥能力；对土层中有料姜存在的土壤，如浅位料姜立土、浅位料姜平土、中位料姜沙壤土，可采取大量增施有机肥料，种植豆类、绿肥作物，进行深翻，增加活土层，改善土壤耕性，促进土壤团粒结构的形成；对轻度盐化立土、轻度盐化平土、中度盐化立土、中度盐化沙壤土，可采取大量摆沙，摆土压碱，伏耕暴晒，种植耐盐碱作物，等措施进行改良土壤。

专题二十二 白银区中低产田类型划分与改造

第一节 概况

由于白银市白银区自然条件的限制和农田基本设施等原因,在有水源保证的南部灌区,作物产量可达到400kg/亩以上,但是在白银区北部的地块产量几乎都在400kg/亩以下,其耕地数量占据了全区总耕地面积的65.6%左右。这部分耕地面积大,但其上各种作物产量低而不稳,严重困扰着当地农村经济的发展和农民生活水平的提高。

改造中低产田是改良土壤,改善农业生产条件,提高农业综合生产能力,建设社会主义新农村的一项重要措施.同时,具有保证粮食安全和保护生态环境的双重意义,而且是实现土地资源可持续利用和经济可持续发展的重要途径。近年来,白银市白银区农业部门广泛发动群众,加大投资力度,加强项目管理,因地制宜,针对土壤主要障碍因素,采取工程措施和生物措施相结合,田内田外相结合,增肥、改土、治水、良种、良法相结合等方式,对中低产田进行综合治理,使得农业基本生产条件和土壤肥力有了较为明显的改善,但其综合治理的成效还有待于进一步扩大和提高。

本专题结合甘肃省白银市白银区耕地地力评价结果,对白银市白银区中低产限制因素进行了深入分析,依照各类限制因素划分了障碍类型,并提出了具体的改造技术与措施,旨在为增强白银市白银区中低产耕地的综合生产能力,进一步优化白银市白银区农业结构,提高土地利用率和产出率,改善该区农业生产条件提供帮助。

第二节 调查方法

本项专题调查研究是在充分利用白银市白银区耕地地力评价结果的基础上展开的,为了全面、细致地做好本项专题研究,甘肃农业大学资源与环境学院会同白银市农业技术服务中心,专门组建了"白银市白银区中低产田类型划分与改造研究"工作组,欲借助前者在耕地地力评价工作中积累的大量数据和在中低产田改造方面的技术优势,切实分析白银市白银区中低产田的限制因素,并针对依照限制因素种类划分的障碍类型,提出具体的改造技术和措施。

本项专题调查研究工作组的主要职责是负责调查收集基础资料,制作相关图件和撰写专题研究报告,并协调白银市农技中心的专业人员参与研究并提供帮助。

本项专题调查研究中采用了抽样调查的方法,对各等级耕地作物产量状况进行了数据分析与汇总,同时系统整理白银市白银区耕地地力评价工作中收集到的"耕地地力调查点基本情况及化验结果数据表""耕地资源管理单元属性数据表""土地利用现状地块数据表""土壤典型剖面属性数据表",以及"土地利用现状图""地形图"等数据及图件资料,对造成作物产量低下的各类障碍因素进行指标的筛选与权重的划分,最终通过确定中低产田类型而提出相应的改造措施。

第三节　调查结果与分析

一、白银市白银区耕地地力评价结果及中低产田的划分与分布

(一)耕地地力评价结果

通过在白银市白银区耕地资源管理信息系统中建立的耕地潜在地力评价模型,利用样点数与耕地地力综合指数制作累计频率曲线,且根据样点分布的频率,分别用耕地地力综合指数 >0.725,0.699~0.725,0.67~0.699,0.648~0.67<0.648,将白银市白银区耕地地力分为5级,并绘制出相应的白银市白银区耕地地力等级图。

由白银市白银区耕地地力评价等级图可以看出,一等地主要分布在水川镇、四龙镇和强湾乡的部分地区,基本上都属于河流低阶地,灌溉条件比较好,土壤较肥沃,日照充足。二等地主要分布在四龙镇、王岘镇、水川镇和强湾乡的部分地区,与一等地交叉分布现象。二等地土层深厚,地貌条件较好,对耕地地力影响较大。该地区农业基础设施基本配套成型,机械化水平较高,农业技术普及率呈中等水平。三等地主要分布在强湾乡,其他各乡镇均有少量分布。该地区地形较复杂,土地不平坦,较平坦的耕地面积小且不连片,有机质、有效磷等的养分含量低,产量下降。四等地主要分布在武川乡、强湾乡和王岘镇,四龙镇和水川镇有零星分布。五等地主要分布在武川乡、强湾乡和王岘镇,四龙镇有零星分布,该地区地形复杂,成土母质多为残积物和冲积物,土壤有机质及养分含量低,形成了粮食产量不高的局面。

依照白银市白银区不同类型土壤的产量水平调查结果,并结合《全国耕地类型区、耕地地力等级划分》(NY/T 309—1996)中的相关术语,本项目评价结论中的耕地地力级别与国家标准的对应关系见下表3-22-1。

通过表 3-22-1 可知,地力等级的高低与地貌类型、灌溉或降水条件有着密切的联系,呈现出明显的地域分布规律。随着耕地地力等级的降低,地貌类型呈现河流低阶地—黄土丘陵—剥蚀丘陵—中山的大致变化趋势。另外,年降水量和地域差异也是造成耕地地力等级变化的重要因子。

表 3-22-1　白银市白银区耕地地力级别与国家标准的对应关系

国家标准级别	五	六	七	八	九
项目结论级别	一	二	三	四	五
地形部位	河流阶地	河流阶地	河流、河谷阶地	河谷阶地、塬面、梁面平地和缓坡地	河谷、塬、梁、峁坡
坡度	地面坡度<3°	田面平整,地面坡度<5°,部分<3°		坡度<5°	坡度 5°～25°
灌溉条件	保灌 3 次/年,保证率>80%			部分能灌溉	无灌溉条件
耕层厚度(cm)	>20		>18	>15	0～15
耕层质地		粉砂质壤土、壤土、粘壤土			
耕层理化性状 有机质(%)	0.5～1.5	0.5～1.0	0.5～1.4	0.5～1.5	0.5～1.3
耕层理化性状 全氮(%)	0.030～0.100	0.030～0.060	0.030～0.100		0.030～0.09
耕层理化性状 有效磷(mg/kg)	5～27	8～15	5～27	3～15	2～15
耕层理化性状 速效钾(mg/kg)	100～200	110～150	100～200	90～200	50～200
耕层理化性状 pH(水浸)		7.5～8.5			
熟制	一年二熟或二年三熟	一年一熟或二年三熟		一年一熟	
产量水平(kg/亩)	500～600	400～500	300～400	200～300	100～200

对各级别耕地面积的统计结果表明,白银市白银区耕地总面积为 11633.4hm²,各等级耕地面积比例差异不大,五等地面积最大,占到了总耕地面积的 35.64%;其次是三等地、二等地一等地,分别占到总耕地面积的 19.72%、19.31%、15.10%;四等地面积最小,占

总耕地面积的 10.21%，具体数据见表 3-22-2。

表 3-22-2 白银市白银区耕地地力等级及面积统计

等级	一等地	二等地	三等地	四等地	五等地
面积(公顷)	1757.2	2247.6	2294.3	1188.2	4146.1
占总耕地面积(%)	15.10	19.32	19.72	10.21	35.64

(二) 中低产田划分与分布

专项调查研究工作组依据《全国中低产田类型划分与改良技术规范》(NY/T310—1996)，在总结白银市白银区以往中低产田调查成果的基础上，结合目前白银市白银区耕地质量的实际情况和特点，将评级结果属较低等级（三至五等）的耕地划定为中低产田。同时，为了进一步明确白银市白银区耕地地力水平与中低产田的关系，本专题中将白银市白银区耕地地力为三、四等地对应的耕地界定为中产田，将五等地对应的耕地界定为低产田。

白银市白银区中产田在全区各乡镇范围内均有分布，但在强湾乡、武川乡、王岘镇和四龙镇面积较大。低产田几乎全分布在武川乡。对白银市白银区各乡镇中低产田面积分布的统计结果见表 3-22-3。

表 3-22-3 白银市白银区中低产田面积统计

乡镇名称	耕地总面积(hm²)	高产田		中产田		低产田	
		面积(hm²)	比例(%)	面积(hm²)	比例(%)	面积(hm²)	比例(%)
强湾乡	2326.44	601.41	25.85	1573.12	67.62	151.91	6.53
水川镇	2096.51	1983.68	94.62	112.82	5.38	0	0
四龙镇	1331.30	909.55	68.32	384.16	28.86	37.59	2.82
王岘镇	1335.72	510.17	38.19	647.17	48.45	178.39	13.36
武川乡	4543.36	0	0	765.19	16.84	3778.18	83.16
合计	11633.33	4004.80	34.43	3482.46	29.94	4146.08	35.64

二、白银市白银区中低产田限制因素的确定和障碍类型的划分

(一)限制因素的确定

通常情况下,影响农作物产量的主要因素有两方面:一是土壤、温度、降水、光照、大气及地形等自然因素;二是对耕地的管理、物质和科技投入等人为因素。作物的高产、中产、低产是依据耕地相对产量人为划分的,而农业产量的主要限制因素是自然因素,自然条件越差的地区,农业生产受到的限制就越大,农作物产量也就越低。

白银市白银区位于黄河中上游,甘肃中部腹地,海拔高度在1500~2200m,平均海拔1709.2m;气候属温带大陆性干旱、半荒漠气候,境内丘陵交错,川塬相间,其主要特点是四季分明,光照充足,气候干燥,多风少雨。

综合考虑该影响该县农作物产量中各类因子及其权重,以及在农业生产中的直观性和改良利用的针对性,专题研究组从若干耕地质量评价指标体系中选定灌溉条件、有机质含量、坡度这三个主要指标,以及测土配方项目的具体调查数据,作为划分白银市白银区中低产田的依据。具体限制指标见表3-22-4。

表3-22-4 白银市白银区中低产耕地限制因素及其限制极限指标

限制因子	干旱限制	地形限制	瘠薄限制
限制极限指标	灌溉条件	坡度>10°	有机质含量≤12g/kg

(二)障碍类型的划分

将各评价单元的属性数据与限制极限指标进行比较,对照全国中低产耕地类型划分,结合当地自然资源特点,工作组将白银市白银区中低产田依次划分为瘠薄培肥型、坡地梯改型、干旱灌溉型、障碍层次型和盐碱耕地型5种中低产田类型。

对各类中低产田在各乡镇分布的统计数据见表3-22-5。

表3-22-5 白银市白银区各类中低产田分布情况统计(hm²)

障碍类型	乡镇					总计
	强湾乡	水川镇	四龙镇	王岘镇	武川乡	
干旱灌溉型	698.80	38.62	210.82	690.75	488.07	2127.06
比例(%)	32.85	1.82	9.91	32.47	22.95	27.88
瘠薄培肥型	208.02	0.80	140.09	65.42	3619.53	4033.86
比例(%)	5.16	0.02	3.47	1.62	89.73	52.88

续表 3-22-5

障碍类型	乡镇					总计
	强湾乡	水川镇	四龙镇	王岘镇	武川乡	
坡地梯改型	774.54	58.66	68.57	68.68	435.76	1406.21
比例(%)	55.08	4.17	4.88	4.88	30.99	18.43
盐碱耕地型	3.07	14.74	0.00	0.00	0.00	17.81
比例(%)	17.22	82.78	0.00	0.00	0.00	0.23
障碍层次型	40.59	0.00	2.28	0.70	0.00	43.58
比例(%)	93.15	0.00	5.24	1.61	0.00	0.57
总计	1725.02	112.82	421.76	825.55	4543.36	7628.52
比例(%)	22.61	1.48	5.53	10.82	59.56	100.00

1. 瘠薄培肥型

主要由土壤养分匮乏或失衡引起作物产量低下的耕地，可通过长期培肥逐步改良。这类中低产田在白银市白银区内分布较零散，三到五级耕地均有对应，总面积达 4033.86hm²，占白银市白银区耕地总面积的 34.67%，占白银市白银区中低产田面积的 52.88%。主要土种为山原耕地灰钙土、灰钙土、耕灌灰钙土和淡灰钙土等。

2. 干旱灌溉型

此类中低产田是指白银市白银区行政区划范围内耕地地力为三等，具备水资源开发条件，可以通过发展灌溉加以改造的耕地。这类中低产田的障碍因素主要为水利设施及水资源利用效率不高引起的土壤水分亏缺。主要分布在白银市白银区河谷川区和周边具备水资源开发潜能的区域，总面积 2127.06hm²，占白银市白银区耕地总面积的 18.28%，占白银市白银区中低产田面积的 27.88%。涉及土种主要为灰钙土、耕灌灰钙土、山原耕种灰钙土等。

3. 坡地梯改型

白银市白银区坡地梯改型中低产田是指白银市白银区行政区划范围内耕地地力为三到五等地，且无灌溉条件，坡度在 10°以上的坡耕地，地貌类型为黄土丘陵。这类中低产田的障碍因素主要为坡度引起的灌溉条件缺失，可以通过修筑梯田梯埂等田间水保工程加以改良治理。这类中低产田在全区范围内分布面积广泛,总面积 1406.21hm²,占白银市白银区耕地总面积的 12.08%,占白银市白银区中低产田面积的 18.41%。涵盖的主要土种有灰钙土、山原耕种灰钙土、淡灰钙土等。

4.障碍层次型

白银市白银区障碍层次型耕地零星分布在三到五等地中,土壤中夹杂着砾石,土地较薄,可以通过加深耕层、增施有机肥和秸秆还田等措施加以改良治理。这类中低产田在全区范围内分布面积较小,总面积 43.58hm²,占白银市白银区耕地总面积的 0.37%,占白银市白银区中低产田面积的 0.57%。涵盖的主要土种有灰钙土、山原耕种灰钙土和红黏土。

5.盐碱耕地型

此类耕地主要分布在五等耕地,由于耕地可溶性盐含量和碱化度超过限量,影响作物正常生长的多种盐碱化耕地。其主导障碍因素为土壤盐渍化。可以通过修筑灌溉、洗盐工程和排水设施,平整土地并且种植林带植被等加以改良治理。这类中低产田在全区范围内分布面积最小,总面积 17.81hm²,占白银市白银区耕地总面积的 0.15%,占白银市白银区中低产田面积的 0.23%。涵盖的主要土种是淡灰钙土和耕种淡灰钙土。

第四节　白银市白银区中低产田改良

(一)白银市白银区中低产田改良技术规范

针对白银市白银区三种中低产田障碍因素类型,项目组结合《全国中低产田类型划分与改良技术规范》(NY/T 310—1996),提出以下改良技术规范,见表 3-22-6~3-22-10。

表 3-22-6　白银市白银区干旱灌溉型改造技术规范

改造措施		改造标准
灌溉工程		骨干引水工程及提水设施(动力)达到 10 年一遇,田间工程达到 5 年一遇,保灌 2~3 次,毛灌溉定额 250~300m³ 以上
平整土地		达到不同灌溉方式(井、渠、喷、滴)的要求
耕作培肥	加深耕层	加深 3~5cm(耕层厚度大于 20cm)
	增施有机肥	每年 3000~4500 kg/hm²,连续 3~5 年
	秸秆还田	缺燃料地区 30%~50%(秸秆或面积),不缺燃料地区大于 50%(秸秆量或面积),连续 3~5 年
	种植绿肥	20%~30%,连续 3 年
林带植被建设(乔灌果合计)		占地面积 5%~10%

表 3-22-7　白银市白银区坡地梯改型改造技术规范

改造措施		改良标准
梯田工程		参照北方山地丘陵棕壤褐土耕地类型区坡地梯改型的梯田规格
林带植被建设		林、草、作物总植被覆盖率>80%(无裸露面积)
耕作培肥	深翻	3 年内深耕 1~2 次，加深耕层 3~5cm，耕作熟化层达到>15~20cm
	种植制度	粮食套种黄豆、麦茬、短期绿肥、麦、油、豆轮作，连续 3~5 年
	秸秆还田	小麦留高茬 15~20cm，连续 3 年；缺燃料地区 30%~50%(秸秆量或面积)，不缺燃料地区>50%，连续 3~5 年
	增施有机肥	每亩 2000~3000kg，连续 3 年

表 3-22-8　白银市白银区瘠薄培肥型改造技术规范

改造措施		改良标准
平整土地及条田建设		平坦塬面及缓坡地规划成条田
林带植被建设		林、草、作物总植被覆盖率>80%(无裸露面积)
耕作培肥	深翻	3 年内深耕 1~2 次，加深耕层 3~5cm，耕作熟化层达到>15cm
	种植制度	粮食套种黄豆、麦茬、短期绿肥、麦、油、豆轮作，连续 3~5 年
	秸秆还田	小麦留高茬 15~20cm，连续 3 年；缺燃料地区 30%~50%(秸秆量或面积)，不缺燃料地区>50%，连续 3~5 年
	增施有机肥	每亩 2000~3000kg，连续 3 年
	校正施肥	每亩磷肥 60kg，连续 3 年

表 3-22-9　白银市白银区盐碱耕地型改造技术规范

改造措施		改良标准
工程系统	灌溉、洗盐工程	水 10500~18000 m³/hm²
	排水工程	地下水位将至 2m 以下，100cm 土地内盐分达到彻底脱盐标准，含盐量下于 0.2%(氯化物为主)或含盐量小于 0.3%(硫酸盐为主)
	平整工程	建成大于 2 hm² 的格田，畦面高差 3~5cm
	林带植被建设	占地面积大于 15%

续表 3-22-9

改造措施		改良标准
耕作培肥	种植绿肥牧草	间、套、复、轮,3 年重复一次
	增施有机肥	30000~45000kg/hm², 连续 3 年
	校正施肥	每公顷磷肥 600kg, 连续 3 年
	耕作	秋耕冬灌, 春灌春耙, 灌后及时中耕, 作物收获后及时翻耕
挖盐斑推盐土等		每年春天进行挖盐斑推盐土
施石膏		对碱化土, 每公顷施石膏 2500~3000kg

表 3-22-10 白银市白银区障碍层次型改造技术规范

改造措施		改良标准
平整土地		田面坡度 <3°
耕作培肥	加深耕层	3~5cm(耕层厚度大于 20cm)
	增施有机肥	每年 30000~45000kg/hm², 连续 3~5 年
	秸秆还田	缺燃料地区 30%~50%(秸秆量或面积), 不缺燃料地区 >50%(秸秆量或面积), 连续 3~5 年
	种植绿肥	30%, 连续 3 年
	校正施肥	每公顷磷肥 600~900kg, 连续 3 年
林带植被建设(乔灌合计)		占地面积 10%
其他		开发适当的水利设施, 增加抗旱能力, 每年能灌 2-3 次

(二)白银市白银区中低产田改良措施

结合各类中低产田的改良技术规范,总结当地农民群众因土耕作、因土种植、因土施肥、因土改良利用等方面的经验,提出针对白银市白银区的中低产田改良措施:

(一)发展旱地灌溉与综合治理

发展旱地灌溉是解决降水的时空分布不均,解决春旱、夏旱和秋旱的根本措施,发展旱地灌溉增产增收的效果显著。因此,对水资源充沛,具有潜在灌溉能力的乡镇,兴修水利,加强农田水利基本建设,大力提倡科学用水,防止养分流失,有条件的地方可以发展喷灌、微灌和渗灌等先进的灌水技术,实行沟、渠、畦灌等方式,充分利用一切水利设施,广开水源,整平土地,提高水资源的利用率,以充分发挥水肥一体化的综合效益。同时,还需遵循农业可持续发展原则,大力发展节本增效工程与生物工程相结合的综合治理,可将白银市白银区东北部坡度较大、产量较低的农田退耕还林、还草,以增加地表覆盖度,减少冲刷,提高含蓄水能力。

(二)改良中产田土壤的理化性状

土壤肥力包括土壤本身养分含量的多寡和理化性状好坏两个方面。因此,土壤理化性状是土壤肥力高低地一个重要方面,随着其他农业技术措施和人为活动影响而发生变化。通过深翻、深松,除可以基本改良土壤容重较大、孔隙性差、质地偏沙、犁底层较浅且厚等不良因素外,还可以改善土壤氧化还原状况,排除底层二氧化碳,增加氧气的数量,使土壤固、气、液三相物质协调,促进微生物活动,使土壤养分发生转化和释放。深松耕法,可以春增墒、夏蓄水、秋抗涝、调节土壤水分余缺。翻地最好是秋季进行,每年耕深应浅—深—浅的变化或隔年耕翻。零星地块可用手扶拖拉机或木犁耕翻,如果耕深达不到要求,可以用套二犁的方法,使耕层过到 30cm,及时整地,保好墒情;大片地可用拖拉机深松或深翻,及时整地保墒。

(三)以肥改土,种植绿肥

(1)在质地为中壤的中低产田施腐熟好的有机肥,用量 2250～3000 kg/亩,加施化肥 10～20 kg/亩,可明显改善土壤理化性状,增加土壤有机质含量,增强土壤保肥保水能力,促进增产增收。种植绿肥可以改土固沙,改善土壤理化性质,提高土壤有机质含量,是种地养地,改良低产土壤的有效途径。相关资料表明:种植绿肥草木樨,采取就地翻压,当年翻每亩地上部鲜草约为 333.5 kg,地下部干重约为 133.5kg。第二年翻压生产鲜草约为 1300 kg/亩,翻压后 0～20cm 耕层中有机质比翻压前增加了 0.015%～0.88%,全氮增加了 0.1%～0.18%,全磷增加了 0.01%,速效氮增加了 1.16%,速效磷增加了 2.05%,土壤容重降低了 0.03～0.12g/cm^3。

(2)合理进行土壤耕作。①配合增施肥料,逐步加深耕层。②利用冬耕冻土,夏秋晒垡,促进土壤熟化,保证土层疏松肥软,提高土壤有效肥力。

(3)针对蔬菜种植,应轮作养地,用养结合。①在轮作中安排一定的豆类蔬菜,以借助于菜生根瘤菌的固氮作用,提高土壤的含氮量。据测定,蚕豆每亩可固定 13.4kg 氮,相当于 65kg 硫酸铵;"毛豆"每亩可固定 10kg 氮,相当于 50kg 硫酸铵;豇豆可固氮 6.4kg,相当于 31.5kg 硫酸铵;苜蓿可固氮 7.4kg,相当于 37kg 硫酸铵。②在轮作中安排一些芥菜、豌豆等,能吸收利用一般蔬菜所不能利用的磷、钾,并有 14%~34% 又重新以可用态分泌到土壤中,为下茬蔬菜改善了磷、钾营养状况。

(四)推行秸秆还田,提高土壤有机质

在作物秸秆产量较大且不影响农村饲料及燃料的地区,可搞好秸秆还田工作,以改良土壤,提高土壤肥力。通常情况下,采用秸秆粉碎翻压还田,可用机械粉碎,长度为麦秸3~5cm、玉米秸秆5~10cm,埋深20~30cm,也可高茬25~35cm耙翻还田,按秸秆重量的1/25尿素施入土壤,这样将有利于微生物分解和作物吸收氮素营养。相关资料表明,麦茬粉碎还田可使后茬大豆增产13.6%~25.4%。

(五)实施平衡施肥,促进肥效发挥

在有条件的地方,要因土、因作物、因产量指标施肥。在施肥上,根据分阶段、有步骤的底肥和追肥相结合的原则施用化肥,使肥效发挥在作物的需肥临界期上。氮素肥料要分层深施;磷钾肥料要集中条深施,增施生物肥料。根据作物产量及土壤中有效养分含量进行配方施肥和平衡施肥相结合,做到大微结合,农化结合,缺补、丰减、匀施,为作物生长创造良好生长环境。

测土配方施肥则是以土壤测试和肥料田间试验为基础,根据作物需肥规律、土壤供肥性能和肥料效应,在合理施用有机肥料的基础上,提出氮、磷、钾及中、微量元素等肥料的施用数量,施肥时期和施用方法。通俗地讲,就是在农业科技人员的指导下,科学施用配方肥。测土配方施肥技术的核心是调节和解决作物需肥与土壤供肥之间的矛盾。同时,有针对性地补充作物所需的营养元素,作物缺什么元素就补充什么元素,需要多少补多少,实现各种养分平衡供应,满足作物的需要;达到提高肥料利用率和减少用量,提高作物产量,改善农产品品质,节省劳力,节支增收的目的。

全区应坚持开展测土施肥,因土供肥,因作物施肥,充分发挥肥料的经济效益,达到改良中低产田土壤的目的。

(六)推广免耕秸秆覆盖,抑制水土流失

免耕秸秆覆盖技术采用休闲期覆盖,即在作物收获并打碾后,尽早将秸秆切碎成5~10cm,均匀地覆盖在地面上。对初次实施免耕秸秆覆盖的农田,覆盖秸秆的用量以把地面盖严但又不压苗为准,若覆盖材料为麦草,则适宜覆盖量一般为4500~6000kg/hm²;覆盖材料为玉米秸,则适宜覆盖量为6000~7500kg/hm²。对连续进行过保护性耕作的农田,视秸秆收获量的大小决定还田量(建议将收获的所有秸秆全部归还农田);或者在收获时留立茬15~20cm,其余秸秆不用再还田,也可以起到秸秆覆盖的效果。收获后覆盖前,田间杂草用百草枯或根清等灭生性除草剂杀除。

专题二十三 会宁县中低产田类型划分与改造

第一节 概况

由于会宁县自然条件的限制和农田基本设施薄弱等原因,即使在有水源保证的灌区,作物产量达到400kg/亩以上的地块也是寥寥无几。照此划分,产量在400kg/亩以下的耕地数量占据了全县总耕地面积的96%左右。这部分耕地数量巨大,但其上各种作物产量低而不稳,严重困扰着当地农村经济的发展和农民生活水平的提高。

本专题结合甘肃省会宁县耕地地力评价结果,对会宁县中低产限制因素进行了深入分析,依照各类限制因素划分了障碍类型,并提出了具体的改造技术与措施,旨在为增强会宁县中低产耕地的综合生产能力,进一步优化会宁县农业结构,提高土地利用率和产出率,改善该区农业生产条件提供帮助。

第二节 调查方法

本项专题调查研究是在充分利用会宁县耕地地力评价结果的基础上展开的,为了全面、细致地做好本项专题研究,甘肃农业大学资源与环境学院会同会宁县农技推广中心专门组建了"会宁县中低产田类型划分与改造研究"工作组,欲借助前者在耕地地力评价工作中积累的大量数据和在中低产田改造方面的技术优势,切实分析会宁县中低产田的限制因素,并针对依照限制因素种类划分的障碍类型,提出具体的改造技术和措施。

本项专题调查研究工作组的主要职责是负责调查收集基础资料,制作相关图件和撰写专题研究报告,并协调会宁县农技推广中心的专业人员参与研究并提供帮助。

本项专题调查研究中采用了抽样调查的方法,对各等级耕地作物产量状况进行了数据分析与汇总,同时系统整理会宁县耕地地力评价工作中收集到的"耕地地力调查点基本情况及化验结果数据表""耕地资源管理单元属性数据表""土地利用现状地块数据类型而提出相应的改造措施。

第三节 调查结果与分析

一、会宁县耕地地力评价结果及中低产田的划分与分布

(一)耕地地力评价结果

通过在会宁县耕地资源管理信息系统中建立的耕地潜在地力评价模型,利用样点数与耕地地力综合指数制作累计频率曲线,且根据样点分布的频率,分别用耕地地力综合指数＞0.7650,0.6620～0.7650,0.5750～0.6620,0.5050～0.5750,＜0.5050,将会宁县耕地地力分为5级,并绘制出相应的会宁县耕地地力等级图。

会宁县一等地主要分布在会宁县中北部川(塬)区。该区位于祖厉河中下游的河谷川(塬)地区,日照充足,热量条件好,虽然气候干燥,降水较少,但由于有引黄灌溉条件,干旱对本区影响不大,土地利用类型大多为水浇地,土地较为平坦,交通方便,川区人口分布比较集中,劳力充足,是会宁县光、热、水、土条件最好,生产水平最高的农业区,是发展农业生产的重要基地。

二等地主要分布在中北部黄土高原塬面及灌溉条件较好的梁峁丘陵沟壑地区,且与一等地交叉分布现象明显。分布在黄土高原塬面的二等地土层深厚,地貌条件较好,而分布在梁峁丘陵沟壑区的二等地灌溉条件好,对耕地地力影响较大。该区域农业基础设施基本配套成型,机械化水平较高,农业技术普及率呈中等水平。

三等地主要分布在南部山区和北部黄土高原塬面,少部分零星分布在河谷川道区,且与二等地呈交叉分布。南部山区因降水条件好,气候湿润,使得分布的三等地有较好的水量条件。北部黄土高原塬面地区土层深厚,地貌条件较好。

四等地基本上都分布在中部半干旱梁峁丘陵沟壑地带,该地区地形复杂,地貌条件差,沟深坡陡,植被稀疏,每年有大量土壤表层肥土被冲入黄河,水土流失严重,致使土壤有机质及养分含量低,形成土壤瘠薄,粮食产量不高的局面。

五等地主要分布在东北和西北部的梁峁丘陵沟壑区,该区山塬破碎,沟壑纵横,交通不便,气候干燥,降水稀少,全区均无灌溉条件,甚至有人畜饮水困难的问题。

依照会宁县不同类型土壤的产量水平调查结果,并结合《全国耕地类型区、耕地地力等级划分》(NY/T 309—1996)中的相关术语,本项目评价结论中的耕地地力级别与国家标准的对应关系表见表3-23-1。

表 3-23-1　会宁县耕地地力级别与国家标准的对应关系

国家标准级别		六	七	八	九	十
项目结论级别		一	二	三	四	五
地形部位		河流阶地	河流、河谷阶地	河谷阶地、塬面、梁面平地和缓坡地	河谷、塬、梁、峁、坡	
坡度		田面平整,地面坡度<5°,部分<3°	坡度<5°		坡度 5°~25°	坡度 15°~25°
灌溉条件		保灌 3 次/年,保证率>80%		部分能灌溉	无灌溉条件	无灌溉条件
耕层厚度(cm)		>20	>18	>15	0~15	0~15
耕层质地		粉砂质壤土、壤土、粘壤土				
耕层理化性状	有机质(%)	0.5~1.0	0.5~1.4	0.5~1.5	0.5~1.3	<1.3
	全氮(%)	0.030~0.060	0.030~0.100		0.030~0.09	<0.09
	有效磷(mg/kg)	8~15	5~27	3~15	2~15	<5
	速效钾(mg/kg)	110~150	100~200	90~200	50~200	<200
	pH(水浸)	7.5~8.5				
熟制		一年一熟	一年一熟	一年一熟		
产量水平(kg/亩)		>400	300~400	200~300	100~200	<100

会宁县耕地地力等级的高低与地貌类型、灌溉或降水条件有着密切的联系,并呈现出明显的地域分布规律,有随着耕地地力等级的升高,地貌类型呈现沿河谷川地—黄土高原塬面—梁峁丘陵沟壑变化的趋势。同时,随着灌溉保证率由80%到60%到0%的变化,耕地地力也呈现等级上的变化趋势。

对各级别耕地面积的统计结果表明:会宁县耕地总面积为 172242.76hm²,各等级耕地比例差异较大,其中以四等地为主,占到了总耕地面积的 62.10%;其次是三等地和五等地,分别占到总耕地面积的 19.21%和 10.38%;一等地面积最小,占总耕地面积的 3.12%。具体数据见表 3-23-2。

表 3-23-2　会宁县耕地地力等级及面积统计

等级	一等地	二等地	三等地	四等地	五等地
面积(hm²)	5376.51	8921.33	33097.93	106975.64	17879.97
占总耕地面积(%)	3.12	5.18	19.21	62.10	10.38

(二)中低产田划分与分布

专项调查研究工作组依据《全国中低产田类型划分与改良技术规范》(NY/T310—1996),在总结会宁县以往中低产田调查成果的基础上,结合目前会宁县耕地质量的实际情况和特点,将评级结果属较低等级(三至五等)的耕地划定为中低产田。同时,为了进一步明确会宁县耕地地力水平与中低产田的关系,本专题中将会宁县耕地地力为三等地对应的耕地界定为中产田,将四、五等地对应的耕地界定为低产田。

会宁县中产田主要分布在中北部黄土高原塬面及南部降水丰富或灌溉条件较好的河流川谷地区;低产田主要分布在南部山区和北部黄土高原塬面以及中部半干旱梁峁丘陵沟壑地带,在东北和西北部梁峁丘陵沟壑区也有分布。对会宁县各乡镇中低产田面积分布的统计结果见表 3-23-3。

表 3-23-3　会宁县中低产田面积统计

乡镇名称	耕地总面积(hm²)	高产田		中产田		低产田	
		面积(hm²)	比例(%)	面积(hm²)	比例(%)	面积(hm²)	比例(%)
八里湾乡	6299.23	0	0	387.78	6.09	5915.45	93.91
白草塬乡	5388.41	2747.41	50.99	2532.26	46.99	108.74	2.02
草滩乡	7346.61	0	0	442.73	6.03	6903.88	93.97
柴家门乡	7855.76	1193.66	15.19	1666.80	21.22	4995.29	63.59
大沟乡	7338.64	0	0	199.08	2.71	7139.57	97.29
党家岘乡	4498.03	0	0	2571.03	57.16	1927.00	42.84
丁家沟乡	5270.18	194.00	3.68	1087.36	20.63	3988.82	75.69
甘沟驿镇	8858.55	828.25	9.35	332.89	3.76	7697.41	86.89
郭城驿镇	7956.78	4068.94	51.14	930.26	11.69	2957.59	37.17
韩家集乡	6178.89	0	0	68.30	1.11	6110.60	98.89
汉家岔乡	9099.31	00	0	33.86	0.37	9065.45	99.63
河畔镇	6341.04	1992.15	31.42	2146.21	33.85	2202.68	34.74
侯家川乡	3831.96	44.07	1.15	2634.21	68.74	1153.68	30.11
会师镇	5913.19	844.61	14.28	604.09	10.22	4464.49	75.50
老君坡乡	5649.66	0	0	2986.29	52.86	2663.37	47.14
刘家寨子乡	5514.19	0	0	103.27	1.87	5410.92	98.13
平头川乡	4112.89	0	0	966.47	23.50	3146.42	76.50
四房吴乡	6772.92	0	0	620.21	9.16	6152.71	90.84
太平店乡	4323.79	0	0	977.88	22.62	3345.90	77.38
头寨子镇	7608.40	1255.82	16.51	1037.05	13.63	5315.53	69.86
土高山乡	3212.92	0	0	561.89	17.49	2651.04	82.51
土门岘乡	3127.85	0	0	1398.81	44.72	1729.04	55.28
新添堡回族乡	6919.73	184.53	2.67	1028.50	14.86	5706.69	82.47
新塬乡	4797.08	0	0	137.13	2.86	4659.95	97.14
新庄乡	10448.31	0	0	302.98	2.90	10145.33	97.10
杨崖集乡	6043.85	0	0	3439.57	56.91	2604.28	43.09
翟家所乡	6677.27	0	0	1336.10	20.01	5341.18	79.99
中川乡	4865.89	944.38	19.41	2568.91	52.79	1352.59	27.80
合　计	172251.33	14297.84	8.30	33097.93	19.21	124855.61	72.48

二、会宁县中低产田限制因素的确定和障碍类型的划分

(一)限制因素的确定

通常情况下,影响农作物产量的主要因素有两方面:一是土壤、温度、降水、光照、大气及地形等自然因素;二是对耕地的管理、物质和科技投入等人为因素。作物的高产、中产、低产是依据耕地相对产量人为划分的,而农业产量的主要限制因素是自然因素,自然条件越差的地区,农业生产受到的限制就越大,农作物产量也就越低。

会宁县温带季风型气候特征明显,其地势南高北低,东北角、中西部有海拔2200米的山塬和峰峦。南部、中部为山地,多属黄土堆积侵蚀长梁、梁峁地貌,属半湿润偏旱区,其耕地田面坡度较大,但土层深厚,均无灌溉条件;北部多为川、塬地,为梁峁顶面残塬和河流切割成的沟谷地阶地貌,属干旱区,其耕地平整,土层深厚,部分乡镇因具备灌溉条件而作物产量较高。综合考虑影响该县农作物产量中各类因子及其权重,以及在农业生产中的直观性和改良利用的针对性,专题研究组从若干耕地质量评价指标体系中选定灌溉条件、有机质含量、有效磷含量、坡度4个指标,作为划分会宁县中低产田限制因子的限制极限指标(见表3-23-4)。

表3-23-4 会宁县中低产耕地限制因素及其限制极限指标

限制因子	干旱限制	地形限制	瘠薄限制
限制极限指标	无灌溉条件	坡度>15°	有机质含量<18g/kg
			有效磷含量<15mg/kg

(二)障碍类型的划分

由于会宁县多年平均降水量在328~433mm之间,且时空分布不匀,南多北少,大部分河水苦咸,富含泥沙(只有厉河和关川河可供灌溉),季节性河道天旱断流,夏秋季汛期集中,与农作物灌溉期不协调,致使会宁县地表水资源利用率很低,再加上会宁县地处西北黄土高原和青藏高原交接地带,土地构造复杂,多以变质岩和花岗岩为基底,其上广泛沉积第三系红层和第四系黄土,局部地段出露石灰系、侏罗系和白垩系地层。整个地势由东南向西北倾斜,梁峁起伏,沟壑纵横。全县以祖厉河为基干,分布树枝状沟壑,遍布"V"形深谷。平均每平方公里土地便有1.07km的沟壑。总体南高北低,东北角、中西部有海拔2200m的山塬和峰峦。南部、中部为山地,多属黄土堆积侵蚀长梁、梁峁地貌;北部多为川、塬地,为梁峁顶面残塬和河流切割成的沟谷地阶地貌。同时,调查数据显示,会宁县各乡镇耕作土壤剖面均无明显障碍层,且绝大多数土壤呈现弱碱性,可排除上述类型中的渍涝潜育型、盐碱耕地型、渍涝排水型、沙化耕地型、障碍层次型。

将各评价单元的属性数据与限制极限指标进行比较,对照全国中低产耕地类型划

分,结合当地自然资源特点,工作组将会宁县中低产田依次划分为坡地梯改型、干旱灌溉型、瘠薄培肥型3种中低产田类型。

1.坡地梯改型

会宁县坡地梯改型中低产田是指会宁县行政区划范围内耕地地力为三、四、五级,且无灌溉条件,坡度在15°以上的坡耕地。地貌类型为黄土高原丘陵沟壑。这类中低产田的障碍因素主要为坡度引起的灌溉条件缺失,可以通过修筑梯田梯埂等田间水保工程加以改良治理。这类中低产田在全县范围内分布面积广泛,总面积13898.04hm²,占会宁县耕地总面积的19.21%,占会宁县中低产田面积的20.95%。涵盖的主要土种有山地麻土、灰白土、忠和灰白土、剥皮麻土、崇信坡绵土等。

2.干旱灌溉型

此类中低产田是指会宁县行政区划范围内耕地地力为三等,灌溉保证率在60%以下,但具备水资源开发条件,可以通过发展灌溉加以改造的耕地。这类中低产田的障碍因素主要为水利设施及水资源利用效率不高引起的土壤水分亏缺。主要分布在会宁县中部河谷川区和引黄灌区周边具备水资源开发潜能的区域,总面积13898.04hm²,占会宁县耕地总面积的8.08%。占会宁县中低产田面积的8.80%,涉及土种主要为山地麻土、旱川台麻土、忠和灰白土、崇信坡绵土、灰白土、榆中灰白土、川台绵土等。

3.瘠薄培肥型

此类中低产田是指除上述两类中低产田之外,主要由土壤养分匮乏或失衡引起作物产量低下的耕地,可通过长期培肥逐步改良。这类中低产田在会宁县内分布较零散,三到五级耕地均有对应,总面积达110959.86hm²,占会宁县耕地总面积的64.42%,占会宁县中低产田面积的70.25%。主要土种为崇信坡绵土、忠和灰白土、山地麻土、灰白土、旱川台麻土、剥皮麻土、塬白土等。对各类中低产田在会宁县各乡镇分布的统计数据见表3-23-5。

表3-23-5 会宁县各类中低产田分布情况统计(hm²)

乡镇名称	障碍类型						总计
	干旱灌溉型	比例(%)	瘠薄培肥型	比例(%)	坡地梯改型	比例(%)	
八里湾乡	383.78	6.09	4557.04	72.34	1358.41	21.56	6299.23
白草塬乡	2532.26	95.88	95.34	3.61	13.40	0.51	2641.00
草滩乡	442.73	6.03	6764.74	92.08	139.14	1.89	7346.61
柴家门乡	1666.80	25.02	4587.55	68.86	407.74	6.12	6662.10
大沟乡	199.08	2.71	6372.98	86.84	766.59	10.45	7338.64
党家岘乡	2571.03	57.16	1460.23	32.46	466.76	10.38	4498.02
丁家沟乡	1087.36	21.42	3580.90	70.54	407.92	8.04	5076.18
甘沟驿镇	332.89	4.15	7080.55	88.17	616.85	7.68	8030.29
郭城驿镇	930.26	23.93	1382.28	35.55	1575.31	40.52	3887.85

续表 3-23-5

乡镇名称	障碍类型						总计
	干旱灌溉型	比例(%)	瘠薄培肥型	比例(%)	坡地梯改型	比例(%)	
韩家集乡	68.30	1.11	5339.59	86.42	771.01	12.48	6178.90
汉家岔乡	33.86	0.37	8364.87	91.93	700.58	7.70	9099.31
河畔镇	2143.91	49.30	2088.54	48.02	116.44	2.68	4348.89
侯家川乡	2634.21	69.54	956.50	25.25	197.19	5.21	3787.89
会师镇	604.09	11.92	4000.65	78.93	463.84	9.15	5068.58
老君坡乡	2986.29	52.86	2352.60	41.64	310.77	5.50	5649.66
刘家寨子乡	103.27	1.87	5096.67	92.43	314.25	5.70	5514.20
平头川乡	966.47	23.50	2624.37	63.81	522.05	12.69	4112.90
四房吴乡	620.21	9.16	5818.13	85.90	334.58	4.94	6772.92
太平店乡	977.88	22.62	3078.76	71.21	267.14	6.18	4323.78
头寨子镇	1037.05	16.32	4392.79	69.15	922.74	14.53	6352.59
土高山乡	561.89	17.49	2215.78	68.96	435.26	13.55	3212.92
土门岘乡	1398.81	44.72	1621.98	51.86	107.06	3.42	3127.85
新添堡回族乡	1028.50	15.27	4875.86	72.39	830.83	12.34	6735.19
新塬乡	137.13	2.86	4272.29	89.06	387.66	8.08	4797.08
新庄乡	302.98	2.90	9585.08	91.74	560.25	5.36	10448.31
杨崖集乡	3439.57	56.91	2415.11	39.96	189.17	3.13	6043.85
翟家所乡	1336.10	20.01	4679.18	70.08	662.00	9.91	6677.28
中川乡	2568.91	65.51	1299.48	33.14	53.11	1.35	3921.50
总计	33095.63	20.95	110959.86	70.25	13898.04	8.80	157953.54

第四节　会宁县中低产田改良措施

结合各类中低产田的改良技术规范,总结当地农民群众因土耕作、因土种植、因土施肥、因土改良利用等方面的经验,提出针对会宁县的中低产田改良措施。

(一)大力发展旱地灌溉及综合治理

发展旱地灌溉是解决降水的时空分布不均,解决春旱、夏旱和秋旱的根本措施。根据会宁县农技中心试验结果显示,小麦可增产40%～112%,玉米可增产35%～60%,可见发展旱地灌溉增产增收的效果显著。因此,对水资源充沛,具有潜在灌溉能力的会宁县中部河谷川区和引黄灌区要兴修水利,加强农田水利基本建设,大力提倡科学用水,防止养分流失,有条件的地方可以发展喷灌、微灌和渗灌等先进的灌水技术,实行沟、渠、畦灌等方式,充分利用一切水利设施,广开水源,整平土地,提高水资源的利用率,以充分发挥水肥一体化的综合效益。同时,还需遵循农业可持续发展原则,大力发展节本增效工程与生物工程相结合的综合治理,可将会宁县西北部坡度较大,产量较低的农田退耕还林、还草,还要将荒山秃岭的空闲地发展为牧草绿肥林(主要是紫穗槐、沙打旺、草木樨等),以增加地表覆盖度,减少冲刷,提高含蓄水能力。

(三)改良中产田土壤的理化性状

土壤肥力包括土壤本身养分含量的多寡和理化性状好坏两个方面。因此,土壤理化性状是土壤肥力高低的一个重要方面,随着其他农业技术措施和人为活动影响而发生变化。由会宁县第二次土壤普查的结果可知,会宁县中部河谷川区的土壤容重较大,孔隙性差,质地偏沙,犁底层较浅且厚,土壤pH值呈微碱性以及砾石含量较高,而通过深翻、深松,除可以基本改良上述不良因素外,还可以改善土壤氧化还原状况,排除底层二氧化碳,增加氧气的数量,使土壤固、气、液三相物质协调,促进微生物活动,使土壤养分发生转化和释放。深松耕法,可以春增墒,夏蓄水,秋抗涝,调节土壤水分余缺。翻地最好是秋季进行,每年耕深应浅—深—浅的变化或隔年耕翻。零星地块可用手扶拖拉机或木犁耕翻,如果耕深达不到要求,可以用套二犁的方法,使耕层过到30cm,及时整地,保好墒情;大片地可用拖拉机深松或深翻,及时整地保墒。

(三)以肥改土、种植绿肥

在质地为中壤的中低产田施腐熟好的有机肥,用量2250~3000 kg/亩,加施化肥10~20 kg/亩,可明显改善土壤理化性状,增加土壤有机质含量,增强土壤保肥保水能力,促进增产增收。种植绿肥可以改土固沙,改善土壤理化性质,提高土壤有机质含量,是种地养地,改良低产土壤的有效途径。相关资料表明,种植绿肥草木樨,采取就地翻压,当年翻每亩地上部鲜草约为333.5 kg,地下部干重约为133.5kg;第二年翻压生产鲜草约为1300 kg/亩。翻压后0~20cm耕层中有机质比翻压前增加了0.015%~0.88%,全氮增加了0.1%~0.18%,全磷增加了0.01%,速效氮增加了1.16%,速效磷增加了2.05%,土壤容重降低了0.03~0.12g/cm³。

(四)推行秸秆还田,提高土壤有机质

在作物秸秆产量较大且不影响农村饲料及燃料的地区,可搞好秸秆还田工作,以改良土壤,提高土壤肥力。通常情况下,采用秸秆粉碎翻压还田,可用机械粉碎,长度为麦秸3~5cm、玉米秸秆5~10cm,埋深20~30cm,也可高茬25~35cm耙翻还田,按秸秆重量的1/25尿素施入土壤,这样将有利于微生物分解和作物吸收氮素营养。相关资料表明,麦茬粉碎还田可使后茬大豆增产13.6%~25.4%;玉米秸秆还田增加有机质380 kg/亩。

(五)实施平衡施肥,促进肥效发挥

在有条件的地方,要因土、因作物、因产量指标施肥。在施肥上,根据分阶段、有步骤的底肥和追肥相结合的原则施用化肥,使肥效发挥在作物的需肥临界期上。氮素肥料要分层深施;磷钾肥料要集中条深施,增施生物肥料。根据作物产量及土壤中有效养分含量进行配方施肥和平衡施肥相结合,做到大微结合,农化结合,缺补、丰减、匀施,为作物生

长创造良好生长环境。

测土配方施肥则是以土壤测试和肥料田间试验为基础,根据作物需肥规律、土壤供肥性能和肥料效应,在合理施用有机肥料的基础上,提出氮、磷、钾及中、微量元素等肥料的施用数量,施肥时期和施用方法。通俗地讲,就是在农业科技人员的指导下,科学施用配方肥。测土配方施肥技术的核心是调节和解决作物需肥与土壤供肥之间的矛盾。同时,有针对性地补充作物所需的营养元素,作物缺什么元素就补充什么元素,需要多少补多少,实现各种养分平衡供应,满足作物的需要;达到提高肥料利用率和减少用量,提高作物产量,改善农产品品质,节省劳力,节支增收的目的。

全县应坚持开展测土施肥,因土供肥,因作物施肥,充分发挥肥料的经济效益,达到改良中低产田土壤的目的。

(六)推广免耕秸秆覆盖,抑制水土流失

免耕秸秆覆盖技术采用休闲期覆盖,即在作物收获并打碾后,尽早将秸秆切碎成5~10cm,均匀地覆盖在地面上。对初次实施免耕秸秆覆盖的农田,覆盖秸秆的用量以把地面盖严但又不压苗为准。若覆盖材料为麦草,则适宜覆盖量一般为4500~6000kg/hm^2,覆盖材料为玉米秸,则适宜覆盖量为6000~7500kg/hm^2。对连续进行过保护性耕作的农田,视秸秆收获量的大小决定还田量(建议将收获的所有秸秆全部归还农田);或者在收获时留立茬15~20cm,其余秸秆不用再还田,也可以起到秸秆覆盖的效果。收获后覆盖前,田间杂草用百草枯等灭生性除草剂杀除。该技术要点为:

选用抗病、优质丰产、抗逆性强、适应性广、商品性好的作物品种。春小麦选择生育期为130~150d(出苗—成熟),需≥10℃积温1400℃左右的品种,可选用定西35、西旱1号、西旱2号等品种,其产量水平在2000~3000 kg/公顷。豌豆一般选择生育期为80~100d(出苗—成熟),需≥10℃积温900~1900℃的品种,可选用燕农、定豌系列等抗旱品种,其产量水平在1500~2000 kg/公顷。

种子质量应符合GB 4404.1—1996中二级以上要求,具体为:纯度≥97%,净度≥98%,发芽率≥90%,水分≤12%,最好选用前一年生产的新种。种子播前经筛选、风选去除杂质后晒种1~2d,以提高种子发芽率,提早出苗。在初次种植豌豆或已经多年未种豌豆的地块播种豌豆时,最好在播前人工接种根瘤菌。常用的接种方法;一是从上年栽培过豌豆的地里取表土,均匀撒于准备播种豌豆的田里,用量为1500~2250kg/公顷。二是用自制的根瘤菌剂接种,即在豌豆收获后,选无病植株在根部着生根瘤多的部位,洗净后在30℃以下的暗室中干燥,然后捣碎装袋,贮于干燥处。播种时取出根瘤菌剂,用水浸湿与种子拌匀后播种。

具体操作时,应注意以下几个环节:

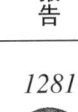

1.播种机的调节

在小麦播种前,将播种机调至行距20cm,播深6~7cm;播种量127.5~187.5kg/公顷;施肥量:将75~105 kg N/公顷(建议用46%的尿素,)、磷肥75~105 kg P2O5/公顷(建议用含14% P2O5的过磷酸钙)作为种肥施入土壤15cm,并与种子间距离最少保持在5cm。

豌豆播种前,将播种机调至行距24cm,播深4~5cm,肥料深7~8cm;播种量180kg/公顷左右;施肥量:将10~20 kg N/公顷(建议用含46% N的尿素)、磷肥75~105 kg P2O5/公顷(建议用含14% P2O5的过磷酸钙,)混合均匀后作为种肥施入土壤15cm以下,并与种子间距离最小保持在5cm。

2.作物播种与施肥

春小麦选择3月中旬到上旬播种,豌豆选择3月下旬到4月上旬播种。播种、施肥均使用免耕播种机一次作业完成,所有肥料作为种肥一次性施入土壤,作物生长期间不再追肥。

3.病虫草害的防治

前茬作物收获后立即用草甘膦和2,4-D按标示的稀释倍数稀释、喷洒全田,彻底灭除单子叶和双子叶杂草。

整个作物生长期检测病虫害,及时防治。

4.及时收获

选择晴天用收割机(建议在蜡熟期)或人工镰刀高留茬收获(建议在完熟期)。收获时间应尽量避免雨后或带露水,以免籽粒受潮霉变。

(七)发展玉米全膜双垄沟播技术,提高作物水分利用效率

针对旱作农业存在的突出问题,甘肃省农业技术推广总站等单位从20世纪90年代中期开始,紧紧围绕提高农田降水保蓄率、利用率和水分利用效率等核心问题,结合各期旱作农业项目的实施,进行了大量的研究与探索,创新提出和大面积推广应用了"玉米全膜双垄沟播技术"及其配套技术体系,特别是免耕结合玉米秸秆半程覆盖技术的引入,不仅解决了旱地农田降水如何最大限度保蓄的问题,而且有效解决了旱地农田降水如何集流的问题,大幅度提高了农田降水利用率和水分利用效率,破解了困扰旱作农业的水分利用问题,为甘肃和我国旱作农业的发展找到了新的途径。

玉米全膜双垄沟播免耕秸秆半程覆盖模式的核心是在地表起大小双垄,并在双垄之间形成集雨沟槽后,用地膜全地面覆盖,再在沟内播种玉米,玉米收获后免耕,并将秸秆保持立秆状态或割倒平覆,第二年播种季节去除秸秆后直接播种下一茬作物。该技术体系集垄面集流、覆膜抑蒸、垄沟种植、一膜两用技术于一体,改半膜覆盖为全地面覆盖地膜,改地膜平铺为起垄覆膜,改播前覆膜为秋季或早春顶凌覆膜,改传统垄上种植为沟内

种植,从而大幅度提高土壤水分的保蓄率、降水利用率和水分利用效率。其技术要点在于:

(1) 选茬整地

选择土层深厚,土质疏松,肥力中上的旱川地或梯田地,以豆类、麦类、马铃薯茬为宜。前茬作物收后及时整地,要求达到地面平整、土壤细绵、无土块、无根茬。

(2) 科学施肥

对于施肥,本技术要求按照垄沟位置集中施用。具体地,在覆膜前,使用木材或钢筋制作的大行齿距70厘米、小行齿距40厘米的划行器划行,然后将优质腐熟农家肥45000~75000kg/公顷在起垄前均匀撒在地表,将氮肥195 kg/公顷(N)、126 kg/公顷(P2O5)、75 kg/公顷(K2O)混合后均匀撒在小垄的垄带内。

(3) 起垄覆膜

由于秋季全膜双垄和顶凌全膜双垄前期相对较高的土壤贮水量,保证和满足了玉米出苗和前期生长对水分的迫切需求,从而可有效解决玉米4~5月份因春旱无法播种、出苗的瓶颈。因此,在生产中,通常选择秋季覆膜或顶凌覆膜。一般地,秋季全膜双垄在10月下旬到土壤封冻前结合透雨进行覆膜,顶凌全膜双垄在土壤昼消夜冻时((3月中上旬)进行覆膜,播前全膜双垄在玉米播种前进行覆膜((4月中下旬)。

覆膜时,川台地按作物种植走向开沟起垄,缓坡地沿等高线开沟起垄,大垄宽70 cm,高10 cm,小垄宽40 cm,高15cm,每幅垄对应一大一小、一高一低两个垄面。要求垄和垄沟宽窄均匀,垄脊高低一致。若立地条件好、土壤疏松、交通方便,推荐使用由榆中县荣盛农机厂研制生产的ILFX(R)40/80小型施肥起垄机,用起垄机沿小行中间开沟起垄。也可用步犁开沟起垄,沿小行划线来回向中间翻耕起小垄,将起垄时的犁臂落土用手耙刮至大行中间形成大垄面。做到起垄覆膜,防止土壤风干造成水分散失。

(4) 品种选择与种子处理

选用抗病、优质丰产、抗逆性强、适应性广、商品性好的作物品种。甘肃陇中黄土高原地区以富农1号、沈单16号、酒试20为主,搭配种植中玉9号、金穗4号、临单217、乾泰1号等品种。

种子质量应符合GB4404.1-1996中二级以上要求,具体为:纯度≥97%,净度≥98%,发芽率≥90%,水分≤12%,最好选用前一年生产的新种。种子播前经筛选、风选去除杂质后晒种1~2d,以提高种子发芽率,提早出苗。玉米种子可用多菌灵浸种:50%多菌灵粉剂1000倍液(即g克药对水5kg)浸种48h,然后捞出直接播种,预防玉米黑重穗病;也可用粉锈灵拌种:15%粉锈灵粉剂5g与1kg玉米种充分拌匀播种,预防玉米黑穗病;或者甲胺磷拌种:50%甲胺磷乳油50g对水0.5kg拌种5kg,堆闷半小时后播种,防治地下害虫及鼠害。如果选用商品包衣种子,则不再用该法处理。

(5)播种

采用玉米点播器按适宜的株距将种子破膜穴播在垄沟内,每穴下籽2~3粒,播深3~5cm,点播后随即按压播种孔使种子与土壤紧密结合,并用细沙土牲畜圈粪或草木灰等物封严播种孔,防止播种孔散墒和遇雨板结影响出苗。

对于播种密度,需考虑土壤肥力状况和降雨条件。一般年降雨量300~350mm的地区以45000~52500株/公顷为宜,株距为35~40cm;年降雨350~450mm的以52500~60000株/公顷为宜,株距为30~35cm;年降雨450mm以上以60000~67500株/公顷为宜,株距为27~30cm。

(6)田间管理

①苗期管理(出苗~拔节):玉米在春旱时遇雨,覆土易形成板结,在播后出苗时要破土引苗;在苗期发现缺苗断垄要及时移栽,补苗后浇少量水,然后用细土封住孔眼;当出苗后2~3片叶时开始间苗,除去病、弱苗,幼苗达到4~5片叶时即可定苗,每穴留苗1株,保留生长一致的壮苗。定苗后至拔节期间,发现玉米产生大量分蘖,要及时从基部拔掉或割除。

②中期管理(拔节~抽穗):玉米拔节后管理的重点是促进叶面积增大,特别是中上部叶片,促进茎秆健壮。此期要防治玉米大斑病,玉米瘤黑粉病、玉米螟等。玉米进入大喇叭口期,叶片达到10~12片时,追施壮秆攻穗肥,一般亩追施尿素15~20kg,采用玉米点播器或追肥枪从两株距间打孔,深施或将肥料溶解在150~200kg水中制成液体肥,用壶每孔内浇灌50ml左右。

③后期管理(抽穗~成熟):玉米后期管理的重点是防早衰、增粒重、防病虫。保护叶片,提高光合强度,延长光合时间,促进粒多、粒重。若发现植株发黄等缺肥症状时,应及时追施增粒肥,一般每亩追施尿素5kg为宜。

(7)收获

当玉米苞叶变黄、叶色变淡、籽粒变硬有光泽,而茎秆仍呈青绿色、水分含量在70%以上时及时收获果穗。

(8)免耕秸秆覆盖

玉米果穗收获后,不对土壤进行耕翻,将收获后的玉米秸秆保持原状或齐地面割倒平覆在整个地面(覆盖有地膜)。对于后者,要求将秸秆均匀顺序覆盖在地膜上,尽量保持地膜完整。

全膜双垄沟播免耕秸秆半程覆盖技术综合集成地膜覆盖抑蒸、垄面集流、雨水富集、秸秆覆盖保墒等理论及技术,使整个地面与大气之间形成了隔离层,阻断了土壤中水分的蒸发,使降雨全部保蓄在土壤水库,最大限度地抑制了秋、冬及早春季因地表裸露而造成水分大量的无效蒸发,最大限度地发挥了地膜和秸秆的保墒作用,同时也使地膜的抑制蒸发、雨水集流、贫水富集等作用得到了最大限度的利用,大幅度提高了作物产量、降水保蓄率、利用率和水分利用效率,同时,一次覆膜,两次利用也节省了每年覆膜的机械投入和地膜费用。全省多点试验研究表明,采用此模式进行农业生产,农田降水利用率最高可达到75.2%,平均达到70%以上;玉米水分利用效率最高达到37.8 kg/mm·公顷,平均达到33kg/mm·公顷;玉米平均产量达到8374.5 kg/公顷,较对照半膜平铺增产2265 kg/公顷,增产率达37.1%。

专题二十四　安定区中低产田类型划分与改造

第一节　概况

定西市安定区地处甘肃中部,关川河上游。总土地面积363919.93hm²,总人口47.4万人。属于黄土梁峁沟壑区,山大沟深,干旱多灾,海拔1700~2580m,山脉多为南北走向,地势东南低西北高,目前耕地面积为149904.11hm²,由于土壤自然条件的限制和农田基本建设薄弱等原因,使该区的中低产田面积占总耕地的95%以上,粮食产量低而不稳,严重困扰着当地农村经济的发展和农民生活水平的提高。改造中低产田不但具有保证粮食安全和保护生态环境双重意义,而且是实现土地资源可持续利用和经济可持续发展的重要途径。

近年来,定西市安定区农业部门广泛发动群众,加大投资力度,加强项目管理,因地制宜,针对土壤主要障碍因素,采取工程措施、农艺措施和生物措施相结合,田内田外相结合,增肥、改土、治水、良种、良法相结合等方式,对中低产田进行综合治理,使得农业基本生产条件和土壤肥力有了较为明显的改善,但其综合治理的成效还有待于进一步扩大和提高。

鉴于此,本专题结合安定区耕地地力评价结果,对定西市安定区中低产田土壤主导障碍因素进行了深入分析,同时依照各类障碍因素划分了中低产田的类型,并提出了具体的改造技术与措施,旨在为增强中低产田土壤综合生产能力,改善该区农业生产条件提供帮助。

第二节　调查方法

一、组织形式

本项专题研究是在充分利用定西市安定区耕地地力评价结果的基础上进一步展开的。为了全面、细致地做好本项专题研究,定西市安定区农技推广中心委托甘肃农业大学资源与环境学院专门组建了"定西市安定区中低产田类型划分与改造研究"工作组,欲借助后者在耕地地力评价工作中积累的大量数据和在中低产田改造方面的技术优势切实分析安定区中低产田的限制因素,并针对依照限制因素种类划分的障碍类型提出具体的改造技术和措施。

二、技术路线

本项专题通过组建定西市安定区粮食生产布局专题研究小组,明确各自分工,积极组织协调各类资料的收集与整理工作,在充分利用安定区耕地地力评价结果的基础上,对安定区目前种植业布局中存在的现状与问题展开调查,并提出相应的规划目标和具体措施,最后将整个工作的结果以报告的形式提交。

第三节　调查结果

定西市安定区地处祖厉河支流的关川河上游,东西宽 73.3km,南北长 82.9km,总土地面积 3638.71km^2,海拔 1700~2580m,现有总耕地面积 149904.11hm^2,其中山旱地 96415.35 hm^2,水浇地 8810.2 hm^2。按全国第二次土壤普查分类系统,安定区土壤类型可分为黑垆土、灰钙土、黄绵土和潮土 4 个类型。黑垆土是安定区的主要土壤类型,占总土地面积的 78.2%;灰钙土、黄绵土和潮土的面积依次减少,分别占总土地面积的 20.9%、0.7% 和 0.2%(表 3-24-1)。

表 3-24-1　安定区土壤类型面积汇总

土壤类型	面积(亩)	所占百分数(%)
黑垆土	4267638	78.2
灰钙土	1141728	20.9
黄绵土	39895.5	0.7
潮土	8805	0.2
合计	5458066.5	100

第四节　结果分析

一、安定区耕地地力评价结果分析

本研究采用样点数与耕地地力综合指数制作累积频率曲线图来确定最佳的耕地地力等级数及等级界限。利用县域耕地资源管理信息系统,根据曲线斜率的突变点来确定等级数和划分综合指数的临界点,将安定区耕地地力划分为四级,其耕地地力综合指数(IFI 值)>0.85 为一等地,IFI 值在 0.85~0.80 之间为二等地,IFI 值在 0.80~0.75 之间为三等地,IFI 值<0.75 为四等地。

安定区的一等地主要分布在南部半湿润土石中山丘陵区的内官镇、团结镇、宁远镇和香泉镇,及中部的河谷川台地区的凤翔镇。该区耕作时间长,熟化程度高,养分含量较为丰富。土种主要为薄垆层灌溉麻土、薄垆层毛灰黑土、薄垆层毛灰黄土、薄垆层毛麻土和薄垆层旱川麻土。

二等地主要分布在东南部的宁远镇、杏园乡和石泉乡,南部半湿润土石中山丘陵区的内官镇、团结镇、宁远镇和香泉镇,及中部的河谷川台地区的凤翔镇。该区土层深厚、地面平坦,耕作方便。土种主要为厚垆层灰黄土、厚垆层黄麻土、厚垆层麻土、厚垆层黑麻土、厚垆层灌溉黑麻土和薄垆层毛灰黄土。

三、四等地分布比较分散,三等地主要分布中部半干旱梁峁丘陵区的李家堡镇、青岚山乡、称钩驿镇及北部干旱长梁丘陵沟壑区的葛家岔镇。该区农业利用限制因素多,干旱和水土流失严重,土壤水分和肥力条件较差。主要土壤为厚垆层灰黄土、厚垆层黄麻土、厚垆层黑麻土、厚垆层麻土、傻白土和厚垆层毛灰黄土。

四等地基本上全部分布在北部干旱梁峁丘陵沟壑区的白碌乡、石峡湾乡、新集乡、鲁家沟镇、西巩驿镇。该区土壤侵蚀较为严重,发育程度低,熟化程度不高,有机质层薄,水分条件很差,应退耕还林(草),以利增加植被覆盖率,防止水土流失。绝大部分土壤为灰白土、厚垆层黄麻土、毛傻白土、毛灰白土、梯田黄白土和厚垆层灰黄土。

从各等级的分布地域特征可以看出,等级的高低与地貌类型、土壤类型存在着密切的关系,呈现明显的地域分布规律,即随着耕地地力等级的提高,地貌类型由川台地向黄土丘陵过渡;土壤类型由黑垆土、黄绵土向着潮土逐渐过渡。

从安定区耕地地力等级划分方案可以看出,安定区耕地总面积为 149904.11hm²,各等级耕地比例相对差异较大,其中以三等地为主,耕地面积 65404.22hm²,占到了总耕地面积的 43.63%;其次是二等地和四等地,耕地面积为 39873.15hm² 和 38553.55hm²,分别占到总耕地面积的 26.60% 和 25.72%;一等地面积最小,耕地面积 6073.20hm²,占总耕地面积的 4.05%。

依照不同类型土壤的产量水平调查结果,并结合《全国耕地类型区、耕地地力等级划分》(NY/T 309—1996),本项目评价结论中的耕地地力级别与国家标准的对应关系见表3-24-2。其中,县级一等地对应于国家七等地,年产量为平均每亩 308~397kg;县级二等地对应于国家八等地,年产量为平均每亩 200~300kg;县级三等地对应于国家九等地,年产量为平均每亩 115~199kg;县级四等地对应于国家十等地,年产量为平均每亩<100kg。

表 3-24-2　安定区地力等级与国家地力等级对照

级别	IFI	概念性产量*（kg/亩）	国家地力等级
一等地	>0.85	300~400	七级
二等地	0.85~0.80	200~300	八级
三等地	0.80~0.75	100~200	九级
四等地	0.75~0.66	<100	十级

注："*"表示3年粮食（春小麦、玉米）平均标准单产，不同作物产量折算为本地代表作物产量。

二、安定区中低产田分布

为了进一步明确安定区耕地地力水平与中低产田间的关系，项目依据《全国中低产田类型划分与改良技术规范》（NY/T 310—1996）的同时，考虑到农业生产的区域性，将耕地地力为二等地对应的农田界定为中产田，将三、四等地对应的农田界定为低产田。全县耕地面积为149904.11hm²，其中产量大于300kg/亩的高产田面积6073.20 hm²，占全县耕地总面积的4.05%；产量在200-300kg/亩的中产田面积39873.15hm²，占耕地总面积的26.60%；产量小于200kg/亩的低产田面积102957.77hm²，占总面积的69.35%。各乡镇中低产田面积见表3-24-3。

表 3-24-3　安定区高中低产田面积统计

乡镇	耕地面积（hm²）	高产田 面积(hm²)	高产田 比例(%)	中产田 面积(hm²)	中产田 比例(%)	低产田 面积(hm²)	低产田 比例(%)
内官镇	16306.93	1746.02	10.71	9811.98	60.17	4748.93	29.12
凤翔镇	12630.77	2265.15	17.93	6659.91	52.73	3705.71	29.34
团结镇	7003.25	480.1	6.86	3365.82	48.06	3157.33	45.08
宁远镇	9179.52	373.02	4.06	3498.91	38.12	5307.59	57.82
巉口镇	10750.99	0	0	750.4	6.98	10000.59	93.02
新集乡	7484.05	0	0	0	0	7484.05	100
李家堡镇	11281.76	0	0	856.57	7.59	10425.18	92.41
杏园乡	4827.59	57.34	1.19	2253.72	46.68	2516.52	52.13
白碌乡	4587.29	0	0	310.02	6.76	4277.27	93.24
石峡湾乡	5668.1	0	0	0	0	5668.11	100
石泉乡	6615.49	10.62	0.16	2240.1	33.86	4364.76	65.98

续表 3-24-3

乡镇	耕地面积(hm²)	高产田		中产田		低产田	
		面积(hm²)	比例(%)	面积(hm²)	比例(%)	面积(hm²)	比例(%)
称钩驿镇	7172.65	0	0	934.32	13.03	6238.32	86.97
符家川镇	4171.39	231.82	5.56	1884.14	45.17	2055.42	49.27
葛家岔镇	5857.94	0	0	431.39	7.36	5426.55	92.64
西巩驿镇	9347.19	0	0	0	0	9347.19	100
青岚山乡	8518.35	0	0	981.82	11.53	7536.52	88.47
香泉镇	7217.58	592.66	8.21	4302.6	59.61	2322.32	32.18
高峰乡	2948.7	316.47	10.73	1588.52	53.87	1043.71	35.4
鲁家沟镇	8334.58	0	0	2.9	0.03	8331.68	99.97
合计	149904.1	6073.2		39873.12		103957.77	

定西市安定区中产田主要分布在安定区的东南部和西南部的内官镇、香泉镇、高峰乡、凤翔镇、团结镇、石泉乡、宁远镇以及杏园乡。主要有厚垆层灰黄土、厚垆层黄麻土、厚垆层麻土、厚垆层黑麻土、厚垆层灌溉黑麻土、薄垆层毛灰黄土以及傻白土和厚垆层毛灰黄土，耕地面积为 39873.12hm²，占到总耕地面积的 26.60%。低产田在全区分布范围较广，主要分布在黄土高原梁峁丘陵沟壑区，包括白碌乡、石峡湾乡、新集乡、西巩驿镇、鲁家沟镇、葛家岔乡、巉口镇、称钩驿乡、青岚山乡以及李家堡镇，绝大部分土壤均为灰白土、厚垆层黄麻土、毛傻白土、毛灰白土、梯田黄白土和厚垆层灰黄土，耕地面积为 103957.77hm²，占到总耕地面积的 69.35%。

第五节 目标

一、全国中低产田类型

按照《全国中低产田类型划分与改良技术规范》(NY/T 310—1996)的相关界定，根据其土壤主导障碍因素及改良主攻方向，对全国范围内的中低产田的类别进行如下划分。

(一)干旱灌溉型

由于降雨量不足或季节分配不合理，缺少必要的调蓄工程，以及由于地形、土壤原因造成的保水蓄水能力缺陷等原因，在作物生长季节不能满足正常水分需要，同时又具备水资源开发条件,可以通过发展灌溉加以改造的耕地。指北方可以发展为水浇地的旱地,南方可以开发水源,提高水源保证率,增强抗旱能力的稻田和旱地。其主导障碍因素为干旱缺水,以及与其相关的水资源开发潜力、开发工程量及现有田间工程配套情况等。

(二)渍涝潜育型

由于季节性洪水泛滥及局部地形低洼,排水不良,以及土质黏重,耕作制度不当,引起滞水潜育现象,需加以改造的水害性稻田。其主导障碍因素为土壤潜育化、渍涝程度和积水,以及与其相关的包括中地形小地形部位、田间工程配套情况等。

(三)盐碱耕地型

由于耕地可溶性盐含量和碱化度超过限量,影响作物正常生长的多种盐碱化耕地。其主导障碍因素为土壤盐渍化,以及与其相关的地形条件、地下水临界深度、含盐量、碱化度、pH 等。

(四)坡地梯改型

通过修筑梯田梯埂等田间水保工程加以改良治理的坡耕地。其他不宜或不需修筑梯田、梯埂,只需通过耕作与生物措施治理或退耕还林还牧的缓坡、陡坡耕地,列入瘠薄培肥型与农业结构调整范围。坡地梯改型的主导障碍因素为土壤侵蚀,以及与其相关的地形、地面坡度、土体厚度、土体构型与物质组成、耕作熟化层厚度等。

(五)渍涝排水型

河湖水库沿岸、堤坝水渠外侧、天然汇水盆地等,因局部地势低洼,排水不畅,造成常年或季节性渍涝的旱耕地。其主导障碍因素为土壤渍涝,与其相关的地形条件、地面积水、地下水深度、土体构型、质地、排水系统的渲泄能力等。

(六)沙化耕地型

西北部内陆沙漠,北方长城沿线干旱、半干旱地区,黄淮海平原黄河故道、老黄泛区沙化耕地(不包括局部小面积质地过沙的耕地)。其主导障碍因素为风蚀沙化,以及与其相关的地形起伏、水资源开发潜力、植被覆盖率、土体构型、引水放淤与引水灌溉条件等。

(七)障碍层次型

土壤剖面构型上有严重缺陷的耕地,如土体过薄、剖面 1 m 左右内有沙漏、砾石、黏盘、铁子、铁盘、砂姜等障碍层次。障碍程度包括障碍层物质组成、厚度、出现部位等。

(八)瘠薄培肥型

受气候、地形等难以改变的大环境(干旱、无水源、高寒)影响,以及距离居民点远,施肥不足,土壤结构不良,养分含量低,产量低于当地高产农田,当前又无见效快、大幅度提高产量的治本性措施(如发展灌溉),只能通过长期培肥加以逐步改良的耕地。如山地丘陵雨养型梯田、坡耕地和黄土高原,很多产量中等的黄土型旱耕地。

二、安定区中低产田类型

定西市安定区地处甘肃省中部,定西市北部,地处祖厉河支流的关川河上游,属黄土梁峁沟壑区,山大沟深,干旱多灾,是典型大陆性气候,属中温带干旱半干旱区,冬春季多西北风,夏秋季多东南风,风力一般为二至五级,最大为八级,年平均气温 6.3℃,平均日照时数 2500 小时,≥10℃ 有效积温 2239.1℃,极端最高气温 34.3℃,极端最低气温 −32.5℃,区内地表水、地下水资源短缺,水资源主要依靠天然降水资源。人均水资源占有量不足 200m^3,亩均不足 40m^3,全区多年平均降水量 400mm,蒸发量高达 1526mm,而近 10 年来的平均降水量不足 380mm,有效降水量少,暴雨径流多,时空分布极不均匀,雨量多集中在七、八、九月,占全年降水量的 56% 以上,与农作物需水期(5~6月)相错位,造成季节性干旱。"三年一小旱,五年一大旱,十年九春旱",尤其进入 20 世纪 90 年代以来,旱灾愈演愈烈,农业生产受到了严重的威胁。

调查数据显示,安定区各乡镇耕作土壤剖面均无明显障碍层,且绝大多数土壤呈现弱碱性,可排除上述类型中的渍涝潜育型、盐碱耕地型、渍涝排水型、沙化耕地型、障碍层次型。依据《全国中低产田类型划分与改良技术规范》(NY/T 310—1996)中有关中低产田类型的划分结论,结合安定区耕地地力评价中作物产量限制因子的排序情况,综合考虑影响该县农作物产量中各类因子及其权重,以及在农业生产中的直观性和改良利用的针对性,专题研究组从若干耕地质量评价指标体系中选定灌溉条件、有机质含量、有效磷含量、坡度 4 个指标,作为划分安定区中低产田限制因子的限制极限指标(表 3-24-4)。

表 3-24-4 安定区中低产耕地限制因素及其限制极限指标

限制因子	干旱限制	瘠薄限制	地形限制
限制极限指标	无灌溉条件的	有机质含量 < 10g/kg	坡度 > 15°
	河谷低阶地	有效磷含量 < 8 mg/kg	田面坡度大于 4°

将各评价单元的属性数据与限制极限指标进行比较,对照全国中低产耕地类型划分,结合当地自然资源特点,工作组将安定区中低产田依次划分为坡地梯改型、干旱灌溉型、瘠薄培肥型 3 种中低产田类型。

表 3-24-5 安定区各类中低产田分布情况

乡镇名称	障碍类型			
	干旱灌溉型(hm^2)	瘠薄培肥型(hm^2)	坡地梯改型(hm^2)	总计(hm^2)
白碌乡	0	1606.15	2981.14	4587.29

续表 3-24-5

乡镇名称	障碍类型			
	干旱灌溉型(hm²)	瘠薄培肥型(hm²)	坡地梯改型(hm²)	总计(hm²)
巉口镇	1158.87	6024.6	3567.53	10750.99
称钩驿镇	20.33	4227.1	2925.22	7172.65
凤翔镇	1893.12	7890.88	581.63	10365.62
符家川镇	273.94	2384.15	1281.48	3939.57
高峰乡	0	2298.48	333.75	2632.23
葛家岔镇	0	3659.65	2198.29	5857.94
李家堡镇	0	10357.09	924.67	11281.76
鲁家沟镇	634.77	5572.77	2127.05	8334.58
内官镇	2482.34	10599.02	1479.55	14560.91
宁远镇	0	6786.45	2020.06	8806.5
青岚山乡	0	6493.18	2025.17	8518.35
石泉乡	0	5375.46	1229.41	6604.87
石峡湾乡	0	5015.96	652.14	5668.1
团结镇	183.94	6162.29	176.92	6523.15
西巩驿镇	49.77	6432.51	2864.92	9347.19
香泉镇	801.86	5666.41	156.65	6624.92
新集乡	0	3888.09	3595.97	7484.05
杏园乡	0	2021.71	2748.53	4770.24
总计	7498.95	102461.92	33870.05	143830.92

(一)坡地梯改型

安定区坡地梯改型中低产田是指行政区划范围内无灌溉条件,且坡度在10°以上的坡耕地。这类中低产田的障碍因素主要为坡度引起的水土流失,可以通过修筑梯田梯埂等田间水保工程加以改良治理。对应安定区耕地地力评价结果,涉及大部分三、四级耕地,在全区范围内分布面积广泛,总面积33870.05 hm²,占安定区中低产田总面积的23.55%。主要土种为灰白土、厚垆层黄麻土、毛傻白土、毛灰白土、梯田黄白土、厚垆层灰黄土、厚垆层黄麻土和厚垆层毛灰黄土。

(二)瘠薄培肥型

此类中低产田是指主要由土壤养分匮乏或失衡引起作物产量低下的耕地,可通过长期培肥加以逐步改良。这类型中低产田在区内分布面积广泛,涉及部分二等耕地及大部分三、四等耕地,总面积102461.92hm²,占安定区中低产田总面积的71.24%。主要土种为灰白土、厚垆层黄麻土、毛傻白土、毛灰白土、梯田黄白土、厚垆层灰黄土、厚垆层黄麻土和厚垆层毛灰黄土。

(三)干旱灌溉型

此类中低产田是指具备水资源开发条件,可以通过发展灌溉加以改造的耕地。这类中低产田的障碍因素主要为水利设施及水资源利用效率不高引起的土壤水分亏缺。对应安定区耕地地力评价结果,涉及大部分二级及部分三、四级耕地,主要分布在安定区关川河、西巩河、西河、东河、称钩河沿岸,多为冲积平川,地势平坦,农业生产水平较高的地区,总面积7498.95hm²,占安定区中低产田总面积的5.21%,涉及土种主要为厚垆层灰黄土、厚垆层黄麻土、厚垆层麻土、厚垆层黑麻土、厚垆层灌溉黑麻土和薄垆层毛灰黄土。

第六节 对策与建议

按照统一规划、合理利用、科学培肥的原则,将耕地障碍因素相近,改良措施相似,利用方向一致,地域上连成一片的耕地划为同一个利用区。据此,将安定区中低产耕地划分为3个改良培肥区,即中北部丘陵沟壑区、南部低山浅山区和水川河谷区。

一、中北部丘陵沟壑区

该区为典型的黄土高原丘陵沟壑区,境内沟壑纵横,梁峁起伏,水土流失严重。主要是坡地梯改型和瘠薄培肥型中低产耕地,宜采取以下改良措施。

(一)坡改梯技术

兴建梯田工程,是旱作农业生态工程中的主要措施之一。实践证明,坡地改成梯田,并经综合治理后,可大大改善作物栽培条件,增强保水、保土、保肥能力,粮食产量一般比坡地增产30%以上。田间试验研究表明,在15°坡地进行坡改梯两年,与传统耕作相比可减少径流量35.8%,土壤流失量88.2%,玉米产量提高1.28倍。

(二)免耕秸秆覆盖技术

免耕秸秆覆盖技术采用休闲期覆盖,即在作物收获并打碾后,尽早将秸秆切碎成5~10cm,均匀地覆盖在地面上。对初次实施免耕秸秆覆盖的农田,覆盖秸秆的用量以把地面盖严但又不压苗为准,若覆盖材料为麦草,则适宜覆盖量一般为4500~6000kg/hm²,覆盖材料为玉米秸,则适宜覆盖量为6000~7500kg/hm²。该技术符合安定区雨养型农业的特点,具有创新性、先进性和可行性,通过对农田进行秸秆覆盖,可使地面冬春不裸露,夏秋披上绿装,有效地防止干旱、水土流失和沙尘暴,有利于农作物的高产稳产。

(三)全膜双垄沟技术

全膜双垄沟核心是在地表起大小双垄,并在双垄之间形成集雨沟槽后,用地膜全地面覆盖,再在沟内播种,收获后免耕,并将秸秆保持立秆状态或割倒平覆,第二年播种季节去除秸秆后直接播种下一茬作物。该技术体系集垄面集流、覆膜抑蒸、垄沟种植、一膜两用技术于一体,改半膜覆盖为全地面覆盖地膜,改地膜平铺为起垄覆膜,改播前覆膜为秋季或早春顶凌覆膜,改传统垄上种植为沟内种植,从而大幅度提高土壤水分的保蓄率和降水利用率,进而提高产量。田间测产发现,全膜双垄沟玉米产量较半膜产量提高15.5%,增产效果明显。

(四)引洪漫灌技术

黄土高原沟壑纵横,水土流失严重,具有发展径流截水用于农业生产的有利条件。引洪漫灌技术花工少,成本低,蓄水效率高,凡是在有斜坡的沟岔地都可以营建。洪水漫过的地,既能增加土壤肥力,提高粮食产量,又能控制水土流失,变无用水甚至有害水为有用之水。据测定,定西地区洪水漫过比没有漫过的土壤耕作层含水量提高30%左右,在旱作区增产粮食50%~150%。

(五)平衡施肥技术

我国目前农田施肥投入的总养分量中约有25%以上的氮、80%以上的钾 33%以上的磷以及90%以上的微量元素靠施用有机肥解决。而且有机肥含有丰富的有机质,有机质含量的多寡及其腐解程度,影响着土壤的保水、保肥和供肥能力,以及对土壤酸碱度变化的缓冲能力。施用有机肥是现代农业持续发展的重要基础。充分利用安定区丰富的农家肥资源,增加有机肥料的用量,一方面可以解决畜禽粪便的污染问题,另一方面可以改善土壤理化性状,有利于农业的可持续发展。另外,作为黄土高原丘陵沟壑区"三料"(燃料、饲料、肥料)俱缺,秸秆作为"三料"的多用途性目前主要体现于燃料和饲料,传统的收获方式甚至连根拔除,几乎没有还田根茬,更谈不上秸秆还田,如此就形成了生物产量低,秸秆少,秸秆还田率低,地表裸露,水土流失严重,土壤生产能力下降,生物产量低的农田生态经济恶性循环。要破解这一恶性循环,必须提高作物覆盖期间的生物量,扩源才能增流,大力推广秸秆还田,保证足量的秸秆用于休闲期地表裸露时段覆盖,减少水土流失,提高土壤综合生产能力。

另外,由安定区第二次土壤普查结果可知,中北部丘陵沟壑有灰钙土分布,碳酸盐含量大,土壤pH值呈微碱性,土壤磷容易被钙固定为钙磷盐。使得有效性磷酸盐大为减少;

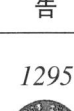

钾也易被土粒晶格固定,变成迟效钾。因此,增施有机肥,可以减少磷钾肥与土壤的接触面积,防止磷钾被土壤固定。同时,有机物分解产生的有机酸,有利于提高磷钾的有效化水平。因此,应坚持开展测土施肥,因土供肥,因作物施肥,充分发挥肥料的经济效益,达到改良中低产田土壤的目的。根据分阶段、有步骤的底肥和追肥相结合的原则施用化肥,使肥效发挥在作物的需肥临界期上。氮素肥料要分层深施;磷钾肥料要集中条深施,增施生物肥料。根据作物产量及土壤中有效养分含量进行配方施肥和平衡施肥相结合,做到大量微量相结合,有机物无机物相结合,做到缺补、丰减、匀施,为作物生长创造良好生长环境。

二、南部低山浅山区

该区地势较平缓,植被稍好,泉水溪流也多,气候湿润,但由于分布着冲积物母质和红土母质,母质分化程度低,土壤发育程度弱,土层薄,粗骨性强,有机质含量少,保水、保肥、耐寒能力均差。因此,主要是瘠薄培肥型为主兼障碍层次性中低产耕地,宜采取以下改良措施:

(一)土壤改良技术

土壤肥力包括土壤本身养分含量的多寡和理化性状好坏两个方面。因此,土壤理化性状是土壤肥力高低的一个重要方面,随着其他农业技术措施和人为活动影响而发生变化。由安定区第二次土壤普查的结果可知,安定区南部低山浅山区土壤熟化程度低,而通过深翻、深松,除可以基本改良上述不良因素外,还可以改善土壤氧化还原状况,排除底层二氧化碳,增加氧气的数量,使土壤固、气、液三相物质协调,促进微生物活动,使土壤养分发生转化和释放。在安定区土壤剖面养分化验中,发现部分剖面底层养分含量高于表层,也有的表层或底层偏沙或偏黏的现象,通过深翻打破犁底层,把养分高的底层翻到表层,既改良了理化性状,又能提高表层养分含量。

(二)平衡施肥技术

针对南部低山浅山区土壤缺磷、少氮、钾适宜的特点,增施有机肥,稳施氮肥,增施磷肥,适施钾肥。根据土壤测试值、作物目标产量,具体确定不同土壤养分状况和不同作物的氮、磷、钾养分施用量,并实行有机肥与无机肥配合施用和氮、磷、钾肥配合施用,及大量元素肥料与微肥配合施用。

三、川水河谷区

川水河谷区主要分布在安定区关川河、西巩河、西河、东河、称钩河沿岸,多为冲积平川,地势平坦,农业生产水平较高的地区,该区河谷宽度为2500~5000m,水利条件较好,是农业生产水平较高的地区,宜采取以下改良措施。

(一)集雨补灌技术

降水的时空分配具有可经营性,即通过"异地叠加"等手段可以做到秋雨春用,适时补灌,主动缓解水分亏缺,提高产量。集流蓄水技术的核心是把较大范围降水形成的地表径流,引入小面积农田,实现农田的"雨量增值";或将径流引入贮水设施集存起来,在作物需水的关键时期,进行有效灌溉,从而使旱地获得稳产高产。由于旱地补充浇灌利用的是集雨蓄水,所以补充灌溉的水源是十分有限的,必须大力推行节水灌溉新技术。一方面要根据作物蓄水量和蓄水规律浇好关键水,使有限的灌水产生较高的效益;另一方面是利用节水浇灌的新技术、新设备达到节水的目的。

(二)节水灌溉技术

经调查统计,安定区地下水资源为 1153 万 m^3,将地面水利用率提高到 50%,地表水资源可达 1958 万 m^3,合计 3000 万 m^3,实行节水灌溉,保灌面积可达到 20 万亩。因此,以水资源的合理开发利用为前提,在井灌区(包括内官、香泉、团结)全面推行低压管道节水灌溉工程,采取各种先进的节水灌溉技术,如滴灌、渗灌、喷灌;在自流灌区(包括东河渠、中河渠、西河渠),根据洪水灌溉洪量大、历时短、含泥沙大的特点,需要集中抢灌,为防止泥沙淤积堵塞和便于清淤,用明渠灌水,采取常规节水灌溉。即做好渠系配套和渠系建筑及渠道险段的维修改造,并做好渠道防渗衬砌和灌区平添整地工作,采取沟灌、畦灌、膜下灌,坚决杜绝大水漫灌、串灌,禁止跑漏水现象发生,尽量减少蒸发渗漏损失,提高渠系水利用系数,计划用水,合理看水,定额灌溉。

专题二十五 陇西县中低产田类型、存在问题及改良利用措施

第一节 陇西县自然与农业生产概况

陇西位于甘肃省中部,定西南端,地理位置在东经 104°12′~104°53′,北纬 34°52′~35°25′,东连通渭,南与武山、漳县接壤,西邻渭源,北靠定西,南北长 60km,东西宽 50km,总面积 2409km²。其中渭河水系面积 2364km²,祖历河水系面积 45km²。除南部的桦林山、蹶头山一带覆盖着小部分次生林外,没有大片的森林和草地。

陇西县地形西北高、东南低,海拔 1612~2778 米,位处西北黄土高原边缘与秦岭支脉丘陵地带之间,为典型的黄土梁峁与河谷地形。构成南山(二阴地区)、川区(渭河水川地区)、北山(干旱地区)三块生态条件差异明显的小区环境。地势西北高,东南低。县城位于渭河南岸二级阶地上,主要为第四系地层,上部以黄土为主,下部为沙砾卵石层。土层除湿陷性黄土外,一般较为稳定。

陇西地处中纬内陆,为温带大陆性季风气候,四季分明,日照充足,气候温和。年均降水量 445.8mm,蒸发量 1440mm;年平均日照时数 2292h。城区年平均气温 7.7℃,年平均无霜期 146d,绝对无霜期仅有 97d。由于受东亚大气环流和青藏高原外围特殊地形的影响,降水量年际差异较大,为农牧气候过渡地带,宜农宜牧,以农业为主。川区、北山为温和干旱区,适宜小麦生长,为全县主要产粮区。南山为温寒半湿润区,发展畜牧业有一定条件。

陇西全县辖 17 个乡(镇),有村民委员会 215 个,村民小组 1292 个,乡镇总户数 125935 户,全县总人口 49.72 万人。其中,非农业人口 6.31 万人,农业人口 43.41 万人,农村劳动力 24.74 万人。渭河北部有永吉、和平、云田、渭阳、权家湾、通安驿、宏伟、马河、福星、德兴、柯寨和双泉 12 个乡镇;渭河南部有巩昌、文峰、首阳、菜籽、碧岩 5 个乡镇。2005 年全县农作物播种面积 8.36 万 hm²,其中,粮食作物面积 5.8 万 hm²,占播种面积的 69.4%;经济作物 2.42 万 hm²,占 28.9%;其他作物 0.14 万 hm²,占 1.7%。在粮食作物中,夏粮作物 1.29 万 hm²,亩产 90.7kg,总产量 17585t;秋粮作物 0.14 万 hm²,亩产 154.2kg,总产量为 3307t。

第二节 陇西县中低产田类型及对应改良技术规范

中低产田是指土壤中存在一种或多种制约农业生产的障碍因素,导致单位面积产量相对低而不稳的耕地。陇西县因受干旱少雨气候特点和地理条件多重因素的影响,中低产田数量大。针对陇西县耕地利用和生产力现状,通过本次耕地地力评价,分析了中低产田主要存在的问题,并提出了相应的改良利用措施。

中低产田主要为耕地地力评价中的二至五等地,按照《全国中低产田类型划分与改良技术规范》(NY/T310—1996),根据其土壤主导障碍因素及改良主攻方向,对陇西县中低产田的类型进行了划分表 3-25-1。

表 3-25-1 陇西县各类中低产田类型分布表 单位:hm²

乡镇名称	合计	干旱灌溉型	瘠薄培肥型	坡地梯改型
中低田面积	97469.68	2612.66	39960.4	54896.62
巩昌镇	5070.57	536.45	2020.47	2513.65
福星镇	14533.38	0	8040.17	6493.21
首阳镇	5170.46	297.45	2856.07	2016.94
文峰镇	8750.34	511.08	2312.19	5927.07
马河镇	3226.48	29.38	1370.97	1826.13
通安驿镇	9753.6	343.5	3870.90	5539.20
菜子镇	9469.77	488.3	2538.81	6442.66
碧岩镇	3945.94	0	1765.00	2180.94
云田镇	5912.29	0	2340.91	3571.38
德兴乡	3508.46	0	1762.71	1745.75
宏伟乡	3295.43	0	1714.71	1580.72
和平乡	4850.37	11.94	2004.78	2833.65
权家湾乡	5790.45	0	1636.21	4154.24
永吉乡	3580.86	314.42	785.08	2481.36
柯寨乡	746.67	0	249.82	496.85
渭阳乡	7229.36	0	3434.62	3794.74
双泉乡	2635.25	80.14	1256.98	1298.13

一、干旱灌溉型

主要分布在陇西县的文峰、巩昌、菜籽、永吉等乡镇,面积较大,其他乡镇有零星分布。土地利用类型为水浇地,面积为 2612.66hm²。由于降雨量不足或季节分配不合理,缺少必要的调蓄工程,以及由于地形、土壤原因造成的保水蓄水能力缺陷等原因,在作物生长季节不能满足正常水分需要,同时又具备水资源开发条件,可以通过发展灌溉加以改造的耕地。其主导障碍因素为缺水,以及与其相关的水资源开发潜力、开发工程量及现有田间工程配套情况等。干旱灌溉型改良措施见表 3-25-2。

表 3-25-2 干旱灌溉型改良技术规范

改造措施		改良标准
骨干工程(干、支渠)		10 年一遇,干旱年份,保灌 5 次以上
田间灌溉工程(斗、农渠)		5 年一遇,干旱年份,一年二熟,保灌 5 次以上,毛灌定额 4500~7500m³/hm²
井灌工程		用水保证率 90%
井集结合		用水保证率 90%
平整土地与条田建设		达到适应各类灌溉需要
林带植被建设(乔灌合计)		占耕地面积 12%~30%
耕作培肥	加深耕层	耕层厚度大于 15%,机耕面积大于 60%
	秸秆还田	小麦留高茬,玉米秸秆粉碎还田,连续 3 年
	增施有机肥	每年 45000kg/hm² 以上,连续 3 年
	测土配方施肥	磷肥 450kg/hm²,连续 3 年

二、坡地梯改型

坡地在陇西各乡镇皆有分布,划分依据为坡度大于 15°的山旱地、山旱坡地等地类名称,面积为 54896.62hm²。通过修筑梯田梯埂等田间水保工程加以改良治理的坡耕地,其他不宜或不需修筑梯田、梯埂,只需通过耕作与生物措施治理或退耕还林还牧的缓坡、陡坡耕地,列入培肥型与农业结构调整范围。坡地梯改型的主导障碍因素为土壤侵蚀,以及与相关的地形、地面坡度、土体厚度、土体结构与物质组成、耕作熟化层厚度等。坡地梯改型改良措施见表 3-25-3。

表 3-25-3 坡地梯改型改良技术规范

改造措施		改良标准
梯田工程		参照北方山地丘陵、褐土耕地类型区坡地梯改型的梯田规格
林带植被建设林		草、作物总植被覆盖率大于 80%(无裸露面积)
耕作培肥	深翻	32 年内深耕 1~2 次,加深耕层 3~5cm,耕作熟化层大于 15cm
	种植制度	大秋套种黄豆,麦茬复种短期绿肥,麦、油、豆轮作,连续 3~5 年
	秸秆还田	小麦高茬收割在 15~20cm,连续 3 年,缺少燃料地区 30%~50%(秸秆或面积),不缺燃料地区≥50%,连续 3~5 年
	增施有机肥	每公顷施 30000~45000kg,连续 3 年
	测土配方施肥	每公顷施磷肥 900kg,连续 3 年

三、瘠薄培肥型

本类型划分依据为土壤有机质含量小于 11g/kg,面积为 39960.4hm²,在陇西县各乡镇皆有分布,受气候、地型等难以改变的大环境的影响,以及距离居民点远,施肥不足,土壤结构不良,养分含量低,产量低于当地高产农田,当前又无见效快、大幅度提高产量的治本性措施,只能通过长期培肥措施加以逐步改良的耕地。瘠薄培肥型中低产田改良技术措施见表 3-25-4。

表 3-25-4 瘠薄培肥型改良技术规范

改造措施		改良标准
平整土地与条田建设		平坦塬面及缓坡地规划成条田
水保耕作法		推广丰产沟或其他等高耕作、等高种植制度,连续 3~5 年
林带植被建设林		草、作物总植被覆盖率大于 80%(无裸露面积)
耕作培肥	深翻	3 年内深耕 1~2 次,加深耕层 3~5cm,耕作熟化层达到大于 15cm
	种植制度	大秋套种黄豆,麦茬复种短期绿肥,麦、油、豆轮作,连续 3~5 年;
	秸秆还田	小麦高茬收割在 15~20cm,连续 3 年,缺少燃料地区 30%~50%(秸秆或面积),不缺燃料地区≥50%,连续 3~5 年
	增施有机肥	每公顷施 30000~45000kg,连续 3 年
	测土配方施肥	每公顷施磷肥 900kg,连续 3 年

第三节 陇西中低产田土壤存在的主要问题

从耕地地力评价结果来看,陇西县耕地土壤的有机质主要在五至六级,分别占 77.09%、21.43%;碱解氮含量在五、六级,分别占 25.42%、71.25%;有效磷含量在三、四级,分别占 76.55%、20.27%。总体上全县耕地土壤肥力以渭河流域沿岸川地、河谷阶地等冲洪积、洪积次生黄土母质上发育的土壤为主,高于其他母质土壤,川地高于其他类型土壤。与全国水平相比,陇西县的耕地土壤养分,仍表现为低有机质、低氮、中磷、中钾的特点,具有明显的地带性差异,也有明显的土壤类型差异。

一、水土流失严重

水土流失是自然因素和人为因素综合作用的结果。自然因素包括气候因素、土壤可蚀性因素、地形因素、地面植被等,是导致水土流失的内因。自然因素是水土流失发生、发展的客观条件,而人为不合理生产活动是加速水土流失的主要原因。人们在黄土梁峁顶部、斜坡和沟谷中耕作,开垦荒地,砍伐森林,破坏植被,严重破坏了土壤固有的稳定性及植被的保护作用,加速土壤侵蚀,导致水土流失的发生。人类长期不合理的生产活动,使水土流失加剧,生态环境恶化,土层更加贫瘠干旱,特别是人口增长与经济发展之间的不适宜性,促使人们为了生存加速开垦荒地。另外,三料缺乏、过度放牧、铲草皮、挖树根等现象屡禁不止,进一步破坏了生态环境,也加速了水土流失。

二、重用轻养,向土地投入少

陇西县土壤养分状况为少氮,中磷,中钾,有机质不足。第一表现为农家肥质量差、数量少,群众积肥习惯摊晒造粪,由于积粪不当,损失大。第二是绿肥面积小,除种植较小面积的豆科作物外,很少种植草木樨、毛苕子、箭舌豌豆等绿肥作物及豆科牧草作物,小麦面积大,并且连作年限长,导致病虫害严重发生。第三是部分干旱地区三料俱缺,农民经济收入少,生活水平低,向土地投资少,仅靠土地轮歇生产粮食,其增产措施主要是土地耕作,很少向土地投入化学肥料和有机肥料,年施用有机肥的面积约占总耕地面积的1/4。因此,地越种越瘦,产量越来越低。

第四节 陇西县中低产田改良利用措施

陇西县地形复杂,土壤类型较多,农业生产中存在的不利因素不少,现根据耕地地力评价结果及农业生产中存在的问题和土壤本身的障碍因素,提出陇西县中低产田改良利用措施。

一、改善自然生态环境,防止水土流失

水土流失治理措施可分为工程措施与生物措施。工程措施一般是在侵蚀沟、坡面等处设置拦泥和蓄水工程设施;生物措施是通过种草种树形成一定的植被,分散径流,减少冲刷,起到治理效果。由于地质、地貌等因素的制约,区内水土流失的类型及程度各不相同,必须针对各自特征,"辨证施治,对症下药",进行综合治理。在总体上使坡面充分利用天然降水,就地拦蓄,节节拦蓄,配合工程措施搞好坡面治理,从局部对策上采取"草上坡、树下沟、山顶草灌、沟谷林果、阳坡草、阴坡林",建立科学的防治体系。具体措施有:(1)对15°以下缓坡地及河谷川台区,建设以粮食生产为主的防治体系,采取粮草轮作,增加农田覆盖度,延长植被覆盖期;(2)对15°~25°坡地,修成隔坡梯田,坡埂种草种树;25°以上坡耕地逐渐退耕种草种树,发展林果为主的经济林,形成坡面生物防护体系;(3)对梁峁及沟坡营造以薪炭林为主的防护林,实行统一管理使用;(4)建立沟道防护体系,在沟底种草种树,修筑护沟护坡工程,分散径流,控制沟头延伸;(5)田间地埂、村庄道路发展经济林或用材林;(6)全面推广小流域综合治理的经验。

二、科学施肥

施肥不合理,会降低肥料效益。陇西县大部分地区为干旱地,土壤肥力较低,在施用了农家肥的基础上,还需要施用化肥,才能较大幅度提高产量。在施化肥时应抓住以下几个要点:(1)根据土壤养分状况、肥料种类及作物需肥特性,确定合理的施肥量或施肥方式,做到配方施肥。以施用有机肥为主,合理配施氮、磷、钾肥。化学肥料做基肥时要深施,并与有机肥混合。追肥要做到"少量多次",避免长期施用同一种肥料,特别是含氮肥料。(2)科学选肥。注意生理酸性肥料与生理碱性肥料的交替搭配。当土壤已经酸化或必须施用酸性肥料时,可在肥料中掺入生石灰来调节;当土壤酸化严重时,可施加熟石灰,但用量为生石灰的33%～50%,且不可对正在生长作物的土壤施用。(3)提倡根外追肥,这样不会造成土壤被破坏。(4)慎施微肥。一般情况下,要通过施用有机肥来提供微量元素,若施用微肥一定不要过量。

三、多施有机肥,增加土壤有机质,改善土壤理化性状

有机肥肥源广,成本低,易于集制。一是充分利用当地的自然资源,发展地方经济,利用畜禽粪便作为优质有机肥料。二是高留茬,像小麦等作物收割时,留5～10cm高茬,然后深翻、灌水,使其腐烂分解,增加土壤有机质。三是利用秸秆、杂草、有机垃圾等为原料堆制有机肥。

四、土壤深耕作

耕作可以改变土壤理化性质和微生物活动,从而影响土壤的环境条件和养分供应状况。通过深耕,可以熟化土层,同时把犁底层以下的养分翻到表土层中,增加土壤的养分利用效率。

五、合理轮作倒茬

利用轮作栽培方式可改善土壤性状,协调利用土壤中各种养分,减少由于连作造成的土壤某种或几种养分元素匮乏,降低土壤肥力以及病虫害蔓延。

六、改变观念,广种绿肥,加速土壤熟化。

绿肥作物根系粗壮,可深入下层土壤,吸收利用土壤中难溶性矿质元素能力很强。通过绿肥作物的吸收利用,可将耕层土壤甚至深层土壤中不易被其他作物吸收利用的养分集中在耕作层,待绿肥翻压腐熟后,重新以有效养分供后茬作物利用,还可利用豆科绿肥

根系的固氮作用,增加土壤中的氮素含量。

七、合理灌溉

对于有灌溉条件的土壤来说,灌水一定要合理,并不是灌得越多越好,灌水次数太多,地温偏低,水分过多,不利于土壤微生物活动,从而影响土壤有机质转化;每次灌水量太多,一方面浪费水资源,另一方面造成土壤养分的流失,对培肥土壤极为不利。

八、推广以全膜双垄沟播为主的旱作农业技术

作为一项成熟技术,全膜双垄沟播技术在国内率先闯出一条变被动抗旱为主动抗旱的旱作农业新路子,成了旱作农业区农业革新的一个新生力量,使传统的"雨养农业"走出了困境,旱作农业增粮增收露出曙光。全膜双垄沟播技术是指在地表起大小双垄后,用地膜全覆盖,在垄沟内播种玉米。其优点:一是防止地表水分蒸发,保墒效果明显;二是秋覆膜或早春顶凌覆膜,做到秋雨春用;三是起垄后集雨效果明显;四是全膜覆盖地温明显提高。生产实践证明,全膜双垄沟播技术的引进推广,促进了农业增产,农民增收。

九、坚持不懈开展梯田建设

首先,继续确立梯田的基础地位,把梯田建设放在农村工作的首要位置,与乡镇政府的任期目标考核结合起来,与新农村建设和产业结构调整结合起来,进一步加大坡耕地改造力度,加快建设步伐,推动农村经济更好更快发展。其次,拓宽投资、融资渠道,加大机修梯田建设投入。为此,建议国家进一步加大坡改梯工程的投资力度,提高单位面积国家专项资金补助标准,从而有效减轻农民负担。再次,立足产业开发,建立梯田建设长效发展机制。实践证明,产业开发是梯田建设发展的希望之源,应以梯田产业化经营带动梯田建设,大力发展优势主导产业,进一步探索"梯田建设打基础—压夏扩秋调结构—马铃薯药材促增收—加大投资修梯田"的模式,建立起梯田建设长效发展机制。通过规模化的产业发展,推动区域经济发展,进而反哺水土保持,使梯田建设等水土保持工作得到更好更快发展。

第五节　陇西县不同中低产田类型改造方案

一、川区黑麻垆土壤区

陇西县川区黑麻垆土壤区为降水量较少地区,气温较高。在高温干旱条件下,土壤有

机质和全氮消耗大含量低,土壤养分除钙、镁、钠、钾丰富外,有机质多为五级,全氮含量在三至六级范围,速效磷在三至五级,全磷含量虽高,但因石灰性土壤的固定作用,有效性差,地下水虽多,但矿化度高,不宜灌溉。主要措施有:(1)调整农业结构。本区黄土层深厚,具有一定养分基础,土壤疏松多孔,蓄水性好,1m以下土层常处于湿润状态,有利于林果根系深扎;同时,光热资源也适宜苹果、梨、杏、桃、樱桃、花椒等的栽培,所以应大力发展林果业,并采取工程和生物措施,对沟头河畔塌陷、搬走良田等问题加强防范。这些地方可种植耐旱的洋槐、榆树、旱柳、酸刺、柠条、锦鸡儿等乔灌混交林,以保护土壤,对果树要加强整枝施肥,病虫防治,拦洪浇灌,以增加产量,提高果品质量。(2)推行旱作栽培,积极开辟肥源,抓好以肥调水,提高水的利用效率。抓好早耕、深耕,加厚土壤熟化层,增加土壤蓄水能力,在雨季结束时,适时耙耱收墒,冬季土冻以后对冬田采取镇压保墒,碾碎土块,压紧土表裂隙,防止冷风入根冻死麦苗;对冬闲地也应采取镇压措施使土表相对平整,降低蒸发,提高保墒性能,以实现秋雨春用和为来年春播打好基础。(3)调整作物布局。该区种植业内部目前也存在着以麦为主,作物种植极其单一的弊端。种植业内部"三三制"的旱作栽培法是广大群众多少年来与干旱做斗争的成功经验,即要做到豆类、小麦、大秋作物各三成,以豆保麦,以麦保大秋作物,大秋作物收获以后地力消耗较大,再种豆类,使土壤得到休养生息和恢复地力的机会,达到用地养地结合。

二、渭南浅山黑麻垆土壤区

陇西县渭南浅山黑麻垆土壤区的发展方向应以农业和林业为主,农业以粮食作物为主,林业以用材林为主,兼顾经济果木的发展。主要措施是:(1)针对土壤肥力低,水热条件好,施肥效果显著的特点,增施有机肥,合理施用氮、磷化肥,提高农作物单位面积产量。(2)开展除草剂消灭草荒,确保粮食丰收。开展化学除草十分必要,成本低,效果显著。(3)开挖排洪渠道,营造农田防护林,防止山洪淹没良田。利用河滩、堤岸、渠旁可利用的任何闲地,营造杨树、酸刺乔灌混交林,保护土地,增加生态效益,有条件的地方大力推广油料核桃树的栽植。

三、渭南坪台黑麻垆土壤培肥区

渭南坪台黑麻垆土壤培肥区的发展方向是确保粮食产量的条件下,适当发展用材林和经济林果,发展药材生产。主要措施是:(1)发展灌溉农业,对灌溉田块进行平整,实行小畦灌溉和地下灌溉等先进灌水法,注意节约用水,发展灌溉农业。(2)推广旱作农业栽培,扩大肥源,增加有机肥料。

四、渭南浅山黑麻垆土壤区

渭南浅山黑麻垆土壤区的气候属半干旱至冷凉半湿润类型，发展方向以种植业为主，并因地制宜发展草畜牧业，增加农业动力，及肥料和经济收入。主要措施是：(1)深耕熟化土壤，提高土壤养分效率。该区分布海拔较高，或处阴坡、沟湾部位，土性冷凉，有机质含量较高，但有效性却较低，农作物难以利用，应采用多次深耕，杀草晒土，提高地温，改善土壤理化性质，促进养分的转化，主要做法应在夏收时抢时早耕、深耕，促进土壤熟化。(2)增施有机肥。本区适宜农作物生长，产量比较稳定，但土壤肥力消耗大，为进一步提高产量应增施有机肥，补充土壤养分。(3)平田整地，搞好农田基本建设。该区应因地制宜修筑水平梯田，改善土壤水热条件，提高作物产量。(3)发展养殖业。本区自然植被为草甸化草原类型，加强禽畜养殖。

五、渭南灰褐土、红土农林牧土壤利用区

渭南灰褐土、红土农林牧土壤利用区包括菜籽、巩昌、文峰、永吉等乡的石质山地、沙砾质土、红土严重裸露地区。主要措施是：(1)采取积极有效的措施，保护现有森林，防止乱砍滥伐和毁林事件的发生；对现有宜林荒山、荒坡和沟谷，根据地形、水分状况营造水源涵养林和经济用材林；低山热量较好，应以杨树等速生树种为主；中山地区以云杉等耐阴树种为主，沟壑部位可营造酸刺林；坡度大于25°，土壤侵蚀严重的农耕地为防止水土流失，可逐步退耕还林还牧，发展林、牧业生产，促进生态循环良性转化。(2)农业用地土层浅，母质多是三纪红土，质地黏重，通透性差，易板结，土壤养分缺乏，具障碍层次，不宜修筑梯田，为防止土壤侵蚀，可采取修地埂或砌石墙等办法，拦截降水，淤积肥土，加强管理，增加土壤肥力。(3)广开肥源，增加土壤有机肥施用量，适当搭配氮磷化肥。

六、渭北沟谷坪台黄绵土、黑垆土农林牧土壤区

渭北沟谷坪台黄绵土、黑垆土农林牧土壤区包括渭河以北地区的渭阳、宏伟等乡。主要措施是：(1)深耕改土，加厚活土层，增强土壤保水保肥能力，除了抓以肥调水外，深耕可以消灭杂草、破碎土块、疏松土壤、增加土壤蓄水性和土壤养分有效性的作用。因此，抢时伏耕，抓紧秋耕细耕，以拦截最大数量的降水，雨季结束后要及时打磨收摘，为来年的丰收打好基础。(2)广开肥源，增加土壤有机肥施用量，适当搭配氮磷化肥。(3)调整作物布局，增加大秋作物和养地作物的面积。(4)加强栽培管理，采取合理的栽培技术对果树的抗旱能力也有重要的作用，主要包括以下几个方面：①合理密植。合理密植可使果树获得充分的水分、养分，实现优质丰产。在少雨缺水的条件下，一般进行中等密度栽植，即株

行距(2.5～3)m×4m。②合理修剪。抗旱较为理想的树形是自由纺锤形和细长纺锤形,同时在修剪上少造伤口,多留保护桩,修剪后要用封剪油或润肤油及时涂抹剪、锯伤口,防止树液蒸发;实行以花定果,合理负载,限制产量,减少树体养分的无效消耗。③合理施肥。加大投入,增施有机肥,改变偏氮的施肥习惯,实行配方施肥,提高果树抗旱力。秋季降雨较多,土壤湿度大,及时施基肥利于树体贮藏养分,抗旱能力增强;施肥应以合理深施为宜,诱导根系下扎,增强抗旱性能。④果园勤深耕。深耕结合细耙是防止土壤水分蒸发的有效措施,深耕应与水土保持相结合,否则大雨、暴雨后会使水土流失,深耕果园可间作一些豆科绿肥,达到固土肥田的作用。⑤山地、旱坡地和丘陵地果园修建梯田和鱼鳞坑,进行等高栽植,蓄积雨水到行内和树下,提高局部土壤的水分利用能力,增加抗旱性。

七、渭北山地黄绵土壤区

渭北山地黄绵土壤区的主要措施是:(1)以草起步,种、管、护结合,解决饲料不足的困难,草木抗旱能力强,耐瘠薄,生长快,可利用荒山、荒坡、荒沟,开挖水平沟,大量种植,然后进行封山育林,加强管理保护,二至三年可起到保水保肥的效果。(2)该区草质好,含蛋白质高,适宜放牧,以饲养绵羊、长毛兔等为好;在封山育林的前提下,割封山育林的干草,解决禽畜饲草问题。(3)林业发展要以薪炭林为主,因地制宜的种树,同时大力发展酸刺的栽植,利用浆果给饮料加工业提供大量原料。(4)示范带动抓推广,为发展旱作农业整合技术资源。在抓好全膜双垄集雨沟播技术推广的同时,把良种良法综合配套的推广应用作为提升旱作农业综合效益的关键措施来抓,大力推广沈单16号、吉祥1号等玉米新品种,配套推广以全膜覆盖、膜侧沟播、顶凌覆膜等旱地地膜覆盖保墒技术,把传统抗旱生产技术与现代农业设施进行综合组装配套,精心打造一批规模大、科技含量高、示范辐射作用强的旱作农业集成技术示范区,进一步带动提升全县旱作农业的发展水平。

八、西北山黑垆土、黄绵土壤区

该区包括西北山的双泉、柯寨、福星、种和、通安驿、宏伟等乡的山地。改良措施是:(1)防止水土流失。水土流失治理措施可分为工程措施与生物措施。工程措施一般是在侵蚀沟、坡面等处设置拦泥和蓄水工程设施;生物措施是通过种草种树形成一定的植被,分散径流,减少冲刷,起到治理效果。由于地质、地貌等因素的制约,区内水土流失的类型及程度各不相同,必须针对各自特征,"辨证施治,对症下药",进行综合治理。在总体上使坡面充分利用天然降水,就地拦蓄,节节拦蓄,配合工程措施,搞好坡面治理。从局部对策上采取"草上坡、树下沟、山顶草灌、沟谷林果、阳坡草、阴坡林",建立科学的防治体系。具体措施有:对15°以下缓坡地及河谷川台区建设以粮食生产为主的防治体系,采取粮草轮作,增加农田覆盖度,延长植被覆盖期;对15°～25°坡地,修成隔坡梯田,坡埂种草种树,大于25°以上坡耕地逐渐退耕种草种树,发展林果为主的经济林,形成坡面生物防护体系;对梁峁及沟坡营造以薪炭林为主的防护林,实行统一管理使用;建立沟道防护体系,在沟底种草种树,修筑护沟护坡工程,分散径流,控制沟头延伸;田间地埂、村庄道路发展经济林或用材林;全面推广小流域综合治理经验。(2)农作物病虫害综合防治作为确保农业丰产丰收的有效手段,通过药剂拌种、土壤处理、田间喷灌和保护地蔬菜病虫害综合防治等田间管理,有效控制了大田作物中的越冬虫害以及作物不同生育阶段的虫害防治。(3)加快梯田建设。因地制宜,因害设防,统一规划,连片兴修的原则,注重整体推进和综合治理,打破村、组、户土地界限,实行田、林、路综合治理。倡导了四个结合,即与小流域综合治理相结合,与调整农业结构和发展高效农业相结合,与扶贫开发相结合,与退耕还林还草和荒山造林相结合,切实提高了水土保持治理成效,改善建设区的生产生活条件,加快了脱贫致富步伐,巩固了退耕还林还草和荒山造林成果。如马河镇卜家渠等千亩机修梯田点整合了各类项目资源,配套规划了道路、养殖、沼气、绿化、洋芋种植等建设内容,一次性改善了建设区生产生活条件,深受老百姓欢迎,得到了广大群众的认可和支持。(4)广开肥源,增加土壤有机肥施用量,适当搭配氮磷化肥。

专题二十六　通渭县中低产田分布状况及其改良对策

通渭县地处甘肃省中部,定西市东南部,现辖6镇12乡332个行政村,10个社区居委会,2440个村民小组,总人口46.73万人,其中农业人口42.34万人。境内地形多为黄土梁岭和河谷阶地,地势大致西北高、东南低,海拔为1410~2521m。年平均气温7.2℃,无霜期98~169d,年降水量400mm左右。其特点是春季降雨少,7~9月份降水量约占全年降水量的70%。全年蒸发量高达1700mm,是降水量的4倍多。常年干旱少雨,属典型的旱作农业县。长期以来,由于全县农业基础条件差,水利设施不健全,以干旱为主的自然灾害频繁发生,加之土壤瘠薄,施肥量低且不够科学,农业生产水平低,效益差,农民增收缓慢。目前,通渭县中低产田比例还很大,中低产田障碍因素多,粮食单产低而不稳,特色产业难以发挥土地潜能,严重制约着农业生产效益的增加,困扰着当地农村经济的发展和农民生活水平的提高。因此,利用现有土地资源,充分挖掘生产潜力,开辟农民增收新渠道是当前惠农区农业生产上急需研究的一个新课题。为了进一步摸清通渭县中低产田基本状况,为实施中低产田改良和利用提供科学依据,本章借助开展测土配方施肥项目的耕地地力调查与质量评价工作,开展了中低产田专题调查,获得了大量真实可靠的第一手资料,并对其形成原因进行了分析研究,提出了具体改良措施。

第一节　自然条件

一、气候条件

通渭属温带季风气候区,属陇中温带半湿润向半干旱过渡区,大陆性气候显著,具有光照充足、水热同季、降水变率大、干旱灾害、热量稳定、秋季多连阴雨的特点。

(一)气温、土温、霜期

通渭县年平均气温7.2℃,从西向东,从北向南,温度逐渐升高,7月份最热,月份最冷。极端最高气温33.7℃,极端最低气温-26.9℃。全年中春季气温低于秋季,且两季温度变化较大,春季月温度的增高达4.0℃~6.0℃,秋季月温度下降可达5.0℃~7.0℃,夏季和冬季变化缓和。≥5.0℃的平均积温为2831.6℃,持续天数为197d,≥10℃的平均积温为

2368.5℃,持续天数为145d；≥15℃的平均积温为1512.1℃,持续天数为81d。

年平均地温8.7℃。通常10月30日至11月30日结冻,次年4月上旬解冻,全年封冻日数为149~177d,最大冻土层深度122cm。

无霜期平均133d,最长无霜期169d,最短无霜期仅98d。早霜的出现较为稳定,一般出现在9月下旬至10月上旬,而晚霜则不稳定,从4月下旬至6月中旬均可出现。

(二)日照

通渭县境内相对海拔较高,云、雨、雾等影响太阳辐射的因素相对较小,日照时数比较多。据计算,该县年平均太阳辐射量在548~56.7kJ/cm^2。年内以1月、11月、12月最少,每月为27.3~32.8 kJ/cm^2;以5月、6月、7月最多,每月为57.1~68.9 kJ/cm^2。

(三)降水

通渭县平均年降雨量为400mm左右,其分布是西北部较多,西南部较少,其余各地居中,年蒸发量1700mm以上。

(四)气象灾害

主要有干旱(春旱、初夏干旱、伏旱)、霜冻、冰雹、暴雨、春寒及连阴雨;秋季连阴雨一般持续日数长,发生次数多,降水量大,危害较严重,多发生在7、8、9三个月,连阴雨8月中旬出现次数多,8月下旬、9月上旬次之。

二、水文条件

通渭县河流径流受降水、地形、地理位置、下垫面条件的影响较大,径流量的大小基本取决于降水量的多少。由于全县径流量主要是自产水,入境水量较少,全县常年有泉水出溢的大小淡水支沟共21条,多年平均流量一般每秒为0.01m^{3}至.016m^3,其余各沟道为季节性河沟,仅在多雨期才产生径流。

全县河流主要为降水补给型河流,枯季水量小,流量较平稳;汛期水量大,流量变化大。汛期集中在月~9月,暴雨洪水很集中,来势凶猛,历时短暂,峰高量小而含沙量大,汛期最大4个月径流量(6~9月)占全年径流的62.4%,大汛期(7~8月)占全年径流的43%左右,而作物播种与幼苗生长期(3~5月)仅占全年径流的22.2%左右。

全县径流不但年内分配不均,洪期枯期流量相差极为悬殊,而且年际间河流水量的变化也较大。全县多年平均自产径流量9510万m^3,入境水量2160万m^3。

1.牛谷河流域

牛谷河发源于通渭县西部牛营大山北坡,由西北向东南经马营、城关、平襄、碧玉、襄南丁连家川流入甘谷,境内主流长76km,流域面积883.92km^2,多年平均降水量467.3mm。地表径流量随季节变化,丰水期一般在7~9月,碧玉峡口流量每秒为

$0.233m^3$,县城东峡口每秒为$0.13m^3$,据甘谷水文站多年观测资料显示,对径流进行分割计算结果,洪流径流模数为$0.822m^3/cs\cdot km^2$,谷河在碧玉东峡口的洪流量每天为203万m^3。牛谷河主要支沟有朱家银滩沟、中林沟、字家沟、安家岔沟、陇阳沟,由于侵蚀堆积,从而把河谷分隔成大小不一的葫芦状的山间河谷盆地,地下水主要赋存在河谷盆地的河漫滩及一二级阶地的沙砾石层中。

2.义陇河流域

义陇河位于通渭县北部,流经义岗、寺子等乡镇,其中义岗川长9km左右,宽0.35~1.0km;寺子川长5km,宽1km左右。主要支流支沟有锦鸡河、义岗河、瓦房河、段家河、董家河、王家河、李家河等。义陇河在义岗川以下常年有水,通渭县境内流域面积580.65km²,主流长55.0km,域内多年平均降水量469.0mm,河床宽100~250m。

三、地质与地貌条件

(一)地质

通渭县属陇西黄土高原的组成部分,据1972年进行的水文勘察工作揭晓,经过漫长的地质年代的构造及剥蚀,其保存下来的地层有:元古代的震旦系;古生代的石炭系、二迭系;中生代的三叠系;新生代的老第三系固原群,新第三系临夏组,第四系中更新统、上更新统、全新统。

(二)地形地貌

通渭县在构造上属于陇西地块六盘地台及祁连山地东伸的三角地带。境内山岭起伏,沟谷纵横,显示出黄土地形的基本特征——梁、塬、峁、丘等自然景观。地势大致由西北向东南倾斜,海拔1410m以上,最高峰牛营大山主峰蟾姆山为2521m,最低的常河乡青石峡谷底海拔1410m,梁、岭相对高度240m左右,沟壑深度多在10~20m,显示出老年期山地沟谷的特征。根据地形的变异,全县可分为中山区、中南部丘壑区和河谷川台区3个类型。

1.山区

位于县境西北部,是陇南山字形山脊的组成部分。该区地势高峻,海拔多在2000m以上,境内有华家岭、牛营大山、鹿鹿山等,相对高度300m以上,山势稍缓,植被覆盖较好,是县内主要河流的发源地,呈现以高山峻岭为特征的地貌形态,山地丘陵占绝大部分。

2.丘陵沟壑区

位于中部和南部,海拔多在1750m以上,地表起伏较大,表层是第四纪黄土堆积,覆盖深厚,多数沟谷下蚀较强,切穿黄土,嵌入红层,黄土丘陵,尤以梁状丘陵与沟谷相间,纵横交错,构成典型的梁峁沟壑地貌。该区相对高度约300m,沟壑深达数十米,沟间地坡度多在20°~30°,植被稀疏,水土流失严重。

3.河谷川台区

主要分布在牛谷河、义陇河、常家河、苦水河、安逸河、清溪河沿岸,由构造作用和河流冲积所形成,地表多为断陷盆地和山间小谷底,面积很小,镶嵌状分布,海拔1410m以上。一般地势比较平坦,土地肥力较高,有利灌溉,宜于机耕。

四、植被

通渭县属于森林草原植被带,由于垦荒过度,原始森林植被均已荡然无存。现存的都是次生植被,属于典型的长芒草草原、短花针茅草原、冷蒿百里香草原。造林方面都是通过封山育林、植树造林而成的次生林。

天然植被有森林植被和草原植被。森林植被主要有山杨酸刺林、山杨林、山杨酸刺灌丛、五加小蘖灌丛、胡颓子灌丛、多花胡枝子灌草丛及紫丁香蕨类灌草丛、虎榛子灌丛等。山杨酸刺林主要分布在陇山、陇阳、北城、新景一代,榜罗也有分布。其他丛分布的区域与山杨酸刺林相同,只是山杨林分布在阴坡的较多。山杨酸刺灌丛是境内最好的天然植被类型,其他灌丛实质上都是山杨酸刺灌丛遭破坏后的产物。其主要植物为山杨、酸梨、山定子、香椿、臭椿、核桃,灌木层为花叶海棠、甘肃山楂、蔷薇、胡颓子、枸杞、酸刺、忍冬、五加悬钩子、山葡萄等。

草原植被主要有羊茅蒿类群丛、针茅蒿类、百里香群丛蒿类、百里香、二裂萎陵菜群丛。羊茅蒿类群丛主要分布在华岭一带海拔2200m以上的地区,中西部海拔1800~2200m地区一般为蒿类百里香群丛,东南地区为百里香、二裂萎陵菜群丛。其植物主要为牲蒿、艾蒿、短丙草、草地早熟禾、鹅冠草、沙参、菊蒿、细叶亚菊、三裂萎陵菜、鹅绒萎陵菜、防风、野胡萝卜、草莓、白蒿、针茅、画眉草、蒲公英、冰草、狼毒等,多见于荒坡、地埂、道旁。田间杂草为禾本科的狗尾草属、燕麦草属、稗草属、芦苇属,旋花科的田旋花属、菟丝子属,菊科的刺耳菜属、苦菜属、苍耳属、蒲公英属,豆科的野决明属,百合科的葱属,茜草科的猪殃殃属,蓼科的蓼属,黎科的黎属,大车前科的车前属,十字花科的独行菜属,石竹科的王不留行属,列当科的列当属,芸香科的骆驼蓬属,莎草科的莎草属,等。

第二节 土地资源

通渭县耕种土壤分为3个土类,3个亚类,7个土属,23个土种。

通渭县土壤分布与地形地貌息息相关,除水土流失严重地区有小面积红土外,大面积为黄绵土所占据,与地带性黑垆土呈镶嵌状分布。主要土类为黑垆土、黄绵土、红土。

1.黑垆土

多发育在风积和次生黄土母质上。在全县广泛分布,面积130591.94 hm²,仅次于黄绵土，占总土地面积的44.85%。由于地形对水热条件的再次分配作用，在不同海拔高度和部位的土壤分布又有差异，海拔1900~2500m为黑麻土，1700~1900m为麻土，1700m以下的阴坡地带为黄麻土。在部分川坝沟谷区，因为地势平坦，土壤形成受施肥等人为活动影响，分布有麻土和黄麻土。

2.黄绵土

直接发育在深厚的黄土母质上，与黑垆土交错出现。面积最大，为160112.87hm²，占总土地面积的55.05%。主要分布在通渭县东南山区较陡坡地，长梁梁顶及西北部水土流失严重的阳坡地带，在鸡川、新景、碧玉、常河等地的部分川坝及沟谷地带也有黄绵土分布。

3.红土

主要在水土流失的陡坡地带，其母质为第三层红层。主要分布在锦屏、义岗等乡的山腰、山麓和侵蚀沟旁，个别的山梁和山顶也有少量分布。面积很小，仅292.32hm²，占总土地面积的0.1%，大部分为自然土壤。

第三节 中低产田分布及规模

根据通渭县的地形特点及土壤性状，依据《全国中低产田类型划分与改良技术规范》（NY/T310—1996），在总结通渭县以往中低产田调查成果的基础上，结合目前通渭县耕地质量的实际情况和特点，将评级结果属较低等级（二至五等）的耕地划定为中低产田。同时，为了进一步明确通渭县耕地地力水平与中低产田的关系，研究中将通渭县耕地地力为二、三等地对应的耕地界定为中产田，将四、五等地对应的耕地界定为低产田。

高产田全县零星分布，面积7756.33公顷，占耕地总面积的5.67%，主要分布在常河镇、鸡川镇、襄南乡、陇川乡等；中产田全县均有分布，面积71195.18hm²，占总面积的52.87%，且各乡镇分布面积较大；低产田面积55755.67 hm²，占总面积的41.46%，各乡镇均有分布，主要分布在马营镇、华岭乡、北城乡、榜罗镇、什川乡、义岗镇等。

表3-26-1 通渭县中低产田各乡镇面积分布表

名称	耕地总面积（hm²）	高产田		中产田		低产田	
		面积(hm²)	所占比例（%）	面积(hm²)	所占比例（%）	面积(hm²)	所占比例（%）
通渭县	134707.18	7756.33	5.67	71195.18	52.87	55755.67	41.46
三铺乡	7335.39	98.75	1.34	3890.44	53.04	3346.2	45.62
义岗镇	6313.35	187.76	2.98	2376.52	37.64	3749.07	59.38
什川乡	9141.62	61.87	0.67	3907.62	42.75	5172.13	56.58
北城乡	7790.41	287.82	3.69	3958.18	50.81	3544.41	45.5

续表 3-26-1

名称	耕地总面积（hm²）	高产田		中产田		低产田	
		面积(hm²)	所占比例（%）	面积(hm²)	所占比例（%）	面积(hm²)	所占比例（%）
华岭乡	7894.71	103.90	1.31	2024.09	25.64	5766.72	73.05
寺子乡	5274.52	259.50	4.92	3248.22	61.58	1766.8	33.50
常河镇	8255.43	1787.80	21.66	3281.02	39.74	3186.61	38.60
平襄镇	9003.38	347.06	3.86	5926.23	65.82	2730.09	30.32
新景乡	4525.07	226.07	5.00	3606.6	79.70	692.40	15.30
李店乡	4017.68	175.56	4.36	2963.25	73.76	878.87	21.88
榜罗镇	13251.46	250.02	1.88	6893.10	52.02	6108.34	46.10
碧玉乡	5693.2	512.54	9.00	3643.16	63.99	1537.50	27.01
襄南乡	6667.53	841.00	12.61	4014.56	60.21	1811.97	27.18
陇山乡	6209.76	134.46	2.17	4428.4	71.31	1646.90	26.52
陇川乡	6410.48	682.19	10.64	4679.53	73.00	1048.76	16.36
陇阳乡	6453.76	189.45	2.94	4858.04	75.27	1406.27	21.79
马营镇	14088.14	80.26	0.57	3742.66	26.57	10265.22	72.86
鸡川镇	6381.33	1530.36	23.98	3753.56	58.82	1097.41	17.20

第四节　中低产田划分

根据通渭的地形特点及土壤性状，依据《全国中低产田类型划分与改良技术规范》（NY/T310—1996），在总结通渭以往中低产田调查成果的基础上，结合目前通渭县耕地质量的实际情况和特点，将通渭县中低产田划分为三种类型：坡地梯改型、瘠薄培肥型、干旱灌溉型。对于不同类型的中低产田要采取不同的改良技术规范，以提高土地生产力。

表 3-26-2　通渭县不同类型中低产田各乡镇面积分布表　　　　单位：hm²

名称	坡地梯改型	瘠薄培肥型	干旱灌溉型
通渭县面积	59365.50	67025.54	559.81
占全县中低产田面积(%)	46.76	52.80	0.44
榜罗镇	5989.82	7006.16	5.46
北城乡	2311.68	5091.51	99.40
碧玉乡	3089.56	2091.10	0.00

续表 3-26-2

名称	坡地梯改型	瘠薄培肥型	干旱灌溉型
常河镇	3391.73	3075.90	0.00
华岭乡	3117.09	4673.72	0.00
鸡川镇	3787.17	1063.80	0.00
李店乡	1561.17	2278.38	2.57
陇川乡	3918.01	1810.28	0.00
陇山乡	2810.30	3265.00	0.00
陇阳乡	3017.05	3247.26	0.00
马营镇	3877.75	10130.13	0.00
平襄镇	2796.99	5410.61	448.72
三铺乡	3465.41	3771.23	0.00
什川乡	3802.37	5277.38	0.00
寺子乡	3468.59	1546.43	0.00
襄南乡	2696.55	3126.32	3.66
新景乡	2720.31	1578.69	0.00
义岗镇	3544.15	2581.44	0.00

一、干旱灌溉型

由于降雨量不足或季节分配不合理，缺少必要的调蓄工程，以及地形、土壤原因造成的保水蓄水能力缺陷等原因，在作物生长季节不能满足正常水分需要，同时又具备水资源开发条件，可以通过发展灌溉加以改造的耕地，可以发展为水浇地的旱地。其主导障碍因素为干旱缺水，以及与其相关的水资源开发潜力、开发工程量及现有田间工程配套情况等。

通渭县干旱灌溉型中低产田面积较小，主要分布在牛谷河、义陇河、常家河、苦水河、安逸河、清溪河附近的河谷川台地。主要是以灌溉为主的水浇地，由于水利设施不完善，科学种田水平较低，连作年限长，病虫害严重，水资源利用不足，有一定的中低产田。

二、坡地梯改型

通过修筑梯田、梯埂等田间水保工程改良治理的坡耕地。其他不宜或不需修筑梯田、梯埂，只需通过耕作与生物措施治理或退耕还林还牧的缓坡、陡坡耕地，列入瘠薄培肥型与农业结构调整范围。坡地梯改型的主导障碍因素为土壤侵蚀，以及与其相关的地形、地

面坡度、土体厚度、土体构型与物质组成、耕作熟化层厚度等。

通渭县坡地梯改型中低产田在全县均有分布,存在的问题是水土流失严重,重用轻养,自然灾害频繁,干旱严重,水源缺乏。

三、瘠薄培肥型

受气候、地形等难以改变的大环境(干旱、无水源、高寒)影响,以及距离居民点远,施肥不足,土壤结构不良,养分含量低,产量低,当前又无见效快、大幅度提高产量的治本性措施,只能通过长期培肥加以逐步改良的耕地。如山地丘陵雨养型梯田、坡耕地和黄土高原,很多产量中等的黄土型旱耕地。

通渭县瘠薄培肥型中低产田在全县均有分布,存在的问题是海拔相对较高,降雨量少,农田基本建设相对落后。

第五节 中低产田产生的原因

一、水土流失严重,生态环境脆弱

旱地农田土层深厚,土质疏松,土层结构多为片状、柱状,团粒结构差,很容易被雨水和风侵蚀,此类区域抗旱能力差,产量低而不稳。

二、养分含量低,土壤贫瘠

旱地农田土壤由于水蚀和风蚀,有机质含量偏低,氮素贮量少,加之旱作区降水量少,淋溶作用弱,土壤多呈偏碱性,土壤中无机磷多以磷酸二钙或磷酸三钙的形式存在,使磷的有效性降低,土壤的钙饱和导致铁、锌、锰、铜的有效性降低,从而造成缺氮少磷、钾较丰富的局面。

三、施肥措施不当、养分不平衡

1.重化肥、轻农家肥

一方面由于旱地农田中山地所占面积大,交通运输条件差,农家肥运输困难。另一方面由于旱地农田中化肥施用方便,肥效显著,造成一些田块盲目增施氮肥,导致土壤有机质含量和微量元素减少,农田土壤物理性状变劣,抗旱、抗灾能力减弱。

2.施肥方法不当

旱地施肥时常采取农家肥撒施、化肥浅施,或以底肥为主,少追肥或不追肥,极少进行叶面喷肥,而且在施种肥时常将种子与肥料混施,造成烧苗,追肥普遍采用只施表面肥,不进行深施,使养分挥发、淋失严重,造成肥料损失。

第六节 中低产田改良对策和建议

随着测土配方施肥项目的进一步推进,摸清了影响通渭县粮食生产中的制约因子,为因地制宜地进行中低产田改造,提供了翔实的科学依据。现根据通渭县目前中低产田土壤富钾、少氮磷、有机质含量偏低等地力状况,提供以下技术改造措施。

一、干旱灌溉性

1.完善排灌设施

抓好节水工程建设。强化节约用水意识,科学利用水资源,大力发展节水型农业。抓好灌区的更新改造和续建配套,减少渠系输水损失和田间用水损失,进一步推广节水灌溉技术,实行水利节水与农业节水相结合,在有条件的地方发展喷灌、滴灌。

2.增施有机肥

针对通渭县粮田有机肥投入少,积极引导和鼓励农户广辟有机肥源,增施有机肥和有机无机生物肥料,疏松和活化土壤,改善土壤理化性状,培肥地力。一是发展绿肥,逐步推行粮—短期绿肥型种植模式,稳步提高绿肥种植面积。二是发展畜牧业,通过养畜来积肥。三是抓好各类作物的秸秆还田技术,禁止焚烧秸秆,积极推广秸秆切碎和堆腐还田技术。四是因地制宜,利用房前屋后的杂草等,积好焦泥灰等农家土杂肥。

二、坡地梯改型

1.修筑梯田

对于在特殊自然环境作用下,导致的坡地梯改型耕地土壤侵蚀、土壤贫瘠和土壤干旱,要通过实施修筑梯田(水平梯田、隔坡梯田、缓坡梯田)为中心的田间水保工程,以增加梯田土体厚度,耕层熟化层厚度。在田埂种植草、灌,在山顶或隔坡内种植抗旱保水的树或草灌,增加植被覆盖。

2.现代集水农业技术优化集成与示范

针对目前在雨水收集利用技术研究方面,多注重单项技术研究,而集成研究不够,导致雨水收集、蓄存、利用、管理等各环节相互脱节,集雨工程投资效率和集雨效益不能充分发挥的现状,以高效集蓄降水、减少土壤无效蒸发为主攻方向,探索旱作梯田高效集雨保水集成配套技术,提高水分利用率和利用转化效率,组建并形成适合黄土丘陵半干旱

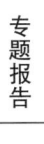

区梯田集雨补灌旱作农业增产优化集成技术体系。

3.植树种草,保护植被

植树种草可以有效地减轻水土流失。由于黄土高原气候干旱,应以乡土林种为主体,合理利用外来树种。在林种布局完整的基础上,要慎重选择经济林树种。在降雨量400mm以下的地区,以营造灌木林为主,使经济效益和生态效益、保护和利用并举,大力营造农田防护林、水源涵养林、分水岭防护林,可有效促进黄土高原的水土保持工作。

三、瘠薄培肥型

1.配方施肥

根据当前农户对农田的投入只重视化肥不重视有机肥的现象,要指导农户重视有机肥,有机肥和无机肥配合施用,达到降低成本和改良土壤的目的。根据通渭县土壤富钾少氮磷的实际,依据作物的需肥规律,合理调整氮、磷、钾比例,实施精准施肥和营养诊断施肥等先进的科学施肥技术。推广应用生物有机肥、专用肥等,提高肥料使用效益和肥料利用率。

2.改土培肥

针对部分标准农田和部分土地平整田等农田的表土层瘠薄、肥力差等情况,实施增加肥沃的客土和增施有机肥的办法,加深农田耕作层厚度,提高肥力水平。

3.因土种植

加强种植制度的改革,种植耐瘠耐旱养地作物。

专题二十七　漳县中低产土壤类型与改良利用分区研究

漳县位于甘肃省定西市南部,北靠陇西县和渭源县,东连天水市的武山县,西南与岷县和甘南藏族自治州的卓尼县接壤。地处黄土高原丘陵沟壑区和西秦岭山脉的交汇地带,地势西高东低,以山地为主,且大部分山地海拔在 3000m 以下,地形地貌复杂。气候条件多种多样,河谷川道地区属温和气候区,北部黄土、红土梁峁沟壑山区和南部山原地区属温凉气候区,西部高山地区属高寒气候区。全县平均日照时数 2313h,≥0℃积温期日照 1643.6h,占年日照的 71%,≥10℃积温日照 1054.1h,平均积温 3063℃,无霜期 155d,年降水量 465~689mm,属半湿润和湿润气候。境内地表水、地下水资源短缺,尤其进入 20 世纪 90 年代以来,随着经济的快速发展,人类对土壤的无限索取和对自然环境的破坏,以及土壤自身环境恶化,农业生产受到了严重的威胁。根据漳县耕地资源管理信息系统 de 耕地地力评价结果,全县中低产田面积达到 1.99 万 hm^2,占总耕地面积的 63.7%。

因此,对全县中低产田土壤类型与改良利用进行分区研究,可以摸清形成中低产田的主要因素,准确划分中低产田的类型;有针对性地提出改良的措施,为当地政府改造中低产田,提升和合理的利用耕地,提供科学依据。

第一节　目的意义

改造中低产田是挖掘现有耕地的生产潜力,提高全县粮食综合生产能力,保证粮食安全的重要途径,在防止耕地退化、保护生态环境方面具有重要意义。

通过建立漳县耕地资源管理信息系统,基本摸清了全县土地利用现状、土壤类型和耕层土壤养分空间分布,研究了影响土壤生产的障碍因素,评价漳县耕地生产潜力并划分耕地地力等级,为合理利用和科学管理土壤资源提供有效途径。

本章将充分利用漳县耕地资源信息系统的数据,结合第二次土壤普查资料和本次测土配方施肥项目研究成果,开展漳县中低产田土壤的分区与改良技术研究,针对性地提出不同中低产田类型区改良利用措施,合理开发和利用漳县耕地资源。

第二节 土地利用现状

一、土地利用概况

漳县土地总面积 21.76 万 hm^2。其中耕地总毛面积 7.61 万 hm^2，占全县土地总面积的 34.95%。

二、土地利用特点

(一)水土流失严重

漳县大部分土壤在是黄土、红土母质上发育形成的，抗蚀能力差，水土流失严重，特别是坡地更为突出。全县水土流失面积 $1498.95 km^2$，占总土地面积的 69.2%。其中耕地流失面积 $442.66\ km^2$，占总流失面积 29.5%，根据黄土高原侵蚀模数图计算，侵蚀模数分为三级：①微度流失区面积为 $1122.5\ km^2$，占全县总面积 51.8%，年流失泥砂 56.28 万 t；②轻度流失区面积为 $490.9\ km^2$，占全县总面积的 22.9%，年流失泥砂 37.28 万 T；③中度流失 $551\ km^2$，占全县总面积的 25.4%，年流失泥砂 78.72 万 t。

造成水土流失严重的原因很多，如地质构造、土壤属性、人为作用等。人为造成水土流失的原因主要有以下 5 点：①毁林毁草，开荒种地，据统计全县毁林毁草面积达 $1832.7 hm^2$；②耕种陡坡造成水土流失，全县 25°以上的坡耕地面积为 6204.7°；③烧生灰，铲草皮，挖野药，破坏植被，荒坡陡山失去保护，引起水土流失。目前，烧生灰、铲草皮有所收敛，但挖野药任然存在。④不合理的耕作制度。广种、薄收，降低抗蚀性，由于严重水土流失造成地力瘠薄，作物产量长期低而不稳。

(一)用养地作物种植面积失调

盲目扩大经济价值较大的作物(冬麦、春麦、油料、药材)，忽视了养地作物种植。农作物内部布局不合理，小麦连作时间长。尤其在河谷川道区，连年种植麦类作物。从长远看，土壤肥力失去平衡，造成某一营养元素的缺乏和病虫害的发生。

(二)重施化肥轻农肥，重视氮肥轻磷肥

氮、磷、钾是农作物一生中需要量最大的三种元素，缺一不可，产量受最低养分元素的支配。

在农肥施用上，除川道河谷区，由于人口稠密，人多地少，施用农肥数量多，质量好，一般施农肥在 $45000\sim60000 kg/hm^2$；山区由于交通不便，人少地多，施用农家肥上数量少，质量差，施量在 $11250\sim22500\ kg/hm^2$，主要表现在腐熟不完全，轻视农家肥和磷肥使用。

第三节　中低产土壤类型及特点

通常情况下，影响农作物产量的主要因素有两方面：一是土壤、温度、降水、光照、大气、地形等自然因素；二是对耕地的管理、物质和科技投入等人为因素。作物的高产、中产、低产是依据耕地相对产量人为划分的，而农业产量的主要限制因素是自然因素，自然条件越差的地区，农业生产受到的限制就越大，农作物产量也就越低。

结合漳县耕地资源管理信息系统的耕地地力评价结果，将漳县耕地地力等级为三等的地划分为中产田，将耕地地力等级为四等地和五等地划分为低产田。全县中低产田面积1.99万hm^2，占总耕地面积的63.7%。其中，中产田0.9万hm^2，占总耕地面积28.87%，主要分布在盐井乡、新寺镇、大草滩乡、石川乡、东泉乡和金钟镇，其余各乡镇均有分布，但其面积相对较小；低产田1.09万hm^2，占总耕地面积34.83%，主要分布在大草滩乡、石川乡、东泉乡和金钟镇等。

根据漳县耕地资源管理信息系统的耕地地力评价结果，结合专家的意见和建议，漳县各乡镇耕作土壤剖面存在障碍层，土壤侵蚀，土地瘠薄等问题，依据《全国中低产田类型划分与改良技术规范》(NY/T310—1996)的划分标准，结合漳县耕地地力评价中作物产量限制因子的排序情况，综合考虑影响漳县农作物产量中各类因子及其权重，以及在农业生产中的直观性和改良利用的针对性，专题研究从若干耕地质量评价指标体系中选出灌溉保证率、有效磷含量、障碍类型、土壤侵蚀等指标，作为划分漳县中低产田限制因子的限制极限指标。

将各评价单元的属性数据与限制极限指标进行比较，对照全国中低产田耕地类型划分，结合当地实际资源特点，漳县中低产田依次划分为瘠薄培肥型、坡地梯改型、障碍层次型3种中低产田类型。

表3-27-1　漳县中低产耕地限制因素及其限制极限指标

限制因子	灌溉限制	干旱限制	瘠薄限制	障碍限制	侵蚀限制
限制极限	没有灌溉条件	全年有效降雨<260mm	有机质含量<2g/kg	沙砾	水蚀
指标	灌溉工艺落后	全年有效降雨<300mm	有效磷含量<16mg/kg	分化碎屑	

一、瘠薄培肥型

此类中低产田是指主要由于土壤养分匮乏或失衡引起作物产量低下的耕地，可通过长期培肥加以逐步改良，这类中低产田在境内分布面积广泛，涉及部分三等地及大部分

四、五等地,总面积大约在 11558.3 hm²,占漳县耕地面积的 8.8%。主要土壤类型为白鸡粪土、黑鸡粪土、河淀黄土、红土、黄鸡粪土等。主要分布在马泉乡、武当乡、新寺镇、武阳镇等。

二、坡地梯改型

漳县旱作农业区大于 20° 耕地有 4511hm²,占耕地总面积的 3.42%。这类中低产田的障碍因素主要是坡度大,保水保肥性差,土壤侵蚀现象严重,从而使土壤养分流失。这类地大部分为四、五级耕地,主要分布石川乡、盐井乡、马泉乡、武阳镇等。涉及土壤类型主要黄鸡粪土、红土性黑垆土型侵蚀土、粗骨质黑垆土型侵蚀土、大黑土、白鸡粪土等。

三、障碍层次型

这类中低产田主要是指土壤剖面构型上有严重缺陷的耕地。主要障碍层类型有:红绣砂、砂砾石、钙积层、漏沙层等。面积 3978.5 万 hm²,占耕地面积的 2.96%。主要分布在石川乡、东泉乡、草滩乡、大草滩乡等。主要土壤类型有大黑砂土、红砂土、黑潮土、粗骨质山地碳酸盐褐土等。

表 3-27-2 漳县各乡镇中低产田类型面积统计表 单位:hm²

乡镇名称	瘠薄培肥型	坡地梯改型	障碍层次型
草滩乡	0	17.4	458.0
大草滩乡	0	174.0	428.6
东泉乡	682.8	147.8	460.5
金钟镇	0	282.6	302.9
马泉乡	2216.8	433.4	159.9
三岔镇	1308.6	239.5	181.6
石川乡	0.6	1135.7	870.5
四族乡	1239.9	239.5	210.6
武当乡	1732.2	372.2	7.3
武阳镇	1436.6	600.4	253.1
新寺镇	1593.0	268.7	244.0
盐井乡	1347.7	300.9	137.7
殪虎桥乡		299.9	263.7
总计	11558.3	4511.9	3978.5

表 3-27-3　漳县中低产田类型土种面积统计表　　　　　　单位：hm²

土种	瘠薄培肥型	坡地梯改型	障碍层次型
暗色沼泽土	0	8.3	0
白鸡粪土	3850.2	134.2	0
粗骨质黑垆土型侵蚀土	0	363.2	0
粗骨质山地褐色土	0	3.5	36.6
粗骨质山地淋溶褐土	0	1.8	24.1
粗骨质山地碳酸盐褐土	0	54.6	215.4
粗骨质山地棕壤	0	80.5	182.2
大黑砂土	0	73.3	553.4
大黑土	225.6	218.8	0
高山草原草甸土	0	0	0
河垫黑土	0	1.1	3.1
河淀黑沙砾土	0	3.3	46.2
河淀黑砂土	0	0.4	16.6
河淀黑土	0	5.2	0
河淀黄砂土	379.6	26.2	0
河淀黄土	576.9	13.6	0
黑潮土	0	0.6	399.2
黑红土	385.6	18.2	0
黑黄绵土	375	17.6	0
黑黄砂土	0	3.1	142.7
黑黄土	450.5	68.3	0
黑鸡粪土	1469.9	83	0
黑污泥土	27.2	0	0
红鸡粪土	8.6	0	0
红沙砾土	0	0.1	16.3
红砂土	0	25.3	541.6
红土	615.7	7	0
红土性黑垆土型侵蚀土	0	321	0
红土性山地草甸草原土	0	38.3	0

续表 3-27-3

土种	瘠薄培肥型	坡地梯改型	障碍层次型
红土性山地碳酸盐褐土	403.9	42.3	0
洪淀黑沙砾土	0	0.1	25.8
洪淀黑砂土	0	30.1	377.1
洪淀黑土	6.8	1.1	0
洪淀红沙砾土	0	6.3	9.3
洪淀黄沙砾土	0	5.2	152.3
洪淀黄砂土	0	1.6	51
洪淀黄土	97	0.1	0
洪红淀土	43.1	3.5	0
黄潮土	18.9	0	0
黄红土	0.3	6.7	0
黄鸡粪土	464.4	116.1	0
黄绵土	421.7	8.1	0
黄砂土	0	26.1	116.6
黄土	60.7	28.6	0
黄土性黑垆土型侵蚀土	0	809.1	0
黄土性山地草甸草原土	95.8	388.7	0
黄土性山地褐色土	75	18	0
黄土性山地淋溶褐土	0	15.8	4.1
黄土性山地碳酸盐褐土	169.9	151.1	0
黄土性山地棕壤	179.5	467	0
麻鸡粪土	684.8	54	0
沙砾质黑垆土型侵蚀土	0	113.2	0
沙砾质山地草甸草原土	0	5.9	24.1
沙砾质山地褐色土	0	6.9	70.4
沙砾质山地淋溶褐土	0	2.8	10.2
沙砾质山地碳酸盐褐土	0	17.4	138
沙砾质山地棕壤	0	4.2	38
砂土性高山草甸土	0	68.8	65.1

续表 3-27-3

土种	瘠薄培肥型	坡地梯改型	障碍层次型
砂土性高山灌丛草甸土		7.3	56.8
砂土性黑垆土型侵蚀土		330.4	
砂土性山草原土		2.9	
砂土性山地草甸草原土		107.9	424.3
砂土性山地碳酸盐褐土	251.8	8	
傻黄绵土	120.3	12.4	
山地暗色草甸土	3.3	2.9	
山地草甸沼泽土	10.4		
山地灌丛草甸土		0.7	
石质性山地草甸草原土			3.4
石质性山地褐色土		22.5	93.8
石质性山地淋溶褐土		6.7	7.7
石质性山地碳酸盐褐土		11.2	58.4
石质性山地棕壤		18.5	74.6
棕黄土	85.7	11.2	
总计	11558.3	4511.9	3978.5

第四节 土壤改良利用分区系统及命名

土壤改良利用分区是在土壤普查各项资料的基础上，经过归纳整理而形成的土壤普查的综合性成果。其分区的原则是：根据土壤组合、自然条件（包括气候、地貌、植被、水文状况等）、生产水平、主要生产问题及改良利用的方向和相应采取的措施而划分区域的。

土壤改良利用分区分为两级，第一级为区，第二级为副区。其划分主要根据生物气候因素、地貌类型、土壤的基本属性、肥力水平、障碍因素、利用现状、发展方向及改良措施。

土壤改良利用分区的命名，以该区的地貌—主要土壤类型—改良利用方向，采取三级连续命名法。

第五节　土壤改良利用分区与改良措施

根据上述分区原则,将全县分为2个改良利用区和所属4个副区。

一、北部黄土高原梁峁沟壑黑垆土、红土、黄绵土、新积土农林牧区

本区辖城关、三岔、武当全部,四族、马泉、盐井、新寺等村的部分地区,海拔高度1640~2885m,面积为61053.1hm²,占土地面积的28.2%。农业生产为一年一熟到二年三熟,是冬小麦主产区和果蔬类产区。本区存在的主要问题是:干旱和水土流失严重,因此改良措施的着重点应放在保水、保土、抗旱。此区分两个副区,11个片。

(一)漳龙河谷新积土农业副区

漳龙河谷地区,海拔在1640~2200m之间,最低为新寺乡各河村,最高在三岔乡。面积3582hm²,占北部黄土高原农林牧区面积的5.9%,土地平整,水、光、热条件优越,年平均气温在7.1℃~7.9℃,最热7月平均气温19.5℃~18.5℃,最冷月平均气温-5.6~5.9,≥0℃积温3220℃~3030℃,≥10℃积温2430℃~2580℃,无霜期155d,年降雨量465~517m。本副区只分一个改良利用片。

新积土高产培肥农业片。以增施有机肥配方施肥为主的漳龙河谷新积土改土培肥土壤高产农业片。面积3582℃,占漳龙河谷农业副区面积的100%。

该片位于漳河、龙川河及其支流的冲积洪积平原上,土壤以新积土为主。土地的障碍土层主要是土层薄,下有沙砾,漏水漏肥,或上砂下黏,根不易扎,水不易下渗,或呈胶泥。土性坚硬耕性不良,见水后板结龟裂跑墒,或砂性太大,通透性好,不保水肥,作物生长黄瘦低矮,产量低下,或因堤坝失修,洪水威胁,农田冲毁,成为砂滩。新积土面积7552℃,其中,土层浅薄,砂性大者面积1848℃,占新积土面积的24.5%;质地黏重、板结龟裂、耕性差的土壤有633℃,占新积土面积的8.4%。新积土位于地形平坦的河谷平原,交通方便,人口密集,农业生产发达,是该县主要的粮油蔬果基地。因此,如何尽快地改良好河谷平原土壤,对农业生产有很大的作用。

要改良新积土就必须修筑堤坝,引洪淤土,平整土地,增施有机肥,氮磷配合施用。

(二)北山黄土梁峁沟壑黑垆土、红土、黄绵土农林牧副区

本区位于县城东部至东南部,及北山一带辖武当乡全部,马泉、四族、盐井、城关、三岔等乡镇的黄土梁峁地带,面积5747hm²,占北部黄土高原黑垆土、红土、黄绵土、新积土

农林牧区面积的94.1%，海拔高度在1730~2855 m；年平均气温在7.1℃~5.3℃，最热月七月平均气温18.5℃~16.1℃，最冷月1月平均气温–6.0℃~7.0℃，≥0℃积温3020℃~2515℃，≥10℃积温2424℃~1727℃。年降雨量470~510mm，蒸发量大于降水量，蒸发量1295.1mm；无霜期145~165d，此副区是黄土高原的一部分，耕地土壤土层深厚，但有的土层很薄，原因是此区水土流失严重，表层的黄土已被侵蚀，甘肃第三纪红土层已经覆露，使农业生产受到很大影响。本区共分10个片，具体为：

1.以增施有机肥，开沟排水为主的李家沟门、孙家峡改良红土利用农业片，面积33hm²，占该副区总土地面积的0.1%。

2.以草田轮作，增施磷肥，精作细作，兴修梯田和植树造林种草为主的庞家湾、包家山、红庄岖的北山红山改良利用农林牧片，面积7058hm²，占该副区总土地面积的12.3%。

3.以草田轮作，增施磷肥，精耕细作，兴修梯田和植树种草水土保持为主的宋家沟、宋家山等的北山黑垆土、红土、黄绵土改良利用农业片，面积20431hm²，占总该副区总土地面积的35.5%。

4.以草田轮作，增施磷肥，精耕细作，兴修梯田和植树种草水土保持为主的下川里、菜头下、马家门等黑垆土改土培肥农业片，面积463hm²，占该副区总土地面积的10.4%。

5.以精耕细作，兴修梯田，草田轮作，增施磷肥，植树种草为主的黑垆土、红土改良利用片，面积4692hm²，占该副区总土壤面积的8.2%。

6.以伏耕深耕和蓄水保墒，增施有机肥、磷肥为主的徐家坪、大坪黑垆土、绵土改良培肥土壤农业片，面积1622hm²，占该副区总土地面积2.8%。

7.以伏耕深耕，提高地温，加速土壤熟化和保护自然植被为主的立桥、菜儿、桦林、狼窝沟、李窑沟、杂寸沟、汪家沟、芦家岖等的黑垆土、黄鸡粪土改良利用农林牧片，面积8487hm²，占该副区总土地面积的14.79%。

8.以伏耕深耕，提高地温，加速土壤熟化和保护自然植被为主的紫石沟、九眼泉、马家岖的红土、黑垆土改良利用林农牧片，面积为6754hm²，占该副区总土地面积的11.8%。

9.以伏耕深耕，提高地温，加速土壤熟化和保护自然植被为主的浪石里、李家河、锁占等的黑垆土改良利用农林片，面积1269.8hm²，占该副区总土地面积的2.7%。

10.以伏耕秋深耕，提高地温，加速土壤熟化为主的张家山、田家山等的红土改良利用农牧片，面积为1154.8hm²，占该副区总面积的2%。

二、秦岭山地棕壤、山地灰褐土、高山（亚高山）草甸土、山地草原土牧林农区

本区位于县城西部和南部，海拔高度1705~3941m，平均在2670m以上，所辖范围为

殪虎桥、大草滩、金钟、石川、草滩、草地合、东泉全部，及盐井、四族、新寺、马泉的部分村，土地面积153447hm²，占全县土地面积的70.9%，是该县林地、牧地主要分布区。农业生产是一年一熟，部分地区作物成熟不好，主要作物为洋麦、蚕豆、洋芋。山高地气凉，年降水量多，作物和野生牧草生长茂盛，土壤经常处于潮湿状态。这里土壤的主要限制因素是气温低、土性凉，在土地利用上，林木的利用是乱伐，草地的利用是乱收。因此，本区土壤的改良利用措施是，退耕还林，停止垦殖，封山育林，保护现有森林，更新改造树种组成，逐步扩大森林。在草原地区，要保护现有草本植物，严防过度放牧，要有计划、有步骤的改良草原植被结构，使草原经济效益不断提高。林区和草原已垦的耕地因长期耕作，水土流失严重，肥土流失，肥力速减，加上气候因素的限制，生产水平低，特别是自然灾害严重，霜冻、冰雹频繁成为农业生产之劲敌。要提高该区土壤肥力，就必须坚持伏耕晒垡，熟化土壤，施用熟性有机肥，如羊粪、马粪等。本区分2个副区，25个片。

（一）南山山原峡谷山地灰褐土、山地棕壤山地草原土林牧农副区

本区位于县城东南部和南部，海拔在1705~3365m，最低在东泉木林河湾，海拔为1705m，最高的岭罗山，海拔为3345m。全区辖东泉、草滩、草地合、石川全部和新寺、四族的部分村，土地面积71235hm²，占该区总面积的6.4%；年平均气温4℃左右，月平均最高气温在7月，为14.8℃~12.6℃，月平均气温最低在1月，为-9.1℃~11.4℃，≥0℃积温2200℃~1670℃，年平均降雨650~680m，≥10℃积温1500℃~670℃，无霜期80~120d。土壤结冻早，解冻迟。本区是一年一熟区，最适宜种植喜湿耐凉作物，如：青稞、洋芋、洋麦、蚕豆、当归、冬油菜等。本副区有14个改良利用片。

1.以深耕灭茬，熟化土壤，增施磷肥为主的西部土山石、淡家山、韩家崖、平道里、山庄等的红土、黑土改土培肥牧农片，面积48hm²，占该副区面积的0.7%。

2.以伏耕深耕，晒伐提高地温，加速土壤熟化和保护自然植被为主的孟家崖山、要子坡、代家山、杨家山等的南部黑土改良利用林牧片，面积3206.2hm²，占该副区面积4.5%。

3.以深耕灭草，熟化土壤，增施磷肥为主的北崖梁、淡家山等的黑土、红土改良利用牧农片，面积3666hm²，占该副区面积的5.1%。

4.以保护自然植被为主的草川地、白草山等西南部山地的灰褐土改良利用林牧片，面积4320hm²，占该副区面积6.1%。

5.以伏秋深耕晒垡，提高地温，加速土壤熟化，增施磷肥，合理轮歇和倒茬为主的本本湾、土寺门、陈家湾和新道口、罗家峡山、各家湾等的改良利用农牧片，面积5537hm²，占该副区面积的7.8%。

6.以保护和更新天然草场、合理放牧为主的黑林河、草滩牧厂、草滩药厂的牧业片，面积5635hm²，占该副区面积的7.9%。

7.以封山育林和保护草山为主的大黑山一带等的林牧业片,面积16977hm²,占该副区面积的23.8%。

8.以精耕细作,增施磷肥,深耕晒垡,加速土壤熟化和合理轮歇为主的火石坡、新庄里、汪家门、沙浪坡等山地的灰褐土改良利用农业片,面积5703hm²,占该副区面积的8%。

9.以合理利用和保护森林资源为主的贵清山一带林牧业片,面积918hm²,占该副区面积的1.3%。

10.以保护和更新天然草场为主的花盖山牧业片,面积935hm²,占该副区面积的1.3%。

11.以退耕还牧林、合理轮歇、精耕细作、增施肥料、深耕晒垡、加速土壤熟化为主的农牧业片,面积7433hm²,占该副区面积的10.4%。

12.以伏秋耕晒垡,加速土壤熟化,增施磷肥,合理轮歇倒茬为主的石川、占卜里、康家沟一带的黑垆土河积土改良利用农业片,面积3530hm²,占该副区面积的5%。

13.以合理开发利用和保护森林为主的高家山、陈家山、金花池一带的林业片,面积5847hm²,占该副区面积8.2%。

14.以保护和更新天然草场,合理放牧的高木鸡、寨上一带牧林片,有面积7044hm²,占该副区面积10%。

本副区中有耕地2066hm²,坡度在25°以上的应弃耕还林牧。

(二)西部土石山高山(亚高山)草甸土、山地灰褐土、棕壤牧林农副区

本区位于县城西部和西南部,辖殪虎桥、金钟、大草滩乡的全部,四族、马泉、盐井乡的部分地区,土地面积82212hm²,占秦岭山地棕壤灰褐土、高山(亚高山)草甸山地土牧林农区。海拔在1976~3941m,平均海拔高度2965m。年平均气温在4.1℃~1.1℃,最热7月温平均在14.9℃~11.3℃,最冷1月平均气温在-9.0℃~-12℃。年降雨量612~653m,≥0℃积温2200℃~1500℃,无霜期120~80d,土壤结冻早,解冻迟,本副区有11个改良利用片。

1.以精耕细作、增施磷肥、合理轮作倒茬为主的铁沟、金钟沟一带新积土改良利用农业片,面积2317hm²,占该副区面积2.8%。

2.以草田轮作、增施磷肥、精耕细作、兴修梯田为主的竹林沟、新庄、阳壑背后的北山灰褐土改土培肥土壤农业片,面积870hm²,占该副区面积1.1%。

3.以伏秋深耕、提高地温、加速土壤熟化和保护自然植被为主的十字路、歇马台、清水河、周家庄等的山地灰褐土、黑土改良利用农牧林片,面积7269hm²,占该副区面积8.8%。

4.以保护天然草场和封山育林为主的分水岭一带的牧业片,面积11720hm²,占该副区面积14.3%。

5.以伏秋深耕、提高地温、加速土壤熟化和保护自然植被为主的大庄、党家山等地的

黑土、红土改良利用农业片,面积4183hm²,占该副区面积5.1%。

6. 以保护自然森林、合理开发利用为主的长征牧场、木寨岭一带林牧片，面积24813hm²,占该副区面积30.1%。

7.以保护天然草场、合理放牧为主的露骨山一带牧业林业片,面积12130hm²,占该副区面积14.8%。

8.以伏秋深耕、提高土壤温度、加速土壤熟化和保护自然植被为主的石头坡、杨家坪、高家山、李家山等的黑土改良利用农业片,面积2192hm²,占该副区面积2.7%。

9.以保护好天然草场、合理放牧为主的三黄咀一带的牧林片,面积5841hm²,占该副区面积7.1%。

10.以伏秋深耕晒垡、提高低温、加速土壤熟化为主的南部黑土、红土山地灰褐土改良利用农业片,面积3202hm², 占该副区面积3.9%。

11.以深耕灭茬、熟化土壤、增施磷肥为主的碧峰山一带的黑土、山地灰褐土、红土改良培肥牧农林片,面积7675hm²,占该副区面积9.3%。

本副区中有坡度在25°以上耕地2472hm²,应弃耕还牧林。

第六节　土壤改良利用措施

1.深耕改土,熟化土壤,增厚活土层,改善土壤水气热状况,促进土壤微生物活动和作物根系伸展。

2.广辟肥源,大量增施有机肥料,提高土壤有机质含量,建立以有机肥料为主,化肥为辅的施肥制度,积极采取"种、养、积"等措施,"种"就是大种绿肥,实行用地养地相结合；"养"就是大力发展畜牧业；"积"就是收集各种自然肥料。

3、增施磷肥,协调氮磷比例,提高肥效,合理施肥

针对该县土壤贫磷的实际情况,在目前增施氮肥的基础上,增施磷肥,以满足作物需要。氮、磷比例调整到1∶0.5为宜,这样可以有效地解决土壤中氮磷比例失调的突出矛盾,缓和作物对土壤磷素的大量吸收,逐渐使土壤中的速效养分积累,而免遭"掠夺"式的吸收。

（1）早施:磷素在作物体内移动性较小,特别指出的是苗期是作物磷素营养的临界期,是需要的关键时期。因此要早施,提倡磷肥作为基肥和种肥。

（2）集中施:由于该县土壤为石灰性土壤,土壤中碳酸钙含量比较高为11.51%,施入土壤中的磷易被固定,提倡磷肥与有机肥(如羊粪等)混合堆沤一周左右,集中开沟施入

作物根系附近,以利提高磷肥的利用率。

(3)深施:提倡磷肥作基肥使用,深施到作物根部,以减少养分消耗,提高利用率。

(4)因作物施磷:把磷肥施到作物对磷素需要量大,反应敏感,并有较好的增产效果的作物上。如豆科作物需磷量大于小麦,小麦大于玉米、谷子,豆科作物重点施用磷肥,达到"以磷增氮"的目的。

4.巧施氮肥,提高肥效

(1)深施氮肥:采取底施可结合机械作用进行,也可在耕前先将氮肥均匀撒施地面,随机耕翻入土,或作种肥随种子用播种机播入地中,然后耙耱。

(2)灌水前深施:一般作物在灌水前 3~5d 深施于作物根系周围,可防止因浇水发生的淋失和施的浅而产生的挥发损失。

(3)因土施肥:砂性土可以少吃多餐,黏性土可适当多施。

(4)巧施追肥,保证作物在全生育期间对氮素的利用。

5.施肥与其他措施结合,充分发挥施肥的作用。结合深耕分层施肥,耕后耙耱可使基肥分布均匀,土肥相融。追施后中耕除草盖土,可以促进肥料分解和保存,提高肥效,避免养分被杂草消耗。在灌溉条件下,施肥应与灌溉紧密结合,一般旱地追肥时,可先施肥,后灌水,使肥料随水渗入土壤。但必须避免水量过大,防止肥料流失。

6.调整作物种植比例,因地、因土种植农作物

要因土种植农作物,从有利于用地、养地出发,不能搞掠夺式的经营,要调整用地作物和养地作物、中耕作物和非中耕作物、夏粮作物和秋粮作物的种植比例,不论山区和井泉灌溉区,都应因地制宜,扩大豆类、绿肥作物的种植面积。

专题二十八 秦州区耕地地力评价与主要粮食作物生产布局

第一节 概况

2009年，秦州区农作物播种面积90700.79hm²，粮食作物播种面积66924.02hm²。全年粮食总产量达到17.93万t，其中夏粮总产5.22万t，秋粮总产12.75万t，粮食亩产达到256kg。其中，小麦32083.85hm²，单产153.9kg，总产量5.1782万t。玉米17758.66hm²，单产480kg，总产量8.94万t。马铃薯11444.89hm²，单产1225.1kg，总产量14.71万t。油料作物面积17825.42hm²，平均单产95.6kg，总产量1.79万t。全区现有果园面积15030.96 hm²（苹果10796.35hm²、梨858.37hm²、大樱桃1374.53hm²、其他2575.10hm²），总产量11.5万t。蔬菜面积6886.01hm²，总产量13.85万t。

近年来，随着农业产业化的推进和支农惠农政策的落实，在秦州区农村，大力发展玉米全膜双垄沟种植的科技兴农思想已深入人心，"全民抓农业、全社会办农业"的大气候已经形成，"重视农业、支持农村、爱护农民、助农增收"已落实到广大干部群众的行动中，农民种粮的积极性空前高涨。2005年以来，全区推广全膜玉米双垄沟穴播技术，积极调整玉米品种结构，累计推广地膜玉米480万亩。2010年，在玉泉、大门、华歧、汪川等16个乡镇落实玉米全膜覆盖双垄沟播16.53万亩，种植小麦33.2万亩，油菜13.5万亩，优质马铃薯15万亩，中药材5万亩，芦笋1.1万亩，架豆王2万亩。以天水昌盛食品有限公司为依托，发展了大门、汪川、牡丹等乡镇为主的特色玉米基地，年均种植"金菲818"甜玉米1万亩，出现了传统产业有规模，新型产业有特色的局面。

由于受到水资源匮乏、中低产田比重大、复种指数低、农民生产习惯等自然及社会因素的综合影响，秦州区粮食作物生产还未能最大限度地发挥当地农业生产条件的潜力。

自2008年6月起，根据农业部办公厅《关于做好耕地地力评价工作的通知》（农办农〔2007〕66号）、《测土配方施肥补贴资金项目实施方案》《2008年耕地地力调查项目实施方案》和甘肃省农业委员会《关于印发甘肃省耕地地力评价工作方案的通知》等的文件精神，由甘肃省农牧厅领导，在甘肃省农业节水与土壤肥料管理总站和甘肃农业大学资源与环境学院协助下，秦州区通过收集土壤类型、土地利用类型、作物产量、地形、气候、测土配方施肥调查等各类分析数据及图件,严格按照《测土配方施肥技术规范(试行)修订稿》和《农业部耕地地力评价规程》要求,扎实开展了秦州区的耕地地力评价工作。于2009年11月建立了秦州区区域耕地资源管理信息系统,并依托该系统完成了秦州区耕地地力评价工作。

为此,甘肃农业大学资源与环境学院的部分专家会同甘肃省农业节水与土壤肥料管理总站,就秦州区耕地地力评价与粮食作物生产布局进行了专门的调查研究,并在耕地地力评价的基础上,利用建立好的秦州区耕地资源管理信息系统,分析秦州区区域内3种主要栽培的粮食作物的适宜性,针对秦州区农业产业化经营现状,提出相关的措施与建议。

第二节　调查方法

一、工作组织

本项专题调查研究是在充分利用秦州区耕地地力评价结果的基础上展开的。为了全面、细致地做好本项专题研究,甘肃农业大学资源与环境学院会同秦州区农技推广中心专门组建了"秦州区粮食作物生产布局研究"工作组。借助前者在耕地地力评价工作中积累的大量数据和土壤资源调查与评价,以及农作物产业布局方面的技术优势,切实分析秦州区粮食生产的限制因素及增产潜力,并提出具体的粮食生产布局规划目标。同时,就如何进一步提高土壤资源利用效率,发挥中低产田增产潜力提出具体的措施与建议。

二、技术路线

本项专题调查研究试图通过组建秦州区粮食作物生产布局专题研究小组,明确各自分工,积极组织协调各类资料的收集与整理工作,对秦州区粮食生产中存在的现状展开调查研究,充分利用秦州区耕地地力评价结果,针对这些问题总结形成粮食生产限制因子;同时,摸清秦州区粮食生产的潜力,挖掘提炼粮食生产的突破点,最后提出相应的规划目标和具体措施,并将整个工作的结果以报告的形式提交。

第三节 调查结果与分析

一、耕地面积

1985年,境内总耕地面积99.70万亩,其中山地93.29万亩,川地6.14万亩,人均耕地约2.5亩,以后随着全区农业产业结构调整步伐的加快,尽管加强了土地管理工作,加之城市、企业、道路建设、居民住宅用地的增加,耕地面积逐年下降。1996年第一次全国农业普查工作中,经核实、登记的耕地面积有96.51万亩,比1985年减少3.19万亩。1999年,国家实施了西部大开发战略,按照国家退耕还林一系列政策,为了防止水土流失,进行了封山绿化、经济林建设等工作,退耕还林面积逐年扩大。至2008年第二次全国农业普查中,核实全区耕地面积减少到95.33万亩。其中,山地89.04万亩,川地6.29万亩,比1985年减少耕地4.37万亩。由于人口增加过快,全区人均耕地面积降为0.33亩(按农村人口计算,则为2.18亩),比1985年减少了2.18亩(表3-28-1)。

表3-28-1 秦州区各乡镇耕地面积统计表(2009)

乡镇名	耕地面积(万亩)	其中		人均耕地(亩)	乡镇名	耕地面积(万亩)	其中		人均耕地(亩)
		山地	川地				山地	川地	
玉泉	4.13	4.03	0.1	1.32	稽口	7.98	7.48	0.50	2.24
中梁	4.59	4.60		2.51	秦岭	4.39	4.27	0.12	2.95
太京	5.57	4.91	0.79	1.97	牡丹	7.69	7.31	0.38	2.78
齐寿	3.60	3.52	0.08	1.66	杨家寺	4.94	4.57	0.36	3.20
娘娘坝	5.70	4.99	0.70	2.15	皂郊	10.16	9.71	0.53	2.83
平南	5.91	5.28	0.63	1.52	华歧	6.56	6.30	0.26	2.85
天水	5.84	5.13	0.71	1.94	大门	4.33	4.10	0.23	2.00
关子	4.60	4.31	0.38	1.71	市、区				
汪川	9.12	8.60	0.52	2.31	合计	95.10	89.04	6.29	2.18

二、耕作制度

秦州区境内种植历史悠久,在长期的农耕生产实践中,农民探索出了一整套适应当地实际的耕作制度,积累了丰富的栽培经验。1985~1990年期间,在耕作上以犁耕为主;1990~2000年,以步犁翻耕为主,推广机耕、机播;2000~2009年,推广机悬耕技术。随着生产条件的改变和科学技术的发展，本区的耕作制度逐渐走向了以新品种模式化栽培、标准化管理、规模化种植的发展之路。

三、轮作倒茬

秦州区各地地理条件和气候类型的差异很大，在不同地区形成了不同的轮作方式。

1.籍河川区（一年两熟）

小麦—复种菜瓜或荞麦—小麦；地膜小拱棚马铃薯—复种小叶菜—玉米；大蒜—玉米—蔬菜。

2.西北部黄土梁峁区（两年三熟或一年一熟）

小麦—荞—马铃薯或玉米、油料；玉米—马铃薯或糜谷；小麦—玉米。

3.岭南丘陵区（两年三熟或一年一熟）

玉米—小麦—荞；马铃薯—小麦—连作小麦。

小麦—复种油菜—小麦；

4.西南土石山地区（一年一熟）

小麦—油菜或荞；黄豆—小麦—小麦＋荞—马铃薯（四年五熟）。

四、间作套种

1985年以后，秦州区随着农业产业结构调整步伐的加快，推广地膜覆盖栽培技术，为了提高耕地的利用率和复种指数，1990—2000年期间，大面积推广地膜玉米套种白云豆、蚕豆、黄豆、蔬菜等。套种面积每年均达20万亩左右。同时，提倡以发展"两高一优"农业为主的高效农田建设和以二代日光温室为主的设施农业推广工作，增加农民的经济收入。

2000—2010年，秦州区农作物间作套种的栽培模式主要有：地膜玉米套种蚕豆、白云豆、蔬菜；地膜小拱棚西瓜套种水萝卜；地膜小拱棚马铃薯套种西红柿；地膜小拱棚糯玉米套种胡萝卜；地膜大蒜套种玉米、葵花；地膜西瓜套种辣椒；塑料大棚韭菜套种早春甘蓝、水萝卜；马铃薯套种葵花、蔬菜；芦笋套种蔬菜。形成了粮套菜，粮套油，粮套草（绿肥），果套菜等形式。境内夏粮作物间作套种面积很少，秋粮作物大部分实行间作套种，套种面积17.5万亩。

五、复种

耤河川道、浅山干旱区，麦后复种菜瓜、架豆王、胡萝卜；地膜小拱棚马铃薯、西瓜、糯玉米收后复种西红柿、辣椒、茄子、大白菜、胡萝卜；大蒜复种玉米。西、南山区高寒阴湿，复种荏荞麦和油菜为主，也有部分地方可复种蔬菜及青饲料等压青作物。2009年全区复种面积 9.57 万亩,比 1985 年的 8.31 万亩高出 1.26 万亩。

六、耕作整地

整地主要分复耕(优耕)和秋耕两个阶段。随着栽培技术的不断提高,大力推广机耕。无论优耕和秋耕,都讲求深耕细翻,活土层深厚细绵,并结合整地清除杂草根茎,除石排涝。

七、播期

小麦:本地素有"白露高山麦"的农谚。境内 55 种小区气候中,除 6 种高山阴坡气候区光照不足,容易青干秕子外,其余海拔 2000m 以下的气候区都是冬小麦适播区。冬小麦平均气温 16℃~18℃为适播期,半冬性小麦平均气温 14℃~16℃为适播期。西南部冷凉山区适播期在 9 月 10 日至 20 日;中部浅山区适播期在 9 月 15 日至 30 日;西汉水、籍河川道区适播期在 9 月 25 日至 10 月 10 日。

玉米:当 5~10cm 土层的温度稳定在 10℃~12℃时为玉米适播期。露地玉米一般在 4 月 20 日至 30 日播种,地膜玉米则在 4 月 10 日至 20 日播种。

马铃薯:5cm 深处土壤温度达 7℃时即可播种。地膜马铃薯 3 月 10 日前后在籍河川区始播,露地马铃薯在 3 月下旬至 4 月上旬由川区到高山陆续播种。

其他作物的播期依气候条件也有一定的规律。

八、种植密度

1985 年,随着地膜覆盖栽培技术的推广应用和优良品种的引进,加之土壤对水肥条件的进一步提高和严格的耕作管理水平,辖区农作物种植密度有了较大幅度的增加。地膜玉米种植密度 2800~3000 株,1990—1995 年,由于新技术的引进,新肥料推广,土地增产的潜力进一步挖掘,密度为 3300~3500 株,比 1985 年增加 300~500 株;2000 年以后,随着新品种、新技术、新肥料的大面积推广应用,玉米每亩达到 3500~4000 株,小麦每亩种植密度保持在 35 万~40 万株。1985—1995 期间,油菜品种老化,亩播量在 1kg 左右;2000 年以后,油菜的新品种推广速度加快,甘蓝型油菜每亩 1.5 万~1.8 万株,白菜型油菜 5~6 万株。1985 年,马铃薯品种老化严重,广种薄收,密度为 2800~3000 株;1990 年,品种更新后,密度一般在 3500~4000 株;1995 年以后,推广宽窄双垄作技术,马铃薯每亩在 5000 株;其他作物种植密度也有所增加。

九、播种方法

1985 年以后,玉米、马铃薯等大秋作物推广地膜覆盖种植。1994 年,大面积推广精量冬小麦机条播技术,机深施化肥技术,随着农业机械的投入使用,加之国家对农民购买农机具资金补贴政策落实,小麦机条播的面积逐年扩大,全区小麦机播面积1985年为3.4万亩,发展到现在的16.5万亩。1996—2000年,针对秦州区浅山干旱区,主要在中梁、关子、西口、太京、玉泉等乡镇的部分村,推广了地膜小麦穴播栽培技术,膜侧糜谷栽培技术,地膜玉米双垄沟集雨节流栽培技术。经比较分析,增产效果。近年来,特别是"十五"期间,全区加大科技创新和推广工作力度,不断提高农产品科技含量,坚持发展以新品种为主的模式化栽培、标准化管理、规模化种植的区域优势产业,真正达到了农业增效,农民增收的目的。

十、田间管理

农作物生产过程中,田间管理工作贯穿于始终。有条件的地方冬前、春季都要灌溉,春季解冻后一般要施肥、除草、灭虫、防病等。地膜玉米,地膜马铃薯出苗后,一般要人工及时放苗、定苗、补苗,进行追肥、叶面喷肥等。露地马铃薯、玉米、葵花、高粱、茬子等大秋作物出苗后,一般要人工锄地两遍,第一次松土、锄草、定苗,第二次施追肥、壅土。其他作物如油菜、胡麻、荞麦等,也要拔草一至两次。

第四节 主要粮食作物概况分析

全区境内农作物长期以种植粮食为主,兼种油料、蔬菜作物。由于抵御自然灾害的能力低下,加之耕作栽培管理水平粗放,产量很不稳定。1985年以后,在全区大面积推广地膜覆盖栽培技术,引进优良品种,配方施肥,病虫害综合防治,尤其在城郊及河谷川道地区,果、菜等作物种植面积逐年增加。全区依据地貌、土壤、气候等自然条件,已形成了不同的农作物种植格局(表3-28-2)。

表3-28-2 2009年秦州区种植业布局表

区域名称	总耕地面积(万亩)	土壤地貌	海拔(米)	年均气温(℃)	≥0℃积温(℃)	≥10℃积温	年降雨量(mm)	无霜期(d)	熟制
籍河谷地粮、菜、瓜果区	6.69	地势平坦以黄绵土和淀土为主	1110~1535	9.1~10.9	4067~4110	3360~3450	531~587	173~181	一年年熟或两年四熟
西北山地小麦、糜谷、油料区	16.77	黄土梁峁山地,以黄绵土为主,其以为红、黑土	1240~1800	8.7~10.3	3400~3900	3600~3180	567~645	170~180	两年三熟或一年一熟
岭南区陵玉米、小麦、马铃薯区	45.87	西高东低谷壑纵横,以红壤土为主	1300~1800	8.4~9.8	3600~4081	3045~3506	585~866	163~188	两年三熟或一年一熟
西南山地马铃薯、夏杂、油料区	18.69	地势起伏,气候垂直地带明显,以红、黄土为主	1580~2716	7.3~8.2	3179~3221	2437~2450	605~703	151~166	一年一熟
东南山地玉米、油料区	7.31	山峦重叠,灌木丛生,褐土沙岩土相同	1400~1700	8.1~8.3	2800~3150	2300~2530	750~779	151~173	一年一熟或四年五熟

粮食作物在秦州区农业生产中占重要地位，历年播种面积占总耕地面积的78%~90%。20世纪80年代起，开始调整作物布局结构，小杂粮播种面积逐年减少，形成以小麦、玉米、马铃薯三大作物为主体的种植格局。

一、小麦

小麦在境内种植历史悠久，是本区第一大作物。1985年，全区种植小麦43.98万亩，亩产95kg，总产量达到了4.19万t，1990年全区小麦面积39.57万亩，总产5.27万t，平均亩产133公kg，2000年，全区小麦面积38.95万亩，总产3.68万t，亩产94.49kg。2009年，全区小麦面积35.09万亩，总产5.01万t，平均亩产142.08kg，农民人均生产小麦114kg，较1985年种植面积43.98万亩减少了8.89万亩，总产增加了0.82万t，亩产提高了47.8kg，小麦已成为农民的主要作物。

二、玉米

玉米是本区第二大作物，播种面积及总产量仅次于小麦。1985年，随着全区地膜覆盖栽培技术的推广，玉米亩产达到170kg。1990年，全区种植玉米20.15万亩，亩产257kg，总产达到5.18万t，占当年粮食总产量的38.7%。其中，地膜覆盖玉米面积7.6万亩，平均亩产486.4kg。从1990年以后，随着粮食作物布局结构的进一步调整，实行压夏粮增秋粮，面积逐年增加。1997年，因干旱严重，全区推广地膜玉米双垄沟集雨节流栽培技术，地膜覆盖面积达到24.21万亩，占整个秋粮面积的49%。1999年，国家实施西部大开发战略，落实一系列退耕还林政策，玉米栽培面积逐年有所下降，由1998年的23.84万亩，下降到2009年的19.9万亩，平均亩产337.4kg，总产6.75万t，较1985年亩产95kg增加了242.5kg，人均生产玉米153.8kg（按农业人口计算）。

三、马铃薯

马铃薯是本区第三大作物，播种面积在10万亩左右。1985年秦州区马铃薯亩产141kg，1990年秦州区种植马铃薯11.91万亩，亩产142kg，总产达1.7万t，占粮食总产量的12.7%。随着市场需求的不断增加，马铃薯种植面积逐年扩大，马铃薯生产已成为秦州区农民的重要经济收入之一。针对当地品种退化严重，品种相对单一，长期以来，引种的指导思想以追求高产、稳产为目标，栽培品种主要以鲜食和淀粉加工为主，缺乏适合生产全粉、油炸等加工的优质专用品种，加之良种繁育体系不健全。2001年，在秦州区牡丹镇大柳树马家川建立原种繁殖基地50亩，全部采用网棚繁殖，引进优质脱毒马铃薯原种5种，分别为陇薯3号、4号、费乌瑞它、大西洋、德艾蒙特，总计生产原种72.4t，平均亩产为

144.9kg，2001—2003年，全区累计推广良种面积6000亩，分布于全区16乡镇，平均亩产1300kg，平均增产286.4kg，总增产1718.4t，累计繁殖原种350亩，生产原种496.6t，累计繁殖良种1785亩，生产良种1976t。同时，于2002年，经中国绿色食品发展中心认证，秦州区生产的马铃薯获得国家绿色食品A级认证。2009年，全区马铃薯播种面积已达到12.7万亩，占秋粮面积32.7%，各乡镇均有种植，尤以西北、西南冷凉山区最多，且一直稳产高产。

四、粮食需求情况预测

小麦是秦州区的主要口粮，约占人总需粮的90%，总需量11.65万t。秦州区小麦常年播种面积33万亩，按亩产200kg算，可生产6.6万t。玉米常年播种18.5万亩，按亩产400kg算，总产约7.4万t。小麦、玉米社生产合计共14万t，与人均需粮350kg的标准相比，粮食缺口为8.649万t，如加上饲料用粮，粮食缺口将更大。

到2010年，秦州区人口约65.15万人，按人均年口粮352kg算，约需粮食22.93万t，2011年，全区人口约65.59万人，按人均年口粮354kg算，约需粮食23.22万t。

第五节 秦州区粮食生产的主要问题

从总体上看，秦州区农业产业结构调整的确迈出了新步伐，取得了令人欣喜的成绩。但农业基础设施脆弱、城镇化程度低、农村经济结构不尽合理、农产品流通不畅、农民收入增长缓慢和劳动者素质不高等，仍然制约着农业和农村经济的发展。农业结构调整的步伐较慢，主要从自然资源、基础设施、自然灾害等角度分析如下。

一、农业自然资源基础薄弱

全区现有耕地面积95.33万亩。近年来，由于退耕还林，各种建设以及自然灾害等无可抗拒的土地流失，耕地面积略有减少。北部干旱，南部山大沟深，就耕地状况来看，有一大半以上属中低产田，其中旱涝保收的良田面积所占比例很小，土壤养分整体偏贫瘠。

全区自产水总量为3.73亿m^3，人均762m^3/年，均低于全国和全省人均占有量。秦州区年降水量400~650mm，西部和南部降雨量相对较多，藉河河谷以及西南部降雨相对偏少，全区多年平均相对湿度为68%，年均干燥度为1.21，属半湿润半干旱易旱区。

全年≥10℃积温一般在2400℃~2800℃，多年平均气温6℃~11℃，无霜期150~180d。秦州区农业是典型的雨养农业区，十年九旱，灾害时有发生，自然灾害造成的粮食减产严重，抗灾能力弱，是影响秦州区粮食发展的突出问题。

二、农业基础设施薄弱,不能满足农业生产需要

全区共有发挥效益的各类灌溉工程9188处,有效灌溉面积5.6万亩,占整个耕地面积的5.8%。机械化播种面积和机械收割面积不足,占耕地面积的10%。目前全区大范围内仍处于靠天吃饭的状态,抗御自然灾害的能力较差。

三、自然灾害频发,抵御风险能力较差

近年来,全区农业灾害呈加重趋势。冬春干旱,夏季暴雨,严重的干旱和无法抵御的洪涝灾害等逐年加重。农作物病虫草鼠害发生面积逐年增加,不能从根本上解决自然灾害给农业生产带来的影响,靠天吃饭的局面,尚难以根本改变。一是农业的防灾减灾组织机构尚不健全;二是有害生物预警预报系统尚不健全;三是防灾减灾的投入严重不足。

四、农业科技支撑力弱,科技成果转化率不高

产前、产中、产后技术集成配套不够,一些重大的农业措施,缺乏行之有效的推广手段。成果转化率低,尽管近年来,农业科技水平不断提高,国家对农业的投入也在不断加大,但是科技对农业的贡献率不高。主要表现在:一是有些国家的支农惠农项目,由于受地方政府领导重视程度不同和项目配套资金的缺乏,并不能完全落到实处;二是作为科技推广工作的主体——农业科技人员,由于受诸多因素影响,存在个别技术人员业务素质不强;三是科技成果的推广体系不健全,技术推广部门从中央到省、市、县都有相应机构,并有各自工作职责,但在最基层的乡镇和村一级,技术推广部门各存实亡;四是科技推广受益主体——农民的整体素质有待提高,随着青壮年劳力的进城务工,留守在土地上的劳动者大多是妇女、儿童、老人,这些人的文化层次和认知水平较低,使得农业科技转化的"最后一公里"成了盲区,难以真正把农业科技成果转化成效益,创造成财富。

第六节 秦州区粮食生产布局规划研究

专题研究工作组利用秦州区耕地资源管理系统,开展了针对小麦、玉米和马铃薯三种主栽粮食作物生产的耕地地力适宜性评价工作,并就如何在全区范围内合理布局这三种粮食作物生产进行了规划。

一、小麦生产耕地地力适宜性评价

(一)层次分析构型的建立

通过召开专家评议会,选定≥10℃积温、年降水量、海拔、坡向、地貌类型、剖面构型、

有机质、有效土层厚度、质地9个因子作为小麦适宜性评价的指标,然后根据各自的属性和特点,将它们分别归入到气候、立地条件、剖面构型3个准则层中,有机质属于耕层养分状况准则层,但是根据耕地资源管理信息系统设置,每个准则层至少包含两个指标,因此由专家探讨和商议后,将有机质列入剖面构型准则层。构造的层次结构如图3-28-1所示:

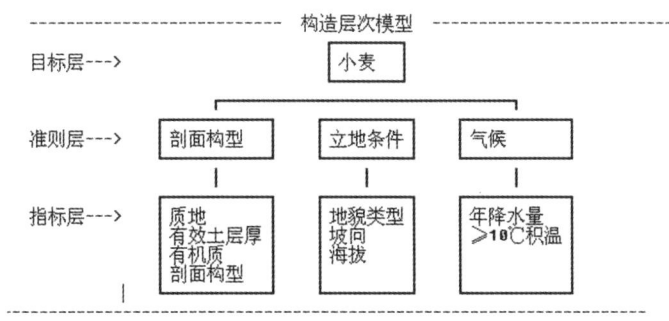

图3-28-1 秦州区小麦适宜性评价层次模型结构

针对各准则层及指标层各指标之间的相互关系,由9位专家通过德尔菲法按照准则层对目标层、指标层各因素对准则层相应因素的相对重要性,给出数量化的评估,评估方法见表3-28-3。

表3-28-3 层次判断矩阵标度

标度	含义
1	表示两个因素相比,具有同样重性
3	表示两个因素相比,一个因素比另一个因素稍微重要
5	表示两个因素相比,一个因素比另一个因素明显重要
7	表示两个因素相比,一个因素比另一个因素强烈重要
9	表示两个因素相比,一个因素比另一个因素极端重要
2,4,6,8	上述两相邻判断的中值
倒数	因素 i 与 j 比较得判断 b_{ij},则因素 j 与 i 比较的判断 $b_{ji}=1/b_{ij}$

经专家反复对比与分析,最终建立了4个判断矩阵(表3-28-4~3-28-7):

表3-28-4 目标层判断矩阵及指标权重

指标	剖面构型	立地条件	气候	权重
剖面构型	1	0.5	0.4	0.1798
立地条件	2	1	0.5882	0.3240
气候	2.5	1.7	1	0.4963

表3-28-5 准则层(1)判别矩阵(剖面构型)

指标	质地	有效土层厚度	有机质	剖面构型	权重
质地	1	0.5	0.4	0.3333	0.1158
有效土层厚度	2	1	0.6667	0.5	0.2056
有机质	2.5	1.5	1	0.6667	0.2853
剖面构型	3	2	1.5	1	0.3934

表 3-28-6 准则层(2)判别矩阵(立地条件)

指标	地貌类型	坡向	海拔	权重
地貌类型	1	0.5	0.3333	0.1638
坡向	2	1	0.5	0.2973
海拔	3	2	1	0.5390

表 3-28-7 准则层(3)判别矩阵(气候)

指标	年降水量	≥10℃积温	权重
年降水量	1	0.6667	0.4000
≥10℃积温	1.5	1	0.6000

(二)计算各因子权重

在区域耕地资源管理系统中,运行层次分析模型编辑菜单,系统根据所构建的判别矩阵,首先获得各判别矩阵的权重值,然后计算同一层次所有因素对于总目标相对排序权值,即进行层次总排序,最终所得到的组合权重即为小麦各适宜性评价因子的权重值(表 3-28-8)。

表 3-28-8 秦州区小麦适宜性评价各因素的组合权重计算结果

层次	剖面构型 0.1798	立地条件 0.3240	气候 0.4963	组合权重 $\sum C_i A_i$
质地	0.1158			0.0208
有效土层厚度	0.2056			0.0369
有机质	0.2853			0.0513
剖面构型	0.3934			0.0707
地貌类型		0.1638		0.0531
坡向		0.2973		0.0963
海拔		0.5390		0.1746
年降水量			0.4000	0.1985
≥10℃积温			0.6000	0.2977

C_i=2.17204209469477E-03,R_i=.349693046931441,C_R=C_i/R_i=0.00621128 < 0.1,总排序一致性检验通过!

由层次分析结果可以看出，各评价因子对小麦适宜性的影响程度从大到小依次为：≥10℃积温、年降水量、海拔、坡向、剖面构型、地貌类型、有机质、有效土层厚度、质地。

(三)隶属函数模型建立及其隶属度确定

由于该项专题评价中所选定9个因子中,除海拔外均包含在9个耕地地力评价因子之中,项目组决定在区域耕地资源管理信息系统中已经建成的隶属函数模型上再增加海拔,确定小麦适宜性评价因子的隶属度。

表 3-28-9　海拔隶属度及其描述

海拔	1200	1400	1600	1800	2000	2200	2400	2600
隶属度	1	0.9	0.8	0.7	0.6	0.5	0.4	0.3

海拔属于负直线型函数,隶属度函数关系式 $y_i=1.6-0.0005u_i$,C 值 0,U_t 值 2700。

(四)小麦生产耕地地力适宜性评价及其结果

通过建立的秦州区小麦生产适宜性评价的层次分析模型和隶属函数模型,关联秦州区耕地资源管理单元的属性数据,对秦州区区域内所有耕地进行小麦适宜性评价。本项目采用累积曲线分级法来划分秦州区小麦适宜性评价等级。

在划分等级过程中,考虑到评价结果部分与当地实际情况不符,将第一轮评价结果返回当地专家,在当地专家经验指导下,经过不断调试,设置各等级起始分值,确定将秦州区小麦适宜性评价定为4个等级(图3-28-2)。等级分值确定之后,系统依据评分生成不同等级的适宜性评价结果图(图3-28-3)。

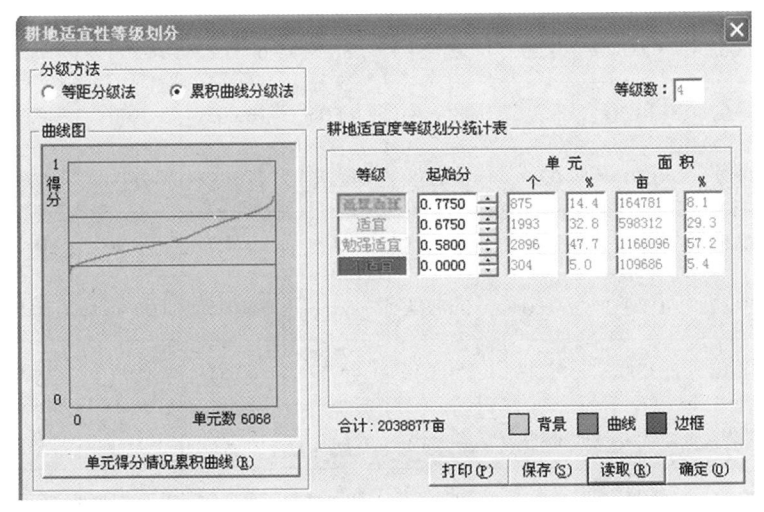

图 3-28-2　秦州区小麦适宜性评价划分等级界面

秦州区区域内绝大多数耕地评价单元均适合小麦生产。其中，高度适宜种植小麦的区域分布在秦州区耕地地力评价等级为一级和二级的区域，对应评价单元的属性数据分析，涉及娘娘坝镇、太京镇、椿口镇、大门乡、玉泉镇5个乡镇的7239.61 hm² 耕地，占全区总耕地面积的7.98%；适宜种植小麦的区域在秦州区耕地地力评价等级为一到五等中均有分布，涉及全区16个乡镇，总面积达到了26703.24 hm²，占全区总耕地面积的29.44%；勉强适宜种植小麦的区域在秦州区耕地地力评价等级为一到五等中均有分布，涉及全区16个乡镇的51878.08hm² 耕地，占全区总耕地面积的57.20%；不适宜种植小麦的区域在二到五等级中均有分布，涉及全区9个乡镇的4879.86hm² 耕地，占全区总耕地面积的5.38%，主要分布在中梁乡、杨家寺乡、关子镇、天水镇。对秦州区春小麦生产适宜性评价各等级耕地面积进行统计的结果如表3-28-10所示。

表3-28-10 秦州区小麦生产适宜性评价各等级面积

乡镇名称	耕地总面积(hm²)	适宜性评价等级面积及其占全乡耕地总面积比例(hm², %)							
		高度适宜	%	适宜	%	勉强适宜	%	不适宜	%
大门乡	3138.78	167.10	5.32	2614.32	83.29	357.36	11.39	0	0.00
关子镇	7224.88	0.00	0.00	41.09	0.57	6502.37	90.00	681.42	9.43
华歧乡	5384.26	0.00	0.00	3748.36	69.62	1635.90	30.38	0.00	0.00
口镇	10623.43	542.36	5.11	8039.85	75.68	2041.22	19.21	0.00	0.00
牡丹镇	6565.63	0.00	0.00	533.81	8.13	6031.82	91.87	0.00	0.00
娘娘坝镇	6575.97	3613.30	54.95	2896.64	44.05	66.03	1.00	0.00	0.00
平南镇	5149.26	0.00	0.00	667.28	12.96	4481.98	87.04	0.00	0.00
齐寿乡	3272.57	0.61	0.02	297.25	9.08	2974.71	90.90	0.00	0.00
秦岭乡	3639.47	0.00	0.00	206.94	5.69	3401.58	93.46	30.95	0.85
太京镇	5418.18	2838.03	52.38	2508.30	46.29	53.81	0.99	18.04	0.33
天水镇	5109.92	0.00	0.00	251.78	4.93	4178.95	81.78	679.19	13.29
汪川镇	7750.76	0.00	0.00	2221.63	28.66	5522.54	71.25	6.59	0.09
杨家寺乡	6125.89	0.00	0.00	28.02	0.46	5264.51	85.94	833.36	13.60
玉泉镇	2436.56	78.21	3.21	1970.50	80.87	342.57	14.06	45.28	1.86

续表 3-28-10

乡镇名称	耕地总面积（hm²）	适宜性评价等级面积及其占全乡耕地总面积比例(hm², %)							
		高度适宜	%	适宜	%	勉强适宜	%	不适宜	%
皂郊镇	8772.24	0.00	0.00	468.94	5.35	8234.10	93.87	69.20	0.79
中梁乡	3512.99	0.00	0.00	208.53	5.94	788.63	22.45	2515.83	71.62
合计	90700.79	7239.61	7.98	26703.24	29.44	51878.08	57.20	4879.86	5.38

二、玉米生产耕地地力适宜性评价

（一）层次分析构型的建立

通过召开专家评议会，选定年降水量、≥10℃积温、地貌类型、坡向、剖面构型、有效土层厚度、有机质、质地 8 个因子作为玉米适宜性评价的指标，然后根据各自的属性和特点，将它们分别归入到气候、立地条件、剖面性状 3 个准则层中。由于有机质属于耕层养分状况准则层，但是根据耕地资源管理信息系统设置，每个准则层至少包含两个指标，因此，由专家探讨和商议后，将有机质列入剖面性状准则层。构造的层次结构如图，3-28-3 所示：

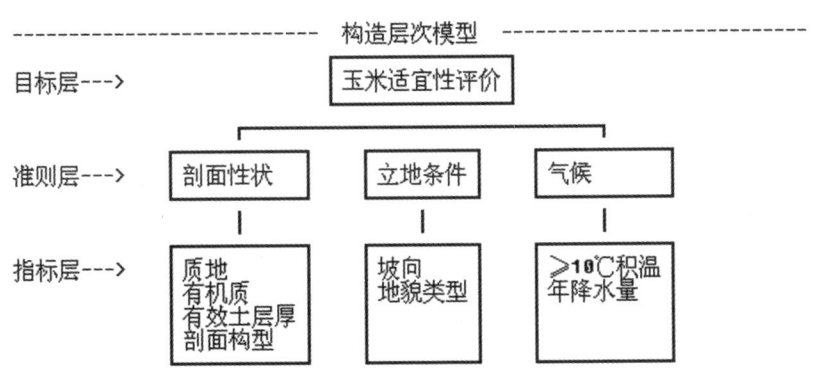

图 3-28-3　秦州区玉米适宜性评价层次模型结构

针对各准则层及指标层各指标之间的相互关系，由 9 位专家通过德尔菲法按照准则层对目标层、指标层各因素对准则层相应因素的相对重要性，根据表 3-28-2 中的判断标度，经专家反复对比与分析，最终建立了 4 个判断矩阵（表 3-28-11~3-28-14）。

表 3-28-11　目标层判断矩阵及指标权重

指标	剖面形状	立地条件	气候	权重
剖面构型	1	0.5	0.4	0.1807
立地条件	2	1	0.6667	0.3399
气候	2.5	1.5	1	0.4795

表 3-28-12　准则层(1)判别矩阵(剖面性状)

指标	质地	有机质	有效土层厚度	剖面构型	权重
质地	1	0.5	0.4	0.3333	0.1140
有机质	2	1	0.6667	0.4	0.1900
有效土层厚度	2.5	1.5	1	0.5	0.2592
剖面构型	3	2.5	2	1	0.4368

表 3-28-13　准则层(2)判别矩阵(立地条件)

指标	坡向	地貌类型	权重
坡向	1	0.5	0.3333
地貌类型	2	1	0.6667

表 3-28-14　准则层(3)判别矩阵(气候)

指标	≥10℃积温	年降水量	权重
≥10℃积温	1	0.6667	0.4
年降水量	1.5	1	0.6

(二)计算各因子权重

在区域耕地资源管理系统中,运行层次分析模型编辑菜单,系统根据所构建的判别矩阵,首先获得各判别矩阵的权重值,然后计算同一层次所有因素对于总目标相对排序权值,即进行层次总排序,最终所得到的组合权重即为玉米各适宜性评价因子的权重值(表 3-28-15)。

表 3-28-15　秦州区玉米适宜性评价各因素的组合权重计算结果

	气候	立地条件	剖面性状	组合权重
	0.1807	0.3399	0.4795	$\sum C_i A_i$
质地			0.114	0.0206
有机质			0.19	0.0343
有效土层厚			0.2592	0.0468

表 3-28-15

	气候	立地条件	剖面性状	组合权重
	0.1807	0.3399	0.4795	$\sum C_i A_i$
剖面构型			0.4368	0.0789
坡向		0.3333		0.1133
地貌类型		0.6667		0.2266
≥10℃积	0.4			0.1918
年降水量	0.6			0.2877

$C_i=2.23881701141663E-03$，$R_i=.162609034165138$，$C_R=C_i/R_i=0.01376810 < 0.1$，总排序一致性检验通过！

由层次分析结果可以看出，各评价因子对玉米适宜性的影响程度从大到小依次为：年降水量、地貌类型、≥10℃积温、坡向、剖面构型、有效土层厚度、有机质、质地。

(三) 隶属函数模型建立及其隶属度确定

项目组应用区域耕地资源管理信息系统中已经建成的隶属函数模型确定玉米适宜性评价因子的隶属度。此项工作在技术报告中已有详细说明，在此不再赘述。

(四) 玉米生产耕地地力适宜性评价及其结果

通过建立的秦州区玉米生产适宜性评价的层次分析模型和隶属函数模型，关联秦州区耕地资源管理单元的属性数据，对秦州区区域内所有耕地进行玉米适宜性评价。本项目采用累积曲线分级法来划分秦州区玉米适宜性评价等级。

在划分等级过程中，考虑到评价结果有可能与当地实际情况不符，将第一轮评价结果返回当地专家，在当地专家经验指导下，经过不断调试，设置各等级起始分值，确定将秦州区玉米适宜性评价定为4个等级(图3-28-4)。

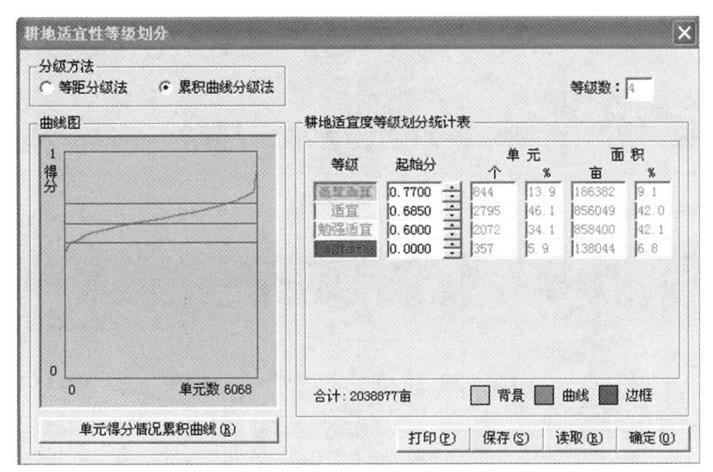

图 3-28-4　秦州区玉米适宜性评价划分等级界面

秦州区区域内耕地评价单元大多数适宜玉米生产,其中高度适宜种植玉米的区域分布在秦州区耕地地力评价等级为一级和二级的区域。对应评价单元的属性数据分析,主要涉及娘娘坝镇、秸口镇、大门乡、汪川镇、太京镇、平南镇等14个乡镇的8246.64hm² 耕地,占全区总耕地面积的9.09%;适宜种植玉米的区域在秦州区耕地地力评价等级为一到五等级中均有分布,涉及全区16个乡镇,总面积达到了38120.95 hm²,占全区总耕地面积的42.03%;勉强适宜种植玉米的区域在秦州区耕地地力评价等级为一到五等级中均有分布,涉及全区16个乡镇的38191.68公顷耕地,占全区总耕地面积的42.11%;不适宜种植玉米的区域涉及全区11个乡镇的6141.52 hm² 耕地,占全区总耕地面积的6.77%,主要涉及中梁乡、关子镇、天水镇。对各适宜性等级耕地面积进行统计的结果如表3-28-16所示。

表3-28-16 秦州区玉米生产适宜性评价各等级面积分布

乡镇名称	耕地总面积(hm²)	适宜性评价等级面积及其占全乡耕地总面积比(hm²,%)							
		高度适宜	%	适宜	%	勉强适宜	%	不适宜	%
大门乡	3138.78	1047.27	33.37	1734.15	55.25	357.36	11.39	0.00	0.00
关子镇	7224.88	2.84	0.04	518.30	7.17	4493.26	62.19	2210.48	30.60
华歧乡	5384.26	1.35	0.03	737.56	13.70	4258.83	79.10	386.52	7.18
秸口镇	10623.43	1397.86	13.16	4568.36	43.00	4616.12	43.45	41.09	0.39
牡丹镇	6565.63	127.53	1.94	4643.23	70.72	1687.10	25.70	107.77	1.64
娘娘坝镇	6575.97	3092.80	47.03	3483.17	52.97	0.00	0.00	0.00	0.00
平南镇	5149.26	409.94	7.96	1909.51	37.08	2823.90	54.84	5.91	0.11
齐寿乡	3272.57	130.17	3.98	2154.92	65.85	987.48	30.17	0.00	0.00
秦岭乡	3639.47	296.25	8.14	2135.74	58.68	1207.48	33.18	0.00	0.00
太京镇	5418.18	440.82	8.14	3523.43	65.03	1435.89	26.50	18.04	0.33
天水镇	5109.92	0.00	0.00	390.48	7.64	4086.58	79.97	632.86	12.38

表 3-28-16

乡镇名称	耕地总面积 (hm²)	适宜性评价等级面积及其占全乡耕地总面积比(hm², %)							
		高度适宜	%	适宜	%	勉强适宜	%	不适宜	%
汪川镇	7750.76	821.87	10.60	5103.96	65.85	1818.34	23.46	6.59	0.09
杨家寺乡	6125.89	260.03	4.24	2551.28	41.65	3314.58	54.11	0.00	0.00
玉泉镇	2436.56	93.13	3.82	1416.97	58.15	805.59	33.06	120.87	4.96
皂郊镇	8772.24	124.78	1.42	3163.88	36.07	5268.61	60.06	214.97	2.45
中梁乡	3512.99	0.00	0.00	86.01	2.45	1030.56	29.34	2396.42	68.22
合计	90700.79	8246.64	9.09	38120.95	42.03	38191.68	42.11	6141.52	6.77

三、马铃薯生产耕地地力适宜性评价

（一）层次分析构型的建立

通过召开专家评议会，选定年降水量、≥10℃积温、地貌类型、有机质、剖面构型、质地等 6 个因子作为马铃薯适宜性评价的指标，然后根据各自的属性和特点，将它们分别归入到气候、立地条件、剖面性状 3 个准则层中。其层次分析构型如图（图 3-28-5）。

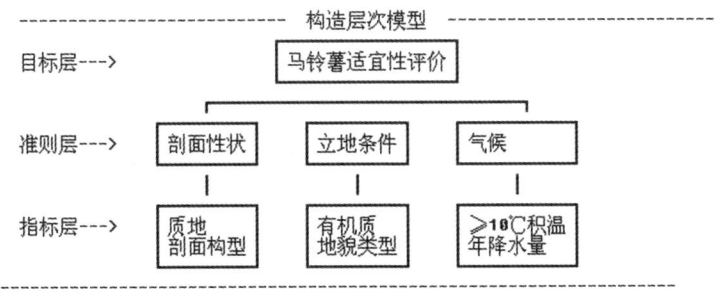

图 3-28-5 秦州区马铃薯适宜性评价层次模型结构

针对各准则层及指标层各指标之间的相互关系，由 9 位专家通过德尔菲法按照准则层对目标层、指标层各因素对准则层相应因素的相对重要性，根据表 3-28-2 中的判断标度，经专家反复对比与分析，最终建立了 4 个判断矩阵（表 3-28-17~3-28-20）。

表 3-28-17　目标层判断矩阵及指标权重

指标	剖面性状	立地条件	气候	权重
剖面性状	1	0.5	0.3333	0.1667
立地条件	2	1	0.6667	0.3333
气候	3	1.5	1.0000	0.5000

表 3-28-8　准则层(1)判别矩阵(剖面性状)

指标	质地	剖面构型	权重
质地	1	0.5	0.3333
剖面构型	2	1	0.6667

表 3-28-19　准则层(2)判别矩阵(立地条件)

指标	有机质	剖面构型	权重
有机质	1	0.5	0.3333
地貌类型	2	1	0.6667

表 3-28-20　准则层(3)判别矩阵(气候)

指标	≥10℃积温	年降水量	权重
≥10℃积温	1	0.5	0.3333
年降水量	2	1	0.6667

(二)计算各因子权重

在区域耕地资源管理系统中,运行层次分析模型编辑菜单,系统根据所构建的判别矩阵,首先获得各判别矩阵的权重值,然后计算同一层次所有因素对于总目标相对排序权值,即进行层次总排序,最终所得到的组合权重即为各马铃薯适宜性评价因子的权重值(表 3-28-21):

表 3-28-21　秦州区马铃薯适宜性评价各因素的组合权重计算结果

	剖面性状	立地条件	气候	组合权重
	0.1667	0.3333	0.5000	$\sum C_i A_i$
质地	0.3333			0.0556
剖面构型	0.6667			0.1111
有机质		0.3333		0.1111
地貌类型		0.6667		0.2222
≥10℃积温			0.3333	0.1667
年降水量			0.6667	0.3333

$C_i=0$，$R_i=0$，$C_RR=C_i/R_i=0.00000000<0.1$，一致性检验通过。

由层次分析结果可以看出，各评价因子对马铃薯适宜性的影响程度从大到小依次为：年降水量、地貌类型、≥10℃积温、剖面构型、有机质、质地。

（三）隶属函数模型建立及其隶属度确定

项目组应用区域耕地资源管理信息系统中已经建成的隶属函数模型确定马铃薯适宜性评价因子的隶属度。此项工作在技术报告中已有详细说明，在此不再赘述。

（四）马铃薯生产耕地地力适宜性评价及其结果

通过建立的秦州区马铃薯生产适宜性评价的层次分析模型和隶属函数模型，关联秦州区耕地资源管理单元的属性数据，对秦州区区域内所有耕地进行马铃薯适宜性评价。本项目采用累积曲线分级法来划分秦州区马铃薯适宜性评价等级。

在划分等级过程中，考虑到评价结果有可能与当地实际情况不符，将第一轮评价结果返回当地专家，在当地专家经验指导下，经过不断调试，设置各等级起始分值，确定将秦州区马铃薯适宜性评价定为4个等级（图3-28-6）。等级分值确定之后，系统依据评分生成不同等级的适宜性评价结果图（图3-28-9）。

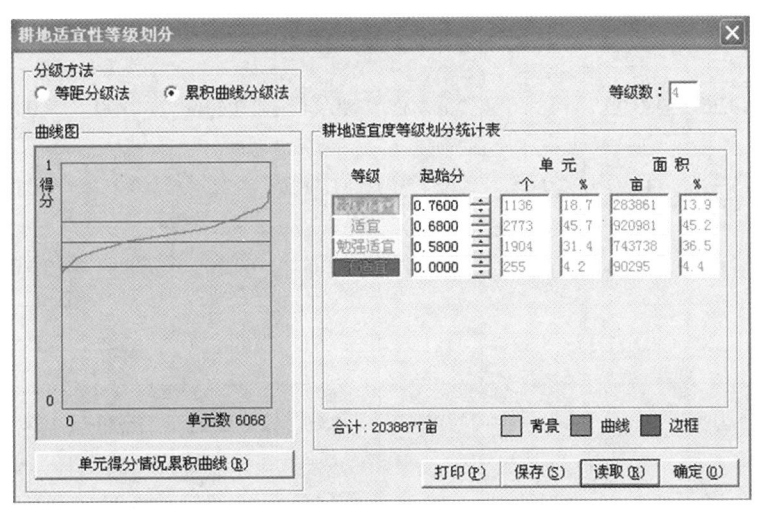

图3-28-6　秦州区马铃薯适宜性评价划分等级界面

秦州区区域内马铃薯种植单元不适宜的极少，高度适宜种植马铃薯的区域分布在秦州区耕地地力评价等级为一级和二级的区域。对应评价单元的属性数据分析，主要涉及娘娘坝镇、汪川镇、秸口镇、平南镇等14个乡镇的12586.08hm²耕地，占全区总耕地面积的13.88%；适宜种植马铃薯的区域在秦州区耕地地力评价等级为一到五等级中均有分布，涉及全区16个乡镇，总面积达到了41005.59 hm²，占全区总耕地面积的45.21%；勉强适宜种植马铃薯的区域在秦州区耕地地力评价等级为二到五等级中均有分布，涉及全区16个乡镇的33091.91hm²耕地，占全区总耕地面积的36.48%。不适宜种植马铃薯的区域涉及全区6个乡镇的4017.21 hm² 耕地，占全区总耕地面积的4.33%，主要涉及中梁乡、关子镇、玉泉镇。对各适宜性等级耕地面积进行统计的结果见表3-28-22。

表3-28-22 秦州区马铃薯生产适宜性评价各等级面积

乡镇名称	耕地总面积(hm²)	适宜性评价等级面积及其占全乡耕地总面积比例(公顷,%)							
		高度适宜	%	适宜	%	勉强适宜	%	不适宜	%
大门乡	3138.78	629.95	20.07	2235.76	71.23	273.07	8.70	0.00	0.00
关子镇	7224.88	2.84	0.04	483.59	6.69	5607.53	77.61	1130.92	15.65
华歧乡	5384.26	1.35	0.03	745.44	13.84	4583.67	85.13	53.80	1.00
□口镇	10623.43	1329.49	12.51	4472.53	42.10	4821.41	45.38	0.00	0.00
牡丹镇	6565.63	181.34	2.76	4922.41	74.97	1461.88	22.27	0.00	0.00
娘娘坝镇	6575.97	6017.82	91.51	558.15	8.49	0.00	0.00	0.00	0.00
平南镇	5149.26	960.95	18.66	2082.22	40.44	2106.09	40.90	0.00	0.00
齐寿乡	3272.57	295.97	9.04	2654.34	81.11	322.26	9.85	0.00	0.00
秦岭乡	3639.47	410.74	11.29	2557.64	70.28	671.09	18.44	0.00	0.00
太京镇	5418.18	302.71	5.59	3121.21	57.61	1976.22	36.47	18.04	0.33
天水镇	5109.92	0.00	0.00	1382.58	27.06	3642.83	71.29	84.51	1.65
汪川镇	7750.76	1593.15	20.55	5981.81	77.18	175.80	2.27	0.00	0.00
杨家寺乡	6125.89	619.50	10.11	4702.38	76.76	804.01	13.12	0.00	0.00
玉泉镇	2436.56	0.67	0.03	1307.84	53.68	996.07	40.88	131.98	5.42
皂郊镇	8772.24	239.60	2.73	3726.44	42.48	4806.20	54.79	0.00	0.00
中梁乡	3512.99	0.00	0.00	71.25	2.03	843.78	24.02	2597.96	73.95
合计	90700.79	12586.08	13.88	41005.59	45.21	33091.91	36.48	4017.21	4.43

第七节　秦州区主要粮食作物生产布局规划实施途径

一、挖掘耕地潜力，提高耕地质量

全区耕地灌溉条件，水利设施，还没有得到较大利用。人均灌溉面积很小，全区保灌的主要是川台地，山地基本没有灌溉条件。提高粮食产量，不仅要顾及川台地，更要注重山旱地，山旱地质量提高了，灌溉条件改善了，抗御自然风险的能力也就强了，山旱地粮食作物的增产，也就有了保证。

二、合理进行耕作改制，提高复种指数

根据秦州区中低海拔地区光热资源充足、耕地面积大、土地肥沃的特点，通过耕作改制，合理安排作物种类和种植时间，推广间、套、复种技术，提高光热能利用率和复种指数，进一步增加粮食产量，如小麦后复种荞麦、地膜马铃薯套种玉米等。

三、稳步推进作物结构调整，推广高产、高效作物

秦州区粮食作物不同区域之间产量差异较大，通过优化区域结构调整生物布局，进行标准化生产，促进平衡增产潜力巨大。要因地制宜的扩大高产高效作物品种播种面积。主要扩大冬油菜和胡麻播种面积，冬油菜主推天油4、5、7号，示范种植天油7、8号优良品种；胡麻重点推广定亚18、定亚22等优良品种。通过优良新品种来提高秦州区油料产量，提高油料品质。力争使油菜年播种面积达14万亩，胡麻面积达2万亩以上，调整产业结构，增加收入。从同一作物看，通过淘汰低产品种，推广高优质品种，可促进粮食的增产。

四、大力推广先进适用的增产技术和集成配套技术

在积极引进推广作物优良品种的基础上，把目前推广的小麦精量半精量播种技术、紧凑型玉米高产栽培技术、旱地玉米全膜双垄沟播种栽培技术，组装配套用于粮食生产，促进全区粮食增产；注重土肥水管理技术，耕地栽培技术、测土配方施肥技术、旱作农业节水技术，通过工程与农艺节水技术的组配，来提高土地肥力，改善农业基础条件，提高农田基础地力和抗旱能力，促进粮食增产。

五、重视防灾减灾工作，挽回灾害损失

一是挽回自然灾害损失，大力推广农业防灾、减灾技术，减轻干旱、风雹、冷害以及干热风等自然灾害的损失。二是挽回生物灾害损失，通过综合防治病虫害，推广药剂浸拌种，低毒低残留农药的应用，以降低灾害所损失的产量。

第八节 建议

一、落实相关支农、惠农政策，加大政策补贴力度

在当前秦州区耕地农业生产欠发达、农民收入偏低的情况下，要求全面落实国家粮食直补、减免农业税及农机直补等一系列惠农政策，充分调动全区农民种粮的积极性，按照统筹城乡经济发展的要求，结合秦州区实际，制定针对性、操作性强的保障技术措施，采取"公司+基地+农户"的经营方式，实行订单农业，支持和鼓励农民种粮。并针对当前的种粮增收面临的困难和有利形势，提出工作重点，把农业产业化经营，农业基础设施建设，科技兴农战略统筹兼顾作为突破口，从落实责任、转变作风入手，落实各项增粮科技措施落实工作，促进粮食增产，农民增收。

二、调整优化产业结构，稳定增长粮食产量

基于主要粮食作物适宜性评价结果，进行农业结构的调整，稳定发展粮经作物，优化种植业内部结构，在扩大经济作物促进增收的同时，稳定粮食作物播种面积，增加科技投入，提高单产，增加总产。受国家粮食直补政策、减免农业税等支农惠农政策的鼓励和支持，调动广大农民种粮的积极性，同时采取严厉的保障政策，控制耕地面积的减少，确保粮食播种面积，稳定增长粮食产量。

三、积极推广新品种新技术应用，提高农业科技含量

在稳定粮食生产的前提下，重点引导农民根据市场需求，以提高农产品质量和档次、增强市场竞争力、提高农产品效益为目标，走大专院校联合之路，积极引进新品种、新技术，确保粮食生产稳中有升。一是进一步改善品种和品质结构，提高优质化水平。二是预测预报作物病虫动态，增强技术防控支撑作用。

四、争取实施农业项目,提高粮食生产效益

按照"高产、优质、高效、生态、安全"的现代农业发展要求,紧紧围绕"抓项目就是抓发展"的理念,进一步加大工作力度,加快全区农业结构的优化升级和现代农业的发展,提高粮食生产效益。一是实施旱作农业项目,大力推广全膜双垄沟播栽培技术。二是继续搞好测土配方施肥补贴资金项目,认真完成土样采集、化验工作,做好属性数据录入、耕地质量评价系统,扩大玉米、小麦、马铃薯测土配方施肥示范推广面积,做好土壤肥力定位监测点和测土配方施肥监测点。三是做好优质专用小麦良种补贴项目,推广优质专用小麦。四是农机具直补项目,促进农业机械化的发展。五是在全区实施"一池三改"农村沼气国债建设项目,农村沼气的建设是建设社会主义新农村,发展循环生态农业,改善农村环境,节约农村资源,增加农民收入的重要环节和途径。通过建设使用沼气,有利于改善农户厨房、厕所、圈舍的卫生环境,节约柴草、煤电、化肥等,让群众得到了实实在在的好处。

五、加大农业生态建设投入力度

生态环境是经济社会发展的基础,是农业和人类生存发展的生命线。农业生态环境和农村地区的能源建设是农业和农村经济可持续发展的重要保证。长期以来,由于资源的过度开发利用,秦州区的农业生态环境和农村地区的能源建设面临着严峻的挑战,水土流失面积日益扩大,土壤有机质下降,耕地肥力衰退,土地生产力降低,环境污染不断加剧。农村地区能源的短缺,加剧了对生物质资源的过度开发,造成森林植被的破坏,加剧了水土流失。农业生态环境恶化和农村地区能源短缺,减弱了农业抗御自然灾害的能力,加剧了农村人口的贫困程度,影响了农业和农村经济发展,增加了经济和社会发展的压力。因此,需要从可持续发展的战略高度,充分认识农业生态环境和农村可再生能源工作的紧迫性和重要性,把农业生态环境和农村可再生能源工作与农业可持续发展和农民脱贫致富结合起来,为农业生态环境和农村可再生能源工作注入新的活力。各级农业部门要把农业生态环境和农村可再生能源工作作为农业和农村经济实施可持续发展战略的重点工作,列入议事日程,切实加强领导,采取有力措施,推动这方面工作不断向纵深发展。

六、加强新技术及新型农民培训力度,提高服务水平

充分发挥天水市和秦州区两级农广校、农机校农民培训基地的作用,大力实施"绿色证书培训工程""实用技术培训""青年农民科技知识培训工程",采取政府买单、企业定

单、市场运作、部门协作等办法,多渠道、多形式、多层次培训。在固定场所,专职教师进行培训,并建立培训档案,培训农业基本专业知识、新品种、新技术的应用等。

七、大力实施高效农田,提高土地利用率

结合秦州区现状,着力发展套种等高效农业,推广大蒜套葵花、大蒜套玉米、地膜洋芋套芦笋等间作套种技术,大力推广高茬收割、秸秆还田、过腹还田等技术,通过农村沼渣、沼液的综合利用,机收机耕、机深施化肥等方法改善土壤结构,提高土壤的肥力。进一步加大农业机械化水平和服务能力,实现高产、优质、高效农田,提高粮食单产、增加粮食总产。

专题二十九 麦积区耕地地力评价结果及中低产田分布

第一节 麦积区耕地地力评价结果

通过在县域耕地资源管理信息系统中建立的耕地潜在地力评价模型,利用样点数与耕地地力综合指数制作累计频率曲线,根据样点分布的频率,分别用耕地地力综合指数 >0.7280、0.7280~0.7000、0.7000~0.6500、0.6500~0.5500、<0.5500 将麦积区耕地分为 5 级。

麦积区以三等地居多,面积为 376.95km²,占总耕地面积的 55.95%,主要分布在五龙乡、中滩镇、石佛乡、伯阳镇等乡镇,主要有旱川台麻土、淀淤黄土、羊脑髓土、麻褐砂土和东乡红黏土等土种。二等地和四等地次之,面积分别为 113.56 km² 和 97.38 km²,分别占总耕地面积的 16.86% 和 14.45%,二等地主要分布在元龙镇、麦积镇、花牛镇、和渭南镇等乡镇,主要有旱川台麻土、淀淤黄土和羊脑髓土;四等地主要分布在石佛乡、甘泉镇、麦积镇等乡镇,主要有西华红黏土、旱川台麻土和麻褐砂土等土种。一等地和五等地较少,面积分别为 70.48km² 和 15.33km²,分别占总耕地面积的 10.46% 和 2.28%,一等地主要分布在渭南镇、新阳镇,主要土壤类型为旱川台麻土和羊脑髓土;五等地主要分布在甘泉镇、马跑泉镇,主要土壤类型有沙砾淤淀土。

依照不同类型土壤的产量水平调查结果,并结合《全国耕地类型区、耕地地力等级划分》(NY/T 309—1996)中的相关术语,本项目评价结论中的耕地地力级别与国家标准的对应关系见表 3-29-1。

表 3-29-1 麦积区耕地地力情况分级对照表

国家标准级别	六	七	八	九	十
项目结论级别	一等地	二等地	三等地	四等地	五等地
地形部位	河流阶地	河流、河谷阶地	河谷阶地、塬面、梁面平地和缓坡地	河谷、塬、梁、峁、坡	
坡度	田面平整,地面坡度 <5°,部分 <3°		坡度 <5°	坡度 5°~15°	坡度 15°~25°
灌溉条件	保灌 3 次/年,保证率 >80%		部分能灌溉	无灌溉条件	无灌溉条件

续表 3-29-1

国家标准级别	六	七	八	九	十
梯田化水平	条田和水平梯田		没有灌溉条件的均为水平或坡式梯田,条田熟化时间5年以上	新修梯田或坡耕地	坡耕地
土壤侵蚀	无明显至轻度			中度至强度	极强度
熟化层厚度(cm)	>30		20~30	0~20	0~20
耕层厚度(cm)	>20	>18	>15	0~15	0~15
耕层质地	粉砂质壤土、壤土、黏壤土				
耕层理化性状 有机质(%)	05~1.0	0.5~1.4	0.5~1.5	0.5~1.3	<1.30
耕层理化性状 全氮(%)	0.030~0.060	0.030~0.100		0.030~0.09	<0.09
耕层理化性状 有效磷(mg/kg)	8~15	5~27	3~15	2~15	<5
耕层理化性状 速效钾(mg/kg)	110~150	100~200	90~200	50~200	<200
耕层理化性状 PH(水浸)	7.5~8.5				
熟制	一年二熟或两年三熟	一年二熟或两年三熟、一年一熟	一年一熟		
产量水平(kg/亩)	400~500	300~400	200~300	100~200	<100

第二节　麦积区中低产田分布

为了进一步明确麦积区耕地地力水平与中低产田间的关系,项目研究中将耕地地力为一、二等地对应的农田界定为中产田,将三、四、五等地对应的农田界定为低产田。

天水市麦积区中产田主要分布在中部河谷川区的渭南镇、花牛镇、新阳镇、麦积镇和中滩镇,及东南部秦岭山地区的元龙镇、三岔乡、东岔镇和利桥乡等地,主要有旱川台麻土、羊脑髓土、淀淤黄土等土种,面积为184.04km²,占耕地面积的27.32%。低产田在全区的分布面积较为广泛,绝大部分分布在麦积区的西北部,主要有旱川台麻土、淀淤黄土、西华红黏土、麻褐砂土、羊脑髓土、东乡红黏土、沙砾淤淀土等土种,面积为489.66km²,占耕地面积的72.68%。

第三节 麦积区中低产田类型划分

由于天水市麦积区地处甘肃省东南部,秦岭北麓,渭河中游,所辖区域横跨黄河、长江两大水系,境内海拔748~2559m,属大陆性暖温带半湿润、半干旱气候过渡带,年均温10.2℃,无霜期168~182d,一般年平均降雨量506.3mm,有山坡、川、沟、梁、峁、林缘、森林区,地形比较复杂,小区域之间气候差异比较大。但年降水少,日照时数少,无霜期短,春季低温冷害和冰雹、干旱等灾害经常发生。同时,调查数据显示,麦积区各乡镇耕作土壤侵蚀现象并不普遍,只有党川乡、甘泉镇、三岔乡等几个乡镇有部分耕地受到中度或重度侵蚀,且绝大多数土壤呈现弱碱性,见表3-29-2。

表3-29-2 麦积区不同侵蚀程度下的土壤肥力状况

土侵蚀程度	侵蚀面积(hm²)	侵蚀面积(mu)	pH均值	有机质(g/kg)	有效磷(mg/kg)	速效钾(mg/kg)
一级(无明显侵蚀)	406.38	609564.49	8.3	11.4	13.5	267
二级(轻度侵蚀)	190.32	285485.72	8.3	10.8	12.3	262
三级(中度侵蚀)	22.44	33661.07	8.4	11.1	13.9	258
四级(重度侵蚀)	54.88	82319.96	8.4	11.3	14	264

依据《全国中低产田类型划分与改良技术规范》(NY/T 310—1996)中有关中低产田类型的划分结论,结合麦积区耕地地力评价中作物产量限制因子的排序情况,项目组将麦积区中低产田的类型作了如下划分。

一、坡地梯改型

麦积区坡地梯改型中低产田是指麦积区行政区划范围内无灌溉条件,且坡度在10°以上的坡耕地。这类中低产田的障碍因素主要为坡度引起的灌溉条件缺失,可以通过修筑梯田、梯埂等田间水保工程加以改良治理。对应麦积区耕地地力评价结果,涉及部分四级及大部分三级耕地,在全区范围内分布面积广泛,总面积273.25km²,占耕地面积的40.56%。涵盖的主要土种有旱川台麻土、麻褐砂土、羊脑髓土、西华红黏土和东乡红黏土等。

二、干旱灌溉型

此类中低产田是指具备水资源开发条件,可以通过发展灌溉加以改造的耕地。这类中低产田的障碍因素主要为水利设施及水资源利用效率不高引起的土壤水分亏缺。对应麦积区耕地地力评价结果,涉及大部分二、三级及部分四级耕地,主要分布在麦积区中部河谷川区和东南部秦岭山地部分区域有水资源开发潜能的区域,总面积 257.31 km²,占耕地面积的 38.19%,涉及土种主要为旱川台麻土、西华红黏土、淀淤黄土、东乡红黏土、羊脑髓土、沙砾淤淀土和麻褐砂土。

三、瘠薄培肥型

此类中低产田是指主要由土壤养分匮乏或失衡引起作物产量低下的耕地,可通过长期培肥加以逐步改良。这类型中低产田在区内分布较零散,一到五级耕地均有对应,总面积达到 143.14km²,占耕地面积的 21.25%,主要土种为旱川台麻土、淀淤黄土、羊脑髓土和东乡红黏土。

第四节 麦积区中低产田改良技术

中低产田改良是指通过工程、生物、农艺、化学等综合措施,消除或减轻中低产田土壤限制农业产量提高的各种障碍因素,提高耕地基础地力的过程。目前,常见的国内外中低产田改良技术主要分为以下几种类型。

一、工程技术

包括水利设施建设,渠系配套和渠道防渗工程,小水利工程建设和加固利用,坡改梯技术,节水灌溉工程技术,中低产田暗灌工程技术,预制构件制作技术等方面。如贵州省修建以抽、提、引、蓄相配套的拦山沟、小山塘、小水池、小水窖等小水利工程,改善旱耕地的水利条件,以减轻季节性干旱对旱作农业的影响,提高旱耕地的高产稳产能力。同时,又在 25° 以下的石灰岩旱坡地就地取石进行坡改梯技术,通过修筑石梯埂,回填土壤,平整土地,使梯面达到"稳、平、厚、实"的要求,大大提高了土壤的综合生产能力。试验研究表明,在坡度为 15° 的坡地进行坡改梯两年,与习惯耕作相比可减少径流量 35.8%,泥沙流失量 88.2%,玉米产量提高 1.28 倍。

二、农艺技术

(一)施肥技术

如平衡施肥能增强作物长势,促进作物生长,提高作物覆盖度,减少地表径流和泥沙流失。优化配方施肥技术在提高肥料利用率,充分发挥施肥的增产效应、土壤培肥效应等方面有着重要作用。生产中应搞好有机肥和无机肥的搭配使用。化肥深施、(测土)配方施肥技术,基肥耙田深施和犁沟深施,追肥以水带氮施肥技术,都是改造中低产田行之有效的技术;配方施肥是根据土壤养分状况和不同作物对各种营养元素的需求,有针对性地配施肥料网;测土配方施肥,是综合运用现代农业科技成果,应用电子计算机,根据作物需肥规律,土壤供肥性能与肥料效应,在有机肥为基础的条件下,产前提出目标产量所需的氮、磷、钾和微量元素的适宜量和比例,以及相应的施肥技术。

(二)植物生长营养剂和调节剂使用

以保水剂为例,不同保水剂均有一定的保水保肥增产作用。据报道,保水剂用量很低时(拌种或沾根),一般只对当季作物有效,吸水保水性能可维持 2~3 个月,用量加大到穴施 1.5g 时,在雨水较多年份会造成根际土壤渍害;施用保水剂对作物品质无不利影响。保水剂拌种对玉米生育期无明显影响,对产量的影响主要是通过增加穗长,提高行数和千粒重来提高产量。

(三)覆盖技术

如秸秆还田技术。秸秆主要是使用水稻、油菜、玉米、小麦等作物收获后的副产品,一般要将秸秆机械或手工粉碎后,加入适量氮肥,通过犁耙作业或使用农用机械施入土壤亚表层或覆盖于表层,但施入表层的作物秸秆一般要施入一定的活性微生物菌剂,如腐秆灵菌剂,以加速秸秆腐烂。秸秆还田后,提高了土壤有机质含量,增加了土壤的团粒结构,调整了土壤的紧实度,促进了土壤孔隙度,降低了土壤抗寒、保温及保水性能,从而为土壤微生物活动创造了良好环境,促进了土壤有机质分解转化,增加了土壤耕作层养分来源和积累,为作物生长发育创造了有利条件。在充分利用好现有粪尿肥、堆肥、绿肥等有机肥资源的基础上,应用秸秆直接还田技术,大力推行将农作物秸秆作为有机肥资源还田,促进农田生态系统养分的良好循环,覆盖还能培肥地力。采用地膜保护地技术,也是改造低产田,克服春季低温干旱的作物生育逆境,确保晚熟作物正常成熟,是半干旱地区作物增产的有效途径。同时,还能有效防止坡耕地水土流失,保持土壤水分和温度。

(四)耕作技术

如横坡聚垄耕作即在旱坡地沿等高线横坡起垄,把坡土变成垄沟相间的水平梯土,起到层层筑坝截留降水,减缓地表径流的作用。由于聚垄,增厚了活土层,促进了作物生长,从而提高了作物产量。据测定,在坡度为 15° 的小黄黏土坡地上聚垄耕作后,比平作地表径流减少 26.6%,泥沙流失量减少 85%,养分流失量减少 76.1%~84.9%。深松、深翻、旋耕等机械化手段解决土壤理化性质,使土壤耕层变成"虚实并存"的良性土壤结构,使土壤水、肥、气、热四性协调,"三相"比例适宜,改造低产田的"荒瘦硬"犁底层浅等弊病,通过各种方式深松土壤,为作物创造良好的生育环境,可使粮食作物增产10%~20%以上,块根茎作物增产40%以上。

(五)作物复种轮作技术

如草田轮作,也是一项花钱少,用地养地相结合的土壤培肥措施。草田轮作对培肥中低产田的作用是提高土壤有机质及氮、磷等养分含量。绿肥分带间套轮作技术。通过绿肥与粮经作物实行间套轮作,不仅促进了一年一熟向两熟三熟发展,而且培肥了土壤,实现了用地与养地结合,是保持旱耕地肥力不断提高的一项技术,大大提高了土地利用率和生产能力,增产效果十分显著。轮作倒茬。每三年粮经草轮作一次,以田养田,边用边改,养用结合。

三、业综合措施配套技术

如病虫害和草害防治、选用良种、合理调整作物结构、实施规范化栽培等,也是重要的改造中低产田的技术。

(一)少免耕技术

其作用在于:可以减少土壤风蚀和水蚀;增加了中耕作物安全生产的土地面积,因为用常规耕作在坡地上无法种植,采用免耕制则可以种植;能耗减少;改善了播种与收获时间。在排水好的土壤上,免耕比常规耕作播种及收获所适应的土壤含水量范围宽;土壤蒸发减少,增加了水分向土壤的入渗,大大提高了水的利用效率;机械投入减少。就世界范围而言,决定少、免耕制应用的因素包括:用于种植作物的耕地水土流失状况;土壤排水条件;气候;用于农业上的燃料的有效性和成本;劳动力供应;多作的潜力,这主要决定于气候和市场;与免耕农业相匹配的管理技能和技术的开发圈。

(二)生物技术

植物篱技术。等高植物篱又称生物篱,其主要形式是在坡面沿等高线布设密植灌木或灌化乔木以及灌草结合的植物篱带,带间布置作物。该技术的特点是:一是可改善土壤理化性质,提高土壤肥力;二是可减缓径流,阻挡水土流失;三是可控制非点源污染;四是植物篱自身效益显著,构成植物篱的植物多为绿肥植物,其修剪枝叶可为篱间土壤提供一定的绿肥;五是可改善农田生态环境,提高系统抵抗害虫的能力。

第五节 麦积区中低产田改良措施

针对麦积区3种类型的中低产田主要障碍因素,项目组结合《全国中低产田类型划分与改良技术规范》(NY/T 310—1996),提出以下改良技术规范,见表3-29-3~3-29-5。

表 3-29-3　干旱灌溉型改造技术规范

改造措施		改造标准
灌溉工程		骨干引水工程及提水设施达到 10 年一遇,田间工程达到 5 年一遇,保灌 2～3 次,毛灌溉定额 250～300m³ 以上
平整土地		达到不同灌溉方式(井、渠、喷、滴)的要求
加深耕层		加深 3～5cm(耕层厚度大于 20cm)
耕作培肥	增施有机肥	每年 3000～4500 kg/hm²,连续 3～5 年
	秸秆还田	缺燃料地区 30%～50%(秸秆或面积),不缺燃料地区大于 50%(秸秆量或面积),连续 3～5 年
	种植绿肥	20%～30%,连续 3 年
	校正施肥	每公顷施磷肥 600 kg,连续 3 年
林带植被建设(乔灌果合计)		占地面积 5%～10%

表 3-29-4　坡地梯改型改造技术规范

改造措施		改良标准
梯田工程		参照北方山地丘陵棕壤褐土耕地类型区坡地梯改型的梯田规格
林带植被建设		林、草、作物总植被覆盖率＞80%(无裸露面积)
耕作培肥	深翻	3 年内深耕 1～2 次,加深耕层 3～5cm,耕作熟化层＞15～20cm
	种植制度	粮食套种黄豆、麦茬、短期绿肥,麦、油、豆轮作,连续 3～5 年
	秸秆还田	小麦留高茬 15～20cm,连续 3 年缺燃料地区 30%～50%(秸秆量或面积),不缺燃料地区＞50%,连续 3～5 年
	增施有机肥	每亩 2000～3000kg,连续 3 年
	校正施肥	每亩磷肥 60kg,连续 3 年

表 3-29-5　瘠薄培肥型改造技术规范

改造措施		改良标准
平整土地及条田建设		平坦塬面面及缓坡地规划成条田
水保耕作法		推广丰产沟或其他等高耕作,等高种植制度,连续 3～5 年
林带植被建设		林、草、作物总植被覆盖率＞80%(无裸露面积)
耕作培肥	深翻	3 年内深耕 1～2 次,加深耕层 3～5cm,耕作熟化层＞15cm
	种植制度	粮食套种黄豆、麦茬、短期绿肥,麦、油、豆轮作,连续 3～5 年
	秸秆还田	小麦留高茬 15～20cm,连续 3 年缺燃料地区 30%-50%(秸秆量或面积),不缺燃料地区＞50%,连续 3～5 年
	增施有机肥	每亩 2000～3000kg,连续 3 年
	校正施肥	每亩磷肥 60kg,连续 3 年

结合各种类型中低产田的改良技术规范,总结当地农民群众因土耕作、因土种植、因土施肥、因土改良利用等方面的经验,提出麦积区具体的改造措施与技术:

一、大力发展旱地灌溉及综合治理

发展旱地灌溉是解决降水的时空分布不均,解决春旱、夏旱和秋旱的根本措施。据麦积区农技中心试验:大豆发展灌溉较不灌溉可增产40%～120%,小麦可增产35%～108%,玉米可增产32%～50%,可见发展旱地灌溉增产增收的效果显著。因此,对水资源充沛,具有潜在灌溉能力的麦积区中部河谷川区和东南部秦岭山地区要兴修水利,同时还需遵循农业可持续发展原则,大力发展节本增效工程与生物工程相结合的综合治理,可将麦积区西北部坡度较大、产量较低的农田退耕还林、还草,还要将荒山秃岭的空闲地发展为牧草绿肥林(主要是紫穗槐、沙打旺、草木樨等),以增加地表覆盖度,减少冲刷,提高含蓄水能力。另外,该区域要以工程措施为主,增设防墚,修筑土石谷坊,配备水平沟、竹节壕、紫穗槐护埂,实现坡地梯田化、大地园林化。

二、改良中产田土壤的理化性状

土壤肥力包括土壤本身养分含量的多寡和理化性状好坏两个方面。因此,土壤理化性状是土壤肥力高低的一个重要方面,随着其他农业技术措施和人为活动影响而发生变化。由麦积区第二次土壤普查的结果可知,麦积区中部河谷川区和东南部秦岭山地区的土壤容重较大,孔隙性差,质地偏沙,犁底层较浅且厚,土壤pH值呈微碱性,以及砾石含量较高,而通过深翻、深松,除可以基本改良上述不良因素外,还可以改善土壤氧化还原状况,排除底层二氧化碳,增加氧气的数量,使土壤固、气、液三相物质协调,促进微生物活动,使土壤养分发生转化和释放。深松耕法,可以春增墒,夏蓄水,秋抗涝,调节土壤水分余缺。在麦积区中产田土壤剖面养分化验中,发现部分剖面底层养分含量高于表层,也有的表层或底层偏沙或偏黏的现象,通过深翻打破犁底层,把养分高的底层翻到表层,既改良了理化性状,又能提高表层养分含量。

翻地最好是秋季进行,每年耕深应浅—深—浅的变化或隔年耕翻。零星地块可用手扶拖拉机或木犁耕翻,如果耕深达不到要求,可以用套二犁的方法,使耕层过到30cm,及时整地,保好墒情;大片地可用拖拉机深松或深翻,及时整地保墒。

三、以肥改土、种植绿肥

在质地较沙的中低产田施腐熟好的有机肥,用量2250～3000 kg/m²,加施化肥10～20 kg/m²,可明显改善土壤理化性状,增加土壤有机质含量,减缓土壤酸性,增强土壤保肥保水能力,促进增产增收。种植绿肥可以改土固沙,改善土壤理化性质,提高土壤有机质含量,是种地养地,改良低产土壤的有效途径。相关资料表明,种植绿肥草木樨,采取就地翻压,当年翻压地上部鲜草约为 333.5 kg,地下部干重约为 133.5kg;第二年翻压地上部鲜草约为 1300 kg/m^2,翻压后 0~20cm 耕层中有机质比翻压前增加了 0.015%~0.88%,全氮增加了 0.1%~0.18%,全磷增加了 0.01%,速效氮增加了 1.16%,速效磷增加了 2.05%,土壤容重降低了 0.03~0.12g/cm^3。

四、推行秸秆还田,提高土壤有机质

在作物秸秆产量较大且不影响农村饲料及燃料的地区,可搞好秸秆还田工作,以改良土壤,提高土壤肥力。通常情况下,采用秸秆粉碎翻压还田,可用机械粉碎,长度为麦秸 3~5cm、玉米秸秆 5~10cm,埋深 20~30cm,也可高茬 25~35cm 耙翻还田,尿素按秸秆重量的 1/25 施入土壤,这样将有利于微生物分解和作物吸收氮素营养。相关资料表明:麦茬粉碎还田可使后茬大豆增产 13.6%~25.4%;玉米秸秆还田增加有机质 380 kg/m^2。

五、实施平衡施肥,促进肥效发挥

在有条件的地方,要因土、因作物、因产量指标施肥。在施肥上,根据分阶段、有步骤的底肥和追肥相结合的原则施用化肥,使肥效发挥在作物的需肥临界期上。氮素肥料要分层深施;磷钾肥料要集中条深施,增施生物肥料。根据作物产量及土壤中有效养分含量进行配方施肥和平衡施肥相结合,做到大微结合,农化结合,缺补、丰减、匀施,为作物生长创造良好生长环境。

测土配方施肥则是以土壤测试和肥料田间试验为基础,根据作物需肥规律、土壤供肥性能和肥料效应,在合理施用有机肥料的基础上,提出氮、磷、钾及中、微量元素等肥料的施用数量、施肥时期和施用方法。通俗地讲,就是在农业科技人员的指导下,科学施用配方肥。测土配方施肥技术的核心是调节和解决作物需肥与土壤供肥之间的矛盾。同时,有针对性地补充作物所需的营养元素,作物缺什么元素就补充什么元素,需要多少补多少,实现各种养分平衡供应,满足作物的需要;达到提高肥料利用率和减少用量,提高作物产量,改善农产品质量,节省劳力,节支增收的目的。

全区应坚持开展测土施肥,因土供肥,因作物施肥,充分发挥肥料的经济效益,达到改良中低产田土壤的目的。

六、推广免耕秸秆覆盖,抑制水土流失

免耕秸秆覆盖技术采用休闲期覆盖,即在作物收获并打碾后,尽早将秸秆切碎成

5~10cm,均匀地覆盖在地面上。对初次实施免耕秸秆覆盖的农田,覆盖秸秆的用量以把地面盖严但又不压苗为准。若覆盖材料为麦草,则适宜覆盖量一般为4500~6000kg/hm²,覆盖材料为玉米秸,则适宜覆盖量为6000~7500kg/hm²。对连续进行过保护性耕作的农田,视秸秆收获量的大小决定还田量(建议将收获的所有秸秆全部归还农田);或者在收获时留立茬15~20cm,其余秸秆不用再还田,也可以起到秸秆覆盖的效果。收获后覆盖前,田间杂草用百草枯等灭生性除草剂杀除。该技术要点为:

选用抗病、优质丰产、抗逆性强、适应性广、商品性好的作物品种。春小麦选择生育期为130～150d(出苗—成熟),需≥10℃积温1400℃左右的品种,可选用定西35、西旱1号、西旱2号等品种,其产量水平在2000～3000 kg/公顷。豌豆一般选择生育期为80~100d(出苗—成熟),需≥10℃积温900~1900℃的品种,可选用燕农、定豌系列等抗旱品种,其产量水平在1500~2000 kg/公顷。

种子质量应符合GB 4404.1-1996中二级以上要求,具体为:纯度≥97%,净度≥98%,发芽率≥90%,水分≤12%,最好选用前一年生产的新种。种子播前经筛选、风选去除杂质后晒种1~2d,以提高种子发芽率,提早出苗。在初次种植豌豆或已经多年未种豌豆的地块播种豌豆时,最好在播前人工接种根瘤菌。常用的接种方法:一是从上年栽培过豌豆的地里取表土,均匀撒于准备播种豌豆的田里,用量为1500~2250kg/公顷。二是用自制的根瘤菌剂接种,即在豌豆收获后,选无病植株在根部着生根瘤多的部位,洗净后在30℃以下的暗室中干燥,然后捣碎装袋,贮于干燥处。播种时取出根瘤菌剂,用水浸湿与种子拌匀后播种。

(1)播种机的调节

在小麦播种前,将播种机调至行距20cm,播深6~7cm;播种量127.5~187.5kg/公顷;施肥量:将75~105 kg N/公顷(建议用46%的尿素,)、磷肥75~105 kg P2O5/公顷(建议用含14% P2O5的过磷酸钙)作为种肥施入土壤15cm,并与种子间距离最少保持在5cm。

豌豆播种前,将播种机调至行距24cm,播深4~5cm,肥料深7~8cm;播种量180kg/公顷左右;施肥量:将10~20 kg N/公顷(建议用含46% N的尿素)、磷肥75~105 kg P2O5/公顷(建议用含14% P2O5的过磷酸钙,)混合均匀后作为种肥施入土壤15cm以下,并与种子间距离最少保持在5cm。

(2)作物播种与施肥

春小麦选择3月中旬到上旬播种,豌豆选择3月下旬到4月上旬播种。播种、施肥均使用免耕播种机一次作业完成,所有肥料作为种肥一次性施入土壤,作物生长期间不再追肥。

(3)病虫草害的防治

前茬作物收获后立即用草甘膦和2,4-D按标示的稀释倍数稀释、喷洒全田,彻底灭除单子叶和双子叶杂草。

整个作物生长期检测病虫害,及时防治。

(5)及时收获

选择晴天用收割机(建议在蜡熟期)或人工镰刀高留茬收获(建议在完熟期)。收获时间应尽量避免雨后或带露水,以免籽粒受潮霉变。

七、发展玉米全膜双垄沟播技术,提高作物水分利用效率

针对旱作农业存在的突出问题,甘肃省农业技术推广总站等单位20世纪从九十年代中期开始,紧紧围绕提高农田降水保蓄率、利用率和水分利用效率等核心问题,结合各期旱作农业项目的实施,进行了大量的研究与探索,创新提出和大面积推广应用了"玉米全膜双垄沟播技术"及其配套技术体系,特别是免耕结合玉米秸秆半程覆盖技术的引入,不仅解决了旱地农田降水如何最大限度保蓄的问题,而且有效解决了旱地农田降水如何集流的问题,大幅度提高了农田降水利用率和水分利用效率,破解了困扰旱作农业的水分利用问题,为甘肃和我国旱作农业的发展找到了新的途径。

玉米全膜双垄沟播免耕秸秆半程覆盖模式的核心是在地表起大小双垄,并在双垄之间形成集雨沟槽后,用地膜全地面覆盖,再在沟内播种玉米,玉米收获后免耕,并将秸秆保持立秆状态或割倒平覆,第二年播种季节去除秸秆后直接播种下一茬作物。该技术体系集垄面集流、覆膜抑蒸、垄沟种植、一膜两用技术于一体,改半膜覆盖为全地面覆盖地膜,改地膜平铺为起垄覆膜,改播前覆膜为秋季或早春顶凌覆膜,改传统垄上种植为沟内种植,从而大幅度提高土壤水分的保蓄率、降水利用率和水分利用效率。其技术要点在于:

(1)选茬整地

选择土层深厚,土质疏松,肥力中上的旱川地或梯田地,以豆类、麦类、马铃薯茬为宜。前茬作物收后及时整地,要求达到地面平整、土壤细绵、无土块、无根茬。

(2)科学施肥

对于施肥,本技术要求按照垄沟位置集中施用。具体地,在覆膜前,使用木材或钢筋制作的大行齿距70厘米、小行齿距40厘米的划行器划行,然后将优质腐熟农家肥45000~75000kg/公顷在起垄前均匀撒在地表,将氮肥195 kg/公顷(N)、126 kg/公顷(P_2O_5)、75 kg/公顷(K_2O)混合后均匀撒在小垄的垄带内。

(3)起垄覆膜

由于秋季全膜双垄和顶凌全膜双垄前期相对较高的土壤贮水量,保证和满足了玉米出苗和前期生长对水分的迫切需求,从而可有效解决玉米4~5月份因春旱无法播种、出苗的瓶颈。因此,在生产中,通常选择秋季覆膜或顶凌覆膜。一般地,秋季全膜双垄在10

月下旬到土壤封冻前结合透雨进行覆膜,顶凌全膜双垄在土壤昼消夜冻时((3月中上旬)进行覆膜,播前全膜双垄在玉米播种前进行覆膜((4月中下旬)。

覆膜时,川台地按作物种植走向开沟起垄,缓坡地沿等高线开沟起垄,大垄宽70cm,高10cm,小垄宽40cm,高15cm,每幅垄对应一大一小、一高一低两个垄面。要求垄和垄沟宽窄均匀,垄脊高低一致。若立地条件好、土壤疏松、交通方便,推荐使用由榆中县荣盛农机厂研制生产的ILFX(R)40/80小型施肥起垄机,用起垄机沿小行中间开沟起垄。也可用步犁开沟起垄,沿小行划线来回向中间翻耕起小垄,将起垄时的犁臂落土用手耙刮至大行中间形成大垄面。做到起垄覆膜,防止土壤风干造成水分散失。

(4)品种选择与种子处理

选用抗病、优质丰产、抗逆性强、适应性广、商品性好的作物品种。甘肃陇中黄土高原地区以富农1号、沈单16号、酒试20为主,搭配种植中玉9号、金穗4号、临单217、乾泰1号等品种。

种子质量应符合GB4404.1-1996中二级以上要求,具体为:纯度≥97%,净度≥98%,发芽率≥90%,水分≤12%,最好选用前一年生产的新种。种子播前经筛选、风选去除杂质后晒种1~2d,以提高种子发芽率,提早出苗。玉米种子可用多菌灵浸种:50%多菌灵粉剂1000倍液(即g克药对水5kg)浸种48h,然后捞出直接播种,预防玉米黑重穗病;也可用粉锈灵拌种:15%粉锈灵粉剂5g与1kg玉米种充分拌匀播种,预防玉米黑穗病;或者甲胺磷拌种:50%甲胺磷乳油50g对水0.5kg拌种5kg,堆闷半小时后播种,防治地下害虫及鼠害。如果选用商品包衣种子,则不再用该法处理。

(5)播种

采用玉米点播器按适宜的株距将种子破膜穴播在垄沟内,每穴下籽2~3粒,播深3~5cm,点播后随即按压播种孔使种子与土壤紧密结合,并用细沙土牲畜圈粪或草木灰等物封严播种孔,防止播种孔散墒和遇雨板结影响出苗。

对于播种密度,需考虑土壤肥力状况和降雨条件。一般年降雨量300~350mm的地区以45000~52500株/公顷为宜,株距为35~40cm;年降雨350~450mm的以52500~60000株/公顷为宜,株距为30~35cm;年降雨450mm以上以60000~67500株/公顷为宜,株距为27~30cm。

(6)田间管理

①苗期管理(出苗~拔节):玉米在春旱时遇雨,覆土易形成板结,在播后出苗时要破土引苗;在苗期发现缺苗断垄要及时移栽,补苗后浇少量水,然后用细土封住孔眼;当出苗后2~3片叶时开始间苗,除去病、弱苗,幼苗达到4~5片叶时即可定苗,每穴留苗1株,保留生长一致的壮苗。定苗后至拔节期间,发现玉米产生大量分蘖,要及时从基部拔

掉或割除。

②中期管理(拔节~抽穗)：玉米拔节后管理的重点是促进叶面积增大,特别是中上部叶片,促进茎秆健壮。此期要防治玉米大斑病,玉米瘤黑粉病、玉米螟等。玉米进入大喇叭口期,叶片达到 10~12 片时,追施壮秆攻穗肥,一般亩追施尿素 15~20kg,采用玉米点播器或追肥枪从两株距间打孔,深施或将肥料溶解在 150~200kg 水中制成液体肥,用壶每孔内浇灌 50ml 左右。

③后期管理(抽穗~成熟)：玉米后期管理的重点是防早衰、增粒重、防病虫。保护叶片,提高光合强度,延长光合时间,促进粒多、粒重。若发现植株发黄等缺肥症状时,应及时追施增粒肥,一般每亩追施尿素 5kg 为宜。

(7)收获

当玉米苞叶变黄、叶色变淡、籽粒变硬有光泽,而茎秆仍呈青绿色、水分含量在 70% 以上时及时收获果穗。

(8)免耕秸秆覆盖

玉米果穗收获后,不对土壤进行耕翻,将收获后的玉米秸秆保持原状或齐地面割倒平覆在整个地面(覆盖有地膜)。对于后者,要求将秸秆均匀顺序覆盖在地膜上,尽量保持地膜完整。

全膜双垄沟播免耕秸秆半程覆盖技术综合集成地膜覆盖抑蒸、垄面集流、雨水富集、秸秆覆盖保墒等理论及技术,使整个地面与大气之间形成了隔离层,阻断了土壤中水分的蒸发,使降雨全部保蓄在土壤水库,最大限度地抑制了秋、冬及早春季因地表裸露而造成水分大量的无效蒸发,最大限度的发挥了地膜和秸秆的保墒作用,同时也使地膜的抑制蒸发、雨水集流、贫水富集等作用得到了最大限度的利用,大幅度提高了作物产量、降水保蓄率、利用率和水分利用效率,同时,一次覆膜,两次利用也节省了每年覆膜的机械投入和地膜费用。全省多点试验研究表明,采用此模式进行农业生产,农田降水利用率最高可达到 75.2%,平均达到 70% 以上；玉米水分利用效率最高达到 37.8 kg/mm·公顷,平均达到 33kg/mm·公顷；玉米平均产量达到 8374.5 kg/公顷,较对照半膜平铺增产 2265 kg/公顷,增产率达 37.1%。

专题三十 甘谷县中低产田类型划分与改造

一、概况

甘谷县位于甘肃省东南部,天水市西北部,地处渭河中游,渭河自西向东把全县分为南北两部分三大生态区域,即南后山高寒阴湿林缘区,中部渭河河谷川道区和渭南渭北黄土高源程序梁峁沟壑区。全县水土流失面积14.15万公顷占总土地面积的90%,海拔1230~2716m,无霜期63~186天,年均气温7℃~10.2℃,年降雨量仅300-600mm,是一个有61.62万人口。

近几年来,甘谷县从人多地少、山多川少、灾多粮少、旱多雨少、资源贫乏、自然条件严酷、水土流失严重、群众生活困难、基础设施滞后、县级财政困难的基本县情出发,明确提出"以不同的生态区域为系统、实行山、水、田、林、路、草综合治理,农、林、牧合理安排、工商建运协调发展"的基本思路,在农业基础设施建设上,以小流域为单元,以梯田建设为突破口退耕还林,以植树种草为重点,实施农村能源工程建设,着力改善生态环境;在农业产业化建设上,坚持县有不同生态区域,乡有特色产业,村有专业化生产,户有所长的方针,面向市场,因地制宜,分类指导,合理布局,大力调整农业经济结构,培植地方特色经济,重点发展蔬菜、林果、畜牧、农副产品加工、花卉、乡镇企业等优势支柱产业,形成专业化生产、规模化经营、多渠道增加农民收入,收到了良好的生态效益、经济效益、社会效益。

本专题结合甘肃省甘谷县耕地地力评价结果,对甘谷县中低产限制因素进行了深入分析,依照各类限制因素划分了障碍类型,并提出了具体的改造技术与措施,旨在为增强甘谷县中低产耕地的综合生产能力,进一步优化甘谷县农业结构,提高土地利用率和产出率,改善该区农业生产条件提供帮助。

二、甘谷县中低产田的划分与分布

(一)耕地地力评价结果

依照甘谷县不同类型土壤的产量水平调查结果,并结合《全国耕地类型区、耕地地力等级划分》(NY/T 309-1996)中的相关术语,本项目评价结论中的耕地地力级别与国家标准的对应关系见表 3-30-1；对各级别耕地面积的统计结果表明：甘谷县耕地总面积为 77841.92hm²，各等级耕地比例差异较大，其中以三等、四等地为主，占到了总耕地面积的 40.00% 和 41.50%；其次是一等地和二等地，分别占到总耕地面积的 8.60% 和 5.20%；五等地面积最小，占总耕地面积的 4.80%。耕地地力等级及面积统计见表 3-30-2。

表 3-30-1　甘谷县耕地地力等级与国家耕地地力等级对照

国家等级	六等地	七等地	八等地	九等地	十等地
县级等级	一等地	二等地	三等地	四等地	五等地
亩产量(kg)	400~500	300~400	200~300	100~200	小于 100

表 3-30-2　甘谷县耕地地力等级及面积统计

等级	一等地	二等地	三等地	四等地	五等地
面积(hm²)	6655.80	4037.39	31131.77	32272.60	3744.36
占总耕地面积(%)	8.60	5.20	40.00	41.50	4.80

（二）中低产田划分与分布

专项调查研究工作组依据《全国中低产田类型划分与改良技术规范》（NY/T310-1996），在总结甘谷县以往中低产田调查成果的基础上，结合目前甘谷县耕地质量的实际情况和特点，将评级结果属较低等级（二至五等）的耕地划定为中低产田。同时，为了进一步明确甘谷耕地地力水平与中低产田的关系，本专题中将甘谷耕地地力为二等地对应的耕地界定为中产田，将三、四、五等地对应的耕地界定为低产田，并由此绘制得到甘谷中低产田分布图。表 3-30-3 所示为各乡镇的高中低产田面积。比例为该乡该等级所占到该等级总面积的比重。

表 3-30-3　甘谷高中低产田面积统计

乡镇名称	高产田		中、低产田	
	面积(hm²)	占高产田比例(%)	面积(hm²)	占中低产田比例(%)
安远镇	450.55	6.77	7349.33	10.30
八里湾乡	0	0	5904.86	8.20
白家湾乡	0	0	3360.09	4.70

续表 3-30-3

乡镇名称	高产田		中、低产田	
	面积(hm²)	占高产田比例(%)	面积(hm²)	占中低产田比例(%)
大石乡	71.19	1.06	3810.89	5.30
大像山镇	1195.95	17.97	1473.44	2.06
大庄乡	142.53	2.14	6381.72	8.90
古坡乡	0	0	1985.97	2.70
金山乡	0	0	6751.29	9.40
礼辛乡	119.59	1.80	5178.59	7.20
六峰镇	789.18	11.90	1887.53	2.60
磐安镇	1775.91	26.70	8004.9	11.20
武家河乡	11.17	0.17	3113.85	4.30
西坪乡	0	0	6573.65	9.20
谢家湾乡	170.77	2.57	4939.42	6.90
新兴镇	1928.96	28.9	4470.59	6.28

三、甘谷县中低产田限制因素的确定和障碍类型的划分

(一)限制因素的确定

通常情况下,影响农作物产量的主要因素有两方面:一是土壤、温度、降水、光照、大气及地形等自然因素;二是对耕地的管理、物质和科技投入等人为因素。作物的高产、中产、低产是依据耕地相对产量人为划分的,而农业产量的主要限制因素是自然因素,自然条件越差的地区,农业生产受到的限制就越大,农作物产量也就越低。

综合考虑该影响该县农作物产量中各类因子及其权重,以及在农业生产中的直观性和改良利用的针对性,专题研究组从若干耕地质量评价指标体系中选定灌溉条件、有机质含量、有效磷含量、坡度4个指标作为划分甘谷县中低产田限制因子的限制极限指标。

表 3-30-4　甘谷县中低产耕地限制因素及其限制极限指标

限制因子	干旱限制	地形限制	瘠薄限制
限制极限指标	无灌溉条件	坡度 >15°	有机质含量 <18g/kg
			有效磷含量 <15mg/kg

(二)障碍类型的划分

按照《全国中低产田类型划分与改良技术规范》(NY/T 310-1996)的相关界定,根据其土壤主导障碍因素及改良主攻方向,对全国范围内的中低产田的类别进行如下划分:

1.坡地梯改型

通过修筑梯田梯埂等田间水保工程加以改良治理的坡耕地。其他不宜或不需修筑梯田、梯埂,只须通过耕作与生物措施治理或退耕还林还牧的缓坡、陡坡耕地,列入瘠薄培肥型与农业结构调整范围。坡地梯改型的主导障碍因素为土壤侵蚀,以及与其相关的地形、地面坡度、土体厚度、土体构型与物质组成、耕作熟化层厚度等。

2.盐碱耕地型

由于耕地可溶性盐含量和碱化度超过限量,影响作物正常生长的多种盐碱化耕地。其主导障碍因素为土壤盐渍化,以及与其相关的地形条件、地下水临界深度、含盐量、碱化度、pH 等。

3.沙化耕地型

西北部内陆沙漠,北方长城沿线干旱、半干旱地区,黄淮海平原黄河故道、老黄泛区沙化耕地(不包括局部小面积质地过沙的耕地)。其主导障碍因素为风蚀沙化,以及与其相关的地形起伏、水资源开发潜力、植被覆盖率、土体构型、引水放淤与引水灌溉条件等。

4.障碍层次型

土壤剖面构型上有严重缺陷的耕地,如土体过薄、剖面 1 m 左右内有沙漏、砾石、粘盘、铁子、铁盘、沙姜等障碍层次。障碍程度包括障碍层物质组成、厚度、出现部位等。

5.瘠薄培肥型

受气候、地形等难以改变的大环境(干旱、无水源、高寒)影响,以及距离居民点远,施肥不足,土壤结构不良,养分含量低,产量低于当地高产农田,当前又无见效快、大幅度提高产量的治本性措施(如发展灌溉),只能通过长期培肥加以逐步改良的耕地。如山地丘陵雨养型梯田、坡耕地和黄土高原,很多产量中等的黄土型旱耕地。

6.干旱灌溉型

由于降雨量不足或季节分配不合理,缺少必要的调蓄工程,以及由于地形、土壤原因造成的保水蓄水能力缺陷等原因,在作物生长季节不能满足正常水分需要,同时又具备

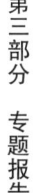

水资源开发条件,可以通过发展灌溉加以改造的耕地。指北方可以发展为水浇地的旱地,南方可以开发水源,提高水源保证率,增强抗旱能力的稻田和旱地。其主导障碍因素为干旱缺水,以及与其相关的水资源开发潜力、开发工程量及现有田间工程配套情况等。

(三)甘谷县障碍类型的划分

甘谷县属大陆性季风气候,四季分明,光照充足,雨量偏少,且分布不均。年平均气温11.6℃,年降雨量300mm～600mm,年日照时数2200小时,≥10℃的有效积温3100℃,无霜期187天左右,该县属黄土高原地区,渭河由西向东横贯全县,境内长度41.6km。南部山区为秦岭山脉西延,北部山区为六盘山余脉,境内梁、峁、沟、壑起伏纵横,湾、坪、川、滩交错如棋。渭河两岸为冲积小平原,地势平坦,土层深厚,灌溉便利,宜于种植,调查数据显示:甘谷县各乡镇耕作土壤绝大多数土壤呈现弱碱性,可排除上述类型中的渍涝潜育型、盐碱耕地型、渍涝排水型、沙化耕地型、障碍层次型。将各评价单元的属性数据与限制极限指标进行比较,对照全国中低产耕地类型划分,结合当地自然资源特点,工作组将甘谷县中低产田依次划分为坡地梯改型、干旱灌溉型、瘠薄培肥型三种中低产田类型。

1.坡地梯改型

甘谷县坡地梯改型中低产田是指甘谷县行政区划范围内耕地地力为三、四、五级,且无灌溉条件,坡度在15°以上的坡耕地,地貌类型为黄土高原丘陵沟壑,这类中低产田的障碍因素主要为坡度引起的灌溉条件缺失,可以通过修筑梯田梯埂等田间水保工程加以改良治理。这类中低产田在全县范围内分布面积广泛,总面积44800.88hm^2,占甘谷县耕地总面积的57.60%。

2.干旱灌溉型

此类中低产田是指甘谷县行政区划范围内耕地地力为二等,灌溉保证率在50%以下,但具备水资源开发条件,可以通过发展灌溉加以改造的耕地。这类中低产田的障碍因素主要为水利设施及水资源利用效率不高引起的土壤水分亏缺。主要分布在甘谷县河谷川台区和各个灌区周边具备水资源开发潜能的区域,总面积3225.58 hm^2,占甘谷县耕地总面积的4.10 %。主要分布于安远、大石、新兴北片和散渡河川台区等。该区主要土壤有中层黄绵土、厚层河淀土、厚层黄砂土、薄层黄绵土、薄层黄僵砂土等。主要土壤有中层麻鸡粪土、薄层白鸡粪土、薄层黑毛土、中层傻黄绵土、厚层黄绵土等。

3.瘠薄培肥型

此类中低产田是指除上述两类中低产田之外,主要由土壤养分匮乏或失衡引起作物产量低下的耕地,可通过长期培肥逐步改良。这类中低产田在甘谷县内分布较零散,三到五级耕地均有对应。面积为23159.66hm^2,占甘谷县耕地总面积的29.80%。在南部浅山区和北部浅山区等地有分布。

表 3-30-5　甘谷县各类中低产田分布情况统计

乡镇名称	障碍类型						总计
	干旱灌溉型	比例(%)	瘠薄培肥型	比例(%)	坡地梯改型	比例(%)	
安远镇	856.34	10.90	2265.76	29.04	4227.23	54.10	7349.33
八里湾乡	0.00	0.00	2954.82	50.05	2950.04	49.90	5904.86
白家湾乡	0.00	0.00	956.57	28.40	2403.52	71.50	3360.09
大石乡	0.00	0.00	2761.90	71.10	1048.99	27.02	3810.89
大像山镇	354.76	13.20	264.81	9.92	853.87	31.90	1473.44
大庄乡	0.00	0.00	1403.01	21.50	4978.71	76.30	6381.72
古坡乡	0.00	0.00	383.30	19.30	1602.67	80.60	1985.97
金山乡	0.00	0.00	2849.33	42.20	3901.96	57.70	6751.29
礼辛乡	0.00	0.00	2136.14	40.30	3042.45	57.40	5178.59
六峰镇	220.26	8.20	783.49	29.20	883.78	33.01	1887.53
磐安镇	677.55	6.90	2998.75	30.60	4328.60	44.20	8004.90
武家河乡	0.00	0.00	386.95	12.30	2726.90	87.20	3113.85
西坪乡	0.00	0.00	465.74	7.08	6107.91	92.90	6573.65
谢家湾乡	0.00	0.00	1334.45	26.10	3604.97	70.54	4939.42
新兴镇	1116.67	17.40	1214.64	18.90	2139.28	33.40	4470.59

四、甘谷县中低产田改良措施

因地制宜,整体运筹,综合改良,改善生态环境。根据各地自然、土壤和经济条件,统筹安排农、林、牧用地,为培肥土壤创造良好的生态环境。在当地条件下,采取科学的、当前与长远相结合的措施,克服限制因素,发挥土壤潜力,取得最佳的经济—生态效益,以保证土壤资源的永续利用。基于这一目的,在耕地改良、培肥方面应着重落实以下几项措施：

（一）搞好农田基础建设，改善农业生产基本条件

搞好以平田整地为主要内容的农田基本建设，山坡地修建梯田，防止水土流失，使土壤熟化层不断加厚，有效养分不断增加。农田基本建设是我县土壤改良中的长远大计。

（二）用地养地并重，合理布局作物

一是建立合理的轮作制根据生产水平、自然条件合理安排茬口，建立合理的轮作制，使土壤得到休息。二是逐步实行秸秆还田，解决有机肥不足的问题，增加土壤有机质含量。

（三）重施农家肥，巧施化肥，提高土壤养分含量

在施用肥料上，要重施农家肥，不断补充土壤有机质。化肥施用上，因土因作物巧施。注意氮磷肥合理搭配，防止重施化肥和单一肥料的倾向。在有条件的地方，要因土、因作物、因产量指标施肥。在施肥上，根据分阶段、有步骤的底肥和追肥相结合的原则施用化肥。使肥效发挥在作物的需肥临界期上。氮素肥料要分层深施；磷钾肥料要集中条深施，增施生物肥料。根据作物产量及土壤中有效养分含量进行配方施肥和平衡施肥相结合，做到大微结合、农化结合，缺补、丰减、匀施，为作物生长创造良好生长环境。

测土配方施肥则是以土壤测试和肥料田间试验为基础，根据作物需肥规律、土壤供肥性能和肥料效应，在合理施用有机肥料的基础上，提出氮、磷、钾及中、微量元素等肥料的施用数量、施肥时期和施用方法。通俗地讲，就是在农业科技人员指导下科学施用配方肥。测土配方施肥技术的核心是调节和解决作物需肥与土壤供肥之间的矛盾。同时，有针对性地补充作物所需的营养元素，作物缺什么元素就补充什么元素，需要多少补多少，实现各种养分平衡供应，满足作物的需要；达到提高肥料利用率和减少用量，提高作物产量，改善农产品品质，节省劳力，节支增收的目的。

（四）改良中低产田

例如在川道区质地偏重，对易板结龟裂的土壤，采用掺砂的办法，调节其机械组成，对于砂性大的土壤，采用引洪漫淤的办法，提高土壤中黏粒含量，同时还可以加厚熟化层；山区质地黏重的土壤，以种植豆科牧草，增施有机肥为主，增加土壤有机质含量。对于盐碱化的土地，可以采用开挖排水沟降低地下水、还可采用累年逐渐淤淀加厚土层的办法，以土压盐。

（五）发展旱作农业

针对旱作农业存在的突出问题，甘肃省农业技术推广总站等单位从九十年代中期开始，紧紧围绕提高农田降水保蓄率、利用率和水分利用效率等核心问题，结合各期旱作农业项目的实施，进行了大量的研究与探索，创新提出和大面积推广应用了"玉米全膜双垄

沟播技术"压米全膜双垄沟播免耕秸秆半程覆盖模式的核心是在地表起大小双垄,并在双垄之间形成集雨沟槽后,用地膜全地面覆盖,再在沟内播种玉米,玉米收获后免耕,并将秸秆保持立秆状态或割倒平覆,第二年播种季节去除秸秆后直接播种下一茬作物。该技术体系集垄面集流、覆膜抑蒸、垄沟种植、一膜两用技术于一体,改半膜覆盖为全地面覆盖地膜、改地膜平铺为起垄覆膜、改播前覆膜为秋季或早春顶凌覆膜、改传统垄上种植为沟内种植,从而大幅度提高土壤水分的保蓄率、降水利用率和水分利用效率。

另外近年来通过不断的生产实践、不断的探索、研究,我县农技推广人员在总结常规露天播种和地膜穴播技术的基础上,创造性的提出了小麦全膜覆土穴播栽培技术,成为旱作区小麦高产、稳产的重大保障技术。全膜覆土穴播栽培技术,采用全地面覆盖,膜与膜之间不留空隙,全田覆盖,覆膜后膜上覆一层薄土,以保护地膜,留膜免耕种植2~3茬,达到节水、节本、节劳,增产、增效的目的。

该技术充分合理地利用了地膜周年覆盖集雨保墒的优势,充分接纳了作物生长期间的有效降水,较好地解决了该地区因春季干旱影响小麦生长发育等一系列问题,到达最大限度地蓄纳降水、减少蒸发的作用。是一项以集雨增墒、覆盖抑蒸、免耕种植、节本增效为一体的旱作农业新技术。

专题三十一 华亭县中低产田的类型分布与改良

第一节 拟定本专题的背景

耕地是农业生产最基本的、不可替代的生产资料,是保持社会和国民经济可持续发展的重要资源。而目前随着城镇化建设步伐的加快,华亭县耕地面积在不断减少,耕地质量也面临着严峻的挑战。不断提高耕地肥力水平,提高单产,是华亭县现代农业发展的需要,也是农村经济持续增长的需要。本专题结合华亭县耕地地力评价结果,对县域土壤主导障碍因素进行了深入分析,同时依照各类障碍因素划分了中低产田的类型,并提出了具体的改造技术与措施,将会对华亭县今后合理利用耕地,提高耕地持续生产力提供有力的技术支撑。

第二节 中低产田划分标准

中低产田划分标准按《全国各耕地类型区高产田、中产田、低产田粮食单产指标参照表》划分。选取黄土高原区单产标准:$>7500kg/hm^2(500kg/亩)$,为高产田,$4500\sim7500kg/hm^2(300\sim500kg/亩)$为中产田,$<4500kg/hm^2(300kg/亩)$为低产田。

依据以上标准,华亭县高产田面积$4286.62hm^2$,占耕地面积的13.4%;中产田面积$23576.39hm^2$,占耕地面积的73.7%;低产田面积$4126.67hm^2$顷,占耕地面积的12.9%。

第三节 中低产田的类型与分布

一、华亭县中低产田类型与分布

按照《全国中低产田类型划分与改良技术规范》(NY/T 310—1996)的划分标准,根据土壤主导障碍因素及改良主攻方向,全国中低产田共分为干旱灌溉型、渍涝潜育型、盐碱耕地型、坡地梯改型、渍涝排水型、沙化耕地型、障碍层次型、瘠薄培肥型八个类型。

对照全国中低产田类型划分标准,对华亭县存在多种障碍因素的中低产田,按主导因素归类；主要可归为两个类型：坡地梯改型和瘠薄培肥型，其中，坡地梯改型中低产田面积23544.83hm²，占中低产田总面积的84.99%；瘠薄培肥型面积4158.23 hm²，占中低产田总面积的15.01%。中低产田所属土种和详细分布区域见表3-31-1。

表3-31-1 华亭县中低产田类型及分布情况

中低产田类型	土种	面积(hm²)	占中低产田%	主要分布区域
坡地梯改型	坡黄绵土	3446.26	12.44	分布在神峪乡、西华镇的山坡、梁、峁地带
	坡黄土	7263.74	26.22	神峪乡、西华、山寨、策底镇的山坡、梁、峁地带
	耕作淋溶灰褐土	5316.22	19.19	分布在马峡镇关山浅山地带
	坡红胶土	6443.73	23.26	主要分布在策底镇的山坡地
	坡红砂土	1074.88	3.88	主要分布在上关乡的山坡地
瘠薄培肥型	耕作淋溶灰褐土	1631.71	5.89	主要分布在山寨乡、马峡、西华镇、上关的山地、梯田地。
	梯黄土	828.32	2.99	东华镇、西华镇、策底、河西、砚峡的山地、梯田地
	梯红胶土	617.78	2.23	主要分布在上关、神峪、东华、西华、策底的山地梯田地
	黑土	324.13	1.17	主要分布在山寨乡北阳洼村的山地梯田地
	耕作石灰性灰褐土	756.29	2.73	主要分布在安口镇、河西、砚峡、西华镇的山地梯田

按照《全国中低产田类型划分与改良技术规范》(NY/T 310—1996)的界定，坡地梯改型中低产田是指通过修筑梯田梯埂等田间水保工程加以改良治理的坡耕地。其他不宜或不需修筑梯田、梯埂，只需通过耕作与生物措施治理或退耕还林还牧的缓坡、陡坡耕地，列入瘠薄培肥型与农业结构调整范围。坡地梯改型的主导障碍因素为土壤侵蚀，以及与其相关的地形、地面坡度、土体厚度、土体构型与物质组成、耕作熟化层厚度等。瘠薄培肥型中低产田是指受气候、地形等难以改变的大环境（干旱、无水源、高寒）影响，以及距离居民点远，施肥不足，土壤结构不良，养分含量低，产量低于当地高产农田，当前又无见效快、大幅度提高产量的治本性措施（如发展灌溉），只能通过长期培肥加以逐步改良的耕地。如山地丘陵雨养型梯田、坡耕地和黄土高原，很多产量中等的黄土型旱耕地。

二、中低产田形成原因

华亭县属陇东黄土高原丘陵沟壑地貌，原面支离破碎，沟壑纵横，土壤立地条件差；

雨量分布不均,雨季降水强度大,保灌耕地面积小,构成了中低产田产生的自然因素。人为的掠夺式生产,只求眼前利益,培肥地力的意识淡薄;再加上部分群众还没有掌握科学的施肥技术和方法,不会科学、合理地进行农业生产。二者的综合作用,造成耕地土壤理化性状不断恶化,土壤板结,耕地自然肥力严重衰退,而人为耕作施肥补给的有机质养分数量少,积累不多,形成了大面积的中低产土壤。

第四节　中低产田改良的目标与措施

一、中低产田的改造目标

依据中低产田的主要特征,运用不同的综合治理技术,因地制宜的对中低产田的土肥水等条件进行全方位治理。中低产田改造完成后,要达到"旱能灌、涝能排、渠相通、路相连、林成网、树成行",基本具备高产稳产农田的特征,即看山山青,看地地绿,坡土成台,园田成方,水利配套,能灌能排,土地平整,机耕方便,旱涝稳收,轮间配套,季季高产。

中低产田改造后要达到的具体理化指标为:①活土层厚,土体构造好。土层要求总厚度在 60~100 cm 以上,土体的构造最好是上松下紧,即活土层要松,心土层要紧。活土层要 20~25 cm,固、气、液三相比例适当。固体占 45%,总孔隙达 55%,其中大孔隙占 15%,即可渗下多余的水,透气性好,又可通过 40% 的小孔隙以毛管水形式保持和传导给植物可利用的水;而在 35 cm 以下大孔隙减少到 9.4%,毛管孔隙增加到 43.8%,有利于保持下渗水,成为耕层水肥储藏库。活土层疏松多孔,一般粒状结构多,土性软而不散,有利于热、水、气、肥的调节,形成根系生长的理想环境,根深叶茂,保证作物生长好,产量高。②土壤三化程度高,土质好。土壤的腐殖质化、结构化、微菌化程度高。中低产田改造不单纯是提高当年产量,而是着眼于根本性的土壤改良,提高耕地地力,特别是要进行提高综合生产能力的基本建设。要针对不同类型中低产田采取综合措施,清除或减轻制约产量的土壤障碍因素,提高耕地基础地力等级,改善农业生产条件。

二、华亭县中低产田改良技术措施

根据农业部《全国中低产田类型划分与改良技术规范》(NY/T 310—1996),提出以下改良技术规范,见表 3-31-2、表 13-31-3:

表 3-31-2 坡地梯改型改造技术规范

改造措施		改良标准
梯田工程		参照北方山地丘陵耕地类型区坡地梯改型的梯田规格
林带植被建设		林、草、作物总植被覆盖率>80%（无裸露面积）
耕作培肥	深翻	三年内深耕深翻两次以上,加深耕层 3~5cm,耕作熟化层达到 >18~25cm
	种植制度	粮食套种黄豆、麦后复种短期绿肥,麦、油、豆轮作,连续 3~5 年
	秸秆还田	小麦留高茬 15~20cm,玉米秸秆粉碎还田 22500kg/hm²(1500kg/亩),沼渣、沼液还田,连续 3~5 年
	增施有机肥	施用优质农家肥 30000~45000 kg/hm²(每亩 2000~3000kg),连续三年
	科学施肥	根据土壤测试结果科学施肥,连续三年

表 3-31-3 瘠薄培肥型改造技术规范

改造措施		改良标准
水保耕作法		推广旱作节水农业、丰产沟或其他等节水丰产耕作技术,连续 3~5 年
林带植被建设		林、草、作物总植被覆盖率>80%（无裸露面积）
耕作培肥	深翻	三年内深耕深翻两次以上,加深耕层 3~5cm,耕作熟化层达到 >18~25cm
	种植制度	粮食套种黄豆、麦后复种短期绿肥,麦、油、豆轮作,连续 3~5 年
	秸秆还田	小麦留高茬 15~20cm,玉米秸秆粉碎还田 22500kg/hm²(1500kg/亩),沼渣、沼液还田,连续 3~5 年
	增施有机肥	施用优质农家肥 30000~45000 kg/hm²(每亩 2000~3000kg),连续三年
	科学施肥	根据土壤测试结果科学施肥,连续三年

现根据华亭县农业生产中存在的问题和土壤本身的障碍因素,提出以"利用资源、着眼长远、重施农肥、兴修梯田、深耕深翻、用养结合、综合治理"为指导思想的具体改良措施。

(一)认真抓好以平田整地为中心的农田基本建设

1.兴修梯田,平田整地。华亭县兴修梯田,当年改土、当年见效是坡地梯改的一项成功经验。对有一定坡度的耕地,每年利用夏、秋农闲季节,进行改土,整修为水平梯田,变跑水、跑肥、跑土的"三跑田"为保水、保土、保肥的"三保田",防止水土养分流失。改土时要采用"死土搬家,活土还原"的方法;并且及时进行机耕深翻,以便充分利用光照,加速土壤熟化。并随机耕亩施磷肥 40~50kg、农家肥 4000~5000kg,以达到当年改土、当年见效的目的。

2.要修整田间便道,便于机耕、机播等农业机械的通行;便于肥料的运入和收获物的运出;为今后农业机械化打下良好的基础。

3.修建集雨蓄水工程,为作物在需水关键时期补灌提供保障。在塬区修建集雨水窖,利用乡村油路、排水沟、晒粮场等作为集雨场,把雨水导入集雨水窖,在雨季积蓄雨水;遇干旱季节,作物需水关键时期,可以点浇补灌,降低干旱威胁。

4.大搞以种草种树为中心的生物固土保水工作

种草种树是调节气候,改变环境,平衡生态,固土保水的有效地生物措施。华亭县分布在丘陵坡地的山地面积广,坡度较大,高差明显,树木稀少,风多且强,侵蚀严重,冲刷强烈,水土大量流失。为了防止水土流失,调节气候,平衡生态,就必须有计划地进行封山种草种树。山顶部水土流失严重的干旱部位,应自上而下的修筑反坡梯田、育林坑等蓄水工程,进行蓄水保墒,种植乔、灌木和固坡草;山沟底部墒情较好的部位应逐步封沟育林;山腰部位应保护好现有植被,有计划的逐步更换植被,提高植被覆盖率,防止水土流失。川区应该种植防护林带,防止大风破坏农业生产。总之,要搞好县域生态环境建设,提高耕地防御自然灾害能力。

(二)增施有机肥,不断培肥地力

提高土壤肥力的关键是提高土壤有机质含量,而增加土壤有机质的主要途径是增施优质有机肥料,实行草、田轮作,秸秆还田和种植绿肥。因此,就必须认真抓好以下几项工作。

1.管好、积好农家肥

华亭县农家肥主要是畜圈肥和人粪尿沤肥。在目前农家肥数量和耕地肥力不断增长的需求之间存在矛盾的情况下,搞好农家肥料质量的管理,显得尤为重要。首先要注意土肥的混合比例,提高农家肥料的质量;在有机肥料的积存期间应注意防止风吹、日晒和雨淋,保管在避风遮阴之处,以免养分损失。应大力提倡高温泥墙堆肥。在用土垫圈时,土粪的混合比例一般应以2∶1为宜;彻底杜绝黄土搬家的现象。要积极采用大坑沤肥,将青草、麦衣(草)、树叶等挖坑浇水进行沤制,腐熟后运地施用。严禁未腐熟的肥料直接施入土壤。

2.用养结合,扩大绿肥种植面积

一是秋播时将苜蓿、草木栖等绿肥种子与小麦一起下种,次年小麦收割后,让苜蓿和草木栖再生长一段时间后耕翻压埋,腐熟肥田;二是小麦收割后结合头次伏耕,播种麦黑豆、箭舍豌豆、芸芥等绿肥种子,二次伏耕时翻压埋青、腐熟成肥。通过扩大绿肥种植面积,进行生物肥田,提高土壤有机质含量。

3.增种豆科作物,改善土壤结构

豆科作物蛋白质含量多,营养价值高,还具有良好的肥田作用,其肥田的机理是豆科作物特殊的根系所表现出的功能：一是豆类根部都有相应的根瘤菌与之共生,可以吸收同化固定空气中大量的游离态氮,增加土壤氮素。二是根系的根毛具有分秘有机弱酸的本领,这种弱酸能溶解土壤中弱溶性磷为有效磷,提高有效磷的供应容量。同时,种过豆类作物的田地,根系和枯枝落叶留在土壤中,能大大增加土壤的有机质,提高土壤肥力。所以,扩大豆科作物的种植面积,是增加土壤有机质,改善土壤结构的主要途径之一,要认真抓好。并逐步实行粮豆轮作,增加豆科作物的种植面积,缩短轮作周期。

4.推广循环生态农业,实行秸秆、沼渣、沼液还田

实行秸秆还田是今后解决华亭县肥源不足、增加土壤有机质的主要措施之一。一种是在小麦收割时留高茬1cm,翻压还田。二是玉米秸秆、小麦麦草粉碎还田,用旋耕机或大型拖拉机深耕翻压腐熟。三是在华亭县农村建有大量沼气池,要将沼渣、沼液充分利用,施入农田,提高土壤有机质含量。另外,要大力提倡农村使用太阳能等新型绿色能源,减少作物秸秆用作燃料的数量,使大量的秸秆还原农田。

(三)深耕改土,合理论作倒茬

合理的轮作倒茬和正确的深耕是改善土壤中水、肥、气、热状况,加速土壤熟化,提高土壤肥力的有效措施。所以必须抓紧抓好。

1.合理轮作倒茬

一农谚说"茬口倒顺,强似上粪"。合理轮作倒茬是用作物对土壤肥力进行平衡调节的一项生物措施,是用地养地的好方法,而且也是一种消除和减少各种作物病虫危害行之有效的措施。经调查：小麦、玉米、高粱等作物的产量随着连作年限的增加而递减;病虫发生率随着连作年限的增加而增加。玉米在连作两年以上就会造成黑粉病的大发生。所以,小麦连作年限应控制在四年以下,大秋作物控制在两年以下,最好一年一换。一般应按以下方式进行轮作：小麦(3~4年)—小秋(一季)—黄豆(一年)—大秋(一年)—小麦。这样就能较好的发挥作物的互补作用,促进养分协调供应,改善土壤性状,减少病虫危害。

2.加深耕层,打破犁底层

加深耕层不但能打破犁底层,还能蓄水保墒,增加作物根系的营养范围和扩大微生物的活动场所,加快土壤的熟化过程。尤其是伏耕十分关键,因为夏季日照长,光照强,土壤深翻深耕之后,能更大限度地接纳雨水,熟化土壤。根据相关试验测定：伏耕30厘米比18厘米土壤含水量高出百分之三;土壤中硝化菌增加40倍,硝态氮增加3倍。由此可见,以加深耕层为中心的耕作改土也是不断熟化土壤,提高土壤水分,增加速效养分的基本措施。因此,川区、塬面农田耕翻深度应在30cm以上,丘陵坡地应达到25cm以上。

(四)配方施肥

施肥是补充土壤养分不足的有效方法。为了达到增产、提高肥料利用率、肥田而无污

染的预期效果,就必须结合具体作物,在施足有机肥的基础上,适时适量、合理搭配、科学施用化肥。

1.氮、磷、钾配合施用,协调土壤氮、磷、钾比例

由于土壤类型、人为耕作施肥的差异,造成不同地块的肥力状况有较大不同。应该根据不同地块的肥力状况和种植作物的不同,进行推荐施肥,即进行测土配方施肥,氮、磷、钾配施,做到有的放矢,缺什么补什么,缺多少,补多少,坚决纠正盲目施肥的现象。

2.建议使用高效低廉的微肥、固氮菌、抗旱剂等,以达到农田作业更合理、更理想,提高土壤肥力的目的。作物对微量元素的需要量虽小,但在缺素或潜在缺素的土壤上施用相应的微肥,可大幅度提高作物的产量和改善农产品品质。试验证明,钼肥对豆科作物,硼肥对油菜,锌肥对玉米、果树、蔬菜等作物,锰肥对小麦、烟草等作物,铜肥对小麦等作物都有增产作用。华亭县要结合土壤养分测试结果和不同作物种类,有针对性地推广施用微肥,提高作物单产,平衡土壤养分,培肥地力。

(五)积极采用综合农业增产措施

1.积极推广优良品种,小麦、玉米、马铃薯等作物,全部实行良种化,提高单产。通过引种试验,适合华亭县种植的玉米新品种有中玉9号、正大12号、临单217号、沈单16号、富农1号等,小麦品种有平凉44号、陇原031号、兰天10号、兰天16号等。马铃薯品种有庄薯3号、青薯168号、陇薯3号等。

2.推广旱作节水农业,提高土壤纳雨蓄墒的能力,提高单产。近几年,华亭县在玉米、马铃薯等作物上推广了全膜双垄覆盖种植技术,增产效果十分明显,较露地增产率在50%以上。我们要继续扩大旱作节水农业面积,在其他作物上尝试应用旱作节水技术,全面提高农作物产量。

3.认真抓好农作物病、虫、草、鼠害防治,做到"预防为主,综合防治",将危害降低到最低程度,保证作物产量。

(六) 加强土壤质量的调查与监测,防止土壤污染

要保持灌溉水源的水质标准,严防灌溉引起土壤污染;要加强农资市场监管,严防施用高毒高残留农药;严格控制农药使用范围、使用量和使用次数,改进施药技术,避免农药使用不当造成土壤污染,提倡生物防治。

(七)加强土壤管理,合理利用土地

加强土壤管理是农、林、牧业生产的根本保证。目前在各地发现乱开生荒,乱伐树木,乱占庄基等破坏草被树木和占用土地的不良倾向。因此必须在力争提高单位面积产量的同时,加强土壤管理工作,禁止一切浪费土地、破坏草被、树木的行为,确保农林牧业生产的有效面积。

1.因地制宜,实行农、林、牧的合理布局

在全县范围内实行因地制宜的农、林、牧合理布局是可持续农林牧业发展的需要,应当本着宜农则农、宜林则林、宜牧则牧的原则,根据地形地貌、土壤类型分布以及地质水文条件,进行农林牧专业性生产的区域规划工作。在各自然区域内也同样注意农林牧业的合理搭配问题,在确保重点生产和严防水土流失的前提下,因地制宜的发展多种经营和其他各业生产,决不能单打独斗。

2.改变不合理的利用方式

因地制宜、合理利用是土壤管理、利用的依据,也是自然条件的客观要求。所以,必须对利用不合理的土地进行经营方式上的调整工作。目前华亭县还有一小部分超坡度农用地,这些土地,地力瘠薄,水土流失严重。如无完善的水土保持工程措施,应禁止农业使用,必须退耕还林还牧。对土壤理化性状好的土地应尽量减少非生产性占用。

专题三十二　泾川县中低产田类型与改良利用

改造中低产田是挖掘现有耕地的生产潜力,提高粮食综合生产能力,保证粮食安全的重要途径,对防止耕地退化、保护生态环境等方面具有重要意义。利用泾川县耕地地力信息管理系统的成果,结合泾川县中低产田改造利用现状,提出了相应的改良措施及目标。

第一节　中低产田类型与分布

中低产田划分标准按《全国各耕地类型区高产田、中产田、低产田粮食单产指标参照表》划分。选取黄土高原区单产标准:>7500kg/hm² (500kg/亩),为高产田,4500~7500 kg/hm²(300~500kg/亩)为中产田,<4500 kg/hm²(300kg/亩)为低产田。产量指标为当地典型种植制度下小麦、玉米等主导粮食作物前三年正常年份的年平均产量。

依据以上标准,泾川县高产田面积 3504.53 hm²,占总耕地面积的 8.5%;中低产田面积 37618.49 hm²,占总耕地面积的 91.5%。

按照《全国中低产田类型划分与改良技术规范》(NY/T 310-1996)的划分标准,根据土壤主导障碍因素及改良主攻方向,全国中低产田共分为干旱灌溉型、渍涝潜育型、盐碱耕地型、坡地梯改型、渍涝排水型、沙化耕地型、障碍层次型、瘠薄培肥型八个类型。

干旱、瘠薄是影响泾川县粮食产量的主要障碍因素,对照全国中低产田类型划分标准,将泾川县中低产田分为三种类型:干旱灌溉型、瘠薄培肥型、坡地梯改型。详见表3-32-1。各乡镇中低产田类型及面积分布情况见表 3-32-2。

表 3-32-1 泾川县不同中低产田类型的面积分布情况

中低产田类型	面积(hm²)	占中低产田面积(%)
干旱灌溉型	4059.57	10.79
瘠薄培肥型	17418.93	46.30
坡地梯改型	16140	42.90
总计	37618.49	100.00

(一)干旱灌溉型

干旱灌溉型的中低产田主要分布于泾、汭、黑、红四条河流的川台旱地。占地4059.57hm², 这些区域虽属于川地, 但因水利灌溉设施不完善, 无法得到灌溉, 土壤主要以淤育土为主, 因灌区提灌设施年久老化, 加之泾、汭河河水污染日益严重, 灌溉水源不足, 灌溉保障率不高而造成这种中低产田。一等级地大多属于这种类型。耕层土壤pH值平均为8.3, 有机质平均12.9g/kg, 全氮平均0.949g/kg, 有效磷平均12.8mg/kg, 速效钾平均201mg/kg, 适宜种植小麦、玉米、蔬菜、马铃薯、瓜类等各类作物。

表3-32-2 泾川县各乡镇中低产田改造类型面积分布表

乡镇名称	合计(hm²)	高产田面积(hm²)	中低产田面积(hm²)		
			灌溉改良型	瘠薄培肥型	坡地梯改型
汭丰乡	2034.76	229.06	728.51	272.77	804.41
王村镇	3516.47	220.80	861.39	787.98	1646.21
城关镇	2307.98	156.02	420.07	565.61	1166.17
罗汉洞乡	1929.57	92.63	445.21	7.16	1384.67
泾明乡	1908.95	109.40	570.69	304.87	923.99
红河乡	1471.59	60.78	338.39	173.49	898.93
窑店镇	752.26	0.00	0.00	527.80	224.45
飞云乡	1203.09	0.00	0.00	827.34	375.75
高平镇	4670.57	298.30	209.48	2112.86	2049.92
太平乡	5361.92	390.10	381.31	953.21	3637.41
荔堡镇	3976.47	243.78	0.00	3068.82	663.87
丰台乡	2419.64	158.76	0.00	1689.78	571.16
玉都镇	3860.00	628.26	0.00	2391.68	840.14
党原乡	5211.66	916.66	0.00	3721.65	573.44
开发区	498.12	0.00	104.54	14.01	379.57
合 计	41123.02	3504.53	4059.57	17418.93	16140.00
主要分布区域		主要分布在党原、玉都、太平、高平、丰台、荔堡6乡镇原面和泾、汭、黑、红四条河流的水浇地上。	主要分布于泾、汭、黑、红四条河流的川台旱地。	主要分布在高平塬、中塬、玉都塬、荔堡塬及泾河两岸的算李坪、蒋家坪、何家坪等坪、台地上。	主要分布于泾、汭、黑、红四条河流两侧的黄土梁峁、沟壑山地和原边地。

(二)瘠薄培肥型

瘠薄培肥型的中低产田主要分布在高平塬、中塬、玉都塬、荔堡塬及泾河两岸的算李坪、蒋家坪、何家坪等坪、台地上, 占地面积17418.93 hm², 土壤以黑垆土为主, 这些区域虽

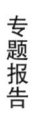

养分含量相对较高,但因常年有机肥投入严重不足,重无机轻有机、重氮磷肥轻钾肥和微肥的不平衡施肥以及施肥方法不科学,造成化肥利用率低下,生产成本增加,耕地质量下降,加之年降雨量偏少,气候干燥而造成这种中低田。二、三等地大多属于这种类型。耕层土壤 pH 值平均为 8.3,有机质平均为 12.5g/kg,全氮平均为 0.961g/kg,有效磷平均 11.8mg/kg,速效钾平均 185mg/kg,适宜种植小麦、玉米、豆类、油料、果树等各类作物。

(三)坡地梯改型

坡地梯改型的中低产田主要分布于泾、汭、黑、红等河流两侧的黄土梁昴、沟壑山地和原边、湾掌地,占地面积 16140hm^2,土壤以黄绵土为主,这些区域坡度都在 15~25 度之间,土层较浅,土壤瘠薄,水土流失严重,肥料投入严重不足,干旱缺水,可耕性差。四、五等地大多属于这种类型。耕层土壤 pH 值平均为 8.4,有机质平均 11.2g/kg,全氮平均 0.940g/kg,有效磷平均 11.4mg/kg,速效钾平均 186mg/kg,适宜种植小麦、高粱、油料、果树等各类作物。

第二节 泾川县中低产田改良目标

中低产田改造切实需要加强领导、统一思想、统一规划、综合治理,坚持改造中低产田与保护生态环境、调整优化农业产业结构相结合,突出工程措施,发展现代节水工程,提高农田灌溉、排涝、降侵蚀标准。形成沟、路、林、渠合理布局,旱能灌、涝能排、渠相通、路相连、林成网、绿与美相结合的高标准高效农田,以增强抗御自然灾害能力,提高土地的可持续生产能力。

依据中低产田的主要特征,运用不同的综合治理技术,因地制宜的对中低产田的土肥水等条件进行全方位治理。达到水利设施配套,土地平整,机耕方便,旱涝稳收,轮间配套,季季高产的目标。

达到活土层厚,土体结构好。土层厚度在 60~100cm 以上,活土层达到 20~25cm,固体占 45%,总孔隙达 55%,其中大空隙占 15%,35cm 以下大空隙减少到 9.4%,毛管空隙增加到 43.8%,以利于保持下渗水,成为耕层水肥储藏库。活土层疏松多孔,粒状结构多,土性软而不散,以利于热、水、气、肥的调节,形成根系生长的理想环境,根深叶茂,保证作物生长好,产量高。

达到土壤三化(腐殖质化、结构化、微菌化)程度高,土质好。中低产田改造不单纯是提高产量,而是着眼于根本性的土壤改良,特别是要进行提高耕地综合生产能力的基础建设。要根据不同类型中低产田采取相应的针对性强的重点措施和综合措施,清除或减轻制约产量的土壤障碍因素,提高耕地可持续力等级,改善农业生产条件。

第三节　泾川县中低产田改良措施

根据农业部《全国中低产田类型划分与改良技术规范》(NY/T310—1996),结合泾川县中低产田的主要障碍因子,坚持"分类指导,因土培肥,注重实效"的原则,按照"用地和养地、改良和利用、生物措施和工程措施、有机和无机、长远和当前、地力建设和良种良法"相结合,以增加土壤有机质为重点,从治本入手,狠抓农田基本建设和川区水利灌溉工程建设,增施有机肥料、种植短期绿肥、测土配方施肥、秸秆还田、油豆草轮作、机耕深翻等主要技术措施,兼顾增加当年作物产量的次要措施和配套措施,提出以下改良技术规范,如表 3-32-3、3-32-4 和 3-32-5。

(一)干旱灌溉型中低产田改造措施

表 3-32-3 干旱灌溉型改造技术措施

改良措施		改良指标
灌溉工程		每年保灌四次,毛灌溉定额 250~300m³ 以上
平整土地		达到不同灌溉方式的要求
机耕深翻		三年内深耕 2 次,加深耕层 5cm,耕作熟化层达到 20cm
耕作培肥	种植绿肥	占种植面积 30%连续三年
	秸秆还田	年秸秆还田面积达到作物种植面积 50%,连续 5 年
	增施有机肥	每公顷 45000kg,连续 5 年
林带植被建设		占耕地面积 10%

1.狠抓水利灌溉工程,扩大水浇地面积

泾川县境内有泾、汭、黑、红四条较大河流,水资源总量 6.93 亿 m³,其中自产 0.76 亿 m³。近年来,在省市各级领导部门的大力支持下,泾川县积极探索调整工作思路,不断强化农业基础地位,改善农业生产条件,加快农田灌溉设施建设,至目前全县已修建各类水利工程 1044 处,有渠道 36 条,192.4km,机电提

灌站 211 处,机电井 597 眼,人畜饮水工程 199 处,自来水受益户 6.33 万户,水窖 3.98 万眼,有效灌溉面积 7926.7 hm²,保灌面积 7200 hm²。各级各部门持之以恒,常抓不懈,积极争取国家和各级财政的支持,充分利用我县光、热、水资源丰富的优势,不断更新落后的灌溉工程设施,引进先进的喷灌、滴灌、管灌水利设施,最大限度发挥每一项水利工程的潜能,促进灌区粮食产量上新台阶,在不久的将来使全县的中低产田变成高中产田。

1.3.1.2 深耕改土,合理轮作倒茬

合理的轮作倒茬和正确的深耕是改善土壤中水、肥、气、热状况,加速土壤熟化,提高

土壤肥力的有效措施。加深耕层为中心的耕作改土，是不断熟化土壤，提高土壤水分，增加速效养分的基本措施。因此，对适宜机械作业的田块，至少每三年深耕一次，深度达到3cm左右。合理轮作倒茬是用作物对土壤肥力进行调节平衡的一项生物措施，是用地养地的好方法，而且也是一种消除和减少各种作物病虫害危害行之有效的措施。

3.增种豆科作物，改善土壤理化性状

豆科作物蛋白质含量多，营养价值高，还具有良好的肥田作用，其肥田的机理是豆科作物特殊的根系所表现出的功能：一是根瘤能够吸收同化固定空气中大量的游离态氮，增加土壤氮素；二是根系的根毛具有分泌有机弱酸的本领，这种弱酸能溶解土壤中难溶性磷为有效磷，提高有效磷的供应容量。同时豆科作物的茎秆富含多种营养成分，是牛、羊、兔的优质饲草。所以，扩大豆科作物种植面积，同样是增加土壤有机质、改善土壤结构的主要途径之一，要认真抓好。并逐步实行粮豆轮作、间作，增加豆科作物的种植面积，缩短轮作周期。

4.氮肥、磷肥、钾肥相结合，实行优化配方施肥

要充分应用近年来测土配方施肥技术成果，按照不同生态类型、不同土壤类型、不同作物需肥规律，制定科学合理的施肥配方，通过试验、示范、技术培训和宣传，逐步改变农民的不合理施肥习惯，不断深化配方施肥技术的深度和广度。并提倡施用作物专业肥、配方肥。在今后的化肥施用上应重视氮磷钾的配合施用外，高产作物和蔬菜种植区应注重微量元素的补充使用，协调土壤养分比例。

(二)瘠薄培肥型中低产田改造措施

表3-32-4 瘠薄培肥型改造技术措施

改良措施		改 良 指 标
机耕深翻		三年内深耕2次，加深耕层5cm，耕作熟化层达到25cm
推广测土配方施肥		分不同区域、不同作物、不同肥力水平制定出科学合理配方
全膜免耕技术		主要推广全膜覆盖—膜二用、三用技术
耕作培肥	种植绿肥	占种植面积30%连续三年
	秸秆还田	年秸秆还田面积达到作物种植面积50%，小麦留茬高度20cm以上，连续5年
	增施有机肥	每公顷60000kg，连续5年
	种植制度	玉米套种豆子、小麦—短期绿肥—小麦、小麦—油菜—豆子等轮作，连续5年

1.加深耕层，打破犁底层

黑垆土类土壤耕层以下多有厚度不等(3~5cm)、较为坚实的犁底层。该层影响作物根系的下扎和土壤水分、养分的上下输通，加深耕作层不但能打破犁底层，还能蓄水保墒，增加作物根系的营养范围和扩大微生物的活动场所。据测定：伏耕30cm比伏耕20cm，每

亩土壤含水量高出30%；土壤中硝化菌增加40倍；硝态氮增加3倍。由此可见，以加深耕层为中心的耕作改土，也是不断熟化土壤，提高土壤水分，增加速效养分的基本措施。因此，对适宜机械作业的田块，至少每三年深耕一次，深度达到30cm左右。

2．配方施肥，以肥调水

以肥调水是通过培育肥旱地土壤、改善土壤结构，增加土壤蓄水能力，对农作物培育壮苗，使之形成强大根系，扩大吸水深度而达到调水之目的。要大力推广增施农肥，重施磷肥，氮磷配施和测土配方施肥技术及化肥深施技术，实现作物营养平衡供应，促根壮蘖，培育壮苗，提高肥料利用率和水分利用率。年磷肥施用达到4万公顷，测土配方施肥面积达到3万公顷。

3．示范推广地膜覆盖栽培免耕再利用种植技术

主要示范推广玉米地膜覆盖再利用免耕技术，其核心是一次覆膜连续种植两茬或多茬作物。在前茬作物收获后不耕，保护好地膜，第二年在原地膜上播种下茬作物，生产期分次追肥管理。其模式为：玉米→玉米，玉米→马铃薯，玉米→黄豆等。该技术能最大限度地保蓄土壤水分，减轻冬春季土壤水分的蒸发，使第二年播前土壤含水量保持较高的水平又降低了劳动投入量，根茬直接还田，增加了土壤有机质，有利于改良土壤和提高土壤肥力；周年进行全地面覆盖，能有效减轻土壤地表的风蚀和水蚀，防止水土流失，有利于保护环境。

4．种植短期绿肥，扩大豆科绿肥面积

根据目前肥源现状，要提高土壤中有机质的含量，还必须提倡种植绿肥，实行草田轮作、间作，要以粮促牧、以牧促肥、以肥增粮。实行用地和养地相结合，不断提高土壤基础肥力。根据泾川县雨量的月份分配指标和多年的绿肥试验结果来看，小麦收割后土地空闲，此期又是一年中降雨较多的时期，可复种一茬豆科的豌豆、扁豆、黑豆、毛苕子和芸芥等绿肥作物，深秋机耕翻入土壤。

5．大力推广秸秆还田技术

秸秆还田是增加土壤有机质，活化土壤微生物发挥土壤潜在肥力的关键措施。测土施肥项目实施以来，我们积极推广小麦高茬收割、玉米根茬还田。针对我县小麦种植面积大、麦草资源丰富这一特点，结合小麦机械收割，小麦留茬高度20-30cm，正常年份还草量2250~3000kg/hm^2。近年来，随着玉米全膜双垄沟播技术的普及应用，玉米秸秆量显著增加，泾川县每年玉米播种面积在6667hm^{2}以上，仅玉米秸秆量就达到6000~7000万kg。为此，要充分利用这一优势，大力发展畜牧业，积极示范秸秆"过腹还田"或直接还田。

6．广辟肥源，增施有机肥，扩大使用面积，提高农肥质量

泾川县有机肥料中，牲畜圈粪占有机肥的90%以上，是补充土壤中有机质的主要来

源。同时有机肥具有养分全、改善土壤结构、增加土壤有机质等特性,具有化肥不可代替的重要作用。多年来,我们坚持有机培肥土壤,无机当年增产,把增施有机肥料作为提高土壤肥力,改造中低产田的主要措施常抓不懈,广泛发动群众,种草养畜,大力发展畜牧养殖,扩大肥源,大家畜存栏109277头,其中:牛108663头,马29匹,驴367头,骡218匹;生猪79234头,羊21014只鸡60.21万只。并采取城粪下乡、精肥上山、堆制沤肥等办法,扩大了有机肥源。农肥质量也有明显提高,使重化肥轻农肥的倾向有了明显改观,使以往一些形之有效的积肥、造肥措施初步得到恢复。根据农技中心调查,全县农家肥年施用面积22000 hm²,施用总量98800万kg左右。一般小麦施用量30000~45000kg/hm²,玉米亩施用量45000~60000 kg/hm²。农肥使用面积由项目实施前的46.3%,扩大到现在的51.2%。据农技中心化验室农肥样多点监测,农肥平均养分含量为有机质23.8 g/kg,全氮1.81 g/kg,碱解氮217 mg/kg,有效磷58.1 mg/kg,速效钾823 mg/kg。

7.合理轮作倒茬

农谚说"茬口倒顺,强似上粪"。合理轮作倒茬是用作物对土壤肥力进行调节平衡的一项生物措施,是用地养地的好方法,而且也是一种消除和减少各种作物病虫害危害行之有效的措施。经调查:小麦、玉米、高粱等作物的产量随着连作年限的增加而递减,病虫害发生的频率也随着连作年限的增加而增加。玉米在连作2年以上就会造成瘤黑粉病的大发生,小麦连作4年后会造成根腐病、全蚀病的发生。小麦连作年限应控制在4年以下,大秋作物控制在2年以下,最好一年一换。适合我县旱地轮作倒茬方式主要有:

(1)小麦(3~4年)→小秋(1季)→玉米(1季)→小麦

(2)小麦(3~4年)→油菜(1季)→黄豆(1季)→小麦

(3)小麦(3~4年)→短期绿肥→小麦

以上几种轮作方式,能较好的发挥作物的互补作用,促进养分协调供应,改善土壤性状,减轻病虫危害。

(三)坡地梯改型中低产田改造措施

表3-32-5 坡地梯改型改造技术措施

改良措施		改 良 指 标
梯田工程		参照北方山地丘陵耕地类型区坡地梯改型的梯田规格
林带植被建设		林、草、作物总植被覆盖率>80%(无裸露面积)
耕作培肥	深翻	三年内深耕2次,加深耕层5cm,耕作熟化层达到20cm
	秸秆还田	年秸秆还田面积达到作物种植面积50%,连续5年
	增施有机肥	每公顷30000kg,连续5年

1. 突出工程措施,大搞农田基本建设,改善生产条件

"有收无收在于水,收多收少在于肥"。水、肥是泾川县农业生产中的决定因素,平田整地,防止水土流失仍是当务之急和今后农、林、牧业生产发展的必由之路。所以,坚持每年有计划做好农田基本建设,保持水土流失,是我县雨养农业中一项功在当代利在千秋的长期工程。

泾川县是一个典型的旱作农业区,旱地占耕地面积的88.6%,农业生产所需的水分主要来自天然降雨,作物一生水分的要求,大都是由土壤接纳自然降水而供给。所以,平田整地,接纳雨水,防止水土流失是农业生产的关键措施。要有计划、有步骤尽快把田面坡度小于25度坡耕地修建成便于机械耕种、收割的水平梯田,在山区修建便于机械化操作和运输的山地梯田,为今后农业机械化耕作打下良好的基础。

2. 紧抓以种草种树为中心地生物固土保水工作

种草种树是调节气候,改变环境,平衡生态,固土保水的有效地生物措施。泾川县60%以上的耕地分布在丘陵坡地上,坡度较大,高差明显,树木稀少,侵蚀严重,水土大量流失。为了防止水土流失,调节气候,平衡生态,就必须有计划地进行退耕还林,种草种树。山顶部分水土流失严重的干旱部位,应自上而下的修筑反坡梯田、鱼鳞坑等蓄水工程,进行蓄水保墒,种植乔、灌木和固坡草;山腰部位应保护好现有草坡植被,有计划的逐步更换草被,提高草被覆盖度,防止水土流失,为发展牧业生产提供物质基础。

3. 推广良种,生物抗旱

现代科技研究表明,作物种间、品种间的水分利用效率(WUE)具有较大差异,可以通过引种或选育具有高水分利用率的抗旱、耐旱品种达到节水的目的,不同种之间作物水分利用效率一般相差2倍~5倍,C_4为C_3作物的3倍~2.5倍,小麦不同品种的WUE可相差40%。因此,要大力引进推广水分利用率高、需水规律与降水规律相吻合的抗旱节水作物和品种,如小麦、玉米、马铃薯、豆类、糜谷、紫花苜蓿等抗耐旱作物清水系列、平凉系列、陇鉴系列小麦良种和沈单16、豫玉22、富农1号、先玉335玉米良种等名优良种,以实现生物抗旱。同时大力推广种子包衣、药剂拌种、精量半精量播种等配套技术,以提高作物的抗旱能力。

4. 培肥地力,土壤抗旱

虽然经过多年培肥改良,全县土壤养分含量有了较大提高,但耕地土壤营养元素含量大量处于国家4~6级水平,位于低或极低等次。土壤有机质、全氮、速效磷等影响土壤肥力的主要元素含量非常匮乏,中低产土壤占到总耕地面积的50%以上。因此,一要大力发展畜牧养殖,增加农肥投入。按照牛—沼—果(粮)、猪—沼—果(粮)的生态农业模式,大力发展畜牧养殖,增加农肥施用量,年牛、猪等大家畜饲养量达到20万头以上,农家肥

施用面积达到 3.4 万公顷，占到粮食作物播种面积的 70%以上，亩施用量达到 3000~4000kg。二是扩大绿肥种植、秸秆还田面积。积极推广夏闲地复种芸芥、箭舌豌豆等绿肥作物，大力推广小麦高茬收割、玉米秸秆直接粉碎还田等技术，增加土壤有机质。全县年推广秸秆还田 2.5 万公顷，其中小麦高茬收割 1.7 万公顷，玉米、高粱、豆类根茬还田 8000 公顷，种植绿肥 3200 公顷。三是合理轮作，用养结合。通过合理安排轮播作物，协调不同茬口土壤养分、水分的供应，改善土壤理化性状，调节土壤肥力，减轻病虫草害。积极推广粮—粮、粮—菜、粮—经、粮—果等间作套种技术，配方地力，实现土壤抗旱。

专题三十三　灵台县中低产田类型划分与改良利用

耕地是农业生产最基本的、不可替代的生产资料,是保持社会和国民经济可持续发展的重要资源,而目前我国耕地无论是从数量还是质量来说,都在不断地下降,已成为制约农业和农村经济发展重要的制约因素。本专题结合灵台县耕地地力评价结果,对灵台县土壤主导障碍因素进行了深入分析,同时依照各类障碍因素划分了中低产田的类型,并提出了具体的改造技术与措施。

一、灵台县中低产田的类型与分布

根据土壤主导障碍因素的改良主攻方向,依据中华人民共和国农业部发布的行业标准 NY/T310—1996,引用农业部耕地地力划分标准,结合灵台县县级地力等级,综合分析,灵台县中低产田包括如下三个类型:瘠薄培肥型、坡地梯改型和障碍层次型。

1.瘠薄培肥型

该类型土壤广泛分布于灵台县黄土沟壑及塬面缓坡区域,主要土种包括坡、梯黄绵土、薄覆盖黑垆土,表现特征为土壤养分贫乏(含有机质 5~12g/kg、全氮 0.5~0.8g/kg、有效磷 3~10mg/kg),持水保肥能力差,肥料利用率低,遇旱易板结,作物发小苗不发老苗,是灵台县分布范围最广的中低产田类型之一,面积达 2570hm²。

2.坡地梯改型

该类型土壤广泛分布于灵台县黄土沟壑及丘陵区域,土壤表现特征为养分含量低(含有机质 4~10g/kg、全氮 0.4~0.8g/kg、有效磷 2~8mg/kg),生产条件差(地面坡度 4~15°,耕种条件差,路网不配套,距离偏远,机械操作难度大),群众耕种难度大,投入低,肥水利用率差,是灵台县分布较广的土种之一,面积达 1520hm²。

3.障碍层次型

该类型土壤主要分布于灵台县低山丘陵及两河川区,土壤表现特征为耕层通体含黄土姜砾或红胶沙砾(细沙或沙砾),养分含量低,生产条件差,地面坡度在 5~20°,耕种难度大,路网不配套,距离村庄偏远,土地投入低,肥水利用率差,是灵台县分布较小的土种之一,面积为 920hm²。

二、灵台县中低产田改良现状和存在的问题

1.现状

按照灵台县目前中低产田情况,在今后应开发中低产田63万亩,分布于3个不同生态类型区,涉及灵台县13个乡镇136个行政村。

东部残塬沟壑黑垆土、黄绵土区属高塬沟壑类型自然地貌,有平坦开阔的黄土塬地、地形复杂的沟谷坡地以及大小不同的河谷阶地,海拔890~1300m,年平均气温8.6℃~9.3℃,无霜期170~181天,年降水量546~66mm,土壤类型有黑垆土、黄绵土、红土、黄淤土等。本区是灵台县粮食生产的主要产区,耕地均缺乏灌溉条件,主要靠天然降水从事农业生产,塬边地面坡度较大,水土流失较为严重,土壤有机质缺乏,肥力低。区内只有达溪河下游的部分川台地有水利设施,保灌面积仅4800亩,其中中低产田14.9万亩。

西北部残塬沟壑黑垆土、黄绵土区以黄土沟壑梁峁为主,海拔1200~1500m,气温7.3℃~8.6℃,年降水量500~650mm,土壤类型有黄绵土、黑垆土、红土、黄淤土、潮土等。水土流失严重,气候温凉,单产水平低,土壤肥力低下,宜种作物较少,海拔较高,土层深厚,地下水位低,人畜饮水困难。区内有达溪河上游和黑河流域的部分川台地有水利设施,保灌面积9000亩,但未实现园田化。耕作管理粗放,土壤瘠薄,结构不良。本区有8个乡,人口7.9万,耕地32.7万亩,其中中低产田29.4万亩。

西南部低山丘陵黄绵土、灰褐土区位于灵台县西南部,以低山丘陵为主,海拔1200~1300m,气温6.7℃~8.1℃,年降水量551~670mm。土壤类型有黄绵土、灰褐土、红土、淤育土等。此区林草面积较大,经济效益差,林牧业商品率低;地面坡度大,水土流失严重,土壤瘠薄,气候温凉,热量条件差;人均耕地面积较大,广种薄收。区内有1乡1农场和5个乡的部分地区,有耕地26万亩,人口2.73万,其中中低产田18.1万亩。

2.存在的问题

综合灵台县三个不同生态区基本情况分析,灵台县中低产田的主要障碍因子可概括为:"薄、粗、旱",并形成恶性循环。具体地讲:一是土壤肥力差,土壤养分含量低,比例失调,土壤耕层浅,水土流失严重;二是气候不利因素多,降水不足,利用率低,自然灾害频繁,干旱、冰雹、低温、霜冻、病虫害时有发生,特别是干旱,直接影响着中低产区粮食生产;三是生产水平不高,耕作管理粗放,普遍存在着重用地轻养地、重产出轻投入、重眼前轻长远的短期行为i,群众文化素质较差,科技普及率低,形成土壤肥力下降的恶性循环。

三、今后中低产田改良目标及措施

大面积的中低产田综合改造是一项工程巨大、周期较长、政策性强、技术要求高、涉

及社会各行各业的系统工程,所以要有与市场经济相适应的组织管理方法和技术服务运作方式。要完成这项工作,达到预期目标,关键在于各级领导的支持、有关部门的配合和广大农民的积极努力。做到典型示范和技术引路相结合、强化科技投入与增加物质投入相结合、理论研究与生产实践相结合、关键技术与多项辅助技术组装配套,从当地生产实际出发,坚持因地制宜、分类指导、突出重点、先易后难、集中连片、统一规划的原则,实施山水田林路综合治理,使种养同步发展,提高经济效益、生态效益和社会效益。

1.加强农业工程建设是基础措施

灵台县中低产田的主要成因是缺水,抗旱能力弱,因此必须以治水为中心,狠抓农业基础工程建设,努力增加有效灌溉面积,千方百计扩大补灌面积。

(1)抓好梯条田建设,改变农业生产的基本条件

大力修造水平梯田,打坝淤地,每年完成平田整地1.5万亩以上。

(2)兴修水利灌溉工程,扩大有效灌溉面积

在抓好达溪河、黑河等灌区现有骨干水利设施的维修与配套的同时,经过论证新上一批水利工程项目,力争每年新增有效灌溉面积0.45万亩,与此同时,加大园田化建设步伐。

(3)认真搞好"121"雨水集流工程,建立科学的灌溉制度,提高水资源利用率,变被动抗旱为主动抗旱,将有限的自然降水充分利用到农田上,大力发展雨水集流节灌窖,逐步达到"一户一窖"。同时对现有可利用的高塬深井进行改造维修,恢复一批提灌工程,到"九五"末,使全县补灌面积达到10.2万亩。

(4)深耕耙糖,蓄水保墒。通过深耕,改良土壤结构,促进作物根系生长,提高土壤深层水分利用率;采取机耕、畜力套耕、人工深翻相结合,是低产田每3年普遍轮换深耕1次。耙糖镇压能增强土壤深层水分利用率,增强土壤蓄水保墒能力,为作物生长发育创造良好的条件,应继续抓好落实。

2.增施农肥以提高瘠薄土壤有机质和其他养分含量

通过积(积攒农肥)、种(种植绿肥)、沤(青草沤肥、沤制土杂肥)、还(秸秆、根茬还田)等多种途径,广辟有机肥源,提高农肥数量和质量。将农肥使用量从2000千克/亩提高到2500千克/亩以上,并逐年有所增加,农肥使用面积每年递增10%以上。

(1)改进有机肥积造方法发展养畜,进行棚圈、厕所改造,调节粪土比例为1:3,采取干土垫圈,保持肥料养分,近期内使土粪有机质提高到25g/klg以上;山区推广"二合一"新型圈厕,即人厕和猪圈共用一个粪池,合二为一或改建水泥罐罐厕所,实行精粪上山。

(2)发展短期绿肥。采取压青还田、割草养畜、过腹还田、根茬肥田等途径培肥地力;使每年套、复种短期绿肥(草木樨、毛苕子、箭苕豌豆等)的面积达到30%左右,争取3~4年

使所有麦田轮种1次绿肥;加强绿肥栽培管理,提高产草量,并形成轮作制度,持之以恒。

(3)发展豆科作物,推广粮、豆、草轮作制。大面积种植豌豆、扁豆、蚕豆以及秋天套种的大豆、芸豆等豆类作物,大力推广粮、豆、草生物肥田轮作制,并提高栽培管理技术,增加产量,提高效益。

(4)缩短多年生短期绿肥(苜蓿)的更新周期。灵台县普遍种植的紫花苜蓿,生长周期过长,有的曾几十年未更新过,产草量极低。今后应做到5~6年更新1次,提高产草量,促进畜牧业发展,以提高绿肥利用效率。

(5)测土配方施肥是提高基础地力和培肥土壤的主要措施。通过测土配方施肥,补充养分亏缺,协调土壤养分,实行有机无机结合,达到施用无机肥当年见效、有机肥持续增产的目的。氮磷比小麦按1∶0.50~0.75、玉米按1∶0.3~0.6的比例进行配合,并适当配施锌、硼等微量元素肥料,使肥料配施面积在现有10万亩的基础上每年递增10%,并不断提高配方施肥水平,向优化配方施肥方向发展。

专题三十四　西峰区中低产田类型划分与改良利用报告

耕地是农业生产最基本的、不可替代的生产资料,是保持社会和国民经济可持续发展的重要资源,而目前我国耕地无论是从数量还是质量来说,都在不断地下降,已成为制约农业和农村经济发展重要的制约因素。本专题结合西峰区耕地地力评价结果,对西峰区土壤主导障碍因素进行了深入分析,同时依照各类障碍因素划分了中低产田的类型,并提出了具体的改造技术与措施。

一、西峰区中低产田划分

根据耕地基础地力不同所构成的生产能力,将全国耕地分为十个地力等级。其粮食单产水平为大于13500kg/hm²至小于1500kg/hm²,级差1500kg/hm²。采用当地典型的粮食种植制度的近期正常年份全年粮食产量水平计算,即一等地大于13500kg/hm²、二等地12000~13500kg/hm²、三等地10500~12000kg/hm²、四等地9000~10500 kg/hm²、五等地7500~9000kg/hm²、六等地6000~7500kg/hm²、七等地4500~6000kg/hm²、八等地3000~4500kg/hm²、九等地1500~3000kg/hm²、十等地小于1500kg/hm²。按照以上分等标准西峰区耕地大致可分为五等至八等,参照中低产田划分标准,即正常年份全年粮食产量7500kg/hm²以上划为中产田,7500kg/hm²以下划为低产田,以此划分标准,五等地为中产田,六、七、八等地为低产田,即西峰区地力等级一等地为中产田,二、三、四等地为低产田(见表3-34-1)。

表3-34-1　西峰区中低产田面积汇总表

中低产田	中产田	低产田
西峰区地力等级	一等地	二、三、四等地
面积(公顷)	18006.86	21233.81
占总耕地面积(%)	45.89	54.11

二、西峰区中低产田的类型与分布

(一)西峰区中低产田类型分布

西峰区属黄土高原黄土型类型区,根据耕地地力评价结果,限制西峰区耕地生产潜力的主要障碍程度指标如下(表3-34-2)：

表3-34-2 西峰区不同地力等级障碍程度指标

中低产田		中产田	低产田		
县耕地地力等级		一等地	二等地	三等地	四等地
国家耕地地力等级		五等地	六等地	七等地	八等地
立地条件	地形部位	黄土高原塬面	高原丘陵沟壑、黄土高原塬面	高原丘陵沟壑	高原丘陵沟壑
	地面坡度	<5°	<5°	<5°	5°~10°
	灌溉条件	无灌溉条件	无灌溉条件	无灌溉条件	无灌溉条件
	梯田化水平	条田	条田、水平梯田	条田、水平梯田	坡耕地
	土壤侵蚀程度	无明显侵蚀	无明显侵蚀	无明显侵蚀至中度侵蚀	极强度侵蚀
	耕层厚度(cm)	19.04	17.95	17.95	6.56
	耕层质地	中壤	中壤	中壤	中壤
	障碍层类型	无	无	无	潜育层
耕层理化性状	有机质(g/kg)	10.8~16.4	9.9~16.2	10.6~16.2	10.5~16.0
	全氮(g/kg)	0.76~0.99	0.74~1.0	0.74~0.99	0.76~1.1
	有效磷(mg/kg)	13.8~27.3	14.2~26.4	13.6~25.4	14.3~26.7
	速效钾(mg/kg)	137~266	172~275	172~263	175~280
	pH	8.1~8.7	8.1~8.7	8.1~8.7	8.1~8.7
熟制		二年三熟	二年三熟	二年三熟	一年一熟
年产量水平(kg/hm²)		7500~9000	6000~7500	4500~6000	3000~4500

按照《全国中低产田类型划分与改良技术规范》(NY/T 310-1996)的划分标准,西峰区一等地、二等地、三等地为瘠薄培肥型,四等地为坡地梯改型(见表3-34-3)。

表3-34-3 西峰区不同中低产田类型面积汇总表

中低产田	瘠薄培肥型	坡地梯改型
西峰区地力等级	一、二、三等地	四等地
面积(hm²)	32713.23	6527.44
占总耕地面积(%)	83.37	16.63

1. 瘠薄培肥型

此类中低产田是指由土壤养分匮乏或失衡引起作物产量低下的耕地,可通过长期培肥加以逐步改良。西峰区整个耕地均属于这一类型。

2. 坡地梯改型

西峰区坡地梯改型中低产田是指耕地坡度在大于5°以上的坡耕地。这类中低产田的障碍因素主要为耕层厚度较低,土壤侵蚀程度达到极强度侵蚀,并且在28cm处出现障碍层,厚度大于43cm,可以通过修筑梯田梯埂等田间水保工程加以改良治理。耕地面积6527.44 hm²,占总耕地面积的16.63%,土地主要利用类型为山坡旱地。

(二)西峰区中低产田产生的原因

西峰区塬面虽然完整,但沟壑纵横,土壤立地条件差,雨量分布不均,降水强度大,林木稀少,地表植被覆盖率低,构成了中低产田产生的自然因素。加之人为的掠夺式经营,滥垦、滥伐构成的社会因素。二者的综合作用,使水土流失不断加重,造成农田跑水、跑土、跑肥,致使土壤瘠薄,耕地自然肥力严重衰退,而人为耕作施肥补给的有机质养分数量少,积累不多,形成了大面积的低产土壤。

三、西峰区中低产田改良目标与措施

(一)西峰区中低产田改良目标

中低产田改造要加强领导,统一思想,加强服务。统一规划,综合治理,成片开发强化工程管护,以便发挥长期效益,要从加大资金集中投入,连片治理,平田整地,格田成方,健全水系,搞好配套,改良土壤,发展节水工程,提高农田灌溉、排涝、降渍标准。坚持改造中低产田与保护生态环境,调整优化农业结构相结合,通过改造形成沟、路、林、渠合理布局,旱能浇、涝能排、绿美结合的高标准高效农田,促进农业发展和种植结构调整,提高农民收入,增加农业效益。进行水、土、田、林、路综合治理,提高土地的可持续生产能力。

中低产田改造完成后,将达到"旱能灌、涝能排、渠相通、路相连、林成网、树成行"。依据中低产田的主要特征,运用不同的综合治理技术,因地制宜的对中低产田的土肥水等条件进行全方位治理。

中低产田改造后要达到:①活土层厚,土体构造好。土层要求总厚度在60～100cm以上,土体的构造最好是上松下紧,即活土层要松,心土层要紧。活土层要20～25cm左右,固、气、液三相比例适当。固体占45%,总孔隙达55%,其中大孔隙占15%,即可渗下多余的水,透气性好,又可通过40%的小孔隙以毛管水形式保持和传导给植物可利用的水;而在35cm以下大孔隙减少到9.4%,毛管孔隙增加到43.8%,有利于保持下渗水,成为耕层水肥储藏库。活土层疏松多孔,一般粒状结构多,土性软而不散,有利于热、水、气、肥的调节,形成根系生长的理想环境,根深叶茂,保证作物生长好,产量高。②土壤三化程度高,土质好。土壤的腐殖质化、结构化、微菌化程度高。中低产田改造不单纯是提高当年产量,而是着眼于根本性的土壤改良,提高耕地特别是要进行提高综合生产能力的基本建设。

要针对不同类型中低产田采取综合措施,清除或减轻制约产量的土壤障碍因素,提高耕地基础地力等级,改善农业生产条件。

(二)西峰区中低产田改良技术措施

根据农业部《全国中低产田类型划分与改良技术规范》(NY/T 310-1996),根据西峰区农业生产中存在的问题和土壤本身的障碍因素,提出如下具体改良利用措施。

1. 瘠薄培肥型中低产田改良措施

(1)增加土壤有机质,不断培肥地力

提高土壤肥力的关键措施是增加土壤有机质,而增加土壤有机质的主要途径是增施优质有机肥料,实行草、田轮作,秸秆还田和种植绿肥。

①管好、积好畜圈肥

该区有机肥料中,畜圈肥占百分之九十以上,是补充土壤中有机质的主要来源。根据测定,几种有机肥料除沤肥、鸡粪有机质含量分别为 36 g/kg 和 22 g/kg 外,其他各种有机肥料有机质均在 20 g/kg 以下,有的甚至在 10 g/kg 以下;全氮最高为 1.33 g/kg,最低为 0.43 g/kg。这与农田土壤相比,相差不大,可见农家肥质量之差。在目前农家肥料不足的情况下,搞好肥料的管理,注意土肥的混合比例,是提高肥料质量的关键措施。所以,在有机肥料的积存期间应注意防止风吹、日晒和雨淋,保管在避风遮阴之处,以免养分损失,应大力推广高温泥墙堆肥。在用土垫圈时,土粪的混合比例一般应以 2∶1 为宜。彻底杜绝黄土搬家的现象。

②种植绿肥,扩大苜蓿种植面积

根据目前肥源情况,要提高土壤中有机质的含量,还必须大种绿肥,实行草田轮作,要以牧促肥,以肥增粮。根据西峰区降雨量的月分配指标和多年的绿肥试验结果来看,小麦收割后正是干旱缺雨季节,而七月下旬降雨量剧增时,已接近秋播。所以,一般绿肥生长都很差,只有芸芥耐旱,耐瘠薄,生长良好。尽管它不是豆科作物,但仍能给土壤中增加一定数量的有机质,所以应予大力推广。苜蓿具有庞大的根系,能够穿透耕层以下坚硬的犁底层和埋藏较深的其他坚硬障碍层,并且有显著增加土壤有机质和改善土壤结构的作用。根据庆阳地区农技站在董志南庙的调查结果来看,连续种植五年的苜蓿地土壤有机质则高达 14.9 g/kg,全氮为 0.97 g/kg,水解氮为 59.5 mg/kg;苜蓿地与一般农田相比,有机质增加 3.5 g/kg,全氮增加 0.21 g/kg,水解氮增加 5.8 mg/kg。另外,苜蓿含有大量的蛋白质和其他养分,是猪、羊、牲畜的好饲草。并且产草量高,据调查,生长五年、六年、七年的苜蓿每公顷产草量(鲜态)分别是 27000 kg、39000 kg 和 36000 kg,由此可见,苜蓿是一种十分理想的肥田作物,所以,应适当扩大种植面积,并应普遍地、有计划地逐步实行草田轮作。今后苜蓿的种植时间应以 5~7 年为宜。

③增种豆科作物，改善土壤结构

豆科作物蛋白质含量多，营养价值高，还具有良好的肥田作用，其肥田的机理是豆科作物特殊的根系所表现出的功能：一是根瘤能够吸收同化固定空气中大量的游离态氮，增加土壤氮素；二是根系的根毛具有分泌有机弱酸的本领，这种弱酸能溶解土壤中溶性磷为有效磷，提高有效磷的供应容量。同时豆科作物的茎秆富合营养成分，是羊、兔的优质饲草。所以，扩大豆科作物的种植面积，同样是增加土壤有机质改善土壤结构的主要途径之一。并逐步实行粮豆轮作，增加豆科作物的种植面积，缩短轮作周期。

（2）科学施肥

施肥是补充土壤养分不足的有效方法。为了达到增产的目的和预期的效果，就必须适时适量、合理搭配、科学施肥。根据西峰区测土配方施肥试验结果来看，施用氮磷化肥比例一般以 N∶P∶K=1∶0.5∶0.1 为宜，如果超出这个范围，就会出现失调现象。所以，在今后的化肥施用上应重视氮磷的配合施用。在施用时应根据土壤、肥料性质、作物需求等合理施肥，做到有的放矢，缺什么补什么、缺多少、补多少。

2.坡地梯改型中低产田改良措施

坡地梯改型中低产田改良在瘠薄培肥型中低产田改良措施基础上，还要着重采取一下改良措施。

（1）大搞农田水利建设，治沟治坡，保持水土

①认真抓好以平田整地为中心的农田基础建设

西峰区为旱作农业区，对作物一生水分的要求，大都是由土壤接纳自然降水而供给。所以，平田整地，接纳雨水，防止水土流失是农业生产的关键措施，也是今后发展水浇地的基础工作。要尽快的在塬面、川道修建便于机械耕作、种植、收割和灌溉的高质量的水平条田，在山区修建便于机械操作和运输的山地梯田，为今后农业机械化打下良好的基础。

②大搞以种草种树为中心的生物固土保水工作

种草种树是调节气候，改变环境，平衡生态，固土保水的有效生物措施。沟壑边缘水土流失严重的干旱部位，应自上而下的修筑反坡梯田、鱼鳞坑等蓄水工程，进行蓄水保墒，种植乔、灌木和固坡草；沟壑底部墒情较好的部位应逐步封沟育林；沟壑腰部位应保护好现有草被，有计划的逐步更换草被，提高草被覆盖度，防止水土流失，为发展牧业生产提供物质基础。

（2）深耕改土，合理轮作倒茬

合理的轮作倒茬和正确的深耕是改善土壤中水、肥、气、热状况，加速土壤熟化，提高土壤肥力的有效措施。

①合理轮作倒茬

农谚说"茬口倒顺,强似上粪"。合理轮作倒茬是用作物对土壤肥力进行调节平衡的一项生物措施,是用地养地的好方法,而且也是一种消除和减少各种作物病虫危害行之有效的措施。经调查:小麦、玉米、高粱等作物的产量随着连作年限的增加而递减;病虫发生率随着连作年限的增加而增加。玉米在连作两年以上就会造成黑粉病的大发生。所以,小麦连作年限应控制在四年以下,大秋作物控制在全两年以下,最好一年一换。一般应按以下方式进行轮作:小麦(3~4年)—小秋(一季)—黄豆(一年)—大秋(一年)—小麦。这样就能较好的发挥作物的互补作用,促进养分协调供应,改善土壤性状,减少病虫危害。

②加深耕层,打破犁底层

黑垆土类土壤耕层以下多有厚度不等(一般3~5cm)、较为坚实的犁底层。该层影响作物根系的下扎和土壤水分,养分的上下输通,为一障碍层次,加深耕层不但能打破犁底层,还能蓄水保墒,增加作物根系的营养范围和扩大微生物的活动场所。根据地区农科所测定:伏耕30cm:18cm土壤含水量高出百分之三,土壤中硝化菌增加40倍,硝态氮增加3倍。由此可见,以加深耕层为中心的耕作改土也是不断熟化土壤,提高土壤水分,增加速效养分的基本措施。因此,塬面耕地耕翻深度应在30cm以上,丘陵坡地应达到20cm上。

专题三十五 华池县中低产田土壤类型与改良利用分区研究

第一节 目的意义

华池是1934年建立革命政权的老区县,也是一个干旱山区农业县。全县辖3镇12乡,111个村,646个村民小组,13.3万人,其中农业人口11.3万人。境内沟壑纵横,梁峁相间,全县海拔在1100~1780m之间。总土地面积37.9万公顷,现有耕地6.89万公顷,占总土地面积的18.2%,人均0.52hm^2。全县年平均降水量380~510mm,地面平均蒸发量约1500mm。年日照总时数为2250h,平均气温8.4℃,无霜期145d至165d。

县内粮食作物主要有小麦、玉米、高粱、糜谷、荞麦等,油料、蔬菜、洋芋等物产丰富,年产油料725.4万千克,各类蔬菜1479.9万千克,洋芋1750.1万千克;白瓜子、红小豆、黄豆、黄花菜等土特产驰名陇上,白瓜子年产97.4万千克,红小豆202.6万千克,黄豆409.2万千克,黄花菜75.7万千克(干制品)。粮食总产11.1万吨,油料总产0.84万吨,农业总产值:5.01亿元,农民人均纯收入3073元。

通过建立华池县"县域耕地独立管理信息系统",基本摸清了华池县土地利用类型、土壤类型和耕层土壤养分空间分布,研究了影响土壤生产力的障碍因素,评价华池县耕地生产潜力并划分耕地地力等级,为合理利用和科学管理土壤资源提供有效途径。充分利用华池县"县域耕地独立管理信息系统"的数据,结合第二次土壤普查和"测土配方施肥"项目研究成果,开展华池县土壤中低产田土壤的分区与改良技术研究,合理开发与利用耕地资源。

第二节 土地利用现状

一、土地利用概况

根据2009年年末的土地调查数据,全县土地总面积3790667hm^2,其中耕地68907.6

hm², 占总土地面积的 18.19%, 牧草地 131615.86hm², 占总面积的 34.72%, 果园 94.3hm², 占总面积的 0.02%, 林地 158892.4hm², 占 41.91%, 城镇及工矿用地 4786.3hm², 占 1.25%, 交通运输用地 2750.5hm², 占 0.73%, 水域及水利设施用地 1284.5hm², 占 0.34%, 其他用地 10764.4hm², 占 2.84%。

二、土地利用特点

(一)土地利用率低

华池县现有土地总面积 37.9 万公顷,以农业人口计算人均 3.32hm², 耕地面积 6.89 万公顷, 占全县总面积的 18.19%, 土地利用率低。人均耕地面积 0.6hm², 人均耕地面积少。

(二)养分含量低,土壤瘠薄

华池县耕地土壤有机质平均含量 10.07g/kg, 最低 3.97g/kg, 全氮平均含量 0.68g/kg, 最低 0.07g/kg, 有效磷平均含量 23.84mg/kg, 速效钾平均含量 108.68mg/kg, 华池县土壤肥力总的可以概括为:土壤有机质含量低,磷缺,氮不足,东部钾丰富,土壤微量元素南部有效硼较缺,有效锌缺到中等,绝大部分缺;西北部有效硼缺,有效锌缺至中等,绝大部分缺,其余地区各元素含量较丰富。加之旱农地区降水量少,淋溶作用弱,土壤多呈石灰性,土壤中无机磷多以磷酸二钙或磷酸三钙的形式存在,使磷的有效性降低,土壤的钙饱和也会导致铁、锌、锰和铜的有效性降低。同时农业生产中只重视粮食生产,一味压缩豆类作物和苜蓿等固氮牧草的种植面积,不重视林、牧、副业,造成农田系统循环严重不平衡,限制了养分的再循环利用,导致土壤贫瘠化。

(三)重化肥,轻农家肥

重化肥,轻农家肥。一方面由于旱地农田中山地所占面积大,交通运输条件差,农家肥运输困难。另一方面由于化肥施用方便,肥效显著,造成一些田块盲目增施化肥,导致土壤有机质含量和微量元素减少,农田土壤物理性状变劣,抗灾能力减弱。

(四)施肥方法不当

华池县农田施肥时常采取农家肥撒施、化肥浅施,或以底肥为主,少追肥或不追肥,极少进行叶面喷肥,而且在施种肥时常将种子与肥料混施,造成烧苗,追肥仍普遍采用"大把扬"的方法,只施表面肥,养分挥发淋失严重,肥效差。

第三节 土壤改良利用分区系统及命名

我县土壤改良利用分区,采用主区和副区两级分区制。主区是从整体上反映土壤改良利用的途径及农林牧各业的合理布局。主要根据地理分布和地貌、土壤组合类型、肥力状况、气候因素及农业生产发展方向而划分。其命名采用地理方位—地貌类型—土壤组合类型—土壤改良利用方向联合命名法。例如"北部丘陵沟壑黄绵土牧农林区"。

副区是在同一主区内,以不同的地形单元植被组合、土壤类型和水热条件及改良利用的具体措施的差异而划分的,它反映同一地形条件下土壤改良利用的途径和措施。以地貌单元土类、植物组成及改良利用措施命名。

第四节　中地产田的土壤类型及特点

根据华池县"县域耕地资源管理系统"的耕地力评价结果,影响华池县耕地地力的土壤障碍因素主要有障碍层位置和厚度,结合土地利用区划,按照《全国中低产田类型划分与改良技术规范》(NY/T310—1996)的划分标准,将华池县中低产土壤划分两种类型:干旱缺水型、障碍层次类型和土壤侵蚀。

中低产田总面积5.17万公顷,华池县地力等级三四等为中产田,面积为4.4万公顷,三四等主要分布在黄土梁峁的中上部坡地上,三等地耕地面积2.42万公顷,占总耕地面积的35.1%,四等地耕地面积1.99万公顷,五等地耕地面积0.77万公顷,占总耕地面积的11.17%,五等地主要分布在北部山区和重度侵蚀黄绵土区。

一、干旱缺水型

旱地重点分布在紫坊乡、白马乡、乔川乡、元城镇等西北部山地上,沟深坡陡,植被稀疏,地表径流大。主要河流有白马河、元城河与柔远河,年径流量4110万平方米。年降水日数约78d,年降水量400mm左右,蒸发量1700mm。空气相对湿度57%,干燥度1.34～1.82,是全县最干旱的地区。干旱是本区最大自然灾害,十年九旱,严重时草木枯死,人畜饮水亦发生困难。霜冻,低温,冰雹等也十分频繁。土壤肥力低,分布不均匀,强度沟蚀,水土流失严重,保水保肥能力差,而且耕作不便,无灌水条件,在生产利用上有很大的局限性。

二、障碍层次型

土壤剖面含砾石层,砾石类型:面积201.7hm²,占淤积土属的3.26%,主要分布于靠近河道的河漫滩上。砾石含量大或一米以内夹有砾石或料姜石层,土壤漏水、漏肥,养分含量低,耕作层平均有机质9.2g/kg,全氮0.66g/kg,全磷1.41g/kg,全钾18.5g/kg,代换量7.21me/100g,易发生后期脱肥,保水保肥性能差,难以耕作;潜育层:全县6.25hm²,占耕地

面积的 0.01%，沙漏层：全县 1623.24hm²，占耕地面积的 2.4%。

三、土壤侵蚀

土壤侵蚀面积 8.72hm²，占耕地面积的 0.01%，其中轻度侵蚀面积 3.6hm²，中度侵蚀面积 3.02hm²，重度侵蚀面积 2.1hm²，土壤侵蚀严重。全县每年泥沙流失量为 1932 万吨，侵蚀模数 5120t/km²，水蚀表土厚度达 0.41cm，侵蚀的土壤中流失的有机质 14.6 万吨、无机肥料 45.9 万吨，年平均每 667m² 流失氮素 2.2kg。

第五节　土壤改良利用分区概述

一、北部丘陵沟壑黄绵土牧农林区

该区处于县北部，包括乔川、元城、白马、怀安、乔河、紫坊 6 个乡，43 个村 314 个自然村，总土壤面积 129029.6km²，占全县土壤面积的 34.5%。

区域内 5515 个农业户，29560 个农业人口，7147 农业劳动力，12467 头役畜，农耕地 23842.9km²，人均耕地 0.8km²，劳均 1.9km²，草地 84671km²，人均 2.9km²，林地 5892.1km²，人均 0.2km²。

地貌属丘陵沟壑类型，梁峁重叠，沟谷纵横，平均沟道密度 1.45km/km²。坡地面积 128151.5km²，占该区总面积 99.3%。海拔 1227m～1781.6m。年平均气温 7.5℃。最热月平均 21.2℃，最冷月平均 -7.3℃。年日照时数 2350h，≥10℃ 积温为 2700℃～3000℃，无霜期 155d，年降雨量 350～450mm 左右，年蒸发量 1600mm，干燥度 1.34～1.82。光照充足，冬、春、夏初干旱，秋季降雨集中，无霜期短。

本区的土壤类型主要是黄绵土、淤积土和零星红土。黄绵土土层深厚，疏松多孔，质地适中，通气透水，土性温和。荒山荒坡面积大，其次是农耕地，林木零星，占地面积小。农业土壤易耕作，但水土流失严重，耕作层有机质含量低，缺氮少磷，有机质 4.07～19.59g/kg，平均 8.26g/kg，全氮 0.25～1.8g/kg，平均 0.83g/kg，有效磷 3.22～39.02mg/kg，平均 12.26mg/kg，由于耕地面积大，劳畜负担重，管理粗放，加之施肥量少，广种薄收。以小麦为例，每公顷施农肥不到 7500kg，一些耕地只单施 150～300kg 过磷酸钙，产量很低，一般在 375～675kg/km²。自然草山退化，人工草地面积小，畜牧产值低。

本区另一类土壤是川台淤积土，土层一般深厚，质地适中，多修造成条田，农业生产条件较好。

此外,本区还有小面积的红土,零星的分布在沟谷坡上,多为泻溜面,侵蚀重,植被覆盖度小。

本区山大沟深,人稀地广,干旱少雨,自然条件差,坡耕地水土流失严重,管理粗放,产量水平低,林草稀少。但气候比较温和,并且有发展牧业的广阔天然草山,所以土壤改良利用方向应是搞好草山建设,发展优良牧草,大力发展畜牧业,同时搞好农耕地培肥,种植耐瘠抗旱的糜谷,搭配种植小麦、荞麦、豆类、洋芋、胡麻等农作物,并搞好宜林地的造林工作。根据地形、土壤类型及改良利用方向将本区划分为两个副区,即:Ⅰ1坡地黄绵土牧农林改良利用区,Ⅰ2川台淤积土培肥农业区

(一)坡地黄绵土牧农林改良利用区

该副区包括除川台地以外的全部土壤,面积128151.5km²占主区面积的99.3%。改良利用措施:

1.实行封山育林,进行人工种草,提高植被覆盖率,建立优良草场。封育包括封山封沟,逐山逐沟定期封禁,促使牧草自然恢复。一般对覆盖度在20%左右的荒坡荒沟要结合造林,实行封育,暂严禁放牧,给天然牧草创造较好的生长条件,植被恢复后,再实行合理的放牧利用,这是目前恢复草山植被的一个很好的办法。封山封沟育草要从实际出发,确立区域和面积,逐年轮封,达到全面治理。要求要高质量、高速度的发展畜牧业生产,使其产品成为本区的主要商品,单靠天然牧草是不够的,因此还要对一些适宜种草的荒山荒坡实行人工种草,如近几年来进行的飞播牧草、弃耕种草等行之有效的人工种草形式,应继续大力推广。并注意选择适宜的优良草种,如紫花苜蓿、红豆草、沙打旺、草木樨等。

2.改变广种薄收,走有机旱农的道路。粮食生产发展,除解决口粮、饲料自给外,对远离村舍坡度大于25°的坡耕地,应实行退耕种草,解决饲草、燃料问题。

其余用作农业生产的坡地黄绵土,要集中劳畜力,增施肥料、精耕细作,轮作倒茬,实行山地水平沟种植,并逐年修造梯田,推广全膜覆盖技术。

草田轮作是培肥地力,防止水土流失的一项关键措施,本区轮作方法应以牧草三至五年后倒种为农作物,对于大片的坡地要分带轮作,即一带农作物、一带牧草,这样坡由顶到坡底种植几带,三至五年后轮作。划带轮作,草带可以截留作物带流失的水土,作物带通过逐年耕作可降低田面坡度。

不同的作物嗜肥性不同,轮作倒茬就可以做到合理的利用土壤资源,且可以防治病虫害及杂草。

山地水平均种植,是蓄水保墒,保持水土、增加产量的一项有效措施,据县农技站元城点测定,水平沟种植,水分比大田高,一般增产15%以上,今后应大力推广测土配方施肥技术。

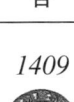

3.逐步发展林业,使宜林地得到充分的利用。本区树木零星,而地域广阔,宜林地没有得到充分的利用,植被稀疏,水土流失严重,林业产值低,"三料"俱缺。今后应搞好荒沟陡坡宜林地的造林工作。先灌后乔,并注意薪炭林、用材林、经济林结合。改春季一次性造林为春夏、秋三季造林,并加强管理。

(二)川台淤积土培肥农业副区

包括乔川、元城、怀安境内的元城河,白马境内的白马河漫滩及一、二级阶地,面积878.1km²,占主区土壤面积的0.7%。

该区土壤主要是淤积土类的淤黄土及淤砂土,并有小面积的黄绵土,土壤多修成川台条田,农业生产性能好,今后应搞好土壤培肥,发展粮油生产。改良利用措施:

1.对已有水利设施的要搞好配套工程,河道两岸搞小型引灌和提灌工程,扩大水浇地面积,充分利用水资源。

2.实行抗旱耕作,做到春旱秋抗。本区是全县最干旱的地方,年降水量350~450mm之间,且60%的降水在7、8、9三个月,春旱和初夏干旱,严重影响农业生产,因此抗旱耕作,搞好秋季降水的贮存,推广全膜覆盖技术,做到秋雨春用,春旱秋抗,有重要意义。抗旱耕作的关键措施是,伏秋早深耕,雨后耙耱,冬前早春镇压保墒,根据县农技站在元城乡的试验,耙耱保墒水分可提高0.87~4.01%。有条件的要进行机耕,加深耕层,促进土壤熟化。

3.培肥地力。合理施肥,做到农家肥与化学肥料配合施用,氮肥与磷肥的配合施用,同时抓好作物生育期的追肥,轮作倒茬,用养结合,推广测土配方施肥技术。

二、南部残原沟壑黑垆土、黄绵土农林区

该主区包括柔远、悦乐、五蛟、上里原、王咀子及城壕乡的一部分,共53个行政村,373个自然村,总土壤面积118747.6km²,占全县总土地面积的31.7%。

区域内有8961农业户,44105农业人口,10987农业劳动力,15886头役畜,共有耕地24136.1km²,人均0.5km²,劳均2.2km²,畜均1.5km²,有林地8443.7km²,人均0.2km²,有荒草地79156.4km²,人均1.8km²。

本区属残原沟壑区,山、川、原兼有川窄原小,沟道密度1.39km/km²,相对高度小,海拔在1110m~1630m之间,年平均气温8℃,最热月平均气温21.7℃,最冷月平均气温-7.0℃,极端最高气温36.6℃,极端最低气温-22.5℃,年平均日照时数2250h,≥10℃的活动积温平均值2886.5℃,保证率80%的积温2770℃,作物生长期260d左右,平均无霜期165d,年降水量在450~550 mm之间,蒸发量在1500~1700mm之间,干燥度1~1.3。光照时间比较长,太阳总辐射量比较多,加之日差较大,植物可以充分利用光照,积累养分。

但是降水量年际变化大,季节分配不均,60%以上的降水集中在7、8、9三个月,春季和初夏雨少易旱。

区域内土壤主要有黑垆土类,黄绵土类,淤积土类及零星分布的红土。黑垆土分布在残原上,全为耕地,田面平整,蓄水保墒,土壤营养状况较好,耕作层平均有机质10.05g/kg,全氮0.89g/kg,有效磷25.1g/kg。黄绵土广泛分布于区域内的梁、峁、沟谷坡地上,土壤利用是农地面积较小,荒草地面积较大,另有零星树木。坡地黄绵土坡度大,水土流失重,营养状况差,荒草地超载过牧,退化严重,淤积土多为条田,生产性能较好。

本区是全县光、热、水等气候条件较好的地区,无霜期长,是全县唯一可复种的地区,并且有生产能力较高的黑垆土和淤积土,所以要搞好这些土壤的培肥,发挥其生产优势。其次,该区荒山荒坡大,要重点搞好宜林地的造林工作,发展"绿色水库",保持水土,并对草山进行合理化建设、利用,搞好林牧业的发展。

根据地形、土壤类型及发展方向,将本区分为三个副区,即Ⅱ1残原黑垆土培肥农业区,Ⅱ2坡地黄绵土农林牧区,Ⅱ3川台淤积土培肥农业区。

(一)残原黑垆土培肥农业副区

包括全部黑垆土,主要分布在上里原、王咀子、城壕、五蛟等乡镇原面上,面积4086.7km²,占主区土壤面积的3.4%,该区土壤营养性状好,农作性能优良,今后在改良利用上通过合理施肥,轮作倒茬,搞好土壤的培肥及蓄水保墒工作,重点发展粮油生产。改良利用措施。

1.本区无水浇地,春夏干旱严重限制作物增产,所以,在土壤改良利用时,首先要搞好以平田整地为中心的农田基本建设,实现原地条田化,特别是对原边的鸡粪垆土、黄绵土,要作为建设的重点,形成"三保田"。其次,要推广深耕耙糖,镇压一套蓄水保墒耕作措施。做到秋雨春用,春旱秋抗。最后,要实行机深耕。

2.不断培肥地力,合理轮作。本区小麦有连作十多年的地块,土壤肥力下降,杂草病虫蔓延,今后应调整作物布局,增加养地作物豆科、绿肥等种植面积,进行合理轮作倒茬。

3.合理施肥,注意农家肥与化肥的配合施用,重视氮肥与磷肥的配合施用。增加肥料施用量,施好基肥,种肥和追肥,推广测土配方施肥技术。

(二)坡地黄绵土农林牧改良利用区

包括主区内全部黄绵土及红土,在各乡镇都有大面积分布,其面积为111954.5km²,占主区面积的94.3%,在利用上有农耕地、荒草地及小片人工林地。生产上存在的主要问题是:水土流失严重,农耕地营养缺乏,产量低,草山退化,植被稀疏,树木零星。土壤改良利用方向是:调整农作物种植结构,因地制宜,以农为主,农林牧结合,山水田并治。

1.搞好农田建设。对于坡度大于25°农耕地实行退耕,还林还草。对农耕地,一要搞

好草田轮作,做到土壤用养结合,一般可种三至五年草后倒种三至五年农作,在草田布置方式上,可以搞草田带状间作,即农作物与牧草呈带状相间,这样一方面可以截短坡长,减缓坡度受冲蚀,又可以利用牧草的肥力改土作用,培肥地力;二要实行山地水平沟种植;三要提高肥料的施用量,实行测土配方施肥,提高肥料利用率。

2.抓好植树造林,减少地表径流,减缓流速,保持水土。营林以适宜为乔木和果树为主,护坡林、沟头防护林、沟底造林、薪碳林、经济林、用材林相结合。在方法上可采用反坡梯田植树、水平沟植树、鱼鳞坑植树,逐步通过封山育林,尽快搞好宜林地的绿化工作。

3.大抓种草。本区人均草地少,为1.8hm²,且年产草量少,畜牧的发展单靠自然草山不足,必须大力进行人工种草,提高草被覆盖度,护坡护沟,减少水土流失,牧草品种可以选择紫花苜蓿、红豆草、草木樨、沙打旺等肥田豆科牧草。

（三）川台淤积土培肥农业副区

包括该区川台淤积土,主要分布在五蛟、悦乐、柔远、城壕境内的元城河,柔远河、城壕河的河漫滩及一级阶地上,面积2706.5hm²,占主区面积的2.3%,面积较大的土壤有淤黄土、五花土、田面平整,农作性状好,该副区土壤改良利用的方向是不断培肥土壤,发展农业生产。

1.发展水利,挖掘生产潜力。本区地下深层水资源多,系高矿化度,深埋在250m以下,难以利用。但地表水目前尚未完全利用,今后应发挥现有的自流渠道灌溉作用,并有计划的在主要河流两岸建一些小型引灌和提灌工程,充分发挥水源的作用。

2.实行抗旱耕作,最大限度的利用自然降水。目前,本区农业主要是旱作农业,区域内年降水450~550mm,但春季保证率80%的降水仅51mm,平均83.3mm,不能满足作物对水分的要求。春旱及初夏干旱严重的影响着农业生产。因此,生产上要把深耕、耙糖、镇压相互结合起来,接纳自然降水,防止径流,减少土壤水分蒸发,进行机深耕,推广全膜双垄沟技术。

3.培肥地力,不断提高土壤肥力。在农业生产过程中,生产粮食,消耗土壤养分和人为的不断培肥土壤、提高土壤养分是土壤肥力的一对矛盾运动状态,只有人为不断培肥土壤才能保证土壤良好的营养状况,持续增产,并搞好与其他作物的合理轮作。

4.推广测土配方施肥技术。

三、东部中山丘陵灰褐土黄绵土林牧农区

本主区包括山庄、南梁、林镇及城壕乡的一部分,共19个行政村,84个自然村,面积126304.7hm²,占全县面积的33.8%。

有农业户2589个,农业人口13665个,农业劳动力2856个,役畜4886头,共有耕地

9286.5hm², 人均耕地 0.7hm², 劳均 3.3hm², 畜均 1.9hm², 林地 53885.1hm², 人均 39.7hm², 荒草地 50900.6hm², 人均 3.7 公顷。

本区属中山丘陵区, 地貌单元主要是中山梁, 且梁面多呈鱼脊形, 长数千米, 山势较低, 沟壑密度小, 平均 0.75km/km², 海拔 1205.8~1713m, 气候温凉, 年平均气温 7.1℃, 最热月平均气温 20.8℃, 最冷月平均气温 -8.4℃, ≥10℃的活动积温为 2500℃~2700℃, 日照时数 2200h, 植物生长季 240~250d, 无霜期平均 145d 左右, 年降水量 550~570mm 左右, 蒸发量 1300mm, 干燥度≤0.90, 属温湿气候区, 但热量和光照不足。

主要土壤有灰褐土、黄绵土、淤积土, 零星有红土的分布, 灰褐土、黄绵土、土层深厚, 质地适中, 通气透水, 灰褐土为森林土壤, 为天然次生林覆盖, 植被覆盖度高, 均在80%以上, 局部开垦的农业土壤, 面积较小, 仅 9286.5hm², 黄绵土大部分是荒草地, 其次是农耕地。荒草地靠近村舍处, 有过牧现象, 远离村舍处, 没有得到合理利用。农业土壤耕性良好, 但水土流失严重, 土壤养分缺乏, 耕作层平均有机质 14.9g/kg, 全氮 1.2g/kg, 有效磷 22.9g/kg, 产量水平低。淤积土土壤深厚, 质地适中, 并多为条田, 农作性能较好。

我县居内陆腹地, 是大陆性气候控制下的干旱半干旱地区, 扩大森林面积, 创造农业生态系统的良性循环, 即涵养水源, 保持水土, 调节农业气候, 是发展农业的根本措施。本区具有发展林业的优越条件。天然次生林面积大, 人均占地多, 气候温凉, 土层深厚, 土质优良, 林木易生长, 该区土壤改良利用的主攻方向, 应放在林业发展上, 将本区建设成为我县一个高质量的水源涵养林区, 改良县内气候条件。在森林建设上, 重点抓好更淤和防护, 促进牧业和农业的发展。由于劳力限制, 近期不能造林的, 在土壤改良利用上搞好草山建设, 发展畜牧业。农业生产要抓好现有农耕地的利用和培肥。退耕坡度大和远离村舍不便经营的耕地, 保证粮食自给。农作品种以喜温润的早熟玉米为主, 搭配种植糜谷、大豆。

根据本区的地形、土壤及发展方向, 将该区划作三个改良利用副区, Ⅲ1 中山丘陵水源涵养林区; Ⅲ2 坡地黄绵土改良利用区; Ⅲ3 川台淤积土培肥农业区。

(一)中山丘陵水源涵养林副区

该区面积 74728.1hm², 占主区面积的 59.2%, 包括主区的全部天然次生林, 主要分布在林镇、南梁、山庄等乡, 土壤是灰褐土类, 在改良利用上要管理好现有森林, 保持其涵养能力。

存在主要问题: 一是对林业资源利用及经营管理不善, 没有把森林的培养及合理采伐结合起来, 滥垦乱伐, 采多于造。部分阴山及梁峁顶部植被稀疏, 已有残败现象。二是林材品质单纯, 质量差, 生产力低。

今后在改良利用上要以林为主, 紧止再滥垦乱伐, 科学管理森林, 抚育改造、利用、更淤、相结合,逐步营造油松、侧柏等优良树种,改造低质森林,提高林木质量。

(二)坡地黄绵土林牧农改良利用区

该副区面积48881.1hm²,土壤主要是黄绵土类,并有零星的红土。占主区面积的38.7%,分布于主区内的各乡梁峁坡上,土壤利用形式主要是牧业草地及农耕地,树木零星。土壤利用上存在的问题:一是坡耕地面积大,耕作管理粗放,水土流失重,本区机械化程度低,农事活动都由人、畜力承担。除川台地外,大部分坡耕地属这一副区,管理粗放,一般每公顷施农肥7500~9000kg,有的只施普钙75~112.5kg,耕作管理粗放。水土保持措施差,流失重,严重的影响着土壤的熟化和肥力的提高;二是本区有大家畜8035头,羊23264只,由于就近放牧,造成近村草山退化,远村草山没有得到充分利用;三是该区树木零星,林地面积小,荒坡荒沟面积大,土地利用不合理。

1.首先对田面坡度大于25°和远离村舍不便经营的耕地要退耕还林还草;其次要搞好草田轮作,做到用养地结合,一般轮作方式是种3~5年草倒种3~5年农作物;再次牧草品种要选择苜蓿、红豆草、沙打旺、草木樨等豆科养地草种,草田的布置一般大面积的田块可以搞草田带状种植,这样可以截流缓冲径流,降低水土流失量,并通过逐年的耕作降低田面坡度;第三,实行山地水平沟种植。坡地沿等高线开沟种植,是蓄水保墒、防止水土流失的一项措施;第四,合理轮作倒茬,做到土壤用养结合;第五、化肥、农家肥配合施用,氮磷肥配合施用,在耕作上,采取伏秋深耕、细耕、勤耕,促进土壤熟化,并逐年造修农田。

2.封沟造林,扩大森林面积,提高水源涵养能力。本区面积大,沟坡水土侵蚀严重,应实行封禁造林;营造林木要根据地形情况。选择适宜树种。沟谷川地绿化以杨、柳、榆、槐、椿等优质速生和乡土乔木为主,阳坡地以小叶杨、刺槐、椿、杜梨、杏、红柳、狼牙刺、山桃等乔灌木为主;阴坡地以河北杨、榆、油松、柠条、酸刺等乔灌为主;梁峁地以柠条、狼牙刺、黑刺、沙打旺等灌草为主。发展经济林。总之,植树造林必须坚持用材林、经济林、薪碳林兼顾。

3.合理利用草山,发展畜牧业。本区植被茂密,利于畜牧业发展,草山载畜量基本合理,今后在放牧过程中,要划区轮牧,防止过牧及草山利用不足等情况。并注意改良畜种,调整畜群结构,扩大母畜比例,提高繁殖率和畜群质量。再发展役畜的同时大力搞好肉畜的繁殖发展。

(三)川台淤积土培肥农业副区

该副区主要是淤黄土为主,分布于各乡的一级阶地上,面积2696.7hm²,占主区面积的2.1%,大部分修造成条田,土壤营养性状较好,土壤生产性能较高。

土壤利用上存在的主要问题:一是耕作管理粗放,尤其是忽视了秋深耕,很少机耕,甚至不秋耕,不利土壤熟化。施肥品种单一,土壤养分不合理;二是农作物(主要指玉米)

连作年限过长,即重茬种植,玉米与糜谷同属禾谷类作物,互相轮作倒茬不科学、不合理,致使土壤养分单一;三是种植制度落后,即几个不同作物品种进行混种,形成多、乱、杂。

1.伏秋深耕。本区大部分宜于机械化作业,加强机耕机播。

2.合理轮作倒茬。实行大秋(玉米)间套豆、瓜或与豆类等规格种植方式。

3.增施肥料。大力推广测土配方施肥技术。

4.推广全膜双垄沟播技术。

5.逐步发展水利建设。

6.栽植护岸林。

专题三十六 宁县中低产田专题报告

第一节 宁县中低产田类型划分与改良利用报告

耕地是农业生产最基本的、不可替代的生产资料,是保持社会和国民经济可持续发展的重要资源,而目前我国耕地无论是从数量还是质量来说,都在不断地下降,已成为农业和农村经济发展主要的制约因素。本专题结合宁县耕地地力评价结果,对宁县土壤主导障碍因素进行了深入分析,同时依照各类障碍因素划分了中低产田的类型,并提出了具体的改良技术与措施。

一、宁县中低产田划分

根据耕地基础地力不同所构成的生产能力,将全国耕地分为十个地力等级。其粮食单产水平为大于13500 kg/hm²至小于1500 kg/hm²,级差1500 kg/hm²。采用当地典型的粮食种植制度的近期正常年份全年粮食产量水平计算,即一等地大于13500 kg/hm²、二等地12000~13500 kg/hm²、三等地10500~12000 kg/hm²、四等地9000~10500 kg/hm²、五等地7500~9000 kg/hm²、六等地6000~7500 kg/hm²、七等地4500~6000 kg/hm²、八等地3000~4500 kg/hm²、九等地1500~3000 kg/hm²、十等地小于1500 kg/hm²。按照以上分等标准宁县耕地大致可分为五等至八等,参照中低产田划分标准,即正常年份全年粮食产量7500 kg/hm²以上划为中产田,7500 kg/hm²以下划为低产田,以此划分标准,五等地为中产田,六、七、八等地为低产田,即宁县地力等级一等地和二等地为中产田,三、四、五、六等地为低产田(见表3-36-1)。

表1-1 宁县中低产田面积汇总表

中低产田	中产田	低产田
宁县地力等级	一、二等地	三、四、五、六等地
面积(hm²)	27295.40	58955.90
占总耕地面积的百分比(%)	31.65	68.35

二、宁县中低产田的类型与分布

(一)宁县中低产田类型分布

按照《全国中低产田类型划分与改良技术规范》(NY/T 310－1996)的划分标准,宁县地力等级一等地、二等地为瘠薄培肥型,三、四、五、六等地为坡地梯改型(见表3-36-2)。

表3-36-2　宁县不同中低产田类型面积汇总表

中低产田	瘠薄培肥型	坡地梯改型
宁县地力等级	一、二等地	三、四、五、六等地
面积(hm^2)	27295.4	58955.9
占总耕地面积的百分比(%)	31.65	68.35

1.瘠薄培肥型

此类中低产田是指土层深厚,质地适中,通透性好,保水性能强,地势平缓,土壤剖面无障碍层次,养分含量相对较高,主要为和盛塬、早胜塬的厚覆盖黑垆土,其主要的障碍因素为:土壤养分失衡和干旱、水资源缺乏,无灌溉条件,引起作物产量低下的耕地。通过应用抗旱技术,加大灌溉设施建设,开发地表水,长期培肥,逐步改良,宁县一等地和二等地属于这一类型。

2.坡地梯改型

宁县坡地梯改型中低产田是指耕地坡度在大于5°以上的坡耕地。这类中低产田的障碍因素主要为耕层厚度较低,地面坡度大,土壤保水保肥力差,不耐旱,因侵蚀影响,土壤养分含量低的薄腐质灰墡土,可以通过修筑梯田梯埝等田间水保工程加以改良治理。近年来,通过退耕还林工程,将坡度大于10°的坡耕地退耕还林还草,改善生态环境。坡耕地面积58955.90 hm^2,占耕地面积的68.35%,土地主要类型为山旱地和塬旱地。

(二)宁县中低产田产生的原因

宁县地处陇东黄土高原,是我国黄土地貌发育比较典型的地区之一,受河流下切、侵蚀、风蚀、重力剥蚀和外力的作用,形成的耕地多为沟壑纵横,土壤立地条件差。同时受到气候和生物条件、传统农业生产方式和社会经济条件的影响,以及人为的掠夺式经营,滥垦、滥伐构成的社会因素的综合作用,水土流失不断加重,造成农田跑水、跑土、跑肥,致使土壤瘠薄,耕地自然肥力严重衰退,而人为耕作施肥补给的有机质养分数量少,积累不多,形成了大面积的低产土壤。

三、宁县中低产田改良目标与措施

(一)宁县中低产田改良目标

改良中低产田,建设稳产高产农田,是改变生产条件,提高农作物产量和农业效益的基础工程、富民工程,在农业现代化建设和农村经济持续稳定发展的过程中有着十分重要的意义。首先要提高认识,加强领导,统一规划,综合治理。要从加大资金集中投入,连片治理,平田整地,格田成方,健全水系,搞好配套,改良土壤,发展节水工程,提高农田灌溉、排涝、降渍标准出发。坚持改良中低产田与保护生态环境,调整优化农业结构相结合,通过改良形成沟、路、林、渠合理布局,旱能浇、涝能排、绿美结合的高标准高效农田,促进农业发展和种植结构调整,提高农民收入,增加农业效益。进行水、土、田、林、路综合治理,提高土地的可持续生产能力。

中低产田改良完成后,将达到"旱能灌、涝能排、渠相通、路相连、林成网、树成行"。依据中低产田的主要特征,运用不同的综合治理技术,因地制宜地对中低产田的土、肥、水等条件进行全方位治理。

中低产田改良后要达到:①活土层厚,土体构造好。土层要求总厚度在 60~100 cm 以上,土体的构造最好是上松下紧,即活土层要松,心土层要紧。活土层要 20~25 cm 左右,固、气、液三相比例适当。固体占 45%,总孔隙达 55%,其中大孔隙占 15%,既可渗下多余的水,透气性好,又可通过 40% 的小孔隙以毛管水形式保持水分,将可利用的水传导给植物;35 cm 以下大孔隙减少到 9.4%,毛管孔隙增加到 43.8%,有利于保持下渗水,成为耕层水肥储藏库。活土层疏松多孔,一般粒状结构多,土性软而不散,有利于热、水、气、肥的调节,形成根系生长的理想环境,根深叶茂,保证作物生长好,产量高。②土壤三化程度高,土质好。土壤的腐殖质化、结构化、微菌化程度高。中低产田改良不仅要提高当年产量,更要着眼于根本性的土壤改良,进行提高耕地综合生产能力的基本建设。要针对不同类型中低产田采取综合措施,清除或减轻制约产量的土壤障碍因素,提高耕地基础地力等级,改善农业生产条件。

(二)宁县中低产田改良技术措施

根据农业部《全国中低产田类型划分与改良技术规范》(NY/T 310-1996),根据宁县农业生产中存在的问题和土壤本身的障碍因素,提出如下具体改良利用措施。

1.瘠薄培肥型中低产田改良措施

(1)增加土壤有机质含量,不断培肥地力

提高土壤肥力的关键措施是增加土壤有机质,而增加土壤有机质的主要途径是增施优质有机肥料,实行草、田轮作,秸秆还田和种植绿肥。

①管好、积好畜圈肥

宁县有机肥料中，畜圈肥占90%以上，是补充土壤中有机质的主要来源。根据测定，几种有机肥料除沤肥、鸡粪有机质含量分别为 36 g/kg 和 22 g/kg 外，其他各种有机肥料有机质均在 20 g/kg 以下，有的甚至在 10 g/kg 以下；全氮最高为 1.33 g/kg，最低为 0.43 g/kg。这与农田土壤相比，相差不大，可见农家肥质量之差。在目前农家肥料不足的情况下，搞好肥料的管理，注意土肥的混合比例，是提高肥料质量的关键措施。所以，在有机肥料的积存期间应注意防止风吹、日晒和雨淋，保存在避风遮阴之处，以免养分损失，应大力推广高温泥墙堆肥。在用土垫圈时，土粪的混合比例一般应以 2∶1 为宜。彻底杜绝黄土搬家的现象。

②种植绿肥，扩大苜蓿种植面积

根据目前肥源情况，要提高土壤中有机质的含量，还必须大种绿肥，实行草田轮作，要以牧促肥，以肥增粮。根据宁县降雨量的月分配指标和多年的绿肥试验结果来看，小麦收割后正是干旱缺雨季节，而七月下旬降雨剧增时，已接近秋播。所以，一般绿肥生长都很差，只有芸芥耐旱，耐瘠薄，生长良好。尽管它不是豆科作物，但仍能给土壤中增加一定量的有机质，所以应大力推广。苜蓿具有庞大的根系，能够穿透耕层以下坚硬的犁底层和埋藏较深的其他坚硬障碍层，并且有显著增加土壤有机质和改善土壤结构的作用。根据测试的结果来看，连续种植五年的苜蓿地土壤有机质高达 14.9 g/kg，全氮为 0.97 g/kg，水解氮为 59.5 mg/kg；苜蓿地与一般农田相比，有机质增加 3.5 g/kg，全氮增加 0.21 g/kg，水解氮增加 5.8 mg/kg。另外，苜蓿含有大量的蛋白质和其他养分，是猪、羊等牲畜的好饲草。并且产草量高，据调查，生长五年、六年、七年的苜蓿每公顷产草量（鲜态）分别是 27000 kg，39000 kg 和 36000 kg，由此可见，苜蓿是一种十分理想的肥田作物，所以，应适当扩大种植面积，并应普遍地、有计划地逐步实行草田轮作。今后苜蓿的种植时间应以 5~7 年为宜。

③增种豆科作物，改善土壤结构

豆科作物蛋白质含量多，营养价值高，还具有良好的肥田作用，其肥田的机理是豆科作物特殊的根系所表现出的功能：一是根瘤能够吸收同化固定空气中大量的游离态氮，增加土壤氮素；二是根系的根毛具有分泌有机弱酸的本领，这种弱酸能溶解土壤中溶性磷为有效磷，提高有效磷的供应容量。同时豆科作物的茎秆富含营养成分，是羊、兔的优质饲草。所以，扩大豆科作物的种植面积，同样是增加土壤有机质改善土壤结构的主要途径之一。并逐步实行粮豆轮作，增加豆科作物的种植面积，缩短轮作周期。

(2)科学施肥

施肥是补充土壤养分不足的有效方法。为了达到增产的目的和预期的效果，就必须适时适量、合理搭配、科学施肥。根据宁县测土配方施肥试验结果来看，施用氮磷化肥比

例一般以N:P=1:0.5至1:0.8为宜,如果超出这个范围,就会出现失调现象。但在生产实践中,群众对磷肥的增产效果缺乏认识,片面强调施用氮肥,存在着重氮轻磷的现象。所以,在今后的化肥施用上应重视氮磷的配合施用。在施用时应根据土壤、肥料性质、作物需求等合理施肥,做到有的放矢。

（3）改、用、养结合,综合治理

中低产田常受多种障碍因子的制约,即使单一因子其治理与消除也常常需要多种途径和方法,中低产田改造过程是一个综合治理的过程。一是突出解决中低产田障碍因素,实施山、水、林、田、路综合治理,改善农业生产的环境条件,完善农耕和排灌系统和配套设施,实现中低产田改造规程中的"排水有沟、蓄水有池、护坎有林、护坡有草,控制和减少水土流失"。二是将大于25°坡耕地退耕还林、还草,建设农业特色经济,实现粮经结合,集约经营,这样不仅缩短改造利用的时间,降低改造利用的难度和费用,还可以提高经济效益。三是在科学合理改造的基础上,结合农艺农耕措施培肥和提高土壤肥力,通过改进种植制度、土壤耕作制度和农田除草制度,把用地和养地结合起来,如种植绿肥和养地作物,改善土壤薄、粗、瘦和漏水漏肥的不良性状,增加农家肥、生物肥,搞好秸秆还田,改善土壤结构,提高土壤肥力。

2.坡地梯改型中低产田改良措施

坡地梯改型中低产田改良在瘠薄培肥型中低产田改良措施基础上,还要着重采取一下改良措施。

（1）大搞农田水利建设,治沟治坡,保持水土

①认真抓好以平田整地为中心的农田基础建设

宁县为旱作农业区,对作物一生水分的要求,大都是由土壤接纳自然降水而供给。所以,平田整地,接纳雨水,防止水土流失是农业生产的关键措施,也是今后发展水浇地的基础工作。要尽快的在塬面、川道修建便于机械耕作、种植、收割和灌溉的高质量的水平条田,在山区修建便于机械操作和运输的山地梯田,为今后农业机械化打下良好的基础。

②大搞以种草种树为中心的生物固土保水工作

种草种树是调节气候,改变环境,平衡生态,固土保水的有效的生物措施。沟壑边缘水土流失严重的干旱部位,应自上而下的修筑反坡梯田、鱼鳞坑等蓄水工程,进行蓄水保墒,种植乔、灌木和固坡草;沟壑底部墒情较好的部位应逐步封沟育林;沟壑腰部位应保护好现有草被,有计划的逐步更换草被,提高草被覆盖度,防止水土流失,为发展牧业生产提供物质基础。

（2）深耕改土,合理轮作倒茬

合理的轮作倒茬和正确的深耕是改善土壤中水、肥、气、热状况,加速土壤熟化,提高

土壤肥力的有效措施。

①合理轮作倒茬

农谚说"茬口倒顺，强似上粪"。合理轮作倒茬是用作物对土壤肥力进行调节平衡的一项生物措施，是用地养地的好方法，而且也是一种消除和减少各种作物病虫危害行之有效的措施。经调查：小麦、玉米、高粱等作物的产量随着连作年限的增加而递减；病虫发生率随着连作年限的增加而增加。玉米在连作两年以上就会造成黑粉病的大发生。所以，小麦连作年限应控制在四年以下，大秋作物控制在全两年以下，最好一年一换。一般应按以下方式进行轮作：小麦(3~4 年)—小秋(一季)—黄豆(一年)—大秋(一年)—小麦。这样就能较好的发挥作物的互补作用，促进养分协调供应，改善土壤性状，减少病虫危害。

②加深耕层，打破犁底层

黑垆土类土壤耕层以下多有厚度不等(一般 3~5 cm)、较为坚实的犁底层。该层影响作物根系的下扎和土壤水分，养分的上下输通，为一障碍层次，加深耕层不但能打破犁底层和板结层，还能蓄水保墒，增加作物根系的营养范围和扩大微生物的活动场所。根据地区农科所测定：伏耕 30 cm 比 18 cm 土壤含水量高出百分之三，土壤中硝化菌增加 40 倍，硝态氮增加 3 倍。由此可见，以加深耕层为中心的耕作改土也是不断熟化土壤，提高土壤水分，增加速效养分的基本措施。因此，塬面耕地耕翻深度应在 30 cm 以上，丘陵坡地应达到 20 cm 以上。

专题三十七 合水县耕地地力评价与粮食作物生产布局

第一节 概况

耕地数量的多少和质量的高低,直接影响农业产业结构、耕地产出水平及农产品质量。作为耕地的直接产物之一,粮食则是一种具有战略意义的特殊商品,特别是像我国这样一个拥有十几亿人口的发展中大国,粮食安全始终关系国民经济发展的全局,任何时候都不能忽视。随着社会的进步与发展,人口和社会对农产品的需求不断增大,对农业生产的要求也越来越高,耕地与粮食已经成为世界各国及科学领域高度关注的重要问题。

"民以食为天,国以粮为安"。改革开放以来,合水县历届县委、县政府始终把决不放松粮食生产,努力提高粮食生产综合生产能力作为农业生产重中之重来抓,在生产实践中始终坚持农艺农机相结合、生物措施与工程措施相配套,经济效益与生态效益并重、技术创新与机制创新并举的农牧业发展原则,按照"因地制宜、分类指导、依靠科技、增加单产、提高总产"的发展思路,围绕"压夏扩秋、压低扩高、压单扩复"开展农业结构优化调整,在黄土高原沟壑区总结推广"修梯田、铺地膜、打水窖、调结构、兴科技"的旱作农业发展方式,在黄土原区及河谷区推广和建设了一批"吨粮田"、"双千田"及优质高产高效模式规范化种植基地。其耕地改良利用方面主要采取了以下措施:

一是良种应用工程。改革开放以来,引进小麦、玉米等农作物新品种300多个,引进推广陇塬935、陇塬936、陇鉴301、陇鉴48、陇育20、陇育22等9个小麦新品种,主要农作物良种覆盖率达到95%以上。

二是地膜覆盖工程。1982年首先在瓜类、蔬菜上引进推广,1984年在玉米等粮食作物上试验推广,1995年以"温保工程"形式推广地膜平铺玉米种植3.5万亩,亩均产粮450kg以上,较露地增产34%以上,推广面积逐年扩大。特别是2006年以来,试验推广了全膜双垄沟播技术,该项技术具有较强的微雨集流、抗旱保墒能力,十分适宜合水县实际情况,增产效果明显。据测定,全膜双垄沟播玉米亩产均在680kg,最高可达900kg,亩均增产在100kg以上。2008年,作为县上科技抗旱增收1号工程,推广全膜双垄沟播种植5万亩,全县地膜覆盖面积达到16.8万亩。2009年推广全膜双垄沟播种植5.34万亩。

三是沃土工程。在施用农家肥的基础上,从20世纪80年代开始全面施用或喷施化肥,2007年又开展测土配方施肥,累计施用配方肥面积49.4万亩,配方肥推广面积105.62万亩,增产显著。

四是植保工程。合水地域复杂,农作物病、虫、鼠及草害种类繁多,通过农业技术人员多年艰苦探索,基本摸清了各类农作物主要病、虫、鼠、草害种类,掌握了发生机理和规律,通过生物、物理及化学方式开展综合防治,挽回损失。

五是粮食高产创建工程。从1983年以来,在河谷区先后推广了小麦套玉米、小麦套黄豆、马铃薯套玉米、马铃薯套黄豆等多种高效规模规范化套种模式,年均推广面积5万亩。从2003年以来,在林缘区以马铃薯、玉米等作物为重点,集成配套节水补灌、生物抗旱、配方施肥、全膜双垄沟播等技术,年均创建高产田3万亩。

以上措施取得了较大进步,但由于受到水资源匮乏、中低产田比重大、复种指数低、农民生产习惯等多方面自然及社会因素的综合影响,合水县粮食作物生产还未能最大限度地发挥当地自然、社会、经济等多方面农业生产条件的潜力。

为此,甘肃农业大学资源与环境学院的部分专家会同甘肃省农业节水与土壤肥料管理总站就合水县耕地地力评价与粮食生产布局进行了专门的调查研究,并在耕地地力评价的基础上,利用建立好的合水县耕地资源管理信息系统分析合水县县域内三种主要栽培的粮食作物的适宜性,针对全面落实国家新增1000亿斤、甘肃省新增50亿斤粮食的战略任务中遇到的挑战与机遇,拟定了合水县粮食生产布局的中、远期发展目标,同时提出具体的措施与建议。

第二节 调查方法

一、工作组织

本项专题调查研究是在充分利用合水县耕地地力评价结果的基础上展开的。为了全面、细致地做好本项专题研究,甘肃农业大学资源与环境学院会同合水县农技推广中心专门组建了"合水县粮食作物生产布局研究"工作组,预借助前者在耕地地力评价工作中积累的大量数据和土壤资源调查与评价,以及农作物产业布局方面的技术优势,切实分析合水县粮食生产的限制因素及增产潜力,并提出具体的粮食生产布局规划目标,同时就如何进一步提高土壤资源利用效率,发挥中低产田增产潜力提出具体的措施与建议。其人员组成和分工。

二、技术路线

本项专题调查研究试图通过组建合水县粮食生产布局专题研究小组，明确各自分工，积极组织协调各类资料的收集与整理工作，在对合水县粮食生产中存在的现状展开调查研究的基础上，充分利用合水县耕地地力评价结果，并针对这些问题总结形成粮食生产限制因子；同时摸清合水县粮食生产的潜力，挖掘提炼粮食生产的突破点，最后提出相应的规划目标和具体措施，最后将整个工作的结果以报告的形式提交。

第三节 调查结果

一、合水县粮食生产与消费现状

(一)粮食生产

合水县统计数据结果表明：2006—2009年合水县平均年粮播面积37.5万亩，人均粮播面积2.5亩。其中小麦10万亩，占26.7%，玉米9.6万亩，占25.6%。粮食总产9600万千克，人均产量561kg，亩均产量248.1kg。

(二)粮食消费

对农村住户的调查结果表明：2006—2009年，合水县平均年消费粮食8500万千克，人均消费粮食497.07千克。其中口粮3570万千克，占42%，人均消费208.7千克；饲料用粮2720万千克，占32%；出售用粮1462万千克，占17.2%；种子用粮92万千克，占1.08%。

(三)粮食生产与消费数据比对

依据对合水县内粮食生产与消费数据的比对，其结果表明：合水粮食产消总量基本平衡，略有盈余，2006—2009年出售余粮扣除购入450万千克，盈余1300万千克，其中：

水稻：年播种面积3000亩，平均亩产448kg，总产1344t，人均7.85kg，还需要省外购进。

小麦：广大城乡居民主要口粮小麦，因产量不稳定，农民种植的积极性不高，播种面积逐年下降，到2009年小麦播种10.2万亩，总产仅为225.4万千克，占粮食总产的26.5%，人均131.8kg，总量严重不足，需从县外调入补充。

玉米：目前年种植面积9万亩左右，平均亩产量在450kg以上，总产在4050万千克以上，完全满足饲料用粮。

马铃薯：目前年种植面积 3 万亩左右，实际平均产量在 1500kg 左右，总产在 4500 万千克以上，完全满足当地马铃薯需求。

二、合水县粮食生产要素

合水县粮食总产与总播种面积、梯田面积、水地面积、良种覆盖度、地膜投入量、化肥投入量等因素均关系密切，这些因素是今后保证粮食生产的重点控制对象。另外，农机总动力、农村生产用电影响较大，应引起足够重视。

(一)播种面积

现阶段粮食总产中，土地的贡献占 53%，压夏扩秋结构调整的贡献占 15%，单产提高的贡献占 32%。在现有生产技术水平下，每增加 1 万亩粮播面积，就可总增 100 万千克粮食。

(二)梯田面积

梯田与抗旱灾能力有关，是粮食高产稳产的保证。据相关分析，梯田面积每增加 1 万亩，粮食总产可增加 86.5 万千克。因此，旱作区应加强以梯田为主的农田基本建设投入，增加梯田面积，增强抗旱能力。

(三)水地面积

水是农业的命脉，水地在半干旱地区显得尤为珍贵，现阶段，合水县现有水地面积 3.11 万亩，占耕地面积 8.2%，平均亩产 423kg，总产 1315.5 万千克，占粮食总产的 15.4%，发展和开发水地显得尤为重要。据相关分析，水地面积每增加 1 万亩，粮食总产可增加 202 万千克。因此，应加强水利设施建设投入，增加水地面积，提高高产稳产田比例。

(四)良种覆盖度

据相关分析，良种覆盖度每增加 1 个百分点，粮食总产可增加 9.77 万千克。因此，应加强良种繁育体系建设，加大良种普及力度，提高粮食作物良种覆盖度。

(五)地膜投入量

地膜覆盖技术是旱作区抗旱增产增收的突破性措施，已在粮食生产中发挥了巨大作用。据相关分析，地膜投入量每增加 1000kg，粮食总产可增加 3.83 万千克。因此，应把全膜双垄沟播为主的地膜覆盖技术作为旱作区粮食增产的首要措施，加大推广力度，使玉米种植全膜化。

(六)化肥投入量

随着单产的提高，所需肥料量必须与之相适应。据有关资料分析，现阶段每增施 1kg 化肥纯量，仅使单产提高 9.5kg，不到应用测土配方施肥技术每千克增产 15kg 的 63%，反映出当前化肥使用配比不合理，利用率不高，化肥的增产潜力没有得到充分发挥。因此，要促进粮食持续增产，必须增加肥料投入，并大量使用农家肥，实施秸秆还田，以维持地

力平衡。合水县在施用农家肥的基础上，从20世纪80年代开始全面施用化学肥料，2007年开展测土配方施肥，累计施用配方肥面积49.4万亩，增产显著。

三、合水县粮食生产的制约因素

分析合水县粮食生产潜力发挥的制约因素，工作组将这些因素分为自然资源制约因素、基础设施制约因素、灾害风险制约因素、农业科技制约因素四个方面。

(一)自然资源制约因素

1.水资源贫乏

合水县是一个靠天吃饭特征明显的以雨养农业为主的农业县，水资源匮乏是制约合水县农业发展的主要因素。合水县近10年平均降雨量558.8mm，较多年（30年）平均548mm高10.8mm。其中东南部减少10~15mm，平均值由548mm降为533mm；中部丘陵区减少20~30mm，平均值由548mm降为524mm；东北部林缘区增加10~20mm，平均值由548mm升为559mm。县境内河流均属黄河水系，主要有贯穿全县南北的黄河支流县川河及其葫芦河、马莲河、固城河等。全县自产水资源为6800万立方米，可利用水资源为5017万立方米，其中地表水39400万立方米、地下水582万立方米，人均占有水量360立方米是全市人均水量400 m^3 的90%，是全省人均水量1300 m^3 的27.7%，是全国人均水量2400m^3的15%远远低于全省、全国水平。

2.中低产田比重大

目前合水县34738.98 hm^2粮食播种面积中，高产田仅有943.06 hm^2，占2.71%，主要分布在前塬塬面中部及有灌溉条件的河谷区；中产田有5879.91 hm^2，占16.93%，中产田主要分布在中北部黄土高原塬面及南部降水丰富或灌溉条件较好的河流川谷地区；低产田27916.01 hm^2，占80.36%，主要分布在南部山区和北部黄土高原塬面以及中部半干旱梁峁丘陵沟壑地带，在东北和西北部梁峁丘陵沟壑区也有分布。

(二)基础设施制约因素

1.水地面积比重小

统计数据显示，合水县水资源分为地表水和地下水。地表水：本县有两条大的过境河流即马莲河与葫芦河。马莲河支流有县川河固城河；葫芦河支流有苗村川河、平定川河、瓦川河。以子午岭为分水岭，岭以西为马莲河流域，面积1782.024km^2；岭以东为葫芦河流域，面积1193.8km^2。河川径流主要由降水决定，同时受到地形、植被、地质、土质等影响。本县年平均径流深20mm左右，平均总径流0.595亿立方米/年，其中葫芦河0.220亿立方米/年，马莲河0.375亿立方米/年，多年平均流量为1.89m^3/年。地下水：本县地下水有潜水和承压水两种。潜水：主要由天然降水补给，按其特征可分为塬区黄土层孔隙裂隙潜水,丘陵区黄土层裂隙空洞潜水,河谷区冲积层孔隙潜水三种。承压水:包含洛河组、华池组、环河组等三个承压含水层。有效灌溉面积1.68万亩,占总耕地面积52.1万亩的3.2%。到2009年末,虽然建成各类水利工程165项,主要有固城二干渠、三干渠、太白镇的枣刺砭渠道、王帽庄渠道、吉岘三干渠道等二川灌区,累计发展水地有效面积3.11万亩,保灌面积1.68万亩;兴修"三田"38.4万亩,其中梯田27.1万亩,条田9.3万亩,沟坝地0.33万亩;全县水土流失总面积1862km²,已完成治理面积968.24km²,治理程度52%;通过"121"工程、集雨节灌工程、人饮解困工程等项目建设,建成雨水集蓄利用工程7.1492万处,蓄水池1.3019万处,水窖5.392万口,小电井0.4991万眼,滴灌面积8083亩,喷灌面积3959亩。但是水利工程初建标准低,运行多年,多数渠道年久失修,资金投入不足,渠道毁坏严重,目前有大部分水泵带病运行,失灌现象常常发生。

2.农业机械化水平不高

全县农村农机总动力达到9.51万千瓦,其中:柴油机动力8.15万千瓦,汽油机动力1.25万千瓦,农用机械拖拉机2662台,运输车2538台,各种收割机及播种机742台。农业生产耕、播、收主要环节机械化水平只达到61%、34%和28%,农业综合机械化水平仅有41%。

3.抵御自然灾害能力差

统计年报显示,2009年三田面积已达36.3万亩,比重占到95%,但大多数农田存在用养失调、肥料投入失衡、保水保肥能力差等缺陷,一旦遇到大的自然灾害,农业生产就会产生大的波动。

4.生产体制创新性不足

改革开放初期,合水县土地承包政策以家庭承包经营制度为基础,均分土地的原则对粮食生产带来了巨大的正面影响,但是落后的小农家庭经营方式,日渐成为实现规模经济,扩大农业生产、提高粮食产量的制约因素,缺乏生产体制的创新与探索。

5.社会化服务体系不完善

合水县全县只有县、乡两级农业技术服务机构,村级服务网络断层,人员空白,是服务体系建设中最薄弱环节。科技人员老化且缺乏,在编在岗人员126人,从事农业技术推广和服务的技术人员83人,占65.8%。即使服务核心单位县农技中心现也只有13名技术人员。

6.良种繁育体系尚未建立

合水县农科所撤并后,育种基本停止,加之农业科技三项费用投入能力不足,一直没有建立起自己的主要粮食作物良种繁育基地,严重制约着优良品种的普及。目前,全县农业科技进步对粮食单产的贡献率只有40%,低于全省48%的水平,远远低于发达国家

60%~80%的水平。

7.农民科技素质不高

全县乡村劳动力资源总数为9.93万人,占全县农业人口的54.4%,其中初中以上文化程度6.3万人,占总劳动力的63.4%,小学程度3.4万人,占总劳动力的34.8%。受粮食生产效益低的影响,大多农村青、壮年劳动力外出打工,从事农业生产多为妇女与老人,接受农业科技培训能力差,致使生产关键、实用技术落实到位率不高。

第四节 结果分析

工作组利用合水县耕地资源管理系统,开展了针对小麦、玉米两种主栽粮食作物的耕地地力适宜性评价工作,并就如何在全县范围内合理布局这两种作物生产进行了规划。

一、小麦种植适宜性评价

(一)层次分析模型的建立

通过召开专家评议会,选定≥10℃积温、年降水量、坡向、耕层厚度、地貌类型、有机质和有效磷7个因子作为小麦适宜性评价的指标,然后根据各自的属性和特点,将它们分别归入到气候、立地条件、耕层养分状况三个准则层中。其中耕层厚度属于剖面性状准则层,但是根据耕地资源管理信息系统设置,每个准则层至少包含两个指标,因此由专家探讨和商议后,将耕层厚度列入立地条件准则层。构造的层次结构如图3-37-1所示:

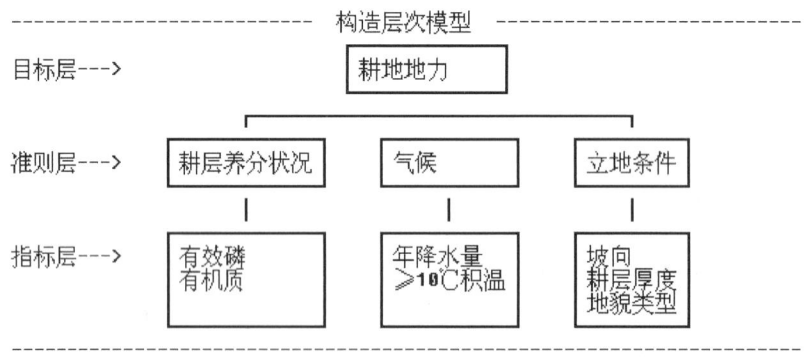

图3-37-1 合水县小麦适宜性评价层次模型结构

针对各准则层及指标层各指标之间的相互关系,由9位专家通过特尔斐法按照准则层对目标层、指标层各因素对准则层相应因素的相对重要性,给出数量化的评估,评估方法见表3-37-1:

表 3-37-1 层次判断矩阵标度

标度	含义
1	表示两个因素相比，具有同样重要性
3	表示两个因素相比，一个因素比另一个因素稍微重要
5	表示两个因素相比，一个因素比另一个因素明显重要
7	表示两个因素相比，一个因素比另一个因素强烈重要
9	表示两个因素相比，一个因素比另一个因素极端重要
2,4,6,8	上述两相邻判断的中值
倒数	因素 i 与 j 比较得判断 bij，则因素 j 与 i 比较的判断 bji=1/bij

经专家反复对比与分析，最终建立了 4 个判断矩阵（表 3-37-2 ~ 3-37-5）：

表 3-37-2 目标层判断矩阵及指标权重

指标	耕层养分状况	气候	立地条件	权重
耕层养分状况	1	0.3731	0.2584	0.1291
气候	2.68	1	0.4484	0.2984
立地条件	3.87	2.23	1	0.5725

CI=1.05092300940579E-02；RI=.58；CR=CI/RI=0.01811936＜0.1；一致性检验通过

表 3-37-3 准则层(1)判别矩阵(耕层养分)

	有效磷	有机质	权重
有效磷	1	0.4065	0.289
有机质	2.46	1	0.7110

CI=-5.00001250025583E-06；RI=0；CR=CI/RI=0.00000000＜0.1；一致性检验通过

表 3-37-4　准则层(2)判别矩阵(气候)

指标	年降水量	≥10℃积温	权重
年降水量	1	0.4348	0.3030
≥10℃积温	2.3	1	0.6970

CI=1.99998000041113E-05；RI=0；CR=CI/RI=0.00000000＜0.1；一致性检验通过

表 3-37-5　准则层(3)判别矩阵(立地条件)

指标	坡向	耕层厚度	地貌类型	权重
坡向	1	0.5556	0.2801	0.1545
耕层厚度	1.8	1	0.4274	0.2632
地貌类型	3.57	2.34	1	0.5823

CI=1.54350526997504E-03；RI=.58；CR=CI/RI=0.00266122＜0.1；一致性检验通过

(二)计算各因子权重

在县域耕地资源管理系统中,运行层次分析模型编辑菜单,系统根据所构建的判别矩阵,首先获得各判别矩阵的权重值,然后计算同一层次所有因素对于总目标相对排序权值,即进行层次总排序,最终所得到的组合权重即为各小麦适宜性评价因子的权重值(表 3-37-6):

表 3-37-6　合水县小麦适宜性评价各因素的组合权重计算结果

指标	耕层养分状况	气候	立地条件	组合权重
	0.1291	0.2984	0.5725	$\sum C_i A_i$
有效磷	0.2890			0.0373
有机质	0.7110			0.0918
年降水量		0.3030		0.0904
≥10℃积温		0.6970		0.2080
坡向			0.1545	0.0885
耕层厚度			0.2632	0.1507
地貌类型			0.5823	0.3333

层次总排序一致性检验:CI=8.88920526064185E-04;RI=.332027960299067;

CR=CI/RI=0.00267725<0.1;一致性检验通过

由层次分析结果可以看出,各评价因子对小麦适宜性的影响程度从大到小依次为:地貌类型、≥10℃积温、耕层厚度、有机质、年降水量、坡向、有效磷。

(三)隶属函数建立及其隶属度的确定

由于该项专题评价中所选定7个因子均包含在9个耕地地力评价因子之中,项目组决定应用县域耕地资源管理信息系统中已经建的隶属函数模型确定小麦适宜性评价因子的隶属度。

(四)小麦种植适宜性评价及其结果

通过建立的合水县小麦生产适宜性评价的层次分析模型和隶属函数模型,关联合水县耕地资源管理单元的属性数据,对合水县县域内所有耕地进行小麦适宜性评价。本项目采用累积曲线分级法来划分合水县小麦适宜性评价等级。

在划分等级过程中,考虑到评价结果部分与当地实际情况不符,将第一轮评价结果返回当地专家,在当地专家经验指导下,经过不断调试,设置各等级起始分值,确定将合水县小麦适宜性评价定为四个等级(图3-37-3)。

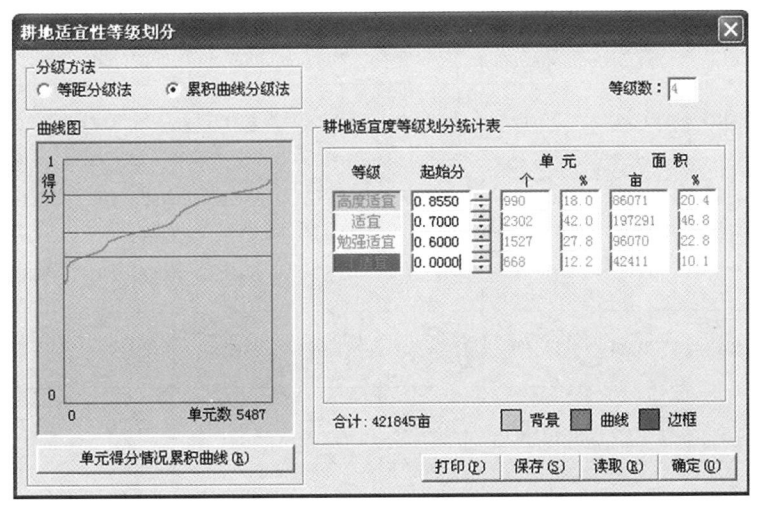

图3-37-3 合水县小麦适宜性评价划分等级界面

由图3-37-3可知:合水县县域内绝大多数耕地评价单元均适合小麦生产,其中高度适宜种植小麦的区域分布在合水县耕地地力评价等级为一级和二级的区域。对应评价单元的属性数据分析,主要涉及段集乡、肖咀乡、吉岘乡、何家畔等9个乡镇的7088.03 hm² 耕地,占全县总耕地面积的20.40%;适宜种植小麦的区域在合水县耕地地力评价等级为一到五等中均有分布,涉及全县12个乡镇,总面积达到了16246.87hm²,占全县总耕地面积的46.77%;勉强适宜种植小麦的区域在合水县耕地地力评价等级为一到五等中均有分布,涉及全县 12 个乡镇的 7911.47 hm² 耕地,占全县总耕地面积的 22.77%;不适宜种植小麦的区域在五等级中分布,涉及太白镇、固城乡两个乡镇的 3492.61 hm² 耕地,占全县总耕地面积的 10%。对合水县冬小麦生产适宜性评价各等级耕地面积进行统计的结果见表 3-37-7:

表 3-37-7　合水县小麦生产适宜性评价各等级面积

乡镇	耕地总面积(hm²)	适宜性评价等级面积及其占全乡耕地总面积比例(hm²,%)							
		高度适宜	比例	适宜	比例	勉强适宜	比例	不适宜	比例
板桥乡	3983.28	588.75	14.78	2486.84	62.43	907.69	22.79	0	0
店子乡	1662.97	689.68	41.47	878.22	52.81	95.07	5.72	0	0
段家集乡	2026.36	993.34	49.02	964.18	47.58	68.84	3.40	0	0
固城乡	2813.31	1.95	0.07	2257.53	80.24	553.83	19.69	0	0
蒿咀铺乡	2885.51	58.60	2.03	1185.69	41.09	1641.22	56.88	0	0
何家畔乡	1894.86	919.64	48.53	612.75	32.34	362.47	19.13	0	0
吉岘乡	2700.46	886.40	32.82	1643.97	60.88	170.09	6.30	0	0
老城镇	4454.86	0.00	0.00	1662.37	37.32	2385.51	53.55	406.98	9.14
太白镇	3946.51	0.00	0.00	20.50	0.52	840.38	21.29	3085.63	78.19
太莪乡	2455.48	372.04	15.15	1521.62	61.97	561.82	22.88	0	0
西华池镇	3682.65	1255.62	34.10	2162.02	58.71	265.01	7.20	0	0
肖咀乡	2232.73	1322.01	59.21	851.18	38.12	59.54	2.67	0	0
总计	34738.98	7088.03	20.40	16246.87	46.77	7911.47	22.77	3492.61	10.05

二、玉米种植适宜性评价

(一)层次分析模型的建立

通过召开专家评议会,选定地貌类型、耕层厚度、≥10℃积温、年降水量、有机质、有效磷等 6 个因子作为玉米适宜性评价的指标,然后根据各自的属性和特点,将它们分别归入到气候、立地条件、耕层养分状况三个准则层中。其中耕层厚度属于剖面性状准则层,但是根据耕地资源管理信息系统设置,每个准则层至少包含两个指标,因此由专家探讨和商议后,将耕层厚度列入立地条件准则层。构造的层次结构如图3-37-4所示:

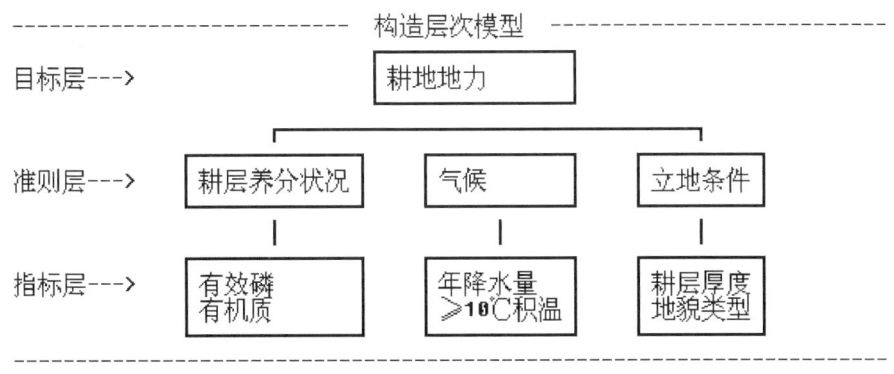

图 3-37-4　合水县玉米适宜性评价层次模型结构

针对各准则层及指标层各指标之间的相互关系,由9位专家通过特尔斐法按照准则层对目标层、指标层各因素对准则层相应因素的相对重要性,根据表3-37-8中的判断标度,经专家反复对比与分析,最终建立了4个判断矩阵(表3-37-9~3-37-12)。

表 3-37-8　目标层判断矩阵及指标权重

指标	耕层养分状况	气候	立地条件	权重
耕层养分状况	1	0.3846	0.2584	0.1306
气候	2.6000	1	0.4484	0.2958
立地条件	3.8700	2.2300	1	0.5736

CI=9.09451919804294E-03;RI=.58;CR=CI/RI=0.01568021<0.1;一致性检验通过

表 3-37-9　准则层(1)判别矩阵(耕层养分)

指标	有效磷	有机质	权重
有效磷	1	0.4065	0.2890
有机质	2.46	1	0.7110

CI=-5.00001250025583E-06;RI=0;CR=CI/RI=0.00000000<0.1;一致性检验通过

表 3-37-10　准则层(2)判别矩阵(气候)

指标	年降水量	≥10℃积温	权重
年降水量	1	0.4348	0.3030
≥10℃积温	2.300	1	0.6970

CI=1.99998000041113E-05；RI=0；CR=CI/RI=0.00000000＜0.1；一致性检验通过

表 3-37-11　准则层(3)判别矩阵(立地条件)

指标	坡向	地貌类型	权重
坡向	1	0.4274	0.2994
地貌类型	2.3400	1	0.7006

CI=5.79983180974963E-05；RI=0；CR=CI/RI=0.00000000＜0.1；一致性检验通过

(二)计算各因子权重

在县域耕地资源管理系统中,运行层次分析模型编辑菜单,系统根据所构建的判别矩阵,首先获得各判别矩阵的权重值,然后计算同一层次所有因素对于总目标相对排序权值,即进行层次总排序,最终所得到的组合权重即为各玉米适宜性评价因子的权重值(表3-37-12):

表 3-37-12　合水县玉米适宜性评价各因素的组合权重计算结果

指标	耕层养分状况	气候	立地条件	组合权重
	0.1306	0.2954	0.5736	$\sum C_i A_i$
有效磷	0.2890			0.0377
有机质	0.7110			0.0928
年降水量		0.3030		0.0896
≥10℃积温		0.6970		0.2062
耕层厚度			0.2994	0.1718
地貌类型			0.7006	0.4019

层次总排序一致性检验:CI=3.85332469712294E-05;RI=0;CR=CI/RI=0.00000000＜0.1;一致性检验通过

由层次分析结果可以看出,各评价因子对玉米适宜性的影响程度从大到小依次为:地貌类型、≥10℃积温、耕层厚度、有机质、年降水量、有效磷。

(三)隶属函数模型建立及其隶属度确定

项目组应用县域耕地资源管理信息系统中已经建成的隶属函数模型确定玉米适宜性评价因子的隶属度。此项工作在技术报告中已有详细说明,在此不再赘述,具体情况见表表5.13~5.16。

(四)玉米种植适宜性评价及其结果

通过建立的合水县玉米生产适宜性评价的层次分析模型和隶属函数模型,关联合水县耕地资源管理单元的属性数据,对合水县县域内所有耕地进行玉米适宜性评价。本项目采用累积曲线分级法来划分合水县玉米适宜性评价等级。

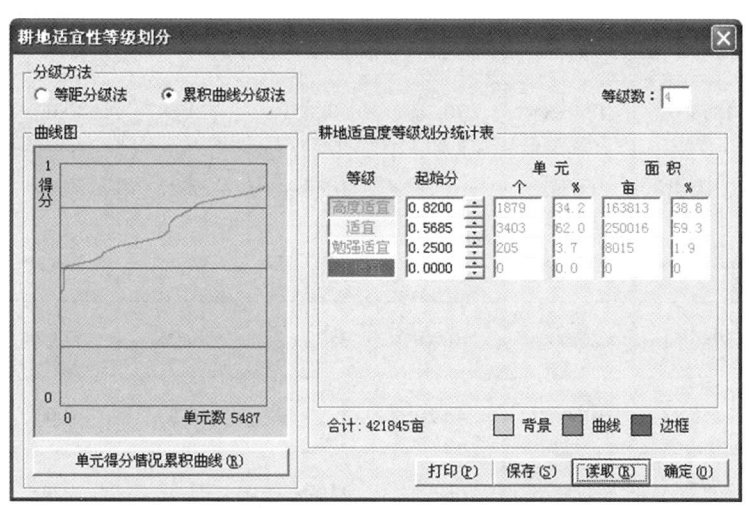

图3-37-6 合水县玉米适宜性评价划分等级界面

在划分等级过程中,考虑到评价结果有可能与当地实际情况不符,将第一轮评价结果返回当地专家,在当地专家经验指导下,经过不断调试,设置各等级起始分值,确定将合水县玉米适宜性评价定为四个等级(图3-37-5)。

由图3-37-7可知:合水县县域内耕地评价单元全部数适宜玉米生产,其中高度适宜适宜种植玉米的区域在合水县耕地地力评价等级为一到五等级中均有分布。对应评价单元的属性数据分析,主要涉及除太白镇外11个乡镇的13490.06hm² 耕地,占全县总耕地面积的38.83%;适宜种植玉米的区域在合水县耕地地力评价等级为二到五等级中均有分布,涉及全县12个乡镇,总面积达到了20588.93 hm²,占全县总耕地面积的59.27%;勉强适宜种植玉米的区域在合水县耕地地力评价等级为四到五等级中均有分布,涉及全县老城镇和太白镇的 659.99 hm² 耕地，占全县总耕地面积的 1.90%；对各适宜性等级耕地面积进行统计的结果见表 3-37-13：

表 3-37-13 合水县玉米生产适宜性评价各等级面积分布

乡镇名称	耕地总面积（hm²）	适宜性评价等级面积及其占全乡耕地总面积比例(hm²,%)					
		高度适宜	比例	适宜	比例	勉强适宜	比例
板桥乡	3983.28	1046.46	26.27	2936.82	73.73	0.00	0.00
店子乡	1662.97	1456.89	87.61	206.08	12.39	0.00	0.00
段家集乡	2026.36	1888.70	93.21	137.66	6.79	0.00	0.00
固城乡	2813.31	67.67	2.41	2745.64	97.59	0.00	0.00
蒿咀铺乡	2885.51	261.88	9.08	2623.63	90.92	0.00	0.00
何家畔乡	1894.86	1446.85	76.36	448.01	23.64	0.00	0.00
吉岘乡	2700.46	1667.02	61.73	1033.44	38.27	0.00	0.00
老城镇	4454.86	11.24	0.25	4207.52	94.45	236.10	5.30
太白镇	3946.51	0.00	0.00	3522.62	89.26	423.89	10.74
太莪乡	2455.48	1060.69	43.20	1394.79	56.80	0.00	0.00
西华池镇	3682.65	2521.78	68.48	1160.87	31.52	0.00	0.00
肖咀乡	2232.73	2060.88	92.30	171.85	7.70	0.00	0.00
总计	34738.98	13490.06	38.83	20588.93	59.27	659.99	1.90

第五节 合水县粮食生产规划与目标

一、确保小麦生产——稳粮

高度重视小麦生产，在种植面积有减无增的情况下，依靠科技，加大投入，提高单产，力争粮食总产稳中有增,确保粮食安全。重点是加快新品种更新换代的步伐,筛选推出一批适宜区域生产条件的优质、高产主栽品种和配套的栽培技术,引进、试验、示范一批新优抗耐旱品种,进一步提高良种覆盖率,发挥良种在小麦增产中的支撑作用。积极示范推广膜侧沟播、一膜两用、垄作栽培、秸秆覆盖、小麦全膜穴播多茬种植技术及集雨补灌等旱作农业技术,提高旱作农业区粮食综合生产能力。

二、改善生产条件——保粮

抓住国家强化农业基础设施建设的历史机遇,争取更多的项目建设,新建一批覆盖面大,受益面广的农业基础设施。一是加快梯田建设步伐。每年以新修梯田1.5万亩的目标,力争到2012年底全县梯田达到30万亩,人均基本达到3亩;加强节水灌溉技术的推广,争取到2020年全县常规灌溉面积达到4万亩,高新节水灌溉面积达到1万亩。二是加强基本农田保护。认真贯彻落实土地管理法律法规,加强土地变更和用地监管,执行最严格的耕地保护政策,严格控制非农建设占用耕地,全县耕地面积稳定在40万亩以上;不断优化耕地利用结构,合理调整土地利用布局,提高土地集约利用水平;争取和实施沃土工程和土地复垦整理项目,扩大测土配方施肥和保护性耕作规模,加大中低产田改造力度,鼓励农民开展土壤改良,使全县高产稳产农田面积达到20万亩以上。三是加快推进农业机械化。适应广大农民对农业机械化的新期待,抓住国家实施农机具购置补贴的政策机遇,采取政府给、农民筹、大户投、集体拿、企业帮等多种形式,引导和鼓励农民购置农业机械,引进示范新型农业机械,努力增加农机社会保有量,提高农业机械化程度,提升农业生产效率和效益。

三、强化科技推广——兴粮

科学技术是第一生产力,实现粮食增产,必须依靠科技,大力实施五大工程。一是良种工程。建立健全良种繁育体系,形成主导品种、接班品种、后备品种三个层次分明的良种培育、扩繁和引进机制。加快建立油菜脱毒种薯三级繁育体系;引进、试验、筛选玉米、小麦等主栽品种和后备品种,到2010年,双低油菜覆盖率达到40%,玉米、小麦等良种覆盖率达到98%;到2020年,双低油菜覆盖率和玉米、小麦等良种覆盖率均达到100%。二是沃土工程。建立测土配方施肥数据库,大力推广测土配方施肥技术,采取增施有机肥、保护性耕作、秸秆还田等措施大力提高农田土壤肥力,协调农田土壤养分结构和养分平衡关系,着力加强耕地质量建设,确保耕地的持续产出能力稳步提高。三是地膜覆盖工程。以玉米全膜双垄沟播、小麦全膜覆土穴播种植技术推广为主,不断扩大应用于其他农作物生产,全县旱山塬区粮食生产基本实现全膜化。四是植保工程。全面提升农作物有害

生物和外来检疫性有害生物的监测预警、综合治理与应急控制能力,提高农药和药械管理与安全使用能力,把病、虫、杂草、鼠等有害生物的危害降到最低程度。五是高产创建工程。在河谷区继续推广规模规范化高效套种模式,以高效节水技术为主,集成应用其他增产技术,创建5万亩高产高效田。在旱塬沟壑区集成应用全膜双垄沟播旱作农业新技术,建立玉米、小麦稳产高产示范田1万亩。

四、提升旱作农业——增量

坚持农机农艺相结合、生物措施与工程措施配套,经济效益和生态效益并重,技术创新和机制创新并举的原则,构建旱作农业发展的长效机制,逐步实现旱作农业可控性,变被动抗旱为主动抗旱,变单一技术为综合技术,变传统抗旱为科学抗旱。一是进一步总结推广"调结构、修梯田、覆地膜、打水窖"等传统抗旱生产措施。二是坚定不移地推广全膜双垄沟播技术,把此项技术作为发挥比较优势,趋利避害,实施"富民强县"的民生工程来抓,到2011年推广面积达到6万亩。三是配套推广测土配方施肥、秋季扎纲施肥、保护性耕作、集雨补灌、病虫草害防治等综合技术,切实提高旱作农业粮食生产水平。

五、水地粮食生产——强粮

按照"优质、高产、高效"的原则,推广节水灌溉技术,抓好水地粮食生产,在子午岭林缘区、太白镇开发建设水稻种植1万亩,在河谷区,积极探索土地流转方式,推行规模化、规范化、集约化生产方式,大力推广农业新技术,应用新成果,建成现代农业、主体农业示范田;在太莪等高海拔区创新生产方式和模式,努力扩大玉米种植面积;在县川、固城川等库井灌区,广辟水源,扩大水地面积;在何家畔、吉岘、段集等人饮工程覆盖区,推广节水补灌技术,努力提高粮食产量。

六、延伸产业链条——节粮

发展粮食生产,仅仅是建设现代农业的一个方面,更重要的是推进农业产业化经营。在保护和提高粮食综合生产能力的前提下,对实施坡改梯有难度的坡地全部实施退耕还草,扩大紫花苜蓿种植。同时,随着粮食产量大幅增产,生产出大量农作物秸秆,为发展节粮型草食畜养殖提供了丰富饲草资源。因此,要进一步加大种草养畜宣传力度,逐步形成"粮食生产—秸秆青贮氨化—草食畜禽养殖—农村户用沼气—沼肥沼液—粮食生产"和"紫花苜蓿—草产品加工—草食畜禽养殖—农村户用沼气—沼肥沼液—粮食生产"的循环发展模式,一方面,农民通过自己生产的籽粒和秸秆发展养殖,可以减小由饲料价格上涨造成的养殖风险;另一方面,通过发展循环农业,有效解决农家肥不足的实际,建立绿色生产基地,为壮大龙头企业发展,培育品牌农产品打下坚实基础。

第六节 建议

一、加大政策补贴力度

在当前合水县农业生产欠发达、农民收入偏低的现实条件下,迫切需要政府制定相关补贴政策,在对农民进行种子、肥料、农机具等补贴与技术推广补贴的基础上,增加集雨补灌配套设备补贴等专项补贴,为扩大粮食作物生产范围、提高生产水平提供一定的支持。

二、加大农业生态建设投入力度

生态环境是经济社会发展的基础,是农业和人类生存发展的生命线。农业生态环境和农村地区的能源建设是农业和农村经济可持续发展的重要保证。长期以来,由于资源的过度开发利用,合水县的农业生态环境和农村地区的能源建设面临着严峻的挑战,水土流失面积日益扩大,土壤有机质下降,耕地肥力衰退,土地生产力降低,环境污染不断加剧。农村地区能源的短缺,加剧了对生物质资源的过度开发,造成森林植被的破坏,加剧了水土流失。农业生态环境恶化和农村地区能源短缺,减弱了农业抗御自然灾害的能力,加剧了农村人口的贫困程度,影响了农业和农村经济发展,增加了经济和社会发展的压力。因此,需要从可持续发展的战略高度,充分认识农业生态环境和农村可再生能源工作的紧迫性和重要性,把农业生态环境和农村可再生能源工作与农业可持续发展和农民脱贫致富结合起来,为农业生态环境和农村可再生能源工作注入新的活力。各级农业部门要把农业生态环境和农村可再生能源工作作为农业和农村经济实施可持续发展战略的重点工作,列入议事日程,切实加强领导,采取有力措施,推动这方面工作不断向纵深发展。

三、出台土地流转政策、管理办法,推行规模化经营

十七届三中全会通过的《中共中央关于推进农村改革发展若干重大问题的决定》指出,建立健全土地承包经营权流转市场,按照依法自愿有偿原则,允许农民以转包、出租、互换、转让、股份合作等形式流转土地承包经营权,发展多种形式的适度规模经营。为了规范这项工作的进行,合水县有必要研究和制定相关政策,在资金、技术、税收等方面给予优惠。一方面,引导和鼓励农村种植能手、种植大户转租土地;另一方面,鼓励有能力、

有技术、有资金的社会各方力量,尤其是鼓励资金雄厚的业主、农业产业化龙头企业集中土地流转经营,推行土地产业化、规模化、集约化经营,发展现代农业。或者成立农民专业合作组织,鼓励农民以土地经营权量化入股,以提高土地利用效率和土地规模化生产,把成片集中的土地经营权流向产业化业主,使农民享受土地带来的增值效益,增加农民收入。

四、加强宏观调控,切实减轻农民负担

要从提高粮食价格和平抑生产资料价格两个方面进行宏观调控,减轻农民因种粮食带来的负担。改进粮食直补政策,采用缴粮补贴的办法,多缴多补,调动农民多种粮、多缴粮,增加收入的积极性。

五、加快县乡科技服务体系建设

建立农民培训专项资金。对于科技含量高、示范效益好的先进实用技术推广实行直接补贴制,调动农民群众学科学、用科学的主动性、积极性,尽快将新品种、新技术、新成果转化为现实的生产力。

专题三十八　环县玉米适宜性评价研究

第一节　概况

环县位于甘肃省最东部。东临甘肃省华池县、陕西省定边县,南接甘肃省庆城、镇原县,西连宁夏回族自治区固原市原州区和同心县,北靠宁夏回族自治区盐池县。总面积9236平方千米,拥有耕地298.6万亩,折合199085.89hm^2,人均8.70亩。全境东西宽约124km,南北长约127km。地势呈西北高,东南低,山峦丘陵等约占全县面积的4/5。最高海拔2037m,最低海拔1151m,属温带干旱型大陆气候。

从国家层面上来讲,全面开展耕地地力评价,逐步建立我国耕地质量预警体系,对准确掌握耕地生产能力、因地制宜加强耕地质量建设、指导农业种植结构调整、科学合理施肥、粮食安全等方面都具有重要意义。此外,耕地地力评价结果是科学配置耕地资源,提高耕地利用效率,促进农业可持续发展的基础。通过比较分析耕地地力的变化特征,揭示地力变化规律,研究当前耕地保护和利用对策与确保国家粮食安全的关系,促进国家耕地资源宏观管理。同时,耕地地力评价结果又可以延伸到现行的测土配方施肥实践、精准农业探索等应用型研究领域,是一项从理论到实践的系统工程。从环县层面上来讲,该项工作的完成是摸清环县耕地资源状况,提高耕地利用效率,促进现代农业发展的重要基础工作,也为进一步优化区域种植业布局、发展特色产业、提升农产品品质提供了科学依据。

2012年3月开始,根据农业部办公厅《关于做好耕地地力评价工作的通知》(农办农〔2007〕66号)、《测土配方施肥补贴资金项目实施方案》《2008年耕地地力调查项目实施方案》和甘肃省农业委员会《关于印发甘肃省耕地地力评价工作方案的通知》文件精神,由甘肃省农牧厅领导,在甘肃省农业节水与土壤肥料管理总站和甘肃农业大学资源与环境学院协助下,环县通过收集土壤类型、土地利用类型、作物产量、地形、气候、测土配方施肥调查等各类分析数据及图件,严格按照《测土配方施肥技术规范(试行)修订稿》和《农业部耕地地力评价规程》要求,扎实开展了耕地地力评价工作,并于2012年10月建立了环县县域耕地资源管理信息系统,并依托该系统完成了环县耕地地力评价工作。

在完成环县耕地地力评价工作的基础上,为继续挖掘耕地地力评价成果的应用和指导实践的作用,本研究根据环县耕地地力分级和质量评价结果,结合当地气候资源及农业种植区划,利用县域耕地资源管理信息系统,进行环县境内耕地玉米种植适宜性评价研究。从而对现有耕地资源配置和玉米种植业布局调整提出建议,为农业生产提供指导意见,以期取得更好的经济和社会效益。

第二节 调查方法

一、组织形式

本项专题研究是在充分利用环县耕地地力评价结果的基础上进一步展开的。为了全面、细致地做好本项专题研究,环县农业技术推广中心委托甘肃农业大学资源与环境学院专门组建了"环县种植业布局研究"工作组,预借助后者在耕地地力评价工作中积累的大量数据和在种植业结构调整方面的优势,分析环县种植业布局存在的问题,并针对区域土质、气候以及生产条件,提出切实可行的调整对策和方案。

通过对收集到的各等级耕地作物布局及产量状况进行了数据分析与汇总,同时系统整理环县耕地地力评价工作中收集到的"耕地地力调查点基本情况及化验结果数据表""耕地资源管理单元属性数据表""土地利用现状地块数据表""土壤典型剖面属性数据表",以及"土地利用现状图"、"地形图"等数据及图件资料,对环县种植业现状及存在的问题展开调查研究,并就环县土壤资源、气候资源对种植业的影响进行了分析,最终提出了相应的措施与建议。

二、技术路线

本项专题调查研究试图通过组建环县玉米生产布局专题研究小组,明确各自分工,积极组织协调各类资料的收集与整理工作,在充分利用耕地地力评价结果的基础上,对环县目前种植业布局中存在的现状与问题展开调查,并提出相应的规划目标和具体措施,最后将整个工作的结果以报告的形式提交。

第三节 调查结果

一、农业自然条件

甘肃省环县地处毛乌素沙漠边缘,属于沙漠地带和黄土高原地带过渡区,东西宽

124km,南北长127km,总耕地面积199085.89hm²;按照全国第二次土壤普查分类系统,环县土壤类型可分为黑垆土、黄绵土、淤积土、潮土和红土等5个土类,7个亚类,15个土属,40个土种。灰绵土和黄绵土是环县的主要土壤类型,面积达724188.47hm²,占总土地面积的80.27%。境内干旱缺水十分严重,严重影响农业生产生活,基本建成扬黄定盐提灌水利工程可基本缓解干旱局面。主要作物为小麦和玉米,小麦多年出现干旱绝收情况,因此大部分农民群众主要种植玉米,本研究也主要以玉米作为研究对象。

二、种植业布局现状

环县小麦、玉米和大豆播种面积分别为42.53万亩、25.49万亩和5.57万亩;夏粮和秋粮播种面积比例为1:2。小麦占粮食播种面积的30.1%,玉米占粮食播种面积的18.04%。油料作物播种面积13.38万亩,主要油料作物有三种,以油菜为主,占油料作物播种面积的70%。经济作物以药材为主,蔬菜种植面积5.17万亩,占农作物播种面积的3.17%,瓜果种植面积0.92万亩,占农作物播种面积的0.56%。

2011年全县农林牧渔业总产值达到64679.64万元,其中农业总产值40914.1万元;正常年景粮食总产量达到10.2万吨,比2010年增长0.81万吨,农业人均纯收入达到1863元。全县大力发展区域优势产业布局,按照"北部薯荞葵花,南部麦豆玉米,川区设施瓜菜"的总体布局,全县现在每个乡镇各有一个500亩以上的规模连片示范点,建成葵花、玉米、黄豆30万亩基地,实现5个2000亩玉米和葵花种植示范点,7个1000亩玉米种植示范点,11个玉米和马铃薯种植示范点,主要示范全膜双垄沟等旱作农业新技术,建成曲子至甜水堡"白色长廊",大大优化了全县种植业布局结构。

第四节 玉米生产适宜性评价

一、层次分析模型的建立

2012年10月25日,在甘肃农业大学资源与环境学院召开地方专家评议会,经各位专家的商榷,选定有效磷、有机质、海拔、地貌类型、≥10℃积温和年降雨量6个因子作为环县玉米适宜性评价的指标,然后根据各自的属性特点和代表性,将它们分别归入到养分状况、立地条件和气候条件三个准则层中,构成环县玉米生产适宜性层次分析模型结构。构造的层次结构如图3-38-1所示:

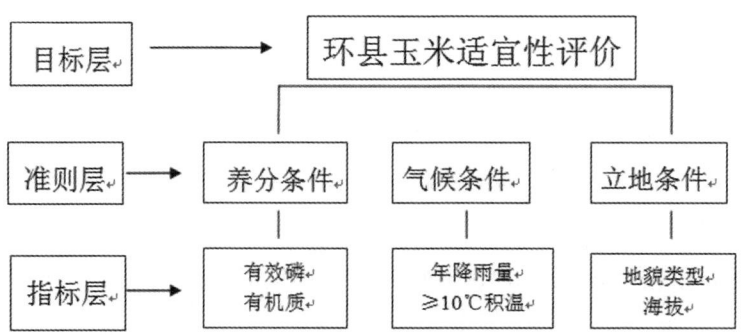

图 3-38-1　环县玉米生产适宜性评价层次模型结构

针对各准则层及指标层各指标之间的相互关系，由 7 位专家通过特尔斐法按照准则层对目标层、指标层各因素对准则层相应因素的相对重要性，根据耕地地力评价中的判断标准，经专家反复对比与分析，最终建立了 4 个判断矩阵，并给出相应的权重值。（表 3-38-1~3-38-4）。

表 3-38-1　目标层判断矩阵及指标权重

指标	养分状况	气候条件	立地条件	权重
养分状况	1.0000	0.5000	0.4000	0.1793
气候条件	2.0000	1.0000	0.5556	0.3169
立地条件	2.5000	1.8000	1.0000	0.5038

CI=5.55978243621811E-02；RI=.58；CR=CI/RI=0.01276135＜0.1　一致性检验通过！

表 3-38-2　准则层（1）判别矩阵（养分状况）

指标	有效磷	有机质	权重
有效磷	1.0000	0.3571	0.2632
有机质	2.8000	1.0000	0.7368

CI=-6.00018001080116E-05；RI=0；CR=CI/RI=0.00000000＜0.1；一致性检验通过！

表 3-38-3　准则层（2）判别矩阵（气候条件）

指标	有效磷	有机质	权重
有效磷	1.0000	0.3571	0.2632
有机质	2.8000	1.0000	0.7368

CI=0；RI=0；CR=CI/RI=0.00000000＜0.1；一致性检验通过！

表 4.4 准则层(3)判别矩阵(立地条件)

指标	地貌类型	海拔	权重
地貌类型	1.0000	0.5556	0.3571
海拔	1.8000	1.0000	0.6429

CI=-2.22044604925031E-16；RI=0；CR=CI/RI=0.00000000＜0.1；一致性检验通过！

二、计算各因子权重

在县域耕地资源管理系统中,运行层次分析模型编辑菜单,系统根据所构建的判别矩阵,首先获得各判别矩阵的权重值,然后计算同一层次所有因素对于总目标相对排序权值,即进行层次总排序,最终所得到的组合权重即为各玉米适宜性评价因子的权重值(表 3-38-5):

表 3-38-5 环县玉米适宜性评价各因素的组合权重计算结果

准则层	养分状况	气候状况	立地条件	组合权重
指标层	0.1793	0.3169	0.5038	$\sum C_iA_i$
有效磷	0.2632			0.0472
有机质	0.7368			0.1321
年降雨量		0.3333		0.1056
≥10℃积温		0.6667		0.2113
地貌类型			0.3571	0.1799
海拔			0.6429	0.3239

CI=-5.15881585940819E-06；RI=0；CR=CI/RI=0.00000000＜0.1；总排序一致性检验通过！

由层次分析结果可以看出,各评价因子对环县玉米适宜性的影响程度从大到小依次为:海拔、≥10℃积温、地貌类型、有机质、年降雨量、有效磷。

三、隶属函数模型建立及其隶属度确定

由于该项专题评价中所选定6个因子均包含在耕地地力评价因子之中,项目组决定应用县域耕地资源管理信息系统中已经建成的隶属函数模型确定玉米适宜性评价因子的隶属度。此过程在技术报告中已有详细说明,在此不再赘述。

四、玉米生产耕地地力适宜性评价及其结果

通过建立的环县玉米生产适宜性评价的层次分析模型和隶属函数模型,关联环县耕地资源管理单元的属性数据,对环县县域内所有耕地进行玉米适宜性评价。本项目采用累积曲线分级法来划分环县玉米适宜性评价等级。

在划分等级过程中,考虑到评价结果有可能与当地实际情况不符,将第一轮评价结果返回当地专家,在当地专家经验指导下,经过不断调试,设置各等级起始分值,最终确定将环县玉米适宜性评价定为四个等级(图3-38-2)。

由图3-38-2可知:环县境内耕地评价单元大部分数适宜玉米生产,其中高度适宜种植玉米的区域分布在环县耕地地力评价等级为一等和二等的区域最多。对应评价单元的乡镇分布情况,高度适宜玉米种植的主要分布在环城镇、木钵镇、曲子镇、天池乡、合道乡和八珠乡等6个乡镇的53404.71hm²耕地,占全县总耕地面积的26.82%,小南沟乡、甜水镇、山城乡、秦团庄乡、南湫乡、毛井乡和芦家湾乡等7个乡镇没有高度适宜种植玉米的区域;适宜种植玉米的区域在环县耕地地力评价等级为二等到四等中均有分布,涉及全县演武乡、八珠乡、樊家川乡、车道乡、洪德乡和耿湾乡等7个乡镇,总面积达到79596.17hm²,占全县总耕地面积的39.98%,适宜种植区在全县最多,南湫乡和甜水镇没有适宜种植区域;勉强适宜种植玉米的区域在环县耕地地力评价等级为三到五等级中均有分布,涉及全县芦家湾乡、小南沟乡、罗山乡、山城乡和秦团庄乡等5个乡镇的39866.53 hm²耕地,占全县总耕地面积的20.02%,勉强适宜在八珠乡、木钵镇、曲子镇和天池乡没有分布;不适宜种植玉米的区域涉及全县甜水镇、南湫乡、毛井乡、罗山乡和山城乡等5个乡镇的26219.1hm²耕地,占全县总耕地面积的13.17%,八珠乡、樊家川乡、耿湾乡、合道乡、环城镇、木钵镇、曲子镇、四合原旅游开发办公室、天池乡、甜水镇和演武乡等11个乡镇没有不适宜区域;对各适宜性等级耕地面积进行统计的结果如表3-38-6所示:

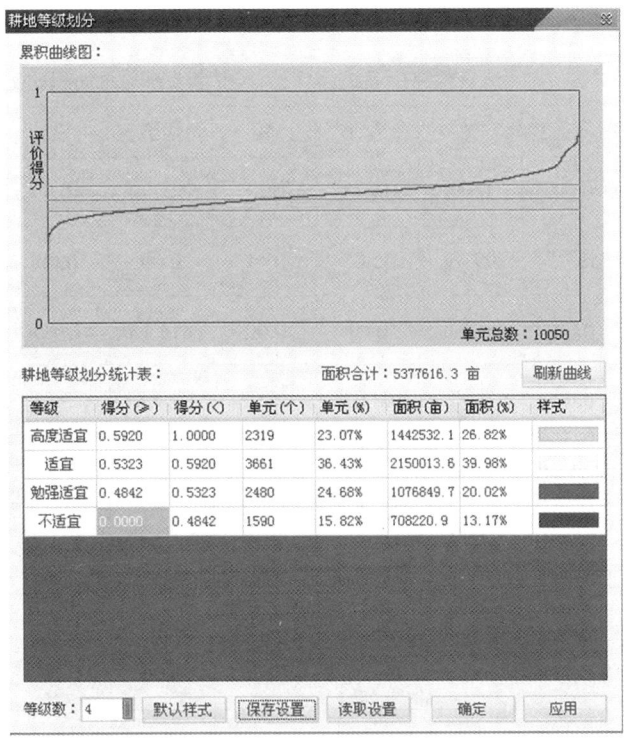

图 3-38-2 环县玉米适宜性评价划分等级界面

表 3-38-6 环县玉米生产适宜性评价各等级面积分布

乡镇名称	耕地总面积（hm²）	适宜性评价等级、面积及其占全乡耕地总面积比例(hm²,%)							
		高度适宜	%	适宜	%	勉强适宜	%	不适宜	%
八珠乡	8194.88	4303.31	52.51	3891.56	47.49	0.00	0.00	0.01	0.00
车道乡	12528.26	401.27	3.20	9224.27	73.63	2902.72	23.17	0.00	0.00
樊家川乡	8573.44	1556.32	18.15	5974.29	69.68	1042.8	12.16	0.03	0.00
耿湾乡	6967.6	473.55	6.80	5328.32	76.47	1165.73	16.73	0.00	0.00
合道乡	15154.1	5814.32	38.37	8783.58	57.96	556.2	3.67	0.00	0.00
洪德乡	14798.57	3396.24	22.95	9341.48	63.12	1941.78	13.12	119.07	0.80
虎洞乡	12228.27	308.73	2.52	6851	56.03	5046.39	41.27	22.15	0.18
环城镇	16916.51	9042.72	53.45	7868.49	46.51	5.3	0.03	0.00	0.00
芦家湾乡	4983.76	0.00	0.00	916.04	18.38	3681.65	73.87	386.07	7.75
罗山乡	6807.04	50.5	0.74	1736.27	25.51	2783.82	40.90	2236.45	32.85

续表 3-38-6

乡镇名称	耕地总面积（hm²）	适宜性评价等级、面积及其占全乡耕地总面积比例(hm²,%)							
		高度适宜	%	适宜	%	勉强适宜	%	不适宜	%
毛井乡	12612.86	0.00	0.00	14.28	0.11	5107.46	40.49	7491.12	59.39
木钵镇	7626.59	7595.54	99.59	31.05	0.41	0.00	0.00	0.00	0.00
南湫乡	5880.17	0.00	0.00	0.00	0.00	814.18	13.85	5065.99	86.15
秦团庄乡	6518.46	0.00	0.00	1044.23	16.02	4804.82	73.71	669.41	10.27
曲子镇	10608.73	10591.44	99.84	17.27	0.16	0.00	0.00	0.02	0.00
山城乡	7255.1	0.00	0.00	828.07	11.41	4498.16	62.00	1928.87	26.59
四合原旅游办	4487.26	116.24	2.59	3463.84	77.19	907.13	20.22	0.05	0.00
天池乡	12286	8638.86	70.31	3647.14	29.69	0.00	0.00	0.00	0.00
甜水镇	8511.37	0.00	0.00	0.00	0.00	807.76	9.49	7703.61	90.51
小南沟乡	7218.13	0.00	0.00	2830.93	39.22	3791.09	52.52	596.11	8.26
演武乡	8929.41	1115.67	12.49	7804.06	87.40	9.54	0.11	0.14	0.00
合计	199086.51	53404.71	26.82	79596.17	39.98	39866.53	20.02	26219.1	13.17

在玉米适宜性评价结果中，由于西北地区海拔高、降水稀少、积温低，在该区域内玉米种植基本不适宜，因此，该区域内不适宜玉米生产活动。整个环县玉米适宜分布区域呈由东南向西北递减趋势，即东南方向高度适宜、适宜玉米生产，而西北至东北方向，表现出勉强适宜和不适宜。

第五节　环县全膜双垄沟玉米存在的问题与改进措施

一、存在问题

(一)超出适宜玉米种植区

根据环县玉米适宜性评价结果分析，由于全省全膜双垄沟玉米播种面积任务的增加，环县推广面积也逐年增加，目前已经有部分乡镇超出了玉米适宜种植区和全膜双垄沟播技术规程的要求种植区域范围。例如，部分农户在耕地块坡度大于15°的山坡地种植,在降雨量低于250mm的区域种植,在质地构型很差、有效土层浅薄、保肥保水性不强的地块种植,在≥10℃积温低于1900℃的地块种植,使得玉米颗粒不成熟、不饱满,增产不明显,甚至有的地方造成减产损失。

(二)播种期明显干旱

环县地处毛乌素沙漠和黄土高原过渡地带的内陆地区,正常年景年平均降水量在300mm左右,若遇连年干旱年降水量不足200mm。特别是在玉米播种期干旱缺水造成玉米无法发芽;而且,在一些过早播种、出苗太早的地方易遭干旱、晚霜冻害或导致大面积缺苗而无法补救。

(三)起垄施肥技术不规范

环县境内,部分乡镇区域过分强调连片种植,造成农户种植面积过大,人力、物力投资不足,起垄操作粗放、垄面不突起,影响雨水集流效果,达不到充分利用自然降水的目的。同时,由于各区域、各乡镇之间土壤肥力空间分布不均衡,有些地方缺少有机肥,注重化肥施用。在化肥施用中氮、磷、钾比例也不合理,达不到正确施肥的基本要求。有的农户多施氮肥,有的重施磷肥,有的少施钾肥,有的不施钾肥等现象均有出现,造成肥料浪费,玉米产量低。

二、改进措施

(一)充分应用玉米适宜性评价成果指导玉米生产

针对环县全膜双垄沟播玉米种植存在的问题,今后在全膜双垄沟播玉米技术中应坚持"三不种"原则:一是坚持降雨量在250mm以下的区域不种;二是坚持在耕地坡度大于15°以上不种;三是坚持在土地瘠薄、质地粗糙、土层浅薄的田块不种。还要依据玉米适宜性评价成果,结合当地山、川、塬不同地域类型和干旱、半干旱地区的不同降雨量确定全膜双垄沟播技术最佳经济效益区。在高度适宜、适宜区和部分勉强适宜区推广种植全膜双垄沟玉米,将地膜、肥料、技术、劳力、资料等集中提向适宜种植区,使得种植效益最大化、最优化。

(二)熟练掌握起垄覆膜技术技巧与测土配方施肥成果的应用

环县农业技术推广中心在实践中总结出了玉米全膜双垄沟播技术的起垄操作技巧,通俗的表达为"大垄顶部平取土,避免垄面凸不平,小垄侧部轻取土,避免垄面平不凸,大垄低而小垄高,大垄中间两膜相交"。掌握了这些起垄操作的技巧,可以大大提高起垄覆膜的工作效率。同时,测土配方技术同全膜玉米生产紧密结合起来,使土壤养分平衡,满足玉米生长的需肥要求,达到显著的增产效益。

(三)注重覆膜时间,及时放苗,明确主栽品种

在今后的全膜玉米生产中应做到全部采用秋覆膜或顶凌覆膜。在 250~450mm 降雨量的区域以秋覆膜为主,而在 450~550mm 降雨量的区域以顶凌覆膜为主。因此环县地区适宜采用以秋覆膜为主。同时,注意及时放苗,达到苗全、苗壮。应在播后 7~10d 内,观察有 50%以上的幼苗顶上地膜时就应该及时放苗,应坚持在上午 10 时前和下午 4 时后突出放苗、特别是环县境内,要避开大风或高温等极端天气放苗的原则。最后,明确主栽品种。主栽品种选择的原则是适应本地区的气候特征和土壤条件,它可以有效避免和抗衡各种自然灾害的危害,造成大幅度减产。在环县旱情频发地区适宜选取中早熟品种,例如沈单 16 号、登海 11 号等作为主栽品种,提高玉米抗旱能力,提高产量。

专题三十九 临夏县中低产田分布及改造措施

第一节 临夏县中低产田的类型、分布

一、中低产田划分标准

根据耕地基础地力不同所构成的生产能力,将全国耕地分为十个地力等级。其粮食单产水平为大于 13500kg/hm² 至小于 1500kg/hm²,级差 1500kg/hm²。采用当地典型的粮食种植制度的近期正常年份全年粮食产量水平计算,即一等地大于 13500kg/hm²、二等地 12000～13500kg/hm²、三等地 10500～12000kg/hm²、四等地 9000～10500kg/hm²、五等地 7500～9000kg/hm²、六等地 6000～7500kg/hm²、七等地 4500～6000kg/hm²、八等地 3000～4500kg/hm²、九等地 1500～3000kg/hm²、十等地小于 1500kg/hm²。参照中低产田划分标准:正常年份全年粮食产量 600～800 kg/亩,划为中产田,正常年份全年粮食产量 600 kg/亩以下,划为低产田,临夏县的一、二、三、四等地全年粮食产量均在 600 kg/亩以下,因此,临夏县的耕地均为低产田。

二、中低产田的类型与分布

(一)临夏县中低产田类型

临夏县耕地土壤主要是垆土、黑土、山地棕壤、黄绵土、红土,黄绵土养分含量普遍较低,垆土养分含量也不高,黄绵土受水蚀较严重,土壤侵蚀程度较高。按照《全国中低产田类型划分与改良技术规范》(NY/T 310-1996)的划分标准,结合表 3-39-1 不同地力等级的障碍程度指标,将临夏县一、二等地定为干旱灌溉型;三、四等地定为坡地梯改型(表 3-39-2)(见附图 12)。

1.干旱灌溉型

干旱灌溉型的中低产田主要分布在安家坡乡、北塬乡、河西乡、土桥镇、先锋乡、坡头乡、刁祁乡、枹罕镇、南龙镇、南塬乡、桥寺乡、拆桥镇和莲花镇。占地面积 20345.73hm²,这些区域主要是以灌溉为主的水浇地,地处大夏河流域,但因灌区提灌设施年久老化,灌溉能力不足,灌溉保证率达不到,加之因年降水量较低,气候干燥而造成这种中低产田。

表 3-39-1　临夏县不同地力等级障碍程度指标

中低产田		低产田			
县耕地地力等级		一等地	二等地	三等地	四等地
国家耕地地力等级		六等地	七等地	八等地	九等地
立地条件	地形部位	河谷川地	河谷川地	低黄土岇梁、低山	低黄土岇梁,中山,低山
	地面坡度	<5°	0°~15°	0°~20°	0°~31°
	灌溉条件	部分能灌溉2~3次/年	无		
	梯田化水平	水平梯田	条田、水平梯田	坡耕地	坡耕地
	土壤侵蚀程度	无明显侵蚀	轻度侵蚀	中度侵蚀	轻度侵蚀
	耕层厚度(cm)	18.9	19.3	16.5	17.6
	耕层质地	中壤	中壤	中黏	中黏
	障碍层类型	无	无	无	无
耕层理化性状	有机质(g/kg)	20.3	18.5	22.9	20.9
	全氮(g/kg)	1.056	0.985	1.122	1.150
	有效磷(mg/kg)	34.7	31.0	29.39	26.9
	速效钾(mg/kg)	94	95	112	122
	pH	8.1~8.3	8.1~8.3	8.1~8.3	8.1~8.3
熟制		二年三熟	二年三熟	一年一熟	二年三熟
年产量水平(kg/hm²)		6000~7500	4500~6000	3000~4500	1500~3000

表 3-39-2　临夏县中低产田类型与分布面积

中低产田类型	干旱灌溉型	坡地梯改型	总计
面积	20345.73	30460.66	50806.39
百分比	40.04	59.96	100

2.坡地梯改型

坡地梯改型的中低产田在全区都有分布,主要分布在南部山区。占地面积30460.66hm²,这些区域坡度在0°~31°;地貌类型主要有中山、低山、低黄土岇梁;土壤养分含量较高,因靠近林区,海拔较高,积温较低,气温也低,有机质很难分解,速效养分缺乏,可耕性差。

(二)临夏县中低产田分布

干旱灌溉型的中低产田主要分布在刁祁乡、枹罕镇、南龙镇、南塬乡、桥寺乡、安家坡乡、北塬乡、河西乡、土桥镇、先锋、坡头乡、拆桥镇。坡地梯改型的主要分布在韩集镇、红台乡、井沟乡、马集镇、漫路乡、漠尼沟乡、营滩乡、榆林乡、掌子沟乡。

第二节 临夏县中低产田的改造目标与措施

一、中低产田的改造目标

中低产田改造要统一思想,加强领导,加强服务,统一规划,综合治理。成片开发要强化工程管护,以便发挥长期效益,要加大资金集中投入,实施连片治理,平田整地,格田成方,健全水系,搞好配套,改良土壤等项目,还要发展节水工程,提高农田灌溉、排涝、降渍标准。坚持改造中低产田与保护生态环境,调整优化农业结构相结合,通过改造形成沟、路、林、渠合理布局,旱能浇、涝能排、绿美结合的高标准高效农田,促进农业发展和种植结构调整,提高农民收入,增加农业效益,利用水、土、田、林、路综合治理,提高土地的可持续生产能力。

中低产田改造完成后,要达到"旱能灌、涝能排、渠相通、路相连、林成网、树成行"的标准。依据中低产田的主要特征,运用不同的综合治理技术,因地制宜对中低产田的土肥水等条件进行全方位治理,使低产变中产,中产变高产,做到看山山青,看地地绿,坡土成台,园田成方,水利配套,能灌能排,土地平整,机耕方便,旱涝稳收,轮间配套,季季高产。

(一)活土层厚,土体构造好

土层要求总厚度在60~100cm,土体的构造最好是上松下紧,即活土层要松,心土层要紧。活土层要20~25cm,固、气、液三相比例适当。固体占45%,总孔隙达55%,其中大孔隙占15%,即可渗下多余的水,透气性好,又可通过40%的小孔隙以毛管水形式保持和传导给植物可利用的水;而在35cm以下大孔隙减少到9.4%,毛管孔隙增加到43.8%,有利于保持下渗水,成为耕层水肥储藏库。活土层疏松多孔,一般粒状结构多,土性软而不散,有利于热、水、气、肥的调节,形成根系生长的理想环境,根深叶茂,保证作物生长好,产量高。

(二)土壤三化程度高,土质好

土壤的腐殖质化、结构化、微菌化程度高。中低产田改造不单纯是提高当年产量,而是着眼于根本性的土壤改良,特别是要进行提高耕地综合生产能力的基本建设。要针对不同类型中低产田采取相应又针对性的重点措施和综合措施,清除或减轻制约产量提高的土壤障碍因素,提高耕地可持续力等级,改善农业生产条件。

二、中低产田改造措施

根据农业部《全国中低产田类型划分与改良技术规范》(NY/T 310-1996),提出以下改造技术规范,如表 3-39-1 和 3-39-2:

表 3-39-1　临夏县干旱灌溉型改造技术措施

改良措施		改良指标
灌溉工程		每年保灌四次,毛灌溉定额 250~300m³ 以上
平整土地		达到不同灌溉方式的要求。
加深耕层		加深 5cm
耕作培肥	种植绿肥	30%,连续三年
	秸秆还田	缺燃料地区 30%~50%(秸秆量或面积),不缺燃料地区 >50%(秸秆量或面积),连续 5 年
	增施有机肥	每年 3000kg/hm²,连续 5 年
林带植被建设		占地面积 10%

表 3-39-2　临夏县坡地梯改型改造技术规范

改造措施		改良标准
梯田工程		参照北方山地丘陵棕壤褐土耕地类型区坡地梯改型的梯田规格。
林带植被建设		林、草、作物总植被覆盖率 >80%(无裸露面积)
耕作培肥	深翻	三年内深耕 2 次,加深耕层 5cm,耕作熟化层达到 20cm。
	种植制度	粮食套种黄豆、麦茬、短期绿肥,麦、油、豆轮作,连续 5 年
	秸秆还田	小麦留高茬 15cm,连续 3 年缺燃料地区 30%~50%(秸秆量或面积),不缺燃料地区 >50%,连续 5 年
	增施有机肥	每亩 2000kg,连续 5 年

(一)增加土壤有机质,不断培肥地力

提高土壤肥力的关键措施是增加土壤有机质,而增加土壤有机质的主要途径是增施优质有机肥料,实行草、田轮作,秸秆还田和种植绿肥。因此,就必须认真抓好以下几项工作。

1.开辟有机肥源、管好有机肥

临夏县有机肥料中,牲畜圈粪占有机肥的 90% 以上,是补充土壤中有机质的主要来源。根据测定,人粪、家畜粪,机质含量为 22~36 g/kg,其他各种有机肥料有机质均在 20 g/kg 以下,牲畜圈垫土较多的有机肥在 10 g/kg 以下,全氮最高为 1.33 g/kg,最低为 0.43

g/kg,这与农田土壤相比,相差不大。目前,由于家庭结构的小型化,牲畜饲养量显著下降;农民生活条件的改善,由土炕改为床,冬季用土炕取暖的明显减少,具有传统历史的有机肥源——熏炕土在农村很少见,一日三餐多用液化气、电磁炉、太阳能、沼气,草木灰的施用量也下降;更重要的是农村青壮年劳力有80%的在外打工,把优质的有机肥流失到城郊,有机肥料严重不足。导致临夏县目前农家肥量之少,质之差。因此,开辟新的有机肥源,应充分利用目前作物秸秆、高原夏菜副产物菜叶量大的有利条件,大力提倡作物秸秆、菜叶高温堆肥。管理好现有的有机肥,注意土肥的混合比例,是提高肥料质量的关键措施。所以,在有机肥料的积存期间应注意防止风吹、日晒和雨淋,保管在避风遮阴之处,以免养分损失,在用土垫圈时,土粪的混合比例一般应以2:1为宜,彻底杜绝黄土搬家的现象。

2.种植绿肥,扩大苜蓿种植面积

根据目前肥源情况,要提高土壤有机质的含量,还必须提倡种植绿肥,实行草田轮作、间作,要以粮促牧、以牧促肥,以肥增粮。根据临夏县雨量的月分配指标和多年的绿肥试验结果来看,小麦收割后土地空闲,此期又是一年的雨季,降雨相对较多,可复种一茬豆科的豌豆、扁豆、毛苕子和芸芥等作物,也可在麦田套种毛苕子,深秋耕翻入土壤,给土壤中增加一定数量的有机质,所以应予大力推广。苜蓿具有庞大的根系,能够穿透耕层以下坚硬的犁底层和埋藏较深的其他坚硬障碍层,并且有显著增加土壤有机质和改善土壤结构的作用。根据临夏县调查结果来看,一般农田有机质为11.3 g/kg,全氮为0.76 g/kg,水解氮为53.3 mg/kg;而五年的苜蓿地土壤有机质则高达14.9 g/kg,全氮为0.97 g/kg,水解氮为59.5 mg/kg;苜蓿地与一般农田相比,有机质增加3.5 g/kg,全氮增加0.21 g/kg,水解氮增加5.8 mg/kg。光有机质增加量,苜蓿地比农田每亩增加了相当于含有机质为1.75%的农家肥4万多千克。另外,苜蓿含有大量的蛋白质和其他养分,并且产草量高,是畜禽的好饲草。据调查,生长五年、六年、七年的苜蓿亩产草量(鲜态)分别是1800 kg,2600 kg和2400 kg,由此可见,苜蓿是一种十分理想的肥田作物,所以,应适当扩大种植面积,并应普遍的、有计划地逐步实行草田轮作。

3.增种豆科作物,改善土壤理化性状

豆科作物蛋白质含量多,营养价值高,还具有良好的肥田作用,其肥田的机理是豆科作物特殊的根系所表现出的功能:一是根瘤能够吸收同化固定空气中大量的游离态氮,增加土壤氮素;二是根系的根毛具有分泌有机弱酸的本领,这种弱酸能溶解土壤中溶性磷为有效磷,提高有效磷的供应容量。同时,豆科作物的茎秆富含营养成分,是羊、兔的优质饲草。所以,扩大豆科作物的种植面积,同样是增加土壤有机质改善土壤结构的主要途径之一,要认真抓好。还要逐步实行粮豆轮作、间作,增加豆科作物的种植面积,缩短轮作周期。

4.大力发展畜牧业,秸秆"过腹还田"

推广秸秆还田技术是今后解决临夏县肥源不足、增加土壤有机质的主要措施。近年来,随着全膜双垄沟播技术的大面积推广应用,玉米秸秆量显著增加。据测定,每亩玉米干秸秆量在500～600kg,临夏县每年玉米播种面积在25万亩以上,仅玉米秸秆量就达到12.5万～15吨。为此,要充分利用这一优势,大力发展畜牧业,秸秆"过腹还田",或直接还田。

5.实施以农户为主的生态模式

该模式的思路是"在狠抓耕地梯田化改造工程的基础上,以农户家庭为实施单元,将集蓄水设施、高效种植业、舍饲养殖业、新型清洁能源有机的结合起来,配套种植业、养殖业、能源等方面的多项实用技术,实现现有资源充分、持续、合理、循环利用,增加群众的经济收入、改善和提高生活质量和居住环境,达到人与自然共存条件下自然资源的合理永续利用和农牧业生产的持续发展。"这一思路对类似临夏县北山的干旱、半干旱地区中低产田改造具有较强的指导意义。

具体措施是建雨水集流设施,进行舍饲养殖,退耕还林。对梯田地,沟坝、台地,大力推广种植全膜双垄玉米,玉米秸秆青贮作冬季饲草；将大于25度的坡耕地退耕种植苜蓿,作为夏季舍饲养殖牲畜的饲草,牲畜粪便入沼气池,沼渣沼液肥田,促进作物生长,产生较多的秸秆,并增加作物根系量,根茬直接还田。

6.推广地膜覆盖栽培免耕再利用种植技术

主要推广玉米地膜覆盖再利用免耕技术,其核心是一次覆膜连续种植两茬或多茬作物。在前茬作物收获后不耕,保护好地膜,第二年在原地膜上播种下茬作物,生长期进行分次追肥管理。其模式为:玉米→玉米,玉米→马铃薯,玉米→小麦,玉米→蔬菜,玉米→蚕豆等。该技术能最大限度地保蓄土壤水分,减轻冬春季土壤水分的蒸发,使第二年播前土壤含水量保持较高的水平,可以充分满足早春作物对水分的需求。根茬直接还田,增加了土壤有机质,有利于改良土壤和提高土壤肥力;周年进行全地面地膜覆盖,能有效减轻土壤地表的风蚀和水蚀,防止水土流失,有利于保护环境。

在蔬菜区采取该技术,种植两茬作物,前茬作物收获后不耕翻土地,直接在原膜上播种下茬作物,是前茬作物的根茬留在土壤中,增加土壤有机质。

(二)大搞农田基本建设,治沟治坡,保持水土

"有收无收在于水,收多收少在于肥"。水、肥是临夏县农业生产中的决定因素,平田整地和防止水土流失仍是今后农、林、牧业生产健康发展的必由之路。所以,每年要有计划做好农田基本建设,保持水土、防止水土流失。

1.抓以平田整地为中心的农田基本建设

临夏县为旱作农业区,农业生产所需的水分主要来自天然降雨,作物一生的水分要求,大都是由土壤接纳自然降水而供给。所以,平田整地、接纳雨水、防止水土流失是农业生产的关键措施,也是今后发展水浇地的基础工作。要有计划、有步骤地尽快把田面坡度小于25°坡耕地修建成便于机械耕作、种植、收割和灌溉的高质量水平条田,在山区修建便于机械操作和运输的山地梯田,为今后农业机械化打下良好的基础。

2。抓以种草种树为中心的生物固土保水工作

种草种树是调节气候,改变环境,平衡生态,固土保水的有效的生物措施。临夏县60%以上的耕地分布在丘陵坡地上,坡度较大,高差明显,树木稀少,草被稀疏,侵蚀严重,冲刷强烈,水土大量流失。为了防止水土流失,调节气候,平衡生态,就必须有计划地进行退耕还林,种草种树。山顶部水土流失严重的干旱部位,应自上而下的修筑反坡梯田、鱼鳞坑等蓄水工程,进行蓄水保墒,种植乔、灌木和固坡草;山腰部位应保护好现有草被,有计划的逐步更换草被,提高草被覆盖度,防止水土流失,为发展牧业生产提供物质基础。

(三)深耕改土,合理论作倒茬

合理的轮作倒茬和正确的深耕是改善土壤中水、肥、气、热状况,加速土壤熟化,提高土壤肥力的有效措施。

1.加深耕层,打破犁底层

黑垆土类土壤耕层以下多有厚度不等(3~5cm)、较为坚实的犁底层。该层影响作物根系的下扎和土壤水分,养分的上下输通,为一障碍层次,加深耕层不但能打破犁底层,还能蓄水保墒,增加作物根系的营养范围和扩大微生物的活动场所。根据测定:伏耕30cm:18cm,每亩土壤含水量高出30%;土壤中硝化菌增加40倍,硝态氮增加3倍。由此可见,以加深耕层为中心的耕作改土也是不断熟化土壤,提高土壤水分,增加速效养分的基本措施。因此,对适宜机械作业的田块,至少每三年深耕一次,深度达到30cm左右,还可采取深松措施。

2.合理轮作倒茬

农谚说"茬口倒顺,强似上粪"。合理轮作倒茬是用作物对土壤肥力进行调节平衡的一项生物措施,是用地养地的好方法,而且也是一种消除和减少各种作物病虫危害行之有效的措施。经调查:小麦、玉米、高粱等作物的产量随着连作年限的增加而递减,病虫害发生的频率也随着连作年限的增加而增加。玉米在连作两年以上就会造成瘤黑粉病的大发生,小麦连作会造成根腐病、全蚀病的发生。小麦连作年限应控制在四年以下,大秋作物控制在全两年以下,最好一年一换。一般应按以下方式进行轮作:小麦(3~4年)→小秋

(一季)→黄豆(一年)→大秋(一年)→小麦。这样就能较好的发挥作物的互补作用,促进养分协调供应,改善土壤性状,减少病虫危害。

(四)科学合理施肥

施肥是提高作物生物量的基础,补充土壤养分不足的有效方法。为了达到增产的目的和预期的增产效果,就必须适时、适量、合理施肥。然而,临夏县农民近几年来,在施肥上缺少合理性和科学性,大部分地区的农民对肥料的种类、性质、使用方法不掌握,存在着极大的盲目性、随意性、跟随性。为了充分发挥肥料的最大效益和增产增收的目的,就必须抓好以下几项工作。

1.做好有机肥料的堆沤腐熟,严禁生粪、干草施入土壤

不论是人粪尿、畜粪尿和植物茎秆、树叶都必须经过堆沤腐熟方能使用。由于未经腐熟的人粪尿、畜粪尿中含有较多的蛋白质、有机酸、半分解的纤维素等物质以及各种病菌和虫卵。这些物质中的养分不能被作物直接吸收利用,并且C/N比值过大。所以未经腐熟的肥料不能直接施入土壤。若施入土壤,就会造成土壤局部溶液浓度增大,使作物窒息。由于C/N比值过大,土壤微生物与作物发生争氮现象,使作物严重缺氮。而病菌、虫卵未经高温堆沤,生活力很高,仍可繁殖危害作物。禾本科作物的茎秆C/N比值为80∶1,一般植物残体碳氮比值为40∶1。前几年由于瞎指挥,有些农民把干麦草、麦衣撒入地里当肥施用,结果造成严重的缺苗和大量的黄苗。

2.配方施肥,协调土壤养分比例

充分应用近年来测土配方施肥技术成果,按照区域内的不同生态类型、不同土壤类型、不同作物需肥规律,制定科学合理的施肥配方,通过试验示范,技术培训,逐步改变农民的不合理施肥习惯,推广配方施肥技术,做到有的放矢,缺什么、补什么,缺多少、补多少,并提倡施用作物专用肥、配方肥。在今后的化肥施用上应重视氮磷的配合施用外,高产作物和蔬菜种植区应注重钾肥和微量元素肥料的补充使用,协调土壤养分比例。

(五)加强耕地土壤管理,保护基本农田

加强耕地土壤管理是农、林、牧业生产的根本保证。目前,随着招商引资力度的加大,城乡一体化建设步伐的加快,使原来交通便利、水肥条件较好的耕地被占用,又不注意耕地占补平衡,造成耕地面积减少。同时,随着农民进城务工,农村撂荒耕地现象的出现,因此必须在力争提高单位面积产量的同时,制定相应的政策法规,加强耕地土壤管理工作,禁止一切浪费土地的行为。

1.因地制宜,实行农林牧的合理布局

由于偏重粮食生产,林牧业生产受到极大影响。所以,在临夏县范围内实行因地制宜的农林牧合理布局已是当务之急,应当本着宜农则农、宜林则林、宜牧则牧的原则,根据

地形地貌、土壤类型分布以及地质水文条件，进行农林牧专业性生产的区域规划工作。在各自然区域内也需同样注意农林牧业的合理搭配问题，在确保重点生产和严防水土流失的前提下，因地制宜的发展多种经营和其他各业生产，决不能单打一。

2.改变不合理的利用方式

因地制宜、合理利用是土壤管理、利用的依据，也是客观条件的要求。所以，必须对利用不合理的土地进行经营方式上的调整工作。目前，临夏县超坡度农用地相当大，这些土地，地力瘠薄，水土流失严重。如无完善的水土保持工程措施，应禁止农业使用，必须退农还林还牧。对土壤理化性状好的土地应尽量减少非生产性占用，制定合理的土地流转政策，确保基本农田面积。

专题四十 东乡县中低产田的类型、分布与改良

一、中低产田划分

根据耕地基础地力不同所构成的生产能力,将全国耕地分为十个地力等级。其粮食单产水平为大于13500kg/hm²(900kg/亩)至小于1500kg/hm²(100kg/亩),级差1500kg/hm²(100kg/亩)。采用当地典型的粮食种植制度的近期正常年份全年粮食产量水平计算,即一等地大于13500kg/hm²(900kg/亩)、二等地12000~13500kg/hm²(800~900kg/亩)、三等地10500~12000kg/hm²(700~800kg/亩)、四等地9000~10500kg/hm²(600~700kg/亩)、五等地7500~9000kg/hm²(500~600kg/亩)、六等地6000~7500kg/hm²(400~500kg/亩)、七等地4500~6000kg/hm²(300~400kg/亩)、八等地3000~4500kg/hm²(200~300kg/亩)、九等地1500~3000kg/hm²(100~200kg/亩)、十等地小于1500kg/hm²(100kg/亩)。参照中低产田划分标准:正常年份全年粮食产量300~500 kg/亩,划为中产田,正常年份全年粮食产量300 kg/亩以下,划为低产田,东乡县的一、二等地划分为中产田,三、四等地划分为低产田。

表 3-40-1　东乡县中低产田面积统计

中低产田	中产田	低产田	总计
面积(公顷)	13455.69	23830.01	37285.7
百分比(%)	36.09	63.91	100

二中低产田的类型与分布

(一)东乡县中低产田类型

东乡县耕种土壤类型以黑垆土、红黏土、黄绵土为主,地貌类型是河谷阶地、黄土梁峁丘陵和黄土斜梁状丘陵。按照《全国中低产田类型划分与改良技术规范》(NY/T 310-1996)的划分标准,结合表3-40-3不同地力等级的障碍程度指标,将东乡县一、二等地定为干旱灌改型;三、四等地定为坡地梯改型(表3-40-2)。

表 3-40-2　东乡县中低产田类型与分布面积

中低产田类型	干旱灌溉型	坡地梯改型	总计
面积(公顷)	13455.69	23830.01	37285.7
百分比(%)	36.09	63.91	100

表 3-40-3 东乡县不同地力等级障碍程度指标

中低产田		中产田	低产田	
县耕地地力等级		一等地	二等地	三等地	四等地
国家耕地地力等级		六等地	七等地	八等地	八等地
立地条件	地形部位	河谷阶地	黄土梁峁丘陵	黄土斜梁状丘	黄土斜梁状丘
	地面坡度	<6°	5°~15°	15°~20°	15°~25°
	灌溉条件	部分能灌溉 2~3 次/年		无	
	梯田化水平	水平梯田	坡耕地	坡耕地	坡耕地
	土壤侵蚀程度	无明显侵蚀	轻度侵蚀	中度侵蚀	轻度侵蚀
	耕层厚度(cm)	20	20	20	20
	耕层质地	中壤	中壤	中壤	中壤
	障碍层类型	无	无	无	无
耕层理化性状	有机质(g/kg)	15.9	15.5	14.4	14.5
	全氮(g/kg)	0.463	0.438	0.435	0.435
	有效磷(mg/kg)	17.4	16.2	15.6	15.6
	速效钾(mg/kg)	177	184	186	183
	pH	7.9~8.2	7.9~8.2	7.9~8.2	7.9~8.2
熟制		二年三熟	二年三熟	一年一熟	二年三熟
年产量水平(kg/公顷)		6000~7500	4500~6000	3000~4500	3000~4500

1. 干旱灌改型

主要分布在达坂镇、河滩镇、唐汪镇、那勒寺镇、柳树乡、东塬乡、坪庄乡、赵家乡。占地面积 13455.69hm²。受气候、地形等难以改变的大环境影响，以及距离居民点远，施肥不足，土壤结构不良，养分含量低，产量低于当地高产农田，当前又无见效快、大幅度提高产量的治本性措施，只能通过长期培肥加以逐步改良的耕地。如山地丘陵雨养型梯田、坡耕地和黄土高原,很多产量中等的旱耕地。

2.坡地梯改型

主要分布在锁南镇、春台镇、关卜乡、果园乡、沿岭乡、汪集乡、高山乡、大树乡、北岭乡、龙泉乡、考勒乡、董岭乡、百和乡、风山乡等。占地面积23830.019hm²。地貌类型只要是山谷地,坡度在10-25度之间,虽然土壤有机质含量较高,但是由于处于高寒地带,有效积温较低,有机质无法分解,土壤任处于贫瘠状态。加之坡度很大,可耕性差。

三、中低产田的改造目标

中低产田改造要统一思想,加强领导,加强服务,统一规划,综合治理。成片开发要强化工程管护,以便发挥长期效益,要加大资金集中投入,实施连片治理,平田整地,格田成方,健全水系,搞好配套,改良土壤等项目还要发展节水工程,提高农田灌溉、排涝、降渍标准。坚持改造中低产田与保护生态环境,调整优化农业结构相结合,通过改造形成沟、路、林、渠合理布局,建成旱能浇、涝能排、绿美结合的高标准高效农田,促进农业发展和种植结构调整,提高农民收入,增加农业效益,利用水、土、田、林、路综合治理,提高土地的可持续生产能力。

中低产田改造完成后,要达到"旱能灌、涝能排、渠相通、路相连、林成网、树成行"的标准。依据中低产田的主要特征,运用不同的综合治理技术,因地制宜对中低产田的土肥水等条件进行全方位治理,达到低产变中产,中产变高产,高产稳产农田的目的。做到看山山青,看地地绿,坡土成台,园田成方,水利配套,能灌能排,土地平整,机耕方便,旱涝稳收,轮间配套,季季高产。

(一)活土层厚,土体构造好

土层要求总厚度在60~100cm以上,土体的构造最好是上松下紧,即活土层要松,心土层要紧。活土层要20~25cm,固、气、液三相比例适当。固体占45%,总孔隙达55%,其中大孔隙占15%,即可渗下多余的水,透气性好,又可通过40%的小孔隙以毛管水形式保持和传导给植物可利用的水;而在35cm以下大孔隙减少到9.4%,毛管孔隙增加到43.8%,有利于保持下渗水,成为耕层水肥储藏库。活土层疏松多孔,一般粒状结构多,土性软而不散,有利于热、水、气、肥的调节,形成根系生长的理想环境,根深叶茂,保证作物生长好,产量高。

(二)土壤三化程度高,土质好

土壤的腐殖质化、结构化、微菌化程度高。中低产田改造不单纯是提高当年产量,而是着眼于根本性的土壤改良,特别是要进行提高耕地综合生产能力的基本建设。要针对不同类型中低产田采取相应又针对性的重点措施和综合措施,清除或减轻制约产量提高的土壤障碍因素,提高耕地可持续力等级,改善农业生产条件。

四、中低产田改造措施

根据农业部《全国中低产田类型划分与改良技术规范》(NY/T 310-1996),提出以下改造技术规范,如表3-40-4和3-40-5:

表3-40-4 东乡县干旱灌改改造技术措施

改良措施		改良指标
灌溉工程		每年保灌四次,毛灌溉定额250~300m³以上
平整土地		达到不同灌溉方式的要求。
加深耕层		加深5cm
耕作培肥	种植绿肥	30%,连续三年
	秸秆还田	缺燃料地区30%~50%(秸秆量或面积),不缺燃料地区>50%(秸秆量或面积),连续5年
	增施有机肥	每年3000kg/hm²,连续5年
林带植被建设		占地面积10%

表3-40-5 东乡县坡地梯改型改造技术规范

改造措施		改良标准
梯田工程		参照北方山地丘陵棕壤褐土耕地类型区坡地梯改型的梯田规格。
林带植被建设		林、草、作物总植被覆盖率>80%(无裸露面积)
耕作培肥	深翻	三年内深耕2次,加深耕层5cm,耕作熟化层达到20cm。
	种植制度	粮食套种黄豆、麦茬、短期绿肥,麦、油、豆轮作,连续5年
	秸秆还田	小麦留高茬15cm,连续3年缺燃料地区30%~50%(秸秆量或面积),不缺燃料地区>50%,连续5年
	增施有机肥	每亩2000kg,连续5年

(一)增加土壤有机质,不断培肥地力

提高土壤肥力的关键措施是增加土壤有机质,而增加土壤有机质的主要途径是增施优质有机肥料,实行草、田轮作,秸秆还田和种植绿肥。因此,就必须认真抓好以下几项工作。

1.开辟有机肥源、管好有机肥

东乡县有机肥料中,牲畜圈粪占有机肥的90%以上,是补充土壤中有机质的主要来源。根据测定,人粪、家畜粪,机质含量为22~36 g/kg,其他各种有机肥料有机质均在20

g/kg以下,牲畜圈垫土较多的有机肥在10 g/kg以下,全氮最高为1.33 g/kg,最低为0.43 g/kg,这与农田土壤相比,相差不大。目前,由于家庭结构的小型化,牲畜饲养量显著下降;农民生活条件的改善,由土炕改为床,用土炕冬季取暖的明显减少,具有传统历史的有机肥源——熏炕土在农村很少见,一日三餐多用液化气、电磁炉、太阳能、沼气,草木灰的施用量也下降;更重要的是农村青壮年劳力有80%的在外打工,把优质的有机肥流失到城郊,有机肥料严重不足。导致东乡县目前农家肥量之少,质之差。因此,开辟新的有机肥源,应充分利用目前作物秸秆、高原夏菜副产物菜叶量大的有利条件,大力提倡作物秸秆、菜叶高温堆肥。管理好现有的有机肥,注意土肥的混合比例,是提高肥料质量的关键措施。所以,在有机肥料的积存期间应注意防止风吹、日晒和雨淋,保管在避风遮阴之处,以免养分损失,在用土垫圈时,土粪的混合比例一般应以2∶1为宜,彻底杜绝黄土搬家的现象。

2.种植绿肥,扩大苜蓿种植面积

根据目前肥源情况,要提高土壤有机质的含量,还必须提倡种植绿肥,实行草田轮作、间作,要以粮促牧、以牧促肥、以肥增粮。根据东乡县雨量的月分配指标和多年的绿肥试验结果来看,小麦收割后土地空闲,此期又是一年的雨季,降雨相对较多,可复种一茬豆科的豌豆、扁豆、毛苕子和芸芥等作物,也可在麦田套种毛苕子,深秋耕翻入土壤,给土壤中增加一定数量的有机质,所以应大力推广。苜蓿具有庞大的根系,能够穿透耕层以下坚硬的犁底层和埋藏较深的其他坚硬障碍层,并且有显著增加土壤有机质和改善土壤结构的作用。根据东乡县调查结果来看,一般农田有机质为11.3 g/kg,全氮为0.76 g/kg,水解氮为53.3 mg/kg;而五年的苜蓿地土壤有机质则高达14.9 g/kg,全氮为0.97 g/kg,水解氮为59.5 mg/kg;苜蓿地与一般农田相比,有机质增加3.5 g/kg,全氮增加0.21 g/kg,水解氮增加5.8 mg/kg。光有机质增加量,苜蓿地比农田每亩增加了相当于含有机质为1.75%的农家肥4.5万千克。另外,苜蓿含有大量的蛋白质和其他养分,并且产草量高,是畜禽的好饲草。据调查,生长五年、六年、七年的苜蓿亩产草量分别是1800 kg、2600 kg和2400 kg,由此可见,苜蓿是一种十分理想的肥田作物,所以,应适当扩大种植面积。并应普遍的、有计划地逐步实行草田轮作。

3.增种豆科作物,改善土壤理化性状

豆科作物蛋白质含量多,营养价值高,还具有良好的肥田作用,其肥田的机理是豆科作物特殊的根系所表现出的功能:一是根瘤能够吸收同化固定空气中大量的游离态氮,增加土壤氮素;二是根系的根毛具有分泌有机弱酸的本领,这种弱酸能溶解土壤中溶性磷为有效磷,提高有效磷的供应容量。同时,豆科作物的茎秆富含营养成分,是羊、兔的优质饲草。所以,扩大豆科作物的种植面积,同样是增加土壤有机质改善土壤结构的主要途径之一,要认真抓好。还要逐步实行粮豆轮作、间作,增加豆科作物的种植面积,缩短轮作周期。

4.大力发展畜牧业,秸秆"过腹还田"

推广秸秆还田技术是今后解决东乡县肥源不足、增加土壤有机质的主要措施。近年来,随着全膜双垄沟播技术的大面积推广应用,玉米秸秆量显著增加。据测定,每亩玉米干秸秆量在500~600kg,东乡县每年玉米播种面积在25万亩以上,仅玉米秸秆量就达到12.5万~15万吨。为此,要充分利用这一优势,大力发展畜牧业,秸秆"过腹还田",或直接还田。

5.实施以农户为主的生态模式

该模式的思路是"在狠抓耕地梯田化改造工程的基础上,以农户家庭为实施单元,将集蓄水设施、高效种植业、舍饲养殖业、新型清洁能源有机的结合起来,配套种植业、养殖业、能源等方面的多项实用技术,实现现有资源充分、持续、合理、循环利用,增加群众的经济收入、改善和提高生活质量和居住环境,达到人与自然共存条件下自然资源的合理永续利用和农牧业生产的持续发展。"这一思路对东乡县北山的干旱、半干旱地区中低产田改造具有较强的指导意义。

具体措施是,建雨水集流设施,进行舍饲养殖,退耕还林。对梯田地、沟坝、台地,大力推广种植全膜双垄玉米,玉米秸秆青贮作冬季饲草;将大于25°的坡耕地退耕种植苜蓿,作为夏季舍饲养殖牲畜的饲草,牲畜粪便入沼气池,沼渣沼液肥田,促进作物生长,产生较多的秸秆,并增加作物根系量,根茬直接还田。

6.推广地膜覆盖栽培免耕再利用种植技术

主要推广玉米地膜覆盖再利用免耕技术,其核心是一次覆膜连续种植两茬或多茬作物。在前茬作物收获后不耕,保护好地膜,第二年在原地膜上播种下茬作物,生长期进行分次追肥管理。其模式为:玉米→玉米,玉米→马铃薯,玉米→小麦,玉米→蔬菜,玉米→蚕豆等。该技术能最大限度地保蓄土壤水分,减轻冬春季土壤水分的蒸发,使第二年播前土壤含水量保持较高的水平,可以充分满足早春作物对水分的需求。根茬直接还田,增加了土壤有机质,有利于改良土壤和提高土壤肥力;周年进行全地面地膜覆盖,能有效减轻土壤地表的风蚀和水蚀,防止水土流失,有利于保护环境。

在蔬菜区采取该技术,种植两茬作物,前茬作物收获后不耕翻土地,直接在原膜上播种下茬作物,是前茬作物的根茬留在土壤中,增加土壤有机质。

(二)大搞农田基本建设,治沟治坡,保持水土

"有收无收在于水,收多收少在于肥"。水、肥是东乡县农业生产中的决定因素,平田整地和防止水土流失仍是今后农、林、牧业生产健康发展的必由之路。所以,每年要有计

划做好农田基本建设,保持水土、防止水土流失。

1.抓以平田整地为中心的农田基本建设

东乡县为旱作农业区,农业生产所需的水分主要来自天然降雨,作物一生的水分要求,大都是由土壤接纳自然降水而供给。所以,平田整地、接纳雨水、防止水土流失是农业生产的关键措施,也是今后发展水浇地的基础工作。要有计划、有步骤地尽快把田面坡度小于25°坡耕地修建成便于机械耕作、种植、收割和灌溉的高质量的水平条田,在山区修建便于机械操作和运输的山地梯田,为今后农业机械化打下良好的基础。

2.抓以种草种树为中心的生物固土保水工作

种草种树是调节气候,改变环境,平衡生态,固土保水的有效生物措施。东乡县60%以上的耕地分布在丘陵坡地上,坡度较大,高差明显,树木稀少,草被稀疏,侵蚀严重,冲刷强烈,水土大量流失。为了防止水土流失,调节气候,平衡生态,就必须有计划地进行退耕还林,种草种树。山顶部水土流失严重的干旱部位,应自上而下的修筑反坡梯田、鱼鳞坑等蓄水工程,进行蓄水保墒,种植乔、灌木和固坡草;山腰部位应保护好现有草被,有计划的逐步更换草被,提高草被覆盖度,防止水土流失,为发展牧业生产提供物质基础。

(三)深耕改土,合理轮作倒茬

合理的轮作倒茬和正确的深耕是改善土壤中水、肥、气、热状况,加速土壤熟化,提高土壤肥力的有效措施。

1.加深耕层,打破犁底层

黑垆土类土壤耕层以下多有厚度不等(3~5cm)、较为坚实的犁底层。该层影响作物根系的下扎和土壤水分,养分的上下输通,为一障碍层次,加深耕层不但能打破犁底层,还能蓄水保墒,增加作物根系的营养范围和扩大微生物的活动场所。根据测定:伏耕30cm:18cm,每亩土壤含水量高出30%;土壤中硝化菌增加40倍,硝态氮增加3倍。由此可见,以加深耕层为中心的耕作改土也是不断熟化土壤,提高土壤水分,增加速效养分的基本措施。因此,对适宜机械作业的田块,至少每三年深耕一次,深度达到30cm左右,还可采取深松措施。

2.合理轮作倒茬

农谚说"茬口倒顺,强似上粪"。合理轮作倒茬是用作物对土壤肥力进行调节平衡的一项生物措施,是用地养地的好方法,而且也是一种消除和减少各种作物病虫危害行之有效的措施。经调查:小麦、玉米、高粱等作物的产量随着连作年限的增加而递减,病虫害发生的频率随着连作年限的增加而增加。玉米连作两年以上就会造成瘤黑粉病的大发生,小麦连作会造成根腐病、全蚀病的发生。小麦连作年限应控制在四年以下,大秋作物控制在全两年以下,最好一年一换。一般应按以下方式进行轮作:小麦(3~4年)→小秋

(一季)→黄豆(一年)→大秋(一年)→小麦。这样就能较好的发挥作物的互补作用,促进养分协调供应,改善土壤性状,减少病虫危害。

(四)科学合理施肥

施肥是提高作物生物量的基础,补充土壤养分不足的有效方法。为了达到增产的目的和预期的增产效果,就必须适时、适量、合理施肥。然而,东乡县农民近几年来,在施肥上缺少合理性和科学性,大部分地区的农民对肥料的种类、性质、使用方法不掌握,存在着极大的盲目性、随意性、跟随性。为了充分发挥肥料的最大效益和增产增收的目的,就必须抓好以下几项工作。

1.做好有机肥料的堆沤腐熟,严禁生粪、干草施入土壤

不论是人粪尿、畜粪尿和植物茎秆、树叶都必须经过堆沤腐熟方能使用。由于未经腐熟的人粪尿、畜粪尿中含有较多的蛋白质、有机酸、半分解的纤维素等物质以及各种病菌和虫卵。这些物质中的养分不能被作物直接吸收利用,并且C/N比值过大。所以未经腐熟的肥料不能直接施入土壤。若施入土壤,就会造成土壤局部溶液浓度增大,使作物窒息。由于C、N比值过大,土壤微生物与作物发生争氮现象,使作物严重缺氮。而病菌、虫卵未经高温堆沤,生活力很高,仍可繁殖危害作物。禾本科作物的茎秆C/N比值为80∶1,一般植物残体碳氮比值为40∶1。前几年由于瞎指挥,有些农民把干麦草、麦衣撒入地里当肥施用,结果造成严重的缺苗和大量的黄苗。

2.配方施肥,协调土壤养分比例

充分应用近年来测土配方施肥技术成果,按照区域内的不同生态类型、不同土壤类型、不同作物需肥规律,制定科学合理的施肥配方,通过试验示范,技术培训,逐步改变农民的不合理施肥习惯,推广配方施肥技术,做到有的放矢,缺什么、补什么,缺多少、补多少,并提倡施用作物专用肥、配方肥。在今后的化肥施用上应重视氮磷的配合施用外,高产作物和蔬菜种植区应注重钾肥和微量元素肥料的补充使用,协调土壤养分比例。

(五)加强耕地土壤管理,保护基本农田

加强耕地土壤管理是农、林、牧业生产的根本保证。目前,随着招商引资力度的加大,城乡一体化建设步伐的加快,使原来交通便利、水肥条件较好的耕地被占用,又不注意耕地占补平衡,造成耕地面积减少。同时,随着农民进城务工,农村撂荒耕地现象的出现,必须在力争提高单位面积产量的同时,制定相应的政策法规,加强耕地土壤管理工作,禁止一切浪费土地的行为。

1.因地制宜,实行农林牧的合理布局

由于偏重粮食生产,林牧业生产受到极大影响。所以,在东乡县范围内实行因地制宜的农林牧合理布局是当务之急,应当本着宜农则农、宜林则林、宜牧则牧的原则,根据地

形地貌、土壤类型分布以及地质水文条件,进行农林牧专业性生产的区域规划工作。在各自然区域内也需同样注意农林牧业的合理搭配问题,在确保重点生产和严防水土流失的前提下,因地制宜的发展多种经营和其他各业生产,决不能单一发展。

2.改变不合理的利用方式

因地制宜、合理利用是土壤管理、利用的依据,也是客观条件的要求。所以,必须对利用不合理的土地进行经营方式上的调整。目前,东乡县超坡度农用地相当大,这些土地,地力瘠薄,水土流失严重。如无完善的水土保持工程措施,应禁止农业使用,必须退农还林还牧。对土壤理化性状好的土地应尽量减少非生产性占用,制定合理的土地流转政策,确保基本农田面积。

专题四十一　广河县中低产田类型划分及改良利用

一、中低产田划分

中低产田划分标准按《全国各耕地类型区高产田、中产田、低产田粮食单产指标参照表》划分。选取黄土高原区单产标准：>7500kg/hm²，为高产田，4500~7500kg/hm²为中产田，<4500kg/hm²为低产田。按照中低产田划分标准，广河县高产田耕地面积，占总耕地面积的20%；中产田耕地面积，占总耕地面积的45%；低产田耕地面积，总耕地面积的35%。详见表3-41-1。

表3-41-1　广河县中低产田面积统计

中低产田	高产田	中产田	低产田	总计
面积（公顷）	3703	8331.7	6480.2	18514.8
占耕地面积比例（%）	20.0	45.0	35.0	100.0

二、中低产田的类型与分布

(一)广河县中低产田类型

广河县耕地土壤主要是黑土、黑垆土、黄绵土、红土，地貌类型为河谷阶地、黄土侵蚀沟壑地貌、浅切割中山地貌，按照《全国中低产田类型划分与改良技术规范》(NY/T 310-1996)的划分标准，结合表3-41-3不同地力等级的障碍程度指标，将广河县中低产田类型分为干旱灌溉型和坡地梯改型，面积分布情况见表3-41-2。

表3-41-2　广河县中低产田类型与分布面积

中低产田类型	干旱灌溉型	坡地梯改型	总计
面积(hm²)	8331.7	6480.2	14811.9
百分比(%)	56.3	43.7	100.0

表 3-41-3　广河县不同地力等级障碍程度指标

	中低产田	中产田		低产田	
	县耕地地力等级 三等地（部分）	二等地 四等地		三等地（部分） 国家耕地地力等级	
	地面坡度	<6°	5°~15°	15°~20°	15°~25°
	灌溉条件	部分能灌溉2~3次/年		无	
	梯田化水平	水平梯田	坡耕地	坡耕地	坡耕地
	土壤侵蚀程度	无明显侵蚀	轻度侵蚀	中度侵蚀	轻度侵蚀
	耕层厚度（cm）	20	20	20	20
	耕层质地	中壤	中壤	中壤	中壤
	障碍层类型	无	无	无	无
耕层理化性状	有机质（g/kg）	12.5	12.7	12.7	11.6
	全氮（g/kg）	0.869	0.874	0.874	0.849
	有效磷（mg/kg）	20.3	19.5	19.5	17.9
	速效钾（mg/kg）	250.9	252.4	252.4	252.8
	pH	7.3~8.9	7.3~8.8	7.3~8.8	7.4~8.6

1.干旱灌改型

主要分布在庄禾集镇、水泉乡、齐家镇、城关镇等，面积8331.7hm²。受气候、地形等难以改变的大环境影响，以及距离居民点远，施肥不足，土壤结构不良，养分含量低，产量低于当地高产农田，当前又无见效快、大幅度提高产量的治本性措施，只能通过长期培肥加以逐步改良的耕地。如山地丘陵雨养型梯田、坡耕地和黄土高原，很多产量中等的旱耕地。

2.坡地梯改型

主要分布在买家巷镇、官坊乡、三甲集镇等，面积6480.2hm²。地貌类型只要是山谷地，虽然土壤有机质含量较高，但是由于处于高寒地带，有效积温较低，有机质无法分解，土壤任处于贫瘠状态。加之坡度很大，可耕性差。

三、中低产田的改造目标

中低产田改造要统一思想，加强领导，加强服务，统一规划，综合治理。成片开发要强化工程管护,以便发挥长期效益,要加大资金集中投入,实施连片治理,平田整地,格田成方,健全水系,搞好配套,改良土壤等项目还要发展节水工程,提高农田灌溉、排涝、降渍标准。坚持改造中低产田与保护生态环境,调整优化农业结构相结合,通过改造形成沟、路、林、渠合理布局,建成旱能浇、涝能排、绿美结合的高标准高效农田,促进农业发展和种植结构调整,提高农民收入,增加农业效益;利用水、土、田、林、路综合治理,提高土地的可持续生产能力。

中低产田改造完成后,要达到"旱能灌、涝能排、渠相通、路相连、林成网、树成行"的标准。依据中低产田的主要特征,运用不同的综合治理技术,因地制宜的对中低产田的土肥水等条件进行全方位治理,达到低产变中产,中产变高产,高产稳产农田的目的。做到看山山青,看地地绿,坡土成台,园田成方,水利配套,能灌能排,土地平整,机耕方便,旱涝稳收,轮间配套,季季高产。

(一)活土层厚,土体构造好

土层要求总厚度在 60~100cm 以上,土体的构造最好是上松下紧,即活土层要松,心土层要紧。活土层要 20~25cm,固、气、液三相比例适当。固体占 45%,总孔隙达 55%,其中大孔隙占 15%,即可渗下多余的水,透气性好,又可通过 40% 的小孔隙以毛管水形式保持和传导给植物可利用的水;而在 35cm 以下大孔隙减少到 9.4%,毛管孔隙增加到 43.8%,有利于保持下渗水,成为耕层水肥储藏库。活土层疏松多孔,一般粒状结构多,土性软而不散,有利于热、水、气、肥的调节,形成根系生长的理想环境,根深叶茂,保证作物生长好,产量高。

(二)土壤三化程度高,土质好

土壤的腐殖质化、结构化、微菌化程度高。中低产田改造不单纯是提高当年产量,而是着眼于根本性的土壤改良,特别是要进行提高耕地综合生产能力的基本建设。要针对不同类型中低产田采取相应又针对性的重点措施和综合措施,清除或减轻制约产量提高的土壤障碍因素,提高耕地可持续力等级,改善农业生产条件。

四、中低产田改造措施

根据农业部《全国中低产田类型划分与改良技术规范》(NY/T 310-1996),提出以下改造技术规范,如表 3-41-4 和 3-41-5:

表 3-41-4 广河县干旱灌改改造技术措施

改良措施		改良指标
灌溉工程		每年保灌四次,毛灌溉定额 250~300m³ 以上
平整土地		达到不同灌溉方式的要求。
加深耕层		加深 5cm
耕作培肥	种植绿肥	30%,连续三年
	秸秆还田	缺燃料地区 30%~50%(秸秆量或面积),不缺燃料地区 >50%(秸秆量或面积),连续 5 年
	增施有机肥	每年 3000kg/hm²,连续 5 年
林带植被建设		占地面积 10%

表 3-41-5 广河县坡地梯改型改造技术规范

改造措施		改良标准
梯田工程		参照北方山地丘陵棕壤褐土耕地类型区坡地梯改型的梯田规格
林带植被建设		林、草、作物总植被覆盖率 >80%(无裸露面积)
耕作培肥	深翻	三年内深耕 2 次,加深耕层 5cm,耕作熟化层达到 20cm
	种植制度	粮食套种黄豆、麦茬、短期绿肥,麦、油、豆轮作,连续 5 年
	秸秆还田	小麦留高茬 15cm,连续 3 年缺燃料地区 30~50%(秸秆量或面积),不缺燃料地区 >50%,连续 5 年
	增施有机肥	每亩 2000kg,连续 5 年

(一)增加土壤有机质,不断培肥地力

提高土壤肥力的关键措施是增加土壤有机质,而增加土壤有机质的主要途径是增施优质有机肥料,实行草、田轮作,秸秆还田和种植绿肥。因此,就必须认真抓好以下几项工作。

1.开辟有机肥源、管好有机肥

广河县有机肥料中,牲畜圈粪占有机肥的 90% 以上,是补充土壤中有机质的主要来源。根据测定,人粪、家畜粪,机质含量为 22~36 g/kg,其他各种有机肥料有机质均在 20 g/kg 以下,牲畜圈垫土较多的有机肥在 10 g/kg 以下,全氮最高为 1.33 g/kg,最低为 0.43 g/kg,这与农田土壤相比,相差不大。目前,由于家庭结构的小型化,牲畜饲养量显著下降;农民生活条件的改善,由土炕改为床,冬季用土炕取暖的明显减少,具有传统历史的有机肥源——熏炕土在农村很少见了,一日三餐多用液化气、电磁炉、太阳能、沼气,草木灰的施用量也下降;更重要的是农村青壮年劳力有 80% 的在外打工,把优质的有机肥流失到城郊,有机肥料严重不足。导致广河县目前农家肥量之少,质之差。因此,开辟新的有机肥源,应充分利用目前作物秸秆、高原夏菜副产物菜叶量大的有利条件,大力提倡作物秸

秆、菜叶高温堆肥。管理好现有的有机肥，注意土肥的混合比例，是提高肥料质量的关键措施。所以，在有机肥料的积存期间应注意防止风吹、日晒和雨淋，保管在避风遮阴之处，以免养分损失，在用土垫圈时，土粪的混合比例一般应以 2 : 1 为宜，彻底杜绝黄土搬家的现象。

2. 种植绿肥，扩大苜蓿种植面积

根据目前肥源情况，要提高土壤中有机质的含量，还必须提倡种植绿肥，实行草田轮作、间作，要以粮促牧、以牧促肥、以肥增粮。根据广河县雨量的月分配指标和多年的绿肥试验结果来看，小麦收割后土地空闲，此期又是一年的雨季，降雨相对较多，可复种一茬豆科的豌豆、扁豆、毛苕子和芸芥等作物，也可在麦田套种毛苕子，深秋耕翻入土壤，给土壤中增加一定数量的有机质，所以应大力推广。苜蓿具有庞大的根系，能够穿透耕层以下坚硬的犁底层和埋藏较深的其他坚硬障碍层，并且有显著增加土壤有机质和改善土壤结构的作用。根据广河县调查结果来看，苜蓿地与一般农田相比，有机质增加 3.5 g/kg，全氮增加 0.21 g/kg，水解氮增加 5.8 mg/kg。光有机质增加量，苜蓿地比农田每亩增加了相当于含有机质为 1.75% 的农家肥 4.5 万千克。另外，苜蓿含有大量的蛋白质和其他养分并且产草量高，是畜禽的好饲草。据调查，生长五年、六年、七年的苜蓿亩产草量（鲜态）分别是 1800 kg、2600 kg 和 2400 kg，由此可见，苜蓿是一种十分理想的肥田作物，所以，应适当扩大种植面积。并应普遍的、有计划地逐步实行草田轮作。

3. 增种豆科作物，改善土壤理化性状

豆科作物蛋白质含量多，营养价值高，还具有良好的肥田作用，其肥田的机理是豆科作物特殊的根系所表现出的功能：一是根瘤能够吸收同化固定空气中大量的游离态氮，增加土壤氮素；二是根系的根毛具有分泌有机弱酸的本领，这种弱酸能溶解土壤中溶性磷为有效磷，提高有效磷的供应容量。同时，豆科作物的茎秆富含营养成分，是羊、兔的优质饲草。所以，扩大豆科作物的种植面积，同样是增加土壤有机质改善土壤结构的主要途径之一，要认真抓好。还要逐步实行粮豆轮作、间作，增加豆科作物的种植面积，缩短轮作周期。

4. 大力发展畜牧业，秸秆"过腹还田"

推广秸秆还田技术是今后解决广河县肥源不足、增加土壤有机质的主要措施。近年来，随着全膜双垄沟播技术的大面积推广应用，玉米秸秆量显著增加。据测定，每亩玉米干秸秆量在 500~600 kg，广河县每年玉米播种面积在 2 万公顷以上，仅玉米秸秆量就达到 12.5 万~15 万吨。为此，要充分利用这一优势，大力发展畜牧业，秸秆"过腹还田"，或直接还田。

5. 实施以农户为主的生态模式

该模式的思路是"在狠抓耕地梯田化改造工程的基础上，以农户家庭为实施单元，将

集蓄水设施、高效种植业、舍饲养殖业、新型清洁能源有机的结合起来,配套种植业、养殖业、能源等方面的多项实用技术,实现现有资源充分、持续、合理、循环利用,增加群众的经济收入、改善和提高生活质量和居住环境,达到人与自然共存条件下自然资源的合理永续利用和农牧业生产的持续发展。

具体措施是,建雨水集流设施,进行舍饲养殖,退耕还林。对梯田地,沟坝、台地,大力推广种植全膜双垄玉米,玉米秸秆青贮作冬季饲草;将大于25°的坡耕地退耕种植苜蓿,作为夏季舍饲养殖牲畜的饲草,牲畜粪便入沼气池,沼渣沼液肥田,促进作物生长,产生较多的秸秆,并增加作物根系量,根茬直接还田。

6.推广地膜覆盖栽培免耕再利用种植技术

主要推广玉米地膜覆盖再利用免耕技术,其核心是一次覆膜连续种植两茬或多茬作物。在前茬作物收获后不耕,保护好地膜,第二年在原地膜上播种下茬作物,生长期进行分次追肥管理。其模式为:玉米→玉米,玉米→马铃薯,玉米→小麦,玉米→蔬菜,玉米→蚕豆等。该技术能最大限度地保蓄土壤水分,减轻冬春季土壤水分的蒸发,使第二年播前土壤含水量保持较高的水平,可以充分满足早春作物对水分的需求。根茬直接还田,增加了土壤有机质,有利于改良土壤和提高土壤肥力;周年进行全地面地膜覆盖,能有效减轻土壤地表的风蚀和水蚀,防止水土流失,有利于保护环境。

在蔬菜区采取该技术,种植两茬作物,前茬作物收获后不耕翻土地,直接在原膜上播种下茬作物,是前茬作物的根茬留在土壤中,增加土壤有机质。

(二)大搞农田基本建设,治沟治坡,保持水土

"有收无收在于水,收多收少在于肥"。水、肥是广河县农业生产中的决定因素,平田整地,防止水土流失仍是今后农、林、牧业生产健康发展的必由之路。所以,每年要有计划做好农田基本建设,保持水土、防止水土流失。

1.抓以平田整地为中心的农田基本建设

广河县为旱作农业区,农业生产所需的水分主要来自天然降雨,作物一生的水分要求,大都是由土壤接纳自然降水而供给。所以,平田整地、接纳雨水、防止水土流失是农业生产的关键措施,也是今后发展水浇地的基础工作。要有计划、有步骤地尽快把田面坡度小于25°坡耕地修建成便于机械耕作、种植、收割和灌溉的高质量的水平条田,在山区修建便于机械操作和运输的山地梯田,为今后农业机械化打下良好的基础。

2.抓以种草种树为中心的生物固土保水工作

种草种树是调节气候,改变环境,平衡生态,固土保水的有效生物措施。广河县坡度较大,高差明显,树木稀少,草被稀疏,侵蚀严重,冲刷强烈,水土大量流失。为了防止水土流失,调节气候,平衡生态,就必须有计划地进行退耕还林,种草种树。山顶部水土流失严

重的干旱部位,应自上而下的修筑反坡梯田、鱼鳞坑等蓄水工程,进行蓄水保墒,种植乔、灌木和固坡草;山腰部位应保护好现有草被,有计划的逐步更换草被,提高草被覆盖度,防止水土流失,为发展牧业生产提供物质基础。

(三)深耕改土,合理轮作倒茬

合理的轮作倒茬和正确的深耕是改善土壤中水、肥、气、热状况,加速土壤熟化,提高土壤肥力的有效措施。

1. 加深耕层,打破犁底层

黑垆土类土壤耕层以下多有厚度不等(3～5cm)、较为坚实的犁底层。该层影响作物根系的下扎和土壤水分、养分的上下输通,为一障碍层次,加深耕层不但能打破犁底层,还能蓄水保墒,增加作物根系的营养范围和扩大微生物的活动场所。根据测定:伏耕30cm∶18cm,每亩土壤含水量高出30%;土壤中硝化菌增加40倍,硝态氮增加3倍。由此可见,以加深耕层为中心的耕作改土也是不断熟化土壤,提高土壤水分,增加速效养分的基本措施。因此,对适宜机械作业的田块,至少每三年深耕一次,深度达到30cm左右,还可采取深松措施。

2. 合理轮作倒茬

农谚说"茬口倒顺,强似上粪"。合理轮作倒茬是用作物对土壤肥力进行调节平衡的一项生物措施,是用地养地的好方法,而且也是一种消除和减少各种作物病虫危害行之有效的措施。经调查:小麦、玉米、高粱等作物的产量随着连作年限的增加而递减,病虫害发生的频率随着连作年限的增加而增加。玉米连作两年以上就会造成瘤黑粉病的大发生,小麦连作会造成根腐病、全蚀病的发生。小麦连作年限应控制在四年以下,大秋作物控制在全两年以下,最好一年一换。一般应按以下方式进行轮作:小麦(3～4年)→小秋(一季)→黄豆(一年)→大秋(一年)→小麦。这样就能较好的发挥作物的互补作用,促进养分协调供应,改善土壤性状,减少病虫危害。

(四)科学合理施肥

施肥是提高作物生物量的基础,补充土壤养分不足的有效方法。为了达到增产的目的和预期的增产效果,就必须适时、适量、合理施肥。然而,广河县近几年来,农民在施肥上缺少合理性和科学性,大部分地区的农民对肥料的种类、性质、使用方法不了解,存在着极大的盲目性、随意性、跟随性。为了充分发挥肥料的最大效益和增产增收的目的,就必须抓好以下几项工作。

1. 做好有机肥料的堆沤腐熟,严禁生粪、干草施入土壤

不论是人粪尿、畜粪尿和植物茎秆、树叶都必须经过堆沤腐熟方能使用。由于未经腐熟的人粪尿、畜粪尿中含有较多的蛋白质、有机酸、半分解的纤维素等物质以及各种病菌

和虫卵。这些物质中的养分不能被作物直接吸收利用,并且C/N比值过大。所以未经腐熟的肥料不能直接施入土壤。若施入土壤,就会造成土壤局部溶液浓度增大,使作物窒息。由于C/N比值过大,土壤微生物与作物发生争氮现象,使作物严重缺氮。而病菌、虫卵未经高温堆沤,生活力很高,仍可繁殖危害作物。禾本科作物的茎秆C/N比值为80∶1,一般植物残体碳氮比值为40∶1。前几年由于瞎指挥,有些社队把干麦草、麦衣撒入地里当肥施用,结果造成严重的缺苗和大量的黄苗。

2.配方施肥,协调土壤养分比例

充分应用近年来测土配方施肥技术成果,按照区域内的不同生态类型、不同土壤类型、不同作物需肥规律,制定科学合理的施肥配方,通过试验示范,技术培训,逐步改变农民的不合理施肥习惯,推广配方施肥技术,做到有的放矢,缺什么、补什么,缺多少、补多少。并提倡施用作物专用肥、配方肥。在今后的化肥施用上应重视氮磷的配合施用外,高产作物和蔬菜种植区应注重钾肥和微量元素肥料的补充使用,协调土壤养分比例。

(五)加强耕地土壤管理,保护基本农田

加强耕地土壤管理是农、林、牧业生产的根本保证。目前,随着招商引资力度的加大,城乡一体化建设步伐的加快,使原来交通便利、水肥条件较好的耕地被占用,又不注意耕地占补平衡,造成耕地面积减少。同时,随着农民进城务工,农村撂荒耕地现象的出现,必须在力争提高单位面积产量的同时,制定相应的政策法规,加强耕地土壤管理工作,禁止一切浪费土地的行为。

1.因地制宜,实行农林牧的合理布局

由于偏重粮食生产,林牧业生产受到极大影响。所以,在广河县范围内实行因地制宜的农林牧合理布局是当务之急,应当本着宜农则农、宜林则林、宜牧则牧的原则,根据地形地貌、土壤类型分布以及地质水文条件,进行农林牧专业性生产的区域规划工作。在各自然区域内也需同样注意农林牧业的合理搭配问题,在确保重点生产和严防水土流失的前提下,因地制宜的发展多种经营和其他各业生产,决不能单一发展。

2.改变不合理的利用方式

因地制宜、合理利用是土壤管理、利用的依据,也是客观条件的要求。所以,必须对利用不合理的土地进行经营方式上的调整。目前,广河县超坡度农用地相当大,这些土地,地力瘠薄,水土流失严重。如无完善的水土保持工程措施,应禁止农业使用,必须退农还林还牧。对土壤理化性状好的土地应尽量减少非生产性占用,制定合理的土地流转政策,确保基本农田面积。

专题四十二　和政县中低产田的类型、分布与改良

一、中低产田划分

根据耕地基础地力不同所构成的生产能力,将全国耕地分为十个地力等级。其粮食单产水平为大于 13500kg/hm²(900kg/亩)至小于 1500kg/hm²(100kg/亩),级差 1500kg/hm²(100kg/亩)。采用当地典型的粮食种植制度的正常年份全年粮食产量水平计算,即一等地大于 13500kg/hm²(900kg/亩)、二等地 12000~13500kg/hm²(800~900kg/亩)、三等地 10500~12000kg/hm²(700~800kg/亩)、四等地 9000~10500kg/hm²(600~700kg/亩)、五等地 7500~9000kg/hm²(500~600kg/亩)、六等地 6000~7500kg/hm²(400~500kg/亩)、七等地 4500~6000kg/hm²(300~400kg/亩)、八等地 3000~4500kg/hm²(200~300kg/亩)、九等地 1500~3000kg/hm²(100~200kg/亩)、十等地小于 1500kg/hm²(100kg/亩)。参照中低产田划分标准:正常年份全年粮食产量 300~500 kg/亩,划为中产田,正常年份全年粮食产量 300 kg/亩以下,划为低产田,和政县的一、二等地划分为中产田,三、四等地划分为低产田。

表 3-42-1　和政县中低产田面积统计

中低产田	中产田	低产田	总计
面积(hm²)	10693.3	13711.7	24405
百分比(%)	43.82	56.18	100

二、中低产田的类型与分布

(一)和政县中低产田类型

和政县耕地土壤主要是黑垆土、黑土、红土、山地棕壤,地貌类型为川谷地、河谷地、山谷地、中山、高山。按照《全国中低产田类型划分与改良技术规范》(NY/T 310-1996)的划分标准,结合表 3-42-3 不同地力等级的障碍程度指标,将和政县一、二等地定为干旱灌改型;三、四等地定为坡地梯改型(表 3-42-2)。

表 3-42-2　和政县中低产田类型与分布面积

中低产田类型	干旱灌溉型	坡地梯改型	总计
面积(hm²)	10693.3	13711.7	24405
百分比(%)	43.82	56.18	100

表 3-42-3　和政县不同地力等级障碍程度指标

中低产田		中产田		低产田	
县耕地地力等级		一等地	二等地	三等地	四等地
国家耕地地力等级		六等地	七等地	八等地	八等地
立地条件	地形部位	河谷、川谷地	河谷、山谷地	山谷地	山谷地
	地面坡度	<6°	5°~15°	15°~20°	15°~25°
	灌溉条件	部分能灌溉 2~3 次/年		无	
	梯田化水平	水平梯田	坡耕地	坡耕地	坡耕地
	土壤侵蚀程度	无明显侵蚀	轻度侵蚀	中度侵蚀	轻度侵蚀
	耕层厚度(cm)	20	20	20	20
	耕层质地	中壤	中壤	中壤	中壤
	障碍层类型	无	无	无	无
耕层理化性状	有机质(g/kg)	21.5	21.8	23.3	23.4
	全氮(g/kg)	1.341	1.341	1.439	1.429
	有效磷(mg/kg)	12.0	11.1	10.8	10.4
	速效钾(mg/kg)	88	89	92	93
	pH	7.9~8.2	7.9~8.2	7.9~8.2	7.9~8.2
熟制		二年三熟	二年三熟	一年一熟	二年三熟
年产量水平(kg/hm²)		6000~7500	4500~6000	3000~4500	3000~4500

1. 干旱灌改型

主要分布在城关镇、三合镇、达浪乡、三十里铺镇、马家堡镇、梁家寺乡、罗家集乡。占地面积 10693.3 hm²。受气候、地形等难以改变的大环境影响,以及距离居民点远,施肥不足,土壤结构不良,养分含量低,产量低于当地高产农田,当前又无见效快、大幅度提高产量的治本性措施,只能通过长期培肥加以逐步改良的耕地。如山地丘陵雨养型梯田、坡耕地和黄土高原,很多产量中等的旱耕地。

2.坡地梯改型

主要分布在三十里铺镇、买家集镇、陈家集乡、罗家集乡、卜家庄乡、新营乡、新庄乡、吊滩乡、太子山等。占地面积13711.7hm²。地貌类型只要是山谷地,坡度在10°~25°之间,虽然土壤有机质含量较高,但是由于处于高寒地带,有效积温较低,有机质无法分解,土壤仍处于贫瘠状态。加之坡度很大,可耕性差。

三、中低产田的改造目标

中低产田改造要统一思想,加强领导,加强服务,统一规划,综合治理。成片开发要强化工程管护,以便发挥长期效益,要加大资金集中投入,实施连片治理,平田整地,格田成方,健全水系,搞好配套,改良土壤等项目还要发展节水工程,提高农田灌溉、排涝、降渍标准。坚持改造中低产田与保护生态环境,调整优化农业结构相结合,通过改造形成沟、路、林、渠合理布局,建成旱能浇、涝能排、绿美结合的高标准高效农田,促进农业发展和种植结构调整,提高农民收入,增加农业效益,利用水、土、田、林、路综合治理,提高土地的可持续生产能力。

中低产田改造完成后,要达到"旱能灌、涝能排、渠相通、路相连、林成网、树成行"的标准。依据中低产田的主要特征,运用不同的综合治理技术,因地制宜的对中低产田的土肥水等条件进行全方位治理,达到低产变中产,中产变高产,高产稳产农田的目的。做到看山山青,看地地绿,坡土成台,园田成方,水利配套,能灌能排,土地平整,机耕方便,旱涝稳收,轮间配套,季季高产。

(一)活土层厚,土体构造好

土层要求总厚度在60~100cm以上,土体的构造最好是上松下紧,即活土层要松,心土层要紧。活土层要20~25cm,固、气、液三相比例适当。固体占45%,总孔隙达55%,其中大孔隙占15%,即可渗下多余的水,透气性好,又可通过40%的小孔隙以毛管水形式保持和传导给植物可利用的水;而在35cm以下大孔隙减少到9.4%,毛管孔隙增加到43.8%,有利于保持下渗水,成为耕层水肥储藏库。活土层疏松多孔,一般粒状结构多,土性软而不散,有利于热、水、气、肥的调节,形成根系生长的理想环境,根深叶茂,保证作物生长好,产量高。

(二)土壤三化程度高,土质好

土壤的腐殖质化、结构化、微菌化程度高。中低产田改造不单纯是提高当年产量,而是着眼于根本性的土壤改良,特别是要进行提高耕地综合生产能力的基本建设。要针对不同类型中低产田采取相应又针对性的重点措施和综合措施,清除或减轻制约产量提高的土壤障碍因素,提高耕地可持续力等级,改善农业生产条件。

四、中低产田改造措施

根据农业部《全国中低产田类型划分与改良技术规范》(NY/T 310-1996),提出以下改造技术规范,如表 3-42-4 和 3-42-5:

表 3-42-4 和政县干旱灌改改造技术措施

改良措施		改 良 指 标
灌溉工程		每年保灌四次,毛灌溉定额 250~300m³ 以上
平整土地		达到不同灌溉方式的要求。
耕种技术		全膜双垄沟播技术
加深耕层		加深 5cm
耕作培肥	种植绿肥	30%,连续三年
	秸秆还田	缺燃料地区 30%~50%(秸秆量或面积),不缺燃料地区 >50%(秸秆量或面积),连续 5 年
	增施有机肥	每年 3000kg/hm²,连续 5 年
林带植被建设		占地面积 10%

表 3-42-5 和政县坡地梯改型改造技术规范

改造措施		改 良 标 准
梯田工程		参照北方山地丘陵棕壤褐土耕地类型区坡地梯改型的梯田规格
林带植被建设		林、草、作物总植被覆盖率 >80%(无裸露面积)
耕作培肥	深翻	三年内深耕 2 次,加深耕层 5cm,耕作熟化层达到 20cm
	种植制度	粮食套种黄豆、麦茬、短期绿肥,麦、油、豆轮作,连续 5 年
	秸秆还田	小麦留高茬 15cm,连续 3 年缺燃料地区 30~50%(秸秆量或面积)
	增施有机肥	每亩 2000kg,连续 5 年

(一)增加土壤有机质,不断培肥地力

提高土壤肥力的关键措施是增加土壤有机质,而增加土壤有机质的主要途径是增施优质有机肥料,实行草、田轮作,秸秆还田和种植绿肥。因此,就必须认真抓好以下几项工作。

1.开辟有机肥源、管好有机肥

和政县有机肥料中,牲畜圈粪占有机肥的 90% 以上,是补充土壤中有机质的主要来源。根据测定,人粪、家畜粪,机质含量为 22~36 g/kg,其他各种有机肥料有机质均在 20 g/kg 以下,牲畜圈垫土较多的有机肥在 10 g/kg 以下,全氮最高为 1.33 g/kg,最低为 0.43

g/kg,这与农田土壤相比,相差不大。目前,由于家庭结构的小型化,牲畜饲养量显著下降;农民生活条件的改善,由土炕改为床,冬季用土炕取暖的明显减少,具有传统历史的有机肥源——熏炕土在农村很少见,一日三餐多用液化气、电磁炉、太阳能、沼气,草木灰的施用量也下降;更重要的是农村青壮年劳力有80%的在外打工,把优质的有机肥流失到城郊,有机肥料严重不足。导致和政县目前农家肥量之少,质之差。因此,开辟新的有机肥源,应充分利用目前作物秸秆、高原夏菜副产物菜叶量大的有利条件,大力提倡作物秸秆、菜叶高温堆肥。管理好现有的有机肥,注意土肥的混合比例,是提高肥料质量的关键措施。所以,在有机肥料的积存期间应注意防止风吹、日晒和雨淋,保管在避风遮阴之处,以免养分损失,在用土垫圈时,土粪的混合比例一般应以2∶1为宜,彻底杜绝黄土搬家的现象。

2.种植绿肥,扩大苜蓿种植面积

根据目前肥源情况,要提高土壤中有机质的含量,还必须提倡种植绿肥,实行草田轮作、间作,要以粮促牧、以牧促肥、以肥增粮。根据和政县雨量的月分配指标和多年的绿肥试验结果来看,小麦收割后土地空闲,此期又是一年的雨季,降雨相对较多,可复种一茬豆科的豌豆、扁豆、毛苕子和芸芥等作物,也可在麦田套种毛苕子,深秋耕翻入土壤,给土壤中增加一定数量的有机质,所以应大力推广。苜蓿具有庞大的根系,能够穿透耕层以下坚硬的犁底层和埋藏较深的其他坚硬障碍层,并且有显著增加土壤有机质和改善土壤结构的作用。根据和政县调查结果来看,一般农田有机质为11.3 g/kg,全氮为0.76 g/kg,水解氮为53.3 mg/kg;而五年的苜蓿地土壤有机质则高达14.9 g/kg,全氮为0.97 g/kg,水解氮为59.5 mg/kg;苜蓿地与一般农田相比,有机质增加3.5 g/kg,全氮增加0.21 g/kg,水解氮增加5.8 mg/kg。光有机质增加量,苜蓿地比农田每亩增加了相当于含有机质为1.75%的农家肥4.5万千克。另外,苜蓿含有大量的蛋白质和其他养分,并且产草量高,是畜禽的好饲草。据调查,生长五年、六年、七年的苜蓿亩产草量(鲜态)分别是1800 kg,2600 kg和2400 kg,由此可见,苜蓿是一种十分理想的肥田作物,所以,应适当扩大种植面积。并应普遍的、有计划地逐步实行草田轮作。

3.增种以蚕豆为主的豆科作物,改善土壤理化性状

豆科作物蛋白质含量多,营养价值高,还具有良好的肥田作用,其肥田的机理是豆科作物特殊的根系所表现出的功能:一是根瘤能够吸收同化固定空气中大量的游离态氮,增加土壤氮素;二是根系的根毛具有分泌有机弱酸的本领,这种弱酸能溶解土壤中溶性磷为有效磷,提高有效磷的供应容量。同时,豆科作物的茎秆富含营养成分,是羊、兔的优质饲草。所以,扩大豆科作物的种植面积,同样是增加土壤有机质改善土壤结构的主要途径之一,要认真抓好。还要逐步实行粮豆轮作、间作,增加豆科作物的种植面积,缩短轮作周期。

4.大力发展畜牧业,秸秆"过腹还田"

推广秸秆还技术田是今后解决和政县肥源不足、增加土壤有机质的主要措施。近年来,随着全膜双垄沟剥技术的大面积推广应用,玉米秸秆量显著增加。据测定,每亩玉米干秸秆量在500~600kg,和政县每年玉米播种面积在25万亩以上,仅玉米秸秆量就达到12.5万~15万吨。为此,要充分利用这一优势,大力发展畜牧业,秸秆"过腹还田",或直接还田。

5.实施以农户为主的生态模式

该模式的思路是"在狠抓耕地梯田化改造工程的基础上,以农户家庭为实施单元,将集蓄水设施、高效种植业、舍饲养殖业、新型清洁能源有机的结合起来,配套种植业、养殖业、能源等方面的多项实用技术,实现现有资源充分、持续、合理、循环利用,增加群众的经济收入、改善和提高生活质量和居住环境,达到人与自然共存条件下自然资源的合理永续利用和农牧业生产的持续发展。"对类似和政县北山的干旱、半干旱地区中低产田改造具有较强的指导意义。

具体措施是,建雨水集流设施,进行舍饲养殖,退耕还林。对梯田地、沟坝、台地,大力推广种植全膜双垄玉米,玉米秸秆青贮作冬季饲草;将大于25°的坡耕地退耕种植苜蓿,作为夏季舍饲养殖牲畜的饲草,牲畜粪便入沼气池,沼渣沼液肥田,促进作物生长,产生较多的秸秆,并增加作物根系量,根茬直接还田。

6.推广地膜覆盖栽培免耕再利用种植技术

主要推广玉米地膜覆盖再利用免耕技术,其核心是一次覆膜连续种植两茬或多茬作物。在前茬作物收获后不耕,保护好地膜,第二年在原地膜上播种下茬作物,生长期进行分次追肥管理。其模式为:玉米→玉米,玉米→马铃薯,玉米→小麦,玉米→蔬菜,玉米→蚕豆等。该技术能最大限度地保蓄土壤水分,减轻冬春季土壤水分的蒸发,使第二年播前土壤含水量保持较高的水平,可以充分满足早春作物对水分的需求。根茬直接还田,增加了土壤有机质,有利于改良土壤和提高土壤肥力;周年进行全地面地膜覆盖,能有效减轻土壤地表的风蚀和水蚀,防止水土流失,有利于保护环境。

在蔬菜区采取该技术,种植两茬作物,前茬作物收获后不耕翻土地,直接在原膜上播种下茬作物,是前茬作物的根茬留在土壤中,增加土壤有机质。

(二)大搞农田基本建设,治沟治坡,保持水土

"有收无收在于水,收多收少在于肥"。水、肥是和政县农业生产中的决定因素,平田整地,防止水土流失仍是今后农、林、牧业生产健康发展的必由之路。所以,每年要有计划做好农田基本建设,保持水土、防止水土流失。

1.抓以平田整地为中心的农田基本建设

和政县为旱作农业区,农业生产所需的水分主要来自天然降雨,作物一生的水分要

求,大都是由土壤接纳自然降水而供给。所以,平田整地、接纳雨水、防止水土流失是农业生产的关键措施,也是今后发展水浇地的基础工作。要有计划、有步骤地尽快把田面坡度小于25°坡耕地修建成便于机械耕作、种植、收割和灌溉的高质量水平条田,在山区修建便于机械操作和运输的山地梯田,为今后农业机械化打下良好的基础。

2.抓以种草种树为中心的生物固土保水工作

种草种树是调节气候,改变环境,平衡生态,固土保水的有效生物措施。和政县60%以上的耕地分布在丘陵坡地上,坡度较大,高差明显,树木稀少,草被稀疏,侵蚀严重,冲刷强烈,水土大量流失。为了防止水土流失,调节气候,平衡生态,就必须有计划地进行退耕还林,种草种树。山顶部水土流失严重的干旱部位,应自上而下的修筑反坡梯田、鱼鳞坑等蓄水工程,进行蓄水保墒,种植乔、灌木和固坡草;山腰部位应保护好现有草被,有计划的逐步更换草被,提高草被覆盖度,防止水土流失,为发展牧业生产提供物质基础。

(三)深耕改土,合理轮作倒茬

合理的轮作倒茬和正确的深耕是改善土壤中水、肥、气、热状况,加速土壤熟化,提高土壤肥力的有效措施。

1.加深耕层,打破犁底层

黑垆土类土壤耕层以下多有厚度不等(3~5cm)、较为坚实的犁底层。该层影响作物根系的下扎和土壤水分,养分的上下输通,为一障碍层次,加深耕层不但能打破犁底层,还能蓄水保墒,增加作物根系的营养范围和扩大微生物的活动场所。根据测定:伏耕30cm:18cm,每亩土壤含水量高出30%;土壤中硝化菌增加40倍,硝态氮增加3倍。由此可见,以加深耕层为中心的耕作改土也是不断熟化土壤,提高土壤水分,增加速效养分的基本措施。因此,对适宜机械作业的田块,至少每三年深耕一次,深度达到30cm左右,还可采取深松措施。

2.合理轮作倒茬

农谚说"茬口倒顺,强似上粪"。合理轮作倒茬是用作物对土壤肥力进行调节平衡的一项生物措施,是用地养地的好方法,而且也是一种消除和减少各种作物病虫危害行之有效的措施。经调查:小麦、玉米、高粱等作物的产量随着连作年限的增加而递减,病虫害发生的频率随着连作年限的增加而增加。玉米连作两年以上就会造成瘤黑粉病的大发生,小麦连作会造成根腐病、全蚀病的发生。小麦连作年限应控制在四年以下,大秋作物控制在全两年以下,最好一年一换。一般应按以下方式进行轮作:小麦(3~4年)→小秋(一季)→黄豆(一年)→大秋(一年)→小麦。这样就能较好的发挥作物的互补作用,促进养分协调供应,改善土壤性状,减少病虫危害。

(四)科学合理施肥

施肥是提高作物生物量的基础,补充土壤养分不足的有效方法。为了达到增产的目的和预期的增产效果,就必须适时、适量、合理施肥。然而,和政县近几年来,农民在施肥上缺少合理性和科学性,大部分地区的农民对肥料的种类、性质、使用方法不了解,存在着极大的盲目性、随意性、跟随性。为了充分发挥肥料的最大效益和增产增收的目的,就必须抓好以下几项工作。

1.做好有机肥料的堆沤腐熟,严禁生粪、干草施入土壤

不论是人粪尿、畜粪尿和植物茎秆、树叶都必须经过堆沤腐熟方能使用。由于未经腐熟的人粪尿、畜粪尿中含有较多的蛋白质、有机酸、半分解的纤维素等物质以及各种病菌和虫卵。这些物质中的养分不能被作物直接吸收利用,并且 C/N 比值过大。所以未经腐熟的肥料不能直接施入土壤。若施入土壤,就会造成土壤局部溶液浓度增大,使作物窒息。由于 C/N 比值过大,土壤微生物与作物发生争氮现象,使作物严重缺氮。而病菌、虫卵未经高温堆沤,生活力很高,仍可繁殖危害作物。禾本科作物的茎秆 C/N 比值为 80∶1,一般植物残体碳氮比值为 40∶1。前几年由于瞎指挥,有些社队把干麦草、麦衣撒入地里当肥施用,结果造成严重的缺苗和大量的黄苗。

2.配方施肥,协调土壤养分比例

充分应用近年来测土配方施肥技术成果,按照区域内的不同生态类型、不同土壤类型、不同作物需肥规律,制定科学合理的施肥配方,通过试验示范,技术培训,逐步改变农民的不合理施肥习惯,推广配方施肥技术,做到有的放矢,缺什么、补什么,缺多少、补多少。并提倡施用作物专用肥、配方肥。在今后的化肥施用上应重视氮磷的配合施用外,高产作物和蔬菜种植区应注重钾肥和微量元素肥料的补充使用,协调土壤养分比例。

(五)加强耕地土壤管理,保护基本农田

加强耕地土壤管理是农、林、牧业生产的根本保证。目前,随着招商引资力度的加大,城乡一体化建设步伐的加快,使原来交通便利、水肥条件较好的耕地被占用,又不注意耕地占补平衡,造成耕地面积减少。同时,随着农民进城务工,农村撂荒耕地现象的出现,必须在力争提高单位面积产量的同时,制定相应的政策法规,加强耕地土壤管理工作,禁止一切浪费土地的行为。

1.因地制宜,实行农林牧的合理布局

由于偏重粮食生产,林牧业生产受到极大影响。所以,在和政县范围内实行因地制宜的农林牧合理布局是当务之急,应当本着宜农则农、宜林则林、宜牧则牧的原则,根据地形地貌、土壤类型分布以及地质水文条件,进行农林牧专业性生产的区域规划工作。在各自然区域内也需同样注意农林牧业的合理搭配问题,在确保重点生产和严防水土流失的

前提下,因地制宜的发展多种经营和其他各业生产,决不能单一发展。

2.改变不合理的利用方式

因地制宜、合理利用是土壤管理、利用的依据,也是客观条件的要求。所以,必须对利用不合理的土地进行经营方式上的调整。目前,和政县超坡度农用地相当大,这些土地,地力瘠薄,水土流失严重。如无完善的水土保持工程措施,应禁止农业使用,必须退农还林还牧。对土壤理化性状好的土地应尽量减少非生产性占用,制定合理的土地流转政策,确保基本农田面积。

专题四十三　积石山县中低产田类型划分及改良利用

一、中低产田产生的原因

中低产田划分标准按《全国各耕地类型区高产田、中产田、低产田粮食单产指标参照表》划分。选取黄土高原区单产标准：>7500kg/hm²（500kg/亩），为高产田，4500～7500 kg/hm²（300～500kg/亩）为中产田，<4500 kg/hm²（300kg/亩）为低产田。产量指标为当地典型种植制度下小麦、玉米等主导粮食作物前三年正常年份的全年平均产量。

依据以上标准，积石山县全部耕地为中低产田，面积为30404.73 hm²。

二、中低产田的类型及分布

积石山县耕地土壤主要是黑垆土、黑土、黄绵土、红土，黄绵土养分含量普遍较低，垆土养分含量也不高，黄绵土受水蚀较严重，地表径流、淋溶、挥发程度较高；当地群众经济贫困，施肥水平低；气温偏低，作物吸收效率低；养分管理不科学，肥料利用率不高。

按照《全国中低产田类型划分与改良技术规范》（NY/T 310-1996）的划分标准，根据土壤主导障碍因素及改良主攻方向，全国中低产田共分为干旱灌溉型、渍涝潜育型、盐碱耕地型、坡地梯改型、渍涝排水型、沙化耕地型、障碍层次型、瘠薄培肥型八个类型。

对照全国中低产田类型划分标准，对积石山县存在多种障碍因素的中低产田，按主导因素归类，主要可归为两个类型：干旱灌溉型、坡地梯改型。其中干旱灌溉型中低产田面积为18924.47 hm²，占中低产田总面积的62.24%。坡地梯改型中低产田面积为11480.26 hm²，占中低产田总面积的37.76%。见表3-43-1。

（一）干旱灌溉型

干旱灌溉型的中低产田主要分布在安集、胡林家、银川、铺川、徐扈家、郭干、柳沟、关家川、大河家、石塬等乡镇。占地面积18924.47hm²，这些乡镇的部分区域有一定的灌溉条件，但因灌区支、曲灌设施年久老化，灌溉能力不足，灌溉保证率低，加之年降水量较低，气候干燥从而产生这种中低产田。

表 3-43-1 积石山县中低产田类型与分布面积

中低产田类型	干旱灌溉型	坡地梯改型	总计
面积(hm^2)	18924.47	11480.26	30404.73
百分比	62.24	37.76	100.00

(二)坡地梯改型

坡地梯改型的中低产田在全县都有分布,主要分布在南部山区。具体分布在寨子沟、吹麻滩、居集、小关、乩藏、中咀岭、刘集等乡镇。占地面积11480.26hm^2,这些区域坡度在0°～31°;地貌类型主要有低山沟谷坡地、黄土塬坪沟壑区、中高山山地沟壑区;土壤养分含量较高,因海拔较高,积温较低,气温也低,有机质很难分解,作物对养分吸收利用率低,可耕性差。

(三)中低产田的改造目标与措施

加强农业基础设施建设,抓好中低产田改造,是增强农业综合生产能力的重要要求,也是实现土地资源可持续利用的有效途径。

1.中低产田的改造目标

中低产田改造目标:旱能灌、涝能排、渠相通、路相连、林成网、树成行。 主要措施:调整优化农业结构,加大资金集中投入,平田整地,健全水系,搞好配套,改良土壤,发展节水工程和旱作农业,通过改造形成沟、路、林、渠合理布局,进行水、土、田、林、路综合治理。改造目的:依中低产田的主要特征,运用不同的综合治理技术,因地制宜的对中低产田的土肥水等条件进行全方位治理,使低产变中产,中产变高产,高产变高产稳产的农田特征。改造效果:做到看山山青,看地地绿,坡地成台,园田成方,水利配套,能灌能排,土地平整,机耕方便,旱涝稳收,轮间配套,季季高产,促进农业发展和种植结构调整,提高农民收入,增加农业效益,提高土地的可持续生产能力。

2.中低产田改良措施中的水源保障

积石山县灌溉水源充足,具体包括以下4个方面。

(1)积石山"引黄入积"工程是保障全县城乡饮水水源、兼顾农业灌溉、改善群众生产生活条件的重大民生水利工程。概算总投资近4亿元,设计年引黄河水3439万立方米,总工期为两年,2013年年底全面建成。工程设计五座调蓄水池,总容积为117.42万立方米,几何扬程为568m,总干渠长17.16km,从黄河积石峡电站左岸预留引水口取水,经1.76km的管道跨黄河注入该县的总干渠,经过4.6km全封闭输水渠道(含两条输水隧洞)至总干分水闸结束,经过5级泵站及一条隧洞输水到县城输水总闸蓄水池,向全县沿途五座城乡供水水厂补水和大河家、刘集灌区自流注水,工程建成后可从根本上解决17个乡镇151个行政村(社区)、25.75万人(包括外来流动人口)的饮水和大河家、刘集等灌区

4.05万亩农田的灌溉用水。

(2)积石山县崔家峡灌溉(人饮)水源调蓄工程是该县北部人饮项目的重要工程之一,投资1542万元,库容30万方,其工程量大、施工难度大,时间紧,堪称全临夏州最大的人饮水源调蓄工程。兼解决柳沟、石塬等乡灌区的灌溉用水。

(3)积石山县大峡引水灌溉工程干渠改建(曹姚—郭干段)工程,设计灌溉面积9830亩,干渠设计引水流量1.05m³/s,加大引水流量1.37 m³/s,前坪支渠设计引水流量0.24m³/s,加大引水流量0.31 m³/s,大杨家支渠设计引水流量0.11m³/s,加大引水流量0.14m³/s。改建干渠10.66 km,修建渠系建筑物103座、渡槽1座;改建支渠2条,总长15.15km,其中前坪支渠长10.15km,大杨家支渠长5km,修建渠系建筑物111座。工程建成后可恢复灌溉面积9830亩。

(4)积石山县银川河(庙庄桥—水陈桥段)堤防治理工程,工程建成后可满足铺川、银川等乡镇2万多亩耕地灌溉需求。

3.中低产田改造措施

根据农业部《全国中低产田类型划分与改良技术规范》(NY/T 310-1996),提出以下改造技术规范,如表3-43-2和3-43-3。

表3-43-2 积石山县干旱灌溉型改造技术规范

改造措施		改良标准
梯田工程		参照北方山地丘陵棕壤褐土耕地类型区坡地梯改型的梯田规格。
林带植被建设		林、草、作物总植被覆盖率>80%(无裸露面积)
耕作培肥	深翻	三年内深耕2次,加深耕层5cm,耕作熟化层达到20cm。
	种植制度	粮食套种黄豆、麦茬、短期绿肥,麦、油、豆轮作,连续5年
	秸秆还田	小麦留高茬15cm,连续3年缺燃料地区30%~50%(秸秆量或面积),不缺燃料地区>50%,连续5年
	增施有机肥	每亩2000kg,连续5年

表3-43-3 积石山县坡地梯改型改造技术规范

改良措施		改 良 指 标
灌溉工程		每年保灌四次,毛灌溉定额250~300m³以上
平整土地		达到不同灌溉方式的要求
加深耕层		加深5cm
耕作培肥	种植绿肥	30%,连续三年
	秸秆还田	缺燃料地区30%~50%(秸秆量或面积),不缺燃料地区>50%(秸秆量或面积),连续5年
	增施有机肥	每年3000kg/hm²,连续5年
林带植被建设		占地面积10%

(1) 增加土壤有机质,不断培肥地力

提高土壤肥力的关键措施是增加土壤有机质,而增加土壤有机质的主要途径是增施优质有机肥,实行草、田轮作,秸秆还田和种植绿肥。因此,就必须认真抓好以下几项工作。

①开辟有机肥源、管理和用好有机肥

开辟新的有机肥源,增施优质农家肥、精制有机肥、有机无机复混肥等,应充分利用目前作物秸秆还田,高茬收割还田,秸秆过腹还田,大力提倡作物秸秆高温堆肥。管理好现有的农家肥,注意土肥的混合比例,是提高肥料质量的关键措施。所以,在农家肥料的积存期间应注意防止风吹、日晒和雨淋,保管在避风遮阴之处,以免养分损失,在用土垫圈时,土粪的混合比例一般应以 2∶1 为宜,彻底杜绝黄土搬家的现象。

②种植绿肥,扩大苜蓿种植面积

坚持"以粮促牧、以牧促肥、以肥增粮"的循环农业发展观念,增加土壤中有机质的含量,提升耕地质量。根据积石山县多年的绿肥试验结果,小麦收割可复种一茬豆科的豌豆、扁豆、毛苕子和芸芥等绿肥作物,也可在麦田套种毛苕子,深秋耕翻入土壤,给土壤中增加一定数量的有机质。据积石山县试验,五年苜蓿地与一般农田相比,有机质增加 3.5g/kg,全氮增加 0.21g/kg,水解氮增加 5.8 mg/kg;苜蓿地比农田每亩增加了相当于含有机质为 1.75% 的农家肥 2.25 万千克。另外,苜蓿含有大量的蛋白质和其他养分,是畜禽的好饲草。并且产草量高,据调查,生长五年、六年、七年的苜蓿亩产草量(鲜重)分别是 1800kg、2600kg、2400kg,由此可见,苜蓿是一种十分理想的肥田作物,所以,应适当扩大种植面积,并应有计划地逐步实行草田轮作。

③扩大豆科作物种植面积,改善土壤理化性状

蚕豆和针叶豌豆是积石山高寒阴湿区的主要粮食作物、经济作物和优势作物,自然资源非常适宜豆科作物的生长。豆科作物蛋白质含量多,营养价值高,还具有良好的肥田作用,其肥田的机理是豆科作物特殊的根系所表现出的功能:一是根瘤能够吸收同化固定空气中大量的游离态氮,增加土壤氮素;二是根系的根毛具有分泌有机弱酸的本领,这种弱酸能溶解土壤中缓性磷为有效磷,提高有效磷的供应容量。同时,豆科作物的茎秆富含营养成分,是牛、羊、兔等家畜的优质饲草。所以,扩大豆科作物的种植面积,同样是增加土壤有机质改善土壤结构的主要途径之一,要认真抓好。还要逐步实行粮豆轮作、间作,增加豆科作物的种植面积,缩短轮作周期。

④大力发展畜牧业,秸秆"过腹还田"

推广秸秆还田技术是今后解决积石山县肥源不足、增加土壤有机质的主要措施。近年来,随着全膜双垄沟播栽培技术的大面积推广应用,玉米秸秆量显著增加。据测定,每

亩玉米干秸秆量在900~1125kg，积石山县每年玉米播种面积在9333.33hm²(14万亩)以上，仅玉米秸秆量就达到12.6万~15.7万吨。为此，要充分利用这一优势，大力发展畜牧业，秸秆"过腹还田"或直接还田。

⑤实施以农户为主的循环农业模式

在狠抓耕地梯田化改造工程的基础上，以农户家庭为实施单元，将集蓄水设施、高效种植业、舍饲养殖业、新型清洁能源有机的结合起来，配套种植业、养殖业、能源等方面的多项实用技术，实现现有资源充分、持续、合理、循环利用，增加群众的经济收入、改善和提高生活质量和居住环境，达到人与自然共存条件下自然资源的合理永续利用和农牧业生产的持续发展。对类似积石山县北山的干旱、半干旱地区中低产田改造具有较强的指导意义。

关键措施，建雨水集流设施，进行舍饲养殖，退耕还林。对梯田地、沟坝、台地，大力推广种植全膜双垄玉米，玉米秸秆青贮作冬季饲草；将大于25°的坡耕地退耕种植苜蓿，作为夏季舍饲养殖牲畜的饲草，牲畜粪便入沼气池，沼渣沼液肥田，促进作物生长，产生较多的秸秆，并增加作物根系量，根茬直接还田。

⑥推广地膜覆盖栽培免耕再利用种植技术

主要推广玉米地膜覆盖再利用免耕技术，其核心是一次覆膜连续种植两茬或多茬作物。在前茬作物收获后不耕，保护好地膜，第二年在原地膜上播种下茬作物，生长期进行分次追肥管理。其模式为：玉米→玉米，玉米→马铃薯，玉米→小麦，玉米→蔬菜，玉米→蚕豆等。该技术能最大限度地保蓄土壤水分，减轻冬春季土壤水分的蒸发，使第二年播前土壤含水量保持较高的水平，可以充分满足早春作物对水分的需求。根茬直接还田，增加了土壤有机质，有利于改良土壤和提高土壤肥力；周年进行全地面地膜覆盖，能有效减轻土壤地表的风蚀和水蚀，防止水土流失，有利于保护环境。

在蔬菜区采取该技术，种植两茬作物，前茬作物收获后不耕翻土地，直接在原膜上播种下茬作物，使前茬作物的根茬留在土壤中，增加土壤有机质。

(2)大搞农田基本建设，治沟治坡，保持水土

"有收无收在于水，收多收少在于肥"。水、肥是积石山县农业生产中的决定因素，平田整地，防止水土流失仍是今后农、林、牧业生产健康发展的必由之路。所以，每年要有计划做好农田基本建设，保持水土、防止水土流失。

①抓以平田整地为中心的农田基本建设

积石山县为旱作农业区，农业生产所需的水分主要来自天然降雨，作物一生的水分要求，都是由土壤接纳自然降水而供给。所以，平田整地、接纳雨水、防止水土流失是农业生产的关键措施，也是今后发展水浇地的基础工作。要有计划、有步骤地尽快把田面坡度

小于25°坡耕地修建成便于机械耕作、种植、收割和灌溉的高质量的水平条田,在山区修建便于机械操作和运输的山地梯田,为今后农业机械化打下良好的基础。

②抓以种草种树为中心的生物固土保水工作

种草种树是调节气候,改变环境,平衡生态,固土保水的有效生物措施。在积石山县坡度较大,高差明显,树木稀少,草被稀疏,侵蚀严重,冲刷强烈,水土大量流失的坡地上,有计划地进行退耕还林、种草种树。山顶部水土流失严重的干旱部位,应自上而下的修筑反坡梯田、鱼鳞坑等蓄水工程,进行蓄水保墒,种植乔、灌木和固坡草;山腰部位应保护好现有草被,有计划的逐步更换草被,提高草被覆盖度,防止水土流失,为发展牧业生产提供物质基础。

(3)深耕改土,合理轮作倒茬

合理的轮作倒茬和正确的深耕是改善土壤中水、肥、气、热状况,加速土壤熟化,提高土壤肥力的有效措施。

①加深耕层,打破犁底层

黑垆土类土壤耕层15~20cm处有厚度不等(3~5cm)、较为坚实的犁底层。该层影响作物根系的下扎和土壤水分,养分的上下输通,为一障碍层次,加深耕层不但能打破犁底层,还能蓄水保墒,增加作物根系的营养范围和扩大微生物的活动场所。根据测定:伏耕30cm:18cm,每亩土壤含水量高出30%;土壤中硝化菌增加40倍,硝态氮增加3倍。由此可见,以加深耕层为中心的耕作改土也是不断熟化土壤,提高土壤水分,增加速效养分的基本措施。因此,对适宜机械作业的田块,至少每三年深耕一次,深度达到30cm左右,还可采取深松措施。

②合理轮作倒茬

合理轮作倒茬是用作物对土壤肥力进行调节平衡的一项生物措施,是用地养地的好方法,而且也是一种消除和减少各种作物病虫危害行之有效的措施。经调查:小麦、玉米、油菜等作物的产量随着连作年限的增加而递减,病虫害发生的频率也随着连作年限的增加而增加。玉米连作两年以上就会造成瘤黑粉病的大发生,小麦连作会造成根腐病、全蚀病的发生。一般应按以下方式进行轮作:小麦(3~4年)→小秋(一季)→黄豆(一年)→大秋(一年)→小麦。这样就能较好的发挥作物的互补作用,促进养分协调供应,改善土壤性状,减少病虫危害。

(4)科学合理施肥

施肥是提高作物生物量的基础,补充土壤养分不足的有效方法。为了达到增产的目的和预期的增产效果,就必须适时、适量、合理施肥。然而,积石山县近几年来,农民在施肥上缺少合理性和科学性,大部分地区的农民对肥料的种类、性质、使用方法不了解,存在着极大的盲目性、随意性、跟随性。为了充分发挥肥料的最大效益和增产增收的目的，就必须抓好以下几项工作。

①做好有机肥料的堆沤腐熟，严禁生粪、干草施入土壤

不论是人粪尿、畜粪尿和植物茎秆、树叶都必须经过堆沤腐熟方能使用。由于未经腐熟的人粪尿、畜粪尿中含有较多的蛋白质、有机酸、半分解的纤维素等物质以及各种病菌和虫卵。这些物质中的养分不能被作物直接吸收利用，并且C/N比值过大。所以未经腐熟的肥料不能直接施入土壤。若施入土壤，就会造成土壤局部溶液浓度增大，使作物窒息。由于C/N比值过大，土壤微生物与作物发生争氮现象，使作物严重缺氮。而病菌、虫卵未经高温堆沤，生活力很高，仍可繁殖危害作物。禾本科作物的茎秆C/N比值为80∶1，一般植物残体碳氮比值为40∶1。前几年群众把干麦草、麦衣撒入地里当肥施用，结果造成严重的缺苗和大量的黄苗。

②配方施肥，协调土壤养分比例

充分应用近年来测土配方施肥技术成果，按照区域内的不同生态类型、不同土壤类型、不同作物需肥规律，制定科学合理的施肥配方，通过试验示范，技术培训，逐步改变农民的不合理施肥习惯，推广配方施肥技术，做到有的放矢，缺什么补什么，缺多少、补多少。并提倡施用作物专用肥、配方肥。在今后的化肥施用上应重视氮磷的配合施用外，高产作物和蔬菜种植区应注重钾肥和微量元素肥料的补充使用，协调土壤养分比例。

(5) 加强耕地土壤管理，保护基本农田

加强耕地土壤管理是农、林、牧业生产的根本保证。目前，随着招商引资力度的加大，城乡一体化建设步伐的加快，使原来交通便利、水肥条件较好的耕地被占用，又不注意耕地占补平衡，造成耕地面积减少。同时，随着农民进城务工，农村撂荒耕地现象的出现，必须在力争提高单位面积产量的同时，制定相应的政策法规，加强耕地土壤管理工作，禁止一切浪费土地的行为。

①因地制宜，实行农林牧的合理布局

由于偏重粮食生产，林牧业生产受到极大影响。所以，在积石山县范围内实行因地制宜的农林牧合理布局已是当务之急，应当本着宜农则农、宜林则林、宜牧则牧的原则，根据地形地貌、土壤类型分布以及地质水文条件，进行农林牧专业性生产的区域规划工作。在各自然区域内也同样注意农林牧业的合理搭配问题，在确保重点生产和严防水土流失的前提下，因地制宜的发展多种经营和其他各业生产，决不能单一发展。

②改变不合理的利用方式

因地制宜、合理利用是土壤管理、利用的依据，也是客观条件的要求。所以，必须对利用不合理的土地进行经营方式上的调整。目前，积石山县超坡度农用地面积相当大，这些

土地,地力瘠薄,水土流失严重。如无完善的水土保持工程措施,应禁止农业使用,必须退农还林还牧。对土壤理化性状好的土地应尽量减少非生产性占用,制定合理的土地流转政策,确保基本农田面积。

专题四十四　永靖县中低产田类型划分与改造

一、耕地地力评价结果分析

通过在永靖县县域耕地资源管理信息系统中建立的耕地潜在地力评价模型,利用样点数与耕地地力综合指数制作累计频率曲线,且根据样点分布的频率,分别用耕地地力综合指数 >0.7416,0.6636~0.7416,0.6082~0.6636,0.4800~0.6082,<0.4800 将永靖县耕地地力分为五级。

由永靖县耕地地力评价等级图(图 3-44-1)可以看出,一等地主要分布在黄河流域两侧的河谷川、塬(谷)地,永靖县中部。此区域光热资源丰富,土地平坦,土层深厚,灌水有可靠保障,农业生产技术水平先进,一年二熟。一般粮食亩产 350~400kg,尚可套、间瓜类蔬菜等经济作物,收入较高。主要包括厚层潮灌淤土、川谷地红黏土,占总耕地面积的 18.60%。

二等地主要分布在永靖县东部的山间丘陵盆地。该地区地势平坦,光热资源丰富,有灌水条件,肥料较缺,部分土地可以复种,生产水平高,但受一个或几个障碍因素限制如中层灌淤土土层浅薄等。一般粮食作物亩产 250kg 上下,也可间、套瓜果等经济作物,包括中层灌淤土、川谷地白麻土和大部分塬平水浇地,占耕地总面积的 17.27%。

三等地、四等地分布区域较大并且呈现交叉分布态势,主要分布在永靖县西部,主要为黄土丘陵山地,此区域包括山地黑麻土、山地黄麻土的一部分及厚层油黑土和塬地麻土,粮食亩产 150kg 左右,经济作物很少,占耕地总面积的 61.69%。

五等地分布范围较小,主要分布在县域西部,此区域土壤有机质含量低,肥力差,常受干旱威胁,缺肥缺水,是低产的主要障碍因素。只占耕地总面积的 2.44%。

依照永靖县不同类型土壤的产量水平调查结果,并结合《全国耕地类型区、耕地地力等级划分》(NY/T 309-1996)中的相关术语,本项目评价结论中的耕地地力级别与国家标准的对应关系见表 3-44-1:

表 3-44-1 永靖县耕地地力级别与国家标准的对应关系

国家标准级别	六	七	八	九	十
项目结论级别	一	二	三	四	五
地形部位	河谷川、塬(谷)地	河谷川、塬(谷)地、山间丘陵盆地黄	山间丘陵盆地黄、土丘陵山地	黄土丘陵山地、石质山地	
坡度	田面平整,地面坡度<5°,部分<3°		坡度<5°	坡度5°~25°	坡度15°~25°
灌溉条件	保灌3次/年,保证率>80%		部分能灌溉	无灌溉条件	无灌溉条件
耕层厚度(cm)	>20	>18	>15	0~15	0~15
耕层质地	中壤土、壤土、粘壤土				
耕层理化性 有机质(%)	0.5~1.0	0.5~1.4	0.5~1.5	0.5~1.3	<1.3
耕层理化性 全氮(%)	0.030~0.060	0.030~0.100		0.030~0.09	<0.09
耕层理化性 有效磷(mg/kg)	8~15	5~27	3~15	2~15	<5
耕层理化性 速效钾(mg/kg)	110~150	100~200	90~200	50~200	<200
耕层理化性 pH(水浸)	7.5~8.5				
熟制	一年一熟	一年一熟	一年一熟		
产量水平(kg/亩)	>400	300~400	200~300	100~200	<100

由表 3-44-1 可知:永靖县耕地地力等级的高低与地貌类型、灌溉或降水条件有着密切的联系,并呈现出明显的地域分布规律,有随着耕地地力等级的升高,地貌类型呈现河谷川、塬(谷)地—山间丘陵盆地—黄土丘陵山地—石质山地变化的趋势。同时,随着灌溉保证率由80%到60%到0%的变化,耕地地力也呈现等级上的变化趋势。

对各级别耕地面积的统计结果表明:永靖县耕地总面积为36318.2hm²,一等地面积占到了总耕地面积的18.60%;二等地和三等地,分别占到总耕地面积的17.27%和29.67%;四等地面积最大,占总耕地面积的32.02%,五等地面积最小,占总耕地面积的2.44%,具体数据见表3-44-2。

表 3-44-2 永靖县耕地地力等级及面积统计表

等级	一等地	二等地	三等地	四等地	五等地
面积(hm²)	6755.89	6272.53	10776.91	11627.94	884.93
占总耕地面积(%)	18.60	17.27	29.67	32.02	2.44

二、中低产田划分与分布

专项调查研究工作组依据《全国中低产田类型划分与改良技术规范》(NY/T310-1996),在总结永靖县以往中低产田调查成果的基础上,结合目前永靖县耕地质量的实际情况和特点,将评级结果属较低等级(三至五等)的耕地划定为中低产田。同时,为了进一步明确永靖县耕地地力水平与中低产田的关系,本专题中将永靖县耕地地力为三等地对应的耕地界定为中产田,将四、五等地对应的耕地界定为低产田,并由此绘制得到永靖县中低产田分布图。

永靖县中产田主要分布在西部山间丘陵盆地以及黄土丘陵山地地区,低产田主要分布在西部山区以及北部的黄土丘陵山地和石质山地地带对永靖县各乡镇中低产田面积分布的统计结果见表3-44-3。

表3-44-3 永靖县中低产田面积统计

乡镇名称	耕地总面积(hm²)	高产田		中产田		低产田	
		面积(hm²)	比例(%)	面积(hm²)	比例(%)	面积(hm²)	比例(%)
陈井镇	3722.18	2856.93	0.77	455.24	0.12	410.01	0.11
川城镇	2383.47	76.39	0.03	1431.75	0.60	875.33	0.37
关山乡	2322.78	1396.28	0.60	523.34	0.23	403.16	0.17
红泉镇	2940.61	63.64	0.02	1527.06	0.52	1349.91	0.46
刘家峡镇	696.56	683.66	0.98	12.9	0.02		0.00
坪沟乡	4835.79	42.77	0.01	1454.25	0.30	3338.77	0.69
三条岘乡	1106.7	972.7	0.88	80.79	0.07	53.21	0.05
三塬镇	1836.12	1420.24	0.77	260.83	0.14	155.05	0.08
太极镇	1257.37	998.74	0.79	192.81	0.15	65.82	0.05
王台镇	1701.82		0.00	756.19	0.44	945.63	0.56
西河镇	1577.2	1101.45	0.70	372.71	0.24	103.04	0.07
岘塬镇	653.7	594.13	0.91	27.05	0.04	32.52	0.05
小岭乡	1694.12		0.00	617.69	0.36	1076.43	0.64
新寺乡	4682.68	358.81	0.08	2145.81	0.46	2178.06	0.47
徐顶乡	1611.28	898.88	0.56	610.28	0.38	102.12	0.06
盐锅峡镇	1525.51	1432.1	0.94	31.64	0.02	61.77	0.04
杨塔乡	1608.03		0.00	276.57	0.17	1331.46	0.83
国有土地	162.28	131.7	0.81		0.00	30.58	0.19
总计	36318.2	13028.42	0.36	10776.91	0.30	12512.87	0.34

三、永靖县中低产田限制因素的确定和障碍类型的划分

（一）限制因素的确定

通常情况下，影响农作物产量的主要因素有两方面：一是土壤、温度、降水、光照、大气及地形等自然因素；二是对耕地的管理、物质和科技投入等人为因素。作物的高产、中产、低产是依据耕地相对产量人为划分的，而农业产量的主要限制因素是自然因素，自然条件越差的地区，农业生产受到的限制就越大，农作物产量也就越低。

永靖县境内沟壑纵横，山峦起伏，光山秃岭，气候属大陆性季风气候，具有山地气候特征。境内地形复杂，相对高差大。其耕地土层深厚，部分乡镇因具备灌溉条件而作物产量较高。综合考虑影响该县农作物产量的各类因子及其权重，以及在农业生产中的直观性和改良利用的针对性，专题研究组从若干耕地质量评价指标体系中选定灌溉条件、有机质含量、有效磷含量、坡度4个指标作为划分永靖县中低产田限制因子的限制极限指标（见表3-44-4）。

表3-44-4 永靖县中低产耕地限制因素及其限制极限指标

限制因子	干旱限制	地形限制	瘠薄限制
限制极限指标	无灌溉条件	坡度 >15°	有机质含量 <13g/kg
			有效磷含量 <12mg/kg

（二）障碍类型的划分

由于永靖县多年平均降水量在246～453mm之间，且时空分布不匀，永靖县属中、新界构造发育，大部分地区被黄土覆盖。现陇西盆地是由几个盆地组成，其中临夏—陇西盆地，民和—永登盆地，靖远—永靖盆地最大，整个盆地中沉积着自中生代以来的厚层陆相沉积物以及第四季堆积物。永靖县处于南部的临夏—陇西和西部的民和—永登两个盆地之间，有跨入祁连山中央地背斜隆起带范围之内。境内西部的孔家寺、杨塔、红泉、新寺以北，东部除陈井盆地之外，大面积分布白垩系河口群陆相沉积物，为紫红色砂岩、沙砾岩及泥浆，几乎没有含水层；小川至三塬，王台至川城以南分布有新第三系桔红色厚层砂岩和沙砾夹层，泥质岩和砂质泥岩，具有一定的含水性，人畜饮水不发生困难；刘家峡为前震旦系山群变质岩；雾宿山为奥陶系变质岩。前、后雾宿山中间是陈井断陷盆地，形成第四系深厚沉积物的停积场所和地下水富集带，为白垩系沙砾岩及砾岩组成，上覆新老黄土。雾宿山、三条岘一带三叠系沙砾岩出露。南坡的大川，红岘子有小块的花岗闪长岩分布；吧咪山为加里东期花岩及花岗岩闪长岩侵入体。同时，调查数据显示：永靖县各乡镇

耕作土壤剖面均无明显障碍层,且绝大多数土壤呈现弱碱性,可排除上述类型中的渍涝潜育型、盐碱耕地型、渍涝排水型、沙化耕地型、障碍层次型。

将各评价单元的属性数据与限制极限指标进行比较,对照全国中低产耕地类型划分,结合当地自然资源特点,工作组将永靖县中低产田依次划分为坡地梯改型、干旱灌溉型、瘠薄培肥型三种中低产田类型。

1. 坡地梯改型

永靖县坡地梯改型中低产田是指永靖县行政区划范围内耕地地力为三、四、五级,且无灌溉条件,坡度在20°以上的坡耕地,地貌类型为山间丘陵盆地和黄土丘陵山地,这类中低产田的障碍因素主要为坡度引起的灌溉条件缺失,可以通过修筑梯田梯埂等田间水保工程加以改良治理。这类中低产田在全县范围内分布面积较少,总面积3243.86公顷,占永靖县耕地总面积的8.93%,占永靖县中低产田面积的13.93%,涵盖的主要土种有生草红黏土、生草淡栗钙土等。

2. 干旱灌溉型

此类中低产田是指永靖县行政区划范围内耕地地力为三等,灌溉保证率在60%以下、但具备水资源开发条件,可以通过发展灌溉加以改造的耕地。这类中低产田的障碍因素主要为水利设施及水资源利用效率不高引起的土壤水分亏缺。主要分布在永靖县中部引黄灌区周边具备水资源开发潜能的区域,总面积4327.11hm²,占永靖县耕地总面积的11.91%,占永靖县中低产田面积的18.58%,涉及土种主要为山地白麻土、生草淡栗钙土、生草红黏土等。

3. 瘠薄培肥型

此类中低产田是指除上述两类中低产田之外,主要由土壤养分匮乏或失衡引起作物产量低下的耕地,可通过长期培肥逐步改良。这类中低产田在永靖县内分布较零散,三到五级耕地均有对应,总面积达15718.81hm²,占永靖县耕地总面积的67.49%,占永靖县中低产田面积的43.28%,主要土种为山地白麻土、生草栗钙土、山地黄麻土、生菜单栗钙土等。对各类中低产田在永靖县各乡镇分布的统计数据见表3-44-5:

表3-44-5 永靖县各类中低产田分布情况统计

单位:公顷

	障碍类型						总计
	干旱灌溉型	比例(%)	瘠薄培肥型	比例(%)	坡地梯改型	比例(%)	
陈井镇	0	0.00	589.31	3.75	275.94	8.51	865.25
川城镇	0	0.00	2184.41	13.90	122.67	3.78	2307.08
关山乡	0	0.00	656.23	4.17	270.27	8.33	926.50

续表 3-44-5

	障碍类型						总计
	干旱灌溉型	比例(%)	瘠薄培肥型	比例(%)	坡地梯改型	比例(%)	
红泉镇	2876.97	66.49	0	0.00	0	0.00	2876.97
刘家峡镇	12.90	0.30	0	0.00	0	0.00	12.90
坪沟乡	0	0.00	4032.85	25.66	760.17	23.43	4793.02
三条岘乡	134.00	3.10	0	0.00	0	0.00	134.00
三塬镇	415.88	9.61	0	0.00	0	0.00	415.88
太极镇	258.63	5.98	0	0.00	0	0.00	258.63
王台镇	0	0.00	1570.20	9.99	131.62	4.06	1701.82
西河镇	475.75	10.99	0	0.00	0	0.00	475.75
岘塬镇	59.57	1.38	0	0.00	0	0.00	59.57
小岭乡	0	0.00	1356.70	8.63	337.42	10.40	1694.12
新寺乡	0	0.00	3601.36	22.91	722.51	22.27	4323.87
小岭乡	0	0.00	442.33	2.81	270.07	8.33	712.40
盐锅峡镇	93.41	2.16	0	0.00	0	0.00	93.41
杨塔乡	0	0.00	1270.38	8.08	337.65	10.41	1608.03
国有土地	0	0.00	15.04	0.10	15.54	0.48	30.58
总计	4327.11	100.00	15718.81	100.00	3243.86	100.00	23289.78

四、永靖县中低产田改良

(一)永靖县中低产田改良技术规范

针对永靖县三种中低产田障碍因素类型,项目组结合《全国中低产田类型划分与改良技术规范》(NY/T 310-1996),提出以下改良技术规范,见表 3-44-6 ~ 表 3-44-8。

表 3-44-6 永靖县干旱灌溉型改造技术规范

改造措施	改造标准
灌溉工程	骨干引水工程及提水设施(动力)达到十年一遇,田间工程达到五年一遇,保灌 2~3 次,毛灌溉定额 250~300m³ 以上
平整土地	达到不同灌溉方式(井、渠、喷、滴)的要求
加深耕层	加深 3~5cm(耕层厚度大于 20cm)

续表 3-44-6

改造措施		改造标准
耕作培肥	增施有机肥	每年 3000～4500 kg/hm²,连续 3～5 年
	秸秆还田	缺燃料地区 30%～50%(秸秆或面积),不缺燃料地区大于 50%(秸秆量或面积),连续 3～5 年
	种植绿肥	20%～30%,连续三年
林带植被建设(乔灌果合计)		占地面积 5%～10%

表 3-44-7　永靖县坡地梯改型改造技术规范

改造措施		改良标准
梯田工程		参照北方山地丘陵棕壤褐土耕地类型区坡地梯改型的梯田规格
林带植被建设		林、草、作物总植被覆盖率 >80%(无裸露面积)
耕作培肥	深翻	三年内深耕 1～2 次,加深耕层 3～5cm,耕作熟化层达到 >15～20cm
	种植制度	粮食套种黄豆、麦茬、短期绿肥,麦、油、豆轮作,连续 3～5 年
	秸秆还田	小麦留高茬 15～20cm,连续三年缺燃料地区 30%～50%(秸秆量或面积),不缺燃料地区 >50%,连续 3～5 年
	增施有机肥	每亩 2000～3000kg,连续三年

表 3-44-8　永靖县瘠薄培肥型改造技术规范

改造措施		改良标准
平整土地及条田建设		平坦塬面及缓坡地规划成条田
水保耕作法		推广丰产沟或其他等高耕作,等高种植制度,连续 3～5 年
林带植被建设		林、草、作物总植被覆盖率 >80%(无裸露面积)
耕作培肥	深翻	三年内深耕 1～2 次,加深耕层 3～5cm,耕作熟化层达到 >15cm
	种植制度	粮食套种黄豆、麦茬、短期绿肥,麦、油、豆轮作,连续 3～5 年
	秸秆还田	小麦留高茬 15～20cm,连续三年缺燃料地区 30%～50%(秸秆量或面积),不缺燃料地区 >50%,连续 3～5 年
	增施有机肥	每亩 2000～3000kg,连续三年
	校正施肥	每亩磷肥 60kg(P_2O_5 10.2kg),连续三年

(二)永靖县中低产田改良措施

结合各类中低产田的改良技术规范,总结当地农民群众因土耕作、因土种植、因土施肥、因土改良利用等方面的经验,提出针对永靖县的中低产田改良措施:

1.大力发展旱地灌溉及综合治理

发展旱地灌溉是解决降水的时空分布不均,解决春旱、夏旱和秋旱的根本措施。据永靖县农技站试验:小麦可增产 40%～112%,玉米可增产 35%～60%,可见发展旱地灌溉增产增收的效果显著。因此对水资源充沛、具有潜在灌溉能力的永靖县中部河谷川区和引黄灌区要兴修水利,加强农田水利基本建设,大力提倡科学用水,防止养分流失,有条件的地方可以发展喷灌、微灌和渗灌等先进的灌水技术,实行沟、渠、畦灌等方式,充分利用一切水利设施,广开水源,整平土地,提高水资源的利用率,以充分发挥水肥一体化的综合效益。同时还需遵循农业可持续发展原则,大力发展节本增效工程与生物工程相结合的综合治理方式,可将永靖县西北部坡度较大,产量较低的农田退耕还林、还草,还要将荒山秃岭的空闲地发展为牧草绿肥林(主要是紫穗槐、沙打旺、草木樨等),以增加地表覆盖度,减少冲刷,提高含蓄水能力。

2.改良中产田土壤的理化性状

土壤肥力包括土壤本身养分含量的多寡和理化性状好坏两个方面。因此,土壤理化性状是土壤肥力高低的重要方面,随着其他农业技术措施和人为活动影响而发生变化。由永靖县第二次土壤普查的结果可知:永靖县中部河谷川区的土壤容重较大、孔隙性差、质地偏沙、犁底层较浅且厚、土壤pH值呈微碱性以及砾石含量较高,而通过深翻、深松除可以基本改良上述不良因素外,还可以改善土壤氧化还原状况,排除底层二氧化碳,增加氧气的数量,使土壤固、气、液三项物质协调,促进微生物活动,使土壤养分发生转化和释放。深松耕法,可以春增墒、夏蓄水、秋抗涝、调节土壤水分余缺。翻地最好是秋季进行,每年耕深应浅—深—浅的变化或隔年耕翻。零星地块可用手扶拖拉机或木犁耕翻,如果耕深达不到要求,可以用套二犁的方法,使耕层达到30cm,及时整地,保好墒情;大片地可用拖拉机深松或深翻,及时整地保墒。

3.以肥改土、种植绿肥

在质地为中壤的中低产田施腐熟好的有机肥,用量2250~3000 kg/亩,加施化肥10~20 kg/亩,可明显改善土壤理化性状,增加土壤有机质含量,增强土壤保肥保水能力,促进增产增收。种植绿肥可以改土固沙,改善土壤理化性质,提高土壤有机质含量,是种地养地,改良低产土壤的有效途径。相关资料表明:种植绿肥草木樨,采取就地翻压,当年翻每亩地上部鲜草约为333.5kg,地下部干重约为133.5kg。第二年翻压生产鲜草约为1300 kg/亩,翻压后0~20cm耕层中有机质比翻压前增加了0.015%~0.88%,全氮增加了0.1%~0.18%,全磷增加了0.01%,速效氮增加了1.16%,速效磷增加了2.05%,土壤容重降低了0.03~0.12g/cm^3。

推行秸秆还田,提高土壤有机质

在作物秸秆产量较大且不影响农村饲料及燃料的地区,可搞好秸秆还田工作,以改良土壤,提高土壤肥力。通常情况下,采用秸秆粉碎翻压还田,可用机械粉碎:长度为麦秸3~5cm、玉米秸秆5~10cm,埋深20~30cm,也可高茬25~35cm耙翻还田,按秸秆重量的1/25尿素施入土壤,这样将有利于微生物分解和作物吸收氮素营养。相关资料表明:麦茬粉碎还田可使后茬大豆增产13.6%~25.4%。玉米秸秆还田增加有机质380 kg/亩。

实施平衡施肥，促进肥效发挥

在有条件的地方，要因土、因作物、因产量指标施肥。在施肥上，根据分阶段、有步骤的底肥和追肥相结合的原则施用化肥。使肥效发挥在作物的需肥临界期上。氮素肥料要分层深施；磷钾肥料要集中条深施，增施生物肥料。根据作物产量及土壤中有效养分含量进行配方施肥和平衡施肥相结合，做到大微结合、农化结合，缺补、丰减、匀施，为作物生长创造良好生长环境。

测土配方施肥则是以土壤测试和肥料田间试验为基础，根据作物需肥规律、土壤供肥性能和肥料效应，在合理施用有机肥料的基础上，提出氮、磷、钾及中、微量元素等肥料的施用数量、施肥时期和施用方法。通俗地讲，就是在农业科技人员指导下科学施用配方肥。测土配方施肥技术的核心是调节和解决作物需肥与土壤供肥之间的矛盾。同时，有针对性地补充作物所需的营养元素，作物缺什么元素就补充什么元素，需要多少补多少，实现各种养分平衡供应，满足作物的需要；达到提高肥料利用率和减少用量，提高作物产量，改善农产品品质，节省劳力，节支增收的目的。

全县应坚持开展测土施肥，因土供肥，因作物施肥，充分发挥肥料的经济效益，达到改良中低产田土壤的目的。

6.推广免耕秸秆覆盖，抑制水土流失

免耕秸秆覆盖技术采用休闲期覆盖，即在作物收获并打碾后，尽早将秸秆切碎成5~10cm均匀地覆盖在地面上。对初次实施免耕秸秆覆盖的农田，覆盖秸秆的用量以把地面盖严但又不压苗为准，若覆盖材料为麦草，则适宜覆盖量一般为4500~6000kg/hm^2，覆盖材料为玉米秸，则适宜覆盖量为6000~7500kg/hm^2。对连续进行过保护性耕作的农田，视秸秆收获量的大小决定还田量(建议将收获的所有秸秆全部归还农田)；或者在收获时留立茬15~20cm，其余秸秆不用再还田，也可以起到秸秆覆盖的效果。收获后覆盖前田间杂草用百草枯或根清等灭生性除草剂杀除。该技术要点为：

选用抗病、优质丰产、抗逆性强、适应性广、商品性好的作物品种。春小麦选用生育期为130~150d(出苗—成熟)，需≥10℃积温1400℃左右的品种，可选用定西35、西旱1号、西旱2号等品种，其产量水平在2000~3000 kg/hm^2。豌豆一般选择生育期为80~100d(出苗—成熟)，需≥10℃积温900℃~1900℃的品种，可选用燕农、定豌系列等抗旱品种，其产量水平在1500~2000 kg/hm^2。

种子质量应符合GB 4404.1—1996中二级以上要求，具体为：纯度≥97%，净度≥98%，发芽率≥90%，水分≤12%，最好选用前一年生产的新种。种子播前经筛选、风选去除杂质后晒种1~2d，以提高种子发芽率，提早出苗。在初次种植豌豆或已经多年未种豌豆的地块播种豌豆时,最好在播前人工接种根瘤菌。常用的接种方法:一是从上年栽培过豌豆的地里取表土,均匀撒于准备播种豌豆的田里,用量为 1500~2250kg/hm²。二是用自制的根瘤菌剂接种,即在豌豆收获后,选无病植株在根部着生根瘤多的部位,洗净后在 30℃以下的暗室中干燥,然后捣碎装袋,贮于干燥处。播种时取出根瘤菌剂,用水浸湿与种子拌匀后播种。

具体操作时,应注意以下几个环节:

(1)播种机的调节

在小麦播种前,将播种机调至行距 20cm,播深 6~7cm;播种量 127.5~187.5kg/hm²;施肥量:将 75~105 kg N/hm²(建议用 46% 的尿素,),磷肥 75~105 kg P_2O_5/公顷(建议用含 14% P_2O_5 的过磷酸钙)作为种肥施入土壤15cm,并与种子间距离最少保持在 5cm。

豌豆播种前,将播种机调至行距 24cm,播深 4~5cm,肥料深 7~8cm;播种量 180kg/hm² 左右;施肥量:将 10~20 kg/hm² N(建议用含 46% N 的尿素)、磷肥 75~105 kg/hm²(建议用含 14% P_2O_5 的过磷酸钙,)混合均匀后作为种肥施入土壤 15cm 以下,并与种子间距离最小保持在 5cm。

(2)作物播种与施肥

春小麦选择 3 月中旬到上旬播种,豌豆选择 3 月下旬到 4 月上旬播种。播种、施肥均使用免耕播种机一次作业完成,所有肥料作为种肥一次性施入土壤,作物生长期间不再追肥。

(3)病虫草害的防治

前茬作物收获后立即用草甘膦和 2,4-D 按标示的稀释倍数稀释、喷洒全田,彻底灭除单子叶和双子叶杂草。

整个作物生长期检测病虫害,及时防治。

(4)及时收获

选择晴天用收割机(建议在蜡熟期)或人工镰刀高留茬收获(建议在完熟期)。收获时间应尽量避免雨后或带露水,以免籽粒受潮霉变。

7.发展玉米全膜双垄沟播技术,提高作物水分利用效率

针对旱作农业存在的突出问题,甘肃省农业技术推广总站等单位从 20 世纪 90 年代中期开始,就紧紧围绕提高农田降水保蓄率、利用率和水分利用效率等核心问题,结合各期旱作农业项目的实施,进行了大量的研究与探索,创新提出和大面积推广应用了"玉米全膜双垄沟播技术"及其配套技术体系,特别是免耕结合玉米秸秆半程覆盖技术的引入,不仅解决了旱地农田降水如何最大限度保蓄的问题,而且有效解决了旱地农田降水如何集流的问题,大幅度提高了农田降水利用率和水分利用效率,破解了困扰旱作农业的水

分利用问题,为甘肃省和我国旱作农业的发展找到了新的途径。

玉米全膜双垄沟播免耕秸秆半程覆盖模式的核心是在地表起大小双垄,并在双垄之间形成集雨沟槽后,用地膜全地面覆盖,再在沟内播种玉米,玉米收获后免耕,并将秸秆保持立秆状态或割倒平覆,第二年播种季节去除秸秆后直接播种下一茬作物。该技术体系集垄面集流、覆膜抑蒸、垄沟种植、一膜两用技术于一体,改半膜覆盖为全地面覆盖地膜、改地膜平铺为起垄覆膜、改播前覆膜为秋季或早春顶凌覆膜、改传统垄上种植为沟内种植,从而大幅度提高土壤水分的保蓄率、降水利用率和水分利用效率。其技术要点在于:

(1)选茬整地

选择土层深厚,土质疏松,肥力中上的旱川地或梯田地,以豆类、麦类、马铃薯茬为宜。前茬作物收后及时整地,要求达到地面平整、土壤细绵、无土块、无根茬。

(2)科学施肥

对于施肥,本技术要求按照垄沟位置集中施用。具体地,在覆膜前,使用木材或钢筋制作的大行齿距 70cm、小行齿距 40cm 的划行器划行,然后将优质腐熟农家肥 45000~75000kg/hm² 在起垄前均匀撒在地表,将氮肥 195 kg/hm²(N)、126 kg/hm²(P_2O_5)、75 kg/hm²(K_2O)混合后均匀撒在小垄的垄带内。

(3)起垄覆膜

由于秋季全膜双垄和顶凌全膜双垄前期相对较高的土壤贮水量,保证和满足了玉米出苗和前期生长对水分的迫切需求,从而可有效解决玉米 4~5 月份因春旱无法播种、出苗的瓶颈。因此,在生产中,通常选择秋季覆膜或顶凌覆膜。一般地,秋季全膜双垄在 10 月下旬到土壤封冻前结合透雨进行覆膜,顶凌全膜双垄在土壤昼消夜冻时((3 月中上旬)进行覆膜,播前全膜双垄在玉米播种前进行覆膜((4 月中下旬)。

覆膜时,川台地按作物种植走向开沟起垄,缓坡地沿等高线开沟起垄,大垄宽 70 cm,高 10 cm,小垄宽 40 cm,高 15cm,每幅垄对应一大一小、一高一低两个垄面。要求垄和垄沟宽窄均匀,垄脊高低一致。若立地条件好、土壤疏松、交通方便,推荐使用由榆中县荣盛农机厂研制生产的 ILFX(R)40/80 小型施肥起垄机,用起垄机沿小行中间开沟起垄。也可用步犁开沟起垄,沿小行划线来回向中间翻耕起小垄,将起垄时的犁臂落土用手耙刮至大行中间形成大垄面。做到起垄覆膜,防止土壤风干造成水分散失。

(4)品种选择与种子处理

选用抗病、优质丰产、抗逆性强、适应性广、商品性好的作物品种。甘肃陇中黄土高原地区以富农 1 号、沈单 16 号、酒试 20 为主,搭配种植中玉 9 号、金穗 4 号、临单 217、乾泰 1 号等品种。

种子质量应符合 GB4404.1-1996 中二级以上要求，具体为：纯度≥97%，净度≥98%，发芽率≥90%，水分≤12%，最好选用前一年生产的新种。种子播前经筛选、风选去除杂质后晒种 1~2d，以提高种子发芽率，提早出苗。玉米种子可用多菌灵浸种：50%多菌灵粉剂 1000 倍液（即 1g 克药兑水 5kg）浸种 48h，然后捞出直接播种，预防玉米黑重穗病；也可用粉锈灵拌种：15%粉锈灵粉剂 5g 与 1kg 玉米种充分拌匀播种，预防玉米黑穗病；或者甲胺磷拌种：50%甲胺磷乳油 50g 兑水 0.5kg 拌种 5kg，堆闷半小时后播种，防治地下害虫及鼠害。如果选用商品包衣种子，则不再用该法处理。

（5）播种

采用玉米点播器按适宜的株距将种子破膜穴播在垄沟内，每穴下籽 2~3 粒，播深 3~5cm，点播后随即按压播种孔使种子与土壤紧密结合，并用细沙土牲畜圈粪或草木灰等物封严播种孔，防止播种孔散墒和遇雨板结影响出苗。

对于播种密度，需考虑土壤肥力状况和降雨条件。一般年降雨量 300~350mm 的地区以 45000~52500 株/公顷为宜，株距为 35~40cm；年降雨 350~450mm 的以 52500~60000 株/hm² 为宜，株距为 30~35cm；年降雨 450mm 以上以 60000~67500 株/公顷为宜，株距为 27~30cm。

（6）田间管理

①苗期管理（出苗~拔节）：玉米在春旱时遇雨，覆土易形成板结，在播后出苗时要破土引苗；在苗期发现缺苗断垄要及时移栽，补苗后浇少量水，然后用细土封住孔眼；当出苗后 2~3 片叶时开始间苗，除去病、弱苗，幼苗达到 4~5 片叶时即可定苗，每穴留苗 1株，保留生长一致的壮苗。定苗后至拔节期间，发现玉米产生大量分蘖，要及时从基部拔掉或割除。

②中期管理（拔节~抽穗）：玉米拔节后管理的重点是促进叶面积增大，特别是中上部叶片，促进茎秆健壮。此期要防治玉米大斑病，玉米瘤黑粉病、玉米螟等。玉米进入大喇叭口期，叶片达到 10~12 片时，追施壮秆攻穗肥，一般亩追施尿素 15~20kg，采用玉米点播器或追肥枪从两株距间打孔，深施或将肥料溶解在 150~200kg 水中制成液体肥，用壶每孔内浇灌 50ml 左右。

③后期管理（抽穗~成熟）：玉米后期管理的重点是防早衰、增粒重、防病虫。保护叶片，提高光合强度，延长光合时间，促进粒多、粒重。若发现植株发黄等缺肥症状时，应及时追施增粒肥，一般每亩追施尿素 5kg 为宜。

（7）收获

当玉米苞叶变黄、叶色变淡、籽粒变硬有光泽，而茎秆仍呈青绿色、水分含量在 70%以上时及时收获果穗。

（8）免耕秸秆覆盖

玉米果穗收获后，不对土壤进行耕翻，将收获后的玉米秸秆保持原状或齐地面割倒平覆在整个地面（覆盖有地膜）。对于后者，要求将秸秆均匀顺序覆盖在地膜上，尽量保持地膜完整。

全膜双垄沟播免耕秸秆半程覆盖技术综合集成地膜覆盖抑蒸、垄面集流、雨水富集、秸秆覆盖保墒等理论及技术，使整个地面与大气之间形成了隔离层，阻断了土壤中水分的蒸发，使降雨全部保蓄在土壤水库，最大限度地抑制了秋、冬及早春季因地表裸露而造成水分大量的无效蒸发，最大限度的发挥了地膜和秸秆的保墒作用，同时也使地膜的抑制蒸发、雨水集流、贫水富集等作用得到了最大限度的利用，大幅度提高了作物产量、降水保蓄率、利用率和水分利用效率，同时，一次覆膜，两次利用也节省了每年覆膜的机械投入和地膜费用。全省多点试验研究表明，采用此模式进行农业生产，农田降水利用率最高可达到 75.2%，平均达到 70% 以上；玉米水分利用效率最高达到 37.8 kg/mm·hm²，平均达到 33kg/mm·hm²；玉米平均产量达到 8374.5 kg/hm²，较对照半膜平铺增产 2265 kg/hm²，增产率达 37.1%。

8.适时适量合理施肥，促进肥效利用率

针对有条件的地方，要因土、因作物、因产量指标施肥。在施肥上，根据分阶段、有步骤的底肥和追肥相结合的原则施用化肥。使肥效发挥在作物的需肥临界期上。氮素肥料要分层深施；磷钾肥料要集中条深施，增施生物肥料。根据作物产量及土壤中有效养分含量进行配方施肥和平衡施肥相结合，做到大微结合、农化结合、缺补、丰减、匀施，为作物生长创造良好生长环境。

测土配方施肥则是以土壤测试和肥料田间试验为基础，根据作物需肥规律、土壤供肥性能和肥料效应，在合理施用有机肥料的基础上，提出氮、磷、钾及中、微量元素等肥料的施用数量、施肥时期和施用方法。通俗地讲，就是在农业科技人员指导下科学施用配方肥。测土配方施肥技术的核心是调节和解决作物需肥与土壤供肥之间的矛盾。同时，有针对性地补充作物所需的营养元素，作物缺什么元素就补充什么元素，需要多少补多少，实现各种养分平衡供应，满足作物的需要；达到提高肥料利用率和减少用量，提高作物产量，改善农产品品质，节省劳力，节支增收的目的。全县应坚持开展测土施肥，因土供肥，因作物施肥，充分发挥肥料的经济效益，达到改良中低产田土壤的目的。

9.建立地力监测点

建立全县正常性的农田土壤监测网络体系，根据中低产田的划分、土壤类别及耕作制度等，设立地力定位监测点和动态监测点，定期或不定期地进行土壤地力监测和环境污染监测，监控土壤的理化性状及养分变化动态，加强农田保护和地力建设，通过建立地力监测点对中低产田的改造进行指导。

10.增加科技投入,全面提高中低产区农民科技素质

农民科技素质不高,农业新技术应用不到位是中低产田形成的重要因素之一,为此要加大科技投入力度,全面提高中低产区农民的科技文化素质,将科学技术转移成现实的生产力。一是积极开展好科技培训活动。通过办培训班、印发科技材料、广播电视讲座等形式传播科技知识。二是积极推广先进的农业实用技术。针对不同类型和自然条件有利的中低产田。提高土壤的生产能力和粮食产量。三是大力推广测土配方施肥,增施磷、钾肥和生物肥,提高作物的产量和质量。

专题四十五　康乐县中药材生态适宜性区划

康乐县位于甘肃省中南部，临夏回族自治州南端，属洮河下游。境内峰峦迭障，河谷相间，山川交错，垂直变化明显，海拔1872～3908m，年降雨量518.5mm左右，年平均气温6.6℃，地貌类型主要是黄土丘陵和河谷阶地，属温带大陆性季风气候，土地肥沃，各种野生中药材资源非常丰富，境内有草本药用植物52科116属162种，主要的有当归、党参、柴胡、甘草、大黄、黄芪、秦艽、羌活、款冬花、细辛、牛蒡子等。

一、中药材概况

（一）自然条件优越

一是独特的种植环境优势。根据康乐县耕地地力评价结果，康乐县境内西南部阴湿、中部川水和东北部半干旱三个区域的土壤性质、海拔、气温、无霜期、降雨量等分别与当归、党参、柴胡等特色中药材生长习性相适应，加之无厂矿工业企业污染，生产中药材具有得天独厚的优越条件。其中西南部阴湿区所产当归头大分枝少，药用成分含量高；中部川水区所产党参以其根条粗大、皮松肉紧、色白、质嫩、药用成分含量高、品质优良而闻名。

二是交通运输条件十分便利。临（洮）蒿、康冶、康广公路纵横贯穿县境，县城距省会兰州市120km，距兰临高速公路20km，非常有利于中药材的运输外销。

三是群众基础稳固。康乐县中药材种植历史悠久，是康乐县主要经济作物，一直保持着较大的种植规模，广大药农在长期的生产过程中积累了丰富的种植经验和中药材栽培技术。加之显著的经济效益，极大的调动了农民种植中药材的积极性。

（二）种植现状已成规模

一是种植面积不断扩大。近年来，康乐县中药材种植面积稳定在5万亩左右，占农作物播种面积的15%，占经济作物总面积的50%，比1985年1.4万亩增长了3倍多，其中景古镇种植当归5500亩，苏集镇种植柴胡4800亩，虎关乡种植秦艽3500亩，全县年产各类中药材459万kg，总产值达1亿元。

二是栽培品种日益丰富。康乐县自古以来主要种植当归、党参等当家品种，但随着市场经济的发展，部分市场紧俏的柴胡、款冬花等品种也在全县范围内栽培种植，并且部分农技人员和群众对秦艽、羌活、天麻、猪苓等野生中药材进行人工驯化繁育，使康乐县地产中药材发展到20多个品种，基本形成了山区栽当归、川区种柴胡、旱区党参育苗栽植的品种繁育体系。

三是地域分布非常明显。由于康乐县气候多样和地形复杂,当归主要分布在西南部海拔2100~2400m之间,年平均气温6℃,年降雨量600~800mm,无霜期130天的莲麓、景古、五户、草滩、八松等乡镇。柴胡主要分布在上湾、鸣鹿、苏集等浅山川旱区,党参主要分布在流川、虎关等北部干旱区。由于二阴地区雨量充沛,土层深厚,土壤肥沃,土壤有机质丰富,光照充足,气候凉爽湿润,适宜种植中药材。

四是产业化建设初具规模。近年来,康乐县县委、县政府立足自然优势和传统优势,把中药材作为特色优势产业来培育,通过招商引资建立起投资6000万元的义顺莲花山药业公司等龙头企业,培育扶持起景古中药材种植协会等专业合作组织,积极发展订单农业2.2万亩,建成景古城坪中药材基地四级农路3.5km,走"公司+基地+农户"的产业化发展路子,不断延伸产业链条、努力增加农民收入,促进我县的中药材产业蓬勃发展。

五是市场体系日趋健全。全县初步形成了以县城中药材交易市场为中心,以景古、苏集、草滩等5个农贸集市为辐射的中药材市场体系,县内长年从事中药材及其产品贩运的营销专业户达到300多户。年交易中药材5多万吨、各种地产中药材远销陇西、会川、安徽亳州、河南禹州、广西玉林等地,部分贩运户在临洮、兰州等城市开设中药材批发店20多家,形成了贩运、选装、加工、销售一条龙的营销网络。

六是栽培技术不断完善。全县初步建立起以县农技推广站为骨干,乡镇农技站为主体,农民技术员为补充的中药材栽培技术服务体系,农技人员着力开展中药材丰产栽培、规范化种植等课题研究,在综合应用深耕改土、培肥地力、配方施肥、适期栽植、合理密植、病虫害防治等技术的基础上,将地膜栽培技术应用于当归生产,取得了显著成效。据试验示范数据统计,1995年开始推广地膜当归栽培技术,全县推广面积150亩,平均亩产鲜当归826kg,较常规种植亩增产63kg,1999年将膜侧栽植技术应用于当归生产进行试验示范,同时又开展了白色地膜与黑色地膜膜上栽植对比试验示范。通过多次试验示范,两项新技术均取得了预期的增产增值的效果。

二、主要中药材生态习性

生物的生存离不开环境,生物不断从环境中取得生活所需的能量和营养物质、以建造自身,同时,物种在繁衍、发展过程中,也形成了对某种生态因子的特定需要和对环境的适应能力,也就是形成一定的生态习性。

(一)当归的生态习性

当归生长习性比较严格细腻,对温度、湿度、光照有特定的要求,一般喜冷凉、湿润气候,在海拔2000~3000m的高山上,空气湿度较大的环境下生长良好。幼苗期喜阴,忌阳光直射,荫蔽度70%~80%为宜,中后期要适当增大透光度,对温度要求严格,雨水充足产量高。康乐县西南部具有海拔高、湿度大、光照时间长、土质肥沃、7~9月雨水充足等特点,是当归种植适宜区,所产当归以头大、身长、油质足、香味浓而著称,可与岷归相媲美。

(二)党参的生态习性

党参喜冷凉气候,忌高温,夏季炎热、闷热气候对生长不利,能在-30℃的低温下安全越冬,适应性强。党参对阳光要求严格,幼苗喜阴,成株喜光,播种期及苗期需水较多,播种后缺水不出苗,即使出苗也会因干旱而死。但定植后不能过于潮湿,如遇高温高湿易引起烂根。育苗地应设有荫蔽物,防止阳光直射;成株喜光,需种在阳光充足的地方,若在半阴半阳地种植,生长弱,产量低。土壤以排水良好、疏松肥沃的沙质壤土为佳,盐碱地、涝洼地不宜种植。党参宜土层深厚、土质疏松、肥沃、富含腐殖质的壤土或沙壤土。适宜种植区为海拔2000~2500m,年均气温在7℃以下的地区。

(三)柴胡的生态习性

柴胡适应性较强,常生于较干燥的山坡、林缘、林中缝地。喜暖和、湿润。耐寒耐旱性强,成株可耐零下30℃的严寒,耐干旱怕水浸,应选择排水良好、土质肥沃的沙壤土和黏壤土中栽植。

(四)牛蒡的生态习性

牛蒡为深根性植物,适应性强,分布广泛,耐寒,耐旱,较耐盐碱,忌积水,喜肥沃土壤,宜播种在土层深厚,水位低,易于排水的肥沃土壤。种子发芽适温为20℃~25℃,发芽率70%~90%,种子寿命为2年。播种当年只形成叶簇,第二年才能抽茎开花结果。

(五)款冬花的生态习性

款冬花多生于山谷、河边、沟旁、田埂,喜凉爽湿润气候及肥沃疏松的沙质土壤、耐寒、怕热、怕旱,气温在35℃以下生长良好36℃以上时枯萎死亡。冬花每年12月至翌年2月开花,然后新叶才萌发,生长期为3~10月。冬花在自然状况下多以根茎繁殖。

三、生态适宜性评价

温度是影响中药材分布和引种、栽培时必须要考虑的重要生态因子;而在康乐县,上述五种药材都是喜凉型的,那么积温越低越好;水分也是影响中药材分布的一个重要的条件;海拔在不同程度上制约着各种中药材的产量,喜凉型的中药材需要高海拔;喜阴和喜阳也把不同的中药材划开,阴坡肯定要比阳坡好;因此,选取了海拔、≥10℃积温、坡向和年降水量4个指标进行康乐县中药材生态适宜性区划。用层次分析法获得了各指标的权重(表3-45-1),进而获得层次分析模型;用模糊评价法获得各因素的隶属度,从而构建成隶属函数模型(表3-45-2、表3-45-3)。

表 3-45-1　康乐县中药材生态适宜性评价各因素权重

层次 C 层次 A	理化性状 0.1337	养分状况 0.1957	组合权重 ∑CiAi	总排序
坡向	0.4000		0.1538	4
海拔	0.6000		0.2308	2
年降水量		0.2941	0.1810	3
≥10℃积温		0.7059	0.4344	1

表 3-45-2　康乐县中药材生态适宜性评价数值型指数隶属函数模型

评价指标	函数类型	函数模型	A	c	Utl
海拔	戒上型	$1/(1+a*(u-c)^2)$	0.000003	2970.34	1870
年降水量	戒上型	$1/(1+a*(u-c)^2)$	0.000021	849.7	500
≥10℃积温	戒下型	$1/(1+a*(u-c)^2)$	0.000003	2276.39	46.3

表 3-45-3　康乐县中药材生态适宜性评价概念型隶属函数隶属度

坡向	北	东	东北	东南	西南	南	平地	西	西北
隶属度	1	0.5	0.7	0.3	0.4	0.2	0.5	0.6	0.75

(一)生态适宜性评价

用指数法来确定适宜性综合指数，公式为：IFI=∑Fi×Ci

式中：IFI（Integrated Fertility Index）代表耕地适宜性综合指数；F = 第 i 个因素评语；Ci= 第 i 个因素的组合权重。

具体操作过程：在康乐县耕地资源管理信息系统中，在"专题评价"模块中编辑立地条件、气候的层次分析模型以及各评价因子的隶属函数模型，然后选择"耕地适宜性评价"功能进行耕地适宜性综合指数的计算（表3-45-4、图3-45-1）。

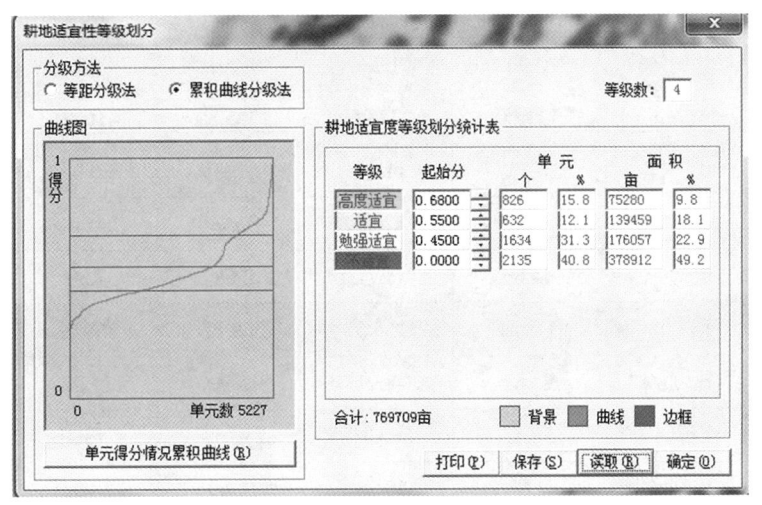

图 3-45-1　康乐县中药材生态适宜性评价曲线

表 3-45-4　康乐县中药材生态适宜性评价结果

药材适宜性	高度适宜	适宜	勉强适宜	不适宜
IFI	0.6804~0.97299	0.55002~0.67983	0.45001~0.54973	0.27703~0.44998
面积(hm^2)	3287.14	6089.43	7687.54	16548.81
比例(%)	9.8	18.1	22.9	49.2

表 3-45-5　康乐县中药材生态适宜性行政区域分布

乡镇名称	面积及比例	高度适宜	适宜	勉强适宜	不适宜	合计
附城镇	面积(hm^2)	0.00	94.78	350.45	1306.08	1751.21
	比例(%)	0.00	5.41	20.01	74.58	100
苏集镇	面积(hm^2)	19.43	61.05	847.64	1512.84	2440.96
	比例(%)	0.80	2.50	34.73	61.98	100
胭脂镇	面积(hm^2)	1.82	9.72	744.24	2053.71	2809.49
	比例(%)	0.06	0.35	26.49	73.10	100
景古镇	面积(hm^2)	297.20	461.39	329.26	1820.78	2905.27
	比例(%)	10.23	15.88	11.33	62.67	100
莲麓镇	面积(hm^2)	20.29	65.58	428.94	602.33	1117.14
	比例(%)	1.82	5.87	38.40	53.92	100
康丰乡	面积(hm^2)	0.00	9.56	379.01	1162.53	1551.1
	比例(%)	0.00	0.62	24.43	74.95	100
虎关乡	面积(hm^2)	0.00	14.50	434.13	2421.08	2870.43
	比例(%)	0.00	0.51	15.12	84.35	100
流川乡	面积(hm^2)	0.00	20.46	286.84	1285.77	1593.07
	比例(%)	0.00	1.28	18.01	80.71	100
白王乡	面积(hm^2)	141.00	234.25	1285.89	416.10	2077.24
	比例(%)	6.79	11.28	61.90	20.03	100
八松乡	面积(hm^2)	1372.34	1374.79	82.29	241.40	3070.82
	比例(%)	44.69	44.77	2.68	7.86	100
鸣鹿乡	面积(hm^2)	548.41	1135.57	369.17	268.61	2321.76
	比例(%)	23.62	48.91	15.90	11.57	100
八丹乡	面积(hm^2)	38.41	567.31	286.58	548.21	1440.51
	比例(%)	2.67	39.38	19.89	38.06	100

续表 3-45-5

乡镇名称	面积及比例	高度适宜	适宜	勉强适宜	不适宜	合计
上湾乡	面积(hm²)	335.59	992.34	730.78	1240.94	3299.65
	比例(%)	10.17	30.07	22.15	37.61	100
草滩乡	面积(hm²)	446.30	858.26	264.45	838.02	2407.03
	比例(%)	18.54	35.66	10.99	34.82	100
五户乡	面积(hm²)	66.35	189.87	867.97	829.69	1953.88
	比例(%)	3.40	9.72	44.42	42.46	100
总计		3587.14	6089.43	7687.54	16548.81	33612.92

(二)生态适宜性划分

1.高度适宜

康乐县中药材生态高度适宜区面积为3287.14hm²,占总耕地面积的9.8%。主要在景古镇的安龙村、八字沟村和温家河村,白王乡、八松乡、鸣鹿乡、上湾乡、草滩乡(表3-45-5)。土类以黑土为主,有少量的暗棕壤和栗钙土。地貌类型主要是中山。土壤质地以重壤为主。有效土层厚度在70～150cm之间。年降水量平均为689mm,无霜期115天,≥0℃积温为1600℃～1800℃。海拔在2092～2819m之间。

建议:该区域海拔高、湿度大、光照时间长、土质肥沃、7～9月雨水充足。夏季较凉爽,林草覆盖率达90%以上,气候湿润,雨量充沛,是高寒阴湿区。当归生长习性比较严格细腻,对温度、湿度、光照有特定的要求,一般喜冷凉、湿润气候,在海拔2000～3000m的高山上,空气湿度较大的环境下生长良好。此区域适宜当归种植。

2.适宜

康乐县中药材生态适宜区面积为6089.43hm²,占总耕地面积的18.1%。主要在白王乡、八松乡、鸣鹿乡、上湾乡、草滩乡(表3-45-5)。土类主要是黑土和栗钙土。地貌类型主要是中山和丘陵。土壤质地是重壤和中壤。有效土层厚度在70～150cm之间。年降水量平均556mm,无霜期115天,≥0℃积温为1700℃～1900℃。海拔在2043～2595m之间。

建议:该区黄土深厚,冲刷严重,沟深坡陡形成黄土梁、峁沟壑地形,此区域气候干旱。党参喜冷凉气候,忌高温,夏季炎热、闷热气候对生长不利,能在-30℃的低温下安全越冬,适应性强。此区域适宜党参种植。

3.勉强适宜

康乐县中药材生态勉强适宜区面积为7687.54hm²,占总耕地面积的22.9%。勉强适宜区在全县都有分布,主要在苏集镇、胭脂镇、莲麓镇、白王乡、八丹乡、上湾乡、五户乡(表

3-45-5）。土类主要是黑垆土和栗钙土。地貌类型主要是丘陵。土壤质地是中壤。有效土层厚度在 85~150cm 之间。年降水量平均 507mm，无霜期 115 天，≥0℃积温为 1800℃~2200℃。海拔在 1879-2617m 之间。

建议：该区气候相对干燥，加之水土流失严重，沟深坡陡形成黄土梁、峁沟壑地形。而柴胡适应性较强，常生于较干燥的山坡、林缘、林中缝地。喜暖和、湿润。耐寒耐旱性强，成株可耐零下 30℃的严寒，耐干旱怕水浸，应选择排水良好、土质肥沃的沙壤土和黏壤土中栽植；牛蒡为深根性植物，适应性强，分布广泛，耐寒、耐旱，较耐盐碱，忌积水，喜肥沃土壤。款冬花多生于山谷、河边、沟旁、田埂，喜凉爽湿润气候及肥沃疏松的沙质土壤、耐寒、怕热、怕旱。此区域适合柴胡、牛蒡和款冬花种植。

4.不适宜

康乐县中药材生态不适宜区面积为 16548.81hm²，占总耕地面积的 49.2%。不适宜区主要在附城镇、苏集镇、胭脂镇、景古镇、莲麓镇、康丰镇、虎关乡、流川乡、八丹乡、上湾乡、草滩乡、五户乡（表 3-45-5）。土类主要是黑垆土、红黏土和黄绵土。地貌类型主要是河流低阶地、丘陵、黄土低台塬、侵蚀沟壑。土壤质地主要是中壤和重壤。有效土层厚度在 39~150cm 之间。年降水量平均 507mm，无霜期 115 天，≥0℃积温为 1900℃~2200℃。海拔在 1879~2633m 之间。

建议：该区地势平坦，降雨量充沛，土层厚，无明显障碍层，土壤理化性状良好，可耕性强。坡度较陡地区保墒、保肥、保土能力差。因而肥力低，不抗旱。建议修水平梯田，提高保水保肥能力，适当地扩大豆科作物的面积，推广春播、夏播油菜，油菜收后，种早熟黄豆等绿肥压青，坚持深耕，引洪漫地，发展小麦、玉米商品生产。

专题四十六　合作市中低产田类型划分与改造

一、合作市耕地地力评价结果及中低产田的划分与分布

(一)耕地地力评价结果

通过在合作市县域耕地资源管理信息系统中建立的耕地潜在地力评价模型,利用样点数与耕地地力综合指数制作累计频率曲线,且根据样点分布的频率,分别用耕地地力综合指数>0.811、0.755~0.811、0.72~0.755、<0.72将合作市耕地地力分为四级,并绘制出相应的合作市耕地地力等级图。

由合作市耕地地力评价等级图可以看出,合作市一等地占全市耕地面积的4.88%,主要分布在卡加曼乡、勒秀乡南部、那吾乡、当周街道、佐盖曼玛乡等乡镇,其中以卡加曼乡分布面积最大,占该等地面积的42.9%,该区域地貌类型主要为低山山地、高山峡谷区、夷平面类型区,田面坡度较小,主要为旱地和旱地梯田;除平地外,其余耕地坡度平均小于5°,且海拔较低,平均海拔在2800m以下,≥0℃积温在1950℃左右,年均降雨量580mm左右,土壤养分较高,适宜作物生长,为合作市作物高产区;二等地面积占全市耕地面积的48.8%,该区域地貌类型主要是低半山区,田面坡度在10°左右;三等地占全市耕地面积的35.35%,主要分布在勒秀乡、那吾乡等地,处在低半山区、高山峡谷区、夷平面类型区,以低半山区为主,该区域海拔较高,在3150m左右,田面坡度大于15°;四等地占全市耕地面积的10.98%,主要分布在勒秀乡、那吾乡等地海拔较高地区,分布区地貌类型主要为低山山区,主要以山旱地为主,平均海拔达3200m,坡度较高,田面坡度平均为20°,分布区海拔较高、气温较低,≥0℃积温在1600℃左右。

依照合作市不同类型土壤的产量水平调查结果,并结合《全国耕地类型区、耕地地力等级划分》(NY/T 309-1996)中的相关术语,本项目评价结论中的耕地地力级别与国家标准的对应关系见下表3-46-1:

通过表3-46-1可知:合作市耕地地力等级的高低与地貌类型、坡度、耕层厚度等条件有着密切的联系,并呈现出明显的地域分布规律,有随着耕地地力等级的升高,地貌类型呈现河流低阶地—中山—高黄土峁梁变化的趋势。同时,随着耕层厚度的增加,耕地地力也呈现等级上的变化趋势。

表 3-46-1　合作市耕地地力级别与国家标准的对应关系

国家标准级别	七	八	九	十
项目结论级别	一	二	三	四
地形部位	河流、河谷阶地	河谷阶地、塬面、梁面平地和缓坡地	河谷、塬、梁、峁坡	河谷、塬、梁、峁坡
坡度	田面平整,地面坡度<5°,部分为平地	坡度<10°	坡度<15°	5°~25°
灌溉条件	部分能灌溉	无灌溉条件	无灌溉条件	无灌溉条件
耕层厚度(cm)	>18	>15	0~15	0~15
耕层质地	粉沙质壤土、壤土、黏壤土			
耕层理化性状 有机质(%)	32.07	34.18	34.86	33.36
耕层理化性状 全氮(%)	1.836	1.846	1.861	1.871
耕层理化性状 碱解氮(mg/kg)	126.52	128.74	129.00	126.44
耕层理化性状 有效磷(mg/kg)	24.3	23.6	22.8	22.0
耕层理化性状 速效钾(mg/kg)	310	264	247	238
pH(水浸)	7.5~8.5			
熟制	一年一熟			
产量水平(kg/亩)	>300	200~300	100~200	<100

对各级别耕地面积的统计结果表明:合作市耕地总面积为13979.28hm²,各等级耕地比例差异较大,其中以二等和三等地为主,占到了总耕地面积的84.15%;其次是四等地,占到总耕地面积的10.98%;一等地面积最小,占总耕地面积的4.88%,具体数据见表3-46-2:

表 3-46-2　合作市耕地地力等级及面积统计

等级	一等地	二等地	三等地	四等地
面积(hm²)	681.7	6821.69	4941.43	1534.46
占总耕地面积(%)	4.88	48.80	35.35	10.98

(二)中低产田划分与分布

专项调查研究工作组依据《全国中低产田类型划分与改良技术规范》(NY/T310-1996),在总结合作市以往中低产田调查结果的基础上,结合目前合作市耕地质量的实际情况和特点,将评级结果属较低等级(二至四等)的耕地划定为中低产田。同时,为了进一步明确合作市耕地地力水平与中低产田的关系,本专题中将合作市耕地地力为二等和三等地对应的耕地界定为中产田,将四等地对应的耕地界定为低产田,并由此绘制得到合作市中低产田分布图。

合作市中产田在全市各乡镇范围内均有分布,低产田主要分布在勒秀乡、那吾乡等乡镇。对合作市各乡镇中低产田面积分布的统计结果见表3-46-3。

表3-46-3 合作市中低产田面积统计

乡镇名称	耕地总面积(hm²)	高产田面积(hm²)	高产田比例(%)	中产田面积(hm²)	中产田比例(%)	低产田面积(hm²)	低产田比例(%)
伊合昂街道	41.52	8.12	19.56	33.4	80.44		
当周街道	656.52	53.94	8.22	601.93	91.68	0.65	0.10
通钦街社区	44.51	28.24	63.45	16.27	36.55		
坚木克尔街道	312.05	39.32	12.60	272.73	87.40		
卡加道乡	906.7	23.39	2.58	874.61	96.46	8.7	0.96
卡加曼乡	1272.58	292.45	22.98	977.97	76.85	2.16	0.17
勒秀乡	4495.13	98.23	2.19	3352.44	74.58	1044.46	23.24
那吾乡	3739.48	68.49	1.83	3260.86	87.20	410.13	10.97
佐盖多玛乡	176.06			144.16	81.88	31.9	18.12
佐盖曼玛乡	2334.73	69.52	2.98	2228.75	95.46	36.46	1.56
合计	13979.28	681.7	4.88	11763.12	84.15	1534.46	10.98

二、合作市中低产田限制因素的确定和障碍类型的划分

(一)限制因素的确定

通常情况下,影响农作物产量的主要因素有两方面:一是土壤、温度、降水、光照、大气及地形等自然因素;二是对耕地的管理、物质和科技投入等人为因素。作物的高产、中产、低产是依据耕地相对产量人为划分的,而农业产量的主要限制因素是自然因素,自然条件越差的地区,农业生产受到的限制就越大,农作物产量也就越低。

综合考虑影响该市农作物产量中各类因子及其权重,以及在农业生产中的直观性和改良利用的针对性,专题研究组从若干耕地质量评价指标体系中选定灌溉条件、有机质含量、坡度3个指标作为划分合作市中低产田限制因子的限制极限指标(见表3-46-4)。

表3-46-4 合作市中低产耕地限制因素及其限制极限指标

限制因子	干旱限制	地形限制	瘠薄限制
限制极限指标	无灌溉条件	坡度 >15°	有效磷 <25mg/kg 碱解氮 <150mg/kg

(二)障碍类型的划分

合作市位于青藏高原东北边缘,高山重叠,地形较为复杂,平均海拔2936m,地貌类型分为高山峡谷区、低山山区、夷平面类型区。大部分地区气候寒冷湿润,高原大陆性季风气候特征明显。冬季漫长,干燥多风,平均气温3.2℃,全年无霜期10天。光热水基本匹配,光照充足,年均降水量558mm,集中于七、八、九三个月,地表径流深350mm,年蒸发量1222mm自然灾害频繁,主要是霜冻、寒潮、强降温、大雪、冰雹和秋季洪涝等。大夏河诸多支流和洮河流经本市,境内水资源丰富,河流水质好,落差较大,水能蕴藏量较为丰富。勒秀乡峡村的洮河干流上建有水电站一座,电站大坝以上流域面积7276km^2。合作市各乡镇耕作土壤剖面均无明显障碍层,且绝大多数土壤呈现弱碱性,可排除渍涝潜育型、盐碱耕地型、渍涝排水型、沙化耕地型、障碍层次型。

将各评价单元的属性数据与限制极限指标进行比较,对照全国中低产耕地类型划分,结合当地自然资源特点,工作组将合作市中低产田依次划分为坡地梯改型、干旱灌溉型、瘠薄培肥型三种中低产田类型。

1.坡地梯改型

合作市坡地梯改型中低产田是指合作市行政区划范围内耕地地力为二、三、四等级耕地,且无灌溉条件,坡度在15°以上的坡耕地,地貌类型为低山山地、高山峡谷、夷平面中坡耕地部分,这类中低产田的障碍因素主要为田面坡度较大,可以通过修筑梯田梯埂等水保工程加以改良治理。这类中低产田在全市范围内分布面积广泛,总面积4553.67hm^2,占合作市耕地总面积的32.57%,占合作市中低产田面积的34.24%,主要土壤类型为灰褐土和黑钙土等。

2.干旱灌溉型

此类中低产田为耕地地力等级的二等地,具备水资源开发条件,可以通过发展灌溉加以改造的耕地。这类中低产田的障碍因素主要为水利设施及水资源利用效率不高引起的土壤水分亏缺。主要分布在合作市河谷沿岸和河谷阶地,以及夷平面地貌类型周边具备水资源开发潜能的区域,总面积959.15hm^2,占合作市耕地总面积的6.86%,占合作市中低产田面积的7.21%,土壤类型以耕种石灰性黑钙土为主。主要是引用或提灌洮河、大夏河支流水源进行灌溉。

3.瘠薄培肥型

此类中低产田是指除上述两类中低产田之外,主要由土壤养分匮乏或失衡引起作物产量低下的耕地,可通过长期培肥逐步改良。这类中低产田在合作市内分布较零散,二到四级耕地均有对应,总面积达7784.76hm^2,占合作市耕地总面积的55.69%,占合作市中低产田面积的58.54%,主要土壤类型为灰褐土和黑钙土等。由于合作市气温较低,土壤有机物质分解缓慢,土壤有机质含量较高,但由于牧民对化肥施用及方式不当,造成土壤氮、磷等元素含量较低,引起作物减产。对各类中低产田在各乡镇分布的统计数据见表3-46-5:

表3-46-5 合作市各类中低产田分布情况统计(hm²)

乡镇名称	障碍类型						总计
	干旱灌溉型	比例(%)	瘠薄培肥型	比例(%)	坡地梯改型	比例(%)	
当周街道	26.74	4.44	472.78	78.46	103.06	17.10	602.58
坚木克尔街道	18.09	6.63	243	89.10	11.64	4.27	272.73
卡加道乡		0.00	119.61	13.54	763.7	86.46	883.31
卡加曼乡	47.78	4.87	503.76	51.40	428.59	43.73	980.13
勒秀乡	256.26	5.83	2785.89	63.36	1354.75	30.81	4396.9
那吾乡	403.73	11.00	2238.62	60.98	1028.64	28.02	3670.99
通钦街社区	4.68	28.76	11.59	71.24		0.00	16.27
伊合昂街道	33.4	100.00		0.00		0.00	33.4
佐盖多玛乡	14.18	8.05	153.36	87.11	8.52	4.84	176.06
佐盖曼玛乡	154.29	6.81	1256.15	55.45	854.77	37.73	2265.21
总计	959.15	7.21	7784.76	58.54	4553.67	34.24	13297.58

三、合作市中低产田改良

(一)合作市中低产田改良技术规范

针对合作市三种中低产田障碍因素类型,项目组结合《全国中低产田类型划分与改良技术规范》(NY/T 310-1996),提出以下改良技术规范,见表3-46-6~3-46-8。

表3-46-6 合作市干旱灌溉型改造技术规范

改造措施		改造标准
灌溉工程		骨干引水工程及提水设施(动力)达到十年一遇,田间工程达到五年一遇,保灌2~3次,毛灌溉定额250~300m³以上
平整土地		达到不同灌溉方式(井、渠、喷、滴)的要求
加深耕层		加深3~5cm(耕层厚度大于20cm)
耕作培肥	增施有机肥	每年3000~4500 kg/hm²,连续3~5年
	秸秆还田	缺燃料地区30%~50%(秸秆量或面积),不缺燃料地区大于50%(秸秆量或面积),连续3~5年
	种植绿肥	20%~30%,连续三年
林带植被建设(乔灌果合计)		占地面积5%~10%

表 3-46-7　合作市坡地梯改型改造技术规范

改造措施		改良标准				
		坡度(°)	机耕条件	梯田面宽(m)	梯田距(高),m	梯田埂占地,%
梯田工程		5~10	大型拖拉机	15	1~1.5	2~5
		10~15	中型拖拉机	10	1.5~2	5~8
		>15	畜力或小型拖拉机	<5	≥2	8~11
增加梯田土层及耕作熟化层厚度		a)高标准:土层厚度大于100cm,耕作熟化层厚度大于25cm b)一般标准:土层厚度大于80cm,耕作熟化层厚度大于20cm c)低标准:土层厚度大于50cm,耕作熟化层厚度大于15cm				
林带植被建设		林、草、作物总植被覆盖率>80%(无裸露面积)				
耕作培肥	深翻	三年内深耕1~2次,加深耕层3~5cm,耕作熟化层达到>15~20cm				
	种植制度	粮食套种青稞、蚕豆、油菜、青稞、油菜、豆轮作,连续3~5年				
	秸秆还田	连续三年缺燃料地区30%~50%(秸秆量或面积),不缺燃料地区>50%,连续3~5年				
	增施有机肥	每亩2000~3000kg,连续三年				

表 3-46-8　合作市瘠薄培肥型改造技术规范

改造措施		改良标准
平整土地及条田建设		平坦塬面面及缓坡地规划成条田
水保耕作法		推广丰产沟或其他等高耕作,等高种植制度,连续3~5年
林带植被建设		林、草、作物总植被覆盖率>80%(无裸露面积)
耕作培肥	深翻	三年内深耕1~2次,加深耕层3~5cm,耕作熟化层达到>15cm
	种植制度	粮食套种青稞、蚕豆、油菜、青稞、油菜、豆轮作,连续3~5年
	增施有机肥	每亩2000~3000kg,连续三年
	校正施肥	每亩氮肥30kg(N,15kg)磷肥60kg(P_2O_5 10.2kg),连续三年

(二)合作市中低产田改良措施

结合各类中低产田的改良技术规范,总结当地农民群众因土耕作、因土种植、因土施肥、因土改良利用等方面的经验,提出针对合作市的中低产田改良措施:

1.发展旱地灌溉与综合治理

发展旱地灌溉是解决降水时空分布不均,解决春旱、夏旱和秋旱的根本措施。据合作市农业技术推广站试验:青稞可增产15%~40%,油菜可增产20%~45%,可见发展旱地灌溉增产增收的效果显著。因此对水资源充沛、具有潜在灌溉能力的乡镇,兴修水利,加强农田水利基本建设,大力提倡科学用水,防止养分流失,有条件的地方可以发展喷灌、微灌和渗灌等先进的灌水技术,实行沟、渠、畦灌等方式,充分利用一切水利设施,广开水源,整平土地,提高水资源的利用率,以充分发挥水肥一体化的综合效益。同时还需遵循农业可持续发展原则,大力发展节本增效工程与生物工程相结合的综合治理方式,可将合作市东北部坡度较大,产量较低的农田退耕还林、还草,以增加地表覆盖度,减少冲刷,提高含蓄水能力。

2.改良中产田土壤的理化性状

土壤肥力包括土壤本身养分含量的多寡和理化性状好坏两个方面。因此,土壤理化性状是土壤肥力高低的一个重要方面,随着其他农业技术措施和人为活动影响而发生变化。通过深翻、深松可以基本改良土壤容重较大、孔隙性差、质地偏沙、犁底层较浅且厚等不良因素外,还可以改善土壤氧化还原状况,排除底层二氧化碳,增加氧气的数量,使土壤固、气、液三相物质协调,促进微生物活动,使土壤养分发生转化和释放。深松耕法,可以春增墒、夏蓄水、秋抗涝、调节土壤水分余缺。翻地最好是秋季进行,每年耕深应浅—深—浅的变化或隔年耕翻。零星地块可用手扶拖拉机或木犁耕翻,如果耕深达不到要求,可以用套二犁的方法,使耕层达到30cm,及时整地,保好墒情;大片地可用拖拉机深松或深翻,及时整地保墒。

3.以肥改土、种植绿肥

在质地为中壤的中低产田施腐熟好的有机肥,用量2250~3000 kg/亩,加施化肥10~20 kg/亩,可明显改善土壤理化性状,增加土壤有机质含量,增强土壤保肥保水能力,促进增产增收。种植绿肥可以改土固沙,改善土壤理化性质,提高土壤有机质含量,是种地养地,改良低产土壤的有效途径。相关资料表明:种植绿肥草木樨,采取就地翻压,当年翻每亩地上部鲜草约为333.5 kg,地下部干重约为133.5kg。第二年翻压生产鲜草约为1300 kg/亩,翻压后0~20cm耕层中有机质比翻压前增加了0.015%~0.88%,全氮增加了0.1%~0.18%,全磷增加了0.01%,速效氮增加了1.16%,速效磷增加了2.05%,土壤容重降低了0.03~0.12g/cm³。豆类属养地作物,其根瘤菌具有固氮作用,能够有效熟化土壤,稳定土壤有机质含量,培肥地力。蚕豆、豌豆为甘南州传统的种植作物,种植历史悠久,播种面积一直稳定在12万亩左右,占农作物播种面积的15%。

4.平衡施肥,促进肥效发挥

要因土、因作物、因产量指标施肥。在施肥上,根据分阶段、有步骤的底肥和追肥相结合的原则施用化肥。使肥效发挥在作物的需肥临界期上。氮素肥料要分层深施;磷钾肥料要集中条深施,增施生物肥料。根据作物产量及土壤中有效养分含量进行配方施肥和平衡施肥相结合,做到大微结合、农化结合、缺补、丰减、匀施,为作物生长创造良好生长环境。

测土配方施肥则是以土壤测试和肥料田间试验为基础,根据作物需肥规律、土壤供肥性能和肥料效应,在合理施用有机肥料的基础上,提出氮、磷、钾及中、微量元素等肥料的施用数量、施肥时期和施用方法。通俗地讲,就是在农业科技人员指导下科学施用配方肥。测土配方施肥技术的核心是调节和解决作物需肥与土壤供肥之间的矛盾。同时,有针对性地补充作物所需的营养元素,作物缺什么元素就补充什么元素,需要多少补多少,实现各种养分平衡供应,满足作物的需要;达到提高肥料利用率和减少用量,提高作物产量,改善农产品品质,节省劳力,节支增收的目的。

应坚持开展测土施肥,因土供肥,因作物施肥,充分发挥肥料的经济效益,达到改良中低产田土壤的目的。

专题四十七 临潭县中低产田现状及改良利用途径

临潭县位于甘肃省南部,甘南藏族自治州东部,北接康乐、渭源两县,东邻岷县与卓尼县,西南两面均与卓尼县插花接壤,地理位置在北纬34°31′~35°04′,东经103°11′~103°51′30″之间,海拔高度2030~3926m,县城海拔高度为2825m。总土地面积1557.68km², 东西长60km,南北宽83km,境内属高山丘陵山区,地形西高东低;极端最高气温29.6℃,最低气温零下27.1℃,年平均气温3.2℃,年降水量383.2~668.2mm,平均降水量518mm,年平均日照时数2342.4小时,≥0℃的日照时数为1362.1小时,≥10℃的日照时数为485.1小时,无霜期在5~105天,平均65天左右,农作物一年一熟,旱、涝、雹、洪、虫五害俱全,耕作方式粗放落后,是典型的高寒阴湿高原农业区域。

目前,临潭县中低产田比例还很大,中低产田障碍因素多,粮食单产低而不稳,特色产业等难以发挥土地潜能,严重制约着农业生产效益的增加,困扰着当地农村经济的发展和农民生活水平的提高,利用现有土地资源,充分挖掘生产潜力,开辟农民增收新渠道是当前惠农区农业生产上急需研究的一个新课题。为了进一步摸清临潭县中低产田基本状况,为实施中低产田改良和利用提供科学依据,借助开展测土配方施肥项目耕地地力调查与质量评价工作,开展了中低产田专题调查,获得了大量真实可靠的第一手资料,并对其形成原因进行了分析研究,提出了具体改良措施。

一、临潭县中低产田分布

依据《全国中低产田类型划分与改良技术规范》(NY/T310-1996),在总结临潭县以往中低产田调查成果的基础上,结合目前临潭县耕地质量的实际情况和特点,将产量水平一等地定位高产田,将产量二、三等地定为中产田,将产量四等地定为低产田。

临潭县耕地总面积为21942.65hm²。其中,高产田仅仅占全县面积的14.60%,主要分布在王旗乡、石门乡等乡镇;中产田面积为15953.84hm²,占全县面积的72.7%,全县均有分布,各乡镇分布面积都比较大;低产田面积最小,面积为2785.86hm²,占全县面积的12.7%,主要分布在三岔乡、店子乡等乡镇。

表 3-47-1 临潭县中低产田面积分布表

单位:hm²

乡镇名	总面积	高产田	中产田	低产田
八角乡	771.88	0	730.76	41.12
长川乡	1655.71	69.41	1586.3	0
城关镇	959.17	222.22	736.95	0
店子乡	1189.73	4.25	428.29	757.19
古战乡	1025	192.94	832.06	0
流顺乡	1388.03	183.92	1204.11	0
三岔乡	1112.11	0	115.43	996.68
石门乡	1550.37	494.63	1055.74	0
术布乡	622.71	61.72	558.81	2.18
洮滨乡	1619.69	13.71	1108.17	497.81
王旗乡	2917.64	1561.11	1345.49	11.04
新城镇	2632.36	183.91	2448.45	0
羊沙乡	1313.4	0	842.76	470.64
羊永乡	1512.27	144.42	1367.85	0
冶力关镇	1294.91	66.46	1219.25	9.2
卓洛乡	328.42	0	328.42	0
合计面积	21942.65	3202.95	15953.84	2785.86

二、临潭县中低产田划分

根据临潭县的地形特点及土壤性状,依据《全国中低产田类型划分与改良技术规范》(NY/T310-1996),在总结临潭县以往中低产田调查成果的基础上,结合目前临潭县耕地质量的实际情况和特点,将临潭县中低产田划分为三种类型:坡地梯改型、瘠薄培肥型、干旱灌溉型,对于不同类型的中低产田要采取不同的改良技术规范以提高土地生产力。

临潭县中低产田面积为 18739.7hm²。其中坡地梯改型面积为 9997.24 hm²,占全县中低产田面积的 53.35%,全县各乡镇均有分布,主要分布新城镇、王旗乡、洮滨乡等乡镇;瘠薄培肥型中低产田面积为 8322.13hm²,占全县中低产田面积的 44.41%,全县各乡镇均有分布,主要分布在长川乡、新城镇、羊永乡等乡镇;干旱灌溉型中低产田面积为

420.33hm², 面积最小, 占全县中低产田面积的 2.24%, 主要分布在羊沙乡和石门乡。

表 3-47-2 临潭县中低产田类型分布表

单位: hm²

中低产田类型	坡地梯改型	瘠薄培肥型	干旱灌溉型
八角乡	393.14	378.74	0
长川乡	283.87	1302.43	0
城关镇	312.51	424.44	0
店子乡	775.06	410.42	0
古战乡	149.06	682.99	0
流顺乡	712.47	536.64	0
三岔乡	976.74	135.37	0
石门乡	956.01	25.34	74.39
术布乡	150.81	410.14	0
洮滨乡	1095.16	510.82	0
王旗乡	1157.27	199.28	0
新城镇	1197.11	1257.31	0
羊沙乡	744.98	227.41	341.01
羊永乡	267.15	1100.70	0
冶力关镇	796.75	426.77	4.93
卓洛乡	29.16	299.26	0
临潭县面积	9997.24	8322.13	420.33
占全县中低产田面积(%)	53.35	44.41	2.24

注: 临潭县中低产田面积为 18739.7hm²。

三、临潭县中低产田形成的原因

(一)水土流失严重,农田土被破碎

受长期雨水冲蚀的作用,地表剥蚀切割严重,支离破碎,沟壑纵横。降雨量大,使得土壤肥力降低、土地退化严重、农田破坏更加严重。

(二)施肥结构不合理,养分搭配不协调

存在重化肥轻有机肥、重氮磷肥和不注重微量元素肥料的现象。年际间、区块间、作物间的施肥都存在不平衡现象。

四、临潭县中低产田改良的对策和建议

中低产田改造是一项系统工程,也是农业综合开发的主要内容,要集中精力、人力、财力,有重点、有步骤地开展综合治理工作。对中低产田形成原因,进行更深一步的调查,认真分析研究,找准主要矛盾,制定科学合理的整治方案,以较少的投入获得最佳效益。

(一)增加有机肥料投入,提升土壤有机质

广辟有机肥源,加大有机肥料的投入力度;绿肥压青等培肥措施,全面提升土壤有机质。

(二)加快农业水利基础设施建设,发展节水农业

节约用水,调整农业产业结构,发展避灾农业。在易旱地区,一是要抓好节水工程建设。强化节约用水意识,科学利用水资源,大力发展节水型农业。抓好灌区的更新改造和续建配套,减少渠系输水损失和田间用水损失,进一步推广节水灌溉技术,实行水利节水与农业节水相结合的方式,在有条件的地方发展喷灌、滴灌。二是要调整产业结构,推广种植耐旱作物,调整农作物品种结构,根据本地区生态环境选择合适的农作物品种,化解和降低农业自然风险,大力发展避灾农业。

(三)修水平梯田,打坝淤地,引洪灌地,防止水土流失

根据地貌地形现状,在一些坡度较小的缓坡上建设水平梯田,能平整土地,减少水土流失,有利于保水、保土、保肥,利于耕种;打坝淤地可使大量的肥土淤泥,在坝内变成沟底平地,既拦水淤泥又形成平坦肥沃的可耕地,一举两得;引洪灌地就是引用暴雨产生的洪水漫灌川地、台地、坝地等,可有效的控制水土流失问题。

(四)植树种草,扩大植被覆盖

植树种草可以有效地减轻水土流失。在林种布局完整的基础上,要慎重选择经济林树种。大力营造农田防护林、水源涵养林、分水岭防护林,可有效促进水土保持工作。

(五)耕作改良措施,合理利用耕地

从水土流失人为因素来看,不合理的土地利用是引起水土流失的重要原因。目前根据旱坡地坡度大小,在缓坡地丘陵地尽量增加人工草场,发展畜牧业;在川地、坝地、发展耕作业,这样有利于保持水土、促进水土、促进生产。

(六)科学合理施肥,提高土壤肥力

依托项目建设,推广测土配方施肥技术,加大配方肥施力度,协调各养分间的动态平

衡和有效比例,最大限度地改善最小养分率所引起的"木桶短板效应",推广节水施肥技术,以肥定水,克服"水肥胁迫效应";运用最适因子率来指导科学施肥与节水施肥的宏观调控,克服增产不增收的矛盾以及氮素过量施用引起的面源污染;推行用养结合的轮作制度,保持地力。

专题四十八　夏河县中低产田类型、存在问题及改良利用措施

一、夏河县自然与农业生产概况

(一)自然地理位置

夏河县位于甘肃省西南部,甘南藏族自治州西北部,是甘肃南行进入甘南州的第一站。地处青藏高原东北部。随地势变化,形成了东南部大夏河水源涵养林区及农牧区,西北部高原农牧区等两个较为分明的地形区域。属高寒阴湿性气候区,总的气候特点是:夏季凉爽湿润,冬季寒冷干燥,大陆性季风比较明显,温差大,降水较多,植被覆盖较好,水汽较充沛。夏河自古为"将兵略地"。因藏传佛教文化独特,风情浓郁而有"小西藏"之称。

(二)自然气候特点

夏河属高寒阴湿性气候区,总的气候特点是:夏季凉爽湿润,冬季寒冷干燥,大陆性季风比较明显,温差大,降水较多,植被覆盖较好,水汽较充沛,平均气温为2.6℃,极端最低温为-26.7℃,极端最高温28.4℃,≥0℃的积温在3000℃左右,全年平均日照时数为2296小时,年平均无霜期为56天,秋霜早来,晚霜迟去。年平均降水量为516mm,年际变化较大,且年内分布不均,冬春季干燥常风,雨雪较少;夏秋季频雨,气候湿润,7、8、9三个月降水量占全年降水的70%,主要自然灾害有霜冬、暴雨、冰雹、大风、病虫害、泥石流和干旱等。

(三)农业经济状况

夏河县2012年农作物播种面积为0.93万公顷,其中粮食作物0.5万公顷,油料作物0.25万公顷,青饲料0.18万公顷,蔬菜及药材共5.6hm^2。粮、经、饲比例约为2∶1∶1,粮食作物以青稞为主,分布于全县13个乡(镇)65个村;春小麦次之,主要分布于达麦、王格尔塘、麻当、曲奥、唐尕昂五乡(镇)的23个村;并辅之以少量的蚕豆、小麦和马铃薯,主要分布于博拉镇、达麦、王格尔塘、麻当、曲奥、唐尕昂6乡(镇)的25个村;经济作物以油菜为主,伴有少量的胡麻,分布于夏河县13个乡(镇)65个村;饲草料以青燕麦为主,分布于全县13个乡(镇)65个村;近年来持续发展种植业,有少量的多年生牧草(以紫花苜蓿为主)。

(四)畜牧业状况

夏河县是甘肃省重点牧业县之一。全县草场面积50.27万公顷，平均亩产鲜草218kg，全县一等草场、二等草场分别占草场总面积的24.36%和69.1%。拥有各类牲畜72.34万头只，其中牛16万头，羊54.44万只，每年总增各类牲畜20万头只。肉类产量5829.3t，牛奶产量11020t，羊毛产量494.5t。共有林地面积9.10万公顷。按光、热、水、土等自然条件，境内还有大面积的宜林地。

二、夏河县中低产田类型及对应改良措施

夏河县因受干旱少雨气候特点和地理条件多重因素的影响，土壤中存在多种制约农业生产的障碍因素，导致单位面积产量相对低而不稳，且耕地中低产田数量大。针对夏河县耕地利用和生产力现状，通过本次耕地地力评价，分析了中低产田主要存在的问题，并提出有效的改良利用措施。

中低产田主要为耕地地力评价中的二至四等地，按照《全国中低产田类型划分与改良技术规范》(NY/T310-1996)，根据其土壤主导障碍因素及改良主攻方向，对夏河县中低产田的类型进行了划分。

(一)坡地梯改型

坡地梯改型耕地在夏河各乡镇皆有分布，坡度大于15°，面积为6204.08hm²，通过修筑梯田梯埂等田间水保工程加以改良治理的坡耕地。其他不宜或不需修筑梯田、梯埂，只需通过耕作与生物措施治理或退耕还林还牧的缓坡、陡坡耕地，列入培肥型与农业结构调整范围。坡地梯改型的主导障碍因素为土壤侵蚀，以及与相关的地形、地面坡度、土体厚度、土体结构与物质组成、耕作熟化层厚度等。

(二)瘠薄培肥型

受气候、地形等难以改变的大环境的影响，以及距离居民点远，施肥不足，土壤结构不良，养分含量低等因素的影响，产量低于当地高产农田。当前又无见效快、大幅度提高产量的根本性措施，只能通过长期培肥措施加以逐步改良耕地。夏河县属青藏高原东北边缘，根据耕地地力评价结果，限制夏河县耕地生产潜力的主要障碍程度指标如表3-48-1。

三、夏河县中低产田土壤管理中存在的主要问题

(一)肥料施用不平衡，分配不合理

长期以来，人们往往重视高产田，忽视中低产田，造成中低产田"吃不饱"，高产田"吃不消"的浪费现象，且中低产田面积占总耕地面积的60%以上，农业生产发展的潜力主要

在这里,而目前化肥的投向却不在此,这就直接影响了肥料效益的发挥和农业生产水平的提高。

(二) 不重视科学施肥,肥料养分比例不协调

农民文化素质不高,肥料知识匮乏,不懂科学施肥,尽管1985年就引进配方施肥技术,但由于测试手段、分析计算方法的落后,以及化验设施不健全,肥料生产与供应相脱节,实际技术到位率很低。某些地区氮肥施用过多,氮、磷比例失调。

(三)肥料品种结构不合理,施肥方法不当

目前,市场上肥料的品种较多,而优质肥料、生物肥料过少,品牌效用不高,且乱配、乱混现象严重。生产中,农民为省时省事,盲目施肥的现象非常严重,施肥方法的不当,不仅降低了肥料的利用率,而且还会出现烧种烧苗现象。

(四)有机肥料比例下降

传统的沤制农家肥越来越少,有机肥与化肥施用比例严重失调,有机肥养分占总养分投入中的比例下降,有机肥施用比例不足50%,80%以上的地块每667m^2施有机肥不足2000kg,长此以往,土壤得不到培肥,结构逐渐恶化,地力短期内得不到恢复。

(五)水土流失严重

水土流失是自然因素和人为因素综合作用的结果。自然因素是水土流失发生、发展的客观条件,人为不合理生产活动是加速水土流失产生的主要原因。特别是在陡坡耕作,开垦荒地、砍伐森林、破坏植被,严重破坏了土壤固有的稳定性及植被的保护作用,加速了土壤的侵蚀,导致了水土流失。

四、夏河县中低产田改良利用技术措施

夏河县地形复杂,土壤类型较多,生产中存在的问题不少,现根据耕地地力评价结果及农业生产中存在的问题和土壤本身的障碍因素,提出夏河县中低产田改良利用措施。

(一)改善自然生态环境,防止水土流失

水土流失治理措施可分为工程措施与生物措施。工程措施一般是在侵蚀沟、坡面等处设置拦泥和蓄水工程设施;生物措施是通过种草种树形成一定的植被,分散径流,减少冲刷,起到治理效果。由于地质、地貌等因素的制约,区内水土流失的类型及程度各不相同,必须针对各自特征"辨证施治,对症下药",进行综合治理。

具体措施有:(1)对15°以下缓坡地及河谷川台区,建设以粮食生产为主的防治体系,采取粮草轮作,增加农田覆盖度,延长植被覆盖期;(2)对15°~25°坡地,修成隔坡梯田,坡埂种草种树;25°以上坡耕地逐渐退耕种草种树,发展林果为主的经济林,形成坡面生物防护体系;(3)对梁峁及沟坡营造以薪炭林为主的防护林,实行统一管理使用;(4)建立

沟道防护体系,在沟底种草种树,修筑护沟护坡工程,分散径流,控制沟头延伸;(5)田间地埂,村庄道路发展经济林或用材林;(6)依法保护天然植被。

(二)科学施肥

施肥不合理,会降低肥料效益。夏河县大部分地区为干旱地,土壤肥力较低,在施用了农家肥的基础上,还需要施用化肥,才能较大幅度的提高产量。在施化肥时就抓住以下几个要点:(1)根据土壤养分状况、肥料种类及作物需肥特性,确定合理的施肥量或施肥方式,做到配方施肥。以施用有机肥为主,合理配施氮磷钾肥。化学肥料做基肥时要深施,并与有机肥混合。追肥要做到"少量多次",避免长期施用同一种肥料特别是含氮肥料。(2)科学选肥,注意生理酸性肥料与生理碱性肥料的交替搭配。(3)提倡根外追肥,这样不会造成土壤破坏。(4)慎施微肥。一般情况下要通过施用有机肥来提供微量元素,若施用微肥一定不要过量。

(三) 多施有机肥料,增加土壤有机质,改善土壤的理化性状

有机肥肥源广,成本低,易于集制。一是充分利用当地的自然资源,发展地方经济,利用畜禽的粪便作为优质的有机肥料;二是留高茬,像小麦、青稞等作物收割时,留5~10cm高茬,然后深翻、灌水,使其熟烂分解,增加土壤有机质;三是利用牧区养殖业产生的有机肥源。

(四)土壤深耕作

耕作可以改变土壤理化性质和微生物活动,从而影响土壤的环境条件和养分供应状况。通过深耕,可以厚熟土层,同时把犁底层以下的养分翻到表土层中,增加土壤的养分利用效率。

专题四十九　舟曲县中低产田分布状况及其改良对策

舟曲县位于甘肃南部,甘南藏族自治州东南部,东邻武都区,北接宕昌县,西南与迭部县、文县和四川省九寨沟县接壤。山高、谷深、石头多、坡陡土薄、水流急,荒山荒坡水土流失、滑坡严重是舟曲的自然现状。长期以来由于农业基础条件差,水利设施不健全,自然灾害频繁发生,加之土壤瘠薄,施肥量低且不够科学,农业生产水平低,效益差,农民增收缓慢。目前,舟曲县中低产田比例还很大,中低产田障碍因素多,粮食单产低而不稳,特色产业等难以发挥土地潜能,严重制约着农业生产效益的增加,困扰着当地农村经济的发展和农民生活水平的提高,利用现有土地资源,充分挖掘生产潜力,开辟农民增收新渠道是当前惠农区农业生产上急需研究的一个新课题。为了进一步摸清舟曲县中低产田基本状况,为实施中低产田改良和利用提供科学依据,借助开展测土配方施肥项目耕地地力调查与质量评价工作,开展了中低产田专题调查,获得了大量真实可靠的第一手资料,并对其形成原因进行了分析研究,提出了具体改良措施。

一、中低产田分布及规模

根据舟曲县的地形特点及土壤性状,依据《全国中低产田类型划分与改良技术规范》(NY/T310-1996),在总结舟曲县以往中低产田调查成果的基础上,结合目前舟曲县耕地质量的实际情况和特点,将评级结果属较低等级(二至四等)的耕地划定为中低产田。同时,为了进一步明确舟曲县耕地地力水平与中低产田的关系,研究中将舟曲县耕地地力为二、三等地对应的耕地界定为中产田,将四等地对应的耕地界定为低产田。

全县高产田只占耕地总面积的10.12%,主要分布在曲告纳乡、蜂迭乡、武坪乡等;中产田全县均有分布,面积9894.28hm²,占总面积的65.60%,且各乡镇分布面积较大;低产田面积3661.34 hm²,占总面积的24.28%,主要分布在曲告纳乡、博峪乡等乡镇。

表 3-49-1　舟曲县中低产田面积分布表

单位：hm^2

乡镇名	高产田	中产田	低产田
八楞乡	78.93	674.6	13.85
巴藏乡	78.7	392.81	111.59
博峪乡	23.6	426.23	413.87
插岗乡	15.98	336.05	275.98
城关镇	128.75	450.41	109.46
大川镇	79.26	118.71	81.03
大峪乡	36.45	585.4	275.55
东山乡	145.48	563.85	176.3
蜂迭乡	156.65	500.05	231.94
拱坝乡	129.38	807.43	233.61
果耶乡	10.59	851.01	181.59
憨班乡	77.35	285.68	114.64
江盘乡	34.32	359.01	47.66
立节乡	129.62	276.58	66.17
南峪乡	18.24	260.83	50.5
坪定乡	0.22	400.24	111.46
曲告纳乡	189.33	1340.09	849.31
曲瓦乡	43.85	652.16	137.62
武坪乡	148.96	613.14	179.21
耕地面积	1525.66	9894.28	3661.34
占耕地面积%	10.12	65.60	24.28

注：舟曲县耕地总面积为 15081.28hm^2。

二、中低产田类型划分

根据舟曲县的地形特点及土壤性状，依据《全国中低产田类型划分与改良技术规范》（NY/T310-1996），在总结舟曲县以往中低产田调查成果的基础上，结合目前舟曲县耕地质量的实际情况和特点，将舟曲县中低产田划分为三种类型：坡地梯改型、瘠薄培肥型、干旱灌溉型，对于不同类型的中低产田要采取不同的改良技术规范以提高土地生产力。

表 3-49-2　舟曲县中低产田类型面积分布表

单位:hm²

中低产田类型	干旱灌溉型	坡地梯改型	瘠薄培肥型
八楞乡	0	688.45	0
巴藏乡	14.61	451.25	38.54
博峪乡	0	810.2	29.9
插岗乡	0	608.74	3.29
城关镇	37.24	505.27	17.36
大川镇	3.96	185.24	10.54
大峪乡	6.27	822.06	32.62
东山乡	0.33	643.82	96
蜂迭乡	56.08	659.15	16.67
拱坝乡	0	1038.76	2.28
果耶乡	0	1021.9	10.7
憨班乡	5.37	375.14	19.81
江盘乡	0.51	403.51	2.65
立节乡	0.2	331.79	10.76
南峪乡	29.29	279.67	2.37
坪定乡	0	354.66	157.04
曲告纳乡	0.56	2167.09	21.75
曲瓦乡	0	782.27	7.51
武坪乡	0	753.34	39.01
合计面积	154.42	12882.31	518.89
占舟曲县中低产田面积%	1.14	96.13	3.83

注:舟曲县中低产田面积为 13555.62hm²。

(一)干旱灌溉型

由于降雨量不足或季节分配不合理,并缺少必要的调蓄工程以及地形、土壤原因造成的保水蓄水能力缺陷等原因,作物生长季节不能满足正常水分需要。要在具备水资源开发条件的地区通过发展灌溉加以改造耕地,使旱地改造成水浇地。其主导障碍因素为干旱缺水,以及与其相关的水资源开发潜力、开发工程量及现有田间工程配套情况等。

舟曲县干旱灌溉型中低产田面积较小,主要分布在蜂迭乡、城关镇的一些河谷川台地。主要是以灌溉为主的水浇地,由于水利设施不完善,科学种田水平较低,连作年限长,病虫害严重,水资源利用不足,有一定的中低产田。

(二)坡地梯改型

通过修筑梯田梯埂等田间水保工程改良治理的坡耕地。其他不宜或不需修筑梯田、梯埂,只需通过耕作与生物措施治理或退耕还林还牧的缓坡、陡坡耕地,列入瘠薄培肥型与农业结构调整范围。坡地梯改型的主导障碍因素为土壤侵蚀,以及与其相关的地形、地面坡度、土体厚度、土体构型与物质组成、耕作熟化层厚度等。

舟曲县坡地梯改型中低产田全县均有分布,存在问题,水土流失严重,重用轻养,自然灾害频繁。

(三)瘠薄培肥型

受气候、地形等难以改变的大环境(干旱、无水源、高寒)影响,土壤结构不良,且由于距离居民点远,施肥不足,土壤养分含量低,农作物产量低,当前又无见效快、且能大幅度提高产量的治本性措施,只能通过长期培肥可以逐步改良的耕地。如山地丘陵雨养型梯田、坡耕地和黄土高原,很多产量中等黄土型旱耕地。

舟曲县瘠薄培肥型中低产田海拔相对较高,农田基本建设相对落后。

三、中低产田产生的原因

(一)水土流失严重,生态环境脆弱

旱地农田土层深厚,土质疏松,土层结构多为片状、柱状,团粒结构差,很容易被雨水和风侵蚀,此类区域抗旱能力差,产量低而不稳。

(二)养分含量低,土壤贫瘠

旱地农田土壤由于水蚀和风蚀,有机质含量偏低,氮素贮量少,加之旱作区降水量少,淋溶作用弱,土壤多呈偏碱性,土壤中无机磷多以磷酸二钙或磷酸三钙的形式存在,使磷的有效性降低,土壤的钙饱和导致铁、锌、锰和铜的有效性降低,从而造成缺磷、钾的局面。

(三)施肥措施不当、养分不平衡

1.重化肥轻农家肥

一方面由于旱地农田中山地所占面积大,交通运输条件差,农家肥运输困难。另一方面由于旱地农田中化肥施用方便,肥效显著,造成一些田块盲目增施氮肥,导致土壤有机质含量和微量元素减少,农田土壤物理性状变劣,抗旱、抗灾能力减弱。

2.施肥方法不当

旱地施肥时常采取农家肥撒施、化肥浅施,或以底肥为主,少追肥或不追肥,极少进行叶面喷肥,而且在施种肥时常将种子与肥料混施,造成烧苗,追肥普遍采用只施表面肥,不进行深施,使养分挥发、淋失严重,造成肥料损失。

四、中低产田改良对策和建议

随着测土配方施肥项目的进一步推进,摸清了影响舟曲县粮食生产中的制约因子,为因地制宜地进行中低产田改造,提供了翔实的科学依据。现根据舟曲县目前中低产田土壤富钾、少磷等地力状况,提供以下技术改造措施。

(一)干旱灌溉型

1. 完善排灌设施

抓好节水工程建设。强化节约用水意识,科学利用水资源,大力发展节水型农业。抓好灌区的更新改造和续建配套,减少渠系输水损失和田间用水损失,进一步推广节水灌溉技术,实行水利节水与农业节水相结合,在有条件的地方发展喷灌、滴灌。

2. 增施有机肥

针对舟曲县粮田有机肥投入少的情况,积极引导和鼓励农户广辟有机肥源,增施有机肥和有机无机生物肥料,疏松和活化土壤,改善土壤理化性状,培肥地力。一是发展绿肥,逐步推行粮—短期绿肥型种植模式,稳步提高绿肥种植面积。二是发展畜牧业,通过养牲畜来积肥。三是因地制宜,利用房前屋后的杂草等,积好焦泥灰等农家土杂肥。

(二)坡地梯改型

1. 修筑梯田

对于在特殊自然环境作用下,导致的坡地梯改型耕地土壤侵蚀、土壤贫瘠和土壤干旱,要通过实施修筑梯田(水平梯田、隔坡梯田、缓坡梯田)为中心的田间水保工程,以增加梯田土体厚度,耕层熟化层厚度。在田埂种植草、灌,在山顶或隔坡内种植抗旱保水的树或草灌,增加植被覆盖。

2. 深化现代集水农业技术优化集成与示范

针对目前在雨水收集利用技术研究方面多注重单项技术研究,集成研究不够,导致雨水收集、蓄存、利用、管理等各环节相互脱节,集雨工程投资效率和集雨效益不能充分发挥的现状,以高效集蓄降水、减少土壤无效蒸发为主攻方向,探索高效集雨保水集成配套技术,提高水分利用率和利用转化效率,组建并形成适合梯田集雨补灌旱作农业增产优化集成技术体系。

3. 植树种草,保护土被结构

植树种草可以有效地减轻水土流失。由于黄土高原气候干旱,应以乡土林种为主体,合理利用外来树种。在林种布局完整的基础上,要慎重选择经济林树种。在降雨量400mm以下的地区,以营造灌木林为主,使经济效益和生态效益、保护和利用并举,大力营造农田防护林、水源涵养林、分水岭防护林,可有效促进黄土高原的水土保持工作。

(三)瘠薄培肥型

1.配方施肥

根据当前农户对农田的投入只重视化肥不重视有机肥的现象,要指导农户重视有机肥,有机肥和无机肥配合施用,达到降低成本和改良土壤的目的。根据全县土壤富钾少氮、磷的实际,依据作物的需肥规律,合理调整氮、磷、钾比例,实施精准施肥和营养诊断施肥等先进的科学施肥技术。推广应用生物有机肥、专用肥等,提高肥料使用效益和肥料利用率。

2.改土培肥

针对部分标准农田和部分土地平整田等农田的表土层瘠薄、肥力差等情况,实施增加肥沃的客土和增施有机肥的办法,加深农田耕作层厚度,提高肥力水平。

3.因土种植

加强种植制度的改革,种植耐瘠耐旱养地作物。

专题五十 卓尼县中低产田分布状况及其改良对策

卓尼县位于甘南藏族自治州东南部。东接岷县、漳县,北靠渭源、康乐、和政,南邻迭部和四川省若尔盖,西通合作、夏河、碌曲,中部与临潭县环接。县境地理座标介于东经102°46′~104°02′,北纬34°10′~35°10′之间。境内海拔在2000~4920m之间,年均气温5.9℃,年降水量487.1 mm。长期以来由于农业基础条件差,水利设施不健全,以干旱为主的自然灾害频繁发生,加之土壤瘠薄,施肥量低且不够科学,农业生产水平低,效益差,农民增收缓慢。目前,卓尼县中低产田比例还很大,中低产田障碍因素多,粮食单产低而不稳,特色产业等难以发挥土地潜能,严重制约着农业生产效益的增加,困扰着当地农村经济的发展和农民生活水平的提高,利用现有土地资源,充分挖掘生产潜力,开辟农民增收新渠道是当前惠农区农业生产上急需研究的一个新课题。为了进一步摸清卓尼县中低产田基本状况,为实施中低产田改良和利用提供科学依据,借助开展测土配方施肥项目耕地地力调查与质量评价工作,开展了中低产田专题调查,获得了大量真实可靠的第一手资料,并对其形成原因进行了分析研究,提出了具体改良措施。

一、中低产田分布及规模

根据卓尼县的地形特点及土壤性状,依据《全国中低产田类型划分与改良技术规范》(NY/T310-1996),在总结卓尼县以往中低产田调查成果的基础上,结合目前卓尼县耕地质量的实际情况和特点,将评级结果属较低等级(二至四等)的耕地划定为中低产田。同时,为了进一步明确卓尼县耕地地力水平与中低产田的关系,研究中将卓尼县耕地地力为二、三等地对应的耕地界定为中产田,将四等地对应的耕地界定为低产田。

全县高产田只占耕地总面积的11.39%,零星分布在藏巴哇乡、纳浪乡、洮砚乡等;中产田全县均有分布,面积15329.76hm²,占总面积的77.7%,且各乡镇分布面积较大;低产田面积2152.34 hm²,占总面积的10.91%,主要分布在申藏乡、阿子塘乡等乡镇。

表 3-50-1　卓尼县中低产田面积分布表

单位：hm²

乡镇名	高产田	中产田	低产田
阿子塘乡	11.81	1610.43	588.97
藏巴哇乡	638.15	1448.66	142.33
刀告乡	0	435.9	0.06
喀尔钦乡	67.27	2457.26	2.77
康多乡	0	233.8	123.1
柳林镇	259.52	1254.03	0
木耳镇	357.51	1156.11	2.14
纳浪乡	498.85	581.25	0
尼巴乡	0	200.23	34.66
恰盖乡	0	434.03	129.45
勺哇土族乡	0	590.36	20.61
申藏乡	0	1758.17	718.9
洮砚乡	413.51	287.7	0
完冒乡	0	1020.16	335.49
扎古录镇	0	1561.47	53.86
合计面积	2246.62	15329.76	2152.34
所占卓尼县耕地总面积比例%	11.39	77.7	10.91

注：卓尼县耕地总面积为 19728.72hm²。

二、中低产田类型划分

根据卓尼县的地形特点及土壤性状，依据《全国中低产田类型划分与改良技术规范》（NY/T310-1996），在总结卓尼县以往中低产田调查成果的基础上，结合目前卓尼县耕地质量的实际情况和特点，将卓尼县中低产田划分为三种类型：坡地梯改型、瘠薄培肥型、干旱灌溉型，对于不同类型的中低产田要采取不同的改良技术规范要求以提高土地生产力。对于不同类型的中低产田要采取不同的改造措施以提高土地生产力。

表 3-50-2　卓尼县中低产田类型面积分布表

单位：hm²

中低产田类型	干旱灌溉型	坡地梯改型	瘠薄培肥型
阿子塘乡	0	875.46	1323.94
藏巴哇乡	116.05	1087.51	387.43
刀告乡	0	158.96	277
喀尔钦乡	2.97	978.11	1475.98
康多乡	0	161.26	195.64
柳林镇	0	562.78	691.25
木耳镇	0	635.49	522.76
纳浪乡	0	448.58	132.67
尼巴乡	0	92.2	142.69
恰盖乡	0	276.56	286.92
勺哇土族乡	0	502.3	108.67
申藏乡	0	809.45	1667.62
洮砚乡	8.64	465.66	113.60
完冒乡	0	523.77	831.88
扎古录镇	5.11	459.73	1150.49
合计面积	132.77	8037.82	9311.51
占中低产田面积比例%	0.76	45.98	53.26

注：卓尼县中低产田面积为 17482.1hm²。

(一)干旱灌溉型

由于降雨量不足或季节分配不合理，缺少必要的调蓄工程，以及地形、土壤原因造成的保水蓄水能力缺陷等原因，在作物生长季节不能满足正常水分需要，同时又具备水资源开发条件，可以通过发展灌溉加以改造的耕地，可以发展为水浇地的旱地。其主导障碍因素为干旱缺水，以及与其相关的水资源开发潜力、开发工程量及现有田间工程配套情况等。

卓尼县干旱灌溉型中低产田面积较小，主要分布在藏巴哇乡的一些河谷川台地。主要是以灌溉为主的水浇地，由于水利设施不完善，科学种田水平较低，连作年限长，病虫害严重，水资源利用不足，有一定范围的中低产田。

(二)坡地梯改型

通过修筑梯田梯埂等田间水保工程改良治理的坡耕地。其他不宜或不需修筑梯田、梯埂,只需通过耕作与生物措施治理或退耕还林还牧的缓坡、陡坡耕地,列入瘠薄培肥型与农业结构调整范围。坡地梯改型的主导障碍因素为土壤侵蚀,以及与其相关的地形、地面坡度、土体厚度、土体构型与物质组成、耕作熟化层厚度等。

卓尼县坡地梯改型中低产田全县均有分布,存在问题,水土流失严重,重用轻养,自然灾害频繁。

(三)瘠薄培肥型

受气候、地形等难以改变的大环境(干旱、无水源、高寒)影响,以及距离居民点远,施肥不足,土壤结构不良,养分含量低,产量低,当前又无见效快、大幅度提高产量的治本性措施,只能通过长期培肥加以逐步改良的耕地。如山地丘陵雨养型梯田、坡耕地和黄土高原,很多产量中等的黄土型旱耕地。

卓尼县瘠薄培肥型中低产田全县均有分布,海拔相对较高,农田基本建设相对落后。

三、中低产田产生的原因

(一)水土流失严重,生态环境脆弱

旱地农田土层深厚,土质疏松,土层结构多为片状、柱状,团粒结构差,很容易被雨水和风侵蚀,此类区域抗旱能力差,产量低而不稳。

(二)养分含量低,土壤贫瘠

旱地农田土壤由于水蚀和风蚀,有机质含量偏低,氮素贮量少,加之旱作区降水量少,淋溶作用弱,土壤多呈偏碱性,土壤中无机磷多以磷酸二钙或磷酸三钙的形式存在,使磷的有效性降低,土壤的钙饱和导致铁、锌、锰和铜的有效性降低,从而造成缺磷、钾较丰富的局面。

(三)施肥措施不当、养分不平衡

1.重化肥轻农家肥

一方面由于旱地农田中山地所占面积大,交通运输条件差,农家肥运输困难。另一方面由于旱地农田中化肥施用方便,肥效显著,造成一些田块盲目增施氮肥,导致土壤有机质含量和微量元素减少,农田土壤物理性状变劣,抗旱、抗灾能力减弱。

2.施肥方法不当

旱地施肥时常采取农家肥撒施、化肥浅施,或以底肥为主,少追肥或不追肥,极少进行叶面喷肥,而且在施种肥时常将种子与肥料混施,造成烧苗,追肥普遍采用只施表面肥,不进行深施,使养分挥发、淋失严重,造成肥料损失。

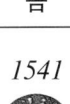

四、中低产田改良对策和建议

随着测土配方施肥项目的进一步推进,摸清了影响卓尼县粮食生产中的制约因子,为因地制宜地进行中低产田改造,提供了翔实的科学依据。现根据卓尼县目前中低产田土壤富钾、少磷等地力状况,提供以下改造技术措施。

(一)干旱灌溉型

1.完善排灌设施

抓好节水工程建设。强化节约用水意识,科学利用水资源,大力发展节水型农业。抓好灌区的更新改造和续建配套,减少渠系输水损失和田间用水损失,进一步推广节水灌溉技术,实行水利节水与农业节水相结合,在有条件的地方发展喷灌、滴灌。

2.增施有机肥

针对卓尼县粮田有机肥投入少的情况,积极引导和鼓励农户广辟有机肥源,增施有机肥和有机无机生物肥料,疏松和活化土壤,改善土壤理化性状,培肥地力。一是发展绿肥,逐步推行粮—短期绿肥型种植模式,稳步提高绿肥种植面积。二是发展畜牧业,通过养牲畜来积肥。三是因地制宜,利用房前屋后的杂草等,积好焦泥灰等农家土杂肥。

(二)坡地梯改型

1.修筑梯田

对于在特殊自然环境作用下,导致的坡地梯改型耕地土壤侵蚀、土壤贫瘠和土壤干旱,要通过实施修筑梯田(为中心的田间水保工程,以增加梯田土体厚度,耕层熟化层厚度。在田埂种植草、灌,在山顶或隔坡内种植抗旱保水的树或草灌,增加植被覆盖。

2.深化现代集水农业技术优化集成与示范

目前在雨水收集利用技术研究方面比较注重单项技术研究,集成研究不够,导致雨水收集、蓄存、利用、管理等各环节相互脱节,集雨工程投资效率和集雨效益不能充分发挥的现状,以高效集蓄降水、减少土壤无效蒸发为主攻方向,探索梯田高效集雨保水集成配套技术,提高水分利用率和利用转化效率,组建并形成适合梯田集雨补灌旱作农业增产优化集成技术体系。

3.植树种草,保护植被

植树种草可以有效地减轻水土流失。由于气候干旱,应以乡土林种为主体,合理利用外来树种。在林种布局完整的基础上,要慎重选择经济林树种。在降雨量 400mm 以下的地区,以营造灌木林为主,使经济效益和生态效益、保护和利用并举,大力营造农田防护林、水源涵养林、分水岭防护林,可有效促进水土保持工作。

(三)瘠薄培肥型

1.配方施肥

根据当前农户对农田的投入只重视化肥不重视有机肥的现象,要指导农户重视有机肥,有机肥和无机肥配合施用,达到降低成本和改良土壤的目的。根据我县土壤富钾少氮磷的实际,依据作物的需肥规律,合理调整氮、磷、钾比例,实施精准施肥和营养诊断施肥等先进的科学施肥技术。推广应用生物有机肥、专用肥等,提高肥料使用效益和肥料利用率。

2.改土培肥

针对部分标准农田和部分土地平整田等农田的表土层瘠薄、肥力差等情况,实施增加肥沃的客土和增施有机肥的办法,加深农田耕作层厚度,提高肥力水平。

3.因土种植

加强种植制度的改革,种植耐瘠耐旱养地作物。

专题五十一　迭部县粮饲兼用玉米适宜性分区及产业发展

迭部县位于青藏高原东部边缘,总土地面积为5108.3km²,地势西北高、东南低,东西长110km,南北宽75km。迭部县地处大陆性气候与海洋性气候的过渡带上,气候特点是冬无严寒,夏无酷暑,春季少雨多风,秋季阴雨连绵;年平均气温在3℃~11℃之间,全年日照时数为2242h;年降水量450~800mm,7~9月降雨量占全年降水量的60%,年均蒸发量为1640mm,无霜期126~180d。气候温和湿润,四季分明,冬无严寒,夏无酷暑。地表水资源十分丰富,白龙江自西向东流经县境110km。达拉、多儿、阿夏、腊子河等20余条支流,从南北两侧汇入白龙江。迭部县是少数民族地区,地处偏远,文化相对落后,信息不灵,农牧民群众思想落后。传统粗放的农牧业生产方式致使农作物品种混杂、老化严重,牲畜超载,农作物产量低而不稳,牧区草畜矛盾日益突出,农牧民增收缓慢。全县9722.28hm²耕地中80%以上属于干旱及半干旱地区。迭部县地处白龙江上游,具有推广种植粮饲兼用玉米的气候条件。种植粮饲兼用玉米,并通过推广全膜双垄沟播栽培技术,可充分利用全县近50%以上的陡坡、干旱耕地种植饲料玉米,大力发展饲草料产业,增强畜牧业抗风险能力,促进"农牧互补"战略进程,而且对调整种植业产业结构,延伸农业产业链,提高种植、养殖业经济效益,增加农牧民收入,具有重要的意义。

一、调查方法

(一)组织形式

本项专题调查研究是在充分利用迭部县耕地地力评价结果的基础上展开的。为了全面、细致地做好本项专题研究,甘肃省农业科学院旱农所会同甘南州农业技术推广站专门组建了"迭部县粮饲兼用玉米生产布局研究"工作组,预借助前者在耕地地力评价工作中积累的大量数据和土壤资源调查与评价,以及农作物产业布局方面的技术优势,切实分析迭部县粮饲兼用玉米生产的限制因素及增产潜力,并提出具体的迭部县粮饲兼用玉米生产布局规划目标,同时就如何进一步提高土壤资源利用效率,发挥中低产田增产潜力提出具体的措施与建议。

本项专题调查研究组建的工作组的主要职责是负责调查收集基础资料,制作相关图件和撰写专题研究报告,并协调甘南州农业技术推广站的专业人员参与研究并提供帮助,培训技术人员深入农户,开展农户种植结构、消费情况的调查。

(二)技术路线

本项专题通过收集到的作物布局及产量状况进行数据分析与汇总,同时系统地整理了迭部县耕地地力评价工作中收集到的"耕地地力调查点基本情况及化验结果数据表""耕地资源管理单元属性表""土地利用现状地块数据表""土壤典型剖面数据表"以及"土地利用现状图"等数据及图件资料,对迭部县粮饲兼用玉米生产中存在的现状展开调查研究的基础上,充分利用迭部县耕地地力评价结果,并针对这些问题总结形成迭部县粮饲兼用玉米生产限制因子;同时摸清迭部县粮饲兼用玉米生产的潜力,挖掘提炼迭部县粮饲兼用玉米生产的突破点,最后提出相应的规划目标和具体措施,最后将整个工作的结果以报告的形式提交。

二、调查结果与分析

(一)迭部县玉米产业发展的意义

通过大力推广粮饲兼用玉米,使迭部县适宜种植区域内的所有农牧户,扩大种植面积,壮大饲草种植规模,提高迭部县土地的综合生产能力,优化种植业结构,增加农牧民收入,壮大区域经济实力,增强农牧业竞争力,为迭部县农牧互补暨"一特四化"顺利实施做贡献,对促进全县农牧业跨越式发展具有重大的现实意义。

(二)迭部县玉米产业发展的有利条件

1.玉米可利用价值高

粮饲兼用玉米新品种具有籽实产量高、鲜草双高的优点,既是最主要的高能量饲料,又是优良的青饲料作物。籽实产后的穗秆如及时青贮或晒干,将是各类家畜良好的粗饲料。玉米植株高大,生长迅速,茎含糖量高,尤适于专门种植制作青饲料,也适于分期种植,分批刈割青饲料,且柔嫩多汁、口味良好。玉米在畜牧业生产上的地位远远超过其在粮食生产中的地位,是一种很有价值的饲料作物。

2.自然条件适宜

迭部县地处白龙江上游,可利用耕地大都分布在海拔1600~3000m,年平均气温在7.6℃,年平均降雨量400~800mm。迭部县全年气候相对温和,这一特殊的地理气候条件最适宜种植玉米,尤其是下迭地区玉米、冬小麦种植面积较大。根据甘南州农技推广站调查显示:沿白龙江流域的电尕镇、旺藏、洛大乡、卡坝、桑坝、多儿、阿夏、腊子口等大部分乡村均可种植玉米。

3.技术与政策条件好

玉米对土壤要求不严,各类土壤均可种植,特别是在干旱及半干旱耕地区,推广全膜双垄沟播栽培技术尤为适宜;粮饲兼用玉米具有籽实产量高、品质优、茎秆活秆成熟、生物产量高、适宜青贮等诸多优点,备受广大种植户尤其是畜牧业养殖户的青睐,发展前景良好。迭部县种子管理站品种对比试验表明,迭部县宜推广中、晚熟玉米新品种用于青贮玉米;宜在籽粒接近成熟时收获,此时按干物质计算,可消化养分70%左右;在良好的栽培技术条件下,干物质中有60%为籽实,营养价值很高,可产青贮料37.5~52.5t/hm²、籽实4.5~6.0 t/hm²,平均产值达4.28万元/公顷以上,种植粮饲兼用玉米对提高农民收入、连接种植业与养殖业产业链条、加速当地农牧业发展具有重要意义。近几年政府实行新品种推广补贴后,推广应用了一批优质专用新品种,种植面积逐年扩大,2011年全县玉米播种面积达466.67hm²,比2010年增加200.00hm²,新增产值855万元。

4.全膜双垄沟播技术的优势

传统的沟播技术方法为半膜覆盖,平铺为起垄覆膜;而全膜双垄沟播技术则是采用垄上全地膜覆盖,即在地面上起大、小双垄,再用地膜全膜覆盖,然后在沟内播种,可显著提高自然降水利用率。采用全膜双垄沟播栽培技术推广粮饲玉米种植具有以下优势:一是该技术在甘肃省研制成功,群众基础较好,群众易于接受,利于推广。二是增产效果显著。近3年来,在甘肃省临夏、陇南、舟曲等地进行推广,均表现出高产,平均籽实产量达到8374.5kg/hm²。三是节水抗旱性好。经历了2006—2007连续2年60年不遇大旱的考验,采用该技术栽培玉米实现抗旱、增产。据测定,平均降水利用率超过70%,玉米的平均水分利用率为33kg/(mm·hm²)。四是技术成熟。该技术于2003年研制成功,目前已形成一套完整的全膜双垄沟播栽培技术,并在甘肃省各地进行4年的推广示范试验,效果较好。

(三)迭部县玉米产业发展存在的问题

农业生产脆弱,农牧民科技文化素质低,劳动技能差,耕作方式粗放,科学施肥不足,抗御自然灾害的环境能力弱,"靠天吃饭"的传统局面未能根本改变,单位面积产量增长缓慢,经济效益差,以广种薄收为主。良种推广速度较缓慢,造成良种更新换代迟缓,缺乏良种推广的基本知识,致使有些品种尚未大面积推广应用就已严重混杂,直接影响推广工作的进一步发展,使玉米生产处于徘徊不前的状态。

三、迭部县玉米适宜性分区评价

专题研究工作组利用迭部县耕地资源管理信息系统,开展了针对迭部县油菜生产的耕地适宜性评价工作,并就如何在全县范围内合理布局进行了规划。

(一)层次分析构型的建立

通过对迭部县玉米种植的现状布局以及其种植区气候、立地条件等条件的调查,并邀请国土、气象、农业等行业的专家,召开专家评议会,对指标进行分类,采用特尔斐法从全国66个评价指标中选取了8个指标作为迭部县玉米适宜性分区评价指标,确定了迭部县玉米适宜性评价指标体系。

针对各准则层及指标层各指标之间的相互关系,通过特尔斐法按照准则层对目标层、指标层各因素对准则层相应因素的相对重要性,给出数量化的评估。在县域耕地资源管理系统中,运行层次分析模型编辑菜单,系统根据所构建的判别矩阵,首先获得各判别矩阵的权重值,然后计算同一层次所有因素对于总目标相对排序权值,即进行层次总排序,最终所得到的组合权重即为迭部县玉米适宜性评价因子的权重值。

表3-51-1　迭部县粮饲兼用玉米适宜性评价各因素的组合权重计算结果

迭部县玉米适宜性评价	土壤养分 0.1429	剖面性状 0.2857	立地条件 0.5714	组合权重 $\sum C_i A_i$
有效磷	0.2762			0.0395
有机质	0.7238			0.1034
质地构型		0.4545		0.1299
有效土层厚		0.5455		0.1558
坡向			0.136	0.0777
坡度			0.1947	0.1113
地貌类型			0.2753	0.1573
海拔			0.394	0.2251

由层次分析结果可以看出,各评价因子对油菜适宜性的影响程度从大到小依次为:海拔、地貌类型、有效土层厚度、质地构型、坡度、有机质、坡向、有效磷。

(二)迭部县玉米生产适宜性评价及其结果

通过建立的迭部县玉米生产适宜性评价的层次分析模型和隶属函数模型,关联耕地资源管理单元的属性数据,对迭部县县域内所有耕地进行玉米适宜性评价。本项目采用累积曲线分级法来划分迭部县玉米适宜性评价等级。在划分适宜性等级过程中,考虑到评价结果部分与当地实际情况不符,将第一轮评价结果返回当地专家及农户,在当地专家经验和农户实际种植情况指导下,经过不断调试,设置各等级起始分值,确定将迭部县玉米适宜性评价定为四个等级(图3-51-1)。

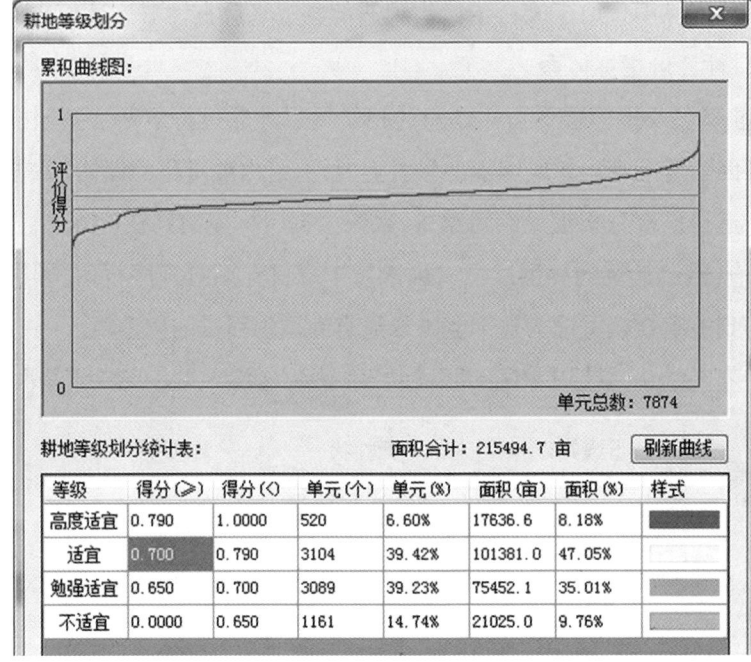

图 3-51-1　迭部县玉米适宜性评价等级划分

表 3-51-2　迭部县玉米生产适宜性评价各等级面积

乡镇名称	耕地总面积（hm²）	适宜性评价等级面积及其占全乡耕地总面积比例(公顷,%)							
		高度适宜	%	适宜	%	勉强适宜	%	不适宜	%
阿夏乡	272.93	5.38	1.97	108.34	39.70	127.51	46.72	31.70	11.61
达拉乡	634.08	1.12	0.18	214.01	33.75	245.10	38.65	173.85	27.42
电尕镇	1207.22	404.65	33.52	488.52	40.47	215.31	17.84	98.74	8.18
多儿乡	1364.21	47.68	3.50	733.27	53.75	453.08	33.21	130.18	9.54
卡坝乡	567.57	23.64	4.17	200.77	35.37	300.06	52.87	43.10	7.59
腊子口乡	628.75	18.40	2.93	380.47	60.51	219.29	34.88	10.59	1.68
洛大乡	1225.15	67.27	5.49	699.51	57.10	441.51	36.04	16.86	1.38
尼傲乡	636.00	10.78	1.69	276.76	43.52	265.19	41.70	83.27	13.09
桑坝乡	872.00	1.47	0.17	530.28	60.81	300.66	34.48	39.59	4.54
旺藏乡	1755.19	244.81	13.95	764.73	43.57	680.00	38.74	65.65	3.74
益哇乡	559.18	5.25	0.94	202.81	36.27	110.21	19.71	240.91	43.08
总计	9722.28	830.45	8.54	4599.47	47.31	3357.92	34.54	934.44	9.61

由表3-51-2可知：迭部县境内绝大多数耕地条件适宜玉米生产，其中高度适宜的区域全县各乡镇均有分布，主要分布在电尕镇、旺藏乡、洛大乡、多儿乡以及腊子口乡，高度适宜的区域大多为河谷川地，海拔较低地区，海拔高度在2100m左右，该区域地势平坦，水浇地面积分布较大，通过中产田改良旱地可以发展灌溉；下迭地区的旺藏乡、洛大乡，海拔在2000m以下，≥10℃积温在2000℃以上，尤其适宜玉米的生长发育；高度适宜种植面积为830.45公顷，占全县总耕地面积的8.54%。全县各乡镇大部分耕地均适宜种植玉米，适宜种植区海拔在2350m以下，主要分布在旺藏乡、洛大乡、桑坝乡、多儿乡、电尕镇等乡镇，该等级面积为4599.47hm^2，占全县总耕地面积的47.31%。勉强适宜种植玉米的区域主要分布在旺藏乡、洛大乡、多儿乡、达拉乡、尼傲乡、桑坝乡等乡镇海拔较高区域，此等级耕地海拔高度在2500m左右，该等级面积为3357.92hm^2，占全县总耕地面积的34.54%。不适宜种植区主要分布在上迭地区的益哇乡以及多儿乡、达拉乡、尼傲乡等高海拔区域，本区海拔在2800m以上，气候寒冷，无霜期短，降水量虽多，但光热条件不能满足玉米正常需要，不适宜种植的面积934.44hm^2，占全县总耕地面积的9.61%。

四、迭部县玉米发展对策

围绕"稳定面积、依靠科技、提高单产、增加总产、保障供给"的目标，强化科技创新、技术集成和示范推广，实施板块推进战略，开展品种替代工程和玉米科技丰产工程，通过科技与产业有效衔接，以养殖和加工业增殖，提升玉米产业发展水平，保障粮食安全和饲料安全，促进农民增产增收。

1. 推广测土配方施肥，提升耕地地力

肥料的正常供应是促使农作物健壮生长发育实现高产稳产的基础，要按照农产品的优质化生产标准，增加肥料的投入，进行科学施肥。应依据县土壤普查测土结果，实行增施农肥，施磷肥，配施钾肥，轻施微肥，注重科学化，无害化。坚持氮、磷、钾等大量元素与作物所需的各种微量元素的配合使用，达到优化配方施肥的目的。采取多种方式广辟肥源，努力增加有机肥的使用量，使农肥用量增加到60~75t/hm^2以上。要注重改进施肥技术，改单施为配合施，改地表撒施为穴沟深施，改春施为秋施，并适时进行农作物田间追肥。在抓好科学施肥的基础上，扩大玉米专用肥和复混肥用量，以利于作物生长发育，提高肥料利用率和肥料的经济回报，保证农产品质量符合市场多样化的需求。

2. 推广旱作先进技术，适应当地自然条件

迭部县全年降雨量主要集中在秋季，春、夏季节易发生旱灾。气候生态环境恶劣，山地面积大，土地支离破碎，耕地质量差，农牧民生活困难。诸多因素都成为迭部县农牧村经济发展的"瓶颈"，导致旱作种植业经济基础脆弱。根据干旱少雨的县情，示范推广现代

旱作先进技术,用现代科技改造传统种植业,用现代物质条件装备农牧业,提高抗旱生产的科技含量,从而实现饲草业快速发展。

3. 发展全膜双垄沟播,促进旱作农业规模化种植

现代农业是商品农业,随着全膜双垄沟播技术的大面积推广,为推进农业产业化经营创造了必要的条件。通过推广全膜双垄沟播栽培技术,玉米的种植将逐步形成区域化布局,以现代技术作为支撑,以规模化经营为基础,形成现代旱作农业产业体系。传统抗旱措施一般是被动抗旱,科技含量不高;而全膜双垄沟播栽培技术则是采用垄上全地膜覆盖,该技术的推广为新农牧村建设提供了技术支撑,促进现代农牧业发展,从而实现旱作物种植业区农牧村经济的持续平稳较快发展。这项技术为降水在300mm左右的半干旱地区的农作物生长创造了一个良好的人工小环境,有效地增强了旱作农业的可控性和稳定性,在很大程度上改变了旱作农业靠天吃饭的局面。全膜双垄沟播技术大大地提高了旱作农业的集约化水平和土地的产出率,为改变广种薄收的局面创造了先决条件、奠定了物质基础。随着这一技术的推广和普及,使一些坡度较大的山坡地逐步退耕还草还林就成为可能,从而有利于形成种植业和养殖业相互促进、相互支持的发展格局,走出一条恢复、优化生态环境的发展路子,促进旱作农业向生态农业的转化。

4. 发展间套带状种植,实现产量与效益同步增长

大力推广应用适合当地的粮粮、粮菜、粮药间套复种高产高效的种植形式,是充分利用光、热、水土资源,提高复种指数和单位面积产量实现增产增收的有效措施。适宜采用的高产高效种植形式主要有3种形式。第一,玉米套菜型:玉米套种小油菜、小白菜、水萝卜、香菜、菠菜、大蒜、花叶萝卜、莴笋、茄子、黄瓜等类型。第二,粮粮型:小麦、玉米带田,套马铃薯,大豆。地膜玉米套大豆或早熟豌豆。玉米/马铃薯带田,麦收后复种秋粮等。第三,粮药型:主要有小麦套种党参苗,挖后种植玉米。小麦、蚕豆、油菜套种柴胡等模式。

5. 开发应用新技术新成果,促进科技成果的转化与增收

白龙江沿岸川水地区,地势平坦,应努力提高机械化作业水平,因地制宜地采用机械铺膜,播种技术及精量、半精量播种技术。要贯彻"预防为主,综合防治"的原则,采取药剂拌种,土壤处理田间喷洒化学药剂,进行生物防治等办法,狠抓各种作物病虫草鼠害的综合防治。选用高效、低毒、低残留农药,适时适量的进行田间喷洒防治,努力提高药剂使用效率,保证生产出的各类农产品优质且无污染。在田间管理中,应着重抓好各类作物的肥水管理,在作物生长适宜时期有目的、有重点的采用微肥、磷酸二氢钾、喷施宝、肥力高、壮丰安等叶面肥,促进作物生长发育,增强作物抗逆性,确保实现优质高产。

专题五十二　徽县中低产田类型划分与改良利用

耕地是农业生产最基本的、不可替代的生产资料,是保持社会和国民经济可持续发展的重要资源,而目前我国耕地无论是从数量还是质量来说,都在不断地下降,已成为制约农业和农村经济发展重要的制约因素。本专题结合徽县耕地地力评价结果,对徽县土壤主导障碍因素进行了深入分析,同时依照各类障碍因素划分了中低产田的类型,并提出了具体的改造技术与措施。

一、中低产田划分标准

根据耕地基础地力不同所构成的生产能力,将全国耕地分为十个地力等级。其粮食单产水平为大于13500kg/公顷(900kg/亩)至小于1500kg/公顷(100kg/亩),级差1500kg/公顷(100kg/亩)。采用当地典型的粮食种植制度的近期正常年份全年粮食产量水平计算,即一等地大于13500kg/hm^2(900kg/亩)、二等地12000~13500kg/hm^2(800~900kg/亩)、三等地10500~12000kg/hm^2(700~800kg/亩)、四等地9000~10500kg/hm^2(600~700kg/亩)、五等地7500~9000kg/hm^2(500~600kg/亩)、六等地6000~7500kg/hm^2(400~500kg/亩)、七等地4500~6000kg/hm^2(300~400kg/亩)、八等地3000~4500kg/hm^2(200~300kg/亩)、九等地1500~3000kg/hm^2(100~200kg/亩)、十等地小于1500kg/hm^2(100kg/亩)。按照以上分等标准徽县耕地大致可分为五等至八等,参照中低产田划分标准:正常年份全年粮食产量7500kg/hm^2(500kg/亩)以上划为中产田,7500kg/hm^2(500kg/亩)以下划为低产田,依此判断标准,五等地为中产田,六、七、八、九等地为低产田,即县地力等级一等地为中产田,二、三、四、五等地为低产田。

二、徽县中低产田的类型与分布

(一)徽县中低产田类型分布

根据徽县耕地地力评价结果,限制徽县耕地生产潜力的主要障碍因素指标变化情况如表3-52-1所示。

表 3-52-1 徽县不同地力等级障碍因素指标的变化情况

	产量能力类型	中产田	低产田			
	县级耕地地力等级	一等地	二等地	三等地	四等地	五等地
	国家耕地地力等级	五等地	六等地	七等地	七等地	八等地
立地条件	地貌类型	丘陵	丘陵、中山	中山、丘陵、地垒山	中山、地垒山	中山、地垒山
	坡度(°)	0°~26.4°	0°~41.7°	0°~45.5°	0°~52.9°	2.4°~52.9°
	海拔(m)	821~1486.7	720~1579	720~2456.2	720.9~1971.9	722.2~1965.7
	质地	中壤	中壤、重壤	中壤、重壤	重壤、砂壤	砂壤
	质地构型	均质中壤	均质中壤、均质重壤	均质中壤、均质重壤	均质重壤、均质砂壤	均质沙壤
	有效土层厚度(cm)	20~150	15~150	15~150	15~150	15~125
耕层理化性质	CEC(cmol/kg)	3.6~24.5	3.6~24.5	3.6~24.5	3.6~23.1	3.6~23.1
	有机质(g/kg)	8.4~27.4	7.7~31.1	8.0~31.5	7.7~35.9	8.3~30.5
	全氮(g/kg)	0.455~1.183	0.455~1.290	0.141~1.290	0.325~1.277	0.425~1.290
	碱解氮(mg/kg)	28~124	25~107	21~116	22~104	22~93
	有效磷(mg/kg)	4.9~31.1	4.6~34.3	0.8~39.6	0.8~34.0	0.8~41.5
	速效钾(mg/kg)	81~328	75~375	42~379	42~379	42~292
	pH	7.2~9.1	7.1~9.0	6.4~9.2	6.3~9.2	6.2~9.4
	熟制	两年三熟	两年三熟	两年三熟、一年一熟	两年三熟、一年一熟	一年一熟
	年产量水平(kg/hm²)	7500~9000	6000~7500	4500~6000	4500~6000	3000~4500
	面积(hm²)	7348.20	46458.19			

按照《全国中低产田类型划分与改良技术规范》(NY/T 310-1996)的划分标准,结合徽县耕地土壤基本现状和土壤主导障碍因素及改良主攻方向,将徽县中低产田主要划分为以下四种类型:

1.瘠薄培肥型

本次测土配方施肥采样化验结果表明,总体上徽县耕地耕层养分含量较低,大部分耕地耕层有机质含量在 10~15g/kg 之间,属于甘肃省四级、五级,较低水平;全氮含量在 0.5~0.75g/kg 之间,属于甘肃省五级、六级,低水平;碱解氮含量也处于缺乏水平,徽县耕地耕层碱解氮含量平均为 55mg/kg,所以耕地瘠薄是徽县产生中低产田的主要原因之一,应采取有效的措施培肥地力。徽县大部分耕地属于本类型,面积为 34195.83hm²,占总耕地面积的 63.55%。

2. 坡地梯改型

徽县的地形地貌的基本特点之一是山地多、平地少。其中在耕地土壤中位于北部中山和南部地垒山的耕地面积占总耕地面积的50%，徽县耕地的坡度较大，平均在10°以上，不同程度地受到片蚀和沟蚀，特别在暴雨季节，侵蚀更为严重，洪水冲走了熟化的表土，也带走了速效氮、磷、钾等养分，应适当修筑梯田。徽县县级五等地中坡度大于5°的耕地均属于本类型，面积为4813.88hm²，占耕地面积的8.95%。

3. 干旱灌溉型

徽县年均降水量在700mm以上，但多集中在七、八、九3个月。年降水相对变率为15%，多数年份能满足农作物生长发育需要。南北山区一般不发生干旱，中部地区农作物生长季节的3~10月份，月降水变率在30%以上。春旱的概率为20%，伏旱的概率为63%。时段干旱是影响徽县农业持续稳定发展的主要自然灾害。徽县县级二、三和四等地中，土地平整，坡度小于5°的耕地属于本类型，面积为1484.5hm²，占总耕地面积的2.76%。

4. 渍涝排水型

徽县耕种土壤80%以上为褐色土，耕作层以至心土层比较黏化紧实，耕作不良，"湿了扯泥条，干了耕不了"雨后易板结，造成出苗缓慢且不整齐，这是形成中低产田的基本障碍因素，面积为45302.33hm²，占总耕地面积的84.2%。

总体来说，徽县耕地的中低产田类型主要是渍涝排水型和瘠薄培肥型。由于徽县地形地貌、土壤资源等特点，这两种中低产田类型以及它们和干旱灌溉型、坡地梯改型等中低产田类型，在有些区域同时存在，所以根据实际情况，将其划分为不同的混合型，并统计了其面积分布情况（详见表3-52-2）和绘制了徽县中低产田类型分布图。

表3-52-2 徽县不同中低产田类型的面积分布情况

中低产田类型	面积(hm²)	占总耕地面积(%)
干旱灌溉培肥混合型	908.02	1.69
干旱灌溉型	437.90	0.81
瘠薄培肥型	7315.27	13.60
坡地梯改培肥混合型	103.63	0.19
坡地梯改型	8.41	0.02
渍涝排水培肥混合型	25228.54	46.89
渍涝排水梯改混合型	2807.81	5.22
渍涝排水梯改培肥混合型	1980.65	3.68
渍涝排水型	15016.17	27.91
总计	53806.39	100.00

(二)徽县中低产田改良途径与措施

针对造成中低产田的主要障碍因素,徽县以改良培肥土壤为出发点,以协调土壤水、肥、气、热四大因素,消除主要障碍因素为主攻方向,始终坚持"增加有机投入,配套综合增产措施"的原则,积极推广应用各项培肥改土的生物工程和农业技术措施,促进土壤结构改良,提高地力水平,实现农作物增产增效。

根据农业部《全国中低产田类型划分与改良技术规范》(NY/T 310-1996),并结合徽县的实际情况,提出以下改良技术规范,见表3-52-3~3-52-6。

表3-52-3 瘠薄培肥型改良技术规范

改良措施	改良指标
耕作	三年内深耕1~2次,加深耕层3~5cm,耕作熟化层大于20cm
种植绿肥	推广草木樨、柽麻、绿豆等绿肥作物种植,麦、油、豆轮作,连续三年
秸秆还田	小麦高茬收割15~20cm,连续三年
施有机肥	每年每公顷施3000~45000kg,连续三年
科学施肥	农肥和化肥配施,不同养分的化肥比例协调
林带植被建设(乔灌果合计)	占地面积10%

表3-52-4 坡地梯改型改良技术规范

改良措施	改良指标				
梯田工程	坡度(°)	机耕条件	梯田面宽(m)	梯田距(高)(m)	梯田埂占地(%)
	5~10	大型拖拉机	15	1~1.5	2~5
	10~15	中型拖拉机	10	1.5~2	5~8
	>15	畜力或小型拖拉机	<5	≥2	8-11
施有机肥	每年每公顷施3000~45000kg,连续三年				
秸秆还田	缺燃料地区30%~50%(秸秆量或面积),不缺燃料地区大于50%(秸秆量或面积),连续3~5年				
种植绿肥	种植总耕地面积30%的绿肥,连续三年				
科学施肥	每公顷磷肥900kg(P_2O_5 153kg),钾肥90kg(K_2O 48kg),连续三年				
林带植被建设(乔灌果合计)	占地面积15%				

表 3-52-5 干旱灌溉型改良技术规范

改良措施	改良指标
灌溉工程	骨干引水工程及提水设施(动力)达到十年一遇,田间工程达到五年一遇,保灌 4 次,毛灌溉定额 250~300 m³ 以上
平整土地	达到不同灌溉方式(井、渠、喷、滴)的要求
种植绿肥	种植总耕地面积 30%的绿肥,连续三年
秸秆还田	小麦高茬收割 15~20cm,连续三年
施有机肥	每公顷施 3000~45000kg,连续三年
科学施肥	农肥和化肥配施,不同养分的化肥比例协调
林带植被建设(乔灌果合计)	占地面积 10%

表 3-52-6 渍涝排水型改良技术规范

改良措施	改良指标
田间排水工程(斗、农沟)	五年一遇(土壤水分正常,一日暴雨 100mm,2~3 天排除)
加深耕层	3~5cm(耕层厚度大于 25cm)
浅翻深松	三至五年一次,深 30~45cm
秸秆还田	两年还田一次,连续 3~5 年,还田 2~3 次
施有机肥	每公顷施 22500kg,连续三年
科学施肥	农肥和化肥配施,不同养分的化肥比例协调

1.加强组织领导,靠实工作责任

为了确保"中低产田"改造措施的落实,徽县成立了"中低产田"行政领导和技术指导小组。长期不懈,加强了对中低产田工作的组织领导,狠抓了各项技术措施的落实。

2.千方百计落实改土措施,加大集成技术措施推广

(1)加大土壤有机质投入,培肥地力

近年来,随着牛、羊、猪、鸡等家畜数量的减少,农家肥积攒剧减,徽县通过扩大绿肥种植和大豆复种面积,大力推广秸秆还田,小麦高茬收割,大坑沤肥、高温堆肥等途径千方百计广辟肥源,增加土壤有机质,提高土壤肥力。

(2)推广应用秸秆还田、高茬收割技术

作物秸秆还田腐解后能有效增加土壤有机质,改善土壤理化性状,加快土壤养分转化,提高土壤供肥保肥性能,可达到增温保墒,减少化肥用量,肥田养地、培肥土壤、提高产量的目的。徽县小麦、玉米、高粱等作物种植面积大,秸秆资源十分丰富。多年以来,徽

县始终把秸秆还田技术推广作为改造中低产田主要措施来抓。通过广泛开展形式多样的宣传教育活动,广大农民群众真正提高了认识,增强了落实秸秆还田的主动性,积极拓宽秸秆综合利用渠道,项目带动等多种途径,积极落实玉米根茬、秸秆还田和小麦高茬收割等技术措施,不断培肥土壤,提高地力。一般玉米、高粱秸秆和根茬一亩还一亩。玉米高粱等作物秸秆做到铡碎后还田,小麦收割时留高茬15~30cm直接还田。每年推广秸秆还田35万亩以上,还田量达到7~8万吨。多年的生产实践中徽县积累总结出了许多推广秸秆还田的成功经验,在不同区域、推广秸秆还田的有效方法,一是春玉米早熟,小麦播种迟的地区,玉米、高粱收获后,将秸秆铡成7~10cm长短节,堆沤半个月左右。种麦时,再将秸秆均匀撒地表,一次翻埋,镇压打耱。通过短时期的堆制腐熟翻入土中,当季腐解快,利用率高。二是在早、中、晚熟地区,玉米、高粱打耱镇压,此种方法,秸秆翻埋较深,当季腐解率高。三是在海拔1300m以上的晚熟地区,玉米收获晚,小麦播种早,面积大、劳力少,播前来不及还田,再进行播后打耱镇压。此种方法,秸秆暴露地表,腐解慢,当年改土效果显著。有利于阴湿山区小麦安全越冬,来年麦收后翻入土中,改良土壤,增加土壤养分效果显著。采取以上方法进行长期露天秸秆还田时,要做到两点,一是秸秆不还田地块需配合施入纯氮5kg以上,以弥补土壤中氮不足,协调氮磷比,确保当年增产。二是秸秆在腐解过程中,需要充足的水分。为避免干旱年份尤其是阳山地秸秆腐解与小麦生长发育发生"争水"的矛盾,防止小麦减少,要改春季打耱镇压,为冬季镇压和播后镇压,减少土壤水分蒸发量,既有利于秸秆腐解又利于当年增产。

（3）增施农肥

为了切实增加农家肥的积造量,徽县通过"一抓、二改、三堆沤",狠抓了以高温堆肥,大坑沤肥为主的四项肥源建设,努力提高农肥施用的数量和质量。一抓是抓农肥施用面积和农肥施用量。2008年农肥施用达到面积65.3万亩,农肥积造总量达160.74万吨。二改是圈所改造,2008年改建圈所3712间。三堆沤是充分开发利用徽县的有机肥资源,广辟肥源,2008年共积造有机肥35.68万吨,其中大坑沤肥12.71万吨,高温堆肥9.84万吨,精肥上山8.23万吨,城粪下乡4.9万吨。

（4）推广普及绿肥压青技术

推广草木樨、柽麻、绿豆等绿肥作物种植面积达2万亩。

（5）示范推广生态有机复合肥和生物菌肥 每年示范推广5000亩。

（6）因地制宜,治"僵"改土。

针对质地黏重,土壤僵化现象,大力推广普及科学耕翻土壤和精耕细作技术,合理利用耕地,保持水土。一是实行轮作倒茬,推广科学耕地。狠抓了伏耕暴晒,熟化土壤。小麦收后提倡夏休闲进行深耕晒垡,熟化土壤,改善理化性状。伏耕或秋耕力求耕深、耕细、耕的及时,有条件的地块,做到机耕套种,以加深土壤耕层,平整土地,熟化土壤,改良土壤物理性状,减少水、肥、土流失,增强土壤保水能力,有效地防止病、虫、杂草滋生蔓延。二是保持水土,兴修水平梯田。对容易水土流失的山坡地,坚持整修梯田,培修地埂,达到了保水固土,保护熟化层,改造黄僵土的黏重现象,促进土壤肥力提高的目的。对于低产土壤如黄鸡粪土、白善土、红土、紫砂土、红砂土、河淀沙砾土、水稻土的烂泥田、响砂田等,因土壤耕层薄、质地差、障碍层次中有料僵石或砾石,耕作困难、产量低,从三方面着手进行改良:一是深翻,清除砾石和料僵石,加深耕层;二是砂石和石砖土中掺垫黏性强的黄僵土,以黏治砂,水稻烂泥田铺砂,以砂治烂;三是对浅的河淀黄砂土、河淀沙砾土、河淀潮砂土,水稻土的响砂田、进行容土加垫或引洪漫淤,加厚土层,改良质地。2008年徽县深耕深翻面积达54.46万亩,其中机耕深翻面积15.77万亩,兴修水平梯田1.81万亩,中低产田改造17.81万亩。

(7)合理分区,大力推广测土配方施肥技术

在施足有机肥的基础上,结合不同区域生产实际和土壤肥力状况,根据不同作物选用优质专用配方肥料,做到分区域因地种植,因作物施肥。

冬小麦。要求在播前亩施农家肥2000kg以上,实行氮、磷、钾配合施用,结合整地一次性深施。一般川道河谷区播种时亩施46%尿素15~30kg,12%过磷酸钙40~60kg,50%硫酸钾2~5kg;浅山丘陵区播种时亩施46%尿素13~28kg,12%过磷酸钙40~55kg,50%硫酸钾2~5kg;南北高山阴湿区播种时亩施46%尿素14~26kg,12%过磷酸钙37~50kg,50%硫酸钾2~5kg;在冬小麦抽穗至灌浆期亩喷施50%高钾营养素磷酸二氢钾50~100g。

春玉米。要求播种前每亩施农家肥3000kg以上,化肥要求氮、磷、钾配合施用,结合整地一次性深施。尿素按亩用量1/3作为底肥。追肥,尿素按亩用量2/3作为追肥结合二次中耕穴施。一般川道河谷区播种时亩施46%尿素10~15kg,12%过磷酸钙40~55kg,50%硫酸钾3~6kg,在玉米大喇叭口期追施46%尿素20~30kg。浅山丘陵区播种时亩施46%尿素11~16kg,12%过磷酸钙38~52kg,50%硫酸钾3~6kg,在玉米大喇叭口期追施46%尿素17~27kg。南北高山阴湿区播种时亩施46%尿素10~16kg,12%过磷酸钙38~50kg,50%硫酸钾3~6kg,在玉米大喇叭口期追施46%尿素kg。

夏大豆。要求播种前每亩施农家肥2000kg以上,化肥要求氮、磷、钾配合施用,结合整地一次性深施。一般川道河谷区播种时亩施46%尿素8~20kg,12%过磷酸钙25~40kg,50%硫酸钾2~5kg;浅山丘陵区播种时亩施46%尿素8~18kg,12%过磷酸钙22~42kg,50%硫酸钾2~5kg;南北高山阴湿区播种时亩施46%尿素8~16kg,12%过磷酸钙23~35kg,50%硫酸钾2~5kg;追肥:初花或鼓粒期亩用钼酸铵10~30g,磷酸二氢钾100~300g,兑水30~50kg喷雾。

(8)实施地膜覆盖工程,提高地温,增加产量。

在南北山区阴湿林半区大力推广地膜覆盖技术,达到了提高地温,加快有机质分解,促进作物生长发育,减少水分蒸发,蓄水保墒,防止病虫杂草传播,解决了光热资源不足,土性凉、养分分解慢的问题。2008年徽县地膜覆盖面积达到14万亩,其中粮食作物地膜覆盖面积达到9.6万亩。并积极引进试验、示范光降解膜、渗水膜、除草膜等新型地膜,促进了地膜覆盖技术水平的进一步提高。

3. 因地制宜,分类指导

在中低产田改造工作中。徽县按照不同生态类型区,实行分类指导。中部地区,有机质含量低,以增加有机质为主攻方向,培肥地力偏向于秸秆还田,增施农肥等措施;南北山区土壤有机质含量高,但地处阴湿林半区,土性凉,养分分解慢,大力提倡了地膜覆盖技术,增加产量,同时发挥饲草资源丰富、伏冬轮闲地面积较大的优势,发展畜牧业,推广秸秆过腹还田,大面积种植绿肥,实行绿肥压青,使耕地得到了用养结合。

4. 加快农田基础设施建设,改善生产条件

通过加快大型灌溉的节水改造,重视小型农田水利建设,狠抓农田水利工程建设,防止水土流失,改善农业生产条件,努力提高粮油综合生产能力。采取多层次推进、分区域发展、大中小结合、井塘坝、库池建设并举的办法,加大水保力度。全面实施坡改梯工程,坚持高起点、高标准、大规模,整流域治理。每年建成塘坝50个,完成井灌工程200个,推广以坡改梯建设为主的农田综合治理1万亩。改造中低产田20万亩以上。

专题五十三 成县中低产田类型划分与改良利用

成县位于甘肃省陇南市东南部，地处西秦岭南麓徽成盆地西部，地处中国南北农业分界的秦淮线上，属北暖温带半干旱半湿润大陆性季风气候。成县是陇南市农业大县，是重要的粮食生产基地，近年来，农业生产发展迅速，但还是存在很多障碍因素，由于耕地土壤、作物结构、管理水平等诸多影响农业生产的因素，形成了大量的中低产田，土地生产率较低，大面积的中低产田既是制约农业发展的障碍因素，更是通过改良利用促进农业可持续发展和经济繁荣的巨大市场。

一、中低产田的概念、类型与分布

(一)成县中低产田的概念

中低产田是指存在各种制约农业生产的土壤障碍因素，产量相对低且不稳定的耕地。可通过工程、生物、农艺、化学等综合措施，消除或减轻中低产田土壤限制农业产量提高的各种障碍因素，提高耕地的基础地力。

(二)成县中低产田的类型与分布

成县多为丘陵和山区，全县总耕地面积48946.97公顷。根据土壤主导障碍因素的改良主攻方向，依据原农业部发布的行业标准NY/T310—1996，引用农业部耕地地力划分标准，结合成县县级地力等级，综合分析，成县中低产田包括如下四个类型：瘠薄培肥型、坡地梯改型、干旱灌溉型和障碍层次型。全县中低产田面积约为44244.42公顷，占全县总耕地面积的91.23%。其中，瘠薄培肥型中低产田面积为23535.72公顷，占耕地总面积的48.53%；坡地梯改型中低产田面积为12707.0公顷，占耕地面积的29.60%；障碍层次型中低产田面积为5688.13公顷，占耕地面积的11.73%；干旱灌溉型中低产田面积为2313.56公顷，占耕地面积的4.77%，(详见表3-53-1)。

成县中低产田分布面积大，中低产田占全县耕地面积的90%以上，且多分布在丘陵区和山区，其中干旱灌溉型分布在镡河乡、索池乡和黄陈镇3乡镇；障碍层次型分布在城关镇、陈院镇、抛沙镇、红川镇和沙坝镇4乡镇；瘠薄培肥型和坡地梯改型在全县17乡镇均有分布。

表 3-53-1　成县不同中低产田类型的面积分布情况

中低产田类型	面积（公顷）	占总耕地面积（%）
瘠薄培肥型	23535.72	48.53
坡地梯改型	12707.00	26.20
障碍层次型	5688.13	11.73
干旱灌溉型	2313.56	4.77
总计	44244.42	91.23

二、成县中低产田形成的原因

（一）成土过程对中低产田形成的影响

由于成县地处北暖温带半湿润半干旱大陆性季风气候区，境内土壤以山地褐色土为主，其分布面积占全县总土地面积的91.26%，其中在褐色土上开垦种植的耕地面积占全县总耕地面积的93.75%，该气候区的特点是，夏季气温高而多雨，冬季干旱少雪，春季常常遭受低温和晚霜危害，一年中干湿交替十分明显。这就使得褐土的成土过程主要在夏季高温高湿阶段，表现为黏化过程和碳酸钙的淋溶与聚积过程，所以土壤原生矿物的化学风化和次生黏土矿物质的形成在这段时间里较强。又因干湿季节变化明显，夏季表层土温虽高，但湿度变化较大，表层水热状况极不稳定，所以风化过程大为减缓。但在一定的土层深度内，水热条件比较稳定，能促使矿物的化学风化，黏化作用不断进行，在土体中形成数量较大的黏粒和碳酸等无机胶体，致使土壤胶结，土体紧实，土壤胶结力强，具有较强的黏结性和黏着性，因此土壤易板结，耕性差，宜耕期短。

另外，由于成土过程在夏季高温高湿阶段的环境中进行，土壤微生物活动旺盛，所以有机质矿化速度快，不利于有机质积累，使得土壤肥力下降，粮食产量降低，形成中低产田。

（二）土壤母质条件对中低产田形成的影响

成县境内的土壤母质，除川坝河谷为冲积—洪积型，中山区为坡积—残积型母质外，大多为黄土母质（主要是离石黄土和马兰黄土）。这部分耕地是在红层上开垦的幼年土壤，这类耕地土壤，土体黏重，养分含量特别是速效磷的含量较低，故形成产量水平较低的低产田。

（三）地形地貌对中低产田的影响

成县位于西秦岭褶皱带较为宽阔的断陷盆地西北部，地处南北秦岭之间。由于南北秦岭山势陡峭,切割剧烈,冲刷剧急,水土流失严重。山坡上分布的大部分耕地,普遍土层薄且多含基岩风化后的残体碎屑,土壤贫瘠,因此产量低而不稳;其次成县位于徽成盆地内,在黄土母质上发育的部分重钙质土壤,由于严重的土壤侵蚀,使得土体结构松散、保水保肥性能差,因此植被稀疏、有机质含量低,土壤养分缺乏,使得作物产量低,形成低产田;第三,由于成县地形起伏较大,耕地坡度也必然较大,全县总耕地面积中坡度在10°~20°之间的占30.35%,20°~30°之间的占27.36%,大于31°的占20.45%,小于10°的占21.84%。据报道,坡长一定时,水土流失量随着坡度的增加而增加,这也是形成中低产田的主要原因之一。

(四)耕作管理制度对中低产田的影响

一是耕作制度不合理,由于成县地处山区,大中型农机具无法使用,基本以小机具和传统的农田耕作为主,造成犁底层上移,耕层变浅,土壤物理性状变劣。缺少深松耕,使土壤黏重程度加剧。二是作物种植结构不合理,重茬迎茬现象普遍,作物品种单一,多年不换茬,致使土壤环境遭破坏,土壤结构和生产能力降低。三是种地不养地,土地生产力下降。四是施肥结构不合理、土壤养分不协调,主要表现为:重化肥、轻有机肥;重氮、磷肥,轻钾肥;重大量元素,轻微量元素。由于施肥结构不合理,导致氮、磷、钾比例失调,土壤钾素下降,缺锌、硼、钼等微量元素面积大,这也是造成低产的原因之一。

(五)气候对中低产田的影响

气候对中低产田的影响主要是降雨因素。成县属北暖温带半湿润半干旱大陆性季风气候区,年降雨时空分布不均,东部多于西部,山地多于平地;在时间上全年降水量的60%分布在7~9月份,由于降雨的时空分布不均造成了成县县内旱涝不均的现象,加上成县处于低辐射寡日照地区,日照较短,因此这类地区土壤受热量和光照不足的限制,土壤生产力低下。

三、县中低产田培肥改良措施

针对成县中低产田的分布和成因特点,本着因地制宜,先易后难,长短结合的原则,有计划有步骤地坚持区域综合开发,集中连片治理,发挥农业资源潜在优势,为农业开辟新的增产门路奠定基础。中低产田改造不单纯是提高当年产量,而是着眼于根本性的土壤改良,提高耕地特别是要进行提高综合生产能力的基本建设。要针对不同类型中低产田采取综合措施,清除或减轻制约产量的土壤障碍因素,提高耕地基础地力等级,改善农业生产条件。在改造中低产田中应通过调整种植业结构,增加养地作物,增施有机肥,并进行生态农业建设,进行水、土、田、林、路综合治理,提高土地的可持续生产能力。

(一)坡地梯改型中低产田改良措施——加快农田基本建设步伐,扩大水平梯田面积

坡地梯改型中低产田的主导障碍因素为土壤侵蚀,以及与其相关的地形、地面坡度、土体厚度、土体构型、物质组成、耕作熟化层等。改良此类型的中低产田的根本办法是降低耕地的坡度、把坡地经过工程措施整修成水平梯田;但在部分山区由于土层薄,表土下面是岩石,修梯田受到限制,只能修比较窄的梯田,因此退耕还林是解决这部分山区水土流失的有效办法,因地制宜地发展落叶松、花椒、核桃、板栗等,既从根本上解决了农田土地的水土流失,使生态环境得到了改善,又增加了农民的收入;二是增厚土层和耕作熟化层,土层厚度要达到50~100cm以上,耕作层厚度大于15cm;三是林带植被建设,提高植被覆盖率;四是耕作培肥,加深耕层,实行间作套种,增加复种指数,增施有机肥,推广秸秆还田,种植绿肥。

(二)干旱灌溉性中低产田改良措施——加快水利建设,扩大有效灌溉面积

干旱灌溉型中低产田由于降雨量不足或季节分配不均,以及由于地形、土壤原因造成的保水蓄水能力缺陷等原因,在作物生长季节不能满足正常水分需要,可以通过发展灌溉加以改造,这类中低产田的主导障碍因素为干旱缺水。成县虽然降雨量较多,但时空分布不均,7~9月降水量占全年65%以上,而冬、春季少雨、雪,多出现春旱,对越冬作物返青后的生长和春播作物的播种时常带来影响,易造成缺苗断垄,不能正常出苗;夏季虽然多雨,但伏天干旱,短则十天左右,长则达四五十天不降雨,引起严重伏旱,使大秋和复种作物遭受损失。一是通过兴修水利、恢复被毁坏的灌溉渠道等,扩大有效灌溉面积,这也是旱作农业区的一项重要的地力改良措施;二是深耕深翻,加厚耕层,促进熟化,改良土壤。

(三)瘠薄培肥型中低产田改良措施——广辟肥源、增加土壤有机质的投入量

瘠薄培肥型中低产田受气候、地形等难以改变的大环境(干旱、无水源、高寒)影响,以及施肥不足,土壤结构不良,养分含量低,使得其产量低,当前又无见效快、大幅度提高产量的根本性措施,只能通过长期培肥加以逐步改良的耕地。成县此类中低产田土壤黏粒等无机胶体含量高,有机质含量低,土壤板结"僵化"严重,宜耕期短,耕性差,由于物理性状的不良,限制农作物产量的提高。改良这类土壤的最有效的途径是增加土壤有机投入。目前,由于大部分青壮年外出务工,从事农业生产的大都是老人、妇女、儿童,因此施肥以化肥为主,农田普遍缺乏农家肥,土地越来越板结,透气性差,使一些农田出现了由高产田变为中产田,中产田变为低产田。

解决这一问题的办法,一是要改变农民在田间焚烧农作物秸秆的习惯,使农作物秸秆还田、高茬收割、将秸秆埋入土壤。二是要复种短期绿肥;三是在田间高温堆肥;四是严格测土配方施肥,以减少浪费,节省资金,保护生态环境,五是大力发展畜牧业,养猪、养

牛、养羊、养鸡开辟肥源;六是将树叶、农作物秸秆在地边进行高温堆肥。

(四)障碍层次型中低产田改良措施——增加土层厚度

障碍层次型中低产田是土壤剖面构型上有严重缺陷的耕地,如土体过薄,剖面1m左右内有沙漏、砾石、黏盘、铁子、铁盘、砂姜等障碍层次。障碍程度包括障碍层物质组成、厚度、出现部位等。改良该类型的中低产田,要增厚土层和耕作熟化层,土层厚度要达到50~100cm,耕作层厚度大于15cm。

(五)推广地膜覆盖和全膜双垄沟播技术

地膜覆盖从20世纪80年代推广以来,收到了很好的经济和社会效果,在高寒山区种植玉米,由于保温、保湿提高地温,促进土壤有机质和矿质元素的分解转化,改善土壤理化性状,促进早熟、增产效果十分显著,川坝地膜大蒜、地膜西瓜、地膜蔬菜,即抗旱保湿又提早成熟,已被绝大多数农民接受并应用到农业生产实践中,全膜双垄沟播技术是解决春旱、一膜多用、提高农作物单产、节约投资的一项行之有效的增产措施,成县属于自养农业,在川坝地、梯田地和坡度小于15°的地块都可推广普及,不仅在玉米生产上应用,还可以在蔬菜上应用,节省劳力,防旱保墒、促进早熟。

(六)大力推广测土配方施肥技术

测土配方施肥是节本增效、节省劳力、保护生态环境、减少浪费、降低污染的一项惠农措施,根据成县耕地地力等级、不同的土壤肥力状况、不同的农作物,按量订餐的一项措施。通过测土配方施肥项目的实施,不但有效解决了农民施肥的盲目性,而且改善了土壤养分状况。

专题五十四　省农垦条山农场中低产田分布与改良

甘肃省国营条山农场隶属于甘肃农垦集团公司，是以绿色食品生产为主的现代化农业企业，被中国绿色食品发展中心确定为国家 A 级绿色食品果品基地，这是甘肃省唯一一家国家级绿色食品生产基地。2005 年又被原农业部命名为无公害农产品示范基地农场；被白银市政府命名为"白银市条山绿色农业科技示范园区"和"白银市农业产业化重点龙头企业"。2006 年被确定为"省级农业产业化龙头企业"。

条山农场具有良好的光、热、水资源和社会经济条件，种植业适应性广，为农场发展产业化经营、实现多方面创收奠定了良好的基础。但是，由于中低产田面积大，田间工程不配套等制约因素表现突出，农场的进一步发展受到了限制：

第一，由于农场耕地土壤肥力水平较低，且土层薄，防护林网不健全，风蚀严重，土壤及肥力损失严重。

第二，农场内的支、斗渠虽已衬砌，但年久失修，加上灌溉用黄河水含沙量较大，使得渠道淤积相当严重，断面过水能力日益下降，灌溉保证率不高。

为了解决上述问题，近年来，农场已经投入了大量的资金，也取得了一些成绩，但由于治理面广、难度大、问题多，加上农场自身经费有限，还有占耕地近 70% 的尚未治理。因此，结合耕地地力评价项目，根据耕地地力等级的划分以及土壤属性，准确划分中低产田，并提出改良措施对提高条山农场农业发展具有重要的科学意义。

一、自然概况

(一)地理位置及范围

国营条山农场位于甘肃省景泰县境内，地处东经 103°59′~104°05′，北纬 37°07′~37°09′ 之间。农场四周均属景泰县辖区，东南以包兰铁路为界，北面以西干渠、草窝滩镇为界，西北为猎虎山，东北为八道泉。全农场土地总面积为 72600 亩。

(二)气候条件

条山农场所在地年平均气温 8.25℃，极端最低气温 -27.3℃，极端最高气温 36.6℃，≥10℃ 有效积温 2866℃，≥35℃ 的天数仅 0.6d，≤-20℃ 的天数为 2.4d。年平均无霜期 141d，最大冻土深 0.99m。年平均太阳辐射 147.8kcal/cm²，年平均日照 2725h，日照率 62%。

作物生长期的4~9月，日照时数1435.5h，平均每天实照时数8h，是光热资源丰富的地区之一。

条山农场降雨稀少，年平均降水量183.1mm，最大降水量298.9mm，最小降水量103.5mm，降水主要集中在7、8、9三个月，为年降雨量的64%。年平均蒸发量3038mm，最大蒸发量3565.7mm，最小蒸发量2200.0mm，干燥度为3.53。

风向以西北风为主，年平均风速3.4m/s，最大风速为20m/s。

(三) 地形、地貌、植被及土壤

1. 地形地貌

条山农场所在地原是一个石质剥蚀平原山区，后为第四纪砾石层及其伴随的冲击黄土所填充，形成一个广阔而平坦微向东倾斜的山间盆地。海拔1635~1730m，地面坡降约为1/70~1/125，三条干沙河由西向东横穿而过，沿沙河地形比较破碎，土层薄。

条山农场植被分为旱生、耐盐两种类型。植被种类有蒿属、碱蓬、白刺、冰草、骆驼蓬等。覆盖度随水分条件多寡而变化，一般在18%左右。林种主要有经济林、农田防护林。植被主要为人工植被，树种以苹果树、梨树、杏树、杨树、沙枣、红柳为主。

2. 植被

条山农场植被分为旱生、耐盐两种类型。植被种类有蒿属、碱蓬、白刺、冰草、骆驼蓬等。覆盖度随水分条件多寡而变化，一般在18%左右。林种主要有经济林、农田防护林。植被主要为人工植被，树种以苹果树、梨树、杏树、杨树、沙枣、红柳为主。

3. 土壤

条山农场土壤类型以灰钙土和灌耕土为主，成土母质为冲积－洪积物，土壤质地为轻壤和沙壤，少部分地段为沙土。其中灰钙土面积最大，占农场土壤总面积的49.03%，其次为灌耕土，占41.43%，沙土地占9.54%。土壤养分的平均含量：有机质1.09%，全氮0.06%，速效钾171.8mg/kg，速效磷7.9mg/kg，pH值7.5，土壤容重1.26g/cm³，田间持水率24%，土层深度80~140cm，其中20~80cm为轻壤土，80~140cm为沙砾层，母质含量为1.04%。土壤较肥沃，通透性良好，土质富含农作物生长的各种营养成分。

(四) 水资源概况

条山农场属温带干旱大陆性气候区，气候干旱，降雨量少，蒸发量大。黄河水是唯一的地面径流，黄河在景泰年平均流量1043.25m³/s。农场地下水资源贫乏，埋深35~45m，径流条件差，水质不好，矿化度为5~6g/L，一般不能作为农田灌溉水源。

农场灌溉水源均由景电引黄提灌站供给，由西干渠引入农场，再由项目区内的支渠及其斗渠输送到农田进行灌溉。水量充沛，水质较好，矿化度小于0.4g/L，多年平均含沙量4.5kg/m³。据景电引黄提灌站的资料，西干渠年度最大取水量7864万立方米，实际年度取

水量约为7000万立方米。

项目区渠道有支渠和斗渠两级,除支渠衬砌外,斗渠基本都没有衬砌,且年久失修,加上灌溉用黄河水含沙量大,使得渠道淤积严重,过水能力日益下降,灌溉保证率不高。

(五)耕地数量及种类

条山农场现有耕地面积38800亩,其中:灰钙土21700亩,灌耕土17100亩。高产农田10800亩,占耕地总面积的27.8%;中低产田28000亩,占耕地总面积的72.2%。

(六)自然灾害

条山农场所在地主要自然灾害为干旱、干热风、风沙、冰雹,尤以干旱为甚。

二、社会经济状况

(一)人口及劳动力

条山农场现有总人口6700人,其中职工3000名,拥有科技人员370名,占职工人数的12.3%;条山农场下辖20个独立核算生产经单位,其中第一产业10个,第二产业4个,第三产业6个。

(二)土地利用现状

条山农场现有土地总面积72600亩,受自然条件和社会条件的影响,东西部土地利用差异悬殊。

表3-54-1 条山农场土地利用现状表单位:亩

序号	项目	面积	比例%	序号	项目	面积	比例%
	土地总面积	72600	100.00	五	住宅用地	5375	7.4
一	耕地	38800	53.4	六	交通运输用地	1695	2.3
二	园地	12000	16.5	七 未利用地	合计	9640	13.3
三	林地	5000	6.9		荒草地	7010	9.7
四	其他农用地	90	0.1		沙地	2630	3.6

总体格局是耕地、园地分布在东南部,未利用地分布在西北部。其中耕地面积38800亩(中低产田28000亩,占耕地面积的72.2%,高产农田10800亩,占耕地总面积的27.8%),占农场总面积的53.4%;园地面积12000亩,占农场土地总面积的16.5%;林地面积5000亩,占农场土地总面积的6.9%;其他农用地面积90亩,占农场土地总面积的0.1%;住宅用地5375亩,占农场土地总面积的7.4%;交通运输用地1695亩,占农场土地总面积的2.3%;未利用地9640亩,占农场总面积的13.3%。

(三)农业生产水平

条山农场是按照现代企业制度建立的,以绿色农产品加工、流通为主业的现代化"龙头带动型"农业企业。主要经营产品:玉米、小麦等作物制种、专用马铃薯、加工型洋葱、优质果品(梨、杏、苹果)、中药材(麻黄、甘草、枸杞等)、白酒和水泥等。

条山农场被中国绿色食品发展中心确定为国家A级绿色食品果品基地,是甘肃省唯一一家国家级绿色食品生产基地。2004年农场整体通过中环联合(北京)环境认证中心ISO14001国际环境管理体系认证,农产品获准使用环境标志;产品通过了ISO9002质量体系认证;2005年农场被农业部命名为无公害农产品示范基地农场;被白银市政府命名为"白银市条山绿色农业科技示范园区"和"白银市农业产业化重点龙头企业"。啤酒大麦、富士苹果、早酥梨、大接杏、马铃薯、洋葱、枸杞被国家绿色食品发展中心认定为绿色食品。

(四)农业科技服务体系状况

条山农场科技机构健全,技术力量雄厚,有农场农林科学研究所、科技推广中心等科研与推广机构2处,拥有技术人员370名,占职工总人数的12.3%。每年有多项科研成果产出,现已取得科研成果15项。农场与地方科研机构、农林院校联系紧密,为农业科技推广应用、调整产业化结构奠定了较好的基础。

三、中低产田类型划分与改良

(一)中低产田类型划分

1.重要概念

中低产田:存在各种制约农业生产的土壤障碍因素,产量相对低而不稳的耕地。

中低产田类型:根据土壤主导障碍因素及改良主攻方向把全国耕地土壤归并为八个中低产田类型,分布在全国七个耕地类型区(耕地类型区的划分见NY/T 309-1996中4.1-4.7)。

中低产田改良:通过工程、生物、农艺、化学等综合措施,消除或减轻中低产田土壤限制农业产量提高的各种障碍的因素,提高耕地基础地力的措施。

2.中低产田类型划分

(1)干旱灌溉型

由于降雨量不足或季节分配不合理,缺少必要的调蓄工程,以及由于地形、土壤原因造成的保水蓄水能力缺陷等原因,在作物生长季节不能满足正常水分需要,同时又具备水资源开发条件,可以通过发展灌溉加以改造的耕地。北方可以发展为水浇地的旱地,南方可以开发水源,提高水源保证率,增强抗旱能力的稻田和旱地。其主导障碍因素为干旱

缺水,以及与其相关的水资源开发潜力、开发工程量及现有田间工程配套情况等。

(2) 渍涝潜育型

由于季节性洪水泛滥及局部地形低洼,排水不良,以及土质黏重,耕作制度不当引起滞水潜育现象,需加以改造的水害性稻田。其主导障碍因素为土壤潜育化、渍涝程度和积水,以及与其相关的包括中地形小地形部位、田间工程配套情况等。

(3) 盐碱耕地型

由于耕地可溶性盐含量和碱化度超过限量,影响作物正常生长的多种盐碱化耕地。其主导障碍因素为土壤盐渍化,以及与其相关的地形条件、地下水临界深度、含盐量、碱化度、pH等。

(4) 坡地梯改型

通过修筑梯田梯埂等田间水保工程加以改良治理的坡耕地。其他不宜或不需修筑梯田、梯埂,只需通过耕作与生物措施治理或退耕还林还牧的缓坡、陡坡耕地,列入瘠薄培肥型与农业结构调整范围。坡地梯改型的主导障碍因素为土壤侵蚀,以及与其相关的地形、地面坡度、土体厚度、土体构型与物质组成、耕作熟化层厚度等。

(5) 渍涝排水型

河湖水库沿岸、堤坝水渠外侧、天然汇水盆地等,因局部地势低洼,排水不畅,造成常年或季节性渍涝的旱耕地。其主导障碍因素为土壤渍涝,与其相关的地形条件、地面积水、地下水深度、土体构型、质地、排水系统的宣泄能力等。

(6) 沙化耕地型

西北部内陆沙漠,北方长城沿线干旱、半干旱地区,黄淮海平原黄河故道、老黄泛区沙化耕地(不包括局部小面积质地过沙的耕地)。其主导障碍因素为风蚀沙化,以及与其相关的地形起伏、水资源开发潜力、植被覆盖率、土体构型、引水放淤与引水灌溉条件等。

(7) 障碍层次型

土壤剖面构型上有严重缺陷的耕地,如土体过薄、剖面1m左右内有沙漏、砾石、黏盘、铁子、铁盘、砂姜等障碍层次。障碍程度包括障碍层物质组成、厚度、出现部位等。

(8) 瘠薄培肥型

受气候、地形等难以改变的大环境(干旱、无水源、高寒)影响,以及距离居民点远,施肥不足,土壤结构不良,养分含量低,产量低于当地高产农田,当前又无见效快、大幅度提高产量的治本性措施(如发展灌溉),只能通过长期培肥加以逐步改良的耕地。如山地丘陵雨养型梯田、坡耕地和黄土高原,很多产量中等黄土型旱耕地。

(二) 确定条山农场中低产田类型

改造中低产田是改良土壤,改善农业生产条件,提高农业综合生产能力,建设社会主义新农村的一项重要措施,同时具有保证粮食安全和保护生态环境双重意义,而且是实现土地资源可持续利用和经济可持续发展的重要途径。近年来,条山农场农业部门广泛发动群众,加大投资力度,加强项目管理,因地制宜,针对土壤主要障碍因素,采取工程措施和生物措施相结合,田内田外相结合,增肥、改土、治水、良种、良法相结合等方式,对中低产田进行综合治理,使得农业基本生产条件和土壤肥力有了较为明显的改善,但其综合治理的成效还有待于进一步扩大和提高。

本专题结合甘肃省国营条山农场耕地地力评价结果,对条山农场中低产限制因素进行了深入分析,依照各类限制因素划分了障碍类型,并提出了具体的改造技术与措施,旨在为增强条山农场中低产耕地的综合生产能力,进一步优化条山农场农业结构,提高土地利用率和产出率,改善该区农业生产条件。

1.调查方法

本项专题调查研究是在充分利用条山农场耕地地力评价结果的基础上展开的。为了全面、细致地做好本项专题研究,甘肃省农业科学院旱农所会同条山农场专家专门组建了"条山农场中低产田类型划分与改良"研究组,借助耕地地力评价工作中积累的大量数据和在中低产田改造方面的技术优势,分析条山农场中低产田的限制因素,并针对限制因素种类划分的障碍类型提出具体的改良措施。

本项专题调查研究工作组的主要职责是负责调查收集基础资料,制作相关图件和撰写专题研究报告,并协调条山农场的专业人员参与研究并提供帮助,其人员组成和分工见表3-54-2。

表3-54-2　条山农场中低产田类型划分与改良工作组人员与分工

组内职务	姓名	职称	专业	分工
组长	郭天文	研究员	土壤学	组织协调、工作总负责
组员	张东伟	研究员	信息农业	技术指导与报告撰写
	周彦芳	副研究员	植物营养学	地方工作协调与技术监督
	董博	助理研究员	数字农业工程	资料收集与整理

本项专题调查研究明确各自分工,积极组织协调各类资料的收集与整理工作,在充分利用条山农场耕地地力评价结果的基础上,采用了抽样调查的方法对各等级耕地作物产量状况进行了数据分析与汇总,同时系统整理条山农场耕地地力评价工作中收集到的"耕地地力调查点基本情况及化验结果数据""土地利用现状地块数据""土壤典型剖面属性数据",以及"土地利用现状图"等资料,对造成作物产量低的各类障碍因素进行指标的筛选与权重的划分,最终通过确定中低产田类型而提出相应的改良措施,形成专题报告。

2.调查结果与分析

依照条山农场不同类型土壤的产量水平调查结果,并结合《全国耕地类型区、耕地地力等级划分》(NY/T 309-1996)中的相关术语,本项目评价结论中的耕地地力级别与国家标准的对应关系见表3-54-3。

表3-54-3 条山农场耕地地力级别与国家标准的对应关系

		五	六	七
项目地力等级		一	二	三
地形部位		山前倾斜平原(扇形地)的中、下部,大河三角洲的上部,河流冲积平原的河漫滩、低阶地、自然堤	扇形地上部、大河三角洲中部,下切河流冲积平原的中阶地、泛滥河流的河间洼地	
地面坡度		1/500~1/3000	>1/500 或 <1/3000	
成土母质		黄土状洪、冲积物为主,部分河流冲积物	黄土状洪、冲积物,坡残积物	
灌溉条件		保灌大于6次/年	保灌大于4次/年	
剖面构型		均质或上轻下重	均质或底沙、腰沙、漏沙	
熟化层厚度 cm		>60	30~60	
耕层厚度 cm		>25	20~25	
耕层质地		砂质壤土至粘壤土	砂质壤土为主,部分砂土	
耕层土壤理化性状	有机质(%)	1.0~3.0	0.8~2.0	0.5~3.0
	全氮(%)	0.09~0.19	0.06~0.10	0.03~0.19
	有效磷(mg/kg)	5~18	3~27	3~40
	速效钾(mg/kg)	100~300	100~300	100~300
	pH(水浸)	8.0~8.5	8.0~8.5	8.0~8.5
1m土体盐分含量,%	硫酸盐为主	<0.3	0.3~0.6	
	氯化物为主	<0.2	0.2~0.4	
	地下水位,m	>2	>2,部分1~3	
	矿化度,g/L	<5	3~5,部分大于5	
熟制		一年一熟为主,部分一年二熟	一年一熟为主,部分一年二熟	
产量水平(kg/亩)		7500~9000	6000~7500	4500~6000

由表3-54-3可知:条山农场耕地地力等级的高低与耕层厚度、耕层理化性状、灌溉条件或降水条件有着密切的联系。对各级别耕地面积的统计结果表明:条山农场耕地总面积为2600.01公顷,其中以一等地为696.80公顷,占到了总耕地面积的26.8%;其次是

二等地和三等地,分别占到总耕地面积的49.0%和24.2%,具体数据见表3-54-4。

表 3-54-4 条山农场耕地地力等级及面积统计

等级	一等地	二等地	三等地
面积(公顷)	696.80	1274.01	629.20
占总耕地面积(%)	26.8	49.0	24.2

依据《全国中低产田类型划分与改良技术规范》(NY/T310-1996),在总结条山农场以往中低产田调查成果的基础上,结合目前条山农场耕地质量的实际情况和特点,将评级结果属较低等级(二至三等)的耕地划定为中低产田。同时,为了进一步明确条山农场耕地地力水平与中低产田的关系,本专题将条山农场耕地地力为二等地对应的耕地界定为中产田,将三等地对应的耕地界定为低产田,并由此绘制得到条山农场中低产田分布图。

条山农场中产田主要分布在农场中部及南部区域,低产田主要分布在北部一条山地带。对条山农场中低产田面积分布的统计结果见表3-54-5。

表 3-54-5 条山农场中低产田面积统计

耕地总面积 (公顷)	高产田		中产田		低产田	
	面积(公顷)	比例(%)	面积(公顷)	比例(%)	面积(公顷)	比例(%)
2600.01	696.80	26.8	1274.01	49.0	629.20	24.2

3.条山农场中低产田限制因素的确定和障碍类型的划分

(1)限制因素的确定

影响农作物产量的主要因素有两方面:一是土壤、温度、降水、光照、大气及地形等自然因素;二是对耕地的管理、物质和科技投入等人为因素。作物的高产、中产、低产是依据耕地相对产量人为划分的,而农业产量的主要限制因素是自然因素,自然条件越差的地区,农业生产受到的限制就越大,农作物产量也就越低。

条山农场所在地原是一个石质剥蚀平原山区,后为第四纪砾石层及其伴随的冲击黄土所填充,形成一个广阔而平坦微向东倾斜的山间盆地。条山农场降雨稀少,年平均降水量183.1mm,最大降水量298.9mm,最小降水量103.5mm,降水主要集中在7、8、9三个月,为年降雨量的64%。年平均蒸发量3038mm,最大蒸发量3565.7mm,最小蒸发量2200.0mm,干燥度为3.53。经过多年水利设施的建设和完善,灌溉面积仅1.5万亩,占总耕地面积的38.46%,能完全满足灌溉的耕地仅0.5万亩。综合考虑该影响该县农作物产量中各类因子及其权重,以及在农业生产中的直观性和改良利用的针对性,专题研究组

从若干耕地质量评价指标体系中选定灌溉条件、有机质含量、有效磷含量、田面坡度等4个指标作为划分条山农场中低产田限制因子的限制极限指标(见表3-54-6)。

表 3-54-6 条山农场中低产耕地限制因素及其限制极限指标

限制因子	干旱限制	土壤肥力限制
限制极限指标	无灌溉条件	有机质含量 <15g/kg
		有效磷含量 <14mg/kg

(2)障碍类型的划分

由于条山农场多年平均降水量在103~298mm之间,且年均分布不匀,主要集中在7、8、9三个月,为年降雨量的64%。田间渠道年久失修,斗渠设计存在缺陷,渠埂占地面积大,而且由于黄河水含沙量比较大,渠道淤积非常严重,且项目区只对支渠进行了衬砌,斗渠基本为土渠,渗漏严重;田块虽然格局已经形成,但基本上沿等高线布置,面坡度较大,土地局部平整程度较差,土壤有机质含量偏低,氮、磷缺少,土壤理化性能差,漏水漏肥严重,水分利用效率低。将各评价单元的属性数据与限制极限指标进行比较,对照全国中低产耕地类型划分,结合当地自然资源特点,工作组将条山农场中低产田依次划分为干旱灌溉型、瘠薄培肥型两种中低产田类型。

(1)干旱灌溉型

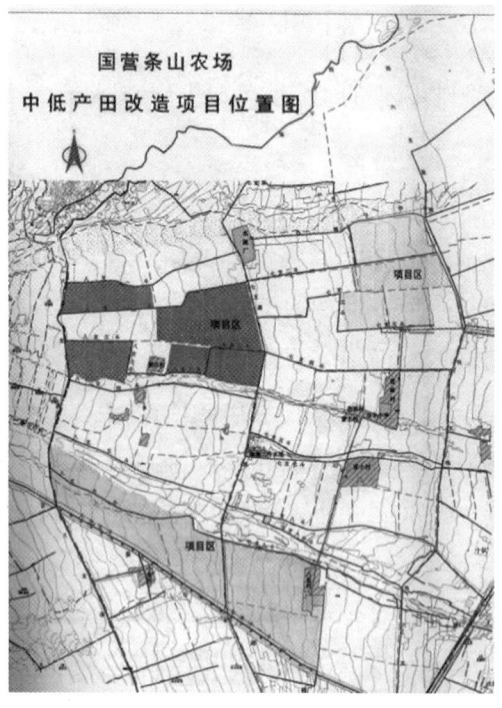

图 3-54-1 条山农场干旱灌溉型中低产田分布图

此类中低产田是指条山农场耕地地力,灌溉保证率在50%以下、具备水资源开发条件,可以通过发展灌溉加以改造的耕地。这类中低产田的障碍因素主要为水利设施及水资源利用效率不高引起的土壤水分亏缺。主要分布在条山农场西部及南部以及东北部引黄灌区周边具备水资源开发潜能的区域,总面积1000.00公顷,占条山农场中低产田面积的53.57%,占条山农场耕地总面积的38.46%。

(2)瘠薄培肥型

此类中低产田是指除上述中低产田之外,主要由土壤养分匮乏或失衡引起作物产量低下的耕地,可通过长期培肥逐步改良。这类中低产田在条山农场内分布较广泛,其中二、三等地皆有分布,总面积达866.67公顷,占条山农场中低产田面积的46.23%,占条山农场耕地总面积的33.37%。

对各类中低产田在条山农场各乡镇分布的统计数据见表3-54-7。

表3-54-7 条山农场各类中低产田分布情况统计　　单位:公顷

障碍类型				总计
比例(%)	瘠薄培肥型	比例(%)		
53.57	866.67	46.23		1866.67

(三)条山农场中低产田改良

1.条山农场中低产田改良技术规范

针对条山农场两种中低产田障碍因素类型,项目组结合《全国中低产田类型划分与改良技术规范》(NY/T 310-1996),提出以下改良技术规范,见表3-54-8~3-54-9。

表3-54-8 条山农场干旱灌溉型改良技术规范

改造措施		改造标准
灌溉工程		骨干引水工程及提水设施(动力)达到十年一遇,田间工程达到五年一遇,保灌2~3次,毛灌溉定额250~300m³以上
平整土地		达到不同灌溉方式(井、渠、喷、滴)的要求
加深耕层		加深3~5cm(耕层厚度大于20cm)
耕作培肥	增施有机肥	每年3000~4500 kg/公顷,连续3~5年
	秸秆还田	缺燃料地区30%~50%(秸秆或面积),不缺燃料地区大于50%(秸秆量或面积),连续3~5年
	种植绿肥	20%~30%,连续三年
林带植被建设(乔灌果合计)		占地面积5%~10%

表 3-54-9 条山农场瘠薄培肥型改良技术规范

改造措施		改良标准
平整土地及条田建设		平坦塬面及缓坡地规划成条田
水保耕作法		推广丰产沟或其他等高耕作,等高种植制度,连续 3~5 年
林带植被建设		林、草、作物总植被覆盖率 >80%(无裸露面积)
耕作培肥	深翻	三年内深耕 1~2 次,加深耕层 3~5cm,耕作熟化层达到 >15cm
	种植制度	粮食套种黄豆、麦茬、短期绿肥,麦、油、豆轮作,连续 3~5 年
	秸秆还田	小麦留高茬 15~20cm,连续三年缺燃料地区 30%-50%(秸秆量或面积),不缺燃料地区 >50%,连续 3~5 年
	增施有机肥	每亩 2000~3000kg,连续三年
校正施肥		每亩磷肥 60kg(P_2O_5 10.2kg),连续三年

2.条山农场中低产田改良措施

结合各类中低产田的改良技术规范,总结农场职工耕作、施肥、改良利用等方面的经验,提出针对条山农场的中低产田改良措施。

(1)条山农场干旱灌溉型改良措施

①发展旱地灌溉及综合治理

发展旱地灌溉是解决降水的时空分布不均,解决春旱、夏旱和秋旱的根本措施。据条山农场试验:小麦可增产 15%~30%,加工型马铃薯可增产 11%~25%,可见发展旱地灌溉增产增收的效果显著。因此对水资源充沛、具有潜在灌溉能力的条山农场西部、南部及东北部引黄灌区要兴修水利,加强农田水利基本建设,大力提倡科学用水,防止养分流失,发展膜下滴灌技术,实行沟、渠、畦灌等方式,充分利用一切水利设施,平整土地,提高水资源的利用率,以充分发挥水肥一体化的综合效益。同时还需遵循农业可持续发展原则,大力发展节本增效工程与生物工程相结合的综合治理,建设农田防护林网,防止沙尘、大风、干热风等对项目区农作物生长造成影响。

以条山农场三分场六队中低产田改良作为示范,整体推动条山农场中低产田改良。中低产田形成的主要原因一是田间渠道破坏严重,水资源浪费大,各级排渠均淤积严重,排水不畅,制约着作物产量的提高;二是田间机耕路均为素土路面,路面高低不平,晴通雨阻,农业机械作业通过时危险性大;田块虽然格局已经形成,但坡度较大,土地局部平整程度较差,土壤有机质含量偏低,氮、磷缺少,土壤理化性能差,漏水漏肥严重,水分利用效率低;三是农田林网配套不全,风沙等灾害时有发生,不能有效抵御。

针对中低产田成因,通过综合方案比选,最终确定了运用水利措施、农业措施、林业措施进行综合治理,最终将中低产田改造成高标准农田。以增加保灌面积,提高水资源利用率为目的进行农田水利配套工程建设;以改良土壤、平田整地、改善土壤结构为主,采取农业措施;以加强农田防护林为重点进行林业工程建设;以提高科技对农业生产的贡献率为目标,广泛采用科技措施。

发展节水农业,项目区渠道、涵闸等建筑物配套,斗渠全部衬砌,使项目区渠系水利用系数达到 0.65,改善灌溉面积 2000 亩,新增节水灌溉面积 900 亩。

通过机械深松耕,打破犁底层,熟化土壤,使耕层疏松土壤厚度达 30cm 以上,提高土壤保水能力。通过测土配肥,使项目区土壤耕作层有机质含量从目前的 1.09%提高到 1.2%以上,有机质含量提高 0.11 个百分点以上。

发展节水农业,项目区渠道、涵闸等建筑物配套,斗渠全部衬砌,使项目区渠系水利用系数达到 0.65,改善灌溉面积 2000 亩,新增节水灌溉面积 900 亩。

建造防护林,根据条田形状及道路、渠道布置确定林带间距。防护林主林带与主害风方向垂直,根据田块形状允许主林带与主害风向交角在大于 60°的范围内浮动。

②发展旱地雨水集流灌溉工程

在公路沿线和村庄道路有雨水汇集的地段修建水窖、涝池等小型蓄水工程,并通过蓄水保墒耕作、地膜覆盖和滴灌等节水技术来提高自然降水的利用率,实现种植业高产高效。

针对旱作农业存在的突出问题,甘肃省农业技术推广总站等单位从 20 世纪 90 年代中期开始,紧紧围绕提高农田降水保蓄率、利用率和水分利用效率等核心问题,结合各期旱作农业项目的实施,进行了大量的研究与探索,创新提出和大面积推广应用了"玉米全膜双垄沟播技术"及其配套技术体系,特别是免耕结合玉米秸秆半程覆盖技术的引入,不仅解决了旱地农田降水如何最大限度保蓄的问题,而且有效解决了旱地农田降水如何集流的问题,大幅度提高了农田降水利用率和水分利用效率,破解了困扰旱作农业的水分利用问题,为甘肃和中国旱作农业的发展找到了新的途径。

③发展玉米全膜双垄沟播技术,提高水分利用效率

玉米全膜双垄沟播免耕秸秆半程覆盖模式的核心是在地表起大小双垄,并在双垄之间形成集雨沟槽后,用地膜全地面覆盖,再在沟内播种玉米,玉米收获后免耕,并将秸秆保持立秆状态或割倒平覆,第二年播种季节去除秸秆后直接播种下一茬作物。该技术体系集垄面集流、覆膜抑蒸、垄沟种植、一膜两用技术于一体,改半膜覆盖为全地面覆盖地膜、改地膜平铺为起垄覆膜、改播前覆膜为秋季或早春顶凌覆膜、改传统垄上种植为沟内种植,从而大幅度提高土壤水分的保蓄率、降水利用率和水分利用效率。

全膜双垄沟播免耕秸秆半程覆盖技术综合集成地膜覆盖抑蒸、垄面集流、雨水富集、

秸秆覆盖保墒等理论及技术，使整个地面与大气之间形成了隔离层，阻断了土壤中水分的蒸发，使降雨全部保蓄在土壤水库，最大限度地抑制了秋、冬及早春季因地表裸露而造成水分大量的无效蒸发，最大限度地发挥了地膜和秸秆的保墒作用，同时也使地膜的抑制蒸发、雨水集流、贫水富集等作用得到了最大限度的利用，大幅度提高了作物产量、降水保蓄率、利用率和水分利用效率，同时，一次覆膜，两次利用也节省了每年覆膜的机械投入和地膜费用。全省多点试验研究表明，采用此模式进行农业生产，农田降水利用率最高可达到75.2%，平均达到70%以上；玉米水分利用效率最高达到37.8 kg/mm·hm^2，平均达到33kg/mm·hm^2；玉米平均产量达到8374.5 kg/hm^2，较对照半膜平铺增产2265 kg/hm^2，增产率达37.1%。

（2）条山农场瘠薄培肥型改良措施

①充分利用测土配方施肥成果，开展配方施肥

尽管条山农场耕地土壤养分整体状况与第二次土壤普查时相比有了明显改善，但是现有中低产田中因养分匮乏和失衡引起的作物产量低下却普遍存在，可通过长期培肥逐步改良。主要措施有通过有机肥积造、复种绿肥、秸秆还田，有效提高土壤肥力；通过"增施磷肥、氮磷配施"等措施，大幅度的提高土壤养分水平。对于新修和改造的田块要采取人工部分还原耕层肥土修建技术，维持土壤耕层养分水平。

表3-54-10　条山农场耕地土壤养分状况

养分	平均	变幅
有机质（g/kg）	13.7	3.0~28.6
全氮（g/kg）	0.71	0.24~1.19
碱解氮（mg/kg）	59	9~100
速效磷（mg/kg）	11	2~74
速效钾（mg/kg）	178	59~490

条山农场，主要种植作物为啤酒大麦、特种药材、马铃薯（加工）、玉米（制种）。省农垦农业研究院根据"3414"田间肥效试验结果、参考当地经验施肥水平、生产水平，结合专家建议和土壤养分分析结果，确定了甘肃垦区主要农作物施肥配方，并进行了校正。

表3-54-11　条山农场主要农作物施肥配方

作物	特种药材			马铃薯			玉米（制种）		
施肥区	高肥力	中肥力	低肥力	高肥力	中肥力	低肥力	高肥力	中肥力	低肥力
黄河提灌区（条山农场）	10-8-5	11-10-6	12-11-5	10-9-7	12-10-8	16-13-15	16-5-3	20-6-4	22-7-5

测土配方施肥则是以土壤测试和肥料田间试验为基础,根据作物需肥规律、土壤供肥性能和肥料效应,在合理施用有机肥料的基础上,提出氮、磷、钾及中、微量元素等肥料的施用数量、施肥时期和施用方法。通俗地讲,就是在农业科技人员指导下科学施用配方肥。测土配方施肥技术的核心是调节和解决作物需肥与土壤供肥之间的矛盾。同时,有针对性地补充作物所需的营养元素,作物缺什么元素就补充什么元素,需要多少补多少,实现各种养分平衡供应,满足作物的需要;达到提高肥料利用率和减少用量,提高作物产量,改善农产品品质,节省劳力,节支增收的目的。

农场应坚持开展测土施肥,因土供肥,因作物施肥,充分发挥肥料的经济效益,达到改良中低产田土壤的目的。

②种植绿肥,改善土壤理化状况

鉴于农场实行规模化经营模式,有机质肥料施用少的现状,提出种植绿肥,就地翻压,提高土壤有机质含量的措施。研究表明在质地为中壤的中低产田施腐熟好的有机肥,用量 2250~3000 kg/亩,加施化肥 10~20 kg/亩,可明显改善土壤理化性状,增加土壤有机质含量,增强土壤保肥保水能力,促进增产增收。种植绿肥可以改土固沙,改善土壤理化性质,提高土壤有机质含量,是种地养地,改良低产土壤的有效途径。相关资料表明:种植绿肥草木樨,采取就地翻压,当年翻每亩地上部鲜草约为 333.5 kg,地下部干重约为 133.5 kg。第二年翻压生产鲜草约为 1300 kg/亩,翻压后 0~20 cm 耕层中有机质比翻压前增加了 0.015%~0.88%,全氮增加了 0.1%~0.18%,全磷增加了 0.01%,速效氮增加了 1.16%,速效磷增加了 2.05%,土壤容重降低了 0.03~0.12 g/cm3。

③推行秸秆还田,提高土壤有机质

搞好秸秆还田工作,以改良土壤,提高土壤肥力。通常情况下,采用秸秆粉碎翻压还田,可用机械粉碎:长度为麦秸 3~5 cm、玉米秸秆 5~10 cm,埋深 20~30 cm,也可留高茬 25~35 cm 耙翻还田,按秸秆重量的 1/25 尿素施入土壤,这样将有利于微生物分解和作物吸收氮素营养。相关资料表明:麦茬粉碎还田可使后茬大豆增产 13.6%~25.4%。玉米秸秆还田增加有机质 380 kg/亩。

也可进行免耕秸秆覆盖技术。免耕秸秆覆盖技术采用休闲期覆盖,即在作物收获并打碾后,尽早将秸秆切碎成 5~10 cm 均匀地覆盖在地面上。对初次实施免耕秸秆覆盖的农田,覆盖秸秆的用量以把地面盖严但又不压苗为准,若覆盖材料为麦草,则适宜覆盖量一般为 4500~6000 kg/公顷,覆盖材料为玉米秸,则适宜覆盖量为 6000~7500 kg/公顷。对连续进行过保护性耕作的农田,视秸秆收获量的大小决定还田量(建议将收获的所有秸秆全部归还农田);或者在收获时留立茬 15~20 cm,其余秸秆不用再还田,也可以起到秸秆覆盖的效果。收获后覆盖前田间杂草用百草枯或根清等灭生性除草剂杀除。

后　记

《甘肃省耕地质量评价》一书全面反映了甘肃省耕地质量评价成果,对全省各县区耕地质量情况进行了分析,并对种植特色产业发展提出了针对性的意见和建议。《甘肃省耕地质量评价》由崔增团("全省耕地质量评价"部分内容40万字)和顿志恒("全省耕地质量评价"部分内容25万字)担任主编,刘健("全省耕地质量评价"部分内容6万字)、吴立忠("全省耕地质量评价"部分内容6万字)张美兰("全省耕地质量评价"部分内容17万字)担任副主编。

在本书的编写过程中,得到了甘肃农业大学、甘肃省农业科学院、兰州大学以及甘肃省14个市州的同志的大力支持,在此向以下参与本书编写的人员致以诚挚的谢意:郭世乾、贾蕊鸿、郑杰、张玉霞承担了第二部分相关章节编写,每人10万字。傅亲民、武翻江、张志成、郭新勇、董星晨、高飞、葛承轩、兰军、孙淑梅、苏丽、万伦、徐永武、杨戬雯、尹得仲、赵丽以上同志承担了第二部分相关章节编写,每人2万字。邓慧、包玉政、陈建平、陈秀香、陈彦锋、崔金洲、邓杰、豆建华、段守芳、独瑜、范宏伟、冯祥盛、高树财、高艳红、韩梅、何理、何士剑、何增国、何胜利、贺生兵、贺淑娃、侯琪、侯庆英、姬丽君、栾清业、康发云、康蓉、雷俊、李秉强、李董魁、李国山、李巨景、李莉、李世祥、李晓宏、李效文、李艳芳、李云祥、李治海、刘俊贵、刘克荣、马吉元、毛涛、牛贵茂、牛婷婷、戚瑞生、祁秀萍、任宏干、商玉录、尚海英、邵魁、师伟杰、师增胜、苏彦平、孙建军、孙新荣、孙志国、谭岩、万海元、王爱民、王代明、王乐光、王新立、王选社、王雪明、王亚琴、王占海、王志能、韦宏亮、吴永斌、闫海基、杨海涛、杨建旗、殷生俊、于和平、张靖、张鹏、张鹏祥、张婷、张玉龙、张占平、赵红梅、赵莉莉、赵强、郑文革、朱凤菊、关佑君、苟永梅以上同志承担了第二部分和第三部分相关章节编写,每人1万字左右。

编　者
2020年10月